# 데이터베이스 시스템

## FUNDAMENTALS OF DATABASE SYSTEMS


Elmasri · Navathe 지음

황규영 · 홍의경 · 음두헌 · 박영철 · 김진호 · 조완섭 · 문양세 옮김

**황규영** kywhang@cs.kaist.ac.kr
한국과학기술원 전산학과 특훈교수

**홍의경** ekhong99@gmail.com
서울시립대학교 컴퓨터과학부 교수

**음두헌** dheum@duksung.ac.kr
덕성여자대학교 디지털미디어학과 교수

**박영철** ycpark@knu.ac.kr
경북대학교 IT대학 컴퓨터학부 교수

**김진호** jhkim@kangwon.ac.kr
강원대학교 컴퓨터과학과 교수

**조완섭** wscho@chungbuk.ac.kr
충북대학교 경영정보학과 교수

**문양세** ysmoon@kangwon.ac.kr
강원대학교 컴퓨터과학과 교수

FUNDAMENTALS OF

# DATABASE SYSTEMS

# 데이터베이스 시스템

7th Edition

Elmasri · Navathe 지음

황규영 · 홍의경 · 음두헌 · 박영철 · 김진호 · 조완섭 · 문양세 옮김

홍릉과학출판사

FUNDAMENTALS OF
# DATABASE SYSTEMS 7/E

by Ramez Elmasri, Shamkant B. Navathe



---

## 데이터베이스 시스템 제7판

**인　쇄**: 2019년 4월 20일 초판 인쇄
**발　행**: 2019년 4월 30일 초판 발행
**저　자**: ELMASRI, NAVATHE
**역　자**: 황규영·홍의경·음두헌·박영철
김진호·조완섭·문양세
**발행인**: 송 준
**발행처**: 홍릉과학출판사
**주　소**: 01093 서울시 강북구 인수봉로 50길 10
**등　록**: 1976년 10월 21일 제5-66호

역자와의
협의하에
인지생략

**전　화**: 02-999-2274~5, 903-7037
**팩　스**: 02-905-6729
**e-mail**: hongpub@hongpub.co.kr
http://www.hongpub.co.kr
**ISBN**: 979-11-5600-666-4(93560)

**정　가**: 42,000원

# 역자서문

데이터베이스 분야는 전산학의 한 분야로서 오랜 전통을 가지고 있으며, 현재도 많은 학자들이 데이터베이스 분야의 발전을 위하여 노력하고 있습니다. 그러나 몇 년 동안 강단에 서면서 학생들과 함께 생활하여 보니 대학생들의 학과목을 위한 교재로 사용되는 책들이 많이 있음에도 불구하고 기초부터 최신 기술에 이르는 전반적인 내용을 상세하고 알기 쉽게 설명한 교재가 부족하다는 것을 느끼게 되었습니다. 뿐만 아니라 외국의 몇몇 좋은 책들도 언어적인 문제로 인하여 그 뜻이 올바르게 전달되지 못하는 경우가 많아 매우 아쉽게 생각하고 있었습니다.

“Fundamentals of Database Systems”(R.Elmasri, S.Navathe 공저)의 2판, 3판, 4판, 5판, 6판 번역에 이어 이번에 7판을 번역하여 출간하게 되었습니다. 이 책은 미국에서 사용되는 많은 데이터베이스 과목 교재 중에서도 베스트셀러로서 데이터베이스의 기초부터 전반적인 내용을 체계적으로 알기 쉽게 설명한 좋은 책입니다. 이미 우리나라에서도 많은 학교에서 데이터베이스 과목의 교재로 이 책을 사용하고 있습니다.

역자 중의 한 명은 Elmasri와 Navathe의 오랜 친구로서 이 책을 번역하게 된 것을 매우 기쁘게 생각합니다. 특히 이들이 초판을 발행할 때 Benjamin/Cummings(Addison-Wesley의 자회사) 출판사의 자문위원으로서 이 책의 내용을 모두 검토하였고, 많은 오류를 수정하여 준 바 있습니다.

원서는 그 양이 너무 많기 때문에 국내 독자를 위하여 필수적이 아니라고 생각되는 부분은 생략하였습니다. 초기 2판 번역서에서는 원서의 총 25개의 장 중에서 6개의 장을 생략하고 19개의 장을 번역하였으나, 4판 번역서에서는 29개 장 중에서 26개 장을 번역하였습니다. 번역한 장 중에는 일부 절을 생략한 것도 있습니다. 이번 7판은 6판에 비하여 빅데이터 기술을 수용하여 2개의 장이 늘어났습니다. 원서의 내용 중에 오류가 있는 곳이 몇 군데 있으나 일단 원서에 충실하게 번역하였습니다. 앞으로 개정판을 통하여 이런 오류를 점차 개선해 나가고자 합니다.

역자 일곱 명이 각자의 전공 분야를 살려서 번역하였으며, 그 중 한 명이 번역서 전체에 걸쳐서 용어와 문장 표현을 다듬었습니다. 따라서 여러 사람이 공동으로 번역했지만 책 전체에 걸쳐서 용어나 표현이 다른 경우는 거의 없을 것으로 기대합니다.

원서의 용어는 한국정보과학회에서 발간한 컴퓨터 용어 사전을 주로 참조하여 우리말 용어로 번역하였습니다. 컴퓨터 용어 사전에 나오지 않는 원서의 용어는 해당 장을 번역한 사람이 관련 분야의 논문이나 서적 등을 참조하여 최대한 그 용어를 잘 나타내도록 우리말 용어를 선정했습니다.

이 책의 주 대상 독자는 전산학 및 관련 학과를 전공하고 있는 대학생 및 대학원생들이 될 것입니다. 또한 이미 원서를 소장하고 있는 학생들은 본 번역서를 보충교재로서 활용할 수 있을 것으로 생각합니다. 많은 학생들이 이 책으로 인하여 데이터베이스 분야를 보다 자세하고 쉽게 공부할 수 있을 것이라고 믿습니다.

끝으로 이 책의 번역을 도와준 한국과학기술원, 서울시립대학교, 덕성여자대학교, 경북대학교, 강원대학교, 충북대학교 대학원 학생 여러분에게 깊이 감사드리며, 이 교재의 발간이 국내에 데이터베이스를 체계적으로 소개하고 관련 연구를 촉진시키며, 산업계에서도 좋은 참고 자료로 활용할 수 있는 계기가 되기를 충심으로 바라마지 않습니다.

2019년 3월
역자 일동

# 저자서문

이 책에서는 데이터베이스 시스템과 응용을 설계, 구현하거나 사용하는 데 필요한 기본적인 개념을 소개한다. 특히, 데이터베이스 모델링과 설계, 데이터베이스 관리 시스템에서 제공하는 언어와 기능, 그리고 시스템의 구현 기술에 중점을 둔다. 이 책은 한, 두 학기에 걸쳐 대학교 학부생이나 대학원생을 대상으로 하는 데이터베이스 시스템에 관한 강의의 교재 또는 참고문헌으로 사용될 수 있다. 이 책을 통하여 독자들에게 데이터베이스 시스템과 그 응용 및 관련 기술에 관하여 최신의 깊이 있는 지식을 제공하고자 한다. 이 책은 기본적인 프로그래밍과 자료 구조의 개념, 그리고 컴퓨터 구조를 숙지하고 있는 독자들을 대상으로 하였다.

7판에서 다루어지는 새로운 내용은 다음과 같다.

- 챕터 순서 재구성(교과서를 사용하는 강사에 대한 설문 조사를 기반으로 함); 그러나 이 책은 개별 강사가 새로운 챕터 순서를 선택할 수 있도록 구성되어 있다.
- 최근 데이터베이스 시스템의 진보와 빅데이터 처리에 관한 두 개의 새로운 장을 신설하였다. 제 23장은 NOSQL 데이터베이스로 알려진 새로운 종류의 데이터베이스 시스템에 대한 소개를 다루었고, 제 24장은 MapReduce 및 Hadoop을 포함한 빅데이터를 처리하는 기술을 소개하였다.
- 질의 처리 및 최적화에 대한 장이 확장되어 두 장으로 재구성되었다. 제 17장에서는 질의 처리를 위한 전략과 알고리즘에 초점을 맞추었고, 제 18장에서는 질의 최적화 기술을 중점적으로 소개하였다.
- COMPANY 데이터베이스 예제 외에도 대학교(University) 데이터베이스 예제를 초기에 배치하였다.
- 각 장에서도 많은 부분이 새로운 기술과 방법을 포함하도록 다양한 부분에서 업데이트되었다.

이 책의 주요 특징은 다음과 같다.

- 개인적 필요에 맞출 수 있는 독립적인 유연한 구조를 가진다. 특히 강사의 기호에 따라 챕터를 다른 순서로 사용할 수 있다.
- 웹 사이트(http://www.pearsonhighered.com/cs-resources)에는 보다 현실적인 학생 실험 및 연습을 위해 관계형 데이터베이스에 로드 할 다양한 유형의 데이터가 포함되어 있다.

- 의존성 차트(이 서문의 뒷부분에 표시)는 다른 장들에 의존하는 장을 보여준다. 이를 바탕으로 강사는 강의 순서를 조정할 수 있다.
- PowerPoint 슬라이드, 텍스트의 수치, 솔루션 강사 지침 등 강사 및 학생들을 위한 견고한 부가교재 세트를 제공한다.

## 제7판의 구성과 내용

- 1장 및 2장에서는 데이터베이스 모델, 시스템 및 언어를 제대로 이해하는 데 필요한 기본적인 소개 개념을 설명한다.
- 3장에서는 엔티티 관계 모델링 및 데이터베이스 설계에 대한 설명이 포함되어 있다. 강사는 먼저 관계형 모델(4장 ~ 7장)을 다룰 수도 있다.
- 4장에서는 기본 관계형 모델, 무결성 제약 조건 및 업데이트 연산을 설명한다.
- 5장에서는 데이터 정의, 데이터 수정 및 간단한 SQL 쿼리를 비롯하여 관계형 데이터베이스에 대한 SQL 표준의 기본 부분 중 일부를 설명한다.
- 6장에서는 더 복잡한 SQL 쿼리와 트리거, 제약조건, 뷰 및 스키마 수정에 대한 SQL 개념을 소개한다.
- 7장에서는 SQL언어의 이론적 기반인 관계 대수와 관계 해석을 소개한다.
- 8장에서는 개념적 ER 스키마 설계에서 관계형 데이터베이스 스키마를 도출하는 ER-관계형 매핑에 대해 설명한다.
- 9장에서는 Embedded SQL, 동적 SQL, ODBC, SQLJ, JDBC 및 SQL/ CLI와 같은 일반적인 SQL 프로그래밍에 대해 소개한다.
- 10장에서는 PHP 스크립팅 언어를 사용하여 웹 데이터베이스 프로그래밍을 소개하고, 웹 데이터베이스 프로그래밍을 위한 Java 기술을 설명한다.
- 11장에서는 먼저 객체 데이터베이스의 개념을 소개 한 다음, 객체 기능을 관계형 데이터베이스 시스템에 추가하기 위해 SQL 표준에 어떻게 통합되었는지 소개한다. 그리고, ODMG 객체 모델 표준과 객체 정의 및 쿼리 언어를 소개한다.
- 12장에서는 XML(eXtensible Markup Language) 모델과 언어를 다루고 XML이 데이터베이스 시스템과 어떻게 관련되는지 설명한다.
- 13장에서는 함수 종속성과 함수 종속성을 기반으로 하는 일반적인 형식을 정의한다. 또한 단계별로 직관적인 정규화 접근법을 소개하고 다중값 종속성 및 조인 종속성에 관해 소개한다.

- 14장에서는 정규화 이론을 활용한 관계형 데이터베이스 설계 방법과 추가적인 종속성에 관해 논의한다.
- 15장에서는 디스크 상에서 레코드 파일 구성에 관한 기본 방법을 설명한다. 디스크 파일에 대한 정적 및 동적 해싱 기술도 다룬다.
- 16장에서는 B-트리 및 B+트리 데이터 구조 및 그리드 파일을 비롯한 파일 인덱싱 기술에 대해 소개한다.
- 17장에서는 질의 처리에 관한 이론과 실제사례들을 소개한다.
- 18장에서는 비용 추정 및 경험적 규칙을 사용하여 질의 최적화 기술을 소개한다. 중첩된 하위 질의 최적화, 히스토그램 사용, 물리적 최적화 및 조인 순서 지정 방법에 대한 새로운 자료와 데이터웨어 하우스의 일반적인 쿼리 최적화를 포함한다.
- 19장에서는 트랜잭션 처리 시스템에 필요한 기법을 소개하고 스케줄의 복구 가능성 및 직렬 가능성 개념을 소개한다. 또한, 버퍼 교체 정책에 대한 새로운 섹션과 스냅샷 격리 개념에 대한 새로운 논의가 포함되어 있다.
- 20장에서는 2 단계 잠금에 초점을 맞춘 여러 유형의 동시성 제어 프로토콜에 대해 간략히 설명한다. 또한 타임 스탬프 정렬 및 낙관적 동시성 제어 기술과 다중 단위 잠금에 대해 설명한다.
- 21장에는 데이터베이스 복구 프로토콜에 대한 개념과 기술에 대해 소개한다.
- 22장에서는 분산 데이터베이스 개념을 소개한다. 데이터의 가용성 및 확장성, 데이터 복제 및 조각화, 복제본 간의 데이터 일관성 유지 등 여러 가지 개념들을 소개한다.
- 23장에서는 빅데이터 저장과 처리를 위한 새로운 유형의 데이터베이스 관리 시스템으로 부상하고 있는 NOSQL 시스템들을 소개한다.
- 24장에서는 빅데이터의 분산 처리를 위한 MapReduce 프로그래밍 모델을 소개하고, Hadoop 시스템과 HDFS (Hadoop Distributed File System) 및 Pig와 Hive를 소개한다.
- 25장에서는 능동형 데이터베이스, 이력 데이터베이스, 공간 데이터베이스, 멀티미디어 데이터베이스를 소개한다.
- 26장에서는 IR (정보 검색) 및 웹 검색에 대해 설명하고, IR 및 키워드 기반 검색, DB와 IR에 관한 전반적인 기술들을 소개한다.
- 27장에서는 데이터베이스 보안에 관한 다양한 주제들을 다룬다.

## 본 책의 사용 지침

데이터베이스 과목을 가르치는 방법에는 여러 가지가 있다. 1장에서 6장까지는 데이터베이스 시스템에 관한 기본적인 내용을 강의하는 데 적합하며, 각 장의 강의 순서는 주어진 대로 하거나 혹은 강사의 취향에 따라 조정될 수도 있다. 일부 장들을 생략하거나 혹은 이 책의 나머지 부분에서 적당히 추가할 수도 있다.

데이터베이스에 관한 소개 강좌에서는 1장부터 6장까지 강의한 다음에 나머지 부분을 학생들의 배경이나 강의의 목적에 따라서 가감하여 수업할 수도 있다. 데이터베이스 시스템 구현에 관한 강의가 필요하다면 15장에서 21장까지를 포함시켜야 할 것이다. ER 모델의 개념적 모델링을 다루고 있는 3장은 데이터베이스를 개념적으로 이해하기 위하여 중요한 부분이다. 그러나 DBMS의 구현에 중점을 두는 강의에서는 일부분만을 다루거나 강의의 뒷부분에서 다루거나 또는 삭제할 수도 있다. 파일의 구조와 색인을 다루고 있는 15장과 16장은 데이터베이스 모델과 언어에 중점을 둔 강의에서는 강의 뒷부분에서 다루거나 삭제할 수 있다. 특히, 이미 파일 구조에 대한 강의를 수강한 학생들을 대상으로 하는 경우에는 이러한 장들을 참고자료로 활용하거나 그 개념을 다시 살펴보기 위하여 연습 문제를 풀도록 하는 것도 좋을 것이다.
데이터베이스의 설계에서부터 프로젝트의 구현에 이르는 작업은 개념적 설계(3장), 관계 데이터베이스(4장~7장), 데이터 모델 매핑(8장), 정규화(13장~14장), SQL로의 구현(5장)을 다루어야 한다. 여기에 특정 DBMS 관련 문서가 필요하다.

본 책은 주제의 순서를 유동적으로 조절할 수 있도록 기술되었다. 아래의 그림은 각 장 간의 주요 종속 관계를 나타낸 것이다. 그림에서 알 수 있듯이 서론이 되는 처음의 두 장으로부터 여러 개의 서로 다른 주제를 다루도록 시작할 수 있다. 그림이 약간 복잡해 보이기는 하지만, 각 장들이 순서적으로 다루어진다면 종속 관계가 상실되지는 않는다. 또 다른 순서로 강의하기를 원하는 경우에는 아래의 그림을 이용하여 계획을 세울 수 있을 것이다.

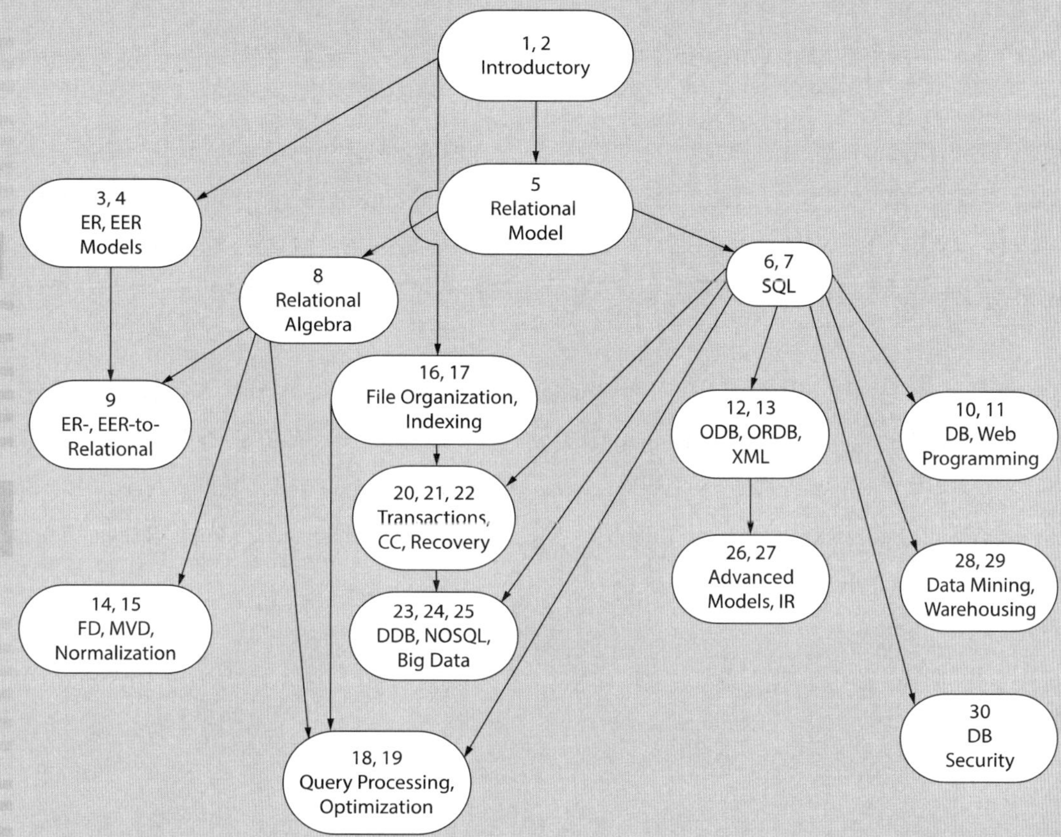


## 보충 자료

자격을 갖춘 강사는 Pearson이 제공하는 강사 리소스 센터(http://www.pearsonhighered.com/irc)에 연결하여 지원 자료를 이용할 수 있다. 더 자세한 정보는 해당 지역의 Pearson 대리점에 문의하시기 바란다.

- PowerPoint 강의 노트와 그림
- 솔루션 설명서

## 감사의 글

먼저 우리의 편집자 Matt Goldstein에게 그의 지도, 격려 및 지원에 감사드린다. Rose Kernan의 제작관리, Patricia Daly의 철저한 사본 편집, Martha McMaster의 페이지 교정에 대한 부지런함, Scott Disanno 등 제작팀 편집자의 훌륭한 노력에 감사드린다. 출판과정에서 도움을 준 많은 분들께 감사드린다: Michael Doherty, Deborah Dunn, Imad Rahal, Karen Davis, Gilliean Lee, Leo Mark, Monisha Pulimood, Hassan Reza, Susan Vrbsky, Li Da Xu, Kelsey Loanes, Weining Zhang, Vincent Oria.

Ramez Elmasri는 23 장에 도움을 준 Kulsawasd Jitkajornwanich, Vivek Sharma 및 Surya Swaminathan에게 감사드린다. Sham Navathe는 다양한 주제를 비판적으로 검토하고 개정하는데 도움을 준 다음 분들게 감사드린다: Dan Forsythe, Satish Damle, Rafi Ahmed, Harado Butani, Balaji Palanisamy, Prajakta Kalmegh, Vic Ghorpadey, Nenad Jukic, Frank Rietta, Kunal Malhotra, Saurav Sahay.

지금까지 데이터베이스 시스템에 관한 내용을 검토하고 기여한 다음 분들께도 감사의 말씀을 전한다.

- **First edition.**
  Alan Apt (editor), Don Batory, Scott Downing, Dennis Heimbinger, Julia Hodges, Yannis Ioannidis, Jim Larson, Per-Ake Larson, Dennis McLeod, Rahul Patel, Nicholas Roussopoulos, David Stemple, Michael Stonebraker, Frank Tompa, and Kyu-Young Whang.
- **Second edition.**
  Dan Joraanstad (editor), Rafi Ahmed, Antonio Albano, David Beech, Jose Blakeley, Panos Chrysanthis, Suzanne Dietrich, Vic Ghorpadey, Goetz Graefe, Eric Hanson, Junguk L. Kim, Roger King, Vram Kouramajian, Vijay Kumar, John Lowther, Sanjay Manchanda, Toshimi Minoura, Inderpal Mumick, Ed Omiecinski, Girish Pathak, Raghu Ramakrishnan, Ed Robertson, Eugene Sheng, David Stotts, Marianne Winslett, and Stan Zdonick.
- Third edition.
  Maite Suarez-Rivas and Katherine Harutunian (editors); Suzanne Dietrich, Ed Omiecinski, Rafi Ahmed, Francois Bancilhon, Jose Blakeley, Rick Cattell, Ann Chervenak, David W. Embley, Henry A. Etlinger, Leonidas Fegaras, Dan Forsyth, Farshad Fotouhi, Michael Franklin, Sreejith Gopinath, Goetz Craefe, Richard Hull, Sushil Jajodia, Ramesh K. Karne,

Harish Kotbagi, Vijay Kumar, Tarcisio Lima, Ramon A. Mata-Toledo, Jack McCaw, Dennis McLeod, Rokia Missaoui, Magdi Morsi, M. Narayanaswamy, Carlos Ordonez, Joan Peckham, Betty Salzberg, Ming-Chien Shan, Junping Sun, Rajshekhar Sunderraman, Aravindan Veerasamy, and Emilia E. Villareal.

- **Fourth edition.**

  Maite Suarez-Rivas, Katherine Harutunian, Daniel Rausch, and Juliet Silveri (editors); Phil Bernhard, Zhengxin Chen, Jan Chomicki, Hakan Ferhatosmanoglu, Len Fisk, William Hankley, Ali R. Hurson, Vijay Kumar, Peretz Shoval, Jason T. L. Wang (reviewers); Ed Omiecinski. Contributors from the University of Texas at Arlington are Jack Fu, Hyoil Han, Babak Hojabri, Charley Li, Ande Swathi, and Steven Wu; Contributors from Georgia Tech are Weimin Feng, Dan Forsythe, Angshuman Guin, Abrar Ul-Haque, Bin Liu, Ying Liu, Wanxia Xie, and Waigen Yee.

- **Fifth edition.**

  Matt Goldstein and Katherine Harutunian (editors); Michelle Brown, Gillian Hall, Patty Mahtani, Maite Suarez-Rivas, Bethany Tidd, and Joyce Cosentino Wells (from Addison-Wesley); Hani Abu-Salem, Jamal R. Alsabbagh, Ramzi Bualuan, Soon Chung, Sumali Conlon, Hasan Davulcu, James Geller, Le Gruenwald, Latifur Khan, Herman Lam, Byung S. Lee, Donald Sanderson, Jamil Saquer, Costas Tsatsoulis, and Jack C. Wileden (reviewers); Raj Sunderraman (who contributed the laboratory projects); Salman Azar (who contributed some new exercises); Gaurav Bhatia, Fariborz Farahmand, Ying Liu, Ed Omiecinski, Nalini Polavarapu, Liora Sahar, Saurav Sahay, and Wanxia Xie (from Georgia Tech).

- **Sixth edition.**

  Matt Goldstein (editor); Gillian Hall (production management); Rebecca Greenberg (copy editing); Jeff Holcomb, Marilyn Lloyd, Margaret Waples, and Chelsea Bell (from Pearson); Rafi Ahmed, Venu Dasigi, Neha Deodhar, Fariborz Farahmand, Hariprasad Kumar, Leo Mark, Ed Omiecinski, Balaji Palanisamy, Nalini Polavarapu, Parimala R. Pranesh, Bharath Rengarajan, Liora Sahar, Saurav Sahay, Narsi Srinivasan, and Wanxia Xie.

마지막으로, 가족의 지지, 격려, 인내심에 감사드립니다.

R. E.

S.B.N.

# CONTENTS

## 데이터베이스와 데이터베이스 사용자

# CONTENTS

## 데이터베이스 시스템 개념과 아키텍처

CONTENTS

## 엔티티-관계를 사용한 데이터 모델링

CONTENTS

## 관계 데이터 모델과 관계 데이터베이스 제약 조건

## 기본적인 SQL

Chapter
06

## 관계 대수와 관계 해석

## ER-관계 사상에 의한 관계 데이터베이스 설계

# CONTENTS

## SQL 프로그래밍 기법 소개

## PHP를 이용한 SQL 웹프로그래밍

## 객체와 객체-관계 데이터베이스

# CONTENTS

## XML: Extensible Markup Language

## 관계 데이터베이스의 함수적 종속성과 정규화 기본 이론

# CONTENTS

## 데이터베이스 설계 이론: 정규화 알고리즘

# CONTENTS

## 디스크 저장 장치, 기본 파일 구조, 해싱 및 최신 저장 장치 아키텍처

# CONTENTS

## 데이터베이스 파일 인덱싱 기법 및 물리적 데이터베이스 설계

## 질의 처리 기법

# CONTENTS

## 질의 최적화

## 트랜잭션 처리 개념과 이론 소개

CONTENTS



Chapter 20

## 동시성 제어 기법

## 데이터베이스 회복 프로토콜의 개요

# CONTENTS

## 분산 데이터베이스 개념

## NOSQL 데이터베이스와 빅데이터 저장시스템

# CONTENTS

## 하둡 및 맵리듀스 기반의 빅데이터 기술

## 확장된 데이터 모델: 능동, 시공간, 멀티미디어 데이터베이스

CONTENTS

## 정보 검색 및 웹 검색 개요

## 데이터베이스 보안

# CONTENTS

# 데이터베이스와 데이터베이스 사용자

현대 사회에서 데이터베이스와 데이터베이스 시스템은 일상생활에서 중요한 요소이다. 사람들은 매일 매일 데이터베이스와 관련된 여러 활동을 접하게 된다. 예를 들어 은행에 가서 예금하거나 출금할 때, 호텔이나 비행기를 예약할 때, 책을 찾기 위해 전산화된 도서관에서 카탈로그를 검색하거나 온라인으로 책, 인형, 컴퓨터 등과 같은 상품을 살 때 데이터베이스를 접근하게 된다. 상당수의 슈퍼마켓에서 물건을 살 때 슈퍼마켓의 물품 재고를 관리하는 데이터베이스가 자동적으로 갱신된다.

이러한 활동들이 **전통적인 데이터베이스 응용**의 예이다. 이런 응용에서 대부분의 정보는 문자열이나 숫자 형태로 저장되고 접근된다. 과거 수년 동안 기술의 발전으로 데이터베이스 시스템의 새로운 응용 분야가 생겨났다. 페이스북, 트위터, Flickr 등과 같은 소셜 미디어 웹 사이트들이 급증하면서 게시글, 트윗, 이미지, 비디오 클립 등과 같은 비전통적인 데이터를 저장하는 거대한 데이터베이스가 등장하였다. 소셜 미디어 응용들을 위한 데이터를 관리하기 위해서, 흔히 **빅 데이터** 저장 시스템 또는 **NOSQL 시스템**이라고 부르는 새로운 유형의 데이터베이스 시스템들이 개발되었다. 구글, 아마존, 야후 등의 기업들은 자체 웹 검색 엔진에 요구되는 데이터를 관리하기 위해서 이런 시스템들을 사용한다. 사용자들이 문서, 프로그램, 이미지, 비디오, 이메일 등 모든 유형의 데이터를 웹에서 관리할 수 있도록 저장 기능을 갖는 **클라우드 저장소**를 사용자들에게 제공하기 위해서도 이런 시스템들을 사용한다. 23장에서 새로운 유형의 데이터베이스 시스템의 개요를 다룬다.

이제 데이터베이스의 몇 가지 응용들을 설명한다. 휴대폰 등의 기기에서 사진과 비디오를 널리 활용하게 되면서 이미지, 오디오 클립, 비디오 스트림들을 디지털 방식으로 저장하는 것이 가능하게 되었다. 이런 유형의 파일들이 **멀티미디어 데이터베이스**(multimedia database)에서 중요한 구성요소가 되었다. **지리정보 시스템**(GIS: Geographic Information System)은 지도, 날씨 데이터, 위성사진 등을 저장하고 분석할 수 있다. **데이터 웨어하우스**(data warehouse)와 **온라인 분석 처리**(OLAP: Online Analytical Processing) 시스템은 의사 결정을 지원하기 위해 대규모 데이터베이스로부터 유용한 비즈니스 정보를 추출하고 분석하기 위해 많은 회사에서 사용하고 있다. **실시간 데이터베이스**(real-time database)와 **능동 데이터베이스**(active database) 기술은 생산과 제조 과정을 제어하기 위해 사용된다. 또한 인터넷을 통해 사용자가 필요로 하는 정보를 찾는 인터넷검색 성능을 높이기 위해 데이터베이스 검색 기술이 웹에 적용되고 있다.

데이터베이스 기술의 기본을 이해하기 위해서는 전통적인 데이터베이스 응용의 기초부터 시작해야 한다. 따라서 이 장의 1.1절에서는 데이터베이스가 무엇인가를 정의하고 데이터베이스와 관련된 기본 용어들을 설명한다. 1.2절에서는 앞으로의 논의에서 이용할 간단한 대학교 데이터베이스를 기술한다. 1.3절에서는 데이터베이스 시스템의 주요 특징들을 기술하고, 1.4절과 1.5절에서는 데이터베이스 시스템 사용자들을 몇 가지로 분류한다. 1.6절과 1.7절 및 1.8절에서는 데이터베이스 시스템이 제공하는 다양한 기능들을 상세하게 살펴보고 몇 가지 전형적인 데이터베이스 응용에 대해 논의한다. 마지막으로1.9절에서는 1장의 내용을 요약한다.

데이터베이스 시스템에 관한 간단한 소개를 원하는 독자는 1.1절부터 1.5절까지 공부하고 1.6절부터 1.8절까지 생략하거나 간단하게 훑어보고 바로 2장부터 시작해도 된다.

## 1.1 개요

데이터베이스와 데이터베이스 기술은 컴퓨터의 보편화에 큰 영향을 준다. 즉 데이터베이스는 비즈니스, 전자 상거래, 소셜 미디어, 엔지니어링, 의료, 유전학, 법률, 교육, 도서 관리 등과 같이 컴퓨터가 사용되는 거의 모든 분야에서 중요한 역할을 하고 있다. 데이터베이스란 단어는 이처럼 흔히 사용되기 때문에 본 절에서는 먼저 데이터베이스가 무엇인지 일반적으로 정의한다.

**데이터베이스**(database)는 서로 연관이 있는 **데이터**들의 모임이다.[1] 데이터는 알려진 **사실**(fact)로서 의미를 가지고 기록될 수 있다는 특성을 갖는다. 예를 들어, 독자들이 알고 있는 사람의 이름, 주소, 전화번호는 데이터이다. 오늘날 이런 데이터는 자체적인 단순한 데이터베이스 소프트웨어를 갖춘 모바일 기기에 흔히 저장된다. 이런 데이터를 주소록에 기록하거나 개인용 컴퓨터에서 마이크로소프트사의 ACCESS, EXCEL 등의 소프트웨어를 사용하여 하드 디스크 드라이브에 저장할 수 있다. 이러한 데이터의 모임은 데이터베이스가 된다. 데이터베이스에 대한 이러한 정의는 너무 일반적이다. 이 정의에 따르면 이 책의 각 페이지에 나타난 단어들도 서로 연관된 데이터이므로 데이터베이스가 된다. 따라서 우리는 데이터베이스라는 용어를 다음과 같은 특성을 가지는 것으로 한정하여 사용한다.

- 데이터베이스는 **작은세계**(mini-world) 또는 **논의 세계**(UoD: Universe of Discourse)라고 부르는 실세계의 일부분을 표현한다. 작은세계의 변화도 데이터베이스에 반영된다.
- 데이터베이스는 어떤 특정한 의미를 가지는 데이터의 모임이다. 즉, 특정한 의미를 갖지 않은 채 임의로 모은 데이터는 데이터베이스라고 부르지 않는다.
- 데이터베이스는 특정한 목적을 위해서 설계, 구축, 운용된다. 즉, 데이터베이스를 사용하는 사용자 그룹들과 이들이 원하는 응용들이 미리 정해져 있다.

다시 말하면, 데이터베이스는 데이터가 생성되는 원천(source)을 가지며, 실세계의 사건들과 어느 정도 상호 작용을 가지고, 데이터베이스의 내용에 능동적으로 관심을 갖는 사용자를 가진다. 데이터베이스의 내용에 능동적으로 관심을 갖는 사용자를 가진다. 데이터베이스의 최종 사용자(end user)가 업무 트랜잭션(예를 들어, 고객이 카메라를 사는 경우)을 수행할 수도 있고, 데이터베이스의 정보를 변경시키는 어떤 사건(예를 들어, 종업원이 아이를 갖는 경우)이 발생할 수도 있다. 데이터베이스가 항상 정확하고 안정적이기 위해서는 그 데이터베이스가 표현하는 작은세계에서 발생하는 변화들이 가능한 빨리 반영되어야 한다.

데이터베이스는 다양한 복잡도와 크기를 가진다. 예를 들어, 앞에서 언급한 사람의 이름, 주소, 전화번호 등은 기껏해야 수백 개 이내의 레코드로서, 각 레코드는 간단한 구조를 가진다. 그러나 대형 도서관의 전산화된 도서 카탈로그는 50만 개의 구조화된 입력들이 서로 다른 부류(예를 들어, 주저자별 부류, 주제별 부류, 제목별 부류 등)에 알파벳 순서로 저장

---

1) 데이터(Data)라는 단어를 단수와 복수 모두에 대하여 사용한다. 이것은 데이터베이스 문헌에서의 공통된 관례이다. 문맥에 따라 단수인지 복수인지 결정한다. 표준 영어에서 데이터는 복수로만 사용되고, 데이텀(Datum)이 단수로 사용된다.

될 수 있다. 회원 수가 10억명 이상인 페이스북 같은 소셜 미디어 기업은 이보다 더 크고 복잡한 데이터베이스를 유지한다. 데이터베이스에는 회원들이 서로 친구로 맺어진 정보, 각 회원의 게시글, 각 게시글을 읽을 수 있는 회원들, 웹 사이트가 올바르게 동작하는 데 필요한 기타 유형의 방대한 정보가 저장된다. 소셜 미디어 웹 사이트에서 계속해서 갱신되는 정보를 기록하기 위해 다수의 데이터베이스들이 필요하다.

대형 상업 데이터베이스의 예로 Amazon.com을 들 수 있다. Amazon.com은 6천만 명 이상의 활발한 회원, 수백만 개 이상의 책, CD, 비디오, DVD, 게임, 전자 제품, 의류 등을 포함한다. 이 데이터베이스는 42테라바이트(1테라바이트는 $10^{12}$바이트)를 차지하고, 수백대의 컴퓨터(서버라고 부름)에 저장되어 있다. 매일 수백만 명의 방문객들이 Amazon.com을 방문하며, 물건을 사기 위해 이 데이터베이스에 접근한다. 이 데이터베이스는 새로운 책과 상품들이 창고에 들어올 때마다 계속하여 갱신되며, 구매가 성사될 때마다 재고량이 갱신된다.

데이터베이스는 수동 또는 컴퓨터를 이용하여 생성 및 관리된다. 예를 들어, 도서관의 도서 카탈로그는 수동으로 생성 및 관리되는 데이터베이스의 한 예이다. 전산화된 데이터베이스는 응용 프로그램들이나 데이터베이스 관리 시스템에 의하여 생성 및 관리된다. 물론 이 책에서는 전산화된 데이터베이스만을 고려한다.

**데이터베이스 관리 시스템**(DBMS: Database Management System)은 사용자가 데이터베이스를 생성하고 관리할 수 있도록 하는 컴퓨터화된 시스템이다. DBMS는 다양한 사용자와 응용들이 필요로 하는 데이터베이스를 정의, 생성, 조작, 공유할 수 있도록 편리한 기능을 제공하는 범용 소프트웨어 시스템이다. 데이터베이스 정의는 데이터베이스에 저장되는 데이터에 대한 데이터 타입, 구조, 제약 조건(constraint)들을 명세하는 과정이다. 데이터베이스의 정의 또는 데이터베이스를 설명하는 정보는 DBMS에 의해서 카탈로그나 사전의 형태로 저장되고 이를 **메타데이터**(meta-data)라 부른다. 데이터베이스 구축은 DBMS가 관리하는 기억 장치(대부분의 경우 디스크)에 데이터를 저장하는 과정이다. 데이터베이스 조작(manipulation)은 특정한 데이터를 검색하기 위한 질의, 데이터베이스의 갱신, 데이터로부터 리포트를 생성하는 기능 등을 포함한다. 데이터베이스 **공유**는 여러 사용자와 프로그램이 데이터베이스에 동시에 접근하도록 하는 기능이다. **응용 프로그램**(application program)은 DBMS에 **질의**(query)[2] 또는 데이터 요청을 보내서 데이터베이스에 접근한다. 질의는 일반적으로 몇몇 데이터를 결과로 반환하며, **트랜잭션**(transaction)은 데이터베이스로부터 몇몇 데이터를 읽고 몇몇 데이터를 쓴다.

DBMS에 의해 제공되는 또 다른 주요 기능으로는 데이터베이스를 보호하는 것과 이를 오랜 기간에 걸쳐 유지보수하는 것이다. 보호는 하드웨어 또는 소프트웨어 오동작(또는 붕괴)으로부터 시스템을 보호하는 기능과 권한이 없는 또는 악의적인 접근을 하려는 보안 위협으로부터 보호하는 기능을 포함한다. 보통 대규모 데이터베이스는 수년에 걸쳐 유지된다. 따라서 DBMS는 시간이 지남에 따라 변화하는 요구사항을 반영할 수 있도록 데이터베이스 시스템을 유지보수할 수 있어야 한다.

컴퓨터화된 데이터베이스를 구현하기 위하여 반드시 범용 DBMS를 사용할 필요는 없다.

2) 질의(query)라는 용어는 원래 의문(question)이나 문의(inquiry)를 의미했으나, 데이터를 변경하는 것을 포함하여 데이터베이스에 대한 모든 유형의 상호작용이라는 의미로 가끔 사용된다.

항공기 예약처럼 특별한 응용들을 위해 데이터베이스를 생성 및 유지하는 맞춤형 프로그램들, 즉 특수 목적의 DBMS를 구현할 수도 있다. 범용 DBMS를 사용하든 특수 목적의 DBMS를 사용하든 데이터베이스를 관리하기 위해 상당한 규모의 복잡한 소프트웨어를 사용해야 한다. 사실, 대부분의 DBMS들은 매우 복잡한 소프트웨어 시스템이다. 데이터베이스와 DBMS를 합쳐서 **데이터베이스 시스템**(database system)이라고 부른다. 그림1.1은 단순화된 데이터베이스 시스템 환경을 보여준다.

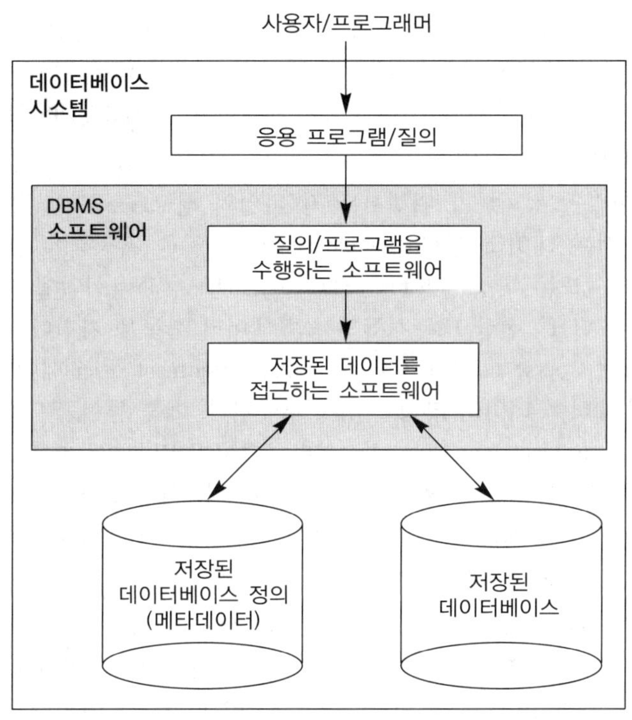


그림 1.1 단순화된 데이터베이스 시스템 환경

## 1.2 데이터베이스의 예

이 절에서는 독자들이 대부분 잘 알고 있는 대학교 데이터베이스를 설명한다. 대학교 데이터베이스는 학생, 과목, 성적에 관한 정보를 저장하고 관리한다. 그림 1.2는 대학교 데이터베이스의 구조와 몇 가지 데이터의 예를 보여준다. 데이터베이스는 다음과 같은 다섯 개의 파일로 구성되며, 각 파일은 동일한 유형의 **데이터 레코드**(data record)들을 저장한다.3) STUDENT 파일은 학생에 관련된 데이터를 저장한다. COURSE 파일은 개설된 과목에 관한 데이터를 저장한다. SECTION 파일은 과목의 각 강좌에 관한 데이터를 저장한다. GRADE_REPORT 파일은 학생이 수강한 강좌의 성적을 저장한다. PREREQUISITE 파일은 각 과목의 선수과목을 저장한다.

이러한 데이터베이스를 정의하기 위해서는 각 파일의 레코드 구조를 명시해야 한다. 즉, 각 레코드에 저장되는 **데이터 항목**(data element)의 타입을 지정해야 한다. 그림 1.2에서 STUDENT의 각 레코드는 학생의 Name, Student_number, Class(신입생 '1', 2년생 '2', ...), Major(수학 또는 'MATH', 전산 또는 'CS') 등의 데이터 항목을 가진다. COURSE의 각 레코드는 Course_name, Course_number, Credit_ hours, Department 등의 데이터 항목을 가진다. 각 데이터 항목에 대하여 **데이터 타입**도 명시해야 한다. 예를 들어, STUDENT 레코드에서 Name은 문자열이고, Student_number는 정수이다. GRADE_REPORT에서 Grade는 문자 집합 {'A', 'B', 'C', 'D', 'F', 'I'}의 한 원소를 값으로 가진다. 데이터베이스에서는 데이터를 코딩하여 표현할 수도 있다. 예를 들어, 그림 1.2의 STUDENT에서 Class의 값으로 '1'은 신입생, '2'는 2년생, '3'은 3년생, '4'는 4년생을 나타낸다.

UNIVERSITY 데이터베이스를 생성하기 위하여 각 학생, 과목, 강좌, 성적, 선수과목을 나타내는 데이터를 해당되는 테이블에 한 레코드로 저장한다. 여러 파일에 속하는 레코드들이 서로 연관을 가질 수 있음을 유의한다. 즉, STUDENT 파일에 들어 있는 Smith 레코드는 그가 수강한 두 강좌의 성적을 나타내는 GRADE_REPORT 파일의 두 레코드와 연관이 있다. PREREQUISITE 파일에 들어 있는 각 레코드는 COURSE 파일에 속하는 두 레코드가 서로 연관된다는 것을, 즉 한 과목이 다른 과목의 선수과목이라는 것을 나타낸다. 대부분의 중형, 대형 데이터베이스는 다양한 유형의 레코드와 레코드 사이의 **관계**(relationship)를 가진다.

데이터베이스 조작은 질의와 갱신을 포함한다. 질의의 예는 다음과 같다.

- 'Smith'의 성적을 검색하라.
- 2008년 가을 학기에 개설된 데이터베이스 과목의 강좌를 수강한 학생들의 이름과 성적을 검색하라.
- 데이터베이스 과목의 선수과목을 검색하라.

3) 여기서는 비공식적으로 파일이란 단어를 사용한다. 개념적인 수준에서, 파일은 순서를 갖거나 갖지 않는 레코드들의 모임이다.

갱신의 예는 다음과 같다.

- 'Smith'를 2년생으로 변경하라.
- 이번 학기에 '데이터베이스'과목의 새로운 강좌를 개설하라.
- 지난 학기 '데이터베이스'강좌에서 'Smith'의 성적을 'A'로 하라.

이와 같은 비정형 형태의 질의와 갱신은 데이터베이스 시스템에서 처리되기 전에 DBMS의 질의어로 정확하게 명세해야 한다.

STUDENT

| Name | Student_number | Class | Major |
|---|---|---|---|
| Smith | 17 | 1 | CS |
| Brown | 8 | 2 | CS |

COURSE

| Course_name | Course_number | Credit_hours | Department |
|---|---|---|---|
| Intro to Computer Science | CS1310 | 4 | CS |
| Data Structures | CS3320 | 4 | CS |
| Discrete Mathematics | MATH2410 | 3 | MATH |
| Database | CS3380 | 3 | CS |

SECTION

| Section_identifier | Course_number | Semester | Year | Instructor |
|---|---|---|---|---|
| 85 | MATH2410 | Fall | 07 | King |
| 92 | CS1310 | Fall | 07 | Anderson |
| 102 | CS3320 | Spring | 08 | Knuth |
| 112 | MATH2410 | Fall | 08 | Chang |
| 119 | CS1310 | Fall | 08 | Anderson |
| 135 | CS3380 | Fall | 08 | Stone |

GRADE_REPORT

| Student_number | Section_identifier | Grade |
|---|---|---|
| 17 | 112 | B |
| 17 | 119 | C |
| 8 | 85 | A |
| 8 | 92 | A |
| 8 | 102 | B |
| 8 | 135 | A |

PREREQUISITE

| Course_number | Prerequisite_number |
|---|---|
| CS3380 | CS3320 |
| CS3380 | MATH2410 |
| CS3320 | CS1310 |

그림 1.2 학생 레코드 및 성적 레코드들을 저장하고 있는 데이터베이스의 예

다음으로, 어떤 기관 내의 정보 시스템의 일부로서 데이터베이스를 설명한다. 회사 내의 정보기술(Information Technology: IT) 부서는 다양한 컴퓨터, 저장 시스템, 응용 프로그램 소프트웨어, 데이터베이스로 구성된 정보 시스템을 설계하고 관리한다. 기존 데이터베이스에 대해서 새로운 응용 프로그램을 설계하거나 새로운 데이터베이스를 설계하는 업무는 **요구사항 명세 및 분석**(requirements specification and analysis)이라 불리는 단계로부터 시작된다. 이 요구사항들은 자세하게 문서화된 후에 **개념적 설계**(conceptual design)로 변환된다. 이때, 컴퓨터화된 도구들을 사용하여 개념적 설계를 표현하고 구현하면 관리와 수정이 용이하고 데이터베이스 구현으로 쉽게 변환할 수 있다. (이를 위해 3장에서 **개체-관계**(Entity-Relationship) 모델을 소개한다.) 다음으로 개념적 설계는 상용 DBMS에서 구현되는 데이터 모델로 표현될 수 있는 **논리적 설계**(logical design)로 변환된다. (이 책에서는 다양한 유형의 DBMS들을 논의하지만, 4장부터 8장에 걸쳐 관계 DBMS를 중점적으로 다룬다.)

마지막 단계인 **물리적 설계**(physical design)에서는 데이터베이스에 데이터를 저장하고 접근하는데 필요한 좀 더 많은 명세(specification)들이 제공된다. 이렇게 설계된 데이터베이스는 실제로 구현되어 데이터로 채워진 후, 작은세계의 상태를 반영하기 위해 지속적으로 관리된다.

## 1.3 데이터베이스의 특징

파일에 저장된 데이터를 접근하는 프로그램을 작성하는 오래된 방식과 데이터베이스 방식은 데이터를 관리하는 측면에서 큰 차이를 보인다. 파일처리 방식에서는 소프트웨어 응용을 프로그래밍하는 작업의 일환으로 사용자가 특정한 소프트웨어 응용을 위하여 필요한 파일들을 별도로 정의하고 구현한다. 예를 들어, 성적 관리부서의 직원은 학생들과 성적 데이터를 저장하는 파일들을 구축하고, 어떤 학생의 성적을 출력하거나 학기가 끝난 후에 성적을 삽입하는 프로그램들을 작성한다. 또한, 회계 부서의 직원은 학생과 수업료에 관한 데이터를 저장하는 파일들을 구축한다. 즉, 양쪽 부서 모두 학생에 관한 데이터를 필요로 하므로 학생에 대하여 두 개의 다른 파일이 생성되며, 각각에 대하여 필요한 응용 프로그램들을 작성하게 된다. 이러한 데이터의 중복은 기억 장소의 낭비뿐만 아니라, 변경 시 중복된 모든 파일에서 관련 레코드를 찾아서 동일하게 변경해야 하는 오버헤드가 발생한다.

이에 비하여 데이터베이스 방식에서는 단일 저장소에 데이터가 저장되고, 여러 사용자가 질의, 트랜잭션, 응용 프로그램들을 통해서 이 데이터를 공유하게 된다. 파일처리 방식에 비하여 데이터베이스 방식이 갖는 특징은 다음과 같다.

- 데이터베이스 시스템의 자기 기술성
- 프로그램과 데이터의 격리 및 데이터 추상화
- 데이터에 대한 다중 뷰(view)의 제공
- 데이터의 공유와 다수 사용자 트랜잭션 처리

이제 이러한 특징들을 각 절에서 하나씩 설명한다. 데이터베이스 시스템의 추가적인 특징들은 1.6~1.8절에서 논의한다.

### 1.3.1 데이터베이스 시스템의 자기 기술성

데이터베이스 방식의 주요 특징은 데이터베이스 시스템이 데이터베이스 자체뿐만 아니라 데이터베이스의 구조와 제약 조건에 대한 완전한 정의까지 가지고 있다는 점이다. 데이터베이스에 대한 정의는 데이터베이스에 속하는 각 파일들의 구조, 각 데이터 항목의 타입과 저장 형식, 데이터에 대한 다양한 제약 조건 등을 나타낸다. 이 정의는 DBMS 카탈로그(catalog)에 저장된다. 카탈로그에 저장된 정보를 메타데이터(meta-data)라고 부르며, 기본 데이터베이스의 구조를 기술한다(그림1.1). NOSQL 시스템이라고 알려진, 새로운 유형의 데이터베이스 시스템은 메타데이터를 필요로 하지 않는다. 이런 시스템에서는 데이터가 단일 구조 내에 데이터 항목 이름과 데이터 값을 함께 포함하는 자기 기술성 데이터로 저장된다(23장 참조).

카탈로그는 DBMS가 사용하며, 데이터베이스 구조에 관한 정보를 원하는 사용자가 카탈로그를 이용한다. 범용 DBMS 패키지는 특정한 데이터베이스 응용을 위하여 작성되는 것이 아니다. 따라서 범용 DBMS는 특정 데이터베이스에 저장된 파일들의 구조를 파악하기 위하여 데이터의 타입이나 포맷과 같은 정보를 카탈로그로부터 얻는다. DBMS는 카탈로그에 데이터베이스 정의가 등록된 대학교 데이터베이스, 은행 데이터베이스, 회사 데이터베이스 등 모든 데이터베이스를 공평하게 취급한다.

기존의 파일처리 방식에서는 데이터의 정의가 대개 응용 프로그램의 일부로 표현된다. 따라서 이러한 파일처리 방식의 응용들은 프로그램 내에서 그 구조가 정의된 하나의 특정한 데이터베이스에 대해서만 동작한다고 볼 수 있다. 예를 들어, C++ 응용 프로그램은 struct나 class의 정의를 포함할 수 있다. 파일처리 방식이 특정 데이터베이스만을 접근할 수 있음에 비하여, DBMS는 시스템 카탈로그로부터 데이터베이스에 대한 정의를 가져와서 데이터베이스를 접근하므로 다양한 데이터베이스들을 접근할 수 있다.

그림 1.2의 예에서 DBMS 카탈로그는 다섯 개의 파일에 관한 정보를 카탈로그에 저장한다. 그림 1.3은 데이터베이스 카탈로그의 몇몇 예를 보여준다. 특정 데이터 항목, 예를 들어 STUDENT의 Name에 대한 접근 요청이 들어오면 DBMS는 카탈로그로부터 STUDENT 파일의 구조, STUDENT 레코드 내에서 Name 데이터 항목의 위치와 길이에 관한 정보를 파악한 후에 해당 데이터를 추출하게 된다. 반면에 파일처리 방식에서는 파일의 구조와 심지어 STUDENT 레코드 내에서 Name 데이터 항목의 정확한 위치까지 이 데이터 항목을 접근하는 각 응용 프로그램에 코딩해야 한다.

RELATIONS

| Relation_name | No_of_columns |
|---|---|
| STUDENT | 4 |
| COURSE | 4 |
| SECTION | 5 |
| GRADE_REPORT | 3 |
| PREREQUISITE | 2 |

COLUMNS

| Column_name | Data_type | Belongs_to_relation |
|---|---|---|
| Name | Character (30) | STUDENT |
| Student_number | Character (4) | STUDENT |
| Class | Integer (1) | STUDENT |
| Major | Major_type | STUDENT |
| Course_name | Character (10) | COURSE |
| Course_number | XXXX NNNN | COURSE |
| .... | .... | ..... |
| .... | .... | ..... |
| .... | .... | ..... |
| Prerequisite_number | XXXX NNNN | PREREQUISITE |

주) Major_type은 알려진 전공들로 구성되는 enumerared type으로 정의한다. XXXXNNNN은 4개의 문자 뒤에 4자리 숫자가 나타난다는 의미이다.

그림 1.3 그림 1.2의 데이터베이스를 위한 데이터베이스 카탈로그의 예

## 1.3.2 프로그램과 데이터의 격리 및 데이터 추상화

기존의 파일처리 방식에서는 데이터 파일의 구조에 대한 정보가 데이터 파일을 접근하는 응용 프로그램 내에 표현되므로 파일의 구조가 변경되면 그 데이터 파일을 접근하는 모든 응용 프로그램도 변경해야 한다. 그러나 DBMS를 접근하는 응용 프로그램들은 대부분의 경우에 고칠 필요가 없다. 즉, 데이터 파일의 구조가 응용 프로그램과 분리되어 DBMS 카탈로그에 저장된다. 따라서 데이터 파일의 구조가 변경되어도 응용 프로그램은 거의 변하지 않게 된다. 이러한 성질을 **프로그램-데이터 독립성**(program-data independence)이라고 부른다.

예를 들어, 그림 1.4와 같은 구조의 STUDENT 레코드들만 접근하는 응용 프로그램이 있다고 가정하자. STUDENT 레코드에 새로운 데이터 항목(예를 들어, Birth_date)이 추가되어 레코드의 길이가 늘어나면 응용 프로그램이 더 이상 동작하지 않으므로 변경해야 한다. 그러나 DBMS 환경에서는 새로운 항목 Birth_date의 추가를 반영하기 위해 새로운 데이터 항목이 추가되었다는 것을 카탈로그(그림 1.3)에만 기록하면 되므로 응용 프로그램은 변경할 필요가 없다.

| 데이터 항목 이름 | 레코드에서 시작 위치 | 길이(바이트) |
|---|---|---|
| Name | 1 | 30 |
| Student_number | 31 | 4 |
| Class | 35 | 1 |
| Major | 36 | 4 |

그림 1.4 STUDENT 레코드에 대한 내부 저장 형식

객체지향(object-oriented) 데이터베이스와 객체관계(object-relational) 데이터베이스와 같은 몇몇 형태의 데이터베이스 시스템(11장 참조)에서는 사용자가 데이터에 대한 연산까지 데이터베이스 정의의 일부로 나타낼 수 있다. **연산**(operation)(함수 또는 메소드(method)라고 불림)은 인터페이스와 구현의 두 부분으로 구성된다. 연산의 인터페이스(또는 시그니처(signature))는 연산의 이름, 매개 변수들의 데이터 타입을 포함한다. 연산의 구현(또는 메소드)은 인터페이스와는 별도로 명시되며, 인터페이스에 영향을 미치지 않고 변경될 수 있다. 사용자응용 프로그램에서는 연산의 구현 내용을 몰라도 연산의 이름과 매개 변수들을 사용해서 연산을 호출함으로써 데이터에 대한 연산을 수행할 수 있다. 즉, 연산의 구현이 변경되어도 인터페이스가 유지되는 한 응용 프로그램은 변경할 필요가 없다. 이러한 성질을 **프로그램-연산 독립성**(program-operation independence)이라고 부른다.

**데이터 추상화**(data abstraction)는 프로그램-데이터 독립성과 프로그램-연산 독립성을 제공하는 성질을 의미한다. DBMS는 데이터가 어떻게 저장되었고 연산들이 어떻게 구현되었는가에 대한 상세한 정보보다는 사용자에게 데이터에 대한 **개념적인 표현**(conceptual representation)을 제공한다. 데이터 모델은 사용자에게 데이터에 대한 개념적인 표현을 제공하는 데 이용되는 데이터 추상화의 한 종류로 볼 수 있다. **데이터 모델**은 컴퓨터 기억 장소의 개념보다 대부분의 사용자가 더 이해하기 쉬운 객체, 성질, 객체들 간의 관련성과 같은 논리적인 개념을 사용한다. 즉, 데이터 모델은 대부분의 데이터베이스 사용자가 관심을 갖지 않는 기억 장소와 구현에 관한 상세 정보를 숨기는 역할을 한다.

예를 들어, 그림 1.2와 1.3을 살펴보자. STUDENT 파일의 내부 구현은 파일의 레코드의 길이(바이트 수)로 정의하고, 각 데이터 항목은 레코드 내에서 시작 위치(오프셋)와 길이(바이트 수)로 정의한다. 즉, STUDENT 레코드에 대한 정의는 그림1.4와 같이 표현된다. 그러나 데이터베이스 사용자는 레코드 내에서 각 데이터 항목의 시작 위치나 길이를 알 필요가 없이 단지 데이터 항목의 이름을 사용하여 데이터 항목에 접근한다. 그림 1.2는 STUDENT 레코드에 대한 개념적인 표현이다. DBMS는 데이터베이스 사용자에게 파일의 접근 경로와 같은 저장구조에 대한 상세 정보를 숨겨준다. 파일의 저장구조에 대한 자세한 내용은 15장과 16장에서 설명한다.

데이터베이스에서는 각 파일의 구조에 관한 상세한 정보가 카탈로그에 저장된다. 데이터베이스 사용자와 응용 프로그램은 데이터 모델이 제공하는 파일의 개념적인 표현을 참조하며, 필요하면 DBMS가 카탈로그로부터 파일의 상세 정보를 추출하여 이용한다. 데이터베이스 사용자에게 제공되는 파일의 개념적인 표현을 위하여 다양한 데이터 모델들이 제안되었다. 이 책의 다른 장에서 다양한 데이터 모델들과 이 모델들이 데이터의 표현을 추상

화하기 위해서 사용하는 개념들을 다루기로 한다.

객체지향 데이터베이스와 객체관계 데이터베이스에서 추상화 과정은 자료 구조뿐만 아니라 데이터에 대한 연산들도 포함한다. 연산들은 사용자들이 공통적으로 인식하는 실세계의 행위를 추상화한 것이다. 예를 들어, 연산 CALCULATE_GPA는 STUDENT 객체에 적용되어 성적의 평균값을 계산한다. 사용자(응용 프로그램)는 이러한 연산이 내부적으로 어떻게 구현되었는지 몰라도 수행시킬 수 있다.

### 1.3.3 데이터에 대한 다중 뷰의 제공

데이터베이스를 사용하는 다양한 유형의 사용자들은 서로 다른 관점(또는 뷰)을 가지고 데이터를 보게 된다. 뷰는 데이터베이스의 일부이거나 데이터베이스로부터 유도되는 **가상 데이터**(virtual data)이지만 뷰의 데이터는 실제로 데이터베이스에 저장되지 않는다. 어떤 사용자는 자신이 사용하는 데이터가 데이터베이스에 저장된 실제 데이터인지 또는 유도된 데이터인지 구분할 필요가 없다. 다수 사용자용 DBMS는 여러 사용자들이 자신의 뷰를 정의할 수 있도록 하는 기능을 제공해야 한다. 예를 들어, 그림 1.2의 데이터베이스에서 어떤 사용자가 학생의 성적에만 관심이 있는 경우에 그 사용자에게는 그림 1.5(a)와 같은 뷰를 제공할 수 있어야 한다. 또한 학생이 수강하는 각 과목에 대하여 선수과목의 수강 여부를 검사하는 직원에게는 그림 1.5(b)와 같은 뷰가 필요할 수 있다.

### 1.3.4 데이터의 공유와 다수 사용자 트랜잭션 처리

다수 사용자용 DBMS는 여러 사용자가 동시에 데이터베이스를 접근할 수 있는 DBMS이다. 여러 응용에서 사용되는 데이터를 통합하여 하나의 데이터베이스에 저장하여 관리한다면 다수 사용자용 DBMS가 꼭 필요하다. 다수 사용자용 DBMS에는 **동시성 제어**(concurrency control) 소프트웨어가 내장되어 다수 사용자가 동일한 데이터를 동시에 변경하는 경우에도 데이터의 일관성(consistency)을 보장한다. 예를 들어, 항공 회사의 여러 에이전트들이 동일한 좌석을 예약하는 경우에도 DBMS는 하나의 좌석이 한 에이전트에게만 지정되도록 보장한다. 좌석 예약과 같은 응용을 일반적으로 **온라인 트랜잭션 처리**(OLTP: On-Line Transaction Processing) 응용이라고 부른다. 다수 사용자용 DBMS의 기본적인 기능은 동시에 수행되는 트랜잭션들이 상호 방해를 받지 않고 정확하고 효율적으로 수행되도록 보장하는 데 있다.

트랜잭션의 개념은 많은 데이터베이스 응용에서 중심이 되어 왔다. **트랜잭션**은 데이터베이스 레코드를 읽거나 갱신하는 것과 같이 한 번 이상의 데이터베이스 접근을 포함하는 프로그램, 혹은 프로세스를 수행하는 것이다. 각 트랜잭션은 다른 트랜잭션의 간섭 없이 완전히 수행되면 논리적으로 올바르게 데이터베이스 접근을 실행하는 것으로 여겨진다. DBMS는 트랜잭션의 몇 가지 성질들을 강제적으로 지키도록 해야 한다. **고립성**(isolation) 성질은 각 트랜잭션이 다른 트랜잭션들로부터 고립되어 수행되는 것처럼 보이도록 보장한다. **원자성**(atomicity) 성질은 트랜잭션 내의 모든 데이터베이스 연산들이 수행 완료되거나, 아니면 아무 연산도 수행되지 않음을 보장한다. 트랜잭션은 이 책의 9부에서 자세히 다룬다.

TRANSCRIPT

| Student_name | Student_transcript | | | | |
|---|---|---|---|---|---|
| | Course_number | Grade | Semester | Year | Section_id |
| Smith | CS1310 | C | Fall | 08 | 119 |
| | MATH2410 | B | Fall | 08 | 112 |
| Brown | MATH2410 | A | Fall | 07 | 85 |
| | CS1310 | A | Fall | 07 | 92 |
| | CS3320 | B | Spring | 08 | 102 |
| | CS3380 | A | Fall | 08 | 135 |

(a)

COURSE_PREREQUISITES

| Course_name | Course_number | Prerequisites |
|---|---|---|
| Database | CS3380 | CS3320 |
| | | MATH2410 |
| Data Structures | CS3320 | CS1310 |

(b)

그림 1.5 그림 1.2의 데이터베이스에 대한 두 가지 뷰: (a) 학생의 성적표 뷰, (b) 과목의 선수과목 뷰

이상의 특징들이 DBMS와 파일처리 방식의 중요한 차이점들이다. 1.6절에서는 또 다른 차이점들을 살펴본다. 다음 절에서 데이터베이스를 사용하는 다양한 사용자들을 몇 가지 부류로 분류한다.

## 1.4 데이터베이스 사용자의 분류

1.1절에서 언급한 주소록과 같이 적은 양의 개인 데이터베이스는 한 사람이 데이터베이스를 정의, 구축, 관리, 조작할 수 있고 공유되지는 않는다. 그러나 대규모 데이터베이스에서는 데이터베이스를 정의, 구축, 관리, 조작하는 데 많은 사람들(즉, 무대 위의 사람)이 관련된다. 본 절에서는 데이터베이스를 사용하는 사용자들에 관하여 살펴본다. 1.5절에서는 데이터베이스 내용보다는 데이터베이스 시스템 환경을 구축하는 데 관련된 사람(즉, 무대 뒤의 사람)들을 살펴본다.

### 1.4.1 데이터베이스 관리자(DBA: Database Administrator)

어떤 조직에서나 여러 사람이 공동으로 사용하는 자원이 있으면 공용 자원의 사용을 관리하고 감독하는 관리자가 필요하다. 데이터베이스 환경에서 주요 자원은 데이터베이스 자체이며, 부수적인 자원은 DBMS와 관련 소프트웨어이다. **데이터베이스 관리자**는 이러한 자원들을 관리하고 감독한다. 데이터베이스 관리자는 데이터베이스에 대한 접근을 감독하며, 자원의 사용을 모니터링하고 조정한다. 필요한 경우에 소프트웨어나 하드웨어 자원을 구입한다. 또한 데이터베이스의 보안이나 시스템의 성능 문제를 책임진다. 대규모 조직에서는

데이터베이스 관리자를 보조하는 사원들을 둘 수도 있다.

### 1.4.2 데이터베이스 설계자

데이터베이스 설계자(database designer)는 데이터베이스에 저장될 데이터를 선정하고, 데이터를 나타내고 저장하는 구조를 정의하는 역할을 담당한다. 대부분 이런 작업은 데이터베이스가 실제로 구축되어 데이터가 채워지기 전에 이루어진다. 데이터베이스 설계자는 데이터베이스를 사용할 사용자들과의 대화를 통하여 요구사항들을 도출해내고, 그것이 만족되도록 데이터베이스를 설계한다. 많은 경우에 데이터베이스 설계자는 데이터베이스 관리자의 참모이며, 설계 후에는 다른 업무를 맡게 된다. 데이터베이스 설계자는 사용자 그룹들과 만나서 요구사항들을 도출하고, 그것을 만족하는 데이터베이스 뷰를 개발한다. 각각의 뷰는 다른 사용자 그룹들의 데이터베이스 뷰와 통합되어 전체 데이터베이스 구조가 완성된다. 최종 데이터베이스 설계는 다양한 사용자 그룹들의 요구를 만족시키도록 한다.

### 1.4.3 최종 사용자

최종 사용자(end user)는 데이터베이스에 대하여 질의하고, 변경하고, 보고서를 작성하는 사람이다. 최종 사용자는 다음과 같이 분류할 수 있다.

- **캐주얼 사용자(casual end user)**. 데이터베이스를 가끔 접근하지만 매번 다른 정보를 찾는다. 이들은 정교한 데이터베이스 질의어 인터페이스를 사용하여 데이터를 요구하며, 대개 중상급의 관리자이다.
- **초보 사용자(naive 또는 parametric end user)**. 최종 사용자 중 대부분을 차지한다. 미리 잘 프로그램되고 테스트된 **기작성 트랜잭션**(canned transaction)들을 사용하여 데이터베이스를 검색하고 변경하는 사용자이다. 상당수의 기작성 트랜잭션들의 기능을 이제 모바일 기기에서 앱을 통해 수행할 수 있다. 초보 사용자들이 수행하는 작업은 다양한데, 몇 가지 예는 다음과 같다.
  - 은행 고객과 직원은 계좌의 잔액을 조회하거나 예금을 처리한다.
  - 비행기, 호텔, 렌트카 예약 직원과 고객은 원하는 예약이 가능한지 살펴보고 예약한다.
  - 우편물 수신국 직원은 수신되었거나 전송 중인 소포들에 대한 중앙 데이터베이스를 갱신하기 위하여 바코드(bar code)를 통해 소포의 고유 번호를 입력하거나 버튼을 이용하여 설명 정보를 입력한다.
  - 소셜 미디어 사용자는 소셜 미디어 웹 사이트에 글을 게시하고, 게시글을 읽는다.
- **전문 사용자(sophisticated end user)**. 복잡한 요구사항을 가진 엔지니어, 과학자, 비즈니스 분석가 등으로, 그들의 복잡한 요구사항을 만족시키도록 DBMS의 고급 기능을 이용하여 응용 프로그램을 구현한다.
- **독자적인 사용자(stand-alone end user)**. 메뉴나 그래픽 사용자 인터페이스를 제공하는 편리한 패키지를 사용하여 개인 데이터베이스를 유지하는 사용자이다. 예를

들어, 개인의 다양한 재정 데이터를 저장하는 재정 소프트웨어 패키지의 사용자가 이 부류에 속한다.

대부분의 DBMS는 데이터베이스를 접근하는 데 사용할 수 있는 다수의 도구들을 제공한다. 초보 사용자는 DBMS가 제공하는 도구들의 기능에 관하여 조금만 배우면 된다. 즉, 초보자들을 위하여 설계 및 구현된 표준 트랜잭션들의 사용자 인터페이스 또는 모바일 앱만 이해하면 된다. 캐주얼 사용자는 그들이 반복 사용하는 약간의 도구들만 배우면 된다. 전문 사용자는 복잡한 요구사항을 해결하기 위하여 DBMS가 제공하는 대부분의 도구들의 기능을 알아야 한다. 독자적인 사용자는 특별한 소프트웨어 패키지를 사용하는 데 익숙해야 한다.

### 1.4.4 시스템 분석가 및 응용 프로그래머(소프트웨어 공학자)

시스템 분석가는 사용자(특히, 초보사용자)의 요구사항을 분석한 다음에 이를 만족시키는 미리 작성된 표준 트랜잭션들의 명세를 설계한다. **응용 프로그래머**는 트랜잭션들의 명세를 프로그램으로 구현하며, 테스트, 에러 수정, 문서화 등의 작업을 수행하고, 이와 같은 미리 작성된 트랜잭션들을 유지 관리한다. **시스템 분석가**와 **응용 프로그래머(소프트웨어 공학자)**는 이러한 작업을 수행하기 위하여 DBMS가 제공하는 전체 기능을 잘 이해하고 있어야 한다.

## 1.5 무대 뒤의 사람들

데이터베이스를 설계, 사용, 관리하는 사람들 외에도 DBMS와 시스템 환경을 설계하고 개발하는 사람들도 있다. 이들은 데이터베이스 내용 자체에는 관심이 없다. 이 책에서는 이들을 '무대 뒤의 사람들'이라고 부르며, 다음과 같이 분류한다.

- **DBMS의 설계자 및 구현자**는 DBMS 모듈들과 인터페이스들을 소프트웨어 패키지로 설계하고 구현하는 사람이다. DBMS는 매우 복잡한 소프트웨어 시스템으로서 카탈로그 구현, 질의어 처리, 사용자 인터페이스 처리, 데이터 접근과 버퍼링, 동시성 제어, 회복, 보안 관리 등 다양한 **모듈**들로 구성된다. 또한, DBMS는 운영체제나 컴파일러와 같은 시스템 소프트웨어와 연동해서 동작해야 한다.
- **도구 개발자**는 데이터베이스 모델링과 설계, 데이터베이스 시스템의 설계, 성능 개선 등에 이용되는 소프트웨어 패키지인 **도구**를 설계하고 구현하는 사람이다. 도구는 DBMS와는 별도로 구매하는 것이 보통이다. 도구의 예로서 데이터베이스 설계 도구, 성능 모니터링 도구, 자연 언어 또는 그래픽 인터페이스 도구, 시뮬레이션 및 테스트 데이터 생성기 등이 있다. 일반적으로, 도구는 DBMS 개발자와 다른 제3의 업체가 개발하여 판매하고 있으며 특정한 DBMS와 무관하게 개발되어 제공된다.

- **운영자와 유지보수 직원**은 데이터베이스 시스템을 위한 하드웨어 및 소프트웨어 환경의 운영 및 유지를 담당하는 사람이다. 이러한 무대 뒤의 사람들이 있어야 최종 사용자가 데이터베이스 시스템을 편리하게 이용할 수 있지만, 이들은 자신의 데이터베이스 내용을 구축하는 데 관심을 두지는 않는다.

## 1.6 DBMS의 장점

이 절에서는 DBMS의 사용에서 얻는 장점과 좋은 DBMS가 가져야 할 기능들을 설명한다. 이러한 기능들은 1.3절에서 언급한 네 가지의 주된 특징에 추가된다. 데이터베이스관리자는 대용량의 다수 사용자용 데이터베이스를 설계, 관리, 사용하는 데 관련된 다양한 목적들을 달성하기 위하여 이러한 특징들을 잘 이용해야 한다.

### 1.6.1 중복성의 제어

파일 처리를 이용한 기존의 소프트웨어 개발에서는 모든 사용자 그룹이 데이터 처리 응용들을 다루기 위하여 그들 자신의 파일들을 유지한다. 예를 들어, 1.2절의 대학교 데이터베이스에서 과목을 등록하는 학적과 직원들의 그룹과 회계를 담당하는 회계과 직원 그룹이 있다고 가정한다. 기존의 방식에서는 각 사용자 그룹이 학생에 관한 파일들을 독립적으로 유지하고 관리한다. 즉, 회계과에서는 학생의 등록과 관련 고지서 정보를 관리하며, 학적과에서는 과목과 성적 등에 관한 정보를 유지한다. 또 다른 부서에서도 이들 정보가 필요하면 자신의 파일들에 정보를 중복 저장하게 된다.

동일한 정보를 여러 번 저장하는 **중복성**(redundancy)은 여러 가지 문제점을 야기한다. 첫째, 논리적으로 한 번의 변경이지만 데이터가 중복된 횟수만큼 반복해서 변경해야 한다. 예를 들어, 새로운 학생이 등록하면 회계과 및 학적과 양쪽의 파일에 새로운 학생을 추가해야 한다. 둘째, 메모리의 낭비를 초래한다. 특히 대용량 데이터베이스에서는 이러한 중복이 심각한 문제를 초래할 수 있다. 셋째, 동일한 데이터를 포함하는 파일들에서 데이터의 불일치(inconsistency)가 발생할 수 있다. 즉, 중복된 데이터를 일부에서만 변경한 경우에 나머지 파일들은 변경된 파일과 불일치하는 데이터를 가지게 된다. 특히 서로 다른 사용자 그룹에서 독립적으로 각자의 파일 내의 데이터를 변경하므로, 중복을 포함한 모든 파일에서 변경한다고 하더라도 사용자의 실수로 일부 파일에 잘못된 데이터를 입력할 수도 있다. 예를 들어, 한 파일에서는 학생의 생일로 'JAN-19-1988'을 입력하고 다른 파일에서는 'JAN-29-1988'을 입력한 경우에는 여전히 불일치가 일어난다.

데이터베이스를 사용하는 경우에는 데이터에 대한 각 사용자 그룹의 뷰들이 데이터베이스 설계 과정에서 하나로 통합된다. 각 논리적 데이터는 데이터베이스 내에 오직 한 번만 저장되는 것이 가장 이상적이다. 예를 들어, 각 학생의 생일은 데이터베이스에서 오직 한 번만 저장한다. 이를 데이터 **정규화**(normalization)라고 부른다. 데이터 정규화는 일관성을 유지하고, 저장공간도 절약한다. 데이터 정규화는 6부에서 자세히 다룬다.

그러나 **제어된 중복성**(controlled redundancy)이 질의 성능을 개선하는 데 유용한 경우도 있다. 예를 들어, 그림 1.6(a)에서 GRADE_REPORT 레코드에 접근할 때마다 Student_name과 Course_number를 함께 접근하는 응용이 빈번하다면 Student_name과 Course_number를 GRADE_REPORT 파일에 중복 저장하는 것이 바람직하다. 이를 **반정규화**(denormalization)라고 부른다. 중복해서 저장하지 않으면 GRADE_REPORT 파일의 레코드에 접근한 다음에 Student_name과 Course_number를 얻기 위하여 STUDENT와 SECTION 파일을 다시 접근해야 하므로 검색 비용이 늘어나게 된다. 중복의 허용은 이러한 경우에 유용하지만 DBMS는 데이터 불일치 현상을 초래하지 않도록 제어해야 한다. 이러한 중복성의 제어는 GRADE_REPORT 파일의 각 레코드에 나타난 Student_name-Student_number의 값이 반드시 STUDENT 파일에 포함된 어떤 레코드의 Student_name-Student_number의 값과 일치하도록 함으로써 자동화할 수 있다.

유사하게, GRADE_REPORT 파일의 각 레코드에 나타난 Section_identifier-Course_number의 값이 반드시 SECTION 파일에 포함된 어떤 레코드에서 해당 속성의 값과 일치하도록 한다. 데이터베이스를 설계할 때 이러한 값의 일치 여부에 대한 검사 규정을 한 번 설정해 둠으로써 GRADE_REPORT 파일이 변경될 때마다 DBMS가 자동으로 일치하는 레코드의 존재 여부를 검사하게 된다. 즉, 데이터의 중복을 DBMS가 자동으로 제어하게 된다. 그림 1.6(b)는 그림 1.2의 STUDENT 파일과 불일치하는 GRADE_REPORT 레코드를 보여준다. 중복성이 제어되지 않으면 이런 유형의 오류가 삽입될 수 있다. 어떤 부분이 불일치하는지 구분할 수 있겠는가?

(a) GRADE_REPORT

| Student_number | Student_name | Section_identifier | Course_number | Grade |
|---|---|---|---|---|
| 17 | Smith | 112 | MATH2410 | B |
| 17 | Smith | 119 | CS1310 | C |
| 8 | Brown | 85 | MATH2410 | A |
| 8 | Brown | 92 | CS1310 | A |
| 8 | Brown | 102 | CS3320 | B |
| 8 | Brown | 135 | CS3380 | A |

(b) GRADE_REPORT

| Student_number | Student_name | Section_identifier | Course_number | Grade |
|---|---|---|---|---|
| 17 | Brown | 112 | MATH2410 | B |

그림 1.6 데이터 항목들의 중복 저장: (a) 제어된 중복성: GRADE_PERORT 파일에 StudentName과 CourseNumber를 포함시킴, (b) 비제어된 중복성: GRADE_PERORT 레코드는 학생 번호 17의 이름이 Brown이 아니고 Smith이므로 그림 1.2의 STUDENT 레코드와 불일치함

### 1.6.2 권한이 없는 접근의 통제

다수 사용자가 대용량의 데이터베이스를 공유하는 경우에 대부분의 사용자는 전체 데이터베이스를 볼 필요가 없거나 보아서는 안 될 것이다. 예를 들어, 급여와 보너스 같은 재정에 관한 정보는 일반적으로 비밀이므로 허가받은 사람만 그러한 데이터에 접근할 수 있다. 더구나 재정 정보에 접근할 수 있는 권한이 있는 사용자도 검색만 가능한 사용자 그룹과 검색 및 갱신이 모두 가능한 사용자 그룹으로 나누어 관리하는 것이 바람직하다. 따라서 접근의 유형을 검색과 갱신으로 구분해서 제어해야 한다. 일반적으로 사용자 또는 사용자들의 그룹은 패스워드로 보호되는 계정을 부여받아서 데이터베이스를 접근할 때 사용한다. DBMS는 이를 위하여 보안(security)과 권한(authorization) 서브시스템을 가진다. 데이터베이스 관리자는 이 서브시스템을 사용하여 데이터베이스 사용자에게 계정을 부여하며 접근의 통제를 명시한다. 그런 다음, DBMS는 데이터가 접근되기 전에 지정된 접근 통제를 시행함으로써 권한이 없는 사용자의 접근을 방지한다. 데이터에 대한 접근 통제와 더불어 DBMS 자체의 실행을 제한할 수도 있다. 예를 들어, 새 계정을 만드는 등의 **특권 소프트웨어**(privileged software) 패키지는 데이터베이스 관리자만 실행할 수 있도록 할 수 있으며, 초보 사용자는 미리 작성된 앱이나 트랜잭션만 사용하여 데이터베이스를 접근할 수 있도록 제한할 수 있다. 데이터베이스 보안과 권한 관리는 27장에서 설명한다.

### 1.6.3 프로그램 객체를 위한 지속성 기억 공간 제공

데이터베이스는 프로그램 객체와 자료 구조를 위한 **지속성 기억 공간**을 제공하는 데 사용될 수 있다. **객체지향 데이터베이스 시스템**의 주요 목적 중 하나가 이러한 요구에 부응하기 위한 것이다(11장 참조). 프로그래밍 언어는 대개 복잡한 자료 구조를 가진다. 예를 들어, C++나 Java의 구조체 또는 클래스 정의가 복잡한 자료 구조의 예이다. 또한 프로그램 변수 또는 객체의 값은 프로그램의 수행이 끝나는 순간 사라지며, 이를 지속시키려면 프로그램 내에서 변수의 값을 지속성을 갖는 파일에 저장해야만 한다. 그런데 복잡한 자료 구조를 갖는 값을 파일에 저장할 때 파일 포맷에 적합하도록 변환하는 것이 중요하다. 역으로 파일로부터 데이터를 검색할 때는 파일 포맷으로 저장된 데이터를 프로그램 변수 또는 객체의 구조로 변환하는 것이 필요하다. 객체지향 데이터베이스 시스템은 C++와 Java 등과 같은 프로그래밍 언어와 호환성을 가지며 필요한 포맷의 변환을 DBMS가 자동으로 수행한다. 따라서 C++의 복잡한 객체는 객체지향 DBMS에 지속적으로 저장되거나 검색될 수 있다. 이와 같이 데이터베이스에 저장된 객체를 **지속성 객체**(persistent object)라고 부르며, 이들은 프로그램의 수행이 끝난 후에도 데이터베이스에 영구적으로 남아 있으며 필요하면 언제든지 다른 프로그램들에서 접근할 수 있다.

프로그램에서 다루는 객체와 자료 구조를 데이터베이스에 저장하고 검색하는 기능은 데이터베이스 시스템의 중요한 기능이다. 기존의 데이터베이스 시스템에서는 프로그램 언어에서 제공하는 자료 구조와 데이터베이스 시스템에서 제공하는 자료 구조가 일치하지 않는다는 점(**임피던스 불일치**, impedance mismatch)이 문제로 지적되어 왔다. 그러나 대부분의 객체지향 데이터베이스 시스템에서는 하나 이상의 객체지향 언어와 호환성이 있는 자료 구조를 제공하므로 이러한 불일치 문제를 해결한다.

### 1.6.4 효율적인 질의 처리를 위한 저장 구조와 탐색 기법의 제공

데이터베이스 시스템은 질의와 갱신을 효율적으로 수행하는 기능을 제공해야 한다. 일반적으로 데이터베이스는 디스크에 저장되기 때문에, DBMS는 원하는 레코드를 디스크에서 검색하는 시간을 줄이기 위해 특수한 자료 구조와 탐색 기법을 제공해야 한다. **인덱스**라고 불리는 보조파일이 이러한 목적에 자주 사용된다. 인덱스는 대체적으로 트리 자료 구조 또는 디스크 검색을 위해 적절하게 변형된 해시 자료 구조에 기반하고 있다. 어떤 질의에서 사용되는 데이터베이스 레코드를 처리하기 위해서는, 그러한 레코드들을 디스크에서 주기억 장치로 복사해야 한다. 그래서 DBMS는 종종 주기억 장치 버퍼에 데이터베이스의 일부분을 관리하는 별도의 **버퍼링** 또는 **캐싱** 모듈을 가진다. 일반적으로 운영체제가 디스크-주기억 장치 간의 데이터 버퍼링을 담당한다. 그러나 데이터 버퍼링이 DBMS의 성능에 매우 중요하기 때문에 대부분의 DBMS는 자체적으로 데이터 버퍼링을 한다.

DBMS의 **질의 처리**와 **최적화** 모듈은 존재하는 저장구조를 기반으로 각 질의에 대한 효율적인 실행계획을 선택할 책임이 있다. 어떤 인덱스를 만들고 유지하는가의 선택은 데이터베이스 관리자의 책임 중에 하나인 물리적 데이터베이스 설계와 튜닝의 일부분이다. 질의 처리와 최적화는 8부에서 논의한다.

### 1.6.5 백업과 회복 제공

DBMS는 하드웨어와 소프트웨어의 고장으로부터 복구할 수 있는 기능을 가져야 한다. DBMS의 **백업(backup)**과 **회복(recovery) 서브시스템**은 회복 기능을 담당한다. 예를 들어, 복잡한 갱신을 담당하는 트랜잭션 수행 도중에 컴퓨터 시스템이 고장나면 DBMS는 갱신 트랜잭션이 수행되기 전의 상태로 데이터베이스를 되돌리거나 고장난 시점부터 나머지를 실행하여 갱신 트랜잭션의 수행 결과가 완전히 데이터베이스에 반영되도록 한다. 재해적인 디스크 고장을 대비하여 디스크 백업도 필요하다. 회복과 백업은 21장에서 논의한다.

### 1.6.6 다수의 사용자 인터페이스 제공

데이터베이스 사용자들은 기술적인 지식의 보유 정도에 따라서 다양한 그룹으로 나누어지므로 DBMS도 이들 각각에 적합한 인터페이스를 제공해야 한다. 모바일 사용자에게는 앱을, 캐주얼 사용자에게는 질의어를, 응용 프로그래머에게는 프로그래밍 언어 인터페이스를, 초보 사용자에게는 폼(form)이나 명령어 인터페이스를, 독자적인 사용자에게는 메뉴 기반 인터페이스나 자연언어 인터페이스를 제공해야 한다. 폼 형태의 인터페이스와 메뉴 방식의 인터페이스를 **그래픽 사용자 인터페이스**(GUI: Graphical User Interface)라 한다. GUI를 정의하기 위한 여러 가지 특화된 프로그래밍 언어와 환경이 존재한다. 웹 GUI를 통한 데이터베이스의 접근 또는 웹 연동 데이터베이스의 접근을 제공하는 기능이 점점 일반화되고 있다.

### 1.6.7 데이터 간의 복잡한 관계의 표현

데이터베이스에는 다양한 형태로 연관된 데이터가 저장된다. 예를 들어, 그림1.2에서 STUDENT 파일의 'Brown' 레코드는 GRADE_REPORT 파일의 네 레코드와 관련을 가지며, 각 SECTION 레코드는 하나의 COURSE 레코드와 그 COURSE를 수강한 각 STUDENT에 대한 GRADE_REPORT 레코드들과 관련을 가진다. DBMS는 새로운 관계가 나타날 때 그 관계를 정의하고 연관된 데이터를 쉽고 효율적으로 검색하고 변경할 수 있는 기능을 제공하기 위해 데이터 간의 복잡하고 다양한 관련성을 표시할 수 있어야 한다.

### 1.6.8 무결성 제약 조건의 시행

대부분의 데이터베이스 응용은 데이터에 대한 **무결성 제약 조건**(integrity constraint)들을 가진다. 따라서 DBMS는 무결성 제약 조건들을 정의하고 검사하는 기능을 가져야 한다. 가장 간단한 무결성 제약 조건은 각 데이터 항목에 대한 데이터 타입이다. 예를 들어, 그림 1.3에서 각 STUDENT 레코드의 Class 데이터 항목은 반드시 한 자리 정수이어야 하며, Name 데이터 항목은 30자 이내의 알파벳이어야 한다. Class 데이터 항목의 값을 정수 1에서 5까지의 값으로 제한하는 것은 현재 카탈로그에 나타나지 않는 추가적인 제약이다. 좀 더 복잡한 무결성 제약 조건으로는 한 파일의 레코드가 반드시 다른 파일의 레코드들과 연관성을 가져야 한다는 것이다. 예를 들어, 그림 1.2에서 각 section 레코드는 반드시 하나의 course 레코드와 연관을 가져야 한다는 제약 조건을 생성할 수 있다. 이를 **참조 무결성**(referential integrity) 제약 조건이라고 부른다. 또 다른 제약 조건은 각 course 레코드는 반드시 하나의 Course_number에 대한 유일한 값을 가져야 한다와 같이 데이터 항목의 값들이 유일해야 한다는 것이다. 이를 **키(key) 제약 조건**이라고 부른다. 예를 들어, 그림1.2에서 COURSE 레코드의 Course_number 값은 반드시 유일해야 한다. 이러한 제약 조건들은 실세계의 **의미**로부터 발생하는 것이며, 데이터베이스 설계자가 데이터베이스를 설계할 때 무결성 제약 조건도 명시하게 된다. 무결성 제약 조건들 중에서 일부는 DBMS가 자동으로 검사하며, 나머지는 데이터베이스를 변경하는 프로그램이나 데이터 입력 프로그램에서 검사한다. 전형적인 대형 응용 프로그램에서는 이런 제약 조건을 일반적으로 **비즈니스 규칙**(business rules)이라 부른다.

잘못 입력된 데이터라도 무결성 제약 조건을 만족하는 경우가 있다. 예를 들어, 어떤 학생의 성적이 'A'이지만 'C'로 잘못 입력된 경우에 DBMS는 'C'도 Grade 데이터 항목의 무결성 제약 조건을 만족하므로 'C'를 옳은 값으로 인식하여 데이터베이스에 기록하게 된다. 이와 같이 잘못 입력된 데이터는 나중에 데이터베이스를 갱신함으로써 수정해야 한다. 그러나 성적을 'Z'로 기록하려고 하면 무결성 제약 조건을 만족하는 값이 아니므로 DBMS가 이를 거부하게 된다. 앞으로 각각의 데이터 모델을 논의할 때에는 그 모델과 연관된 규칙을 소개할 것이다. 예를 들어, 3장의 개체-관계 모델에서는 관계는 최소한 두 개체를 포함해야 한다. 특정 데이터 모델과 관련된 규칙들을 그 데이터 모델의 **고유한 규칙**(inherent rule)이라 부른다.

### 1.6.9 규칙을 사용한 추론과 수행

어떤 데이터베이스 시스템에서는 데이터베이스에 저장되어 있는 사실로부터 새로운 정보를 추론하는 연역적 규칙을 정의할 수 있다. 이러한 기능을 가진 시스템을 **연역 데이터베이스 시스템**(deductive database system)이라고 부른다. 예를 들어, 어떤 학생이 언제 시험을 볼 것인가를 결정하는 데는 복잡한 **규칙**(rule)이 수반된다. 연역 데이터베이스에서는 이들을 규칙으로 데이터베이스에 명시한다. 규칙들은 DBMS에서 컴파일되어 유지될 때 모든 학생에 대하여 시험을 보는 시기를 쉽게 결정할 수 있다. 그러나 기존의 데이터베이스 시스템에서는 절차적 프로그램을 작성해야만 이러한 기능을 수행할 수 있으며, 이러한 방식은 연역 규칙을 사용하는 방식보다 규칙의 변경을 반영하기가 어렵다. 오늘날의 관계 데이터베이스 시스템들은 테이블을 **트리거**(trigger)와 연관시킬 수 있다. 트리거는 테이블의 업데이트에 의해 활성화되는 규칙의 한 형태로 다른 테이블에 추가적인 동작을 수행하거나 메시지를 보내는 등의 일을 수행한다. 규칙이 지켜지도록 하는 좀 더 복잡한 절차를 일반적으로 **저장된 절차**(stored procedure)라고 부르는데, 이것은 전체 데이터베이스 정의의 일부분이 되며 어떤 조건이 만족되면 호출된다. 어떤 이벤트나 조건이 일어났을 때, 자동으로 수행되는 능동 규칙을 제공하는 **능동 데이터베이스시스템**(active database system)은 보다 강력한 기능을 제공한다. 능동 데이터베이스는 25.1절에서 설명한다.

### 1.6.10 데이터베이스 사용에 함축된 또 다른 의미

이 절에서는 데이터베이스 사용에 함축된 또 다른 의미들에 대해 논의한다.

**표준 강화**. 데이터베이스를 사용하면, 큰 조직에서 데이터베이스 관리자가 데이터베이스 사용자들 사이에서 표준을 정의하고 집행할 수 있다. 이렇게 함으로써 다양한 부서, 프로젝트, 사용자들 사이의 의사 교환과 협조가 원활하게 이루어지게 된다. 표준은 데이터 항목에 대한 이름과 포맷, 디스플레이 포맷, 보고서 구조, 용어 등에 적용될 수 있다. 데이터베이스 관리자는 각 사용자 그룹이 각자의 데이터 파일과 소프트웨어에 대해 권한을 가지는 환경보다는 하나의 중앙집중 데이터베이스 환경에서 더 쉽게 표준을 적용할 수 있다.

**응용 개발 시간의 단축**. 데이터베이스를 사용하면, 새로운 보고서를 출력하기 위해 데이터베이스에서 데이터를 검색하는 것과 같은 새로운 응용을 개발하는 데 걸리는 시간을 단축할 수 있다. 처음부터 대규모의 다수 사용자용 데이터베이스를 설계하고 구현하는 것은 특수한 파일 응용 프로그램을 개발하는 것보다 시간이 더 많이 걸릴지도 모른다. 그러나 일단 데이터베이스가 구축되어 완성된 후에는 DBMS에서 제공하는 기능을 이용하여 새로운 응용을 빠르게 개발할 수 있다. DBMS를 사용할 때의 개발 시간은 파일 시스템을 사용할 때보다 1/4에서 1/6 정도로 적게 걸리는 것으로 추정된다.

**융통성**. 요구사항이 변하면 데이터베이스의 구조가 바뀔 수도 있다. 예를 들어, 현재 데이터베이스에 없는 정보를 필요로 하는 새로운 사용자그룹이 생길 수 있다. 따라서 데이터베이스에 파일을 추가하거나 기존의 파일에 데이터 항목을 추가하는 것이 필요할 수 있다. 현대의 DBMS들에서는 저장된 데이터나 현재 사용하는 응용 프로그램에 영향을 미치지 않으면서 데이터베이스의 구조를 조금씩 변경하는 것이 가능하다.

**최신 정보의 가용성**. DBMS는 모든 사용자들에게 데이터베이스를 이용할 수 있게 해준다. 한 사용자가 데이터베이스를 변경하는 즉시 다른 사용자들은 곧바로 변경된 데이터를 확인할 수 있다. 이와 같이 최신 정보를 바로 볼 수 있는 기능은 예약 시스템이나 은행 데이터베이스와 같은 트랜잭션 처리 시스템에서 필수적인 기능이다. 그리고 이러한 기능은 DBMS가 제공하는 동시성 제어와 회복 서브시스템에 의해 구현된다.

**규모의 경제성**. DBMS를 사용하면 조직 내의 데이터와 응용이 통합되어 관리되므로 응용 프로그램들 사이의 중복뿐만 아니라 서로 다른 프로젝트나 부서의 업무가 불필요하게 중복되는 것을 상당 부분 줄여줄 수 있다. 그리고 각각의 부서에서 (낮은 성능의) 장비를 따로 구매하고 정보를 별도로 관리하는 것보다, 동일한 예산으로 전체 조직이 더 고성능의 처리기나 저장 장치, 통신 장비 등에 투자할 수 있게 된다. 이렇게 함으로써 전체적인 운영, 관리 경비를 줄일 수 있다.

## 1.7 데이터베이스 응용의 간략한 역사

이제 DBMS를 이용한 응용의 역사와 이 응용이 새로운 형태의 데이터베이스 시스템 출현에 어떠한 영향을 미쳤는지 간략하게 살펴본다.

### 1.7.1 계층 시스템과 네트워크 시스템을 이용한 초기의 데이터베이스 응용

초기의 많은 데이터베이스 응용은 회사, 대학, 병원, 은행 등과 같은 큰 조직에서 사용하는 레코드들을 관리하였다. 이러한 응용에서는 비슷한 구조의 레코드들을 주로 다루었다. 예를 들면, 대학 응용에서는 비슷한 정보가 학생별 레코드, 과목별 레코드, 성적별 레코드로 유지되었다. 또한, 레코드들 사이에는 여러 종류의 상호관계(interrelation)가 복잡하게 존재하였다.

초기 데이터베이스에서 주된 문제점 중 하나는 개념적인 관계와 물리적 저장 공간, 그리고 디스크에서 레코드의 위치가 혼동되어 사용되는 것이었다. 따라서 이런 시스템들은 충분한 데이터 추상화와 프로그램-데이터 독립성을 제공하지 않았다. 예를 들면, 한 학생의 성적 레코드는 물리적으로 학생 레코드의 바로 다음에 저장될 수 있다. 이는 원래의 질의나 트랜잭션에 대해서는 매우 효율적인 접근을 제공했지만, 새로운 형태의 질의나 트랜잭션에 대해서는 충분한 유연성을 제공하지 못했다. 특히, 다른 저장 공간 구성을 필요로 하는 새로운 형태의 질의를 효율적으로 처리하는 데 어려움이 많았다. 또한, 응용의 요구사항이 바뀌었을 때 데이터베이스를 재구성하는 것도 매우 힘들었다.

초기 시스템들의 또 다른 문제점은 프로그래밍 인터페이스만 제공한다는 점이다. 새로운 질의와 트랜잭션을 구현하기 위해서는 새로운 프로그램을 작성하고, 테스트하고, 디버그해야 했기 때문에 시간과 비용이 많이 들었다. 대부분의 이러한 데이터베이스 시스템은 1960년대 중반에서 1970년대를 지나 1980년대까지 대형의 고가 메인 프레임 컴퓨터에서 구현되었다. 초기 시스템의 주요 형태는 세 가지 주요 패러다임, 즉 계층 시스템, 네트워크 모델에 기초한 시스템, 역파일 시스템에 기초를 두었다.

### 1.7.2 관계 데이터베이스를 통한 데이터 추상화와 응용의 유연성 제공

관계 데이터베이스는 원래 데이터의 물리적 저장 공간과 그 개념적인 표현을 분리하고 데이터 표현과 질의에 대한 수학적 근거를 제공하기 위해 제안되었다. 또한 관계 데이터 모델은 프로그래밍 언어의 대안으로 제공되었던 고차원 질의어도 소개하였다. 프로그래밍 언어 인터페이스의 대안이 되는 고차원 질의어를 사용하면 새로운 질의를 훨씬 빠르게 작성할 수 있다. 데이터의 관계형 표현은 그림 1.2에서 제시한 예와 유사하다. 관계 시스템은 그 이전 시스템들의 응용과 똑같은 응용을 목표로 하였지만, 요구사항이 바뀌었을 때 새로운 질의들을 빨리 개발하고 데이터베이스를 빨리 재구성할 수 있는 유연성을 제공하였다. 따라서 초창기의 시스템들과 데이터 추상화와 프로그램-데이터 독립성이 크게 향상되었다.

초기의 실험적인 관계 시스템은 1970년대 후반에 개발되었고, 1980년대 초기에 소개된 상업적인 관계 데이터베이스 관리 시스템(RDBMS: Relational Database Management System)은 데이터 레코드에 접근하기 위해 물리적 저장 공간 포인터나 레코드 위치 정보를 사용하지 않았기 때문에 상당히 속도가 느렸다. 새로운 저장 공간, 인덱스 기술, 그리고 더 나은 질의처리와 최적화 방법이 개발되면서 성능은 더욱 향상되었다. 결국, 관계 데이터베이스는 전통적인 데이터베이스 응용을 위한 데이터베이스 시스템의 주된 형태가 되었다. 관계 데이터베이스는 이제 소형의 개인용 컴퓨터에서 대형 서버에 이르기까지 거의 모든 형태의 컴퓨터에 존재한다.

### 1.7.3 객체지향 응용과 더욱 복잡한 데이터베이스에 대한 요구

1980년대 객체지향 프로그래밍 언어의 출현과 복합하고 구조적인 객체들을 저장하고 공유할 필요로 인해 객체지향 데이터베이스(OODB: Object-Oriented Databases)가 개발되었다. 초기에는 객체지향 데이터베이스가 관계 데이터베이스보다 더 일반적인 자료 구조를 제공했기 때문에, 객체지향 데이터베이스는 관계 데이터베이스의 경쟁자로 간주되었다. 객체지향 데이터베이스는 추상형 자료 구조, 연산자의 캡슐화, 상속, 객체 식별자와 같은 많은 유용한 객체 패러다임도 제공하였다. 그렇지만 모델의 복잡성과 초기 표준의 부재로 인해 그 사용은 제한적이었다. 이제 객체지향 데이터베이스는 주로 공학 디자인, 멀티미디어 출판, 제조 시스템 등과 같은 특수한 응용에서 사용된다. 객체지향 데이터베이스가 큰 영향을 줄 것이라는 예상에도 불구하고, 현재 데이터베이스 시장에서의 객체지향 데이터베이스의 전체적인 보급률은 낮은 상태에 머물러 있다. 더욱이 다수의 객체지향 개념들이 관계 DBMS의 새로운 버전에 통합되어 객체-관계 시스템(ORDBMS라고 부름)이 등장하였다.

### 1.7.4 전자 상거래(E-Commerce)를 위해 XML을 사용하여 웹에서 데이터 교환

월드 와이드 웹은 서로 연결된 컴퓨터들의 대형 네트워크를 제공한다. 사용자들은 하이퍼텍스트 마크업 언어(HTML: HyperText Markup Language)와 같은 웹 출판 언어를 통해 정적인 웹 문서를 생성하고, 이 문서를 다른 사용자들이 웹 브라우저를 통해 접근할 수 있는 웹서버에 저장할 수 있다. 문서들은 다른 문서를 가리키는 **하이퍼링크**를 통해 연결될 수 있다. 1990년대에는 전자 상거래가 웹의 주요 응용 중의 하나로 출현하였다. 항공기 정보, 제품 가격 등 전자 상거래 웹 페이지에 있는 대부분의 중요한 정보는 DBMS에 의하여 동적으로 추출된 것이다. 웹상에서 웹 페이지들을 보여주기 위해서 동적으로 추출된 데이터의 교환을 허용하기 위해 다양한 기술이 개발되었다. 확장성 마크업 언어(XML: eXtended Markup Language)는 다양한 유형의 데이터베이스와 웹 페이지 사이에 데이터를 상호 교환하는 주요 표준의 하나이다. XML은 문서 시스템에서 사용된 모델의 개념과 데이터베이스 모델의 개념을 병합한다. XML에 대해서는 12장에서 논의한다.

### 1.7.5 새로운 응용을 위한 데이터베이스 능력 확장

전통적인 응용에서 관계 데이터베이스 시스템의 성공은 새로운 응용 개발을 촉진시켰다. 이러한 새로운 응용들은 특수한 소프트웨어와 파일과 자료 구조를 사용하고 있다. 데이터베이스 시스템은 이런 응용들의 특별한 요구사항들을 좀 더 잘 지원하기 위해서 새로운 확장들을 제공한다. 다음은 이러한 응용들의 일부 예이다.

- 고에너지 물리학, 인간 유전자 지도, 단백질 구조의 발견과 같은 분야의 과학적 실험으로부터 얻어지는 대량의 데이터를 저장하는 **과학적 응용**
- 스캔한 뉴스 이미지, 개인 사진에서 위성사진에 이르는 여러 이미지, x-레이나 MRI(Magnetic Resonance Imaging) 테스트와 같은 의학 과정에서 얻어지는 이미지를 저장하고 검색하는 응용
- 영화와 같은 비디오, 또는 신문이나 디지털 카메라로부터 얻은 비디오 클립의 저장과 검색
- 특정한 패턴이나 관계의 발생 또는 신용카드 불법 사용과 같은 비정상적인 패턴의 식별 등을 탐색하면서 대량의 데이터를 분석하는 **데이터 마이닝** 응용
- 공간 정보 시스템 또는 자동차 내비게이션 시스템에서 사용되는 날씨 정보나 지도와 같이 데이터의 위치를 저장하는 **공간**(spatial) 응용
- 일일 판매량과 월간 총 생산량 등의 주기적인 경제 데이터와 같은 정보를 저장하는 **시계열**(time series) 응용

기본적인 관계 시스템은 다음과 같은 이유로 인하여 이러한 새로운 응용을 지원하는데 적합하지 않다.

- 모델링을 위해서는 단순한 관계형 표현보다 더욱 복잡한 자료 구조가 필요하다.
- 기본적인 수치형과 문자형 타입 외에 새로운 데이터 타입이 필요하다.

- 새로운 데이터 타입을 다루기 위해서는 새로운 연산과 질의어 구조가 필요하다.
- 새로운 데이터 타입들을 효율적으로 탐색하기 위해서 새로운 저장 공간과 인덱스 구조가 필요하다.

이로 인해 DBMS 개발자들은 그들의 시스템에 새로운 응용을 지원하기 위한 기능을 추가하게 되었다. 어떤 기능은 객체지향 데이터베이스를 관계 데이터베이스에 통합하는 형태의 범용 기능이었다. 또 다른 기능은 특정 응용에서 사용할 수 있게 만들어진 부가적인 모듈 형태의 특수 목적의 기능이었다. 예를 들면, 사용자들은 그들이 사용하는 관계 DBMS에 시계열 응용을 사용할 수 있도록 시계열 모듈을 구입할 수 있을 것이다.

### 1.7.6 빅 데이터 저장 시스템과 NOSQL 데이터베이스의 등장

21세기의 첫 10년 동안 소셜 미디어 웹 사이트, 대규모 전자 상거래 기업, 웹 검색 인덱스, 클라우드 저장소 등의 응용과 플랫폼들이 확산함에 따라 대용량 데이터베이스와 대규모 서버에 저장되는 데이터가 폭발적으로 증가하였다. 이와 같은 방대한 데이터베이스를 관리하기 위해서 소셜 미디어 게시글이나 트윗처럼 종래와는 다른 유형의 데이터를 빠르게 탐색하고, 안전하게 저장할 수 있는 새로운 유형의 데이터베이스 시스템이 필요하게 되었다. SQL 관계 DBMS들은 이런 기능을 제공하는데 부족하다(SQL은 관계 데이터베이스를 위한 표준 데이터 모델이고, 언어이다). 일반적으로 NOSQL 용어는 SQL만이 아니라는 의미로 인식된다. 대규모 데이터를 관리하는 시스템에서, 응용의 요구사항에 따라 일부 데이터는 SQL 시스템을 사용하여 저장하고, 일부 데이터는 NOSQL 시스템을 사용하여 저장한다.

## 1.8 데이터베이스를 사용하지 않아도 좋은 경우

이와 같은 데이터베이스의 장점에도 불구하고 데이터베이스를 사용하는 것이 오히려 파일 처리 방식을 사용하는 것보다 불리한 경우들도 있다. 다음과 같은 요소는 데이터베이스를 사용할 때 발생하는 오버헤드가 될 수 있다.

- 하드웨어, 소프트웨어, 교육 등의 측면에서 초기 투자비용이 높다.
- DBMS는 데이터를 너무 일반적으로 정의하고 처리한다.
- 보안, 동시성 제어, 회복, 무결성 조건 등을 보장하는 오버헤드가 크다.

따라서 다음과 같은 상황에서는 맞춤형 데이터베이스 응용을 개발하는 것이 더 적합할 수 있다.

- 데이터베이스와 응용이 단순하고 잘 정의되었으며 전혀 변경이 일어나지 않는 경우
- 실시간 요구사항이 엄격한 응용 프로그램에서, DBMS 오버헤드로 인하여 실시간 요구가 만족되지 못하는 경우

- 제한된 저장 용량을 가진 내장형 시스템에 범용 DBMS가 탑재되지 못하는 경우
- 단일 사용자만이 데이터베이스를 접근하는 경우

몇몇 산업과 응용 프로그램들에서는 범용 DBMS를 사용하지 않는다. 예를 들어, 기계 및 토목 공학자들이 사용하는 많은 컴퓨터 지원 설계(computer-aided design; CAD) 도구들은 그림과 3D 객체의 내부 처리를 위해 수정된 특별한 파일이나 데이터 관리 소프트웨어로 이루어져 있다. 비슷하게, AT&T와 같은 회사들에 의해 설계된 통신 및 교환기 시스템은 빠른 전화 접속 및 전화 경로 설정을 위해 계층적으로 구성된 데이터를 사용하여 매우 빨리 동작하도록 만든 데이터베이스 소프트웨어를 사용한다. 또한, 지리 정보 시스템들은 지도, 윤곽선, 선, 다각형 등을 처리하는 것과 관련된 함수들을 효율적으로 구현하기 위해 고유한 데이터 구성 방법을 사용한다.

## 1.9 요약

이 장에서는 관련 있는 데이터의 모임으로 데이터베이스를 정의하였다. 데이터는 기록된 사실을 의미한다. 데이터베이스는 실세계의 일부를 나타내며, 하나 또는 그 이상의 사용자 그룹들의 목표를 만족시키기 위하여 사용된다. DBMS는 컴퓨터화된 데이터베이스를 구현하고 유지하기 위한 범용 소프트웨어 패키지이다. 데이터베이스와 소프트웨어를 합쳐서 데이터베이스 시스템이라고 부른다. 기존의 파일처리 방식에 비하여 데이터베이스 방식이 가지는 특징들을 살펴보았다. 다음으로는 데이터베이스 사용자를 몇 가지 그룹으로 분류하였다. 이와 같은 데이터베이스 사용자와 더불어 지원 인력이 데이터베이스의 원활한 운영을 위하여 존재한다.

다음으로 DBMS가 데이터베이스 관리자, 데이터베이스 설계자, 최종 사용자들에게 제공해야 할 기능들을 살펴보았다. 이러한 기능들은 데이터베이스를 설계하고 관리하며 사용하는 데 필요한 것들이다. 역사적인 관점에서 데이터베이스 응용들의 발전을 간략하게 설명하였다. 최근에 데이터베이스에 저장되는 데이터의 용량과 유형의 빠른 증가를 지적하고, 빅데이터 응용들을 다루는 새로운 시스템들의 등장을 논의하였다. 마지막으로 DBMS를 사용하는 경우에 발생할 수 있는 오버헤드와 DBMS를 사용하지 않는 것이 바람직한 경우를 살펴보았다.

## 복습문제

1.1 다음 용어들을 정의하라.
데이터, 데이터베이스, DBMS, 데이터베이스 시스템, 데이터베이스 카탈로그, 프로그램-데이터 독립성, 사용자 뷰, 데이터베이스 관리자, 최종 사용자, 미리 작성된 트랜잭션, 연역 데이터베이스시스템, 지속성객체, 메타데이터, 트랜잭션처리 응용

1.2 데이터베이스를 사용하는 데 수반되는 중요한 세 가지 작업은 무엇인가? 각각을 간단하게 설명하라.

1.3 데이터베이스 방식의 중요한 특징을 설명하고, 기존의 파일처리 시스템을 사용하는 경우에 비하여 다른 점을 논의하라.

1.4 데이터베이스 관리자와 데이터베이스 설계자의 역할은 무엇인가?

1.5 데이터베이스의 최종 사용자들을 분류하고 각자의 주요 업무를 논하라.

1.6 DBMS가 제공해야 할 기능들을 설명하라.

1.7 데이터베이스 시스템과 정보 검색 시스템 사이의 차이점을 논하라.

## 연습문제

1.8 그림 1.2의 데이터베이스에 대하여 가능한 질의와 갱신 연산을 작성하라.

1.9 중복성에 대하여 제어되는 방식과 제어되지 않는 방식의 차이는 무엇인가? 예를 들어, 설명하라.

1.10 그림 1.2의 데이터베이스에서 레코드들 간의 관계들을 명시하라.

1.11 그림 1.2의 데이터베이스에서 다른 사용자 그룹들이 필요로 하는 추가적인 뷰를 제시하라.

1.12 그림 1.2의 데이터베이스에 적용할 수 있는 무결성 제약 조건의 예를 몇 가지 들라.

1.13 데이터베이스로 처리하는 방법 대신에 전통적인 파일로 처리하는 방법을 사용하는 것이 의미가 있는 시스템들의 예를 몇 가지 들어라.

1.14 그림 1.2에서

a. 만약 'CS'(전산) 학과의 이름이 'CSSE'(전산 및 소프트웨어 공학) 학과로 변하고 과목 번호에서 관련된 접미사도 변했을 때, 데이터베이스에서 갱신해야 할 필요가 있는 열을 찾아라.
b. COURES, SECTION, PREREQUISITE 테이블에서 단지 한 열만이 갱신될 필요가 있게 열들을 재구성할 수 있는가?

## 주요 참고문헌

Communications of the ACM 1991년 10월호와 Kim (1995)에는 차세대 DBMS를 설명한 논문들이 여러 편 있다. 이들 논문에서 논의된 상당수의 데이터베이스 특징들은 현재 상업적으로 사용되고 있다. ACM Computing Surveys 1976년 3월호는 데이터베이스 시스템에 대한 소개와 역사적인 배경을 다루었다. 본 장에서 소개한 기타 개념, 시스템, 응용들에 관한 참고문헌들은 이런 주제들을 좀더 상세하게 논의할 각 장에 제시한다.

# 데이터베이스 시스템 개념과 아키텍처

초기 DBMS 아키텍처는 밀접하게 통합된 거대한 시스템으로 구성되었으나 현재에는 클라이언트/서버 아키텍처를 가진 모듈식 설계로 발전해 왔다. 최근의 데이터 용량의 증가로, 데이터 저장을 관리하는 수천 개의 컴퓨터들로 이루어진 분산 아키텍처를 갖는 데이터베이스 시스템이 나타나게 되었다. 이러한 발전은 중앙집중식 메인프레임 컴퓨터가 다양한 유형의 서버 컴퓨터(예를 들어, 웹 서버, 데이터베이스 서버, 파일 서버, 응용 서버 등)에 통신 회선으로 연결되어 분산된 수백 대의 워크스테이션과 개인용 컴퓨터들로 대치되는 컴퓨터 분야의 추세를 반영한다. 현재의 클라우드 컴퓨팅 환경은 웹상에서 사용자를 위해 소위 빅 데이터를 관리하는 수천 개의 대형 서버들로 이루어진다.

기본적인 클라이언트/서버 DBMS 아키텍처에서는 시스템의 기능이 두 가지 유형의 모듈 사이에 분산된다.[1] **클라이언트 모듈**은 일반적으로 모바일 기기, 워크스테이션, 개인용 컴퓨터(PC)에서 동작하도록 설계된다. 일반적으로 데이터베이스를 접근하는 응용 프로그램과 사용자 인터페이스들은 클라이언트 모듈에서 수행된다. 따라서 클라이언트 모듈은 사용자와의 상호 작용을 다루고, 모바일 기기를 위한 앱, PC를 위한 폼(form)이나 메뉴 기반 GUI와 같이 사용자에게 친숙한 인터페이스를 제공한다. **서버 모듈**이라고 부르는 또 다른 모듈은 일반적으로 데이터 저장, 접근, 탐색, 기타 기능 등을 수행한다. 클라이언트/서버 아키텍처는 2.5절에서 자세하게 논의한다. 먼저 현재의 데이터베이스 아키텍처들을 더욱 잘 이해할 수 있도록 좀 더 기본적인 개념들을 알아야 한다.

이 장에서는 이 책 전체에서 사용될 용어와 기본적인 개념들을 소개한다. 2.1절에서 데이터베이스 시스템의 연구에 기본이 되는 데이터 모델들을 설명하고 스키마와 인스턴스의 개념들을 정의한다. 2.2절에서는 3-단계 DBMS 아키텍처와 데이터 독립성을 논의한다. 이는 DBMS가 어떤 역할을 수행하는가에 대한 사용자의 이해를 제공한다. 2.3절에서는 DBMS가 제공하는 여러 유형의 인터페이스와 언어를 기술한다. 2.4절에서는 데이터베이스 시스템의 소프트웨어 환경을 논의한다. 2.5절에서는 여러 가지 유형의 클라이언트/서버 아키텍처의 개요를 설명한다. 2.6절에서는 DBMS 패키지들의 유형을 분류한다. 2.7절에서 이 장을 요약한다.

2.4절부터 2.6절에서는 기본적인 내용을 보완하는 좀더 자세한 개념들을 다룬다.

---

1) 2.5절에서 알게 되듯이, 이와 같은 단순한 2층 클라이언트/서버 아키텍처에는 여러 가지 변형들이 있다.

## 2.1 데이터 모델, 스키마, 인스턴스

데이터베이스의 주요 특징은 데이터 저장 구조의 세부 사항을 사용자들로부터 은닉함으로써 어느 정도 데이터 추상화를 제공한다는 것이다. 데이터 모델은 추상화를 제공하기 위한 주요 도구이다. **데이터 추상화**(data abstraction)는 일반적으로 데이터 저장 구조와 저장 장치의 세부 사항은 감추고, 데이터를 잘 이해하는 데 도움되는 필수적인 특징들은 강조하는 것이다. 데이터베이스 방식의 중요한 특징은 데이터 추상화를 제공함으로써 여러 사용자들이 각자 선호하는 상세 수준에서 데이터를 볼 수 있도록 하는 것이다. **데이터 모델**은 데이터베이스의 구조를 명시하기 위해 사용할 수 있는 개념들의 집합으로서 이와 같은 추상화를 달성하기 위해 필요한 수단을 제공한다.[2)] 데이터베이스 구조는 데이터 타입, 관계, 데이터에 대해 적용하는 제약 조건들을 의미한다. 대부분의 데이터 모델은 데이터베이스에서 검색과 갱신을 수행하는 **기본 연산**들의 집합을 포함한다.

데이터 모델이 제공하는 기본 연산들 외에 데이터베이스 응용의 **동적 측면** 또는 **행동**(behavior)을 명시하기 위한 개념들을 데이터 모델에 포함하는 것이 점차 일반화되고 있다. 이에 따라 데이터베이스 설계자가 데이터베이스 객체들에 대해 수행할 수 있는 사용자 정의 연산(user-defined operation)들의 집합을 명시하는 것이 가능하다.[3)] STUDENT 객체에 적용 가능한 COMPUTE_GPA가 사용자 정의 연산의 전형적인 예이다. 이에 반해, 데이터 모델의 기본적인 연산들은 객체를 삽입, 삭제, 갱신, 검색하는 일반적인 연산들을 포함한다.

행동을 명시하는 개념은 원래 객체지향(object-oriented) 데이터 모델(11장 참조)의 기본 개념이지만, 전통적인 데이터 모델들에서도 이러한 개념이 추가되고 있다. 예를 들어, 객체-관계(object-relational) 모델(11장 참조)은 이러한 개념도 지원하도록 기존의 관계 모델을 확장한 것이다. 기본적인 관계 데이터 모델의 릴레이션에 지속적인 저장 모듈의 형태로 행위를 추가하는 것이 가능하다. 흔히 지속적인 저장 모듈을 저장 프로시저라고 부른다(9장 참조).

### 2.1.1 데이터 모델의 분류

지금까지 많은 데이터 모델들이 제안되었다. 데이터베이스 구조를 명시하기 위해 데이터 모델들이 제공하는 개념들의 유형에 따라 데이터 모델들을 분류할 수 있다. **저수준** 또는 **물리적 데이터 모델**은 어떻게 데이터가 컴퓨터의 저장 장치, 특히 하드 디스크에 저장되는가에 대한 세부 사항을 명시하는 개념을 제공하는 반면에, **고수준** 또는 **개념적 데이터 모델**(conceptual data model)은 많은 사용자들이 데이터를 인식하는 방식에 대한 개념을 제공한다. 물리적 데이터 모델이 제공하는 개념은 컴퓨터 전문가를 위한 것이지 일반적인 사용자를 위한 것이 아니다. 고수준 모델과 저수준 모델 사이에 존재하는 **표현**(또는 **구현**) **데이**

---

2) 간혹 모델이 '마케팅 데이터 모델'과 같이 특정한 데이터베이스 기술(description)이나 스키마를 나타내기 위해 사용되지만 이 책에서는 이런 의미로 사용하지 않는다.

3) 행동을 기술하기 위한 개념을 포함시키는 것은 데이터베이스 설계와 소프트웨어 설계 작업이 점차 하나의 작업으로 통합되는 추세를 반영한다. 전통적으로 행동을 명시하는 것이 소프트웨어 설계와 관련이 있다.

터 모델[4])들은 일반 사용자들이 쉽게 이해할 수 있는 개념을 제공하지만 컴퓨터 저장 장치에서 데이터가 구성되는 방식과 완전히 무관한 것은 아니다. 표현 데이터 모델은 디스크상에서 데이터 저장 구조의 세부 사항을 은폐하지만 컴퓨터 시스템에서 직접 구현될 수 있다.

개념적 데이터 모델들은 **엔티티**(entity), **애트리뷰트**(attribute), **관계**(relationship)와 같은 개념들을 사용한다. 엔티티는 데이터베이스에 표현되는 사원이나 프로젝트 같은 실세계의 객체나 개념을 나타낸다. 애트리뷰트는 사원의 이름이나 급여와 같은 엔티티의 특성을 나타낸다. 관계는 사원과 프로젝트 사이의 근무 관계처럼, 엔티티들 사이의 연관성을 나타낸다. 3장에서는 대표적인 고수준의 개념적 데이터 모델인 **엔티티-관계 모델**(entity-relationship modcl)을 설명한다.

표현 또는 **구현 데이터 모델**은 현재 상용 DBMS들에서 가장 자주 사용된다. 세 개의 표현 데이터 모델에는 과거에 널리 사용되었던 **네트워크 모델**(network model)과 **계층 모델**(hierarchical model)뿐만 아니라 현재 널리 사용되는 **관계 모델**(relational model)이 있다. 네트워크 모델과 계층 모델을 **레거시 데이터 모델**(legacy data model)이라고 부른다. 이 책의 3부에서는 관계 데이터 모델과 이 모델의 제약 조건과 연산 및 언어를 기술한다.[5]) 5장과 6장에서는 관계 데이터베이스의 SQL 표준을 설명한다. 표현 데이터 모델들은 레코드 구조를 이용해서 데이터를 표현하므로 때로 **레코드 기반 데이터 모델**(record-based data models)이라고 부른다.

**객체 데이터 모델**은 개념적 데이터 모델들에 좀 더 가까운 고수준 구현 데이터 모델의 새 부류의 예로 간주할 수 있다. ODMG(Object Data Management Group)에서 ODMG 객체 모델이라고 부르는 객체 데이터베이스의 표준을 제안하였다. 11장에서는 객체 데이터베이스와 표준 객체 모델의 일반적인 특성을 기술한다. 또한 객체지향 모델은 고수준의 개념적 모델로서 특히 소프트웨어 공학 영역에서 자주 사용된다.

물리적 데이터 모델들은 레코드 형식, 레코드 순서, 접근 경로 등과 같은 정보를 나타냄으로써 컴퓨터 내에 어떻게 데이터가 저장되는가를 기술한다. **접근 경로**는 특정 데이터베이스 레코드들을 효율적으로 탐색하게 하는 인덱스나 해싱 같은 구조이다. 물리적 저장 기법과 접근 구조는 15장과 16장에서 설명한다. **인덱스**(index)는 키워드를 사용해서 데이터를 직접 접근할 수 있는 접근 경로의 예이다. 인덱스는 선형 또는 계층적(트리 구조)으로 구성될 수 있다는 점을 제외하고는 이 책의 마지막 부분에 있는 '찾아보기'와 비슷하다.

데이터 모델의 또 다른 유형으로 **자기 기술성 데이터 모델**(self-describing data models)이 있다. 이런 모델을 기반으로 하는 시스템에서는 데이터에 대한 기술(설명)과 데이터 값 자체를 결합하여 데이터를 저장한다. 기존의 DBMS에서는 데이터에 대한 기술(스키마)이 데이터와 분리된다. 자기 기술성 데이터 모델은 **키-값**(key-value) **저장소**, 빅 데이터를 관리하기 위해 최근에 등장한 NOSQL **시스템**(23장 참조)뿐만 아니라 XML(11장 참조)을 포함한다.

---

4) 구현 데이터 모델이라는 용어는 표준 용어가 아니다. 상용 데이터베이스 시스템에서 사용 가능한 데이터 모델들을 언급하기 위해서 이 용어를 소개한다.

5) 계층 데이터 모델과 네트워크 데이터 모델의 요약은 이 책의 웹 사이트에서도 찾아볼 수 있다.

### 2.1.2 스키마, 인스턴스, 데이터베이스 상태

어떤 데이터 모델이든지 데이터베이스의 기술(description)과 데이터베이스 자체를 구별하는 것이 중요하다. 데이터베이스의 기술을 **데이터베이스 스키마**(database schema)라고 한다. 데이터베이스 스키마는 데이터베이스 설계 과정에서 명시하며 자주 변경되지 않는다.[6] 대부분의 데이터 모델은 도식적으로 스키마를 나타내는 표기법을 갖는다.[7] 도식화된 스키마를 **스키마 다이어그램**(schema diagram)이라고 한다. 그림 2.1은 그림 1.2의 데이터베이스에 대한 스키마 다이어그램을 나타낸다. 다이어그램은 레코드들의 실제 인스턴스는 표시하지 않고 각 레코드 타입의 구조를 나타낸다. STUDENT나 COURSE와 같은 스키마의 각 객체를 **스키마 구조물**(schema construct)이라고 한다.

스키마 다이어그램은 레코드 타입의 이름, 데이터 항목의 이름, 일부 제약 조건의 유형들과 같이 단지 스키마의 일부 관점만 나타낸다. 다른 관점들은 스키마 다이어그램에 표현되지 않는다. 예를 들어, 그림 2.1에서는 각 데이터 항목의 데이터 타입과 여러 파일들 간의 관계는 표현되지 않는다. 많은 유형들의 제약 조건은 스키마 다이어그램에 나타나지 않는다. 예를 들어, "전산학을 전공하는 학생들은 2학년 말까지 'CS1310'강좌를 반드시 수강해야 한다"와 같은 제약 조건은 다이어그램으로 표현하기가 매우 어렵다.

데이터베이스에서 실제 데이터는 매우 자주 바뀔 수 있다. 예를 들어, 그림 1.2의 데이터베이스는 새 학생을 추가하거나 한 학생에게 새 학점을 부여할 때마다 매번 변한다. 어떤 특정 시점에 데이터베이스에 들어 있는 데이터를 **데이터베이스 상태** 또는 **스냅샷**(snapshot)이라고 한다. 이를 데이터베이스 내의 **어커런스**(occurence) 또는 **인스턴스**(instance)들의 현재

STUDENT

| Name | Student_number | Class | Major |
|---|---|---|---|

COURSE

| Course_name | Course_number | Credit_hours | Department |
|---|---|---|---|

PREREQUISITE

| Course_number | Prerequisite_number |
|---|---|

SECTION

| Section_identifier | Course_number | Semester | Year | Instructor |
|---|---|---|---|---|

GRADE_REPORT

| Student_number | Section_identifier | Grade |
|---|---|---|

그림 2.1 그림 1.2의 데이터베이스에 대한 스키마 다이어그램

6) 대개 데이터베이스의 응용의 요구사항이 바뀔 때 스키마가 변경된다. 대부분의 데이터베이스 시스템들은 스키마를 변경하는 연산들을 제공한다.

7) *schema*의 정확한 복수형은 *schemata*이지만 데이터베이스 분야에서는 *schemas*를 사용하는 것이 일반적이다. 때로 *scheme*라는 단어가 schema와 같은 의미로 사용된다.

집합이라고도 한다. 주어진 데이터베이스 상태에서 각 스키마 구조물은 자신의 인스턴스들의 집합을 갖는다. 예를 들어, STUDENT 구조물은 각 학생 엔티티(레코드)들의 집합을 자신의 인스턴스들로 보유한다. 많은 데이터베이스 상태들이 특정 데이터베이스 스키마와 대응된다. 레코드를 삽입하거나 삭제하고, 레코드 내의 데이터 항목의 값을 변경할 때마다 데이터베이스는 한 상태에서 다른 상태로 바뀐다.

데이터베이스 스키마와 데이터베이스 상태 간의 차이는 매우 중요하다. 새로운 데이터베이스를 정의할 때 새로운 데이터베이스 스키마만 DBMS에 명시하면 된다. 이때 대응되는 데이터베이스 상태는 데이터가 없는 빈 상태이다. 초기 데이터가 처음으로 적재될 때 데이터베이스의 초기 상태를 얻게 된다. 이때부터, 데이터베이스에 갱신 연산이 수행될 때마다 다른 데이터베이스 상태를 얻는다. 어느 시점에서든지 데이터베이스는 현재의 상태를 갖는다.[8] DBMS는 데이터베이스의 모든 상태가 유효한 상태임을 보장하는 책임을 일부 가진다. **유효한 상태**는 스키마에 명시된 구조와 제약 조건들을 만족하는 상태이다. 따라서 정확한 스키마를 DBMS에 명시하는 것은 매우 중요하며, 스키마는 아주 주의깊게 설계해야 한다. DBMS는 카탈로그에 **메타데이터**라고도 부르는, 스키마와 제약 조건들에 관한 설명을 저장함으로써 필요할 때마다 DBMS가 스키마를 참조할 수 있다. 때로 스키마는 **내포**(intension)라 부르고, 데이터베이스 상태는 스키마의 **외연**(extension)이라고 부른다.

앞에서 언급한 것처럼 스키마는 자주 바뀌지는 않지만 응용의 요구사항에 따라 가끔씩 변경할 필요가 생기기도 한다. 예를 들어 그림 2.1의 STUDENT 스키마에 대하여 새로운 필드(예를 들어, Date Of Birth)를 추가할 필요가 발생할 수 있다. 이것을 **스키마 진화**(schema evolution)라고 한다. 대부분의 DBMS들은 스키마 진화에 필요한 연산을 데이터베이스 운영 중에도 실행할 수 있게 지원한다.

## 2.2 3단계-스키마 아키텍처와 데이터 독립성

1.3절에서 열거한 데이터베이스 방식의 네 가지 특징 중에서 중요한 것 세 가지는 (1) 자기 기술성을 갖도록 데이터베이스 기술(스키마)을 저장하는 카탈로그의 사용, (2) 프로그램과 데이터의 격리(프로그램-데이터 독립성과 프로그램-연산의 독립성), (3) 다중 뷰의 지원이다. 이 절에서는 이러한 특성들을 만족시키고 시각적으로 나타내기 위해서 제안된 데이터베이스 시스템의 **3단계-스키마 아키텍처**(three-schema architecture)[9]를 설명하고, 데이터 독립성의 개념을 논의한다.

8) 현재의 상태를 데이터베이스의 현재의 스냅샷이라고도 부른다. 데이터베이스 인스턴스라고도 불러왔지만, 본 책에서는 인스턴스라는 용어는 각 레코드를 의미하는 용도로 사용한다.
9) ANSI/SPARC 위원회가 이 아키텍처를 승인한 후로 ANSI/SPARC 아키텍처라고도 부른다(Tsichritzis와 Klug 1978).

### 2.2.1 3단계-스키마 아키텍처

그림 2.2에 나타낸 것처럼 3단계-스키마 아키텍처의 목적은 물리적 데이터베이스로부터 사용자 응용들을 분리시키는 것이다. 이 아키텍처에서 스키마는 다음과 같은 세 단계로 정의된다.

1. **내부 단계**(internal level)는 **내부 스키마**(internal schema)를 가지며, 내부 스키마는 데이터베이스의 물리적 저장 구조를 기술한다. 내부 스키마는 물리적 데이터 모델을 사용하고 데이터 저장 구조의 세부 사항과 데이터베이스에 대한 접근경로들을 기술한다.
2. **개념 단계**(conceptual level)는 **개념 스키마**(conceptual schema)를 가지며, 개념 스키마는 모든 사용자들을 위한 전체 데이터베이스의 구조를 기술한다. 개념 스키마는 물리적 저장 구조의 세부 사항을 은폐시키고, 엔티티, 데이터 타입, 관계, 사용자 연산, 제약 조건들을 나타내는 데 중점을 둔다. 데이터베이스 시스템이 구현될 때 개념 스키마를 나타내기 위해서 일반적으로 표현데이터 모델이 사용된다. 이런 구현 개념 스키마는 종종 고수준 데이터 모델에서 개념 스키마 설계를 기반으로 한다.
3. **외부 단계**(external level) 또는 **뷰 단계**(view level)는 많은 **외부 스키마**(external schema)나 **사용자 뷰**들을 포함한다. 각 외부 스키마는 특정 사용자 그룹이 관심을 갖는 데이터베이스의 부분을 기술하고, 그 사용자 그룹에게 데이터베이스의 나머지 부분을 은폐시킨다. 이전 경우와 마찬가지로 각 외부 스키마는 일반적으로 표현 데이터 모델을 사용하여 구현된다. 가능하면 고수준 데이터 모델에서 외부 스키마 설계를 기반으로 한다.

3단계-스키마 아키텍처는 사용자가 데이터베이스 시스템 내에서 스키마 단계들을 시각화하는 데 편리한 수단이다. 대부분의 DBMS들이 3단계를 완전하고 명시적으로 구분하지는 않지만 3단계-스키마 아키텍처를 어느 정도 지원한다. 오래된 일부 DBMS들은 개념 스키마에 물리적 단계의 세부 사항을 포함한다. 3단계-ANSI 아키텍처는 사용자의 외부 단계, 데이터베이스의 개념 단계, 데이터베이스를 설계하기 위한 내부 저장 단계를 분명하게 구분하기 때문에 데이터베이스 기술 개발에 큰 영향을 미친다. 사용자 뷰들을 지원하는 대부분의 DBMS에서 외부 스키마는 개념 단계 정보를 기술하는 데이터 모델과 동일한 모델로 표현된다. 예를 들어, 오라클 또는 SQL Server와 같은 관계 DBMS는 이를 위해서 SQL을 사용한다.

세 개의 스키마는 단지 데이터에 대한 기술임을 주의해야 한다. 실제의 데이터는 물리적 단계에만 위치한다. 3단계-스키마의 각 사용자 그룹은 각자의 외부 스키마를 참조한다. 따라서 DBMS는 외부 스키마상에서 표현된 요구를 개념 스키마에 대한 요구로 변환시키고, 다시 내부 스키마에 대한 요구로 변환시켜서 저장된 데이터베이스를 접근해야 한다. 만일 요구가 데이터베이스 검색이라면 저장된 데이터베이스로부터 추출된 데이터는 사용자의 외부 뷰와 일치하도록 재구성되어야 한다. 단계들 간에 요구와 접근 결과를 변환하는 과정

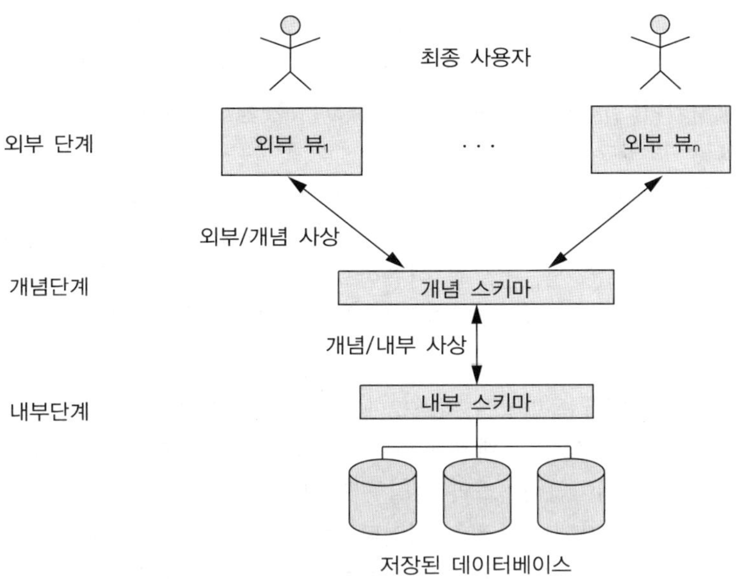


그림 2.2 3단계·스키마 아키텍처

을 **사상**(mapping)이라고 부른다. 이러한 사상들에는 시간이 많이 소요될 수 있으므로 일부 DBMS(특히 소규모 데이터베이스를 지원하는 DBMS)들은 외부 뷰들을 지원하지 않는다. 그러나 이런 시스템에서도 개념 단계와 내부 단계 사이에 요구를 변환하는 것이 필요하다.

## 2.2.2 데이터 독립성

3단계-스키마 아키텍처는 데이터 독립성의 개념을 설명하기 위해 사용될 수 있다. **데이터 독립성**은 고수준의 스키마를 변경할 필요 없이 데이터베이스 시스템의 어떤 단계에서 스키마를 변경할 수 있는 능력으로 정의된다. 다음과 같은 두 가지 데이터 독립성의 유형을 정의한다.

1. **논리적 데이터 독립성**(logical data independence)은 외부 스키마나 응용 프로그램들을 변경하지 않으면서 개념 스키마를 변경하는 능력이다. 데이터베이스를 확장(레코드 타입이나 데이터 항목을 추가)하거나, 제약 조건을 갱신하거나, 데이터베이스를 축소(기존의 레코드 타입이나 데이터 항목의 삭제)시킴으로써 개념 스키마를 변경할 수 있다. 후자의 경우에, 남아 있는 데이터만 참조하는 외부 스키마들이 영향을 받아서는 안 된다. 예를 들어, 그림 1.5(a)의 외부 스키마는 그림 1.2의 GRADE_REPORT 파일(또는 레코드 타입)을 그림 1.6(a)의 파일로 변경하는 것에 영향을 받아서는 안 된다. 논리적 데이터 독립성을 지원하는 DBMS에서는 단지 뷰 정의와 사상만 변경된다. 외부 스키마 구조물들을 참조하는 응용 프로그램들은 개념 스키마가 논리적으로 재구성된 후에도 이전처럼 동작해야 한다. 외부 스키마나 응용 프로그램에 영향을 미치지 않으면서 개념 스키마에 적용되는 제약 조건들을 변경할 수 있다.
2. **물리적 데이터 독립성**(physical data independence)은 개념 스키마를 변경하지 않

으면서 내부 스키마를 변경할 수 있음을 말한다. 따라서 외부 스키마도 변경할 필요가 없다. 내부 스키마에 대한 변경은 파일에 대한 검색이나 갱신 성능을 향상시키기 위해서 접근구조를 추가하는 것처럼, 어떤 파일들이 재구성될 때 필요할 수 있다. 데이터베이스에 이전과 똑같은 데이터가 남아 있다면 개념 스키마는 변경할 필요가 없다. 예를 들어, Semester와 Year를 SECTION 레코드들을(그림 1.2) 검색하는 성능을 향상시키기 위해서 접근경로를 정의하면, 비록 DBMS가 새로운 접근경로를 이용함으로써 질의를 더 효과적으로 수행한다 해도 "2008년 가을에 개설된 모든 강좌들을 검색하라"와 같은 질의를 변경할 필요가 없다.

일반적으로 물리적 데이터 독립성은 디스크에서의 데이터의 정확한 위치, 저장할 때 사용되는 암호화, 압축, 레코드들을 쪼개거나 합치는 등의 물리적으로 상세한 사항을 사용자에게 은닉하는 대부분의 데이터베이스와 파일 환경에 존재한다. 응용들은 이런 상세한 사항들을 알지 못한다. 이에 반해서 논리적 데이터 독립성은 응용 프로그램에 영향을 주지 않으면서 구조적인 변경과 제약 조건 변경을 허용하기 때문에 달성하기가 훨씬 더 어렵다.

다단계 DBMS의 카탈로그는 여러 단계 사이에서 요구와 데이터를 사상시키는 방법에 관한 정보를 포함하도록 확장되어야 한다. DBMS는 카탈로그에서 사상 정보를 참조함으로써 이러한 사상을 수행하는 소프트웨어를 추가로 사용한다. 스키마가 어느 단계에서 변경될 때 이 단계 위의 스키마는 변경되지 않은 상태로 남아 있게 되기 때문에 데이터 독립성이 유지된다. 단지 두 단계 사이의 사상만 변경된다. 따라서 고수준의 스키마를 참조하는 응용 프로그램들은 변경할 필요가 없다.

## 2.3 데이터베이스 언어와 인터페이스

1.4절에서 DBMS를 이용하는 여러 사용자 부류를 살펴보았다. 이 DBMS는 각 사용자 부류의 필요에 적합한 언어와 인터페이스를 제공해야 한다. 이 절에서는 DBMS가 제공하는 언어와 인터페이스들의 유형 및 각 인터페이스가 목표로 하는 사용자 부류를 설명한다.

### 2.3.1 DBMS 언어

일단 데이터베이스의 설계가 완성되고 이것을 구현할 DBMS가 선정되면 데이터베이스의 개념 스키마와 내부 스키마를 명시하고 두 스키마 사이의 사상을 정의한다. 단계들 사이에 엄격한 구분을 두지 않는 많은 DBMS들에서 데이터베이스 관리자와 데이터베이스 설계자는 데이터 정의어(DDL: Data Definition Language)를 사용해서 두 스키마를 정의한다. DBMS는 카탈로그에 스키마 기술을 정의하기 위해서 데이터 정의어 문장을 컴파일하는 데이터 정의어 컴파일러를 갖는다.

개념 스키마와 내부 스키마 사이에 뚜렷한 구분을 두는 DBMS들의 데이터 정의어는 개념 스키마만 지정하는 데 사용된다. 내부 스키마는 **저장 구조 정의어**(SDL: Storage Definition Language)를 사용해서 나타낸다. 이 두 스키마를 사상하는 언어는 데이터 정의어와 저장 구조 정의어 중에서 어느 것을 사용해도 무방하다. 오늘날 대부분의 관계DBMS에 SDL의 역할을 수행하는 특정 언어가 없다. 그 대신에 내부 스키마는 파일 저장과 관련된 함수, 매개 변수, 명세들로 나타낸다. 데이터베이스 관리자는 이들을 이용하여 인덱싱 선택과 데이터를 저장 장치에 사상하는 것을 관리한다. 진정한 3단계-스키마 아키텍처를 위해서는 **뷰 정의어**(VDL: View Definition Language)가 필요한데, 이 언어는 사용자 뷰를 명시하고 개념 스키마 사이의 사상을 나타낸다. 그러나 대부분의 DBMS에서는 DDL이 개념 스키마와 외부 스키마를 정의하는 데 사용된다. 관계 DBMS에서는 미리 정의된 질의들로 사용자나 응용의 뷰를 정의하기 위해서 SQL이 VDL 대신에 사용된다(5장과 6장 참조).

일단 데이터베이스 스키마가 컴파일되고 데이터베이스에 데이터가 채워지면 사용자들은 이 데이터베이스를 조작할 수 있는 수단을 필요로 한다. 전형적인 조작법 중에는 데이터에 대한 검색, 삽입, 삭제, 수정이 있다. DBMS는 이런 수단으로서 연산들의 집합 또는 **데이터 조작어**(DML: Data Manipulation Language)라고 부르는 언어를 제공한다.

현재의 DBMS들은 위의 언어들을 구분하지 않고 통합된 포괄적인 언어가 개념 스키마 정의, 뷰 정의, 데이터 조작 등을 지원하는 것이 대부분이다. 저장 구조 정의는 데이터베이스 시스템의 성능을 세밀하게 조정하기 위해서 물리적인 저장 구조를 정의하는 데 사용하고, 대개의 경우에 데이터베이스 관리자가 사용하므로 일반적으로 별도로 유지한다. 통합된 포괄적인 언어의 대표적인 예는 5장과 6장에서 설명하는 SQL 관계 데이터베이스 언어이다. SQL은 제약 조건 명시, 스키마 진화, 기타 기능들을 위한 문장들뿐만 아니라 데이터 정의어, 뷰 정의어, 데이터 조작어를 결합한 것이다. 저장 구조 정의어 기능은 SQL의 초기 버전에 포함되어 있었지만 SQL을 개념 단계와 외부 단계에만 사용하도록 SQL에서 삭제되었다.

조작어에는 고수준 데이터 조작어와 저수준 데이터 조작어 등 두 가지 유형이 있다. **비절차적**(nonprocedural) 데이터 조작어라고도 부르는 고수준 데이터 조작어는 복잡한 데이터베이스 연산들을 간결하게 나타내는 데 사용될 수 있다. 많은 DBMS들은 고수준 데이터 조작어를 터미널이나 모니터에서 대화식으로 입력하는 방식과 범용 프로그래밍 언어 내에 삽입하는 방식을 모두 지원한다. 후자의 경우 **프리컴파일러**(precompiler)가 프로그램 내에서 데이터 조작어 문장들을 인식하여 DBMS가 처리할 수 있도록 식별할 수 있어야 한다. 저수준 또는 **절차적**(procedural) 데이터 조작어는 반드시 범용 프로그래밍 언어 내에 삽입해서 사용한다. 이런 유형의 데이터 조작어는 데이터베이스로부터 각 레코드 또는 객체 단위로 검색하여 처리한다. 따라서 레코드들의 집합으로부터 각 레코드별로 검색해서 처리하기 위해 프로그래밍 언어의 반복문 등을 이용할 필요가 있다. 이런 특징 때문에 **한 번에 한 레코드**(record-at-a-time) 데이터 조작어라고도 부른다. SQL과 같은 고수준 데이터 조작어는 한 데이터 조작어 명령으로 여러 개의 레코드들을 검색할 수 있기 때문에 **한 번에 레코드 집합**(set-of-records-at-a time) 데이터 조작어 또는 집합지향(set-oriented) 데이터 조작어라고 부른다. 고수준 데이터 조작어의 질의는 어떻게(how) 데이터를 검색할 것인가 보다는 어떤(which) 데이터를 추출할 것인가를 명시하기 때문에, 이런 언어를 **선언적**(declarative)이라고 한다.

고수준이든 저수준이든 범용 프로그래밍 언어 내에 데이터 조작어 명령이 삽입된 경우에 프로그래밍 언어는 **호스트 언어**(host language)라 부르고, 데이터 조작어는 **데이터 부속어**(data sublanguage) 라고 부른다.[10] 한편 고수준 데이터 조작어가 그 자체로 대화식으로 사용되면 **질의어**(query language)라고 부른다. 일반적으로 고수준 데이터 조작어에서 검색과 갱신 명령들은 대화식으로 사용될 수 있으므로 질의어의 일부로 본다.[11]

일반적으로 캐주얼 사용자들은 고수준 질의어를 사용하여 자신들의 요구사항을 명시하고, 프로그래머들은 데이터 조작어를 호스트 언어 내에 삽입하여 사용한다. 초보 사용자들을 위해 데이터베이스를 대화식으로 쉽게 사용할 수 있는 **편리한 사용자 인터페이스**(user-friendly interface)가 제공된다. 이 인터페이스는 고수준 질의어의 자세한 내용을 배우고 싶어 하지 않는 캐주얼 사용자나 다른 사람들도 사용할 수 있다. 이런 유형의 인터페이스들을 다음 절에서 설명한다.

### 2.3.2 DBMS 인터페이스

DBMS가 제공하는 편리한 사용자 인터페이스들에는 다음과 같은 종류가 있다.

**모바일 기기를 위한 앱**. 이 인터페이스는 모바일 기기 사용자가 데이터를 접근할 수 있도록 한다. 예를 들어, 은행, 보험회사들은 사용자들이 휴대폰이나 모바일 기기를 통해서 자신들의 데이터를 접근할 수 있는 앱들을 제공한다. 앱은 사용자들이 계정과 비밀번호를 사용하여 로그인할 수 있는 인터페이스를 제공한다. 또한 앱들은 사용자 데이터에 대한 제한적인 모바일 접근 메뉴, 은행 업무와 예약 작업 등을 수행할 수 있는 옵션들을 제공한다.

**브라우징을 위한 메뉴 기반 인터페이스**. 이 인터페이스는 사용자에게 선택사항들의 리스트(메뉴라고 부름)를 보여준다. 메뉴는 사용자가 자신의 요구사항을 표현할 수 있도록 안내한다. 메뉴 방식에서는 질의어의 특정 명령들이나 문법을 기억하지 않아도 되며, 시스템이 보여주는 메뉴 중에서 선택사항들을 단계적으로 하나씩 고르면 질의가 만들어진다. 풀다운 메뉴(pull down menu)는 **웹 기반 사용자 인터페이스**에서 매우 널리 사용되는 방식이다. 풀다운 메뉴는 **브라우징 인터페이스**(browsing interface)에서 사용된다. 브라우징 인터페이스는 사용자들이 데이터베이스의 내용을 임의의 방식으로 볼 수 있는 인터페이스이다.

**폼 기반 인터페이스**. 형식 기반 인터페이스는 사용자에게 **폼**(form)을 보여준다. 사용자들은 새로운 데이터를 입력하기 위해서 형식의 모든 항목들을 채운다. 또는 사용자가 일부 항목만 채우면 DBMS가 부합되는 데이터를 검색한다. 이 인터페이스는 대개 초보 사용자들이 미리 작성된 트랜잭션들을 사용하도록 설계된다. 많은 DBMS들은 **폼 명세 언어**(form specification language)라고 부르는 특별한 언어를 제공하는데, 프로그래머들은 이 언어를 사용해서 어떤 형식을 명시할 수 있다. SQL*Forms는 관계 데이터베이스 스키마와 관련되어 설계된 폼을 사용하여 질의들을 명시하는 폼 기반 언어이다. Oracle Forms는 폼들을 사

10) 객체지향 데이터베이스에서는 일반적으로 호스트 언어와 데이터 부속어가 하나의 통합된 언어로 제공된다. 예를 들어 C++를 확장하여 데이터베이스 기능을 지원한다. 또한 일부 관계 시스템들도 오라클의 PL/SQL와 같은 통합 언어를 지원한다.

11) 영어에서 '질의(query)'는 갱신의 의미는 없고 오직 검색만을 뜻한다.

용하여 응용을 설계하고 구축하기 위한 기능들을 방대하게 모아 놓은, 오라클 제품의 한 구성요소이다. 일부 시스템들은 최종 사용자들이 대화식으로 샘플 형식을 만들어 가면서 원하는 형식을 정의하는 유틸리티들을 제공한다.

**그래픽 사용자 인터페이스.** 그래픽 사용자 인터페이스(GUI: Graphical User Interface)는 사용자들에게 데이터베이스의 스키마를 그림으로 보여주는 방식이다. 사용자는 이 그림을 조작해서 질의를 명시할 수 있다. 많은 경우에 그래픽 사용자 인터페이스는 메뉴와 폼을 함께 이용한다.

**자연어 인터페이스.** 이 인터페이스는 영어 또는 다른 언어로 표현된 요구들을 받아서 인식한다. 보통 자연어 인터페이스는 중요한 단어들의 사전뿐만 아니라 데이터베이스의 개념스키마와 비슷한 자신의 스키마를 가지고 있다. 자연어 인터페이스는 요구를 인식하기 위해서 사전 내의 표준 단어들의 집합뿐만 아니라 스키마 내의 단어들을 참조한다. 만일 성공적으로 요구를 해석하면 사용자가 입력한 자연어 형태의 요구와 동등한 질의를 생성한 후 DBMS에 넘겨 질의를 수행한다. 요구를 성공적으로 해석하지 못하면 사용자가 요구를 좀 더 분명하게 표현하도록 하는 대화 과정이 시작된다.

**키워드 기반 데이터베이스 검색.** 웹 검색 엔진과 다소 비슷하다. 웹 검색 엔진은 자연어 단어(영어 또는 스페인어)들을 받아들여서 특정 사이트(지역 검색 엔진)의 문서들을 찾거나 웹 전체에서 웹 페이지들을 찾는 웹 검색 엔진(구글 또는 Ask)에서 찾는다. 이 엔진들은 단어들에 대해서 미리 정의된 인덱스를 이용하고, 부합도가 높은 문서들부터 먼저 검색하여 제시하기 위해서 등급 함수(ranking function)들을 사용한다. 최근에 관계 데이터베이스에서 **키워드 기반 질의**라고 부르는 연구 주제가 등장하고 있지만, 이와 같은 자유로운 형식의 질의 인터페이스가 관계 데이터베이스에서는 아직 흔하지 않다.

**음성 입력과 출력.** 질의를 입력하기 위해서 제한적으로 음성을 사용하고, 질의 결과를 나타내기 위해서 음성을 사용하는 방식이 점차 흔해지고 있다. 전화번호부, 비행기 도착과 출발, 신용카드 계좌 정보에 대한 질의처럼 한정된 어휘들을 사용하는 응용에서 고객들이 이런 정보를 쉽게 이용할 수 있도록 음성으로 입력하고 출력하는 방식이 자주 사용된다. 미리 정의된 단어들의 라이브러리를 사용하여 음성 입력을 인식하고 질의에 수반되는 매개변수들을 결정한다. 출력을 위해 텍스트나 숫자로부터 음성으로 변환하는 비슷한 과정이 일어난다.

**초보자를 위한 인터페이스.** 은행 출납계원과 같은 초보자는 대부분 몇 가지 작업을 반복해서 수행한다. 예를 들어, 은행원은 기능 키를 하나 눌러서 입출금 처리나 잔고 조회와 같이 반복적으로 수행되는 트랜잭션들을 호출할 수 있다. 시스템 분석가와 프로그래머들은 초보 사용자들을 위해 특별한 인터페이스를 설계하고 구현한다. 대개는 각 요구를 표현하는데 필요한 키보드 입력을 최소화하기 위해서 소수의 간결한 명령어들을 포함한다.

**데이터베이스 관리자를 위한 인터페이스.** 대부분의 DBMS들은 데이터베이스 관리자만 사용할 수 있는 특권 명령들을 제공한다. 계정을 새로 만들고, 시스템 매개 변수 값을 설정하고, 사용자들에게 계정에 관한 권한을 허용하고, 스키마를 변경하고, 데이터베이스의 저장 구조를 재조직하는 명령들이 이에 해당된다.

## 2.4 데이터베이스 시스템 환경

DBMS는 복잡한 소프트웨어 시스템이다. 이 절에서는 DBMS를 구성하는 소프트웨어 구성 요소 및 DBMS와 상호 작용하는 여러 유형의 컴퓨터 시스템 소프트웨어들에 대해 설명한다.

### 2.4.1 DBMS 구성 모듈

그림 2.3은 전형적인 DBMS의 구성 요소를 단순화된 형태로 나타낸다. 이 그림은 두 부분으로 구분된다. 위쪽의 반은 데이터베이스 환경의 여러 사용자들과 인터페이스들을 보여준다. 아래쪽의 반은 데이터를 저장하고 트랜잭션들을 처리하는 DBMS 내부를 나타낸다.

데이터베이스와 DBMS의 카탈로그는 일반적으로 디스크에 저장되어 있다. 주로 디스크에 대한 접근은 디스크의 입출력을 스케줄하는 운영체제가 제어한다. 많은 DBMS는 버퍼 공간 관리가 성능에 큰 영향을 미치기 때문에 디스크 입출력을 스케줄하는 자체 **버퍼 관리** 모듈을 갖고 있다. 디스크 입출력을 줄이면 성능이 크게 향상된다. DBMS의 **저장 데이터 관리자**(stored data manager) 모듈은 디스크에 저장되어 있는 DBMS의 정보(데이터베이스 또는 카탈로그)에 대한 접근을 제어한다.

그림 2.3의 위쪽의 반을 먼저 살펴보자. 이 부분은 질의를 작성하기 위해서 대화식 인터페이스를 사용하는 데이터베이스 관리자와 캐주얼 사용자, 어떤 호스트 프로그래밍 언어를 사용하여 프로그램을 작성하는 응용 프로그래머, 미리 정의된 트랜잭션에 매개 변수들을 채움으로써 데이터 입력하는 초보 사용자를 위한 인터페이스들을 보여준다. 데이터베이스 관리자는 데이터 정의어와 특권 명령들을 사용하여 데이터베이스를 정의하고 튜닝 작업을 수행한다.

데이터 정의어 컴파일러는 데이터 정의어로 명시된 스키마 정의들을 처리하고, 스키마들에 대한 정보(메타 데이터)를 DBMS 카탈로그 안에 저장한다. 카탈로그는 DBMS 모듈들이 필요로 하는 파일의 이름과 크기, 데이터 항목의 이름과 데이터 타입, 각 파일의 자세한 저장 형태, 스키마 사이의 사상 정보, 제약 조건들에 대한 정보 등을 포함한다. 이외에도 카탈로그는 DBMS 모듈들이 필요로 하는 다양한 유형의 정보를 포함한다. 이러한 정보가 필요할 때마다 DBMS 모듈들은 카탈로그에 접근한다.

캐주얼 사용자는 그림 2.3의 대화식 질의 인터페이스를 사용한다. 자동적으로 **대화식 질의**를 생성하거나 기작성 트랜잭션에 접근하기 위해 사용되는 메뉴 기반 또는 폼 기반 또는 모바일 앱의 대화 방식을 명시적으로 나타내지는 않았다. **질의 컴파일러**(query compiler)는 이런 질의들을 파싱하고, 질의 구문과 파일 및 데이터 원소들이 정확한지 입증하고, 내부 형태로 컴파일한다. 이런 내부 형태는 17장과 18장에서 논의하는 질의 최적화를 거치게 된다. 무엇보다도, **질의 최적화기**(query optimizer)는 연산들을 재배치하고, 연산들의 순서를 바꾸고, 중복이 존재하면 제거하고, 효율적인 검색 알고리즘 수행시 선택한다.

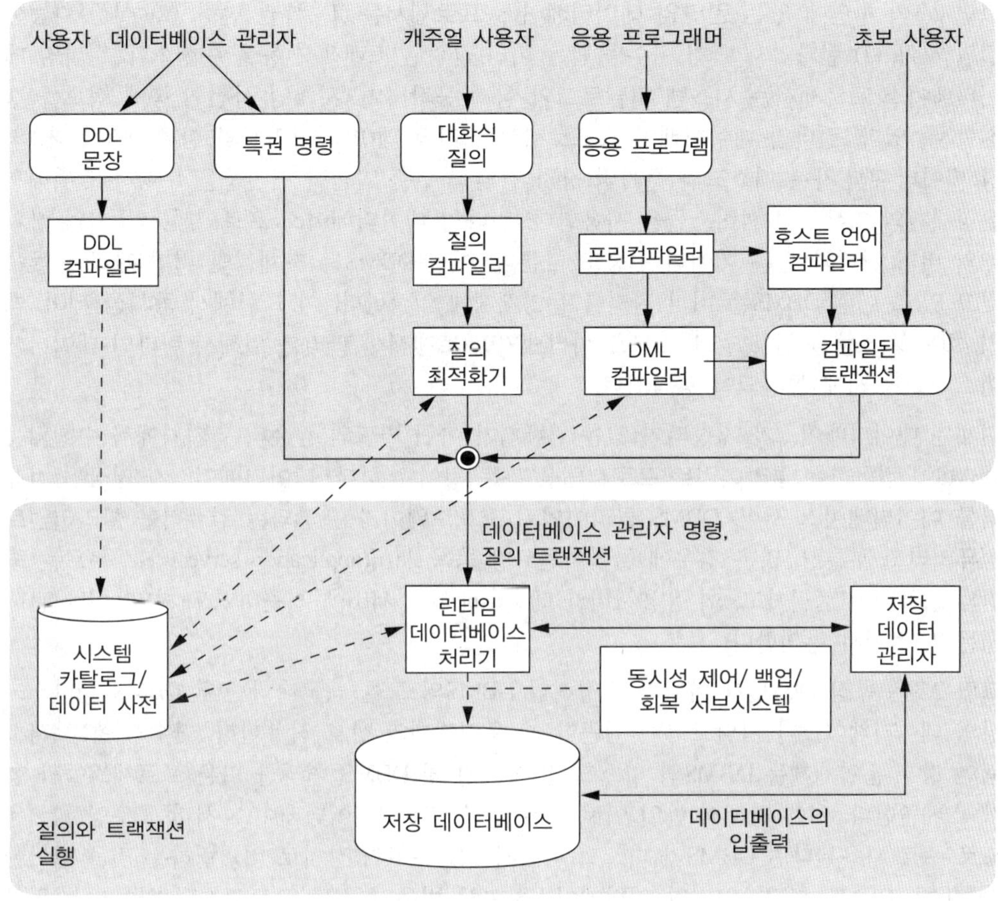


그림 2.3 DBMS를 구성하는 전형적인 모듈들과 이들의 상호 관계

질의 최적화기는 저장된 데이터에 대한 통계 정보를 갖고 있는 시스템 카탈로그를 참조하여 실행 코드를 생성한다. 실행 코드는 질의에 필요한 연산들을 수행하고 런타임 프로세서를 호출한다.

응용 프로그래머는 자바, C, C++ 등의 호스트 언어를 사용하여 프로그램을 작성한다. 이런 프로그램은 프리컴파일러가 처리한다. **프리컴파일러(precompiler)**는 호스트 프로그래밍 언어로 작성된 응용 프로그램에서 데이터 조작어 명령들을 추출한다. 추출된 명령들은 데이터베이스 접근을 위한 목적 코드(object code)로 컴파일하기 위해 데이터 조작어 컴파일러로 보내고, 프로그램에서 데이터 조작어 명령을 제외한 나머지 부분은 호스트 언어 컴파일러로 보낸다. 데이터 조작어 명령들에 대한 목적 코드와 프로그램의 나머지 부분에 대한 목적 코드가 링크되어 런타임 데이터베이스 처리기 호출들을 포함하는 실행 코드로 이루어진 미리 작성된 트랜잭션이 된다. PHP와 파이썬과 같은 스크립트 언어를 사용하여 데이터베이스 프로그램을 작성하는 것이 점차 흔해지고 있다. 초보 사용자들은 미리 작성된 트랜잭션을 단순히 매개 변수들을 입력하면서 PC나 모바일 앱에서 반복적으로 수행한다. 각각의 수행을 별개의 트랜잭션으로 간주한다. 계좌번호, 수취인, 금액을 매개 변수로 입력해서 반복적으로 수행하는 은행의 인출 트랜잭션이 미리 작성된 트랜잭션의 예이다.

그림 2.3의 하단에 있는 **런타임 데이터베이스 프로세서**는 (1) 특권 명령, (2) 실행 가능한 질의 계획, (3) 런타임시 매개 변수를 받는 미리 작성된 트랜잭션 등을 수행한다. 런타임 데이터베이스 프로세서는 **시스템 카탈로그**와 함께 동작하며, 시스템 사전의 통계 정보를 갱신할 수 있다. 런타임 데이터베이스 프로세서는 **저장 데이터 관리자**와 함께 동작한다. 저장 데이터 관리자는 데스크와 주기억 장치 간의 저수준 입출력 연산들을 수행하기 위해서 운영체제의 기본적인 서비스들을 사용한다. 런타임 데이터베이스 프로세서는 주기억 장치 내의 버퍼 관리와 같은 데이터 전송도 다룬다. 어떤 DBMS는 자체적인 버퍼 관리 모듈을 갖고 있고, 어떤 DBMS는 버퍼 관리를 운영체제에 의존한다. 이 그림에서 **동시성 제어, 백업, 회복 시스템**을 한 모듈에 별도로 나타냈지만 트랜잭션 관리를 위해서 런타임 데이터베이스 프로세서에 통합되어 동작한다.

현재는 데이터베이스가 저장되어 있는 컴퓨터가 아닌 별도의 컴퓨터나 기기에서 수행되는 DBMS에 접근하는 **클라이언트 프로그램**을 두는 것이 흔하다. 데이터베이스가 저장된 컴퓨터를 데이터베이스 서버, DBMS 클라이언트 소프트웨어가 운영되는 컴퓨터를 **클라이언트 컴퓨터**라고 부른다. 많은 경우에 클라이언트가 **응용 서버**(application server)라고 부르는 중간의 컴퓨터에 접근하고, 이 응용서버가 **데이터베이스 서버**에 접근하기도 한다. 이에 관해서는 2.5절에서 논의한다.

그림 2.3은 특정 DBMS가 아니라 전형적인 DBMS의 모듈들을 나타낸다. DBMS가 디스크 상의 데이터베이스나 카탈로그에 접근할 때 운영체제와 상호 작용한다. 다수 사용자 시스템인 경우 운영체제는 DBMS의 디스크 접근 요청 및 DBMS 처리를 다른 프로세스들과 함께 스케줄한다. 이에 반해서 만일 어떤 컴퓨터 시스템이 데이터베이스 서버를 운영하는 용도로 주로 사용된다면 DBMS가 디스크 페이지들을 주기억 장치로 버퍼링하는 것을 제어한다. 또한, DBMS는 컴파일러와 인터페이스하면서 범용 호스트 프로그래밍 언어를 지원하고, 시스템 네트워크 인터페이스를 통하여 별도의 컴퓨터에서 수행되는 클라이언트 및 응용 서버와 상호 작용한다.

### 2.4.2 데이터베이스 시스템 유틸리티

위에서 설명한 소프트웨어 모듈들 이외에도 대부분의 DBMS는 데이터베이스 관리자가 데이터베이스 시스템을 관리하는 것을 도와주는 **데이터베이스 유틸리티**를 가지고 있다. 대표적인 유틸리티는 다음과 같은 기능을 가지고 있다.

- **적재(loading)**. 텍스트 파일이나 순차 파일과 같은 기존의 데이터 파일들을 데이터베이스에 적재하기 위해 적재 유틸리티를 사용한다. 보통 데이터 파일은 데이터베이스 파일과 형식이 다른데, 데이터베이스 파일과 데이터 파일의 형식을 알려주면 자동적으로 데이터 파일을 데이터베이스 파일의 형식으로 변환해서 저장한다. DBMS가 널리 사용됨에 따라 많은 기관들은 한 DBMS의 데이터를 다른 DBMS로 옮기는 작업을 하게 된다. 일부 DBMS 업체들은 기존의 데이터베이스와 새 데이터베이스의 저장 형태(내부 스키마)가 주어지면 적절한 적재 프로그램들을 생성하는 상품들을 판매한다. 이런 도구들을 **변환 도구**(conversion tool)라고 부른다.

- **백업**(backup). 백업 유틸리티는 보통 전체 데이터베이스를 테이프 또는 대용량 저장 매체에 복사해서 데이터베이스의 백업 사본(backup copy)을 만든다. 백업 사본은 치명적인 디스크 고장이 발생하는 경우에 데이터베이스를 복구하기 위해 사용된다. 흔히 점진적인 백업이 사용된다. 점진적인 백업에서는 지난 번 백업 이후에 변경된 내용만을 기록한다. 점진적인 백업은 좀더 복잡하지만 저장 공간을 줄여준다.
- **파일 재조직**(file reorganization). 성능을 향상시키기 위하여 데이터베이스 파일들의 구조를 다른 파일 구조로 재조직하고 새로운 접근 경로를 생성하는 유틸리티이다.
- **성능 모니터링**(performance monitoring). 이 유틸리티는 데이터베이스의 사용을 모니터링해서 사용 통계를 데이터베이스 관리자에게 제공한다. 데이터베이스 관리자는 이런 통계에 근거해서 성능을 향상시키기 위해 파일을 재조직할 것인가 또는 인덱스를 추가하거나 삭제할 것인가 등을 결정한다.

이 외에도 파일의 정렬, 데이터 압축, 사용자 접근 모니터링, 네트워크와의 인터페이스, 기타 기능을 수행하는 유틸리티도 있다.

### 2.4.3 도구, 응용 환경, 통신 장비

데이터베이스 설계자, 사용자, 데이터베이스 관리자들이 흔히 사용할 수 있는 또 다른 도구들이 있다. CASE 도구[12)]는 데이터베이스 시스템을 설계하는 과정에서 사용된다. 확장된 **데이터 사전 시스템**(data dictionary system) 또는 **데이터 저장소 시스템**(data repository system)과 같은 도구는 큰 조직체에서 아주 유용하게 사용될 수 있다. 스키마와 제약 조건에 관한 카탈로그 정보 외에 데이터 사전은 설계 결정, 사용 표준, 응용 프로그램 설명, 사용자 정보 등과 같은 정보를 저장한다. 이런 시스템을 **정보 저장소**(information repository)라고도 부른다. 이런 정보는 사용자나 데이터베이스 관리자가 직접 접근할 수 있다. 데이터 사전 유틸리티는 DBMS 카탈로그와 비슷하지만 더 다양한 정보를 가지고 있으며, DBMS보다는 주로 사용자들이 접근한다.

PowerBuilder(Sybase) 또는 JBuilder(Borland)와 같은 **응용 개발 환경**들이 점차 널리 사용되고 있다. 이런 시스템은 데이터베이스 응용을 개발하는 환경을 제공한다. 또한 데이터베이스 설계, 그래픽 사용자 인터페이스 개발, 질의와 갱신, 응용 프로그램 개발 등을 포함하는 데이터베이스 시스템의 여러 측면들을 도와주는 기능을 제공한다. DBMS는 **통신 소프트웨어**와도 상호 작용이 필요하다. 통신 소프트웨어의 기능은 데이터베이스 시스템 사이트로부터 멀리 떨어진 컴퓨터 터미널, 워크스테이션, 개인용 컴퓨터에서 데이터베이스에 접근할 수 있도록 한다. 이런 장치들은 인터넷 라우터, 전화선, 원거리 네트워크, **근거리 네트워크**(LAN: Local Area Network), 인공위성 통신 장비 등의 데이터 통신 하드웨어를 통해서 데이터베이스 사이트와 연결된다. 많은 상용 데이터베이스 시스템은 DBMS와 함께 운영되는 통신 패키지를 제공한다. DBMS와 데이터 통신 시스템이 통합된 것을 DB/DC 시스템이라

---

12) CASE가 Computer-Aided Software Engineering을 의미하지만 많은 CASE 도구들이 주로 데이터베이스 설계를 위해서 사용된다.

고 부른다. 분산 DBMS들은 여러 컴퓨터에 물리적으로 분산되어 있다. 이런 경우에 많은 컴퓨터를 연결하기 위해서 통신 네트워크가 필요하다. 대개는 근거리 네트워크가 사용되는데 다른 유형의 네트워크가 사용될 수도 있다.

## 2.5 DBMS를 위한 중앙집중식과 클라이언트/서버 아키텍처

### 2.5.1 중앙집중식 DBMS 아키텍처

DBMS를 위한 아키텍처는 일반적인 컴퓨터 시스템 아키텍처들과 유사한 추세를 따른다. 예전의 아키텍처는 DBMS의 모든 기능뿐만 아니라 사용자의 응용 프로그램, 사용자 인터페이스 프로그램들을 포함하는 모든 시스템 기능을 처리하기 위해 메인프레임 컴퓨터를 사용하였다. 그 이유는 대부분의 사용자가, 자체 처리 능력이 없고 단지 화면에 결과를 보여주는 기능밖에 없는 컴퓨터 터미널을 사용해서 이런 시스템을 사용했기 때문이다. 따라서 모든 처리는 DBMS가 운영되는 컴퓨터 시스템상에서 원격으로 수행되고 디스플레이 정보와 제어만 컴퓨터에서 터미널로 전송되었다. 터미널은 여러 유형의 통신 네트워크를 통해서 중앙의 컴퓨터와 연결되었다.

하드웨어의 가격이 하락함에 따라 대부분의 사용자는 터미널을 개인용 컴퓨터(PC)와 워크스테이션, 최근에는 모바일 기기로 교체했다. 초기에 데이터베이스 시스템도 이와 유사하게 컴퓨터를 사용했으므로 DBMS 자체는 여전히 중앙집중식 DBMS였다. 중앙집중식

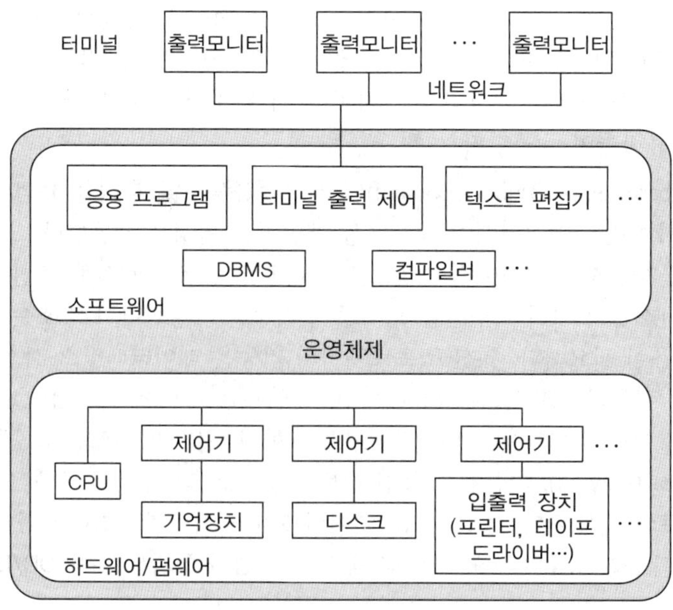


그림 2.4 물리적인 중앙집중식 아키텍처

DBMS에서는 모든 DBMS의 기능, 응용 프로그램 수행, 사용자 인터페이스 처리 등이 하나의 컴퓨터에서 수행되었다. 그림 2.4는 중앙집중식 아키텍처의 물리적인 구성 요소들을 보여준다. 점차 DBMS들은 사용자 측의 컴퓨터 처리 능력을 활용하기 시작하였고, 이에 따라 클라이언트-서버 DBMS 아키텍처가 등장하였다.

### 2.5.2 기본적인 클라이언트/서버 아키텍처

먼저 클라이언트/서버 아키텍처를 일반적으로 논의하고, 그 다음에 이것이 어떻게 DBMS에 적용되는가를 알아본다. **클라이언트/서버 아키텍처**는 많은 수의 PC, 워크스테이션, 파일 서버, 프린터, 데이터베이스 서버, **웹 서버**(Web server), 이메일 서버, 기타 소프트웨어와 장치들이 네트워크를 통해서 서로 연결되어 있는 컴퓨팅 환경을 다루기 위해 개발되었다. 아이디어는 특정 기능을 갖는 **특별한 서버**들을 정의하는 것이다. 예를 들어, 다수의 PC 또는 소형 워크스테이션을 클라이언트로서 **파일 서버**(file server)에 연결하는 것이 가능하다. 파일 서버는 클라이언트들의 파일들을 유지한다. 또 다른 컴퓨터를 **프린터 서버**로 지정할 수 있다. 프린터 서버는 여러 프린터와 연결되어 있으며, 클라이언트들의 모든 출력 요청이 프린터 서버로 전달된다. **웹 서버** 또는 **이메일 서버**도 이와 같은 특별한 서버 부류에 속한다. 특별한 서버들이 제공하는 자원들은 이와 같은 방식으로 많은 클라이언트가 접근할 수 있다. **클라이언트 컴퓨터**는 지역 응용들을 수행하기 위한 처리 기능뿐만 아니라 사용자가 이런 서버들을 이용하기 위한 적절한 인터페이스들을 제공한다. 이런 개념은 DBMS 또는 CAD(Computer-Aided Design) 패키지처럼 특정 서버 컴퓨터에 저장되어 다수의 클라이언트가 접근할 수 있는 특별한 소프트웨어 패키지에도 적용될 수 있다. 그림 2.5는 논리적인 수준에서 클라이언트/서버 아키텍처를 나타내고, 그림 2.6은 물리적인 아키텍처를 나타내는 간단한 다이어그램이다. 일부 기계(예를 들어, 모바일 기기, 클라이언트 소프트웨어만 설치된 워크스테이션과 PC)들은 클라이언트 사이트이며 다른 기계들은 전용 서버일 수 있다. 또 다른 기계들은 클라이언트와 서버의 기능을 모두 가지고 있을 수 있다.

클라이언트/서버 아키텍처의 개념은 무선 네트워크 또는 근거리 네트워크와 기타 컴퓨터 네트워크들로 연결된 적은 수의 서버뿐만 아니라 다수의 PC와 워크스테이션, 모바일 기기로 이루어진 구조를 가정한다. 이런 구조에서 일반적으로 **클라이언트**는 사용자 인터페이스와 자체 처리 능력을 제공하는 사용자 컴퓨터이다. 클라이언트가 데이터베이스 접근처럼 클라이언트에 없는 별도의 기능을 접근하려 할 때 클라이언트는 해당 기능을 제공하는 서버와 연결된다. **서버**는 클라이언트 컴퓨터에게 서비스들을 제공할 수 있는 하드웨어와 소프트웨어를 포함한 시스템이다. 그림 2.6에서 보여주듯이 일반적으로 어떤 컴퓨터는 클라

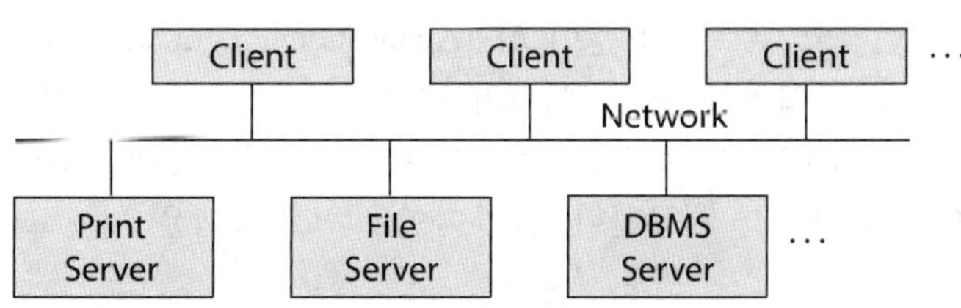


그림 2.5 논리적인 2층 클라이언트/서버 아키텍처

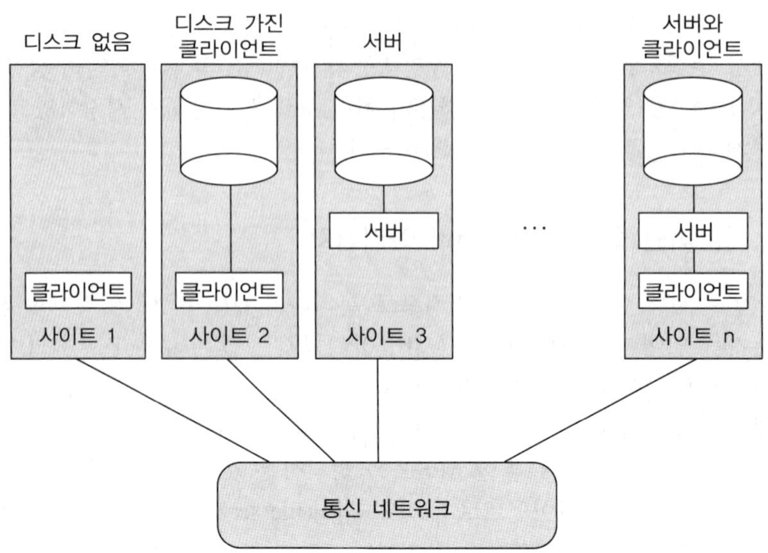


그림 2.6 물리적인 2층 클라이언트/서버 아키텍처

이언트 소프트웨어 혹은 서버 소프트웨어 중 하나만 설치되고, 또 다른 컴퓨터에는 클라이언트와 서버 소프트웨어가 함께 설치될 수 있다. 그러나 클라이언트와 서버 소프트웨어는 대개 별개의 컴퓨터에서 운영된다. 이와 같은 클라이언트/서버 구조하에서 기본적인 DBMS 아키텍처(2-층과 3-층)의 두 가지 중요한 유형이 등장하였다.[13] 이제 이들을 설명한다.

### 2.5.3 DBMS를 위한 2-층 클라이언트/서버 아키텍처

대부분 중앙집중식으로 시작했던 관계 DBMS(RDBMS)들에서 클라이언트 쪽으로 먼저 이동한 시스템 구성 요소는 사용자 인터페이스와 응용 프로그램들이었다. SQL(5장과 6장 참조)이 RDBMS의 표준 언어이기 때문에 클라이언트와 서버를 논리적으로 구분하는 역할을 하였다. 따라서 SQL 처리와 관련된 질의와 트랜잭션 기능은 서버 측에 남아 있었다. 이런 아키텍처에서서버를 흔히 **질의 서버**(query server) 또는 **트랜잭션 서버**(transaction server)라고 부른다. 왜냐하면 서버가 두 가지 기능을 제공하기 때문이다. RDBMS에서는 서버를 흔히 SQL Server라고 부른다.

사용자 인터페이스 프로그램과 응용 프로그램들은 클라이언트 쪽에서 수행될 수 있다. DBMS에 대한 접근이 필요하면 이 프로그램은 서버 쪽에 있는 DBMS와의 연결을 설정한다. 일단 연결이 설정되면 클라이언트 프로그램이 DBMS와 통신할 수 있다. ODBC(Open Database Connectivity)라고 부르는 표준이 API(Application Programming Interface)를 제공하고, API는 필요한 소프트웨어가 클라이언트와 서버 컴퓨터 모두에 설치되어 있다면 클라이언트 쪽 프로그램이 DBMS를 호출할 수 있도록 한다. 대부분의 DBMS 업체는 자신들의 제품에 ODBC 드라이버를 제공한다. 클라이언트 프로그램은 실제로 여러 RDBMS와

---

13) 클라이언트/서버 아키텍처의 다른 변형들이 많이 있다. 여기서는 가장 기본적인 두 가지 유형만 논의한다.

연결하여 ODBC API를 통해서 질의와 트랜잭션 요청을 보낼 수 있다. 이런 요청은 서버에서 처리된다. 질의의 결과는 다시 클라이언트 프로그램으로 보내지고, 클라이언트 프로그램은 이 결과를 필요에 따라 좀 더 처리하고 디스플레이할 수 있다. JDBC라고 부르는, JAVA 프로그래밍 언어와 연관된 표준도 정의되었다. 이 표준은 JAVA 클라이언트 프로그램이 표준 인터페이스를 통해서 하나 이상의 DBMS를 접근할 수 있게 한다.

여기서 논의한 아키텍처는 소프트웨어 구성 요소들이 클라이언트와 서버에 분산되어 있기 때문에 **2-층 아키텍처**(2-tier architecture)라고 부른다. 단순함과 기존의 시스템과의 호환성이 이 아키텍처의 장점이다. 웹이 등장함에 따라 클라이언트와 서버의 역할에 변화가 생기게 되었고, 이에 따라 3-층 아키텍처가 개발되었다.

## 2.5.4 웹 응용을 위한 3-층 클라이언트/서버 아키텍처

많은 웹 응용은 **3-층 아키텍처**(3-tier architecture)라고 부르는 새로운 아키텍처를 사용한다. 3-층 아키텍처는 그림 2.7(a)이 보여주듯이 클라이언트와 데이터베이스 서버 사이에 중간 단계를 하나 더 추가한 것이다.

중간 단계 또는 **중간 층**(middle tier)은 **응용 서버** 혹은 **웹 서버**라고 부른다. 이 서버는 응용 프로그램들을 수행하고, 데이터베이스 서버에 저장된 데이터에 접근하는 데 사용되는 비즈니스 규칙(프로시저 또는 제약 조건)들을 저장함으로써 중간 역할을 수행한다. 또한 이 서버는 클라이언트의 요청을 데이터베이스 서버로 전달하기 전에 클라이언트의 신임 여부를 검사함으로써 데이터베이스 보안을 향상시킨다. 클라이언트는 사용자 인터페이스와 웹 브라우저를 포함한다. 중간 서버는 클라이언트로부터 요청을 받아 처리하고, 데이터베이스 질의와 명령들을 데이터베이스 서버로 보낸다. 그 다음에 데이터베이스 서버에서 처리된 데이터를 클라이언트로 보내는 통로 역할을 한다. 클라이언트는 이 데이터를 사용자에게 제시하게 위해 추가로 처리할 수도 있다. 그림 2.7(b)는 데이터베이스와 기타 응용 패키지 업체들이 사용하는 또 다른 3-층 아키텍처를 보여준다. 따라서 3개 층의 역할은 각각 사용자 인터페이스, 응용 규칙, 데이터 접근으로 요약할 수 있다.

프레젠테이션 층은 정보를 사용자에게 보여주고, 데이터를 입력받는다. 비즈니스 논리 층은 데이터를 사용자에게 전달하거나 DBMS로 보내기 전에 중간의 규칙과 제약 조건들을 다룬다. 가장 아래의 층은 데이터 관리의 모든 서비스들을 포함한다. 중간 층은 데이터베이스 서버로부터 질의 결과를 받아서, 클라이언트의 웹 브라우저에서 볼 수 있는 동적인 웹 페이지 형식으로 변환하는 웹 서버 역할을 수행할 수도 있다. 일반적으로 클라이언트는 웹에 연결된 PC나 모바일 기기이다.

다른 아키텍처들로 제안되었다. 사용자와 저장된 데이터 사이를 좀더 세밀하게 구성요소들로 나누어 n-층 아키텍처로 만드는 것이 가능하다. 여기서 n은 4 또는 5이다. 일반적으로 비즈니스 논리 층은 다수의 층으로 나누어진다. 네트워크를 통해서 프로그램과 데이터를 분산시키는 외에, n-층 응용에서는 한 개의 층이 적절한 프로세서나 운영체제에서 동작할 수 있다는 장점이 있다. 이렇게 함으로써 각 층을 독립적으로 다룰 수 있다. ERP(Enterprise Resource Planning)나 CRM(Customer Relationship Management) 패키지 업체들은 주로 중간

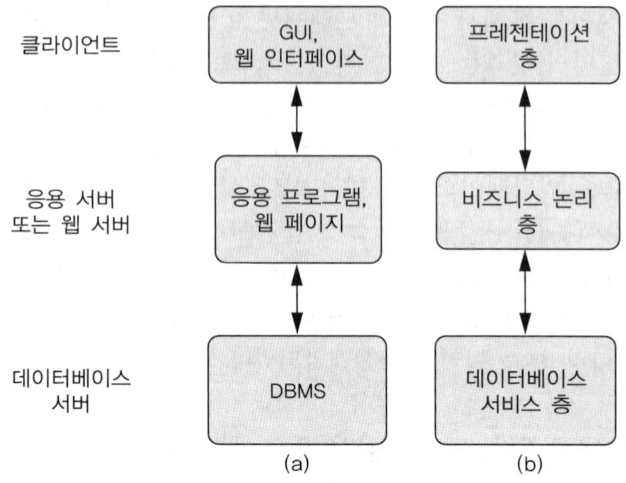


그림 2.7 논리적인 3층 클라이언트/서버 아키텍처

층을 사용한다. 중간층은 뒷단의 데이터베이스(서버)들과 통신하는 앞단의 모듈(클라이언트)들을 맡는다.

암호화 및 복호화 기술이 발전됨에 따라 서버에서 클라이언트로 민감한 데이터를 암호화된 형태로 전송하고, 클라이언트에서 복호화하는 것이 좀 더 안전하게 되었다. 복호화는 하드웨어나 고급 소프트웨어가 수행할 수 있다. 이런 기술은 고수준의 데이터 보안을 제공하지만 네트워크 보안 문제는 아직 중요한 주제로 남아 있다. 유선이나 무선 네트워크를 통해 방대한 데이터를 전송하기 위해 데이터를 압축하는 다양한 기술이 사용된다.

## 2.6 데이터베이스 관리 시스템의 분류

DBMS를 분류하기 위해 여러 가지 기준들이 사용된다. 첫 번째 기준은 DBMS가 기반을 둔 **데이터 모델**이다. 현재의 상용 DBMS에서 가장 많이 사용되고 있는 주요 데이터 모델은 **관계 데이터 모델**이다. 관계 데이터 모델에 기반한 시스템을 SQL **시스템**이라고 부른다. **객체 데이터 모델**은 일부 상용 시스템에서 구현되었으나 널리 사용되지는 않는다. **키-값 저장 시스템**과 NOSQL **시스템**으로도 알려진 최근의 **빅 데이터 시스템**은 문서 기반, 그래프 기반, 컬럼 기반, 키-값 데이터 모델 등 다양한 데이터 모델을 사용한다. 종래의 많은 응용들은 아직 **계층 데이터 모델**이나 **네트워크 데이터 모델**에 기반을 둔 데이터베이스 시스템에서 운영된다.

관계 DBMS들은 특히 객체 데이터베이스에서 개발된 많은 개념들을 통합하면서 꾸준히 발전하고 있다. 이와 같은 새로운 부류의 DBMS를 **객체-관계** DBMS라고 부른다. 따라서 DBMS를 데이터 모델에 따라 관계 DBMS, 객체 DBMS, 객체-관계 DBMS, NOSQL, 키-값, 계층 DBMS, 네트워크 DBMS 등으로 분류한다.

일부 실험적인 DBMS는 XML(eXtended Markup Language) 모델을 기반으로 하고 있다. XML 모델은 트리 구조(계층적) 데이터 모델이다. 이런 DBMS를 토종 XML DBMS라고 부른다. 다수의 상업용 관계 DBMS는 XML 인터페이스와 저장 장치를 추가하고 있다.

DBMS를 분류하는 데 사용되는 두 번째 기준은 시스템이 허용하는 사용자의 수이다. **단일 사용자 시스템**은 한 번에 한 사용자만을 허용하는데 대부분 개인용 컴퓨터에서 사용된다. 대부분의 DBMS는 **다수 사용자 시스템**으로서 동시에 여러 사용자가 시스템을 사용할 수 있다.

세 번째 기준은 데이터베이스가 분산되어 있는 **사이트의 수**이다. 데이터가 한 컴퓨터 사이트에 저장되어 있는 DBMS는 중앙집중식이다. 중앙집중식 DBMS는 다수 사용자가 동시에 사용할 수는 있지만 DBMS와 데이터베이스 자체가 한 컴퓨터 사이트에만 위치한다. **분산** DBMS(Distributed DBMS)는 네트워크로 연결된 여러 컴퓨터 사이트에 실제 데이터베이스와 DBMS 소프트웨어가 분산되어 있다. 흔히 빅 데이터 시스템은 수백 개의 사이트에 광범위하게 분산된다. 데이터는 종종 다수의 사이트에 중복되어 한 사이트가 고장 나더라도 데이터에 접근하는 데 지장이 없다.

**동질 분산** DBMS(homogeneous DDBMS)는 모든 사이트에서 같은 DBMS 소프트웨어를 사용한다. 이에 반해서 **이질 분산** DBMS(heterogeneous DDBMS)는 각 사이트에서 상이한 DBMS 소프트웨어를 사용할 수 있다. 또한 자치성을 갖는 기존의 여러 이질 DBMS가 저장하고 있는 데이터베이스에 접근하기 위한 **중간 층 소프트웨어**를 개발하는 것이 가능하다. 이러한 소프트웨어를 **연합** DBMS(federated DBMS) 또는 **다중 데이터베이스 시스템**(multidatabase system)이라고 부르는데, 참여하는 DBMS는 느슨하게 결합(loosely coupled)되고 어느 정도의 지역 자치성(local autonomy)을 갖는다. 많은 DDBMS는 2.5절에서 설명한 클라이언트/서버 아키텍처를 사용한다.

네 번째 기준은 비용이다. 그러나 비용을 기준으로 DBMS를 분류하는 것이 매우 어렵다. 오늘날 MySQL이나 PostgresSQL처럼 오픈 소스(무료) DBMS가 존재한다. 여러 개발업체들이 이런 DBMS를 추가적인 서비스와 함께 지원하고 있다. 주요 관계 DBMS 제품들을 30일간 무료로 사용할 수 있으며, 개인용 버전은 100달러 이하의 가격이지만 상당한 기능을 갖고 있다. 대형 시스템들은 분산, 중복, 병렬 처리, 이동 기능 등을 다루는 구성요소들을 포함한 모듈 형태로 판매된다. 또한 라이센스 형태로 판매되기도 한다. 사이트 라이센스는 고객의 사이트에서 무제한의 사본들을 사용할 수 있는 라이센스이다. 또 다른 유형의 라이센스는 한 컴퓨터에서 동시 사용자 수를 제한하는 라이센스이다. ACCESS와 같은 단일 사용자 시스템은 사본 단위로 판매된다. 더욱이 추가적인 데이터 타입 지원뿐만 아니라 데이터 웨어하우스와 마이닝 기능을 이용하려면 비용을 추가로 지불해야 한다. 대규모 데이터베이스 시스템을 설치하고 유지보수하기 위해서 매년 수백만 달러를 지불하는 것이 가능하다.

또한 저장 파일에 사용 가능한 **접근 경로**의 유형들에 따라 DBMS를 분류할 수 있다. 잘 알려진 DBMS의 한 계열은 역파일(inverted file) 구조를 기반으로 한다. 마지막으로 DBMS는 **범용** 또는 **특수 목적용**으로 구분할 수 있다. 성능이 가장 중요한 고려사항일 때 특정한 응용을 위해 특수 목적의 DBMS를 설계하고 구현할 수 있다. 이런 시스템은 크게 바꾸지 않고는 다른 응용들을 위해서 사용할 수 없다. 과거에 개발된 항공 예약과 전화 안내 시스템은 대부분 특수 목적의 DBMS이다. 이들은 지나친 지연 없이 동시에 많은 수의 트랜잭션들을 처리할 수 있는 **온라인 트랜잭션 처리 시스템**(OLTP: Online Transaction Processing System)의 범주에 속한다.

DBMS를 분류하기 위한 중요한 기준으로서 데이터 모델을 간략히 요약하면 다음과 같다. **관계 데이터 모델**은 테이블들의 모임으로 데이터베이스를 나타낸다. 각 테이블은 별도의 파일로서 저장될 수 있다. 그림 1.2의 데이터베이스는 관계 데이터 모델의 형태로 표현되었다. 대부분의 관계 데이터베이스는 SQL이라고 부르는 고급 질의어를 사용하고 제한된 형태의 사용자 뷰들을 지원한다. 4장부터 7장에서 관계 모델, 관계 모델의 언어 및 연산을 논의한다. 관계 응용들을 프로그래밍하기 위한 기술들은 9장과 10장에서 설명한다.

**객체 데이터 모델**은 객체, 객체의 속성, 객체의 연산들로 데이터베이스를 정의한다. 같은 구조와 행동을 가지는 객체들은 한 클래스에 속하고, 클래스들은 **계층 구조**(또는 **비순환 그래프**)로 조직된다. 각 클래스에 대한 연산들은 **메소드**라고 하는, 미리 정의된 프로시저들로 표현한다. 관계 DBMS는 객체 데이터베이스의 개념과 기타 기능들을 통합하기 위해서 관계 모델을 확장하고 있다. 이런 시스템들을 **객체-관계** 또는 **확장된 관계 시스템**(extended relational system)이라고 부른다. 객체 데이터베이스와 확장된 관계 시스템은 11장에서 논의한다.

빅 데이터 시스템이 다양한 데이터 모델을 기반으로 하지만 네 개의 데이터 모델이 가장 대표적이다. **키-값 데이터 모델**(key-value data model)은 고유한 키를 각 값(레코드 또는 객체가 될 수 있음)과 연관시키고, 키가 주어지면 빠르게 값에 접근할 수 있도록 한다. **문서 데이터 모델**(document data model)은 JSON(Java Script Object Notation)을 기반으로 하고, 복잡한 객체와 다소 유사한 문서로 데이터를 저장한다. **그래프 데이터 모델**은 객체를 그래프 노드로 저장하고, 객체들 간의 관계는 방향 그래프의 간선으로 저장한다. 마지막으로, **컬럼 기반 데이터 모델**(c+olumn-based data mode)은 데이터에 빠르게 접근하고 다수의 버전을 허용하기 위해서 레코드의 컬럼들을 디스크상에 집중시킨다. 이 주제들은 23장에서 좀더 상세히 논의한다.

**XML 모델**은 웹상에서 데이터를 교환하는 표준으로 등장하였다. XML 모델은 토종 XML 시스템의 시제품들을 구현하기 위한 기초로 사용되고 있다. XML은 계층적인 트리 구조를 사용한다. 이 모델에는 데이터베이스 개념과 문서 표현 모델이 통합되어 있다. 데이터는 엘리먼트들로 표현된다. 복잡한 트리 구조를 만들기 위해서 태그를 사용하여 데이터를 중첩할 수 있다. 이 모델은 개념적으로 객체 모델을 유사하지만 상이한 전문 용어를 사용한다. 많은 상용 DBMS 제품에 XML 기능이 추가되고 있다. XML의 개요는 12장에서 설명한다.

네트워크 모델과 계층 모델은 역사적으로 중요한 데이터 모델이나 현재는 별로 사용되지 않는 **레거시 데이터 모델**(legacy data model)이다. **네트워크 모델**은 데이터를 레코드 타입(record type)으로 표현하고, **집합 타입**(set type)이라고 부르는 1:N 관계의 제한된 타입을 표현한다. 1:N 관계는 포인터 연결 기법을 사용하여 어떤 레코드의 한 인스턴스를 다른 레코드의 여러 인스턴스들과 연관시킨다. CODASYL DBTG 모델[14]로도 알려져 있는 네트워크 모델은 호스트 프로그래밍 언어에 삽입되어 사용되는 한 번에 한 레코드를 검색하는 방식의 언어를 가진다. 네트워크 모델의 데이터 조작어는 1971년의 Database Task Group(DBTG) 보고서에서 코볼 언어를 확장한 형태로 제안되었다.

**계층 모델**은 데이터를 계층적 트리 구조로 표현한다. 각 계층은 관련된 레코드들을 나타낸다. 계층 모델에 대한 표준 언어는 없다. 널리 알려진 계층 데이터 조작어는 IMS 시스템의 DL/1이다. IMS는 1965년부터 1985년까지 20년 이상 DBMS 시장을 장악했다. IMS의 데이터 조작어를 DL/1이라고 부르는데, 사실상 오랫동안 업계의 표준이었다.[15]

## 2.7 요약

이 장에서 데이터베이스 시스템에서 사용되는 주요 개념들을 소개했다. 데이터 모델을 정의하고, 세 가지 부류의 주요 데이터 모델을 구분했다.

- 고수준 또는 개념적 데이터 모델(엔티티와 관계에 기반을 둠)
- 저수준 또는 물리적 데이터 모델
- 표현 또는 구현 데이터 모델(레코드 기반, 객체지향)

스키마 또는 데이터베이스에 대한 기술(description)을 데이터베이스 자체와 구별했다. 스키마는 자주 변경되지 않지만, 데이터베이스 상태는 데이터를 삽입, 삭제, 갱신할 때마다 변경된다.

- 내부 스키마는 데이터베이스의 물리적인 저장 구조를 기술한다.
- 외부 스키마는 상이한 사용자 집단의 뷰를 기술한다.
- 개념 스키마는 전체 데이터베이스의 구조를 기술한다.

세 단계를 명확히 구분하는 DBMS는 질의와 질의 결과를 한 단계에서 다음 단계로 변환시키기 위해 스키마 사이에 사상을 가져야 한다. 대부분의 DBMS는 세 단계를 완전히 구분하지는 않는다. 논리적 데이터 독립성과 물리적 데이터 독립성의 개념들을 정의하기 위해서 3단계-스키마 아키텍처를 사용했다.

그 다음에 DBMS가 지원하는 언어와 인터페이스의 주요 유형들을 설명했다. 데이터 정의어는 데이터베이스의 개념 스키마를 정의하기 위해서 사용된다. 또한 대부분의 DBMS에서 데이터 정의어는 사용자의 뷰를 정의하고, 때로 저장 구조도 정의한다. 일부 DBMS에서는 저장 구조를 명시하기 위해서 별도의 언어 또는 함수를 제공한다. SQL이 뷰 정의를 포함하여 다용도의 역할을 수행하는 언어이기 때문에 현대의 관계 DBMS에서는 이런 구분이 사라지고 있다. 저장 구조를 정의하는 부분이 초기 SQL 버전에는 포함되어 있었지만 이제

---

14) CODASYL DBTG는 네트워크 모델과 이 모델의 언어를 명세한 위원회인 Conference on Data Systems Language Data Base Task Group을 나타낸다.

15) 본 책의 2판에 포함됐던 계층 모델과 네트워크 모델의 완전한 내용을 웹 사이트 http://www.aw.com/elmasri에서 볼 수 있다.

는 일반적으로 관계 DBMS에서 데이터베이스 관리자를 위한 특별한 명령으로 구현된다. DBMS는 모든 스키마 정의들을 컴파일하고 스키마에 대한 설명을 DBMS 카탈로그에 저장한다.

데이터 조작어는 데이터베이스의 검색과 갱신에 사용된다. 데이터 조작어는 고수준(집합 단위, 비절차적) 또는 저수준(레코드 단위, 절차적)일 수 있다. 고수준 데이터 조작어는 호스트 프로그래밍 언어에 삽입되어 사용되거나 독립적으로 사용될 수 있다. 후자의 경우에 데이터 조작어를 흔히 질의어라고 부른다.

DBMS가 제공하는 인터페이스들의 유형과 각 인터페이스와 연관된 DBMS 사용자들의 부류를 설명했다. 데이터베이스 시스템 환경, 전형적인 DBMS 소프트웨어 구성 요소들, 사용자와 데이터베이스 관리자가 하는 일을 돕기 위한 DBMS 유틸리티들을 설명했다. 데이터베이스 응용들을 위한 2-층과 3-층 아키텍처의 개요를 설명했다.

마지막 절에서 데이터 모델, 사용자의 수, 사이트의 수, 접근 경로의 유형, 비용에 따라서 DBMS를 분류했다. 오픈 소스 형태의 무료 DBMS로부터 유지보수하는 데 연간 수백만 달러가 필요한 DBMS까지 비용 면에서 DBMS를 구분했다. 또한 DBMS에 대한 다양한 라이센스 정책들을 소개했다. DBMS를 분류하는 주요 기준은 데이터 모델이다. 현재의 상용 DBMS에서 사용되는 주요 데이터 모델들을 기술하였다.

## 복습문제

2.1 다음 용어들을 정의하라.
데이터 모델, 데이터베이스 스키마, 데이터베이스 상태, 내부 스키마, 개념 스키마, 외부 스키마, 데이터 독립성, 데이터 정의어, 데이터 조작어, 저장 구조 정의어, 뷰 정의어, 질의어, 호스트 언어, 데이터 부속어, 데이터베이스 유틸리티, 카탈로그, 클라이언트/서버 아키텍처, 3-층 아키텍처, n-층 아키텍처

2.2 데이터 모델을 분류하라. 관계 모델, 객체 모델, XML 모델의 기본적인 차이점이 무엇인가?

2.3 데이터베이스 스키마와 데이터베이스 상태의 차이점은 무엇인가?

2.4 3단계-스키마 아키텍처를 설명하라. 왜 스키마 단계들 사이에 사상이 필요한가? 어떻게 상이한 스키마 정의어들이 이 아키텍처를 지원하는가?

2.5 논리적 데이터 독립성과 물리적 데이터 독립성의 차이점은 무엇인가? 어느 독립성을 달성하는 것이 더 어려운가? 그 이유는 무엇인가?

2.6 절차적 데이터 조작어와 비절차적 데이터 조작어의 차이점은 무엇인가?

2.7 여러 가지 편리한 사용자 인터페이스 유형들과 각 유형을 주로 사용하는 사용자의 부류에 대해서 설명하라.

2.8 DBMS는 컴퓨터 시스템 소프트웨어들과 상호 작용하는가?

2.9 2-층과 3-층 클라이언트/서버 아키텍처의 차이점이 무엇인가?

2.10 데이터베이스 유틸리티의 유형과 기능들에 대해서 설명하라.

2.11 어떤 기능이 n-층 아키텍처에 추가되었는가($n > 3$)?

## 연습문제

2.12 그림 1.2의 데이터베이스에 대한 서로 다른 사용자들을 고려해 보자. 각 사용자는 어떤 유형의 응용들을 필요로 하겠는가? 각 사용자는 어떤 사용자 부류에 속하고, 어떤 유형의 인터페이스를 필요로 하겠는가?

2.13 여러분이 익숙한 데이터베이스 응용을 선택하라. 그림 1.2과 2.1의 표기법을 이용해서 스키마를 설계하고 그 응용에 대한 샘플 데이터베이스를 보여라. 그 스키마에 어떤 유형의 부가적인 정보와 제약 조건들을 표현하고 싶은가? 여러분의 데이터베이스에 대해서 여러 사용자를 생각해보고 각 사용자에 대한 뷰를 설계하라.

2.14 비행기 예약과 비행기표 판매를 위해서 웹 기반 시스템을 설계한다면 2.5절에서 어떤 DBMS 아키텍처를 선택하겠는가? 그 이유는 무엇인가? 다른 아키텍처들이 적절하지 않은 이유는?

2.15 그림 2.1을 살펴보자. 한 테이블의 어떤 애트리뷰트의 값들을 다른 테이블의 애트리뷰트의 값들과 연관시키는 제약 조건 이외에 한 테이블 내의 어떤 애트리뷰트 또는 애트리뷰트들의 조합에 나타날 수 있는 값들을 제한하는 제약 조건들도 있다. 이런 제약 조건들 중에서 하나는 어떤 애트리뷰트 또는 애트리뷰트들의 조합에 나타나는 값이 테이블의 모든 레코드들에서 고유해야 한다는 것이다. 예를 들어, STUDENT 테이블에서 Student_number 애트리뷰트의 값은 두 명의 학생이 동일한 Student_number를 갖지 못하도록 고유해야 한다. 나머지 테이블들에서 이런 역할을 하는 애트리뷰트 또는 애트리뷰트들의 조합을 찾아보라.

## 주요 참고문헌

Date(2004), Silberschatz 외(2011), Ramakrishnan과 Gehrke(2003), Garcia-Molina 외(2002, 2009), Abiteboul 외(1995) 등을 포함하여 많은 데이터베이스 저서들이 이 장에서 설명한 개념들을 다루고 있다. Tsichritzis와 Lochovsky(1982)는 데이터 모델들에 관한 초기 저서이다. Tsichritzis와 Klug(1978), Jardine(1977)은 처음 DBTG CODASYL report(1971)에서 제안되었고, 나중에American National Standard Institute (ANSI) report(1975)에서 제안된 3단계-스키마 아키텍처를 설명하였다. Codd(1990)는 관계 데이터 모델을 깊이 있게 분석하고, 관계 데이터 모델을 확장하는 방안들을 설명하였다. Cattell(2000)은 객체지향 데이터베이스를 위해 제안된 표준안을 기술하였다. XML(2005)과 같이 XML을 설명하는 다양한 문서들을 웹상에서 쉽게 구할 수 있다.

데이터베이스 유틸리티들의 예로는 ETI사의 Analyze & Transformation 도구(www.eti.com), 데이터베이스 관리 도구인 Embarcadero Technologies사의 DB Artisan(www.embarcadero.com)이 있다.

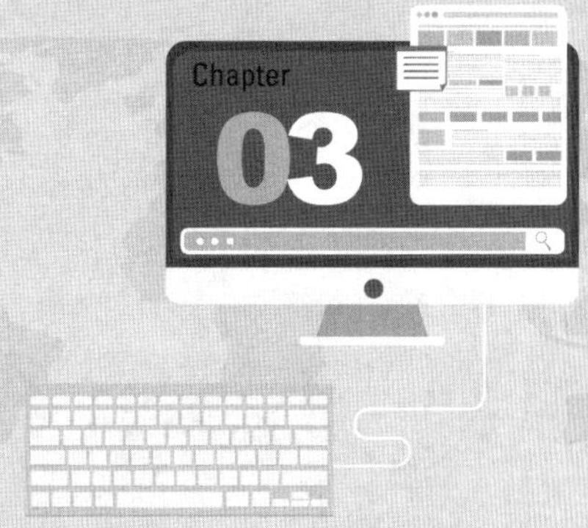


# 엔티티-관계를 사용한 데이터 모델링

개념적 모델링은 성공적인 데이터베이스 응용 설계에 있어 매우 중요한 단계이다. 일반적으로, **데이터베이스 응용**(database application)이란 특정 데이터베이스와 질의 및 갱신 등의 기능을 구현한 연관된 프로그램들을 지칭하는 용어이다. 예를 들면, 고객의 계좌를 관리하는 BANK 데이터베이스 응용은 고객의 입출금과 연관된 데이터베이스 갱신 프로그램들을 포함한다. 이런 프로그램들은 흔히 응용의 최종 사용자(BANK 응용인 경우, 창구직원)가 그래픽 사용자 인터페이스(GUI)를 이용하여 쉽게 사용할 수 있도록 폼과 메뉴를 활용하고 있다. 이에 더하여 최근에는 은행 고객들에게 **모바일 앱** 인터페이스를 제공하는 사례가 보편화되고 있다. 따라서 데이터베이스 응용의 주요 요소로서 이런 **응용 프로그램**(application program)들을 설계, 구현, 테스트하는 작업이 필요하다. 전통적으로 응용 프로그램의 설계 및 테스트는 데이터베이스 설계 분야보다 소프트웨어 공학 분야의 작업으로 여겨져왔다. 많은 소프트웨어 설계 도구에서 데이터베이스 설계 방법론과 소프트웨어 공학방법론은 밀접하게 연관되어 사용되기 때문에 혼용해 사용한다.

이 장에서는 개념적 데이터베이스 설계 과정에서 데이터베이스 구조와 제약 조건에 중점을 두는 기존의 방식을 따른다. 응용 프로그램의 설계는 일반적으로 소프트웨어 공학과목에서 다룬다. 이 장에서는 **엔티티-관계 모델**(ER: Entity-Relationship model)의 모델링 개념에 관해 설명한다. ER 모델은 널리 사용되는 고수준의 개념적 데이터 모델이다. ER 모델과 이 모델의 변형들은 데이터베이스 응용의 개념적 설계를 위해 자주 사용된다. 또한 많은 데이터베이스 설계 도구들이 이 개념을 채택하고 있다. 이 장에서는 ER 모델의 기본적 자료 구조의 개념과 제약 조건들을 설명하고, 이것들이 데이터베이스 응용을 위한 개념 스키마 설계에 어떻게 사용되는지를 논의한다. 또한, ER 모델과 관련된 **ER 다이어그램**(ER Diagram) 표기법을 설명한다.

이 장의 구성은 다음과 같다. 3.1절에서는 데이터베이스 설계에서 고수준의 개념적 데이터 모델의 역할을 설명한다. 3.2절에서는 ER 모델이 지원하는 개념의 사용을 설명하기 위해 데이터베이스 응용 예에 대한 요구사항들을 소개한다. 이 예제 데이터베이스는 이 책의 전체에서 계속 사용된다. 3.3절에서는 개체와 애트리뷰트의 개념을 설명하고, ER 스키마를 다이어그램(그림)으로 표현하는 방법을 소개한다. 3.4절에서는 이진 관계, 이진 관계의 역할, 구조적 제약 조건의 개념을 소개한다. 3.5절에서는 약한 엔티티(weak entity) 타입을 소개한다. 3.6절에서는 스키마 설계가 관계를 포함하기 위해 어떻게 세분화되는지를 보인다. 3.7절에서는 ER 다이어그램 표기법을 설명하고, 스키마 설계에서의 문제점들을 요약하며, 데이터베이스 스키마 구조물들에 대한 이름을 어떻게 붙이는지를 논의한다. 3.8절에서는 복잡한 관계 유형들을 논의한다. 3.9절에서는 이 장의 내용을 요약한다.

## 3.1 데이터베이스 설계를 위한 고수준의 개념적 데이터 모델의 사용

그림 3.1은 데이터베이스 설계 과정을 단순화한 것이다. 첫 번째 단계는 **요구사항 수집 및 분석** 단계이다. 이 단계에서 데이터베이스 설계자들은 데이터베이스 사용자들의 **데이터 요구사항**(data requirements)을 이해하고 문서화하기 위해 그들과 상의하여 데이터 요구사항을 도출한다. 이 단계의 결과로 간결하게 작성된 사용자 요구사항들이 만들어진다. 요구사항들은 가능한 한 자세하고 완전한 형태로 명시해야 한다. 데이터 요구사항들을 명세함과 동시에, 응용의 **기능적 요구사항들**(functional requirements)을 명시하는 것이 도움이 된다. 기능적 요구사항들은 데이터베이스에 적용될 사용자-정의 **연산**(또는 **트랜잭션**)들로 구성되며, 검색과 갱신에 대한 연산들도 포함한다. 소프트웨어 설계에서는 기능적 요구사항들을 명시하기 위해 데이터 흐름도, 순서 다이어그램, 시나리오 및 기타 기법들을 사용하는 것이 일반적이다. 이런 기법들은 소프트웨어공학 교재에 잘 설명되어 있으며, 이 책에서는 다루지 않는다.

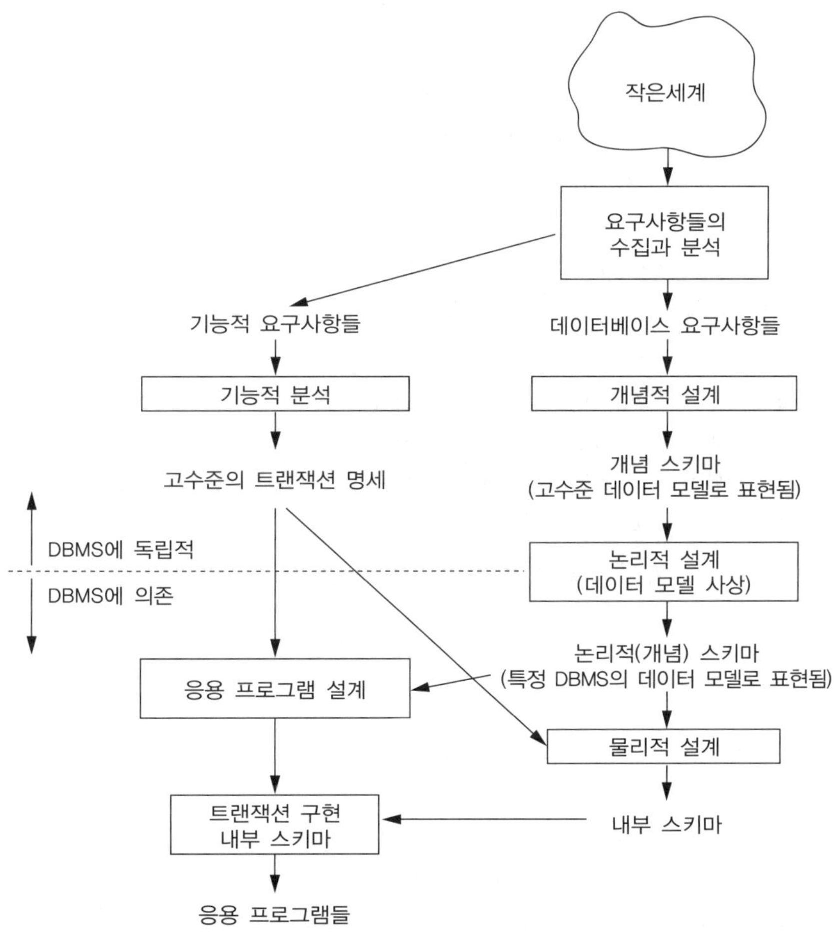


그림 3.1 데이터베이스 설계의 주요 단계들을 보여주는 간단한 다이어그램

일단 요구사항들을 수집하고 분석하면, 다음 단계에서는 고수준의 개념적 데이터 모델을 사용하여 데이터베이스에 대한 **개념 스키마**(conceptual schema)를 만든다. 이 단계를 **개념적 설계**(conceptual design)라고 부른다. 개념 스키마는 사용자들의 데이터 요구사항들을 간단히 기술한 것으로서, 데이터 타입, 관계, 제약 조건들을 자세하게 설명한 것이다. 이와 같은 것들은 고수준의 데이터 모델이 제공하는 개념들을 사용하여 표현된다. 이 개념들은 구현에 필요한 자세한 사항까지 포함하는 것은 아니기 때문에 일반적으로 이해하기 쉬우며 비전문 사용자와의 의사소통에 사용될 수 있다. 또한 고수준의 개념 스키마는 모든 사용자들의 데이터 요구사항들이 만족되었으며, 그 요구사항들이 어떠한 충돌 요소도 내포하고 있지 않다는 것을 확인하기 위한 참고자료로도 사용될 수 있다. 이런 방식은 데이터베이스 설계자가 기억장치와 구현의 세부 사항에 구애받지 않고 데이터의 속성들을 명세하는데 집중할 수 있도록 해준다. 결과적으로 설계자가 좋은 개념적 데이터베이스 설계를 쉽게 할 수 있도록 해준다.

개념 스키마의 설계 중 또는 설계 후에, 기본적인 데이터 모델 연산들은 기능적인 분석 과정에서 얻어진 고수준의 사용자 질의와 연산들을 명시하는 데 사용될 수 있다. 또한 이것은 개념 스키마가 모든 식별된 기능적 요구사항들을 만족하는지 확인하는 데 사용될 수도 있다. 초기 스키마에 일부 기능적 요구사항들이 명시되지 않았다면 개념 스키마를 수정할 수 있다.

데이터베이스 설계의 다음 단계는 상용 DBMS를 사용하여 데이터베이스를 실제로 구현하는 것이다. 현재 대부분의 상용 DBMS는 관계형 또는 객체-관계형 데이터베이스 모델과 같은 구현 데이터 모델을 사용하므로 고수준의 데이터 모델인 개념 스키마를 구현 데이터 모델로 변환해야 한다. 이 단계를 **논리적 설계**(logical design) 또는 **데이터 모델 사상**(data model mapping)이라고 부른다. 이 단계의 결과는 DBMS의 구현 데이터 모델로 표현된 데이터베이스 스키마이다. 일반적으로 데이터베이스 설계도구는 데이터 모델 사상 작업의 자동화 또는 반자동화를 지원한다.

마지막 단계를 **물리적 설계**(physical design)라고 부르는데, 이 단계에서는 데이터베이스 파일들에 대한 내부 저장 구조, 파일 구성, 인덱스, 접근 경로, 물리적 설계 파라미터들을 명시한다. 이와 동시에 응용 프로그램들이 고수준의 트랜잭션 명세와 대응되는 데이터베이스 트랜잭션들로 설계되고 구현된다.

이 장에서는 개념 스키마 설계를 위한 기본 ER 모델의 개념을 설명한다.

## 3.2 간단한 예제 데이터베이스 응용

이 절에서는 기본 ER 모델의 개념과 이 개념을 어떻게 스키마 설계에 적용하는지를 설명하기 위하여 COMPANY라는 데이터베이스 예를 소개한다. 먼저 데이터베이스에 대한 데이터 요구사항들을 열거한 후, ER 모델의 모델링 개념을 소개하면서 단계적으로 개념 스키마를 생성한다. COMPANY 데이터베이스는 회사의 사원, 부서, 프로젝트들에 대한 정보를 저장한다. 요구사항의 수집과 분석 단계 후, 데이터베이스에 표현될 회사의 일부분인 작은세계(mini world)를 데이터베이스 설계자가 다음과 같이 제공했다고 가정한다.

- 회사는 여러 부서들로 구성된다. 각 부서마다 고유한 이름, 고유한 번호, 부서를 관리하는 특정 사원이 있다. 사원이 부서를 관리하기 시작한 날짜도 유지한다. 한 부서는 여러 위치에 있을 수 있다.
- 한 부서는 여러 개의 프로젝트들을 관리한다. 각 프로젝트는 고유한 이름, 고유한 번호, 한 개의 위치를 가진다.

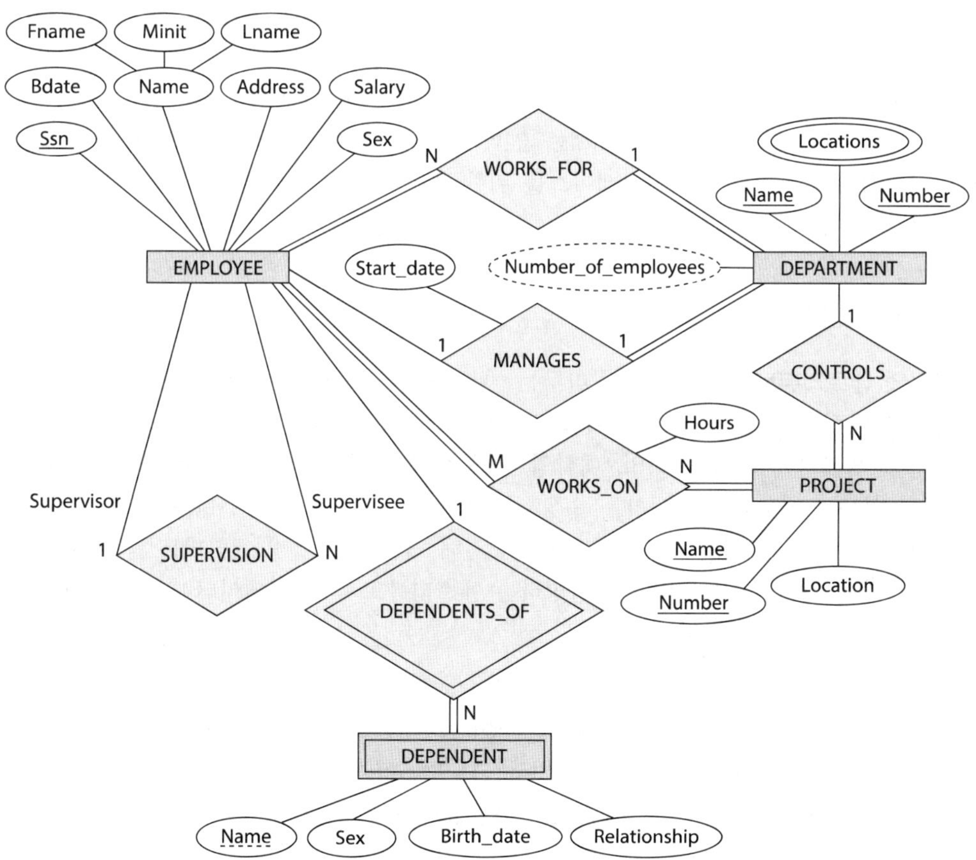


그림 3.2 COMPANY 데이터베이스에 대한 ER 스키마 다이어그램. 다이어그램의 기호들은 이 장에서 점차 설명할 것이며, 그림 3.14에서 요약함

- 각 사원에 대해서 이름, 사회보장번호(social security number)[1], 주소, 급여, 성별, 생년월일을 저장한다. 한 사원은 한 부서에 속하지만, 여러 프로젝트들에 관여할 수 있다. 한 사원이 관여하는 프로젝트는 그 사원이 소속된 부서가 관리하는 프로젝트가 아니어도 무방하다. 한 부서의 각 사원이 각 프로젝트를 위해 현재 일하는 주당 근무 시간을 기록한다. 또한 각 사원의 직속상사(역시 사원인)도 유지한다.
- 보험 목적을 위하여 각 사원의 부양 가족을 기록한다. 각 부양 가족에 대해서 이름, 성별, 생년월일, 사원과의 관계를 기록한다.

그림 3.2에 ER 다이어그램이라는 그래픽 표기법으로 위의 데이터베이스 응용을 위한 스키마를 표시하였다. ER 모델의 개념을 소개할 때, 위에서 기술한 요구사항들로부터 그림 3.2의 스키마를 점진적으로 유도하는 과정을 기술하고, ER 다이어그램 형태의 표기를 설명한다.

## 3.3 엔티티 타입, 엔티티 집합, 애트리뷰트, 키

ER 모델은 데이터를 엔티티, 관계, 애트리뷰트로 기술한다. 3.3.1절에서는 엔티티와 애트리뷰트의 개념을 소개한다. 3.3.2절에서는 엔티티 타입과 키 애트리뷰트에 대해 설명한다. 3.3.3절에서는 COMPANY 데이터베이스를 위한 엔티티 타입에 대한 초기의 개념적 설계를 명시한다. 3.4절에서는 관계(relationship)에 관해 설명한다.

### 3.3.1 엔티티와 애트리뷰트

**엔티티와 애트리뷰트.** ER 모델에서 다루는 기본 개념은 엔티티(entity)이다. 엔티티는 실세계에서 독립적으로 존재하는 실체이다. 엔티티는 사람, 자동차, 집, 사원 등과 같이 실제로 존재하는 객체이거나 회사, 직업, 대학의 강좌 등과 같이 개념적으로 존재하는 객체이다. 각 엔티티는 그 엔티티를 기술하는 속성, 즉 애트리뷰트들을 가진다. 예를 들어, 사원 엔티티는 사원의 이름, 나이, 주소, 급여, 직업에 의해 기술된다. 특정 엔티티는 각 애트리뷰트에 대한 값을 가진다. 각 엔티티를 설명하는 애트리뷰트 값들은 데이터베이스에 저장되는 데이터의 주요 부분이 된다.

그림 3.3은 두 개의 엔티티와 애트리뷰트들의 값을 보여준다. 사원 엔티티 $e_1$은 네 개의 애트리뷰트, 즉 Name, Address, Age, Home_phone을 가진다. 애트리뷰트들의 값은 각각'John Smith', '2311 Kirby, Houston, Texas 77001', '55', '713-749-2630'이다. 회사 엔티티 $c_1$은 세 개의 애트리뷰트, 즉 Name, Headquarters, President를 가진다. 애트리뷰트들의 값은 각각

1) SSN은 미국 시민들에게 부여되는 9자리 번호로써 고용, 수익과 세금 등을 추적하기 위해 사용된다. 다른 나라들도 유사한 번호체계를 가지고 개인을 식별하고 있다.

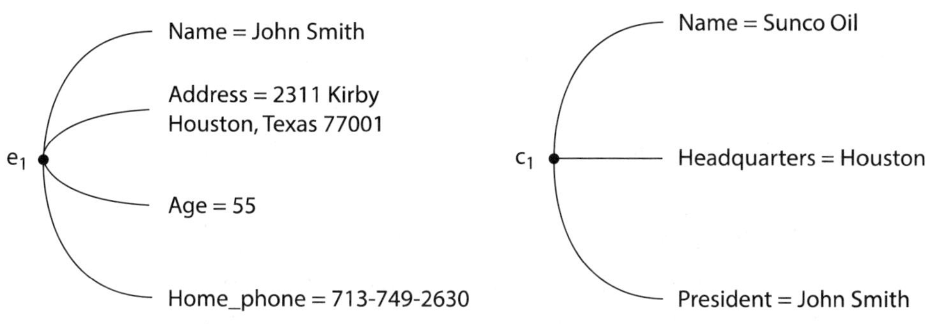


그림 3.3 두 개의 엔티티(사원 $e_1$과 회사 $c_1$)와 애트리뷰트

'Sunco Oil', 'Houston', 'John Smith'이다. ER 모델에는 여러 가지 애트리뷰트 유형이 있다. 단순(*simple*) 애트리뷰트 대 복합 (*composite*) 애트리뷰트, 단일값(*single-valued*) 애트리뷰트 대 다치(*multivalued*) 애트리뷰트, 저장된(*stored*) 애트리뷰트 대 유도된(*derived*) 애트리뷰트 등이 있다. 우선 애트리뷰트의 유형들을 정의하고 어떻게 사용하는지를 예를 통해 설명한 후, 애트리뷰트에서 널 값(NULL)의 개념을 설명한다.

**복합 대 단순(원자) 애트리뷰트**. 복합 애트리뷰트(composite attribute)는 더 작은 구성 요소들로 나눌 수 있다. 각 구성 요소는 그 자체로 독립적인 의미를 가진 기본적인 애트리뷰트를 나타낸다. 예를 들어, 그림 3.3에서 사원 엔티티의 Address 애트리뷰트는 Street_address, City, State, Zip[2]으로 나눌 수 있으며, 각각 '2311 Kirby', 'Houston', 'Texas', '77001'의 값을 가진다. 더 이상 나눌 수 없는 애트리뷰트를 **단순 애트리뷰트**(simple attribute) 또는 **원자 애트리뷰트**(atomic attribute)라고 부른다. 복합 애트리뷰트는 계층을 형성할 수 있다. 예를 들어, Street_address는 그림 3.4와 같이 다시 세 개의 단순 구성 애트리뷰트인 Number, Street, Apartment_number로 나눌 수 있다. 복합 애트리뷰트의 값은 그것을 구성하는 단순 애트리뷰트들의 값을 연결한 것이다.

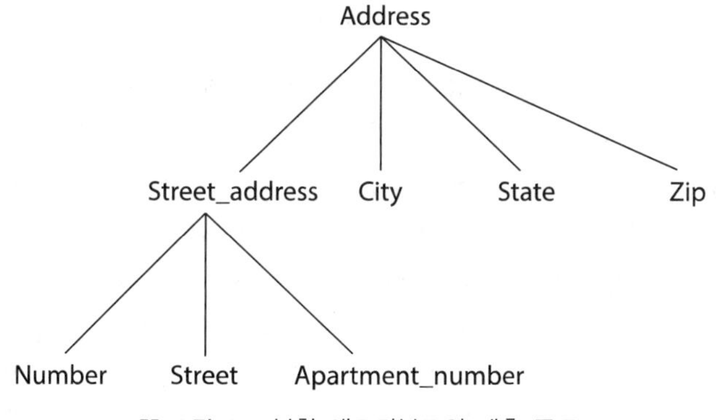


그림 3.4 복합 애트리뷰트의 계층 구조

2) Zip 코드는 미국에서 우편 코드(5자릿수)의 목적으로 사용하는 이름으로 76019가 한 예이다. 우편코드는 9자리로 확장될 수 있으며 (76019-0015) 여기서는 5자리를 사용한다.

복합 애트리뷰트는 어떤 경우에는 사용자가 하나의 단위로서 참조하고 또 다른 경우에는 그 특정 구성 요소를 참조하는 모델링 상황에 유용하다. 복합 애트리뷰트를 단지 전체로만 참조한다면 구성 요소 애트리뷰트들로 나눌 필요가 없기 때문이다. 예를 들어, 주소의 개별적인 구성요소(Zip 코드, street 등)를 참조할 필요가 없다면 전체 주소를 하나의 단순 애트리뷰트로 설계할 수 있다.

**단일값 대 다치 애트리뷰트**. 특정한 엔티티에서 대부분의 애트리뷰트들은 단일값을 가진다. 이런 애트리뷰트를 **단일값 애트리뷰트**(single valued attributes)라고 부른다. 예를 들어, Age는 사람 엔티티에 대하여 단일값 애트리뷰트이다. 어떤 경우에는 한 엔티티에서 애트리뷰트가 여러 값을 가질 수 있다. 예를 들어, 자동차에 대한 Color 애트리뷰트나 사람에 대한 College_degree 애트리뷰트가 이에 해당된다. 한 가지 색깔을 가진 자동차는 단일값을 가지는 반면 두 가지 색조를 띤 자동차는 Color에 대해 두 개의 값을 가지게 된다. 이와 유사하게 대학 학위가 없는 사람, 한 개의 학위를 가진 사람, 두 개 또는 그 이상의 학위를 가진 사람이 있을 수 있다. 즉, 각 사람마다 College_degree 애트리뷰트에 대해 여러 개의 값을 가질 수 있다. 이런 애트리뷰트를 **다치 애트리뷰트**(multivalued attribute)라고 부른다. 다치 애트리뷰트는 각 엔티티가 가질 수 있는 값의 개수를 제한하기 위해 하한과 상한의 범위를 가질 수 있다. 예를 들어, 자동차가 색깔을 세 개까지 가질 수 있다고 가정하면 자동차의 Color 애트리뷰트는 한 개부터 세 개 사이의 값을 가지도록 제한된다.

**저장된 대 유도된 애트리뷰트(stored vs. derived)**. 두 개 이상의 애트리뷰트 값들이 서로 연관을 가지는 경우가 있다. 예를 들어, 사람의 Age와 Birth_date는 상호 연관된 애트리뷰트이다. 특정 사람의 엔티티에 대해 Age는 현재(오늘) 날짜와 그 사람의 Birth_date로부터 결정된다. 이런 Age 애트리뷰트를 **유도된 애트리뷰트**(derived attribute)라고 부르고 Birth_date 애트리뷰트로부터 유도될 수 있다고 한다. 이때 Birth_date 애트리뷰트는 **저장된 애트리뷰트**(stored attribute)라고 부른다. 어떤 애트리뷰트 값은 관련된 엔티티들로부터 유도될 수 있다. 예를 들어, 부서 엔티티의 Number_of_employees 애트리뷰트는 그 부서에서 일하는 사원들의 숫자들을 세는것으로부터 유도될 수 있다.

**널 값(null values)**. 한 엔티티의 특정 애트리뷰트에 대해 적용할 값이 없는 경우가 있다. 예를 들어, 주소의 Apartment_number 애트리뷰트는 단지 아파트 주소에만 적용되며 단독 주택과 같은 기타 주거 형태의 주소에는 적용되지 않는다. 마찬가지로 College_degree 애트리뷰트는 학위를 가진 사람에게만 적용된다. 이런 상황을 위해 널이라고 부르는 특별한 값을 사용한다. 단독 주택의 주소는 Apartment_number 애트리뷰트에 대해 널 값을 가지며, 학위를 가지지 않은 사람은 College_degree 애트리뷰트에 대해 널 값을 가진다. 또한 널은 한 엔티티의 특정 애트리뷰트 값을 모를 때도 사용된다. 예를 들어, 그림 3.3에서 'John Smith'의 home phone을 모른다면 널을 사용한다. 전자에서는 널이 "적용할 수

없음"이라는 의미로 사용되고 후자에서는 "알려지지 않음"이라는 의미로 사용된다. 이 경우는 다시 두 가지로 분류된다. 첫 번째 경우는 애트리뷰트 값이 존재하지만 누락되었을 때이다. 예를 들어, 사람의 키(height)에 대한 애트리뷰트가 널로 기록되어 있을 경우이다.

{Address_phone( {Phone(Area_code,Phone_number)},Address(Street_address (Number,Street,Apartment_number),City,State,Zip) )}

그림 3.5 복합 애트리뷰트 Address-Phone

두 번째 경우는 애트리뷰트 값이 존재하는지의 여부를 알지 못할 때이다. 예를 들어, Home_phone 애트리뷰트가 널이라면 두 번째 경우에 해당된다.

**복합 애트리뷰트(complex attributes)**. 일반적으로 복합 애트리뷰트와 다치 애트리뷰트는 임의의 방식으로 중첩될 수 있다. 소괄호 ( ) 안에 복합 애트리뷰트의 구성 요소 애트리뷰트들을 그룹화하고, 구성 요소들을 쉼표로 분리하며, 중괄호 { } 안에 다치 애트리뷰트들을 나타냄으로써 임의의 중첩구조로 표현할 수 있다.

이런 애트리뷰트들을 **복합 애트리뷰트**(complex attribute)라고 한다. 예를 들어, 한 사람이 두 개 이상의 거주지를 가지며 각 거주지에 여러 대의 전화가 있을 수 있다면 그 사람에 대한 Address_phone 애트리뷰트는 그림 3.5와 같이 나타낼 수 있다.[3] Phone과 Address는 모두 그 자체가 복합 애트리뷰트이다.

## 3.3.2 엔티티 타입, 엔티티 집합, 키, 값집합

**엔티티 타입과 엔티티 집합**. 데이터베이스는 보통 유사한 엔티티들의 그룹을 포함한다. 예를 들어, 수백 명의 사원을 고용하고 있는 회사는 각 사원에 대한 유사한 정보를 저장해야 한다. 즉, 사원 엔티티들은 동일한 애트리뷰트들을 공유한다. 그러나 각 엔티티는 각 애트리뷰트에 대해 자신만의 값을 가진다. **엔티티 타입**(entity type)은 동일한 애트리뷰트들을 갖는 엔티티들의 집합으로 정의된다. 데이터베이스에서 각 엔티티 타입은 이름과 애트리뷰트들의 리스트로 기술된다. 그림 3.6은 EMPLOYEE와 COMPANY라는 이름의 두 엔티티 타입과 각 엔티티 타입이 가지는 애트리뷰트들의 일부 리스트를 보여준다. 또한 각 타입의 일부 엔티티들과 애트리뷰트들의 값을 보여준다. 임의의 시점에 데이터베이스 내의 특정 엔티티 타입의 모든 엔티티의 모임을 **엔티티 집합**(entity set)이라 한다. 일반적으로 엔티티 집합은 엔티티 타입과 같은 이름을 사용하여 부른다. 예를 들어, EMPLOYEE는 엔티티 타입뿐만 아니라 데이터베이스에 들어 있는 현재의 모든 사원 엔티티의 집합을 나타낸다. 최근에는 엔티티 타입과 엔티티 컬렉션에 별도의 이름을 부여하고 있으며, 객체 혹은 객체-관계 모델이 그 예이다(제 11장 참고).

엔티티 타입은 ER 다이어그램[4](그림 3.2 참조)에서 엔티티 타입의 이름을 둘러싸는 사각형으로 나타낸다. 애트리뷰트 이름은 타원형으로 둘러싸고 애트리뷰트가 속한 엔티티 타입과 직선으로 연결한다. 복합 애트리뷰트는 구성 요소 애트리뷰트들과 직선으로 연결한다. 다치 애트리뷰트는 이중 타원으로 표현한다. 그림 3.7(a)은 CAR 엔티티 타입을 ER 다이어그램으로 표현한 것이다.

3) XML에 익숙한 복잡한 애트리뷰트는 XML의 복합 엘리먼트와 유사하다는 것을 인지할 것이다(12장 참조).

4) 이 책에서는 Chen(1976)이 제안한 원래 표기법과 유사한 ER 다이어그램 표기법을 사용한다. 그러나 여러가지 표기법이 사용되고 있다.

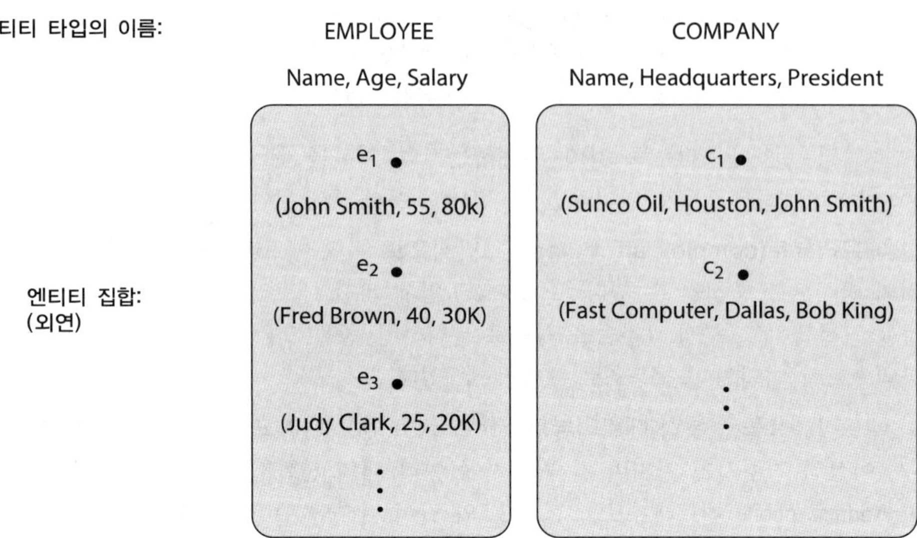


그림 3.6 두 엔티티 타입 EMPLOYEE, COMPANY와 각 타입에 속하는 일부 엔티티들

엔티티 타입은 동일함 구조를 공유하는 엔티티들의 집합에 대한 **스키마** 또는 **내포**(intension)를 나타낸다. 특정 엔티티 타입에 속하는 엔티티들의 집합을 엔티티 집합 또는 엔티티 타입의 **외연**(extension)이라고 부른다.

**엔티티 타입의 키 애트리뷰트**. 엔티티 타입에 속하는 엔티티들에 대한 중요한 제약 조건은 애트리뷰트들에 대한 키 또는 유일함의 제약 조건이다. 엔티티 타입은 보통 엔티티 집합 내에서 각 엔티티마다 서로 다른 값을 가지는 한 개 이상의 애트리뷰트를 가진다. 이런 애트리뷰트를 키 애트리뷰트(Key attribute)라 하고, 이 애트리뷰트의 값은 각 엔티티를 유일하게 식별하는 데 사용될 수 있다. 예를 들어, 그림 3.6의 COMPANY 엔티티 타입에서 회사마다 서로 다른 이름을 가진다면 Name 애트리뷰트는 이 엔티티 타입의 키가 된다. PERSON 엔티티 타입에서 전형적인 키 애트리뷰트는 SSN(Social Security Number)이다. 여러 개의 애트리뷰트들이 함께 키를 형성하는 경우가 있다. 이때 각 엔티티마다 애트리뷰트 값들의 조합이 서로 달라야 한다. 이런 특성을 가지는 애트리뷰트들의 집합을 하나의 복합 애트리뷰트로 묶을 수 있으며, 이 복합 애트리뷰트가 엔티티 타입의 키 애트리뷰트가 된다. 이런 복합키는 최소여야 한다. 즉, 최소한의 구성 애트리뷰트들이 유일함의 속성을 가지기 위해 복합 애트리뷰트에 포함되어야 한다. ER 다이어그램에서 각 키 애트리뷰트는 그림 3.7(a)와 같이 타원 내에서 그 이름에 밑줄을 그어 표시한다.

한 애트리뷰트가 엔티티 타입의 키라고 지정하는 것은 앞서 설명한 유일함이라는 성질이 엔티티 타입의 모든 엔티티 집합에 적용되는 것을 의미한다. 따라서 키 제약 조건은 두 개 이상의 엔티티가 동시에 키 애트리뷰트에 대해 동일한 값을 가질 수 없음을 의미한다. 이 제약 조건은 특정 엔티티 집합에서만 만족되는 성질이 아니라 특정 시점에 엔티티 타입의 어떠한 엔티티 집합에 대해서도 만족되어야 하는 제약 조건이다. 키 제약 조건(나중에 논의할 다른 제약 조건들도)은 데이터베이스가 나타내는 작은세계의 제약 조건들로부터 유도된다.

(a)

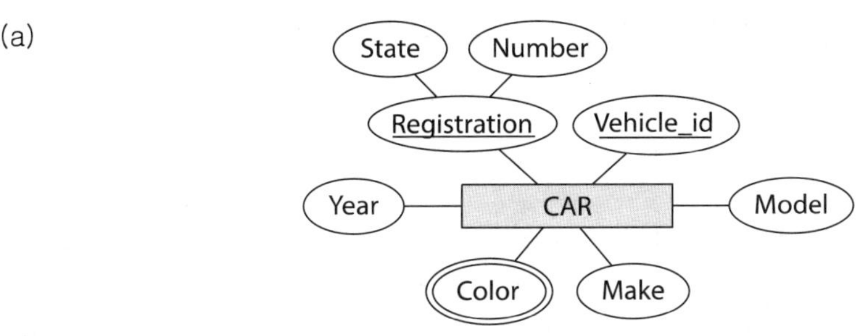


(b)

CAR
Registration (Number, State), Vehicle_id, Make, Model, Year, {Color}

$CAR_1$
((ABC 123, TEXAS), TK629, Ford Mustang, convertible, 2004 {red, black})

$CAR_2$
((ABC 123, NEW YORK), WP9872, Nissan Maxima, 4-door, 2005, {blue})

$CAR_3$
((VSY 720, TEXAS), TD729, Chrysler LeBaron, 4-door, 2002, {white, blue})

⋮

그림 3.7 Registration과 Vehicle_id라는 두 개의 키 애트리뷰트를 갖는 CAR 엔티티 타입,
(a) ER 다이어그램 표기법 (b) 세 개의 엔티티를 갖는 엔티티 집합

두 개 이상의 키 애트리뷰트들을 가지는 엔티티 타입도 있다. 예를 들어, 엔티티 타입 CAR(그림 3.7)의 Vehicle_id와 Registration 애트리뷰트는 각각 키이다. Registration 애트리뷰트는 두 개의 단순 애트리뷰트인 RegistrationNumber와 State로 구성된 복합키이며, 각 구성 애트리뷰트는 독자적으로는 키가 될 수 없다. 엔티티 타입이 키를 갖지 않을 수도 있다. 이런 엔티티 타입을 약한 엔티티 타입(*weak entity type*, 3.5절 참조)이라 한다.

다이어그램 표기법에서 두 애트리뷰트에 각각 밑줄을 긋는다면 각 애트리뷰트는 그 자체가 키 애트리뷰트임을 나타낸다. 관계형 모델(4.2.2절)과 달리 우리가 다루고 있는 ER 모델에는 주 키(Primary key)라는 개념이 없다. 주 키는 관계형 스키마로 매핑되는 과정에서 정해진다(제 8장 참고).

**애트리뷰트의 값집합(도메인).** 엔티티 타입의 각 단순 애트리뷰트는 값집합(또는 값들의 도메인)과 연관되어 있다. **값집합**(value set)은 각 엔티티에서 해당 애트리뷰트가 가질 수 있는 값들의 집합을 말한다. 그림 3.6에서 사원의 나이 범위가 16에서 70사이라면 EMPLOYEE의 Age 애트리뷰트의 값집합은 16부터 70사이의 정수들의 집합이 된다. 이와 유사하게, Name 애트리뷰트의 값집합은 공백 문자 등에 의해 분리된 알파벳 문자열들의 집합이 된다. 값집합들을 ER 다이어그램에서는 표시하지 않는다. 값집합은 일반적으로 대부분의 프로그래밍 언어들이 제공하는 integer, string, boolean, float, enumerated type, subrange등과 같은 기본 데이터 형을 이용해 명시된다. 그리고, date, time 등과 같은 데이터베이스 형을 표현하기 위해 추가적인 데이터 형이 사용되기도 한다. 수학적으로는 값집합

$V$를 가지는 엔티티 집합 $E$의 애트리뷰트 $A$는, $E$로부터 $V$의 멱집합[5] $P(V)$로의 함수로 정의할 수 있다.

$$A : E \rightarrow P(V)$$

엔티티 $e$에 대한 애트리뷰트 $A$의 값을$A(e)$로 표현한다. 앞의 정의는 널뿐만 아니라 단일값 애트리뷰트와 다치 애트리뷰트 모두에 적용된다. 널 값은 공집합으로 표현된다. 단일값 애트리뷰트의 경우, $A(e)$는 $E$에 속하는 각 엔티티 $e$에 대해 단일값 집합(*singleton set*[6])으로 제한된다. 반면 다치 애트리뷰트에 대해서는 아무런 제약 조건이 없다. 복합 애트리뷰트 $A$에 대한 값집합 $V$는 $P(V_1)$, $P(V_2)$, $\cdots$ , $P(V_n)$의 카티션 프로덕트(Cartesian product)의 멱집합이다. 여기서 $V_1$, $V_2$, $\cdots$, $V_n$은 $A$를 구성하는 단순 애트리뷰트들의 값집합이다.

$$V = P(P(V_1) \times P(V_2) \times \cdots \times P(V_n))$$

값집합은 모든 가능한 값들을 제공하나 보통 이 값들 중 일부만이 특정 시점에 데이터베이스에 저장된다. 저장된 값들은 작은세계의 현 상태로부터의 데이터를 나타낸다. 즉, 작은세계에 존재하는 실제 데이터에 해당된다.

### 3.3.3 COMPANY 데이터베이스에 대한 초기 개념적 설계

이 절에서는 3.2절에서 설명한 요구사항을 바탕으로 COMPANY 데이터베이스에 필요한 엔티티 타입들을 정의한다. 먼저 몇 개의 엔티티 타입들과 그들의 애트리뷰트들을 정의하고 3.4절에서 관계의 개념을 소개한 후, 초기 설계를 개선한다. 3.2절에서 설명한 네 가지 요구사항에 따라 각 요구사항과 일대일로 대응되는 네 개의 엔티티 타입들을 정의할 수 있다(그림 3.8 참조).

1. 엔티티 타입 DEPARTMENT는 Name, Number, Locations, Manager, Manager_start_date 애트리뷰트들을 가진다. Locations는 유일한 다치 애트리뷰트이다. Name과 Number는 각 부서마다 고유하기 때문에 각각 키 애트리뷰트로 지정할 수 있다.
2. 엔티티 타입 PROJECT는 Name, Number, Locations, Controlling_department 애트리뷰트들을 가진다. Name과 Number가 각각 키 애트리뷰트이다.
3. 엔티티 타입 EMPLOYEE는 Name, Ssn, Sex, Address, Salary, Birth_date, Department, Supervisor 애트리뷰트들을 가진다. 앞 절에서 언급하지는 않았지만 Name과 Address는 복합 애트리뷰트가 될 수 있다. 사용자가 사원 Name의 각 구성요소(First_name, Middle_initial, Last_name)와 Address의 각 구성 요소를 참조할 것인지의 여부를 알기 위해 사용자와 다시 협의해야 한다.

---

5) 집합 $V$의 멱집합(power set) $P(V)$는 $V$의 부분집합들로 구성되는 집합이다.
6) 단일값 집합은 단지 한 개의 원소(값)만을 가지는 집합이다.

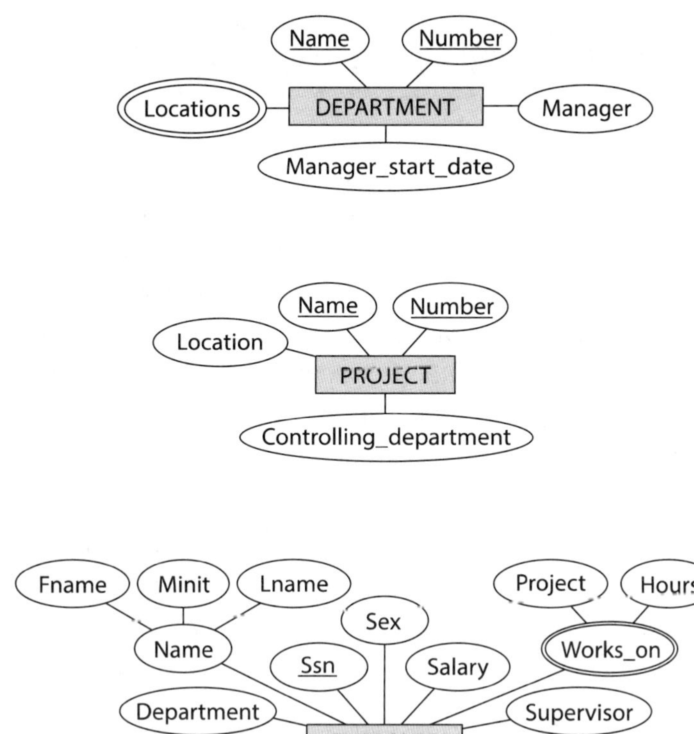


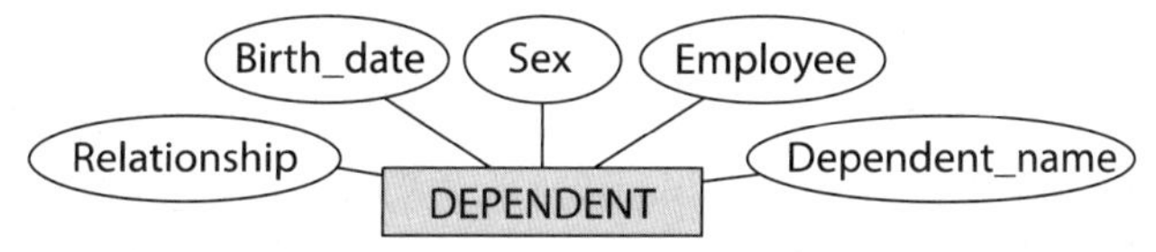


그림 3.8 COMPANY 데이터베이스를 위한 엔티티 타입들의 초기 설계. 몇몇 애트리뷰트들은 관계로 수정될 것임

4. 엔티티 타입 DEPENDENT는 Employee, Dependent_name, Sex, Birth_date, Relationship(사원과의 관계) 애트리뷰트들을 가진다.

한 사원이 여러 개의 프로젝트에 관여할 수 있는지와 각 프로젝트에서 주당 몇 시간 일하는지에 대한 언급은 아직 없으며, 3.2절의 요구사항 3의 일부분으로 기술하였다. 이들은 Project와 Hours라는 두 개의 단순 애트리뷰트를 구성 요소로 가지는 다치 복합 애트리뷰트인 Works_on을 EMPLOYEE에 포함시켜 나타낼 수 있다. 다른 방법으로는 Employee와 Hours라는 두 개의 단순 애트리뷰트를 구성 요소로 가지는 다치 복합 애트리뷰트인 Workers를 PROJECT에 포함시켜 나타낼 수도 있다. 이런 엔티티 타입들을 보여주는 그림 3.8에서는 첫 번째 방법이 선택되었다. 또한 사용자와의 협의를 거쳐 EMPLOYEE의 Name 애트리뷰트를 복합 애트리뷰트로 표현하였다.

## 3.4 관계, 관계 타입, 역할, 구조적 제약 조건

그림 3.8의 여러 엔티티 타입들 간에는 몇 개의 묵시적인 관계가 존재한다. 즉, 어떤 엔티티 타입의 한 애트리뷰트가 다른 엔티티 타입을 참조할 때, 두 엔티티 간에는 관계가 성립된다. 예를 들어, DEPARTMENTT 엔티티 타입의 Manager 애트리뷰트는 그 부서를 관리하는 사원을 참조한다. PROJECT 엔티티 타입의 Controlling_department 애트리뷰트는 그 프로젝트를 관리하는 부서를 참조한다. EMPLOYEE 엔티티 타입의 Supervisor 애트리뷰트는 그 사원을 감독하는 다른 사원(상사)을 참조한다. EMPLOYEE 엔티티 타입의 Department 애트리뷰트는 사원이 소속된 부서를 참조한다. ER 모델에서는 이런 참조들을 애트리뷰트들로서 표현하지 않고 **관계**(relationship)로 명시해야 한다. 관계에 대한 정의를 이 절에서 기술한다. 또한 COMPANY 데이터베이스 스키마는 관계를 명시적으로 나타내도록 3.6절에서 개선된다. 엔티티 타입들의 초기 설계에서 관계는 일반적으로 애트리뷰트들의 형태로 표현된다. 설계가 개선됨에 따라 이런 애트리뷰트들은 엔티티 타입들 간의 관계로 변환된다.

이 절은 다음과 같이 구성된다. 3.4.1절에서는 관계 타입, 관계 집합, 관계 인스턴스에 대한 개념을 소개한다. 3.4.2절에서는 관계 차수, 역할 이름, 순환적 관계의 개념을 다룬 후, 카디날리티 비율 및 존재 종속성과 같은 관계에 대한 구조적 제약 조건을 설명한다. 3.4.3절과 3.4.4절에서는 관계 타입이 어떻게 애트리뷰트들을 가지는 지를 보인다.

### 3.4.1 관계 타입, 집합, 인스턴스

$n$개의 엔티티 타입 $E_1$, $E_2$, …, $E_n$ 사이의 **관계 타입**(relationship type) $R$은 이들 엔티티 타입들에 속하는 엔티티들 간의 연관(association)들의 집합(또는 **관계 집합**)으로 정의한다. 엔티티 타입과 엔티티 집합의 경우처럼, 관계 타입과 이와 대응되는 관계 집합은 관례상 같은 이름 $R$로 명시된다. 수학적으로 관계 집합 $R$은 관계 인스턴스(relationship instance) $r_i$들의 집합이다. 여기서 각 $r_i$는 $n$개의 엔티티($e_1$, $e_2$, …, $e_n$)들을 연관시키고, $r_i$ 내에서 각 엔티티 $e_j$는 엔티티 타입 집합 $E_j$ $(1 \leq j \leq n)$의 원소이다. 따라서 관계 집합은 $E_1$, $E_2$, …, $E_n$에 대한 수학적 릴레이션이다. 또는 엔티티 집합들의 카티션 프로덕트 $E_1 \times E_2 \times$ …, $\times E_n$의 부분집합으로 정의할 수 있다. 각 엔티티 타입 $E_1$, $E_2$, …, $E_n$는 관계 타입 $R$에 참여한다고 말한다. 이와 유사하게 각 엔티티 $e_1$, $e_2$, …, $e_n$은 관계 인스턴스 $r_i = (e_1, e_2, \ldots, e_n)$에 참여한다고 말한다.

개략적으로 표현하면, $R$ 내의 각 관계 인스턴스 $r_i$는 엔티티들의 연관(association)이다. 여기서 연관은 각 참여 엔티티 타입으로부터 정확하게 한 개의 엔티티를 포함한다. 이런 관계 인스턴스 $r_i$는 $r_i$에 참여하고 있는 엔티티들이 대응되는 작은세계에서 어떤 방식으로 서로 연관되어 있다는 사실을 나타낸다. 예를 들어, 두 개의 엔티티 타입 EMPLOYEE와 DEPARTMENT 사이의 관계 타입 WORKS_FOR를 생각해보자. 이 관계 타입은 사원과 그 사원이 일하는 부서를 연관시킨다. 관계 집합 WORKS_FOR 내의 각 관계 인스턴스는 하나

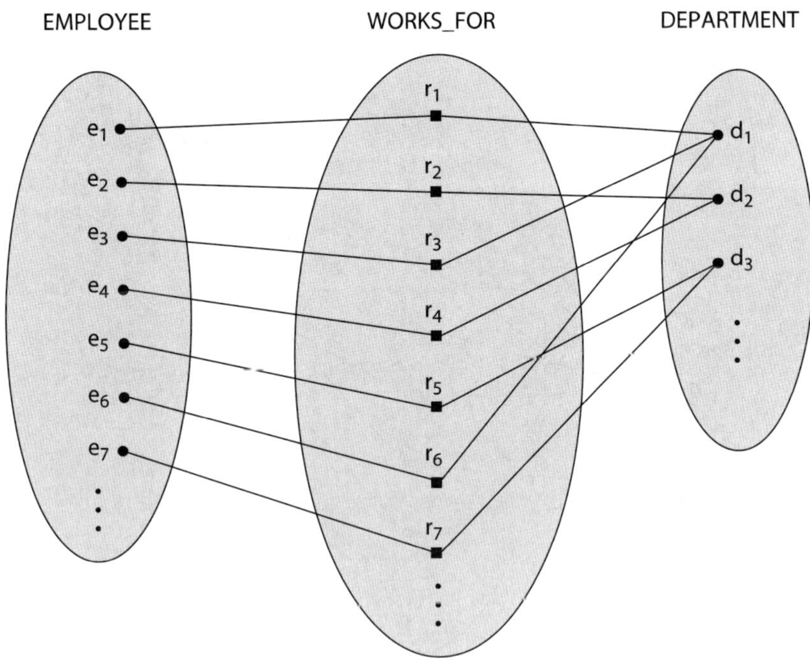


그림 3.9 EMPLOTYEE와 DEPARTMENT 간의 WORKS_FOR 관계 타입을 나타내는 WORKS_FOR 관계 집합 내의 일부 인스턴스

의 사원 엔티티와 하나의 부서 엔티티를 연관시킨다. 그림 3.9에서, 각 관계 인스턴스 $r_i$는 $r_i$에 참여하는 사원 엔티티와 부서 엔티티에 연결되어 있다. 그림 3.9가 표현하는 작은세계에서 사원 $e_1$, $e_2$과 $e_6$은 부서 $d_1$에서 일하, $e_2$와 $e_4$는 부서 $d_2$에서 일하며, 사원 $e_5$와 $e_7$은 부서 $d_3$에서 일하는 관계를 보여주고 있다.

ER 다이어그램에서, 관계 타입은 다이아몬드 모양으로 나타내며 관계 타입에 참여하는 엔티티 타입을 표현하는 사각형들과 직선으로 연결된다. 관계의 이름은 다이아몬드 모양 안에 나타낸다(그림 3.2 참조).

### 3.4.2 관계 차수, 역할 이름, 순환적 관계

**관계 타입의 차수**. 관계 타입의 **차수**(degree)는 참여하고 있는 엔티티 타입들의 개수이다. 따라서 WORKS_FOR 관계 타입의 차수는 2이다. 차수가 2인 관계 타입을 **이진**(binary)이라 부르고, 차수가 3인 것을 **삼진**(ternary)이라고 부른다. 삼진 관계 타입의 예는 그림 3.10의 SUPPLY이다. 이 관계 타입의 각 관계 인스턴스 $r_i$는 세 개의 엔티티, 즉 공급자 $s$, 부품 $p$, 프로젝트 $j$를 연관시킨다. 다시 말해서, 공급자 $s$가 부품 $p$를 프로젝트 $j$에 공급할 때마다 세 개의 엔티티들이 연관된다. 일반적으로 관계들의 차수에는 제한이 없으니 가장 흔한 것은 이진 관계이다.

**애트리뷰트로서의 관계**. 3.3.3절에서 설명했던 것처럼, 때로는 애트리뷰트의 관점에서 이진 관계 타입을 생각하는 것이 편리할 때도 있다. 그림 3.9의 WORKS_FOR 관계 타입을 생각해 보자. 각 사원 엔티티가 근무하고 있는 부서 엔티티값을 나타내는(참조하는) EMPLOYEE

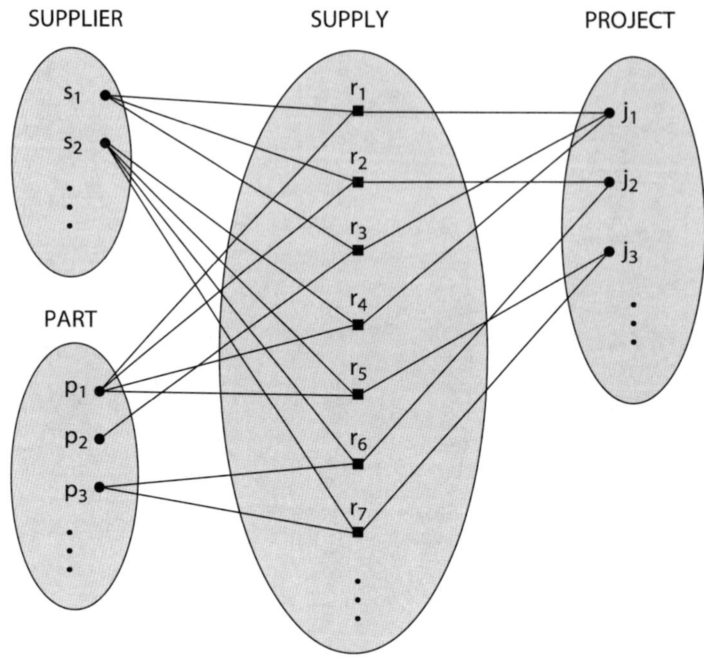


그림 3.10 SUPPLY 3진 관계 집합 내의 일부 관계 인스턴스

엔티티 타입의 Department 애트리뷰트를 생각할 수 있다. 즉, Department 애트리뷰트에 대한 값집합은 모든 DEPARTMENT 엔티티들의 집합(DEPARTMENT 엔티티 집합)이다. 이것은 COMPANY 데이터베이스에서 EMPLOYEE 엔티티 타입의 초기 설계시, 그림 3.8에서 선택했던 방법이다. 그러나 이진 관계를 애트리뷰트 관점에서 생각할 때는 항상 두 가지 선택사항이 있다. 나머지 방법으로는 위의 예에서, DEPARTMENT 엔티티 타입의 다치 애트리뷰트로서 Employees를 고려하는 것이다. 각 부서 엔티티의 Employees 애트리뷰트의 값들은 그 부서에서 일하는 사원 엔티티들의 집합이다. 이 Employees 애트리뷰트의 값집합은 EMPLOYEE 엔티티 집합의 멱집합이다. EMPLOYEE 엔티티 타입의 Department 애트리뷰트 또는 DEPARTMENT 엔티티 타입의 Employees 애트리뷰트 중 하나로 WORKS_FOR 관계 타입을 표현할 수 있다. 둘 다 표현된다면 두 애트리뷰트들은 서로 역관계를 가져야 한다.[7)]

**역할 이름과 순환적 관계**. 관계 타입에 참여하는 각 엔티티 타입은 관계 내에서 특정한 역할을 담당한다. **역할 이름**(role name)은 엔티티 타입에 속한 한 엔티티가 각 관계 인스턴스에서 가지는 역할을 강조하고, 관계가 무엇을 의미하는지 설명하는 데 도움이 된다. 예를 들어, WORKS_FOR 관계 타입에서 EMPLOYEE는 사원 또는 근로자의 역할을 하고, DEPARTMENT는 부서 또는 고용주의 역할을 한다.

7) 관계 타입을 애트리뷰트로 나타내는 이 개념은 함수적 데이터 모델(functional data model)이라 부르는 데이터 모델에서 사용된다. 객체 데이터베이스(11장 참조)에서 관계는 단일 방향 또는 양쪽 방향의 참조 애트리뷰트(reference attribute)에 의해서 표현된다. 관계 데이터베이스(4장 참조)에서는 외래키(foreign key)가 관계를 나타내는 참조 애트리뷰트 역할을 한다.

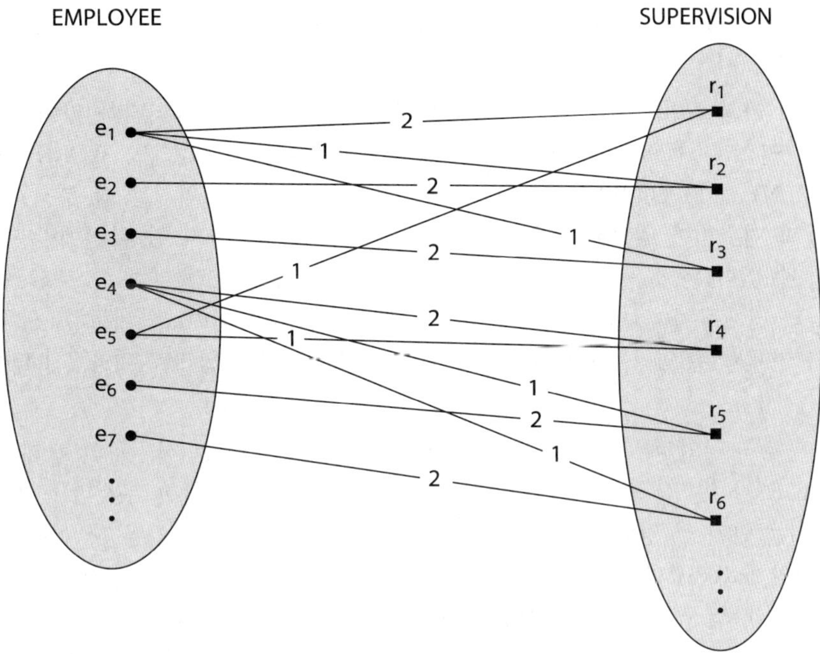


그림 3.11 상사 역할(1)의 EMPLOYEE와 부하 역할(2)의 EMPLOYEE 간의 순환적 관계 SUPERVISION

관계 타입에 참여하고 있는 모든 엔티티 타입들이 서로 다를 경우에는 각 참여 엔티티 타입의 이름이 역할 이름으로 사용될 수 있기 때문에 역할 이름이 일반적으로 필요하지는 않다. 그러나 하나의 엔티티 타입이 어떤 관계 타입에 두 번 이상 참여하는 경우에는 각 참여하는 엔티티가 담당하는 역할의 의미를 구분하기 위해 역할 이름이 필수적이다. 이런 관계 타입을 **순환적 관계**(recursive relationship) 혹은 **자기참조 관계**(self-referencing relationships)라고 한다. 그림 3.11에서 그 예를 보였다. SUPERVISION 관계 타입은 사원과 상사를 연관시킨다. 여기서 사원 엔티티와 상사 엔티티는 같은 EMPLOYEE 엔티티 집합의 원소들이다. 그러므로 EMPLOYEE 엔티티 타입은 SUPERVISION 관계 타입에 두 번 참여한다. 한 번은 상사의 역할로, 나머지는 부하의 역할로 참여한다. SUPERVISION에서 각 관계 인스턴스 $r_i$는 하나는 상사의 역할을, 다른 하나는 부하의 역할을 하는 두 개의 사원 엔티티 $e_j$와 $e_k$를 연관시킨다. 그림 3.11에서 '1'이라고 표시한 것은 상사의 역할을 나타내고, '2'라고 표시한 것은 부하의 역할을 나타낸다. 따라서 $e_1$은 $e_2$와 $e_3$을 감독하며, $e_4$는 $e_6$과 $e_7$을 감독하며, $e_5$는 $e_1$과 $e_4$를 감독한다. 이 예제에서 각 관계 인스턴스는 '1'(상사)로 표시된 선과 '2'(부하)로 표시된 선이 연결되어야 한다.

## 3.4.3 이진 관계 타입에서의 제약 조건

일반적으로 관계 타입은 대응되는 관계 집합에 참여하고 있는 엔티티들의 가능한 조합을 제한하는 제약 조건을 가진다. 제약 조건들은 관계가 표현하는 작은세계의 상황으로 부터 결정된다. 예를 들어, 그림 3.9에서 각 사원은 정확하게 한 부서에서만 일해야 한다는 규칙을 회사가 가지고 있다면 스키마에 이 제약 조건이 명시되어야 한다. 이진 관계 제약 조건을 카디날리티 비율(*cardinality ratio*)과 참여(*participation*)라는 두 가지 주요 유형으로 구분할 수 있다.

**이진 관계의 카디날리티 비율**. 이진 관계의 카디날리티 비율은 엔티티가 참여할 수 있는 최대 관계 인스턴스들의 수를 명시한다. 예를 들어, 이진 관계 타입 WORKS_FOR에서 DEPARTMENT : EMPLOYEE는 카디날리티 비율이 1:N인데 그 의미는 각 부서가 임의 수의 사원들과 연관되어 있으나(고용하고 있으나)[8] 한 사원은 단지 한 부서에만 연관될 수 있다(일할 수 있다)는 것을 의미한다. 따라서 WORKS_FOR 관계에 대해 한 부서는 여러 명의 사원들과 연계될 수 있다(N은 최대 숫자의 제한이 없다는 의미). 반대로 한 사원은 최대 한 부서와 연계될 수 있다. 이진 관계 타입에 대해 가능한 카디날리티 비율은 1:1, 1:N, N:1, M:N이다.

1:1 이진 관계 타입의 예로는, 부서 엔티티와 그 부서를 관리하는 사원과의 관계를 나타내는 MANAGES가 있다(그림 3.12). 이것은 임의 시간에 한 사원이 한 부서만 관리할 수 있고, 한 부서는 단지 한 명의 관리자만 가진다는 작은세계의 제약 조건을 나타낸다. 한 사원이 여러 개의 프로젝트에 참여할 수 있고, 여러 명의 사원들이 한 프로젝트에 참여할 수 있을 경우, 관계 타입 WORKS_ON(그림 3.13)은 카디날리티 비율이 M:N이다. 이진 관계의 카디날리티 비율은 ER 다이어그램에서 그림 3.2와 같이 1, M, N을 표기함으로써 나타낸다. 이 표기법에서 참여에 대해 숫자 제한 없음(N)이나 최대 하나(1)를 명시할 수 있다. 다른 표기법(3.7.4절 참조)에서는 설계자가 4 또는 5와 같은 특정 숫자를 명시할 수 있도록 하기도 한다.

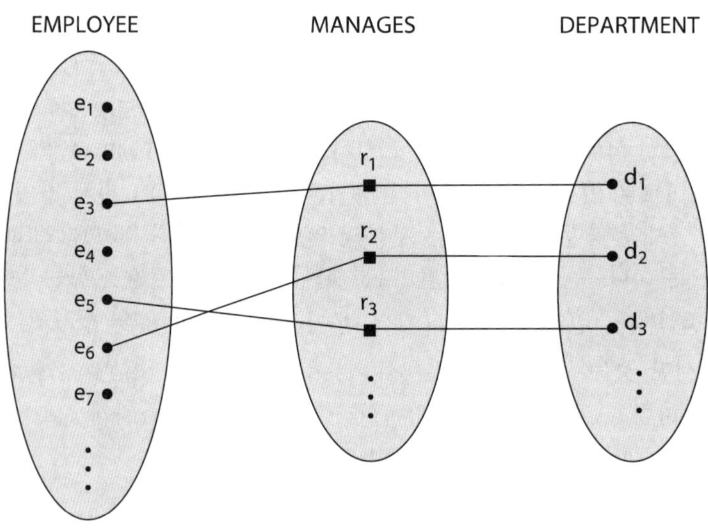


그림 3.12 1:1 관계 MANAGES

8) N은 연관된 엔티티의 수(0 이상)를 의미한다.

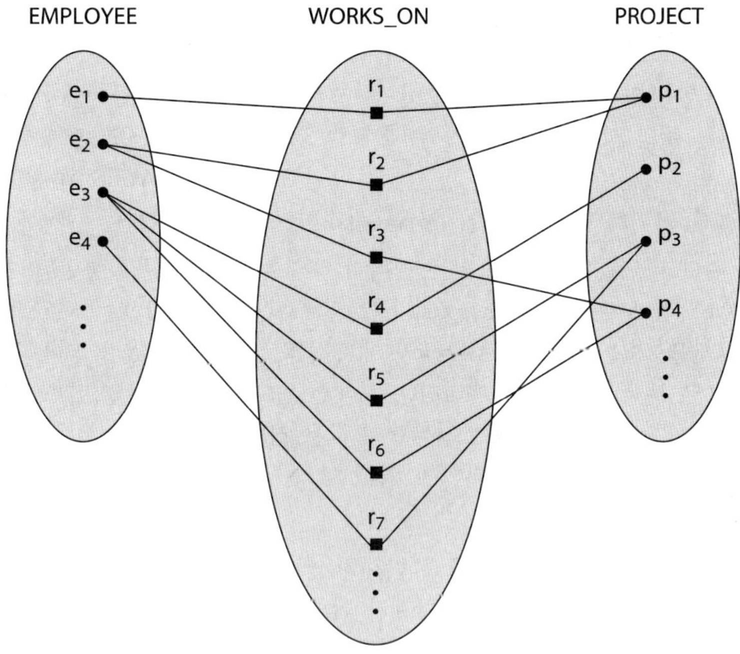


그림 3.13 M:N 관계 WORKS_ON

**참여 제약 조건과 존재 종속성**. 참여 제약 조건(participation constraint)은 한 엔티티의 존재가 관계 타입을 통해 연관되어 있는 다른 엔티티에 의존하는지의 여부를 명시한다. 이 제약 조건은 각 엔티티가 참여할 수 있는 관계 인스턴스의 최소 수를 명시하며 **최소 카디날리티 제약 조건**(minimum cardinality constraint)이라고도 한다. 참여 제약 조건에는 **전체 참여**(total participation)와 **부분 참여**(partial participation)의 두 가지 유형이 있다. 모든 사원이 반드시 한 부서에 소속되어 근무해야 한다는 것이 회사의 방침이라면, 한 사원 엔티티는 적어도 하나의 WORKS_FOR 관계 인스턴스(그림 3.9)에 참여할 때만 존재할 수 있다. 따라서 EMPLOYEE가 WORKS_FOR에 참여하는 것을 전체 참여라고 한다. 즉, 사원 엔티티들의 전체집합에 속하는 모든 엔티티가 반드시 WORKS_FOR에 의해서 한 부서 엔티티와 연관되어야 한다는 것을 의미한다. 전체 참여를 **존재 종속성**(existence dependency)이라고도 한다. 그림 3.12에서는 모든 사원이 반드시 한 부서를 관리하는 것이 아니므로 EMPLOYEE가 MANAGES 관계 타입에 참여하는 것은 부분 참여라고 한다. 즉, 사원 엔티티들의 전체집합이 아닌 부분집합이 MANAGES를 통해 부서 엔티티에 연관되어 있다는 것을 의미한다. 관계 타입의 카디날리티 비율과 참여 제약 조건들을 묶어 **구조적 제약 조건**(structural constraint)이라고 한다.

ER 다이어그램에서 전체 참여(또는 존재 종속성)는 참여하고 있는 엔티티 타입을 관계에 이중선으로 연결하여 나타내고, 부분 참여는 단일선으로 연결하여 나타낸다(그림 3.2 참조). 이 표기법에서 숫자 제한 없음(부분 참여)이나 최대 하나(전체 참여)를 명시할 수 있다. 다른 표기법(3.7.4절 참조)에서는 설계자가 관계의 참여에 대해 4 또는 5와 같은 특정 최소 숫자를 명시할 수 있도록 하기도 한다. 3.8절에서는 고차 관계의 제약 조건을 설명한다.

### 3.4.4 관계 타입의 애트리뷰트

관계 타입도 엔티티 타입처럼 애트리뷰트들을 가질 수 있다. 예를 들어, 사원이 한 프로젝트에서 근무하는 주당 시간을 기록하기 위해 그림 3.13의 WORKS_ON 관계 타입에 애트리뷰트 Hours를 포함시킬 수 있다. 또 다른 예로 그림 3.12의 MANAGES 관계타입에 애트리뷰트 Start_date를 포함하여 관리자가 부서를 관리하기 시작한 날짜를 나타낼 수 있다.

1:1 혹은 1:N 관계 타입은 참여하고 있는 엔티티 타입들 중의 하나로 통합될 수 있다. 예를 들어, MANAGES 관계에 포함된 Start_date 애트리뷰트는 개념적으로는 MANAGES에 속할지라도 EMPLOYEE 또는 DEPARTMENT의 애트리뷰트가 될 수 있다. 이는 MANAGES가 1:1 관계, 즉 모든 부서 또는 사원 엔티티는 최대한 한 개의 관계 인스턴스에만 참여할 수 있기 때문이다. 따라서 Start_date 애트리뷰트의 값은 참여하고 있는 부서 엔티티에 의해 또는 참여하고 있는 사원(관리자) 엔티티에 의해 MANAGES 관계와 독립적으로 결정될 수 있다.

1:N 관계 타입에서는 관계 애트리뷰트가 관계의 N측 엔티티 타입으로만 이동할 수 있다. 예를 들어, 그림 3.9에서 WORKS_FOR 관계가 한 사원이 한 부서에서 근무하기 시작한 날짜인 Start_date 애트리뷰트를 가진다면 이 애트리뷰트를 EMPLOYEE의 애트리뷰트로 포함시킬 수 있다. 이는 각 사원이 오직 한 개의 부서에서 일할 수 있고, 따라서 WORKS_FOR에서 최대 한 개의 관계 인스턴스에만 참여하기 때문이다. 1:1과 1:N 관계 타입에서 관계 애트리뷰트를 관계 타입의 애트리뷰트로 할 것인가 또는 참여하고 있는 엔티티 타입의 애트리뷰트로 할 것인가에 대한 결정은 스키마 설계자가 주관적으로 판단한다.

M:N 관계 타입에서는 관계 인스턴스에 참여하는 엔티티들의 조합에 의해서 결정되는 일부 애트리뷰트들이 있다. 이런 애트리뷰트들은 반드시 관계 애트리뷰트로 명시되어야 한다. M:N 관계인 WORKS_ON(그림 3.13)의 Hours 애트리뷰트를 그 예로 들 수 있다. 사원이 현재 어떤 프로젝트에서 주당 근무한 시간은 사원-프로젝트 조합에 의해서 결정되며 독립적으로 어느 한쪽의 엔티티에 의해서 결정되는 것은 아니다.

## 3.5 약한 엔티티 타입

자신의 키 애트리뷰트가 없는 엔티티 타입을 **약한 엔티티 타입**(weak entity type)이라고 한다. 반면에 키 애트리뷰트를 가지는(앞에서 예로 들었던) **정규 엔티티 타입**(regular entity type)을 **강한 엔티티 타입**(strong entity type)이라고 한다. 약한 엔티티 타입의 엔티티들은 그들의 애트리뷰트 값들 중 하나를 통해 다른 엔티티 타입의 엔티티들과 연계됨으로써 식별할 수 있다. 이런 역할을 담당하는 다른 엔티티 타입을 **식별 엔티티 타입**(identifyingentity type) 또는 **소유 엔티티 타입**(owner entity type)[9]이라 하고, 약한 엔

9) 때로 식별 엔티티 타입을 부모 엔티티 타입(parent entity type) 또는 지배 엔티티 타입(dominant entitytype)이라고도 한다.

티티 타입과 그 소유자 사이의 관계 타입을 약한 엔티티 타입의 식별 관계(identifying relationship)라고 한다.[10] 약한 엔티티는 소유 엔티티 없이는 식별될 수 없기 때문에, 약한 엔티티 타입은 식별 관계에 대해 항상 전체 참여 제약 조건(존재 종속성)을 가진다. 그러나 존재 종속성이 있다고 해서 참여하는 엔티티 타입이 반드시 약한 엔티티 타입이 되는 것은 아니다.

예를 들어, DRIVERS_LICENSE 엔티티는 자신의 키(License_number)를 가지고 있기 때문에 약한 엔티티가 아니지만 PERSON 엔티티와 연관되지 않는 한 존재할 수 없다. 1:N 관계로 각 사원과 그 사원의 부양 가족들을 표현하기 위하여 엔티티 타입 DEPENDENT를 EMPLOYEE와 연관하여 생각해보자(그림 3.2 참조). 예에서, DEPENDENT의 애트리뷰트들은 Name(부양 가족의 이름), Birth_date, Sex, Relationship(사원에 대한 관계)이다. 서로 다른 사원의 두 부양 가족에 대한 Name, Birth_date, Sex, Relationship의 값들이 같을 수 있으나 이들은 서로 다른 엔티티이다. 이들은 각각 관계된 사원 엔티티를 식별한 후에 식별되므로 서로 다른 엔티티로 인식된다. 이때 각 사원 엔티티는 부양가족 엔티티들을 소유한다고 말한다.

약한 엔티티 타입은 일반적으로 **부분키**(partial key)를 가진다. 부분키는 동일한 소유엔티티에 연관되는 약한 엔티티들을 서로 구분할 수 있는 애트리뷰트들이다.[11] 예를 들어, 같은 사원의 두 부양 가족이 같은 이름을 갖지 않는다고 가정하면 DEPENDENT의 애트리뷰트 Name이 부분키가 된다. 극단적인 경우에 약한 엔티티의 모든 애트리뷰트들로 이루어진 복합 애트리뷰트가 부분키가 될 수 있다.

ER 다이어그램에서 약한 엔티티 타입과 그것의 식별 관계는 그림 3.2와 같이 이중선으로 나타낸다. 부분키 애트리뷰트는 점선으로 밑줄을 그어 표시한다.

약한 엔티티 타입을 복합 다치 애트리뷰트로 표현할 때도 있다. 즉, 앞의 예에서 EMPLOYEE에 대해 Name, Birth_date, Sex, Relationship의 애트리뷰트들로 구성되는 복합 다치 애트리뷰트 Dependents를 명시할 수 있다. 어떤 표현 방법을 사용할 것인가는 데이터베이스 설계자가 결정한다. 약한 엔티티 타입은 식별 관계 타입 이외의 다른 관계 타입들에 독립적으로 참여하는 경우에 선택하는 것이 바람직하다.

일반적으로 약한 엔티티 타입들을 임의의 레벨로 정의할 수 있다. 즉, 소유 엔티티 타입 자체가 다른 소유 엔티티 타입의 약한 엔티티 타입이 될 수 있다. 3.8절에서 소개한 바와 같이 약한 엔티티 타입은 두 개 이상의 식별 엔티티 타입과 이진 관계보다 높은 차수의 식별 관계 타입을 가질 수도 있다.

10) 때로 약한 엔티티 타입을 자식 엔티티 타입(child entity type) 또는 하급 엔티티 타입(subordinate entitytype)이라고도 한다.

11) 부분키를 식별자(discriminator)라고도 한다.

## 3.6 COMPANY 데이터베이스에 대한 ER 설계의 개선

그림 3.8의 데이터베이스 설계에서 관계를 나타내는 애트리뷰트들을 관계 타입으로 변환하여 개선한다. 각 관계 타입의 카디날리티 비율과 참여 제약 조건은 3.2절에 열거한 요구사항들로부터 결정된다. 카디날리티 비율 또는 종속성이 요구사항들부터 결정될 수 없다면 이런 구조적인 특성들을 결정하기 위해 사용자들과 협의한다. 여기 예제에서는 다음과 같은 관계 타입들을 정의한다.

- MANAGES, EMPLOYEE와 DEPARTMENT 사이의 1:1 관계 타입.
  EMPLOYEE는 부분 참여이고 DEPARTMENT의 참여는 요구사항들만으로는 명확하지 않다. 사용자들과 협의한 결과, 부서에는 항상 그 부서를 관리하는 관리자가 있어야 한다. 이것은 DEPARTMENT의 전체 참여를 의미한다.[12] 애트리뷰트 Start_date가 이 관계 타입에 정의된다.
- WORKS_FOR, DEPARTMENT와 EMPLOYEE 사이의 1:N 관계 타입.
  두 엔티티의 참여는 모두 전체 참여이다.
- CONTROLS, DEPARTMENT와 PROJECT 사이의 1:N 관계 타입.
  사용자들과 협의한 결과, PROJECT는 전체 참여이고 DEPARTMENT는 부분참여이다.
- SUPERVISION, EMPLOYEE(상사 역할)와 EMPLOYEE(사원 역할) 사이의 1:N관계 타입. 사용자들과 협의한 결과, 모든 사원이 상사가 아니며, 또한 모든 사원이 상사를 가지는 것이 아니기 때문에 두 엔티티는 부분 참여하는 것으로 결정된다.
- WORKS_ON, EMLOYEE와 PROJECT 사이의 M:N 관계 타입.
  사용자들과 협의한 결과, 한 프로젝트에 여러 명의 사원들이 참여할 수 있고, 한 사원은 여러 프로젝트에 참여할 수 있으므로, 애트리뷰트 Hours를 갖는 M:N 관계 타입으로 결정된다. 두 엔티티는 모두 전체 참여이다.
- DEPENDENTS_OF, EMPLOYEE와 DEPENDENT 사이의 1:N 관계 타입.
  이 관계 타입은 약한 엔티티 타입 DEPENDENT에 대한 식별 관계이다. EMPLOYEE는 부분 참여이고 DEPENDENT는 전체 참여이다.

위와 같이 여섯 개의 관계 타입을 명시한 후, 그림 3.8의 엔티티 타입들로부터 정의된 관계들로 이동시킬 모든 애트리뷰트들을 제거한다. 즉, DEPENDENT로부터 Manager와 Manager_start_date를, PROJECT로부터 Controlling_department를, EMPLOYEE로부터 Department와 Supervisor 및 Works_on을, DEPENDENT로부터 Employee를 제거한다. 데이터베이스의 개념 스키마를 설계할 때는 중복을 최소화하는 것이 중요하다. 저장 단계 또는 사용자 뷰 단계에서 어느 정도의 중복이 필요할 경우에는 1.6.1절에서 설명한 바와 같이 추후에 중복을 허용할 수도 있다.

---

12) 제약 조건을 결정하는 작은세계 내의 규칙은, 데이터베이스를 사용하는 비즈니스 또는 조직에 의해 결정되므로 비즈니스 규칙(business rule)이라고도 한다.

## 3.7 ER 다이어그램, 이름 지정에 관한 규칙, 설계에 관한 사항

### 3.7.1 ER 다이어그램의 표기법 요약

그림 3.9부터 3.13은 엔티티 타입 및 관계 타입의 참여 예와 함께 그들의 집합 또는 외연(엔티티 집합 내의 개별적인 엔티티 인스턴스들과 관계 집합 내의 개별적인 관계 인스턴스들)을 보여준다. 그러나 ER 다이어그램은 인스턴스보다는 스키마의 표현에 중점을 두는 방법이다. 데이터베이스 설계에서, 데이터베이스 스키마는 거의 변하지 않는 반면에 엔티티 집합의 내용은 자주 변하기 때문에 스키마로 표현하는 것이 바람직하다. 또한 스키마는 훨씬 작기 때문에 표현하기가 더 쉽다.

그림 3.2는 COMPANY ER 데이터베이스 스키마에 대한 ER 다이어그램이다. 이 절에서는 ER 다이어그램의 표기법을 소개한다. EMPLOYEE, DEPARTMENT, PROJECT와 같은 엔티티 타입들은 사각 상자로 표기한다. WORKS_FOR, MANAGES, CONTROLS, WORKS_ON과 같은 관계 타입들은 다이아몬드 상자로 표기하며, 이 관계에 참여하는 엔티티 타입들과 직선으로 연결한다. 애트리뷰트들은 타원으로 표기하며 각 애트리뷰트는 해당 엔티티 타입 또는 관계 타입에 직선으로 연결된다. 복합 애트리뷰트의 구성 요소 애트리뷰트들은 EMPLOYEE의 Name 애트리뷰트와 같이 타원형의 복합 애트리뷰트에 연결한다. 다치 애트리뷰트는 DEPARTMENT의 Locations 애트리뷰트와 같이 이중 타원으로 나타낸다. 키 애트리뷰트는 애트리뷰트 이름에 밑줄을 그어 표현한다. 유도된 애트리뷰트들은 DEPARTMENT의 Number_of_employees 애트리뷰트와 같이 점선으로 된 타원으로 표기한다.

약한 엔티티 타입은 DEPENDENT 엔티티 타입과 DEPENDENTS_OF 식별 관계 타입과 같이 이중 상자로 엔티티 타입을 표시하고 식별 관계를 이중 다이아몬드로 표기한다. 약한 엔티티 타입의 부분키는 점선으로 밑줄을 그어 표기한다.

그림 3.2에서 이진 관계 타입의 카디날리티 비율은 참여를 표시하는 선에 1, M 또는 N을 명시함으로써 표현한다. MANAGES에서 DEPARTMENT : EMPLOYEE의 카디날리티 비율은 1:1이고, WORKS_FOR에서 DEPARTMENT : EMPLOYEE는 1:N이며, WORKS_ON에서 EMPLOYEE : PROJECT는 M:N이다. 참여 제약 조건은 부분참여에 대해서는 단일선으로, 전체 참여(존재 종속성)에 대해서는 이중선으로 나타낸다.

그림 3.2의 SUPERVISION 관계 타입에 대해, 하나의 EMPLOYEE 엔티티 타입이 서로 다른 두 역할을 하기 때문에 역할 이름을 표시한다. 상사로부터 부하로의 카디날리티 비율이 1:N이라는 것은 각 부하 사원은 최대한 한 명의 직속 상사를 가지는 반면에 상사 사원은 0명 이상의 부하들을 감독할 수 있기 때문이다.

그림 3.14에서 ER 다이어그램의 표기법을 요약하였다. 다른 다이어그램 표기법들도 많이 존재한다(3.7.4절 참고).

### 3.7.2 스키마 구조물들에 대한 적절한 이름 지정

데이터베이스 스키마를 설계할 때 엔티티 타입, 애트리뷰트, 관계 타입, 특히 역할들에 대한 이름 선정에 신중해야 한다. 스키마에 사용된 각 구조물에 대하여, 가능한 한 그 의미를 전달할 수 있는 이름을 선택해야 한다. 엔티티 타입의 이름은 그 엔티티 타입에 속하는 각 엔티티에 적용되기 때문에 복수 이름보다는 단수 이름을 선택한다. 그림 3.2와 같이, ER 다

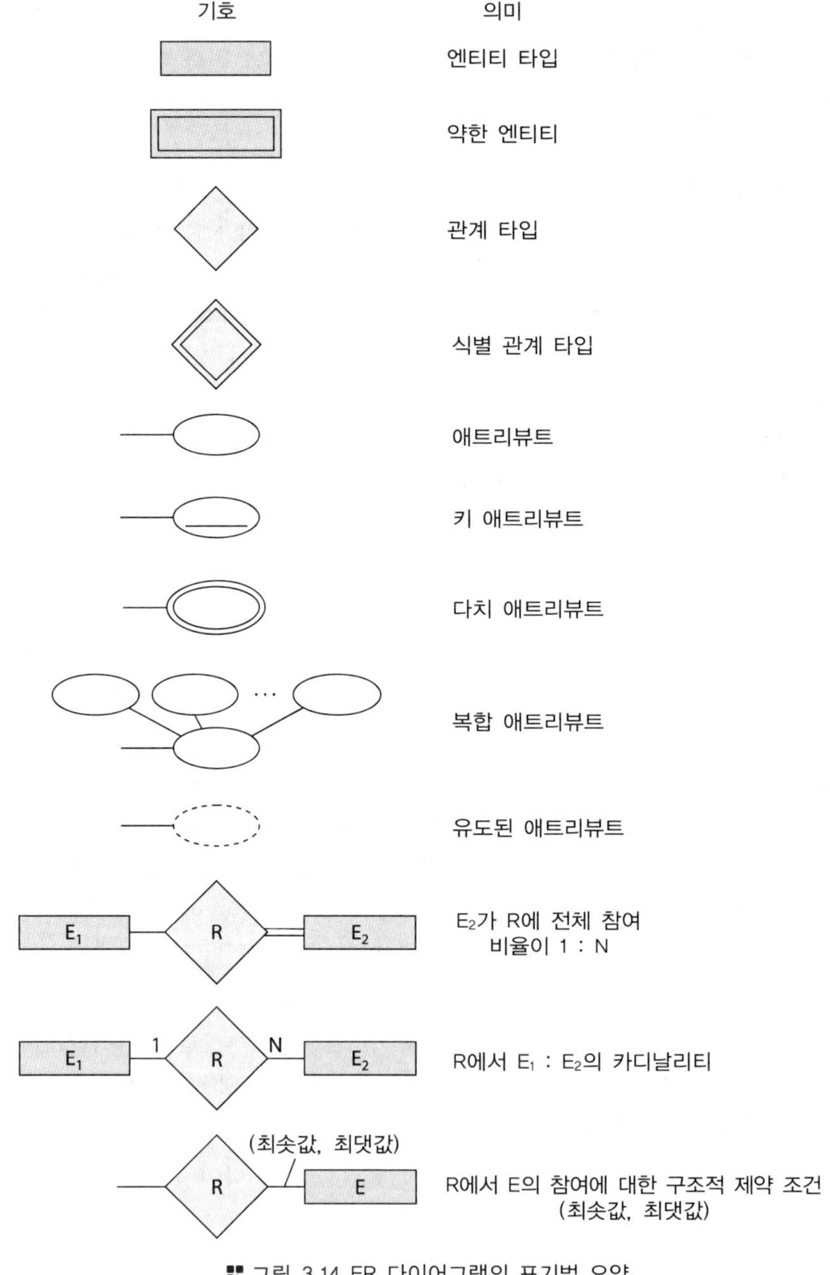


그림 3.14 ER 다이어그램의 표기법 요약

이어그램에서는 엔티티 타입과 관계 타입의 이름은 대문자로, 애트리뷰트의 이름은 첫 글자만 대문자로, 역할 이름은 소문자로 표기한다.

일반적으로 데이터베이스의 요구사항들을 명시한 기술문에서 명사는 엔티티 타입 이름으로, 동사는 관계 타입 이름으로 되는 경향이 있다. 애트리뷰트 이름은 엔티티 타입에 대응하는 명사를 설명하는 부가적인 명사들로부터 얻어진다.

이 밖에 이름 지정에서 고려해야 할 사항은 ER 다이어그램을 왼쪽에서 오른쪽, 위에서 아래로 읽기 쉽게 관계 이름을 선택하는 것이다. 그림 3.2에서는 이런 원칙을 따랐다. 그림 3.2에서, DEPENDENTS_OF 관계 타입은 예외로 아래에서 위로 읽게 된다. 즉, DEPENDENT 엔디티들(아래 엔티티 타입)은 EMPLOYEE(위 엔티티 타입)에 DEPENDENTS_OF(관계 이름)한다고 보기 때문이다.

이것을 위에서 아래로 읽는 것으로 바꾸기 위해서는 관계 타입의 이름을 HAS_DEPENDENTS로 바꾸면 된다. 이 경우, EMPLOYEE 엔티티(위 엔티티 타입)는 DEPENDENT 엔티티(아래 엔티티 타입)를 HAS_DEPENDENTS(관계 이름)한다고 읽게 된다. 3.4절의 초반부에서 설명했듯이 이러한 문제는 이진 관계인 경우, 참여하는 두 엔티티 타입들 중 어느 쪽에서 시작해서 관계를 묘사해도 무방하기 때문이다.

### 3.7.3 ER 개념적 설계 시 고려할 사항

작은 세계에서의 특정한 개념을 엔티티 타입, 애트리뷰트, 또는 관계 타입 중 어떤 것으로 모델링해야 하는지 결정하기 힘들 때가 종종 있다. 이 절에서는 어떤 상황에서 어떤 것이 적합한지를 판단하는 간략한 지침을 소개한다.

일반적으로 스키마 설계 과정은 반복해서 개선하는 과정으로 생각해야 한다. 즉, 초기 설계가 이루어진 후, 최적의 설계를 얻을 때까지 반복해서 개선 작업을 해야 한다. 자주 사용되는 개선 작업에는 다음과 같은 것들이 있다.

- 한 개념이 처음에는 애트리뷰트로 모델링된 후, 이 애트리뷰트가 다른 엔티티 타입을 참조하는 것으로 결정된다면, 다음 단계에서 관계로 재정의될 수 있다. 이와 같이 상호 역관계가 있는 두 개의 애트리뷰트들은 이진 관계로 개선되는 것이 일반적이다. 이런 유형의 개선은 3.6절에서 자세하게 다루었다. 이 책의 표기법에서 애트리뷰트가 관계로 대체되면 그 애트리뷰트 자체는 중복을 피하기 위해 엔티티 타입으로부터 제외되어야 한다는 것에 유념한다.
- 마찬가지로 여러 개의 엔티티 타입에 공통적으로 존재하는 애트리뷰트는 독립적인 엔티티 타입으로 승격될 수 있다. 예를 들어, UNIVERSITY 데이터베이스 내의 STUDENT, INSTRUCTOR, COURSE와 같은 엔티티 타입들이 초기 설계 후 모두 Department 애트리뷰트를 가질 경우, 설계자는 한 개의 애트리뷰트 Dept_name을 갖는 독립적인 DEPARTMENT 엔티티 타입을 생성하여 세 개의 엔티티 타입(STUDENT, INSTRUCTOR, COURSE)과 적절한 관계로 연관지을 수 있다. DEPARTMENT에 다른 애트리뷰트와의 관계를 나중에 추가할 수도 있다.

- 위의 경우와 반대의 개선이 있을 수 있다. 예를 들어, 한 개의 Dept_name 애트리뷰트를 갖는 DEPARTMENT 엔티티 타입이 초기 설계에서 생성되어, STUDENT 엔티티 타입하고만 연관될 경우에는 DEPARTMENT는 STUDENT의 애트리뷰트로 격하될 수 있다.
- 관계 차수에 대한 선택은 3.9절에서 다룬다.

### 3.7.4 ER 다이어그램의 또 다른 표기법

ER 다이어그램과 비슷한 표기법들이 다양하게 제시되고 있다. 여기서는 또 다른 ER 표기법으로 관계에 대한 구조적 제약 조건(관계차수 1:1, 1:N, N:M과 참여제약 조건 표기인 단일선과 이중선)을 대체하는 대안 표기법을 소개한다. 이 대안 표기법에서는 관계 타입 *R*에서 엔티티 타입 *E*의 각 참여마다 정수의 쌍(min, max)을 연계시키는 방법이다. 여기서 min

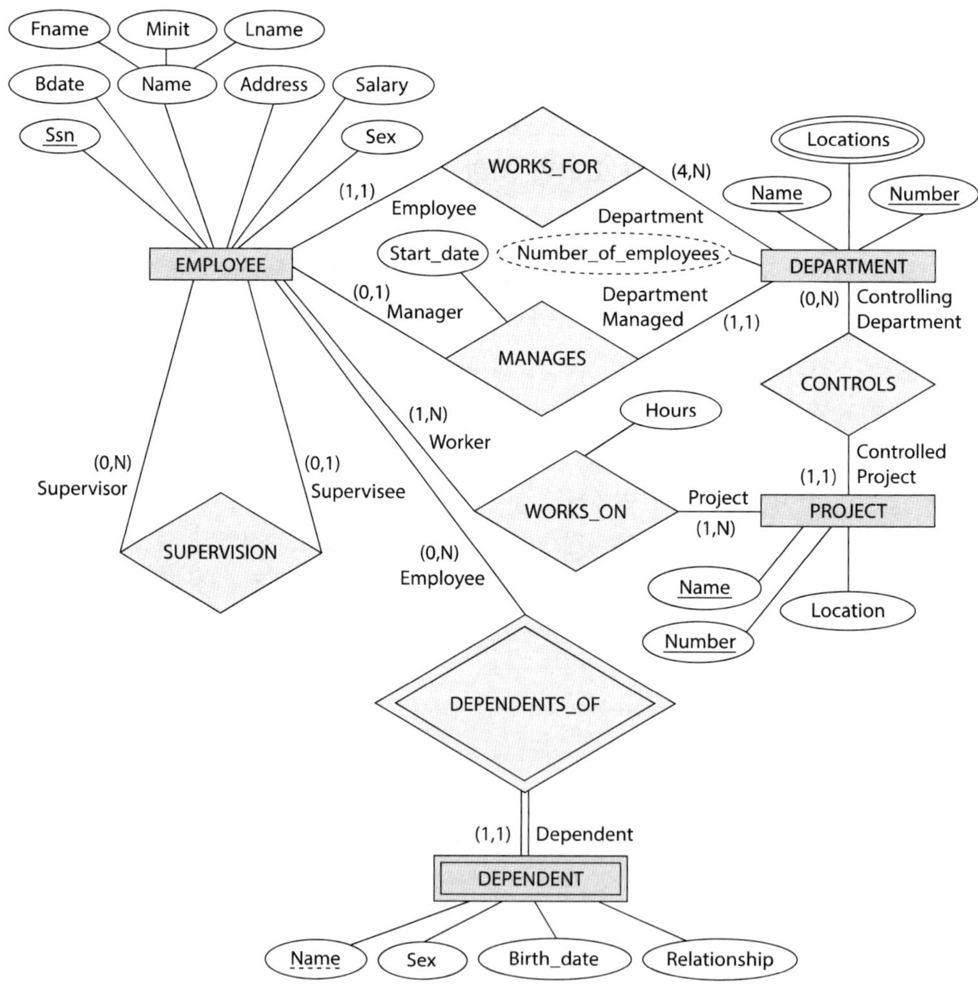


그림 3.15 구조적 제약 조건들을 (min, max) 형식으로 명시한 COMPANY 스키마의 ER 다이어그램과 역할 이름 다이어그램

과 max는 0 ≤ min ≤ max, max ≥1의 조건을 만족한다. 이 정수의 쌍은 $E$의 각 엔티티 $e$에 대하여 $e$는 항상 $R$에 min과 max 사이의 관계 인스턴스 수만큼 참여해야 한다는 것을 나타낸다. 이 방법에서는 min이 0이면 부분 참여를 의미하고 min이 0보다 크면 전체 참여를 의미한다.

그림 3.15는 (min, max) 표기법을 사용한 COMPANY 데이터베이스 스키마이다.[13] 일반적으로 카디날리티 비율/단일선/이중선 표기법이나 (min, max) 표기법이 사용된다. (min, max) 표기법이 보다 더 정확하게 고차수의 관계 타입에 대한 구조적 제약 조건들을 쉽게 명시할 수 있다. 그러나 3.8절에서 설명하듯이 고차수 관계상에서 어떤 키 제약 조건을 명시하는데는 충분하지 못하다.

그림 3.15에 COMPANY 데이터베이스 스키마에 대한 모든 역할 이름을 명시하였다.

## 3.8 3차 이상의 관계 타입

3.4.2절에서 관계 타입의 차수를 참여하는 엔티티 타입의 수로 정의하였고, 2차 관계 타입을 이진(*binary*), 그리고 3차 관계 타입을 삼진(*ternary*)이라 불렀다. 이 절에서는 이진 관계와 그 이상의 차수 관계와의 차이점, 둘 중 어떤 것을 언제 선택할 것인지, 그리고 고차 관계에 대한 제약을 명시하는 방법을 다룬다.

### 3.8.1 이진과 삼진(또는 그 이상 차수) 관계 간의 선택

삼진 관계 타입에 관한 ER 다이어그램 표기법을 그림 3.16(a)에 보였다. 그림 3.16(a)는 그림 3.10에서 엔티티 집합/관계 집합 또는 인스턴스 수준으로 표현된 SUPPLY 관계타입에 대한 스키마를 나타낸다. SUPPLY 관계 집합은 $s$가 PROJECT $j$에 PART $p$를 납품하는 SUPPLIER일 때 원소 $(s, j, p)$로 표시되는 관계 인스턴스들의 집합이다. 일반적으로, $n$차수 관계 타입 $R$은 ER 다이어그램에서 $n$개의 선을 가지며, 각 선은 R과 참여하는 각 엔티티 타입을 연결한다.

그림 3.16(b)는 세 개의 이진 관계 타입인 CAN_SUPPLY, USES, SUPPLIES를 보인 것이다. 일반적으로, 삼진 관계 타입은 세 개의 이진 관계 타입들이 나타내는 정보와 다른 정보를 표현한다. 세 개의 이진 관계 타입인 CAN_SUPPLY, USES, SUPPLIES를 생각해 보자. SUPPLIER와 PART 간의 CAN_SUPPLY는 공급자 $s$가 부품 $p$를 납품할 수 있을 때마다(임의의 프로젝트에) 인스턴스 $(s, p)$를 포함하고, PROJECT와 PART 간의 USES는 프로젝트 $j$가 부품 $p$를 사용할 때마다 인스턴스 $(j, p)$를 포함하며, SUPPLIER와 PROJECT 간의 SUPPLIES는 공급사 $s$가 프로젝트 $j$에 임의의 부품을 납품할 때마다 인스턴스 $(s, j)$를 포

13) 특히 UML과 같은 객체 모델링 방법에 사용되는 것과 같이, 일부 표기법에서는 (min, max)의 위치가 여기서 보인 것과 반대측에 놓이기도 한다. 예를 들어, 그림 3.15의 WORKS_FOR 관계에서 (1,1)은 DEPARTMENT 측에, (4, N)은 EMPLOYEE 측에 놓이게 된다. 여기서는 Abrial(1974)의 원래 표기법을 사용하였다.

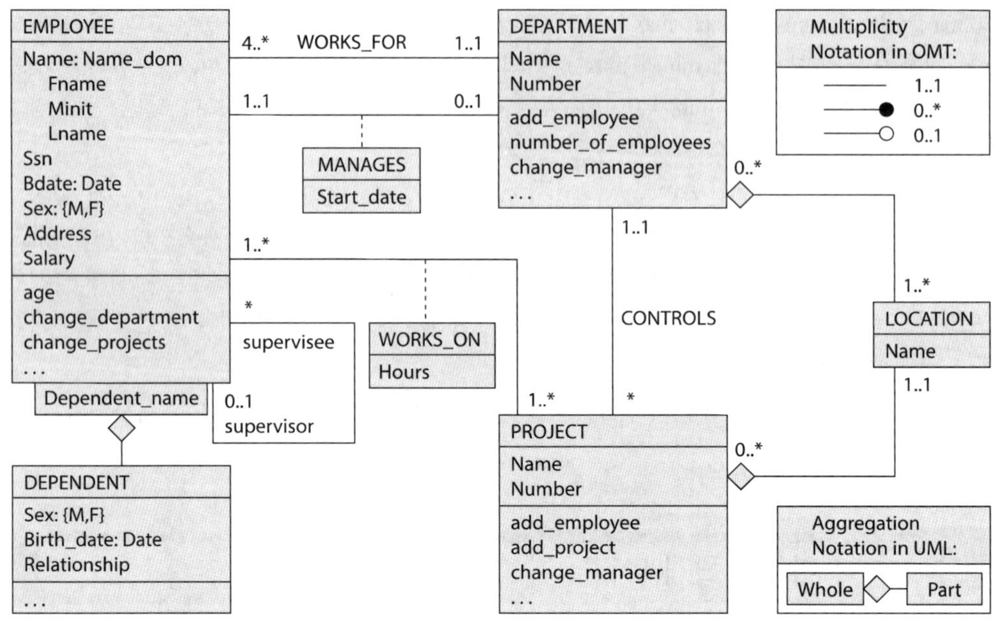


그림 3.16 삼진 관계 타입, (a) SUPPLY 관계, (b) SUPPLY와 다른 세 개의 이진 관계, (C) 약한 엔티티 타입으로 표현된 SUPPLY

함한다. 세 개의 관계 인스턴스 $(s, p)$, $(j, p)$, $(s, j)$가 각각 CAN_SUPPLY, USES, SUPPLIES에 있다고 해서 삼진 관계인 SUPPLY에 인스턴스 $(s, j, p)$가 반드시 있다고 할 수는 없다. 즉, 이 두 경우의 의미는 다른 것이다. 종종 어떤 관계를 $n$차 관계 타입으로 표현해야 할지 아니면 몇 개의 작은 차수의 관계 타입으로 나누어 표현해야 할지 망설여질 때가 있다. 설계자는 표현하고자 하는 특정 상황에 적합한 의미에 근거해서 결정해야 한다. 일반적인 해법은 삼진 관계에 더해 한 개 또는 그 이상의 이진 관계를 포함하는 것인데 이 경우, 각 관계는 서로 다른 의미를 표현해야 하며 모두 응용에 필요한 것들이어야 한다.

이진 관계 타입만 허용하는 ER의 변형 모델에 기초한 데이터베이스 설계 도구들도 있다. 이 경우, SUPPLY와 같은 삼진 관계는 부분키 없이 세 개의 식별 관계를 가지는 약한 엔티티 타입들로 표현되어야 한다. 세 개의 참여 엔티티 타입인 SUPPLIER, PART, PROJECT는 함께 소유 엔티티 타입이 된다(그림 3.16(c) 참조). 즉, 약한 엔티티 타입인 그림 3.16(c)의 SUPPLY의 한 엔티티는 자신의 SUPPLY, PART, PROJECT로부터의 세 개의 소유 엔티티들의 조합에 의해 식별된다.

인위의(artificial) 키 또는 대리(surrogate)키를 정규 엔티티 타입에 도입함으로써 삼진관계를 표현할 수도 있다. 이 예제에서는 공급자 엔티티 타입을 정규 엔티티 타입으로 만들고, 키 애트리뷰트인 Supply_id를 사용할 수 있다. 세 개의 이진 N:1 관계는 SUPPLY를 세 개의 참여 엔티티 타입들에 연관시킨다.

그림 3.17은 또 다른 예를 보인 것이다. 삼진 관계 타입 OFFERS는 어떤 학기에 과목들을 개설한 강사에 관한 정보를 표현한다. 따라서 OFFERS는 INSTRUCTOR $i$가 SEMESTER $s$에 COURSE $c$를 개설한 경우마다 관계 인스턴스 $(i, s, c)$를 포함한다. 그림 3.17과 같이 세 개의 이진 관계 타입은 다음과 같은 의미를 가진다. CAN_TEACH는 과목과 그

과목을 강의할 수 있는 강사들을 연관짓고, TAUGHT_DURING은 학기를 그 학기에 과목을 강의한 강사들과 연관지으며, OFFERED_DURING은 학기와 임의의 강사에 의해 그 학기에 개설된 과목들을 연관짓는다. 이 삼진과 이진 관계들은 서로 다른 정보를 표현하지만, 이 관계들 간에 특정 제약 조건은 지켜져야 한다. 예를 들어, OFFERS 내의 관계 인스턴스 $(i, s, c)$는 AUGH_DURING에 인스턴스 $(i, s)$가 존재하고, OFFERED_DURING에 인스턴스 $(s, c)$가 존재하며, CAN_TEACH에 인스턴스 $(i, c)$가 존재하는 경우에 존재하게 된다. 그러나 그 반대가 항상 참인 것은 아니다. 즉, 세 개의 이진 관계 타입들에는 인스턴스 $(i, s)$, $(s, c)$, $(i, c)$가 있지만 OFFERS 내에 해당 인스턴스 $(i, s, c)$가 없을 수도 있다. 이 예에서 관계들의 의미를 살펴보면, OFFERS의 인스턴스로 부터 TAUGHT_DURING과 OFFERED_DURING의 인스턴스들은 유추해 낼 수 있지만 CAN_TEACH의 인스턴스들은

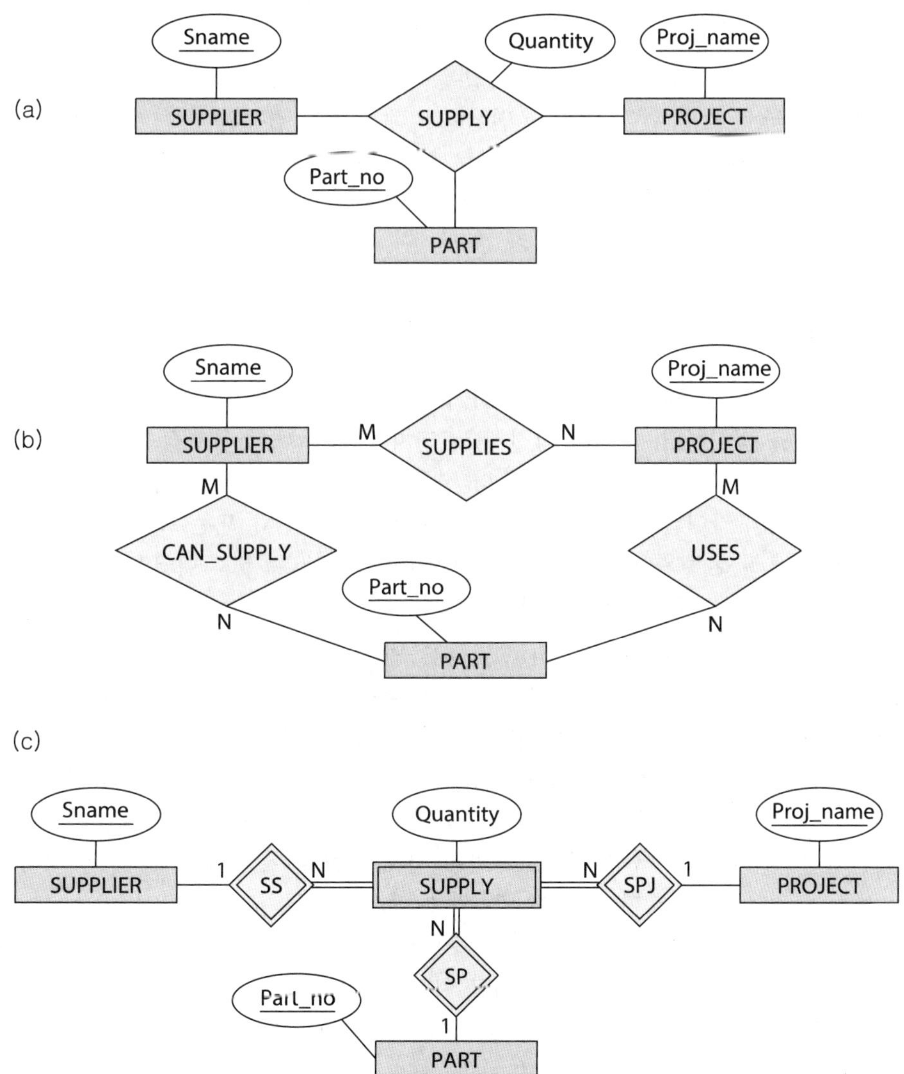


그림 3.17 세 개의 이진 관계 타입에 대한 또 다른 예

유추해 낼 수 없다. 따라서 TAUGHT_DURING과 OFFERED_ DURING은 중복된 것들로 그림 3.17에서 뺄 수 있다.

일반적으로 세 개의 이진 관계들이 삼진 관계를 대신할 수는 없지만 추가적인 제약 조건 하에서는 대신할 수도 있다. 우리의 예에서, CAN_TEACH 관계가 1:1(한 강사는 한 과목만을 강의하며 한 과목은 한 명의 강사에 의해 강의될 수 있다)이라면 삼진 관계 OFFERS는 세 개의 이진 관계 CAN_TEACH, TAUGHT_DURING, OFFERED_DURING으로부터 유추할 수 있기 때문에 삭제될 수 있다. 스키마 설계자는 특수 상황의 의미를 분석하여 어떤 이진 또는 삼진 관계 타입이 필요한지를 결정해야 한다.

삼진(또는 $n$차) 식별 관계 타입을 갖는 약한 엔티티 타입도 가능하다. 이 경우, 약한 엔티티 타입은 몇 개의 소유 엔티티 타입들을 가질 수 있다. 그림 3.18은 그 예이다. 이 예는 다양한 회사(COMPANY)에 면접을 치르는 구직자(CANDIDATE)들에 대한 정보를 저장하는 데이터베이스의 일부를 나타낸다. 예를 들면, 구직 대행 업체가 보유한 데이터베이스의 일부일 수 있다. 요구사항에서 한 구직자는 같은 회사에(예를 들어, 여러부서에) 여러 번의 면접(INTERVIEW)을 치를 수 있지만 한 면접에 의해 구직이 결정된다. 여기서 INTERVIEW는 CANDIDATE와 COMPANY를 두 소유자로 하고, Dept_date를 부분키로 하는 약한 엔티티로 표현된다. 한 INTERVIEW 엔티티는 구직자, 회사 그리고 면접의 날짜와 부서의 조합에 의해 식별된다.

### 3.8.2 삼진(또는 고차) 관계에 대한 제약 조건

$n$차 관계에 대한 구조적 제약 조건을 명시하기 위한 두 가지 표기법이 있으며 이들은 각각 다른 제약 조건을 명시한다. 따라서 삼진 또는 고차 관계에 대한 구조적 제약 조건을 완전하게 명시하는 것이 중요하다면 두 가지 다 사용해야 한다. 첫 번째 표기법은 그림 3.2에 나타낸 이진 관계의 카디날리티 비율을 기본으로 한다. 즉, 1, M, 또는 N이 참여하는 각 선에 명시된다(M과 N 심볼은 *many* 또는 *any number*를 나타냄).[14] 그림 3.16의 SUPPLY 관계를 이용해 이 제약 조건을 생각해 보자.

SUPPLY 관계 집합은 관계 인스턴스 $(s, j, p)$들의 집합이다. 여기서 $s$는 SUPPLIER, $j$는 PROJECT, 그리고 $p$는 PART이다. 특정 프로젝트-부품 조합에 대해 오직 하나의 공급자가 대응되는 제약 조건이 있다고 가정하자(즉, 한 공급자만이 특정 부품을 특정 프로젝트에 공급한다). 이 경우, 그림 3.16과 같이 SUPPLIER 측 참여에 1을 명시하고 PROJECT, PART 측 참여에는 M, N을 명시한다. 이는 각 (PROJECT, PART) 조합이 이에 대응하는 유일한 공급자를 결정하기 때문에 특정 $(j, p)$ 조합이 관계 집합 내에 기껏해야 한 번 나타날 수 있다는 제약 조건을 뜻한다. 따라서 하나의 관계 인스턴스 $(s, j, p)$는 그 $(j, p)$ 조합에 의해 관계 집합 내에서 유일하게 식별되기 때문에 $(j, p)$가 관계 집합의 키가 된다. 이 표기법에서 1로 표기된 참여가 관계 집합을 위한 식별키의 부분일 필요는 없다.[15] 세 카디날리티가 모두 M 또는 N이라면 키는 세 참여 모두의 조합이 된다.

14) 이 표기법으로 8장에서 다루는 릴레이션의 키를 결정할 수 있다.
15) 이는 이진 관계의 카디날리티 비율에 대해서도 성립된다.

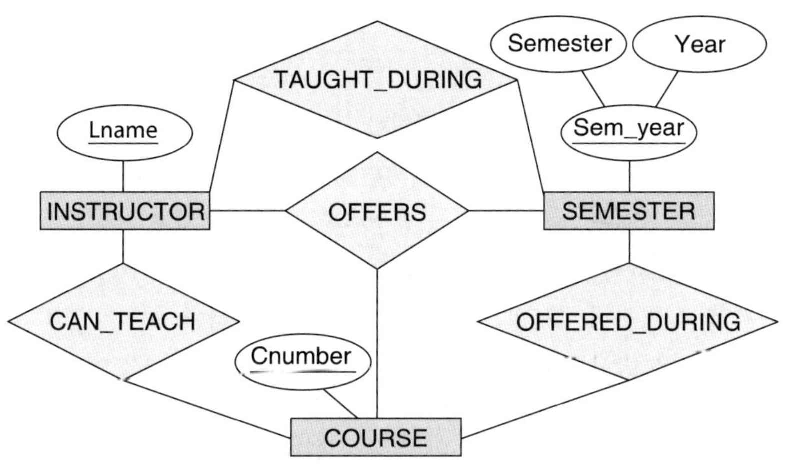


그림 3.18 삼진 식별 관계 타입을 갖는 약한 엔티티 타입 INTERVIEW

두 번째 표기법은 이진 관계를 위한 그림 3.15의 (*min*, *max*) 표기법을 근간으로 한다. 참여에 표기된 (*min*, *max*)는 각 엔티티가 관계 집합 내에서 최소한 *min*개, 최대한 *max*개의 관계 인스턴스들과 연관됨을 뜻한다. 이런 제약 조건은 $n > 2$,[16] 인 $n$차 관계의 키를 결정하는 데는 기여하지 못하지만 각 엔티티가 참여할 수 있는 관계 인스턴스들의 수를 제한하는 다른 형태의 제약을 명시한다.

## 3.9 요약

이 장에서는 고수준의 개념적 데이터 모델인 엔티티-관계(ER) 모델을 사용한 모델링 개념을 설명하였다. 데이터베이스 설계 과정에서 고수준의 데이터 모델이 가지는 역할을 먼저 소개하였고, 이 책에서 계속 사용하는 COMPANY 데이터베이스를 위한 데이터베이스 요구사항들의 예를 제시하였다. 엔티티와 그 엔티티의 애트리뷰트들에 대한 기본적인 ER 모델 개념을 정의하였다. 널 값의 개념을 설명하였고, 복잡한 애트리뷰트를 생성하기 위해 임의로 중첩될 수 있는 다음과 같은 애트리뷰트의 다양한 유형들을 기술하였다.

- 단순 또는 원자(simple or atomic)
- 복합(composite)
- 다치(multivalued)

또한 저장된 애트리뷰트와 유도된 애트리뷰트들을 간단하게 설명하였다. 이어서 스키마 레벨에서 다음과 같은 ER 모델 개념들을 논의하였다.

- 엔티티 타입에 대응되는 엔티티 집합
- 엔티티 타입의 키 애트리뷰트

16) 그러나 (min, max) 제약 조건으로 이진 관계의 키를 결정할 수 있다.

■ 애트리뷰트의 값집합(도메인)
■ 관계 타입과 연관되는 관계 집합
■ 관계 타입에서 엔티티 타입의 참여 역할

관계 타입의 구조적 제약 조건들을 명시하는 두 가지 방법을 소개하였다. 첫 번째 방법은 구조적 제약 조건을 다음과 같은 두 가지 유형으로 구분한다.

■ 카디날리티 비율(이진 관계에 대해 1:1, 1:N, M:N)
■ 참여 제약 조건(전체, 부분)

구조적 제약 조건들을 명시하는 또 다른 방법은 관계 타입에 대한 각 엔티티 타입의 참여를 정수의 쌍(*nin*, *max*)으로 명시하는 것이다. 약한 엔티티 타입 및 연관된 소유 엔티티 타입, 식별 관계 타입, 부분키 애트리뷰트의 개념을 설명하였다.

ER 스키마는 ER 다이어그램으로 도식적으로 표현될 수 있다. COMPANY 데이터베이스에 대하여 먼저 엔티티 타입들과 그들의 애트리뷰트들을 정의한 후, 관계 타입들을 설계에 포함하도록 개선함으로써 ER 스키마를 설계하는 방법을 설명하였다. 또한 COMPANY 데이터베이스 스키마에 대한 ER 다이어그램을 제시하였다.

이 장에서 소개한 ER 모델링 개념(엔티티 타입, 관계 타입, 애트리뷰트, 키, 구조적 제약 조건)들은 기존의 비즈니스 데이터 처리를 위한 데이터베이스 응용에 적용할 수 있다. 그러나 공학 설계, 의료 정보 시스템, 통신 등과 같은 복잡한 응용 분야들을 보다 더 정확하게 모델링하기 위해서는 확장된 ER 모델이나 제 25장에서 소개한 추가 개념들이 필요하다.

## 복습문제

3.1 데이터베이스 설계 과정에서 고수준 데이터 모델의 역할을 설명하라.

3.2 널 값을 사용하는 것이 적합한 경우들을 나열하라.

3.3 다음의 용어들을 정의하라.
*엔티티, 애트리뷰트, 애트리뷰트 값, 관계 인스턴스, 복합 애트리뷰트, 다치 애트리뷰트, 유도된 애트리뷰트, 복잡한 애트리뷰트, 키 애트리뷰트, 값집합(도메인)*

3.4 엔티티 타입과 엔티티 집합이 무엇인가? 엔티티, 엔티티 타입, 엔티티 집합의 서로 다른 점을 설명하라.

3.5 애트리뷰트와 값집합의 차이점을 설명하라.

3.6 관계 타입이 무엇인가? 관계 인스턴스, 관계 타입, 관계 집합의 차이점을 설명하라.

3.7 참여 역할이 무엇인가? 관계 타입을 기술하는 데 언제 역할 이름이 필요한가?

3.8 관계 타입에 대한 구조적 제약 조건을 명시하는 두 가지 방법을 설명하라. 또한 각각의 장단점을 논의하라.

3.9 어떤 조건하에서 이진 관계 타입의 애트리뷰트가 참여하는 엔티티 타입들 중 한 엔티티 타입의 애트리뷰트로 옮겨질 수 있는지 설명하라.

3.10 관계를 애트리뷰트들로 표현하는 경우에 이런 애트리뷰트의 값집합은 무엇인가? 어떤 데이터 모델이 이런 개념을 사용하는가?

3.11 순환적 관계 타입이 무엇인가? 순환적 관계 타입의 예를 몇 개 보여라.

3.12 데이터 모델링에서 약한 엔티티 개념이 필요한 경우는? 또한 다음의 용어들을 설명하라: *소유 엔티티 타입, 약한 엔티티 타입, 식별 관계 타입, 부분키*

3.13 약한 엔티티 타입의 식별 관계가 삼진 이상일 수 있는지 설명하고, 있다면 그 예들을 보여라.

3.14 ER 스키마를 ER 다이어그램으로 도식화하기 위해 사용하는 표기법을 설명하라.

3.15 ER 스키마 다이어그램에서의 이름 지정 규칙을 설명하라.

## 연습문제

*3.16* 복합 및 다치 애트리뷰트들은 임의의 레벨로 중첩될 수 있다. STUDENT 엔티티 타입에서, 학생의 이전 대학 교육에 대한 정보를 저장하는 애트리뷰트를 설계한다고 가정하자. 이런 애트리뷰트는 이전에 다녔던 각 학교마다 하나의 엔트리를 갖고, 각 엔트리는 대학 이름, 시작 및 종료 날짜, 학위 엔트리(있다면), 성적 엔트리(학점을 취득한 과목이 있다면)들로 구성된다. 각 학위 엔트리는 학위 이름과 학위 수여 연월로 구성되고, 각 성적 엔트리는 과목 이름, 학기, 연도, 학점으로 구성된다. 이런 정보를 표현하는 애트리뷰트를 그림 3.5의 표기법에 따라 설계하라.

*3.17* 엔티티 타입(필요하면 약한 엔티티 타입을 포함하여)과 관계 타입만 사용하여 연습 문제 3.16의 애트리뷰트를 설계하라.

*3.18* 항공기 예약 시스템을 간략하게 나타낸 스키마인 그림 3.19의 ER 다이어그램을 생각해 보자. 스키마를 만들어낸 요구사항과 제약 조건들을 이 ER 다이어그램으로부터 찾아내어 가능한 한 정확하게 명세하라.

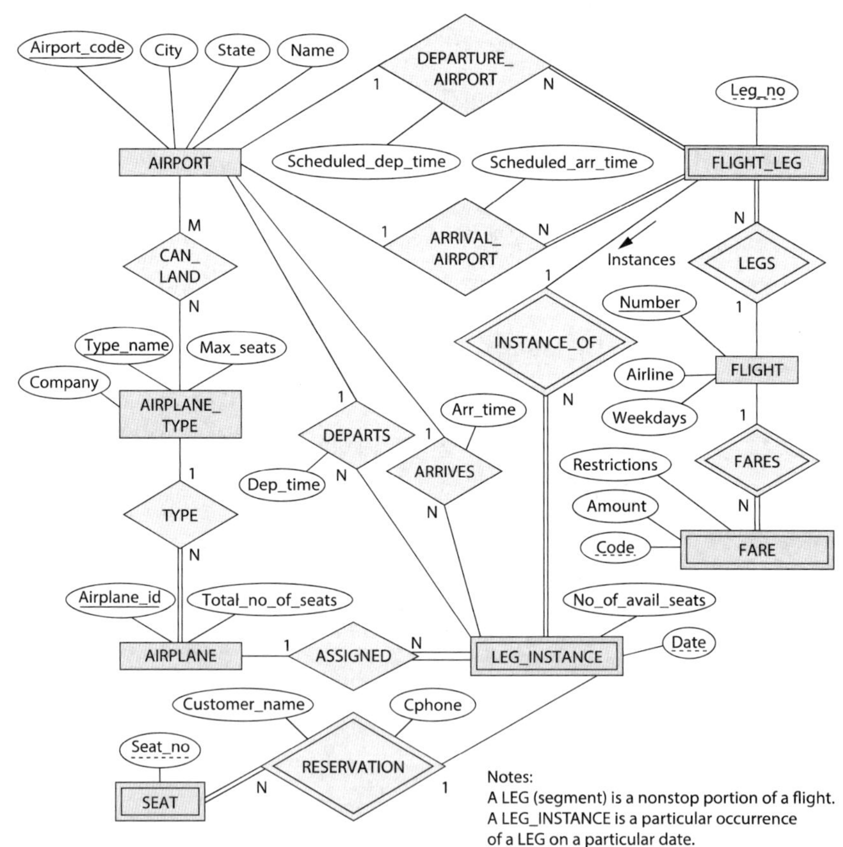


그림 3.19 AIRLINE 데이터베이스 스키마에 대한 ER 다이어그램

**3.19** 1장과 2장에서 데이터베이스 환경과 데이터베이스 사용자들에 대해 설명하였다. 이런 환경을 표현하기 위하여 DBMS, 저장된 데이터베이스, 데이터베이스 관리자, 카탈로그/데이터 사전 등과 같은 많은 엔티티 타입들을 고려할 수 있다. 데이터베이스 시스템과 그 환경을 완전하게 표현할 수 있는 모든 엔티티 타입들을 명시하라. 또한 이들 간의 관계 타입들을 명시하고 일반적인 데이터베이스 환경을 표현하는 ER 다이어그램을 그려라.

**3.20** 미국 하원에서 2년 간의 국회 회기 동안 치러진 투표에 관한 정보를 관리하는 ER 스키마를 설계하라. 데이터베이스는 미국의 각 STATE의 이름(예, Texas, New York, California)과 각 주가 속한 지역(Region: 도메인은 {Northeast, Midwest, Southeast, Southwest, West})에 관한 정보를 관리한다. 하원의 각 의원(CONGRESSPERSON)은 이름(Name)을 가지며 출마 지역(District), 처음으로 선출된 날짜(Start_date), 속한 정당(Party: 도메인은{Republican, Democrat, Independent, Other})을 가진다. 데이터베이스는 각 BILL(즉, 제안된 법률안)을 관리하며 법률안 이름(Bill_name), 그 법률안에 대한 투표일(Date_of_vote), 그 법률안의 통과여부(Passed_or_failed : 도메인은 {YES, NO}), 그 법률안을 제안한 의원(Sponsor)을 가진다. 데이터베이스는 각 의원이 각 법률안에 대해 어떤 투표를 하였는지를 관리한다(투표의 도메인은 {Yes, No, Abstain, Absent}). 위 응용에 대한 ER 스키마 다이어그램을 그려라. 가정이 있다면 그것을 명확하게 설명하라.

**3.21** 스포츠 리그를 위해 팀들과 게임들에 대한 정보를 관리하는 데이터베이스를 구축하고자 한다. 각 팀에는 많은 선수들이 있으나, 매 게임마다 모든 선수들이 참가하지는 않는다. 각 팀이 치른 각 게임에 참가한 선수들, 그 게임에서 선수들의 포지션, 그 게임의 결과를 저장하려고 한다. 적절한 가정을 하여 이 응용에 대한 ER 스키마 다이어그램을 설계하라. 좋아하는 스포츠(축구, 야구, 미식축구, …)를 선택하라.

**3.22** BANK 데이터베이스의 일부분인 그림 3.20의 ER 다이어그램에서, 각 은행은 여러 개의 지점을 가질 수 있고 각 지점은 여러 개의 계좌와 대부를 가진다.

a. ER 다이어그램에서, 강한(약한 엔티티 타입이 아닌) 엔티티 타입들을 나열하라.
b. 약한 엔티티 타입이 있다면 이름, 부분키, 식별 관계를 명시하라.
c. 약한 엔티티 타입의 부분키와 식별 관계는 이 다이어그램에서 어떤 제약 조건들을 명시하는가?
d. 모든 관계 타입들의 이름을 나열하고 각 관계 타입에 참여하는 각 엔티티 타입에 대한 (min, max) 형식의 제약 조건을 명시하라.
e. 이 ER 다이어그램을 만들어낸 사용자 요구사항들을 정확하게 열거하라.
f. 각 고객은 반드시 하나 이상의 계좌를 가져야 하고, 한 번에 세 건 이상의 대부를 받을 수 없으며, 각 은행은 1,000건 이상의 대부를 할 수 없다고 가정하자. 이런 가정하에서 (min, max) 형식의 제약 조건은 어떻게 명시되는가?

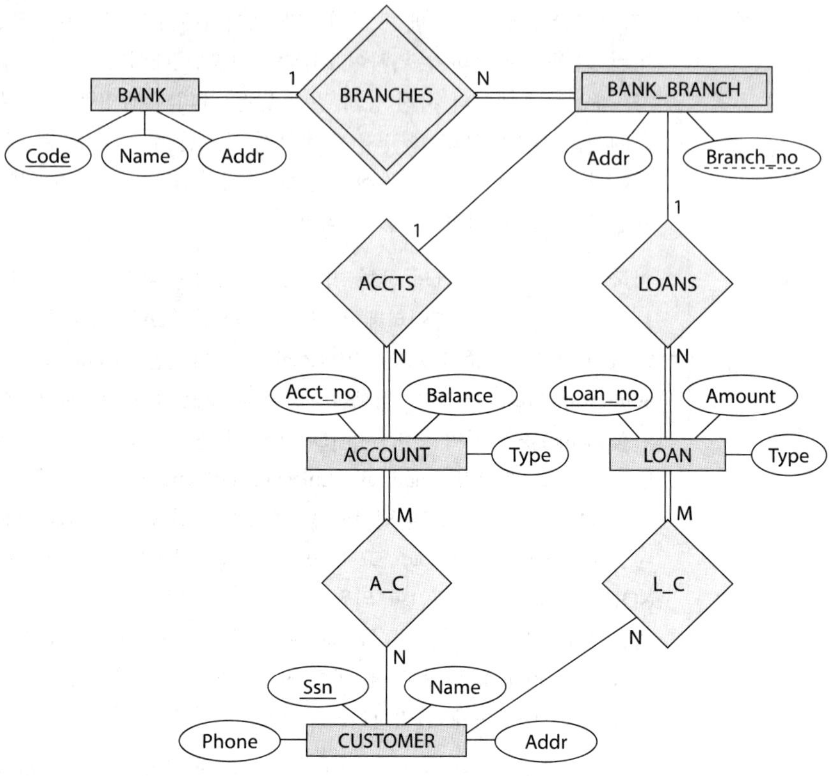


그림 3.20 BANK 데이터베이스 스키마에 대한 ER 다이어그램

*3.23* 그림 3.21의 ER 다이어그램에서 사원은 최대 두 개의 부서에서 일을 할 수 있으나 어느 부서에도 속하지 않을 수도 있다고 가정한다. 또한, 각 부서는 반드시 한 개의 전화번호를 가지며 세 개까지도 가능하다고 가정한다. 이 다이어그램에서 (min, max) 제약조건을 명시하라. 추가적인 가정이 있다면 명확하게 설명하라. 어떤 조건하에서 관계 has_phone이 중복되는지 설명하라.

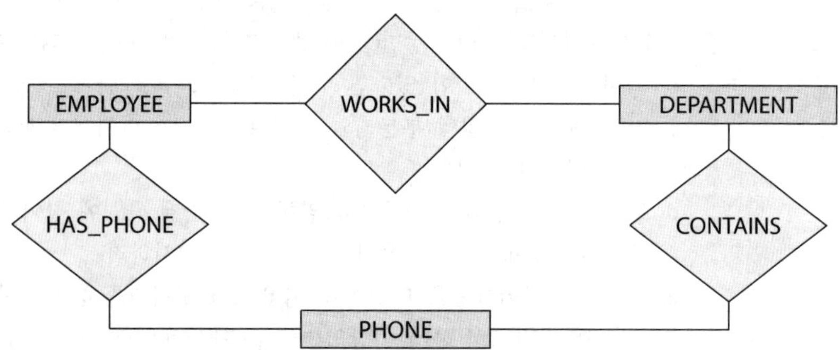


그림 3.21 COMPANY 데이터베이스에 대한 ER 다이어그램의 일부

**3.24** 그림 3.22의 ER 다이어그램에서, 과목은 교재를 사용할 수도 있고 사용하지 않을 수도 있다고 가정한다. 그러나 TEXT는 정의에 의해 어떤 과목에서 사용되는 책을 말한다. 과목은 여섯권 이상의 교재를 사용할 수 없다. 강사는 두 개에서 네 개의 과목을 맡는다. 이 다이어그램에서 (*min*, *max*) 제약 조건을 명시하라. 추가적인 가정이 있다면 명확하게 설명하라. INSTRUCTOR와 TEXT 사이에 강사가 과목에 사용하는 교재는 이진 관계임을 나타내기 위해 ADOPTS 관계를 추가하거나 세 엔티티 타입에 삼진 관계를 추가한다면 이 관계의 (*min*, *max*) 제약 조건은 무엇인가? 이유를 설명하라.

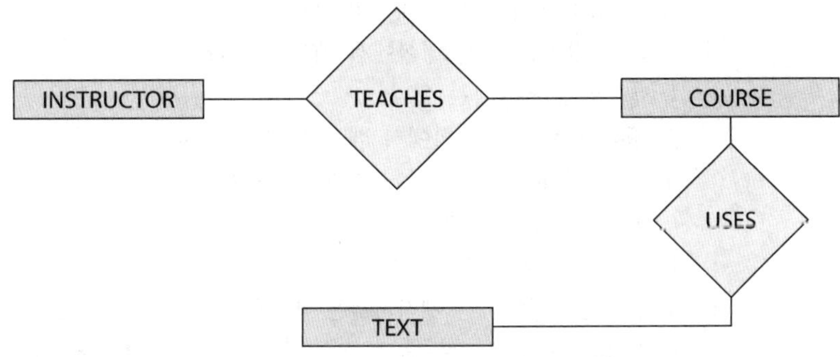


그림 3.22 COURSES 데이터베이스에 대한 ER 다이어그램의 일부

**3.25** 카디날리티 비율은 종종 데이터베이스 상세 설계의 지침이 되기도 한다. 카디날리티 비율은 연관된 엔티티 타입의 실세계 의미에 기반하며 특정 응용에 의해 정의된다. 아래의 이진 관계들에 대해 엔티티 타입의 상식적 의미에 기반하여 카디날리티 비율을 제시하라. 가정이 있다면 명확히 기술하라.

| Entity 1 | Cardinality Ratio | Entity 2 |
|---|---|---|
| 1. STUDENT | ______________ | SOCIAL_SECURITY_CARD |
| 2. STUDEN | ______________ | TEACHER |
| 3. CLASSROOM | ______________ | WALL |
| 4. COUNTRY | ______________ | CURRENT_PRESIDENT |
| 5. COURSE | ______________ | TEXTBOOK |
| 6. ITEM (that can be found in an order) | ______________ | ORDER |
| 7. STUDENT | ______________ | CLASS |
| 8. CLASS | ______________ | INSTRUCTOR |
| 9. INSTRUCTOR | ______________ | OFFICE |
| 10. EBAY_AUCTION_ITEM | ______________ | EBAY_BID |

**3.26** 그림 3.23의 MOVIES 데이터베이스에 대한 ER 스키마를 보자.

MOVIES는 데이터가 충분히 저장된 데이터베이스라 가정한다. ACTOR는 포괄적인 의미로 사용되며 여배우도 포함한다. ER 스키마에 보인 제약 조건으로부터 다음의 문장들이 참, 거짓 또는 확실치 않음 중에 어느 것인지 선택하라. 명백하게 참도 아니면서 주어진 스키마를 근거로 거짓이라 증명할 수도 없는 문장에 대해서 확실치 않음을 선택하라. 각 답에 대해 근거를 제시하라.

a. 영화에 참여하지 않은 배우는 데이터베이스에 없다.
b. 10개 이상의 영화에 출연한 배우들이 있다.
c. 여러 영화에서 주연을 했던 배우들이 있다.
d. 한 영화의 주연은 최대 2명이다.
e. 모든 감독은 어떤 영화에서 배우를 했다.
f. 배우였던 제작자는 없다.
g. 제작자는 다른 영화에서 배우가 될 수 없다.
h. 12명 이상의 배우들이 출연한 영화들이 있다.
i. 배우 겸 제작자들이 있다.
j. 대부분의 영화는 감독 1명에 제작자 1명을 둔다.
k. 감독은 1명이지만 제작자들은 몇 명을 둔 영화들이 있다.
l. 주연도 해 봤고 감독도 해 봤으며 영화도 제작해 봤던 배우들이 있다.
m. 배우 겸 감독을 둔 영화는 없다.

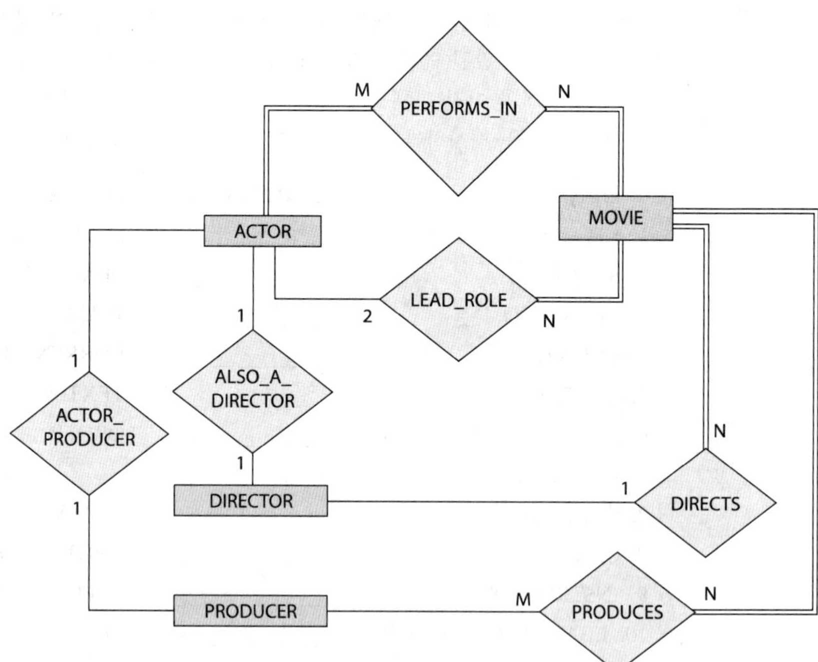


그림 3.23 MOVIES 데이터베이스 스키마에 대한 ER 다이어그램

**3.27** 그림 3.23에 주어진 MOVIES 데이터베이스에 대한 ER 스키마에서, 최근에 개봉된 세 개의 영화를 사용하여 인스턴스 다이어그램을 그려라. MOVIES, ACTORS, PRODUCERS, DIRECTORS의 각 연관된 엔티티 타입의 인스턴스들과 세 개의 영화에 대해 실제 존재하듯이 관계 인스턴스들을 그려라.

## 실습문제

**3.28** 직원들이 고객들로부터 부품 주문을 받는 MAIL_ORDER 데이터베이스를 생각해 보자. 데이터 요구사항은 다음과 같다.

- 우편 주문 회사는 유일한 직원 번호, 성과 이름, Zip 코드를 갖는 직원들을 둔다.
- 회사의 각 고객은 유일한 고객 번호, 성과 이름, Zip 코드를 갖는다.
- 회사가 파는 각 부품은 유일한 부품 번호, 부품명, 가격, 재고수량을 갖는다.
- 고객이 신청한 주문은 직원에 의해 접수되며, 유일한 주문 번호가 부여된다.

각 주문은 한 개 또는 그 이상의 부품에 대한 명시된 주문량을 갖는다. 각 주문은 결재일과 예상 배송일을 갖는다. 실제 배송일도 기록된다. 우편 주문 데이터베이스에 대한 ER 다이어그램을 설계하고, ERWin이나 Rational Rose 데이터 모델링 도구를 사용하여 그려라.

**3.29** 영화산업에 대한 데이터가 저장된 MOVIES 데이터베이스를 생각해 보자. 데이터 요구사항은 다음과 같다.

- 각 영화는 제목과 개봉 년도에 의해 식별된다. 각 영화는 분 단위의 상영시간을 갖는다. 또한, 제작사와 한 개 또는 그 이상의 장르(공포, 액션, 드라마 등)에 의해 분류된다. 각 영화는 한 명 또는 그 이상의 감독이 있고 한 명 또는 그 이상의 배우가 등장한다. 각 영화는 줄거리 개요도 제공한다. 마지막으로 각 영화에 대하여 출연한 특정 배우들이 말하는 영화 소개(quote)를 0개 이상 제공한다.
- 배우들은 이름과 생년월일로 식별되며 한 개 이상의 영화에 출연한다. 각 배우는 영화에서 역할을 갖는다.
- 감독들도 이름과 생년월일로 식별되며 한 개 이상의 영화를 감독한다. 감독이 영화에 출연하는 것도 가능하다(그 감독이 감독한 영화를 포함해서).
- 제작사는 이름으로 식별되며 주소를 갖는다. 제작사는 한 개 이상의 영화를 제작한다. 영화 데이터베이스에 대한 ER 다이어그램을 설계하고 ERWin이나 Rational Rose 데이터 모델링 도구를 사용하여 그려라.

**3.30** 연구자들이 그들의 연구 논문을 제출하는 CONFERENCE_REVIEW 데이터베이스를 생각해 보자. 논문 채택 과정에서 사용할 심사위원들의 심사평을 기록한다. 데이터베이스 시스템은 일차적으로 심사위원들에게 누가 그들이 심사한 각 논문에 대한 평가 질문의 답을 기록했는지와 누가 함께 논문의 채택 여부에 관한 추천을 했는지를 제공한다. 데이터 요구사항은 다음과 같다.

- 논문의 저자들은 전자우편 주소(email id)에 의해 유일하게 식별된다. 성과 이름도 기록된다.
- 각 논문에는 시스템이 부여한 유일한 식별자가 배정되며 제목, 초록, 논문을 담은 전자 파일명이 연계된다.
- 각 논문에는 복수 저자가 연계될 수 있으며 이들 중 한 명이 교신 저자로 지정된다.
- 논문의 심사위원은 전자우편 주소에 의해 유일하게 식별된다. 각 심사위원의 성과 이름, 전화 번호, 소속 기관, 관심 분야가 기록된다.
- 각 논문은 두 명에서 네 명 사이의 심사위원이 배정된다. 심사위원은 각 논문을 기술적 공헌, 가독성(읽기 쉬움 정도), 독창성, 학술대회와의 연관성의 네 가지 항목에 대해 1에서 10까지의 점수를 부여한다. 마지막으로 각 심사 위원은 각 논문에 대한 총평을 제공한다.
- 각 심사평은 두 종류의 서면 평(written comment)을 갖는다. 하나는 심사위원회만 보는 것이고, 다른 하나는 저자에게 피드백으로 제공되는 것이다.

CONFERENCE_REVIEW 데이터베이스에 대한 ER 다이어그램을 설계하고 ERWin이나 Rational Rose 데이터 모델링 도구를 사용하여 그려라.

*3.31* 그림 3.19의 AIRLINE 데이터베이스에 대한 ER 다이어그램을 생각해 보자. ERWin이나 Rational Rose와 같은 데이터 모델링 도구를 사용해 그려라.

## 주요 참고문헌

ER 모델은 Chen(1976)에서 소개되었고 관련 연구가 Schmidt와 Swenson(1975), Wiederhold와 Elmasri(1979), Senko(1975)에서 이루어졌다. 이때부터 ER 모델을 개선한 많은 모델들이 제안되어 왔다. 이 장에서는 개선 사항들을 부분적으로 포함하여 설명하였다. 관계에 대한 구조적 제약 조건은 Abrial(1974), Elmasri와 Wiederhold(1980), Lenzerini와 Santucci (1983)에서 다루어졌고, 다치 및 복합 애트리뷰트는 Elmasri 외 (1985)에서 ER 모델에 포함되었다. ER 모델을 위한 언어 및 확장에 대해 언급하지 않았지만 몇 개의 언어들이 제안되었다. Elmasri와 Wiederhold(1981)는 ER 모델을 위한 GORDAS 질의어를 제안하였다. Markowitz와 Raz(1983)가 또 다른 ER 질의어를 제안하였다. Senko(1980)는 자신의 DIAM 모델을 위한 질의어를 발표하였다. ER 대수학이라 부르는 연산들의 집합을 Parent와 Spaccapietra(1985)가 소개하였다. Gogolla와 Hohenstein(1991)은 ER 모델을 위한 또 다른 형식 언어를 제안하였다. Campbell 외 (1985)는 ER 연산들의 집합을 소개하고 그들이 관계적으로 완전하다는 것을 보였다. ER 모델과 관련된 연구 결과들을 발표하기 위한 학술대회가 1979년 이후 정기적으로 개최되어 왔다. International Conference on Conceptual Modeling으로 알려진 이 학술대회는 로스앤젤레스(ER 1979, ER 1983, ER 1997), 워싱턴 D.C.(ER 1981), 시카고(ER 1985), 프랑스 디옹(ER 1986), 뉴욕(ER 1987), 이탈리아 로마(ER 1988), 캐나다 토론토(ER 1989), 스위스 로잔(ER 1990), 캘리포니아 산마테오(ER 1991), 독일 칼스루(ER 1992), 텍사스 알링턴(ER 1993), 영국 맨체스터(ER 1994), 호주 브리스번(ER 1995), 독일 코트부스(ER 1996), 싱가폴(ER 1998), 유타 솔트레이크 시티(ER 1999), 일본 요코하마(ER 2001), 핀랜드 탐페르(ER 2002)에서 개최되었다. 다음 학술대회는 시카고에서 2003년 10월에 개최되었다. 일리노이의 시카고(ER 2003), 중국의 상해(ER 2004), 오스트리아의 Klagenfurt(ER 2005), 아리조나의 Tuscon(ER, 2006), 뉴질랜드 Auckland (ER 2007), 바르셀로타 카타로니아, 스페인(ER 2008), 브라질의 Gramado, RS (ER 2009) 등에서 개최되었으며, 2010년도에는 캐나다 밴쿠버에서 개최되었고, 2011년 학술대회는 벨기에 브리셀에서 (ER 2011), 2012년은 이탈리아 피렌체에서 (ER 2012), 2013년은 홍콩에서 (ER 2013), 2014년은 미국 아틀란타에서(ER 2014) 각각 개최되었다. 2015년 학술대회는 스웨덴 스톡홀롬에서 개최되었다.

# 관계 데이터 모델과 관계 데이터베이스 제약 조건

이 장은 관계 데이터베이스를 다루는 Part 3의 첫 장이다. 관계 데이터 모델은 1970년에 IBM 연구소의 Ted Codd가 처음으로 소개하였다(Codd 1970). 관계 모델은 간단하고 수학적인 기반으로 인해 급속히 주목을 받게 되었다. 이 모델은 수학적 릴레이션(mathematical relation) 개념을 사용하는 데 릴레이션은 테이블의 형태를 가진다. 관계 모델은 집합론과 1차 프레디키트 논리에 이론적 기반을 두고 있다. 이 장에서는 관계 모델과 제약 조건의 기본적인 특성을 설명한다.

IBM의 MVS 운영체제상의 SQL/DS 시스템과 Oracle DBMS와 같은 관계 모델의 첫 상업용 구현은 1980년대 초에 이루어졌다. 그 이후로 관계 모델을 구현한 여러 상업용 시스템이 개발되었다. 현재 대표적인 관계 DBMS(RDBMS)로는 IBM의 DB2, Informix의 Dynamic Server, Oracle의 Oracle과 Rdb, Microsoft의 SQL-Server와 Access 등이 있다. 이 외에도 MySQL, PostgreSQL과 같은 여러 오픈 소스 시스템이 있다.

관계 모델의 중요성 때문에 Part 2의 모든 장이 관계 모델과, 관계 모델과 관련된 언어를 다루었다. 5장과 6장에서, 우리는 종합적 모델이자 상업용 DBMS 표준인 SQL 질의어를 설명한다. (추가적인 SQL의 다른 부분은 다른 장에서 설명한다.) 7장에서는 관계 대수 연산을 다루고, 관계 해석 표현을 소개한다. 관계 대수와 관계 해석은 관계 모델과 연관 있는 두 형식 언어로, 관계 해석은 SQL 언어의 기초 이론을 제공하고, 관계 대수는 많은 데이터베이스 구현 시 질의 처리와 최적화 기능 구현에 사용된다(Part 8 참조).

이 책 이후 부분은 관계 모델의 다른 측면을 다룬다. 8장에서는 관계 모델과 ER 모델(3장 참조)의 관련성을 다루며, ER 모델로 표현된 개념적 스키마를 관계 표현으로 사상하여 관계 데이터베이스 스키마를 설계하는 알고리즘들을 설명한다. 이러한 사상은 데이터베이스 설계 또는 CASE[1] 도구를 사용하여 수행될 수 있다. Part 4의 9장과 10장에서 데이터베이스 시스템에 접근하는 데 사용되는 프로그래밍 기법과 ODBC와 JDBC 표준 프로토콜을 통한 관계 데이터베이스로의 접근을 다룬다. 또한, 10장에서는 웹 데이터베이스 프로그래밍을 소개한다. Part 6의 13장과 14장에서는 관계 모델의 또 다른 측면인 함수적 종속성(functional dependency)과 다치종속성(multivalued dependency)의 정형적인 제약 조건들을 제시한다. 이들은 정규화에 기반을 둔 관계 데이터베이스 설계 이론을 개발하는 데 사용된다.

이 장에서는 관계 모델의 기본적인 원리들을 중점적으로 기술한다. 4.1절에서는 관계 모델의 모델링 개념과 표기법을 정의하고, 4.2절에서는 관계 모델의 중요한 부분이며 대부분의 관계 DBMS에서 채택하고 있는 관계 제약 조건(relational constraint)에 관하여 설명한다. 4.3절에서는 관계 모델의 갱신 연산들을 정의하고 무결성 제약 조건을 위반했을 때의 처리 방법에 관해 논의한다. 그리고 트랜잭션의 개념을 소개한다. 4.4절에서는 이 장을 요약한다.

5장과 6장에서는 상업용과 오픈 소스 관계 DBMS 모델의 표준인 SQL 실용적 관계 모델에 대해 다루는 반면, 이 장과 7장에서는 관계 모델의 형식적인 기반에 대해 다룬다. 형식적 모델과 실용적 모델 사이에 많은 개념이 공통적이지만, 언급할만한 몇 가지 차이점이 있다.

---

1) CASE는 Computer Aided Software Engineering의 약자

## 4.1 관계 모델의 개념

관계 모델은 데이터베이스를 릴레이션들의 모임으로 표현한다. 릴레이션은 값들의 테이블, 어떤 면으로는 레코드들의 파일과 유사하다. 레코드는 단순 선형(simple linear) 또는 평면 구조(flat structure)를 갖기 때문에 평면 파일(flat file)이라 부른다. 예를 들어, 그림 1.2에 있는 파일들의 데이터베이스는 기본 관계 모델 표현과 유사하다. 그러나 릴레이션과 파일 사이에는 중요한 차이가 있다.

릴레이션을 값의 테이블로 생각하면, 테이블의 각 행은 관련된 데이터 값들의 모임을 나타낸다. 행은 실세계의 엔티티 또는 관계와 대응되는 사실을 표현한다. 테이블 이름과 열 이름은 각 행의 값들의 의미를 해석하는 데 사용된다. 예를 들어, 그림 1.2의 첫 번째 테이블은 각 행이 특정 학생을 나타내므로 STUDENT라고 부른다. Name, Student_number, Class, Major 등 각 열의 이름은 각 행의 데이터 값들을 어떻게 해석할 것인가를 명시한다. 동일한 열에 속하는 모든 값은 동일한 데이터 타입을 갖는다

관계 모델 용어로 행은 투플(tuple)로, 열은 애트리뷰트(attribute)로, 테이블은 릴레이션(relation)으로 부른다. 각 열에 나타나는 데이터 값들의 데이터 타입은 가능한 값들의 도메인(domain)에 의해 표현된다. 지금부터는 도메인, 투플, 애트리뷰트, 릴레이션 등의 용어들에 대해서 보다 정확하게 정의한다.

### 4.1.1 도메인, 애트리뷰트, 투플, 릴레이션

도메인 $D$는 원자값들의 집합이다. 형식 관계 모델에서 원자값은 더 이상 나누어질 수 없는 값을 의미한다. 도메인을 명시하는 일반적인 방법은 그 도메인에 속하는 값들의 데이터 타입을 명시하는 것이다. 또한 도메인의 값들을 해석하기 위해서는 도메인을 위한 이름을 명시하는 것이 좋다. 다음은 도메인에 관한 예이다.

- Usa_phone_numbers. 미국에서 사용되는 10자리 전화번호들의 집합
- Local_phone_numbers. 미국의 특정 지역 내에서 사용되는 7자리 전화번호들의 집합. 지역 전화번호는 표준인 10자리 번호로 대체되므로 사실 불필요하다.
- Social_security_numbers. 9자리의 사회보장번호들의 집합(미국에서 고용, 세금,수당 목적으로 개인에게 부여되는 식별자)
- Names. 개인의 이름을 표현하는 문자열의 집합
- Grade_point_averages. 0과 4 사이의 실수(부동소수점)값을 가지는 점수들의 평균
- Employee_ages. 한 회사의 15세와 80세 사이의(정수 값의) 근로자들의 나이
- Academic_department_names. 전산학과, 경제학과 등 대학의 학과 이름들의 집합
- Academic_department_codes. CS, ECON, PHYS 등과 같은 대학의 학과 코드

앞에서는 도메인의 논리적인 정의를 하였다. 또한 각 도메인을 위하여 **데이터 타입** 또는 **포맷**(format)을 명시할 수 있다. 예를 들어, Usa_phone_numbers 도메인을 위한 데이터 타입은 (*ddd*)ddd-dddd와 같은 형식의 문자열로 선언할 수 있다. 여기서 각 *d*는 한 자리 숫자이고 첫 세 자리는 지역 번호를 나타낸다. Employee_ages 도메인을 위한 데이터 타입은 15와 80 사이의 정수이다. Academic_department_names 도메인을 위한 데이터 타입은 학과명이나 학과 코드를 나타내는 모든 문자열의 집합이다. 도메인은 이름, 데이터 타입, 포맷을 갖는다. 또한 도메인의 값들을 해석하기 위한 추가적인 정보가 주어질 수도 있다. 예를 들어, Person_weights와 같은 도메인은 파운드나 킬로그램과 같은 측정 단위가 함께 명시되어야 한다.

$R(A_1, A_2, \cdots, A_n)$으로 표기하는 **릴레이션 스키마**[2] *R*은 *R*이라는 릴레이션 이름과 $A_1$, $A_2, \cdots, A_n$이라는 애트리뷰트들로 이루어진다. 각 **애트리뷰트** $A_i$는 릴레이션 스키마 *R*에서의 어떤 도메인 *D*와 같은 역할을 한다. *D*는 $A_i$의 **도메인**이라 부르며 dom(Ai)로 표기한다. 릴레이션 스키마는 릴레이션을 표현하기 위하여 사용되며 *R*은 이 릴레이션의 **이름**이다. 릴레이션 스키마의 애트리뷰트 수를 릴레이션의 **차수**(degree or arity of relation)라고 한다.

다음은 대학생을 표현하는 차수가 7인 릴레이션의 예이다.

STUDENT(Name, Ssn, Home_phone, Address, Office_phone, Age, Gpa)

각 애트리뷰트의 데이터 타입을 사용하여 아래와 같이 표현할 수도 있다.

STUDENT(Name: string, Ssn: string, Home_phone: string, Address: string,
Office_phone: string, Age: integer, Gpa: real)

여기서 STUDENT는 릴레이션의 이름이며, 이 릴레이션은 7개의 애트리뷰트를 가지고 있다. 위의 정의는 문자열 타입이나 정수 타입과 같은 일반 타입으로 지정한 것을 보여준다. 보다 정확하게 말하자면, STUDENT 릴레이션의 일부 애트리뷰트들에 대한 도메인을 다음과 같이 명시할 수 있다.

dom(Name) = Names;
dom(Ssn) = Social_security_numbers;
dom(Home_phone) = USA_phone_numbers;
dom(Office_phone) = USA_phone_numbers;[3]
dom(Gpa) = Grade_point_averages;

또한 릴레이션 내의 위치에 의해 릴레이션 스키마의 애트리뷰트를 참조하는 것도 가능하다. 그래서 STUDENT 릴레이션의 두 번째 애트리뷰트는 Ssn이고, 네 번째 애트리뷰트는 Address이다.

---

2) 릴레이션 스키마는 릴레이션 스킴(relation scheme)으로 불리기도 한다.
3) 휴대전화의 확산으로 인해 전화번호가 길어지게 되었다. 따라서 현재 어떤 미국 내의 대부분 광역 지역에서는 여러 개의 지역 코드를 가지게 되어 7자리의 지역 전화번호는 지속되지 않는다. 이러한 경우 이전 판에서의 Local_phone_numbers를 USA_phone_numbers로 도메인을 변경해 사용한다.이것은 데이터베이스 요구사항이 시간이 지나면서 변경될 수 있음을 보여준다.

릴레이션 스키마 $R(A_1, A_2, \cdots, A_n)$의 **릴레이션** [4](또는 **릴레이션 상태**(relation state)) $r$은 **$n$-투플**($n$-tuple)들의 집합이다. 즉, $r = \{t_1, t_2, \cdots, t_m\}$이다. $r$은 $r(R)$로도 표기할 수 있다. 각 **$n$-투플** $t$는 $n$개의 값의 순서 리스트이며 $t = < v_1, v_2, \cdots, v_n >$으로 표기한다. 각 $v_i(1 \leq i \leq n)$는 dom($A_i$)의 원소이거나 널 값(NULL value)을 갖는다(널 값은 아래와 4.1.2절에서 더 자세히 설명하도록 한다). 투플 $t$에서 애트리뷰트 $A_i$에 대응되는 $i$번째 값은 $t[A_i]$ 또는 $t.A_i$(또는 위치 표현을 사용할 때는 $t[i]$)로 표시한다. 스키마 $R$에 대하여 **릴레이션 내포**라는 용어와 릴레이션 인스턴스 $r(R)$에 대하여 **릴레이션 외연**(extension) 또는 상태(state)라는 용어도 많이 사용한다.

그림 4.1은 위에서 언급한 STUDENT 스키마에 대한 STUDENT 릴레이션의 예이다. 각 투플은 특정 학생 개체(또는 객체)를 나타낸다. 그림에서 릴레이션을 테이블로 표시하는데 투플은 행으로, 애트리뷰트는 열의 제목으로 나타낸다. 열의 제목은 그 열에 속하는 값들에 의미를 부여한다. 널 값은 어떤 STUDENT 투플에 대해 애트리뷰트의 값을 모르거나 값이 존재하지 않을 때 사용한다.

릴레이션에 대한 위의 정의를 집합론 개념을 사용하여 보다 형식적으로 다시 표현하면, 릴레이션(또는 릴레이션 상태) $r(R)$은 $n$개의 도메인 dom($A_1$), dom($A_2$), $\cdots$, dom($A_n$) 상의 **수학적 릴레이션**으로서, $R$을 정의하는 도메인들의 카티션 곱(Cartesian product)의 부분집합이다. 즉, 다음과 같이 표현할 수 있다.

$$r(R) \subseteq (\mathrm{dom}(A_1) \times (\mathrm{dom}(A_2) \times \cdots \times (\mathrm{dom}(A_n))$$

카티션 곱은 도메인 값들의 모든 가능한 조합을 의미한다. 따라서 도메인 $D$의 값의 총 개수, 즉 도메인 $D$의 **카디날리티**(cardinality)를 $|D|$로 표기하고 모든 도메인은 유한하다고 가정하면 카티션 곱의 전체 투플 수는 $|\mathrm{dom}(A_1)| \times |\mathrm{dom}(\mathrm{A}_2)| \times \cdots \times |\mathrm{dom}(A_n)|$이다.

모든 도메인의 카디날리티들의 곱은 어떤 릴레이션 상태 $r(R)$에 존재할 수 있는 투플들 또는 가능한 인스턴스의 모든 경우의 수를 나타낸다. 이런 가능한 모든 조합 중에서 특정 시점에서의 릴레이션 인스턴스, 즉 **현재의 릴레이션 상태**는 실세계의 특정 상태에 해당하는

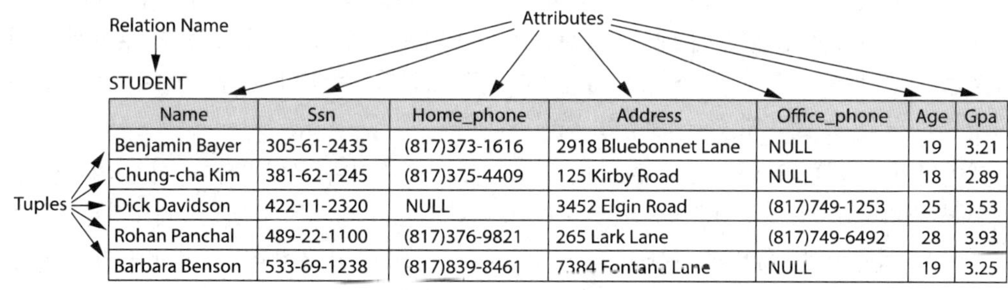


| Name | Ssn | Home_phone | Address | Office_phone | Age | Gpa |
|---|---|---|---|---|---|---|
| Benjamin Bayer | 305-61-2435 | (817)373-1616 | 2918 Bluebonnet Lane | NULL | 19 | 3.21 |
| Chung-cha Kim | 381-62-1245 | (817)375-4409 | 125 Kirby Road | NULL | 18 | 2.89 |
| Dick Davidson | 422-11-2320 | NULL | 3452 Elgin Road | (817)749-1253 | 25 | 3.53 |
| Rohan Panchal | 489-22-1100 | (817)376-9821 | 265 Lark Lane | (817)749-6492 | 28 | 3.93 |
| Barbara Benson | 533-69-1238 | (817)839-8461 | 7384 Fontana Lane | NULL | 19 | 3.25 |

그림 4.1 STUDENT 릴레이션의 애트리뷰트와 투플들

4) 릴레이션 인스턴스라고도 부른다. 인스턴스는 하나의 투플이나 행을 의미하기도 하므로 이 책에서는 이 용어를 사용하지 않는다.

투플들만을 반영한다. 일반적으로 실세계의 상태가 변하듯이 릴레이션의 상태도 변한다. 그러나 스키마 $R$은 상대적으로 고정적이며, 처음에는 릴레이션에 저장하지 않았던 새로운 정보를 표현하기 위한 애트리뷰트를 추가하는 경우를 제외하고는 거의 변하지 않는다.

몇 개의 애트리뷰트가 같은 도메인을 가질 수 있지만 애트리뷰트 이름은 서로 다른 **역할** 또는 의미를 나타낸다. 예를 들어, STUDENT 릴레이션에서 같은 도메인인 USA_phone_numbers는 학생의 집 전화번호를 가리키는 Home_phone의 역할과 학생의 사무실 전화번호를 가리키는 Office_phone의 역할을 한다. (나타나지는 않았으나) 같은 도메인을 가질 수 있는 세 번째 애트리뷰트로는 Mobile_Phone를 들 수 있다.

## 4.1.2 릴레이션의 특성

앞에서 정의한 릴레이션은 파일이나 테이블과는 다른 특성을 내포하고 있다. 이 절에서는 이런 특성들을 논의한다.

**릴레이션에서 투플들의 순서.** 릴레이션은 투플들의 집합으로 정의된다. 수학적으로 집합의 원소들 사이에는 순서가 없다. 따라서 릴레이션에서도 투플들은 특정 순서를 갖지 않는다. 다시 말하면, 릴레이션은 투플들의 순서에 영향을 받지 않는다. 그러나 파일에서는 레코드들이 디스크(혹은 메모리)에 물리적으로 저장되므로 항상 레코드들 사이에 첫 번째, 두 번째, $i$ 번째, 그리고 마지막 번째라는 저장 순서가 존재한다. 이와 유사하게 릴레이션을 테이블로 표시할 때 특정 순서로 행들을 표시한다.

릴레이션은 논리적 또는 추상적 단계에서의 사실을 표현하기 때문에 투플들의 순서는 릴레이션의 정의의 일부가 아니다. 동일한 릴레이션에 여러 개의 투플 순서를 지정할 수 있다. 예를 들어, 그림 4.1의 STUDENT 릴레이션에서 투플들은 Name, Ssn, Age 등의 값에 따라 순서를 지정할 수 있다. 릴레이션의 정의는 어떠한 순서도 요구하지 않는다. 즉, 릴레이션의 투플들에 대해 선호되는 특정 순서는 없다. 따라서 그림 4.2의 릴레이션은 그림 4.1의 릴레이션과 동일하다. 릴레이션을 파일로 구현하거나 테이블로 보여줄 때에는 파일의 레코드 또는 테이블의 행들의 특정한 순서를 명시할 수도 있다.

**투플 내에서의 값들의 순서와 릴레이션의 또 다른 정의.** 앞에서 정의한 바에 따르면 $n$-투플은 $n$개의 값의 순서 리스트이다. 따라서 한 투플 내에서의 값들의 순서가 중요하다. 즉, 릴레이션 스키마를 정의할 때 애트리뷰트들의 순서가 중요하다. 그러나 좀 더 추상적 관점에서는 각 애트리뷰트와 애트리뷰트의 값이 서로 대응될 수 있다면 애트리뷰트들의 순서와 애트리뷰트 값들의 순서는 중요한 것이 아니다.

릴레이션의 **또 다른 정의**에서는 투플 내에서의 값들의 순서가 무의미하다. 이 정의에서 릴레이션 스키마$R = \{A_1, A_2, \cdots, A_n\}$은 (애트리뷰트들의 리스트가 아닌) 애트리뷰트들의 집합이고, 릴레이션 $r(R)$은 사상 $r = \{t_1, t_2, \cdots, t_m\}$의 유한 집합이다. 여기서 각 투플 $t_i$는 $R$에서 $D$로의 사상이고 $D$는 애트리뷰트 도메인들의 **합집합**이다.
즉, $D = \text{dom}(A_1) \cup \text{dom}(A_2) \cup \cdots \cup \text{dom}(A_n)$이다. 이 정의에서 $r$의 모든 사상 $t$에 대하여 $t(A_i)$ $(1 \le i \le n)$는 $\text{dom}(A_i)$에 속해야 한다. 각 사상 $t_i$를 투플이라 부른다.

STUDENT

| Name | Ssn | Home_phone | Address | Office_phone | Age | Gpa |
|---|---|---|---|---|---|---|
| Dick Davidson | 422-11-2320 | NULL | 3452 Elgin Road | (817)749-1253 | 25 | 3.53 |
| Barbara Benson | 533-69-1238 | (817)839-8461 | 7384 Fontana Lane | NULL | 19 | 3.25 |
| Rohan Panchal | 489-22-1100 | (817)376-9821 | 265 Lark Lane | (817)749-6492 | 28 | 3.93 |
| Chung-cha Kim | 381-62-1245 | (817)375-4409 | 125 Kirby Road | NULL | 18 | 2.89 |
| Benjamin Bayer | 305-61-2435 | (817)373-1616 | 2918 Bluebonnet Lane | NULL | 19 | 3.21 |

그림 4.2 그림 4.1과 투플들의 순서가 다른 STUDENT 릴레이션

이 사상으로서의 투플 정의에 따르면, 하나의 **투플**은 (<애트리뷰트>, <값>) 쌍들의 **집합**으로 생각할 수 있다. 각 쌍은 애트리뷰트 $A_i$에서 $\text{dom}(A_i)$ 내의 어떤 값 $v_i$로의 사상을 나타낸다. 이 정의에서는 각 애트리뷰트의 이름이 값과 함께 표시되므로 애트리뷰트의 순서는 중요하지 않다. 이 정의에 의하면 그림 4.3의 두 투플은 동일하다. 이는 추상적 레벨의 표현으로, 하나의 투플 내에서는 특정 애트리뷰트가 다른 애트리뷰트보다 먼저 나타나야 하는 이유가 없기 때문이다. 릴레이션을 파일로 구현할 때는 애트리뷰트들이 레코드 내의 필드로서 물리적으로 순서를 가질 수 있다. 릴레이션의 첫 번째 정의는 표기를 단순화시키기 때문에 앞으로는 릴레이션의 첫 번째 정의를 일반적으로 사용하겠다. 그러나 위에서 언급한 두 번째 정의가 더 일반적이다.[5]

$t$ = < (Name, Dick Davidson),(Ssn, 422-11-2320),(Home_phone, NULL),(Address, 3452 Elgin Road),
(Office_phone, (817)749-1253),(Age, 25),(Gpa, 3.53)>

$t$ = < (Address, 3452 Elgin Road),(Name, Dick Davidson),(Ssn, 422-11-2320),(Age, 25),
(Office_phone, (817)749-1253),(Gpa, 3.53),(Home_phone, NULL)>

그림 4.3 애트리뷰트들과 애트리뷰트 값들의 순서가 릴레이션 정의의 일부가 아닐 때 동일한 두 투플

**투플 내에서의 값들과 널.** 투플 내의 각 값은 **원자값**이다. 즉, 기본적인 관계 모델 구조내에서는 값이 더 이상 나누어질 수 없다. 따라서 복합 애트리뷰트(composite attribute)와 다치 애트리뷰트(multivalued attribute)는 허용되지 않는다(3장 참조). 이 모델은 종종 **평면 관계 모델**(flat relational model)이라 부른다.[6] 관계 모델을 뒷받침하는 많은 이론들이 이런 가정하에서 개발되었으며, 이 가정을 **제1정규형**(first normal form) 가정이라 부른다. 따라서 다치 애트리뷰트는 별도의 릴레이션으로 표현해야 하며, 복합 애트리뷰트는 기본 릴레이션 모델7의 단순 애트리뷰트들로만 표현해야 한다.[7]

투플 내의 어떤 애트리뷰트의 값을 알 수 없거나 값이 지정되지 않을 때 사용하는 널(NULL) 개념은 매우 중요하다. 이 경우에는 널(NULL)이라는 특수한 값을 사용한다. 예를 들어, 그림 4.1에서 사무실이 없는 일부 학생 투플들은 사무실 전화번호(Office phone) 값이 널이다. 즉, 이런 학생들에게는 사무실 전화번호를 적용할 수 없다. 또 어떤 학생은 전화를

5) 나중에 알게 되겠지만, 17장에서 질의 처리와 최적화를 논의할 때 릴레이션의 또 다른 정의는 유용하다.
6) 13장에서 이 가정에 관해 자세하게 설명한다.
7) 릴레이션 모델의 확장은 이러한 제한조건을 제거한다. 예를 들어, 객체-관계 시스템(11장)은 제1정규형이 아닌(non-first normal form) 모델 또는 중첩 릴레이션 모델과 같이 복잡한 구조의 애트리뷰트를 허용한다.

가지고 있지 않거나, 전화를 갖고 있더라도 전화번호를 알 수가 없으므로(값이 알려지지 않았음) 자택 전화번호(Home phone) 값이 널이다. 일반적으로 널 값의 유형에는 **값을 알 수 없는 경우, 가능하지 않은 값을 가지고 있는 경우, 이 투플에는 이 애트리뷰트를 적용할 수 없는 경우**(정의되지 않은 값인 경우) 등이 있다. 일부 시스템에서는 각 유형의 널 값에 대하여 서로 다른 코드 값을 사용한다. 관계 모델 연산들에서 널 값들을 서로 구별한다는 것은 매우 어려우며 이것을 자세하게 논의하는 것은 이 책의 범위를 넘어선다.

널 값의 정확한 의미는 산술 집계 또는 다른 값들과 비교에서 널 값이 어떻게 다루어지는지를 결정한다. 예를 들면, 두 개의 널 값의 비교는 불확실함을 이끌어 낸다. 즉, 만약 두 고객 A와 B가 모두 널 값의 주소를 가진다면 그들은 서로 동일한 주소를 가지고 있는 것을 의미하지는 않는다. 데이터베이스 설계 시, 가능한 널 값을 피하는 것이 최선이다. 널 값에 대해서는 이후 6장과 7장에서는 연산과 질의와 관련하여 그리고, 13장에서는 데이터베이스 설계와 정규화와 관련하여 다시 논의하도록 한다.

**릴레이션의 해석(의미).** 릴레이션 스키마는 선언 또는 일종의 **주장**(assertion)으로 해석할 수 있다. 예를 들어, 그림 4.1의 STUDENT 릴레이션 스키마는 일반적으로 학생 엔티티가 Name, Ssn, Home_phone, Address, Office_phone, Age, Gpa를 갖는다고 주장한다. 그리고 릴레이션 내의 각 투플은 그 주장에 대한 **사실** 또는 인스턴스로 해석할 수 있다. 예를 들어, 그림 4.1의 첫 번째 투플은 이름이 'Benjamin Bayer'이고, Ssn이 '305-61-2435'이고, 나이가 19세인 학생이 존재한다는 사실을 주장한다.

어떤 릴레이션들은 엔티티에 관한 사실을 표현하는 반면에 다른 릴레이션들은 엔티티 간의 관계에 관한 사실을 표현한다. 예를 들어, MAJORS(Student_ssn, Department_code)라는 릴레이션 스키마는 학생들이 전공하고 있는 학과들을 주장하고 있고, 이 릴레이션의 각 투플은 한 학생과 전공 학과를 관련시키고 있다. 따라서 관계 모델은 엔티티와 엔티티 간의 관계에 관한 사실을 똑같이 릴레이션으로 표현한다. 이것은 릴레이션이 엔티티 타입을 표현하는지 릴레이션 타입을 표현하는지 추측해야만 하기 때문에 종종 이해도를 떨어뜨릴 수 있다. 3장에서는 엔티티와 관계 개념을 자세히 설명한 엔티티-관계(ER) 모델에 대해 소개한다. 8장에서 ER 개념적 데이터 모델(Part 2 참조)의 구조가 어떻게 릴레이션으로 변환되는지를 보여준다.

릴레이션의 또 다른 해석으로는 **프레디키트**(predicate)가 있다. 이 해석에서 각 투플의 값들은 프레디키트를 만족하는 값들로 해석한다. 예를 들어, 그림 4.1의 STUDENT 릴레이션에서 다섯 개의 투플들은 STUDENT(Name, Ssn, …)이라는 프레디키트를 만족한다. 이들 투플들은 실세계에서 서로 다른 다섯 개의 명제들 또는 사실들을 나타낸다. 이런 해석은 Prolog와 같은 논리 프로그래밍 언어들(25.5장 참고)에서 관계 모델을 사용할 수 있기 때문에 매우 유용하다. **닫힌 세계 가정**이라 불리는 가정에서는 릴레이션(들)에 저장된 투플들만이 세상에서 참인 유일한 사실들이고, 이 이외의 다른 값들의 조합은 프레디키트를 만족하지 않는다고 가정한다. 이런 해석은 7.6장의 관계 해석에 기반한 질의를 고려할 때 유용하다.

### 4.1.3 관계 모델 표기

앞으로 다음과 같은 표기법을 사용한다.

- 차수가 $n$인 릴레이션 스키마 $R$은 $R(A_1, A_2, \cdots, A_n)$으로 표기한다.
- 대문자 $Q$, $R$, $S$ 등은 릴레이션 이름을 나타낸다.
- 소문자 $q$, $r$, $s$ 등은 릴레이션 상태를 나타낸다.
- 소문자 $t$, $u$, $v$ 등은 투플을 나타낸다.
- 일반적으로 STUDENT처럼 릴레이션 스키마의 이름은 릴레이션의 현재 투플들의 집합, 즉 현재의 릴레이션 상태를 가리키고, 반면에 STUDENT(Name, Ssn, …)은 릴레이션 스키마만을 가리킨다.
- 애트리뷰트 이름 $A$에 애트리뷰트가 속한 릴레이션의 이름 $R$을 붙여서 $R.A$로 표기할 수 있다. STUDENT.Name 또는 STUDENT.Age 등이 그 예이다. 그 이유는 서로 다른 릴레이션이 동일한 이름의 애트리뷰트를 사용할 수 있기 때문이다. 하지만 한 릴레이션의 애트리뷰트 이름들은 서로 달라야 한다.
- 릴레이션 $r(R)$의 $n-$투플 $t$는 $t = < v_1, v_2, \cdots, v_n >$으로 표기한다. 여기서 $v_i$는 애트리뷰트 $A_i$의 값이다. 다음은 투플을 구성하는 값을 표기하는 방법이다.

- $t[A_i]$와 $t.A_i$(종종 $t[i]$)는 $t$에서 애트리뷰트 $A_i$의 값 $v_i$를 가리킨다.
- $t[A_u, A_w, \cdots, A_z]$와 $t.(A_u, A_w, \cdots, A_z)$는 $t$에서 애트리뷰트들의 리스트 $A_u$, $A_w$, …, $A_z$에 대한 값들의 서브투플(subtuple) $< v_u, v_w, \cdots, v_z >$를 가리킨다.

예를 들어, 그림 4.1에 있는 STUDENT 릴레이션의 한 투플 $t$ = <'Barbara Benson', '533-69-1238', '(817)839-8461', '7384 Fontana Lane', NULL, 19, 3.25>에서 $t$[Name] = <'Barbara Benson'>이고 $t$[Ssn, Gpa, Age] <'533-69-1238', 3.25, 19>이다.

## 4.2 관계 모델 제약 조건과 관계 데이터베이스 스키마

지금까지 단일 릴레이션의 특징에 대해 논의하였다. 관계 데이터베이스에서는 일반적으로 많은 릴레이션이 있고, 릴레이션 내의 투플들은 다양한 방법으로 연관되어 있다. 전체 데이터베이스의 상태는 특정한 시점에서의 모든 릴레이션들의 상태이다. 일반적으로 데이터베이스 상태에서는 실제 값에 대한 많은 **제약 조건**들이 있다. 이러한 제약 조건들은 1.6.8절에서 논의한 바와 같이 데이터베이스가 표현하는 작은세계의 규칙들로부터 유도된다.

이 설에서는 관계 데이터베이스에 제약 조건으로 명시할 수 있는 여러 제한에 관하여 논의한다. 일반적으로 데이터베이스에서의 제약 조건은 크게 다음 세 가지로 구분된다.

1. 데이터 모델 자체에 존재하는 제약 조건으로 **본질적 모델 기반 제약 조건** 또는 **함축적 제약 조건**이라 부른다.

2. 데이터 모델의 스키마에서 직접 표현 가능한 제약 조건으로 주로 DDL(data definition language, 2.3.1절 참조)로 명시한다. **스키마 기반 제약 조건** 또는 **명시적 제약 조건**이라 부른다.

3. 데이터 모델의 스키마에서 직접 표현이 불가능한 제약 조건으로 응용 프로그램에 의해 표현되고 시행된다. 이를 **응용 기반 제약 조건** 또는 **의미적 제약 조건**이나 **비즈니스 규칙**이라 부른다.

4.1.2절에서 논의한 릴레이션의 특징은 릴레이션 모델의 본질적 제약 조건이고 첫 번째 분류에 속한다. 예를 들어, 릴레이션이 중복 투플을 가질 수 없다는 제약 조건은 본질적 제약 조건이다. 이 절에서 논의하는 제약 조건들은 DDL을 통해 릴레이션 모델의 스키마에 표현되는 두 번째 부류의 제약 조건이다. 세 번째 제약 조건은 보다 일반적이고 애트리뷰트의 상태뿐만 아니라 의미와도 관련이 있어서 데이터 모델 내에서 제약 조건을 표현하고 지키도록 하는 것이 어렵기 때문에 보통 데이터베이스를 업데이트하는 응용 프로그램에서 체크된다. 일부 응용 프로그램에서, 이런 제약 조건은 SQL의 **질의**(assertion)로 명시될 수 있다(6장 참고).

다른 중요한 제약 조건으로는 함수적 종속성과 다치 종속성을 포함하는 데이터 종속성(data dependency)이 있다. 데이터 종속성은 관계 데이터베이스가 "올바르게" 설계되었는지 테스트하는 데 주로 사용되고, **정규화**(normalization)라고 불리는 과정에서도 사용된다. 정규화는 13장과 14장에서 다룬다.

스키마 기반 제약 조건은 도메인 제약 조건, 키 제약 조건, 널에 대한 제약 조건, 엔티티 제약 조건, 참조 무결성 제약 조건을 포함한다.

## 4.2.1 도메인 제약 조건

도메인 제약 조건은 각각의 투플 내에서 각각의 애트리뷰트 $A$의 값이 반드시 $A$의 도메인 $\mathrm{dom}(A)$에 속하는 원자값이어야 한다는 것이다. 도메인을 명시하는 방법은 4.1.1절에서 이미 설명하였다. 도메인과 관련된 전형적인 데이터 타입들에는 정수와 실수 같은 표준 숫자형, 논리형, 문자, 고정 길이 문자열, 가변 길이 문자열, 날짜, 시간, 타임스탬프, 화폐 단위 또는 다른 특별한 데이터 타입 등이 있다. 또 다른 도메인들은 어떤 데이터 타입의 전체 값의 일부 범위를 지정하거나 모든 가능한 값을 명시적으로 나열함으로써 기술할 수 있다. 여기서 자세한 설명은 생략하고 5.1절에서 SQL 표준이 제공하는 데이터 타입들을 설명한다.

## 4.2.2 키 제약 조건과 널에 대한 제약 조건

형식 관계 모델에서 릴레이션은 투플들의 집합으로 정의한다. 집합의 모든 원소는 중복되지 않으므로 이 정의에 의하면 릴레이션의 모든 투플도 중복되지 않아야 한다. 즉, 어떠한 두 투플도 릴레이션의 모든 애트리뷰트에 대해 같은 애트리뷰트 값들의 조합을 가질 수 없다. 대부분의 경우 릴레이션 스키마 $R$의 릴레이션 상태 $r$의 어떠한 두 투플도 서로 다른 값들을 갖는 **애트리뷰트들의 부분집합**이 존재한다. 그러한 부분집합을 SK라고 표기하면 $r$의 임의의 서로 다른 두 투플 $t_1$과 $t_2$에 대하여 다음과 같은 제약 조건이 성립한다.

$$t_1[SK] \neq t_2[SK]$$

이런 애트리뷰트들의 집합 SK를 릴레이션 스키마 $R$의 **슈퍼키**(superkey)라고 부른다. 슈퍼키 SK는 $R$의 상태 $r$에서 SK가 같은 값을 가지는 서로 다른 투플이 존재하지 않는다는 유일성 제약 조건(uniqueness constraint)을 명시한다. 모든 릴레이션은 적어도 하나의 슈퍼키(즉, 모든 애트리뷰트들의 집합)를 갖는다. 그러나 슈퍼키는 중복되는 애트리뷰트들을 가질 수 있으므로 이런 중복성을 갖지 않는 개념이 필요하며 이것이 키(key)이다. 어떤 릴레이션 스키마 $R$의 키 $K$는 $R$의 슈퍼키이고, $K$에서 어떤 애트리뷰트라도 빠지면 더 이상 $K'$가 슈퍼키가 될 수 없다는 성질을 갖는다. 그러므로 키는 다음의 두 성질을 만족한다.

1. 서로 다른 두 투플은 동일한 키 애트리뷰트 값을 가질 수 없다. 이 유일성 성질(uniqueness property)은 슈퍼키에도 적용된다.
2. 키는 최소의 슈퍼키(minimal superkey)이다. 즉, 슈퍼키 내의 어떤 애트리뷰트도 제거하지 않아야 유일성 제약 조건(uniqueness constraint)을 만족할 수 있다. 이 최소 성질(minimality property)은 키(key)에 필수적이지만 슈퍼키에는 선택적이다.

따라서, 키는 슈퍼키이지만 슈퍼키는 키가 아닐 수 있다. 만약 슈퍼키가 최소(minimal)라면 키가 될 수 있고 슈퍼키가 최소가 아니라면 키가 될 수 없다. 그림 4.1의 STUDENT 릴레이션을 생각해 보자. STUDENT에서 애트리뷰트 집합 {Ssn}은 어떠한 학생들도 같은 Ssn 값을 가질 수 없기 때문에 STUDENT 릴레이션의 키이다.[8] Ssn을 포함하는 어떤 애트리뷰트들의 집합, 예를 들어 {Ssn, Name, Age}도 슈퍼키가 될 수 있다. 그러나 슈퍼키 {Ssn, Name, Age}는 Name이나 Age가 없어도, 또는 Name과 Age가 모두 없어도 여전히 슈퍼키가 되므로 STUDENT의 키는 아니다. 일반적으로 단일 애트리뷰트의 슈퍼키는 키이다. 여러 개의 애트리뷰트들로 구성된 키는 유일성 성질 조건을 만족하기 위해 여러 개의 애트리뷰트 모두가 꼭 필요하다.

키 애트리뷰트의 값은 릴레이션 내의 각 투플을 유일하게 식별하는 데 사용될 수 있다. 예를 들어, Ssn 값 305-61-2435는 STUDENT 릴레이션에서 Benjamin Bayer에 해당하는 투플을 유일하게 식별한다. 키를 구성하는 애트리뷰트들의 집합이 존재하는 것은 릴레이션 스키마의 성질이며 스키마의 모든 유효한 릴레이션 상태에 적용되는 제약 조건이다. 키는 릴레이션 스키마를 이루는 애트리뷰트들의 의미를 가지고 결정하며 시간과 무관하다. 따라서 새로운 투플을 추가할 때에도 항상 만족해야 한다. 예를 들어, 그림 4.1의 STUDENT 릴레이션의 Name 애트리뷰트를 키로 지정해서는 안 된다. 왜냐하면 유효한 상태의 데이터베이스에서도 어떤 순간에 동일한 이름을 갖는 두 학생이 있을 수도 있기 때문이다.[9]

8) Ssn은 슈퍼키도 된다.
9) 때때로 이름도 키로 사용된다. 이름 뒤에 일련번호를 붙이는 것과 같은 방법으로 동명이인을 구분할 수 있다.

일반적으로 릴레이션 스키마는 하나 이상의 키를 가질 수 있다. 이 경우 각 키를 **후보키**(candidate key)라고 부른다. 예를 들어, 그림 4.4의 CAR 릴레이션은 License_number와 Engine_serial_number라는 두 개의 후보키를 가진다. 일반적으로, 후보키들 중의 하나를 **기본키**(primary key)로 지정한다. 기본키는 투플들을 식별할 수 있는 후보키이다. 그림 4.4와 같이, 전통적으로 릴레이션 스키마의 기본키를 구성하는 애트리뷰트들에는 밑줄을 긋는다. 어떤 릴레이션 스키마가 여러 개의 후보키를 가질 때 기본키를 임의로 선택할 수 있다. 그러나 대개의 경우 하나 또는 적은 수의 애트리뷰트를 가진 기본키를 선택하는 것이 더 좋다. 다른 후보키들은 **유일키**(unique key)로 지정되며 밑줄은 긋지 않는다.

애트리뷰트에 대한 또 다른 제약 조건은 널 값의 허용 여부이다. 예를 들어, 모든 STUDENT 투플이 Name 애트리뷰트에 대해 널이 아닌 유효한 값을 가진다면 STUDENT의 Name은 NOT NULL로 제한된다.

CAR

| License_number | Engine_serial_number | Make | Model | Year |
|---|---|---|---|---|
| Texas ABC-739 | A69352 | Ford | Mustang | 02 |
| Florida TVP-347 | B43696 | Oldsmobile | Cutlass | 05 |
| New York MPO-22 | X83554 | Oldsmobile | Delta | 01 |
| California 432-TFY | C43742 | Mercedes | 190-D | 99 |
| California RSK-629 | Y82935 | Toyota | Camry | 04 |
| Texas RSK-629 | U028365 | Jaguar | XJS | 04 |

그림 4.4 두 개의 후보키: License_number와 Engine_serial_number를 갖는 CAR 릴레이션

### 4.2.3 관계 데이터베이스와 관계 데이터베이스 스키마

지금까지 논의했던 정의와 제약 조건들은 한 릴레이션과 그 릴레이션의 애트리뷰트에 적용된다. 관계 데이터베이스는 대개 다수의 릴레이션을 가지며 이들은 여러 가지 면에서 서로 관련되어 있다. 이 절에서는 관계 데이터베이스와 관계 데이터베이스 스키마를 정의한다.

**관계 데이터베이스 스키마**(relational database schema) $S$는 릴레이션 스키마들의 집합 $S=\{R_1, R_2, \cdots, R_m\}$과 **무결성 제약 조건**(integrity constraint)들의 집합 IC이다. $S$의 **관계 데이터베이스 상태**[10](relational database state) DB는 릴레이션 상태들의 집합이다. 즉, DB=$\{r_1, r_2, \cdots, r_m\}$이다. 여기서 $r_i$는 $R_i$의 상태이고, $r_i$ 릴레이션은 IC에서 명시된 무결성 제약 조건들을 만족한다. 그림 4.5는 COMPANY={EMPLOYEE, DEPARTMENT, DEPT_LOCATIONS, PROJECT, WORKS_ON, DEPENDENT}라는 관계 데이터베이스 스키마이다. 각 릴레이션 스키마에서, 밑줄 친 애트리뷰트들은 기본키를 나타낸다. 그림 4.6은 COMPANY 스키마에 대응하는 관계 데이터베이스 상태이다. 이 스키마와 데이터베이스 상태를 사용하여 이 장과 4장 및 제 5장에서는 서로 다른 관계 언어로 질의의 예를 표현한다.

10) 관계 데이터베이스 상태를 관계 데이터베이스 스냅샷(snapshot) 또는 인스터스라고도 부른다. 그러나 앞에서도 언급했듯이 '데이터베이스 인스턴스'는 단일 투플에도 적용 가능하기 때문에 인스턴스라는 용어는 사용하지 않을 것이다.

EMPLOYEE

| Fname | Minit | Lname | Ssn | Bdate | Address | Sex | Salary | Super_ssn | Dno |
|---|---|---|---|---|---|---|---|---|---|

DEPARTMENT

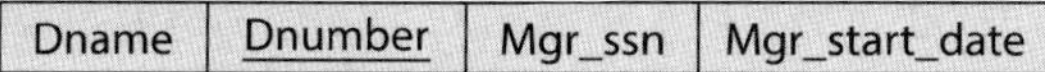

| Dname | Dnumber | Mgr_ssn | Mgr_start_date |
|---|---|---|---|

DEPT_LOCATIONS

| Dnumber | Dlocation |
|---|---|

PROJECT

| Pname | Pnumber | Plocation | Dnum |
|---|---|---|---|

WORKS_ON

| Essn | Pno | Hours |
|---|---|---|

DEPENDENT

| Essn | Dependent_name | Sex | Bdate | Relationship |
|---|---|---|---|---|

그림 4.5 COMPANY 데이터베이스 스키마

실제로 여기에 표현된 데이터는 도서를 위한 웹 사이트 프로젝트에 널리 사용되는 데이터베이스를 확장한 것이다. 또한, 이 데이터는 이 장의 마지막에 있는 연습 문제에서도 사용된다.

관계 데이터베이스라고 할 때에는 묵시적으로 그것의 스키마와 현재의 상태를 모두 포함한다. 무결성 제약 조건을 준수하지 않는 데이터베이스 상태를 **유효하지 않은 상태**(invalid state)라 부르고, 모든 무결성 제약 조건을 준수하는 데이터베이스 상태를 **유효한 상태**(valid state)라고 부른다.

그림 4.5에서 DEPARTMENT 릴레이션과 DEPT_LOCATIONS 릴레이션의 Dnumber 애트리뷰트는 동일한 실세계 개념, 즉 부서에 부여된 번호를 나타낸다. 똑같은 개념을 EMPLOYEE 릴레이션에서는 Dno로, PROJECT 릴레이션에서는 Dnum으로 나타낸다. 여러 릴레이션에서 동일한 실세계 개념을 나타내는 애트리뷰트들이 같은 이름을 가질 수도 있고 다른 이름을 가질 수도 있다. 반대로 서로 다른 릴레이션에서 서로 다른 개념을 나타내는 애트리뷰트들이 같은 이름을 가질 수 있다. 예를 들어, PROJECT 릴레이션의 Pname 애트리뷰트와 DEPARTMENT 릴레이션의 Dname 애트리뷰트 대신에 똑같은 애트리뷰트 이름 Name을 사용할 수도 있다. 이 경우에 두 개의 애트리뷰트가 같은 이름을 공유하지만 서로 다른 실세계 개념, 즉 프로젝트 이름과 부서 이름을 나타내게 된다.

관계 모델의 초기에는 같은 실세계 개념을 나타내는 애트리뷰트들은 모든 릴레이션에서 동일한 이름을 갖는다는 가정이 있었다. 이것은 동일한 실세계 개념이 같은 릴레이셔에서 서로 다른 역할 또는 의미를 가질 때 문세가 된다. 예를 들어, 그림 4.5의 EMPLOYEE 릴레이션에는 사회보장번호(Social Security Number)라는 개념이 두 번 나타난다. 한 번은 사원의 사회보장번호이고 또 한번은 상사(supervisor)의 사회보장번호이다. 이들 두 번호가 동일한 릴레이션에 나타나므로 그 의미를 구별하기 위하여 별개의 애트리뷰트 이름 Ssn과

Super_ssn을 각각 부여했다.

관계 DBMS는 관계 데이터베이스 스키마를 정의하기 위해 데이터 정의어(DDL: Data Definition Language)를 가져야 한다. 현재 관계 DBMS들은 이런 목적으로 대부분 SQL을 사용한다. 5.1~5.2절에서 SQL DDL에 관해 설명한다. 무결성 제약 조건은 데이터베이스 스키마에 명시하며 그 스키마의 모든 데이터베이스 상태가 이를 만족해야 한다. 관계 모델에는 도메인 제약 조건과 키 제약 조건, 그리고 NOT NULL 제약 조건 이외에 엔티티 무결성 제약 조건과 참조 무결성 제약 조건이라는 두 개의 제약 조건이 더 있다.

### 4.2.4 엔티티 무결성 제약 조건, 참조 무결성 제약 조건, 외래키

**엔티티 무결성 제약 조건**(entity intergrity constraint)은 어떠한 기본키 값도 널 값이 될 수 없다는 것이다. 왜냐하면, 기본키 값은 한 릴레이션 내의 각 투플을 식별하는 데 사용되는데 기본키 값이 널 값이면 투플들을 식별할 수가 없기 때문이다. 예를 들어, 두 개 이상의 투플의 기본키 값이 널 값이고, 다른 릴레이션들로부터 이 투플들은 참조하면 그들을 서로 구별할 수 없다.

키 제약 조건과 엔티티 무결성 제약 조건은 각 릴레이션에 명시되는 조건인 데 반해서 **참조 무결성 제약 조건**(referential integrity constraint)은 두 릴레이션 사이에 명시되는 제약 조건이며, 두 릴레이션의 투플들 사이의 일관성을 유지하는 데 사용된다. 참조 무결성 제약 조건은 한 릴레이션에 있는 투플이 다른 릴레이션에 있는 투플을 참조하려면 반드시 참조되는 투플이 그 릴레이션 내에 존재해야 한다는 것이다. 예를 들어, 그림 4.6에서 EMPLOYEE의 Dno애트리뷰트는 각 사원이 근무하는 부서 번호를 나타낸다. 즉, 모든 EMPLOYEE 투플에서의 Dno값은 DEPARTMENT 릴레이션의 어떤 투플의 Dnumber값과 반드시 일치해야 한다.

참조 무결성 제약 조건을 보다 엄격하게 정의하기 위해서는 먼저 외래키(foreign key)의 개념을 정의해야 한다. 외래키가 되기 위해서는 두 릴레이션 스키마 $R_1$과 $R_2$ 사이의 참조 무결성 제약 조건이 만족되어야 한다. 즉, 릴레이션 스키마 $R_1$의 어떤 애트리뷰트들의 집합 FK가 다음의 규칙을 만족하면 FK는 릴레이션 $R_2$를 참조하는 $R_1$의 외래키이다.

1. FK의 애트리뷰트는 $R_2$의 기본키 PK의 애트리뷰트와 동일한 도메인을 가진다. 이때 FK는 릴레이션 $R_2$를 참조한다고 말한다.
2. 현재 상태 $r_1(R_1)$의 한 투플 $t_1$ 내의 FK값은 현재 상태 $r_2(R_2)$의 어떤 투플 $t_2$ 내의 PK값과 일치하거나 널 값을 가져야 한다. 전자의 경우에는 $t_1[FK] = t_2[PK]$이고 투플 $t_1$이 투플 $t_2$를 참조한다고 말한다.

이 정의에서 $R_1$은 **참조한 릴레이션**(referencing relation), $R_2$는 **참조된 릴레이션**(referenced relation)이라 한다. 위의 두 조건을 만족하면 $R_1$에서 $R_2$로의 **참조 무결성 제약 조건**(referential integrity constraint)을 만족한다고 말한다. 많은 릴레이션을 가진 데이터베이스에는 대개 많은 참조 무결성 제약 조건이 존재한다.

EMPLOYEE

| Fname | Minit | Lname | Ssn | Bdate | Address | Sex | Salary | Super_ssn | Dno |
|---|---|---|---|---|---|---|---|---|---|
| John | B | Smith | 123456789 | 1965-01-09 | 731 Fondren, Houston, TX | M | 30000 | 333445555 | 5 |
| Franklin | T | Wong | 333445555 | 1955-12-08 | 638 Voss, Houston, TX | M | 40000 | 888665555 | 5 |
| Alicia | J | Zelaya | 999887777 | 1968-01-19 | 3321 Castle, Spring, TX | F | 25000 | 987654321 | 4 |
| Jennifer | S | Wallace | 987654321 | 1941-06-20 | 291 Berry, Bellaire, TX | F | 43000 | 888665555 | 4 |
| Ramesh | K | Narayan | 666884444 | 1962-09-15 | 975 Fire Oak, Humble, TX | M | 38000 | 333445555 | 5 |
| Joyce | A | English | 453453453 | 1972-07-31 | 5631 Rice, Houston, TX | F | 25000 | 333445555 | 5 |
| Ahmad | V | Jabbar | 987987987 | 1969-03-29 | 980 Dallas, Houston, TX | M | 25000 | 987654321 | 4 |
| James | E | Borg | 888665555 | 1937-11-10 | 450 Stone, Houston, TX | M | 55000 | NULL | 1 |

DEPARTMENT

| Dname | Dnumber | Mgr_ssn | Mgr_start_date |
|---|---|---|---|
| Research | 5 | 333445555 | 1988-05-22 |
| Administration | 4 | 987654321 | 1995-01-01 |
| Headquarters | 1 | 888665555 | 1981-06-19 |

DEPT_LOCATIONS

| Dnumber | Dlocation |
|---|---|
| 1 | Houston |
| 4 | Stafford |
| 5 | Bellaire |
| 5 | Sugarland |
| 5 | Houston |

WORKS_ON

| Essn | Pno | Hours |
|---|---|---|
| 123456789 | 1 | 32.5 |
| 123456789 | 2 | 7.5 |
| 666884444 | 3 | 40.0 |
| 453453453 | 1 | 20.0 |
| 453453453 | 2 | 20.0 |
| 333445555 | 2 | 10.0 |
| 333445555 | 3 | 10.0 |
| 333445555 | 10 | 10.0 |
| 333445555 | 20 | 10.0 |
| 999887777 | 30 | 30.0 |
| 999887777 | 10 | 10.0 |
| 987987987 | 10 | 35.0 |
| 987987987 | 30 | 5.0 |
| 987654321 | 30 | 20.0 |
| 987654321 | 20 | 15.0 |
| 888665555 | 20 | NULL |

PROJECT

| Pname | Pnumber | Plocation | Dnum |
|---|---|---|---|
| ProductX | 1 | Bellaire | 5 |
| ProductY | 2 | Sugarland | 5 |
| ProductZ | 3 | Houston | 5 |
| Computerization | 10 | Stafford | 4 |
| Reorganization | 20 | Houston | 1 |
| Newbenefits | 30 | Stafford | 4 |

DEPENDENT

| Essn | Dependent_name | Sex | Bdate | Relationship |
|---|---|---|---|---|
| 333445555 | Alice | F | 1986-04-05 | Daughter |
| 333445555 | Theodore | M | 1983-10-25 | Son |
| 333445555 | Joy | F | 1958-05-03 | Spouse |
| 987654321 | Abner | M | 1942-02-28 | Spouse |
| 123456789 | Michael | M | 1988-01-04 | Son |
| 123456789 | Alice | F | 1988-12-30 | Daughter |
| 123456789 | Elizabeth | F | 1967-05-05 | Spouse |

그림 4.6 COMPANY 스키마와 대응하는 데이터베이스 상태의 예

이런 제약 조건들을 기술하려면 먼저 데이터베이스 내의 여러 릴레이션 스키마에서 각 애트리뷰트나 애트리뷰트들의 집합의 의미 또는 역할에 대하여 분명하게 이해해야 한다. 참조 무결성 제약 조건은 전형적으로 릴레이션 스키마가 표현하는 엔티티들 간의 관계로부터 생긴다. 예를 들어, 그림 4.6의 데이터베이스에서 EMPLOYEE 릴레이션의 Dno 애트리뷰트는 사원이 근무하는 부서를 가리킨다. 따라서 Dno는 EMPLOYEE 릴레이션의 외래키가 되며 DEPARTMENT 릴레이션을 참조한다. 이것은 EMPLOYEE 릴레이션의 어떠한 투플 $t_1$의 Dno값도 DEPARTMENT 릴레이션의 어떤 투플 $t_2$의 기본키 값, 즉 Dnumber 애트리뷰트의 값과 일치해야 한다는 것을 의미한다. 만일 그 사원이 어떠한 부서에도 소속되

어 있지 않거나 나중에 부서에 소속된다면 Dno값이 널 값이 될 수 있다. 예를 들어, 그림 4.6에서 'John Smith'라는 사원의 투플은 'Research' 부서의 투플을 참조하고 있다. 이는 'John Smith'가 그 부서에서 일하고 있음을 가리킨다.

외래키는 동일한 릴레이션을 참조할 수도 있다. 예를 들어, EMPLOYEE 릴레이션의 Super_ssn 애트리뷰트는 사원의 상사를 나타내는데 상사도 EMPLOYEE 릴레이션의 한 투플로 나타나는 또 다른 사원이다. 따라서 Super_ssn 애트리뷰트는 자신이 속해 있는 EMPLOYEE 릴레이션을 참조하는 외래키이다. 그림 4.6에서 'John Smith'라는 사원의 투플은 'Franklin Wong'이라는 사원의 투플을 참조하며, 이는 'Franklin Wong'이 'John Smith'의 상사임을 의미한다.

참조 무결성 제약 조건은 각 외래키로부터 그것이 참조하는 릴레이션까지 화살표를 그려서 도식적으로 표현할 수 있다. 명백하게 하기 위하여, 참조되는 릴레이션의 기본키를 화살표의 머리가 가리키도록 한다. 그림 4.7은 그림 4.5의 스키마에 참조 무결성 제약 조건들을 나타낸 것이다.

모든 무결성 제약 조건이 모든 데이터베이스 상태에 적용되기를 원하면 관계 데이터베이스 스키마에 명시해야 한다(즉, 스키마 정의의 일부로 명시되어야 함). 따라서 데이터 정의어는 여러 유형의 제약 조건을 명시할 수 있는 방법을 제공하여 DBMS가 자동적으로 그것들을 지킬 수 있도록 해야 한다. SQL에서, 'CREATE TABLE'의 라는 SQL DDK의 서술문(statement)은 제약 조건들 중에서 키, 유일키(unique key), NOT NULL, 엔티티 무결성, 참조 무결성 제약 조건의 정의를 만족한다(5.1절과 5.2절 참조).

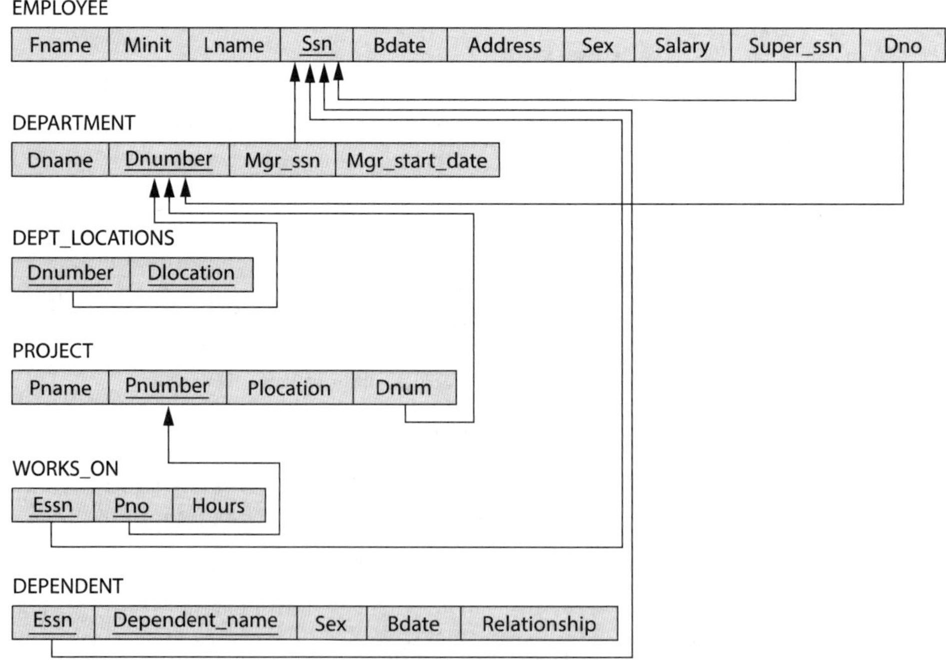


그림 4.7 COMPANY 관계 데이터베이스 스키마에 표시된 참조 무결성 제약 조건

### 4.2.5 다른 형태의 제약 조건

앞에서 언급한 제약 조건들은 대부분의 데이터베이스 응용에서 발생하기 때문에 데이터 정의어(DDL)에 포함된다. 일반적인 제약 조건과는 다르며 때로는 의미적 무결성 제약 조건(semantic integrity constraints)이라고 불리는 클래스의 제약 조건들은 DDL의 일부가 아니고 다른 방법으로 명시되고 지켜져야 한다. 이런 제약 조건의 예로는 '사원의 급여는 그의 상사의 급여를 초과해서는 안 된다' 또는 '한 사원이 주당 모든 프로젝트에서 일할 수 있는 시간은 최대 56시간이다'등이 있다. 이런 제약 조건들은 데이터베이스를 갱신하는 응용 프로그램 내에서, 또는 범용의 **제약 조건 명세 언어**(constraint specification language)를 사용하여 정의하고 따르도록 한다. 이때 트리거(trigger)와 주장(assertion)이라 부르는 기법이 사용될 수 있다. SQL에서 CREATE ASSERTION과 CREATE TRIGGER 문장이 이런 목적을 위해 사용된다(6장 참조). 이런 형태의 제약 조건을 응용 프로그램 내에서 체크하는 것은 제약 조건 명세 언어를 사용하는 것보다 더 일반적이다. 왜냐하면 제약 조건 명세 언어는 간혹 사용하기가 어렵고 복잡하기 때문이다. 제약 조건 명세 언어에 대해서는 25.1절에서 다룬다.

지금까지 설명한 제약 조건의 유형들은 데이터베이스의 유효한 상태가 만족해야 하는 제약 조건들이므로 상태 제약 조건(state constraint)이라 부른다. 다른 유형의 제약 조건으로는 데이터베이스 내의 상태 변화를 다루기 위해 정의되는 전이 제약 조건(transition constraint)이 있다.[11] 전이 제약 조건의 예로는 "사원의 임금은 항상 증가한다"가 있다. 이런 제약 조건은 대체적으로 응용 프로그램에 의해 시행되고, 능동 규칙과 트리거를 사용하여 명시된다. 이와 관련된 내용은 25.1절에서 다룬다.

## 4.3 갱신 연산과 트랜잭션 그리고 제약 조건 위반의 처리

관계 모델의 연산은 추출(retrieval)과 갱신(update)으로 나누어진다. 추출에 사용되는 관계 대수 연산은 7장에서 자세하게 설명한다. 관계 대수 표현은 기존의 릴레이션 집합에 여러 대수 연산자를 적용한 후 새로운 릴레이션을 생성하는데, 주된 이용 목적은 정보를 검색하기 위한 데이터베이스에 대한 질의이다. 사용자는 관심 있는 데이터를 명시하는 질의를 서술하고, 이 데이터를 찾기 위해 관계 연산자들을 적용함으로써 새로운 릴레이션이 형성된다. 이 결과 릴레이션은 사용자 질의에 대한 대답(또는 결과)이 된다. 7장에서는 관계 해석(relational calculus)이라 부르는 언어를 소개한다. 관계 해석은 연산의 순서를 명시하지 않고 새로운 릴레이션을 선언적으로 정의하는 데 사용된다.

이 절에서는 갱신 연산에 관해 설명한다. 릴레이션에 대한 기본 갱신 연산은 (1) 삽입(insert), (2) 삭제(delete), (3) 갱신 또는 수정(update or modify)의 세 가지가 있다. 이 연산들은 새로운 데이터를 추가하거나, 옛날 데이터를 삭제하거나, 현재 데이터 레코드를 수정하

---

11) 상태 제약조건을 정적(static) 제약조건, 전이 제약조건을 동적(dynamic) 제약조건이라 부르기도 한다.

여 데이터베이스의 릴레이션 상태를 변화시킨다. **삽입**은 릴레이션에 새로운 투플을 삽입하는 데, **삭제**는 투플을 삭제하는 데, **갱신**(또는 **수정**)은 기존의 투플의 몇 개 애트리뷰트의 값을 바꾸는 데 사용된다. 갱신 연산을 적용하는 데 있어 관계 데이터베이스 스키마에 정의된 무결성 제약 조건은 위반되지 않아야 한다.

이 절에서는 이러한 각 연산으로 위반되는 제약 조건과 연산이 위반을 초래할 때 취할 수 있는 처리 방법에 관해 설명한다. 그림 4.6에서 보인 데이터베이스를 예로 사용하여 그림 4.7에서 보인 키 제약 조건, 엔티티 무결성 제약 조건, 참조 무결성 제약 조건에 관해 설명한다. 각 연산의 유형에 대해, 몇 가지 예를 보이고 각 연산이 위반하는 제약 조건에 관해 설명한다.

### 4.3.1 삽입 연산

**삽입** 연산은 릴레이션 *R*에 삽입한 새로운 투플 t에 대한 애트리뷰트 값들의 리스트를 제공한다. 삽입은 이전 절에서 설명한 4가지 종류의 제약 조건을 위반할 수 있다. 주어진 도메인에 애트리뷰트 값이 나타나지 않거나 적당한 데이터 타입을 갖지 않는다면 도메인 제약 조건을 위반한다. 새로운 투플 t의 키 값이 이미 릴레이션 *r*(*R*)의 다른 투플에 존재한다면 키 제약 조건을 위반한다. 새로운 투플 t의 기본키가 널이면 엔티티 제약 조건을 위반한다.

외래키의 값이 참조되는 릴레이션에 존재하지 않는 투플을 가리키면 참조 제약 조건을 위반한다. 이것을 예로 보이면 다음과 같다.

- **연산**:
  <'Cecilia', 'F', 'Kolonsky', NULL, '1960-04-05', '6357 Windy Lane, Katy, TX', F, 28000, NULL, 4>를 EMPLOYEE에 삽입
  결과: 이 삽입은 기본키 Ssn이 NULL이어서 엔티티 무결성 제약 조건을 위반하므로 거부된다.
- **연산**:
  <'Alicia', 'J', 'Zelaya', '999887777', '1960-04-05', '6357 Windy Lane, Katy, TX', F, 28000, '987654321', 4>를 EMPLOYEE에 삽입
  결과: 이 삽입은 EMPLOYEE 릴레이션에 존재하는 다른 투플이 같은 Ssn 값을 가져서 키 제약 조건을 위반하므로 거부된다.
- **연산**:
  <'Cecilia', 'F', 'Kolonsky', '677678989', '1960-04-05', '6357 Windswep, Katy, TX', F, 28000, '987654321', 7>을 EMPLOYEE에 삽입
  결과: 이 삽입은 DEPARTMENT에 Dnumber=7인 참조되는 투플이 존재하지 않으므로 Dno에 명시된 참조 무결성 제약 조건을 위반한다.
- **연산**:
  <'Cecilia', 'F', 'Kolonsky', '677678989', '1960-04-05', '6357 Windy Lane, Katy, TX', F, 28000, NULL, 4>를 EMPLOYEE에 삽입
  결과: 이 삽입은 모든 제약 조건을 만족하므로 허용된다.

만일 삽입이 하나 이상의 제약 조건을 위반하면 기본 옵션은 그 삽입을 거부하는 것이다. 이 경우 DBMS는 사용자에게 삽입이 거부된 이유를 알리는 것이 유용하다. 또 다른 옵션으로는 삽입이 거부된 이유를 정정하는 것이다. 이 옵션은 일반적으로 삽입에는 사용되지 않고 삭제와 갱신으로 인한 제약 조건 위반에 자주 사용된다. 앞의 예들은 이 옵션이 삽입 위반 시 사용되는 것을 보여준다. 위의 연산 1에서 DBMS는 사용자에게 Ssn을 입력할 것을 요구하고, 사용자가 유효한 Ssn을 입력하면 삽입이 허용된다. 연산 3에서 DBMS는 Dno를 유효한 값(또는 NULL)으로 바꿀 것을 사용자에게 요청하거나 Dnumber=7인 DEPARTMENT 투플을 삽입하라고 요구할 수 있다. 이런 연산이 끝난 후에만 삽입이 허용된다. 후자의 경우, 사용자가 EMPLOYEE 릴레이션에 존재하지 않는 Mgr_ssn을 갖는 투플을 부서 7에 삽입하려 하면 EMPLOYEE 릴레이션에 **연쇄적**으로 되돌아온다.

## 4.3.2 삭제 연산

삭제 연산은 삭제되는 투플이 데이터베이스의 다른 투플에 의해 외래키로 참조되고 있다면 참조 제약 조건을 위반한다. 삭제 시에는 릴레이션의 애트리뷰트에 대한 조건으로 삭제하려는 투플을 선택해야 한다. 다음은 그 예이다.

- **연산**:
  Essn = '999887777'이고, Pno = 10인 WORKS_ON의 투플을 삭제한다.
  결과: 이 삭제는 허용되고, 정확히 하나의 투플을 삭제한다.
- **연산**:
  Ssn = '999887777'인 EMPLOYEE의 투플을 삭제한다.
  결과: 이 삭제는 WORKS_ON에 있는 투플들이 이 투플을 참조하므로 거부된다. 따라서 EMPLOYEE의 이 투플을 삭제하면 참조 제약 조건이 위반된다.
- **연산**:
  Ssn = '333445555'인 EMPLOYEE의 투플을 삭제한다.
  결과: 이 삭제는 삭제되는 투플이 EMPLOYEE, DEPARTMENT, WORKS_ON, DEPENDENT 릴레이션의 투플에 의해 참조되므로 치명적인 참조 제약 조건을 위반하게 된다.

삭제 연산이 제약 조건을 위반하면 다양한 옵션으로 처리 가능하다. 첫 번째 옵션은 삭제를 거부하는 것으로, restrict라고 부른다. 두 번째 옵션은 삭제되는 투플을 참조하는 모든 투플을 삭제하는 연쇄 삭제를 하는 것으로, cascade라고 부른다. 예를 들어, 연산 2에서 DBMS는 자동으로 WORKS_ON의 Essn = '999887777'인 투플을 삭제할 수 있다. 다음으로 set null 또는 set default로 부르는 세 번째 옵션은 제약 조건 위반의 원인이 되는, 참조하는 애트리뷰트 값을 변화시키는 것이다. 즉, 이 값을 널로 바꾸거나 유효한 다른 디폴트 투플을 참조하도록 한다. 만일 위반의 원인이 되는, 참조하는 애트리뷰트가 기본키의 일부라면 엔티티 제약 조건을 위반하므로 널로 바꿀 수 없다.

세 가지 옵션의 조합도 가능하다. 예를 들어 연산 3에서 생기는 제약 조건 위반을 방지하기 위해서는 DBMS는 WORKS_ON과 DEPENDENT에서 Essn = '333445555'인 모든 투플을 자동으로 삭제할 수 있다. EMPLOYEE의 Super_ssn = '333445555'와 DEPARTMENT의 Mgr_Ssn = '333445555'인 투플들은 Super_ssn과 Mgr_ssn의 값을 다른 유효한 값이나 NULL로 바꿀 수 있다. EMPLOYEE 투플을 참조하는 WORKS_ON과 DEPENDENT의 투플들을 삭제하는 것은 타당해 보이나, EMPLOYEE나 DEPARTMENT 투플을 삭제하는 것은 맞지 않다.

일반적으로 DDL에 참조 제약 조건을 지정할 때 DBMS는 사용자에게 제약 조건을 위반할 때 적용할 다양한 옵션 중 사용할 것을 데이터베이스 설계자가 지정하도록 해야 한다. 5장에서는 SQL의 DDL을 사용하여 이런 옵션들을 지정하는 방법에 관해 논의한다.

### 4.3.3 갱신 연산

갱신(또는 수정) 연산은 릴레이션 *R*에 있는 투플들 중에서 하나 이상의 애트리뷰트 값을 변경하는 데 사용된다. 변경해야 할 투플을 선택하기 위해 릴레이션의 애트리뷰트에 조건을 명시해야 한다. 다음은 몇 가지 예를 보여준다.

- **연산**:
  Ssn = '999887777'인 EMPLOYEE 투플의 salary를 28000으로 갱신한다.
  결과: 허용된다.
- **연산**:
  Ssn = '999887777'인 EMPLOYEE 투플의 Dno를 1로 갱신한다.
  결과: 허용된다.
- **연산**:
  Ssn = '999887777'인 EMPLOYEE 투플의 Dno를 7로 갱신한다.
  결과: 참조 제약 조건의 위반으로 거부된다.
- **연산**:
  Ssn = '999887777'인 EMPLOYEE 투플의 Ssn을 '987654321'로 갱신한다.
  결과: 기본키와 참조 제약 조건의 위반으로 거부된다. 다른 투플의 기본키에 이미 존재하는 값이 반복되기 때문에 기본키 제약 조건을 위반한다. 그리고 Ssn의 기존 값을 참조하는 다른 릴레이션들이 있기 때문에 참조 제약 조건을 위반한다.

기본키나 외래키가 아닌 애트리뷰트의 갱신에는 아무런 문제가 없다. DBMS는 단지 새로운 값의 데이터 타입과 도메인이 정확한지 확인한다. 기본키는 투플을 구별하는 데 사용되므로 기본키 값의 변경은 하나의 투플을 삭제하고 같은 곳에 다른 투플을 삽입하는 것과 같다. 따라서 4.3.1절(삽입)과 4.3.2절(삭제)에서 이미 설명한 문제점이 나타난다. 외래키 애트리뷰트가 변경된다면 DBMS는 참조되는 릴레이션의 기존 투플을 변경된 값이 참조하거나 널이 되도록 보장해야 한다. 삭제 연산을 위해 논의한 옵션들처럼 갱신에 의한 참조 무결성 위반을 다루기 위한 다양한 옵션이 존재한다. 참조 무결성 제약 조건이 DDL에 명시되면 DBMS는 사용자가 삭제와 갱신에 의해 야기되는 위반을 다루기 위해 별도의 옵션을 선택하도록 허용한다(5.2절 참조).

### 4.3.4 트랜잭션 개념

데이터베이스 응용 프로그램은 관계 데이터베이스에 대해 하나 이상 트랜잭션들을 수행한다. **트랜잭션**은 데이터베이스로부터 읽기, 삽입, 삭제, 또는 갱신과 같은 데이터베이스 연산들을 수행하는 프로그램이다. 트랜잭션은 데이터베이스에 대해 명세화된 모든 제약 조건들을 만족하는 일관된(또는 타당한) 상태로 수행을 끝마쳐야 한다. 하나의 트랜잭션은 검색 연산(7장의 관계 대수와 관계 해석, 5장과 6장의 SQL언어에서 논의될 것임)과 갱신 연산 여러 개를 포함할 수 있다. 이러한 검색과 갱신은 데이터베이스에서 원자 단위로 수행된다. 예를 들어, 은행의 예금 인출 트랜잭션은 고객의 계좌 레코드를 읽어 충분한 잔액이 있는지 확인한 후 은행 인출을 처리한다.

**온라인 트랜잭션 프로세싱 시스템**(OLTP)에서의 수많은 상업용 응용 프로그램들은 초당 수백 개의 트랜잭션들을 수행한다. 이러한 트랜잭션 처리의 개념과 트랜잭션의 동시 수행, 그리고 실패로부터의 회복에 대해서는 19장~21장에서 설명한다.

## 4.4 요약

이 장에서는 관계 모델이 지원하는 모델링 개념과 자료 구조, 제약 조건들을 설명하였다. 도메인, 애트리뷰트, 투플의 개념을 설명하는 것으로 시작하여, 릴레이션의 구조를 기술하는 애트리뷰트들의 리스트로 릴레이션 스키마를 정의하였다. 하나의 릴레이션, 즉 릴레이션 상태는 스키마에 대응되는 투플들의 집합이다.

릴레이션은 보통의 테이블(표)이나 파일과 다른 여러 가지 특성을 갖는다. 첫째, 릴레이션은 투플들의 순서에 영향을 받지 않는다. 릴레이션 내의 투플들에는 순서가 없다. 둘째, 릴레이션 스키마 내의 애트리뷰트들의 순서와 그에 따른 투플 내의 값들의 순서는 같다. 이런 두 가지 순서가 필요없는 릴레이션의 또 다른 정의를 들었으나, 편의상 애트리뷰트와 투플 값들의 순서를 요구하는 정의로 설명을 진행하였다. 투플 내의 값들에 대하여 설명하였고, 누락되거나 알려지지 않은 정보에 대하여 이용하는 널 값을 소개하였다. 그리고 가능한 널 값의 사용을 피해야 함을 강조하였다.

데이터베이스 제약 조건을 본질적 모델 기반 제약 조건, 명시적 스키마 기반 제약 조건, 그리고 의미적 제약 조건이나 비즈니스 제약 조건으로도 알려진 응용 기반 제약 조건으로 분류하였다. 또, 애트리뷰트에 대한 도메인 제약 조건부터 시작하여 슈퍼키 및 후보키와 기본키의 개념을 포함한 키 제약 조건, NOT NULL 제약 조건 등 관계 모델에 내재된 스키마 제약 조건에 관해 논의하였다. 그리고 관계 데이터베이스와 관계 데이터베이스 스키마를 정의하였다. 추가적인 관계 제약 조건으로는 기본키에 속하는 애트리뷰트의 값이 널 값이 되지 않도록 하는 엔티티 무결성 제약 조건이 있다. 릴레이션 사이의 참조 무결성 제약 조건은 서로 다른 릴레이션에 속하는 투플들 간의 참조 일관성을 유지하기 위하여 사용된다.

관계 모델의 변경 연산에는 삽입, 삭제, 갱신이 있다. 각 연산은 제약 조건을 위반할 수 있다(4.3절 참조). 하나의 연산을 적용할 때마다 연산을 수행한 후의 데이터베이스 상태가 제약 조건을 위반하지 않는지 확인해야 한다. 마지막으로 트랜잭션의 개념을 소개하였다. 여러 연산의 그룹화는 해당 연산들을 하나의 원자 단위로 수행되는 것을 가능하게 하므로, 트랜잭션은 관계 DBMS에서 중요한 개념이다.

## 복습문제

4.1 다음 용어들을 정의하라.
도메인, 애트리뷰트, *n*-투플, 릴레이션 스키마, 릴레이션 상태, 릴레이션의 차수, 관계 데이터베이스 스키마, 관계 데이터베이스 상태

4.2 릴레이션의 투플들에 순서가 없는 이유는 무엇인가?

4.3 릴레이션에 중복 투플들이 허용되지 않는 이유는 무엇인가?

4.4 키와 슈퍼키의 차이점은 무엇인가?

4.5 릴레이션의 후보키들 중의 하나를 기본키로 지정하는 이유는 무엇인가?

4.6 릴레이션이 보통의 테이블이나 파일과 다른 특성을 설명하라.

4.7 릴레이션에 널 값이 생기는 여러 가지 이유를 설명하라.

4.8 엔티티 무결성과 참조 무결성 제약 조건을 설명하고, 그것들이 중요한 이유를 기술하라.

4.9 외래키를 정의하라. 왜 이 개념이 필요한가? 이것이 조인 연산에서 어떤 역할을 하는가?

4.10 트랜잭션이란 무엇인가? 갱신 연산과 무엇이 다른가?

## 연습문제

4.11 다음의 각 갱신 연산이 그림 4.6의 데이터베이스 상태에 적용된다고 가정하자. 각 연산이 혹시 위반하는 모든 무결성 제약 조건과, 이런 제약 조건을 지키기 위한 다른 방법들을 설명하라.

a. EMPLOYEE에 <'Robert', 'F', 'Scott', '943775543', '19752-06-21', '2365 Newcastle Rd', 'Bellaire', 'TX', M, 58000, '888665555', 1>을 삽입
b. PROJECT에 <'ProductA', 4, 'Bellaire', 2>를 삽입
c. DEPARTMENT에 <'Production', 4, '943775543', '2007-10-01'>을 삽입
d. WORKS_ON에 <'677678989', NULL, '40.0'>을 삽입
e. DEPENDENT에<'453453453', 'John', 'M', '1990-12-12', 'spouse'>를 삽입
f. WORKS_ON에서 Essn='333445555'인 투플을 삭제
g. EMPLOYEE에서 Ssn='987654321'인 투플을 삭제
h. PROJECT에서 Pname='ProductX'인 투플을 삭제
i. DEPARTMENT에서 Dnumber=5인 투플의 Mgr_ssn과 Mgr_start_date 애트리뷰트 값을 각각 '123456789'와 '2007-10-01'로 수정
j. EMPLOYEE에서 Ssn='999887777'인 투플의 Super_ssn 애트리뷰트 값을 '943775543'으로 수정

k. WORKS_ON에서 Essn='999887777'이고, Pno=10인 투플의 Hours 애트리뷰트 값을 '5.0'으로 수정

4.12 항공기 비행 정보를 기술하는 AIRLINE 관계 데이터베이스 스키마가 그림 4.8에 있다. 각 FLIGHT는 하나의 Flight_number에 의해 유일하게 식별되고, Leg_number가 1, 2, 3, …인 하나 이상의 FLIGHT_LEG들로 구성된다. 각 FLIGHT_LEG은 도착 및 출발 시간과 공항이 정해져 있고, 모든 비행 Date마다 하나 이상의 LEG_INSTANCE들을 갖는다. 다수의 FARE(운임)들이 각 FLIGHT마다 주어진다. 각 FLIGHT_LEG 인스턴스에 대해 다수의 SEAT_RESERVATION과 그 노선에 사용된 AIRPLANE과 실제 도착 및 출발 시간과 공항을 저장한다. 한 AIRPLANE은 Airplane_id로 유일하게 식별되고 특정 AIRPLANE_TYPE을 갖는다. CAN_LAND는 AIRPLANE_TYPE과 착륙할 수 있는 AIRPORT를 연결시킨다. 한 AIRPORT는 Airport_code로 유일하게 식별된다. 주어진 날짜에 특정 비행 또는 노선을 예약할 수 있도록 AIRPLANE 데이터베이스를 갱신하려 한다.

a. 이 갱신을 위한 연산을 나타내라.
b. 어떤 형태의 제약 조건을 검사해야 할 것으로 생각되는가?
c. 이 제약 조건들 중 키, 엔티티 제약 조건, 참조 무결성 제약 조건인 것은 어느 것이고, 아닌 것은 어느 것인가?
d. 그림 4.8의 스키마에 적용되는 모든 참조 무결성 제약 조건을 기술하라.

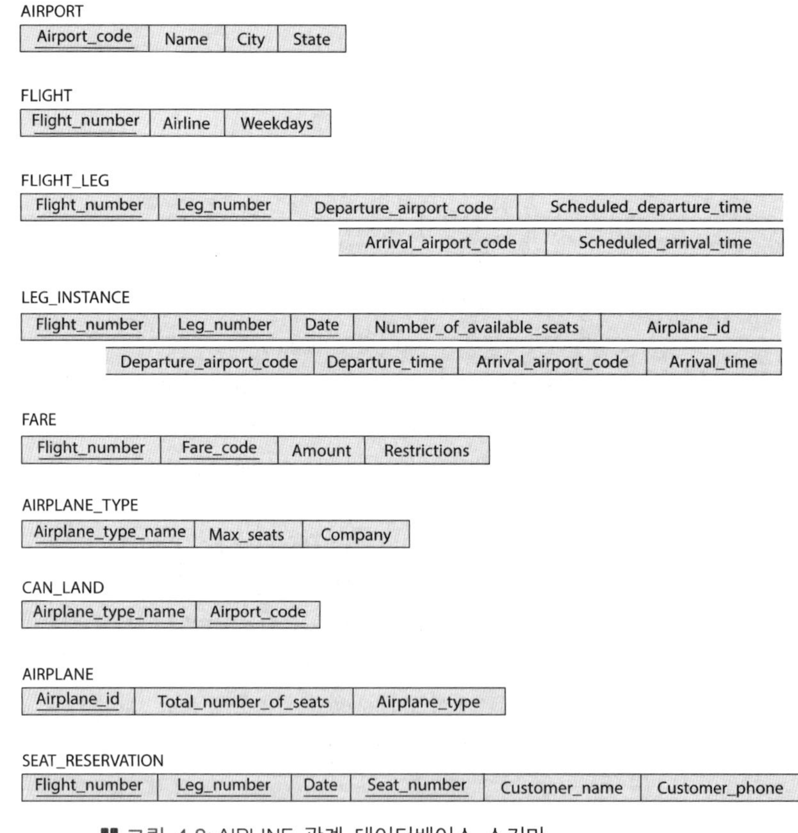

그림 4.8 AIRLINE 관계 데이터베이스 스키마

**4.13** 다음 릴레이션을 고려해 보자. CLASS(Course#, Univ_section#, Instructor_name, Semester, Building_code, Time_period, Weekdays, Credit_hours).
이 릴레이션은 대학에서 가르치는 강의들을 나타낸다. 각 강의는 유일한 Univ_section#을 갖는다. 후보키를 찾아내고, 그 후보키들이 유효하기 위한 조건 또는 가정들을 설명하라.

**4.14** 회사에서 주문을 처리하는 데이터베이스 응용 프로그램을 위한 6개의 릴레이션이 있다.

CUSTOMER(<u>Cust#</u>, Cname, City)
ORDER(<u>Order#</u>, Odate, Cust#, Ord_amt)
ORDER_ITEM(<u>Order#</u>, Item#, Qty)
ITEM(<u>Item#</u>, Unit_price)
SHIPMENT(<u>Order#</u>, Warehouse#, Ship_date)
WAREHOUSE(<u>Warehouse#</u>, City)

여기서 Ord_amt는 어떤 주문의 총 금액이고, Odate는 주문이 들어온 날짜이다. Ship_date는 창고(Warehouse)로부터 주문(또는 일부 주문)에 대한 배송이 이루어진 날짜이다.
하나의 주문은 여러 창고로부터 배송될 수 있다.
필요하면 스스로 가정을 만들고 위의 스키마의 외래키들을 명시하라.
이 데이터베이스에 대해 어떤 다른 제약 조건들을 생각할 수 있는지 설명하라.

**4.15** 판매 회사에서 판매원들의 출장 정보를 기록하는 데이터베이스를 위한 릴레이션들이 다음과 같다.

SALESPERSON(<u>Ssn</u>, Name, Start_year, Dept_no)
TRIP(Ssn, From_city, To_city, Departure_date, Return_date, <u>Trip_id</u>)
EXPENSE(<u>Trip_id</u>, <u>Account#</u>, Amount)

출장 비용은 하나 혹은 이상의 계좌로 청구될 수 있다. 필요하면 스스로 가정을 만들고 위의 스키마의 외래키를 명시하라.

**4.16** 학생들의 강좌 수강과 각 강좌에 사용된 교재를 기록하는 데이터베이스를 위한 릴레이션들이 다음과 같다.

STUDENT(<u>Ssn</u>, Name, Major, Bdate)
COURSE(<u>Course#</u>, Cname, Dept)
ENROLL(<u>Ssn</u>, <u>Course#</u>, <u>Quarter</u>, Grade)
BOOK_ADOPTION(<u>Course#</u>, <u>Quarter</u>, Book_isbn)
TEXT(<u>Book_isbn</u>, Book_title, Publisher, Author)

필요하면 스스로 가정을 만들고 위의 스키마의 외래키를 명시하라.

**4.17** 자동차 판매상에서 자동차 판매 기록을 관리하는 데이터베이스를 위한 릴레이션들이 다음과 같다(OPTION은 자동차에 설치된 옵션 장치를 가리킨다).

CAR(<u>Serial_no</u>, Model, Manufacturer, Price)
OPTION(<u>Serial_no</u>, <u>Option_name</u>, Price)
SALE(<u>Salesperson_id</u>, <u>Serial_no</u>, Date, Sale_price)
SALESPERSON(<u>Salesperson_id</u>, Name, Phone)

필요하면 스스로 가정을 만들고 위의 스키마의 외래키들을 명시하라. 위의 릴레이션에 몇 개의 투플을 삽입한 후, SALES와 SALESPERSON 릴레이션에 대한 참조 무결성 제약 조건을 위반하는 삽입과 위반하지 않는 삽입의 예를 보여라.

**4.18** 데이터베이스를 설계할 때는 애트리뷰트의 저장에 대해 결정해야 한다. 예를들면, 사회보장번호를 하나의 애트리뷰트가 아닌 세 개의 애트리뷰트들로 나누어 저장할 수 있다('XXX-XX-XXXX'와 같은 사회보장번호의 경우 하이픈으로 구분된 세 개의 숫자들의 집합을 각 애트리뷰트에 나누어 저장할 수 있다). 그러나 일반적으로 사회보장번호는 하나의 애트리뷰트로 표현된다. 이러한 결정은 데이터베이스를 어떻게 사용할 것인가에 따라 달라진다. 사회보장번호를 나누어서 저장하는 것이 더 유용한 경우를 설명하라.

**4.19** UNIVERSITY 데이터베이스에서 Name, Ssn, Local_phone, Address, Cell_phone, Age, Gpa로 이루어진 STUDENT 릴레이션을 생각해 보자. 여기서 이동 전화기의 지역 번호는 유선 전화기의 지역 번호와 서로 다를 수 있다. 이때 가능한 릴레이션의 투플들은 아래와 같다.

| Name | Ssn | Local_phone | Address | Cell_phone | Age | Gpa |
|---|---|---|---|---|---|---|
| George Shaw<br>William Edwards | 123-45-6789 | 555-1234 | 123 Main St.,<br>Anytown, CA 94539 | 555-4321 | 19 | 3.75 |

a. 위의 예제에서 Local_phone과 Cell_phone 애트리뷰트에 빠진 중요한 정보는 무엇인가? (힌트: 다른 주 또는 지방에 사는 사람들에게 어떻게 전화를 거는가?)

b. 이 추가적인 정보를 Local_phone과 Cell_phone 애트리뷰트에 저장하는 것이 좋은가? 아니면 STUDENT 스키마에 새로운 애트리뷰트를 추가하여 저장하는 것이 좋은가?

c. 이름을 하나의 Name 애트리뷰트가 아닌 세 개의 애트리뷰트들(이름, 중간이름, 성)로 나누어 저장할 때의 장점과 단점은 무엇인가?

d. 정보를 저장할 때, 하나의 애트리뷰트에 저장할지 아니면 여러 개의 애트리뷰트들로 나누어 저장할지에 대한 결정을 내리는 데 도움이 되는 일반적인 지침은 무엇인가?

e. 학생이 0개부터 5개 사이의 전화번호를 가질 수 있다고 가정하자. 이러한 가정을 처리할 수 있는 서로 다른 두 가지 설계 방법을 제시하라.

*4.20* 최근에 바뀐 개인 보호 법률에서는 특별한 경우를 제외하고는 조직에서 개인 확인을 위하여 사회보장번호를 사용하는 것을 금지하고 있다. 그 결과 대부분의 미국 대학에서는 재무 데이터를 제외하고는 사회보장번호를 기본키로 사용하지 않는다. 실제로 Studnet_id가 시스템 전반에 걸쳐 사용될 수 있기 때문에 사회보장번호보다 각 학생들에게 부여된 고유 번호인 Student_id를 기본키로 더 사용하고 있다.

a. 일부 데이터베이스 설계자들은 Student_id와 같은 기본키로부터 만들어진 생성키(대리키로도 불림)를 사용하는 것을 꺼려한다. 왜냐하면 생성키는 인공적으로 만들어진 것이기 때문이다. UNIVERSITY 데이터베이스에서 학생 기록을 식별저장 하는데 기본키로 사용될 수 있는 인공적이지 않은 키들은 무엇인가?
b. 성을 포함하는 인공적이지 않은 키들의 유일성을 보장할 수 있다고 가정하자. 데이터베이스에서 성이 바뀌지 않는다는 것을 보장할 수 있는가? 만약 성이 바뀔 수 있다면, 성을 포함하면서 유일성을 보장하는 기본키를 생성하는 방법은 무엇인가?
c. 생성키(대리키)를 사용하는 것의 장단점은 무엇인가?

## 주요 참고문헌

관계 모델은 Codd(1970)가 한 고전적인 논문에서 제안하였다. Codd는 또한 관계 대수를 소개하였고 그의 연속된 논문(Codd 1971, 1972, 1972a, 1974)에서 관계 모델의 이론적 기반을 확립하였다. 그는 후에 관계 모델의 업적으로 ACM (Association for Computing Machinery)의 가장 최고의 영예인 Turing 상을 받았다. 이후의 논문에서 Codd(1979)는 릴레이션에 관한 메타데이터와 의미론을 좀 더 포함하기 위해 관계모델을 확장하였고, 릴레이션의 불확실성을 다루고 관계 대수에 널 값을 포함시키기 위해 3-valued 논리를 제안하였다. 이 모델이 RM/T이다. Childs(1968)는 데이터베이스를 모델링하기 위하여 집합론을 초기에 이용하였다. 나중에 Codd(1990)는 관계 데이터 모델과 데이터베이스 시스템의 300개 이상의 특징을 다룬 책을 출판하였다. Date(2001)는 관계 데이터 모델을 재검토하고 분석하였다.

Codd의 선구자적인 연구 이후 관계 모델의 여러 측면에 관하여 많은 연구가 수행되었다. Todd(1976)는 관계 대수 연산들을 직접 구현한 실험적 DBMS(PRTV라 부름)에 관해 설명하였다. Date(1983a)는 외부 조인을 논의하였다. Schmidt와 Swenson(1975)은 릴레이션의 유형들을 분류함으로써 관계 모델에 추가적인 의미를 제안하였다. 3장에서 논의한 Chen(1976)의 엔티티 관계 모델은 개념 수준에서 관계 데이터베이스의 실세계 의미를 다루는 데 사용된다. Wiederhold와 Elmasri(1979)는 제약 조건들을 확장하기 위하여 릴레이션들 간의 여러 가지 유형의 연관을 제안하였다. 관계 모델의 확장은 10장과 25장에서 논의한다. 관계 모델의 다른 측면과 이의 언어, 시스템, 확장, 이론 등에 대한 추가적인 참고문헌은 5~8장, 13장, 14장, 22장, 27장을 참조한다. Maier(1983)와 Atzeni 외(1993)는 관계 데이터 모델의 광범위한 이론적인 처리 방법을 제시하였다.

# 기본적인 SQL

SQL 언어는 관계 데이터베이스가 상업적으로 성공할 수 있었던 중요한 요인 중의 하나로 간주되고 있다. SQL이 관계 데이터베이스의 표준이 되었기 때문에, 사용자는 자신의 데이터베이스 응용을 오래된 네트워크나 계층 시스템과 같은 다른 유형의 데이터베이스 시스템에서 관계 시스템으로 변경하는 것에 관하여 크게 염려하지 않아도 된다. 이것은 사용자가 자신이 선택하여 사용하던 어떤 관계 DBMS 제품이 만족스럽지 않아서 다른 관계 DBMS 제품으로 전환하고자 하더라도 두 시스템이 동일한 언어 표준을 사용하기 때문에 많은 비용과 시간이 요구되지 않는다. 물론 실제적으로 여러 상업용 관계 DBMS 패키지 간에는 차이점이 있다. 그러나 만일 사용자가 표준 기능의 일부만 열심히 사용하고 두 관계 DBMS가 표준을 충실히 따른다면, 두 시스템 간의 변환은 훨씬 쉬워진다. 이런 표준을 사용함으로써 얻을 수 있는 또 다른 장점으로는 사용자들이 두 개 이상의 관계 DBMS에 저장된 데이터를 접근하는 데이터베이스 응용 프로그램을 작성하는데, 만일 그 두 개 이상의 관계 DBMS가 표준 SQL을 지원한다면 데이터베이스 부속어(SQL)의 수정없이 작성할 수 있다는 것이다.

4장에서는 관계 데이터 모델의 바탕이 되는 주요 이론에 관해 설명했지만 이 장에서는 상업용 관계 DBMS를 위한 SQL 표준의 기초가 되는 실용적인 관계 모델에 관해 기술한다. 7장(7.1절~7.5절까지)에서는 관계 대수연산들에 관하여 논의할 것이다. 이 연산들은 관계 데이터베이스에서 표현할 수 있는 요청들의 유형을 이해하는 데 매우 중요하며, 17장과 18장에서 설명할 관계 DBMS에서의 질의 처리와 최적화를 위해서도 중요하다. 그러나 관계 대수연산은 대부분의 상업용 DBMS 사용자에게는 너무 저수준의 언어이다. 왜냐하면 관계 대수의 질의는 원하는 결과를 생성하기 위한 연산들의 순서로 작성되기 때문이다. 따라서 관계 대수 질의를 작성할 때, 사용자는 질의 연산들을 어떻게 수행할 것인가를 순서대로 기술해야 한다. 이에 반해서 대부분의 상업용 관계 DBMS는 고수준의 선언적 언어 인터페이스인 SQL을 제공하기 때문에, 사용자들은 DBMS가 질의를 실행하기 위해서 선택하는 방법과 실제적인 최적화 방안은 신경 쓰지 않고 질의 결과가 무엇인가 만을 명시하면 된다. SQL은 관계 대수의 몇 가지 기능을 포함하고는 있지만 투플 관계 해석에 주로 바탕을 두고 있다. 투플 관계 해석은 7.6절에서 설명할 것이다. 하지만 SQL은 이런 정형적 언어(즉, 관계 대수와 관계 해석)들보다 더 사용하기 편리하다.

SQL의 이름은 Structured Query Language로 현재 널리 알려져 있다. SQL은 원래 SEQUEL (Structured English QUEry Language)로 명명되었고, SYSTEM R이라고 부르는 실험용 관계 DBMS의 인터페이스로 사용하기 위해서 IBM 연구소에서 설계 및 구현되었다. SQL은 지금 상업용 관계 DBMS의 표준 언어이다. SQL 표준화는 American National Standards Institute(ANSI)와 International Standards Organization (ISO)의 공동 노력으로 진행되었으며, 첫번째 SQL 표준으로 SQL-86 또는 SQL1을 발표하였다. 그 후에 기능이 더욱 확장된 SQL-92(SQL2라고도 함)가 개발되었다. 잘 알려진 그 다음 버전은 SQL-1999이며, 이는 SQL3으로 시작되었다. 이 표준을 두 차례 수정하여 SQL:2003과 SQL:2006을 만들었는데, 이들은 기존 기능을 몇 가지 변경하고 XML 기능을 추가한 내용을 담고 있다(12장 참조). 2008년에 또 다시 확장하여 SQL 내에 더 많은 객체 데이터베이스 기능들을 포함하도록 하였으며(11장 참조), 이를 다시 확장한 것이 SQL:2011이다. 이 책에서는 가능한 한 가장 최신의 SQL 버전을 사용할 것이다. 하지만 좀 더 최신의 몇 가지 기능들은 이후 장들에서 설명할 것이다. 또한 이 책에서 SQL의 모든 기능을 설명하는 것은 불가능하다. 새로운 기능이 SQL에 추가될 경우, 상용 SQL DBMS에서 이 기능들을 제공하려면 보통 몇 년이 걸린다는 것을 알아야 한다.

SQL은 포괄적인 데이터베이스 언어이다. 데이터 정의, 질의, 갱신을 위한 문들을 가지고 있다. 따라서 SQL은 데이터 정의어와 데이터 조작어를 모두 포함한다. 또한 데이터베이스에서 뷰를 정의하고, 보안과 권한 관리를 명시하고, 무결성 제약 조건을 정의하고, 트랜잭션 제어를 명시하는 기능들을 가지고 있다. 그리고 Java, COBOL, 또는 C/C++와 같은 범용 프로그래밍 언어로 작성된 프로그램에 SQL 문들을 삽입하기 위한 기능들도 있다.[1] (SQL-1999를 시작으로) 그 이후의 SQL 표준들은 핵심(core) 명세와 특별 확장의 두 부분으로 나누어진다. 핵심 부분은 SQL를 따르는 모든 RDBMS 업체들이 구현해야 하는 부분이다. 확장 부분은 데이터 마이닝, 공간 데이터, 이력 데이터, 데이터 웨어하우징, 온라인 분석 처리(OLAP) 등과 같은 특별한 데이터베이스 응용을 위해 독립적으로 구입해야 하는 선택적인 모듈로 구현될 수 있다.

1) 초기의 SQL에는 릴레이션을 나타내는 파일에 대해 인덱스들을 생성하고 제거하는 문이 있었지만 이후의 SQL 표준에는 제거되었다.

SQL은 매우 중요하고 폭넓은 주제이기 때문에 두 장에 걸쳐 그 기본적인 기능을 설명한다. 5.1절은 스키마와 테이블을 생성하기 위한 SQL DDL 명령을 설명하며, SQL에서 사용하는 기본적인 데이터 타입에 대해 개괄적으로 설명한다. 5.2절에서는 키와 참조 무결성 등과 같은 기본적인 제약 조건을 어떻게 명시하는지 설명한다. 5.3절에서는 검색 질의를 표현하기 위한 SQL의 기본 구조에 관해서 설명한 후, 5.4절에서는 데이터의 삽입과 삭제, 자료 갱신을 위한 SQL 명령을 설명한다.
6장에서는 더 복잡한 SQL 검색 질의와 함께 스키마를 변경하는 ALTER 명령문에 대해 설명하고, 데이터베이스에 대한 더 일반적인 제약 조건을 명시하는 데 사용하는 CREATE ASSERTION 문장에 대해 설명하며, 트리거 개념에 대해서도 소개하는데, 이 트리거에 대해서는 25장에서 더 자세히 설명한다. 6장에서는 데이터베이스에 대한 뷰(view)를 정의하는 SQL의 기능을 설명한다. 뷰는 이전에 정의된 테이블로부터 유도된 정보들을 마치 또 다른 하나의 테이블처럼 사용자들에게 보여주기 때문에 이 뷰를 가상적인 또는 유도된 테이블이라고 부르기도 한다.

5.5절에서는 이 책의 다른 장들에서 소개할 여러 SQL 기능들을 소개한다. 이런 기능들로는 11장의 객체지향 기능, 12장의 XML, 19장의 트랜잭션 제어, 25장의 능동 데이터베이스 (트리거), 27장의 보안/권한 등이 있다. 5.6절에서 이 장을 요약한다. 9장과 10장에서는 SQL을 사용하여 프로그래밍하기 위한 여러 가지 데이터베이스 프로그래밍 기법들에 대해 소개한다.

## 5.1 SQL의 데이터 정의와 데이터 타입

SQL은 관계 데이터 모델의 릴레이션, 투플, 애트리뷰트들에 대해 각각 테이블, 행, 열이라는 용어를 사용한다. 앞으로 서로 대응되는 용어들을 번갈아 가며 사용할 것이다. 데이터를 정의하기 위한 기본적인 SQL 명령은 CREATE 문인데, 이것은 스키마, 테이블(릴레이션), 타입, 도메인(뷰, 주장, 트리거 등과 같은 다른 구조물까지 포함함) 등을 생성할 때 사용할 수 있다. 이러한 CREATE 문을 설명하기 전에, 스키마와 카탈로그의 개념을 5.1.1절에서 먼저 설명한다. 5.1.2절에서는 테이블 생성 방법을, 5.1.3절에서는 애트리뷰트가 가질 수 있는 데이터 타입들을 설명한다. SQL은 기능이 워낙 많기 때문에 여기서는 중요한 기능들에 대해서만 설명한다. 더 자세한 사항들은(참고문헌에 있는) 여러 SQL 표준 문서를 참조하기 바란다.

### 5.1.1 SQL에서 스키마와 카탈로그 개념

SQL의 초기 버전은 관계 데이터베이스 스키마의 개념을 포함하지 않고, 모든 테이블(릴레이션)을 같은 스키마에 속하는 것으로 간주하였다. 그러나 SQL2에서부터 동일한 데이터베이스 응용에 속해 있는 테이블이나 기타 구성 요소들을 그룹화하기 위해서 SQL에 스키마 개념을 포함하였다(어떤 시스템에서는 *스키마*를 *데이터베이스*라고 부른다). SQL 스키마(schema)는 스키마 이름으로 식별하며, 스키마의 각 원소에 대한 기술자(descriptor)뿐만 아니라 스키마를 소유하는 사용자나 계정을 가리키는 권한 부여 식별자도 포함한다. 스키마 원소에는 스키마를 기술하는 테이블, 제약 조건, 뷰, 도메인, 그 외의 구성요소(권한 부여 등)들이 있다. 스키마는 CREATE SCHEMA 문을 이용하여 생성하며 이 문은 모든 스키마 원소의 정의를 포함할 수 있다. 또 다른 방법으로 스키마는 이름과 권한 부여 식별자를 할당받고 나중에 원소들을 정의할 수 있다. 예를 들어, 다음 문은 'Jsmith'라는 권한 부여 식별자를 갖는 사용자가 소유하고 있는 COMPANY라는 스키마를 생성한다.

```
CREATE SCHEMA COMPANY.AUTHORZATION 'Jsmith';
```

일반적으로, 모든 사용자들이 스키마와 스키마 요소들을 생성할 수 있는 권한을 가지는 것은 아니다. 스키마, 테이블 및 다른 구조물을 생성하는 권한은 시스템 관리자나 DBA에 의해 허락된 사용자 계정에게만 명시적으로 허가해야 한다.

SQL은 스키마 개념과 함께 카탈로그(스키마들의 모임으로서 이름을 가짐) 개념을 사용한다. 보통 데이터베이스를 설치하면 디폴트 환경과 스키마를 갖는다. 그래서 사용자는 그 설치된 데이터베이스에 연결하고 로그인하여, 특정 스키마 이름을 명시하지 않고 디폴트 스키마 내에 있는 테이블과 기타 구조물들을 직접 참조할 수 있다.[2] 카탈로그(catalog)는 항상 INFORMATION_SCHEMA라고 부르는 특별한 스키마를 포함하고 있는데, 이는 카탈로그 내에 있는 모든 스키마들과 이들 스키마 내의 모든 원소 기술문들에 대한 정보를 제공

2) SQL은 카탈로그의 클러스터 개념을 포함하기도 한다.

한다. 참조 무결성과 같은 무결성 제약 조건은 동일한 카탈로그 내의 스키마들 안에 존재하는 릴레이션들 사이에서만 정의할 수 있다. 또한 동일한 카탈로그 내의 스키마들은 타입과 도메인 정의와 같은 몇 가지 원소를 공유할 수 있다.

### 5.1.2 SQL의 CREATE TABLE 명령

CREATE TABLE 명령은 릴레이션의 이름과 함께 애트리뷰트와 초기 제약 조건들을 명시하여 새로운 릴레이션을 생성하는 데 사용한다. 먼저 애트리뷰트들을 명시하는데, 각 애트리뷰트마다 이름, 값의 도메인을 명시하는 데이터 타입, 필요시 NOT NULL과 같은 애트리뷰트 제약 조건을 기술한다. 키, 엔티티 무결성, 참조 무결성 등의 제약 조건은 애트리뷰트들이 선언된 후 CREATE TABLE 구문 안에서 표현되거나, 나중에 ALTER TABLE명령을 통해 표현될 수 있다(6장 참조). 그림 5.1은 그림 3.7의 COMPANY 관계 데이터베이스 스키마에 대한 데이터 정의문을 SQL로 나타낸 예를 보여준다.

일반적으로 릴레이션들이 선언되는 SQL 스키마는 CREATE TABLE 문이 실행되는 환경 내에 묵시적으로 명시된다. 또 다른 방법으로는 릴레이션 이름 앞에 스키마 이름과 함께 점(.)을 붙여서 명시적으로 표시할 수도 있다. 예를 들어, 그림 5.1의

```
CREATE TABLE COMPANY.EMPLOYEE …
```

대신에

```
CREATE TABLE EMPLOYEE …
```

라는 명령으로 EMPLOYEE 테이블이 COMPANY SQL 스키마의 일부임을(묵시적이 아닌) 명시적으로 표시할 수 있다.

CREATE TABLE 명령을 통해 정의된 릴레이션은 기본 테이블(혹은 기본 릴레이션, base table)이라고 한다. 이것은 테이블과 그 행들이 실제적으로 DBMS의 파일로 생성되고 저장된다는 것을 의미한다. 기본 릴레이션은 실제적으로 물리적인 파일로 저장할 수도 있고 그렇지 않을 수도 있는 CREATE VIEW 명령(6장 참조)을 통해 생성되는 가상 릴레이션(virtual table)과는 차이가 있다. 기본 테이블의 SQL 애트리뷰트는 CREATE TABLE 명령에 명시되는 순서대로 순서를 갖지만, 행(투플)은 릴레이션 내에서 순서를 갖지 않는다.

그림 5.1에서는 외래키들이 순환 참조하도록 선언하거나 아직 생성되지 않은 테이블을 참조하기 때문에 외래키에 오류가 발생한다는 것을 기억하기 바란다. 예를 들어, EMPLOYEE 테이블에 있는 외래키 Super_ssn은 자신의 EMPLOYEE 테이블을 참조하는 순환 참조이다. EMPLOYEE 테이블에 있는 외래키 Dno는 아직 생성되지 않은 DEPARTMENT 테이블을 참조한다. 이런 문제들을 해결하기 위해서는 초기 CREATE TABLE 문에서는 이들 제약 조건을 포함하지 않고, ALTER TABLE 문을 사용하여 나중에 추가할 수 있다(6장 참조). COMPANY 스키마 전체를 한꺼번에 볼 수 있도록 그림 5.1에 모든 외래키들을 표시하였다.

```
CREATE TABLE EMPLOYEE
        ( Fname                 VARCHAR(15)         NOT NULL,
          Minit                 CHAR,
          Lname                 VARCHAR(15)         NOT NULL,
          Ssn                   CHAR(9)             NOT NULL,
          Bdate                 DATE,
          Address               VARCHAR(30),
          Sex                   CHAR,
          Salary                DECIMAL(10,2),
          Super_ssn             CHAR(9),
          Dno                   INT                 NOT NULL,
        PRIMARY KEY (Ssn),
        FOREIGN KEY (Super_ssn) REFERENCES EMPLOYEE(Ssn) );
        FOREIGN KEY (Dno) REFERENCES DEPARTMENT(Dnumber) );
CREATE TABLE DEPARTMENT
        ( Dname                 VARCHAR(15)         NOT NULL,
          Dnumber               INT                 NOT NULL,
          Mgr_ssn               CHAR(9)             NOT NULL,
          Mgr_start_date        DATE,
        PRIMARY KEY (Dnumber),
        UNIQUE (Dname),
        FOREIGN KEY (Mgr_ssn) REFERENCES EMPLOYEE(Ssn) );
CREATE TABLE DEPT_LOCATIONS
        ( Dnumber               INT                 NOT NULL,
          Dlocation             VARCHAR(15)         NOT NULL,
        PRIMARY KEY (Dnumber, Dlocation),
        FOREIGN KEY (Dnumber) REFERENCES DEPARTMENT(Dnumber) );
CREATE TABLE PROJECT
        ( Pname                 VARCHAR(15)         NOT NULL,
          Pnumber               INT                 NOT NULL,
          Plocation             VARCHAR(15),
          Dnum                  INT                 NOT NULL,
        PRIMARY KEY (Pnumber),
        UNIQUE (Pname),
        FOREIGN KEY (Dnum) REFERENCES DEPARTMENT(Dnumber) );
CREATE TABLE WORKS_ON
        ( Essn                  CHAR(9)             NOT NULL,
          Pno                   INT                 NOT NULL,
          Hours                 DECIMAL(3,1)        NOT NULL,
        PRIMARY KEY (Essn, Pno),
        FOREIGN KEY (Essn) REFERENCES EMPLOYEE(Ssn),
        FOREIGN KEY (Pno) REFERENCES PROJECT(Pnumber) );
CREATE TABLE DEPENDENT
        ( Essn                  CHAR(9)             NOT NULL,
          Dependent_name        VARCHAR(15)         NOT NULL,
          Sex                   CHAR,
          Bdate                 DATE,
          Relationship          VARCHAR(8),
        PRIMARY KEY (Essn, Dependent_name),
        FOREIGN KEY (Essn) REFERENCES EMPLOYEE(Ssn) );
```

그림 5.1 그림 4.7의 COMPANY 스키마를 정의하는 SQL CREATE TABLE 데이터 정의문

### 5.1.3 SQL에서 애트리뷰트 데이터 타입과 도메인

애트리뷰트에 대해 명시할 수 있는 기본 데이터 타입들에는 숫자, 문자열, 비트열, 불리언, 날짜, 시간 등이 있다.

- **숫자**(numeric) 데이터 타입은 다양한 크기의 정수(INTEGER, INT, SMALLINT)들과, 다양한 정밀도의 부동 소수 점수(실수) (FLOAT, REAL, DOUBLE PRECISION) 등을 포함한다. 형식화된 수들은 DECIMAL($i$, $j$)(또는 DEC($i$, $j$)나 NUMERIC($i$, $j$)를 이용하여 선언할 수 있다. 여기서 정밀도 $i$는 십진 숫자들의 총 개수이고 스케일 $j$는 소수점 뒤에 오는 숫자들의 개수이다. 스케일의 디폴트 값은 0이고 정밀도의 디폴트 값은 구현에 따라 달라진다.
- **문자열**(character string) 데이터 타입은 고정 길이(CHAR($n$) 또는 CHARACTER($n$), 여기서 $n$은 문자 수)이거나 가변 길이(VARCHAR($n$) 또는 CHAR VARYING($n$) 또는 CHARACTER VARYING($n$), 여기서 $n$은 최대 문자 수)이다. 문자열 값은 작은 따옴표(' ') 사이에 명시하며 대문자와 소문자를 구분한다.[3]고정 길이 문자열의 경우, 주어진 길이보다 작은 문자열은 문자열의 오른쪽에 공백으로 채운다. 예를 들어 CHAR(10)인 애트리뷰트에 'Smith'라는 값이 오면 5개의 공백이 채워지게 되고 'Smith'가 된다. 일반적으로 채워진 공백은 문자열을 비교할 때 무시된다. 서로 비교할 때는 문자열은 알파벳 순서(혹은 사전 편찬 순서)로 비교된다. 만약 *str1*이란 문자열이 알파벳 순서에 의해 *str2*라는 문자열 앞에 온다면 *str1*은 *str2*보다 더 작다고 간주된다.[4] SQL에는 두 문자열을 서로 합칠 수 있는 ‖(이중종선)로 표시되는 연결(concatenation) 연산이 있다. 예를 들어, 'abcXYZ'의 결과는 'abcXYZ'의 단일 문자열이다. 문서와 같이 많은 문자값을 갖는 열을 사용하기 위해 CHARACTER LARGE OBJECT 또는 CLOB이라고 불리는 또 다른 가변 길이 문자열 데이터 타입을 사용할 수 있다. CLOB의 최대 길이는 킬로바이트(K), 메가바이트(M), 또는 기가바이트(G) 단위로 지정할 수 있다. 예를 들면, CLOB(20M)은 최대 길이가 20메가바이트임을 표시한다.
- **비트열**(bit-string) 데이터 타입은 고정 길이(BIT($n$))이거나 가변 길이(BITVARYING($n$), 여기서 $n$은 최대 비트 수)이다. 문자열이나 비트열의 길이 $n$의 디폴트 값은 1이다. 비트열 상수는 작은 따옴표 사이에 명시하지만 문자열과 구분하기 위하여 B를 그 앞에 붙인다. 예를 들어, B '10101'[5]는 비트열이다. 이미지와 같이 큰 이진값을 갖는 열을 사용하기 위해 BINARY LARGE OBJECT 또는 BLOB이라고 불리는 또 다른 가변 길이 비트열 데이터 타입을 사용할 수 있다. CLOB에서와 마찬가지로, BLOB의 최대 길이도 킬로바이트(K), 메가바이트(M), 또는 기가바이트(G) 단위로 지정할 수 있다. 예를 들면, BLOB(30G)은 최대 길이가 30기가바이트임을 표시한다.

---

3) CREATE나 CHAR와 같은 SQL의 키워드에는 해당되지 않는다. 키워드에서 SQL은 대문자와 소문자를 동일하게 다룬다.
4) 알파벳 순서가 아닌 문자열에서는 정의된 순서를 사용한다.
5) 4의 배수 길이의 비트열은 16진법을 표기할 수 있다. 단, 문자열은 X를 앞에 붙여야 하며 각 16진수 문자는 4비트로 표현한다.

- **불리언**(boolean) 데이터 타입은 참 또는 거짓 중의 한 값을 가진다. SQL에서는 널 값이 존재하기 때문에 세 값을 갖는 논리(three-valued logic)가 사용된다. 불리언 데이터 타입에 올 수 있는 3번째 논리값은 UNKNOWN이다. UNKNOWN의 필요성과 세 값을 갖는 논리에 대하여는 6장에서 설명한다.
- **날짜**(DATE) 데이터 타입은 10개의 자리 수를 가지며 YEAR, MONTH, DAY을 구성 요소로 갖는다. 전형적인 형식은 YYYY-MM-DD이다. TIME은 최소한 8개의 자릿수를 가지며 HOUR, MINUTE, SECOND를 구성 요소로 갖는다. 전형적인 형식은 HH:MM:SS이다. SQL 구현 시에 유효한 날짜와 시간만 허용해야 한다. 즉, 월은 1과 12사이이고 일은 01과 31사이여야 한다. 또한, 일은 해당 월에서 유효한 일이어야 한다. 날짜나 시간을 비교하기 위하여 부등호 < (더 작음) 등을 사용할 수 있다. 이것은 이전 날짜가 최근의 날짜보다 더 작다고 간주하며, 시간의 경우도 마찬가지이다. 이들 타입의 상수값들은 작은따옴표 사이에 표기하며, DATE나 TIME과 같은 키워드를 앞에 붙인다. 예를 들면 DATE '2014-09-27'이나 TIME '09:12:47'과 같다. 또한 TIME($i$) 데이터 타입($i$는 초 단위의 소수 부분 정밀도)은 TIME보다 $i+1$만큼의 추가 자릿수를 가지며, 그 중의 한 자리를 마침표(.) 분리 문자로 사용하고, 나머지 $i$자리는 소수점 이하의 십진 자리로 사용한다. TIME WITH TIME ZONE 데이터 타입은 표준 시간대로부터의 변위값을 가리키기 위하여 6개의 추가 자릿수를 가지며, 그 범위는 시:분 단위로 13:00에서 12:59까지이다. 만일 WITH TIME ZONE을 포함하지 않는 경우의 디폴트 값은 SQL 세션에 대한 지역 시간대이다. 아래에 몇 가지 추가적인 데이터 타입이 설명돼 있다. 여기서 설명한 타입들이 추가적인 데이터 타입의 전부는 아니며, 서로 다른 제품들마다 많은 데이터 타입을 SQL에 추가하고 있다.
- **타임스탬프**(TIMESTAMP) 데이터 타입은 날짜와 시간 필드를 포함하고, 초의 소수점 이하 부분을 위하여 최소한 6자리와 선택 사항인 WITH TIME ZONE 정량자를 추가로 포함한다. 상수값은 키워드 TIMESTAMP 다음에 작은 따옴표 내에 표시하며, 날짜와 시간 사이에 공백을 넣어 구분한다. 예를 들면, TIMESTAMP '2014-09-27 09:12:47.648302'와 같다.
- DATE, TIME, TIMESTAMP와 연관된 다른 데이터 타입으로 INTERVAL 데이터 타입이 있다. 이 타입은 날짜, 시간, 타임스탬프의 절대값을 증가시키거나 또는 감소시키기 위해 사용되는 상대값으로 기간을 명시한다. 기간은 YEAR/MONTH 기간이나 DAY/TIME 기간을 조정하는 데 사용된다. DATE, TIME, TIMESTAMP의 형식은 특별한 형태의 문자열로 간주할 수 있다. 따라서 일반적으로 이들을 동등한 문자열로 만든(또는 변환한) 후 문자열 연산에 사용할 수 있다.

그림 5.1과 같이 각 애트리뷰트의 데이터 타입을 직접 명시할 수 있다. 다른 방법으로는 도메인을 선언한 후 이 도메인 이름을 애트리뷰트 선언에 이용할 수 있다. 이 방법은 한 스키마에서 많은 애트리뷰트가 사용하는 도메인의 데이터 타입을 쉽게 변경할 수 있으며, 스키마의 판독성이 향상된다. 예를 들면, 다음 문장으로 도메인 SSN_TYPE을 생성할 수 있다.

```
CREATE DOMAIN SSN_TYPE AS CHAR(9);
```

그림 5.1에서 EMPLOYEE 릴레이션의 Ssn과 Super_ssn 애트리뷰트, DEPARTMENT 릴레이션의 Mgr_ssn 애트리뷰트, WORKS_ON 릴레이션의 Essn 애트리뷰트, 그리고 DEPARTMENT의 Essn 애트리뷰트들에 대해 CHAR(9) 대신에 SSN_TYPE을 사용할 수 있다. 또한 도메인은 다음에 설명할 애트리뷰트와 마찬가지로, DEFAULT 절을 사용해서 선택적인 디폴트 값을 명시할 수 있다. 도메인은 몇몇 SQL 제품에서 허용하지 않을 수도 있다.

SQL에는 CREATE TYPE 명령문도 있는데 이는 사용자 정의 타입 또는 UDT를 생성하는데 사용할 수 있다. 생성된 사용자 정의 타입들은 애트리뷰트를 위한 데이터 타입 또는 테이블을 생성하기 위한 기초로 사용할 수 있다. CREATE TYPE 문은 SQL의 최신 버전에 포함돼 있는 객체 데이터베이스 기능들을 명시할 때 종종 함께 사용되기 때문에 11장에서 이를 자세하게 설명할 것이다.

## 5.2 SQL에서 기본 제약 조건의 명시

이 절에서는 테이블을 생성할 때 SQL에서 명시할 수 있는 기본 제약 조건에 대해 설명한다. 이 제약 조건들에는 키와 참조 무결성 제약 조건 뿐만 아니라 애트리뷰트 도메인과 널에 대한 제약 조건, CHECK 절에서 명시하는 릴레이션 내의 각 투플에 대한 제약 조건 등이 포함된다. 주장이라고 부르는 더 일반적인 제약 조건에 대해서는 6장에서 설명한다.

### 5.2.1 애트리뷰트 제약 조건과 디폴트 값 명시

SQL은 애트리뷰트 값으로 널을 허용하기 때문에 어떤 애트리뷰트에 널 값이 허용되지 않는다면 제약 조건 NOT NULL을 명시한다. 그림 5.1과 같이 널이 아닌 값을 요구하는 기타 여러 애트리뷰트 뿐만 아니라 각 릴레이션의 기본키 애트리뷰트에 항상 NOT NULL을 명시해야 한다.

또한 애트리뷰트 정의에 'DEFAULT <값>'절을 추가하여 애트리뷰트의 디폴트 값을 명시할 수 있다. 이 애트리뷰트에 명시적으로 값을 주지 않고 새로운 투플을 삽입하면 이 애트리뷰트에 디폴트 값이 들어간다. 그림 5.2는 새로운 DEPARTMENT 투플의 디폴트 관리자(MGRSSN 애트리뷰트)와 새로운 EMPLOYEE 투플의 디폴트 부서(DNO 애트리뷰트)를 명시하는 예를 보여준다. NOT NULL 제약 조건을 갖지 않는 애트리뷰트에 대해 DEFAULT 절을 기술하지 않았다면 디폴트 값의 디폴트는 널이다. 제약 조건의 또 다른 형태로는 애트리뷰트나 도메인 정의 뒤에 따라오는 CHECK 절을 사용하여 애트리뷰트나 도메인 값을 제한할 수 있다.[6] 예를 들어, 부서 번호를 1에서 20사이의 정수로 제한한다고 가정하면

6) CHECK 절은 다른 용도로도 사용할 수 있으며, 이에 대해서는 나중에 다시 다룬다.

DEPARTMENT TABLE(그림 5.1)의 Dnumber 애트리뷰트의 정의를 다음과 같이 변경할 수 있다.

```
Dnumber INT NOT NULL CHECK (Dnumber > 0 AND Dnumber < 21);
```

CHECK 절은 또한 CREATE DOMAIN 구문과 함께 사용할 수 있다. 예를 들어 다음과 같은 문장을 쓸 수 있다.

```
CREARE DOMAIN D_NUM AS INTEGER
CHECK (D_NUM > 0 AND D_NUM < 21);
```

위에서 생성한 도메인 D_NUM은 그림 5.1에 있는 DEPARTMENT의 Dnumber, PROJECT의 Dnum, EMPLOYEE의 Dno 등과 같은 부서 번호를 참조하는 모든 애트리뷰트에 대한 애트리뷰트 타입으로 사용할 수 있다.

```
CREATE TABLE EMPLOYEE
   ( … ,
    Dno          INT          NOT NULL       DEFAULT 1,
   CONSTRAINT EMPPK
    PRIMARY KEY (Ssn),
   CONSTRAINT EMPSUPERFK
    FOREIGN KEY (Super_ssn) REFERENCES EMPLOYEE(Ssn)
                ON DELETE SET NULL          ON UPDATE CASCADE,
   CONSTRAINT EMPDEPTFK
    FOREIGN KEY(Dno) REFERENCES DEPARTMENT(Dnumber)
                ON DELETE SET DEFAULT       ON UPDATE CASCADE);
CREATE TABLE DEPARTMENT
   ( … ,
    Mgr_ssn CHAR(9)           NOT NULL       DEFAULT '888665555',
    … ,
   CONSTRAINT DEPTPK
    PRIMARY KEY(Dnumber),
   CONSTRAINT DEPTSK
    UNIQUE (Dname),
   CONSTRAINT DEPTMGRFK
    FOREIGN KEY (Mgr_ssn) REFERENCES EMPLOYEE(Ssn)
                ON DELETE SET DEFAULT       ON UPDATE CASCADE);
CREATE TABLE DEPT_LOCATIONS
   ( … ,
   PRIMARY KEY (Dnumber, Dlocation),
   FOREIGN KEY (Dnumber) REFERENCES DEPARTMENT(Dnumber)
               ON DELETE CASCADE           ON UPDATE CASCADE);
```

그림 5.2 SQL 데이터 정의 예. 디폴트 애트리뷰트 값과 참조 트리거된 동작(referential triggered action)을 명시

### 5.2.2 키와 참조 무결성 제약 조건의 명시

키나 참조 무결성 제약 조건은 매우 중요하므로 CREATE TABLE 구문에 키와 참조 무결성을 위한 특별한 절을 가진다. 키와 참조 무결성 제약 조건을 명시한 몇 가지 예가 그림

5.1에 나타나 있다.[7] PRIMARY KEY절은 릴레이션의 기본키를 구성하는 하나 이상의 애트리뷰트를 명시한다. 만약 기본키가 하나의 애트리뷰트로 되어 있다면, 이 절은 그 애트리뷰트 바로 뒤에 직접 올 수 있다. 예를 들어, DEPARTMENT의 기본키는(그림5.1의 방법 대신에) 다음과 같이 명시할 수 있다.

Dnumber INT **PRIMARY KEY;**

그림 5.1에서 DEPARTMENT나 PROJECT 테이블을 선언할 때 사용한 것처럼, UNIQUE절은 후보키라고 알려진 대체키(또는 유일키)를 명시한다. 만약 대체키가 한 개 애트리뷰트이면 다음과 같이 UNIQUE절을 사용하여 그 대체키를 직접적으로 지정할 수 있다.

Dname VARCHAR(15) **UNIQUE;**

그림 5.1에서 보는 바와 같이, FOREIGN KEY절은 참조 무결성을 명시한다. 4.2.4절에서 설명한 것처럼, 투플들을 삽입 또는 삭제하거나 외래키 애트리뷰트 값을 수정할 때 참조 무결성 제약 조건을 위반할 수 있다. SQL에서 무결성 제약 조건을 위반할 때 취하는 디폴트 동작은 위반을 초래한 갱신 연산을 거절(reject)하는 것이다(이는 RESTRICT 옵션에 해당함). 하지만 스키마 설계자는 외래키 제약 조건에 참조 트리거된 동작(referential triggered action) 절을 추가하여, 위반된 경우에 취할 다른 동작을 명시할 수 있다. 명시할 수 있는 동작의 종류에는 SET NULL, CASCADE, SET DEFAULT가 있고, 위반된 경우를 가리키는 ON DELETE나 ON UPDATE와 함께 사용해야만 한다. 그림 5.2에 있는 예에서 데이터베이스 설계자는 EMPLOYEE 릴레이션의 외래키 Super_ssn에 대해서 ON DELTE SET NULL과 ON UPDATE CASCADE를 선택했다. 이것은 감독하는 사원이 삭제된 경우에, 삭제된 사원 투플을 감독자로 참조하는 모든 사원 투플에 대해서 Super_ssn 값을 널로 명시하는 것을 의미한다. 한편, 만일 감독하는 사원의 Ssn 값이 갱신되면(예를 들어, 이전에 틀리게 입력됐기 때문에) 갱신된 사원 투플을 감독자로 참조하는 모든 투플의 Super_ssn을 새로운 값으로 연쇄적으로 갱신한다.

일반적으로 SET NULL이나 SET DEFAULT에 대하여 DBMS가 취하는 행동은 ON DELETE와 ON UPDATE의 경우와 같다: 참조하는 애트리뷰트가 영향을 받으면 SET NULL에 대해서는 널로, SET DEFAULT에 대해서는 참조하는 애트리뷰트에 명시된 디폴트 값으로 변경한다. CASCADE ON DELETE의 동작은 참조하는 모든 투플을 삭제하는 반면에, CASCADE ON UPDATE의 동작은 참조하는 모든 투플에 대해서 갱신된 새로운 기본키의 값으로 참조하는 외래키 애트리뷰트들의 값들을 변경시키는 것이다. 적절한 동작을 선택하고 데이터 정의어에 이런 동작을 명시하는 것은 데이터베이스 설계자의 책임이다. 일반적인 규칙에 따르면 CASCADE는 WORKS_ON과 같이 '관계'를 나타내는 릴레이션(8.1절 참조)과 DEPT_LOCATIONS와 같이 다치 애트리뷰트를 나타내는 릴레이션, DEPENDENT와 같이 약한 엔티티 타입을 나타내는 릴레이션에 적합하다.

---

7) SQL 초기 버전에서는 키와 참조 무결성 제약 조건을 제공하지 않는다.

### 5.2.3 제약 조건에 이름 부여

그림 5.2는 키워드 CONSTRAINT 다음에 제약 조건의 이름을 부여하는 방법을 보여준다. 특정 스키마 내에 있는 모든 제약 조건의 이름은 유일해야 한다. 나중에 제약 조건을 삭제하거나 다른 제약 조건으로 대체하고자 할 경우에 6장에서 설명하는 것처럼 각 제약 조건을 식별하기 위해서 제약 조건의 이름을 사용한다. 제약 조건에 이름을 부여하는 것은 선택적이다. 일시적으로 제약 조건을 트랜잭션이 종료될 때까지 지연할 수도 있는데, 이에 대해서는 19장에서 트랜잭션 개념을 설명할 때 논의할 것이다.

### 5.2.4 CHECK를 사용하여 투플에 제약 조건을 명시하기[8)]

특별한 키워드를 사용하여 명시한 키와 참조 무결성 제약 조건 외에도, 다른 테이블 제약 조건들을 CREATE TABLE 구문 끝에 CHECK 절을 사용하여 명시할 수 있다. 이러한 제약 조건은 행이 삽입이나 삭제될 때마다 검사되고, 각 행에 대해 개별적으로 적용되므로 행 기반 제약 조건이라고 한다. 예를 들어, 그림 5.1에 있는 DEPARTMENT 테이블에 부서를 창설한 날짜를 유지하는 Dept_create_date라는 애트리뷰트가 추가된다고 가정하자. 그러면 관리자의 시작 날짜가 DEPARTMENT 창설 날짜보다 늦은 값을 갖도록 하기 위해, DEPARTRMENT 테이블을 생성하는 CREATE TABLE 문 끝부분에 다음과 같은 CHECK 절을 추가할 수 있다.

```
CHECK (Dept_create_date <= Mgr_start_date);
```

CHECK 절은 또한 SQL의 CREATE ASSERTION 구문을 사용하여 보다 일반적인 제약 조건을 명시하는 데 사용될 수 있다. 이것은 5.3절과 6.1절에서 설명하는 질의어를 잘 알아야 이해할 수 있으므로 6장에서 설명하기로 한다.

## 5.3 SQL에서의 기본 검색 질의

SQL에는 데이터베이스에서 정보를 검색하는 기본 문으로 SELECT 문이 있다. SQL에서 사용하는 SELECT 문은 7장에서 설명할 관계 대수의 실렉트 연산과는 다르다. SQL의 SELECT 문에는 많은 옵션과 특징이 있으므로 단계적으로 소개한다. 이 절에서는 그림 4.5의 스키마에 대해서 명시한 질의 예들을 사용하고, 이 질의 예들의 결과를 보이기 위해서 그림 4.6에 있는 샘플 데이터베이스 상태를 참조한다. 이 절에서는, 간단한 검색 질의를 위한 SQL 기능들을 설명한다. 더 복잡한 검색 질의를 표현하기 위한 SQL 기능들은 6.1절에서 설명한다.

계속 진행하기 전에 실용적인 SQL 모델과 4장에서 논의했던 관계모델의 중요한 차이점을

---

8) EMPLOYEE 테이블의 외래키인 Super_ssn는 순환참조이다. 하지만 ALTER TABLE 문장을 사용하여 명명된 제약 조건 형태로 나중에 추가할 수 있다. 이에 대해서는 5.1.2절의 끝부분에서 설명하였다.

이해하고 넘어가야 한다. SQL의 테이블(릴레이션)은 모든 애트리뷰트 값이 동일한 투플을 하나 이상 가질 수 있다. 일반적으로 집합은 두개의 동일한 원소를 허용하지 않기 때문에 SQL 테이블은 투플들의 집합이 아니고 투플들의 다중집합(multiset)이다. 다중집합을 백(*bag*)이라고도 부른다. 키 제약 조건을 선언하거나 SELECT 문에 DISTINCT 옵션(이절 후반부에서 설명)을 함께 사용하면 SQL 릴레이션이 집합의 성질을 갖도록 할 수 있다. 아래에 있는 예들을 보면 이런 차이점을 알 수 있을 것이다.

### 5.3.1 기본 SQL 질의의 SELECT-FROM-WHERE 구조

SQL에서 질의는 매우 복잡하다. 이 장에서는 간단한 질의부터 먼저 살펴본 후 점차 더 복잡한 질의를 설명한다. 종종 사상(mapping) 또는 SELECT-FROM-WHERE 블록이라고 부르는 SQL 문의 기본 형식은 SELECT, FROM, WHERE의 세 개의 절로 이루어지며 다음과 같은 형태를 갖는다.[9]

```
SELECT      <애트리뷰트 리스트>
FROM        <데이블 리스드>
WHERE       <조건>;
```

여기서

- <애트리뷰트 리스트>는 질의에서 검색되는 값들에 대한 속성 이름들의 리스트
- <테이블 리스트>는 질의 처리를 위해 필요한(질의의 대상이 되는) 릴레이션들의 리스트
- <조건>은 질의를 통해 검색되는 투플들을 명시하는 조건(부울)식

SQL에서 애트리뷰트 값을 다른 애트리뷰트 값 또는 상수값들과 서로 비교하기 위한 기본적인 논리 비교 연산자로 =, <, <=, >, >=, <>를 사용한다. 이들은 관계 대수에서 사용되는 연산자인 =, <, ≤ >, ≥ ≠과 각각 대응되며, C나 C++와 같은 프로그래밍 언어에서는 이들을 =, <, <=, >, >=, !=로 표시한다. 이들 구문 간의 큰 차이점은 같지 않음(*not equal*) 연산자를 표시하는 방법이다. SQL은 또 다른 여러 비교 연산자를 가지고 있는데 이들에 대해서는 앞으로 설명하겠다.

몇 개의 질의 예를 가지고 기본적인 SELECT 문을 설명한다. 이 질의들은 상호 참조하기 편리하도록 7장에서 사용할 질의 번호와 동일하게 번호를 붙였다.

**질의 0** 이름이 'John B. Smith'인 사원(들)의 생년월일(Bdate)과 주소(Address)를 검색하라. 질의는 FROM 절에 표시된 EMPLOYEE 릴레이션만 검색한다.

```
Q0:   SELECT   Bdate, Address
      FROM     FMPLOYEE
      WHERE    Fname = 'John' AND Minit = 'B' AND Lname = 'Smith';
```

9) SELECT와 FROM 절은 모든 SQL 질의에서 꼭 필요하다. WHERE 절은 선택사항이다(5.3.3절을 참고하라).

이 질의는 FROM 절에 표시된 EMPLOYE 릴레이션만 검색한다. 질의가 WHERE 절의 조건을 만족하는 각 EMPLOYEE 투플들을 검색하면, SELECT 절에 열거된 Bdate와 Address 애트리뷰트들을 기반으로 결과를 프로젝트한다.

SQL의 SELECT 절은 관계 대수의 프로젝션 애트리뷰트(projection attributes)라고 (7장 참조) 불리는 값을 검색할 애트리뷰들을 명시하고, WHERE 절은 관계 대수의 선택 조건(selection condition)이라고 불리는 검색될 투플들이 만족해야 하는 불리언 조건을 명시한다. 그림 5.3(a)는 그림 4.6의 데이터베이스에서 질의 Q0을 수행한 결과를 보여준다.

SQL 질의에는 EMPLOYEE 테이블에 있는 각 투플을 범위 또는 대상으로 하여 WHERE 절의 조건을 평가하는 데 이용되는 묵시적인 투플 변수 또는 반복자가 있다고 생각할 수 있다. 해당 조건을 만족하는 투플들만 −즉, 해당 조건 내의 애트리뷰트를 투플의 애트리뷰트 값으로 바꾸어도 그 조건이 참이 되는 투플들만 선택된다.

**질의 1** 'Research' 부서에서 근무하는 모든 사원의 이름(Fname, Lname)과 주소(Address)를 검색하라.

```
Q1:    SELECT    Fname, Lname, Address
       FROM      EMPLOYEE, DEPARTMENT
       WHERE     Dname = 'Research' AND Dnumber = Dno;
```

Q1의 WHERE 절에서 Dname = 'Research'는 Dname이 DEPARTMENT의 애트리뷰트이므로 DEPARTMENT 테이블에 있는 특정 투플을 선택하는 선택 조건이다. Dnumber = Dno는 조인 조건이라 불리는데, 이는 DEPARTMENT에 있는 투플의 Dnumber값과 EMPLOYEE에 있는 투플의 Dno값이 서로 같은 두 투플을 결합하는 것을 표시한다. 질의 1의 결과는 그림 5.3(b)에 있다. 일반적으로 하나의 SQL 질의 내에 임의의 수의 선택과 조인 조건을 명시할 수 있다. 선택과 조인 조건, 그리고 프로젝션 애트리뷰트들만 포함하는 질의를 실렉트-프로젝트-조인 질의라고 한다. 다음 질의는 두 개의 조인 조건을 갖는 실렉트-프로젝트-조인 질의이다.

**질의 2** 'Stafford'에 위치한 모든 프로젝트에 대해서 프로젝트 번호(Pnumber), 담당부서 번호(Dnum), 부서관리자의 성(Lname), 주소(Address), 생년월일(Bdate)을 검색하라.

```
Q2:    SELECT    Pnumber, Dnum, Lname, Address, Bdate
       FROM      PROJECT, DEPARTMENT, EMPLOYEE
       WHERE     Dnum = Dnumber AND Mgr_ssn = Ssn AND
                 Plocation = 'Stafford';
```

조인 조건 Dnum = Dnumber는 프로젝트 투플과 담당 부서 투플을 연결하는 반면에 조인 조건 Mgr_ssn = Ssn은 담당 부서 투플과 담당 부서를 관리하는 사원 투플을 연결한다. 이 조인 조건을 만족하는 프로젝트, (그 프로젝트를 관리하는) 부서, 그리고 (그 부서를 관리하는) 사원의 세 투플을 결합한 것이 이 질의의 결과가 될 것이다. 프로젝션 애트리뷰트는 결합된 각 투플들로부터 출력될 애트리뷰트들을 선택하는 데 사용된다. 질의 Q2의 결과는 그림 5.3(c)에 있다.

(a)

| Bdate | Address |
|---|---|
| 1965-01-09 | 731Fondren, Houston, TX |

(b)

| Fname | Lname | Address |
|---|---|---|
| John | Smith | 731 Fondren, Houston, TX |
| Franklin | Wong | 638 Voss, Houston, TX |
| Ramesh | Narayan | 975 Fire Oak, Humble, TX |
| Joyce | English | 5631 Rice, Houston, TX |

(c)

| Pnumber | Dnum | Lname | Address | Bdate |
|---|---|---|---|---|
| 10 | 4 | Wallace | 291Berry, Bellaire, TX | 1941-06-20 |
| 30 | 4 | Wallace | 291Berry, Bellaire, TX | 1941-06-20 |

(d)

| E.Fname | E.Lname | S.Fname | S.Lname |
|---|---|---|---|
| John | Smith | Franklin | Wong |
| Franklin | Wong | James | Borg |
| Alicia | Zelaya | Jennifer | Wallace |
| Jennifer | Wallace | James | Borg |
| Ramesh | Narayan | Franklin | Wong |
| Joyce | English | Franklin | Wong |
| Ahmad | Jabbar | Jennifer | Wallace |

(e)

| E.Fname |
|---|
| 123456789 |
| 333445555 |
| 999887777 |
| 987654321 |
| 666884444 |
| 453453453 |
| 987987987 |
| 888665555 |

(f)

| Ssn | Dname |
|---|---|
| 123456789 | Research |
| 333445555 | Research |
| 999887777 | Research |
| 987654321 | Research |
| 666884444 | Research |
| 453453453 | Research |
| 987987987 | Research |
| 888665555 | Research |
| 123456789 | Administration |
| 333445555 | Administration |
| 999887777 | Administration |
| 987654321 | Administration |
| 666884444 | Administration |
| 453453453 | Administration |
| 987987987 | Administration |
| 888665555 | Administration |
| 123456789 | Headquarters |
| 333445555 | Headquarters |
| 999887777 | Headquarters |
| 987654321 | Headquarters |
| 666884444 | Headquarters |
| 453453453 | Headquarters |
| 987987987 | Headquarters |
| 888665555 | Headquarters |

(g)

| Fname | Minit | Lname | Ssn | Bdate | Address | Sex | Salary | Super_ssn | Dno |
|---|---|---|---|---|---|---|---|---|---|
| John | B | Smith | 123456789 | 1965-09-01 | 731 Fondren, Houston, TX | M | 30000 | 333445555 | 5 |
| Franklin | T | Wong | 333445555 | 1955-12-08 | 638 Voss, Houston, TX | M | 40000 | 888665555 | 5 |
| Ramesh | K | Narayan | 666884444 | 1962-09-15 | 975 Fire Oak, Humble, TX | M | 38000 | 333445555 | 5 |
| Joyce | A | English | 453453453 | 1972-07-31 | 5631 Rice, Houston, TX | F | 25000 | 333445555 | 5 |

그림 5.3 그림 4.6의 COMPANY 데이터베이스 상태에 SQL 질의들을 수행한 결과들: (a) Q0, (b) Q1, (c) Q2, (d) Q8, (e) Q9, (f) Q10, (g) Q1C

### 5.3.2 모호한 애트리뷰트 이름, 별명, 재명명 및 투플 변수

SQL에서는 동일한 이름을 갖는 애트리뷰트가 여러 테이블에 사용될 수 있다. 이런 경우에, 어떤 다중 테이블 질의에서 동일한 이름을 갖는 두 개 이상의 애트리뷰트를 참조하면 모호함을 피하기 위해서 릴레이션 이름과 함께 애트리뷰트 이름을 사용해야 하는데, 애트리뷰트 이름 앞에 릴레이션 이름을 사용하고 점(.)으로 구분한다. 이런 예를 보여주기 위해서 그림 4.5와 4.6에 있는 릴레이션 EMPLOYEE의 애트리뷰트 Dno와 Lname을 각각 Dnumber와 Name으로, 릴레이션 DEPARTMENT의 애트리뷰트 Dname을 Name으로 가정한다. 그러면 모호함을 피하기 위해서 질의 Q1은 Q1A와 같이 변경된다. 동일한 애트리뷰트 이름이 양쪽 릴레이션에서 사용되었기 때문에 Q1A에서는 애트리뷰트 Name과 Dnumber 앞에 애트리뷰트가 속한 릴레이션의 이름을 붙여야 한다. 애트리뷰트 이름들 간에 모호함이 없다고 하더라도 명확히 하기 위해 애트리뷰트 앞에 릴레이션 이름을 붙여서 사용할 수도 있다.

```
Q1A:    SELECT    Fname, EMPLOYEE.Name, Address
        FROM      EMPLOYEE, DEPARTMENT
        WHERE     DEPARTMENT.Name = 'Research' AND
                  DEPARTMENT.Dnumber = EMPLOYEE.Dnumber;
```

Q1을 애트리뷰트 이름들 앞에 릴레이션 이름을 붙여서 다시 표현한 것이 Q1′에 나타나 있다. 또 긴 테이블 이름을 반복해서 타이핑해야 하는 수고를 피하기 위해 각 테이블 이름에 대해 별명을 만들어 테이블 이름을 더 짧은 이름으로 재 명명할 수도 있다(아래 Q8 참조).

```
Q1′:    SELECT    EMPLOYEE.Fname, EMPLOYEE.LName,
                  EMPLOYEE.Address
        FROM      EMPLOYEE, DEPARTMENT
        WHERE     DEPARTMENT.DName = 'Research' AND
                  DEPARTMENT.Dnumber = EMPLOYEE.Dno;
```

다음 예에서 보는 것처럼 같은 릴레이션을 두 번 참조하는 질의에서도 애트리뷰트 이름의 모호함이 나타난다.

**질의 8** 각 사원에 대해 사원의 이름(Fname)과 성(Lname), 직속 상사의 이름(Fname)과 성(Lname)을 검색하라.

```
Q8:     SELECT    E.Fname, E.Lname, S.Fname, S.Lname
        FROM      EMPLOYEE AS E, EMPLOYEE AS S
        WHERE     E.Super_ssn = S.Ssn;
```

이런 경우에 릴레이션 EMPLOYEE에 대해서 별명 또는 투플 변수라고 부르는 또 다른 릴레이션 이름 E와 S를 선언하여 사용한다. 별명은 위의 Q8에 있는 것과 같이 EMPLOYEE S처럼 릴레이션 이름 바로 다음에 오거나, EMPLOYEE AS E와 같이 AS 다음에 올 수 있다. 또한 SQL에서 별명을 사용하여 질의 내의 릴레이션의 애트리뷰트 이름들을 **재명명**

(rename)할 수도 있다. 예를 들어, FROM 절에서

EMPLOYEE AS E(Fn, Mi, Ssn, Bd, Addr, Sex, Sal, Sssn, Dno)

와 같이 표현하였다면 Fn은 Fname, Mi는 Minit, Ln은 Lname 등의 별명 관계가 성립한다. Q8에서 E와 S를 EMPLOYEE 릴레이션의 두 개의 **사본**으로 생각할 수 있다. E는 감독을 받는 사원을, S는 감독을 하는 사원을 나타낸다. 두 개의 사본을 조인할 수도 있다. 물론 실제로는 릴레이션 EMPLOYEE가 **하나만** 존재하는 것이고, 조인 조건 E.Super_ssn = S.Ssn을 만족하는 투플들을 찾아냄으로써 한 릴레이션을 자기 자신과 조인시키는 것이다. 이것은 7.4.2절에서 설명할 1-단계 순환적 질의의 예이다. 이전 버전의 SQL에서는 단일 SQL 문에서는 단계의 수를 모르는 일반적인 순환적 질의를 나타낼 수 없다. 순환적 질의를 명시하기 위한 구조물은 SQL-1999에 포함되어 있다(6장 참조).

질의 Q8의 결과가 그림 5.3(d)에 있다. 한 릴레이션에 대해서 하나 이상의 별명이 주어지면 동일한 릴레이션에 대한 서로 다른 참조들을 표현하기 위해서 이 별명들을 사용할 수 있다. 이것은 하나의 질의에서 동일한 릴레이션에 대한 다중 참조가 가능하다는 것을 의미한다.

같은 릴레이션을 한 번 이상 참조하는지 여부와는 상관없이, 필요하다면 어떤 SQL 질의에서도 WHERE 내에 있는 릴레이션들에 대해 투플 변수를 명시하기 위해 이런 별명 또는 재명명 방식을 사용할 수 있다. 사실 이러한 기능은 질의를 보다 쉽게 이해할 수 있도록 해준다는 이점이 있다. 예를 들어, 애트리뷰트 이름의 앞에 붙는 릴레이션의 이름을 짧게 나타내기 위해서 편의상 질의 Q1를 Q1B처럼 표현할 수 있다.

```
Q1B:  SELECT  E.Fname, E.LName, E.Address
      FROM    EMPLOYEE AS E, DEPARTMENT AS D
      WHERE   D.DName = 'Research' AND D.Dnumber = E.Dno;
```

### 5.3.3 WHERE 절의 생략과 '*'(별표)의 사용

이 절에서는 SQL의 특징을 두 가지 더 설명한다. WHERE 절을 생략하면 투플 선택에 대한 조건이 없다는 것을 의미한다. 따라서 FROM 절에서 명시한 릴레이션의 모든 투플이 질의 결과로 검색된다. 만약 FROM 절에 두 개 이상의 릴레이션이 명시되고 WHERE 절이 없다면 이 릴레이션들의 크로스 프로덕트(모든 가능한 투플의 조합)가 선택된다. 예를 들어, 질의 9는 EMPLOYEE 릴레이션의 모든 Ssn을 선택하고(그림 5.3(e)) 질의 10은 EMPLOYEE 릴레이션의 Ssn과 DEPARTMENT 릴레이션의 Dname의 모든 조합을 선택한다(그림 5.3(f)).

**질의 9와 10** EMPLOYEE의 모든 Ssn을 선택하고(Q9), EMPLOYEE의 Ssn과 DEPARTMENT의 Dname의 모든 조합을 선택하라(Q10).

```
Q9:     SELECT   Ssn
        FROM     EMPLOYEE;

Q10:    SELECT   Ssn, Dname
        FROM     EMPLOYEE, DEPARTMENT;
```

WHERE 절에서 모든 선택 조건과 조인 조건을 명시하는 것은 매우 중요하다. 만일 일부 조건을 빠뜨리면 부정확하거나 매우 큰 릴레이션이 결과로 생성된다. Q10은 관계 대수연산에서 크로스 프로덕트와 비슷하다(7장 참조). Q10에서 EMPLOYEE와 DEPARTMENT의 모든 애트리뷰트를 명시하면(중복을 제거하는 것을 제외하면) 실제로 크로스 프로덕트가 된다.

선택된 투플들의 모든 애트리뷰트 값을 검색하려면 SELECT 절에 모든 애트리뷰트의 이름을 명시적으로 열거하는 대신에 별표(*)를 명시하면 된다. 별표(*) 앞에 릴레이션 이름 또는 별명이 올 수도 있다. 예를 들어, 질의 Q1C는 부서 번호(Dno)가 5인 부서에서 근무하는 EMPLOYEE 투플들의 모든 애트리뷰트 값을 검색한다(그림 5.3(g)). 질의 Q1D는 'Research'부서에서 일하는 모든 사원에 대하여 EMPLOYEE의 모든 애트리뷰트와 DEPARTMENT의 모든 애트리뷰트를 검색한다.

Q10A는 릴레이션 EMPLOYEE와 DEPARTMENT의 크로스 프로덕트를 나타낸다.

```
Q1C:    SELECT   *
        FROM     EMPLOYEE
        WHERE    Dno = 5;

Q1D:    SELECT   *
        FROM     EMPLOYEE, DEPARTMENT
        WHERE    Dname = 'Research' AND Dno = Dnumber;

Q10A:   SELECT   *
        FROM     EMPLOYEE, DEPARTMENT;
```

### 5.3.4 SQL에서 집합으로의 테이블

앞에서 언급한 것처럼 SQL은 일반적으로 집합보다는 다중집합으로 테이블을 표현한다. 중복 투플이 테이블과 질의의 결과에서 하나 이상 나타날 수 있다. 다음과 같은 이유 때문에 SQL은 질의 결과에서 중복된 투플들을 자동적으로 제거하지 않는다.

- 중복을 없애는 것은 비용(시간)이 많이 드는 연산이다. 기본적으로 먼저 투플들을 정렬한 후, 중복된 투플들을 제거해야 하기 때문이다.
- 사용자가 질의 결과에 중복된 투플들이 나타나는 것을 원하는 경우가 있다.
- 집단 함수 (6.1.7절 참조)가 투플들에 적용될 때 대부분의 경우에 중복 삭제가 필요하지 않다.

키를 가진 SQL 테이블은 키 값이 각 투플마다 구별되어야 하므로 집합으로 표현되도록 제한을 받는다.[10] SQL 질의 결과에서 중복된 투플들을 삭제하려면 SELECT 절에 키워드 DISTINCT를 사용해야 한다. 키워드 DISTINCT를 명시하면 질의 결과에서 유일한 투플들만 남는다. 일반적으로 SELECT DISTINCT를 가진 질의는 중복된 투플들을 제거하는 반면에 SELECT ALL을 가진 질의는 그렇지 않다. 앞의 예제들과 같이, ALL도 DISTINCT도 없는 SELECT는 SELECT ALL과 같다. 예를 들어, 질의 11은 모든 사원의 급여를 구한다. 만일 여러 사원의 급여가 동일하면 그림 5.4(a)의 질의 결과에 해당 급여가 여러 번 나타나게 된다. 만일 구별되는 각 급여에만 관심이 있다면 얼마나 많은 사원이 동일한 급여를 받는가에 관계없이 각 급여가 한 번만 나타나길 원하게 된다.

(a)

| Salary |
|---|
| 30000 |
| 40000 |
| 25000 |
| 43000 |
| 38000 |
| 25000 |
| 25000 |
| 55000 |

(b)

| Salary |
|---|
| 30000 |
| 40000 |
| 25000 |
| 43000 |
| 38000 |
| 55000 |

(c)

| Fname | Lname |
|---|---|

(d)

| Fname | Lname |
|---|---|
| James | Borg |

그림 5.4 그림 4.6에 있는 COMPANY 데이터베이스에 대해 수행한 몇 가지 질의 결과들

Q11A와 같이 키워드 DISTINCT를 사용하면 그림 5.4(b)와 같은 결과를 얻는다.

**질의 11** 모든 사원의 급여(Salary)를 검색(Q11)하고, 구별되는 급여를 모두 검색(Q11A)하라.

```
Q11:    SELECT    ALL Salary
        FROM      EMPLOYEE;

Q11A:   SELECT    DISTINCT Salary
        FROM      EMPLOYEE;
```

SQL은 관계 대수의 일부인, 수학적 집합 이론에서 사용하는 집합 연산들을 수용하였다(7장 참조). SQL에는 합집합(UNION), 차집합(EXCEPT)[11], 교집합(INTERSECT) 연산들을 가지고 있다. 이와 같은 집합 연산들의 결과로 생기는 릴레이션은 투플들의 집합이다. 즉, 중복된 투플들이 결과에서 제거된다. 집합 연산들은 타입 호환성을 갖는 릴레이션들에만 적용되기 때문에 집합 연산을 적용할 두 개의 릴레이션이 동일한 애트리뷰트들을 가지며 이 애트리뷰트들이 양쪽 릴레이션에서 같은 순서로 나타나야 한다.

다음 예는 UNION의 사용을 보여준다.

---

10) 일반적으로 SQL 테이블은 대부분의 경우에 하나의 키를 갖지만 반드시 키를 가져야 할 필요는 없다.
11) 어떤 시스템에서는 차집합 연산으로 EXCEPT 대신에 MINUS을 사용한다.

질의 4 일반 직원이든 프로젝트를 담당하는 부서의 관리자이든 간에 성(Lname)이 'Smith'인 사원을 포함하는 모든 프로젝트에 대해서 프로젝트 번호(Pnumber)의 리스트를 검색하라.

```
Q4A:  ( SELECT   DISTINCT Pnumber
        FROM     PROJECT, DEPARTMENT, EMPLOYEE
        WHERE    Dnum = Dnumber AND Mgr_ssn = Ssn
                 AND     Lname = 'Smith' )
        UNION
      ( SELECT   DISTINCT Pnumber
        FROM     PROJECT, WORKS_ON, EMPLOYEE
        WHERE    Pnumber = Pno AND Essn = Ssn
                 AND     Lname = 'Smith' );
```

첫 번째 SELECT 질의는 프로젝트를 담당하는 부서의 관리자의 성이 'Smith'인 프로젝트들을 구하고, 두 번째 질의는 프로젝트의 일반 사원의 성이 'Smith'인 프로젝트들을 구한다. 만약 'Smith'라는 성을 갖는 사원이 여러 명 있으면 그들을 포함하는 프로젝트 번호들이 구해질 것이고, 두 SELECT 질의에 대해서 UNION 연산을 적용함으로써 원하는 결과를 얻게 된다. SQL은 또한 키워드 ALL 앞에 다중집합 연산들(UNION ALL, EXCEPT ALL, INTERSECT ALL)을 사용할 수 있다. 이 연산들의 결과는 (중복을 제거하지 않은) 다중집합이다. 이 연산들의 동작 원리는 그림 5.5의 예에서 보여준다. 기본적으로 각 투플은(중복되었든 아니든 상관없이) 이 연산들을 적용할 때 서로 다른 투플로 간주한다.

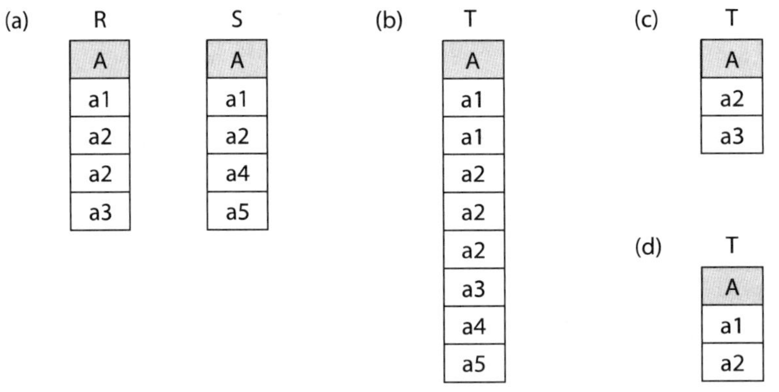


그림 5.5 다중집합 연산들의 결과들: (a) 두 테이블, R(A)와 S(A), (b) R(A) UNION ALL S(A), (c) R(A) EXCEPT ALL S(A), (d) R(A) INTERSECT ALL S(A)

## 5.3.5 부분 문자열 패턴 비교와 산술 연산자

이 절에서는 SQL의 여러 추가 기능들을 추가로 설명한다. 첫 번째 기능은 LIKE 비교 연산자를 사용하여 문자열의 일부에 대해서 비교 조건을 명시하는 것이다. 이 연산자는 문자열의 패턴 비교에 사용된다. 부분 문자열(substring)은 두 개의 예약된 문자를 사용해서 나타낸다. 퍼센트 기호 '%'는 0보다 큰 임의의 개수의 문자를 의미하고, 밑줄 '_'는 임의의 한 개의 문자를 의미한다. 예를 들어, 다음과 같은 질의를 작성할 수 있다.

질의 12 주소가 'Houston, Texas'인 모든 사원을 검색하라.

```
Q12:  SELECT   Fname, Lname
      FROM     EMPLOYEE
      WHERE    Address LIKE '%Houston,TX%';
```

1970년대에 태어난 모든 사원을 검색하기 위해서 질의 12A를 사용할 수 있다. 이 책에서 사용한 날짜 형식에 의해서 문자열의 세 번째 문자가 '7'이어야 한다. 따라서 임의의 한 문자를 하나의 밑줄(_)로 대체하여 '_ _7_ _ _ _ _ _ _'의 문자열을 사용한다.

질의 12A 1970년대에 태어난 모든 사원을 검색하라.

```
Q12:  SELECT   Fname, Lname
      FROM     EMPLOYEE
      WHERE    Bdate LIKE '_ _ 7 _ _ _ _ _ _ _';
```

문자열 내에 문자 상수로 밑줄이나 %가 필요한 경우, 그 문자열 뒤에 키워드 ESCAPE를 써서 표시한 탈출 문자(*escape character*)를 그 문자(즉, 밑줄이나 %) 앞에 붙인다. 예를 들어, 'AB_CD\%EF' ESCAPE '\'는 \이 탈출 문자로 선언되었기 때문에 문자열 상수 'AB_CD%EF'를 나타낸다. 문자열 내에 사용되지 않는 어떤 문자라도 탈출 문자로 사용 할 수 있다. 또한, 아포스트로피( ' ) 또는 작은 따옴표( ' ' )는 문자열의 시작과 끝을 나타내는데 사용되기 때문에, 이를 문자열 내에 포함시키려면 이를 표시할 수 있는 규칙이 필요하다. 만약 문자열 내에 아포스트로피가 필요하다면, 문자열의 끝으로 해석되지 않도록 하기 위해 두 개의 연속된 아포스트로피로 표시한다. 정형적인 관계 데이터 모델에서는 애트리뷰트 값들이 (쪼개질 수 없는) 원자값이어야 한다고 규정하고 있지만(4.1절 참조), 부분 문자열 비교는 애트리뷰트 값들이 원자값이 아니라고 간주하고 있다.

두 번째 특징은 질의 내에서 산술식을 허용하는 것이다. 질의 내에서 표준 산술 연산자 더하기(+), 빼기(−), 곱하기(*), 나누기(/)를 수치값 혹은 수치 애트리뷰트에 적용할 수 있다. 예를 들어, 'ProductX' 프로젝트에 참여하는 모든 사원의 급여를 10% 올린 후의 급여를 보고 싶으면 데이터베이스에서 급여를 갱신하지 않고 질의 13을 사용하여 인상된 후의 급여를 알아볼 수 있다. 또한 이 예에서는 SELECT 절에서 AS를 사용하여 질의 결과 내에 있는 애트리뷰트에 새로운 이름을 어떻게 부여하는지 보여준다.

질의 13 'ProductX' 프로젝트에 참여하는 모든 사원의 급여를 10% 올린 경우의 급여를 구하라.

```
Q13:  SELECT   E.Fname, E.Lname, 1.1 * E.Salary AS Increased_sal
      FROM     EMPLOYEE AS E, WORKS_ON AS W, PROJECT AS P
      WHERE    E.Ssn = W.Essn AND W.Pno = P.Pnumber AND
               P.Pname = 'ProductX';
```

문자열 데이터 타입에 대해서 질의 내에서 접합 연산자(concatenate operator) ' '를 사용하여 두 개의 문자열을 한 개의 문자열로 합칠 수 있다. 날짜, 시간, 타임스탬프, 또는 기간 데이터 타입에 대해서 날짜, 시간, 또는 타임스탬프를 주어진 기간만큼 증가(+)시키거나 감소(−)시키는 연산자들이 있다. 여기서 주어진 기간 값은 두 개의 날짜, 시간, 또는 타임스탬프들 사이의 차이를 나타낸다. 편의를 위해 사용될 수 있는 다른 비교 연산자로 BETWEEN이 있는데, 질의 14에 이것의 사용 예가 있다.

**질의 14** 급여가 30,000달러에서 40,000달러 사이에 있는 5번 부서의 모든 사원을 검색하라.

```
Q14:    SELECT      *
        FROM        EMPLOYEE
        WHERE       (Salary BETWEEN 30000 AND 40000) AND Dno = 5;
```

위 Q14에 있는 조건 (Salary BETWEEN 30000 AND 40000)은 조건 ((Salary >= 30000) AND (Salary =< 40000))과 동일하다.

### 5.3.6 질의 결과의 정렬

SQL에서는 ORDER BY 절을 사용하여 하나 이상의 애트리뷰트를 기준으로 질의 결과에 들어 있는 투플들을 정렬하는 것이 가능하다. 질의 15에 그 예가 있다.

**질의 15** 사원 및 각 사원이 근무하는 프로젝트들의 리스트를 검색하는데, 부서 이름 순서대로, 그리고 각 부서 내에서는 사원의 성과 이름의 알파벳 순서대로 구하라.

```
Q15:    SELECT      D.Dname, E.Lname, E.Fname, P.Pname
        FROM        DEPARTMENT AS D, EMPLOYEE AS E, WORKS_ON AS W,
                    PROJECT AS P
        WHERE       D.Dnumber = E.Dno AND E.Ssn = W.Essn AND W.Pno =
                    P.Pnumber
        ORDER BY    D.Dname, E.Lname, E.Fname;
```

디폴트 정렬은 오름차순이다. 결과를 내림차순으로 보고자 하면 키워드 DESC를 명시한다. 오름차순 정렬을 명시적으로 나타내려면 키워드 ASC를 사용한다. 예를 들어, Dname은 알파벳의 내림차순으로, Lname과 Fname은 오름차순으로 정렬하려면 Q15의 ORDER BY 절을 다음과 같이 표현할 수 있다.

```
ORDER BY D.Dname DESC, E.lname ASC, E.Fname ASC
```

### 5.3.7 기본 SQL 검색 질의에 대한 논의와 요약

SQL에서 간단한 검색 질의 하나는 4개의 절까지 가질 수 있으며 첫 두 항목, 즉, SELECT와 FROM 절은 필수적으로 가져야 한다. 이 4개의 절은 다음 순서로 명시하는데, 대괄호 [ ... ] 안의 절들은 생략할 수 있다.

```
SELECT          <애트리뷰트 리스트>
FROM            <테이블 리스트>
[ WHERE         <조건>]
[ ORDER BY      <애트리뷰트 리스트>];
```

SELECT 절은 검색하려고 하는 애트리뷰트들의 리스트를 나열한다. FROM 절은 질의에 필요한 모든 릴레이션(테이블)을 명시한다. WHERE 절은 필요하다면 조인 조건을 포함하여 FROM 절에 명시된 릴레이션들로부터 투플들을 선택하기 위한 조건들을 명시한다. ORDER BY 절은 질의 결과를 출력하는 순서를 명시한다. 이 외에 추가로 사용되는 두 개의 절은 6.1.8절에서 설명한다.

6장에서는, SQL 검색 질의의 더 복잡한 기능들에 대해 설명할 것이다. 여기에는 다음 기능들이 포함된다: 한 질의를 또 다른 질의의 한 부분으로 포함하는 중첩 질의; 테이블 내에 있는 정보에 대한 요약을 제공하는 집단 함수; 집단 함수에 추가적인 기능을 부여하는 데 사용할 수 있는 두 개의 추가적인 절(GROUP BY와 HAVING); 그리고 열테이블들을 서로 다른 방법으로 결합할 수 있는 여러 가지 조인 방법들이다.

## 5.4 SQL에서 삽입, 삭제, 갱신문

SQL에서 데이터베이스를 갱신하기 위해 사용되는 세 가지 명령인 INSERT, DELETE, UPDATE를 차례로 설명한다.

### 5.4.1 INSERT 명령

INSERT 문의 가장 간단한 형식은 한 릴레이션에 투플 한 개를 추가하는 데 사용된다. 릴레이션 이름과 애트리뷰트 값들의 리스트를 명시해야 한다. 애트리뷰트 값들의 순서는 CREATE TABLE 명령에서 명시한 애트리뷰트들의 순서와 같아야 한다. 예를 들어, 그림 4.5에 나타낸 EMPLOYEE 릴레이션은 그림 5.1의 CREATE TABLE EMPLOYEE ... 명령으로 생성되는데 이 릴레이션에 새 투플을 추가하려면 아래의 명령 U1을 사용한다.

```
U1:   INSERT INTO   EMPLOYEE
      VALUES        ( 'Richard', 'K', 'Marini', '653298653', '1962-12-30', '98
                    Oak Forest, Katy, TX', 'M', 37000, '653298653', 4 );
```

INSERT 명령의 두 번째 형식에서는 INSERT 명령에서 명시한 값에 대응하는 애트리뷰트 이름들을 명시적으로 나타낼 수 있다. 이 경우는 릴레이션이 많은 애트리뷰트를 가지고 있지만 새로운 투플에는 단지 일부 애트리뷰트들의 값만 명시하는 경우에 유용하다. 그러나 이 경우 값이 명시되는 애트리뷰트들에는 NOT NULL이면서 디폴트 값이 없는 모든 애트리뷰트가 포함되어야 한다. 널이 허용되거나 디폴트 값을 갖는 애트리뷰트에는 값이 명시되지 않아도 된다. 예를 들어, Fname, Lname, Dno, Ssn 애트리뷰트의 값만 알고 있는 새로운 사원 투플을 EMPLOYEE 릴레이션에 삽입하려면 U1A를 사용할 수 있다.

```
U1A:    INSERT INTO     EMPLOYEE (Fname, Lname, Dno, Ssn)
        VALUES          ('Richard', 'Marini', 4, '653298653');
```

U1A에서 명시하지 않은 애트리뷰트들은 디폴트 값이나 널 값을 갖게 된다. 애트리뷰트의 값들은 *INSERT* 명령 자체에 포함된 애트리뷰트들과 같은 순서로 나열된다. 또한 한 개의 INSERT 명령을 사용해서 쉼표(,)로 분리한 여러 개의 투플을 한 릴레이션에 삽입할 수도 있다. 각 투플을 이루는 애트리뷰트 값들은 괄호로 묶는다.

SQL을 완전히 구현한 DBMS는 데이터 정의어에서 명시할 수 있는 모든 무결성 제약 조건을 지원해야 한다. 예를 들어, 그림 4.6의 데이터베이스에 대해서 U2를 수행하면 DBMS는 데이터베이스 내에 Dnumber = 2인 DEPARTMENT 투플이 존재하지 않기 때문에 이 연산을 거부해야 한다. 유사하게, U2A는 Ssn 값을 주지 않았고 이것은 NULL이 될 수 없는 기본키이기 때문에 거부된다.

```
U2:     INSERT INTO  EMPLOYEE (Fname, Lname, Ssn, Dno)
        VALUES              ('Robert', 'Hatcher', '980760540', 2);
        (U2는 DBMS에서 참조 무결성 검사를 한다면 거부된다.)
U2A:    INSERT INTO  EMPLOYEE (Fname, Lname, Dno)
        VALUES              ('Robert', 'Hatcher', 5);
        (U2A는 DBMS에서 NOT NULL 검사를 한다면 거부된다.)
```

INSERT 명령의 변형으로 한 질의의 결과로 검색되는 다수의 투플을 생성된 릴레이션에 삽입할 수도 있다. 예를 들어, 한 프로젝트에 일하는 각 사원들에 대해 사원의 성, 프로젝트 이름, 주당 근무 시간을 갖는 임시 테이블을 생성하기 위해 다음 U3A와 U3B에 있는 문장을 사용할 수 있다.

```
U3A:    CREATE TABLE        WORKS_ON_INFO
        ( Emp_name          VARCHAR(15),
          Proj_name         VARCHAR(15),
          Hours_per_week    DECIMAL(3,1) );
U3B:    INSERT INTO  WORKS_ON_INFO ( Emp_name, Proj_name,
                            Hours_per_week )
        SELECT              E.Lname, P.Pname, W.Hours
        FROM                PROJECT P, WORKS_ON W, EMPLOYEE E
        WHERE               P.Pnumber = W.Pno AND W.Essn = E.Ssn;
```

U3A에서 WORKS_ON_INFO 테이블을 생성하고 U3B의 질의로 데이터베이스에서 검색한 조인된 정보를 이 테이블에 적재한다. 다른 릴레이션들과 마찬가지로 WORKS_ON_INFO에

대해서도 질의를 할 수 있고, 이 릴레이션이 더 이상 필요하지 않을 때는 DROP TABLE 명령을 사용하여 제거할 수 있다(6장 참조). WORKS_ON_INFO 테이블은 최신 정보를 가지고 있지 않을 수 있다. 즉, U3B를 수행한 후에 PROJECT, WORKS_ON, 또는 EMPLOYEE 릴레이션 중 어떤 것을 갱신하면 WORKS_ON_INFO에 있는 정보는 이런 변경을 반영하지 않은 상태가 된다. 이런 변경을 반영한 최신의 정보를 이용하기 위해서는 뷰를 사용해야 한다(6장 참조).

대부분의 DBMS들은 많은 개수의 INSERT문을 사용하지 않고 파일에 있는 양식에 맞춘 데이터를 한꺼번에 테이블에 적재할 수 있는 대량 적재 도구를 제공한다. 사용자들은 프로그래밍 언어의 반복문을 사용하여 파일에 있는 각 레코드를 읽고 이를 테이블의 행으로 변형한 후에 삽입하는 프로그램을 작성할 수 있다 (9장과 10장에 있는 데이터베이스 프로그래밍 기법을 참조).

데이터를 적재하는 또 다른 방법은 기본 테이블 T와 똑같은 애트리뷰트들을 갖는 새로운 테이블 TNEW를 생성한 후, 현재 T에 있는 데이터 중 일부를 TNEW로 적재하는 것이다. 이 방법을 위해서 LIKE절을 사용한다. 예를 들어, 만약 EMPLOYEE 테이블과 똑같은 구조를 갖는 D5EMP라는 테이블을 만들고 여기에 5번 부서에 근무하는 사원들의 행을 적재하고자 한다면, 다음과 같이 SQL 문을 작성할 수 있다:

```
CREATE TABLE        D5EMP LIKE EMPLOYEE
(SELECT             E*
FROM                EMPLOYEE AS E
WEHRE               E.Dno = 5) WITH DATA;
```

WITH DATA절은 해당 테이블을 생성한 후 질의에서 명시한 데이터를 적재할 것을 나타낸다. 하지만 일부 제품에서는 이 기능을 제공하지 않는다.

### 5.4.2 DELETE 명령

DELETE 명령은 한 릴레이션에서 투플들을 삭제한다. 이 명령은 SQL 질의에서 사용한 것과 유사하게 삭제할 투플들의 조건을 나타내는 WHERE 절을 포함할 수 있다. 한 번에 한 테이블 내의 투플들만 삭제한다. 그러나 데이터 정의어에서 참조 무결성 제약 조건(5.2.2절 참조) 내에 참조 트리거된 동작(*referential trigged actions*)이 명시되어 있다면 삭제는 다른 릴레이션에 있는 투플들도 연쇄적으로 삭제할 수 있다.[12] WHERE 절의 조건을 만족하는 투플들의 개수에 따라 단일 DELETE 명령으로 0개 이상의 투플을 삭제할 수 있다. WHERE 절을 생략한 경우에는 테이블 내의 모든 투플을 삭제하게 되며, 테이블은 데이터베이스 내에 빈 테이블로 남게 된다. 테이블 정의를 제거하려면 DROPTABLE 명령을 사용해야 한다(6장 참조). 그림 4.6의 데이터베이스에 U4A부터 U4D까지의 DELETE 명령을 각각 독립적으로 수행하면 EMPLOYEE 릴레이션에서 투플을 각각 0개, 1개, 4개, 전부 삭제하게 된다.

12) 다른 동작들은 트리거(25.1절 참조)나 다른 매커니즘을 통해 자동적으로 적용될 수 있다.

```
U4A:    DELETE FROM    EMPLOYEE
        WHERE          Lname = 'I
U4B:    DELETE FROM    EMPLOYEE
        WHERE          Ssn = '123
U4C:    DELETE FROM    EMPLOYEE
        WHERE          Dno = 5;
U4D:    DELETE FROM    EMPLOYEE
```

### 5.4.3 UPDATE 명령

UPDATE 명령은 선택된 하나 이상의 투플에서 애트리뷰트 값들을 수정하기 위해 사용한다. DELETE 명령처럼 UPDATE 명령에 있는 WHERE 절은 한 릴레이션에서 수정할 투플들을 선택한다. 그러나 기본키 값이 수정된 경우에 데이터 정의어에서 참조 무결성 제약조건(5.2.2절 참조) 내에 참조 트리거된 동작이 명시되어 있다면 다른 릴레이션들에 있는 투플들의 외래키 값도 연쇄적으로 변경시킬 수 있다. 이 UPDATE 명령에 있는 SET 절은 변경할 애트리뷰트와 새로운 값을 명시한다. 예를 들어, 10번 프로젝트를 담당하는 부서의 위치와 번호를 각각 'Bellaire'와 5로 변경하려면 U5를 수행한다.

```
U5:     UPDATE    PROJECT
        SET       Plocation = 'Bellaire', Dnum = 5
        WHERE     Pnumber = 10;
```

단일 UPDATE 명령을 이용해서 여러 개의 투플을 수정할 수도 있다. U6은 'Research' 부서에 근무하는 모든 사원의 급여를 10% 인상하는 예를 보여준다. 이 예에서 수정된 후의 Salary 값은 원래의 Salary 값에 따라 달라지므로 Salary 애트리뷰트에 대해 두 번의 참조가 필요하다. SET 절에서 등호의 오른쪽에 있는 Salary 애트리뷰트는 수정되기 전의 Salary 값을 나타내고, 등호의 왼쪽에 있는 Salary 애트리뷰트는 수정된 후의 새로운 Salary 값을 갖는다.

```
U6:     UPDATE    EMPLOYEE
        SET       Salary = Salary * 1.1
        WHERE     Dno = 5;
```

또한 애트리뷰트의 새로운 값으로 널 값이나 디폴트 값을 명시할 수 있다. 각 UPDATE 명령은 한 개의 릴레이션만 명시한다. 여러 개의 릴레이션을 갱신하려면 갱신할 릴레이션 수만큼 UPDATE 명령을 사용해야 한다.

## 5.5 SQL의 기타 기능

SQL에는 이 장에서 설명하지 않았지만 다른 장들에서 설명할 여타의 기능이 많이 있는데, 이들을 간략히 살펴보면 다음과 같다.

- 이 장에 이어 6장에서는 SQL에 대한 다음 기능들에 대해 설명할 것이다: 중첩 질의, 집단 함수, 그룹화, 조인된 테이블, 외부 조인, case 문, 재귀 SQL 등을 포함한 복잡한 검색 질의를 표현하는 방법들; SQL 뷰, 트리거, 주장 그리고, 스키마 변경을 위한 명령들
- SQL은 여러 프로그래밍 언어에서 하나 이상의 데이터베이스에 연결하기 위한 응용 프로그램을 작성할 수 있도록 여러 가지 기법들을 가지고 있다. 이런 기법들에는 내포된(또는 동적) SQL, SQL/CLI(Call Language Interface), ODBC(Open Data Base Connectivity), SQL/PSM(Program Stored Modules) 등이 있다. 9장에서 이들 기법들의 차이점을 설명한다. 또한 JDBC나 SQLJ를 사용하여 JAVA 프로그래밍 언어를 통해 SQL 데이터베이스를 어떻게 접근하는지에 대해서도 설명한다.
- 상업용 RDBMS는 물리적인 데이터베이스 설계 요소들을 명시하는 명령들의 집합, 관계형 파일 구조, 인덱스와 같은 경로의 연결과 같은 추가적인 SQL 명령어를 가지고 있다. 이러한 명령을 2장에서 설명한 저장 정의 언어(*SDL*)라고 한다. SQL의 이전 버전에서는 인덱스를 생성하는 명령을 가졌지만 이들은 개념적인 스키마 계층에 관련된 것이 아니기 때문에 현재 SQL에서는 삭제되었다. 많은 시스템들은 CREATE INDEX 명령을 여전히 제공한다. 하지만 이 문장은 특별한 권한을 가져야 실행할 수 있다. 이에 대해서는 16장에서 설명한다.
- SQL은 트랜잭션을 제어하는 명령어를 포함한다. 이것은 동시성 제어와 회복을 위한 데이터베이스 처리 단위를 명시하는 데 사용된다. 이 명령들은 19장에서 트랜잭션의 개념에 대해 보다 상세하게 살펴본 후 설명한다.
- SQL에는 사용자에게 권한을 부여하고 취소하는 것을 명시하는 구문이 있다. 권한은 일반적으로 어떤 릴레이션을 접근하기 위하여 SQL 명령들을 사용할 수 있는 권리에 해당한다. 각 릴레이션은 소유자에게 할당되며, 소유자나 DBA는 선택된 사용자들에게 그 릴레이션을 접근하도록 SELECT, INSERT, DELETE, UPDATE와 같은 SQL 문을 사용하는 권한을 부여할 수 있다. 더욱이 DBA는 스키마, 테이블, 뷰를 생성하는 권한을 사용자에게 부여할 수 있다. GRANT와 REVOKE라는 SQL 명령은 데이터베이스 보안과 권한 관리를 다루는 19장에서 설명한다.
- SQL은 트리거를 생성하기 위한 구조물을 가진다. 트리거는 데이터베이스 갱신과 같은 사건들에 의해 자동적으로 유발될 동작들을 명시하는 것으로 능동 데이터베이스의 중요한 기법이다. 이 기능에 대해서는 능동 데이터베이스 개념을 설명하는 25.1절에서 논의한다.

- SQL은 보다 강력한 능력을 갖기 위해 객체지향 모델의 기능을 많이 가지고 있으며, 이는 관계 시스템을 객체-관계 시스템으로 확장하도록 하였다. (중첩 릴레이션이라고도 불리는) 복합 구조의 애트리뷰트를 생성하는 기능, (UDT나 사용자 정의 타입이라고 하는) 추상 데이터 타입을 명시하는 기능, 투플의 참조를 위해 객체 식별자를 생성하는 기능, 타입에 연산을 명시하는 기능 등에 대해서는 11장에서 설명한다.
- SQL과 관계 데이터베이스는 XML(12장 참조)과 같은 새로운 기술과 상호 동작한다.

## 5.6 요약[13)]

이 장에서는 SQL 데이터베이스 언어에 관해 소개하였다. 이 SQL과 SQL의 변형들이 Oracle, IBM의 DB2와 SQL/DS, 마이크로소프트의 SQL Server, SYBASE와 INGRES을 포함한 많은 상업용 관계 DBMS의 인터페이스로 구현되었다. MySQL과 같은 공개 소스 시스템들에서도 역시 SQL을 제공한다. SQL의 처음 버전은 IBM 연구소에서 개발되었고 실험용 DBMS인 SYSTEM R에서 구현되었다. SQL은 데이터 정의, 질의, 갱신, 제약 조건 명시, 뷰 정의, 제약 조건 명시를 위한 문들을 포함하는 광범위한 언어로 설계되었다. 이들 중에서 다음 기능들을 이 장에서 설명하였다: 테이블을 생성하기 위한 데이터 정의문, SQL 기본적인 데이터 타입, 제약 조건을 선언하기 위한 명령문, 간단한 검색 질의, 그리고 데이터베이스 갱신문. 이어서 다음 장에서는, 복잡한 검색 질의, 뷰, 트리거와 주장, 그리고 스키마 갱신 명령문 등과 같은 SQL의 기능들을 설명할 것이다.

13) Rdb는 디지털 회사가 처음에 만들었으며, 1994년에 디지털에서 오라클이 넘겨받아 지원하고 확장중이다.

## 복습문제

**5.1** SQL에서의 릴레이션(테이블)과 3장에서 정의한 릴레이션의 차이점은 무엇인가? 용어상의 기타 차이점들도 설명하라. 왜 SQL은 테이블이나 질의 결과에 중복 투플들을 허용하는가?

**5.2** SQL 애트리뷰트에 허용되는 데이터 타입들을 나열하라.

**5.3** SQL에서는 3장에서 설명한 엔티티 무결성과 참조 무결성 제약 조건을 어떻게 구현하였는가? 참조 트리거된 동작이란 무엇인가?

**5.4** 간단한 SQL 질의 구문 내의 4개의 절을 설명하고, 이들 절 각각에서 명시할 수 있는 구문 유형은 무엇인지 보여라. 이 절 중에서 필수적인 것은 무엇이며 선택적인 것인 무엇인가?

## 연습문제

**5.5** 그림 1.2의 데이터베이스와 그림 2.1에 있는 데이터베이스의 스키마를 보자. 이 스키마에서 유지해야 하는 참조 무결성 제약 조건들은 무엇인가? 이 데이터베이스를 정의하는 적절한 SQL 데이터 정의어 문들을 작성하라.

**5.6** 그림 4.8의 AIRLINE 데이터베이스 스키마를 사용해서 연습 문제 5.5을 풀어보라.

**5.7** 그림 5.6에 있는 LIBRARY 관계 데이터베이스 스키마를 보자. 참조된 투플이 삭제되거나 참조된 투플 내의 기본키 애트리뷰트 값이 갱신될 때, 각 참조 무결성 제약 조건을 유지하기 위해 취해야 할 적절한 동작(reject, cascade, set to NULL,set to default)을 선택하라. 그리고 그 선택의 근거를 밝혀라.

**5.8** 그림 5.6의 LIBRARY 관계 데이터베이스 스키마를 선언하는 적절한 SQL 데이터 정의어 문들을 작성하고, 키와 참조 트리거 동작을 명시하라.

**5.9** DBMS는 어떤 방법으로 키 제약 조건과 외래키 제약 조건을 구현할 수 있는가? 여러분이 제안한 기법을 구현하는 것이 어렵겠는가? 또한 데이터베이스를 갱신했을 때 효율적으로 제약 조건들을 검사할 수 있는가?

**5.10** 그림 4.5에 있는 COMPANY 관계 데이터베이스 스키마에 대한 아래 질의를 SQL로 표현하시오. 만약 그림 4.6의 COMPANY 데이터베이스에 각 질의를 적용할 경우, 질의 결과를 보이시오.

a. 5번 부서에 근무하는 사원 중에서 ProductX 프로젝트에 주당 10시간 이상 일하는 모든 사원들의 이름을 검색하라.

b. 사원 자신의 이름과 동일한 이름을 가진 부양 가족이 있는 사원들의 이름을 검색하라.

c. 'Franklin Wong'이 직접적으로 감독하는 모든 사원들의 이름을 검색하라.

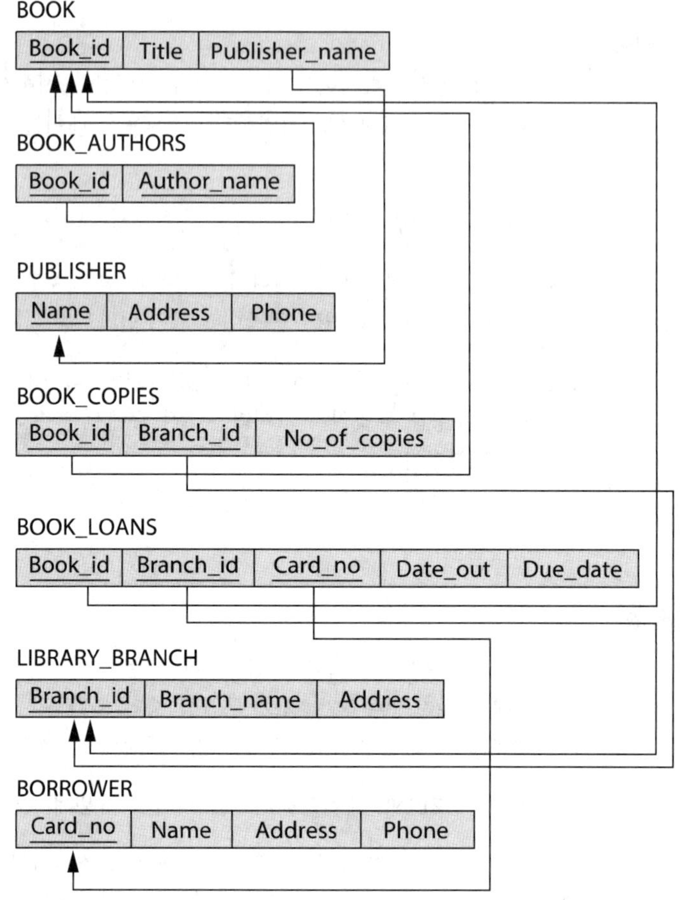


그림 5.6 LIBRARY 관계 데이터베이스에 대한 스키마

*5.11* 연습 문제 3.11의 갱신 연산들을 SQL 갱신문을 사용해서 작성하라.

*5.12* 그림 1.2의 데이터베이스 스키마에서 다음 질의들을 SQL로 작성하라.

a. 전공이 'CS'(전산학)인 모든 4학년 학생의 이름을 검색하라.

b. 'King' 교수가 2007년과 2008년에 가르친 과목의 이름들을 모두 검색하라.

c. 'King' 교수가 가르친 각 강좌에 대해서 과목 번호, 학기, 연도, 수강한 학생 수를 검색하라.

d. 전공이 'CS'인 각 4학년 학생(Class = 4)의 이름과 성적표를 검색하라. 성적표는 학생이 수강한 각 과목마다 과목 이름, 과목 번호, 학점 수, 학기, 연도, 학점을 포함한다.

*5.13* 그림 1.2의 데이터베이스 스키마에서 아래의 갱신에 해당하는 SQL 갱신문을 작성하라.

a. 새로운 학생<'Johnson', 25, 1, 'Math'>를 데이터베이스에 삽입하라.

b. 'Smith'라는 학생의 학년을 2로 변경하라.

c. 새로운 과목<'Knowledge Engineering', 'CS4390', 3, 'CS'>을 삽입하라.

d. 이름이 'Smith'이고 번호가 17인 학생의 레코드를 삭제하라.

**5.14** 자기 자신의 데이터베이스 응용을 위한 관계 데이터베이스 스키마를 설계하라.

a. SQL 정의어를 사용하여 이 릴레이션들을 선언하라.

b. 자신의 데이터베이스 응용에서 필요로 하는 여러 질의들을 SQL로 작성하라.

c. 자신이 이 데이터베이스를 어떻게 사용할 것인지 예상하여, 이 데이터베이스에 인덱스를 만들 애트리뷰트들을 선정하라.

d. SQL을 지원하는 DBMS를 가지고 있다면 이 데이터베이스를 구현하라.

**5.15** 그림 5.2에 명시된 EMPLOYEE 테이블의 제약 조건 EMPSUPERFK를 아래와 같이 변경한다고 하자:

```
CONSTRAINT EMPSUPERFK
  FOREIGN KEY (Super_ssn) REFERENCES EMPLOYEE(Ssn)
                    ON DELETE CASCADE ON UPDATE CASCADE,
```

아래 질문에 답하시오.

a. 그림 4.6에 있는 데이터베이스 상태에 다음 명령을 실행할 때 어떤 일이 발생하는가?

b. EMPSUPERFK 제약 조건의 ON DELETE의 경우 CASCADE나 SET NULL이 더 좋은가?

**5.16** 그림 4.6에 있는 EMPLOYEE 테이블을 백업받기 위해 EMPLOYEE_BACKUP 테이블을 생성하기 위한 SQL 문을 작성하시오.

## 주요 참고문헌

처음에 SEQUEL이라 불렀던 SQL은 Boyce 외(1975)에서 소개한 SQUARE(Specifying Queries as Relational Expressions) 언어를 기반으로 만들어진 언어이다. SQUARE의 구문을 수정하여 SEQUEL(Chamberlin과 Boyce 1974)을 설계하였으며 이를 다시 개정하여 SEQUEL 2(Chamberlin외 1976)를 만들었으므로, 이 SQUARE가 SQL의 기초라 할수있다. SEQUEL 언어는 미국 캘리포니아 산호세에 위치한 IBM 연구소에서 처음으로 구현하였다. SQL의 여러 가지 기능에 대한 추가적인 참고문헌을 6장에서 소개 할 것이다.

# SQL 추가기능: 복잡한 질의, 트리거, 뷰, 스키마 갱신

이 장에서는 관계 데이터베이스를 위한 SQL 언어의 고급 기능에 대해 설명한다. 먼저 6.1절에서는 중첩 질의, 조인된 테이블, 외부 조인, 집단 함수, 그룹화, case문 등과 같은 SQL 검색 질의의 더 복잡한 기능들을 설명한다. 6.2절에서는, 데이터베이스에 대한 더 일반적인 제약 조건을 명시하는 데 사용하는 CREATE ASSERTION 문장에 대해 설명한다. 또한 트리거 개념과 CREATE TRIGGER 문장에 대해서도 소개하는데, 이 트리거에 대해서는 25.1절에서 능동적 데이터베이스의 원리에 대해 소개할 때 더 자세히 설명할 것이다. 그 다음 6.3절에서 데이터베이스에 대한 뷰(view)를 정의하는 SQL의 기능을 설명한다. 뷰는 이전에 정의된 테이블로부터 유도된 정보들을 마치 또 다른 하나의 테이블처럼 사용자들에게 보여주기 때문에 이 뷰를 가상적인 또는 유도된 테이블이라고 부르기도 한다. 6.4절에서 데이터베이스 테이블과 그 제약 조건들을 수정하는 데 사용하는 SQL ALTER TABLE 문장에 대해 소개하고, 6.5절에서 이 장을 요약한다.

이 장은 5장의 연속된 부분으로, SQL에 대한 개략적인 소개만을 원하는 독자들은 이 장을 건너뛰어도 상관없다.

## 6.1 더 복잡한 SQL 검색 질의

5.3절에서는 SQL 검색 질의들의 기본적인 유형을 설명하였다. SQL의 일반성과 표현력으로 인해 데이터베이스로부터 더 복잡한 검색을 표현하는 추가적인 기능들이 많이 있다. 이 절에서는 이런 기능들을 여러 가지 설명한다.

### 6.1.1 널 값을 포함한 비교와 세 값을 갖는 논리

SQL은 널 값을 다루기 위한 다양한 규칙들을 가지고 있다. 4.1.2절을 상기해보면 널은 명시되지 않은 값을 나타내는 데 사용된다. 그러나 이것은 대개 다음의 세 가지 의미 중 하나를 나타낸다. 알려지지 않은(값이 존재하지만 알지 못하는, 또는 값이 존재하는지 여부를 모르는) 값, 이용할 수 없는 (존재하지만 의도적으로 보류한) 값, 적용할 수 없는(이 투플에는 그 애트리뷰트가 적용되지 않거나 정의되지 않는) 값. 널에 대한 이들 세 가지 의미들을 이해하기 위해 다음 예제들을 살펴보자.

1. **알려지지 않은 값.** 어떤 사람의 생일은 알려지지 않을 수 있다. 이런 경우 데이터베이스에 널로 나타낼 수 있다. 알려지지 않는 값의 또 다른 예제는 집 전화가 널 값을 갖는 것이다. 왜냐하면 어떤 사람이 집 전화를 가지고 있는지 알 수 없는 경우가 있기 때문이다.
2. **이용할 수 없거나 보류해 둔 값.** 어떤 사람은 집 전화번호를 가지고 있지만 공개하고 싶지 않을 수 있다. 이런 경우 데이터베이스에 널로 표현하고 값을 보류한다.
3. **적용할 수 없는 애트리뷰트.** 대학교를 다니지 않은 사람의 경우 애트리뷰트 최종학위(LastCollegeDegree)는 적용되지 않기 때문에 널을 갖게 된다.

종종 널이 이들 세 값 중에서 어느 것을 의미하는지 결정할 수 없을 때가 있다. 예를 들면, 어떤 사람의 집 전화번호는 이 세 값 중에 어떤 것이라도 의미할 수 있다. 따라서 SQL은 널 값의 의미를 구분하지 않는다.

일반적으로, 각각의 널 값은 데이터베이스 내의 여러 레코드들에 있는 모든 다른 널 값과 서로 다르다고 생각한다. 만약 애트리뷰트 중 하나에 널 값을 가진 레코드를 비교 연산에 사용하면 그 결과는 모름(UNKNOWN) (참일 수도 있고 거짓일 수도 있음)으로 생각한다. 따라서 SQL은, 참과 거짓의 두 가지 (불리언) 값을 갖는 표준 논리를 사용하는 대신에, 참(TRUE), 거짓(FALSE), 모름(UNKNOWN)의 세 가지 값(또는 진리값)을 가진 논리를 사용한다. 따라서 AND, OR, 및 NOT의 논리 연산자를 사용할 때 세 값을 갖는 논리식의 결과를 정의할 필요가 있다. 표 6.1은 이들 연산자의 결과 값을 보여준다.

표 6.1(a)와 6.1(b)에서, 행과 열은 비교 조건의 결과 값을 나타내는데, 이 값들은 SQL 질의의 WHERE 절에 전형적으로 나타나는 것이다. 각 논리식의 결과는 TRUE, FALSE, UNKNOWN 중의 한 값을 갖는다. 이러한 논리식 값 두 개를 AND 논리 연산자를 사용하

표 6.1 값을 갖는 논리에서 논리 연산자들

| (a) | AND | TRUE | FALSE | UNKNOWN |
|---|---|---|---|---|
| | TRUE | TRUE | FALSE | UNKNOWN |
| | FALSE | FALSE | FALSE | FALSE |
| | UNKNOWN | UNKNOWN | FALSE | UNKNOWN |
| (b) | OR | TRUE | FALSE | UNKNOWN |
| | TRUE | TRUE | TRUE | TRUE |
| | FALSE | TRUE | FALSE | UNKNOWN |
| | UNKNOWN | TRUE | UNKNOWN | UNKNOWN |
| (c) | NOT | | | |
| | TRUE | FALSE | | |
| | FALSE | TRUE | | |
| | UNKNOWN | UNKNOWN | | |

여 결합한 결과가 표 6.1(a)에 나타나 있으며, 표 6.1(b)는 OR 논리 연산자로 결합한 결과를 보여준다. 예를 들어, (FALSE AND UNKNOWN)의 결과는 FALSE이며, (FALSE OR UNKNOWN)의 결과는 UNKNOWN이다. 표 6.1(c)는 NOT 논리 연산자의 결과를 보여준다. 표준 불리언 논리에서는 TRUE와 FALSE의 두 가지 값만 허용하며 UNKNOWN값은 허용하지 않는다는 사실을 기억하라.

실렉트-프로젝트-조인 질의에서, 일반적인 규칙은 그 질의의 WHERE 절에 있는 논리식을 참으로 하는 투플들의 조합들만 선택하는 것이다. 논리식의 결과가 거짓이나 모름이 되는 투플 조합들은 선택하지 않는다. 하지만 나중에 6.1.6절에서 살펴볼 외부 조인 같은 일부 연산들의 경우 이 규칙과 다른 약간의 예외가 있다.

SQL은 질의에서 애트리뷰트 값이 널인지 검사할 수 있다. 그러나 SQL에서는 애트리뷰트를 널과 비교하기 위해서 = 또는 <>을 사용하는 대신에 IS나 IS NOT을 비교 연산자로 사용한다. 그 이유는 SQL에서 각 널 값은 모든 다른 널 값과는 다르다고 간주하므로 = 형태의 비교가 적당하지 않다. 따라서 조인 조건을 명시했을 때 외부 조인(6.1.6절 참조)이 아니면 애트리뷰트에 널 값을 갖는 투플들은 결과에 나타나지 않게 된다. 질의 18은 IS NULL을 사용한 예를 보여주며, 이 질의의 결과는 아래와 같다.

**질의 18** 상사가 없는 모든 사원의 이름을 검색하라.

```
Q18:    SELECT   Fname, Lname
        FROM     EMPLOYEE
        WHERE    Super_ssn IS NULL;
```

## 6.1.2 중첩 질의와 집합 비교

일부 질의들은 데이터베이스 내에 존재하는 값들을 검색한 다음 이를 비교 조건에서 사용한다. 이런 질의들은 중첩 질의(nested query)를 사용해서 편리하게 나타낼 수 있다. 중첩 질의는 다른 질의의 WHERE 절 내에 완전한 select-from-where 형태를 갖는다. 전자를 외부 질의(outer query)라고 한다. 이들 중첩 질의들은 WHERE 절, 또는 FROM 절, 또는 SELECT 절, 또는 다른 SQL 절 내에 나타날 수 있다. 질의 4는 Q4처럼 중첩 질의를 사용하지 않고 나타내거나 Q4A처럼 중첩 질의를 사용해서 표현할 수도 있다. Q4A는 비교 연산자 IN을 사용하고 있는데, 이 연산자는 하나의 값 $v$를 값들의 집합(또는 다중집합) $V$와 비교하며, $v$가 $V$의 원소인 경우에 참이 된다.

Q4A에서, 첫 번째 중첩 질의는 성(Lname)이 'Smith'인 사원이 부서의 관리자로서 맡고 있는 프로젝트의 번호(Pnumber)를 선택하지만, 두 번째 중첩 질의는 성이 'Smith'인 일반 사원이 근무하고 있는 프로젝트의 번호를 선택한다. 외부 질의에서는 PROJECT 테이블에서 PNUMBER의 값이 두 중첩 질의 중에서 어느 한 중첩 질의의 결과에 포함된 투플들을 선택하기 위해 OR 논리 연산자를 사용한다.

```
Q4A:    SELECT    DISTINCT Pnumber
        FROM      PROJECT
        WHERE     Pnumber IN
                  ( SELECT    Pnumber
                    FROM      PROJECT, DEPARTMENT, EMPLOYEE
                    WHERE     Dnum = Dnumber AND
                              Mgr_ssn = Ssn AND Lname = 'Smith' )
                  OR
                  Pnumber IN
                  ( SELECT    Pno
                    FROM      WORKS_ON, EMPLOYEE
                    WHERE     Essn = Ssn AND Lname = 'Smith' );
```

만약 어떤 중첩 질의가 한 개의 투플 내의 한 애트리뷰트만 가져온다면 그 질의 결과는 하나의 (스칼라) 값이 된다. 이러한 경우에는 비교 연산자로 IN 대신에 = 를 사용할 수 있다. 일반적으로, 중첩 질의는 투플들의 집합 또는 다중 집합인 테이블을 가져온다.

SQL은 괄호 내에 값들을 넣어 이 값들의 투플을 비교에 사용할 수 있다. 이에 대한 예로 다음과 같은 질의를 가정해 보자.

```
SELECT    DISTINCT Essn
FROM      WORKS_ON
WHERE     (Pno, Hours)  IN    ( SELECT    Pno, Hours
                                FROM      WORKS_ON
                                WHERE     Essn = '123456789' );
```

이 질의는 사원 'John Smith'(이 사원의 사회보장번호(Ssn)는 '123456789')이 일하는 어떤 프로젝트의 (프로젝트 번호, 시간) 조합과 동일한 모든 사원의 사회보장번호(Essn)를 WORKS_ON 릴레이션에서 구한다. 이 예제에서, IN 연산자는 WORK_ON 내에 있는 각 투플의 부분 투플인 (Pno, Hours)을 중첩 질의에서 생성한 투플들과 비교한다.

하나의 값 $v$(일반적으로 한 애트리뷰트의 이름)와 값들의 집합(또는 다중 집합) $V$(일반적으로 하나의 중첩 질의)를 비교하는 연산자는 IN 뿐만 아니라 여러 가지 다른 연산자도 있다.

연산자 ANY(또는 SOME)는 하나의 값 $v$가 값들의 집합 $V$ 내의 어떤 값들과 같으면 참을 반환하므로 연산자 IN과 동등하다. 여기서 두 키워드 ANY와 SOME은 같은 효과를 갖는다. ANY와 결합하여 사용할 수 있는 다른 연산자들로는 >, >=, <, <=, <>가 있다. 키워드 ALL도 이 연산자들 각각과 결합하여 사용할 수 있다. 예를 들어, 비교 조건($v$ > ALL $V$)은 하나의 값 $v$가 값들의 집합(또는 다중 집합) $V$ 값보다 큰 경우에 참을 반환한다. 다음 질의가 한 예를 나타낸다. 이 질의는 5번 부서에 근무하는 모든 사원보다 급여가 많은 사원들의 이름을 검색한다.

```
SELECT    Lname, Fname
FROM      EMPLOYEE
WHERE     Salary > ALL    ( SELECT    Salary
                            FROM      EMPLOYEE
                            WHERE     Dno = 5 );
```

이 질의는 (6.1.7에서 설명한) MAX 집단 함수를 사용해서 표현할 수도 있음을 유의하라.

일반적으로 다단계 중첩 질의를 사용할 수 있다. 만약 외부 질의의 FROM 절에 있는 릴레이션과 중첩 질의의 FROM 절에 있는 다른 릴레이션 모두에 이름이 같은 애트리뷰트가 있다면 애트리뷰트들 사이에 모호함이 발생된다. 릴레이션 이름을 함께 표기하지 않은 모호한 애트리뷰트에 대한 참조 규칙은 가장 안쪽의 중첩 질의에 선언된 릴레이션에 속하는 것으로 간주한다. 예를 들어, Q4A의 첫 번째 중첩 질의의 SELECT 절과 WHERE 절에서, PROJECT 릴레이션 이름을 함께 표기하지 않은 모호한 애트리뷰트는 중첩 질의의 FROM 절에서 명시한 PROJECT 릴레이션을 참조한다. 외부 질의에서 사용한 PROJECT 릴레이션의 애트리뷰트를 참조하려면 그 릴레이션에 대한 별명(투플변수)도 함께 표기해야 한다. 이런 참조 규칙은 중첩 프로시저와 함수들을 제공하는 대부분의 프로그래밍 언어에서 사용되는 프로그램 변수들의 영역 규칙과 비슷하다. 질의 16은 중첩 질의에서 애트리뷰트 이름들이 모호한 경우를 보여준다.

**질의 16** 부양가족의 성(Fname)과 성별(Sex)이 같은 사원들의 이름(Fname, Lname)을 검색하라.

```
Q16:   SELECT    E.Fname, E.Lname
       FROM      EMPLOYEE AS E
       WHERE     E.Ssn IN    ( SELECT    D.Essn
                               FROM      DEPENDENT AS D
                               WHERE     E.Fname = D.Dependent_name
                                         AND E.Sex = D.Sex );
```

Q16의 중첩 질의에서 외부 질의에 있는 EMPLOYEE의 Sex 애트리뷰트를 참조하려면 E.Sex라고 표기해서 DEPENDENT 릴레이션의 Sex 애트리뷰트와 구별해야 한다. 만약 중첩 질의에서 릴레이션 이름을 함께 표기하지 않은 Sex 애트리뷰트가 있다면, 이들은 모두 DEPENDENT의 Sex 애트리뷰트를 참조한다. 그러나 DEPENDENT 릴레이션에 Fname, Ssn 애트리뷰트가 없기 때문에 Fname과 Ssn을 중첩 질의에서 사용할 때 릴레이션 이름을 함께 표기하지 않아도 모호함이 생기지 않는다.

Q16에 있는 예와 같이, 잠재적인 오류와 모호성을 피하기 위해 *SQL* 질의 내의 모든 테이블에 대해 투플 변수를 만드는 것이 바람직하다.

### 6.1.3 상관 중첩 질의

중첩 질의의 WHERE 절에 있는 조건에서 외부 질의에 선언된 릴레이션의 일부 애트리뷰트를 참조하는 경우에 두 질의가 서로 상관(correlated)된다고 말한다. 외부 질의를 만족하는 각 투플(또는 투플들의 조합)이 구해진 후에 중첩 질의가 수행되는 것이라고 생각하면 상관 질의를 보다 쉽게 이해할 수 있다. 예를 들어, Q16을 다음과 같이 생각할 수 있다. 각 EMPLOYEE 투플에 대해서 중첩 질의를 수행함으로써 EMPLOYEE 투플과 같은 성별과 이름을 갖는 DEPENDENT 릴레이션의 모든 투플의 ESsn 값을 구하는 중첩 질의를 수행한다. 만일 EMPLOYEE 투플의 Ssn 값이 이 중첩 질의의 결과 내에 속하면 그 EMPLOYEE 투플이 선택된다.

```
Q16A:   SELECT   E.Fname, E.Lname
        FROM     EMPLOYEE AS E, DEPENDENT AS D
        WHERE    E.Ssn = D.Essn AND E.Sex = D.Sex
                 AND E.Fname = D.Dependent_name;
```

일반적으로 중첩된 SELECT-FROM-WHERE 블록과 = 또는 IN 비교 연산자를 이용해서 작성한 질의는 항상 단일 블록 질의로 표현할 수 있다. 예를 들어, Q16은 Q16A와 같이 작성할 수 있다.

### 6.1.4 SQL의 EXISTS 함수와 UNIQUE 함수

EXISTS와 UNIQUE는 TRUE(참) 또는 FALSE(거짓)를 반환하는 불리언 함수들이다. SQL의 EXISTS 함수는 상관 중첩 질의의 결과가 빈(투플을 포함하지 않음) 것인지 아닌지를 검사하는 데 사용된다. EXISTS 함수의 결과는 중첩 질의의 결과가 한 투플이라도 있을 경우 TRUE 논리값을, 중첩 질의의 결과가 한 투플도 갖지 않을 경우 FALSE 논리값이 된다. 몇 가지 질의를 사용하여 EXISTS와 NOT EXISTS의 사용 예를 설명한다. 우선 EXISTS를 사용하여 질의 16을 Q16B처럼 다른 형태로 나타낼 수 있다.

```
Q16B:   SELECT   E.Fname, E.Lname
        FROM     EMPLOYEE AS E
        WHERE    EXISTS  ( SELECT   *
                           FROM     DEPENDENT AS D
                           WHERE    E.Ssn = D.Essn AND E.Sex = D.Sex
                                    AND E.Fname = D.Dependent_name);
```

보통 EXISTS와 NOT EXISTS는 상관 중첩 질의와 함께 사용된다. Q16B에서 중첩 질의는 외부 질의의 EMPLOYEE 릴레이션의 Ssn, Fname, Sex 애트리뷰트를 참조한다. Q16B를 다음과 같이 생각할 수 있다. 각 EMPLOYEE 투플에 대해서 중첩 질의를 수행함으로써 이 EMPLOYEE 투플과 같은 사회보장번호(Essn), 성별(Sex), 이름(Dependent_name)을 갖는 모든 DEPENDENT 투플을 구하고, 만약 중첩 질의의 결과에 최소한 하나의 투플이 존재하면 (EXISTS) 그 EMPLOYEE 투플을 선택한다. EXISTS(Q)는 질의 Q의 결과에 최소한 한 개의 투플이 있으면 참을 반환하고 그렇지 않으면 거짓을 반환한다. 반면에 NOT EXISTS(Q)는 중첩 질의 Q의 결과에 투플이 없으면 참을 반환하고 그렇지 않으면 거짓을 반환한다. 다음 질의는 NOT EXISTS의 사용 예를 보여준다.

**질의 6** 부양가족이 없는 종업원들의 이름을 검색하라.

```
Q6:     SELECT      Fname, Lname
        FROM        EMPLOYEE
        WHERE       NOT EXISTS   ( SELECT     *
                                   FROM       DEPENDENT
                                   WHERE      Ssn = Essn );
```

Q6의 상관 중첩 실의는 특정 EMPLOYEE 투플과 관계있는 모든 DEPENDENT 투플을 검색한다. 만약 DEPENDENT 투플들이 존재하지 않으면, 이 경우 WHERE 절의 조건은 TRUE가 되기 때문에, 그 EMPLOYEE 투플이 선택된다. Q6을 다음과 같이 설명할 수 있다. 각 EMPLOYEE 투플에 대해서 상관 중첩 질의는 ESsn 값이 EMPLOYEE의 Ssn 값과 같은 모든 DEPENDENT 투플을 선택한다. 만약 중첩 질의의 결과로 한 투플도 검색되지 않으면 그 사원과 관련된 부양가족이 없는 것이므로 그 EMPLOYEE 투플을 선택하고 Fname과 Lname을 검색한다.

**질의 7** 부양가족을 적어도 한 명 이상 가진 관리자의 이름을 검색하라.

```
Q7:     SELECT      Fname, Lname
        FROM        EMPLOYEE
        WHERE       EXISTS   ( SELECT     *
                               FROM       DEPENDENT
                               WHERE      Ssn = Essn )
                    AND
                    EXISTS   ( SELECT     *
                               FROM       DEPARTMENT
                               WHERE      Ssn = Mgr_ssn );
```

질의 7은 두 개의 상관 중첩 질의를 사용하여 Q7과 같이 표현할 수 있다. 첫 번째 중첩 질의는 한 EMPLOYEE와 관계있는 모든 DEPENDENT 투플을 선택하고, 두 번째 중첩 질의는 그 EMPLOYEE가 담당하는 모든 DEPARTMENT 투플을 선택한다. 만약 첫 번째 중첩 질의의 결과에 최소한 하나의 투플이 존재하고 두 번째 중첩 질의의 결과에도 최소한 하나의 투플이 존재하면 그 EMPLOYEE 투플을 선택한다. 이 질의를 단일 중첩 질의를 사용하거나 중첩 질의 없이 재작성할 수 있겠는가?

CONTAINS 비교 연산자를 설명하기 위해서 사용된 질의 3("5번 부서가 담당하는 모든 프로젝트에 근무하는 사원들의 이름을 검색하라")을 SQL 시스템에서 EXISTS와 NOT EXISTS를 이용하여 작성할 수 있다. 이 질의는 7.6.7절에서 설명할 전체 정량자를 필요로 하는 질의 타입의 한 예이다. 이런 질의를 표현하는 한 방법은 아래와 같이 (*S*2 EXCEPT *S*1) 표현식을 사용한 후에 그 결과가 공집합인지 검사하는 것이다.[1)] Q3A는 이 예를 나타낸다.

```
Q3A:  SELECT   Fname, Lname
      FROM     EMPLOYEE
      WHERE    NOT EXISTS  ( ( SELECT   Pnumber
                               FROM     PROJECT
                               WHERE    Dnum = 5)
                               EXCEPT   ( SELECT   Pno
                                          FROM     WORKS_ON
                                          WHERE    Ssn = Essn) );
```

Q3A에서 첫 번째 부질의(외부 질의와 상관되지 않음)는 5번 부서가 관리하는 모든 프로젝트를 추출하고, 두 번째 부질의(상관됨)는 특정 사원이 근무하고 있는 모든 프로젝트를 추출한다. 첫 번째 부질의 결과에 두 번째 부질의 결과를 MINUS(EXCEPT)한 차집합의 결과가 공집합이면, 이 사원이 관련된 모든 프로젝트에 근무하는 것을 의미하며 따라서 이 투플을 선택한다.

두 번째 옵션은 아래의 Q3B와 같다. Q3B는 두 단계의 중첩 질의를 가지며, Q3보다 약간 더 복잡하다.

```
Q3B:  SELECT   Lname, Fname
      FROM     EMPLOYEE
      WHERE    NOT EXISTS  ( SELECT   *
                             FROM     WORKS_ON B
                             WHERE    ( B.Pno IN  ( SELECT   Pnumber
                                                    FROM     PROJECT
                                                    WHERE    Dnum = 5 )
                             AND
                             NOT EXISTS   ( SELECT   *
                                            FROM     WORKS_ON C
                                            WHERE    C.Essn = Ssn
                                            AND      C.Pno = B.Pno )));
```

Q3B에서 외부 질의는 검색된 EMPLOYEE 투플의 Pno, Ssn과 같은 값을 갖는 WORKS_ON(C)의 투플들이 없는 경우에, 5번 부서가 담당하는 프로젝트의 번호인 Pno와 같은 값을 갖는 WORKS_ON (B) 투플들을 선택한다. 선택된 WORKS_ON (B) 투플들이 없으면 최종적으로 그 EMPLOYEE의 투플이 선택된다. Q3B는 질의 3을 다음과 같이 변형한 형식이다. "사원이 근무하지 않는 5번 부서가 관리하는 프로젝트가 존재하지 않는 경우에 그 사원을 검색하라." 이것은 투플 관계 해석으로 이 질의를 표현하는 것과 같은 방법이다(7.6.7절 참조).

---

1) EXCEPT는 차집합 연산자임을 상기하라. Oracle과 같은 시스템에서는 MINUS라는 키워드를 사용한다.

또 다른 SQL 함수로 UNIQUE(Q)가 있는데, 이는 질의 Q의 결과에 중복된 투플이 없으면 참을 반환하고, 그렇지 않으면 거짓을 반환한다. 이것은 중첩 질의의 결과가 (중복된 투플이 없는) 집합인지 (중복된 투플이 있는) 다중 집합인지를 검사할 때 사용된다.

### 6.1.5 SQL에서 명시적 집합과 애트리뷰트의 재명명

지금까지 WHERE 절에 중첩 질의를 포함하는 여러 개의 질의를 살펴보았다. 또한 중첩 질의 대신에 WHERE 절에 값들의 명시적 집합을 사용할 수 있다. SQL에서는 이런 집합을 괄호로 묶어 표현한다.

질의 17 프로젝트 번호 1, 2, 3에서 일하는 모든 사원의 사회보장번호를 검색하라.

```
Q17:    SELECT    DISTINCT Essn
        FROM      WORKS_ON
        WHERE     Pno IN (1, 2, 3);
```

질의 결과에 나타나는 임의의 애트리뷰트를 정량자 AS 다음에 원하는 새 이름을 사용하여 재명명할 수 있다. 따라서 일반적으로 AS는 애트리뷰트와 릴레이션 이름에 별명을 붙이는 데 사용되며, 이것은 질의의 적절한 부분에서 사용될 수 있다. 예를 들어, 아래의 Q8A는 Q8을 약간 변형함으로써 각 사원과 사원의 상사의 성을 검색한 다음에 Employee_name과 Supervisor_name으로 재명명한다. 새로 부여한 이름들은 질의 결과를 위한 애트리뷰트 머리부에 나타난다.

```
Q8A:    SELECT    E.Lname AS Employee_name, S.Lname AS Supervisor_name
        FROM      EMPLOYEE AS E, EMPLOYEE AS S
        WHERE     E.Super_ssn = S.Ssn;
```

### 6.1.6 SQL에서 조인된 테이블과 외부 조인

질의의 FROM 절에 조인 연산의 결과로 생성되는 테이블을 명시할 수 있도록 하기 위해서 조인된 테이블(조인된 릴레이션)의 개념이 SQL에 포함되었다. 이런 구조는 WHERE 절에서 선택 조건과 조인 조건을 함께 사용하는 것보다 쉽게 이해할 수 있다. 예를 들어, 'Research' 부서에서 근무하는 모든 사원의 이름과 주소를 검색하는 질의 Q1을 생각해 보자. 먼저 WHERE 절 내에 EMPLOYEE와 DEPARTMEN 릴레이션의 조인을 명시한 후에 원하는 투플들과 애트리뷰트들을 선택하는 것이 쉬울 것이다. SQL에서는 질의 Q1을 Q1A와 같이 작성할 수 있다.

```
Q1A:    SELECT    Fname, Lname, Address
        FROM      (EMPLOYEE JOIN DEPARTMENT ON Dno = Dnumber)
        WHERE     Dname = 'Research';
```

Q1A에서 FROM 절은 조인된 테이블 한 개를 포함하고 있다. 이런 조인된 테이블의 애트리뷰트들은 앞에 있는 테이블 EMPLOYEE의 모든 애트리뷰트와 뒤에 있는 테이블 DEPARTMENT의 모든 애트리뷰트로 이루어진다. 또한 조인된 테이블의 개념은 사용자가 자연 조인 및 다양한 유형의 외부 조인 등과 같이 여러 가지 유형의 조인을 명시할 수 있도록 허용한다. 두 개의 릴레이션 *R*과 *S*상의 자연 조인에서는 조인 조건을 표시하지 않는다. *R*과 *S*에서 같은 이름을 갖는 각 애트리뷰트 쌍에 대한 동등(=) 조인 조건이 묵시적으로 생성되며, 이런 각 애트리뷰트 쌍은 결과 릴레이션에서 단지 하나만 나타난다(관계 대수에서 여러 가지 타입의 조인 연산에 대한 더 자세한 사항은 7.3.2절과 7.4.4절을 참조하기 바란다).

조인 애트리뷰트들의 이름이 두 기본 릴레이션에서 서로 같지 않으면 조인 애트리뷰트 이름이 같게 되도록 재명명한 다음에 자연 조인을 적용한다. 이런 경우에 FROM 절에서 릴레이션과 릴레이션의 모든 애트리뷰트를 재명명하는 데 AS를 사용한다. Q1B가 이런 예를 보여주는데 DEPARTMENT 릴레이션은 DEPT로 재명명되고 애트리뷰트들은 Dname, Dno, Mssn, Msdate로 재명명되었다. 재명명된 이후에 같은 이름을 갖는 애트리뷰트는 Dno뿐이므로 자연 조인에 대한 묵시적인 조인 조건은 EMPLOYEE.Dno = DEPT.Dno이다.

```
Q1B:    SELECT    Fname, Lname, Address
        FROM      (EMPLOYEE NATURAL JOIN
                  (DEPARTMENT AS DEPT (Dname, Dno, Mssn, Msdate)))
        WHERE     Dname = 'Research';
```

조인된 테이블에서 조인의 디폴트 유형은 내부 조인(inner join)이기 때문에 다른 릴레이션에 일치하는 투플이 존재하는 투플만 결과에 포함된다. 예를 들어, 질의 Q8A에서 상사를 가진 사원만 조인 결과에 포함된다. Super_Ssn 값이 널인 EMPLOYEE 투플은 조인 결과에서 제외된다. 모든 사원 투플이 조인 결과에 포함되기를 원하는 경우에는 외부 조인이라는 새로운 형태의 조인을 명시적으로 사용해야 한다(관계 대수 내에 있는 외부 조인의 정의는 7.4.4절 참조). 외부 조인에는 여러가지 종류가 존재한다. SQL 표준에서는, Q8B에서 보는 것처럼, 조인된 테이블에서 명시적으로 OUTER JOIN 키워드를 명시하여 외부 조인을 사용할 수 있다.

```
Q8B:    SELECT    E.Lname AS Employee_name,
                  S.Lname AS Supervisor_name
        FROM      (EMPLOYEE AS E LEFT OUTER JOIN EMPLOYEE AS S
                  ON E.Super_ssn = S.Ssn);
```

SQL에서 조인된 테이블들을 명시하기 위해 사용할 수 있는 옵션들은 INNER JOIN(JOIN(조인 조건에 일치하는 투플들의 쌍들만 검색함)과 같음), LEFT OUTER JOIN(왼쪽 테이블에 있는 모든 투틀들이 결과에 나타나며, 오른쪽 테이블에 일치하는 투플이 없을 경우에 그 오른쪽 테이블의 모든 애트리뷰트들에 NULL값으로 채움), RIGHT OUTER JOIN(오른쪽 테이블에 있는 모든 투플들이 결과에 나타나며, 왼쪽 테이블에 일치하는 투플이 없을 경우에 그 왼쪽 테이블의 모든 애트리뷰트들에 NULL값으로 채움), FULL OUTER JOIN이다. INNER JOIN을 제외한 나머지 세 가지 옵션에서 키워드 OUTER를 생략해도 된다. 만약 조인 애트리뷰트가 동일한 이름을 가지는 경우 연산자 앞에 키워드 NATURAL을 사용하여 (예를 들어, NATURAL LEFT OUTER JOIN) 외부 조인에 대한 자연 조인 변형을 명시할 수 있다. 키워드 CROSS JOIN은 카티션 프로덕트 연산(7.2.2절 참조)을 명시하는 데 사용된다. 이 연산은 모든 가능한 투플 조합을 생성하므로 주의해서 사용해야 한다.

조인 명세를 중첩시킬 수 있으므로 조인에 참여하는 테이블 중의 하나가 조인된 테이블 형태를 취할 수 있다. 이렇게 하면 세 개 이상의 테이블이 하나의 조인된 테이블 형태가 될 수 있는데, 이를 다중 조인이라고 부른다. 예를 들면, Q2A는 조인된 테이블의 개념을 사용하여 5.3.1절에 있는 질의 Q2를 다른 형태로 표현한 것이다.

```
Q2A:    SELECT    Pnumber, Dnum, Lname, Address, Bdate
        FROM      ((PROJECT JOIN DEPARTMENT ON Dnum = Dnumber)
                  JOIN EMPLOYEE ON Mgr_ssn = Ssn)
        WHERE     Plocation = 'Stafford';
```

모든 SQL 시스템들이 조인된 테이블 구문을 구현한 것은 아니다. 어떤 시스템에서는 외부 조인을 표시하기 위해 다른 구문을 사용하기도 하는데, LEFT, RIGHT, FULL OUTER JOIN을 위해 조인 조건을 명시할 때 +=, =+, +=+ 연산자를 각각 사용한다. 예를 들면, Oracle에서 이들 구문을 이용한다. Q8B에 있는 LEFT OUTER JOIN을 이러한 구문을 이용하여 표현하면 아래 질의 Q8C와 같이 표현된다.

```
Q8C:    SELECT    E.Lname, S.Lname
        FROM      EMPLOYEE E, EMPLOYEE S
        WHERE     E.Super_ssn + = S.Ssn;
```

### 6.1.7 SQL에서 집단 함수

7.4.2절에서는 관계 대수 연산으로서 집단 함수의 개념을 소개할 것이다. 집단 함수(Aggregate Function)는 여러 투플의 정보를 요약하여 하나의 투플로 요약하는 데 사용된다. 그룹화(grouping)는 요약하기 전에 투플들을 부분 그룹으로 나누기 위해 사용한다. 그룹화와 집단화가 많은 데이터베이스 응용에서 필요하기 때문에, SQL에서 이런 개념들을 사용하는 방법을 예제를 통해 설명하고자 한다. COUNT, SUM, MAX, MIN, AVG[2] 등과 같은 여러 내장 집단 함수들이 있다. COUNT 함수는 질의에서 검색된 투플이나 값들의 개수를 구한다. SUM, MAX, MIN, AVG 함수들은 숫자들의 집합이나 다중집합에 적용되어, 각각 합, 최댓값, 최솟값, 평균값을 구할 수 있다. 이 함수들은 SELECT 절이나 HAVING 절(나중에 설명함)에서 사용할 수 있다. MAX와 MIN 함수는 도메인 값들이 서로 간에 전체 순서를 가진다면 수치 도메인이 아닌 애트리뷰트들에도 사용될 수 있다.[3] 질의 예들을 사용해서 이 함

2) SQL-99에는 보다 고급 통계 계산을 할 수 있는 추가적인 집단 함수가 추가되었다.

수들의 사용법을 설명한다.

**질의 19** 모든 사원의 급여의 합, 최고 급여, 최저 급여, 평균 급여를 구하라.

```
Q19:    SELECT    SUM (Salary), MAX (Salary), MIN (Salary), AVG (Salary)
        FROM      EMPLOYEE;
```

이 질의는 EMPLOYEE 테이블에 있는 모든 투플들을 요약한 한 행을 반환한다. 이 결과 테이블에서 열의 이름들을 재명명하기 위해, Q19A에 있는 예제에서 보는 것처럼, AS를 사용할 수 있다.

```
Q19A:   SELECT    SUM (Salary) AS Total_Sal, MAX (Salary) AS Highest_Sal,
                  MIN (Salary) AS Lowest_Sal, AVG (Salary) AS Average_Sal
        FROM      EMPLOYEE;
```

만약 'Research' 부서처럼 특정 부서에 근무하는 사원들에 대해서 위의 집계 함수 값들을 구하려면, 다음 질의 20처럼 WHERE 절에서 'Research'부서에서 일하는 사원들로 EMPLOYEE 투플들을 제한하여 질의를 표현한다.

**질의 20** 'Research' 부서에 근무하는 모든 사원의 급여의 합, 최고 급여, 최소 급여, 평균 급여를 구하라.

```
Q20:    SELECT    SUM (Salary), MAX (Salary), MIN (Salary), AVG (Salary)
        FROM      (EMPLOYEE JOIN DEPARTMENT ON Dno = Dnumber)
        WHERE     Dname = 'Research';
```

**질의 21과 22** 회사의 총 사원 수(Q21)와 'Research' 부서에서 근무하는 총 사원수(Q22)를 검색하라.

```
Q21:    SELECT    COUNT (*)
        FROM      EMPLOYEE;

Q22:    SELECT    COUNT (*)
        FROM      EMPLOYEE, DEPARTMENT
        WHERE     DNO = DNUMBER AND DNAME = 'Research';
```

여기서 '*'는 행(투플)들을 나타내므로 COUNT (*)는 질의 결과에 포함된 투플들의 수를 반환한다. 또한 다음 예처럼 투플들 대신에 한 애트리뷰트에 있는 값들을 세는 데 COUNT 함수를 사용할 수 있다.

---

3) 전체 순서는 도메인 내의 임의의 두 값에 대해 한 값이 다른 것보다 정의된 순서상 앞에 나타난다는 것을 결정할 수 있음을 의미한다. 예를 들어, DATE, TIME, TIME STAMP 도메인은 그들의 값에 대해 순서를 가지고있다. 알파벳 문자열도 마찬가지이다.

질의 23 데이터베이스에서 서로 다른 급여들의 개수를 구하라.

```
Q23:    SELECT    COUNT (DISTINCT Salary)
        FROM      EMPLOYEE;
```

만약 Q23에서 COUNT(DISTINCT SALARY) 대신에 COUNT(SALARY)를 사용하면 중복된 값들이 제거되지 않을 것이다. 그러나 SALARY가 널인 투플들은 계산에 포함되지 않는다. 집단 함수가 특정열(애트리뷰트)에 적용될 때, 일반적으로 널 값은 버린다. 단, COUNT(*)는 값 대신에 투플의 개수를 계산하기 때문에 예외로 한다. 이전 예제들에서, 널을 가진 Salary 값들은 집단 함수 계산에 포함하지 않는다. 이에 대한 일반적인 규칙은 다음과 같다: 집단 함수가 값들의 집합에 적용될 때, 이를 계산하기 전에 널을 그 집합에서 제외한다 모든 값들이 널이어서 그 집합이 공집합이 되면, 집단 함수는 널을 반환한다 (단, COUNT의 경우에는 공집합에 대해 0을 반환한다).

앞의 예제들은 릴레이션 전체(Q19, Q21, Q23) 또는 선택된 투플들의 부분집합(Q20, Q22)을 요약한다. 따라서 이 예제들은 모두 한 개의 행 또는 한 개의 값을 가진 테이블을 생성한다. 이 예들은 테이블로부터 요약값 또는 요약 투플을 검색하기 위해 어떻게 함수들을 사용하는지 보여준다. 이들 함수들은 중첩 질의를 포함하는 선택 조건에도 사용될 수 있다. 집단 함수를 가진 상관 중첩 질의를 명시한 후, 이 중첩 질의를 외부 질의의 WHERE 절 내에 사용할 수 있다. 예를 들어, 둘 이상의 부양가족이 있는 모든 사원의 이름을 검색하기 위해서 다음과 같이 질의 5를 작성할 수 있다.

```
Q5:     SELECT    Lname, Fname
        FROM      EMPLOYEE
        WHERE     ( SELECT    COUNT (*)
                    FROM      DEPENDENT
                    WHERE     Ssn = Essn ) > = 2;
```

상관 중첩 질의는 각 사원의 부양가족 수를 구해서 만약 2보다 크거나 같으면 그 사원 투플을 선택한다.

SQL은 불리언 값들의 집합에 적용할 수 있는 집단 함수인 SOME과 ALL도 가지고 있다. 이 집합 내에 참이 하나라도 있으면, SOME은 참을 반환한다. 반면에 ALL은 그 집합 내에 모든 값이 참일 때 참을 반환한다.

### 6.1.8 그룹핑: GROUP BY와 HAVING 절

많은 경우에 릴레이션 내에 있는 투플들을 어떤 애트리뷰트의 값을 기준으로 여러 부분 집단으로 나누고, 이 부분 집단들에 집단 함수를 적용하기도 한다. 예를 들어, 각 부서에서 근무하는 사원들의 평균 급여나 각 프로젝트에서 일하는 사원들의 수를 구한다고 하자. 이런 경우, 릴레이션을 서로 겹치지 않는 투플들의 부분집합(혹은 그룹)으로 분할할 필요가 있다. 각 그룹(분할)은 그룹화 애트리뷰트(grouping attribute)라고 부르는 애트리뷰트의 값이 같은 투플들로 구성된다. 그런 후 각 그룹마다 독립적으로 집단 함수들을 적용하여 각 그룹별로 요약된 정보를 얻을 수 있다. SQL은 이런 목적으로 GROUP BY 절을 제공한다. *SELECT* 절에 나타나는 애트리뷰트들 중에서 그룹화 애트리뷰트를 GROUP BY 절에 명시하여 그룹화 애트리뷰트들의 값과 함께 투플들의 그룹에 각 집단 함수를 적용해서 구한 값을 검색한다.

**질의 24** 각 부서에 대해서 부서 번호, 부서에 속한 사원들의 수, 각 부서에 속한 사원들의 평균 급여를 구하라.

```
Q24:    SELECT      Dno, COUNT (*), AVG (Salary)
        FROM        EMPLOYEE
        GROUP BY    Dno;
```

Q24에서 EMPLOYEE 투플들을 GROUP BY 애트리뷰트인 Dno의 값이 같은 투플들끼리 여러 그룹으로 나눈다. 따라서 각 그룹은 동일한 부서에 근무하는 사원들을 포함하고 있다. 각 그룹에 COUNT와 AVG 함수를 적용한다. SELECT 절은 그룹화 애트리뷰트와 투플들의 각 그룹에 적용할 집단 함수들만 포함한다. 그림 6.1(a)는 Q24에서 그룹화가 진행되는 방법과 Q24의 결과를 보여준다.

그룹화 애트리뷰트 내에 널이 존재하면 그 널 값을 가진 모든 투플들을 위한 별도의 그룹을 만든다. 예를 들어, EMPLOYEE 테이블이 그룹화 애트리뷰트 Dno에 대해 널 값을 가진 투플들이 있다면, Q24의 결과에 이 투플들에 대한 별도의 그룹이 포함된다.

**질의 25** 각 프로젝트에 대해서 프로젝트 번호, 프로젝트 이름, 그 프로젝트에서 근무하는 사원들의 수를 검색하라.

```
Q25:    SELECT      Pnumber, Pname, COUNT (*)
        FROM        PROJECT, WORKS_ON
        WHERE       Pnumber = Pno
        GROUP BY    Pnumber, Pname;
```

Q25는 조인 조건과 함께 GROUP BY 절을 사용하는 예를 보여준다. 이런 경우에 먼저 WHERE 절에 있는 대로 릴레이션을 조인한 후에 그룹화와 집단 함수가 적용된다.

때로 어떤 조건들을 만족하는 그룹들에 대해서만 집단 함수들의 값을 구하기도 한다. 예를 들어, 두 명 이상의 사원이 근무하는 프로젝트들만을 대상으로 하도록 질의 25를 변경해보자. SQL은 이런 목적으로 GROUP BY 절과 함께 사용되는 HAVING 절을 제공한다. HAVING 절은 그룹화 애트리뷰트에 같은 값을 갖는 투플들의 그룹에 대한 요약된 정보의 조건을 나타내며 이런 조건을 만족하는 그룹들만 질의 결과로 검색된다. 질의 13은 HAVING 절의 사용 예를 보여준다.

(a)

| Fname | Minit | Lname | Ssn | ... | Salary | Super_ssn | Dno |
|---|---|---|---|---|---|---|---|
| John | B | Smith | 123456789 | | 30000 | 333445555 | 5 |
| Franklin | T | Wong | 333445555 | | 40000 | 888665555 | 5 |
| Ramesh | K | Narayan | 666884444 | | 38000 | 333445555 | 5 |
| Joyce | A | English | 453453453 | ... | 25000 | 333445555 | 5 |
| Alicia | J | Zelaya | 999887777 | | 25000 | 987654321 | 4 |
| Jennifer | S | Wallace | 987654321 | | 43000 | 888665555 | 4 |
| Ahmad | V | Jabbar | 987987987 | | 25000 | 987654321 | 4 |
| James | E | Bong | 888665555 | | 55000 | NULL | 1 |

HAVING절 조건을 적용한 후

| Dno | Count (*) | Avg (Salary) |
|---|---|---|
| 5 | 4 | 33250 |
| 4 | 3 | 31000 |
| 1 | 1 | 55000 |

Q24의 결과

(b)

| Pname | Pnumber | ... | Essn | Pno | Hours |
|---|---|---|---|---|---|
| ProductX | 1 | | 123456789 | 1 | 32.5 |
| ProductX | 1 | | 453453453 | 1 | 20.0 |
| ProductY | 2 | | 123456789 | 2 | 7.5 |
| ProductY | 2 | | 453453453 | 2 | 20.0 |
| ProductY | 2 | | 333445555 | 2 | 10.0 |
| ProductZ | 3 | | 666884444 | 3 | 40.0 |
| ProductZ | 3 | | 333445555 | 3 | 10.0 |
| Computerization | 10 | ... | 333445555 | 10 | 10.0 |
| Computerization | 10 | | 999887777 | 10 | 10.0 |
| Computerization | 10 | | 987987987 | 10 | 35.0 |
| Reorganization | 20 | | 333445555 | 20 | 10.0 |
| Reorganization | 20 | | 987654321 | 20 | 15.0 |
| Reorganization | 20 | | 888665555 | 20 | NULL |
| Newbenefits | 30 | | 987987987 | 30 | 5.0 |
| Newbenefits | 30 | | 987654321 | 30 | 20.0 |
| Newbenefits | 30 | | 999887777 | 30 | 30.0 |

이 그룹들은 Q26의 HAVING 조건으로 선택되지 않았다.

WHERE 절을 적용하고 HAVING을 적용하기 전

| Pname | Pnumber | ... | Essn | Pno | Hours |
|---|---|---|---|---|---|
| ProductY | 2 | | 123456789 | 2 | 7.5 |
| ProductY | 2 | | 453453453 | 2 | 20.0 |
| ProductY | 2 | | 333445555 | 2 | 10.0 |
| Computerization | 10 | | 333445555 | 10 | 10.0 |
| Computerization | 10 | ... | 999887777 | 10 | 10.0 |
| Computerization | 10 | | 987987987 | 10 | 35.0 |
| Reorganization | 20 | | 333445555 | 20 | 10.0 |
| Reorganization | 20 | | 987654321 | 20 | 15.0 |
| Reorganization | 20 | | 888665555 | 20 | NULL |
| Newbenefits | 30 | | 987987987 | 30 | 5.0 |
| Newbenefits | 30 | | 987654321 | 30 | 20.0 |
| Newbenefits | 30 | | 999887777 | 30 | 30.0 |

HAVING절 조건을 적용한 후

| Pname | Count (*) |
|---|---|
| ProductY | 3 |
| Computerization | 3 |
| Reorganization | 3 |
| Newbenefits | 3 |

Q26의 결과
(Pnumber는 생략했음)

그림 6.1 GROUP BY와 HAVING의 결과: (a) Q24, (b) Q26

**질의 26** 두 명 이상의 사원이 근무하는 각 프로젝트에 대해서 프로젝트 번호, 프로젝트 이름, 프로젝트에서 근무하는 사원의 수를 검색하라.

```
Q26:    SELECT      Pnumber, Pname, COUNT (*)
        FROM        PROJECT, WORKS_ON
        WHERE       Pnumber = Pno
        GROUP BY    Pnumber, Pname
        HAVING      COUNT (*) > 2;
```

WHERE 절에 있는 선택 조건은 집단 함수를 적용할 투플들을 한정하고 HAVING 절은 집단 함수를 적용할 그룹들을 선택하는 데 사용된다. 그림 6.1(b)는 HAVING 절의 사용 예와 Q26의 결과를 보여준다.

**질의 27** 각 프로젝트에 대해서 프로젝트 번호, 프로젝트 이름, 5번 부서에 속하면서 프로젝트에서 근무하는 사원의 수를 검색하라.

```
Q27:    SELECT      Pnumber, Pname, COUNT (*)
        FROM        PROJECT, WORKS_ON, EMPLOYEE
        WHERE       Pnumber = Pno AND Ssn = Essn AND Dno = 5
        GROUP BY    Pnumber, Pname;
```

Q27에서 릴레이션에 속하는 투플(그리고 각 그룹에 속하는 투플)들은 WHERE 절에서 명시한 조건, 즉 5번 부서에 근무하는 것들로 제한된다. SELECT 절에 있는 집단 함수와 HAVING 절에 있는 함수에 서로 다른 조건들을 적용할 때는 주의해야 한다. 예를 들어, 6명 이상의 사원이 근무하는 부서에 대해서만 각 부서에서 급여가 40,000달러가 넘는 사원의 수를 구하려고 한다. 여기 'SALARY > 40000' 조건은 SELECT 절의 COUNT 함수에만 적용된다. 다음과 같이 틀린 질의를 작성했다고 가정하자.

```
SELECT      Dno, COUNT (*)
FROM        EMPLOYEE
WHERE       Salary>40000
GROUP BY    Dno
HAVING      COUNT (*) > 5;
```

위의 질의는 40,000달러 이상의 급여를 받는 사원이 5명 이상인 부서만을 선택하기 때문에 잘못된 질의이다. 각 조건이 적용되는 규칙은 먼저 WHERE 절이 실행되어 WHERE 절을 만족하는 투플들 또는 조인된 테이블들만 검색되고, 나중에 HAVING 절이 적용되어 투플들의 각 그룹을 선택하게 된다. 따라서 이 잘못된 질의에서는 HAVING 절에 있는 함수를 적용하기 전에 이미 급여가 40,000달러를 넘는 사원 투플들만 검색된다. 질의를 정확하게 작성하는 한 가지 방법은 질의 28과 같이 중첩 질의를 사용하는 것이다.

**질의 28** 6명 이상의 사원이 근무하는 각 부서에 대해서 부서 번호와 40,000달러가 넘는 급여를 받는 사원의 수를 검색하라.

```
Q28:    SELECT      Dno, COUNT (*)
        FROM        EMPLOYEE
        WHERE       Salary>40000 AND Dno IN
                    ( SELECT        Dno
                      FROM          EMPLOYEE
                      GROUP BY      Dno
                      HAVING        COUNT (*) > 5)
        GROUP BY    Dno;
```

### 6.1.9 다른 SQL 기능들: WITH와 CASE

이 절에서는 두가지 추가 SQL 기능들을 설명한다. WITH 절은 사용자들이 특정한 질의에만 사용될 테이블을 정의할 때 사용하는데, 이것은 마치 한 질의에만 사용되고 그 후에 삭제될  뷰(6.3절 참조)를 생성하는 것과 유사하다. 이 기능은 사용자들의 편의를 위해 SQL:99에 소개됐으며, 모든 SQL 기반 DBMS들에 사용할 수 있는 것은 아니다. WITH를 사용한 질의는 일반적으로 다른 SQL 기능들을 사용하여 작성할 수 있다. 예를 들어, Q28은 Q28′처럼 재 작성할 수 있다.

```
Q28′:   WITH        BIGDEPTS (Dno) AS
                    ( SELECT        Dno
                      FROM          EMPLOYEE
                      GROUP BY      Dno
                      HAVING        COUNT (*) > 5)
        SELECT      Dno, COUNT (*)
        FROM        EMPLOYEE
        WHERE       Salary>40000 AND Dno IN BIGDEPTS
        GROUP BY    Dno;
```

Q28′에서는, 사원이 5명 이상인 부서의 번호(Dno)를 결과로 갖는 임시 테이블 BIG_DEPTS를 WITH 절에서 정의하였고, 이 테이블을 후속 질의에서 사용하였다. 이 질의를 실행하자마자 임시 테이블 BIGDEPTS은 사라진다.

또 SQL은 CASE 기능을 가지고 있는데, 이것은 어떤 값이 조건에 따라 서로 달라질 때 사용될 수 있다. 이것은 투플을 검색, 삽입, 갱신할 때를 포함하여 필요할 경우 SQL의 어떤 부분에도 사용될 수 있다. 이 기능을 예를 들어 설명해 보자. 사원들에게 그들이 근무하는 부서에 따라 서로 다른 금액을 지급한다고 하자. 예를 들어, 5번 부서에 있는 사원들에게 2,000달러를 인상하고, 4번 부서의 사원은 1,500달러를 인상하고, 1번 부서의 사원은 3,000달러를 인상한다고 하자 (사원 투플들은 그림 4.6을 참조). 그러면 5.4.3절에 있는 U6를 아래 U6′과 같이 재 작성할 수 있다.

```
U6′:    UPDATE    EMPLOYEE
        SET       Salary =
        CASE      WHEN      Dno = 5    THEN Salary + 2000
                  WHEN      Dno = 4    THEN Salary + 1500
                  WHEN      Dno = 1    THEN Salary + 3000
                  ELSE      Salary + 0 ;
```

U6′에서는, 급여 인상 값은 CASE 절을 통하여 각 사원이 근무하는 부서 번호에 기초하여 결정된다. 또한 (몇 개 엔티티들의) 특수화가 하나의 테이블로 변환되거나 합집합 타입이 릴레이션으로 변환될 경우, 이 테이블에 삽입되는 레코드의 타입에 따라 서로 다른 애트리뷰트들이 NULL이 되는데 이 때에도 CASE 절을 사용할 수 있다.

### 6.1.10 SQL에서 순환 질의

이 절에서는 SQL에서 순환 질의를 어떻게 작성하는지 설명한다. 이 구문은 사용자들이 선언적인 방법으로 순환 질의를 명시할 수 있도록 SQL:99에 추가되었다. 동일한 타입의 투플들 간에 발생하는 **순환 관계**의 예는 사원과 직속상사 간의 관계이다. 이 관계는 그림 4.5와 그림 4.6에 있는 EMPLOYEE 릴레이션의 외래키 Super_ssn에 의해 표현되며, 이것은 (직속부하 역할을 갖는) 각 사원 투플을 (직속상사 역할을 갖는) 또 다른 사원 투플들과 관련시킨다. 순환 연산의 예는 한 직속상사 사원 $e$의 하위 레벨에 있는 모든 직속부하 직원들을 검색하는 것이다 – 즉, $e$가 직접 감독하는 모든 직속부하 직원들 $e'$, $e'$가 직접 감독하는 모든 직속부하 직원들 $e''$, $e''$가 직접 감독하는 모든 직속부하 직원들 $e'''$ 등등. SQL:99에서는 이 질의를 아래와 같이 작성할 수 있다:

```
Q29:    WITH RECURSIVE    SUP_EMP (SupSsn, EmpSsn) AS
              ( SELECT    SupervisorSsn, Ssn
                FROM      EMPLOYEE
                UNION
                SELECT    E.Ssn, S.SupSsn
                FROM      EMPLOYEE AS E, SUP_EMP AS S
                WHERE     E.SupervisorSsn = S.EmpSsn)
        SELECT*
        FROM              SUP_EMP;
```

Q29에서는 순환 질의의 결과를 저장할 뷰 SUP_EMP를 정의하고 있다. 이 뷰는 초기에는 비어있다. 이 뷰에 먼저, **기본 질의**라고 불리는, 첫 번째 부분 (SELECT SupervisorSsn, Ssn FROM EMPLOYEE)을 통해 첫 번째 단계의 (직속상사, 직속부하) Ssn 조합들이 적재된다. 여기에 두 번째 부분을 통해 직속부하들의 다음 레벨들이 합집합(UNION)을 통해 합쳐진다. 이때 두 번째 레벨의 조합들을 얻기 위해 뷰의 내용들이 기본 테이블의 값들과 다시 조인되며, 그 결과가 첫 번째 레벨과 합해진다 (즉, UNION된다). 이 과정은 이 뷰에 더 이상의 투플이 추가되지 않는 **고정점**에 도달할 때까지 다음 레벨들에 대해 반복된다. 이 점에서, 뷰 SUP_EMP에 있는 내용이 이 순환 질의의 결과가 된다.

### 6.1.11 SQL 질의에 대한 논의와 요약

SQL에서 하나의 검색 질의는 최대로 6개의 절을 갖지만, 필수적으로 질의에 나타내야 하는 두 개의 절은 SELECT와 FROM 절이다. 질의는 여러 줄에 걸쳐 작성할 수 있으며 세미콜론(;)으로 끝을 표시한다. 질의내 용어들은 공백으로 구분하며, 질의의 관련된 부분을 그룹 짓기 위해 괄호를 사용한다. 6개의 절은 다음 순서로 명시하는데 대괄호 안의 절들은 생략할 수 있다.

```
SELECT        <애트리뷰트와 함수 리스트>
FROM          <테이블 리스트>
[WHERE        <조건>]
[GROUP BY     <그룹화 애트리뷰트(들)>]
[HAVING\      <그룹 조건>]
[ORDER BY     <애트리뷰트 리스트>];
```

SELECT 절은 검색하려고 하는 애트리뷰트나 함수들의 리스트를 나열한다. FROM 절은 조인된 릴레이션들을 포함해서 질의에 필요한 모든 릴레이션(테이블)을 명시하지만 중첩 질의에 사용되는 릴레이션들은 명시하지 않는다. WHERE 절은 필요하다면 조인 조건을 포함하여 FROM 절에 명시된 릴레이션들로부터 투플들을 선택하기 위한 조건들을 명시한다. GROUP BY 절은 그룹화 애트리뷰트들을 명시하고, HAVING 절은 선택된 투플들의 그룹들에 대한 조건을 명시한다. 내장된 집단 함수인 COUNT, SUM, MIN, MAX, AVG는 그룹화와 함께 사용된다. 그러나 GROUP BY 절이 없는 질의에서는 모든 검색된 투플에 적용된다. 마지막으로 ORDER BY 절은 질의 결과를 출력하는 순서를 명시한다.

질의들을 정확하게 작성하기 위해, 각 질의의 뜻이나 의미를 정의하는 단계들을 고려하는 것이 필요하다. 질의는 개념적으로[4] FROM 절(질의에 포함된 모든 테이블을 식별하거나 조인된 테이블을 실체화하기 위해 사용), 투플들을 추출하거나 조인하기 위한 WHERE 절, 그 다음으로 GROUP BY 절과 HAVING 절의 순서로 적용함으로써 평가된다. 개념적으로 ORDER BY 절은 질의 결과를 정렬하기 위해 마지막에 적용된다. 만약 마지막 세 절(GROUP BY, HAVING, ORDER BY)을 명시하지 않으면 질의는 개념적으로 다음과 같이 실행된다고 생각할 수 있다. FROM 절에서 명시한 각 릴레이션에 속하는 투플들의 각 조합에 대해서 WHERE 절을 평가한다. 만약 어떤 투플 조합의 평가 결과가 참이라면, SELECT 절에서 열거한 애트리뷰트들의 값을 이 투플 조합에서 골라낸 것이 질의의 결과에 포함된다. 물론 이 방법이 질의를 수행하는 효율적인 방법은 아니기 때문에 각 DBMS는 효율적인 실행 계획을 결정하는 질의 최적화 모듈을 갖고 있다. 질의 처리와 최적화에 관해서는 17장과 18장에서 설명한다.

일반적으로 SQL에서 같은 질의를 다양한 방법으로 나타낼 수 있다. 이런 질의 표현의 유연성은 여러 가지 장단점을 갖는다. 주요 장점은 질이를 표현할 때 사용자가 가장 편한 방법을 선택할 수 있다는 것이다. 예를 들어, WHERE 절에 조인 조건들을 사용하거나 FROM

4) 질의를 계산하는 실제 순서는 구현하기에 달려 있다. 이 방법은 단지 정확하게 구성하기 위해 질의를 개념적으로 보는 것이다.

절에서 조인된 릴레이션을 사용하거나, 중첩 질의와 IN 비교 연산자를 사용해서 질의를 나타낼 수 있다. 사용자마다 편하게 생각하는 표현 방식이 다를 수 있다. 질의 최적화를 고려하는 프로그래머와 시스템 관점에서 보면, 일반적으로 가능한 한 중첩과 암시적인 순서를 적게 사용해서 질의를 작성하는 것이 바람직하다.

다양한 형태로 같은 질의를 표현할 수 있는 것의 단점은 사용자가 혼동을 일으킬 수 있다는 것이다. 사용자는 특정한 유형의 질의들을 표현하는 방법을 모를 수도 있다. 또 다른 문제는 같은 질의를 표현하는 어떤 방법이 다른 표현 방법보다 질의를 더 효율적으로 실행시키는 것이 가능하다는 것이다. 이상적으로는 이런 경우가 생겨서는 안 된다. DBMS는 질의를 표현한 방법에 관계없이 같은 질의는 같은 방법으로 처리해야 한다. 그러나 각 DBMS는 서로 다른 형태로 표현된 질의를 서로 다른 방법으로 처리하기 때문에, 실제로 같은 질의의 표현 형태에 관계없이 같은 방법으로 질의를 처리하지는 않는다. 그러므로 사용자는 가장 효율적인 방법으로 질의를 표현해야 하는 부담을 추가로 안게 된다. 이상적으로 사용자는 질의를 정확하게 나타내는 것에 대해서만 신경을 쓰고 어떻게 질의를 효율적으로 수행할 것인지를 결정하는 것은 DBMS의 역할이어야 한다. 하지만 실제로는 사용자가 질의 내의 어떤 유형의 구성 요소들이 다른 유형의 구성 요소들보다 수행 시간이 많이 소요되는가를 어느 정도 알고 있는 것이 도움이 된다.

## 6.2 주장으로 제약 조건 및 트리거로 동작 명시

이 절에서는 SQL의 두 가지 추가 기능－즉, CREATE ASSERTION 문장과 CREATE TRIGGER 문장－을 소개한다. 6.2.1절에서는 CREATE ASSERTION을 설명하는데, 이 문장은 4.2절에서 소개했던 관계 모델의 기본적인 제약 조건(즉, 기본 키와 유일 키, 엔티티 무결성, 참조 무결성 등) 들을 제외한 추가적인 제약 조건들을 명시할 때에 사용된다. 이들 기본적인 제약 조건들은 SQL의 CREATE TABLE 문에서 명시된다(5.1절과 5.2절 참조).

이어서 6.2.2절에서는 어떤 이벤트와 조건이 발생했을 때 데이터베이스 시스템이 수행할 자동적인 동작을 명시하는 데 사용하는 CREATE TRIGGER를 소개한다. 이런 형태의 기능은 보통 능동 데이터베이스(active database)라고 불린다. 이 장에서는 트리거의 기본적인 개념만 소개하고 능동 데이터베이스에 대한 더 자세한 설명은 25.1절에서 소개한다.

### 6.2.1 SQL에서 주장으로 일반 제약 조건 명시하기

SQL에서는 5.1절과 5.2절에서 설명한 범주에 속하지 않는 일반적인 제약 조건을 선언적 주장(declarative assertion)을 통해 명시할 수 있다. 주장은 CREATE ASSERTION 문을 사용한다. 각 주장문은 제약 조건 이름을 가지며 SQL 질의의 WHERE 절과 유사한 조건 형태로 명시된다. 예를 들어, "사원의 급여가 자신이 근무하는 부서의 관리자의 급여보다 많으면 안 된다"라는 제약 조건을 SQL로 표현하려면 다음과 같은 주장문을 작성할 수 있다.

```
CREATE ASSERTION SALARY_CONSTRAINT
CHECK ( NOT EXISTS      ( SELECT      *
                          FROM        EMPLOYEE E, EMPLOYEE M,
                                      DEPARTMENT D
                          WHERE       E.Salary>M.Salary
                                      AND      E.Dno = D.Dnumber
                                      AND      D.Mgr_ssn = M.Ssn ) );
```

제약 조건의 이름 SALARY_CONSTRAINT 다음에 키워드 CHECK가 오며, 데이터베이스 상태가 주장을 만족하면 참이 되는 조건이 그 뒤에 온다. 제약 조건의 이름은 나중에 그 제약 조건을 무효화하거나, 수정 또는 제거하고자 할 때 사용할 수 있다. DBMS는 제약 조건을 위배하지 않도록 하는 책임을 진다. 임의의 형태의 WHERE 절 조건을 사용할 수 있지만 대부분의 제약 조건은 EXISTS나 NOT EXISTS를 사용해서 명시한다. 데이터베이스 내의 일부 투플들이 ASSERTION 문의 조건에 대해 거짓이 되면 그 제약 조건을 위반한 것이다. 제약 조건을 위반하는 투플들의 조합이 데이터베이스 내에 하나도 없을 경우에 제약 조건을 만족한다.

이러한 주장을 작성하기 위한 기본적인 기법은 주어진 조건을 위반하는 투플들을 선택하는 질의를 명시하는 것이다. 이 질의를 NOT EXISTS 절 내에 포함시킴으로써, (항상 TRUE가 되어야 할 조건으로) 이 질의의 결과가 공집합이 되어야 한다는 주장을 명시할 수 있다. 따라서 이 질의의 결과가 공집합이 아니면 이 주장은 위반된다. 위에서 주어진 예제에서, 주어진 질의는 사원의 급여가 자신이 근무하는 부서의 관리자의 급여보다 많은 모든 사원들을 선택한다. 만약 이 질의의 결과가 공집합이 아니면 이 주장을 위반하게 된다.

CHECK 절과 제약 조건의 조건은 개별 애트리뷰트들과 도메인들에 대한 제약 조건(5.2.1절 참조) 뿐만 아니라 개별 투플들에 대한 제약 조건(5.2.4절 참조)을 명시하기 위해서도 사용될 수 있다. CREATE ASSERTION 문과 개별 도메인 제약 조건 및 개별 투플과의 중요한 차이점은 애트리뷰트, 도메인 및 투플에 대한 CHECK 절은 주어진 테이블 내에 투플이 *삽입되거나 수정될 때만* SQL에서 검사된다는 점이다. 이때 제약 조건 검사는 DBMS에 의해 더 효율적으로 구현될 수 있다. 스키마 설계자는 투플을 삽입하거나 수정할 경우에만 제약 조건이 위반될 수 있다는 것을 확신할 수 있을 때 애트리뷰트, 도메인 및 투플에 대한 CHECK를 사용해야 한다. 반면에, 스키마 설계자는 애트리뷰트, 도메인, 투플에 대한 CHECK를 사용할 수 없을 경우에만 CREATE ASSERTION을 사용해야 한다. 이렇게 함으로써 간단한 조건 검사가 DBMS에 의해 더 효율적으로 구현될 수 있다.

### 6.2.2 SQL의 트리거에 대한 소개

SQL에서 또 다른 중요한 문장으로 CREATE TRIGGER가 있다. 이 트리거는 약간 다른 방법으로 사용된다. 많은 경우에, 특정 사건이 발생하고 특정 조건이 만족될 때 취해야 할 행

동의 유형을 명시하는 것이 편리하다. 예를 들어, 어떤 조건을 위반한 경우에 사용자에게 그 위반 사실을 알려주는 것이 유용한 경우가 있을 수 있다. 관리자는 사원의 여행 경비가 한도를 초과할 때마다 이런 사실을 알려주는 메시지를 받기 원할 수도 있다. 이런 경우에 DBMS가 취해야 하는 행동은 그 관리자에게 적절한 메시지를 보내는 것이다. 따라서 이 조건은 해당 데이터베이스를 모니터하기 위해 사용된다. 저장 프로시저를 실행하거나 다른 갱신들을 유발시키는 등의 다른 행동들을 명시할 수도 있다.[5)] SQL에서 이런 행동들을 구현하기 위해서 CREATE TRIGGER 문이 사용될 수 있다. 이 트리거에 대해서는 능동 데이터베이스를 설명하는 25.1절에서 더 자세하게 설명한다. 여기서는 간단한 예제를 통하여 트리거를 어떻게 사용하는지만 설명하고자 한다.

그림 4.5와 그림 4.6에 있는 COMPANY 데이터베이스에서, 한 사원의 급여가 그 사원을 직접적으로 감독하는 상관의 급여보다 많은가를 항상 검사한다고 하자. 여러 이벤트들이 이 규칙을 트리거 할 수 있다. 즉, 새로운 사원 레코드를 삽입할 때, 한 사원의 급여를 변경할 때, 또는 사원의 상관을 변경할 때. 이 조건이 만족할 때 취해야 할 동작은 해당 상관에게 통보하는 SALARY_VIOLATION5이라는 저장 함수를 호출하는 것이라고 하자. 그러면 이 트리거는 아래의 R5에 있는 것처럼 작성될 수 있다. 이 문장은 Oracle 데이터베이스 시스템의 구문을 사용하였다.

```
R5: CREATE TRIGGER SALARY_VIOLATION
    BEFORE INSERT OR UPDATE OF SALARY, SUPERVISOR_SSN
      ON EMPLOYEE
    FOR EACH ROW
      WHEN ( NEW.SALARY > ( SELECT SALARY FROM EMPLOYEE
                            WHERE SSN = NEW.SUPERVISOR_SSN ) )
                            INFORM_SUPERVISOR(NEW.Supervisor_ssn,
                            NEW.Ssn );
```

이 트리거의 이름은 SALARY_VIOLATION이라고 붙였으며, 나중에 이 이름을 이용하여 트리거를 제거하거나 그 내용을 변경할 수 있다. 트리거는 보통 ECA(이벤트, 조건, 실행동작) 규칙 형태의 세 가지 요소를 가지고 있다:

1. **이벤트.** 보통 데이터베이스에 명시적으로 적용한 데이터베이스 갱신 연산들을 사용한다. 위의 예제에서는, 세 가지 이벤트가 사용되었다. 즉, 새로운 사원 레코드를 삽입, 사원의 급여를 변경, 상관의 급여를 변경. 트리거를 작성하고자 하는 사람들은 모든 가능한 이벤트들을 알고 있어야만 한다. 어떤 경우에는, 모든 가능한 이벤트를 만족하기 위해 하나 이상의 트리거를 작성할 수도 있다. 위의 예제에서는 이 이벤트들이 BEFORE 키워드 다음에 명시돼 있는데, 이는 해당 데이터베이스 갱신 연산을 수행하기 전에 트리거를 수행해야 한다는 것을 의미한다. 또 다른 방법으로 AFTER 키워드를 사용할 수 있는데, 이는 이벤트에 명시된 데이터베이스 갱신 연산을 수행한 후에 트리거를 실행해야 함을 의미한다.

5) 적절한 외부 프로시저가 선언되었다고 가정한다. 9장에서 저장 프로시저를 설명한다.

2. **동작을 실행해야 할 때의 조건.** 일단 트리거 이벤트가 발생한 경우, 선택적인 조건을 검사할 수도 있다. 어떤 조건도 명시되지 않으면, 이벤트가 발생할 때 동작이 실행된다. 만약 조건이 명시돼 있으면 먼저 조건을 검사한 후, 조건이 참이 될 때 동작을 실행한다. 조건은 트리거의 WHEN 절에서 명시한다.

3. **실행 동작.** 동작은 보통 일련의 SQL 문들로 구성되지만, 경우에 따라 자동적으로 실행될 데이터베이스 트랜잭션이나 외부 프로그램일 수도 있다. 위 예제에서는, 동작이 INFORM_SUPERVISOR라는 저장 프로시저를 실행하는 것이다.

트리거는 여러 가지 용도로 사용될 수 있는데, 데이터베이스의 일관성을 유지하기 위해, 데이터베이스 갱신을 모니터링하기 위해, 유도된 데이터를 자동으로 갱신하기 위해 사용할 수 있다. 자세한 설명은 25.1절에서 소개한다.

## 6.3 SQL에서 뷰(가상 테이블)

이 절에서는 SQL에서 뷰의 개념을 소개한다. 또한 뷰를 명시하는 방법에 대해 소개한 다음, 뷰를 갱신하는 문제점과 DBMS에서 뷰를 구현하는 방법에 관해 설명한다.

### 6.3.1 SQL에서 뷰의 개념

SQL에서의 뷰(view)는 다른 테이블들에서 유도된 단일 테이블이다.[6)] 여기서 다른 테이블들은 기본 테이블이거나 이전에 정의한 뷰일 수 있다. 뷰는 물리적인 형태로 존재할 필요가 없다. 투플들이 항상 물리적으로 저장되어 있는 기본 테이블(base table)과는 달리 가상 테이블(virtual table)로 간주된다. 가상 테이블이기 때문에 뷰에 적용할 수 있는 갱신 연산들은 제한을 받지만 뷰에 대한 질의는 아무런 제한을 받지 않는다.

물리적으로 존재하지는 않더라도 자주 참조할 필요가 있는 테이블을 명시하는 한 가지 방법으로 뷰를 생각할 수 있다. 예를 들어, 그림 4.5의 COMPANY 데이터베이스 스키마에서 사원의 이름과 그 사원이 참여하는 프로젝트의 이름들을 구하는 질의가 자주 사용될 수 있다. 매번 EMPLOYEE, WORKS_ON, PROJECT의 세 개 테이블의 조인을 명시하는 질의를 사용하는 대신에, 자주 검색하고자 하는 애트리뷰트들을 포함하고 있는 조인의 결과를 미리 뷰로 정의한 후 이 뷰에 대해 질의할 수 있다. 그러면 세 개의 테이블에 대하여 두 개의 조인을 포함하는 검색을 사용하는 대신에 한 테이블(뷰)을 검색함으로써 원하는 애트리뷰트들을 검색할 수 있다. 이런 EMPLOYEE, WORKS_ON, PROJECT 테이블을 뷰에 대한 정의 테이블(defining table)이라고 부른다.

6) SQL에서 사용하는 뷰는 용어는 1장과 2장에서 설명한 사용자 뷰라는 용어보다 더 제한적인 의미를 갖는다. 사용자 뷰는 많은 릴레이션을 포함할 수 있기 때문이다.

## 6.3.2 SQL에서 뷰의 명시

SQL에서 뷰를 정의하는 명령은 CREATE VIEW이다. 뷰의 정의는 (가상) 테이블 이름 (또는 뷰 이름), 애트리뷰트 이름들의 리스트, 뷰의 내용을 나타내는 질의로 구성된다. 뷰의 애트리뷰트들 중에서 함수나 산술 연산들을 적용해서 구해야 하는 애트리뷰트가 전혀 없으면 뷰에 대해서 새로운 애트리뷰트 이름들을 명시하지 않아도 된다. 이 경우 뷰의 애트리뷰트 이름들은 디폴트로 뷰의 정의에 사용되는 테이블들에 있는 애트리뷰트 이름들과 같게 된다. V1과 V2는 그림 4.5의 데이터베이스 스키마에 적용되었을 때 그림 6.2에 나타낸 스키마를 갖는 가상 테이블들을 생성한다.

```
V1:    CREATE VIEW     WORKS_ON1
       AS SELECT       Fname, Lname, Pname, Hours
          FROM         EMPLOYEE, PROJECT, WORKS_ON
          WHERE        Ssn = Essn AND Pno = Pnumber;

V2:    CREATE VIEW     DEPT_INFO(Dept_name, No_of_emps, Total_sal)
       AS SELECT       Dname, COUNT (*), SUM (Salary)
          FROM         DEPARTMENT, EMPLOYEE
          WHERE        Dnumber = Dno
          GROUP BY     Dname;
```

WORKS_ON1

| Fname | Lname | Pname | Hours |
|---|---|---|---|

DEPT_INFO

| Dept_name | No_of_emps | Total_sal |
|---|---|---|

그림 6.2 그림 4.5의 데이터베이스 스키마에서 작성된 두 개의 뷰

V1에서는 뷰에 대한 어떤 새 애트리뷰트 이름도 명시하지 않았다. 이런 경우에 WORKS_ON1 뷰는 뷰의 정의에 사용된 EMPLOYEE, PROJECT, WORKS_ON으로부터 애트리뷰트들의 이름을 상속받는다. V2에서는 CREATE VIEW절에서 명시한 애트리뷰트들과 뷰를 정의한 질의의 SELECT 절에서, 명시한 애트리뷰트들 사이의 일대일 대응을 이용해서 DEPT_INFO 뷰에 대한 새 애트리뷰트 이름들을 명시적으로 명시한다.

기본 테이블을 사용해서 질의를 하는 것과 같은 방법으로 뷰—또는 가상 테이블—에 대한 SQL 질의를 할 수 있다. 예를 들어, 'ProjectX'에 참여하는 모든 사원의 성과 이름을 구하려면 WORKS_ON1 뷰를 이용하여 QV1과 같이 질의를 작성한다.

```
QV1:   SELECT     Fname, Lname
       FROM       WORKS_ON1
       WHERE      Pname = 'ProductX';
```

기본 릴레이션을 직접 사용해서 위의 질의를 나타내려면 두 개의 조인이 필요하다. 뷰의 주요 장점은 질의들을 간단하게 작성할 수 있다는 것이다. 또한 뷰는 보안 기법과 권한 부여 메커니즘에 사용될 수도 있다(6.3.4절과 27장 참조).

뷰는 항상 최신 정보를 갖는다. 만약 뷰의 정의에 사용된 기본 테이블의 투플들이 수정되면, 뷰는 자동적으로 변경 사항들을 반영해야 한다. 따라서 뷰는 뷰의 정의 시점이 아니라 뷰에 대해 질의를 할 때 실제화 또는 구체화될 수 있다. 뷰를 최신 정보로 유지하는 것은 사용자가 아니라 DBMS의 책임이다. DBMS가 뷰를 최신의 정보로 유지하는 데 사용할 수 있는 여러가지 방법들은 다음 절에서 소개할 것이다.

어떤 뷰가 더 이상 필요하지 않으면 DROP VIEW 명령을 사용하여 뷰를 제거할 수 있다. 예를 들어, 뷰 V1을 제거하기 위해 SQL 문 V1A를 사용하면 된다.

```
V1A:    DROP VIEW    WORKS_ON1;
```

### 6.3.3 뷰의 구현, 뷰 갱신, 및 온라인 뷰

DBMS가 효율적인 질의를 위해 어떻게 뷰를 효율적으로 구현할 수 있는가 하는 문제는 복잡하다. 이에 대한 두 가지 주요 접근 방식이 제안되었다. 한 가지 방식은 질의 수정(query modification)이라고 부르는데, (사용자가 작성한) 뷰에 대한 질의를 기본 테이블들에 대한 질의로 수정 또는 변경하는 것이다. 예를 들면, 질이 QV1은 DBMS에 의해 나음과 같은 질의로 자동적으로 수정될 수 있을 것이다.

```
SELECT    Fname, Lname
FROM      EMPLOYEE, PROJECT, WORKS_ON
WHERE     Ssn = Essn AND Pno = Pnumber
          AND Pname = 'ProductX';
```

이 방식의 단점은 실행하는 데 시간이 많이 소모되는 복잡한 질의로 정의된 뷰들에 대해서, 특히 짧은 시간 안에 동일한 뷰에 많은 뷰 질의가 적용될 때 비효율적이라는 것이다. 두 번째 방식은 뷰의 실체화(view materialization)라고 부르는데, 이는 뷰를 생성하거나 처음 질의 요구가 있을 때 임시적인 또는 영구적인 뷰 테이블(view table)을 물리적으로 생성하고 뷰에 다른 질의들이 이어질 것이라는 가정하에 테이블을 유지하는 것이다. 이런 경우에는 뷰의 내용을 최신 상태로 유지하기 위해서 기본 테이블이 갱신되었을 때 뷰 테이블을 자동으로 갱신하는 효율적인 방법이 개발되어야 한다. 점진적 갱신(incremental update)의 개념을 이용한 방식은 이런 목적으로 개발되었는데, 이 방법은 정의된 기본 테이블들 중 하나에 데이터베이스 변경이 적용될 때 DBMS가 실체화된 뷰 테이블 내에 삽입, 삭제, 갱신해야 할 투플들을 결정한다. 일반적으로 이 뷰는 질의가 되고 있는 동안에는 실체화된 (물리적으로 저장된) 테이블로써 유지된다. 일정 기간 동안 뷰에 질의가 없으면 시스템은 물리적인 테이블을 자동적으로 삭제하고, 다음에 그 뷰를 참조하는 질의가 있을 때 처음부터 뷰 테이블을 재구성한다.

실체 뷰를 갱신할 때 서로 다른 몇 가지 전략들을 사용할 수 있다. **즉시 갱신**(immediate update) 전략은 관련 기본 테이블들이 갱신되자 마자 뷰를 수정하며, **느긋한 갱신**(lazy update) 전략은 뷰 질의에 의해 필요할 때 뷰를 수정하며, 그리고 **주기적 갱신**(periodic update) 전략은 뷰를 주기적으로 수정한다(후자의 경우에는, 뷰 질의가 최신의 내용이 아닌 결과를 가질 수도 있다).

사용자는 어떤 뷰에 대해서도 검색 질의를 항상 실행할 수 있다. 하지만, 뷰 테이블에 대해

INSERT, DELETE, UPDATE 문을 실행하는 것은 많은 경우에 가능하지 않다. 일반적으로 집단 함수를 사용하지 않고 하나의 기본 테이블에서 정의된 뷰의 갱신은 특정 조건에 따라 그 기본 릴레이션에 대한 갱신으로 사상될 수 있다. 조인을 포함하는 뷰의 갱신은 여러 가지 방법으로 기본 릴레이션들에 대한 갱신 동작으로 사상될 수 있다. 따라서 이들 갱신 동작 중에서 어느 것을 의도했는지 DBMS가 결정할 수 없는 경우가 종종 발생한다. 다중 테이블 상에서 정의된 뷰의 갱신과 관련된 잠재적인 문제점을 설명하기 위해서, WORKS_ON1 뷰에서 'John Smith'의 PNAME 애트리뷰트를 'ProductX'에서 'ProductY'로 갱신한다고 가정하자. 이런 뷰의 갱신 명령은 UV1과 같다.

```
UV1:    UPDATE WORKS_ON1
        SET       Pname = 'ProductY'
        WHERE     Lname = 'Smith' AND Fname = 'John'
                  AND Pname = 'ProductX';
```

이 질의는 뷰에 대한 갱신 요청을 반영하기 위해서, 기본 릴레이션들에 대해 여러 가지 갱신 방법으로 사상될 수 있다. 또한, 이들 갱신 방법들은 질의 결과로 서로 다른 효과를 생성한다. 예를 들어, UV1에 있는 뷰 갱신 연산은 아래의 (a)와 (b)와 같은 두 가지 방법의 기본 릴레이션에 대한 갱신으로 사상될 수 있다.

```
(a):  UPDATE WORKS_ON
      SET       Pno =     ( SELECT Pnumber
                            FROM      PROJECT
                            WHERE     Pname = 'ProductY' )
      WHERE     Essn IN   ( SELECT    Ssn
                            FROM      EMPLOYEE
                            WHERE     Lname = 'Smith' AND Fname = 'John' )
                AND
                Pno =     ( SELECT    Pnumber
                            FROM      PROJECT
                            WHERE Pname = 'ProductX' );

(b):  UPDATE PROJECT        SET       Pname = 'ProductY'
      WHERE     Pname = 'ProductX';
```

갱신 (a)는 'John Smith'와 관련된 PROJECT 릴레이션의 'ProductX' 투플을 'ProductY' 투플로 갱신하는 것이고 이것이 뷰에 대해서 요구한 갱신과 가장 유사하다. 그러나 갱신 (b)는 PROJECT 릴레이션에서 'ProductX' 투플을 'ProductY'로 갱신하는 것이다. 이는 Pname = 'ProductX'인 뷰의 모든 투플을 변경시키는 잘못된 결과를 초래하기 때문에 뷰에 대한 갱신 UV1을 요청한 사용자는 UV1이 (b)처럼 수행되기를 원하지는 않았을 것이다.

일부 뷰의 갱신들은 의미가 없는 경우가 있다. 예를 들어, DEPT_INFO의 Total_sal 애트리뷰트는 사원들의 급여의 합으로 정의되었기 때문에 이 애트리뷰트를 갱신하는 것은 의미가 없다. UV2가 이런 잘못된 경우의 예를 보여준다.

```
UV2:    UPDATE    DEPT_INFO
        SET       Total_sal = 100000
        WHERE     Dname = 'Research';
```

일반적으로 뷰에 대한 갱신은 원하는 뷰 갱신 효과를 얻기 위해 기본 릴레이션을 갱신하는 방법이 한 가지만 존재할 때 가능하다. 뷰에 대한 갱신이 기본 릴레이션들에 대한 여러 개의 갱신으로 대응될 수 있다면 뷰에 대한 갱신은 허용되지 않는다. 어떤 연구자들은 DBMS가 여러 가능한 갱신들 중에서 가장 가능성이 높은 것 하나를 선택하기 위한 프로시저를 갖도록 제안하였다. 어떤 연구자들은 가장 가능성이 높은 갱신을 선택하는 방법을 개발하였으며, 반면에 다른 연구자들은 사용자들이 뷰를 정의할 때 미리 원하는 갱신을 지정하는 방법을 제안하였다. 그러나 대부분의 상용 DBMS들은 이러한 옵션을 제공하지 않는다.

요약하면 다음과 같이 정리할 수 있다.

- 하나의 기본 릴레이션을 사용해서 정의된 뷰가 그 기본 릴레이션의 기본키 뿐만 아니라 디폴드 값이 지정되지 않은 NOT NULL 제약 조건의 모든 애트리뷰트들을 포함하고 있으면 뷰의 갱신이 가능하다.
- 일반적으로 다수의 테이블상에서 조인을 사용하여 정의된 뷰들은 갱신할 수 없다.
- 그룹화와 집단 함수를 사용하여 정의된 뷰들은 갱신할 수 없다.

SQL에서 INSERT, DELETE, 또는 UPDATE 문장에 의해 뷰의 갱신이 가능하려면 뷰 정의의 끝에 WITH CHECK OPTION 절을 추가해야 한다. 이렇게 하면 시스템이 뷰 갱신에 대한 SQL 규칙을 위반하는 연산들을 거부할 수 있다. 사용자의 뷰 갱신 때 적용하는 전체 SQL 규칙들은 위에서 설명한 규칙들 보다 더 복잡하다.

SQL 질의의 FROM 절에서 뷰 테이블을 정의하는 것이 가능하다. 이것은 인라인 뷰(inline view)라고 알려져 있는데, 이 경우 뷰는 질의 자체 내에서 정의된다.

### 6.3.4 권한 관리 관점의 뷰

SQL 질의 권한 관리 문장(GRANT와 REVOKE)은 27장에서 데이터베이스 보안과 권한 관리 기능을 소개할 때 자세히 설명한다. 이 절에서는, 뷰가 무단 사용자들로부터 특정 애트리뷰트나 투플들을 숨기는 데 어떻게 사용될 수 있는지 설명하는 몇 개 예제들을 제시할 것이다. 어떤 사용자에게 5번 부서에 근무하는 사원들의 정보만 보도록 허용한다고 가정하자. 그러면 우리는 아래의 뷰 DEPT5EMP를 생성하고 사용자에게 이 뷰에 대한 질의 권한은 주고 기본 테이블 EMPLOYEE 자체에 대한 권한은 주지 않을 수 있다. 이 사용자가 뷰에 질의를 할 경우 Dno=5인 사원 투플들의 정보만 볼 수 있고 다른 사원 투플들은 볼 수 없다.

```
CREATE VIEW     DEPT5EMP     AS
SELECT          *
FROM            EMPLOYEE
WHERE           Dno = 5;
```

비슷한 방법으로, 뷰는 사용자들에게 특정 컬럼들만 보도록 제한할 수 있다. 예를 들어, 다음과 같이 사원의 성, 이름, 주소만 볼 수 있도록 할 수 있다:

```
CREATE VIEW     BASIC_EMP_DATA     AS
SELECT          Fname, Lname, Address
FROM            EMPLOYEE
```

따라서 적절한 뷰를 생성하고 특정 사용자들에게 그 뷰를 접근하고 기본 테이블은 접근하지 못하도록 권한을 부여함으로써, 사용자들이 그 뷰에서 명시한 데이터만 검색하도록 제한할 수 있다. 27장에서 SQL의 GRANT와 REVOKE 문장을 포함하여 보안과 권한 관리 기능을 자세히 설명한다.

## 6.4 SQL에서 스키마 변경문

이 절에서는 SQL에서 이용할 수 있는 스키마 변경 명령문들에 대해 개괄적으로 살펴본다. 이 명령문들은 테이블이나 애트리뷰트, 제약 조건 및 기타 스키마 요소를 추가하거나 제거하는 등의 스키마 변경을 위해 사용할 수 있다. 이 명령문들은 데이터베이스가 운영 중에 데이터베이스를 재 컴파일하지 않고 사용할 수 있다. DBMS는 이런 스키마 변경들이 데이터베이스의 다른 부분에 영향을 주거나 일관성을 깨트리지 않도록 확인해야 한다.

### 6.4.1 DROP 명령문

DROP 명령문은 테이블, 도메인, 타입, 또는 제약 조건과 같이 이름을 가진 스키마 요소들을 제거하는 데 사용될 수 있다. 사용자는 DROP SCHEMA 명령문을 사용하여 더 이상 필요하지 않은 스키마 전체를 제거할 수도 있다. 이때 CASCADE와 RESTRICT의 두 가지 제거 동작 옵션 중 하나를 가진다. 예를 들어 COMPANY 데이터베이스 스키마와 그 스키마의 모든 테이블, 도메인 및 다른 관련 요소들을 제거하고자 할 경우, 아래와 같이 CASCADE 옵션을 사용한다.

```
DROP SCHEMA COMPANY CASCAEDE;
```

만약 CASCADE 대신에 RESTRICT 옵션을 사용할 경우, 스키마 내에 어떤 요소도 갖지 않을 경우에만 그 스키마를 제거할 수 있다. 그러지 않을 경우, DROP 명령문은 실행되지 않는다. RESTRICT 옵션을 사용할 경우, 사용자는 스키마 내의 각각의 요소를 먼저 개별적으로 제거한 후에 그 스키마 자체를 제거해야 한다.

만약 스키마 내에 있는 어떤 기본 릴레이션이 더 이상 필요가 없을 경우, DROP TABLE 명령문을 사용하여 그 릴레이션 및 해당 정의 내용을 제거할 수 있다. 예를 들어, 그림 5.1에 있는 COMPANY 데이터베이스에서 사원의 부양가족을 더 이상 유지할 필요가 없을 경우, 아래 명령문을 실행하여 DEPENDENT 릴레이션을 제거할 수 있다.

```
DROP TABLE DEPENDENT CASCAEDE;
```

만약 CASCADE 대신에 RESTRICT 옵션을 사용한다면, 이 테이블이 다른 제약 조건(예를 들어, 또 다른 테이블의 외래키)이나 뷰(6.3절 참조) 또는 다른 요소들에 의해 참조되지 않을 경우에만 이 테이블이 제거된다. CASCADE 옵션을 사용할 경우, 해당 테이블 뿐만 아니라 제거 될 테이블을 참조하는 모든 제약 조건, 뷰, 및 여타 다른 요소들을 스키마에서 자동적으로 제거한다.

DROP TABLE 명령이 성공적으로 수행될 경우, 그 테이블 내의 모든 레코드 뿐만 아니라 그 테이블의 정의가 카탈로그에서 삭제된다. 만약 레코드들만 삭제하고 그 테이블 정의는 나중에 사용하기 위해 남겨 두기를 원한다면, DROP TABLE 대신에 DELETE 명령을 사용해야 한다(5.4.2절 참조).

DROP 명령은 제약 조건이나 도메인과 같이 이름을 가진 다른 스키마 요소들을 제거하는데 사용할 수 있다.

### 6.4.2 ALTER 명령문

ALTER 명령문을 사용하여 기본 테이블이나 다른 이름을 가진 스키마 요소들의 정의를 변경할 수 있다. 기본 테이블에 대해, 열(애트리뷰트) 추가 또는 제거, 열 정의의 변경, 테이블 제약 조건의 추가 또는 제거 등과 같은 테이블 변경 동작을 할 수 있다. 예를 들어, 그림 5.1의 COMPANY 스키마에 있는 EMPLOYEE 기본 테이블에 사원들의 직업을 표시하기 위한 애트리뷰트를 하나 추가하기 위해, 아래 명령문을 사용할 수 있다.

```
ALTER TABLE COMPANY.EMPLOYEE ADD COLUMN Job VARCHAR(12);
```

각 EMPLOYEE 투플들에 이 새로운 애트리뷰트 "job"을 위한 값을 입력해야 하는데, 이것은 디폴트 절을 사용하거나 각 투플들에 대해 UPDATE 문(5.4.3절 참조)을 사용하여 처리할 수 있다. 디폴트 절을 명시하지 않을 경우, 위 ALTER TABLE 명령을 수행한 직후에 릴레이션의 모든 투플들은 새로운 애트리뷰트에 대해 NULL 값을 갖는다. 따라서 이 경우 NOT NULL 제약 조건은 허용되지 않는다.

한 열을 제거할 경우, 제거 동작에 대해 CASCADE 또는 RESTRICT 옵션을 선택해야 한다. 만약 CASCADE를 선택할 경우, 제거할 열과 함께 그 열을 참조하는 모든 제약 조건과 뷰들이 자동적으로 스키마로부터 제거된다. 만약 RESTRICT를 선택할 경우, 그 열을 참조하는 뷰나 제약 조건(또는 다른 스키마 요소)들이 없을 경우에만 명령문이 성공적으로 실행된다. 예를 들어, 다음 명령문은 기본 테이블 EMPLOYEE에서 Address 애트리뷰트를 제거한다.

```
ALTER TABLE COMPANY.EMPLOYEE DROP COLUMN Address CASCADE;
```

한 열의 정의에서 디폴트 절을 제거하거나 새로운 디폴트 절을 정의하도록 변경하는 것도 가능하다. 아래 예제들에서 그 방법을 설명한다

```
ALTER TABLE COMPANY.DEPARTMENT ALTER COLUMN Mgr_ssn
    DROP DEFAULT;
ALTER TABLE COMPANY.DEPARTMENT ALTER COLUMN Mgr_ssn
    SET DEFAULT '333445555';
```

이름을 가진 제약 조건을 추가하거나 제거함으로써 한 테이블에 정의된 명시된 제약 조건들을 변경할 수 있다. 제약 조건을 제거하기 위해서는, 제약 조건을 처음 명시할 때 이름을 부여해야만 한다. 예를 들어, EMPLOYEE 릴레이션으로부터 그림 5.2에 있는 EMPSUPERFK 라는 이름의 제약 조건을 제거하기 위해, 아래와 같은 명령문을 작성한다:

```
ALTER TABLE COMPANY.EMPLOYEE
DROP CONSTRAINT EMPSUPERFK CASCADE;
```

위 문장을 실행한 후에 필요하다면 이 릴레이션에 새로운 제약 조건을 추가하도록 재정의할 수 있다. 이렇게 제약 조건을 추가하려면, ALTER TABLE 명령문에서 ADD CONSTRAINT 키워드 뒤에 새로운 제약 조건을 명시하여 추가할 수 있다. 이 새로운 제약 조건은 이름을 가질 수도 있고 가지지 않을 수도 있으며, 앞에서 논의했던 모든 테이블 제약 조건들을 사용할 수 있다.

이 절에서는 SQL의 스키마 변경 명령문들을 개괄적으로 살펴보았다. 적당한 명령문을 사용하여 데이터베이스 스키마 내에 새로운 테이블이나 뷰들을 생성하는 것도 가능하다. 이 외에도 다른 많은 상세 사항들과 옵션들이 있는데, 이것에 대해서는 이 장의 끝에 있는 주요 참고문헌에 있는 SQL 문서들을 참고하기 바란다.

## 6.5 요약

이 장에서는 SQL 데이터베이스 언어의 추가 기능들에 관해 알아보았다. 먼저 6.1절에서는 중첩 질의, 조인된 테이블, 외부 조인, 집단 함수 및 그룹화 등을 포함하여 SQL 검색 질의의 고급 기능들에 대해 설명하였다. 6.2절에서는, 데이터베이스에 더 일반적인 제약 조건을 명시하는 데 사용하는 CREATE ASSERTION 문을 설명하였고, 트리거의 개념과 CREATE TRIGGER 문을 소개하였다. 다음으로 6.3절에서 데이터베이스에 대해 뷰를 정의하는 SQL 기능을 설명하였다. 뷰는 사용자들에게 테이블처럼 보여지지만 뷰의 내용은 미리 정의된 테이블들로부터 유도되기 때문에 가상적인 또는 유도된 테이블이라고 불린다. 6.4절에서는 데이터베이스 테이블과 제약 조건을 변경하는 데 사용하는 SQL ALTER TABLE 문을 소개하였다.

표 6.2에 다양한 SQL 문의 구문(또는 구조)을 요약해 놓았다. 이 표는 모든 가능한 SQL 구성 요소를 자세하고 완전하게 설명하려는 목적보다는 SQL에서 사용할 수 있는 주요 구성 요소들을 빨리 참조할 수 있도록 포함시켰다. BNF 표기법을 사용해서 비 단말 기호는 <…>로, 옵션 부분은 […]로, 반복은 {…}로, 택일을 하는 것은 (… | … | …)로 표시한다.[7]

7) SQL에 대한 전체 구문은 많은 문서에서 수백 페이지 규모로 기술되어 있다.

표 6.2 SQL 구문의 요약

```
CREATE TABLE <table name> ( <column name> <column type> [ <attribute constraint> ]
                            { , <column name> <column type> [ <attribute constraint> ] }
                            [ <table constraint> { , <table constraint> } ] )
-----------------------------------------------------------------------------------------
DROP TABLE <table name>
ALTER TABLE <table name> ADD <column name> <column type>
-----------------------------------------------------------------------------------------
SELECT [ DISTINCT ] <attribute list>
FROM ( <table name> { <alias> } | <joined table> ) { , ( <table name> { <alias> } | <joined table> ) }
[ WHERE <condition> ]
[ GROUP BY <grouping attributes> [ HAVING <group selection condition> ] ]
[ ORDER BY <column name> [ <order> ] { , <column name> [ <order> ] } ]
-----------------------------------------------------------------------------------------
<attribute list> ::= ( * | ( <column name> | <function> ( ( [ DISTINCT ] <column name> | * ) ) )
                     { , ( <column name> | <function> ( ( [ DISTINCT] <column name> | * ) ) } ) )
-----------------------------------------------------------------------------------------
<grouping attributes> ::= <column name> { , <column name> }
-----------------------------------------------------------------------------------------
<order> ::= ( ASC | DESC )
-----------------------------------------------------------------------------------------
INSERT INTO <table name> [ ( <column name> { , <column name> } ) ]
( VALUES ( <constant value> , { <constant value> } ) { , ( <constant value> { , <constant value> } ) }
| <select statement> )
-----------------------------------------------------------------------------------------
DELETE FROM <table name>
[ WHERE <selection condition> ]
-----------------------------------------------------------------------------------------
UPDATE <table name>
SET <column name> = <value expression> { , <column name> = <value expression> }
[ WHERE <selection condition> ]
-----------------------------------------------------------------------------------------
CREATE [ UNIQUE] INDEX <index name>
ON <table name> ( <column name> [ <order> ] { , <column name> [ <order> ] } )
[ CLUSTER ]
-----------------------------------------------------------------------------------------
DROP INDEX <index name>
-----------------------------------------------------------------------------------------
CREATE VIEW <view name> [ ( <column name> { , <column name> } ) ]
AS <select statement>
-----------------------------------------------------------------------------------------
DROP VIEW <view name>
```

NOTE: The commands for creating and dropping indexes are not part of standard SQL.

## 복습문제

**6.1** 간단한 SQL 질의 구문 내의 6개의 절을 설명하고, 6개의 이들 절 각각에서 명시할 수 있는 구문 유형은 무엇인지 보여라. 6개의 이 절 중에서 필수적인 것은 무엇이며 선택적인 것은 무엇인가?

**6.2** 각 6개의 절을 실행하는 개념적 순서를 명시함으로써, 어떻게 SQL 질의가 수행되는가를 개념적으로 설명하라.

**6.3** SQL 내의 비교 연산자에서 널은 어떻게 다루는지 설명하라. SQL 질의에 집계 함수가 적용될 때 널을 어떻게 다루는가? 그룹핑 애트리뷰트에 널이 존재할 때는 어떻게 다루는가?

**6.4** 아래의 각 구조물을 SQL에서 어떻게 사용하는지 설명하고, 각 구조물의 여러 옵션들에 대해 설명하라. 또 각 구조물의 유용성에 대해 기술하라.

a. 중첩 질의
b. 조인된 테이블과 외부 조인
c. 집단 함수와 그룹화
d. 트리거
e. 주장 및 주장과 트리거의 차이점
f. 뷰 및 뷰의 갱신 가능성
g. 스키마 변경 명령

**6.5** 그림 4.5의 데이터베이스에 대해 다음의 질의들을 SQL로 작성하라. 각 질의를 그림 4.6의 COMPANY 데이터베이스에 적용할 경우에 각 질의의 결과를 보여라.

a. 사원들의 평균 급여가 30,000달러 이상인 각 부서의 이름과 그 부서에서 근무하는 사원 수를 검색하라.
b. 연습 문제 6.5a처럼, 각 부서에서 모든 사원이 아니라 30,000달러 이상을 버는 남자 사원들의 수를 검색하고자 한다. 이 질의를 SQL로 작성할 수 있는가? 작성 가능 여부의 이유를 설명하라.

**6.6** 그림 1.2의 데이터베이스 스키마에서 다음 질의들을 SQL로 작성하라.

a. 모든 과목의 학점이 A인 학생들의 이름과 주전공 학과를 검색하라.
b. A 학점을 하나도 받지 못한 학생들의 이름과 주전공 학과를 검색하라.

## 연습문제

**6.7** 중첩 질의 개념과 이 장에서 설명했던 개념들을 이용하여 그림 4.5에 있는 데이터베이스에 대한 다음 질의들을 SQL로 표현하라.

a. 사원들 중에서 제일 많은 급여를 받는 사원이 근무하는 부서에 함께 근무하는 모든 사원들의 이름을 검색하라.

b. Ssn이 '888665555'인 사람이 자신의 상사(Supervisor)의 상사(Supervisor)인 사원들의 이름을 검색하라.

c. 가장 적은 급여를 받는 사람에 비해 $10,000 이상의 급여를 받는 사원들의 이름을 검색하라.

**6.8** 그림 4.5의 COMPANY 데이터베이스 스키마에서 다음의 뷰들을 SQL로 작성하라.

a. 모든 부서에 대해서 부서 이름, 관리자 이름, 관리자 급여로 구성된 뷰

b. 'Research' 부서에서 일하는 각 사원에 대해 사원 이름, 상사 이름, 사원 급여로 구성된 뷰

c. 각 프로젝트에 대해서 프로젝트 이름, 담당 부서 이름, 사원 수, 프로젝트에 주당 투입되는 근무 시간 수로 구성된 뷰

d. 참여 인원이 1명 이상인 각 프로젝트에 대해서 프로젝트 이름, 담당 부서이름, 사원 수, 프로젝트에 주당 투입되는 총 근무 시간 수로 구성된 뷰

**6.9** 그림 4.6의 COMPANY 데이터베이스에서 다음과 같이 정의한 뷰 DEPT_SUMMARY가 있다고 하자.

```
CREATE VIEW    DEPT_SUMMARY (D, C, Total_s, Average_s)
AS SELECT      Dno, COUNT (*), SUM (Salary), AVG (Salary)
FROM           EMPLOYEE
GROUP BY       Dno;
```

이 뷰에서 다음의 질의와 갱신들 중 어떤 것이 허용되는지 기술하라. 만약 질의나 갱신이 허용된다면 기본 릴레이션 상에서 이에 대응하는 질의나 갱신을 작성하고 그림 4.6의 데이터베이스에 적용했을 때의 결과를 보여라.

a.
```
SELECT    *
FROM      DEPT_SUMMARY;
```

b.
```
SELECT    D, C
FROM      DEPT_SUMMARY
WHERE     TOTAL_S > 100000;
```

c.
```
SELECT    D, AVERAGE_S
FROM      DEPT_SUMMARY
WHERE     C > ( SELECT C FROM DEPT_SUMMARY WHERE D = 4);
```

d.
```
UPDATE    DEPT_SUMMARY
SET       D = 3
WHERE     D = 4;
```

e.
```
DELETE    FROM DEPT_SUMMARY
WHERE     C > 4;
```

## 주요 참고문헌

Reisner(1977)은 사용자들이 조인 조건이나 그룹화를 정확하게 표현하는 데 어려움을 겪는다는 사실을 밝히는 등 SQL의 전신인 SEQUEL에 대한 인간 공학적인 평가를 기술하였다. Date(1984)는 SQL 언어의 장점과 단점을 설명하였으며 Date와 Darwen(1993)은 SQL2를 기술하였다. ANSI(1986)는 SQL 표준의 원안을 기술하였다. DB2, SQL/DS, ORACLE, INGRES, Informix 등의 상업용 DBMS 제품들에 대한 매뉴얼에는 그들 제품에서 제공하는 SQL의 특징들에 관한 설명이 있다. Melton과 Simon(1993)은 SQL2를 포괄적으로 다루었고, Horowitz(1992)는 SQL2에서 발생하는 참조 무결성과 갱신의 연쇄적 파급에 대한 문제점들을 설명하였다.

뷰의 갱신에 대한 문제점은 Dayal과 Bernstein(1978), Keller(1982), Langerak(1990)에서 잘 설명하였다. Blakeley 외(1989)는 뷰를 구현하는 방법에 관해 설명하였고 Negri 외(1991)는 SQL 질의들의 정형적 의미를 기술하였다.

SQL의 다양한 기능을 설명하는 많은 책들이 있다. 예를 들면, SQL-99를 설명하는 두 가지 참고문헌으로 Melton과 Simon(2002) 그리고 Melton(2003)이 있다. 추가적인 SQL 표준인 SQL 2006과 SQL 2008을 설명하는 여러 가지 기술 문서들이 있으나, 더 이상의 표준 참조문서는 존재하지 않는다.

# 관계 대수와 관계 해석

이 장에서는 관계 모델을 위한 두 가지 형식 언어인 관계 대수와 관계 해석을 다루고자 한다. 이에 대비해, 5장과 6장에서는 관계 모델, 수로 SQL 표준을 위한 실용적 언어를 설명하였다. 전통적으로 관계 대수와 관계 해석은 SQL 언어에 앞서 개발되었다. 사실, SQL은 여러 면에서 관계 대수와 관계 해석 모두의 개념에 기반한다. 대부분의 DBMSs는 DBMS 언어로 SQL을 사용하기 때문에, 이 장에 앞서 SQL 언어를 먼저 설명하였다.

2장에서 논의한 것처럼 데이터 모델에는 데이터베이스 구조와 제약 조건을 정의하기 위한 개념과 더불어 데이터를 다루기 위한 연산들의 집합이 있어야 한다는 것을 기억하라. 이미 4장에서 형식 관계 모델의 구조와 제약 조건을 설명하였다. 관계 모델을 위한 기본적인 연산들의 집합을 관계 대수(relational algebra)라고 한다. 이 연산들은 사용자가 관계 대수식(relational algebra expression)으로 기본적인 검색 요청을 명시할 수 있게 한다. 검색 결과는 하나 이상의 릴레이션으로부터 유도된 새로운 릴레이션이다. 따라서 대수 연산은 새로운 릴레이션을 생성하고, 이 릴레이션은 대수 연산을 사용하여 추가로 처리할 수 있다. 일련의 관계 대수 연산들은 관계 대수식을 형성하고 이 식의 결과 역시 데이터베이스 질의(또는 검색) 결과를 나타내는 릴레이션이다. 관계 대수는 여러 가지 이유로 매우 중요하다. 첫째, 관계 대수는 관계 모델 연산을 위한 공식적인 토대를 제공한다. 둘째, 더 중요한 이유로 관계 대수는 17장과 18장에서 논의할 관계 데이터베이스 관리 시스템(RDBMS)의 통합된 질의 처리와 최적화 모듈에서 질의를 구현하고 최적화하기 위한 기반으로 사용된다. 셋째, 관계 대수의 몇 가지 개념은 RDBMS를 위한 SQL 표준 질의에 반영되었다.

현재 대부분의 사용 RDBMS에서 관계 대수 질의를 위한 사용자 인터페이스를 제공하지 않음에도 불구하고, 대부분의 모든 관계 시스템의 내부 모듈에서 핵심 연산과 기능들은 관계 대수 연산에 기반하고 있다. 7.1절부터 7.4절까지 관계 대수 연산을 자세히 정의할 것이다. 관계 대수가 관계 모델을 위한 연산의 집합을 정의하지만, 관계 해석(relational calculus)은 관계 질의를 나타내기 위한 보다 상위 레벨의 선언적 언어를 제공한다. 관계 해석식도 새로운 릴레이션을 생성하는데, 관계 해석식은 질의 결과를 추출하는 방법을 기술한 일련의 연산으로 나타내는 것이 아니라, 단지 결과가 포함해야 하는 정보가 무엇인지를 나타낸다. 이 점이 관계 대수와 관계 연산을 구분하는 가장 큰 특징이다. 관계 해석은 수학적 논리에 견고한 바탕을 두고 있다는 점과 RDBMS를 위한 표준 질의 언어(SQL)가 투플 관계 해석[1]으로 알려진 관계 해석의 변형에 그 기반을 두고 있다는 점 때문에 중요하다.

관계 대수는 종종 관계 데이터 모델의 통합된 일부로 간주되며, 관계 대수 연산은 두 그룹으로 나누어진다. 한 그룹은 수학적 집합 연산들이며, 형식 관계 모델(4.1절 참조)에서는 릴레이션이 투플들의 집합으로 정의되므로 이 그룹의 연산들이 적용될 수 있다. 합집합(UNION), 교집합(INTERSECTION), 차집합(SET DIFFERENCE), 카티션 곱(CARTESIAN PRODUCT, 혹은 CROSS PRODUCT로도 알려짐)이 이에 해당한다. 또 다른 그룹은 관계 데이터베이스를 위하여 특별히 개발된 연산들로 실렉트(SELECT),프로젝트(PROJECT), 조인(JOIN) 등이 포함된다. 실렉트와 프로젝트 연산은 단일 릴레이션 상에 작용하는 단항 연산이며, 7.1절에서 설명한다. 그 다음 7.2절에서는 집합 연산을 설명하고, 7.3절에서는 조인 조건에 따라 관련 투플들(레코드들)을 결합함으로써 두 릴레이션 상에 작용하는 조인과 복잡한 이항 연산들을 설명한다. 이후에서는 그림 4.6의 COMPANY 관계 데이터베이스를 예제로 사용한다.

흔히 사용되는 몇 가지 데이터베이스 요청은 관계 대수 연산으로는 수행될 수 없다. 그래서 이런 요청들을 표현하기 위해서는 추가 연산들을 만들어야 한다. 이러한 연산들에는 테이블로부터 데이터를 요약하는 집계 함수(aggregate function), 외부 조인과 외부 합집합으로 알려진 조인과 합집합 연산 등이 있다. 이러한 연산들은 많은 데이터베이스 응용에 중요하게 사용되기 때문에 관계 대수 연산에 추가되었고, 7.4절에서 다루어진다. 7.5절에 관계 연산을 사용하는 질의 예제가 주어진다. 이 질의들 중 몇몇은 5장과 6장에서 동일하게 사용된다. 이 장에서도 동일한 질의들을 사용함으로써, 독자는 동일한 질의가 다양한 질의 언어로 어떻게 작성되는지 비교할 수 있다.

---

1) SQL은 투플 관계 해석에 기반을 두고 있으며, 5장, 6장, 8장에서 보게 될 관계 대수의 몇 가지 연산과 이 연산들의 확장을 포함하고 있다.

7.6절과 7.7절에서 관계 데이터베이스를 위한 또 다른 형식 언어인 관계 해석(relational calculus)을 설명한다. 관계 해석에는 두 가지 변형이 있다. 7.6절에서는 투플 관계 해석(tuple relational calculus)에 대해 기술하고, 7.7절에서는 도메인 관계 해석(domain relational calculus)에 대해 기술한다. 5장과 6장에서 설명한 몇몇의 SQL 구조문은 투플 관계 해석을 기반으로 한 것이다. 관계 해석은 프레디키트 해석[2]으로 불리는 수학적 논리의 한 부문을 기반으로 하는 형식 언어이다. 투플 관계 해석에서 변수의 범위는 투플들이다. 반면에 도메인 관계 해석에서 변수의 범위는 애트리뷰트의 도메인이다. 7.8절에서는 이 장을 요약한다. 형식 관계 언어에 대한 자세한 소개에 관심이 없는 독자는 7.4절과 7.6절, 그리고 7.7절을 건너뛰어도 좋다.

2) 이 장에서 정량 변수(quantified variable)와 정량값을 다루는 1차 프레디키트 해석을 모르는 것으로 가정한다.

## 7.1 단항 관계 연산: 실렉트와 프로젝트

### 7.1.1 실렉트 연산

실렉트(SELECT) 연산은 릴레이션 논리식에서 선택 조건[3])을 만족하는 투플들의 집합을 선택하는 데 사용한다. 실렉트 연산은 주어진 조건을 만족하는 투플들만 걸러내는 연산으로 생각할 수 있다. 반대로, 실렉트 연산은 조건을 만족하는 투플들만으로 릴레이션에서의 투플들을 제한(restrict)하는 것으로도 생각할 수 있다. 실렉트 연산의 결과는 릴레이션을 두 개의 투플집합, 즉 조건을 만족하여 선택된 투플들의 집합과 조건을 만족하지 못하여 버려진 투플들의 집합으로 수평 분할한 것으로 시각화할 수 있다. 예를 들어, 4번 부서에서 일하거나 급여가 30,000달러보다 많은 EMPLOYEE 투플들을 선택하려면 다음과 같이 실렉트 연산을 이용하여 각 조건을 기술할 수 있다.

$\sigma_{Dno=4}(EMPLOYEE)$
$\sigma_{Salary>30000}(EMPLOYEE)$

일반적으로 실렉트 연산은

$\sigma_{<selection\ condition>}(R)$

으로 표기한다. 여기서 $\sigma$ 기호는 실렉트 연산자를 나타내며, <선택 조건>은 릴레이션 $R$의 애트리뷰트들에 대한 논리식(Boolean expression) 또는 조건(condition)이다. $R$은 일반적으로 결과가 릴레이션이 되는 관계 대수식이며, 가장 간단한 관계 대수식은 데이터베이스 릴레이션의 이름 자체이다. 실렉트 연산의 결과로 생기는 릴레이션은 $R$과 같은 애트리뷰트들을 갖는다.

<선택 조건>에 명시된 논리식은 다음과 같은 형태를 갖는 여러 개의 절(clause)로 구성된다.

<애트리뷰트 이름> <비교 연산자> <상수값>

또는

<애트리뷰트 이름> <비교 연산자> <애트리뷰트 이름>

여기서 <애트리뷰트 이름>은 $R$의 애트리뷰트의 이름이고, <비교 연산자>는 $\{=, <, \leq, >, \geq, \neq\}$ 중의 한 연산자이며, <상수값>은 애트리뷰트 도메인에 속하는 값이다. *and*, *or*, *not* 과 같은 표준 부울 연산자를 이용하여 절들을 임의로 연결하여 선택 조건을 만들 수 있다. 예를 들어, 4번 부서에서 일하고 연간 25,000달러를 벌거나, 5번 부서에서 일하고 연간 30,000달러를 버는 모든 사원에 대한 투플들을 선택하기 위해서 다음과 같은 실렉트 연산을 지정할 수 있다.

$\sigma_{(Dno=4\ AND\ Salary>25000)\ OR\ (Dno=5\ AND\ Salary>30000)}(EMPLOYEE)$

---

3) 실렉트 연산은 SQL의 SELECT 절과 다르다. 실렉트 연산은 테이블에서 투플들을 선택하며, 제한(RESTRICT) 또는 필터(FILTER) 연산으로도 불린다.

이 연산의 결과는 그림 7.1(a)에 있다.

(a)

| Fname | Minit | Lname | Ssn | Bdate | Address | Sex | Salary | Super_ssn | Dno |
|---|---|---|---|---|---|---|---|---|---|
| Franklin | T | Wong | 333445555 | 1955-12-08 | 638 Voss, Houston, TX | M | 40000 | 888665555 | 5 |
| Jennifer | S | Wallace | 987654321 | 1941-06-20 | 291 Berry, Bellaire, TX | F | 43000 | 888665555 | 4 |
| Ramesh | K | Narayan | 666884444 | 1962-09-15 | 975 Fire Oak, Humble, TX | M | 38000 | 333445555 | 5 |

(b)

| Lname | Fname | Salary |
|---|---|---|
| Smith | John | 30000 |
| Wong | Franklin | 40000 |
| Zelaya | Alicia | 25000 |
| Wallace | Jennifer | 43000 |
| Narayan | Ramesh | 38000 |
| English | Joyce | 25000 |
| Jabbar | Ahmad | 25000 |
| Borg | James | 55000 |

(c)

| Sex | Salary |
|---|---|
| M | 30000 |
| M | 40000 |
| F | 25000 |
| F | 43000 |
| M | 38000 |
| M | 25000 |
| M | 55000 |

그림 7.1 실렉트와 프로젝트 연산의 결과: (a) $\sigma_{(\text{Dno}=4 \text{ AND } \text{Salary}>25000) \text{ OR } (\text{Dno}=5 \text{ AND } \text{Salary}>30000)}$(EMPLOYEE), (b) $\pi_{\text{Lname, Fname, Salary}}$(EMPLOYEE), (c) $\pi_{\text{Sex, Salary}}$(EMPLOYEE)

집합 $\{=, <, \leq, >, \geq, \neq\}$ 에 속하는 모든 비교 연산자들은 숫자나 날짜와 같이 순서가 있는 값들을 도메인으로 가지는 애트리뷰트들에 적용할 수 있다. 문자열 도메인 또한 각 문자의 비교 순서를 따르면 순서를 가지고 있다고 할 수 있다. 어떤 애트리뷰트의 도메인이 순서가 없는 값들의 집합이면 집합 {=, ≠}에 속하는 비교 연산자 만을 적용할 수 있다. 순서가 없는 도메인의 예로는 Color = {'red', 'blue', 'green', 'white', 'yellow', … }를 들 수 있다. 여기서 여러 가지 색깔 간에 어떠한 순서도 명시되어 있지 않다. 일부 도메인들은 별도의 비교 연산자들을 더 가진다. 예를 들어, 문자열 도메인은 SUBSTRING_OF라는 비교 연산자를 가진다.

일반적으로 실렉트 연산의 결과는 다음과 같이 결정될 수 있다. 릴레이션 $R$의 각 개별 투플 $t$에 <선택 조건>을 적용한다. 즉, 선택 조건에 있는 각 애트리뷰트 $A_i$를 투플 $t$의 해당 값 $t[A_i]$로 대치한다. 선택 조건이 참이 되면 투플 $t$를 **선택한다**. 선택된 모든 투플이 실렉트 연산의 결과에 나타난다. AND, OR, NOT과 같은 부울 조건에 대해서는 다음과 같은 해석을 한다.

- 조건1과 조건2가 참이면 (조건1 AND 조건2)도 참이고, 그렇지 않으면 거짓이다.
- 조건1이나 조건2 중 어느 하나 또는 모두가 참이면 (조건1 OR 조건2)도 참이고, 그렇지 않으면 거짓이다.
- 조건이 거짓이면 (NOT 조건)은 참이고, 그렇지 않으면 거짓이다.

실렉트 연산자는 단항 연산자(unary operator)이다. 즉, 하나의 릴레이션에만 적용된다. 더욱이 실렉트 연산은 각 투플에 개별적으로 적용되므로 선택 조건은 한 번에 두 개 이상의 투플에 적용할 수 없다. 실렉트 연산의 결과 릴레이션의 차수(degree) —'애트리뷰트의 개수' —는 릴레이션 $R$의 차수와 같다. 결과 릴레이션의 투플 수는 항상 원래 릴레이션 $R$의 투

플 수보다 적거나 같다. 즉 임의의 조건 $C$에 대해서 $|\sigma_c(R)| \leq |R|$이다. 선택 조건에 의하여 선택된 투플 수의 비율을 그 조건의 선택률(selectivity)이라고 한다. 실렉트 연산은 교환적(commutative)이다. 즉, 다음과 같이 표현할 수 있다.

$$\sigma_{<cond1>}(\sigma_{<cond2>}(R)) = \sigma_{<cond2>}(\sigma_{<cond1>}(R))$$

따라서 실렉트들의 연속은 어떤 순서로도 적용할 수 있다. 게다가 실렉트 연산들의 연속(cascade 또는 sequence)은 항상 AND 조건을 가진 하나의 실렉트 연산으로 결합할 수 있다. 즉, 아래와 같이 결합할 수 있다.

$$\sigma_{<cond1>}(\sigma_{<cond2>}(\ldots(\sigma_{<condn>}(R))\ldots)) = \sigma_{<cond1>\ AND <cond2>\ AND \ldots AND\ <condn>}(R)$$

SQL의 SELECT 조건은 전형적으로 질의의 WHERE 절에서 명시된다. 예를 들어, 다음 연산은

$$\sigma_{Dno=4\ AND\ Salary>25000}\ (EMPLOYEE)$$

다음 SQL 질의에 해당된다.

```
SELECT    *
FROM      EMPLOYEE
WHERE     Dno=4 AND Salary>25000;
```

### 7.1.2 프로젝트 연산

릴레이션을 테이블로 생각하면 실렉트 연산은 테이블로부터 일부 행들을 선택하고 나머지는 버리는 연산이다. 반면에 프로젝트(PROJECT) 연산은 테이블로부터 어떤 열들을 선택하고 나머지는 버리는 연산이다. 어떤 릴레이션의 일부 애트리뷰트들에만 관심이 있다면, 이 애트리뷰트들만 골라내는 프로젝트 연산을 사용한다. 따라서 프로젝트 연산의 결과는 한 릴레이션을 두 개의 릴레이션, 즉 필요한 열(애트리뷰트)들을 가지고 있고 연산 결과를 포함하는 릴레이션과 나머지 버려진 열들을 포함하는 릴레이션으로 수직 분할한 것으로 시각화할 수 있다. 예를 들어, 각 사원의 이름과 급여를 나열하려면 다음과 같은 프로젝트 연산을 사용할 수 있다.

$$\pi_{Lname,\ Fname,\ Salary}(EMPLOYEE)$$

결과 릴레이션이 그림 7.1(b)에 있다. 프로젝트 연산의 일반적인 형태는

$$\pi_{<attribute\ list>}(R)$$

이다. 여기서 $\pi$(pi)는 프로젝트 연산을 나타내는 기호이고, <애트리뷰트 리스트>는 선택하고자 하는 릴레이션 $R$의 애트리뷰트들의 서브리스트이다. 일반적으로 $R$은 결과가 릴레이션인 관계 대수식이고, 가장 간단한 경우는 데이터베이스 릴레이션의 이름이라는 것을 기억해야 한다. 프로젝트 연산의 결과는 <애트리뷰트 리스트>에 명시된 애트리뷰트들 만을 가지며 그 순서는 리스트에 나타난 순서와 같다. 따라서 결과 릴레이션의 차수(degree)는 <애트리뷰트 리스트>의 애트리뷰트 수와 같다.

만약 애트리뷰트 리스트가 *R*의 키가 아닌 애트리뷰트들만 포함하면 중복된 투플들이 결과에 나타날 수 있다. 프로젝트 연산은 중복 투플들을 모두 제거하므로 프로젝트 연산의 결과는 서로 다른 투플들의 집합이고 따라서 유효한 릴레이션이 된다. 이것을 중복 제거(duplication elimination)라 한다. 예를 들어, 다음과 같은 프로젝트 연산을 생각해 보자.

$$\pi_{\text{Sex, Salary}}(\text{EMPLOYEE})$$

결과는 그림 7.1(c)와 같다. <'F', 25000>이라는 투플이 그림 7.1(c)에는 단 한 번만 나타나지만 EMPLOYEE 릴레이션에서는 이 값의 조합이 두 번 나타난다. 중복을 제거하기 위해서는 중복을 찾기 위한 정렬 또는 몇몇 다른 기법이 추가적으로 필요하다. 중복이 제거되지 않는다면 결과는 투플들의 집합이 아니라 다중집합(multiset) 또는 백(bag)이 된다. 형식 관계 모델에서는 이것을 허용하지 않지만 SQL(5.3절 참조)에서는 허용한다.

프로젝트 연산의 결과 릴레이션의 투플 수는 항상 *R*의 투플 수보다 같거나 적다. 만약 프로젝트한 애트리뷰트 리스트가 *R*의 슈퍼키이면 —즉 *R*의 키를 포함하고 있으면— 결과 릴레이션은 *R*과 같은 수의 투플을 갖는다. 더욱이 다음의 <리스트2>가 <리스트1>의 애트리뷰트들을 포함하면,

$$\pi_{<\text{list1}>}(\pi_{<\text{list2}>}(\text{R})) = \pi_{<\text{list1}>}(\text{R})$$

이다. 그렇지 않으면 왼쪽은 틀린 식이다. 또한 프로젝트 연산에서는 교환 법칙이 성립하지 않는다.

SQL에서 프로젝트 애트리뷰트 리스트는 질의의 SELECT 절에 명시된다. 예를 들어, 다음 연산은

$$\pi_{\text{Sex, Salary}}(\text{EMPLOYEE})$$

다음 SQL 질의에 해당된다.

```
SELECT    DISTINCT Sex, Salary
FROM      EMPLOYEE
```

위의 SQL 질의에서 키워드 DISTINCT를 삭제하면, 중복들은 제거되지 않는다는 것에 주목해야 한다. 이러한 DISTINCT 옵션은 형식 관계 대수에서는 사용할 수 없다. 이 절에서는 설명하지 않지만, 대수는 이 연산을 포함하여 확장할 수 있고 릴레이션이 멀티셋이 되는 것을 허용한다.

### 7.1.3 연산의 순서와 이름 변경 연산

연산 결과를 나타낸 그림 7.1에 있는 릴레이션들은 어떤 이름도 갖고 있지 않다. 대부분의 질의에서는 여러 개의 연산을 순서적으로 적용하여 하나의 결과 릴레이션을 구하고자 할 때 관계 연산들을 중첩하여 하나의 관계 대수식으로 표현할 수도 있고, 한 번에 하나의 연산씩 적용하고 중간 결과 릴레이션을 만들 수도 있다. 후자의 경우는 중간 결과 릴레이션의 이름을 명시해야 한다. 예를 들어, 5번 부서에서 근무하는 모든 사원의 이름과 급여를 검색하려면, 실렉트 연산과 프로젝트 연산을 적용해야 한다. 이를 다음과 같이 in-line 표

현식으로도 알려진 하나의 관계 대수식으로 표현할 수 있다.

$$\pi_{\text{Fname, Lname, Salary}}(\sigma_{\text{Dno}=5}(\text{EMPLOYEE}))$$

그림 7.2(a)는 위의 in-line 관계 대수식의 결과를 나타낸다. 다른 방법으로는 다음과 같이 각 중간 결과 릴레이션에 이름을 부여하고 ←로 표시된 연산을 사용하여 연산의 순서를 명백하게 할 수 있다.

$$\text{DEP5\_EMPS} \leftarrow \sigma_{\text{Dno}=5}(\text{EMPLOYEE})$$
$$\text{RESULT} \leftarrow \pi_{\text{Fname, Lname, Salary}}(\text{DEP5\_EMPS})$$

하나의 관계 대수식으로 표현하는 것보다는 중간 결과 릴레이션들을 명시함으로써 복잡한 연산 순서를 나누는 것이 더 간단할 때가 종종 있다. 또한 중간 결과 릴레이션이나 최종 결과 릴레이션의 애트리뷰트들 이름을 다르게 명시할 때도 이 방법을 사용할 수 있다. 이것은 나중에 알 수 있듯이 합집합 및 조인과 같은 보다 복잡한 연산에서 더욱 유용하다. 릴레이션의 애트리뷰트 이름들을 변경하려면 간단히 다음 예에서와 같이 괄호 안에 새로운 애트리뷰트 이름들을 나열하면 된다.

$$\text{TEMP} \leftarrow \sigma_{\text{Dno}=5}(\text{EMPLOYEE})$$
$$\text{R(First\_name, Last\_name, Salary)} \leftarrow \pi_{\text{Fname, Lname, Salary}}(\text{TEMP})$$

위의 두 연산의 결과가 그림 7.2(b)에 있다.

만약 어떤 이름도 주지 않으면 실렉트 연산의 결과 릴레이션의 애트리뷰트들은 원래 릴레이션의 애트리뷰트들 이름과 순서가 동일하다. 만약 프로젝트 연산에 대해 애트리뷰트의 이름을 변경하지 않으면, 결과 릴레이션의 애트리뷰트들은 <애트리뷰트 리스트>의 애트리뷰트들 이름과 순서가 동일하다.

릴레이션 이름이나 애트리뷰트 이름, 또는 두 개 모두의 이름을 변경하는 이름 변경 연산은 단항 연산자로 정의할 수 있다. 일반적인 차수가 $n$인 릴레이션 $R$에 적용된 이름 변경 연산은 다음과 같은 세 가지 중 하나로 표현된다.

$$\rho_{S(B1, B2, \ldots, Bn)}(R) \quad \text{or} \quad \rho_S(R) \quad \text{or} \quad \rho_{(B1, B2, \ldots, Bn)}(R)$$

여기서 기호 $\rho$(rho)는 이름 변경 연산을 표시하는 데 사용한다. $S$는 새로운 릴레이션의 이름이고, $B_1$, $B_2$, ⋯, $B_n$은 새로운 애트리뷰트들의 이름이다. 첫 번째 식은 릴레이션과 애트리뷰트들의 이름 모두를 변경하고, 두 번째 식은 릴레이션의 이름만 변경하고, 세번째는 애트리뷰트의 이름만 변경하는 연산이다. 만일 $R$의 애트리뷰트가 $(A_1, A_2, \cdots, A_n)$의 순이라면, 각 $A_i$는 $B_i$로 이름이 변경된다.

SQL에서 하나의 질의는 일반적으로 하나의 복잡한 관계 대수식을 나타낸다. SQL에서의 이름 변경은 다음 예와 같이 *AS*를 사용한 별명(alias)에 의해 이루어진다.

```
SELECT    E.Fname AS First_name, E.Lname AS Last_name, E.Salary AS Salary
FROM      EMPLOYEE AS E
WHERE     E.Dno=5,
```

(a)

| Fname | Lname | Salary |
|---|---|---|
| John | Smith | 30000 |
| Franklin | Wong | 40000 |
| Ramesh | Narayan | 38000 |
| Joyce | English | 25000 |

(b)
TEMP

| Fname | Minit | Lname | Ssn | Bdate | Address | Sex | Salary | Super_ssn | Dno |
|---|---|---|---|---|---|---|---|---|---|
| John | B | Smith | 123456789 | 1965-01-09 | 731 Fondren, Houston,TX | M | 30000 | 333445555 | 5 |
| Franklin | T | Wong | 333445555 | 1955-12-08 | 638 Voss, Houston,TX | M | 40000 | 888665555 | 5 |
| Ramesh | K | Narayan | 666884444 | 1962-09-15 | 975 Fire Oak, Humble,TX | M | 38000 | 333445555 | 5 |
| Joyce | A | English | 453453453 | 1972-07-31 | 5631 Rice, Houston, TX | F | 25000 | 333445555 | 5 |

R

| First_name | Last_name | Salary |
|---|---|---|
| John | Smith | 30000 |
| Franklin | Wong | 40000 |
| Ramesh | Narayan | 38000 |
| Joyce | English | 25000 |

그림 7.2 관계 대수식들의 결과: (a) $\pi_{\text{Fname, Lname, Salary}}(\sigma_{\text{Dno=5}}(\text{EMPLOYEE}))$,
(b) 동일한 식에 대하여 중간 결과 릴레이션과 애트리뷰트 이름 변경을 이용한 결과

## 7.2 집합 이론과 관계 대수 연산

### 7.2.1 합집합, 교집합, 차집합 연산

관계 대수 연산의 다음 그룹은 집합에 관한 표준적인 수학적 연산들이다. 예를 들어, 5번 부서에서 일하거나 5번 부서에서 근무하는 사원들을 직접 감독하는 모든 사원의 사회보장번호를 검색하려면 다음과 같이 합집합 연산을 사용할 수 있다.[4)]

$\text{DEP5\_EMPS} \leftarrow \sigma_{\text{Dno=5}}(\text{EMPLOYEE})$
$\text{RESULT1} \leftarrow \pi_{\text{Ssn}}(\text{DEP5\_EMPS})$
$\text{RESULT2(Ssn)} \leftarrow \pi_{\text{Super\_ssn}}(\text{DEP5\_EMPS})$
$\text{RESULT} \leftarrow \text{RESULT1} \cup \text{RESULT2}$

RESULT1 릴레이션은 5번 부서에서 근무하는 모든 사원의 사회보장번호를 가지고 있는 반면에 RESULT2는 5번 부서에서 근무하는 사원들을 직접 감독하는 모든 사원의 사회보장번호를 가지고 있다. 합집합 연산의 결과는 RESULT1이나 RESULT2의 어느 하나 또는 양쪽 모두에 있는 모든 투플들을 포함하며(그림 7.3 참조), 동시에 중복들은 제거된다. 따라서 Ssn 값 333445555는 결과에서 단 한 번만 나타난다.

4) 하나의 관계 대수식으로 표현하면 다음과 같다.
Result $\pi_{\text{Ssn}}(\sigma_{\text{Dno}}=5(\text{EMPLOYEE})) \cup \pi_{\text{Super\_ssn}}(\sigma_{\text{Dno=5}}(\text{EMPLOYEE}))$

RESULT1

| Ssn |
|---|
| 123456789 |
| 333445555 |
| 666884444 |
| 453453453 |

RESULT2

| Ssn |
|---|
| 333445555 |
| 888665555 |

RESULT

| Ssn |
|---|
| 123456789 |
| 333445555 |
| 666884444 |
| 453453453 |
| 888665555 |

그림 7.3 합집합 연산의 결과: RESULT ← RESULT1 ∪ RESULT2

합집합(UNION), 교집합(INTERSECTION), 차집합(DIFFERENCE, MINUS 또는 EXCEPT)등의 집합 연산들은 여러 가지 방법으로 두 집합의 원소들을 합칠 수 있다. 이런 연산들은 이항(binary) 연산으로서 두 개의 (투플들의) 집합에 적용된다. 이런 연산들이 관계 데이터베이스에 적용될 때는 위의 세 연산을 적용하고자 하는 두 릴레이션이 같은 타입의 투플들을 가져야 한다. 이런 조건을 합집합 호환성(*union compatibility*) 또는 타입 호환성(*type compatibility*)이라고 한다. 두 릴레이션 $R(A_1, A_2, \cdots, A_n)$과 $S(B_1, B_2, \cdots, B_n)$가 같은 차수 $n$을 갖고, $1 \le i \le n$인 모든 $i$에 대하여 $\mathrm{dom}(A_i) = \mathrm{dom}(B_i)$를 만족하면 합집합 호환적(union compatible 또는 type compatible)이라고 말한다. 이것은 두 릴레이션의 애트리뷰트 수가 같고 각각의 대응되는 애트리뷰트들 간의 도메인이 같다는 의미이다. 두 개의 합집합 호환적인 릴레이션 $R$과 $S$에 대하여 합집합, 교집합, 차집합 등의 세 연산을 다음과 같이 정의한다.

- **합집합**. 이 연산의 결과는 $R \cup S$로 표기하며, $R$과 $S$ 어느 한쪽에 있거나 양쪽에 있는 모든 투플을 포함하는 릴레이션이다. 중복 투플들은 제거된다.
- **교집합**. 이 연산의 결과는 $R \cap S$로 표기하며, $R$과 $S$ 양쪽 모두에 있는 모든 투플을 포함하는 릴레이션이다.
- **차집합**. 이 연산의 결과는 $R - S$로 표기하며, $R$에는 있지만 $S$에는 없는 모든 투플을 포함하는 릴레이션이다.

관례적으로 결과 릴레이션은 첫 번째 릴레이션 $R$과 똑같은 애트리뷰트 이름들을 갖는다. 필요하다면 이름 변경 연산자를 사용하여 결과의 애트리뷰트들 이름을 변경할 수 있다. 그림 7.4는 위의 세 연산에 대한 예들을 보여준다. 그림 7.4(a)의 STUDENT 릴레이션과 INSTRUCTOR 릴레이션은 합집합 호환적이고, 투플은 각각 학생의 이름과 강사의 이름을 가리킨다. 합집합 연산의 결과(그림 7.4(b))는 모든 학생과 강사의 이름이 된다. 이때 중복되는 투플은 결과에 하나만 나타난다. 교집합 연산의 결과(그림 7.4(c))는 학생이고 동시에 강사인 사람들만을 포함한다.

합집합과 교집합 연산은 둘 다 교환 법칙이 성립하는 연산(commutative operation)이다. 즉,

$$R \cup S = S \cup R \quad \text{and} \quad R \cap S = S \cap R$$

이다.

(a) STUDENT

| Fn | Ln |
|---|---|
| Susan | Yao |
| Ramesh | Shah |
| Johnny | Kohler |
| Barbara | Jones |
| Amy | Ford |
| Jimmy | Wang |
| Ernest | Gilbert |

INSTRUCTOR

| Fname | Lname |
|---|---|
| John | Smith |
| Ricardo | Browne |
| Susan | Yao |
| Francis | Johnson |
| Ramesh | Shah |

(b)

| Fn | Ln |
|---|---|
| Susan | Yao |
| Ramesh | Shah |
| Johnny | Kohler |
| Barbara | Jones |
| Amy | Ford |
| Jimmy | Wang |
| Ernest | Gilbert |
| John | Smith |
| Ricardo | Browne |
| Francis | Johnson |

(c)

| Fn | Ln |
|---|---|
| Susan | Yao |
| Ramesh | Shah |

(d)

| Fn | Ln |
|---|---|
| Johnny | Kohler |
| Barbara | Jones |
| Amy | Ford |
| Jimmy | Wang |
| Ernest | Gilbert |

(e)

| Fname | Lname |
|---|---|
| John | Smith |
| Ricardo | Browne |
| Francis | Johnson |

그림 7.4 집합 연산 합집합, 교집합, 차집합: (a) 합집합 호환적인 두 릴레이션, (b) STUDENT ∪ INSTRUCTOR, (c) STUDENT ∩ INSTRUCTOR, (d) STUDENT − INSTRUCTOR, (e) INSTRUCTOR − STUDENT

또한 합집합과 교집합 연산은 결합 법칙이 성립하는 연산(associative operation)이므로 임의의 개수의 릴레이션에 적용할 수 있는 n-원(n-ary) 연산이다. 즉,

$$R \cup (S \cup T) = (R \cup S) \cup T \quad \text{and} \quad (R \cap S) \cap T = R \cap (S \cap T)$$

이다. 차집합 연산은 교환 법칙이 성립하지 않는다. 즉,

$$R - S \neq S - R$$

일반적으로이다. 그림 7.4(d)는 강사가 아닌 학생들의 이름을 보여주고, 그림 7.4(e)는 학생이 아닌 강사들의 이름을 보여준다.

교집합 연산은 다음과 같이 합집합과 차집합 연산으로 표현될 수 있다.

$$R \cap S = ((R \cup S) - (R - S)) - (S - R)$$

SQL에는 이 장에서 설명한 합집합, 차집합, 교집합의 세 가지 집합 연산이 있고, 그 외에도 중복을 제거하지 않는 중복집합(multiset) 연산(UNION ALL, INTERSECT ALL, EXCEPT ALL)이 있다(5.3.4절 참조).

### 7.2.2 카티션 곱(또는 크로스 프로덕트) 연산

이제부터는 크로스 프로덕트(cross product) 또는 크로스 조인(cross join)이라고도 부르는 카티션 곱(cartesian product) 연산에 관하여 논의한다. 이 연산은 ×로 표기하며, 이항연산이지만 이 연산을 적용할 두 릴레이션이 합집합 호환적(union compatability)일 필요는 없다. 이항 형태에서 이 집합 연산은 한쪽 릴레이션의 모든 투플과 다른쪽 릴레이션의 모든 투플을 결합하여 새로운 투플을 만든다. 이 연산은 두 릴레이션의 투플들을 결합하여 결과 투플을 만든다. 일반적으로 $R(A_1, A_2, \cdots, A_n) \times S(B_1, B_2, \cdots, B_m)$의 결과는 $(n+m)$개의 애트리뷰트를 순서대로 가진 릴레이션 $Q(A_1, A_2, \cdots, A_n, B_1, B_2, \cdots, B_m)$이다. 결과 릴레이션 $Q$는 $R$의 투플과 $S$의 투플의 모든 조합에 대한 투플들을 가진다. 따라서 $R$이 $n_R$개의 투플을 가지고 ($|R| = n_R$) $S$가 $n_S$개의 투플을 가지면 $R \times S$는 $n_R * n_S$ 투플을 갖는다.

$n$-원 카티션 곱 연산은 위에서 설명한 개념의 확장으로서, $n$개 릴레이션에서 가능한 모든 조합에 대해 투플들을 결합하여 결과 투플을 만든다.

카티션 곱이 연산만 단독적으로 사용하는 것은 일반적으로 의미가 없지만, 이 연산을 수행한 후에 각 릴레이션의 애트리뷰트 값에 대한 실렉션 연산을 수행하면 유용하다. 카티션 곱의 사용 예를 설명하기 위해서, 모든 여자 사원에 대하여 그들의 부양가족들의 이름을 알고 싶다면 다음과 같이 표현할 수 있다.

FEMALE_EMPS ← $\sigma_{Sex='F'}$(EMPLOYEE)
EMPNAMES ← $\pi_{Fname,\ Lname,\ Ssn}$(FEMALE_EMPS)
EMP_DEPENDENTS ← EMPNAMES × DEPENDENT
ACTUAL_DEPENDENTS ← $\sigma_{Ssn=Essn}$(EMP_DEPENDENTS)
RESULT ← $\pi_{Fname,\ Lname,\ Dependent\_name}$(ACTUAL_DEPENDENTS)

이 연산들을 차례로 수행한 결과 릴레이션들이 그림 7.5에 있다. EMP_DEPENDENTS 릴레이션은 그림 7.5의 EMPNAMES 릴레이션과 그림 4.6의 DEPENDENT 릴레이션에 카티션 곱 연산을 적용한 결과이다. EMP_DEPENDENTS 릴레이션은 EMPNAMES 릴레이션의 모든 투플이 DEPENDENT 릴레이션의 모든 투플과 결합되어 만들어진 것으로 큰 의미가 없는 결과가 되었다(모든 부양가족은 모든 여자 사원과 결합된다). 단지 여자사원 투플과 그들의 부양가족, 즉 EMPLOYEE 투플의 Ssn 값과 같은 ESsn 값을 가진 부양 가족들만을 결합하기 원한다. ACTUAL_DEPENDENTS 릴레이션이 이런 조건을 만족하는 릴레이션이다. EMP_DEPENDENTS 릴레이션은 관계 대수가 정확히 적용되어 전혀 의미 없는 결과를 산출할 수 있는 경우에 대한 좋은 예제이다. 따라서 릴레이션에 의미 있는 연산을 적용하는 것은 사용자의 책임이다.

카티션 곱은 두 릴레이션의 애트리뷰트들을 결합한 투플들을 만든다. 카티션 곱 이후 앞에서와 같이 적당한 선택 조건을 명시함으로써 두 릴레이션으로부터 관련된 투플들만 실렉트할 수 있다. 카티션 곱 다음에 실렉트를 하는 순서는 두 릴레이션으로부터 관련된 투플들만 결합하는 데 매우 많이 사용되므로 이 연산들을 하나로 명시하는 조인이라는 특별한 연산이 개발되었다. 다음에는 조인 연산에 관하여 논의한다.

FEMALE_EMPS

| Fname | Minit | Lname | Ssn | Bdate | Address | Sex | Salary | Super_ssn | Dno |
|---|---|---|---|---|---|---|---|---|---|
| Alicia | J | Zelaya | 999887777 | 1968-07-19 | 3321Castle, Spring, TX | F | 25000 | 987654321 | 4 |
| Jennifer | S | Wallace | 987654321 | 1941-06-20 | 291Berry, Bellaire, TX | F | 43000 | 888665555 | 4 |
| Joyce | A | English | 453453453 | 1972-07-31 | 5631 Rice, Houston, TX | F | 25000 | 333445555 | 5 |

EMPNAMES

| Fname | Lname | Ssn |
|---|---|---|
| Alicia | Zelaya | 999887777 |
| Jennifer | Wallace | 987654321 |
| Joyce | English | 453453453 |

EMP_DEPENDENTS

| Fname | Lname | Ssn | Essn | Dependent_name | Sex | Bdate | . . . |
|---|---|---|---|---|---|---|---|
| Alicia | Zelaya | 999887777 | 333445555 | Alice | F | 1986-04-05 | . . . |
| Alicia | Zelaya | 999887777 | 333445555 | Theodore | M | 1983-10-25 | . . . |
| Alicia | Zelaya | 999887777 | 333445555 | Joy | F | 1958-05-03 | . . . |
| Alicia | Zelaya | 999887777 | 987654321 | Abner | M | 1942-02-28 | . . . |
| Alicia | Zelaya | 999887777 | 123456789 | Michael | M | 1988-01-04 | . . . |
| Alicia | Zelaya | 999887777 | 123456789 | Alice | F | 1988-12-30 | . . . |
| Alicia | Zelaya | 999887777 | 123456789 | Elizabeth | F | 1967-05-05 | . . . |
| Jennifer | Wallace | 987654321 | 333445555 | Alice | F | 1986-04-05 | . . . |
| Jennifer | Wallace | 987654321 | 333445555 | Theodore | M | 1983-10-25 | . . . |
| Jennifer | Wallace | 987654321 | 333445555 | Joy | F | 1958-05-03 | . . . |
| Jennifer | Wallace | 987654321 | 987654321 | Abner | M | 1942-02-28 | . . . |
| Jennifer | Wallace | 987654321 | 123456789 | Michael | M | 1988-01-04 | . . . |
| Jennifer | Wallace | 987654321 | 123456789 | Alice | F | 1988-12-30 | . . . |
| Jennifer | Wallace | 987654321 | 123456789 | Elizabeth | F | 1967-05-05 | . . . |
| Joyce | English | 453453453 | 333445555 | Alice | F | 1986-04-05 | . . . |
| Joyce | English | 453453453 | 333445555 | Theodore | M | 1983-10-25 | . . . |
| Joyce | English | 453453453 | 333445555 | Joy | F | 1958-05-03 | . . . |
| Joyce | English | 453453453 | 987654321 | Abner | M | 1942-02-28 | . . . |
| Joyce | English | 453453453 | 123456789 | Michael | M | 1988-01-04 | . . . |
| Joyce | English | 453453453 | 123456789 | Alice | F | 1988-12-30 | . . . |
| Joyce | English | 453453453 | 123456789 | Elizabeth | F | 1967-05-05 | . . . |

ACTUAL_DEPENDENTS

| Fname | Lname | Ssn | Essn | Dependent_name | Sex | Bdate | . . . |
|---|---|---|---|---|---|---|---|
| Jennifer | Wallace | 987654321 | 987654321 | Abner | M | 1942-02-28 | . . . |

RESULT

| Fname | Lname | Dependent_name |
|---|---|---|
| Jennifer | Wallace | Abner |

그림 7.5 카티션 곱(크로스 프로덕트) 연산

SQL에서 카티션 곱은 조인된 테이블에 CROSS JOIN 옵션을 사용하여 실현될 수 있다(6.1.6절 참조). 다른 방법으로는, 질의에서 WHERE 절에 두 테이블이 있고 해당 조인 조건이 없다면, 그 결과는 두 테이블의 카티션 곱이 될 것이다(5.3.3절의 Q10 참조).

# 7.3 이항관계 연산: 조인과 디비전 연산

## 7.3.1 조인 연산

**조인**(JOIN) 연산은 ⋈으로 표기하고, 두 릴레이션으로부터 관련된 투플들을 결합하여 하나의 "보다 긴(longer)" 투플로 만든다. 이 연산은 두 개 이상의 릴레이션을 갖는 어떤 관계 데이터베이스에 대해서 릴레이션들 간의 관계를 처리할 수 있게 하므로 매우 중요한 연산이다.

조인을 설명하기 위해서, 각 부서의 관리자의 이름을 알고 싶다고 가정하자. 관리자의 이름을 알기 위해서는 각 부서 투플들을 부서 투플에 있는 Mgr_ssn 값과 일치하는 Ssn 값을 갖는 사원 투플들과 결합할 필요가 있다. 조인 연산을 먼저 수행하고, 조인 결과에 대하여 필요한 애트리뷰트들을 다음과 같이 프로젝트함으로써 이를 달성할 수 있다.

$$\text{DEPT\_MGR} \leftarrow \text{DEPARTMENT} \bowtie_{\text{Mgr\_ssn=Ssn}} \text{EMPLOYEE}$$
$$\text{RESULT} \leftarrow \pi_{\text{Dname, Lname, Fname}}(\text{DEPT\_MGR})$$

첫 번째 연산의 결과가 그림 7.6에 있다. Mgr_ssn은 ssn을 참조하는 DEPARETMENT 릴레이션의 외래키이고, EMPLOYEE 릴레이션의 기본키이다. 참조 무결성 제약 조건은 참조되는 릴레이션 EMPLOYEE에서 대응되는 투플들을 찾는 데 중요한 역할을 한다. 조인 연산은 카티션 곱 연산 후에 실렉트 연산을 적용하는 것으로 명시될 수 있다. 그러나 조인 연산은 데이터베이스 질의를 서술할 때 매우 빈번하게 사용되기 때문에 매우 중요한 연산이다. 카티션 곱을 설명하기 위해 앞서 제시한 예제에서 다음 연산들을 고려해 보자.

$$\text{EMP\_DEPENDENTS} \leftarrow \text{EMPNAMES} \times \text{DEPENDENT}$$
$$\text{ACTUAL\_DEPENDENTS} \leftarrow \sigma_{\text{Ssn=Essn}}(\text{EMP\_DEPENDENTS})$$

이 두 연산은 하나의 조인 연산을 써서 다음과 같이 바꿀 수 있다.

$$\text{ACTUAL\_DEPENDENTS} \leftarrow \text{EMPNAMES} \bowtie_{\text{Ssn=Essn}} \text{DEPENDENT}$$

두 릴레이션[5] $R(A_1, A_2, \cdots, A_n)$과 $S(B_1, B_2, \cdots, B_m)$에 대한 조인 연산의 일반적인 형태는

$$R \bowtie_{\text{<join condition>}} S$$

이다.

조인의 결과는 $(n+m)$개의 애트리뷰트를 순서대로 갖는 릴레이션 $Q(A_1, A_2, \cdots, A_n, B_1, B_2, \cdots, B_m)$이고, $Q$는 $R$의 투플들과 $S$의 투플들의 모든 조합에 대하여 조인 조건(join condition)을 만족하는 투플들로 이루어진다. 이것이 카티션 곱과 조인의 주요 차이점이다. 조인에서는 조인 조건을 만족하는 투플들의 조합만 결과에 나타나지만 카티션 곱에서는 모든 투플의 조합이 결과에 포함된다. 조인 조건은 두 릴레이션 $R$과 $S$의 애트리뷰트

5) R과 S는 일반적인 관계 대수식의 결과 릴레이션을 나타낼 수 있다.

DEPT_MGR

| Dname | Dnumber | Mgr_ssn | … | Fname | Minit | Lname | Ssn | … |
|---|---|---|---|---|---|---|---|---|
| Research | 5 | 333445555 | … | Franklin | T | Wong | 333445555 | … |
| Administration | 4 | 987654321 | … | Jennifer | S | Wallace | 987654321 | … |
| Headquarters | 1 | 888665555 | … | James | E | Borg | 888665555 | … |

그림 7.6 조인 연산 DEPT_MGR ← DEPARTMENT $\bowtie_{Mgr_ssn=Ssn}$EMPLOYEE의 결과

들에 명시되고 모든 투플의 조합에 대하여 평가된다. 조인 조건이 참이 되는 투플 조합만이 결과 릴레이션 $Q$에 하나의 투플 형태로 포함된다.

일반적인 조인 조건은 다음과 같은 형태를 가진다.

〈조건〉 AND 〈조건〉 AND … AND 〈조건〉

여기서 각 <조건>은 $A_i\ \theta\ B_j$의 형태이고, $A_i$는 $R$의 애트리뷰트이며, $B_j$는 $S$의 애트리뷰트이다. 또한 $A_i$와 $B_j$는 같은 도메인을 가지고, $\theta$ (theta)는 비교 연산자 $\{=, <, \le, >, \ge, \neq\}$들 중 하나이다. 일반적인 조인 조건을 가진 조인 연산을 세타 조인(THETA JOIN)이라고 부른다. 조인 애트리뷰트의 값이 널이거나 조인 조건이 거짓인 투플들은 결과에 나타나지 않는다. 이런 관점에서 다른 릴레이션의 매칭 투플들과 결합되지 않는 투플들은 결과에 나타나지 않기 때문에, 조인 연산은 연산에 참여하는 릴레이션에 있는 모든 정보를 반드시 보존할 필요는 없다.

### 7.3.2 동등 조인과 자연 조인

가장 일반적인 조인 연산은 동등 비교만을 조건으로 하는 조인이다. 동등 비교 연산자만 사용한 조인을 동등 조인(EQUIJOIN)이라고 부른다. 위의 두 예도 동등 조인이다. 동등 조인의 결과에는 항상 모든 투플에서 동일한 값을 갖는 애트리뷰트의 쌍이 하나 이상 존재한다. 예를 들어, 그림 7.6에서 DEPT_MGR 릴레이션의 Mgr_ssn 애트리뷰트와 ssn 애트리뷰트에 명시된 동등 조인 조건은 결과 릴레이션의 모든 투플에서의 값이 같다는 것을 요구하기 때문에, DEPT_MGR(동등 조인 결과)의 이들 두 애트리뷰트는 모든 투플에서 값이 같게 된다. 동등 조인에 명시된 각 애트리뷰트 쌍은 값이 같으므로 둘 중 하나만 있으면 된다. 따라서 한 애트리뷰트를 생략하는 새로운 연산으로서 *로 표기하는 자연 조인(NATURAL JOIN)이 도입되었다.[6] 자연 조인의 표준적인 정의는 두 개의 조인 애트리뷰트의 이름이 양쪽 릴레이션에서 같을 것을 요구한다. 그렇지 않은 경우는 먼저 이름이 같도록 해야 한다.

PROJECT의 각 투플을 프로젝트를 관리하는 DEPARTMENT 투플과 결합하고자 한다. 다음의 예에서 먼저 DEPARTMENT 릴레이션의 Dnumber 애트리뷰트 이름을 Dnum으로 변경하여 PROJECT 릴레이션의 Dnum 애트리뷰트와 같은 이름을 갖게 한다. 그 후에 자연 조인을 수행한다.

PROJ_DEPT ← PROJECT * $\rho_{(Dname,\ Dnum,\ Mgr\_ssn,\ Mgr\_start\_date)}$(DEPARTMENT)

6) 기본적으로 자연 조인은 동등 조인 후에 중복되는 애트리뷰트들을 제거한 것이다.

위의 질의를 다음과 같이 중간 결과 테이블을 생성하여 두 단계로 기술할 수 있다.

DEPT ← $\rho_{(\text{Dname, Dnum, Mgr\_ssn, Mgr\_start\_date})}$(DEPARTMENT)
PROJ_DEPT ← PROJECT * DEPT

여기서 애트리뷰트 Dnum이 **조인 애트리뷰트**인데, 이는 Dnum이 자연 조인 연산 시 두 릴레이션에서 같은 이름을 갖는 유일한 애트리뷰트이기 때문이다. 결과 릴레이션이 그림 7.7(a)에 있다. PROJ_DEPT 릴레이션의 각 투플은 PROJECT 릴레이션의 투플과 그 프로젝트를 관리하는 DEPARTMENT 릴레이션의 투플이 결합된 것이다. 그러나 하나의 조인 애트리뷰트 값만 유지된다.

자연 조인이 명시된 두 릴레이션의 애트리뷰트 이름이 이미 같으면 이름을 바꿀 필요가 없다.

(a)

PROJ_DEPT

| Pname | Pnumber | Plocation | Dnum | Dname | Mgr_ssn | Mgr_start_date |
|---|---|---|---|---|---|---|
| ProductX | 1 | Bellaire | 5 | Research | 333445555 | 1988-05-22 |
| ProductY | 2 | Sugarland | 5 | Research | 333445555 | 1988-05-22 |
| ProductZ | 3 | Houston | 5 | Research | 333445555 | 1988-05-22 |
| Computerization | 10 | Stafford | 4 | Administration | 987654321 | 1995-01-01 |
| Reorganization | 20 | Houston | 1 | Headquarters | 888665555 | 1981-06-19 |
| Newbenefits | 30 | Stafford | 4 | Administration | 987654321 | 1995-01-01 |

(b)

DEPT_LOCS

| Dname | Dnumber | Mgr_ssn | Mgr_start_date | Location |
|---|---|---|---|---|
| Headquarters | 1 | 888665555 | 1981-06-19 | Houston |
| Administration | 4 | 987654321 | 1995-01-01 | Stafford |
| Research | 5 | 333445555 | 1988-05-22 | Bellaire |
| Research | 5 | 333445555 | 1988-05-22 | Sugarland |
| Research | 5 | 333445555 | 1988-05-22 | Houston |

그림 7.7 두 자연 조인 연산의 결과: (a) proj_dept ← project * dept, (b) dept_locs ← department * dept_locations

예를 들어, DEPARTMENT 릴레이션과 DEPT_LOCATIONS 릴레이션의 Dnumber 애트리뷰트에 대해 자연 조인을 수행하려면 다음과 같이 하면 된다.

DEPT_LOCS ← DEPARTMENT * DEPT_LOCATIONS

그림 7.7(b)에 결과 릴레이션이 있다. 결과 릴레이션은 각 부서와 그 부서의 위치가 결합된 것이다. 일반적으로, 자연 조인에 대한 조인 조건은 두 릴레이션에 있는 같은 이름의 각 애트리뷰트 쌍의 값이 같아지도록 수행되고, 이들 조인 조건들을 AND로 결합한다. 두 릴레이션의 조인 애트리뷰트들이 여러 개 있을 수 있으며, 두 릴레이션에서 각 조인 애트리뷰트의 이름이 서로 같아야 한다.

표준은 아니지만 자연 조인에 대한 보다 일반적인 정의는 다음과 같다.

조인 조건을 만족하는 투플이 하나도 존재하지 않으면 조인의 결과는 투플이 없는 빈 릴레이션이 된다. 일반적으로 $R$이 $n_R$개의 투플을 갖고 $S$가 $n_S$개의 투플을 가지면, $R \bowtie_{\text{<조인 조건>}} S$의 결과 투플 수는 0과 $n_R * n_S$ 사이의 값이다. 조인 결과의 예상 크기를 최대 크기인 $n_R * n_S$로 나눈 비율을 **조인 선택률**(join selectivity)이라 부르며, 이는 각 조인 조건의 특성 중 하나이다. 만일 조인 조건이 없으면 투플들의 모든 조합이 결과에 포함된다. 이때의 조인은 평범한 카티션 곱이 되며 크로스 프로덕트 또는 크로스 조인이라 부르기도 한다.

위에서 보았듯이, 하나의 조인 연산은 두 릴레이션의 데이터를 결합하여, 관련된 정보를 하나의 테이블로 표현하기 위해 사용된다. 이 연산은 7.4.4절에서 설명할 외부 조인이라 불리는 조인 연산의 다른 변형과 구별하기 위해 내부 조인이라고 부르기도 한다. 내부 조인은 실렉트 연산과 카티션 곱 연산의 조합으로 엄밀히 정의된 연산이다. 7.4.3절에서 설명할 예와 같이 가끔 조인은 한 릴레이션 자신에 대해 정의되기도 한다. 자연조인 또는 동등 조인 연산은 여러 테이블 간에 명시될 수 있으므로 $n$-원 조인이다. 예를 들어, 다음은 3-원 조인이다.

$$((\text{PROJECT} \bowtie_{\text{Dnum=Dnumber}} \text{DEPARTMENT}) \bowtie_{\text{Mgr\_ssn=Ssn}} \text{EMPLOYEE})$$

이것은 각 PROJECT 투플과 프로젝트를 관리하는 DEPARTMENT 투플을 하나의 투플로 결합하고, 그 다음에 각 부서와 부서를 관리하는 EMPLOYEE 투플과 결합한다. 이것의 결과는 각 투플이 프로젝트-부서-관리자 정보를 가지는 결합된 릴레이션이다.

SQL에서의 조인은 여러 다른 방법으로 실현될 수 있다. 첫 번째로 WHERE 절에 실렉션 조건과 함께 <조인 조건>을 명시하는 것이다. 이것은 매우 일반적인 방법으로, 5장과 6장에서 많은 다른 질의 예와 함께 5.3.1절과 5.3.2절의 질의 Q1, Q1A, Q1B, Q2, Q8에서 설명되었다. 두 번째 방법은 6.1.2절에서 질의 Q4A와 Q16에서 설명한 것과 같이 중첩 릴레이션을 사용하는 것이다. 또 다른 방법으로는 6.1.6절의 질의 Q1A, Q1B, Q8B, Q2A에서 설명한 것과 같이 조인된 테이블의 개념을 사용하는 것이다. 앞서 두 방법들은 보다 제한적이기 때문에, 사용자가 명시적으로 모든 다양한 조인의 유형을 명세화할 수 있는 세 번째 방법은 조인된 테이블 구성이 SQL2에 추가되었다. 이 방법에서는 또한 사용자가 WHERE 절에 조인 조건을 실렉션 조건과 분명히 구분할 수 있도록 한다.

## 7.3.3 관계 대수 연산의 완전 집합

관계 대수 연산들의 집합 $\{\sigma, \pi, \cup, \rho, -, \times\}$가 완전 집합(complete set)임을 보인다. 즉, 다른 모든 관계 대수 연산은 이러한 집합 연산들의 조합으로 표현할 수 있다. 예를 들어, 교집합 연산은 합집합 연산과 차집합 연산을 이용하여 다음과 같이 표현할 수 있다.

$$R \cap S \equiv (R \cup S) \quad ((R - S) \cup (S - R))$$

교집합 연산이 반드시 필요하지는 않더라도 교집합을 지정하고 싶을 때마다 이 복잡한 식을 사용하는 것은 불편하다. 다른 예로 조인 연산은 앞에서 설명한 바와 같이 카티션 곱 연산과 실렉트 연산으로 나타낼 수 있다.

$$R \bowtie_{<\text{condition}>} S \equiv \sigma_{<\text{condition}>}(R \times S)$$

이와 비슷하게 자연 조인 연산도 이름 변경 연산, 카티션 곱 연산, 실렉트 연산, 프로젝트 연산의 순서로 나타낼 수 있다. 따라서 여러 가지 조인 연산도 역시 관계 대수의 표현력에 있어서 엄격하게 필요한 것은 아니지만, 사용하기 편하고 데이터베이스 응용에 매우 일반적으로 적용되기 때문에, 개별적인 연산으로서 고려해 볼 때 중요한 연산이다. 다른 연산들은 필요성보다 편의를 위하여 기본적인 관계 대수에 포함되었다. 다음절에서는 이러한 연산중의 하나인 디비전(DIVISION) 연산을 설명한다.

### 7.3.4 디비전 연산

디비전 연산은 ÷로 표기하고, 데이터베이스 응용에 때때로 나타나는 특별한 유형의 질의에 유용한 연산이다. 한 예로 '*John Smith*가 근무하는 모든 프로젝트에서 근무하는 사원들의 이름을 검색하라'를 들 수 있다. 이 질의를 디비전 연산으로 표현하기 위하여 다음과 같이 진행한다. 먼저 'John Smith'가 근무하는 프로젝트 번호들의 리스트를 검색하여 임시 릴레이션인 SMITH_PNOS에 저장한다.

$$\text{SMITH} \leftarrow \sigma_{\text{Fname='John' AND Lname='Smith'}}(\text{EMPLOYEE})$$
$$\text{SMITH\_PNOS} \leftarrow \pi_{\text{Pno}}(\text{WORKS\_ON} \bowtie_{\text{Essn=Ssn}} \text{SMITH})$$

다음에 사회보장번호가 Essn이고 프로젝트의 번호가 Pno인 프로젝트에서 근무하는 사원들에 대하여 Pno와 Essn의 두 애트리뷰트로 이루어진 임시 릴레이션 SSN_PNOS를 생성한다.

$$\text{SSN\_PNOS} \leftarrow \pi_{\text{Essn, Pno}}(\text{WORKS\_ON})$$

마지막으로 두 릴레이션에 디비전 연산을 적용하여 원하는 사원들의 사회보장번호를 출력한다.

$$\text{SSNS(Ssn)} \leftarrow \text{SSN\_PNOS} \div \text{SMITH\_PNOS}$$
$$\text{RESULT} \leftarrow \pi_{\text{Fname, Lname}}(\text{SSNS} * \text{EMPLOYEE})$$

마지막 연산 이전의 연산들의 결과가 그림 7.8(a)에 있다.

일반적으로 디비전 연산은 두 릴레이션 $R(Z) \div S(X)$에 적용된다. 여기서 $R$의 애트리뷰트들은 $S$의 애트리뷰트들의 부분집합이다. 즉, $X \subseteq Z$이다. $Y$를 $S$의 애트리뷰트가 아닌 $R$의 애트리뷰트들의 집합이라 하자. 즉, $Y = Z - X$(따라서 $Z = X \cup Y$)이라 하자. 그러면, 디비전의 결과는 $t_R[X] = t_S$인 $S$의 모든 투플 $t_S$에 대하여 $t_R[Y] = t$인 투플 $t_R$이 $R$에 나타나면 $t$를 포함하는 릴레이션 $T(Y)$이다. 이는 투플 $t$가 디비전의 결과 릴레이션 $T$에 나타나려면 $t$와 $S$의 모든 투플의 조합이 $R$에 나타나야 한다는 의미이다. 디비전 연산에서 결과에 포함되는 투플들은 분모 릴레이션의 모든 값들과 대응하는 투플들이다. 위의 예에서 SMITH_PNOS 릴레이션에 나타난 것과 같이, 다른 연산에 의해 계산될 수 있는 값들을 반드시 알 필요는 없다.

그림 7.8(b)는 $X = \{A\}$, $Y = \{B\}$, $Z = \{A, B\}$인 경우의 디비전 연산을 설명한다. 주목할 점은 $T$에 들어 있는 투플(값)인 $b_1$과 $b_4$가 $S$의 세 투플 모두와의 조합으로 $R$에 나타

난다는 것이다. 이것이 $b_1$과 $b_4$가 결과 릴레이션 $T$에 나타나는 이유이다. $R$ 내의 B의 다른 모든 값은 $S$의 모든 투플과 조합되어 나타나지 않으므로 선택되지 않았다. $b_2$는 $a_2$와 함께 나타나지 않았고 $b_3$은 $a_1$과 함께 나타나지 않았다.

디비전 연산은 다음과 같이 $\pi$, $\times$, $-$ 연산들의 조합으로 표현할 수 있다.

$$T1 \leftarrow \pi_Y(R)$$
$$T2 \leftarrow \pi_Y((S \times T1) - R)$$
$$T \leftarrow T1 - T2$$

디비전 연산은 '전체 정량자(universal quantification)'(7.6.7절 참조) 또는 모든 조건을 포함한 질의를 다루는 네 편의를 제공하기 위해 정의되었다. SQL을 기본 질의어로 하는 대부분의 RDBMS 구현에서는 디비전 연산을 직접적으로 구현하지 않는다. SQL은 위에서 예시한 (6.1.4절의 Q3A와 Q3B 참조) 질의 형태를 다루는 간접적인 방법을 가지고 있다. 표 7.1은 지금까지 설명한 관계 대수 연산을 요약한 것이다.

(a)

SSN_PNOS

| Essn | Pno |
|---|---|
| 123456789 | 1 |
| 123456789 | 2 |
| 666884444 | 3 |
| 453453453 | 1 |
| 453453453 | 2 |
| 333445555 | 2 |
| 333445555 | 3 |
| 333445555 | 10 |
| 333445555 | 20 |
| 999887777 | 30 |
| 999887777 | 10 |
| 987987987 | 10 |
| 987987987 | 30 |
| 987654321 | 30 |
| 987654321 | 20 |
| 888665555 | 20 |

SMITH_PNOS

| Pno |
|---|
| 1 |
| 2 |

SSNS

| Ssn |
|---|
| 123456789 |
| 453453453 |

(b)

R

| A | B |
|---|---|
| a1 | b1 |
| a2 | b1 |
| a3 | b1 |
| a4 | b1 |
| a1 | b2 |
| a3 | b2 |
| a2 | b3 |
| a3 | b3 |
| a4 | b3 |
| a1 | b4 |
| a2 | b4 |
| a3 | b4 |

S

| A |
|---|
| a1 |
| a2 |
| a3 |

T

| B |
|---|
| b1 |
| b4 |

그림 7.8 디비전 연산 (a) SSN_PNOS by SMITH_PNOS (b) T ← R ÷ S

표 7.1 관계 대수의 연산

| 연산 | 목적 | 표기법 |
|---|---|---|
| 실렉트 | 릴레이션 $R$로부터 선택 조건을 만족하는 모든 투플들을 선택한다. | $\sigma_{\text{<selection condition>}}(R)$ |
| 프로젝트 | $R$의 애트리뷰트들 중에서 일부 애트리뷰트들로 이루어지는 새로운 릴레이션을 생성하고, 중복 투플들을 제거한다. | $\pi_{\text{<attribute list>}}(R)$ |
| 세타 조인 | $R_1$과 $R_2$로부터 조인 조건을 만족하는 투플들의 조합을 생성한다. | $R_1 \bowtie_{\text{<join condition>}} R_2$ |
| 동등 조건 | $R_1$과 $R_2$로부터 동등(_) 비교로 명시된 조인 조건을 만족하는 투플들의 조합을 생성한다. | $R_1 \bowtie_{\text{<join condition>}} R_2$, OR $R_1 \bowtie_{\text{(<join attributes 1>), (<join attributes 2>)}} R_2$ |
| 자연 조인 | $R_2$의 조인 애트리뷰트들이 결과 릴레이션에 포함되지 않는 점을 제외하면 동등 조인과 같다. 조인 애트리뷰트의 이름이 같으면 지정하지 않아도 된다. | $R_1 *_{\text{<join condition>}} R_2$, OR $R_1 *_{\text{(<join attributes 1>), (<join attributes 2>)}} R_2$ OR $R_1 * R_2$ |
| 합집합 | $R_1$ 또는 $R_2$ 모두에 포함되는 모든 투플의 릴레이션을 생성한다. $R_1$과 $R_2$는 합집합 호환성을 가져야 한다. | $R_1 \cup R_2$ |
| 교집합 | $R_1$과 $R_2$ 모두에 포함되는 모든 투플의 릴레이션을 생성한다. $R_1;R_2$와 $R_1$과 $R_2$는 합집합 호환성을 가져야 한다. | $R_1 \cap R_2$ |
| 차집합 | $R_1$에 포함되나 $R_2$에는 포함되지 않는 모든 투플의 릴레이션을 $R_1;R_2$를 생성한다. $R_1$과 $R_2$는 합집합 호환성을 가져야 한다. | $R_1 - R_2$ |
| 카티션 프로덕트 | $R_1$과 $R_2$의 애트리뷰트로 이루어진 릴레이션을 생성하고, $R_1$과 $R_1;R_2$ $R_2$의 모든 가능한 조합의 투플들을 포함시킨다. | $R_1 \times R_2$ |
| 디비전 | $R_2(Y)$의 모든 투플과의 조합으로 $R_1$에 나타나는 $R_1(Z)$의 모든 $t[X]$ $R_1(Z)$ $R_2$투플을 포함하는 릴레이션 $R(X)$를 생성한다. 여기서 $Z = X \cup Y$이다. | $R_1(Z) \div R_2(Y)$ |

### 7.3.5 질의 트리 표기법

본 절에서는 관계 시스템(relational system) 에서 질의를 내부적으로 표현하기 위해 일반적으로 사용되는 표기법에 대해 소개한다. 이 표기법은 질의 트리(*query tree*)로 불리며, 질의 평가 트리(*query evaluation tree*)나 질의 실행 트리(*query execution tree*)로도 알려져 있다. 질의 트리는 실행될 관계 대수 연산들을 포함하며, RDBMS에서 질의를 내부적으로 표현할 수 있는 데이터 구조로 사용된다.

질의 트리(query tree)는 관계 대수식에 대응되는 트리 데이터 구조이다. 질의 트리에서 입력 릴레이션들은 트리의 리프 노드들로 표현되고, 관계 대수 연산들은 내부 노드들로 표현된다. 질의 트리의 실행은 (자식 노드로 표현된) 피연산자가 가능한 내부 노드 연산을 실행한 다음 내부 노드를 실행 결과 릴레이션으로 대치하는 방식으로 이루어진다. 루트 노드가 실행되어 질의 결과 릴레이션이 생성되면 실행이 종료된다.

그림 7.9는 '*Stafford*'에 위치한 모든 프로젝트에 대하여 프로젝트 번호와 관리 부서 번호, 부서 관리자의 성, 주소, 생년월일을 나열하는 질의 2(5.3.1절 참조)의 질의 트리를 나타낸다. 타낸다. 질의 2는 그림 4.5의 관계 스키마에 대해 기술된 것이며, 다음과 같은 관계 대수식에 대응된다.

$$\pi_{\text{Pnumber, Dnum, Lname, Address, Bdate}}(((\sigma_{\text{Plocation='Stafford'}}(\text{PROJECT})) \bowtie_{\text{Dnum=Dnumber}}(\text{DEPARTMENT})) \bowtie_{\text{Mgr\_ssn=Ssn}}(\text{EMPLOYEE}))$$

그림 7.9에서 세 리프 노드 P, D, E는 세 릴레이션 PROJECT, DEPARTMENT, EMPLOYEE를 나타낸다. 그리고 관계 대수식의 관계 대수 연산들은 내부 트리 노드들로 표현되어 있다. 그림 7.9의 질의 트리는 다음과 같은 명시적인 실행 순서를 나타낸다. 질의 2를 실행하기 위해서는 그림 7.9에서 (1)로 표시된 노드가 노드 (2)보다 먼저 실행되어야 한다. 왜냐하면 연산 (2)를 실행하기 전에 연산 (1)의 결과 투플들이 가능해야 하기 때문이다. 마찬가지로 노드 (2)는 노드 (3)이 실행되기 전에 실행되어 결과를 생성해야 한다. 일반적으로 질의 트리는 좋은 시각적 표현이며, 질의를 그 질의가 사용하는 관계 연산들로 이해하는 데 도움을 준다. 또한 질의를 관계 대수로 표현하는 추가적인 방법으로 추천된다. 질의 트리는 제 17장과 18장에서 질의 처리와 최적화를 다룰 때 다시 언급할 것이다.

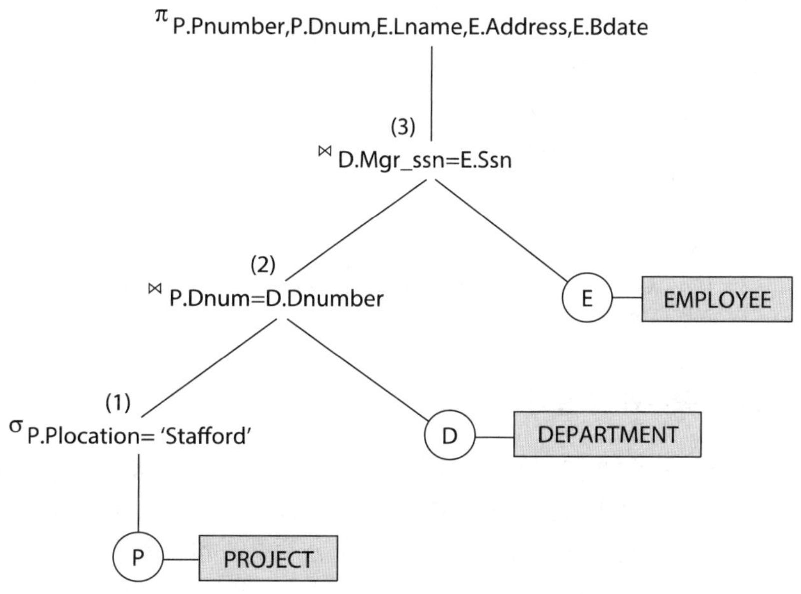


그림 7.9 질의 2의 관계 대수식에 대응되는 질의 트리

## 7.4 추가적인 관계 연산

상업용 관계 RDBMS의 응용에서 필요로 하는 데이터베이스 요구들은 7.1부터 7.3절에서 설명한 관계 대수 연산들로 표현할 수 없다. 이 절에서는 이런 요구들을 표현하기 위한 추가적인 연산들을 정의한다. 이런 연산들은 관계 대수의 표현력을 확장한다.

### 7.4.1 일반화된 프로젝트 연산

일반화된 프로젝트 연산은 프로젝트한 애트리뷰트 리스트에 애트리뷰트의 함수를 허용하도록 프로젝트 연산을 확장한 연산이다. 일반적인 형태는 다음과 같이 표현될 수 있다.

$$\pi_{F1,\ F2,\ \ldots,\ Fn}\ (R)$$

여기서 $F_1$, $F_2$, ⋯, $F_n$은 릴레이션 $R$에 속한 애트리뷰트들에 대한 함수들로서 산술 연산과 상수값을 포함할 수 있다. 이 연산은 질의 결과의 컬럼에 계산된 값이 필요한 리포트를 개발하는 데 유용하다.

예를 들어 다음과 같은 릴레이션이 있다고 하자.

EMPLOYEE (Ssn, Salary, Deduction, Years_service)

그리고 리포트는 다음과 같은 결과를 요구한다.

Net Salary = Salary – Deduction,
Bonus = 2000 * Years_service, and
Tax = 0.25 * Salary

이때 이름 변경 연산과 결합된 일반화된 프로젝트 연산이 다음과 같이 사용될 수 있다.

$$\text{REPORT} \leftarrow \rho_{(\text{Ssn, Net\_salary, Bonus, Tax})}(\pi_{\text{Ssn, Salary – Deduction, 2000 * Years\_service, 0.25 * Salary}}(\text{EMPLOYEE}))$$

### 7.4.2 집계 함수와 그룹화

기본적인 관계 대수로 표현하지 못하는 요구 중 또 다른 첫 번째 유형은 데이터베이스내의 값들의 모임에 대하여 수학적인 집계 함수들을 지정하는 것이다. 예를 들어, 모든 사원의 평균 급여 또는 총 급여를 구하거나 사원 투플들의 총 수를 구하는 함수들은 데이터베이스 투플들로부터 정보를 요약하는 간단한 통계적인 질의에 사용된다. 수치값들의 모임에 적용되는 일반적인 함수에는 SUM, AVERAGE, MAXIMUM, MINIMUM 등이 있다. COUNT 함수는 투플 또는 값들의 개수를 세는 함수이다. 이런 함수들은 투플들의 모임에 적용될 수 있다.

또 다른 요구의 유형은 한 릴레이션 내의 모든 투플을 일부 애트리뷰트들의 값에 따라 여러 그룹으로 분류하여, 각 그룹에 대하여 독립적으로 집계 함수를 적용하는 연산이다. 예를 들어, 같은 부서에 근무하는 사원들 별로 모으기 위해 EMPLOYEE 투플들을 Dno 값에 따라 그룹화한다. 그러고 나서 각 Dno값 별로, 그 부서에 속한 사원들의 평균 급여나 그 부서에 근무하는 사원들 수를 구할 수 있다.

심볼 $\Im$("스크립트 *F*"로 발음)[7]를 이용하여 AGGREGATE FUNCTION 연산을 정의하고, 위와 같은 요구들을 다음과 같이 명시한다.

$$_{\text{<grouping attributes>}} \Im _{\text{<function list>}} (R)$$

여기서 <그룹화 애트리뷰트들>은 $R$에 명시된 릴레이션의 애트리뷰트들의 리스트이고 <함수 리스트>는 (<함수> <애트리뷰트>)[8] 쌍들의 리스트이다. 이런 모든 쌍에서 <함수>는 SUM, AVERAGE, MAXIMUM, MINIMUM, COUNT와 같이 허용된 함수들 중의 하나이고, <애트리뷰트>는 $R$로 명시된 릴레이션의 한 애트리뷰트이다. 결과 릴레이션은 그룹화 애트리뷰트들과 함수 리스트의 각 원소마다 하나의 애트리뷰트를 포함한다. 예를 들어, 각 부서 번호, 부서의 사원 수, 사원들의 평균 급여를 검색하고, 결과 애트리뷰트의 이름을 바꾸는 것은 다음과 같이 명시한다.

$$\rho_{R(\text{Dno, No\_of\_employees, Average\_sal})} (_{\text{Dno}} \Im _{\text{COUNT Ssn, AVERAGE Salary}} (\text{EMPLOYEE}))$$

이 연산의 결과는 그림 7.10(a)에 있다.

위의 예에서 결과 릴레이션 $R$에 대한 애트리뷰트 이름들의 리스트를 이름 변경 연산의 괄호 안에 명시하였다. 만약 이런 리스트가 지정되지 않으면, 함수 리스트에 대응되는 결과 릴레이션의 애트리뷰트들은 함수 이름과 애트리뷰트의 이름이 <함수>_<애트리뷰트>의 형태로 나열된다. 예를 들어, 다음 연산의 결과는 그림 7.10(c)와 같다.

$$_{\text{Dno}} \Im _{\text{COUNT Ssn, AVERAGE Salary}} (\text{EMPLOYEE})$$

(a) R

| Dno | No_of_employees | Average_sal |
|---|---|---|
| 5 | 4 | 33250 |
| 4 | 3 | 31000 |
| 1 | 1 | 55000 |

(b)

| Dno | Count_ssn | Average_salary |
|---|---|---|
| 5 | 4 | 33250 |
| 4 | 3 | 31000 |
| 1 | 1 | 55000 |

(c)

| Count_ssn | Average_salary |
|---|---|
| 8 | 35125 |

그림 7.10 AGGREGATE FUNCTION 연산:
(a) $\rho_{R(\text{Dno, No\_of\_employees, Average\_sal})} (_{\text{Dno}} \Im _{\text{COUNT Ssn, AVERAGE Salary}} (\text{EMPLOYEE}))$.
(b) $_{\text{Dno}} \Im _{\text{COUNT Ssn, AVERAGE Salary}} (\text{EMPLOYEE})$. (c) $\Im _{\text{COUNT Ssn, AVERAGE Salary}} (\text{EMPLOYEE})$.

7) 집계 함수들을 표현하기 위하여 합의된 단일 표기법은 존재하지 않는다.'script A'라고 나타내기도 한다.
8) 이 표기법은 임의로 제시한 표기법이지 표준 표기법이 아니다.

만약 분류 애트리뷰트가 지정되지 않으면 릴레이션 내의 모든 투플들에 적용되어 결과 릴레이션은 하나의 투플만을 갖는다. 예를 들어, 아래 연산의 결과는 그림 7.10(c)에 있다.

$$\Im_{\text{COUNT Ssn, AVERAGE Salary}}(\text{EMPLOYEE})$$

일반적으로 집계 함수를 적용할 때 중복이 제거되지 않는다. 이런 방식으로 SUM과 AVERAGE와 같은 함수가 계산된다.[9] 하지만 널 값은 집계에 고려되지 않는다. 이것은 6.1.7 에서 논의한다. 중요한 것은 집계 함수를 적용한 결과가 단일값을 갖더라도 하나의 릴레이션이지, 하나의 스칼라값이 아니라는 점이다. 이것은 관계 대수를 닫힌 수학적 체계(closed mathematical system)로 만든다.

### 7.4.3 순환적 폐포 연산

기본적인 관계 대수로 명시하지 못하는 또 다른 연산의 유형은 **순환적 폐포**(recursiveclosure) 연산이다. 이 연산은 사원과 상사 간의 관계처럼 같은 타입의 투플들 간의 순환적 관계에 적용된다. 이 관계는 그림 4.5와 4.6에 있는 EMPLOYEE 릴레이션의 외래키 Super_ssn에 의해 표현되고, 각 사원(하급 사원) 투플을 다른 사원(상사) 투플에 관련시킨다. 순환적 연산의 한 예로 한 사원 $e'$의 관리하에 있는 모든 레벨의 사원들, 즉 $e$가 직접 관리하는 모든 사원인 $e'$ $\Im$이 직접 관리하는 모든 사원인 $e'$, $e'''$이 직접 관리하는 모든 사원인 $e''$ 등을 모두 검색하는 것을 들 수 있다.

관계 대수로 테이블 자체를 한 번 이상 조인하여 $e$의 관리하에 있는 특정 레벨의 모든 사원을 검색하는 것은 상대적으로 간단하지만 모든 레벨의 사원 검색은 어렵다. 예를 들어, 그림 4.6에서'James Borg'라는 이름을 가진 사원 $e$가 직접 관리(레벨 1)하는 모든 사원 $e'$의 Ssn들을 지정하기 위해서 다음 연산들을 적용할 수 있다.

$$\text{BORG\_SSN} \leftarrow \pi_{\text{Ssn}}(\sigma_{\text{Fname='James' AND Lname='Borg'}}(\text{EMPLOYEE}))$$
$$\text{SUPERVISION(Ssn1, Ssn2)} \leftarrow \pi_{\text{Ssn,Super\_ssn}}(\text{EMPLOYEE})$$
$$\text{RESULT1(Ssn)} \leftarrow \pi_{\text{Ssn1}}(\text{SUPERVISION} \bowtie_{\text{Ssn2=Ssn}} \text{BORG\_SSN})$$

Borg의 관리하에 있는 레벨 2의 모든 사원, 즉 Borg가 직접 관리하는 사원인 $e''$이 직접 관리하는 모든 사원 $e'$을 검색하려면 아래와 같이 첫 질의의 결과에 조인 연산을 적용한다.

$$\text{RESULT2(Ssn)} \leftarrow \pi_{\text{Ssn1}}(\text{SUPERVISION} \bowtie_{\text{Ssn2=Ssn}} \text{RESULT1})$$

'James Borg'의 관리하에 있는 레벨 1과 2의 모든 사원의 집합을 구하려면 다음과 같이 두 결과에 합집합 연산을 적용한다.

$$\text{RESULT} \leftarrow \text{RESULT2} \cup \text{RESULT1}$$

이 질의들의 결과는 그림 7.11에 있다. 비록 각 레벨의 사원들을 검색하여 그들의 합집합을 취할 수 있지만, 레벨들의 최대 개수를 알지 못하는 한 일반적으로 루핑 기법을 사용하지 않고는 "James Borg가 감독하는 모든 레벨의 사원을 검색하라"라는 질의는 명시할 수 없

9) SQL에서 DISTINCT 키워드(5.3.4절 참조)를 사용하여 집계 함수를 적용하기 전에 중복을 제거하는 옵션을 지정할 수 있다.

다.[10] 릴레이션의 이행적 폐포(transitive closure)라고 부르는 이 연산은 순환 처리에서 순환 관계를 계산하는 데 사용된다.

### 7.4.4 외부 조인 연산

다음으로 특정 유형의 질의를 작성하기 위해 필요한 조인 연산의 추가적인 확장에 대해 다루고자 한다. 앞에서 설명한 조인 연산은 조인 조건을 만족하는 투플들을 결합한다. 예를 들어, 자연 조인 연산 $R * S$의 경우 S에 적합한 투플을 갖는 $R$의 투플들, 역으로 $R$에 적합한 투플을 갖는 $S$의 투플들만이 결과로 나타난다.

따라서 상대 릴레이션에 대응되는 또는 관련된 투플이 없는 투플들은 조인 결과에 포함되지 않는다. 조인 애트리뷰트에 널 값을 갖는 모든 투플도 결과에 포함되지 않는다. 매치하지 않는 투플들을 제거하는 조인의 유형은 **내부 조인**(inner join)으로 알려져 있다. 앞서 7.3절에서 설명한 모든 조인은 이러한 내부 조인이다. 만약 사용자가 조인 연산에 참여한 하나 이상의 릴레이션의 모든 투플들을 조인 연산의 결과에 포함시키고자 한다면 기존의 조인 연산은 결과적으로 필요한 정보를 잃어버리는 것이다.

SUPERVISION

(Borg의 Ssn은 888665555)

| Ssn1 (Ssn) | Ssn2 (Super_ssn) |
|---|---|
| 123456789 | 333445555 |
| 333445555 | 888665555 |
| 999887777 | 987654321 |
| 987654321 | 888665555 |
| 666884444 | 333445555 |
| 453453453 | 333445555 |
| 987987987 | 987654321 |
| 888665555 | null |

RESULT1

| Ssn |
|---|
| 333445555 |
| 987654321 |

(Borg가 직접 감독)

RESULT2

| Ssn |
|---|
| 123456789 |
| 999887777 |
| 666884444 |
| 453453453 |
| 987987987 |

(Borg가 직접 감독하는 사원들이 감독)

RESULT

| Ssn |
|---|
| 123456789 |
| 999887777 |
| 666884444 |
| 453453453 |
| 987987987 |
| 333445555 |
| 987654321 |

(RESULT1 ∪ RESULT2)

그림 7.11 2단계 순환 질의

10) SQL3 표준은 순환 폐쇄를 위한 구문을 포함하고 있다.

RESULT

| Fname | Minit | Lname | Dname |
|---|---|---|---|
| John | B | Smith | NULL |
| Franklin | T | Wong | Research |
| Alicia | J | Zelaya | NULL |
| Jennifer | S | Wallace | Administration |
| Ramesh | K | Narayan | NULL |
| Joyce | A | English | NULL |
| Ahmad | V | Jabbar | NULL |
| James | E | Borg | Headquarters |

그림 7.12 왼쪽 외부 조인 연산의 결과

외부 조인(outer join)이라 부르는 연산들의 집합은 사용자가 다른 릴레이션에 적합한 투플이 존재하든 존재하지 않든 $R$의 모든 투플 또는 $S$의 모든 투플 또는 $R$과 $S$의 모든 투플들을 조인 결과에 포함시키는 경우를 위해 개발한 연산이다. 이것은 두 릴레이션에서 대응되는 투플들을 결합하면서 대응되는 값을 갖지 않는 투플들도 결과에 포함시키고 싶은 질의에 사용된다. 예를 들어, 모든 사원의 이름과 그들이 관리하는 부서의 이름을 얻고자 한다면, 사원 중 관리하는 부서가 없는 경우 부서에 해당하는 필드들을 널 값으로 채워서 볼 수 있다. 이러한 경우에 왼쪽 외부 조인(LEFT OUTER JOIN) 연산(⟕로 표기)을 적용할 수 있다.

$$\text{TEMP} \leftarrow (\text{EMPLOYEE} ⟕_{\text{Ssn=Mgr\_ssn}} \text{DEPARTMENT})$$
$$\text{RESULT} \leftarrow \pi_{\text{Fname, Minit, Lname, Dname}}(\text{TEMP})$$

왼쪽 외부 조인 $R ⟕ S$에서는 왼쪽 릴레이션 $R$의 모든 투플을 결과에 포함시킨다. 만약 $S$에 관련된 투플이 없으면 결과 릴레이션에서 $S$ 애트리뷰트들은 널 값으로 채워진다. 이 연산의 결과 릴레이션이 그림 7.12에 있다.

유사한 연산으로 오른쪽 외부 조인(RIGHT OUTER JOIN) 연산(로 표기) $R ⟖ S$는 오른쪽 릴레이션 $S$의 모든 투플을 결과에 포함시킨다. 세 번째 연산인 완전 외부 조인(FULL OUTER JOIN) 연산(⟗로 표기)은 상대 릴레이션에 관련된 투플이 없더라도 왼쪽과 오른쪽 릴레이션의 모든 투플을 결과에 포함시키고, 필요한 경우 널 값으로 채운다. 세 개의 외부 조인 연산은 SQL2 표준에 들어 있다(6.1.6절 참조). 이러한 연산들은 비즈니스 응용에서 다수의 테이블들로부터 포괄적인 정보를 얻고자 하는 요구를 반영하기 위해 관계 대수의 확장으로서 나중에 제공되었다. 때때로 적합한 값의 유무에 상관없이 다수의 테이블들로부터 데이터의 완전한 보고가 요구된다.

## 7.4.5 외부 합집합 연산

외부 합집합(OUTER UNION) 연산은 몇몇 공통 애트리뷰트들은 가지지만 합집합 (타입) 호환성이 없는 두 릴레이션에 대한 합집합을 수행하기 위해 제안되었다. 이 연산은 부분적으로 호환적인—일부 애트리뷰트들(예를 들어, $X$)만이 합집합 호환성을 갖는—두 릴레이션 $R(X, Y)$와 $S(X, Z)$의 투플들의 합집합을 구한다. 합집합 호환성이 있는 애트리뷰트들은 결과에 단 한 번만 나타나며, 그렇지 않은 애트리뷰트들은 모두 결과 릴레이션 $T(X, Y, Z)$에 나타난다. 따라서, 이는 공통 애트리뷰트에 대한 완전 외부 조인과 동일하다.

$R$에 속하는 투플 $t_1$과 $S$에 속하는 투플 $t_2$가 $t_1[X]=t_2[X]$를 만족하는 경우 두 투플 $t_1$과 $t_2$는 매치(match)된다고 한다. 이 두 투플은 릴레이션 $T$에서 하나의 투플로 합쳐진다. 예를 들어, STUDENT(Name, Ssn, Department, Advisor)와 INSTRUCTOR(Name, Ssn, Department, Rank)의 스키마를 갖는 두 릴레이션에 외부 합집합 연산이 적용될 수 있다.

두 릴레이션의 투플들은 공유 애트리뷰트—Name, Ssn, Department—에서 동일한 값을 갖는지에 따라서 매치 여부를 판정한다. 결과 릴레이션 STUDENT_OR_INSTRUCTOR은 다음과 같은 애트리뷰트들을 갖는다.

STUDENT_OR_INSTRUCTOR(Name, Ssn, Department, Advisor, Rank)

양쪽 릴레이션의 모든 투플들은 결과에 포함된다. 그런데 속성(Name, Ssn, Department)에서 동일한 값을 갖는 양쪽 릴레이션의 투플들은 결과에 단 한 번만 나타난다. 반면에 STUDENT에만 나타나는 투플들은 RANK 애트리뷰트에 널 값을 채워서 결과에 포함시키며, 강사이면서 학생인 경우와 같이 두 릴레이션에 모두 존재하는 투플은 각 애트리뷰트에 해당하는 값을 갖게 된다.[11)]

동일한 사람이 결과에 두 번 나올 수도 있음에 주목하라. 예를 들어, 전산학과 강사인 사람이 수학과 대학원생일 수 있다. STUDENT와 INSTRUCTOR에서 그 사람을 나타내는 두 투플이 동일한 (Name, Ssn) 값을 갖는다고 할지라도 Department값은 다르다. 따라서 이 두 투플은 매치되지 않는다. 이것은 STUDENT에서 Department는 사람이 공부하고 있는 학과라는 의미이고, INSTRUCTOR에서는 그 사람을 강사로서 고용한 학과라는 다른 의미이기 때문이다. 만약 (Name, Ssn) 조합에만 기반을 두어 외부 합집합을 적용하기를 원할 때에는 Department 애트리뷰트가 서로 다른 의미를 갖도록 각 테이블의 Department 애트리뷰트 이름을 바꾸고 합집합 호환적인(union-compatible) 애트리뷰트에서 제외시켜야 한다. 예를 들어, STUDENT의 애트리뷰트 이름을 MajorDept와 INSTRUCT의 WorkDept와 같이 변경할 수 있다.

---

11) 조인 애트리뷰트들이 두 개의 릴레이션의 모든 공통 애트리뷰트들이라면 외부 합집합은 완전 외부 조인과 동일하다.

## 7.5 관계 대수 질의의 예

다음으로 관계 대수 연산들의 사용을 설명하는 추가적인 예들을 보인다. 모든 예는 그림 4.6의 데이터베이스를 참조한다. 일반적으로 같은 질의라도 서로 다른 연산들을 이용하여 여러 가지로 표현할 수 있다. 여기서는 모든 질의에 대하여 한 가지의 질의 표현만 제시하고 동일한 작업을 수행하는 다른 질의 표현은 독자들에게 남긴다.

**질의 1** 'Research'부서에서 일하는 모든 사원의 이름과 주소를 검색하라.

$RESEARCH\_DEPT \leftarrow \sigma_{Dname=\text{'Research'}}(DEPARTMENT)$
$RESEARCH\_EMPS \leftarrow (RESEARCH\_DEPT \bowtie_{Dnumber=Dno} EMPLOYEE)$
$RESULT \leftarrow \pi_{Fname, Lname, Address}(RESEARCH\_EMPS)$

하나의 in-line 표현식으로 표현하면, 이 질의는 다음과 같다.

$\pi_{Fname, Lname, Address}\ (\sigma_{Dname=\text{'Research'}}(DEPARTMENT \bowtie_{Dnumber=Dno}(EMPLOYEE))$

이 질의는 다른 방법으로 명세화될 수 있다. 예를 들어, 조인과 실렉트의 연산 순서를 바꾸거나, 다른 조인 애트리뷰트 이름을 매치시키기 위해 조인 애트리뷰트들 중 한 애트리뷰트의 이름을 변경한 후 조인 연산을 자연 조인으로 대치할 수도 있다.

**질의 2** 'Stafford'에 위치한 모든 프로젝트에 대하여 프로젝트 번호와 관리 부서 번호, 부서 관리자의 성, 주소, 생년월일을 나열하라.

$STAFFORD\_PROJS \leftarrow \sigma_{Plocation=\text{'Stafford'}}(PROJECT)$
$CONTR\_DEPTS \leftarrow (STAFFORD\_PROJS \bowtie_{Dnum=Dnumber} DEPARTMENT)$
$PROJ\_DEPT\_MGRS \leftarrow (CONTR\_DEPTS \bowtie_{Mgr\_ssn=Ssn} EMPLOYEE)$
$RESULT \leftarrow \pi_{Pnumber, Dnum, Lname, Address, Bdate}(PROJ\_DEPT\_MGRS)$

이 예에서, 우선 Stafford에 위치한 프로젝트들을 선택한 후, 이들을 프로젝트 관리부서와 조인한다. 그런 다음, 그 결과를 다시 부서 관리자와 조인한다. 마지막으로 원하는 애트리뷰트들에 대해 프로젝션 연산을 적용한다.

**질의 3** 번호 5인 부서가 관리하는 모든 프로젝트에서 근무하는 사원들의 이름을 찾아라.

$DEPT5\_PROJS \leftarrow \rho_{(Pno)}(\pi_{Pnumber}(\sigma_{Dnum=5}(PROJECT)))$
$EMP\_PROJ \leftarrow \rho_{(Ssn, Pno)}(\pi_{Essn, Pno}(WORKS\_ON))$
$RESULT\_EMP\_SSNS \leftarrow EMP\_PROJ \div DEPT5\_PROJS$
$RESULT \leftarrow \pi_{Lname, Fname}(RESULT\_EMP\_SSNS * EMPLOYEE)$

이 질의에서, 먼저 부서 5에 의해 관리되는 모든 프로젝트의 프로젝트 번호를 포함하는 테이블 DEPT5_PROJS를 생성한다. 그런 다음, (Ssn, Pno)를 갖는 테이블 EMP_PROJ

를 생성하고, 디비전 연산을 적용한다. 애트리뷰트가 디비전 연산에서 정확하게 사용되기 위해서는 애트리뷰트 이름을 바꿔야 함에 유의한다. 마지막으로, Ssn 값만을 갖는 디비전 결과와 EMPLOYEE 테이블을 조인하여 EMPLOYEE로부터 원하는 애트리뷰트를 검색한다.

**질의 4** 성이 'Smith'인 사원이 직원이나 관리자로서 근무하고 있는 부서에서 관리하는 프로젝트 번호들을 나열하라.

SMITHS(Essn) $\leftarrow \pi_{Ssn}$ ($\sigma_{Lname=\text{'Smith'}}$(EMPLOYEE))
SMITH_WORKER_PROJS $\leftarrow \pi_{Pno}$(WORKS_ON * SMITHS)
MGRS $\leftarrow \pi_{Lname,\ Dnumber}$(EMPLOYEE $\bowtie_{Ssn=Mgr\_ssn}$ DEPARTMENT)
SMITH_MANAGED_DEPTS(Dnum) $\leftarrow \pi_{Dnumber}$ ($\sigma_{Lname=\text{'Smith'}}$(MGRS))
SMITH_MGR_PROJS(Pno) $\leftarrow \pi_{Pnumber}$(SMITH_MANAGED_DEPTS * PROJECT)
RESULT $\leftarrow$ (SMITH_WORKER_PROJS $\cup$ SMITH_MGR_PROJS)

이번 질의에서는, SMITH_WORKER_PROJS에서 성이 Smith인 사원을 포함하는 프로젝트에 대한 프로젝트 번호를 검색한다. 그런 다음, SMITH_MGR_PROJS에서 프로젝트를 관리하는 부서의 관리자로서 성이 Smith인 사원을 포함하는 프로젝트에 대한 프로젝트 번호를 검색한다. 마지막으로, SMITH_WORKER_PROJS와 SMITH_MGR_PROJS에 대한 합집합 연산을 적용한다. 하나의 in-line 표현식으로 표현하면, 이 질의는 다음과 같다.

$\pi_{Pno}$ (WORKS_ON $\bowtie_{Essn=Ssn}$ ($\pi_{Ssn}$ ($\sigma_{Lname=\text{'Smith'}}$(EMPLOYEE))) $\cup$ $\pi_{Pno}$
(($\pi_{Dnumber}$ ($\sigma_{Lname=\text{'Smith'}}$($\pi_{Lname,\ Dnumber}$(EMPLOYEE))) $\bowtie$
$_{Ssn=Mgr_ssn}$DEPARTMENT)) $\bowtie_{Dnum\text{-}ber=Dnum}$PROJECT)

**질의 5** 둘 이상의 부양가족을 갖는 모든 사원의 이름을 검색하라.

엄격하게 말하면, 이 질의는 본래의 기본적인 관계 대수에서는 실행될 수 없다. COUNT 집계 함수와 함께 AGGREGATE FUNCTION 연산을 이용해야 한다. 같은 사원의 부양가족들은 서로 다른 Dependent_Name 값을 갖는다고 가정한다.

$T1$(Ssn, No_of_dependents)$\leftarrow$ $_{Essn}\ \Im\ _{COUNT\ Dependent\_name}$(DEPENDENT)
$T2 \leftarrow \sigma_{No\_of\_dependents>2}(T1)$
RESULT $\leftarrow \pi_{Lname,\ Fname}$($T2$ * EMPLOYEE)

**질의 6** 부양가족이 없는 사원들의 이름을 검색하라.

이것은 차집합 연산을 사용하는 질의의 예이다.

ALL_EMPS $\leftarrow \pi_{Ssn}$(EMPLOYEE)
EMPS_WITH_DEPS(Ssn) $\leftarrow \pi_{Essn}$(DEPENDENT)
EMPS_WITHOUT_DEPS $\leftarrow$ (ALL_EMPS – EMPS_WITH_DEPS)
RESULT $\leftarrow \pi_{Lname,\ Fname}$(EMPS_WITHOUT_DEPS * EMPLOYEE)

먼저 EMPLOYEE 릴레이션에서 모든 사원의 Ssn을 포함하는 테이블 ALL_EMPS 을 만든다. 다음으로, DEPENDENT 릴레이션에서 적어도 한 명 이상의 부양가족이 있는 사원의 Ssn

을 포함하는 테이블 EMP_WITH_DEPS을 만든다. 그런 다음, EMPS_WITHOUT_DEPS에서 부양가족이 없는 사원의 Ssn을 검색하기 위해 차집합 연산을 적용하고, 마지막으로 원하는 애트리뷰트를 검색하기 위해 EMPLOYEE와 조인한다. 하나의 in-line 표현식으로 표현하면, 이 질의는 다음과 같다.

$$\pi_{\text{Lname, Fname}}((\pi_{\text{Ssn}}(\text{EMPLOYEE}) - \rho_{\text{Ssn}}(\pi_{\text{Essn}}(\text{DEPENDENT}))) * \text{EMPLOYEE})$$

**질의 7** 적어도 한 명의 부양가족이 있는 관리자들의 이름을 나열하라.

$\text{MGRS(Ssn)} \leftarrow \pi_{\text{Mgr\_ssn}}(\text{DEPARTMENT})$
$\text{EMPS\_WITH\_DEPS(Ssn)} \leftarrow \pi_{\text{Essn}}(\text{DEPENDENT})$
$\text{MGRS\_WITH\_DEPS} \leftarrow (\text{MGRS} \cap \text{EMPS\_WITH\_DEPS})$
$\text{RESULT} \leftarrow \pi_{\text{Lname, Fname}}(\text{MGRS\_WITH\_DEPS} * \text{EMPLOYEE})$

이 질의는 DEPARTMENT에서 관리자의 Ssn을 포함하는 테이블 MGRS를 만들고, DEPENDENT에서 적어도 한 명 이상의 부양가족이 있는 사원의 Ssn을 포함하는 테이블 EMPS_WITH_DEPS를 만든다. 다음으로 적어도 한 명 이상의 부양가족이 있는 관리자의 Ssn을 얻기 위해 교집합 연산을 적용한다.

앞에서 언급한 바와 같이 관계 대수에서 같은 질의를 여러 가지 다른 방법으로 표현할 수 있다. 특히, 연산들의 순서를 바꾸거나 다른 연산으로 대치할 수 있다. 예를 들어, 질의 7의 교집합 연산은 자연 조인 연산으로 대치할 수 있다. 연습으로 위의 각 질의의 예를 다른 연산들을 이용하여 표현해 보라.[12] 질의 Q1, Q4, Q6에 대해 하나의 관계 대수식으로 표현하는 방법을 보였다. 나머지 질의들에 대해서도 하나의 질의로 표현해 보라. 5장과 6장, 7.6절, 그리고 7.7절에서는 다른 관계 언어들을 이용하여 이런 질의들을 어떻게 표현하는지 살펴본다.

## 7.6 투플 관계 해석

이 절과 다음 절에서는 관계 모델을 위한 또 다른 형식 질의어인 관계 해석(relational calculus)을 소개한다. 이 절에서는 투플 관계 해석(tuple relational calculus)으로 알려진 언어를 소개하고, 7.7절에서는 도메인 관계 해석(domain relational calculus)으로 불리는 다른 변형을 소개한다. 관계 해석의 두 변형 모두에서는, 어떻게, 어떤 순서로 검색할 것인가는 기술하지 않고 무엇을 검색할 것인가 만을 기술하는 선언적 표현법(declarative expression)을 사용한다. 그러므로 관계 해석은 비절차적 언어(nonprocedural language)이다. 이와는 달리 관계 대수는 연산을 적용하는 특정 순서에 따라 검색 요청을 나타내는 연산을 순차적으로 명시하는 절차적 언어(procedural language)이다.

---

12) 질의를 최적화할 때(17장과 18장 참조) 시스템은 효율적으로 수행될 수 있는 실행 계획에 해당되는 연산들의 특정 순서를 선택한다.

관계 대수식에서는 대수 연산들을 하나의 대수식에 중첩시킬 수는 있지만 각 연산 간의 순서를 항상 명시적으로 기술해야 한다. 이 순서는 질의를 수행하는 전략에도 영향을 미친다. 해석식은 여러 가지 표현 방법들로 작성될 수 있으나, 그 속에 질의를 수행하는 방법은 전혀 내포하고 있지 않다.

관계 대수로 명시할 수 있는 모든 검색 요구는 관계 해석으로도 명시할 수 있으며 그 역도 성립한다는 것이 증명되었다. 즉, 두 언어들의 표현력이 동등하다. 이제 관계적으로 완전(relationally complete)한 언어의 개념에 대한 정의를 알아보자. 어떤 관계 질의어 $L$이 있을 때 관계 해석으로 표현이 가능한 어떤 질의도 $L$로 표현이 가능하면 $L$을 관계적으로 완전한 언어라고 한다. 관계적 완전성은 고급 질의어의 표현력을 비교하기 위한 중요한 척도가 된다. 그러나 7.4절에서 살펴본 바와 같이 데이터베이스 응용들에서 자주 사용되는 어떤 질의들은 기본적인 관계 대수나 관계 해석으로는 표현이 불가능하다. 대부분의 관계 질의어는 관계적으로 완전하면서도 집계 함수, 그룹화, 순서화 등과 같은 추가적인 연산들을 사용하여 관계 대수나 관계 해석보다 표현력이 더 강하다. 이 장의 개요에서 언급했듯이, 관계 해석은 두 가지 이유에서 중요하다. 첫째, 수학적 논리에 견고한 바탕을 두고 있다. 둘째, RDBMS에 대한 표준 질의 언어(SQL)는 투플 관계 해석식에 일부 기반을 두고 있다는 점이다.

그 예는 그림 4.6과 4.7의 데이터베이스를 이용하며 7.5절에서 사용한 질의를 똑같이 사용한다. 7.6.6 ~ 7.6.8절에서는 전체 정량자와 표현식 문제들의 안정성를 다루며, 투플관계 해석의 기본적인 소개에만 관심이 있는 학생들은 이 절들을 생략해도 된다.

## 7.6.1 투플 변수와 범위 릴레이션

투플 관계 해석은 여러 투플 변수(tuple variable)를 명시하는 것을 기반으로 한다. 각 투플 변수는 주로 특정 데이터베이스 릴레이션을 범위로 갖는다. 즉, 투플 변수는 주어진 릴레이션에 속한 어떠한 투플도 값으로 가질 수 있다. 간단한 투플 관계 해석의 질의 형태는

$\{t \mid \text{COND}(t)\}$

와 같다. 여기서 $t$는 투플 변수이고, COND($t$)는 변수 $t$에 대해 TRUE 또는 FALSE인지를 나타내는 $t$를 포함하는 조건식(부울, Boolean)이다. 이런 질의의 결과는 COND($t$)가 TRUE인 모든 투플 $t$의 집합이고, 이러한 투플들을 CONT($t$)를 만족한다고 말한다. 예를 들어, 급여가 50,000달러를 넘는 모든 사원을 구하는 투플 해석식은 다음과 같다.

$\{t \mid \text{EMPLOYEE}(t) \text{ AND } t.\text{Salary}>50000\}$

조건 EMPLOYEE(t)는 투플 변수 $t$가 EMPLOYEE 릴레이션을 범위로 함을 나타낸다. EMPLOYEE 릴레이션의 각 투플 $t$에 대해서 조건 $t$.Salary > 50000을 만족하는 것만이 검색된다. 여기서 유의할 것은 $t$.Salary는 투플 변수 $t$의 Salary 애트리뷰트를 참조한다는 것이다. 이것은 5장에서 살펴본 것처럼, SQL에서 애트리뷰트 이름이 릴레이션 이름이나 별명에 의해 한정되는 방법과 유사하다. $t$.Salary는 4장에서 $t$[Salary]로 표현한 것과 동일하다. 위의 질의는 선택된 EMPLOYEE 투플 $t$의 모든 애트리뷰트 값을 검색한다. 몇 개의 애트

리뷰트, 예를 들어 이름(FNAME)과 성(LNAME)만 검색하기 위해서는 {$t$.Fname, $t$.Lname | EMPLOYEE($t$) AND $t$.Salary>50000}과 같이 나타낸다.

$t$.Fname, $t$.Lname | EMPLOYEE($t$) AND $t$.Salary>50000}

투플 관계 해석식에 다음 항목들을 명시해야 한다.

- 각 투플 변수 t에 대한 t의 범위 릴레이션(range relation) R. 이 값은 R($t$) 형태의 조건으로 명시된다. 만일 범위 릴레이션을 명세화하지 않는다면, 변수 $t$는 어느 하나의 릴레이션에 국한되지 않고, 모든 가능한 투플 "전체를(in the universe)" 범위로 한다.
- 투플들의 특정 조합들을 선택하기 위한 조건. 투플 변수들이 해당 범위 릴레이션을 범위로 가지므로 투플들의 모든 가능한 조합에 대해 이 조건을 평가하여 참으로 만드는 선택된 조합(selected combination)들을 찾는다.
- 검색할 애트리뷰트들의 집합. 즉 요청된 속성들. 각 선택된 투플들의 조합에 대해 이런 애트리뷰트들의 값들이 검색된다.

투플 관계 해석의 형식적 문법을 논의하기 전에 다른 질의에 대하여 생각해 보자.

**질의 0** 이름이 John B. Smith인 사원(또는 사원들)의 생일과 주소를 검색하라.

Q0: {$t$.Bdate, $t$.Address | EMPLOYEE($t$) AND $t$.Fname='John' AND $t$.Minit='B'
AND $t$.Lname='Smith'}

투플 관계 해석에서는 선택된 각 투플 $t$에 대해서 요구된 애트리뷰트 $t$.Bdate와 $t$.Address를 먼저 명시한다. 그 다음으로 막대 ( | ) 뒤에 투플을 선택하기 위한 조건을 명시한다. 즉, $t$가 EMPLOYEE 릴레이션의 투플이고 Fname, Minit, Lname 애트리뷰트 값들이 각각 'John', 'B', 'Smith'임을 명시한다.

### 7.6.2 투플 관계 해석의 표현식과 식

투플 관계 해석의 일반적인 표현식(expression)은 다음과 같다.

$$\{t_1.A_j, t_2.A_k, \ldots, t_n.A_m \mid \text{COND}(t_1, t_2, \ldots, t_n, t_{n+1}, t_{n+2}, \ldots, t_{n+m})\}$$

여기서, $t_i$은 투플 변수이고, 각 $A_i$는 $t_i$의 범위 릴레이션의 애트리뷰트이며, COND는 투플 관계 해석의 조건 또는 식(formula)[13]이다. 하나의 식은 프레디키트 관계 해석(predicate calculus) 원자(atom)들로 이루어지며, 하나의 원자는 다음 유형 중의 하나이다.

1. $R(t_i)$ 형태의 원자로서 $R$은 릴레이션 이름이고 $t_i$는 투플 변수이다. 이 원자는 투플 변수 $t_i$의 범위가 이름이 $R$인 릴레이션임을 나타낸다. $t_i$가 릴레이션 $R$의 투플이라면 TRUE로, 그렇지 않으면 FALSE로 평가한다.

13) 수학적 논리에서는 정형식(well-formed formula) 또는 WFF라고 한다.

2. $t_i.A$ op $t_j.B$ 형태의 원자로서 op는 집합 $\{=, <, \leq, >, \geq, \neq\}$에 속한 비교 연산자 중의 하나이며, $t_i$와 $t_j$는 투플 변수이다. $A$는 $t_j$의 범위 릴레이션의 애트리뷰트이며, $B$는 $t_j$의 범위 릴레이션의 애트리뷰트이다.

3. $t_i.A$ op $c$ 또는 $c$ op $t_j.B$ 형태의 원자로서 op는 집합 $\{=, <, \leq, >, \geq, \neq\}$에 속한 비교 연산자 중의 하나이며, $t_i$와 $t_j$는 투플 변수이다. $A$는 $t_i$의 범위 릴레이션의 애트리뷰트이며, $B$는 $t_j$의 범위 릴레이션의 애트리뷰트이고 $c$는 상수이다.

위의 각 원자는 투플들의 특정한 조합에 대해서 참이나 거짓으로 계산되며, 그 값을 원자의 진리값이라고 부른다. 일반적으로 투플 변수 $t$는 '전체(universe)'에 속한 모든 투플을 범위로 가질 수 있다. $R(t)$ 형태의 원자들의 경우, 주어진 릴레이션 $R$에 속하는 투플이 $t$에 배정되면 그 원자는 참이고 그렇지 않으면 거짓이다. 유형 2와 3의 원자들의 경우, 투플 변수들에 배정된 투플들의 애트리뷰트 값들이 조건을 만족하면 그 원자는 참이다.

하나의 식(formula, 부울 조건)은 논리 연산자인 AND, OR, NOT으로 연결된 하나 이상의 원자(atom)로 이루어지며, 다음의 규칙 1, 2와 같이 순환적으로 정의된다.

- 규칙 1. 각 원자는 식이다.
- 규칙 2. $F_1$과 $F_2$가 식이면 ($F_1$ AND $F_2$), ($F_1$ OR $F_2$), NOT($F_1$), NOT($F_2$)도 식이다.

이 네 개 식의 진리값은 $F_1$과 $F_2$로부터 다음과 같이 유도된다.

a. ($F_1$ AND $F_2$)는 $F_1$과 $F_2$가 모두 참이면 참이고, 그렇지 않으면 거짓이다.

b. ($F_1$ OR $F_2$)는 $F_1$과 $F_2$가 모두 거짓이면 거짓이고, 그렇지 않으면 참이다.

c. NOT($F_1$)은 $F_1$이 거짓이면 참이고, 그렇지 않으면 거짓이다.

d. NOT($F_2$)는 $F_2$가 거짓이면 참이고, 그렇지 않으면 거짓이다.

### 7.6.3 존재 정량자와 전체 정량자

이 밖에도 식에는 정량자(quantifier)라는 두 가지 특수 기호가 사용될 수 있다. 정량자에는 전체 정량자(universal quantifier)($\forall$)와 존재 정량자(existential quantifier)($\exists$)가 있다. 정량자를 포함한 식의 진리값은 아래의 규칙 3과 4에 기술되어 있으나, 먼저 자유 투플 변수(free tuple variable)와 속박 투플 변수(bound tuple variable)의 개념을 정의한다. 간단히 설명하면, 한 투플 변수 $t$가 $(\exists t)$나 $(\forall t)$절에 나타나면 그 변수는 한정되어서 속박되는 것을 의미하며, 그렇지 않으면 그 변수는 자유롭다는 것을 의미한다. 공식적으로 설명하면, 식에 나타나는 투플 변수가 자유로운지(free) 속박되었는지(bound)는 다음의 규칙들에 따라서 정의된다.

- 어떤 식 $F$가 원자인 경우 여기에 나타난 투플 변수의 어커런스(occurrence)는 $F$에서 자유롭다.

- 논리적 연결자로 구성된 식 ($F_1$ AND $F_2$), ($F_1$ OR $F_2$), NOT($F_1$), NOT($F_2$)에 나타난 투플 변수 $t$의 어커런스는 $F_1$이나 $F_2$ 안에서의 자유 또는 속박 여부에 따라서 전체 식에서의 자유 또는 속박 여부가 결정된다. 주의할 점은 $F=(F_1$ AND $F_2)$ 또는 $F=(F_1$ OR $F_2)$ 형태의 식에 나타난 하나의 투플 변수가 $F_1$에서는 자유롭고 $F_2$에서는 속박되거나, 그 반대일 수 있다는 것이다. 이 경우에 그 투플 변수의 어떤 어커런스는 $F$에서 속박되고 다른 어커런스는 $F$에서 자유롭게 된다.
- $F$에 나타난 투플 변수 $t$의 모든 자유 어커런스는 $F' = (\exists t)(F)$나 $F' = (\forall t)(F)$ 형태의 식에서 속박된다. 이 투플 변수는 $F'$에 명시된 정량자에 속박된다. 예를 들어, 다음 두 식을 살펴보자.

  $F_1$: $d$.Dname = 'Research'

  $F_2$: $(\exists t)(d$.Dnumber = $t$.Dno)

  $F_3$: $(\forall d)(d$.Mgr_ssn = '333445555')

투플 변수 $d$는 $F_1$과 $F_2$ 모두에서 자유로운 반면에, $F_3$에서는($\forall$) 정량자에 속박된다. 투플 변수 $t$는 $F_2$에서 정량자에 속박된다.

앞서 시작한 식에 대한 정의를 계속하면 규칙 3과 4는 다음과 같다.

- 규칙 3. $F$가 식이고, $t$가 투플 변수일 때 $(\exists t)(F)$도 식이다. $F$ 내 $t$의 자유 어커런스들에 배정된 적어도 하나 이상의 어떤 투플에 대해서 $F$가 참으로 계산되면 식 $(\exists t)(F)$는 참이며, 그렇지 않으면 $(\exists t)(F)$는 거짓이다.
- 규칙 4. $F$가 식이고, $t$가 투플 변수일 때, $(\forall t)(F)$도 식이다. $F$ 내 $t$의 자유 어커런스들에 배정된 모든 (전체) 투플에 대해서 $F$가 참으로 계산되면 식 $(\exists t)(F)$는 참이며 그렇지 않으면 $(\forall t)(F)$는 거짓이다.

$(\exists t)(F)$가 참인 경우는 $F$가 참이 되게 하는 어떤 투플 $t$가 존재하는 경우이므로 ($\exists$) 정량자를 존재 정량자라고 한다. 전체 정량자에 대해서는 $F$ 내의 $t$의 자유 어커런스들에 배정 가능한 모든 투플이 $t$에 대입되고 $F$가 모든 대입에 대해서 참이면 $(\forall t)(F)$는 참이다. 이 정량자는 정량화된 식을 참으로 만들기 위해서 전체 투플이 $F$를 참으로 만들어야 하므로 전체 정량자라고 부른다.

### 7.6.4 투플 관계 해석식에서 질의 예

이 절에서는 동일한 질의가 관계 대수와 관계 해석에서 어떻게 명시되는가를 보이기 위해 7.5절에서와 같은 질의들을 사용한다. 몇 가지 질의는 관계 해석보다 관계 대수를 사용하여 더 쉽게 명시할 수 있고 그 역도 성립한다.

**질의 1** 'Research'부서에서 일하는 모든 사원의 이름과 주소를 검색하라.

Q1: {$t$.Fname, $t$.Lname, $t$.Address | EMPLOYEE($t$) AND ($\exists d$)(DEPARTMENT($d$)
AND $d$.Dname='Research' AND $d$.Dnumber=$t$.Dno)}

투플 관계 해석식에서 유일한 자유 투플 변수들은 막대 ( | ) 왼쪽에 나타나는 것들이다. Q19에서는 $t$가 유일한 자유 변수이며 이 변수는 막대 뒤에 Q1에 명시된 조건들을 만족하는 각 투플에 연속적으로 속박된다. 만일 어떤 투플이 Q1에 명시된 조건들을 만족하면 이런 각 투플에 대해서 Fname, Lname, Address 애트리뷰트가 검색된다. 조건 EMPLOY-EE($t$)와 DEPARTMENT($d$)는 $t$와 $d$에 대한 범위 릴레이션을 나타낸다. 조건 $d$.Dname = 'Research'는 선택 조건(selection condition)으로서 관계 대수의 실렉트 연산에 해당하며, 조건 $d$.Dname =$t$.Dno는 조인 조건으로서 (내부) 조인 연산과 유사한 목적으로 사용된다(7.3절 참조).

**질의 2** 'Stafford'에 위치한 모든 프로젝트에 대하여 프로젝트 번호, 관리 부서번호, 부서 관리자의 성, 주소, 생일을 나열하라.

Q2: {*p*.Pnumber, *p*.Dnum, *m*.Lname, *m*.Bdate, *m*.Address | PROJECT(*p*) AND EMPLOYEE(*m*) AND *p*.Plocation='Stafford' AND ((∃*d*)(DEPARTMENT(*d*) AND *p*.Dnum=*d*.Dnumber AND *d*.Mgr_ssn=*m*.Ssn))}

Q2에서는 $p$와 $m$이 자유 투플 변수이고, 투플 변수 $d$는 존재 정량자에 속박된다. 질의조건은 $p$와 $m$에 배정된 모든 투플의 조합에 대해서 계산된다. $p$와 $m$이 속박된 모든 투플의 조합 중에서 조건을 만족하는 조합들만 선택된다.

하나의 질의 내에서 여러 개의 투플 변수가 동일한 릴레이션을 범위로 가질 수 있다. 예를 들어, 각 사원에 대해서 사원의 이름과 성, 그리고 직속 상사의 이름과 성을 검색하는 질의인 Q8을 명시하기 위해 범위가 EMPLOYEE 릴레이션인 두 개의 투플 변수 $e$와 $s$를 명시할 수 있다.

Q8: {*e*.Fname, *e*.Lname, *s*.Fname, *s*.Lname | EMPLOYEE(*e*) AND EMPLOYEE(*s*) AND *e*.Super_ssn=*s*.Ssn}

**질의 3′** 5번 부서가 관리하는 어떤 프로젝트에서 일하는 각 사원의 이름을 나열하라.

Q0′: {*e*.Lname, *e*.Fname | EMPLOYEE(*e*) AND ((∃*x*)(∃*w*)(PROJECT(*x*) AND WORKS_ON(*w*) AND *x*.Dnum=5 AND *w*.Essn=*e*.Ssn AND *x*.Pnumber=*w*.Pno))}

이것은 질의 3의 변형으로 "모두"가 "어떤"으로 바뀐 형태이다. 이 경우 두 개의 조인 조건과 두 개의 존재 정량자가 필요하다.

**질의 4** 성이 'Smith'인 사원이 직원이나 관리자로서 근무하고 있는 부서에서 관리하는 프로젝트 번호들을 나열하라.

Q4: { *p*.Pnumber | PROJECT(*p*) AND (((∃*e*)(∃*w*)(EMPLOYEE(*e*) AND WORKS_ON(*w*) AND *w*.Pno=*p*.Pnumber AND *e*.Lname='Smith' AND *e*.Ssn=*w*.Essn) )

OR
$((\exists m)(\exists d)$(EMPLOYEE($m$) AND DEPARTMENT($d$)
AND $p$.Dnum=$d$.Dnumber AND $d$.Mgr_ssn=$m$.Ssn
AND $m$.Lname='Smith')))}

또는 이 질의와 7.5절의 관계 대수로 정의된 질의를 비교하면 일반적으로 관계 대수의 합 연산은 관계 해석에서 OR 연결자로 대체할 수 있다.

### 7.6.5 질의 그래프에 대한 표기법

이 절에서는 그래픽 형식(graphical form)에서 복잡한 정량자를 포함하지 않는 관계해석 질의를 내부적으로 표현하기 위해 제안된 표기법을 설명한다. 이러한 질의 타입은 세 관계 해석 연산만을 포함하기 때문에 실렉트-프로젝트-조인(select-projectjoin) 질의로 알려져 있다. 표기법은 보다 일반적인 질의로 확장될 수 있으나, 이러한 확장에 대해서는 여기서 설명하지 않는다. 질의에 대한 그래픽 표현을 질의 그래프(query graph)라고 한다. 그림 7.13은 질의 2에 대한 질의 그래프를 보여준다. 질의에서 릴레이션은 릴레이션 노드(relation node)에 의해 표현되고, 하나의 원으로 표시된다. 질의 실렉션(selection) 조건에 있는 상수는 상수 노드(constant node)로 표현되고, 이것은 두 개의 원이나 타원으로 표시된다. 실렉션과 조인 조건은 그림 7.13과 같이 그래프 에지(edge)에 의해 표현된다. 마지막으로, 각 릴레이션으로부터 얻어진 애트리뷰트는 각 릴레이션 위의 꺽쇠 괄호로 표시된다.

질의 그래프 표현은 어떤 연산을 먼저 수행할지에 대한 특정 순서를 나타내지 않는다. 따라서, 질의 그래프 표현은 수행 순서를 묵시적으로 명세화하는 질의 트리 표현(7.3.5절 참조)보다는 실렉트-프로젝트-조인 질의에 대한 좀 더 중립적인 표현이다. 각 질의에는 그에 대응되는 단 하나의 질의 그래프가 있다. 일부 질의 최적화 기술이 질의 그래프를 기반으로 함에도 불구하고, 일반적으로는 질의 트리가 선호된다. 이것은 실제 질의 최적기(query optimizer)가 질의 실행에 대한 연산의 순서를 보여줄 필요가 있기 때문으로, 질의 그래프에서는 이것이 가능하지 않다.

다음 절에서 전체 정량자와 존재 정량자 사이의 관계에 대해 논의하고, 어떤 정량자가 다른 정량자로 어떻게 변환될 수 있는지를 보인다.

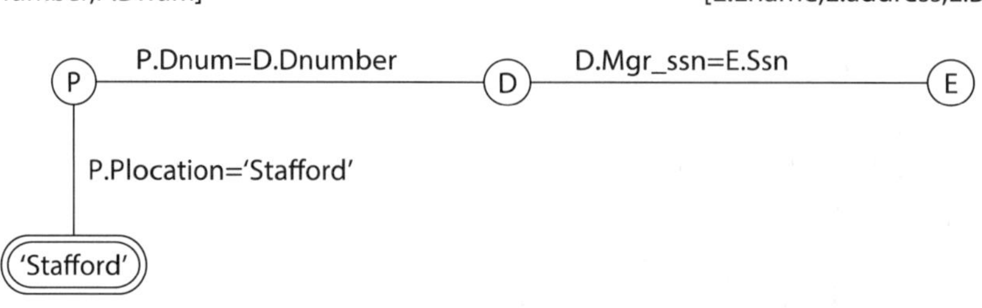


그림 7.13 질의 Q2에 대한 질의 그래프

### 7.6.6 전체 정량자와 존재 정량자 사이의 변환

이 절에서는 전체 정량자 및 존재 정량자와 관련된 몇 가지 잘 알려진 변환법을 소개한다. 이 변환법들은 수학적 논리로부터 유래된 것으로, 동등한 식을 구하기 위해서 전체정량자를 존재 정량자로 변환하거나 그 역으로 변환하는 것이 가능하다. 한 가지 일반적인 변환 방법을 간략하게 표현하면 다음과 같다. 부정(NOT을 앞에 붙임)을 사용하여 한 가지 유형의 정량자를 다른 유형으로 변환하고, AND와 OR를 서로 치환하며, 부정을 사용한 식은 부정을 없애고, 그렇지 않은 식은 부정을 사용한다. 다음은 이런 변환의 몇 가지 특별한 경우를 기술한 것이다.

$(\forall x)\ (P(x)) \equiv$ NOT $(\exists x)$ (NOT $(P(x))$)
$(\exists x)\ (P(x)) \equiv$ NOT $(\forall x)$ (NOT $(P(x))$)
$(\forall x)\ (P(x)$ AND $Q(x)) \equiv$ NOT $(\exists x)$ (NOT $(P(x))$ OR NOT $(Q(x))$)
$(\forall x)\ (P(x)$ OR $Q(x)) \equiv$ NOT $(\exists x)$ (NOT $(P(x))$ AND NOT $(Q(x))$)
$(\exists x)\ (P(x))$ OR $Q(x)) \equiv$ NOT $(\forall x)$ (NOT $(P(x))$ AND NOT $(Q(x))$)
$(\exists x)\ (P(x)$ AND $Q(x)) \equiv$ NOT $(\forall x)$ (NOT $(P(x))$ OR NOT $(Q(x))$)

기호 $\Rightarrow$은 내포(imply)를 나타내며 다음 식이 성립한다.

$(\forall x)(P(x)) \Rightarrow (\exists x)(P(x))$
NOT $(\exists x)(P(x)) \Rightarrow$ NOT $(\forall x)(P(x))$

### 7.6.7 질의에서의 전체 정량자 사용

전체 정량자를 사용할 때마다 식이 의미를 갖도록 하기 위해서는 몇 가지 규칙을 따르는 것이 좋다. 이 절에서는 질의 3을 보기로 하여 전체 정량자를 사용하는 규칙들을 설명한다.

**질의 3** 5번 부서가 관리하는 모든 프로젝트에서 근무하는 사원들의 이름을 나열하라. 이런 질의를 명시하는 한 가지 방법은 아래와 같이 전체 정량자를 사용하는 것이다.

Q3: {*e*.Lname, *e*.Fname | EMPLOYEE(*e*) AND (($\forall x$)(NOT(PROJECT(*x*)) OR NOT
(*x*.Dnum=5) OR (($\exists w$)(WORKS_ON(*w*) AND *w*.Essn=*e*.Ssn AND
*x*.Pnumber=*w*.Pno))))}

Q3을 다음과 같은 기본 구성 요소들로 나눌 수 있다.

Q3: {*e*.Lname, *e*.Fname | EMPLOYEE(*e*) AND $F'$}
$F'$ = (($\forall x$)(NOT(PROJECT(*x*)) OR $F_1$))
$F_1$ = NOT(*x*.Dnum=5) OR $F_2$
$F_2$ = (($\exists w$)(WORKS_ON(*w*) AND *w*.Essn=*e*.Ssn
AND *x*.Pnumber=*w*.Pno))

질의의 결과로 구해지는 사원 $e$는 5번 부서에서 관리하는 모든 프로젝트에서 근무해야한다. 그러나 전체 정량자의 정의에 따르면 정량화된 식이 참이 되기 위해서는 모든 투플에 대하여 내부의 식이 참이 되어야만 한다. 그 방법은 관심 없는 모든 투플을 전체 정량자로부터 제외시키는 것이다. 즉, 그러한 모든 투플에 대해서 조건이 참이 되도록 하면 된다. 이렇게 하는 이유는, Q3에 있는 $x$와 같은 전체 정량자로 속박된 투플 변수는 정량화된 식을 참이 되도록 하기 위하여 그것에 배정되는 모든 가능한 투플에 대해서 참이 되어야 하기 때문이다.

첫째로 (자동으로 참으로 만듦으로써) 제외해야 할 투플들은 관심이 있는 릴레이션 $R$에 없는 투플들이다. Q3에서는 전체 정량화된 식 안에 식 NOT(PROJECT($x$))을 사용하여 PROJECT 릴레이션에 속하지 않은 모든 투플 $x$를 참으로 만든다. 그 다음에 $R$ 내에서 관심 없는 투플들을 제외시킨다. Q3에서는 식 NOT($x.Dnum$=5)을 사용하여 PROJECT 릴레이션에 속하지만 5번 부서가 관리하지 않는 모든 투플 $x$를 참으로 만든다. 마지막으로 $R$에 있는 나머지 모든 투플에 대해서 조건 $F_2$를 명시한다. 따라서 Q3을 다음과 같이 설명할 수 있다.

1. 식 $F' = (\forall t)(F)$가 참이 되려면 전체 투플 중에서 $x$에 배정될 수 있는 모든 투플에 대해서 $F$가 참이 되어야 한다. 그러나 Q3에서는 5번 부서가 관리하는 PROJECT 릴레이션의 모든 투플에 대해서 $F$가 참이 되는 것이 관심사이다. 따라서 식 $F$는 (NOT(PROJECT($x$)) OR $F_1$)의 형태이다. 조건'NOT(PROJECT($x$)) OR …'은 PROJECT 릴레이션에 없는 모든 투플에 대해서 참이고, 이런 투플들을 $F_1$의 진리값의 고려 대상에서 제외시키는 효과를 갖는다. PROJECT 릴레이션의 각 투플에 대해서 $F$가 참이 되려면 $F_1$이 참이 되어야 한다.

2. 같은 논리로 보면 PROJECT 투플들 중에서 Dnum = 5인 투플들만이 관심의 대상이므로 PROJECT 릴레이션에 속한 투플들 중에서 5번 부서가 관리하지 않는 투플들은 고려하지 않는 것이 좋다. 따라서

   IF ($x$.Dnum=5) THEN $F_2$

   라고 할 수 있고, 이것은

   (NOT ($x$.Dnum=5) OR $F_2$)

   와 동등하다.

3. 그러므로 식 $F_1$은 NOT($x$.Dnum=5) OR $F_2$ 형태이다. Q3에서는 PROJECT 릴레이션의 각 투플 $x$에 대해서 Dnum $\neq$ 5이거나 $F_2$를 만족해야 한다는 것을 의미한다.

4. 마지막으로 $F_2$는 선택된 EMPLOYEE 투플에 대해서 성립되어야 하는 조건을 제시한다. 즉, 선택된 사원은 아직까지 제외되지 않은 PROJECT의 투플 모두에서 근무한다는 조건이다. 이런 EMPLOYEE 투플들이 질의에 의해 선택된다.

풀어쓰면 Q11은 EMPLOYEE 투플 $e$를 선택하기 위해서 다음 조건을 제시한다. $x$.Dnum = 5인 PROJECT 릴레이션의 각 투플 $x$에 대해서 WORKS_ON에 $w$.Essn = $e$.Ssn와 $w$.Pno = $x$.Pnumber를 만족하는 투플 $w$가 존재해야 한다. 이것은 EMPLOYEE $e$가 5번 부서에서 관

리하는 모든 PROJECT $x$에서 근무한다고 말하는 것과 같다.

7.6.6절에서 설명한 전체 정량자로부터 존재 정량자로 변환하는 일반적인 방법을 사용하면 Q3에 명시된 질의를 Q3A와 같이 나타낼 수 있는데, 이는 전체 정량자 대신 부정존재 정량자를 사용한 것이다.

Q3A: {*e*.Lname, *e*.Fname | EMPLOYEE(*e*) AND (NOT (∃*x*) (PROJECT(*x*) AND (*x*.Dnum=5) and (NOT (∃*w*)(WORKS_ON(*w*) AND *w*.Essn=*e*.Ssn AND *x*.Pnumber=*w*.Pno))))}

정량자를 사용하는 질의 예를 더 살펴보자.

**질의 6** 부양가족이 없는 사원들의 이름을 나열하라.

Q6: {*e*.Fname, *e*.Lname | EMPLOYEE(*e*) AND (NOT (∃*d*)(DEPENDENT(*d*) AND *e*.Ssn=*d*.Essn))}

일반적인 변환 규칙을 사용하여 Q6을 다음과 같이 변환할 수 있다.

Q6A: {*e*.Fname, *e*.Lname | EMPLOYEE(*e*) AND ((∀*d*)(NOT(DEPENDENT(*d*)) OR NOT(*e*.Ssn=*d*.Essn))))}

**질의 7** 적어도 한 명의 부양가족이 있는 관리자들의 이름을 나열하라.

Q7: {*e*.Fname, *e*.Lname | EMPLOYEE(*e*) AND ((∃*d*)(∃ρ)(DEPARTMENT(*d*) AND DEPENDENT(ρ) AND *e*.Ssn=*d*.Mgr_ssn AND ρ.Essn=*e*.Ssn))}

위의 질의는 적어도 한 명의 부양가족이 있는 관리자를 부양가족이 존재하는 관리자로 해석하여 처리한 것이다.

### 7.6.8 안전식

관계 해석식에서 전체 정량자나 존재 정량자 또는 프레디키트의 부정을 사용할 때마다 결과식이 의미가 있는지를 반드시 확인해야 한다. 관계 해석에서 안전식(safe expression)은 유한 개의 투플을 결과로 생성하는 것이 보장된 식이다. 그렇지 않은 식을 불안전식(unsafe expression)이라고 한다. 예를 들어, 식

{*t* | NOT (EMPLOYEE(*t*))}

은 EMPLOYEE 투플이 아닌 무한 개의 전체 투플을 결과로 생성하므로 불안전식이다. 앞서 논의한 Q3에 대한 규칙들을 준수하면 전체 정량자를 사용할 때 안전식을 얻을 수 있다. 다음과 같이 투플 관계 해석식의 도메인 개념을 도입하면 안전식을 더 정확하게 정의할 수

있다. 투플 관계 해석식의 도메인은 식에서 상수값으로 등장하거나 식에서 참조된 릴레이션들의 투플들에 존재하는 모든 값의 집합을 말한다. 예를 들어, $\{t \mid$ NOT(EMPLOYEE($t$))$\}$의 도메인은 EMPLOYEE 릴레이션의 투플들에 등장하는 모든 애트리뷰트 값의 집합이다. Q11A의 도메인은 질의 자체에 포함된 값 5와 합쳐져서 EMPLOYEE, PROJECT, WORKS_ON에 나타나는 모든 값을 포함한다.

어떤 식의 결과에 나타나는 모든 값이 식의 도메인에 포함되었을 때 그 식은 안전하다고 한다. $\{t \mid$ NOT(EMPLOYEE($t$))$\}$의 결과는 일반적으로 EMPLOYEE 릴레이션 외의 투플(애트리뷰트들의 값)들을 포함하고, 이런 값들은 식의 도메인에 포함되지 않으므로 불안전하다는 것을 알 수 있다. 이 외의 다른 모든 예는 안전한 식이다.

## 7.7 도메인 관계 해석

또 다른 관계 해석으로 도메인 관계 해석(또는 간단히 도메인 해석: domain calculus)이 있다. 역사적으로 보면, 투플 관계 해석을 기반으로 하는 SQL(5장과 6장 참조)이 캘리포니아 주의 산호세에 위치한 IBM 연구소에서 개발되는 동안, 도메인 해석과 관련된 QBE(Query-By-Example)가 거의 같은 시기에 뉴욕 주의 요크타운 하이츠에 위치한 IBM T.J. Watson 연구센터에서 개발되었다. 도메인 해석의 정형화된 명세는 QBE 언어와 시스템이 개발된 후에 제안되었다.

도메인 해석과 투플 해석은 사용되는 변수들의 유형이 다르다. 즉, 도메인 해석에서 변수의 범위는 투플이 아니라 애트리뷰트의 도메인에 속한 값이다. 어떤 질의의 결과로 차수 $n$인 릴레이션을 생성하기 위해서는 각 애트리뷰트마다 하나씩, 총 $n$개의 도메인변수(domain variable)가 있어야 한다. 도메인 해석의 표현식(expression)은

$$\{x_1, x_2, ..., x_n \mid \text{COND}(x_1, x_2, ..., x_n, x_{n+1}, x_{n+2}, ..., x_{n+m})\}$$

형태이며, 여기서 $x_1$, $x_2$, ⋯, $x_n$, $x_{n+1}$, $x_{n+2}$, ⋯, $x_{n+m}$은 애트리뷰트의 도메인을 범위로 갖는 도메인 변수이고 COND는 도메인 관계 해석의 조건 또는 식(formula)이다.

하나의 식은 원자들로 구성된다. 도메인 관계 해석식의 원자들은 다음 유형 중 하나로 투플 해석의 원자들과는 약간 다르다.

1. R($x_1$, $x_2$, ⋯, $x_j$) 형태의 원자로서 $R$은 차수가 $j$인 릴레이션의 이름이고, $1 \le i \le j$일 때 각 $x_i$는 도메인 변수이다. 이 원자는 $x_i$가 투플의 $i$번째 애트리뷰트 값일 때 $< x_1, x_2, \cdots, x_j >$가 릴레이션 $R$에 속함을 의미한다. 도메인 해석식을 더 간결하게하기 위해서 변수들의 리스트에 있는 쉼표를 생략할 수 있다. 따라서,

   $\{x_1, x_2, ..., x_n \mid R(x_1\ x_2\ x_3)$ AND ...$\}$

대신에

$\{x_1, x_2, \ldots, x_n \mid R(x_1, x_2, x_3)$ AND ...}

로 나타낼 수 있다.

2. $x_i$ op $x_j$ 형태의 원자로서 op는 집합 $\{=, <, \leq, >, \geq, \neq\}$에 속하는 비교 연산자 중 하나이며, $x_i$와 $x_j$는 도메인 변수이다.

3. $x_i$ op $c$ 또는 $c$ op $x_j$ 형태의 원자로서 op는 집합 $\{=, <, \leq, >, \geq, \neq\}$에 속하는 비교 연산자 중 하나이며, $x_i$와 $x_j$는 도메인 변수이고, $c$는 상수이다.

투플 해석에서와 마찬가지로 원자들은 값들의 특정 집합에 대해서 참이거나 거짓으로 계산되며 이를 원자들의 진리값이라고 한다. 유형 1의 경우 릴레이션 $R$에 속하는 어떤 투플에 해당되는 값들이 도메인 변수들에 배정되면 참이다. 유형 2와 3의 경우에는 조건을 만족시키는 값들이 도메인 변수들에 배정되면 참이다.

도메인 관계 해석식은 투플 관계 해석과 유사하게 원자, 변수, 정량자들로 이루어지므로 식에 관한 명세는 생략하기로 한다. 다음은 도메인 해석으로 명시된 몇 가지 질의 예이다. 도메인 변수를 위해서 소문자 $l$, $m$, $n$, …, $x$, $y$, $z$를 사용하기로 한다.

**질의 0** 이름이 'John B. Smith'인 사원의 생년월일과 주소를 나열하라.

Q0: $\{u, v \mid (\exists q)\ (\exists r)\ (\exists s)\ (\exists t)\ (\exists w)\ (\exists x)\ (\exists y)\ (\exists z)$
(EMPLOYEE(qrstuvwxyz) AND $q$='John' AND $r$='B' AND $s$='Smith')}

EMPLOYEE 릴레이션의 각 애트리뷰트의 도메인을 범위로 가지려면 열 개의 도메인 변수가 필요하다. 열 개의 변수 $q$, $r$, $s$, …, $z$ 중에서 $u$와 $v$만이 자유롭다. 요구된 애트리뷰트인 Bdate와 Address를 먼저 명시하는데, 도메인 변수 $u$는 Bdate를, $v$는 Address를 나타낸다. 다음으로 막대 ( | ) 오른쪽에 투플들을 선택하는 조건을 명시한다. 즉, $qrstuvwxyz$ 변수들에 배정되는 값들의 순서는 EMPLOYEE 릴레이션의 한 투플로써 $q$ (Fname), $r$ (Minit), $s$ (Lname)의 값들이 각각 'Jonh', 'B', 'Smith'이어야 함을 명시한다. 편의를 위하여 앞으로는 조건에 실제로 나타나는 변수(Q0에서 $q$, $r$, $s$)만 정량화하기로 한다.[14)]

위의 질의를 작성하기 위해 QBE에서 사용되는 또 다른 간단한 방법은 Q0A에서와 같이 상수값 'John', 'B', 'Smith'를 직접 배정하는 것이다. 따라서 막대의 왼쪽에 나타나지 않은 모든 변수들은 묵시적으로 존재 정량화된다.[15)]

Q0A: {u, v | EMPLOYEE('John', 'B', 'Smith', $t$, $u$, $v$, $w$, $x$, $y$, $z$)}

14) 조건에 실제로 사용된 도메인 변수들만을 정량화한 것과 EMPLOYEE(qrstuvwxyz)와 같이 도메인 변수들을 쉼표로 분리하지 않는 것은 편의를 위하여 사용되는 간략화된 표기법이며, 정확한 공식 표기법은 아니다.
15) 이것 또한 공식적으로 정확한 표기법은 아니다.

**질의 1** 'Research'부서에서 일하는 모든 사원의 이름과 주소를 검색하라.

Q1: $\{q, s, v \mid (\exists z)\ (\exists l)\ (\exists m)$ (EMPLOYEE($qrstuvwxyz$) AND DEPARTMENT($lmno$) AND $l$='Research' AND $m=z$)}

Q1의 $m = z$와 같이 릴레이션의 애트리뷰트들을 범위로 하는 두 개의 도메인 변수가 관련된 조건을 조인 조건이라 하고, $l$ = 'Research'와 같이 한 개의 도메인 변수를 하나의 상수와 연관시키는 조건을 선택 조건이라 한다.

**질의 2** 'Stafford'에 위치한 모든 프로젝트에 대해서 프로젝트번호, 관리부서번호, 부서 관리자의 성, 생년월일, 주소를 나열하라.

Q2: $\{i, k, s, u, v \mid (\exists j)(\exists m)(\exists n)(\exists t)$(PROJECT($hijk$) AND EMPLOYEE($qrstuvwxyz$) AND DEPARTMENT($lmno$) AND $k=m$ AND $n=t$ AND $j$='Stafford')}

**질의 6** 부양가족이 없는 사원들의 이름을 나열하라.

Q6: $\{q, s \mid (\exists t)$(EMPLOYEE($qrstuvwxyz$) AND (NOT($\exists l$)(DEPENDENT($lmnop$) AND $t=l$)))}

질의 6은 존재 정량자 대신 전체 정량자를 사용하여 Q6A와 같이 나타낼 수 있다.

Q6A: $\{q, s \mid (\exists t)$(EMPLOYEE($qrstuvwxyz$) AND (($\forall l$)(NOT(DEPENDENT($lmnop$)) OR NOT($t=l$))))}

**질의 7** 적어도 한 명의 부양가족이 있는 관리자들의 이름을 나열하라.

Q7: $\{s, q \mid (\exists t)(\exists j)(\exists l)$(EMPLOYEE($qrstuvwxyz$) AND DEPARTMENT($hijk$) AND DEPENDENT($lmnop$) AND $t=j$ AND $l=t$)}

앞서 언급한 바와 같이, 기본적인 관계 대수로 표현 가능한 모든 질의는 도메인 관계해석이나 투플 해석으로도 표현할 수 있다. 뿐만 아니라 도메인 관계 해석이나 투플 관계 해석으로 표현된 모든 안전식도 기본적인 관계 대수로 표현할 수 있다.

QBE 언어는 도메인 관계 해석에 기초하고 있다. 그러나 이 사실은 도메인 해석이 형식화된 후에 깨닫게 되었다. QBE(Query By Example)는 최소한의 구문을 갖도록 데이터베이스 시스템을 위해 개발된 최초의 그래픽 질의어 중 하나이다. IBM 연구소에서 개발된 QBE는 IBM 상업용 제품인 DB2에서 Query Management Facility(QMF) 인터페이스라는 옵션으로 제공된다. QBE에 사용된 기본적인 아이디어는 여러 가지 다른 상업용 제품에 적용하였으며, QBE는 관계 언어 분야에서 중요한 위치를 차지하고 있다.

## 7.8 요약

이 장에서는 관계 모델을 위한 두 가지 형식 언어를 살펴보았다. 이들 언어는 릴레이션을 조작하고 질의 결과로 새로운 릴레이션을 생성하는 데 사용된다. 관계 대수와 그 연산에 대해 살펴보았는데, 이들은 질의를 명시하기 위해 일련의 연산을 명시하는 데 사용된다. 그 다음으로 투플 해석과 도메인 해석이라는 두 가지 유형의 관계 해석을 소개하였다.

7.1절에서 7.3절까지는 기본적인 관계 대수 연산에 대해 살펴보고, 각각 사용되는 질의 유형을 설명하였다. 먼저, 단항 관계 연산자인 실렉트, 프로젝트, 이름 변경 연산을 살펴보았다. 다음으로는 합집합(또는 타입) 호환성이 있는 두 릴레이션을 필요로 하는 이항 집합 연산에 대해 살펴보았다. 이러한 연산은 합집합, 교집합, 차집합 연산을 포함한다. 카티션 곱 연산은 두 개의 릴레이션으로부터 투플을 결합하여 모든 가능한 조합을 생성하는 데 사용되는 집합 연산이다. 실제로 카티션 곱은 거의 사용되지 않지만, 실렉트가 뒤따르는 카티션 곱이 어떻게 두 개의 릴레이션으로부터 조합되는 투플을 정의하고 조인 연산을 정의하는 데 사용되는지 살펴보았다. 세타 조인, 동등 조인, 자연 조인으로 불리는 다른 조인 연산들에 대해서도 살펴보았다. 질의 트리는 질의 표현을 위해 DBMS에서 사용될 수 있는 내부 데이터 구조에 대한 기초가 되는 관계 해석 질의의 그래픽 표현으로도 소개되었다.

다음으로 기본적인 관계 대수 연산으로는 표현할 수는 없지만 실제 상황에서는 중요한 몇 가지 형태의 질의에 대해서 논의하였다. 프로젝션 리스트에서 애트리뷰트의 함수를 사용하기 위한 일반화된 프로젝션, 테이블에서 정보를 요약하는 통계적 요청의 집계 유형을 다루는 집계 함수 연산에 대해서 소개하였다. 재귀적 질의에 대해서도 논의하였는데, 대수에서 직접적으로 지원하지는 않으나 앞에서 설명한 것처럼 단계적인 방법으로 접근할 수 있다. 그 다음에는 조인과 합집합을 확장하여 원본 릴레이션의 모든 정보가 결과에 보존되도록 한 외부 조인과 외부 합집합 연산에 대해 살펴보았다.

마지막 두 절에서는 관계 해석의 기본 개념에 관하여 설명하였다. 선언적인 정형적 질의어는 프레디키트 해석이라 부르는 수학적 논리에 기반을 둔다. 관계 해석에는 (1) 릴레이션의 투플(행)들을 범위로 하는 투플 변수를 사용하는 투플 관계 해석과, (2) 도메인(릴레이션의 열)들을 범위로 하는 도메인 변수를 사용하는 도메인 관계 해석 등 두 종류가 있다. 관계 해석에서 하나의 질의는 질의의 결과를 검색하기 위한 어떤 순서나 방법도 명시할 필요 없이 하나의 선언적 문장으로 명시된다. 따라서 흔히 관계 해석은 관계 대수보다 더 고수준의 선언적 언어로 여겨진다. 왜냐하면 관계 해석식은 질의가 어떻게 수행되는지에 관계없이 무엇을 검색할 것인가 만을 명시하기 때문이다.

관계 해석에서 질의를 위한 내부 표현으로서 질의 그래프를 소개하였다. 또한 존재 정량자(∃)와 전체 정량자(∀)에 관하여 논의하였다. 그리고 결과가 유한한 안전식을 명시하는 문제를 논의하였다. 또한 전체 정량자를 존재 정량자로, 또는 그 반대로 변환하는 규칙들을 설명하였다. 관계 해석에 기본적인 관계 대수와 동등한 표현력을 부여하는 것이 정량자의 역할이다. 몇 가지 확장이 제안되었음에도 불구하고 기본 관계식에는 그룹화와 집계 함수에 해당하는 기능들이 없다.

## 복습문제

7.1 관계 대수의 연산들과 각각의 목적을 나열하라.

7.2 합집합 호환성이 무엇인가? 합집합, 교집합, 차집합 연산이 적용될 릴레이션들이 합집합 호환성을 가져야 하는 이유는 무엇인가?

7.3 질의를 모호하지 않게 표현하기 위하여 애트리뷰트의 이름 변경이 필요한 질의 유형을 설명하라.

7.4 내부 조인 연산의 여러 가지 유형을 설명하라. 왜 세타 조인이 필요한가?

7.5 가장 흔한 형태의 의미 있는 조인 연산을 표현할 때 외래키의 개념은 어떤 역할을 하는가?

7.6 FUNCTION 연산이 무엇인가? 왜 필요한가?

7.7 외부 조인 연산이 (내부) 조인 연산과 어떻게 다른가? 외부 합집합 연산은 합집합 연산과 어떻게 다른가?

7.8 관계 해석과 관계 대수의 차이점과 유사점을 논하라.

7.9 투플 관계 해석과 도메인 관계 해석의 차이점을 논하라

7.10 존재 정량자(∃)와 전체 정량자(∀)의 의미를 설명하라.

7.11 투플 해석과 관련된 다음 용어들을 정의하라.
투플 변수, 범위 릴레이션, 원자, 식(formula), 표현식(expression)

7.12 도메인 해석과 관련된 다음 용어들을 정의하라.
도메인 변수, 범위 릴레이션, 원자, 식, 연산식

7.13 관계 해석에서 안전식의 의미는 무엇인가?

7.14 질의어가 관계적으로 완전하다는 의미는 무엇인가?

## 연습문제

7.15 7.5절의 질의 예들을 그림 4.6의 데이터베이스에 적용한 결과를 보여라.

7.16 이 장에서 논의한 관계 연산들을 이용하여 그림 4.5의 COMPANY 관계 데이터베이스 스키마에 다음의 질의들을 표현하라. 또한 각 질의를 그림 43.6의 데이터베이스에 적용한 결과를 보여라.

a. 5번 부서에 소속되어 ProductX 프로젝트에서 주당 10시간 넘게 근무하는 모든 사원의 이름을 검색하라.

b. 자신과 같은 이름(first name)을 갖는 부양가족이 있는 모든 사원의 이름을 나열하라.

c. 'Franklin Wong'직접 관리하는 모든 사원의 이름을 찾아라.
d. 각 프로젝트에 대하여, 프로젝트의 이름과 그 프로젝트에서 모든 사원이 근무한 주당 총 시간을 나열하라.
e. 모든 프로젝트에서 근무하는 모든 사원의 이름을 검색하라.
f. 어떤 프로젝트에서도 일하지 않는 모든 사원의 이름을 검색하라.
g. 각 부서에 대하여, 부서의 이름과 그 부서에서 근무하는 모든 사원의 평균급여를 검색하라.
h. 모든 여성 사원의 평균 급여를 검색하라.
i. Houston에 위치한 프로젝트들 중에서 최소한 하나의 프로젝트에 근무하지만 소속 부서는 Houston에 위치하지 않은 모든 사원의 이름과 주소를 찾아라.
j. 부양가족이 없는 모든 부서 관리자의 성을 나열하라.

*7.17* 항공기 비행 정보를 기술하는 AIRLINE 관계 데이터베이스 스키마가 연습 문제 4.12에서 설명된 그림 4.8에 있다. 다음 질의들을 관계 대수로 표현하라.

a. 각 항공기편에 대하여 항공기편 번호와 첫 노선의 출발 공항, 마지막 노선의 도착 공항을 나열하라.
b. 국제 공항(공항 코드'IAH')에서 출발하고 Los Angeles 국제 공항(공항 코드 'LAX')에 도착하는 모든 항공기편과 항공기 노선에 대해서 항공기편 번호와 요일을 나열하라.
c. Houston 내의 공항에서 출발하여 Los Angeles 내의 공항에 도착하는 모든항공기편과 항공기 노선에 대하여, 항공기편 번호, 출발 공항 코드, 예정 출발 시간, 도착 공항 코드, 예정 도착 시간, 요일을 나열하라.
d. 항공기편 'CO197'의 모든 운임 정보를 나열하라.
e. '2009-10-09'날짜에 항공기편 'CO197'의 이용 가능 좌석 수를 검색하라.

*7.18* 그림 7.14는 책, 대출자, 책 대여 정보를 유지하는 LIBRARY 관계 스키마를 보여준다. 그림 7.14에서 참조 무결성 제약 조건들은 그림 4.7의 표기법과 같이 화살표로 나타냈다. 다음 질의들을 관계 대수식으로 작성하라.

a. 'Sharpstown' 도서관 분관에서 소장하고 있는 The Lost Tribe 제목의 책은 몇 권인가?
b 각 도서관 분관이 소장하고 있는 The Lost Tribe 제목의 책은 몇 권인가?
c. 빌린 책이 없는 모든 대출자의 이름을 검색하라.
d. 'Sharpstown'이름의 도서관 분관에서 대여했고 Due_date(반납일)가 오늘인 모든 책에 대하여 책의 제목, 대출자의 이름, 주소를 검색하라.
e. 각 도서관 분관에 대하여 분관의 이름과 대여한 책들의 수량을 검색하라.
f. 6권 이상의 책을 빌린 모든 대출자에 대하여 대출자 이름, 주소, 빌려간 책의 수량을 검색하라.
g. Stephen King이 저자이거나 공동 저자인 각 책에 대하여 Central이라는 이름의 도서관 분관이 소장하고 있는 책의 제목과 수량을 검색하라.

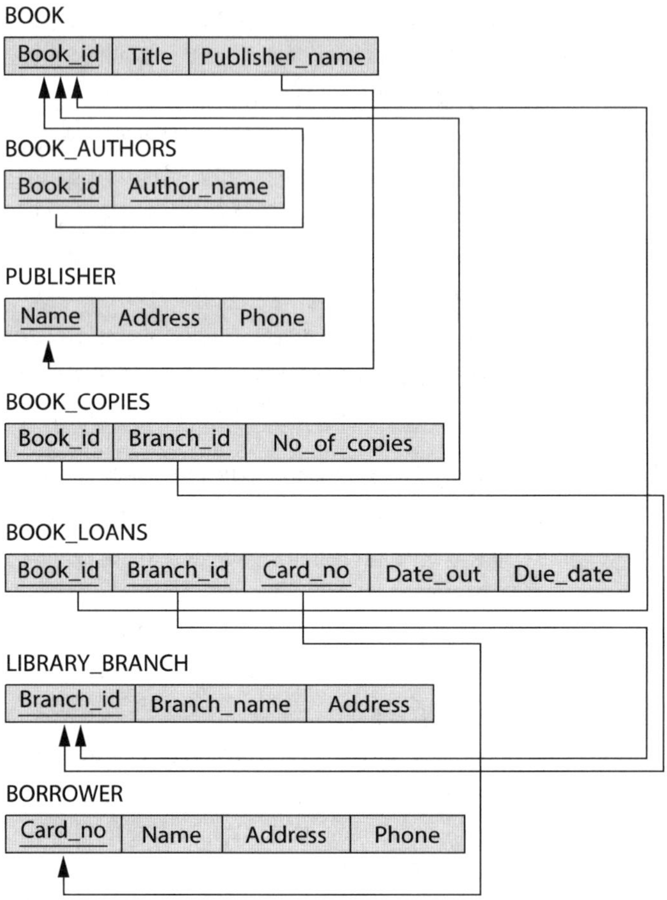

BOOK

| Book_id | Title | Publisher_name |
|---|---|---|

BOOK_AUTHORS

| Book_id | Author_name |
|---|---|

PUBLISHER

| Name | Address | Phone |
|---|---|---|

BOOK_COPIES

| Book_id | Branch_id | No_of_copies |
|---|---|---|

BOOK_LOANS

| Book_id | Branch_id | Card_no | Date_out | Due_date |
|---|---|---|---|---|

LIBRARY_BRANCH

| Branch_id | Branch_name | Address |
|---|---|---|

BORROWER

| Card_no | Name | Address | Phone |
|---|---|---|---|

그림 7.14 LIBRARY 데이터베이스에 대한 관계형 스키마

7.19 다음 질의들을 연습 문제 4.14에서 주어진 데이터베이스 스키마에 대한 관계 대수로 나타내라.

a. 창고 번호 W2에서 배송된 모든 주문에 대해 Order#과 Ship_date를 검색하라.
b. Jose Lopez라는 고객의 주문을 공급하는 창고에 관한 정보, 즉 Order#와 Warhouse# 를 검색하라.
c. Cname, No_of_orders, Avg_order_amt를 검색하라. 여기서 두 번째 열은 어떤 고객의 총 주문 횟수이고, 세 번째 열은 그 고객의 총 주문 금액의 평균이다.
d. 주문 후 30일 이내에 배송되지 않은 주문들을 검색하라.
e. New York에 회사가 있는 모든 창고로부터 배송된 주문의 Order#를 검색하라.

7.20 다음 질의들을 연습 문제 4.15에서 주어진 데이터베이스 스키마에 대한 관계 대수로 나타내라.

a. 비용이 $2,000가 넘는 출장에 관한 상세한 정보(trip 릴레이션의 모든 애트리뷰트)를 검색하라.
b. Honolulu에 출장을 다녀온 판매원의 Ssn을 검색하라.
c. SSN이'234-56-7890'판매원의 총 출장비용을 검색하라.

TABLE T1

| P | Q | R |
|---|---|---|
| 10 | a | 5 |
| 15 | b | 8 |
| 25 | a | 6 |

TABLE T2

| A | B | C |
|---|---|---|
| 10 | b | 6 |
| 25 | c | 3 |
| 10 | b | 5 |

그림 7.15 릴레이션 T1과 T2에 대한 데이터베이스 상태

**7.21** 다음 질의들을 연습 문제 4.16에서 주어진 데이터베이스 스키마에 대한 관계 대수로 나타내라.

a. 2009년 겨울(즉, Quarter = W09)에 이름이 John Smith인 모든 학생이 수강한 총 강좌 수는 얼마인가?

b. 'CS' 학과에서 개설된 강좌 중 세 개 이상의 교재를 사용한 강좌에 사용된 교재에 관한 정보(Course#, Book_isbn, Book_title)를 검색하라.

c. 'Pearson Publishing'에서 출판된 책만 교재로 사용하는 학과를 검색하라.

**7.22** 그림 6.15에서 보여준 T1, T2 테이블을 고려해 보자. 다음 연산의 결과를 보여라.

a. $T1 \bowtie_{T1.P = T2.A} T2$

b. $T1 \bowtie_{T1.Q = T2.B} T2$

c. $T1 \bowtie_{T1.P = T2.A} T2$

d. $T1 \bowtie_{T1.Q = T2.B} T2$

e. $T1 \cup T2$

**7.23** 다음 질의들을 연습 문제 4.17에서 주어진 데이터베이스 스키마에 대한 관계 대수로 나타내라.

a. 'jane Doe'판매원이 판매한 모든 자동차에 대해 Serial#, Manufacturer, Sale_price를 검색하라.

b. 옵션이 없는 자동차의 Serial#와 Model을 검색하라.

c. SALESPERSON과 SALES 간의 자연 조인을 고려해 보자. 릴레이션의 순서를 바꾸지 않을 때 이 테이블들에 대한 왼쪽 외부 조인의 의미는 무엇인가? 예를 들어 설명하라.

d. 실렉션과 하나의 집합 연산을 포함하는 관계 대수로 표현된 질의를 작성하고, 무엇을 하는 질의인지 설명하라.

**7.24** 연습 문제 7.16의 질의 a, b, c, e, f, i, j를 투플 관계 해석과 도메인 관계 해석으로 명시하라.

**7.25** 연습 문제 7.17의 질의 a, b, c, d를 투플 관계 해석과 도메인 관계 해석으로 명시하라.

**7.26** 연습 문제 7.18의 질의 c, d, f, g를 투플 관계 해석과 도메인 관계 해석으로 명시하라.

**7.27** $n$개의 투플 변수를 갖는 투플 관계 해석 질의에서 조인 조건들의 최소 개수는 얼마인가? 그 이유는 무엇인가? 조인 조건의 개수가 더 적을 경우 어떤 영향을 미치는가?

**7.28** 7.7절의 질의 Q0 다음에 나오는 도메인 관계 해석 질의들을 Q0A의 약식 표기법을 따라서 다시 작성하라. 이런 표기법의 목적은 변수가 오는 자리에 가능한 상수를 사용함으로써 도메인 변수의 개수를 최소화하는 것이다.

**7.29** 다음 질의를 생각해 보자.
최소한 Ssn = 123456789인 사원이 근무하는 모든 프로젝트에서 일하는 사원들의 Ssn을 검색하라. 이 질의는 (FORALL $x$)(IF P THEN $Q$)로 나타낼 수 있으며, 여기서

- $x$는 PROJECT 릴레이션을 범위로 갖는 투플 변수이다.
- $P \equiv$ Ssn = 123456789인 사원이 프로젝트 $x$에서 근무한다.
- $Q \equiv$ 사원 $e$가 프로젝트 $x$에 참여한다.

다음의 규칙들을 사용하여 위의 질의를 투플 관계 해석으로 표현하라.

- $(\forall x)(P(x)) \equiv \text{NOT}(\exists x)(\text{NOT}(P(x)))$
- $(\text{IF } P \text{ THEN } Q) \equiv (\text{NOT}(P) \text{ OR } Q)$

**7.30** 다음의 관계 대수 연산들을 투플 관계 해석과 도메인 관계 해석으로 명시하는 방법을 보여라.

a. $\sigma_{A=C}(R(A,B,C))$
b. $\pi_{<A,B>}(R(A,B,C))$
c. $R(A,B,C) * S(C,D,E)$
d. $R(A,B,C) \cup S(A,B,C)$
e. $R(A,B,C) \cap (A,B,C)$
f. $R(A,B,C) = S(A,B,C)$
g. $R(A,B,C) \times S(D,E,F)$
h. $R(A,B) \div S(A)$

**7.31** 7.4절에서 논의한 다음과 같은 형태의 연산들을 표현할 수 있도록 관계 해석을 확장하는 방안을 제시하라.
(a) 집계 함수와 그룹화, (b) 외부 조인 연산, (c) 순환적 폐포 질의

**7.32** 중첩 질의는 질의 안에 있는 질의이다. 보다 구체적으로, 중첩 질의는 결과가 릴레이션 대신으로 많은 곳에서 값으로 사용될 수 있는 괄호로 묶인 질의이다. 중첩 질의의 개념과 이 장에서 논의된 관계 연산자를 사용하여 그림 4.5 에 명시된 데이터베이스에 있는 다음의 질의를 표현하라. 또한, 그림 4.6의 데이터베이스 상태에 적용하여 각 질의의 결과를 보여라.

a. 모든 사원 중 가장 높은 급여를 받는 사원이 속한 부서에서 일하는 모든 사원의 이름을 나열하라.

b. 자신을 감독하는 감독관의 감독관 Ssn이 '888665555'인 모든 사원의 이름을 나열하라.

c. 회사에서 가장 적은 급여를 받는 사원보다 적어도 $10,000를 더 받는 사원의 이름을 나열하라.

*7.33* 다음의 결론이 참인지 거짓인지 말하라.

a. NOT $(P(x)$ OR $Q(x)) \rightarrow$ (NOT $(P(x))$ AND (NOT $(Q(x)))$

b. NOT $(\exists x)(P(x)) \rightarrow \forall x($NOT $(P(x))$

c. $(\exists x)(P(x)) \rightarrow \forall x((P(x))$

## 실습문제

*7.34* 그림 4.5의 COMPANY 데이터베이스 스키마에서 RA 인터프리터를 사용하여 관계 대수(RA)로 다음의 질의를 표현하고 실행하라.

a. 5번 부서에 소속되어 'ProductX' 프로젝트에서 주당 10시간 넘게 근무하는 모든 사원의 이름을 검색하라.

b. 자신과 같은 이름(first name)을 갖는 부양가족이 있는 모든 사원의 이름을 나열하라.

c. 'Franklin Wong'이 직접 관리하는 모든 사원의 이름을 찾아라.

d. 모든 프로젝트에서 근무하는 모든 사원의 이름을 검색하라.

e. 어떤 프로젝트에서도 일하지 않는 모든 사원의 이름을 검색하라.

f. Houston에 위치한 프로젝트들 중에서 최소한 하나의 프로젝트에 근무하지만 소속 부서는 Houston에 위치하지 않은 모든 사원의 이름과 주소를 찾아라.

g. 부양가족이 없는 모든 부서 관리자의 이름을 나열하라.

*7.35* 다음은 메일 주문 회사에 대한 정보를 기술한 MAILORDER 관계 데이터베이스 스키마이다.

PARTS(<u>Pno</u>, Pname, Qoh, Price, Olevel)
CUSTOMERS(<u>Cno</u>, Cname, Street, Zip, Phone)
EMPLOYEES(<u>Eno</u>, Ename, Zip, Hdate)
ZIP_CODES(<u>Zip</u>, City)
ORDERS(<u>Ono</u>, Cno, Eno, Received, Shipped)
ODETAILS(<u>Ono</u>, <u>Pno</u>, Qty)

애트리뷰트 이름은 애트리뷰트를 설명한다. Qoh는 재고(quantity on hand)를 의미한다. MAILORDER 데이터베이스 스키마에 대해 RA 인터프리터를 사용하여 다음의 질의들을 명시하고 실행하라.

a. 가격이 $20.00 이하인 부품의 이름을 검색하라.

b. 가격이 $50.00 이상인 부품을 주문한 사원의 이름과 도시를 검색하라.

c. ZIP 코드가 같은 곳에 사는 고객들의 고객 번호 쌍을 검색하라.

d. 'Wichita'에 사는 사원으로부터 부품을 주문한 고객의 이름을 검색하라.

e. 주문한 부품의 가격이 $20.00이하인 고객의 이름을 검색하라.
f. 주문을 하지 않은 고객의 이름을 검색하라.
g. 정확하게 두 개의 주문이 있는 고객의 이름을 검색하라.

*7.36* 다음은 특정 교수의 점수를 표현한 책에 대한 정보를 기술한 GRADEBOOK 관계형 스키마이다(주의: COURSES의 애트리뷰트 A, B, C, D는 학점을 의미한다).

CATALOG(Cno, Ctitle)
STUDENTS(Sid, Fname, Lname, Minit)
COURSES(Term, Sec_no, Cno, A, B, C, D)
ENROLLS(Sid, Term, Sec_no)

GRADEBOOK 데이터베이스 스키마에 대해 RA 인터프리터를 사용하여 다음의 질의를 표현하고 실행하라.
a. 2009년 가을 학기에 'Automata' 과목을 등록한 학생의 이름을 검색하라.
b. 'CSc226'과 'CSc227'을 등록한 학생의 Sid를 검색하라.
c. 'CSc226'이나 'CSc227'을 등록한 학생의 Sid를 검색하라.
d. 어떤 수업도 등록하지 않은 학생의 이름을 검색하라.
e. CATALOG 테이블에 있는 모든 과목을 등록한 학생의 이름을 검색하라.

*7.37* 다음의 릴레이션들로 구성된 데이터베이스가 있다.

SUPPLIER(Sno, Sname)
PART(Pno, Pname)
PROJECT(Jno, Jname)
SUPPLY(Sno, Pno, Jno)

데이터베이스는 공급자, 부품, 프로젝트에 대한 정보를 저장하고, 각 테이블 간의 관계를 표현한다. 이 관계는 다-다-다 관계이다. RA 인터프리터를 사용하여 다음의 질의를 표현하고 실행하라.
a. 정확하게 2개의 프로젝트에 공급되는 부품 번호를 검색하라.
b. 프로젝트 'J1'에 2개 이상의 부품을 공급하는 공급자의 이름을 검색하라.
c. 모든 공급자에 의해 공급된 부품 번호를 검색하라.
d. 'S1' 공급자로부터만 공급을 받는 프로젝트 이름을 검색하라.
e. 최소한 2개의 서로 다른 프로젝트 각각에 대해 최소한 2개의 서로 다른 부품을 공급하는 공급자의 이름을 검색하라.

*7.38* RA 인터프리터를 사용하여 연습 문제 4.16에 있는 데이터베이스에 대해 다음의 질의를 표현하고 실행하라.
a. 'Addison Wesley'에서 출판된 책을 교재로 사용하는 과목을 등록한 학생의 이름을 검색하라.
b. 최소한 교재가 한 번은 바뀐 과목의 이름을 검색하라.
c. 'Addison Wesley'에서만 출판되는 교재를 쓰는 학과의 이름을 검색하라.
d. 'Navathe'가 쓰고 'Addison Wesley'에서 출판된 책을 쓰는 학과의 이름을 검색하라.

e. 'Navathe'가 쓰고 'Addison Wesley'에서 출판한 책을 사용한 적이 없는 학생의 이름을 검색하라.

**7.39** 도메인 관계 해석(DRC) 인터프리터를 사용하여 연습 문제 7.34에서 7.38을 다시 풀어라.

## 주요 참고문헌

Codd(1970)는 기본적인 관계 대수를 정의하였다. Date(1983a)는 외부 조인을 논의하였다. 관계 연산들을 확장하는 작업은 Carlis(1986)와 Ozsoyoglu 외(1985)에 의해 연구되었다. Cammarata 외(1989)는 관계 모델에 무결성 제약 조건과 조인을 확장하였다.

Codd(1971)는 투플 관계 해석의 개념을 기반으로 하는 ALPHA언어를 소개하였다. ALPHA는 관계 해석은 물론이고 집계 함수들의 개념도 포함한다. Codd(1972)는 원래의 관계 해식의 임격힌 정의를 제인하였으며, 이 정의는 어떤 투플 관계 해석식도 관계 대수로 변환할 수 있는 알고리즘을 포함한다. QUEL 언어(Stonebraker 외 1976)는 묵시적 존재 정량자는 포함하지만 전체 정량자가 없는 투플 관계 해석에 기반을 두며 INGRES 시스템에서 상업적으로 유용한 언어로서 구현되었다. Codd는 적어도 관계 해석만큼 표현력이 강한 언어를 관계적으로 완전한 언어라고 정의하였다. Ullman(1988)은 투플 및 도메인 관계 해석의 안전식들과 관계 대수의 동등성을 이론적으로 증명하였다. Abiteboul 외(1995), Atzeni와 deAntonellis(1993)는 정형적 관계 언어를 자세하게 다루었다.

도메인 관계 해석의 아이디어가 처음에 QBE 언어(Zloof 1975)에서 제안되었으나 Lacroix와 Pirotte(1977a)가 형식적으로 이 개념을 정의하였다. Zloof(1975)는 QBE 시스템의 실험 버전에 관하여 기술하였다. ILL 언어(Lacroix와 Pirotte 1977b)는 도메인 관계 해석에 기반을 두고 있다. Whang 외(1990)는 전체 정량자를 포함하도록 QBE를 확장하였다. QBE가 하나의 예에 해당하는 시각적 질의어는 데이터베이스에 대한 질의수단으로 제안되었다. Visual Database Systems Workshop(예를 들어, Arisawa와

Catarci(2000) 또는 Zhou와 Pu(2002)과 같은 학술대회에서 다수의 시각적 질의어가 제안되었다.

# ER-관계 사상에 의한 관계 데이터베이스 설계

이 장에서는 개념적인 스키마 설계를 기반으로 하는 관계 데이터베이스 스키마의 설계에 중점을 둔다. 그림 3.1은 데이터베이스 설계 과정의 고수준 관점을 나타낸다. 이 장에서는 **논리적 데이터베이스 설계**(또는 데이터 모델 사상) 단계 또는 **데이터 모델 사상**(data model mapping) 단계에 초점을 맞춘다. 그리고 ER 스키마로부터 관계 스키마를 생성하는 과정을 보여준다. 또한, 3장에서 설명한 ER 모델의 개념과 4장에서 7장까지 설명한 관계 모델의 개념을 연관시킨다. 3장에서의 논의처럼, 많은 computer-aided software engineering (CASE) 도구들이 ER 모델이나 이와 유사한 모델들에 기반을 두고 있다. 많은 도구들이 그래픽으로 스키마를 구성하기 위하여 ER 다이어그램이나 그 변형을 사용하고, 이 장에서 보여주는 알고리즘과 유사한 알고리즘을 사용하여 자동적으로 그것을 특정 관계 DBMS의 데이터 정의어 형태의 관계 데이터베이스 스키마로 변환한다.

8.1절에서는 기본적인 ER 모델의 구성 요소들을 — (강한, 약한) 엔티티 유형들, (여러가지 구조적인 제약 조건을 가진) 이진 관계, *n*차 관계, (단순, 복합, 다치) 애트리뷰트 — 릴레이션으로 변환하는 7단계 알고리즘을 개략적으로 보여준다. 8.2절에서는 이 장을 요약한다.

# 8.1 ER-관계 사상을 이용한 관계 데이터베이스 설계

## 8.1.1 ER-관계 사상 알고리즘

이 절에서는 ER-관계 사상 알고리즘의 단계들을 기술한다. 사상 과정을 설명하기 위해 COMPANY 관계 데이터베이스 예를 사용한다. 그림 8.1은 COMPANY 데이터베이스에 대한 ER 스키마를 보여주고, 그림 8.2는 그와 대응되는 COMPANY 관계 데이터베이스 스키마를 보여준다. 사상은 단순 단일값 애트리뷰트를 갖는 테이블을 만든다는 것을 전제로 한다. 또한, 4장에서 설명한 기본키, (만일 존재한다면) 유일키, 참조 무결성 제약 조건을 포함한 관계 모델 제약 조건은 사상의 결과에 명세화된다.

**단계 1: 정규 엔티티 타입의 사상.** ER 스키마의 각 정규 엔티티 타입 또는 강한 엔티티타입 $E$에 대하여 $E$의 모든 단순 애트리뷰트들을 포함하는 릴레이션 $R$을 생성하라. 복합 애트리뷰트의 단순 요소 애트리뷰트들 만을 포함시켜라. $E$의 키 애트리뷰트 하나를 선택하여 $R$의 기본키로 하라. 만약 $E$에서 선택된 키가 복합 애트리뷰트이면 그것을 구성하는 모든 단순 애트리뷰트의 모임이 $R$의 기본키가 된다.

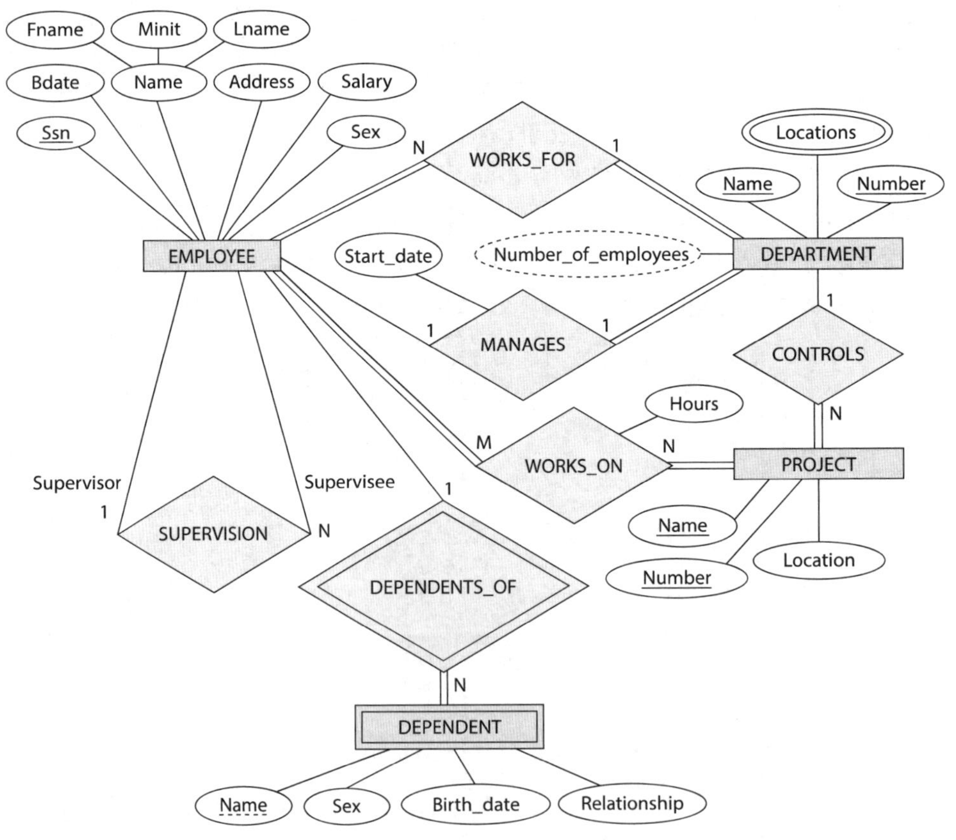


그림 8.1 COMPANY 데이터베이스에 대한 ER 개념적 스키마 다이어그램

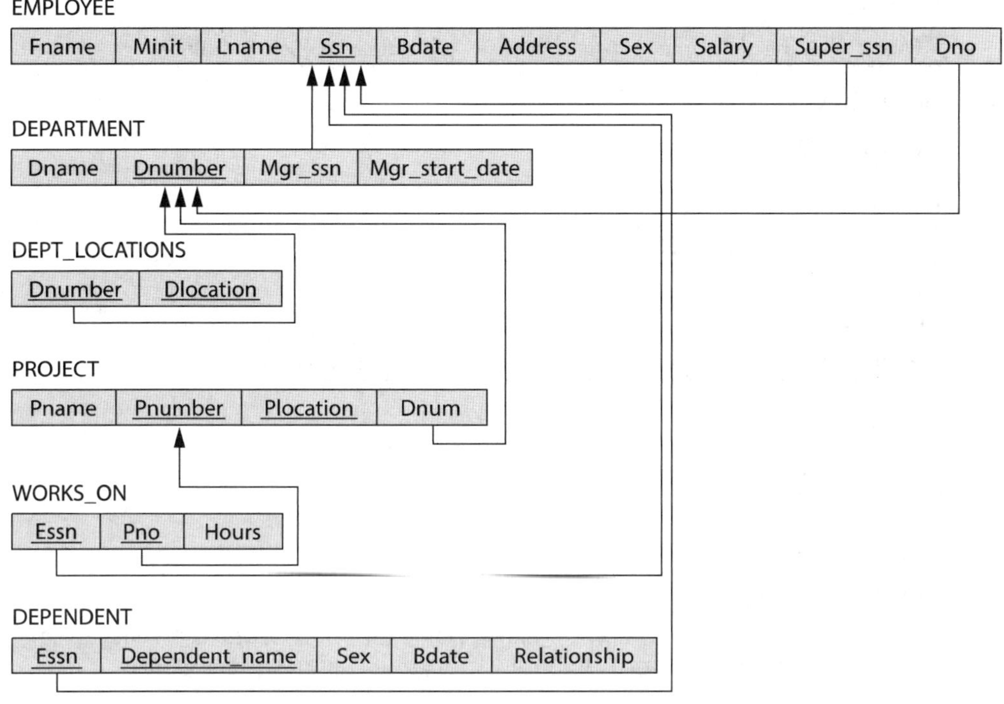


그림 8.2 COMPANY ER 스키마를 관계 데이터베이스 스키마로 사상한 결과

만약 개념적 설계 과정에서 $E$에 대한 다중키가 명시되었다면 다중키를 구성하는 애트리뷰트들에 대한 정보를 보존하여 릴레이션 $R$의 (유일한) 보조키로 명시하도록 한다. 키에 대한 지식도 인덱스와 다른 형태의 분석을 위해 보존된다.

우리의 예에서 살펴보면, 그림 8.1의 정규 엔티티 타입 EMPLOYEE, DEPARTMENT, PROJECT에 대하여 그림 8.2와 같이 EMPLOYEE, DEPARTMENT, PROJECT 릴레이션을 생성한다. 외래키와 관계 애트리뷰트들은 아직 포함되지 않고, 다음 단계들에서 더해질것이다. EMPLOYEE의 Super_ssn과 Dno, DEPARTMENT의 Mgr_ssn과 Mgr_start_date, PROJECT의 Dnum 애트리뷰트들이 이에 해당된다. EMPLOYEE, DEPARTMENT, PROJECT 릴레이션의 기본키로 각각 Ssn, Dnumber, Pnumber 애트리뷰트를 선택한다. DEPARTMENT의 Dname과 PROJECT의 Pname이 보조키라는 정보는 나중에 설계할 때 사용할 수 있도록 보존하라.

엔티티 유형의 사상으로부터 생성된 릴레이션들은 각 투플(행)들이 엔티티 인스턴스를 나타내기 때문에 때때로 **엔티티 릴레이션**(entity relation)이라 불린다. 그림 8.3(a)는 이 사상의 결과를 보여준다.

**단계 2: 약한 엔티티 타입의 사상**. ER 스키마에서 소유 엔티티 타입 $E$를 갖는 각 약한 엔티티 타입 $W$에 대하여 릴레이션 $R$을 생성하고 $W$의 모든 단순 애트리뷰트(또는 복합 애트리뷰트의 단순 요소 애트리뷰트)를 $R$의 애트리뷰트들로 포함시켜라. 또한 소유 엔티티 타입에 해당되는 릴레이션의 기본키를 $R$의 외래키로 포함시켜라. 이는 $W$의 식별 관계 타입의 사상을 명시하기 위함이다. $R$의 기본키는 소유자 릴레이션의 기본키와 약한 엔티티

(a) EMPLOYEE

| Fname | Minit | Lname | <u>Ssn</u> | Bdate | Address | Sex | Salary |
|---|---|---|---|---|---|---|---|

DEPARTMENT

| Dname | <u>Dnumber</u> |
|---|---|

PROJECT

| Pname | <u>Pnumber</u> | Plocation |
|---|---|---|

(b) DEPENDENT

| <u>Essn</u> | <u>Dependent_name</u> | Sex | Bdate | Relationship |
|---|---|---|---|---|

(c) WORKS_ON

| <u>Essn</u> | <u>Pno</u> | Hours |
|---|---|---|

(d) DEPT_LOCATIONS

| <u>Dnumber</u> | <u>Dlocation</u> |
|---|---|

그림 8.3 매핑 과정의 예: (a) 단계 1 이후의 엔티티 릴레이션, (b) 단계 2 이후의 약한 엔티티 릴레이션, (c) 단계 5 이후의 관계 릴레이션, (d) 단계 6 이후의 다중값 속성에 대한 릴레이션

타입 *W*의 부분키의 조합이다.

약한 엔티티 타입 $E_2$가 있고, 그 소유자가 약한 엔티티 타입 $E_1$이라면, $E_2$의 기본키를 결정하기 위해서 $E_1$은 $E_2$보다 먼저 사상되어야 한다.

우리의 예에서 약한 엔티티 타입 DEPENDENT(그림 8.3(b))에 해당하는 릴레이션 DEPENDENT를 생성한다. 소유 엔티티 타입에 해당하는 EMPLOYEE 릴레이션의 기본키 Ssn을 DEPENDENT 릴레이션의 외래키로 포함시키고, 꼭 필요한 작업은 아니지만 Essn으로 이름을 바꾼다. Dependent_name(그림 8.1의 Name으로부터 이름이 역시 바뀐)이 DEPENDENT의 부분키이므로 DEPENDENT 릴레이션의 기본키는 {Essn, Dependent_name} 조합이다.

약한 엔티티는 소유 엔티티에 대하여 존재 종속성이 있다. 그러므로 약한 엔티티 타입에 해당하는 릴레이션의 외래키에 대하여 참조적으로 트리거되도록 전파하는 (CASCADE) 옵션을 설정하는 것이 일반적이다(5.2절 참고). 이것은 ON UPDATE와 ON DELETE에도 사용된다.

**단계 3: 이진 1:1 관계 타입의 사상.** ER 스키마의 각 이진 1:1 관계 타입 *R*에 대하여, *R*에 참여하는 엔티티 타입에 해당하는 릴레이션 *S*와 *T*를 나열하라. 가능한 접근 방식은 다음의 세 가지가 있다. (1) 외래키 접근 방식, (2) 합병된 관계 접근 방식, (3) 교차 참조 또는 관계 릴레이션 접근 방식. 첫 번째 접근 방식이 가장 유용하고, 다음 설명과 같이 특별한 상황이 발생하지 않는 한 이를 따라야 한다.

1. **외래키 접근 방식.** 한 릴레이션을 선택하여(예를 들어 *S*) *T*의 기본키를 *S*에 외래키로 포함시켜라. *S* 역할을 하는 릴레이션을 선택함에 있어서 *R*에 완전히 참

여하는 엔티티 타입을 선택하는 것이 좋다. 1:1 관계 타입 *R*의 모든 단순 애트리뷰트(또는 복합 애트리뷰트의 단순 요소 애트리뷰트)를 *S*의 애트리뷰트들로 포함시켜라.

예에서는 그림 8.1에서 DEPARTMENT 엔티티 타입이 MANAGES 관계 타입에 완전히(total) 참여하므로(모든 부서는 관리자가 있으므로), DEPARTMENT 엔티티 타입이 *S*의 역할을 하도록 선택함으로써 1:1 관계의 타입 MANAGES를 사상시킨다. EMPLOYEE 릴레이션의 기본키를 DEPARTMENT 릴레이션의 외래키로 포함시키고 Mgr_ssn으로 이름을 바꾼다. 또한 MANAGES 관계 타입의 단순 애트리뷰트인 Start_date를 DEPARTMENT 릴레이션에 포함시키고 Mgr_start_date로 이름을 바꾼다(그림 8.2 참조).

*S*의 기본키를 *T*의 외래키로 대신 포함시키는 것도 가능하다는 것을 주목하라.

예에서는, EMPLOYEE 릴레이션에 있는 Department_managed와 같은 외래키 애트리뷰트를 가지게 된다. 그러나 부서를 관리하지 않는 직원의 투플에 대해서는 널 값을 가질 것이다. 만약 직원의 2%만이 부서를 관리한다면 외래키의 98%는 널 값을 가지게 된다. 다른 가능한 방법은 릴레이션 *S*와 *T* 모두에 외래키를 중복해서 가지는 것이지만, 이것은 중복을 만들고 일관성을 유지하는 데 방해가 된다.

2. **합병된 릴레이션 접근 방식.** 1:1 관계 타입의 또 다른 사상으로는 두 엔티티 타입과 관계 타입을 하나의 릴레이션으로 합치는 방법이 있다. 이 방법은 두 엔티티 타입이 모두 완전하게 참여할 때 가능하고, 두 테이블이 항상 정확히 동일한 수의 투플을 가질 것이라는 것을 나타낸다.

3. **교차 참조 또는 관계 릴레이션 접근 방식.** 세 번째 방법은 엔티티 타입을 나타내는 두 릴레이션 *S*와 *T*의 기본키를 교차 참조하기 위한 세 번째 릴레이션 *R*을 정의하는 것이다. 다음에 나오겠지만, 이 방법은 이진 M:N 릴레이션에서 주로 사용된다.

   릴레이션 *R*의 각 투플은 *S*의 한 투플과 *T*의 한 투플을 연관시키는 관계 인스턴스를 나타내기 때문에, *R*을 **관계 릴레이션**(relationship relation, 또는 때때로 lookup table)이라 부른다. 릴레이션 *R*은 *S*와 *T*에 대한 외래키로서 *S*와 *T*의 기본키를 포함할 것이다. *R*의 기본키는 두 외래키 중 하나가 될 것이고, 다른 외래키는 *R*의 유일키가 될 것이다. 이 방식의 단점은 테이블들로부터 관련 투플들을 조합할 때, 추가의 릴레이션을 가지며 추가적인 조인 연산을 요구한다는 점이다.

**단계 4: 이진 1:N 관계 타입의 사상.** 두가지 접근방식이 있다: (1) 외래키 방식, (2) 상호참조(cross-references) 혹은 관계 릴레이션 방식. 첫번째 방식이 더 적은 테이블을 생성하므로 선호되는 방식이다.

1. **외래키 방식.** 모든 정규 이진 1:N 관계 타입 *R*에 대하여 관계 타입의 *N*−측의 참여 엔티티 타입을 *S*라고 할 때, 관계 타입 *R*에 참여하는 다른 릴레이션 *T*의

기본키를 $S$의 외래키로 포함시킨다. 이는 관계 타입의 모든 N－측 엔티티 인스턴스가 최대한 하나의 1-측 엔티티 인스턴스와 관계가 있기 때문이다. 1:N 관계 타입에 연결된 모든 단순 애트리뷰트(또는 복합 애트리뷰트의 단순 요소 애트리뷰트)도 $S$의 애트리뷰트들로 포함시켜라.

예제의 그림 8.1에서 1:N 관계 타입인 WORKS_FOR, CONTROLS, SUPERVISION 들을 다음과 같이 사상한다. WORKS_FOR에 대하여 DEPARTMENT 릴레이션의 기본키 Dnumber를 EMPLOYEE 릴레이션의 외래키로 포함시키고 Dno로 부른다. SUPERVISION에 대하여 EMPLOYEE 릴레이션의 기본키를 EMPLOYEE 릴레이션 자신에 외래키로 포함시키고 Super_ssn으로 부른다. 왜냐하면 순환적(recursive) 관계이기 때문이다. CONTROLS 관계는 PROJECT 릴레이션의 Dnum 외래키 애트리뷰트로 사상시킨다. 이 Dnum은 DEPARTMENT 릴레이션의 기본키인 Dnumber를 참조한다. 그림 8.2는 이와 같이 생성된 외래키들을 보여준다.

2. **관계 릴레이션 방식.** 대안은 이진 1:1 관계의 경우에 대한 세 번째 방법에서 관계 릴레이션(교차 참조)을 사용하는 것이다. 별도의 릴레이션 $R$을 생성하고 $R$의 애트리뷰트가 $S$와 $T$의 기본키를 참고하는 외래키들로 구성하면 된다. 이 방법은 $S$의 투플이 거의 관계에 참여하지 않는 경우 외래키가 과도한 널 값을 갖지 않도록 하기 위해 사용될 수 있다.

**단계 5: 이진 M:N 관계 타입의 사상**. 다치 속성을 가지지 않는 기존 관계 모델에서 N:M 관계를 매핑하는 유일한 방법은 관계 릴레이션(relationship relation)을 생성하는 것이다. 각 이진 M:N 관계 타입 $R$에 대하여 $R$을 표현하기 위한 새로운 릴레이션 $S$를 생성한다. 참여 엔티티 타입에 해당하는 릴레이션들의 기본키를 $S$에 외래키 애트리뷰트로 포함시켜라. 그들의 조합이 $S$의 기본키가 될 것이다. 또한 M:N 관계 타입에 연결된 모든 단순 애트리뷰트(또는 복합 애트리뷰트의 단순 요소 애트리뷰트)를 $S$의 애트리뷰트로 포함시켜라. 주의할 점은 M:N 카디날리티 비율(cardinality ratio) 때문에(1:1 또는 1:N 관계 타입에서처럼) 참여 릴레이션들 중에서 한 릴레이션에만 외래키 애트리뷰트를 포함시키는 것으로는 M:N 관계 타입을 표현할 수 없다는 것이다. 이 경우 반드시 별도의 관계 릴레이션 $S$를 생성하여야 한다.

예제에서는 그림 8.1의 M:N 관계 타입인 WORKS_ON을 사상시켜 그림 8.2의 WORKS_ON 릴레이션을 생성한다. PROJECT 릴레이션과 EMPLOYEE 릴레이션의 기본키를 WORKS_ON 릴레이션에 외래키로 포함시키고 각각 Pno와 Essn으로 이름을 바꾼다. 또한 관계 타입의 Hours 애트리뷰트를 표현하기 위하여 WORKS_ON에 Hours 애트리뷰트를 포함시킨다. WORKS_ON 릴레이션의 기본키는 외래키 애트리뷰트 {Essn, Pno}의 조합이다. 그림 8.3(c)는 이런 관계 릴레이션을 보여준다.

각 관계 인스턴스는 그와 연관된 각 엔티티에 대하여 존재 종속성이 있다. 그러므로 연쇄(CASCADE) 옵션으로 참조 트리거를 동작하게 하는 행위(action)가 관계 $R$의 외래키에 명시되어 있어야 한다. 이것은 ON UPDATE와 ON DELETE 모두에 사용될 수 있다.

앞에서 논의하였던 것처럼 교차 참조(관계 릴레이션) 방법을 사용하여 항상 M:N 관계와 유사한 방법으로 1:1 또는 1:N 관계를 사상할 수 있다는 점을 주목하라. 이 방법은 관계 인스턴스가 거의 없어서 외래키에 널 값을 채우는 것을 피하고자 할 때 특히 유용한 방법이다. 이 경우 관계 릴레이션의 기본키는 참여하는 엔티티 릴레이션들 중에서 한 릴레이션에서만 외래키가 된다. 1:N 관계에서는 관계 릴레이션의 기본키가 N-측의 엔티티 릴레이션을 참조하는 외래키가 되고, 1:1 관계에서는 어느 외래키도 관계 릴레이션의 기본키로 사용될 수 있다.

**단계 6: 다치 애트리뷰트의 사상**. 각 다치 애트리뷰트 $A$에 대하여 새로운 릴레이션 $R$을 생성하라. 이 릴레이션 $R$은 $A$에 대응하는 한 애트리뷰트를 포함할 것이다. 또 엔티티 타입이나 $A$를 다치 애트리뷰트로 갖는 관계 타입에 해당하는 릴레이션의 기본키 애트리뷰트 $K$를 $R$의 외래키로 포함시킬 것이다. $R$의 기본키는 $A$와 $K$의 조합이다. 만약 다치 애트리뷰트가 복합 애트리뷰트이면 이 복합 애트리뷰트의 단순 요소 애트리뷰트들을 포함시킨다.

예에서는 LOCATIONS 속성에 대하여 DEPT_LOCATIONS 릴레이션을 생성한다(그림 8.3(d)). Dlocation 애트리뷰트는 DEPARTMENT의 다치 애트리뷰트인 LOCATIONS에 대응되고, 외래키인 Dnumber는 DEPARTMENT 릴레이션의 기본키에 대응된다. DEPT_LOCATIONS의 기본키는 {Dnumber, Dlocation}의 조합이다. 한 부서의 모든 위치에 대하여 별도의 투플이 DEPT_LOCATIONS에 존재할 것이다.

연쇄(CASCADE) 옵션으로 참조 트리거를 동작하게 하려면(5.2절 참조), ON UPDATE와 ON DELETE에 모두 사용되는 다치 애트리뷰트를 가지는 관계 $R$에 외래키가 명시되어 있어야 한다. 또한 복합, 다치 애트리뷰트를 사상할 때 $R$의 키를 구하기 위해서는 구성 애트리뷰트들의 의미를 분석하는 것이 필요하다는 사실에 주목해야 한다. 다치 애트리뷰트가 복합인 경우, 구성 애트리뷰트들 중의 일부만이 $R$의 키에 포함될 수도 있다. 이 애트리뷰트들은 다치 애트리뷰트에 대응되는 약한 엔티티 타입의 부분키와 유사하다(3.5절 참조).

그림 8.2는 1~6 단계를 통해 얻은 COMPANY 관계 데이터베이스 스키마를 나타내고, 그림 4.6은 데이터베이스 상태의 예를 보여준다. $n$차($n-$ary) 관계 타입($n > 2$)의 사상은 그림 8.1에 없기 때문에 아직 설명하지 않았다. 이는 사상 알고리즘에 아래의 단계 7을 추가로 포함하여 M:N 관계 타입과 유사한 방법으로 처리한다.

**단계 7: N차 관계 타입의 사상.** 각각의 $n$차($n > 2$) 관계 타입 $R$에 대하여 $R$에 대응하는 새로운 릴레이션 $S$를 생성하라. 모든 참여 엔티티 타입에 대응되는 릴레이션들의 기본키를 $S$에 외래키 애트리뷰트로 포함시켜라. 또한 $n$차 관계 타입의 모든 단순 애트리뷰트(또는 복합 애트리뷰트의 단순 요소 애트리뷰트)를 $S$의 애트리뷰트로 포함시켜라. 일반적으로 $S$의 기본키는 참여 엔티티 타입에 해당하는 릴레이션들을 참조하는 모든 외래키의 조합이나. 그러나 민악 $R$에 참여하는 엔티티 타입 $E$들 중에서 한 엔티티 타입의 카디날리티 제약 조건이 1이면 $S$의 기본키는 $E$에 해당하는 릴레이션 $E'$을 참조하는 외래키 애트리뷰트를 포함해서는 안 된다($n$차 관계에 대한 제약 조건에 대해서는3.8.2절 참조).

예를 들어, 그림 3.16의 관계 타입 SUPPLY를 고려해 보자. 이것은 그림 8.4의 SUPPLY 릴레이션으로 사상될 수 있는데, 여기서 기본키는 외래키 {Sname, Part_no, Proj_name}의 조합이 된다.

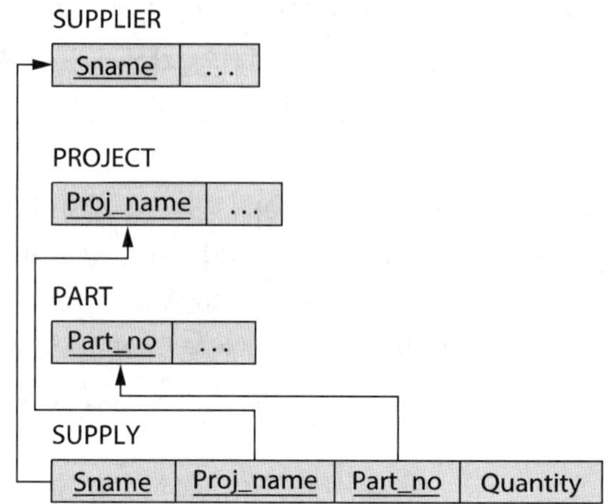


그림 8.4 그림 3.17(a)의 $n$차 관계 타입 SUPPLY에 대한 릴레이션 생성

## 8.1.2 ER 모델의 사상에 대한 검토 및 요약

표 8.1은 ER과 관계 모델 사이의 대응관계와 제약 조건들을 요약하고 있다.

ER 스키마와 비교하여 관계 스키마에서 주목할 핵심 중의 하나는 관계 타입이 명시적으로 드러나게 표현되지 않는다는 것이다. 대신에 관계 타입은 두 개의 애트리뷰트 $A$와 $B$를 가지는 것으로 표현된다. 여기서 한 애트리뷰트는 기본키이고 다른 애트리뷰트는 두 릴레이션 $S$와 $T$에 포함된 (동일한 도메인에 대한) 외래키이다. $S$와 $T$의 두 투플은 $A$와 $B$에 같은 값을 가질 때 관련성이 있게 된다. $S.A$와 $T.B$에 동등 조인(또는 두 개의 조인 애트리뷰트가 같은 이름을 가지고 있다면 자연 조인) 연산을 적용하여 관련된 투플들의 모든 쌍을 $S$와 $T$로부터 조합할 수 있고, 그 관계를 구체화할 수 있다. 이진 1:1 또는 1:N 관계 타입이 들어 있을 경우에는 보통 한 번의 조인 연산이 필요하다. 이진 M:N 관계 타입에 대해서는 두 번의 조인 연산이 필요하고, $n$차 관계 타입의 경우에는 관계 인스턴스를 완전히 구체화하기 위해 $n$번의 조인이 필요하다.

예를 들어, 사원 이름, 프로젝트 이름, 각 프로젝트에서 사원이 근무하는 시간을 포함하는 릴레이션을 만들려면 그림 8.2의 WORKS_ON 릴레이션을 통하여 각 EMPLOYEE 투플과 관련된 PROJECT 투플들을 연결시켜야 한다. 따라서 EMPLOYEE와 WORKS_ON 릴레이션에 대하여 Ssn = Essn 조인 조건에 따라 동등 조인 연산을 적용하고, 그 결과 릴레이션과 PROJECT 릴레이션에 대하여 Pno = Pnumber 조인 조건에 따른 동등 조인 연산을 적용해야 한다.

표 8.1 ER 모델과 관계 모델의 비교

| 엔티티 타입 | 엔티티 릴레이션 |
|---|---|
| 1:1 또는 1:N 관계 타입 | 외래키(또는 관계 릴레이션) |
| M:N 관계 타입 | 관계 릴레이션과 두 외래키 |
| *n*차 관계 타입 | 관계 릴레이션과 $n$개의 외래키 |
| 단순 애트리뷰트 | 애트리뷰트 |
| 복합 에튜리뷰트 | 단순 요소 애트리뷰트들의 집합 |
| 다치 애트리뷰트 | 릴레이션과 외래키 |
| 값의 집합 | 도메인 |
| 키 애트리뷰트 | 기본키(또는 보조키) |

일반적으로 다수의 관계를 고려해야 할 경우에 여러 번의 조인 연산이 명시되어야 한다. 관계 데이터베이스 사용자는 두 개 이상의 릴레이션으로부터 관련된 투플들을 올바르게 조합히기 위하여 항상 외래키 애트리뷰트에 주의해야 한다. 이것은 외래키/기본키 대응이 관계 스키마 측면에서 항상 명확하지는 않기 때문인데, 이것은 종종 관계 데이터 모델의 단점으로 여겨지기도 한다. 외래키/기본키 관계가 없는 두 릴레이션의 애트리뷰트 간에 동등 조인을 수행하면 그 결과는 부정확한 데이터인 경우가 많다. 예를 들어, Dlocation = Plocation이라는 조건으로 PROJECT와 DEPT_ LOCATIONS를 조인해서 결과를 확인해 보기 바란다.

관계 스키마에서 각 다치 애트리뷰트에 대하여 별도의 릴레이션을 생성한다. 다치 애트리뷰트에 대해서 값들의 집합을 갖는 특정 엔티티에 대하여 그 엔티티의 키 애트리뷰트 값이 각 다치 애트리뷰트 값마다 한 번씩 서로 다른 투플에서 반복된다. 이는 기본적인 관계 모델이 한 투플의 하나의 애트리뷰트에 대하여 여러 값(리스트 또는 값들의 집합)을 허용하지 않기 때문이다. 예를 들어, 5번 부서는 세 곳에 위치하기 때문에 그림 4.5의 DEPT_ LOCATIONS 릴레이션에 세 개의 투플이 존재하고 각 투플은 각 위치를 나타낸다. 우리의 예에서 DEPARTMENT의 다른 애트리뷰트들과 함께 모든 위치값을 구하기 위하여 DEPT_LOCATIONS과 Dnumber 애트리뷰트 상의 DEPARTMENT 릴레이션에 동등 조인을 적용한다. 결과 릴레이션에서 다른 DEPARTMENT 애트리뷰트들의 값은 부서의 각 위치에 대한 투플마다 중복된다.

기본적인 관계 대수에는 그림 4.5의 DEPT_LOCATIONS 릴레이션으로부터 {<'1', 'Houston'>, <'4', 'Stafford'>, <'5', '{ Bellaire', 'Sugarland', 'Houston'}>} 형태의 투플 집합을 생성할 NEST나 COMPRESS 연산이 없다. 이는 기본적으로 정규화된, 즉 '평범한' 버전의 관계 모델이 갖는 심각한 단점이다. 객체 데이터 모델과 객체-관계 시스템(11장 참조)은 다치 애트리뷰드를 허용한다.

## 8.2 요약

8.1절에서는 ER 모델의 개념적인 스키마 디자인으로부터 관계 데이터베이스 스키마로 사상하는 방법을 보였다. ER-관계 사상은 COMPANY 데이터베이스에 대한 예를 가지고 설명하였다. ER과 관계 모델 사이의 대응관계와 제약 조건들을 표 8.1에 요약하였다.

### 복습문제

*8.1* 8.1 ER 모델 구문과 관계 모델 구문 간의 대응에 관하여 논하라. 각 ER 모델 구문이 관계 모델로 어떻게 사상되는지를 보이고, 또 다른 사상에 관하여 논하라.

### 연습문제

*8.2* 그림 8.5는 해운항만청에서 수송선과 수송선의 위치를 관리하기 위해 사용될 수 있는 데이터베이스의 ER 스키마를 나타낸다. 이 스키마를 관계 스키마로 사상하고 모든 기본키와 외래키를 명시하라.

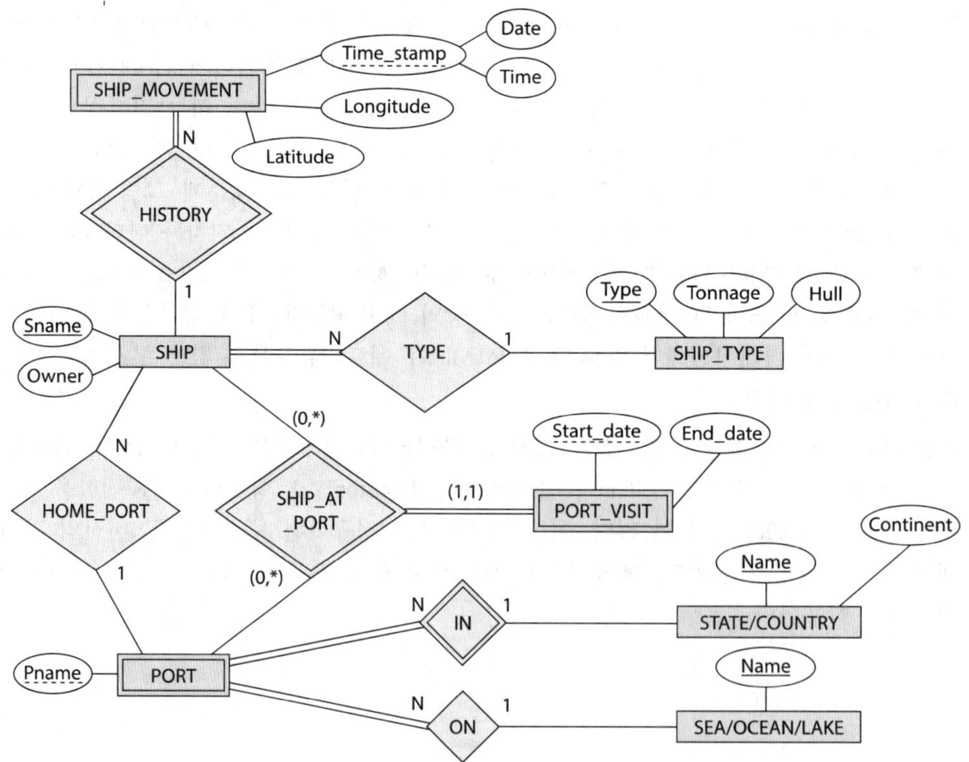


그림 8.5 SHIP_TRACKING 데이터베이스에 대한 ER 스키마

8.3 연습 문제 3.22의 BANK ER 스키마(그림 3.20)를 관계 스키마로 사상하고 모든 기본키와 외래키를 명시하라. 연습 문제 3.18의 AIRLINE 스키마(그림 3.19)와 그 이후의 다른 연습 문제의 스키마들에 대해서도 풀어 보라.

8.4 2진 n:m 관계 타입을 새로운 릴레이션 없이 매핑할 수 있는가? 왜 가능한가? 혹은 왜 불가능한가?

## 실습문제

8.5 실습 문제 3.28에서 ERWin 혹은 Rational Rose와 같은 도구를 사용하여 모델링되었던 MAIL_ORDER 데이터베이스를 위한 ER 설계를 고려하자. 모델링 도구의 SQL 스키마 생성 특성을 사용해서 오라클 데이터베이스를 위한 SQL 스키마를 생성하라.

8.6 실습 문세 3.30에시 ERWin 혹은 Rational Rose와 같은 도구를 사용하여 모델링되었던 CONFERENCE_REVIEW 데이터베이스를 위한 ER 설계를 고려하자.
모델링 도구의 SQL 스키마 생성 특성을 사용해서 오라클 데이터베이스를 위한 SQL 스키마를 생성하라.

## 주요 참고문헌

최초의 ER-관계 사상 알고리즘은 원래의 ER 모델을 제안한 Chen의 고전 논문(Chen1976)에서 기술되었다. Batini 외(1992)는 ER 및 ERR 모델로부터 레거시 모델로, 레거시 모델로부터 ER 및 ERR 모델로 사상하는 다양한 사상알고리즘들에 대해 논의하였다.

# SQL 프로그래밍 기법 소개

5장과 6장에서는 관계 데이터베이스의 표준인 SQL 언어의 여러 가지 기능들에 대해 설명하였다. 데이터 정의, 스키마 수정, 질의 및 수정을 위한 SQL 문장들을 설명하였고, 키와 참조 무결성 제약 조건 등과 같은 데이터베이스 내용에 대한 여러 가지 제약 조건들을 어떻게 표현하는지를 설명하였다.

이 장과 다음 장에서는 프로그램에서 데이터베이스들을 접근하기 위해 개발된 여러 방법 중 몇 가지에 대해 설명한다. 실제적인 응용에서는 데이터베이스를 접근할 때 대부분의 경우 데이터베이스 응용을 구현한 소프트웨어 프로그램을 통하여 접근한다. 이 소프트웨어는 보통 JAVA, C/C++/C#, COBOL (역사적으로), 또는 다른 프로그래밍 언어를 사용하여 개발된다. 또한 PHP, Python 및 JavaScript와 같은 스크립트 언어들이 웹 응용 내에서 데이터베이스를 접근하는 프로그램을 작성하기 위해 많이 사용되고 있다. 이 장에서는 전통적인 프로그래밍 언어인 C/C++와 Java에서 어떻게 데이터베이스를 접근하는지에 대해 주로 설명한다. 반면에 다음 장에서는 PHP와 JavaScript와 같은 스크립트 언어에서 데이터베이스를 접근하는 방법에 대해 소개한다. 2.3.1절에서 설명하였듯이, 데이터베이스 문장들이 어떤 프로그램 내에 포함되어 있을 경우, 범용 프로그래밍 언어를 호스트 언어라고 부르며 데이터베이스 언어(여기서는 SQL)를 데이터 부속어라고 부른다. 어떤 경우에는 데이터베이스 응용을 개발하는 데 특별히 사용하기 위해 특별한 데이터베이스 프로그래밍 언어를 개발하기도 한다. 이러한 데이터베이스 프로그래밍 언어를 위한 많은 연구용 시제품들이 개발되었지만, ORACLE의 PL/SQL(Programming Language/SQL)과 같은 몇 개의 유명한 데이터베이스 프로그래밍 언어만 널리 사용되고 있다.

데이터베이스 프로그래밍은 매우 광범위한 주제라는 것을 아는 것이 중요하다. 책 전체가 하나의 프로그래밍 기법을 소개하고 이 기법들을 실제 시스템에 어떻게 적용하는지 설명하는 교재들이 많이 있다. 새로운 기법들은 항상 개발되고 있고, 기존 기법들을 개선한 새로운 시스템 버전과 언어들이 만들어지고 있다. 이 주제를 다루는 데 있어 또 하나의 어려운 점은 SQL 표준이 있기는 하지만 이들 표준들이 계속 변화하고 있고, 각 DBMS 제품마다 표준과 다른 변형들을 가지고 있다는 것이다. 이런 점 때문에 특정한 방법이나 시스템에 대해 자세히 다루기보다는 중요 유형의 데이터베이스 프로그래밍 기법들 중에서 몇 개를 간단히 소개하고 이 기법들을 서로 비교하도록 하겠다. 이 장에서 사용하는 예제들을 보면, 프로그래머가 이들 데이터베이스 프로그래밍 기법들을 사용할 때 마주치게 될 주요한 차이점들을 이해하는 데 도움이 될 것이다. 설명이나 예제를 표현할 때는 특정 시스템에 맞춰 설명하기보다는 SQL

표준을 사용하도록 한다. 특정 시스템을 사용할 때는, 이 책에 있는 자료들은 간단한 소개로 사용하고 나중에 시스템 설명서나 그 특정 시스템을 다루는 책들을 통해 더 자세히 살펴보기 바란다.

9.1절에서는 프로그램에서 데이터베이스를 접근하기 위해 개발된 여러 가지 기법들에 대한 개요를 먼저 설명한다. 9.2절에서는 SQL 문장들을 범용 프로그래밍 언어에 포함시키는, 흔히 내포된 **SQL**(embedded SQL)이라고 알려진 방법에 대해 설명한다. 또 이 절에서는 질의를 실행 시점에 동적으로 구성할 수 있는 동적 **SQL**(dynamic SQL)에 대해서도 설명하며, JAVA 프로그래밍 언어를 위해 특별히 개발한 내포된 SQL의 SQLJ 변형에 대한 기본적인 기능에 대해서도 설명한다. 9.3절에서는 데이터베이스를 접근하는 데 사용할 라이브러리 프로시저와 함수들로 구성된 **SQL/CLI**(Call Level Interface)라고 알려진 방법에 대해 설명한다. 여러 형태의 라이브러리 함수 집합들이 제안되었는데, SQL/CLI 함수들은 SQL 표준에 채택된 것이다. 널리 사용되는 함수들의 또 다른 라이브러리는 **ODBC**(Open Data Base Connectivity)인데, 이는 SQL/CLI와 매우 유사하다. 사실 SQL/CLI는 ODBC의 표준화된 버전으로 간주할 수 있다. 함수들의 세 번째 라이브러리는 이 장에서 설명하고 있는 **JDBC**인데, 이는 객체지향 프로그래밍 언어(OOPL)인 JAVA에서 데이터베이스를 접근할 수 있도록 특별히 개발된 것이다. OOPL에서는 함수나 프로시저들의 라이브러리 대신에 클래스들의 라이브러리가 사용된다. 끝으로 9.4절에서는 **SQL/PSM**(Persistent Stored Module)에 대해 논의하는데, 이는 프로그램 모듈들 — 즉, 프로시저와 함수들을 DBMS에 저장한 후 SQL을 통해 접근할 수 있도록 허용하는 기능으로 SQL 표준의 한 부분이다. 이 저장 프로그램 모듈들을 작성할 때 절차적 프로그래밍 언어를 사용한다. 9.5절에서 데이터베이스 프로그래밍에 대한 세 가지 접근 방법을 간단히 비교하고, 9.6절에서는 이 장을 요약한다.

# 9.1 데이터베이스 프로그래밍 기법과 이슈

이제 프로그램에서 데이터베이스를 접근하기 위해 개발된 방법들, 특별히 응용 프로그램에서 SQL 데이터베이스를 접근하는 기법들에 대해 살펴보도록 하자. 5장과 6장에서 설명한 SQL은 스키마 정의와 제약 조건 명시, 질의, 갱신 및 뷰의 정의 등과 같은 여러가지 데이터베이스 연산들을 위한 구조에 대해 주로 살펴보았다. 대부분의 데이터베이스 시스템들은 이들 SQL 명령문을 모니터 상에서 직접 타이핑하고 이를 데이터베이스 시스템에서 실행하는 대화식 인터페이스(interactive interface)를 가지고 있다. 예를 들어, ORACLE RDBMS가 설치된 컴퓨터에서 SQLPLUS 명령을 실행하면 ORACLE이 제공하는 대화식 인터페이스가 시작된다. 사용자는 SQL 명령이나 질의들을 여러줄 입력한 후, 끝에 세미콜론과 엔터키(즉 ";<cr>")를 입력하여 직접 실행할 수 있다. 또는 여러 명령문을 가진 파일을 만든 후 대화식 인터페이스에서 @<파일명>이라고 타이핑하여 실행할 수 있다. 그러면 시스템은 파일에 기록된 명령문들을 실행하고 그 결과를 출력할 것이다.

대화식 인터페이스는 스키마와 제약 조건을 정의하거나 가끔씩 실행되는 임의 질의를 수행하는 데 상당히 편리하다. 그러나 실제적으로는 데이터베이스에 대한 대부분의 동작은, 잘 설계되고 테스트된 프로그램을 통해 실행된다. 이들 프로그램들은 일반적으로 응용 프로그램 또는 데이터베이스 응용이라 불리며, 1.4.3절에서 설명한 최종 사용자들이 사용하는 미리 작성된 트랜잭션으로 사용된다. 데이터베이스 프로그래밍을 널리 사용하는 또 다른 경우로는 항공권 예약이나 전자 상거래 등과 같은 웹 인터페이스를 구현한 응용 프로그램을 통해 데이터베이스를 접근하는 것이다. 사실 거의 대부분의 웹 전자 상거래 응용들이 데이터베이스를 접근하는 기능을 포함하고 있다. 10장에서는 최근에 널리 사용되고 있는 스크립트 언어인 PHP를 사용하여 웹 데이터베이스 프로그래밍 방법을 간단히 소개한다.

이 절에서는 먼저 데이터베이스 프로그래밍에 대한 주요 접근 방법들을 개괄적으로 살펴본다. 이어서 범용 프로그래밍 언어에서 데이터베이스를 접근할 때 발생하는 몇 가지 문제점들에 대해 논의한 후, 소프트웨어 프로그램에서 데이터베이스를 활용하기 위해 사용하는 전형적인 절차에 대해 설명한다.

## 9.1.1 데이터베이스 프로그래밍을 위한 접근 방법들

응용 프로그램에서 데이터베이스와 상호 연동할 때 사용할 수 있는 여러 가지 방법들이 있는데, 그 대표적인 접근 방식들은 다음과 같이 분류할 수 있다.

1. **범용 프로그래밍 언어 내에 내포된 데이터베이스 명령문.** 이 방식은 데이터베이스 문장을 호스트 프로그래밍 언어 내에 내포시키는 방법이다. 이때 데이터베이스 문장을 식별할 수 있도록 특별한 접두어를 붙인다. 예를 들어, 내포된 SQL에서는 호스트 언어 프로그램 내에 포함된 모든 SQL 명령문 앞에 EXECSQL이라는 문자열을 접두어로 붙인다.[1] 프리컴파일러 또는 전처리기가 데이터베

1) 가끔 다른 접두어가 사용되기도 하지만 이것이 가장 보편적으로 사용된다.

이스 문장을 식별하기 위해 소스 프로그램 코드를 먼저 스캔하고 DBMS에 의해 수행하도록 이 문장들을 추출한다. 프로그램 내에 있는 이 문장들은 DBMS가 제공하는 내부 함수에 대한 호출문으로 교체된다. 이 방법은 일반적으로 내포된 SQL이라고 불려진다.

2. **데이터베이스 함수 또는 클래스 라이브러리 사용.** 호스트 프로그래밍 언어에서 데이터베이스 호출을 위한 라이브러리 함수를 사용하는 방법이다. 예를 들면, 데이터베이스에 대한 연결, 질의 준비, 질의 실행, 수정 실행, 질의 결과에서 한 번에 한 레코드씩 가져오는 루프 등의 함수들이 제공될 수 있다. 이 함수들을 호출할 때 실제 데이터베이스 질의 및 수정 문장들과 다른 필요한 정보들은 매개 변수로 전달된다. 이 접근 방식은 응용 프로그램에서 데이터베이스를 접근하기 위한 응용 프로그래밍 인터페이스(API: Application Programming Interface)를 제공하는 방법이다. 객체지향 프로그래밍 언어(OOPL)를 위해서는 클래스 라이브러리가 사용된다. 예를 들어, Java는 JDBC 클래스 라이브러리를 갖는데, 이들은 특정 데이터베이스에 대한 접속 객체, 질의 객체, 질의 결과 객체 등과 같은 여러 종류의 객체들을 제공한다. 각 타입의 객체들은 그 객체의 클래스와 연관된 여러 연산들의 집합을 갖는다.

3. **새로운 언어의 개발.** 데이터베이스 모델 및 질의어와 호환 가능한 별도의 데이터베이스 프로그래밍 언어를 새로 개발하는 방법이다. 데이터베이스 언어에 반복 루프 및 조건문 등과 같은 추가적인 프로그래밍 구조를 포함시켜 별도의 완전한 프로그래밍 언어로 변환하는 것이다. 이런 방식의 한 예는 Oracle의 PL/SQL이다. SQL 표준에서는 저장 프로시저를 명시하기 위한 SQL/PSM 언어를 가지고 있다.

실제로 많은 응용들이 범용 프로그래밍 언어로 작성되고 있으며 약간의 데이터베이스 접근을 필요로 하기 때문에 처음 두 가지 접근 방식이 더 보편적으로 사용되고 있다. 세번째 방식은 데이터베이스와의 연동을 많이 요구하는 응용들에 더 적합하다. 세 번째 방식에는 일어나지 않지만 처음 두 가지 접근 방식에서 발생하는 대표적인 문제점 중의 하나는 **임피던스 불일치**(impedance mismatch)이다. 이에 대한 설명은 아래에 있다.

### 9.1.2 임피던스 불일치

임피던스 불일치는 데이터베이스 모델과 프로그래밍 언어 모델 사이의 차이점 때문에 발생하는 문제를 언급할 때 사용하는 용어이다. 예를 들면, 실제 관계 모델은 다음 세 가지의 주요 구조를 갖는다: 열(애트리뷰트)과 그 데이터 타입, 행(투플 또는 레코드라 불림), 그리고 테이블(레코드 집합 또는 다중 집합). 발생할 수 있는 첫 번째 문제점은 프로그래밍 언어의 데이터 타입과 관계 데이터 모델에서 사용 가능한 애트리뷰트 데이터 타입이 서로 다르다는 것이다. 따라서 각 애트리뷰트 타입을 해당 프로그래밍 언어에서 호환 가능한 타입으로 바인딩하는 것이 필요하다. 서로 다른 프로그래밍 언어들은 서로 다른 데이터 타입을 가지므로 각 프로그래밍 언어에 대해 서로 다른 바인딩이 필요하다. 예를 들면, C/C++와

JAVA는 서로 다른 데이터 타입을 사용하며, SQL 타입은 관계 데이터베이스를 위한 표준 데이터 타입으로 이들 두 언어와 다른 타입을 사용한다.

또 다른 문제점은 대부분의 질의 결과들이 투플(행)들의 집합이나 다중 집합을 가지며, 각 투플은 여러 애트리뷰트 값들의 모임으로 구성되기 때문에 발생한다. 프로그램에서는 투플 집합으로부터 각 투플의 데이터 값들을 접근하여 이를 출력하거나 처리할 필요가 있다. 이를 위해 하나의 테이블 형태의 질의 결과 자료 구조를 프로그래밍 언어에서 적절한 자료 구조로 바인딩하는 것이 필요하다. 한 번에 한 투플씩 접근하고 이 투플로부터 개별 애트리뷰트 값을 추출하기 위해 질의 결과 내에 있는 투플들을 대상으로 반복하는 루프 기능이 필요하다. 추출된 애트리뷰트 값들은 프로그램에서 추가적인 처리를 할 수 있도록 적절한 프로그램 변수에 보통 복사된다. 질의 결과 내의 투플들을 반복적으로 처리하기 위해 커서 또는 반복 변수가 보통 사용된다. 각 투플 내의 개별 값들은 적절한 타입의 프로그램 변수들에 전달한다.

데이터베이스 모델과 동일한 데이터 모델과 데이터 타입을 사용하는 특별한 데이터베이스 프로그래밍 언어를 개발한다면 이러한 임피던스 불일치는 줄일 수 있다. ORACLE의 PL/SQL이 이러한 언어 중의 하나이다. SQL 표준에는 *SQL/PSM*이라고 알려진 이와 유사한 데이터베이스 프로그래밍 언어를 또한 포함하고 있다. 객체 데이터베이스의 경우, 객체 데이터 모델은 JAVA 프로그래밍 언어의 데이터 모델과 아주 유사하다(11장 참조). 따라서 JAVA를 호스트 언어로 사용하여 JAVA와 호환 가능한 객체 데이터베이스를 접근할 경우 임피던스 불일치를 현저히 줄일 수 있다. 현재까지 여러 데이터베이스 프로그래밍 언어들이 연구용 시제품으로 개발되어 있다(주요 참고문헌을 참조).

### 9.1.3 데이터베이스 프로그래밍에서 전형적인 동작 순서

프로그래머나 소프트웨어 엔지니어가 데이터베이스 접근을 필요로 하는 프로그램을 개발할 때, 그 프로그램은 데이터베이스가 설치된 컴퓨터가 아닌 또 다른 컴퓨터에서 주로 실행된다. 2.5절에서 설명한 바와 같이, 데이터베이스 접근을 위한 보편적인 아키텍처는 3층의 클라이언트/서버 모델이다. 이 아키텍처에서 최상위 층의 **클라이언트 프로그램**은 보통 웹 클라이언트나 모바일 앱 형태로 랩탑이나 모바일 장비에 정보를 출력하는 것을 담당하며, 중간 층의 **응용 프로그램**은 업무 소프트웨어 응용의 논리를 수행하면서 데이터를 접근하거나 수정하기 위해 최하위 층의 **데이터베이스 서버**에 대한 여러 개의 호출을 포함하고 있다.[2] 이러한 응용 프로그램을 작성할 때, 보통 다음과 같은 동작 순서를 갖는다.

1. 응용 프로그램이 특정 데이터베이스를 접근할 때, 먼저 데이터베이스 서버에 대한 연결을 설정하거나 개방해야 한다. 이를 위해, 보통 데이터베이스 서버가 위치한 기계의 인터넷 주소(URL)를 지정하고 데이터베이스 접근을 위한 로그인 계정 이름과 암호를 제공하는 등의 작업을 해야 한다.

---

2) 2.5절에서 설명한 바와 같이, 여기에는 2층 구조와 3층 구조가 있지만 논의를 간단하게 하기 위해 여기서는 2층의 클라이언트/서버 구조를 갖는다고 가정한다.

2. 일단 연결이 이루어지면, 프로그램은 질의나 갱신 또는 다른 데이터베이스 명령을 보내어 데이터베이스 서버와 상호 동작할 수 있다. 일반적으로, 대부분의 SQL 문장들이 이 프로그램 내에 사용될 수 있다.
3. 프로그램이 특정 데이터베이스에 대해 더는 접근할 필요가 없을 때, 프로그램은 그 데이터베이스에 대한 연결을 종료하거나 폐쇄해야 한다.

한 프로그램은 필요에 따라 여러 데이터베이스를 접근할 수도 있다. 어떤 데이터베이스 프로그래밍 접근 방식에서는 한 번에 한 데이터베이스에 대한 연결만 허용하는 반면에 또 다른 방식에서는 동시에 여러 개의 연결을 설정할 수도 있다.

다음 세 절에서는 데이터베이스 프로그래밍에 대한 세 가지 주요 접근 방식 각각에 대한 예를 설명하고 있다. 9.2절에서는 어떻게 SQL을 프로그래밍 언어 내에 내포하는지 설명한다. 9.3절에서는 (ODBC와 유사한) SQL/CLI와 JDBC를 사용하여 데이터베이스 접근하기 위해 함수 호출과 클래스 라이브러리를 어떻게 이용하는지 설명하며, 9.4절에서는 데이터베이스 시스템 내에 저장할 모듈(프로시저와 함수)을 정의하기 위한 범용 프로그래밍 구조를 허용할 수 있도록 SQL을 확장한 SQL/PSM에 대해 논의한다.[3] 9.5절에서는 이들 방식들을 서로 비교한다.

## 9.2 내포된 SQL, 동적 SQL 및 SQLJ

이 절에서는 SQL 문장들을 범용 프로그래밍 언어 내에 내포시키는 기법을 개괄적으로 설명한다. 이를 위해 C와 Java의 두 가지 언어를 사용한다. 내포된 SQL이라고 알려진 C 언어를 사용한 예제들을 9.2.1절부터 9.2.3절까지 소개한다. 이 내포된 SQL들은 다른 프로그래밍 언어에서도 비슷하게 사용이 가능하다. SQLJ라고 알려진 Java를 사용한 예제들을 9.2.4절과 9.2.5절에서 소개한다. 이 내포 방식에서는, 프로그래밍 언어를 호스트 언어(host language)라고 한다. 데이터나 제약 조건의 정의, 질의, 갱신 또는 뷰 정의 등을 포함하여 대부분의 SQL 문장들이 호스트 언어의 프로그램 안에 내포될 수 있다.

### 9.2.1 내포된 SQL에서 단일 투플의 검색

내포된 SQL의 개념을 설명하기 위해 C를 호스트 프로그래밍 언어로 사용하기로 한다.[4] C 프로그램에서, 내포된 SQL 문장들은 각 문장 앞에 EXEC SQL이라는 키워드를 붙여서 호스트 언어 소스 코드들과 구별한다. 이렇게 할 경우 프리프로세서(혹은 프리컴파일러)가 내포된 SQL 문장들을 호스트 언어의 코드로부터 쉽게 분리할 수 있다. 프로그램 내의 SQL 문장들은 END-EXEC 또는 세미콜론(;)으로 문장의 끝을 표시한다. 다른 프로그래밍 언어

---

3) SQL/PSM이 완전한 프로그래밍 언어는 아니지만, 반복 루프와 조건문 등과 같은 전형적인 범용 프로그래밍 구조가 어떻게 SQL 내에 통합될 수 있는지를 보여줄 수 있다.
4) 여기서는 객체지향 기능을 사용하지 않고 단지 데이터베이스 프로그래밍 방법만 소개하기 때문에 C++ 프로그래밍 언어에도 역시 적용 가능하다.

에서 SQL을 내포시킬 때에도 비슷한 규칙을 사용한다.

프로그래머들은 내포된 SQL 문장 내에서 특별하게 선언된 C 프로그램 변수를 참조할 수 있다. 이러한 변수들은 C 프로그램과 내포된 SQL 문장 양쪽에서 사용할 수 있기 때문에 공유 변수라고 부른다. 공유 변수들은 SQL 문장 내에서 사용될 때는 콜론(:)을 그 앞에 붙인다. 이는 프로그램 변수 이름과 애트리뷰트(열 이름)와 릴레이션(테이블 이름) 등과 같은 데이터베이스 스키마 구조의 이름을 서로 구별하기 위함이다. 프로그램 변수들은 SQL 문장 내에서는 앞에 콜론(:)을 붙여서 구별할 수 있기 때문에 애트리뷰트 이름과 동일한 이름을 가질 수 있다. 애트리뷰트와 릴레이션 등과 같은 데이터베이스 스키마 구조의 이름들은 SQL 문장 내에서만 사용할 수 있다. 하지만 공유 변수는 C 프로그램 내에서 섭두어 콜론(:) 없이 어느 곳에서나 사용할 수 있다.

그림 4.5의 COMPANY 데이터베이스를 처리하는 C 프로그램을 작성한다고 가정해 보자. 프로그램에서 처리할 데이터베이스 애트리뷰트 타입과 일치하는 프로그램 변수를 선언할 필요가 있다. 프로그래머가 프로그램 변수의 이름을 선택할 때, 이 변수 이름을 대응하는 데이터베이스 애트리뷰트의 이름과 동일한 이름을 사용하거나, 혹은 다른 이름을 사용해도 상관없다. 이 절에서 설명하는 예제들은 그림 9.1에서 선언한 C 프로그램 변수들을 사용하며, 이 후에 C 프로그램 문장들을 보여줄 때 이 선언 부분을 빼고 보여준다. 그림 9.1(1번 줄에서 7번 줄까지)에서 보는 바와 같이 공유 변수들은 프로그램의 declare section 내에서 선언된다.[5] C 언어 타입을 SQL 타입과 바인딩하는 일반적인 방법은 다음과 같다. SQL 타입 중에서 INTEGER, SMALLINT, REAL, 및 DOUBLE은 C 타입의 long, short, float, double로 각각 대응된다. SQL에서 고정 길이 및 가변 길이 문자열 (CHAR[*i*], VARCHAR[*i*])은 C에서 길이가 하나 더 큰 문자 배열(char[i+1], varchar[i+1])로 대응된다.[6] 왜냐하면 C에서 문자열은 실제 문자열에는 포함되지 않은 "\0" (널) 문자로 종료되기 때문이다. varchar가 표준 C 데이터 타입은 아니지만, C가 SQL 데이터베이스 프로그래밍을 위해 사용될 때 이 타입을 사용할 수 있다.

그림 9.1에서 내포된 SQL 명령문은 1번 줄과 7번 줄 뿐인데, 이들은 BEGIN DECLARE와 END DECLARE 사이에 있는 C 변수들이 내포된 SQL 문장 내에서 앞에 콜론(:)을 붙여 사용될 수 있으므로 이 변수들을 따로 기록해 두도

```
0)  int loop ;
1)  EXEC SQL BEGIN DECLARE SECTION ;
2)  varchar dname [16], fname [16], lname [16], address [31] ;
3)  char ssn [10], bdate [11], sex [2], minit [2] ;
4)  float salary, raise ;
5)  int dno, dnumber ;
6)  int SQLCODE ; char SQLSTATE [6] ;
7)  EXEC SQL END DECLARE SECTION ;
```

그림 9.1 내포된 SQL 예제 E1과 E2에서 사용된 C 프로그램 변수들

5) 설명의 편의를 위해 소스 코드 부분에 줄 번호를 사용했는데, 이 줄 번호는 실제 코드의 내용은 아니다.
6) SQL 문자열은 C에서 char* 타입에 대응될 수도 있다.

록 전처리기에게 알려주는 역할을 한다. 2번 줄에서 5번 줄까지는 보통의 C 프로그램 선언문들이다. 2번 줄에서 5번 줄 사이에 선언된 C 프로그램 변수들은 그림 4.5의 COMPANY 데이터베이스에 속한(그림 5.1에 있는 SQL DDL 문에 의해 선언된) EMPLOYEE와 DEPARTMENT 테이블들의 애트리뷰트에 대응하는 것이다. 6번 줄에서 선언된 변수들, 즉 SQLCODE와 SQLSTATE는 SQL 통신 변수라고 불리는데, 이들은 데이터베이스 시스템과 실행 프로그램 사이에 오류와 예외 조건들을 전달하기 위해 사용된다. 0번 줄은 프로그램 변수 loop를 보여주고 있는데, 이는 내포된 SQL 문장들에서는 사용되지 않기 때문에 SQL declare section 밖에서 선언된다.

**데이터베이스에 연결하기.** 데이터베이스에 연결을 설정하기 위한 SQL 문장은 다음과 같은 형식을 갖는다.

```
CONNECT TO 〈서버 이름〉 AS 〈연결 이름〉
AUTHORIZATION 〈사용자 계정과 암호〉 ;
```

일반적으로, 한 사용자나 프로그램이 여러 데이터베이스 서버들을 접근할 수 있기 때문에 여러 연결이 설정될 수 있지만, 특정 시점에서 한 개의 연결만 활성화될 수 있다. 다음과 같은 명령을 사용하여 프로그래머나 사용자는 현재 활성화된 연결을 다른 것으로 변경할 수 있다.

```
SET CONNECTION 〈연결 이름〉 ;
```

어떤 연결이 더 이상 필요하지 않으면 다음 명령을 사용하여 이를 종료할 수 있다.

```
DISCONNECT 〈연결 이름〉 ;
```

이 장에 있는 예제들은 COMPANY 데이터베이스에 대한 적절한 연결이 이미 설정되어 있으며 그 연결이 현재 활성화되어 있다고 가정한다.

**통신변수 SQLCODE와 SQLSTATE.** DBMS는 예외와 오류 조건들을 프로그램에 알려주기 위해 두 개의 특별한 통신 변수들, 즉 SQLCODE와 SQLSTATE를 사용한다. 그림 9.1에 나타나 있는 SQLCODE 변수는 정수형 변수이다. 각 데이터베이스 문장이 수행된 후, DBMS는 SQLCODE 내에 한 개의 값을 리턴한다. 이 값이 0이면 그 문장이 DBMS에 의해 성공적으로 수행되었음을 나타낸다. 만약 SQLCODE가 0보다 크면(또는 더 구체적으로 SQLCODE가 100이면), 질의 결과 내에 더 이상 이용 가능한 데이터(레코드)가 없음을 나타낸다. 만약 SQLCODE가 0보다 작으면 어떤 오류가 발생했음을 나타낸다. 어떤 시스템들 — 예를 들면, ORACLE DBMS — 에서는 SQLCODE는 SQLCA(SQL 통신 영역)라 불리는 레코드 구조체 내의 한 필드이므로, SQLCA.SQLCODE라는 형식으로 참조해야 한다. 이 경우 다음과 같은 문장을 사용하여 SQLCA에 대한 정의를 C 프로그램 내에 포함해야 한다.

```
EXEC SQL include SQLCA ;
```

SQL 표준의 최신 버전에는 SQLSTATE라고 불리는 통신 변수가 추가되었는데, 이는 5개의 문자로 구성된 문자열이다. SQLSTATE에서 '00000'값은 어떤 오류나 예외도 발생하지 않았음을 나타내며, 이 외의 다른 값들은 여러 종류의 오류나 예외를 표시한다. 예를 들면,

'02000'은 "더 이상 데이터가 없음"을 나타낸다. 현재 SQLSTATE와 SQLCODE 모두가 SQL 표준에 포함되어 있다. SQLSTATE에 리턴되는 많은 오류와 예외 코드는 모든 SQL 회사들과 제품들에 대해 표준화 되겠지만,[7] SQLCODE에 리턴되는 코드들은 표준화 되지 않고 각 DBMS 회사 나름대로 정의할 것으로 생각된다. 하지만 응용 프로그램에서 특정 DBMS에 무관하게 오류를 취급할 수 있기 때문에 SQLSTATE를 사용하는 것이 일반적으로 더 좋을 것이다. 이후에 주어질 예제로 SQLCODE 대신에 SQLSTATE를 사용하여 재 작성하는 것을 연습 문제로 해 보기 바란다.

**내포된 SQL 프로그래밍 예제.** 내포된 SQL 프로그래밍을 보여주는 첫 번째 예제는 사회보장 번호를 입력으로 받아 이 번호에 해당하는 EMPLOYEE 레코드의 몇 가지 정보를 출력하는 동작을 반복하는 프로그램 세그먼트이다. 이에 대한 C 프로그램 코드가 그림 9.2에 프로그램 세그먼트 E1에 나타나 있다. 이 프로그램은 사회보장번호(Ssn) 값을 읽은(입력받은) 후, 데이터베이스로부터 그 사회보장번호(Ssn)를 가진 EMPLOYEE 투플을 내포된 SQL 명령을 이용하여 검색한다. INTO 절(5번 줄)은 데이터베이스 레코드로부터 검색된 애트리뷰트 값들을 유지할 프로그램 변수들을 지정한다. INTO 절 내의 C 프로그램 변수들은 앞에서 설명한 바와 같이 콜론(:)을 앞에 접두어로 갖는다. INTO 절은 질의 결과가 한 개 레코드인 경우에만 사용할 수 있으며, 만약 여러 레코드들이 검색된 경우에는 에러가 발생될 것이다. 여러 레코드를 취급하는 방법은 9.2.2절에서 다룬다.

E1 내에 있는 7번 줄은 SQLCODE라는 특별한 변수를 통하여 데이터베이스와 프로그램이 대화하는 것을 예시한 것이다. 만약 DBMS에 의해 SQLCODE 내에 리턴된 값이 0이면, 이전 문장은 오류나 예외 조건이 없이 수행되었다. 7번 줄은 이러한 오류가 있었는지 검사하고 있는데, 만약 오류가 있었다면 주어진 사회보장번호(Ssn)를 갖는 EMPLOYEE 투플이 없기 때문에 발생한 것이므로 이를 나타내는 메시지를 출력한다(8번 줄).

예제 E1에 있는 것과 같이 단일 레코드를 검색할 경우, 5번 줄에 있는 것처럼 그 애트리뷰트 값들을 INTO 절에 있는 C 프로그램 변수들에 직접 지정할 수 있다. 일반적으로 SQL 질

```
 //Program Segment E1:
0)  loop = 1 ;
1)  while (loop) {
2)    prompt("Enter a Social Security Number: ", ssn) ;
3)    EXEC SQL
4)      SELECT Fname, Minit, Lname, Address, Salary
5)      INTO :fname, :minit, :lname, :address, :salary
6)      FROM EMPLOYEE WHERE Ssn = :ssn ;
7)    if (SQLCODE = = 0) printf(fname, minit, lname, address, salary)
8)      else printf("Social Security Number does not exist: ", ssn) ;
9)    prompt("More Social Security Numbers (enter 1 for Yes, 0 for No): ", loop) ;
10) }
```

그림 9.2 SQL 문을 포함한 C 프로그램 세그먼트 E1

7) 특별히, 문자 0에서 4 사이 또는 A에서 H 사이의 문자로 시작하는 SQLSTATE 코드들은 표준화될 것이며, 다른 값들은 구현에 따른 선택사항이 될 것으로 생각된다.

의는 여러 개의 투플을 검색할 수 있다. 이 경우, C프로그램은 검색된 투플들을 쫓아가며 한 번에 하나씩 처리해야 한다. 이 호스트 언어 프로그램에서 질의 결과에서 한 번에 한 투플씩 처리하기 위해 커서 개념을 사용한다. 커서에 대해서는 다음 절에서 설명한다.

### 9.2.2 커서를 사용한 질의 결과 처리

커서는 투플들의 집합을 검색한 질의 결과로부터 한 투플(행)을 가리키는 변수로 간주할 수 있다. 이것은 질의 결과에 대해 한번에 한 레코드씩 반복하는 데 사용된다. 커서는 해당 SQL 질의가 프로그램 내에 이용될 때 선언된다. 그 후에 프로그램에서 OPEN CURSOR 명령을 사용하여 데이터베이스로부터 질의 결과를 추출하고 그 질의 결과 내의 첫 번째 행 이전 위치에 커서를 위치시킨다. 이것이 그 커서의 현재 행(current row)이 된다. 그런 다음 프로그램 내에서 FETCH 문을 사용한다. 각 FETCH 문은 질의 결과 내의 다음 행으로 커서를 옮겨 이를 현재 행으로 하며, 그 애트리뷰트 값들을 FETCH 문의 INTO 절에서 명시한 C(호스트 언어) 프로그램 변수에 복사한다. 커서 변수는 기본적으로 질의 결과 내의 투플들에 대해 한 번에 한 투플씩 반복(loop)하게 하는 반복자(iterator)이다.

질의 결과 내의 모든 투플들이 처리되었는가를 결정하기 위해 대화 변수 SQLCODE (또는 SQLSTATE)를 검사한다. 만약 질의 결과 내의 마지막 투플을 넘어가는 FETCH 명령을 사용하면 SQLCODE 내에 양의 값(SQLCODE > 0)을 리턴하여(또는 SQLSTATE에 문자열 '02000'을 리턴하여) 어떤 데이터 (투플)도 찾을 수 없음을 나타낸다. 프로그래머는 이것을 질의 결과 내의 투플들에 대한 루프를 종료하는 데 이용한다. 일반적으로 여러 커서들을 동시에 개방할 수 있다. CLOSE CURSOR 명령을 사용하여 그 커서와 관련된 질의 결과에 대한 처리를 종료했음을 나타낸다.

그림 9.3에 여러 레코드의 질의 결과를 처리하기 위해 커서를 사용하는 예가 나타나 있는데, 여기에는 EMP라고 불리는 커서가 4번 줄에 선언되어 있다. EMP 커서는 5, 6번 줄에서 선언된 SQL 질의문과 연관되지만 OPEN EMP 명령이 실행되기 전에는(8번 줄에서) 그 SQL 질의문은 실행되지 않는다. OPEN <cursor name> 명령은 그 질의문을 실행하고 결과 테이블을 프로그램 작업 공간으로 가져오며, 프로그램은 FETCH <cursor name> 명령(9번 줄에서)을 여러 번 호출하여 개별 행(투플)들에 대해 반복 처리한다. 이 예에서는 적절한 C 프로그램 변수가 그림 9.1와 같이 선언되어 있다고 가정한다. E2에 있는 프로그램 세그먼트는 부서 이름을 읽어(0번 줄에서 입력받아), 데이터베이스로부터 해당 부서 번호를 검색한 다음(1번 줄에서 3번 줄까지), 선언된 EMP 커서를 사용하여 그 부서에 일하는 사원들을 검색한다. (10번 줄에서 18번 줄 사이에 있는) 루프는 질의 결과 내에 있는 각 레코드에 대해 한 번에 하나씩 반복하여 그 사원의 이름을 출력한다. 그런 다음 그 사원에 대한 증액할 금액을 읽어(12번 줄에서 입력받아) 그 금액만큼 사원의 급여가 증가하도록 데이터베이스를 갱신한다(14번 줄에서 16번 줄까지).

이 예제는 프로그래머가 데이터베이스 레코드를 어떻게 갱신할 수 있는지를 또한 보여준다. 갱신(수정)될 행들에 대해 커서가 정의될 경우, 커서 선언문에 FOR UPDATE OF라는 절을 추가하고 프로그램에 의해 수정될 애트리뷰트 이름들을 표시해야 한다. 이에 대한 예는 코드 세그먼트 E2의 7번 줄에 나타나 있다. 만약 행을 삭제할 경우에는 특정 애트리뷰트 이름을 명시하지 않은 FOR UPDATE 절을 추가해야 한다. 내포된 UPDATE(또는 DELETE) 명령에서 커서에 의해 참조되는 현재 투플이 수정(또는 삭제)될 투플임을 표시하기 위해, E2의 16번 줄에서 보는 바와 같이, WHERE CURRENT OF <커서이름>을 조건으로 사용한다.

만약 질의 결과가(수정이나 갱신 없이) 검색할 목적으로만 사용될 경우 E2의 7번 줄에 있는 FOR UPDATE OF 절을 포함할 필요가 없다.

```
//Program Segment E2:
 0)  prompt("Enter the Department Name: ", dname) ;
 1)  EXEC SQL
 2)    SELECT Dnumber INTO :dnumber
 3)    FROM DEPARTMENT WHERE Dname = :dname ;
 4)  EXEC SQL DECLARE EMP CURSOR FOR
 5)    SELECT Ssn, Fname, Minit, Lname, Salary
 6)    FROM EMPLOYEE WHERE Dno = :dnumber
 7)    FOR UPDATE OF Salary ;
 8)  EXEC SQL OPEN EMP ;
 9)  EXEC SQL FETCH FROM EMP INTO :ssn, :fname, :minit, :lname, :salary ;
10)  while (SQLCODE = = 0) {
11)    printf("Employee name is:", Fname, Minit, Lname) ;
12)    prompt("Enter the raise amount: ", raise) ;
13)    EXEC SQL
14)      UPDATE EMPLOYEE
15)      SET Salary = Salary + :raise
16)      WHERE CURRENT OF EMP ;
17)    EXEC SQL FETCH FROM EMP INTO :ssn, :fname, :minit, :lname, :salary ;
18)  }
19) EXEC SQL CLOSE EMP ;
```

그림 9.3 프로그램 세그먼트 E2, 내포된 SQL에 대한 커서를 사용하는 수정용 C 프로그램

**커서 선언을 위한 일반적인 옵션들.** 커서를 선언할 때 여러 가지 옵션이 지정될 수 있다. 커서 선언의 일반적인 형식은 다음과 같다.

```
DECLARE 〈커서 이름〉 [INSENSITIVE] [SCROLL] CURSOR
[WITH HOLD] FOR 〈질의 명세〉
[ORDER BY 〈순서 명세〉]
[FOR READ ONLY | FOR UPDATE [OF 〈애트리뷰트 목록〉]] ;
```

이 중에서 마지막 줄에 있는 옵션들에 대해서는 이미 간단히 설명하였다. 디폴트는 질의를 검색용 (FOR READ ONLY)으로 사용하는 것이다. 만약 질의 결과 내의 투플들 중 일부를 수정하려면 FOR UPDATE OF <애트리뷰트 목록> 절을 명시해야 한다. 만약 일부 투플들을 삭제하려면 애트리뷰트 목록 없이 FOR UPDATE 절을 명시해야 한다.

키워드 SCROLL이 커서 선언 내에 표시되면 순수한 순차적인 접근과는 다른 방법으로 커서를 위치시킬 수 있다. FETCH 명령에 NEXT, PRIOR, FIRST, LAST, ABSOLUTE $i$,

RELATIVE $i$ 등의 추출 방향을 지정할 수도 있다. 마지막에 있는 두 방향에서 $i$는 (ABSOLUTE $i$의 경우) 질의 결과 내에서의 절대적인 투플의 위치 또는 (RELATIVE $i$의 경우) 현재 커서 위치에서 상대적인 투플의 위치를 표시하는 정수 값을 나타낸다. 디폴트 추출 방향은 NEXT이다. 추출 방향은 프로그래머들에게 질의 결과 내의 투플들을 이동할 때 특정 위치에 임의 접근하거나 역순으로 접근하는 등의 융통성을 제공한다. 커서에 SCROLL을 명시할 경우, FETCH 명령의 일반적인 형식은 다음과 같다. 여기서 사각 괄호 부분은 생략될 수 있음을 의미한다.

FETCH [[〈추출 방향〉] FROM] 〈커서 이름〉 INTO 〈추출 목표 리스트〉 ;

ORDER BY 절은 FETCH 명령이 투플들을 특정한 순서대로 추출하도록 투플들을 정렬한다. 이 절은 SQL 질의에서 이 절을 사용하는 것과 유사한 방법으로 사용한다(5.3.6절 참조). 커서 선언에 이용되는 나머지 두 옵션(즉, INSENSITIVE와 WITH HOLD)은 19장에서 설명할 데이터베이스 프로그램의 트랜잭션 특성을 지정한다.

### 9.2.3 동적 SQL을 사용하여 실행 시점에 질의 명시

앞의 예제에서 내포된 SQL 질의들이 호스트 프로그램 소스 코드의 일부분으로 작성되어 있다. 만약 또 다른 질의를 실행하고자 할 경우, 프로그램 코드를 새로 수정하고(번역, 디버깅, 테스팅 등의) 관련된 전체 과정들을 거쳐야 한다. 어떤 경우에는 실행 시에 동적으로 서로 다른 SQL 질의나 수정(또는 다른 연산들)을 수행할 수 있는 프로그램을 작성하는 것이 더 편리할 수 있다. 예를 들면, 대부분의 관계 DBMS에서 제공하는 대화식 인터페이스와 같이, 모니터에서 입력한 SQL 문장을 받아서 이를 수행하고 그 결과를 출력하는 프로그램을 작성하고자 할 수 있다. 또 다른 예로는 웹 인터페이스나 모바일 앱을 통해 들어온 사용자 입력에 기초하여 동적으로 SQL 질의를 생성하는 사용자 편의 도구를 만들고자 할 수도 있다. 이 절에서는 이런 종류의 데이터베이스 프로그램을 작성하는 기법 중의 하나인 동적 SQL에 대해 예제를 통하여 그 동작 원리를 간단히 소개한다. 9.3절에는 함수 라이브러리와 클래스 라이브러리를 사용하여 동적 질의를 다루는 또 다른 방법이 소개돼 있다.

그림 9.4에 있는 프로그램 세그먼트 E3은 3번 줄에서 사용자가 입력한 문자열(이 예제에서는 이 문자열은 SQL의 수정문이어야 함)을 문자열 프로그램 변수 sqlupdatestring에 읽어 온다. 그 다음, 4번 줄에서 이 문자열을 SQL 변수 sqlcommand에 연관시켜 이를 SQL 명령으

```
   //Program Segment E3:
0) EXEC SQL BEGIN DECLARE SECTION ;
1) varchar sqlupdatestring [256] ;
2) EXEC SQL END DECLARE SECTION ;
   ...
3) prompt("Enter the Update Command: ", sqlupdatestring) ;
4) EXEC SQL PREPARE sqlcommand FROM :sqlupdatestring ;
5) EXEC SQL EXECUTE sqlcommand ;
   ...
```

그림 9.4 프로그램 세그먼트 E3, 테이블을 수정하기 위한 동적 SQL을 사용하는 C 프로그램 세그먼트

로 준비한다. 5번 줄은 이 명령을 실행한다. 이 경우, SQL 명령이 실행 시점에 주어지므로 번역 시에는 이 명령에 대한 구문 검사나 다른 종류의 검사를 할 수 없다. 이것은 앞에서 설명한 내포된 SQL과는 상이한 방법이다. 내포된 SQL에서는 질의가 프로그램 소스 코드 내에 있기 때문에 번역 시에 이 질의를 검사할 수 있다.

E3에서 PREPARE와 EXECUTE를 구분하는 이유는 한 프로그램에서 어떤 명령을 한 번 준비시킨 후 그 명령을 여러 번 실행할 수 있기 때문이다. 일반적으로 한 **명령을 준비** 시키는 것은 그 명령의 구문 및 여타 유형의 검사를 수행하고 이 명령을 실행하기 위한 코드를 생성하는 과정을 포함한다. (E3의 4번 줄과 5번 줄에 있는) PREPARE와 EXECUTE 명령문을 하나의 문장으로 합치고자 할 때 다음과 같이 작성하면 된다.

```
EXEC SQL EXECUTE IMMEDIATE :sqlupdatestring ;
```

이 방법은 해당 문장을 한 번만 실행할 경우에 유용하다. 하지만 PREPARE 문장 뒤에 입력된 명령에 오류가 있는지 확인하고자 할 때, E3에 있는 것처럼 두 문장으로 나누는 것이 좋다.

동적 SQL에서 동적 수정문을 포함하는 것은 비교적 간단하지만, 동적 검색 질의는 훨씬 더 복잡하다. 일반적으로, 프로그래머가 어떤 SQL 질의에 의해 검색될 애트리뷰트들의 타입과 개수를 프로그램 작성 시점에 미리 알 수 없기 때문이다. 동적 질의에 대한 정보를 사전에 알 수 없다면, 질의 결과에 있는 서로 다른 개수와 타입의 애트리뷰트들을 다루기 위해 복잡한 자료 구조가 필요하다. 질의 결과(및 질의 매개 변수)들을 호스트 프로그램 변수에 지정하기 위해 9.3절에서 설명하는 것과 유사한 방법들이 사용될 수 있다.

### 9.2.4 SQLJ: JAVA에서 내포된 SQL 명령

앞 절에서는 예제에서 사용한 C 언어와 같은 전통적인 프로그래밍 언어에서 SQL 명령을 내포시키는 방법에 대해 간단히 소개하였다. 이제 객체지향 프로그래밍 언어[8], 특별히 JAVA 언어에서 SQL을 내포시키는 방법에 대해 살펴보고자 한다. SQLJ는 JAVA내에 SQL을 내포시키는 방법으로 여러 업체에서 채택한 표준이다. 시기적으로 SQLJ는 JAVA에서 클래스 라이브러리와 함수 호출을 사용하여 SQL 데이터베이스를 접근하는 데 사용되는 JDBC 이후에 개발되었다. JDBC에 대해서는 9.3.2절에서 설명한다. 이 절에서는 ORACLE DBMS에서 사용하는 SQLJ에 대해 주로 설명한다. SQLJ 번역기는 일반적으로 SQL 문장을 JAVA로 변환하며, 이는 다시 JDBC 인터페이스를 통해 실행될 수 있다. 따라서 SQLJ를 사용하려면 JDBC 드라이버를 설치하는 것이 필요하다.[9] 이 절에서는 JAVA 프로그램에서 내포된 SQL을 작성하기 위해 SQLJ 개념을 어떻게 사용하는지에 대해 집중한다.

ORACLE에서 JAVA 내에 SQLJ를 처리하기 위해서, 그림 9.5에서 보는 바와 같이 여러 클래스 라이브러리를 가져오는 것이 필요하다. 이 라이브러리들은 JDBC와 IO 클래스들(1번과 2번 줄) 이외에 3, 4, 5번 줄에 표시된 추가적인 클래스들을 포함한다. 또한 프로

8) 이 절에서는 객체지향 개념과 기본적인 JAVA 개념을 잘 알고 있다고 가정한다. 만약 이 개념들을 잘 알지 못하면 11장을 먼저 읽은 후에 이 절을 읽기 바란다.

9) JDBC 드라이버는 9.3.2절에서 설명한다.

그램은 함수 호출 getConnection을 사용하여 원하는 데이터베이스를 먼저 연결해야 한다. 이 getConnection 함수는 그림 9.5의 5번 줄에 있는 ORACLE 클래스내의 메소드 중의 하나이다. 이 함수는디폴트 문맥[10] 타입의 객체를 리턴하는데, 그 호출형식은 다음과 같다.

```
public static Default Context
getConnection (String url, String user, String password, Boolean auto Commit)
throws SQLException;
```

예를 들면, 그림 9.5의 6번에서 8번 줄에는 <url 이름>의 URL에 위치한 ORACLE 데이터베이스에 <사용자이름>과 <암호>의 로그인을 사용하여 매 문장마다 자동 종료하도록[11] 연결하며, 이 연결을 이후의 문장들에 대한 디폴트 문맥으로 지정하는 문장들이 나타나 있다.

아래 예제들에서는 JAVA를 설명하는 것이 주된 목적이 아니므로 완전한 JAVA 클래스나 프로그램을 보여주지는 않을 것이다. 대신에 SQLJ 사용법을 설명하는 프로그램 세그먼트를 보여줄 것이다. 그림 9.6은 예제에서 사용하는 JAVA 프로그램 변수들을 보여준다. 그림 9.7에 있는 프로그램 세그먼트 J1은 한 사원의 사회보장번호(Ssn)를 읽어 데이터베이스로부터 검색한 그 사원의 정보를 출력한다.

JAVA는 오류를 취급하기 위한 예외 개념을 이미 사용하기 때문에, 한 SQL 데이터베이스 명령을 수행한 후에 오류나 예외 조건을 리턴하기 위해 SQLException이라고 하는 특별한 예외를 사용한다. 이것은 내포된 SQL에서 SQLCODE나 SQLSTATE와 비슷한 역할을 한다. JAVA는 많은 타입의 미리 정의된 예외들을 가지고 있다. 각 JAVA 연산(함수)은 발생할 수 있는 예외들, 즉 그 연산의 JAVA 코드를 수행할 때 발생할 수 있는 예외 조건들을 명시해야 한다. 만약 미리 정의된 예외가 발생하면, 시스템은 그 예외 처리를 위해 명시된 JAVA 코드로 제어를 옮긴다. J1에서, SQLException을 위한 예외처리는 7번과 8번 줄에 명시되어 있다. Java에서 아래 구문은 <operation>을 수행하는 동안에 발생한 예외를 다루기 위해 사

```
1)  import java.sql.* ;
2)  import java.io.* ;
3)  import sqlj.runtime.* ;
4)  import sqlj.runtime.ref.* ;
5)  import oracle.sqlj.runtime.* ;
    ...
6)  DefaultContext cntxt =
7)  oracle.getConnection("<url name>", "<user name>", "<password>", true) ;
8)  DefaultContext.setDefaultContext(cntxt) ;
    ...
```

그림 9.5 Oracle에서 Java 프로그램 내에 SQLJ를 사용하기 위해 필요한 함수 가져오기 및 연결과 디폴트 문맥 설정하기

---

10) 디폴트 문맥이 설정되면, 이것이 변경되기 전까지는 이후의 명령들에 대해 계속 적용된다.

11) 간단히 말하면, 자동 종료는 매 명령이 실행되면 그 결과가 데이터베이스에 바로 반영되는 것을 의미한다. 또 다른 종료 방식으로는, 여러 개의 관련 데이터베이스 명령을 수행한 후에 이를 한꺼번에 종료할 수도 있다. 19장에서 데이터베이스 트랜잭션을 설명할 때 종료 개념을 자세히 설명한다.

```
string dname, ssn , fname, fn, lname, ln,
bdate, address ;
char sex, minit, mi ;
double salary, sal ;
integer dno, dnumber ;
```

그림 9.6 SQLJ 예제 J1과 J2에서 사용된 JAVA 프로그램 변수들

용된다. 만약 어떤 예외도 일어나지 않으면 <continuation code>가 직접 처리된다.

```
try {〈operation〉} catch (〈exception〉)
    {〈exception handling code〉} 〈continuation codc〉
```

특정 연산 내의 코드에 의해 발생한 예외는 연산 선언이나 인터페이스의 일부분으로 아래 형식과 같이 명시된다.

```
〈연산 리턴 타입〉 〈연산 이름〉 (〈매개 변수〉)
throws SQLException, IOException ;
```

SQLJ에서, JAVA 프로그램 내에 내포된 SQL 명령들은 선처리기가 쉽게 식별할 수 있도록, J1의 3번 줄에 예시된 바와 같이, 그 앞에 #sql을 붙인다. C 프로그래밍 언어에서 내포된 SQL을 사용할 때 붙였던 EXEC SQL 키워드(9.2.1절 참조) 대신에 #sql을 사용한다. SQLJ는 SQL 질의에 의해 데이터베이스로부터 검색된 애트리뷰트 값들을 JAVA 프로그램 변수에 리턴하기 위해, 내포된 SQL에서 사용한 것과 유사하게, INTO 절을 사용한다. 내포된 SQL과 마찬가지로, SQL 문장 내에서 프로그램 변수들은 앞에 콜론(:)을 붙인다.

```
    //Program Segment J1:
 1) ssn = readEntry("Enter a Social Security Number: ") ;
 2) try {
 3)   #sql { SELECT Fname, Minit, Lname, Address, Salary
 4)     INTO :fname, :minit, :lname, :address, :salary
 5)     FROM EMPLOYEE WHERE Ssn = :ssn} ;
 6) } catch (SQLException se) {
 7)     System.out.println("Social Security Number does not exist: " + ssn) ;
 8)     Return ;
 9)   }
10) System.out.println(fname + " " + minit + " " + lname + " " + address
      + " " + salary)
```

그림 9.7 프로그램 세그먼트 J1, SQLJ를 가진 Java 프로그램 세그먼트

J1에서는 내포된 SQLJ 질의가 한 개의 투플만 검색한다 그래서 그림 9.7의 4번 줄에 있는 INTO 절에서 그 애트리뷰트 값들을 JAVA 프로그램 변수에 직접 지정할 수 있었다. 여러 투플을 검색하는 질의들 위해 SQLJ는 반복사(iterator) 개념을 사용하는 데, 이는 내포된 SQL의 커서와 유사한 개념이다.

### 9.2.5 SQLJ에서 반복자를 사용한 질의 결과 처리

SQLJ에서 반복자(iterator)는 질의 결과 내의 레코드들의 모임(집합 또는 다중 집합)과 연관된 객체의 타입이다.[12] 반복자는 질의 결과 내에 나타난 투플과 애트리뷰트들에 연관된다. 반복자에는 두 가지 타입이 있다.

1. **명명된 반복자**(named iterator)는 어떤 질의 결과에 연관될 때 그 질의 결과에 있는 애트리뷰트의 이름과 그 타입들의 목록을 표시한다. 애트리뷰트 이름은 그림 9.6과 같이 적절하게 선언된 Java 프로그램 변수들에 대응되어야 한다.
2. **위치 반복자**(positional iterator)는 질의 결과에 있는 애트리뷰트 타입들의 목록만 표시한다.

두 경우 모두, 질의의 SELECT 절에서 애트리뷰트들을 나열한 것과 동일한 순서로 해당 목록을 표시해야 한다. 하지만 두 가지 반복자들은 질의 결과에 대해 반복하는 방법이 아래 설명과 같이 서로 다르다. 먼저 그림 9.8에 있는 프로그램 세그먼트 J2A는 명명된 반복자 Emp를 사용한 예를 보여준다. 그림 9.8의 9번 줄은 명명된 반복자 타입의 Emp를 어떻게 선언하는지 보여준다. 명명된 반복자 타입 내에 있는 애트리뷰트 이름들은 SQL 질의 결과 내에 있는 애트리뷰트 이름들과 일치해야 한다. 10번 줄은 프로그램 내에서 Emp 타입의 반복자 객체 e를 어떻게 생성하며, 이를 어떻게 질의와 연관시키는지를(11번과 12번 줄에서) 보여준다.

반복자 객체가 한 질의와 연관될 때(그림 9.8의 11번과 12번 줄에서), 프로그램은 데이터베이스로부터 질의 결과를 추출하고 질의 결과 내의 첫 번째 행 이전 위치에 그 반복자를 위치시킨다. 이것은 그 반복자의 현재 행이 된다. 그런 다음 next 연산들을 반복자 객체에 적용하는데, 각각의 next 연산은 반복자를 질의 결과 내의 다음 행으로 옮기고 이를 현재 행으로 만든다. 만약 그 행이 존재하면, 그 행의 애트리뷰트 값들을 대응하는 프로그램 변수로 가져온다. 만약 더 이상의 행이 존재하지 않으면, next 연산은 널을 리턴하며 이를 이용하여 루프를 제어할 수 있다. 반복자 타입이 선언될 때(그림 9.8의 9번 줄에서) 검색할 애트리뷰트들에 대응하는 프로그램 변수들을 이미 지정했기 때문에, 명명된 반복자는 INTO 절을 필요로 하지 않는다.

```
   //Program Segment J2A:
0)   dname = readEntry("Enter the Department Name: ") ;
1)   try {
2)     #sql { SELECT Dnumber INTO :dnumber
3)       FROM DEPARTMENT WHERE Dname = :dname} ;
4)   } catch (SQLException se) {
5)     System.out.println("Department does not exist: " + dname) ;
6)     Return ;
7)   }
8)   System.out.printline("Employee information for Department: " + dname) ;
```

---

12) 반복자에 대해서는 11장의 객체 데이터베이스에 대해 설명할 때 더 자세히 소개할 것이다.

```
9)    #sql iterator Emp(String ssn, String fname, String minit, String lname,
   double salary) ;
10)    Emp e = null ;
11)    #sql e = { SELECT ssn, fname, minit, lname, salary
12)      FROM EMPLOYEE WHERE Dno = :dnumber} ;
13)    while (e.next()) {
14)      System.out.printline(e.ssn + " " + e.fname + " " + e.minit + " " +
           e.lname  + " " + e.salary) ;
15) } ;
16) e.close() ;
```

그림 9.8 프로그램 세그먼트 J2A, 특정 부서에 근무하는 사원 정보를 출력하기 위해 명명된 빈복자를 사용하는 Java 프로그램 세그먼트

그림 9.8에서 13번 줄에 있는 e.next() 명령은 질의 결과 내의 다음 투플을 가져오고 while 루프를 제어하는 두 가지 기능을 수행한다. 프로그램이 질의 결과를 처리하고 난 다음에는 (16번 줄과 같이) e.close() 명령으로 반복자를 닫는다.

그림 9.9(프로그램 세그먼트 J2B)은 동일한 예제에 대해 위치 반복자를 사용하는 예를 보여주고 있다. 그림 9.9의 9번 줄은 위치 반복자 타입 Emppos를 어떻게 선언하는지 보여준다. 위치 반복자와 명명된 반복자와의 중요한 차이점은, 위치 반복자에서는(프로그램 변수 이름에 대응되는) 애트리뷰트 이름없이 애트리뷰트 타입들만 표시한다는 것이다. 이것은 융통성을 더 줄 수 있지만 질의 결과 처리를 약간 더 복잡하게 만들 수 있다. 이 애트리뷰트 타입들은 SQL 질의 내의 애트리뷰트 타입들과 일치해야 하며 그 순서도 동일해야 한다. 10번 줄은 Emppos 타입의 위치 반복자 객체 e가 프로그램 내에서 어떻게 선언되며, (11번과 12번 줄에서) 어떻게 질의와 연관시키는지 보여주고 있다.

위치 반복자(positional iterator)는 내포된 SQL과 더욱 유사한 방식으로 동작한다(9.2.2절을 참조). fetch <반복자 변수> into <프로그램 변수> 명령은 질의 결과 내의 다음 투플을 얻기 위해 필요하다. (그림 9.9의 13번 줄에 있는)첫 번째 fetch가 수행되면 첫 번째 투플을 가져온다. 16번 줄에서 질의 결과 내에 더 이상의 투플이 없을 때까지 다음 투플을 가져온다. 루프를 제어하기 위해, 위치 반복자 함수 e.endFetch()가 사용된다. 이 함수는(11번 줄에서) 반복자가 SQL 질의에 처음 연관될 때 TRUE 값으로 자동적으로 지정되며, fetch 명령이 질의 결과 내에 있는 정상적인 투플을 리턴할 때마다 FALSE로 지정된다. fetch 명령이 더 이상 투플을 찾을 수 없으면 TRUE로 지정된다. 14번 줄은 루프를 어떻게 제어하는지 보여준다.

```
  //Program Segment J2B:
0)    dname = readEntry("Enter the Department Name: ") ;
1)    try {
2)      #sql { SELECT Dnumber INTO :dnumber
3)        FROM DEPARTMENT WHERE Dname = :dname} ;
4)    } catch (SQLException se) {
5)      System.out.println("Department does not exist: " + dname) ;
6)      Return ;
7)     }
8)    System.out.printline("Employee information for Department: " + dname) ;
```

```
#sql iterator Emppos(String, String, String, String, double) ;
Emppos e = null ;
#sql e = { SELECT ssn, fname, minit, lname, salary
 FROM EMPLOYEE WHERE Dno = :dnumber} ;
#sql { FETCH :e INTO :ssn, :fn, :mi, :ln, :sal} ;
while (!e.endFetch()) {
 System.out.printline(ssn + " " + fn + " " + mi + " " + ln + " " + sal) ;
 #sql { FETCH :e INTO :ssn, :fn, :mi, :ln, :sal} ;
} ;
e.close() ;
```

그림 9.9 프로그램 세그먼트 J2B, 특정 부서에 근무하는 사원 정보를 출력하기 위해 위치 반복자를 사용하는 Java 프로그램 세그먼트

## 9.3 함수 호출과 클래스 라이브러리를 이용한 데이터베이스 프로그래밍: SQL/CLI와 JDBC

내포된 SQL(9.2절 참조)에서는 질의 텍스트가 프로그램 소스 코드 내에 기록되어 있으며 소스 코드를 다시 번역하지 않고는 그 질의문을 변경할 수 없기 때문에, 이 내포된 SQL을 종종 정적 데이터베이스 프로그래밍 방식이라 부른다. 그에 비해 함수 호출을 이용하는 것은 내포된 SQL에 비해 더 동적인 데이터베이스 프로그래밍 방식이다. 우리는 동적인 데이터베이스 프로그래밍 기법 중의 하나인 동적 SQL에 대해 9.2.3절에서 이미 살펴보았다. 여기서 설명할 방법도 또 다른 동적인 데이터베이스 프로그래밍 방식 중의 하나이다. 이것은 데이터베이스를 접근하기 위해 응용 프로그래밍 인터페이스(API: Application Programming Interface)라고 알려진 라이브러리 함수를 이용하는 방식이다. 이 방식은 전처리기를 필요로 하지 않기 때문에 더 많은 융통성을 제공하지만, SQL 명령에 대해 구문 검사 및 여타 검사를 실행 시에 해야 한다는 단점이 있다. 또 다른 단점으로, 질의 결과 내에 있는 애트리뷰트들의 타입과 개수를 미리 알 수 없기 때문에 질의 결과를 접근하기 위한 프로그래밍이 더 복잡해질 수 있다는 것이다.

이 절에서는 두 종류의 함수 호출 인터페이스에 대해 간단히 살펴보고자 한다. 우선, SQL 표준의 한 부분인 SQL/CLI(SQL Call Level Interface)에 대해 설명한다. 이것은 ODBC(Open Data Base Connectivity)라고 알려진 널리 사용되는 함수 라이브러리를 표준으로 개발한 것이다. 다음으로 JAVA에서 데이터베이스를 접근하기 위한 함수 호출 인터페이스인 JDBC에 대해 간단히 설명한다. JDBC는 Java DataBase Connectivity를 뜻하는 용어로 널리 인식되어 있지만, 이는 썬 마이크로시스템즈 사(현재는 오라클 사)의 등록 상표이다.

함수 호출 인터페이스를 사용할 때 얻을 수 있는 대표적인 장점은 서로 다른 DBMS 패키지로 관리하는 여러 데이터베이스를 한 응용 프로그램에서 좀 더 쉽게 접근할 수 있다는 것이다. 이러한 장점은 SQL/CLI와 ODBC를 사용하여 데이터베이스 프로그래밍할 때도 얻을 수 있지만(9.3.1절 참조), 9.3.2절에서 JDBC를 사용한 JAVA 데이터베이스 프로그래밍에 대해 설명할 때 이 장점에 대해 더 자세히 소개할 것이다.

### 9.3.1 C를 호스트 언어로 사용할 때 SQL/CLI를 이용한 데이터베이스 프로그래밍

SQL/CLI 내에 있는 함수 호출을 사용하기 전에 먼저 데이터베이스 서버에 적절한 라이브러리 패키지를 설치하는 것이 필요하다. 이 패키지는 DBMS 업체에서 제공한다. 여기서는 그림 9.10에 있는 예제 프로그램 세그먼트 CLI1을 사용하여 예제 중심으로 C 프로그램에서 어떻게 SQL/CLI를 사용하는지 간단히 설명한다.[13]

**환경, 연결, 문장 및 설명 레코드들에 대한 핸들.** SQL/CLI를 사용할 때, SQL 문장들은 동적으로 만들어져 호출 함수 내에 문자열 매개 변수로 전달된다. 데이터베이스 명령들이 실행 시에 처리되므로, 호스트 프로그램과 데이터베이스 간의 상호 동작에 대한 정보를 특정 자료 구조에 유지할 필요가 있다.

```
//Program CLI1:
#include sqlcli.h ;
void printSal() {
SQLHSTMT stmt1 ;
SQLHDBC con1 ;
SQLHENV env1 ;
SQLRETURN ret1, ret2, ret3, ret4 ;
ret1 = SQLAllocHandle(SQL_HANDLE_ENV, SQL_NULL_HANDLE, &env1) ;
if (!ret1) ret2 = SQLAllocHandle(SQL_HANDLE_DBC, env1, &con1) else exit ;
if (!ret2) ret3 = SQLConnect(con1, "dbs", SQL_NTS, "js", SQL_NTS, "xyz",
   SQL_NTS) else exit ;
if (!ret3) ret4 = SQLAllocHandle(SQL_HANDLE_STMT, con1, &stmt1) else exit ;
SQLPrepare(stmt1, "select Lname, Salary from EMPLOYEE where Ssn = ?",
   SQL_NTS) ;
prompt("Enter a Social Security Number: ", ssn) ;
SQLBindParameter(stmt1, 1, SQL_CHAR, &ssn, 9, &fetchlen1) ;
ret1 = SQLExecute(stmt1) ;
if (!ret1) {
  SQLBindCol(stmt1, 1, SQL_CHAR, &lname, 15, &fetchlen1) ;
  SQLBindCol(stmt1, 2, SQL_FLOAT, &salary, 4, &fetchlen2) ;
  ret2 = SQLFetch(stmt1) ;
  if (!ret2) printf(ssn, lname, salary)
    else printf("Social Security Number does not exist: ", ssn) ;
  }
}
```

그림 9.10 프로그램 세그먼트 CLI1, SQL/CLI를 사용하는 C 프로그램 세그먼트

이 정보는 C에서 구조체로 표현된 다음 4가지 종류의 레코드에 유지된다. 환경 레코드(environmentrecord)는 하나 이상의 데이터베이스 연결을 추적하고 환경 정보를 유지하는데 사용된다. 연결 레코드(connection record)는 특성 데이터베이스 연결을 위해 필요한 정보를 기억한다. 문장 레코드(statement record)는 한 SQL 문장을 위해 필요한 정보를 유지한

13) 여기서 소개한 내용은 객체지향 기능을 사용하지 않고 데이터베이스 프로그래밍 방법만 소개하기 때문에 C++와 C# 프로그래밍 언어에도 역시 적용 가능하다.

다. 설명 레코드(description record)는 투플이나 매개 변수들에 관한 정보(예를 들면, 한 투플 내의 애트리뷰트들의 개수와 그 타입들, 또는 한 함수 호출에 사용되는 매개 변수 개수와 그 타입들)를 유지한다. 이것은 그 프로그램이 작성될 당시의 질의에 관한 정보를 프로그래머에게 알려주기 위해 사용한다. 우리가 사용한 예제들에서는, 프로그래머가 정확한 질의를 알고 있다고 가정하기 때문에 설명 레코드를 사용하지 않는다.

이들 레코드는 레코드에 대한 핸들(handle)이라고 불리는 C 포인터 변수를 통하여 프로그램에서 접근할 수 있다. 이 핸들은 각 레코드를 처음 생성할 때 리턴된다. 한 레코드를 생성하고 그 핸들을 리턴하기 위해, 다음 SQL/CLI 함수가 사용된다.

```
SQLAllocHandle(<핸들_타입>, <핸들_1>, <핸들_2>)
```

이 함수에서 사용하는 매개 변수들의 의미는 다음과 같다.

- <핸들_타입>은 생성될 레코드의 타입을 지정한다. 이 매개 변수가 가질 수 있는 값은 SQL_HANDLE_ENV, SQL_HANDLE_DBC, SQL_HANDLE_STMT, 또는 SQL_HANDLE_DESC 등의 키워드들이며, 이들은 각각 환경 레코드, 연결 레코드, 문장 레코드, 또는 설명 레코드를 뜻한다.
- <핸들_1>은 새로 생성된 핸들이 포함될 컨테이너를 가리킨다. 예를 들어, 연결 레코드는 그 연결이 생성될 환경을 나타내며, 문장 레코드는 그 문장을 전달할 때 사용할 연결을 나타낸다.
- <핸들_2>는 <핸들_타입>에 있는 타입으로 새로 생성된 레코드를 가리키는 포인터(핸들)이다.

**데이터베이스 프로그램의 단계들.** SQL/CLI를 통하여 데이터베이스를 호출하는 C 프로그램을 작성할 경우, 보통 다음과 같은 단계를 갖는다. 이들 단계들을 그림 9.10에 있는 CLI1 예제를 참조하여 설명한다. 이 예제는 한 사원의 사회보장번호를 읽어 그 사원의 이름과 급여를 인쇄하는 프로그램이다.

1. **함수 라이브러리를 포함.** SQL/CLI를 구성하는 함수 라이브러리를 C 프로그램 내에 포함해야 한다. 이 라이브러리는 sqlcli.h라고 불리며, 그림 9.10의 0번 줄을 사용하여 이를 포함하였다.
2. **핸들 변수들을 선언.** 프로그램에서 필요한 문장, 연결, 환경 및 설명 레코드들을 위한 SQL_HANDLE_ENV, SQL_HANDLE_DBC, SQL_HANDLE_STMT, 그리고 SQL_HAN-DLE_DESC 타입의 핸들 변수들을(2번에서 4번 줄 사이에서) 선언한다.[14] SQL/CLI 함수 호출에 대한 리턴 코드를 유지하기 위해 SQLRETURN 타입의 변수도 역시 선언한다(5번 줄에서). 리턴 코드가 0(영)이면 그 함수 호출이 성공적으로 종료되었음을 나타낸다.
3. **환경 레코드.** 환경 레코드는 SQLAllocHandle을 사용하여 설정해야 한다. 이 함수를 사용하는 예가 6번 줄에 있다. 환경 변수는 다른 레코드 내에 포함되지 않기 때문에, 환경을 생성할 때 매개 변수 <handle_1>에는 널 핸들인 NULL_HANDLE

14) 설명을 간단히 하기 위해, 여기서는 설명 레코드를 사용하지 않았다.

(널 포인터)을 가진다. 6번 줄에 있는 예에서는 새로 생성된 환경 레코드에 대한 핸들(포인터)이 env1 변수에 리턴된다.

4. **데이터베이스에 연결.** 연결 레코드는 SQLAllocHandle을 사용하여 설정한다. 7번 줄에서는 생성된 연결 레코드는 핸들 con1를 가지며 환경 env1 내에 포함된다. 그런 다음 8번 줄에서 SQL/CLI 함수 SQLConnect를 사용하여 특정 서버 데이터베이스에 대한 연결을 con1 내에 설정한다. 이 예제에서는 연결할 데이터베이스 서버 이름이 '*dbs*'이며, 로그인할 계정 이름과 암호는 각각 '*js*'와 '*xyz*'이다.
5. **문장 레코드.** 문장 레코드는 SQLAllocHandle을 사용하여 설정한다. 9번 줄에서 생성된 문장 레코드는 핸들 stmt1을 가지며 연결 con1을 사용한다.
6. **SQL 문장과 문장 매개 변수를 준비.** 문장은 SQL/CLI 함수 SQLPrepare를 사용하여 준비한다. 10번 줄에 있는 이 함수는 SQL 문장을 표현하는 문자열(이 예제의 *query*)을 문장 핸들 stmt1에 지정한다. 10번 줄에 있는 의문 부호(?)는 실행 시에 값이 결정될 문장 매개 변수를 나타내는데, 보통 그 값은 C 프로그램 변수와 바인딩하여 지정한다. 일반적으로 문장 문자열(statement string) 내에 매개 변수가 여러 개 올 수 있으며, 이들 매개 변수들은 문장 문자열 내에 나타난 의문 부호의 순서에 의해 구별된다(즉, 첫 번째 의문 부호는 첫 번째 매개 변수를, 두 번째 의문 부호는 두 번째 매개 변수를 나타낸다). SQLPrepare의 마지막 매개 변수는 SQL 문장을 표현한 문자열의 길이를 바이트 단위로 나타낸 것이다. 하지만 이 매개 변수에 키워드 SQL_NTS가 주어지면, SQL 문장의 길이를 자동적으로 결정할 수 있도록 이 문장의 문자열이 널 문자로 끝남을 나타낸다. 이 SQL_NTS 키워드는 우리 예제의 함수 호출에서 사용된 다른 여러 문자열 매개 변수에도 사용할 수 있다.
7. **문장 매개 변수를 바인딩.** 질의를 실행하기 전에, SQL/CLI 함수 SQLBindParameter를 사용하여 질의 문자열에 있는 매개 변수들을 프로그램 변수에 바인딩 시켜야 한다. 그림 9.10의 12번 줄에서는, stmt1가 참조하는 준비된 질의 내의(?로 표시된) 매개 변수를 C 프로그램 변수 ssn에 바인딩하고 있다. 만약 한 SQL 문장에 *n*개의 매개 변수가 있다면 각 매개 변수별로 한 번씩 SQLBindPrameter 함수를 *n*번 호출해야 한다(1, 2, 3, ⋯, *n*).
8. **문장을 실행.** 이러한 준비를 마친 다음, 이제(13번 줄에서) 함수 SQLExecute를 사용하여 핸들 stmt1에 의해 참조된 SQL 문장을 실행할 수 있다. 13번 줄에서 그 질의가 실행되었지만, 아직 그 질의 결과가 C 프로그램 변수에 지정되지 않았음을 기억하라.
9. **질의 결과를 처리.** 질의 결과를 리턴할 장소를 결정하는 일반적인 방법은 바인드된 열 방식을 사용하는 것이다. 이 방식은 SQLBindCol 함수를 사용하여 질의 결과 내의 각 열을 하나의 C 프로그램 변수에 바인드한다. 이들 열은 SQL 질의 내에 표시된 순서대로 구분한다. 그림 9.10의 15번과 16번 줄에서는 질의 내에 있는 두 열(즉, Lname과 Salary)을 C 프로그램 변수 lname과 salary에 각각

바인드하고 있다.[15)]

10. **열들의 값을 검색.** 마지막으로 열들의 값을 C 프로그램 변수에 검색하기 위해 (17번 줄에서) 함수 SQLFetch를 사용한다. 이 함수는 내포된 SQL에서 FETCH 명령과 유사하다. 만약 질의 결과가 여러 투플들의 모임이면, 각 SQLFetch 호출은 다음 투플을 가져와서 그 열들을 바운드된 프로그램 변수에 옮긴다. 만약 질의 결과 내에 더 이상 투플이 없으면, SQLFetch는 (0이 아닌) 예외 코드를 리턴한다.[16)]

위에서 살펴본 바와 같이, 동적 함수 호출을 사용할 경우 SQL 문장을 설정하고 문장 매개변수와 질의 결과를 적절한 프로그램 변수에 바인딩하는 등의 많은 준비 과정이 필요하다.

CLI1에서는 SQL 질의가 한 개의 투플만 검색한다. 그림 9.11는 여러 개 투플을 검색하는 예를 보여준다. 여기서는 적절한 C 프로그램 변수들이 그림 9.1에 있는 것처럼 선언되어 있다고 가정한다. CLI2에 있는 프로그램 세그먼트는 부서 번호를 입력받아 그 부서에 근무하는 사원들을 검색한다. 그런 다음 한 번에 한 사원 레코드씩 반복하여 사원들의 이름과 월급을 출력한다.

## 9.3.2 JDBC: JAVA 프로그래밍을 위한 SQL 클래스 라이브러리

이제 객체지향 프로그래밍 언어인 JAVA에서 어떻게 SQL을 호출할 수 있는지 살펴보자.[17)] JDBC가 이를 위한 클래스 라이브러리 및 관련 함수 호출로 알려져 있다.[18)] JAVA 프로그래밍 언어는 플랫폼에 독립적으로 설계되었다. 즉, JAVA 번역기가 설치된 어떤 종류의 컴퓨터에서도 프로그램이 실행될 수 있다. 이러한 호환성으로 인해, 많은 DBMS 회사들이 JAVA 프로그램에서 그들의 시스템을 접근할 수 있도록 JDBC 드라이버를 제공한다.

**JDBC 드라이버.** JDBC 드라이버란 특정 회사의 RDBMS에 대해 JDBC 내에 명시된 클래스 및 관련 객체와 함수 호출들을 구현한 것이다. 따라서 JDBC 객체 및 함수 호출을 포함하고 있는 JAVA 프로그램은 JDBC 드라이버를 가진 어떤 종류의 DBMS도 접근할 수 있다.

JAVA는 객체지향 언어이기 때문에 그 함수 라이브러리들은 클래스로 구현된다. JAVA에서 JDBC 함수 호출을 사용하려면, 먼저 java.sql.*라고 부르는 JDBC 클래스 라이브러리들을 가져오는 것이 필요하다. 이들은 웹상에서 다운로드해서 설치할 수 있다.[19)]

---

15) 만약 바운드되지 않은 프로그램 변수를 사용한다면, SQLFetch는 투플을 임시 프로그램 영역에 리턴한다. 그 후에 호출되는 각 SQLGetCol(또는 SQLGetDate)가 한 애트리뷰트 값을 차례대로 리턴한다. 질의 결과 내에 있는 각 투플에 대해 프로그램은 그 행에 있는 애트리뷰트 값들(열들)에 대해 반복해야 한다. 이것은 질의 결과 내의 열의 개수가 가변적일 때 편리하다.

16) 만약 바운드되지 않은 프로그램 변수를 사용한다면, SQLFetch는 투플을 임시 프로그램 영역에 리턴한다. 그 후에 호출되는 각 SQLGetCol(또는 SQLGetDate)가 한 애트리뷰트 값을 차례대로 리턴한다. 질의 결과 내 에 있는 각 투플에 대해 프로그램은 그 행에 있는 애트리뷰트 값들(열들)에 대해 반복해야 한다. 이것은 질의 결과 내의 열의 개수가 가변적일 때 편리하다.

17) 이 절에서는 객체지향 개념과 기본적인 JAVA 개념을 잘 알고 있다고 가정한다. 만약 이에 대해 잘 알지 못하면 10장을 먼저 읽은 후에 이 절을 읽기 바란다.

18) 앞에서 이미 설명한 것처럼, JAVA는 Java Data Basa Connectivity의 약자로 널리 알려져 있으나 이는 썬마이크로 시스템즈사의 등록상표이다.

19) 이 라이브러리들은 여러 웹 사이트에서 얻을 수 있는데, 그 하나를 예로 들면 URL http://industry.java.sun.com/products/jdbc/drivers 의 웹 사이트가 있다.

JDBC는 하나의 JAVA 프로그램에서 서로 다른 여러 데이터베이스를 접속할 수 있도록 설계되었다. 이들 데이터베이스는 JAVA 프로그램에서 접근할 수 있는 데이터 소스라 불리며, 이들 데이터 소스들은 서로 다른 컴퓨터에 탑재된 서로 다른 회사의 RDBMS를 사용하여 저장될 수 있다. 동일한 JAVA 프로그램에서 서로 다른 데이터 소스를 접근할 때 서로 다른 회사의 JDBC 드라이버를 필요로 할 수도 있다. 이러한 융통성을 제공하기 위해, 드라이버 관리자라는 특별한 JDBC 클래스를 이용하여 설치된 드라이버들을 기억한다. 하나의 드라이버는 사용하기 전에 그 드라이버 관리자에 등록해야 한다. 드라이버 관리자 클래스의 연산(메소드)에는 getDriver, registerDrive 및 deregisterDriver 등이 포함되어 있는데, 이들을 사용하여 서로 다른 시스템을 위한 드라이버들을 동적으로 추가하고 삭제할 수 있다. 앞으로 설명하겠지만, 데이터 소스들에 대한 연결을 설정하고 종료하는 함수들도 있다.

클래스를 로드하는 일반적인 JAVA 함수를 사용하여 JDBC 드라이버를 명시적으로 로드할 수 있다. 예를 들면, ORACLE DBMS를 위한 JDBC 드라이버를 로드하기 위해, 다음 명령을 사용할 수 있다.

```
//Program Segment CLI2:
#include sqlcli.h ;
void printDepartmentEmps() {
SQLHSTMT stmt1 ;
SQLHDBC con1 ;
SQLHENV env1 ;
SQLRETURN ret1, ret2, ret3, ret4 ;
ret1 = SQLAllocHandle(SQL_HANDLE_ENV, SQL_NULL_HANDLE, &env1) ;
if (!ret1) ret2 = SQLAllocHandle(SQL_HANDLE_DBC, env1, &con1) else exit ;
if (!ret2) ret3 = SQLConnect(con1, "dbs", SQL_NTS, "js", SQL_NTS, "xyz",
   SQL_NTS) else exit ;
if (!ret3) ret4 = SQLAllocHandle(SQL_HANDLE_STMT, con1, &stmt1) else exit ;
SQLPrepare(stmt1, "select Lname, Salary from EMPLOYEE where Dno = ?",
   SQL_NTS) ;
prompt("Enter the Department Number: ", dno) ;
SQLBindParameter(stmt1, 1, SQL_INTEGER, &dno, 4, &fetchlen1) ;
ret1 = SQLExecute(stmt1) ;
if (!ret1) {
  SQLBindCol(stmt1, 1, SQL_CHAR, &lname, 15, &fetchlen1) ;
  SQLBindCol(stmt1, 2, SQL_FLOAT, &salary, 4, &fetchlen2) ;
  ret2 = SQLFetch(stmt1) ;
  while (!ret2) {
    printf(lname, salary) ;
    ret2 = SQLFetch(stmt1) ;
    }
  }
}
```

그림 9.11 프로그램 세그먼트 CLI2, 여러 투플들의 모임을 결과로 갖는 질의에 대해 SQL/CLI를 사용하는 C 프로그램 세그먼트

Class.forName("oracle.jdbc.driver.OracleDriver")

이 명령은 드라이버 관리자에 이 드라이버를 등록하고 프로그램에서 이를 이용할 수 있도록 해 준다. 프로그램 실행을 명령하는 명령 라인에 아래 내용을 포함시키면, 필요한 드라이버를 이 명령 라인에서 로드하고 등록할 수도 있다.

-Djdbc.drivers=oracle.jdbc.driver

**JDBC 프로그래밍 단계들.** JDBC 함수 호출을 통하여 데이터베이스를 접근하는 JAVA 응용 프로그램을 작성할 때 보통 아래와 같은 단계들을 수행한다. 이 단계들을 그림 9.12에 있는 예제 JDBC1을 사용하여 설명한다. 이 예제는 한 사원의 사회보장번호를 입력받아 그 사원의 이름과 급여를 출력하는 프로그램이다.

1. **JDBC 클래스 라이브러리 가져오기.** JAVA 프로그램에 JDBC 클래스 라이브러리를 가져와야 한다. 이 클래스들은 java.sql.*라고 불리며, 그림 9.12의 1번 줄을 사용하여 가져올 수 있다. 이 프로그램에 필요한 또 다른 JAVA 클래스 라이브러리들도 가져올 수 있다.
2. **JDBC 드라이버 로드.** 4번에서 7번 줄 사이에 설명돼 있다. 만약 그 드라이버가 성공적으로 로드되지 않았으면 5번 줄에서 JAVA 예외가 발생한다.
3. **적절한 변수들을 생성.** (8번과 9번 줄에서) JAVA 프로그램에 필요한 적절한 변수들을 생성한다.
4. **연결 객체.** 연결 객체를 JDBC의 DriverManager 클래스에 있는 getConnection 함수를 사용하여 생성한다. 12번과 13번 줄에서, 함수 호출 get-Connection(urlstring)을 사용하여 이 연결 객체를 생성하며, 이때 urlstring은 다음과 같은 형식을 가진다.

   jdbc:oracle:<driverType>:<dbaccount>/<password>

   또 다른 형식으로는 다음과 같이 사용할 수 있다.

   getConnection (url, dbaccount, password)

```
//Program JDBC1:
0)   import java.io.* ;
1)   import java.sql.*
  ...
2)   class getEmpInfo {
3)     public static void main (String args []) throws SQLException, IOException {
4)       try { Class.forName("oracle.jdbc.driver.OracleDriver")
5)       } catch (ClassNotFoundException x) {
6)         System.out.println ("Driver could not be loaded") ;
7)       }
8)       String dbacct, passwrd, ssn, lname ;
9)       Double salary ;
10)      dbacct = readentry("Enter database account:") ;
11)      passwrd = readentry("Enter password:") ;
12)      Connection conn = DriverManager.getConnection
```

```
13)      ("jdbc:oracle:oci8:" + dbacct + "/" + passwrd) ;
14)     String stmt1 = "select Lname, Salary from EMPLOYEE where Ssn = ?" ;
15)     PreparedStatement p = conn.prepareStatement(stmt1) ;
16)     ssn = readentry("Enter a Social Security Number: ") ;
17)     p.clearParameters() ;
18)     p.setString(1, ssn) ;
19)     ResultSet r = p.executeQuery() ;
20)     while (r.next()) {
21)       lname = r.getString(1) ;
22)       salary = r.getDouble(2) ;
23)       system.out.printline(lname + salary) ;
24)   }}
25) }
```

그림 9.12 프로그램 세그먼트 JDBC1, JDBC를 사용한 Java 프로그램 세그먼트

여러 가지 특성이 연결 객체에 지정될 수 있는데, 이 특성들은 주로 20장에서 설명할 트랜잭션 특성들과 관계된다.

5. **문장 준비 객체**. 문장 객체를 프로그램에서 생성할 수 있다. JDBC에는 기본적인 문장클래스인 Statement가 있는데, 이 클래스는 PreparedStatement와 CallableStatement라는 특별한 서브클래스를 가진다. 그림 9.12의 예제에서는 PreparedStatement 객체들을 어떻게 생성하고 사용하는지 보여주고 있다. 그림 9.13에 있는 또 다른 예제에서는 또 다른 타입의 Statement 객체를 보여준다. 그림 9.12의 14번 줄에는 ? 기호로 표시된 한 개의 매개 변수를 가진 질의 문자열이 문자열 변수 stmt1에 저장된다. 15번 줄에는, 연결 객체 conn을 사용하여 stmt1에 있는 질의 문자열에 대한 PreparedStatement 타입의 객체 p를 생성한다. 만약 질의가 여러 번 실행된다면, 프로그래머는 일반적으로 PreparedStatement 객체를 사용해야 한다. 이렇게 하면 질의의 준비, 검사, 번역을 한 번만 하기 때문에, 질의를 여러 번 실행할 때 이에 필요한 비용을 줄일 수 있다.

```
//Program Segment JDBC2:
import java.io.* ;
import java.sql.*
...
class printDepartmentEmps {
  public static void main (String args [])
    throws SQLException, IOException {
    try { Class.forName("oracle.jdbc.driver.OracleDriver")
    } catch (ClassNotFoundException x) {
      System.out.println ("Driver could not be loaded") ;
    }
    String dbacct, passwrd, lname ;
    Double salary ;
    Integer dno ;
    dbacct = readentry("Enter database account:") ;
    passwrd = readentry("Enter password:") ;
```

```
13)     Connection conn = DriverManager.getConnection
14)       ("jdbc:oracle:oci8:" + dbacct + "/" + passwrd) ;
15)     dno = readentry("Enter a Department Number: ") ;
16)     String q = "select Lname, Salary from EMPLOYEE where Dno = " +
    dno.tostring() ;
17)     Statement s = conn.createStatement() ;
18)     ResultSet r = s.executeQuery(q) ;
19)     while (r.next()) {
20)       lname = r.getString(1) ;
21)       salary = r.getDouble(2) ;
22)       system.out.printline(lname + salary) ;
23)     }}
24)   }
```

그림 9.13 여러 투플들을 결과로 갖는 질의에 대해 JDBC를 사용한 Java 프로그램 세그먼트

6. **문장 매개 변수 설정**. 14번 줄에 있는 물음표(?) 기호는 문장 매개 변수를 나타내며, 보통 그 값은 실행 시에 매개 변수를 C 프로그램 변수에 바인딩할 때 결정된다. 일반적으로 매개 변수는 여러 개 올 수 있으며, 앞에서 설명한 것처럼 이 매개 변수들은 문장 문자열 내에 물음표가 나타난 순서에 의해 구별된다(즉, 첫 번째 의문 부호는 첫 번째 매개 변수를, 두 번째 의문 부호는 두 번째 매개 변수를 나타낸다).

7. **문장 매개 변수들을 바인딩**. PreparedStatement 질의를 실행하기 전에, 모든 매개 변수들이 프로그램 변수에 바인드되어야 한다. 매개 변수들이 타입에 따라 setString, setInteger,setDouble 등과 같은 다른 함수들을 PreparedStatement 객체에 적용하여 매개 변수값을 지정할 수 있다. 지정할 파라메터의 데이터 타입에 따라 적절한 함수를 사용해야 한다. 그림 9.12의 9번 줄에서, 객체 p에 있는 (?로 표시된) 매개 변수를 JAVA 프로그램 변수 ssn에 바인드한다. 사회보장번호(ssn)가 문자열 변수이기 때문에 setString 함수가 사용되었다. 만약 SQL 문장 내에 *n*개의 매개 변수가 있으면 각 매개 변수별로 한 번씩 Set... 함수를 *n*번 호출해야 한다. 일반적으로, 모든 매개 변수들은 새로운 값을 지정하기 전에(17번 줄과 같이) 초기에 내용을 모두 지우는 것이 좋다.

8. **SQL 문장을 실행**. 이러한 준비를 마친 다음에, 이제(19번 줄에서) 함수 executeQuery를 사용하여 객체 p에 의해 참조된 SQL 문장을 실행한다. JDBC에는 execute라는 일반적인 함수 외에 executeUpdate와 executeQuery의 두 가지 특별한 함수가 있다. executeUpdate는 SQL 삽입, 삭제 또는 수정문을 위해 사용되며 영향을 받은 투플들의 수를 나타내는 정수 값을 리턴한다. executeQuery는 SQL 검색문을 위해 사용하며, 아래에서 설명할 ResultSet 타입의 객체를 리턴한다.

9. **ResultSet 객체를 처리**. 19번 줄에서, 질의 결과는 ResultSet 타입의 객체 r에 리턴된다. 이 질의 결과는 투플을 행으로, 애트리뷰트를 열로 하는 이차원 배열이나 테이블과 비슷하다. ResultSet 객체는 내포된 SQL의 커서나 SQLJ의 반복자와 유사하다. 우리 예제에서는, 질의가 수행될 때 r은 질의 결과 내의 첫 번

째 투플의 이전 위치를 가리킨다. (20번 줄에 있는) r.next() 함수는 ResultSet 객체 내의 다음 투플(행)로 이동하며 더 이상 객체가 없으면 널을 리턴한다. 이 널은 루프를 제어하는 데 사용된다. 프로그래머는 각 애트리뷰트의 타입에 맞춰 여러 가지 get... 함수들(예를 들면, getString, getInteger, getDouble 등)을 사용하여 현재 행의 애트리뷰트들을 참조한다. 프로그래머들은 이들 get... 함수들에 애트리뷰트 위치(예: 1, 2 등)나 애트리뷰트 이름(예: "Lame", "Salary" 등)들을 줄 수 있다. 예에서는 21번과 22번 줄에서 위치 값을 주고 있다.

일반적으로 프로그래머는 각 JDBC 함수를 호출한 후에 SQL 예외를 검사할 수 있다. 설명을 간단하게 하기 위해, 이 예세에서는 이 기능을 사용하지 않았다.

일부 기법들과는 달리, JDBC는 하나의 투플을 리턴하는 질의와 여러 투플을 리턴하는 질의를 구별하지 않는다. 투플이 하나뿐인 결과는 특별한 경우로 간주할 수 있기 때문이다.

예제 JDBC1에서는 SQL 질의가 한 개의 투플을 검색한다. 따라서 20번에서 24번 줄 사이에 있는 루프는 기껏해야 한 번만 수행된다. 그림 9.13에 있는 다음 예제에서는 여러 투플을 검색하는 예를 보여준다. JDBC2에 있는 프로그램 세그먼트는 부서 번호를 읽어 (입력하여) 근무하는 사원을 검색한다. 그런 다음, 루프는 한 번에 한 사원 레코드씩 반복하면서 사원의 이름과 급여를 출력한다. 이 예제는 앞의 예제에서 했던 것과 같은 질의 준비 과정 없이 직접 질의를 처리하는 방법도 보여주고 있다. 이 방법은 프로그램을 좀 더 간단하게 만들 수 있기 때문에 질의가 한 번만 수행되는 경우에 선호되는 방법이다. 그림 9.13의 17번 줄에서, 프로그래머는(이전 예제에 있는 PrepareStatement 대신에) Statement 객체를 특정한 질의 문자를 연관시키지 않고 생성한다. 질의 문자열 q는 문장 객체 s가 18번 줄에서 실행될 때 이 객체에 전달된다.

이상에서 JDBC에 대해 간단히 소개하였다. JDBC에 대해 더 자세한 내용을 알고 싶은 사람은 웹 사이트 http://java.sun.com/docs/books/tutorial/jdbc를 참조하기 바란다.

## 9.4 데이터베이스 저장 프로시저와 SQL/PSM

이제 데이터베이스 프로그래밍과 관련한 두 가지 주제를 추가로 설명한 후 이 장을 끝 맺는다. 9.4.1절에서는 저장 프로시저 개념에 대해 설명하는데, 저장 프로시저란 데이터베이스 서버의 DBMS에 저장된 프로그램 모듈을 말한다. 다음으로 9.4.2절에서는 SQL에 범용 프로그래밍 언어 구조를 포함하도록 확장한 SQL의 확장에 대해 설명한다. 이 확장은 SQL/PSM(SQL/Persistent Stored Modules)라고 알려저 있으며, 저장 프로시저를 작성하는 데 사용된다. SQL/PSM은 데이터베이스 모델과 언어(주로 SQL)에 조건문이나 루프와 같은 프로그래밍 구조를 갖도록 확장한 데이터베이스 프로그래밍 언어 중의 하나다.

### 9.4.1 데이터베이스 저장 프로시저와 함수

이제까지 데이터베이스 프로그래밍 기법들을 설명할 때, 데이터베이스 응용 프로그램은 3-계층을 갖는 클라이언트-서버 아키텍처에서(2.5.4절의 그림 2.7 참조) 클라이언트 기계나 응용 서버 컴퓨터에서 실행된다고 가정하였다. 어느 경우이든지, 프로그램을 실행하는 기계는 데이터베이스 서버(및 DBMS 소프트웨어 패키지의 주요 부분)와는 다른 컴퓨터에 위치하고 있다. 이런 가정이 많은 응용들에 적합하지만, 어떤 경우에는 데이터베이스 프로그램 모듈들(프로시저나 함수들)을 데이터베이스 서버에 있는 DBMS에 저장하고 실행하는 것이 유용하다. 이런 모듈들은 프로시저나 함수가 될 수 있지만 통상적으로 데이터베이스 저장 프로시저(stored procedure)라고 부른다. DBMS에 저장된 지속적 데이터와 마찬가지로 저장 프로시저가 DBMS에 지속적으로 저장되므로, SQL 표준에서는 이 저장 프로시저를 지속적 저장 모듈(persistent stored procedure)이라는 용어로 부른다.

저장 프로시저는 다음과 같은 환경에 유용하다:

- 어떤 데이터베이스 프로그램을 여러 응용에서 필요로 할 경우, 이 프로그램을 서버에 저장한 후 여러 응용 프로그램들에서 이를 호출할 수 있다. 이렇게 하면 중복된 노력을 줄일 수 있고 소프트웨어의 모듈성을 높일 수 있다.
- 어떤 경우, 서버에서 프로그램을 실행하면 클라이언트와 서버 사이에 데이터 전송량을 줄일 수 있고, 따라서 통신 비용을 줄일 수 있다.
- 이들 프로시저들은 복잡한 타입의 유도된 데이터를 저장 프로시저들을 통하여 데이터베이스 사용자가 이용할 수 있게 함으로써 뷰가 제공하는 모델링 능력을 높일 수 있다. 또한, 저장 프로시저들은 주장과 트리거로 표현할 수 없는 복잡한 제약 조건을 검사하는 데 사용될 수 있다.

일반적으로 많은 상용 DBMS들은 범용 프로그래밍 언어를 사용하여 저장 프로시저와 함수를 작성할 수 있는 기능을 제공한다. 또는 검색과 수정 등의 간단한 SQL 문장을 사용하여 저장 프로시저를 작성할 수 있도록 한다. 저장 프로시저를 선언하는 일반적인 형식은 다음과 같다.

```
CREATE PROCEDURE 〈프로시저 이름〉 ( 〈매개 변수〉 )
〈지역적인 선언〉
〈프로시저 몸체〉 ;
```

매개 변수와 지역적인 선언은 선택 사항으로 필요한 경우에만 명시한다. 함수를 선언할 때는 리턴 타입이 필요한데, 그 형식은 다음과 같다.

```
CREATE FUNCTION 〈함수 이름〉 ( 〈매개 변수〉 )
RETURN 〈리턴 타입〉
〈지역적인 선언〉
〈함수 몸체〉 ;
```

범용 프로그래밍 언어를 사용하여 프로시저(또는 함수)를 작성할 때, 어떤 언어를 사용하는지 그리고 그 프로그램 코드가 저장된 파일명을 명시할 필요가 있다. 이를 위해 다음과 같은 형식을 사용할 수 있다.

```
CREATE PROCEDURE 〈프로시저 이름〉 (〈매개 변수〉)
LANGUAGE 〈프로그래밍 언어 이름〉
EXTERNAL NAME 〈파일 경로 이름〉 ;
```

일반적으로 각 매개 변수는 SQL 데이터 타입 중의 하나를 매개 변수 타입으로 가져야 한다. 각 매개 변수는 IN, OUT, 또는 INOUT 중의 하나를 매개 변수 모드로 가져야 한다. 이는 그 매개 변수 값이 입력으로만 사용되는지, (리턴될) 출력으로만 사용되는지 또는 입력과 출력에 동시에 사용되는지를 각각 표시한다.

프로시저와 함수들이 DBMS에 지속적으로 저장되어 있으므로, 여러 SQL 인터페이스와 프로그래밍 기법을 사용하여 이들을 호출하는 것이 가능하다. SQL 표준에 있는 CALL 문을 사용하여 대화식 인터페이스나 내포된 SQL 또는 SQLJ에서 저장 프로시저를 호출할 수 있다. 이 CALL 문의 형식은 다음과 같다.

```
CALL 〈프로시저나 함수 이름〉 ( 〈매개 변수 목록〉 )
```

만약 이 문장을 JDBC에서 사용하려면, 이 문장을 CallableStatement 타입의 문장 객체에 지정해야 한다(9.3.2절 참조).

### 9.4.2 SQL/PSM: 지속적 저장 모듈을 명시할 수 있는 SQL의 확장

SQL/PSM은 지속적 저장 모듈을 작성할 수 있도록 허용하는 SQL 표준의 한 부분이다.

이것은 앞 절에서 설명한 함수와 프로시저를 생성하는 문장들을 포함하고 있다. 저장 프로시저와 함수들의 코드(또는 몸체)를 작성하는 데 사용할 수 있도록 SQL의 능력을 확장한 추가적인 프로그래밍 구조도 포함하고 있다.

이 절에서는 조건(분기) 문장과 반복 루프 문장을 위한 SQL/PSM 구조에 대해 설명한다.[20] 이 문장들은 SQL/PSM이 포함하고 있는 구조 타입의 특징을 잘 보여준다. 그런 다음 이들 구조들의 사용 방법을 보여주는 예제를 제시한다.

SQL/PSM에서 조건 분기문은 다음과 같은 형식을 가진다.

```
IF 〈조건〉THEN 〈문장 목록〉
    ELSEIF 〈조건〉THEN 〈문장 목록〉
    ...
    ELSEIF 〈조건〉THEN 〈문장 목록〉
    ELSE 〈문장 목록〉
END IF;
```

그림 9.14의 예제에 있는 SQL/PSM 함수에서는 조건 분기문을 어떻게 사용하는지 보여주고 있다. 이 함수는 소속된 사원의 인원 수를 나타내는 (회사 내의) 부서 크기를 문자열 형태로 리턴하며, 부서 번호를 주기 위한 입력용(IN) 정수형 매개 변수 deptno를 사용한다.

20) 여기서는 SQL/PSM에 대해 간략하게 소개한다. SQL/PSM 표준에는 많은 다른 기능들이 들어 있다.

```
//Function PSM1:
0) CREATE FUNCTION Dept_size(IN deptno INTEGER)
1) RETURNS VARCHAR [7]
2) DECLARE No_of_emps INTEGER ;
3) SELECT COUNT(*) INTO No_of_emps
4) FROM EMPLOYEE WHERE Dno = deptno ;
5) IF No_of_emps > 100 THEN RETURN "HUGE"
6) ELSEIF No_of_emps > 25 THEN RETURN "LARGE"
7) ELSEIF No_of_emps > 10 THEN RETURN "MEDIUM"
8) ELSE RETURN "SMALL"
9) END IF ;
```

그림 9.14 SQL/PSM에서 함수 선언

2번 줄에서는 지역 변수 NoOfEmps를 선언하고 있다. 3번과 4번 줄에 있는 질의는 부서 내에 있는 사원 수를 리턴하며, 5번에서 8번 줄 사이에 있는 조건문은 사원 수를 기준으로 {'HUGE', 'LARGE', 'MEDIUM', 'SMALL'} 중의 한 값을 리턴한다.

SQL/PSM은 루프를 위한 여러 가지 구조를 가지고 있다. 그 중에서 널리 사용되는 While과 repeat 구조는 다음과 같은 형식을 갖는다.

```
WHILE 〈조건〉 DO
        〈문장 목록〉
END WHILE
REPEAT
        〈문장 목록〉
UNTIL 〈조건〉
END REPEAT;
```

커서에 기초한 루프 구조도 역시 사용할 수 있다. 이런 타입의 루프에서는 문장 목록이 질의 결과 내에 있는 각 투플마다 한 번씩 실행된다. 이 구조는 다음과 같은 형식을 가진다.

```
FOR 〈루프 이름〉 AS 〈커서 이름〉 CURSOR FOR 〈질의문〉DO
      〈문장 목록〉
END FOR;
```

루프는 이름을 가질 수 있으며, 조건을 만족하여 루프를 빠져나가고자 할 경우 LEAVE <루프 이름> 문을 사용한다. SQL/PSM에는 다른 많은 문장들이 있지만 이 책의 범위를 벗어나는 내용이라 더 이상 설명하지 않는다.

## 9.5 세 가지 접근 방법에 대한 비교

이 절에서는 데이터베이스 프로그래밍을 위한 세 가지 접근 방법들을 간단히 비교하고, 각 방법들에 대한 장점과 단점을 설명한다.

1. **내포된 SQL 방법.** 이 방법의 주요 장점은 질의 텍스트가 프로그램 소스 코드 자체의 일부분으로 포함된다는 것이다. 따라서 컴파일 시에 구문 오류와 데이터베이스 스키마에 대한 위반 여부를 검사할 수 있다. 또한 이 방법은 소스 코드내에서 질의를 볼 수 있기 때문에 프로그램을 읽기가 용이하다. 중요한 단점으로는 실행 시에 질의를 변경하는 융통성이 없고, 질의를 변경할 경우 전체 프로그램을 재컴파일해야 한다는 점이다. 또 질의가 미리 주어지기 때문에 질의 결과를 유지하는 프로그램 변수들을 선택하는 것이 간단하고, 따라서 응용 프로그램을 만드는 것이 일반적으로 더 간단하다. 하지만, 질의를 실행 시에 생성해야 하는 복잡한 응용들의 경우에는 함수 호출 방법이 더 적합하다.
2. **클래스와 함수들의 라이브러리 호출 방법.** 이 방법은 필요할 경우 실행 시에 질의를 생성할 수 있는 융통성을 제공한다. 하지만, 질의 결과 내의 열들과 일치하는 프로그램 변수들을 미리 알 수 없기 때문에 프로그램을 작성하기가 더 복잡하다. 질의는 함수 호출 내에 문장 문자열로서 전달되기 때문에 컴파일 시에 어떤 검사도 할 수 없다. 모든 구문 검사와 질의 검증을 문장 준비를 통해 실행 시에 해야만 하며, 발생 가능한 실행 오류를 검사하고 조치하는 부분을 프로그램 코드 내에 포함시켜야 한다.
3. **데이터베이스 프로그래밍 언어 방법.** 프로그래밍 언어의 데이터 타입과 데이터베이스의 데이터 타입이 동일하기 때문에, 이 방법에서는 임피던스 불일치 문제가 발생하지 않는다. 하지만 프로그래머들은 자신에게 친숙한 언어가 아닌 새로운 프로그래밍 언어를 배워야 한다. 또한 범용 프로그래밍 언어는 여러 회사의 시스템들에서 쉽게 사용할 수 있지만, 일부 데이터베이스 프로그래밍 언어는 특정 회사 제품에만 사용할 수 있다.

## 9.6 요약

이 장에서는 SQL 데이터베이스 언어의 추가적인 기능들을 살펴보았다. 특별히 데이터베이스 프로그램을 위한 핵심적인 기법들에 대해 9.1절에서 간단히 설명하였다. 다음으로 9.2절부터 9.4절 사이에서 데이터베이스 응용 프로그래밍을 위한 여러 가지 접근 방식에 대해 설명하였다.

9.2절에서는 질의가 프로그램 소스 코드의 일부분이 되는 내포된 SQL에 대해 설명하였다.

DBMS가 수행할 수 있도록 프로그램에서 SQL 문을 추출하여, 이를 DBMS 실행 코드에 대한 함수 호출로 바꾸기 위해 보통 프리컴파일러가 사용된다. 이 장에서는 C 프로그래밍 언어를 호스트 언어로 하여 내포된 SQL에 대해 간단히 설명하였다. 또한 Java 프로그램에서 SQL을 내포시키는 데 사용하는 SQLJ 기법에 대해서도 논의하였다. (내포된 SQL을 위한) 커서의 개념과 (SQLJ를 위한) 반복자에 대해 설명하고, 이들을 사용하여 질의 결과 내에 있는 투플들에 대해 루프를 반복하며 애트리뷰트 값을 추가적인 처리를 위해 프로그램 변수에 추출하는 방법에 대해 예를 들어 설명하였다.

9.3절에서는 SQL 데이터베이스를 접근하는 데 함수 호출 라이브러리들을 어떻게 사용하지에 대해 소개하였다. 이 방법은 내포된 SQL보다 더 동적이지만, 질의 결과 내의 애트리뷰트 타입과 개수가 실행 시점에 결정될 수도 있기 때문에 프로그래밍하기가 더 복잡하다. C 언어를 호스트 언어로 하는 예제를 사용하여 SQL/CLI 표준에 대한 간략한 개념을 설명하였다. SQL/CLI 라이브러리 함수들을 사용하여 어떻게 질의를 문자열로 전달하는지, 질의 파라메터를 실행 시점에 어떻게 전달하는지, 결과를 어떻게 프로그램 변수에 전달하는지에 대해 설명하였다. 그 다음으로, Java에서 사용되는 JDBC 클래스 라이브러리의 개요를 소개하고 그 클래스와 연산 중 몇 개에 대해 설명하였다. 특별히 질의 결과를 유지하는 객체를 생성하기 위해 ResultSet 클래스를 사용하였으며, next() 연산을 사용하여 결과 내의 투플을 반복하였다. 애트리뷰트 값을 검색하고 파라메터 값을 설정하기 위한 get과 set 함수에 대해서도 설명하였다.

끝으로 9.4절에서는 저장 프로시저의 간단한 개요에 대해 설명하며, 데이터베이스 프로그래밍 언어의 한 예로 SQL/PSM에 대해 소개하였다. 또 9.5절에서는 이상의 세 가지 접근 방법들을 간략히 비교하였다. 이 장에서는 데이터베이스 프로그래밍에 대한 세 가지 주요 방법에 대해 비교적 간단히 설명하였는데, 이 방법들을 자세히 설명하려면 각 방법에 대해 별도의 책을 써야 할만한 내용이다.

## 복습문제

*9.1* ODBC란 무엇인가? SQL/CLI와는 어떤 관련이 있나?

*9.2* JDBC란 무엇인가? 내포된 SQL이나 함수 호출 방법 중의 하나에 속하는가?

*9.3* 데이터베이스 프로그래밍에 사용할 수 있는 세 가지 대표적인 접근 방식을 밝히고, 각 방식의 장단점에 대해 논하라.

*9.4* 임피던스 불일치 문제란 무엇인가? 위의 세 가지 프로그래밍 접근 방식 중 어느 것이 이 문제를 최소화하는가?

*9.5* 커서의 개념을 설명하고 내포된 SQL에서 이를 어떻게 사용하는지 설명하라.

*9.6* SQLJ는 어디에 이용되는가? SQLJ에서 이용하는 두 가지 타입의 반복자에 대해 설명하라.

## 연습문제

9.7 그림 1.2에 있는 데이터베이스와 그림 2.1에 있는 스키마를 사용하여, 학생의 이름을 읽어 그 학생의 평균 점수를 출력하는 프로그램을 작성하라. 여기서 A = 4, B = 3, C = 2, D = 1의 점수를 갖는다고 가정한다. 호스트 언어로 C를 사용하는 내포된 SQL 프로그램을 작성하라.

9.8 JAVA 호스트 언어에서 SQLJ를 이용하여 연습 문제 9.7을 다시 반복하라.

9.9 그림 5.6의 LIBRARY 관계 데이터베이스 스키마를 가정하자. 어제 반납 일자를 넘긴 책의 목록을 검색하여 그 책의 이름과 대출한 사람의 이름을 출력하는 프로그램 세그먼트를 작성하라. 이때 호스트 언어로 C를 사용하여 내포된 SQL로 작성하라.

9.10 위의 연습 문제 9.9를 호스트 언어 Java에서 SQLJ를 사용하여 다시 반복하라.

9.11 연습 문제 9.7과 9.9를 호스트 언어 C에서 SQL/CLI를 사용하여 다시 반복하라.

9.12 연습 문제 9.7과 9.9를 호스트 언어 Java에서 JDBC를 사용하여 다시 반복하라.

9.13 연습 문제 9.7을 SQL/PSM의 함수를 사용하여 다시 반복하라.

9.14 그림 4.5에 있는 EMPLOYEE 테이블에서 급여의 중앙값을 계산하는 함수를 PSM을 사용하여 작성하라.

## 주요 참고문헌

SQL 데이터베이스 프로그래밍 기술에 대해 소개하는 책들이 많이 있다. 예를 들면 Sunderraman(2007)은 Oracle 10g DBMS에서 프로그래밍 방법을 설명하고 있으며, Reese(1997)은 JDBC와 Java 프로그래밍을 집중적으로 소개하였다. 많은 웹 자원들도 또한 이용 가능하다.

# PHP를 이용한 SQL 웹프로그래밍

이전 장에서 기존의 프로그래밍 언어인 C와 JAVA를 사용한 데이터베이스 프로그래밍 기술에 관해 간단히 소개하였다. 이제 스크립트 언어에서 데이터베이스를 어떻게 액세스하는지에 관한 논의를 하겠다. 전자 상거래를 비롯한 인터넷 응용들은 하나 이상의 데이터베이스에 저장된 정보를 검색하기 위하여 스크립트 언어를 사용하고 있다. 이러한 언어들은 HTML 문서를 생성하여 웹브라우저로 하여금 사용자와의 상호작용을 위해 생성된 HTML을 디스플레이할 수 있도록 한다. 여기서는 사용자들이 HTML의 기본 지식을 알고 있다고 가정한다.

기본적인 HTML 문서는 고정된 텍스트/개체를 가진 정적 웹페이지를 생성하는데 유용하다. 그러나 대부분의 전자 상거래 응용들은 사용자와의 상호작용 기능을 제공하는 것이 중요한 특징이다. 예를 들어, 항공 예약 고객이 특정 비행편의 도착 시간과 게이트 정보를 체크하는 경우를 보자. 사용자가 웹페이지 상의 특정 필드에 날짜와 항공편명을 입력하면, 웹 프로그램은 비행 정보 데이터베이스에 대한 질의를 만들어 필요한 정보를 검색하게 되고, 그 결과를 디스플레이한다. 이 경우 디스플레이되는 웹페이지의 일부 정보는 데이터베이스로부터 추출된 것이므로 동적 웹페이지라고 부른다. 왜냐하면 사용자가 입력하는 날짜와 비행편명에 따라 다른 정보가 웹페이지에 나타나기 때문이다.

동적 웹페이지를 구현하기 위한 다양한 기법들이 있다. 여기서는 그 중에서 PHP 오픈 소스 스크립트 언어를 소개한다. PHP는 최근 들어 널리 사용되고 있다. PHP 해석기는 C언어로 작성되어 무료로 보급되므로 여러 플랫폼에서 손쉽게 사용할 수 있다. PHP 해석기는 텍스트 파일 형태의 PHP 명령어를 실행하여 원하는 HTML 문서를 생성하는 하이퍼텍스트 전처리기(Hypertext Preprocessor)를 지원한다. 10.3절에서 논의하겠지만 데이터베이스를 액세스하기 위해서는 PHP 함수 라이브러리가 PHP 인터프리터에 포함되어야 한다. PHP 프로그램은 웹 서버 컴퓨터에서 실행되며, 이것이 자바 스크립트와 같이 클라이언트에서 실행되는 경우와 대비되는 점이다. 데이터베이스를 액세스하고 또 동적인 웹페이지를 생성하는데 사용되는 다양한 스트립트 언어가 있다. 대표적으로 JavaScript, Ruby, Python, PERL 등이 널리 사용된다.

이 장의 구성은 다음과 같다. 10.1절에서는 PHP 프로그램의 사용을 보여주는 간단한 예를 살펴본다. 10.2절에서는 PHP 언어의 일반적인 사항과 대화식의 웹페이지 개발에 PHP가 어떻게 활용되는지를 알아본다. 10.3절에서는 PEAR DB라고 알려진 함수라이브러리를 이용하여 SQL 데이터베이스와 상호작용하는 방법의 소개에 초점을 맞춘다. 10.4절에서는 웹과 데이터베이스 프로그래밍을 위한 Java 관련 기술을 소개한다(제 9장에서 이미 JDBC와 SQLJ를 설명하였음). 마지막으로 10.5절에서는 이 장의 내용을 요약한다.

## 10.1 간단한 PHP 예제

PHP는 오픈 소스이면서 범용 스크립트 언어이다. PHP에 대한 해석기(interpreter)가 C 언어로 작성되어 있으므로 모든 타입의 컴퓨터와 운영체제에서 동작할 수 있다. PHP는 대개 유닉스 운영체제에 설치되지만 다른 운영체제(예를 들어 Windows, Linux, Mac OS 등)의 경우에도 http://www.php.net에서 다운받을 수 있다. 다른 스크립트 언어와 마찬가지로 PHP도 웹 서버 컴퓨터에서 동적인 웹페이지를 다루는 데 적합하다. JavaScript는 클라이언트 컴퓨터에서 실행된다는 점에서 차이가 있다.

PHP는 여러 종류의 관계 데이터베이스 시스템(오라클, MySQL, SQL Server, 기타 ODBC를 지원하는 DBMS)을 액세스하는 데 필요한 함수 라이브러리를 지원한다(9장 참고). 2장에서 설명한 3층 아키텍처에서 DBMS는 **맨 하층 데이터베이스 서버**(bottom-tier database server)에 위치할 수 있다. PHP는 **중간층의 웹 서버**(middle-tier Web server)에 위치하여 PHP 명령어로 HTML 파일을 처리하여 동적인 웹페이지를 사용자에게 제공할 수 있다. 그 결과가 **클라이언트 층**(client-tier)에 전달되어 사용자와의 상호작용을 위하여 디스플레이 된다.

그림 10.1(a)의 예는 사용자가 그의 이름을 입력하면 시스템은 그 사용자에게 환영(welcome) 메시지를 보내주는 프로그램을 보여준다. 라인 번호는 프로그램에 포함되지 않으며, 단지 설명을 위하여 첨가한 것이다.

1. program segment P1에서 PHP 스크립터를 포함하는 파일이 인터넷 주소: http://www.myserver.com/example/greeting.php에 저장되었다고 가정한다. 사용자가 그 의 주소를 브라우저에 입력하면 PHP 해석기는 그 코드를 해석하기 시작하며, 그림 10.1(b)와 같은 폼을 생성한다. 이 원리는 다음에 설명한다.
2. 0번 줄에서는 PHP start 태그 <?php를 보여주고 있다. 이 태그는 PHP 해석기로 하여금 end 태그 ?>가 나올 때까지 이후 라인들을 실행하도록 한다. 이 범위 밖에 있는 텍스트는 있는 그대로 디스플레이된다. 이렇게 함으로써 큰 HTML 파일에 필요한 만큼의 PHP 코드를 추가시킬 수 있으며, PHP 해석기는 <?php 와 ?> 사이에 들어 있는 코드만 처리하게 된다.
3. 1번 줄은 //로 시작하는 주석(comment) 라인이다. 한 라인 전체가 주석으로 취급되는 기호로는 #을 사용할 수도 있다. 여러 라인을 주석으로 하고 싶으면 /* 와 */ 사이에 주석을 넣으면 된다.
4. $_POST(2번 줄에서)는 미리 정의된 auto-global PHP 변수로써 인자값을 저장한 배열이다. PHP에서 배열은 인자 수가 미리 정해지지 않은 동적인 특성을 가진다. 배열의 인덱스는 0, 1, 2, … 형태의 숫자이거나 혹은 문자열 형태의 인덱스를 사용하기도 한다(associative array). 예를 들어 색깔에 기반을 둔 배열 인덱스는 {"red", "blue", "green"}이 될 수 있다. 10번 줄의 input 태그의 user_Name 값으로 $_POST의 인덱스가 설정되어 있다. 그래서 $POST['user_name']은 사용자가 입력한 값을 가지게 된다. 10.2.2절에서 PHP 배열을 좀 더 상세히 설명한다.

(a)

```
//Program Segment P1:
0)    <?php
1)    // Printing a welcome message if the user submitted their name
 // through the HTML form
2)    if ($_POST['user_name']) {
3)      print("Welcome, ") ;
4)      print($_POST['user_name']);
5)    }
6)    else {
7)      // Printing the form to enter the user name since no name has
   // been entered yet
8)      print <<<_HTML_
9)      <FORM method="post" action="$_SERVER['PHP_SELF']">
10)     Enter your name: <input type="text" name="user_name">
11)     <BR/>
12)     <INPUT type="submit" value="SUBMIT NAME">
13)     </FORM>
14)     _HTML_;
15)   }
16) ?>
```

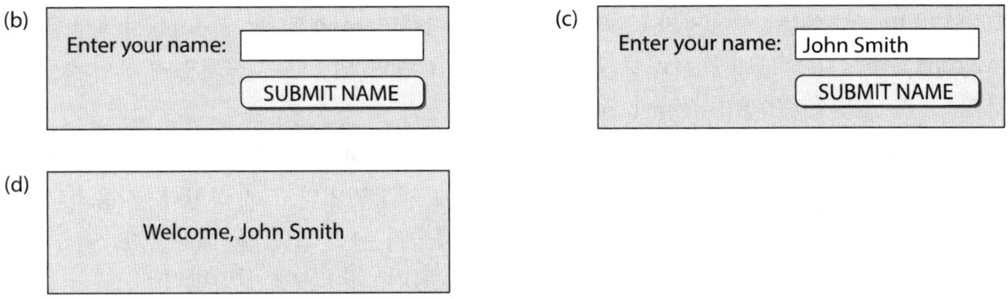

(b)

Enter your name: [ ]

SUBMIT NAME

(c)

Enter your name: John Smith

SUBMIT NAME

(d)

Welcome, John Smith

그림 10.1 (a) 인사말을 입력하는 PHP 프로그램, (b) PHP 프로그램의 초기 화면, (c) 사용자가 입력한 John Smith, (d) John Smith에 대한 환영인사 출력

**5.** 인터넷 주소 http://www.myserver.com/example/greeting.php가 처음으로 open되면 $_POST['user_name']에 값이 없으므로 6번 줄의 else 부분이 실행된다. 이 부분이 실행되면 그림 10.1(b)와 같이 사용자가 타이핑하도록 화면이 만들어진다. 이것이 사용자측 웹브라우저에 디스플레이된다.

**6.** 8번 줄은 HTML 파일에서 긴 텍스트를 생성하는 방법을 보여준다. 다른 방법도 나중에 설명한다. <<<_HTML_과 _HTML_ 사이의 모든 텍스트는 있는 그대로 HTML 파일에 프린트된다. 마지막 _HTML_ 은 반드시 별도의 라인을 차지해야 한다. 그래서 HTML 파일에 추가되어 클라이언트로 보내지는 텍스트는 9번 줄에서 13번 줄 부분으로 그림 10.1(b)에 해당한다.

**7.** PHP 변수 이름은 $ 기호로 시작하며, 문자와 숫자 및 _ 로 구성된다. PHP의 자동 글로벌 변수 $_SERVER(9번 줄)는 로컬 서버에 대한 정보를 포함하고 있는 배열이다. $_SERVER['PHP_SELF'] 원소는 서버에서 현재 실행되는 PHP 파일

의 주소이다. 그래서 9번 줄의 FORM 태그의 action 속성은 사용자에 의하여 인자가 입력될 때마다 PHP 해석기가 반복 실행하도록 한다.

8. 사용자가 *John Smith*를 텍스트 박스에 입력하고 *SUBMIT NAME* 버튼을 입력하면 (10.1(c)) program segment P1이 재실행된다. 이때 $_POST['user_name']은 문자열 "John Smith"를 가지게 되고, 3, 4번 줄은 HTML 파일에 위치하게 되어 클라이언트로 전달되며, 그림 10.1(d)가 디스플레이된다.

예제에서 PHP 프로그램은 사용자가 처음으로 시작하는 경우와 폼을 이용하여 이름을 입력한 경우에 대하여 서로 다른 HTML 파일을 생성한다. 일반적으로 PHP 프로그램은 조건에 따라서 다양한 HTML 텍스트를 생성하게 된다. 그래서 클라이언트로 전달되는 HTML은 사용자와의 상호 작용에 따라서 다양한 행태가 된다. 이것이 PHP를 사용하여 동적인 웹페이지를 생성하는 방법이다.

## 10.2 PHP의 기본 특징

이 절에서는 상호작용하는 HTML 페이지 생성에 유용한 PHP의 특징을 살펴본다. 10.3절에서는 PHP 프로그램에서 어떻게 데이터베이스 질의와 변경을 하는지를 다룬다. 그러나 PHP에 관한 완전한 내용은 별도의 책에서 다루고 있으므로 여기서는 간단히 소개한다. 특히 데이터베이스 액세스 결과를 이용하여 동적인 웹페이지를 생성하는 데 초점을 맞춘다. 여기서 PHP의 데이터베이스 액세스 함수를 다루지는 않지만 10.3절의 데이터베이스 액세스를 논의하는 데 필요한 PHP의 특징과 개념은 다루고자 한다.

### 10.2.1 PHP 변수, 데이터 타입, 프로그래밍 요소들

PHP 변수 이름은 $ 기호로 시작하여 문자와 _로 구성된다. 다른 기호는 사용할 수 없다. 대소문자는 구별하며, 숫자는 변수 이름의 첫 글자가 될 수 없다. 변수의 타입은 지정하지 않으며, 변수에 지정되는 값의 타입에 따라 정해진다. 변수에 새로운 값이 지정되면 그 타입으로 변수가 바뀌게 된다. 지정 연산은 = 기호를 사용한다. PHP는 기본적으로 텍스트 처리를 위한 것이므로 스트링값이 여러 타입으로 구분된다. 또한 스트링을 처리하는 여러 함수도 제공된다. 여기서는 기본적인 스트링 처리 기법만 소개한다. 그림 10.2는 스트링값을 보여주고 있다. 스트링과 텍스트를 다루는 세 가지 주요 방법은 다음과 같다.

1. **단일 인용부호 스트링.** Line 0, 1, 2, 3과 같이 단일 인용부호 안에 스트링을 위치시키는 형태이다. 스트링 중간에 단일 인용부호가 필요하면 백슬래쉬 다음에 단일 인용부호를 표시하면 된다(라인 2참고).
2. **이중 인용부호 스트링.** 7번 줄과 같이 이중 인용부호 안에 스트링을 위치시킨다. 이 경우 스트링 안에 나타나는 변수 이름들은 현재 이 변수들에 저장된 값들로 대치된다. PHP 해석기가 $ 기호를 검사하여 이중 인용부호 안에 포함된

```
0)  print 'Welcome to my Web site.';
1)  print 'I said to him, "Welcome Home"';
2)  print 'We\'ll now visit the next Web site';
3)  printf('The cost is $%.2f and the tax is $%.2f',
    $cost, $tax) ;
4)  print strtolower('AbCdE');
5)  print ucwords(strtolower('JOHN smith'));
6)  print 'abc' . 'efg'
7)  print "send your email reply to: $email_address"
8)  print <<<FORM_HTML
9)  <FORM method="post" action="$_SERVER['PHP_SELF']">
10) Enter your name: <input type="text" name="user_name">
11) FORM_HTML
```

그림 10.2 PHP strings과 텍스트값의 예

변수 이름을 판별하고 그 변수를 변수값으로 대치한다. 이 방식을 스트링 내에 **삽입되는 변수**(interpolating variable)라고 부르고, 단일 인용부호 스트링에서는 사용하지 않는다.

3. **Here 문서.** <<<DOCNAME과 그것의 end 사이의 부분을 DOCNAME을 가지는 단일라인으로 포장한다. DOCNAME은 here 문서의 시작과 끝을 표시하는 데 사용된다면 어떤 스트링이 될 수도 있다. 그림 10.2의 8~11번 줄에서 이 사실을 확인할 수 있다. here 문서 안에 나타난 변수들도 그들의 값으로 대치된다. 이 성질은 이중 인용부호 문자열에도 유사한 방식으로 사용되나 다중라인 텍스트에 더욱 편리하게 사용된다.
4. **단일/이중 인용.** PHP에서 단일 혹은 이중 인용부호로 스트링을 표시하는 경우에 정확히 인용부호(“ ”)를 붙여야 한다. 텍스트 편집기에 따라서 인용부호(“ ”)와 유사한 모양의 기호를 생성하는 경우도 있기 때문이다.

그림 10.2의 6번 줄에서 보는 바와 같이 스트링 접합 연산자(concatenate)인 마침표 기호(.)를 사용할 수도 있다. 많은 스트링 관련 연산자가 있으나 여기서는 몇 개만 소개한다. 함수 strtolower는 소문자로 변환하고, ucwords는 대문자로 변환한다. 그림 10.2의 4, 5번 줄에 사용 예가 있다.

단일 인용부호 스트링은 PHP 프로그램 변수를 포함하지 않는 리터럴 스트링에 사용하고, 다른 두 가지(이중 인용 스트링과 here 문서)는 변수의 값이 스트링으로 대치될 때 사용하면 된다. 다중 라인 텍스트로 구성되는 큰 블록에 대하여 프로그램은 스트링에 대한 here documents 스타일을 사용해야 한다.

PHP는 C 언어와 유사하게 정수와 실수를 다루고 있다. 숫자도 C 언어와 유사하게 프린트되기 전에 적절한 양식으로의 변환을 지정할 수 있다. 숫자는 소수점 이하 자리수를 표시해줌으로써 스트링으로 프린트된다. 그림 10.2의 3번 줄에서 숫자가 프린트 되기 전에 정해진 양식으로 변환되는 예를 보여주고 있다.

또한, 특정한 명령을 반복 수행하기 위하여 for-loops와 while-loops 등이 사용되며, 조건에 따라 실행되는 부분을 다르게 하기 위하여 if-statements를 사용한다. 이러한 문장은 C언어에서의 사용 예와 비슷하므로 여기서는 더 이상 설명하지는 않는다. 불리언식에 사용된 수식은 0과 공백 스트링이 아닌 한 참으로 평가한다. 리터럴 참/거짓 (literal true/false)을 지정할 수도 있다. 비교 연산도 C언어에서와 유사하게 사용하면 된다. 즉, == (equal), != (not equal), > (greater than), >= (greater than or equal), < (less than), <= (less than or equal)이 사용된다.

## 10.2.2 PHP 배열

배열은 원소의 리스트를 제공하므로 PHP에서 매우 중요한 기능이다. 이는 풀-다운 메뉴에서 자주 사용된다. 1차원 배열은 풀-다운 메뉴에서 선택 리스트를 저장하는 데 주로 사용된다. 데이터베이스 질의에서 2차원 배열은 질의 결과에 대하여 행은 투플을, 열은 속성을 나타낸다. PHP에서는 두 가지 타입의 배열이 사용 된다: 숫자 배열(numeric array)과 조합 배열(associative array). 다음에서 1차원 배열로 가정하고 각각을 설명한다.

**숫자 배열**(numeric array)은 숫자 인덱스(위치를 나타내는 숫자)와 각 원소값이 연계되어 있다. 인덱스는 0에서 시작하여 증가하고, 배열의 원소값은 인덱스를 이용하여 액세스한다. **조합 배열**(associative array)은 키와 원소값의 쌍으로 구성된다. 키를 가지고 원소값을 액세스할 수 있고, 하나의 배열에서 키는 유일하다. 원소값은 스트링이나 정수 혹은 배열 자체가 될 수 있으므로 다차원 배열도 쉽게 구현된다.

그림 10.3은 배열의 두 가지 예를 보여 준다: $teaching, $courses. 첫 번째 배열 $teaching은 조합 배열로 각 원소가 (코스 이름, 강사)로 구성된다(그림 10.3의 0번 줄 참조). 여기서 코스 이름이 키이고, 강사가 원소값이다. 이 배열에는 3개의 원소가 있다. 1번 줄은 배열이 어떻게 갱신되는지를 나타낸다. 1번 줄의 첫 번째 명령어는 Graphics 코스의 강사를 새롭게 지정한다. 키 값이 이미 존재하므로 새로운 원소가 생성되는 것이 아니라 기존의 원소가 변경된다. 두 번째 명령어에서 Data Mining은 기존에 존재하지 않는 키 값이므로 새로운 원소가 생성된다. 새로운 원소는 배열의 맨 마지막에 추가된다.

```
0)    $teaching = array('Database' => 'Smith', 'OS' => 'Carrick',
           'Graphics' => 'Kam');
1)    $teaching['Graphics'] = 'Benson'; $teaching['Data Mining'] = 'Li';
2)    sort($teaching);
3)    foreach ($teaching as $key => $value) {
4)      print " $key : $value\n";}
5)    $courses = array('Database', 'OS', 'Graphics', 'Data Mining');
6)    $alt_row_color = array('blue', 'yellow');
7)    for ($i = 0, $num = count($courses); i < $num; $i++) {
8)      print '<TR bgcolor="' . $alt_row_color[$i % 2] . '">';
9)      print "<TD>Course $i is</TD><TD>$course[$I]</TD></TR>\n";
10)   }
```

그림 10.3 PHP 배열의 처리 방법

배열의 원소값으로 (키 없이) 값만 제공하는 경우 키는 자동으로 숫자로 생성되고, 0, 1, 2, … 형태로 배정된다. 그림 10.3의 5번 줄 $courses 배열에서 이를 볼 수 있다. 숫자 배열과 조합 배열에서 배열의 크기는 제한이 없다. PHP 변수에 다른 타입의 값이 지정되면 그 변수는 새로운 값을 가지게 되고, 원래 값은 잃어버리게 된다. 기본적으로 변수는 언제든지 어떠한 데이터 타입의 값으로도 재지정될 수 있다.

PHP 배열의 각 원소를 차례로 검색하기 위하여 여러 가지 방법이 사용된다. 그림 10.3 에서는 두 가지 방법을 보여주고 있다. 3, 4번 줄에서는 배열의 각 원소를 for each 명령을 사용하여 검침하고, 키와 그 값을 각 라인에 프린트한다. 7~10번 줄에서는 전통적인 for-loop 명령이 어떻게 사용되는지를 보여준다. 7번 줄에서 미리 정의된 함수 count가 현재 배열의 원소수를 리턴하며, 이것이 변수 $num에 저장되어 반복의 종료 시점을 제어하는데 이용된다.

7~10번 줄의 예는 배열 $alt_row_color에 두 개의 색깔을 미리 지정해두고, HTML 테이블이 어떻게 행의 색깔을 교대로 디스플레이하는지를 보여준다. 매번 $i % 2 연산에 의하여 배열의 원소를 교대로 선택한다. 선택된 color는 HTML의 <TR> 태그의 *bgcolor* 속성에 지정된다.

7번 줄의 count 함수는 배열의 현재 원소수를 리턴한다. 2번 줄의 sort 함수는 원소값을 기준으로 배열의 원소를 정렬한다. 조합 배열에서 각 키는 정렬 후에도 원소값과 연관성을 유지한다. 그러나 숫자 배열에서는 그렇지 않다. PHP 배열에 대한 많은 함수들이 존재하지만 지면 관계상 별도의 책을 참고하기 바란다.

### 10.2.3 PHP 함수

다른 프로그래밍 언어에서와 마찬가지로 PHP에서의 함수도 복잡한 프로그램을 구조화하고, 여러 응용에서 재사용하기 위하여 활용된다. PHP의 최신 버전은 객체지향 개념을 지원하지만 여기서는 기본적인 내용만 소개하므로 이에 대한 내용은 생략한다. PHP의 함수는 값으로 전달되는 인자를 가질 수 있다. 전역 변수에 대한 값도 함수 안에서 액세스할 수 있다. 표준 영역 규칙(scope rule)도 함수들 사이에 그대로 적용된다.

기본적인 PHP 함수의 예 두 가지를 살펴보자. 그림 10.4는 그림 10.1(a)의 code segment P1을 함수로 재작성한 것이다. 그림 10.4의 code segment P1은 두 개의 함수를 사용하고 있다 : 0~3번 줄의 display_welcome(), 5~13번 줄의 display_empty_form(). 두 함수 모두 인자도 없고, 리턴값도 없다. 14~19번 줄은 그림 10.1(a)의 code segment P1과 동일한 효과를 얻기 위하여 이들 함수를 호출하는 부분이다. 이 예에서 보는 바와 같이 함수를 사용하면 PHP 코드가 더 잘 구조화되고 이해하기 쉽다.

```
//Program Segment P1′:
function display_welcome() {
  print("Welcome, ") ;
  print($_POST['user_name']);
}

function display_empty_form(); {
print <<<_HTML_
<FORM method="post" action="$_SERVER['PHP_SELF']">
Enter your name: <INPUT type="text" name="user_name">
<BR/>
<INPUT type="submit" value="Submit name">
</FORM>
_HTML_;
}
if ($_POST['user_name']) {
 display_welcome();
}
else {
 display_empty_form();
}
```

그림 10.4 함수를 이용하여 프로그램 P1을 재작성한 P1´

두 번째 예는 그림 10.5에 있다. 여기서는 그림 10.3에서 소개된 $teaching 배열을 사용하고 있다. 0~9번 줄의 course_instructor() 함수는 두 개의 인자를 갖고 있다: $course (course name을 저장한 스트링)와 $teaching_assignments (course 배정 정보를 담기 위한 조합 배열로 그림 10.3의 $teaching 배열과 유사함). 이 함수는 특정 코스를 담당하는 강사의 이름을 찾는다. 그림 10.5의 9~14번 줄은 이 함수가 어떻게 사용되는지를 보여주고 있다.

```
0)  function course_instructor ($course, $teaching_assignments) {
1)   if (array_key_exists($course, $teaching_assignments)) {
2)   $instructor = $teaching_assignments[$course];
3)   RETURN "$instructor is teaching $course";
4)   }
5)   else {
6)   RETURN "there is no $course course";
7)   }
8)  }
9)  $teaching = array('Database' => 'Smith', 'OS' => 'Carrick',
         'Graphics' => 'Kam');
10) $teaching['Graphics'] = 'Benson'; $teaching['Data Mining'] = 'Li';
11) $x = course_instructor('Database', $teaching);
12) print($x);
13) $x = course_instructor('Computer Architecture', $teaching);
14) print($x);
```

그림 10.5 인자와 리턴값을 가지는 함수의 예

11번 줄에서 함수 호출은 스트링 Smith is teaching Database를 리턴하는데 이는 키 'Database'에 해당하는 값이'Smith'이기 때문이다. 한편, 13번 줄의 함수 호출은 there is no Computer Architecture course를 리턴하는데 이는 배열에서 키 'Computer Architecture'에 해당하는 값이 없기 때문이다. PHP에서 제공하는 함수에 관하여 일반적인 사항을 정리하면 다음과 같다.

- PHP의 내장 배열 함수인 array_key_exists($k, $a)는 $k의 값이 조합 배열 $a의 키 값으로 나타나면 참을 리턴한다. 그림 10.5의 1번 줄에서 $teaching_assignment 배열의 키 값으로 $course 변수의 값이 존재하는지를 검사한다.
- 함수의 인자는 값-전달(passed by value) 방식으로 전달된다. 따라서 11번 줄과 13번 줄의 함수 호출은 인자로 전달된 $teaching 배열을 변경하지 않는다. 인자에 대한 값은 실제로 복사되어 전달되므로 원본은 변경되지 않게 된다.
- 키워드 RETURN 다음에 리턴될 값이 위치한다. 함수는 어떠한 타입의 값도 리턴할 수 있다. 예제에서는 스트링 타입을 리턴한다. 예제에서는 $course 키 값이 배열에 존재하는지의 여부에 따라서 두 가지 스트링이 리턴된다.
- 영역 규칙(scope rule)은 다른 프로그래밍 언어와 유사하게 변수의 영역을 제어한다. 함수 밖에 있는 전역 변수는 내장된 PHP 배열인 $GLOBALS를 사용하지 않는 한 사용될 수 없다. $GLOBALS['abc']는 함수 밖에서 정의된 전역 변수 $abc의 값을 액세스한다. 그러나 함수 안에서 정의된 변수는 비록 전역 변수와 동일한 이름을 가지더라도 지역 변수가 된다.

이상의 논의가 PHP 함수의 대략적인 소개이다. 상세한 내용은 PHP에 관한 별도의 책을 참고하기 바란다.

### 10.2.4 PHP 서버 변수와 폼

PHP의 자동 전역 배열 변수인 $_SERVER와 관련하여 많은 기능들이 제공된다. $_SERVER는 프로그래머에게 PHP 해석기가 실행되는 서버에 관한 정보를 제공하여 HTML 문서 형태로 텍스트를 생성하는 데 유용하다. 그림 10.4의 7번 줄에서 이러한 예를 보여주며, 다음에서 유용한 기능들을 설명한다.

1. **$_SERVER['SERVER_NAME'].** PHP 해석기가 실행되는 서버의 웹 사이트 이름을 제공한다. 예를 들어, PHP 해석기가 실행되는 웹 사이트가 http://www.uta.edu이라면 이 문자열이 $_SERVER['SERVER_NAME']의 값이 된다.
2. **$_SERVER['REMOTE_ADDRESS'].** 서버를 액세스하는 클라이언트 컴퓨터의 IP(Internet Protocol) 주소에 해당한다(예를 들어, 129.107.61.8).
3. **$_SERVER['REMOTE_HOST'].** 클라이언트 사용자 컴퓨터의 웹 사이트 이름이다(예를 들어, abc.uta.edu). 이 경우에 서버는 클라이언트를 액세스하기 위하여 이 이름을 IP 주소로 변경해야 한다.
4. **$_SERVER['PATH_INFO'].** 이것은 URL 주소 부분을 의미하며, URL의 백슬래쉬(/)

다음에 나오는 주소이다.

5. **$_SERVER['QUERY_STRING'].** URL의 끝에 나타나는 ? 기호 다음의 스트링을 제공하며, 주로 검색 키에 해당한다.
6. **$_SERVER['DOCUMENT_ROOT'].** 클라이언트 사용자가 액세스하는 웹 서버의 파일들을 담고 있는 루트 디렉토리이다.

이와 같은 $_SERVER 배열에서 항목들은 디스플레이를 위한 HTML 파일을 반들기 위하여 사용된다.

또 다른 PHP 자동 전역 배열 변수는 $_POST이다. 이 변수는 사용자가 HTML 폼(예를 들어 HTML <INPUT> 태그 등)을 통하여 입력한 값을 프로그래머에게 제공한다. 그림 10.4의 14번 줄에서 변수 $_POST['user_name']은 8번 줄의 <INPUT> 태그에 의해 생성되는 폼에서 입력된 값을 프로그래머에게 제공한다. 이 배열의 키는 폼을 통하여 입력되는 입력 인자들의 이름이다. 폼을 통하여 입력된 값은 이 배열에 저장된다.

## 10.3 PHP 데이터베이스 프로그래밍의 개요

프로그래밍 언어에서 데이터베이스를 액세스하는 방법은 여러 가지가 있다. 9장에서 C언어와 Java 언어를 사용하여 SQL 데이터베이스를 액세스하는 몇 가지 방법을 살펴보았다. 특별히 임베디드 SQL, JDBC, SQL/CLI(ODBC와 유사함), SQLJ 등을 논의하였다. 여기서는 동적인 웹페이지와 데이터베이스 검색 및 변경을 위한 웹페이지 생성에 적합한 PHP 스크립트 언어를 이용하여 데이터베이스를 액세스하는 방법을 설명한다.

PHP 확장판과 응용 리파지토리(PEAR: PHP Extension and Application Repository)의 일부로 PHP 데이터베이스 액세스 함수 라이브러리가 있다. PEAR DB 라이브러리는 데이터베이스 액세스를 위한 함수들을 제공한다. 이 라이브러리를 이용하여 Oracle, MySQL, SQLite, MS SQL Server 등과 같은 다양한 데이터베이스를 액세스할 수 있다.

여기서는 PEAR DB의 일부 함수들을 예제에서 활용하도록 한다. 10.3.1에서는 데이터베이스 연결을 보여주고 있다. 10.3.2에서는 HTML 폼에서 수집된 데이터를 테이블에 입력하는 방법을 보여준다. 10.3.3에서는 검색 질의의 실행과 그 결과를 동적 웹페이지에 디스플레이하는 방법을 보여준다.

### 10.3.1 데이터베이스 연결

PHP 프로그램에서 데이터베이스를 다루는 함수를 사용하려면 DB.php라는 PEAR DB 라이브러리를 로드해야 한다. 그림 10.6에서 이 과정을 보여준다. 이제 DB 라이브러리 함수는 DB::<function_name> 형태로 사용된다. 데이터베이스를 연결하는 함수는 DB::connect('string')이며, string은 데이터베이스에 관한 정보를 가지고 있다.

```
0)  require 'DB.php';
1)  $d = DB::connect('oci8://acct1:pass12@www.host.com/db1');
2)  if (DB::isError($d)) { die("cannot connect – " . $d->getMessage());}
 ...
3)  $q = $d->query("CREATE TABLE EMPLOYEE
4)   (Emp_id INT,
5)   Name VARCHAR(15),
6)   Job VARCHAR(10),
7)   Dno INT);" );
8)  if (DB::isError($q)) { die("table creation not successful – " .
            $q->getMessage()); }
 ...
9)  $d->setErrorHandling(PEAR_ERROR_DIE);
 ...
10) $eid = $d->nextID('EMPLOYEE');
11) $q = $d->query("INSERT INTO EMPLOYEE VALUES
12)  ($eid, $_POST['emp_name'], $_POST['emp_job'], $_POST['emp_dno'])" );
 ...
13) $eid = $d->nextID('EMPLOYEE');
14) $q = $d->query('INSERT INTO EMPLOYEE VALUES (?, ?, ?, ?)',
15) array($eid, $_POST['emp_name'], $_POST['emp_job'], $_POST['emp_dno']) );
```

그림 10.6 데이터베이스 연결, 테이블 생성, 레코드 입력

여기서 string의 형식은 다음과 같다.

<DBMS software>://<user account>:<password>@<databass server>

그림 10.6의 1번 줄은 Oracle 데이터베이스를 연결하는 과정이다. PEAR DB를 통하여 액세스되는 DBMS 소프트웨어 패키지는 다음과 같다.

- MySQL. 초기 버전의 경우 mysql로 표시하며, 버전 4.1.2 이후의 경우는 mysqli로 표시한다.
- Oracle. 버전 7, 8, 9의 경우 oci8로 표시하며, 그림 10.6의 1번 줄에서 사용 예가 있다.
- SQLite. sqlite로 표시한다.
- Microsoft SQL Server. mssql로 표시한다.
- Mini SQL. msql로 표시한다.
- Informix. ifx로 표시한다.
- Sybase. sybase로 표시한다.
- ODBC를 지원하는 시스템은 odbc로 표시한다.

DB::connect에 전달되는 스트링 인자에서 <DB MSsoftware> 다음에는 분리자 ://와 사용자계정 이름 <user account> 및 비밀번호 <password>가 차례로 나온다. 그 다음에는 분리자 @와 서버 이름 <database server>이 나온다.

그림 10.6의 1번 줄에서 사용자는 acct1 사용자 이름과 비밀번호 pass12로 www.host.com/db1에서 운행되는 Oracle 데이터베이스와 연결된다. 전체 스트링이 DB::connect를 통하여 전달

된다. 연결 정보는 데이터베이스 연결 변수 $d에 보관되며, 데이터베이스에 대한 연산이 처리될 때마다 이 정보가 활용된다.

**에러 체크.** 그림 10.6의 2번 줄에서는 데이터베이스 연결의 성공 여부를 검사한다. PEAR DB의 함수 DB::isError는 데이터베이스 액세스 연산의 성공 여부를 나타낸다. 이 함수에서 사용되는 인자는 데이터베이스 연결 변수인 $d이다. 일반적으로 PHP 프로그래머는 데이터베이스 접근 연산마다 성공여부를 체크할 수 있으며, 성공하지 못한 경우 그 프로그램을 중단시킬 수 있다(die function 사용). 에러 메시지는 $d->get_message() 연산으로 얻을 수 있다. 그림 10.6의 2번 줄에서 이 과정을 보여주고 있다.

**질의와 SQL 문장의 입력.** 일반적으로 대부분의 SQL 명령어는 데이터베이스 연결 후 바로 데이터베이스로 전달될 수 있다. 함수 $d->query는 SQL 명령어를 스트링 인자로 받아서 데이터베이스 서버로 전달하여 실행하도록 한다. 그림 10.6의 3~7번 줄에서는 4개의 속성을 가지는 EMPLOYEE 테이블을 생성하도록 CREATE TABLE 명령어를 보내고 있다. 질의가 실행될 때마다 그 결과가 질의 변수(여기서는 $q)에 저장된다. 8번 줄에서는 질의의 실행이 성공하였는지 여부를 검사한다.

PHP PEAR DB 라이브러리는 각 데이터베이스 명령마다 성공 여부를 검사하는데 또 다른 방법도 제공한다.

```
$d->setErrorHandling(PEAR_ERROR_DIE)
```

이 함수는 연결 $d를 통하여 데이터베이스를 액세스할 때 에러가 나면 프로그램을 중단하고, 에러 메지시를 프린트한다. 그림 10.6의 9번 줄에서 사용 예를 보여준다.

### 10.3.2 폼으로부터 데이터를 수집하여 레코드를 삽입하는 예

웹상의 폼이나 HTML을 통하여 정보를 수집하고 그것을 데이터베이스에 저장하여 관리하는 응용은 자주 사용된다. 예를 들어, 항공권을 구입하거나 신용카드를 신청하는 경우 이름과 주소 및 전화번호 등과 같은 개인정보를 입력해야 한다. 이러한 정보는 레코드 형태로 데이터베이스에 저장된다.

그림 10.6의 10~12번 줄은 이러한 예를 보여준다. 이 예에서는 폼을 생성하고 데이터를 수집하는 코드를 생략하였다(그림 10.1의 예제와 유사함). 또한, 사용자가 emp_name, emp_job, emp_dno 인자의 값을 제대로 입력했다고 가정한다. 이 정보는 10.2.4절의 뒷부분에서 소개한 PHP 자동 전역 배열 $_POST를 통해 액세스할 수 있다.

그림 10.6의 11~12번 줄에 나타난 SQL INSERT 명령어에서 배열 원소 $-POST['emp_name'], $-POST['emp_job'], $-POST['emp_dno']는 HTML 폼을 통하여 사용자가 입력한 값들을 저장한다. 이 값들이 EMPLOYEE 테이블의 레코드로 구성되어 테이블에 입력된다.

이 예에서는 PEAR DB의 또 다른 특성을 보여주고 있다. 어떤 응용에서는 새로운 레코드를 데이터베이스에 삽입할 때마다 유일한 레코드 식별자를 생성한다.[1)]

---

1) 이것은 객체 데이터베이스 혹은 객체-관계 데이터베이스에서 시스템이 생성하는 OID와 유사하다(11장 참고).

PHP는 $d->nextID 함수를 사용하여 특정 테이블의 유일한 값들을 생성해 낸다. 예제에서 EMPLOYEE 테이블의 Emp_id 필드는 이러한 용도로 사용된다(그림 10.6의 4번 줄 참고). 10번 줄은 EMPLOYEE 테이블에서 다음의 유일한 값을 어떻게 가져오는지를 보여주고 있으며, 11~12번 줄에서 그 값이 INSERT 명령의 일부로 사용된다.

그림 10.6의 10~12번 줄은 INSERT 명령어를 변경시킬 수도 있는 잘못된 스트링이 입력될 가능성을 내포하고 있다. 안전한 방법은 자리 표시자(placeholder)인 ? 기호로 표시되는 개체를 활용하는 것이다. 13~15번 줄에서 이 방법을 사용한 INSERT 명령을 보여준다. $d->query() 함수에서 두 개의 인자를 가지고 있다. 첫 번째 인자는 SQL 문이며, 하나 이상의 ? 기호를 가지고 있다. 두 번째 인자는 배열로, 그 원소들이 ? 기호에 차례로 대치된다.

### 10.3.3 데이터베이스 테이블로부터 검색 질의

그림 10.7을 사용하여 세 가지 유형의 검색 질의를 설명한다. 0~3번 줄에서는 데이터베이스 연결 $d를 설정한다. 4~7번 줄에서 포함된 첫 번째 질의는 모든 employee 레코드들로부터 이름과 부서 번호를 검색한다. 질의 결과를 다루기 위하여 질의 변수(query variable) $q가 사용된다. 5~7번 줄에서 while-loop을 이용하여 결과에 포함된 각 행을 다루게 된다. 5번 줄의 함수 $q->fetchRow()는 질의 결과에서 다음 레코드를 검색하고 반복문을 제어하는 데 사용된다. 이 반복문은 첫 번째 레코드부터 시작한다.

```
0)   require 'DB.php';
1)   $d = DB::connect('oci8://acct1:pass12@www.host.com/dbname');
2)   if (DB::isError($d)) { die("cannot connect – " . $d->getMessage()); }
3)   $d->setErrorHandling(PEAR_ERROR_DIE);
  ...
4)   $q = $d->query('SELECT Name, Dno FROM EMPLOYEE');
5)   while ($r = $q->fetchRow()) {
6)     print "employee $r[0] works for department $r[1] \n" ;
7)   }
  ...
8)   $q = $d->query('SELECT Name FROM EMPLOYEE WHERE Job = ? AND Dno = ?',
9)     array($_POST['emp_job'], $_POST['emp_dno']) );
10)  print "employees in dept $_POST['emp_dno'] whose job is
   $_POST['emp_job']: \n"
11)  while ($r = $q->fetchRow()) {
12)    print "employee $r[0] \n" ;
13)  }
  ...
14)  $allresult = $d->getAll('SELECT Name, Job, Dno FROM EMPLOYEE');
15)  foreach ($allresult as $r) {
16)    print "employee $r[0] has job $r[1] and works for department $r[2] \n" ;
17)  }
  ...
```

그림 10.7 데이터베이스 검색 질의의 예

두 번째 질의 예제는 8~13번 줄에서 보여주는 동적 질의로써 질의의 선택 조건이 사용자가 입력한 값에 따라 결정된다. 질의는 특정 부서에서 특정 job과 work를 담당하는 직원의 이름을 검색하는 것이다. 특정 job과 department number는 배열변수 $-POST['emp_job']과 $-POST['emp_don']에 대한 폼을 통하여 입력된다. 만약 사용자가 job에 대하여 'Engineer'를 입력하고, department number에 5를 입력하면 5번 부서에 근무하는 모든 engineer의 이름을 리턴하게 된다. 동적 질의에서는 사용자가 입력하는 값에 따라서 질의 조건이 다르게 생성되므로 질의 결과도 다르게 된다. 여기서는 10.3.2절에서 소개한 두 개의 ? 기호를 사용하였다.

14~17번 줄은 또 다른 방법으로 질의와 질의 결과에 대한 처리를 보여주는 예이다. 예제에서 함수 $d->getAll은 질의 결과에 포함된 모든 레코드를 하나의 $allresult 변수에 저장한다. 질의 결과에 포함된 각 레코드를 검사하려고 foreach 반복문이 행 변수 $r과 함께 사용되어 $allresult에 포함된 각 행을 다루고 있다.[2)]

지금까지 본 바와 같이 PHP는 데이터베이스 액세스와 동적 웹페이지 생성에 모두 적합하다.

## 10.4 데이터베이스 웹 프로그래밍을 위한 Java 기술의 개요

지금까지 설명한 PHP 스크립트 언어 부분은 응용 서버에서 동작하면서 사용자 입력을 폼을 통해 받아들이고, 데이터베이스 질의를 생성하여 데이터베이스 서버로 전달하며, 질의 결과에 대하여 동적인 HTML 페이지를 생성한다. Java 환경은 서버와 클라이언트 기계에서 동작하는 컴포넌트들을 가지고 있다. 또한 데이터 객체를 교환하기 위한 표준도 가지고 있다. 이 장에서는 웹과 데이터베이스 관련 컴포넌트들을 소개하였다. 제 9장에서 이미 JDBC와 SQLJ도 설명하였다.

**Java Servlets.** Servlets은 웹서버 머신에 존재하는 Java 객체들로써 클라이언트와의 상호작용을 관리한다. 세션에서 클라이언트가 제출한 정보를 저장할 수 있으며, 이로부터 데이터베이스 질의어가 만들어진다. Servlet 객체들은 질의처리 결과를 저장하고, 그 일부를 HTML로 포맷팅하여 클라이언트에 디스플레이한다. Servlet 객체는 클라이언트 세션이 종료될 때까지 클라이언트와의 상호작용에서 생성되는 정보를 유지관리한다.

**Java Server Pages(JSP).** PHP와 유사한 방식으로 동적인 웹페이지가 생성되어 클라이언트로 보내지도록 한다. Java 언어와 관련이 있으며, Java 코드와 결합되어 스크립트가 작성된다.

**JavaScript.** Java 프로그래밍 언어와는 다른 스크립트 언어로써 독립적으로 개발되었다. 웹응용에서 널리 사용되며, 클라이언트와 서버 모두에서 동작한다.

2) $r 변수는 9장과 11장에서 논의한 커서(cursor) 혹은 반복자(iterator variables)와 유사하다.

**Java Script Object Notation (JSON).** 데이터 객체의 텍스트 기반 표현으로 데이터가 JSON 형태로 포맷되어 텍스트 형태로 클라이언트와 서버 사이에 교환될 수 있다. XML (12장)의 대안으로 볼 수 있으며, 객체를 속성-값 쌍으로 표현한다. JSON은 MongoDB와 같은 NoSQL 시스템의 데이터 모델로 채택되었다(23장 참고).

## 10.5 요약

본 장에서는 데이터베이스의 구조화된 데이터를 어떻게 웹페이지의 일부로 내보낼 수 있는지를 다루었다. PHP 스크립트 언어는 이러한 기능을 구현하는 데 널리 사용되는 편리한 언어이다. 10.1절에서는 예제를 통하여 기본적인 PHP 웹프로그래밍을 소개하였다. 10.2절에서는 PHP 프로그래밍 언어의 기본 사항인 배열과 스트링 데이터 타입등을 다루었다. 10.3절에서는 다양한 데이터베이스 명령어를 사용하는 방법을 소개하였다. 여기에는 테이블의 생성, 데이터의 입력, 레코드 검색 등의 기능이 포함된다. PHP는 서버에서 실행된다는 점에서 다른 스크립터 언어와 차이가 있다(다른 언어의 경우 클라이언트에서 실행됨). 10.4절에서는 Java와 관련된 기술들을 소개하였다.

여기서는 PHP의 기본 소개만 하였으며, PHP 프로그래밍에 대한 상세한 내용은 별도의 책이나 웹 사이트를 참고하기 바란다. 많은 PHP 함수들이 제공되고 있으며, 이들은 모두 open 소스이다.

## 복습문제

10.1 스크립트 언어가 왜 Web Programming에서 널리 사용되는가? PHP 프로그램은 3층 구조의 어느 부분에서 실행되는가 ? JAVA 스크립트 프로그램은 어디서 실행되는가?

10.2 PHP는 어떤 타입의 프로그래밍 언어인가?

10.3 PHP에서 스트링을 표시하는 여러 방법들을 논의하라.

10.4 PHP에서 배열의 유형들을 설명하라.

10.5 PHP 자동 전역(auto-global) 변수가 무엇인가? PHP 자동 전역 배열의 예를 보이고, 각각 어떻게 사용되는지 논의하라.

10.6 PEAR가 무엇인가? PEAR DB는 무엇인가?

10.7 PEAR DB의 데이터베이스를 액세스하는 주요 함수는 무엇인가? 각각 어떻게 사용되는가?

10.8 PHP에서 질의 결과 전체를 처리하는 방법들을 논의하라.

10.9 Placeholders가 무엇인가 ? PHP 데이터베이스 프로그래밍에서 어떤 용도로 사용되는가?

## 연습문제

10.10 그림 5.6의 Library 데이터베이스 스키마에 대하여 테이블들을 생성하는 PHP 코드를 작성하라.

10.11 새로운 BORROWER 객체에 대한 정보를 입력하는 웹폼을 생성하는 PHP 프로그램을 작성하라. 새로운 BOOK 객체에 대하여 이 작업을 반복하라.

## 주요 참고문헌

PHP 프로그래밍에 관한 정보는 도서 혹은 웹 문서 형태로 널리 제공되고 있다. 여기서는 두 권의 책을 소개한다. 참고문헌 Sklar(2005)는 PHP에 대한 좋은 소개 자료이다. 참고문헌 Schlossnagle(2005)는 상세한 예제를 포함한 고급 웹 사이트 구축 교재이다. Nixon (2014)는 PHP, Javascript, Jquery, CSS, HTML5 등을 커버하는 인기있는 웹프로그래밍 책이다.

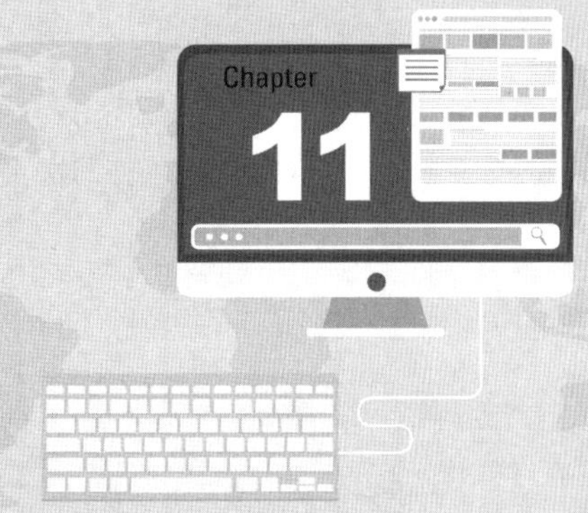


# 객체와 객체-관계 데이터베이스

이 장에서는 객체지향 데이터 모델의 특징을 논의한 후에 이들 특징이 관계형 데이터베이스 시스템과 SQL 표준에 어떻게 반영되고 있는지를 살펴본다. 객체 데이터 모델의 일부 특징들은 NoSQL이라 불리는 새로운 데이터베이스 시스템에 반영되었다(23장 참고). 또한 XML 데이터 모델(12장)은 객체 모델과 유사하다. 그래서 객체 모델의 개념은 최근 데이터베이스 기술의 많은 부분에 반영되고 있다. 객체 모델에 기반을 둔 데이터베이스 시스템을 객체지향 데이터베이스(object-oriented databases, OODBs)라고 불렀으나 근래 들어서는 **객체 데이터베이스(ODBs: Object Databases)**라고 부르고 있다. 관계형, 네트워크, 계층과 같은 기존의 데이터 모델과 시스템들은 기존의 비즈니스 데이터베이스 응용에 필요한 데이터베이스 기술을 개발하여 성공적으로 사용되어 왔다. 그러나 이들 데이터 모델과 이를 구현한 시스템들은 공학 설계와 제조(CAD/CAM과 CIM[1]), 과학 실험, 통신, 지리 정보 시스템, 멀티미디어[2] 등과 같은 보다 복잡한 데이터베이스 응용을 지원하는 데는 충분하지 못하다. 이런 새로운 응용들은 기존의 비즈니스 응용과 달리 보다 복잡한 객체 구조를 가지며, 이미지나 비디오 및 대형 텍스트 데이터의 저장을 위하여 새로운 데이터 타입이 필요하고, 장기 트랜잭션(longer-duration transactions), 특정 응용에 의존하는 비표준적인 연산의 정의 등의 기능들을 필요로 한다. 객체 데이터베이스는 이와 같은 보다 복잡한 응용의 요구사항들을 지원하기 위하여 제안되었다. 설계자가 복합 객체(complex object)의 구조와 이 객체에 적용할 수 있는 연산(operation)들을 정의할 수 있다는 것이 객체 데이터베이스의 핵심 기능이다.

객체 데이터베이스를 구축하는 또 다른 이유는 소프트웨어 응용 개발에 객체지향 프로그래밍 언어의 사용이 급증하고 있기 때문이다. 이제 데이터베이스는 소프트웨어 시스템의 기본적인 구성 요소이며, 기존의 데이터베이스를 C++, Java 등과 같은 객체지향 언어로 작성된 소프트웨어 응용과 함께 사용하는 것은 자연스럽지 않은 방식이다. 반면, 객체 데이터베이스는 객체지향 언어로 작성된 소프트웨어와 매끄럽게 직접 통합될 수 있도록 설계되었다.

1) Computer-Aided Design/Computer-Aided Manufacturing, Computer-Integrated Manufacturing
2) 멀티미디어 데이터베이스는 비디오, 오디오, 그래픽, 문서 등과 같은 다양한 유형의 멀티미디어 객체들을 저장해야 한다(25장 참조).

관계 DBMS 제작사들도 객체 데이터베이스에서 제안된 새로운 모델링 기능을 수용하기 시작하였으며, 그 결과 새로운 관계 시스템들은 객체 데이터베이스에서 제안된 많은 기능을 포함하고 있다. 이와 같이 확장된 시스템을 객체-관계 DBMS(ORDBMS)라고 한다. 관계 DBMS에 대한 최신 버전의 SQL 표준(2008년)은 SQL/Object라고 알려진 객체 기능들을 포함하고 있으며, 이제는 이런 기능들이 SQL의 주요 기능(SQL/Foundation에 명시됨)으로 포함되어 있다.

객체지향 데이터베이스 시스템에 대한 많은 시제품과 상업용 제품이 등장하였지만 관계형 및 객체-관계형 데이터베이스에 비하여 널리 보급되지는 못하고 있다. 객체지향 데이터베이스 시스템에 대한 시제품으로는 MCC에서 개발한 ORION 시스템, Texas Instruments의 OpenOODB, HP 연구소에서 개발한 IRIS 시스템, AT&T Bell Labs4의 ODE 시스템, Brown 대학의 ENCORE /ObServer 프로젝트 등이 있다.

대표적인 상용 시스템의 예로는 GemStone Systems의 GEMSTONE/S 객체서버, Ontos의 ONTOS, Objectivity Inc.의 Objectivity/DB, Versant Corporation(Poet)의 Versant 객체 데이터베이스와 FastObjects, Object Design의 ObjectStore, Ardent5의 Ardent Database 등이 있다. 이런 시스템들은 실험 단계의 시제품과 개발된 상용 객체지향 데이터베이스 시스템들의 일부이다.

상업용 객체지향 DBMS가 출현함에 따라 표준 모델과 언어가 필요하게 되었다. 이전의 표준화 작업이 일반적으로 몇 년씩 걸림에 따라 객체지향 DBMS 제작사와 사용자들로 구성된 ODMG6라 불리는 표준화 기구가 ODMG 3.0이라고 알려진 최신의 표준을 제정하였다.

객체지향 데이터베이스는 객체지향 프로그래밍 언어 분야[3]에서 정립된 많은 개념을 도입하였다. 11.1절에서는 많은 객체 데이터베이스 시스템에서 활용되는 핵심 개념들을 살펴본다. 이러한 핵심 개념들은 이후 객체-관계 DBMS와 SQL 표준에도 반영되어 있다. 여기서 핵심 개념이란 객체 식별자(object identity), 객체 구조(object structure), 타입 생성자(type constructors), 연산자 인캡슐레이션(operation encapsulation), 클래스의 일부로써 메소드(methods)의 정의, 객체를 지속객체(persistent objects)로 만들기 위하여 데이터베이스에 저장하는 기술, 타입 및 클래스 계층(class hierarchies)과 상속(inheritance)

3) 비슷한 개념이 의미 데이터 모델링(semantic data modeling)과 지식 표현(knowledge representation)분야에서도 소개되었다.

등을 의미한다. 11.2절에서는 이러한 핵심 개념들이 SQL 표준에 어떻게 반영되어 객체-관계 데이터베이스로 전달되었는지를 살펴본다. SQL:1999에 처음 객체 특성이 반영되었으며, 최근에는 SQL:2008에서 더욱 발전되었다. 11.3절에서는 순수 객체 데이터베이스 표준으로써 ODMG 3.0에 포함된 객체 개념들과 객체 정의어 ODL(object definition language)을 소개한다. 11.4절에서는 객체 데이터베이스의 설계과정을 설명한다. 11.5절에서는 ODMG 3.0에 포함된 객체 질의어(object query language) OQL을 설명한다. 11.6절에서는 프로그래밍 언어 바인딩에 관해 설명한다. 여기서는 확장된 객체지향 프로그래밍 언어에서 어떻게 표준 객체 데이터베이스 기능들을 수용할 것인지를 논의한다. 11.7절에서는 이 장을 요약한다. 객체 데이터베이스를 간단하게 이해하고 넘어가려는 독자들은 11.3절에서 11.6절까지를 생략할 수 있다.

# 11.1 객체 데이터베이스의 개요

## 11.1.1 객체지향 개념과 특징의 소개

객체지향(object-oriented, 줄여서 *OO* 또는 *O-O*로 표기)이라는 용어는 객체지향 프로그래밍 언어(OOPL: Object-Oriented Programming Language)에서 유래된 것이다. 이제 객체지향 개념은 데이터베이스, 소프트웨어 공학, 지식 베이스, 인공지능 및 일반적인 컴퓨터 시스템에까지 광범위한 영역에 적용된다. 객체지향 프로그래밍 언어들은 60년대 후반에 제안된 SIMULA 언어에 그 뿌리를 두고 있다. 1970년대에 Xerox PARC[4]에서 개발한 Smalltalk는 메시지 전달이나 상속과 같은 객체지향 개념이 명시적으로 추가 도입된 최초의 언어였다. **순수**(pure) 객체지향 프로그래밍 언어는 Smalltalk와 같이 처음부터 객체지향적으로 설계된 반면, **혼합**(hybrid) 객체지향 언어는 기존 프로그래밍 언어에 객체지향 개념을 도입하여 확장한 것을 말한다. 예를 들어, C++는 C 프로그래밍 언어에 객체지향 개념을 추가하여 확장한 혼합 객체지향 언어이다.

**객체(object)**는 일반적으로 두 개의 구성 요소인 상태(state, 값)와 행위(behavior, 연산)를 가진다. 객체는 복잡한 자료 구조를 가질 수 있으며, 프로그래머가 정의한 연산들을 가진다. 객체지향 프로그래밍 언어에서의 객체들은 프로그램이 수행되는 동안만 존재하므로 **임시 객체**(transient object)라고 한다.[5] 객체지향 데이터베이스는 객체들이 프로그램 종료 후에도 영구히 지속(persist)되어 많은 프로그램이 나중에도 검색하고 공유할 수 있는 기능을 제공한다. 즉 객체지향 데이터베이스는 **지속 객체**(persistent object)들을 보조 기억 장치에 영구히 저장하여 여러 프로그램과 응용들이 공유할 수 있도록 한다. 이를 위하여 인덱싱 기법(객체를 효과적으로 배치함), 동시성 제어(동시에 실행되는 여러 프로그램에서 객체를 공유할 수 있게 함), 회복(고장 후 복구가 가능하도록 함) 등과 같은 잘 알려진 데이터베이스 관리 시스템의 기능들이 지원되어야 한다. 또한 객체지향 데이터베이스 시스템은 한 개 이상의 객체지향 프로그래밍 언어에서 객체들을 지속적으로 저장하고 공유할 수 있도록 하는 인터페이스를 제공한다.

객체지향 프로그래밍 언어에서 객체의 내부 구조는 **인스턴스 변수**(instance variable)들로 구성되며, 이런 인스턴스 변수들의 값은 객체의 내부 상태를 형성한다. 따라서 인스턴스 변수는 관계 모델의 애트리뷰트 개념과 유사하지만 객체 내에 은닉되어 캡슐화(encapsulation)될 수 있으므로 외부 사용자들이 반드시 접근할 수 있는 것은 아니다. 또한 인스턴스 변수는 임의의 복잡한 데이터 타입으로 지정될 수도 있다. 객체지향 시스템에서는 특정한 타입의 객체에 적용될 수 있는 연산이나 함수(행위)들의 정의가 가능하다. 사용자가 객체에 적용할 수 있는 모든 연산들을 미리 정의해야만 하는 객체지향 모델도 있으며, 이는 객체의 캡슐화를 엄격히 지키기 위함이다. 그러나 대부분의 객체지향 데이터 모델에서는 다음의 몇 가지 이유 때문에 이러한 엄격함이 완화되었다.

---

4) Palo Alto Research Center, Palo Alto, California.

5) 객체는 이 장의 나머지 부분에서 논의하듯이 다른 많은 특성을 가진다.

첫째, 데이터베이스 사용자가 특정 객체들을 검색하기 위하여 애트리뷰트에 대한 선택 조건을 명시해야 하기 때문에 애트리뷰트 이름을 노출시킬 필요가 있는 경우가 많다.

둘째, 완전한 캡슐화 방식에서는 간단한 검색조차도 미리 정의된 연산을 사용해야 하므로 임시(ad-hoc) 형식의 질의를 작성하는 것이 번거롭게 된다.

캡슐화를 강화하기 위해 연산은 두 부분으로 정의된다. 연산의 요약(signature) 또는 인터페이스라고 부르는 첫 번째 부분에는 연산자의 이름과 매개 변수들은 명시한다. **메소드**(method) 또는 **몸체**(body)라고 부르는 두 번째 부분에는 연산에 대한 구현을 명시하며, 대개 범용 프로그래밍 언어를 사용한다. 연산을 호출하려면 연산의 이름과 매개 변수들로 구성된 메시지를 해당 객체에 전달하면 된다. 메시지를 수신한(전달받은) 객체는 해당 연산에 대한 메소드를 수행한다. 이러한 캡슐화 기능은 해당 연산들을 호출하는 외부 프로그램에 영향을 미치지 않으면서 객체의 내부 구조와 연산들의 구현에 대한 변경이 가능하도록 한다. 즉 캡슐화는 2장에서 설명한 데이터-연산 독립성을 보장하는 데 기여한다.

객체지향 시스템의 또 다른 핵심 개념으로는 타입 및 클래스 계층 구조와 상속(inheritance)을 들 수 있다. 이런 개념은 이미 정의된 타입이나 클래스들로부터 대부분의 구조와(또는) 연산들을 상속하여 새로운 타입이나 클래스를 정의할 수 있게 한다. 상속 기능에 의하여 시스템의 데이터 타입들을 점진적으로 만들 수 있고, 객체의 새로운 타입을 정의할 때 기존 타입들의 정의를 재사용 할 수 있게 된다.

초기 객체지향 데이터베이스 시스템의 한 가지 문제점은 객체들 간의 관계(relationships)를 표현하는 데 있었다. 완벽한 캡슐화를 주장하던 초기 객체지향 모델에서는 객체들 간의 관계가 명시적으로(속성으로) 표현되지 않고, 관계되는 객체에 접근할 수 있는 적절한 메소드로 정의되었다. 그러나 다중 관계를 가지는 복잡한 데이터베이스에서 이런 방식을 사용하면 그 관계들을 사용자가 식별하여 사용하는 데 어려움을 주게 된다. ODMG 표준에서는 이런 필요성에 따라 이진 관계를 **역참조**(reverse references) 쌍을 통해 명시적으로 표현하며, 11.3절에서 이에 관한 설명을 추가한다.

또 다른 중요 개념인 **연산자 중첩**(operator overloading)은 하나의 연산자가 서로 다른 타입의 객체들에게 다르게 적용될 수 있는 연산자의 능력이다. 즉 동일한 이름의 연산자가 객체 타입에 따라 서로 다르게 동작하도록 하는 기능이다. 이를 **연산 다형성**(operator polymorphism)이라고도 한다. 예를 들어, 도형 객체의 면적을 구하는 연산인 area는 객체의 타입(예를 들어, 삼각형, 원, 또는 사각형 등)에 따라 메소드(연산에 대한 구현)를 다르게 구현해야 한다. 즉 사용자가 area 연산을 호출하면 그 메시지를 수신하는 객체의 타입에 따라서 적절한 면적 계산 메소드가 실행되어 면적이 올바르게 계산된다. 연산 다형성을 지원하기 위해서는 컴파일 시점이 아니라 실행 시점에 연산이 적용된 객체의 타입을 판단하여 적절한 메소드를 호출할 수 있어야 한다. 즉 실행 시점에 (수신 객체의 타입에 따른) 연산자의 이름과 적절한 메소드의 결합이 이루어지는 **지연 결합**(late binding)이 필요하다.

이후 절에서는 객체 데이터베이스의 주요 특징을 살펴볼 것이다. 11.1.2절에서는 객체 식별자(object identity)를 설명하고, 11.1.3절에서는 복합 객체 구조가 어떻게 타입 생성자를 사용하여 표현되는지 살펴본다. 11.1.4절에서는 캡슐화(encapsulation)와 지속성(persistence)에 관해 살펴보고, 11.1.5절에서는 상속(inheritance) 개념을 살펴본다. 11.1.6에서는 추가적인 객체 개념을 살펴보고, 11.1.7에서는 객체 개념을 요약한다. 11.2절에서는 이러한 객체 개념들이 SQL:2008 관계 데이터베이스 표준에서 어떻게 반영되고 있는지를 살펴본다. 11.3절에서는 이러한 개념들이 ODMG 3.0객체 데이터베이스 표준에서 어떻게 실현되었는지 알아본다.

### 11.1.2 객체 식별자, 객체와 리터럴

객체 데이터 관리 시스템(ODMS: Object Data Management System)의 주요 목적 중 하나는 실세계와 데이터베이스 객체들 사이에 직접적인 관련성을 최대한 보존함으로써 객체가 자신의 integrity와 identity를 잃지 않도록 하며, 쉽게 식별되고, 연산될 수 있도록 하는 데 있다. 객체 데이터베이스 시스템은 데이터베이스에 저장된 독립적인 각 객체에 대하여 **고유한 식별자**(unique identity)를 부여한다. 고유한 식별자는 일반적으로 시스템이 생성한 고유한 **객체 식별자**(OID: Object Identifier)로 구현된다. OID값은 외부 사용자에게는 은닉되며, 시스템이 각 객체를 고유하게 식별하고 객체들 간의 참조를 생성하고 관리하기 위해 사용된다. OID는 적절한 타입의 프로그램 변수에 배정될 수 있다.

OID의 주요 특성은 **불변성**(immutable)이다. 즉 특정 객체에 한 번 부여된 OID값은 바뀔 수 없다. OID의 이런 특성에 의해 실세계 객체의 식별성이 보존된다. 따라서 객체 데이터베이스 시스템은 OID를 생성하고 불변성 특징을 유지하는 기능을 제공해야 한다. 또한, 각 OID는 단 한 번만 사용되는 것이 바람직하다. 즉 어떤 객체가 데이터베이스로부터 삭제되어도 그 객체의 OID를 다른 객체에 부여하지 않아야 한다. 애트리뷰트의 값이 변경되거나 정정될 수 있기 때문에 이런 OID의 두 가지 특성은 OID가 객체의 어떠한 애트리뷰트 값에도 의존해서는 안 된다는 것을 의미한다. 관계 모델의 경우 각 투플은 주키(primary key) 속성의 값으로 식별된다. 따라서 주키의 값이 변경되면 실세계와 무관하게 데이터베이스 내에서 다른 식별자로 인식된다. 동일한 실세계 객체가 두 테이블에서 서로 다른 주 키 값을 가질 수 있으며, 이런 경우에 두 투플이 동일한 실세계 객체임을 인식하기도 어렵게 된다. 예를 들어 동일한 Employee 객체에 대하여 한 테이블에서는 주키를 Emp_id로 지정하고, 다른 테이블에서는 주키를 Ssn으로 지정할 수 있으며, 이 경우 동일한 직원을 다른 값으로 식별하게 되어 혼란이 발생할 수 있다.

또한 OID값으로 저장된 객체의 물리적인 주소를 활용하는 것도 바람직하지 않다. 데이터베이스 객체의 물리적 주소는 데이터베이스 재조직 후 변경될 수 있기 때문이다. 초창기 객체 데이터베이스 시스템에서는 객체를 효율적으로 검색하기 위하여 객체의 물리적인 주소를 OID로 사용하였다. 이런 경우에 객체의 물리적인 주소가 바뀌면 간접 포인터로 이전 주소를 대치하여 객체의 새로운 물리적인 위치를 제공받을 수 있다. 큰 정수 값을 OID로 사용하는 것이 일반적이며, 이 경우 해시 테이블을 이용하여 OID값으로부터 저장된 객체의 물리적인 주소를 찾을 수 있도록 한다.

일부 초기의 객체지향 데이터 모델은 단순한 값이든 복잡한 객체이든 간에 모든 것을 객체로 표현하고자 했다. 따라서 이런 모델에서는 정수, 문자열, 또는 부울값과 같은 기본값에도 OID가 부여되어야 한다. 두 개의 기본값이 서로 다른 OID를 가져야 한다는 것이 때로는 유용하게 이용될 수도 있다. 예를 들어, 50이라는 정수 값이 킬로그램 단위의 무게를 의미할 수 있고, 사람의 나이를 의미할 수도 있을 경우, 서로 다른 OID를 가지는 두 개의 기본 객체가 생성될 수도 있지만 두 객체는 모두 동일한 정수 값 50을 나타낸다. 이론적인 모델로는 모든 객체에 OID를 부여하는 것이 유용할 수 있으나, 너무 많은 OID를 생성해야 하므로 실용적이지 못하다. 따라서 대부분의 객체지향 데이터베이스 시스템은 객체와 리터럴(value, 값)을 모두 허용한다. 각 객체는 불변의 OID를 가져야 하지만 값(리터럴)은 OID 없이도 사용될 수 있다. 따라서 값은 일반적으로 객체 내에 저장되며 다른 객체로부터 참조되지 않는다. 많은 시스템에서 복잡한 구조를 가지는 값도 OID 없이 생성될 수 있도록 허용하고 있다.

### 11.1.3 객체와 리터럴에 대한 복합 구조

객체 데이터베이스의 또 다른 특징은 객체와 리터럴이 그와 관련된 모든 정보를 가질 수 있도록 복잡한 타입 구조(type structure)를 제공한다는 점이다. 기존의 데이터베이스에서는 복잡한 구조를 갖는 정보가 여러 릴레이션의 레코드들로 분산되어 표현되므로 실세계 객체와 데이터베이스 표현 사이에 직접적인 연관성이 분실될 수 있다. 객체 데이터베이스에서 복합 타입은 다른 타입들로부터 **타입 생성자**(type constructors)들을 중첩시키는 방식으로 생성될 수 있다. 세 가지 중요한 타입 생성자는 원자(atom), 구조체(struct, 혹은 tuple), 컬렉션(collection)이다.

1. 첫 번째 타입 생성자는 **원자**(atom)이지만 이 용어는 최신의 객체 표준에서는 사용되지 않는다. 원자는 객체 모델의 기본적인 built-in 데이터 타입을 포함한다. 여기서 built-in 데이터 타입은 다른 프로그래밍 언어에서 제공하는 기본 타입과 유사하며, 정수, 스트링, 실수, 불리언 등의 타입을 포함한다. 이들은 단일 값을 가지므로 **단일값**(single-valued) **타입** 혹은 **원자**(atomic) **타입**이라고 부른다.
2. 두 번째 타입 생성자는 **구조체**(struct 혹은 tuple) 생성자이다. 이 생성자는 관계 데이터베이스의 레코드와 같은 표준 구조체 타입을 생성한다. 표준 구조체 타입은 여러 컴포넌트들로 구성되며, compound 혹은 composite 타입이라 불린다. 더 정확히 말하면 구조체 생성자는 다양한 구조체를 생성할 수 있으므로 타입이 아니라 **타입 생성자**(type generator)이다. 예를 들어 두 가지 구조체 Name<FirstName: string, MiddleInitial: char, LastName: string>과 CollegeDegree<Major: string, Degree: string, Year: date>를 생각할 수 있다. 객체 모델에서 복합 중첩 구조체를 생성하기 위해서는 collection 생성자가 필요하며, 다음에서 이를 소개한다. 기존의 관계 모델에서는 타입 생성자 **원자**(atom)와 **구조체**(struct)만 제공됨을 유의한다.
3. **컬렉션**(collection 혹은 multivalued) 타입 생성자는 set(T), list(T), bag(T), array(T), dictionary(K,T) 타입 생성자를 포함한다. 이들은 객체 혹은 리터럴 값의 일부가 다른 객체 혹은 값들의 collection을 가질 수 있도록 한다. 이러한 생성자도 다양한 타입을 생성할 수 있으므로 **타입 생성자**(type generator)라고 간주된다.

예를 들어, set(*string*), set(*integer*), set(*Employee*)는 *set* 타입 생성자를 사용하여 만들어지는 서로 다른 타입들이다. 특정 collection value의 모든 원소들은 동일한 타입을 가져야 한다. 예를 들어 set(*string*) 타입은 string값들만 원소로 가질 수 있다.

원자 생성자(atom constructor)는 모든 기본 원자값을 표현하는 데 사용되며, 정수, 실수, 문자열, 불리안 타입 등과 같은 기본 타입과 시스템에서 직접 지원하는 기본 타입을 표현한다. 투플 생성자는 구조화된 값 혹은 객체를 생성할 수 있으며, $<a_1:i_1, a_2:i_2, \cdots, a_n:i_n>$ 형태를 가진다. 여기서 $a_j$는 속성의 이름[6)], $i_j$는 값 혹은 OID이다.

그 외 널리 사용되는 생성자들을 컬렉션 타입(collection type)이라고 부르며, 다음과 같이 세분화된다. Set 생성자는 서로 다른 객체 혹은 리터럴을 원소로 갖는 집합 $\{i_1, i_2, ..., i_n\}$을 생성한다. 여기서 모든 원소는 동일한 타입이다. Bag 생성자(multilist 생성자라고도 함)는 set과 동일하지만 원소들이 서로 다를 필요가 없다는 점에서 차이가 있다. List 생성자는 동일한 타입의 OID 혹은 값들로 구성되는 순서가 있는 리스트 $\{i_1, i_2, ..., i_n\}$을 생성한다. List는 Bag과 유사하지만 원소들에 순서가 있다는 점에서 차이가 있다. 즉 List에는 첫 번째 원소, 두 번째 원소, 마지막 원소 등의 개념이 존재하게 된다.

```
define type EMPLOYEE
    tuple (  Fname:          string;
             Minit :         char;
             Lname:          string;
             Ssn:            string;
             Birth_date:     DATE;
             Address:        string;
             Sex:            char;
             Salary:         float;
             Supervisor:     EMPLOYEE;
             Dept:           DEPARTMENT;
define type DATE
    tuple (  Year:           integer;
             Month:          integer;
             Day:            integer; );
define type DEPARTMENT
    tuple (  Dname:          string;
             Dnumber:        integer;
             Mgr:            tuple (  Manager:      EMPLOYEE;
                                      Start_date:   DATE; );
             Locations:      set(string);
             Employees:      set(EMPLOYEE);
             Projects:       set(PROJECT); );
```

그림 11.1 타입 생성자를 사용한 객체 타입 EMPLOYEE, DATE, DEPARTMENT의 생성

6) 객체지향 용어로 인스턴스 변수(instance variable)라고 한다.

Array **생성자**는 동일한 타입의 원소들로 구성되는 1차원 배열을 생성한다. Array는 최대 원소의 개수가 정해진다는 점에서 List와 차이가 있다. 마지막으로 Dictionary **생성자**는 두 투플 <*K*, *V*>의 collection을 생성하며, 키 *K*의 값이 값 *V*를 액세스하는 데 사용될 수 있다.

컬렉션 타입의 주요 특성은 그 객체 혹은 값이 동일한 데이터 타입을 갖는 객체 혹은 값들의 모임이라는 것이다. 이 값(혹은 객체)들은 순서가 없는 경우(집합이나 Bag처럼)와 순서가 있는 경우(리스트와 배열처럼)로 구분된다. **투플** 타입 생성자는 C나 C++ 프로그래밍 언어의 struct 구조체와 대응되므로 **구조적 타입**(structured type)이라고도 한다.

데이터 **정의어**(ODL: Object Definition Language)[7]는 특정 데이터베이스 응용을 위한 객체들의 타입을 정의하는 데 사용된다. 11.3절에서 ODMG 표준 ODL에 관하여 설명하며, 이 절에서는 보다 간단한 표기법으로 그 개념을 점진적으로 설명한다. 타입 생성자들은 객체 지향 데이터베이스 스키마를 위한 자료 구조의 정의에 사용될 수 있다.

그림 11.1은 EMPLOYEE와 DEPARTMENT 타입을 어떻게 정의하는가를 보여준다.

그림 11.1에서 다른 객체를 참조하는 속성들(EMPLOYEE의 Dept, DEPARTMENT의 Projects)은 다른 객체를 참조하는 OIDs를 가지며, 이들은 객체들 사이의 관련성을 표현한다. 예를 들어, EMPLOYEE의 Dept 애트리뷰트는 DEPARTMENT 타입이고, 따라서 (EMPLOYEE가 일하는) 특정 DEPARTMENT 객체를 참조하는 데 사용된다. 이런 애트리뷰트 값은 특정 DEPARTMENT 객체의 OID일 것이다. 이진 관계는 단방향으로 표현될 수도 있고 양방향(역참조를 가짐)으로 표현될 수도 있다. 예를 들어 그림 11.1에서 DEPARTMENT의 Employees 애트리뷰트는 EMPLOYEE 타입 객체에 대한 OID들을 값으로 가지는데, 이 OID 값들은 그 부서에서 근무하는 사원들을 나타낸다. 여기서 역참조는 EMPLOYEE의 Dept 애트리뷰트이다. 11.3절에서는 ODMG에서 일관성 있는 역참조를 어떻게 명시하는가를 설명한다.

## 11.1.4 연산의 캡슐화와 객체의 지속성

**연산의 캡슐화**(Encapsulation of Operations). **캡슐화**(encapsulation) 개념은 객체지향 언어 및 시스템의 핵심적인 특징 중 하나이다. 캡슐화 개념은 프로그래밍 언어 분야의 추상 데이터 타입 및 **정보 은닉**(information hiding) 개념과 관련이 있다. 캡슐화 개념을 지원하지 않는 기존의 데이터베이스 모델과 시스템은 데이터베이스 객체의 구조를 사용자와 외부 프로그램에 가시화시키는 것이 일반적이다. 기존의 모델에서 대부분의 표준 데이터베이스 연산들은 모든 타입의 객체에 적용될 수 있다. 예를 들어, 관계 모델에서는 투플의 검색, 삽입, 삭제, 갱신 연산들이 표준화되어 있어서 데이터베이스 내의 모든 릴레이션에 적용될 수 있다. 따라서 이런 연산들을 사용하여 릴레이션에 접근하는 사용자 및 외부 프로그램들에게 릴레이션과 그 애트리뷰트들은 공개된 항목이다. 캡슐화 개념은 데이터베이스 객체들에게도 적용될 수 있다. 즉 객체 타입에 대한 **행위**(behavior)를 외부에서 적용할 수 있는 **연산**(operations)들로 정의하는 것이다. 캡슐화를 통하여 객체의 내부 구조가 은닉되므로

7) 이는 기존 데이터베이스에서의 DDL(Data Definition Language)에 해당한다(2장 참조).

객체는 미리 정의된 여러 개의 연산을 통해서만 접근이 가능하다. 객체들을 생성(삽입)하고 제거(삭제)하기 위해 사용되는 연산들이 있고, 객체의 상태를 갱신하는 연산들도 있으며, 객체 상태의 일부분을 검색하거나 객체값에 어떤 계산을 수행하기 위해 사용되는 연산들도 있다. 일부 연산들은 검색, 계산, 갱신의 복합 연산에 사용되기도 한다. 일반적으로 연산은 범용프로그래밍 언어로 구현되므로 유연성과 필요한 기능을 제공할 수 있게 된다.

외부 사용자들에게는 객체에 정의된 각 연산의 이름과 매개 변수들로 구성되는 연산자 인터페이스(interface)만 제공한다. 객체의 구현은 외부 사용자들로부터 은닉된다. 은닉되는 정보에는 객체의 내부 자료 구조와 이 구조에 접근하는 연산들의 구현이 포함된다. 객체지향 용어로 각 연산의 인터페이스 부분을 **요약**(signature)이라 하고, 연산의 구현 부분을 **메소드**(method)라고 한다.

데이터베이스 응용에서 모든 객체가 완전하게 캡슐화되어야 한다는 요구사항을 만족시키기는 어렵다. 이런 요구사항을 완화하는 한 가지 방법은 객체의 구조를 **가시적**(visible) 애트리뷰트와 **은닉된**(hidden) 애트리뷰트(인스턴스 변수)로 구분하는 것이다. 가시적 애트리뷰트는 외부 연산자나 고급 질의어가 직접 접근할 수 있다. 은닉된 애트리뷰트는 완전히 캡슐화되어 미리 정의된 연산들을 통해서만 접근할 수 있다. 대부분의 ODMS는 가시적 애트리뷰트에 접근하기 위해 고급 질의어를 사용한다. 11.5절에서는 ODB를 위해 제안된 표준 질의어인 OQL에 관해 설명한다.

**클래스**(class)라는 용어는 타입 정의를 의미하며, 그 타입에 대한 연산들을 정의하기 위해 종종 사용된다.[8)] 그림 11.2는 그림 11.1의 타입 정의를 어떻게 확장하여 클래스를 정의하는가를 보여주고 있다. 각 클래스에 많은 연산들이 선언되고, 각 연산의 요약(인터페이스)이 클래스 정의에 포함된다. 각 연산의 메소드(구현)는 프로그래밍 언어를 사용하여 따로 정의해야 한다. 새로운 객체를 생성하는 객체 생성자(object constructor) 연산과 객체를 제거하는 객체 제거자(object destructor) 연산이 포함된다. 또한 객체의 다양한 애트리뷰트들의 상태(값)를 변경하기 위해 다수의 객체 변경자(object modifier) 연산이 선언될 수 있다. 객체에 관한 정보를 검색하는 추가적인 연산들도 정의할 수 있다.

연산은 **점 표기법**(dot notation)을 사용하여 객체에 적용된다. 예를 들어, d가 DEPARTMENT 객체에 대한 참조라면 no_of_emps 같은 연산은 d.no_of_emps로 호출할 수 있다.

마찬가지로 d.destroy_dept로써 d가 참조하는 객체를 제거(삭제)한다. 유일한 예외는 새로운 부서 객체의 참조를 반환하는 생성자 연산이다. 생성자 연산의 디폴트 이름은 클래스 이름과 동일하게 부여하는 것이 관례이다(그림 11.2에서는 관례를 따르지 않았음)[9)]. 점 표기법은 객체의 애트리뷰트를 지정할 때도 사용된다. 예를 들어, d.Dnumber 또는 d.Mgr.Start_date는 객체의 애트리뷰트를 지정하고 있다.

---

8) 클래스에 대한 이와 같은 정의는 C++ 프로그래밍 언어에서 사용되는 정의와 비슷하다. ODMG 표준은 클래스에 추가하여 인터페이스라는 용어를 사용한다(제 11.3절 참조).

9) C++ 프로그래밍 언어에서는 생성자와 제거자에 대한 디폴트 이름이 사용된다. 예를 들어, EMPLOYEE 클래스의 디폴트 생성자 이름은 EMPLOYEE이고, 디폴트 제거자 이름은 ~EMPLOYEE이다. 새로운 객체를 생성하기 위해서 new 연산을 사용하는 것이 일반적이다.

```
define class EMPLOYEE
    type tuple (  Fname:          string;
                  Minit:          char;
                  Lname:          string;
                  Ssn:            string;
                  Birth_date:     DATE;
                  Address:        string;
                  Sex:            char;
                  Salary:         float;
                  Supervisor:     EMPLOYEE;
                  Dept:           DEPARTMENT; );
    operations    age:            integer;
                  create_emp:     EMPLOYEE;
                  destroy_emp:    boolean;
end EMPLOYEE;
define class DEPARTMENT
    type tuple (  Dname:          string;
                  Dnumber:        integer;
                  Mgr:            tuple (  Manager:      EMPLOYEE;
                                           Start_date:   DATE; );
                  Locations:      set (string);
                  Employees:      set (EMPLOYEE);
                  Projects        set(PROJECT); );
    operations    no_of_emps:     integer;
                  create_dept:    DEPARTMENT;
                  destroy_dept:   boolean;
                  assign_emp(e: EMPLOYEE): boolean;
                  (* adds an employee to the department *)
                  remove_emp(e: EMPLOYEE): boolean;
                  (* removes an employee from the department *)
end DEPARTMENT;
```

그림 11.2 EMPLOYEE와 DEPARTMENT의 정의에 연산의 추가

**이름 부여와 도달 가능성을 통한 지속 객체의 명시.** ODBS는 OOPL과 밀접하게 연관되어 있다. OOPL은 메소드의 구현에 사용되며, 응용을 개발할 때도 사용된다. 그러나 모든 객체가 데이터베이스에 영구적으로 저장되는 것은 아니다. **임시 객체**(transient objects)는 프로그램 수행 중에는 존재하다가 프로그램이 종료하면 사라진다. **지속 객체**(persistent objects)는 데이터베이스에 저장되며 프로그램의 종료 후에도 계속 보존된다. 객체의 지속성을 지원하기 위한 전형적인 방법에는 **이름부여 방식**(naming mechanism)과 **도달 가능성 방식**(reachability)이 있다.

**이름부여 방식**(naming mechanism)은 객체에게 데이터베이스 내의 지속성이 있는 고유한 이름을 부여하는 것이다. 이와 같이 지속성이 있는 **객체이름**(object name)은 그림 11.3과 같이 프로그램에서 특정한 문장이나 연산을 통해 부여될 수 있다. 사용자와 응용 프로그램은 이름이 부여된 객체를 통하여 데이터베이스를 접근할 수 있으므로 그 객체가 데이터베이스에 대한 **입구**(entry point) 역할을 하게 된다. 그러나 수천 개의 객체를 포함하는 대형 데이터베이스에서 모든 객체에게 이름을 부여한다는 것은 실용적이지 못하다. 따라서 대부

분의 객체는 두 번째 방식인 **도달 가능성**(reachability)에 의해 지속 객체가 되도록 한다. 도달 가능성 방식은 지속 객체로부터 도달 가능한 객체들도 지속성을 갖게 하는 방법이다. 객체 그래프 상에서 객체 *A*로부터 *B*에 이르는 참조 순서가 존재하면 객체 *B*가 객체 *A*로부터 **도달 가능**하다고 말한다.

이름이 부여된 지속 객체 *N*을 먼저 생성하고, 그 객체의 상태가 클래스 *C*의 객체들의 집합 또는 Bag이라고 할 때, *C*의 객체들은 이 집합이나 Bag에 속하기만 하면 지속성을 가지게 되고, *N*으로부터 도달 가능하게 된다. 따라서 *N*은 클래스 *C*의 객체들에 대한 **지속성 컬렉션**(persistent collection)을 정의한다. 객체 모델 표준에서 *N*을 *C*의 **익스텐트**(extent)라고 부른다(그림 11.3 참조).

그림 11.3에서 보는 바와 같이 클래스 DEPARTMENT_SET을 생성하고, 그 객체가 set(DEPARTMENT) 타입이라고 하자.[10] 사용자는 DEPARTMENT_SET 타입의 객체를 생성하고, 지속성 이름 ALL_DEPARTMENTS를 그림 11.3과 같이 부여한다. 연산 add_dept를 사용해서 ALL_DEPARTMENTS의 집합에 첨가된 DEPARTMENT 객체들은 ALL_DEPARTMENTS로부터 도달 가능하므로 지속적이 된다. 11.3절에서 다루는 ODMG ODL 표준은 스키마 설계자가 클래스 정의의 일부로 익스텐트에 이름을 부여할 수 있게 한다.

```
define class DEPARTMENT_SET
    type set (DEPARTMENT);
    operations add_dept(d: DEPARTMENT):        boolean;
        (* adds a department to the DEPARTMENT_SET object *)
            remove_dept(d: DEPARTMENT):    boolean;
        (* removes a department from the DEPARTMENT_SET object *)
            create_dept_set:        DEPARTMENT_SET;
            destroy_dept_set:       boolean;
end Department_Set;
...
persistent name ALL_DEPARTMENTS: DEPARTMENT_SET;
(* ALL_DEPARTMENTS is a persistent named object of type DEPARTMENT_SET *)
...
d:= create_dept;
(* create a new DEPARTMENT object in the variable d *)
...
b:= ALL_DEPARTMENTS.add_dept(d);
(* make d persistent by adding it to the persistent set ALL_DEPARTMENTS *)
```

■ 그림 11.3 이름 부여와 도달 가능성을 통한 지속 객체의 생성

이런 관점에서 기존의 데이터베이스 모델들과 객체 데이터베이스 사이의 차이점을 인식해야 한다. 관계 모델과 같은 기존의 데이터베이스 모델에서는 모든 객체가 지속적이다. 따라서 EMPLOYEE 같은 테이블이 관계 데이터베이스에서 정의되면 이는 EMPLOYEE에 대한 타입 선언과 함께 모든 EMPLOYEE 레코드(투플)의 지속집합(persistent set)을 정의하는

---

10) 11.3절에서 설명한 것과 같이 ODMG ODL 문법에서는 set<DEPARTMENT) 대신 set(DEPARTMENT)가 사용된다.

것이다. 객체지향 방식에서 EMPLOYEE 클래스의 선언은 객체들의 클래스에 대한 타입과 연산들을 명시할 뿐이다. 지속성이 필요하면 사용자는 그림 11.3과 같이 모든 EMPLOYEE 객체에 대한 참조(OID)들의 컬렉션 값을 갖는 set(EMPLOYEE)나 bag(EMPLOYEE) 타입의 지속 객체를 별도로 정의해야 한다.[11] 이렇게 함으로써 임시 객체와 지속 객체들이 ODL과 OOPL의 타입 및 클래스 정의를 따르도록 할 수 있다. 일반적으로 동일한 클래스 정의에 대해 여러 개의 지속 컬렉션들을 정의하는 것도 가능하다.

### 11.1.5 타입 계층과 상속

**상속에 대한 단순화된 모델.** 객체 데이터베이스 시스템의 또 다른 특징은 타입 계층 구조와 상속을 지원한다는 것이다. 여기서는 속성과 연산이 동일하게 취급되는 (둘 다 상속되므로) 단순한 객체지향 모델을 가정한다. 11.3절에서는 이 절에서 설명하는 모델과 다른 ODMG 표준의 두 가지 상속 모델을 설명한다. 객체지향 데이터베이스에서는 상속 개념을 이용하여 이미 정의된 타입들에 기초하여 새로운 타입을 정의할 수 있으며, 그 결과 **타입 계층 구조**(또는 클래스 계층 구조)가 형성된다.

타입을 정의하기 위해서는 타입에 이름을 부여하고, 그 타입에 대한 여러 개의 애트리뷰트(인스턴스 변수)와 연산(메소드)을 정의해야 한다.[12] 때로는 애트리뷰트가 인수를 취하지 않는 함수와 유사하기 때문에 애트리뷰트와 연산을 구분하지 않을 수도 있다. 즉 함수명은 애트리뷰트 값이나 연산(메소드)의 결과 값을 참조하는 데 사용될 수 있다.

이 절에서는 애트리뷰트와 연산이 상속이라는 측면에서는 비슷하게 다루어지기 때문에 모두 **함수**라는 용어를 사용하기로 한다.[13]

가장 간단한 형태의 타입은 **타입 이름**을 부여하고 그 타입에 대한 **가시적인(전역의) 함수** 이름들을 열거하면 된다. 이 절에서는 단순화를 위해 타입을 명시할 때 함수의 매개 변수들을 명시하지 않는 다음과 같은 형식을 사용한다.

TYPE_NAME: function, function, …… , function

예를 들어, PERSON의 특성을 표현하는 타입은 다음과 같이 정의할 수 있다.

PERSON: Name, Address, Birth_date, Age, Ssn

PERSON 타입에서 Name, Address, Ssn, Birth_date 함수는 저장 애트리뷰트로 구현될 수 있는 반면, Age 함수는 Birth_date 애트리뷰트 값과 현재 날짜로부터 Age를 계산하는 메소드(함수)로 구현될 수 있다.

**서브타입**(subtype)이라는 개념은 설계자나 사용자가 이미 정의된 타입과 유사하지만 동일하지는 않은 새로운 타입을 생성할 때 유용하다. 이때 서브타입은 **슈퍼타입**(supertype)이라고 부르는 이미 정의된 타입으로부터 모든 함수를 상속한다. 예를 들어, EMPLOYEE와 STUDENT라는 두 개의 새로운 타입을 다음과 같이 정의할 수 있다.

---

11) POET과 같은 시스템에서는 클래스에 대한 익스텐트(EXTENT)을 자동적으로 생성한다.

12) 이 절에서는 타입과 클래스를 같은 의미로 사용한다. 즉, 어떤 객체 타입에 대한 애트리뷰트와 연산들을 의미한다.

13) 11.3절에서 설명하듯이, 함수를 가지는 타입은 ODMG ODL에서 사용되는 인터페이스와 비슷하다.

EMPLOYEE: Name, Address, Birth_date, Age, Ssn, Salary, Hire_date, Seniority
STUDENT: Name, Address, Birth_date, Age, Ssn, Major, Gpa

STUDENT와 EMPLOYEE는 PERSON에서 정의된 모든 함수를 포함하면서 자신들에게 필요한 추가적인 함수들을 더하여 구성되므로 PERSON의 서브타입으로 선언할 수 있다. STUDENT와 EMPLOYEE 타입은 PERSON에서 이미 정의된 함수(Name, Address, Birth_date, Age, Ssn)들을 상속받는다. 따라서 STUDENT에는 상속받지 않은 새로운(지역) 함수 Major와 Gpa만 추가로 정의하면 된다. Major는 저장 애트리뷰트로 정의될 것

이고, Gpa는 각 STUDENT 객체에 내부적으로(은닉되어) 저장되어 있는 Grade값에 접근하여 각 학생 성적의 평균을 구하는 메소드로 구현될 수 있다. EMPLOYEE에서는 Salary와 Hire_date 함수가 저장 애트리뷰트가 되고, Seniority는 Hire_date로부터 부임 순서를 계산하는 메소드로 구현될 수 있다.

따라서 EMPLOYEE와 STUDENT를 다음과 같이 선언할 수 있다.

EMPLOYEE subtype-of PERSON: Salary, Hire_date, Seniority
STUDENT subtype-of PERSON: Major, Gpa

일반적으로 서브타입은 슈퍼타입에서 정의된 모든 함수를 포함하고 그에 더하여 서브타입에게만 필요한 특정 함수들을 추가하여 정의한다. 따라서 시스템 내에 선언된 모든 타입 간의 슈퍼타입/서브타입 관계를 표현하는 **타입 계층**(type hierarchy) 구조를 생성할 수 있다.

다른 예로 기하학에 관련된 객체들을 표현하는 타입을 다음과 같이 정의할 수 있다.

GEOMETRY_OBJECT: Shape, Area, Reference_point

GEOMETRY_OBJECT 타입에서 Shape는 'triangle', 'rectangle', 'circle' 등의 값을 가질 수 있는 애트리뷰트로 구현되고, Area는 넓이를 계산하는 데 적용될 메소드로 구현된다.

Reference_point는 객체의 위치를 결정하는 점의 좌표를 나타낸다. GEOMETRY_OBJECT타입에 대한 몇 개의 서브타입의 정의는 다음과 같다.

RECTANGLE subtype-of GEOMETRY_OBJECT: Width, Height
TRIANGLE S subtype-of GEOMETRY_OBJECT: Side1, Side2, Angle
CIRCLE subtype-of GEOMETRY_OBJECT: Radius

각 서브타입(rectangle, triangle, circle)에 대한 넓이를 계산하는 방법이 서로 다르기 때문에 Area 연산은 각 서브타입에서 상이한 메소드로 구현해야 한다. 마찬가지로 Reference_point 애트리뷰트도 각 서브타입에 대해 서로 다른 의미를 지닌다. 즉 RECTANGLE과 CIRCLE 객체에 대해서는 중심점을 나타내고, TRIANGLE 객체에 대해서는 주어진 두 변 사이의 꼭지점을 의미할 수 있다.

여기서 주의할 점은 타입의 정의가 그 타입의 객체를 생성하는 것은 아니라는 점이다. 일반적으로 한 객체가 생성될 때 그 객체는 이미 선언되어 있는 하나 이상의 타입에 속하게 된다. 예를 들어, circle 객체는 CIRCLE 타입과 GEOMETRY_OBJECT(상속에 의해) 타입에 속한다. 또한 각 객체는 하나 이상의 객체의 지속 컬렉션(persistent collection)(또는 외연)에

속하게 되는데, 이 컬렉션이 데이터베이스에 지속적으로 저장되는 객체들의 컬렉션을 그루핑하는 데 사용된다.

**타입 계층 구조에 연관된 익스텐트의 제약 조건.** 대부분의 객체 데이터베이스에서 한 익스텐트(extent)는 어떤 타입 혹은 그의 서브타입에 속하는 지속성 객체들의 컬렉션(collection)을 저장하기 위해 정의된다. 이 경우에 서브타입에 대응하는 익스텐트의 객체들은 그 서브타입의 슈퍼타입에 대응하는 익스텐트에도 속해야 하는 제약 조건이 있다. 일부 객체 데이터베이스 시스템들은 미리 정의된 시스템 타입(ROOT 클래스 또는 OBJECT 클래스라고 부름)을 가지고 있는데, 이런 타입에 대한 익스텐트는 시스템 내의 모든 객체를 포함하게 된다.[14)]

응용에 필요한 추가적인 서브타입들에 객체들을 배정함으로써 시스템에 대한 **타입 계층 구조**(type hierarchy) 또는 **클래스 계층 구조**(class hierarchy)를 만들게 되고, 그 결과 분류 작업이 진행된다. 시스템 정의 클래스와 사용자 정의 클래스에 대한 모든 익스텐트는 직간접적으로 OBJECT 클래스에 대응되는 익스텐트의 부분집합이 된다.

ODMG 모델(11.3절 참조)에서 사용자는 응용에 따라 각 클래스(타입)에 대한 익스텐트를 명시하거나 명시하지 않을 수 있다.

익스텐트(extent)는 이름이 부여된 **지속성 객체**(persistent collection)이며, 그 값은 지속 컬렉션으로 데이터베이스에 영구적으로 저장되는 동일한 타입의 객체 컬렉션이다. 이 객체들은 여러 프로그램들이 접근하고 공유할 수 있다. **임시 컬렉션**(transient collection)은 객체들의 컬렉션이 프로그램이 수행되는 동안에만 일시적으로 존재하고 프로그램이 종료되면 더 이상 보존되지 않는 것이다. 예를 들어, 지속적 컬렉션으로부터 일부 객체들을 선택하여 임시 컬렉션으로 복사하는 질의의 결과를 보관하기 위하여 프로그램이 임시 컬렉션을 생성할 수 있다. 프로그램은 임시 컬렉션의 객체들을 조작할 수 있고 프로그램이 종료되면 그 임시 컬렉션은 더 이상 존재하지 않게 된다. 일반적으로 임시 또는 지속적 컬렉션들은 동일한 타입의 객체들을 가진다.

이 절에서 설명하는 상속 모델은 간단하다. 11.3절에서 보겠지만 ODMG 모델은 **타입상속**(type inheritance)과 **익스텐트 상속**(extent inheritance) 제약 조건을 구분한다. 타입상속은 인터페이스 상속이라 부르고 콜론(:)으로 표기하며, 익스텐트 상속은 키워드 EXTEND로 표기한다.

### 11.1.6 기타 객체지향 개념

**연산의 다형성(연산자 중첩).** 객체지향 시스템의 또 다른 특징은 연산의 **다형성**(polymorphism)을 제공한다는 것이다. 다형성을 **연산자 중첩**(operator overloading)이라고 부르기도 한다. 다형성의 개념은 동일한 연산자의 이름 또는 심볼이 그 연산자가 적용될 객체의 타입에 따라 서로 다른 연산자 구현(즉, 메소드)과 결합될 수 있다는 것이다. 프로그래밍 언어에서 접할 수 있는 간단한 예로 이 개념을 설명할 수 있다. 프로그래밍 언어에서는 연산자 기호 '+'가 서로 다른 타입의 피연산자(객체)에 적용될 때 서로 다른 의미를 진다. "+"가 적

14) ODMG 모델에서는 OBJECT라 부른다(11.3절 참조).

용될 피연산자가 정수형이면 정수 덧셈연산이 호출된다. "+"가 적용될 피연산자가 실수형이면 실수 덧셈 연산이 호출된다. "+"가 집합형의 피연산자에 적용되면 합집합을 구하는 연산이 호출된다. 컴파일러는 주어진 피연산자의 타입에 따라 어떤 연산의 구현을 수행해야 할 것인가를 결정한다.

객체 데이터베이스에서도 이와 유사한 경우가 있을 수 있다. 객체 데이터베이스에서의 다형성을[15] 설명하기 위해 11.1.5절에서 소개한 GEOMETRY_OBJECT의 예를 사용하자.

이 예에서 Area 함수는 모든 GEOMETRY_OBJECT 타입의 객체에 대하여 선언되었다. 그러나 GEOMETRY_OBJECT의 각 서브타입마다 Area에 대한 메소드의 구현은 서로 달라야 한다. 이를 위한 한 가지 방법은 GEOMETRY_OBJECT의 넓이를 계산하기 위한 일반적인 구현을 정의하고(예를 들어, 다각형의 넓이를 계산하는 일반적인 알고리즘을 작성함), circle, rectangle, triangle 등의 특정 타입의 객체들에 대한 넓이를 계산하기 위한 적절한 알고리즘들을 각 타입에서 재작성하는 것이다. 이런 경우에 Area 함수는 서로 다른 구현으로 중첩 정의된다.

이제 ODMS는 적용될 객체의 타입에 따라 Area 함수에 대한 적절한 메소드를 선택할 수 있어야 한다. 타입의 검증을 철저히 하는 시스템들은 객체의 타입을 선언한 후 사용하기 때문에 함수 이름과 이를 구현한 메소드의 결합이 컴파일 시에 이루어진다. 이런 결합은 실행될 메소드의 선택이 컴파일 시에 이루어지기 때문에 정적 **조기바인딩**(early or static binding)이라 부른다. 타입의 검증을 약하게 하거나 타입이 없는(Smalltalk 또는 LISP 등) 시스템에서는 함수가 적용될 객체의 타입이 실행 시까지 알려지지 않아도 된다. 이런 경우에 함수는 실행 시에 객체의 타입을 검증하고, 그에 적합한 메소드를 결정하여 호출해야 한다. 이런 결합은 함수와 구현 메소드 간의 결합이 실행 시에 이루어지기 때문에 **지연 혹은 동적**(late or dynamic binding)이라고 한다.

**다중 상속과 선택적 상속.** 다중 상속(multiple inheritance)은 타입 계층 구조에서 하나의 서브타입 *T*가 서로 다른 슈퍼타입을 두 개 이상 가지는 경우에 발생하며, 그 슈퍼타입들의 함수(애트리뷰트와 메소드)들을 모두 상속받는 것을 의미한다. 예를 들어, MANAGER와 ENGINEER 모두에 대한 서브타입으로 ENGINEERING_MANAGER를 생성할 수 있다.

다중 상속이 허용되면 타입 계층 구조라기보다는 **타입 격자**(type lattice)를 생성하게 된다. 다중 상속에서 일어날 수 있는 문제점은 서브타입이 상속받게 될 슈퍼타입들의 함수 중에 이름만 같고 구현은 서로 다른 함수가 존재하는 경우에 모호함이 유발될 수 있다는 것이다. 예를 들어, MANAGER와 ENGINEER가 모두 Salary라는 이름의 함수를 가지고 있다고 하자. Salary 함수가 MANAGER와 ENGINEER 슈퍼타입에서 서로 다른 메소드로 구현되었다면 둘 중 어떤 메소드가 서브타입 ENGINEERING_MANAGER로 상속될 것인지 모호하게 된다. 그러나 ENGINEER와 MANAGER가 모두 격자 상에서 더 상위에 있는 동일한 슈퍼타입(EMPLOYEE와 같은)으로부터 Salary를 상속받을 수도 있다. 일반적으로 함수가 공통의 슈퍼타입으로부터 상속된다면 그 함수는 한 번만 상속된다. 이런 경우에는 모호함이 존재하지 않는다. 따라서 상속받을 함수가 두 슈퍼타입에서 서로 다르게 구현되었을 경우

15) 프로그래밍에서는 여러 가지 형태의 다형성이 제공된다. 자세한 내용은 이 장의 끝에 있는 주요 참고문헌을 참조한다.

에만 모호함이 발생된다.

다중 상속의 모호함을 해결하기 위한 여러 가지 방법이 존재한다. 첫 번째 방법은 서브타입이 생성될 때 모호함의 존재 여부에 대한 검사를 시스템이 하도록 하고, 사용자가 그 시점에서 명시적으로 어떤 함수를 상속받을 것인지 선택하도록 하는 방법이다. 또 다른 해결책은 시스템 디폴트를 사용하는 방법이다. 세 번째 방법은 이름에 모호함이 발생할 경우에 다중 상속을 금지하고 사용자에게 슈퍼타입 중 하나에서 그 함수의 이름을 변경하도록 하는 것이다. 실제로 다중 상속을 전혀 허용하지 않는 객체지향 시스템들도 있다. 11.3절에서 다루는 객체 데이터베이스 표준에서는 인터페이스에 대한 연산 상속에 대해서만 다중 상속을 허용하며, classes의 EXTENDS 상속에 대해서는 다중 상속을 허용하지 않는다.

**선택적 상속(selective inheritance)**은 서브타입이 슈퍼타입의 함수들 중 일부만을 상속받을 때를 말하며 나머지 함수들은 상속되지 않는다. 이런 경우에 서브타입에 상속되지 않는 슈퍼타입의 함수들을 열거하기 위해 EXCEPT절이 사용될 수 있다. 객체 데이터베이스 시스템에서는 일반적으로 선택적 상속 방법을 제공하지 않으나 인공지능 응용 들에서는 많이 사용되고 있다.[16]

### 11.1.7 객체 데이터베이스 개념의 요약

이 장에 대한 요약으로 객체 데이터베이스와 객체-관계 데이터베이스 시스템에서 사용된 주요 개념들을 살펴본다.

- **객체 식별자.** 객체는 자신의 애트리뷰트 값들에 의존하지 않는 고유한 식별자를 가지며, 객체 데이터베이스 시스템에서 객체 식별자를 생성한다.
- **타입 생성자.** 복합 객체의 구조는 tuple, set, list, array, bag과 같은 기본 생성자들을 반복적으로 적용함으로써 구성된다.
- **연산의 캡슐화.** 객체 구조와 객체에 적용되는 연산들이 모두 타입 정의 내에 포함된다.
- **프로그래밍 언어와의 호환성.** 지속 객체와 임시 객체들을 모두 이음새 없이 다룬다. 객체들은 지속적 컬렉션으로부터 도착 가능하도록 하거나 명시적인 이름을 부여함으로써 지속성을 갖게 된다.
- **타입 계층 구조와 상속.** 객체 타입들은 타입 계층 구조를 사용하여 명시할 수 있는데, 이미 선언된 타입들로부터 애트리뷰트와 메소드들을 모두 상속받게 된다. 다중 상속을 지원하는 모델도 있다.
- **익스텐트.** 특정 타입의 모든 지속적 객체는 익스텐트에 저장될 수 있다. 타입 계층 구조에 대응되는 익스텐트들은 집합/부분집합 제약 조건을 가진다.
- **다형성과 연산자 중첩.** 서로 다른 객체 타입에 대해 서로 다른 메소드 구현을 적용하기 위하여 연산과 메소드 이름들을 중첩 정의할 수 있다.

다음 절에서는 이런 개념들이 SQL 표준(11.2절)과 ODMG 표준(11.3절)에 어떻게 반영 되었는지를 설명한다.

---

16) ODMG 모델에서 속성 상속이 아닌 연산자 상속을 의미한다(11.3절 참조).

## 11.2 객체-관계 특징: SQL에서 객체 데이터베이스 확장

5장과 6장에서 RDBMS를 위한 표준 언어로 SQL을 소개하였다. 앞서 설명한 바와 같이 SQL은 Chamberlin과 Boyce(1974)에 의해 처음으로 명시되었고, 1989년과 1992년에 기능이 확장되었으며, 표준 언어로 제정되었다. SQL은 객체지향 개념과 기타 기능들을 추가하여 SQL3라 부르는 새로운 표준 언어로 개발되고 있다. SQL3의 부분집합인 SQL:99가 이미 표준으로 확정되었다. 처음에는 SQL/Object라고 명명하였으나 이후 SQL의 주요 부분인 SQL/Foundation으로 편입되었다.

객체 데이터베이스 기능으로 확장된 관계 모델을 **객체-관계 모델**(object-relational model)이라고 부른다. 2003년과 2006년에는 XML 기능을 SQL에 추가하여 확장되었다(12장 참조).

SQL에 추가된 대표적인 객체 데이터베이스 특징은 다음과 같다.

- 복합 객체를 표시하기 위하여 **타입 생성자**(type constructor)가 추가되었다. 여기에는 투플(혹은 struct) 생성자에 해당하는 **행 타입**(row type)도 포함된다. 컬렉션을 표시하는 **배열 타입**(array type)도 제공된다. 또 다른 컬렉션 타입인 *set*, *list*, *bag* 생성자 등은 초기 SQL/Object 규격에는 포함되지 않았으나(SQL:99) 이후에 표준으로 채택되었다(SQL:2008).
- **참조 타입**(reference type)으로 **객체 식별자**(object identity)를 제공하고 있다.
- 연산자를 포함하는 사용자 정의 타입을 통하여 **연산자 캡슐화**(encapsulation of operation)를 지원하고 있다. 이 개념은 프로그래밍 언어에서 **추상적 데이터 타입**(abstract data type)과 유사하다. 또한, 사용자 정의 루틴(user-defined routines)으로 범용 메소드(연산)를 정의할 수 있다.
- 키워드 UNDER를 사용하여 **상속**(inheritance) 개념을 지원하고 있다.

여기서는 그림 11.4를 사용하여 이러한 개념들을 상세하게 살펴본다.

### 11.2.1 사용자 정의 타입과 객체의 복합 구조

복합 구조를 가지는 객체를 생성하기 위하여, 타입의 선언을 테이블의 생성과 분리하기 위하여 SQL은 사용자 정의 타입(UDT: User-Defined Type)을 제공한다. 또한, 네가지 컬렉션 타입을 추가하여 다중값 타입과 속성을 지원하며, 단순 레코드뿐 아니라 복잡한 구조의 객체들을 표현할 수 있도록 하였다. 사용자는 데이터베이스 스키마의 일부로 특정 응용을 위한 UDT들을 생성할 수 있다. UDT는 다음 구문을 사용하여 간단히 표현될 수 있다.

```
CREATE TYPE TYPE_NAME AS (<component declarations>);
```

그림 11.4는 SQL에서 객체 개념을 보여주고 있다. 먼저 UDT는 애트리뷰트의 타입으로 사용되거나 혹은 테이블의 타입으로 사용될 수 있다. UDT가 다른 UDT에 속한 애트리뷰트의 타입으로 사용되면 복합 구조 객체가 테이블 내에 생성되며, 타입 생성자를 중첩 적용한 효과를 얻는다. 이는 11.1.3절의 struct 타입 생성자를 사용하는 것과 유사하다.

예를 들어, 그림 11.4(a)에서 UDT STREET_ADDR은 또 다른 UDT USA_ADDR_TYPE 내의 애트리뷰트 Street_Addr의 타입으로 지정된다. 유사하게 UDT USA_ADDR_TYPE은 그림 11.4(b)의 UDT PERSON_TYPE의 애트리뷰트 ADDR의 타입으로 사용된다. 그림 11.4(a)와 같이 UDT가 연산자를 포함하지 않는다면 행 타입(ROW TYPE)을 사용하여 구조화된 애트리뷰트를 생성할 수 있다. 예를 들어, STREET_ADDR을 그림 11.4(a)에서 와 같이 별도의 타입으로 선언하는 대신 다음과 같이 작성할 수 있다.

```
CREATE TYPE USA_ADDR_TYPE AS (
    STREET_ADDR        ROW ( NUMBER            VARCHAR (5),
                             STREET_NAME       VARCHAR (25),
                             APT_NO            VARCHAR (5),
                             SUITE_NO          VARCHAR (5) ),
    CITY               VARCHAR (25),
    ZIP                VARCHAR (10)
    );
```

SQL에서는 복합 구조 객체를 생성하기 위하여 4가지 컬렉션 타입을 제공한다: ARRAY, MULTISET, LIST, SET. 이들은 11.1.3절의 타입 생성자와 유사하다. 초기 SQL/Object에서는 ARRAY 타입만 포함되었으나 이후 SQL 표준에는 나머지 3개도 포함되었다. 그림 11.4(b)에서는 PERSON_TYPE의 PHONES 애트리뷰트가 array 타입이며, 그 원소는 UDT USA_PHONE_TYPE이다. 이 array는 최대 4개의 원소를 가진다. 필요한 경우 array의 최대 원소 수를 지정하지 않아도 된다.

Array 타입에서 각 원소는 각 괄호를 사용하여 지칭할 수 있다. 예를 들어, PHONES[1]은 PHONES 속성의 첫 번째 원소를 의미한다(그림 11.4(b) 참조). Built-in 함수인 CARDINALITY는 Array 혹은 다른 컬렉션 타입의 현재 원소 수를 리턴한다. 예를 들어 PHONES[CARDINALITY(PHONES)]는 Array 의 마지막 원소를 의미한다.

ROW TYPE 혹은 UDT의 컴포넌트를 참조하기 위하여 점 표기법(dot notation)이 사용된다. 예를 들어, ADDR.CITY는 ADDR 애트리뷰트의 CITY 컴포넌트를 참조한다(그림 11.4(b)).

(a)
```
CREATE TYPE STREET_ADDR_TYPE AS (
    NUMBER          VARCHAR (5),
    STREET          NAME VARCHAR (25),
    APT_NO          VARCHAR (5),
    SUITE_NO        VARCHAR (5)
);
CREATE TYPE USA_ADDR_TYPE AS (
    STREET_ADDR     STREET_ADDR_TYPE,
    CITY            VARCHAR (25),
    ZIP             VARCHAR (10)
);
CREATE TYPE USA_PHONE_TYPE AS (
    PHONE_TYPE      VARCHAR (5),
    AREA_CODE       CHAR (3),
    PHONE_NUM       CHAR (7)
);
```

(b)
```
CREATE TYPE PERSON_TYPE AS (
    NAME            VARCHAR (35),
    SEX             CHAR,
    BIRTH_DATE      DATE,
    PHONES          USA_PHONE_TYPE ARRAY [4],
    ADDR            USA_ADDR_TYPE
INSTANTIABLE
NOT FINAL
REF IS SYSTEM GENERATED
INSTANCE METHOD AGE() RETURNS INTEGER;
CREATE INSTANCE METHOD AGE() RETURNS INTEGER
    FOR PERSON_TYPE
    BEGIN
        RETURN /* CODE TO CALCULATE A PERSON'S AGE FROM
                  TODAY'S DATE AND SELF.BIRTH_DATE */
    END;
);
```

(c)
```
CREATE TYPE GRADE_TYPE AS (
    COURSENO        CHAR (8),
    SEMESTER        VARCHAR (8),
    YEAR            CHAR (4),
    GRADE           CHAR
);
CREATE TYPE STUDENT_TYPE UNDER PERSON_TYPE AS (
    MAJOR_CODE      CHAR (4),
    STUDENT_ID      CHAR (12),
    DEGREE          VARCHAR (5),
    TRANSCRIPT      GRADE_TYPE ARRAY [100]
```

(continues)

그림 11.4 SQL에서 객체 개념을 보여주는 예제: (a) Address, Phone 등과 같은 속성의 타입으로 사용되는 UDT, (b) PERSON_TYPE에 대한 UDT의 명세, (c) PERSON_TYPE의 서브타입으로 생성되는 STUDENT_TYPE과 EMPLOYEE_TYPE의 명세

```
    INSTANTIABLE
    NOT FINAL
    INSTANCE METHOD GPA( ) RETURNS FLOAT;
    CREATE INSTANCE METHOD GPA( ) RETURNS FLOAT
        FOR STUDENT_TYPE
        BEGIN
            RETURN /* CODE TO CALCULATE A STUDENT'S GPA FROM
                        SELF.TRANSCRIPT */
        END;
    );
    CREATE TYPE EMPLOYEE_TYPE UNDER PERSON_TYPE AS (
        JOB_CODE        CHAR (4),
        SALARY          FLOAT,
        SSN             CHAR (11)
    INSTANTIABLE
    NOT FINAL
    );
    CREATE TYPE MANAGER_TYPE UNDER EMPLOYEE_TYPE AS (
        DEPT_MANAGED CHAR (20)
    INSTANTIABLE
    );
(d) CREATE TABLE PERSON OF PERSON_TYPE
        REF IS PERSON_ID SYSTEM GENERATED;
    CREATE TABLE EMPLOYEE OF EMPLOYEE_TYPE
        UNDER PERSON;
    CREATE TABLE MANAGER OF MANAGER_TYPE
        UNDER EMPLOYEE;
    CREATE TABLE STUDENT OF STUDENT_TYPE
        UNDER PERSON;
(e) CREATE TYPE COMPANY_TYPE AS (
        COMP_NAME       VARCHAR (20),
        LOCATION        VARCHAR (20));
    CREATE TYPE EMPLOYMENT_TYPE AS (
        Employee REF (EMPLOYEE_TYPE) SCOPE (EMPLOYEE),
        Company REF (COMPANY_TYPE) SCOPE (COMPANY) );
    CREATE TABLE COMPANY OF COMPANY_TYPE (
        REF IS COMP_ID SYSTEM GENERATED,
        PRIMARY KEY (COMP_NAME) );
    CREATE TABLE EMPLOYMENT OF EMPLOYMENT_TYPE;
```

그림 11.4(계속) SQL에서 객체 개념을 보여주는 예제. (c) PERSON_TYPE의 서브타입으로 생성되는 STUDENT_TYPE과 EMPLOYEE_TYPE의 명세, (d) UDT를 기반으로 생성되는 테이블의 생성과 테이블 상속의 예, (e) REF와 SCOPE를 사용한 관계의 명시

### 11.2.2 참조 타입을 사용한 객체 식별자

SQL의 최신 버전에서는 시스템이 생성하는 유일한 객체 식별자가 참조 타입(reference type)으로 생성된다. 예를 들어, 그림 11.4(b)에서

```
REF IS SYSTEM GENERATED
```

라는 문구가 있는데 이는 새로운 PERSON_TYPE 객체가 생성될 때마다 시스템은 유일한 객체 식별자를 지정해 주어야 함을 의미한다. 물론 유일한 식별자를 사용하지 않고 관계 모델에서 사용되는 Key를 사용할 수도 있다.

사용자는 다음 문장을 사용하여 시스템이 생성한 유일한 식별자가 필요함을 명시할 수 있다. 이 경우 애트리뷰트 <OID_ATTIBUTE>가 테이블의 각 투플을 식별하는 데 사용됨을 의미한다.

```
REF IS <OID_ATTRIBUTE> <VALUE_GENERATION_METHOD> ;
```

여기서 <VALUE_GENERATION_METHOD>는 SYSTEM GENERATED이거나 DERIVED가 된다. 전자의 경우 시스템에서 각 투플마다 유일한 식별자를 자동으로 생성하여 부여한다. 후자의 경우 전통적인 방식에서와 같이 주키의 값으로 투플을 식별하게 된다.

### 11.2.3 UDTs를 활용하여 테이블 생성하기

그림 11.4(b)에서와 같이 INSTANTIABLE 명령이 표시된 각 UDT에 대하여 하나 이상의 테이블이 생성될 수 있다. 그림 11.4(a)에서 이 사실을 보여주고 있으며, PERSON 테이블이 PERSON_TYPE UDT를 사용하여 생성되었다. 그림 11.4(d)의 UDT는 인스턴스를 만들 수 없으므로 애트리뷰트에 대한 타입으로만 사용된다. 그림 11.4(b)에서 애트리뷰트 PERSON_ID는 새로운 PERSON 레코드(객체)가 생성되어 그 테이블에 입력될 때마다 시스템이 생성한 객체 식별자를 가지게 된다.

### 11.2.4 연산자의 캡슐화

SQL에서는 클래스 정의와 유사한 방식으로 속성과 연산자를 정의함으로써 **사용자 정의 타입**(user defined type)을 지원한다. 이를 사용자 정의 데이터 타입(UDT: User-Defined Data Type)이라고 한다. UDT 명세는 일반적으로 다음과 같은 구문을 가진다.

```
CREATE TYPE <TYPE-NAME> (
    <LIST OF COMPONENT ATTRIBUTES AND THEIR TYPES>
    <DECLARATION OF FUNCTIONS (METHODS)>
);
```

예를 들어 그림 11.4(b)에서 메소드 Age()를 선언하여 PERSON_TYPE의 개별 객체의 나이를 계산한다.

여기서 메소드를 구현하는 코드는 별도로 작성되거나 혹은 타입 정의 부분에서 구현 코드가 명시되어야 한다(그림 11.4(b) 참조).

SQL은 사용자 정의 데이터 타입에 대하여 내부 함수들을 제공한다. 사용자 정의 데이터 타입 TYPE_T에 대하여, **생성자 함수**(constructor function) TYPE_T()는 이 타입의 새로운 객체를 생성한다. 생성된 객체에서는 모든 애트리뷰트들이 디폴트 값으로 초기화된다. 또한 객체의 각 애트리뷰트 *A*에 대하여 **조회 함수**(observer function) *A*가 묵시적으로 제공된다.

예를 들어, *X*가 TYPE_T의 객체이면, 함수 *A*(*X*) 혹은 *X.A*는 객체 *X*에서 애트리뷰트 *A*의 값을 반환한다. 객체의 애트리뷰트 값의 변경은 **변경 함수**(mutator function)를 이용하여 이루어진다. SQL은 이런 함수들의 오용을 방지하는 방안도 제공한다. 즉 사용자가 실행(EXECUTE) 권한을 가지는 경우에만 이런 함수들을 실행할 수 있도록 제한할 수 있다.

하나의 UDT(사용자 정의 데이터 타입)는 다수의 사용자 정의 함수를 가질 수 있다.

사용자 정의 함수의 정의 구문은 다음과 같다.

```
INSTANCE METHOD <NAME> (<ARGUMENT_LIST>) RETURNS
<RETURN_TYPE>;
```

함수의 유형은 내부 함수와 외부 함수의 두 가지로 분류된다. 내부 함수는 SQL의 확장된 PSM 언어(9장 참조)로 작성된다. 외부 함수는 호스트 언어를 사용하여 작성된다. 외부 함수의 경우 UDT 안에는 함수의 시그니처(인터페이스)만 나타난다. 외부함수를 정의하는 형식은 다음과 같다.

```
DECLARE EXTERNAL <FUNCTION_NAME> <SIGNATURE>
LANGUAGE <LANGUAGE_NAME>;
```

UDT에서 애트리뷰트와 함수는 세 가지 카테고리로 나누어진다.

- PUBLIC (visible at the UDT interface)
- PRIVATE (not visible at the UDT interface)
- PROTECTED (visible only to subtypes)

UDT의 일부로 가상 애트리뷰트를 정의할 수 있으며, 이는 함수를 이용하여 계산되고 변경된다.

## 11.2.5 상속과 함수 오버로딩의 표현

11.1.5절에서 상속의 기본 원리를 이미 설명하였다. SQL에서는 UNDER 키워드를 사용하여 상속을 다루며, 속성과 메소드가 모두 상속된다. NOT FINAL이라는 문구가 UDT에 포함되면 이 UDT 아래에 서브타입이 생성될 수 있다(그림 11.4(a), (b)에서 참고하고, PERSON_TYPE, STUDENT_TYPE, EMPLOYEE_TYPE 모두가 NOT_FINAL로 선언되었음). 상속과 연관된 사항으로는 함수 구현의 오버로딩과 함수 이름을 결정하는 문제가 있다. 상속은 다음과 같이 요약된다.

- 모든 애트리뷰트는 상속된다.
- UNDER절의 슈퍼타입의 순서가 상속계층 구조를 결정한다.
- 서브타입의 인스턴스는 슈퍼타입의 인스턴스가 사용되는 모든 문맥에서 대신 사용될 수 있다.
- 슈퍼타입에서 정의된 함수들을 서브타입에서 재정의할 수 있다. 이때 함수의 시그니처는 변경할 수 없다.

- 함수가 호출되면 인수의 타입에 근거하여 가장 적합한 함수 몸체를 선택한다.
- 동적 링크를 위하여 실행시간에 매개 변수의 타입을 확인해야 한다.

그림 11.4(c)를 사용하여 상속의 예를 살펴보자. PERSON_TYPE의 두 가지 서브타입으로 EMPLOYEE_TYPE과 STUDENT_TYPE을 생성한다. 또한 MANAGER_TYPE을 생성하여 EMPLOYEE_TYPE의 모든 속성들을 상속하면서 추가로 DEPT_MANAGED 속성을 가지도록 한다. 이 서브타입이 그림 11.4(c)에 나타나 있다.

일반적으로 서브타입은 슈퍼타입으로부터 속성과 메소드를 상속받을 뿐 아니라 자신의 로컬 속성이나 추가적인 메소드를 명시할 수 있다.

SQL에는 슈퍼테이블과 서브테이블 사이에 **테이블 상속**(table inheritance) 개념도 제공된다. 이 경우에도 UNDER 키워드를 사용한다(그림 11.4(d)). 서브테이블은 슈퍼테이블로부터 모든 열을 상속한다. 새로운 레코드가 서브 테이블에 삽입되면(예를 들어, MAMAGER 테이블) 수퍼 테이블(EMPLOYEE, PERSON)에도 해당 레코드가 삽입된다.

MANAGER에 레코드를 삽입할 때 상속된 속성들에도 값을 제공해야 한다. INSERT, DELETE, UPDATE 연산도 적절하게 전달된다.

### 11.2.6 참조를 사용한 관계의 명시

한 투플의 컴포넌트 속성은 다른 테이블의 투플에 대한 참조일 수 있다(키워드 REF를 사용함). 그림 11.4(e)는 이 사실을 보여주고 있다.

키워드 SCOPE로 명시된 테이블의 투플들은 다른 테이블의 참조 속성에 의하여 참조될 수 있다. 이것은 외래키와 유사하지만 시스템이 생성한 값을 사용한다는 점에서는 차이가 있다.

SQL은 **점 표기법**(dot notation)을 사용하여 **경로식**(path expression)을 만들고, 이를 사용하여 투플을 구성하는 컴포넌트 속성을 참조한다. 그러나 REF 타입의 속성에 대해서는 점 대신에 ->를 사용하여 참조한다. 예를 들어 다음 SQL은 'ABCXYZ' 회사에서 일하는 종업원들을 검색한다.

```
SELECT    E. Employee->NAME
FROM      EMPLOYMENT AS E
W HERE    E. Company->COMP_NAME = 'ABCXYZ'
```

SQL에서 -> 기호는 투플의 컴포넌트 속성의 값을 **가져오는 연산**(dereferencing)을 표현하는 데 사용된다. 예를 들어, $r$이 투플에 대한 참조이고, $a$가 그 투플의 컴포넌트 속성이라면 $r->a$는 투플에서 속성 $a$의 값을 의미한다.

동일한 타입을 갖는 여러 테이블이 존재하면 SCOPE 키워드를 사용하여 참조 속성이 특정 테이블을 참조할 수 있도록 한다.

## 11.3 ODMG 객체 모델과 객체 정의어 ODL

5장의 서론 부분에서 언급한 바와 같이 SQL의 표준은 상업용 관계 DBMS의 성공에 크게 기여하였다. 반면 ODMS에서는 표준의 미흡으로 인하여 사용자들이 새로운 기술로의 전환을 꺼려하고 있다. ODMS 제조업체들로 구성된 컨소시엄인 ODMG(Object Data Management Group)에서는 ODMG-93 또는 ODMG 1.0이라는 표준을 제정하였으며, 이후 최신 버전으로 ODMG 2.0, ODMG 3.0으로 발전되었다. ODMG 표준은 **객체 모델**(object model), **객체 정의어**(ODL: Object Definition Language), **객체 질의어**(OQL: Object Query Language), **객체지향 언어 바인딩**(binding) 등의 부분으로 구성되어 있다.

이 절에서는 ODMG 객체 모델과 ODL을 설명한다. 11.4절에서는 객체 데이터베이스의 설계 방법을 설명한다. 11.5절에서는 OQL(Object Query Language)에 관해 살펴본다. 11.6절에서는 C++ 언어와의 바인딩을 설명한다. 예제로 UNIVERSITY 데이터베이스를 이용하여 ODL, OQL, 언어 바인딩의 사용 방법을 설명한다. 이 책에서의 객체 데이터베이스는 Cattell 외(2000)에서 소개된 ODMG 3.0을 준수한다.[17] ODMG 표준에 나타난 많은 개념은 지난 20년간의 개념적 모델링과 객체 데이터베이스의 연구결과를 바탕으로 정립된 것이다.

11.2절에서는 관계형 데이터베이스 SQL에 객체지향 개념들이 어떻게 통합되어 객체-관계형으로 발전하였는지를 소개하였다.

### 11.3.1 ODMG 객체 모델의 개요

ODMG 객체 모델은 객체 정의어(ODL)와 객체 질의어(OQL)의 기반이 되는 데이터 모델이다. 객체 모델은 객체 데이터베이스를 위한 표준 데이터 모델을 제공하며, 이는 SQL이 관계 데이터베이스에 대한 표준 데이터 모델을 제공한 것과 동일한 개념이다. 이 표준 모델은 객체 데이터베이스 부문에서 용어의 표준 의미를 정의함으로써 혼란을 방지한다. 이 책에서는 ODMG에서 정의하는 용어의 의미를 지켜나갈 것이다. ODMG 모델의 주요 개념은 11.1절에서 이미 소개되었으며, 독자들이 이미 숙지하고 있을 것이다. 11.1절에서 소개한 용어가 ODMG에서 다른 의미를 가지는 경우에는 별도로 설명한다.

**객체와 리터럴.** 객체와 리터럴(literal)은 객체 모델에서 가장 중요한 기본 개념이다. 이 둘의 가장 큰 차이점은 객체가 객체 식별자와 **상태**(state)를 나타내는 값들을 가지는 반면에 리터럴은 값만 가진다는 점이다.[18] 어떤 경우이든 값은 복잡한 구조를 가질 수 있으며, 객체의 상태는 값을 변경함으로써 다른 상태로 변경된다. 리터럴은 기본적으로 상수이며, 복잡한 구조를 가질 수는 있지만 변경되지는 않는다.

객체(object)는 객체 식별자, 이름, 수명, 구소, 생성의 다섯 가지 특징으로 기술된다.

---

17) 객체 모델에 대한 초기 버전은 1993년과 1997년 출판되었다.
18) 여기서는 값(value)과 상태(state)를 혼용하여 사용한다.

1. **객체 식별자**(object identifier)는 시스템 전역에서 유일하며[19] 모든 객체는 객체 식별자를 가진다.

2. 일부 객체는 선택적으로 하나의 데이터베이스 안에서 **유일한 이름**을 가질 수 있다. 이 객체 이름은 프로그램 내에서 객체를 참조하는 데 사용되며, 시스템은 객체 이름으로 그 객체를 가져올 수 있어야 한다.[20] 모든 객체가 이름을 가지지는 않지만 **익스텐트**(extent)와 같이 특정 타입의 객체들로 구성되는 컬렉션(collection)을 가지는 객체들은 대부분 이름을 가진다. 이 경우 객체 이름은 데이터베이스로의 **진입점**(entry point)이 된다. 즉 시스템에서 객체 이름을 사용하여 그 객체를 가져온 다음, 사용자는 그 객체에서 참조하는 객체들을 하나씩 가져올 수 있다. 응용에서 중요한 객체들도 이름을 가질 수 있으며, 하나의 객체에 하나 이상의 이름을 부여할 수도 있다. 이 객체 이름들은 데이터베이스 안에서 유일하다.

3. 객체의 **수명**(lifetime)이란 **지속**(persistent) 객체(데이터베이스 객체로서 응용 프로그램의 실행 종료와 무관하게 존재하는 객체)와 **임시**(transient) 객체(응용 프로그램이 실행되는 동안에만 존재하는 객체) 두 가지로 구분하여 생각할 수 있다. 객체의 수명은 타입과 관련이 있으며, 특정 타입의 객체들은 임시 객체이고, 다른 객체들은 지속 객체이다.

4. 객체의 **구조**(structure)란 타입 생성자(들)를 사용하여 만들어지는 객체의 구조를 의미한다. 구조는 객체가 원자 객체인지의 여부를 규정하게 된다. 원자 객체(atomic object)는 단일의 객체를 나타내며, 특정한 사용자 정의 타입(예를 들어, Employee 혹은 Department)을 따른다. 원자 객체가 아닌 경우에는 다른 객체들로 구성된다. 예를 들어, **컬렉션 객체**(collection object)는 그 상태가 다른 객체들로 구성되므로 원자 객체가 아니다.[21] 원자 객체는 11.1.3절에서 소개한 **원자 생성자**(atomic constructor)와는 다르며, 특히 다음에서 보는 바와 같이 원자 리터럴과도 다르다. ODMG 모델에서는 원자 객체는 개별 사용자 정의 객체를 의미한다. 내장(built-in) 데이터 타입의 모든 값들은 리터럴로 간주된다.

5. **객체 생성**은 객체가 생성될 수 있는 방법을 의미한다. 객체 생성은 Object_Factory 인터페이스의 new 연산자를 통해서 이루어진다. 이 절의 후반부에서 객체 생성에 관해 자세하게 살펴본다.

---

19) 11.1.2절의 OID에 해당한다.

20) 객체 이름은 11.1.4절에서 소개한 이름 부여 메커니즘을 따른다.

21) ODMG 모델에서 원자 객체 (atomic object)는 값들이 프리미티브 타입을 가지는 객체(즉, 리터럴)라는 의미가 아니다. 모든 기본적인 값(정수, 실수 등)은 리터럴(literal)이 된다.

객체 모델에서 리터럴(literal)은 객체 식별자를 가지지 않는 값이다. 이 때 값은 단순구조를 가지거나 복잡한 구조를 가질 수 있다. 리터럴의 종류에는 원자 리터럴(atomic literal), 컬렉션 리터럴(collection literal), 구조화된 리터럴(structured literal)이 있다.

1. **원자 리터럴**[22]은 미리 정의된 기본 타입의 값이다. 기본 타입의 예로서 long, short, 부호 없는 정수(ODL에서 이 타입의 정수는 long, short, unsingned long, unsigned short 등과 같은 키워드를 가짐), 단일 정밀도 또는 2배 정밀도를 가지는 실수(각각 float, double), 부울(boolean)값, 단일 문자(char), 문자열(string), 나열형(enum) 등이 있다.
2. **구조화된 리터럴**은 11.1.3절에서 설명한 투플 생성자를 사용하여 만든 값을 의미한다. 예를 들어, Date, Interval, Time, Timestamp(그림 11.5(b) 참조) 등이 그 예이다. 각 응용의 필요성에 의하여 사용자가 구조화된 리터럴을 추가로 정의할 수 있다. Date, Interval, Time, Timestamp 등은 리터럴을 만들거나 식별자를 가지는 객체를 만들 때 사용된다.[23] 사용자가 정의한 구조체는 C나 C++ 등에 시와 미친기지로 ODL의 STRUCT 키워드를 사용하여 생성한다.
3. **컬렉션 리터럴**(collection literal)은 '객체들 또는 값들의 모임' 그 자체를 값으로 가지며, 객체 식별자는 가지지는 않는다. 객체 모델에서 컬렉션은 타입 생성자로 set<*T*>, bag<*T*>, list<*T*>, array<*T*> 등으로 표시된다. 여기서, *T*는 컬렉션 내의 객체 또는 값의 타입이다.[24] 또 다른 컬렉션 타입으로는 dictionary<*K*, *V*>가 있다. 여기서 *K*와 *V*는 각각 키와 값으로 서로 연관이 있다. 이것은 값 *V*의 컬렉션에 대한 인덱스를 생성하는 데 사용될 수 있다.

그림 11.5는 객체 모델의 기본 타입과 타입 생성자들을 간략히 보여준다. ODMG 표기법에서는 Interface, Literal, Class 세 가지 개념을 사용한다. ODMG에서 정한 용어를 따르면 operation 대신에 behavior를 사용하고, properties(attributes와 relationships을 통칭함)에 대하여 state를 사용한다. Interface는 객체 타입의 behavior 만을 표시하며, 인스턴스를 만들 수 없다(즉, interface에 대하여 객체를 만들 수 없음). Interface는 attributes나 relationships과 같은 상태 properties를 가질 수 있지만 이들은 interface로부터 상속되지는 않는다.

따라서 interface는 다른 interfaces나 class에서 상속할 operations을 정의하는 데 사용된다. 클래스(class)는 객체 타입의 상태(attributes)와 행위(behavior, operations)를 명시하며, 인스턴스를 생성할 수 있다. 따라서 데이터베이스 객체 혹은 응용 객체들은 사용자 정의 클래스 선언(즉, 데이터베이스 스키마)을 기반으로 생성된다. 마지막으로 리터럴(literal)은 상태만 표현하며, 행위는 표현하지 않는다. 따라서 literal instance는 단순값이나 복합 구조값(complex structured value)을 가지며, 객체 식별자나 캡슐화 된 연산은 가지지는 않는다.

22) 원자 리터럴에서의 원자의 의미는 11.13절에서 설명한 원자 생성자에서의 원자의 의미와 다르다.
23) Date, Interval, Time, Timestamp 등은 리터럴을 만들거나 식별자를 가지는 객체를 만들 때 사용된다.
24) 11.1.3절에서 소개한 타입 생성자에 해당한다.

```
(a)     nterface Object {
            ...
            boolean             same_as(in object other_object);
            object              copy();
            void                delete();
        };

(b)     Class Date : Object {
            enum                Weekday
                                    { Sunday, Monday, Tuesday, Wednesday,
                                      Thursday, Friday, Saturday };
            enum                Month
                                    { January, February, March, April, May, June,
                                      July, August, September, October, November,
                                      December };
            unsigned short      year();
            unsigned short      month();
            unsigned short      day();
            ...
            boolean             is_equal(in Date other_date);
            boolean             is_greater(in Date other_date);
            ... };
        Class Time : Object {
            ...
            unsigned short      hour();
            unsigned short      minute();
            unsigned short      second();
            unsigned short      millisecond();
            ...
            boolean             is_equal(in Time a_time);
            boolean             is_greater(in Time a_time);
            ...
            Time                add_interval(in Interval an_interval);
            Time                subtract_interval(in Interval an_interval);
            Interval            subtract_time(in Time other_time); };
        class Timestamp : Object {
            ...
            unsigned short      year();
            unsigned short      month();
            unsigned short      day();
            unsigned short      hour();
            unsigned short      minute();
            unsigned short      second();
            unsigned short      millisecond();
            ...
            Timestamp           plus(in Interval an_interval);
```

(continues)

그림 11.5 ODMG 객체 모델의 일부에서 인터페이스 정의의 개요: (a) 모든 객체가 상속하는 Object 인터페이스, (b) 구조화된 리터럴에 대한 몇 가지 표준 인터페이스

```
        Timestamp               minus(in Interval an_interval);
        boolean                 is_equal(in Timestamp a_timestamp);
        boolean                 is_greater(in Timestamp a_timestamp);
        … };
        class Interval :        Object {
        unsigned short          day();
        unsigned short          hour();
        unsigned short          minute();
        unsigned short          second();
        unsigned short          millisecond();
        …
        Interval                plus(in Interval an_interval);
        Interval                minus(in Interval an_interval);
        Interval                product(in long a_value);
        Interval                quotient(in long a_value);
        boolean                 is_equal(in interval an_interval);
        boolean                 is_greater(in interval an_interval);
        … };
(c)  interface Collection : Object {
        …
        exception               ElementNotFound{ Object element; };
        unsigned long           cardinality();
        boolean                 is_empty();
        …
        boolean                 contains_element(in Object element);
        void                    insert_element(in Object element);
        void                    remove_element(in Object element)
                                    raises(ElementNotFound);
        iterator                create_iterator(in boolean stable);
        … };
     interface Iterator {
        exception               NoMoreElements();
        …
        boolean                 at_end();
        void                    reset();
        Object                  get_element() raises(NoMoreElements);
        void                    next_position() raises(NoMoreElements);
        … };
     interface set : Collection {
        set                     create_union(in set other_set);
        …
        boolean                 is_subset_of(in set other_set);
        … };
     interface bag : Collection {
        unsigned long           occurrences_of(in Object element);
```

그림 11.5(계속) ODMG 객체 모델의 일부에서 인터페이스 정의의 개요. (b) 구조화된 리터럴에 대한 몇 가지 표준 인터페이스, (c) Collection과 반복자에 대한 인터페이스

```
    bag                    create_union(in Bag other_bag);
    ... };
interface list : Collection {
    exception              Invalid_Index{unsigned_long index; );
    void                   remove_element_at(in unsigned long index)
                               raises(InvalidIndex);
    Object                 retrieve_element_at(in unsigned long index)
                               raises(InvalidIndex);
    void                   replace_element_at(in Object element, in unsigned long index)
                               raises(InvalidIndex);
    void                   insert_element_after(in Object element, in unsigned long index)
                               raises(InvalidIndex);
    ...
    void                   insert_element_first(in Object element);
    ...
    void                   remove_first_element() raises(ElementNotFound);
    ...
    Object                 retrieve_first_element() raises(ElementNotFound);
    ...
    list                   concat(in list other_list);
    void                   append(in list other_list);
};
interface array : Collection {
    exception              Invalid_Index{unsigned_long index; };
    exception              Invalid_Size{unsigned_long size; };
    void                   remove_element_at(in unsigned long index)
                               raises(InvalidIndex);
    Object                 retrieve_element_at(in unsigned long index)
                               raises(InvalidIndex);
    void                   replace_element_at(in unsigned long index, in Object element)
                               raises(InvalidIndex);
    void                   resize(in unsigned long new_size)
                               raises(InvalidSize);
};
struct association { Object key; Object value; };
interface dictionary : Collection {
    exception              DuplicateName{string key; };
    exception              KeyNotFound{Object key; };
    void                   bind(in Object key, in Object value)
                               raises(DuplicateName);
    void                   unbind(in Object key) raises(KeyNotFound);
    Object                 lookup(in Object key) raises(KeyNotFound);
    boolean                contains_key(in Object key);
};
```

그림 11.5(계속) ODMG 객체 모델의 일부에서 인터페이스 정의의 개요. (c) Collection과 반복자에 대한 인터페이스

그림 11.5는 객체 모델의 단순화된 모습을 보여준다. Cattell 외(2000)에서 완전한 명세를 참조하기 바란다. 객체 모델을 설명할 때 그림 11.5가 보여주는 구문들을 기술한다.

객체 모델에서 모든 객체는 그림 11.5(a)에서 보여주는 Object라는 기본 인터페이스에서 상속한다. 즉 Object 인터페이스에서 정의된 copy(객체의 사본을 만드는 연산), delete(객체의 삭제 연산), same_as(두 객체 식별자의 비교 연산) 등의 연산자가 상속된다.25) 일반적으로 객체에 대한 연산의 적용은 점 표기법(dot notation)을 사용한다. 예를 들어, 주어진 객체 *O*에 대하여 다른 객체 *P*와 비교하려면 다음과 같이 표시한다.

*O*. same_as (*P*)

이 연산의 결과는 불리언이며, 객체 *P*와 *O*가 동일한 객체 식별자를 가지면 참이고, 그렇지 않으면 거짓이 된다. 이와 마찬가지로, 객체의 사본 *P*를 만들려고 하면 다음과 같이 명시한다.

*P* = *O*. copy ()

점 표기법의 대안으로 화살표 표기법(arrow notation)이 사용되기도 한다: *O*->same_as(*P*), *O*->copy().

## 11.3.2 ODMG 객체 모델에서 상속

ODMG 객체 모델에서 두 가지 타입의 상속이 제공된다: **행위 상속**(behavior-only inheritance), 상태포함 상속(state plus behavior inheritance). 행위 상속은 *ISA* 혹은 *interface inheritance* 라고 알려져 있으며, 콜론(:) 기호를 사용하여 표시한다.26) 따라서 ODMG 객체 모델에서 행위 상속은 supertype이 interface이고, subtype은 클래스 혹은 다른 interface가 되어야 한다.

EXTENDS 상속이라 불리는 또 다른 상속 관계는 키워드 extends를 사용하여 표시된다. 여기서는 class를 따라서 상태와 행위 모두가 상속되며, 그래서 supertype과 subtype 모두가 class이어야 한다. 키워드 extends를 사용하여 다중 상속을 할 수는 없다. 그러나 콜론 표시법을 사용하여 행위 상속을 하는 경우에는 다중 상속도 가능하다. 즉, 어떤 interface는 여러 interfaces로부터 behavior를 상속받을 수 있다. 또한 어떤 클래스는 콜론 표시법을 사용하여 여러 interfaces로부터 behavior를 상속받을 수 있으며 (다중 상속), extends 키워드를 사용하는 경우는 최대 하나의 클래스로부터 behavior와 state를 상속받을 수 있다. 11.3.4절에서 두 가지 상속(콜론 :와 키워드 extends)이 어떻게 사용되는지 예를 들어 살펴본다.

## 11.3.3 객체 모델에서 Built-in Interface와 클래스

그림 11.5는 객체 모델의 built-in 인터페이스와 classes를 보여주고 있다. Collection, Date, Time 등과 같은 모든 interface는 Object 인터페이스로부터 상속받는다. 객체 모델에는 두 가지 타입의 객체가 있으며, 이를 구분해야 한다: 컬렉션 객체와 원자 객

---

25) Locking 목적의 연산자가 있지만 그림 11.5에서는 생략하였다. 데이터베이스를 위한 locking 개념은 21장에서 논의한다.

26) ODMG 보고서에서는 인터페이스 상속을 타입/서브타입, is-a, 일반화/특수화(generalization/specialization) 등으로 부르기도 한다. 이들 용어는 상태와 연산 모두를 상속한다는 의미로 사용된다(11.1절 참조).

체. 컬렉션 객체의 상태는 다수의 객체 혹은 리터럴을 포함하며, 원자(혹은 구조화된) 객체의 상태는 개별 객체 혹은 리터럴이다. **컬렉션 객체**(collection object)는 그림 11.5(c)가 보여주는 기본 Collection 인터페이스를 상속하며, Collection 인터페이스에는 컬렉션 객체에서 필요로 하는 모든 연산이 있다. 컬렉션 객체 *O*에 대하여 다음과 같은 연산들이 적용될 수 있다.

- *O*.cardinality(): 컬렉션에 포함된 객체 수를 반환
- *O*.is_empty(): 컬렉션 *O*가 공집합이면 참, 하나의 객체라도 존재하면 거짓
- *O*.insert_element(*E*): 컬렉션 *O*에 원소 *E*를 추가
- *O*.remove_element(*E*): 컬렉션 *O*에서 원소 *E*를 삭제
- *O*.contains_element(*E*): 컬렉션 *O*에 원소 *E*가 있으면 참, 없으면 거짓

연산 *I* = *O*.create_iterator()는 컬렉션 객체 *O*에 대하여 **반복자 객체**(iterator object) *I*를 생성하며, 이후 사용자는 *I*를 사용하여 컬렉션 내의 각 원소를 참조할 수 있다. 그림 11.5(c)는 반복자 객체에 대한 인터페이스를 보여준다. 연산 *I*.reset()은 컬렉션의 첫 원소에 반복자를 설정하며(순서가 없는 컬렉션에서는 임의의 원소에 설정됨), 연산 *I*.next_position()은 다음 원소에 반복자를 설정한다. 연산자 *I*.get_element()는 반복자가 **현재 지시하는 원소**(current element)를 반환한다.

ODMG 객체 모델에서는 에러 또는 특별한 상황을 보고하기 위하여 **예외**(exceptions)를 사용한다. 예를 들어, Collection 인터페이스에서 ElementNotFound 예외는 객체 *E*가 컬렉션 *O*의 원소가 아닌 상황에서 연산 *O*.remove_element(*E*)를 실행하면 발생한다. 예외 NoMoreElements는 반복자 *I*가 현재 마지막 원소를 지시하고 있는 상황에서 *I*.next_position() 연산을 실행하는 경우에 발생한다.

**컬렉션 객체**(collection object)는 set, list, bag, array, dictionary 등으로 더욱 세분화되며, 이들은 모두 Collection 인터페이스에서 정의된 연산을 상속한다. **set⟨T⟩ 타입 생성자**는 *T* 타입의 원소들로 구성되는 집합을 값으로 갖는 객체를 생성한다. Set 인터페이스에는 그림 11.5(c)에서 보는 바와 같이 *P* = *O*.create_union(*S*)을 추가적으로 포함한다. 이 연산은 새로운 set<*T*> 타입의 객체 *P*를 생성하는데, *P*는 두 집합 *O*와 *S*의 합집합 결과이다. create_union()과 유사한 연산으로 create_intersection(*S*)과 create_difference(*S*)가 있다. 또 다른 연산으로 *O*.is_subset_of(*S*)는 *O*가 *S*의 부분집합이면 참이고 그렇지 않으면 거짓을 반환한다. 마찬가지로 is_proper_subset_of(*S*), is_superset_of(), is_proper_superset_of(*S*) 등의 연산자가 사용된다. **bag<*T*> 타입 생성자**도 Collection 인터페이스를 상속하며, 컬렉션에 원소의 중복을 허용한다. 이 타입은 bag<*T*> 타입의 객체 b에 대하여 create_union(b), create_intersection(b), create_difference(b) 연산을 가지며, 모두 bag<*T*> 타입의 새로운 객체를 반환한다.

**list⟨T⟩ 타입 생성자**는 Collection 인터페이스의 연산자들을 상속하며, 원소의 순서가 중요한 의미를 가지는 경우에 사용된다. list<*T*> 타입의 객체는 순서를 가지는 원소들을 값으로 가지며 각 원소는 타입 *T* 형태이다. 따라서 사용자는 list<*T*> 타입의 객체에 대하여 첫 번째 원소, 마지막 원소, *i*-번째 원소 등의 방식으로 원소를 지칭할 수 있다. 또한 하나의 원

소를 추가하는 경우에도 어느 위치에 추가할 것인가를 명시해야 한다. 그림 11.5(c)는 list 연산자들을 보여준다. 객체 *O*가 list<*T*> 타입이라면 *O.insert_element_first(E)*는 리스트 *O*의 첫 번째 원소로 *E*를 첨가한다. 이와 유사하게, *O.insert_element_last(E)*는 리스트 *O*의 마지막 원소로 *E*를 추가한다. 그림 11.5(c)에서 연산 *O*.insert_element_ after(*E*, *i*)는 리스트 *O*의 *i*-번째 원소 뒤에 *E*를 삽입한다. 이때 *i*-번째 원소가 없으면 InvalidIndex 예외를 발생시킨다. 연산 *O*.insert_element_ after(*E*, *i*)도 유사하게 처리된다. 리스트로부터 원소를 제거하기 위해서는 *E* = *O*.remove_first_element(), *E* = *O*.remove_ last_element(), *E* = *O*.remove_element_at(*i*)가 사용된다. 이 연산자들은 각각 지정된 위치의 원소를 리스트에서 제거하고, 제거된 원소를 반환한다. 리스트로부터 원소를 제거하지 않고, 지정된 원소만 접근하는 연산자로는 *E* = *O*.retrieve_first_element(), *E* = *O*.retrieve_last_element(), *E* = *O*.retrieve_element_at(*i*) 등이 있다. 마지막으로 리스트를 다루는 또 다른 두 가지 연산으로는 concat()와 append() 연산이 있다. 연산 *P* = *O*.concat(*I*)는 리스트 *O* 다음에 리스트 *I*를 붙여서 만든 새로운 리스트 *P*를 생성한다. 또한 연산 *O*.append(*I*)는 새로운 리스트를 생성하지 않고, 단순히 리스트 *O* 뒤에 리스트 *I*를 붙인다.

**array〈T〉 타입 생성자**는 리스트와 유사하게 Collection 인터페이스에서 연산자를 상속한다. 배열 객체 *O*에 대한 대표적인 연산은 다음과 같다. 연산 *O*.replace_element_at(*i*, *E*)는 배열의 *i*-번째 원소를 *E*로 대치한다. 연산 *E* = *O*.remove_element_at(*i*)는 *i*-번째 원소를 널 값으로 대치한다. 연산 *E* = *O*.retrieve_element_at(*i*)는 *i*번째 원소에 접근한다. 배열 연산에서 인덱스 *i*가 배열의 크기를 넘어서면 InvalidIndex 예외가 발생한다. 한편, 연산 *O*.resize(*N*)은 배열의 원소 수를 *N*으로 변경한다.

컬렉션 객체의 마지막 타입은 dictionary<*K*, *V*>이다. 이 타입은 <*K*, *V*> 쌍으로 구성되는 컬렉션을 생성하는 데 사용된다. 단, 여기서 *K*는 키 값으로서 유일해야 한다. 이 타입은 인덱스와 유사하게, 키 값에 대응하는 <*K*, *V*> 쌍을 직접 찾는 데 사용된다. 객체 *O*가 dictionary<*K*, *V*> 타입이라고 하자. 연산 *O*.bind(*K*, *V*)는 컬렉션에 <*K*, *V*> 쌍이 존재하는 경우에 값 *V*를 키 *K*와 바인딩하며, 연산 *O*.unbind(*K*)는 키 *K*와 관련된 연관을 *O*로부터 제거한다. 또한 연산 *V* = *O*.lookup(*K*)는 키 *K*와 연관된 값 *V*를 반환한다. 마지막 두 연산에서 키 *K*를 찾지 못하면 KeyNotFound 예외가 발생한다. 마지막으로 *O*.contains_key(*K*) 연산은 키 *K*가 *O*에 존재하면 참, 그렇지 않으면 거짓을 반환한다.

그림 11.6은 객체 모델에 포함된, 미리 정의된 생성자들 사이의 상속 계층 구조를 보여준다. 슈퍼타입의 연산자들은 서브타입으로 상속된다. 앞에서 설명한 컬렉션 인터페이스들은 직접 객체를 생성할 수는 없으나 데이터베이스 응용 프로그램에서 사용자 정의 컬렉션 객체 (set, bag, list, array, dictionary)를 정의하는 데 사용된다. 속성 혹은 클래스가 컬렉션 타입을 가진다면(예를 들어 set이라고 하자) 이는 set 인터페이스의 연산자들을 상속할 것이다. 예를 들어, 대학교 데이터베이스 응용에서 사용자가 set<STUDENT> 타입의 클래스를 생성하면 그 상태는 STUDENT 객체들의 집합이 될 것이다. 그리고 프로그래머는 set<*T*>에 대한 연산자들을 사용하여 set<STUDENT> 타입의 객체를 다룰 수 있게 된다. 응용에서 사용되는 클래스들은 ODL을 사용하여 생성된다(11.3.6절 참조).

중요한 사항은 특정 컬렉션에 포함되는 모든 객체는 동일한 타입을 가져야 한다는 것이다.

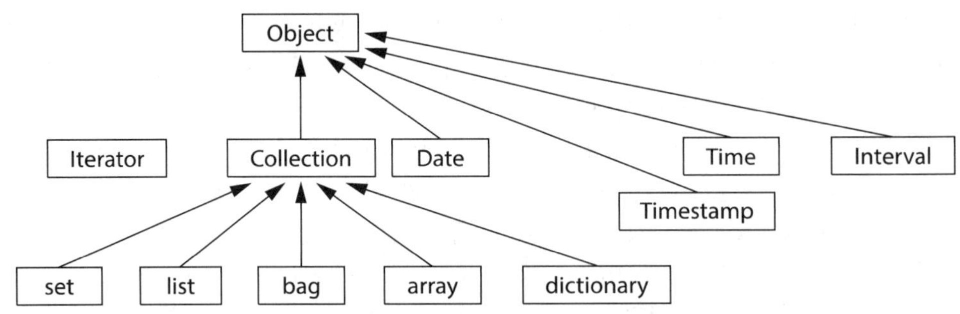


그림 11.6 객체 모델에서 미리 정의된 인터페이스들에 대한 상속 계층 구조

그림 11.5(c)에서 비록 키워드 any가 컬렉션 인터페이스를 명시하는 데 사용될지라도 이것의 의미가 하나의 컬렉션 안에 여러 타입의 객체들이 혼재할 수 있다는 의미는 아니다. 이는 특정 컬렉션의 원소들의 타입을 정의할 때 어떠한 타입도 사용될 수 있다는 의미이다.

### 11.3.4 원자(사용자 정의) 객체

지금까지 미리 정의된(built-in) 컬렉션 타입을 소개하였다. 이제부터는 원자 객체를 어떻게 생성하는지를 살펴본다. 이것은 ODL의 class 키워드를 사용하여 생성한다. 컬렉션 객체가 아닌 사용자 정의 객체를 **원자 객체**(atomic object)라고 부른다.[27)]

예를 들어, 사용자는 대학교 데이터베이스에서 STUDENT 객체에 대한 객체 타입(또는 클래스)을 명시할 수 있다. 그리고 STUDENT 객체는 대개 구조화된 객체일 것이다. 즉 STUDENT 객체는 다수의 관계와 애트리뷰트 및 연산을 가지는 복잡한 구조를 가질 것이다. 그러나 STUDENT 객체는 컬렉션이 아니므로 원자 객체가 된다. 이런 사용자 정의 원자 객체 타입은 성질(property)과 연산을 명시함으로써 클래스로 정의된다. 성질은 객체의 상태를 정의하며 애트리뷰트와 관계로 구분된다. 이 절에서는 원자 객체에 대한 사용자 정의 객체 타입을 정의하는 데 사용되는 애트리뷰트, 관계, 연산이라는 세 가지 유형의 구성 요소에 초점을 맞춘다. 지금부터 그림 11.7이 보여주는 EMPLOYEE 클래스와 DEPARTMENT 클래스를 이용하여 설명을 전개한다.

**애트리뷰트**는 객체의 한 측면을 묘사하는 성질이다. 애트리뷰트는 값을 가지며, 값은 단순하거나 복잡한 구조를 가지고, 객체 안에 저장된다. 그러나 애트리뷰트 값으로 다른 객체에 대한 객체 식별자(Object_ids)가 지정될 수도 있다. 애트리뷰트 값은 메소드 형태로 명시될 수도 있으며, 이 경우 메소드가 애트리뷰트 값을 계산하는 데 사용된다. 그림 11.7에서[28)] EMPLOYEE 클래스에 대한 애트리뷰트는 Name, Ssn, Birth_date, Sex, Age이고, DEPARTMENT 클래스에 대한 애트리뷰트는 Dname, Dnumber, Mgr, Location, Projs이다. 애트리뷰트 Mgr과 Projs는 복잡한 구조를 가지며 11.1.3절의 투플 생성자에 해당하는 struct를 사용하여 정의된다. 따라서 각 DEPARTMENT 객체에서 Mgr 애트리뷰트 값은 EMPLOYEE 객체를 참조하는 Manager와 시작 날짜를 의미하는 Start_date의 두 구성 요소를 가진다. 또

27) 앞에서도 언급하였지만 ODMG에서의 이런 원자 객체에 대한 정의는 11.1.3절의 원자 생성자(atom constructor)의 정의와 다르다.

28) 그림 11.7에서 ODL 표기법을 사용하였으며, 11.3.6절에서 상세하게 다룬다.

한 DEPARTMENT의 locations 애트리뷰트는 여러 위치를 값으로 가질 수 있으므로 집합 생성자를 사용하여 정의된다.

**관계**(relationship)는 데이터베이스 내의 두 개 이상의 객체가 서로 관련성이 있음을 명시하는 성질이다. ODMG 객체 모델에서는 이진 관계(3.4절 참조)만을 명시할 수 있으며, 각 이진 관계는 역참조 관계를 명시할 수 있다. 그림 11.7에서 관련 있는 EMPLOYEE 객체와 DEPARTMENT 객체는 EMPLOYEE 클래스에 정의된 Works_for 관계에서 관련성을 맺게 된다. 역방향으로 DEPARTMENT 클래스의 Has_emps 관계는 특정 부서에서 일하는 모든 직원을 연관시킨다. 키워드 inverse는 양쪽에 명시된 두 관계가 실제로 하나의 개념적 관계를 역방향에서 표현한 것임을 의미한다.[29)]

역참조를 사용하여 시스템은 관계의 참조 무결성을 자동으로 지원하게 된다. 예를 들어, EMPLOYEE 객체 *E*의 Works_for값으로 DEPARTMENT 객체 *D*를 참조한다고 하자. 그러면

```
class EMPLOYEE
(     extent          ALL_EMPLOYEES
      key             Ssn   )
{
      attribute       string              Name;
      attribute       string              Ssn;
      attribute       date Birth_date;
      attribute       enum Gender{M, F}   Sex;
      attribute       short               Age;
      relationship    DEPARTMENT          Works_for
                          inverse DEPARTMENT::Has_emps;
      void            reassign_emp(in string New_dname)
                          raises(dname_not_valid);
};
class DEPARTMENT
(     extent          ALL_DEPARTMENTS
      key             Dname, Dnumber )
{
      attribute       string              Dname;
      attribute       short               Dnumber;
      attribute       struct Dept_mgr {EMPLOYEE Manager, date Start_date}
                          Mgr;
      attribute       set<string>         Locations;
      attribute       struct Projs {string Proj_name, time Weekly_hours)
                          Projs;
      relationship    set<EMPLOYEE>       Has_emps inverse EMPLOYEE::Works_for;
      void            add_emp(in string New_ename) raises(ename_not_valid);
      void            change_manager(in string New_mgr_name; in date
                          Start_date);
};
```

그림 11.7 클래스 정의에서 애트리뷰트, 관계, 연산

29) 6.4절에서 두 속성을 사용하여 역방향으로 관계를 표시하는 방법을 설명하였다.

역으로 DEPARTMENT 객체 *D*의 Has_emps값으로 객체 *E*를 참조해야 한다. 데이터베이스 설계자가 관계를 양방향이 아닌 단방향에서 모델링하고자 한다면 관계 대신에 애트리뷰트(또는 연산)로 모델링해야 한다. 예를 들어, 클래스 DEPARTMENT에서 Mgr 애트리뷰트는 단방향 관계를 나타내는 애트리뷰트이다.

객체 타입(또는 클래스)의 정의에는 애트리뷰트와 관계뿐 아니라 연산을 명시할 수 있어야 한다. 각 객체 타입은 **연산 시그니처**(operation signature)들을 가지며, 여기에는 연산자 이름, 인자 타입, 반환값 등이 명시된다. 연산자 이름은 각 객체 타입에서 유일하지만 다른 클래스에서 중첩될 수도 있다. 연산 시그니처에서는 연산을 실행하는 동안에 발생할 수 있는 예외들을 명시할 수 있다. 연산의 구현에서 이런 예외들을 위한 코드들을 준비할 수 있다. 그림 11.7에서 EMPLOYEE 클래스는 reassign_emp 연산을 가지며, DEPARTMENT 클래스는 add_emp와 change_manager라는 두 개의 연산을 가진다.

### 11.3.5 익스텐트(외연), 키, 팩토리 객체

ODMG 객체 모델에서 데이터베이스 설계자는 클래스 선언으로 정의된 객체 타입에 대하여 키워드 *Extent*를 사용하여 익스텐트(외연)를 선언할 수 있다. 익스텐트는 이름을 가지며, 클래스에 속한 모든 지속 객체를 저장한다. 따라서 익스텐트는 어떤 클래스에 속한 모든 지속 객체들로 구성되는 집합 객체로 생각할 수 있다. 그림 11.7에서 EMPLOYEE와 DEPARTMENT 클래스는 각각 ALL_EMPLOYEES와 ALL_DEPARTMENTS라는 익스텐트를 가진다. 이것은 set<EMPLOYEE>와 set<DEPARTMENT>라는 두 객체를 생성하고, 각각 ALL_EMPLOYEES와 ALL_DEPARTMENTS라는 이름으로 지속성을 가지도록 한 것이다. 익스텐트는 슈퍼타입과 서브타입의 익스텐트 사이에 집합/부분집합 관계를 자동으로 유지하는 데 사용된다. 예를 들어, 클래스 B가 클래스 A의 서브타입이고(즉, class B extends class A), 각각 익스텐트(외연) ALL_B와 ALL_A를 가진다고 하자. 이 경우, 항상 ALL_B에 포함된 객체집합은 ALL_A에 포함된 객체집합의 부분집합이어야 한다. 이런 부분집합 관계는 데이터베이스 시스템에 의하여 자동으로 유지된다.

익스텐트를 가지는 클래스는 하나 이상의 키(key)를 가진다. 키는 하나 이상의 성질(애트리뷰트 또는 관계)로 구성되며 익스텐트 내의 각 객체에서 이 성질의 값은 유일해야 한다. 예를 들어, 그림 11.7에서 클래스 EMPLOYEE는 애트리뷰트 Ssn을 키로 지정하였으며, 클래스 DEPARTMENT는 애트리뷰트 Dname과 Dnumber를 키로 지정하였다. 다수의 성질들의 조합으로 구성되는 복합키[30]에서는 괄호를 사용하여 복합키를 구성하는 성질들을 표시한다. 예를 들어, 익스텐트 ALL_VEHICLES를 가지는 클래스 VEHICLE에 대하여 두 애트리뷰트 State와 License_number의 조합으로 키를 구성하는 경우 키 선언에서는 (State, License_number)로 표시한다.

이제 **펙토리 객체**(factory obejct)의 개념을 소개한다. 펙토리 객체는 자신의 연산자를 사용하여 개별 객체를 생성한다. ODMG 객체 모델에 나타난 펙토리 객체의 일부 인터페이스

30) ODMG 보고서에서는 compound key라고 하였다.

가 그림 11.8에 있다. 인터페이스 ObjectFactory는 하나의 연산 new()를 가지는데 이 연산은 객체 식별자를 가진 하나의 객체를 생성한다. 이 인터페이스를 상속함으로써 사용자 정의 객체 타입의 상황에 맞는 팩토리 인터페이스를 재정의할 수 있다. 그림 11.8은 DateFactory 인터페이스를 보여준다. 이 인터페이스는 몇 가지 추가된 연산인 calender_date와 current_date

```
interface ObjectFactory {
    Object          new();
};
interface SetFactory : ObjectFactory {
    Set             new_of_size(in long size);
};
interface ListFactory : ObjectFactory {
    List            new_of_size(in long size);
};
interface ArrayFactory : ObjectFactory {
    Array           new_of_size(in long size);
};
interface DictionaryFactory : ObjectFactory {
    Dictionary      new_of_size(in long size);
};
interface DateFactory : ObjectFactory {
    exception       InvalidDate{};
    ...
    Date            calendar_date(   in unsigned short year,
                                     in unsigned short month,
                                     in unsigned short day )
                    raises(InvalidDate);
    ...
    Date            current();
};
interface DatabaseFactory {
    Database        new();
};
interface Database {
    ...
    void            open(in string database_name)
                        raises(DatabaseNotFound, DatabaseOpen);
    void            close() raises(DatabaseClosed, ...);
    void            bind(in Object an_object, in string name)
                        raises(DatabaseClosed, ObjectNameNotUnique, ...);
    Object          unbind(in string name)
                        raises(DatabaseClosed, ObjectNameNotFound, ...);
    Object          lookup(in string object_name)
                        raises(DatabaseClosed, ObjectNameNotFound, ...);
    ... };
```

그림 11.8 팩토리 객체와 데이터베이스 객체에 대한 인터페이스

를 가지고 있다(그림 11.8에서는 표시하지 않았음). 이와 같이 펙토리 객체는 새로운 객체에 대해 **생성자 연산**(constructor operation)을 제공한다.

마지막으로 **데이터베이스** 개념을 살펴본다. ODMG 객체 모델에서는 그림 11.8에서 보는 바와 같이 하나의 ODBMS를 사용하여 여러 개의 데이터베이스를 생성할 수 있으며, 이를 위하여 DatabaseFactory와 Database 객체에 대한 인터페이스를 가진다. 각 데이터베이스는 데이터베이스 이름을 가지며, 특정 데이터베이스의 지속 객체에 대한 유일한 이름을 지정하기 위하여 bind 연산을 사용한다. 연산자 lookup은 주어진 객체 이름을 가지는 객체를 데이터베이스로부터 찾아서 반환하며, unbind 연산은 데이터베이스로부터 지속객체의 이름을 제거한다.

### 11.3.6 객체 정의어(ODL)

지금까지 살펴본(ODMG) 객체 모델을 기반으로 여기서는 ODL[31]을 사용하여 객체 데이터베이스 스키마를 생성하는 방법을 설명한다.

ODL은 특정한 프로그래밍 언어와 무관하며 ODMG 객체 모델의 의미를 지원하기 위하여 설계되었다. ODL의 주요 용도는 클래스나 인터페이스와 같은 객체 명세를 생성하는 데 있으며, 그 자체로 완전한 프로그래밍 언어는 아니다. 사용자는 ODL을 사용하여 특정 프로그래밍 언어와 무관하게 데이터베이스 스키마를 정의할 수 있으며, 이후에 사용자는 특정한 프로그래밍 언어 바인딩을 이용하여 생성된 ODL 문장을 특정한 프로그래밍 언어(예를 들어, C++, Smalltalk, Java 등)로 사상할 수 있다. 11.6절에서 C++ 바인딩을 설명한다.

그림 11.9(b)는 UNIVERSITY 데이터베이스의 일부에 대한 객체 스키마를 보여준다. 이 스키마와 그림 11.9를 이용하여 ODL의 개념을 설명한다.

그림 11.10은 대학교 데이터베이스에 해당하는 ODL 클래스 정의를 보여준다. 일반적으로 하나의 객체 스키마 다이어그램은 다수의 ODL 클래스 집합으로 사상될 수 있다. 이런 사상의 다양성은 11.4절에서 더욱 상세하게 살펴본다.

그림 11.10은 대학교 데이터베이스의 일부를 직관적으로 사상한 결과이다. 엔티티타입은 ODL 클래스로 사상되고, 상속은 exstends로 사상된다. 그러나 카테고리(합집합 타입)나 다중 상속에 대한 직접 사상은 불가능하다. 그림 11.10에서 클래스 PERSON, FACULTY, STUDENT, GRAD_STUDENT는 각각 익스텐트 PERSON, FACULTY, STUDENT, GRAD_STUDENTS를 가진다. 클래스 FACULTY와 STUDNET는 PERSON에서 extends되며, GRAD_STUDENT는 STUDENT에서 extends된다. 따라서 STUDENTS와 FACULTY 컬렉션은 항상 PERSONs 컬렉션의 부분집합을 유지해야 한다. 이와 유사하게 GRAD_STUDENT도 STUDENT 컬렉션의 부분집합이다. 또한 STUDENT와 FACULTY 객체는 PERSON의 성질(애트리뷰트와 관계)과 연산을 상속한다. 마찬가지로 GRAD_STUDENT 객체는 STUDENT 객체의 성질과 연산을 상속한다.

---

31) ODL의 구문과 데이터 타입은 CORBA의 IDL(Interface Definition Language)과 호환성을 가지도록 만들어졌으며, 관계 등의 데이터베이스 개념들이 추가되었다.

(a)

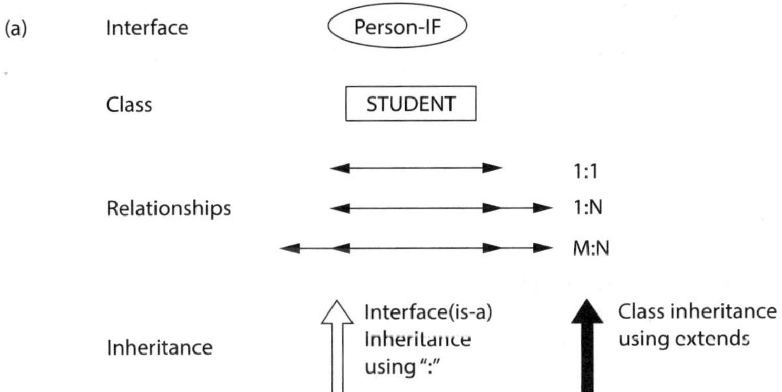


(b)

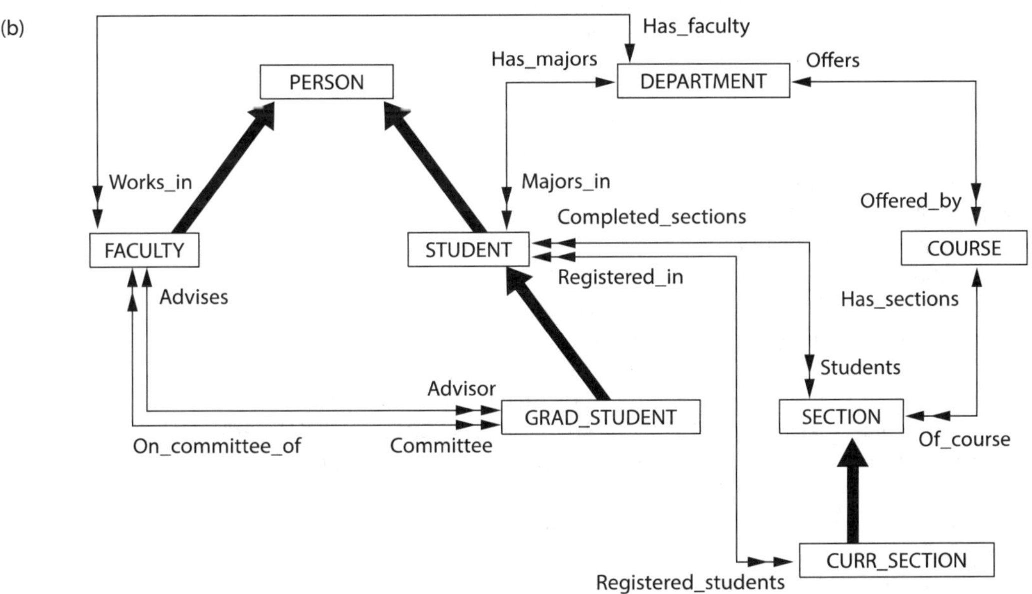


그림 11.9 데이터베이스 스키마의 예: (a) ODL 스키마 표현을 위한 그래픽 표기법, (b) 대학교 데이터베이스의 일부에 대한 그래픽 형태의 객체 데이터베이스 스키마(GRADE와 DEGREE는 생략함)

그림 11.10에서 클래스 DEPARTMENT, COURSE, SECTION, CURR_SECTION은 그림 11.9(b)의 엔티티 타입과 바로 사상된다. 그러나 클래스 GRADE에는 별도의 설명이 필요하다. GRADE 클래스는 그림 11.9(b)의 STUDENT와 SECTION 클래스 간의 M:N 관계에 해당한다. GRADE 클래스가 별도의 독립 클래스로 생성된 이유는 관계 애트리뷰트 Grade 때문이다.[32)]

따라서 M:N 관계는 별도의 클래스 GRADE와 두 개의 1:N 관계(하나는 GRADE와 STUDENT 사이의 관계이고, 다른 하나는 SECTION과 GRAD 사이의 관계임)로 사상되었다.[33)] 여기서 관계를 나타내는 성질로는 STUDENT 클래스의 Completed_sections, GRADE

32) 관계의 속성에 대한 매핑에서 대안이 되는 방식을 11.4절에서 소개한다.
33) 이것은 관계 모델이나 과거의 네트워크 모델에서 M:N 관계가 사상되는 방식과 유사하다(관계 모델은 8.1절을 참조).

클래스의 Section, Student, SECTION 클래스의 Students 등이 있다(그림 11.10 참조). 마지막으로 클래스 DEGREE는 GRAD_STUDENT의 복합, 다중값 애트리뷰트인 degree를 표시하기 위하여 생성되었다(그림 11.10).

```
class PERSON
(    extent          PERSONS
     key             Ssn )
{    attribute       struct Pname {   string   Fname,
                                      string   Mname,
                                      string   Lname }      Name;
     attribute       string                                 Ssn;
     attribute       date                                   Birth_date;
     attribute       enum Gender{M, F}                      Sex;
     attribute       struct Address { short    No,
                                      string   Street,
                                      short    Apt_no,
                                      string   City,
                                      string   State,
                                      short    Zip }        Address;
     short           Age();  };
class FACULTY extends PERSON
(    extent          FACULTY )
{    attribute       string           Rank;
     attribute       float            Salary;
     attribute       string           Office;
     attribute       string           Phone;
     relationship    DEPARTMENT       Works_in inverse DEPARTMENT::Has faculty;
     relationship    set<GRAD_STUDENT> Advises inverse GRAD_STUDENT::Advisor;
     relationship    set<GRAD_STUDENT> On_committee_of inverse GRAD_STUDENT::Committee;
     void            give_raise(in float raise);
     void            promote(in string new rank); };
class GRADE
(    extent GRADES )
{
     attribute       enum GradeValues{A,B,C,D,F,I, P} Grade;
     relationship    SECTION Section inverse SECTION::Students;
     relationship STUDENT Student inverse STUDENT::Completed_sections; };
class STUDENT extends PERSON
(    extent          STUDENTS )
{    attribute       string           Class;
     attribute       Department       Minors_in;
     relationship    Department Majors_in inverse DEPARTMENT::Has_majors;
     relationship    set<GRADE> Completed_sections inverse GRADE::Student;
     relationship    set<CURR_SECTION> Registered_in INVERSE CURR_SECTION::Registered_students;
     void            change_major(in string dname) raises(dname_not_valid);
     float           gpa();
     void            register(in short secno) raises(section_not_valid);
     void            assign_grade(in short secno; IN GradeValue grade)
                          raises(section_not_valid,grade_not_valid); };
```

그림 11.10 그림 11.8(b)의 대학교 데이터베이스에 대한 ODL 스키마의 한 예

```
class DEGREE
{     attribute      string           College;
      attribute      string           Degree;
      attribute      string           Year; };
class GRAD_STUDENT extends STUDENT
(     extent         GRAD_STUDENTS )
{     attribute      set<Degree>      Degrees;
      relationship   Faculty advisor inverse FACULTY::Advises;
      relationship   set<FACULTY>     Committee inverse FACULTY::On_committee_of;
      void           assign_advisor(in string Lname; in string Fname)
                          raises(faculty_not_valid);
      void           assign_committee_member(in string Lname; in string Fname)
                          raises(faculty_not_valid); };
class DEPARTMENT
(     extent         DEPARTMENTS
      key            Dname )
{     attribute      string           Dname;
      attribute      string           Dphone;
      attribute      string           Doffice;
      attribute      string           College;
      attribute      FACULTY          Chair;
      relationship   set<FACULTY> Has_faculty inverse FACULTY::Works_in;
      relationship   set<STUDENT> Has_majors inverse STUDENT::Majors_in;
      relationship   set<COURSE> Offers inverse COURSE::Offered_by; };
class COURSE
(     extent         COURSES
      key            Cno )
{     attribute      string           Cname;
      attribute      string           Cno;
      attribute      string           Description;
      relationship   set<SECTION> Has_sections inverse SECTION::Of_course;
      relationship   <DEPARTMENT> Offered_by inverse DEPARTMENT::Offers; };
class SECTION
(     extent         SECTIONS )
{     attribute      short            Sec_no;
      attribute      string           Year;
      attribute      enum Quarter{Fall, Winter, Spring, Summer}
                          Qtr;
      relationship   set<Grade> Students inverse Grade::Section;
      relationship   COURSE Of_course inverse COURSE::Has_sections; };
class CURR_SECTION extends SECTION
(     extent         CURRENT_SECTIONS )
{     relationship   set<STUDENT> Registered_students
                          inverse STUDENT::Registered_in
      void           register_student(in string Ssn)
                          raises(student_not_valid, section_full); };
```

그림 11.10(계속) 그림 11.8(b)의 대학교 데이터베이스에 대한 ODL 스키마의 한 예

앞의 예에서는 인터페이스 없이 클래스만 표시하였으므로 인터페이스와 인터페이스(행위) 상속을 보여주는 다른 예를 설명하겠다. 그림 11.11(a)는 기하 객체를 저장하기 위한 데이터베이스 스키마의 일부를 보여준다. 이 그림은 GeometryObject 객체의 인터페이스를 보여

주며, 그 인터페이스는 기하 객체의 perimeter와 area를 계산하는 연산자와 translate(move)와 rotate 연산자 등을 포함한다. 그리고 RECTANGLE, TRIANGLE, CIRCLE 등의 클래스가 GeometryObject의 인터페이스를 상속한다. GeometryObject는 클래스가 아닌 인터페이스이므로 인스턴스를 가질 수 없다. 그러나 RECTANGLE, TRIANGLE, CIRCLE 타입의 객체가 생성될 수 있으며, 이들은 모두 GeometryObject의 인터페이스를 상속한다. 인터페이스 상속에서는 성질(애트리뷰트와 관계)은 상속되지 않고 다만 연산자만 상속됨을 유의한다. 따라서 인터페이스를 상속하는 클래스에서 인터페이스에서 정의된 애트리뷰트와 동일한 애트리뷰트가 필요한 경우 이를 클래스 안에서 한 번 더 정의해야 한다. 예를 들어, 그림 11.11(b)에서 RECTANGLE 클래스 안의 애트리뷰트 Reference_point는 인터페이스에서도 정

(a)

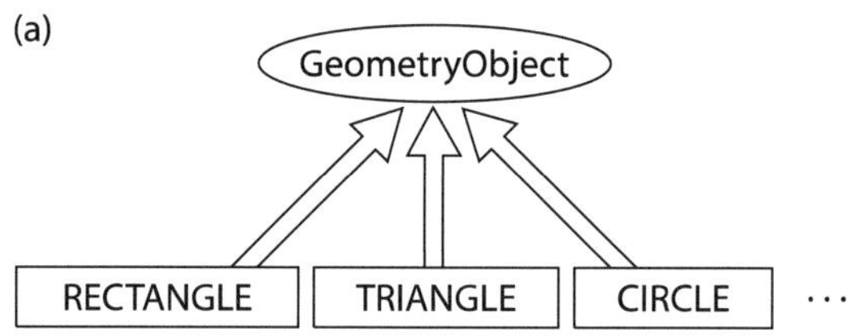


```
(b) interface GeometryObject
    {   attribute    enum         Shape{RECTANGLE, TRIANGLE, CIRCLE, ... }
                                      Shape;
        attribute    struct       Point {short x, short y} Reference_point;
        float        perimeter();
        float        area();
        void         translate(in short x_translation; in short y_translation);
        void         rotate(in float angle_of_rotation); };
    class RECTANGLE : GeometryObject
    (   extent       RECTANGLES )
    {   attribute    struct       Point {short x, short y} Reference_point;
        attribute    short        Length;
        attribute    short        Height;
        attribute    float        Orientation_angle; };
    class TRIANGLE : GeometryObject
    (   extent       TRIANGLES )
    {   attribute    struct       Point {short x, short y} Reference_point;
        attribute    short        Side_1;
        attribute    short        Side_2;
        attribute    float        Side1_side2_angle;
        attribute    float        Side1_orientation_angle; };
    class CIRCLE : GeometryObject
    (   extent       CIRCLES )
    {   attribute    struct       Point {short x, short y} Reference_point;
        attribute    short        Radius; };
    ...
```

그림 11.11 콜론 ":"을 사용한 인터페이스 상속의 예: (a) 그래프 형태의 스키마 표시, (b) ODL로 작성된 인터페이스와 클래스의 정의

의되었지만 한 번 더 정의한 경우이다. 또한 각 클래스에서는 상속된 연산자를 인터페이스와 다르게 구현할 수 있다. 예를 들어, 클래스 RECTANGLE, TRIANGLE, CIRCLE에서 연산자 perimeter와 area는 모두 다르게 구현되어야 그 의미가 있음을 알 수 있다.

인터페이스가 다른 인터페이스들을 **다중 상속**(multiple inheritance)하는 것과 마찬가지로 클래스도 두 개 이상의 인터페이스로부터 다중 상속할 수 있다. 그러나 키워드 EXTENDS를 사용한 상속에서는 다중 상속이 허용되지 않는다. 따라서 하나의 클래스는

정확히 하나의 클래스로부터 EXTENDS를 사용하여 상속하거나, 0개 이상의 인터페이스로부터 상속할 수 있다.

## 11.4 객체 데이터베이스의 개념적 설계

ODB와 RDB의 개념적 설계 상의 중요한 차이점은 관계를 다루는 방법에 있다. ODB에서 관계는 관계 성질(relationship property)이나 참조 애트리뷰트를 이용하여 모델링되며, 이들은 관련된 객체들의 OID를 값으로 가지게 된다. 즉 관련된 객체에 대한 *OID* 참조라고 볼 수 있다. 참조는 단일 참조와 컬렉션 참조가 모두 가능하다. 이진 관계에 대한 참조는 질의 패턴에 따라서 단방향 또는 양방향 중 어느 하나를 선택하여 선언할 수 있다. 양방향 관계로 선언되면 서로 역관계를 가지게 되며 관계 데이터베이스의 참조 무결성과 같은 제약 조건으로 활용될 수 있다.

RDB에서 투플 사이의 관계는 주로 기본키와 외래키 애트리뷰트 값의 일치에 의하여 표현된다. 이것은 **값의 참조**(value reference)라고 볼 수 있다. 특히 투플에서 애트리뷰트 값은 단일값을 가져야 하므로 M : N 관계를 직접 표현하지 못하고 8.1절에서 소개한 바와 같이 별도의 릴레이션(테이블)을 사용하여 간접적으로 표현해야 한다.

한편 ODB에서는 관계 애트리뷰트를 가지는 이진 관계를 표현하는 데 어려움이 있다. 관계 애트리뷰트가 양쪽 클래스 모두에서 표현된다면 중복으로 인한 메모리 낭비와 데이터 불일치 현상이 발생할 수 있다. 이 경우 ODB에서도 RDB에서와 마찬가지로 별도의 클래스를 생성하여 관계와 관계 애트리뷰트를 표현하기도 한다. $n$-ary ($n > 2$) 관계를 표현할 경우에도 이런 클래스의 사용이 필요하다.

또 다른 중요한 차이점은 상속과 관련된 문제이다. ODB에서는 데이터 모델에서 상속이 지원되며, extends나 *derived*(:) 키워드를 사용하여 다루어진다. 그러나 RDB는 상속을 지원하지 않으므로 몇 가지 방법을 사용하여 상속 문제를 다룰 수 있다. 8.2절에서 설명하였지만 객체-관계 또는 확장된 관계 DBMS에서도 상속이나 연산과 같은 객체모델의 주요 개념을 지원한다.

세 번째 중요한 차이점은 연산자와 관련된 문제이다. ODB에서는 데이터베이스 설계 초기부터 스키마의 일부인 연산자를 설계해야 한다. 연산자의 경우 모든 데이터베이스 설계에서 중요 한 요소이지만 RDB에서는 구현 단계로 연기될 수 있다.

행위에 대한 명세 측면에서 관계 모델과 객체 모델 사이에는 철학적인 차이가 있다. 관계 모델에서는 사용자가 행위를 모델링할 필요가 없지만 객체 모델에서는 행위를 모델링하는 것이 자연스럽다. 관계 모델에서 장점으로 간주되는 고급 질의어와 트랜잭션은 객체 데이터베이스의 인캡슐레이션 특성에 반하는 성질이기도 하다.

실제로 디자인 팀은 개념설계 초기에 데이터의 구조와 함께 연산(행위)을 모델링하는것이 보통이다. 그 이후 단계에서 개념단계의 모델링 결과는 관계 스키마, 제약 조건, 트리거, 저장 프로시주어 등으로 매핑된다(4.2절과 12.4절 참조).

## 11.5 객체 질의어(OQL)

객체 질의어는 ODMG 객체 모델에서 제안된 질의어이다. 이 질의어는 ODMG 언어 바인딩이 정의된 C++, Smalltalk, Java 등의 언어와 밀접하게 연결되어 동작하도록 설계되었다. 그 결과 이런 프로그래밍 언어에 포함된 OQL이 실행되면 그 프로그래밍 언어의 타입 시스템과 일치하는 객체를 반환하게 된다. 또한 ODMG 스키마에서 클래스 연산자를 구현하는 데 위의 프로그래밍 언어를 사용할 수도 있다. OQL은 기존의 SQL과 유사하지만 ODMG 개념을 지원하도록 객체 식별자, 복합객체, 연산자, 상속, 다형성, 관계 등의 개념을 포함하고 있다.

11.5.1절에서 간단한 OQL 질의들의 구문을 살펴보고, 데이터베이스 진입점(entry point)으로 사용되는 이름을 가진 객체 또는 익스텐트(extent)의 개념을 소개한다. 그러고 나서 11.5.2 절에서는 질의 결과의 구조를 설명한 후, 객체들 사이의 관계를 탐색하는 데 이용되는 경로식(path expression)의 사용을 설명한다. 11.5.3절에서는 객체 식별자, 상속, 다형성을 포함한 객체개념을 소개한다. OQL 질의들을 설명하는 데 사용되는 데이터베이스 스키마는 그림 11.10에서 소개한 대학교 데이터베이스 스키마이다.

### 11.5.1 간단한 OQL 질의, 데이터베이스 진입점, 반복 변수

OQL은 기본적으로 SQL의 select … from … where … 구조를 따른다. 예를 들어, Engineering 단과대학의 모든 department 이름을 반환하는 질의는 다음과 같다.

```
Q0: select   D.Dname
    from     D in DEPARTMENTS
    where    D.College = 'Engineering';
```

일반적으로 각 질의에 대하여 데이터베이스 진입점이 필요한데, **이름을 가진 지속 객체** (named persistent object)가 진입점 역할을 한다. 많은 경우에 클래스에 대한 익스텐트(extents)의 이름이 질의에 대한 진입점이 된다. 익스텐트 이름은 객체에 대한 컬렉션(대부분의 경우

set) 타입을 갖는 지속 객체의 이름으로 생각할 수 있다. 그림 11.10에서 DEPARTMENT는 이름을 가진 객체로서 set<DEPARTMENT> 타입이고, PERSONS과 FACULTY는 각각 set<PERSON>과 set<FACULRTY> 타입의 이름을 가진 객체이다.

진입점으로 익스텐트 이름을 사용하면(질의 Q0의 경우 DEPARTMENT를 사용함) 객체의 지속 컬렉션을 참조한다. OQL 질의에서 컬렉션이 참조될 때마다 반복 변수(iterative variable)[34]를 정의하여 컬렉션 내의 각 객체를 바인딩할 수 있도록 해야 한다. 질의 Q0에서 *D*가 반복 변수이다. 많은 경우에 질의는 컬렉션 내의 객체들 중에서 WHERE 절의 질의 조건을 만족하는 객체들을 선정한다. 질의 Q0에서는 DEPARTMENT 컬렉션에 포함된 객체 *D*가 *D*.College = 'Engineering'을 만족하면 질의 결과에 포함된다. 선택된 객체에서 *D*.Dname이 실제로 질의의 답이 된다. 따라서 질의 Q0의 결과의 타입은 *D*.Dname이 string 이므로 bag<string>이 된다 (실제로는 Dname 애트리뷰트가 기본키이므로 bag 대신에 set이 됨). 일반적으로 select … from … 형태의 질의 결과는 bag이며, select distinct … from … 형태의 질의 결과는 set이 된다.

질의 Q0에서 반복 변수는 아래의 세 가지 형태로 명시될 수 있다.

> *D* in DEPARTMENTS
> D EPARTMENTS *D*
> DEPARTMENTS AS *D*

이 장에서는 첫 번째 형태를 사용하여 질의 예들을 작성한다.[35]

OQL 질의에서 익스텐트의 이름 외에도 데이터베이스 진입점으로 사용되는 이름을 가진 객체가 있다. 이름을 가진 지속 객체라면 원자 객체 또는 컬렉션 객체를 불문하고 데이터베이스 진입점으로 사용될 수 있다.

### 11.5.2 질의 결과와 경로식

OQL 질의의 결과는 ODMG 객체 모델에서 정의된 어떠한 타입으로도 지정될 수 있다. 질의는 반드시 select … from … where … 구조를 가지지 않아도 된다. 가장 간단한 형태로는 지속 이름 자체가 질의가 될 수 있으며, 그 결과는 지속 객체의 참조가 된다.

예를 들어, 다음 질의

```
Q1:      DEPARTMENTS;
```

는 DEPARTMENT 지속 객체들의 컬렉션에 대한 참조들을 반환하며, set<DEPARTMENT> 타입을 가진다. 이와 유사하게 Computer Science 학과에 대하여 지속 이름 CS_DEPARTMENT를 지정하였다고 하자(그림 11.8에서와 같이 database bind 연산자를 사용하여 지정함). 이 경우 다음 질의는 DEPARTMENT 타입의 단일 객체에 대한 참조를 반환하게 된다.

---

34) 이것은 SQL 질의에서 투플 변수와 유사한 것이다.
35) 두 번째와 세 번째 형태는 SQL 질의에서 투플 변수와 유사하다.

```
Q1A:    CS_DEPARTMENT;
```

진입점이 명시된 후에는 경로식(path expression)을 사용하여 연관된 객체나 애트리뷰트를 지칭할 수 있다. 경로식은 대개 지속 객체 이름이나 컬렉션의 각 객체와 바인딩되는 반복 변수 이름부터 시작한다. 이 이름 다음에는 **점**(dot) 표현을 사용하여 연결되는 하나 이상의 관계 이름이나 애트리뷰트의 이름이 나타난다. 예를 들어 다음 예제는 그림 11.10의 UNIVERSITY 데이터베이스에 대한 경로식이며, 그 자체가 유효한 질의이기도 하다.

```
Q2:     CS_DEPARTMENT.Chair;
Q2A:    CS_DEPARTMENT.Chair.Rank;
Q2B:    CS_DEPARTMENT.Has_faculty;
```

첫 번째 경로식 Q2는 애트리뷰트 Chair의 타입인 FACULTY 타입의 객체를 반환한다.

이 경우 질의 결과는 CS_DEPARTMENT와 Chair 관계를 가진 FACULTY 객체의 참조가 될 것이다. 두 번째 질의 Q2A도 유사하게 해석하여 CS_DEPARTMENT의 Chair의 Rank를 반환한다. 따라서 이 경우의 반환타입은 Rank 애트리뷰트의 타입인 스트링이다.

경로식 Q2와 Q2A는 모두 단일 객체에 대하여 단일값 애트리뷰트가 적용되었으므로 단일값을 반환한다. 하지만 세 번째 경로식인 Q2B는 다르다. 이 경로식은 단일 객체에 대하여 작성되었지만 집합값을 가지는 애트리뷰트 Has_faculty가 나타나므로 set<FACULTY>

타입의 객체를 반환한다. 반환되는 컬렉션은 CS_DEPARTMENT에 소속된(Has_faculty) FACULTY 객체에 대한 참조들로 구성된다. CS_DEPARTMENT의 FACULTY 객체들에 대한 rank들을 반환하기 위해서 다음과 같은 경로식을 작성하면 틀리게 된다.

```
Q3′:    CS_DEPARTMENT.Has_faculty.Rank;
```

그 이유는 반환될 객체가 set<string>인지 bag<string>인지 알 수 없기 때문이다(이 경우 다수의 faculty가 동일한 rank를 가지므로 후자일 가능성이 높다). 이런 모호함 때문에 OQL에서는 Q3_와 같은 경로식을 허용하지 않으며, 그 대신 다음 Q3A와 Q3B처럼 컬렉션에 대한 반복 변수를 사용하도록 하고 있다.

```
Q3A:    select    F.Rank
        from      F in CS_DEPARTMENT.Has_faculty;

Q3B:    select    distinct F.Rank
        from      F in CS_DEPARTMENT.Has_faculty;
```

질의 Q3A는 질의 결과에 중복을 허용하는 bag<string>을, Q3B는 중복을 허용하지 않는 set<string>을 반환한다. Q3A와 Q3B에서 변수 *F*는 set<FACULTY> 타입인 컬렉션 CS_DEPARTMENT.Has_faculty의 원소와 바인딩된다(즉, 전산학과 교수들과 바인딩 된다).

일반적으로 OQL 질의의 결과는 struct 키워드를 사용하여 복합 구조 형태로 생성될 수 있다. 다음 예는 이 경우를 보여준다.

```
Q4:     CS_DEPARTMENT.Chair.Advises;

Q4A:    select struct ( name: struct (last_name: S.name.Lname, first_name:
                                      S.name.Fname),
                        degrees:( select struct (deg: D.Degree,
                                                 yr: D.Year,
                                                 college: D.College)
                                  from D in S.Degrees ))
        from S in CS_DEPARTMENT.Chair.Advises;
```

여기서 Q4는 set<GRAD_STUDENT> 타입의 객체를 반환하므로 간단하다. Q4의 결과는 CS_DEPARTMENT의 chair가 지도하는 학생들의 컬렉션이다. 이제 대학원 학생의 last name과 first name 및 각 학생이 취득한 학위 리스트를 반환하는 질의를 생각해 보자. 질의 Q4A가 이런 질의이다. 질의 Q4A에서 변수 *S*는 CS_DEPARTMENT의 chair가 advise하는 대학원생들과 바인딩되고, 변수 *D*는 각 대학원생이 취득한 학위와 바인딩된다. Q4A의 질의 결과의 타입은 struct 형태의 컬렉션으로 각 struct는 name과 degree의 두 필드를 가진다.[36)]

name 컴포넌트는 그 자체가 다시 string 타입의 last_name과 first_name으로 구성되는 struct이다. degree 필드는 내장된 질의로 정의되었으며, 그 질의 자체도 deg, yr, college

필드로 구성되는 struct의 컬렉션이다.

경로식의 표현에 대하여 OQL은 직교적(*orthogonal*)임을 유의한다. 즉 OQL의 타입시스템이 영향을 받지 않는 한 애트리뷰트, 관계, 연산이 경로식 내에서 자유롭게 나타날 수 있다. 예를 들어, 다음 질의는 전산학을 전공하는 senior 학생들의 평점(GPA: grade point average)을 반환하되, 결과를 GPA 순서로, 동일한 GPA의 경우 last, first name 순서로 반환한다.

```
Q5A:    select struct  ( last_name: S.name.Lname, first_name: S.name.Fname,
                           gpa: S.gpa )
        from           S in CS_DEPARTMENT.Has_majors
        where          S.Class = 'senior'
        order by       gpa desc, last_name asc, first_name asc;

Q5B:    select struct  ( last_name: S.name.Lname, first_name: S.name.Fname,
                           gpa: S.gpa )
        from           S in STUDENTS
        where          S.Majors_in.Dname = 'Computer Science' and
                       S.Class = 'senior'
        order by       gpa desc, last_name asc, first_name asc;
```

36) 전술한 바와 같이 struct는 11.1.3절에서 소개한 투플 생성자에 해당한다.

Q5A에서는 전산학과를 바로 참조하기 위하여, 알려진 진입점 CS_DEPARTMENT가 사용되었으며, 관계 Has_majors를 이용하여 학생들을 참조하였다. 반면 Q5B는 STUDENTS 익스텐트를 탐색하여 전산학과 학생들을 참조한다. 경로식에서 애트리뷰트와 관계 및 연산이 자유롭게 사용된다는 것(즉, 직교적이라는 것)은 위의 질의에서 연산자(gpa), 관계(Majors_in, Has_majors), 애트리뷰트(Class, Name, Dname, Lname, Fname)가 경로식에서 혼용되고 있다는 점에서 확인할 수 있다. 연산 gpa의 구현에서는 각 학생에 대하여 평점을 실수 타입으로 계산한다.

질의에서 order BY 절은 SQL에서와 동일한 의미로, 질의 결과를 어떠한 순서로 반환하는가를 명시한다. 따라서 order BY 절을 가진 질의의 결과 컬렉션은 리스트 타입이다.

## 11.5.3 OQL의 다른 특징

**이름을 가진 질의로서의 뷰 명시**. OQL에서 뷰는 이름을 가진 질의 형태로 제공된다. 키워드 define을 사용하여 이름을 가진 질의의 식별자(즉, 뷰 이름)를 명시하며, 이때 식별자는 이름을 가진 객체, 클래스 이름, 메소드 이름, 함수 이름 등과 다르게 지정되어야 한다. 식별자가 이미 존재하는 질의의 이름과 동일하다면 이전의 질의를 새로운 질의로 대치하라는 의미가 된다. 뷰는 정의할 때 매개 변수(인수)들을 가질 수도 있다.

예를 들어, 다음의 뷰 V1은 뷰 이름이 Has_minors이며, 인수로 주어진 학과를 부전공하는 모든 학생의 집합을 의미한다.

```
V1:  define  Has_minors(Dept_name) as
     select  S
     from    S in STUDENTS
     where   S.Minors_in.Dname = Dept_name;
```

그림 11.10의 스키마에서는 STUDENTS 클래스에 대하여 Minors_in 애트리뷰트만 정의하였으므로(DEPARTMENT 클래스에서는 Minors_in에 대응하는 관계를 정의하지 않았음) 단방향 관계만을 모델링하고 있다. 뷰 V1은 이런 단방향 관계를 양방향 관계로 확장시켜주는 역할을 한다. 즉 주어진 학과에 대하여 그 학과를 Minors_in하는 학생들을 찾아주기 때문이다. 이와 같이 뷰는 스키마 상에서 단방향 관계만 정의된 경우에 이를 보완하는 용도로 정의되는 경우가 많다. 사용자는 V1에서 정의된 뷰를 사용하여 다음과 같은 질의를 수행할 수 있다.

```
Has_minors ('Computer Science');
```

이 질의는 Computer Science를 부전공으로 하고 있는 학생들을 반환한다. 그림 11.10에서는 Has_majors를 명시적인 관계로 정의하였으며, 이는 부전공 관계보다 더 자주 사용될 것이라는 판단에서 이것만 정의하였다.

**단일 컬렉션에서 단일 원소 추출**. OQL 질의는 그 결과로 컬렉션을 반환할 수 있으며, 이는 bag, set(distinct가 명시된 경우), list(order BY 절이 명시된 경우)로 세분된다. 만일 사용자가 하나의 원소를 가지는 컬렉션으로부터 하나의 원소만을 반환하는 질의를 작성하려면 OQL에서 제공하는 element 연산을 사용하면 된다. 이 경우, 만일 질의 결과 컬렉션에서 두 개 이상의 원소를 가지거나 공집합이면 예외가 발생한다. 예를 들어, 다음 질의 Q6는 전산학과에 해당하는 하나의 객체 참조를 반환한다.

```
Q6:   element ( select   D
                from     D in DEPARTMENTS
                where    D.Dname = 'Computer Science' );
```

학과 이름은 유일하므로 위의 질의는 하나의 학과를 반환한다. 또한 결과의 타입은 *D*:DEPARTMENTS이다.

**컬렉션 연산(집단 함수 또는 정량자).** 컬렉션을 결과로 반환하는 질의가 많으므로 컬렉션에 대한 연산자도 풍부하게 정의되어 있다. 컬렉션에 대한 집계 함수(aggregate function)와 멤버십 검사 및 정량자가 그 예이다.

집계 함수(min, max, count, sum, average)는 컬렉션에 대하여 정의되며,[37] 이들 중에서 count는 정수를 반환하고 나머지는 피연산자와 동일한 타입을 반환한다. 질의 Q7과 Q8은 집계 함수 사용의 예를 보여준다. Q7은 Computer Science를 부전공으로 하는 학생 수를 반환하고, Q8은 Computer Science를 전공으로 하는 seniors 학생들의 평균 평점을 반환한다.

```
Q7:  count ( S in Has_minors('Computer Science'));

Q8:  avg ( select   S.Gpa
           from     S in STUDENTS
           where    S.Majors_in.Dname = 'Computer Science' and
                    S.Class = 'Senior');
```

집계 함수는 적합한 타입을 가지는 어떠한 컬렉션에 대해서도 적용될 수 있으며, 질의의 어떠한 부분에서도 나타날 수 있다. 예를 들어, 100명 이상의 학생을 가지는 학과 이름을 반환하는 질의는 다음과 같이 작성된다.

```
Q9:  select   D.Dname
     from     D in DEPARTMENTS
     where    count (D.Has_majors) > 100;
```

**멤버쉽과 정량자**(quantification) 수식은 불리언 타입의 결과를 반환한다. 예를 들어, *V*를 변수, *C*를 컬렉션, *B*를 불리언 조건, *E*를 컬렉션 *C*의 한 원소라고 하자. 그러면 다음과 같이 해석한다.

37) 이 연산자들은 SQL의 집단 함수에 해당한다.

(*E* in *C*)는 *E*가 컬렉션 *C*의 원소이면 참이다.
(for all *V* in *C* : *B*)는 *C*의 모든 원소가 *B*를 만족하면 참이다.
(exists *V* in *C* : *B*)는 *C*의 원소 중 하나라도 *B*를 만족하면 참이다.

멤버십 조건에 대한 예를 보이기 위하여 'Database Systems I'이라는 과목을 수강한 학생들의 이름을 반환하는 예를 살펴보자. 이 질의는 Q10과 같이 작성될 수 있다. Q10에서 내부 질의는 각 학생이 수강한 과목 이름의 컬렉션을 생성하고, 외부 질의에서 멤버십 조건은 'Database Systems I'이라는 원소가 내부질의 결과 컬렉션에 포함되는지를 검사한다.

```
Q10:  select   S.name.Lname, S.name.Fname
      from     S in STUDENTS
      where    'Database Systems I' in
               ( select   C.Section.Of_course.Cname
                 from     C in S.Completed_sections);
```

또한 Q10은 struct의 컬렉션을 반환하는 간단한 방법을 보여준다. 여기서 반환되는 결과의 타입은 bag<struct(string, string)>이다.

사용자는 참이나 거짓을 반환하는 질의도 작성할 수 있다. 예를 들어, STUDENT 타입의 이름을 가진 객체 JEREMY를 가정하자. 질의 Q11은 다음의 의미를 가지는 질의이다. "*Jeremy*는 *Computer Science*를 부전공으로 하는 학생인가?" 이와 유사하게 Q12에서는 "*Computer Science*에 소속된 모든 학생은 그 학과의 교수들로부터 지도를 받고 있는가?"이와 같은 의미를 가지는 질의 Q11과 Q12는 참 또는 거짓을 반환하는 질의이다.

```
Q11:  JEREMY in Has_minors('Computer Science');

Q12:  for all G in
          ( select  S
            from    S in GRAD_STUDENTS
            where   S.Majors_in.Dname = 'Computer Science' )
          : G.Advisor in CS_DEPARTMENT.Has_faculty;
```

질의 Q12는 애트리뷰트, 관계, 연산자의 상속이 어떻게 질의에서 적용되는지 보여준다. 비록 반복 변수 *S*가 익스텐트 GRAD_STUDENTS의 원소와 바인딩되지만 Majors_in애트리뷰트가 STUDENT에서 GRAD_STUDENTS로 상속되었으므로 *S*.Majors_in이라는 표현은 옳다(그림 11.10 참조). 마지막으로 Q13에서는 exists 정량자의 사용을 보여주는 질의로서 "*Computer Science*를 전공하는 학생들 중에서 한 명이라도 평점이 *4.0*을 가지는가?"라는 의미이다. 여기서도 gpa 애트리뷰트는 STUDENT에서 GRAD_STUDENT로 상속된 것이다.

```
Q13:  exists    G in
      ( select  S
        from    S in GRAD_STUDENTS
        where   S.Majors_in.Dname = 'Computer Science' )
      : G.Gpa = 4;
```

**순서화된(인덱스된) 컬렉션 식.** 11.3.3절에서 논의한 바와 같이 리스트 또는 배열 형태의 컬렉션은 *i*번째 원소, 첫 번째 원소, 또는 마지막 원소를 검색하는 연산자를 가진다. 또한 컬렉션의 일부를 추출하거나 두 리스트를 결합하는 연산자도 가진다. 그래서 리스트나 배열을 포함하는 질의에서는 이런 연산자를 포함할 수 있다. 다음에서 이런 연산자의 사용 예를 질의를 통하여 살펴본다. Q14는 급여를 가장 많이 받는 교수의 성(last name)을 반환하는 질의이다.

```
Q14:  first ( select    struct(facname: F.name.Lname, salary: F.Salary)
              from      F in FACULTY
              order by  salary desc );
```

Q14는 first 연산자를 사용하여 급여에 대한 내림차순으로 정렬된 리스트 컬렉션(각 원소는 교수의 성과 급여로 구성됨)에서 첫 번째 원소(급여가 가장 많은 교수)를 반환한다. 이 질의에서는 급여를 가장 많이 받는 교수는 한 사람이라고 가정하였다. 다음 질의 Q15는 평점을 기준으로 상위 세 학생을 반환하는 질의이다.

```
Q15:  ( select    struct( last_name: S.name.Lname, first_name: S.name.Fname,
                          gpa: S.Gpa )
        from      S in CS_DEPARTMENT.Has_majors
        order by  gpa desc ) [0:2];
```

select-from-order by로 구성된 질의는 먼저 평점에 대하여 내림차순으로 정렬된 전산학과 학생들의 리스트를 생성하고, 이 리스트에서 인덱스가 0인 학생이 최대 평점을 가진 학생이므로 상위 세 명은 [0:2]로 명시한다.

**그룹화 연산자.** OQL에서의 group BY 절은 SQL에서와 유사하지만 각 그룹(또는 파티션)에 속하는 객체들의 컬렉션에 대하여 명시적인 참조를 부여할 수 있다. 먼저 예를 살펴본 후 일반적인 group by 형태를 설명한다.

질의 Q16은 각 학과에 대하여 주전공으로 등록한 학생 수를 반환한다. 이 질의에서는 동일한 주전공을 하는 학생들을 모아서 하나의 그룹(또는 파티션이라고 함)으로 만든다. 즉 *S*.Majors_in.Dname에 동일한 값을 갖는 학생들은 동일 그룹에 속하게 된다.

```
Q16: ( select      struct( dept_name, number_of_majors: count (partition) )
       from        S in STUDENTS
       group by    dept_name: S.Majors_in.Dname;
```

그룹화 결과의 타입은 set<struct(dept_name: string, partition: bag<struct(*S*:STUDENT)>)>이다. 그룹화의 결과로 각 그룹에 대하여 하나의 struct가 생성되며, 이 struct는 두 가지 항목을 가지는데 하나는 그룹화 애트리뷰트(dept_name)의 값이고, 다른 하나는 그룹 내의 학생들로 구성되는 bag이다. SELECT 절은 그룹화 애트리뷰트와 각 그룹의 원소 수를 반환한다. 질의에서 사용된 키워드 partition은 각 그룹을 나타내고 있으며, count는 그룹의 원소 수를 의미한다. SELECT 절에서 생성되는 결과의 타입은 set<struct(dept_name: string, number_of_majors: integer)>이다. 일반적으로 group BY 절의 구문은 다음과 같다.

group by $F_1{:}E_1,\ F_2{:}E_2,\ \cdots,\ F_k{:}E_k$

여기서 $F_1{:}E_1,\ F_2{:}E_2,\ \cdots,\ F_k{:}E_k$는 그룹화의 기준이 되는 그룹화 애트리뷰트(또는 파티션 애트리뷰트)들의 리스트이며, 각 그룹화 애트리뷰트의 명세 $F_i{:}E_i$에서 $F_i$는 애트리뷰트 이름이고, $E_i$는 식이다. 그룹화 연산을 실행한 결과는 다음과 같은 구조체의 집합이다.

set<struct($F_1{:}T_1, F_2{:}T_2, \cdots, F_k{:}T_k$, partition: bag)>

여기서 $T_i$는 식 $E_i$의 타입이며, partition은 키워드이고, $B$는 FROM 절에 나타난 반복 변수(Q16에서 $S$)들을 필드로 가지는 구조체이다.

SQL에서와 마찬가지로 HAVING 절을 사용하여 그룹화 결과에서 일부 그룹들만 선택하도록 그룹에 대한 조건을 명시할 수 있다. Q17은 HAVING 절을 포함하도록 Q16을 수정하였다. Q17은 100명이 넘는 주전공 학생을 보유한 학과에 대하여(having절에서 이 조건을 명시하였음) 학생들의 평균 평점을 구하는 질의이다.

```
Q17: select      dept_name, avg_gpa: avg ( select P.gpa from P in partition)
     from        S in STUDENTS
     group by    dept_name: S.Majors_in.Dname
     having      count (partition) > 100;
```

Q17의 SELECT 절은 그룹에 속하는 학생들의 평균 평점을 반환한다. SELECT 절에 나타난 다음의 식은 그룹에 대하여 학생 평점들의 bag을 반환한다.

select *P*.Gpa from *P* in partition

FROM 절에서 반복 변수 *P*는 그룹 내의 객체들과 바인딩되며, 각 그룹은 bag<struct(*S*:STUDENT)> 타입이다. 그리고 경로식 *P*.gpa는 *P*가 가리키는 객체(student)의 평점에 접근한다.

## 11.6 ODMG 표준에서 C++ 언어 바인딩의 개요

C++ 바인딩에서는 ODL 문장이 어떻게 C++ 문장으로 사상되는지를 다룬다. 이 사상은 C++ 언어의 클래스 라이브러리를 이용하여 이루어지며, 클래스 라이브러리는 ODL 문장을 구현한 클래스와 연산자를 포함한다. C++ 프로그램 안에서 데이터베이스 객체를 어떻게 검색하고 다루는지에 대한 방법을 명시하기 위하여 OML(object manipulation language)이 필요하며, OML도 C++의 구문과 의미를 참고하여 유사하게 만들어졌다. ODL/OML 바인딩뿐만 아니라 프로그래머 입장에서 필요한 물리적 저장 장치 관리 기법인 객체의 클러스터링, 인덱스의 사용, 메모리 관리 등의 기능을 수행할 수 있도록 지원한다.

ODMG 표준을 지원하기 위하여 C++에 추가되는 클래스 라이브러리에서 데이터베이스 클래스의 선언은 d_로 시작한다.[38] 이는 프로그래머가 두 개의 언어로 인식하기보다는 하나의 언어처럼 인식하도록 하기 위해서이다. 프로그램 안에서 데이터베이스 객체를 참조하려면 스키마에 있는 클래스 *T*에 대응하는 D_Ref<*T*> 타입의 클래스를 정의한다. 그리면 D_Ref<*T*> 타입의 변수는 클래스 *T*의 지속 객체와 임시 객체 모두를 참조할 수 있게 된다.

컬렉션 타입과 같은 미리 정의된 다양한 타입을 사용하기 위하여 라이브러리에는 다양한 템플리트 클래스가 포함되어 있다. 예를 들어, 추상 클래스 D_Object<*T*>는 모든 객체에 상속될 연산들을 포함한다. 유사하게 D_Collection<*T*>는 컬렉션에 대한 연산들을 포함한다. 이런 클래스는 그 자체가 인스턴스(객체)를 생성할 수는 없지만 모든 객체 또는 컬렉션 객체에서 필요로 하는 연산자를 정의하고 있으며, 언제든지 다른 클래스로 상속될 수 있다. 컬렉션의 경우에는 유형에 따라서 다양한 템플리트 클래스가 미리 준비되어 있다. D_Set<*T*>, D_List<*T*>, D_Bag<*T*>, D_Varray<*T*>, D_Dictionary<*T*> 등이 그 예이다. 이들은 11.3.1절에서 소개한 바와 같이 객체 모델의 컬렉션 타입에 대응된다. 이를 바탕으로 프로그래머는 D_Set<D_Ref<STUDENT>>와 같은 클래스를 정의하여 STUDENT 객체에 대한 참조들의 집합을 인스턴스로 가지도록 할 수 있으며, D_Set<string>이라는 클래스를 정의하여 객체가 String들의 집합을 값으로 가지도록 할 수도 있다. 마지막으로 d_Iterator 클래스는 객체 모델에서 설명한 Iterator 클래스를 구현한 것이다.

C++ ODL 사용자는 데이터베이스 스키마에 포함되는 클래스를 정의할 때 객체 데이터베이스 라이브러리에서 제공하는 구문과 C++ 구문 모두를 사용할 수 있다. 애트리뷰트의 데이터 타입[39]으로는 기본 타입인 d_Short, d_Ushort, d_Long, d_Float가 제공된다. 이와 더불어 ODMG 객체 모델의 구조화된 리터럴 타입에 해당하는 것도 제공되며, d_String, d_Interval, d_Date, d_Time, d_Timestemp 등이 그 예이다(그림 11.5(b) 참조).

관계를 표현하기 위하여 타입 이름 앞에 키워드 rel_을 붙여서 사용한다. 다음은 관계표현의 예를 보여준다.

STUDENT 클래스에

---

38) d_stands는 database classes를 의미한다.
39) 객체지향 프로그래밍 언어의 용어에서는 멤버 변수(member variable)를 의미한다.

```
d _Rel_Ref<DEPARTMENT, H as_majors> Majors_in;
```

을 지정하고, DEPARTMENT 클래스에

```
d_Rel_Set<STUDENT, Majors_in> Has_majors;
```

를 지정하면 Majors_in과 Has_majors는 DEPARTMENT와 STUDENT 사이의 1:N 관계를 나타낸다.

OML 바인딩에서는 연산자 *new*를 중첩하여 임시 객체와 지속 객체를 생성하는 데 사용한다. 지속 객체를 생성하기 위해서는 데이터베이스 이름과 객체의 지속 이름을 명시해야 한다. 예를 들어,

```
D_Ref<STUDENT> S = new (DB1, 'John_Smith') STUDENT;
```

는 데이터베이스 DB1에 STUDENT 타입의 이름으로 John_Smith를 가지는 지속 객체를 생성한다. 연산자 delete_object()는 객체를 삭제하는 데 사용된다. 객체 변경은 프로그래머가 정의한 연산(메소드)을 사용하여 이루어진다.

C++ 바인딩에서는 라이브러리 클래스 d_Extent를 사용하여 익스텐트를 생성할 수 있다. 예를 들어,

```
D_Extent<PERSON> ALL_PERSONS(DB1);
```

은 DB1에 PERSON 타입의 객체를 수용하는 이름을 가지는 컬렉션 객체 ALL_PERSONS를 생성한다. 이 경우 타입은 D_Set<PERSON>이 될 것이다. 그러나 키 제약 조건은 C++바인딩에서 제공하지 않으므로 클래스 메소드에서 키 검사 기능을 구현해야 한다.[40] 또한 C++ 바인딩에서는 도달 가능성에 의한 지속성은 제공하지 않으며, 객체가 생성될 때 정적으로 지속 객체라고 선언되어야 한다.

## 11.7 요약

이 장에서는 먼저 11.1절에서 객체 데이터베이스의 주요 개념을 설명하였으며, 이런 개념이 일반 객체지향 개념으로부터 어떻게 도출되었는가를 살펴보았다. 논의한 주요 개념으로는 object identifier, 연산자 캡슐화, 상속, 타입 생성자의 중첩으로 생성되는 복합 구조, 객체 지속성 등이 다루어졌다. 다음으로 11.2절에서는 이러한 개념들이 관계형 데이터베이스와 SQL에 어떻게 통합되어 확장형 관계 데이터베이스(객체-관계 데이터베이스)로 발전하고 있는지를 살펴보았다.

다음으로, 객체 데이터베이스에 대한 ODMG 3.0 표준을 소개하였다. 먼저 11.3절에서 객체 모델의 다양한 요소들을 살펴보았다. 다양한 내장형 타입으로 Object, Collection, Iterator, set, list 등이 각각의 내장형 연산과 함께 소개되었다. 이러한 내장형 타입들은 ODL과 OQL

40) 여기서는 C++ 바인딩에 관해 간단히 살펴보았다. 자세한 내용은 제4장과 Cattel & Barry(2000)를 참조하기 바란다.

의 기반이 된다. 또한 식별자를 가지는 객체와 식별자를 가지지 않는 리터럴을 구분하여 설명하였다. 사용자는 미리 정의된 인터페이스로부터 연산을 상속하여 그들 자신의 응용을 위한 클래스를 생성할 수 있다. 사용자가 정의한 클래스에는 연산과 함께 애트리뷰트와 관계라는 두 가지 유형의 성질을 명시할 수 있다. ODL은 사용자가 인터페이스와 클래스를 명시할 수 있도록 하며, 두 가지 타입의 상속(콜론 " : "을 이용한 인터페이스 상속과 extends를 이용한 클래스 상속)을 허용한다. 클래스는 익스텐트와 키들을 가질 수 있다. 다음에는 ODL을 사용한 대학교 데이터베이스의 정의를 예로 보였다.

ODMG 객체 모델의 설명에 이어서 11.4절에서 객체 데이터베이스 디자인 문제를 다루었다. 객체 데이터베이스가 관계 데이터베이스와 어떤 면에서 다른지를 3가지로 요약하여 설명했다. 참조를 사용한 관계의 표현, 연산의 포함, 상속이 그 차이점이다.

11.5절에서는 객체 질의어(OQL)에 관하여 설명하였다. OQL은 질의를 작성할 때 직교성의 성질을 따른다. 즉 질의 결과의 타입과 질의의 입력 데이터의 타입이 동일하기만하면 질의의 결과에 대해서도 질의 입력 데이터에 관한 연산이 그대로 적용될 수 있다.

OQL은 기본적으로 SQL의 구문을 따르지만 경로식, 상속, 메소드, 관계, 컬렉션 등의 새로운 개념을 지원한다는 측면에서 확장되었다. 본문에서는 대학교 데이터베이스에 대하여 OQL을 적용한 예를 살펴보았다.

그 다음으로, 11.6절에서 C++ 언어 바인딩에 관해서도 간단히 살펴보았다. 여기서는 ODL 타입 생성자를 이용하여 C++ 클래스 선언을 확장하고 있으며, C++와 ODBMS의 매끄러운(seamless) 통합에 관하여 논의하였다.

1997년에 Sun에서 ODMG 3.0 API를 채택하였다. O2 technologies는 ODMG-준수 DBMS를 공급하는 첫 회사가 되었다. 수많은 ODBMS 제조사들이 ODMG를 따르기로 선언하였으며, 그 중에서 Object Design(현재 eXcelon), Gemstone Systems, POET Software, Versant Object Technology[41] 등이 있다.

41) Versant Object Technology 제품은 이제 Actian Corporation에 속한다.

## 복습문제

11.1 객체지향 방식의 기원은 무엇인가?

11.2 OID가 가져야 하는 주요한 특성들은 무엇인가?

11.3 다양한 타입 생성자들에 관하여 논하라. 복합 객체 구조를 생성하기 위해서 어떻게 사용되는가?

11.4 캡슐화의 개념에 관해서 논하고 캡슐화가 추상 데이터 타입을 생성하기 위해서 어떻게 사용되는가를 설명하라.

11.5 객체지향 데이터베이스 개념에서 다음의 용어들이 무엇을 의미하는지 설명하라: 메소드, 요약, 메시지, 컬렉션, 익스텐트(*extent*)

11.6 타입 계층 구조에서 타입과 서브타입 간의 관계는 무엇인가? 타입 계층 구조 내의 타입들에 대한 익스텐트들에게 부과되는 제약 조건은 무엇인가?

11.7 지속적 객체와 임시 객체의 다른 점은 무엇인가? 일반적인 객체지향 데이터베이스 시스템에서 지속성을 어떻게 다루는가?

11.8 일반 상속, 다중 상속, 선택적 상속이 어떻게 다른가?

11.9 다형성/연산자 중첩의 개념에 관해 논하라.

11.10 SQL 2008에서 다음의 개념들이 어떻게 실현되는가? 객체 식별자, 타입 상속, 연산자 인캡슐레이션, 복합객체구조.

11.11 기존의 관계형 모델에서 테이블의 생성은 테이블 타입(스키마와 속성들)뿐 아니라 테이블 그 자체(익스텐트 혹은 현재 투플들)를 정의한다. SQL 2008에서 이 두 개념이 어떻게 분리되는가?

11.12 SQL 2008에서 상속의 룰을 설명하라.

11.13 ODMG 객체 모델에서 객체와 리터럴의 차이점과 유사점은 무엇인가?

11.14 다음 ODMG 객체 모델의 내장형 인터페이스들에서 기본 연산자들을 나열하라: Object, Collection, Iterator, Set, List, Bag, Array, Dictionary

11.15 ODMG 객체 모델의 내장형 구조 리터럴과 그 연산자를 기술하라.

11.16 사용자 정의 (atomic) 클래스의 속성 및 관계 특성의 차이점과 유사점을 설명하라.

11.17 ODMG 객체 모델에서 extends와 콜론(:) 상속의 차이점과 유사점을 설명하라.

11.18 ODMG 객체 모델 C++ 바인딩에서 지속성(persistence)이 어떻게 명시되는가?

11.19 데이터베이스 응용에서 익스텐트와 키의 개념이 왜 중요한가?

**11.20** 다음 OQL 개념을 설명하라: 데이터베이스 진입점, 경로식, 반복 변수, 이름을갖는 질의(뷰), 집계 함수, 그루핑, 한정자(quantifiers)

**11.21** OQL에서 타입 직교성의 의미를 설명하라.

**11.22** ODMG 표준의 C++ 바인딩의 원리를 설명하라.

**11.23** 관계 데이터베이스와 객체 데이터베이스의 설계상의 주요 차이점은 무엇인가?

## 연습문제

**11.24** 11.1.5절의 GEOMETRY_OBJECTs 예를 함수적인 표기법에서 애트리뷰트와 연산을 구분하는 그림 11.2의 표기법으로 변환하라. 한 클래스가 다른 클래스로부터 상속받을 때는 키워드 INHERIT을 사용하라.

**11.25** 그림 3.2의 COMPANY ER 스키마에서 엔티티 타입/클래스를 위해 어떤 연산들이 필요한가? 생성자와 제거자 연산은 고려하지 않는다.

**11.26** 그림 3.2의 COMPANY ER 스키마를 ODL 스키마로 매핑하고, 적절한 연산을 각 클래스에 포함시켜라.

**11.27** COMPANY 데이터베이스에 대한 5장과 6장의 연습 문제들을 OQL 질의로 재작성하라.

## 주요 참고문헌

객체지향 데이터베이스 개념은 객체지향 프로그래밍 언어, 데이터베이스 시스템, 개념적 데이터 모델 개념을 종합하여 발전된 것이다. 여러 책에서 객체지향 프로그래밍 언어를 다루었다. Stroustrup(1997)은 C++에 대한 책을 저술했고, Goldberg와 Robson(1989)은 Smalltalk에 대한 책을 저술하였다. Cattel(1994)의 저서와 Lausen과 Vossen(1997)의 저서는 객체지향 데이터베이스 개념을 기술하였다. 객체지향 모델을 다룬 다른 책으로는 Microelectronics Computer Corporation에서 개발한 실험적인 OODBMS(ORION)을 Kim과 Lochovsky(1989)가 자세히 설명하고 연관된 객체지향 주제를 다룬 것을 포함한다. Bancilhon 등(1992)은 O2 OODBMS의 개발 과정과 함께 설계에 대한 선택과 언어의 구현에 대한 자세한 설명을 다루었다. Dogac 등(1994)은 NATO 워크샵에서 전문가들이 객체지향 데이터베이스 주제를 상세히 다룬 것들을 제공한다.

객체지향 데이터베이스에 대한 문헌이 많기 때문에 대표적인 것들만 소개한다. CACM의 1991년 10월호와 *IEEE* Computer의 1990년 12월호에서 객체지향 데이터베이스 개념과 시스템을 다루었다. Dittrich(1986), Zaniolo 외(1986)는 객체지향 데이터 모델의 기본 개념을 설명하였다. 객체지향 데이터베이스에 대한 초기 논문은 Baroody와 DeWitt(1981)이다. Su 외(1988)는 CAD/CAM 응용들에 사용되는 객체지향 데이터 모델을 소개하였다. Gupta Horowitg(1992)는 CAD, 네트워크 관리 등의 분야에 적용한 객체지향 응용을 다루었다. Mitschang(1989)은 관계 대수를 확장하여 복합 객체를 지원하였다. 객체지향 질의어와 그래픽 사용자 인터페이스는 Gyssens 외(1990), Kim(1989), Alashqur 외(1989), Bertino 외(1992), Agrawal 외(1990), Cruz(1992)에서 논의하였다.

Atkinson 등(1990)에 의한 Object-Oriented Manifesto는 전문가들이 제시한 객체지향 데이터베이스 관리의 필수적인 기능과 선택 기능을 다룬 리포트이다. 데이터베이스의 다형성과 객체지향 프로그래밍 언어는 Osborn(1989), Atkinson과 Buneman (1987), Danforth와 Tomlinson(1988)에서 설명되었다. 객체 식별자는 Abiteboul과 Kanellakis(1989)에서 논의되었다. 데이터베이스를 위한 객체지향 프로그래밍 언어는 Kent(1991)에서 다루어졌다. 객체 제약 조건은 Delcambre 외(1991), Elmasri, James 및 Konramajian(1993)에서 논의되었다. 객체지향 데이터베이스의 권한 관리 및 보안은 Rabitti 외(1991), Bertino(1992)에서 논의되었다.

Cattell과 Barry(2000)에서는 ODMS 3.0 표준을 설명하였으며, 1993과 1997년에 이전 버전을 설명하였다. Bancilnon과 Ferrari(1995)는 ODMG 표준의 중요성을 소개하였다. Baker(1996)를 비롯한 다수의 책에서 CORBA에 관해 소개하였다.

O2 시스템은 Deux 외(1991)에 소개되었으며, Bancilhon 외(1992)에서 O2의 다양한 측면을 다룬 문헌을 소개하였다. O2 모델은 Velez 외(1989)에서 정형화되었다.
ObjectStore 시스템은 Lamb 외(1991)에서 소개되었다. Fishman 외(1987)와 Wilkinson 외(1990)에서는 HP 연구소에서 만든 객체지향 DBMS인 IRIS를 소개하였다. Maier 외(1986)와 Butterworth 외(1991)에서는 GEMSTONE의 설계에 관해 설명하였다. Agrawal과 Gehani(1989)는 AT & T Bell 연구소에서 개발된 ODE 시스템을 소개하였다. Kim 외(1990)에서는 MCC에서 개발된 ORION 시스템을 설명하였다. Morsi 외(1992)는 객체지향 테스트베드에 관하여 기술하였다.

Cattel(1991)은 객체 및 관계 데이터베이스에 대한 개념을 소개하고, 객체 데이터베이스시스템과 확장된 관계 데이터베이스 시스템을 논의하였다. Alagic(1997)은 ODMG 모델과 그 언어 바인딩 사이의 불일치 현상을 논의하고, 그 해결책을 제시하였다. Bertino와 Guerrini(1998)는 복합 객체를 지원하기 위하여 ODMG를 확장하였다. Alagic(1999)는 ODMG 계열에 속하는 몇 가지 데이터 모델을 소개하였다.

# XML: Extensible Markup Language

전자 상거래를 비롯한 많은 인터넷 응용은 하나 이상의 데이터베이스에 저장된 정보를 액세스하기 위하여 웹 인터페이스(Web Interface)를 제공하고 있다. 이러한 환경에서 데이터베이스를 **데이터 소스**(data source)라고 부른다. 또한 인터넷 응용에서는 2.5절에서 언급한 바와 같이 2층 혹은 3층 구조를 가진 클라이언트/서버 아키텍처가 널리 사용되고 있다. 전자 상거래 혹은 다른 인터넷 데이터베이스 응용들은 웹 인터페이스를 가지고 웹페이지를 디스플레이하는 방식으로 사용자와 상호작용을 제공하고 있다. 웹페이지의 포메팅과 콘텐츠를 명시하기 위한 보편적인 방식이 **하이퍼텍스트 문서**(hypertext documents)를 사용하는 것이다. 하이퍼텍스트 문서를 작성하기 위하여 다양한 언어들이 제안되었으며, 그 중 가장 널리 사용되는 언어는 HTML(Hypertext Markup Language)이다. HTML은 웹 문서를 구조화하고 형식화하는 데는 적합하지만 데이터베이스로부터 추출된 구조화된 데이터를 표현하는 데는 적합하지 않다. 이에 따라 XML(Extensible Markup Language)이라고 하는 새로운 언어가 제안되었으며, 웹상의 데이터를 구조화하고, 교환하는 데 표준으로 발전하였다. 동일한 목적으로 생성된 또 다른 언어가 JSON(JavaScript Object Notation; 10.4절 참고)이다. XML은 웹페이지의 디스플레이 형식을 기술하는 것을 넘어 의미와 구조 정보를 기술할 수 있도록 한다. XML과 JSON 문서는 속성과 그 값과 같이 기술적인 정보를 텍스트 형태로 제공하므로 **자기-기술형 문서**(self-describing documents)라고 알려져 있다. 특히, XML에서는 문서의 포메팅(양식화)을 별도의 언어로 명시할 수 있도록 한다. 예를 들어, XSL(Extended Stylesheet Language)과 같은 양식화 언어(formatting language)를 이용하거나 변환용 언어인 XSLT(XML Stylesheet Language for Transformation 혹은 간단히 XSL Transformation)를 사용할 수 있다. 최근 XML에 기반을 둔 실험적인 데이터베이스 시스템이 개발됨에 따라서, XML 자체가 데이터의 저장과 검색을 위한 모델로 활용되기도 한다.

기본 HTML은 고정된 텍스트와 다른 객체를 가진 정적인 웹페이지를 생성하는 데 유용하다. 그러나 대부분의 전자 상거래 응용들은 사용자와 상호작용하는 동적인 웹페이지를 필요로 한다. 동적인 웹페이지는 사용자가 입력하는 데이터에 따라서 매번 다른 정보가 디스플레이 되는 것이 특징이다. 예를 들어 항공사 응용에서 고객들은 특정 비행편의 도착 시간과 게이트 정보를 알고싶어 한다. 이 경우 고객들은 날짜와 항공편 번호 등을 웹페이지의 특정 필드에 입력할 것이며, 시스템은 고객이 원하는 정보를 찾기 위하여 질의를 만들어 데이터베이스 서버로 보내고, 결과를 받아서 웹페이지로 디스플레이한다. 여기서 고객이 보는 웹페이지는 고객이 날짜와 항공편을 다르게 입력할 때마다 다른 결과를 디스플레이하므로 동적인 웹페이지이다(10장 참고). XML은 자기-기술형 텍스트 파일 형태로 다양한 컴퓨터 상의 프로그램들 사이에 정보를 교환하는 데 활용된다.

이 장에서는 XML 데이터 모델과 관련 언어를 설명하고, 관계 데이터베이스에서 추출된 데이터가 어떻게 XML 문서 형태로 포맷되어 웹상에서 교환되는지에 관하여 중점적으로 설명한다. 12.1절에서는 구조화된 데이터, 반구조화된 데이터, 구조화되지 않은 데이터를 비교하여 설명한다. 12.2절에서는 트리 형태를 가지는 XML 데이터 모델을 설명한다. 12.3절에서는 XML 문서의 구조를 소개한 후, XML 문서의 구조를 기술하는 데 사용되는 XML DTD(Document Type Definition)와 XML 스키마를 소개한다. 12.4절에서는 XML과 관계 데이터베이스의 관련성을 설명한다. 12.5절에서는 XML과 연관된 언어인 XPath, XQuery를 설명한다. 12.6절에서는 관계 데이터베이스에서 추출된 정보가 어떻게 XML 문서로 변환되는지를 알아본다. 12.7절에서는 관계 데이터베이스로부터 XML 문서를 생성해내는 기능에 관해 소개한다. 12.8절에서는 전체 내용을 요약한다.

## 12.1 구조화된 정보, 반구조화된 정보, 비구조화된 정보

데이터베이스에 저장된 정보는 엄격한 구조를 따르고 있으므로 구조화된 데이터(structured data)라고 한다. 그림 4.6의 COMPANY 테이블에서 보듯이 각 레코드는 그 테이블의 다른 레코드와 동일한 구조를 가진다. 구조화된 데이터에 대하여 데이터베이스 스키마를 생성하는 기법들이 제시되었다(3장 참조). DBMS는 모든 데이터가 실제로 스키마에 정의된 구조와 제약 조건을 따르는지 검사한다.

그러나 모든 데이터가 잘 설계된 구조화된 데이터베이스에 저장되는 것은 아니다. 어떤 응용에서는 데이터가 어떻게 저장되고 관리될 수 있는지 결정되기 전에 임의로 수집될 수도 있다. 이런 경우 데이터가 특정 구조를 가질 수 있지만 모두가 동일한 구조를 가지지 않을 수도 있다. 몇몇 속성들은 모든 엔티티가 공유하지만, 나머지 속성은 몇몇 엔티티만 가지게 된다. 또한, 새로운 엔티티는 또 다른 속성을 추가적으로 가질 수도 있고, 미리 정해진 스키마도 없다. 이러한 유형의 데이터를 **반구조화된 데이터**(semi-structured data)라고 한다. 반구조화된 데이터를 표현하는 데이터 모델들이 제안되었으며, 대부분 관계 데이터 모델보다는 트리 혹은 그래프 데이터 구조를 사용한다.

구조화된 데이터와 반구조화된 데이터의 차이는 스키마 구성 요소들(속성의 이름, 관계, 엔티티 타입 등)이 어떻게 다루어지는가에 있다. 반구조화된 데이터의 경우 스키마 정보가 데이터 값과 혼합되어 있으며, 각 데이터 개체가 서로 다른 속성을 가질 수 있고, 미리 알려져 있지도 않다. 이러한 데이터를 **자기-기술형 데이터**(self-describing data)라고 부르기도 한다. NoSQL 시스템들은 대부분 자기-기술형 저장구조(23장 참고)를 채택하고 있다. 다음의 예를 보자. 특정 과제와 연관된 참고문헌 리스트를 수집하고자 한다. 일부는 책이나 기술 보고서(technical report)이고, 나머지는 저널이나 학술대회 프로시딩의 논문이며, 또 다른 것으로 저널이나 학술대회 프로시딩 전체가 포함될 수 있다. 이러한 참고문헌들은 서로 다른 속성을 가지는 정보의 유형이다. 심지어 동일한 유형의 참고문헌이라고 해도 서로 다른 정보를 가질 수 있다. 예를 들어, 어떤 논문 정보는 전체 정보를 가지는 반면, 일부 논문에서는 특정 정보(예를 들어 페이지 번호 등)가 빠져 있을 수 있다. 또한 새로운 유형의 참고문헌이 발생하기도 한다. 예를 들어 웹페이지 주소나 학술대회 튜토리얼 등이 포함될 수 있으며, 이들은 새로운 속성을 가질 수 있다.

반구조화된 데이터는 그림 12.1에 나타난 바와 같이 방향을 가진 그래프(directed graph)로 표시될 수 있다. 그림 12.1의 정보는 그림 4.6의 구조화된 정보에 대응한다. 이러한 데이터 모델에서 복합객체나 중첩구조 표현 방식은 제 11.1.3절의 객체 모델과 유사하다는 점을 주목해야 한다. 그림 12.1에서 방향성을 가진 에지에 붙어 있는 **레이블**(labels) 혹은 **태그**(tags)는 스키마 이름(속성의 이름, 객체 타입의 이름, 관계 타입의 이름 등)을 나타낸다. 중간 노드들은 개별 객체나 복합 속성(composite attribute)이 되고, 리프 노드는 단순 속성의 값을 나타낸다.

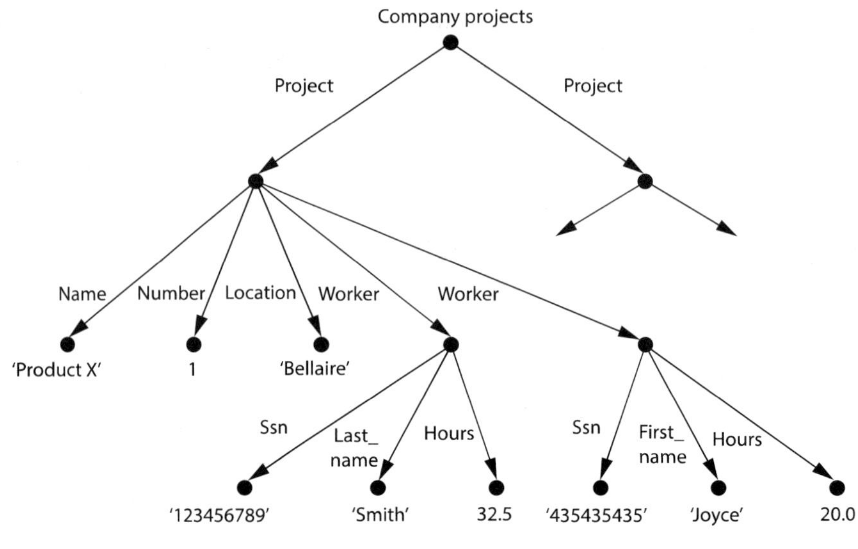


그림 12.1 반구조화된 데이터의 그래프 표현

객체 모델과 반구조화된 모델은 11장에서 소개한 바와 같이 두 가지 중요한 차이가 있다.

1. 반구조화된 모델에서 스키마 정보(속성의 이름, 관계, 클래스 혹은 객체)에는 값까지 혼합되어 있다.
2. 반구조화된 모델에서는 모든 데이터가 준수해야 하는 스키마를 미리 정의할 필요가 없다. 11장에서 다룬 객체 모델은 스키마를 필요로 한다.

구조화된 데이터, 반구조화된 데이터뿐 아니라 또 다른 유형의 데이터인 **비구조화된 데이터(unstructured data)**도 있다. 비구조화된 데이터는 데이터의 타입에 관하여 매우 제한된 정보만 있다. 대표적인 예가 텍스트로 구성된 문서이다. 어떤 정보를 담고 있는 HTML 웹 페이지도 비구조화된 데이터의 예이다. 그림 12.2의 HTML 파일을 보자. 괄호 <...> 안에 포함된 텍스트는 HTML **태그**이고, </...>에 포함된 end **태그**로써 start **태그**의 영향이 미치는 범위(한계)를 나타낸다. 문서에 대한 태그는 HTML 처리기가 start 태그와 end 태그 사이의 정보를 어떻게 디스플레이할 것인지를 지시한다.[1)]

즉, 태그는 문서의 다양한 요소(element)에 대한 의미가 아니라 문서의 포메팅(formatting)을 나타낸다. HTML 태그는 폰트의 사이즈나 스타일(boldface, italics등), 글자 색 등을 지정한다. 어떤 태그는 테이블로 표시하거나 일련번호를 붙이는 등 텍스트를 구조화하는 역할을 하기도 한다. 이와 같은 텍스트 구조화에 관련된 태그들도 그것에 포함된 텍스트 문서가 어떻게 디스플레이될 것인가를 나타내는 것이지 더 이상의 정보를 가지고 있지 않다.

HTML은 미리 정의된 수많은 태그를 사용하여 웹 문서의 포메팅과 디스플레이 방식을 지정한다. start 태그와 end 태그는 포메팅될 텍스트의 범위를 명시한다. 그림 12.2에서 보여주는 태그의 예는 다음과 같다.

1) 이것이 하이퍼텍스트 마크업 언어(hypertext markup language)라고 알려진 이유이다.

- 〈HTML〉 ... 〈/HTML〉 태그는 문서의 범위를 나타낸다.
- 〈HEAD〉와 〈/HEAD〉 사이에 있는 **문서 헤더**(document header) 정보는 문서의 다른 곳에서 사용될 다양한 명령어들을 명시한다. 예를 들어, JavaScript나 PERL 언어로 작성된 **스크립트 함수**를 나타내거나, 문서에서 사용될 **포메팅 스타일**(formatting style) — 예를 들어, 폰트나 문단 스타일, 헤더 스타일 등—을 나타낸다. 또한, 문서 헤더는 HTML 파일에 대한 타이틀을 표시하거나 문서의 일부로 디스플레이되지 않는 정보들을 표시할 수 있다.

```
<HTML>
    <HEAD>
    ...
    </HEAD>
    <BODY>
        <H1>List of company projects and the employees in each project</H1>
        <H2>The ProductX project:</H2>
        <TABLE width="100%" border=0 cellpadding=0 cellspacing=0>
            <TR>
                <TD width="50%"><FONT size="2" face="Arial">John Smith:</FONT></TD>
                <TD>32.5 hours per week</TD>
            </TR>
            <TR>
                <TD width="50%"><FONT size="2" face="Arial">Joyce English:</FONT></TD>
                <TD>20.0 hours per week</TD>
            </TR>
        </TABLE>
        <H2>The ProductY project:</H2>
        <TABLE width="100%" border=0 cellpadding=0 cellspacing=0>
            <TR>
                <TD width="50%"><FONT size="2" face="Arial">John Smith:</FONT></TD>
                <TD>7.5 hours per week</TD>
            </TR>
            <TR>
                <TD width="50%"><FONT size="2" face="Arial">Joyce English:</FONT></TD>
                <TD>20.0 hours per week</TD>
            </TR>
            <TR>
                <TD width="50%"><FONT size="2" face="Arial">Franklin Wong:</FONT></TD>
                <TD>10.0 hours per week</TD>
            </TR>
        </TABLE>
    ...
    </BODY>
</HTML>
```

그림 12.2 비구조화된 데이터를 표시하는 HTML 문서

- 〈BODY〉...〈/BODY〉 태그 안에 나타나는 문서 몸체에는 문서의 텍스트와 그들이 어떻게 포맷되어 디스플레이되는지를 나타내는 마크업 태그들로 구성된다. 또한, 이미

지, 비디오, 음성 메시지, 다른 문서 등을 연결하는 참조(reference)를 포함할 수도 있다.

- 〈H1〉...〈/H1〉 태그는 level 1 heading 수준으로 텍스트를 디스플레이 하는 태그이다. 〈H2〉, 〈H3〉 태그도 있으며, 이들은 H1보다는 낮은 수준의 디스플레이를 지정한다.
- 〈TABLE〉...〈/TABLE〉 태그는 이후의 텍스트가 테이블 형태로 디스플레이됨을 의미한다. 테이블의 각 행은 〈TR〉...〈/TR〉로 표시되고, 각 행의 각 텍스트 데이터는 〈TD〉...〈/TD〉로 표시된다.[2)]
- 속성을 가지는 태그도 있으며, 이때 속성은 start 태그 안에 나타내고, 태그의 추가적인 정보를 기술한다.[3)]

그림 12.2에서 <TABLE> 시작 태그는 테이블의 다양한 성질을 나타내는 네 가지 속성을 가진다. 그 다음의 <TD>, <FONT> 시작 태그는 각각 하나, 두개의 속성을 가진다.

HTML은 많은 수의 미리 정의된 태그를 가지며, 전체 내용이 이들 태그의 사용법을 다루고 있다. 잘 디자인된 HTML 문서는 사람이 그 문서의 내용을 읽고 이해하기 쉬우며, 결과로 생성되는 웹 문서를 항해(navigation)할 수 있다. 그러나 소스 HTML 문서를 컴퓨터 프로그램에서 자동으로 읽고 이해하는 것은 스키마 정보의 부재로 인하여 매우 어렵다. 전자상거래 등 인터넷 응용들이 자동화됨에 따라서 웹 문서를 다양한 사이트에 교환하고, 자동으로 해석하는 것은 중요한 과제가 되고 있다. XML은 이러한 필요성으로 인하여 제안되었다. HTML의 확장판인 XHTML은 다른 응용에 대하여 사용자가 태그를 확장할 수 있도록 하며, XHTML 파일이 표준 XML 해석기에서 해석될 수 있도록 한다. 여기서는 XML만 다루도록 한다.

그림 12.2의 예는 디스플레이될 모든 정보가 HTML 파일에 나타나 있는 **정적HTML(static HTML)** 페이지를 보여준다. 그러나 많은 경우에는 디스플레이될 정보가 HTML 파일에 나타나는 것이 아니라 데이터베이스에서 검색되어 디스플레이되는 형태이다. 예를 들어 프로젝트 이름과 각 프로젝트에 참여하는 직원 정보는 그림 4.6의 데이터베이스에 대하여 적절한 SQL을 처리함으로써 데이터베이스로부터 추출된다. 각 프로젝트와 참여 직원을 디스플레이하기 위하여 동일한 HTML 포메팅 태그를 사용할 수 있다. 예를 들어, *ProjectX*에 대한 정보의 디스플레이 후에 *ProjectY*에 대한 정보를 디스플레이한다. 두 경우 모두 동일한 HTML 포메팅 태그를 사용하지만 실제 내용은 다르게 디스플레이된다. 즉, 매번 다른 정보가 데이터베이스로부터 추출되어 디스플레이되므로 **동적 웹페이지**라고 한다. 제 10장에서 PHP와 같은 스크립트 언어를 사용하여 동적 웹페이지를 어떻게 생성하는지를 소개하였다.

---

2) <TR>은 table row를 나타내고, <TD>는 table data를 나타낸다.

3) 문서 마크업 언어에서 사용하는 속성(attribute)이라는 용어와 데이터베이스에서 사용되는 속성은 구분되어야 한다.

## 12.2 XML 계층적 데이터 모델

여기서는 XML에 사용되는 데이터 모델을 소개한다. XML의 기본 객체는 XML 문서이다. XML 문서를 생성하기 위하여 **요소**(element)와 **속성**(attribute)이라고 하는 두 가지 구조화 개념을 사용한다. XML에서 속성은 데이터베이스에서 사용되는 속성의 의미와 달리 HTML이나 SGML[4])에서 사용되는 속성의 의미를 가진다. XML에서 속성은 다음에 보겠지만 요소를 기술하는 데 필요한 부가적인 정보를 제공한다. 이들 외에도 엔티티(entities), 식별자(identifiers), 참조(references) 등의 개념이 있지만, 여기서는 XML 모델의 필수 요소만을 보이는 것이 목적이므로 이들을 제외하고 설명한다.

그림 12.3은 <Project>라는 XML 요소의 예를 보여준다. HTML과 마찬가지로 문서에서 요소는 시작 태그(start tag)와 종료 태그(end tag)로 표시된다. 태그 이름은 각괄호 <...> 안에 표시되며, 종료 태그는 특별히 </...> 형태로 표시하여 구분한다.[5])

**단순 요소**(simple element)는 데이터 값을 포함하며, **복합 요소**(complex element)는 다른 요소로부터 계층적으로 생성된다. XML에서는 문서 내에서 요소의 의미를 나타내도록 태그 이름을 정의해 나가지만 HTML에서는 태그가 해당 텍스트를 어떻게 디스플레이할 것인가 만을 다룬다는 점에서 중요한 차이가 있다. 이러한 차이점으로부터 XML 문서는 컴퓨터 프로그램에 의한 자동 해석과 처리가 가능하게 된다. XML 태그(element) 이름은 또 다른 문서인 schema document에 정의되어 여러 사용자들에게 교환될 수 있으며, 각 사용자는 이를 사용하여 태그 이름에 의미를 부여할 수 있다. HTML에서는 모든 태그 이름이 미리 정의되어 있고 고정되어 있어, 확장이 불가능하다.

독자들은 그림 12.3의 트리 구조와 그림 12.1의 XML 텍스트 표현 사이의 대응을 쉽게 인지할 수 있을 것이다. 트리 구조에서 리프 노드는 단순 요소를, 중간 노드는 복합 요소를 각각 표시한다. 이러한 유사성 때문에 XML 데이터 모델을 **트리 모델**(tree model) 혹은 **계층 모델**(hierarchical model)이라고 부른다. 그림 12.3에서 단순 요소는 <Name>, <Number>, <Location>, <Dept_no>, <Ssn>, <Last_name>, <First_name>, <Hours> 태그로 표시되며, 복합 요소는 <Project>, <Projects>, <Worker> 태그로 표시된다. 일반적으로 요소의 중첩 정도에는 제한이 없다.

XML 문서는 다음 세 가지 유형으로 나눌 수 있다.

- **데이터-중심 XML 문서.** 특정한 구조를 따르는 작은 문서들로 구성되며, 구조화된 데이터베이스로부터 추출될 수 있다. 이들 문서는 교환을 하거나 웹상에서 디스플레이하기 위하여 XML 문서로 제작된다. 이들은 대개 태그 이름을 정의하는 미리 정의된 스키마를 동반한다.

---

4) SGML(Standard Generalized Markup Language)은 더욱 일반화된 문서 기술 언어로써 새로운 태그를 정의할 수 있다. 그러나 HTML이나 XML에 비하여 복잡하다.

5) 왼쪽과 오른쪽 각괄호(<, >)는 &나' , '등과 함께 예약된 문자(reserved character)이다. 이들을 문서의 텍스트로 포함하려면 <, >, &, &apos, " 등으로 표시해야 한다.

```
<?xml version="1.0" standalone="yes"?>
    <Projects>
        <Project>
            <Name>ProductX</Name>
            <Number>1</Number>
            <Location>Bellaire</Location>
            <Dept_no>5</Dept_no>
            <Worker>
                <Ssn>123456789</Ssn>
                <Last_name>Smith</Last_name>
                <Hours>32.5</Hours>
            </Worker>
            <Worker>
                <Ssn>453453453</Ssn>
                <First_name>Joyce</First_name>
                <Hours>20.0</Hours>
            </Worker>
        </Project>
        <Project>
            <Name>ProductY</Name>
            <Number>2</Number>
            <Location>Sugarland</Location>
            <Dept_no>5</Dept_no>
            <Worker>
                <Ssn>123456789</Ssn>
                <Hours>7.5</Hours>
            </Worker>
            <Worker>
                <Ssn>453453453</Ssn>
                <Hours>20.0</Hours>
            </Worker>
            <Worker>
                <Ssn>333445555</Ssn>
                <Hours>10.0</Hours>
            </Worker>
        </Project>
    ...
    </Projects>
```

그림 12.3 〈Projects〉라고 불리는 복합 XML 요소(element)

- **문서-중심 XML 문서.** 책이나 뉴스 기사와 같은 대규모 텍스트들이다. 이들은 구조화된 데이터를 거의 포함하지 않는다.
- **하이브리드 XML 문서.** 일부는 구조화되어 있으며, 나머지는 구조화되지 않은 문서들이다. 이들은 미리 정의된 스키마를 포함할 수도 있고, 그렇지 않을 수도 있다. XML 문서 중에서 미리 정의된 스키마를 따르지 않는 것을 **스키마 없는(schemaless) XML 문서**라고 부른다. 데이터-중심 XML 문서들은 12.1절에서 소개한 **반구조화된 데이터**(semi-structured data) 혹은 **구조화된 데이터**(structured data)로 간주된다. XML

를 문서가 미리 정의된 XML 스키마나 DTD(12.3절에서 소개함)를 포함하고 있다면 이들은 구조화된 문서(structured documents)로 간주한다. 반면에 XML 문서가 어떠한 스키마를 따르지 않는다면 이들은 반구조화된 데이터이며, 스키마 없는 문서(*schemaless XML documents*)라고 부른다. XML 문서에서 standalone 속성의 값이 "yes"이면 그 문서는 standalone이고, schemaless가 된다.

XML 속성은 HTML에서와 유사하게 사용되며 (그림 12.2 참조), 요소(tags)의 특징을 기술하게 된다. XML 속성이 단순 데이터 요소를 가질 수도 있으나 추천할 만한 방식은 아니다. 이 규칙에 대한 예외는 XML 문서의 다른 파트에서 다른 태그를 참조할 필요가 있을 때이다. 이 경우 한 요소의 속성 값들을 참조로 사용하는 것이 보통이다. 이 경우는 관계 데이터베이스의 외래키와 유사하며, XML 트리 모델이 의미하는 엄격한 계층 구조 모델을 유지하는 방안이 된다. 제 12.3절에서 XML 스키마와 DTD를 논의할 때 XML 속성을 더욱 상세하게 논의한다.

## 12.3 XML 문서, DTD, XML 스키마

### 12.3.1 Well-formed, Valid XML 문서와 XML DTD

그림 12.3에서 간단한 XML 문서를 보았다. XML 문서 중에서 몇 가지 요건을 준수하면 Well-formed XML 문서(well-formed XML document)라고 한다. Well-formed XML 문서는 XML 버전을 나타내는 XML 선언(XML declaration)과 함께 그림 12.3의 첫 번째 라인에서 보는 바와 같은 관련 속성들을 포함한다. 그리고 트리 모델의 구문 규칙을 준수해야 한다. 즉, 하나의 루트 요소를 가져야 하며, 모든 요소는 부모 요소의 시작과 종료 태그 안에서 자신의 시작과 종료 태그 쌍을 가져야 한다. 이렇게 함으로써 중첩된 구조가 정형화된 트리 구조를 명시하도록 한다.

Well-formed XML 문서는 구문적으로 올바르기 때문에 그 문서를 탐색하고 내부적으로 트리 구조를 생성하는 일반적인 프로그램을 작성하는 것이 가능하다. 그리고 DOM과 같은 표준화된 API(application programming interface)를 사용하여 정형화된 XML 문서로부터 생성된 내부 트리를 다룰 수 있게 된다. 그러나 DOM을 사용하는 경우에는 문서 전체를 미리 파싱해야 한다는 점을 유의해야 한다(문서를 표준 DOM 내부 데이터 구조 표현으로 변환하기 위해). 또 다른 API인 SAX(Simple API for XML)는 시작과 종료 태그를 만날 때만 처리 프로그램에게 그 사실을 알려주는 방식(on-the fly)으로 처리한다. 이렇게 함으로써 XML 문서를 처리하는 프로그램에서 전체를 한 번에 파싱해두는 것이 아니라 태그를 하나씩 처리하는 **XML 문서 스트리밍**(streaming of XML document) 방식이 가능해지며, 그 결과 큰 문서를 더욱 효율적으로 처리할 수 있게 된다. 이 방식을 **이벤트 기반 처리**라고 부른다.

Well-formed XML 문서는 schemaless가 될 수 있다. 즉, 문서 내에서 요소들에 대하여 임의의 태그 이름을 가질 수 있다. 즉, 그 문서를 처리하는 프로그램에서 미리 알고 있어야 하는 미리 정의된 요소집합(tag names)을 갖고 있지 않다. 이렇게 함으로써 문서 생성자는 새로운 요소를 정의하는 것이 자유롭지만 문서 내에서 그 요소를 자동으로 해석하는 데는 어려움이 발생하게 된다.

더욱 강력한 부류의 문서는 유효한 문서(valid document)이다. 유효한 문서란 Well-formed 문서이면서 특정 XML 스키마에 정의된 구조를 따라야 한다. 즉, 시작과 종료 태그 사이에 있는 요소 이름들은 별도의 XML DTD(Document Type Definition) 파일이나 XML 스키마 파일에 명시된 구조를 따라야 한다. 이 절에서는 먼저 DTD를 설명한 후에 12.3.2절에서

(a)
```
<!DOCTYPE Projects [
        <!ELEMENT Projects (Project+)>
        <!ELEMENT Project (Name, Number, Location, Dept_no?, Workers)>
            <!ATTLIST Project
                ProjId ID #REQUIRED>
        <!ELEMENT Name (#PCDATA)>
        <!ELEMENT Number (#PCDATA)
        <!ELEMENT Location (#PCDATA)>
        <!ELEMENT Dept_no (#PCDATA)>
        <!ELEMENT Workers (Worker*)>
        <!ELEMENT Worker (Ssn, Last_name?, First_name?, Hours)>
        <!ELEMENT Ssn (#PCDATA)>
        <!ELEMENT Last_name (#PCDATA)>
        <!ELEMENT First_name (#PCDATA)>
        <!ELEMENT Hours (#PCDATA)>
]>
```

(b)
```
<!DOCTYPE Company [
        <!ELEMENT Company( (Employee|Department|Project)*)>
        <!ELEMENT Department (DName, Location+)>
            <!ATTLIST Department
                DeptId ID #REQUIRED>

        <!ELEMENT Employee (EName, Job, Salary)>
            <!ATTLIST Project
                EmpId ID #REQUIRED
                DeptId IDREF #REQUIRED>
        <!ELEMENT Project (PName, Location)
            <!ATTLIST Project
                ProjId ID #REQUIRED
                Workers IDREFS #IMPLIED>
        <!ELEMENT DName (#PCDATA)>
        <!ELEMENT EName (#PCDATA)>
        <!ELEMENT PName (#PCDATA)>
        <!ELEMENT Job (#PCDATA)
        <!ELEMENT Location (#PCDATA)>
        <!ELEMENT Salary (#PCDATA)>
]>
```

그림 12.4 XML DTD 파일 - Projects

XML 스키마를 설명한다. 그림 12.4는 요소(tag name)와 그들의 중첩된 구조를 보여주는 간단한 XML DTD 파일이다. 이 DTD에 유효한 문서는 반드시 나타난 구조를 준수해야 한다. 그림 12.4에서 보는 바와 같이 DTD 파일을 작성하는 특별한 구문이 존재한다. 먼저 문서의 **루트 태그**에 대하여 이름을 주어야 하며, 그림 12.4에서 첫 줄에 projects가 이에 해당한다. 다음으로 요소들과 그들의 중첩된 구조가 작성된다.

요소를 작성할 때 다음과 같은 표기법이 사용된다.

- 요소 이름 다음에 나타나는 *는 문서에서 그 요소가 0번 이상 나타난다는 의미이다. 이러한 요소를 **선택적 다중값 요소**(optional multi-valued element)라고 한다.
- 요소 이름 다음에 나타나는 +는 문서에서 그 요소가 1번 이상 나타난다는 의미이다. 이러한 요소를 **필수적 다중값 요소**(required multi-valued element)라고 한다.
- 요소 이름 다음에 나타나는 ?는 문서에서 그 요소가 0번 혹은 1번 나타난다는 의미이다. 이러한 요소를 **선택적 단일값 요소**(optional single-valued element)라고 부른다.
- 이상의 세 가지 기호 없이 나타나는 요소는 문서 내에서 정확히 한 번만 나타난다는 의미이다. 이러한 요소를 **필수적 단일값 요소**(required single-valued element)라고 한다.
- 요소의 타입은 그 요소 다음에 나타나는 괄호로 표시한다. 괄호 안에 다른 요소의 이름이 나타난다면 이를 트리 상에서 원래 요소의 자식이라고 하며, #PCDATA나 XML DTD 상의 다른 타입이 나타난다면 그 요소를 리프 노드라고 한다. PCDATA는 **파싱된 문자 데이터**(parsed character data)를 의미하며, 대략 문자열 데이터 타입에 해당한다.
- 요소 안에 나타날 수 있는 속성들의 리스트는 키워드 !ATTLIST로 명시할 수 있다. 그림 12.3에서 요소 Project 는 속성 ProjId를 가지고 있다. 만일 어떤 속성의 타입이 ID 이라면 이는 다른 요소 내의 다른 속성(타입이 IDREF임)으로부터 참조될 수 있다. 속성은 #PCDATA 타입의 단순 데이터 요소의 값을 가질 수 있음을 유의한다.
- 요소를 표시할 때 괄호를 중첩되게 사용할 수 있다.
- 바 기호(bar symbol) (*e*1| *e*2)는 문서에서 *e*1 혹은 *e*2 중 어느 하나가 나타난다는 의미이다.

그림 12.1의 트리 구조와 그림 12.3의 XML 문서는 모두 그림 12.4의 XML DTD를 준수하고 있다. XML 문서가 DTD를 준수한다는 것을 검사하려면 문서의 선언부에서 이를 기술해야 한다. 예를 들어, 그림 12.3의 첫 줄을 다음과 같이 변경하면 된다.

```
< ?xml version = "1.0" standalone = "no"? >
< !DOCTYPE Projects SYSTEM "proj.dtd" >
```

XML 문서에서 속성 standalone의 값이 "no"면 그 문서는 그 아래 라인에 나타난 DTD를 준수하는지 검사하게 된다(12.2.2 참고). 그림 12.4에서 주어진 DTD 파일은 XML 문서와 동일한 파일 시스템에 저장되어야 하며, 파일 이름은 "proj.dtd"이다. 또 다른 방법으로는 XML 문서 자체의 시작 부분에 DTD를 포함시켜 검사할 수 있도록 한다.

그림 12.4(b)는 IDREF의 사용을 보여주는 Company라 불리는 또 다른 DTD 문서를 보여준다. Company 문서는 여러 개의 Department, Employee, Project 요소를 가지며, 각각 DeptID, EmpID, ProjID를 가진다. Employee 요소는 IDREF 타입의 DeptID 속성을 통해 직원이 일하는 Department 요소를 참조한다. 이것은 외래키와 유사한 개념이다. 유사하게 Project 요소는 IDREF 타입의 Workers 속성을 통해 그 프로젝트에 참여하는 EmpIDs의 리스트를 가진다. 이것도 외래키의 리스트 혹은 컬렉션으로 볼 수 있다. #IMPLIED 키워드는 이 속성이 옵션임을 의미한다. 속성에 대하여 디폴트 값을 명시하는 것도 가능하다.

DTD가 필수적, 선택적, 반복적 요소들로 구성되는 트리 구조를 갖지만 몇 가지 한계를 가지고 있다. 먼저 DTD의 데이터 타입이 제한적이다. 또한, DTD 자체가 별도의 구문을 가지므로 특별한 처리기를 가져야 한다. 이러한 지적 때문에 XML 구문 규칙을 그대로 따르는 XML 스키마가 제안되고 있으며, 이 경우 XML 문서를 처리하는 처리기가 그대로 XML 스키마를 처리할 수 있게 된다. 또 다른 문제점으로는 모든 DTD 요소들은 특정한 순서를 지켜야 하며, 순서가 없는 요소는 허용되지 않는다. 이러한 제한점으로 인하여 XML 스키마를 개발하게 되었으며, XML 문서의 요소와 구조를 표현하는데 더욱 일반적인 언어로 발전하고 있다.

### 12.3.2 XML 스키마

XML 스키마 언어(XML schema language)는 XML 문서의 구조를 기술하는 표준 언어이다. XML 스키마 언어는 XML 문서와 동일한 구문 규칙을 사용하므로 동일한 처리기를 사용하여 스키마와 문서를 모두 처리할 수 있다. 두 가지 유형의 문서를 구분하기 위하여 보통의 XML 문서를 XML **인스턴스 문서**(XML instance document) 혹은 XML **문서**(XML document)라고 부르고, XML 스키마를 기술하는 문서를 XML **스키마 문서**(XML schema document)라고 부른다. 그림 12.5는 그림 4.5에서 보여주는 COMPANY 데이터베이스에 해당하는 스키마 문서이다. 전체 데이터베이스를 하나의 XML 문서로 디스플레이하는 것은 현실성이 없어 보이지만 전체 데이터를 관계 데이터베이스로 저장하는 것의 대안으로 네이티브 XML 형태로 저장하려는 시도는 있어 왔다. 그림 12.5의 스키마는 COMPANY 데이터베이스를 네이티브 XML 형태로 저장할 때 사용될 수 있는 XML 스키마이다. 이러한 문제는 12.4절에서 다룬다.

```
<?xml version="1.0" encoding="UTF-8" ?>
<xsd:schema xmlns:xsd="http://www.w3.org/2001/XMLSchema">
    <xsd:annotation>
        <xsd:documentation xml:lang="en">Company Schema (Element Approach) - Prepared by Babak
            Hojabri</xsd:documentation>
    </xsd:annotation>
<xsd:element name="company">
    <xsd:complexType>
        <xsd:sequence>
            <xsd:element name="department" type="Department" minOccurs="0" maxOccurs="unbounded" />
            <xsd:element name="employee" type="Employee" minOccurs="0" maxOccurs="unbounded">
                <xsd:unique name="dependentNameUnique">
                    <xsd:selector xpath="employeeDependent" />
                    <xsd:field xpath="dependentName" />
                </xsd:unique>
            </xsd:element>
            <xsd:element name="project" type="Project" minOccurs="0" maxOccurs="unbounded" />
        </xsd:sequence>
    </xsd:complexType>
    <xsd:unique name="departmentNameUnique">
        <xsd:selector xpath="department" />
        <xsd:field xpath="departmentName" />
    </xsd:unique>
    <xsd:unique name="projectNameUnique">
        <xsd:selector xpath="project" />
        <xsd:field xpath="projectName" />
    </xsd:unique>
    <xsd:key name="projectNumberKey">
        <xsd:selector xpath="project" />
        <xsd:field xpath="projectNumber" />
    </xsd:key>
    <xsd:key name="departmentNumberKey">
        <xsd:selector xpath="department" />
        <xsd:field xpath="departmentNumber" />
    </xsd:key>
    <xsd:key name="employeeSSNKey">
        <xsd:selector xpath="employee" />
        <xsd:field xpath="employeeSSN" />
    </xsd:key>
    <xsd:keyref name="departmentManagerSSNKeyRef" refer="employeeSSNKey">
        <xsd:selector xpath="department" />
        <xsd:field xpath="departmentManagerSSN" />
    </xsd:keyref>
```

(continues)

■ 그림 12.5(계속) XML 스키마 파일: company

XML DTD와 마찬가지로 XML 스키마도 트리 데이터 모델을 가지며, 요소와 속성을 중요한 구조와 개념으로 사용하고 있다. 그러나 스키마에서는 키, 참조, 식별자 등 데이터베이스와 객체 모델로부터의 추가적인 개념들을 도입하고 있다. 여기서는 그림 12.5의 예제를 통하여 XML 스키마의 특징을 단계적으로 살펴본다. 그림 12.5에서 나타난 순서대로 스키마에서 사용된 주요 개념을 소개한다.

1. **스키마 기술과 XML 이름 공간(namespace).** 특정한 웹 사이트에 저장된 파일을 지정함으로써 사용될 XML 스키마 언어 요소(tags)들의 집합을 명시하는 것이 필요하다. 예를 들어, 그림 12.5의 두 번째 라인은 이 예제에서 사용할 파일을 "http://www.w3.org/2001/XMLSchema"로 명시하고 있다. 이 사이트는 XML 스키마 명령어에 대한 표준으로 가장 많이 사용된다. 이러한 정의는 사용할 명령어(names)를 정의하므로 XML 이름공간(XML namespace)이라고 한다. 파일 이름은 속성 xmlns(XML namespace)를 이용하여 변수 xsd(XML schema description)에 지정되며, 이 변수가 모든 XML 스키마 명령어(tag names)의 프리픽스로 사용된다. 예를 들어, 그림 12.5에서 xsd:element 혹은 xsd:sequence라고 표시하면 http://www.w3.org/2001/XMLSchema에 정의된 element와 sequence tag의 정의를 의미하게 된다.
2. **주석, 문서화, 사용되는 언어.** 그림 12.5의 그 다음 몇 라인은 XML 문서에서 주석 등을 보여주는 XML 스키마 요소(tags)인 xsd:annotation과 xsd:documentation이다. xsd:documentation 요소의 xml:lang 속성은 사용되는 언어를 명시하는 것으로 여기서는 영어를 나타내는 "en"이 사용된다.
3. **요소와 타입.** 다음으로 XML 문서의 루트 요소를 표시한다. XML 스키마에서 xsd:element 태그의 name 속성은 예제에서 루트 요소의 이름인 company를 표시하고 있다. 그 다음으로 company 루트 요소의 구조가 xsd:complexType으로 명시되고 있다. 그리고 XML 스키마의 xsd:sequence 구조를 이용하여 departments, employees, projects의 시퀀스를 명시하고 있다. 이것은 하나의 예이며, 다른 방식으로 COMPANY 데이터베이스를 XML 스키마로 표시할 수도 있다(12.6절 참조).
4. **COMPANY 데이터베이스에서 첫 번째 수준의 요소들.** 그림 12.5에서 company 루트 요소 다음에 나타나는 세 개의 요소들을 살펴보자. 이들은 employee, department, project 요소이며, 각각은 xsd:element 태그를 이용하여 작성되어 있다. 어떤 태그가 속성만을 가지며 더 이상의 서브요소나 데이터를 그 안에 가지지 않으면 종료 태그 없이 바로 /> 기호가 나타나게 된다. 이러한 요소를 빈 요소(empty element)라고 한다. 그림 12.5의 스키마에서 department와 project요소가 빈 요소의 예이다.
5. **요소 타입과 최대/최소 어커런스의 표시.** XML 스키마의 xsd:element 태그에서 속성 type, minOccurs, maxOccurs는 각각 타입과 최대 최소 대응 횟수(multi-plicity)를 명시한다. xsd:element에서 type 속성이 명시되어 있으면 요소의 구조가 XML 스키마의 xsd:complexType을 이용하여 별도로 정의되어야 한다. 그림 12.5의 employee, department, project 요소에서 이러한 예를 볼 수 있다. 한편, 타입 속성이 명시되지 않으면 그림 12.5의 루트 요소인 company에서 보는 바와 같이 그 요소의 구조는 태그를 따르게 된다. minOccurs와 maxOccurs 태그는 각각 요소의 최소, 최대 어커런스를 명시하게 된다. 이들이 명시되지 않으면 그 요소는 한 번 나타나게 된다. 이들 태그들은 XML DTD의 *, +, ?의 역할과 비슷하다.

6. **키의 명시.** XML 스키마에서는 관계 데이터베이스의 유일성(uniqueness) 및 기본키(primary key) 개념과 외래키(foreign key) 개념을 지원하고 있다(각각 4.2.2절과 4.2.4절 참조). xsd:unique 태그는 관계 데이터베이스에서 유일한 값을 가지는 속성을 표시한다. 이러한 유일성 제한에 이름을 줄 수 있으며, xsd:selector 태그와 xsd:field 태그를 명시하여 해당 요소 타입과 그 내에서 해당 요소 이름을 명시하도록 한다. 그림 12.5에서 departmentNameUnique와 projectNameUnique 요소가 그 예이다. 기본키를 명시하려면 그림 12.5의 projectNumberKey, department-NumberKey, employeeSSNKey 요소에서 보는 바와 같이 xsd:unique 대신에 xsd:key 태그를 사용하면 된다. 외래키를 명시하려면 그림 12.5에 나타난 6개의 xsd:keyref 요소에서 보는 바와 같이 xsd:keyref 태그를 사용한다. 외래키를 명시할 때 xsd:keyref 태그의 속성 refer는 참조되는 기본키를 나타내며, xsd:selector와 xsd:field는 각각 참조되는 요소 타입과 외래키를 나타낸다(그림 12.5 참조).

7. **복합 타입을 이용한 복합 요소의 구조 표현.** 다음에는 xsd:complexType 태그를 이용하여 복합 요소인 Department, Employee, Project, Dependent를 기술하는 예를 설명한다(그림 12.5 참조). 이들은 XML 스키마의 xsd:sequence와 xsd:element 태그를 이용하여 서브요소들의 시퀀스로 표시한다(그림 6.7 참조). 각 요소에 대하여 xsd:element의 name과 type 속성을 이용하여 이름과 타입을 표시한다. 필요하다면 minOccurs와 maxOccurs 속성을 이용하여 대응 횟수를 조정한다. 널이 허용되는 데이터베이스 속성이라면 minOccurs = 0으로 표시하며, 다중값을 가지는 데이터베이스 속성은 maxOccurs = "unbounded"라고 표시한다. 키 제약 조건을 명시하지 않아도 된다면 복합 타입 대신에 서브요소들을 부모 요소에 포함시켜 하나의 요소로 생성할 수도 있다. 그러나 유일성, 기본키, 외래키 제약 조건을 표시해야 한다면 요소의 구조를 명시하기 위하여 반드시 복합 타입을 정의해야 한다.

8. **복합 속성.** 그림 8.2의 복합 속성(composite attributes)은 그림 12.7에서 복합타입으로 표시된다. Address, Name, Worker, WorksOn 등이 복합 속성의 예이다. 이들은 그의 부모 요소에 직접 포함될 수도 있다. 이상의 예에서 XML 스키마의 주요한 특징들을 살펴보았다. 다른 특징도 있으나 이 장의 범주를 벗어나기 때문에 생략한다. 다음 절에서 관계형 데이터베이스로부터 XML 문서를 생성하는 여러 가지 방법과 XML 문서를 저장하는 방법들을 논의한다.

## 12.4 데이터베이스로부터 XML 문서의 추출과 저장

후속 질의와 검색 기능을 지원하기 위하여 XML 문서의 내용을 구성하는 여러 가지 방안들이 제시되었다. 다음에서 몇 가지 방안을 소개한다.

1. **DBMS를 이용하여 XML 문서를 텍스트로 저장하는 방식.** 관계형 DBMS나 객체형 DBMS를 이용하여 전체 XML 문서를 레코드 혹은 객체의 텍스트 필드에 저장하는 방식이다. 이 방법은 DBMS가 문서 처리를 위하여 특별한 모듈을 포함하고 있어 효율적으로 문서-중심의 XML 문서를 저장할 수 있게 된다.
2. **DBMS를 이용하여 XML 문서 내용을 데이터 요소로 저장하는 방식.** 이 방법은 XML DTD나 XML 스키마를 준수하는 다수의 XML 문서를 저장하는 데 사용된다. 이 경우 모든 문서가 지정된 구조를 가지므로 XML 문서의 리프 레벨에 해당하는 데이터를 관계형 혹은 객체형 데이터베이스에 저장하면 된다. 이를 위하여 XML 스키마 혹은 DTD에 명시된 구조와 대응하는 데이터베이스 스키마를 생성해야 하며, 반대로 데이터베이스 데이터로부터 XML 문서를 생성해내는 매핑 알고리즘이 필요하다. 이러한 매핑 알고리즘은 DBMS 내부 모듈이나 별도의 미들웨어로 구현될 수 있다. XML 문서의 모든 요소들이 IDs를 가지면 간단한 표현인 XDOC(CId, PId, Etag, Val) 테이블로 만들 수 있다. 여기서 CId와 PId는 부모와 자식의 요소 IDs, Etag는 CId 요소의 이름, Val은 리프노드의 경우 값이며, 모든 값들은 동일한 타입을 가진다고 가정한다.
3. **별도의 시스템을 제작하여 XML 데이터를 저장하는 방식.** 계층(혹은 트리) 모델을 지원하는 새로운 데이터베이스 시스템이 제작되고 있다. 이러한 시스템을 Native XML DBMSs라고 한다. 특별한 인덱스와 질의 처리 기법을 포함하며, 모든 유형의 XML 문서를 다루게 된다. 또한, 데이터 압축 기술을 내장하여 문서의 저장공간을 효율적으로 하고 있다. Software AG사의 Tamino와 eXcelon의 Dynamic Application Platform이 Native XML DBMS의 두 가지예이다. Oracle에서도 native XML 저장 옵션을 제공하고 있다.
4. **관계 데이터베이스로부터 XML 문서의 생성과 출판.** 관계형 데이터베이스에 무수히 많은 데이터가 저장되어 관리되고 있으며, 이들 중 일부는 웹을 통하여 디스플레이되거나 교환될 필요가 있다. 이러한 목적으로 별도의 미들웨어를 제작하여 관계 데이터베이스와 XML 문서 사이의 변환을 담당하게 할 수 있다. 12.6절에서 데이터베이스로부터 데이터 중심 XML 문서를 추출하는 문제를 상세히 설명한다. 특히, 그래프 구조의 데이터베이스로부터 어떻게 트리 구조의 문서가 생성되는지 보여줄 것이다. 12.6.2절에서는 싸이클 문제를 논의한 후 어떻게 해결하는지 살펴본다.

위에서 언급한 방식들은 최근 수년 간 활발한 연구가 진행되고 있다. 다음 절에서는 위의 방식들 중에서 마지막 방식을 제 12.6절에서 좀 더 자세히 살펴본다. 마지막 방식은 XML

트리 데이터 모델과 관계형 데이터 모델 및 그래프 모델(ER 모델)의 차이점을 이해하는데 도움이 될 것이다. 다음 12.5절에서는 먼저 XML 질의에 관해 살펴본다.

## 12.5 XML 질의어

여러 가지 XML 질의어가 제안되었지만 그 중에서 두 가지로 표준 질의어가 통합되고 있다. 첫 번째로 XPath는 XML 문서의 특정 노드를 지시할 수 있도록 경로식(path expression)을 제공한다. 두 번째로는 더욱 일반적인 질의어인 XQuery가 있다. XQuery는 Xpath를 사용하지만 추가적인 특징도 가지고 있다. 여기서는 이들 질의에 대하여 설명한 다음, 12.5.3절에서 HTML과 관련된 추가적인 언어를 소개한다.

### 12.5.1 XPath: XML에서 경로식의 표시

XPath는 식에 표시된 특정 패턴을 만족하는 항목들의 시퀀스를 리턴한다. 이 항목들은 값이거나(리프 노드로부터 생성됨) 요소(elements) 혹은 속성들이다. 많은 경우 XPath식은 식에 표시된 특정 패턴을 만족하는 속성 혹은 요소들의 컬렉션을 리턴한다. Xpath에 나타난 이름들은 XML 문서 트리에 포함된 노드 이름으로 태그(요소) 이름이거나 속성 이름이며, 패턴을 만족하는 노드를 더욱 제한하기 위한 제한 조건(qualifier condition)을 가질 수 있다. 경로를 명시할 때 구분자(separators)로써 단일 슬래시(/)와 이중 슬래시(//) 두 가지가 사용된다. 단일 슬래시 다음에 나타난 태그는 그 슬래시 이전에 나타난 태그의 자식이 된다. 반면에 이중 슬래시 다음에 나타난 태그는 그 슬래시 이전에 나타난 태그의 후손이라는 의미이다. 그림 12.6에서 XPath의 예를 보자.

그림 12.6의 첫 번째 XPath는 company 루트 노드와 그의 모든 후손 노드들을 리턴한다. 즉, 모든 XML 문서를 리턴한다. 일반적으로 XPath 질의는 파일 이름을 포함함을 유의한다. 이렇게 함으로써 웹상에서 어떤 경로 이름이나 로컬 파일 이름을 명시할 수 있게 된다. 예를 들어, COMPANY XML 문서가 다음의 위치에 저장된다면,

www.company.com/info.XML

그림 12.6의 첫번째 XPath는 다음과 같이 작성될 수 있다.

doc(www.company.com/info.XML)/company

이 접두사는 경로식의 다른 예에서도 포함될 수 있다.

1. /company
2. /company/department
3. //employee [employeeSalary gt 70000]/employeeName
4. /company/employee [employeeSalary gt 70000]/employeeName
5. /company/project/projectWorker [hours ge 20.0]

1. /company
2. /company/department
3. //employee [employeeSalary gt 70000]/employeeName
4. /company/employee [employeeSalary gt 70000]/employeeName
5. /company/project/projectWorker [hours ge 20.0]

■ 그림 12.6 그림 12.5의 XML 스키마 파일 Company를 따르는 XML 문서에서 XPath식의 예

그림 12.6의 두 번째 예는 모든 department 노드(요소)와 그들의 후손 노드들로 구성되는 서브 트리를 리턴한다. XML 문서에서 노드(요소)들은 순서화되어 있으므로 다수의 노드들을 리턴하는 XPath 결과도 문서 트리에서의 순서와 동일하게 순서화되어야 할 것이다. 그림 12.6의 세 번째 XPath는 이중 슬래시 (//)의 사용 예를 보여준다. 사용자가 전체 경로를 정확히는 모르지만 특정 노드 이름만을 알고 있을 때 사용하는 것으로 스키마가 없는 XML 문서나 중첩 구조가 깊은 경우에 유용하다.[6)]

이 식은 employeeSalary 노드의 값이 70,000보다 큰 employee 노드에 대하여 그의 자식 노드인 employeeName을 리턴한다. 이 예에서 XPath가 조건을 만족하는 노드들만 선택하도록 조건을 제시하는 방법을 보여주고 있다. XPath에서는 표준 산술 연산, 문자열 연산, 집합 연산 등을 사용하여 조건을 명시한다.

네 번째 예는 이전의 예와 동일한 결과를 리턴하지만 전체 경로 이름을 사용한다는 점에서 차이가 있다. 그림 12.6의 다섯 번째 예는 경로 /company/project의 자식 노드이면서 hours의 값이 20.0시간보다 큰 모든 projectWorker 노드와 그들의 후손 노드들을 리턴한다.

XPath 식에 속성들을 포함시키려면 그 속성 이름은 @ 기호로 시작하여 요소(tag) 이름과 구분해야 한다. 또한 사용자는 wildcard 기호 *를 사용하여 요소의 타입과 무관하게 루트의 자식 요소들을 나타낼 수 있다. * 기호를 사용하면 결과는 서로 다른 타입들의 나열(sequence)이 될 수 있다.

/company/*

이 예는 간단한 XPath식을 보여주고 있으며, 주어진 노드로부터 트리 구조상의 아래 부분들을 의미하게 된다. 경로식에 대한 더욱 일반적인 모델이 제안되었다. 이 모델에서는 경로식의 주어진 노드로부터 다수의 방향을 지칭하는 것이 가능하게 되었다. 이것을 XPath식의 axes라고 부른다. 위의 예에서 세 가지 *axes*를 보여주고 있다: 현재 노드의 자식 (/), 현재 노드 그 자신과 자식 노드 (//), 현재 노드의 속성 (@). 다른 axes로는 부모, 조상, 왼쪽 형제 노드, 오른쪽 형제 노드 등이 있다. 이런 axes는 더욱 복잡한 경로식을 만들어 낸다.

XPath 식의 주요 제한점은 경로가 패턴을 나타낼 뿐 아니라 검색될 항목들도 나타낸다는 점이다. 그래서 패턴에 특정 조건을 명시하는 것이 어렵게 되므로 분리하여 어떤 항목들이 검색될 것인가를 명시한다. XQuery 언어에서는 이 두 가지를 분리하여 더욱 강력한 질의 표현 기능을 제공한다.

---

6) 이 책에서는 노드, 태그, 요소를 혼용하여 사용한다.

## 12.5.2 XQuery: XML에서 질의의 표시

XPath는 트리 구조의 XML 문서로부터 노드들을 선택하는 데 사용된다.

XQuery는 하나 이상의 XML 문서에 대한 일반적인 질의를 명시할 수 있다. XQuery에서 전형적인 질의는 FLWOR 식이라고 알려져 있으며, 다음과 같이 네 개의 절로 구성되어 있다.

```
FOR <variable bindings to individual nodes (elements)>
LET <variable bindings to collections of nodes (elements)>
WHERE <qualifier conditions>
ORDER BY <ordering specifications>
RETURN <query result specification>
```

하나의 XQuery에는 0개 이상의 FOR-clause와 LET-clause가 포함될 수 있다. WHERE 및 ORDER BY clause는 선택적이며, 많아야 한 번 나타난다. 그리고 RETURN-clause는 반드시 한 번만 나타나야 한다. 다음은 이들 절로 구성된 XQuery의 예를 보여준다.

```
LET $d : = doc(www.company.com/info.xml)
FOR $x IN $d/company/project[projectNumber = 5]/projectWorker,
     $y IN $d/company/employee
WHERE $x/hours gt 20.0 AND $y.ssn = $x.ssn
ORDER BY $x/hours
RETURN <res> $y/employeeName/firstName, $y/employeeName/lastName,
                  $x/hours </res>
```

1. 변수들은 $ 기호를 prefix로 사용하고 있다. 이 예에서 $d, $x, $y가 변수이다. LET-clause는 특정 식에 변수를 지정하여 이후 질의에서 사용될 수 있도록 한다. 이 예에서 $d는 문서화일 이름에 지정되었다. 다수의 변수를 지정함으로써 다수의 문서를 참조하는 질의를 작성할 수도 있다.
2. FOR-clause는 시퀀스의 각 항목을 범위로 하는 변수를 지정할 수 있다. 예에서 시퀀스는 경로식으로 표시되었다. $x 변수는 경로식 $d/company/project[projectNumber = 5]/projectWorker를 만족하는 항목들을 범위로 지정된다. $y는 경로식 $d/ company/employee를 만족하는 항목들을 범위로 지정된다. 따라서 $x는 Project Worker 요소에 대하여 정의되고, $y는 employee 요소에 대하여 정의된다.
3. WHERE-clause는 항목을 선택하는 데 필요한 추가적인 조건을 명시한다. 이 예에서는 조건(hours gt 20.0)을 만족하는 ProjectWorker만을 선택한다. 다음 조건은 employee와 projectWorker 사이에 ssn이 동일한 것을 조인하는 조건을 명시하고 있다.
4. ORDER BY 절은 결과 요소들이 주당 프로젝트 근무 시간을 기준으로 정렬된다.
5. 마지막 절에서는 어느 요소 혹은 속성이 리턴될 것인가를 명시한다. 이 예에서는 Project number 5에서 주당 20시간 이상 근무하는 직원의 <firstName, lastName, hours>을 리턴한다.

1. 
```
FOR $x IN
doc(www.company.com/info.xml)
//employee [employeeSalary gt 70000]/employeeName
RETURN <res> $x/firstName, $x/lastName </res>
```

2. 
```
FOR $x IN
doc(www.company.com/info.xml)/company/employee
WHERE $x/employeeSalary gt 70000
RETURN <res> $x/employeeName/firstName, $x/employeeName/lastName </res>
```

3. 
```
FOR $x IN
doc(www.company.com/info.xml)/company/project[projectNumber=5]/projectWorker,
$y IN doc(www.company.com/info.xml)/company/employee
WHERE $x/hours gt 20.0 AND $y.ssn=$x.ssn
RETURN <res> $y/employeeName/firstName, $y/employeeName/lastName, $x/hours </res>
```

그림 12.7 그림 12.5의 XML 스키마 파일 Company를 따르는 XML 문서에서 XQuery 질의의 예

그림 12.7은 그림 12.5의 XML 스키마 문서를 따르는 XML 문서들에 대하여 작성된 XQueries의 예를 보여준다. 첫 번째 질의는 70,000 달러 이상의 급여를 받는 employees의 first name과 last name을 검색하는 질의이다. 변수 $x는 70,000 달러 이상의 급여를 받는 employee 요소에 대하여 그 자식인 각 employeeName 요소에 바인딩된다. 그리고 결과에는 선택된 employeeName 요소에서 firstName과 lastName 노드를 리턴한다. 두 번째 질의는 첫 번째 질의와 동일한 의미이나 다르게 표현한 것이다.

세 번째 질의는 두 개 이상의 변수에 대한 조인을 표현하고 있다. 여기서 $x 변수는 project number가 5인 노드의 자식인 projectWorker와 바인딩되며, $y는 employee 요소와 바인딩된다. 조인 조건은 employee names을 검색하기 위하여 Ssn 값을 일치시킨다. 이것은 앞의 예에서 보여준 질의의 대안이 되는 것이나 LET-clause를 사용하지 않고 있다.

XQuery는 복잡한 질의를 표현하는 데 적합하다. 질의 조건에 전체 한정자(universal quantifier)나 존재 한정자(existential quantifier)를 사용할 수 있으며, 집계 함수, 질의 결과의 정렬, 시퀀스의 위치에 기반한 선택, 조건 분기 등을 사용할 수 있다. 따라서 프로그래밍 언어와 유사하다.

이상이 XML과 XQuery에 대한 개략적인 소개이다. 더 자세한 내용에 관심이 있는 독자는 www.w3.org 사이트에 있는 XML 관련 최신 문서를 참고하기 바란다. 다음 절에서 XML과 관련된 추가적인 언어와 프로토콜을 설명한다.

### 12.5.3 XML과 연관된 다른 언어 및 프로토콜

XML 기술과 관련된 몇 가지 다른 언어와 프로토콜이 있다. 다음에서 이들에 관해 설명한다. 이러한 시도들은 장기적으로 시멘틱 웹(웹상의 모든 정보가 지능적으로 저장되고 처리됨)의 실현과 관련이 있다.

- XSL(Extensible Stylesheet Language)은 문서가 웹 브라우저에서 어떻게 만들어져서 디스플레이되는가를 정의한다.

- XSLT(Extensible Stylesheet Language for Transformations)은 문서를 다른 구조로 변환할 때 사용된다.
- WSDL(Web Service Description Language)는 XML로 웹서비스를 기술하는 데 사용된다. 웹상에서 웹서비스를 활용할 수 있도록 한다.
- SOAP(Simple Object Access Protocol)은 플랫폼 및 프로그래밍 언어와 무관하게 메시징과 원격 프로시져를 호출할 수 있도록 하는 프로토콜이다.
- RDF(Resource Description Framework)는 메타데이터(스키마)의 기술을 웹상에서 교환하고 처리하기 위한 언어와 도구를 제공한다.

## 12.6 관계 데이터베이스로부터의 XML 문서의 추출

### 12.6.1 플렛(Flat) 혹은 그래프-기반 데이터 상에서 계층 XML 뷰의 생성

이 절에서는 데이터베이스로부터 추출한 데이터를 XML 문서로 변환하는 데 발생하는 문제점을 논의한다. XML에서는 문서를 표시하기 위하여 계층 구조(트리)를 사용한다. 반면 대부분의 데이터베이스는 관계형으로 테이블에 데이터를 표시한다. 참조 무결성을 반영하면 관계형 모델은 그래프 형태로 간주될 수도 있다(그림 3.7 참조). ER 모델도 그림 6.2와 같이 그래프 형태의 모델을 사용한다. 8장에서 설명한 바와 같이 ER 모델과 관계형 모델 사이에는 모델 매핑이 간단하므로 여기서는 ER 모델을 사용하여 관계형 모델을 표현하기로 한다. 여기서 트리와 그래프 모델의 차이점을 분명하게 드러내기 위하여 ER 모델을 사용하지만, 관계형 데이터를 XML로 변환하는 데도 유사하게 적용될 수 있다.

그림 12.8에서 보여주는 단순화된 UNIVERSITY ER 다이어그램을 사용하여 논의를 계속한다. 어떤 응용에서 student, course, grade 정보에 대한 XML 문서를 추출한다고 하자. 이 문서에 포함될 데이터는 그림 12.8에서 COURSE, SECTION, STUDENT 엔티티 타입의 속성들과 관계 S-S 및 C-S이다. 일반적으로 데이터베이스로부터 추출되는 문서는 데이터베이스에 포함된 속성, 엔티티 타입, 관계의 일부인 경우가 대부분이다. 이 예제에서 필요한 데이터베이스의 부분집합은 그림 12.9에 나타나 있다.

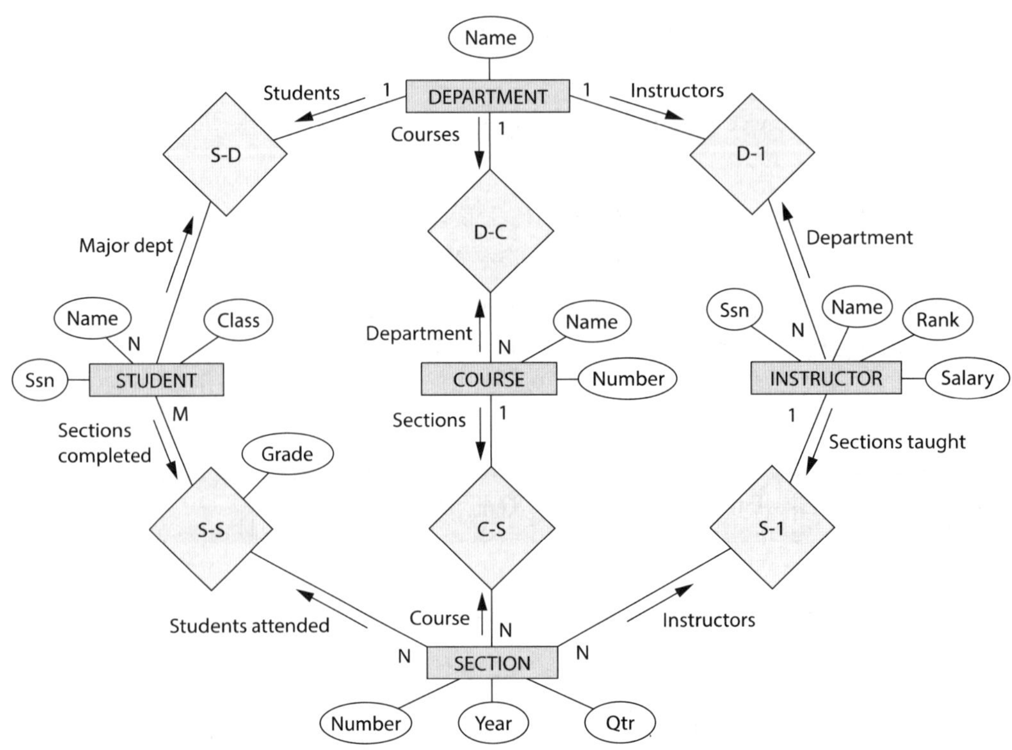


그림 12.8 단순화된 UNIVERSITY 데이터베이스의 ER 다이어그램

적어도 세 가지 가능한 문서 계층 구조들을 그림 12.9의 데이터베이스로부터 추출될 수있다. 첫 번째로, 그림 12.10에서 보는 바와 같이 COURSE를 루트 노드로 선택할 수 있다. 이 경우 각 course 요소가 section 집합을 서브요소로 가지며, 각 section은 student를 서브요소로 가지게 된다. 정보를 계층적 트리 구조로 모델링할 때 중요하게 고려할 사항이 있다. 만일 어떤 student가 다수의 section을 수강한다면 student 정보는 그 student가 수강하는 section의 수만큼 문서에서 중복되어 나타날 것이다. 그림 12.11에서 더욱 단순화된 XML 스키마를 보여주고 있다. S-S 관계에 있는 Grade 데이터베이스 속성이 STUDENT 요소로 이전되었다. 이것은 계층 구조에서 STUDENT가 SECTION의 자식이되므로 특정 SECTION 요소 아래의 각 STUDENT 요소는 그 SECTION에 대한 grade를 가질 수 있기 때문이다. 이러한 문서 계층 구조에서는 다수의 section을 수강하는 학생은 다수의 복사본 정보를 가지게 된다. 정확히 수강하는 section의 수만큼 정보가 중복되며, 각 복사본은 특정 section에 대한 grade를 포함하게 된다.

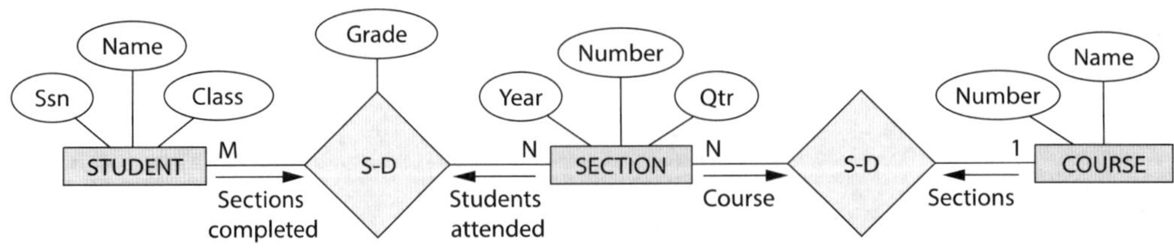


그림 12.9 XML 문서에 포함될 UNIVERSITY 데이터베이스의 일부분

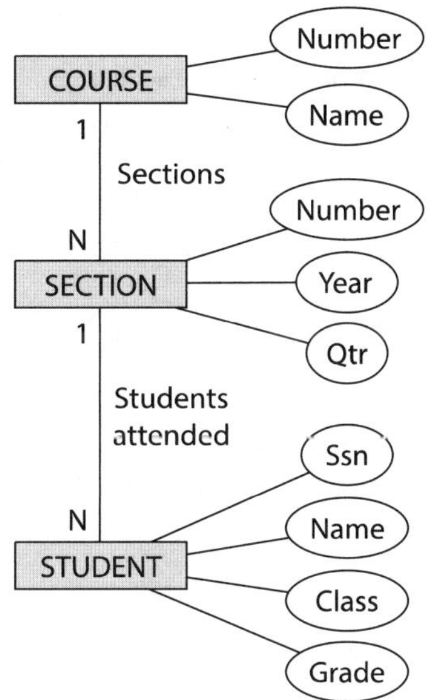


그림 12.10 COURSE를 루트로 하는 계층적 구조

```
<xsd:element name="root">
    <xsd:sequence>
    <xsd:element name="course" minOccurs="0" maxOccurs="unbounded">
        <xsd:sequence>
            <xsd:element name="cname" type="xsd:string" />
            <xsd:element name="cnumber" type="xsd:unsignedInt" />
            <xsd:element name="section" minOccurs="0" maxOccurs="unbounded">
                <xsd:sequence>
                    <xsd:element name="secnumber" type="xsd:unsignedInt" />
                    <xsd:element name="year" type="xsd:string" />
                    <xsd:element name="quarter" type="xsd:string" />
                    <xsd:element name="student" minOccurs="0" maxOccurs="unbounded">
                        <xsd:sequence>
                            <xsd:element name="ssn" type="xsd:string" />
                            <xsd:element name="sname" type="xsd:string" />
                            <xsd:element name="class" type="xsd:string" />
                            <xsd:element name="grade" type="xsd:string" />
                        </xsd:sequence>
                    </xsd:element>
                </xsd:sequence>
            </xsd:element>
        </xsd:sequence>
    </xsd:element>
    </xsd:sequence>
    </xsd:element>
```

그림 12.11 course를 루트로 하는 XML 스키마

두 번째로, 그림 12.12에서와 같이 STUDENT를 루트로 선택하는 문서 계층 구조를 생각할 수 있다. 이 계층 구조에서 각 student는 다수의 section을 서브요소로 가지고, SECTION과 COURSE가 N:1 관계이므로 각 section은 하나의 course를 자식으로 가진다. 따라서 그림 12.12에서와 같이 COURSE와 SECTION 요소를 통합할 수 있다. 또한, GRADE 데이터베이

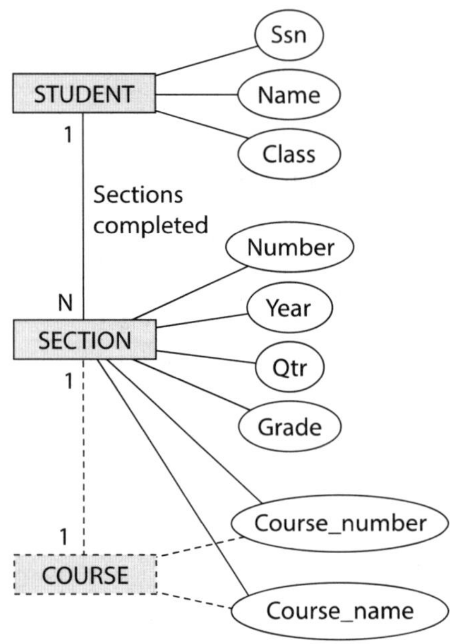


그림 12.12 STUDENT를 루트로 하는 계층 구조

```
<xsd:element name="root">
<xsd:sequence>
<xsd:element name="student" minOccurs="0" maxOccurs="unbounded">
    <xsd:sequence>
        <xsd:element name="ssn" type="xsd:string" />
        <xsd:element name="sname" type="xsd:string" />
        <xsd:element name="class" type="xsd:string" />
        <xsd:element name="section" minOccurs="0" maxOccurs="unbounded">
            <xsd:sequence>
                <xsd:element name="secnumber" type="xsd:unsignedInt" />
                <xsd:element name="year" type="xsd:string" />
                <xsd:element name="quarter" type="xsd:string" />
                <xsd:element name="cnumber" type="xsd:unsignedInt" />
                <xsd:element name="cname" type="xsd:string" />
                <xsd:element name="grade" type="xsd:string" />
            </xsd:sequence>
        </xsd:element>
    </xsd:sequence>
</xsd:element>
</xsd:sequence>
</xsd:element>
```

그림 12.13 student를 루트로 하는 XML 스키마

스 속성은 SECTION 요소로 이전된다. 이 계층 구조에서 통합된 COURSE/SECTION 정보는 section을 이수한 학생마다 중복되어 저장된다. 그림 12.13에서 단순화된 XML 스키마를 보여주고 있다.

세 번째로, 그림 12.14에서 보는 바와 같이 SECTION을 루트 노드로 하는 방법이다. 두 번째 방법과 마찬가지로 COURSE 정보는 SECTION과 통합되며, GRADE 데이터베이스 속성은 STUDENT 요소로 이동시킨다. 이와 같이 간단한 데이터베이스에 대해서도 서로 다른 루트 노드와 XML 문서 구조를 가지는 다양한 문서 계층 구조들이 만들어질 수 있다.

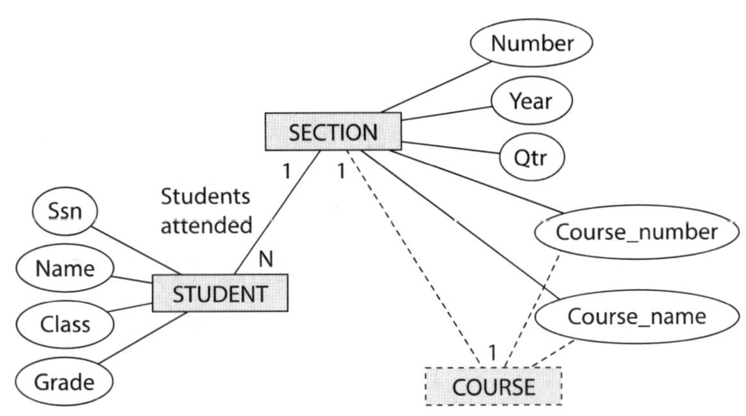


그림 12.14 SECTION을 루트로 하는 계층 구조

## 12.6.2 그래프를 트리로 변환하기 위한 순환 제거 방법

이전의 예에서는 관심 있는 데이터베이스 일부가 순환(cycle)을 가지지 않았다. 그러나 복잡한 질문의 경우 엔티티 사이의 다중 관계를 나타내는 하나 이상의 순환을 포함할 수 있다. 순환이 있는 경우 문서 계층 구조를 생성하는 것이 복잡하게 된다. 즉, 다중 관계를 표시하기 위하여 추가적인 엔티티 중복이 필요하다. 여기서는 그림 12.8의 ER 스키마를 이용한 예를 가지고 이 문제를 논의한다.

만일 그림 12.8의 엔티티 타입과 관계에 포함된 모든 정보를 이용하여 STUDENT를 루트로 하는 특정한 XML 문서를 만든다고 하자. 그림 12.15는 가능한 한 가지 방법을 보여주고 있다. 먼저 그림 12.15(a)에서 보는 바와 같이 STUDENT를 루트로 하는 격자 모형(lattice)을 생각할 수 있다. 이 그림은 순환(cycle)을 포함하고 있으므로 트리 구조는 아니다. 순환을 제거하는 방법으로는 순환에 포함된 노드를 중복시키면 된다. 그림 12.15 (b)에서는 INSTRUCTOR를 중복시키고 그 중 하나를 INSTRUCTOR1 이라고 표시하였다. 여기서 INSTRUCTOR는 강사와 그가 담당하는 sections 사이의 관계를 나타내고, INSTRUCTOR1은 강사와 그가 근무하는 department 사이의 관계를 나타낸다. 다음으로 그림 12.15(C)에서 보는 바와 같이 COURSE도 유사한 방법으로 중복시켜 순환을 제거한다. COURSE1은 course와 sections 사이의 관련성을, COURSE는 course와 department 사이의 관련성을 나타낸다.

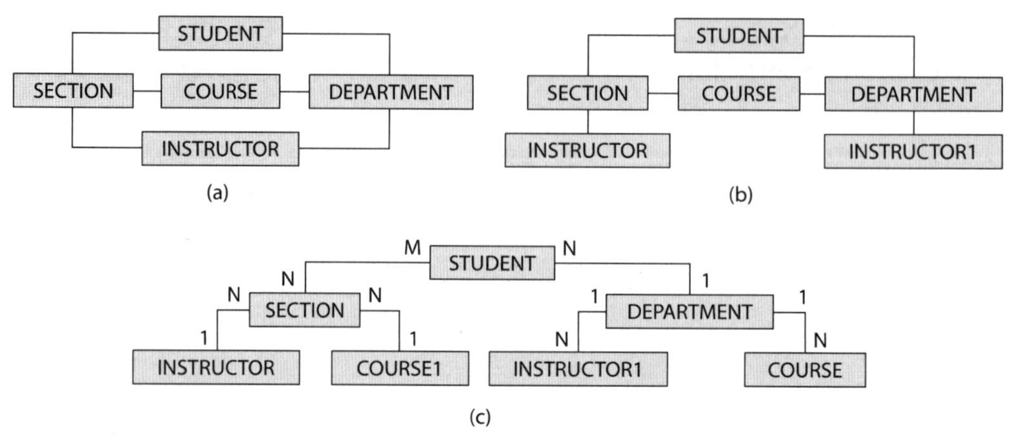


그림 12.15 순환을 가진 그래프를 트리 형태로 변환

그림 12.15(c)에서 처음의 그래프를 트리 형태로 변환한 모습을 보여준다. 사용자는 변환된 트리로부터 최종 XML 문서 트리를 생성하기 전에 추가적인 단순화를 수행할 수도 있다.

### 12.6.3 데이터베이스로부터 XML 문서를 추출하는 추가적인 작업

데이터베이스로부터 특정한 XML 문서를 추출하는 데는 적절한 XML 계층 구조와 그에 대응하는 XML 스키마를 생성하는 과정과 더불어 다음과 같은 과정도 필요하다.

1. XML 문서에서 요구하는 정보를 추출하기 위하여 정확한 SQL 질의를 생성해야 한다.
2. 질의가 실행되면 그 결과(관계형)를 XML 트리 구조로 변환해야 한다.
3. 질의는 하나의 객체를 선택하거나 혹은 다수의 객체를 선택할 수 있다. 예를 들어, 그림 12.13에서 질의는 하나의 학생을 선택한 후 그 결과를 트리 형태의 문서로 생성할 수도 있고, 또 다수의 학생을 선택한 후 이들을 문서로 생성할 수도 있다.

## 12.7 XML/SQL: XML 데이터 생성을 위한 SQL 기능

이 절에서는 최근 SQL 표준규격에 추가된 관계 데이터베이스로부터 XML 데이터 추출기법에 관한 내용을 소개한다. 이 기능은 질의의 결과를 XML 요소와 문서로 변환하는 기법으로 XML 계층구조의 루트노드를 명시하여 플랫한 관계 데이터베이스로부터 중첩된 계층 구조의 데이터를 만들어 낸다. 먼저, SQL에 추가된 기본 기능들을 소개한 후, 몇 가지 예를 소개한다.

다음은 소개될 주요 내용이다.

1. XMLELEMENT: XML 결과에 나타날 태그(요소) 이름을 명시하는데 사용된다. 각 컬럼과 복합원소에 대하여 태그 이름을 명시한다.
2. XMLFOREST: 다수의 태그(요소들)가 XML 결과에 필요한 경우 이 기능은 XMLELEMENT보다 다수의 요소 이름들을 편리하게 생성한다. 컬럼 이름들이 직접 나열되며, 콤마로 구분되며, 필요한 경우 재명명할 수 있다. 컬럼 이름이 재명명되지 않으면 요소의 이름으로 사용된다.
3. XMLAGG: 여러 요소들을 하나로 그루핑해서 서브요소들의 컬렉션으로 만들어 지고, 부모 요소 아래에 연결된다.
4. XMLROOT: 선택된 요소들이 하나의 루트 요소를 가지는 XML 문서로 변환된다.
5. XMLATTRIBUTES: XML 결과 요소들에 대하여 속성을 생성한다.

다음에서 SQL/XML 예제를 소개한다. 이들은 그림 4.5와 4.6의 EMPLOYEE 테이블을 가정하고 만들어진 예제이다. 첫 예제 X1은 Ssn이 "123456789"인 직원에 대하여 lastname을 포함하는 XML 요소를 생성한다.

```
X1: SELECT      XMLELEMENT (NAME "lastname", E.LName)
    FROM        EMPLOYEE E
    WHERE       E.Ssn = "123456789" ;
```

SQL 키워드 NAME은 XML 태그 (요소) 이름을 명시한다. 그림 4.6의 데이터에 대한 결과는

```
<lastname>Smith</lastname>
```

과 같이 될 것이다.

하나의 행에 대하여 다수의 컬럼을 검색하는 경우 부모 요소 안에서 XMLELEMENT의 다중 리스트를 사용할 수 있으며, 간단히 XMLFOREST를 사용할 수도 있다. X2는 이 예제를 보여준다.

```
X2: SELECT      XMLELEMENT (NAME "employee",
                   XMLFOREST (
                      E.Lname AS "ln",
                      E.Fname AS "fn",
                      E.Salary AS "sal") )
    FROM        EMPLOYEE AS E
    WHERE       E.Ssn = "123456789" ;
```

그림 4.6의 데이터에 대한 X2의 결과는 다음과 같다.

```
<employee><ln>Smith</ln><fn>John</fn><sal>30000</sal></employee>
```

만일 department 4에 근무하는 last name, first name, salary를 검색하여 XML 포맷으로 만들어 "dept4emps" 노드 아래에 만드는 경우의 예제는 다음과 같다.

```
X3: SELECT      XMLROOT (
                XMLELEMENT ( NAME "dept4emps",
                XMLAGG (
                    XMLELEMENT ( NAME "emp"
                    XMLFOREST (Lname, Fname, Salary)
                    ORDER BY Lname ) ) )
    FROM        EMPLOYEE
    WHERE       Dno = 4 ;
```

XMLROOT 함수는 하나의 로트 요소를 생성하여 XML 데이터가 well-formed 문서(하나의 루트를 갖는 트리)가 되게 한다. 그림 4.6의 데이터에 대하여 X3의 결과는 다음과 같다.

```
<dept4emps>
<emp><Lname>Jabbar</Lname><Fname>Ahmad</Fname><Salary>25000
    </Salary></emp>
<emp><Lname>Wallace</Lname><Fname>Jennifer
    </Fname><Salary>43000</Salary></emp>
<emp><Lname>Zelaya</Lname><Fname>Alicia</Fname><Salary>25000
    </Salary></emp>
</dept4emps>
```

이 예제들을 통해 사용자는 SQL 표준을 사용하여 질의 결과를 XML로 생성해 내는 과정을 이해할 수 있을 것이다.

## 12.8 요약

이 장에서는 인터넷상에서 데이터를 표현하고 교환하는 표준에 관하여 소개하였다. 먼저, 다양한 유형의 데이터를 세 가지 유형으로 분류하였다: 구조화된 데이터, 반구조화된 데이터, 비구조화된 데이터. 구조화된 데이터는 기존의 데이터베이스에 저장된다. 반구조화된 데이터는 데이터 타입 이름과 데이터 값을 혼용하며, 데이터가 하나의 고정된 구조를 따르지 않는다. 비구조화된 데이터는 HTML로 표시된 웹상의 데이터를 의미하며, 데이터의 타입이 지정되어 있지 않다.

다음으로 XML 표준과 그 트리 구조의 데이터 모델을 설명하고, XML 문서의 구조를 기술하는 데 사용되는 DTD와 XML 스키마를 설명하였다. 또한, XML 문서를 저장하는 다양한 방법을 소개하였으며, 이들 방법은 텍스트 형식, 압축된 형식, 관계형 혹은 다른 데이터베이스 형식 등으로 구분된다. 마지막으로 XML 데이터를 질의하는 데 사용되는 XPath와 XQuery에 관하여 간단히 소개하였다. 그리고, 기존의 데이터베이스에 저장된 자료를 검색하여 XML 문서로 변환하는 방법도 설명하였다. 마지막으로 SQL/XML이라는 SQL 질의 결과를 XML 데이터로 변환하는 기법을 소개하였다.

## 복습문제

12.1 구조화된 문서, 반구조화된 문서, 비구조화된 문서의 차이점은 무엇인가?

12.2 XML 문서는 이들 중 어느 부류에 속하는가? 자기 기술형(self-describing) 데이터는 어느 부류에 속하는가?

12.3 XML과 HTML에서 태그의 차이점은 무엇인가?

12.4 XML 문서에서 데이터-중심(data-centric)과 문서-중심(document-centric)의 차이점은 무엇인가?

12.5 XML에서 속성과 요소의 차이점은 무엇인가? XML 스키마에서 요소를 명시하는데 사용되는 중요한 속성들을 나열하라.

12.6 XML 스키마와 XML DTD의 차이점은 무엇인가?

## 연습문제

12.7 그림 4.6의 관계 데이터베이스에 저장된 데이터와 일치하는 XML 문서를 작성하되 그림 12.5의 XML 스키마와 일치하도록 하라.

12.8 그림 12.14와 12.15(C)의 계층과 일치하는 XML 스키마와 XML DTD를 생성하라.

12.9 그림 5.6의 LIBRARY 관계 데이터베이스에 대하여 대응하는 XML 스키마를 생성하라.

12.10 그림 12.5의 *company* XML 스키마에 대하여 다음의 뷰를 XQuery로 작성하라.

a. 각 department에 대하여 department name, manager name, manager salary를 포함하는 뷰

b. Research 부서에 근무하는 각 employee에 대하여 employee name, supervisor name, employee salary를 포함하는 뷰

c. 각 project에 대하여 주당 근무 시간, employee 수, 관리부서, project name을 포함하는 뷰

d. 한 명 이상의 employee가 참여하는 각 project에 대하여 주당 근무 시간, employee 수, 관리부서, project name을 포함하는 뷰

## 주요 참고문헌

XML의 다양한 측면을 다루는 논문과 책은 무수히 많으나 여기서 추천하는 책은 Chaudhri, Rashid, Zicari(2003)가 쓴 책이다. 이 책은 XML의 다양한 측면을 다루고 있으며, XML 연구와 실제 구현에 관한 최신의 참고문헌을 담고 있다.

# 관계 데이터베이스의 함수적 종속성과 정규화 기본 이론

4장에서 7장까지 관계 모델의 다양한 면과 관련 언어에 대해 논의하였다. 각 릴레이션 스키마는 여러 개의 애트리뷰트로 구성되고 관계 데이터베이스 스키마는 이런 릴레이션 스키마들로 이루어진다. 지금까지는 데이터베이스 설계자의 상식이나 ER 모델과 같은 개념적 데이터 모델 또는 다른 몇 가지 개념적 데이터 모델로부터 데이터베이스 스키마 설계를 릴레이션 스키마로 사상함으로써 애트리뷰트들이 각각의 그룹으로 나누어진다고 가정하였다. 이들 모델은 설계자가 엔티티 타입, 관계 타입, 그리고 이들의 대표적 애트리뷰트를 식별할 수 있도록 한다. 이러한 식별은 제8장의 사상 절차를 따랐을 때, 자연스럽고 논리적인 에트리뷰트 그룹핑이 가능하도록 한다. 그러나 하나의 릴레이션 스키마로 나타내기 위해서 애트리뷰트들을 그룹으로 묶는 한 방법이 다른 방법보다 왜 더 좋은지에 관한 공식적인 분석 방법이 필요하다. 하지만 3장과 8장의 데이터베이스 설계에 관한 논의에서는 설계 품질을 평가하기 위해 단지 설계자의 직관을 이용하였다. 이 장에서는 릴레이션 스키마의 설계 품질을 평가하기 위해 개발된 몇 가지 이론에 관해서 논의한다. – 즉, 릴레이션 스키마로 나타내기 위해 애트리뷰트들을 그룹으로 묶은 한 방법이 다른 방법보다 왜 더 좋은지 평가한다.

릴레이션 스키마가 제대로 설계되었는지 검사하기 위해서 두 개의 단계를 둔다. 첫 번째는 논리적 단계(logical level) 또는 개념적 단계(conceptual level)이다. 이 단계에서는 사용자가 릴레이션 스키마와 릴레이션 스키마의 애트리뷰트들의 의미를 어떻게 해석하느냐를 다룬다. 이 단계에서 좋은 릴레이션 스키마를 가지면 사용자가 릴레이션 내의 데이터의 의미를 정확하게 이해하고, 해당 릴레이션에 질의를 정확하게 할 수 있다. 두 번째 단계는 구현 단계(implementation level) 또는 물리적 저장 단계(physical storage level)이다. 이 단계에서는 기본 릴레이션의 투플들이 어떻게 저장되고 갱신되는가를 나타낸다. 이 단계에서는 뷰와 같은 가상 릴레이션을 제외하고, 실제로 파일로 저장되는 기본 릴레이션들에 관해서만 고려한다. 이에 반해서 논리적 단계에서는 기본 릴레이션과 뷰들로 이루어진 스키마를 다룬다. 13.1장에서 볼 수 있듯이 이 장에서 개발하는 관계 데이터베이스 설계 이론은 뷰에도 적용할 수 있지만 주로 기본 릴레이션에 적용한다.

많은 설계 문제들과 마찬가지로 데이터베이스 설계도 상향식 방법이나 하향식 방법의 두 가지 방법을 사용하여 수행될 수 있다. 상향식 설계 방법론(합성에 의한 설계라고도 불린다)은 개별 애트리뷰트들 사이의 기본적인 관계를 고려하는 것을 시작으로 하여, 이들을 이용해서 릴레이션 스키마를 생성하는 방법론이다. 시작 시점에 애트리뷰트 사이의 이진 관계들을 많이 모아야 하는 문제로 인해 이 방식은 실제로 잘 사용되지 않는다.[1] 실제 상황에서 애트리뷰트 쌍에 대한 이 같은 모든 이진 관계를 포착하는 것은 거의 불가능하다. 이와 반대로 하향식 설계 방법론(분석에 의한 설계라고도 불린다)은 예를 들어, 명세 청구서, 형식, 혹은 리포트에 자연스럽게 존재하는 애트리뷰트들을 그룹화하여 만든 릴레이션들을 사용하여 설계를 시작한다. 그러고 나서, 릴레이션들을 개별적, 통합적으로 분석하고, 모든 바람직한 특성이 만족될 때까지 분해를 수행한다. 이 장에서 설명하는 이론은 주로 하향식 설계 방법론에 적용 가능하기 때문에 파일, 리포트, 그리고 실제 상황의 형식에 함께 나타나는 에트리뷰트 집합을 분석 및 분해하여 데이터베이스를 설계할 때 더 적합하다.

관계 데이터베이스 설계는 궁극적으로 릴레이션들의 집합을 만든다. 설계 활동의 묵시적인 목적은 정보 보존과 중복의 최소화이다. 정보는 정량화하기 매우 어렵다. 따라서, 정보 보존은 EER 모델과 같이 모델로 표현되는 일반화/전문화된 관계(relationship)뿐 아니라 애트리뷰트 타입, 엔티티 타입, 관계 타입을 포함한 모든 개념을 보존한다는 관점에서 정보 보존을 고려한다. 그러므로, 릴레이션 설계는 개념적 설계를 논리적 설계로 사상한 후, 개념적 설계에서 포착되는 모든 개념이 논리적 설계에서 보존되도록 해야 한다. 중복의 최소화는 동일한 정보의 중복 저장을 최소화하며, 갱신이 발생하는 경우 동일한 정보의 여러 복사본에 대해 일관성 유지를 위한 갱신 요청의 최소화를 목적으로 한다.

13.1절에서는 어떤 릴레이션 스키마가 좋고 어떤 릴레이션 스키마가 나쁜지를 판단하기 위한 개략적인 몇 가지 지침을 제시한다. 13.2절에서는 어떻게 애트리뷰트들을 묶어서 하나의 릴레이션으로 만들어야 하는지에 대한 체계적이고 공식적인 도구인 함수적 종속성의 개념을 정의한다. 13.3절에서는 정규형과 함수적 종속성을 사용한 정규화의 처리에 관해 논의한다. 성공적인 정규형은 기본키와 함수적 종속성들을 사용하여 표현된 바람직한 제약 조건들의 집합을 만족하는 것으로 정의할 수 있다. 정규화 과정은 점진적으로 더 엄격한 정규형을 만족하도록 릴레이션들을 분석하는 과정으로 이루어지며, 필요하다면 이 과정에서 릴레이션들을 분해한다. 13.4절에서는 주어진 설계에 직접적으로 적용할 수 있고 단계적인 분석과 정규화를 요구하지 않는 좀 더 일반적인 정규형의 정의에 관해서 설명한다. 13.5절에서 13.7절

---

1) 이러한 접근이 실제적으로 사용되는 예외는 이진 관계 모델이라 불리는 모델에 기반을 둔다. 예를 들어, NIAM 방법론을 들 수 있다(Verheijen과 VanBekkum 1982).

까지는 제5정규형까지의 추가적인 정규형을 설명한다. 13.6절에서는 다치 종속성(MVD: multivalued dependency)을 설명하고, 13.7절에서는 조인 종속성(JD: join dependency)을 설명한다. 마지막으로 13.8절에서 전체 장을 요약한다.

14장에서는 좋은 릴레이션 스키마의 설계와 관련이 있는 이론의 발전에 관해서 논의한다. 그리고 릴레이션 분해의 바람직한 특징 즉, 비부가적 조인(nonadditive join) 특성과 함수적 종속성 보존(functional dependency preservation) 특성에 대해 논의한다. 릴레이션 분해 여부를 테스트하는 알고리즘은 비부가적 (혹은 무손실) 조인 속성을 갖는다.

다음으로, 함수적 종속성의 특성과 종속성에 대한 최소 커버 개념을 설명한다. 그리고 바람직한(desired) 정규형에서 릴레이션을 설계하기 위한 알고리즘들의 집합으로 구성된 데이터베이스 설계 방법으로 상향식 설계 방법을 제시한다. 이 알고리즘들은 함수적 종속성의 집합이 입력으로 주어진다고 가정한다. 그리고, 위의 바람직한 특징들을 유지하면서 목표 정규형에 맞도록 릴레이션을 설계한다. 14장에서는 릴레이션 스키마의 적합성 평가를 향상시키는 추가적인 종속성 타입들을 정의한다.

만약 강의에서 14장을 다루지 않는 경우 14.2절에 설명된 릴레이션 분해의 바람직한 특성과 릴레이션 분해시 비부가적 조인 특성의 중요성을 읽어보기 바란다.

## 13.1 릴레이션 스키마를 설계하는 몇 가지 개략적인 지침

관계 데이터베이스 설계의 정식 이론에 대해 논의하기 전에, 릴레이션 스키마 설계의 수준을 결정하기 위한 척도로 사용될 수 있는 네 가지 개략적 지침에 대해 설명한다. 앞으로 설명하겠지만 이 기준들은 항상 서로 독립적이지는 않다.

- 애트리뷰트들의 의미(semantics)가 스키마에서 명확한지 확인함
- 투플들에서 중복되는 값들을 줄임
- 투플들에서 널 값들을 줄임
- 가짜 투플(spurious tuple)을 허용하지 않음

### 13.1.1 릴레이션 애트리뷰트들의 의미

릴레이션 스키마를 형성하기 위해 애트리뷰트들을 집단화할 때 한 릴레이션에 속하는 애트리뷰트들은 실세계에서 어떤 의미를 가져야 하며, 그에 합당한 적절한 해석을 가져야 한다. 릴레이션의 의미는 투플에 있는 애트리뷰트 값들의 해석에 대한 의미와 연관된다. 4장에서는 릴레이션이 어떻게 사실들의 집합으로 해석될 수 있는지 설명하였다. 만약 3장에서 설명한 개념적 설계가 신중하게 수행되고 8장의 사상 과정을 체계적으로 따른다면, 관계 스키마 설계는 명확한 의미를 가진다.

일반적으로 릴레이션의 의미가 보다 쉽게 설명될수록 더 나은 릴레이션 스키마 설계가 가능하다고 할 수 있다. 그림 13.1과 13.2의 스키마를 살펴보자. 그림 13.1의 스키마는 그림 4.5의 COMPANY 관계 데이터베이스 스키마를 단순화시킨 스키마이다. 그림 13.2는 그림 13.1 스키마에 데이터를 추가한 릴레이션의 예제이다. EMPLOYEE 릴레이션 스키마의 의미는 아주 간단하다. 각 투플은 한 명의 사원을 나타내는데, 각 사원에 대해서 사원의 이름(Ename), 사회보장번호(Ssn), 생년월일(Bdate), 주소(Address), 일하는 부서 번호(Dnumber)를 나타낸다. 애트리뷰트 Dnumber는 EMPLOYEE 스키마와 DEPARTMENT 스키마 사이의 암시적인 관계를 나타내는 외래키이다. DEPARTMENT와 PROJECT 스키마의 의미 또한 쉽게 해석된다. DEPARTMENT 스키마의 각 투플은 부서 엔티티를 나타내고, PROJECT 스키마의 각 투플은 프로젝트 엔티티를 나타낸다. DEPARTMENT 스키마의 Dmgr_ssn 애트리뷰트는 부서와 그 부서 관리자 사이의 관계를 맺어준다. 그리고 PROJECT 스키마의 Dnum 애트리뷰트는 프로젝트와 그 프로젝트를 관리하고 있는 부서 사이의 관계를 맺어준다. 즉, 이 두 애트리뷰트는 외래키 애트리뷰트이다. 릴레이션에 속하는 애트리뷰트들의 의미를 얼마나 쉽게 설명할 수 있는가 하는 것은 릴레이션이 얼마나 잘 설계되었는지를 나타내는 비정형적인 척도이다.

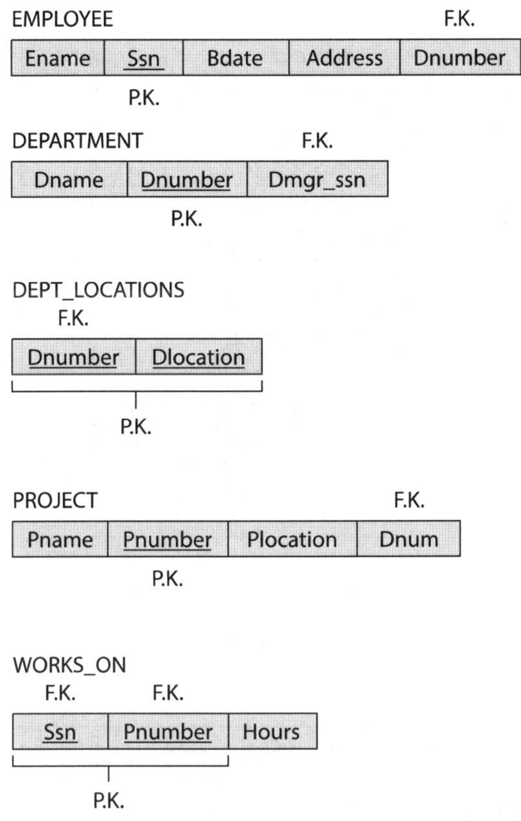


그림 13.1 단순화된 COMPANY 관계 데이터베이스 스키마

그림 13.1에서 DEPT_LOCATIONS 스키마와 WORKS_ON 스키마의 의미는 좀더 복잡하다. DEPT_LOCATIONS 스키마의 각 투플은 부서 번호(Dnumber)와 그 부서의 여러 위치(Dlocation)들 중의 하나를 가진다. WORKS_ON 스키마의 각 투플은 사원의 사회보장번호(Ssn)와 그 사원이 근무하는 프로젝트들 중 하나의 프로젝트 번호(Pnumber), 그 사원이 그 프로젝트에서 주당 일하는 시간 수(Hours)를 나타낸다. 그러나 두 스키마 모두 명확한 의미를 가진다. WORKS_ON은 EMPLOYEE와 PROJECT 사이의 M:N 관계를 나타내는 반면, DEPT_LOCATIONS는 DEPARTMENT의 다치 애트리뷰트를 나타낸다. 즉, 그림 13.1에 있는 모든 릴레이션 스키마의 설명이 용이해지고, 명확한 의미를 갖는다는 관점에서 잘 설계되었다고 볼 수 있다. 따라서 비정형적인 설계 지침은 다음과 같이 공식화할 수 있다.

**지침 1.** 의미가 쉽게 전달되도록 릴레이션 스키마를 설계한다. 여러 개의 엔티티 타입과 관계 타입의 애트리뷰트들을 섞어서 하나의 릴레이션을 구성하면 안 된다. 직관적으로, 하나의 릴레이션 스키마가 하나의 엔티티 타입이나 하나의 관계 타입에 대응된다면, 그 의미를 해석하고 설명하기가 쉽다. 그렇지 않고, 여러개의 엔티티 타입과 관계 타입이 한 릴레이션에 섞이게 되면, 이미가 모호하게 되고 릴레이션을 쉽게 설명할 수 없다.

EMPLOYEE

| Ename | Ssn | Bdate | Address | Dnumber |
|---|---|---|---|---|
| Smith, John B. | 123456789 | 1965-01-09 | 731 Fondren, Houston, TX | 5 |
| Wong, Franklin T. | 333445555 | 1955-12-08 | 638 Voss, Houston, TX | 5 |
| Zelaya, Alicia J. | 999887777 | 1968-07-19 | 3321 Castle, Spring, TX | 4 |
| Wallace, Jennifer S. | 987654321 | 1941-06-20 | 291Berry, Bellaire, TX | 4 |
| Narayan, Ramesh K. | 666884444 | 1962-09-15 | 975 Fire Oak, Humble, TX | 5 |
| English, Joyce A. | 453453453 | 1972-07-31 | 5631 Rice, Houston, TX | 5 |
| Jabbar, Ahmad V. | 987987987 | 1969-03-29 | 980 Dallas, Houston, TX | 4 |
| Borg, James E. | 888665555 | 1937-11-10 | 450 Stone, Houston, TX | 1 |

DEPARTMENT

| Dname | Dnumber | Dmgr_ssn |
|---|---|---|
| Research | 5 | 333445555 |
| Administration | 4 | 987654321 |
| Headquarters | 1 | 888665555 |

DEPT_LOCATIONS

| Dnumber | Dlocation |
|---|---|
| 1 | Houston |
| 4 | Stafford |
| 5 | Bellaire |
| 5 | Sugarland |
| 5 | Houston |

WORKS_ON

| Ssn | Pnumber | Hours |
|---|---|---|
| 123456789 | 1 | 32.5 |
| 123456789 | 2 | 7.5 |
| 666884444 | 3 | 40.0 |
| 453453453 | 1 | 20.0 |
| 453453453 | 2 | 20.0 |
| 333445555 | 2 | 10.0 |
| 333445555 | 3 | 10.0 |
| 333445555 | 10 | 10.0 |
| 333445555 | 20 | 10.0 |
| 999887777 | 30 | 30.0 |
| 999887777 | 10 | 10.0 |
| 987987987 | 10 | 35.0 |
| 987987987 | 30 | 5.0 |
| 987654321 | 30 | 20.0 |
| 987654321 | 20 | 15.0 |
| 888665555 | 20 | Null |

PROJECT

| Pname | Pnumber | Plocation | Dnum |
|---|---|---|---|
| ProductX | 1 | Bellaire | 5 |
| ProductY | 2 | Sugarland | 5 |
| ProductZ | 3 | Houston | 5 |
| Computerization | 10 | Stafford | 4 |
| Reorganization | 20 | Houston | 1 |
| Newbenefits | 30 | Stafford | 4 |

그림 13.2 그림 13.1의 관계 데이터베이스 스키마를 위한 데이터베이스 상태의 예

**지침 1의 위반 사례.** 그림 13.3(a)와 13.3(b)의 릴레이션 스키마는 명확한 의미를 가진다(그림 밑에 그은 선들을 지금은 무시해도 좋다. 선들에 대해서는 13.2절에서 함수적 종속성을 설명할 때 언급한다). 그림 13.3(a)의 EMP_DEPT 릴레이션 스키마의 각 투플은 사원에 대한 정보뿐만 아니라, Dnumber(사원이 근무하는 부서의 식별자), 사원

이 일하는 부서 이름(Dname), 그리고 그 부서 관리자의 사회보장번호(Dmgr_ssn) 정보까지 포함한다. 그림 13.3(b)의 EMP_PROJ 릴레이션 스키마의 각 투플은 사원과 프로젝트 사이의 관계를 맺어주는 정보뿐만 아니라, 사원 이름(Ename), 프로젝트 이름(Pname), 프로젝트 위치(Plocation) 정보까지 포함한다. 이 두 릴레이션은 논리적으로는 잘못된 설계가 아니지만 다른 실세계 엔티티들로부터 애트리뷰트들을 섞어 놓았기 때문에 지침 1을 위반한다. 즉, EMP_DEPT는 사원과 부서의 애트리뷰트들을 혼합했고, EMP_PROJ는 사원, 프로젝트 및 WORKS_ON 관계의 애트리뷰트들을 섞어 놓았다. 따라서, 이 두 릴레이션 스키마는 위의 설계 수준의 척도에 대해 좋지 않게 평가된다. 이 두 릴레이션 스키마는 뷰로 사용될 수는 있으나, 다음 절에서 보다 자세히 설명하겠지만 기본 릴레이션으로 사용되면 여러 가지 문제가 발생할 수 있다.

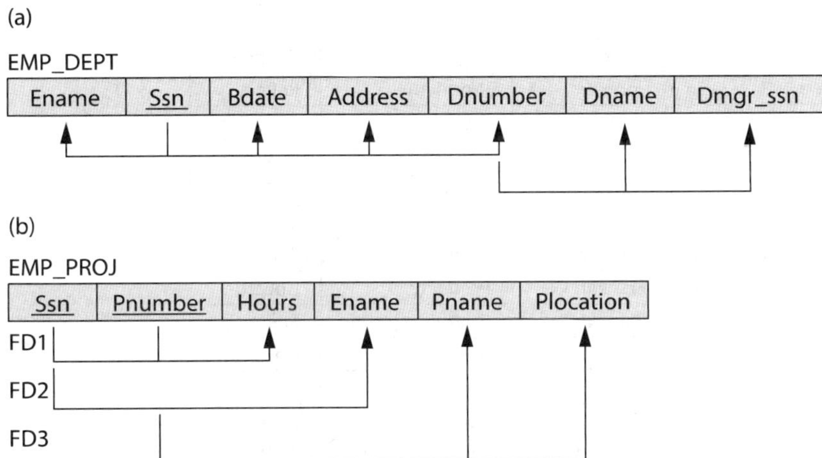


그림 13.3 갱신 이상이 발생하는 두 릴레이션 스키마 (a) EMP_DEPT, (b) EMP_PROJ

### 13.1.2 투플에서 중복된 정보와 갱신 이상

스키마 설계의 목표 중 하나는 기본 릴레이션들(그리고 대응하는 파일들)에 의해 사용되는 저장 공간을 최소화하는 것이다. 어떻게 애트리뷰트들을 묶어서 릴레이션 스키마로 만드느냐에 따라 필요한 저장 공간의 크기가 크게 달라진다. 예를 들어, 그림 13.2의 두 개의 기본 릴레이션 EMPLOYEE와 DEPARTMENT에서 사용되는 저장 공간과 그림 13.4의 기본 릴레이션 EMP_DEPT에서 사용되는 저장 공간을 비교해 보자. EMP_DEPT는 EMPLOYEE와 DEPARTMENT에 자연 조인을 수행한 결과이다. EMP_DEPT에서는 어떤 특정 부서를 표현하는 애트리뷰트 값(Dnumber, Dname, Dmgr_ssn)들이 그 부서에서 일하는 모든 사원 정보에 중복되어 저장된다. 그러나 그림 13.2의 DEPARTMENT 릴레이션에서는 각 부서의 정보가 한 번만 나타난다. 단지 외래키인 부서 번호(Dnumber)만이 그 부서에서 근무하는 각 사원에 대해서 EMPLOYEE에 중복될 뿐이다. 마찬가지로 릴레이션 EMP_PROJ(그림 13.4)는 WORKS_ON 릴레이션에 EMPLOYEE와 PROJECT의 일부 애트리뷰트들이 중복되어 저장된 것이다.

Redundancy

EMP_DEPT

| Ename | Ssn | Bdate | Address | Dnumber | Dname | Dmgr_ssn |
|---|---|---|---|---|---|---|
| Smith, John B. | 123456789 | 1965-01-09 | 731 Fondren, Houston, TX | 5 | Research | 333445555 |
| Wong, Franklin T. | 333445555 | 1955-12-08 | 638 Voss, Houston, TX | 5 | Research | 333445555 |
| Zelaya, Alicia J. | 999887777 | 1968-07-19 | 3321 Castle, Spring, TX | 4 | Administration | 987654321 |
| Wallace, Jennifer S. | 987654321 | 1941-06-20 | 291 Berry, Bellaire, TX | 4 | Administration | 987654321 |
| Narayan, Ramesh K. | 666884444 | 1962-09-15 | 975 FireOak, Humble, TX | 5 | Research | 333445555 |
| English, Joyce A. | 453453453 | 1972-07-31 | 5631 Rice, Houston, TX | 5 | Research | 333445555 |
| Jabbar, Ahmad V. | 987987987 | 1969-03-29 | 980 Dallas, Houston, TX | 4 | Administration | 987654321 |
| Borg, James E. | 888665555 | 1937-11-10 | 450 Stone, Houston, TX | 1 | Headquarters | 888665555 |

Redundancy Redundancy

EMP_PROJ

| Ssn | Pnumber | Hours | Ename | Pname | Plocation |
|---|---|---|---|---|---|
| 123456789 | 1 | 32.5 | Smith, John B. | ProductX | Bellaire |
| 123456789 | 2 | 7.5 | Smith, John B. | ProductY | Sugarland |
| 666884444 | 3 | 40.0 | Narayan, Ramesh K. | ProductZ | Houston |
| 453453453 | 1 | 20.0 | English, Joyce A. | ProductX | Bellaire |
| 453453453 | 2 | 20.0 | English, Joyce A. | ProductY | Sugarland |
| 333445555 | 2 | 10.0 | Wong, Franklin T. | ProductY | Sugarland |
| 333445555 | 3 | 10.0 | Wong, Franklin T. | ProductZ | Houston |
| 333445555 | 10 | 10.0 | Wong, Franklin T. | Computerization | Stafford |
| 333445555 | 20 | 10.0 | Wong, Franklin T. | Reorganization | Houston |
| 999887777 | 30 | 30.0 | Zelaya, Alicia J. | Newbenefits | Stafford |
| 999887777 | 10 | 10.0 | Zelaya, Alicia J. | Computerization | Stafford |
| 987987987 | 10 | 35.0 | Jabbar, Ahmad V. | Computerization | Stafford |
| 987987987 | 30 | 5.0 | Jabbar, Ahmad V. | Newbenefits | Stafford |
| 987654321 | 30 | 20.0 | Wallace, Jennifer S. | Newbenefits | Stafford |
| 987654321 | 20 | 15.0 | Wallace, Jennifer S. | Reorganization | Houston |
| 888665555 | 20 | Null | Borg, James E. | Reorganization | Houston |

그림 13.4 그림 13.2의 릴레이션들을 자연 조인한 결과인 EMP_DEPT와 EMP_PROJ에 대한 상태들의 예. 이 릴레이션들은 성능상의 이유로 인해 기본 릴레이션으로 저장될 수 있음

저장 공간을 줄이기 위해 기본 릴레이션을 자연 조인 저장하는 것은 갱신 이상(update anomaly)으로 불리는 추가적인 문제점을 초래한다. 갱신 이상은 삽입 이상(insertion anomaly), 삭제 이상(deletion anomaly), 수정 이상(modification anomaly) 등으로 구분한다.[2)]

**삽입 이상.** 삽입 이상은 두 가지 유형으로 구분될 수 있다. EMP_DEPT 릴레이션을 사용한 예들을 가지고 설명한다.

- EMP_DEPT에 새로운 사원 투플을 삽입하려면 반드시 사원이 일하는 부서에 대한 정보를 명시하거나, 아직 부서가 없는 경우는 널 값을 명시해야 된다. 예를 들어, 5번 부서에서 일하는 사원 투플을 삽입하려면 EMP_DEPT에서 5번 부서와 관련된 다

2) 14.3절에서 설명하겠지만 이와 같은 이상들은 릴레이션을 정규화해야 하는 필요성을 입증하기 위해서 Codd(1972a)가 제안하였다.

른 투플들에서 5번 부서에 대응하는 값들의 일관성을 유지하기 위해 반드시 5번 부서에 관련된 모든 애트리뷰트 값들을 정확하게 삽입해야 된다. 그림 13.2에서는 부서 정보 중에서 부서 번호만 사원 투플에 입력하므로 일관성 문제는 고려할 필요가 없다. 즉, 부서 번호를 제외하고 5번 부서에 관한 모든 애트리뷰트 값들은 DEPARTMENT 릴레이션에 하나의 투플로 한 번만 저장된다.

- 사원이 없는 새 부서를 EMP_DEPT 릴레이션에 삽입하기가 어렵다. 삽입할 수 있는 유일한 방법은 사원 정보를 나타내는 애트리뷰트 값들을 모두 널 값으로 채우는 것이다. 그러나 이 경우에는 EMP_DEPT의 기본키인 Ssn이 널이 될 수 없기 때문에 개체 무결성을 위반한다. 게다가, 첫 번째 사원이 해당 부서에 배정되면 널 값이 포함된 투플이 더 이상 필요하지 않다. 이 문제 또한 그림 13.2에서는 발생하지 않는다. 왜냐하면 사원이 없는 부서도 하나의 투플로 DEPARTMENT 릴레이션에 저장될 수 있기 때문이다. 그리고 사원이 하나의 부서에 속하게 될 때마다 사원에 대한 투플이 EMPLOYEE에 저장된다.

**삭제 이상.** 삭제 이상의 문제는 앞에서 설명한 두 번째의 삽입 이상과 관련이 있다. 만약 어떤 부서에서 일하는 유일한 사원에 대한 투플을 삭제하게 되면 의도치 않게 그 부서에 대한 정보도 데이터베이스에서 없어지게 된다. 그러나 그림 13.2와 같이 부서에 대한 투플들이 다른 릴레이션에 저장되면 이런 문제가 해결된다.

**수정 이상.** 릴레이션 EMP_DEPT에서 특정 부서에 관련된 애트리뷰트 값을 갱신하면 —예를 들어 5번 부서의 관리자를 변경하면— 그 부서에서 일하는 모든 사원 투플에 대해서 갱신해야 한다. 그렇지 않으면 데이터베이스는 일관성을 잃게 된다. 만약 일부 투플들을 갱신하는 데 실패하면 같은 부서에서 근무하는 사원들이 서로 다른 관리자를 가지게 되는 문제가 발생한다.[3)]

이러한 세 가지 이상은 바람직하지 않으며, 회피할 수 있는 불필요한 갱신을 요구할 뿐 아니라 데이터의 일관성 유지를 어렵게 한다는 것을 쉽게 알 수 있다. 따라서, 다음과 같은 지침을 명시할 수 있다.

**지침 2.** 릴레이션에서 삽입, 삭제, 또는 수정 이상이 생기지 않도록 기본 릴레이션 스키마를 설계한다. 만약 어떤 이상이 존재하면[4)], 그것을 잘 이해하여 데이터베이스를 수정하는 프로그램들이 올바르게 동작할 수 있도록 작성한다.

두 번째 지침은 어느 면에서는 첫 번째 지침과 일맥상통한다. 스키마 설계가 이런 지침들을 만족하는지 검사하기 위해서는 좀 더 체계적이고 공식적인 방법이 필요하다. 13.2절부터 13.4절에서 공식적인 개념들을 제시한다. 그러나 어떤 질의들을 효율적으로 수행하기 위해서는 때로 이런 지침들을 따르지 않을 수도 있음을 주목해야 한다. EMP_DEPT가 EMPLOYEE와 DEPARTMENT의 기본 릴레이션 외에(구체화된 뷰로도 알려진) 저장된 릴레이션을 추가로 사용한다면, EMP_DEPT에서 발생하는 이상들을 주의 깊게 고려하여 (예

3) 이 모든 투플들이 하나의 SQL 질의에 의해 수정될 수 있으므로, 이것은 다른 문제들만큼 심각한 문제는 아니다.

4) 애플리케이션의 다른 고려사항이 피하기 어려운 이상을 일으키기도 한다. 예를 들어, EMP_DEPT 릴레이션은 빈번하게 요구되는 질의 또는 리포트에 대응될 수 있다.

를 들어, 트리거를 사용하거나 자동 변경을 수행하는 저장된 프로시저를 사용하여) 데이터베이스의 일관성을 잃지 않도록 주의해야 한다. 일반적으로 기본 릴레이션은 이상이 생기지 않게 하고, 대신 중요한 질의가 자주 참조하는 애트리뷰트들은 조인을 이용하여 만든 뷰를 사용하도록 한다.

## 13.1.3 투플의 널 값

스키마를 설계하다 보면 여러 애트리뷰트들이 모여서 하나의 큰 릴레이션을 형성할 수 있다. 이 경우 애트리뷰트들 중 상당수가 널 값을 가지게 될 수 있다.이렇게 되면 저장 단계에서 공간을 낭비하게 되고, 논리적 차원에서는 조인 연산들을 명시하기 힘들고, 애트리뷰트들의 의미를 이해하기 어려운 문제점이 있다.[5] 또 다른 문제점은 COUNT나 SUM과 같은 집단 함수들이 적용되었을 때 널 값들을 어떻게 처리해야 할 것인지이다.

선택이나 조인 연산자는 비교를 동반한다. 만약 널 값들이 존재하면, 결과는 예측할 수 없게 된다.[6] 더욱이 널 값은 다음과 같이 여러 가지로 해석이 가능하다.

- 널 값을 가진 애트리뷰트가 이 투플에는 적용되지 않는다. 예를 들어, 비자 상태는 자국의 학생들에게 적용되지 않는다.
- 이 투플에서 애트리뷰트의 값이 아직 알려져 있지 않다(모른다). 예를 들어, 직원의 생년월일은 알려지지 않을 수 있다.
- 애트리뷰트 값을 알고 있지만 아직 기록되지는 않았다. 예를 들어, 사원의 집 전화번호는 존재하지만, 가용하지 않거나 아직 기록되지 않을 수 있다.

모든 널 값을 동일하게 표현하면 널 값이 갖는 여러 의미를 훼손하게 된다. 그러므로 이를 해결하기 위한 지침을 다음과 같이 정한다.

**지침 3.** 널 값을 자주 가질 수 있는 애트리뷰트를 가능한 한 기본 릴레이션의 애트리뷰트로 포함하지 않는다. 만약 널 값을 포함할 수밖에 없다면 예외적인 경우에만 포함하고 대다수 투플들에 대해서는 널 값이 없도록 한다.

릴레이션에서 널을 가질지도 모르는 열을 포함할지 혹은(적절한 키 열들을 가진) 그러한 열을 분리된 릴레이션으로 가질지를 결정하는 중요한 두 가지 척도는 저장 공간의 효율적 사용과 널 값을 갖는 조인을 가능한 피하는 것이다. 예를 들어, 사원들 중 15%만이 개인 사무실을 가지고 있는 경우 Office_number라는 애트리뷰트를 EMPLOYEE 릴레이션에 추가하지 않고, EMP_OFFICES (Essn, Office_number)라는 새로운 릴레이션을 만들어서 개인 사무실을 가지고 있는 사원에 대해서만 이 릴레이션에 투플들을 삽입한다.

---

5) 이는 널값이 조인에 참여하는 경우에 내부 조인과 외부 조인이 다른 결과를 생성하기 때문이다. 따라서 사용자는 다양한 조인의 서로 다른 의미를 반드시 파악해야 한다. 고급 사용자에게는 이런 요구가 타당해 보이지만 일반 사용자에게는 어려운 것으로 여겨진다.

6) 결과가 TRUE, FALSE, 및 UNKNOWN 3가지의 값을 가지는 논리에서 널값이 연루된 비교에 대해서는 4.5.1절에서 설명한다.

### 13.1.4 가짜 투플의 생성

그림 13.3(b)의 EMP_PROJ 릴레이션 대신 사용할 수 있는 그림 13.5(a)의 두 개의 릴레이션 스키마 EMP_LOCS와 EMP_PROJ1을 고려해 보자. EMP_LOCS에 있는 각 투플은 사원의 이름(Ename)과 사원이 일하는 프로젝트가 수행되고 있는 위치(Plocation)를 나타낸다. EMP_PROJ1의 각 투플은 사원의 사회보장번호(Ssn)와 프로젝트 번호(Pnumber), 프로젝트를 위해 주당 일하는 시간 수(Hours), 프로젝트 이름(Pname), 프로젝트가 수행되고 있는 위치(Plocation)를 나타낸다. 그림 13.5(b)는 EMP_LOCS와 EMP_PROJ1에 저장되어 있는 투플들을 보여준다. 즉, 그림 13.4의 EMP_PROJ에 적절한 프로젝트($\pi$) 연산들을 수행하여 얻은 결과와 동일하다.

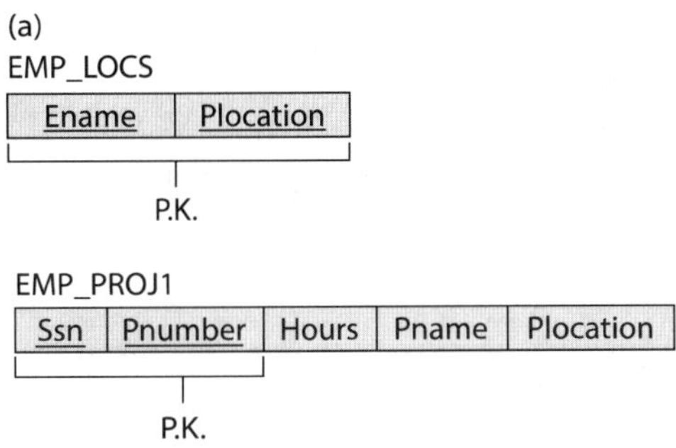


(b)

EMP_LOCS

| Ename | Plocation |
|---|---|
| Smith, John B. | Bellaire |
| Smith, John B. | Sugarland |
| Narayan, Ramesh K. | Houston |
| English, Joyce A. | Bellaire |
| English, Joyce A. | Sugarland |
| Wong, Franklin T. | Sugarland |
| Wong, Franklin T. | Houston |
| Wong, Franklin T. | Stafford |
| Zelaya, Alicia J. | Stafford |
| Jabbar, Ahmad V. | Stafford |
| Wallace, Jennifer S. | Stafford |
| Wallace, Jennifer S. | Houston |
| Borg, James E. | Houston |

EMP_PROJ1

| Ssn | Pnumber | Hours | Pname | Plocation |
|---|---|---|---|---|
| 123456789 | 1 | 32.5 | ProductX | Bellaire |
| 123456789 | 2 | 7.5 | ProductY | Sugarland |
| 666884444 | 3 | 40.0 | ProductZ | Houston |
| 453453453 | 1 | 20.0 | ProductX | Bellaire |
| 453453453 | 2 | 20.0 | ProductY | Sugarland |
| 333445555 | 2 | 10.0 | ProductY | Sugarland |
| 333445555 | 3 | 10.0 | ProductZ | Houston |
| 333445555 | 10 | 10.0 | Computerization | Stafford |
| 333445555 | 20 | 10.0 | Reorganization | Houston |
| 999887777 | 30 | 30.0 | Newbenefits | Stafford |
| 999887777 | 10 | 10.0 | Computerization | Stafford |
| 987987987 | 10 | 35.0 | Computerization | Stafford |
| 987987987 | 30 | 5.0 | Newbenefits | Stafford |
| 987654321 | 30 | 20.0 | Newbenefits | Stafford |
| 987654321 | 20 | 15.0 | Reorganization | Houston |
| 888665555 | 20 | NULL | Reorganization | Houston |

그림 13.5 그림 13.3(b)의 릴레이션 EMP_PROJ에 대한 나쁜 설계: (a) 두 개의 릴레이션 스키마 EMP_PROJ1과 EMP_LOCS, (b) 그림 13.4의 EMP_PROJ의 외연을 릴레이션 EMP_LOCS와 EMP_PROJ1의 애트리뷰트들 상에 프로젝트한 결과

만약 EMP_PROJ 릴레이션 대신 EMP_PROJ1과 EMP_LOCS 릴레이션을 기본 릴레이션으로 사용한다면 매우 나쁜 스키마 설계가 될 것이다. 왜냐하면, EMP_PROJ1과 EMP_LOCS로는 EMP_PROJ에 있는 모든 투플 정보를 똑같이 복원할 수 없기 때문이다. EMP_PROJ1과 EMP_LOCS에 대해 자연 조인을 수행하면 EMP_PROJ에 있는 투플들보다 더 많은 투플이 생성된다. 그림 13.6은 Ssn = "123456789"인 직원 투플로 조인했을 때 나온 결과이다. 여기서 Ssn = "123456789"인 직원 투플만을 조인한 이유는 단지 결과 릴레이션의 크기를 줄이기 위해서이다. EMP_PROJ에는 없는 투플들은 유효하지 않은 가짜 정보를 나타내므로 가짜 투플(spurious tuple)이라고 부르고 그림 13.6에 별표(*)로 표시하였다. EMP_PROJ1과 EMP_LOCS 테이블의 자연 조인 결과에서 나머지 가짜 투플을 찾는 것은 독자에게 남겨 둔다.

EMP_PROJ를 EMP_LOCS와 EMP_PROJ1로 나누는 것은 바람직하지 않은 설계인데, 그 이유는 다시 두 릴레이션을 자연 조인하여 원래의 정확한 정보를 얻을 수 없기 때문이다. 두 개의 릴레이션을 조인하여 EMP_PROJ의 정보를 올바르게 얻을 수 없는 이유는 두 릴레이션에 공통적으로 있는 Plocation 애트리뷰트가 EMP_LOCS나 EMP_PROJ1의 기본키도 아니고 외래키도 아니기 때문이다. 여기서 하나의 지침을 더 만들 수 있다.

| | Ssn | Pnumber | Hours | Pname | Plocation | Ename |
|---|---|---|---|---|---|---|
| | 123456789 | 1 | 32.5 | ProductX | Bellaire | Smith, John B. |
| * | 123456789 | 1 | 32.5 | ProductX | Bellaire | English, Joyce A. |
| | 123456789 | 2 | 7.5 | ProductY | Sugarland | Smith, John B. |
| * | 123456789 | 2 | 7.5 | ProductY | Sugarland | English, Joyce A. |
| * | 123456789 | 2 | 7.5 | ProductY | Sugarland | Wong, Franklin T. |
| | 666884444 | 3 | 40.0 | ProductZ | Houston | Narayan, Ramesh K. |
| * | 666884444 | 3 | 40.0 | ProductZ | Houston | Wong, Franklin T. |
| * | 453453453 | 1 | 20.0 | ProductX | Bellaire | Smith, John B. |
| | 453453453 | 1 | 20.0 | ProductX | Bellaire | English, Joyce A. |
| * | 453453453 | 2 | 20.0 | ProductY | Sugarland | Smith, John B. |
| | 453453453 | 2 | 20.0 | ProductY | Sugarland | English, Joyce A. |
| * | 453453453 | 2 | 20.0 | ProductY | Sugarland | Wong, Franklin T. |
| * | 333445555 | 2 | 10.0 | ProductY | Sugarland | Smith, John B. |
| * | 333445555 | 2 | 10.0 | ProductY | Sugarland | English, Joyce A. |
| | 333445555 | 2 | 10.0 | ProductY | Sugarland | Wong, Franklin T. |
| * | 333445555 | 3 | 10.0 | ProductZ | Houston | Narayan, Ramesh K. |
| | 333445555 | 3 | 10.0 | ProductZ | Houston | Wong, Franklin T. |
| | 333445555 | 10 | 10.0 | Computerization | Stafford | Wong, Franklin T. |
| * | 333445555 | 20 | 10.0 | Reorganization | Houston | Narayan, Ramesh K. |
| | 333445555 | 20 | 10.0 | Reorganization | Houston | Wong, Franklin T. |

*
*
*

그림 13.6 그림 13.5의 EMP_PROJ1과 EMP_LOCS에서 Ssn = "123456789"인 사원 투플에 대해 자연 조인을 적용한 결과(*는 가짜 투플을 나타냄)

**지침 4.** 가짜 투플들이 생성되지 않도록 하기 위해서, 적절하게 관련된(기본키, 외래키) 애트리뷰트를 가지고 동등 조건으로 조인할 수 있는 릴레이션 스키마를 설계한다. (외래키, 기본키) 조합을 제외하고 릴레이션들이 대응하는 애트리뷰트(matching attributes)들을 가지지 않도록 한다. 왜냐하면 그러한 애트리뷰트에 대한 조인은 가짜 투플들을 생성하기 때문이다.

이 개략적인 지침을 보다 엄격하게 기술할 필요가 있다. 14.2절에서는 가짜 투플이 생성되지 않도록 보장하는 무손실 조인 특성을 논의한다.

### 13.1.5 설계 지침에 대한 요약과 논의 사항

13.1.1절에서 13.1.4절까지 잘못된 릴레이션 스키마가 설계되는 몇 가지 상황에 대해서 개략으로 설명하고 좋은 릴레이션 스키마를 설계할 수 있도록 몇 가지 지침을 제시하였다. 추가적인 분석 도구 없이 발견할 수 있는 문제들은 다음과 같다.

- 릴레이션에 삽입이나 수정 시에 중복 작업의 원인이 되고, 릴레이션으로부터 삭제 시 예상치 못한 정보의 궁극적인 손실을 유발시키는 이상
- 널로 인한 저장 공간의 낭비와 널 값으로 인한 선택, 집계 연산 및 조인 수행의 어려움
- 타당한 (외래키, 기본키) 관계를 갖지 않는 매치된 애트리뷰트들의 기본 릴레이션들에 대한 조인 시 올바르지 않은 가짜 데이터의 생성

이 장의 나머지 부분에서는 좀 더 구체적으로 각 릴레이션 스키마가 잘 설계되었는지 아닌지에 대한 체계적이고 공식적인 개념과 이론에 관해서 설명한다. 먼저 분석을 위한 도구로서의 함수적 종속성에 관해서 설명한다. 그리고 릴레이션 스키마 설계에서 품질의 표준으로 자리잡은 세 가지 정규형과 Boyce-Codd Normal Form(BCNF) 정규형에 관해서 설명한다. 좋은 설계를 위한 전략은 부정확하게 설계된 릴레이션을 적당히 분해하는 것이다. 더불어, 추가적인 종속성을 다루는 추가적인 정규형을 간략히 소개한다. 14장에서는 분해의 특성을 자세히 설명하고, 함수적 종속성을 사용하여, 함수 종속성, 분해의 이점, 그리고 상향식으로 릴레이션을 설계하는 다양한 알고리즘을 제시하며, 다치 종속성, 조인 종속성, 관련된 정규형을 좀 더 자세히 설명한다.

## 13.2 함수적 종속성

지금까지 데이터베이스 설계에 대한 비공식 척도를 설명하였다. 지금부터는 앞서 언급한 일부 문제들을 정확한 용어로 발견하고 기술할 수 있도록 릴레이션 스키마의 분석을 위한 정형적 도구를 설명한다. 릴레이션 스키마 설계 이론에 있어서 가장 중요한 개념은 함수적 종속성이다. 이 절에서는 이 개념을 형식적으로 정의하고 13.3절에서는 함수적 종속성이 릴레이션 스키마를 위한 정규형을 정의하는 데 어떻게 사용될 수 있는지 설명한다.

## 13.2.1 함수적 종속성의 정의

함수적 종속성(functional dependency)은 애트리뷰트들의 두 개의 집합 사이의 제약 조건이다. 관계 데이터베이스 스키마가 $n$ 개의 애트리뷰트 $A_1$, $A_2$, …, $A_n$으로 구성되어 있다고 가정하자. 전체 데이터베이스를 하나의 **전체 릴레이션 스키마**(universal relation schema) $R=\{A_1, A_2, \cdots, A_n\}$[7]으로 설명할 수 있다고 하자. 그러나 데이터베이스를 하나의 전체 테이블로 저장한다는 것을 의미하는 것은 아니다. 이 개념은 엄격한 데이터 종속성 이론을 전개하는 데에만 사용한다.[8]

> **정의.** R의 애트리뷰트들의 부분집합인 $X$와 $Y$ 사이의 함수적 종속성($X \rightarrow Y$로 표기)은 릴레이션 스키마 $R$의 릴레이션 상태 $r$을 구성할 수 있는 가능한 투플들에 대한 제약 조건을 지정하는 것이다. 여기서 제약 조건은 r의 임의의 두 투플 $t_1$, $t_2$에 대해서 $t_1[X]=t_2[X]$이면 반드시 $t_1[Y]=t_2[Y]$이어야 한다는 것이다.

즉, 임의의 투플의 $Y$ 부분의 값은 $X$ 부분의 값에 의해 결정되거나 종속된다는 것이다. 다시 말하면, 임의의 투플의 $X$ 부분의 값이 $Y$ 부분의 값을 고유하게(또는 함수적으로) 결정한다는 것이다. 이 경우에 $X$에서 $Y$로 함수적 종속성이 존재한다고 말하거나, $Y$가 $X$에 함수적으로 종속(functionally dependent)된다고 말한다. 함수적 종속성을 FD 또는 f.d.라고 줄여서 표기한다. 애트리뷰트들의 집합 $X$를 FD의 왼편이라 부르고 $Y$를 오른편이라고 부른다. 따라서 $r(R)$의 임의의 두 투플의 $X$값이 같으면 $Y$값도 같을 때에 한하여 $X$가 $Y$를 함수적으로 결정한다고 한다. 다음의 FD의 성질들을 주목할 필요가 있다.

- 만약 임의의 릴레이션 인스턴스 $r(R)$에서 주어진 $X$값을 갖는 투플이 두 개 이상 존재하지 않는다는 제약 조건이 있으면, 즉 $X$가 $R$의 후보키이면 $R$의 애트리뷰트들의 어떤 부분집합 $Y$에 대해서도 $X \rightarrow Y$가 성립한다(왜냐하면 키 제약 조건은 합법적 상태 $r(R)$에 있는 어떤 두 투플도 같은 $X$값을 가지지 않는 것을 의미하기 때문이다). 만약 $X$가 $R$의 후보키이면, $X \rightarrow R$이라고 한다.
- $R$에 $X \rightarrow Y$가 있다고 해서 $R$에 $Y \rightarrow X$가 있는 것은 아니다.

함수적 종속성은 애트리뷰트들의 의미적 특성이다. 데이터베이스 설계자는 $R$의 모든 릴레이션의 상태(외연) $r$에 성립하는 함수적 종속성들을 찾기 위해서 $R$의 애트리뷰트들이 서로 어떻게 연관이 있는지 애트리뷰트들의 의미를 이해해야 한다. $R$의 애트리뷰트들의 두 집합의 의미에 함수적 종속성이 존재한다면 종속성을 제약 조건으로 명시한다. 함수적 종속성 제약 조건들을 만족하는 릴레이션 외연 $r(R)$을 적법한 릴레이션 상태(또는 적법한 외연)라고 부른다. 따라서 함수적 종속성은 릴레이션 스키마 $R$의 애트리뷰트들에 대해 항상 성립해야 하는 제약 조건들을 명시할 때 사용된다. 어떤 함수적 종속성은 어떤 특정 릴레이션을 참조하지 않고 보편적으로 이해되는 의미를 가진 애트리뷰트들의 특성만으로 명시될

---

7) 전체 릴레이션(universal relation)은 14장에서 관계 데이터베이스 설계를 위한 알고리즘들을 기술할 때 중요한 개념이다.

8) 이 가정은 데이터베이스에 있는 모든 애트리뷰트들이 서로 다른 이름을 가진다는 것을 의미한다. 4장에서는 서로 다른 릴레이션에 같은 이름을 갖는 애트리뷰트들이 존재하면 애트리뷰트 이름 앞에 릴레이션 이름을 접두어로 붙임으로써 모든 애트리뷰트들의 이름이 서로 다르게 하였다.

수 있다. 예를 들어, {State, Driver_licence_number} → Ssn과 같은 함수적 종속성은 미국에 사는 어떠한 성인에 대해서도 성립한다.[9] 따라서 이러한 애트리뷰트가 릴레이션에 나타나는 모든 경우에 성립해야 한다. 어떤 함수적 종속성은 관계가 변경되면 실세계에서 존재하지 않을 수 있다. 예를 들어, 함수적 종속성 Zip_code → Area_Code는 미국의 우편번호와 전화번호 사이의 관계로 존재하였으나, 전화 지역 코드의 확산으로 인해 더 이상 올바르지 않게 되었다.

그림 13.3(b)에 있는 EMP_PROJ 릴레이션 스키마를 고려해 보자. 애트리뷰트들과 릴레이션의 의미로부터 다음과 같은 함수적 종속성들이 존재함을 알 수 있다.

a. Ssn → Ename

b. Pnumber → {Pname, Plocation}

c. {Ssn, Pnumber} → Hours.

위의 함수적 종속성들은 다음과 같은 사항들을 의미한다. (a) 사원의 사회보장번호(Ssn)는 사원의 이름(Ename)을 유일하게 결정한다. (b) 프로젝트 번호(Pnumber)는 프로젝트 이름(Pname)과 위치(Plocation)를 결정한다. (c) Ssn과 Pnumber가 사원이 프로젝트에서 현재 주당 일하는 시간 수를 결정한다. 다른 말로 하면, Ename이 Ssn에 의해 함수적으로 결정되었음을 의미한다. 즉, 어떤 *Ssn 값*이 주어지면 *EName 값*을 알 수 있다.

함수적 종속성은 릴레이션 스키마 $R$의 특성이지, $R$의 어떤 특정 적법한 릴레이션 상태 $r$의 특성은 아니다. 따라서 함수적 종속성은 주어진 릴레이션 외연 $r$로부터 자동적으로 추측할 수 있는 것이 아니라 $R$의 애트리뷰트들의 의미를 아는 사람이 명시적으로 정의해야 한다. 예를 들어, 그림 13.7은 릴레이션 스키마 TEACH의 특정 상태를 보여준다. 얼핏 보기에는 Text → Course라는 함수적 종속성이 있는 것처럼 보이지만, TEACH의 모든 가능한 적법한 릴레이션 상태들에 적용된다는 것을 알지 않고는 확신할 수 없다. 그러나 함수적 종속성이 존재하지 않는다는 것을 입증하기 위해서는 하나의 반례만 보여도 충분하다. 예를 들어, 'Smith'는 'Data Structures'와 'Data Management'를 모두 가르치므로 Teacher가 Course를 함수적으로 결정할 수 없다는 결론을 내릴 수 있다. 이미 생성된 릴레이션에 대해, 애트리뷰트 간의 의미와 관계를 알지 못하는 한 함수적 종속성의 성립 여부를 판단할 수 없다. 어떤 함수적 종속성은 특정 외연이 나타날 때 성립한다고 말할 수는 있으며, 대응되는 애트리뷰트의 의미가 명확하게 이해되기 전까지 함수적 종속성의 존재 여부를 보장할 수는 없다. 그러나, 함수적 종속성을 위배하는 투플이 존재한다면, 해당 함수적 종속성은 그 릴레이션에서 성립하지 않는다고 말할 수 있다. 그림 13.8의 잘 설명된 예제 릴레이션을 보자. 현재 외연에서의 네 투플들은 $B \rightarrow C$ , $C \rightarrow B$, $\{A, B\} \rightarrow C$, $\{A, B\} \rightarrow D$, $\{C, D\} \rightarrow B$와 같은 제약 조건을 위배하지 않기 때문에 이러한 함수적 종속성은 성립한다. 그러나, 주어진 외연에서, $A \rightarrow B$(투플 1과 2 위배), $B \rightarrow A$(투플 2와 3 위배), $D \rightarrow C$(투플 3과 4, 2와 4 위배)는 이미 제약 조건들을 위배하기 때문에, 이들 함수적 종속성은 성립하지 않는다.

9) 신용 카드 대행사 또는 경찰서와 같은 데이터베이스에서는 여러 사람이 동일한 운전면허 번호를 사용하는 사기 기록으로 함수적 종속성을 유지하지 못할 수 있다.

TEACH

| Teacher | Course | Text |
|---|---|---|
| Smith | Data Structures | Bartram |
| Smith | Data Management | Martin |
| Hall | Compilers | Hoffman |
| Brown | Data Structures | Horowitz |

그림 13.7 가능한 함수적 종속성 TEXT → COURSE를 가진 TEACH 릴레이션의 상태. 그러나 함수적 종속성 Course → Teacher는 성립하지 않음

| A | B | C | D |
|---|---|---|---|
| a1 | b1 | c1 | d1 |
| a1 | b2 | c2 | d2 |
| a2 | b2 | c2 | d3 |
| a3 | b3 | c4 | d3 |

그림 13.8 외연을 갖는 릴레이션 R(A, B, C, D)

그림 13.3은 함수적 종속성을 그림으로 표현한 것이다. 각 FD는 수평선으로 표시한다. FD의 왼편 애트리뷰트들은 FD를 나타내는 수평선에 수직선으로 연결하고, FD의 오른편 애트리뷰트들은 애트리뷰트들을 가리키는 방향의 화살표로 된 수직선으로 수평선에 연결한다.

릴레이션 스키마 *R*에 명시되어 있는 함수적 종속성들의 집합을 *F*라고 표기한다. 보통의 경우, 스키마 설계자는 의미적으로 명백한 함수적 종속성들만을 지정한다. 그러나 의미적으로 명백한 함수적 종속성 외에 *F* 내의 종속성들로부터 유도될 수 있고, 종속성들을 만족하는 애트리뷰트들의 집합 중에 모든 적법한 릴레이션 인스턴스에 대해서 성립하는 수많은 또 다른 함수적 종속성들이 존재하는 경우가 많다. 이런 종속성들은 *F*에 있는 함수적 종속성들로부터 추론되거나 연역될 수 있다. 함수적 종속성의 특성과 추론 규칙에 대해서는 14장에서 자세히 살펴본다.

# 13.3 기본키를 기반으로 한 정규형

지금까지 함수적 종속성에 관해 설명하였고, 지금부터는 관계 스키마의 의미에 관한 몇 가지 측면을 명시하기 위해 함수적 종속성을 이용하는 것을 설명한다. 각 릴레이션마다 함수적 종속성들의 집합이 주어지며 각 릴레이션에 기본키가 있다고 가정한다. 이 정보와 정규형을 위한 검사(조건)들을 함께 사용하여 릴레이션 스키마 설계를 위한 정규화 과정을 수행한다. 실제로 대부분의 관계형 설계 프로젝트는 다음 두 가지 접근 방식 중 하나를 따르게 된다.

- 우선 ER 또는 EER 같은 개념적인 모델을 사용하여 개념적인 스키마 설계를 수행한다. 그리고 나서 개념적인 설계를 릴레이션들의 집합으로 사상한다.
- 기존의 파일, 서식 혹은 보고서의 구현들로부터 유도된 외부 정보를 기반으로 하는 릴레이션들을 설계한다.

이러한 접근 방식들 중 하나를 따르면, 이 장과 다음 장에서 제시하는 정규화 이론을 사용하여 릴레이션의 우수성을 평가하고 더 높은 정규형을 얻기 위해 릴레이션들을 분해하는 데 유용하다. 이 절에서는 릴레이션 스키마를 위한 처음 세 가지 정규형과 그들 배후에 있는 직관에 관해 주목한다. 그리고 이 정규형들이 개발된 역사적 배경과 의미를 논의한다. 기본키뿐만 아니라 모든 후보키들도 고려한 더 일반적인 정규형 정의는 13.4절에서 설명한다.

먼저 3장에서 설명한 몇 가지 정의를 다시 한번 언급하고 정규형이 무엇인지와 정규형이 개발된 동기를 개략적으로 논의한다. 13.3.4절에서 제1정규형(1NF)을 설명한다. 13.3.5절과 13.3.6절에서는 각각 기본키를 기반으로 한 제2정규형(2NF)과 제3정규형(3NF)의 정의를 논의한다.

## 13.3.1 릴레이션들의 정규화

Codd(1972a)가 처음 제안한 정규화 과정은 어떤 릴레이션 스키마가 어떤 정규형을 만족하는지 확인하는 일련의 테스트이다. 각 릴레이션이 정규형의 기준을 만족하는지를 검사하고, 필요하다면 릴레이션을 분해하는 하향식 방식의 설계 과정을 분석에 의한 릴레이션 설계라고 부른다. 처음에 Codd는 제1정규형, 제2정규형, 제3정규형이라고 명명한 세 개의 정규형을 제안하였다. 나중에 Boyce와 Codd가 제3정규형보다 더 강한 정의를 제안하고 그것을 BCNF라고 불렀다. 이 정규형들은 모두 한 릴레이션의 애트리뷰트들 사이의 함수적 종속성들을 기반으로 한다. 이와는 달리 제4정규형과 제5정규형은 각각 다치 종속성과 조인 종속성 개념을 기반으로 제안되었다. 제4정규형과 제5정규형은 13.6절과 13.7절에서 간략히 논의한다.

데이터의 정규화(normalization)는 (1)중복을 최소화하고, (2)13.1.2절에서 언급한 삽입, 삭제, 수정 이상을 최소화하기 위해서 함수적 종속성과 기본키를 기반으로, 주어진 릴레이션 스키마를 분석하는 과정이다. 정규화는 높은 수준의 성공적 설계를 위한 "제거(filtering)" 또는 "정제(purification)" 과정으로 간주될 수 있다. 어떤 조건(정규형 검사)들을 만족하지 못하는 바람직하지 못한 릴레이션 스키마는 이런 검사를 만족하는 더 작은 릴레이션 스키마들로 분해되어 바람직한 특성을 갖게 된다. 즉, 정규화 과정은 데이터베이스 설계자에게 다음의 기능을 제공한다.

- 릴레이션 스키마의 애트리뷰트들 사이에 존재하는 함수적 종속성과 키들을 기반으로 그 스키마를 분석할 수 있는 정형적 구조
- 관계 데이터베이스를 임의의 수준으로 정규화할 수 있도록 개개의 릴레이션 스키마에서 수행할 수 있는 일련의 정규형 검사

**정의.** 한 릴레이션의 정규형(normal form)은 그 릴레이션이 만족하는 가장 높은 정규형을 나타낸다. 즉, 그 릴레이션이 어느 정도까지 정규화되었는지를 나타낸다. 정규형들이 다른 요인들과 동떨어져서 고려되면 좋은 데이터베이스 설계를 보장하지 못한다. 일반적으로 데이터베이스의 각 릴레이션 스키마가 BCNF 정규형인지 제3정규형인지 개별적으로 검사하는 것은 충분하지 않다. 그보다 분해에 의한 정규화 과정은 릴레이션 스키마들이 함께 가져야 하는 추가적인 특성들을 만족하도록 해야 한다. 이런 특성들 중 두 가지는 다음과 같다.

- 13.1.4절에서 논의한 가짜 투플 문제가, 분해 후에 생성된 릴레이션 스키마에 대해서는 발생하지 않는 것을 보장하는 비부가적 조인(nonadditive join) 또는 무손실 조인 특성(lossless join property)
- 각 함수적 종속성이 분해 후 생성된 릴레이션들의 일부에서 반드시 표현된다는 종속성 보존 특성(dependency preservation property)

무손실 조인 특성은 매우 중요하고 어떤 일이 있어도 반드시 지켜야 하는 반면에, 종속성 보존 특성은 14.1.2절에서 설명하는 바와 같이 지키지 않을 수도 있다. 위의 두 특성을 보장하는 엄격한 개념과 방법에 관한 설명은 14장으로 미룬다.

### 13.3.2 정규형의 실제 사용

상업 및 정부 환경에서 대부분의 실제 프로젝트는 이전에 설계된 것, 과거(legacy) 모델들, 혹은 존재하는 파일들로부터 이미 존재하는 데이터베이스 설계를 얻는다. 대부분의 설계가 지속적으로 양질의 품질을 유지하는 것에 중점을 둔다. 그리고 기존 디자인은 정규형에 대한 테스트를 적용하여 평가되며 이로부터 양질이면서도 이미 언급한 바람직한 특성들을 만족하도록 정규화 과정을 거친다. 13.6절과 13.7절에서 논의할 제4정규형, 제5정규형과 같은 더 높은 정규형들도 정의할 수 있으나 실제 환경에서의 유용성이 의문시되고 있다. 그 이유는 이들은 자주 발생하지 않으며, 이해하기 어렵고, 데이터베이스 설계자와 사용자들이 적용하기 어렵기 때문이다. 또한, 이를 사용하는 데이터베이스 설계자와 사용자는 이 정규형들을 반드시 숙지하고 있어야 한다. 따라서 현재 업계에서 수행되고 있는 데이터베이스 설계는 제3정규형, BCNF, 혹은 기껏해야 제4정규형까지 고려하고 있다. 또 다른 주목할 만한 사항은 데이터베이스 설계자가 릴레이션을 최상의 수준의 정규형으로 정규화할 필요는 없다는 것이다. 13.1.2절의 마지막 부분에서 논의한 것처럼 성능을 위해서 릴레이션을 낮은 수준의 정규형(예를 들어, 2NF)으로 둘 수도 있다. 그러나 이렇게 두는 것은 이상

현상을 처리하는 비용을 발생시킨다.

**정의.** 더 높은 정규형 릴레이션들을 조인한 결과를 기본 릴레이션(더 낮은 정규형에 속함)으로 저장하는 과정을 비정규화(denormalization)라고 한다.

### 13.3.3 키의 정의와 키에 참여하는 애트리뷰트

설명을 더 진행하기 전에 3장에서 논의한 릴레이션 스키마에서의 키의 정의를 다시 살펴보자.

**정의.** 릴레이션 스키마 $R=\{A_1, A_2, \cdots, A_n\}$의 슈퍼키(superkey)는 $S \subseteq R$인 애트리뷰트들의 집합으로서, $R$의 임의의 적법한 릴레이션 상태 $r$에 있는 두 투플 $t_1$과 $t_2$에 대해서 $t_1[S]=t_2[S]$가 성립하지 않는다. 키 $K$는 $K$로부터 어떤 애트리뷰트라도 제거하면 $K$가 더 이상 슈퍼키가 되지 않는 성질을 가진 슈퍼키를 일컫는다.

키와 슈퍼키 사이의 차이점은 키가 최소 애트리뷰트들의 집합이라는 것이다. 즉, $K = \{A_1, A_2, \cdots, A_k\}$일 때, $K - \{A_i\}(1 \leq i \leq k)$는 $R$의 키가 아니다. 그림 13.1에서 {Ssn}은 EMPLOYEE의 키인 반면, {Ssn}, {Ssn, Ename}, {Ssn, Ename, Bdate}와 Ssn을 포함하는 애트리뷰트의 집합은 모두 슈퍼키이다.

릴레이션 스키마가 두 개 이상의 키를 가졌을 때 각각을 후보키(candidate key)라고 한다. 그리고 이 후보키들 중 임의의 하나를 기본키(primary key)라 하고 나머지 키들은 보조키(secondary key)라고 한다. 실용적인 관계 데이터베이스의 경우, 각 릴레이션 스키마에는 기본키가 있어야 한다. 만약 어떤 릴레이션에 후보키가 없다면, 해당 릴레이션 전체가 디폴트 슈퍼키로 취급될 수 있다. 그림 13.1에서 {Ssn}은 EMPLOYEE의 오직 하나뿐인 후보키이기 때문에 기본키가 된다.

**정의.** 릴레이션 $R$의 임의의 후보키에 속하는 애트리뷰트를 주요 애트리뷰트(prime attribute)라 하고 그렇지 않은 애트리뷰트를 비주요 애트리뷰트(nonprime attribute)라고 한다.

그림 13.1에서 Ssn과 Pnumber는 WORKS_ON의 주요 애트리뷰트인 반면, WORKS_ ON의 다른 애트리뷰트들은 비주요 애트리뷰트이다.

지금부터 제1정규형, 제2정규형, 제3정규형에 관해서 논의한다. 이 정규형들은 Codd(1972a)가 중간 상태인 제1정규형과 제2정규형을 거쳐서 궁극적으로 바람직한 상태인 제3정규형 릴레이션을 얻기 위한 순서로 제안하였다. 나중에 논의하겠지만, 제2정규형과 제3정규형은 다른 문제를 다룬다. 그러나 관례적으로 제2정규형과 제3정규형 순서로 설명한다. 따라서 정의에 의한 제3정규형의 릴레이션은 이미 제2정규형을 만족한다.

### 13.3.4 제1정규형

지금은 제1정규형(1NF: First Normal Form)을 기본적인 관계 모델의 릴레이션에 대한 엄격한 정의의 일부분으로 간주하고 있다. 그러나 처음에 이것이 정의된 것은 다치 애트리뷰트,

복합 애트리뷰트, 그리고 이들의 조합을 허용하지 않기 위한 목적 때문이었다. 제1정규형은 애트리뷰트의 도메인이 오직 원자값(atomic value)들만 포함하고, 투플의 모든 애트리뷰트 값은 그 애트리뷰트 도메인에 속하는 하나의 값이어야 함을 의미한다. 따라서 제1정규형은 하나의 투플의 한 애트리뷰트 값으로 값들의 집합, 값들의 투플, 그리고 이들의 조합을 허용하지 않는다. 바꿔 말하면, 제1정규형은 릴레이션 안의 릴레이션들 또는 투플의 애트리뷰트 값들로서의 릴레이션들을 허용하지 않는다. 제1정규형이 허용하는 애트리뷰트 값의 유일한 형태는 원자값(atomic, individual value)이다.

그림 13.1에 있는 DEPARTMENT 릴레이션 스키마를 고려해 보자. 여기서 기본키는 Dnumber이다. 그림 13.9(a)의 Dlocations 애트리뷰트를 DEPARTMENT 릴레이션 스키마에 포함하여 확장한다고 가정하자. 각 부서는 여러 위치에 존재할 수 있다고 가정한다. 그림 13.9는 DEPARTMENT 스키마와 릴레이션의 예를 보여준다. 그림 13.9(b)에 있는 첫 번째 투플처럼 Dlocations 애트리뷰트가 원자 애트리뷰트가 아니기 때문에 이 스키마는 제1정규형이 아니다. Dlocations 애트리뷰트를 두 가지로 해석할 수 있다.

- Dlocations의 도메인은 원자값을 가지지만 어떤 투플은 이 값들의 집합을 가진다. 이 경우에 Dlocations은 기본키 Dnumber에 함수적으로 종속하지 않는다.

(a)

DEPARTMENT

| Dname | Dnumber | Dmgr_ssn | Dlocations |
|---|---|---|---|

(b)

DEPARTMENT

| Dname | Dnumber | Dmgr_ssn | Dlocations |
|---|---|---|---|
| Research | 5 | 333445555 | {Bellaire, Sugarland, Houston} |
| Administration | 4 | 987654321 | {Stafford} |
| Headquarters | 1 | 888665555 | {Houston} |

(c)

DEPARTMENT

| Dname | Dnumber | Dmgr_ssn | Dlocation |
|---|---|---|---|
| Research | 5 | 333445555 | Bellaire |
| Research | 5 | 333445555 | Sugarland |
| Research | 5 | 333445555 | Houston |
| Administration | 4 | 987654321 | Stafford |
| Headquarters | 1 | 888665555 | Houston |

그림 13.9 제1정규형으로 정규화: (a) 제1정규형이 아닌 릴레이션 스키마, (b) 릴레이션 DEPARTMENT의 예, (c) 중복이 포함된 동일 릴레이션의 제1정규형 버전

- Dlocations의 도메인이 값들의 집합을 가지므로 비원자적이다. 이 경우에는 각 집합이 애트리뷰트 도메인의 하나의 멤버(원소)이기 때문에 Dnumber → Dlocations이다.[10)]

두 가지 경우 모두 그림 13.9에 있는 DEPARTMENT 릴레이션은 제1정규형이 아니다. 제3.1절의 릴레이션의 정의에 의하면 릴레이션이라고도 말할 수 없다. 이와 같은 릴레이션이 제1정규형을 만족하도록 하는 세 가지 방법은 다음과 같다.

1. 제1정규형을 어긴 Dlocations 애트리뷰트를 제거하고 이를 DEPARTMENT의 기본키인 Dnumber와 함께 별개의 릴레이션 DEPT_LOCATIONS에 추가한다. 이 릴레이션의 기본키는 그림 13.2와 같이 {Dnumber, Dlocations}이다. DEPT_LOCATIONS에 있는 각 투플은 어떤 부서의 한 위치를 나타낸다. 따라서 제1정규형이 아닌 하나의 릴레이션이 제1정규형인 두 개의 릴레이션으로 분해된다.
2. 그림 13.9(c)와 같이 기본키를 확장하여, DEPARTMENT의 각 위치에 대한 원래의 DEPARTMENT 릴레이션에 별도의 투플을 두는 것이다. 이 경우에 기본키는 {Dnumber, Dlocations}이 된다. 이 방법은 릴레이션 내에 중복을 발생시키는 단점을 가진다.
3. 만약 애트리뷰트가 가질 수 있는 값들의 최대 개수를 알 수 있다면, —예를 들어 각 DEPARTMENT가 최대로 세 개의 위치에 존재한다면—Dlocations 애트리뷰트를 Dlocations1, Dlocations2, Dlocations3으로 대치하는 것이다. 이 방법은 대부분의 DEPARTMENT가 세 개보다 적은 수의 위치를 가지는 경우 널 값을 많이 유발하는 단점을 가진다. 또한, 위치를 나타내는 값들 사이에 순서의 의미가 추가되어 원래 의도하지 않았던 설계가 된다. 이러한 애트리뷰트에 대한 질의는 더 어렵다. 예를 들어, 다음의 질의식을 어떻게 작성해야 할지를 고려해 보자: 부서의 위치 정보 중 하나로 Bellaire가 들어간 부서를 나열하라. 위의 이유들로 보아, 이러한 대안을 피하는 것이 가장 최선의 방법이다.

위의 세 가지 방법 중에서 첫 번째 방법이 중복을 허용하지 않고 애트리뷰트 값들의 최대 개수를 제한하지 않는 일반적인 방법이므로, 일반적으로 가장 우수하게 여겨진다. 만약 두 번째 방법을 선택한다 해도 그 이후의 정규화 과정에서 릴레이션이 첫 번째 방법처럼 분해될 것이다.

또한 제1정규형은 다치의 복합 애트리뷰트를 허용하지 않는다. 이런 복합 애트리뷰트를 허용하는 릴레이션은 하나의 투플 안의 애트리뷰트로서 릴레이션을 가질 수 있기 때문에 중첩 릴레이션(nested relation)이라고 부른다. 그림 13.10은 중첩이 허용되는 경우에 EMP_PROJ 릴레이션의 형태를 보여준다. 각 투플은 사원 엔티티를 표현하고, 각 투플 안의 릴레이션 PROJS(Pnumber, Hours)는 사원이 근무하는 각 프로젝트 번호와 사원이 각 프로젝트를 위해서 주당 근무하는 시간을 나타낸다. EMP_PROJ 릴레이션의 스키마는 다음과 같이 표현된다.

---

10) 이 경우에 Dlocations의 도메인을 단일 위치값들의 집합의 멱집합(power set)이라고 간주한다. 즉, 도메인이 위치값들의 집합의 모든 가능한 부분집합으로 구성된다.

EMP_PROJ(Ssn, Ename, {PROJS(Pnumber, Hours)})

집합 기호 { }는 애트리뷰트 PROJS가 다치임을 나타내고, 괄호 ( )는 PROJS를 구성하는 애트리뷰트들을 나타낸다. 흥미롭게도 복합 객체(11장 참조)와 XML 데이터(12장 참조)를 지원하려는 최근의 추세는 일찍이 제1정규형에 의해서 금지된 중첩 릴레이션을 허용하고 그것을 정형화하려는 방향으로 진행되고 있다는 것이다.

Ssn은 그림 13.10(a)와 (b)의 EMP_PROJ 릴레이션의 기본키이고, Pnumber는 각 중첩 릴레이션의 부분키(partial key)이다. 즉, 각 투플 안의 중첩 릴레이션은 고유한 Pnumber값을 가진다. 이것을 제1정규형으로 정규화하기 위해서 중첩 릴레이션을 새로운 릴레이션으로 만들고, 기본키를 새로운 릴레이션에도 포함시켜서 부분키와 원래 릴레이션의 기본키의 조합을 새 릴레이션의 기본키로 만든다. 분해와 기본키의 복사로 그림 13.10(c)와 같이 EMP_PROJ1과 EMP_PROJ2 스키마가 구성된다.

이 과정은 다단계로 중첩된 릴레이션들에 재귀적으로 적용되어 제1정규형 릴레이션들로 비중첩화할 수 있다. 이것은 여러 단계로 중첩된 비정규형 릴레이션 스키마를 제1정규형 릴레이션들로 변환하는 데 유용하다. 예로, 다음의 릴레이션을 고려해 보자.

CANDIDATE (Ssn, Name, {JOB_HIST (Company, Highest_position,
{SAL_HIST (Year, Max_sal)}})})

위는 급여 내역이 중첩되어 저장된 작업 이력이 있는 직무를 신청한 후보자에 대한 데이터를 설명한다. 내부 부분 키인 Company와 Year를 사용하는 첫 번째 정규화는 각각 다음과 같은 1NF 관계를 생성한다.

CANDIDATE_1 (Ssn, Name)
CANDIDATE_JOB_HIST (Ssn, Company, Highest_position)
CANDIDATE_SAL_HIST (Ssn, Company, Year, Max-sal)

하나의 릴레이션에는 하나 이상의 다중 애트리뷰트가 존재하는지 주의깊게 처리해야 한다. 예로, 다음의 제1정규형이 아닌 릴레이션을 고려해 보자.

PERSON (Ss#, {Car_lic#}, {Phone#})

이 릴레이션은 한 사람이 여러 자동차와 여러 전화를 가진다는 사실을 나타내고 있다. 만약 위의 두 번째 방법과 같은 정책을 따른다면, 결과는 모든 애트리뷰트가 릴레이션의 키가 된다.

PERSON_IN_1NF (Ss#, Car_lic#, Phone#)

Car_lic#와 Phone# 사이에 관계가 없는 릴레이션이 나타나는 것을 피하기 위해서, 값들의 가능한 모든 조합이 모든 Ss#에 대해 표시되면서 중복을 일으킨다. 이러한 문제는 13.6에서 논의할 다치 종속성과 제4정규형에 의해 처리된다. 위의 PERSON에서 두 개의 다치 애트리뷰트들을 처리하는 올바른 방법은, 앞에서 논의한 정책 1을 사용하여 PERSON을 두 개의 분리된 릴레이션 P1(Ss#, Car_lic#)과 P2(Ss#, Phone#)로 분해하는 것이다.

단순한 숫자 및 문자열 데이터를 넘어서는 애트리뷰트를 포함하는 릴레이션을 생각해 보자. 이것들은 이미지, 문서, 비디오 클립, 오디오 클립 등을 포함하는 오늘날의 데이터베이스에서 일반화되고 있다. 이러한 데이터 또는 오브젝트 들이 릴레이션에 저장될 때, 모든 데이터는 SQL을 사용하여 BLOB(binary large object) 또는 CLOB(character large object) 타입으로 저장된 원자값으로 처리된다. 사실상, 오브젝트는 단일 애트리뷰트의 원자로 처리되므로 릴레이션은 제1정규형을 유지한다.

(a)
EMP_PROJ

| Ssn | Ename | Projs | |
|---|---|---|---|
| | | Pnumber | Hours |

(b)
EMP_PROJ

| Ssn | Ename | Pnumber | Hours |
|---|---|---|---|
| 123456789 | Smith, John B. | 1 | 32.5 |
| | | 2 | 7.5 |
| 666884444 | Narayan, Ramesh K. | 3 | 40.0 |
| 453453453 | English, Joyce A. | 1 | 20.0 |
| | | 2 | 20.0 |
| 333445555 | Wong, Franklin T. | 2 | 10.0 |
| | | 3 | 10.0 |
| | | 10 | 10.0 |
| | | 20 | 10.0 |
| 999887777 | Zelaya, Alicia J. | 30 | 30.0 |
| | | 10 | 10.0 |
| 987987987 | Jabbar, Ahmad V. | 10 | 35.0 |
| | | 30 | 5.0 |
| 987654321 | Wallace, Jennifer S. | 30 | 20.0 |
| | | 20 | 15.0 |
| 888665555 | Borg, James E. | 20 | NULL |

(c)
EMP_PROJ1

| Ssn | Ename |
|---|---|

EMP_PROJ2

| Ssn | Pnumber | Hours |
|---|---|---|

그림 13.10 중첩된 릴레이션을 제1정규형으로 정규화: (a) 중첩 릴레이션 PROJS를 포함하는 릴레이션 EMP_PROJ의 스키마, (b) 각 투플 안에 중첩 릴레이션을 포함하고 있는 릴레이션 EMP_PROJ의 외연의 예, (c) 기본키를 복사함으로써 EMP_PROJ를 EMP_PROJ1과 EMP_PROJ2 릴레이션들로 분해

### 13.3.5 제2정규형

제2정규형(2NF: Second Normal Form)은 완전 함수적 종속성의 개념에 기반을 둔다. 완전 함수적 종속성(full functional dependency)은 함수적 종속성 $X \rightarrow Y$에서 $X$로부터 임의의 애트리뷰트 $A$를 제거하면 함수적 종속성 $X \rightarrow Y$가 성립되지 않는 경우, 즉 임의의 애트리뷰트 $A \in X$에 대해서 $Y$가 $(X-\{A\})$에 함수적으로 종속하지 않는 경우를 말한다. 함수적 종속성 $X \rightarrow Y$가 임의의 애트리뷰트 $A \in X$를 제거해도 성립하면 그 종속성을 부분 종속성(partial dependency)이라고 한다. 즉, 어떤 $A \in X$에 대해서 $(X-\{A\}) \rightarrow Y$가 성립하는 종속성을 부분 종속성이라고 일컫는다. 그림 13.3(b)에서 Ssn → Hours와 Pnumber → Hours가 모두 성립하지 않으므로 {Ssn, Pnumber} → Hours는 완전 함수적 종속성이다. 반면에 종속성 {Ssn, Pnumber} → Ename은 Ssn → Ename이 성립하기 때문에 부분 종속성이다.

**정의.** 릴레이션 스키마 $R$의 모든 비주요 애트리뷰트들이 $R$의 기본키에 대해 완전하게 함수적으로 종속하면 $R$은 제2정규형이라고 한다.

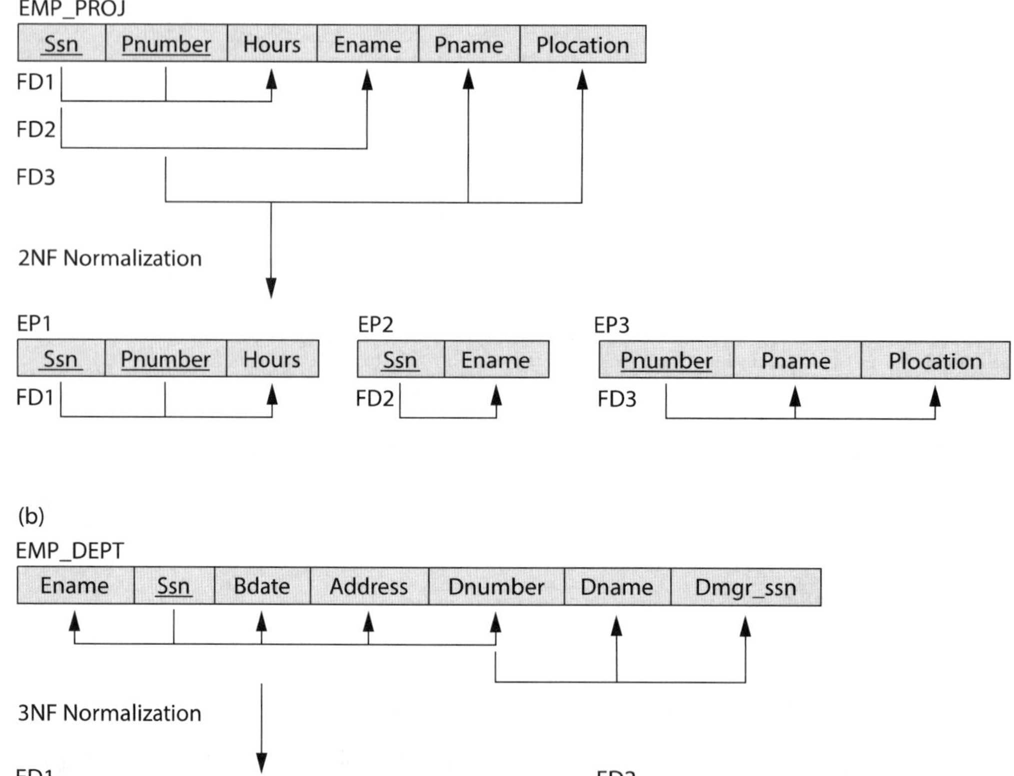


그림 13.11 제2정규형과 제3정규형으로 정규화: (a) EMP_PROJ를 제2정규형으로 정규화, (b) EMP_DEPT를 제3정규형으로 정규화

제2정규형 검사는 함수적 종속성의 왼편 애트리뷰트들이 기본키의 일부인지 검사하는 것을 수반한다. 만약 기본키가 하나의 애트리뷰트만을 포함한다면 이런 검사는 전혀 할 필요가 없다. 그림 13.3(b)의 EMP_PROJ 릴레이션은 제1정규형이지만 제2정규형은 아니다. 그 이유는 FD2 때문에 비주요 애트리뷰트 Ename이 제2정규형을 위배하고, FD3 때문에 비주요 애트리뷰트 Pname과 Plocation이 제2정규형을 위배하기 때문이다. 즉, Ename은 Ssn에 의해서만 함수적으로 결정되고, Pname과 Plocation은 모두 Pnmber에 의해 함수적으로 결정되기 때문에 함수적 종속성 FD2와 FD3은 제2정규형을 위반한다. 애트리뷰트 Ssn과 Pnuber는 EMP_PROJ의 기본키 {Ssn, Number}의 일부이므로 제2정규형 테스트를 위반한다.

만약 한 릴레이션 스키마가 제2정규형이 아니면 여러 개의 제2정규형 릴레이션으로 정규화시킬 수 있다. 제2정규형 릴레이션은 모든 비주요 애트리뷰트가 그들이 완전하게 함수적으로 종속하는 기본키의 일부 애트리뷰트들과 연관되도록 구성된다. 그림 13.3(b)에 있는 함수적 종속성 FD1, FD2와 FD3은 EMP_PROJ를 제2정규형인 그림 13.11(a)의 세 개의 릴레이션 스키마 EP1, EP2, EP3으로 분해하도록 한다.

### 13.3.6 제3정규형

제3정규형(3NF: Third Normal Form)은 **이행적 종속성**(transitive dependency)의 개념에 기반을 둔다. 릴레이션 스키마 *R*에서 후보키가 아니고 어떤 키의 부분집합도 아닌 애트리뷰트들의 집합 *Z*가 존재하여[11] $X \rightarrow Z$와 $Z \rightarrow Y$가 만족될 때, 함수적 종속성 $X \rightarrow Y$를 이행적 종속성이라고 부른다. 그림 13.3(a)의 EMP_DEP 릴레이션에서 종속성 Ssn → Dnumber와 Dnumber → Dmgr_ssn이 성립하고 Dnumber가 EMP_DEPT 릴레이션의 후보키가 아니고 키의 부분집합도 아니기 때문에, 종속성 Ssn → Dmgr_ssn은 EMP_DEPT의 Dnumber를 통해 이행적이다. EMP_DEPT 릴레이션에서 Dnumber가 키가 아니기 때문에 Dmgr_ssn이 Dnumber에 종속하는 것은 바람직하지 않다는 것을 직관적으로 알 수 있다.

> **정의.** Codd의 원래 정의에 의하면, 릴레이션 스키마 *R*이 제2정규형이고 *R*의 어떤 비주요 애트리뷰트도 기본키에 이행적으로 종속하지 않으면 릴레이션 스키마 *R*이 제3정규형이다.

그림 13.3(a)의 릴레이션 스키마 EMP_DEPT는 키에 대해서 부분 종속성이 존재하지 않기 때문에 제2정규형이지만, Dmgr_ssn과 Dname이 Dnumber를 통해서 Ssn에 이행적으로 종속하므로 제3정규형은 아니다. EMP_DEPT를 그림 13.11(b)에 있는 두 개의 제3정규형 릴레이션 스키마 ED1과 ED2로 분해하여 정규화할 수 있다. 직관적으로 ED1과 ED2는 사원과 부서에 관한 독립적인 엔티티 사실들을 표현하고 있음을 알 수 있다. ED1과 ED2를 자연 조인하면 가짜 투플들을 생성하지 않고 원래 릴레이션 EMP_DEPT를 복원할 수 있다.

직관적으로, 어떤 함수적 종속성에서 그 왼쪽이 기본키의 일부(진부분집합)이거나 그 왼쪽이 키가 아닌 애트리뷰트라면 문제가 발생한다. 제2정규형과 제3정규형의 정규화는 원래 릴레이션을 새로운 릴레이션들로 분해하여 문제가 있는 이러한 함수적 종속성들을 제거한

---

11) 이것은 이행적 종속성의 일반적인 정의이다. 이 절에서는 기본키에만 중점을 두고 있으므로, X가 기본키이고 Z가 후보키(또는 후보키의 부분집합)인 이행적 종속성도 허용한다.

다. 정규화 과정의 관점에서 보면, 이행적 종속성 전에 부분 종속성을 제거하는 것이 필수적이지는 않다. 그러나 역사적으로, 제3정규형은 제3정규형이 검사되기 전에 제2정규형이 먼저 검사되어야 한다는 가정과 함께 정의되어 왔다. 또한, 13.4.2절에서 제시한 제3정규형의 일반적인 정의는 릴레이션이 제2정규형을 만족한다는 조건을 자동적으로 다루고 있다. 표 13.1은 기본키에 기반을 둔 세 가지 정규형, 각 정규형에 사용되는 검사, 정규형을 달성하기 위해 수행되는 방법 또는 정규화를 요약하여 보여준다.

## 13.4 제2정규형과 제3정규형의 일반적인 정의

일반적으로 릴레이션 스키마를 설계할 때는 부분 종속성이나 이행적 종속성이 없도록 하는 것이 좋다. 왜냐하면 이들 종속성이 13.1.2절에서 논의한 이상들을 유발하기 때문이다. 지금까지 설명한 제3정규형 릴레이션으로의 정규화 단계에서는 기본키에 대한 부분 종속성과 이행적 종속성이 허용되지 않으며, 기본키가 이미 정의된 데이터베이스에 대해 실제 상황에서의 분석에 유용하다. 그러나 이 정의들은 릴레이션의 다른 후보 키들을 고려하지 않았다. 이 절에서는 릴레이션의 모든 후보키를 고려하여 제2정규형과 제3정규형을 더 일반적으로 정의한다. 제1정규형은 키와 함수적 종속성들에 무관하므로 제1정규형의 정의는 영향을 받지 않는다. 일반적인 정의에서 주요 애트리뷰트는 임의의 후보키에 속하는 애트리뷰트를 의미한다. 부분 함수적 종속성, 완전 함수적 종속성, 이행적 종속성들은 릴레이션의 모든 후보키를 고려하도록 한다.

표 13.1 기본키에 기반을 둔 정규형과 대응되는 정규화의 요약

| 정규형 | 검사 | 방법(정규화) |
|---|---|---|
| 제1정규형 | 릴레이션들이 다치 애트리뷰트들 혹은 중첩 릴레이션들을 가지지 않아야 한다. | 각 애트리뷰트나 중첩 릴레이션을 위한 새로운 릴레이션을 만든다. |
| 제2정규형 | 여러 애트리뷰트로 구성된 기본키를 가지는 각 릴레이션들에 대해, 키가 아닌 애트리뷰트들은 기본키의 일부분의 방법(정규화): 함수적으로 종속해서는 안 된다. | 부분키와 이에 종속하는 애트리뷰트들에 대해 새로운 릴레이션으로 분해한다. 분해되기 전의 원래의 기본키를 가진 릴레이션을 유지하고 그 릴레이션에서 다른 애트리뷰트들은 완전히 그 키에 종속하도록 한다. |
| 제3정규형 | 릴레이션에서 키가 아닌 애트리뷰트들이 키가 아닌 다른 애트리뷰트에 함수적으로 종속해서는 안 된다. 즉, 키가 아닌 애트리뷰트들이 기본키에 이행적으로 종속해서는 안 된다. | 키가 아닌 다른 애트리뷰트들을 함수적으로 결정하는, 키가 아닌 애트리뷰트들을 포함하는 새로운 릴레이션으로 분해한다. |

### 13.4.1 제2정규형의 일반적인 정의

**정의.** 릴레이션 스키마 $R$의 모든 비주요 애트리뷰트 $A$가 $R$의 어떤 키에도 부분적으로 종속하지 않으면 $R$은 제2정규형이다.[12)]

제2정규형 검사는 함수적 종속성의 왼편의 애트리뷰트들이 기본키의 일부인지 검사하는 것을 수반한다. 만약 기본키가 하나의 애트리뷰트만을 포함한다면 이런 검사는 전혀 할 필요가 없다. 그림 13.12(a)에 있는 릴레이션 스키마 LOTS를 고려해 보자. 이 릴레이션 스키마는 어떤 주의 여러 군(county)에서 매물로 나온 토지들을 표현한다. LOTS에 두 개의 후보키 Property_id#와 {County_name, Lot#}가 있다고 가정하자. 즉, Lot#는 각 군 내에서 고유한 값을 가지며 Property_id#는 주 전체에서 고유한 값을 가진다.

후보키인 Property_id#와 {County_name, Lot#}에 근거하여 그림 13.12(a)에 있는 함수적 종속성 FD1과 FD2가 성립한다. 그림 13.12(a)에서 Property_id#의 밑줄은 Property_id#가 기본키로 선택된 것을 나타낸다. 그러나 이 기본키를 다른 후보키와 다르게 특별히 취급하지는 않는다. LOTS에서 추가로 다음의 두 함수적 종속성이 성립한다고 가정하자.

FD3: County_name → Tax_rate
FD4: Area → Price

종속성 FD3은 세율이 한 군 내에서는 고정되어 있음(즉, 같은 군 안에서는 토지에 따라서 세율이 달라지지 않음)을 의미하며, 종속성 FD4는 토지의 가격은 그 토지가 속해 있는 군에는 관계없고 면적에 의해서 결정된다는 것을 의미한다(세금을 목적으로 한 토지 가격이라고 가정함).

Tax_rate가 FD3으로 인해서 후보키 {County_name, Lot#}에 부분적으로 의존하므로 LOTS 릴레이션 스키마는 제2정규형의 일반적인 정의를 만족하지 못한다. LOTS를 제2정규형으로 정규화시키기 위해서 그림 13.12(b)에 있는 두 릴레이션 LOTS1과 LOTS2로 분해한다. 즉, LOTS에서 제2정규형을 위배하는 애트리뷰트 Tax_rate를 제거하여 LOTS1을 만들고, Tax_rate와 County_name(부분 종속성 FD3의 왼편)으로 릴레이션 LOTS2를 만든다. LOTS1과 LOTS2는 모두 제2정규형이다. FD4는 제2정규형을 위배하지 않으므로 분해된 릴레이션 LOTS1에서 그대로 유지된다.

12) 이 정의를 다음과 같이 표현할 수도 있다. 릴레이션 스키마 R에 있는 비주요 애트리뷰트 A가 R의 모든 키에 완전하게 함수적으로 종속하면 R은 제2정규형이다.

(a)

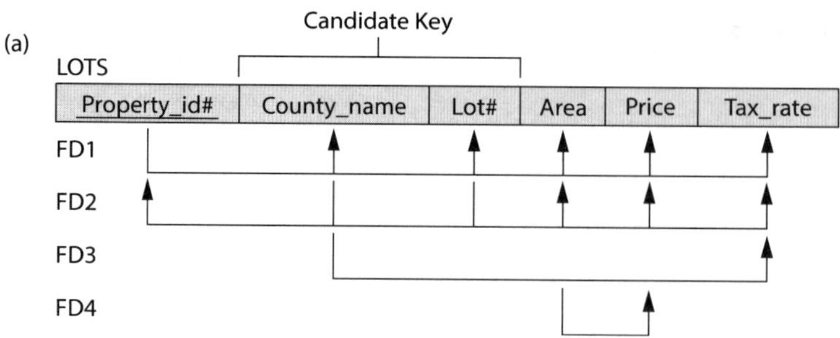


(b)

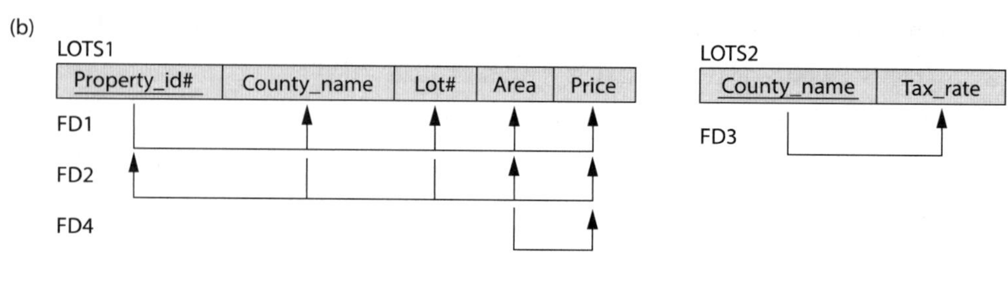


(c)

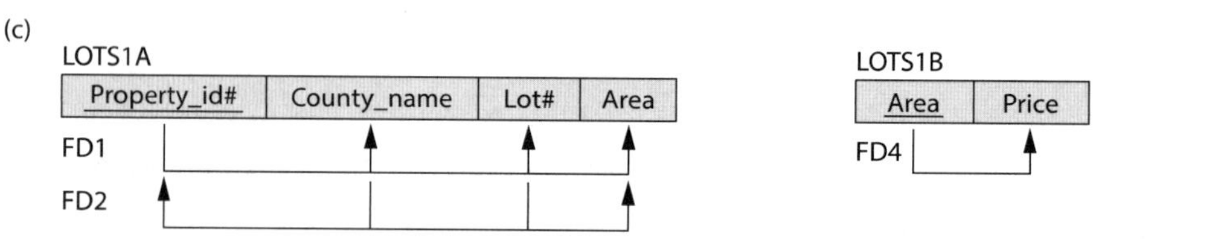


(d)

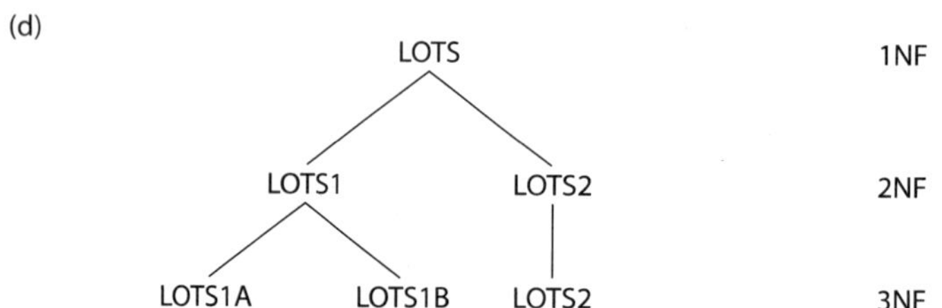


그림 13.12 제2정규형과 제3정규형으로 정규화: (a) LOTS 릴레이션 스키마와 함수적 종속성, FD1부터 FD4, (b) LOTS를 제2정규형 릴레이션 LOTS1과 LOTS2로 분해, (c) LOTS1을 제3정규형 릴레이션 LOTS1A와 LOTS1B로 분해, (d) LOTS의 정규화 요약

### 13.4.2 제3정규형의 일반적인 정의

**정의.** 릴레이션 스키마 R의 모든 함수적 종속성 $X \rightarrow A$에 대해서, (a) $X$가 $R$의 슈퍼키이거나 (b) $A$가 $R$의 주요 애트리뷰트이면 $R$은 제3정규형이다.[13)]

이 정의에 따르면 LOTS2(그림 13.12(b))는 제3정규형이지만 LOTS1의 FD4는 Area가 LOTS1의 슈퍼키가 아니고 Price가 주요 애트리뷰트가 아니기 때문에 제3정규형을 만족하지 않는

13) 14.1절에서 논의한 유추된 함수적 종속성을 기반으로 함수적 종속성 Y → YA는 Y → A가 참일 때마다 유지된다. 즉, {A−X}가 R의 주요한 애트리뷰트이다.

다. 이것을 제3정규형으로 정규화하기 위해서는 LOTS1을 그림 13.12(c)에 있는 릴레이션 스키마 LOTS1A와 LOTS1B로 분해해야 한다. LOTS1A는 LOTS1에서 제3정규형을 위배하는 애트리뷰트 Price를 제거해서 만들고 LOTS1B는 애트리뷰트 Price와 Area(이행적 종속성의 원인이 되는 FD4의 왼편)로 만든다. LOTS1A와 LOTS1B는 모두 제3정규형이다.

이 예제와 제3정규형의 일반적인 정의에 관해서 두 가지 주의할 사항이 있다.

- Price가 비주요 애트리뷰트 Area를 통해서 LOTS1의 각 후보키에 이행적으로 종속하므로 LOTS1은 제3정규형이 아니다.
- 어떤 릴레이션 스키마가 제3정규형인지 테스트하기 위해서 이 일반적인 정의를 직접 적용할 수 있다. 즉, 테스트를 하기 위해서 먼저 제2정규형을 거칠 필요가 없다. 즉, 릴레이션이 일반적인 제3정규형 검사를 통과하면 자동으로 제2정규형 검사를 통과한다.

만약 LOTS의 FD1에서 FD4까지의 종속성에 위의 제3정규형의 정의를 적용하면 FD3의 LHS County_name이 수퍼키가 아니므로 FD3과 FD4가 모두 제3정규형을 위배한다는 것을 알 수 있다. 따라서 LOTS를 바로 LOTS1A, LOTS1B, LOTS2로 분해할 수 있다. 그러므로 제3정규형을 위배하는 이행적 종속성과 부분 종속성을 임의의 순서로 제거해도 된다.

### 13.4.3 제3정규형의 일반적인 정의의 해석

릴레이션 스키마 *R*에서 함수적 종속성 $X \rightarrow A$가 제3정규형의 조건 (a)와 (b) 중 어떤 조건도 만족하지 않는다면(이는 두 조건 모두 위배한다는 의미이다), *R*은 제3정규형이 아니다. 첫 번째 조건은 문제가 있는 함수적 종속성에 대한 다음 두 형태에 의해 야기된다.

- 비주요 애트리뷰트는 다른 비주요 애트리뷰트를 결정한다. 즉, 제3정규형을 위배하는 이행적 종속성이 존재한다.
- *R*의 어떤 키의 진부분집합은 함수적으로 비주요 애트리뷰트를 결정한다. 즉, 제2정규형을 위배하는 부분 종속성이 존재한다.

따라서 조건 (a)는 앞서 논의한 것처럼 제2정규형과 제3정규형의 함수적 종속성 문제를 해결한다.

그러므로 제3정규형의 일반적인 정의를 다음과 같이 기술할 수도 있다.

**대안적 정의.** 릴레이션 스키마 *R*의 모든 비주요 애트리뷰트가 다음 두 조건을 만족하면 *R*은 제3정규형이다.

- *R*의 모든 키에 대해서 완전하게 함수적으로 종속한다.
- *R*의 모든 키에 대해서 비이행적으로 종속한다.

그러나 제3정규형의 일반적인 정의 중 조건 (b)를 보면, 이것은 잠재적으로 문제가 될 가능성이 있지만 특정 함수적 종속성이 제3정규형의 정의를 만족할 수 있다. Boyce-Codd 정규형은 이러한 종속성을 허용하지 않는다. 이 정규형에 대해서는 다음 절에서 논의한다.

## 13.5 BCNF

BCNF(Boyce-Codd Normal Form)는 원래는 제3정규형의 간단한 형태로 제안되었으나, 나중에 제3정규형보다 더 엄격하다고 밝혀졌다. 즉, 모든 BCNF 릴레이션은 제3정규형이지만, 제3정규형 릴레이션은 반드시 BCNF는 아니라는 것을 의미한다. 이전 절에서 BCNF는 제3정규형의 정의에서 조건 (b)를 만족시키는 함수적 종속성이 허용되지 않는 더 엄격한 정규형임을 언급했다.

직관적으로, 제3정규형보다 더 강력한 정규형이 필요한 이유는 그림 13.12(a)에 있는 네 개의 함수적 속성 FD1부터 FD4를 가진 릴레이션 스키마 LOTS를 살펴보면 알 수 있다. 릴레이션에 수천 개의 토지가 있고, 그들은 오직 두 개의 군 DeKalb과 Fulton에 속해 있다고 가정하자. 그리고 ekalb에 있는 토지들의 면적은 0.5, 0.6, 0.7, 0.8, 0.9, 1.0 에이커이며 Fulton에 있는 토지들의 면적은 1.1, 1.2, …, 1.9, 2.0 에이커라고 하자. 이런 경우에 함수적 종속성 FD5: Area → County_name을 추가할 수 있다. 이 함수적 종속성이 제3정규형 정의의 조건 (b)에 부합하며 이것을 추가하여도 County_name이 주요 애트리뷰트이기 때문에 릴레이션 스키마 LOTS1A는 아직 제3정규형이다.

면적과 군의 관계를 나타내는 FD5는 오직 16개의 면적값만이 가능하기 때문에 별도의 릴레이션 *R*(Area, County_name)에 16개의 투플로 표현할 수 있다(그림 13.13 참조). 이렇게 표현함으로써 수천 개의 LOTS1A 투플에서 같은 정보를 반복하는 중복을 줄일 수 있다. BCNF는 LOTS1A를 허용하지 않고 그것을 추가로 분해하도록 하는 더 강력한 정규형이다.

> **정의.** 릴레이션 스키마 *R*에서, 모든 의미 있는 함수적 종속성 $X \rightarrow A$를 만족할 때 마다 *X*는 *R*의 슈퍼키라면 *R*은 BCNF이다.

BCNF의 정형적인 정의와 제3정규형의 정의는 *A*가 주요 애트리뷰트일 수 있는 제3정규형의 조건 (b)가 BCNF에는 없다는 점에서 서로 다르며, 이는 RHS를 주요 애트리뷰트로 갖는 함수적 종속성을 BCNF에서 제외한 것이다. 이는 제3정규형과 비교했을 때, BCNF를 보다 강력한 정규형으로 만든다. LOTS1A를 그림 13.13(a)와 같이 두 개의 BCNF 릴레이션 LOTS1AX와 LOTS1AY로 분해할 수 있다. 이 분해로 인해 함수적 종속성 FD2의 애트리뷰트들이 같은 릴레이션에 더 이상 함께 존재하지 않으므로 이 분해는 분해 후에 함수적 종속성 FD2를 보존하지 못한다.

실제로 대부분의 제3정규형 릴레이션 스키마는 또한 BCNF 릴레이션 스키마이다. 릴레이션 스키마 *R*의 종속성 $X \rightarrow A$에서 *X*가 슈퍼키가 아니고 *A*가 주요 애트리뷰트인 경우에만 릴레이션 *R*이 제3정규형이지만 BCNF가 아니다. 그림 13.13(b)의 릴레이션 스키마 *R*이 이런 릴레이션의 일반적인 경우이다. 위에서 설명한 FD5: Area → County_name의 경우 이러한 함수적 종속성은 잠재적으로 데이터 중복의 가능성을 내포하고 있다. 이상적으로는 모든 릴레이션 스키마가 BCNF 또는 3NF를 만족하도록 관계 데이터베이스를 설계하는 것이 바람직하다. 제1정규형과 제2정규형은 역사적으로 제3정규형과 BCNF에 이르는 단계로 만들어졌을 뿐이므로 제1정규형이나 제2정규형까지만 정규화하는 것은 적절하지 않다.

## 13.5.1 BCNF가 아닌 릴레이션의 분해

다른 예로, 그림 13.14는 다음과 같은 종속성을 가지는 릴레이션 TEACH를 보여준다.

FD1: {Student, Course} → Instructor

FD2:14) instructor → Course

{Student, Course}가 이 릴레이션의 후보키이며 종속성들은 Student를 *A*, Course를 B, 그리고 Instructor를 *C*로 가지는 그림 13.13(b)의 형태를 따른다. 따라서 이 릴레이션은 제3정규형이지만 BCNF는 아니다. 다음과 같이 세 가지 중에 하나로 분해할 수 있으므로 이 릴레이션 스키마를 두 개의 릴레이션 스키마로 분해하는 것은 간단하지 않다.

1. R1 (Student, Instructor)와 R2(Student, Course)
2. R2 (Course, Instructor)와 R2(Course, Student)
3. R3 (Instructor, Course)와 R2(Instructor, Student)

(a)

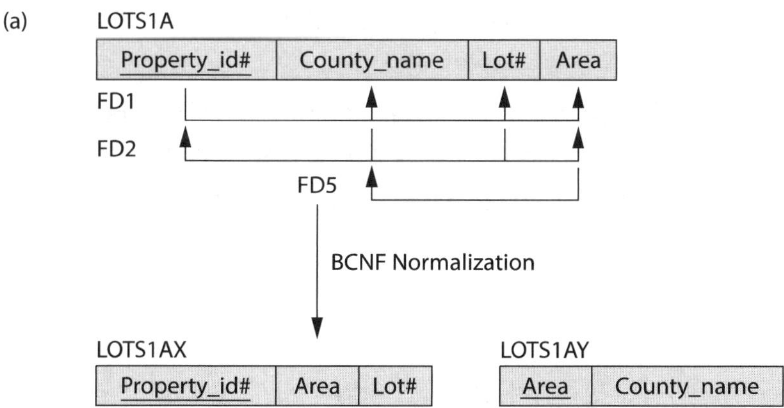


(b)

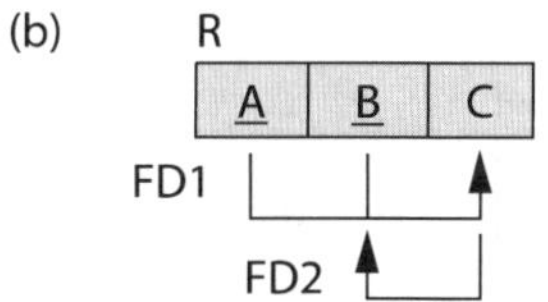


그림 13.13 BCNF: (a) LOTS1A의 BCNF로 정규화하는 과정에서 종속성 FD2가 없어지는 경우, (b) 함수적 종속성과 관련된 의미 제3정규형이지만 BCNF가 아님

위의 세 가지 분해는 모두 함수적 종속성 FD1을 잃는다. 그러면 위의 세 가지 중 바람직한 분해는 어떤 것인가? 13.3.1절에서 언급했듯이 정규화 과정에서 분해의 두 가지 속성인 비부가적(또는 무손실) 조인과 함수적 종속성 보존을 만족하기 위해 노력하는 것이다. 위에서 보았듯이 BCNF 분해에 대한 함수적 의존성은 충족시킬 수 없지만 비부가적 조인 속성을 충족시켜야 한다. 하나의 릴레이션을 두 릴레이션으로 나누는 간단한 이진 분해를 통해 비부가적 여부를 판단할 수 있다.

14) 이 함수적 종속성은 응용에 대해 각 instructor가 1개 course만 가르친다는 제약 조건이 있다는 것을 의미한다.

NJB(Nonadditive Join Test for Binary Decompositions). R의 분해 D={$R_1$, $R_2$}는 아래 조건 중 하나인 경우에만 R에 대한 함수적 종속성 집합 F 에 대해 무손실(비부가적) 조인 특성을 가진다.

- $F^+$[15]의 함수적 종속성 $((R_1 \cap R_2) \rightarrow (R_1 - R_2))$
- $F^+$ 의 함수적 종속성 $((R_1 \cap R_2) \rightarrow (R_2 - R_1))$

위의 세 가지 분해에 대해 다음의 검사를 수행하면 세 번째 분해만이 이 검사를 만족함을 알 수 있다. 세 번째 분해에서 Instructor → Course이며, NJB 검사는 만족하며 분해는 비부가적이기 때문에 $(R_1 \cap R_2)$는 Instructor이며 $(R_1 - R_2)$는 Course이다. (처음 두 분해가 NJB 검사를 만족하지 못하는 과정은 독자가 확인하길 바란다.) 따라서, TEACH를 BCNF로 적절하게 분해한 것은 다음과 같다.

TEACH1 (<u>Instructor</u>, Course) and TEACH2(<u>Instructor</u>, <u>Student</u>)

정규화 과정에서 비부가적 분해는 필수이므로 이 속성을 충족하는지 반드시 확인해야 한다. 이 속성은 13.3장과 13.4장의 비공식적인 정규화 사례와 LOTS1A를 BCNF 관계로 분해한 LOTS1AX와 LOTS1AY 분해에 관해서 검증되어야 한다.

일반적으로 BCNF에 속하지 않는 릴레이션 R은 다음과 같이 R을 연속적으로 BCNF를 만족하는 릴레이션 집합으로 분해하여 비부가적 조인 속성을 만족시킬 수 있다.[16]

BCNF를 만족하지 않는 릴레이션 R, X ⊆ R, BCNF를 위반하는 함수적 종속성인 X → A가 있다. R은 다음과 같이 두 릴레이션으로 분해된다.

$R - A$

$XA$

만일 $R - A$ 혹은 $XA$가 BCNF를 만족하지 않는다면 작업을 다시 수행한다.

TEACH

| Student | Course | Instructor |
|---|---|---|
| Narayan | Database | Mark |
| Smith | Database | Navathe |
| Smith | Operating Systems | Ammar |
| Smith | Theory | Schulman |
| Wallace | Database | Mark |
| Wallace | Operating Systems | Ahamad |
| Wong | Database | Omiecinski |
| Zelaya | Database | Navathe |
| Narayan | Operating Systems | Ammar |

그림 13.14 제3정규형이지만 BCNF가 아닌 릴레이션 TEACH

15) $F^+$는 함수적 종속 관계의 집합을 나타내며, F가 포함하는 모든 함수적 종속성을 포함하고 있다.

16) 이 절차는 전체(universal) 스키마 분해로 BCNF 스키마를 생성하기 위한 14장의 알고리즘 14.5를 기반으로 한다.

위의 절차를 LOTS1A에 적용하면 이전처럼 릴레이션 LOTS1AX와 LOTS1AY을 얻을 수 있늕지 확인해야 한다. 마찬가지로 TEACH에 이 절차를 적용하면 릴레이션 TEACH1과 TEACH2로 분해된다.

릴레이션 TEACH에서 (Student, Instructor)를 기본키로 지정하면, FD Instructor → Course로 인해 (Instructor, Student)의 일부에 대해 Course의 부분(완전 정규는 아닌) 종속성을 가진다. 이 FD는 결과로 동일한 2개의 릴레이션을 정확히 생성하는 제2정규화를 통해 제거될 수도 있다. 이는 정규화의 대안적 방법을 통해, 궁극적으로는 동일한 BCNF 설계를 구할 수 있는 경우의 예이다.

## 13.6 다치 종속성과 제4정규형

그림 13.15(a)의 EMP 릴레이션을 고려해 보자. EMP 릴레이션의 각 투플은 이름이 Ename인 사원이 Pname이라는 프로젝드에서 근무하고 이름이 Dname인 부양가족을 갖고 있나는 사실을 나타낸다. 한 사원은 여러 프로젝트에서 일할 수 있고, 또 여러 명의 부양가족을 가질 수 있다. 그리고 프로젝트와 부양가족 사이에는 직접적인 관련이 없다.[17] 릴레이션 상태를 일관성 있게 유지하고 독립된 두 애트리뷰트 간의 어떠한 가짜 관계도 피하기 위해서는 각 사원마다 부양가족과 프로젝트의 모든 가능한 조합을 표현하는 투플들을 유지해야 한다. 그림 13.15(a)의 릴레이션은 Ename이 Smith인 사원이 'X'와 'Y' 프로젝트를 진행하고 있으며 'John'과 'Anna'라는 두 명의 부양가족 있으므로 이들을 나타내는 네 개의 투플이 있다는 사실을 알 수 있다. EMP 릴레이션은 모든-키 릴레이션(all-key relation)이므로 BCNF를 만족하는 함수적 종속성을 갖지 않는다. EMP 릴레이션에는 중복이 명백히 존재하며 이 종속성 정보는 모든 프로젝트에 반복되며 프로젝트 정보는 모든 종속성 항목에 대해 반복된다.

릴레이션 EMP로 알 수 있듯이 함수적 종속성으로 지정할 수 없는 제약 조건이 있는 일부 릴레이션은 BCNF를 위반하지 않는다. 이 상황을 해결하기 위해 **다치 종속성**(MVD: Multivalued Dependency)이 제안되었으며, 다치 종속성에 기반을 둔 제4정규형이 정의되었다. 다치 종속성과 이의 특성에 대한 좀 더 정형적인 논의는 14장에서 다룬다. 다치 종속성은 투플의 애트리뷰트 값이 집합 값을 가지지 못하게 하는 제1정규형의 결과로 나타난다(13.3.4절 참조). 만약 두 개 이상의 다치 애트리뷰트들이 존재하는 경우, 릴레이션을 정규화하는 두 번째 조건(13.4절 참조)에 다치 종속성을 추가한다. 비공식적으로, 두 개의 독립적인 일대다(1 : N) 관계인 *A* : *B*와 *A* : *C*가 동일한 릴레이션 *R*(*A*, *B*, *C*)에 존재할 경우 다치 종속성이 발생한다.[18]

---

17) ER 다이어그램에서 각각을 다치 애트리뷰트 또는 약한 엔티티 타입으로 표현할 수 있다(6장 참조).

18) 다치 종속성은 A ↠ B|C로 표시한다.

### 13.6.1 다치 종속성의 정형적 정의

**정의.** 릴레이션 스키마 $R$에 명시된 다치 종속성 $X \twoheadrightarrow Y$는 $R$의 임의의 릴레이션 상태 $r$에 대해 다음과 같은 제약 조건을 명시한다. 여기서 $X$와 $Y$는 $R$의 부분집합이다. 만약 $r$에 $t_1[X]$ $t_2[X]$를 만족하는 두 개의 투플 $t_1$과 $t_2$가 존재한다면, 다음의 성질들을 가진 두 개의 투플 $t_3$와 $t_4$도 반드시 존재해야 한다.[19] 여기서 $(R-(X \cup Y))$를 $Z$로 표시하자.[20]

- $t_3[X] = t_4[X] = t_1[X] = t_2[X]$
- $t_3[Y] = t_1[Y]$ 그리고 $t_4[Y] = t_2[Y]$
- $t_3[Z] = t_2[Z]$ 그리고 $t_4[Z] = t_1[Z]$

(a) EMP

| Ename | Pname | Dname |
|---|---|---|
| Smith | X | John |
| Smith | Y | Anna |
| Smith | X | Anna |
| Smith | Y | John |

(b) EMP_PROJECTS

| Ename | Pname |
|---|---|
| Smith | X |
| Smith | Y |

EMP_DEPENDENTS

| Ename | Dname |
|---|---|
| Smith | John |
| Smith | Anna |

(c) SUPPLY

| Sname | Part_name | Proj_name |
|---|---|---|
| Smith | Bolt | ProjX |
| Smith | Nut | ProjY |
| Adamsky | Bolt | ProjY |
| Walton | Nut | ProjZ |
| Adamsky | Nail | ProjX |
| Adamsky | Bolt | ProjX |
| Smith | Bolt | ProjY |

(d) $R_1$

| Sname | Part_name |
|---|---|
| Smith | Bolt |
| Smith | Nut |
| Adamsky | Bolt |
| Walton | Nut |
| Adamsky | Nail |

$R_2$

| Sname | Proj_name |
|---|---|
| Smith | ProjX |
| Smith | ProjY |
| Adamsky | ProjY |
| Walton | ProjZ |
| Adamsky | ProjX |

$R_3$

| Part_name | Proj_name |
|---|---|
| Bolt | ProjX |
| Nut | ProjY |
| Bolt | ProjY |
| Nut | ProjZ |
| Nail | ProjX |

그림 13.15 제4정규형 및 제5정규형: (a) 두 개의 다치 종속성 Ename $\twoheadrightarrow$ Pname과 Ename $\twoheadrightarrow$ Dname을 가진 EMP 릴레이션, (b) EMP 릴레이션을 제4정규형인 EMP_PROJECTS와 EMP_DEPENDENTS 릴레이션으로 분해, (c) 다치 종속성을 갖지 않으며 제4정규형이지만, 조인 종속성($R_1$, $R_2$, $R_3$)이 성립하면 제5정규형을 만족하지 않는 SUPPLY 릴레이션, (d) SUPPLY 릴레이션을 세 개의 제5정규형 릴레이션, $R_1$, $R_2$, $R_3$으로 분해

$X \twoheadrightarrow Y$가 성립하면, $X$는 $Y$를 다중 결정(multidetermine)한다고 말한다. 정의의 대칭성에 의해 릴레이션 $R$에서 $X \twoheadrightarrow Y$가 성립하면 $X \twoheadrightarrow Z$도 성립한다. 따라서 $X \twoheadrightarrow Y$는 $X \twoheadrightarrow Z$를 함

19) 여기서 $t_1$, $t_2$, $t_3$, $t_4$가 반드시 서로 다른 투플일 필요는 없다.
20) $Z$는 $R$로부터 $(X \cup Y)$에 속해 있는 애트리뷰트들을 제외한 나머지 애트리뷰트들을 나타낸다.

축하므로 종종 $X \twoheadrightarrow Y | Z$로 표기하기도 한다.

다치 종속성 $X \twoheadrightarrow Y$는 (a) $Y$가 $X$의 부분집합이거나 (b) $X \cup Y = R$인 경우에 무의미 다치 종속성(trivial MVD)이라고 부른다. 예를 들어, 그림 13.15(b)의 EMP_PROJECTS 릴레이션에서 Ename ↠ Pname과 EMP_DEPENDENTS 릴레이션에서 Ename ↠ Dname은 무의미 다치 종속성이다. 조건 (a)와 (b)를 모두 만족하지 않는 다치 종속성을 의미 있는 **다치 종속성**(nontrivial MVD)이라고 부른다. 무의미 다치 종속성은 $R$의 어떤 릴레이션 상태 $r$에 대해서도 성립한다. 따라서 $R$에 의미 있는 어떠한 제약 조건도 명시하지 않으므로 무의미 다치 종속성이라고 부른다.

릴레이션에 의미 있는 다치 종속성이 존재하면 투플들에서 애트리뷰트들의 값을 중복 해야하는 경우가 있을 수 있다. 그림 13.15(a)의 EMP 릴레이션에서 Pname 애트리뷰트의 값 'X'와 'Y'는 Dname 애트리뷰트의 각 값에 대하여 중복된다(또는 대칭성에 의하여 Dname의 값 'John'과 'Anna'는 Pname의 각 값에 대하여 중복된다). 이런 중복은 명백히 바람직하지 않다. 하지만 EMP 스키마에서는 어떤 함수적 종속성도 성립하지 않으므로 EMP 스키마는 BCNF에 속한다. 그러므로 BCNF보다 더 강력하면서 EMP와 같은 릴레이션 스키마를 허용하지 않는 제4정규형을 정의할 필요가 있다. 의미 있는 다치 종속성을 만족하는 릴레이션은 모든-키 릴레이션이 된다. 즉 키의 모든 애트리뷰트가 키가 되는 것이다. 실제 상황에서 모든 애튜리뷰트의 집합이 키가 되면서 반복된 값들의 조합으로 이루어진 릴레이션이 설계되는 경우는 드물다. 그러나 다치 종속성을 잠재적 문제가 있는 종속성으로 인식하는 것은 관계 설계에서 필수적이다.

지금부터는 바람직하지 못한 다치 종속성을 갖는 릴레이션을 허용하지 않는 제4정규형을 정의한다. 그리고 이 정의를 사용하여 제4정규형을 만족하지 않는 릴레이션을 알아내서 분해할 수 있다.

> **정의.** 종속성들의 집합 $F$에 대한 $F^+$[21]의 모든 의미 있는 다치 종속성 $X \twoheadrightarrow Y$에 대해, $X$가 릴레이션 스키마 $R$의 슈퍼키면 $R$은 $F$에 대한 제4정규형이다. 여기서 $F$는 함수적 종속성과 다치 종속성을 포함한다.

여기서 다음 사항들을 생각할 수 있다.

- 모든-키 릴레이션(all-key relation)은 어떤 함수적 종속성도 가지지 않으므로, 당연히 BCNF이다.
- 그림 13.15(a)의 EMP 릴레이션과 같이 함수적 종속성을 포함하지 않지만 다치 종속성 ENAME ↠ Pname | Dname을 포함하는 모든-키 릴레이션은 제4정규형이 아니다.
- 의미 있는 다치 종속성에 의해서 제4정규형에 속하지 않는 릴레이션은 제4정규형에 속하는 릴레이션의 집합으로 분해되어야 한다.
- 분해는 다치 종속성에 의해 발생되는 중복을 제거한다.

21) $F^+$는 함수적 종속성 F의 커버(cover) 또는 F에 의해 암시되는 모든 종속성을 말한다. 이는 14.1절에서 정의한다.

의미 있는 다치 종속성을 포함하여 제4정규형에 속하지 않는 릴레이션의 정규화는 각 다치 종속성을 무의미한 다치 종속성이 되도록 별도의 릴레이션으로 분해하는 과정으로 구성된다. 그림 13.15(a)의 EMP 릴레이션을 고려해 보자. EMP는 제4정규형이 아니다. 왜냐하면 의미 있는 다치 종속성 Ename ↠ Pname과 Ename ↠ Dname에서 Ename이 EMP의 슈퍼키가 아니기 때문이다. 그림 13.15(b)와 같이 EMP를 EMP_PROJECTS와 EMP_DEPENDENTS로 분해하면 각각은 제4정규형이 된다. 왜냐하면 다치 종속성 Ename ↠ Pname은 EMP_PROJECTS에서 무의미 다치 종속성이고 다치 종속성 Ename ↠ Dname은 EMP_DEPENDENTS에서 무의미 다치 종속성이기 때문이다. 사실상 EMP_PROJECTS 또는 EMP_DEPENDENTS에는 어떠한 의미 있는 다치 종속성도 존재하지 않는다. 또한 함수적 종속성도 존재하지 않는다.

## 13.7 조인 종속성과 제5정규형

지금까지의 논의에서는 문제가 있는 함수적 종속성을 지적하고, 제1정규형, 제2정규형, 제3정규형 그리고 BCNF로 만들기 위해 정규화하는 과정에서, 함수적 종속성이 반복적인 이진 분해 과정에 의해 어떻게 제거되는지를 보았다. 이러한 이진 분해는 BCNF를 만족하기 위해 13.5절에서 소개한 NJB 특성을 따라야 한다. 제4정규형을 얻는 과정은 전형적으로 반복적인 이진 분해에 의해 다치 종속성을 제거하는 과정 또한 포함한다. 그러나, $R$을 두 개의 스키마로 비부가적 조인 분해할 수는 없지만 두 개 이상의 릴레이션 스키마로 비부가적 조인 분해할 수 있는 경우가 존재한다. 더욱이 $R$에는 BCNF까지의 어떤 정규형도 위배하는 함수적 종속성이 존재하지 않고, 또한 제4정규형을 위배하는 의미 있는 다치 종속성도 존재하지 않을 수 있다. 이런 경우에 조인 종속성이라는 새로운 종속성을 사용할 수 있는데, 만약 조인 종속성이 존재하는 경우에 **다중 분해**(multiway decomposition)를 수행하여 제5정규형으로 만든다. 이런 조인 종속성은 실제로 찾아내기 매우 어려운 독특한 제약 조건이기 때문에 제5정규형으로의 정규화는 현실적으로 거의 사용되지 않는다.

**정의.** 릴레이션 스키마 $R$에 명시된 조인 종속성(JD: Join Dependency)은 JD($R_1$, $R_2$, ⋯, $R_n$)으로 표기하며 $R$의 상태 $r$에 대한 제약 조건을 명시한다. 이 제약 조건은 R의 모든 합법적인 상태 $r$이 $R_1$, $R_2$, ⋯, $R_n$으로의 비부가적 조인 분해를 가져야 함을 나타낸다. 즉, 각 $r$은 다음과 같은 조건을 만족해야 한다.

$$* \, (\pi_{R_1}(r), \pi_{R_2}(r), \cdots, \pi_{R_1}(r)) = r$$

다치 종속성은 $n$이 2인 특별한 경우이다. 즉 JD($R_1$, $R_2$)로 표기하는 조인 종속성은 다치 종속성 $(R_1 \cap R_2) \twoheadrightarrow (R_1 - R_2)$(또는 대칭성에 의해 $(R_1 \cap R_2) \twoheadrightarrow (R_2 - R_1)$을 의미한다). JD($R_1$, $R_2$, ⋯, $R_n$)에 있는 릴레이션 스키마 $R_i$ 중에서 하나가 $R$과 동일할 경우, 릴레이션 스키마 $R$에 명시된 조인 종속성 JD($R_1$, $R_2$, ⋯, $R_n$)은 무의미 조인 종

속성이라 부른다. $R$의 어떠한 관계 상태 $r$에 대해서도 비부가적 조인 특성이 있고 $R$에 대해 어떠한 제한 조건도 부과하지 않으므로, 이런 조인 종속성은 무의미하다고 부른다. 이제 프로젝트-조인 정규형이라고도 부르는 제5정규형을 정의할 수 있다.

> **정의.** 릴레이션 스키마 $R$이 함수적 종속성, 다치 종속성, 조인 종속성들의 집합 $F$의 관점에서, $F^+$에 속하는 모든 의미 있는 조인 종속성 JD($R_1$, $R_2$, ⋯, $R_n$)에 대해서 모든 $R_i$가 $R$의 슈퍼키이면 $R$은 $F$에 대해 제5정규형(또는 프로젝트-조인 정규형(PJNF))에 속한다고 한다.[22)]

예를 들어, 그림 13.15(c)의 SUPPLY 릴레이션을 고려해 보자. 이때 다음의 추가적인 제약 조건이 항상 존재한다고 가정하자. 공급자 $s$가 부품 $p$를 공급하고, 프로젝트 $j$에서 부품 $p$가 사용되고, 공급자 $s$가 적어도 하나 이상의 부품을 프로젝트 $j$에게 제공할 때마다 공급자 $s$는 부품 $p$를 프로젝트 $j$에 공급할 것이다. 이런 제약 조건을 다른 방식으로 말하면, SUPPLY의 프로젝션 $R_1$(Sname, Part_name), $R_2$(Sname, Proj_name), $R_3$(Part_name, Proj_name) 사이의 조인 종속성 JD($R_1$, $R_2$, $R_3$)이 존재한다는 것이다. 이런 제약 조건이 존재하면 그림 13.15(c)에 있는 실선 아래의 투플들은 실선 위의 투플들을 포함하는 SUPPLY 릴레이션의 합법적 상태에서 반드시 존재해야 한다. 그림 13.15(d)는 조인 종속성을 가지는 SUPPLY 릴레이션이 어떻게 제5정규형에 속하는 세 개의 릴레이션 $R_1$, $R_2$, $R_3$으로 분해되는가를 나타낸다. 이 릴레이션들 중에 어떠한 두 개를 선택하여 자연 조인하더라도 이상 투플이 생성되지만 세 가지 모두를 자연 조인한다면 생성되지 않는 점에 주목하자. 독자는 그림 13.15(c)의 예제 릴레이션과 이의 프로젝션을 나타내는 그림 13.15(d)에 대해 이 사실이 맞는가를 확인해 보라. 이런 현상이 나타나는 이유는 다치 종속성은 존재하지 않고 조인 종속성만 존재하기 때문이다.

조인 종속성 JD($R_1$, $R_2$, $R_3$)은 그림 13.15(c)에서 있는 릴레이션 상태에만 명시된 것이 아니라, 모든 합법적 릴레이션 상태에 대해서 명시되어 있음을 주목하라.

수백 개의 애트리뷰트가 존재하는 실제 데이터베이스에 대해 조인 종속성을 발견하는 것은 데이터에 대한 뛰어난 직관력이 있는 설계자만이 할 수 있다. 따라서 현재 일반적인 데이터베이스 설계에서 조인 종속성을 고려하는 것은 드물다. Date와 Fagin(1992)는 조인 종속성을 완전히 배제한 함수적 종속성만으로 탐지된다고 밝혔다. 즉, 제3정규형을 만족하는 릴레이션 스키마의 각 키가 단일 애트리뷰트로 구성되어 있다면 제5정규형 또한 만족한다.

---

22) 다시 말해서, $F^+$는 함수적 종속성 F의 커버(cover) 또는 F에 의해 암시되는 모든 종속성을 말한다. 이는 14.1절에서 정의한다.

## 13.8 요약

이 장에서는 관계 데이터베이스 설계 과정에서 빠지기 쉬운 몇 가지 함정을 직관적인 논법을 사용하여 논의하였고 릴레이션 스키마의 좋고 나쁨을 판단하는 몇 가지 기준을 열거하였으며, 좋은 설계에 관한 개략적인 지침을 제시하였다. 이 지침은 8장에서 엔티티와 관계들을 릴레이션들에 올바르게 사상하기 위한 사상 절차를 따라 ER 모델에서 신중한 개념 설계를 수행하는 데 기반이 된다. 이 지침의 적절한 사용과 중복 제거를 통해 삽입/삭제/변경 이상 및 부정확한 데이터가 발생하는 것을 피할 수 있다. 본 장에서는 선택, 조인 및 병합 연산에서 문제를 일으키는 널 값들의 사용을 제한하는 것을 추천하였다. 그리고 릴레이션들을 개별적으로 분석함으로써 하향식으로 릴레이션 설계를 가능하게 하는 몇 가지 정형적인 개념을 제시하였다. 정규화 과정을 도입함으로써 분석과 분해에 의한 설계 과정을 정의하였다.

릴레이션 스키마 분석에 대한 기본적인 도구인 함수적 종속성의 개념들을 정의하고 이들의 몇 가지 특성을 논의하였다. 함수적 종속성은 릴레이션 스키마의 애트리뷰트들에 관한 의미적 제약을 명시한다. 다음으로 문제가 있는 유형의 함수적 종속성에 대해 릴레이션들을 검사함으로써 좋은 설계를 이끌어 내는 정규화 과정을 설명하였다. 각 릴레이션에 미리 정의된 기본키를 기반으로 하여 연속적으로 정규화하는 것을 다루었으며, 이런 요구사항을 완화하여 제2정규형과 릴레이션의 모든 후보키를 고려하는 제3정규형의 보다 일반적인 정의를 설명하였다. 제3정규형의 일반적인 정의를 사용하여 주어진 릴레이션이 어떻게 분석되고 궁극적으로 제3정규형에 속하는 릴레이션들의 집합으로 분해되는지에 관해서 예를 들어 가며 설명하였다.

BCNF를 제시하였으며 BCNF가 제3정규형에 비해 얼마나 강한 정규형인가를 논의하였다. 비부가적 분해 요구사항을 고려함으로써 BCNF가 아닌 릴레이션들을 어떻게 분해 하는지에 관해서 설명하였다. BCNF가 아닌 릴레이션을 BCNF를 만족하는 릴레이션 집합으로 변환할 수 있도록 비부가적 조인 속성의 이진 분해와 그 알고리즘을 제시했다. 다치 애트리뷰트를 단일 릴레이션으로 혼합하였을 때 함수적 종속성 이외의 추가적인 제한조건이 요구된다. 이러한 요구를 해결하기 위해 다치 종속성(MVD: multivalued dependency)를 도입하였으며, 다치 종속성을 기반으로 제4정규형을 정의했다. 마지막으로, 조인 종속성에 기반한 제5정규형을 소개하였다. 조인 종속성은 하나의 릴레이션을 여러 컴포넌트로 분해하는 데 있어서 분해된 결과의 조인이 원래의 릴레이션을 복원하고자 할 때 발생하는 특이한 제약조건이다. 실제로 대다수 상용 설계에서는 BCNF까지의 정규형만을 사용한다. 제5정규형까지 분해를 요구하는 경우는 실제로 매우 드물고, 실제 상황에서 조인 종속성을 발견하기란 매우 어려워 제5정규형은 이론으로서만 가치가 있다.

14장에서는 함수적 종속성에 기반을 둔 관계 데이터베이스 설계를 위한 분해 알고리즘과 합성 알고리즘을 제시한다. 분해와 관련해서 비부가적(또는 무손실) 조인과 종속성 보존의 개념에 관해서 논의한다. 또한 14장에서는 함수적 종속성, 다치 종속성, 다른 종류의 종속성에 대한 좀 더 자세한 처리에 관해 설명한다.

## 복습문제

13.1 좋은 릴레이션 스키마의 개략적인 기준으로서 애트리뷰트의 의미에 관해서 논하라.

13.2 삽입, 삭제, 수정 이상에 관해서 논하라. 이들이 왜 나쁜가? 예를 사용하여 설명하라.

13.3 왜 릴레이션에서 가능한 널을 피해야 하는가? 가짜 투플 문제를 설명하고, 이것이 생기지 않게 하는 방법을 논하라.

13.4 릴레이션 스키마 설계를 위한 개략적인 지침들을 기술하라. 이런 지침들을 위반하는 것이 얼마나 해로운지 설명하라.

13.5 함수적 종속성이 무엇인가? 릴레이션 스키마의 애트리뷰트들 사이에 성립하는 함수적 종속성의 원천은 무엇이라 보는가?

13.6 왜 특정 릴레이션 인스턴스로부터 자동으로 함수적 종속성을 추론할 수 없는가?

13.7 비정규화 릴레이션이라는 용어는 무엇을 의미하는가? 제1정규형부터 BCNF정규형까지 정규형들이 역사적으로 어떻게 발달해 왔는가?

13.8 기본키만을 고려하여 제1정규형, 제2정규형, 제3정규형을 정의하라. 릴레이션에 있는 모든 키를 고려한 제2정규형과 제3정규형의 일반적인 정의와 기본키만을 고려한 정의의 차이점은?

13.9 릴레이션이 제2정규형일 때 어떤 바람직하지 못한 종속성을 피할 수 있는가?

13.10 릴레이션이 제3정규형일 때 어떤 바람직하지 못한 종속성을 피할 수 있는가?

13.11 제2정규형과 제3정규형의 일반적인 정의는 기본키의 범위를 넘어 어떤 방법으로 정의를 확장하는가?

13.12 BCNF 정규형을 정의하라. BCNF는 제3정규형과 어떻게 다른가? 왜 BCNF가 제3정규형보다 강하다고 간주되는가?

13.13 다치 종속성이란 무엇인가? 이 종속성은 언제 발생하는가?

13.14 두 개 이상의 투플을 가지는 릴레이션은 항상 다치 종속성을 가지는가? 예를 들어 설명하라.

13.15 제4정규형을 정의하라. 이떤 경우에 위반되는가? 일반적으로 언제 유용한가?

13.16 조인 종속성과 제5정규형을 정의하라.

13.17 제5정규형은 왜 프로젝트-조인 정규형(PJNF)이라고 불리는가?

13.18 왜 실제 데이터베이스 설계에서 더 높은 정규형을 목표로 하지 않고 BCNF를 목표로 하는가?

## 연습문제

**13.19** 대학교에서 학생들의 성적 증명서를 관리하기 위한 데이터베이스에 대한 요구사항들이 다음과 같다고 가정하자.

a. 대학교에서 각 학생의 이름(Sname), 학번(Snum), 사회보장번호(Ssn), 현주소(Sc_addr)와 전화번호(Sc_phone), 부모의 집주소(Sp_addr)와 전화번호(Sp_phone), 생년월일(Bdate), 성별(Sex), 학년(Class) ('1학년', '2학년', '…', '대학원'), 주전공 학과(Major_code), 부전공 학과(Minor_code)(만약 있다면), 학위 과정(Prog) ('b.a', 'b.s', '…', 'ph.d')을 유지한다. 각 학생은 고유한 Ssn과 학생 번호를 갖는다.

b. 각 학과는 이름(Dname), 학과 코드(Dcode), 사무실 번호(Doffice), 사무실 전화 번호(Dphone), 단과 대학(Dcollege)으로 표현된다. 각 학과는 고유한 이름과 학과 코드를 갖는다.

c. 각 과목은 과목 이름(Cname), 과목 개요(Cdesc), 코드번호(Cnum), 학기당 수업 시간(Credit), 단계(Level), 개설학과(Cdept)를 가진다. 각 과목은 고유한 코드 번호를 갖는다.

d. 각 강좌(section)는 강사(Iname), 학기(Semester), 연도(Year), 과목(Sec_course), 강좌 번호(Sec_num)를 가진다. 강좌 번호는 같은 학기/연도에 개설되는 같은 과목의 강좌들을 구별하는 것으로, 그 값은 1부터 각 학기에 개설되는 총 강좌의 개수까지 가질 수 있다.

e. 성적 레코드는 학생(Ssn), 특정 강좌, 학점(Grade)을 나타낸다.

이 데이터베이스 응용을 위한 관계 데이터베이스 스키마를 설계하라. 먼저 애트리뷰트들 사이에 성립하는 모든 함수적 종속성을 보여라. 그리고 이 데이터베이스를 위해 제3정규형이나 BCNF인 릴레이션 스키마들을 설계하라. 이때 각 릴레이션의 키 애트리뷰트들을 기술하라. 추가할 요구사항들이 있으면 기술하고, 데이터베이스 설계를 완료하기 위하여 필요한 적절한 가정을 만들어 사용하라.

**13.20** 그림 13.3과 13.4의 릴레이션 EMP_PROJ와 EMP_DEPT에 어떤 갱신 이상들이 발생하는가?

**13.21** 오직 기본키만을 고려하는 제한적인 정규형의 정의에서 그림 13.12(a)의 릴레이션 스키마 LOTS는 어느 정규형인가? 만약 일반적인 정규형의 정의를 사용해도 같은 정규형이 되는가?

**13.22** 두 개의 애트리뷰트만 갖는 모든 릴레이션 스키마가 BCNF임을 증명하라.

**13.23** 그림 13.5에 있는 릴레이션 EMP_PROJ1과 EMP_LOCS를 조인한 결과에 왜 가짜 투플(그림 13.6에 있는 결과)들이 나타나는가?

**13.24** 전체 릴레이션 $R = \{A, B, C, D, E, F, G, H, I, J\}$와 함수적 종속성들의 집합 $F=\{\{A, B\} \rightarrow \{C\}, \{A\} \rightarrow \{D, E\}, \{B\} \rightarrow \{F\}, \{F\} \rightarrow \{G, H\}, \{D\} \rightarrow \{I, J\}\}$를 고려해 보자. $R$의 키는 무엇인가? $R$을 제2정규형 릴레이션들로 분해한 후 제3정규형으로 분해하라.

**13.25** 다음의 함수적 종속성들의 집합에 대해서 연습 문제 13.24를 반복하라. $G = \{\{A, B\} \rightarrow \{C\}, \{B, D\} \rightarrow \{E, F\}, \{A, D\} \rightarrow \{G, H\}, \{A\} \rightarrow \{I\}, \{H\} \rightarrow \{J\}\}$

**13.26** 다음 릴레이션을 고려해 보자.

| A | B | C | TUPLE# |
|---|---|---|---|
| 10 | b1 | c1 | 1 |
| 10 | b2 | c2 | 2 |
| 11 | b4 | c1 | 3 |
| 12 | b3 | c4 | 4 |
| 13 | b1 | c1 | 5 |
| 14 | b3 | c4 | 6 |

a. 위와 같은 외연(상태)이 주어질 때 아래의 함수적 종속성 중 어느 것이 위의 릴레이션에서 유효한가? 만약 그렇지 못하다면 종속성을 위배하는 투플들을 명시함으로써 그 이유를 설명하라.

i. $A \rightarrow B$, ii. $B \rightarrow C$, iii. $C \rightarrow B$, iv. $B \rightarrow A$, v. $C \rightarrow A$

b. 위의 릴레이션은 잠재적인 후보키를 가지는가? 만약 그렇다면 무엇이 후보키인가? 후보키가 없다면 그 이유를 설명하라.

**13.27** 다음 함수적 종속성들을 가지는 릴레이션 $R(A, B, C, D, E)$를 고려해 보자.

$$AB \rightarrow C, \ CD \rightarrow E, \ DE \rightarrow B$$

$AB$는 이 릴레이션의 후보키인가? 만약 그렇지 않다면 $ABD$는 후보키인가? 답변에 대해 설명하라.

**13.28** 대학교의 과목(course)과 강좌(section) 일정에 관한 애트리뷰트들을 가진 릴레이션 $R$을 고려해 보자.

$R$ = {Course_no, Sec_no, Offering_dept, Credit_hours, Course_level, Instructor_ssn, Semester, Year, Days_hours, Room_no, No_of_students}

$R$에서 성립하는 함수적 종속성들은 다음과 같다.

{Course_no} → {Offering_dept, Credit_hours, Course_level}
{Course_no, Sec_no, Semester, Year} → {Days_hours, Room_no, No_of_students, Instructor_ssn}
{Room_no, Days_hours, Semester, Year} → {Instructor_ssn, Course_no, Sec_no}

$R$의 키들을 형성하는 애트리뷰트들의 집합들을 구하라. 릴레이션 $R$을 정규화하라.

**13.29** 다음 릴레이션들은 ABC 회사의 주문 처리 응용 데이터베이스를 위한 것이다.

ORDER(<u>O#</u>, Odate, Cust#, Total_amount)
ORDER_ITEM(<u>O#</u>, <u>I#</u>, Qty_ordered, Total_price, Discount%)

각 항목마다 서로 다른 할인율을 갖는다고 가정하자. Total_price는 하나의 항목을 참조하고, Odate는 주문이 들어온 날짜를 나타내며, TotalL_amount는 주문의 양을 나타낸다. 만약 ORDER_ITEM과 ORDER 릴레이션에 대해 자연 조인을 수행한다면 결과 릴레이션 스키마는 어떤 형태가 될 것인가? 그것의 키는 무엇인가? 결과 릴레이션의 함수적 종속성들을 나타내라. 결과 릴레이션은 제2정규형에 속하는가? 제3정규형에 속하는가? 그 이유를 설명하라. 만일 어떤 가정을 했다면 그 가정을 설명하라.

13.30 다음 릴레이션을 고려해 보자.

CAR_SALE(Car#, Date_sold, Salesperson#, Commission%, Discount_amt)

하나의 자동차를 여러 명의 판매 사원이 팔 수 있으므로 기본키는 {Car#, Salesman#}라고 가정 한다. 추가적인 함수적 종속성은 아래와 같다.

Date_sold → Discount_amt
Salesperson# → Commission%

주어진 기본키에 기반을 둔다면 이 릴레이션은 제1정규형, 제2정규형, 제3정규형 중 어디에 속하는가? 그 이유를 설명하라. 이 릴레이션을 어떻게 연속적으로 완전히 정규화할 수 있는가?

13.31 출판된 책들에 대한 다음 릴레이션을 고려해 보자.

BOOK (Book_title, Author_name, Book_type, List_price, Author_affil, Publisher)

Author_affil은 저자의 소속 기관을 나타낸다. 아래와 같은 종속성이 있다고 가정하자.

Book_title → Publisher, Book_type
Book_type → List_price
Author_name → Author_affil

a. 이 릴레이션은 어떤 정규형에 속하는가? 그 이유를 설명하라.
b. 릴레이션들을 더 이상 분해할 수 없을 때까지 정규화를 수행하라. 각 분해에 관해 이유를 설명하라.

13.32 이 문제는 업무 일람을 종속성들로 바꾸는 문제이다. 릴레이션 DISK_DRIVE (Serial_number, Manufacturer Model, Batch, Capacity, Retailer)을 고려해 보자. 릴레이션 DISK_DRIVE에 저장된 각 투플들은 디스크 드라이브의 고유한 Serial_number, 제조업체, 특정 모델번호, 어떤 일괄 제품군에서 출고되는지, 어느 정도의 저장 용량을 가지는지, 그리고 어떤 소매상에 판매되는지에 대한 정보를 가진다. 예를 들어, DISK_DRIVE의 투플('1978619', 'WesternDigital', 'A2235X', '765234', 500, 'CompUSA')은 WesternDigital이라는 디스크 드라이브가 serial number 1978619와 모델번호 A2235X를 가지며, 제품군 765234에서 출고되었고 500기가바이트(GB)이고, CompUSA에서 판매되고 있다는 것을 명시한다.

아래의 종속성 각각을 하나의 FD로 기술하라.

a. 제조업체와 serial number로 그 디스크 드라이버를 고유하게 식별할 수 있다.
b. 모델번호는 한 제조업체에 의해 등록되므로, 다른 제조업체에 의해서 사용될 수 없다.

c. 특정 제품군 상의 모든 디스크 드라이버들은 모델이 동일하다.
d. 특정 제조업체의 특정 모델을 가진 모든 디스크 드라이버들은 정확히 동일한 용량을 가진다.

13.33 아래 릴레이션을 고려해 보자.

R (Doctor#, Patient#, Date, Diagnosis, Treat_code, Charge)

위의 릴레이션에서, 투플은 처방 코드(Treat_code), 하루 진료비(Charge) 및 어떤 환자(Patient#)가 어떤 의사(Doctor#)를 방문(Date)하였는지를 기술한다. 진료(Diagnosis)는 의사별 각 환자들로 (고유하게) 결정된다고 가정한다. 그리고, 각 처방 코드는 (환자와는 무관하게) 고정된 진료 비용을 가진다고 가정한다. 이 릴레이션이 제2정규형인가? 답에 대해 타당한 이유를 대고 필요하다면 릴레이션을 분해하라. 그리고 나서, 제3정규형으로 정규화하는 것이 필요한지에 대해 논의하고 가능하다면 정규화를 수행하라.

13.34 아래 릴레이션을 고려해 보자.

CAR_SALE(Car_id, Option_type, Option_listprice, Sale_date, Option_discountedprice)

이 릴레이션은 판매상에서 팔린 자동차들에 부착된 옵션들(예를 들면, 주행조정기), 목록 및 옵션들의 할인 가격을 참조한 것이다.
만약 Car_id → Sale_date이고, Option_type → Option_listprice이고, Car_id, Option_type → Option_discountedprice라면, 제3정규형의 일반화된 정의를 사용해서, 이 릴레이션이 제3정규형이 아님을 보여라. 그리고 제2정규형인지 혹은 제2정규형 조차도 아닌지를 보여라.

13.35 다음과 같은 데이터를 갖는 릴레이션 BOOK(Book_Name, Author, Edition, Year)을 고려해 보자.

| Book_Name | Author | Edition | Copyright_Year |
|---|---|---|---|
| DB_fundamentals | Navathe | 4 | 2004 |
| DB_fundamentals | Elmasri | 4 | 2004 |
| DB_fundamentals | Elmasri | 5 | 2007 |
| DB_fundamentals | Navathe | 5 | 2007 |

a. 위의 데이터에 대한 일반적인 이해를 기반으로, 이 릴레이션에서 가능한 후보키는 무엇인가?
b. 이 릴레이션은 다치 종속성 {Book} ↠ {Author} | {Edition, Year}을 가짐을 보여라.
c. 위의 다치 종속성을 기반으로 이 릴레이션을 어떻게 분해할 수 있는가? 가능한 최상의 정규형에 대한 각 결과 릴레이션을 구하라.

13.36 다음 릴레이션을 고려해 보자.

TRIP (Trip_id, Start_date, Cities_visited, Cards_used)

이 릴레이션은 회사 판매원의 출장 기록을 나타낸다. TRIP은 하나의 Start_date를 가지지만, 많은 Cities를 포함하고, 판매원은 출장에서 여러 개의 신용카드를 사용할 수 있음을 가정하자. 테이블에 대한 투플의 예를 만들어 보아라.

a. 이 릴레이션에 존재하는 함수적 종속성 그리고(또는) 다치 종속성에 대해 논하라.
b. 이 릴레이션을 정규화하는 과정을 보여라.

## 실습문제

주의: 아래의 문제들은 실험 매뉴얼에 기술된 DBD(Data Base Designer) 시스템을 사용한다. 릴레이션 스키마 *R*과 함수적 종속성들의 집합 *F*는 리스트로 코딩될 필요가 있다. 예를 들어, 이 문제에서 *R*과 *F*는 다음과 같이 코딩된다.

*R* = [*a*, *b*, *c*, *d*, *e*, *f*, *g*, *h*, *I*, *j*]
*F* = [[[*a*, *b*], [*c*]],
[[*a*], [*d*, *e*]],
[[*b*], [*f*]].
[[*f*], [*g*, *h*]]
[[*d*], [*I*, *j*]]

DBD는 프롤로그(Prolog)를 사용하여 구현되었기 때문에, 대문자 용어는 변수에서만 사용되고 소문자 상수는 애트리뷰트를 코딩하기 위해 사용된다. DBD 시스템의 사용에 대한 상세한 정보를 알고 싶다면, 실험 매뉴얼을 참고하라.

*13.37* DBD 시스템을 사용해서, 아래 문제들에 대한 답들을 검사하라.
a. 13.24 (3NF only)
b. 13.25
c. 13.27
d. 13.28

## 주요 참고문헌

Codd(1970)가 함수적 종속성들을 처음 소개하였다. 제1정규형, 제2정규형, 제3정규형의 원래 정의도 Codd(1972a)가 정의하였고 여기서 갱신 이상들에 관해서도 논의하였다. BCNF도 Codd(1974)가 정의하였다. 이 장에서 설명한 제3정규형과 BCNF의 다른 정의는 Ullman(1988)이 기술하였다. Ullman(1988), Maier(1983), Atzeni와 Antonellis(1993)의 저서들에는 함수적 종속성들에 관해 많은 정리(theorem)와 증명이 수록되어 있다. Date와 Fagin(1992)는 보다 높은 수준의 정규형과 관련된 몇 가지 간단하고 실용적인 결과를 기술하였다.
릴레이션 설계이론의 추가적인 참고내용들은 14장에서 소개한다.

# 데이터베이스 설계 이론: 정규화 알고리즘

13장에서는 오늘날 상업 데이터베이스 설계 프로젝트에서 광범위하게 사용되는 하향적 관계 설계(top-down relational design) 기술과 관련된 개념들을 기술하였다. 하향적 관계 설계 절차는 ER 설계를 수행하는 것과 8장에서 설명한 ER 개념 스키마를 관계 모델로 사상하는 것을 포함한다. 기본키는 함수적 종속성에 기반하여 각각의 릴레이션에 할당된다. 그 다음 과정은 **분석을 통한 관계 설계**(relational design by analysis)라고 불린다. 이 과정에서는 먼저 위에서 설명한 절차에 의해 최초로 설계된 릴레이션 또는 파일, 서식, 다른 이유로부터 파생한 릴레이션들을 분석하여 바람직하지 않은 함수적 종속성을 찾아낸다. 이런 종속성은 13.3절에서 정규형의 정의와 함께 설명한 일련의 정규화 과정에 의해 제거된다. 13.3절에서는 기본키가 각각의 릴레이션에 할당된다고 가정하였고, 13.4절에서는 각각의 릴레이션에 대해 모든 후보키를 고려하여 좀 더 일반적인 정규화 방법을 기술하였다. 13.5절에서는 BCNF라고 하는 추가적인 정규화를 논의하였다. 더 나아가 13.6절과 13.7절에서는 중복을 일으키는 두 가지 다른 유형의 종속성을 설명하였고, 또한 이들이 정규화로 어떻게 제거되는지를 기술하였다.

이 장에서는 세 가지 다른 특성을 유지하면서 이전 장에서 설명한 정규형과 다치, 조인 함수적 종속성을 구성하는 방법을 설명한다. 먼저, 주어진 집합으로부터 새로운 함수적 종속성을 추론하는 개념을 설명하고, 커버, 최소 커버, 동등성 등의 개념을 논의한다. 개념적으로, 릴레이션 내 애트리뷰트의 의미를 완전하고 간결하게 포착할 필요가 있으며, 최소 커버가 이를 가능하게 한다. 두 번째로, 바람직한 비부가적(무손실) 조인 특성과 함수적 종속성의 보전을 논의하고, 조인의 비부가성을 확인하는 알고리즘을 설명한다. 세 번째로, 함수적 종속성들의 **합성에 의한 상향적 관계 설계**(bottom-up relational design by synthesis) 접근 방법을 설명한다. 이 방법은 **설계를 상향적 접근 방법**(bottom-up approach to design)으로 논의 세계(Universe of Discourse; UoD)에서 애트리뷰트의 집합들 사이의 함수적 종속성이 입력으로 주어졌다는 것을 가정한다. 바람직한 정규형인 제3정규형과 BCNF를 얻고 비부가적 조인 특성과 함수적 종속성 보존 특성 두 가지 모두 또는 하나를 얻는 알고리즘들을 설명한다. 함수적 종속성을 합성하는 방법이 형식적인 접근 방법으로서 이론적인 타당성이 있기는 하지만, 설계 전에 모든 가능한 함수적 종속성을 제공하는 것이 어렵기 때문에 대형 데이터베이스 설계 프로젝트에서는 잘 사용되지 않았다. 대신에, 13장에서 설명한 접근 방법인 연속적인 분해와 설계의 연속적인 정제는 좀 더 현실적이고 앞으로도 발전할 것이다. 마지막으로, 13장에서 소개했던 다치 종속성(MVD)의 개념을 좀 더 논의하고, 지금까지 알려진 다른 유형의 종속성을 간단히 소개한다.

14.1절에서는 함수적 종속성에 대한 추론 규칙을 설명하고, 이들 규칙을 이용하여 함수적 종속성들 간의 커버, 동등성, 최소 커버 개념을 정의한다. 먼저 14.2절에서 **바람직한 분해**의 두 가지 특성인 종속성 보존 특성과 비부가적(또는 무손실) 조인 특성에 관해 설명한다. 분해된 릴레이션 스키마들에 대하여 서로 독립적으로 제2정규형, 제3정규형, BCNF와 같은 상위 정규화 형태를 따르는지를 테스트하는 것만으로는 불충분하다. 좋은 설계로서 인정받기 위해서는 분해한 결과로 나오는 릴레이션들이 모여서 이 두 가지 추가적인 특성을 만족해야 한다. 14.3절에서는 모든 애트리뷰트를 포함하는 가상의 릴레이션인 전체 릴레이션(universal relation)이라 불리는 하나의 큰 릴레이션 스키마로 시작하는 관계 설계 알고리즘을 서술한다. 이 전체 릴레이션은 제3정규형이나 BCNF와 같은 임의의 정규형을 만족하고 비부가적 조인 특성과 종속성 보존 특성 중 한 특성 또는 두 특성 모두를 만족하는 릴레이션들로 분해된다(즉, 주어진 함수적 종속성들이 합성된다).

14.5절에서는 다치 종속성에 대해 추론, 동등성 등의 개념을 적용하여 추가적인 다치 종속성의 개념을 좀 더 자세히 설명한다. 마지막으로, 14.6절에서는 포함 종속성(inclusion dependency)과 템플리트 종속성(template dependency)을 소개하면서 데이터 사이의 종속성에 관한 논의를 마친다. 포함 종속성은 외래키 제약 조건과 릴레이션들 사이의 클래스/부클래스 제약 조건을 나타낸다. 템플리트 종속성은 애트리뷰트들 사이의 일반화된 제약 조건을 나타내는 방법이다. 다음으로 어떤 절차나 함수가 애트리뷰트 사이의 함수적 종속성을 명시하고 검증하는 데 필요한 몇몇 경우를 설명한다. 그리고 가장 일반적인 정규형으로 여겨지는 도메인-키 정규형(DKNF)에 관해서 간단히 설명한다. 14.7절에서는 이 장을 요약한다.

데이터베이스 개론 과정에서는 14.3절, 14.4절, 14.5절의 일부 또는 전부는 생략할 수 있다.

## 14.1 함수적 종속성에 대한 추가적인 주제: 추론 규칙, 동등성, 최소 커버

13.2절에서 함수적 종속성의 개념을 소개하였고, 이들의 몇몇 예제를 설명하였으며, 단일 릴레이션에 대한 여러 함수적 종속성의 표기법을 자세히 기술하였다. 13.3절과 13.4절에서 문제가 있는 함수적 종속성을 식별하고 설명하였으며, 릴레이션의 적당한 분해에 의해 함수적 종속성이 어떻게 제거될 수 있는지를 보였다. 이 과정을 정규화라 말하며, 13.3절에서는 제1정규형에서 제3정규형까지 어떻게 만들 수 있는지를 보였다. 13.4절과 13.5절에서는 하나의 릴레이션에 여러 후보키가 주어진 경우에 제2정규형, 제3정규형, BCNF에 대한 일반화된 테스트를 설명하였다. 지금부터는 추가적인 함수적 종속성으로 돌아가, 주어진 집합으로부터 새로운 종속성이 어떻게 추론되는지를 보이고, 폐포, 동등성, 최소 커버 등의 개념을 설명한다. 이들 개념은 함수적 종속성 집합이 주어진 릴레이션들을 설계하는 합성 접근법(synthesis approach)을 고려할 때 필요한 개념이다.

### 14.1.1 함수적 종속성에 대한 추론 규칙

릴레이션 스키마 $R$에 명시되어 있는 함수적 종속성들의 집합을 $F$라고 표기한다. 보통의 경우, 스키마 설계자는 의미적으로 명백한 함수적 종속성들만을 지정한다. 그러나 의미적으로 명백한 함수적 종속성 외에 $F$ 내의 종속성들로부터 유도될 수 있고, 종속성들을 만족하는 애트리뷰트들의 집합 중에 모든 적법한 릴레이션 인스턴스에 대해서 성립하는 수많은 또 다른 함수적 종속성들이 존재하는 경우가 많다. 이런 종속성들은 F에 있는 함수적 종속성들로부터 추론되거나 연역될 수 있다. 이를 추론된 또는 연역된 함수적 종속성(inferred or implied functional dependencies)이라고 한다.

**정의.** 함수적 종속성 $X \rightarrow Y$는 R의 모든 릴레이션 상태 $r$에서 $X \rightarrow Y$가 지켜질 경우, $R$에 명시된 종속성 집합 $F$에 의해 **추론**되거나 **연역**되었다. 즉, $r$이 $F$의 모든 종속성을 만족할 때, $X \rightarrow Y$ 또한 $r$을 만족한다.

실생활에서 주어진 상황에 대해 모든 가능한 함수적 종속성을 명시하는 것은 불가능하다. 예를 들어, 만약 각 부서에 한 명의 관리자가 있어서 Dept_no가 유일하게 Mgr_ssn(Dept_no → gr_ssn)을 결정하고, 한 명의 관리자가 Mgr_phone(Mgr_ssn → Mgr_phone)라 불리는 유일한 전화번호를 가진다면, 이러한 두 가지 종속성은 Dept_no → Mgr_phone임을 암시한다. 이것은 추론된 함수적 종속성이며 주어진 두 개의 함수적 종속성에 추가하여 명시적으로 언급할 필요는 없다. 따라서 주어진 함수적 종속성의 집합 $F$로부터 추론할 수 있는 가능한 종속성을 모두 포함하는 **폐포**(closure)라 불리는 개념을 정의할 필요가 있다.

**정의.** 정형적으로, $F$로부터 추론될 수 있는 모든 종속성과 $F$를 포함하는 모든 종속성의 집합을 $F$의 **폐포**(closure)라 하고, $F^+$로 표기한다.

예를 들어, 그림13.3(a)의 릴레이션 스키마에서 명백한 함수적 종속성들의 집합 $F$가 다음과 같다고 가정하자.

$F$ = {Ssn → {Ename, Bdate, Address, Dnumber}, Dnumber → {Dname, Dmgr_ssn}}

$F$로부터 추론할 수 있는 추가적인 함수적 종속성은 다음과 같다.

Ssn → {Dname, Dmgr_ssn}
Ssn → Ssn
Dnumber → Dname

$F$의 폐포 $F^+$는 $F$로부터 추론할 수 있는 모든 가능한 함수적 종속성의 집합이다. 이런 종속성들을 체계적으로 추론하기 위해서는 주어진 종속성들의 집합으로부터 새로운 종속성들을 추론하는 데 사용되는 **추론 규칙**(inference rule)들을 찾아내야 한다. 이제 이런 추론 규칙들 중의 일부를 설명한다. $F|=X \rightarrow Y$는 함수적 종속성 $X \rightarrow Y$가 함수적 종속성들의 집합 $F$로부터 추론됨을 나타낸다.

여기서는 애트리뷰트 변수들을 결합시키고 쉼표를 뺀 간결한 표기를 사용한다. 즉, 함수적 종속성 $\{X, Y\} \rightarrow Z$는 $XY \rightarrow Z$로, 함수적 종속성 $\{X, Y, Z\} \rightarrow \{U, V\}$는 $XYZ \rightarrow UV$로 나타낸다. 아래 나타낸 IR1부터 IR3의 3개의 규칙은 잘 알려진 함수적 종속성의 추론 규칙이다. 이는 Armstrong(1974)가 처음으로 제안하였고 Armstrong's 공리[1](axiom)로 알려져 있다.

IR1 (재귀성(reflexive) 규칙)[2] 만약 $X \supseteq Y$ 이면 $X \rightarrow Y$
IR2 (부가성(augmentation) 규칙)[3] $\{X \rightarrow Y\} |= XZ \rightarrow YZ$
IR3 (이행성(transitive) 규칙) $\{X \rightarrow Y,\ Y \rightarrow Z\} |= X \rightarrow Z$

Armstrong은 추론 규칙 IR1~IR3이 타당하고 완전하다는 것을 보여주었다. **타당성**에 의하면, 관계 스키마 $R$에 명시된 함수적 종속성 집합 $F$가 주어지면, IR1~IR3를 사용하여 $F$에서 추론할 수 있는 어떤 종속성도 $F$의 종속성을 만족하는 $R$의 모든 관계 상태 $r$에서 유지된다는 것을 의미한다. **완전성**에 의하면, IR1~IR3을 반복적으로 사용하여, $F$로부터 추론될 수 있는 모든 가능한 종속성의 집합에서 더는 종속성을 추론할 수 없을 때까지 종속성을 추론하는 것을 의미한다. 즉, $F$의 **폐포**라 부르는 $F^+$는 $F$로부터 추론 규칙 IR1~IR3을 사용함으로써 결정할 수 있다.

재귀성 규칙(IR1)은 각 애트리뷰트 집합이 항상 자신이나 자신의 임의의 부분집합을 결정한다는 것인데 이는 명백하다. 재귀성 규칙은 항상 참인 종속성들을 생성하기 때문에 그런 종속들은 무의미하다고 부른다. 정형적으로 설명하면, 만약 $X \supseteq Y$이면 함수적 종속성 $X \rightarrow Y$는 **무의미**하다고 말한다. 그렇지 않다면 **의미 있다**(nontrivial)고 말한다.

위의 각 추론 규칙은 직접 증명법, 귀류법(proof by contradiction)을 사용하여 함수적 종속성의 정의로부터 증명할 수 있다. 귀류법은 규칙이 올바르지 않다고 가정한 다음 이것이 불가능하다는 것을 보이는 것이다. 아래의 세 가지 규칙 IR1부터 IR3이 올바르다는 것을 증명하고 있으며 두 번째 증명은 귀류법을 이용하였다.

---

1) 사실은 공리보다는 추론 규칙이다. 엄격한 수학적 의미에서, 이것들이 옳다고 가정했기 때문에 공리(주어진 사실)는 $F$의 함수적 종속성들이다. 반면에 IR1부터 IR3는 새로운 함수적 종속성을 추론하기 위한 추론 규칙이다.
2) 재귀성 규칙은 $X \rightarrow X$로 표현할 수 있다. 즉, 임의의 애트리뷰트의 집합의 함수적으로 자신이 결정한다.
3) 부가성 규칙은 $X \rightarrow Y| = XZ \rightarrow Y$로도 표기한다. 즉, 한 FD의 왼편에 애트리뷰트를 부가하면 또 다른 유효한 FD를 생성한다.

**IR1의 증명.** $X \supseteq Y$이고, R의 어떤 릴레이션 인스턴스 $r$에 존재하는 임의의 두 투플 $t_1$, $t_2$가 $t_1[X] = t_2[X]$ 조건을 만족한다고 가정하자. 그러면 $X \supseteq Y$이므로 $t_1[Y] = t_2[Y]$이다. 따라서 $r$에서 $X \to Y$가 성립한다.

**IR2의 증명(귀류법).** $R$의 어떤 릴레이션 인스턴스 $r$에서 $X \to Y$가 성립하지만 $XZ \to YZ$는 성립하지 않는다고 가정하자. 그러면 (1) $t_1[X] = t_2[X]$, (2) $t_1[Y] = t_2[Y]$, (3) $t_1[XZ] = t_2[XZ]$, $t_1[YZ] \neq t_2[YZ]$를 모두 만족하는 두 개의 투플 $t_1$과 $t_2$가 반드시 존재한다. (1)과 (3)으로부터 (5) $t_1[Z] = t_2[Z]$를 이끌어 내고, (2)와 (5)로부터 (6) $t_1[YZ] = t_2[YZ]$를 이끌어 낼 수 있다. 이것은 (4)에 위배된다.

**IR3의 증명.** 릴레이션 $r$에서 (1) $X \to Y$와 (2) $Y \to Z$가 성립한다고 가정하자. 그러면 $t_1[X] = t_2[X]$인 $r$의 임의의 두 투플 $t_1$, $t_2$에 대해 가정 (1)에 의해 (3) $t_1[Y] = t_2[Y]$가 성립한다. 따라서 (3)과 가정 (2)로부터 (4) $t_1[Z] = t_2[Z]$가 성립한다. 그러므로 $r$에서 $X \to Z$가 성립한다.

IR1, IR2, IR3에 이은 세 가지 추론 규칙이 있다. 이는 다음과 같다.

IR4 (분해(decomposition 또는 projective) 규칙) $\{X \to YZ\} \models X \to Y$
IR5 (합집합(union 또는 additive) 규칙) $\{X \to Y, X \to Z\} \models X \to YZ$
IR6 (의사 이행성(pseudotransitive) 규칙) $\{X \to Y, WY \to Z\} \models WX \to Z$

분해 규칙(IR4)은 함수적 종속성의 오른편에서 애트리뷰트들을 제거할 수 있다는 것이다. 즉, 이 규칙을 반복하여 적용하면 하나의 함수적 종속성 $X \to \{A_1, A_2, ..., A_n\}$으로부터 함수적 종속성들의 집합 $\{X \to A_1, X \to A_2, \cdots, X \to A_n\}$을 얻을 수 있다. 분해 규칙의 역인 합집합 규칙(IR5)도 성립한다. 즉 함수적 종속성들의 집합 $\{X \to A_1, X \to A_2, \cdots, X \to A_n\}$으로부터 하나의 함수적 종속성 $X \to \{A_1, A_2, \cdots, A_n\}$을 얻을 수 있다. 이러한 규칙들을 사용할 때 주의할 사항이 있다. 위에서 제시한 합집합 규칙에 의해 $X \to A$와 $X \to B$가 $X \to AB$를 암시하지만, $X \to A$와 $Y \to B$가 $XY \to AB$를 암시하지는 않는다. 또한 $XY \to A$가 반드시 $X \to A$ 혹은 $Y \to A$를 암시하지도 않는다. 위의 각 추론 규칙은 직접 증명법, 귀류법(proof by contradiction)을 사용하여 함수적 종속성의 정의로부터 증명할 수 있다. 귀류법은 규칙이 올바르지 않다고 가정한 다음 이것이 불가능하다는 것을 보이는 것이다. 아래의 세 가지 규칙 IR1부터 IR3이 올바르다는 것을 증명하였는데 두 번째 증명은 귀류법을 이용하였다.

이러한 규칙들을 사용할 때 중요한 주의 사항이 있다. 위에서 제시한 합집합 규칙에 의해 $X \to A$와 $X \to B$가 $X \to AB$를 암시하지만, $X \to A$와 $Y \to B$가 $XY \to AB$를 암시하지는 않는다. 또한 $XY \to A$가 반드시 $X \to A$ 혹은 $Y \to A$를 암시하지도 않는다.

IR4부터 IR6 및 그 밖의 어떤 추론 규칙들을 위에서 증명한 방법과 유사한 방법으로 증명할 수도 있다. 그러나 이미 올바르다고 증명한 추론 규칙들을 이용하면 함수적 종속성들에 대한 어떤 추론 규칙을 더 간단하게 증명할 수 있다. 그러므로 IR4, IR5, IR6은 Armstrong의 기본 추론 규칙의 필연적 결과로 간주된다. 예를 들어, IR1~IR3을 이용하여 IR4~IR6을 증명할 수 있다. IR5의 증명은 다음과 같다. IR1~IR3을 이용한 IR4, IR6의 증명은 독자의 연습 과제로 남겨둔다.

**IR5의 증명(IR1부터 IR3까지 사용).**

1. $X \to Y$ (주어짐)
2. $X \to Z$ (주어짐)
3. $X \to XY$ (1에 대해 IR2를 적용하여 $X$를 양쪽 편에 부가하였으며, $XX = X$)
4. $XY \to YZ$ (2에 대해 IR2를 적용하여 $Y$를 양쪽 편에 부가)
5. $X \to YZ$ (3과 4에 대해 IR3을 적용)

일반적으로 데이터베이스 설계자는 $R$의 애트리뷰트들의 의미로부터 쉽게 결정할 수 있는 함수적 종속성들의 집합 $F$를 구한다. 그 다음에 추론 규칙 IR1, IR2, IR3을 사용하여 $R$에서 성립하는 추가적인 함수적 종속성들을 추론한다. 추가적인 함수적 종속성들을 체계적으로 구하는 방법은 $F$의 어떤 함수적 종속성의 왼편에 나타나는 애트리뷰트들의 각 집합 $X$를 먼저 결정하고, 암스트롱의 추론 규칙들을 사용하여 $X$에 종속되는 모든 애트리뷰트의 집합을 구한다.

**정의.** 각 애트리뷰트들의 집합 $X$에 대해 $X$에 의해 함수적으로 결정되는 모든 애트리뷰트의 집합 $X^+$를 구한다. $X^+$를 $F$ 하의 $X$의 **폐포**(closure of $X$ under $F$)라고 부른다. 알고리즘 14.1은 $X^+$를 구하는 알고리즘이다.

알고리즘 14.1은 $X^+$를 계산하기 위해 사용된다.

**알고리즘 14.1** $F$ 하의 $X$의 폐포 $X^+$를 구하는 알고리즘

**입력**. 릴레이션 스키마 $R$에 대한 함수적 종속성의 집합 $F$, $R$의 부분집합인 애트리뷰트들의 집합 $X$

$X^+ := X$;
repeat
  old$X^+ := X^+$;
  for each functional dependency $Y \to Z$ in do $F$
    if $X^+ \supseteq Y$ then $X^+ := X^+ \cup Z$;
  until $(X^+ = \text{old}X^+)$;

알고리즘 14.1은 $X$의 모든 애트리뷰트의 집합을 $X^+$로 지정하고 시작한다. IR1에 의하여, 이 $X^+$의 모든 애트리뷰트는 함수적으로 $X$에 종속한다. 추론 규칙 IR3과 IR4를 이용하여 $F$ 내의 각 함수적 종속성을 사용해서 $X^+$에 애트리뷰트들을 추가한다. $F$의 모든 종속성을 조사하여(repeat 루프) $X^+$에 더 이상 애트리뷰트들을 추가할 수 없을 때까지(for 루프) 반복한다. 폐포 개념은 관계 내의 애트리뷰트 또는 애트리뷰트 집합의 의미와 영향을 이해하는데 유용하다. 예를 들어, 대학에서 개설되는 수업에 대한 다음의 릴레이션 스키마를 고려해 보자.

CLASS ( Classid, Course#, Instr_name, Credit_hrs, Text, Publisher, Classroom, Capacity).

$F$를 위의 릴레이션을 위한 함수적 종속성 집합이라 하자.

FD1: Sectionid → Course#, Instr_name, Credit_hrs, Text, Publisher, Classroom, Capacity;
FD2: Course# → Credit_hrs;
FD3: {Course#, Instr_name} → Text, Classroom;
FD4: Text → Publisher
FD5: Classroom → Capacity

위의 FD들은 관계 CLASS의 데이터에 대한 특정 의미를 표현한다. 예를 들어, FD1은 수업마다 고유한 Classid가 있음을 나타낸다. FD3은 주어진 강좌가 특정 강사에 의해 제공될 때, 강의서가 고정되고 강사는 고정된 강의실에서 가르친다. FD에 대한 추론 규칙을 사용하고 폐포의 정의를 적용하면, 다음과 같은 폐포들을 정의할 수 있다.

{ Classid }$^+$ = { Classid , Course#, Instr_name, Credit_hrs, Text, Publisher, Classroom, Capacity } = CLASS
{ Course# }$^+$ = { Course#, Credit_hrs }
{ Course#, Instr_name }$^+$ = { Course#, Credit_hrs, Text, Publisher, Classroom, Capacity }

앞의 각 폐포에 대한 해석은 왼편에 있는 애트리뷰트를 드러내는 것이다. 예를 들어, Course#의 폐포는 자기 자신 뿐만 아니라 Credit_hrs를 가진다. 다른 강사가 같은 이름의 강좌를 강의할 수 있기 때문에 Instr_name은 가지지 않는다. 다른 강사가 같은 강좌에 다른 교과서를 사용할 수 있기 때문에 Text도 가지지 않는다. {Course#, Instr_nam}의 폐포도 후보키가 아닌 Classid를 포함시키지 않는다. 이것은 더 나아가 주어진 Course#를 갖는 강좌는 강좌들을 구별되게 만드는 다른 강사를 제공받을 수 있다.

### 14.1.2 함수적 종속성 집합의 동등성

이 절에서는 함수적 종속성들의 두 집합의 동등성에 대해서 설명한다. 먼저 간단한 용어들을 정의한다.

**정의**. 만약 함수적 종속성들의 집합 $E$의 모든 FD가 $F^+$에 속한다면 함수적 종속성들의 집합 $F$가 다른 함수적 종속성들의 집합 $E$를 **커버**(cover)한다고 말한다. 즉 $E$에 속하는 모든 함수적 종속성이 $F$로부터 추론될 수 있다 또는 $E$가 $F$에 의해 **커버된다**고 말한다.

**정의.** 만약 $E^+ = F^+$이면 함수적 종속성들의 두 집합이 **동등**(equivalent)하다고 말한다. 그러므로 동등이란 $E$의 모든 FD가 $F$로부터 추론 가능하고 $F$의 모든 FD가 $E$에 의해 추론 가능한 것을 의미한다. 즉, $E$가 $F$를 커버하고 $F$가 $E$를 커버하면 $E$와 $F$는 동등하다.

$F$가 $E$를 커버하는지 확인하기 위해서는 $E$의 각 $X \to Y$에 대하여 $F$ 하의 $X^+$를 구하고, $X^+$가 $Y$ 내의 애트리뷰트들을 포함하는지 검사하면 된다. 만약 $E$의 모든 FD에 대해 이

것이 성립하면 $F$가 $E$를 커버한다. $E$와 $F$가 동등하다는 것을 증명하기 위해서는 $E$가 $F$를 커버하고 $F$가 $E$를 커버하는 것을 모두 증명해야 한다. 함수적 종속성의 다음 두 집합이 동등하다는 것을 보이는 것은 연습 문제로 남겨둔다.

$F = \{A \rightarrow C, AC \rightarrow D, E \rightarrow AD, E \rightarrow H\}$

그리고 $G = \{A \rightarrow CD, E \rightarrow AH\}$

### 14.1.3 함수적 종속성의 최소집합

추론 규칙을 적용하여 FD의 집합 $F$를 확장하여 폐포인 $F^+$에 도달하게 하면, 최소 집합이 원래 집합 $F$와 동등하기 때문에 원래 집합 $F$를 최소 형식(minimal form)으로 줄이거나 축소시키는 반대 방향을 생각하는 것이 가능하다. 비정형적으로 정의하면, 함수적 종속성들의 집합 $E$의 **최소 커버**(minimal cover)는 $E$에 있는 모든 종속성이 $F$의 폐포 $F^+$에 존재하는 특성을 만족하는 함수적 종속성 $F$의 집합이다. 추가적으로, 집합 $F$로부터 어떤 종속성이라도 제거되면 $F$는 이러한 특성을 잃어버린다. 즉, $F$는 어떤 중복도 가지지 않아야 하며, $F$의 종속성들이 표준형이어야 한다.

최소 커버를 정의하기 위해 함수적 의존성에서 관련 없는 애트리뷰트(extraneous attribute) 개념을 사용한다.

**정의.** 함수적 종속성에서 속성은 종속성 집합의 폐포의 변화 없이 제거할 수 있다면 **관련 없는 애트리뷰트**(extraneous attribute)으로 간주된다. 정형적으로, 함수적 종속성의 집합 $F$와 $F$에서의 함수적 종속성 $X \rightarrow Y$가 주어진다면, $Y \subset X$일 때, 속성 $Y$는 $X$에서 외부적이다. 그리고 $F$는 논리적으로 $(F - (X \rightarrow A) \cup \{(X - Y) \rightarrow A\})$를 의미한다.

만약 함수적 종속성의 집합 $F$가 다음의 조건들을 만족할 때, 정형적으로 함수적 종속성의 집합 $F$를 **최소**(minimal)라고 정의한다.

1. $F$의 모든 함수적 종속성의 오른편 애트리뷰트가 하나이다.
2. $F$에서 $X \rightarrow A$를 $X$의 진부분집합 $Y$에 대하여 $Y \rightarrow A$로 교체했을 때, $F$와 동등한 함수적 종속성들의 집합이 될 수 없다.
3. $F$로부터 어떤 함수적 종속성을 제거했을 때, $F$와 동등한 함수적 종속성들의 집합이 될 수 없다.

여기서 함수적 종속성들의 최소 집합은 **중복이 없는 표준형**(standard form) 또는 **규준형**(canonical form)이라고 생각할 수 있다. 조건 1은 모든 함수적 종속성이 오른편에 애트리뷰트를 하나 갖는 규준형임을 의미한다. 그리고 조건 2와 3을 충족시키는지 평가할 수 있는 준비 단계이다.[4] 종속성의 왼편에 중복되는 애트리뷰트(관련 없는 애트리뷰트라 불리는)를 가지지 못하게 하거나(조건 2), $F$에 속하는 나머지 함수적 종속성들로부터 종속성이 추론될 수 있도록 함으로써(조건 3) 함수적 종속성들의 최소 집합에 중복이 없음을 보장한다.

---

4) 이것은 $F$ 내에 중복이 존재하지 않음을 보장하는 조건과 알고리즘을 단순하게 만드는 표준형이다. 추론 규칙 IR4를 사용함으로써, 여러 애트리뷰트를 오른편에 가지는 단일 함수적 종속성을 오른편에 단일 애트리뷰트를 가지는 함수적 종속성들의 집합으로 바꿀 수 있고 그 역도 가능하다.

**정의.** 함수적 종속성들의 집합 $E$의 **최소 커버**는(규준형[5]이며 중복이 없는) $E$와 동등한 함수적 종속성들의 최소집합이다. 임의의 함수적 종속성들의 집합 $F$에 대해 알고리즘 14.2를 사용하여 적어도 하나의 최소 커버를 구할 수 있다.

함수 종속성들의 여러 집합이 $E$의 최소 커버를 만족한다면 **최소**(minimality)에 대한 추가 기준을 사용한다. 예를 들어 최소 종속성 수를 갖는 최소 직항이나 최소 총길이(종속성 직항에 대한 총길이는 종속성들을 붙여서 하나의 문자열처럼 만든 후 길이를 산정한 것이다)를 갖는 것으로 선택한다.

**알고리즘 14.2 함수적 종속성 집합 $E$에 대한 최소 커버 $F$를 구함**

**입력**. 함수적 종속성 집합 $E$

주. 알고리즘 단계의 마지막에 설명적 언급이 있는데, (*주석*) 형식으로 나타낸다.

**1.** Set $F := E$

**2.** Replace each functional dependency $X \to \{A_1, A_2, \cdots, A_n\}$ in $F$ by the n functional dependencies $X \to A_1, X \to A_2, \cdots, X \to A_n$(*후속 테스트를 위한 규준형에서 FD로 있다*)

**3.** For each functional dependency $X \to A$ in $F$

for each attribute $B$ that is an element of $X$

if $\{F - \{X \to A\}\} \cup \{(X - \{B\}) \to A\}\}$ is equivalent to $F$

then replace $X \to A$ with $\{X - \{B\}\} \to A$ in $F$.

(*이것은 함수적 종속성 X→Y의 왼편에 포함된 외부 속성 B의 제거를 의미한다*)

**4.** For each remaining functional dependency $X \to A$ in $F$

if $\{F - \{X \to A\}\}$is equivalent to $F$,

then remove $X \to A$ from $F$. (*이는 F에서 중복된 함수적 종속성 XY의 제거를 의미한다*)

위의 알고리즘에 대한 설명은 다음과 같다.

**예제 1**

FD들의 집합 $E$: $\{B \to A, D \to A, AB \to D\}$가 주어질 때, $E$에 대한 최소 커버를 찾는다.

- 위의 모든 종속성들은 규준형이므로(즉, 오른편에 오직 하나의 애트리뷰트를 가지므로), 알고리즘 14.2의 단계 1을 완료하고 단계 2로 나아갈 수 있다. 단계 2에서는 $AB \to D$가 왼편에 중복(관련 없는) 애트리뷰트를 가지면, $B \to D$ 혹은 $A \to D$로 대치될 수 있는지를 결정한다.
- $B \to A$이므로 양편에 $B$를 부가하여(IR2), $BB \to AB$ 혹은 $B \to AB$ (i)을 얻는다. $AB \to D$는 (ii)로 주어진다.

5) 추론 규칙 IR5를 사용하고 같은 왼편에 있는 FD들을 결합하여 비표준 형식의 최소 커버에 있는 단일 FD로 만드는 것은 가능하다.

- 이행성 규칙(IR3)에 의해, (i)과 (ii)로부터 $B \rightarrow D$를 얻는다. 따라서, $AB \rightarrow D$는 $B \rightarrow D$로 대치될 수 있다.
- 이제 $E$와 동등한 집합 $E'$ : $\{B \rightarrow A,\ D \rightarrow A,\ B \rightarrow D\}$를 얻었다. 모든 FD가 왼편에 단일 애트리뷰트를 가지므로, 단계 2에서 더 이상의 줄임은 불가능하다.
- 단계 3에서는 $E'$에서 중복 FD를 찾는다. $B \rightarrow D$와 $D \rightarrow A$에 대해 이행성 규칙을 적용하여 $B \rightarrow A$를 유도한다. 따라서, $B \rightarrow A$는 $E'$에서 중복이고, 제거될 수 있다.
- 따라서, $E$의 최소 커버는 $\{B \rightarrow D,\ D \rightarrow A\}$이다.

독자는 원래 집합 $F$가 $E$에서 유추될 수 있는지 검증할 수 있다. 즉, 두 집합 $F$와 $E$는 동등하다.

**예제 2**

주어진 FD의 집합은 $G$: $\{A \rightarrow BCDE,\ CD \rightarrow E\}$가 된다.

- 여기에서, 주어진 FD는 규준형(canonical form)이 아니다. 따라서 이를 다음과 같이 바꾼다.

$$E: \{A \rightarrow B,\ A \rightarrow C,\ A \rightarrow D,\ A \rightarrow E,\ CD \rightarrow E\}.$$

- 알고리즘의 두 번째 단계에서, 주어진 FD에서 $C \rightarrow E$ 또는 $D \rightarrow E$를 보일 수 없기 때문에, $C$와 $D$중 어느 것도 왼쪽 편에서 외부적이 아니다. 그러므로 이것은 어느 것도 대체할 수 없다.
- 3번째 단계에서 어떤 FD가 중복인지 알고 싶다. $A \rightarrow CD$와 $CD \rightarrow E$이기 때문에, 이행성 규칙(transitive rule) (IR3)에 의해, $F$는 최소 커버(minimum cover)이다. 주석 6에서 언급했듯이, 합성 규칙(union rule) (IR5)에 사용되는 처음 세 가지 FD들을 결합할 수 있다. 그리고 최소 커버는 다음과 같이 나타낼 수 있다.

$$G\text{의 최소 커버},\ F: \{A \rightarrow BCD,\ CD \rightarrow E\}.$$

14.3절에서는 함수적 종속성 집합 $E$에 대한 최소 커버 $F$를 찾음으로써 제3정규형 또는 BCNF 릴레이션을 합성하는 방법을 보일 것이다.

다음으로 릴레이션의 키를 결정하는 단순한 알고리즘을 설명한다.

**알고리즘 14.2(a)** 주어진 함수적 종속성들의 집합 $F$에 따라 $R$의 키 $K$를 찾음

1. Set $K := R$.
2. For each attribute $A$ in $K$
   {compute $(K - A)^+$ with respect to $F$;
   If $(K - A)^+$ contains all the attributes in R, then set $K := K - \{A\}$};

알고리즘 14.2(a)의 1단계에서 $K$가 릴레이션 $R$의 모든 애트리뷰트를 갖도록 한다. $R$ 자체가 항상 **기본 슈퍼키**라고 할 수 있다. 한번에 하나의 애트리뷰트를 제거해 가면서 나머지 애트리뷰트들이 여전히 슈퍼키가 될 수 있는지 검사한다. 알고리즘 14.2(a)는 릴레이션 $R$의 가능한 후보키들 중 하나만을 찾아내며, 그 키는 단계 2에서 애트리뷰트를 제거하는 순서에 따라 결정된다.

## 14.2 릴레이션 분해 특성

지금부터는 13장에서 설명한 원치 않는 종속성을 제거하기 위해 릴레이션을 분해하고 보다 상위의 정규형을 만들기 위해 사용한 분해 과정에 다시 주목하자. 14.2.1절에서는 각 릴레이션이 상위 단계의 정규형에 속하는지 검사하는 것만으로는 설계가 잘 되었는지를 보장할 수 없으며, 관계 데이터베이스 스키마를 구성하는 여러 릴레이션의 집합이 총체적으로 추가적인 특성들을 가져야 함을 예를 통해 보인다. 14.2.2절과 14.2.3절에서는 이런 특성인 종속성 보존과 비부가적 조인(또는 무손실 조인)에 관해서 설명한다. 14.2.4절에서는 이진 분해에 관해서 기술하고, 14.2.5절에서는 연속적인 비부가적 조인 분해에 관해서 기술한다.

### 14.2.1 릴레이션 분해와 정규형의 부족한 점

이 절에서 제시하는 관계 데이터베이스 설계 알고리즘들은 데이터베이스의 모든 애트리뷰트를 포함하는 하나의 **전체 릴레이션 스키마** $R=\{A_1, A_2, \cdots, A_n\}$으로부터 시작한다. 여기서는 모든 애트리뷰트의 이름이 서로 다르다는 **전체 릴레이션 가정**을 한다. $R$의 애트리뷰트들 사이에 성립하는 함수적 종속성들의 집합 $F$는 데이터베이스 설계자가 명시하며 설계 알고리즘들에서 사용된다. 알고리즘들은 함수적 종속성들을 사용하여 전체 릴레이션 스키마 $R$을 분해하여 관계 데이터베이스 스키마를 이룰 릴레이션 스키마들의 집합 $D=\{R_1, R_2, \cdots, R_m\}$을 얻는다. 그리고 이렇게 얻은 $D$를 $R$의 **분해집합**이라고 부른다.

분해 도중에 애트리뷰트들의 손실을 막기 위해 $R$의 모든 애트리뷰트가 분해집합에서 적어도 하나의 릴레이션 $R_i$에 나타나는 것을 보장해야 한다. 즉,

$$\bigcup_{i=1}^{m} R_i = R$$

이 성립한다. 이것을 분해집합의 **애트리뷰트 보존**(attribute preservation) 조건이라고 한다. 분해의 또 다른 목표는 분해집합 $D$의 각 릴레이션 $R_i$가 BCNF 또는 제3정규형에 속하도록 하는 것이다. 그러나 이 조건만으로는 올바른 데이터베이스 설계라고 하기에 불충분하다. 각 릴레이션이 어떤 조건을 만족하는가를 검사하는 것 이외에 전체 릴레이션의 분해가

제대로 수행되었는가를 총체적으로 확인해야 한다. 예를 들어, 그림 13.5에 있는 EMP_LOCS(Ename, Plocation) 릴레이션은 제3정규형이며 동시에 BCNF이다. 실제로 애트리뷰트가 두 개뿐인 릴레이션은 자동적으로 BCNF가 된다.[6] EMP_LOCS 릴레이션은 BCNF임에도 불구하고, BCNF가 아닌 EMP_PROJ(Ssn, Pnumber, Hours, Pname, Plocation) 릴레이션(그림 13.6에서 자연 조인의 결과를 참조)과 조인하게 되면 여전히 가짜 투플들을 생성하게 된다. 그러므로 EMP_LOCS는 매우 좋지 않은 구조를 갖게 되는데, 이는 EMP_LOCS 릴레이션에서 Plocation 애트리뷰트는 사원이 근무하는 프로젝트가 수행되고 있는 장소들 중 하나를 나타내는 이상한 의미를 가지기 때문이다. EMP_LOCS 릴레이션과 BCNF인 그림 13.2의 PROJECT(Pname, Pnumber, Plocation, Dnum) 릴레이션을 조인 애트리뷰트로 Plocation을 사용하여 조인해도 역시 가짜 투플들이 생성된다. 따라서 이와 같은 나쁜 설계들을 방지하기 위해서 제3정규형이나 BCNF의 조건들과 더불어 분해집합 $D$ 전체에서 성립해야 하는 추가적인 판단 기준들이 필요하다. 14.2.2절부터 14.2.4절에서는 이런 추가적인 기준들을 차례로 설명한다.

## 14.2.2 분해의 종속성 보존 특성

함수적 종속성의 집합 $F$의 각 함수적 종속성 $X \rightarrow Y$가 분해집합 $D$의 한 릴레이션 스키마 $R_i$에 직접 나타나거나 $R_i$에 나타나는 함수적 종속성으로부터 추론할 수 있는 것이 바람직하다. 이를 종속성 보존 조건(dependency preserving condition)이라 부른다. $F$의 각 함수적 종속성은 데이터베이스상에서의 한 제약 조건을 나타내므로 분해 후에도 보존되는 것이 바람직하다. 만약 함수적 종속성들 중 임의의 하나가 분해 후에 어떠한 릴레이션 $R_i$에도 나타나지 않고, 분해된 각 릴레이션만을 고려한다면 제약 조건이 제대로 만족되는지 알 수 없으므로 이 종속성에 관련된 모든 애트리뷰트들을 포함하도록 여러 개의 릴레이션을 조인해야 한다.

함수적 종속성이 $F$에 명시되어 있는 그대로 분해집합 $D$의 각 릴레이션에 나타날 필요는 없다. 대신 $D$의 각 릴레이션에서 성립하는 함수적 종속성의 합집합이 $F$와 동등하면 충분하다. 지금부터 이 개념들을 좀 더 정형적으로 정의한다.

**정의.** $R$에서 성립하는 함수적 종속성의 집합 $F$가 주어졌을 때, $R$의 부분집합 $R_i$ 상으로 $F$를 프로젝트($\pi_{R_i}(F)$라 표기)한 것은 $R$에 포함된 애트리뷰트 $X \cup Y$에 대한 $F^+$에 속하는 함수적 종속성 $X \rightarrow$Y 들의 집합이다. 그러므로 분해집합 $D$의 각 릴레이션 스키마 $R_i$로 $F$를 프로젝트한 결과는 $F^+$에 있는 함수적 종속성들의 집합이다. 여기서 $F^+$는 $F$의 폐쇄로서 $R_i$에 포함된 왼편 또는 오른편에 나타날 수 있는 모든 애트리뷰트를 나타낸다. $R$의 분해집합 $D = \{R_1, R_2, \cdots R_m\}$에서 각 $R_i$상으로 $F$를 프로젝트한 것들의 합집합이 $F$와 동등하면, 즉 아래의 식이 성립하면 분해집합 $D$는 $F$에 대해서 종속성을 보존(dependency-preserving)한다고 말한다.

6) 연습을 위해, 독자들은 이 문장이 맞는지 증명하는 것을 연습 문제로 풀어보라.

$$((\pi_{R_1}(F)) \cup K \cup (\pi_{R_m}(F)))^+ = F^+$$

만약 분해집합이 종속성을 보존하지 못하면 일부 종속성을 분해 과정에서 **잃어버리게** 된다. 앞에서 이미 언급한 바와 같이 잃어버린 종속성이 성립하는가를 검사하려면 분해집합의 여러 릴레이션을 조인해서 그 종속성의 양쪽 애트리뷰트들을 모두 포함하는 릴레이션을 얻은 다음에 그 종속성이 만족하는지를 검사해야 한다. 그런데 이 방법은 실제로 사용하기 어렵다.

그림 13.13(a)는 종속성을 보존하지 못하는 분해의 예이다. 그림 13.13(a)에서 LOTS1A를 {LOTS1AX, LOTS1AY}로 분해하면 함수적 종속성 FD2를 잃어버리게 된다. 그러나 그림 13.12의 분해집합들은 종속성을 보존한다. 마찬가지로 그림 13.14의 릴레이션 TEACH(Student, Course, Instructor)를 책에 나온 세 가지 방식 중 어떻게 분해하더라도 원래 존재하던 하나 또는 두 개의 종속성이 모두 없어질 수 밖에 없다. 이와 관련하여 다음과 같은 주장을 별다른 증명없이 제시한다.

**주장 1.** 종속성들의 집합 $F$에 대해서, 종속성을 보존하면서 $D$의 각 릴레이션 $R_i$가 제3정규형인 분해집합 $D$를 항상 구할 수 있다.

### 14.2.3 분해의 비부가적(무손실) 조인 특성

분해집합 $D$가 가져야 하는 또 다른 특성은 분해집합의 릴레이션들을 자연 조인했을 때 어떠한 가짜 투플(spurious tuple)도 생성되지 않아야 한다는 것이다. 이를 무손실 조인(lossless join) 또는 비부가적 조인(nonadditive join) 특성이라고 한다. 이런 문제점에 대해서는 13.1.4절에서 그림 13.5와 14.6을 예로 들어 설명하였다. 이 특성은 릴레이션 스키마들의 분해집합이 가져야 하는 특성이므로 모든 적법한 릴레이션 상태에 대해서 가짜 투플들이 발생해서는 안된다. 여기서 적법한 릴레이션 상태는 $F$ 내의 함수적 종속성을 만족하는 상태를 의미한다. 따라서 무손실 조인 특성은 항상 함수적 종속성의 집합인 특정 집합 $F$에 대하여 정의된다.

**정의.** 정형적으로, $R$의 함수적 종속성의 집합 $F$를 만족하는 모든 릴레이션 상태 $r$에 대해 다음의 성질이 만족되면 $R$의 분해집합 $D = \{R_1, R_2, \cdots, R_m\}$은 $F$에 대해서 **무손실(비부가적) 조인 특성**(lossless join property)을 갖는다고 한다. 아래에서 *는 $D$의 모든 릴레이션에 대한 자연 조인을 나타낸다. $*\ (\pi_{R_1}(r), \cdots, \pi_{R_m}(r)) = r$.

무손실이란 단어에서 손실이란 투플의 손실이 아니라 정보의 손실을 의미한다. 만일 분 해집합이 무손실 조인 특성이 있지 않다면 프로젝트($\pi$)와 **자연 조인**(*)을 적용하게 될 경우 추가적인 가짜 투플들이 생길 수 있으며, 이는 잘못된 정보를 나타낸다. 비록 무손실 조인이라는 용어가 여러 책에서 사용되고 있지만, 비부가적 조인이라는 용어가 좀 더 상황을 적절히 나타내고 의미 전달이 명확하므로, 이 책에서는 비부가적 조인이라는 용어를 주로 사용한다. 비부가적 조인 특성은 프로젝트와 자연 조인 연산 후에 가짜 투플들이 추가되지 않는 것을 보장한다. 그러나 이 책에서는 때로 정보의 손실을 나타내는 설계를 표현하기 위해 **손실 설계**(lossy design)라는 용어를 사용한다. 그림 13.3에서 EMP_PROJ(Ssn, Pnumber,

Hours, Ename, Pname, Plocation)를 그림 13.5의 EMP_LOCS(Ename, Plocation)과 EMP_PROJ1 (Ssn, Pnumber, Hours, Pname, Plocation)으로 분해하면, 그림 13.6의 자연조인이 나타내는 것처럼 비부가적 조인 특성을 잃어버린다는 것을 명확하게 알 수 있다. 분해가 비부가적인지 확인하기 위해 바이너리 분해일 경우 더 간단한 테스트를 진행한다. 이는 13.5.1절에서 NJB 속성이라고 불린다. 어떤 릴레이션의 분해 $D$가 주어진 릴레이션의 함수적 종속성 $F$의 집합에 대해 비부가적인지 테스트를 위한 일반적 절차가 제공된다. 이는 알고리즘 14.3에서 나타낸다.

**알고리즘 14.3 비부가적 조인 특성의 검사**

**입력**. 전체 릴레이션 $R$, $R$의 분해집합 $D = \{R_1, R_2, ..., R_m\}$, 함수적 종속성들의 집합 $F$

주: 설명하는 주석들은 몇몇 단계의 끝 부분에 주어진다. 그 주석들은 다음 형태를 따른다: (*주석*).

1. $D$에 속한 릴레이션 $R_i$에 대응하는 한 행과 $R$에 속한 각 열 $A_j$에 대응하는 한 열을 나타내는 초기 행렬 $S$ 생성
2. Set $S(i,j) := b_{ij}$ for all matrix entries. (* 각 $b_{ij}$는 색인 $(i,j)$에 연관되는 별개의 심볼이다. *)
3. For each row $i$ representing relation schema $R_i$
   {for each column $j$ representing attribute $A_j$
      {if (relation $R_i$ includes attribute $A_j$) then set $S(i,j) := a_j$;};};
      (* 각 $a_j$는 색인$(j)$ 에 연관되는 별개의 심볼이다. *)
4. 전체 루프 실행으로 $S$가 변경되지 않을 때까지 다음 루프 반복
   {for each functional dependency $X \to Y$ in $F$
      {for all rows in $S$ which have the same symbols in the columns corresponding to attributes in $X$
         {Y에 있는 열에 해당하는 각 열의 심볼을 다음과 같이 모든 행에서 동일하게 만든다. 만약 어떤 행에 "$a$" 기호가 있다면 다른 행을 해당 "$a$" 심볼로 설정한다. 만약 각 행의 어떤 열에도 "$a$" 기호가 없다면 열의 행 중 하나에 있는 "$b$" 기호 중 하나를 선택하고 다른 행을 열의 동일한 "$b$" 기호로 설정한다.;};};};
5. 행이 완전히 "$a$" 기호로 구성되면, 분해에는 무손실 조인 특성이 있다. 그렇지 않으면 아니다.

$R_1, R_2, \cdots, R_m$ 릴레이션들로 분해되는 릴레이션 $R$에 대해 알고리즘 14.3은 $R$의 릴레이션 상태 $r$을 나타내는 행렬 $S$에서 시작한다. 여기서 $S$의 행은 릴레이션 $R_i$에 대응하는 투플 $t_i$를 나타내고, $t_i$는 $R_i$의 애트리뷰트에 대응되는 열들에는 심볼 $a$를 가지고 있고, 나머지 열들에는 심볼 $b$를 가지고 있다. 그 다음, 행렬의 행들이 $F$에 있는 모든 함수적 종속성을 만족하는 투플들을 표현하도록 행들을 변환(단계 4의 루프)한다. 단계 4가 끝난 후, $F$에 속한 함수적 종속성 $X \to$Y에 대해 왼편 애트리뷰트인 $X$의 값이 일치하는 $S$의 임의의 두 행은 오른편 애트리뷰트인 $Y$의 값도 일치하게 된다. 알고리즘의 단계 4의 루프를 적용한 후 $S$의 어떤 한 행이라도 모든 애트리뷰트에 심볼 $a$를 갖는다면 그 분해집합 $D$는 $F$에 대해서 비부가적 조인 특성을 갖는다는 것을 알 수 있다.

반면에 그러한 행이 존재하지 않으면 $D$는 무손실 조인 특성을 만족하지 않는다. 이 경우

알고리즘 수행 후 S에 의해 표현되는 릴레이션 상태 $r$은 $F$ 내의 종속성들을 만족하지만 비부가적 조인 특성을 갖지 않는 릴레이션 상태의 예가 된다. 따라서 이 릴레이션은 분해 집합 $D$가 비부가적 조인 특성을 갖지 않음을 보여주는 반례가 된다. 여기서 심볼 $a$나 $b$가 알고리즘에서 어떤 특정한 의미를 가지는 것이 아님을 유의한다.

(a)는 그림 13.3(b)의 EMP_PROJ 릴레이션 스키마를 그림 13.5(a)의 EMP_PROJ1과 EMP_LOCS로 분해한 결과에 알고리즘 14.3을 어떻게 적용하는지 그 과정을 보여준다. 알고리즘의 단계 4의 루프를 적용한 결과 어떤 심볼 $b$도 심볼 $a$로 치환되지 않으므로, 결과 행렬 $S$의 어떤 행도 모든 애트리뷰트에 심볼 $a$를 가지지 않음을 알 수 있다. 그러므로 분해집합 $D$는 비부가적 조인 특성이 없다.

(b)는 EMP_PROJ가 EMP, PROJECT, WORKS_ON으로 분해된 집합을 보여주는데, 이 분해집합은 비부가적 조인 특성을 갖는다. 그림 14.1(c)는 이 분해집합에 어떻게 알고리즘이 적용되는가를 보여준다. 심볼 $a$로만 구성되는 행이 하나라도 발견되면 분해집합이 비부가적 조인 특성이 있다는 사실을 알 수 있으므로, 행렬 $S$에 함수적 종속성들을 적용하는 것을 종료(알고리즘의 단계 4)한다.

### 14.2.4 이진 분해의 비부가적 조인 특성 검사

알고리즘 14.3을 사용하면 함수적 종속성들의 집합 $F$에 대해 $n$개의 릴레이션으로 나누는 특정 분해집합 $D$가 비부가적 조인 특성이 있는가를 검사할 수 있다. 분해 중에 특별한 경우로 하나의 릴레이션 $R$을 두 개로 분해하는 **이진 분해**(binary decomposition)가 있다. 알고리즘 14.3보다 적용하기 쉽지만 이진 분해에만 제한되는 NJB 속성 테스트라는 테스트가 13.5.1절에 있다. 이것은 제3정규형을 만족하지만 BCNF를 충족시키지 못한 TEACH 관계의 이진 분해에 사용되었다.

### 14.2.5 연속적인 비부가적 조인 분해

13.3절과 13.4절의 제2정규화와 제3정규화 과정에서 릴레이션의 연속적인 분해가 일어나는데, 이러한 분해가 비부가적임을 확인하기 위해서는 다음의 주장 2와 같은 추가적인 특성이 보장되어야 한다. $D_2 = \{R_1, R_2, \cdots, R_{i-1}, Q_1, Q_2, \cdots, Q_k, R_{i+1}, \cdots\ R_m\}$

> **주장 2(연속적인 분해에서의 비부가성 보존).** $R$의 분해집합 $D = \{R_1, R_2, \cdots, R_m\}$이 $R$의 함수적 종속성들의 집합 $F$에 대해 비부가적(무손실) 조인 특성이 있고, $R_i$의 분해집합 $D_i = \{Q_1, Q_2, \cdots, Q_k\}$가 $R_i$상으로 $F$를 프로젝트한 것에 대해 비부가적 조인 특성이 있다면, $R$의 분해집합 $D_2 = \{R_1, R_2, \cdots, R_{i-1}, Q_1, Q_2, \cdots, Q_k, R_{i+1}, \cdots\ R_m\}$도 $F$에 대해 비부가적 조인 특성이 있다.

(a) $R$ = {Ssn, Ename, Pnumber, Pname, Plocation, Hours} $D = \{R_1, R_2\}$
$R_1$ = EMP_LOCS = {Ename, Plocation}
$R_2$ = EMP_PROJ1 = {Ssn, Pnumber, Hours, Pname, Plocation}

$F$ = {Ssn → Ename; Pnumber → {Pname, Plocation}; {Ssn, Pnumber} → Hours}

| | Ssn | Ename | Pnumber | Pname | Plocation | Hours |
|---|---|---|---|---|---|---|
| $R_1$ | $b_{11}$ | $a_2$ | $b_{13}$ | $b_{14}$ | $a_5$ | $b_{16}$ |
| $R_2$ | $a_1$ | $b_{22}$ | $a_3$ | $a_4$ | $a_5$ | $a_6$ |

함수적 종속성들을 적용한 후에 행렬에 어떤 변화도 생기지 않음

(b) EMP

| Ssn | Ename |
|---|---|

PROJECT

| Pnumber | Pname | Plocation |
|---|---|---|

WORKS_ON

| Ssn | Pnumber | Hours |
|---|---|---|

(c) $R$ = {Ssn, Ename, Pnumber, Pname, Plocation, Hours} $D = \{R_1, R_2, R_3\}$
$R_1$ = EMP = {Ssn, Ename}
$R_2$ = PROJ = {Pnumber, Pname, Plocation}
$R_3$ = WORKS_ON = {Ssn, Pnumber, Hours}

$F$ = {Ssn → Ename; Pnumber → {Pname, Plocation}; {Ssn, Pnumber} → Hours}

| | Ssn | Ename | Pnumber | Pname | Plocation | Hours |
|---|---|---|---|---|---|---|
| $R_1$ | $a_1$ | $a_2$ | $b_{13}$ | $b_{14}$ | $b_{15}$ | $b_{16}$ |
| $R_2$ | $b_{21}$ | $b_{22}$ | $a_3$ | $a_4$ | $a_5$ | $b_{26}$ |
| $R_3$ | $a_1$ | $b_{32}$ | $a_3$ | $b_{34}$ | $b_{35}$ | $a_6$ |

알고리즘을 시작할 때 행렬 S의 초기 내용

| | Ssn | Ename | Pnumber | Pname | Plocation | Hours |
|---|---|---|---|---|---|---|
| $R_1$ | $a_1$ | $a_2$ | $b_{13}$ | $b_{14}$ | $b_{15}$ | $b_{16}$ |
| $R_2$ | $b_{21}$ | $b_{22}$ | $a_3$ | $a_4$ | $a_5$ | $b_{26}$ |
| $R_3$ | $a_1$ | ~~$b_{32}$~~ $a_2$ | $a_3$ | ~~$b_{34}$~~ $a_4$ | ~~$b_{35}$~~ $a_5$ | $a_6$ |

처음 두 개의 함수적 종속성을 적용한 후의 행렬 S의 내용 마지막 항의 모든 애트리뷰트가 심볼 'a'를 가지므로 알고리즘을 종료한다.

그림 14.1 $n$차 분해에 대한 무손실(비부가적) 조인 검사: (a) 경우 1: EMP_PROJ를 EMP_PROJ1과 EMP_LOCS로 분해하면 검사를 통과하지 못함, (b) 무손실 조인 특성이 있는 EMP_PROJ의 분해, (c) 경우 2: EMP_PROJ를 EMP, PROJECT, WORKS_ON로 분해하면 검사를 통과함

## 14.3 관계 데이터베이스 스키마 설계를 위한 알고리즘

이 절에서는 전체 릴레이션으로부터 릴레이션을 분해하는 두 가지 알고리즘을 다룬다. 첫 번째 알고리즘은 전체 릴레이션을 조인속성을 갖는 종속성-보존 제3정규형 릴레이션으로 분해한다. 두 번째 알고리즘은 전체 릴레이션 스키마를 비부가적 조인 특성을 갖는 BCNF 스키마로 분해한다. 종속성 보존과 비부가성 조인 분해를 모두 만족시키는 BCNF 릴레이션을 생성하는 알고리즘을 디자인하는 것은 불가능하다.

### 14.3.1 제3정규형 스키마로의 종속성 보존 및 비부가적(무손실) 조인 분해

종합해 보면, 다음 세 가지 사항 (1) 무손실 설계 보장, (2) 종속성 보존 보장, (3) 모든 릴레이션의 BCNF를 모두 만족하기란 불가능하다. 앞서 설명했듯이 첫 번째 조건은 타협할 여지 없이 반드시 만족해야 한다. 두 번째 조건은 바람직하지만, 반드시 해야만 하는 것은 아니며, 만일 BCNF를 얻겠다고 가정한다면, 이 두 번째 조건을 완화할 수 있다. 지금부터는 제3정규형만을 보장하면서 조건 1과 조건 2를 만족하는 대안적 알고리즘을 제시한다. 알고리즘 14.4를 약간 변형하여 새로운 알고리즘 14.6을 구성한다. 이 알고리즘을 통해 생성되는 R의 분해집합 $D$는 다음과 같은 특성이 있다.

- 종속성을 보존한다.
- 비부가적 조인 특성이 있다.
- 분해집합의 각 릴레이션 스키마는 제3정규형에 속한다.

**알고리즘 14.4** 종속성과 비부가적 조인 속성을 보존하는 제3정규형으로의 릴레이션 합성

**입력**. 전체 릴레이션 $R$과 $R$의 애트리뷰트들에 대한 함수적 종속성들의 집합 $F$

1. $F$에 대한 최소 커버 G를 찾는다(14.2 알고리즘 이용).
2. For each left-hand-side $X$ of a functional dependency that appears in $G$, create a relation schema in $D$ with attributes $\{X \cup \{A_1\} \cup \{A_2\} \cdots \cup \{A_k\}\}$, where $X \to A_1$, $X \to A_2$, $\cdots$, $X \to A_k$ are the only dependencies in $G$ with $X$ as the left-hand side ($X$ is the key of this relation);
3. 만약 $D$에 있는 관계 스키마 중 어느 것도 $R$의 키를 포함하지 않으면 $R$의 키를 형성하는 속성을 포함하는 $D$에서 하나의 추가 관계를 스키마를 작성한다(알고리즘 14.2(a)는 키를 찾는데 사용될 수도 있다).
4. 관계형 데이터베이스 스키마에서 릴레이션의 결과 셋으로부터 중복된 릴레이션을 제거한다. 만약 $R$이 다른 릴레이션 $S$의 프로젝션이면 릴레이션 $R$은 중복이다. 그렇지 않으면 $R$은 $S$에 포함된다.[7)]

---

7) 추가 유형의 종속성이 있다는 점에 유의하라. $R$은 스키마에서 두 개 이상의 릴레이션의 조인을 프로젝션한 것이다. 이러한 유형의 종속성은 14.7절에서 논의했듯이 조인 종속성으로 간주한다. 따라서 기술적으로, 스키마의 3NF 상태를 방해하지 않고 계속 존재할 수 있다.

알고리즘 14.6의 단계 3에서는 $R$의 키 $K$를 찾아내는 작업을 포함한다. 알고리즘 14.2(a)는 주어진 함수적 종속성들의 집합 $F$를 기반으로 $R$의 키 $K$를 찾아내는 데 사용된다. 알고리즘 14.2(a)에서 키를 구하기 위해 사용하는 함수적 종속성들의 집합으로 $F$나 $G$ 중 어느 것을 사용해도 무방하다. 그 이유는 $F$와 $G$가 서로 동등하기 때문이다.

**알고리즘 14.4의 예 1**

**다음 전체 릴레이션을 고려해 보자:**

$U$(Emp_ssn, Pno, Esal, Ephone, Dno, Pname, Plocation)

Emp_ssn, Esal, Ephone은 각각 종업원의 사회보장번호, 연봉, 전화번호를 나타낸다. 그리고 Pno, Pname, Plocation은 각각 프로젝트의 번호, 이름, 위치를 나타낸다. Dno는 부서 번호를 나타낸다.

다음 종속성들이 존재한다고 하자.

FD1: Emp_ssn → {Esal, Ephone, Dno}

FD2: Pno → {Pname, Plocation}

FD3: Emp_ssn, Pno → {Esal, Ephone, Dno, Pname, Plocation}

FD3 때문에 애트리뷰트 집합 {Emp_ssn, Pno}은 전체 릴레이션의 키가 된다. 그러므로 주어진 FD들의 집합 $F$는 {Emp_ssn → Esal, Ephone, Dno Pno → Pname, Plocation Emp_ssn, Pno → Esal, Ephone, Dno, Pname, Plocation}이 된다.

최소 커버 알고리즘 14.2를 적용하면, 단계3에서 Pno가 Emp_ssn, Pno → Esal, Ephone, Dno에서 관련 없는 애트리뷰트라는 것을 발견할 수 있으며, Emp_ssn, Pno → Pname, Plocation에서 Emp_ssn이 관련 없는 애트리뷰트라는 것을 발견할 수 있다. 그러므로 최소 커버는 (만약 같은 LHS의 애트리뷰트들을 한 FD로 그룹화하면) 다음과 같이 (FD3는 완전히 중복이 되어) FD1과 FD2로 구성된다.

최소 커버 $G$: {Emp_ssn → Esal, Ephone, Dno Pno → Pname, Plocation}

알고리즘 14.4의 두 번째 단계는 릴레이션 R1과 R2를 다음과 같이 나타낸다.

$R_1$(<u>Emp_ssn</u>, Esal, Ephone, Dno)

$R_2$(<u>Pno</u>, Pname, Plocation)

3단계에서, U의 키 {Emp_ssn, Pno}에 해당하는 관계를 생성한다. 그러므로, 결과 설계에는 다음과 같은 내용이 포함된다.

$R_1$(<u>Emp_ssn</u>, Esal, Ephone, Dno)

$R_2$(<u>Pno</u>, Pname, Plocation)

$R_3$(<u>Emp_ssn</u>, <u>Pno</u>)

이 설계는 바람직한 종속성 보존 특성과 비부가적 조인 특성 모두를 얻는다.

**알고리즘 14.4의 예 2(경우 $X$)**

**그림** 13.13(a)**의 릴레이션 스키마** LOTS1A**를 고려해 보자.**
다음과 같은 함수적 종속성을 갖는 전체 릴레이션 U (Property_id, County, Lot#, Area)가 주어졌다고 가정하자:

FD1: Property_id → Lot#, Country, Area
FD2: Lot#, Country → Area, Property_id
FD3: Arda → Country

이것들은 그림13.13(a)에서 FD1, FD2, FD5로 불렸다. 위 애트리뷰트들의 의미와 함수적 종속성의 의미는 13.4절에서 이미 설명하였다. 참조의 편의를 위하여 위 애트리뷰트들을 각 애트리뷰트의 첫 번째 문자로 표기하여 함수적 종속성들을 다음 집합과 같이 나타낸다.

$F$: {P → LCA, LC → AP, A → C}

축약된 속성들을 갖는 전체 릴레이션은 U(P, C, L, A)이다. 만약 최소 커버 알고리즘 14.2를 $F$에 적용한다면 (단계 2에서) 처음으로 집합 $F$를 다음과 같이 나타낸다.

$F$: {P → L, P → C, P → A, LC → A, LC → P, A → C}

이 집합 $F$에서 P → A는 P → LC와 LC → A에서 전이성에 의해 유도될 수 있으므로 중복이다. 그러므로 한 가지 가능한 최소 커버는 다음과 같다.

최소 커버 $GX$: {P → LC, LC → AP, A → C}

알고리즘 14.4의 단계 2에서 (중복 릴레이션들을 제거하기 전의) 앞서의 최소 커버를 사용하여 다음과 같은 설계 $X$를 얻는다.

설계 $X$: $R_1$(P̲, L, C), $R_2$(L̲, C̲, A, P), and $R_3$(A̲, C)

알고리즘의 단계 4에서 $R_3$가 $R_2$에 의해 흡수된다는 것(즉 $R_3$가 항상 $R_2$의 프로젝션이다)과 $R_1$ 또한 $R_2$에 의해 흡수된다는 것을 발견한다. 그러므로 두 릴레이션 모두가 중복이다. 따라서 (중복 릴레이션들을 제거한 후의) 바람직한 두 가지 특성을 가지는 제3정규형 스키마는 다음과 같으며,

설계 $X$: $R_2$(L, C, A, P)

이는 13.4.2절에서 제3정규형으로 정했던 릴레이션 LOTS1A(Lot#, County, Area, Property_id)와 동일하다.

**알고리즘 14.4의 예 2(경우 $Y$)**

전체 릴레이션 스키마로서 LOTS1A 및 같은 함수적 종속성 집합으로 시작하면, 최소 커버 알고리즘 14.2의 단계 2에서 예전과 같이 다음을 얻는다.

$F$: P → C, P → A, P → L, LC → A, LC → P, A → C}

FD LC → A는 P → A와 LC → P에서 전이성에 의해 유도할 수 있으므로 중복이다. 또한 P → C는 P → A와 A → C에서 전이성에 의해 유도될 수 있으므로 중복이다. 따라서 또 다른 최소 커버를 다음과 같이 얻을 수 있다.

최소 커버 $GY$: {P → LA, LC → P, A → C}

이제 알고리즘에 의해 생성된 다른 설계 $Y$는 다음과 같다.

설계 $Y$: $S_1$(P̲, A, L), $S_2$(L̲, C̲, P), $S_3$(A̲, C)

이 설계는 제3정규형 릴레이션을 가지며, 그 중 어떤 것도 4단계 조건에 의해 중복으로 간주될 수 없다는 점에 유의하라. 원래 집합 $F$의 모든 FD는 보존된다. 독자는 위의 세 가지 릴레이션에 주목할 것이다. 릴레이션 $S_1$과 $S_3$는 13.5절에서 주어진 절차에 의해 BCNF 설계를 따라 생성되었다. ($S_1$과 $S_3$가 있을 때 $S_2$가 중복됨을 의미함) 그러나, $S_1$과 $S_3$의 투영(projection)이 아니기 때문에 위의 세 가지 제3정규형 릴레이션에서 $S_2$를 제거할 수는 없다. $S_2$는 두 개의 후보키(L, C)와 P가 함께 놓여 있는 유효하고 의미 있는 릴레이션이다. 더 나아가서 $S_2$는 LC → P라는 FD를 보존하며, 이것은 최종 설계가 $S_1$과 $S_3$만 포함할 때 잃는 것이다. 그러므로 설계 $Y$는 알고리즘 14.4에 제3정규형의 릴레이션을 제공하는 주어진 전체 릴레이션을 적용하여 최종 결과 중 하나가 될 수 있다.

주어진 FD 집합과 동일한 전체 릴레이션에 알고리즘 14.4를 적용한 위의 두 가지 변형은 다음 두 가지를 나타낸다.

- 동일한 FD 집합에서 시작하여 대체 제3정규형 설계를 생성할 수 있다.
- 어떤 경우에는 알고리즘이 실제로 BCNF를 만족시키는 릴레이션을 생성하고 종속성 보존 특성을 유지하는 릴레이션을 포함할 수도 있다.

### 14.3.2 BCNF 스키마로의 비부가적 조인 분해

다음 알고리즘은 전체 릴레이션 스키마 $R=\{A_1, A_2, \cdots, A_n\}$을 각 $R_i$가 BCNF이고 $F$에 대해 무손실 조인 특성이 있는 분해집합 $D=\{R_1, R_2, \cdots, R_m\}$로 분해한다. 알고리즘 14.5는 함수적 종속성들의 집합 $F$의 관점에서 전체 릴레이션 $R$의 비부가적 조인 분해집합 $D=\{R_1, R_2, \cdots, R_m\}$을 구하기 위해서 특성 LJB과 주장 2(연속적인 분해에서의 비부가성 보존)를 이용한다. 여기서 $D$의 각 릴레이션 스키마 $R_i$는 BCNF에 속한다.

**알고리즘 14.5** 비부가적 조인 특성을 갖는 BCNF 릴레이션들로 분해

**입력**. 전체 릴레이션 $R$, $R$의 애트리뷰트들에 대한 함수적 종속성들의 집합 $F$

**1.** Set $D := \{R\}$;

**2.** While there is a relation schema $Q$ in $D$ that is not in BCNF do

{
BCNF에 없는 $D$에서 릴레이션 스키마 $Q$를 선택한다.;
BCNF를 위반하는 $Q$에서 함수적 종속성 $X \to Y$를 찾는다.;
$D$의 $Q$를 두 릴레이션 스키마$(Q-Y)$와 $(X \cup Y)$로 대체한다.;
}

알고리즘 14.5에서 루프를 돌 때마다 BCNF에 속하지 않는 하나의 릴레이션 $Q$를 두 개의 릴레이션으로 분해한다. 분해집합 $D$는 이진 분해에 대한 특성 NJB과 주장 2에 의하여 비부가적 조인 특성이 있다. 알고리즘의 수행이 종료되면 $D$의 모든 릴레이션 스키마는 BCNF에 속하게 된다. 그림 13.12와 13.13의 정규화의 예는 기본적으로 이 알고리즘을 따른다는 것을 알 수 있다. 함수적 종속성 FD3, FD4, FD5는 BCNF를 위배하므로 LOTS 릴레이션을 BCNF 릴레이션들로 적절하게 분해하였고, 그 결과로 만들어진 분해집합은 비부가적 조인 특성을 만족한다. 그림 13.14의 TEACH 릴레이션 스키마의 응용을 설명한다. 종속성 FD2: Instructor → Course가 BCNF를 위배하기 때문에 TEACH 릴레이션은 TEACH1(Instructor, Student)과 TEACH2(Instructor, Course)로 분해된다.

알고리즘 14.5의 단계 2에서는 어떤 릴레이션 스키마 $Q$가 BCNF에 속하는지 검사할 필요가 있다. 한 가지 방법은 $Q$의 각 함수적 종속성 $X \to Y$에 대해 $X$가 $Q$의 모든 애트리뷰트를 포함하는지 검사하는 것이다. 즉, $X$가 $Q$의 키나 슈퍼키인지를 검사한다. 다른 방법은 릴레이션 스키마 $Q$가 BCNF 위배를 할 때마다 $\{Q-\{A,B\}\} \to A$를 만족하는 애트리뷰트의 쌍 $A$와 $B$가 $Q$에 존재한다는 사실을 이용하는 것이다. 즉, $Q$의 각 애트리뷰트 쌍 $\{A,B\}$에 대한 폐쇄 $\{Q-\{A,B\}\}^+$를 계산해서, 이 폐쇄가 $A$(또는 $B$)를 포함하는지 검사함으로써 $Q$가 BCNF에 속하는지를 확인할 수 있다.

비부가적 조인 분해 이론은 조인 애트리뷰트에 널 값을 허용하지 않는다는 가정에 기반한다는 점에 유의해야 한다. 다음 절에서는 이번 절에서 제시된 합성에 의한 관계 설계를 위한 알고리즘의 일반적인 논의와 함께, 관계 분해에서 널이 발생할 수 있는 몇몇 문제들에 대해 논의한다.

## 14.4 널, 허상 투플, 대안적 관계 설계에 대하여

이번 절에서는 관계 설계가 잘 이루어지지 않았을 때 발생하는 문제와 관련된 몇 가지 일반적인 이슈들을 논의한다.

### 14.4.1 널 값과 허상 투플이 야기하는 문제점

관계 데이터베이스 스키마를 설계할 때 널 값에 의해서 발생할 수 있는 문제점을 반드시 고려해야 한다. 널 값을 고려한 릴레이션 설계 이론은 아직 완전하게 개발되지 않은 상태이다. 널 값과 관련된 한 가지 문제는 분해된 릴레이션들의 일부 투플들이 조인에 사용되는 애트리뷰트에 널 값을 갖는 경우에 발생한다. 그림 14.2(a)에 있는 EMPLOYEE와 DEPARTMENT 릴레이션으로 구성된 데이터베이스를 예로 사용하여 설명한다. EMPLOYEE 릴레이션의 마지막 두 투플 'Berger'와 'Benitez'는 새로 고용되었으나 아직 어떤 부서에도 배속되지 않는 사원을 나타낸다(이것이 어떠한 무결성 제약 조건도 위배하지 않는다고 가정한다). 이런 상황에서 모든 사원에 대해서 (Ename, Dname) 값들의 리스트를 검색한다고 가정하자. EMPLOYEE와 DEPARTMENT 릴레이션에 자연 조인(*) 연산을 적용하면 그림 14.2(b)에서 보는 바와 같이 앞에서 언급한 두 개의 투플은 결과에 나타나지 않는다. 6장에서 설명한 외부 조인 연산을 사용하면 이와 같은 문제를 해결할 수 있다. EMPLOYEE 릴레이션을 DEPARTMENT 릴레이션과 왼쪽 외부 조인(LEFT OUTER JOIN) 연산을 수행할 경우, 조인 애트리뷰트에 널 값을 갖는 EMPLOYEE 투플들도 모든 애트리뷰트에 널 값을 갖는 가상적인 DEPARTMENT 투플과 조인되어 결과에 나타나게 된다. 그림 14.2(c)가 이 결과를 보여준다.

일반적으로 외래키에 의해 두 개 이상의 릴레이션이 연관되도록 관계 데이터베이스 스키마를 설계할 때는, 외래키가 널 값을 가지지 않도록 특별히 주의해야 한다. 만약 외래키가 널 값을 갖게 되면, 조인을 수반하는 질의에서 뜻하지 않은 정보의 손실을 가져올 수 있다. 더구나 외래키가 아니더라도 Salary와 같은 애트리뷰트가 널 값을 갖는 경우, SUM이나 AVERAGE와 같은 내장 함수를 적용하게 되면 어려운 문제가 발생할 수도 있으므로 매우 주의해야 한다.

관계 데이터베이스 스키마를 설계할 때 주의해야 할 또 다른 문제점은 지나치게 분해했을 경우에 나타날 수 있는 **허상 투플**(dangling tuple)이다. 그림 14.2(a)의 EMPLOYEE 릴레이션을 그림 14.3(a)의 EMPLOYEE_1과 그림 14.3(b)의 EMPLOYEE_2로 분해한다고 가정하자. 이때 EMPLOYEE_1과 EMPLOYEE_2에 자연 조인 연산을 적용하면, 원래의 EMPLOYEE 릴레이션을 얻을 수 있다. 그러나 아직 어떤 부서에도 배속되지 않은 사원들을 다른 방법으로 표현할 수 있다. 예를 들어, 그림 14.3(c)의 EMPLOYEE_3은 어떤 부서에도 배속되지 않은 직원의 투플들은 포함하지 않는다. 이런 표현 방법은 그림 14.3(b)의 EMPLOYEE_2와 같이 Dnum에 널 값을 갖게 하여 투플들을 포함시키는 것과는 대조적이다. 만약 EMPLOYEE_2 대신에 EMPLOYEE_3을 EMPLOYEE_1과 자연 조인하면 Berger와 Benitez에 해당되는 투플들이 조인 결과에 포함되지 않는다. 이런 투플은 두 개의 릴레이션 중 하나의 릴레이션에만 존재하여, (내부)조인 연산이 적용되면 사라지는 투플로서 EMPLOYEE_1의 **허상 투플**이라고 부른다.

### 14.4.2 정규화 알고리즘과 대안적 관계 설계에 대한 논의 사항

지금까지 제시한 정규화 알고리즘들과 관련된 문제들 중 하나는, 데이터베이스 설계자가 데이터베이스 애트리뷰트들 사이에 존재하는 모든 함수적 종속성을 먼저 명시해야 한다는 것이다. 수백 개의 애트리뷰트를 가진 규모가 큰 데이터베이스에 대해서 이런 작업을 한다는 것은 매우 어려운 작업이다. 중요한 종속성을 한두 개만 놓치더라도 데이터베이스가 바람직하지 않게 설계될 수 있다. 또 다른 문제점은 알고리즘들이 일반적으로 **결정적**(deterministic)이지 않다는 것이다. 예를 들어, 합성 알고리즘(알고리즘 14.4와 14.6)은 함수적 종속성들의 집합에 대한 하나의 최소 커버 $G$를 필요로 한다. 그러나 알고리즘 14.6의 예 2에서 살펴보았듯이 주어진 함수적 종속성들의 집합에 대한 최소 커버가 일반적으로 여러 개 있을 수 있으므로, 사용하는 최소 커버에 따라 똑같은 함수적 종속성들의 집합에 대해서 알고리즘이 다른 설계 결과를 생성하게 된다. 그리고 이 설계들 중 일부는 바람직하지 못할 수도 있다. BCNF를 얻기 위한 분해 알고리즘(알고리즘 14.5)은 함수적 종속성들이 BCNF를 위반하는지를 검사하기 위해 알고리즘에 적용되는 순서에 따라 다른 분해 결과를 생성할 수 있다. 즉, 같은 함수적 종속성들의 집합에 대해서도 BCNF를 위반하는 종속성들의 순서에 따라 여러 가지 다른 설계 결과가 얻어질 수 있다. 일부 설계는 선호될 수 있지만 다른 설계는 바람직하지 않을 수 있다.

따라서 어떤 설계는 선호되는 반면, 어떤 설계는 바람직하지 못할 수 있다. 종속성을 보존하면서, 분해집합에 속한 각각의 릴레이션 스키마가 알고리즘 14.6의 제3정규형 대신 BCNF에 속하도록 분해하는 방법이 항상 가능한 것은 아니다. 분해집합에 속한 각각의 제3정규형 릴레이션 스키마가 BCNF를 만족하는지를 개별적으로 검사할 수 있다. 만약 어떤 릴레이션 스키마 $R_i$가 BCNF가 아니라면, 그것을 더 분해할지 아니면(갱신 이상이 발생할 수는 있지만) 제3정규형으로 놔둘지를 선택할 수 있다. 알고리즘 14.4의 예제 2의 $X$와 $Y$가 최소 커버를 기반으로 서로 다른 릴레이션 집합을 생성하는 경우, 서로 다른 최소 커버를 설계하도록 상향식 접근법을 사용하였다. 설계 $X$는 LOTS1A(Property_id, County, Lot#, Area) 릴레이션과 같이 제3정규형이지만 BCNF는 아닌 제3정규형 설계를 생성했다. 대신에, 설계 $Y$는 $S_1$(Property_id, Area, Lot#), $S_2$(Lot#, County, Property_id), $S_3$(Area, County)의 세 가지 릴레이션을 생성했다. 이 세 가지 릴레이션 각각을 테스트하면 이들이 BCNF 설계에 속하는 것을 알 수 있다. 요약하면, 동일한 전체 스키마를 위한 다른 최소 커버에 의해 유도된 위 사례는($X$와 $Y$의 사례) 대체 설계가 14.3절에서 제시된 상향식 설계 알고리즘의 적용으로 인해 발생할 수 있음을 나타낸다.

(a)

EMPLOYEE

| Ename | Ssn | Bdate | Address | Dnum |
|---|---|---|---|---|
| Smith, John B. | 123456789 | 1965-01-09 | 731 Fondren, Houston, TX | 5 |
| Wong, Franklin T. | 333445555 | 1955-12-08 | 638 Voss, Houston, TX | 5 |
| Zelaya, Alicia J. | 999887777 | 1968-07-19 | 3321 Castle, Spring, TX | 4 |
| Wallace, Jennifer S. | 987654321 | 1941-06-20 | 291 Berry, Bellaire, TX | 4 |
| Narayan, Ramesh K. | 666884444 | 1962-09-15 | 975 Fire Oak, Humble, TX | 5 |
| English, Joyce A. | 453453453 | 1972-07-31 | 5631 Rice, Houston, TX | 5 |
| Jabbar, Ahmad V. | 987987987 | 1969-03-29 | 980 Dallas, Houston, TX | 4 |
| Borg, James E. | 888665555 | 1937-11-10 | 450 Stone, Houston, TX | 1 |
| Berger, Anders C. | 999775555 | 1965-04-26 | 6530 Braes, Bellaire, TX | NULL |
| Benitez, Carlos M. | 888664444 | 1963-01-09 | 7654 Beech, Houston, TX | NULL |

DEPARTMENT

| Dname | Dnum | Dmgr_ssn |
|---|---|---|
| Research | 5 | 333445555 |
| Administration | 4 | 987654321 |
| Headquarters | 1 | 888665555 |

(b)

| Ename | Ssn | Bdate | Address | Dnum | Dname | Dmgr_ssn |
|---|---|---|---|---|---|---|
| Smith, John B. | 123456789 | 1965-01-09 | 731 Fondren, Houston, TX | 5 | Research | 333445555 |
| Wong, Franklin T. | 333445555 | 1955-12-08 | 638 Voss, Houston, TX | 5 | Research | 333445555 |
| Zelaya, Alicia J. | 999887777 | 1968-07-19 | 3321 Castle, Spring, TX | 4 | Administration | 987654321 |
| Wallace, Jennifer S. | 987654321 | 1941-06-20 | 291 Berry, Bellaire, TX | 4 | Administration | 987654321 |
| Narayan, Ramesh K. | 666884444 | 1962-09-15 | 975 Fire Oak, Humble, TX | 5 | Research | 333445555 |
| English, Joyce A. | 453453453 | 1972-07-31 | 5631 Rice, Houston, TX | 5 | Research | 333445555 |
| Jabbar, Ahmad V. | 987987987 | 1969-03-29 | 980 Dallas, Houston, TX | 4 | Administration | 987654321 |
| Borg, James E. | 888665555 | 1937-11-10 | 450 Stone, Houston, TX | 1 | Headquarters | 888665555 |

(c)

| Ename | Ssn | Bdate | Address | Dnum | Dname | Dmgr_ssn |
|---|---|---|---|---|---|---|
| Smith, John B. | 123456789 | 1965-01-09 | 731 Fondren, Houston, TX | 5 | Research | 333445555 |
| Wong, Franklin T. | 333445555 | 1955-12-08 | 638 Voss, Houston, TX | 5 | Research | 333445555 |
| Zelaya, Alicia J. | 999887777 | 1968-07-19 | 3321 Castle, Spring, TX | 4 | Administration | 987654321 |
| Wallace, Jennifer S. | 987654321 | 1941-06-20 | 291 Berry, Bellaire, TX | 4 | Administration | 987654321 |
| Narayan, Ramesh K. | 666884444 | 1962-09-15 | 975 Fire Oak, Humble, TX | 5 | Research | 333445555 |
| English, Joyce A. | 453453453 | 1972-07-31 | 5631 Rice, Houston, TX | 5 | Research | 333445555 |
| Jabbar, Ahmad V. | 987987987 | 1969-03-29 | 980 Dallas, Houston, TX | 4 | Administration | 987654321 |
| Borg, James E. | 888665555 | 1937-11-10 | 450 Stone, Houston, TX | 1 | Headquarters | 888665555 |
| Berger, Anders C. | 999775555 | 1965-04-26 | 6530 Braes, Bellaire, TX | NULL | NULL | NULL |
| Benitez, Carlos M. | 888665555 | 1963-01-09 | 7654 Beech, Houston, TX | NULL | NULL | NULL |

그림 14.2 널 값 조인의 문제점: (a) 조인 애트리뷰트들에 널 값이 존재하는 데이터베이스, (b) EMPLOYEE와 DEPARTMENT 릴레이션에 자연 조인을 적용한 결과, (c) EMPLOYEE 릴레이션을 DEPARTMENT 릴레이션과 외부 조인한 결과

(a) EMPLOYEE_1

| Ename | Ssn | Bdate | Address |
|---|---|---|---|
| Smith, John B. | 123456789 | 1965-01-09 | 731 Fondren, Houston, TX |
| Wong, Franklin T. | 333445555 | 1955-12-08 | 638 Voss, Houston, TX |
| Zelaya, Alicia J. | 999887777 | 1968-07-19 | 3321 Castle, Spring, TX |
| Wallace, Jennifer S. | 987654321 | 1941-06-20 | 291 Berry, Bellaire, TX |
| Narayan, Ramesh K. | 666884444 | 1962-09-15 | 975 Fire Oak, Humble, TX |
| English, Joyce A. | 453453453 | 1972-07-31 | 5631 Rice, Houston, TX |
| Jabbar, Ahmad V. | 987987987 | 1969-03-29 | 980 Dallas, Houston, TX |
| Borg, James E. | 888665555 | 1937-11-10 | 450 Stone, Houston, TX |
| Berger, Anders C. | 999775555 | 1965-04-26 | 6530 Braes, Bellaire, TX |
| Benitez, Carlos M. | 888665555 | 1963-01-09 | 7654 Beech, Houston, TX |

(b) EMPLOYEE_2

| Ssn | Dnum |
|---|---|
| 123456789 | 5 |
| 333445555 | 5 |
| 999887777 | 4 |
| 987654321 | 4 |
| 666884444 | 5 |
| 453453453 | 5 |
| 987987987 | 4 |
| 888665555 | 1 |
| 999775555 | NULL |
| 888664444 | NULL |

(c) EMPLOYEE_3

| Ssn | Dnum |
|---|---|
| 123456789 | 5 |
| 333445555 | 5 |
| 999887777 | 4 |
| 987654321 | 4 |
| 666884444 | 5 |
| 453453453 | 5 |
| 987987987 | 4 |
| 888665555 | 1 |

그림 14.3 '허상 투플'의 문제점: (a) 그림 14.2(a)의 EMPLOYEE 릴레이션에서 Dnum 애트리뷰트를 제외한 모든 애트리뷰트를 포함하는 릴레이션 EMPLOYEE_1, (b) Dnum 애트리뷰트에 널 값을 갖는 투플도 포함하는 릴레이션 EMPLOYEE_2, (c) Dnum에 널 값을 갖는 투플을 포함하지 않는 릴레이션 EMPLOYEE_3

표 14.1은 이 장에서 지금까지 논의된 알고리즘들의 특징을 정리한 것이다.

표 14.1 4장에서 논의된 알고리즘들의 요약

| Algorithm | Input | Output | Properties/purpose | Remarks |
|---|---|---|---|---|
| 16.1 | An attribute or a set of attributes $X$, and a set of FDs $F$ | A set of attributes in the closure of $X$ with respect to $F$ | Determine all the attributes that can be functionally deter-mined from $X$ | The closure of a key is the entire relation |
| 16.2 | A set of functional dependencies $F$ | The minimal cover of functional dependencies | To determine the minimal cover of a set of dependencies $F$ | Multiple minimal covers may exiest-depends on the order of selecting functional dependencies |
| 16.2a | Relation schema $R$ with a set od functional dependencies $F$ | Key $K$ of $R$ | To find a key $K$ (that is a subset of $R$) | The entire relation $R$ is always a default superkey |
| 16.3 | A decomposition $D$ of $R$ and a set $F$ of functional dependencis $F$ | Boolean result: yes or no for nanadditive join property | Testing for nonadditive join decomposition | See a simpler test NJB in Section 16.2.4 for binary decompsitions |
| 16.4 | A relation $R$ and a set of functional dependencies $F$ | A set of relations in 3NF | Dependency preservation | Noguarantee of satisfying lossless join property |
| 16.5 | A relation $R$ and a set of functional depen-dencies $F$ | A set of relations in BCNF | Nonadditive join decompsition | No guarantee of dependency preser-vation |
| 16.6 | A relation $R$ and a set of functional depen-dencies $F$ | A set of relations in 3NF | Nonadditive join and dependencypreserving decomposition | May not zchives all desirable properties and 3NF |
| 16.7 | A relation $R$ and a set of functional and multivalued depen-dencies | A set of relations in 4NF | Nonadditive join decomposition | No guarantee of dependency preser-vation |

## 14.5 다치 종속성과 제4정규형에 대한 추가적 논의

13.6절에서는 다치 종속성의 개념을 소개 및 정의하고, 이를 제4정규형 정의에 사용하였다. 이제 다치 종속성을 다시 다루는데, 이는 다치 종속성에 대한 추론 규칙을 기술함으로써 제4정규형을 완벽히 설명하기 위함이다.

### 14.5.1 함수적 종속성 및 다치 종속성의 추론 규칙

함수적 종속성(FD)에서와 같이 다치 종속성(MVD)에 대한 추론 규칙들이 개발되었으나, 두 가지 유형의 제약 조건을 함께 고려하기 위해 FD와 MVD를 모두 포함하는 통일된 규칙들을 만드는 것이 더 바람직하다. 다음의 추론 규칙 IR1부터 IR8까지는 주어진 종속성들의 집합으로부터 함수적 종속성과 다치 종속성을 추론하는 건전하고 완전한 규칙들의 집합이다. 하나의 전체 릴레이션 스키마 $R=\{A_1, A_2, \cdots, A_n\}$에 모든 애트리뷰트가 포함되고 $X$, $Y$, $Z$, $W$가 $R$의 부분집합이라고 가정한다.

IR1 (FD의 재귀성 규칙): $X \supseteq Y$이면, $X \rightarrow Y$.
IR2 (FD의 부가성 규칙): $\{X \rightarrow Y\} \models XZ \rightarrow YZ$.
IR3 (FD의 이행성 규칙): $\{X \rightarrow Y, Y \rightarrow Z\} \models X \rightarrow Z$.
IR4 (MVD의 보완성 규칙): $\{X \twoheadrightarrow Y\} \models \{X \twoheadrightarrow (R - X \cup Y))\}$.
IR5 (MVD의 부가성 규칙): $X \twoheadrightarrow Y$이고, $W \supseteq Z$이면, $WX \twoheadrightarrow YZ$.
IR6 (MVD의 이행성 규칙): $\{X \twoheadrightarrow Y, Y \twoheadrightarrow Z\} \models X \twoheadrightarrow Z - Y)$.
IR7 (FD에서 MVD로의 중복 규칙): $\{X \twoheadrightarrow Y\} \models X \twoheadrightarrow Y\}$.
IR8 (FD와 MVD의 합동 규칙): $X \twoheadrightarrow Y$이고, (a) $W \cap Y$가 공집합, (b) $W \rightarrow Z$, (c) $Y \supseteq Z$인 $W$가 존재하면, $X \rightarrow Z$

IR1부터 IR3까지는 FD에만 관계되는 암스트롱의 추론 규칙이며, IR4부터 IR6까지는 MVD에만 관계되는 추론 규칙이다. IR7과 IR8은 FD와 MVD 모두와 관련된다. 특히 IR7은 함수적 종속성이 다치 종속성의 특별한 경우임을 나타낸다. 즉, 모든 함수적 종속성은 MVD의 정형적인 정의를 만족하기 때문에 또한 다치 종속성이다. 그러나 함수적 종속성 $X \rightarrow Y$는 $X$의 각 값에 최대한 하나의 $Y$값이 연관되어 있다는 추가적인 제약 조건을 첨가한 다치 종속성 $X \twoheadrightarrow Y$이다[8]. $R=\{A_1, A_2, \cdots, A_n\}$에 명시된 함수적 종속성 및 다치 종속성들의 집합 $F$가 주어졌을 때, IR1부터 IR8까지의 추론 규칙들을 사용하면 $F$를 만족하는 $R$의 모든 릴레이션 인스턴스에서 성립하는 함수적 종속성 또는 다치 종속성들의 완전한 집합 $F^+$를 구할 수 있다. 여기서도 $F^+$를 $F$의 **폐포**(closure)라고 부른다.

8) 즉, X값에 의해 결정되는 Y값들의 집합은 하나의 값을 가진 단일 원소집합(singleton set)으로 제약된다. 그러므로, 통상적으로 FD를 MVD로 보지 않는다.

### 14.5.2 제4정규형 다시 보기

13.6절에서 설명한 **제4정규형**(4NF)의 정의를 다시 설명한다.

> **정의.** 종속성들의 집합 $F$에 대한 $F^+$의 모든 의미 있는 다치 종속성 $X \twoheadrightarrow Y$에 대해, $X$가 릴레이션 스키마 $R$의 슈퍼키이면 $R$은 $F$에 대한 **제4정규형**이다. 여기서 $F$는 함수적 종속성과 다치 종속성을 포함한다.

제4정규형의 중요성을 설명하기 위해서 그림 14.4(a)는 그림 13.15의 EMP 릴레이션에 사원의 추가를 나타낸다. 그림 14.4(a)는 추가한 후의 EMP 릴레이션을 보여준다. 이 사원의 이름은 'Brown'이고, 세 명의 부양가족('Jim', 'Joan', 'Bob')을 가지며, 네 개의 프로젝트('W', 'X', 'Y', 'Z')에서 일한다. 그림14.4(a)에서 보는 바와 같이 16개의 투플이 존재한다. 만일 그림 14.4(b)와 같이 EMP를 EMP_PROJECTS와 EMP_DEPENDENTS로 분해하면 양쪽 릴레이션에 총 11개의 투플만 저장하면 된다. 이 분해는 저장 공간을 절약할 뿐만 아니라 다치 종속성과 관련된 갱신 이상을 피할 수 있다. 예를 들어, 'Brown'이 새로운 추가적인 프로젝트 P에서 일하게 되면 각 부양가족마다 하나의 투플을 삽입해야 하므로 세 개의 투플을 삽입해야 한다. 만약 세 투플 중 하나라도 빠뜨리면 릴레이션은 다치 종속성을 위반하고 일관성을 잃게 된다. 즉, 프로젝트와 부양가족 사이의 어떤 관계를 함축하는 오류를 범하게 된다.

만약 릴레이션이 의미 있는 다치 종속성을 가지고 있으면, 단일 투플에 대한 삽입, 삭제, 갱신 연산이 다른 투플에 영향을 미칠 수 있다. 만약 갱신이 잘못되면 릴레이션의 의미가

(a) EMP

| Ename | Pname | Dname |
|---|---|---|
| Smith | X | John |
| Smith | Y | Anna |
| Smith | X | Anna |
| Smith | Y | John |
| Brown | W | Jim |
| Brown | X | Jim |
| Brown | Y | Jim |
| Brown | Z | Jim |
| Brown | W | Joan |
| Brown | X | Joan |
| Brown | Y | Joan |
| Brown | Z | Joan |
| Brown | W | Bob |
| Brown | X | Bob |
| Brown | Y | Bob |
| Brown | Z | Bob |

(b) EMP_PROJECTS

| Ename | Pname |
|---|---|
| Smith | X |
| Smith | Y |
| Brown | W |
| Brown | X |
| Brown | Y |
| Brown | Z |

EMP_DEPENDENTS

| Ename | Dname |
|---|---|
| Smith | Anna |
| Smith | John |
| Brown | Jim |
| Brown | Joan |
| Brown | Bob |

그림 14.4 제4정규형이 아닌 EMP 릴레이션의 분해: (a) 여러 개의 투플을 추가한 EMP 릴레이션, (b) 두 개의 대응되는 제4정규형 릴레이션인 EMP_PROJECTS와 EMP_DEPENDENTS

달라질 수 있다. 그러나 제4정규형으로 정규화한 후에는 이러한 갱신 이상이 없어진다. 예를 들어, Brown이 프로젝트 P에서 일한다는 정보를 추가하기 위해서 제4정규형 릴레이션 EMP_PROJECTS에 오직 하나의 투플만을 삽입하면 된다.

그림 13.15(a)의 EMP 릴레이션은 제4정규형이 아니다. 그 이유는 두 개의 독립적인 일대다 (1:N) 관계가 존재하기 때문이다. 즉, 사원과 프로젝트 사이의 관계와 사원과 부양가족 사이의 관계이다. 때로 그림13.15(c)의 SUPPLY 릴레이션과 같이 세 개의 참여 엔티티들 모두에 의존하는 관계가 존재할 수 있다(지금은 그림 13.5(c)의 점선 위의 투플들만 고려한다). 이 경우 하나의 투플은 특정 프로젝트에서 사용되는 특정 부품을 제공하는 공급자를 나타내므로 의미 있는 다치 종속성이 존재하지 않는다. 즉, 모든 애트리뷰트의 집합이 키가 되는 SUPPLY 릴레이션은 이미 제4정규형에 속하며, 분해해서는 안 된다.

### 14.5.3 제4정규형 릴레이션으로 비부가적 조인 분해

릴레이션 스키마 $R$을 $R_1$에 성립하는 다치 종속성 $X \twoheadrightarrow Y$를 기반으로 $R_1 = (X \cup Y)$와 $R_2 = (R - Y)$로 분해하면, 그 뷰해집합은 비부가적 조인 특성이 있다. 이것은 특성 NJB에 기술된 바와 같이 하나의 릴레이션 스키마를 비부가적 조인 특성이 있는 두 개의 스키마로 분해하는 필요 충분 조건임을 보일 수 있다. 특성 NJB′는 특성 NJB(13.5.1절)를 일반화한 것으로, 특성 NJB가 함수적 종속성만 다룬 반면, NJB′는 함수적 종속성과 다치 종속성을 모두 다룬 것이다.

**특성 NJB_.** 함수적 종속성 및 다치 종속성의 집합 $F$에 대해 릴레이션 스키마 $R_1$과 $R_2$가 $R$의 비부가적 조인 분해집합을 형성하게 되는 필요 충분 조건은

$(R_1 \cap R_2) \twoheadrightarrow R_1 - R_2)$이다.

또는 대칭성에 의해

$(R_1 \cap R_2) \twoheadrightarrow R_2 - R_1)$이다.

알고리즘 14.5를 조금 변형하면 분해된 결과 릴레이션 스키마들이 제4정규형(BCNF가 아니라)이 되도록 비부가적 조인 분해를 하는 알고리즘 14.7을 만들 수 있다. 알고리즘 14.5와 같이 알고리즘 14.7은 반드시 함수적 종속성을 보존하는 분해집합을 만들지는 않는다.

**알고리즘 14.7** 비부가적 조인 특성을 갖는 제4정규형 릴레이션들로 분해

**입력**: 전체 릴레이션 $R$, $R$의 애트리뷰트들에 대한 함수적 종속성과 다치 종속성들의 집합 $F$

1. Set $D := \{R\}$;
2. While there is a relation schema $Q$ in $D$ that is not in 4NF, do
   {4NF에 없는 $D$에서 릴레이션 스키마 $Q$를 선택한다.;
   4NF를 위반하는 $Q$에서 중요하지 않은 MVD $X \twoheadrightarrow Y$를 찾는다.;
   $D$의 $Q$를 두 릴레이션 스키마 $(Q - Y)$와 $(X \cup Y)$로 대체한다.;
   }

## 14.6 기타 종속성과 정규형

### 14.6.1 조인 종속성과 제5정규형

13.7절에서 조인 종속성(JD)이라 부르는 다른 유형의 정규형에 대해 이미 소개하였다. 어떤 릴레이션을 투영된(projected) 릴레이션들의 집합으로 분해하는 데 있어, 이들 분해된 릴레이션을 조인하여 원본 릴레이션을 다시 만들 수 있을 때 조인 종속성이 나타난다. 조인 종속성을 정의한 후, 13.7절에서 조인 종속성을 기반으로 하는 제5정규형을 정의했다. 제5정규형은 프로젝트 조인 정규형 또는 PJNF (Fagin, 1979)로도 알려져 있다. 이 문제와 일부 추가 종속성(및 DKNF와 관련된 일반적인 형식(14.6.3절에서 정의))은 발견하기 어렵다는 점에서 실용적인 문제가 있다. 게다가, 타당하고 완전한 추론 규칙에 대한 집합이 없다. 이 절의 나머지 부분에서는 식별된 다른 유형의 종속성을 소개한다. 그 중 포함 종속성과 산술 또는 유사한 함수를 기반으로 하는 것들이 자주 사용된다.

### 14.6.2 포함 종속성

포함 종속성(inclusion dependency)은 릴레이션들 사이에 존재하는 다음 두 가지의 제약 조건을 정형화시키기 위해 정의되었다.

- 외래키(참조 무결성) 조건은 함수적 종속성이나 다치 종속성에 의해서 명시될 수 없다. 왜냐하면 이 제약 조건은 서로 다른 릴레이션에 포함된 애트리뷰트들과 관계되어 있기 때문이다.
- 클래스와 서브클래스 관계를 나타내는 두 릴레이션들 사이의 제약 조건 또한 함수적 종속성, 다치 종속성, 조인 종속성과 같은 정형적인 정의를 가지고 있지 않다.

**정의.** 릴레이션 스키마 $R$의 애트리뷰트들의 집합 $X$와 릴레이션 스키마 $S$의 애트리뷰트들의 집합 $Y$ 사이의 포함 종속성 $R.X < S.Y$는 $R$의 릴레이션 상태 $r$과 $S$의 릴레이션 상태 $s$에 대해 다음과 같은 조건을 만족해야 한다.

$$\pi_X(r(R)) \subseteq \pi_Y(s(S))$$

위의 부분집합($\subseteq$) 관계는 진부분집합(proper subset)이 아니어도 된다. 그리고 당연하지만 포함 종속성이 명시되는 애트리뷰트들의 집합, 즉 $R$의 $X$와 $S$의 $Y$는 반드시 같은 수의 애트리뷰트를 가져야 한다. 또한, 대응되는 애트리뷰트들의 각 쌍에 대한 도메인들은 호환 가능(compatible)해야 한다. 예를 들어, $X = \{A_1, A_2, \cdots, A_n\}$이고, $Y = \{B_1, B_2, \cdots, B_n\}$일 때, 가능한 하나의 대응은 dom($A_i$) *compatible-with* dom($B_i$)$(1 \leq i \leq n)$를 만족하는 것이다. 이런 경우에 $A_i$가 $B_i$에 대응한다(corresponds-to)고 말한다.

예를 들어, 그림 13.1의 관계 스키마에 대한 다음과 같은 포함 종속성을 명시할 수 있다.

DEPARTMENT.Dmgr_Ssn < EMPLOYEE.Ssn
WORKS_ON.Ssn < EMPLOYEE.Ssn
EMPLOYEE.Dnumber < DEPARTMENT.Dnumber
PROJECT.Dnum < DEPARTMENT.Dnumber
WORKS_ON.Pnumber < PROJECT.Pnumber
DEPT_LOCATIONS.Dnumber < DEPARTMENT.Dnumber

지금까지 언급한 포함 종속성은 참조 무결성 조건을 나타내는 것이었다. 이제 포함 종속성을 사용하여 클래스/서브클래스 관계를 표현해 보자. 예를 들어, PERSON 클래스의 서브클래스로 EMPLOYEE, ALUMNUS, STUDENT가 있다면 다음과 같은 포함 종속성을 명시할 수 있다.

EMPLOYEE.Ssn < PERSON.Ssn
ALUMNUS.Ssn < PERSON.Ssn
STUDENT.Ssn < PERSON.Ssn

다른 종류의 종속성들과 마찬가지로 포함 종속성에 대해서도 추론 규칙(IDIR)들이 존재한다. 다음은 추론 규칙의 세 가지 예를 나타낸다.

IDIR1 (재귀성 규칙): $R.X < R.X$

IDIR2 (애트리뷰트 대응 규칙): $X = \{A_1, A_2, \cdots, A_n\}$이고, $Y = \{B_1, B_2, \cdots, B_n\}$일 때, $R.X < S.Y$이고, $A_i$가 $B_i$에 대응한다면 $R.A_i < S.B_i\,(1 \le i \le n)$이다.

IDIR3 (이행성 규칙): $R.X < S.Y$이고, $S.Y < T.Z$이면, $R.X < T.Z$이다.

이전 추론 규칙들은 포함 종속성에 대해 건전하고 완전하다는 것이 증명되었다. 그러나 지금까지는 포함 종속성에 기반하여 개발된 정규형은 없다.

### 14.6.3 산술 함수와 절차에 기반한 함수적 종속성

때때로 릴레이션에서 일부 애트리뷰트는 몇몇 산술 함수 또는 좀 더 복잡한 함수적 관계를 통해 관련될 수도 있다. $Y$의 유일한 값이 모든 $X$와 연결되면, $X \rightarrow Y$인 FD가 존재한다고 생각할 수 있다. 예를 들어 다음 릴레이션에서,

ORDER_LINE(Order#, Item#, Quantity, Unit_price, Extended_price, Discounted_price)

각각의 투플은 한 물품이 단위 당 가격과 양을 포함한 주문을 형성하는 것을 나타낸다. 이 릴레이션에서 (Quantity, Unit_price) → Extended_price는 다음 공식으로 표현할 수 있다:

Extended_price = Unit_price * Quantity

그러므로 모든 (Quantity, Unit_price) 쌍에 대하여 유일한 Extended_price값이 존재하고 이것은 함수적 종속성의 정의와 일치한다.

게다가 양에 따른 할인, 물품의 유형 등을 고려한 절차가 있어서 그 물품을 주문한 전체 양에 대한 할인된 가격을 계산할 수 있을 수도 있다. 그러므로 다음과 같이 말할 수 있다.

(Item#, Quantity, Unit_price) → Discounted_price 또는
(Item#, Quantity, Extended_price) → Discounted_price

위의 FD를 확인하기 위해서는 좀 더 복잡한 절차인 COMPUTE_TOTAL_PRICE를 호출해야 할지도 모른다. 비록 위와 같은 유형을 FD가 기술적으로 많은 릴레이션에서 존재하지만, 정규화 과정 중에 특별한 관심을 받지는 못한다. 그것들은 릴레이션 로드 중이나 질의 처리 중에 관련될 수 있다. 왜냐하면 종속성의 오른편에 있는 애트리뷰트를 채우거나 검색하려면 위에서 언급한 것과 같은 프로시저를 실행해야 하기 때문이다.

### 14.6.4 도메인-키 정규형

제5정규형까지는 정규형을 만드는 쉽고 빠른 규칙들이 존재한다. 역사적으로 정규화와 새로운 종속성을 발견하는 과정은 제5정규형까지 진행되어 왔다. 그러나 제5정규형까지는 추가적인 형태의 제약 조건과 종속성들을 고려하는 더 엄격한 정규형을 정의하는 것이 가능하였다. 적어도 이론적으로는 **도메인-키 정규형**의 아이디어는 모든 가능한 종류의 종속성과 제약 조건을 고려하는 궁극적 정규형을 정의하는 것이다. 어떤 릴레이션에서 지켜져야 되는 모든 제약 조건과 종속성들이 단순히 그 릴레이션에 대한 도메인 제약 조건과 키 제약 조건만 지켜질 때 그 릴레이션은 **도메인-키 정규형**에 속한다고 한다. 도메인-키 정규형에 속하는 릴레이션에 대해서는 투플 내의 각 애트리뷰트의 값이 적절한 도메인에 속하고, 모든 키 제약 조건이 지켜지고 있는지만을 확인함으로써 모든 데이터베이스 제약 조건이 지켜지고 있음을 간단하게 알 수 있다.

그러나 복잡한 제약 조건을 도메인-키 정규형으로 표현하는 것은 어렵기 때문에 실제적인 유용성은 제한적이다. 예를 들어, 릴레이션 CAR(Make, Vin#)(Vin#은 자동차 등록 번호)와 릴레이션 MANUFACTURE(Vin#, Country)(Country는 자동차를 생산하는 나라)에 대해 다음과 같은 일반적인 제약 조건을 생각해 보자. 만약 Make가 '토요다'나 '렉서스'이고 생산하는 나라가 '일본'이라면 Vin#의 첫 번째 글자는 *J*이다. 만약 Make가 '혼다'나 '아큐라'이고 생산하는 나라가 '일본'이라면 Vin#의 두 번째 글자는 '*J*'이다. 이와 같은 제약 조건을 검사하는 일반적인 함수나 주장(assertion)을 작성하지 않고는 이런 제약 조건들을 표현할 수 있는 간단한 방법은 존재하지 않는다. 위의 COMPUTE_TOTAL_PRICE는적절한 무결성 제약 조건을 강제하기 위해 필요한 절차의 예이다.

이러한 이유들로 DKNF의 개념이 매력적이고 직관적으로 보이지만, 설계의 일관성 또는 중복성을 보장하여 직접 테스트하거나 구현할 수는 없다. 그러므로 실제로는 많이 사용되지 않는다.

## 14.7 요약

이 장에서는 종속성에 관련된 여러 자세한 주제, 분해에 대한 논의, 그리고 그것들과 관련된 몇 가지 알고리즘은 물론 주어진 함수 종속성과 다중 값 종속성으로부터 제3정규형, BCNF 및 4NF 관계를 설계하는 프로세스를 제시하였다. 14.1절에서는 함수적 종속성(FD)에 대한 추론규칙, 애트리뷰트의 폐포에 대한 개념, 함수적 종속성 집합의 폐포, 함수적 종속성 집합 간의 동등성을 설명하였고, 애트리뷰트의 폐포(알고리즘 14.1), 함수적 종속성 집합의 최소 커버(알고리즘 14.2)를 찾는 알고리즘을 제시하였다. 다음으로 분해의 두 가지 특성인 비부가적 조인 특성과 종속성 보존 특성에 관해서 설명하였다. n-way 비부가적 분해를 검사하는 알고리즘(알고리즘 14.3)을 소개하였다. 그리고 비부가적 이진 분해를 검사하는 알고리즘(즉 NJB)은 이미 14.5.1절에서 자세히 설명하였다. 그런 다음 주어진 함수적 종속성 집합을 기반으로 합성에 의한 관계 설계를 설명하였다. (알고리즘 14.4) 릴레이션 합성 알고리즘은 데이터베이스 설계자가 명시한 함수적 종속성들의 집합에 기반하여 전체 릴레이션 스키마로부터 제3정규형 릴레이션들을 생성한다. (알고리즘 14.5와 14.7과 같은) 릴레이션 분해 알고리즘들은 정규화되지 않은 릴레이션들을 한 번에 두 개의 릴레이션으로 비부가적 분해를 연속적으로 수행하여 BCNF 또는 4NF 릴레이션들을 생성한다.이 두 가지 특성을 모두 만족하는 제3정규형 릴레이션 스키마들을 합성하는 것이 가능하다는 것을 보였다. 그러나 BCNF의 경우에는 종속성 보존 특성이 항상 보존되지는 않으며, 조인의 비부가성만 보장됨을 설명하였다. 만약 이 두 가지 중 한 가지를 얻고자 할 때는 반드시 비부가적 조인 조건이 선택되어야 한다. 14.4절에서는 개별 릴레이션들은 제3정규형 혹은 BCNF를 만족하는 경우라 하더라도, 널 값에 의해 이들 릴레이션의 컬렉션에서 몇 가지 문제점들이 어떻게 발생하는지 설명하였다. 때때로 부적당하게 너무 자세한 분해가 수행된 경우, 어떠한 "허상 투플"이 나타날 수 있고, 이들은 조인 결과에는 나타나지 않고 따라서 눈에 보이지 않게 된다. 우리는 또한 제3정규형 합성을 위한 14.4와 같은 알고리즘이 어떻게 최소 커버의 선택에 기초한 대안적 설계로 이어질 수 있는지를 보여 주었다. 다음으로 14.5절에서 다치 종속성(MVD)에 대해 다시 살펴 보았다. 다치 종속성은 하나의 릴레이션에서 두 개 또는 그 이상의 독립적인 다치 애트리뷰트들을 부적절하게 혼합함으로써 발생하며(즉 투플의 조합적인 확장을 초래하는), 제4정규형을 정의하기 위해 사용된다. 다치 종속성에 적용 가능한 추론 규칙과 4NF의 중요성에 관해 설명하였다. 마지막으로, 14.6절에서 참조 무결성과 클래스/서브클래스 제약 조건을 명시하기 위해 사용되는 포함 종속성에 대해 설명하고 임의의 함수 종속성 제한조건을 강제하기 위해 산술 함수 또는 좀 더 복잡한 절차의 필요성을 지적하였다. 도메인-키 종속성(DKNF)에 대해 간단하게 설명하면서 이 절을 마친다.

## 복습문제

**14.1** 암스트롱의 세 가지 추론 규칙인 IR1에서 IR3이 관계 설계의 이론 개발에서 어떤 역할을 하는가?

**14.2** 암스트롱의 추론 규칙의 완전성과 건전성의 의미는?

**14.3** 함수적 종속성들의 집합의 폐포의 의미는? 예로 설명하라.

**14.4** 어떤 경우에 함수적 종속성들의 두 집합이 동등한가? 어떻게 그들이 동등하다는 것을 알 수 있는가?

**14.5** 함수적 종속성들의 최소집합은 무엇인가? 어떤 함수적 종속성들의 집합에 대하야 항상 동등한 최소집합이 존재하는가? 이것이 항상 유일한가?

**14.6** 분해집합에서 애트리뷰트 보존 조건이 무엇을 의미하는가?

**14.7** 좋은 스키마 설계를 위한 조건으로 정규형들만 고려하는 것은 왜 부족한가?

**14.8** 분해집합에서 종속성 보존 특성이 무엇인가? 이 특성이 왜 중요한가?

**14.9** 종속성을 보존하며 비BCNF 릴레이션 스키마를 분해한 릴레이션 스키마들이 BCNF가 되도록 보장하지 못하는 이유는 무엇인가? 이를 설명하는 반례를 한가지 들어라.

**14.10** 분해집합에서 무손실(비부가적) 조인 특성이 무엇인가? 이 특성이 왜 중요한가?

**14.11** 종속성 보존과 무손실 특성 중에 어떤 것이 반드시 만족되어야 하는가? 그 이유는?

**14.12** 널 값 문제와 허상 투플 문제에 관해 논하라.

**14.13** 제1정규형 릴레이션들을 생성하는 과정에서 어떻게 다치 종속성이 발생할 수 있는지를 설명하라. 다치 종속성의 발생을 피하기 위해 제1정규화가 어떤 방식으로 이루어져야 하는가?

**14.14** 포함 종속성은 어떤 종류의 제약 조건들을 표현하는가?

**14.15** 템플리트 종속성은 다른 타입의 종속성과 어떻게 다른가?

**14.16** 왜 도메인-키 정규형이 궁극적인 정규형이라고 알려져 있는가?

## 연습문제

**14.17** 알고리즘 14.4에 의해서 만들어진 릴레이션 스키마들이 제3정규형임을 보여라.

**14.18** 알고리즘 14.3의 수행 결과, 행렬 $S$의 어떤 행도 모든 애트리뷰트 값이 '$a$'가 아니면 $S$를 그 분해집합에 따라 프로젝트한 후 다시 조인하면 적어도 하나의 가짜 투플이 생김을 보여라.

14.19 알고리즘 14.5에 의해서 생성된 릴레이션 스키마들이 BCNF임을 보여라.

14.20 알고리즘 14.4와 14.5를 구현하는 프로그램을 작성하라.

14.21 릴레이션 REFRIG(Model#, Year, Price, Manuf_Plant, Color)를 고려해 보자. 간단히 REFRIG(M, Y, P, MP, C)라고 하자. 그리고 함수적 종속성들의 집합 $F=$ {M → MP, {M, Y} → P, MP → C}가 있다고 하자.

a. REFRIG의 후보키로서 다음을 각각 평가해 보고, 왜 키가 되는지 또는 안 되는지에 대해 설명하라. {M}, {M, Y}, {M, C}.
b. 위의 키 결성에 기반하여 REFRIG가 제3정규형과 BCNF에 속하는지 알아보고, 이에 대한 이유를 설명하라.
c. REFRIG를 $D=\{R_1$(M, Y, P), $R_2$(M, MP, C)$\}$로 분해한 경우를 가정하자. 이 분해는 무손실인가? 그 이유는? (14.5.1절의 특성 LJ1을 NJB를 기반으로 검사할 수 있다.)

14.22 그림 5.5의 관계 스키마에 대해 모든 포함 종속성을 명시하라.

14.23 함수적 종속성은 다치 종속성의 정형적 정의를 만족함을 증명하라.

14.24 13.4절과 13.5절의 LOTS 릴레이션의 정규화 예에서 LOTS를 {LOTS1AX, LOTS1AY, LOTS1B, LOTS2}로 분해하면 무손실 조인 특성이 있는지, 알고리즘 14.3을 적용하고, 14.5.1절의 특성 NJB의 검사를 사용하여 알아보라.

14.25 릴레이션을 제1정규형으로 정규화하는 과정에서 그림 13.15(a)의 다치 종속성 Ename ↠ name과 Ename ↠ name이 어떻게 발생할 수 있는지 보여라. 애트리뷰트 Pname과 Dname은 다치 애트리뷰트이다.

14.26 알고리즘 14.2(a)를 연습 문제 13.24에 있는 릴레이션 스키마 $R$에 적용하여 $R$의 키를 구하라. 종속성들의 집합 $F$와 동등한 최소집합 $G$를 구하고, 합성 알고리즘(알고리즘 14.6)을 적용하여 $R$을 제3정규형 릴레이션들로 분해하라.

14.27 연습 문제 13.25의 함수적 종속성들에 대해서 연습 문제 14.26을 반복하라.

14.28 분해 알고리즘(알고리즘 14.5)을 연습 문제 13.24의 릴레이션 $R$과 종속성들의 집합 $F$에 적용하라. 연습 문제 14.25의 종속성들의 집합 $G$에 대해서도 적용하라.

14.29 알고리즘 14.2(a)를 연습 문제 13.27과 13.28의 릴레이션에 적용하여 릴레이션 $R$의 키를 구하라. 합성 알고리즘(알고리즘 14.6)을 적용하여 릴레이션 $R$을 제3정규형 릴레이션들로 분해하고, 분해 알고리즘(알고리즘 14.5)을 적용하여 $R$을 BCNF 릴레이션들로 분해하라.

14.30 연습 문제 13.24의 릴레이션 스키마 $F$의 분해집합들이 다음과 같을 때, 각 분해집합이 $F$에 대해서 (1) 종속성 보존 특성, (2) 무손실 조인 특성을 유지하는가? 또한 분해집합의 각 릴레이션이 어느 정규형에 속하는가?

a. $D_1 = \{R_1, R_2, R_3, R_4, R_5\}$ $R_1 = \{A, B, C\}, R_2 = \{A, D, E\}, R_3 = \{B, F\}$
$R_4 = \{F, G, H\}, R_5 = \{D, I, J\}$

b. $D_2 = \{R_1, R_2, R_3\}$ $R_1 = \{A, B, C, D, E\}, R_2 = \{B, F, G, H\}, R_3 = \{D, I, J\}$

c. $D_3 = \{R_1, R_2, R_3, R_4, R_5\}$ $R_1 = \{A, B, C, D\}, R_2 = \{D, E\}, R_3 = \{B, F\}$
$R_4 = \{F, G, H\}, R_5 = \{D, I, J\}$

## 실습문제

주: 이 문제는 연구실 설명서에 설명되어 있는 데이터베이스 설계기(Data Base Designer: DBD) 시스템을 사용한다. 릴레이션 스키마 $R$과 함수적 종속성집합 $F$는 리스트로 코딩되어야 한다. 예를 들어 문제 13.24의 $R$과 $F$는 다음과 같이 코딩된다.

$R = [a, b, c, d, e, f, g, h, i, j]$
$F = [[[a, b], [c]],$
$[[a], [d, e]],$
$[[b], [f]],$
$[[f], [g, h]],$
$[[d], [i, j]]]$

DBD가 프롤로그로 구현되었기 때문에 대문자는 프롤로그 언어의 변수에서만 사용되므로 소문자 상수가 애트리뷰트들을 코딩하기 위해 사용된다. DBD 시스템을 사용하기 위한 좀 더 상세한 설명을 위해서는 연구실 설명서를 참고하기 바란다.

**14.31** DBD 시스템을 사용해서 다음 연습 문제에서 당신이 구한 답이 맞는지 확인하라.

a. 14.24
b. 14.26
c. 14.27
d. 14.28
e. 14.29
f. 14.31 (a)와 (b)
g. 14.32 (a)와 (c)

## 주요 참고문헌

Maier(1983), Atzeni와 De Antonellis(1993)의 저서는 관계 종속성 이론을 자세히 다루었다. 분해 알고리즘(알고리즘 14.5)은 Bernstein(1976)을 참고하였으며, 알고리즘 14.6은 Biskup 외(1979)의 정규화 알고리즘에 기반을 두었다. Tsou와 Fischer(1982)는 BCNF 분해에 대한 다항 시간 알고리즘을 제안하였다. 종속성 보존과 무손실 조인에 관한 이론들은 Ullman(1988)의 저서에 있으며, 이 저서에는 여기서 논의한 몇 개의 알고리즘에 대한 증명도 있다. 무손실 조인 특성은 Aho 외(1979)에 분석되어 있다. 함수적 종속성들로부터 릴레이션의 키들을 결정하는 알고리즘은 Osborn(1977)이 제안하였고, BCNF를 위한 검사 방법은 Osborn(1979)에 논의되어 있다. 그리고 제3정규형에 대한 검사는 Tsou와 Fisher(1982)에 논의되어 있다. BCNF 릴레이션 설계에 대한 알고리즘들은 Wang(1990), Hernandez와 Chan(1991)에 있다. 다치 종속성과 제4정규형은 Zaniolo(1976)와 Nicolas(1978)에서 정의되었다. 많은 추가적인 정규형은 Fagin이 제안하였다. 제4정규형은 Fagin(1977), PJNF는 Fagin(1979), 그리고 DKNF는 Fagin(1981)에서 제안되었다. Beeri 외(1977)는 함수적 종속성과 다치 종속성들에 대한 건전하고 완전한 규칙들의 집합을 제시하였나. 소인 종속성들은 Rissanen(1977)과 Aho 외(1979)에서 논의되었으며, 조인 종속성에 대한 추론 규칙들은 Sciore(1982)에 기술되어 있다. 포함 종속성은 Casanova 외(1981)에서 논의되었으며, Cosmadakis 외(1990)에서 좀 더 구체적으로 분석되었다. 포함 종속성을 릴레이션 스키마들의 최적화에 사용하는 것은 Casanova 외(1989)에서 논의되었다. 가설과 결론 투플에 기반한 일반적인 형태인 템플리트 종속성은 Sadri와 Ullman(1982)에서 논의되었다. 기타 종속성은 Nicolas(1978), Furtado(1978), Mendelzon과 Maier(1979)에서 논의되었다. Abiteboul 외(1995)는 이 장과 13장에서 설명한 많은 개념에 대한 이론적 논거를 제시하였다.

# 디스크 저장 장치, 기본 파일 구조, 해싱 및 최신 저장 장치 아키텍처

데이터베이스는 레코드들의 집합인 파일로서 물리적으로 저장되며 이 파일들은 일반적으로 자기 디스크에 저장된다. 이 장과 다음 장에서는 데이터베이스를 저장 장치 내에 조직하는 방법, 여러 가지 알고리즘을 사용하여 데이터베이스를 효율적으로 접근하는 기법 등을 논의한다. 이런 알고리즘들 중에서 일부는 인덱스라고 부르는 보조 자료 구조를 사용한다. 이들 구조들은 종종 물리적 데이터베이스 파일 구조(physical database file structure)라고 불려지며, 2장에서 설명했던 3단계 스키마 구조의 물리적 단계에 해당한다. 먼저 15.1절에서는 컴퓨터 저장 장치 계층에 대한 개념을 소개하고 데이터베이스 시스템 내에서 어떻게 사용되는가를 살펴본다. 15.2절에서는 자기 디스크 저장 장치와 이들의 특성, 플래쉬 메모리, 반도체 드라이브(SSD), 광 드라이브, 그리고 데이터를 보관하는 데 사용하는 자기 테이프 저장 장치에 관해 간략하게 기술한다. 또한 더 효율적으로 디스크 접근을 처리하는 방법들에 대해 설명한다. 이런 여러 가지 저장 장치 기술에 관해 소개한 후에 디스크에 데이터를 물리적으로 구성하는 방법들에 관해 알아보고자 한다. 15.3절에서는 다수의 디스크 블록의 검색 속도를 향상시키기 위하여 이용되는 이중 버퍼링(double buffering) 기법을 소개한다. 또한 버퍼 관리와 버퍼 교체 전략들에 대해서도 설명한다. 15.4절에서는 파일 레코드들을 디스크 상에 형식화하고 저장하는 다양한 방법에 관하여 설명한다. 15.5절에서는 파일 레코드들에 적용되는 다양한 유형의 연산을 제시한다. 15.6절, 15.7절, 15.8절에서는 비순서 레코드, 순서 레코드, 해시 레코드 등 디스크에서 파일 레코드들을 조직하는 세 가지 기본 방법에 관하여 각각 설명한다.

15.9절에서는 혼합된 레코드들로 구성된 파일과 B-트리 등과 같이 레코드들을 조직하는 기본 방법들에 관하여 간략하게 소개한다. 이 방법들은 10장에서 논의했던 객체지향 데이터베이스의 저장 장치에 특별히 적합하다. 15.10절은 일반적으로 더 높은 신뢰성과 성능을 제공하기 위해 규모가 큰 조직에서 주로 사용하는 데이터 저장 시스템 아키텍처인 RAID(Redundant Arrays of Inexpensive(또는 Independent) Disks에 대해 설명한다. 마지막으로 15.11절에서는 기업 데이터를 저장하는 데 많이 사용되는 저장 장치 아키텍처의 최신 기술들, 즉 저장 장치 영역 네트워크(SANs: Storage Area Networks), 네트워크 연결 저장 장치(NAS:Network Attached Storage), 그리고 광섬유 채널 없이도 저장 장치 영역 네트워크를 사용할 수 있어서 산업체에서 널리 사용되고 있는 최신 기술인 iSCSI(Internet SCSISmall Computer System Interface) 및 다른 네트워크 기반 저장 장치 프로토콜들에 대해 설명하고, 15.12절에서 이 장을 요약한다. 16장에서는 인덱스라고 부르는 보조 자료 구조를 생성하는 기법들을 기술한다.

인덱스를 사용하면 빠른 속도로 레코드들을 탐색하고 검색할 수 있다. 이런 기법에서는 파일 내의 레코드들 이외에 인덱스 파일이라고 부르는 보조 데이터를 저장하고 있어야 한다.

이미 파일 구조와 인덱스를 공부한 독자라면 15장과 16장을 생략하거나 개략적으로 읽어도 상관없다. 하지만 여기서 소개하는 내용은(특별히 15.1절에서 15.8절까지의 내용은) 17장과 18장에서 소개하는 질의 처리와 최적화 및 질의 성능을 개선하기 위한 데이터베이스 튜닝 문제를 이해하기 위해 필요하다.

## 15.1 개요

데이터베이스를 구성하는 데이터의 집합은 어떤 컴퓨터 저장 장치 매체에 물리적으로 저장되어야 한다. DBMS는 이런 데이터를 검색하고 갱신하고 처리한다. 저장 장치 매체는 저장 장치 계층을 이루고, 이런 계층은 크게 두 가지 범주로 분류할 수 있다.

- **기본 저장 장치.** 캐시 저장 장치와 주기억 장치 등이 이 범주에 속하며 이런 저장 장치에 저장된 데이터는 중앙처리장치가 직접 처리할 수 있다. 일반적으로 기본 저장 장치는 데이터를 빠른 속도로 접근하지만 저장 용량이 제한되어 있다. 최근 몇 년 동안에 주기억 장치 용량이 빠르게 늘어나고 있지만, 전형적인 기업 수준의 데이터베이스에서 요구하는 것 보다 여전히 더 비싸고 저장 용량이 더 작다. 주기억 장치의 내용은 정전이나 시스템 고장 시에 사라진다.
- **보조 저장 장치.** 기업 데이터베이스를 온라인으로 저장하는 데 사용하는 기본 저장 매체는 자기 디스크이다. 하지만, 플래쉬 메모리가 적당한 양의 영구적인 데이터를 저장하는 데 널리 사용하는 매체가 되고 있다. 이 플래쉬 메모리를 디스크 드라이브 대체용으로 사용할 경우 이를 반도체 드라이브(SSD)라고 부른다.
- **3차 저장 장치.** 광 디스크(CD-ROM, DVD, 및 다른 유사 저장 매체)와 테이프는 현재 시스템들에서 데이터베이스 보관용으로 사용하는 이동식 매체이다. 따라서 이들은 3차 저장 장치로 분류된다. 이 장치들은 일반적으로 대용량의 데이터를 저장할 수 있고 저렴하지만, 기본 저장 장치보다 느린 속도로 데이터를 접근한다. 보조 또는 3차 저장 장치에 저장된 데이터는 중앙처리장치(CPU)가 직접 처리하지는 못하고 먼저 기본 저장 장치로 복사한 후에 CPU가 처리할 수 있다.

먼저 15.1.1절에서 기본 저장 장치, 보조 저장 장치, 및 3차 저장 장치에 사용되는 여러 저장 장치의 개념을 살펴본 후, 15.1.2절에서 데이터베이스가 저장 장치 계층 구조 내에서 어떻게 다루어지는지를 살펴본다.

### 15.1.1 메모리 계층 구조와 저장 장치[1)]

현대 컴퓨터 시스템에서 데이터는 저장 장치 매체의 계층 구조상에 유지되고 전송된다. 속도가 가장 빠른 메모리는 가격이 가장 비싸므로 가장 적은 용량을 가진다. 속도가 가장 느린 저장 장치는 테이프 저장 장치이며 무한한 저장 용량을 이용하는 데 필수적이다.

기본 저장 장치 레벨에서 메모리 계층 구조는 가장 가격이 비싼 쪽의 **캐시 메모리**(cache memory)를 포함한다. 캐시 메모리는 정적 RAM(Random Access Memory)이다. 캐시 메모리는 전형적으로 선인출(pre-fetching)과 파이프라이닝 등과 같은 기법을 사용하여 프로그램의 실행 속도를 높이기 위해 중앙처리장치가 사용한다. 기본 저장 장치의 다음 레벨은 DRAM(Dynamic RAM)이다. DRAM은 프로그램 명령들과 데이터를 유지하고 있기 때문에 중앙처리장치를

---

1) 저자들은 Dan Forsyth가 기업의 저장 장치 시스템의 현재 상태에 관한 귀중한 정보를 제공해 준 데 대해 감사하며, 또한 Satish Damle의 제안에 대해서도 감사한다.

위한 중요한 작업 영역 역할을 한다. 일반적으로 이것을 **주기억 장치**(main memory)라고 부른다. DRAM의 장점은 가격이 낮다는 것이며 가격은 계속 하락하고 있다. 그러나 DRAM은 휘발성이며,2) 정적 RAM과 비교하여 속도가 느리다는 단점을 갖고 있다.

보조 및 3차 저장 장치 레벨에서, 계층 구조는 자기 디스크, CD-ROM(Compact-Disk-Read-Only Memory) 및 DVD(Digital Video Disk 또는 Digital VersatileDisk) 장치 형태의 **대용량 저장 장치**(mass storage), 및 가장 적은 비용을 가진 최하위 계층의 테이프를 포함한다. **저장 용량**(storage capacity)은 킬로바이트(KB 또는 1,000바이트), 메가바이트(MB 또는 100만 바이트), 기가바이트(GB 또는 10억 바이트), 테라바이트(1,000GB)의 단위로 측정한다. 최근에 펩타바이트 (1,000테라바이트 또는 10**15바이트)라는 용어가 매우 많은 데이터를 저장해야 하는 물리학, 천문학, 지구 과학, 및 기타 과학 응용들에서 사용되고 있다.

프로그램은 동적인 임의 접근 기억장치(DRAM) 내에 상주하면서 실행된다. 일반적으로 대용량 영구 데이터베이스는 보조 저장 장치(자기 디스크)에 상주하며, 필요에 따라 데이터베이스의 일부가 읽어져서 주기억 장치 내의 버퍼들에 저장된다. 요즘에는 개인용 컴퓨터와 워크스테이션도 수백 메가바이트의 RAM과 DRAM의 큰 주기억 장치를 가지고 있다. 따라서 점차 데이터베이스의 많은 부분을 주기억 장치에 적재하는 것이 가능해지고 있다. 휴대용 컴퓨터가 8에서 16GB의 주기억 장치를 갖는 것은 흔한 일이 되었으며, 서버 컴퓨터는 256GB 용량을 갖는 것이 다반사가 되었다. 경우에 따라서는 전체 데이터베이스를 주기억 장치 내에 유지할 수 있는데(자기 디스크에 백업 사본을 유지하면서), 이런 것을 **주기억 장치 데이터베이스**(main memory database)라 한다. 이들은 매우 빠른 응답 시간을 필요로 하는 실시간 응용에 특히 유용하다. 이런 예로 전화 교환 응용을 들 수 있는데, 이것은 주기억 장치 내에 라우팅과 회선 정보를 포함하고 있는 데이터베이스를 저장하고 있다.

**플래쉬 메모리.** DRAM과 자기 디스크 저장 장치 사이에는 플래시 메모리라는 기억 장치를 사용하는 것이 점차 흔해지고 있다. 왜냐하면 **플래시 메모리**(flash memory)가 비휘발성이기 때문이다. 플래시 메모리는 EEPROM(Electrically Erasable Programmable Read-Only Memory) 기술을 이용한 고밀도의 고성능 기억 장치이다. 플래시 메모리의 장점은 접근 속도가 빠르다는 것이며, 단점은 동시에 전체 블록을 지우고 기록해야 한다는 것이다. 플래시 메모리는 사용된 논리 회로의 종류에 따라 NAND와 NOR 플래쉬의 두 종류가 있다. NAND 플래쉬 장치는 동일한 가격에 대비해서 더 큰 저장 용량을 가지며, 기가바이트(GB)당 1 달러 이하의 가격에 8GB에서 64GB 범위의 용량을 가진 가전 제품의 데이터 저장 매체로 사용된다. 플래시 장치는 카메라, MP3 플레이어, 휴대폰과 PDA (휴대 정보 단말기) 등등에 사용되고 있다. USB 플래시 드라이브 또는 USB 스틱은 개인용 컴퓨터들 간에 데이터를 옮기는 데 가장 간편한 매체가 되었는데, 이것은 USB(Universal Serial Bus) 인터페이스와 결합된 플래시 메모리 저장 장치를 가지고 있다.

**광 드라이브.** 이동 가능한 광 저장 장치의 가장 일반적인 형태는 CD(Compact Disk)와 DVD이다. CD-ROM(Compact Disk-Read Only Memory) 디스크는 광학적으로 데이터를 저장하며 레이저를 사용하여 데이터를 읽는다. CD-ROM은 한 번 기록한 데이터는 지울수 없는 기억 장치이다. WORM(Write-Once-Read-Many) 디스크로 알려진 CD-R(Compact Disk Recordable)

2) 휘발성 기억 장치에서는 정전이 되었을 때 내용이 지워지지만 비휘발성 기억 장치에서는 내용이 유지된다.

과 DVD-R 또는 DVD+R라는 버전들은 데이터를 영구 보관하는 데 이용되는 광학 저장 장치의 한 형태이다. 이 장치는 한 번 데이터를 기록한 후에는 지울 수 없고 읽을 수만 있으며, 각 디스크당 약 0.5 기가바이트의 데이터를 유지하고, 자기 디스크보다 수명이 오래 지속된다.[3] 블루레이 DVD라 부르는 더 용량이 높은 형태의 DVD는 단층 디스크의 경우 27GB, 복층의 경우 54GB를 저장할 수 있다. **광학 주크박스 메모리**(optical juke box memory)는 CD-ROM 판을 배열 형태로 유지하며 요구에 따라 해당 판을 드라이브에 적재한다. 광학 주크박스 기억 장치가 수백 기가바이트의 용량을 가지지만 검색 시간은 자기 디스크보다 상당히 느린 몇 백 밀리세컨드가 소요된다. 이런 **3차 저장 장치** 형태는 자기 디스크의 비용이 빠르게 줄어들고 용량은 증가하고 있어서 점점 사용되지 않고 있다. 대부분의 개인용 컴퓨터들이 CD-ROM과 DVD 디스크 드라이브를 장착하고 있다. 보통 드라이브들은 CD-ROM과 오디오 CD를 만들 수 있는 CD-R이나 DVD이다.

**자기 테이프.** 마지막으로 **자기 테이프**(magnetic tapes)는 데이터의 보관과 백업을 위해 이용된다. **테이프 주크박스**(tape jukebox)는 카탈로그된 테이프들로 이루어지며 원하는 테이프를 자동적으로 드라이브에 적재할 수 있다. 이 장치는 테라바이트급의 데이터를 저장하는 **3차 저장 장치**(tertiary storage)로 각광을 받고 있다. 예를 들어, NASA의 EOS(Earth Observation Satellite) 시스템은 이런 방식으로 보관된 데이터베이스를 저장한다.

대규모의 조직들은 이미 테라바이트 크기의 데이터베이스를 보유하는 것이 일반화되고 사용하고 있다. 그리고 디스크 기억 장치의 용량 증가와 가격의 하락으로 인해 **초대용량 데이터베이스**(very large database)라는 용어를 더 이상 정확하게 정의할 수 없다. 아마도 조만간에 초대용량 데이터베이스 용어는 수백 테라바이트나 수백 펩타바이트 크기의 데이터베이스를 지칭하는 용어로 사용될 것이다.

요약하면, 데이터를 저장하기 위해 저장 장치와 저장 시스템의 계층 구조가 사용되고 있다. 사용 목적과 응용의 요구에 따라 데이터들은 이 계층 구조의 하나 또는 여러 레벨에 저장된다. 표 15.1은 이들 장치와 시스템들의 현재 상태를 요약하고 있으며 용량의 범위, 평균

표 15.1 장치 종류별 용량, 접근 시간, 최대 전송량(전송 속도), 및 시중 가격

| 종류 | 용량 | 접근 시간 | 최대 전송량 | 시중 가격(2014)** |
|---|---|---|---|---|
| 주기억 장치-RAM | 4GB - 1TB | 30ns | 35GB/초 | $100 - $20K |
| 플래시 메모리-SSD | 64GB - 1TB | 50us | 750MB/초 | $50 - $600 |
| 플래시메모리-USB 스틱 | 4GB - 512TB | 100us | 50MB/초 | $2 - $200 |
| 자기 디스크 | 400GB - 8TB | 10ms | 200MB/초 | $70 - $500 |
| 광 저장 장치 | 50GB - 100TB | 180ms | 72MB/초 | $100 |
| 자기 테이프 | 2.5TB - 8.5TB | 10s - 80s | 40-250MB/초 | $2.5K - $30K |
| 테이프 주크박스 | 25TB - 2.100.000TB | 10s - 80s | 250MB/초 - 1.2PB/초 | $3K - $1M+ |

3) 회전 지연 속도는 약간 느리며(약 400 rpm), 더 많은 대기 지연 시간과 더 낮은 전송률(100~200 KB/second)을 가진다.

접근 시간, 전송량(전송 속도), 시중 가격 등을 보여주고 있다. 일반적으로 이 계층 구조의 모든 레벨에서 저장 비용은 하락하고 있다.

### 15.1.2 데이터베이스의 저장 구조

일반적으로 데이터베이스는 오랜 기간 동안 지속되는 방대한 양의 데이터를 저장하고 있으며, 따라서 이 데이터를 종종 **영속적인 데이터**(persistent data)라고 불린다. 이 데이터의 일부분들은 저장하고 있는 동안에 반복해서 접근하고 처리된다. 이런 성질은 일반적인 프로그래밍 언어에서 프로그램 수행 동안에만 유지되는 **일시적인 자료**(transient data)와 대비된다. 대부분의 데이터베이스를 자기 디스크 보조 저장 장치에 영구히(지속적으로) 저장하는 이유는 다음과 같다.

- 일반적으로 데이터베이스는 너무 방대하여 모든 내용을 주기억 장치에 저장할 수 없다.[4)]
- 기본 저장 장치에 비해 보조 저장 장치에 저장된 데이터는 영구히 잃어버릴 가능성이 적다. 따라서 디스크와 같은 보조 저장 장치를 **비휘발성 저장 장치**라 하고 주기억 장치를 **휘발성 저장 장치**라고 한다.
- 기본 저장 장치에 비해 디스크 보조 저장 장치는 데이터 단위당 저장 장치 비용이 훨씬 저렴하다.

반도체 드라이브(SSD) 디스크와 같은 몇 가지 새로운 기술을 자기 디스크 대신에 사용할 수 있다. 미래에는, 데이터베이스는 15.1.1절에서 설명한 장치들의 기억 장치 계층 구조에서 여러 다른 레벨에 유지될 지도 모른다. 이 레벨들은 최고 속도의 주기억 장치 레벨에서부터 테이프 주크박스의 저속 오프라인 저장 장치까지 될 수 있다. 그렇지만, 자기 디스크는 앞으로도 수년 동안 계속 방대한 데이터베이스를 위한 기본 저장 매체로 사용될 것이다. 그러므로 적절한 성능을 갖는 효율적인 데이터베이스를 설계하기 위해서 자기 디스크의 성질 및 특성과 자기 디스크에 데이터 파일을 구성하는 방법에 관해 공부하고 이해하는 것이 중요하다.

자기 테이프는 자기 디스크보다 저렴하기 때문에 주로 데이터베이스의 백업을 위한 저장 매체로 사용된다. 테이프나 이동식 광 디스크에 저장된 데이터를 처리하기 사용하기 위해서는 테이프를 적재하는 사람(오퍼레이터)이나 자동적인 적재 장치의 도움을 받아 테이프나 디스크를 적재한 후 데이터를 읽어야 한다. 이와 대조적으로 디스크는 저장된 데이터를 언제든지 직접 접근할 수 있기 때문에 **온라인** 장치(online device)라고 한다.

대용량의 구조화된 데이터를 디스크에 저장하는 데 사용되는 기법들은 데이터베이스 설계자, 데이터베이스 관리자, DBMS 개발자 등에게 중요하다. 데이터베이스 설계자와 데이터베이스 관리자는 특정 DBMS에서 데이터베이스를 설계 및 구현하고 운영할 때 각 기법의 장단점을 파악하고 있어야 한다. 일반적으로 DBMS에는 데이터를 조직하기 위해 사용 가능한 여러 가지 옵션이 있다. 사용 가능한 여러 옵션 중에서 주어진 응용의 요구사항에 가

4) 이 문장은 최근에 개발된 주기억 장치 데이터베이스 시스템들과 배치된다. 뛰어난 주기억 장치 데이터베이스 시스템의 예로 SAP의 HANA와 Oracle의 TIMESTEN이 있다.

장 적합한 특정 데이터 조직 기법을 **물리적 데이터베이스 설계**(physical database design) 과정에서 선택할 수 있다. DBMS 개발자는 데이터 조직 기법들을 연구하여 데이터 조직 기법을 효율적으로 구현하고 데이터베이스 관리자와 DBMS 사용자들에게 충분한 옵션들을 제공해야 한다.

대부분의 데이터베이스 응용에서 데이터를 처리할 때 한 번에 데이터베이스의 일부분만을 필요로 한다. 데이터베이스가 필요할 때마다 그 데이터를 디스크에서 찾고, 주기억 장치로 복사한 후 처리하고, 데이터를 변경한 경우 다시 디스크에 기록해야 한다. 데이터는 파일 단위로 디스크에 조직되고 각 파일은 레코드들로 구성된다. 각 레코드는 엔티티, 엔티티의 애트리뷰트, 엔티티들 간의 관계들에 관한 사실로 해석되는 데이터 값들의 집합이다. 필요할 때마다 레코드를 효율적으로 찾을 수 있도록 디스크에 레코드들을 저장해야 한다. 디스크를 더 효율적으로 사용하기 위한 방법들은 16.2.2절에서 설명할 것이다.
파일 레코드들을 디스크에 물리적으로 저장하고, 따라서 레코드들을 접근하는 방법을 결정하는 여러 가지 기본 파일 조직(primary file organization)이 있다. **히프 파일**(heap file)(또는 비순서 파일)에서는 파일의 끝에 새로운 레코드를 첨가함으로써 특별한 순서없이 레코드들을 디스크에 저장하며, 정렬된 파일(또는 순서 파일)에서는 특정 필드 값(정렬 키라고 부름)의 순서로 레코드들을 저장한다. **해시 파일**(hash file)은 디스크 상의 레코드들의 위치를 알기 위해 특정 필드(해시 키라고 부름)에 적용된 해시 함수를 사용한다. $B-$트리와 같은 기본 파일 조직들은 트리 구조를 사용한다. 15.6절부터 15.9절에서 기본 파일 조직들에 관하여 논의한다. **보조 파일 조직**(secondary organization) 또는 **보조 접근 구조**(auxiliary access structure)는 기본 파일 조직에 이용되었던 필드 이외의 다른 필드들을 기반으로 하여 파일 레코드들을 효율적으로 접근할 수 있도록 한다. 이들 대부분은 인덱스로서 존재하며 16장에서 논의할 것이다.

## 15.2 보조 저장 장치

이 절에서는 자기 디스크와 자기 테이프 저장 장치의 몇 가지 특성에 관하여 기술한다. 이미 이런 장치들에 관하여 공부한 독자들은 이 절을 개략적으로 읽어도 상관없다.

### 15.2.1 디스크 장치의 하드웨어 명세

자기 디스크는 방대한 양의 데이터를 저장하기 위하여 사용된다. 이 디스크를 사용하는 장비는 **하드 디스크 드라이브** 또는 HDD라고 부른다. 디스크에 저장되는 가장 기본적인 데이터의 단위는 비트이며, 특정 방법으로 디스크 상의 한 영역을 자기화함으로써 이 영역에 0 또는 1의 비트 값을 표현할 수 있다. 정보를 코드화하기 위하여 비트들을 묶어 바이트(문자)로 나타낸다. 바이트 크기는 컴퓨터와 장치에 따라 다르지만 일반적으로 8 비트의 크기를 갖는다. 한 개의 문자를 한 바이트에 저장한다고 가정하여 바이트와 문자를 구분 없이 사용한다. 양은 디스크에 저장 가능한 바이트 수로 나타내며 일반적으로 매우 큰 용량을 갖는다. 일반적으로 플로피 디스크는 400KB부터 1.5MB의 용량을 가진 한 개의 디스크를 갖고 있으며 휴대용 컴퓨터나 데스크톱 컴퓨터에 오랫동안 사용돼 왔으나 이제는 거의 사용되지 않는다. 개인용 컴퓨터의 하드 디스크의 용량은 현재 수백 기가바이트에서 수 테라바이트의 용량을 가지며, 서버나 메인프레임에 사용되는 거대한 디스크 팩의 용량은 수백 기가바이트이다. 기술이 발전됨에 따라 디스크 용량은 계속 증가하고 있다.

자기 디스크는 용량에 관계없이 얇고 둥근 원판 모양의 자기 물질로 만들어진 디스크로 만들어져 있으며(그림 15.1(a) 참조), 플라스틱이나 아크릴 덮개로 보호된다. 디스크 표면의 한쪽 부분에만 정보를 저장하는 디스크를 **단일면**(single-sided) 디스크라 하고 양쪽 면에 정보를 저장하는 디스크를 **이중면**(double-sided) 디스크라 한다. 그림 15.1(b)에서 보는 바와 같이, 저장 용량을 증대시키기 위해서 디스크들을 모아 하나의 **디스크 팩**(disk pack)으로 만들며 이런 디스크 팩은 많은 디스크 판(따라서 많은 디스크 면)으로 구성된다. 가장 일반적인 디스크는 3.5인치와 2.5인치 지름을 가진 두 가지 형태가 있다. 정보는 디스크 표면상의 동심원 내에 저장되는데 이런 동심원의 간격은 매우 작으며 지름의 크기도 각기 다르다.[5] 각 동심원을 **트랙**(track)이라고 한다. 디스크 팩에서 여러 개의 디스크면 중에서 같은 크기의 지름을 갖는 트랙들을 **실린더**(cylinder)라고 한다. 왜냐하면 공간적으로 같은 지름의 크기를 갖는 트랙들을 연결하였을 때 형성되는 모양이 실린더와 같기 때문이다. 여러 실린더에 분산 저장된 데이터를 검색하는 속도보다 같은 실린더 내에 저장된 데이터를 검색하는 속도가 빠르기 때문에 실린더 개념이 중요하다.

표 15.2에서 보는 바와 같이, 하나의 디스크 표면 상에는 수천에서 152,000개의 트랙이 있으며 각 트랙의 용량은 수십 킬로바이트에서 150킬로바이트이다. 일반적으로 하나의 트랙에 많은 양의 정보를 저장할 수 있으므로 더 작은 단위인 **블록**(block)이나 **섹터**(sector)들로 분할한다. 섹터들로 분할된 트랙은 디스크 표면상에 고정되어 변경할 수 없다. 그림 15.2(a)에서 보는 바와 같이, 섹터를 분할하는 전형적인 방법은 중심점에서 일정한 각이 서로 마주보도록 분할하였을 때 나누어진 각 트랙의 부분을 섹터로 하는 것이다. 그 외에도 여러 다른 섹터 구조가 가능한데, 그 중 하나는 디스크의 중앙에서 멀리 있는 트랙일수록 더 작은 각도를 갖도록 분할하여, 그림 15.2(b)에 있는 것과 같이, 섹터들이 동일한 기록 밀도를 유지하도록 하는 것이다. ZBR(Zone Bit Recording)이라 불리는 기법은 각 아크(arc)당 같은 수의 섹터를 갖는 실린더의 범위를 지정할 수 있다. 예를 들면, 실린더 0~99는 트랙당 한 개의 섹터를 갖고, 실린더 100~199는 트랙당 두 개의 섹터를 갖는 등등으로 지정할 수 있다. 일반적인 섹터 크기는 512바이트이다. 그러나 모든 디스크가 트랙을 섹터로 분할하는 것은 아니다.

5) 어떤 디스크들에서는 동심원들이 일종의 연속적인 나선형으로 서로 연결되어 있다.

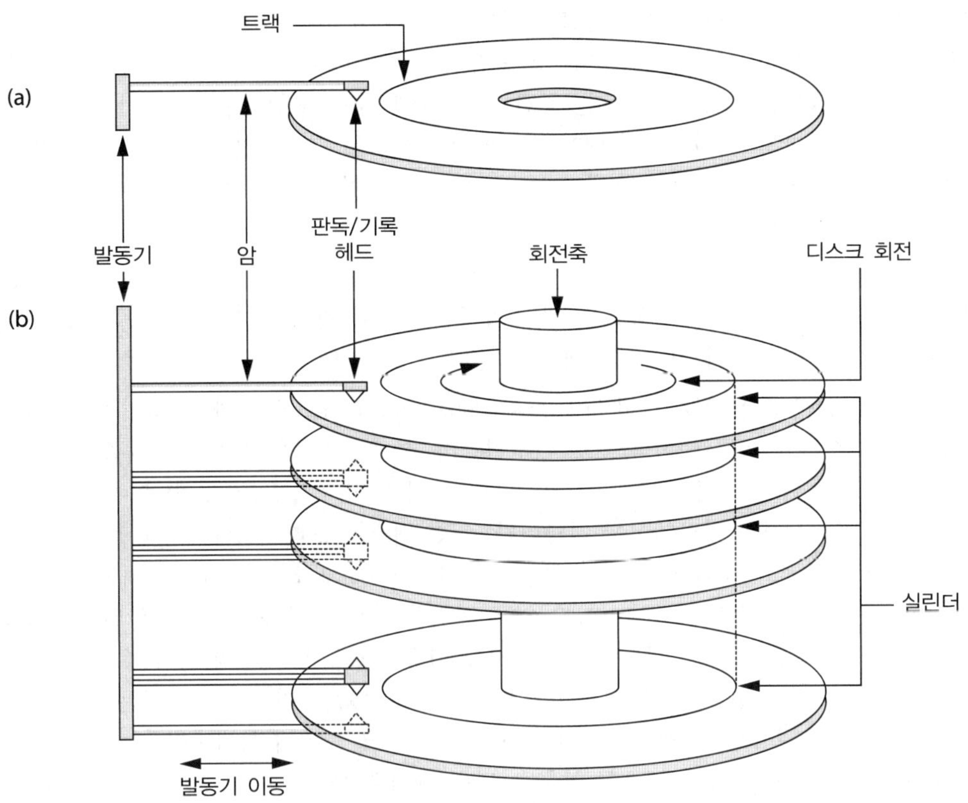


■ 그림 15.1 판독/기록 하드웨어를 장착한 단일면 디스크, (b) 판독/기록 하드웨어를 장착한 디스크 팩디스크의 용 트랙

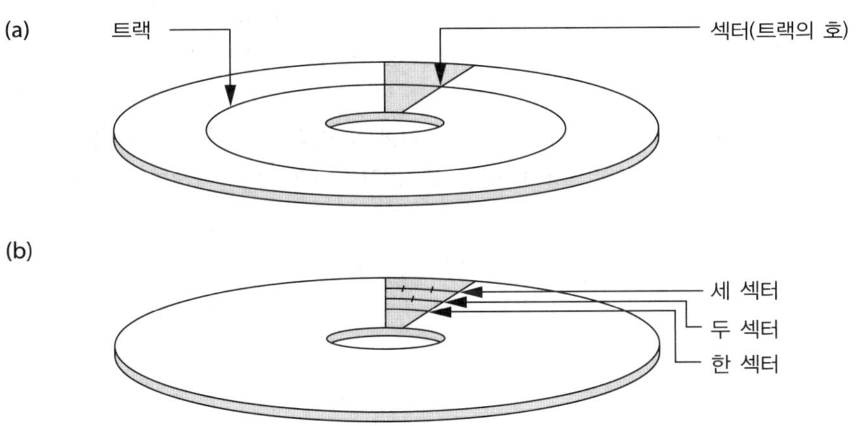


■ 그림 15.2 디스크 상의 여러 섹터 구조: (a) 일정 각으로 분할된 섹터, (b) 동일한 기록 밀도를 유지하는 섹터

디스크를 포맷(또는 초기화)할 때 운영체제에서 트랙을 같은 크기의 디스크 블록(또는 페이지)들로 분할한다. 초기화 시에 블록 크기가 고정되면 동적으로 변경할 수 없다. 일반적인 디스크 블록의 크기는 512바이트에서 8,192바이트이다. 섹터들이 고정된 디스크도 초기

화 시에 섹터가 더 작은 크기의 블록들로 분할된다. 블록 사이에는 고정 크기의 블록 간 갭(interblock gap)이 존재하며 이곳에는 디스크 초기화 시에 기록된 코드화된 제어 정보가 저장된다. 이런 정보는 트랙 상에서 각 블록 간 갭 다음에 어떤 블록이 위치하는가를 결정하는 데 사용된다. 표 15.2는 산업체의 대형 서버에서 사용하는 전형적인 디스크에 대한 명세를 보여준다. 여기서 디스크 이름 앞에 붙여진 10K의 접두어는 회전 속도를 rmp(분당 회전수) 단위로 나타낸 것이다.

디스크와 관련된 저장 용량과 전송 속도는 지속적으로 발전하고 있다. 현재 디스크 저장 장치는 메가바이트당 1달러인데 앞으로 계속 가격이 하락할 것이다. 가격이 급속도로 하락하여 테라바이트당 100달러 정도로 판매되고 있다.

디스크를 **임의 접근 저장 장치**(random access addressable device)라고 한다. 주기억 장치와 디스크 간의 데이터 이동은 블록 단위로 이루어진다. 한 블록의 하드웨어 주소 (즉, 실린더 번호, 트랙 번호(실린더 내에서 트랙이 할당된 면의 번호) 및 (그 트랙 내의) 블록 번호 조합)를 디스크 I/O(입출력) 하드웨어에 전달한다. 최신 디스크 드라이브에서는(디스크가 $n+1$개의 블록을 가질 경우) 0과 $n$ 사이의 값을 갖는 LBA(Logical Block Address)라고 불리는 하나의 번호는 디스크 드라이브 제어기에 의해 적절한 블록에 자동적으로 사상된다. 버퍼(하나의 디스크 블록을 유지하도록 주기억 장치에 연속적으로 할당된 영역)의 주소도 역시 제공된다. 읽기(read) 명령을 수행하기 위해서는 디스크 블록을 버퍼로 복사하는 반면, 쓰기(write) 명령을 수행하기 위해서는 버퍼의 내용을 디스크 블록에 복사한다. 종종 클러스터(cluster)라고 부르는 몇 개의 연속된 블록을 전송 단위로 사용할 수 있으며, 이런 경우에는 클러스터 내의 바이트 수와 부합되도록 버퍼의 크기를 조정한다.

디스크 드라이브(disk drive)의 일부분인 디스크 판독/기록 헤드가 실제적으로 한 블록을 읽거나 기록한다. 디스크 드라이브 내에 디스크나 디스크 팩을 설치하고, 디스크들을 회전시키기 위한 모터를 장착한다. 판독/기록 헤드는 기계적인 암(mechanical arm)에 부착된 전자적인 요소를 포함한다. 여러 개의 디스크 면으로 구성된 디스크 팩은 여러 개의 판독/기록 헤드들, 즉 그림 15.1(b)에서 보는 바와 같이 각 디스크 면마다 하나의 판독/기록 헤드로 제어된다. 모든 암은 각기 다른 전기 모터에 부착된 동기에 연결되어 있어 판독/기록 헤드를 일치된 방법으로 이동시키고, 블록 주소에 명세된 트랙 실린더 상에 정확하게 위치시킨다.

표 15.2(a) eagate의 전형적인 고급 Cheetah 디스크의 명세 (a) Segate의 Enterprise Performance 10K HDD – 1200GBCheetah 15K.6 Cheetah NS 10K

| 명세 | 1200GB |
|---|---|
| SED 모델 번호 | ST1200MM0017 |
| SED FIPS 140-2 모델번호 | ST1200MM0027 |
| 모델이름 | Entertprise Performance 10K HDD v7 |
| 인터페이스 | 6Gb/s SAS |
| **용량** | |
| 섹터당 512바이트로 포맷한 용량(GB) | 1200 |
| 외부 전송률(MB/s) | 600 |
| **성능** | |
| 회전축 속도(RPM) | 10K |
| 평균 지연시간(ms) | 2.9 |
| 외부에서 내부 지름까지 지속 전송률(MS/s) | 204에서 125 |
| 다중 분할된 캐시(64MB) | 64 |
| **환경/신뢰성** | |
| 디스크 | 4 |
| 헤드 | 8 |
| 읽은 비트 개수당 회복불능 읽기 오류율 | 10E16 비트당 1 |
| 연간 고장율(AFR) | 0.44% |
| **물리적 요소** | |
| 높이(최대 인치/밀리미터) | 0.591/15.00 |
| 넓이(최대 인치/밀리미터) | 2.760/70.10 |
| 깊이(최대 인치/밀리미터) | 3,955/100.45 |
| 무게(파운드/kg) | 0.450/0.204 |

표 15.2(b) 00 GB-900 GB Seagate 드라이브의 내부 드라이브 특성

| | ST900MM0006<br>ST900MM0026<br>ST900MM0046<br>ST900MM0036 | ST600MM0006<br>ST600MM0026<br>ST600MM0046 | ST450MM0006<br>ST450MM0026<br>ST450MM0046 | ST300MM0006<br>ST300MM0026<br>ST300MM0046 | |
|---|---|---|---|---|---|
| 드라이브 용량 | 900 | 600 | 450 | 300 | GB(포맷됨, 반올림 값) |
| 데이터 읽기/쓰기 헤드 | 6 | 4 | 3 | 2 | |
| 트랙당 바이트 | 997.9 | 997.9 | 997.9 | 997.9 | K바이트(반올림된 평균값) |
| 표면당 바이트 | 151,674 | 151,674 | 151,674 | 151,674 | MB(포맷안됨, 반올림 값) |
| (전체) 표면당 트랙수 | 152 | 152 | 152 | 152 | K트랙(사용자 접속 가능) |
| 인치당 트랙 | 279 | 279 | 279 | 279 | KTPI(평균) |
| 인치당 최대 비트 | 1925 | 1925 | 1925 | 1925 | KBPI |
| 지면의 밀도 | 538 | 538 | 538 | 538 | Gb/in2 |
| 디스크 회전 속도 | 10K | 10K | 10K | 10K | rpm |
| 평균 회전 지연시간 | 2.9 | 2.9 | 2.9 | 2.9 | ms |

하드 디스크의 디스크 구동기는 일정 속도(일반적으로 5,400에서 15,000 rpm)를 유지하며 지속적으로 디스크 팩을 회전시킨다. 판독/기록 헤드가 정확한 트랙에 위치하고 블록 주소에 기록된 블록으로 이동하면 판독/기록 헤드의 전자적 요소가 데이터를 전송한다. 각 트랙마다 하나의 판독/기록 헤드를 갖고 있는 디스크 장치를 고정 헤드 디스크(fixed-head disk)라고 한다. 반면에 각 디스크 면마다 하나의 판독/기록 헤드를 갖고 있는 디스크 장치를 이동 헤드 디스크(movable-head disk)라고 한다. 고정 헤드 디스크의 경우 기계적인 움직임에 의해서가 아니라 전자적인 스위칭을 통하여 적절한 판독/기록 헤드가 하나의 트랙이나 실린더를 선택한다. 따라서 속도는 매우 빠르지만 판독/기록 헤드가 많이 필요하므로 비용이 매우 크다. 이런 이유 때문에 일반적으로 고정 헤드 디스크를 많이 사용하지 않는다.

**디스크 드라이브를 컴퓨터 시스템에 연결하기.** 디스크 제어기(disk controller)는 일반적으로 디스크 드라이브 내에 내장되며, 디스크 드라이브를 제어하고 이를 컴퓨터 시스템과 연계한다. PC와 워크스테이션에 사용되는 표준 인터페이스 중의 하나는 SCSI(Small Computer Storage Interface)라는 것이다. 오늘날 HDD, CD, 및 DVD를 컴퓨터에 연결하기 위한 인터페이스는 SATA이다. SATA는 직렬 ATA를 의미하며, ATA는 부착을 뜻한다. 따라서 SATA는 직렬 AT 부착을 나타낸다. 이것은 IBM에서 소개한 16-비트 버스에 직접 부착된 것을 뜻하는 PC/AT 부착에서 유래됐다. AT는 진보된 기술을 뜻하는 약어이지만, 상표권 문제 때문에 SATA의 확장에서는 사용하지 않는다. 오늘날 널리 사용하는 또 다른 인터페이스로는 SAS(직렬 부착 SCSI)가 있다. SATA는 2002년에 소개됐지만 디스크 드라이브 내에 있는 디스크 제어기로 사용되고 있으며, 이를 위해 마더 보드에 간단한 회로만 필요하다. SATA 전송 속도는 2002년부터 2008년까지 1.5Gbps(초당 기가비트)에서 6Gbps로 획기적으로 증가하였다. SATA는 현재 니어라인(nearline) SAS를 의미하는 NL-SAS라고 불린다. 2.5인치 SAS 드라이브는 1.2TB 용량 또는 그 이하인 반면에, 가장 큰 3.5인치 SATA와 SAS 드라이브는 8TB 용량이다. 2.5인치 드라이브는 회전 속도를 15,000rpm까지 사용하는 반면에, 3.5인치 드라이브는 7,200 또는 10,000rpm의 회전 속도를 사용한다. 가격 대비 성능 지표인 초당 IOP(입출력 연산) 관점에서 보면, SAS는 SATA보다 더 뛰어나다.

디스크 제어기는 고수준의 I/O 명령들을 인식하여 암을 적절한 위치로 이동시킨 후 판독/기록을 수행한다. 주어진 주소에 해당하는 하나의 디스크 블록을 전송하려면 디스크 구동기는 먼저 판독/기록 헤드를 기계적으로 이동시켜 정확한 트랙상에 위치시켜야 한다. 이런 동작에 소요되는 시간을 탐구 시간(seek time)이라고 한다. 전형적인 탐구 시간은 데스크탑에서는 5~10msec이며 서버에서는 3~8msec이다. 원하는 블록의 시작 위치가 판독/기록 헤드 밑에 놓일 때까지 소요되는 시간을 회전 지연 시간(rotational delay) 또는 지연 시간(latency)이라고 한다. 이 시간은 디스크의 회전 속도, 즉 rpm에 종속된다. 예를 들어, 15,000rpm에서, 한 바퀴 회전하는 시간은 4msec이고, 평균 회전 지연은 반 바퀴 회전하는 시간, 즉 2msec이다. 10,000rpm에서는 평균 회전 지연 시간이 3ms로 증가한다. 마지막으로 데이터를 전송하기 위하여 전송 시간(block transfer time) 이라고 한다. 따라서 주소를 알고 있는 임의의 블록의 위치를 찾고 전송하기 위하여 소요되는 전체 시간은 탐구 시간, 회전 지연 시간, 블록 전송 시간을 모두 합한 시간이다. 일반적으로 탐구 시간과 회전 지연 시간이 블록 전송 시간보다 훨씬 더 오래 걸린다. 여러 개의 블록을 더욱 효율적으로 전송하려면 같은 트랙이나 실린더 상에 있는 연속된 몇개의 블록을 한 번에 전송하는 것이 일반적인 방법이다. 이렇게 함으로써 첫 번째 블록을 제외한 모든 블록에 대해서 탐구 시간과 회전 지연 시간을 없앨 수 있고 대량의 연속된 블록들을 전송할 때 실제적인 시간 절약 효과를 거둘 수 있다. 일반적으로 디스크 제조 업체들은 연속적인 블록들을 전송하기 위하여 소요되는 시간을 계산하기 위한 대량 전송률(bulk transfer rate)을 제공한다.

하나의 디스크 블록의 위치를 찾고 전송하는 데 소요되는 시간은 msec 단위이며 일반적으로 9~60msec가 소요된다. 연속된 블록들의 경우, 첫 번째 블록의 위치를 찾기 위하여 9에서 60msec가 소요되고 연속된 블록들을 전송하기 위하여 각 블록당 0.4에서 2msec의 시간이 소요된다. 디스크에서 데이터를 탐색하는 여러 가지 기법은 연속된 블록들을 검색하는 이점을 이용한다. 현재 CPU가 주기억 장치 내에서 데이터를 처리하는 데 소요되는 시간과 비교해 보면 msec 단위의 전송 시간은 매우 느리다. 따라서 디스크에서 데이터를 찾는 것이 데이터베이스 응용에서 주요한 성능 상의 장애 요인이 된다. 원하는 데이터의 위치를 찾아서 디스크에서 주기억 장치로 전송하기 위하여 소요되는 블록 전송 수를 최소화시키는 파일 구조에 관하여 이 장과 16장에서 설명한다. 디스크 상의 저장 구조들이 갖는 기본적인 목표는 관련된 정보를 연속된 블록에 위치시키는 것이다.

### 15.2.2 디스크에서 더 효율적인 데이터 접근

이 절에서는 HDD에서 데이터를 보다 효율적으로 접근하기 위해 일반적으로 사용되는 몇 가지 기술을 나열한다.

1. **데이터 버퍼링.** 본질적으로 느린 HDD와 같은 전자 기계 장치와 CPU 간의 속도의 비 호환성을 처리하기 위해, 메모리에서 데이터 버퍼링을 수행함으로써 응용 프로그램이 이전 데이터를 처리하는 동안에 새로운 데이터를 버퍼에 읽어올 수 있다. 15.3절에서 버퍼 관리 및 버퍼 교체 전략에 대한 일반적인 이슈와 함께 더블 버퍼링 전략에 대해 알아본다.
2. **데이터를 디스크에 적절히 배치.** 디스크상의 데이터 구조와 구성을 고려하여, 연속적인 블록들에 서로 관련있는 데이터를 두는 것이 유리하다. 하나의 릴레이션이 여러 실린더를 필요로 하면 연속적인 실린더를 사용할 수 있어야 한다. 이렇게 하면 읽기/쓰기 암의 불필요한 이동과 이로 인한 탐색 시간을 피할 수 있다.
3. **요청에 앞서 데이터 미리 읽기.** 탐색 시간을 최소화하기 위해, 하나의 블록을 버퍼로 읽을 때마다 요청이 없었더라도 같은 트랙의 다른 블록들도 함께 읽어 들인다. 이는 연속된 블록들을 필요로 하는 응용에서는 효과적이나 임의 블록을 읽는 경우에는 이 전략은 비 생산적이다.
4. **입출력의 적절한 스케쥴링.** 디스크에서 여러 블록을 읽어야 할 필요가 있다면, 읽기/쓰기 암을 한 방향으로만 움직이면서 블록들을 선택하는 스케쥴링을 통해 전체 접근 시간을 최소화할 수 있다. 이를 위해 널리 사용하는 알고리즘으로 엘리베이터 알고리즘이 있다. 이는 엘리베이터가 여러 층에 대한 요청을 적절

한 순서로 스케쥴링하는 엘리베이터의 동작을 흉내낸 것이다. 이 방법으로 읽기/쓰기 암은 큰 혼란없이 안쪽 또는 바깥쪽으로 이동하면서 요청에 응답할 수 있다.

5. **쓰기를 임시로 보관하는 로그 디스크의 사용.** 쓰기 로깅 기능만 담당하는 하나의 디스크를 따로 둘 수 있다. 쓰여질 모든 블록들을 순차적으로 이 디스크에 옮길 수 있어서 탐색 시간을 줄일 수 있다. 이 방법은 쓰기들을 임의의 위치에 기록하여, 매번 기록할 때마다 탐색 시간이 필요한 방식보다 더 빠르게 동작한다. 로그 디스크는 쓰기를 수행하는 읽기/쓰기 암의 이동을 최소화하기 위해 이 쓰기들을 (실린더, 트랙)에 따라 정렬할 수 있다. 실제로 로그 디스크는 디스크의 어떤 영역(익스텐트)에만 둘 수 있다. 데이터 파일과 로그 파일을 같은 디스크에 두는 것이 비용은 저렴하지만 성능은 다소 떨어진다. 로그 디스크를 사용하는 것이 쓰기 성능을 향상시킬 수 있지만 대부분의 실제 응용 데이터에서는 잘 사용하지 않는다.
6. **회복을 위해 SSD 또는 플래시 메모리의 사용.** 갱신이 빈번하게 발생하는 응용들에서는 시스템이 붕괴되었을 때 주기억 장치에 저장한 갱신들을 잃어 버릴 수 있다. 예방 방법은 디스크에 갱신/쓰기의 속도를 높이는 것이다. 또 다른 접근 방법은 갱신들을 비휘발성 SSD 버퍼, 또는 플래시 메모리나 배터리-구동 DRAM과 같은 속도가 매우 빠른 장치(표 15.1 참조)에 쓰는 것이다. 그러면 디스크 제어기는 유휴 시간 동안에 버퍼가 다 찼을 때 데이터 파일을 갱신한다. 시스템 붕괴 이후 회복하는 동안 아직 쓰이지 않은 SSD 버퍼들은 HDD에 데이터 파일을 써야만 한다. 회복과 로그에 대해서는 21장에서 더 알아본다.

### 15.2.3 반도체 디스크(SSD) 저장 장치

이러한 저장 장치는 15.1.1절에서 논의한 플래시 메모리 기술을 기반으로 하고 있어 플래시 저장 장치로 알려져 있다.

최근에는 주기억 장치와 자기 디스크 (HDD) 형태의 회전형 보조 저장 장치 사이의 중간 계층으로 플래시 메모리를 사용하곤 한다. 전력 공급이 없어도 보조 저장 장치에 데이터를 저장할 수 있다는 점에서 디스크와 유사하기 때문에 반도체 디스크 또는 **반도체 드라이브**(SSD)라고 불린다. 먼저 SSD의 일반적인 용도에 대해 살펴 보고, EMC 사에서 최초로 소개한 바 있는 **기업용 플래시 드라이브**(EFD)로 불리는 기업 수준에서의 사용에 대해 알아본다.

SSD는 제어기와 서로 연결되어 있는 플래시 메모리 카드들로 구성된다. NAND 플래시 메모리를 일반적으로 가장 널리 사용한다. 3.5인치 또는 2.5인치 HDD와 서로 호환되는 형태 인자(form factor)를 사용함으로써, 노트북 및 서버들에 HDD를 장착하는 슬롯에 SSD를 장착할 수 있도록 만들었다. 울트라북(ultrabook)과 태블릿 등의 경우, mSATA와 M.2와 같은 카드 기반의 형태 인자들이 표준화되어 있다. SATA Express같은 인터페이스도 SSD의 발전과 함께 생겨났다. 움직이는 부분이 없기 때문에 HDD 보다 더 견고하고 조용하게 작동하며, 접근 시간이 더 빠르고 전송율이 더 높다. 하나의 릴레이션에 있는 관련 데이터를 연속된 블록, 가급적이면 연속된 실린더 상에 배치해야 하는 HDD와는 달리, 모든 주소를 직접 찾아갈 수 있으므로 SDD에 데이터를 배치하는 위치에는 아무런 제약이 없다. 따라서 데이터가 조각나는 경우가 거의 없으므로 재구성도 할 필요가 없다. 일반적으로 HDD에 디스크 쓰기가 발생할 때는 같은 블록이 새로운 데이터로 덮어 쓰여진다. 반면에 SDD에서는, SSD의 수명을 연장할 수 있도록 **사용 평준화**(wear-leveling)를 위해 서로 다른 NAND 셀에 데이터를 쓴다. 오늘날 SSD가 널리 사용되지 못하는 주요 원인은 비용 때문인데, HDD가 GB 당 약 15-20 센트인데 비해 SSD는 GB당 70-80 센트에 달한다 (표 15.1 참조).

플래시 메모리 외에도 DRAM 기반의 SSD도 또한 사용 가능하다. 이것은 플래시 메모리보다 고가이기는 하지만 접근 시간이 대략 10μs로, 100μs인 플래시 보다 더 빠르다. 이것의 가장 큰 단점은 전력을 공급하기 위해 내부 배터리 또는 어댑터를 필요로 한다는 것이다.

기업 수준의 SSD의 이용 사례로, CISCO의 UCS (Unified Computing System©) Invicta 계열의 SSD를 들 수 있다. 여기에서는 데이터 센터 수준에서 SSD를 둠으로써 모든 종류의 작업 부하들, 즉 데이터베이스, 가상 데스크톱 인프라(VDI)를 통합하고, 비용 절감, 에너지 효율, 공간 절약 해법을 가능하게 했다. CISCO 사는 Invicta SSD가 다지점(multitenant), 다중 네트워크 아키텍처를 사용하는 응용들에서 가격대 성능비의 높은 효율을 가져왔다고 말한다. CISCO 사는 SSD 기반 RAID의 성능과 견주기 위해서는 4배의 HDD 드라이브를 필요로 한다고 주장한다.[6] SSD는 6~144TB의 용량, 최대 초당 120 만개의 I/O 작업, 및 평균 200$\mu$s의 지연시간으로 최대 초당 7.2GB의 대역폭을 갖는다.[7] 최근의 데이터 센터는 급속한 변화를 겪고 있으며, 클라우드 기반 아키텍처를 사용하여 실시간 응답을 제공해야 한다. 이 환경에서 SSD는 중요한 역할을 할 것이다.

### 15.2.4 자기 테이프 저장 장치

디스크는 디스크 블록의 주소가 주어지면 임의의 방법으로 접근할 수 있으므로 임의 접근 보조 저장 장치이다. 자기 테이프는 순차 접근 장치이므로 $n$번째 블록을 접근하기 위해서는 선행하는 $n$-1개의 블록을 먼저 읽고 지나가야만 한다. 오디오 테이프나 비디오 테이프와 비슷한 대용량 자기 테이프 릴(tape reel)에 데이터를 저장한다. 테이프 릴에서 데이터를 판독하고 테이프 릴에 데이터를 기록하기 위하여 테이프 드라이브가 필요하다. 비트들의 모임인 바이트는 테이프를 가로 질러서 저장되며 바이트들은 테이프에 연속적으로 저장된다.

테이프 상의 데이터를 판독하고 기록하기 위하여 판독/기록 헤드를 사용한다. 실제적으로 테이프에서의 블록과 블록 간 갭이 디스크에서 보다 매우 크기는 하지만, 테이프에서 데이터 레코드들도 블록 단위로 저장된다. 인치당 1,600바이트에서 6,250바이트를 저장하는 테이프에서 블록간 갭[8]이 0.6인치이면 960바이트에서 3,750바이트의 기억 공간이 낭비된다는 의미이다. 공간 효율을 증대시키기 위하여 하나의 블록 안에 여러 개의 레코드를 모아서 저장하는 것이 일반적이다.

---

6) CISCO 백서(CISCO, 2014)에서 인용했음.
7) CISCO UCS Invicta Scaling System을 위한 데이터 시트
8) 테이프에서는 레코드 간 갭(interrecord gap)이라고 한다.

테이프의 주요한 특성은 데이터 블록들을 순차적으로 접근한다는 것이다. 테이프 릴의 중간에 있는 한 블록을 접근하려면 테이프를 탑재하고, 요구한 블록이 판독/기록 헤드 밑에 위치할 때까지 블록들을 판독해야 하므로 매우 느리다. 따라서 특정 응용들을 제외하고 온라인 데이터를 저장하기 위해서 테이프를 사용하지는 않는다. 그러나 테이프는 데이터베이스 백업(backup)이라고 하는 중요한 기능을 수행한다. 백업을 수행하는 이유는 디스크 붕괴(disk crash)로 데이터를 손실하는 경우에 대비하여 디스크 파일들의 사본을 유지하는 것이다. 디스크 붕괴는 디스크 판독/기록 헤드가 기계적 이상으로 인하여 디스크 표면을 손상시키는 경우에 발생한다. 항공 예약 시스템과 같은 많은 온라인 응용들에서는 고장 시간(downtime)을 피하기 위해, 동일한 디스크를 3개(온라인으로 동작되는 2개와 백업을 위한 1개) 갖는 반사 시스템이 사용된다. 여기서 오프라인 디스크는 백업 장치가 된다. 동작 중인 디스크 드라이브 중 하나가 고장날 경우에 교체할 수 있도록 이 세 디스크는 역할을 서로 번갈아 할 수 있다. 또한 매우 방대한 양의 데이터베이스 파일들을 저장하기 위하여 테이프를 사용한다. 마지막으로, 거의 사용되지 않거나 시간이 지나 쓸모없지만 과거의 기록을 유지하기 위해 필요한 데이터베이스 파일들을 테이프에 보관한다. 원래 0.5인치 릴 테이프 드라이프는 9개 트랙을 갖는 저장 장치를 위해 사용되었다. 나중에는 50GB를 저장할 수 있는(캠코더에서 사용하는 것과 유사한) 8mm 자기 테이프 이외에도 4mm 나선형 스캔 데이터 카트리지와 쓸 수 있는 CD들과 DVD들이 PC와 워크스테이션에서 데이터 파일들을 백업하는 데 널리 사용되고 있다. 또한 이들은 이미지와 시스템 라이브러리들을 저장하는 데에도 사용된다.

트랜잭션 정보가 손실되지 않도록 기업 데이터베이스를 백업하는 일은 매우 중요한 일이다. 테이블 라이브러리들은 수백 개의 카트리지들을 위한 특별한 슬롯들 내에 있으며, 이들 테이프 라이브러리들은 선형 트랙상에 수백 기가바이트의 데이터를 저장하는 용량을 갖는 Digital 및 Superdigital Linear Tapes(DLTs 및 SDLTs)들을 사용하였다. 이런 테이프 라이브러리는 더 이상 개발되지 않는다. IBM, HP, 및 Seagate가 설립한 LTO(Linear Tape Open) 컨소시움은 2012년에 가장 최근 버전인 LTO-6 표준을 발표하였다. 이것은 이전 테이프 드라이브들과 동일하게, 단일 릴 카트리지에 담겨진 1/2인치 넓이의 자기 테이프를 사용한다. 이 라이브러리의 최신 버전은 LTO-6 드라이브를 사용하는 데, 이는 160MB/s 전송율을 가진 2.5-TB 카트리지에서 사용되며 평균 탐색 시간은 80초이다. Oracle/StorageTek의 T10000D 드라이브는 최대 252MB/s 전송율을 가진 단일 카트리지에서 8.5TB을 다룰 수 있다.

로봇 팔을 사용하여 여러 개의 카트리지를 한꺼번에 여러 테이프 드라이브에 장착하며, 각 테이프 드라이브는 백업 카트리지들을 식별할 수 있는 자동 레이블링 소프트웨어를 가지고 있어서 여러 카트리지에 병렬로 데이터를 기록할 수 있다. 이러한 거대한 라이브러리의 한 예로 Sun Storage Technology의 SL8500 모델을 들 수 있다. SL8500은 1,450개에서 10,000개 이상의 슬롯을 가지며 각 라이브러리 내에 1개에서 16개 사이의 테이프 드라이브를 갖는다. 이것은 DLT/SDLT와 LTO 테이프들을 허용한다. 최대 10개의 SL8500들이 100,00개 이상의 슬롯들과 640개까지의 드라이브들을 위한 단일 라이브러리 단지 내에 연결될 수 있다. 100,000개 슬롯을 가진 SL8500은 2.1 엑사바이트(엑사바이트 = 1,000 페타바이트 또는 백만 테라바이트 = 10**18 바이트)를 저장할 수 있다. RAID라는 디스크 저장 기술과 저장 장치 영역 네트워크, 네트워크 연결 저장 장치 및 iSCSI 저장 시스템에 대해서는 이 장의 마지막 부분에서 논의한다.

## 15.3 블록 버퍼링

모든 블록 주소를 알고 있는 몇 개의 블록을 디스크에서 주기억 장치로 전송할 때 전송 속도를 빠르게 하기 위하여 주기억 장치 내의 몇 개의 버퍼를 예약하여 사용할 수 있다. 하나의 버퍼를 판독하거나 기록하는 동안 CPU는 다른 버퍼 내의 데이터를 처리할 수 있다. 왜냐하면 일반적으로 독립적인 디스크 입출력 처리기(제어기)가 존재하여 CPU 처리와 병렬로 주기억 장치와 디스크 간에 데이터 블록을 독립적으로 전송할 수 있기 때문이다.

그림 15.3은 어떻게 두 개의 프로세스가 병렬로 수행될 수 있는가를 나타낸다. 프로세스 A와 B는 인터리브(interleaved) 방식으로 동시에 수행되고 있으며, 프로세스 C와 D는 병렬 방식으로 동시에 수행되고 있다. 단일 CPU가 다중 프로세스를 제어하고 있다면 동시 병렬 실행은 불가능하지만, 인터리브 방식으로 프로세스들을 동시에 수행시킬 수 있다. 별개의 디스크 입출력 처리기가 있거나 다중 처리기가 존재하여 동시 병렬 방식으로 프로세스들을 수행시킬 수 있다면 버퍼링은 매우 유용하다.

그림 15.4는 주기억 장치 내의 디스크 블록을 처리하기 위하여 소요되는 시간이 다음 블록을 판독하고 버퍼를 채우기 위하여 소요되는 시간보다 적을 때 어떻게 판독과 처리를 병렬로 수행할 수 있는가를 나타낸다. 일단 디스크 블록이 주기억 장치로 전송되면 CPU는 그 블록에 대한 처리를 시작한다. 동시에 디스크 입출력 처리기는 다음 블록을 판독하고 다른 버퍼로 전송한다. 이런 기법을 이중 버퍼링(double buffering)이라 하며, 이 기법은 연속적인

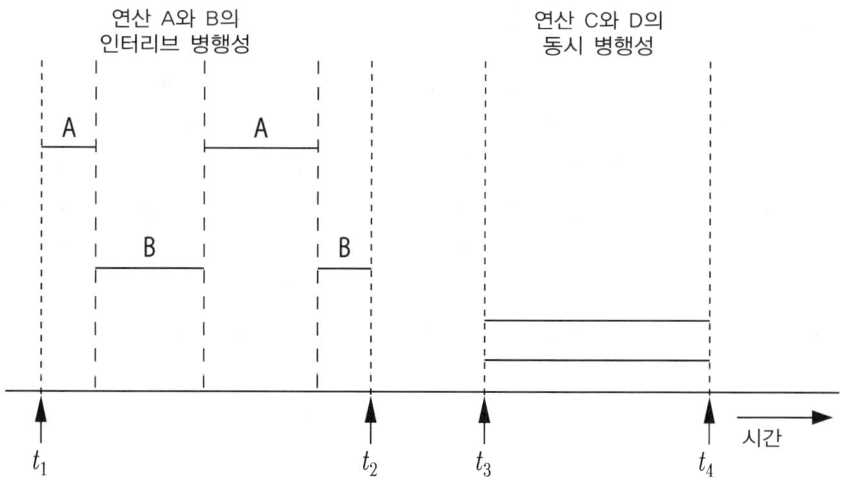


그림 15.3 인터리브 동시성과 병렬 동시성

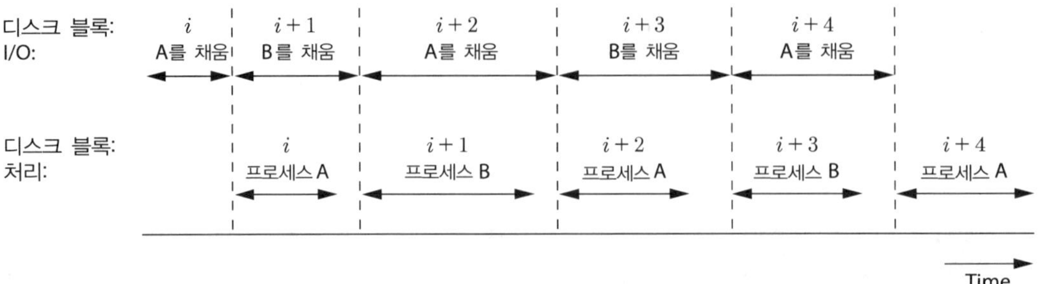


그림 15.4 디스크에서 판독용으로 두 개의 버퍼 A, B를 사용

블록들을 주기억 장치에서 디스크로 판독하기 위해서도 사용한다. 이중 버퍼링 기법을 사용하여 연속적인 디스크 블록상의 데이터를 판독/기록하면, 첫 번째 블록을 제외한 모든 블록에 대한 탐구 시간과 회전 지연 시간을 제거할 수 있다. 또한 데이터가 항상 처리할 준비가 되어 있어서 프로그램에서 대기 시간을 줄일 수 있다.

### 15.3.1 버퍼 관리

**버퍼 관리 및 교체 전략**. 수 백만 개의 페이지를 포함하는 대부분의 대용량 데이터베이스에서는 한번에 모든 데이터를 주기억 장치에 가져오는 것은 불가능하다. 한 버퍼에서 데이터를 처리함과 동시에 디스크와 주기억 장치 간의 I/O 작업을 또 다른 버퍼 영역에서 수행함으로써 효율을 높일 수 있는 이중 버퍼링 기법을 언급했다. 버퍼들을 실제로 관리하고 새로 읽은 페이지를 배치할 버퍼를 선택하는 것은 보다 복잡한 과정이다. 여기에서 **버퍼**라는 용어는 디스크의 데이터 블록이나 페이지를 받아 올 수 있는 주기억 장치의 한 부분을 말한다.[9] **버퍼 관리자**는 DBMS의 소프트웨어 구성 요소로써, 데이터 요청에 응답하고 새로 요청된 블록들을 배치하기 위해 어떤 버퍼를 사용하고 버퍼의 어떤 페이지를 교체할 것인지를 결정한다. 버퍼 관리자는 페이지들의 모음인 사용 가능한 주기억 장치의 저장 영역을 **버퍼 풀**(buffer pool)로 간주한다. 공유 버퍼 풀의 크기는 일반적으로 DBA가 제어하는 DBMS의 매개 변수이다. 이 절에서는 버퍼 관리자의 동작 방식에 대해 간략히 논의하고 몇 가지 버퍼 교체 전략에 대해 논의한다.

버퍼 관리자에는 두 가지 종류가 있다. 첫 번째 종류는 대부분의 RDBMS에서 처럼 주기억 장치를 직접 제어한다. 두 번째 종류는 가상 메모리에 버퍼를 할당하여 제어를 운영 체제(OS)로 넘긴다. OS는 실제로 어떤 버퍼가 주기억 장치에 있고 어떤 버퍼가 OS의 제어 하에 디스크에 있는지를 제어한다. 이 두 번째 종류의 버퍼 관리자는 주기억 장치 데이터베이스 시스템과 일부 객체 지향 DBMS에서 일반적이다. 버퍼 관리자의 전반적인 목표는 (1) 요청된 페이지가 주기억 장치에서 발견될 확률을 최대화하고 (2) 디스크에서 새 디스크 블록을 읽는 경우, 금방 다시 요구하지 않을 것이란 의미에서 가장 적은 피해를 야기할 페이지를 교체 대상으로 찾는다.

버퍼 관리자는 버퍼 풀의 각 페이지에 대해 두 가지 종류의 정보를 유지한다.

9) 여기서는 페이지와 블록이라는 용어를 상황에 따라 번갈아 사용한다.

1. **핀(pin) 수.** 페이지가 요청된 횟수 또는 그 페이지의 현재 사용자 수이다. 이 수가 0으로 떨어지면 페이지는 고정 해제(unpinned)된 것으로 간주한다. 처음에는 모든 페이지의 핀 수를 0으로 설정된다. 핀 수를 증가시키는 것을 고정(pinning)이라고 한다. 일반적으로 고정된 블록을 디스크에 기록해서는 안 된다.
2. **오손 비트(dirty bit).** 오손 비트는 처음에는 모든 페이지에서 0으로 설정되지만 응용 프로그램에 의해 페이지가 갱신될 때마다 1로 설정된다.

저장 장치 관리 측면에서 버퍼 관리자는 다음과 같은 책임을 갖는다. 버퍼 수가 주기억 장치에 맞는지 확인해야 한다. 요청된 데이터 양이 사용 가능한 버퍼 공간을 초과하는 경우, 버퍼 관리자는 사용중인 버퍼 교체 정책에 의해 강제로 비워야 할 버퍼를 선택해야 한다. 버퍼 관리자가 가상 메모리에 공간을 할당하고 사용중인 모든 버퍼가 실제 주기억 장치를 초과하면 "쓰래싱(thrashing)"이라는 일반적인 운영 체제의 문제가 발생하는데, 이는 페이지가 유용한 작업을 수행하지 않고 디스크 상의 스왑(swap) 공간으로 왔다 갔다 이동만 하는 상태이다.

특정 페이지가 요청되면 버퍼 관리자는 다음과 같은 작업을 수행한다. 요청된 페이지가 이미 버퍼 풀의 버퍼에 있는지 확인한다. 만약 그렇다면 핀 수를 증가시키고 페이지를 해제한다. 페이지가 버퍼 풀에 없으면 버퍼 관리자는 다음을 수행한다.

a. 교체 정책을 사용하여 교체할 페이지를 선택하고 핀 수를 증가시킨다.
b. 교체 페이지의 오손 비트가 켜져 있으면 (즉, 1이면) 버퍼 관리자는 디스크의 이전 복사본 위에 해당 페이지를 디스크에 덮어쓴다. 오손 비트가 켜져 있지 않으면 (즉, 0이면) 이 페이지는 수정되지 않았으므로 버퍼 관리자는 이를 디스크에 다시 쓰지 않아도 된다.
c. 요청된 페이지를 방금 비운 공간으로 읽어 들인다.
d. 새 페이지의 주기억 장치 주소를 요청한 응용으로 전달한다.

버퍼 풀에서 사용 가능한 고정 해제된 페이지가 없고 요청된 페이지를 버퍼 풀에서 사용할 수 없는 경우, 버퍼 관리자는 페이지가 해제될 때까지 대기해야 한다. 이 페이지를 요청하는 트랜잭션은 대기 상태가 되거나 중단될 수 있다.

### 15.3.2 버퍼 교체 전략

다음은 운영체제과 같은 다른 시스템에서 유사하게 사용하는 인기있는 교체 전략들이다.

1. **최소 최근 사용(Least Recently Used, LRU).** 가장 긴 시간 동안 사용되지 (읽거나 쓰지) 않은 페이지를 버리는 전략이다. 이를 위해서는 버퍼 관리자가 버퍼의 페이지에 접근할 때마다 시간을 기록하는 테이블을 유지해야 한다. 이것이 추가 오버 헤드를 초래하기는 하나, 오랫동안 사용되지 않는 버퍼는 다시 접근할 가능성이 적기 때문에 전략이 잘 작동한다.
2. **시계(clock) 정책.** 이것은 LRU 정책의 라운드 로빈 변형이다. 버퍼가 시계와 비슷한 원처럼 배열되어 있다고 상상해 보라. 각 버퍼에는 0 또는 1 값을 갖는

플래그가 있다. 0인 버퍼는 휘발성으로, 교체에 사용되어 그 내용이 디스크에서 읽은 새로운 내용으로 채워질 수 있다. 1인 버퍼는 휘발성이 아니다. 블록이 버퍼로 읽혀질 때 플래그는 1로 설정된다. 버퍼가 접근될 때 플래그도 1로 설정된다. 시계 바늘은 "현재 버퍼"에 위치한다. 버퍼 관리자가 새로운 블록을 위한 버퍼를 필요로 할 때, 플래그가 0인 버퍼를 찾을 때까지 시계 바늘을 회전시키고, 이렇게 찾은 버퍼를 새로운 블록을 읽고 교체하는 데 사용한다. (페이지가 교체될 때 오손 비트가 켜져 있으면 해당 페이지를 디스크에 쓴다. 따라서 디스크의 해당 주소의 이전 페이지를 덮어 쓴다.) 시계 바늘이 플래그가 1인 버퍼를 통과하면 이를 0으로 설정한다. 따라서, 한 블록이 로딩된 후, 시계 바늘이 다시 돌아와서 마지막으로 0으로 설정한 블록으로 가리킬 때까지 접근되지 않은 경우에, 그 블록을 버퍼에서 교체한다.

3. **FIFO(First-In-First-Out).** 이 정책은 버퍼가 필요할 때, 페이지를 저장한지 가장 오래된 버퍼를 교체에 사용한다. 이 정책을 위해 버퍼 관리자는 각 페이지가 버퍼에 적재된 시간을 기록한다. 페이지를 접근하는 시간을 추적할 필요는 없다. FIFO는 LRU보다 유지 보수 비용이 덜 필요하지만 원하는 동작에 반하는 방식으로 작동할 수 있다. 인덱스의 루트 블록과 같이, 계속 필요하기 때문에 오랫동안 버퍼에 남아 있는 블록은 교체될 수 있지만 즉시 다시 불러와야 하는 단점이 있다.

LRU와 시계 정책은 데이터를 순차적으로 스캔하고 파일이 한 번에 버퍼에 올라오지 않는 데이터베이스 응용에는 가장 적합한 정책은 아니다. 어떤 고정된 페이지가 해당 페이지를 가리키기 때문에 버퍼에서 이 페이지를 버리고 디스크에 기록할 수 없는 상황도 있다. 또한 FIFO와 같은 정책을 수정하여, 인덱스의 루트 블록과 같은 고정된 블록이 계속 버퍼에 남아 있도록 허용할 수 있다. 중요한 버퍼를 1보다 큰 값으로 설정함으로써 시계 바늘의 회전이 여러 번 발생하는 동안 교체가 발생하지 않도록 시계 정책을 수정할 수도 있다. 또한 블록들이 차지하는 공간이 아직 필요하지 않은 경우에도 DBMS가 해당 블록을 디스크에 쓰는 경우도 있다. 이를 **강제 쓰기**(force-writing)라고 하며, 일반적으로 회복을 위해 트랜잭션의 수정된 페이지보다 먼저 로그 레코드를 디스크에 기록해야 할 때 발생한다(21장 참조). 특정 유형의 데이터베이스 트랜잭션에 잘 작동하는 MRU(most recently used, 가장 최근 사용)와 같은 교체 전략도 있는데, 이는 가장 최근에 사용한 블록이 그 릴레이션의 나머지 블록들을 모두 처리할 때까지 필요로 하지 않은 경우에 사용한다.

## 15.4 디스크 상에 파일의 레코드들 배치

데이터베이스의 데이터는 일련의 파일로 구성된 레코드 집합으로 간주된다. 이 절에서는 레코드, 레코드 타입, 파일에 대한 개념을 정의한 후 파일 내의 레코드들을 디스크에 배치하기 위한 여러 가지 기법에 관하여 설명한다. 이제 이 장에서는 임의 접근의 영속적인 보조 저장 장치를 "디스크 드라이브" 또는 "디스크"라고 부른다. 디스크는 서로 다른 여러가지 형태일 수 있는데, 예를 들면 회전식 저장 장치를 가진 자기 디스크 또는 전자적인 접근이 가능하고 기계적인 지연이 없는 반도체 디스크가 있다.

### 15.4.1 레코드와 레코드 타입

데이터는 일반적으로 레코드 형태로 저장되며 각 레코드는 연관된 데이터 값이나 항목들로 구성된다. 각 값은 하나 이상의 바이트로 구성되며 레코드의 특정 필드에 해당된다. 일반적으로 레코드는 엔티티와 엔티티의 애트리뷰트들을 기술한다. 예를 들어, 하나의 EMPLOYEE 레코드는 한 사원 엔티티를 나타내고 Name, Birth_date, Salary, Supervisor 등과 같은 레코드 내의 각 필드 값은 한 사원의 특정 애트리뷰트를 나타낸다. 필드 이름과 필드의 데이터 타입들은 레코드 타입 또는 레코드 형식을 구성한다. 각 필드와 연관된 데이터 타입은 한 필드가 가질 수 있는 값들의 타입을 나타낸다.

보통 한 필드의 데이터 타입은 프로그래밍에서 사용되는 표준 데이터 타입들 중의 하나이다. 이런 표준 데이터 타입에는 수치(정수, 긴 정수, 부동 소수점), 문자열(고정 길이, 가변 길이), 부울(0과 1 또는 TRUE와 FALSE) 데이터 타입이 있고, 때로는 특별하게 코드화된 **날짜**(date)와 **시간**(time) 데이터 타입들도 사용된다. 한 컴퓨터 시스템에서 각 데이터 타입에 필요한 바이트 수는 정해져 있다. 정수는 4바이트, 긴 정수는 8바이트, 실수는 4바이트, 부울은 1바이트, 날짜는 10바이트(YYYY-MM-DD 형식), $k$개의 고정 길이 문자열은 $k$바이트를 차지한다. 가변 길이 문자열은 각 필드 값에 들어 있는 문자 수만큼의 바이트를 차지한다. 예를 들어, EMPLOYEE 레코드 타입을 C 언어 표기법을 사용하여 다음과 같이 정의할 수 있다.

```
struct employee{
    char name[30];
    char ssn[9];
    int salary;
    int job_code;
    char department[20];
};
```

최근의 데이터베이스 응용에서 이미지, 비디오, 오디오, 긴 텍스트를 나타내는 방대한 양의 비 구조적인 객체들로 구성된 데이터 항목을 저장하기 위한 필요성이 증대되고 있다. 이런 객체들을 BLOB(Binary Large Object)라고 한다. 일반적으로 BLOB 데이터 항목은 자신이 속한 레코드와는 별도로 디스크 블록들의 풀(pool)에 저장되며, BLOB의 포인터를 레코드에 포함한다. 자유 텍스트를 저장하기 위해, 어떤 DBMS들(예: Oracle, DB2 등)은 CLOB

(Character Large Object)이라고 부르는 데이터 타입을 제공한다. 어떤 DBMS에서는 이것을 텍스트 데이터 타입이라고 부른다.

### 15.4.2 파일, 고정 길이 레코드, 가변 길이 레코드

하나의 파일은 레코드들로 구성되고 대부분의 경우 한 파일 내의 모든 레코드는 같은 레코드 타입을 갖는다. 파일 내의 각 레코드의 크기가 모두 같을 때 이 파일이 고정 길이 레코드들로 구성되어 있다고 말한다. 파일 내의 레코드들의 크기가 서로 다를 때 이 파일은 가변 길이 레코드들로 구성되어 있다고 말한다. 한 파일은 다음과 같은 몇 가지 이유로 가변 길이 레코드들로 구성될 수 있다.

- 파일 내의 레코드들이 같은 레코드 타입을 갖지만 하나 이상의 필드가 가변 길이 필드이다. 예를 들어, EMPLOYEE 레코드의 Name 필드가 가변 길이 필드일 수 있다.
- 파일 내의 레코드들이 같은 레코드 타입을 갖지만 하나 이상의 필드가 각 레코드마다 다중 값을 가질 수 있다. 이런 필드를 **반복 필드**(repeating field)라 하고, 이 필드 값들의 그룹을 **반복 그룹**(repeating group)이라고 한다.
- 파일 내의 레코드들이 같은 레코드 타입을 갖지만 하나 이상의 **선택적 필드**(optional field)를 가질 수 있다. 일부 레코드들은 이런 필드에 값을 가질 수 있지만 모든 레코드가 이런 필드에 값을 가질 필요는 없다.
- 하나의 파일이 여러 가지 레코드 타입과 서로 다른 크기의 레코드들로 구성된 **혼합 파일**(mixed file)이다. 이런 경우는 서로 다른 타입의 연관된 레코드들이 디스크 블록에 밀집(함께 저장)될 때 발생한다. 예를 들어, 특정 학생의 STUDENT 레코드 뒤에 그 학생의 GRADE_REPORT 레코드들이 배치될 수 있다.

그림 15.5(a)에서 고정 길이 레코드 EMPLOYEE의 크기는 71바이트이다. 각 레코드는 같은 필드들을 가지며 필드 길이는 고정되어 있다. 따라서 레코드의 시작 위치를 기준으로 각 필드의 상대적인 시작 위치를 식별할 수 있다. 이런 성질을 이용하여 고정 길이 레코드들로 구성된 파일을 접근하는 프로그램에서 필드 값들을 쉽게 찾을 수 있다. 논리적으로 가변 길이 레코드들로 구성되어야 하는 파일을 고정 길이 레코드들로 구성된 파일로 표현할 수 있다. 예를 들어, 선택적 필드의 경우 각 레코드에 모든 선택적 필드를 할당하고 어떤 필드에 값이 존재하지 않을 때 특별한 널(null) 값을 저장한다. 반복 필드의 경우 반복 필드가 가질 수 있는 값의 최대 수만큼의 공간을 각 레코드 내에 할당한다. 위의 두 경우 모두 각 레코드에 할당된 모든 물리적 공간에 값이 저장되지 않으면 저장 공간이 낭비된다. 이제 아래에서 가변 길이 레코드들로 구성된 파일의 레코드들을 형식화하는 다른 옵션들에 관하여 설명하고자 한다.

각 레코드는 가변 길이 필드에 대해서 값을 갖지만 필드 값의 정확한 길이는 알지 못한다. 특정 레코드 내에서 가변 길이 필드의 바이트 수를 결정하기 위하여 필드의 끝을 나타내는 표시로 ?, %, $와 같이 어떤 필드에서도 값으로 사용하지 않는 **특수한 분리 문자**(separator character)를 사용(그림 15.5(b) 참조)하거나, 필드 값 앞에 가변 길이 필드의 바이트 길이를 저장한다.

(a)

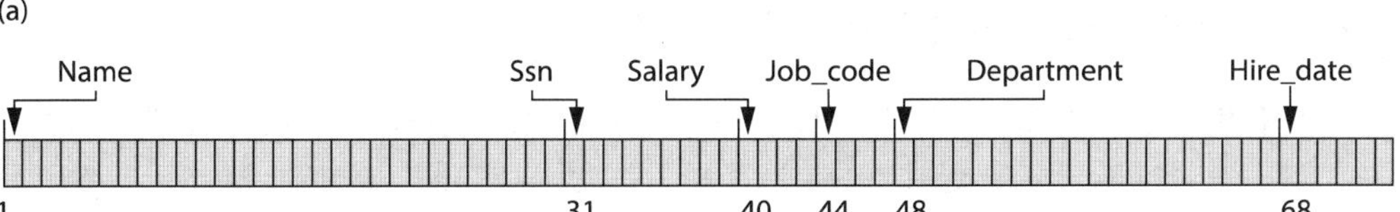


(b)

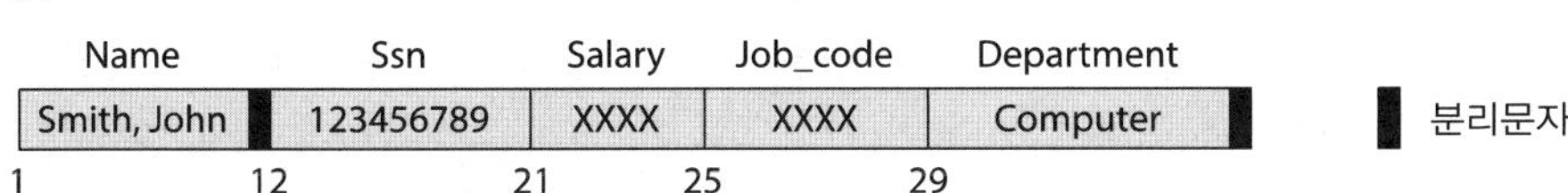


(c)

Name = Smith, John | Ssn = 123456789 | DEPARTMENT = Computer

분리문자

= 필드 이름과 필드 값을 분리

필드 분리

레코드의 끝을 표시

그림 15.5 세 가지 서로 다른 레코드 저장 형식: (a) 6개의 필드로 구성되고, 71바이트의 크기를 갖는 고정 길이 레코드, (b) 2개의 가변 길이 필드와 3개의 고정 길이 필드로 구성된 레코드, (c) 세 가지 유형의 분리 문자로 구성된 가변 필드 레코드

선택적 필드들을 갖는 레코드들로 구성된 파일은 다른 방법으로 형식화할 수 있다. 레코드 타입과 연관된 필드 수는 많아도 실제적으로 대부분의 레코드에 나타나는 필드 수가 적다면 <필드 이름, 필드 값> 쌍의 순서로 각 레코드 내에 저장할 수 있다. 그림 15.5(c)에서는 세 가지 유형의 분리 문자를 사용한다. 그림 15.5(c)에서 필드 이름과 필드 값을 분리하고 한 필드와 다음 필드를 분리하기 위하여 같은 분리 문자를 사용할 수도 있다. 보다 실용적인 방법은 각 필드마다 간단한 필드 유형 코드(정수 값)를 할당하고, <필드 이름, 필드 값> 쌍 대신에 <필드 유형, 필드 값> 쌍의 순서로 레코드 내에 저장하는 것이다.

반복 필드에서는 그 필드에 반복되는 값들을 분리하기 위한 한 가지 분리 문자와 필드의 끝을 나타내는 다른 분리 문자가 필요하다. 여러 타입의 레코드로 구성된 파일의 경우 각 레코드 앞에 레코드 타입 지시자를 삽입한다. 일반적으로 가변 길이 레코드들로 구성된 파일을 처리하는 프로그램(보통 이 프로그램은 파일 시스템의 일부분이어서 일반 프로그래머들에게 가려져 있는)이 각 필드의 시작 위치와 필드 크기가 알려져 있는 고정 길이 레코드들로 구성된 파일을 처리하는 프로그램보다 더 복잡하다.[10)]

10) 가변 길이 레코드 표현에 다른 기법들도 사용할 수 있다.

### 15.4.3 레코드 블로킹과 신장/비신장 레코드

디스크와 주기억 장치 사이의 데이터 전송 단위가 하나의 블록이므로 한 파일의 레코드들을 디스크 블록들에 할당해야 한다. 비록 어떤 파일은 한 블록 내에 저장할 수 없는 크기의 레코드들을 가질 수 있지만 블록 크기가 레코드 크기보다 크면 각 블록에 여러 개의 레코드를 저장한다. 블록 크기가 $B$바이트라고 하자. 크기가 $R$바이트인 고정 길이 레코드들로 구성된 파일에 대하여, $B \geq R$인 경우에 블록마다 $bfr = \lfloor B/R \rfloor$ 개의 레코드를 저장할 수 있다. 여기서 $\lfloor (x) \rfloor$ (마루 함수)는 $x$값 이하의 최대 정수 값을 의미한다. $bfr$을 파일에 대한 블로킹 인수(blocking factor)라고 한다. 일반적으로 $R$을 $B$로 정확하게 나눌 수 없으므로 각 블록마다 $B-(bfr{*}R)$바이트 만큼의 공간은 사용되지 않는다.

이처럼 사용되지 않는 공간을 활용하기 위하여 레코드의 일부분을 한 블록에 저장하고 나머지 부분을 다른 블록에 저장할 수 있다. 이와 같은 두 블록이 디스크 상에서 인접해 있지 않으면 레코드의 나머지 부분을 저장하고 있는 블록을 가리키는 포인터를 처음 블록의 마지막에 둔다. 이렇게 레코드를 두 개 이상의 블록에 걸쳐서 저장하는 방식을 **신장**(spanned) 조직이라고 한다. 레코드 하나의 크기가 한 블록의 크기보다 클 경우 신장 조직을 사용해야 한다. 한편 레코드가 블록 경계를 넘지 않도록 저장하는 방식을 **비신장**(unspanned) 조직이라 한다. 이런 조직에서 각 레코드는 블록 내에서 알려진 위치에서 시작해서 레코드 처리를 단순하게 하므로, $B > R$인 고정 길이 레코드에 사용된다. 가변 길이 레코드의 경우에는 신장 또는 비신장 조직을 사용할 수 있다. 평균 레코드 크기가 클 경우에는 각 블록 내의 손실 공간을 줄이기 위하여 신장 조직을 사용하는 것이 유리하다. 그림 15.6은 신장 조직과 비신장 조직을 나타낸다.

신장 조직을 사용하는 가변 길이 레코드의 경우 각 블록마다 서로 다른 개수의 레코드를 저장한다. 이 경우 블로킹 인수 $bfr$은 블록당 레코드의 평균 개수를 나타낸다. $r$개의 레코드로 구성되는 파일이 필요로 하는 블록 수는 $b = \lceil (r/bfr) \rceil$ 개이다. 여기서 $\lceil (x) \rceil$ (천장 함수)는 $x$보다 큰 최소 정수 값을 의미한다.

### 15.4.4 디스크에 파일 블록 할당

한 파일의 블록들을 디스크에 할당하는 여러 가지 표준 기법이 있다. **연속 할당**(contiguous allocation) 방식은 파일의 블록들을 연속적인 디스크 블록들에 할당한다. 이런 방식에서 이중 버퍼링을 사용하면 전체 파일을 매우 빠른 속도로 판독할 수 있으나 파일의 확장에는 많은 어려움이 따른다. **연결 할당**(linked allocation) 방식에서는 각 파일 블록마다 다음 블록에 대한 포인터를 유지한다. 따라서 파일을 손쉽게 확장할 수 있으나 전체 파일을 느린 속도로 판독한다. 연속 할당과 연결 할당의 혼합 방식에서는 파일의 블록들을 클러스터라고 하는 연속적인 디스크 블록들에 할당하고 이 클러스터들은 서로 연결된다. 때로 클러스터를 **파일 세그먼트** 또는 **영역**(extent)이라고도 한다. 또 다른 방식으로는 하나 이상의 인덱스 블록에 실제 파일 블록에 대한 포인터를 유지하는 인덱스 할당 방식이 있다. 일반적으로 이상의 방식들을 조합하여 사용한다.

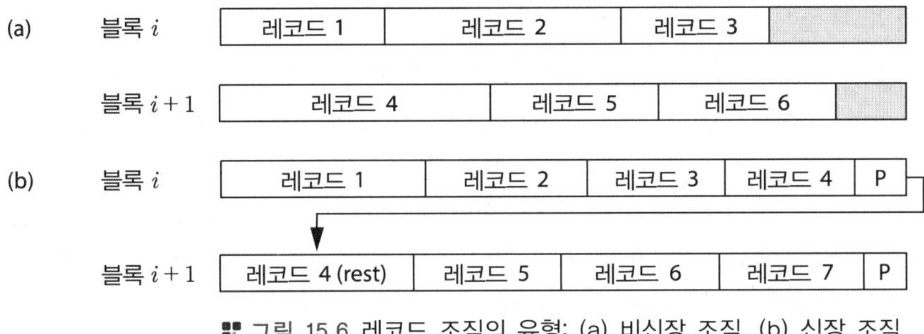


그림 15.6 레코드 조직의 유형: (a) 비신장 조직, (b) 신장 조직

### 15.4.5 파일 헤더

파일 내의 레코드들을 접근하는 시스템 프로그램이 필요로 하는 파일에 대한 정보를 파일 헤더 또는 파일 기술문에 유지한다. 이런 헤더에는 파일 블록들의 디스크 주소를 결정하기 위한 정보와 레코드 형식에 대한 정보를 유지한다. 레코드 형식에 대한 정보로 고정 길이 비신장 레코드에 대해서는 필드들의 길이, 필드들의 순서 등이 있고, 가변 길이 레코드에 대해서는 필드 유형 코드, 분리 문자, 레코드 타입 코드 등이 있다.

디스크에서 하나의 레코드를 탐색하려면 하나 이상의 블록을 주기억 장치 버퍼로 복사한 후 프로그램에서 파일 헤더 내의 정보를 이용하여 버퍼 내에서 원하는 레코드들을 탐색한다. 원하는 레코드가 저장된 블록 주소를 모르면 탐색 프로그램은 전체 파일 블록을 **선형 탐색**(linear search)해야 한다. 원하는 레코드를 찾거나 모든 파일 블록에 대한 탐색 결과로 원하는 레코드가 없다는 것을 확인할 때까지 각 파일 블록을 버퍼로 복사하고 탐색한다. 파일이 방대할 경우 이런 일은 많은 시간을 소비한다. 파일 조직의 목적은 파일을 선형 탐색 또는 전체 스캔하지 않고 최소 수의 블록 전송으로 원하는 레코드를 저장하고 있는 블록을 찾는 것이다.

## 15.5 파일에 대한 연산

파일에 대한 연산은 검색 연산과 갱신 연산으로 구분한다. 검색 연산은 파일 내의 어떠한 데이터도 변경하지 않으며, 레코드 필드 값들을 조사하여 특정 레코드를 찾는다. 갱신 연산은 레코드 삽입, 레코드 삭제, 필드 값 수정을 통하여 파일을 변경한다. 위의 두가지 연산 모두에서 **선택 조건**(또는 **필터링 조건**)을 기반으로 검색, 삭제, 수정하기 위한 하나 이상의 레코드를 선택해야 한다. 선택 조건은 원하는 레코드들이 만족해야 하는 기준을 나타낸다.

Name, Ssn, Salary, Job_code, Department 필드로 구성된 EMPLOYEE 파일을 고려해 보자. Ssn = '123456789' 또는 Department = 'Research'와 같은 단순 선택 조건에서는 어떤 필드 값에 대한 동등(equality) 연산자를 포함한다. Salary ≥ 30,000과 같이 좀 더 복잡한 조건에서는 >와 ≥같은 다른 유형의 비교 연산자들을 포함한다. 보다 일반적인 경우는 파일의 필드들에 대한 임의의 부울식을 선택 조건으로 사용하는 것이다.

파일 시스템에서 탐색 연산은 일반적으로 단순 선택 조건을 기반으로 한다. DBMS나 프로그래머는 디스크 상에서 레코드들을 찾기 위해 사용할 수 있는 단순 조건들을 끄집어 내기 위하여 복합 조건을 분해한다. 그런 후 찾은 레코드들이 모든 선택 조건을 만족하는지 조사한다. 예를 들어, 복합 조건 (Salary ≥ 30000 AND Department = 'Research')에서 단순 조건 (Department = 'Research')을 끄집어낸다. (Department = 'Research')를 만족하는 각 레코드를 찾은 후 이런 레코드들이 (Salary ≥ 30000)을 만족하는지 조사한다.

탐색 조건을 만족하는 레코드들이 여러 개 있을 때 레코드들의 물리적 순서로 첫 번째 레코드가 최초의 현재 레코드가 된다. 그 이후의 탐색 연산은 **현재 레코드**(current record)에서 시작하여 조건을 만족하는 다음 레코드를 찾는다.

파일 내의 레코드들을 찾고 접근하는 실제적인 연산들은 시스템마다 다르므로 아래 목록에서 일련의 대표적인 연산들을 제시한다. 전형적으로 DBMS와 같은 고수준 프로그램에서는 아래의 명령들을 사용하여 레코드들을 접근한다. 그래서 아래의 설명에서 프로그램 변수들에 대해 언급하기도 한다.

- Open. 판독과 기록을 위해 파일을 개방한다. 디스크로부터 파일 블록들을 유지하기 위해 적절한 버퍼(최소 2개)들을 할당한 후 파일 헤더를 검색한다. 파일 포인터를 파일의 시작 위치로 설정한다.
- Reset. open된 파일의 파일 포인터를 파일의 시작 위치로 설정한다.
- Find(또는 Locate). 탐색 조건을 만족하는 첫 번째 레코드를 탐색한다. 첫 번째 레코드를 포함하고 있는 블록이 주기억 장치 버퍼 내에 없으면 해당 블록을 주기억장치 버퍼로 전송한다. 파일 포인터는 버퍼 내의 레코드를 지정하고, 이 지정된 레코드는 현재 레코드가 된다. 찾은 레코드가 검색용인지 갱신용인지 나타내기 위하여 다른 명령을 사용하기도 한다.
- Read(또는 Get). 버퍼에 있는 현재 레코드를 사용자 프로그램의 프로그램 변수로 복사한다. 이런 명령으로 현재 레코드 포인터를 다음 레코드로 이동시킬 수 있으며 이런 경우에 다음 블록에 대한 판독 작업을 디스크에 요청할 수도 있다.
- FindNext. 파일 내에서 탐색 조건을 만족하는 다음 레코드를 탐색한다. 다음 레코드를 포함하고 있는 블록이 주기억 장치 버퍼 내에 없으면 주기억 장치 버퍼로 전송한다. 버퍼 내에서 탐색 조건을 만족하는 레코드를 찾고 현재 레코드로 지정한다. 계층 및 네트워크 모델에 기초한 고전적인 DBMS들은 여러 가지 형태의 FindNext(예를 들어, 현재 레코드의 다음 부모 레코드를 찾기, 주어진 타입의 다음 레코드를 찾기, 또는 복잡한 조건을 만족하는 다음 레코드 찾기)를 제공한다.
- Delete. 현재 레코드를 삭제하고, 삭제 작업을 디스크에 반영하기 위하여 파일을 갱신한다.
- Modify. 현재 레코드의 일부 필드 값들을 수정하고, 수정 작업을 디스크에 반영하기 위하여 파일을 갱신한다.

- **Insert.** 새로운 레코드를 파일에 삽입한다. 즉, 레코드를 삽입할 블록을 찾고 그 블록이 주기억 장치 버퍼 내에 없으면 그 블록을 주기억 장치 버퍼로 전송한다. 그 레코드를 버퍼에 기록하고 삽입 작업을 반영하기 위하여 그 버퍼를 디스크에 기록한다.
- **Close.** 버퍼 해제와 기타 필요한 제거 연산을 수행하여 파일 접근을 완료한다.

위의 연산(open과 Close를 제외한)들은 단일 레코드에 적용되므로 **한 번에 한 레코드**(record-at-a-time) 연산이라고 한다. Find, FindNext, Read의 일련의 연산들은 아래에서 설명하는 단일 연산인 Scan으로 단순화하는 것이 가능하다.

- **Scan.** 파일이 방금 open되었거나 reset되었을 경우 *Scan*은 첫 번째 레코드를 반환하며, 그렇지 않을 경우에는 다음 레코드를 반환한다. 조건이 연산에 명시되었을 경우, 반환되는 레코드는 그 조건을 만족하는 첫 번째 또는 그 다음 레코드이다.

데이터베이스 시스템에서는 한 번에 **레코드들의 집합**(set-at-a-time) 연산이라고 부르는 고수준의 연산들을 추가로 제공한다. 이런 연산들의 몇 가지 예는 다음과 같다.

- **FindAll.** 탐색 조건을 만족하는 파일 내의 모든 레코드를 찾는다.
- **Find(또는 Locatc) $n$.** 검색 조건을 만족하는 첫 번째 레코드를 검색한 후 동일한 조건을 만족하는 나머지 $n-1$개의 레코드를 연속해서 찾는다. 만약 이들이 아직 주기억 장치에 적재되지 않았다면 $n$개의 레코드를 갖고 있는 블록을 주기억 장치 버퍼에 옮긴다.
- **FindOrdered.** 특정 순서대로 파일 내의 모든 레코드를 검색한다.
- **Reorganize.** 파일을 재조직한다. 어떤 파일 조직은 정기적으로 재조직할 필요가 있다. 예를 들어, 하나의 파일을 특정 필드의 순서대로 정렬하여 파일 내의 레코드들을 재정돈하는 것이다.

이 시점에서 **파일 조직**(file organization)과 **접근 방법**(access method)의 차이점을 분명하게 알고 있어야 한다. 파일 조직은 한 파일의 데이터를 레코드, 블록, 접근 구조로 조직함을 의미하므로 기억 장치 매체 상에 레코드와 블록들을 저장하고 서로 연결시키는 방법을 포함한다. 반면에 **접근 방법**(access method)은 앞에서 열거한 것과 같은, 파일에 적용할 수 있는 연산들의 그룹을 제공한다. 일반적으로 어떤 조직으로 구성된 한 파일에 여러 가지 접근 방법을 적용할 수 있다. 하지만 어떤 접근 방법은 특정 방법으로 조직된 파일에만 적용할 수 있다. 예를 들어, 인덱스가 없는 파일에 인덱스 접근 방법을 적용할 수는 없다(16장 참조).

일반적으로 다른 탐색 조건들에 비하여 더 많이 사용하는 일부 특정 탐색 조건들이 있을 수 있다. 갱신 연산이 거의 수행되지 않는 파일들을 **정적 파일**(static file)이라 하고, 갱신 연산을 수행하여 자주 변경되는 파일들을 **동적 파일**(dynamic file)이라 한다. 최종 사용자가 갱신할 수 없는 파일은 읽기 전용 파일로 간주된다. 대부분의 데이터 웨어하우스는 주로 읽기 전용 파일들로 구성된다. 성능이 우수한 파일 조직에서는 파일에 자주 사용되는 연산들을 가능한 한 효율적으로 수행해야 한다. 예를 들어, 한 회사 내에서 사원들의 레코드를 저장하고 있는 EMPLOYEE 파일(그림 15.5(a) 참조)을 고려해 보면 레코드들을 삽입(사원을 채용할 때)하고, 삭제(사원이 사직할 때)하고, 수정(예를 들어, 사원의 급여나 직업이 변경될 때)하는 연산들을 예상할 수도 있다. 한 레코드를 삭제 또는 수정하는 연산에서는 특정 레코드나 레코드들의 집합을 식별하기 위한 선택 조건이 필요하며 하나 이상의 레코드를 검색하는 연산에서도 선택 조건이 필요하다.

사용자가 주로 Ssn에 대한 탐색 조건을 사용한다면 설계자는 Ssn 값으로 레코드를 찾을 수 있는 파일 조직을 선택해야 한다. 이런 파일 조직에서는 Ssn 값의 순서대로 레코드들을 물리적으로 정렬하거나 Ssn에 대한 인덱스(16장 참조)를 정의하여 사용할 수 있다. 사원의 급여를 산출하기 위하여 파일을 사용하고, 부서별로 이 급여를 분류하는 또 다른 응용이 있다고 하자. 이런 응용에는 부서별로 사원 레코드를 정렬한 후에, 각 부서 내에 있는 사원 레코드들을 이름 순서대로 정렬하는 것이 가장 적합하다. 이렇게 할 경우 앞의 방법과 다른 방법으로 레코드들을 블록에 클러스터링하고 블록들을 실린더에 조직하게 된다. 그러나 이런 정렬은 Ssn 값의 순서대로 정렬한 파일 조직과 서로 상반된다. 만약 두 응용이 모두 중요하다면 설계자는 가능한 한 위의 두 가지 응용이 효율적으로 수행될 수 있는 파일 조직을 선정해야 한다. 그러나 불행하게도 한 가지 파일 조직으로 필요한 모든 연산을 효율적으로 수행하도록 만들 수는 없다. 한 파일은 특정 조직을 사용하여 한번만 저장할 수 있기 때문에 DBA는 종종 파일 조직에 대한 설계 선택이 어려운 상황을 만날 수도 있다. DBA들은 검색과 갱신 연산의 중요 정도와 비율을 고려하여 적절한 파일 조직을 선택해야 한다.

이 장의 나머지 절들과 16장에서 디스크에 파일의 레코드들을 조직하는 방법들을 논의한다. 순서, 해싱, 인덱싱과 같은 여러 가지 일반적인 기법이 접근 방법으로 사용되고 있다. 또한 여러 가지 파일 조직에서 레코드에 대한 삽입과 삭제 연산을 다루는 다양한 기법이 소개된다.

## 15.6 비순서 파일(히프 파일)

가장 간단하고 기본적인 파일 조직 유형은 삽입된 순서대로 레코드를 파일 내에 배치하는 것으로서 파일의 마지막에 새로운 레코드를 삽입한다. 이런 파일 조직을 **히프 파일**(heap file) 또는 **파일 파일**(pile file)[11]이라고 한다. 보통 이런 파일 조직은 16장에서 설명할 보조 인덱스와 같은 추가적인 접근 경로와 함께 사용되며, 또한 향후 사용할 목적으로 데이터 레코드들을 수집하고 저장하기 위하여 사용된다.

새로운 레코드를 삽입하는 연산은 매우 효율적이다. 파일의 마지막 디스크 블록을 버퍼로 복사하고 새로운 레코드를 추가한 다음, 레코드가 **추가된** 블록을 디스크에 다시 기록한다. 파일의 마지막 블록에 대한 주소는 파일 헤더에 유지한다. 그러나 임의의 탐색조건으로 레코드를 탐색하는 연산에서는 블록 단위로 파일 전체를 선형 탐색해야 한다. **선형 탐색**(linear search)은 시간이 많이 걸리는 작업이다. 탐색 조건을 만족하는 레코드가 단지 하나

11) 때로 이런 조직을 순차 파일(sequential file)이라 한다.

라면 그 레코드를 찾을 때까지 평균적으로 파일을 구성하는 전체 블록 수의 반을 주기억 장치로 읽어들이고 탐색해야 한다. $b$개의 블록으로 구성된 파일의 경우 평균 $b/2$개의 블록을 탐색해야 한다. 탐색 조건을 만족하는 레코드가 없거나 여러개 존재한다면 파일 내의 모든 블록, 즉 $b$개의 블록을 읽어들이고 탐색해야 한다.

레코드를 삭제하는 과정은 다음과 같다. 먼저 삭제하고자 하는 블록을 찾고, 레코드를 포함하고 있는 블록을 버퍼로 복사하고, 버퍼에서 레코드를 삭제하고, 마지막으로 버퍼에 있는 블록을 다시 디스크에 기록한다. 삭제 연산에서는 디스크 블록 내에서 삭제된 레코드가 차지하고 있던 공간을 사용하지 않는 공간으로 남겨 놓는다. 이런 방식으로 많은 레코드를 삭제하면 기억 장치 공간을 낭비하게 된다. 레코드를 삭제하기 위한 다른 방식으로는 **삭제 표시자**(deletion marker)라고 하는 별도의 비트나 바이트를 두는 것이다. 삭제 표시자는 레코드와 함께 저장한다. 레코드가 삭제되면 삭제 표시자를 특정 값으로 지정한다. 지정한 값 이외의 다른 값을 삭제 표시자로 갖는 레코드는 삭제되지 않은 유효한 레코드이다. 탐색 프로그램에서 탐색 연산을 수행할 때 블록 내의 유효한 레코드들만을 고려한다. 위의 두 가지 삭제 방식에서는 삭제된 레코드들이 차지하고 있는 비사용 공간을 회수하기 위하여 파일을 정기적으로 재조직해야 한다. 재조직 과정에서는 파일 블록들을 연속적으로 접근하여 삭제된 레코드들을 제거하고 다시 블록 단위로 묶는다. 이런 재조직 과정이 끝나면 블록들이 채워져서 더 많은 저장 공간이 생긴다. 새로운 레코드를 삽입할 때, 삭제된 레코드가 차지하고 있는 공간을 이용하는 방식도 있지만 이런 방식에서는 공백 위치를 유지하기 위한 노력이 추가로 필요하다.

비순서 파일에 대하여 신장 또는 비신장 파일 조직을 사용할 수도 있고, 고정 길이 또는 가변 길이 레코드들을 이용할 수도 있다. 가변 길이 레코드에 대한 수정 연산에서는 기존의 레코드를 삭제하고 수정된 레코드를 삽입하는 경우도 발생한다. 왜냐하면 수정된 레코드의 크기가 기존의 레코드가 차지하고 있던 디스크 공간에 들어갈 수 없는 경우가 발생할 수 있기 때문이다.

어떤 필드 값 순서대로 모든 레코드를 판독하기 위하여 파일에 대한 정렬된 사본을 생성한다. 방대한 양의 디스크 파일을 정렬하는 것은 시간이 많이 걸리는 연산이므로 외부 정렬(external sorting)을 위한 특별한 기법들을 사용한다(17장 참조).

비신장 블록과 연속 할당 방식을 사용하는 비순서 고정 길이 레코드들로 구성된 파일에서 그 위치를 이용하여 한 레코드를 접근하는 것은 매우 간단하다. 레코드에 0, 1, 2, ⋯, $r-1$ 순으로 번호를 부여하고 각 블록 내의 레코드에 0, 1, ⋯, $bfr-1$순으로 번호를 부여한다면, 파일에서 $i$번째 레코드는 $\lfloor (i/bfr) \rfloor$ 블록에 위치하고 그 블록에서 ($i$ mod $bfr$)번째 레코드이다. 여기서 $bfr$은 블로킹 인수이다. 이렇게 레코드의 상대적인 위치에 의해 직접적으로 레코드에 쉽게 접근할 수 있는 파일을 **상대 파일**(relative file) 또는 **직접 파일**(direct file)이라 한다. 탐색 조건을 기반으로 레코드를 찾을 때는 레코드의 위치로 어떤 레코드를 접근하는 것이 도움이 되지 않지만 16장에서 설명할 인덱스 등의 접근 경로를 파일에 구축하는 경우에는 유용하다.

## 15.7 순서 파일(정렬된 파일)

파일 내의 레코드들을 레코드 필드들 중에서 **순서 필드**(ordering field)라고 하는 한 필드 값의 순서대로 디스크에 물리적으로 정렬할 수 있다. 이런 파일을 순서 파일 또는 순차 파일[12]이라 하고, 순서 필드가 파일의 키 필드이면 이런 필드를 파일의 순서키라 한다. 각 레

| | Name | Ssn | Birth_date | Job | Salary | Sex |
|---|---|---|---|---|---|---|
| 블록 1 | Aaron, Ed | | | | | |
| | Abbott, Diane | | | | | |
| | ⋮ | | | | | |
| | Acosta, Marc | | | | | |
| 블록 2 | Adams, John | | | | | |
| | Adams, Robin | | | | | |
| | ⋮ | | | | | |
| | Akers, Jan | | | | | |
| 블록 3 | Alexander, Ed | | | | | |
| | Alfred, Bob | | | | | |
| | ⋮ | | | | | |
| | Allen, Sam | | | | | |
| 블록 4 | Allen, Troy | | | | | |
| | Anders, Keith | | | | | |
| | ⋮ | | | | | |
| | Anderson, Rob | | | | | |
| 블록 5 | Anderson, Zach | | | | | |
| | Angeli, Joe | | | | | |
| | ⋮ | | | | | |
| | Archer, Sue | | | | | |
| 블록 6 | Arnold, Mack | | | | | |
| | Arnold, Steven | | | | | |
| | ⋮ | | | | | |
| | Atkins, Timothy | | | | | |
| | ⋮ | | | | | |
| 블록 n−1 | Wong, James | | | | | |
| | Wood, Donald | | | | | |
| | ⋮ | | | | | |
| | Woods, Manny | | | | | |
| 블록 n | Wright, Pam | | | | | |
| | Wyatt, Charles | | | | | |
| | ⋮ | | | | | |
| | Zimmer, Byron | | | | | |

그림 15.7 Name 필드를 순서키로 갖는 EMPLOYEE 레코드들로 구성된 순서 파일의 일부

12) 또한 순차 파일은 순서 파일에 더 적합한 명칭이지만 비순서 파일을 언급할 때도 사용한다.

코드마다 유일한 값을 갖는 필드를 키 필드라고 한다. 그림 15.7은 각 사원의 이름이 서로 다르다는 가정 하에 Name 필드를 순서키로 갖는 순서 파일을 보여준다.

순서 파일은 비순서 파일에 비하여 몇 가지 장점을 갖는다. 첫째, 정렬 연산이 불필요하므로 정렬된 키 값들의 순서로 레코드들을 판독하는 연산이 매우 효율적이다. 검색 조건은 < 키 = 값 > 형태이거나 < 값1 < 키 < 값2 >와 같은 범위 조건일 수 있다. 둘째, 현재 레코드에서 정렬된 키 순서로 다음 레코드를 찾을 때 보통 별도의 부가적인 블록 접근이 필요하지 않다. 그 이유는 현재 레코드가 블록의 마지막에 위치하지 않는다면 다음 레코드는 현재 레코드와 같은 블록에 위치하기 때문이다. 셋째, 순서키 필드의 값을 기반으로 탐색 조건을 사용할 때 이진 탐색을 사용하면 더 빠르게 원하는 레코드를 검색할 수 있다. 디스크에 저장된 파일에 대하여 이진 탐색을 자주 사용하지는 않지만 선형 탐색에 비하여 성능이 향상 된다. 순서 파일은 탐색 시간을 최소화하기 위해 연속된 실린더별로 블록화되고 저장된다.

디스크 상의 파일에서 **이진 탐색**(binary search)은 레코드들보다는 블록들에 대해서 수행된다. 1, 2, …, $b$로 번호를 부여한 $b$개의 블록으로 파일이 구성되고, 레코드들이 순서키 필드 값들의 오름차순으로 정렬되어 있고, 순서키 필드 값이 $K$인 레코드를 찾는다고 가정하자. 파일 블록들의 디스크 주소가 파일 헤더에 유지된다고 가정하면 이진 탐색은 알고리즘 15.1에 따라 수행된다. 이진 탐색에서는 순서키 필드 값이 $K$인 레코드를 찾든지 못 찾든지 상관없이 보통 $\log_2(b)$개의 블록을 접근한다. 순서키 필드 값이 $K$인 레코드를 찾을 경우 평균 $b/2$개의 블록을 접근하고 레코드를 찾지 못했을 경우에는 $b$개의 블록을 탐색해야 하는 선형 탐색 방법에 비하여 이진 탐색 방법은 더 좋은 성능을 보인다.

**알고리즘 15.1 디스크 파일의 순서키에 대한 이진 탐색**

```
l← 1; u← b (* b는 파일 블록 개수임*)
while (u ≥ l) do
   begin i ← (l+u) div 2;
   파일의 블록 i를 버퍼로 읽어 들인다
   if K < (블록 i에 있는 첫 번째 레코드의 순서키 필드 값)
      then u← i−1
   else if K < (블록 i에 있는 마지막 레코드의 순서키 필드 값)
      then l← i+1
   else if 순서키 필드 값이 K인 레코드가 버퍼에 있음
      then goto found
   else goto notfound;
   end;
goto notfound;
```

해당 조건을 만족하는 모든 레코드가 파일 내에서 연속적으로 저장되어 있기 때문에 순서 필드에 대해 >, <, ≥, ≤와 같은 조건을 포함하는 탐색 기준은 매우 효율적이다. 예를 들어, 그림 15.7에서 탐색 기준이 (Name < 'G')라면 탐색 기준을 만족하는 레코드들은 파일의

처음 레코드부터 영문자 G로 시작하는 Name 값을 가지는 첫 번째 레코드 바로 이전까지이다(여기서 '<'는 알파벳 순서에서 이전의 알파벳을 의미한다).

순서 파일 방식에서는 다른 **비순서 필드**(nonordering field)의 값을 기반으로 레코드들을 임의 접근하거나 순서 접근하지 못한다. 이런 경우 임의 접근을 위해서는 선형 탐색을 사용하고, 비순서 필드의 순서대로 레코드들을 접근하기 위해서는 파일을(그 비순서 필드순으로) 정렬한 사본을 별도로 만들어야 한다.

순서 파일은 레코드들을 물리적으로 정렬된 상태로 유지해야 하므로 레코드 삽입과 삭제 연산 비용이 매우 크다. 레코드를 삽입하기 위해서는 순서 필드 값을 기반으로 삽입할 정확한 위치를 찾고 그 위치에 새로운 레코드를 삽입하기 위하여 공간을 마련한다. 새로운 레코드를 위한 공간을 마련하기 위하여 평균적으로 전체 레코드의 1/2에 해당되는 레코드들을 이동시켜야 하기 때문에, 대용량의 파일인 경우 이런 연산을 수행하기 위해 많은 시간이 소모된다. 즉, 파일을 구성하는 전체 블록의 1/2에 해당되는 블록들을 주기억 장치로 읽어들여서 블록들 간에 레코드들을 이동한 후 디스크에 다시 기록해야 한다. 레코드 삭제 연산의 경우 삭제 표시자를 사용하고 정기적으로 파일을 재조직한다면 위와 같은 문제는 줄어들게 된다.

삽입 연산을 좀 더 효율적으로 수행하기 위하여 각 블록 내에 새로운 레코드 삽입을 위한 빈 공간을 유지한다. 그러나 이런 빈 공간을 모두 사용하고 나면 근본적인 문제가 다시 발생한다. **오버플로 파일** 또는 **트랜잭션 파일**이라고 하는 임시 비순서 파일을 만들어 삽입 연산을 수행하는 방식도 자주 사용된다. 이런 방식에서 실제 순서 파일을 **주** 파일 또는 **마스터 파일**이라 한다. 새로운 레코드들을 오버플로 파일의 마지막에 삽입하고 정기적으로 파일 재조직 시에 마스터 파일과 오버플로 파일을 정렬하고 합병한다. 삽입 연산은 효율적으로 수행되지만 그만큼 탐색 알고리즘의 복잡도는 증가한다. 한가지 옵션은 각 블록에서 오버플로된 키를 고려한 후, 그 블록의 키 값 중 가장 큰 값을 별도의 필드에 유지하는 것이다. 그렇지 않으면, 마스터 파일에서 이진 탐색으로 레코드를 찾지 못했을 경우 선형 탐색으로 오버플로 파일을 탐색한다. 최신 정보를 요구하지 않는 응용에서는 탐색 시에 오버플로 레코드를 무시할 수 있다.

레코드 필드 값을 수정하는 연산은 다음 수정 레코드를 찾기 위한 탐색 조건과 수정하는 필드의 특성에 영향을 받는다. 탐색 조건이 순서키 필드를 포함하고 있으면 이진 탐색을 사용하여 레코드를 찾을 수 있다. 그렇지 않으면 선형 탐색을 사용해야 한다. 고정 길이 레코드를 갖는 경우 비순서 필드는 해당 레코드를 변경하고 이를 디스크 상의 동일한 물리적 위치에 다시 기록함으로써 수정할 수 있다. 순서 필드를 수정할 경우에는 파일에서 수정한 레코드를 저장할 위치가 변경된다. 따라서 수정될 기존 레코드를 삭제하고 수정할 레코드를 삽입해야 한다.

오버플로 파일 내의 레코드들을 무시한다면 이중 버퍼링을 사용하여 연속적으로 블록들을 판독할 수 있기 때문에 순서 필드 순서대로 레코드들을 판독하는 연산이 매우 효율적이다. 오버플로 파일에 있는 레코드들을 포함하여 순서 필드 순서대로 판독하기 위해서는 먼저 마스터 파일의 정확한 위치에 오버플로 파일 내의 레코드들을 합병해야 한다. 즉, 그 파일을 재조직한 후 순차적으로 판독한다. 파일을 재조직하기 위하여 먼저 오버플로 파일의 레코드들을 정렬하고 마스터 파일과 합병한다. 삭제 표시된 레코드들은 재조직 시에 제거된다. 표 15.3은 b개의 블록을 가진 파일에서 특정한 레코드를 찾기 위해 블록을 접근하는데 소요되는 평균 블록 접근 시간이 요약되어 있다.

**기본 인덱스**(primary index)라 부르는 **부가적인 접근 경로**(즉, 인덱스된 순차 파일)를 사용하지 않으면 순서 파일은 데이터베이스 응용에서 거의 사용되지 않는다. 기본 인덱스를 사용하면 순서키 필드에 대한 임의 접근 시간이 향상된다(16장에서 인덱스에 관해 논의한다). 만약 순서 애트리뷰트가 키가 아니면 그 파일은 클러스터링 파일이라고 부른다.

표 15.3 기본 파일 구조 아래 $b$개의 블록을 가진 파일에 대한 평균 접근 시간

| 유형 | 접근 방법 | 특정 레코드를 접근하기 위한 평균 블록 수 |
|---|---|---|
| Heap(비순차) | 순차 스캔(선형 검색) | $b/2$ |
| 순서 구조 | 순차 스캔 | $b/2$ |
| 순서 구조 | 이진 탐색 | $\log_2 b$ |

## 15.8 해싱 기법

또 다른 파일 조직 유형은 해싱을 기반으로 하는 것으로서 해싱을 사용하면 특정 탐색 조건을 만족하는 레코드들을 매우 빠르게 접근할 수 있다. 이런 파일 조직을 **해시 파일**(hash file)[13)]이라 한다. 탐색 조건은 **해시 필드**(hash field)라고 하는 단일 필드에 대한 동등(equality) 조건이어야 한다. 대부분의 경우에 파일의 키 필드가 해시 필드로 사용 되는데, 이 경우에 **해시키**(hash key)라고 부른다. 해싱에서는 **해시 함수** 또는 **난수화 함수**라고 하는 함수 $h$를 사용한다. 이 함수를 레코드의 해시 필드 값에 적용하여 레코드를 저장하고 있는 디스크 블록의 주소를 산출한다. 이 블록 내의 레코드에 대한 탐색은 주기억 장치 버퍼에서 수행된다. 대부분의 레코드에 대하여 단지 한 번의 블록 접근으로 원하는 레코드를 검색할 수 있다.

또한 한 프로그램에서 어떤 필드 값을 사용하여 레코드들의 그룹을 배타적으로 접근하고자 할 때, 내부 탐색 구조로서 해싱을 사용한다. 15.8.1절에서는 내부 파일들을 위해 사용하는 해싱에 관하여 기술하고, 15.8.2절에서는 디스크에 외부 파일들을 저장하기 위하여 어떻게 해싱을 응용하는지에 관하여 기술한다. 15.8.3절에서는 동적으로 성장하는 파일에 적용할 수 있도록 해싱을 확장하는 기법들에 관하여 논의한다.

13) 해시 파일을 직접 파일이라고도 부른다.

### 15.8.1 내부 해싱

내부 파일에서 해싱은 일반적으로 레코드들의 배열을 이용하여 해시 테이블(hash table)로 구현한다. 그림 15.8(a)에서 보는 바와 같이 배열의 인덱스 범위가 0부터 $M-1$이라고 하면, $M$개의 슬롯(slot)을 가지며 슬롯의 주소가 배열의 인덱스에 대응된다. 해당 배열의 인덱스를 구하기 위한 방법으로서 해시 필드 값을 0에서 $M-1$ 사이의 정수로 변환하는 해시 함수를 선택한다. 일반적으로 많이 사용하는 해시 함수는 $h(K) = K$ mod $M$이다. 이 함수는 해시 필드 값 $K$를 $M$으로 나눈 나머지 값을 반환하고 이 값을 레코드의 주소로 사용한다.

해시 필드 값이 정수형이 아닌 경우에는 mod 함수를 적용하기 전에 정수형으로 변환한다. 해시 필드 값이 문자열인 경우에는 문자와 연관된 수치 코드(ASCII)를 변환 과정에서 사용

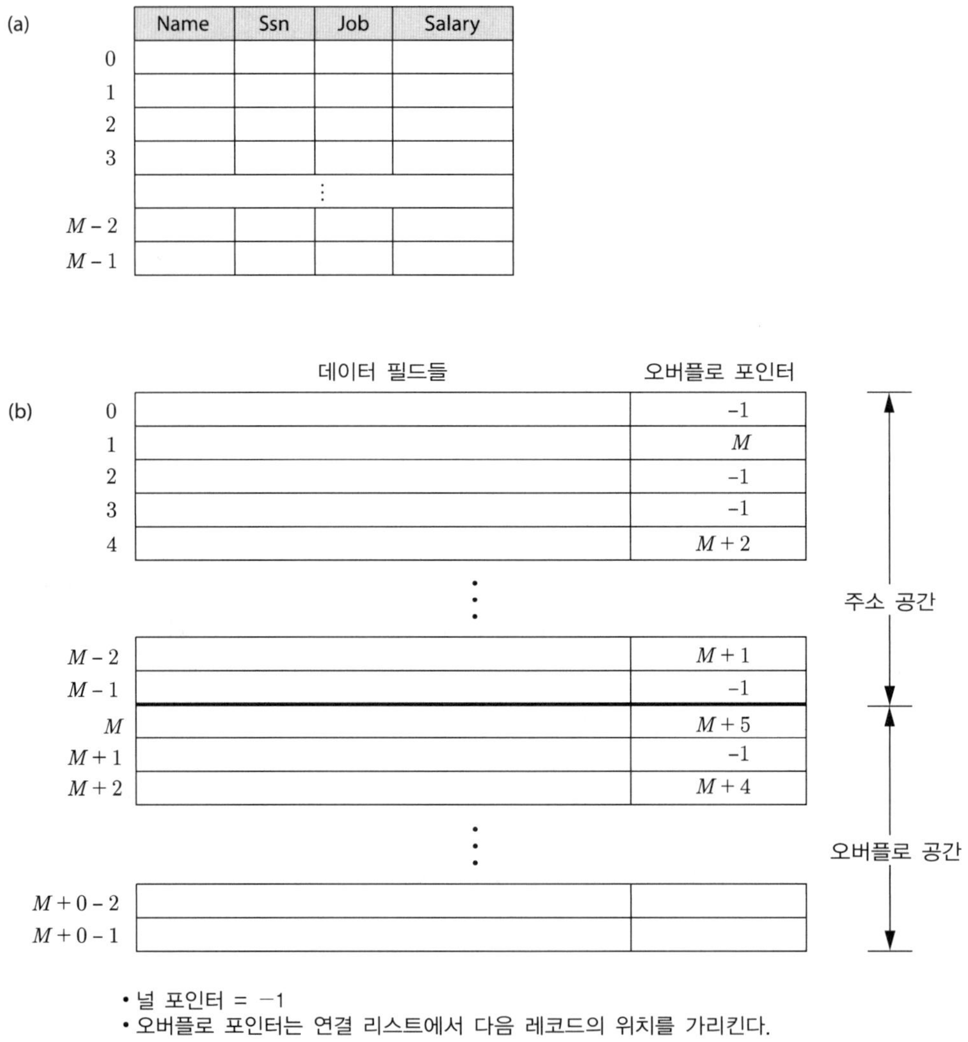

(a)

| | Name | Ssn | Job | Salary |
|---|---|---|---|---|
| 0 | | | | |
| 1 | | | | |
| 2 | | | | |
| 3 | | | | |
| | ⋮ | | | |
| $M-2$ | | | | |
| $M-1$ | | | | |

(b)

| | 데이터 필드들 | 오버플로 포인터 | |
|---|---|---|---|
| 0 | | −1 | 주소 공간 |
| 1 | | $M$ | |
| 2 | | −1 | |
| 3 | | −1 | |
| 4 | | $M+2$ | |
| | ⋮ | | |
| $M-2$ | | $M+1$ | |
| $M-1$ | | −1 | |
| $M$ | | $M+5$ | 오버플로 공간 |
| $M+1$ | | −1 | |
| $M+2$ | | $M+4$ | |
| | ⋮ | | |
| $M+0-2$ | | | |
| $M+0-1$ | | | |

- 널 포인터 = −1
- 오버플로 포인터는 연결 리스트에서 다음 레코드의 위치를 가리킨다.

그림 15.8 내부 해싱 자료 구조: (a) 내부 해싱에 사용하는 M개의 원소를 갖는 배열, (b) 레코드 체인(chain) 방법으로 충돌 해결 데이터 필드들 오버플로 포인터

**알고리즘 15.2** 두 개의 단순 해시 알고리즘

(a) mod 해시 함수를 문자열 K에 적용한 경우, (b) 개방 주소(open addressing)를 사용하여 충돌 해결

```
(a) temp ← 1;
    for i ← 1 to 20 do temp ← temp * code(K[i]) mod M;
    hash_address ← temp mod M;
(b) i ← hash_address(K); a ← i;
    if 위치 i가 차 있음
       then begin i ← (i+1) mod M;
            while (i ≠ a)이고 위치 i가 차 있음
                do i ← (i+1) mod M;
            if (i = a) then 모든 위치가 차 있음
            else new_hash_address ← i;
            end;
```

한다. 변환 과정의 한 예로는 수치 코드 값을 곱하는 것이다. 해시 필드의 데이터 타입이 20개 문자 크기의 문자열인 경우 해시 주소를 계산하기 위하여 알고리즘 15.2a를 사용한다. 이 알고리즘에서는 code 함수가 한 문자에 대한 수치 코드를 반환하고, '*array* [1 .. 20] *of char* 형태(PASCAL의 경우)' 또는 '*char* $K$[20] 형태(C의 경우)'의 해시 필드 값 $K$가 주어진다고 가정한다.

여러 다른 해시 함수를 사용할 수도 있다. **접지**(folding) 방식에서는 해시 주소를 계산하기 위하여 덧셈과 같은 산술 함수나 배타적 **논리합**(exclusive or)과 같은 논리 함수를 해시 필드 값의 서로 다른 부분에 적용시킨다. 예를 들어, 0~999의 주소 공간을 사용하여 1,000개의 키를 저장할 경우, 6자리 숫자 235469는 3자리씩 접어서 다음 식에 의해 주소 199에 저장된다: (235 + 964) mod 1,000 = 199. 또 다른 방식으로는 해시 주소를 만들기 위하여 해시 필드 값의 임의 숫자를 끄집어 내는 것이다. 예를 들어, 해시 필드 값의 세 번째, 다섯 번째, 여덟 번째 숫자를 끄집어 내어 이 값을 해시 주소로 만든다. 예를 들어, 10자리 숫자로 구성된 사회보장번호를 가지고 1,000명의 사원을 1,000개의 저장 위치를 가진 해시 파일에 저장한다고 하자. 이때 사회보장번호가 301-67-8923인 경우 함시 함수에 의해 172라는 해시 값을 갖는다.[14] 대부분의 해시 함수는 서로 다른 해시 필드 값을 항상 서로 다른 주소로 사상하지는 못한다는 문제점을 가지고 있다. 그 이유는 해시 필드 공간(해시 필드가 취할 수 있는 가능한 값들의 개수)이 주소 공간(레코드들에 대해 사용 가능한 주소 개수)보다 매우 크기 때문이다. 해시 함수란 해시 필드 공간을 주소 공간으로 사상시키는 함수이다.

삽입하려는 레코드의 해시 필드 값이 이미 다른 레코드가 점유하고 있는 주소로 해싱될 때 **충돌**(collision)이 발생한다. 이런 경우 새로운 레코드에 대한 해시 주소를 이미 다른 레코드가 사용하고 있으므로 새로운 레코드를 다른 위치에 삽입해야 한다. 이렇게 다른 위치를 찾는 과정을 **충돌 해결**(collision resolution)이라 한다. 다음과 같이 충돌을 해결하기 위한 여

14) 해시 함수의 자세한 설명은 이 책의 영역 밖이다.

러 가지 방법이 있다.

- **개방 주소 지정**(open addressing). 해시 주소가 가리키고 있는 위치부터 시작하여 빈 위치를 찾을 때까지 순차적으로 그 이후의 위치들을 조사한다. 이런 목적으로 알고리즘 15.2(b)를 사용할 수 있다.
- **체인**. 이 방법에서는 보통 여러 오버플로 영역을 두며, 보통 배열에 이 오버플로 영역을 갖도록 확장한다. 추가적으로, 레코드 영역에 포인터 필드를 추가한다. 충돌이 발생하면, 사용하지 않는 오버플로 영역에 새로운 레코드를 저장하고 다른 레코드가 이미 점유하고 있는 해시 주소 영역의 포인터에 오버플로 영역의 주소를 지정하여 충돌을 해결한다. 그림 15.8(b)와 같이 각 해시 주소마다 연결 리스트를 유지한다.
- **다중 해싱**(multiple hashing). 첫 번째 해시 함수 적용 결과로 충돌이 발생하면 두 번째 해시 함수를 적용한다. 두 번째 해시 함수의 적용 결과로 또 충돌이 발생하면 개방 주소 지정 방법을 사용하거나 세 번째 해시 함수를 적용하고, 필요하면 개방 주소 지정 방법을 다시 사용한다. 이들 일련의 해시 함수들은 동일한 순서로 검색에 사용된다. 각 충돌 해결 방법마다 레코드 삽입, 검색, 삭제를 위한 고유의 알고리즘들이 필요하다.

이런 알고리즘들 중 체인 방법에서 사용하는 알고리즘이 가장 간단하다. 개방 주소 지정 방법에서 레코드 삭제 알고리즘은 다소 까다롭다. 내부 해싱 알고리즘에 관한 자세한 설명은 자료 구조 교재들을 참고하기 바란다.

좋은 해싱 함수의 목표는 두 가지인데, 첫째는 충돌을 최소화할 수 있도록 레코드들을 주소 공간에 균일하게 분포시켜서, 단일 접근으로 지정된 키를 사용하는 레코드를 찾을 수 있게 하는 것이다. 두 번째 목표는 다소 상반될 수 있는데, 위 버켓들을 가득 채우고 빈 공간이 가능한 한 남기지 않는 것이다. 시뮬레이션과 분석 연구 결과 일반적으로 해시 테이블을 70%에서 90% 정도 사용하도록 유지하는 것이 가장 좋다고 한다. 이때 충돌 횟수를 줄이고 공간 낭비도 줄일 수 있다. 해시 테이블에 $r$개의 레코드를 저장하려면 $r/M$이 0.7에서 0.9 사이의 값을 갖도록 주소 공간을 위한 영역의 크기 $M$을 선정해야 한다. $M$값으로 소수(prime number)를 사용하면 mod 해시 함수를 사용하는 해싱 기법에서 해시 주소들을 더 균등하게 분배한다. 다른 해시 함수들에서는 2의 멱승값으로 $M$을 선정한다.

### 15.8.2 디스크 파일을 위한 외부 해싱

디스크 파일에 대한 해싱을 **외부 해싱**(external hashing)이라 한다. 디스크 장치의 특성에 맞게 목표 주소 공간을 **버켓**(bucket)들로 구성하고 각 버켓에는 다수의 레코드를 유지한다. 버켓은 디스크 블록 한 개나 연속적인 블록들의 묶음으로 이루어진다. 해시 함수에서는 버켓에 절대 블록 주소를 할당하는 대신에 키를 상대 버켓 번호로 사상시킨다. 그림 15.9에서 보는 바와 같이, 파일 헤더에서 유지하고 있는 테이블에서 버켓 번호를 대응되는 디스크 블록 주소로 변환시킨다.

버켓을 사용하는 방식에서 충돌 문제는 심각하지 않다. 한 버켓 내에 저장할 수 있는 많은 레코드를 충돌 문제를 야기하지 않으면서 같은 버켓으로 해시할 수 있기 때문이다. 그러나 버켓이 가득 차고 삽입할 새로운 레코드가 이 버켓으로 해시될 경우에 대비해야 한다. 그림 15.10에 나타낸 것처럼 각 버켓마다 그 버켓에서 오버플로된 레코드들의 연결 리스트에

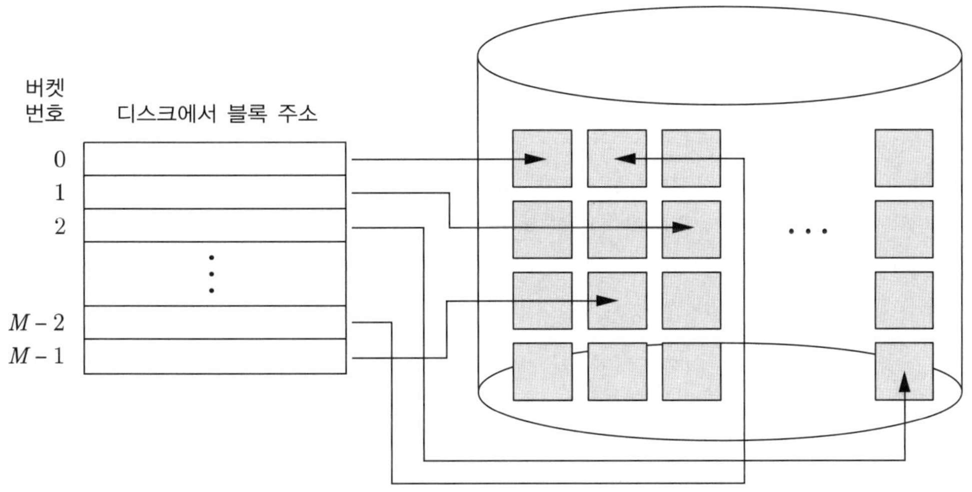


그림 15.9 버켓 번호들을 디스크 블록 주소들로 사상

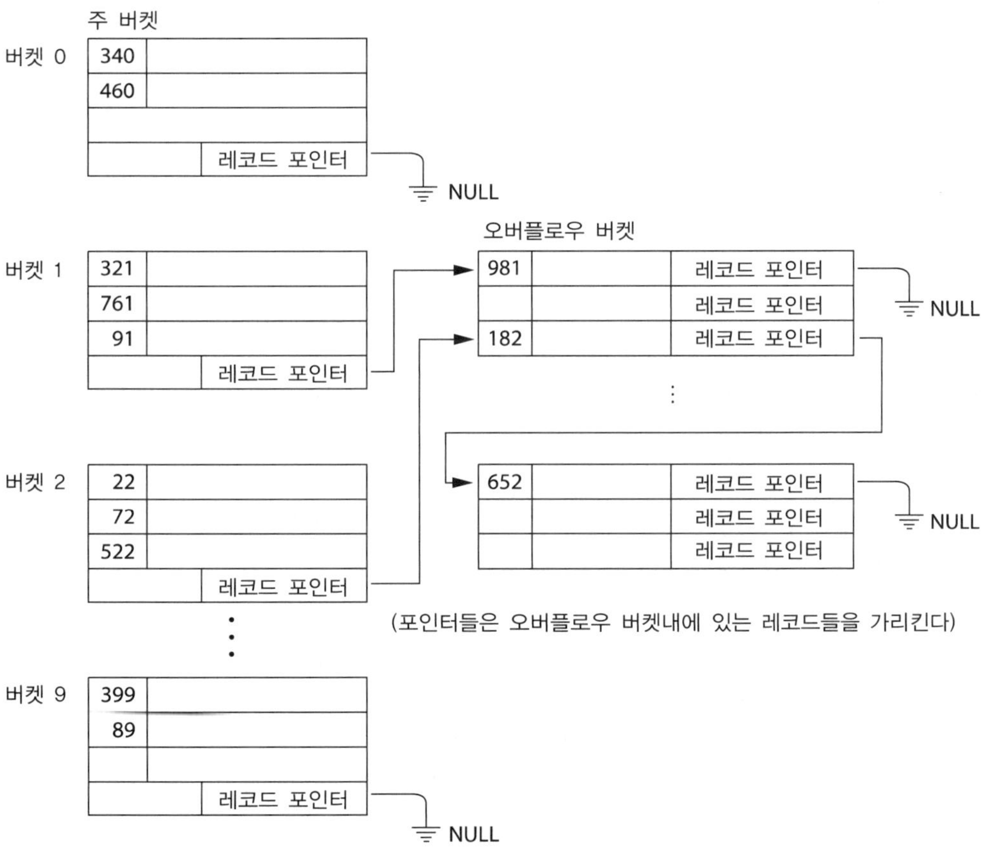


그림 15.10 체인 방법을 사용한 버켓 오버플로 처리

대한 포인터가 유지되는 체인 방법의 변형이 이용될 수 있다. 연결 리스트 내의 포인터는 블록 주소와 블록 내에서 레코드의 상대적인 위치를 나타내는 **레코드 포인터**이어야 한다.

해싱은 해시 필드 값을 갖는 임의의 레코드를 가장 빠르게 검색할 수 있도록 한다. 비록 가장 좋은 해시 함수라 할지라도 해시 필드 값의 순서대로 레코드들을 유지하지는 않지만 순서 유지 함수라 부르는 몇몇 함수는 해시 필드 값의 순서대로 레코드들을 유지한다. 순서 유지 해시 함수의 간단한 예로 상품 번호 필드의 맨 왼쪽 세 개의 숫자를 버켓 주소(즉, 해시 주소)로 취하고, 각 버켓 내에서 레코드를 상품 번호의 크기 순으로 정렬하여 유지하는 것이다. 또 다른 예로 특정 간격을 해시키 값으로 채울 경우 정수형 해시키 값을 상대 파일에 대한 인덱스로 직접 사용한다. 예를 들어, 한 회사에서 사원 번호로 1, 2, 3, ⋯, $n$(전체 사원 수)를 부여하면 순서를 유지하는 동등(identity) 해시 함수 (즉, 키 값이 상대 주소가 되는 함수)를 사용할 수 있다. 불행하게도 이 방식은 응용에서 순차 키 값들을 순서대로 생성하는 경우에만 적용할 수 있다.

지금까지 설명한 해싱 기법은 할당된 버켓의 수 $M$이 고정되어 있기 때문에 **정적 해싱**(static hashing)이라 부른다. 이 함수는 주소 공간이 고정되어 있는 키-주소 매핑을 수행한다. 이것은 동적 파일에서는 심각한 장애가 될 수 있다. 주소 공간으로 $M$ 개의 버켓을 할당하고 한 버켓에 저장할 수 있는 최대 레코드 수가 $m$이라 하면, 할당된 공간에 최대한 $(m*M)$ 개의 레코드를 저장할 수 있다. 실제 레코드수가 $(m*M)$보다 작으면 많은 공간이 사용되지 않은 채로 남아 있을 것이고 $(m*M)$보다 매우 크면 자주 충돌이 발생하고 오버플로 레코드들에 대한 연결 리스트의 길이가 늘어나므로 레코드를 검색하는 속도가 느려진다. 이와 같은 두 경우에, 할당된 블록 수 $M$을 조정하고 레코드들을 재구성하기 위해 새로운 해시 함수(새로운 값 $M$을 기반으로 하는)를 사용할 수 있다. 이런 재구성은 큰 파일의 경우 상당히 긴 시간이 소요될 수 있다. 해싱을 기반으로 하는 새로운 동적 파일 조직에서는 관련된 몇 개의 버켓만 재구성함으로써 버켓의 수를 동적으로 변경할 수 있다 (15.8.3절 참조).

외부 해싱(external hashing)을 이용할 때 해시 필드 이외의 필드 값으로 레코드를 탐색하는 연산은 비순서 파일에서의 경우와 마찬가지로 많은 시간이 든다. 레코드 삭제 연산은 레코드를 포함하고 있는 버켓에서 레코드를 삭제하여 구현한다. 이 버켓이 오버플로 체인을 가지고 있으면 오버플로 레코드들 중의 하나를 삭제된 레코드의 위치로 이동시킬 수 있다. 삭제할 레코드가 오버플로 영역에 있으면 단순하게 연결 리스트에서 삭제한다. 오버플로 레코드를 삭제한 후 오버플로 영역에서 공백 위치에 대한 정보를 유지해야 하는데, 사용하지 않는 오버플로 위치들에 대한 연결 리스트를 유지하여 쉽게 해결할 수 있다.

특정 레코드의 필드 값을 수정하는 연산은 다음 두 가지 요소에 영향을 받는다: 즉, 수정할 레코드를 찾기 위한 탐색 조건과 수정하는 필드. 탐색 조건이 해시 필드에 대한 동등 비교이면 해시 함수를 사용하여 레코드를 효율적으로 찾을 수 있다. 그렇지 않으면 선형 탐색을 사용해야 한다. 해시 필드 이외의 필드들은 레코드를 변경하고 디스크의 동일한 버켓에 다시 기록하여 수정할 수 있다. 해시 필드를 수정할 경우 수정한 레코드를 다른 버켓으로 이동시켜야 한다. 즉, 수정하려는 레코드를 삭제하고 수정한 레코드를 새로 삽입해야 한다.

### 15.8.3 동적 파일 확장이 가능한 해싱 기법

앞 절에서 논의했듯이 정적 해싱 방식의 가장 큰 문제점은 해시 주소 공간이 고정되어 있다는 것이다. 따라서 파일을 동적으로 확장하거나 축소하기가 어렵다. 이 절에서는 이런 문제점을 해결하기 위한 여러 가지 해싱 기법을 소개한다. 첫 번째로 확장 가능 해싱(extendible hashing)은 파일에 부가적인 접근 구조를 저장한다. 이런 구조는 16장에서 설명할 인덱싱과 유사하지만 해싱 방식은 해시 함수를 탐색 필드에 적용하여 산출한 값을 기반으로 접근 구조를 구성한다는 면에서 인덱싱과 큰 차이가 있다. 인덱싱에서는 탐색 필드 자체의 값을 기반으로 접근 구조를 구성한다. 선형 해싱(linear hashing)이라는 두 번째 방식은 어떤 부가적인 접근 구조도 사용하지 않는다. 동적 해싱이라고 불리는 또 다른 방식은 이진 트리 자료 구조에 기초한 접근 구조를 사용한다. 이 자료 구조에 대한 자세한 설명을 하지 않는다.

이런 해싱 기법들은 해시 함수 적용 결과가 음이 아닌 정수이고 이를 이진수로 표현할 수 있다는 이점을 활용한다. 해시 함수 적용 결과인 이진수 표현을 기반으로 접근 구조를 구성한다. 이런 이진수 표현을 레코드에 대한 해시 값이라 한다. 이진수 표현은 비트열로 구성된다. 레코드 해시 값에서 선행하는 비트들의 값을 기반으로 레코드들을 버켓들에 분배한다.

**확장 가능 해싱.** Fagin (1979)이 제안한 확장 가능 해싱에서는 $2^d$개의 버켓 주소 배열을 가지는 디렉토리를 유지하는데, 여기서 $d$는 디렉토리의 **전역 깊이**(global depth)이다. 해시 값의 처음 $d$개의 비트에 해당하는 정수 값이 디렉토리 엔트리를 결정하기 위한 배열의 인덱스로 사용된다. 디렉토리 엔트리 내의 주소는 해당 레코드를 저장하고 있는 버켓 주소를 나타낸다. 그러나 $2^d$개의 디렉토리 엔트리가 서로 다른 버켓을 유지할 필요는 없다. 처음 $d'$개의 비트가 동일한 해시 값을 갖는 여러 디렉토리 엔트리로 해시되는 모든 레코드를 하나의 버켓에 저장할 수 있으면 여러 디렉토리 엔트리에 같은 버켓 주소를 유지한다. 각 버켓에 저장하는 지역 깊이(local depth) $d'$는 버켓 내의 레코드가 기반으로 하는 비트 수를 나타낸다. 그림 15.11은 전역 깊이 $d$가 3인 디렉토리를 나타낸다.

$d$값은 한 번에 1씩 증가하거나 감소하므로 이에 따라 디렉토리 배열 내의 엔트리 수는 두 배가 되거나 절반이 된다. 지역 깊이 $d'$와 전역 깊이 $d$가 같은 버켓에서 오버플로가 발생할 경우 디렉토리 배열 내의 엔트리 수는 두 배가 되고, 어떤 레코드 삭제 후에 모든 버켓에 대해 $d > d'$인 경우 디렉토리 배열 내의 엔트리 수는 절반이 된다. 대부분의 레코드 검색은 두 개의 블록 접근(디렉토리에 대한 블록 접근과 버켓에 대한 블록 접근)을 필요로 한다.

버켓 분할 과정을 설명하기 위하여 해시 값이 01로 시작하는 버켓(그림 15.11에서 세 번째 버켓)에 새로운 레코드를 삽입할 때 오버플로가 발생한다고 가정하자. 오버플로가 발생한 버켓 내에서 해시 값이 010으로 시작하는 모든 레코드를 첫 번째 분할 버켓에 저장하고, 해시 값이 011로 시작하는 모든 레코드를 두 번째 분할 버켓에 저장한다. 010과 011에 대한 두 개의 디렉토리 엔트리는 서로 다른 버켓을 가리킨다. 버켓 분할 전에 두 개의 디렉토리 엔트리에서는 같은 버켓을 가리켰었다. 새로 생성된 두 개 버켓의 지역 깊이는 예전 버켓보다 1이 많은 3이 된다.

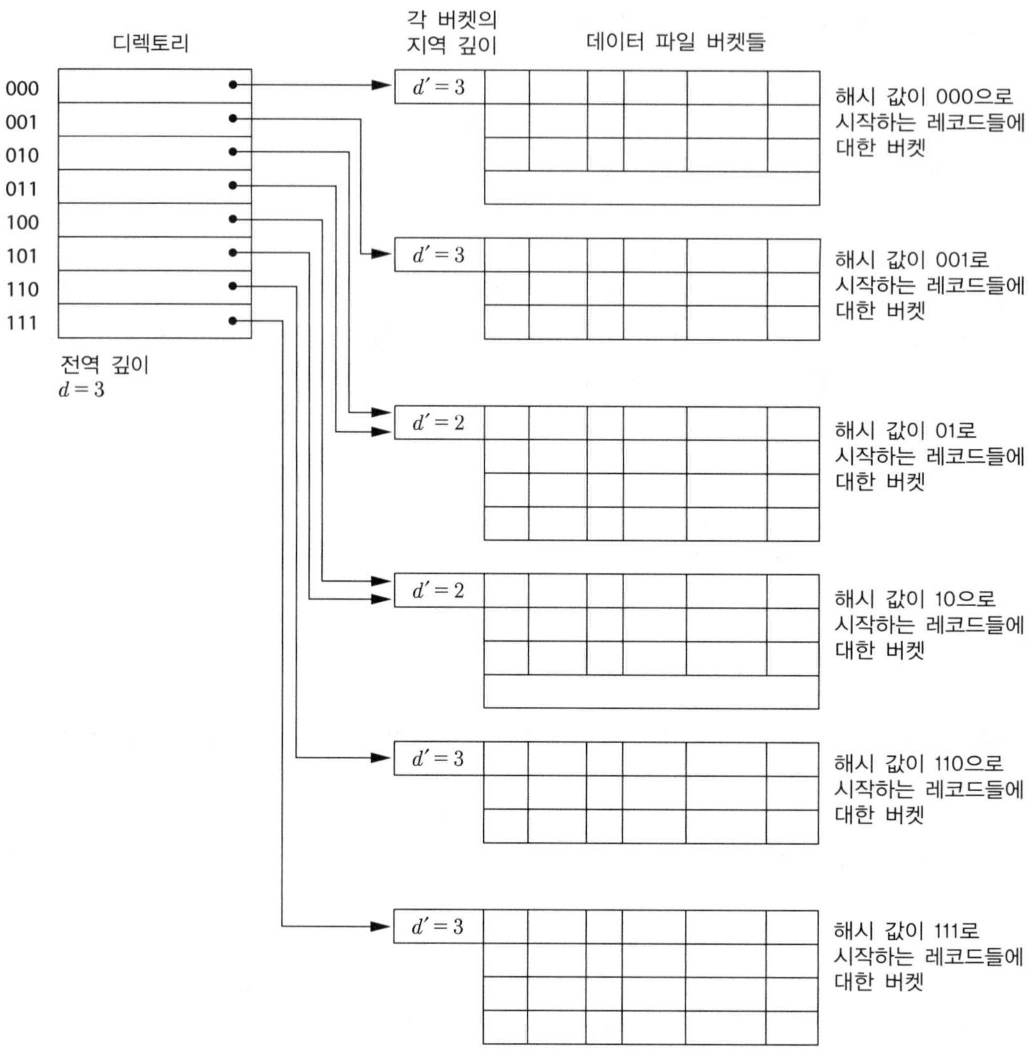


그림 15.11 확장 가능 해싱 기법의 구조

지역 깊이 $d'$와 전역 깊이 $d$가 같은 버켓에서 오버플로가 발생하여 버켓이 분할되며, 추가 비트를 사용해서 두 개의 새로운 버켓을 구별하기 위하여 디렉토리 크기는 두 배가 되어야 한다. 예를 들어, 그림 15.11에서 해시 값이 111로 시작하는 버켓에 오버플로가 발생하면 새로 생성된 두 개의 버켓에 1110과 1111로 라벨을 붙이고, 두 버켓의 지역 깊이가 4가 되므로 디렉토리의 전역 깊이 $d$도 4가 된다. 따라서 디렉토리 크기도 두배가 되어 디렉토리 내의 각 엔트리가 2개의 엔트리로 분할되며, 이때 각 엔트리마다 생성된 두 개의 엔트리는 분할되기 전의 엔트리가 갖고 있던 버켓 주소 값을 그대로 유지한다.

확장 가능 해싱의 주요 장점은 파일의 크기가 증가하더라도 성능이 감소하지 않는다는 것이다. 이에 반해 정적 외부 해싱은 파일의 크기가 증가할수록 충돌이 증가하며, 따라서 충돌 체인이 길어지고 각 키당 평균 접근 횟수도 늘어난다. 또한 확장 가능 해싱은 앞으로의 파일 크기 증가를 위해 할당된 공간이 없다. 그러나 부가적인 버켓들이 필요에 따라 동적으로 할당될 수 있다. 디렉토리 테이블을 위한 오버헤드 공간은 무시할 수 있다. $k$개의 비트로 해시 값이 구성될 때 최대 디렉토리 크기는 $2k$이다. 또 다른 장점은 대부분의 경우에 분열(splitting)은 약간의 재구성만 유발한다는 것이다. 즉, 하나의 버켓 내의 레코드들이 두 개의 새로운 버켓으로 재분산된다. 단, 이런 재구성 시간은 디렉토리가 2배로 늘어나거나 절반으로 줄어들 때는 더 많은 시간이 든다. 단점은 버켓들 자체에 접근하기 전에 디렉토리를 검색해야 한다는 것인데, 정적 해싱에서는 하나의 블록만 접근하는 반면에 확장 가능 해싱에서는 이로 인해 두 개의 블록을 접근해야 하는 문제점이 있다. 이런 성능의 저하는 미미하므로 확장 가능 해싱 기법은 동적 파일을 위해 매우 적합한 것으로 생각된다.

**동적 해싱.** 확장 가능 해싱보다 먼저 나온 것이 Larson(1978)이 제안한 동적 해싱인데, 이 방법에서는 각 버켓에 속한 키들의 개수에 따라 $n$개 상위 비트들 또는 $n-1$개 상위 비트들을 버켓의 주소로 사용한다. 버켓 내에 레코드를 저장하는 방법은 동적 해싱과 확장 가능 해싱이 서로 약간 유사하다. 이들 간의 중요한 차이점은 디렉토리를 구성하는 방식에 있다. 확장 가능 해싱은 전역 깊이(상위 $d$개 비트)라는 개념을 이용하여 배열 형태의 단순한 디렉토리를 사용하며, 서로 합칠 수 있는 인접 버켓들을 $d-1$의 지역 깊이를 갖는 하나의 버켓으로 병합한다. 반면에, 동적 해싱은 다음과 같은 두 개 타입의 노드를 갖는 트리 구조의 디렉토리를 사용한다.

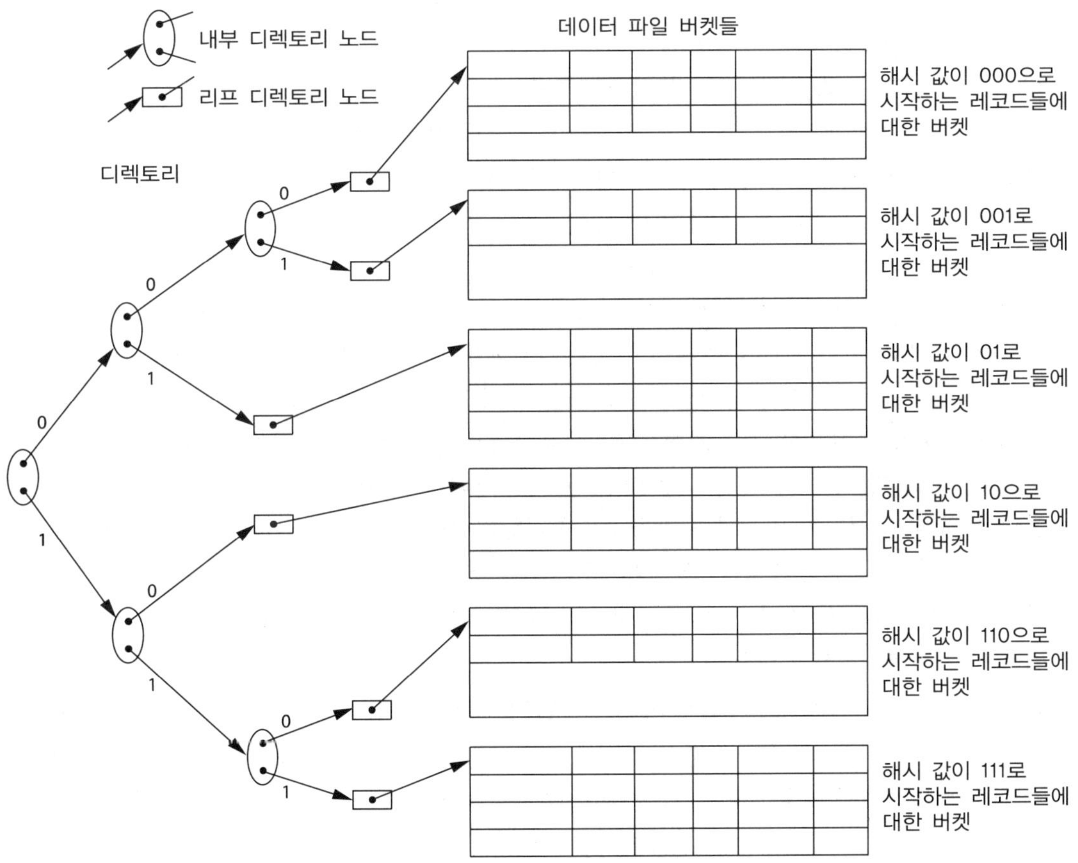


그림 15.12 동적 해싱 기법의 구조

- 두 개의 포인터를 갖는 내부 노드—(해시된 주소에서) 0비트에 해당하는 왼쪽 포인터와 1비트에 해당하는 오른쪽 포인터
- 리프 노드—레코드를 가진 실제 버켓에 대한 주소를 유지함

동적 해싱에 대한 한 예가 그림 15.12에 있다. ("000", "001", "110", 그리고 "111"로 표시된) 4개의 버켓은 상위 3개 비트를 주소로 가지며(전역 깊이가 3인 경우에 해당), ("01"과 "10"으로 표시된) 2개 버켓은 상위 2개 비트를 주소로 갖는다(전역 깊이가 2인 경우에 해당). 후자의 두 가지는, "010"과 "011"이 "01"로 합쳐지고 "100"과 "101"이 "10"으로 합쳐진 결과이다. 디렉토리 노드들은 동적 해싱에서 "전역" 깊이와 "지역" 깊이를 결정하기 위해 묵시적으로 사용됨을 기억하라. 주어진 해시 주소의 레코드를 탐색하려면, 그 레코드를 저장한 버켓에 도달할 때까지 디렉토리 트리를 탐색해야 한다.

이 동적 해싱 방법에서 레코드를 삽입, 삭제, 검색하는 알고리즘은 독자들이 직접 작성해 보기 바란다.

**선형 해싱.** Litwin(1980)이 제안한 선형 해싱에서는 디렉토리를 사용하지 않으면서 해시 파일의 버켓 수를 동적으로 늘리거나 줄인다. 0, 1, ⋯, $M-1$로 번호를 부여한 $M$개의 버켓으로 해시 파일을 구성하고 해시 함수 $h(K) = K$ mod $M$을 사용한다고 가정하자. 이런 해시 함수를 초기 해시 함수 $h_i$라 한다. 각 버켓마다 오버플로 체인을 유지하여 충돌로 인한 오버플로를 해결한다. 그러나 특정 버켓(초기에는 버켓 0임)에서 충돌로 인하여 오버플로 레코드가 발생하면, 파일의 해당 버켓(버켓 0)을 두 개의 버켓(초기 버켓 0과 파일 끝에 새로운 버켓 $M$)으로 분할한다. 다른 해시 함수 $h_{i+1}(K) = K$ mod $2M$을 기반으로 하여 초기 버켓 0 내의 레코드들을 두 개의 버켓으로 분배한다. 해시 함수 $h_i$와 $h_{i+1}$의 중요한 특성은 $h_i$를 기반으로 하여 버켓 0에 해시한 모든 레코드를 $h_{i+1}$을 기반으로 하여 버켓 0이나 버켓 $M$으로 해시할 수 있다는 것이다.

계속되는 충돌로 인하여 오버플로 레코드가 발생하면 버켓 1, 2, 3, ⋯ 의 순서대로 차례로 분할한다. 많은 오버플로가 발생한다면 초기 파일의 모든 버켓 0, 1, 2, ⋯, $M-1$이 분할될 것이다. 그래서 파일은 $M$개의 버켓이 아닌 $2M$개의 버켓을 가지며 모든 버켓은 해시 함수 $h_{i+1}$을 사용한다. 결국 오버플로 레코드들은 함수 $h_{i+1}$을 사용해 일반 버켓들로 재분배되는데 이것을 버켓에 대한 **지연 분할**(delayed split)이라 한다. 선형 해싱 방식에는 디렉토리가 없으며 단지 어느 버켓이 분할되었는지 나타내기 위하여 $n$ 값만 필요하다. $n$은 처음에 0이었다가 분할이 발생할 때마다 1씩 증가한다. 해시키 값이 $K$인 레코드를 검색하기 위하여 먼저 해시 함수 $h_i$를 $K$에 적용한다. $h_i(K) < n$이면 이미 그 버켓이 분할되었으므로 해시 함수 $h_{i+1}$을 K에 적용한다. 모든 버켓에 해시 함수 $h_i$가 적용되었음을 나타내기 위하여 $n$은 초기값으로 0을 가지며, 버켓이 분할될 때마다 선형으로 증가한다.

증가 후 $n = M$이 되면 모든 초기 버켓이 분할되고 해시 함수 $h_{i+1}$을 모든 레코드에 적용한 상태임을 의미한다. 이때 $n$ 값을 다시 0으로 지정하고, 오버플로를 야기하는 새로운 충돌 현상이 발생하면 새로운 해시 함수 $h_{i+2}(K) = K$ mod $4M$을 사용한다. 일반적으로 일련의 해시 함수 $h_{i+j}(K) = K$ mod $(2^j\text{M})$, $j=0, 1, \cdots$ 을 사용한다. 모든 버켓 0, 1, ⋯,

$(2^jM)-1$이 분할되고 $n$ 값이 0으로 재 지정되었을 때 새로운 해시 함수 $h_{i+j+1}$이 필요하다. 알고리즘 15.3은 해시키 값이 $K$인 레코드를 탐색하는 프로시저를 나타낸다. 특정 버켓에 오버플로가 발생할 때마다 분할하지 않고 파일 적재 인수(file load factor)를 고려하여 분할하도록 조절할 수 있다. 일반적으로 파일 적재 인수 $l$을 $l=r/(bfr^* N)$으로 정의한다. 여기서 $r$은 파일의 총 레코드 개수이고, $bfr$은 한 버켓에 저장할 수 있는 최대 레코드 개수이며, $N$은 현재의 버켓 개수이다. 파일 적재 인수가 어떤 임계값 이하가 되면 분할한 버켓들을 다시 합병한다. 블록들은 선형적으로 합병되고 $N$ 값은 적절하게 감소된다. 파일 적재 인수는 버켓을 분할하고 합병을 유발하는 데 사용되며, 따라서 이 파일의 적재 인수를 원하는 범위 내로 유지할 수 있다. 즉 파일 적재 인수가 어떤 임계값(예를 들어, 0.9)을 초과하면 버켓을 분할하고 다른 임계값(예를 들어, 0.7) 이하가 되면 버켓을 합병하도록 조절할 수 있다. 선형 해싱의 중요 장점으로는, 파일의 크기는 늘었다 줄었다 하지만 적재 인수는 비교적 일정하게 유지하며, 또 디렉토리를 갖지 않는다는 점이다.[15)]

**알고리즘 15.3** 선형 해싱을 위한 탐색 프로시저

if $n=0$
 then $m \leftarrow h_j(K)$ (* $m$은 해시키 $K$를 갖는 레코드의 해시 값이다 *)
 else **begin**
  $m \leftarrow h_j(K)$;
  if $m < n$ then $m \leftarrow h_{j+1}(K)$
  **end;**
해시 값이 $m$인 버켓(그리고 필요하다면 그 오버플로우)를 탐색한다.

## 15.9 기타 기본 파일 조직

### 15.9.1 혼합 파일

지금까지 설명한 파일 조직에서 특정 파일의 모든 레코드는 같은 레코드 타입을 갖는다고 가정하였다. EMPLOYEEs, PROJECTs, STUDENTs, DEPARTMENTs 파일도 단지 한 타입의 레코드들로 구성된다. 6장에서 보았듯이 대부분의 데이터베이스 응용에서는 여러 가지 타입의 엔티티들이 다양한 형태로 서로 연관되어 있는 경우를 접하게 된다. **연결 필드**(connecting field)를 사용하여 여러 파일 내의 레코드들 간의 관계를 표현할 수 있다.[16)] 예를 들어, STUDENT 레코드에 Major_dept라는 연결 필드를 둘 수 있다. 이 필드는 학생이 전

15) 선형 해시에서의 삽입, 삭제에 관한 자세한 내용은 Litwin(1980)과 Salzberg(1988)을 참고하기 바란다.
16) 관계 모델(3장)에서의 외래키 개념과 객체지향 모델(10장)에서 객체 사이의 참조는 연결 필드의 예이다.

공하고 있는 DEPARTMENT 이름을 값으로 갖는다. 이런 Major_dept 필드로 DEPARTMENT 엔티티를 참조한다. 연관된 두 개의 레코드에서 필드 값들을 검색하려면 두 개의 레코드 중에서 한 레코드를 먼저 검색해야 한다. 그 다음에 연결 필드 값을 사용하여 다른 파일에서 연관된 레코드를 검색한다. 따라서 **논리적 필드 참조**(logical field reference)로 서로 다른 파일에 있는 레코드들 사이의 관계를 구현한다.

계층 DBMS와 네트워크 DBMS뿐만 아니라 객체 DBMS에서도 파일 조직은 물리적 관계로 레코드들 간의 관계를 구현한다. 물리적 관계는 연관된 레코드들을 물리적으로 연속되게 저장(혹은 클러스터링)하거나 물리적 포인터에 의해 구현된다. 이런 파일 조직에서는 두 개 이상의 레코드 타입에 속하는 레코드들을 저장하기 위하여 디스크 영역을 할당하므로 서로 다른 타입을 갖는 레코드들이 디스크 상에 물리적으로 클러스터될 수 있다. 자주 사용하는 특정 관계를 물리적으로 구현하면 연관된 레코드들을 검색할 때 시스템의 효율을 증가시킬 수 있다. 예를 들어, 하나의 DEPARTMENT 레코드와 이 학과를 전공하는 모든 STUDENT 레코드를 검색하는 질의를 자주 사용한다면 각 DEPARTMENT 레코드와 STUDENT 레코드들의 클러스터를 혼합 파일로 디스크에 연속적으로 저장하는 것이 바람직하다. 객체 타입의 물리적 클러스터링 개념은 객체 DBMS에서 연관된 객체들을 혼합 파일로 함께 저장하기 위해 사용된다. 데이터 웨어하우스에서 입력 데이터는 다양한 출처에서 제공되며, 필요한 데이터를 운영 데이터 저장소(ODS)에 수집하기 위해 초기에 통합된다. 일반적으로 ODS는 여러 종류의 레코드가 함께 보관된 파일들을 포함한다. 이 ODS에 ETL(추출, 변환 및 로드) 처리 연산이 수행된 후 데이터 웨어하우스로 전달된다.

혼합 파일에서는 레코드들을 구분하기 위하여 각 레코드마다 레코드 타입을 기술하는 레코드 타입 필드를 유지한다. 이런 필드는 각 레코드에서 첫 번째 필드가 되며, 이것은 시스템 소프트웨어에서 레코드를 처리할 때 레코드 타입을 결정하기 위하여 사용한다. DBMS에서는 레코드의 데이터 값을 해석하기 위해 카탈로그 정보를 사용하여 레코드 타입의 필드들과 필드들의 크기를 알아낸다.

### 15.9.2 B-트리와 기타 자료 구조

다른 자료 구조들을 기본적인 파일 조직으로 사용할 수 있다. 예를 들어, 한 파일의 레코드의 크기와 개수가 적으면 어떤 DBMS에서는 B-트리 자료 구조를 기본 파일 조직으로 사용하도록 하는 옵션을 제공한다. 16.3.1절에서 B-트리에 관해 기술하고 인덱싱에서 사용하는 B-트리 자료 구조에 관하여 논의한다. 일반적으로 디스크 장치의 특성을 살릴 수 있는 어떤 자료 구조도 디스크에 레코드를 배치하기 위한 기본 파일 조직으로 사용할 수 있다. 최근에 열기반으로 데이터를 저장하는 방법이 관계 데이터베이스의 릴레이션을 저장하는 기본 구조로 제안되었다. 16장에서 관계 데이터베이스를 위한 다른 저장 방식들 중의 하나로 이 방법에 대해 간략히 소개한다.

## 15.10 RAID 기술을 이용한 병렬 디스크 접근

반도체 장치와 메모리의 성능과 용량이 기하급수적으로 향상됨에 따라 더 큰 기본 기억 장치를 가진 더 빠른 마이크로프로세서들이 지속적으로 등장하고 있다. 이런 성장에 부합할 수 있도록 보조 저장 장치 기술에도 성능과 신뢰도 관점에서 프로세서 기술을 따라잡기 위한 노력이 필요하다.

보조 저장 장치 기술의 주요한 발전은 RAID의 개발로 대표된다. RAID는 원래 **저가 디스크의 중복 배열**(Redundant Arrays of Inexpensive Disks)의 약자에서 유래되었으나 최근에는 RAID의 '*I*'를 독립된(Independent) 디스크를 의미하는 것으로 간주되고 있다. RAID의 개념은 업계에서 매우 긍정적인 지지를 받고 있으며 여러 가지 RAID 구조(RAID 레벨 0~6)가 개발되어 왔다. 이 절에서 이 기술의 핵심적인 특징들을 조명해 본다.

RAID의 주요 목표는 메모리와 마이크로프로세서의 성능 향상과 균형을 맞출 수 있도록 디스크의 성능을 획기적인 비율로 향상시키는 데 있다.[17] RAM 용량은 매 2, 3년마다 4배의 성장을 하는 반면에 디스크 접근 시간은 매년 10% 이하로 향상되고 있지만, 디스크 전송률은 대략 매년 20%씩 향상되고 있다. 실제로 디스크 용량은 매년 50% 이상 발전하고 있으나 속도와 접근 시간은 이에 비해 훨씬 작은 비율로 발전하고 있다.

또 다른 질적인 불균형으로는 비디오, 오디오, 이미지, 공간 데이터의 처리를 요구하는 새로운 응용(이들 응용에 관한 자세한 설명은 25장을 참조)들에 맞춰 개발된 특별한 마이크로프로세서의 능력에 비해 대규모 공유 데이터 집합들을 빠르게 접근하는 기능이 부족하다는 것이다.

이에 대한 자연스러운 해결책은 여러 개의 작고 독립적인 디스크를 배열로 구성하여 하나의 고성능 논리적 디스크처럼 동작하도록 하는 것이다. 여기에는 **데이터 스트라이핑**(data striping)이라 부르는 개념이 이용되는데 이것은 디스크의 성능 향상을 위해 **병렬성**(parallelism)을 이용한다. 데이터 스트라이핑은 여러 개의 디스크가 하나의 크고 빠른 디스크처럼 보이도록 데이터를 다중 디스크로 투명하게 분산시킨다. 그림 15.13은 한 파일을 4개의 디스크에 분산하거나 스트라이핑한 것을 보여준다. **비트 레벨 스트라이핑**에서는 바이트를 분할하여 개별 비트들을 독립 디스크에 저장한다. 그림 16.13(a)는 비트 (0, 4)가 디스크 0에, 비트 (1, 5)가 디스크 1에, 등과 같이 4개의 디스크에 걸쳐 비트-스트라이핑된 것을 보여준다. 이 스트라이핑을 사용하면, 모든 디스크가 매 읽기 또는 쓰기 작업에 참여하며, 초당 접근 수는 단일 디스크와 동일하게 유지되지만 주어진 시간에 읽는 데이터 양은 4배 증가한다. 따라서 스트라이핑은 높은 전체 전송율을 제공하여 전반적인 I/O 성능을 향상시킨다. **블록 레벨 스트라이핑**은 블록들을 디스크에 스트라이핑한다. 이것은 디스크 배열이 마치 하나의 디스크인 것처럼 취급한다. 블록은 순서대로 0부터 논리적인 번호가 매겨진다. $m-$디스크 배열의 디스크들은 0에서 $m-1$까지 번호가 매겨진다. 스트라이핑을

17) Gorden Bell은 마이크로프로세서의 성능이 1974년에서 1984년 사이에 매년 약 40%씩 향상되었으며, 현재는 매년 50%를 초과할 것으로 예상된다고 밝혔다.

사용하면 블록 $j$는 ($j$ mod $m$)번 디스크에 저장된다. 그림 15.13(b)는 4개의 디스크($m$ = 4)를 사용한 블록 스트라이핑을 보여준다. 또한 데이터 스트라이핑은 디스크들 간에 부하 균형(load balancing)을 수행한다. 더욱이 패리티와 에러 검출 코드를 사용하여 여분의 정보를 디스크 상에 저장함으로써 신뢰성이 향상될 수 있다. 15.10.1절과 15.10.2절에서 RAID가 신뢰성을 향상하고 성능을 높이는 두 가지 중요한 목적을 어떻게 달성하는지 설명한다. 15.10.3절에서는 RAID 구조에 관해 설명한다.

### 15.10.1 RAID의 신뢰성 향상

각 디스크의 오류 가능성이 동일하므로 $n$개의 디스크 배열의 오류 가능성은 $n$배로 증가한다. 그러므로 만일 한 디스크 드라이브의 MTBF(Mean Time Between Failure)가 200,000시간 또는 약 22.8년이라면(테이블 15.1에 있는 Seagate Enterprise Performance 10K HDD라는 디스크 드라이브는 MTTF가 1.4백만 시간임), 100개의 디스크 드라이브 묶음의 MTBF는 단지 2,000시간 또는 83.3일밖에 안 된다(Seagate Enterprise Performance 10K HDD 디스크 1,000개 열은 1,400시간 또는 58.33일이 된다). 이런 디스크들의 배열에서 데이터 사본을 하나만 유지하는 것은 신뢰성에 중대한 문제를 야기할 것이다. 이에 대한 분명한 해결책은 디스크 오류를 감내할 수 있도록 데이터를 중복해서 저장하는 것이다. 그러나 이 해결책에는 쓰기를 위한 추가적인 I/O 연산들, 중복된 데이터를 유지하기 위한 별도의 계산, 에러들로부터 회복 수행, 중복된 정보를 저장하기 위한 추가적인 디스크 용량 등의 많은 문제점이 존재한다.

중복을 필요로 하는 한 가지 기법은 반사(mirroring) 또는 그림자(shadowing) 기법이라고 부르는 것이다. 데이터는 두 개의 동일한 물리적 디스크(논리적으로는 하나의 디스크로 취급)에 중복해서 기록된다. 데이터를 읽을 때는 더 짧은 대기 시간, 탐구 시간, 회전 지연 시간을 갖는 디스크로부터 검색할 수 있다. 만일 디스크 오류가 발생하면 오류가 발생한 디스크가 복구될 때까지 다른 디스크를 사용한다. 고장을 수리하는 데 필요한 평균 시간인 MTTR(Mean Time To Repair)이 24시간이라고 가정하면 200,000시간의 MTBF를 가진

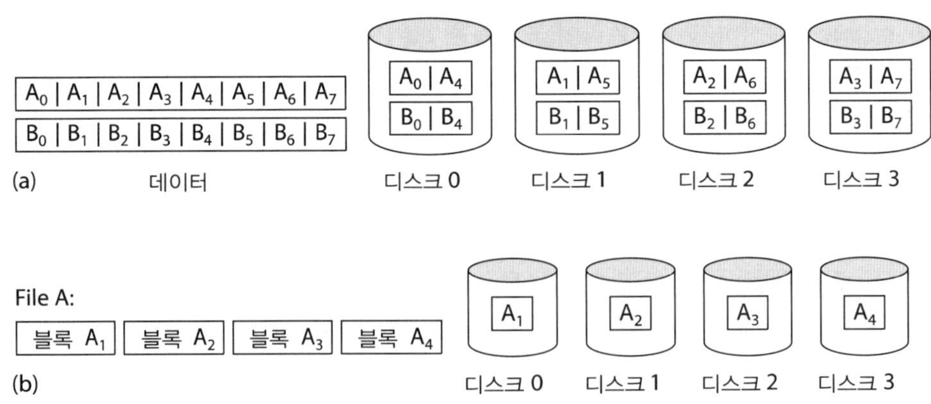


그림 15.13 다중 디스크에 데이터를 스트라이핑: (a) 4개의 디스크에 비트 레벨 스트라이핑, (b) 4개의 디스크에 블록 레벨 스트라이핑

100개의 디스크를 이용한 반사 기법의 디스크 시스템에서는 데이터 손실의 평균 시간이 $(200,000)^2/(2*24) = 8.33*10^8$시간이며, 이것은 95,028년에 해당된다.[18] 디스크 반사 기법은 읽기 처리를 각각의 디스크에서 할 수 있기 때문에 읽기 요청을 두 배 처리할 수 있다. 그러나 각각의 읽기 전송 속도는 하나의 디스크에서 읽는 속도와 동일하다.

신뢰성 문제를 해결하기 위한 또 다른 방법은, 정상적인 경우에는 불필요하지만 디스크 오류 발생 시 손실된 정보를 재구축하는 데 사용할 수 있는 부가 정보를 저장하는 것이다. 여분의 부가 정보를 이용하는 방법에서는 다음 두 가지 문제를 고려해야 한다. 즉, 여분의 정보를 계산하기 위한 기법의 선택과 중복된 정보를 디스크 배열 상에 분산하는 방법의 선택. 첫 번째 문제는 패리티 비트 또는 해밍 코드와 같은 특별한 코드를 포함하는 에러 검출 코드를 사용함으로써 해결할 수 있다. 패리티 기법 하에서 여분의 디스크는 다른 디스크들의 모든 데이터의 합을 갖도록 할 수 있다. 한 디스크의 오류 시 손실된 정보를 뺄셈과 비슷한 방법으로 다시 생성할 수 있다.

두 번째 문제를 위한 기본적인 접근 방법은 몇 개의 디스크에 여분의 정보를 저장하는 것과 모든 디스크에 균등하게 여분의 정보를 저장하는 것의 두 가지 방법이 있다. 후자의 방법은 더 좋은 부하 균등을 제공한다. 여러 가지 RAID 레벨은 여분의 정보를 구현하고 신뢰성을 높이기 위해 이런 옵션들을 여러 가지로 조합하여 사용한다.

### 15.10.2 RAID의 성능 향상

디스크 배열은 더 빠른 전송 속도를 제공하기 위해 데이터 스트라이핑 기법을 사용한다. 데이터는 한 번에 한 블록만을 읽거나 기록할 수 있다. 따라서 전형적인 전송 단위는 512바이트에서 8,192바이트이다. 디스크 스트라이핑은 데이터의 각 바이트를 비트들로 분할하여 이 비트들을 서로 다른 디스크에 분산함으로써 더 작은 단위에 적용될 수 있을 것이다. 그러므로 **비트 레벨 데이터 스트라이핑**(bit-level data striping)은 한 바이트를 분리하여 비트 $j$를 $j$번째 디스크에 기록한다. 한 바이트는 8 비트로 구성되어 있으므로, 8개의 물리적 디스크는 8배 빠른 데이터 전송률을 갖는 하나의 논리적 디스크로 간주될 수 있다. 한 I/O 요구를 처리하는 데 모든 디스크가 참여하며, 따라서 한 요구에 대해 읽은 전체 데이터 양은 8배로 증가한다. 비트 레벨 스트라이핑은 보통 8의 배수 또는 8의 약수인 많은 수의 디스크에 대해 일반화될 수 있다. 따라서 4개의 디스크로 구성된 디스크 배열에서 $n$번째 비트는 ($n$ mod 4)번째 디스크에 저장된다. 그림 15.13(a)는 비트 레벨 데이터 스트라이핑의 예를 보여주고 있다.

데이터를 분산하는 단위는 비트보다 더 클 수 있다. 예를 들어, 파일의 블록들이 여러 디스크에 분산될 수 있는데, 이를 **블록 레벨 데이터 스트라이핑**(block-level data striping)이라 한다. 그림 15.13(b)는 4개의 블록으로 구성된 데이터 파일에 대한 블록 레벨 데이터 스트라이핑을 보여준다. 블록 레벨 스트라이핑에서 한 개의 블록(또는 적은 양)을 접근하는 여러 개의 서로 다른 요청을 각 디스크에 의해 병렬로 처리할 수 있다. 따라서 I/O 요청들의 대기 시간이 감소된다. 여러 블록(또는 많은 양)을 접근하는 요청들도 병렬로 처리할 수 있으

---

18) MTTF 계산 공식은 Chen 외(1994)에 있다.

므로 응답 시간을 줄일 수 있다. 일반적으로 한 디스크 배열이 더 많은 수의 디스크로 구성될수록 더 큰 잠재적인 성능 향상을 얻을 수 있다. 그러나 각 디스크에 독립적으로 오류가 발생할 수 있으므로 100개의 디스크로 구성된 디스크 배열은 한 개의 디스크에 비해 신뢰성이 1/100로 낮아진다. 따라서 높은 성능과 함께 신뢰도를 제공하기 위해 에러 검출 코드와 디스크 반사를 사용한 여분의 정보유지가 필요하다.

### 15.10.3 RAID의 구조와 레벨

여러 RAID 구조는 데이터 분산(스트라이핑)의 단위와 여분의 정보를 계산하는 데 사용되는 패턴의 두 가지 요인의 조합 방법에 따라 서로 구별된다. 처음에는 RAID의 1~5 레벨만 제안되었으나 나중에 레벨 0과 6이 추가되었다.

데이터 스트라이핑을 사용하는 RAID 레벨 0은 여분의 데이터를 갖지 않고, 따라서 데이터의 갱신이 중복해서 일어나지 않으므로 가장 좋은 쓰기 성능을 가진다. 이것은 두개 이상의 디스크에 데이터를 골고루 분배한다. 그러나 읽기 성능은 반사 디스크를 사용하는 RAID 레벨 1만큼 좋지는 않다. 후자의 경우, 가장 짧은 탐구 시간과 회전 지연시간을 갖는 디스크에서 읽기 요청이 처리되도록 스케줄링함으로써 읽기 성능을 개선할 수 있다. RAID 레벨 2는 해밍 코드를 이용하여 메모리 형태의 여분 정보를 사용한다. 해밍 코드는 데이터의 구성 비트들의 서로 상이한 부분 집합(집합들은 서로 중첩될 수 있음)들에 대한 패리티 비트들을 포함한다. 따라서 이 레벨의 특정 버전에서는 4개의 원본 디스크를 지원하기 위해 3개의 여분 디스크가 필요한 반면에 반사 기능의 레벨 1에서는 4개의 여분의 디스크가 필요하다. 에러 검출은 파손된 디스크 자신이 에러 발생 사실을 나타내기 때문에 일반적으로 필수적인 기능은 아니지만 레벨 2에서는 에러 검출과 교정이 모두 가능하다.

RAID 레벨 3은 어느 디스크에 오류가 발생했는지 파악할 수 있는 디스크 제어기를 사용함으로써 한 개의 패리티 디스크만을 사용한다. RAID 레벨 4와 5는 블록 레벨 데이터 스트라이핑을 이용하며, 레벨 5는 데이터와 패리티 정보를 모든 디스크에 분산시킨다. 그림 15.14(b)는 RAID 레벨 5의 예를 보여주고 있는데, 여기서 패러티는 첨자 p로 표시돼 있다. 만약 어떤 디스크에 에러가 발생하면, 나머지 디스크에 있는 패러티를 사용하여 오류가 난 디스크의 데이터를 계산해 낼 수 있다. 마지막으로 레벨 6은 단지 두 개의 여분 디스크를 사용하여 두 개의 디스크까지의 오류에 대비하기 위해 Reed-Soloman 코드를 사용하는 소위 $P+Q$라는 여분 기법을 활용한다.

디스크 오류로부터 복구하는 것은 RAID 레벨 1에서 가장 쉽게 이루어진다. 다른 레벨들은 여러 디스크를 읽은 후에 오류가 발생한 디스크를 재구축한다. 레벨 1은 트랜잭션들의 로그를 저장하는 것과 같은 중요한 응용을 위해 사용된다. 레벨 3과 5는 대용량의 데이터 저장을 위해 주로 사용되며, 그 중에서 레벨 3은 더 높은 전송률을 제공한다. 현재 가장 널리 사용되고 있는 RAID 기술은 (스트라이핑을 지원하는) 레벨 0, (반사 기능을 가진) 레벨 1, 그리고 패리티를 위한 추가적인 디스크를 가진 레벨 5이다. 또한 여러 RAID 레벨들을 결합하는 것도 가능한데, 예를 들어, 0+1은 최소 4개의 디스크를 사용하여 스트라이핑과 반사를 합친다. 다른 비표준 RAID 레벨들에는 RAID 1.5, RAID7, RAID-DP, RAID S 또는 패러티 RAID, 매트릭스 RAID, RAID-K, RAID-Z, RAIDn, Linux MD RAID 10, IBM의

ServeRAID 1E, 그리고 unRAID 등이 있다. 이들 비표준 레벨들에 대해서는 이 책에서 설명하지 않는다. 주어진 여러 응용을 위한 RAID 설정을 설계하기 위해서는 RAID의 레벨, 디스크의 수, 패리티 기법의 선택, 블록 레벨 스트라이핑을 위한 디스크 그룹핑 방법 등 여러 가지 사항을 고려해야 한다. (한 개의 스프라이프 단위에 대한 I/O 요청을 의미하는) 적은 읽기와 쓰기, (오류 수정 그룹 내의 각 디스크로부터 한 개의 스트라이프 단위에 대한 I/O 요청을 의미하는) 많은 읽기와 쓰기 등에 대한 성능 연구가 자세하게 수행되었다.

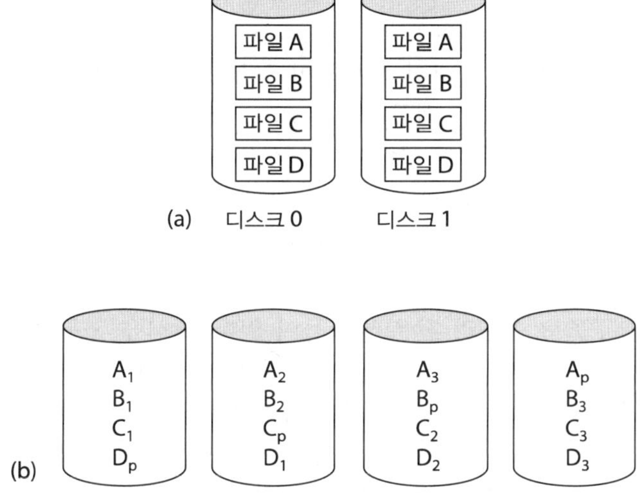


그림 15.14 RAID의 대표적인 레벨들: (a) RAID 레벨 1: 두 개의 디스크에 데이터를 반사, (b) RAID 레벨 5: 4개의 디스크에 분산 패러티를 갖는 데이터의 스트라이핑

## 15.11 최신 저장 장치 아키텍처

이 절에서는 저장 장치 시스템에서 최근에 개발되어 대부분 기업의 정보 시스템 아키텍처의 필수적인 요소가 된 몇 가지 최신 기술들을 소개한다. 노트북 및 소형 서버에서 이전에 널리 사용된 SCSI(소형 컴퓨터 시스템 인터페이스)를 거의 대체한 SATA 및 SAS 인터페이스에 대해서는 이미 설명하였다. 파이버 채널(Fibre Channel, FC) 인터페이스는 데이터 센터에 있는 저장 장치 네트워크에서 가장 널리 사용하는 기술이다. 아래에서 몇 가지 최신 저장 장치 아키텍처들에 대해 살펴본다.

### 15.11.1 저장 장치 영역 네트워크

전자 상거래나 조직 전반의 응용 데이터를 통합한 전사적 자원 계획(ERP) 시스템, 시간별 요약 정보를 유지하는 데이터 웨어하우스 등이 급속히 발전함에 따라 저장 장치에 대한 요구가 크게 늘어나고 있다. 오늘날 인터넷 중심의 조직체들의 정보 처리 요구를 지원할 수 있도록, 정적이고 고정된 데이터 센터 중심에서부터 더 유연하고 동적인 구조로의 전환이 필요하다. 모든 데이터를 관리하는 전체 비용이 빠르게 증가하기 때문에, 많은 경우에 서버에 연결된 저장 장치를 관리하는 비용이 서버 자체의 비용보다 더 많이 든다. 더구나 저장 장치의 구입 가격은 저장 장치 관리에 드는 전체 비용에 비해 (보통 10에서 15% 정도의) 작은 부분에 해당한다. RAID 시스템의 많은 사용자들은 RAID가 하나 이상의 서버에 고정된 방법으로 연결되어 있으므로 그 용량을 효과적으로 사용할 수가 없다. 따라서 대부분의 대규모 조직체들은 **저장 장치 영역 네트워크**(SAN: Storage Area Network)라고 부르는 개념으로 많이 옮겨갔다. SAN에서는, 온라인 저장 주변 장치들이 초고속 네트워크에 노드들로 구성되어 있고, 매우 유연한 방법으로 서버들에 연결되거나 분리될 수 있다. 여러 회사들이 SAN 공급자로 부상되고 있으며, 자신들의 고유한 망 형태(topology)들을 제공한다. 이들은 저장 시스템들이 서버로부터 더 먼 거리에 위치할 수 있도록 해 주며, 서로 다른 성능과 연결 옵션들을 제공한다. 현재의 저장 관리 응용들은, 과거의(legacy) SCSI 프로토콜을 캡슐화한 광 채널 네트워크를 사용하는 SAN 구성에 포함될 수 있다. 그 결과 SAN에 연결 장치들은 SCSI 장치들로 보여진다.

현재 SAN을 위한 구조로 다음과 같은 방안들이 있다. 광섬유를 통하여 서버와 저장 시스템 사이에 점대점 연결, 여러 RAID 시스템이나 테이프 라이브러리 등을 연결하는 광섬유-채널-스위치의 사용, 서로 다른 구성을 가진 서버와 저장 시스템을 연결할 광채널 허브와 스위치의 사용 등이 대표적인 방안이다. 조직체는 필요한 서버와 저장 장치들을 점진적으로 추가함으로써 간단한 망 형태에서 더 복잡한 형태로 서서히 옮길 수 있다. SAN 업체들마다 서로 다르기 때문에 더 이상 자세한 설명은 생략한다. SAN의 주요 장점들은 다음과 같다.

- 광섬유 채널 허브들과 스위치들을 사용하여 서버들과 저장 장치들 간의 유연한 다대다 연결
- 적절한 광섬유 케이블을 사용하여 서버와 저장 시스템 사이에 10Km까지 거리가 떨어지는 것이 가능
- 새로운 주변 장치와 서버들을 파열없이 추가할 수 있도록 하는 더 우수한 분리 기능
- 여러 저장 장치 시스템에 걸친 고속 데이터 복제. 일반적인 기술은 재해 복구 (DR) 솔루션을 위한 로컬 및 비동기 복제를 위해 동기식 복제를 사용한다.

SAN은 매우 빠르게 증가하고 있지만, 여러 업체들의 저장 옵션을 조합하고 저장 관리 소프트웨어와 하드웨어들의 진보된 표준을 취급해야 하는 등의 많은 문제점을 여전히 안고 있다. 대부분의 기업들은 SAN을 대규모 데이터베이스의 실용적인 저장 기법으로 평가하고 있다.

### 15.11.2 네트워크 연결 저장 장치

멀티미디어와 여러 기업 응용들에서 생성된 디지털 데이터의 놀라운 성장으로 인해, 낮은 가격으로 고성능의 저장 장치를 얻어야 하는 필요성이 매우 중요하게 되었다. **네트워크 연결 저장 장치**(NAS)는 이런 목적으로 사용되고 있는 최신의 저장 장치 중의 하나이다. 사실 이 장치들은 공통의 서버 기능을 제공하지는 않지만 단지 파일 공유를 위해 저장 장치를 추가할 수 있도록 허용하는 서버들이다. NAS 장치들은 많은 양의 하드 디스크 저장 장치 공간이 한 네트워크에 추가될 수 있도록 하며, 이 저장 공간을 많은 서버들이 유지 보수나 업그레이드를 위해 중지할 필요 없이 이용할 수 있게 해 준다. 종종 **NAS 박스**나 **NAS 헤드**라고 불리는 하나의 하드웨어 장치가 NAS 시스템과 네트워크 클라이언트들 사이의 중개 역할을 한다. 이들 NAS 장치들은 모니터나 키보드, 마우스가 필요 없다. 전체 용량을 높이기 위해 하나 이상의 디스크나 테이프 드라이브가 많은 NAS 시스템에 연결될 수 있다. 클라이언트들은 개별 저장 장치가 아닌 NAS 헤드에 연결된다. NAS는 이메일 박스, 웹 페이지, 원격 시스템 백업 등과 같이 파일 형태로 나타나는 모든 데이터를 저장할 수 있다. 그런 의미에서 NAS 장치는 전통적인 파일 서버들을 대치하기 위해 만들어졌다고 할 수 있다.

NAS 시스템은 신뢰성있는 동작과 편리한 관리 기능을 제공하기 위해 노력한다. NAS 시스템에는 안전한 신원 확인 또는 장치에 오류가 발생할 경우 이메일 경고를 자동 발송하는 등에 대한 내장 기능을 포함하고 있다. NAS 장치들은 높은 수준의 확장성, 신뢰성, 융통성, 그리고 성능을 제공하고 있다. 이들 장치들은 전형적으로 RAID 단계 0, 1 및 5를 제공한다. 전통적인 저장 장치 영역 네트워크(SAN)은 여러 면에서 NAS와 다르다. 특별히 SAN은 이더넷 대신에 광 채널을 주로 활용하며, 독립적인 또는 사설 LAN에 있는 여러 네트워크 장치들 또는 **종말점**(endpoint)을 이용한다. 반면에 NAS는 기존 공중 LAN에 직접 연결된 개별 장치들에 의존한다. Windows, UNIX, 그리고 NetWare 파일 서버들은 요구되는 특정 프로토콜을 클라이언트 단에서 제공하는 반면에, NAS 시스템은 클라이언트가 운영체제에 대해 더 많은 독립성을 갖도록 요구한다. 요약하면 NAS는 공통 인터넷 파일 시스템 (CIFS)이나 네트워크 파일 시스템 (NFS)과 같은 프로토콜을 사용하여 네트워크 파일을 지원하는 파일 시스템 인터페이스를 제공한다.

### 15.11.3 iSCSI 및 기타 네트워크 기반 저장 장치 프로토콜

iSCSI(Internet SCSI)라고 불리는 새로운 프로토콜이 최근에 제안되었다. 이것은 SAN처럼 블록-저장 장치 프로토콜이다. 이것은(시발자라고 불리는) 클라이언트들이 원격 채널에 있는 SCSI 저장 장치들에 SCSI 명령들을 보낼 수 있도록 한다. 광섬유 채널에서 사용하는 특별한 연결 방식을 필요로 하지 않고 기존 네트워크 인프라 구조를 사용하여 더 장거리로 동작할 수 있다는 것이 iSCSI의 중요 장점이다. IP 네트워크를 통하여 SCSI 명령들을 보냄으로써, iSCSI는 인터넷을 통해 데이터를 전송할 수 있고 먼 거리에 있는 저장 장치를 관리할 수 있다. 이것은 근거리 통신망(LAN), 원거리 통신망(WAN), 또는 인터넷을 통해 데이터를 전송할 수 있다.

iSCSI는 다음과 같이 동작된다. DBMS가 데이터를 접근하고자 할 경우, 운영체제는 적절한

SCSI 명령과 데이터 요청을 만들어 이를 캡슐화하고 필요한 경우 암호화한다. 여기에 패킷 헤드를 붙인 후에 이 IP 패킷을 이더넷 연결을 통해 전송한다. 일단 패킷이 도착하면, (암호화를 한 후에 전송한 경우) 이를 복호화하고 분해하여 SCSI 명령과 데이터 요청을 분리한다. 이 SCSI 명령은 SCSI 제어기를 통해 SCSI 저장 장치에 전달된다. iSCSI는 양방향성이기 때문에, 원래 요청에 대한 결과 데이터를 전송하는 데에도 사용할 수도 있다. Cisco와 IBM은 이미 이 기술을 기반으로 하는 스위치와 라우터들을 시장에 출시하였다.

iSCSI 장치의 단순성, 낮은 가격, 및 기능성 때문에 iSCSI 저장 장치는 주로 중소규모의 사업장에서 선호한다. 이것은 광섬유 채널(FC) 기술에 대해 자세히 알 필요가 없고 대신에 IP 프로토콜과 이더넷 하드웨어에 친숙할 경우 쉽게 사용할 수 있다. 대기업의 데이터 센터에서는 광섬유 기반의 SAN을 이미 설치했기 때문에 iSCSI을 개발하는 것이 느리다. iSCSI는 IP 네트워크를 통하여 저장 장치의 데이터를 전송하는 두 가지 중요 방법들 중의 하나이다. 또 다른 하나는 IP 광섬유 채널(FCIP)인데, 이것은 지역적으로 떨어진 광섬유 채널 저장 장치 영역 네트워크(SAN)들 간에 전송을 위해, 광섬유 채널 제어 코드와 데이터를 IP 패킷으로 변환한다. 이 프로토콜은 광섬유 채널 터넬링 또는 저장 장치 터넬링이라고 알려져 있으며, 광섬유 채널 기술들과 결합해야만 사용될 수 있다. 반면에 iSCSI는 기존의 이더넷 네트워크 상에서 동작할 수 있다.

기업 IP 저장 장치 기술 중에서 가장 최신의 기술은 이더넷 광섬유 채널(FCoE)인데, 이는 IP없는 iSCSI라고 생각할 수 있다. 이것은 SCSI와 FC(iSCSI와 거의 유사함)의 많은 요소를 사용하지만 TCP/IP 요소는 포함하지 않는다. FCoE는 CISCO ("데이터 센터 이더넷"라고 불림) 및 Brocade에 의해 성공적으로 상품화되었다. 이것은 버퍼링과 종단간 흐름 제어를 사용하여 패킷 손실을 방지하는 신뢰할 수 있는 이더넷 기술을 이용한다. 이것은 10기가비트 이더넷 (10GbE)상에서 특별히 우수한 성능을 가지며, 업체들이 자신들의 제품에 이것을 비교적 쉽게 추가할 수 있다.

### 15.11.4 자동 저장 장치 계층화

저장 장치의 또 다른 추세는 필요에 따라 SATA, SAS 및 SSD(Solid State Drive)와 같은 다양한 저장 장치 타입간에 데이터를 자동으로 이동시키는 자동 저장 장치 계층화(FAST)이다. 저장 장치 관리자는 사용 빈도가 낮은 데이터를 저속 및 저가 SATA 드라이브로 이동하고 빈번하게 사용되는 데이터를 반도체 드라이브로 이동하는 계층화 정책을 설정할 수 있다(접근 속도 순으로 정렬한 여러 저장 장치 계층들은 표 15.1을 참조할 것). 이 자동 계층화는 데이터베이스의 성능을 엄청나게 향상시킬 수 있다.

EMC는 데이터 활동을 지속적으로 모니터링하고 정책을 기반으로 적절한 계층으로 데이터를 이동하는 작업을 수행하는 FAST(완전 자동 저장 장치 계층화)라는 기술을 구현하였다.

### 15.11.5 객체 기반 저장 장치

지난 몇 년 동안 클라우드 개념, 데이터베이스 및 분석을 위한 분산 아키텍처, 및 웹에서 데이터 집약적인 응용들의 개발 등에서 큰 발전이 있었다 (22장, 23장, 24장 참조). 이러한 발전으로 인해 기업 저장 장치 인프라에 근본적인 변화가 생겼다. 하드웨어 지향 파일 기반 시스템들이 저장 장치를 위한 새로운 개방형 아키텍처로 발전하고 있다. 이 중에서 가장 최신의 것으로 객체 기반 저장 장치가 있다. 이 체계에서는 데이터를 블록으로 구성된 파일이 아닌 객체의 형태로 관리한다. 객체는 해당 객체를 관리하는 데 사용할 수 있는 속성들이 포함된 메타 데이터를 가지고 있다. 각 객체에는 해당 객체를 찾는 데 사용하는 고유한 전역 식별자를 포함하고 있다. 객체 저장소는 네트워크 부착 스토리지의 확장에 대한 CMU의 프로젝트(Gibson 외, 1996)와 UC Berkeley의 Oceanstore 시스템 (Kubiatowicz 외, 2000)으로부터 출발되었는데, 이들은 영속적인 데이터에 대한 지속적인 접근을 위해 신뢰할 수 있는 것과 신뢰할 수 없는 것을 포함한 모든 형태의 서버들에 대한 글로벌 기반 구조를 만들려고 시도하였다. 여기서는 용량 관리나 오류 보호를 위해 사용할 RAID 아키텍처의 종류 결정과 같은 낮은 수준의 기억 장치 연산들을 할 필요가 없다.

또한 객체 저장 장치는 인터페이스 측면에서 추가적인 유연성을 제공한다. 즉, 응용 프로그램들이 객체를 직접 제어할 수 있게 하고, 여러 장치들에 걸쳐 있는 넓은 네임스페이스에서 객체들을 처리할 수 있다. 또한 개체의 복제 및 배포도 지원된다. 일반적으로 객체 저장소는 웹 페이지, 이미지, 오디오/비디오 클립 및 파일과 같이 엄청난 양의 구조화되지 않은 데이터를 저장하는 확장 가능한 저장 장치에 이상적이다. 객체 기반 저장 장치 명령(OSD)은 SCSI 프로토콜의 일부로 오래 전에 제안되었지만, Seagate가 자사의 Kinetic Open Storage Platform에서 OSD를 채택할 때까지 상용화되지 않았다. 현재 Facebook은 객체 저장 시스템을 사용하여 350 페타바이트(PB) 이상의 용량 수준으로 사진을 저장하며, Spotify는 노래를 저장하는 데 객체 저장 시스템을 사용하며, Dropbox는 이를 저장 장치 기반 구조로 사용한다. 객체 저장 장치는 Amazon의 AWS(Amazon Web Service) S3와 Microsoft의 Azure와 같이 파일, 관계(relation), 메시지 등을 객체로 저장하는 클라우드 제공 업체에서 많이 사용한다. 기타 제품으로는 Hitachi의 HCP, EMC의 Atmos, 그리고 Scality의 RING 등이 있다. Openstack Swift는 HTTP GET 및 PUT을 사용하여 객체를 검색하고 저장하는 오픈 소스 프로젝트이다 (GET과 PUT이 기본적으로 사용하는 전체 API임). Openstack Swift는 매우 저렴한 하드웨어를 사용하여, 결함에 잘 대응하며, 자동으로 지리적 중복성을 활용하고, 매우 많은 수의 개체로 확장할 수 있다. 객체 저장 장치는 객체 레벨에서 잠금을 실행하므로, 처리량이 많은 트랜잭션 지향 시스템의 트랜잭션들을 동시에 처리하는 데는 얼마나 적합한지 명확하지 않다. 따라서 이것은 현재 주류를 이루고 있는 기업의 데이터베이스 응용 프로그램에는 아직 실용적이지 않다.

## 15.12 요약

이 장의 시작 부분에서는 메모리 계층 구조의 특성과 보조 저장 장치에 관하여 자세하게 설명하였다. 특히 온라인 데이터베이스 파일들을 저장하기 위하여 여전히 널리 사용되는 자기 디스크에 관하여 자세하게 설명하였다. 표 15.1에서는 저장 장치 계층과 현재 용량, 액세스 속도, 전송 속도 및 비용에 대한 개관을 제시하였다.

디스크 상의 데이터는 블록 단위로 저장되는데, 탐구 시간, 회전 지연 시간, 블록 전송 시간으로 인하여 하나의 디스크 블록을 접근하는 데 많은 시간이 소요된다. 평균 블록 접근 시간을 줄이기 위해, 연속적인 디스크 블록들을 접근할 때 이중 버퍼링을 사용할 수 있다. 이 장에서는 오늘날 디스크 드라이브 및 광학 장치에 사용되는 다양한 인터페이스 기술을 소개하였으며, 디스크에서 데이터 접근을 개선하기 위해 채택된 여러가지 전략들을 설명하였다. 또한 빠르게 보급되고 있는 반도체 드라이브(Solid-State Drive, SSD)와 주로 3차 저장 장치로 사용되는 광학 드라이브도 소개하였다. 데이터 요청을 처리하는 버퍼 관리자의 동작에 대해 논의하고 다양한 버퍼 교체 정책들을 설명하였다. 한 파일을 구성하는 레코드들을 디스크에 저장하기 위한 여러 가지 기법에 관하여 논의하였다. 파일 레코드들을 디스크 블록들로 그룹화한다. 또한 고정 길이 또는 가변 길이, 신장 또는 비신장, 동일 또는 혼합 타입의 레코드들로 파일을 구성할 수 있다. 레코드 형식을 기술하고 파일 블록들에 대한 디스크 주소를 유지하는 파일 헤더에 관하여 설명하였다. 시스템 소프트웨어에서는 파일 헤더 내의 정보를 사용하여 파일의 레코드들을 접근한다.

파일의 각 레코드를 접근하기 위해 사용하는 일련의 명령들을 제시하였고 파일에서 현재 레코드에 대한 개념을 설명하였다. 파일에서 레코드들을 찾기 위하여 복합 탐색 조건을 어떻게 여러 개의 단순 탐색 조건으로 변형하는가에 관하여 논의하였다.

그 다음에 세 가지 기본 파일 조직(비순서 파일, 순서 파일, 해시 파일)에 관해 논의하였다. 비순서 파일에서는 선형 탐색 방법을 사용하여 레코드를 탐색하지만 레코드의 삽입은 쉽게 할 수 있다. 레코드 삭제 시 발생하는 문제점과 삭제 표시자를 사용하여 레코드를 삭제하는 방법에 관하여 논의하였다.

순서 파일에서 순서 필드 순서대로 레코드들을 판독하는 데 소요되는 시간은 비순서 파일에 비해 적게 걸린다. 순서키 필드 값이 주어지고 이진 탐색을 사용할 경우 임의의 레코드를 탐색하는 데 소요되는 시간도 역시 적게 걸린다. 그러나 레코드들의 순서를 유지해야 하므로 삽입 시에는 많은 시간이 필요하다. 따라서 레코드 삽입 시간을 줄이기 위하여 비순서 오버플로 파일을 사용하는 방법에 관하여 논의하였다. 파일 재조직 시에 오버플로 레코드들과 마스터 파일을 주기적으로 합병하며 삭제된 레코드들을 물리적으로 제거한다.

해시 필드 값이 주어지면 해싱에서는 파일 내의 임의의 레코드를 매우 빠르게 접근한다. 가장 적합한 외부 해싱 방법은 각 버켓에 하나 이상의 연속적인 블록을 할당하는 버켓 방식이다. 개방 주소 지정, 체인, 및 다중 해싱 방법들을 사용하여 버켓 오버플로를 유발하는 충돌을 해결한다. 해시 필드가 아닌 필드를 기반으로 레코드들을 접근하면 레코드들을 순차 접근해야 하므로 시간이 많이 걸린다. 파일의 레코드 수를 동적으로 확장하고 축소할 수 있는 세 가지 해싱 기법(확장 가능 해싱, 동적 해싱, 및 선형 해싱)에 관하여 논의하였다. 앞의 두 방법은 디렉토리를 구성하기 위해 해시 주소의 상위 비트들을 사용한다. 선형 해싱은 주어진 범위의 파일 적재 인수를 유지하며 새로운 버켓들을 선형적으로 추가한다.

B-트리, 혼합 파일과 같은 기타 기본 파일 저장 및 조직에 관하여 간략하게 논의하였다. 혼합 파일에서는 타입이 서로 다른 레코드들 간의 관계를 물리적 기억 장치 구조로 구현한다. 또 RAID(Redundant Arrays of Inexpensive[Independent] Disks)로 대표되는 디스크 기술의 최근 발전에 대해 살펴보았다. RAID는 저장 장치의 신뢰성을 높이고 고장 감내 기능들을 제공하기 때문에 큰 기업들의 표준 기술이 되고 있다. 끝으로, 기업 저장 장치 시스템으로 널리 사용되고 있는 다음과 같은 몇가지 최신 기술들을 살펴보았다: 저장 장치 영역 네트워크(SAN), 네트워크 연결 저장 장치(NAS), iSCSI 저장 시스템, 기타 네트워크 기반 프로토콜들, 자동 저장 장치 계층화, 및 객체 기반 저장 장치. 여기서 객체 기반 저장 장치는 클라우드 기반의 서비스를 제공하는 데이터 센터들의 저장 장치 아키텍처에 중심적인 역할을 하고 있다.

## 복습문제

15.1 기본 저장 장치와 보조 저장 장치의 차이점은 무엇인가?

15.2 온라인 데이터베이스 파일들을 저장하기 위하여 테이프를 사용하지 않고 디스크를 사용하는 이유는 무엇인가?

15.3 다음 용어들을 정의하라. 디스크, 디스크 팩, 트랙, 블록, 실린더, 섹터, 블록간 갭, 판독/기록 헤드

15.4 디스크 초기화 과정을 설명하라.

15.5 디스크에서 데이터를 판독하거나 기록하기 위해 사용하는 메커니즘을 설명하라.

15.6 디스크 블록 주소의 구성 요소는 무엇인가?

15.7 하나의 디스크 블록을 접근하기 위하여 왜 많은 시간이 소요되는가? 디스크 블록을 접근하기 위하여 필요한 시간적 요소들을 설명하라.

15.8 이중 버퍼링은 어떻게 블록 접근 시간을 개선하는가?

15.9 가변 길이 레코드들로 파일을 구성하는 이유는 무엇인가? 어떤 분리 문자 유형들이 가변 길이 레코드에 사용되는가?

15.10 파일 블록들을 디스크에 할당하기 위한 여러 가지 기법을 설명하라.

15.11 파일 조직과 접근 방법 간의 차이점은 무엇인가?

15.12 정적 파일과 동적 파일 간의 차이점은 무엇인가?

15.13 파일 내의 한 레코드를 접근할 때 필요한 연산들은 무엇인가? 이런 연산들 중 현재 레코드에 의존적인 연산은 무엇인가?

15.14 레코드 삭제 연산을 위한 기법들을 설명하라.

15.15 (a) 비순서 파일, (b) 순서 파일, (c) 버켓과 체인으로 구성된 정적 해시 파일의 장단점을 각각 설명하라. 이런 각 파일 조직에서 효율적으로 수행할 수 있는 연산들은 무엇이며, 시간이 많이 소요되는 연산들은 무엇인가?

15.16 해시 파일을 동적으로 늘리거나 줄이기 위한 여러 가지 기법을 설명하고 각각의 장단점에 관하여 설명하라.

15.17 확장 가능 해싱과 동적 해싱의 차이점은 무엇인가?

15.18 혼합 파일은 무슨 목적으로 사용하는가? 기본 파일 조직의 기타 유형에는 어떠한 것들이 있는가?

15.19 프로세서와 디스크 기술 간의 불균형에 관해 설명하라.

15.20 RAID 기술의 주요 목적은 무엇인가? 어떻게 주요 목적들을 달성할 수 있는가?

**15.21** 디스크 반사 기법은 어떻게 신뢰성을 향상시키는가? 정량적인 예를 제시하라.

**15.22** RAID 구조에서 레벨들의 특성은 무엇인가?

**15.23** 가장 보편화된 RAID 레벨들(즉, 0, 1, 그리고 5)의 대표적인 특징은 무엇인가?

**15.24** 저장 장치 영역 네트워크는 무엇인가? 이 저장 장치가 제공하는 융통성과 장점은 무엇인가?

**15.25** 기업의 저장 장치로 사용되고 있는 네트워크 연결 저장 장치의 대표적인 기능을 설명하라.

**15.26** iSCSI가 어떤 점에서 저장 장치 영역 네트워크보다 응용 가능성이 더 좋아졌는가?

**15.27** SATA, SAS, 및 FC 프로토콜들이 무엇인가?

**15.28** 반도체 드라이브(SSD)는 무엇이며 HDD에 비해 갖는 장점은 무엇인가?

**15.29** 버퍼 관리자의 역할은 무엇이며, 데이터에 대한 요구를 어떻게 처리하는가?

**15.30** 널리 사용되는 버퍼 교체 전략들은 무엇인가?

**15.31** 광학 및 자기 주크박스는 무엇인가? 광 드라이브를 지원하는 광 매체는 어떤 것들이 있나?

**15.32** 자동 저장 장치 계층화는 무엇인가? 이것이 어떤 점에서 유용한가?

**15.33** 객체 기반 저장 장치는 무엇인가? 이것이 어떤 점에서 전통적인 저장 장치 시스템보다 우수한가?

## 연습문제

**15.34** 블록 크기 $B$가 512바이트, 블록 간 갭 크기 $G$가 128바이트, 트랙당 블록 수가 20, 표면당 트랙 수가 400인 디스크를 고려해 보자. 디스크 팩은 15개의 이중 면 디스크로 구성된다고 가정하자.

a. 트랙 하나의 전체 용량은 얼마이며, 블록 간 갭을 제외한 사용 가능한 용량은 얼마인가(내부 블록 갭을 제외)?

b. 디스크 팩에 몇 개의 실린더가 있는가?

c. 실린더 하나의 전체 용량과 사용 가능한 용량은 얼마인가?

d. 한 디스크 팩의 전체 용량과 사용 가능한 용량은 얼마인가?

e. 디스크 구동기는 디스크 팩을 2,400rpm(분당 회전 수) 속도로 회전시킨다고 가정한다. msec 당 바이트의 전송률(tr)과 msec 당 블록 전송 시간(btt)은 얼마인가? msec 당 평균 회전 지연 시간(rd)과 대량 전송률은 얼마인가?

f. 평균 탐구 시간이 30msec라고 하자. 주소를 알고 있는 하나의 블록을 찾아서 전송하기 위하여 평균적으로 소요되는 시간(msec)은 얼마인가?

g. 임의의 20개 블록을 전송하기 위하여 평균적으로 소요되는 시간(msec)은 얼마인가? 탐구 시간과 회전 지연 시간을 줄이기 위하여 이중 버퍼링을 사용할 경우 20개의 연속적인 블록을 전송하기 위하여 소요되는 시간과 비교하라.

**15.35** 하나의 파일이 $r$ = 20,000개의 고정 길이 STUDENT 레코드로 구성되고, 각 레코드는 Name(30바이트), Ssn(9바이트), Address(40바이트), Phone(9바이트), Birth_date(8바이트), Sex(1바이트), Major_dept_code(4바이트), Minor_dept_code(4바이트), Class_code(4바이트, 정수형), Degree_program(3바이트) 필드로 구성된다. 삭제 표시자로 한 바이트를 사용하며, 연습 문제 15.27에 기술한 매개 변수를 갖는 디스크에 파일을 저장한다.

a. 레코드 크기 $R$은 몇 바이트인지 계산하라.

b. 비신장 조직으로 파일을 구성한다고 할 때, 블로킹 인수 $bfr$과 파일의 블록 수 $b$를 계산하라.

c. 다음의 경우에서 선형 탐색으로 파일에서 한 레코드를 찾는 데 걸리는 평균 시간을 계산하라. (i) 파일 블록들을 연속적으로 저장하고 이중 버퍼링을 사용하는 경우, (ii) 파일 블록들을 연속적으로 저장하지 않을 경우

d. 파일이 Ssn 값에 따라 정렬되었다고 가정할 때, 이진 탐색을 사용하여 주어진 Ssn 값을 갖는 한 레코드를 찾는 데 걸리는 평균 시간을 계산하라.

**15.36** 연습 문제 15.28에서 STUDENT 레코드의 80%가 Phone 필드 값을 갖고, 85%가 Major_dept_code, 15%가 Minor_dept_code, 90%가 Degree_program 필드 값을 갖는다고 가정한다. 그리고 가변 길이 레코드 파일을 사용하고, 각 레코드는 레코드에서 각 필드를 위한 필드 유형을 위해 1바이트, 삭제 표시자로 1바이트, 레코드 끝 표시자로 1바이트를 추가로 사용한다. 또한 각 블록마다 다음 블록에 대한 5바이트 크기의 포인터를 유지하는 신장 레코드 조직을 사용한다고 하자.

a. 평균 레코드 크기 $R$은 몇 바이트인지 계산하라.

b. 파일을 구성하기 위해 필요한 블록 수를 계산하라.

**15.37** 탐구 시간 $s$ = 20msec, 회전 지연 시간 $rd$ = 10msec, 블록 전송 시간 $btt$ = 1msec, 록 크기 $B$ = 2400바이트, 블록 간 갭 크기 $G$ = 600바이트인 디스크 장치가 있다고 가정하자. EMPLOYEE 파일은 Ssn(9바이트), Last_name(20바이트), First_name(20바이트), Middle_init(1바이트), Birth_date(10바이트), Address(35바이트), Phone(12바이트), Supervisor_ssn(9바이트), Department(4바이트), Job_code(4바이트), 삭제 표시자(1바이트)로 구성된다고 하자. EMPLOYEE 파일이 $r$ = 30,000개의 레코드로 구성되고, 각 레코드는 고정 길이이며 비신장 블록들로 조직된다. 다음에 대하여 적절한 공식을 기술하고 값을 계산하라.

a. 삭제 표시자를 포함한 레코드 크기 $R$, 블로킹 인수 $bfr$, 디스크 블록 수 $b$

b. 비신장 조직을 사용하기 때문에 발생하는 각 디스크 블록에서의 낭비 공간

c. 전송률 $tr$과 대량 전송률 $btr$(부록 B에 있는 tr과 btr에 대한 정의를 참조하라.)

d. 선형 탐색으로 임의의 레코드를 찾는 데 필요한 평균 블록 접근 수

e. 파일 블록들을 연속적인 디스크 블록들에 저장하고 이중 버퍼링을 사용하여 선형 탐색으로 임의의 레코드를 찾기 위해 필요한 평균 시간(msec)

f. 파일 블록들을 연속적인 디스크 블록들에 저장하지 않고 선형 탐색으로 임의의 레코드를 찾기 위해 필요한 평균 시간(msec)

g. 레코드가 임의의 키 필드로 정렬되었다고 할 때, 이진 탐색으로 임의의 레코드를 찾기 위해 필요한 평균 블록 접근 수와 평균 시간

**15.38** 해시키로 Part#을 갖는 PARTS 파일이 Part# 값 2369, 3760, 4692, 4871, 5659, 1821, 1074, 7115, 1620, 2428, 3943, 4750, 6975, 4981, 9208을 갖는 레코드들로 구성된다고 하자. 파일은 0부터 7까지 번호가 부여된 8개의 버켓을 사용하고, 각 버켓은 하나의 디스크 블록이며 두 개의 레코드를 저장한다고 하자. 이런 레코드들을 해시 함수 $h(K) = K \bmod 8$을 사용하여 위에 기술된 순서대로 파일에 적재하라. Part#로 임의의 레코드를 검색할 때 평균 접근 블록 수를 계산하라.

**15.39** 연습 문제 15.31의 레코드들을 확장 가능 해싱을 기반으로 하는 해시 파일에 적재하라. 각 단계마다 디렉토리 구조와 전역 깊이와 지역 깊이를 표시하라. 해시 함수 $h(K) = K \bmod 128$을 사용하라.

**15.40** 연습 문제 15.31의 레코드들을 선형 해싱을 기반으로 하는 해시 파일에 적재하라. 해시 함수 $h0 = K \bmod 20$을 사용하는 단일 디스크 블록으로 시작하고, 레코드들이 삽입될 때 파일이 어떻게 성장하고 해시 함수가 어떻게 변경되는지 설명하라. 오버플로가 발생할 때마다 블록들이 분할된다고 가정하고, 각 단계마다 $n$ 값을 보여라.

**15.41** 독자가 친숙한 파일 접근 방법에서 사용 가능한 파일 명령들과 15.5절에 열거한 파일 명령들을 비교하라.

**15.42** 비신장 레코드 조직을 사용하는 고정 길이 레코드들로 구성된 비순서 파일이 있다고 가정하자. 한 레코드를 삽입, 삭제, 수정하기 위한 개략적인 알고리즘들을 기술하라. 임의의 가정을 명시하라.

**15.43** 고정 길이 레코드들로 구성된 하나의 순서 파일과 삽입을 위한 하나의 비순서 오버플로 파일이 있다고 가정하자. 두 파일은 비신장 레코드들을 사용한다. 한 레코드를 삽입, 삭제, 수정하고, 파일을 재조직하기 위한 개략적인 알고리즘들을 기술하라. 임의의 가정을 명시하라.

**15.44** 순서 파일에서 삽입을 위해 사용하는 비순서 오버플로 파일보다 더 효율적인 기법들이 있다고 생각하는가?

**15.45** 고정 길이 레코드들로 구성된 해시 파일의 오버플로를 체인으로 다룬다고 가정하자. 한 레코드를 삽입, 삭제, 수정하기 위한 개략적인 알고리즘들을 기술하라. 임의의 가정을 명시하라.

**15.46** 외부 해싱에서 버켓 오버플로를 다루기 위하여 체인 이외에 다른 기법들이 있다고 생각하는가?

**15.47** 선형 해싱과 확장 가능 해싱을 위한 삽입 알고리즘의 의사 코드(pseudo code)를 작성하라.

**15.48** 다음의 각 환경에서 레코드의 각 필드에 접근하기 위한 프로그램 코드를 작성하라. 각 경우에 포인터, 분리 문자 등에 관하여 필요한 가정을 명시하라. 또한 각 경우에 독자가 작성한 프로그램 코드가 일반적인 코드가 되기 위해서 파일 헤더에 필요한 정보의 유형을 명시하라.

a. 비신장 블로킹으로 구성된 고정 길이 레코드
b. 신장 블로킹으로 구성된 고정 길이 레코드
c. 가변 길이 필드들과 비신장 블로킹으로 구성된 가변 길이 레코드
d. 반복 그룹들과 신장 블로킹으로 구성된 가변 길이 레코드
e. 선택 필드들과 신장 블로킹으로 구성된 가변 길이 레코드
f. c, d, e의 세 가지 경우를 모두 허용하는 가변 길이 레코드

**15.49** 비순서(히프) 파일 내에 처음에 $R$ = 200바이트인 $r$ = 120,000 레코드가 들어 있다고 가정하자. 블록 크기 $B$ = 2,400바이트, 평균 탐구 시간 $s$ = 16ms, 평균 지연 시간 $rd$ = 8.3ms, 블록 전송 시간 $btt$ = 0.8ms이다. 이 파일에 레코드 2개를 추가할 때마다 1개를 삭제하는 동작을 전체 레코드 개수가 240,000이 될 때까지 반복한다고 가정한다.

a. 파일 재조직에 필요한 블록 전송 수는 얼마인가?
b. 재조직 전에 한 레코드를 찾는 데 걸리는 시간은 얼마인가?
c. 재조직 후에 한 레코드를 찾는 데 걸리는 시간은 얼마인가?

**15.50** 각 레코드당 240바이트인 100,000개의 레코드로 구성된 순차(순서) 파일을 가정하자. $B$ = 2,400바이트, $s$ = 16ms, $rd$ = 8.3ms, $btt$ = 0.8ms라고 가정한다. 파일로부터 독립적으로 임의의 $X$개의 레코드를 읽으려고 한다. 이들 $X$개의 레코드를 찾기 위해서 임의의 $X$개의 블록을 읽거나 아니면 파일 전체를 읽을 수 있다. 어느 경우에 파일 전체를 읽는 것이 임의의 $X$개를 개별적으로 읽는 것보다 더 효율적인가? 즉, $X$의 값이 얼마일 때 파일 전체를 읽는 것이 임의의 $X$개 읽기보다 더 효율적인가? 이것을 $X$의 함수로 표현하라.

**15.51** 어떤 정적 해시 파일이 기본 영역에 초기에 600개의 버켓을 가지며, 레코드가 삽입됨에 따라 600개 버켓의 오버플로 영역이 만들어진다고 가정하자. 만일 해시 파일을 재조직한다면 오버플로 영역이 제거된다고 가정할 수 있다. 이 파일을 재조직하는 비용은 (모든 버켓을 읽고 쓰기 위한) 버켓 전송 비용이고 유일한 주기적 파일 연산은 fetch 연산이라고 한다면, 이 재조직이 비용면에서 효과적이기 위해서 fetch를 몇 번 (성공적으로) 수행해야 하는가? 즉, 재조직 비용과 그 이후의 탐색 비용은 재조직 이전의 탐색 비용보다 적다. 자신의 답을 정당화하라. 단, $S$ = 16ms, $rd$ = 8.3ms, $btt$ =1ms라 가정한다.

**15.52** 파일 적재 인수가 0.7이고 블로킹 인수가 버켓당 20인 선형 해시 파일을 생성하여 초기에 이 파일에 112,000개의 레코드를 저장한다고 가정한다.

a. 기본 영역 내에 할당되는 버켓 수는 얼마인가?

b. 버켓 주소를 위해 이용되는 비트 수는 얼마인가?

## 주요 참고문헌

Wiederhold(1987)는 데이터베이스 설계의 한 부분으로 보조 저장 장치와 파일 조직들에 관해 자세하게 설명하고 분석하였다. 광 디스크는 Berg와 Roth(1989)에서 소개하였으며, Ford와 Christodoulakis(1991)에서 이를 분석하였다. 플래시 메모리는 Dippert와 Levy(1993)에서 논의되었다. Ruemmler와 Wilkes(1994)는 자기 디스크 기술의 문헌 조사를 제시하였다. 데이터베이스에 관한 대부분의 교재는 여기서 소개한 내용을 포함한다. Knuth(1973) 등과 같은 대부분의 자료 구조 교재들은 정적 해싱 기법을 이 책보다 더 자세하게 기술한다. 특히 Knuth는 여러 가지 해시 함수와 충돌 해결 기법에 관해 자세하게 설명하고, 그 기법들 간의 성능을 비교하였다. 또한, Knuth는 외부 파일을 정렬하는 기법들도 자세하게 설명하였다. 파일 구조에 관한 참고 도서로는 Claybrook(1992), Smith와 Barnes(1987), Salzberg(1988) 등이 있다. 이 책들은 트리 구조의 파일을 포함하여 추가적인 파일 구조에 관해 설명하였으며, 파일 연산들에 관한 알고리즘들을 자세하게 설명하였다. 파일 조직에 관한 추가적인 교재로는 Miller(1987), Livadas(1989)가 있다. Salzberg 외(1990)는 분산된 외부 정렬 알고리즘을 설명하였다. 오류를 높은 수준으로 견디는 파일 조직은 Bitton과 Gray(1988), Gray 외(1990)에서 설명되었다. 디스크 스트라이핑은 Salem과 Garcia Molina(1986)가 제안하였다. Patterson 외(1988)는 RAID를 소개한 첫 번째 논문이다. RAID에 관한 훌륭한 문헌 조사 논문인 Chen과 Patterson(1990), Chen 외(1994)는 추가적인 참고 자료이다. Grochowski와 Hoyt(1996)은 디스크 드라이브의 미래의 경향에 관하여 논의하였다. RAID 구조를 위한 다양한 공식들은 Chen 외(1994)에 있다.

Morris(1968)는 해싱에 관한 초기 논문이다. 확장 가능 해싱은 Fagin 외(1979)에서 기술하였다. 선형 해싱은 Litwin(1980)에서 소개하였다. 선형 해싱의 삽입과 삭제 알고리즘은 Salzberg(1988)에서 잘 기술하고 있다. 이 책에서 간단하게 소개했던 동적 해싱은 Larson(1978)에서 제안하였다. 확장 가능 해싱과 선형 해싱에 관한 여러 가지 변형이 제안되었는데, 그 예로는 Cesarini와 Soda(1991), Du와 Tong(1991), Hachem와 Berra(1992) 등이 있다.

Gibson 외(1997)는 네트워크 연결 저장 장치에 대한 파일 서버 확장 방법을 설명하며, Kubiatowicz 외(2000)는 영속적인 데이터를 저장하기 위한 글로벌 유틸리티 기반 구조를 구축하기 위한 Oceanstore 시스템에 대해 설명한다. 이 둘은 모두 객체 기반 저장 장치에 대한 아이디어를 이끌어 낸 선구적인 방법들이다. Mesnier 외(2003)는 객체 저장 장치 개념에 대한 개요를 제공한다. Lustre 시스템(Braam & Schwan, 2002)은 최초의 객체 저장 장치 제품 중 하나였으며, 중국의 Tianhe-2와

Oakridge National Lab의 Titan의 상위 두 개를 포함한 대부분의 슈퍼 컴퓨터에 사용된다.
디스크 저장 장치에 대한 상세한 사항은 제조업체 사이트들에서 찾을 수 있다. (예를 들면, http;//www.seagate.com, http://www. ibm.com, http;//www.ecm.com, http://www.hp.com,http://www.storagetek.com, http://www. searchstorage. techtarget.com). IBM은 IBM Almaden에 저장 기술 연구 센터(http://www. almaden.ibm.com/sst/)를 가지고 있다. 추가 유용한 사이트로는 cisco.com에 있는 CISCO 저장 장치 솔루션, www.netapp.com에 있는 Network Appliance(NetApp), www.hds.com에 있는 HDS(Hitachi Data Storage) 및 www.snia.org에 있는 SNIA (Storage Networking Industry Association) 등이 있다. 다수의 업계 백서들을 상기 사이트에서 구할 수 있다.

# 데이터베이스 파일 인덱싱 기법 및 물리적 데이터베이스 설계

이 장에서는 15장에서 설명한 비순서화된 조직, 순서화된 조직, 또는 해시 조직 등과 같은 기본 조직을 갖는 파일이 이미 존재한다고 가정한다. 탐색 조건에 따라 레코드들을 빠르게 검색하기 위해 사용하는 보조 접근 구조(access structure)인 인덱스(index)에 관해 기술한다. 인덱스는 보조 접근 경로(secondary access path)를 제공하는 디스크 상의 별도의 파일로서, 기본 파일 내에 있는 레코드들의 물리적인 위치에 영향을 끼치지 않으면서, 인덱스 필드(index field)를 기반으로 레코드들을 효율적으로 탐색할 수 있는 별도의 탐색 경로를 제공한다. 기본적으로 인덱스 생성을 위해 파일의 임의의 필드를 사용할 수 있으며, 서로 다른 필드에 대한 여러 인덱스뿐만 아니라 다중 필드에 대한 인덱스들을 동일한 파일에 대해 생성할 수 있다. 여러 가지 유형의 인덱스가 가능하다. 이런 인덱스 각각은 탐색 속도를 향상시키기 위해 특정 자료 구조를 사용한다. 인덱스 필드에 대한 검색 조건을 기반으로 데이터 파일 내의 하나의 레코드 또는 여러 개의 레코드를 찾기 위해, 인덱스를 검색한다. 이 인덱스는 찾고자 하는 레코드들이 위치한 하나 또는 여러 개의 블록의 주소를 제공한다. 가장 널리 알려진 인덱스의 유형은 단일–단계 인덱스(single–level index)인 순서 파일(ordered file)에 기초한 것과 $B^+$–트리 등과 같은 다단계 인덱스(multilevel index)인 트리 자료 구조를 색인 구성에 사용하는 것이다. 이 외에 해싱 또는 기타 탐색 자료 구조들을 기반으로 인덱스를 만들 수도 있다. 비트맵 인덱스(*bitmap index*)라고 불리는 비트 벡터 형태의 인덱스에 대해서도 설명한다.

16.1절에서는 기본 인덱스(primary index), 보조 인덱스(secondary index), 클러스터링 인덱스(clustering index) 등 여러 유형의 단일–단계 인덱스에 관해서 논의한다. 단일–단계 인덱스를 순서화된 파일로 간주함으로써 단일–단계 인덱스에 대해 추가로 인덱스를 생성하여 다단계 인덱스를 만들 수 있다. 널리 알려진 **ISAM**(Indexed Sequential Access Method) 인덱스 기법은 이런 아이디어에 기반을 두고 있다. 16.2절에서는 다단계 트리구조 인덱스를 논의한다. 16.3절에서는 DBMS에서 동적으로 변화하는 다단계 인덱스를 구현하는 데 널리 사용되는 자료 구조인 B–트리와 $B^+$–트리에 관하여 설명한 다. $B^+$–트리는 대부분의 관계 DBMS에서 인덱스를 필요할 때마다 생성하기 위한 자료 구조로 흔히 사용된다. 16.4절에서는 다중키들의 조합을 토대로 데이터를 접근하는 여러 방법을 설명한다. 16.5절에서는 해시 인덱스에 대해 설명한다. 또한 물리적인 인덱스에 간접 단계를 추가하여 인덱스 구조가 보다 유연하고 확장 가능하도록 하는 논리적 인덱스의 개념을 간략하게 소개한다. 16.6절에서는 여러 키에 대한 검색을 지원하는 데 사용하는 다중키 인덱스와 비트맵 인덱스를 설명하고, 16.7절에서는 물리적 설계를 다루고, 16.8절에서는 이 장을 요약한다.

## 16.1 단일-단계 순서 인덱스들의 유형

순서 인덱스(ordered index)에 대한 기본적인 원리는 일반적으로 책에서 사용되는 색인(인덱스)와 유사하다. 책의 색인은 중요한 용어들을 책의 끝에 알파벳 순서로 나열한 것으로서 각 용어와 그 용어가 나오는 페이지 번호들에 대한 리스트로 구성된다. 책에서 특정 용어를 찾으려면, 먼저 책 색인을 탐색하여 이 특정 용어에 대한 주소들(이 경우 페이지 번호)을 얻을 수 있으며, 이 주소를 이용하여 특정 페이지들을 찾아가 그 페이지에서 용어를 탐색한다. 이런 길잡이가 없다면 관심있는 용어를 찾기 위해서 책 전체를 한 단어씩 샅샅이 뒤져야 한다. 이는 파일 전체를 스캔하는 선형 탐색에 해당한다. 물론 대부분의 책에는 책 전체를 탐색하지 않고도 용어를 찾는 데 도움이 되는 목차와 같은 추가적인 정보가 있다. 그러나 색인은 각 용어가 나타나는 페이지의 정확한 위치만 가리킬 뿐이다.

여러 필드(또는 애트리뷰트)[1)]로 구성된 레코드 구조를 가진 파일에서는, 일반적으로 **인덱스 필드**(또는 인덱스 애트리뷰트)라고 부르는 파일의 한 필드에 인덱스 접근 구조를 정의한다. 인덱스에는 인덱스 필드의 각 값과 그 필드 값을 포함하는 레코드들을 갖고 있는 모든 디스크 블록을 가리키는 포인터들의 리스트들이 저장된다. 인덱스 값들은 이진 탐색을 이용할 수 있도록 순서대로 저장되어 있다. 보통 인덱스 파일은 데이터 파일에 비해 상대적으로 매우 작기 때문에, 데이터 파일과 인덱스가 정렬돼 있을 경우, 인덱스를 이진 탐색하는 것이 더 좋다. 트리 구조의 다단계 인덱스에서는 이진 탐색 개념을 확장한 다진 검색을 제공한다. 이진 탐색은 각 단계에서 검색 대상을 2개로 나누지만, 다진 검색(*n*-ways search)은 각 단계에서 파일 내의 검색 대상을 $n$개로 나누는 다진 분할 방법을 사용하기 때문에 더 효율적인 방법이다(16.2절 참조).

순서 인덱스에는 여러 유형이 있다. **기본 인덱스**(primary index)는 **순서 파일**(ordered file)의 **순서키 필드**(ordering key field)에 대한 인덱스이다. 15.7절에서 기술한 바와 같이 순서키 필드는 디스크에 있는 파일 레코드들을 물리적인 순서로 정돈하는 데 이용되고 각 레코드는 그 필드에 유일한 값을 갖는다. 순서 필드가 키 필드가 아닌 경우, 즉 순서 필드에 대해서 같은 값을 갖는 레코드들이 여러 개 있는 경우에는 클러스터링 인덱스 (clustering index)라고 부르는 다른 유형의 인덱스를 이용할 수 있다. 또 이렇게 구성된 데이터 파일을 **클러스터된 파일**(clustered file)이라고 부른다. 파일은 최대한 하나의 물리적 순서 필드를 가질 수 있기 때문에 최대한 하나의 기본 인덱스 또는 하나의 클러스터링 인덱스를 가질 수 있으나 두 가지 모두를 가질 수는 없다. 보조 인덱스(secondaryindex)라고 하는 세 번째 유형의 인덱스는 **비순서 필드**(nonordering field)에 대해 정의된다. 한 데이터 파일에는 기본 접근 방법 이외에 여러 개의 보조 인덱스가 있을 수 있다. 이런 유형의 단일-단계 인덱스들에 대해 아래 세 절에서 설명한다.

1) 이 장에서는 필드와 애트리뷰트를 동의어로 사용한다.

### 16.1.1 기본 인덱스

**기본 인덱스**(primary index)는 두 개의 필드로 구성된 고정 길이 레코드들의 순서 파일이다. 이것은 데이터 파일 내의 데이터 레코드를 효율적으로 검색하고 접근하는 접근 구조로 사용된다. 첫 번째 필드는 데이터 파일의 순서키 필드(기본키 필드라고 부름)와 동일한 데이터 타입이다. 두 번째 필드는 디스크 블록에 대한 포인터, 즉 블록 주소이다. 순서키 필드를 데이터 파일의 **기본키**(primary key)라고 한다. 인덱스 파일에는 데이터 파일의 각 블록마다 하나의 **인덱스 엔트리**(또는 인덱스 레코드)가 있다. 두 개의 필드 값을 갖는 각 인덱스 엔트리는 한 디스크 블록의 첫 번째 레코드에 대한 기본키 필드 값과 블록에 대한 포인터로 구성된다. 인덱스 엔트리 $i$에 대한 두 필드 값을 $<K(i),\ P(i)>$라고 표기한다. 이 장의 나머지 부분에서는, 다른 형태의 인덱스 엔트리 $<K(i),\ X>$를 아래와 같이 사용한다:

- $X$는 앞에 있는 $P(i)$처럼 파일 내 블록 (또는 페이지)의 물리적 주소일 수 있다.
- $X$는 블록 주소와 그 블록 내 레코드 id(또는 오프셋)로 구성된 레코드 주소일 수 있다.
- $X$는 파일 내의 블록이나 레코드의 논리적인 주소일 수 있으며, 이 논리적 주소는 물리적 주소로 변환할 수 있는 상대 번호이다(16.6.1절의 추가 설명을 참조).

그림 15.7의 순서 파일에 대한 기본 인덱스를 만들기 위해서 순서키 필드인 Name 필드를 기본키로 사용한다(이 순서 파일의 Name 필드 값은 유일하다고 가정한다). 인덱스의 각 엔트리에는 Name 값과 포인터가 하나씩 있다. 처음부터 세 개의 인덱스 엔트리는 다음과 같다.

$<K(1)$ = (Aaron, Ed), $P(1)$ = 블록 1의 주소$>$
$<K(2)$ = (Adams, John), $P(2)$ = 블록 2의 주소$>$
$<K(3)$ = (Alexander, Ed), $P(3)$ = 블록 3의 주소$>$

그림 16.1은 이러한 기본 인덱스를 나타낸다. 인덱스의 전체 엔트리 수는 순서 데이터 파일의 디스크 블록 수와 같다. 데이터 파일의 각 블록에서 첫 번째 레코드를 블록의 **앵커 레코드**(anchor record)[2]라 하고 간단하게 **블록 앵커**(block anchor)라고도 한다.

인덱스는 밀집(dense) 또는 희소(sparse)로 구분할 수 있다. **밀집 인덱스**(dense index)는 파일의 모든 검색키 값을 위해 각 레코드마다 하나씩의 인덱스 엔트리를 갖는다. 반면에 **희소 인덱스**(또는 **비밀집**)는 여러 개의 검색키 값을 위해 단지 하나의 인덱스 엔트리를 갖는다. 희소 인덱스는 파일 내의 레코드 개수보다 더 적은 수의 엔트리를 갖는다. 따라서 기본 인덱스는 비밀집 인덱스이므로 모든 검색키 값(또는 모든 레코드)마다 엔트리를 갖는 것이 아니라 데이터 파일의 각 디스크 블록과 그 앵크 레코드에 대해 하나의 엔트리를 갖는다.[3]

기본 인덱스에 대한 인덱스 파일은 다음과 같은 두 가지 이유로 데이터 파일보다는 훨씬 적은 공간을 사용한다. 첫째, 데이터 파일 내의 레코드들의 수보다 적은 인덱스 엔트리를 갖는다. 둘째, 인덱스 엔트리는 크기가 작은 두 개의 필드만 사용하기 때문에 일반적으로

---

2) 여기서 기술한 구조와는 달리 각 블록에서 (첫 번째가 아닌) 마지막 레코드를 블록 앵크로 사용할 수도 있다. 이 방법은 탐색 알고리즘의 효율을 높일 수 있다.

3) 희소 기본 인덱스를 다른 책이나 문헌에서는 클러스터된 (기본) 색인이라고 부른다.

그림 16.1 그림 15.7에 있는 파일의 순서키 필드에 대한 기본 인덱스

데이터 레코드보다 크기가 작다. 따라서 하나의 블록에 데이터 레코드들보다는 인덱스 엔트리들을 많이 저장할 수 있다. 그렇기 때문에 데이터 파일에 대한 이진 탐색보다 인덱스 파일에 대한 이진 탐색이 더 적은 수의 블록 접근을 필요로 한다. 앞의 표 15.3을 보면, 순서 데이터 파일의 이진 탐색은 $\log_2 b$개의 블록을 액세스하였다. 그러나 만약 기본 인덱스

파일이 $b_i$개의 블록만을 가지고 있다면 하나의 탐색키 값을 가진 레코드를 검색하기 위해 그 인덱스에 대한 이진 탐색과 해당 레코드를 포함하는 블록에 대한 접근이 필요하다. 총 $\log_2 b_i + 1$의 블록 접근이 필요하다.

기본키의 값이 $K$인 레코드가 주소 $P(i)$인 블록에 있다고 하면, $K(i) < K < K(i+1)$이다. 기본키 필드를 기반으로 파일 내의 레코드들을 물리적으로 순서화시켰기 때문에 데이터 파일의 $i$번째 블록에는 이러한 키 값을 갖는 레코드들이 저장된다. 기본키 필드 값이 $K$인 레코드를 검색하려면 먼저 인덱스 파일을 이진 탐색하여 적절한 인덱스 엔트리 $i$를 찾아내고, 주소가 $P(i)$인 데이터 파일 블록을 검색한다.[4] 예제 1은 기본 인덱스를 사용하여 레코드를 탐색할 경우 블록 접근 횟수를 줄일 수 있음을 보여준다.

**예제 1**

레코드 수 $r = 300{,}000$인 순서 파일이 블록 크기가 $B = 4{,}096$ 바이트인 디스크에 저장되어 있다고 가정하자. 레코드들은 비신장이고, 레코드 크기가 $R = 100$ 바이트인 고정 길이를 갖는다. 파일의 블로킹 인수는 $bfr = \lfloor (B/R) \rfloor = \lfloor (4{,}096/100) \rfloor = 40$ 레코드/블록이다. 파일을 저장하는데 필요한 블록 수는 $b = \lceil (r/bfr) \rceil = \lceil (300{,}000/40) \rceil = 7{,}500$ 블록이다. 이 데이터 파일에 대한 이진 탐색에는 약 $\lceil (\log_2 b) \rceil = \lceil (\log_2 7{,}500) \rceil = 13$의 블록 접근이 필요하다.

이제 이 파일에 대한 기본 인덱스를 만든다고 하자. 순서키 필드의 길이가 $V = 9$바이트이고 블록 포인터의 길이가 $P = 6$바이트라고 하자. 각 인덱스 엔트리의 크기가 $R_i = (9+6) = 15$바이트이기 때문에, 인덱스의 블로킹 인수 $bfr_i = \lfloor (B/R_i) \rfloor = \lfloor (4{,}096/15) \rfloor = 273$ 엔트리/블록이다. 전체 인덱스 엔트리의 수 $r_i$는 데이터 파일의 블록 수와 같은 7,500이다. 따라서 인덱스 블록 수는 $b_i = \lceil (r_i/bfr_i) \rceil = \lceil (7{,}500/273) \rceil = 28$블록이다. 인덱스 파일에 대해서 이진 탐색을 수행하는 데 필요한 블록 접근 수는 $\lceil (\log_2 b_i) \rceil = \lceil (\log_2 28) \rceil = 5$이다. 그리고 데이터 파일에 대한 한 번의 블록 접근이 더 필요하기 때문에 인덱스를 이용하여 레코드를 탐색할 경우 전체 블록 접근 수는 $5+1=6$이다. 이것은 13개의 디스크 블록을 접근해야 하는 데이터 파일에 대한 이진 탐색에 비해 성능이 향상된 것이다.

각각 15바이트 크기의 7,500개 엔트리를 가진 인덱스는 112,500바이트 또는 112.5Kbyte보다 작으며, 보통 주기억 장치에 저장이 가능하므로 인덱스에 대한 이진 탐색 비용은 무시할 수 있다. 이 경우 해당 레코드를 검색하기 위해 한 번의 블록 접근만 하면 된다.

순서 파일과 유사하게 기본 인덱스의 주요 문제점도 레코드들의 삽입과 삭제에 있다. 그러나 기본 인덱스에서는 이 문제점이 더 복잡하다. 데이터 파일의 정확한 위치에 레코드를 삽입하고자 할 때 새로운 레코드를 위한 공간을 마련하기 위해 기존의 레코드들을 옮기면 일부 블록들의 **앵기 레코드**(anchor records)들을 변경해야 하므로, 인덱스 엔트리들도 변경해야 한다. 15.7절에서 기술한 비순서 오버플로 파일을 이용하여 이 문제점을 감소시킬 수

4) 만약 데이터 파일이 키가 아닌 필드를 기준으로 정렬되어 있다면 블록 앵커 내의 동일한 인덱스 값이 이전 블록의 마지막 레코드들에서도 반복될 수 있으므로 위의 공식은 정확하지 않음을 유의하라.

있다. 이 외에 데이터 파일의 각 블록에 대한 오버플로 레코드들의 연결 리스트를 사용하는 방법도 있다. 이 방법은 15.8.2절의 해싱에서 기술한 오버플로 레코드들을 조작하는 방법과 유사하다. 검색 시간을 향상시키기 위해 각 블록에 있는 레코드들과 오버플로 연결 리스트에 있는 레코드들을 정렬할 수 있다. 레코드 삭제는 삭제 표시자를 사용하여 수행한다.

### 16.1.2 클러스터링 인덱스

파일 내의 레코드들이 각 레코드에 대해 유일한 값을 갖지 않는, 키가 아닌 필드(nonkey field)에 따라 물리적으로 정렬되어 있으면 이 키가 아닌 필드를 **클러스터링 필드**(clustering field)라고 하고, 이 데이터 파일을 **클러스터된 파일**(clustered file)이라고 한다. **클러스터링 인덱스**(clustering index)라고 하는 다른 유형의 인덱스를 만들어서 클러스터링 필드 값이 같은 모든 레코드들을 검색하는 데 소요되는 시간을 줄일 수 있다. 이것이 레코드의 순서 필드가 유일한 값을 가져야 하는 기본 인덱스와의 차이점이다. 클러스터링 인덱스도 두 개의 필드로 구성된 순서 파일이다. 첫 번째 필드는 데이터 파일의 클러스터링 필드와 같은 타입을 가지며, 두 번째 필드는 디스크 블록 포인터이다.

클러스터링 인덱스는 클러스터링 필드의 유일한 값마다 하나의 엔트리를 갖는다. 각 엔트리는 값과 포인터를 갖는데, 포인터는 클러스터링 필드에 그 값을 갖는 레코드가 들어 있는 첫 번째 블록을 가리킨다. 그림 16.2는 예를 보여준다. 여기서도 데이터 레코드들이 물리적으로 정렬되어 있기 때문에 레코드 삽입과 삭제 시 여전히 문제를 야기시킨다. 삽입 시의 문제를 줄이기 위해 일반적으로 클러스터링 필드의 각 값에 대해서 한 블록 전체(또는 인접한 블록들의 클러스터)를 할당한다. 즉, 같은 값을 갖는 모든 레코드를 한 블록(또는 블록 클러스터)에 저장한다. 이렇게 하면 삽입과 삭제가 상대적으로 단순해진다. 그림 16.3은 이런 구조를 나타낸다.

클러스터링 인덱스도 비밀집 인덱스의 일종이다. 왜냐하면 각 레코드마다 한 엔트리가 아니라 인덱스 필드의 유일한 값마다 한 엔트리를 갖기 때문이다. 이 인덱스 필드는 키가 아니며 따라서 레코드들이 유일한 값이 아닌 중복된 값을 가질 수 있다.

**예제 2**

블록 크기가 $B = 4{,}096$바이트인 디스크에 레코드가 $r = 30{,}000$개인 동일한 순서 파일을 저장한다고 가정해 보자. 이 파일이 Zipcode 속성에 의해 정렬되며 1,000개의 우편 번호가 있다고 가정한다(우편 번호가 균등 분포를 갖는다고 가정하면, 한 우편 번호 당 평균 300개의 레코드를 가짐). 이 경우 인덱스는 각각 11바이트(우편번호 5바이트와 블록 주소 6바이트) 크기의 1,000개 인덱스 엔트리들을 가지며, 블로킹 인수는 $bfr_i = \lfloor (B/R_i) \rfloor = \lfloor (4{,}096/11) \rfloor = 372$엔트리/블록이다. 따라서 인덱스 블록의 개수는 $b_i = \lceil (r_i/bfr_i) \rceil = (1{,}000/372) = 3$블록이다. 이 인덱스 파일에 대한 이진 탐색에는 $\lceil \log_2 b_i \rceil = \lceil (\log_2 3) \rceil = 2$의 블록 접근이 필요하다. 역시, 보통 인덱스는 주기억 장치에 적재되며 (11,000바이트 또는 11Kbytes를 차지함)

주기억 장치에 대한 탐색 시간은 무시할 수 있다. 데이터 파일에 대한 한 번의 블록 접근으로 주어진 우편번호를 가진 첫번째 레코드를 찾을 수 있다.

그림 16.1, 그림 16.2, 그림 16.3과 그림 15.11, 그림 15.12 간에는 몇 가지 유사한 점이 있다. 인덱스는 15.8.3절에서 기술한 확장 가능 해싱에 사용되는 디렉토리 구조들과 어느 정도 유사하다. 원하는 레코드를 저장하고 있는 데이터 블록에 대한 포인터를 찾기 위해서 디렉토리 구조나 인덱스를 탐색한다. 주요한 차이점은 인덱스 탐색에서는 탐색 필드 값을 직접 이용하는 반면에, 해시 디렉토리 탐색에서는 탐색 필드에 해시 함수를 적용하여 계산한 해시 값을 이용한다는 것이다.

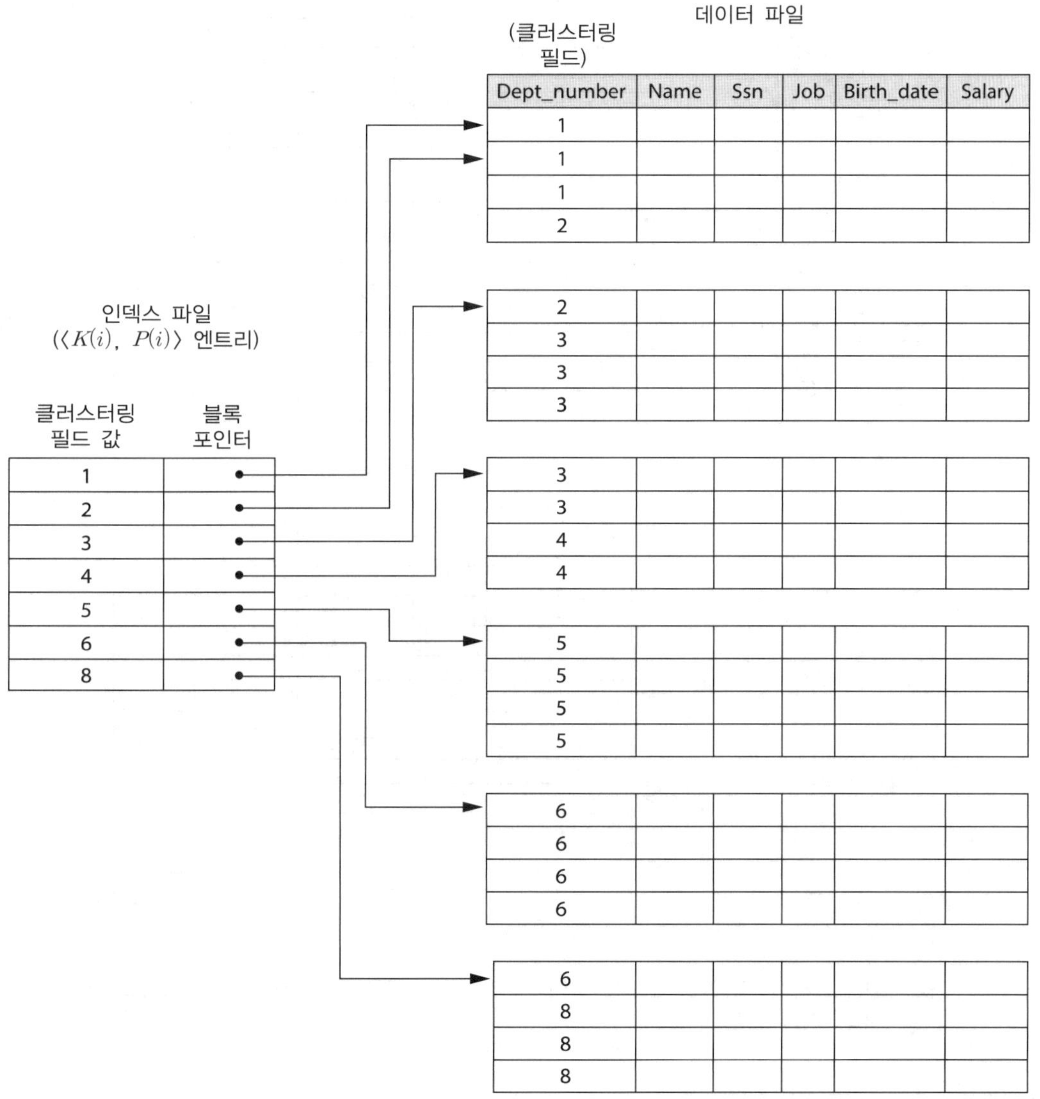


그림 16.2 EMPLOYEE 파일의 키가 아닌 필드 Dept_number에 대한 클러스터링 인덱스 데이터 파일

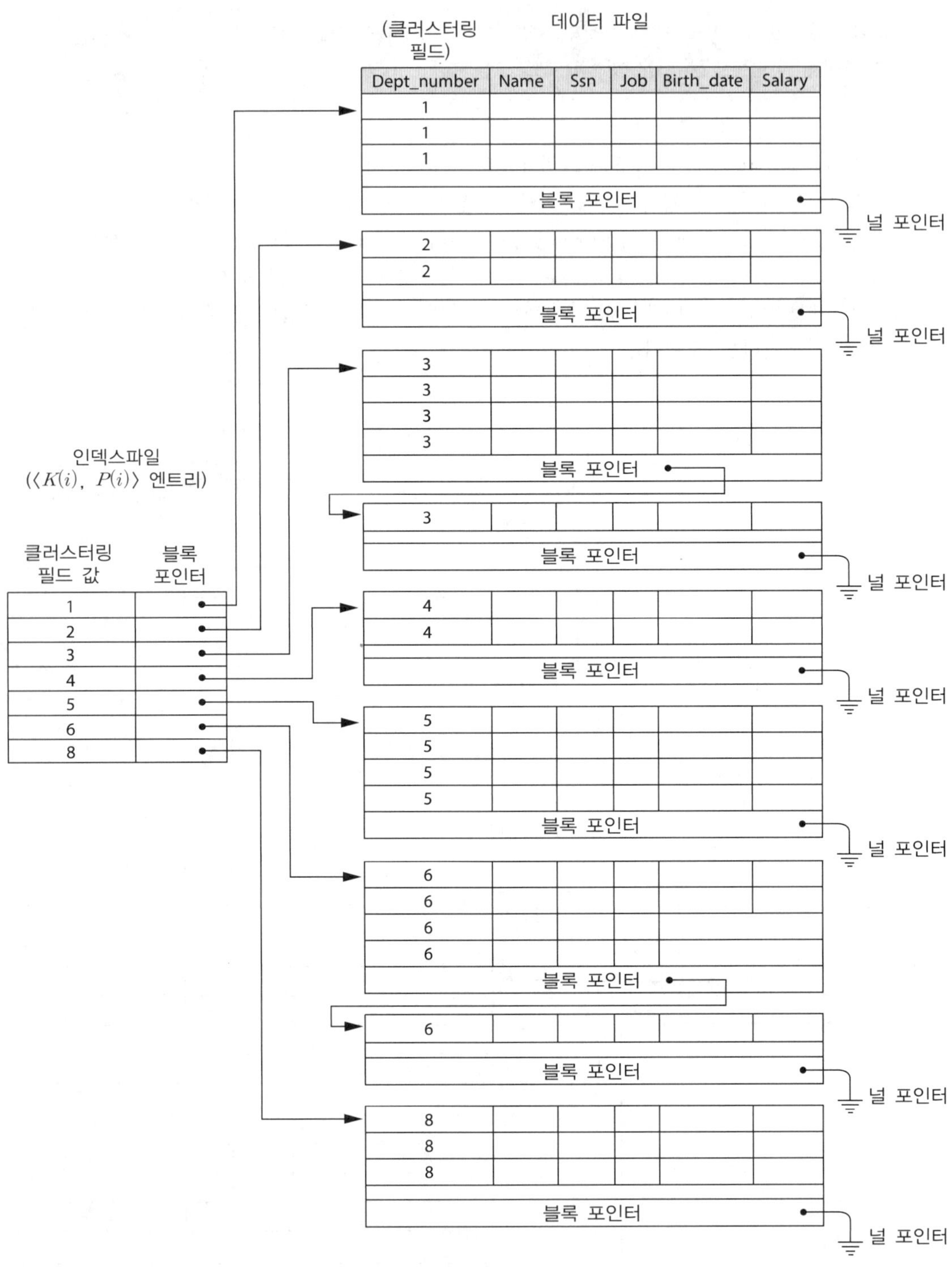


■ 그림 16.3 같은 클러스터링 필드 값을 갖는 레코드들의 각 그룹을 위해 별도의 블록 클러스터를 가지는 클러스터링 인덱스

### 16.1.3 보조 인덱스

**보조 인덱스**(secondary index)는 기본 접근 방법이 이미 존재하는 데이터 파일을 접근하는 보조 수단을 제공한다. 데이터 파일 레코드들은 순서화되거나 혹은 순서화되지 않거나 또는 해시될 수 있다. 보조 인덱스는 후보키나 모든 레코드에 대해 유일한 값을 갖는 필드 또는 중복된 값을 갖는 키가 아닌 필드에 대해 만들 수 있다. 보조 인덱스도 두 개의 필드로 구성된 순서 파일이다. 첫 번째 필드는 인덱스 필드인 데이터 파일의 비순서 필드와 같은 데이터 타입을 갖는다. 두 번째 필드는 블록 포인터이거나 레코드 포인터이다. 같은 파일에 여러 개의 보조 인덱스를 만들 수 있는데, 이들 각각은 특정 필드에 대해 이 파일을 접근하는 보조 수단을 나타낸다.

먼저 데이터 파일의 모든 레코드에 대해 서로 다른 값을 갖는 유일키 필드에 대한 보조 인덱스 접근 구조를 생각해 보자. 이런 필드를 종종 **보조키**(secondary key)라고 하는데, 이것은 관계 모델의 테이블에서 UNIQUE키 애트리뷰트이거나 기본키 애트리뷰트에 해당된다. 보조 인덱스에서는 데이터 파일의 각 레코드마다 하나의 인덱스 엔트리가 존재하고 이 엔트리에는 레코드에 대한 필드 값과 레코드가 저장되어 있는 블록 또는 레코드 자체에 대한 포인터가 있으므로, 키 필드에 대한 보조 인덱스는 밀집 인덱스이다.

인덱스 엔트리 $i$의 두 필드 값을 $<K(i),\ P(i)>$라고 하자. 엔트리들은 $K(i)$값에 따라 정렬되어 있기 때문에 이진 탐색을 수행할 수 있다. 데이터 파일의 레코드들은 보조키 필드 값에 따라 물리적으로 정렬되어 있지 않기 때문에 블록 앵커들을 사용할 수 없다. 이것이 기본 인덱스처럼 각 블록마다 하나의 인덱스 엔트리가 있지 않고 데이터 파일의 각 레코드마다 하나의 인덱스 엔트리가 있는 이유이다. 그림 16.4는 보조 인덱스를 나타내는데, 여기서 인덱스 엔트리들의 포인터 $P(i)$는 레코드 포인터가 아닌 블록 포인터이다. 그러므로 원하는 레코드를 찾기 위해서는 적절한 디스크 블록을 주기억 장치 버퍼에 적재한 후 그 블록에 대해 선형 탐색을 수행해야 한다.

보조 인덱스는 엔트리들의 개수가 많기 때문에 기본 인덱스보다 많은 저장 공간과 탐색 시간을 필요로 한다. 그러나 임의의 레코드에 대한 탐색 시간을 향상시키는 정도는 기본 인덱스보다 보조 인덱스의 경우에 훨씬 더 효율적이다. 왜냐하면 기본 인덱스에서는 인덱스가 없어도 데이터 파일에 대해서 이진 탐색을 이용할 수 있지만 보조 인덱스에서는 인덱스가 없으면 데이터 파일에 대해서 선형 탐색을 해야만 하기 때문이다. 예제 3은 접근되는 블록 수의 개선을 보여준다.

**예제 3**

블록 크기가 $B = 4{,}096$ 바이트인 디스크에 길이가 $R = 100$바이트인 고정 길이 레코드가 $r =$ 300,000개인 예제 1의 파일을 사용하자. 예제 1에서 계산한 것처럼 파일에 필요한 블록 수는 $b =$ 7,500이다. 이 파일의 키 필드 $V$는 9바이트의 길이를 가지며 이 파일이 키 필드에 대해 정렬되지 않은 경우, 이 비순서키 필드(즉, 보조키)에 대해 특정 값을 갖는 레코드 하나를 검색한다고 하자. 보조 인덱스 없이, 이런 파일에서 선형 탐색을 하기 위해서는 평균적으로 $b/2 = 7{,}500/2 =$ 3,750개의 블록을 접근해야 한다. 이 파일의 비순서 키 필드에 대한 보조 인덱스를 만든다고 하자.

예제 1처럼 블록 포인터의 길이를 $P = 6$바이트라고 하면, 각 인덱스 엔트리의 크기는 $R_i = (9+6) = 15$바이트이고, 이 인덱스에 대한 블로킹 인수는 $bfr_i = \lfloor(B/R_i)\rfloor = \lfloor(4{,}096/15)\rfloor = 273$엔트리/블록이다. 밀집 보조 인덱스에서는 전체 인덱스 엔트리들의 개수 $r_i$가 데이터 파일에 있는 레코드들의 개수와 같은 300,000이다. 따라서 인덱스를 위해 필요한 블록들의 개수는 $b_i = \lceil(r_i/bfr_i)\rceil = \lceil(300{,}000/273)\rceil = 1{,}099$블록이다.

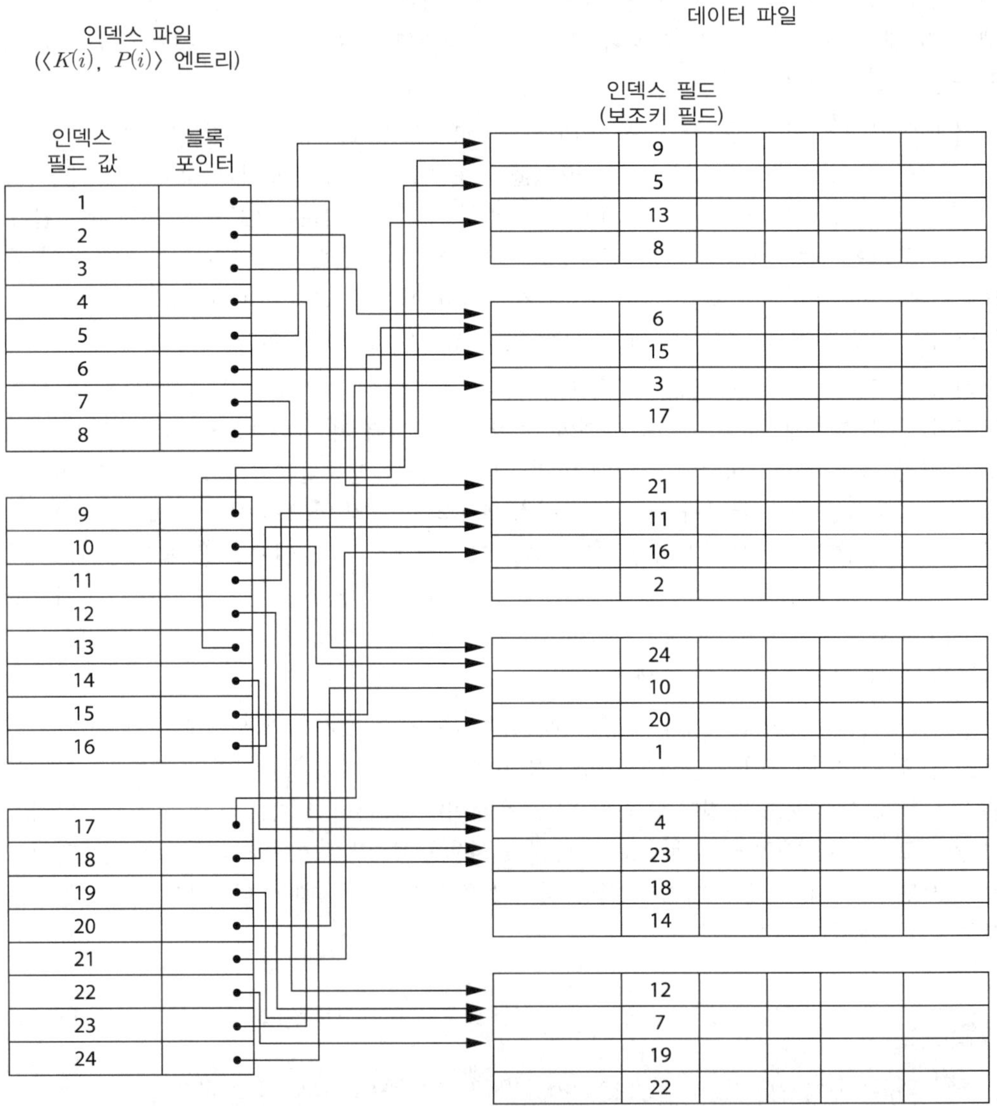


그림 16.4 파일의 비순서키 필드에 대한 밀집 보조 인덱스(블록 포인터를 갖는 경우)

이 인덱스에 대한 이진 탐색을 수행하게 되면 $\lceil(\log_2 b_i)\rceil = \lceil(\log_2 1{,}099)\rceil = 11$개의 블록을 접근해야 한다. 데이터 파일에 대한 한 번의 블록 접근이 더 필요하기 때문에 보조 인덱스를 이용하여 레코드를 탐색할 경우 전체 블록 접근 수는 $11 + 1 = 12$이다. 이것은 선형 탐색에서 평균 3,750개의 블록을 접근해야 하는 것에 비해서 매우 큰 성능 향상을 나타내고, 기본 인덱스에서 6개의 블록을 접근해야 하는 것에 비해서는 약간의 성능 저하를 나타낸다. 이러한 차이점은 밀집 인덱스는 1,099 블록을 차지하는 반면에 기본 인덱스가 비밀집이어서 크기가 더 작아 28개 블록만 차지하기 때문에 발생한다.

파일의 키가 아닌 필드, 즉 비순서 필드에 대해서도 보조 인덱스를 만들 수 있다. 이런 경우에 여러 개의 레코드가 인덱스 필드에 같은 값을 가질 수 있다. 이런 인덱스를 구현하는 데는 다음과 같은 여러 옵션이 있다.

- 옵션 1은 같은 $K(i)$값을 갖는 중복된 인덱스 엔트리들을 각 레코드마다 하나씩 여러 개 두는 것이다. 이런 경우 밀집 인덱스의 형태를 갖는다.
- 옵션 2는 인덱스 엔트리를 가변 길이 레코드로 나타내는 것이다. 이 레코드에는 포인터에 대한 필드를 여러 개 둔다. $K(i)$에 대한 인덱스 엔트리에 <$P(i,1)$, ..., $P(i,k)$>와 같은 형태의 포인터들의 리스트를 유지한다. 각 포인터는 인덱스 필드 값이 $K(i)$인 각 레코드가 저장된 블록을 가리킨다. 옵션 1과 옵션 2에서는 인덱스에 대한 이진 탐색 알고리즘을 한 인덱스키 값에 대한 인덱스 엔트리의 개수가 가변적인 것을 고려하여 적절하게 수정하여 사용해야 한다.
- 옵션 3은 가장 일반적으로 사용하는 방법으로서 인덱스 엔트리들 자체는 고정 길이를 갖고 각 인덱스 필드 값마다 하나의 엔트리를 갖도록 하지만, 다중 포인터를 다루기 위해서 하나의 간접 단계(indirection level)를 만들어서 사용한다. 이와 같은 비밀집 구조에서 인덱스 엔트리 <$K(i)$, $P(i)$>의 포인터 $P(i)$는 여러 레코드 포인터들이 들어 있는 디스크 블록을 가리킨다. 그 블록의 각 레코드 포인터는 인덱스 필드 값이 $K(i)$인 데이터 파일 레코드를 가리킨다. 만일 어떤 값 $K(i)$를 갖는 레코드들이 너무 많아서 레코드 포인터들을 하나의 디스크 블록에 저장할 수 없는 경우에는 클러스터나 블록들의 연결 리스트가 이용된다. 그림 16.5가 이런 방법을 나타낸다. 이런 인덱스를 통한 검색은 간접 단계를 사용하기 때문에 하나 또는 그 이상의 블록 접근이 추가로 필요하지만 인덱스를 탐색하는 알고리즘이나 데이터 파일에 새로운 레코드를 삽입하는 알고리즘들은 단순해진다. 인덱스 파일은 정렬이 돼 있기 때문에 이진 검색 알고리즘을 직접 사용할 수 있다. $V_1 \le K \le V_2$인 레코드 검색과 같은 범위 검색을 위해서, 각 값에 대한 포인터들의 풀(pool)에 레코드 포인터들 대신에 블록 포인터들을 사용할 수 있다. 그러면, 인덱스에서 $V_1$에서 $V_2$까지의 엔트리들에 해당하는 블록 포인터들의 풀에 대해 합집합 연산을 수행하여 (블록 포인터들의) 중복을 제거한 후, 이들 결과 블록들을 접근할 수 있다. 또한 복잡한 선택 조건에 대한 검색은, 데이터 파일로부터 많은 불필요한 레코드들을 검색하지 않고, 여러 개의 키가 아닌 보조 인덱스들로부터 레코드 주소를 참조하여 처리할 수 있다 (연습 문제 17.24 참조).

보조 인덱스는 인덱스 필드에 대한 레코드들의 **논리적 순서**(logical ordering)를 제공한다. 보조 인덱스의 엔트리들의 순서대로 레코드들을 접근한다면 인덱스 필드의 순서대로 접근할 수 있다. 기본 인덱스와 클러스터링 인덱스는 파일 내의 레코드들을 물리적으로 순서화하는데 사용한 키와 인덱싱 키가 동일하다고 가정한다.

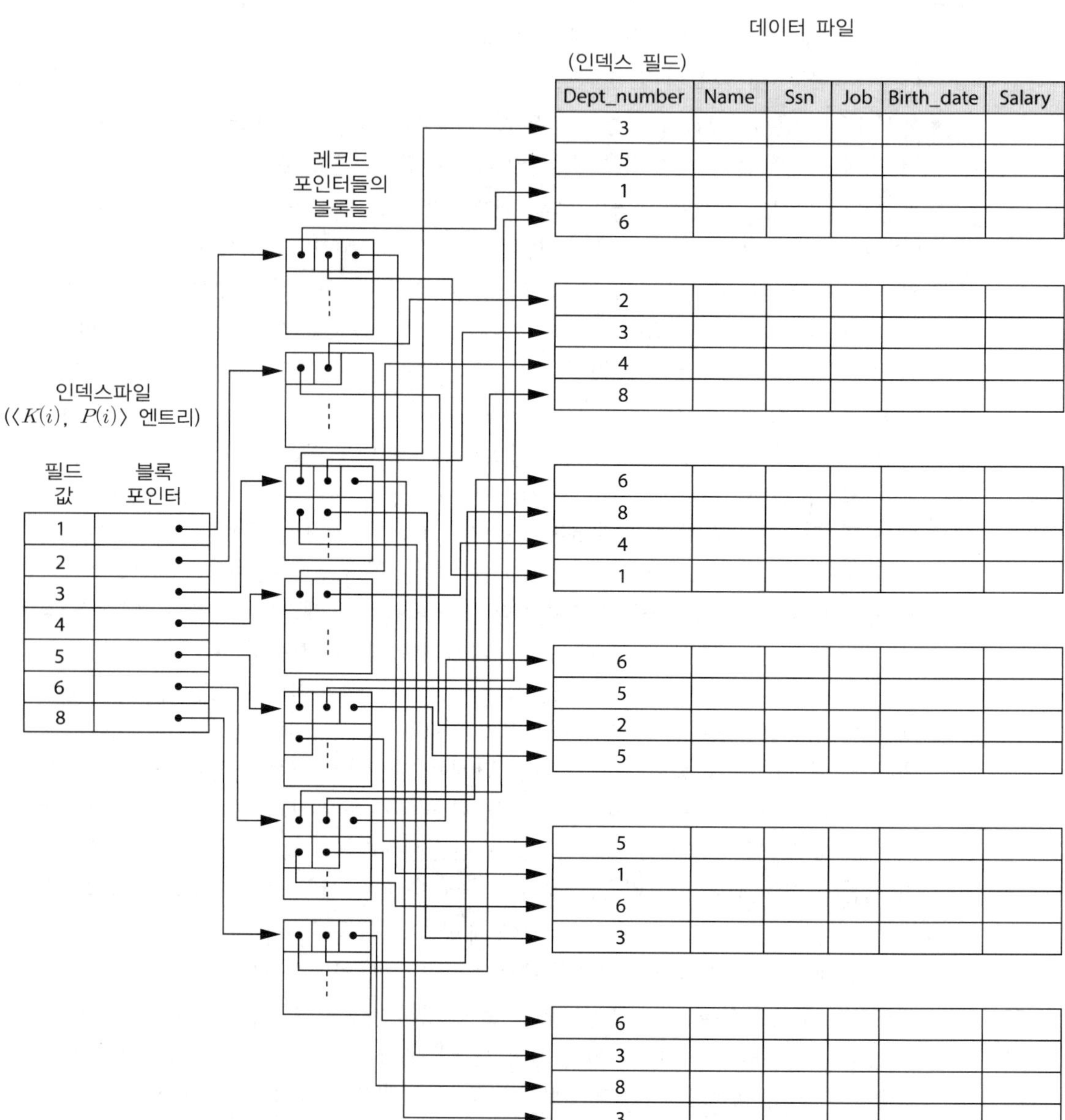


그림 16.5 인덱스 엔트리들이 고정 길이이고 유일한 필드 값들을 갖도록 하나의 간접 단계를 이용하여 구현된, 키가 아닌 필드에 대한 보조 인덱스(레코드 포인터를 갖는 경우)

### 16.1.4 요약

이 절에서는 인덱스 유형들을 두 개의 표로 요약한다. 표 16.1은 지금까지 기술한 단일-단계 인덱스(기본 인덱스, 클러스터링 인덱스, 보조 인덱스)의 각 유형에 대한 인덱스 필드 특성들을 나타낸다. 표 16.2는 인덱스 엔트리들의 수를 비교하고, 인덱스가 밀집인지, 데이터 파일에 블록 앵커를 사용하는지 등에 대해서 각 인덱스 유형의 특성들을 나타낸다.

표 16.1 인덱스 필드의 특성에 기초한 인덱스의 유형

| | 순서 필드 | 비순서 필드 |
|---|---|---|
| 키 필드 | 기본 인덱스 | 보조 인덱스(키) |
| 키가 아닌 필드 | 클러스터링 인덱스 | 보조 인덱스(키가 아닌 필드) |

표 16.2 인덱스의 유형들의 특성

| 인덱스 유형 | (첫 번째 단계)인덱스 엔트리의 개수 | 밀집 여부 | 블록 앵커 여부 |
|---|---|---|---|
| 기본 | 데이터 블록의 개수 | 비밀집 | 예 |
| 클러스터링 | 상이한 인덱스 필드 값들의 개수 | 비밀집 | 예/아니오[a] |
| 보조(키) | 레코드 개수 | 밀집 | 아니오 |
| 보조 (키가 아닌 필드) | 레코드 개수[b] | 밀집 또는 비밀집 | 아니오 |
| | 상이한 인덱스 필드 값들의 개수[c] | | |

a) 상이한 순서 필드 값마다 새로운 블록에서 시작하면 예, 그렇지 않으면 아니오

b) 옵션 1의 경우

c) 옵션 2와 3의 경우

## 16.2 다단계 인덱스

지금까지 기술한 인덱스 구조들은 순서 인덱스 파일과 관련된 것이다. 특정한 인덱스 필드 값을 갖는 디스크 블록이나 레코드(레코드들)를 가리키는 포인터들을 찾기 위해서 인덱스에 이진 탐색을 적용할 수 있다. $b_i$개의 블록을 갖는 인덱스에 대해서 이진 탐색을 할 경우에 알고리즘의 각 단계마다 탐색해야 할 인덱스 파일의 크기가 계속 1/2씩 줄어들기 때문에 $\log_2 b_i$개의 블록을 접근해야 한다. 이것이 밑수가 2인 log 함수를 사용하는 이유이다. **다단계 인덱스**(MultiLevel index)에 대한 원리는 2보다 큰 블로킹 인수 $bfr_i$를 사용함으로써 탐색해야 하는 인덱스의 수를 줄이는 것이다. 이렇게 하면 탐색 범위를 빠르게 줄일 수 있다. $bfr_i$값을 다단계 인덱스의 분기율(fan-out)이라 하고 이것을 fo라고 표기한다. 이진 탐색에서는 각 단계에서 레코드 탐색 공간을 두 개로 나누는 데 반해, 다단계 인덱스를 사용하면 각 탐색 단계에서 (분기율이 $n$인 경우) $n$개로 나눈다. 다단계 인덱스를 탐색하는 데는 약 $\log_{fo} b_i$개의 블록을 접근해야 하며, 분기율이 2보다 클 경우 이진 탐색보다 더 적은

수의 블록을 접근한다. 대개 분기율은 2보다 크다. 현재의 DBMS에서 가장 일반적으로 사용되는 4,096의 블록 크기를 감안할 때, 분기율은 블록 내에 얼마나 많은 (키+블록 포인터) 엔트리들이 들어 있는지에 달려 있다. 4바이트 블록 포인터 ($2^{32}-1=4.2*10^{9}$ 블록을 수용함)와 SSN과 같은 9바이트 키를 사용할 경우 분기율은 315가 된다.

다단계 인덱스는 여러 단계로 구성돼 있는데, 그 중에서 첫 번째 단계 또는 기본 단계(base level)는 각 $K(i)$에 대해 유일한 값을 갖는 순서 파일로 생각할 수 있다. 따라서 첫 단계의 인덱스 파일을 정렬 데이터 파일로 간주하여, 기본 인덱스를 첫 번째 단계로 만들 수 있다. 첫 번째 단계에 대한 인덱스를 다단계 인덱스의 두 번째 단계라고 한다. 두 번째 단계도 기본 인덱스이기 때문에 블록 앵커를 이용하여 첫 번째 단계의 각 블록에 대해서 하나의 엔트리를 갖도록 만든다. 두 번째 단계에 대한 블로킹 인수 $bfr_i$는 첫 번째 단계의 인덱스에 대한 블로킹 인수와 같다. 이것은 모든 인덱스 단계에 대해서 똑같이 적용된다. 그리고 모든 인덱스 엔트리는 같은 크기를 갖고 각 엔트리는 하나의 필드 값과 하나의 블록 주소를 갖는다. 만약 첫 번째 단계에 $r_1$개의 엔트리가 있고 인덱스에 대한 블로킹 인수가 $bfr_i = fo$라면, 첫 번째 단계를 위해서 $\lceil (r_1/fo) \rceil$ 개의 블록이 필요하다. 이것이 두 번째 단계의 인덱스에 필요한 엔트리들의 개수 $r_2$이다.

이런 과정을 두 번째 단계에 대해서 반복할 수 있다. 두 번째 단계에 대한 기본 인덱스인 세 번째 단계는 두 번째 단계의 각 블록마다 하나의 엔트리를 가지므로 세 번째 단계의 엔트리들의 개수는 $r_3 = \lceil (r_2/fo) \rceil$ 이다. 첫 번째 단계가 두 블록 이상을 필요로 할 때 두 번째 단계가 필요한 것처럼 두 번째 단계가 두 블록 이상을 필요로 할 때 세 번째 단계가 필요하다. 어떤 인덱스 단계 $t$의 모든 엔트리를 한 블록에 저장할 수 있을 때까지 위와 같은 절차를 반복할 수 있다. $t$번째 단계의 블록을 **최상위(top)** 인덱스 단계[5]라고 한다. 각 단계에는 이전 단계의 엔트리들의 개수를 인덱스 분기율인 $fo$로 나눈 수의 엔트리가 있다. 따라서 공식 $1 \le (r_1/((fo)^t)$을 이용하여 $t$를 계산할 수 있다. 그러므로 첫 번째 단계 엔트리들의 개수가 $r_1$인 다단계 인덱스는 약 $t = \lceil (\log_{fo}(r_1)) \rceil$ 단계를 가지게 된다. 이 인덱스를 탐색할 경우 각 단계에서 한 개의 디스크 블록이 검색된다. 따라서 하나의 인덱스 탐색을 위해 $t$개의 디스크 블록들이 접근된다. 여기서 $t$는 인덱스 단계의 수를 나타낸다.

지금까지 설명한 다단계 구조는 첫 번째 단계 인덱스가 $K(i)$에 대해서 유일한 값들을 갖고 고정 길이 엔트리를 갖는다면 어떤 인덱스 유형(기본 인덱스, 클러스터링 인덱스, 보조 인덱스)에도 사용할 수 있다. 그림 16.6은 기본 인덱스를 이용하여 만든 다단계 인덱스를 나타낸다. 예제 4는 다단계 인덱스를 이용하여 레코드를 탐색할 경우 접근해야 하는 블록들의 개수가 얼마나 줄어드는가를 나타낸다.

---

5) 여기서 인덱스 단계에 번호를 부여하는 방식은 일반적으로 트리 구조에서 사용하는 방법과 반대이다. 트리 자료 구조에서는 $t$를 단계 0, $t-1$을 단계 1로 부른다.

> **예제 4**
>
> 예제 3의 밀집 보조 인덱스를 다단계 인덱스로 만든다고 하자. 인덱스 블로킹 인수이자 다단계 인덱스에 대한 분기율($fo$)은 $bfr_i$ = 273엔트리/블록이고, 첫 번째 단계의 블록 수는 $b_1$ = 1,099블록이다. 두 번째 단계의 블록 수는 $b_2 = \lceil (b_1/fo) \rceil = \lceil (1{,}099/273) \rceil$ = 5블록이고, 세 번째 단계의 블록 수는 $b_3 = \lceil (b_2/fo) \rceil = \lceil (5/273) \rceil$ = 1블록이다. 그러므로 세 번째 단계가 최상위 인덱스 단계이다($t = 3$). 다단계 인덱스를 탐색하여 레코드를 접근할 경우에는 각 단계마다 한 블록을 접근하고 데이터 파일에 대해서 한 블록을 접근해야 하기 때문에, $t + 1 = 3 + 1 = 4$개의 블록을 접근해야 한다. 단일-단계 인덱스에서 이진 탐색을 사용할 경우 12개의 블록을 접근해야 하는 예제 3과 비교하면 성능이 향상된 것이다.

비밀집 인덱스인 기본 인덱스도 다단계로 구성할 수 있다. 연습 문제 16.18(c)가 이 경우를 보여주고 있는데, 여기서는 탐색할 레코드가 해당 파일에 존재하는지 여부를 결정하기 위해 그 파일로부터 데이터 블록을 접근해야 한다. 밀집 인덱스의 경우, 파일의 모든 레코드에 대해 인덱스 항목이 있으므로 (데이터 블록을 접근하지 않고) 첫 번째 인덱스 레벨을 액세스하여 탐색할 레코드가 파일에 존재하는지 결정할 수 있다.

비즈니스 데이터 처리에 이용되는 일반적인 파일 조직은 자신의 순서키 필드에 대해 다단계 기본 인덱스를 갖는 순서 파일이다. 이런 조직을 **인덱스된 순차 파일**(indexed sequential file)이라 하는데, 초기 IBM 시스템에서 많이 사용 되었다. IBM의 ISAM 구조는 실리더와 트랙으로 구성된 디스크 구조(15.2.1절 참조)와 매우 밀접하게 관련된 2-단계 인덱스를 사용한다. 첫 번째 단계는 실린더 인덱스로, 해당 파일이 차지하고 있는 디스크 팩의 각 실린더에 대한 앵커 레코드의 키 값과 실린더의 트랙 인덱스에 대한 포인터를 갖는다. 트랙 인덱스는 실린더 내의 각 트랙에 대한 앵커 레코드의 키 값과 트랙을 가리키는 포인터를 갖는다. 원하는 레코드나 블록을 찾기 위해서 트랙을 순차적으로 탐색할 수 있다. 삽입은 데이터 파일과 주기적으로 병합되는 오버플로우 파일을 사용하여 처리된다. 이 인덱스는 파일 재조직 동안에 재생성된다.

알고리즘 16.1은 $t$단계를 갖는 비밀집 다단계 기본 인덱스를 이용하여 레코드를 탐색하는 절차를 개략적으로 나타낸 것이다. 인덱스 $j$단계의 $i$ 엔트리를 $<K_j(i),\ P_j(i)>$라고 표기하고 기본키 값이 $K$인 레코드를 탐색한다고 가정한다. 또한 오버플로 레코드들은 무시한다고 가정한다. 레코드가 파일에 존재한다면 $K_1(i) \le K < K_1(i+1)$인 어떤 엔트리가 단계 1에 있어야 하고 주소가 $P_1(i)$인 블록에 이 레코드가 있어야 한다. 연습 문제 16.23에서는 다른 인덱스 유형들에 대한 탐색 알고리즘에 관해서 논의한다.

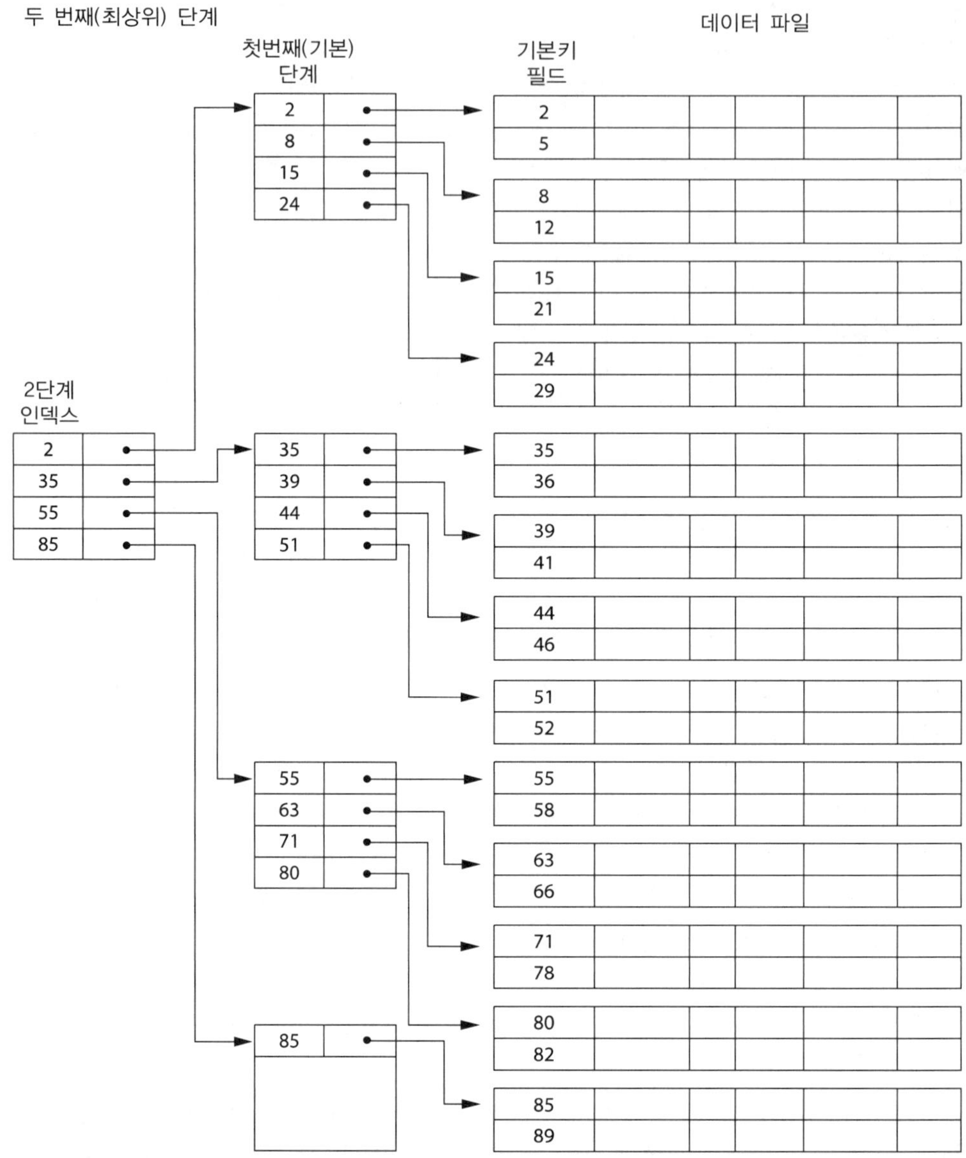


그림 16.6 ISAM 조직과 유사한 2-단계 기본 인덱스

**알고리즘 16.1** **단계를 갖는 비밀집 다단계 기본 인덱스의 탐색**

(*인덱스 엔트리는 각 블록의 첫 번째 키를 블록 앵커로 갖는다고 가정한다. *)
$p$ ← 인덱스의 최상위 블록의 주소;
for $j \leftarrow t$ step -1 to 1 do
    begin
        ($j$번째 인덱스 단계에서) 주소가 $p$인 인덱스 블록을 읽는다;
        블록 $p$에서 $K_j(i) \le K < K_j(i+1)$인 엔트리 $i$를 탐색한다

```
(*만약 K_j(i)가 그 블록에서 마지막 엔트리이면, K_j(i) ≤ K를 만족하면 된다. *);
    p ← P_j(i) (*j번째 인덱스 단계에서 적절한 포인터를 선택한다. *)
end;
주소가 p인 데이터 파일 블록을 읽는다;
블록 p에서 key = K인 레코드를 탐색한다;
```

지금까지 기술한 것처럼 다단계 인덱스에서는 주어진 인덱스 필드 값으로 레코드를 탐색할 경우 접근해야 하는 블록들의 개수를 줄일 수 있다. 그러나 모든 인덱스 단계가 물리적으로 정렬된 파일들이기 때문에 인덱스 삽입이나 인덱스 삭제를 다루는 문제가 남아 있다. 다단계 인덱스를 사용하는 장점을 살리면서 인덱스의 삽입 및 삭제 문제를 완화하기 위해서, 새로운 엔트리들을 삽입할 수 있도록 다단계 인덱스를 설계할 때 각 블록에 어느 정도의 공간을 남겨두는 방법을 이용할 수 있다. 이것을 **동적 다단계 인덱스**(dynamic multilevel index)라 하며, 파일이 늘어나거나 줄어들 때 새로운 인덱스 블록을 생성하고 삭제하는 적절한 삽입/삭제 알고리즘을 사용한다. 이는 B-트리와 $B^+$-트리 자료 구조들을 이용하여 구현할 수 있다. 이 $B^+$-트리와 B-트리 자료 구조에 관해서는 다음 절에서 설명한다.

## 16.3 B-트리와 $B^+$-트리를 이용한 동적 다단계 인덱스

B-트리와 $B^+$-트리는 잘 알려진 **트리**(tree) 형태의 탐색 자료 구조이다. 우선 트리 자료 구조에서 사용하는 용어들을 간단하게 소개한다. 트리는 노드들로 구성되고, 트리에 있는 각 노드는 하나의 부모 노드(parent node)와 0개 이상의 자식 노드(child node)를 갖는다. 루트 노드(root node)라고 하는 특별한 노드에는 부모 노드가 없다. 자식 노드를 하나도 갖지 않은 노드를 리프 노드(leaf node)라 하고, 리프 노드가 아닌 노드(nonleaf node)를 내부 노드(internal node)라고 한다. 한 노드의 단계(level)는 부모 노드의 단계보다 1만큼 크다. 여기서 루트 노드의 단계는 0이다.[6] 한 노드의 서브 트리(subtree)는 그 노드와 그 노드의 자손 노드(descendent node)들로 구성된다. 자손 노드는 한 노드의 자식 노드들과 그 자식 노드들의 자식 노드들 등으로 구성된다. 따라서 서브 트리의 정확한 순환적 정의는 "서브 트리는 노드 $n$과 노드 $n$의 모든 자식 노드의 서브 트리들로 구성된다"이다. 그림 16.7은 트리 자료 구조를 보여준다. 이 그림에서 루트 노드는 A이고, A의 자식 노드들은 B, C, D이다. 또한 리프 노드들은 E, J, C, G, H, K이다. 리프 노드들은 트리의 서로 다른 레벨에 있기 때문에 이 트리는 **비균형**(unbalanced)이라고 부른다.

16.3.1절에서는 데이터 파일 내의 레코드들을 탐색하는 데 사용되는 동적 다단계 인덱스로 이용할 수 있는 탐색 트리와 B-트리를 기술한다. B-트리 노드들은 50~100% 채워지도록 유지하고, 데이터 블록에 대한 포인터들은 내부 노드와 리프 노드들에 저장한다. 16.3.2절

6) 16.3절에서 사용하는 트리 노드의 단계에 대한 정의는 16.2절의 다단계 인덱스의 단계에 대한 정의와 다르다.

에서는 $B^+$-트리에 관해서 기술한다. $B^+$-트리는 B-트리의 변형으로서 파일의 데이터 블록에 대한 포인터들을 리프 노드들에만 저장한다. $B^+$-트리는 B-트리에 비해서 더 적은 수의 단계를 필요로 하고 더 많은 인덱스 엔트리를 저장할 수 있다. 오늘 널리 상용화된 DBMS에서는 $B^+$-트리를 인덱싱을 위한 공통 자료 구조로 사용한다.

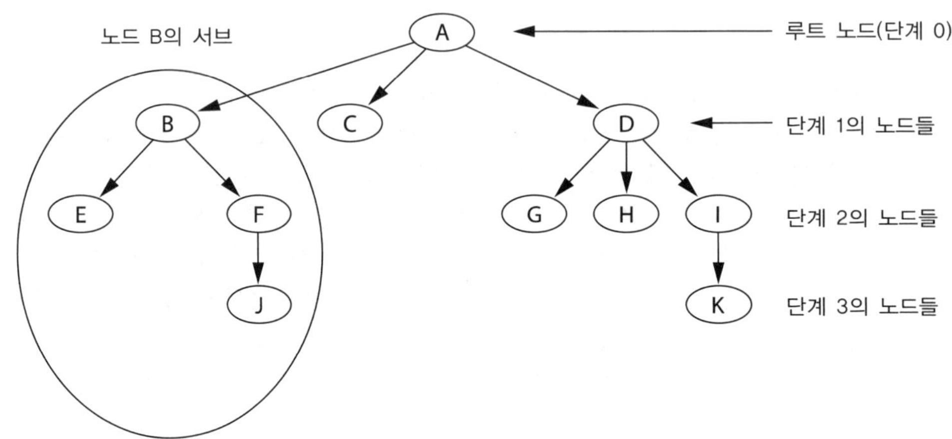


그림 16.7 불균형 트리를 나타내는 트리 자료 구조

### 16.3.1 탐색 트리와 B-트리

**탐색 트리**(search tree)는 주어진 레코드 필드 값으로 레코드를 탐색하는 데 사용되는 특별한 유형의 트리이다. 16.2절에서 기술한 다단계 인덱스는 탐색 트리의 변형으로 간주할 수 있다. 다단계 인덱스의 각 노드는 최대로 $fo$개의 포인터와 $fo$개의 키 값을 갖는다. 여기서 $fo$는 인덱스의 분기율이다. 각 노드의 인덱스 필드 값에 따라 다음 노드를 탐색해 나가면 찾고자 하는 레코드들을 갖고 있는 데이터 파일의 블록에 도달할 수 있다. 이렇게 포인터를 따라 탐색하면 각 단계에서의 탐색 범위가 탐색 트리의 한 서브 트리로 제한되어 다른 서브 트리들에 있는 노드들은 무시할 수 있다.

**탐색 트리.** 탐색 트리는 다단계 인덱스와 약간 다르다. 차수가 $p$인 탐색 트리는 각 노드에 최대한 $p-1$개의 탐색 값과 $p$개의 포인터를 $<P_1, K_1, P_2, K_2, \cdots, P_{q-1}, K_{q-1}, P>$ 순으로 갖고 있는 트리이다. 여기서 $q \le p$이고, 각 $P_i$는 자식 노드에 대한 포인터이거나 널 포인터이고, 각 $K_i$는 값들의 순서 집합(ordered set)에 속하는 탐색 값이다. 모든 탐색 값은 유일하다고 가정한[7] 그림 16.8은 탐색 트리의 한 노드를 나타낸다. 탐색 트리는 다음의 두 조건을 항상 만족한다.

**1.** 각 노드에서 $K_1 < K_2 < \ldots < K_{q-1}$이다.

7) 이 제약은 완화할 수 있다. 인덱스가 키가 아닌 필드에 대한 것이라면, 중복된 탐색 값들이 존재할 수 있고 이 트리에 대한 탐색 규칙이 수정될 수 있다.

**2.** $P_i$가 가리키는 서브 트리의 모든 값 $X$에 대해서,
$1 < i < q$일 때 $K_{i-1} < X < K_i$이고, $i = 1$일 때 $X < K_i$이고, $i = q$일 때 $K_i - 1 < X$이다(그림 16.8 참조).

값 $X$를 탐색하고자 할 때마다 위의 조건 2의 공식들에 의해서 적절한 포인터 $P_i$를 따라간다. 그림 16.9는 정수형의 탐색 값들을 갖는 차수 $p = 3$인 탐색 트리를 나타낸다. 한 노드 안에서 일부 포인터 $P_i$들은 널 포인터일 수도 있다.

디스크 파일에 저장되어 있는 레코드들을 탐색하는 방법으로 탐색 트리를 사용할 수 있다. 트리 내의 값들은 탐색 필드(이것은 만약 다단계 인덱스를 이용하여 검색한다면 인덱스 필드와 같음)라고 하는 파일의 한 필드에 나타나는 값들이다. 트리에 있는 각 키 값은 그 값을 갖는 레코드에 대한 포인터와 관련이 있다. 또는 레코드를 갖고 있는 디스크 블록에 대한 포인터와 관련이 있다. 탐색 트리 자체는 각 트리 노드마다 하나의 디스크 블록을 할당하여 디스크에 저장한다. 파일 내에 새로운 레코드를 삽입할 때는 새로운 레코드의 탐색 필드 값과 새로운 레코드에 대한 포인터를 갖는 엔트리를 트리에 포함시켜 탐색 트리를 갱신해야 한다.

위에서 기술한 두 가지 조건을 만족하면서 탐색 트리에 탐색 값들을 삽입하고 삭제할 수 있는 알고리즘들이 필요하다. 일반적으로 이런 알고리즘들은 탐색 트리의 모든 리프 노드가 같은 단계에 있도록 하는 균형 트리(balanced tree)를 만들지는 않는다.[8] 그림 16.7의 트리는 단계 1, 단계 2, 단계 3에서 리프 노드들을 가지므로 균형이 유지되지 않았다. 탐색 트리에서 균형을 유지하는 목표는 다음과 같다.

- 주어진 키들의 집합에 대해 트리의 깊이를 최소화하고 어떤 노드가 매우 깊은 레벨에 위치하여 트리가 한쪽으로 기울어지지 않도록 노드들을 균등하게 분배함
- 임의의 키 하나를 찾는 데 드는 평균 시간이 거의 동일하도록 탐색 속도를 일정하게 유지함

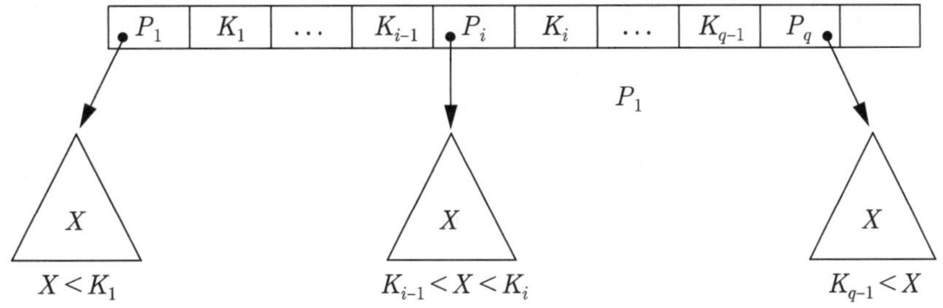


그림 16.8 아래에 서브 트리를 갖는 탐색 트리의 한 노드

8) 균형 트리의 정의는 이진 트리의 정의와 다르다. 균형 이진 트리는 AVL로 알려져 있다.

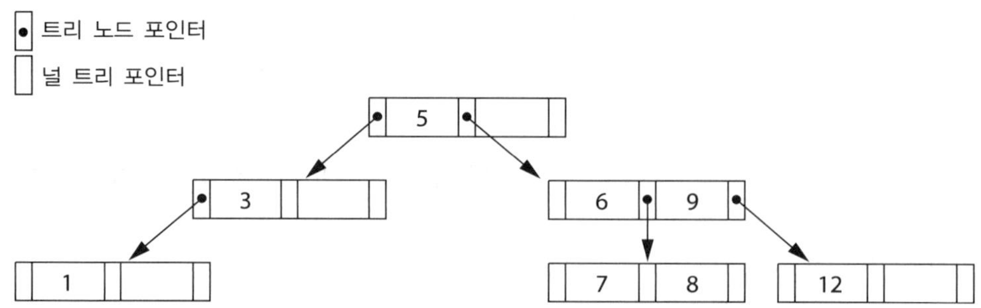


그림 16.9 차수가 p = 3 인 트리 트리 노드 포인터 널 트리 포인터

트리 내의 레벨 수를 최소하는 것 외에 또 다른 묵시적인 목표는, 주 파일 내에 레코드를 삽입하고 삭제함에 따라 인덱스 트리를 재구조화하는 것을 많이 하지 않는 것이다. 따라서 한 노드를 가능한 한 꽉 채우고(삭제가 많이 발생해도) 빈 노드가 생기지 않게 하는 것이 좋다. 레코드의 삭제로 인해 트리의 일부 노드들이 거의 비게 되어 저장 공간의 낭비와 단계 수의 증가를 유발한다는 것이다. B-tree는 탐색 트리에 추가적인 제약 조건을 명시하여 이런 문제들을 해결한다.

**B-트리.** B-트리는 트리가 항상 균형을 유지하고 레코드 삭제로 인한 공간 낭비가 지나치지 않도록 보장하기 위해 추가적인 제약 조건들을 가진다. 이런 제약 조건들을 만족시키기 위해서 삽입과 삭제 알고리즘들이 좀 더 복잡해진다. 그럼에도 불구하고 대부분의 삽입과 삭제는 간단하게 처리된다. 복잡한 처리를 요구하는 경우는 이미 가득 찬 노드에 키 값을 삽입하고자 하는 경우 또는 어떤 노드에서 키 값을 삭제하면 그 노드의 반 이상이 비는 경우이다. 데이터 파일의 레코드들을 탐색하기 위해서 키 필드에 대한 접근 구조로 이용할 때 차수가 p인 B-트리를 좀 더 공식적으로 정의하면 다음과 같다.

1. B-트리(그림 16.10(a))의 각 내부 노드의 형태는 $<P_1, <K_1, P_{r1}>, P_2, <K_2, P_{r2}>, \cdots, <K_{q-1}, Pr_{q-1}>, P_q>$이다. 여기서 $q \le p$이다. 각 $P_i$는 B-트리의 다른 노드에 대한 트리 포인터(tree pointer)이고, 각 $Pr_i$는 탐색키 필드 값이 $K$인 레코드(또는 그 레코드를 포함하고 있는 데이터 블록)에 대한 데이터 포인터[9]이다.
2. 각 노드에서 $K_1 < K_2 \cdots K_{q-1}$이다.
3. $P_i$가 가리키는 서브 트리(즉, $i$번째 서브 트리, 그림 16.10(a) 참조)에 들어 있는 모든 탐색 필드 값 $X$에 대해서, $1 < i < q$일 때 $K_{i-1} < X < K_i$이고, $i = 1$일 때 $X < K_i$이고, $i = q$일 때 $K_{i-1} < X$이다.
4. 각 노드는 최대한 $p$개의 트리 포인터를 갖는다.
5. 루트 노드와 리프 노드들을 제외한 모든 노드는 최소한 $\lceil (p/2) \rceil$ 개의 트리 포인터를 갖는다. 루트 노드가 트리의 유일한 노드가 아니라면 최소한 두 개의 트리 포인터를 갖는다.

9) 데이터 포인터는 블록 주소 또는 레코드 주소이다. 레코드 주소는 블록 주소와 블록 안의 레코드 오프셋(offset)으로 구성된다.

**6.** $q$개의 트리 포인터를 갖는 노드는 $q-1$개의 탐색키 필드 값과 $q-1$개의 데이터 포인터를 갖는다(이때 $q \le p$임).

**7.** 모든 리프 노드는 같은 단계에 있다. 리프 노드는 모든 트리 포인터 $P_i$가 널인 것만 제외하고는 내부 노드와 같은 구조를 갖는다.

그림 16.10(b)는 차수가 $p=3$인 B-트리를 나타낸다. 트리가 키 필드에 대한 접근 구조로 사용된다고 가정했기 때문에 B-트리 내의 모든 탐색키 값 $K$는 유일하다. 만약 키가 아닌 필드에 대해 정의된 B-트리를 이용하려면 파일 포인터 $Pr_i$의 정의를 파일 레코드들에 대한 포인터를 포함하는 블록(또는 블록들의 클러스터)을 가리키는 것으로 변경해야 한다. 추가로 요구되는 이 간접 단계는 16.1.3절에서 기술한 보조 인덱스에 대한 옵션 3과 유사하다.

B-트리는 단계 0에서 하나의 루트 노드로 시작한다. 이때 루트 노드는 리프 노드이기도 하다. 루트 노드가 $p-1$개의 탐색키 값으로 가득 차 있는데 루트 노드에 다른 엔트리를 삽입하고자 하면 루트 노드가 단계 1의 두 개의 노드로 분할된다. 중간값 만이 루트 노드에 남아 있고 나머지 값들은 두 노드에 균등하게 나뉘어 저장된다. 루트가 아닌 노드가 가득 차 있는데 새로운 엔트리를 삽입하면 그 노드는 같은 단계의 두 노드로 분할되고, 중간값은 새로 분할된 노드들을 가리키는 두 개의 포인터와 함께 부모 노드로 이동된다. 만약 부모 노드도 이미 가득 차 있으면 부모 노드도 분할된다. 이런 분할 과정은 루트 노드까지 계속 파급될 수 있으며, 루트 노드가 분할되면 새로운 단계가 생성된다. 이 책에서는 B-트리에 대한 알고리즘[10)]들을 자세하게 설명하지 않는 대신 다음 절에서 $B^+$-트리에 대한 탐색 프로시저와 삽입 프로시저를 간략하게 기술한다.

어떤 노드에서 하나의 값을 삭제할 때 반 넘게 비게 되면 그 노드는 두 개의 이웃 노드(neighboring node)와 결합된다. 이런 과정도 루트까지 계속 파급될 수 있으며 그렇게 되면 트리의 단계 수가 줄어든다. B-트리에 수많은 임의의 값을 삽입하고 삭제하는 시뮬레이션을 수행하여 분석한 결과 트리에 있는 값들의 개수가 안정되는 시점에 이르렀을 때 노드들은 약 69%가 차 있음이 밝혀졌다. 이런 결과는 $B^+$-트리에서도 성립한다. 이런 경우에는 노드의 분할과 결합이 극히 드물게 일어나므로 삽입과 삭제가 매우 효율적으로 수행된다. 값들의 개수가 많아지면 노드들의 분리가 발생하여 일부 삽입에는 좀 더 시간이 걸릴 수 있다. B-트리의 각 노드는 대부분 $p$개 트리 포인터, $p-1$개 데이터 포인터, $p-1$개 탐색키 필드 값을 갖는다(그림 16.10(a) 참조).

10) B-트리의 자세한 삽입과 삭제 알고리즘은 Ramakrishnan과 Gehrke[2003]을 참조하기 바란다.

(a)

$P_1$ $K_1$ $Pr_1$ $P_2$ … $K_{i-1}$ $Pr_{i-1}$ $P_i$ $K_i$ $Pr_i$ … $K_{q-1}$ $Pr_{q-1}$ $P_q$

트리 포인터 / 데이터 포인터 / 트리 포인터 / 데이터 포인터 / 트리 포인터 / 데이터 포인터 / 데이터 포인터 / 트리 포인터

$X$: $X < K_1$   $X$: $K_{i-1} < X < K_i$   $X$: $K_{q-1} < X$

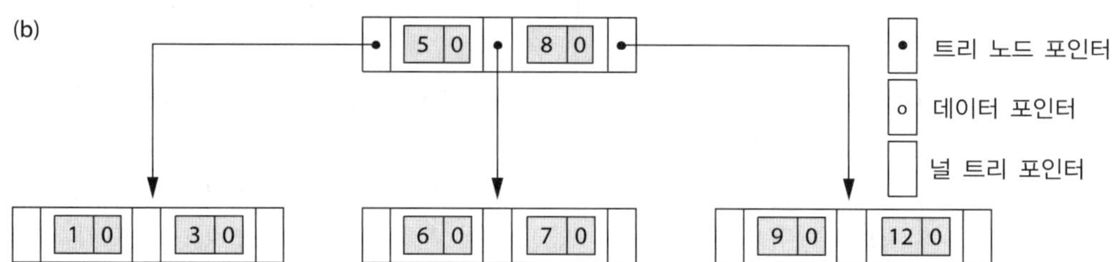


그림 16.10 B-트리 구조: (a) $q-1$개의 탐색 값을 갖는 B-트리의 한 노드, (b) 차수 $p=3$인 B-트리(삽입 순서는 8, 5, 1, 7, 3, 12, 9, 6이다)

일반적으로 하나의 B-트리 노드에는 노드 내의 엔트리들의 개수 $q$와 부모 노드에 대한 포인터 등과 같이 트리를 조작하는 알고리즘들에 필요한 추가적인 정보를 저장한다. 이제 예제를 통해 B-트리의 블록 수와 단계 수를 계산하는 방법을 알아본다.

**예제 5**

탐색 필드가 비순서 키 필드이고 이 필드에 대해 $p=23$인 B-트리를 만든다고 하자. 또 B-트리의 각 노드가 69% 차 있다고 하자. 평균적으로 각 노드에는 $p * 0.69 = 23 * 0.69$, 즉 16개의 포인터와 15개의 탐색키 값이 있다고 가정하고, 평균 분기율은 $fo = 16$이라고 하자. 다음은 루트부터 시작해서 각 단계별로 평균적으로 몇 개의 값과 포인터가 존재할 수 있는지 보여준다.

| | | |
|---|---|---|
| 루트: 1 노드 | 15 키 엔트리 | 16 포인터 |
| 단계 1: 16 노드 | 240 키 엔트리 | 256 포인터 |
| 단계 2: 256 노드 | 3,840 키 엔트리 | 4,096 포인터 |
| 단계 3: 4,096 노드 | 61,440 키 엔트리 | |

각 단계에서 키 엔트리들의 개수는 그 이전 단계의 전체 포인터들의 개수에 각 노드의 평균 엔트리들의 개수인 15를 곱하여 구할 수 있다. 그러므로 주어진 블록 크기(512바이트), 레코드/데이터 포인터 크기(7바이트), 트리/블록 포인터 크기(7바이트), 탐색키 필드 크기(9바이트)에 대해서, 차수가 23이고 공간 이용률이 69%인 2-단계 B-트리는 평균적으로 3,840 + 240 + 15 = 4,095개의 엔트리를 갖고, 3-단계 B-트리는 평균적으로 65,535개의 엔트리를 갖는다.

때로 B-트리가 기본 파일 조직(primary file organization)으로 사용되기도 한다. 이런 경우에 전체 레코드들은 <탐색키, 레코드 포인터> 형태의 엔트리들이 아니라 B-트리 노드들 안에 직접 저장된다. 이것은 상대적으로 적은 수의 레코드와 작은 레코드 크기를 갖는 파일들에 적합하다. 그렇지 않으면 분기율은 너무 작아지고 단계 수는 너무 커져서 효율적인 접근을 수행할 수 없다.

요약하면 B-트리는 각 노드가 최소한 절반 가량 차 있는 균형 트리 구조인 다단계 접근 구조를 제공한다. 차수 $p$의 B-트리 내의 각 노드는 최대 $p-1$개의 탐색 값을 가질 수 있다.

### 16.3.2 B$^+$-트리

대부분의 동적 다단계 인덱스를 구현하는 방법들은 B-트리의 변형인 B$^+$-트리를 이용한다. B-트리에서는 하나의 데이터 포인터와 함께 각 탐색 필드 값이 트리의 어떤 단계에서 한 번만 나타난다. 그러나 B$^+$-트리에서는 데이터 포인터들이 리프 노드들에만 저장되므로 리프 노드의 구조는 내부 노드의 구조와 다르다. 탐색 필드가 키 필드이면 리프 노드들은 각 탐색 필드 값마다 그 값과 포인터(레코드 또는 레코드를 포함하고 있는 블록을 가리키는 포인터)로 구성된 엔트리를 하나씩 갖는다. 탐색 필드가 키가 아닌 필드인 경우 엔트리의 포인터는 데이터 파일 레코드들에 대한 포인터들을 갖고 있는 블록을 가리키므로 하나의 간접 단계가 더 필요하다.

일반적으로 B$^+$-트리의 리프 노드들은 서로 연결되어 있어서 레코드들을 탐색 필드 값의 순서대로 접근할 수 있다. 이런 리프 노드들은 인덱스의 첫 번째(또는 기본) 단계와 비슷하다. B$^+$-트리의 내부 노드들은 다단계 인덱스의 다른 단계들과 대응된다고 할 수 있다. 또한 리프 노드들에 있는 일부 탐색 필드 값들은 B$^+$-트리의 내부 노드들에도 저장되어 탐색 과정에 사용된다. 차수 $p$인 B$^+$-트리의 내부 노드들의 구조(그림 16.11(a))는 다음과 같다.

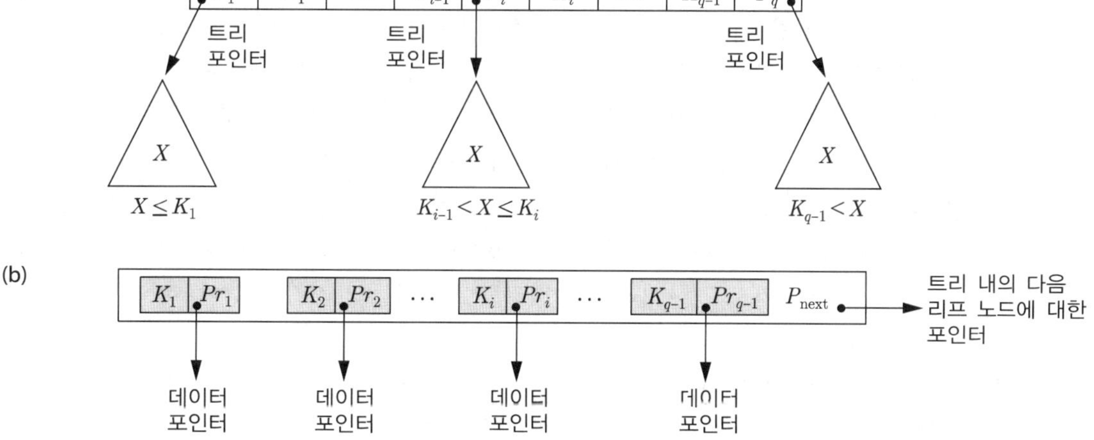


그림 16.11 B$^+$-트리의 노드: (a) q−1개의 탐색 값을 갖는 내부 노드, (b) $q-1$의 탐색 값과 $q-1$의 데이터 포인터를 가지는 B$^+$-트리의 리프 노드

1. 각 내부 노드의 형태는 $<P_1, K_1, P_2, K_2, \cdots, P_{q-1}, K_{q-1}, P_q>$이다. 여기서 $q \le p$이고, 각 $P$는 트리 포인터이다.
2. 각 내부 노드에서 $K_1 < K_2 < \ldots < K_{q-1}$이다.
3. $P_i$가 가리키는 서브 트리에 들어 있는 모든 탐색 필드 값 $X$에 대해서, $1 < i < q$일 때 $K_{i-1} < X \le K_i$이고, $i = 1$일 때 $X \le K_i$이고, $i = q$일 때 $K_{i-1} < X$이다(그림16.11(a)).[11]
4. 각 내부 노드는 최대한 $p$개의 트리 포인터를 갖는다.
5. 루트 노드를 제외한 각 내부 노드는 최소한 $\lceil (p/2) \rceil$ 개의 트리 포인터를 갖는다. 루트 노드가 내부 노드라면 최소한 두 개의 트리 포인터를 갖는다.
6. $q$개의 포인터를 갖는 내부 노드는 $q-1$개의 탐색 키필드 값을 갖는다. 여기서 $q \le p$이다.

차수 $p$인 $B^+$-트리의 리프 노드들의 구조(그림 16.11(b))는 다음과 같다.

1. 각 리프 노드의 형태는 $<<K_1, Pr_1>, <K_2, Pr_2>, \cdots, <K_{q-1}, Pr_{q-1}> P_{next}>$이다. 여기서 $q \le p$이고, 각 $Pr_i$는 데이터 포인터이고, $P_{next}$는 $B^+$-트리의 다음 리프 노드를 가리킨다.
2. 각 리프 노드에서 $K_1 \le K_2 \cdots, K_{q-1}$이다. 여기서 $q \le p$이다.
3. 각 $Pr_i$는 탐색 필드 값이 $K_i$인 레코드 또는 그 레코드를 갖고 있는 블록을 가리키는 데이터 포인트이다. 만약 탐색 필드가 키가 아니라면 탐색 필드 값이 $K_i$인 레코드를 가리키는 레코드 포인터들이 들어있는 블록을 가리킨다.
4. 각 리프 노드는 최소한 $\lceil p/2 \rceil$ 개의 값을 갖는다.
5. 모든 리프 노드는 같은 단계에 있다.

내부 노드 내의 포인터들은 트리의 노드인 블록을 가리키는 트리 포인터이며, 반면에 리프 노드 내의 포인터들은 데이터 파일 레코드 또는 블록을 가리키는 데이터 포인터들이다. 단, $P_{next}$포인터는 다음 리프 노드를 가리키는 트리 포인터이다. 맨 왼쪽 리프 노드에서 시작하여 $P_{next}$ 포인터들을 따라가면 전체 리프 노드를 연결 리스트로써 순회할 수 있다. 이런 방식으로 인덱스 필드 값들의 순서대로 데이터 레코드들을 접근할 수 있다. 또한 $P_{previous}$ 포인터를 포함할 수도 있다. 키가 아닌 필드를 기반으로 하는 $B^+$-트리에서는 그림 16.5와 비슷하게 하나의 간접 단계가 더 필요하다. 16.1.3절에서 기술한 옵션 3처럼 $P_r$ 포인터는 데이터 파일의 실제 레코드를 가리키는 레코드 포인터들의 집합으로 이루어진 블록을 가리키는 블록 포인터이다.

$B^+$-트리에서는 내부 노드의 엔트리들은 데이터 포인터 없이 탐색 값들과 트리 포인터들로 이루어지므로 유사한 $B^+$-트리보다 더 많은 엔트리를 내부 노드에 저장할 수 있다. 따라서

11) 이와 같은 정의는 Knuth(1998)에 의한 것이다.
<와 ≤를 맞바꿔서 $B^+$-tree를 정의하는 방법($K_{i-1} \le X \le K_i K_{q-1} \le X$)도 있지만 원리는 서로 같다.

예제 5에서 설명하는 것처럼 동일한 블록 크기에 대해서 B-트리보다 B+-트리의 차수 $p$가 더 크다. 차수가 증가하면 단계 수는 적어지므로 탐색 시간이 줄어든다. B+-트리의 내부 노드와 리프 노드의 구조가 서로 다르기 때문에 차수 $p$가 서로 다르다. 내부 노드의 차수는 $I$로 표기하고 리프 노드의 차수는 $P_{\text{leaf}}$로 표기한다. 리프 노드의 차수 $P_{\text{leaf}}$는 한 리프 노드에 포함되는 최대 데이터 포인터 수로 정의한다.

**예제 6**

B+-트리의 차수 $p$를 계산하기 위해서 탐색키 필드의 길이가 $V=9$바이트, 블록 크기가 $B=512$바이트, 레코드 포인터의 길이가 $Pr=7$바이트, 블록 포인터/트리 포인터의 길이가 $P=6$바이트라고 하자. B+-트리의 내부 노드는 최대한 $p$개의 트리 포인터와 $p-1$개의 탐색키 값을 가질 수 있다. 이것들을 하나의 블록에 저장해야 하므로 다음과 같은 식을 이용한다.

$$(p*p)+((p-1)*V) \leq B$$
$$(p*6)+((p-1)*9) \leq 512$$
$$(15*p) \leq 512$$

위의 부등식을 반족하는 가장 큰 값으로 $p$를 선택하면 $p=34$이다. 이것은 B-트리에 대한 값 23보다 크다. (B-트리의 차수를 계산하는 것은 독자들이 직접 해 보기 바란다.) 따라서 B+-트리의 각 내부 노드는 B-트리보다 더 큰 분기율과 더 많은 엔트리를 갖게 된다. B+-트리의 리프 노드들은 같은 개수의 값과 데이터 포인터 뿐만 아니라 다음 리프 노드에 대한 포인터도 하나 갖고 있다. 그러므로 리프 노드들에 대한 차수 $P_{\text{leaf}}$를 계산하기 위해서는 다음 식을 이용한다.

$$(p_{left}*(pr+V))+P \leq B$$
$$(p_{left}*(7+9))+6 \leq 512$$
$$(16*p_{left}) \leq 506$$

그러므로 데이터 포인터가 레코드 포인터라고 가정하면 각 리프 노드는 최대로 $P_{\text{leaf}}=31$개의 <키 값, 데이터 포인터>쌍을 가질 수 있다.

B-트리와 마찬가지로 삽입과 삭제 알고리즘을 구현하려면 각 노드에 추가적인 정보가 필요하다. 이런 정보에는 노드의 유형(내부 노드 또는 리프 노드), 노드에 있는 현재 엔트리들의 개수 $q$, 부모 노드와 형제 노드들에 대한 포인터 등이 있다. 따라서 $P$와 $P_{\text{leaf}}$를 계산하기 전에 이런 추가 정보를 저장하는 데 필요한 공간만큼 블록 크기를 줄여야 한다. 다음 예제는 B+-트리의 엔트리들의 수를 계산하는 방법을 설명한다.

**예제 7**

예제 6의 필드를 기반으로 B+-트리를 만든다고 하자. B+-트리의 엔트리들의 수를 계산하기 위해서 각 노드가 69% 차 있다고 가정한다. 평균적으로 각 내부 노드에는 34 * 0.69, 즉 23개의 포인터와 22개의 값이 있다. 평균적으로 각 리프 노드에는 0.69 * $P_{\text{leaf}}=0.69 * 31$, 즉 21개의 데이터 레코드 포인터가 있다. B+-트리는 각 단계에서 다음과 같은 평균 엔트리들의 수를 갖는다.

| | | |
|---|---|---|
| 루트: 1 노드 | 22 키 엔트리 | 23 포인터 |
| 단계 1: 23 노드 | 506 키 엔트리 | 529 포인터 |
| 단계 2: 529 노드 | 11,638 키 엔트리 | 12,167 포인터 |
| 리프단계: 12,167 노드 | 255,507 데이터 레코드 포인터 | |

예제 6에서 주어진 블록 크기, 포인터 크기, 탐색키 필드 크기에 대해서 3-단계 $B^+$-트리는 노드가 평균적으로 69% 차 있을 때 최대 255,507개의 레코드 포인터를 갖는다. 우리는 리프 노드를 리프가 아닌 노드들과 다르게 고려하였으며, 리프 노드가 69%의 공간 이용률을 가지며 각각 31개의 키와 데이터 포인터들을 갖는다는 전제하에서 리프 노드에 있는 데이터 포인터들이 12,167 * 21이라고 계산하였다. 예제 5의 B-트리에서는 65,535개의 엔트리를 갖는 것과 비교해 보라. B-트리는 트리의 모든 레벨에서 각 검색 키와 함께 데이터/레코드 포인터를 가지고 있기 때문에 주어진 인덱스 레벨 수에 대해 더 적은 개수의 키를 가진다. 이런 점 때문에 B-트리보다 $B^+$-트리를 데이터베이스 파일의 인덱스로 더 선호한다. Oracle과 같은 대부분의 DBMS는 모든 인덱스를 $B^+$-tree로 생성한다.

**$B^+$-트리에서 탐색, 삽입, 삭제.** 알고리즘 16.2는 $B^+$-트리 접근 구조를 이용하여 한 레코드를 탐색하는 프로시저를 나타낸다. 알고리즘 16.3은 $B^+$-트리 접근 구조를 갖는 파일에 한 레코드를 삽입하는 프로시저를 나타낸다. 이 알고리즘은 탐색키 필드가 있다고 가정한 것이기 때문에 키가 아닌 필드에 대한 $B^+$-트리의 경우에는 적절하게 수정해야 한다. 이제 예를 가지고 삽입과 삭제를 설명한다.

**알고리즘 16.2** **$B^+$-트리에서 탐색키 필드 값 $K$를 갖는 레코드 탐색**

$n \leftarrow$ $B^+$-트리의 루트 노드를 포함하는 블록;
블록 $n$을 읽는다;
while ($n$이 $B^+$-트리의 리프 노드가 아님) do
  **begin**
  $q \leftarrow$ 노드 $n$에 있는 트리 포인터의 개수;
  if $K \leq n.K_1$ (*$n.K_1$은 노드 $n$에 있는 $i$번째 탐색 필드 값을 나타냄*)
    then $n \leftarrow n.P_1$ (*$n.P_1$은 노드 $n$에 있는 $i$번째 트리 포인터를 나타냄*)
    else if $K > n.K_{q-1}$
      then $n \leftarrow n.P_q$
      else **begin**
        노드 $n$에서 $n.K_{i-1} < K \leq n.K_i$인 엔트리 $i$를 탐색한다;
        $n \leftarrow n.P_i$
        **end;**
  블록 $n$을 읽는다
  **end;**
불록 $n$에서 $K = K_i$인 엔트리 ($K_i$, $Pr_i$)를 탐색한다 (*리프 노드를 탐색한다*)
if 그 엔트리를 찾았음

then 주소 $Pr_i$를 갖는 데이터 파일 블록을 읽은 후 해당 레코드를 검색한다;
else 탐색키 필드 값 $K$를 갖는 레코드가 데이터 파일 내에 존재하지 않는다;

**알고리즘 16.3** 차수 $p$인 $B^+$-트리에서 탐색키 필드 값 $K$를 갖는 레코드 삽입

```
n ← B⁺-트리의 루트 노드를 포함하는 블록
블록 n을 읽는다 스택 S를 공백으로 만든다
while (n이 B⁺-트리의 리프 노드가 아님) do
   begin
   n의 주소를 스택 S에 푸시한다
      (*스택 S는 분할이 발생할 경우에 필요한 부모 노드들을 유지한다*)
   q ← 노드 n에 있는 트리 포인터의 개수
   if K ≤ n.K_1 (*n.K_i은 노드 n에 있는 i번째 탐색 필드 값을 나타냄*)
      then n ← n.P_1 (*n.P_i은 노드 n에 있는 i번째 트리 포인터를 나타냄*)
      else if K > n.K_{q-1}
         then n ← n.P_q
         else begin
            노드 n에서 n.K_{i-1} < K ≤ n.K_i인 엔트리 i를 탐색한다;
            n ← n.P_i
            end;
      블록 n을 읽는다
   end;
블록 n에서 K=K_i인 엔트리 (K_i, Pr_i)를 탐색한다 (*리프 노드를 탐색한다*)
if 그 엔트리를 찾았음
   then 레코드가 파일에 이미 존재함; 삽입할 수 없다;
   else (*레코드를 가리킬 엔트리를 B⁺-트리에 삽입한다*)
      begin
      엔트리 (K, Pr)을 만든다, 이때 Pr은 새로운 레코드에 대한 주소이다;
      if 리프 노드 n이 꽉 차지 않았음
         then 엔트리 (K, Pr)을 리프 노드 n 내의 적절한 위치에 삽입한다
         else begin (*리프 노드 n에 p_leaf개 레코드 포인터가 꽉 차서 분할됨*)
         n을 temp에 복사한다 (*temp는 추가의 엔트리를 갖는 과잉 크기의 리프 노드임*);
         엔트리 (K, Pr)을 temp 내의 적절한 위치에 삽입한다;
         (*temp는 이제 p_leaf+1개의 (K_i, Pr_j) 엔트리를 가짐*)
         new ← 이 트리를 위한 새로운 공백 리프 노드 new.P_next ← n.P_next;
         j ← ⌈(p_leaf+1)/2⌉;
         n ← temp에 있는 (엔트리 (K_j, Pr_i)까지) 첫 j개 엔트리들 n.P_next ← new;
         new ← temp에 있는 나머지 엔트리들 K ← K_j
         (*이제 (K, new)를 옮겨서 부모 내부 노드에 삽입해야 한다.
         하지만, 만약 부모가 꽉 찼으면, 분할이 전파된다*)
         finished ← false;
         repeat
```

```
        if 스택 S가 공백
            then (*부모 노드가 없음; 이 트리를 위한 새로운 루트 노드가 생성된다*)
                begin
                root ← 이 트리를 위한 새로운 공백 내부 노드
                root ← <n, K, new> ; finished ← true;
                end
            else begin
                n ← 스택 S를 팝;
                if 내부 노드 n이 꽉 차지 않음
                    then
                        begin (*부모 노드가 꽉 차지 않음; 분할되지 않음*)
                        (K, new)를 내부 노드 n의 적절한 위치에 삽입한다;
                        finished ← true
                        end
                    else begin (*내부 노드 n이 p개 트리 포인터로 꽉 참;
                                오버플로우 발생 노드가 분할됨*)
                    n을 temp에 복사한다 (*temp는 과잉 크기의 내부 노드임*);
                    (K, new)를 temp의 적절한 위치에 삽입한다;
                    (*temp는 이제 p+1개의 트리 포인터를 가짐*)
                    new ← 이 트리를 위한 새로운 공백 내부 노드;
                    j ← ⌊(p+1)/2⌋;
                    n ← temp에 있는 트리 포인터 P_j까지의 엔트리
                    (*n은 <P_1, k_1, P_2, K_2, ..., P_{j-1}, K_{j-1}, P_j>를 갖는다*)
                    new ← temp에 있는 트리 포인터 P_{j+1}부터 나머지 엔트리들
                    (*new는 <P_{j+1}, K_{j+1}, ..., K_{p-1}, P_p, K_p, P_{p+1}>를 갖는다*)
                    K ← K_j
                    (*이제 (K, new)를 옮겨서 부모 내부 노드에 삽입해야 한다*)
            end
        end
    until finished
    end;
end;
```

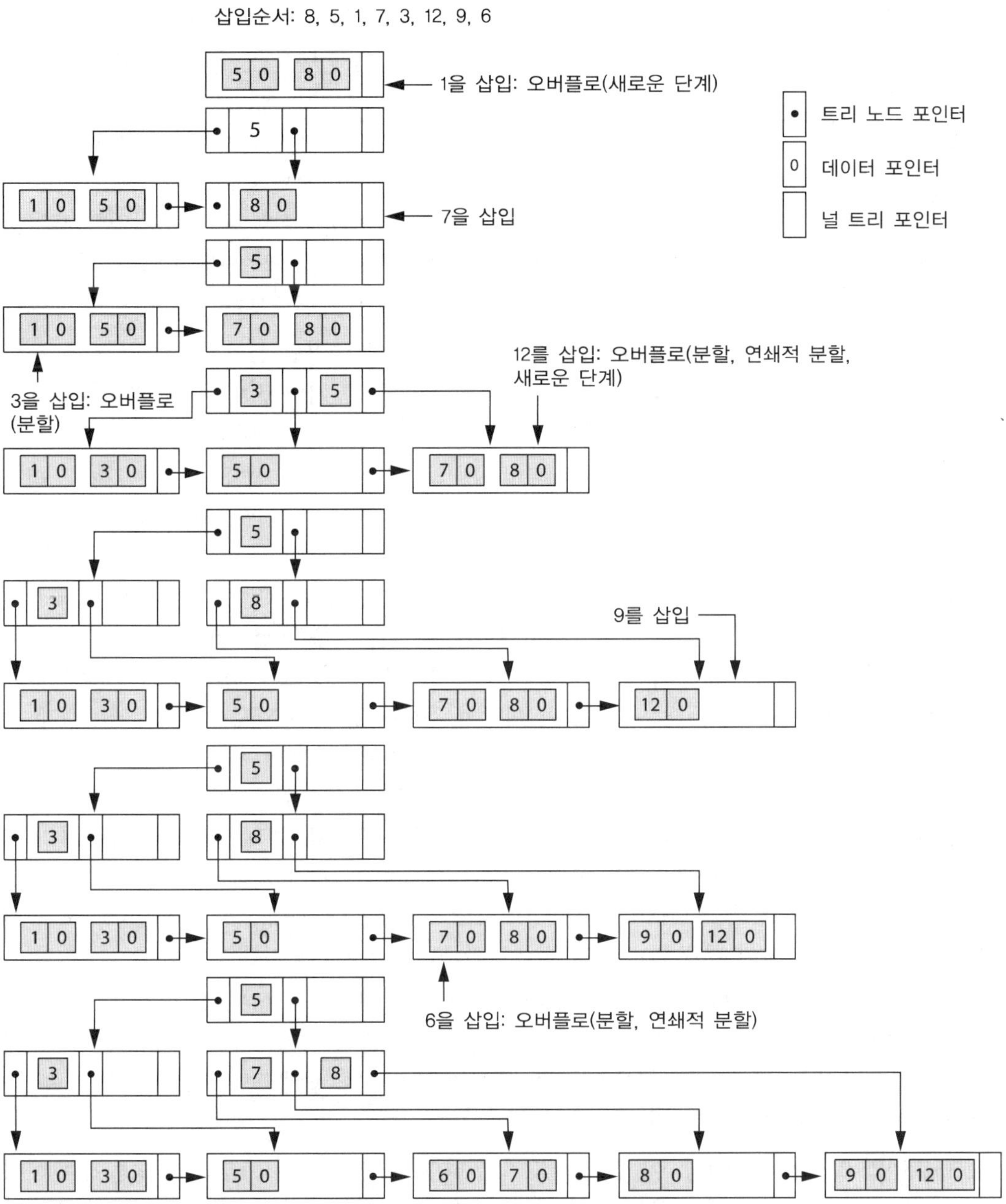

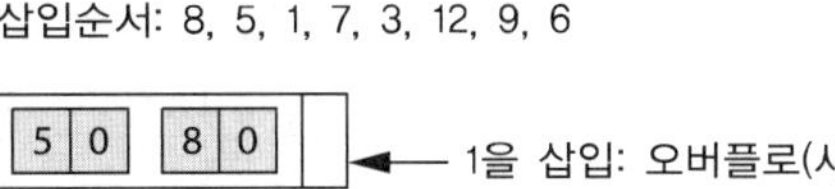


그림 16.12 $p = 3$이고 $p_{leaf} = 2$인 B$^+$-트리에 대한 삽입의 예

그림 16.12는 차수가 $p = 3$이고 $p_{leaf} = 2$인 B$^+$-트리에 레코드들을 삽입하는 과정을 나타낸다. 먼저 최초의 트리는 루트 노드 하나만 갖는다. 이때 루트 노드는 리프 노드이기도 하다. 두 개 이상의 단계가 만들어지면 트리는 내부 노드들과 리프 노드들로 나누어진다. 모든 데이터 포인터가 리프 단계에 있기 때문에 모든 탐색 필드 값이 리프 단계에 존재한다. 그러나 탐색에 이용하기 위해 일부 값들은 내부 노드에 중복되어 있다. 또한 내부 노드에 있는 각 값은 그 값의 왼쪽에 있는 트리 포인터가 가리키는 서브 트리의 리프 노드의 맨 오른쪽 값(즉, 가장 큰 값)을 갖는다.

가득 찬 리프 노드에 새로운 엔트리를 삽입하고자 하면, 그 노드가 오버플로되고 두 노드로 분할된다. 먼저 원래 노드에서 처음부터 $j = \lceil (p_{leaf}+1)/2 \rceil$ 개의 엔트리는 그대로 두고 나머지 엔트리들은 새로운 리프 노드로 옮긴다. $j$번째 탐색 값을 부모 내부 노드에 중복하고 새로운 노드를 가리키는 포인터를 부모 내부 노드에 삽입한다. 이때 만약 부모 내부 노드가 이미 가득 차 있으면 밑에서 올라온 새로운 값이 오버플로를 유발해서 그 노드도 분할해야 한다. 새로운 값과 포인터를 부모 내부 노드의 정확한 위치에 삽입한 후 $j$번째 트리 포인터인 $P_j$까지는 그대로 두고 $j$번째 탐색 값은 이 노드에 두지 않고 이 노드의 부모 노드로 옮긴다. 여기서 $j = \lfloor (p+1)/2 \rfloor$ 이다. $P_{j+1}$번째부터 노드의 마지막 엔트리까지는 새로운 내부 노드로 옮긴다(알고리즘 16.3 참조). 이런 분할 과정은 새로운 루트 노드를 만들 때까지 연쇄적으로 파급될 수도 있고, 그렇게 되면 $B^+$-트리에 새로운 단계가 생긴다.

그림 16.13은 $B^+$-트리에서 삭제하는 예를 나타낸다. 한 엔트리를 삭제할 때마다 항상 리프 노드에서 삭제한다. 이 값이 내부 노드에도 있으면 내부 노드에서도 삭제한다. 이런 경우 내부 노드에서 삭제되는 엔트리는 리프 노드에서 삭제되는 값의 왼쪽 값으로 대체한다. 왜냐하면 그 값이 서브 트리의 맨 오른쪽 엔트리(즉, 가장 큰 값)가 되기 때문이다. 삭제로 인해 리프 노드의 엔트리 수가 최솟값 이하로 줄어들면 **언더플로**(underflow)가 발생한다. 이런 경우에 언더플로된 노드의 형제 리프 노드를 찾아서 그 노드와 형제 노드가 갖고 있는 엔트리들을 재분배하여 두 노드 모두 반 이상이 차도록 한다. 여기서 어떤 노드의 형제 노드는 그 노드의 바로 왼쪽이나 오른쪽 리프 노드를 말한다. 만약 두 노드 모두 반 이상이 차게 할 수 없으면 형제 노드와 결합하여 리프 노드의 수를 줄인다. 일반적으로 먼저 왼쪽 형제 노드와의 재분배를 고려한다. 이것이 불가능하면 오른쪽 형제 노드와의 재분배를 고려한다. 둘 다 불가능하면 세 개의 노드를 결합하여 두 개의 리프 노드로 만든다. 이런 경우에 내부 노드의 트리 포인터와 탐색 값이 하나씩 줄어들어서 내부 노드도 언더플로가 될 수 있다. 이런 영향이 루트 노드까지 파급되면 트리 단계가 줄어든다.

삽입과 삭제 알고리즘들을 구현하기 위해서는 각 노드마다 부모 포인터와 형제 포인터들이 필요하다. 알고리즘 16.3처럼 스택을 사용할 수도 있다. 또한 각 노드에는 엔트리들의 개수와 노드 유형(리프 또는 내부)에 대한 정보가 필요하다. 삽입과 삭제를 구현하는 또 다른 방법으로 순환적 프로시저를 사용할 수도 있다.[12)]

**B-트리와 $B^+$-트리의 변형.** 이 절을 끝맺기 위하여 B-트리와 $B^+$-트리의 변형들에 관해서 간략하게 언급한다. 어떤 경우에는 "각 노드가 최소한 반 이상 차 있어야 한다"라는 $B^+$-트리(또는 B-트리)의 제약 조건 5를 "각 노드가 최소한 2/3 이상 차 있어야 한다"로 변경할 수 있다. 이런 경우의 B-트리를 $B^*$-트리라고 한다. 일반적으로 여러 시스템에서는 채우기 인수(fill factor)를 0.5~1.0 사이에서 사용자가 선택할 수 있도록 한다. 여기서 1.0은 B-트리(인덱스) 노드가 가득 찬다는 것을 의미한다. 또한 B-트리에 대해 리프 단계와 내부 단계를 위해 사용자가 두 개의 채우기 인수를 명시할 수 있도록 하는 시스템들도 있다. 인덱스를 처음 만들 때, 사용자가 명시한 채우기 인수만큼의 엔트리를 각 노드에 저장한다. 최근

12) $B^+$-트리의 자세한 삽입과 삭제 알고리즘은 Ramakrishnan, Gehrke(2003)을 참조하기 바란다.

에는 노드의 반 이상을 채워야 하는 제약 조건을 완화하여 노드가 완전히 비어야만 결합할 수 있도록 하자는 연구 결과도 있다. 이런 모의 연구 결과에 따르면 삭제 알고리즘이 간단해지는 장점이 있고, 임의 분포를 따르는 삽입과 삭제가 반복될 때 낭비되는 공간이 그리 많지 않다.

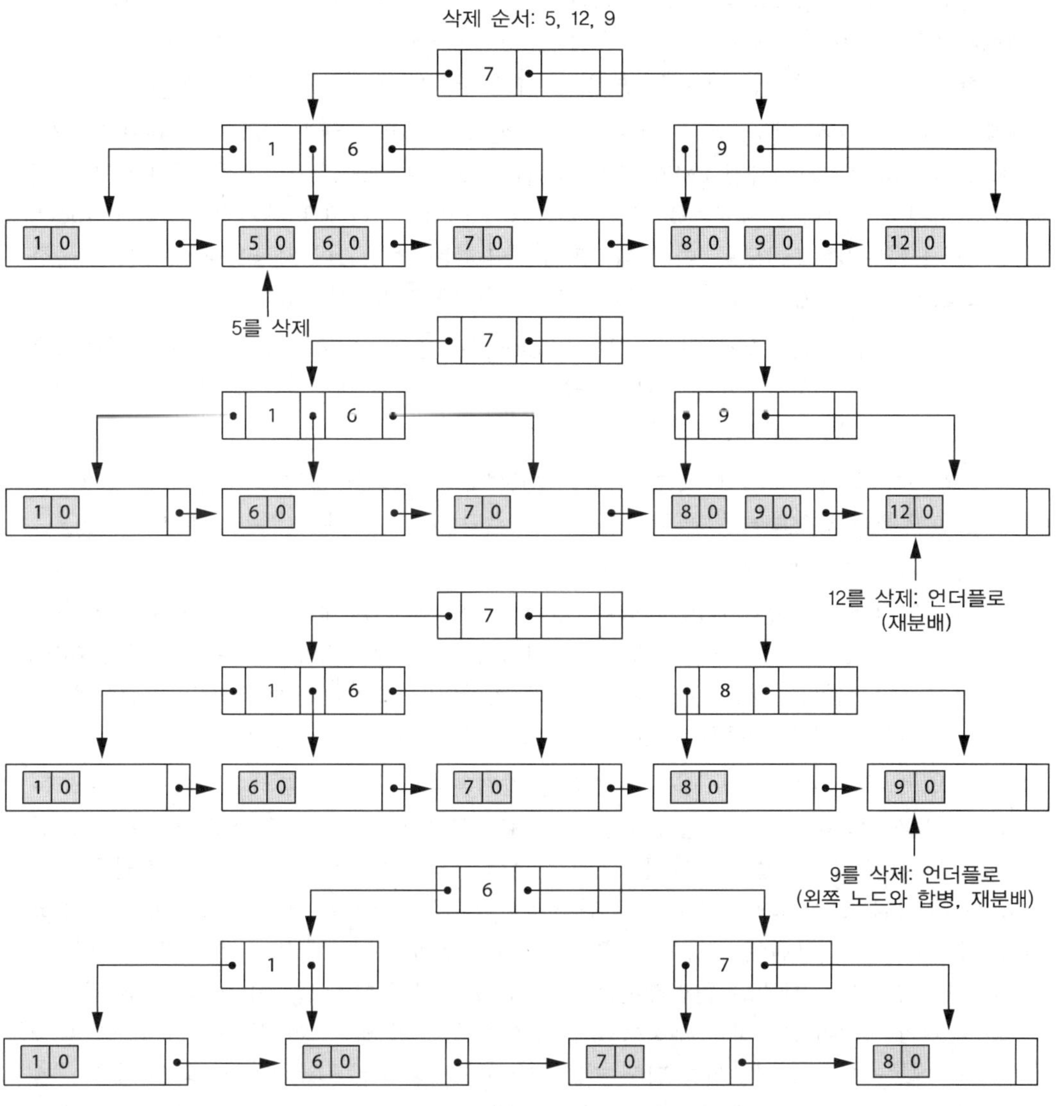


그림 16.13 $B^+$-트리에서 삭제하는 예

## 16.4 다중키 인덱스

지금까지의 논의에서는, 접근되는 파일의 기본키와 보조키들은 하나의 애트리뷰트(필드)를 가진다고 가정하였다. 그러나 많은 검색과 갱신 요청은 여러 애트리뷰트를 포함한다. 만일 애트리뷰트들의 어떤 조합이 자주 사용된다면 이런 애트리뷰트들의 조합에 의한 키 값을 이용하여 효율적인 접근을 제공할 수 있는 접근 구조를 생성하는 것이 효율적이다.

예를 들어, Dno(부서 번호), Age, Street, City, Zip_code, Salary, Skill_code 애트리뷰트와, Ssn (사회보장번호)을 키로 가진 EMPLOYEE 파일을 생각해 보자. 그리고 "나이가 59세이며 4번 부서에서 근무하는 사원들을 나열하라"라는 질의를 고려해 보자. 이때 Dno와 Age는 키가 아닌 애트리뷰트이므로, 여러 레코드를 가리키는 탐색 값에 해당된다는 것을 주목하라. 그리고 이 질의에 대해 다음과 같은 탐색 전략이 고려될 수 있다.

1. Dno에는 인덱스가 있는 반면에 Age에는 인덱스가 없다고 가정하면 인덱스를 이용하여 Dno = 4인 레코드들을 접근한 후, 이런 레코드들 중에서 Age = 59를 만족하는 레코드들을 선택한다.
2. Age에는 인덱스가 있는 반면에 Dno에는 인덱스가 없다고 가정하면 인덱스를 이용하여 Age = 59인 레코드들을 접근한 후, 이런 레코드들 중에서 Dno = 4를 만족하는 레코드들을 선택한다.
3. 인덱스가 Dno와 Age에 모두 생성되어 있다면 두 개의 인덱스 모두를 사용할 수도 있다. 각 인덱스는 레코드들의 집합 또는 포인터(블록이나 레코드에 대한)들의 집합을 제공한다. 레코드들의 집합이나 포인터들의 집합의 교집합은 두 개의 조건을 만족하는 레코드들 또는 포인터들을 생성한다.

위의 방법 모두는 결론적으로 올바른 결과를 가져온다. 그러나 각각의 조건(Dno = 4 또는 Age = 59)을 만족하는 레코드들의 집합의 크기가 크지만 단지 소수의 레코드만 결합 조건을 만족한다면, 위의 방법 중 모두는 주어진 탐색 요구에 대해 아주 효율적인 기법은 아니다. "모든 직원 중에서 최소 또는 최고 연령 찾기"와 같은 질의는 데이터 파일로 가지 않고 Age의 인덱스를 사용하여 응답할 수 있다. 그러나 Dno = 4 내에 있는 최고 또는 최소 연령을 찾는 질의는 인덱스만 처리해서는 답을 얻을 수가 없다. 또한 이 색인만 처리해서는 Age = 59의 직원이 근무하는 부서들의 목록을 얻을 수가 없다. 이 질의를 처리하기 위해서 다중 애트리뷰트로 이루어진 탐색 키로 <Dno, Age> 또는 <Age, Dno>의 조합을 다룰 수 있는 여러 가능성이 존재한다. 아래에서 간략하게 이런 기법들을 설명한다. **복합키** (composite key)와 같은 다중 애트리뷰트를 포함하는 키들에 관하여 언급할 것이다.

### 16.4.1 다중 애트리뷰트의 순서 인덱스

<Dno, Age>의 조합으로 이루어진 탐색키 필드에 인덱스를 만들어 지금까지 이 장에서 설명한 것을 적용한다. 위의 예에서 탐색키는 <4, 59>의 쌍이다. 일반적으로 인덱스가 $<A_1,$

$A_2$, …, $A_n$>의 애트리뷰트에서 생성되었다면 탐색키 값은 $<v_1, v_2, \cdots, v_n>$의 $n$개의 값을 가진 투플이다.

이런 투플 값들의 사전적(lexicographic) 순서를 이 복합 탐색키의 순서로 사용한다. 예를 들어, 부서 번호 3에 대한 모든 부서키는 부서 번호 4보다 선행한다. 그러므로 <3, $n$>은 $m$과 $n$의 모든 값에 대하여 <4, $m$>보다 선행한다. Dno = 4의 키 값으로 정렬된 오름차순키는 <4, 18>, <4, 19>, <4, 20> 등이다. 이런 사전적 순서는 문자열의 순서를 결정하는 데도 유사하게 적용된다. $n$개 애트리뷰트의 복합키에 대한 인덱스는 지금까지 이 장에서 논의한 모든 인덱스와 유사하게 동작한다.

### 16.4.2 분할 해싱

분할 해싱(partitioned hashing)은 다중키에 대한 접근을 허용하는 정적 외부 해싱을 확장한 것이다(15.8.2절). 그리고 분할 해싱은 동등 비교에만 적합하며 범위 질의는 지원하지 않는다. 분할 해싱에서 $n$개의 구성 요소로 이루어진 키에 대하여 해시 함수는 $n$개의 별도의 해시 주소를 생성하도록 설계된다. 버켓 주소는 이런 $n$개의 주소를 결합한 것이다. 관심 있는 주소의 일부와 부합되는 적절한 버켓을 탐색하여 원하는 복합 탐색키에 대한 탐색을 할 수 있다.

예를 들어, 복합 탐색키 <Dno, Age>를 고려해 보자. 만일 Dno와 Age가 각각 3-비트와 5-비트의 주소로 해시된다면 8-비트 버켓 주소를 얻을 수 있다. Dno = 4가 해시 주소 '100'을 갖고 Age = 59가 해시 주소 '10101'을 갖는다고 가정하자. 그러면 복합 탐색 값 Dno = 4와 Age = 59를 찾기 위해 먼저 버켓 주소 100 10101을 찾아간다. Age = 59인 모든 사원을 탐색한다면 버켓들의 주소가 '00010101', '00110101'등과 같은 모든 버켓(8개)이 탐색될 것이다. 분할 해시의 장점은 애트리뷰트의 수를 쉽게 확장할 수 있다는 것이다. 버켓 주소에서 상위의 비트들이 자주 접근되는 애트리뷰트들과 대응되도록 버켓 주소를 설계할 수 있다. 또한 각 애트리뷰트를 위한 어떤 별도의 접근 구조를 유지할 필요가 없다. 분할 해싱의 중요한 단점은 어떠한 구성 애트리뷰트들에 대해서도 범위 질의를 지원하지 못한다는 것이다. 또한 대부분의 해시 함수는 해시되는 키의 순서에 따라 레코드를 유지하지 않는다. 따라서 <Dno, Age>와 같이 속성들의 조합을 키로 사용할 경우, 레코드를 사전 편집 순서로 접근하는 것은 간단하거나 효율적이지 않다.

### 16.4.3 그리드 파일

또 다른 대안은 EMPLOYEE 파일을 그리드 파일(grid file)로 조직하는 것이다. 만일 예를 들어 Dno와 Age 두 개의 키를 가지고 파일을 접근하려 한다면 각 탐색 애트리뷰트에 대해 하나의 선형 눈금(또는 차원)을 갖는 그리드 배열을 구성할 수 있다. 그림 16.14는 Dno 애트리뷰트에 대한 선형 눈금과 Age 애트리뷰트에 대한 선형 눈금을 가진 EMPLOYEE 파일에 대한 그리드 배열을 보여준다. 각 눈금은 해당 애트리뷰트에 대해 균등 분포를 갖도록 만들어진다. 따라서 위의 예제에서 Dno의 선형 눈금에서는 Dno = 1, 2은 눈금의 값 0과 결합되고, Dno = 5는 눈금의 값 2와 대응되는 것을 보여준다. 비슷한 방식으로 Age는 나이에 따라 사원들이 균등하게 분포되도록 하기 위해 나이들을 그룹화하여 0~5의 눈금으로 나눈다. 이 파일을 위한 그리드 배열은 총 36개의 셀을 가진다. 각 셀은 셀에 대응되는 레코드들이 저장된 버켓 주소를 가리킨다. 그림 16.14는 셀들에 할당된 버켓(일부만)을 보여준다.

Dno = 4와 Age = 59에 대한 요청은 그리드 배열의 셀 (1, 5)로 사상된다. 그리고 이 조합과 관련된 레코드들은 대응되는 버켓 내에서 찾을 수 있다. 이 방법은 선형 눈금을 따라 여러 값의 그룹에 대응되는 셀들의 집합으로 사상되는 범위 질의에 특히 유용하다. 만약 어떤 범위 질의가 몇몇 그리드 셀들에 대응한다면, 이들 그리드 셀들에 대한 버켓들을 정확하게 접근하여 이 질의를 처리할 수 있다. 예를 들어 Dno ≤ 5와 Age > 40를 위한 질의는 그림 16.14에 있는 제일 위에 있는 버켓의 데이터를 참조한다.

개념적으로 그리드 파일 개념은 임의의 개수의 탐색키에 적용될 수 있다. *n*개의 탐색키에 대해 그리드 배열은 *n*차원을 갖는다. 따라서 그리드 배열은 탐색키 애트리뷰트들의 차원에 따라 파일을 분할하고, 이런 차원들에 대한 값들의 조합에 의한 접근을 제공한다. 그리드 파일은 다중키 접근에 걸리는 시간을 줄일 수 있는 효율적인 방법이다. 그러나 그리드 파일은 그리드 배열 구조를 위해 많은 공간을 필요로 한다. 더욱이 동적 파일에서는 파일을 자주 재조직해야 하므로 유지 보수 비용이 많이 증가한다는 단점이 있다.[13)]

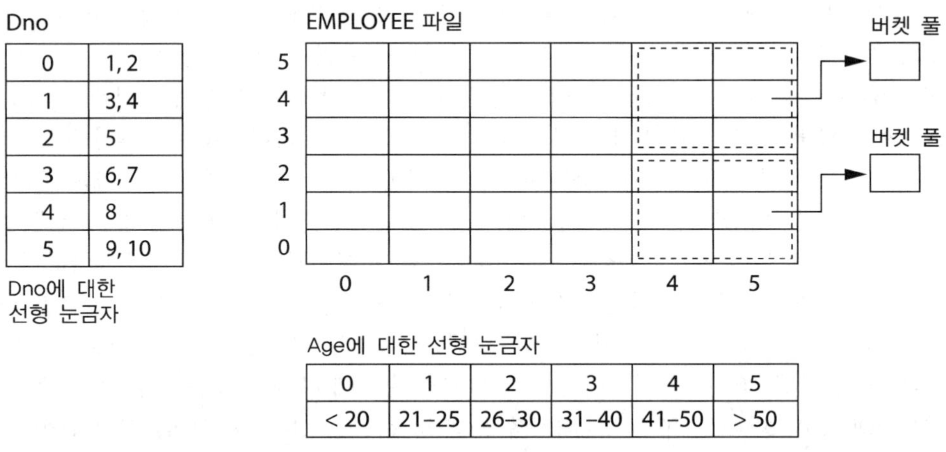


그림 16.14 Dno와 Age 애트리뷰트에 대한 그리드 배열의 예

13) 그리드 파일에서 삽입/삭제하는 알고리즘은 Nievergelt(1984)에 있다.

# 16.5 다른 인덱스 유형

## 16.5.1 해시 인덱스

해싱을 기반으로 인덱스와 유사한 접근 구조를 만들 수 있다. 해시 인덱스(hash index)는 기본 데이터 파일 구조에서 사용하는 탐색키에 대해 해싱을 적용하여 그 파일을 접근하는 보조적인 자료 구조이다. 인덱스 엔트리는 <$K$, $Pr$> 또는 <$K$, $P$> 형태를 갖는다. 여기서 $Pr$은 그 키를 포함하는 레코드에 대한 포인터이고, $P$는 그 키에 대한 레코드를 포함하는 블록에 대한 포인터이다. 이들 인덱스 엔트리를 갖는 인덱스 파일은 15.8.3절에서 기술한 방법들 중 하나를 사용하여 동적으로 확장 가능 해시 파일로 구성할 수 있다. 이들 엔트리에 대한 탐색은 $K$에 대한 해시 탐색 알고리즘을 사용한다. 일단 엔트리가 발견되면 포인터 $Pr$(또는 $P$)을 이용하여 데이터 파일에서 대응되는 레코드를 찾을수 있다. 그림 16.15는 Name에 의해 정렬된 어떤 색인 순차 파일에 대해 Emp_id 필드에 대한 해시 인덱스의

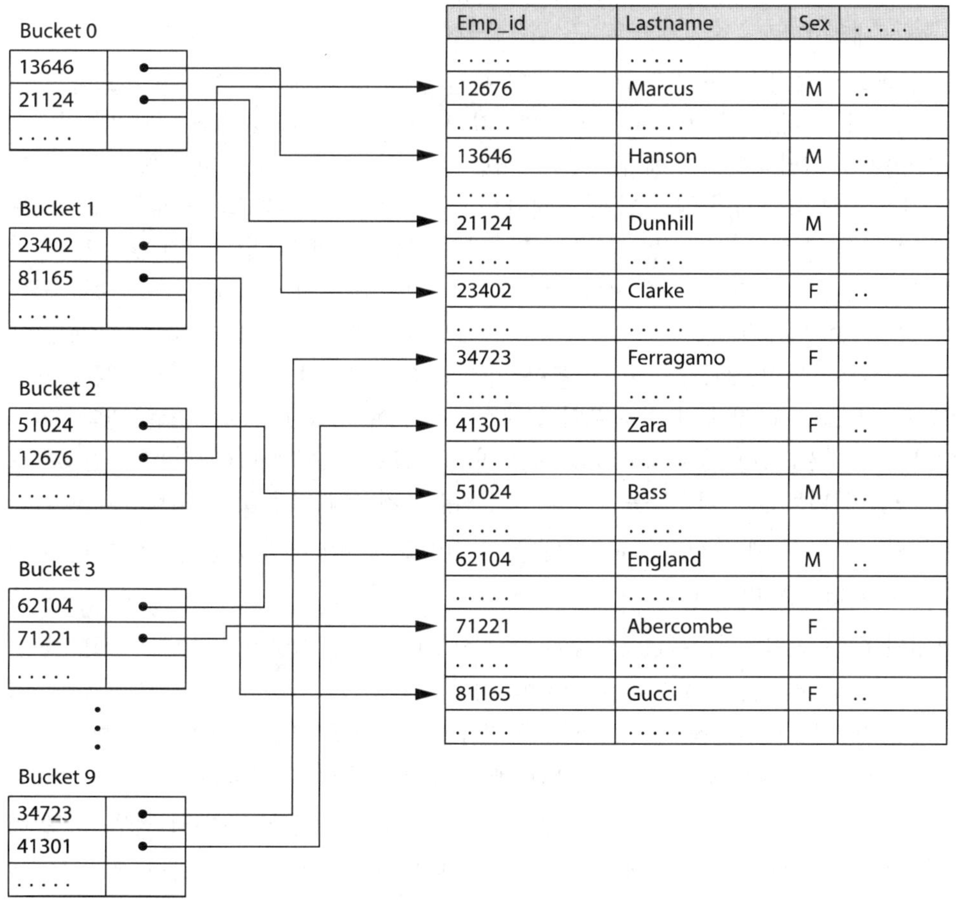


그림 16.15 해시 기반의 인덱싱

예를 보여주고 있다. Emp_id는 해싱 함수를 이용하여 버켓의 주소로 해쉬된다. 여기서 해싱 함수는 Emp_id 자리 수들의 합 module 10을 사용한다. 예를 들어 Emp_id 51024을 찾을 경우, 해싱 함수는 버켓 주소 2를 제공한다 먼저 이 버켓을 접근한다. 이 버켓에 인덱스 엔트리 <51024, $Pr$>이 있다. 이 포인터 $Pr$을 이용하여 파일 내의 실제 레코드를 접근한다. 실제 응용에서는 수천 개의 버켓들이 있을 수 있으며, 여러 비트의 길이를 갖는 버켓 번호는 15.8.3절에서 설명한 동적 해싱의 디렉토리에 적용될 수 있다. 혹은 다른 탐색 구조들을 인덱스로 이용할 수도 있다.

## 16.5.2 비트맵 인덱스

비트맵 인덱스(bitmap index)는 다중키에 대한 질의에 널리 사용하는 또 다른 자료 구조이다. 비트맵 인덱싱은 많은 개수의 행을 가진 릴레이션을 위해 사용된다. 이것은 하나 이상의 열에 대해 한 인덱스를 생성하며, 이들 열에 있는 각각의 값이나 값의 범위에 대해 인덱싱된다. 보통 한 비트맵 인덱스는 적은 수의 유일한 값들을 갖는 열들에 대해 만들어진다. 한 릴레이션 내에 있는 여러 레코드 집합에 대해 비트맵 인덱스를 만들기 위해, 레코드들은 0부터 $n$까지 숫자를 갖는 id(레코드 id 또는 행 id)를 가져야 한다. 각 id값은 블록 번호와 그 블록 내의 레코드 오프셋으로 구성된 물리적 주소로 매핑될 수 있다.

비트맵 인덱스는 특정 필드(릴레이션의 열)의 특정 한 값에 대해 만들어지며 비트들의 배열이다. 따라서, 주어진 필드에 대해, 각 고유 값에 대응하는 하나의 개별 비트 맵 인덱스(또는 벡터)가 데이터베이스 내에 유지된다. 어떤 열 $C$와 그 열의 값 $V$에 대한 비트맵 인덱스를 가정해 보자. $n$개의 행을 가진 릴레이션에 대해 비트맵 인덱스는 $n$개 비트를 갖는다. 만약 행 $i$가 열 $C$에 대해 값 $V$를 가지면 $i$번째 비트가 1이 되며, 그렇지 않으면 이 비트가 0이 된다. 만약 $C$가 $m$개의 서로 다른 값으로 구성된 집합 <$v_1$, $v_2$, ⋯, $v_m$>을 포함한다고 하면, 그 열에 대해 $m$개 비트맵 인덱스들이 만들어진다. 그림 16.16은 Emp_id, Lname, Sex, Zipcode 및 Salary_grade 열들을 가진 EMPLOYEE 릴레이션(예제로 행은 8개를 가짐)과 Sex와 Zipcode 열에 대한 비트맵 인덱스들을 보여주고 있다. 예제처럼, 만약 Sex = F에 대한 비트맵은 Row_id가 1, 3, 4, 7를 위한 비트가 1로 지정되고 나머지 비트들은 0으로 지정된다면, 이 비트맵 인덱스들은 다음과 같은 질의 처리에 이용될 수 있다.

- 질의 $C_1 = V_1$에 대해, 값 $V_1$에 해당하는 비트맵은 이 조건을 만족하는 행들에 대한 Row_id들을 리턴한다.
- 질의 $C_1 = V_1$과 $C_2 = V_2$ (다중키 탐색 요청)에 대해, 해당된 두 개의 비트맵을 검색한 후 이들을 (논리적으로 AND하여) 교차하여 주어진 조건을 만족하는 Row_id 집합을 생성한다. 일반적으로, $k$ 비트 벡터들은 $k$개 동등 조건을 다루기 위해 교차된다. 비트맵 인덱스에서 복잡한 AND-OR 조건들도 사용할 수 있다.
  - $C_1 = V_1$ 또는 $C_2 = V_2$ 또는 $C_3 = V_3$(다중 키 검색 요청)의 경우, 서로 다른 세 가지 속성에 대한 세 개의 해당 비트맵들을 검색하고 이들을 합쳐서 (논리 OR 연산을 통해) 조건을 만족하는 Row ID 집합을 얻는다.

EMPLOYEE

| Row_id | Emp_id | Lname | Sex | Zipcode | Salary_grade |
|---|---|---|---|---|---|
| 0 | 51024 | Bass | M | 94040 | .. |
| 1 | 23402 | Clarke | F | 30022 | .. |
| 2 | 62104 | England | M | 19046 | .. |
| 3 | 34723 | Ferragamo | F | 30022 | .. |
| 4 | 81165 | Gucci | F | 19046 | .. |
| 5 | 13646 | Hanson | M | 19046 | .. |
| 6 | 12676 | Marcus | M | 30022 | .. |
| 7 | 41301 | Zara | F | 94040 | .. |

Sex열에 대한 비트맵 인덱스

| M | F |
|---|---|
| 10100110 | 01011001 |

Zipcode열에 대한 비트맵 인덱스

| Zipcode 19046 | Zipcode 30022 | Zipcode 94040 |
|---|---|---|
| 00101100 | 01010010 | 10000001 |

그림 16.16 Sex와 Zipcode에 대한 비트맵 인덱스

- 조건 $C_1 = V_1$을 만족하는 행들의 개수를 구하기 위해, 해당 비트 벡터에서 1인 엔트리의 개수를 구한다.
- $C_1 \neg = V_1$과 같은 부정 질의는 해당 비트맵에 대해 불리언 보수(complement) 연산을 적용하여 처리한다.

그림 16.16에 있는 예제 릴레이션 EMPLOYEE가 Sex와 Zipcode에 대해 비트맵 인덱스를 갖고 있다고 하자. Sex = F와 Zipcode = 30022인 사원을 찾기 위해, 비트맵 "01011001"과 "01010010"을 교차하여 Row_id 1과 3을 얻는다. Zipcode = 94040에 살지 않는 사원을 얻기 위해 비트 벡터 "10000001"의 보수를 취하여 Row_id 1에서부터 6까지를 얻는다. 만약 주어진 열에 대해 균일 분포(uniform distribution)를 가지며 한 열이 5개의 구별된 값과 다른 한 열이 10개의 구별된 값을 갖는다면, 이 두 열에 대한 조인 조건은 1/50(= 1/5 *1/10)의 선택율을 갖는다. 따라서 2% 레코드들만이 실제로 검색된다. 그림 16.16에 있는 Sex 열처럼 한 열이 아주 적은 값을 갖는다면, Sex = M 조건으로 검색할 경우 평균적으로 50%의 행을 검색할 것이다. 이런 경우 비트맵 인덱싱을 사용하는 것보다 전체 스캔을 사용하는 것이 더 낫다.

일반적으로, 비트맵 인덱스들은 필요한 저장 공간 관점에서 효율적이다. 각 행당 100바이트의 크기를 갖는 행을 100만 개 가진 파일의 경우, 각 비트맵은 각 행별로 한 비트만 사용하므로 100만 개 비트 또는 125K 바이트를 사용한다. 이 릴레이션이 어떤 주의 주민 100만 명에 대한 것이며 이들은 200개의 우편 번호를 갖는다고 하자. Zipcode에 대한 200개 비트맵들은 각 행별로 200비트 (또는 25바이트)의 공간을 차지한다 따라서 200개 비트맵은 데이터 파일에 비해 25%의 공간만 차지한다. 이 비트맵을 사용하여 어떤 Zipcode에 살고 있는 모든 주민들의 Row_id들을 얻은 후에 이를 직접 검색할 수 있다.

레코드가 삭제될 때, 행의 번호를 다시 붙이고 비트맵의 비트들을 이동할 경우 시간이 많이 걸린다. 이런 비싼 과정을 피하기 위해 존재 비트맵(existence bitmap)이라고 불리는 또 다른 비트맵을 사용할 수 있다. 이 비트맵은 삭제된 행에 대해 0비트를 가지며, 실제로 존

재하는 행에 대해 1비트를 가진다. 이 릴레이션에 한 행이 추가될 때마다 비트맵 인덱스를 갖는 모든 열의 모든 비트맵에 한 엔트리를 추가해야 한다. 보통 추가되는 행들은 릴레이션 끝에 추가되거나 삭제된 행과 교체된다. 이런 과정은 인덱싱의 오버헤드이다.

큰 비트 벡터들은 32비트 또는 64비트 벡터들의 연속으로 취급할 수 있으며, 해당 AND, OR, 및 NOT 연산들은 32비트 또는 64비트 벡터들을 다루는 명령어들을 사용하여 처리할 수 있다. 이렇게 하여 비트 벡터들을 매우 효율적으로 계산할 수 있다.

**$B^+$-트리 리프 노드들을 위한 비트맵.** 비트맵들은 인덱스 필드에 특정 값을 갖고 있는 레코드 집합을 가리킬 뿐만 아니라 $B^+$-트리 인덱스의 리프 노드들에 대해 사용될 수 있다. $B^+$-트리가 키가 아닌 탐색 필드에 대해 만들어질 경우, 리프 레코드는 인덱스 애트리뷰트의 각 값과 함께 레코드 포인터들의 리스트를 포함해야 한다. 매우 빈번하게 발생하는 값들, 즉 릴레이션의 많은 비율을 차지하는 값들에 대해, 포인터 대신에 비트맵 인덱스를 저장할 수 있다. 예를 들어, $n$개 행을 갖는 릴레이션에 대해, 전체 파일 레코드의 10%가 같은 값을 갖는다고 하자. 한 비트 벡터는 해당 탐색 값을 갖는 Row_id에 대해 "1"을 갖는 $n$개의 비트로 구성된다. 즉 비트 벡터는 크기가 $n/8$ 또는 $0.125n$바이트이다. 만약 레코드 포인터의 길이가 4바이트(32비트)라면, $n/10$개 레코드 포인터들은 $4 * n/10$ 또는 $0.4n$바이트가 된다. $0.4n$은 0.125의 3배 크기이므로 레코드 포인터들을 저장하는 것보다 비트맵 인덱스를 저장하는 것이 더 좋다. 따라서 키가 아닌 필드에 대한 $B^+$-트리에서, 특정 키 값이 일정한 비율(이 경우에서는 1/32)보다 더 많이 발생할 경우 비트맵을 레코드 포인터들을 표현하는 압축 저장 기법으로 사용할 수 있다.

### 16.5.3 함수 기반 인덱싱

이 절에서는 Oracle 관계 DBMS와 몇몇 다른 사용 제품들에서 제공하는 함수 기반 인덱싱이라 불리는 새로운 종류의 인덱싱에 대해 설명한다.[14)]

함수 기반 인덱싱의 기본 아이디어는 어떤 필드 또는 필드들의 모임에 함수를 적용한 결과 값들이 인덱스의 키가 되는 인덱스를 만드는 것이다. 다음 예제들은 함수 기반 인덱스를 어떻게 만들고 사용하는지 보여준다.

**예제 1**

다음 문장은 EMPLOYEE 테이블에서 Lname 열의 대문자 표현에 기초하여 함수 기반 인덱스를 생성한다. 이 열에 값이 여러 가지 형태로 입력되더라도 항상 대문자 형태에 대해서만 질의할 수 있다.

```
CREATE INDEX upper_ix ON Employee (UPPER(Lname));
```

이 문장은 Lname을 대문자로 변환해 주는 UPPER(Lname) 함수에 기초하여 인덱스를 만든다. 예를 들어, UPPER('Smith')는 'SMITH'를 리턴한다.

14) Rafi Ahmed가 이 절에 공헌을 하였다.

질의의 탐색 조건에 함수가 사용될 경우, 함수 기반 인덱스는 Oracle 데이터베이스 시스템이 전체 테이블 스캔을 사용하지 않고 이 인덱스를 사용하도록 해 준다. 예를 들어, 아래 질의는 이 인덱스를 사용한다.

```
SELECT First_name, Lname
FROM Employee
WHERE UPPER(Lname)= "SMITH"
```

**예제 2**

이 예제에서는 EMPLOYEE 테이블에 salary와 commission_pct(수수료 비율)의 두 개 필드가 포함돼 있으며 salary와 commission_pct에 기초한 수수료의 합에 대해 색인을 만든다고 가정한다.

```
CREATE INDEX income_ix
ON Employee(Salary + (Salary * Commission_pct));
```

다음 질의에서는 salary와 commission_pct 필드들을 인덱스 정의 때와는 반대 순서로 나타나지만, income_ix 인덱스를 사용하어 이 질의를 치리한다.

```
SELECT First_name, Lname
FROM Employee
WHERE ((Salary * Commission_pct) + Salary) > 15000;
```

**예제 3**

이 예제는 함수 기반 인덱싱을 조건적인 유일성을 정의하기 위해 사용하는 더 고차원의 예제이다. 다음 문장은 ORDERS 테이블에 대해 고객들이 Promotion_id("파격 세일")를 여러 번 사용하는 것을 방지하는 유일한 함수 기반 인덱스를 생성한다. 이것은 Customer_id와 Promotion_id 필드에 대한 복합 인덱스를 만들며, 이를 유일한 인덱스로 선언함으로써 2의 Promotion_id를 갖는 각 Customer_id에 대해 한 개의 인덱스 엔트리만 갖도록 한다.

```
CREATE UNIQUE INDEX promo_ix ON Orders
(CASE WHEN Promotion_id = 2 THEN Customer_id ELSE NULL END,
CASE WHEN Promotion_id = 2 THEN Promotion_id ELSE NULL END);
```

CASE 문을 사용하여 Promotion_id가 2가 아닌 행을 인덱스에서 제거하는 것을 주목하라. Oracle 데이터베이스는 모든 키 값들이 NULL인 행을 인덱스 내에 저장하지 않는다. 따라서 이 예제에서는 Promotion_id가 2가 아니라면 Customer_id와 Promotion_id 모두 NULL에 대응된다. 또 동일한 Customer_id값을 가진 두 행의 Promotion_id가 2인 경우, 인덱스의 제약 조건을 위반한다.

이 함수 기반 인덱스가 없을 경우 Oracle 데이터베이스는 전체 테이블을 스캔한다. 왜냐하면 $B^+$-트리 인덱스는 열값을 직접 사용할 경우에만 활용될 수 있기 때문이다. 어떤 열에 함수를 사용할 경우 이런 $B^+$-트리와 같은 인덱스를 사용할 수 없다.

## 16.6 인덱스에 관한 일반적인 몇 가지 이슈들

### 16.6.1 논리적 인덱스와 물리적 인덱스

앞에서 설명할 때, 인덱스 엔트리 <$K$, $Pr$>(또는 <$K$, $P$>)들은 블록 번호와 오프셋으로 구성된 물리적 레코드 주소를 나타내는 물리적 포인터 $Pr$(또는 $P$)을 갖는다고 가정해 왔다. 이것을 물리적 인덱스(physical index)라고 하는데 레코드가 디스크의 다른 위치로 이동하면 포인터도 같이 변경해야 하는 단점이 있다. 예를 들어, 기본 파일 조직이 선형 해싱이나 확장성 해싱을 기반으로 한다고 가정하자. 버켓을 분리할 때마다 일부 레코드들이 새로운 버켓에 할당되므로 새로운 물리적 주소를 갖게 된다. 만약 보조 인덱스가 있다면 그 레코드들을 가리키는 모든 포인터를 찾아서 일일이 변경해야 하는데, 이것은 매우 어려운 일이다.

이런 문제점을 해결하기 위해 <$K$, $K_p$> 형태의 인덱스 엔트리들을 갖는 논리적 인덱스(logical index) 구조를 사용할 수 있다. 여기서 $K$는 보조 인덱스 필드의 구조를 사용할 수 있다. 여기서 $K$는 보조 인덱스 필드의 값이고 $K_p$는 기본 파일 조직에 사용되는 필드의 값으로서, 한 레코드 내에서 $K$와 $K_p$는 함께 존재해야 한다. 보조 인덱스에서 값 $K$를 탐색하면 대응되는 값 $K_p$를 찾을 수 있고, 기본 파일 조직을 통해 레코드에 접근하기 위해서 이것을 이용할 수 있다. 그러므로 논리적 인덱스는 접근 구조와 접근 데이터 사이에 간접 단계를 추가로 가진다. 논리적 인덱스는 물리적 레코드 주소들이 자주 변경될 때 사용된다. 이 간접 단계의 비용은 기본 파일 조직에 대한 추가적인 탐색에 소요되는 것이다.

### 16.6.2 인덱스 생성

많은 RDBMS는 SQL 표준의 일부가 아니지만 인덱스를 생성하는 비슷한 유형의 명령을 가지고 있다. 이 명령의 일반적인 형식은 다음과 같다:

```
CREATE [ UNIQUE ] INDEX < index name >
ON < table name > ( < column name > [ < order > ] { , < column name > [ < order > ] } )
[ CLUSTER ] ;
```

UNIQUE 및 CLUSTER 키워드는 선택 사항이다. 키워드 CLUSTER는 생성될 인덱스가 인덱스 속성에 따라 데이터 파일 레코드들을 정렬해야 할 때 사용된다. 따라서 키 (유일한) 속성에 대해 CLUSTER를 지정하면 기본 인덱스의 변형을 생성하는 반면, 키가 아닌 (유일하지 않은) 속성에 대해 CLUSTER를 지정하면 클러스터링 인덱스의 변형이 생성된다. <order>의 값은 ASC(오름차순) 또는 DESC(내림차순)일 수 있으며, 데이터 파일을 인덱스 속성의 오름차순 또는 내림차순으로 정렬해야 하는지 여부를 지정한다. 디폴트 값은 ASC이다. 예를 들어, 다음 문장은 EMPLOYEE 파일의 키가 아닌 속성 Dno에 (오름차순) 클러스터링 색인을 생성한다.

```
CREATE INDEX DnoIndex
ON EMPLOYEE ( Dno )
CLUSTER;
```

**인덱스 생성 절차.** 많은 시스템에서 인덱스는 데이터 파일 내부에 포함되어 있는 것이 아니기 때문에 동적으로 만들거나 제거할 수 있다. 이것이 인덱스를 흔히 접근 구조라고 부르는 이유이다. 특정 필드를 포함하는 탐색 조건으로 파일을 자주 접근해야 한다면, 위 DnoIndex의 예제처럼, DBMS에게 그 필드에 대한 인덱스를 만들도록 요청할 수 있다. 이때 디스크에 있는 레코드들의 물리적 순서를 변경하지 않기 위해 보통 보조 인덱스를 생성하게 된다.

최소한 이론적인 측면에서 보조 인덱스의 주요 장점은 어떤 기본 레코드 조직에 대해서도 생성할 수 있다는 것이다. 따라서 보조 인덱스는 순서 또는 해싱과 같은 기본 접근 방법들을 보조하는 데 사용하거나 심지어 혼합 파일들에도 사용할 수 있다. 파일의 한 필드에 $B^+$-트리 보조 인덱스를 만들 경우, 파일이 크고 수백만 개의 레코드가 들어 있으면 파일뿐만 아니라 인덱스도 주기억 장치에 모두 올라가지는 않는다. 인덱스에 많은 수의 엔트리를 삽입하는 작업은 색인의 대량 적재(bulk load)라고 하는 처리를 통해 수행된다. 파일의 모든 레코드를 읽어서 트리의 리프 단계의 엔트리들을 만들어야 한다. 이런 엔트리들을 정렬하고, 명시한 채우기 인수에 따라 노드들을 채우면서 동시에 다른 인덱스 단계들을 만들어야 한다. 동적으로 기본 인덱스와 클러스터링 인덱스를 만들기 위해서는, 인덱스 필드 값들의 순서대로 데이터 파일의 레코드들의 물리적인 순서를 유지해야 하기 때문에 시간이 많이 걸리고 어려운 작업이다. 그러나 일부 시스템들은 사용자가 인덱스 생성 동안 파일의 정렬을 통해 파일 상에 동적으로 인덱스를 생성하는 것을 허용한다.

**문자열의 인덱싱.** 문자열을 인덱싱할 때 특히 주의해야 할 몇 가지 문제가 있다. 문자열은 가변 길이가 될 수 있으며(예: SQL의 VARCHAR 데이터 유형. 5장 참조). 문자열이 너무 길어서 팬 아웃이 제한될 수 있다. 문자열을 검색 키로 사용하여 $B^+$- 트리 인덱스를 작성하는 경우, 인덱스 노드 당 키의 개수가 서로 다를 수 있으며 팬 아웃도 다를 수 있다. 일부 노드는 키의 개수에 관계없이 노드가 꽉 찰 경우 분할될 수 있다. 접두사 압축 기술은 이러한 상황을 완화시킬 수 있다. 중간 노드들에 전체 문자열을 저장하는 대신, 키들을 서로 구분하고 서브 트리로 이동하는 것을 판단할 수 있는 적절한 검색 키의 접두어만 저장한다. 예를 들어 성이 검색 키이고 "Navathe"를 찾고자 할 경우, 리프가 아닌 노드에는 우리가 좇아가야 할 서브 트리의 포인터를 판단하기 위한 두 키 값으로 Nachamkin 대신 "Nac"으로, Nayuddin 대신 "Nay"로 가질 수 있다.

### 16.6.3 인덱스 튜닝

다음과 같은 이유로 색인의 초기 선택 사항을 변경해야 할 수 있다:

- 인덱스가 부족하여 특정 질의들의 실행이 너무 오래 걸림
- 어떤 인덱스들이 전혀 활용되지 않음

- 자주 변경되는 애트리뷰트에 인덱스가 만들어져 있어서 인덱스에 갱신이 너무 많이 실행됨

대부분의 DBMS에는 DBA가 시스템에 어떤 보조 접근 구조들 (색인들)이 어떤 순서로 사용됐는지 알아보는 데 사용할 수 있는 문장이나 추적 기능이 있다. 이러한 실행 계획(17장에서 이 용어를 더 설명할 것임)을 분석함으로써 위에서 언급한 문제들의 원인을 진단할 수 있다. 튜닝 분석을 기반으로 일부 인덱스를 삭제하고 일부 새로운 인덱스를 생성할 수 있다.

튜닝의 목표는 분기 또는 달 또는 주 등의 서로 다른 시간에 변동하는 요구 사항을 동적으로 평가하고, 최상의 성능을 내기 위해 인덱스 및 파일 조직을 재구성하는 것이다. 새 색인을 삭제하고 작성하는 데 따른 오버헤드는 성능 향상 측면에서 정당화될 수 있다. 인덱스를 삭제하거나 생성하는 동안 일반적으로 테이블 갱신이 일시 중단된다. 이러한 서비스 중단을 충분히 감안해야 한다.

인덱스를 삭제 또는 생성하거나 비 클러스터 인덱스를 클러스터 인덱스로 또는 그 반대로 변경하는 것 외에도, 인덱스를 재구성하면 성능이 향상될 수도 있다. 대부분의 RDBMS는 색인에 $B^{+}$-tree를 사용한다. 인덱스 키가 많이 삭제되는 경우 인덱스 페이지에는 낭비되는 공간이 포함될 수 있는데, 이 공간은 재구성 연산중에 활용될 수 있다. 마찬가지로 너무 많은 삽입으로 인해 클러스터된 인덱스에 오버플로가 발생할 수 있으며, 이는 성능에 영향을 미친다. 클러스터된 인덱스를 재구성하면 해당 키 순으로 정렬된 전체 테이블이 다시 구성된다.

인덱싱에 사용할 수 있는 옵션과 정의, 작성 및 재구성 방법은 시스템마다 서로 다르다. 예를 들어, 16.1절에서 설명한 희소 인덱스와 밀집 인덱스를 고려해 보자. 기본 인덱스와 같은 희소 인덱스는 데이터 파일의 각 페이지 (디스크 블록)들에 대해 한 개의 인덱스 포인터를 갖는다. 또 유일키 보조 색인과 같은 밀집 인덱스는 각 레코드마다 한 개의 인덱스 포인터를 갖는다. Sybase는 클러스터된 인덱스를 $B^{+}$-트리 형식의 희소 인덱스로 제공하지만, INGRES는 희소 클러스터된 인덱스는 ISAM 파일로 제공하고, 밀집 클러스터된 인덱스는 $B^{+}$-tree로 제공한다. Oracle과 DB2의 일부 버전에서는 클러스터된 색인을 설정하는 옵션이 밀집 인덱스로 제한되며, DBA는 이 제한 사항 하에서 작업해야 한다.

### 16.6.4 릴레이션과 인덱스의 저장과 관련한 추가 이슈들

제약 조건과 중복을 관리하기 위한 인덱스 사용. 일반적으로 인덱스는 애트리뷰트에 키 제약 조건을 부여하는 데에도 사용한다. 새로운 레코드를 삽입하기 위하여 인덱스를 탐색하는 동안 파일 내의 다른 레코드에 새로운 레코드와 같은 키 애트리뷰트 값이 있는가를 검사한다. 만약 그렇다면 삽입을 거부한다.

한 인덱스가 키가 아닌 필드에 대해 생성될 경우 중복들이 발생되며, 이러한 중복들은 데이터 저장뿐만 아니라 인덱스 생성과 관리에 영향을 주기 때문에 DBMS 제품 공급사들이 해결해야 할 이슈이다. 중복키를 갖는 데이터 레코드들은 동일한 블록에 포함될 수도 있고, 중복이 많을 경우 여러 개 블록에 흩어져 있을 수도 있다. 어떤 시스템들은 중복키를 갖는

레코드들이 유일한 식별자를 갖도록 레코드에 행 식별자(Row_id)를 추가한다. 이런 시스템들의 경우, $B^+$-트리 인덱스는 <key, Row_id> 조합을 이 인덱스의 키로 간주하며, 이 인덱스를 중복이 없는 유일한 인덱스로 변환한다. 이런 인덱스에서 키 $K$를 삭제할 경우 그 키 $K$가 나타나는 모든 항목을 삭제해야 하며, 따라서 삭제 알고리즘에서 이런 점을 고려해야 한다.

실제 DBMS 제품에서는 $B^+$-트리 인덱스에서 삭제할 때 성능과 응답 시간을 개선하기 위한 여러 방법을 사용한다. 이삭줍기(garbage collection) 프로세스가 데이터 파일 내의 공간을 되찾을 때까지, 삭제된 레코드를 삭제 표시만 하고 해당 인덱스 엔트리들을 제거하지 않는다. 이삭줍기 후에는 그 인덱스를 다시 생성한다.

**역파일 및 기타 접근 방법들.** 모든 필드마다 보조 인덱스를 갖는 파일을 완전 역파일(fully inverted file)이라고 한다. 모든 인덱스는 보조 인덱스이기 때문에 새로운 레코드는 파일의 끝에 삽입한다. 그래서 데이터 파일 자체는 비순서(또는 히프) 파일이다. 인덱스들은 일반적으로 $B^+$-트리로 구현하기 때문에 동적으로 갱신하여 레코드들의 삽입과 삭제를 반영한다. Software-AG사의 ADABAS와 같은 몇몇 상업용 DBMS는 이 방법을 확장하여 사용한다.

앞서 16.2절에서 ISAM이라 부르는 인기 있는 IBM 파일 조직을 언급하였다. IBM의 또 다른 접근 방식으로는 가상 기억 장치 접근 방식(VSAM: Virtual Storage Access Method)이 있는데, 이 방식은 $B^+$-트리 접근 구조와 상당히 유사하며 많은 상용 시스템에서 여전히 사용하고 있다.

**질의에서 인덱싱 힌트 사용.** 오라클과 같은 DBMS는 질의 처리기 및 최적화기에 질의 실행을 촉진하기 위한 대안이나 방향을 제시하는 힌트를 질의 내에 포함할 수 있다. 힌트의 종류 중에 인덱싱 힌트라고 불리는 것이 있는데, 이 힌트는 질의 실행을 향상시키기 위해 사용할 인덱스를 제안한다. 힌트는 특수한 주석 (앞에 +가 붙음)으로 나타나며 최적화기의 모든 결정을 무시하지만, 힌트가 유효하지 않거나 관련성이 없거나 부적절하게 표현된 경우에는 최적화기가 힌트를 무시할 수 있다. 인덱싱 힌트에 대해 자세하게 설명하지는 않지만, 예제 하나를 설명하고자 한다.

예를 들어, Dno가 10 미만인 부서 번호에 근무하는 사원들의 SSN, 급여 및 부서 번호를 검색하기 위해 다음과 같은 질의를 입력한다고 하자.

```
SELECT /*+ INDEX (EMPLOYEE emp_dno_index ) */ Emp_ssn, Salary, Dno
FROM EMPLOYEE
WHERE Dno < 10;
```

위의 질의에는 (EMPLOYEE 릴레이션의 Dno에 대한 인덱스인) emp_dno_index라는 유효한 인덱스를 사용하는 힌트가 포함되어 있다.

**릴레이션의 열기반(Column-based) 저장 구조.** 릴레이션을 행 별로 저장하는 전통적인 방식에 대한 다른 대안으로 릴레이션의 열기반 저장 구조를 최근에 사용하고 있다. 상용 관계 DBMS들은 여러 검색 기준으로 데이터를 효율적으로 검색하는 기법으로 기본키와 이

차키에 대해 B$^{+}$-트리 인덱싱을 제공한다. 또한 이들 시스템들은 한 번에 하나의 행 또는 여러 행들의 집합을 디스크에 기록하여 쓰기 성능을 높이는 기능을 제공한다. 읽기 전용 데이터베이스인 데이터 웨어하우스에 대해, 열기반 저장 구조는 읽기 전용 질의들에 특별한 장점을 갖는다. 보통, 열-저장 RDBMS들은 데이터의 각 열을 별도로 저장하며 다음 영역에서 우수한 성능을 제공한다.

- 열 별로 테이블을 수직적으로 쪼개어, 모든 애트리뷰트들에 대해 두 개의 열을 갖는 테이블을 만들어 필요한 열들만 접근할 수 있게 함
- (16.5.2절에서 설명한 비트맵 인덱스와 유사한) 열 방식의 인덱스와 (테이블을 접근하지 않고 질의에 대답할 수 있도록) 여러 테이블에 대한 조인 인덱스를 사용함
- 다중 열에 대한 질의를 지원하기 위해 실체 뷰(6장 참조)를 사용함

데이터의 열 방식 저장 구조는 앞에서 설명한 비트맵 인덱스와 같은 인덱스를 좀 더 자유롭게 생성할 수 있다. 한 테이블에서 동일한 열을 여러 번 프로젝션할 수 있으며, 각 프로젝션에 대해 인덱스를 생성할 수 있다. 동일한 열에 있는 값을 저장하기 위해, 데이터 압축을 위한 전략, 널-값 억제, (열 내의 구별된 값들을 더 짧은 코드로 표현하는) 사전 코드화 기법, 실행-길이 코드화 기법들이 고안되었다. MonetDB/X100, C-Store, Vertica 등이 이러한 시스템들의 예이다. Cassandra, Hbase 및 Hypertable와 같은 일부 유명 시스템은 넓은 열 저장소 개념을 가진 열 기반 저장소를 효과적으로 사용하였다. 이러한 시스템에서의 데이터 저장은 23장에서 논의할 NOSQL 시스템 부분에서 설명될 것이다.

## 16.7 관계 데이터베이스에서 물리적 데이터베이스 설계

이 절에서는 응용 프로그램 및 트랜잭션의 성능에 영향을 주는 물리적 설계 요소에 대해 논의한 다음, 15장과 이 장에서 지금까지 설명한 내용을 토대로 RDBMS를 위한 구체적인 지침들에 대해 설명한다.

### 16.7.1 릴레이션과 인덱스의 저장과 관련한 추가 이슈들

물리적 설계는 저장 장치에 데이터를 저장할 적절한 구조를 만드는 것뿐만 아니라 우수한 성능을 보장하는 방안을 만드는 것을 목표로 한다. 주어진 개념 스키마에 대해, 특정 DBMS에서 많은 물리적 설계 대안이 있다. 데이터베이스 설계자는 데이터베이스에 실행될 것으로 예상되는 질의, 트랜잭션 및 응용 프로그램들의 조합을 알기 전에는 의미있는 물리적 설계 사항과 성능 분석을 할 수가 없다. 이를 데이터베이스 시스템 응용 프로그램들에 대한 작업 조합이라고 한다. 데이터베이스 관리자/설계자는 이러한 응용 프로그램들과 예상되는 호출 빈도, 실행 속도에 대한 시간 제약 조건, 갱신 연산의 예상 빈도, 및 애트리뷰트에 대한 고유 제약 조건들을 분석해야 한다. 아래에서 이들 각 요소들에 대해 설명한다.

**A. 데이터베이스 질의 및 트랜잭션 분석.** 물리적 데이터베이스 설계를 시작하기 전에, 데이터베이스에 실행될 것으로 예상되는 질의 및 트랜잭션을 고수준의 형식으로 정의하여 데이터베이스의 사용 의도를 잘 알고 있어야 한다. 각 **검색 질의**에 대해, 다음과 같은 질의 정보가 필요하다.

1. 질의에서 접근할 파일 (릴레이션)
2. 질의를 위한 선택 조건에서 사용하는 애트리뷰트
3. 선택 조건이 등호인지, 부등호인지, 또는 범위 조건인지 여부
4. 질의에서 조인 조건이나 여러 테이블 또는 객체를 연결하는 조건에서 사용하는 애트리뷰트
5. 질의에서 값을 검색할 애트리뷰트

위의 항목 2와 4에 나열된 애트리뷰트들은 인덱스, 해시키, 또는 파일의 정렬 등과 같은 접근 구조를 정의할 후보들이다.

각 **갱신 연산** 또는 **갱신 트랜잭션**에 대해 다음과 같은 정보가 필요하다.

1. 갱신할 파일들
2. 각 파일에 대한 연산 종류 (삽입, 갱신, 또는 삭제)
3. 삭제 또는 갱신의 선택 조건에 사용되는 애트리뷰트
4. 갱신 연산에 의해 값이 변경될 애트리뷰트

항목 3에 있는 애트리뷰트들은 갱신하거나 삭제할 레코드의 위치를 찾는 데 사용되므로 파일에 대한 접근 구조를 만들 후보들이다. 반면에 항목 4에 있는 애트리뷰트들은 값을 갱신할 때 접근 구조도 함께 갱신해야 하므로 접근 구조를 만들지 않아야 할 후보들이다.

**B. 질의와 트랜잭션의 예상 호출 빈도 분석.** 예상 검색 질의와 갱신 트랜잭션의 특성을 파악하는 것 외에도 예상 호출 빈도를 고려해야 한다. 이 빈도 정보는 각 질의와 트랜잭션에서 수집된 애트리뷰트 정보와 함께 모든 질의와 트랜잭션에서 사용되는 예상 빈도의 누적값을 수집하는 데 사용된다. 이것은 파일 내의 각 애트리뷰트를 모든 질의와 트랜잭션에서 선택 조건 애트리뷰트나 조인 애트리뷰트로 사용하는 예상 빈도 수로 표현된다. 일반적으로 처리량이 많은 경우 비공식적인 20-80 규칙을 사용할 수 있는데, 약 20%의 질의와 트랜잭션이 전체 처리의 80%를 차지한다. 따라서 실제 상황에서는 모든 질의와 트랜잭션에 대한 정확한 통계와 호출 빈도를 수집할 필요가 없으며, 그 중에서 20%정도 또는 가장 중요한 것들에 대해서만 수집하는 것으로 충분하다.

**C. 질의와 트랜잭션의 시간 제약 분석.** 일부 질의와 트랜잭션에는 엄격한 성능 제약이 있을 수 있다. 예를 들어, 어떤 트랜잭션은 호출될 때 95%가 5초 이내에 종료되어야 하며 어떤 경우에도 20초를 초과해서는 안된다 라는 제약 조건을 가질 수 있다. 이러한 시간 제약 조건은 접근 경로의 후보가 되는 애트리뷰트에 더 많은 우선순위를 부여한다. 시간 제약 조건을 가진 질의와 트랜잭션에 사용된 선택 조건 애트리뷰트는 파일의 기본 접근 구조를 결정할 때 더 높은 우선 순위의 후보들이 되는데, 이는 기본 접근 구조들이 일반적으로 파일에서 레코드를 찾는 데 가장 효율적이기 때문이다.

**D. 갱신 연산의 예상 빈도 분석.** 자주 갱신되는 파일을 위해서는 최소한의 접근 경로를 지정해야 한다. 왜냐하면 접근 경로 자체를 갱신하는 것이 갱신 연산을 느리게 만들기 때문이다. 예를 들어, 빈번하게 레코드 삽입이 발생하는 파일에 서로 다른 10개 애트리뷰트에 대한 10개의 인덱스를 갖는다면, 새로운 레코드가 삽입될 때마다 이들 각 인덱스들을 갱신해야만 한다. 10개 인덱스를 갱신하는 오버헤드로 인해 삽입 연산들이 느려질 수 있다.

**E. 애트리뷰트의 유일성 제약 조건 분석.** 파일의 기본 키나 유일한 애트리뷰트인 **후보 키** 애트리뷰트들(또는 애트리뷰트들의 집합)에 대해 접근 경로를 지정해야 한다. 애트리뷰트의 모든 값들이 인덱스의 리프 노드들에 존재하기 때문에, 인덱스 (또는 다른 접근 경로)가 있을 경우에 유일성 제약 조건들을 검사하기 위해 인덱스만 검색하면 된다. 예를 들어, 새로운 레코드를 삽입할 때 새 레코드의 키 애트리뷰트 값이 **인덱스에 이미 존재**한다면, 애트리뷰트의 유일성 제약 조건을 위반하므로 그 레코드의 삽입은 거절되어야 한다.

앞의 정보가 수집되고 나면 물리적 데이터베이스 설계에 대한 결정을 처리할 수 있다. 이 결정은 주로 데이터베이스 파일의 저장 구조와 접근 경로를 결정하는 것으로 구성된다.

## 16.7.2 물리적 데이터베이스 설계 결정들

대부분의 관계 시스템은 각 기본 릴레이션을 하나의 물리적 데이터베이스 파일로 표현한다. 접근 경로 옵션에는 각 릴레이션을 위한 기본 파일 구조의 종류를 지정하고, 또 개별 또는 복합 인덱스를 정의할 후보 애트리뷰트들을 지정하는 것을 포함한다. 적어도 각 파일은 기본 인덱스 또는 클러스터된 인덱스 중 하나를 인덱스로 갖는다. 또 몇 개의 보조 인덱스들을 추가로 생성할 수 있다.

**인덱싱에 대한 설계 결정들.** 등호 또는 범위 조건 (선택 연산)에서 값이 필요한 애트리뷰트는 키이거나 색인과 같은 액세스 경로가 필요한 조인 조건 (조인 연산)에 참여하는 애트리뷰트이다.

질의의 성능은 선택 및 조인 처리를 신속하게 처리하기 위해 어떤 인덱스 또는 어떤 해시 기법이 있는지에 따라 크게 달라진다. 반면에 삽입, 삭제 또는 갱신 연산중에는 인덱스의 존재가 추가적인 오버헤드가 된다. 이 오버헤드 보다 질의 및 트랜잭션을 신속하게 처리하여 얻는 이점이 더 높아야 한다.

인덱싱을 위한 물리적 설계 결정 사항들은 다음의 범주로 나누어진다:

1. **애트리뷰트를 인덱스화 할지 여부.** 애트리뷰트에 대한 색인을 작성하는 일반적인 규칙은 그 애트리뷰트가 키 (유일성)이거나, 또는 (동등 혹은 값의 범위의) 선택 조건 또는 조인 조건에서 해당 애트리뷰트를 사용하는 질의가 있어야 한다는 것이다. 여러 인덱스를 만드는 이유는 실제 데이터 파일을 접근하지 않고 인덱스만을 검색하여 일부 연산을 처리할 수 있기 때문이다.
2. **인덱스화 할 애트리뷰트 결정.** 인덱스는 단일 애트리뷰트 또는 복합 인덱스인 경우 둘 이상의 애트리뷰트에 구성될 수 있다. 만약 한 릴레이션의 여러 애트리뷰트들(예를 들어, 의류 재고관리 데이터베이스에서 (Garment_style_#, Color) 조합)이 다수의 질의에 함께 사용된다면, 다중 애트리뷰트 (복합) 인덱스가 필

요하다. 다중 애트리뷰트 인덱스 내의 애트리뷰트 순서는 질의들과 대응해야 한다. 예를 들어, 위의 인덱스는 질의가 Garment_style_# 내에서 색상의 순서로 (그 반대 순서가 아닌) 사용한다고 가정한다.

3. **클러스터된 인덱스를 생성할 대상 결정.** 각 테이블은 최소한 기본 인덱스 또는 클러스터된 인덱스 중 하나를 갖는다. 이는 파일이 해당 애트리뷰트에 대해 물리적으로 정렬되어 있음을 의미하기 때문이다. 대부분의 RDBMS에서는 CLUSTER 키워드를 사용하여 이 인덱스를 지정한다(이 애트리뷰트가 키인 경우에는 기본 인덱스가 생성되지만, 키가 아닌 경우에는 클러스터된 인덱스가 생성된다). 테이블에 여러 인덱스가 필요한 경우, 어떤 인덱스를 기본 인덱스 또는 클러스터된 인덱스로 할 것인가에 대한 결정은 어떤 애트리뷰트를 기준으로 테이블을 정렬할 것인가에 달려 있다. 범위 쿼리는 클러스터된 인덱스가 많은 장점이 있다. 만약 여러 애트리뷰트에 범위 질의가 필요한 경우, 클러스터링할 애트리뷰트를 결정하기 전에 그들 간의 상대적 이점을 따져봐야 한다. 만약 질의를 (데이터 레코드를 검색하지 않고) 인덱스 탐색만으로 처리하고자 한다면, 그 인덱스는 클러스된 인덱스가 아니어야 한다. 왜냐하면 클러스터링의 장점은 레코드 자체를 검색할 때 얻을 수 있기 때문이다. 만약 복합 키에 대한 범위 검색이 보고서 작성에 유용할 경우, 클러스터된 인덱스를 다중 애트리뷰트 인덱스로 구성할 수 있다(예를 들어, Zip_code, Store_id 및 Product_id의 조합으로 된 인덱스를 판매 데이터를 위한 클러스터된 색인으로 만들 수 있음).
4. **트리 인덱스 또는 해시 인덱스를 사용할 대상 결정.** 일반적으로 RDBMS는 인덱싱에 $B^+$-tree를 사용한다. 그러나 일부 시스템에서는 ISAM과 해시 인덱스도 제공한다. $B^+$-trees는 검색 키로 사용된 애트리뷰트에 대해 동등 및 범위 질의를 모두 지원한다. 해시 인덱스는 동등 조건에 대해, 특히 일치하는 레코드를 찾기 위해 조인하는 동안에 잘 작동하지만 범위 질의를 지원하지는 않는다.
5. **파일에 대한 동적 해싱을 사용할 대상 결정.** 휘발성이 매우 커서 지속적으로 증가되거나 축소되는 파일의 경우, 15.9절에서 논의했던 동적 해싱 방법 중 하나가 적합할 것이다. 현재 이러한 동적 해싱 방법들은 많은 상용 RDBMS에서 제공되지 않는다.

## 16.8 요약

이 장에서는 데이터 파일에서 레코드들을 효율적으로 검색할 수 있도록 해 주는, 인덱스라고 부르는 보조 접근 구조들을 갖는 파일 조직들을 설명하였다. 이런 접근 구조들은 15장에서 기술한 기본 파일 조직들과 결합하여 사용할 수 있다. 기본 파일 조직들은 파일의 레코드들 자체를 디스크에 조직하는 데 사용된다.

먼저 순서 단일-단계 인덱스의 세 가지 유형인 기본 인덱스, 클러스터링 인덱스, 보조 인덱스에 관해서 소개하였다. 각 인덱스는 파일의 한 필드 위에서 정의된다. 기본 인덱스와 클러스터링 인덱스는 파일의 물리적 순서 필드에 대해 정의하지만, 보조 인덱스는 질의와 트랜잭션들의 성능을 개선하기 위한 추가적인 접근 구조로써 비순서 필드에 대해 정의한다. 기본 인덱스에 대한 필드는 파일의 키 필드이고, 클러스터링 인덱스에 대한 필드는 키가 아닌 필드이다. 단일-단계 인덱스는 순서 파일이고 이진 탐색을 사용하여 탐색한다. 또한 인덱스를 효율적으로 탐색하기 위하여 다단계 인덱스를 만드는 방법에 관해서 기술하였다. IBM의 인기있는 인덱스 순차 접근 방법 (ISAM)은 디스크의 실린더/트랙 구성을 기반으로 하는 다중 레벨 색인이다.

다음으로 인덱스를 동적으로 변경할 수 있는 B-트리와 $B^+$-트리로 다단계 인덱스를 구현하는 방법에 관해서도 설명하였다. 이런 인덱스 구조의 노드(블록)들은 삽입과 삭제 알고리즘에 의해 50~100% 차 있도록 유지된다. 노드들은 69%정도 차 있을 때 안정되기 때문에 인덱스를 재구성하지 않고 대부분의 삽입을 수행할 수 있다. 일반적으로 $B^+$-트리는 B-트리보다 내부 노드에 더 많은 엔트리를 유지할 수 있기 때문에, 대응되는 B-트리에 비해서 단계 수가 적거나 더 많은 엔트리를 가질 수 있다.

다중키 접근 방법의 개요를 제시하였고, 해시 자료 구조를 기반으로 어떻게 인덱스를 구축할 수 있는지를 설명하였다. 파티션된 해싱(partitioned hashing)이라는 개념을 소개했는데, 이는 여러 개의 키를 처리할 수 있도록 확장한 외부 해싱이다. 또한 여러 차원에 따라 데이터를 버켓에 저장하는 그리드 파일을 소개했다. 해시 인덱스에 대해서 약간 설명했는데, 이것은 기본 구조에서 사용한 것과는 다른 탐색키에 대해 해싱을 하여 파일을 접근하는 보조적인 자료 구조이다. 비트맵 인덱스는 여러 키를 사용하여 질의할 때 사용하는 또 다른 중요한 인덱싱 방법이며, 적은 수의 유일한 값들을 갖는 필드들에 특별히 적용된다. 비트맵 인덱스는 $B^+$-트리 인덱스의 리프 노드에도 또한 사용할 수 있다. 또 함수 기반 인덱싱에 대해 설명하였는데, 이것은 관계 DBMS 제품들이 하나 또는 여러 애트리뷰트들의 함수에 특별한 인덱스를 만드는 데 사용하고 있다.

그 다음에 논리적 인덱스의 개념을 소개하였고, 앞서 설명한 물리적 인덱스와 논리적 인덱스를 비교하였다. 이들은 디스크에서 실제 레코드 위치를 쉽게 이동할 수 있도록 인덱싱에서 간접 단계를 하나 더 둔다. SQL에서 인덱스 생성, 인덱스 파일 대량 로드, 및 문자열 인덱싱에 대해 소개하였다. 또 우리는 인덱스 튜닝과 관련한 상황을 설명하였다. 그런 다음에 제약 조건 관리, 역 색인 사용, 및 질의의 인덱싱 힌트 사용과 같은 인덱싱과 관련된 몇 가지 일반적인 주제를 설명하였다. 릴레이션의 컬럼 기반 저장에 대해서도 논하였는데, 이것은 대규모 데이터베이스를 저장하고 접근하기 위한 실현 가능한 대안이 되고 있다. 마지막으로, 이번 장과 앞 장에서 설명한 데이터의 저장 구조 및 접근 방법을 결정하는 관계형 데이터베이스의 물리적 데이터베이스 설계에 대해 논의하였다. 이 논의에서는 설계에 영향을 주는 요인들과 어떤 애트리뷰트에 클러스터된 또는 클러스터되지 않은 인덱스, 해시 인덱스, 및 동적 해싱 등의 인덱스를 생성할 것인지에 대한 결정 방법 등을 살펴보았다.

## 복습문제

16.1 다음 용어들을 정의하라. 인덱스 필드, 기본키 필드, 클러스터링 필드, 보조키 필드, 블록 앵커, 밀집 인덱스, 비밀집(희소) 인덱스

16.2 기본 인덱스, 보조 인덱스, 클러스터링 인덱스 간의 차이점들은 무엇인가? 또 이런 차이점들이 인덱스를 구현하는 데 어떤 영향을 끼치는가? 어떤 인덱스가 밀집이고 어떤 인덱스가 비밀집인가?

16.3 파일에서 보조 인덱스는 여러 개 정의할 수 있으나 기본 인덱스 또는 클러스터링 인덱스는 많아야 하나밖에 사용할 수 없는 이유는?

16.4 다단계 인덱스는 어떻게 인덱스 파일의 탐색 효율을 향상시키는가?

16.5 B-트리의 차수 $p$는 무엇을 의미하는가? B-트리의 노드 구조를 기술하라.

16.6 $B^+$-트리의 차수 $p$는 무엇을 의미하는가? $B^+$-트리의 내부 노드와 리프 노드의 구조를 설명하라.

16.7 $B^+$-트리와 B-트리의 차이점을 논하라. 데이터 파일에 대한 접근 구조로 흔히 $B^+$-트리를 사용하는 이유는 무엇인가?

16.8 다중 탐색키를 기반으로 하는 파일을 접근하기 위해 어떤 방법들을 사용할 수 있는지 설명하라.

16.9 분할 해싱이 무엇인가? 어떻게 수행되는가? 제한 사항은 무엇인가?

16.10 그리드 파일이 무엇인가? 이것의 장점과 단점은 무엇인가?

16.11 임의의 파일 상에서 두 개의 애트리뷰트에 대한 그리드 배열을 생성하는 예를 보여라.

16.12 완전 역파일은 무엇인가? 인덱스된 순차 파일은 무엇인가?

16.13 어떻게 해싱을 이용하여 인덱스를 만드는가?

16.14 비트맵 인덱싱이 무엇인가? 두 개 열과 16개 튜플을 가진 릴레이션을 하나 만들고, 하나 또는 두 열 모두에 대해 비트맵 인덱스의 예를 보여라.

16.15 함수 기반 인덱싱의 개념은 무엇인가? 이것이 갖는 추가적인 목적은 무엇인가?

16.16 논리적 인덱스와 물리적 인덱스의 차이점은 무엇인가?

16.17 관계 데이터베이스의 열기반 저장은 무엇인가?

## 연습문제

**16.18** 블록 크기가 $B$=512바이트인 디스크가 있다고 하자. 블록 포인터의 크기는 $P$= 6바이트이고, 레코드 포인터의 크기는 $P_R$ = 7바이트이다. 한 파일에 고정 길이의 EMPLOYEE 레코드가 $r$=30,000개 있다. 각 레코드에는 다음과 같은 필드들이 있다. Name(30바이트), Ssn(9바이트), Department_code(9바이트), Address(40바이트), Phone(10바이트), Birth_date(8바이트), Sex(1바이트), Job_code(4바이트), Salary(4바이트 실수). 또한 삭제 표시를 위해 1바이트가 추가로 사용된다.

a. 레코드 크기 $R$은 몇 바이트인가?

b. 비신장 조직이라 가정하고 블로킹 인수 $bfr$과 파일의 블록 수 $b$를 계산하라.

c. 키 필드 Ssn의 순서대로 정렬되어 있는 파일에서 Ssn에 기본 인덱스를 만든다고 가정하자.

  (i) 인덱스의 블로킹 인수(인덱스의 분기율) $bfr_i$를 계산하라.

  (ii) 첫 번째 단계의 인덱스 엔트리 수와 첫 번째 단계의 인덱스 블록 수를 계산하라.

  (iii) 다단계 인덱스를 만들 경우 필요한 단계 수를 계산하라

  (iv) 다단계 인덱스에 필요한 전체 블록들의 개수를 계산하라.

  (v) 기본 인덱스를 사용하여, 주어진 Ssn 값을 갖는 레코드를 탐색하고 검색하는 데 필요한 블록 접근 수를 계산하라.

d. 키 필드 Ssn의 순서대로 정렬되어 있지 않은 파일에서 Ssn에 보조 인덱스를 만든다고 가정하자. 이 보조 인덱스에 대해서 앞의 연습 문제 c번을 반복하라. 이 결과를 기본 인덱스에 대한 결과와 비교하라.

e. 키가 아닌 필드 Department_code의 순서대로 정렬되어 있지 않은 파일에서 Department_code에 보조 인덱스를 만든다고 가정하자. 이때 16.1.3절의 옵션 3과 같이 레코드 포인터들을 저장하는 하나의 간접 단계를 추가로 사용한다고 하자. Department_code에는 1,000개의 상이한 값이 있고, EMPLOYEE 레코드들은 이 값들 사이에 균일하게 분포되어 있다고 가정한다.

  (i) 인덱스 블로킹 인수 $bfr_i$(인덱스의 분기율)를 계산하라.

  (ii) 레코드 포인터들을 저장하는 간접 단계의 블록 수를 계산하라.

  (iii) 첫 번째 단계의 인덱스 엔트리 수와 첫 번째 단계의 인덱스 블록 수를 계산하라.

  (iv) 다단계 인덱스를 만드는 데 필요한 단계 수를 계산하라.

  (v) 다단계 인덱스에 필요한 블록들과 간접 단계에 사용되는 블록들을 합한 전체 블록 수를 계산하라.

  (vi) 인덱스를 사용하여 특정 Department_code 값을 갖는 모든 레코드를 탐색하고 검색하는 데 필요한 블록 접근 수를 계산하라.

f. 키가 아닌 필드 Department_code의 순서대로 정렬되어 있는 파일에서 블록 앵커들을 사용하여 Department_code에 클러스터링 인덱스를 만든다고 가정하자. Department_code의 각 값은 새로운 블록의 시작 부분에 위치한다. Department_code에는 1,000개의 상이한 값이 있고, EMPLOYEE 레코드들은 이 값들 사이에 균일하게 분포되어 있다고 가정한다.

(i) 인덱스 블로킹 인수 $bfr$(인덱스의 분기율)를 계산하라.

(ii) 첫 번째 단계의 인덱스 엔트리 수와 첫 번째 단계의 인덱스 블록 수를 계산하라.

(iii) 다단계 인덱스를 만드는 데 필요한 단계 수를 계산하라.

(iv) 다단계 인덱스에 필요한 전체 블록 수를 계산하라.

(v) 클러스터링 인덱스(각 클러스터 내의 여러 블록은(연속적으로) 인접해 있다고 가정한다)를 사용하여 특정 Department_code 값을 갖는 모든 레코드를 탐색하고 검색하는 데 필요한 블록 접근 수를 계산하라. 이때 한 클러스터 내의 블록들이 인접해 있다고 가정한다.

g. 키 필드 Ssn의 순서대로 정렬되어 있지 않은 파일에서 Ssn에 $B^+$-트리 접근 구조(인덱스)를 만든다고 가정하자.

(i) $B^+$-트리의 차수 $p$와 $p_{leaf}$를 계산하라.

(ii) 블록들이 69% 정도 차 있다면 필요한 리프 단계의 블록 수를 계산하라(필요하면 반올림하라).

(iii) 내부 노드도 69% 정도 차 있다면 필요한 단계 수를 계산하라(필요하면 반올림하라).

(iv) $B^+$-트리를 만드는 데 필요한 전체 블록 수를 계산하라.

(v) $B^+$-트리를 사용하여, 주어진 Ssn 값을 갖는 레코드를 탐색하고 검색하는 데 필요한 블록 접근 수를 계산하라.

h. $B^+$-트리 대신 B-트리를 사용하여 연습 문제 16.18 g를 반복하라. 이 결과를 $B^+$-트리에 대한 결과와 비교하라.

16.19 키 필드 Part#를 갖는 PARTS 파일에 다음과 같은 Part# 값을 갖는 레코드들이 있다: 23, 65, 37, 60, 46, 92, 48, 71, 56, 59, 18, 21, 10, 74, 78, 15, 16, 20, 24, 28, 39, 43, 47, 50, 69, 75, 8, 49, 33, 38. 이 탐색키 값들을 차수 $p$=4와 $p_{leaf}$ = 3을 갖는 $B^+$-트리에 위의 순서대로 삽입한다고 가정하자. 트리의 형태가 어떻게 변해가는지, 마지막 트리는 어떤 모양인지 보여라.

16.20 $B^+$-트리 대신 차수 $p$ = 4인 B-트리를 사용하여 연습 문제 16.19를 반복하라.

16.21 연습문제 16.19의 $B^+$-트리에서 65, 75, 43, 18, 20, 92, 59, 37의 순서대로 탐색 키 값들을 삭제한다고 가정하자. 어떻게 트리의 형태가 변해가는지, 마지막 트리는 어떤 모양인지 보여라.

16.22 연습문제 16.20의 B-트리에 대해서 연습 문제 16.21을 반복하라.

16.23 알고리즘 16.1은 레코드를 검색하기 위해서 비밀집 다단계 기본 인덱스를 탐색하는 프로시저를 개략적으로 나타낸 것이다. 다음의 각 경우에 맞게 알고리즘을 수정하라.

a. 키가 아닌 비순서 필드에 대한 다단계 보조 인덱스. 인덱스 필드 값에 대응하는 레코드들에 대한 포인터를 간접 단계에 저장하는 16.1.3절의 옵션 3을 사용한다고 가정한다.

b. 비순서 키필드에 대한 다단계 보조 인덱스.

c. 키가 아닌 순서 필드에 대한 다단계 클러스터링 인덱스

**16.24** 16.1.3절의 옵션 3을 사용하여 키가 아닌 필드들에 여러 개의 보조 인덱스를 구현했다고 가정하자. 예를 들어, 연습문제 16.18의 EMPLOYEE 파일의 Department_code, Job_code, Salary 필드 각각에 대한 보조 인덱스들을 정의했다고 가정한다. 간접 단계의 레코드 포인터들을 사용하여 (Department_code = 5 AND Job_code = 12 AND Salary = 50,000)과 같이 복잡한 선택 조건을 만족하는 레코드들을 탐색하여 검색하는 효율적인 방법을 기술하라.

**16.25** $B^+$-트리에 대한 탐색과 삽입 프로시저를 개략적으로 나타낸 알고리즘 16.2와 16.3을 B-트리에 맞게 수정하라.

**16.26** $B^+$-트리 삽입 알고리즘을 수정하여 리프 노드들 간에 값들의 재분배 가능성을 검사하여 새로운 단계가 만들어지는 것을 연기할 수 있다. 그림 16.17은 이런 경우에 그림 16.12의 예가 어떻게 달라지는가를 보여준다. 12를 삽입할 때 가장 오른쪽 리프 노드를 분할하는 대신 왼쪽의 리프 노드에 7을 옮겨서 재분배한다. 그림 16.17는 재분배를 고려했을 때 트리의 형태가 어떻게 되는지 나타낸다. 또한 오른쪽 재분배를 고려할 수도 있다. 재분배를 고려하도록 $B^+$-트리의 삽입 알고리즘을 수정하라.

**16.27** $B^+$-트리에서 삭제하는 알고리즘을 약술하라.

**16.28** B-트리로 연습 문제 16.27을 반복하라.

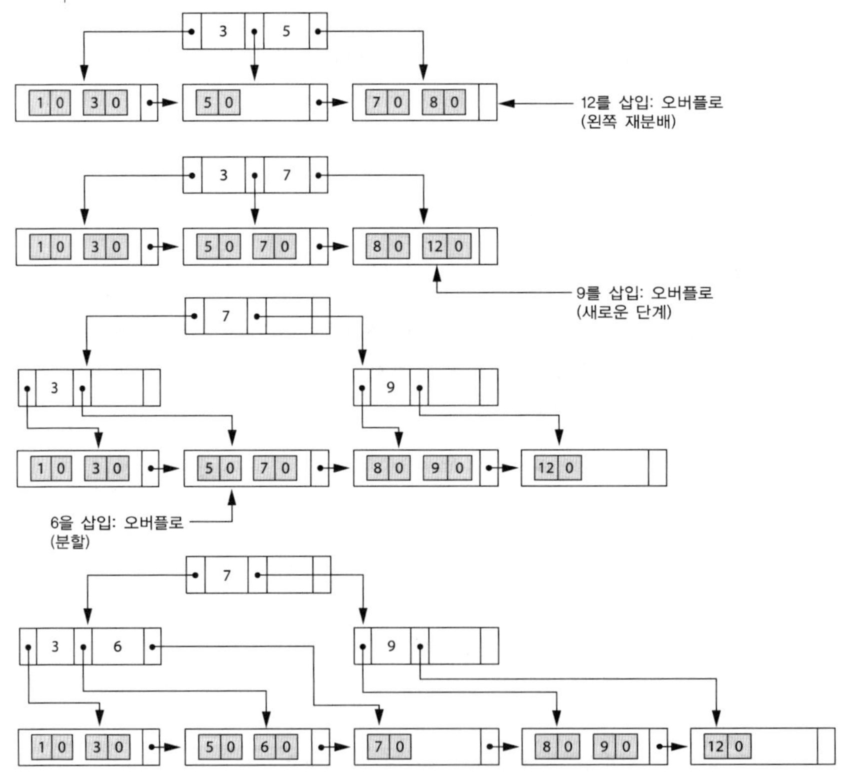


그림 16.17 왼쪽 재분배를 사용하여 $B^+$-트리에 삽입

## 주요 참고문헌

**인덱싱.** Bayer와 McCreight(1972)는 B-트리 및 이와 연관된 알고리즘들을 소개하였고, Comer(1979)는 B-트리와 그 역사 및 B-트리의 변형에 대해 훌륭하게 문헌 조사한 논문이다. Knuth(1998)는 B-트리와 그 변형들을 포함한 여러 가지 탐색 기법을 자세하게 분석하였고, Nievergelt(1974)는 파일 조직을 위한 이진 탐색 트리의 사용에 관해 설명하였다. Wirth(1985), Claybrook(1992), Smith와 Barnes(1987), Salzberg(1988)의 파일 구조에 관한 책들과 Wirth(1985)의 자료 구조 및 알고리즘 교재, 그리고 Ramakrihnan과 Gehrke(2003)의 데이터베이스 책은 인덱싱을 자세하게 논의하고, B-트리와 $B^+$-트리에 대한 탐색, 삽입, 삭제 알고리즘들을 자세하게 설명하였다. Larson(1981)은 인덱스된 순차 파일을 분석하였으며, Held와 Stonebraker(1978)는 정적 다단계 인덱스와 B-트리 동적 인덱스를 서로 비교하였다. Lehman과 Yao(1991), Srinivasan과 Carey(1991)는 B-트리에 대한 동시 접근법을 분석하였다. Wiederhold (1983), Smith와 Barnes(1987), Salzberg(1988) 등의 책은 이 장에서 소개한 기법들의 대부분을 설명하였다. 그리드 파일은 Nievergelt(1984)가 소개하였다. 분할 해싱을 사용하는 부분 부합 검색은 Burkhard(1976, 1979)에서 논의되었다.

인덱스와 B-트리에 대한 새로운 기법과 응용들은 Lanka와 Mays (1991), Zobel 외(1992), Faloutsos와 Jagadish(1992) 등에서 설명하였다. Mohan과 Narang (1992)은 인덱스 생성에 관해 논의하였다. 여러 가지 B-트리와 $B^+$-트리 알고리즘의 성능은 Baeza-Yates와 Larson(1989), Johnson과 Shasha(1993)에서 잘 평가되었다. 인덱스를 위한 버퍼 관리 기법들은 Chan 외(1992) 에서 논의되었다. 데이터베이스의 열기반 저장은 Stonebraker 외(2005)에 의해 C-store 데이터베이스 시스템에서 제안되었다. Boncz 외(2008)의 MonetDB/X100은 이 방식을 사용하는 또 다른 시스템이다. Adabi 외(2008)은 읽기 전용 데이터베이스 응용에서 행-저장 데이터베이스에 비해 열 저장 방식이 갖는 장점에 대해 논의하였다.

**물리적 데이터베이스 설계.** Wiederhold (1987)는 물리적 설계와 관련된 이슈들을 다루고 있다. O'Neil과 O'Neil (2001)은 상업용 RDBMS와 관련하여 물리적 설계와 트랜잭션 이슈들에 대해 자세히 논의한다. Navathe와 Kerschberg (1986)는 데이터베이스 설계의 모든 단계를 논의하고 데이터 사전의 역할을 설명한다. Rozen과 Shasha (1991) 및 Carlis과 March (1984)는 물리적 데이터베이스 설계 문제에 대해 서로 다른 모델을 제시한다. Shasha와 Bonnet (2002)은 데이터베이스 튜닝을 위한 지침을 자세하게 논의한다. Niemiec (2008)은 Oracle 데이터베이스 관리 및 튜닝에 사용할 수 있는 책들 중의 하나이다. Schneider (2006)는 MySQL 데이터베이스의 설계 및 튜닝을 집중적으로 소개하고 있다.

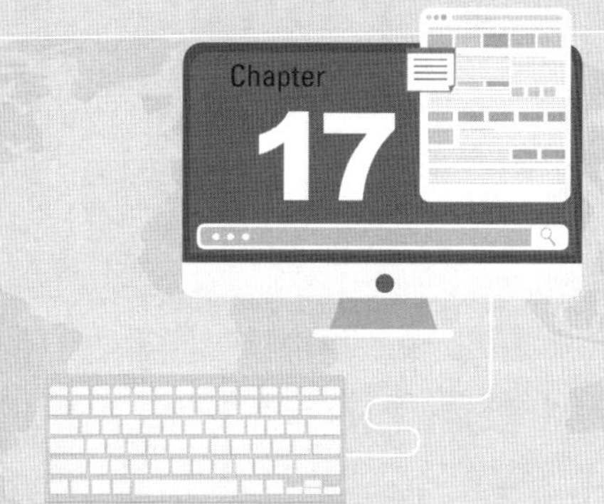


# 질의 처리 기법[1)]

이 장에서는 고수준의 질의를 처리하기 위해서 DBMS가 내부적으로 사용하는 기술들을 논의한다. SQL과 같은 고수준의 질의어로 표현된 질의는 어휘 분석과 구문 분석을 거친 뒤 검증 과정을 거쳐야 한다.[2)] 스캐너(scanner)는 질의에 나타나는 질의 토큰들, 예를 들어 SQL 키워드, 애트리뷰트 이름, 릴레이션 이름들을 식별한다. 파서(parser)는 질의의 구문이 질의어의 문법 규칙에 맞게 작성되었는지 검사한다. 또한 질의는 질의에 사용된 모든 애트리뷰트와 릴레이션의 이름들이 질의의 대상이 되는 특정 데이터베이스의 스키마에서 유효하고 의미적으로 합당한지를 검사함으로써 검증해야 한다. 그리고 나서 질의의 내부 표현을 생성하는데 일반적으로 질의 트리(query tree)라고 하는 트리 자료 구조로 나타낸다. 질의를 질의 그래프(query graph)라고 하는 일반적으로 방향성 비사이클 그래프라는 그래프 자료 구조를 이용하여 표현할 수도 있다. 그 다음에 DBMS는 데이터베이스 파일에서 질의 결과를 검색하기 위해 실행 전략(execution strategy) 또는 질의 계획(query plan)을 만들어야 한다. 하나의 질의는 다수의 가능한 실행 전략을 가질 수 있으며, 그 질의를 처리하기 위해 하나의 적절한 실행 전략을 선택하는 과정을 질의 최적화(query optimization)라고 한다.

질의 최적화에 대한 상세한 논의는 다음 장으로 미룬다. 이 장에서는 어떻게 질의가 처리되고 그 질의 내부의 개별 연산들을 수행하기 위해 어떤 알고리즘들이 사용되는 지를 주로 집중한다. 그림 17.1은 고수준 질의를 처리하는 여러 단계를 보여준다. 질의 최적화기(query optimizer) 모듈은 좋은 실행 계획을 만들며, 코드 생성기(code generator)는 그 계획을 실행하기 위한 코드를 생성하는 작업을 수행한다. 런타임 데이터베이스 처리기(runtime database processor)는 컴파일되었거나 인터프리트된 질의 코드를 수행(실행)하여 질의 결과를 생성한다. 만약 런타임 오류가 발생하면 런타임 데이터베이스 처리기가 오류 메시지를 발생시킨다.

---

1) 본 장의 수정에 기여한 Rafi Ahmed에게 감사한다.

2) 본 장에서는 질의 처리를 위한 구문 분석과 문법 검사 단계에 관해서는 논의하지 않는다. 이 주제는 컴파일러 교재에서 다룬다.

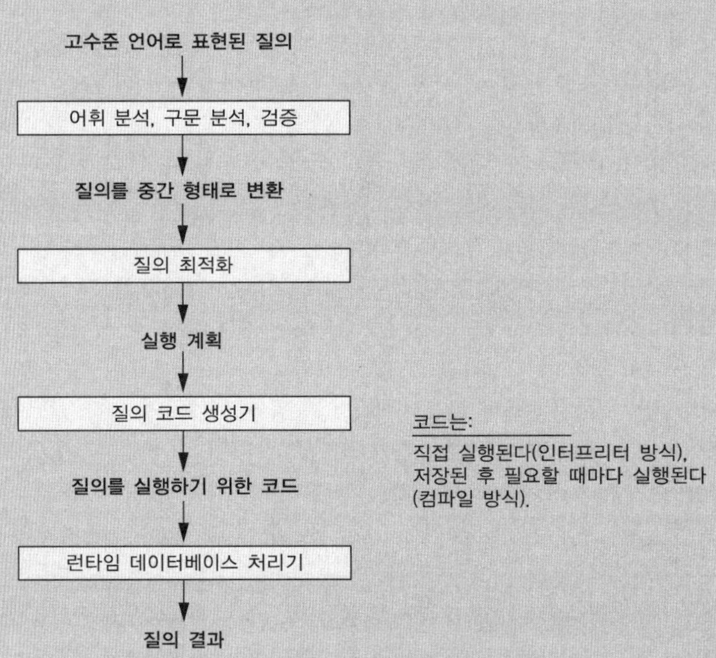


그림 17.1 고수준의 질의를 처리하는 전형적인 과정

최적화라는 용어는 실제로는 잘못된 명칭이다. 왜냐하면 몇몇 경우에는 선택한 실행 계획이 최적의 (또는 절대적 최고의) 전략이 아닐 수 있기 때문이다. 그것은 그 질의를 실행하기에 적절히 효율적이거나 이용 가능한 최선의 전략일 뿐이다. 가장 단순한 형태의 질의들을 제외하고는 최적의 전략을 찾는 작업은 일반적으로 너무 많은 시간을 소모한다. 또한 최적의 질의 실행 전략을 찾고자 하는 작업은 테이블의 크기와 칼럼 값과 같은 것들의 분포에 대한 정밀하고 상세한 정보를 필요로 한다. 이런 정보가 DBMS의 카탈로그에서 항상 제공된다고 보장할 수는 없다. 더욱이, 예상되는 결과의 크기와 같은 추가 정보는 그 질의의 술어에 기초하여 얻어져야 한다. 그러므로 질의 최적화라는 용어보다 좋은 실행 전략 계획(planning of a good execution strategy)이라는 용어가 더 적합할 것이다.

네트워크 데이터 조작어(network DML) 또는 계층 데이터 조작어(hierarchical DML)와 같은, 과거 시스템의 저수준 항해용(navigational) 데이터베이스 언어를 사용할 경우에는 데이터베이스 프로그램을 작성할 때 프로그래머가 질의 실행 전략을 선택해야 한다. 만일 DBMS가 항해용 언어만 제공한다면 DBMS가 광범위하게 질의 최적화를 수행할 기회가 제한되고, 그 대신 프로그래머가 질의 실행 전략을 선택하게 된다. 반면에 관계 DBMS를 위한 SQL 또는 객체지향 DBMS를 위한 OQL(11장 참조)과 같은 고수준의 질의어는 본질적으로 보다 선언적(declarative)인 특성을 갖는다. 그 이유는 고수준의 질의어는 질의의 결과를 얻기 위한 절차를 상세하게 명시하기보다는 질의의 원하는 결과가 무엇인가를 명시하기 때문이다. 그러므로 고수준의 질의어로 명시된 질의에 대해서는 질의 최적화가 필요하다.

이 장에서는 관계 DBMS의 관점으로 질의 최적화를 설명하는데 집중한다. 그 이유는 이 장에서 설명하는 질의 최적화 기법들의 대다수가 다른 유형의 데이터베이스 관리 시스템들 이를 테면 객체지향 DBMS에도 적용되었기 때문이다.[3] 관계 DBMS는 질의 실행 전략들을 체계적으로 평가하여 그 중에서 적절히 효율적이거나 최적에 가까운 전략을 선택해야 한다. 대부분의 DBMS는 실렉트, 조인(7장 참조)과 같은 관계 대수 연산들 또는 이들 연산들의 조합을 구현한 다수의 일반적인 데이터베이스 접근 알고리즘을 가지고 있다. 질의 최적화 모듈은 DBMS의 접근 알고리즘들에 의해 구현될 수 있고 특정 질의와 특정 물리적 데이터베이스 설계에 적용되는 실행 전략들만을 고려한다.

이 장은 다음과 같이 구성되어 있다. 어떻게 SQL 질의가 전형적으로 관계 대수 질의와 추가적인 연산들로 번역된 후 최적화되는가에 대한 포괄적인 논의로 시작하는데 그 내용은 17.1절에 있다. 17.2절에서 17.6절까지는 관계 연산들을 구현하기 위한 알고리즘들을 설명한다. 17.7절에서 파이프라이닝(pipelining)이라는 실행 기법을 논의한다. 17.8절은 연산자들의 병렬 연산 기법들을 간단히 검토한다. 17.9절은 이 장을 요약한다.

---

3) ODBMS에만 관련된 몇몇 질의 처리와 최적화 문제와 기법들이 있다. 본 장에서는 질의 처리에 대한 개론만 기술하며 질의 최적화는 18장에서 다루므로 여기서 논의하지 않는다.

다음 장에서, 질의 최적화 기법들에 대한 개요를 제시한다. 질의 최적화에는 주된 두 가지 기법들이 있다. 첫 번째 방법은 경험적 규칙(heuristic rule)을 이용하여 질의 실행 전략에 포함된 연산들의 실행 순서를 정하는 것이다. 이 방법은 대부분의 경우에는 잘 동작하지만 모든 경우에 잘 동작한다고 보장할 수는 없다. 경험적 규칙들은 질의 트리에 있는 연산들의 순서를 재배치한다. 두 번째 방법은 여러 실행 전략의 비용 추정(cost estimation)과 추정된 비용이 가장 적은 실행 계획을 선택하는 것을 포함한다. 이 장에서 다루는 주제들을 이해하기 위해서는 몇몇 앞의 장들에서 제시된 내용들에 익숙해야 한다. 특히, SQL (5장과 6장), 관계 대수(7장), 파일 구조와 인덱스(15장과 16장)에 대한 장들은 이 장에 대한 전제 조건이 된다. 또한, 질의 처리와 최적화라는 주제는 방대하여 이 장과 다음 장에서는 기본 원리와 기법들에 대한 개요만을 제시할 수 있을 뿐이라는 것에 유의하여야 한다. 여러 중요 작업들은 이 장과 다음 장의 주요 참고문헌에 제시되어 있다.

## 17.1 SQL 질의를 관계 대수와 그 밖의 다른 연산자로 번역하기

실제로 SQL은 대부분의 상업용 관계 RDBMS에서 사용되는 질의어이다. 하나의 SQL 질의는 먼저 이와 동등한 확장된 관계 대수식으로 번역된 후, 즉 질의 트리 자료 구조로 표현되고 나서 최적화된다. 전형적으로 SQL 질의는 **질의 블록**(query block)들로 분해된다. 질의 블록은 대수 연산자들로 번역되어 최적화되는 기본 단위이다. 하나의 질의 블록은 하나의 SELECT-FROM-WHERE 식을 포함하며, 만일 GROUP BY 절과 HAVING 절이 그 블록의 일부분이라면 이들도 함께 포함한다. 따라서 하나의 질의 안에 중첩된(nested) 질의는 별개의 질의 블록으로 취급된다. 7.4절에서 논의한 바와 같이 SQL은 MAX, MIN, SUM, COUNT 등의 집계 연산자(aggregate operator)들을 가지므로 이런 연산들도 확장된 대수에 포함되어야 한다.

그림 4.5의 EMPLOYEE 릴레이션에 대한 아래의 SQL 질의를 고려해 보자.

```
SELECT Lname, Fname
FROM EMPLOYEE
WHERE Salary > (SELECT MAX(Salary)
                FROM EMPLOYEE
                WHERE Dno = 5);
```

이 질의는 5번 부서 직원들의 최대 임금 보다 더 많은 임금을 받는 사원들(그 회사의 임의의 부서여도 좋다)의 이름을 검색한다. 그 질의는 중첩된 부질의(subquery)를 포함하고 있으므로 두 개의 블록으로 분해된다. 내부 블록은

```
(SELECT MAX(Salary)
 FROM EMPLOYEE
 WHERE Dno = 5)
```

으로 5번 부서 직원들의 최대 임금을 검색한다. 외부 블록은

```
SELECT Lname, Fname
FROM EMPLOYEE
WHERE Salary > C
```

여기서 C는 내부 블록이 반환하는 결과 (최대 임금)를 나타낸다. 내부 블록은 아래의 확장된 관계 대수식으로 번역될 수 있다.

$$\Im_{\text{MAX Salary}}(\sigma_{\text{Dno=5}}(\text{EMPLOYEE}))$$

그리고 외부 블록은 아래의 식으로 번역될 수 있다.

$$\pi_{\text{name,Fname}}(\sigma_{\text{Salay>c}}(\text{EMPLOYEE}))$$

그 다음에 질의 최적화기는 각 질의 블록에 대하여 실행 계획을 선택한다. 위의 예에서 내부 블록은 5번 부서 직원들의 최대 임금을 계산하기 위하여 한 번만 수행되며, 계산된 최

대 급여는 상수 C로써 외부 블록이 사용한다. 이를 6.1.2절에서 (외부 질의 블록과 상관관계를 갖지 않는) 중첩 부질의 블록이라 하였다. 외부 질의 블록의 투플 변수가 내부 질의 블록의 WHERE 절에 등장하는 형태를 상관 중첩 부질의(correlated nested subquery)라 하며 (6.1.3절 참조), 이를 최적화 하는 것은 훨씬 더 어렵다. 고급의 DBMS들에는 상관 중첩 부질의에 대해 중첩을 풀고 최적화하는 많은 기법들이 사용된다.

### 17.1.1 추가 연산자인 세미조인과 안티조인

대부분의 RDBMS들은 현재 기업수준 응용의 여러 유형에서 발생하는 SQL 질의들을 처리한다. 이들에는 임의 질의(ad hoc queries), 매개 변수를 가진 표준형태의 준비된 질의(canned queries), 보고서 생성을 위한 질의가 포함된다. 이에 추가하여, SQL 질의들은 데이터 웨어하우스(29장에서 데이터 웨어하우스를 상세히 다룬다)에 대한 OLAP(online analytical processing, 온라인 분석처리) 응용에 기인한다. 이들 중 일부 질의들은 7장에서 논의한 표준 관계 대수가 아닌 연산들로 변환된다.

흔히 사용되는 두 가지 연산들은 **세미조인**(semi-join)과 **안티조인**(anti-join)이다. 이 두 연산들은 조인의 한 유형이다. 일반적으로 세미조인은 EXISTS, IN, 그리고 ANY 부질의를 중첩해제(unnest)하는데 사용된다.[4] 세미조인을 T1.X $S$ = T2.Y라는 비표준 구문을 사용하여 표현해 보자. 이 표현에서 T1과 T2는 각각 세미조인의 왼쪽 테이블과 오른쪽 테이블이다. 세미조인의 의미는 다음과 같다: T1의 한 행은 T1.X가 T2.Y의 어떤 값과 일치함을 확인하면 즉각 더 이상의 일치를 탐색하지 않고 반환된다. 이는 내부조인에서 모든 가능한 일치를 확인하는 것과 대조를 이룬다.

그림4.5의 스키마를 아래와 같이 약간 변경한 형태를 고려해 보자.

EMPLOYEE (Ssn, Bdate, Address, Sex, Salary, Dno)
DEPARTMENT (Dnumber, Dname, Dmgrssn, Zipcode)

여기서 하나의 부서는 특정 우편번호(zip code)에 위치한다.

아래 질의를 고려해 보자.

```
Q (SJ) : SELECT COUNT(*)
FROM    DEPARTMENT D
WHERE D.Dnumber IN ( SELECT  E.Dno
                     FROM    EMPLOYEE E
                     WHERE   E.Salary > 200000)
```

이는 연결자 IN으로 조인된 중첩 질의이다.

아래의 중첩 질의를 제거하는 것,

```
( SELECT  E.Dno
  FROM    EMPLOYEE E   WHERE E.Salary > 200000)
```

4) 중복 행이 관련 없는 일부 경우에는, 내부조인(inner join)이 EXISTS와 ANY 부질의를 중첩 해제하는 데 사용될 수도 있다.

이를 **중첩 해제**(unnesting)라 한다. 이는 **세미조인**[5] 이라는 연산을 가진 아래 질의로 이어지는데, 그 연산을 아래에 "*S*="라는 비표준 기호로 나타낸다:

```
SELECT COUNT(*)
FROM   EMPLOYEE E, DEPARTMENT D
WHERE  D.Dnumber S= E.Dno and E.Salary > 200000;
```

위 질의는 매년 20만불을 초과하여 벌어들이는 직원을 가진 부서들의 수를 세는 것이다. 여기서, 그 연산은 부서의 Dnumber 애트리뷰트가 그렇게 높은 급여를 받는 직원의 Dno 애트리뷰트의 값(들)과 일치하는 부서를 찾는 것이다.

대수에는, 대체되는 기호가 존재한다. 아래 그림은 하나의 공통된 기호를 나타낸다.

세미조인

이제 또 다른 질의를 고려해 보자:

```
Q (AJ) : SELECT COUNT(*)
FROM     EMPLOYEE
WHERE    EMPLOYEE.Dno NOT IN (SELECT  DEPARTMENT.Dnumber
                              FROM    DEPARTMENT
                              WHERE   Zipcode = 30332)
```

위 질의는 우편번호 30332에 위치한 부서에서 일하지 않는 직원들의 수를 센다. 여기서, 그 연산은 직원 투플의 Dno 애트리뷰트가 주어진 우편번호를 가진 DEPARTMENT의 Dnumber 애트리뷰트의 값(들)과 일치하지 않는 그러한 직원 투플을 찾는 것이다. 우리는 그러한 직원들의 수를 생성하는 데만 관심이 있다. 그 두 테이블을 내부조인하는 것은 당연히 잘못된 결과를 생성한다. 따라서, 이 경우 이 질의를 중첩 해제하는 데는 안티조인 연산자가 사용된다.

안티조인은 NOT EXISTS, NOT IN, 그리고 ALL 부질의를 중첩 해제하는 데 사용된다. 우리는 안티조인을 T1.x *A* = T2.y라는 비표준 기호로 표현한다. 이 표현에서 T1과 T2는 각각 그 안티조인의 왼쪽 테이블과 오른쪽 테이블이다. 안티조인의 의미는 다음과 같다: T1의 한 행은 그 행의 T1.x가 T2.y의 어떤 값과 일치함을 확인하면 바로 거절된다. T1의 한 행은 그 행의 T1.x가 T2.y의 어떤 값과도 일치하지 않는 경우에 한하여 반환된다.

아래의 중첩 해제의 결과에서, 앞서 언급한 안티조인을 비표준 기호 "*A*="로 아래에 나타낸다.

```
SELECT COUNT(*)
FROM   EMPLOYEE, DEPARTMENT
WHERE  EMPLOYEE.Dno A= DEPARTMENT AND Zipcode = 30332
```

5) 이 세미조인 연산자는 분산 질의 처리에 사용된 연산자와 동일하지 않음을 유의하기 바란다.

대수에는, 대체되는 기호가 존재한다. 아래 그림은 하나의 공통된 기호를 나타낸다.

안티조인

## 17.2 외부 정렬 알고리즘

정렬(sorting)은 질의 처리에서 사용되는 주된 알고리즘들 중의 하나이다. 예를 들어, SQL 질의가 ORDER BY 절을 명시하기만 하면 그 질의의 결과를 반드시 정렬해야 한다. 정렬은 조인과 기타 연산(예를 들어, 합집합과 교집합)들에 사용되는 정렬-합병 알고리즘과 프로젝트 연산(SQL 질의가 SELECT 절에 DISTINCT 옵션을 명시했을 경우)을 위한 중복 제거 알고리즘에서 핵심적인 구성 요소이다. 이 절에서는 정렬 알고리즘들 중의 하나를 논의한다. 특정 파일의 레코드들에 순서 접근을 허용하고자 할 경우에도, 원하는 파일 애트리뷰트에 기본 인덱스 또는 클러스터링 인덱스(16장 참조)와 같은 적절한 인덱스가 존재한다면 그 파일에 대한 정렬을 하지 않을 수 있다.

**외부 정렬**(external sorting)은 주기억 장치에 한꺼번에 수용할 수 없는 대규모 파일들(대부분의 데이터베이스 파일이 그 예임)을 정렬하는 데 적합한 알고리즘이다.[6)] 전형적인 외부 정렬 알고리즘은 정렬-합병 전략을 사용한다. **정렬-합병 전략**(sort-merge strategy)은 주 파일을 **런**(run)이라고 하는 작은 부파일들로 나누고, 이들을 정렬한 후, 정렬한 런들을 합병하여 더 큰 규모의 정렬된 부파일들을 생성하는 과정을 반복한다. 정렬-합병 알고리즘은 다른 데이터베이스 알고리즘들처럼 주기억 장치에 버퍼 공간을 필요로 하며, 그 버퍼 공간에서 런들의 실제 정렬과 합병이 수행된다. 그림 17.2에 나타낸 것처럼 기본 알고리즘은 정렬 단계와 합병 단계의 두 단계로 이루어진다. 주기억 장치에 있는 버퍼 공간은 **DBMS 캐쉬**(DBMS cache)의 일부이다. DBMS 캐쉬는 DBMS가 통제하는 컴퓨터의 주기억 장치에 있는 영역이다. 그 버퍼 공간은 별개의 버퍼들로 나누어 지는데 각 **버퍼**(buffer)는 하나의 디스크 블록의 크기와 동일한 크기의 바이트들을 가진다. 그러므로, 하나의 버퍼는 정확히 하나의 디스크 블록의 내용을 보관할 수 있다.

**정렬 단계**(sorting phase)에서는 이용가능한 버퍼 공간에 들어갈 수 있는 파일의 런들을 주기억 장치로 읽어온 뒤, 내부 정렬 알고리즘을 이용하여 정렬한 후, 이들을 임시 정렬된 부파일(또는 런)로서 디스크에 저장한다. 각 런의 크기와 **최초 런들의 수**($n_R$)**는 파일의 블록 수**(b)**와 이용가능한 버퍼 공간**($n_B$)에 의해 결정된다. 예를 들어, 만일 이용가능한 주기억 장치 버퍼의 수 $n_B = 5$ 디스크 블록이고, 파일의 크기 $b = 1024$ 디스크 블록인 경우,

---

6) 내부 정렬 알고리즘들은 테이블과 리스트 같이 주기억 장치 안에 완전히 들어가는 자료 구조를 정렬하는 데 적합하다. 이 알고리즘들은 자료 구조와 알고리즘 교재들에 상세히 설명되어 있다. 이들에는 퀵 정렬(quick sort), 힙 정렬(heap sort), 버블 정렬(bubble sort), 그리고 많은 다른 기법들이 있다. 이들은 여기서 논의되지 않는다. 또한, HANA와 같은 주기억 장치 DBMS들은 정렬을 위하여 자기 자신들의 기법을 사용한다.

$n_R = \lceil b/n_B \rceil$, 즉 최초 런들의 수는 205이고, 각 런의 크기는 5 블록(단, 마지막 런은 단지 4 블록 크기)이다. 따라서 정렬 단계 이후에는 205개의 정렬된 런들(또는 원래 파일에 대한 205개의 정렬된 부파일들)이 디스크에 임시 부파일들로 저장된다.

**합병 단계**(merge phase)에서 정렬된 런들이 하나 이상의 **합병 패스**(merge pass)들을 거쳐 합병된다. 각 합병 패스는 하나 이상의 합병 단계(merge step)들을 가질 수 있다. **합병 차수**(degree of merge, $d_M$)는 각 합병 단계에서 합병될 수 있는 정렬된 부파일들의 수이다. 각

```
set     i ← 1;
        j ← b;              {size of the file in blocks}
        k ← nB;{size of buffer in blocks}
        m ← ⌈(j/k)⌉;        {number of subfiles- each fits in buffer}
{Sorting Phase}
while (i ≤m)
do {
        read next k blocks of the file into the buffer or if there are less than k blocks
           remaining, then read in the remaining blocks;
        sort the records in the buffer and write as a temporary subfile;
        i ← i + 1;
}
{Merging Phase: merge subfiles until only 1 remains}
set     i ← 1;
        p ← ⌈logk–1m⌉{p is the number of passes for the merging phase}
        j ← m;
while (i ≤ p)
do {
        n ← 1;
        q ← ( j/(k–1)⌉;     {number of subfiles to write in this pass}
        while (n ≤ q)
        do {
           read next k–1 subfiles or remaining subfiles (from previous pass)
              one block at a time;
           merge and write as new subfile one block at a time;
           n ← n + 1;
        }
        j ←     q;
        i ← i + 1;
}
```

그림 17.2 외부 정렬을 위한 정렬-합병 알고리즘의 개요

합병 단계 동안, 합병할 정렬된 부파일들 각각에 대해 그 부파일로부터 하나의 블록을 보관하기 위해 하나의 버퍼 블록이 필요하며, 합병 결과의 하나의 디스크 블록을 포함하기 위해 하나의 버퍼가 추가로 필요하다. 각 합병 단계는 여러 작은 정렬된 부파일들을 합병한 결과인 더 큰 정렬된 파일을 생성하게 된다. 그러므로 $d_M$은 $(n_B - 1)$과 $n_R$ 중 작은 값이 되며 합병 패스들의 수는 $\lceil \log_{dM}(n_R) \rceil$ 이다. 위의 예에서 $n_B = 5$이고, $d_M = 4$(4-원 합병)이므로, 205개의 최초의 정렬된 런들은 각 단계에서 한 번에 4개씩 합병되어 첫 번째

합병 패스가 종료한 후에는 52개의 더 큰 정렬된 부파일들로 합병된다. 이들 52개의 정렬된 파일들은 다시 한번에 4개씩 합병되어 13개로 합병되며, 이들은 다시 4개의 정렬된 파일들로, 마지막으로 1개의 완전히 정렬된 파일로 합병된다. 즉, 4번의 패스가 필요하다.

정렬-합병 알고리즘의 성능은 전체 파일의 정렬이 완료되기 전에 (디스크와 주기억 장치 사이에서) 읽고 쓰는 디스크 블록의 수로 측정될 수 있다. 아래 공식은 이 비용의 근사치를 나타낸다.

$$(2 * b) + (2 * b * (\log_{dM} n_R))$$

첫 번째 항 $(2 * b)$는 정렬 단계의 블록 접근 횟수를 나타낸다. 이는 각 파일 블록이 두 번 접근되기 때문이다. 한 번은 주기억 장치 버퍼로 읽어오기 위함이고, 한 번은 정렬된 레코드들을 디스크의 정렬된 부파일들 중의 하나에 쓰기 위함이다. 두 번째 항은 합병 단계를 위한 블록 접근 횟수를 나타낸다. 각 합병 패스 동안, 원래의 파일의 블록 수 $b$에 거의 일치하는 수의 디스크 블록들이 읽히고 쓰여진다. 합병 패스들의 수가 $(\log_{dM} n_R)$이므로 전체 합병 비용은 $(2 * b * (\log_{dM} n_R))$이 된다.

필요한 주기억 장치 버퍼들의 최소 수는 $n_B = 3$이므로 $d_M$은 2, $n_R$은 (b/3)이 된다. $d_M$의 최솟값 2는 그 알고리즘의 최악의 성능을 유발하며 그 값은 다음과 같다.

$$(2 * b) + (2 * (b * (\log_2 n_R)))$$

아래의 절들은 관계 대수 연산들(7장 참조)을 위한 여러 알고리즘들을 논의한다.

## 17.3 SELECT 연산을 위한 알고리즘

### 17.3.1 SELECT 연산의 구현 선택사항

SELECT 연산을 실행하기 위한 많은 알고리즘들이 존재한다. 그 연산은 기본적으로 어떤 조건을 만족하는 디스크 파일에 존재하는 레코드들의 위치를 찾아내는 하나의 탐색 연산이다. 일부 탐색 알고리즘들은 특정 접근 경로를 가지는 파일에 의존한다. 이 절에서는 SELECT를 구현하기 위한 몇 가지 알고리즘들을 논의한다. 알고리즘들을 설명하기 위해서 그림 4.5의 관계 데이터베이스에 대해 명시된 다음의 연산들을 사용한다.

OP1: $\sigma_{\text{Ssn} = \text{'123456789'}}$ (EMPLOYEE)
OP2: $\sigma_{\text{Dnumber} > 5}$ (DEPARTMENT)
OP3: $\sigma_{\text{Dno}= 5}$ (EMPLOYEE)
OP4: $\sigma_{\text{Dno}= 5 \text{ AND Salary} > 30000 \text{ AND Sex} = \text{'F'}}$ (EMPLOYEE)
OP5: $\sigma_{\text{Essn} = \text{'123456789' AND Pno} = 10}$(WORKS_ON)

OP6: SQL 질의:

```
SELECT  *
FROM    EMPLOYEE
WHERE   Dno IN (3,27, 49)
```

OP7: SQL 질의(16.5.3절에서)
SELECT First_name, Lname
FROM Employee
WHERE ((Salary*Commission_pct) + Salary ) > 15000;

**단순 실렉션(Simple Selection)을 위한 탐색 방법**. 파일로부터 레코드들을 선택하는 목적으로 다수의 탐색 알고리즘들이 있다. 이 알고리즘들은 실렉션 조건을 만족하는 레코드들을 탐색하고 검색하기 위해서 파일의 레코드들을 스캔하기 때문에 **파일 스캔**(file scan)으로 알려져 있다.[7] 만일 탐색 알고리즘이 인덱스를 사용하면 이를 **인덱스 스캔**(index scan)이라고 부른다. 다음의 탐색 방법(S1~S6)들은 실렉트 연산을 구현하는 데 사용될 수 있는 몇 가지 탐색 알고리즘의 예이다.

- **S1-선형 탐색**(linear search, **전체계산 알고리즘**(brute-force algorithm)). 파일에 있는 모든 레코드를 검색하고, 검색된 각 레코드의 애트리뷰트들의 값이 실렉션 조건을 만족하는가를 검사한다. 레코드들은 디스크 블록들로 무리를 이루므로 각 디스크 블록은 하나의 주기억 장치 버퍼에 읽혀지고 그리고 나서 그 디스크 블록 내에 있는 레코드들에 대한 탐색이 주기억 장치에서 수행된다.
- **S2-이진 탐색**(binary search). 파일이 어떤 키 애트리뷰트에 따라 **정렬**되어 있고 실렉션 조건에 그 키의 애트리뷰트에 대한 동등 비교가 포함되어 있을 경우, 선형 탐색보다 더 효율적인 이진 탐색이 사용될 수 있다. EMPLOYEE 파일이 Ssn 애트리뷰트에 따라 정렬되어 있으면 OP1이 하나의 예가 된다.[8]
- **S3a-기본 인덱스를 사용**. 어떤 **키 애트리뷰트**가 기본 인덱스를 가지고 있고 실렉션 조건에 그 키 애트리뷰트에 대한 동등 비교가 포함되어 있으면, 예를 들어 OP1에서 Ssn = '123456789'인 레코드를 검색하려고 할 때 기본 인덱스를 사용하여 그 레코드를 검색한다. 이 조건은 많아야 하나의 레코드를 검색한다.
- **S3b-해시키(hash key)를 사용**. 어떤 키 애트리뷰트가 해시키를 가지고 있고 실렉션 조건에 그 **키 애트리뷰트**에 대한 동등 비교가 포함되어 있으면, 예를 들어 OP1에서 Ssn = '123456789'인 레코드를 검색하려고 할 때 해시키를 사용하여 그 레코드를 검색한다. 이 조건은 많아야 하나의 레코드를 검색한다.
- **S4-기본 인덱스를 사용하여 여러 개의 레코드를 검색**. 기본 인덱스를 가진 키필드에 대해 비교 조건이 >, >=, <, <=이면, 예를 들어 OP2에서 Dnumber > 5인 조건을 만족하는 레코드들을 찾으려고 할 경우, 기본 인덱스를 사용하여 먼저 (Dnumber = 5)인 조건을 만족하는 레코드를 찾는다. 그 다음에 (순서화된) 파일에서 그 레코드 다음에 위치한 모든 레코드를 검색한다. 조건이 Dnumber < 5일 경우에는 Dnumber = 5인 레코드 앞에 위치한 모든 레코드를 검색한다.

---

7) 파일의 레코드들 중에서 실렉션 조건을 만족하지 못하는 레코드들을 걸러내기 때문에 실렉션 연산을 필터(filter)라고도 한다.

8) 일반적으로 이진 탐색은 데이터베이스 탐색에 사용되지 않는다. 이는 순서화된 파일들이 대응되는 기본 인덱스를 함께 가지지 않는다면 그 파일들은 사용되지 않기 때문이다.

- **S5-클러스터링 인덱스를 사용하여 여러 개의 레코드를 검색.** 키가 아닌 어떤 애트리뷰트가 클러스터링 인덱스를 갖지만 실렉션 조건이 그 애트리뷰트에 대하여 동등 비교를 포함한다면, 예를 들어 OP3에서 Dno = 5인 레코드들을 검색하려고 할 때, 그 클러스터링 인덱스를 사용하여 실렉션 조건을 만족하는 모든 레코드를 검색한다.
- **S6-동등 비교에 대하여 보조($B^+$-트리) 인덱스를 사용.** 이 검색 방법을 사용하면 인덱싱 필드가 유일한 값을 가질 때, 즉 인덱싱 필드가 키이면 하나의 레코드를 검색한다. 만일 인덱싱 필드가 키가 아니면 여러 개의 레코드를 검색한다. 이 외에 이 검색 방법은 >, >=, <, <=를 포함하는 비교 조건들을 만족하는 레코드들을 검색하기 위해서도 사용될 수 있다. 실렉션 조건에 값의 범위(예를 들어, 3,000 <= Salary <= 4,000)를 포함하는 질의를 **범위 질의**(range query)라 한다. 범위 질의의 경우, $B^+$-트리의 리프 노드들은 인덱스 필드의 값을 정렬된 상태로 가지고 있으므로, 그 필드의 요구한 범위에 일치하는 일련의 그 값들이 사용되며 조건을 만족하는 레코드들에 대한 레코드 포인터를 제공한다.
- **S7a-비트맵 인덱스를 사용.** (16.5.2절을 참조) 만약 실렉션 조건이 애트리뷰트에 대한 값의 집합을 포함한다면 (예를 들어, OP6에서 Dnumber in (3, 27, 49)), 각 값에 대한 해당 비트맵들을 OR하여 조건을 만족하는 레코드 식별자들의 집합을 구할 수 있다. 이 예에서, 그 작업은 각각의 길이가 직원들의 수와 동일한 세 개의 비트맵 벡터를 OR하는 것에 이른다.
- **S7b-함수 기반 인덱스를 사용.** (16.5.3절을 참조) OP7에서 실렉션 조건은 표현식 ((Salary*Commission_pct) + Salary )를 포함하고 있다. 아래와 같이 (16.5.3절에 나타낸 바와 같이) 정의된 함수 기반 인덱스가 있다고 가정하자.

```
CREATE INDEX income_ix
ON EMPLOYEE (Salary + (Salary * Commission_pct));
```

그러면 이 인덱스는 조건을 만족하는 직원 레코드들의 탐색에 사용될 수 있다. 그 인덱스를 생성하는데 있어서 그 함수를 기술하는 정밀한 방법은 중요하지 않음을 명심하자.

다음 장에서 블록 접근 횟수와 접근 시간을 사용해서 위의 검색 방법들의 접근 비용을 추정하는 식들의 개발 방법을 논의한다. 방법 S1(**선형 탐색**)은 어떤 파일에도 적용된다. 그러나 S1 이외의 방법들은 실렉션 조건에 포함된 애트리뷰트들에 대해 적절한 접근 경로가 있는가의 여부에 따라 선택될 수 있다. 방법 S2(**이진 탐색**)는 파일이 탐색 애트리뷰트로 정렬되어 있어야 동작한다. 인덱스를 사용하는 방법들(S3a, S4, S5, S6)은 일반적으로 **인덱스 탐색**(index search)이라 한다. 그 방법들은 탐색 애트리뷰트에 적절한 인덱스가 존재해야 동작한다. 방법 S4와 S6은 **범위 질의**에서 어떤 범위에 있는 레코드들을 검색하는데 사용될 수 있다. 방법 S7a(**비트맵 인덱스 탐색**)는 열거된 값의 집합에 애트리뷰트가 일치해야 하는 탐색에 적합하다. 방법 S7b(**함수 기반 인덱스 탐색**)는 함수 기반 인덱스가 존재하고 그에 대한 하나 또는 그 이상의 애트리뷰트에 대한 함수에 기반한 일치함을 찾는데 적합하다.

## 17.3.2 논리곱 실렉션을 위한 탐색 방법

만일 SELECT 연산의 조건이 **논리곱 조건**(conjunctive condition)이면, 즉 위의 OP4와 같이 AND로 연결된 여러 개의 단순 조건으로 구성되어 있으면 DBMS는 그 연산을 구현하기 위해 아래의 추가적인 방법들을 사용할 수 있다.

- **S8-개별 인덱스를 사용하는 논리곱 실렉션**(conjunctive selection). 논리곱 실렉션 조건에 포함되어 있는 어떤 단순 조건의 한 애트리뷰트가 방법 S2부터 S6 중 한 가지를 사용하도록 하는 접근 경로를 가지면, 그 단순 조건을 사용하여 레코드들을 검색한 뒤 검색된 각 레코드가 논리곱 실렉션 조건에 포함되어 있는 나머지 단순 조건들을 만족하는지 검사한다.
- **S9-복합 인덱스를 사용하는 논리곱 실렉션**. 논리곱 실렉션 조건에서 두 개 이상의 애트리뷰트가 동등 조건과 관련되어 있고 복합 인덱스(또는 해시 구조)가 그 복합 필드에 존재하면, 예를 들어 OP5를 위한 파일 WORKS_ON의 복합 키(composite key)인(Essn, Pno)에 대하여 인덱스가 생성되어 있으면 그 인덱스를 직접 사용할 수 있다.
- **S10-레코드 포인터들의 교집합에 의한 논리곱 실렉션**.[9] 논리곱 실렉션 조건에서 단순 조건에 포함된 두 개 이상의 필드에 대해 보조 인덱스(또는 다른 접근 경로)를 이용할 수 있고 그 인덱스들이 블록 포인터가 아닌 레코드 포인터를 포함하면, 각 인덱스는 개개의 조건을 만족하는 레코드 포인터들의 집합을 검색하는 데 사용할 수 있다. 이런 **레코드 포인터들의 집합**들을 교집합하면 논리곱 실렉션 조건을 만족하는 레코드 포인터들이 구해지며, 이 포인터들을 사용하면 해당 레코드들을 직접 검색할 수 있다. 만일 논리곱 조건 중 일부 조건만이 보조 인덱스를 가지고 있으면 검색된 각 레코드가 나머지 조건을 만족하는지 테스트해야 한다.[10] 일반적으로 방법 S10은 그 인덱스들 각각이 그 파일의 비키 필드(nonkey field)에 대한 것으로 가정한다. 이는 그 조건들 중의 하나가 키 필드에 대한 동등 조건이면 오직 하나의 레코드만이 전체 조건을 만족할 것이기 때문이다. 위의 S7에서 논의한 비트맵 인덱스와 함수 기반 인덱스를 다중 애트리뷰트들의 논리곱 실렉션에도 적용할 수 있다. 다중 애트리뷰트들의 논리곱 실렉션에 대하여, 결과 비트맵들을 AND 연산을 함으로써 레코드 식별자들의 리스트를 구할 수 있으며, 동일한 방법이 함수 기반 인덱스로부터 구한 레코드 식별자들의 하나 또는 그 이상의 집합들에 적용될 수 있다.

OP1, OP2, 또는 OP3 처럼 단일 조건이 실렉션을 명시할 때마다 DBMS는 그 조건에 포함되어 있는 애트리뷰트에 대해 접근 경로가 존재하는가의 여부만 검사할 수 있다. 인덱스, 해시키, 비트맵, 또는 정렬된 파일과 같은 접근 경로가 존재하면 그 접근 경로에 대응되는 방법이 사용되며 그렇지 않으면 방법 S1의 전체계산, 선형 탐색 방법이 사용될 수 있다. SELECT 연산에 대한 질의 최적화는 대부분의 경우 논리곱 실렉션 조건에 관련된 애트리

9) 레코드 포인터는 레코드를 유일하게 식별하고 디스크상에서 레코드의 주소를 나타낸다. 따라서 레코드 식별자(record identifier 또는 record id)라고도 부른다.

10) 이 방법에는 여러 변형이 있을 수 있다. 예를 들어, 인덱스들이 레코드 포인터 대신에 기본키 값을 저장하는 논리적 인덱스(logical index)인 경우이다.

뷰트들 중 두 개 이상의 애트리뷰트가 접근 경로를 가질 때 필요하다. 최적화기는 서로 다른 비용(18.3절 참조)을 추정하고 최소의 추정 비용을 지닌 방법을 선택함으로써, 가장 효율적인 방법으로 가장 적은 수의 레코드들을 검색하는 접근 경로를 선택해야 한다.

### 17.3.3 논리합 실렉션을 위한 탐색 방법

**논리합 조건**(disjunctive condition)은 단순 조건들이 AND가 아니라 OR로 연결된 것을 의미한다. 논리합 조건은 논리곱 실렉션 조건보다 실행하고 최적화하기가 훨씬 더 어렵다. 예를 들어, OP4'을 고려해 보자.

OP4' : $\sigma_{\text{Dno} = 5 \text{ OR Salary} > 30000 \text{ OR Sex} = \text{'F'}}$(Employee)

이런 조건에 대해서는 논리합 조건을 만족하는 레코드들은 개개의 조건을 만족하는 레코드들의 합집합이다. 따라서 단순 조건들 중 어느 하나라도 접근 경로를 가지지 않으면 전체계산, 선형 탐색 방법을 사용할 수밖에 없다. 논리합 조건의 모든 단순 조건들에 대하여 접근 경로가 존재하는 경우에 한하여 각 조건을 만족하는 레코드들 또는 레코드 식별자들을 검색하고, 중복된 레코드들을 제거하기 위해 합집합 연산을 수행함으로써 논리합 조건을 최적화할 수 있다. 만일 모든 단순 조건에 대하여 레코드 포인터들을 제공하는 적절한 접근 경로들이 존재하면 레코드들이 아니라 레코드 포인터들에 대한 합집합을 수행할 수 있다.

S1에서 S7까지 논의된 모든 방법들은 각 단순 조건에 적용될 수 있으며 레코드 식별자들의 집합을 생성한다. 질의 최적화기는 질의에 포함된 각 SELECT 연산을 실행하기 위해 적절한 방법을 선택해야 한다. 최적화기는 사용 가능한 각 접근 방법에 대한 비용을 추정하는 식(18.4절과 18.5절 참조)들을 사용하며 최저의 추정 비용을 가지는 접근 방법을 선택한다.

### 17.3.4 조건의 선택률 추정

질의 실행의 전체 비용을 자원과 응답 시간의 면에서 최소화하기 위하여, 질의 최적화기는 시스템 카탈로그에서 소중한 입력을 받아 들인다. 그 입력은 데이터베이스에 대한 중대한 통계 정보를 포함한다.

**데이터베이스 카탈로그에 있는 정보**. 전형적인 RDBMS 카탈로그는 아래 유형의 정보를 포함한다:

각 릴레이션 (테이블) $r$에 대하여 (그 스키마를 $R$, 투플의 수를 $r_R$이라 하자):

- 행/레코드의 수 또는 카디날리티(cardinality): $|r(R)|$. 행의 수를 간단히 $r_R$로 나타낸다.
- 릴레이션의 폭 (즉, 그 릴레이션의 각 투플의 길이): 이를 $R$로 나타낸다.
- 릴레이션이 저장 장치에서 차지하는 블록의 수: $b_R$로 나타낸다.
- 블로킹 인수 bfr. 이는 하나의 블록 당 투플의 수를 나타낸다.

릴레이션 $R$의 각 애트리뷰트 $A$에 대하여:

- $R$에서 $A$에 있는 서로 다른 값의 수: NDV($A$, $R$).
- $R$에서 애트리뷰트 $A$의 최대와 최소 값: max($A$, R) and min($A$, $R$).

많은 다른 유형의 통계가 가능하며 필요에 의해 보관될 수도 있음을 유의하자. 만약 애트리뷰트 <$A$, $B$>에 대하여 하나의 복합 인덱스가 있다면 NDV($R$, <$A$, $B$>)는 중요하다. 이러한 통계를 가능한 한 정확하게 보관하려는 노력이 필요하다. 그러나, 그 통계를 가장 최근의 것으로 정확하게 유지하는 것은 불필요하다고 사려된다. 그 이유는 매우 능동적인 데이터베이스에서 그렇게 하는 부담이 너무나 크기 때문이다. 18.3.2절에서 위 파라미터들의 다수를 다시 논의할 것이다.

최적화기가 논리곱 실렉션 조건에 포함된 여러 개의 단순 조건 중에서 어떤 것을 선택할 때 전형적으로 각 조건의 **선택률**(selectivity)을 고려한다. 선택률 $\boldsymbol{sl}$은 파일(릴레이션)의 전체 레코드(투플) 수에 대하여 조건을 만족하는 레코드(투플) 수의 비율로 정의된다. 따라서 선택률은 0과 1 사이의 값이다. 선택률 0은 그 파일의 어떤 레코드도 그 조건을 만족하지 않음을 의미하고, 선택률 1은 그 파일의 모든 레코드가 그 조건을 만족함을 의미한다. 일반적으로, 선택률은 이들 두 극단이 되지는 않지만 검색될 파일 레코드들의 비율을 추정하는 소수(fraction)가 된다.

비록 모든 조건에 대해서 정확한 선택률을 구할 수는 없지만 **선택률의 추정치**는 DBMS 카탈로그에 보관된 정보로부터 도출할 수 있으며 최적화기가 이를 사용한다. 예를 들어, 릴레이션 $r(R)$의 키 애트리뷰트에 대한 동등 조건에 대하여 $s = 1/|r(R)|$이다. 여기서 $|r(R)|$은 릴레이션 $r(R)$에 있는 투플 수이다. $i$개의 서로 다른 값을 가지는 비키(nonkey) 애트리뷰트에 대한 동등 조건에 대하여 레코드들이 서로 다른 값에 균일하게 또는 **균등하게 분포**되어(uniformly distributed) 있다고 가정할 때, $s$는 $(|r(R)|/i)/|r(R)|$ 또는 $1/i$로 추정될 수 있다. 이런 가정하에서 $|r(R)|/i$개의 레코드가 이 애트리뷰트에 대한 어떤 동등 조건을 만족할 것이다. 실렉션 조건 A ≥ v를 가진 범위 질의에 대하여, 균등 분포를 가정하면,

sl = 0 if v > max(A, R)
sl = max(A, R) - v/max(A, R) - min(A, R)

일반적으로 선택률 sl을 가진 어떤 실렉션 조건을 만족하는 레코드들의 수는 |r(R)| * sl로 추정된다. 이 추정치가 작을수록 레코드들을 검색하기 위해 그 조건을 먼저 사용할 기대치가 높아진다. NDV(A, R)의 서로 다른 값을 가지는 키가 아닌 애트리뷰트에 대하여, 그 값들이 균등 분포를 가지지 않는 경우가 자주 있다.

만약 그 애트리뷰트의 다양한 서로 다른 값들에 대한 레코드들의 실제 분포가 **히스토그램**(histogram)의 형태로 DBMS에 보관된다면, 특정 조건을 만족하는 레코드들의 수에 대한 보다 더 정확한 추정치를 구하는 것이 가능하다. 카탈로그 정보와 히스토그램에 대해서는 18.3.3절에서 보다 상세하게 논의할 것이다.

## 17.4 JOIN 연산의 구현

조인(JOIN) 연산은 질의 처리에서 가장 시간이 많이 소요되는 연산 중의 하나이다. 질의에 나타나는 대부분의 조인 연산은 동등 조인과 자연 조인의 변형이다. 따라서, 이 절에서는 질의 처리와 최적화의 개요만을 다루기 때문에 이 두 가지 조인 연산만을 고려한다. 이 장의 나머지 부분에서 조인은 동등 조인(EQUIJOIN)이나 자연 조인(NATURAL JOIN)을 의미한다.

2중 조인(two-way join)은 두 파일에 대한 조인이며 여러 방법으로 구현될 수 있다. 세 파일 이상을 포함하는 조인은 다중 조인(multiway join)이라고 한다. 다중 조인을 실행하는 가능한 방법의 수는 매우 빠른 속도로 늘어난다. 이는 가능한 조인 순서 조합의 폭발적인 증가 때문이다. 이 절에서는 2중 조인을 구현하기 위한 몇 가지 방법만 논의한다. 설명하는 데 예로 사용하기 위해서 그림 4.5의 릴레이션 스키마를 참조하는데, 특히 EMPLOYEE, DEPARTMENT, PROJECT 릴레이션을 사용한다. 다음에 설명하는 알고리즘들은 아래 형태의 조인 연산을 위한 것이다.

$$R \bowtie_{A=B} S$$

여기서 A와 B는 **조인 애트리뷰트**(join attribute)이며, 각각 R과 S의 애트리뷰트로서 도메인 호환적이다. 여기서 논의하는 방법들은 보다 일반적인 형태의 조인으로 확장될 수 있다. 아래의 연산들을 예로 사용하여 그런 조인을 실행하기 위한 가장 일반적인 네 가지 기법을 설명한다.

OP6: EMPLOYEE $\bowtie_{\text{DNO}=\text{DNUMBER}}$ DEPARTMENT
OP7: DEPARTMENT $\bowtie_{\text{Mgr\_ssn}=\text{Ssn}}$ EMPLOYEE

### 17.4.1 조인을 구현하는 방법

- **J1. 중첩 루프 조인(nested loop join, 또는 중첩 블록 조인(nested block join)).** 이는 기본 (전체계산) 알고리즘이다. 그 이유는 이 방법은 조인에 참여하는 두 파일들 중 어디에도 특별한 접근 경로를 요구하지 않기 때문이다. $R$(외부 루프)의 각 레코드 $t$에 대해 $S$(내부 루프)로부터 모든 레코드 $s$를 검색하고 두 레코드가 조인 조건 $t[A]=s[B]$를 만족하는지 테스트한다.[11)]
- **J2. 인덱스 기반 중첩 루프 조인(index-based nested-loop join; 부합되는 레코드를 검색하기 위한 접근 구조를 사용).** 조인 애트리뷰트 두 개 중 하나, 예를 들어 파일 $S$의 애트리뷰트 $B$에 대해 인덱스(또는 해시 키)가 존재하면 $R$에 있는 각 레코드 $t$를 검색(즉, 파일 $R$에 대해 루프를 돈다)한 뒤 (인덱스 또는 해시 키와 같은) 접근 구조를 사용하여 $S$의 레코드들 중에서 $s[B]=t[A]$ 조건을 만족하는 모든 레코

11) 디스크 파일의 경우 루프가 디스크 블록들에 대해 적용되는 것이 명백하기 때문에 이 방법을 **중첩 블록 조인**(nested-block join)이라고도 부른다.

드 s를 직접 검색한다.

- J3. **정렬-합병 조인**(sort-merge join). 만일 $R$과 $S$의 레코드들이 각각 조인 애트리뷰트 $A$와 $B$의 값에 따라 물리적으로 정렬(순서화)되어 있으면 가장 효율적인 방법으로 조인을 구현할 수 있다. 두 파일 모두를 조인 애트리뷰트의 순서에 따라 동시에 스캔하면서 $A$와 $B$에 동일한 값을 가지는 레코드들을 검색한다. 만일 파일들이 정렬되어 있지 않다면 우선 외부 정렬을 사용하여 정렬시킬 수 있다(17.2절 참조). 이 방법에서는 파일 블록들의 쌍을 순서대로 메모리 버퍼로 복사한 뒤 각 파일의 레코드들은 다른 파일과 부합되는 것에 한하여 오직 한 번만 스캔한다. 단, $A$와 $B$ 모두가 키 애트리뷰트인 경우이다. 그러나 $A$, $B$ 중 하나라도 키 애트리뷰트가 아니면 조금 변형된 방법이 필요하다. 그림 (17.3a)는 정렬-합병 조인의 개요를 나타낸다. $R(i)$는 파일 $R$에서 $i$번째 레코드를 나타낸다. 두 개의 조인 애트리뷰트 모두에 대해 보조 인덱스가 존재하면 변형된 정렬-합병 조인을 사용할 수 있다. 인덱스는 조인 애트리뷰트의 순서대로 레코드들을 접근할 수 있도록 하지만, 레코드들 자체는 파일의 전체 블록들에 물리적으로 분산되어 있다. 따라서 매번 레코드를 접근할 때마다 서로 다른 디스크 블록을 접근해야 하기 때문에 이 방법은 매우 비효율적일 수 있다.
- J4. **분할-해시 조인**(partition-hash join 또는 **단순히 해시 조인**(hash join)). 파일 $R$과 $S$의 레코드들은 작은 파일들로 분할된다. 각 파일의 분할은 (파일 $R$을 분할하기 위하여) $R$의 조인 애트리뷰트 $A$와 (파일 $S$를 분할하기 위하여) $S$의 조인 애트리뷰트 $B$에 대하여 동일한 해시 함수 $h$를 사용함으로써 수행된다. 첫 번째 단계에서는 더 적은 수의 레코드를 가진 파일(예를 들어, $R$)에 대하여 한 번의 패스를 거치면서 그 파일의 레코드들을 $R$의 여러 분할들로 해시하는데 이를 **분할 단계**(partitioning phase)라고 한다. 왜냐하면, $R$의 레코드들이 해시 버켓들로 분할되어 들어가기 때문이다. 가장 간단한 경우, 더 작은 파일이, 그 파일이 분할된 후에, 주기억 장치에 완전히 들어갈 수 있어서 $R$의 분할된 부파일들은 모두 주기억 장치에 보관되는 것이다. $h(A)$의 동일 값을 가지는 레코드들의 무리는 동일 분할에 놓이게 되는데 그 분할을 주기억 장치에 있는 해시 테이블의 **해시 버켓**(hash bucket)이라 한다. 두 번째 단계인 **조사 단계**(probing phase)에서는 다른 파일($S$)에 대해 한 번의 패스를 거치면서 그 파일의 각 레코드를 동일한 해시 함수 $h(B)$를 사용하여 해시하여 조사할 적절한 버켓을 구하고 그 레코드를 그 버켓에 있는 $R$의 모든 부합하는 레코드들과 결합한다. 지금까지 간략하게 기술한 분할-해시 조인 기법은 첫 번째 단계 이후에 두 개의 파일 중 작은 파일이 메모리 버켓에 완전히 들어간다는 가정을 바탕으로 하였다. 이 가정을 요구하지 않는 분할-해시 조인의 일반적인 경우를 아래에서 논의한다.

실제로 J1부터 J4까지의 방법들은 개개의 레코드가 아니라, 파일의 전체 디스크 블록들을 접근함으로써 구현된다. 주기억 장치에서 사용가능한 버퍼들의 수에 따라 파일에서 읽어들이는 블록들의 수가 조정될 수 있다.

### 17.4.2 버퍼 공간과 외부 루프 파일의 선택이 중첩 루프 조인의 성능에 미치는 영향

사용가능한 버퍼 공간은 일부 조인 알고리즘들에 중요한 영향을 끼친다. 우선 중첩 루프 방법(J1)을 고려해 보자. OP6을 다시 보면서 조인을 수행하기 위해 주기억 장치에 사용가능한 버퍼들의 수가 $n_B$ = 7 블록(버퍼)이라고 가정하자. 각 주기억 장치 버퍼는 하나의 디스크 블록과 동일한 크기를 가진다는 가정을 상기하기 바란다. 예를 들어, DEPARTMENT 파일이 $r_D$ = 50개의 레코드로 구성되고, $b_D$ = 10개의 디스크 블록에 저장되어 있으며, EMPLOYEE 파일이 $r_E$ = 6000개의 레코드로 구성되고, $b_D$ = 2000개의 디스크 블록에 저장되어 있다고 가정하자. 외부 루프로 사용되는 파일의 레코드들을 주기억 장치로 읽어올 때 가능하면 한 번에 많은 블록을 읽어오는 것이 유리하다. 내부 파일에서 읽기 위해 하나의 블록을 그리고 출력 파일을 위해 하나의 블록을 유지함으로써 $n_B-2$ 개의 블록을 외부 릴레이션에서 읽는데 이용할 수 있음을 유의하자. 그러면 이 알고리즘은 내부 루프의 파일에 대하여 한 번에 하나의 블록을 읽을 수 있고, 그 블록의 레코드들을 사용하여 현재 주기억 장치에 있는 외부 루프 블록들을 **조사**(probe 즉, 검색)하게 된다. 이렇게 하면 전체 블록 접근 수가 줄어든다. 주기억 장치에 하나의 여분의 버퍼가 조인된 결과 레코드들을 저장하기 위하여 필요하며, 이 결과 버퍼가 가득 채워질 때마다 조인 결과를 보관하는 디스크 파일인 **결과 파일**(result file)에 덧붙여진다. 그리고 나서 이 결과 버퍼 블록은 다음 조인 결과 레코드들을 저장하기 위하여 재사용된다.

```
(a) sort the tuples in R on attribute A;            (*assume R has n tuples (records)*)
    sort the tuples in S on attribute B;            (*assume S has m tuples (records)*)
    set i ←1, j ← 1;
    while (i ≤n) and (j ≤ m)
    do {  if R(i)[A] > S(j)[B]
             then set j ← j + 1
          elseif R(i)[A] < S(j)[B]
               then set i ← i + 1
          else {  (* R(i)[A] = S(j)[B], so we output a matched tuple *)
                  output the combined tuple <R(i), S(j)> to T;

                  (* output other tuples that match R(i), if any *)
                  set l ← j + 1;
                  while (l ≤ m) and (R(i)[A] = S(l)[B])
                  do {  output the combined tuple <R(i), S(l)> to T;
                        set l ← l + 1
                  }
            (* output other tuples that match S(j), if any *)
            set k ← i + 1;
            while (k ≤ n) and (R(k)[A] = S(j)[B])
            do {  output the combined tuple <R(k), S(j)> to T;
                  set k ← k + 1
            }
            set i ←k, j ← l
          }
    }
```

```
(b) create a tuple t[<attribute list>] in T′ for each tuple t in R;
        (* T′ contains the projection results before duplicate elimination *)
    if <attribute list> includes a key of R
        then T ← T′
    else {  sort the tuples in T′;
          set i ← 1, j ← 2;
          while i ≤ n
          do {  output the tuple T′[i] to T;
                while T′[i] = T′[j] and j ≤ n do j ← j + 1;        (* eliminate duplicates *)
                i ← j; j ← i + 1
          }
    }
    (*T contains the projection result after duplicate elimination*)

(c) sort the tuples in R and S using the same unique sort attributes;
    set i ← 1, j ← 1;
    while (i ≤ n) and (j ≤ m)
    do {  if R(i) > S(j)
             then {  output S(j) to T;
                     set j ← j + 1
             }
          elseif R(i) < S(j)
             then {  output R(i) to T;
                     set i ← i + 1
             }
          else set j ← j + 1                  (* R(i)=S(j), so we skip one of the duplicate tuples *)
    }
    if (i ≤ n) then add tuples R(i) to R(n) to T;
    if (j ≤ m) then add tuples S(j) to S(m) to T;

(d) sort the tuples in R and S using the same unique sort attributes;
    set i ← 1, j ← 1;
    while (i ≤ n) and (j ≤ m)
    do {  if R(i) > S(j)
             then set j ← j + 1
          elseif R(i) < S(j)
             then set i ← i + 1
          else {  output R(j) to T;           (* R(i) = S(j), so we output the tuple *)
                  set i ← i + 1, j ← j + 1
          }
    }

(e) sort the tuples in R and S using the same unique sort attributes;
    set i ← 1, j ← 1;
    while (i ≤ n) and (j ≤ m)
    do {  if R(i) > S(j)
             then set j ← j + 1
          elseif R(i) < S(j)
             then {  output R(i) to T;        (* R(i) has no matching S(j), so output R(i) *)
                   set i ← i + 1
             }
```

```
        else set i ← i + 1, j ← j + 1
    }
    if (i ≤ n) then add tuples R(i) to R(n) to T;
```

그림 17.3 n개의 투플을 가진 릴레이션 R과 m개의 투플을 가진 릴레이션 S에 대해 정렬-합병을 이용하여 조인, 프로젝트, 합집합, 교집합, 차집합 연산들을 구현 (a) $T \leftarrow R \bowtie_{A=B} S$ 연산의 구현 (b) $T \leftarrow \pi_{<\text{attribute list}>}(R)$ 연산의 구현 (c) $T \leftarrow R \cup S$ 연산의 구현 (d) $T \leftarrow R \cap S$ 연산의 구현 (e) $T \leftarrow R - S$ 연산의 구현

중첩 루프 조인에서는 어느 파일이 외부 루프로, 어느 파일이 내부 루프로 사용되는가에 따라 성능의 차이를 보인다. EMPLOYEE가 외부 루프로 사용되면 EMPLOYEE의 각 블록은 한 번씩 읽혀지고, 전체 DEPARTMENT 파일(그 파일의 각 블록)은 EMPLOYEE 파일에서 $(n_B - 2)$개의 블록을 읽어들일 때마다 한 번씩 읽혀진다. 디스크에서 주기억 장치로 읽어들인 디스크 블록들의 수는 다음 식들과 같다.

외부 루프 파일을 위해 접근하는 (읽는) 총 블록들의 수 = $b_E$

외부 파일에서 $(n_B - 2)$개의 블록들이 주기억 장치에 적재되는 횟수 $= \lceil b_E/(n_B - 2) \rceil$

내부 루프 파일을 위해 접근하는 (읽는) 총 블록들의 수 $= b_D * \lceil b_E/(n_B - 2) \rceil$

그러므로 다음과 같은 총 블록 읽기 접근 수를 구할 수 있다.

$b_E + (\lceil b_E/(n_B - 2) \rceil * b_D) = 2000 + (\lceil (2000/5) \rceil * 10) = 6000$ 번의 블록 접근

반면에 외부 루프에 DEPARTMENT 파일을 사용하면 총 블록 접근 수는 다음과 같다.

$b_D + (\lceil b_D/(n_B - 2) \rceil * b_E) = 10 + (\lceil (10/5) \rceil * 2000) = 4010$ 번의 블록 접근

그 조인 알고리즘은 결과 파일에 저장할 조인된 레코드들을 담아둘 하나의 버퍼를 필요로 한다. 일단 그 버퍼가 가득 차면 그 버퍼는 디스크에 쓰여지고 그 버퍼의 내용은 결과 파일에 첨가되며 그리고 나서 그 버퍼는 조인 결과 레코드들로 다시 채워진다.[12)]

조인 연산의 결과 파일이 $b_{RES}$개의 디스크 블록을 가지면 각 블록이 한 번씩 디스크에 쓰여지므로, 조인 연산의 비용 계산을 위해 $b_{RES}$개의 블록 접근(쓰기) 수를 이전의 공식들에 추가해야 한다. 이런 사실은 다른 조인 알고리즘들을 위해 나중에 설명하는 공식들에 대해서도 동일하게 적용된다. 이 예가 보여주듯이 중첩 루프 조인에서는 더 적은 수의 블록을 갖는 파일을 외부 루프 파일로 사용하는 것이 유리하다.

12) 만일 결과 파일을 위해 2개의 버퍼를 마련하면 알고리즘의 속도를 빠르게 하기 위해서 이중 버퍼링(double buffering)을 사용할 수 있다(15.3절 참조).

### 17.4.3 조인 실렉션 비율(join selection factor)이 조인의 성능에 미치는 영향

조인의 성능에 영향을 미치는 또 다른 요인, 특히 단일 루프 방법인 J2에서의 요인은 한 파일의 레코드들 중에서 다른 파일에 있는 레코드들과 조인되는 레코드들의 비율이다. 이 요인을 다른 파일과의 동등 조인 조건의 관점에서 한 파일의 **조인 실렉션 비율**(join selection factor)[13]이라고 부른다. 이 비율은 두 파일 사이의 특정한 동등 조인 조건에 의존한다. 이를 설명하기 위해 OP7을 고려해 보자. 이 연산은 각 DEPARTMENT 레코드와 그 부서의 관리자인 EMPLOYEE 레코드를 조인한다. 여기서 각 DEPARTMENT 레코드(예제에서는 그러한 레코드가 50개 있음)가 하나의 EMPLOYEE 레코드와 조인될 것이다. 그러나 많은 EMPLOYEE 레코드들(부서를 관리하지 않는 5,950개의 레코드들)은 DEPARTMENT의 어떤 레코드와도 조인되지 않을 것이다.

EMPLOYEE의 Ssn 애트리뷰트와 DEPARTMENT의 Mgr_ssn 애트리뷰트 모두에 보조 인덱스가 존재하고, 각 인덱스 단계 수가 $x_{\text{Ssn}} = 4$이고, $x_{\text{Mgr_ssn}} = 2$라고 가정하자. J2를 구현하는 데 두 가지 옵션이 있다. 첫 번째는 각 EMPLOYEE 레코드를 검색하고, 부합되는 DEPARTMENT 레코드를 찾기 위해서 DEPARTMENT의 Mgr ssn에 대한 인덱스를 사용하는 것이다. 이 경우에 부서를 관리하지 않는 사원에 대해서는 어떠한 부합되는 레코드도 발견되지 않을 것이다. 이 경우의 블록 접근 수는 대략 다음과 같다.

$$b_E + (r_E * (x_{\text{Mgr\_ssn}} + 1)) = 2000 + (6000 * 3) = 20,000 \text{ 번의 블록 접근}$$

두 번째 옵션은 각 DEPARTMENT 레코드를 검색하고, 부합되는 EMPLOYEE 레코드를 찾기 위해서 EMPLOYEE의 Ssn에 대한 인덱스를 사용한다. 이 경우에 모든 DEPARTMENT 레코드는 하나의 부합되는 관리자 EMPLOYEE 레코드를 가질 것이다. 이 경우의 블록 접근 수는 대략 다음과 같다.

$$b_D + (r_D * (x_{\text{SSN}} + 1)) = 10 + (50 * 5) = 260 \text{ 번의 블록 접근}$$

조인 조건 Ssn = Mgr_ssn에 대해서 DEPARTMENT의 조인 실렉션 비율이 1(DEPARTMENT의 모든 레코드들이 조인될 것임)이기 때문에 두 번째 옵션이 더 효율적이다. 반면에 동일한 조인 조건에 대해서 EMPLOYEE의 조인 실렉션 비율은 50/6000 또는 0.008(EMPLOYEE의 레코드들 중 오직 0.8 퍼센트만이 조인될 것임)이다. 방법 J2를 위해서는 더 작은 파일 또는 모든 레코드에 부합되는 레코드를 갖는 (높은 조인 선택 요인) 파일을 (단일) 조인 루프에 사용해야 한다. 인덱스가 이미 존재하지 않으면 조인 연산을 실행하기 위해서 인덱스를 생성할 수도 있다.

정렬-합병 조인 방법 J3은 두 파일 모두가 이미 조인 애트리뷰트에 대하여 정렬되어 있다면 매우 효율적이다. 각 파일에 대하여 오직 한 번의 패스만 수행하면 된다. 따라서 접근되는 블록 수는 두 파일에 있는 블록 수의 합과 같다. 이 방법을 사용하면 OP6과 OP7 모두 $b_E + b_D$ = 2000 + 10 = 2,010번의 블록 접근을 필요로 할 것이다. 그러나 두 파일 모두 조인 애트리뷰트에 의해 정렬되어 있어야 한다. 만일 하나 또는 두 파일 모두 정렬되어 있지 않

---

13) 이는 18장에서 기술할 조인 선택률(join selectivity)과 다르다.

으면 특별히 그 조인 연산을 수행하기 위해서 각 파일의 정렬된 복사본이 반드시 생성되어야 한다. 만일 외부 파일을 정렬하는 비용을 대략 $(b\ \log_2 b)$번의 블록 접근으로 추정하고 두 파일 모두 정렬해야 한다면 정렬-합병 조인의 전체 비용은 $(b_E + b_D + b_E \log_2 b_E + b_D \log_2 b_D)$로 추정할 수 있다.[14)]

## 17.4.4 분할 해시 조인의 일반적인 경우

해시 조인 방법 J4 역시 효율적이다. 이 방법에서 해시 파일 엔트리들을 만들기 위해서 두 파일이 정렬되어 있든 그렇지 않든 간에 각 파일에 대해서 오직 한 번의 패스만 거치면 된다. 만일 두 파일 중 더 작은 파일의 조인 애트리뷰트에 대하여 해싱(분할)을 수행한 후 해시 테이블을 주기억 장치에 완전히 유지할 수 있으면 구현은 간단하다. 그러나 두 파일들의 파티션(partition)들을 디스크에 저장해야 한다면 이 방법은 더욱 복잡해지며 효율을 높이기 위해서 많은 변형들이 제안되었다. 여기서는 두 기법들을 논의한다. 하나는 분할 해시 조인의 일반적인 경우이며, 다른 하나는 매우 효율적이라고 알려진 혼합형 해시 조인(hybrid hash join) 알고리즘이다.

**분할 해시 조인**의 일반적인 경우, 조인 애트리뷰트들에 대하여 동일한 분할 해시 함수(partitioning hash function)를 사용해서 각 파일을 우선 M개의 파티션들로 분할한다. 그리고 나서 대응되는 파티션들의 각 쌍을 조인한다. 예를 들어, 릴레이션 $R$과 $S$를 조인 애트리뷰트 $R.A$와 $S.B$에 대해 조인한다고 가정하자.

$$R \bowtie_{A=B} S$$

**분할 단계**에서는 $R$을 $M$개의 파티션인 $R_1, R_2, \cdots, R_M$으로 분할하고, $S$를 $M$개의 파티션인 $S_1, S_2, \cdots, S_M$으로 분할한다. 그 조인 연산에 관한 한 각 대응되는 파티션 쌍인 $R_i$, $S_i$가 갖는 특성은 $R_i$의 레코드들은 오직 $\mathrm{S_i}$의 레코드들과 조인할 필요가 있다는 것이며, 그 역도 성립한다. 이런 특성은 두 파일을 조인 애트리뷰트($R$에서는 애트리뷰트 $A$, $S$에서는 애트리뷰트 $B$)에 따라 분할하기 위하여 동일한 해시 함수를 사용하기 때문에 보장된다. 분할 단계에서 필요한 주기억 장치 버퍼들의 최소 개수는 $M+1$이다. 각 파일 $R$과 $S$를 독립적으로 분할한다. 하나의 파일을 분할하는 동안, $M$개의 주기억 장치 버퍼들이 할당되어 각 파티션에 해시되는 레코드들을 저장하게 되며 하나의 추가 버퍼가 할당되어 분할되는 입력 파일의 블록들을 한 번에 하나씩 수용하게 된다. 하나의 파티션을 위한 주기억 장치의 버퍼가 가득차면 그 버퍼의 내용은 그 파티션을 저장하는 **디스크 부파일**에 첨가된다. 분할 단계는 두 번의 반복을 갖는다. 첫 번째 반복 후에는 첫 번째 파일 $R$이 부파일 $R_1, R_2, \cdots, R_M$으로 분할되는데, 동일한 버퍼로 해시되는 모든 레코드는 동일한 파티션에 있게 된다. 두 번째 반복 후에는 두 번째 파일인 $S$가 유사하게 분할된다.

두 번째 단계인 **조인 단계** 또는 **조사 단계**에서는 $M$번의 반복이 필요하다. $i$번째 반복 동안에는 두 개의 대응되는 파티션 $R_i$와 $S_i$가 조인된다. $i$번째 반복 작업에 필요한 최소한의 버퍼 수는 두 개의 파티션 중에서 작은 파티션($R_i$라고 하자)의 블록 수에 두 개의 버퍼를

14) 정렬에 필요한 가용 버퍼수를 안다면 18.5절에서 설명된 보다 정교한 식을 사용할 수 있다.

더한 것이 된다. 만일 $i$번째 반복에 중첩 루프 조인을 사용한다면 두 개의 파티션 중 작은 파티션인 $R_i$의 레코드들이 주기억 장치 버퍼로 복사된 후, 다른 파티션 $S_i$의 모든 블록들이 한 번에 하나씩 읽혀지게 되고, 각 레코드는 파티션 $R_i$를 **조사**(즉, 검색)하여 부합하는 레코드(들)을 찾는데 사용된다. 부합하는 레코드들은 조인되고 결과 파일에 쓰여진다. 주기억 장치 안에서의 조사 작업의 효율성을 높이기 위해서 파티션 $R_i$의 레코드들을 저장하기 위한 주기억 장치 해시 테이블(in-memory hash table)을 사용하는 것이 보편적이다. 이 경우에 분할 해시 함수와는 다른 해시 함수를 사용한다.[15]

이 분할 해시-조인의 비용을 $3*(b_R+b_S)+b_{RES}$로 개략적으로 표현할 수 있다. 그 이유는 분할 단계 동안 각 레코드가 한 번 읽혀지고 디스크에 한 번 쓰여지기 때문이다. 조인(조사) 단계 동안에 조인을 수행하기 위해 각 레코드가 두 번째로 읽혀진다. 이 알고리즘의 주된 어려움은 분할 해시 함수가 균일하도록 보장하는 것이다. 즉 파티션들의 크기가 거의 동일하도록 보장하는 것이다. 만일 분할 함수가 한쪽으로 **기울면**(skewed), 즉 불균일하면 몇몇 파티션은 너무 커서 두 번째 조인 단계를 위한 주기억 장치 안의 가용 공간에 들어갈 수 없게 된다.

조인되는 두 개의 파일 중 작은 쪽을 $R$이라 하고, $R$의 블록 수를 $b_R$이라고 하자. 만일 주기억 장치의 가용 버퍼 공간인 $n_B$가 $(b_R+2)$보다 크다면 분할 작업을 수행할 이유가 없다. 왜냐하면 이 경우 그 조인은 중첩 루프 조인의 해싱과 조사에 기초한 약간의 변형으로 완전히 주기억 장치 안에서 수행될 수 있기 때문이다. 예를 들어, 조인 연산 OP6을 수행한다고 가정하자. 편의상 아래에 반복하였다.

OP6: EMPLOYEE $\bowtie_{\text{DNO}=\text{DNUMBER}}$ DEPARTMENT

이 예에서 DEPARTMENT 파일이 작은 파일이므로 만약 주기억 장치의 가용 버퍼의 개수 $n_B>(b_D+2)$이면, 전체 DEPARTMENT 파일이 주기억 장치로 읽혀지고 조인 애트리뷰트에 따라 해시 테이블로 조직될 수 있다. 그리고 나서 각 EMPLOYEE 블록이 하나의 버퍼로 읽혀지고 그 버퍼의 각 EMPLOYEE 레코드는 조인 애트리뷰트에 따라 해시되어 주기억 장치 안의 DEPARTMENT 해시 테이블에서 대응되는 버켓을 조사하는 데 사용된다. 만일 부합되는 레코드를 찾으면 그 레코드들을 조인하며 결과 레코드(들)은 결과 버퍼에 쓰여지고 그 버퍼가 가득 차면 디스크상의 결과 파일에 쓰여진다. 따라서 블록 접근의 측면에서 비용은 $(b_D+b_E)$와 결과 파일을 쓰는 비용인 $b_{RES}$를 더한 값이 된다.

### 17.4.5 혼합형 해시 조인(hybrid hash-join)

**혼합형 해시 조인 알고리즘**은 분할 해시 조인의 변형으로서 파티션들 중 하나에 대한 조인 단계가 분할 단계에 포함되어 있다. 이를 설명하기 위하여, 주기억 장치의 한 버퍼의 크기가 하나의 디스크 블록과 같고, 그러한 버퍼 $n_B$개가 이용가능하며, 분할 해시 함수가

---

15) 분할 작업에 사용된 해시 함수들이 다시 사용되면 한 파티션의 모든 레코드는 동일한 버켓으로 다시 해시될 것이다.

$h(K) = K \bmod M$이어서 $M$개의 파티션이 생성되며, $M < n_B$라고 가정하자. 조인 연산 OP6을 예로 들어 보자. 분할 단계의 첫 번째 패스에서 혼합형 해시 조인 알고리즘은 두 파일 중 작은 것(OP6에서 DEPARTMENT)을 분할할 때, DEPARTMENT의 첫 번째 파티션의 모든 블록이 완전히 주기억 장치 안에 보존되도록 $M$개의 파티션에 대하여 버퍼 공간을 분배한다. 다른 모든 파티션 각각에 대해서는 오직 하나의 주기억 장치 상주 버퍼만 할당되며 그 파티션의 나머지 블록들은 정규 분할 해시 조인의 경우와 같이 디스크에 쓰여진다. 따라서 분할 단계의 첫 번째 패스를 마치면 DEPARTMENT의 첫 번째 파티션은 주기억 장치에 완전히 담겨 있는 반면에 DEPARTMENT의 다른 파티션들 각각은 하나의 디스크 부파일에 저장된다.

분할 단계의 두 번째 패스에서는 두 번째 파일(큰 파일이며 OP6에서는 EMPLOYEE)의 레코드들이 분할된다. 만일 레코드가 첫 번째 파티션으로 해시된다면 그 레코드는 DEPARTMENT에서 부합하는 레코드와 조인되며, 조인된 레코드들은 결과 버퍼에 쓰여지고 결국은 디스크에 쓰여진다. 만일 EMPLOYEE 레코드가 첫 번째 이외의 파티션에 해시될 경우 그 레코드는 정상적으로 분할되고 디스크에 저장된다. 따라서 분할 단계의 두 번째 단계가 끝나면 첫 번째 파티션에 해시된 모든 레코드는 조인된 상태이다. 이 시점에 디스크에는 $M-1$개의 파티션 쌍이 있다. 그러므로 두 번째 조인 또는 조사 단계 동안 $M$이 아니라 $M-1$번의 반복이 필요하다. 목표는 분할 단계 동안에 가능한 한 많은 레코드들을 조인함으로써 그 레코드들을 디스크에 저장하고 그리고 나서 조인 단계 동안 두 번째로 다시 읽는 데 소요되는 비용을 줄이는 것이다.

## 17.5 프로젝트와 집합 연산을 위한 알고리즘

관계 대수에서 프로젝트(PROJECT) 연산 $\pi_{<\text{attribute list}>}(R)$은 $R$을 애트리뷰트들의 리스트에 나타낸 칼럼들로 프로젝트를 수행한 후 모든 중복들을 제거함으로써 결과를 절대적으로 투플들의 집합으로 만듦을 의미한다. 그러나, SQL 질의:

```
SELECT Salary
FROM EMPLOYEE
```

는 모든 직원들의 급여 리스트를 생성한다. 만약 10,000명의 직원들이 있고 급여에는 80개의 서로 다른 값들 만이 존재한다면, 위 질의는 하나의 칼럼을 가진 10,000개의 투플들로 구성된 결과를 생성한다. 이 연산은 그 테이블을 완전히 통과하는 단순한 선형 탐색으로 수행된다.

관계 대수 $\pi_{<\text{attribute list}>}(R)$ 연산자의 진정한 효과를 얻는 것은 <attribute list>가 릴레이션 $R$의 키를 포함할 경우에는 연산의 결과가 $R$과 같은 수의 투플을 가지므로 구현하기 쉽다. 그러나 연산의 결과에 포함되는 각 투플은 <attribute list>에 포함된 애트리뷰트들에 대해서만 값을 가진다. 만약 <attribute list>가 $R$의 키를 포함하고 있지 않으면 중복된 투플들을 제거해야 한다. 이 작업은 연산의 결과를 정렬한 후 연속적으로 나타나는 중복된 투플들을 제거하면 된다. 알고리즘의 개요는 그림 17.3(b)에 있다. 중복된 투플들을 제거하기 위해 해싱을 사용할 수도 있다. 각 레코드가 해시되어 메모리에 있는 해시 파일의 버켓에 삽입될 때 그 레코드가 이미 버켓에 존재하는지 조사하여 만일 중복된 것이면 그 레코드를 그 버켓에 삽입하지 않는다. SQL 질의에서 디폴트는 질의 결과에서 중복된 투플들을 제거하지 않으며, DISTINCT 키워드가 포함되었을 경우에만 질의 결과에서 중복된 투플들이 제거된다는 것을 상기하기 바란다.

집합 연산들인 합집합(UNION), 교집합(INTERSECTION), 차집합(SET DIFFERENCE), 카티션 곱(CARTESIAN PRODUCT)은 구현하는 데 많은 비용이 들 수 있다. 이는 합집합, 교집합, 차집합이 집합 연산자들이며 항상 중복이 제거된 결과를 반환해야 하기 때문이다. 특히 카티션 곱 연산 $R \times S$는 $R$과 $S$의 레코드들을 모두 조합한 결과를 포함하기 때문에 많은 비용이 든다. 게다가 카티션 곱 연산의 결과에 포함된 각 레코드는 $R$과 $S$에 속한 모든 애트리뷰트들을 포함한다. 만일 $R$이 $n$개의 레코드들과 $j$개의 애트리뷰트들을 가지고 $S$가 $m$개의 레코드들과 $k$개의 애트리뷰트들을 가지면, $R \times S$에 대한 결과 릴레이션은 $n * m$개의 레코드들을 가지며, 각 레코드는 $j+k$개의 애트리뷰트들을 가진다. 그러므로 질의 최적화시 카티션 곱 연산을 피하고 조인과 같은 다른 연산들로 대체하는 것이 중요하다. 다른 세 가지 집합 연산들인 합집합, 교집합, 차집합[16)]은 동일한 수의 애트리뷰트와 동일한 애트리뷰트 도메인들을 가지는 **타입 호환적인**(type-compatible, 또는 합집합 호환적인(union-compatible)) 릴레이션들에만 적용된다. 이 연산들을 구현하기 위한 통상적인 방법은 **정렬-합병 기법**의 변형된 방법을 사용한다. 이 경우 두 릴레이션을 동일한 애트리뷰트들에 대해 정렬한 뒤 각 릴레이션을 한 번씩 스캔하여 결과를 산출한다. 예를 들어, 합집합 연산 $R \cup S$는 정렬된 두 파일을 동시에 스캔함으로써 구현할 수 있는데, 동일한 투플이 두 릴레이션 모두에 존재할 때는 하나만을 결과에 넣는다. 교집합 연산 $R \cap S$에 대해서는 두 정렬된 릴레이션 모두에 공통으로 나타나는 투플들만 뽑아서 결과에 넣는다. 그림 17.3(c)부터 (e)는 정렬과 합병을 통해 이 연산들을 구현한 것을 간략하게 보여준다. 몇몇 상세 사항들은 이들 알고리즘에 포함되지 않았다.

**해싱**을 사용하여 합집합, 교집합, 차집합을 구현할 수도 있다. 먼저 하나의 테이블이 읽혀지면서 주기억 장치의 해시 테이블의 버켓으로 분할되며, 그 다음에 다른 테이블의 레코드들이 한번에 하나씩 읽혀지고 적절한 파티션을 조사하는 데 사용된다. 예를 들어, $R \cup S$를 구현하기 위해서 먼저 $R$의 레코드들을 해시(분할)한 후 $S$의 레코드들을 해시(조사)하는데, 중복된 레코드들을 버켓들에 삽입하지 않는다. $R \cap S$를 구현하기 위해서는 먼저 $R$의 레코드들을 해시 파일로 분할한다. 그 다음에 S의 각 레코드를 해시하면서 동일한 레코드가 그 버켓에 있는가를 조사하고, 있으면 그 레코드를 결과 파일에 추가한다. $R-S$를 구현하기 위해서는 먼저 $R$의 레코드들을 해시 파일 버켓으로 해시한다. $S$의 각 레코드를 해시(조사)하면서 동일한 레코드가 그 버켓에서 발견되면 버켓에서 그 레코드를 제거한다.

16) SQL에서는 차집합을 MINUS 또는 EXCEPT라고 부른다.

### 17.5.1 SET DIFFERENCE(또는 SQL에서 EXCEPT 또는 MINUS)를 위한 안티 조인의 사용

SQL의 MINUS 연산자는 아래와 같이 안티조인(17.1절에서 소개하였다)으로 변형된다. 그림 4.5의 스키마에서 직원이 없는 부서를 찾기를 원한다고 가정하자:

```
Select Dnumber from DEPARTMENT MINUS Select Dno from EMPLOYEE;
```

이는 아래와 같이 전환될 수 있다:

```
SELECT DISTINCT DEPARTMENT.Dnumber
FROM DEPARTMENT, EMPLOYEE
WHERE DEPARTMENT.Dnumber A = EMPLOYEE.Dno
```

우리는 안티조인으로 "$A =$"라는 비표준 기호를 사용하였으며 그 안티조인의 왼편에 DEPARTMENT, 오른편에 EMPLOYEE가 있다.

SQL에는 이들 집합 연산들에 대하여 두 가지 변형들이 있다. UNION, INTERSECTION, 그리고 MINUS 또는 EXCEPT(차집합 연산에 대한 SQL 키워드들)의 연산들은 전통적인 집합들에 적용되며 결과에 중복 레코드들이 존재하지 않는다. UNION ALL, INTERSECTION ALL, 그리고 EXCEPT ALL의 연산들은 중복허용 집합(multiset, 또는 bag)들에 적용된다. 따라서, 그림 4.5의 데이터베이스로 돌아가서, 직원들이 근무하는 모든 부서들을 찾는데 그 부서에 의해 통제되는 프로젝트가 적어도 하나는 존재해야 하는 조건을 가진 질의를 고려해 보자. 그 결과는 다음과 같이 기술된다:

```
SELECT Dno from EMPLOYEE
INTERSECT ALL
SELECT Dum from PROJECT
```

이 질의는 교집합을 수행하면서 EMPLOYEE의 Dno에 대하여 어떤 중복도 제거하지 않을 것이다. 만약 10,000 명의 직원 모두가 PROJECT 릴레이션에 어떤 프로젝트가 존재하는 부서에 배정되었다면 그 질의의 결과는 중복을 포함하여 10,000개의 부서 번호 전체의 리스트가 될 것이다. 이는 18.1절에서 소개한 세미조인 연산으로 아래와 같이 수행될 수 있다:

```
SELECT DISTINCT EMPLOYEE.Dno
FROM DEPARTMENT, EMPLOYEE
WHERE EMPLOYEE.Dno S = DEPARTMENT.Dnumber
```

만약 교집합이 ALL 없이 사용된다면 선택된 부서 번호들에 대하여 중복 제거라는 추가적인 단계가 필요하게 될 것이다.

## 17.6 집계 연산과 다른 유형의 조인의 구현

### 17.6.1 집계 연산의 구현

집계 연산자들(aggregate operators)인 MIN, MAX, COUNT, AVERAGE, SUM을 한 테이블 전체에 적용할 경우에는 테이블 스캔을 하거나, 적절한 인덱스가 있다면 그 인덱스를 사용하여 계산할 수 있다. 예를 들어, 다음과 같은 SQL 질의를 고려해 보자.

```
SELECT    MAX(SALARY)
FROM      EMPLOYEE;
```

만일 EMPLOYEE 릴레이션의 Salary에 오름차순의 $B^+$-트리 인덱스가 있다면 최적화기는 그 Salary 인덱스를 사용하도록 결정하여 그 인덱스에서 가장 큰 Salary 값을 탐색하도록 할 수 있다. 이 경우 그 값의 탐색은 그 인덱스의 루트부터 가장 오른쪽에 있는 리프까지 각 인덱스 노드 내의 가장 오른쪽에 있는 포인터를 따라가면 된다. 가장 오른쪽 리프 노드는 마지막 엔트리 값으로 가장 큰 Salary 값을 포함할 것이다. 대부분의 경우 이런 방법은 실제 레코드들을 검색할 필요가 없기 때문에 전체 테이블을 스캔하는 것보다 더 효율적이다. MIN 함수는 루트로부터 가장 왼쪽에 있는 리프에 이르기까지 각 인덱스 노드 내의 가장 왼쪽에 있는 포인터를 따라간다는 것을 제외하고는 유사한 방식으로 처리될 수 있다. 가장 왼쪽 리프 노드는 첫 번째 엔트리에 가장 작은 Salary 값을 포함한다.

인덱스는 **밀집 인덱스**(dense index), 즉 주 파일의 각 레코드에 대하여 하나의 엔트리를 가지는 경우에 한하여 AVERAGE와 SUM 집계 함수들에 대해서도 사용될 수 있다. 이런 경우에는 인덱스 내의 값들에 해당 연산을 적용하면 된다. **비밀집 인덱스**(nondense index)의 경우에는 정확한 계산을 위해 각 인덱스 값에 연관된 레코드들의 실제 수가 사용되어야 한다. 이는 인덱스에서 각 값에 연관된 레코드들의 수가 각 인덱스 엔트리에 저장되어 있다면 수행될 수 있다. COUNT 집계 함수의 경우, 값들의 수는 인덱스에서 유사한 방법으로 마찬가지로 계산될 수 있다. 만약 COUNT(*) 함수가 전체 릴레이션을 대상으로 적용된다면, 각 릴레이션에 현재 존재하는 레코드들의 수는 전형적으로 카탈로그에 저장되어 있으므로 그 결과는 그 카탈로그로부터 직접 인출될 수 있다.

GROUP BY 절이 질의에 사용될 때 집계 연산자는, 투플들이 그룹 애트리뷰트에 의해 분할되었으므로, 각 그룹내 투플들에 대하여 적용되어야 한다. 따라서 테이블을 먼저 투플들의 부분집합들로 분할해야 하는데, 각 파티션(그룹)은 그룹 애트리뷰트에 대해서 동일한 값을 가진다. 이 경우 계산 작업은 더욱 복잡하다. 다음의 질의를 고려해 보자.

```
SELECT      Dno, AVG(Salary)
FROM        EMPLOYEE
GROUP BY    Dno;
```

이런 질의에 대한 보편적인 기법은 먼저 그룹 애트리뷰트들 (여기서 DNO)에 대해 **정렬**하거나 **해싱**을 사용하여 파일을 적절한 그룹들로 분할하는 것이다. 그 다음에 각 그룹의 투플들에 대하여 집계 함수를 계산하는 것이다. 위의 질의에서 각 부서 번호에 대한 EMPLOYEE 투플들의 집합은 하나의 파티션으로 모아지고 각 그룹에 대한 평균 급여가 계산된다.

만일 그룹 애트리뷰트(들)에 대하여 클러스터링 인덱스(16장 참조)가 존재한다면 레코드들은 이미 적절한 부분집합들로 분할(그룹)되어 있다. 이 경우 각 그룹에 대하여 계산 작업만을 수행하면 된다.

## 17.6.2 다른 유형의 조인의 구현

표준조인(SQL에서 내부조인 (INNER JOIN)이라고도 함)에 추가하여, 자주 사용되는 조인의 변형들이 있다. 아래에 그들 중 외부 조인, 세미조인, 그리고 안티조인의 세 가지를 간단히 고려해 보자.

**외부 조인**. 7.4절에서 외부 조인 연산과 그 연산의 세 가지 변형인 왼쪽 외부 조인, 오른쪽 외부 조인, 전체 외부 조인을 소개하였다. 6장에서는 이런 연산들이 SQL에서 어떻게 명시되는지를 논의하였다. 다음은 왼쪽 외부 조인 연산의 예를 SQL로 표현한 것이다.

```
SELECT   Lname, Fname, Dname
FROM     (EMPLOYEE LEFT OUTER JOIN DEPARTMENT ON Dno=Dnumber);
```

이 질의의 결과는 직원들의 이름과 연관된 부서 이름들로 구성된 하나의 테이블이다. 그 테이블은 정규 (내부) 조인의 결과와 동일한 결과를 포함하지만 EMPLOYEE 투플(왼쪽 릴레이션의 투플)이 관련된 부서를 가지지 않아도 그 직원의 이름이 결과 테이블에 여전히 나타나며 그 투플의 부서 이름은 질의 결과에 널 값으로 표현된다는 점이 다르다. 외부 조인은 내부조인과 안티조인의 조합으로 간주될 수 있다.

외부 조인은 중첩 루프 조인 또는 단일 루프 조인과 같은 조인 알고리즘 중 하나를 수정하여 구현할 수 있다. 예를 들어, 왼쪽 외부 조인을 계산하기 위해 왼쪽 릴레이션을 외부 루프 또는 인덱스 기반 중첩 루프로 사용한다. 이는 왼쪽 릴레이션의 각 투플이 결과에 반드시 나와야 하기 때문이다. 만일 오른쪽 릴레이션에 부합되는 투플들이 있다면 조인된 투플들이 생성되어 결과에 저장된다. 그러나 부합되는 투플들이 없다면 그 투플은 여전히 결과에 포함되지만 오른쪽 릴레이션에 해당하는 애트리뷰트들은 널 값으로 채워진다. 정렬-합병과 해시-조인 알고리즘도 외부 조인을 계산하기 위해 확장될 수 있다.

이론적으로, 외부 조인은 관계 대수 연산자들의 조합을 수행함으로써 계산될 수도 있다. 예를 들어, 위의 왼쪽 외부 조인 연산은 다음의 일련의 관계 연산들과 동등하다.

1. EMPLOYEE와 DEPARTMENT 테이블의 (내부) 조인을 계산한다.

   TEMP1 ← $\pi_{\text{Lname, Fname, Dname it}}$ (EMPLOYEE $\bowtie_{\text{Dno=Dnumber}}$ DEPARTMENT)

2. (내부) 조인 결과에 나타나지 않는 EMPLOYEE 투플들을 찾는다.

   TEMP2 ← $\pi_{\text{Lname, Fname}}$ (EMPLOYEE) − $\pi_{\text{Lname, Fname}}$ (TEMP1)

   이 minus 연산은, 17.5.2절에서 논의한 바와 같이, EMPLOYEE와 TEMP1 사이에 Lname과 Fname에 대한 안티조인을 수행함으로써 달성할 수 있다.

3. TEMP2의 각 투플에 NULL인 DNAME 필드를 덧붙인다.
   TEMP2 ← TEMP2 × NULL

4. TEMP1과 TEMP2에 합집합 연산을 적용하여 왼쪽 외부 조인의 결과를 만든다.
   RESULT ← TEMP1 ∪ TEMP2

위와 같이 계산된 외부 조인의 비용은 관련된 단계(내부조인, 프로젝션, 합집합)들의 비용을 모두 합한 것과 같다. 그러나 세 번째 단계는 두 번째 단계에서 임시 릴레이션을 생성하면서 수행할 수 있음을 주목하자. 즉, 각 결과 투플에 널 값을 덧붙일 수 있다. 이 외에도 네 번째 단계에서 합집합의 두 피연산자가 공통된 투플들을 갖지 않으므로 중복된 투플들을 삭제하는 작업은 수행할 필요가 없다. 따라서, 선호하는 방법은 위의 단계들 보다는 내부조인과 안티조인의 조합을 사용하는 것이다. 그 이유는 프로젝션의 대수적 접근 후 차집합 연산은 임시 테이블들을 저장하고 처리하는 작업을 여러 번 수행함을 유발하기 때문이다.

오른쪽 외부 조인은 피연산자들을 바꿈으로써 왼쪽 외부 조인으로 전환될 수 있으므로 별도의 논의를 필요로 하지 않는다. 전체 외부 조인은 내부조인의 결과를 계산하고 왼쪽과 오른쪽 모두의 피연산자 릴레이션들에서 일치하지 않는 투플들에서 발생하는 추가 투플들을 결과에 덧붙이는 작업을 필요로 한다. 일반적으로, 전체 외부 조인은 일치하지 않는 투플들을 처리하기 위하여 정렬-합병 조인 또는 해시 조인을 확장함으로써 계산된다.

**세미조인과 안티조인의 구현.** 17.1절에서, 이들 유형의 조인들로 중첩 부질의를 가진 일부 질의들이 사상될 수 있음을 소개하였다. 그 목적은 부질의를 여러 번 평가하는 대신에 조인의 변형을 수행할 수 있음에 있다. 내부조인의 사용은 이들 경우에 효력이 없는데 이는 외부 릴레이션의 각 투플에 대하여 내부조인은 내부 릴레이션에서 모든 가능한 일치를 찾기 때문이다. 세미조인에서, 탐색은 첫 일치를 발견하자 마자 멈추며 바깥 릴레이션의 그 투플이 선택된다. 안티조인에서, 탐색은 첫 일치를 발견하자 마자 멈추며 바깥 릴레이션의 그 투플은 거절된다. 이들 두 유형의 조인 모두는 17.4절에서 논의한 조인 알고리즘들의 확장으로 구현될 수 있다.

**비동등조인의 구현.** 조인 연산은 조인 조건이 부등인 경우에도 수행될 수 있다. 5장에서 이 연산을 세타 조인으로 나타내었다. 이 기능은 <, >, ≥, ≤, ≠ 등과 같은 연산자들을 포함하는 조건에 기반한다. 논의한 모든 조인 방법들이 여기에 적용될 수 있는데 예외적으로 해시 기반 알고리즘들은 사용될 수 없다.

## 17.7 파이프라이닝을 사용한 연산의 결합

일반적으로 SQL로 명시한 질의는 일련의 관계 연산들인 관계 대수식으로 변환된다. 만일 한 번에 하나의 연산을 실행한다면 이런 임시 연산들의 결과를 저장하기 위하여 디스크에 임시 파일들을 생성해야 하므로 막대한 부담을 초래한다. 각 임시 결과를 생성하고 저장한 후 이를 다음 연산자의 인자로 전달하는 질의 평가를 **구체화 평가**(materialized evaluation)라 한다. 각 임시 구체화 결과는 디스크에 쓰여지고 질의 수행의 전체 비용에 추가된다.

디스크에 대규모의 임시 파일들을 생성하고 저장하는 것은 시간 소모적이고 많은 경우에 불필요할 수 있다. 왜냐하면 이런 파일들은 즉시 다음 연산의 입력으로 사용될 것이기 때문이다. 임시 파일들의 수를 줄이기 위해서 질의 내의 연산들의 조합에 대한 알고리즘에 대응되는 질의 실행 코드를 만드는 것이 보편적이다.

예를 들어, 조인 연산을 따로 구현하는 대신에 입력 파일들에 대한 두 개의 SELECT 연산 및 결과 파일에 대한 최종적인 프로젝트 연산과 조인 연산을 결합할 수 있다. 이렇게 함으로써 두 개의 입력 파일과 하나의 결과 파일을 가진 하나의 알고리즘으로 구현할 수 있다. 네 개의 임시 파일을 생성하는 대신에 그 알고리즘을 직접 적용하여 단 하나의 결과 파일만을 얻는다.

18.1절에서 경험적 관계 대수 최적화가 어떻게 연산들을 묶어서 실행하는지를 논의한다. 여러 연산들을 결합하여 하나로 하고 임시 결과를 디스크에 기록함을 회피하는 것을 **파이프라이닝**(pipelining) 또는 **스트림 기반 처리**(stream-based processing)라고 부른다.

여러 개의 연산을 구현하기 위해서 동적으로 질의 실행 코드를 생성하는 것이 보편적이다. 질의를 수행하기 위해 생성된 코드는 개별적인 연산들에 대응하는 여러 알고리즘을 결합한다. 하나의 연산으로부터 결과 투플들이 생성되면 후속 연산의 입력으로 제공된다. 예를 들어, 기본 릴레이션들에 대하여 두 개의 실렉트 연산 다음에 조인 연산이 오면 각 실렉트 연산의 결과물인 투플들은 생성되는 대로 **스트림** 또는 **파이프라인** 상에서 조인 알고리즘의 입력으로 제공된다. 그러한 평가를 **파이프라인 평가**(pipelined evaluation)로 여긴다. 그 방법은 두 가지 분명한 이득을 가진다:

- 중간 결과를 디스크에 기록함으로써 초래되는 추가 비용과 시간 지연의 회피.
- 뿌리(제일 위) 연산자가 다음 절에서 논의하는 몇몇 연산자들과 결합될 때 가능한 한 빨리 결과를 생성할 수 있음. 이는 파이프라인 평가는 파이프라인된 중간 테이블들의 나머지가 처리 중일지라도 결과의 투플 생성을 시작할 수 있음을 의미한다.

### 17.7.1 물리적 연산의 구현을 위한 반복자(iterator)

대수 연산을 위한 여러 알고리즘들은 입력을 하나 또는 그 이상의 파일의 형태로 읽고, 이를 처리하고, 그리고 하나의 릴레이션으로 하나의 결과 파일을 생성하는 것을 포함한다. 만약 그 연산이 그렇게 구현되어 한번에 하나의 투플을 출력한다면, 그 작업을 하나의 **반복자**(iterator)로 간주할 수 있다. 예를 들어, 출력으로 한 번에 하나의 투플을 생성하는 중첩 루프 조인의 투플 기반 구현을 고안해 볼 수 있다. 반복자는 구체화 접근 방법과 대조되게 동작하는데 그 구체화 접근 방법에서는 전체 릴레이션들이 임시 결과들로 생산되고 디스크 또는 주 메모리에 저장되며 후속의 알고리즘에 의해 다시 읽혀진다. 질의 트리를 포함하는 질의 계획은 어떤 순서로 반복자들을 호출함으로써 수행된다. 많은 반복자들이 한 번에 활동적일 수 있어서 결과를 실행 트리의 위로 전달하고 임시 결과의 추가적인 저장의 필요성을 회피할 수 있다. 일반적으로 반복자 인터페이스는 아래 메소드(method)들로 구성

된다:

1. Open(): 이 메소드는 입력과 출력을 위한 버퍼를 할당하고 그 연산자에 필요한 자료 구조를 초기화 함으로써 그 연산자를 초기화한다. 이 메소드는 그 연산을 수행하는 데 필요한 실렉션 조건과 같은 인자를 전달하는 데도 사용된다. 그는 필요한 인자들을 얻기 위하여 차례로 Open()을 호출한다.
2. Get_Next(): 이 메소드는 자신의 각 입력 인자에 대한 Get_next()를 호출하고 그 입력들에 대해 수행될 그 연산에 특정된 코드를 호출한다. 생성된 다음 출력 투플은 반환되며 그 반복자의 상태는 처리된 입력의 양을 기록하도록 수정된다. 더이상의 투플이 반환될 수 없을 때 그 메소드는 출력 버퍼에 어떤 특정 값을 둔다.
3. Close(): 이 메소드는 생성될 수 있는 모든 투플들이 생성되었거나 필요한/요구한 수의 투플들이 반환된 후 그 반복을 종료한다. 이 메소드는 그 반복자의 인자들에 대한 Close()도 호출한다.

각 반복자는 그것의 구현을 위한 하나의 클래스로 간주되는데 그 구현은 그 클래스의 각 개체에 적용할 수 있는 위의 세 가지 방법들로 수행된다. 만약 구현될 연산자가 하나의 투플을 받았을 때 그 투플이 완전히 처리되는 것이 허용된다면 파이프라이닝 전략을 사용하는 것이 가능할 것이다. 그러나, 입력 투플들을 여러 단계에 걸쳐서 검사할 필요가 있다면 그 입력을 구체화된 릴레이션으로 받아야 한다. 이는 대부분의 작업을 수행하는 Open() 메소드에 상당하며 파이프라이닝의 혜택을 완전히 달성할 수는 없는 것이다. 일부 물리적 연산자들은 반복자 인터페이스 개념에 적합하지 않을 수 있으며 따라서 파이프라이닝을 지원하지 않을 수 있다.

반복자의 개념은 접근 방법에도 적용될 수 있다. $B^+$-tree 또는 해시 기반 인덱스를 접근하는 것은 반복자로 구현되는 함수로 간주될 수 있는데 그 함수는 Open() 메소드에 전달된 탐색 조건을 만족하는 일련의 투플들을 출력으로 생성한다.

## 17.8 질의 처리를 위한 병렬 알고리즘

2장에서 클라이언트/서버 구조의 여러 변형들을 2-층과 3-층 구조를 포함하여 알아 보았다. 다른 유형의 구조가 있는데 이를 **병렬 데이터베이스 구조**(parallel database architecture)라 하며, 이는 데이터-집중의 응용들에 일반적이다. 이를 22장에서 분산 데이터베이스, 빅 데이터(big data), 그리고 NOSQL이라는 신흥 기술과 함께 더욱 상세히 논의한다.

병렬 데이터베이스에 대해 세 가지 주된 접근 방법들이 제안되었다. 이들은 병렬을 지원하기 위한 프로세서(processor)들과 보조 저장 장치(디스크)들의 세가지 다른 하드웨어 배치 형태와 일치한다. **공유 메모리 구조**(shared-memory architecture)에서, 여러 프로세서들은 상호접속 네트워크에 부착되며 공통의 주 메모리 영역에 접근할 수 있다. 각 프로세서는 모든 기계(machine)들로부터의 전체 메모리 주소 공간에 접근한다. 지역 메모리와 지역 캐시(local cache)에 대한 메모리 접근은 보다 빠르지만 공통의 메모리에 접근하는 것은 보다 느리다. 이 구조는 간섭(interference) 때문에 고통을 받는다. 그 이유는 더 많은 프로세서들이 첨가될수록 공통의 메모리에 대한 경쟁(contention)이 증대되기 때문이다.

두 번째 유형의 구조는 **공유 디스크 구조**(shared-disk architecture)로 알려져 있다. 이 구조에서, 각 프로세서는 다른 프로세서에서 접근될 수 없는 자기 자신의 메모리를 가진다. 그러나, 각 기계는 상호접속 네트워크를 통해 모든 디스크들에 접근할 수 있다. 각 프로세서가 반드시 자기 자신의 디스크를 가져야 하는 것은 아니다. 15.11절에서 두 가지 형태의 기업 수준의 보조 저장 장치 시스템을 논의하였다. 스토리지 전용 네트워크(storage area network, SAN)와 네트워크 결합 스토리지(network attached storage, NAS) 둘 모두가 공유 디스크 구조로 분류되며 병렬 처리에 적합하다. 이들은 데이터 전송에 다른 단위를 가진다. SAN은 디스크와 프로세서 간에 블록 또는 페이지 단위로 데이터를 전송하고 NAS는 파일 전송 프로토콜을 이용하여 파일을 전송하는 파일 서버처럼 동작한다. 이들 시스템에는 더 많은 프로세서들이 첨가될수록 제한된 네트워크 대역폭으로 인하여 더 많은 경쟁이 발생한다.

위의 어려움들이 **무공유 구조**(shared-nothing architecture)를 병렬 데이터베이스 시스템에서 가장 흔히 사용하는 구조가 되도록 하였다. 이 구조에서, 각 프로세서는 자기 자신의 메모리와 디스크 저장 장치에 접근한다. 프로세서 A가 프로세서 B에 부착된 디스크 $D_B$에 위치한 데이터를 요구할 때, 프로세서 A는 그 요구를 네트워크를 통하여 프로세서 B에게 하나의 메시지(message)로 전송하며, 프로세서 B는 자기 자신의 디스크 $D_B$에 접근하고 네크워크를 통하여 프로세서 A에게 하나의 메시지로 그 데이터를 배송한다. 무공유 구조를 사용하는 병렬 데이터베이스는 구축하기가 상대적으로 비싸지 않다. 오늘날, 범용 프로세서들(commodity processors)이 하나의 선반에 이런 방식으로 연결되고 여러 선반들이 외부 네트워크에 의해 연결될 수 있다. 각 프로세서는 자기 자신의 메모리와 디스크 저장 장치를 가진다. 무공유 구조는 질의 처리에서 아래에서 논의할 개별 연산자 병렬성, 질의 내부 병렬성, 그리고 질의간 병렬성의 세 가지 수준에서 병렬성을 성취할 가능성을 제공한다. 더 많은 프로세서와 디스크를 할당함으로써 **선형 속도증가**(linear speed-up, 연산에 사용된 시간의 선형 감소)가 가능함을 여러 연구는 보여 준다. 반면에 **선형 규모 증가**(linear scale-up)는 데이터 규모에 비례하여 프로세서와 디스크의 수를 증가시킴으로써 일정하고 지속된 성능을 제공할 수 있음을 의미한다. 이 둘이 병렬 처리의 묵시적 목표이다.

### 17.8.1 연산자 수준의 병렬성

병렬 알고리즘으로 구현될 수 있는 연산에서, 주된 전략들 중 하나는 데이터를 디스크들에 걸쳐서 분할(partition)하는 것이다. 릴레이션의 수평 분할은 어떤 분할 방법에 따라 투플들을 디스크들에 걸쳐서 분배하는 것이다. 디스크 $n$개가 주어졌을 때, $i$번째 투플을 $i$ mod $n$의 디스크에 배정하는 것을 **라운드 로빈 분할**(round-robin partitioning)이라 한다. **범위 분할**(range partitioning)은 어떤 애트리뷰트의 값의 범위를 나누어 투플들을 가능한 한 동등하게 분배하는 것이다. 예를 들어, EMPLOYEE 릴레이션의 직원 투플들을 10개의 디스크에 배정하는데 나이의 범위를 10개 범위(이른바 22–25, 26–28, 29–30 등등)로 하여 각 디스크가 대략 전체 직원수의 1/10을 가지게 한다. 범위 분할은 도전해 볼만한 연산이며 range절에 포함된 애트리뷰트에 대한 데이터의 분포에 대한 충분한 이해를 요구한다. 분할에 사용된 범위는 범위 벡터(range vector)로 표현된다. 해시 분할의 경우, 투플 $i$는 디스크 $h(i)$에 배정되는데 $h$는 해시 함수이다. 다음에, 여러 개별 연산에 대해 어떻게 병렬 알고리즘이 설계되었는지를 간략히 논의한다.

**정렬**. 만약 데이터가 애트리뷰트(예를 들어, age)에 대해 범위 분할되어 $n$개의 프로세서에 있는 $n$개의 디스크로 배정되었다면 전체 릴레이션을 age로 정렬하려면, 각 분할이 병렬로 별도로 정렬되고 그 결과들이 연결될 수 있다. 이는 전체 정렬 시간에 잠재적으로 $n$배에 가까운 감소를 유발한다. 만약 그 릴레이션이 다른 방법으로 분할되었다면, 아래의 접근법들이 가능하다:

- 그 릴레이션을 정렬의 대상이 되는 애트리뷰트에 대해 범위 분할을 이용하여 재분할한 후, 위에서 언급한 바와 같이, 각 분할을 개별적으로 정렬하고 나서 연결한다.
- 그림 17.2에 나타낸 외부 정렬-합병 알고리즘의 병렬 판을 사용한다.

**실렉션**. 어떤 조건에 기초한 실렉션에 대하여, 그 조건이 동등 조건 <$A = v$>이고, 동일 애트리뷰트 $A$가 범위 분할에 사용되었다면, 그 실렉션은 값 $v$가 속한 분할에만 수행될 수 있다. 다른 경우, 그 실렉션은 모든 프로세서들에서 병렬로 수행되어 결과들이 합병된다. 만약 그 실렉션 조건이 $v1 \le A \le v2$이고, 애트리뷰트 $A$가 범위 분할에 사용되었다면, 값들의 범위 $(v1, v2)$는 몇몇 분할들과 겹쳐야 한다. 그 실렉션 연산은 오직 그들 프로세서들에서만 병렬로 수행될 필요가 있다.

**프로젝트와 중복 제거**. 중복 제거 없는 프로젝트는 그 연산을 데이터가 각 분할에서 읽힘에 따라 병렬로 수행함으로써 달성될 수 있다. 중복 제거는 그 투플들을 정렬하고 중복을 버림으로써 달성될 수 있다. 정렬을 위하여, 데이터가 어떻게 분할되었는지에 기반하여 위에 언급한 어떤 기법도 사용될 수 있다.

**조인**. 병렬 조인의 기본 아이디어는 조인될 릴레이션들 이른바 $R$과 $S$를 분열(split)하여 그 조인이 다수의 $n$개의 작은 조인들로 나뉘어 지고 나서 이들 보다 작은 조인들을 $n$개의 프로세서들에서 병렬로 수행하며 그 결과의 합집합을 취할 수 있도록 하는 것이다. 다음에 이를 성취하는데 포함되는 다양한 기술들을 논의한다.

a. 동등 기반 분할 조인(Equality–based partitioned join). 만약 릴레이션 $R$과 $S$ 모두가 $n$개의 프로세서들에 $n$개의 분할들로 분할되고, 분할 $r_i$와 분할 $s_i$ 둘 다 동일 프로세서 $P_i$에 배정되면 그 조인은 그 조인이 동등 조인이거나 자연 조인일 경우에는 지역적으로 계산될 수 있다. 그 분할들은 조인 키에 대하여 겹치지 않아야 함에 유의하자. 그러한 면에서 그 분할은 엄격한 집합 이론적인 분할이 된다. 더욱이 조인 조건에 사용된 애트리뷰트는 아래 조건들을 반드시 만족해야 한다:

- 범위 분할에 사용된 것과 동일하며 각 분할에 사용된 범위들은 $R$과 $S$ 모두에 동일하여야 한다. 또는,

- 해시 분할을 이용하여 $n$개의 분할로 분할하는데 사용된 것과 동일하다. 동일 해시 함수가 $R$과 $S$에 사용되어야 한다. 만약 조인 애트리뷰트의 값의 분포가 $R$과 $S$에서 다르다면, $R$과 $S$ 둘 모두를 동일 분할로 균등하게 분포하는 범위 벡터를 찾아 내는 것은 어렵다. 이상적으로는 $|r_i| + |s_i|$의 크기는 모든 분할 $i$에서 균등해야 한다. 그렇지 않다면, 만약 극심한 자료 불균형(data skew)이 존재한다면 병렬 처리의 혜택은 충분히 달성되지 않는다. 각 프로세서에서의 지역 조인은 조인을 위해 논의한 정렬 합병, 반복 루프, 해시 조인의 기법들의 어느 것을 사용해서도 수행될 수 있다.

b. **분할과 복제를 이용한 부등 조인**(Inequality join with partitioning and replication). 만약 조인 조건이 <, ≤, >, ≥, ≠ 등을 포함하는 부등 조건이라면 $R$과 $S$를 분할하여 $R$의 $i$번째 분할 -이름하여, $r_i$ -가 $S$의 $i$번째 분할 -이름하여, $s_i$ -와 만 조인하도록 하는 것은 가능하지 않다. 그러한 조인은 두 가지 방법으로 병렬화될 수 있다:

- 비대칭의 경우(Asymmetric case): 릴레이션 $R$을 분할 기법들 중의 하나로 분할하고, 그 릴레이션들 중의 하나(그를 $S$라 하자)를 모든 $n$개의 분할들에 복제하고, 프로세서 $P_i$에서 $r_i$와 전체 $S$ 사이에 조인을 수행한다. 이 방법은 $S$가 $R$ 보다 매우 작을 때 선호된다.
- 대칭의 경우(Symmetric case): 이 일반적인 방법은 어떤 유형의 조인에도 적용할 수 있는데 $R$과 $S$ 모두 분할된다. $R$은 $n$갈래로 분할되고, $S$는 $m$갈래로 분할된다. 전체 $m * n$개의 프로세서들이 병렬 조인에 사용된다. 이 분할들은 적절히 복제되어 $P_{0,0}$에서 $P_{n-1,m-1}$까지의 프로세서들(전체 $m * n$개의 프로세서들)이 그 조인을 지역적으로 수행할 수 있다. 프로세서 $P_{i,j}$는 $r_i$와 $s_i$의 조인을 임의의 조인 기법으로 수행한다. 시스템은 분할 $r_i$를 프로세서 $P_{i,0}$, $P_{i,1}$, ⋯, $P_{i,m-1}$에 복제한다. 유사하게, 분할 $s_i$는 프로세서 $P_{0,j}$, $P_{1,j}$, ⋯, $P_{n-1,j}$에 복제된다. 일반적으로 복제를 동반하는 분할은 단순 분할 보다 더 많은 비용이 든다. 따라서, 복제를 동반하는 분할은 동등 조인의 경우 더 많은 비용이 든다.

c. **병렬 분할 해시 조인**(Parallel partitioned hash join). 17.4절의 알고리즘 J4로 설명한 분할 해시 조인은 병렬화될 수 있다. 아이디어는 $R$과 $S$가 큰 릴레이션일 때, 비록 각 릴레이션을 프로세서들의 수와 동일한 $n$개의 분할로 분할할지라도, 각 프로세서에서의 지역 조인은 여전히 비용이 많이 든다. 이 조인은 아래와 같이 진행된다. 단, $s$가 $r$과 $s$ 중에서 더 작다고 가정하자:

1. 조인 애트리뷰트에 대한 해시 함수 $h1$을 사용하여, 릴레이션 $r$과 $s$의 각 투플을 $n$개의 프로세서들 중의 하나에 사상(map)한다. 프로세서 $P_i$에 해시된 분할들을 $r_i$와 $s_i$라 하자. 첫째, 각 프로세서에서 자신의 지역 디스크에서 $s$의 투플들을 읽어 그들을 $h1$을 사용하여 적절한 프로세서에 사상한다.
2. 각 프로세서 $P_i$에서, 단계 1에서 받은 $S$의 투플들은 다른 해시 함수 $h2$를 이용하여, 예를 들어 $k$개의 버킷으로 분할된다. 이 단계는 17.4절에서 J4로 설명한 분

할 해시 알고리즘의 분할 단계와 동일하다.

3. 각 프로세서에서 자신의 지역 디스크에서 $r$의 투플들을 읽어 그들을 해시 함수 $h1$을 사용하여 적절한 프로세서에 사상한다. 그들이 각 프로세서에서 받게 되는 대로, 그 프로세서는 그들을 단계 2에서 사용한 해시함수 $h2$를 사용하여 $k$개의 버킷들로 분할한다. 이 과정은 알고리즘 J4의 조사 단계에서와 정확히 같다.

4. 프로세서 $P_i$는 분할 해시 알고리즘을 지역적으로 분할 $r_i$와 $s_i$에 대하여 $k$개의 버킷들에 대하여 (알고리즘 J4에서 설명한 바와 같이) 조인 단계를 사용하여 실행하여 조인 결과를 생성한다.

모든 프로세서 $P_i$로부터의 결과들은 독립적으로 계산되고 합집합이 수행되어 최종 결과가 생성된다.

**집계.** 그룹화를 동반한 집계 연산들은 그룹화 애트리뷰트에 대해 분할하고 나서 각 프로세서에서 단일 프로세서에서의 어떤 알고리즘이든지 사용하여 지역적으로 집계 함수를 계산함으로써 달성된다. 범위 분할 또는 해시 분할의 어느 것이든 사용될 수 있다.

**집합 연산.** 합집합, 교집합, 그리고 차집합 연산에 대하여, 대상 릴레이션 $R$과 $S$가 동일 해시 함수를 사용하여 분할된다면, 그들은 각 프로세서에서 병렬로 수행될 수 있다. 만약 그 분할이 일치하지 않는 기준에 기반을 둔다면, $R$과 $S$는 동일한 해시 함수를 사용하여 재분배될 필요가 있을 것이다.

### 17.8.2 질의 내부의 병렬성(Intraquery Parallelism)

우리는 각 개별 연산이 데이터를 여러 프로세서들에 분배하고 그 연산을 그 프로세서들에서 병렬로 수행함으로써 어떻게 실행되는 지를 논의하였다. 질의 실행 계획은 연산의 그래프로 모델화할 수 있다. 그래프의 병렬 실행을 달성하기 위하여, 한가지 접근 방법은 그 질의에 포함된 각 연산의 병렬 알고리즘을 사용하는 것인데, 이는 그 연산의 입력 데이터의 적절한 분할을 필요로 한다. 또 다른 병렬화할 기회는 연산자 트리의 평가에 있는데, 그 트리에서 그 연산들의 몇몇은 그들이 다른 연산에 의존하지 않는다면 병렬로 수행될 수 있을 것이다. 이 연산들은 별도의 프로세서들에서 수행될 수 있다. 이 연산들 중의 하나의 결과가 투플 단위로 생성되고 다른 연산자의 입력으로 사용될 수 있다면, 그 결과는 **파이프라인된 병렬성**(pipelined parallelism)이다. 어떤 연산자가 자신의 모든 입력을 모두 소모할 때까지 어떠한 출력도 생성하지 않는다면, 그 연산자는 **파이프라이닝 차단**(block the pipelining)이라고 한다.

### 17.8.3 질의간 병렬성(Interquery Parallelism)

질의간 병렬성은 여러 질의들을 실행을 병렬로 처리함을 나타낸다. 무공유 또는 공유 디스크 구조에서, 이는 달성하기가 어렵다. 프로세서들 사이에서 로킹, 로깅 등등의 행위(트랜잭션 처리에 대한 9부(Part 9)의 장들을 참조)는 조화되어야 하며, 다중 프로세서들에 의한 동일 데이터의 동시의 상충되는 변경은 회피되어야 한다. **캐시 일관성**(cache coherency)

이 유지되어야 하는데, 이는 어떤 페이지를 변경하는 프로세서는 버퍼에 그 페이지의 최근 버전을 가짐을 보장하는 것이다. 캐시 일관성과 동시성 제어 규약 (20장 참조) 또한 조화를 이루며 동작하여야 한다.

질의간 병렬성의 이면에 있는 주된 목표는 규모의 확대(scale up, 스케일 업)에 있다. 즉, 프로세서의 수를 증가시킴으로써 질의 또는 트랜잭션들이 처리될 수 있는 전체 비율을 증가시키는 것이다. 단일 프로세서 다중사용자 시스템들 자체는 트랜잭션 처리량(transaction throughput, 20장 참조) 증대의 목적을 가지고 트랜잭션들 사이의 동시성 제어를 지원하도록 설계되었기 때문에, 공유 메모리 병렬 구조를 사용하는 데이터베이스 시스템들은 중대한 변화없이 이 유형의 병렬성을 더욱 쉽게 달성할 수 있다.

위의 논의로부터 정렬, 실렉션, 프로젝션, 조인, 그리고 집계 연산들과 같은 다양한 연산들을 그들의 병렬 실행을 이용하여 개별적으로 수행함으로써 질의 실행의 속도를 향상시킬 수 있다는 것은 분명하다. 질의 트리의 부분들이 독립적이라면 그들을 다른 프로세서들에서 병렬로 실행함으로써 추가의 속도 향상을 달성할 수 있을 것이다. 그러나, 무공유 병렬 구조에서 질의간 병렬성을 달성하기는 어렵다.

공유 디스크 구조가 우위를 가지는 한 가지 영역은 보다 일반적인 적용가능성을 가진다는 것이다. 그 이유는 그 구조가, 무공유 구조와는 달리, 데이터가 분할된 형태로 저장되기를 요구하지 않는다는 것이다. 현재의 SAN과 NAS 기반 시스템들은 이 장점을 제공한다. 유용한 프로세서들의 수와 유용한 버퍼 공간과 같은 다수의 매개 변수들이 전체 속도 향상을 결정하는데 한 몫을 한다. 이들 매개 변수의 영향에 대한 상세 논의는 우리의 범위 밖이다.

## 17.9 요약

이 장에서는 고수준의 질의들을 처리하기 위해 DBMS에서 사용되는 기법들을 소개하였다. 우선 SQL 질의를 관계 대수로 변환하는 방법을 설명하였다. 세미조인과 안티조인이라는 연산들을 소개하였는데 어떤 중첩 질의들은 정규 내부조인을 회피하기 위하여 그들로 사상될 수 있다. 외부 정렬을 논의하였는데 이는 질의 처리를 하는 도중에 집계, 중복 제거 등등을 다루는 동안에 릴레이션의 투플들을 정돈하기 위하여 공통적으로 필요하다. 실렉션의 다양한 경우들을 고려하였으며 하나의 애트리뷰트에 기반하는 단순 실렉션과 논리곱과 논리합 절을 사용하는 복합 실렉션에 사용된 알고리즘들을 논의하였다. 서로 다른 실렉션 유형들을 위한 많은 기법들(선형과 이진 탐색, $B^+$-트리, 비트맵 인덱스, 클러스터링 인덱스, 그리고 함수 인덱스의 사용을 포함하여)이 논의되었다. 조건의 선택률의 아이디어와 DBMS 카탈로그에 보관된 전형적인 정보를 논의하였다. 그리고 조인 연산을 상세히 논의하였으며 중첩 루프 조인, 인덱스 기반 중첩 루프 조인, 정렬-합병 조인, 그리고 해시 조인이라는 알고리즘들을 제안하였다.

버퍼 공간, 조인 실렉션 비율, 그리고 내부-외부 릴레이션 선택이 어떻게 조인 알고리즘의 성능에 영향을 미치는지의 예를 보였다. 또한 혼합형 해시 알고리즘을 논의하였는데 그 알고리즘은 조인 단계 동안에 디스크에 쓰는 비용의 일부를 회피한다. 프로젝션과 집합 연산에 대한 알고리즘들뿐만 아니라 집계를 위한 알고리즘들을 논의하였다. 그리고 나서 외부 조인, 세미조인, 안티조인, 그리고 비동등 조인을 포함하여 다른 유형의 조인들에 대한 알고리즘들을 논의하였다. 또한 질의 처리 동안 구체화 실행 대신에 파이프라인 또는 스트림 기반 실행을 생성하기 위하여 어떻게 연산들이 결합될 수 있는 지를 논의하였다. 어떻게 연산자들이 반복자 개념을 이용하여 구현될 수 있는 지를 소개하였다. 질의 처리 전략들의 논의를 세 가지 유형의 병렬 데이터베이스 시스템 구조에 대한 간략한 소개와 함께 마무리 지었다. 그리고 나서 어떻게 병렬성이 개별 연산 수준에서 달성될 수 있는 지를 간략히 요약하였으며 질의 내부와 질의 간의 병렬성도 함께 논의하였다.

## 복습문제

**17.1** 최적화를 수행하기 전에 SQL 질의를 관계 대수 질의로 변환하는 이유에 관하여 논의하라.

**17.2** 세미조인과 안티조인을 중첩 질의가 사상될 수 있는 연산으로 논의하고 각각에 대해 예를 보이라.

**17.3** 메모리에 다 들어가지 않는 큰 테이블들은 어떻게 정렬되는가? 전체 절차를 제시하라.

**17.4** 아래의 각 관계 연산자를 구현하는 여러 알고리즘을 논의하고 각 알고리즘이 사용될 수 있는 환경에 관해서 논의하라.
SELECT, JOIN, PROJECT, UNION, INTERSECT, SET DIFFERENCE, CARTESIAN PRODUCT
(실렉트, 조인, 프로젝트, 합집합, 교집합, 차집합, 카티션 곱)

**17.5.** 논리곱 실렉션과 논리합 실렉션의 질의 예를 보이고 그들의 실행을 위한 여러 선택사항들이 있을 수 있음을 논의하라.

**17.6.** 질의 "SELECT Distinct <attribute>"를 평가할 때 중복을 제거하는 다른 방법들을 논의하라.

**17.7.** 집계 연산들은 어떻게 구현되는가?

**17.8.** 외부 조인과 비동등 조인은 어떻게 구현되는가?

**17.9.** 반복자 개념이 무엇인가? 어떤 방법들이 반복자에 있는가?

**17.10.** 데이터베이스 시스템에 적용할 수 있는 세 가지 유형의 병렬 구조는 무엇인가? 어느 것이 가장 보편적으로 사용되는가?

**17.11.** 조인의 병렬 실행이란 무엇인가?

17.12. 질의 내부와 질의 간의 병렬성이란 무엇인가? 무공유 구조에서 어느 것이 달성하기가 더 어려운가? 그 이유는?

17.13. 어떤 조건하에서 일련의 연산들의 파이프라인 병렬 실행이 방지되는가?

## 연습문제

17.14 5장에서 설명한 SQL 질의 Q1, Q8, Q1B, Q4와 6장에서 설명한 Q27을 고려해 보자.

a. 각 질의를 나타내는 질의 트리를 최소한 두 개 그려라. 이 트리들 중에서 각 트리가 사용되는 상황을 설명하라.

b. 각 질의에 대하여 초기 질의 트리를 그려라. 그리고 17.7절에서 제시한 알고리즘에 의해서 이 질의 트리가 최적화되는 과정을 보여라.

c. 각 질의에 대해여 독자가 작성한 a의 질의 트리와 b의 최초 및 최종 질의 트리를 비교하라.

17.15 64개의 블록으로 구성된 버퍼 공간을 사용하여 4096개의 블록을 가진 파일을 정렬하려고 한다. 이 경우 외부 정렬-합병 알고리즘의 합병 단계에서 몇 번의 패스가 필요한가?

17.16 비밀집 인덱스를 집계 연산자의 구현에 사용할 수 있는가? 사용할 수 있는지 또는 사용할 수 없는지 이유를 설명하라. 예를 보여라.

17.17 LEFT OUTER JOIN 연산을 구현하기 위하여 정렬-합병 조인 알고리즘을 확장하라.

## 주요 참고문헌

18장의 끝에 질의 처리와 최적화 영역에 대한 문헌의 참조를 함께 제시한다. 따라서, 18장의 참고문헌들은 이 장과 다음 장에 적용된다. 최적화 영역을 논의하는 문헌으로부터 단순히 질의 처리의 전략과 알고리즘을 다루는 문헌을 분리하는 것은 어렵다.

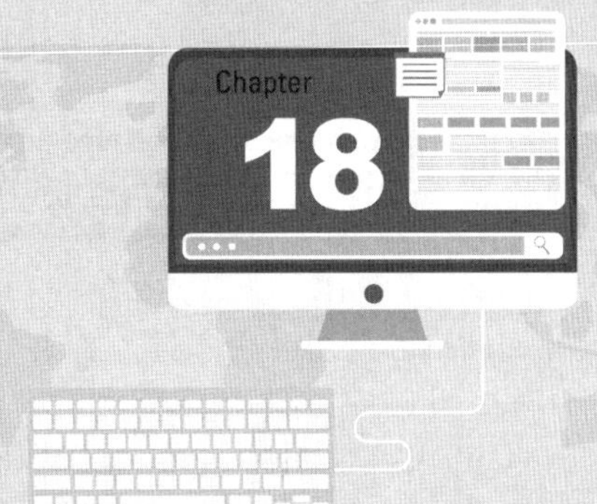


# 질의 최적화

이 장에서, 우리는 독자가 앞 장에서 논의한 관계 DBMS에서 질의 처리를 위한 전략들에 이미 익숙하다고 가정한다.[1] 질의 최적화의 목표는 질의 평가를 위한 최상의 가능한 전략을 선택하는 것이다. 앞에서 말한 바와 같이, 최적화라는 용어는 잘못된 명칭이다. 그 이유는 선택된 실행 계획이 항상 가능한 가장 최상의 계획이 아닐 수도 있기 때문이다. 주된 목표는 스키마와 포함된 릴레이션의 내용에 대한 유용한 정보를 이용하여 가장 효율적이고 비용 효과적인 계획에 이르고 합리적인 시간의 합 내에 그렇게 하는 것이다. 그래서 질의 최적화에 대한 적절한 설명은 질의 최적화란 DBMS의 질의 최적화기에 의해 행해진 질의를 실행하는 최상의 유용한 전략을 선택하는 행위라는 것이다.

이 장은 다음과 같이 구성되어 있다. 18.1절에서 SQL로 표현된 질의를 질의 트리와 그래프로 사상하는 표기법을 설명한다. 대부분의 RDBMS들은 질의에 대한 내부 표현으로 트리를 사용한다. 질의를 보다 효율적인 동등한 형태로 변환하는 경험들을 제시한 후 그 경험들을 적용하는 일반적인 절차를 제시한다. 18.2절에서, 질의를 실행 계획으로 전환하는 것에 대해 논의한다. 중첩 부질의 최적화에 대해 논의한다. Group By 질의에서 뷰의 병합과 데이터 웨어하우스(data warehouse)에서 발생하는 스타 스키마(Star Schema) 질의의 변환이라는 두 경우에 대한 질의 변환 예도 함께 제시한다. 18.3절은 선택률과 결과 크기 평가에 대한 논의에 집중하며 최적화에 대한 비용 기반 접근법을 제시한다. 앞서 17.3.4절에서 제시한 시스템 카탈로그에 있는 정보를 다시 논의하고 히스토그램(histogram)을 제시한다. 실렉트와 조인 연산에 대한 비용 모델들이 18.4절과 18.5절에 제시된다. 18.5.3절에서 대단히 중요한 사항인 조인 순서 문제를 어느 정도 상세하게 논의한다. 18.6절은 비용 기반 최적화의 예를 제시한다. 18.7절은 질의 최적화에 관련된 몇몇 추가적인 쟁점들을 논의한다. 18.8절은 데이터 웨어하우스에서의 질의 최적화 논의에 집중한다. 18.9절은 Oracle에서의 질의 최적화에 대한 개요를 제시한다. 18.10절은 의미적 질의 최적화를 간략히 논의한다. 18.11절에서 요약으로 이 장을 마무리한다.

---

1) 본 장에 대한 Rafi Ahmed의 상당한 기여에 감사한다.

# 18.1 질의 트리와 경험을 사용한 질의 최적화

이 절에서는 경험적 규칙들을 사용하여 질의의 내부 표현(일반적으로 질의 트리 또는 질의 그래프 자료 구조)을 변형하여 실행 시 기대되는 성능을 향상시키는 최적화 기술을 논의한다. SQL 질의를 위한 스캐너와 파서는 먼저 초기 내부 표현에 해당하는 자료 구조를 생성하고 이는 경험적 규칙들에 따라 최적화된다. 이 작업이 최적화된 질의 표현을 생성하게 되는데 이는 질의 실행 전략에 해당한다. 그 다음에, 질의에 포함된 파일들에서 사용가능한 접근 경로들에 근거하여 연산들의 집단을 실행하기 위한 질의 실행 계획이 생성된다.

주요 경험적 규칙(heuristic rule)들 중의 하나는 조인이나 기타 이진 연산들을 수행하기 전에 실렉트나 프로젝트 연산을 수행하는 것이다. 그 이유는 조인과 같은 이진 연산의 결과로 생성되는 파일의 크기가 입력 파일들의 크기의 곱하기 함수로 결정되는 것이 보편적이기 때문이다. 실렉트와 프로젝트 연산은 한 파일의 크기를 줄이므로 이 두 연산을 조인이나 기타 이진 연산보다 먼저 적용하는 것이 좋다.

18.1.1절에서는 앞서 관계 대수(7.3.5절)와 관계 해석(7.6.5절)의 문맥에서 소개한 질의 트리와 질의 그래프 표기법을 반복한다. 질의 트리와 질의 그래프는 질의를 내부적으로 표현하기 위한 자료 구조의 근간으로 사용될 수 있다. 질의 트리는 관계 대수나 확장된 관계 대수식을 표현하는 데 사용되고 질의 그래프는 관계 해석식을 표현하는 데 사용된다. 18.1.2절에서는 질의 트리를 동등한 질의 트리(equivalent query tree)로 변환하기 위하여 어떻게 경험적 규칙들을 적용할 것인가를 기술한다. 동등한 질의 트리는 원래의 질의 트리와 동등한 결과를 산출하지만 보다 더 효율적으로 실행되는 관계 대수식을 표현한다. 또한 다양한 관계 대수식들의 동등성에 관하여 설명한다. 마지막으로 18.1.3절에서는 질의 실행 계획을 만들어내는 것에 관하여 기술한다.

## 18.1.1 질의 트리와 질의 그래프의 표기법

**질의 트리**(query tree)는 관계 대수식에 대응되는 트리 자료 구조이다. 질의 트리는 질의의 입력 릴레이션들을 트리의 리프 노드로 나타내고 관계 대수 연산들을 내부 노드로 나타낸다. 질의 트리의 실행은 내부 노드의 연산에 대해 피연산자가 사용가능할 때마다 연산을 실행하고, 연산의 결과로 생성된 릴레이션으로 그 내부 노드를 대체한다. 연산들의 실행 순서는 그 질의의 입력 데이터베이스 릴레이션들을 나타내는 리프 노드들에서 시작하며, 그 질의의 마지막 연산을 나타내는 루트 노드에서 마친다. 루트 노드 연산이 실행되어 질의에 대한 결과 릴레이션을 생성한 뒤 실행은 종료한다.

그림 18.1(a)는 5장부터 7장까지 다루어진 질의 Q2에 대한 질의 트리(그림 5.9와 동일함)를 나타낸다. Q2는 'Stafford'에 위치한 각 프로젝트에 대하여 프로젝트 번호, 관리 부서 번호, 부서 관리자의 성, 주소, 생년월일을 검색하는 것이다. 이 질의는 그림 4.5의 COMPANY 관계 스키마를 바탕으로 명시되었으며, 아래의 관계 대수식에 대응된다.

$$\pi_{\text{Pnumber, Dnum, Lname, Address, Bdata}}(((\sigma_{\text{Plocation = 'Stafford'}}(\text{PROJECT}))$$
$$\bowtie_{\text{Dnum = Dnumber}}(\text{DEPARTMENT})) \bowtie_{\text{Mgr\_ssn = Ssn}}(\text{EMPLOYEE}))$$

이 식은 아래의 SQL 질의에 대응된다.

```
Q2:  SELECT   Pnumber, Dnum, Lname, Address, Bdate
     FROM     PROJECT, DEPARTMENT, EMPLOYEE
     WHERE    Dnum=Dnumber AND Mgr_ssn=Ssn AND
              Plocation='Stafford';
```

그림 18.1(a)에서 리프 노드 P, D, E는 세 개의 릴레이션들인 PROJECT, DEPARTMENT, EMPLOYEE를 각각 표현하며, 트리의 내부 노드들은 그 표현식의 관계 대수 연산들을 표현한다. 이 질의 트리가 실행될 때 그림 18.1(a)에서 노드 (1)은 노드 (2)보다 먼저 실행되어

(a)

$\pi$ P.Pnumber,P.Dnum,E.Lname,E.Address,E.Bdate

(3)

$\bowtie$ D.Mgr_ssn=E.Ssn

(2)

$\bowtie$ P.Dnum=D.Dnumber

E — EMPLOYEE

(1)

$\sigma$ P.Plocation= 'Stafford'

D — DEPARTMENT

P — PROJECT

(b) $\pi$ P.Pnumber, P.Dnum, E.Lname, E.Address, E.Bdate

$\sigma$ P.Dnum=D.Dnumber AND D.Mgr_ssn=E.Ssn AND P.Plocation='Stafford'

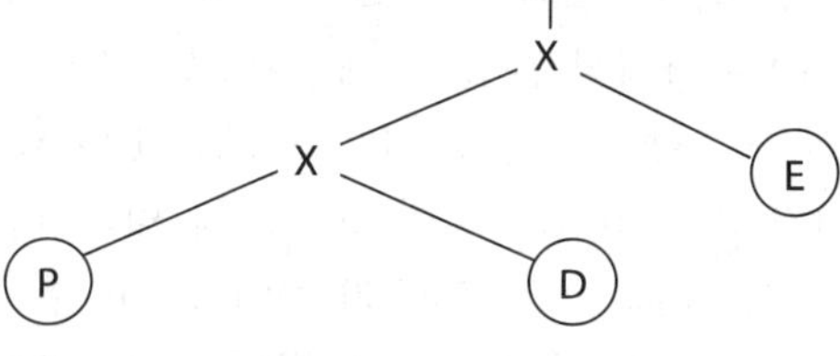


(c) [P.Pnumber, P.Dnum] [E.Lname, E.Address, E.Bdate]

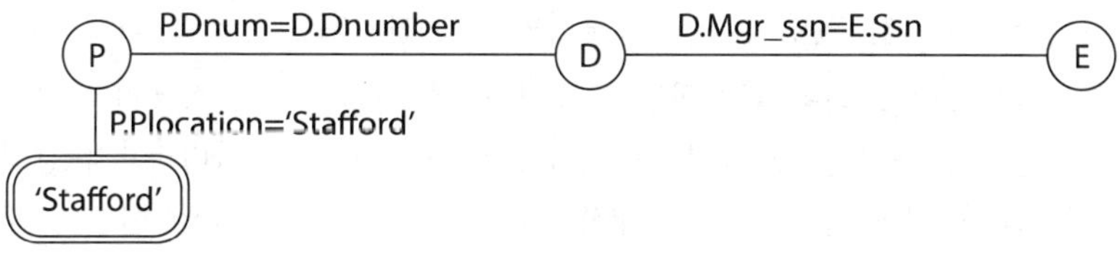


그림 18.1 질의 Q2에 대한 두 개의 질의 트리: (a) Q2의 관계 대수식에 대응되는 질의 트리, (b) Q2의 SQL 질의에 대한 초기(규준) 질의 트리, (c) Q2에 대한 질의 그래프

야 한다. 왜냐하면 (1)의 연산의 일부 결과 투플들이 (2)의 연산을 실행하기 전에 사용가능해야 하기 때문이다. 이와 마찬가지로 노드 (3)이 실행을 시작하기에 앞서서 노드 (2)가 실행을 시작하여 결과를 생성해야 한다.

지금까지 설명한 바와 같이 질의 트리는 질의를 실행하기 위한 연산들의 특정 순서를 나타낸다. 질의 표현의 보다 중립적인 자료 구조가 질의 그래프 표기법이다. 그림 18.1(c)는 질의 Q2에 대한 질의 그래프(그림 5.13과 동일함)를 나타낸다. 질의에 있는 릴레이션들은 **릴레이션 노드**(relation node)로 표현되고 이들은 한겹 원으로 표시된다. 일반적으로 질의의 실렉트 조건에서 상수값들은 질의 그래프에서 **상수 노드**(constant node)로 표현되고 이들은 이중 원 또는 이중 타원으로 표시된다. 실렉트와 조인 조건들은 그림 18.1(c)에 나타낸 바와 같이, 그래프의 간선들로 표시된다. 마지막으로 각 릴레이션으로부터 검색할 애트리뷰트들은 각 릴레이션 위의 대괄호 안에 나타낸다.

질의 그래프 표현은 어느 연산을 가장 먼저 수행해야 하는지에 대한 순서를 나타내지 않는다. 각 질의에 대응되는 질의 그래프는 유일하다.[2] 따라서 질의 그래프는 관계 해석식에 대응된다(7.6.5절 참조). 비록 몇몇 최적화 기법이 질의 그래프를 기반으로 하였지만 (이른바 INGRES라는 DBMS의 최적화 기법이 이의 최초이다) 지금은 일반적으로 질의 트리를 선호한다. 그 이유는 실제로 질의 최적화기는 질의를 실행하기 위한 연산들의 순서를 나타낼 필요가 있는데 질의 그래프에서는 가능하지 않기 때문이다.

### 18.1.2 질의 트리의 경험적 최적화

일반적으로 다수의 서로 다른 관계 대수식들이 - 따라서, 다수의 서로 다른 질의 트리들이 - **의미상 동등**(semantically equivalent)할 수 있다. 즉, 이들은 동일 질의를 나타내고 동일 결과를 생성할 수 있다.[3] 전형적으로 질의 파서는 어떤 최적화도 수행하지 않으면서 SQL 질의에 대응하는 표준적인 초기 질의 트리를 생성한다. 예를 들어, Q2와 같은 실렉트-프로젝트-조인 질의에 대응하는 초기 질의 트리는 그림 18.1(b)와 같다. FROM 절에 명시된 릴레이션들의 카티션 곱이 먼저 적용되고, 그 다음에 WHERE 절의 실렉트와 조인 조건들이 적용되며, 그 다음에 SELECT 절의 애트리뷰트들에 대한 프로젝트가 적용된다. 이와 같은 **규준 질의 트리**(canonical query tree)는 카티션 곱 연산 때문에 그대로 수행하면 매우 비효율적인 관계 대수식을 나타낸다. 예를 들어, PROJECT, DEPARTMENT, EMPLOYEE 릴레이션의 레코드 크기가 각각 100, 50, 150 바이트이고, 각 릴레이션의 투플 수가 100, 20, 5000개이면 카티션 곱의 결과는 레코드 크기가 300 바이트이고 투플의 개수는 1000만 개가 된다. 그러나 그림 18.1(b)의 이 규준 질의 트리는 SQL 질의로부터 쉽게 만들 수 있는 단순한 표준 형태이다. 이는 결코 실행되지 않을 것이다. 경험적 질의 최적화기는 이 초기 질의 트리를 실행하기에 효율적인 동등한 최종 질의 트리로 변환한다.

최적화기는 초기 트리를 최종 최적화된 질의 트리로 변환하는데 적용할 수 있는 확장된 관계 대수식들 간의 동등성을 나타내는 규칙들을 반드시 가져야 한다. 먼저 경험을 사용하여 어떻게 질의 트리를 변환하는 지를 개략적으로 논의한 후, 일반적인 변환 규칙들을 논의하

---

2) 따라서 질의 그래프는 관계 해석식에 대응된다(7.6.5절 참조).
3) SQL과 같은 고수준 질의어에서는 하나의 질의를 다양한 방법으로 기술할 수 있다(6장과 7장 참조).

고 이 규칙들이 어떻게 대수적 경험 최적화기(algebraic heuristic optimizer)에서 사용되는가를 보인다.

**질의 변환의 예.** 그림 4.5의 데이터베이스에서 "이름이 'Aquarius'인 프로젝트에 일하는 1957년 이후에 태어난 사원들의 성을 구하라"는 질의 Q를 고려해 보자. 이 질의를 SQL로 다음과 같이 나타낼 수 있다.

```
Q:  SELECT   E.Lname
    FROM     EMPLOYEE E, WORKS_ON W, PROJECT P
    WHERE    P.Pname='Aquarius' AND P.Pnumber=W.Pno AND E.Essn=W.Ssn
             AND E.Bdate > '1957-12-31';
```

Q에 대한 초기 질의 트리는 그림 18.2(a)에 있다. 이 트리를 그대로 실행하면 EMPLOYEE, WORKS_ON, PROJECT 파일들 전체의 카티션 곱을 가진 매우 큰 파일을 생성한다. 그것이 초기 질의 트리가 절대로 실행되지 않으며 실행하기에 효율적인 다른 동등한 트리로 변환되는 이유이다. 이 특정한 질의는 PROJECT 릴레이션에서 'Aquarius' 프로젝트에 대한 한 개의 레코드만을 필요로 하고 EMPLOYEE 릴레이션에서 생년월일이 '1957-12-31' 이후인 레코드만을 필요로 한다. 그림 18.2(b)는 카티션 곱에 나타나는 투플들의 수를 줄이기 위해서 실렉트를 먼저 적용하는 향상된 질의 트리를 보여준다.

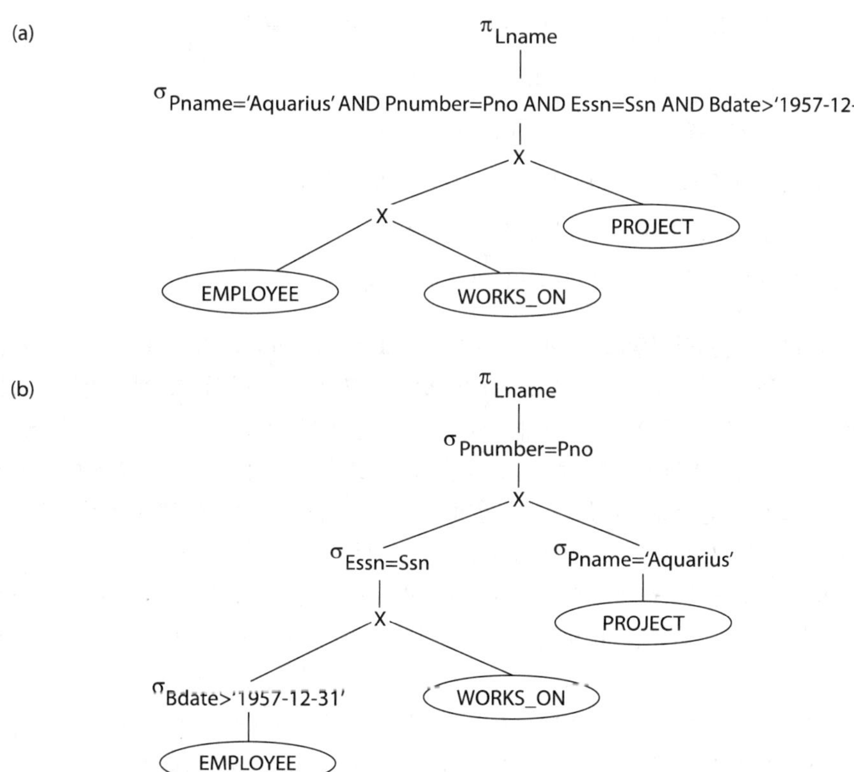


그림 18.2 경험적 최적화 과정에서 질의 트리를 변환하는 과정

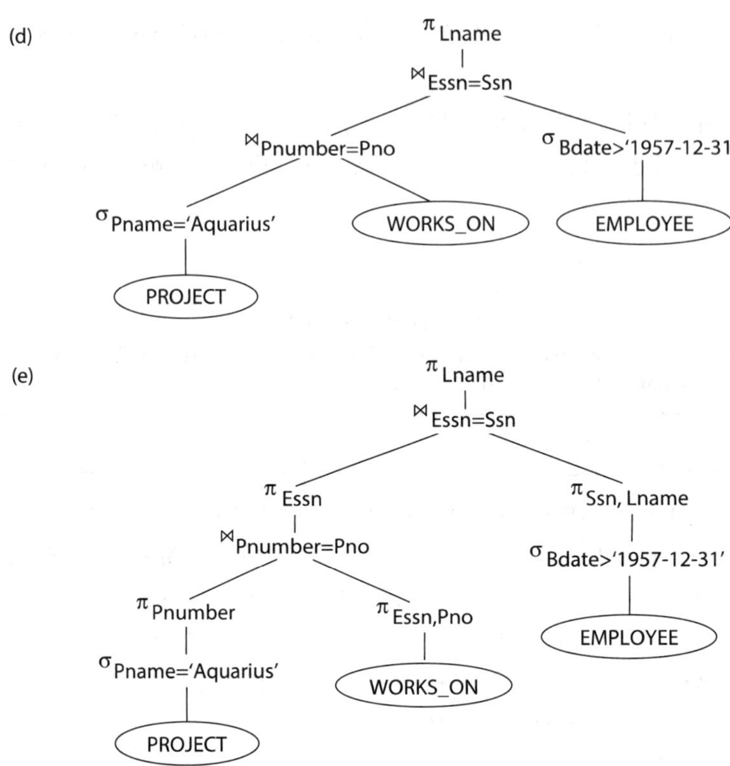


그림 18.2(계속) 경험적 최적화 과정에서 질의 트리를 변환하는 과정

(a) SQL 질의 Q에 대한 초기 (규준) 질의 트리

(b) 실렉트 연산들을 질의 트리의 아래로 이동

(c) 보다 제한적인(restrictive) 실렉트 연산을 먼저 적용

(d) 카티션 곱과 실렉트를 조인 연산으로 대체

(e) 프로젝트 연산들을 질의 트리의 아래로 이동

그림 18.2(c)에서 보는 것처럼 트리에서 EMPLOYEE와 PROJECT 릴레이션들의 위치를 바꾸면 성능이 더욱 향상된다. 이는 Pnumber가 PROJECT 릴레이션의 키 애트리뷰트라는 정보를 사용하며, 따라서 PROJECT 릴레이션에 대한 실렉트 연산은 단지 하나의 레코드만 검색할 것이다. 그림 18.2(d)에서 보는 것처럼 조인 조건이 되는 실렉트 연산이 따라오는 카티션 곱을 조인 연산으로 바꿈으로써 질의 트리의 성능을 더욱 향상시킬 수 있다. 그림 18.2(e)에서 보는 것처럼 질의 트리에서 프로젝트 연산을 되도록 일찍 적용함으로써 임시 중간 릴레이션에서 후속 연산들에 필요한 애트리뷰트들만 유지하여 성능을 향상시킬 수 있다. 이 방법은 임시 중간 릴레이션들의 애트리뷰트의 수를 줄이는 반면에 실렉트 연산은 투플들의 수를 줄인다.

위의 예가 제시하는 바와 같이 하나의 질의 트리는 실행하기에 좀 더 효율적인 동등한 질의 트리로 단계적으로 변환될 수 있다. 그러나 변환 과정에서 항상 동등한 질의 트리를 생성하도록 해야 한다. 이를 위해 질의 최적화기는 어떤 변환 규칙들이 이 동등성을 보존하는지를 알아야 한다. 이제부터 이런 변환 규칙들의 일부를 설명한다.

**관계 대수 연산들을 위한 일반적인 변환 규칙**. 관계 대수 연산을 동등한 연산으로 변환하는 규칙들이 많이 있다. 질의 최적화라는 목적으로, 연산들의 의미와 연산의 결과로 생성되는 릴레이션에 중점을 둔다. 따라서 만일 두 릴레이션이 동일한 애트리뷰트들의 집합을 순서를 달리하여 가지고 있지만 동일한 정보를 나타내고 있으면 두 릴레이션은 동등하다고 간주한다. 4.1.2절에서 애트리뷰트들의 순서에 좌우되지 않는 릴레이션의 또 다른 정의도 기술하였는데 그 정의를 여기서 사용한다. 지금부터 질의 최적화에 유용한 몇 가지 변환 규칙을 증명은 하지 않고 나열한다.

1. **$\sigma$의 연쇄.** 논리곱 실렉트 조건(AND로 연결된 실렉트 조건)은 $\sigma$ 연산들의 연쇄로 나타낼 수 있다.

   $\sigma_{c_1 \text{ AND } c_2 \text{ AND } \ldots \text{ AND } c_n}(R) \equiv \sigma_{c_1}(\sigma_{c_2}(\ldots(\sigma_{c_n}(R))\ldots))$

2. **$\sigma$의 교환 법칙.** $\sigma$ 연산에 교환 법칙이 성립한다.

   $\sigma_{c_1}(\sigma_{c_2}(R)) \equiv \sigma_{c_2}(\sigma_{c_1}(R))$

3. **$\pi$의 연쇄.** $\pi$ 연산들이 연쇄적으로 나타나면 미지막 연산을 제외하고 모두 무시할 수 있다.

   $\pi_{\text{List}_1}(\pi_{\text{List}_2}(\ldots(\pi_{\text{List}_n}(R))\ldots)) \equiv \pi_{\text{List}_1}(R)$

4. **$\sigma$와 $\pi$의 교환.** 만약 실렉트 조건 $c$가 프로젝트 리스트에 있는 애트리뷰트 $A_1$, $\cdots$, $A_n$만을 포함하면 두 개의 연산을 서로 교환할 수 있다.

   $\pi_{A_1, A_2, \ldots, A_n}(\sigma_c(R)) \equiv \sigma_c(\pi_{A_1, A_2, \cdots A_n}(R))$

5. **$\bowtie$(그리고 $\times$)의 교환 법칙.** $\bowtie$ 연산에는 교환 법칙이 성립한다. $\times$ 연산도 마찬가지이다.

   $R \bowtie_c S \equiv S \bowtie_c R$

   $R \times S \equiv S \times R$

   두 조인(또는 두 카티션 곱)의 결과로 생기는 릴레이션들에서 애트리뷰트들의 순서가 다를 수 있지만 의미는 같다. 왜냐하면 여기서 사용하는 릴레이션의 정의에서는 애트리뷰트들의 순서가 중요하지 않기 때문이다.

6. **$\sigma$와 $\bowtie$(또는 $\times$)의 교환.** 만약 실렉트 조건 $c$에 나타나는 모든 애트리뷰트가, 조인되는 릴레이션들 중에서 한 릴레이션(예, $R$)에 속한 애트리뷰트들만 포함한다면 두 개의 연산을 다음과 같이 교환할 수 있다.

   $\sigma_c(R \bowtie S) \equiv (\sigma_c(R)) \bowtie S$

   이와 다르게 실렉트 조건 $c$를 ($c_1$ AND $c_2$)로 나타낼 수 있고, 조건 $c_1$은 $R$에 속하는 애트리뷰트만을 포함하고, 조건 $c_2$는 $S$에 속하는 애트리뷰트만을 포함한다면 연산들을 다음과 같이 교환할 수 있다.

   $\sigma_c(R \bowtie S) \equiv (\sigma_{c_1}(R)) \bowtie (\sigma_{c_2}(S))$

   $\bowtie$이 $\times$로 바뀌어도 동일한 규칙이 적용된다.

7. **$\pi$와 $\bowtie$(또는 $\times$)의 교환.** 프로젝트 리스트가 $L = \{A_1, \dots, A_n, B_1, \dots, B_m\}$이고, $A_1, \dots, A_n$은 $R$의 애트리뷰트이며, $B_1, \dots, B_m$은 $S$의 애트리뷰트라고 가정하자. 만일 조인 조건 $c$가 $L$에 있는 애트리뷰트들 만을 포함한다면 아래의 두 연산은 교환가능하다.

   $\pi_L(R \bowtie_c S) \equiv (\pi_{A_1, \dots, A_n}(R)) \bowtie_c (\pi_{B_1, \dots, B_m}(S))$

   만약 조인 조건 $c$가 $L$에 속하지 않는 또 다른 애트리뷰트들을 포함하고 있으면 이들을 프로젝트 리스트에 추가해야 하며 마지막 연산이 필요하다. 예를 들어, 만일 $R$의 애트리뷰트인 $A_{n+1}, \dots, A_{n+k}$와 $S$의 애트리뷰트인 $B_{m+1}, \dots, B_{m+p}$들이 조인 조건 $c$에는 포함되지만 $L$에 속하지 않으면 그 연산들은 아래와 같이 교환가능하다.

   $\pi_L(R \bowtie_c S) \equiv \pi_L((\pi_{A_1, \dots, A_n, A_{n+1}, \dots, A_{n+k}}(R)) \bowtie_c (\pi_{B_1, \dots, B_m, B_{m+1}, \dots, B_{m+p}}(S)))$

   카티션 곱 $\times$에 대해서는 어떠한 조건 $c$도 존재하지 않는다. 따라서 $\bowtie$를 $\times$로 대치함으로써 첫 번째 변환 규칙을 항상 적용할 수 있다.

8. **집합 연산의 교환 연산.** 집합 연산 $\cup$과 $\cap$에는 교환 법칙이 성립한다. 그러나 $-$연산에는 교환 법칙이 성립하지 않는다.

9. **$\bowtie$, $\times$, $\cup$, $\cap$의 결합 법칙.** 이 연산들 각각에 결합 법칙이 성립한다. 즉 만약 $\theta$가 이런 네 개의 연산 중 하나를 나타낸다면 다음의 결합 법칙이 성립한다.

   $(R \theta S) \theta T \equiv R \theta (S \theta T)$

10. **$\sigma$와 집합 연산의 교환.** $\sigma$ 연산은 $\cup$, $\cap$, $-$와 교환 가능하다. 만약 $\theta$가 이 세 개의 연산 중 어느 하나를 나타낸다면 다음의 식이 성립한다.

    $\sigma_c(R \theta S) \equiv (\sigma_c(R)) \theta (\sigma_c(S))$

11. **$\pi$와 $\cup$의 교환.**

    $\pi_L(R \cup S) \equiv (\pi_L(R)) \cup (\pi_L(S))$

12. **일련의 ($\sigma$, $\times$) 연산을 $\bowtie$로 변환.** 만약 $\times$ 연산 뒤에 나오는 $\sigma$의 조건 $c$가 조인 조건에 해당된다면 아래와 같이 ($\sigma$, $\times$) 순서를 $\bowtie$로 변환한다.

    $\sigma_c(R \times S) \equiv (R \bowtie_c S)$

13. **$\sigma$와 차집합의 논리곱에서 $\sigma$를 내리기.**

    $\sigma_c(R - S) = \sigma_c(R) - \sigma_c(S)$

    그러나, $\sigma$는 오직 하나의 릴레이션에만 적용될 수도 있다:

    $\sigma_c(R - S) = \sigma_c(R) - S$

14. **$\cap$에서 오직 하나의 인자에만 $\sigma$를 내리기.**

    만약 $\sigma_c$의 조건에서 모든 애트리뷰트가 릴레이션 $R$의 것이면:

    $\sigma_c(R \cap S) = \sigma_c(R) \cap S$

**15. 몇몇 사소한 변환.**

만약 $S$가 비어있다면 $(R \cup S) = R$

만약 전체 $R$에 대하여 $\sigma_c$의 조건 $c$가 참이면 $\sigma_c(R) = R$.

위에서 언급한 변환들 이외에도 다른 변환들이 있다. 예를 들어, 실렉트나 조인 조건 $c$는 아래의 불대수(Boolean algebra)의 표준 규칙(드모르강의 법칙(DeMorgan's laws))을 사용하여 동등한 조건으로 바뀔 수 있다.

NOT ($c_1$ AND $c_2$) $\equiv$ (NOT $c_1$) OR (NOT $c_2$)

NOT ($c_1$ OR $c_2$) $\equiv$ (NOT $c_1$) AND (NOT $c_2$)

4장과 5장에서 논의한 다른 변환들은 여기서 다시 언급하지 않는다. 지금부터는 경험적 최적화에서 변환들이 어떻게 사용되는가를 논의한다.

**경험적 대수 최적화 알고리즘의 개요.** 지금부터 초기 질의 트리를 대부분의 경우 실행하기에 좀 더 효율적인 최종 트리로 변환하기 위해 위의 몇몇 규칙을 사용하는 알고리즘의 단계를 제시한다. 그 알고리즘은 그림 18.2의 예에서 설명했던 변환들과 유사한 변환들을 만들어낼 것이다. 그 알고리즘의 단계는 다음과 같다.

1. 규칙 1을 사용하여 논리곱 조건을 가진 실렉트 연산들을 개개의 실렉트 연산들의 연속으로 나눈다. 이렇게 하면 실렉트 연산을 트리의 서로 다른 가지들에서 아래로 움직이는 것이 매우 자유롭다.
2. 실렉트와 다른 연산들과의 교환 법칙에 관한 규칙 2, 4, 6, 10, 13, 14를 사용하여 실렉트 조건에 포함된 애트리뷰트들이 허용하는 한 각 실렉트 연산을 질의 트리의 가장 아래로 보낸다. 만약 그 조건이 오직 하나의 테이블의 애트리뷰트만을 포함한다면 (이는 그 조건이 탐색 조건(selection condition)을 나타냄을 의미한다), 그 연산을 그 테이블을 나타내는 리프 노드로 그대로 이동한다. 만약 그 조건이 두 테이블의 애트리뷰트를 포함한다면 (이는 그 조건이 조인 조건(join condition)을 나타냄을 의미한다), 그 조건을 그 두 테이블이 결합한 이후의 트리 위치로 이동한다.
3. 이진 연산들의 교환 법칙과 결합 법칙에 관한 규칙 5와 9를 사용하여 트리의 리프 노드들을 다음의 기준에 따라 재배치한다. 첫째, 가장 제한적인 실렉트 연산들을 가진 리프 노드 릴레이션들을 배치하여 그들이 질의 트리의 표현에서 가장 먼저 실행되도록 한다. '가장 제한적인 실렉트 연산'의 정의는 가장 적은 투플들을 가진 릴레이션 또는 가장 크기가 작은 릴레이션을 만드는 연산을 의미한다.[4] 한편 '가장 제한적인 실렉트 연산'을 가장 작은 선택률을 가지는 연산으로 정의할 수도 있는데 이 정의는 DBMS 카탈로그에 있는 선택률을 사용할 수 있기 때문에 보다 실용적이다. 둘째, 리프 노드들의 순서가 카티션 곱 연산을 일으키지 않도록 보장해야 한다. 예를 들어, 만일 가장 제한적인 실렉트 연산을 가지고 있는 두 릴레이션이 직접적인 조인 조건을 가지지 않는다면, 카

4) 이런 규칙들이 경험적이기 때문에 두 가지 정의가 모두 사용될 수 있다.

티션 곱을 피하기 위하여 리프 노드들의 순서를 재배치하는 것이 바람직하다.[5)]

4. 규칙 12를 사용하여, 카티션 곱 연산을 후속의 조인 조건을 나타내는 실렉트 연산과 결합하여 조인 연산으로 변환한다.
5. 프로젝트의 연속 및 프로젝트와 다른 연산들과의 교환에 관한 규칙 3, 4, 7, 11을 사용하여, 프로젝트 연산의 애트리뷰트들의 리스트를 나눠서 가능한 한 트리의 아래로 보내어 필요한 만큼의 프로젝트 연산을 생성한다. 각 프로젝트 연산 후에는 질의 결과와 질의 트리상에서 후속의 연산들에 필요한 애트리뷰트들만 유지하는 것이 좋다.
6. 단일 알고리즘에 의해 독립적으로 실행할 수 있는 연산들의 그룹을 나타내는 서브 트리들을 식별한다.

예에서, 그림 18.2(b)는 그림 18.2(a)의 트리에 알고리즘의 단계 1과 2를 적용한 후의 트리를 나타내고, 그림 18.2(c)는 단계 3을 적용한 후의 트리를 나타낸다. 그림 18.2(d)는 단계 4를 적용한 후의 결과이고, 그림 18.2(e)는 단계 5를 적용한 후의 결과이다. 단계 6에서 $\pi_{\text{Essn}}$ 연산을 루트로 가지는 서브 트리에 속한 연산들을 하나의 알고리즘으로 그룹화할 수 있다. 또한 나머지 연산들을 또 다른 서브 트리로 그룹화할 수 있다. 여기서 첫 번째 알고리즘의 실행 결과로 생성되는 투플들이 $\pi_{\text{Essn}}$ 연산을 루트로 가지는 서브 트리를 대체하도록 한다. 왜냐하면 첫 번째 그룹이란 그 서브 트리가 첫 번째로 실행되는 것을 의미하기 때문이다.

**대수적 최적화를 위한 경험적 규칙들의 요약.** 주된 경험적 규칙은 중간 결과의 크기를 줄이는 연산들을 먼저 적용한다는 것이다. 여기에는 투플들의 수를 줄이기 위해 실렉트 연산들과 애트리뷰트들의 수를 줄이기 위해 프로젝트 연산들을 가능한 한 일찍 수행함이 포함된다. 이를 위해 실렉트와 프로젝트 연산들을 가능한 한 멀리 트리의 아래로 이동해야 한다. 이 밖에도 가장 제한적인 (즉, 가장 적은 수의 투플들을 가지거나 가장 작은 절대 크기를 가지는 릴레이션들을 생성하는) 실렉트와 조인 연산들을 유사한 다른 연산들보다 먼저 실행해야 한다. 후자의 규칙은 카티션 곱을 피하면서 트리의 리프 노드들을 재배치하고 트리의 나머지 부분을 적절하게 조정함으로써 수행된다.

## 18.2 질의 실행 계획의 선택

### 18.2.1 질의 평가를 위한 대안들

질의 트리로 표현된 관계 대수식에 대한 실행 계획은 각 릴레이션에 이용 가능한 접근 방법들뿐만 아니라 그 트리에 표현된 관계 연산자들을 계산하는 데 사용될 알고리즘들에 대

5) 어떤 경우에는 카티션 곱을 허용할 수 있다. 예를 들면, 이전의 실렉트 조건이 키 필드에 적용되어 각 릴레이션이 오직 하나의 투플만 가지고 있는 경우이다.

한 정보를 포함한다. 간단한 예로 6장의 질의 Q1을 고려해 보자. Q1에 대응되는 관계 대수식은 다음과 같다.

$$\pi_{\text{Fname},\text{Lname},\text{Address}}(\sigma_{\text{Dname}=\text{'Research'}}(\text{DEPARTMENT})$$
$$\bowtie_{\text{Dnumber}=\text{Dno}}\text{EMPLOYEE})$$

그 질의 트리를 그림 18.3에 나타내었다. 그 질의 트리를 실행 계획으로 변경하기 위해서, 최적화기는 DEPARTMENT에 대한 실렉트 연산에 대해서는 인덱스 탐색을 (하나의 인덱스가 존재한다는 가정하에), 조인 연산에 대해서는 DEPARTMENT에 대한 실렉트 연산의 결과에 있는 레코드들을 순환하는 인덱스 기반 중첩 루프 조인 알고리즘을 (EMPLOYEE의 Dno 애트리뷰트에 대해 색인이 존재한다는 가정하에), 그리고 프로젝트 연산자의 입력을 위해 조인 결과의 스캔을 선택할 수 있다. 이 외에도 그 질의를 실행하는 방법으로 실체화 평가를 사용할지 또는 파이프라인 평가를 사용할지를 명시할 수도 있다. 일반적으로는 가능하기만 하면 파이프라인 평가를 선호한다.

**실체화 평가**의 경우, 연산의 결과는 임시 릴레이션에 저장된다. 즉, 결과가 물리적으로 실체화된다. 예를 들어, 조인 연산을 계산하여 전체 결과를 임시 릴레이션으로 저장한 후, 질의의 결과 테이블을 생성하는 프로젝트 연산을 계산하기 위한 알고리즘의 입력으로 그 임시 릴레이션을 읽어들인다. 이에 반해 **파이프라인 평가**에서는 연산의 결과 투플들이 생성되면 질의 수행의 다음 연산에 바로 전달된다. 17.7절에서 파이프라이닝을 질의 처리를 위한 하나의 전략으로 논의하였다. 예를 들어, 실렉트 연산에 의해 DEPARTMENT로부터 선택된 투플들이 생성되면 그 투플들을 버퍼에 놓아두고, 조인 연산 알고리즘은 버퍼에 있는 투플들을 소비하며, 조인 연산의 결과 투플들은 프로젝트 연산 알고리즘으로 파이프라인된다. 파이프라인 평가의 장점은 중간 결과를 디스크에 쓰지 않아도 되고 다음 연산을 위해 이들을 다시 읽어 들이지 않아도 되는 비용 절감에 있다.

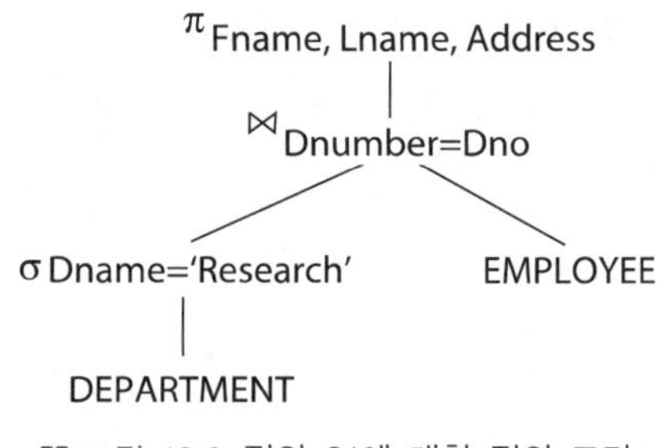


그림 18.3 질의 Q1에 대한 질의 트리

18.1절에서 질의 트리를 동등한 트리로 변환하여 질의 평가가 그 실행 시간과 소비된 전체 자원의 견지에서 더 효율적인 것의 가능성을 논의하였다. 최적화하거나 개선되도록 하는 것이 가능하도록 하는 질의의 더욱 정교한 변환이 존재한다. 변환은 경험기반 또는 비용기반의 방법으로 적용된다. 6.1.2절과 6.1.3절에서 논의한 바와 같이, 중첩 부질의는 SQL 질의의 FROM 절 뿐만 아니라 WHERE 절에도 사용될 수 있다. WHERE 절에서, 만약 내부 블록이 외부 블록에서 사용된 릴레이션에 대한 참조를 가진다면, 그를 상관 중첩 질의(correlated nested query)라 한다. 질의가 FROM 절 내부에서 결과 또는 유도된 릴레이션을

정의하기 위해 사용되며 외부 질의에서 하나의 릴레이션으로 참여하는 경우, 그는 하나의 뷰(view)와 동등하다. 이들 두 유형의 중첩 부질의는 최적화기에 의해 그들을 변환하고 전체 질의를 재작성함으로써 처리된다. 다음 두 하위 절(subsection)에서, 질의 변환과 재작성의 이들 두 변화를 예제와 함께 고려한다. 이를 중첩 부질의 최적화와 부질의 (뷰) 합병 변환이라 한다. 18.8절에서, 이 주제를 데이터 웨어하우스의 문맥으로 다시 논의하며 스타(star) 변환 최적화를 보인다.

### 18.2.2 중첩 부질의 최적화

중첩 부질의를 6.1.2절에서 논의하였다. 아래 질의를 고려해 보자.

```
SELECT E1.Fname, E1.Lname
FROM EMLOYEE E1
WHERE E1.Salary = (SELECT MAX (Salary)
                   FROM EMPLOYEE E2)
```

위 중첩 질의에서, 외부 질의 블록 내부에 하나의 질의 블록이 있다. 이 질의의 평가는 그 중첩 질의를 첫 번째로 실행하는 것을 포함한다. 그 중첩 질의는 EMPLOYEE 릴레이션에서 최대 급여 M의 단일 값을 산출하며 외부 블록은 실렉션 조건 Salary = M으로 간단히 수행된다. 최대 급여는 단순히 칼럼 salary에 대한 인덱스(만약 존재한다면)에 있는 가장 높은 값으로부터 또는 카탈로그가 최신의 것이면 그로부터 구할 수 있을 것이다. 외부 질의는 동일 인덱스를 기반으로 평가된다. 만약 그런 인덱스가 존재하지 않는다면 선형 탐색이 양쪽 모두에 대해 필요할 것이다.

상관 중첩 SQL 질의에 대해 6.1.3절에서 논의하였다. 상관 부질의에서, 내부 질의는 외부 질의에 대한 참조를 하나 또는 그 이상의 변수를 통하여 가진다. 그 부질의는 이 변수의 각 값 또는 변수들의 조합에 대한 값의 집합을 반환하는 함수로 동작한다. 그림 4.5의 데이터베이스에서 DEPARTMENT 릴레이션을 아래와 같이 변경한다고 가정해 보자.

```
DEPARTMENT (Dnumber, Dname, Mgr_ssn, Mgr_start_date, Zipcode)
```

아래 질의를 고려해 보자

```
SELECT Fname, Lname, Salary
FROM EMPLOYEE E
WHERE EXISTS (SELECT *
              FROM DEPARTMENT D
              WHERE D.Dnumber = E.Dno AND D.Zipcode = 30332);
```

위에서, 중첩 부질의는 직원이 일하는 부서인 E.Dno를 인자로 가지며 부서가 우편번호 30332에 위치하는지의 여부를 가리는 하나의 함수로 true 또는 false를 반환한다. 그 질의를 평가하는 단순한 전략은 외부 릴레이션의 각 투플에 대하여 내부 중첩 부질의를 평가하는 것이며 이는 비효율적이다. 가능하면 어디이든지, SQL 최적화기는 중첩 부질의를 가진 질의를 조인 연산으로 전환하려고 시도한다. 조인은 이제 17.4절에서 고려한 선택사양들 중의 하나로 평가될 수 있다. 위 질의는 다음과 같이 변환될 수 있다.

```
SELECT Fname, Lname, Salary
FROM EMPLOYEE E, DEPARTMENT D
WHERE D.Dnumber = E.Dno AND D.Zipcod = 30332
```

중첩 질의를 제거하고 외부와 내부 질의를 하나의 블록으로 변환하는 과정을 **중첩해제**(unnesting)라 한다. 여기서 내부 조인이 사용되는데 그 이유는 D.Dnumber가 유일성을 가지며 그 조인이 동등 조인이기 때문이며 이로써 릴레이션 Employee의 하나의 투플이 릴레이션 Department의 최대 하나의 투플과 같은 값을 가질 것임을 보장한다. 6장에서 질의 Q16은 IN 연결자로 연결된 부질의를 가지는데 그 또한 조인을 가지는 단일 블록 질의로 중첩해제되는 것을 보았다. 일반적으로 SQL에서 IN 또는 ANY 연결자로 연결된 중첩 부질의를 포함하는 질의는 항상 단일 블록 질의로 변환될 수 있다. 사용되는 다른 기법들은 부질의로부터 임시 결과 테이블을 생성하고 이를 조인에서 사용하는 것들을 포함한다.

17.1절에서 보인 예제 질의를 반복한다(IN 연산자는 =ANY 연산자와 동등함에 유의하자).

```
Q (SJ) :
SELECT COUNT(*)
FROM DEPARTMENT D
WHERE D.Dnumber IN (SELECT E.Dno
                    FROM EMPLOYEE E
                    WHERE E.Salary > 200000)
```

다시 이 경우, 최적화기에는 두 개의 선택사항이 있다.

1. 각 외부 투플에 대해 중첩 부질의를 평가한다. 이는 그렇게 함이 비효율적이다.
2. 세미조인(semi-join)을 이용하여 부질의를 중첩해제한다. 이는 선택 1보다 훨씬 더 효율적이다. 17.1절에서 우리는 세미조인 연산자를 소개하고 정의하기 위해 이 방법을 사용하였다. 이 부질의를 중첩해제함으로써 하나의 단일 블록으로 표현하도록 하기 위해, 내부조인은 사용될 수 없음을 유의하자. 그 이유는 내부 조인에서 DEPARTMENT의 하나의 투플은 EMPLOYEE의 하나 이상의 투플과 상응할 것이며 따라서 잘못된 결과를 생성하기 때문이다. 중첩 부질의가 필터로 동작하고 내부 조인과 달리 DEPARTMENT 테이블에 있는 행의 수보다 더 많은 행을 생성함을 보이는 것은 쉽다. 세미조인은 이 행위처럼 보이게 한다.

중첩해제로 설명한 그 과정은 때로는 **비상관화**(decorrelation)라 불린다. 17.1절에 "NOT IN" 연결자를 사용하는 또 다른 예를 보였다. 그 연결자는 안티조인 연산을 사용하는 하나의 단일 블록 질의로 변환되었다. 복잡한 중첩 부질의의 최적화는 어려우며 많은 관련된 기법들을 요구한다. 이러한 두 기법들을 아래의 18.2.3절에 나타낸다. 중첩해제는 막강한 최적화 기법이며 SQL 최적화기에 의해 광범위로 사용된다.

### 18.2.3 부질의 (뷰) 합병 변환

부질의가 질의의 FROM 절에 나오며 그것이 하나의 유도된 릴레이션이 된다. 이렇게 함이 그 질의에 포함된 미리 정의된 뷰와 유사한 예가 있다. 이 FROM 절 부질의는 가끔 인라인 뷰(inline view)라고 언급된다. 때로는 별도의 질의로 앞서 정의된 실제 뷰는 새로운 질의에서 인자 릴레이션으로 사용된다. 이 경우에 그 질의의 변환은 뷰합병 또는 부질의합병 변환으로 언급될 수 있다. 여기서 논의되는 뷰합병의 기법은 인라인 뷰와 미리 정의된 뷰 모두에 동등하게 적용된다.

아래 세 릴레이션들을 고려해 보자:

EMP (Ssn, Fn, Ln, Dno)
DEPT (Dno, Dname, Dmgrname, Bldg_id)
BLDG (Bldg_id, No_storeys, Addr, Phone)

그 릴레이션들의 의미는 자명하다. 마지막 릴레이션은 부서들이 위치한 빌딩을 나타내며 phone은 그 빌딩 로비의 전화번호를 나타낸다.

아래 질의는 FROM 절에 인라인 뷰를 사용하는 데 이름이 John인 직원의 성과 그 직원이 일하는 빌딩의 주소와 전화번호를 검색한다:

```
SELECT E.Ln, V.Addr, V.Phone
FROM EMP E, (SELECT D.Dno, D.Dname, B.Addr, B.Phone
             FROM DEPT D, BLDG B
             WHERE D.Bldg_id = B.Bldg_id ) V
WHERE V.Dno = E.Dno AND E.Fn = "John";
```

위 질의는 테이블 EMP와 뷰 V를 조인하는데 그 뷰는 그 직원이 일하는 빌딩의 주소와 전화번호를 제공한다. 차례로 그 뷰는 두 개의 테이블 DEPT와 BLDG를 조인한다. 이 질의는 첫째로 그 뷰를 임시로 실체화하고 그리고 나서 그를 테이블 EMP와 조인함으로써 수행될 수 있다. 최적화기는 이제 조인 순서로 E, V 또는 V, E를 고려하도록 취해지며, 그 뷰를 계산하기 위하여 가능한 조인 순서는 D, B와 B, D가 있다. 따라서, 조인 순서의 후보들의 전체 수는 4로 제한된다. 또한, E, V에 대한 인덱스 기반 조인은 배제된다. 그 이유는 V에는 조인 칼럼 Dno에 대해 인덱스가 없기 때문이다. **뷰-합병**(view-merging) 연산은 뷰에 있는 테이블들과 외부 질의 블록에 있는 테이블들을 합병하여 아래 질의를 생성한다:

```
SELECT E.Ln, B.Addr, B.Phone
FROM EMP E, DEPT D, BLDG B
WHERE D.Bldg_id = B.Bldg_id AND D.Dno = E.Dno AND E.Fn = "John";
```

위의 합병된 질의 블록에서, FROM 절에 세 테이블들이 나타나므로 8가지의 가능한 조인 순서가 가능하며, 앞에서는 배제되었던 DEPT의 Dno와 BLDG의 Bldg_id에 대한 색인들이 인덱스 기반 중첩 루프 조인에 사용될 수 있다. 비교를 보기 위하여 합병을 함과 하지 않음의 실행 계획의 개발을 독자들에게 남긴다.

일반적으로, select-project-join 연산을 포함하는 뷰들을 단순 뷰(simple view)라고 하며 언제나 이러한 유형의 뷰-합병의 대상이 될 수 있다. 전형적으로, 뷰-합병은 추가적인 선택이 고려될 수 있도록 하며 뷰-합병을 하지 않은 것보다 나은 실행계획으로 귀결된다. 때로는 다른 최적화가 가능한데 예를 들어, 외부 질의에 있는 테이블이 뷰 내부에서 사용된다면 그를 외부 질의에서 배제하는 것이다. 뷰-합병은 어떤 조건하에서는 타당하지 않을 수 있다. 이는 뷰가 더욱 복잡하고 DISTINCT, OUTER JOIN, AGGREGATION, GROUP BY 집합 연산 등을 포함할 때이다. 다음에 GROUP-BY 뷰-합병의 가능한 경우들을 고려한다.

**GROUP-BY 뷰-합병.** 뷰가 위에서 언급한 select-project-join 이외의 추가 구성체를 가질 때, 위에 보인 그 뷰의 합병은 바람직할 수도 하지 않을 수도 있다. 조인을 수행한 이후로 Group By 연산을 지연하는 것은 그 조인이 낮은 조인 선택률을 가지는 경우에 그룹핑의 대상이 되는 데이터를 감소시키는 장점을 제공할 수 있다. 반대로, 이른 Group By를 수행함은 이어지는 조인의 대상이 되는 데이터의 양을 줄임으로써 장점이 될 수 있다. 최적화기는 전형적으로 합병을 함과 하지 않음의 실행 계획들을 고려하며 그들의 비용을 비교하여 합병 수행의 실현 가능성을 결정한다. 예를 통하여 보인다. 아래 릴레이션들을 고려하자:

SALES (<u>Custid, Productid,</u> Date, Qty_sold)
CUST (<u>Custid</u>, Custname, Country, Cemail)
PRODUCT (<u>Productid</u>, Pname, Qty_onhand)

| 질의 | France 출신이면서 제품 "Ring_234"를 50개 이상 구매한 고객들을 나열히시오. |
|---|---|

위 질의는 아래와 같이 설정될 수 있다.

<Custid, Productid> 쌍에 대해 구매한 항목들의 전체 양을 세기 위해 하나의 뷰를 생성한다:

```
CREATE VIEW CP_BOUGHT_VIEW AS
SELECT SUM (S.Qty_sold) as Bought, S.Custid, S.Productid
FROM SALES S
GROUP BY S.Custid, S.Productid;
```

이제 이 뷰를 이용하여 질의는 다음과 같이 된다:

```
QG: SELECT C.Custid, C.Custname, C.Cemail
FROM CUST C, PRODUCT P, CP_BOUGHT_VIEW V1
WHERE P.Productid = V1.Productid AND C.Custid = V1.Custid AND V1.Bought > 50
AND Pname = "Ring_234" AND C.Country = "France";
```

뷰 V1이 먼저 평가되고 그 결과가 임시로 실체화된 후, 질의 QG가 조인의 테이블들 중의 하나로 그 실체화한 뷰를 사용하여 평가될 수 있다. 합병 변환을 이용하여 이 질의는 다음과 같이 된다:

```
QT: SELECT C.Custid, C.Custname, C.Cemail
FROM CUST C, PRODUCT P, SALES S
WHERE P.Productid = S.Productid AND C.Custid = S.Custid AND
        Pname = "Ring_234" AND C.Country = "France"
GROUP BY, P.Productid, P.rowid, C.rowId, C.Custid, C.Custname, C.Cemail
HAVING SUM(S.Qty_sold) > 50;
```

합병 후, 결과 질의 QT는 훨씬 더 효율적이고 실행비용이 적게 든다. 그 추론은 다음과 같다. 합병하기 전에, 뷰 V1은 전체 SALES 테이블에 대해 그룹핑을 하며 그 결과를 실체화하는데 그렇게 하는 것은 비용이 많이 든다. 변환된 질의에서, 그룹핑은 세 개의 테이블들의 조인에 대해 적용된다. 이 연산에서, PRODUCT 테이블에서는 단 하나의 product 투플이 참여하므로, SALES에서 상당량의 데이터를 걸러낸다. 변환 후 QT의 조인은 조금 더 비용이 많이 들 것이다. 이는 QG에서 집단화된 뷰 테이블인 CP_BOUGHT_VIEW 보다 전체 SALES 릴레이션이 참여하기 때문이다. 하지만 V1에 있는 GROUP-BY 연산은 하나의 테이블을 생성하는데 그 테이블의 카디날리티는 SALES의 카디날리티 보다 상당히 작지는 않음에 유의하자. 그 이유는 그룹핑이 Custid, Productid에 대해 수행되는데 그 칼럼들은 SALES에서 높은 반복을 가지지 않기 때문이다. 또한 P.rowid와 C.rowid를 사용함에 유의하자. 그들은 유일한 행 식별자들을 나타내는데 원래의 질의와 동등함을 유지하기 위해 첨가되었다. 다시 반복하지만 GROUP-BY 뷰를 합병할 지를 결정하는 것은 반드시 추정 비용에 기초하여 최적화기에 의해 수행되어야 한다는 것이다.

### 18.2.4 실체화한 뷰(Materialized Views)

우리는 6.3절에서 뷰의 개념을 논의하였고 또한 실체화한 뷰의 개념을 소개하였다. 뷰는 데이터베이스에 질의로 정의되며 실체화한 뷰는 그 질의의 결과를 저장한다. 질의에 포함된 계산의 일부를 회피하기 위하여 실체화한 뷰를 사용하는 것은 또 다른 질의 최적화 기법이다. 실체화한 뷰는 더 많은 질의들이 그에 대해 처리될 수 있게 하기 위해 임시로 저장되거나, 데이터 웨어하우스(data warehouse)에서 보편적으로 사용되는 것으로써 영원히 저장된다. 실체화한 뷰는 유도된 데이터로 구성되는데 이는 그 내용이 그 실체화한 뷰를 정의하는 질의의 처리 결과로 계산되기 때문이다. 실체화 배후의 기본 아이디어는 그렇게 함이 필요할 때 그것을 읽고 그것에 대해 질의하는 것이 있는 그대로의 테이블들로부터 그것을 재계산하는 것 보다 훨씬 싸기 때문이다. 이 절약은 그 뷰가 조인, 집단화 등과 같은 비용이 많이 드는 연산들을 포함할 때 특별한 의미를 가진다.

예를 들어, 6.3절의 뷰 V2를 고려해 보자. 뷰 V2는 DEPARTMENT와 EMPLOYEE 릴레이션을 조인하여 하나의 릴레이션을 이루는 것으로 정의되어 있다. 각 부서에 대하여 그 뷰는 그 부서에 있는 전체 직원들의 수와 그 직원들에 지급된 전체 급여를 계산한다. 만약 이 정보가 보고서 또는 질의에 자주 요구된다면, 이 뷰는 영원히 저장될 것이다. 실체화한 뷰는 사용자 질의의 일부분 또는 부표현식(sub-expression)에만 관련된 데이터를 포함하고 있을 수 있다. 그러므로, 그 질의에 관련된 일부분만을 하나 또는 그 이상의 실체화한 뷰로 대체하고 그 질의의 나머지 부분을 일반적인 방법으로 계산하기 위한 관련 알고리즘이 필요하다. 우리는 6.3절에서 그 뷰를 변경하는 세 가지 변경(update, 이를 재생(refresh)이라고도 한다) 전략들 또한 언급하였다:

- 즉시 변경(immediate update). 이는 그 뷰에 참여하는 어떤 릴레이션도 변경되자 마자 그 뷰를 변경한다.
- 나태 변경(lazy update). 이는 오직 요구에 의해서만 그 뷰를 재계산한다.

- 주기적 변경(periodic update, 또는 지연 변경(deferred update)). 이는 그 뷰를 나중에 아마 규칙적인 빈도로 변경한다.

즉시 변경이 실시될 경우, 그 변경은 근원적인 기본 릴레이션에 삽입, 삭제, 수정의 형태로 변화가 발생할 때, 그 뷰를 변경된 상태로 유지하기 위한 대량의 부담이 된다. 예를 들어, 데이터베이스에서 한 명의 직원을 삭제하거나, 직원의 급여를 변경하거나, 또는 새로운 직원을 고용함은 그 뷰에 있는 그 부서에 해당하는 투플에 영향을 미치므로 6.3절의 뷰 V2가 즉시 변경될 것을 요구하게 된다. 이러한 변경은 때로는 프로그램들에 의해 수동으로 처리되는데, 그 프로그램들은 기본 릴레이션이 변경될 때는 언제나 그 기본 릴레이션 위에 정의된 모든 뷰들을 변경하는 것이다. 하지만 모든 뷰들이 고려되었다는 것을 보장하지 않음이 명백하다. 기본 릴레이션에 변경이 있으면 활성화되는 트리거(7.2절 참조)가 사용되어 실체화한 뷰들에 행동하고  적절한 변경을 취하도록 할 수 있다. 간단하며 순진한 접근 방법은 어느 기본 테이블에 대해서건 매 변경에 대하여 전체 뷰를 다시 계산하는 것이며 이는 엄청나게 비용이 많이 든다. 따라서, 오늘날 대부분의 RDBMS들에서 점진적 뷰 유지(incremental view maintenance)가 수행된다. 이에 대하여 논의해 보자.

**점진적 뷰 유지.** 점진적 뷰 유지 배후의 기본 아이디어는, 아무 것도 없이 뷰를 생성하는 것 대신에, 그 뷰가 마지막으로 생성 또는 변경된 이후에 발생한 변화만을 고려하여 그 뷰가 점진적으로 변경될 수 있다는 것이다. 그 비결은 기본 릴레이션에 삽입 또는 삭제된 투플들의 집합을 기반으로 실체화한 뷰에 대한 순수한 변화가 무엇인지를 정확히 식별하는 데 있다. 아래의 조인, 실렉트, 프로젝트, 그리고 몇몇 유형의 집단화를 포함하는 뷰에 대한 점진적 뷰 유지에 대해 일반적인 방법을 설명한다. 변경을 다루기 위해, 이 방법들을 기존 투플의 삭제와 이어지는 새 투플의 삽입의 조합으로 고려해 볼 수 있다. 뷰 $V$가 릴레이션 $R$과 $S$를 기반으로 정의되었다고 가정하자. 각각의 인스턴스를 $v$, $r$, $s$라고 하자.

**조인:** 뷰가 릴레이션 $r$과 $s$의 내부 조인인 $v_{\text{old}} = r \bowtie s$를 포함하며 새로이 삽입된 투플들의 집합 $r_i$가 $r$에 포함된다면, 그러면 그 뷰의 새로운 값은 $(r \cup r_i) \bowtie s$를 포함한다. 그 뷰에 대한 점진적 변화는 $v_{\text{new}} = r \bowtie s \cup r_i \bowtie s$로 계산될 수 있다. 이와 유사하게, $r$에서 투플들의 집합 $r_d$를 삭제함은 새로운 뷰 $v_{\text{new}} = r \bowtie s - r_d \bowtie s$를 초래한다. 인스턴스 $s$에 삽입 또는 삭제가 있는 경우에도 이와 유사한 표현식을 가지게 된다.

**실렉션:** 뷰가 실렉션을 위한 조건 C를 가짐으로써 $V = \sigma_c R$로 정의된다면, 투플들의 집합 $r_i$가 $r$에 삽입되면, 그 뷰는 $V_{\text{new}} = V_{\text{old}} \cup \sigma_c r_i$로 변경될 수 있다. 한편, $r$에서 투플들 $r_d$가 삭제되면, $V_{\text{new}} = V_{\text{old}} - \sigma_c r_d$가 된다.

**프로젝션:** 위의 전략과 비교하여, 프로젝션은 추가 작업이 필요하다. 뷰가 $V = \pi_{\text{Sex,Salary}} R$로 정의되며, 여기서 R은 EMPLOYEE 릴레이션이고, 다음과 같은 <Sex, Salary> 쌍이 Salary 값 50,000에 대하여 r에 세개의 서로 다른 투플들로 존재한다고 가정하자: $t_5$는 <M, 50000>, $t_{17}$은 <M, 50000>, 그리고 $t_{23}$은 <F, 50000>을 포함한다. 그러므로 뷰 v는 <M, 50000>과 <F, 50000>을 r의 세 개의 투플들로부터 유도된 두 개의 투플로 포함한다. 만약 투플 $t_5$가 r에서 삭제된다면, 그 뷰에는 어떠한 영향도 가지지 않을 것이다. 그러나 $t_{23}$이

r에서 삭제된다면, 투플 <F, 50000>은 그 뷰에서 제거되어야 할 것이다. 이와 유사하게, <M, 50000>을 포함하는 다른 투플 $t_{77}$이 릴레이션 r에 삽입된다면 그 또한 그 뷰에는 아무런 영향이 없을 것이다. 따라서, 프로젝션을 가진 뷰의 뷰 유지는 그 뷰의 실제 칼럼들에 추가하여 총계(count)의 칼럼을 필요로 한다. 위 예에서, 원래의 총계 값은 <M, 50000>에는 2, <F, 50000>에는 1이다. 매번 기본 릴레이션에 대한 삽입이 그 뷰에 기여하는 것으로 결론이 나면, 그 총계는 증가되며 기본 릴레이션에서 투플의 삭제가 그 뷰에 표현된다면, 그것의 총계는 감소된다. 그 뷰에서 어떤 투플의 총계가 0에 이르면 그 투플은 그 뷰에서 실제로 제거된다. 새로운 삽입된 투플이 그 뷰에 기여하면 그것의 총계는 1로 설정된다. 위의 논의는 프로젝트($\pi$) 연산에 해당하는 SELECT DISTINCT가 뷰 정의에 사용됨을 가정함에 유의하기 바란다. 만약 프로젝션의 다중집합 버전이 DISTINCT 없이 사용될지라도 총계는 여전히 사용될 수 있다. 뷰가 다중집합으로 나타나야 하는 경우, 뷰 투플들을 각자의 총계의 횟수만큼 화면에 나타내는 선택사양이 있다.

**교집합:** 뷰가 $V = R \cap S$로 정의되면, 하나의 새 투플 $r_i$가 삽입될 때 그 투플은 릴레이션 s를 대상으로 비교하여 그 투플이 그 릴레이션에 존재하는 지를 확인한다. 만약 존재하면, 그 투플은 v에 삽입되며 그렇지 않으면 삽입되지 않는다. 투플 $r_d$가 삭제되면, 뷰 v에 대해 동일한 것을 찾고, 존재하면 그 뷰에서 제거된다.

**집계(Group By):** 집계에 대하여, GROUP BY가 릴레이션 R의 칼럼 G에 대해 사용되었고 뷰가 (SELECT G, 집계함수(A))를 포함하고 있는 경우를 고려해 보자. 그 뷰는 애트리뷰트 A에 적용된 어떤 집계 함수의 결과인데 이는 $_{G}\Im_{집계함수}$(A)에 해당한다(7.4.2절 참조). 아래에 몇몇 집계함수들에 대해 고려해 본다:

- Count: 각 그룹에 대한 투플들의 총계를 보관하기 위하여 새로운 하나의 투플이 r에 삽입되고 만약 그 투플이 칼럼 G에 대해 g1의 값을 가지며, 값 g1이 그 뷰에 존재한다면, 그룹의 총계는 1만큼 증가한다. 만약 그 뷰에 값 g1을 가진 투플이 없다면, 그 뷰에 새로운 투플 <g1, 1>이 삽입된다. 삭제될 투플이 칼럼 G에 대해 값 g1을 가질 경우, 그 그룹의 값은 1만큼 감소한다. 삭제 후, 뷰에서 값 g1의 총계가 0에 이르면, 그 투플은 뷰에서 제거된다.
- Sum: 뷰가 (G, sum(A))를 포함하고 있다고 가정해 보자. 그 뷰에 있는 각 그룹에 대해유지되는 총계가 있다. 릴레이션 r에 하나의 투플이 삽입되고 그 투플이 칼럼 R.G와 R.A에 대해 (g1, x1)의 값을 가지며, 그 뷰는 g1에 대해 어떠한 엔트리도 가지지 않는다면, 그 뷰에 새로운 투플 <g1, x1>이 삽입되고 그 투플의 총계는 1로 설정된다. 만약 기존 뷰에 이미 g1의 엔트리가 <g1, s1>으로 있다면, 그 엔트리는 <g1, s1 + x1>으로 변경되고 총계는 1만큼 증가된다. 기본 릴레이션에서 칼럼 R.G와 R.A에 대해 <g1, x1>의 값을 가진 하나의 투플이 삭제되는 경우, 만일 해당하는 그룹 g1의 총계가 1이라면, 그룹 g1의 투플은 그 뷰에서 제거된다. 만약 그 투플이 존재하고 1보다 높은 총계를 가진다면, 그 총계는 1만큼 감소되고 합계 s1은 s1−x1으로 감소된다.

- Average: 집계 함수는 그 자체로는 유지될 수 없으며 합과 총계 함수들을 유지하며 평균을 합 나누기 총계로 계산하게 된다. 따라서, 합과 총계 함수 둘 다 유지하며 새로운 평균을 계산하기 위하여 위에서 논의한 바와 같이 점진적으로 변경할 필요가 있다.
- Max와 Min: Max를 고려한다. Min은 대칭적으로 다루면 된다. 다시 각 그룹에 대하여, (g, max(a), count) 조합이 유지되는데, 여기서 max(a)는 기본 릴레이션에서 R.A의 최댓값을 나타낸다. 만약 삽입된 투플의 R.A 값이 현재의 max(a) 값보다 낮다면, 또는 그 투플이 max(a)와 같은 값을 가진다면, 단지 그 그룹의 총계가 증가된다. 만약 그 투플이 max(a) 보다 큰 값을 가진다면, 그 뷰의 그 max 값은 새로운 값으로 설정되며 총계는 증가된다. 투플이 삭제되는 경우, 그 투플의 R.A 값이 max(a) 보다 작다면 단지 총계가 감소된다. 만약 그 R.A 값이 max(a)와 같다면, 총계는 1만큼 감소되고, 따라서 A의 최댓값을 나타낸 투플은 삭제된다. 그러므로, 그 그룹에 대한 A에 대해 새로운 최대 값이 계산되어야 하는데 이는 상당한 양의 작업을 요구한다. 총계가 0이되면, 그 그룹은 뷰에서 제거되는데 이는 삭제된 투플이 그 그룹에서 마지막 투플이었기 때문이다.

뷰 유지를 위한 하나의 최적화 기법으로 점진적 실체화를 논의하였다. 그러나, 실체화한 뷰를 어떤 질의에 대한 수고를 줄이는 한가지 방법으로 고려해 볼 수도 있다. 예를 들어, 만약 질의가 뷰로 유용한 R⋈S 또는 $\pi_L$R이라는 요소를 가진다면, 그 질의는 그 뷰를사용하는 것으로 변경될 수 있어서 불필요한 계산을 회피할 수있다. 때로는 그 반대의 상황도 발생한다. 뷰 V가 질의 Q에 사용되고, 그 뷰가 v로 실체화되었으며, 그 뷰는 R⋈S를 포함하지만 v에는 색인과 같은 어떠한 접근 구조도 유용하지 않다고 하자. 만약 구성 릴레이션 R의 어떤 애트리뷰트 이른바 A에 대해 인덱스가 존재하고 질의 Q는 A에 대한 실렉트 조건을 포함한다고 하자. 이러한 경우, 그 뷰에 대한 질의는 구성 릴레이션에 있는 인덱스를 사용함이 득이 될 수 있으며, 그 뷰는 그를 정의하는 질의로 대체됨으로써 그 실체화한 뷰를 나타내는 릴레이션은 전혀 사용되지 않는다.

## 18.3 비용기반 최적화에서 선택률의 사용

질의 최적화기가 경험적 규칙들 또는 질의 변환에만 전적으로 의존하지는 않는다. 질의 최적화기는 서로 다른 실행 전략들과 알고리즘들의 사용에 따르는 질의의 실행 비용을 추정하고 비교하여 최저의 비용 추정치를 가지는 전략을 선택한다. 이 방법이 동작하기 위해서는 서로 다른 실행 전략들을 공정하고 실제적으로 비교할 수 있도록 각 실행 전략에 대한 정확한 비용 추정이 필요하나. 이와 더불어, 최적화기는 고려해야 할 실행 전략들의 수를 반드시 제한해야 한다. 그렇지 않으면 수많은 가능한 실행 전략들에 대한 비용 추정치를 작성하는 데 너무 많은 시간이 소모될 것이기 때문이다. 따라서 이 방법은 임의 질의(ad-hoc query) 보다는 컴파일된 질의(compiled query)에 더 적합하다. 컴파일된 질의는 컴파일 시에 최적화되고 그 결과로 생성된 실행 전략 코드는 저장되었다가 런타임에 즉시 실행된다. 인터프리트된 질의(interpreted query)의 경우에는 그림 17.1이 나타내는 질의 처리의 전체 과정이 런타임에 이루어지므로 완전한 수준의 최적화를 하면 응답 시간이 증가한다. 보다 정교한 최적화는 컴파일된 질의에 적합하고, 부분적이고 시간이 덜 소모되는 최적화는 인터프리트된 질의에서 가장 잘 동작한다.

이 방법을 일반적으로 **비용 기반 질의 최적화**(cost-based query optimization)[6)]라고 한다. 이 방법은 문제에 대한 해결 공간을 탐색하여 목적 (비용) 함수를 최소화하는 해결책을 구하는 전통적인 최적화 기법을 사용한다. 질의 최적화에 사용되는 비용 함수들은 추정치이지 정확한 것은 아니다. 따라서 그 최적화는 가장 효율적(절대 최상)인 것이 아닌 질의 실행 전략을 선택할 수도 있다. 18.3.1절에서는 질의 실행 비용의 구성 요소들에 관하여 논의한다. 18.3.2절에서는 비용 함수에 필요한 정보의 유형을 설명한다. 이 정보는 DBMS의 카탈로그에 유지된다. 18.3.3절에서는 히스토그램(histogram)을 설명하는데 이는 중요 애트리뷰트들의 값의 분포에 대한 상세사항들을 보관하는 데 사용된다.

질의 최적화 동안의 의사 결정은 사소하지 않으며 많은 도전을 지니고 있다. 비용기반 질의 최적화의 전체적인 접근 방법을 아래와 같이 요약한다:

- 질의에서 주어진 하위 표현식에 대해, 적용할 수 있는 다수 개의 동치 규칙들이 존재할 수 있다. 동치를 적용하는 과정은 순차적이다. 그 과정은 어떠한 제한도 가지지 않으며 어떠한 명확한 수렴도 존재하지 않는다. 이를 공간 효율적인 방법으로 수행하는 것은 어렵다.
- 대안들의 평가를 위해 어떤 양적 측정에 의존할 필요가 있다. 공간과 시간의 요구사항들을 이용하고, 이를 비용(cost)이라는 공통의 측정 기준으로 정리함으로써, 최적화를 위한 방법론을 고안하는 것이 가능하다.
- 가장 값싼 대안들을 보관하고 더 많은 비용이 드는 대안들을 제거함으로써 적절한 탐색 전략들을 설계할 수 있다.
- 질의 최적화의 범위는 일반적으로 질의 블록이다. 여러 테이블과 인덱스 접근 경로들, 조인 순열들(순서들), 조인 방법들, group-by 방법들 등등이 대안들을 제공하고 질의 최적화기는 그들로부터 골라야 한다.[7)]
- 전역 질의 최적화(global query optimization)에서, 최적화의 범위는 다수의 질의 블록들이다.

## 18.3.1 질의 실행 비용의 구성 요소

질의 실행에 따르는 비용에는 다음의 구성 요소들이 포함된다.

1. **보조 기억 장치의 접근 비용.** 보조 기억 장치(디스크)와 주기억 장치 버퍼들 사이에 데이터 블록들을 전달(읽기와 쓰기)하는 비용이다. 이를 디스크 I/O (입력/

---

6) 이 방법은 IBM에서 개발된 실험용 DBMS인 System R의 최적화기에서 최초로 사용되었다(Selinger 외, 1979).
7) 본 장에서 이러한 개념으로 전역 최적화를 논의하지 않는다. 상세 사항은 Ahmed 외(2006)에서 찾을 수 있다.

출력) 비용이라고도 한다. 한 파일에 있는 레코드들을 탐색하는 비용은 순서화, 해싱, 기본 인덱스 및 보조 인덱스 등과 같은 접근 구조들의 유형에 따라 달라진다. 이 밖에도 파일의 블록들이 같은 디스크 실린더에 연속적으로 할당되었는지 또는 디스크에 산재하여 존재하는지 등의 요인들도 접근 비용에 영향을 미친다.

2. **디스크 저장 비용.** 질의의 실행 전략에 따라 생성되는 중간 파일들을 디스크에 저장하는 비용이다.

3. **계산 비용.** 질의를 실행하는 동안 데이터 버퍼에 있는 레코드들에 대해 주기억 장치 연산들을 수행하는 비용이다. 그 연산들에는 레코드를 탐색하고, 레코드를 정렬하고, 조인 또는 정렬 연산을 위해서 레코드들을 결합하고, 필드 값에 대한 계산을 수행하는 등의 작업이 포함된다. 이를 CPU (중앙처리장치) 비용이라고도 한다.

4. **메모리 사용 비용.** 질의를 실행하는 동안 필요한 주기억 장치 버퍼들의 수에 관련된 비용이다.

5. **통신 비용.** 질의를 전송하고 질의의 결과를 데이터베이스가 있는 사이트로부터 질의가 입력된 사이트 또는 터미널로 전송하는 비용이다. 분산 데이터베이스에서(22장 참조), 이는 질의 평가 동안 여러 컴퓨터들 간에 테이블들과 결과들을 전달하는 비용을 포함할 수도 있다.

대용량 데이터베이스에서, 주된 강조는 가끔 보조 기억 장치의 접근 비용을 최소화하는 데 있다. 단순한 비용 함수들은 다른 요소들을 무시하고 디스크와 주기억 장치 버퍼들 사이의 블록 전송들의 수로 질의 실행 전략들을 비교한다. 소규모 데이터베이스에서는 질의에서 참조된 파일들의 데이터 대부분이 주기억 장치에 완전히 저장될 수 있기 때문에, 강조는 계산 비용의 최소화에 있다. 분산 데이터베이스(22장 참조)에서는 여러 사이트가 포함되기 때문에 통신 비용이 최소화되어야 한다. (가중치가 부여되는) 비용 함수에 모든 비용 구성 요소를 포함하는 것은 어렵다. 이는 각 비용 구성 요소에 적절한 가중치를 부여하기가 어렵기 때문이다. 이런 이유로 일부 비용 함수들은 디스크 접근이라는 단일 인자만을 고려한다. 다음 절에서, 비용 함수를 만들기 위해 필요한 몇몇 정보에 관하여 논의한다.

### 18.3.2 비용 함수에 사용되는 카탈로그 정보

다양한 실행 전략들의 비용을 추정하려면 비용 함수들이 필요로 하는 정보를 유지해야 한다. 이런 정보는 DBMS의 카탈로그에 저장되며 질의 최적화기에 의해 접근된다. 첫째, 각 파일의 크기를 알아야 한다. 같은 유형의 레코드들을 가지는 파일에서는 **레코드(투플)들의 수**($r$), (**평균) 레코드 크기**($R$), **파일 블록들의 수**($b$) 또는 그들에 대한 근사 추정값들이 필요하다. 파일의 **블로킹 인수**($bfr$)도 필요할 수 있다. 이들은 17.3.4절에서 언급되었으며, 우리는 관계 연산자들을 위한 다양한 구현 알고리즘들을 나타내는데 그들을 사용하였다. 또한 각 파일에 대하여 기본 파일 조직을 파악하고 있어야 한다. 기본 파일 조직의 레코드들은 정렬되지 않았거나, 기본 또는 클러스터링 인덱스를 가지거나 가지지 않는 어떤 하나의 애트리뷰트에 의해서 정렬되었거나, 또는 하나의 키 애트리뷰트에 대해 정적 해싱 또는 동적 해싱 방법으로 해시되어 있을 수 있다. 모든 기본, 보조, 또는 클러스터링 인덱스들과 그 인덱스들의 인덱싱 애트리뷰트들에 대한 정보 역시 유지되어야 한다. 각 **다단계 인덱스**(기본, 보조, 또는 클러스터링 인덱스)의 **단계 수**($x$)는 질의를 수행하는 동안 발생하는 블록 접근 수를 추정하는 비용 함수들을 위해 필요하다. 몇몇 비용 함수들은 **첫 번째 단계의 인덱스 블록 수**($b_{I1}$)를 필요로 한다.

또 다른 중요한 매개 변수는 릴레이션 $R$의 애트리뷰트 $A$에 나타나는 **상이한 값들의 수**(number of distinct values) NDV(A, R)과 그 애트리뷰트에 대한 **선택률**($sl$)이다. 선택률은 그 애트리뷰트에 대한 동등 조건을 만족하는 레코드들의 비율이다. 이는 한 애트리뷰트의 **실렉션 카디날리티**(selection cardinality, $s = sl * r$) $s$를 추정할 수 있게 한다. 실렉션 카디날리티는 그 애트리뷰트에 대한 동등 실렉션 조건을 만족하는 레코드들의 평균 수이다.

인덱스 단계의 수와 같은 정보는 자주 바뀌지 않기 때문에 유지하기가 쉽다. 그러나, 다른 정보들은 자주 바뀌게 된다. 예를 들어, 하나의 파일에 있는 레코드들의 수 $r$은 레코드가 삽입되거나 삭제될 때 마다 변하게 된다. 질의 최적화기는 다양한 실행 전략의 비용을 추정하는 데 사용하기 위해 이 매개 변수들에 대해 상당히 가까운 값을 필요로 하며 반드시 완전히 가장 최근의 값을 요구하지는 않는다. 질의 결과의 크기 추정을 돕기 위해, 가능한 한 좋은 값의 분포 추정을 가짐이 중요하다. 그 목적을 달성하기 위해, 대부분의 시스템들은 히스토그램을 저장한다.

### 18.3.3 히스토그램

**히스토그램**(histogram)이란 데이터 분포의 정보를 기록하기 위해 DBMS에 의해 유지되는 테이블 또는 자료 구조이다. 관례적으로 대부분의 RDBMS는 대부분의 중요 애트리뷰트들에 대해 히스토그램을 저장한다. 히스토그램이 없다면, 가장 좋은 가정은 어떤 애트리뷰트의 값들은 높은 값에서 낮은 값의 범위에 균등하게 분포되어 있다는 것이다. 히스토그램은 애트리뷰트를 중요 범위(버켓(bucket)이라 함)로 나누고 그 릴레이션에서 그 버켓에 속하는 전체 레코드들의 수를 저장한다. 때로는 각 버켓에 서로 다른 값들의 수를 함께 저장하기도 한다. 때로는 중요한 가정으로 하나의 버킷 내에서 서로 다른 값들 간에는 균등 분포가 있다는 것이다. 이 모든 가정들은 거의 만족되지 않는 지나친 단순화이다. 따라서, 작은 단위 크기(즉, 많은 수의 버켓들)를 가진 히스토그램을 가지는 것이 항상 유용하다. 히스토그램의 두 가지 변형이 일반적이다. **폭균형 히스토그램**(equi-width histogram)에서, 값들의 범위는 동일한 부분 범위로 나뉜다. **높이균형 히스토그램**(equi-height histogram)에서, 각 버켓은 대략 동일 수의 레코드들을 가지도록 형성된다. 높이균형 히스토그램은 더 적은 수의 더 자주 발생하는 값들을 하나의 버켓에 보관하고 더 많은 수의 덜 자주 발생하는 값들을 다른 버켓에 보관하기 때문에 더 나은 것으로 간주된다. 따라서, 하나의 버켓 내에서 균일분포의 가정은 더 잘 지켜진다. 그림 18.4에 어떤 회사의 급여 정보에 대한 히스토그램의 예를 보인다. 이 히스토그램은 급여 범위를 다섯 개의 버켓으로 나누는데 이는 중요한 부분 범위들이며 그들이 어떤 유형의 직원들에 속하기 때문에 그들에 대해 질의들이 수행될 가능성이 높다. 그것은 폭균형 히스토그램도 높이균형 히스토그램도 아니다.

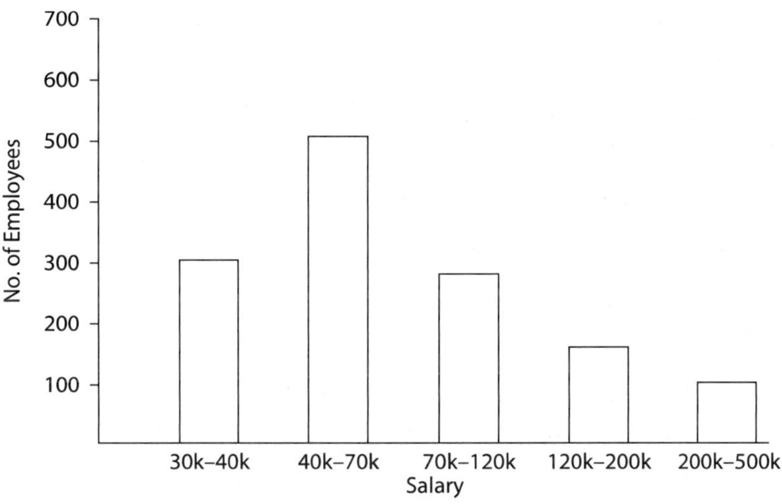


그림 18.4 릴레이션 EMPLOYEE의 급여에 대한 히스토그램

## 18.4 실렉트 연산에 대한 비용 함수들

주기억 장치와 디스크 사이의 블록 전송들의 수의 관점에서, 17.3.1절에서 살펴본 S1부터 S8까지의 탐색 알고리즘들에 대한 비용 함수들을 만들어 보자. 알고리즘 S9는 레코드 포인터들의 교집합을 포함하는데 이는 알고리즘 S6과 같은 몇몇 다른 방법들로 구하게 된다. 따라서, 알고리즘 S9의 비용 함수는 S6을 위한 비용을 기반으로 한다. 이 비용 함수들은 계산 시간, 저장 비용, 그리고 기타 요인들을 무시한 추정치이다. 되풀이하기 위하여, 이후 내용에서 아래 표기법이 수식에 사용된다:

$C_{Si}$: 블록 접근으로 표현한 방법 $Si$의 비용.

$r_X$: 릴레이션 $X$에 있는 레코드(투플)들의 수.

$b_X$: 릴레이션 $X$가 차지하는 블록의 수(이를 $b$로 표현하기도 함).

$bfr_X$: 릴레이션 $X$의 블로킹 인수(즉, 하나의 블록 당 레코드의 수).

$sl_A$: 주어진 조건에 대한 애트리뷰트 $A$의 선택률(selectivity).

$s_A$: 탐색하는 애트리뷰트 $A$에 대한 실렉션 카디날리티(selection cardinality)($= sl_A * r$).

$X_A$: 애트리뷰트 $A$에 대한 인덱스의 단계(level)의 수.

$b_{I1}A$: 애트리뷰트 $A$에 대한 인덱스의 첫 단계의 블록들의 수.

NDV($A$, $X$): 릴레이션 $X$에 있는 애트리뷰트 $A$의 서로 다른 값들의 수.

주: 위 표기법을 수식에 사용함에 있어서, 명백한 경우에는 릴레이션 이름 또는 애트리뷰트 이름을 생략하였다.

- **S1. 선형 탐색(전체계산).** 실렉션 조건을 만족하는 모든 레코드를 검색하기 위해서 모든 파일 블록을 탐색하는 방법이다. 따라서 $C_{S1a} = b$이다. 키 애트리뷰트에 대한 동등 조건에 대하여, 레코드를 찾기 위해서 평균적으로 파일 블록들의 절반만 탐색하면 되므로, 그 레코드를 찾을 경우에는 대강의 추정치 $C_{S1b} = (b/2)$이고, 그 조건을 만족하는 레코드를 찾지 못하면 $C_{S1b} = b$이다.
- **S2. 이진 탐색.** 이 방법은 약 $C_{S2} = \log_2 b + \lceil (s/bfr) \rceil - 1$개의 파일 블록을 접근한다. 만일 키 애트리뷰트에 대한 동등 조건이라면 $s = 1$이기 때문에 $\log_2 b$로 감소한다.
- **S3a. 기본 인덱스를 사용하여 단일 레코드를 검색.** 기본 인덱스의 각 인덱스 단계에서 하나의 디스크 블록을 그리고 데이터 파일에서 하나의 디스크 블록을 접근해야 한다. 따라서, 비용은 인덱스 단계들의 수에 하나의 디스크 블록을 추가하게 되어 $C_{S3a} = x + 1$이다.
- **S3b. 해시키를 사용하여 단일 레코드를 검색.** 해싱에 대하여, 대부분의 경우 단지 하나의 디스크 블록에만 접근할 필요가 있다. 비용 함수는 정적 해싱이나 선형 해싱에 대해서는 대략 $C_{S3b} = 1$이고, 확장가능 해싱에 대해서는 2가 된다(15.8절 참조).
- **S4. 순서화된 인덱스를 사용하여 여러 개의 레코드를 검색.** 만일 순서화된 인덱스를 가진 키필드에 대하여 비교 조건이 >, >=, <, <=이면, 파일 레코드들의 약 절반 정도가 이 조건을 만족할 것이다. 따라서 비용 함수는 $C_{S4} = x + (b/2)$이다. 이는 매우 대략적인 추정이고, 평균적으로 이 추정이 정확하다고 하더라도 개개의 경우에는 부정확할 수도 있다. 만약 레코드들의 분포가 히스토그램에 저장되어 있다면 좀 더 정확한 추정이 가능하다.
- **S5. 클러스터링 인덱스를 사용하여 여러 개의 레코드를 검색.** 각 인덱스 단계에서 하나의 디스크 블록을 접근함으로써 그 클러스터에 있는 첫 번째 파일 디스크 블록의 주소를 구할 수 있다. 인덱스 애트리뷰트에 대해 동등 조건이 주어지면, 그 인덱스 애트리뷰트의 선택률을 s라 할 때, s개의 레코드들이 그 조건을 만족하게 된다. 이는 $\lceil (s/bfr) \rceil$ 개의 파일 블록들이 모든 선택된 레코드들을 가지고 있는 그 파일 블록들의 클러스터에 있음을 의미하여, $C_{S5} = x + \lceil (s/bfr) \rceil$ 이 된다.
- **S6. 보조(B+-트리) 인덱스를 사용.** 키(유일) 애트리뷰트에 대한 보조 인덱스의 경우, 동등의 실렉트 조건(즉, <애트리뷰트 = 값>)이면, 비용은 $x + 1$ 디스크 블록 접근이다. 키가 아닌(유일성을 가지지 않는) 애트리뷰트에 대한 보조 인덱스의 경우, $s$가 그 인덱싱 애트리뷰트의 실렉션 카디날리티일 때, s개의 레코드들이 동등 조건을 만족할 것이다. 그러나, 그 인덱스가 클러스터링이 아니기 때문에 그 레코드들 각각은 다른 디스크 블록에 위치할 수 있으므로 (최악의 경우) 비용 추정치는 $C_{S6a} = x + 1 + s$가 된다. 추가된 1은 그 인덱스가 탐색된 후 레코드 포인터들을 가진 디스크 블록을 고려한 것이다(16.5절 참조). 범위 질의에 대하여, 만약 비교 조건이 >, >=, <, 또는 <=이고, 그 파일 레코드들의 절반이 그 조건을 만족한다고

가정하면 (매우 대략적으로) 첫 번째 단계의 인덱스 블록들의 약 절반과 인덱스를 통하여 파일 레코드들의 절반이 접근된다. 이 경우에 비용 추정은 대략 $C_{S6b} = x + (b_{I1}/2) + (r/2)$이다. 만일 더 좋은 선택률 추정값이 히스토그램을 통하여 주어진다면 $r/2$ 인자는 다듬어질 수 있다. 후자의 방법인 $C_{S6b}$는 비용이 많이 든다. $v1 < A < v2$와 같은 범위 조건에 대하여, 실렉션 카디날리티 s는 히스토그램으로부터 또는 디폴트로 균일 분포라는 가정하에 계산되어야 한다. 그 비용은 A가 키이거나 $B^+$-트리 인덱스를 가진 비키인지 아닌지에 기초하여 계산된다(우리는 이를 다른 조건하에서 계산하도록 독자들에게 연습문제로 남겨둔다).

- **S7. 실렉트의 논리곱 해결.** 위에서 설명한 방법들 중에서 S1을 사용하거나, S2부터 S6까지 중 한 가지 방법을 사용할 수 있다. 후자의 경우에 레코드들을 검색하기 위해서 하나의 조건을 사용하고, 검색한 각 레코드가 논리곱에서 나머지 조건들을 만족하는가를 주기억 장치의 버퍼 내에서 검사한다. 만약 다수개의 인덱스들이 존재한다면, 각 인덱스를 탐색하여 레코드 포인터들(레코드 식별자들)의 집합을 주기억 장치 버퍼들에 생성할 수 있다. 레코드 포인터들의 집합들의 교집합(S9에서 언급하였음)은 주기억 장치에서 계산될 수 있고 그리고 나서 그 레코드 식별자들을 근거로 결과 레코드들이 인출된다.
- **S8. 복합 인덱스를 사용하여 실렉트의 논리곱 해결.** 인덱스의 유형에 따라 S3*a*, S5, 또는 S6*a*와 같다.
- **S9. 비트맵 인덱스(bitmap index)를 사용하여 실렉트 해결.** (16.5.2절 참조) 실렉트의 유형에 따라, 그 실렉트를 한 집합의 동등 조건들로 줄일 수 있고 그들 각 동등 조건은 애트리뷰트를 값과 동일시 한다면 (예를 들어, $A = \{7, 13, 17, 55\}$), 각 값에 대한 비트 벡터(bit vector)가 접근되는데 비트 벡터의 크기는 $r$ 비트 또는 $r/8$ 바이트이다. 다수의 비트 벡터들이 하나의 블록에 들어갈 수 있다. 그러면, 만약 s개의 레코드들이 자격이 되면, $s$개의 블록들이 데이터 레코드들을 읽기 위해 접근된다.
- **S10. 함수 인덱스(functional index)를 사용하여 실렉트 해결.** (16.5.3절 참조) 이는 S6와 유사하게 작동하는데 그 인덱스가 다수개의 애트리뷰트들의 함수에 기초하는 것이 차이점이다. 만약 그 함수가 SELECT 절에 나타난다면, 해당 인덱스가 사용될 수 있다.

**비용 기반 최적화 방법.** 질의 최적화기에서는 질의 실행을 위해 가능한 전략들을 다양하게 나열하고 각 전략의 비용을 추정하는 것이 일반적이다. 모든 가능한 실행 전략을 고려하지 않고도 최적(최저)의 비용 추정치를 갖는 실행 전략을 효율적으로 찾기 위해서 동적 프로그래밍(dynamic programming)과 같은 질의 최적화 기법을 사용할 수 있다. 동적 프로그래밍은 하나의 최적화 기법인데[8] 그 기법에서 하위 문제들은 오직 한번만 해결된다. 이 기법은 하나의 문제가 하위 문제들로 나누어 지고 그 하위 문제들이 하위 문제들을 가지는 경우에 적용된다. 18.5.5절에서 조인 순서방법을 논의할 때 동적 프로그래밍 방법을 만나게 된다.

8) 최적화의 기법으로서 동적 프로그래밍에 대한 상세 논의에 대해, 독자는 Corman 외(2003)과 같은 알고리즘 교재를 찾아보기 바란다.

여기서는 최적화 알고리즘들에 관해 논의하지 않는다. 그 대신에 간단한 예를 사용하여 어떻게 비용 추정치가 사용되는지 설명한다.

### 18.4.1 비용 식에 기반한 실렉트의 최적화 예

그림 4.5의 EMPLOYEE 파일이 $r_{\text{E}} = 10,000$ 레코드를 가지며, 이들이 $bfr_{\text{E}} = 5$ 레코드/블록의 블로킹 인수를 가진 $b_{\text{E}} = 2,000$ 디스크 블록에 저장되어 있으며, 아래의 접근 경로들을 가진다고 가정하자.

1. Salary 애트리뷰트에 대한 클러스터링 인덱스가 단계 수 $x_{\text{Salary}} = 3$이고, 평균 실렉션 카디날리티 $s_{\text{Salary}} = 20$으로 존재한다(이는 선택률 $sl_{\text{Salary}} = 0.002$와 일치한다).
2. 키 애트리뷰트 Ssn에 대한 보조 인덱스가 단계 수 $x_{\text{Ssn}} = 4(s_{\text{Ssn}} = 1,\ sl_{\text{Ssn}} = 0.0001)$로 존재한다.
3. 키가 아닌 애트리뷰트 Dno에 대한 보조 인덱스가 단계 수 $x_{\text{Dno}} = 2$이며, 첫 번째 단계의 인덱스 블록 수 $b_{\text{I1Dno}} = 4$로 존재한다. $NDV(Dno, EMPLOYEE) = 125$개의 서로 다른 값들이 있어서 Dno의 선택률 $sl_{\text{Dno}} = (1/NDV(Dno, EMPLOYEE)) = 0.008$이고, 실렉션 카디날리티는 $s_{\text{Dno}} = (r_{\text{E}} * sl_{\text{Dno}}) = (r_{\text{E}}/NDV(Dno, EMPLOYEE)) = 80$이다.
4. Sex 애트리뷰트에 대한 보조 인덱스가 단계 수 $x_{\text{Sex}} = 1$로 존재한다. Sex 애트리뷰트에는 $NDV(Sex, EMPLOYEE) = 2$의 서로 다른 값들이 있으므로 평균 실렉션 카디날리티는 $s_{\text{Sex}} = (r_{\text{E}}/NDV(Sex, EMPLOYEE)) = 5000$이다(이 경우, 남자와 여자 직원들의 비율이 거의 같지 않다면 그 비율을 제공하는 히스토그램은 유용할 수 있다).

다음의 예들을 통하여 비용 함수가 어떻게 사용되는지 살펴보자.

(OP1): $\sigma_{\text{Ssn} = \text{'123456789'}}(\text{EMPLOYEE})$

(OP2): $\sigma_{\text{Dno} > 5}(\text{EMPLOYEE})$

(OP3): $\sigma_{\text{Dno} = 5}(\text{EMPLOYEE})$

(OP4): $\sigma_{\text{Dno} = 5 \text{ AND Salary} > 30000 \text{ AND Sex} = \text{'F'}}(\text{EMPLOYEE})$

전체계산(선형 탐색 또는 파일 스캔) 알고리즘인 S1의 비용은 $C_{\text{S1}a} = b_E = 2,000$(키가 아닌 애트리뷰트에 대한 실렉션) 또는 $C_{\text{S1}b} = b_E/2 = 1,000$(키 애트리뷰트에 대한 실렉션의 평균 비용)으로 추정된다. OP1의 경우에는 방법 S1 또는 방법 S6$a$를 사용할 수 있으며, S6$a$의 비용 추정은 $C_{\text{S6}a} = x_{\text{Ssn}} + 1 = 4 + 1 = 5$이고, S1의 평균 비용은 $C_{\text{S1}b} = 1,000$이므로 S6$a$가 방법 S1을 제치고 선택된다. OP2의 경우에는 방법 S1(추정 비용은 $C_{\text{S1}a} = 2,000$) 또는 방법 S6$b$(추정 비용은 $C_{\text{S6}b} = x_{\text{Dno}} + (b_{\text{I1}Dno}/2) + (r_E/2) = 2 + (4/2) + (10,000/2) = 5,004$)를 사용할 수 있으므로 OP2를 위해 선형 탐색을 선택한다. OP3의 경우에는 방법 S1(추정 비용

은 $C_{S1a}=2,000$) 또는 방법 S6$a$(추정 비용은 $C_{S6a}=x_{Dno}+s_{Dno}=2+80=82$를 사용할 수 있는데 S6$a$를 선택한다.

마지막으로 논리곱 실렉션 조건을 가진 OP4를 고려해 보자. 레코드들을 검색하기 위해 실렉션 조건의 세 가지 구성 요소들 중 하나를 사용하는 것과 선형 탐색을 사용하는 것의 비용을 추정할 필요가 있다. 선형 탐색은 $C_{S1a}=2000$의 비용 추정치를 가진다. 조건(Dno = 5)를 첫 번째로 사용하면 비용 추정치는 $C_{S6a}=82$가 된다. 조건(Salary > 30,000)을 첫 번째로 사용하면 비용 추정치는 $C_{S4}=x_{Salary}+(b_E/2)=3+(2000/2)=1003$이 된다. 조건(Sex = 'F')를 첫 번째로 사용하면 비용 추정치는 $C_{S6a}=x_{Sex}+s_{Sex}=1+5000=5001$이 된다. 최적화기는 Dno 애트리뷰트에 대한 보조 인덱스를 사용하는 방법 S6$a$가 최소의 비용 추정치를 가지므로 그 방법을 선택할 것이다. 조건(Dno = 5)를 사용하여 레코드들을 검색하며 선택된 각 레코드에 대하여 그 레코드가 주기억 장치로 검색되고 나서 논리곱 조건의 나머지 부분인 (Salary > 30,000 AND Sex = 'F')를 검사한다. 이 추가 조건들을 만족하는 레코드들만이 그 연산의 결과에 포함된다. 위의 OP3의 조건 Dno = 5를 고려해 보자. Dno는 125개의 값들을 가지므로 $B^+$-트리의 인덱스가 적당할 것이다. 그 대신 만약 EMPLOYEE에 속성 Zipcode를 가지며, 그 조건이 Zipcode = 30332이며, 단지 다섯 개의 우편번호들만을 가진다면, 조건을 만족하는 레코드들의 탐색에 비트맵 인덱스가 사용될 수 있을 것이다. 균일 분포를 가정한다면, $s_{Zipcode}=2,000$이다. 이로 인해 비트맵 인덱스의 비용은 2,000이 된다.

## 18.5 조인 연산에 대한 비용 함수들

조인 연산에 대해 상당히 정확한 비용 함수를 개발하려면 조인 연산 후에 생성되는 결과 파일의 크기(투플 수)에 대한 추정치를 가져야 한다. 이는 대체로 동일 입력 파일들에 조인 연산과 카티션 곱 연산을 각각 적용할 경우의 카티션 곱 파일의 크기(투플 수)에 대한 조인 파일의 크기의 비율로 나타내며 그 값을 **조인 선택률**(join selectivity, js)이라 한다. 만일 릴레이션 $R$의 투플 수를 $|R|$로 표현한다면

$$js=|(R\bowtie_c S)|/|(R\times S)|=|(R\bowtie_c S)|/(|R|*|S|)$$

이다.

만일 조인 조건 $c$가 없으면 $js=1$이 되고 조인은 카티션 곱과 같다. 만일 그 릴레이션들의 어떠한 투플도 조인 조건을 만족하지 못하면 $js=0$이 된다. 일반적으로 $0\le js\le 1$이다. 동등 비교 $R.A=S.B$를 조건 $c$로 가지는 조인에 대하여 다음의 특별한 두 가지 경우가 있다.

1. 만일 $A$가 $R$의 키이면 $|(R\bowtie_c S)|\le|S|$이고, 따라서 $js\le 1/|R|$이다. 그 이유는 파일 $S$의 각 레코드는, $A$가 파일 $R$의 키이므로, 파일 $R$의 최대 하나의 레코드와 조인되기 때문이다. 이 조건의 특별한 경우는 애트리뷰트 $B$가 $R$의 기

본키 $A$를 참조하는 $S$의 외래키인 경우이다. 이에 추가하여, 만약 외래키 $B$가 NOT NULL 제약 조건을 가진다면 $js = (1/|R|)$이 되고, 그 조인의 결과 파일은 $|S|$개의 레코드들을 가지게 된다.

2. 만일 $B$가 $S$의 키이면 $|(R \bowtie_c S)| \leq |R|$이고, 따라서 $js \leq 1/|S|$이다.

따라서 **조인 선택률**로 사용할 간단한 수식은 다음과 같다.

$$js = 1/\max(\text{NDV}(\text{A,R}), \text{NDV}(\text{B,S}))$$

보편적으로 사용되는 조인 조건들에 대하여 조인 선택률의 추정치를 가짐으로써 질의 최적화기는 조인 연산의 결과로 생성되는 파일의 크기를 추정할 수 있다. 이를 조인 **카디날리티**(join cardinality, jc)라 한다.

$$jc = |R_C S| = js * |R| * |S|$$

이제 17.4절에서 주어진 몇몇 조인 알고리즘들의 비용을 추정하기 위한 몇 가지 샘플 근사 비용 함수를 제공할 수 있다. 조인 연산의 형태는 다음과 같다.

$$R \bowtie_{A=B} S$$

여기서 $A$와 $B$는 각각 $R$과 $S$의 애트리뷰트로서 도메인 호환적이다. $R$은 $b_S$개의 블록을 가지고, $S$는 $b_S$개의 블록을 가진다고 가정하자.

- J1 — **중첩 루프 조인**. 외부 루프에 $R$을 사용하고 세 개의 주기억 장치 버퍼들을 사용한다고 가정하자. 이 방법에 대한 블록 접근 수를 추정하는 다음과 같은 비용 함수를 얻을 수 있다. 결과 파일의 블로킹 인수는 $bfr_{RS}$이고, 조인 선택률이 알려져 있다고 가정하자.

  $$C_{J1} = b_R + (b_R * b_S) + ((js * |R| * |S|)/bfr_{RS})$$

  이 식의 마지막 부분은 결과 파일을 디스크에 쓰는 비용이다. 이 비용 식은 18.4절에 보인 바와 같이 주기억 장치의 버퍼 수를 고려하여 변경될 수 있다. 만약 $n_B$개의 주기억 장치 버퍼들이 그 조인을 수행하도록 주어진다면, 비용 식은 다음과 같다.

  $$C_{J1} = b_R + (\lceil b_R/(n_B - 2) \rceil * b_S) + ((js * |R| * |S|)/bfr_{RS})$$

- J2 — **인덱스 기반 중첩 루프 조인(부합하는 레코드를 검색하기 위한 접근 구조를 사용함)**. $S$의 조인 애트리뷰트 $B$에 대해 인덱스가 존재하고 그 인덱스의 인덱스 단계가 $x_B$이면 $R$에 속하는 각 레코드 $s$를 검색하고 그 인덱스를 사용하여 $S$로부터 $t[B] = s[A]$를 만족하는 모든 레코드 $t$를 검색할 수 있다. 그 비용은 인덱스의 유형에 따라 다르다. 보조 인덱스의 경우, $S$의 조인 애트리뷰트 $B$에 대한 실렉션 카디날리티[9]를 $S_B$라 할 때, 다음과 같다.

  $$C_{J2a} = b_R + (|R| * (x_B + 1 + s_B)) + ((js * |R| * |S|)/bfr_{RS})$$

---

9) 실렉션 카디날리티는 한 애트리뷰트에 대한 동등 조건을 만족하는 레코드들의 평균 개수로 정의되었다. 즉 그 애트리뷰트에 동일한 값을 갖는 레코드들의 평균 개수이며, 이 레코드들은 다른 화일에 있는 하나의 레코드와 조인된다.

클러스터링 인덱스의 경우, $B$에 대한 실렉션 카디날리티가 $s_B$일 때, 다음과 같다.

$C_{J2b} = b_R + (|R| * (x_B + (s_B/bfr_B))) + ((js * |R| * |S|)/bfr_{RS})$

기본 인덱스의 경우, 다음과 같다.

$C_{J2c} = b_R + (|R| * (x_B + 1)) + ((js * |R| * |S|)/bfr_{RS})$

만일 두 개의 조인 애트리뷰트 중 하나(예를 들어, $S$의 $B$)에 해시 키가 존재하면 다음과 같다.

$C_{J2d} = b_R + (|R| * h) + ((js * |R| * |S|)/bfr_{RS})$

이 식에서 $h$는 1 이상의 값을 가지며 어떤 레코드의 해시키 값이 주어지면 그 레코드를 검색하는 데 필요한 평균 블록 접근 수를 나타낸다. 일반적으로, $h$는 정적 해싱과 선형 해싱에 대해 1을 그리고 확장가능 해싱에 대해 2의 값으로 추정된다. 이는 낙관적인 추정치이며 실제 상황에서는 일반적으로 $h$가 1.2에서 1.5 사이이다.

- J3 — **정렬-합병 조인**. 만일 파일들이 조인 애트리뷰트에 따라 이미 정렬되어 있으면 이 방법의 비용 함수는 다음과 같다.

  $C_{J3a} = b_R + b_S + ((js * |R| * |S|)/bfr_{RS})$

  만일 파일들을 정렬해야 한다면 정렬에 필요한 비용을 추가해야 한다. 정렬 비용의 추정에는 17.2절의 식을 사용할 수 있다.

- J4 — **분할-해시 조인 (또는 단순히 해시 조인)**. 파일 $R$과 $S$의 레코드들은 더 작은 파일들로 분할된다. 각 파일의 분할은 동일한 해시 함수 $h$를 $R$의 조인 속성 $A$(파일 $R$을 분할하기 위해)와 S의 조인 속성 $B$(파일 $S$를 분할하기 위해)에 사용하여 수행된다. 17.4절에 보인바와 같이, 이 조인의 비용은 대략 다음과 같다.

  $C_{J4} = 3 * (b_R + b_S) + ((js * |R| * |S|)/bfr_{RS})$

### 18.5.1 세미 조인과 안티 조인의 조인 선택률과 카디날리티

이들 두 중요 연산들을 고려한다. 그 연산들은 특정 질의를 중첩 해제할 때 사용된다. 17.1절에서 이 연산들로 변환되는 부 질의의 예를 보였다. 이 연산들의 목표는 조인 조건에 따라 두 테이블의 모든 가능한 쌍 매칭을 수행하는 불필요한 노력을 피하는 것이다. 이 두 유형의 조인의 조인 선택률과 카디날리티를 고려해 보자.

**세미 조인(Semi-Join)**

```
SELECT COUNT(*)
FROM T1
WHERE T1.X IN (SELECT T2.Y
  FROM T2);
```

위 질의를 중첩 해제하면 세미 조인이 된다(아래 질의에서 세미 조인을 나타내는 "$S=$"라는 표기는 비표준이다).

```
SELECT COUNT(*)
FROM T1, T2
WHERE T1.X S= T2.Y;
```

위 세미 조인의 조인 선택률은 다음과 같다:

$$js = \mathrm{MIN}(1, \mathrm{NDV}(\mathrm{Y}, \mathrm{T2}) / \mathrm{NDV}(\mathrm{X}, \mathrm{T1}))$$

그 세미 조인의 조인 카디날리티는 다음과 같다:

$$jc = |T1| * js$$

**안티 조인(Anti-Join)** 아래 질의를 고려해 보자:

```
SELECT COUNT (*)
FROM T1
WHERE T1.X NOT IN (SELECT T2.Y
FROM T2);
```

위 질의를 중첩 해제하면 안티 조인이 발생한다.[10] (다음 질의에서 anti-join을 위한 표기 "A="는 비표준이다).

```
SELECT COUNT(*)
FROM T1, T2
WHERE T1.X A= T2.Y;
```

위 안티 조인의 조인 선택률은 다음과 같다.

$$js = 1\text{-}\mathrm{MIN}(1, \mathrm{NDV}(\mathrm{T2.y}) / \mathrm{NDV}(\mathrm{T1.x}))$$

안티 조인의 조인 카디날리티는 다음과 같다.

$$jc = |T1| * js$$

### 18.5.2 비용식에 기반한 조인 최적화의 예

앞 절의 예제에서 설명한 EMPLOYEE 파일이 있다고 가정하자. 그리고 그림 4.5의 DEPARTMENT 파일이 $r_D = 125$개의 레코드를 가지며, 이를 $b_D = 13$개의 디스크 블록에 저장되어 있다고 가정하자. 다음의 두 조인 연산들을 고려해 보자.

(OP6): EMPLOYEE $\bowtie_{\mathrm{Dno} = \mathrm{Dnumber}}$ DEPARTMENT

(OP7): DEPARTMENT $\bowtie_{\mathrm{Mgr\_ssn} = \mathrm{Ssn}}$ EMPLOYEE

DEPARTMENT의 Dnumber에 단계 수 $x_{\mathrm{Dnumber}} = 1$인 기본 인덱스가 있고, DEPARTMENT의 Mgr_ssn에 실렉션 카디날리티 $s_{\mathrm{Mgr_ssn}} = 1$이고, 단계 수 $x_{\mathrm{Mgr_ssn}} = 2$인 보조 인덱스가 있다고 가정하자.

---

10) 안티 조인이 NOT IN 부질의에 사용되려면, 조인 속성인 T1.X와 T2.Y 모두가 널이 아닌 값을 가져야 한다. 자세한 내용은 Bellamkonda 외(2009)를 보기 바란다.

Dnumber가 DEPARTMENT의 키이기 때문에 OP6의 조인 선택률 $js_{OP6} = (1/|DEPARTMENT|) = 1/125$ 이라고 가정하자.[11] 또한 조인 결과 파일의 블로킹 인수가 $bfr_{ED} = 4$를 갖는다고 가정하자. 그러면 조인 연산 OP6에 적용 가능한 방법 J1과 J2를 사용함으로써 소요되는 최악의 경우의 비용은 아래와 같이 추정할 수 있다.

**1.** 외부 루프에 EMPLOYEE를 사용해서 J1을 적용한 경우:

$$C_{J1} = b_E + (b_E * b_D) + ((js_{OP6} * r_E * r_D)/bfr_{ED})$$
$$= 2{,}000 + (2{,}000 * 13) + ((1/125) * 10{,}000 * 125)/4) = 30{,}500$$

**2.** 외부 루프에 DEPARTMENT를 사용해서 J1을 적용한 경우:

$$C_{J1} = b_D + (b_E * b_D) + ((js_{OP6} * r_E * r_D)/bfr_{ED})$$
$$= 13 + (13 * 2{,}000) + (((1/125) * 10{,}000 * 125)/4) = 28{,}513$$

**3.** 외부 루프에 EMPLOYEE를 사용해서 J2를 적용한 경우:

$$C_{J2c} = b_E + (r_E * (x_{Dnumber} + 1)) + ((js_{OP6} * r_E * r_D)/bfr_{ED})$$
$$= 2{,}000 + (10{,}000 * 2) + (((1/125) * 10{,}000 * 125)/4) = 24{,}500$$

**4.** 외부 루프에 DEPARTMENT를 사용해서 J2를 적용한 경우:

$$C_{J2a} = b_D + (r_D * (x_{Dno} + s_{Dno})) + ((js_{OP6} * r_E * r_D)/bfr_{ED})$$
$$= 13 + (125 * (2 + 80)) + (((1/125) * 10{,}000 * 125)/4) = 12{,}763$$

**5.** J4를 적용한 경우:

$$C_{J4} = 3 * (b_D + b_E) + ((js_{OP6} * r_E * r_D)/bfr_{ED})$$
$$= 3 * (13 + 2{,}000) + 2{,}500 = 8{,}539$$

경우 5가 최소의 비용을 가지므로 선택될 것이다. 위의 경우 2에서, 만일 조인을 실행하기 위하여 3개의 버퍼 대신에 15개 이상의 주기억 장치 버퍼를 사용할 수 있으면, 그들 중에서 13개의 버퍼는 DEPARTMENT 릴레이션 (외부 릴레이션) 전체를 주기억 장치에 유지하는 데 사용하고, 1개는 결과를 위한 버퍼로 사용하며, 1개는 EMPLOYEE 파일(내부 루프 파일)의 블록들을 한번에 하나씩 유지하는데 사용함으로써, 경우 2의 비용을 17.4절에서 논의한 것처럼 $b_E + b_D + ((js_{OP6} * r_E * r_D)/bfr_{ED})$ 또는 4,513으로 극적으로 줄일 수 있다. 만약 주기억 장치 버퍼들의 수가 달리 주어진다면, 예를 들어 $n_B = 10$, 경우 2에 대한 비용은 아래와 같이 계산될 수 있다. 이 역시 경우 4보다 나은 성능을 제시한다.

$$C_{J1} = b_D + (\lceil b_D/(n_B - 2) \rceil * b_E) + ((js * |R| * |S|)/bfr_{RS})$$
$$= 13 + (\lceil 13/8 \rceil * 2000) + (((1/125) * 10{,}000 * 125)/4)$$
$$= 13 + (2 * 2000) + 2500 = 6{,}513$$

OP7에 대해 이와 유사한 분석을 수행하는 작업은 연습 문제로 남겨둔다.

---

11) 이것은 우리의 다른 수식에 일치한다:
= 1/max(NDV(Dno,EMPLOYEEE),NDV(Dnumber, DEPARTMENT)) = 1/max(125,125) = 1/125.

### 18.5.3 다중 릴레이션 질의와 조인 순서화 선택

18.1.2절의 대수 변환 규칙은 조인 연산에 대한 교환 법칙과 결합 법칙을 포함한다. 이 규칙들을 이용하여 다수의 동등한 조인 표현식을 생성할 수 있다. 결과적으로 질의의 조인 수가 증가함에 따라 대체 질의 트리의 수도 매우 빠르게 증가한다. $n$개의 릴레이션을 조인하는 질의 블록은 종종 $n-1$개의 조인 연산을 가지므로 많은 수의 조인 순서를 가질 수 있다. 일반적으로 $n$개의 릴레이션을 가진 질의 블록의 경우, $n!$의 조인 순서가 있으며 카티션 곱은 이 총 수에 포함된다. 다수의 조인이 있는 질의에 대한 모든 가능한 조인 트리의 비용을 예측하려면 질의 최적화기가 상당한 시간이 필요하다. 따라서 가능한 질의 트리를 정리하는 것이 필요하다. 질의 최적화기는 일반적으로 (조인) 질의 트리의 구조를 **왼쪽 깊이 트리**(left-deep tree) 또는 **오른쪽 깊이 트리**(right-deep tree)로 제한한다. 왼쪽 깊이 트리는 이진 트리로서 내부 노드의 오른쪽 자식이 항상 기본 릴레이션이다. 최적화기는 가장 작은 추정 비용을 가지는 특정 왼쪽 깊이 트리를 선택한다. 왼쪽 깊이 트리의 두 가지 예가 그림 18.5(a)에 있다. (그림 18.2의 트리들도 왼쪽 깊이 트리이다.) 오른쪽 깊이 조인 트리는 모든 내부 노드의 왼쪽 자식 노드가 기본 릴레이션인 이진 트리이다(그림 18.5(b)).

**부쉬**(bushy, 숱 많은) **조인 트리**는 내부 노드의 왼쪽 또는 오른쪽 자식이 내부 노드일 수 있는 이진 트리이다. 그림 19.5(b)는 오른쪽 깊이 조인 트리를 보이지만, 그림 19.5(c)는 네 개의 기본 릴레이션을 사용하는 부쉬 트리를 보인다. 대부분의 질의 최적화기는 우선하는 조인 트리로 왼쪽 깊이 조인 트리를 고려하며 $n!$개의 가능한 조인 순서들 중의 하나를 선택한다. 여기서 $n$은 릴레리션의 수이다. Join 순서의 쟁점은 18.5.4절과 18.5.5절에서 보다 자세히 설명한다. 왼쪽 깊이 트리는 정확히 하나의 모양을 가지며 왼쪽 깊이 트리에서 $N$개의 테이블에 대한 조인 순서는 $N!$개이다.

대조적으로, 부쉬 트리의 모양은 아래의 재발 관계(즉, 재귀 함수)에 의해 주어진다. $S(n)$은 다음과 같이 정의된다: $S(1)=1$.

$$S(n)=\sum_{i=1}^{n-1} S(i) * S(n-i)$$

$S(n)$에 대한 위 재귀 방정식은 다음과 같이 설명할 수 있다. 1과 $N-1$ 사이의 $i$에 대해, 왼쪽 하위 트리의 $i$개의 리프 노드들은 $S(i)$ 방식으로 재배열될 수 있으며, 이와 유사하게, 오른쪽 하위 트리의 나머지 $N-i$개의 리프 노드들은 $S(N-i)$ 방식으로 재배열될 수 있다. 부쉬 트리들의 순열의 수는 다음과 같다.

$$P(n)=n!*S(n)=(2n\text{-}2)!/(n\text{-}1)!$$

표 18.1은 최대 7개의 릴레이션들의 조인에 대한 가능한 왼쪽 깊이 (또는 오른쪽 깊이) 조인 트리와 부쉬 조인 트리의 수를 보인다.

표 18.1 $n$개의 릴레이션으로 구성된 왼쪽 깊이와 부쉬 조인 트리의 순열 수.

| 릴레이션의 수 $N$ | 왼쪽 깊이 트리의 수 $N!$ | 부쉬 모양의 수 $S(N)$ | 부쉬 트리의 수 $(2N-2)!/(N-1)!$ |
|---|---|---|---|
| 2 | 2 | 1 | 2 |
| 3 | 6 | 2 | 12 |
| 4 | 24 | 5 | 120 |
| 5 | 120 | 14 | 1,680 |
| 6 | 720 | 42 | 30,240 |
| 7 | 5,040 | 132 | 665,280 |

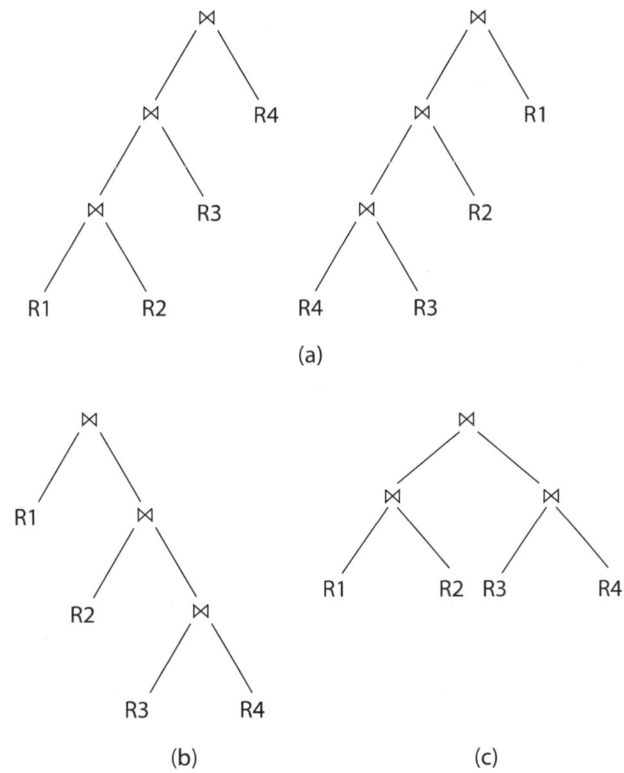


그림 18.5 (a) 두 개의 왼쪽 깊이 조인 질의 트리, (b) 오른쪽 깊이 조인 질의 트리, (c) 부쉬 질의 트리

표 18.1에서 볼 수 있듯이 모든 가능한 부쉬 트리 대안들을 고려해야 한다면 대안들의 가능한 공간이 급속히 관리하기 어려워진다. 눈송이 스키마(snowflake schema, 29.3절 참조)의 복잡한 버전들과 같은 특정 경우에는 부쉬 트리 대안들을 고려하는 방법이 제안되었다.[12)]

왼쪽 깊이 트리에서, 오른쪽 자식은 중첩 루프 조인을 실행할 경우에는 내부 릴레이션으로, 인덱스 기반 중첩 루프 조인을 실행할 경우에는 조사하는 릴레이션(probing relation)이 된다. 왼쪽 깊이 (또는 오른쪽 깊이) 트리들의 한 가지 이점은 17.7절에서 논의된 것처럼 그들

12) 부쉬 트리의 대표적인 사례로 Ahmed외(2014)를 참고하기 바란다.

은 파이프 라이닝하기 쉽다는 것이다. 예를 들어 그림 18.5(a)의 첫 번째 왼쪽 깊이 트리를 고려하고 조인 알고리즘이 인덱스 기반 중첩 루프 방법이라고 가정하면, 이 경우 외부 릴레이션의 하나의 디스크 페이지 분량의 투플들이 내부 릴레이션을 조사하여 일치하는 투플들을 찾는데 사용된다. R1과 R2의 조인으로 결과 투플들(레코드들)이 생성됨에 따라 이를 R3을 조사하여 조인하기에 일치하는 레코드들을 찾는데 사용할 수 있다. 마찬가지로 이 조인으로 결과 투플들이 생성됨에 따라 이를 R4를 조사하는데 사용될 수 있다. 왼쪽 깊이(또는 오른쪽 깊이) 트리들의 또 다른 장점은 각 조인의 입력들 중 하나로 기본 릴레이션을 사용함으로써, 조인을 실행하는 데 유용할 수 있는 그 릴레이션에 설정된 어떠한 접근 경로라도 최적화기가 이용할 수 있다는 것이다.

만일 실체화(materialization) 방법이 파이프라인 방법 대신에 사용된다면(17.7절과 18.2절 참조), 조인 결과는 실체화되고 임시 릴레이션으로 저장될 수 있다. 조인 순서에 대한 최적화기의 핵심 아이디어는 임시 결과의 크기를 줄일 수 있는 순서를 찾아내는 것이다. 그 이유는 임시 결과는 (파이프라인으로 사용되든 또는 실체화되든) 후속 연산자들에서 사용되며, 결국 그 후속 연산자들의 실행 비용에 영향을 미치기 때문이다.

### 18.5.4 물리적 최적화

지금까지 논의한 경험적 방법에 기반한 주어진 논리적 질의 계획에 대하여, 각 연산은 물리적 수준에서 특정 알고리즘으로 그 연산을 실행한다는 측면에서 추가 결정이 필요하다. 이를 **물리적 최적화**(physical optimization)라고 한다. 이 최적화가 각 가능한 구현의 상대 비용을 기반으로 하는 경우 이를 비용 기반 물리적 최적화라고 한다. 이 의사 결정에 대한 두 가지 접근 방식은 크게 **하향식**(top-down) 접근법과 **상향식**(bottom-up) 접근법으로 분류할 수 있다. 하향식 접근법에서는 각 연산을 트리 아래로 진행하고 각 단계에서 최상의 대안을 선택하는 옵션을 고려한다. 상향식 접근법에서는 트리 위로 작동하는 연산들, 물리적 실행의 옵션 평가, 각 단계에서 최상을 선택 등을 고려한다. 이론적으로는 두 가지 방법 모두 평가 비용을 최소화하기 위해 가능한 구현 솔루션의 전체 공간을 평가하는 것이지만 상향식 전략은 자연스럽게 파이프 라이닝에 적합하므로 상용 RDBMS들에 사용된다. 가장 중요한 물리적 결정들 중에는 18.5.5절에서 간략하게 논의할 조인 연산의 순서화가 있다. 물리적 최적화 단계에 적용되는 특정 경험적 방법들이 있는데 이들은 정교한 비용 계산을 불필요하게 만든다. 이들 경험적 방법들에는 다음이 포함된다.

- 실렉션의 경우, 가능한 한 색인 스캔을 사용한다.
- 실렉션 조건이 논리곱이면, 결과가 가장 작은 카디널리티인 실렉션을 먼저 사용한다.
- 릴레이션들이 조인에서 비교되는 속성들로 이미 정렬된 경우, 다른 조인 방법들 보다 정렬-합병조인을 선호한다.
- 두 개 이상의 릴레이션들의 합집합과 교집합의 경우, 결합 규칙(associative rule)을 사용한다. 릴레이션들을 그들의 추정 카디널리티의 오름차순으로 고려한다.
- 조인의 인수 중 하나가 조인 속성에 인덱스를 가지는 경우, 그를 내부 릴레이션으로 사용한다.

- 왼쪽 릴레이션이 작고 오른쪽 릴레이션이 크며 조인 칼럼에 인덱스가 있는 경우, 인덱스 기반 중첩 루프 조인을 시도한다.
- 카티션 곱이 없거나 카티션 곱 이전에 모든 조인들이 나오는 그러한 조인 순서 만을 고려한다.

다음은 최적화기에 사용되는 물리적 수준의 경험적 방법들의 일부 몇 유형들이다. 릴레이션들의 수가 적고(일반적으로 6 미만), 따라서 가능한 구현 선택이 제한된 경우, 대부분의 최적화기는 경험적 방법을 탐색하는 대신 비용 기반 최적화 방법을 직접 적용하도록 선택한다.

### 18.5.5 조인 순서에 대한 동적 프로그래밍 접근

18.5.3절에서 $n$-방향(way) 조인에서 $n$개의 릴레이션들의 순서화에 여러 가능한 방법들이 있음을 보았다. 심지어 실제 응용에서 드물지 않은 $n=5$에 대해서도, 가능한 순열은 왼쪽 깊이 트리로 120개이며, 부쉬 트리로 1,680개이다. 부쉬 트리가 해결책 공간(solution space)을 엄청나게 확장시키기 때문에, 왼쪽 깊이 트리가 일반적으로 (부쉬 트리와 오른쪽 깊이 트리 둘 다 보다) 선호된다. 이는 여러 장점을 가진다. 첫째, 중첩 루프, 인덱스 기반 중첩 루프, 그리고 기타 원 패스 알고리즘들을 비롯한 일반적인 조인 알고리즘들과 잘 작동한다. 둘째, **완전 파이프라인된 계획**(fully pipelined plan) (즉, 모든 조인들이 파이프라인을 사용하여 평가될 수 있는 계획)을 생성할 수 있다. 내부 테이블들은 항상 구체화되어야 함을 유의하자. 이는 조인 구현 알고리즘에서 조인 속성에 대해 일치를 수행하려면 내부 테이블 전체가 필요하기 때문이다. 이는 오른쪽 깊이 트리로는 가능하지 않다.

릴레이션들의 조인의 가능한 순열을 평가하는 일반적인 방법은 탐욕스러운 경험적 접근 방식으로 동적 프로그래밍이라고 한다. **동적 프로그래밍**(Dynamic Programming)은 최적화 기법으로써 하위 문제가 한 번만 해결되며, 하나의 문제가 하위 문제들로 나뉠 수 있고, 그 하위 문제들이 하위 문제들을 가진 경우에 적용될 수 있다.[13] 일반적인 동적 프로그래밍 알고리즘의 특징은 다음과 같다.[14]

1. 최적의 해결책 구조가 개발되었다.
2. 최적의 해결책의 값은 재귀적으로 정의된다.
3. 최적의 해결책은 계산되고 그 값은 상향식으로 전개된다.

이 절차로 개발된 해결책은 최적의 해결책이며 절대적 최적의 해결책이 아님에 유의해야 한다. 조인 순서 선택에 동적 프로그래밍을 적용하는 방법을 고려하기 위해, 릴레이션 $r1$, $r2$, $r3$, $r4$, $r5$의 5-방향 조인을 순서화하는 문제를 고려하자.

이 문제는 120(=5!)개의 가능한 왼쪽 깊이 트리 해결책을 가진다. 이상적으로, 그들 각각의 비용은 추정되고 비교되어 가장 우수한 것이 선택될 수 있다. 동적 프로그래밍은 이 문제를 나누어 더욱 관리하기 쉬운 것으로 만드는 접근법을 취한다. 우리는 세 개의 릴

---

13) 최적화 기법으로서의 동적 프로그래밍에 대한 자세한 내용을 위해 독자는 Corman 외(2003)과 같은 알고리즘 교과서를 참고하기 바란다.

14) Corman 외(2003)의 16장을 기반으로 하였음.

레이션들에 대해, 단지 6개의 가능한 왼쪽 깊이 트리 해결책이 있음을 안다. 가능한 모든 부쉬 트리 조인 해결책을 평가해야 한다면, 12가지가 될 것이다. 따라서 조인을 다음과 같이 나눌 수 있음을 고려할 수 있다.

$$r1 \bowtie r2 \bowtie r3 \bowtie r4 \bowtie r5 = (r1 \bowtie r2 \bowtie r3) \bowtie r4 \bowtie r5$$

$(r1 \bowtie r2 \bowtie r3)$의 6(=3!)개의 가능한 선택은 첫 번째 조인(그를 temp1이라 하자)의 결과를 취하여 다음 조인을 고려하는 6개의 가능한 선택과 결합될 수 있다:

$$(\text{temp1} \bowtie r4 \bowtie r5)$$

우리가 temp1을 평가하기 위한 6가지 선택을 고려해야 하고 그들 각각에 대해 두 번째 조인 $(\text{temp1} \bowtie r4 \bowtie r5)$을 평가하는 6가지 선택을 고려해야 한다면, 가능한 해결책 공간은 $6*6 = 36$개의 대안을 가진다. 이곳이 바로 동적 프로그래밍이 일종의 탐욕의 최적화를 수행하기 위해 사용될 수 있는 곳이다. 동적 프로그래밍은 temp1의 평가를 위한 "최적" 계획을 취하며 그 계획을 다시 방문하지 않는다. 따라서 해결책 공간은 이제 두 번째 조인을 위해 단지 6개의 선택을 고려하는 것으로 줄어든다. 그러므로 고려한 전체 선택 수는 비경험적 방법의 모두 고려한 접근법에서의 120(=5!) 대신 $6+6$이 된다.

조인의 결과가 생성되는 순서는 조인의 최상의 전체 순서를 찾는 데 중요하다. 그 이유는 다음 릴레이션과의 정렬-합병 조인을 사용하는 데 그 순서가 중요한 역할을 하기 때문이다. 다음 조인을 수행하는 데 유익한 순서를 **흥미로운 조인 순서**(interesting join order)라 한다. 이 접근법은 IBM Research의 System R에서 처음 제안되었다.[15)]

나중에 수행할 조인의 조인 속성 외에도, System R은 나중에 수행할 GROUP BY의 그룹화 속성들 또는 흥미로운 정렬 순서들 중에서 트리의 루트에 있는 정렬 순서들 역시 포함하였다. 예를 들어 위에서 설명한 경우, temp1 릴레이션에 대한 흥미로운 조인 순서에는 $r4$ 또는 $r5$와 조인하는 데 필요한 조인 속성과 일치하는 조인 순서가 포함된다. 동적 프로그래밍 알고리즘을 확장하여 각 흥미있는 정렬 순서에 가장 적합한 조인 순서를 고려할 수 있다. $n$개 릴레이션들의 부분 집합의 수는 $2^n$($n=5$이면 32이고, $n=10$이면 1,024가 되어 여전히 관리 가능)이며, 흥미로운 조인 순서의 수는 적다. 최적의 왼쪽 깊이 조인 트리 순열을 결정하기 위한 확장된 동적 프로그래밍 알고리즘의 복잡도는 $O(3^n)$이다.

15) Selinger 외(1979)의 이 분야의 고전적인 참고 문헌을 보라.

## 18.6 비용 기반 질의 최적화의 예

비용 기반 질의 최적화를 설명하기 위하여 질의 Q2와 그림 18.1(a)에 있는Q2의 질의 트리를 고려해 보자.

```
Q2:  SELECT   Pnumber, Dnum, Lname, Address, Bdate
     FROM     PROJECT, DEPARTMENT, EMPLOYEE
     WHERE    Dnum=Dnumber AND Mgr_ssn=Ssn AND
              Plocation='Stafford';
```

질의 Q2의 릴레이션들에 대하여 그림 18.6의 정보를 가지고 있다고 가정하자. LOW_VALUE와 HIGH_VALUE 통계치는 명확함을 위해 정규화한 것이다. 그림 18.1(a)의 트리는 대수적 경험적 최적화 공정(algebraic heuristic optimization process)의 결과를 나타내며 비용 기반 최적화의 출발점이라고 가정하자. 이 예에서 경험적 최직화기는 프로젝션 연산을 트리의 아래로 보내지 않는다고 가정한다.

비용 기반 최적화의 첫 번째 고려 대상은 조인 순서화이다. 이전에 언급했던 것처럼 최적화기가 왼쪽 깊이 트리만을 고려한다고 가정한다. 따라서 카티션 곱을 생성하지 않는 가능한 조인 순서는 다음과 같다.

1. PROJECT ⋈ DEPARTMENT ⋈ EMPLOYEE
2. DEPARTMENT ⋈ PROJECT ⋈ EMPLOYEE
3. DEPARTMENT ⋈ EMPLOYEE ⋈ PROJECT
4. EMPLOYEE ⋈ DEPARTMENT ⋈ PROJECT

실렉트 연산이 PROJECT 릴레이션에 이미 적용되었다고 가정하자. 만일 실체화 방법을 사용한다면 각 조인 연산 이후 새로운 임시 릴레이션이 한 개 생성된다. 조인 순서 (1)의 비용을 조사하기 위해서 첫 번째 조인은 PROJECT와 DEPARTMENT 사이에 수행된다. 조인 방법과 입력 릴레이션들에 대한 접근 방법들이 결정되어야 한다. 그림 17.8에 따르면 DEPARTMENT는 인덱스를 가지고 있지 않기 때문에 가능한 접근 방법은 테이블 스캔, 즉 선형 탐색뿐이다. PROJECT 릴레이션에 대해 조인 이전에 실렉트 연산이 수행될 것이다. 따라서 테이블 스캔(선형 탐색)을 하거나 PROJ_PLOC 인덱스를 이용하는 두 가지 선택이 존재하며, 최적화기는 그들의 추정 비용을 비교해야 한다. PROJ_PLOC 인덱스에 대한 통계 정보(그림 18.6 참조)는 인덱스 단계 수 $x = 2$(루트 단계와 리프 단계)임을 나타낸다. Plocation이 PROJECT의 키가 아니기 때문에 이 인덱스는 유일성을 가지지 않으므로 최적화기는 균등 데이터 분포를 가정하고 각각의 Plocation 값에 대한 레코드 포인터들의 개수가 10이라고 추정한다. 이 값은 그림 18.6의 테이블들로부터 (선택률)*Num_rows를 계산함으로써 구한다. 여기서 선택률은 1/Num_distinct로 추정된다. 따라서 인덱스를 사용하고 레코드들을 접근하는 비용은 인덱스에 2번과 데이터 블록에 10번 등 12번의 블록 접근으로 추정된다. 테이블 스캔의 비용은 100번의 블록 접근으로 추정되므로 예상했던 바와 같이 인덱스 접근이 보다 효율적이다.

실체화 접근법(materialized approach)에서는 한 블록 크기의 임시 파일 TEMP1을 만들어서 실렉트 연산의 결과를 저장한다. 파일 크기는 수식 Num_rows/Blocks를 사용하는 블로킹 인수에 따라 계산된다. 이 경우 2,000/100 혹은 블록당 20개의 레코드로 계산된다. 그러므로 PROJECT 릴레이션에서 선택된 10개의 레코드는 하나의 블록에 들어간다. 이제 첫 번째 조인의 비용 추정치를 계산할 수 있다. 중첩 루프 조인 방법만을 고려할 것인데, 이 방법에서 외부 릴레이션은 임시 파일 TEMP1이고, 내부 릴레이션은 DEPARTMENT이다. 이용 가능한 버퍼 공간에 TEMP1 파일 전체가 들어가기 때문에 DEPARTMENT 테이블의 5개 블록 각각을 오직 한 번만 읽으면 된다. 따라서 조인 비용은 6번의 블록 접근 비용과 임시 결과 파일 TEMP2를 쓰는 비용을 더한 값이다. 최적화기는 TEMP2의 크기를 결정해야 한다. 조인 애트리뷰트인 Dnumber가 DEPARTMENT의 키이므로 TEMP1의 어떠한 Dnum 값도 기껏해야 DEPARTMENT의 한 레코드와 조인된다. 따라서 TEMP2의 레코드 수는 TEMP1의 레코드 수인 10과 동일하게 된다. 최적화기는 TEMP2에 대한 레코드 크기와 이들 10개의 레코드를 저장하는 데 필요한 블록들의 개수를 결정한다. 간결함을 위해, TEMP2의 블로킹 인수를 블록당 5개의 레코드로 가정하면 TEMP2를 저장하는 데 총 두 개의 블록이 필요하다.

(a)

| Table_name | Column_name | Num_distinct | Low_value | High_value |
|---|---|---|---|---|
| PROJECT | Plocation | 200 | 1 | 200 |
| PROJECT | Pnumber | 2000 | 1 | 2000 |
| PROJECT | Dnum | 50 | 1 | 50 |
| DEPARTMENT | Dnumber | 50 | 1 | 50 |
| DEPARTMENT | Mgr_ssn | 50 | 1 | 50 |
| EMPLOYEE | Ssn | 10000 | 1 | 10000 |
| EMPLOYEE | Dno | 50 | 1 | 50 |
| EMPLOYEE | Salary | 500 | 1 | 500 |

(b)

| Table_name | Num_rows | Blocks |
|---|---|---|
| PROJECT | 2000 | 100 |
| DEPARTMENT | 50 | 5 |
| EMPLOYEE | 10000 | 2000 |

(c)

| Index_name | Uniqueness | Blevel* | Leaf_blocks | Distinct_keys |
|---|---|---|---|---|
| PROJ_PLOC | NONUNIQUE | 1 | 4 | 200 |
| EMP_SSN | UNIQUE | 1 | 50 | 10000 |
| EMP_SAL | NONUNIQUE | 1 | 50 | 500 |

*Blevel은 리프 단계를 제외한 단계 단 수이다.

그림 18.6 Q2의 릴레이션들에 대한 견본 통계 정보: (a) 칼럼 정보, (b) 테이블 정보, (c) 인덱스 정보

마지막으로 최종 조인의 비용을 추정해야 한다. 인덱스 EMP_SSN(그림 18.6 참조)을 사용하여 조사하고 EMPLOYEE에서 일치하는 레코드들을 찾을 수 있기 때문에 TEMP2에 대하여 단일 루프 조인을 사용할 수 있다. 그러므로 이 조인 방법은 TEMP2의 각 블록을 읽어들이고, EMP_SSN 인덱스를 사용해서 5개의 Mgr_ssn 값 각각을 찾는 것을 필요로 한다. 각 인덱스 탐색은 한 번의 루트 접근, 한 번의 리프 접근, 한 번의 데이터 블록 접근 등 총 $x+1$번의 접근이 필요하다. 여기서 단계 수 $x$는 2이다. 따라서 인덱스를 10번 탐색하기 위해서는 블록 접근이 30번 필요하다. TEMP2를 위한 두 번의 블록 접근을 더하면 이 조인을 위해서 전체적으로 블록 접근이 32번 필요하다.

마지막 프로젝션을 위하여 최종 결과를 만들어내는 데 파이프라이닝을 사용한다고 가정하면, 파이프라이닝은 추가적인 블록 접근을 필요로 하지 않으므로 조인 순서 (1)의 총 비용은 앞의 비용들의 합으로 추정된다. 그 다음에 최적화기는 유사한 방식으로 다른 세 가지 조인 순서의 비용을 계산하고 가장 작은 추정치를 가진 조인 순서를 선택한다. 이 작업은 연습 문제로 남겨둔다.

## 18.7 질의 최적화에 관련된 추가 쟁점들

이 절에서는 이전에 논의할 수 없었던 몇 가지 관심있는 쟁점들을 논의한다.

### 18.7.1 시스템의 질의 실행 계획 보이기

대부분의 상용 RDBMS에는 질의 최적화기가 생성한 실행 계획을 보이는 규정이 있어서, DBA 수준의 담당자는 그러한 실행 계획을 볼 수 있고 그 최적화기가 만든 결정을 이해하려고 시도할 수 있다.[16] 공통의 구문은 EXPLAIN <query>의 변형이다.

- 오라클이 사용하는
  EXPLAIN PLAN FOR
  <SQL Query>

이 질의에는 INSERT, DELETE, 그리고 UPDATE 문이 포함될 수 있으며, 출력은 PLAN_TABLE이라는 테이블로 들어간다. 적절한 SQL 질의가 PLAN_TABLE을 읽도록 작성되었다. 또는 오라클은 UTLXPLS.SQL과 UTLXPLP.SQL의 두 가지 스크립트를 제공하여 각각 직렬과 병렬 실행을 위한 계획 테이블 출력을 보인다.

- IBM DB2가 사용하는
  EXPLAIN PLAN SELECTION [additional options] FOR <SQL-query>

계획 테이블이 없다. PLAN SELECTION은 계획 선택 단계에서 Explain 테이블에 설명이 로드되어야 함을 나타내는 명령이다. 동일한 문이 XQUERY 문들의 설명에도 사용된다.

16) 우리는 여기서 각 시스템의 구문의 세부 사항에 대한 설명 없이 단순히 이 기능을 나타내기만 했다.

- SQL SERVER가 사용하는
  SET SHOWPLAN_TEXT ON or SET SHOWPLAN_XML ON or SET SHOWPLAN_ALL ON

위의 문은 TRANSACT-SQL을 실행하기 전에 사용되므로 계획 출력은 텍스트 또는 XML로 표시되거나 위의 세 가지 옵션에 해당하는 자세한 텍스트 형식으로 표시된다.

- PostgreSQL이 사용하는
  EXPLAIN [set of options] <query>

위의 문에서, 옵션에는 ANALYZE, VERBOSE, COSTS, BUFFERS, TIMING 등이 포함된다.

### 18.7.2 다른 연산들의 크기 추정

18.4절과 18.5절에서 SELECTION과 JOIN 연산들과 질의가 그러한 연산들을 포함할 때 그 질의 결과의 크기 추정을 논의했다. 여기서는 다른 연산들의 크기 추정을 고려한다.

**프로젝션(Projection)**: SELECT <attribute list> FROM R로 표현되는 $\pi_{\text{List}}(R)$ 형식의 프로젝션의 경우, SQL은 이를 다중 집합으로 처리하므로 결과에 있는 투플 수의 추정치는 $|R|$이다. DISTINCT 옵션을 사용하면 $\pi_A(R)$의 크기는 NDV(A, R)이다.

**집합 연산**: 교집합, 합집합, 또는 차집합에 대한 인수가 동일 릴레이션에 대한 실렉션으로 이루어진 경우, 이는 각각 논리곱, 논리합, 또는 부정으로 재 작성될 수 있다. 예를 들어, $\sigma_{c1}(R) \cap \sigma_{c2}(R)$는 $\sigma_{c1\ \text{AND}\ c2}(R)$로 재 작성될 수 있고, $\sigma_{c1}(R) \cup \sigma_{c2}(R)$는 $\sigma_{c1\ \text{AND}\ c2}(R)$로 재 작성될 수 있다. 크기 추정은 조건 c1과 c2의 선택률에 기초하여 만들어질 수 있다. 그렇지 않으면, $r \cap s$의 크기에 대한 추정 상한은 r과 s의 크기들의 최솟값이며, $r \cup s$의 크기에 대한 추정 상한은 그 크기의 합이다.

**집계**: ${}_{G}\Im_{\text{Aggregate - function}}(A)$의 크기는 NDV(G, R)이다. 이는 G의 유일한 값마다 하나의 그룹이 있기 때문이다.

**외부 조인**: R LEFT OUTER JOIN S의 크기는 $|R \bowtie S| + |R$ 안티조인 $S|$이다. 유사하게, R FULL OUTER JOIN S의 크기는 $|r \bowtie s| + |r$ 안티조인 $s| + |s$ 안티조인 $r|$이다. 18.5.1절에서 안티 조인의 선택률 추정에 대해 논의했다.

### 18.7.3 계획 캐싱

2장에서, 동일 질의 또는 트랜잭션을 반복적으로 실행하지만, 매번 다른 매개 변수 집합을 사용하는 매개 변수 사용자를 언급했다. 예를 들어 은행원은 계좌 번호와 일부 기능 코드를 사용하여 그 계좌의 잔액을 확인한다. 그러한 질의 또는 트랜잭션을 반복적으로 실행하기 위해, 질의 최적화기는 그 질의가 처음 제출될 때 최상의 계획을 계산하고 미래의 사용을 위해 그 계획을 캐시한다. 이러한 계획을 저장하고 재사용하는 것을 **계획 캐싱**(plan caching)이라 한다. 그 질의가 매개 변수로 다른 상수를 사용하여 다시 제출되면, 동일 계획이 새 매개 변수로 재사용된다. 특정 상황에서 계획이 수정되어야 할 필요가 있다고 생각할 수 있다. 예를 들어, 그 질의가 날짜 범위 또는 계정 범위에 대하여 보고서 생성을 포함한다면, 관련된 데이터의 양에 따라, 다른 전략들이 적용될 수 있다. **매개 변수를 가진 질의 최적화**(parametric query optimization)라는 변형에서는, 질의는 매개 변수에 대한 특정 값 집합 없이 최적화되고, 최적화기는 다른 가능한 값 집합에 대한 여러 계획들을 출력하며, 이 모두는 캐시된다. 질의가 제출되면, 매개 변수들은 여러 계획들에 사용된 매개 변수들과 비교되고, 적용 가능한 계획들 중에서 가장 저렴한 계획이 사용된다.

### 18.7.4 최상위-*k* 결과 (Top-k Results) 최적화

질의 결과가 커질 것으로 예상되는 경우, 때로는 사용자는 어떤 정렬 순서에 따라 최상위 *k*개의 결과만으로 만족한다. 일부 RDBMS는 limit *K*의 절을 가져서 결과를 그 크기로 제한할 수 있다. 유사하게, 힌트(hint)를 지정하여 최적화기에 결과의 생성을 제한하도록 알릴 수 있다. 전체 결과를 생성한 다음 정렬을 통해 최상위 *k*개의 결과만을 제시하려 시도하는 것은 순진하고 비효율적인 전략이다.

제안된 전략들 중 하나는 정렬된 순서로 결과를 생성하는데 *K*개의 튜플을 생성한 후 중지될 수 있는 것이다. 다른 전략들, 예를 들어 추정된 최고값에 기초한 추가 실렉션 조건을 도입하는 것이 제안되었다. 자세한 내용은 여기에서 다루지 않는다. 독자는 자세한 내용을 위해 서지 정보를 참조할 수 있다.

## 18.8 데이터 웨어하우스의 질의 최적화 예

이 절은 질의 최적화 기술로서 질의 변환과 재작성의 또 다른 예를 소개한다. 18.2절에서 질의 변환과 재작성의 예를 보았다. 그 예들은 중첩 부질의를 다루었으며 비용기반 최적화보다는 경험적 방법을 사용하였다. 우리가 보인 부질의 (뷰) 병합 예는 경험적 변환으로 간주될 수 있다. 그러나, 그룹-바이(gropu-by) 뷰 병합은 비용 기반 최적화도 사용한다. 이 절은 비용 관련 고려 사항들을 기반으로 데이터 웨어하우스에서 스타 스키마(star-schema) 질의를 변환하는 것을 고려한다. 이러한 질의는 스타 스키마를 따르는 데이터 웨어하우스 응용에서 일반적으로 사용된다(스타 스키마에 대한 논의는 29.3절을 참조).

우리는 이 절차를 **스타-변환 최적화**(star-transformation optimization)라 한다. 스타 스키마는 테이블들의 모음을 포함한다. 스타 스키마가 그 이름을 가지게 된 이유는 그 스키마는 중심에 하나 이상의 팩트(fact, 사실) 테이블(릴레이션)들을 두고 그들이 여러 차원(dimension) 테이블(릴레이션)들을 참조하는 모양인데 그것이 별 모양을 닮았기 때문이다. 팩트 테이블은 다양한 차원 테이블들(예: 고객, 부품, 공급자, 체널, 연도 등)과 측정 칼럼(예: 판매량(amount_sold) 등) 사이의 관계(예: 판매)에 대한 정보를 포함한다. 아래에 주어진 대표적인 질의 QSTAR를 고려해 보자. D1, D2, D3은 차원 테이블들인 DIM1, DIM2, DIM3에 대한 별칭(alias)이고 그들의 기본 키가 각각 D1.Pk, D2.Pk, 그리고 D3.Pk이라고 가정하자. 이 차원들은 팩트 테이블 FACT에 관련된 외래 키 속성들을 가지는데, 그 속성들은 그 테이블의 별칭 F로 F.Fk1, F.Fk2, F.Fk3로 설정되고 그들로 조인이 정의될 수 있다. 그 질의는 속성 D1.X, D2.Y에 대해 그룹을 생성하고 팩트 테이블 F에서 소위 "측정(measure)" 속성(29.3절 참조) F.M의 합계를 산출한다. DIM1, DIM2, DIM3의 속성 A, B, C에 대한 조건이 있다.

질의 QSTAR

```
SELECT D1.X, D2.Y, SUM (F.M)
FROM FACT F, DIM1 D1, DIM2 D2, DIM3 D3
WHERE F.Fk1 = D1.Pk and F.Fk2 = D2.Pk and F.Fk3 = D3.Pk and
        D1.A > 5 and D2.B < 77 and D3.C = 11
GROUP BY D1.X, D2.Y
```

팩트 테이블은 차원 테이블들과 비교하여 일반적으로 매우 크다. QSTAR는 전형적인 스타 질의이며 그것의 팩트 테이블은 일반적으로 매우 큰 경향이 있으며 작은 차원 테이블들의 여러 테이블들과 조인된다. 그 질의는 차원 테이블들의 다른 칼럼들에 대한 단일 테이블 필터 술어들이 포함될 수도 있는데 그 조건들은 일반적으로 제한적이다. 이 필터들의 조합은 팩트 테이블에서 처리된 데이터 집합을 크게 줄일 수 있다(위의 질의에서 D1.A > 5와 같이). 이 유형의 질의는 일반적으로 차원 테이블에서 오는 칼럼들에 대한 그룹화와 팩트 테이블에서 오는 측정 칼럼들에 대한 집계를 수행한다.

스타-변환 최적화의 목표는 팩트 테이블에서 이 축소된 데이터 집합에만 접근하고 전체 테이블 스캔을 사용하는 것을 회피하는 것이다. 다음 두 가지 유형의 스타-변환 최적화가 가능하다: (A) 고전적인 스타-변환, 그리고 (B) 비트 맵 인덱스 스타-변환. 이러한 최적화 둘 모두는 원래 질의와 변환된 질의의 상대적인 비용을 기반으로 수행된다.

A. **고전적 스타-변환**

이 최적화에서는 각 차원 테이블에 필터(예: D1.A > 5)를 적용한 후 차원 테이블들의 카티션 곱이 먼저 수행된다. 일반적으로 차원 테이블들 간에는 조인 술어가 없음에 유의하자. 그런 다음 이 카티션 곱의 결과는 팩트 테이블과 조인되는데 그 조인은 팩트 테이블의 조인 키에 대한 B-트리 인덱스(있는 경우)를 사용하게 된다.

B. **비트맵 인덱스(Bitmap index) 스타-변환**

이 최적화의 요구 사항은 질의에서 참조된 팩트 테이블 조인 키에 비트 맵 인덱스가 있어야 한다는 것이다.[17] 예를 들어, QSTAR에서, FACT.Fk1, FACT.Fk2, 그리고 FACT.Fk3 속성들에 비트 맵 인덱스들(16.5.2절 참조)이 있어야 한다. 비트 맵의 각 비트는 팩트 테이블의 하나의 행에 해당한다. 그 속성의 키 값이 팩트 테이블의 행에 나타난다면 그 비트가 설정된다. 주어진 질의 QSTAR는 아래와 같이 Q2STAR로 변환된다.

---

17) 어떤 경우에는 B-트리 인덱스 키들이 비트맵으로 변환될 수 있지만 여기에서는 이 기술에 대해 논의하지 않는다.

Q2STAR

```
SELECT D1.X, D2.Y, SUM (F.M)
FROM FACT F, DIM1 D1, DIM2 D2
WHERE F.Fk1 = D1.Pk and F.Fk2 = D2.Pk and D1.A > 5 and D2.B < 77 and
    F.Fk1 IN (SELECT D1.Pk
              FROM DIM1 D1
              WHERE D1.A > 5) AND
    F.Fk2 IN (SELECT D2.Pk
              FROM DIM2 D2
              WHERE D2.B < 77) AND
    F.Fk3 IN (SELECT D3.pk
              FROM DIM3 D3
              WHERE D3.C = 11)
GROUP BY D1.X, D2.Y;
```

비트 맵 스타 변환은 차원 테이블들에 해당하는 부질의 술어들을 추가한다. Q2STAR에 소개된 부질의들은 집합 구성원 연산(set membership operation)으로 간주될 수 있다. 예를 들어, F.Fk1 IN(5, 9, 12, 13, 29 ...).

차원 부질의들에 제시된 키 값들의 비트 맵 AND와 OR 연산에 의해 구동되는 경우, 팩트 테이블의 관련 행들만 인출되어야 한다. 차원 테이블들에 대한 필터 술어들과 각 차원 테이블을 조인하는 팩트 테이블의 교집합이 팩트 테이블 행들의 상당한 부분 집합을 걸러 냈다면, 이 최적화는 팩트 테이블에 대한 무차별 전체 테이블 스캔보다 훨씬 더 효율적일 것이다.

Q2STAR에서 다음 연산들이 테이블 FACT에 접근하고 조인하기 위해 수행된다.

1. 차원 부질의에서 나오는 키 값들에 대해 반복하여, 테이블 FACT의 비트 맵 색인에서 주어진 키 값에 대해 비트 맵을 인출한다.
2. 하나의 부질의에 대해, 다양한 키 값들에 대해 인출된 비트 맵들을 병합(OR-ed)한다.
3. 각 차원 부질의에 대해 병합된 비트 맵들을 AND 처리(AND-ed)한다. 즉, 조인들의 논리곱이 수행된다.
4. 최종 비트 맵에서 테이블 FACT의 해당하는 튜플 식별자들을 생성한다.
5. 투플 식별자들을 이용하여 테이블 FACT의 행들을 직접 인출한다.

**다시 조인하기(Joining Back)**: 부질의 비트 맵 트리는 차원 테이블들의 필터 술어들을 기반으로 팩트 테이블을 필터링한다. 따라서 원래의 조인 술어들을 사용하여 팩트 테이블의 관련 행들로 다시 차원 테이블들을 조인해야 할 수도 있다. 차원 테이블의 다시 조인은 회피될 수 있는데 이는 부질의에서 선택된 칼럼(들)이 유일성(unique)을 가지며 그 차원 테이블의 칼럼들이 SELECT와 GROUP-BY 절에서 참조되지 않는 경우이다. Q2STAR에서 테이블 DIM3은 테이블 FACT에 다시 조인되지 않는다. 그 이유는 DIM3이 SELECT와 GROUP-BY 절에서 참조되지 않으며 DIM3.Pk가 유일성을 가지기 때문이다.

## 18.9 오라클에서 질의 최적화의 개요[18)]

이 절은 질의 최적화, 실행, 분석을 포함하여 오라클 질의 처리의 다양한 기능에 대한 전반적인 개요를 제공한다.[19)]

### 18.9.1 물리적 최적화기(Physical Optimizer)

오라클의 물리적 최적화기는 비용 기반이며 Oracle 7.1에 소개되었다. 물리적 최적화기의 범위는 단일 질의 블록이다. 물리적 최적화기는 대체 테이블과 인덱스 접근 경로, 연산자 알고리즘, 조인 순서, 조인 방법, 병렬 실행 분배 방법 등을 검사한다. 가장 낮은 추정 비용을 가진 실행 계획을 선택한다. 추정 질의 비용은 주어진 실행 계획으로 그 질의를 실행하는 데 필요한 추정 경과 시간에 비례하는 상대적인 수이다.

물리적 최적화기는 객체 통계(테이블 카디널리티, 칼럼에서 서로 다른 값의 수, 칼럼에서 높은 값과 낮은 값, 칼럼 값의 데이터 분포 등), 자원(resource)의 추정 사용량(I/O와 CPU 시간 등), 그리고 필요한 메모리를 기초로 이 비용을 계산한다. 그 질의의 추정 비용은 대략적으로 실행 시간(run time)과 요구된 자원에 해당하는 내부 척도이다. 오라클의 비용 기반 최적화의 목표는 최저 실행 시간과 최소 자원 활용 간에 최상의 균형을 찾는 것이다.

### 18.9.2 포괄적 질의 최적화기(Global Query Optimizer)

전통적 RDBMS에서 질의 최적화는 두 가지의 서로 다른 논리적 및 물리적 최적화 단계들로 구성된다. 대조적으로, 오라클은 포괄적 질의 최적화기를 가지는데, 거기서는 논리적 변환과 물리적 최적화 단계들이 통합되어 전체 질의 트리에 대한 최적의 실행 계획을 생성한다. 오라클 질의 처리의 구조는 그림 18.7에 나와 있다.

오라클은 다수의 질의 변환들을 수행하는데, 이는 사용자 질의를 동등하지만 잠재적으로 보다 최적의 형태로 변경하고 변환한다. 변환은 경험적 기반 또는 비용 기반일 수 있다. 비용 기반 질의 변환 (cost-based query transformation, CBQT) 체계는,[20)] Oracle 10g에 도입된 경우, 하나 이상의 변환을 적용하여 생성된 상태 공간을 탐색하는 효율적인 기법들을 제공한다. 비용 기반 변환 도중에, 하나의 SQL 문은, 여러 질의 블록들을 포함할 수 있는데, 복사되고 변환되며, 그 문의 비용은 물리적 최적화기를 사용하여 계산된다. 이 절차는 여러 번 반복되는데, 매 반복마다 상호 의존적인 변환의 새로운 모음들을 적용하게 되며, 마지막으로 하나 이상의 변환이 선택되고 원래의 SQL 문에 적용된다 (만약 그 변환들이 최적의 실행 계획이 될 수 있다면). 그 조합의 폭발적 증가를 다루기 위해, 그 CBQT 체계는 다양한 변환들의 상태 공간을 검색하기 위한 효율적인 전략들을 제공한다.

---

18) 이 절은 오라클의 Rafi Ahmed가 기고한 것이다.
19) 분석 지원은 Oracle 10.2에 도입되었다.
20) Ahmed 외(2006)에 제시된 바와 같다.

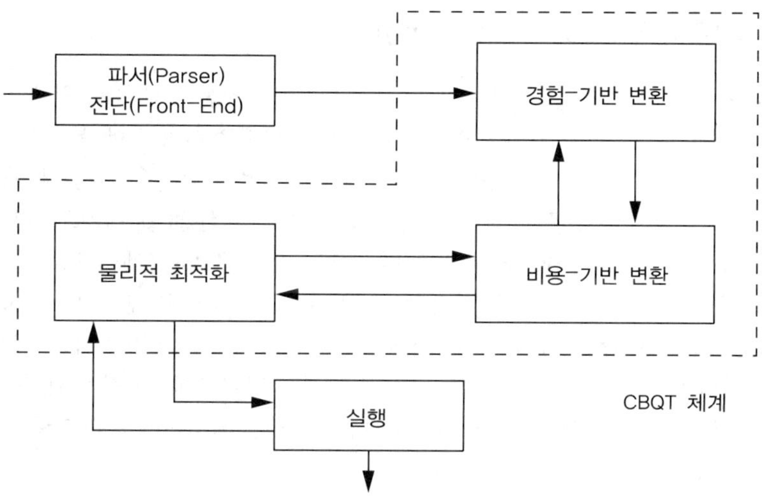


그림 18.7 비용 기반 질의 변환 체계(Ahmed 외, 2006을 기반한 것임)

비용 기반 변환을 위한 보편적 체계의 이용 가능성은 다른 혁신적인 변환을 오라클의 질의 변환 기술의 방대한 목록에 추가할 수 있게 한다. 이러한 변환들 중 주요한 것은 group-by와 distinct 부질의 병합(질의의 FROM 절에서), 부질의 중첩해제, 술어 이동, 공통의 하위식 제거, 조인 술어 아래로 내리기, OR 확장, 부질의 병합, 조인 인수 분해, 윈도우 함수를 통한 부질의 제거, 스타 변환, group-by 배치, 그리고 부쉬 조인 트리 등을 포함한다.[21)]

Oracle 10g의 비용 기반 변환 체계는 SQL 질의를 최적화하기 위해 취한 정교한 접근 방식의 좋은 예이다.

### 18.9.3 적응형 최적화(Adaptive Optimization)

오라클의 물리적 최적화기는 적응형이며 실행 수준의 피드백 루프를 사용하여 이전 결정을 개선한다. 최적화기는 개체 통계(예: 행들의 수, 칼럼 값들의 분포 등)와 시스템 통계(예: 저장 부시스템의 I/O 대역폭)에 의존하는 비용 모델을 사용하여 주어진 SQL 문의 가장 최적의 실행 계획을 선택한다. 최종 실행 계획의 최적성은 주로 비용 모델 자체의 정교함 뿐만 아니라 그 비용 모델에 공급되는 통계의 정확도에 달려 있다. 오라클에서 그림 18.7의 피드백 루프는 실행 엔진과 물리적 최적화기 사이의 다리를 형성한다. 그 다리는 귀중한 통계 정보를 제공하여 물리적 최적화기가 자신의 결정의 영향을 평가하고 현재와 미래의 실행에 대해 더 나은 결정을 내릴 수 있게 한다. 예를 들어, 테이블 카디널리티의 추정 값을 기반으로 최적화기는 인덱스 기반 중첩 루프 조인 방법을 선택할 수 있다. 그러나 실행 단계에서 실제 테이블 카디널리티가 추정 값과 상당히 다르게 검출될 수 있다. 이 정보는 물리적 최적화기가 결정을 수정하고 인덱스 접근 조인 방법을 해시 조인 방법으로 동적으로 변경하도록 촉발할 수 있다.

21) 보다 자세한 내용은 Ahmed 외(2006, 2014)에 있다.

### 18.9.4 배열 처리(Array Processing)

SQL 구현의 치명적인 결함 중 하나는 N 차원 배열 기반 계산에 대한 지원 부족이다. 오라클은 분석과 OLAP 기능을 확장했다. 이 확장은 오라클 RDBMS 엔진에 통합되었다.[22] 복잡한 모델링과 최적화를 위해 배열 기반 계산을 포함하는 SQL 확장은 이들 계산을 효율적으로 처리하기 위한 액세스 구조와 실행 전략을 포함한다. 계산절(computation clause, 자세한 내용은 여기에서 다루지 않음)을 사용함으로써 오라클 RDBMS는 테이블을 다차원 배열로 취급하고 그 위에 일련의 수식들을 지정할 수 있다. 그 수식들은 현재의 ANSI SQL(ANSI는 미국 표준 협회 (American National Standards Institute)를 나타냄)을 사용하여 동일한 계산을 수행하려면 여러 조인들과 UNION 연산들로 수행되어야 하는 것을 대체한다. 계산절은 응용 프로그램 개발을 용이하게 할뿐만 아니라 오라클 RDBMS에 더 나은 최적화를 수행할 수 있는 기회를 제공한다.

### 18.9.5 힌트(Hints)

오라클 질의 최적화기에 추가된 흥미로운 점은 응용 프로그램 개발자가 최적화기에 대한 힌트(다른 시스템에서는 질의 주석(query annotation) 또는 질의 지시자(query directives)라고도 함)를 지정하는 기능이다. 힌트는 SQL 문의 원문에 포함된다. 힌트는 최적화기가 차선의 계획을 선택하는 드문 경우를 처리하는 데 일반적으로 사용된다. 아이디어는 응용 프로그램 개발자는 때때로 비용 또는 카디널리티에 대한 오보 추정을 기반으로 한 최적화기의 결정을 무시해야 할 필요가 있다는 것이다. 예를 들어 그림 4.6의 테이블 EMPLOYEE를 고려해 보자. 그 테이블의 칼럼 Sex는 오직 두 개의 서로 다른 값만을 가진다. 10,000명의 직원이 있는 경우, 최적화기는 칼럼 Sex에 히스토그램이 없다면 균일 데이터 분포를 가정하여 절반이 남성이고 절반이 여성으로 추정할 것이다. 보조 인덱스가 존재하면, 그 인덱스는 사용되지 않을 가능성이 높다. 그러나 응용 프로그램 개발자가 단지 100명의 남성 직원들이 존재함을 알고 있다면 WHERE 절 조건이 Sex = 'M'인 SQL 질의에 힌트를 지정하여 관련 인덱스가 그 질의의 처리에 사용되도록 할 수 있다. 다른 연산들에 대해 다양한 유형의 힌트를 지정할 수 있다. 이들 힌트에는 다음이 포함되지만 이에 국한되지는 않는다.

- 주어진 테이블에 대한 접근 경로
- 질의 블록에 대한 조인 순서
- 테이블들 간의 조인에 대한 특정 조인 방법
- 변환의 활성화 또는 비활성화

22) 보다 자세한 내용은 Witkowski 외(2003)에 있다.

### 18.9.6 아웃라인(Outlines)

오라클 RDBMS에서 아웃라인(outlines)은 SQL 문 또는 질의의 실행 계획을 보존하는 데 사용된다. 아웃라인은 힌트들의 모음으로 구현되고 표현되는데 이는 힌트가 쉽게 이식 가능하고 이해하기 쉽기 때문이다. 오라클은 어떠한 그리고 아무리 복잡한 실행 계획도 명시하기에 충분히 강력한 힌트들의 모음을 제공한다. SQL 문을 최적화하는 동안 아웃라인이 사용되면, 이 힌트들이 최적화기(그리고 다른 구성 요소들)에 의해 적절한 단계들에 적용된다. 오라클 최적화기가 처리하는 각 SQL 문은 실행 계획과 함께 표시될 수 있는 하나의 아웃라인을 자동으로 생성한다. 아웃라인은 계획 안정성, 가정 분석, 그리고 성능 실험과 같은 목적으로 사용된다.

### 18.9.7 SQL 계획 관리(SQL Plan Management)

SQL 문의 실행 계획은 데이터베이스 시스템의 전반적인 성능에 중요한 영향을 미친다. 새로운 최적화기 통계, 구성 매개 변수 변경, 소프트웨어 갱신, 새로운 질의 최적화와 처리 기술의 소개, 그리고 하드웨어 자원 이용 등의 요소들이 오라클 질의 최적화기가 동일한 SQL 질의들 또는 문들에 대해 새로운 실행 계획을 생성하게 한다.

비록 실행 계획에서 대부분의 변경은 유익하거나 양호하지만, 몇몇 실행 계획들은 차선책으로 판명될 수 있으며 이로 인해 시스템 성능에 부정적인 영향을 미칠 수 있다.

Oracle 11g에는 일련의 질의들 또는 작업 부하에 대한 실행 계획들을 관리하기 위해 SQL 계획 관리 (SQL plan management, SPM)라는 새로운 기능이 도입되었다.[23] SPM은 SQL 문 집합에 안정적이고 최적의 성능을 제공하는데 이는 새로운 차선 계획이 실행되는 것을 방지하면서 다른 새로운 계획들이 이전 계획들보다 검증 가능하기가 더 좋은 경우에는 실행하도록 허용함으로써 수행된다. SPM은 사용자가 SPM을 사용 가능하게 한 일련의 SQL 문들의 실행 계획들을 관리하기 위한 정교한 기법을 캡슐화한다. SPM은 이전 실행 계획들을 SQL 문들의 텍스트에 연관된 저장된 아웃라인(stored outlines) 형식으로 유지하고 주어진 SQL 문에 대해 구 실행 계획과 신 실행 계획의 성능을 비교한 후 사용자에 의해 사용된다. SPM은 자동으로 작동하도록 구성되거나 하나 이상의 SQL 문들에 대해 수동으로 제어될 수 있다.

## 18.10 의미적 질의 최적화

질의 최적화의 또 다른 방식으로 의미적 질의 최적화(semantic query optimization)가 제안되었다. 이 기법은 앞에서 설명한 기법들과 함께 사용될 수 있는데 하나의 질의를 더 효율적인 다른 질의로 변환하기 위하여 데이터베이스 스키마에 명시된 제약 조건들, 예를 들어

23) Ziauddin 외(2008) 참조.

유일성 속성과 기타 더 복잡한 제약 조건들을 사용한다. 여기서는 이 방법을 자세하게 설명하지는 않고 간단한 예를 통하여 설명한다. 다음의 SQL 질의를 살펴보자.

```
SELECT   E.Lname, M.Lname
FROM     EMPLOYEE AS E, EMPLOYEE AS M
WHERE    E.Superssn=M.Ssn AND E.Salary>M.Salary;
```

이 질의는 자신의 상사보다 더 많은 급여를 받는 사원들의 이름을 검색한다. 만일 어떠한 사원도 그들의 직계 상사보다 더 많은 급여를 받을 수 없다는 제약 조건이 데이터베이스 스키마에 존재한다고 가정하자. 만일 의미적 질의 최적화기가 이 제약 조건의 존재를 검사한다면 이 질의의 결과가 공집합이 될 것이라는 것을 알 수 있기 때문에 이 질의를 전혀 수행할 필요가 없다. 만일 제약 조건 검사가 효율적으로 수행될 수 있으면 상당한 시간이 절약된다. 그러나 많은 제약 조건 중에서 주어진 질의에 적용할 수 있고, 그 질의를 의미적으로 최적화할 수 있는 제약 조건들을 찾는 작업에는 많은 시간이 소모될 수 있다.

다른 예를 생각해 보자.

```
SELECT Lname, Salary
FROM EMPLOYEE, DEPARTMENT
WHERE EMPLOYEE.Dno = DEPARTMENT.Dnumber and
EMPLOYEE.Salary >100000
```

이 예에서, 검색된 속성들은 오직 하나의 릴레이션 EMPLOYEE로부터 나온 것이며 실렉션 조건 또한 그 하나의 릴레이션에 대한 것이다. 그러나 Employee.Dno가 기본 키 Department.Dnumber를 참조하는 외래 키인 참조 무결성 제약 조건이 있다. 따라서 이 질의는 그 질의에서 릴레이션 DEPARTMENT를 제거함으로써 변환될 수 있으며 그렇게 함으로써 다음과 같이 내부 조인을 회피할 수 있다.

```
SELECT Lname, Salary
FROM EMPLOYEE
WHERE EMPLOYEE.Dno IS NOT NULL and EMPLOYEE.Salary>100000
```

이러한 유형의 변환은 기본 키/외래 키 관계의 의미에 기반하며, 이는 그 두 릴레이션들 사이의 제한 사항이다.

동적 규칙들과 추가적인 메타 데이타를 데이터베이스 시스템들에 도입함으로써(25장 참조) 의미적 질의 최적화 기법들이 점진적으로 DBMS들에 통합되고 있다.

## 18.11 요약

이전 장에서는 관계형 DBMS들에서 사용되는 질의 처리 전략들을 제시했다. 실렉션, 프로젝션, 그리고 조인을 비롯한 다양한 표준 관계 연산자들에 대한 알고리즘을 고려했다. 또한 외부 조인, 세미 조인, 그리고 안티 조인을 비롯한 다른 유형의 조인들에 대해 논의했으며 외부 정렬뿐만 아니라 집계에 대해서도 논의했다. 이 장에서 우리의 목표는 관계형 DBMS들에서 사용되는 질의 최적화 기술들에 초점을 맞추는 것이었다. 18.1절에서는 질의 트리와 그래프에 대한 표기법을 소개하고 질의 최적화에 대한 경험적 접근법을 설명했다. 이 접근 방식들은 질의 실행의 효율을 높이기 위해 경험적 규칙들과 대수 기술들을 사용한다. 관계형 대수 표현식을 나타내는 질의 트리가 트리 노드를 재구성하고 트리를 실행하기에 더 효율적인 다른 동등한 질의 트리로 변환하여 어떻게 경험적으로 최적화되는지 보였다. 또한 동등성 보존 변환 규칙들과 이를 질의 트리에 적용하기 위한 체계적인 절차를 제공했다. 18.2절에서는 파이프라이닝과 실체화한 평가를 포함하여 대체 질의 평가 계획을 설명했다. 그런 다음 SQL 질의의 질의 변환의 개념을 소개했다. 이 변환은 중첩된 부질의를 최적화한다. 또한 FROM 절에서 발생하는 부질의들의 병합을 예를 사용하여 보였는데 이는 파생된 릴레이션 또는 뷰로 작동한다. 또한 뷰를 실체화하는 기법을 논의했다.

18.3절에서 질의 최적화에 대한 비용 기반 접근법을 자세히 설명했다. 질의 최적화기가 참조하는 카탈로그들에 유지되는 정보를 논의했다. 중요한 속성들의 분포를 유지하기 위한 히스토그램들에 대해서도 논의했다. 실렉션과 조인을 위한 일부 데이터베이스 접근 알고리즘들을 위해 어떻게 비용 함수들이 개발되는지를 18.4절과 18.5절에서 각각 나타내었다. 18.6절에서 어떻게 이러한 비용 함수들을 사용하여 서로 다른 실행 전략들의 비용을 추정하는 지를 예로 보였다. 질의 계획 표시, 결과 크기 예측, 계획 캐싱, 그리고 최상위-k 결과 최적화와 같은 여러 추가 쟁점들이 18.7절에서 논의되었다. 18.8절에서는 데이터 웨어하우스의 전형적인 질의들을 최적화하는 방법에 대해 설명했다. 우리는 소위 스타 스키마에 대한 데이터 웨어하우스 질의에서 비용 기반 질의 변환의 예를 보였다. 18.9절에서는 오라클 질의 최적화기에 대한 자세한 개요를 제시하였는데 그 최적화기는 많은 추가 기술들을 사용한다. 그 세부 사항은 우리 범위를 벗어났다. 마지막으로 18.10절에서 우리는 의미적 질의 최적화의 기법을 언급했다. 이 기법은 의미 또는 무결성 제약 조건들을 사용하여 질의를 단순화하거나, 데이터에 접근하는 것 또는 질의의 실제 실행을 완전히 회피하도록 한다.

## 복습문제

**18.1** 질의 실행 계획이 무엇인가?

**18.2** 경험적 최적화라는 용어는 무엇을 의미하는가? 질의 최적화가 수행되는 동안 적용할 수 있는 중요한 경험적 규칙들을 설명하라.

**18.3** 질의 트리는 관계 대수식을 어떻게 표현하는가? 질의 트리를 수행한다는 것의 의미는 무엇인가? 질의 트리의 변환 규칙에 관하여 논의하고 최적화 과정에서 각 규칙이 언제 적용될 수 있는지 설명하라.

**18.4** 10개의 릴레이션을 조인하는 질의에서 서로 다른 조인 순서는 몇 가지가 나올 수 있는가?

**18.5** 비용 기반 질의 최적화의 의미는 무엇인가?

**18.6** 동적 프로그래밍을 기반으로 하는 최적화 접근 방식은 무엇인가? 그것은 질의 최적화 중에 어떻게 사용되는가?

**18.7** 뷰를 실체화하여 유지하는 것과 관련된 문제는 무엇인가?

**18.8** 파이프라이닝과 실체화의 차이는 무엇인가?

**18.9** 질의 실행 비용을 추정하는 데 사용되는 비용 함수의 비용 구성 요소들을 설명하라. 기본적인 비용 함수로 가장 자주 사용되는 비용 구성 요소는 무엇인가?

**18.10** 비용 함수에 사용되는 여러 유형의 매개 변수에 관하여 논의하라. 이 정보가 어디에 유지되는가?

**18.11** 세미 조인과 안티 조인이란 무엇인가? 조인 선택도와 조인 카디널리티 매개 변수는 무엇인가? 적절한 수식을 보이라.

**18.12** 18.4절과 18.5절에서 논의한 실렉트와 조인 방법의 비용 함수들을 열거하라.

**18.13** 이 장에서 논의하지 않은 오라클의 질의 최적화의 특수 기능들은 무엇인가?

**18.14** 의미적 질의 최적화가 무엇인가? 이 기법은 다른 질의 최적화 기법과 어떤 차이가 있는가?

## 연습문제

**18.15** 18.4절에서설명한 프로젝트, 합집합, 교집합, 차집합, 카티션 곱 알고리즘들의 비용 함수들을 만들어라.

**18.16** 개별적인 연산들에 대한 비용 함수의 관점에서 두 개의 실렉트, 하나의 조인, 하나의 마지막 프로젝트로 구성된 알고리즘에 관한 비용 함수들을 만들어라.

**18.17** 조인 순서 선택을 위한 동적 프로그래밍 절차를 설명하기 위한 의사 언어 스타일의 알고리즘을 개발하라.

**18.18** 18.4절에서 논의한 조인 연산 OP7을 수행하기 위한 다른 옵션들에 대하여 비용 함수들을 만들어라.

**18.19** 혼합형 해시 조인 알고리즘이 최초의 버켓을 위한 버퍼의 크기를 계산하는 공식을 개발하라. 이 알고리즘을 위해 좀더 정확한 비용 추정식들을 개발하라.

**18.20** 연습 문제 18.19에서 개발된 식을 사용하여 연산 OP6과 OP7의 비용을 계산하라.

**18.21** 아래 질의에 대하여 질의 계획 두 가지의 비용을 비교하라. 그림 18.6의 데이터베이스 통계 정보를 사용하라.

$\sigma_{\text{Salary} < 40000}(\text{Employee} \bowtie_{\text{Dno} = \text{Dnumber}} \text{Department})$

## 주요 참고문헌

이 참고 문헌은 질의 처리와 최적화라는 주제에 대한 문헌 참조를 제공한다. 이전 장에서 질의 처리 알고리즘과 전략에 대해 설명했지만 질의 처리 전략과 알고리즘을 다루는 문헌과 최적화를 다루는 문헌을 구분하는 것은 어렵다. 따라서 참고문헌이 통합된다.

관계 대수 최적화를 위한 상세한 알고리즘은 Smith와 Chang(1975)에 있다. Kooi의 박사학위 논문(1980)은 질의 처리 방법들에 대한 기초를 제시하였다. Jark와 Koch(1984)의 문헌조사 논문은 질의 최적화의 분류법을 제시하며 이 분야의 연구에 대한 참고문헌들을 포함하고 있다. Graefe(1993)의 문헌조사는 데이터베이스 시스템의 질의 실행에 관한 것으로서 방대한 참고문헌들을 포함하고 있다.

Whang(1985)은 QBE 언어에 기반을 둔 OBE(Office-By-Example)에서 질의 최적화를 논의하였다. 비용 기반 최적화는 실험용 DBMS인 System R에서 최초로 사용되었고, Astrahan 외(1976)의 논문에 제시되었다. Selinger 외(1979)는 System R에서 다중 조인에 대한 비용 기반 최적화를 논의한 고전적인 논문이다. 조인 알고리즘들은 Gotlieb(1975), Blasgen과 Eswaran(1976), Whang 외(1982)에서 논의되었다. 조인을 구현하기 위한 해싱 알고리즘들의 설명과 분석은 DeWitt 외(1984), Bratbergsengen(1984), Shapiro(1986), Kitsuregawa 외(1989), Blakeley와 Martin(1990) 등에서 논의되었다. Blakely 외(1986)는 실체화된 뷰의 유지를 논의한다. Chaudhari 외(1995)는 실체화된 뷰를 사용하여 질의를 최적화하는 방법에 대해 설명한다. Ioannidis와 Kang(1990), Swami와 Gupta(1989)는 좋은 조인 순서를 찾기 위한 접근법을 세시하였다. 좌방향 깊이 트리와 부쉬 조인 트리(bushy join tree)의 의미는 Ioannidis와 Kang(1991)에서 제시되었다. Kim(1982)은 중첩된 SQL 질의들을 규준 표현으로 변환하는 방법들을 제안하였다. 집계 함수들의 최적화는 Klug(1982)와 Muralikrishna(1992)에서 논의되었다. Group By에 의한 질의 최적화는 Chaudhari

와 Shim(1994)에 제시되어 있다. Yan과 Larson(1995)은 이른 집단(eager aggregation)과 늦은 집단(lazy aggregation)을 논의한다. Salzberg 외(1990)는 빠른 외부 정렬 알고리즘을 기술하였다. 임시 릴레이션의 크기를 추정하는 것은 질의 최적화에 매우 중요하다. 샘플링에 기반을 둔 추정 방법은 Haas 외(1995), Hass와 Swami(1995), 그리고 Lipton 외(1990)에서 제시되었다. 데이터베이스 시스템이 히스토그램의 형태로 상세 통계치를 저장하고 사용하는 것은 Muralikrishna와 DeWitt(1988), Poosala 외(1996)의 주제이다. Galindo-Legaria와 Joshi(2001)는 중첩된 부질의와 집단 최적화에 대해 논의한다.

O'Neil과 Graefe(1995)는 비트 맵 인덱스를 사용하는 다중 테이블 조인을 논의한다. Kim 외(1985)는 질의 최적화에 관한 고급 주제들을 논의하였다. 의미적 질의 최적화는 King(1981), Malley와 Zdonick(1986)에서 논의되었다. 의미적 질의 최적화에 관한 연구는 Chakravarthy 외(1990), Shenoy와 Ozsoyoglu(1989), Siegel 외(1992)에서 보고되었다. 질의 동등성 규칙을 기반으로 하는 질의 최적화기인 Volcano는 Gracke와 Mckenna(1993)에 의해 개발되었다. Graefe(1995)의 Volcano와 후속인 Cascades의 접근 방식은 Microsoft SQL Server 질의 최적화의 기초가 된다. Carey와 Kossman(1998)과 Bruno 외(2002)는 최상위-k 결과를 위한 질의 최적화에 대한 접근법을 제시한다. Galindo Legaria 외(2004)는 데이터베이스 변경의 처리와 최적화에 대해 논의한다.

Ahmed 외(2006)는 오라클의 비용 기반 질의 변환에 대해 설명하고 Oracle 10g의 글로벌 질의 최적화 구조에 대한 개요를 제시한다. Ziauddin 외(2008)은 최적화기가 질의의 실행 계획을 변경하게 하는 아이디어를 논의한다. 그들은 오라클의 SQL 계획 관리 (SPM) 기능을 논의한다. 그 기능은 성능에 안정성을 부여한다. Bellamkonda 외(2009)는 질의 최적화를 위한 추가 기법들을 제공한다. Ahmed 외(2014)는 실행 대안으로의 부쉬 트리의 장점을 고려한다. Witkowski 외(2003)은 분석을 위한 N 차원 배열 기반 계산의 지원에 대해 논의하는데 이는 오라클 RDBMS 엔진에 통합되었다.

# 트랜잭션 처리 개념과 이론 소개

트랜잭션 개념은 데이터베이스 처리의 논리적 단위를 기술하는 기법을 제공한다. 트랜잭션 처리 시스템(transaction processing system)은 대규모 데이터베이스와 데이터베이스 트랜잭션을 실행하는 수백 명의 동시 사용자들을 지원하는 시스템이다. 이런 시스템의 예로는 비행기 예약, 은행업무, 신용카드 처리, 온라인 소매 구매, 주식 시장, 슈퍼마켓의 물건값 계산, 그리고 많은 다른 응용들을 들 수 있다. 이런 분야들은 수백 명의 동시 사용자에 대하여 높은 가용성(availability)과 빠른 응답 시간을 요구한다. 이 장에서는 트랜잭션 처리 시스템에 필요한 여러 개념을 제시한다. 트랜잭션은 정확성을 보장하기 위해 완전히 종료해야 하는 데이터베이스 처리의 논리적 단위를 표현하는 개념이다. 트랜잭션은 전형적으로 검색, 삽입, 삭제, 그리고 변경의 데이터베이스 명령을 포함하는 컴퓨터 프로그램에 의해 수행된다. 제 9장과 10장에서 데이터베이스 프로그래밍을 위한 기본적인 기법을 제시하였다.

이 장에서는 트랜잭션의 정확한 실행을 보장하기 위해 필요한 기본 개념과 이론에 집중한다. 먼저 동시성 제어(concurrency control) 문제를 논의한다. 이 문제는 여러 사용자들이 동시에 여러 트랜잭션들을 수행시켰을 때 트랜잭션들이 부정확한 결과를 초래하도록 서로 간섭할 때 발생한다. 이 장에서는 트랜잭션이 실패했을 때 발생할 수 있는 문제와 여러 유형의 실패로부터 어떻게 데이터베이스 시스템이 회복할 수 있는 지에 대해서도 논의한다.

이 장은 다음과 같이 구성되어 있다. 19.1절에서는 동시성 제어와 회복이 데이터베이스 시스템에 필요한 이유를 개략적으로 논의한다. 19.2절에서는 트랜잭션의 개념을 정의하고 데이터베이스 시스템에서 트랜잭션 처리에 관련된 추가 개념들을 논의한다. 19.3절에서는 트랜잭션 처리 시스템들에 필요한 ACID 성질(ACID property)인 원자성(atomicity), 일관성(consistency), 고립성(isolation), 지속성(durability) 개념을 소개한다. 19.4절에서는 트랜잭션 실행과 관련된 스케줄(schedule 또는 history) 개념을 소개하고, 스케줄의 회복 가능성(recoverability)과 관련된 특성을 기술한다. 19.5절에서는 동시에 실행되는 트랜잭션들의 올바른 실행 순서를 정의하기 위해 사용되는 직렬 가능성(serializability) 개념을 설명한다. 19.6절에서는 SQL에서 트랜잭션 개념을 지원하는 몇몇 명령들을 제시하며 격리도의 개념을 소개한다. 19.7절에서 이 장을 요약한다.

이어지는 두 장에서는 트랜잭션 처리를 지원하는 실질적인 방법과 기법들에 대한 보다 세부적인 사항들을 설명한다. 20장에서는 기본적인 동시성 제어 규약들의 개요를 나타내고, 21장에서는 회복기법들의 개요를 제시한다.

## 19.1 트랜잭션 처리 소개

이 절에서는 트랜잭션들의 동시 수행과 트랜잭션 실패에 대한 회복의 개념을 논의한다. 19.1.1절에서는 단일 사용자와 다중 사용자 데이터베이스 시스템을 비교하고 다중 사용자 시스템에서 트랜잭션들이 어떻게 동시에 수행되는가를 보인다. 19.1.2절에서는 트랜잭션의 개념을 정의하고 읽기와 쓰기 데이터베이스 연산들을 기반으로 트랜잭션 수행의 간단한 모델을 제시한다. 이 모델은 동시성 제어와 회복 개념을 정의하고 정형화하는 데 기반으로 사용된다. 19.1.3절에서는 다중 사용자 시스템에서 동시성 제어 기법이 필요한 이유를 약식의 예를 들어 설명한다. 마지막으로 19.1.4절에서는 트랜잭션이 실행 도중에 실패할 수 있는 여러 가지 유형을 논의함으로써 시스템과 트랜잭션 실패에 대한 회복을 다루기 위한 기법들이 왜 필요한지 논의한다.

### 19.1.1 단일 사용자 시스템과 다중 사용자 시스템

데이터베이스 시스템을 분류하는 한 가지 기준은 **동시에**(concurrently) 그 시스템을 사용할 수 있는 사용자들의 수를 기준으로 하는 것이다. 한 번에 한 사용자만이 그 시스템을 사용할 수 있으면 **단일 사용자 시스템**이고, 많은 사용자가 동시에 그 시스템을 사용할 수 있으면 **다중 사용자 시스템**이라고 한다. 단일 사용자 DBMS들은 대부분 개인용 컴퓨터 시스템들로 제한되어 있으며 대부분의 다른 DBMS들은 다중 사용자 시스템들로 제한된다. 예를 들어, 항공기 예약 시스템은 동시에 수백 명의 사용자와 여행사에 의해 사용된다. 은행, 보험회사, 증권 거래소, 슈퍼마켓, 그리고 많은 다른 응용들에서 사용되는 데이터베이스 시스템은 다중 사용자 시스템이다. 이 시스템들에서 전형적으로 수백 혹은 수천의 사용자들이 그 시스템에 트랜잭션들을 동시에 제출함으로써 그 데이터베이스에서 동작한다.

컴퓨터의 운영체제가 동시에 여러 개의 프로그램(또는 프로세스)을 처리하는 **다중 프로그래밍** 개념으로 인하여 여러 사용자가 데이터베이스와 컴퓨터시스템을 동시에 사용할 수 있다. 단지 하나의 중앙처리장치만 존재한다면 실제로 그 시스템은 어느 한 시점에서 최대한 하나의 프로세스만 처리할 수 있다. 그러나 **다중 프로그래밍 운영체제**는 한 프로세스에서 몇 개의 명령을 수행한 후 그 프로세스를 잠시 중지시키고 다음 프로세스에서 몇 개의 명령을 수행하는 방식으로 동작한다. 어떤 프로세스가 다시 중앙처리장치를 사용할 차례가 되면 그 프로세스가 일시 중지되었던 위치에서 실행을 재개한다.

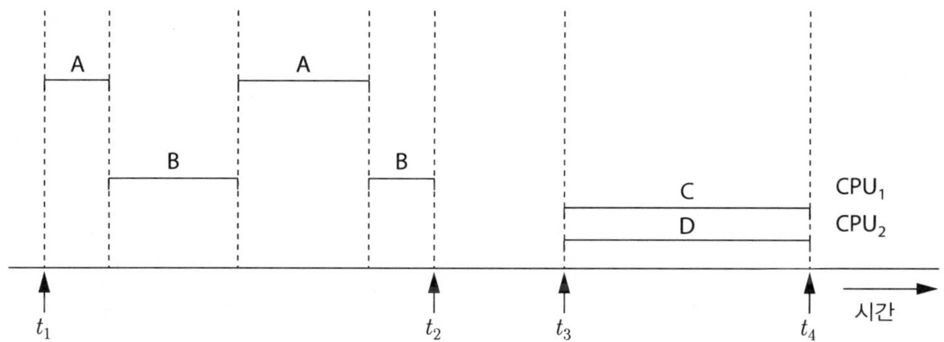


그림 19.1 동시에 수행되는 트랜잭션들을 인터리빙 형태로 처리하는 것과 병렬 처리하는 것

따라서 프로세스들의 동시 실행은 그림 19.1에 나타낸 것처럼 **인터리빙**(interleaving)을 이용한다. 그림 19.1은 인터리빙 형태로 동시에 실행되는 두 프로세스 A와 B를 보여준다. 인터리빙은 실행 프로세스가 디스크로부터 블록을 읽을 때처럼 입출력 연산을 요구하는 경우에도 중앙처리장치가 정지하지 않고 계속 어떤 프로그램을 수행하도록 하는 것이다. 중앙처리장치는 입출력 동안 아무것도 수행하지 않고 기다리는 것이 아니라 다른 프로세스를 실행하기 위해 전환된다. 또한 인터리빙은 오랫동안 수행되는 프로세스가 다른 프로세스들을 지체시키는 것을 방지한다.

만일 컴퓨터 시스템이 여러 개의 하드웨어 프로세서(CPU)를 가지고 있으면 그림 19.1의 오른쪽 부분에서 프로세스 C와 D가 나타내는 것처럼 여러 개의 프로세스의 **병렬 처리**가 가능하다. 데이터베이스에서 동시성 제어에 관한 대부분의 이론들은 **인터리빙 형태의 동시성** 관점에서 개발되었으므로 이 장의 나머지 부분에서는 이 모델을 가정한다. 다중 사용자 DBMS에서 사용자 또는 응용 프로그램들이 동시에 접근하는 주된 자원은 데이터베이스에 저장되어 있는 데이터 항목이며, 사용자 또는 응용 프로그램들은 지속적으로 데이터베이스에서 정보를 검색하고 데이터베이스를 갱신한다.

### 19.1.2 트랜잭션, 데이터베이스 항목, 읽기(read)와 쓰기(write) 연산, DBMS 버퍼

**트랜잭션**(transaction)은 데이터베이스 처리의 논리적 단위를 형성하는 실행 프로그램이다. 트랜잭션은 하나 이상의 데이터베이스 접근 연산을 포함한다. 접근 연산에는 삽입, 삭제, 갱신, 또는 검색 연산들이 포함된다. 트랜잭션을 형성하는 데이터베이스 연산들은 응용 프로그램 안에 끼워 넣거나 SQL과 같은 고수준 질의어를 사용하여 대화식으로 기술할 수 있다. 트랜잭션의 경계를 명시하는 한 가지 방법은 응용 프로그램 안에 begin transaction과 end transaction 문을 명시하는 것이다. 이 두 문 사이에 있는 모든 데이터베이스 접근 연산은 하나의 트랜잭션을 구성하는 것으로 간주한다. 하나의 응용프로그램은 여러 개의 트랜잭션 경계를 포함할 경우 다수의 트랜잭션을 포함할 수 있다. 만일 하나의 트랜잭션에 포함된 데이터베이스 연산들이 데이터베이스를 갱신하지 않고 단지 데이터를 검색만 한다면 그 트랜잭션을 **읽기전용 트랜잭션**(read-only transaction)이라 하고 그렇지 않다면 **읽기-쓰기 트랜잭션**(read-write transaction)이라 한다.

트랜잭션 처리 개념을 제시하기 위해 사용하는 데이터베이스 모델(database model)은 이 책의 앞에서 논의한 관계 모델 또는 객체 모델과 같은 데이터 모델과 비교하여 단순하다. 기본적으로 **데이터베이스**는 이름을 가진 데이터 항목들(named data items)의 모임으로 표현된다. 하나의 데이터 항목의 크기를 그 데이터 항목의 **단위 크기**(granularity)라 한다. 데이터베이스 내에서 하나의 데이터 항목은 하나의 데이터베이스 레코드(database record)가 될 수 있고, 그 보다 더 큰 단위 예를 들어 하나의 디스크 블록 전체가 될 수도 있으며, 그 보다 더 작은 단위 예를 들어 어떤 레코드의 하나의 필드(속성) 값 조차 될 수가 있다. 여기서 논의하는 트랜잭션의 개념은 데이터 항목의 단위 크기와는 무관하며 일반적인 데이터 항목들에 적용된다. 각 데이터 항목은 유일한 이름을 가진다. 그러나 이 이름은 전형적으로 프로그래머에 의해 사용되지는 않는다. 그 이름은 단순히 각 데이터 항목을 유일하게 식별하는 수단이다. 예를 들어, 만약 데이터 항목의 단위 크기가 하나의 디스크 블록이라면 디스크 블록 주소는 데이터 항목 이름으로 사용될 수 있다. 이와 같이 단순화한 데이터베이스 모델을 사용하면 하나의 트랜잭션이 포함할 수 있는 기본적인 데이터베이스 접근 연산들은 다음과 같다.

- read_item($X$). 이름이 $X$인 데이터베이스 항목을 프로그램 변수로 읽어 들인다. 표기를 단순화하기 위해 프로그램 변수 이름도 $X$라고 가정한다.
- write_item($X$). 프로그램 변수 $X$의 값을 데이터베이스 항목 $X$에 기록한다.

15장에서 논의한 대로 데이터를 디스크에서 주기억 장치로 전송하는 기본적인 단위는 하나의 디스크 페이지(디스크 블록)이다. read_item($X$) 명령은 아래의 단계들을 거쳐서 실행된다.

1. 항목 $X$를 포함하는 디스크 블록의 주소를 찾는다.
2. 디스크 블록을 주기억 장치의 버퍼로 복사한다(그 디스크 블록이 주기억 장치의 버퍼에 이미 존재하는 것이 아닐 때). 버퍼의 크기는 디스크 블록 크기와 같다.
3. 항목 $X$를 버퍼로부터 프로그램 변수 $X$로 복사한다.

write_item($X$) 명령은 아래의 단계들을 거쳐 실행된다.

1. 항목 $X$를 포함하는 디스크 블록의 주소를 찾는다.
2. 디스크 블록을 주기억 장치의 일종인 버퍼로 복사한다(그 디스크 블록이 주기억 장치의 버퍼에 이미 존재하지 않을 때).
3. 항목 $X$를 프로그램 변수 $X$에서 버퍼의 정확한 위치로 복사한다.
4. 갱신된 블록을 즉시 또는 나중의 어느 시점에 디스크에 저장한다.

단계 4가 디스크상의 데이터베이스를 실제로 갱신하는 단계이다. 때로는 갱신이 추가로 버퍼에 수행되는 것에 대비하기 위해서, 갱신된 버퍼가 즉시 디스크에 저장되지 않는다. 일반적으로 주기억 장치의 버퍼에 내용이 있는 갱신된 디스크 블록을 언제 디스크에 저장할 것인가에 대한 결정은 DBMS의 회복 관리자(recovery manager)가 운영체제와 협조하여 내린다. DBMS는 주기억 장치에 보관할 여러 개의 **데이터 버퍼**(data buffer)를 **데이터베이스 캐쉬**(database cache) 내에 유지한다. 전형적으로 각 버퍼는 처리 중인 데이터베이스 항목들의 일부를 포함하고 있는 하나의 데이터베이스 디스크 블록의 내용을 보관한다. 이런 버퍼들이 모두 다 사용되고 있을 때 버퍼에 없는 몇몇 데이터베이스 디스크 블록을 주기억 장치로 읽어 들여야 한다면, **버퍼 교체 정책**(buffer replacement policy)을 사용하여 현재 버퍼들 중에서 어떤 것을 교체할 것인가를 선택해야 한다. 일반적으로 사용되는 버퍼 교체 정책은 LRU(least recently used, 가장 덜 최근에 사용됨)이다. 만일 선택된 버퍼의 내용이 갱신되었다면 그 버퍼를 재사용하기 전에 디스크에 저장해야 한다.[1] DBMS 특성에 특정한 버퍼 교체 정책도 있다. 19.2.4절에서 이들 중 몇 가지를 간략하게 논의한다.

(a)

| $T_1$ |
| --- |
| read_item($X$);<br>$X := X - N$;<br>write_item($X$);<br>read_item($Y$);<br>$Y := Y + N$;<br>write_item($Y$); |

(b)

| $T_2$ |
| --- |
| read_item($X$);<br>$X := X + M$;<br>write_item($X$); |

그림 19.2 두 개의 샘플 트랜잭션: (a) 트랜잭션 $T_1$, (b) 트랜잭션 $T_2$

트랜잭션은 데이터베이스를 접근하고 변경하기 위해서 read_item과 write_item 연산들을 수행한다. 그림 19.2는 매우 간단한 트랜잭션 두개를 보여준다. 트랜잭션의 **읽기 집합**(read-set)은 트랜잭션이 읽는 모든 항목의 집합이며 **쓰기 집합**(write-set)은 트랜잭션이 기록하는 모든 항목의 집합이다. 예를 들어, 그림 19.2에서 $T_1$의 읽기 집합은 $\{X, Y\}$이고, 쓰기 집합도 $\{X, Y\}$이다.

동시성 제어와 회복 기법은 트랜잭션에 포함되어 있는 데이터베이스 명령들과 주로 관계가 있다. 여러 사용자가 요구한 트랜잭션들은 동시에 수행되어 동일한 데이터베이스 항목들에 접근하고 이들을 갱신할 가능성이 있다. 만약 이런 동시 수행을 제어하지 않는다면 그 수행은 비일관적인 데이터베이스(inconsistent database)와 같은 문제들을 일으킬 수 있다. 다음 절에서는 발생할 수 있는 몇 가지 문제점을 개략적으로 소개한다.

### 19.1.3 동시성 제어가 필요한 이유

적절한 제어 없이 트랜잭션들을 동시에 실행하였을 때 여러 문제가 발생할 수 있다. 이 문제들 중에서 몇 가지를 설명하기 위하여 각 항공편에 대해 하나의 레코드가 저장되는 간단한 항공기 예약 데이터베이스를 예로 들어 보자. 각 레코드는 특정 항공기 편에 예약되어 있는 좌석 수를 나타내는 이름을 가진 (유일하게 식별할 수 있는) 데이터 항목을 포함한다. 그림 19.2(a)는 예약된 좌석 수를 $X$라는 이름의 데이터베이스 항목에 저장하고 있는 항공기 편에서 $N$개의 예약을 취소하고, 그 대신 예약된 좌석 수를 $Y$라는 이름이 데이터베이스 항목에 저장하고 있는 다른 항공기 편으로 옮겨서 $N$개의 좌석을 예약하는 트랜잭션

1) 버퍼 교체 정책은 일반적으로 운영체제 교과서에서 다루는 주제이기 때문에 이 책에서는 버퍼 교체 정책을 논의하지 않는다.

$T_1$을 보여준다. 그림 19.2(b)는 트랜잭션 $T_1$에서 참조된 첫 번째 항공편에 M개의 좌석을 예약하는 간단한 트랜잭션 $T_2$를 보여준다.[2] 예를 간단하게 만들기 위해, 좌석을 예약하기 전에 빈 좌석이 충분히 남아 있는가를 확인하는 등의 추가적인 절차는 포함하지 않았다. 이 예의 경우에는 예약할 항공편 번호, 비행날짜, 좌석 수를 프로그램의 매개 변수로 하여 하나의 데이터베이스 접근 프로그램을 작성한다. 따라서, 동일한 프로그램이 많은 다른 트랜잭션들(각 트랜잭션은 예약할 항공편 번호, 날짜, 그리고 좌석 수를 가짐)을 수행시키기 위해 사용될 수 있다. 동시성 제어의 목적으로 볼 때 하나의 트랜잭션은 특정한 날짜, 항공편, 예약할 좌석 수에 대해서 하나의 프로그램을 실행하는 것이다. 그림 19.2(a)와 (b)에서 트랜잭션 $T_1$과 $T_2$는 예약 좌석 수가 데이터베이스 내에서 $X$, $Y$로 저장되어 있는 특정 항공편들을 참조하는 프로그램의 특정한 실행이다. 다음에는 이들 두 간단한 트랜잭션들을 동시에 실행할 때 발생할 수 있는 문제점들을 논의한다.

**갱신 손실 문제(Lost Update Problem).** 이 문제는 동일한 데이터베이스 항목들에 접근하는 두 트랜잭션의 연산들이 인터리빙된 형태로 실행되어 어떤 데이터베이스 항목의 값을 틀리게 만들 때 발생한다. 트랜잭션 $T_1$과 $T_2$가 거의 동시에 시작되고 그 연산들이 그림 19.3(a) 처럼 서로 인터리빙된다고 가정하자. 그러면 항목 $X$의 최종값은 틀리게 된다. 그 이유는 $T_1$이 변경한 $X$ 값을 데이터베이스에 기록하기 전에 $T_2$가 $X$ 값을 읽기 때문이다. 따라서 $T_1$이 갱신한 값을 잃어버리게 된다. 예를 들어, $T_1$과 $T_2$가 시작하기 전에 $X$ = 80이고(원래 그 항공기 편에는 80개의 좌석이 예약되어 있었다), N = 5($T_1$은 $X$에 해당하는 항공기 편에서 5개의 좌석의 예약을 취소하고 Y에 해당하는 항공기 편에 그 수만큼 예약한다), M = 4($T_2$는 $X$에 4개의 좌석을 예약한다)이면, $X$의 최종값은 79가 되어야 한다. 그러나 그림 19.3(a)의 스케줄에서는 5개의 좌석을 취소했다는 $T_1$의 갱신사항을 잃어버리게 되어 $X$의 최종값이 84가 된다.

**임시 갱신(또는 오손 읽기) 문제(Temporary Update(or Dirty Read) Problem).** 이 문제는 하나의 트랜잭션이 하나의 데이터베이스 항목을 갱신한 후에 어떤 이유(19.1.4절 참조)로 인하여 그 트랜잭션이 실패하고, 갱신된 항목을 원래의 값으로 되돌리기(또는 복귀하기) 전에 다른 트랜잭션이 그 갱신된 항목에 접근(읽기)한 경우에 발생한다. 그림 19.3(b)의 예와 같이 $T_1$이 항목 $X$를 갱신한 후에 완료되기 전에 실패했을 때 시스템은 $X$를 원래의 값으로 복귀시켜야 한다. 그러나 시스템이 $X$를 '원래의' 값으로 바꾸기 전에 트랜잭션 $T_2$는 $T_1$의 실패로 인하여 데이터베이스에 영구히 기록되지 않을 $X$의 임시 값을 읽는다. $T_2$가 읽은 항목 $X$의 값을 오손 데이터(dirty data)라고 하는데 이는 아직 완료하지 않은 트랜잭션이 그 값을 만들었기 때문이다. 따라서 이 문제를 오손 읽기 문제라고도 한다.

2) 이와 유사하지만 보다 보편적인 예를 들면, 은행 데이터베이스에서 한 트랜잭션은 계정 $X$에서 계정 $Y$로 돈을 이체하고 다른 트랜잭션은 계정 $X$에 예금을 하는 경우이다.

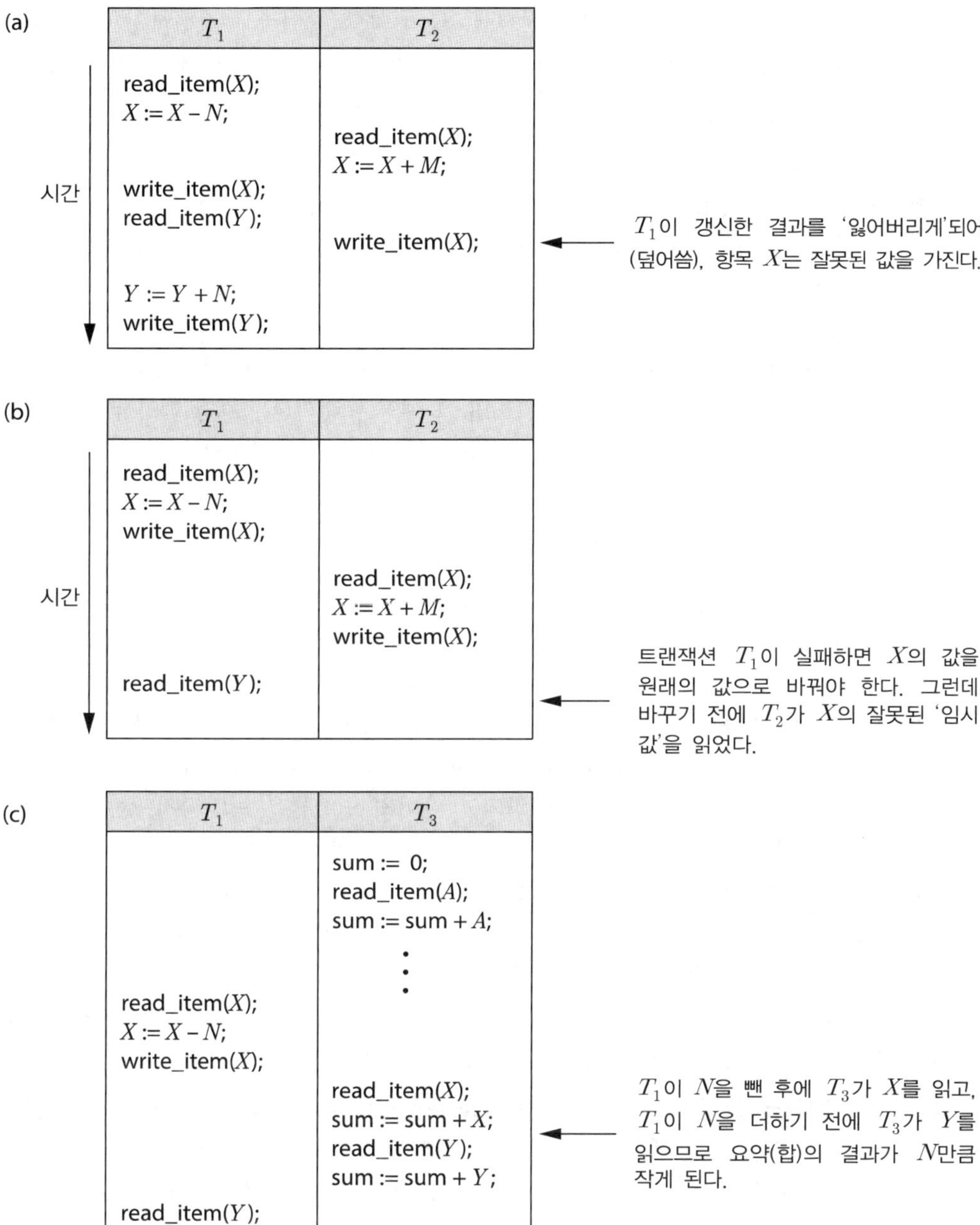


그림 19.3 동시 수행을 제어하지 않았을 때 발생할 수 있는 문제들: (a) 갱신 손실 문제, (b) 임시 갱신 문제, (c) 부정확한 요약 문제

**부정확한 요약 문제(Incorrect Summary Problem).** 하나의 트랜잭션이 여러 데이터베이스 항목들에 대해서 집단 함수를 계산하고 있고 다른 트랜잭션들이 그 항목들 중의 일부를 갱신하고 있다면 이 집단 함수는 레코드들 중 어떤 것들은 갱신되기 전의 값으로, 어떤 것들은 갱신된 이후의 값으로 계산할 것이다. 예를 들어, 트랜잭션 $T_3$이 모든 항공편에서 예

약된 좌석들의 총수를 계산할 때 트랜잭션 $T_1$이 수행 중이라고 가정하자. 그림 19.3(c)와 같이 연산들이 인터리빙된다면 $T_1$이 $X$에서 $N$ 만큼의 좌석 수를 뺀 후에 $T_3$이 $X$를 읽고 $T_1$이 $Y$에 $N$ 만큼의 좌석 수를 더하기 전에 $T_3$이 $Y$를 읽기 때문에 $T_3$의 결과는 $N$ 만큼 적게 된다.

**반복할 수 없는 읽기 문제(Unrepeatable Read Problem).** 발생 가능한 또 다른 문제로 반복할 수 없는 읽기(unrepeatable read)가 있는데, 이 문제는 트랜잭션 $T$가 수행 도중 동일 항목을 두 번 읽는데 그 두 읽기연산 사이에 다른 트랜잭션 $T'$이 그 항목의 값을 바꾸는 것이다. 따라서 $T$는 동일한 항목을 서로 다른 값으로 읽게 된다. 예를 들어, 하나의 항공 예약 트랜잭션이 실행되는 동안 어떤 고객이 여러 항공편에 대해서 남아 있는 좌석 수를 문의한 뒤 특정 항공편을 결정할 수 있다. 그러면 그 예약 트랜잭션은 해당 예약작업을 끝내기 전에 그 항공편의 좌석 수를 한번 더 읽게 되고 그 항목에 대해 결국 다른 값을 읽을 수 있다.

### 19.1.4 회복이 필요한 이유

하나의 트랜잭션이 DBMS에 제시되었을 때는 언제나, 그 시스템은 그 트랜잭션의 모든 연산들이 성공적으로 완료되고 그 효과가 데이터베이스에 영구적으로 기록되도록 하거나 그 트랜잭션이 데이터베이스 또는 어떠한 다른 트랜잭션에도 영향을 미치지 않도록 해야 할 책임이 있다. 첫 번째의 경우, 그 트랜잭션은 **완료되었다**(committed)고 하고, 두 번째의 경우, 그 트랜잭션은 **철회되었다**(aborted)고 한다. DBMS는 트랜잭션 $T$의 모든 연산들 중에서 일부 연산들만 데이터베이스에 반영되고 나머지 연산들은 반영되지 않는 것을 허용하면 안 된다. 왜냐하면 트랜잭션 전체가 데이터베이스 처리의 하나의 논리적 단위이기 때문이다. 만약 하나의 트랜잭션이 그 트랜잭션의 연산들 중 일부만을 수행한 후 그 연산들 모두를 실행하기 전에 실패한다면, 이미 수행한 그 연산들은 취소되어야 하며 어떠한 지속적인 효과도 가지지 않아야 한다.

**실패(고장)의 유형.** 실패 또는 고장은 일반적으로 트랜잭션, 시스템, 매체 고장으로 분류된다. 트랜잭션이 수행 중 실패하는 데는 여러 원인이 있다.

1. **컴퓨터 고장 또는 시스템 붕괴(system crash).** 컴퓨터 시스템에서 트랜잭션이 수행되는 도중에 하드웨어, 소프트웨어, 또는 네트워크에 오류가 발생할 수 있다. 하드웨어 고장은 대체로 주기억 장치 고장과 같은 매체 고장이다.
2. **트랜잭션 또는 시스템 오류.** 정수가 오버플로되거나 0으로 어떤 수를 나누는 연산 등과 같이 트랜잭션의 어떤 연산이 오류를 발생시킬 수 있다. 또는 잘못된 매개 변수 값이나 논리적 프로그래밍 오류로 인하여 트랜잭션이 실패할 수 있다.[3] 이 외에도 사용자가 수행 중인 트랜잭션에 인터럽트를 걸 수 있다.
3. **트랜잭션이 탐지한 지역적 오류 또는 예외 조건.** 트랜잭션의 수행 도중 그 트랜잭션을 철회(abort)해야 하는 어떤 조건들이 발생할 수 있다. 예를 들어, 트랜잭션이 필요로 하는 데이터가 존재하지 않을 수 있다. 예외조건[4], 이를테면 은행

3) 일반적으로 트랜잭션은 오류(논리적 프로그래밍 오류)를 가지지 않도록 철저하게 검증해야 한다.
4) 예외 조건을 처리하도록 정확하게 프로그램을 작성하였을 경우, 예외 조건은 트랜잭션 실패에 속하지 않는다.

데이터베이스에서 충분하지 않은 계좌잔고는 하나의 트랜잭션(이를테면 기금 인출)을 취소하게 하는 원인이 될 수 있다. 이런 예외 조건은 트랜잭션 자체에 프로그램될 수 있으며 그러한 경우 트랜잭션 고장으로 여기지는 않는다.

4. **동시성 제어 적용.** 동시성 제어 방법(20장 참조)은 트랜잭션이 직렬 가능성(19.5절 참조)을 위반하여 그 트랜잭션을 철회하도록 결정하거나 여러 트랜잭션들 간의 교착상태(deadlock)를 해결하기 위하여 하나 또는 그 이상의 트랜잭션들을 철회할 수 있다(10.1.3절 참조). 직렬 가능성 위배 또는 교착상태로 인하여 철회된 트랜잭션들은 전형적으로 나중에 자동으로 재시작된다.
5. **디스크 고장.** 입출력 오류 또는 디스크의 읽기/쓰기 헤드(head)가 파손되어 디스크 블록들의 데이터가 손실될 수 있다. 이는 트랜잭션의 읽기 또는 쓰기 연산 동안 발생할 수 있다.
6. **물리적 문제와 재해(catastrophe).** 전원이나 에어컨의 고장, 화재, 절도, 사보타주(sabotage), 과실로 인한 디스크나 테이프의 덮어쓰기, 오퍼레이터에 의한 잘못된 테이프의 적재 등이 이에 해당한다.

1, 2, 3, 4 유형의 고장이 5, 6 유형의 고장보다 더 흔하게 발생한다. 1부터 4까지의 고장이 발생할 때 시스템은 언제나 고장을 신속히 회복하기 위해서 충분한 정보를 유지하고 있어야 한다. 5 또는 6 유형의 고장인 디스크 고장 또는 재해는 자주 발생하지는 않지만 일단 발생하면 회복이 중대한 과제이다. 고장 회복은 21장에서 논의한다.

트랜잭션 개념은 동시성 제어와 고장 회복을 위한 많은 기법들의 근본이 되는 중요한 개념이다.

## 19.2 트랜잭션과 시스템 개념

이 절에서는 트랜잭션 처리에 관련된 추가적인 개념들을 소개한다. 19.2.1절에서는 트랜잭션이 가질 수 있는 다양한 상태를 설명하며 트랜잭션 처리에 필요한 추가적인 관련 연산들을 기술한다. 19.2.2절에서는 회복에 필요한 트랜잭션들과 데이터 항목들에 대한 정보를 보관하는 시스템 로그(system log)에 관해 설명한다. 19.2.3절에서는 트랜잭션의 완료점(commit point) 개념을 설명한 뒤, 왜 완료점이 트랜잭션 처리에서 중요한지 설명한다. 마지막으로, 19.2.4절에서는 DBMS 버퍼 교체 정책에 대해 간략하게 설명한다.

### 19.2.1 트랜잭션의 상태와 추가 연산들

하나의 트랜잭션은 작업의 원자적 단위로서 전체의 수행이 완료되거나 전혀 수행되지 않아야 한다. 시스템은 회복을 위한 목적으로 각 트랜잭션이 언제 시작하고, 종료하고, 완료 또는 철회했는지에 관한 정보를 유지할 필요가 있다(19.2.3절 참조). 따라서 DBMS의 회복 관리자는 아래의 연산들에 관한 정보를 유지할 필요가 있다.

- **트랜잭션 시작**(BEGIN_TRANSACTION). 트랜잭션 수행의 시작을 표시한다.
- **트랜잭션 종료**(END_TRANSACTION). 읽기와 쓰기 연산들이 끝났음을 가리키며 트랜잭션 실행의 끝을 표시한다. 그러나 이 시점에서 트랜잭션으로 인한 변화들을 영구적으로 데이터베이스에 반영해야 할지, 아니면 그 트랜잭션이 직렬 가능성(19.5절 참조)을 위배하였거나 그 밖의 다른 이유들 때문에 철회해야 할지 확인할 필요가 있다.
- **트랜잭션 완료**(COMMIT_TRANSACTION). 트랜잭션이 성공적으로 **종료**하였음을 나타낸다. 따라서 그 트랜잭션을 실행하여 발생한 모든 갱신이 데이터베이스에 안전하게 저장되며, 이후 **취소**(undo)되지 않는다.
- **복귀**(ROLLBACK) **또는 철회**(ABORT). 트랜잭션이 성공적으로 종료되지 않았음을 나타낸다. 따라서 그 트랜잭션이 데이터베이스에 반영시킨 변화 또는 영향은 반드시 취소되어야 한다.

그림 19.4는 하나의 트랜잭션이 실행되는 동안 거치게 되는 상태들을 보여주는 상태 전이도(state transition diagram)이다. 트랜잭션은 실행을 시작한 직후 **수행 중인 상태**(active state)로 진입하며 이 상태에서 읽기와 쓰기 연산들을 수행할 수 있다. 트랜잭션이 종료할 때 그 트랜잭션은 **부분 완료 상태**(partially committed state)로 이동한다. 이 시점에서 어떤 회복 프로토콜(recovery protocol)들은 시스템 고장이 트랜잭션의 갱신을 영구적으로 기록하는 데 영향을 미치지 못하도록 보장할 필요가 있으며, 일반적으로 갱신 사항을 시스템 로그에 기록하는 방법을 사용한다(다음 절 참조).[5] 만약 이 검사들이 성공적이면 그 트랜잭션은 **완료점**에 도달했다고 하며 완료 상태(committed state)로 진입한다. 완료점은 19.2.3절에서 자세히 다룬다. 일단 트랜잭션이 완료 상태로 진입하면 그 트랜잭션은 자신의 수행을 성공적으로 끝냈으며, 그 트랜잭션의 모든 갱신 사항들은 비록 시스템 고장이 발생한다 할지라도 데이터베이스에 영구적으로 기록되어야 한다.

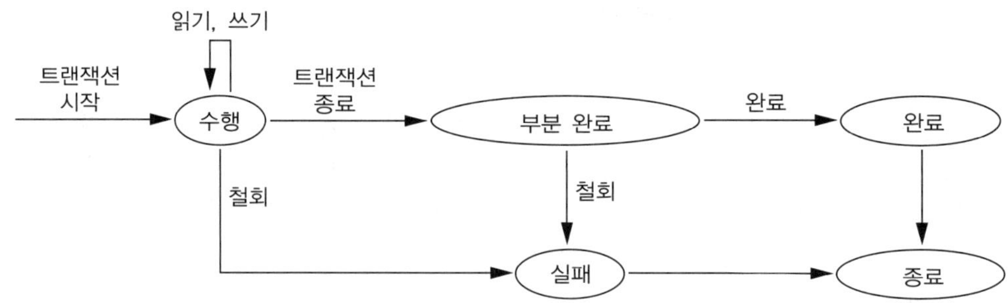


그림 19.4 트랜잭션 실행의 상태를 나타내는 상태 전이도

그러나 이런 검사들 중 하나라도 실패하거나 트랜잭션이 수행 중인 상태에서 철회되면 **실패 상태**(failed state)로 갈 수도 있다. 이 경우에 데이터베이스에 대한 쓰기 연산들의 효과를 취소하기 위해서 트랜잭션을 복귀해야 한다. **종료 상태**(terminated state)는 시스템을 떠나는 트랜잭션에 대응된다. 트랜잭션이 수행되는 동안 시스템 테이블들에 유지되고 있던 트랜잭

5) 낙관적(optimistic) 동시성 제어(20.4절 참조)를 사용할 경우에도, 이 시점에서 트랜잭션이 실행 중인 다른 트랜잭션들과 간섭하지 않았음을 보장하기 위한 검사를 해야 한다.

션 정보는 트랜잭션이 종료할 때 제거된다. 실패하거나 철회된 트랜잭션들은 나중에 재시작(자동으로 또는 사용자가 시스템에 다시 제출함으로써)될 수 있는데 완전히 새로운 트랜잭션들(brand new transactions)로 인식된다.

### 19.2.2 시스템 로그(The System Log)

트랜잭션에 영향을 미치는 실패로부터 회복하기 위하여, 시스템은 데이터베이스 항목들의 값에 영향을 미치는 모든 트랜잭션 연산들에 추가하여 실패로부터 회복하는 데 필요한 다른 트랜잭션 정보를 추적하기 위해서 **로그**[6])를 유지한다. 로그는 순차적이고 첨부(append)만 수행되는 파일로써 디스크에 유지되기 때문에 디스크 오류나 재해를 제외한 어떤 유형의 고장에도 영향을 받지 않는다. 전형적으로 **로그 버퍼**(log buffer)는 하나 (또는 그 이상의) 주 메모리 버퍼인데, 로그 파일의 마지막 부분을 가지고 있어서 로그 엔트리들은 먼저 주 메모리 버퍼에 첨가된다. 그 메모리 버퍼가 가득차거나 어떤 다른 조건들이 발생할 때, 그 로그 버퍼의 내용은 디스크에 있는 로그 파일의 끝에 첨가된다. 이에 추가하여, 디스크의 로그 파일은 그를 재해로부터 보호하기 위해서 주기적으로 기록 저장매체(테이프)에 백업된다. 로그 파일에 기록되는 엔트리(**로그 레코드**(log record)라고 함)들의 유형과 각 로그 레코드에 대한 해당 동작이 아래에 나열되어 있다. 그 엔트리들에서 T는 각 트랜잭션을 위해 시스템에 의해 자동으로 생성되는 유일한 **트랜잭션 식별자**(transaction-id)를 나타내며 각 트랜잭션을 식별하는 데 사용된다.

1. [start_transaction, $T$]: 트랜잭션 $T$가 실행을 시작했음을 기록한다.
2. [write_item, $T$, $X$, old_value, new_value]: 트랜잭션 $T$가 데이터베이스 항목 $X$를 old_value에서 new_value로 변경했음을 기록한다.
3. [read_item, $T$, X]: 트랜잭션 $T$가 데이터베이스 항목 $X$의 값을 읽었음을 기록한다.
4. [commit, $T$]: 트랜잭션 $T$가 성공적으로 끝났음을 기록한다. 그리고 그 효과가 완료(영구적으로 저장)될 수 있음을 주장한다.
5. [abort, $T$]: 트랜잭션 $T$가 철회되었음을 기록한다.

연쇄 복귀(cascading rollback)를 회피하는 회복 프로토콜(19.4.2절 참조)에서는, 거의 모든 실제 프로토콜이 이에 해당하는데, 읽기 연산을 시스템 로그에 기록하기를 요구하지 않는다. 그러나 모든 데이터베이스 연산을 추적해야 하는 감사(auditing) 시스템 같이 로그를 다른 목적으로 사용하는 경우에는 읽기 연산을 시스템 로그에 기록해야 한다. 이 외에도 몇몇 회복 프로토콜에서는 new_value와 old_value 둘 다가 아닌 그들 중 어느 하나만을 포함하는 더 간단한 형태의 갱신 엔트리를 필요로 한다(19.4.2절 참조).

이 장에서는 데이터베이스에 대한 모든 영구적인 갱신이 트랜잭션 안에서만 일어난다고 가정한다. 따라서 트랜잭션 실패로부터 회복하기 위해서는 로그를 보고 각 트랜잭션 연산을 취소하거나 재수행하면 된다. 만약 시스템이 고장나면 로그를 검사해서 21장에 기술된

6) 로그를 때로 DBMS 저널(journal)이라고도 부른다.

방법들 중의 하나를 사용하여 데이터베이스를 일관된 상태로 회복시킬 수 있다. 로그는 데이터베이스 항목을 변경시킨 각 갱신 연산에 대해 하나씩의 레코드를 가지고 있기 때문에, 어떤 트랜잭션 $T$의 갱신 연산들의 영향을 **취소**(undo)하는 것은 로그를 거꾸로 읽어가면서 $T$의 갱신 연산이 변경한 모든 항목의 값을 old_value로 바꿈으로써 가능하다. 하나의 트랜잭션이 자신의 갱신들을 로그에 기록하였으나 모든 이들 new_value들이 주기억 장치의 버퍼로부터 디스크에 있는 실제 데이터베이스에 쓰여졌다는 것을 시스템이 확신할 수 있기 전에 실패가 발생한다면 하나의 연산에 대한 **재수행**(redo)이 필요할 수 있다.[7)]

### 19.2.3 트랜잭션의 완료점

하나의 트랜잭션 $T$는 데이터베이스에 접근하는 그 트랜잭션의 모든 연산들이 성공적으로 수행되고 데이터베이스에 끼친 모든 트랜잭션 연산들의 효과가 로그에 저장되었을 때 **완료점**(commit point)에 도달하였다고 한다. 완료점을 지나면 트랜잭션은 **완료되었다**(committed)고 하며, 그 트랜잭션의 효과는 데이터베이스에 영구적으로 저장되어야 한다. 그리고 나서 그 트랜잭션은 하나의 완료레코드[commit, $T$]를 로그에 기록한다. 만일 시스템 고장이 일어나면 로그를 거꾸로 읽으면서 로그에 [start_transaction, $T$] 레코드는 기록했지만 [commit, $T$] 레코드는 기록하지 않은 모든 트랜잭션 T를 찾아 낸다. 회복 과정에서 이 트랜잭션들은 데이터베이스에 끼친 영향을 취소하기 위해서 복귀해야 한다. 완료레코드를 로그에 기록한 트랜잭션들은 자신의 모든 갱신연산을 로그에 기록했으므로 데이터베이스에 끼친 트랜잭션들의 영향은 로그 레코드들을 바탕으로 재수행될 수 있다.

로그 파일은 반드시 디스크에 유지되어야 한다. 15장에서 논의한 바와 같이 디스크 파일을 수정하는 작업은 그 파일의 해당 블록을 디스크에서 주기억 장치의 버퍼로 복사하고, 주기억 장치의 버퍼를 수정하고, 버퍼를 주기억 장치에서 디스크로 복사하는 과정을 거친다. 앞에서 언급한 바와 같이, 로그 파일의 하나 또는 다수 개의 블록을 **로그버퍼**(log buffer)라고 하는 주기억 장치 버퍼들에 유지하고 하나의 로그 레코드가 추가될 때마다 바로 디스크에 기록하는 대신, 그 로그버퍼가 로그 엔트리들로 가득찬 후에 디스크에 한 번 기록하는 방법이 보편적으로 사용된다. 이 방법은 동일한 로그 파일 버퍼를 디스크에 여러 번 기록하는 부담을 덜어준다. 시스템이 고장났을 경우 주기억 장치의 내용을 잃어버렸다면 디스크에 저장된 로그 레코드들만을 회복 과정에서 고려한다. 따라서 트랜잭션이 완료점에 도달하기 전에 아직 디스크에 저장하지 못한 로그의 내용이 있다면 이를 반드시 지금 디스크에 저장해야 한다. 이 과정을 트랜잭션의 완료전 로그버퍼의 **강제 쓰기**(force-writing)라고 한다.

### 19.2.4 DBMS 관련 버퍼 교체 정책

DBMS 캐시(cache)는 현재 처리중인 정보를 포함하는 디스크 페이지를 주 메모리 버퍼에 보유한다. DBMS 캐시의 모든 버퍼가 사용되고 새로운 디스크 페이지가 디스크에서 주 메모리로 적재되어야 하는 경우 대체할 특정 버퍼들을 선택하기 위해 페이지 교체 정책이 필

7) 제 21장에서 취소와 재수행을 보다 자세히 설명한다.

요하다. 다음은 특별히 데이터베이스 시스템을 위해 개발된 몇몇 페이지 교체 정책들에 대해 간단히 설명한다.

**도메인 분리 (Domain Separation, DS) 방법**. DBMS에는 인덱스 페이지, 데이터 파일 페이지, 로그 파일 페이지 등 다양한 유형의 디스크 페이지들이 있다. 이 방법에서 DBMS 캐시는 별도의 도메인(버퍼 집합)으로 나뉜다. 각 도메인은 한 유형의 디스크 페이지를 처리하고 각 도메인 내의 페이지 교체는 기본적인 LRU(least recently used, 가장 덜 최근에 사용된) 페이지 교체를 통해 처리된다. 이는 기본적인 LRU 보다 평균적으로 더 나은 성능을 달성하지만, 정적 알고리즘(static algorithm)이므로 동적으로 변경되는 부하(load)에는 적응하지 못한다. 이는 각 도메인에 사용 가능한 버퍼 수가 미리 결정되기 때문이다. 동적 부하균형(dynamic load-balancing) 기능을 추가하는 DS 페이지 교체 정책의 여러 변형들이 제안되었다. 예를 들어, GRU(Group LRU)는 각 도메인에 우선 순위를 부여하고 대체를 위하여 우선 순위가 가장 낮은 도메인부터 먼저 페이지를 선택한다. 반면 다른 방법은 현재 작업 부하를 기반으로 각 도메인의 버퍼 수를 동적으로 변경한다.

**핫 세트 (Hot Set) 방법**. 이 페이지 교체 알고리즘은 조인 연산이 중첩 루프 방법(17 장 참조)을 사용하여 수행되는 경우와 같이 하나의 페이지들의 집합을 반복적으로 스캔해야 하는 질의에 유용하다. 내부 루프 파일이 주 메모리 버퍼에 대체 없이 완전히 적재되면 (핫 세트), 그 조인은 효율적으로 수행된다. 이는 외부 루프 파일의 각 페이지는 내부 루프 파일의 모든 레코드들을 검색하여 조인 일치를 찾아야 하기 때문이다. 핫 세트 방법은 각 데이터베이스 처리 알고리즘에 대해 반복적으로 접근될 디스크 페이지들의 집합을 결정하며, 그들을 처리가 완료될 때까지 대체하지 않는다.

**DBMIN 방법**. 이 페이지 교체 정책은 QLSM (query locality set model, 질의 집약성 집합 모델)이라고 하는 모델을 사용한다. 이 모델은 특정 유형의 데이터베이스 연산에 대한 각 알고리즘의 페이지 참조 패턴을 미리 결정한다. 17장에서 SELECT와 JOIN과 같은 관계 연산을 위한 다양한 알고리즘을 논의했다. 접근 방법의 유형, 파일 특성, 그리고 사용된 알고리즘에 따라, QLSM은 그 연산에 포함된 각 파일에 필요한 주 메모리 버퍼 수를 예측한다.

DBMIN 페이지 교체 정책은 그 질의에 포함된 각 파일 인스턴스에 대해 QLSM을 사용하여 집약성 집합을 계산한다(일부 질의는 동일한 파일을 두 번 참조할 수 있으므로 그 질의에 필요한 각 파일 인스턴스에 대해 집약성 집합이 있다). 그런 다음 DBMIN은 그 질의에 포함된 각 파일 인스턴스에 대해 그 파일 인스턴스에 대해 설정된 집약성 집합을 기반으로 적절한 수의 버퍼를 할당한다.

집약성 집합의 개념은 운영 체제의 프로세스에 대한 페이지 교체 정책에 사용되는 **작업 집합**(working set)의 개념과 유사하지만, 질의의 각 파일 인스턴스에 대해 하나씩 여러 집약성 집합이 있다.

## 19.3 트랜잭션의 바람직한 성질

트랜잭션은 소위 ACID 성질이라는 몇 가지 성질을 가져야 하는데 그 성질들은 DBMS의 동시성제어와 회복기법에 의해 준수되어야 한다. ACID 성질은 다음과 같다.

- **원자성**(Atomicity). 한 트랜잭션은 하나의 원자적 수행 단위이다. 트랜잭션은 완전히 수행되거나 전혀 수행되지 않아야 한다.
- **일관성 보존**(Consistency preservation). 하나의 트랜잭션은 일관성을 보존하는 것이어야 한다. 이는 하나의 트랜잭션을 다른 트랜잭션들의 간섭 없이 처음부터 끝까지 완전히 실행하면 그 트랜잭션은 데이터베이스를 하나의 일관된 상태에서 또 다른 일관된 상태로 바꿔야 한다는 것을 의미한다.
- **고립성**(Isolation). 하나의 트랜잭션은, 비록 여러 트랜잭션들이 동시에 실행될지라도, 다른 트랜잭션들로부터 고립되어 실행되는 것처럼 보여야 한다. 즉, 하나의 트랜잭션의 실행은 동시에 실행중인 다른 트랜잭션들의 간섭을 받아서는 안 된다.
- **지속성**(Durability) 또는 **영속성**(Permanency). 완료한 트랜잭션에 의해 데이터베이스에 가해진 변경은 그 데이터베이스에 영속해야 한다. 그 변경은 어떠한 고장에도 손실되지 않아야 한다.

원자성을 보장하기 위해서는 한 트랜잭션을 끝까지 수행해야 한다. 원자성을 보장하는 것은 DBMS의 트랜잭션 회복 서브시스템(subsystem)의 역할이다. 만일 트랜잭션이 실행 도중 시스템 고장 등의 이유로 끝까지 수행되지 못한다면 회복 기법은 그 트랜잭션이 데이터베이스에 끼친 모든 영향들을 반드시 취소해야 한다. 한편, 완료한 트랜잭션의 쓰기 연산들은 궁극적으로 디스크에 쓰여져야 한다.

일반적으로 일관성 유지는 데이터베이스 프로그램을 작성하는 프로그래머나 무결성 제약 조건을 시행하는 DBMS 모듈의 책임이다. 데이터베이스 상태는 어떤 주어진 시점에 데이터베이스 내에 저장되어 있는 모든 데이터 항목의 값들의 모임이라는 점을 기억해야 한다. 데이터베이스의 일관된 상태는 데이터베이스에서 성립해야 하는 다른 제약 조건들 뿐만 아니라 스키마에 명시된 제약 조건들도 만족해야 한다. 데이터베이스 프로그램은 다른 트랜잭션들로부터 어떤 간섭도 받지 않는다고 가정할 때, 한 트랜잭션을 실행하기 전에 데이터베이스가 일관된 상태에 있었다면 그 트랜잭션이 실행을 종료한 후에도 일관된 상태에 있음을 보장하도록 작성해야 한다.

고립성 성질은 DBMS의 동시성 제어 서브시스템이 지켜준다.[8] 만일 수행 중인 각 트랜잭션이 변경한 사항들(쓰기 연산들)을 자신이 완료할 때까지 다른 트랜잭션들이 보지 못하도록 한다면, 임시 갱신 문제를 해결하고 연쇄 복귀 문제(21장 참조)가 발생하지 않도록 하는 수준의 고립성이 보장된다. 그러나 그렇게 하는 것이 모든 다른 문제들을 제거하지는 않는다.

지속성 특성은 DBMS의 회복 서브시스템의 책임이다. 다음 절에서 회복 프로토콜이 어떻게 지속성과 원자성을 지키게 하는지를 소개하고, 21장에서 이를 좀 더 상세하게 논의한다.

---

8) 20장에서 동시성 제어 프로토콜을 기술한다.

**고립도(Level of Isolation).** 트랜잭션의 고립성 등급(level of isolation)을 정의하려는 시도가 계속되어 왔다. 만일 어떤 트랜잭션이 그보다 상위 등급의 트랜잭션들이 오손 읽기한 것을 덮어쓰지 않는다면 그 트랜잭션은 등급 0을 가진다고 말한다. 등급 1의 고립성은 갱신 손실의 문제를 가지지 않으며, 등급 2의 고립성은 갱신 손실과 오손 읽기를 가지지 않는다. 마지막으로, 등급 3의 고립성은 등급 2의 성질을 모두 가지는 것 이외에도 반복 읽기 성질을 가진다.[9] 또 다른 유형의 고립성을 **스냅샷 고립성**(snapshot isolation)이라 하는데 여러 실질적인 동시성 제어 방법들이 이를 기반으로 한다. 스냅샷 고립성에 대해 19.6절과 20.4절에서 논의한다.

## 19.4 회복 가능성을 근거로 한 스케줄의 특성화

트랜잭션들이 인터리빙 방식으로 동시에 수행될 때 모든 트랜잭션들의 연산들의 실행 순서를 스케줄(schedule 또는 히스토리(history))이라 한다. 이 절에서는 스케줄의 개념을 먼저 정의하고 실패가 발생했을 때 회복을 용이하게 하는 스케줄의 유형에 관해 설명한다. 19.5절에서는 참여하는 트랜잭션들 간의 간섭이라는 관점에서 스케줄을 특성화하여, 직렬 가능성(serializability)과 직렬가능한 스케줄(serializable schedule)의 개념들을 유도한다.

### 19.4.1 트랜잭션들의 스케줄(히스토리)

$n$개의 트랜잭션들 $T_1$, $T_2$, . . . , $T_n$의 스케줄 S는 그 트랜잭션들의 연산들을 순서화한 것이다. 다른 트랜잭션들의 연산들은 스케줄 S 내에서 인터리빙될 수 있다. 그러나, 스케줄 S에 참여하는 각 트랜잭션 $T_i$에 대해서 $T_i$의 연산들이 $T_i$내에서와 동일한 순서로 스케줄 S에 나타나야 한다. S 안에 있는 연산들의 순서는 전체 순서(total order)를 이룬다고 사료된다. 이는 그 스케줄 내의 임의의 두 연산들에 대하여 하나는 반드시 다른 하나에 앞서서 나타나야 한다는 것을 의미한다. 이론적으로는 부분 순서(partial order)를 형성하는 연산들을 포함하는 스케줄을 다루는 것도 가능하다. 그러나 지금은 스케줄 안에 있는 연산들의 순서가 전체 순서를 이룬다고 가정한다.

회복과 동시성 제어의 목적을 위해서 완료와 철회 연산뿐만 아니라 트랜잭션의 read_item과 write_item 연산에 대하여 초점을 맞춘다. 스케줄을 간단하게 나타내는 표현 방법에서는 begin_transaction, read_item, write_item, end_transaction, commit, abort를 각각 나타내기 위해서 b, r, w, e, c, a 기호들을 사용하고, 스케줄 내의 각 연산에 트랜잭션 식별자(트랜잭션 번호)를 첨자로 추가한다. 이 표현 방법에서, 읽기와 쓰기를 수행한 데이터베이스 항목 $X$를 $r$과 $w$ 연산 다음의 괄호 안에 나타낸다. 몇몇 스케줄에서는 읽기와 쓰기의 연산 만을 나타낼 것인 반면 다른 스케줄들에서는 commit 또는 abort와 같은 추가 연산

9) 19.6절에서 다루는 SQL 구문에서의 고립수준은 다음의 이 세 등급과 관련이 있다.

들을 나타낸다. 앞으로 $S_a$라고 부를 그림 19.3(a)의 스케줄은 이 표현 방법에서 다음과 같이 나타낼 수 있다.

$S_a$ : $r_1(X); r_2(X); w_1(X); r_1(Y); w_2(X); w_1(Y);$

이와 유사하게, 앞으로 $S_b$라고 부를 그림 19.3(b)의 스케줄은 트랜잭션 $T_1$이 자신의 read_item(Y) 연산 이후에 철회된다고 가정하면 아래와 같이 나타낼 수 있다.

$S_b$ : $r_1(X); w_1(X); r_2(X); w_2(X); r_1(Y); a_1;$

**스케줄에서 충돌 연산들**. 하나의 스케줄에 포함된 두 개의 연산들은 아래의 세 가지 조건들을 모두 만족하면 **충돌**(conflict)한다고 말한다. (1) 그들은 서로 다른 트랜잭션에 속한다. (2) 그들은 동일한 항목 X에 접근한다. (3) 그 연산 중 최소한 하나는 write_item($X$)이다. 예를 들어, 스케줄 $S_a$ 내에서 $r_1(X)$와 $w_2(X)$ 연산들이 충돌한다. 마찬가지로 $r_2(X)$와 $w_1(X)$, $w_1(X)$와 $w_2(X)$ 연산도 충돌한다. 그러나 $r_1(X)$와 $r_2(X)$ 연산은 둘 다 읽기 연산이기 때문에 충돌하지 않는다. 그리고 $w_2(X)$와 $w_1(Y)$ 연산은 그들이 서로 다른 데이터 항목 $X$와 $Y$에 접근하기 때문에 충돌하지 않는다. 그리고 $r_1(X)$와 $w_1(X)$ 연산은 그들이 동일한 트랜잭션에 속하기 때문에 충돌하지 않는다.

직관적으로, 두 연산은, 만약 그 순서 바꿈이 다른 결과를 발생할 수 있게 한다면, 충돌한다. 예를 들어, 두 연산인 $r_1(X)$; $w_2(X)$의 순서를 $w_2(X)$; $r_1(X)$로 바꾼다면 트랜잭션 $T_1$에 의해 읽히는 $X$의 값은 변하게 된다. 그 이유는 두 번째 순서에서 $X$의 값은 그 값이 $w_2(X)$에 의해 변한 후에 $r_1(X)$에 의해 읽히는 반면, 첫 번째 순서에서는 그 값이 변하기 전에 읽히기 때문이다. 이를 **읽기-쓰기 충돌**(read-write conflict)이라 한다. 다른 하나의 유형은 **쓰기-쓰기 충돌**(write-write conflict)이라 하는데 이는 두 연산들의 순서 바꿈 이를 테면 $w_1(X)$; $w_2(X)$를 $w_2(X)$; $w_1(X)$로 바꿈으로 나타낼 수 있다. 쓰기-쓰기 충돌에 있어서 $X$의 마지막 값은 달라질 것이다. 이는 하나의 경우에는 그 값은 $T_2$에 의해 쓰여지며 다른 하나의 경우에는 $T_1$에 의해 쓰여지기 때문이다. 두 개의 읽기 연산은, 그 순서 바꿈이 결과에 어떤 차이도 만들지 않기 때문에, 충돌하지 않음을 주목해야 한다.

본 장의 나머지 부분은 스케줄에 대한 몇몇 이론적인 정의를 다룬다. $n$개의 트랜잭션 $T_1$, $T_2$, . . . , $T_n$에 대한 스케줄 $S$가 다음의 조건들을 만족하면 **완전한 스케줄**(complete schedule)이라고 한다.

1. $S$ 내의 연산들은 $T_1$, $T_2$, . . . , $T_n$ 내의 연산들이며, 각 트랜잭션의 마지막 연산으로서 완료 또는 철회 연산을 포함한다.
2. 트랜잭션 $T_i$ 안의 연산들의 어떠한 쌍에 대해서도 $S$ 안에서 그 연산들이 나타나는 상대적인 순서는 $T_i$ 안에서 나타나는 순서와 동일하다.
3. 충돌하는 어떠한 두 개의 연산에 대해서도 그 중 하나는 반드시 나머지 하나보다 스케줄에서 먼저 나타나야 한다.[10)]

10) 이론적으로, 충돌하지 않는 연산 쌍들 사이의 순서는 결정할 필요가 없다.

위의 조건 3은 두 개의 충돌하지 않는 연산 중 어떤 연산이 스케줄에서 먼저 나타나야 하는지 정의하지 않는 것을 허용하기 때문에, 스케줄은 $n$개의 트랜잭션에 포함된 연산들의 **부분 순서**(partial order)로서 정의된다.[11] 그러나 충돌하는 연산들의 어떠한 쌍에 대해서도(조건 3), 동일한 트랜잭션에 속하는 연산들의 어떠한 쌍에 대해서도(조건 2) 전체 순서가 스케줄에 반드시 명시되어야 한다. 조건 1은 단지 트랜잭션들의 모든 연산이 반드시 완전한 스케줄 안에 나타나야 한다는 것을 의미한다. 모든 트랜잭션은 완료되거나 철회되므로 완전한 스케줄은 진행 중인 트랜잭션을 스케줄의 끝에 포함하지 않는다.

일반적으로, 트랜잭션 처리 시스템에서는 새로운 트랜잭션이 계속해서 시스템으로 들어오기 때문에 완전한 스케줄을 만나기는 어렵다. 따라서 스케줄 $S$의 **완료된 프로젝션**(committed projection) $C(S)$라는 개념을 정의하는 것이 유용한데, $C(S)$는 S에 속한 연산들 중 오직 완료된 트랜잭션들, 즉 완료 연산 $c_i$가 스케줄 $S$에 있는 트랜잭션 $T_i$에 속한 연산들만을 포함한다.

## 19.4.2 회복 가능성을 근거로 한 스케줄의 특성화

일부 스케줄의 경우에는 트랜잭션과 시스템 실패로부터 회복하는 것이 간단하지만 다른 스케줄의 경우에는 회복 과정이 상당히 복잡해질 수 있다. 몇몇의 경우에는 실패 후 정확하게 회복하는 것이 불가능한 경우도 있다. 그러므로 회복이 상대적으로 간단한 스케줄의 유형뿐만 아니라 회복이 가능한 스케줄의 유형을 특성화하는 것이 중요하다. 이런 특성화가 실제로 회복 알고리즘을 제공하지는 않는다. 다만, 상이한 형태의 스케줄을 이론적으로 분류할 수 있게 할 뿐이다.

첫째, 트랜잭션 $T$가 완료되었다면 $T$를 절대로 복귀할 필요가 없다는 것을 보장하고자 한다. 이는 트랜잭션의 지속성이 위배되지 않음을 보장한다(19.3절 참조). 이론적으로 이 기준을 만족하는 스케줄을 **회복 가능 스케줄**(recoverable schedule)이라 한다. 완료한 트랜잭션이 회복시에 복귀해야 할 수도 있는 스케줄을 **회복 불가능**(nonrecoverable)하다고 한다. 회복 불가능한 스케줄을 DBMS가 허용해서는 안 된다. 회복 가능한 스케줄의 조건은 다음과 같다. 만약 스케줄 $S$ 안에 있는 어떠한 트랜잭션 $T$에 대해서도 $T$가 읽는 어떤 항목 $X$에 쓰기 연산을 수행한 모든 트랜잭션 $T$가 완료되기 전까지 $T$가 완료되지 않는다면 S는 회복 가능하다. 스케줄 $S$에서 어떤 항목 $X$를 $T$가 먼저 쓰고 나중에 $T$가 읽으면 트랜잭션 $T$는 트랜잭션 $T$로부터 읽어온다고 말한다. 이때 스케줄 S 내에서 $T$가 항목 $X$를 읽기 전에 $T$는 철회되지 않아야 하고, $T$가 항목 $X$를 쓰고 $T$가 그것을 읽기 전에 항목 $X$에 쓰기를 수행하는 트랜잭션이 하나도 없어야 한다. 만약 그런 트랜잭션이 있다면 그 트랜잭션은 $T$가 $X$를 읽기 전에 철회되어야 한다.

앞으로 설명하겠지만 몇몇 회복 가능한 스케줄들은 복잡한 회복 과정을 필요로 한다. 그러나 충분한 정보가 (로그에) 유지되어 있다면 어떠한 회복 가능한 스케줄에 대해서도 회복 알고리즘을 고안할 수 있다. 앞 절에 나온 (부분) 스케줄 $S_a$와 $S_b$는 위의 정의를 만족시키

11) 실제로 대부분의 스케줄은 연산들의 전체 순서를 가진다. 만일 병렬 처리를 도입하면, 부분적으로 순서화된(partially-ordered) 충돌하지 않는 연산들을 포함한 스케줄이 이론적으로 가능하다.

기 때문에 둘 다 회복 가능하다. 아래에 나타낸 스케줄 $S_a'$을 고려해 보자. $S_a'$은 $S_a$에 두 개의 완료연산을 추가했다는 점만 제외하고는 $S_a$와 동일하다.

$$S_a' : r_1(X); r_2(X); w_1(X); r_1(Y); w_2(X); c_2; w(Y); c_1;$$

$S_a'$은 갱신 손실 문제를 지니고 있음에도 불구하고 회복 가능하다. 이 문제는 직렬가능성(19.5절 참조)에 의해 다루어진다. 그러나 다음에 나오는 두 개의(부분) 스케줄 $S_c$와 $S_d$를 고려해 보자.

$$S_c : r_1(X); w_1(X); r_2(X); r_1(Y); w_2(X); c_2; a_1;$$

$$S_d : r_1(X); w_1(X); r_2(X); r_1(Y); w_2(X); w_1(Y); c_1; c_2;$$

$$S_e : r_1(X); w_1(X); r_2(X); r_1(Y); w_2(X); w_1(Y); a_1; a_2;$$

$S_c$는 $T_2$가 $T_1$으로부터 항목 $X$를 읽지만 $T_1$이 완료하기 전에 $T_2$가 완료하기 때문에 회복 가능하지 않다. 그 문제는 만약 $S_c$내에서 $T_1$이 $c_2$연산 이후에 철회된다면 $T_2$가 읽은 X의 값은 더 이상 유효하지 않으므로 $T_2$는 이미 완료되었지만 철회되어야 하며, 따라서 $S_c$는 회복 불가능한 스케줄이 된다. 그 스케줄을 회복 가능하게 하려면 $S_c$ 내의 $c_2$연산을 $S_d$에서와 같이 $T_1$이 완료된 이후로 연기해야 한다. 만일 $T_1$이 완료되는 대신 철회된다면 $T_2$가 읽은 $X$ 값이 더 이상 유효하지 않기 때문에 $T_2$도 $S_e$에서 처럼 철회되어야 한다. $S_e$에서 $T_2$를 철회하는 것을 수용할 수 있는 것은 $T_2$가 아직 완료되지 않았기 때문이다. 이는 회복 불가능한 스케줄인 $S_c$와는 다른 경우이다.

회복 가능한 스케줄 안에서는 완료된 트랜잭션은 복귀할 필요가 없다. 따라서, 완료한 트랜잭션의 지속성 보장이라는 정의가 위배되지 않는다. 그러나 **연쇄 복귀**(cascading rollback) 또는 **연쇄 철회**(cascading abort)라고 알려진 현상이 일부 회복 가능한 스케줄에서 발생하는 것은 가능하다. 왜냐하면 완료되지 않은 트랜잭션이 실패한 트랜잭션으로부터 항목을 읽어 왔으므로 복귀해야 하기 때문이다. 스케줄 $S_e$는 이런 경우의 예를 나타낸다. $S_e$에서 트랜잭션 $T_2$는 항목 $X$를 $T_1$으로부터 읽었고, 그 후 $T_1$이 철회되었기 때문에 $T_2$를 복귀해야 한다.

연쇄 복귀는 여러 트랜잭션들이 복귀될 수 있기 때문에(21장 참조) 많은 시간을 소비한다. 따라서 이런 현상이 나타나지 않는 것을 보장하는 스케줄들을 특성화하는 것이 중요하다. 만약 스케줄 안의 모든 트랜잭션이 오직 완료된 트랜잭션들이 갱신한 항목만을 읽는다면 그 스케줄을 **연속적인 철회가 필요 없는**(cascadeless) 스케줄 또는 **연쇄 복귀를 방지하는**(avoid cascading rollback) 스케줄이라고 한다. 이 경우 읽혀진 모든 항목은 철회되지 않을 것이므로 연쇄 복귀가 일어나지 않게 된다. 이런 조건을 만족시키기 위해서 스케줄 $S_d$와 스케줄 $S_e$ 내의 $r_2(X)$ 명령을 $T_1$이 완료된(또는 철회된) 이후로 연기해야 한다. 그 결과로 $T_2$가 지연되지만 $T_1$이 철회하게 될 경우에 연쇄 복귀되지 않는다.

마지막으로, **엄격한 스케줄**(strict schedule)이라고 부르는 더욱 제한적인 형태의 스케줄이 있다. 이 스케줄에서는 마지막으로 X에 쓰기 연산을 수행한 트랜잭션이 완료되거나 철회되기 전까지 다른 트랜잭션들은 $X$를 읽지도 쓰지도 못한다. 엄격한 스케줄은 회복 과정을 간단하게 해준다. 엄격한 스케줄에서 철회된 트랜잭션이 수행하였던 write_item($X$) 연산을 취소하는 것은 데이터 항목 $X$의 값을 **이전값**(BFIM: before image)으로 복귀하는 것이다. 이 간단한 절차가 엄격한 스케줄에서는 항상 정확하게 동작한다. 그러나 회복가능한 스케줄 또는 연쇄 복귀를 방지하는 스케줄에서 동작하지 않을 수 있다. 예를 들어, 스케줄 $S_f$를 고려해 보자.

$S_f$ : $w_1(X, 5); w_2(X, 8); a_1;$

시스템 로그에 $w_1(X, 5)$ 연산과 함께 저장된 $X$의 이전값이 9였다고 가정하자. $S_f$에 보인 것처럼 만약 $T_1$이 철회된다면, 철회된 쓰기 연산의 이전값으로 복귀시키는 회복 프로시저는 $X$의 값이 트랜잭션 $T_2$에 의해 8로 변경되었음에도 불구하고, $X$의 값을 9로 복귀시키게 되므로 틀린 결과를 유발하게 된다. 비록 스케줄 $S_f$가 연쇄 철회를 일으키지는 않지만, $X$에 마지막으로 쓰기 연산을 수행한 트랜잭션 $T_1$이 완료 또는 철회되기 전에 다른 트랜잭션 $T_2$가 $X$에 쓰기 연산을 수행하는 것을 허용하기 때문에 엄격한 스케줄은 아니다. 임격한 스케줄은 위와 같은 문제를 가지지 않는다.

어느 엄격한 스케줄이든 연속적인 철회가 필요 없는 것이며, 어느 연속적인 철회가 필요 없는 스케줄이든 회복 가능한 것임을 유의함이 중요하다. $i$개의 트랜잭션 $T_1$, $T_2$, ⋯, $T_i$와 그들 각 트랜잭션이 가지는 연산들의 수를 각각 $n_1$, $n_2$, ⋯, $n_i$이라 하자. 만약 이 트랜잭션들로 모든 가능한 스케줄들의 집합을 구한다면 그 스케줄들은 회복 가능과 회복 불가능이라는 두 개의 공통의 원소를 가지지 않는 부분집합들로 나눌 수 있다. 연속적인 철회가 필요 없는 스케줄들은 회복 가능한 스케줄들의 부분집합이 될 것이며, 엄격한 스케줄들은 연속적인 철회가 필요 없는 스케줄들의 부분집합이 될 것이다. 따라서, 모든 엄격한 스케줄들은 연속적인 철회가 필요 없으며, 모든 연속적인 철회가 필요 없는 스케줄들은 회복 가능하다.

대부분의 회복 프로토콜들은 엄격한 스케줄들만 허용하므로, 회복 절차 자체는 복잡하지 않다(21장 참조).

## 19.5 직렬 가능성을 근거로 한 스케줄의 특성화

앞 절에서 회복 가능성이라는 성질을 바탕으로 스케줄을 특성화하였다. 지금부터 여러 트랜잭션들이 동시에 실행될 때 항상 정확하다고 간주되는 스케줄의 유형을 특성화한다. 그러한 스케줄은 직렬가능 스케줄(serializable schedule)이라 알려져 있다. 두 명의 사용자들, 예를 들어 항공사 예약 직원 두 명이 그림 19.2의 트랜잭션 $T_1$과 $T_2$를 거의 동시에 DBMS에 제출한다고 가정하자. 만약 연산들의 인터리빙이 허용되지 않는다면 다음과 같은 두 가지 결과만이 가능하다.

1. 트랜잭션 $T_1$의 모든 연산을 차례대로 수행한 후, 트랜잭션 $T_2$의 모든 연산을 차례대로 수행한다.
2. 트랜잭션 $T_2$의 모든 연산을 차례대로 수행한 후, 트랜잭션 $T_1$의 모든 연산을 차례대로 수행한다.

이 두 스케줄들은, **직렬 스케줄**(serial schedule)이라 하는데, 각각 그림 19.5(a)와 (b)에 있다. 만약 연산들의 인터리빙이 허용된다면 시스템이 트랜잭션들의 개별 연산들을 실행할 수 있는 가능한 순서가 매우 많을 것이다. 그림 19.5(c)는 두 가지 가능한 스케줄을 보여준다. 스케줄들의 직렬 가능성 개념은 트랜잭션들의 연산들이 인터리빙되어 수행될 때 어떤 스케줄들이 정확한지 식별하는 데 사용된다. 이 절에서는 직렬가능성을 정의하고 실제로 그 개념이 어떻게 사용되는지 논의한다.

### 19.5.1 직렬, 비직렬, 충돌 직렬가능 스케줄

그림 19.5(a)와 (b)의 스케줄 A와 B는 각 트랜잭션의 연산들이 다른 트랜잭션의 연산들과 인터리빙되지 않고 연속적으로 실행되기 때문에 직렬(serial)이라고 한다. 직렬 스케줄에서는 모든 트랜잭션이 직렬 순서(serial order)로 수행된다. 예를 들어, 그림 19.5(a)에서는 $T_1$에 속한 연산들이 전부 수행된 다음에 $T_2$에 속한 연산들이 수행되고, 19.5(b)에서는 $T_2$에 속한 연산들이 모두 수행된 다음에 $T_1$에 속한 연산들이 수행된다. 그림 19.5(c)의 스케줄 C와 D는 두 트랜잭션에 속한 연산들이 인터리빙되기 때문에 비직렬 스케줄(nonserial schedule)이라고 한다.

공식적으로, 어떤 스케줄 $S$에 참여하는 각 트랜잭션 $T$에 대해서 $T$에 속한 모든 연산이 연속적으로 실행될 때 그 스케줄을 **직렬 스케줄**이라 하고, 그렇지 않으면 그 스케줄을 **비직렬 스케줄**이라고 한다. 따라서 직렬 스케줄에서는 한 번에 오직 하나의 트랜잭션만이 활동 중이다. 즉, 활동 중인 트랜잭션이 완료되거나 철회되면 다음 트랜잭션이 시작된다. 직렬 스케줄에서는 어떠한 인터리빙도 발생하지 않는다. 한 가지 타당한 가정은 만일 트랜잭션이 독립적이라고 간주한다면 모든 직렬 스케줄은 정확하다고 간주하는 것이다. 왜냐하면 각 트랜잭션은 19.3절의 일관성 유지 성질에 따라 다른 트랜잭션에 의존하지 않고 그 자체로서 독립적으로 실행된다면 정확하다고 가정하기 때문이다. 따라서 어떤 트랜잭션이 먼저 실행되는가는 문제가 되지 않는다. 각 트랜잭션이 다른 트랜잭션의 연산들로부터 고립되어 처음부터 끝까지 실행될 수 있는 한, 정확한 마지막 결과를 가진다.

직렬 스케줄의 문제점은 연산들의 인터리빙을 금지함으로써 동시성을 제한한다는 것이다. 만약 직렬 스케줄에서 어떤 트랜잭션이 입출력 연산이 끝나기를 기다리게 되면, CPU를 다른 트랜잭션에게 할당할 수 없으므로 중요한 자원인 CPU 처리 시간을 낭비하게 된다. 이 외에도, 트랜잭션 $T$가 장기간 수행된다면 다른 트랜잭션들은 $T$가 자신의 모든 연산을 마무리할 때까지 기다린 후에 시작할 수 있다. 따라서 직렬 스케줄은 실제에서 수용할 수 없는 것으로 간주된다. 그러나, 어떤 다른 스케줄이 특정 직렬 스케줄과 동치(equivalent)인지를 결정할 수 있다면 그 스케줄이 발생함을 허용할 수는 있다.

(a)

| 시간 ↓ | $T_1$ | $T_2$ |
|---|---|---|
| | read_item($X$);<br>$X:=X-N$;<br>write_item($X$);<br>read_item($Y$);<br>$X:=X+N$;<br>write_item($Y$); | |
| | | read_item($X$);<br>$X:=X+M$;<br>write_item($X$); |

스케줄 A

(b)

| 시간 ↓ | $T_1$ | $T_2$ |
|---|---|---|
| | | read_item($X$);<br>$X:=X+M$;<br>write_item($X$); |
| | read_item($X$);<br>$X:=X-N$;<br>write_item($X$);<br>read_item($Y$);<br>$Y:=Y+N$;<br>write_item($Y$); | |

스케줄 B

(c)

| 시간 ↓ | $T_1$ | $T_2$ |
|---|---|---|
| | read_item($X$);<br>$X:=X-N$; | |
| | | read_item($X$);<br>$X:=X+M$; |
| | write_item($X$);<br>read_item($Y$); | |
| | | write_item($X$); |
| | $Y:=Y+N$;<br>write_item($Y$); | |

스케줄 C

| 시간 ↓ | $T_1$ | $T_2$ |
|---|---|---|
| | read_item($X$);<br>$X:=X-N$;<br>write_item($X$); | |
| | | read_item($X$);<br>$X:=X+M$;<br>write_item($X$); |
| | read_item($Y$);<br>$Y:=Y+N$;<br>write_item($Y$); | |

스케줄 D

그림 19.5 트랜잭션 $T_1$과 $T_2$가 관련된 직렬 및 비직렬 스케줄의 예: (a) 직렬 스케줄 A: $T_1$ 다음에 $T_2$, (b) 직렬 스케줄 B: $T_2$ 다음에 $T_1$, (c) 두 트랜잭션의 연산들이 인터리빙된 비직렬 스케줄 C와 D

예를 들어, 그림 19.5의 스케줄들에 대해서 데이터베이스 항목들의 초기값이 $X=90$, $Y=90$, $N=3$, $M=2$라고 가정하자. 그러면 트랜잭션 $T_1$과 $T_2$를 실행시킨 후에는 트랜잭션들의 의미에 따라 데이터베이스 값이 $X=89$, $Y=93$이 되리라는 것을 예상할 수 있다. 직렬 스케줄 A와 B 중의 어떤 것을 실행하더라도 정확한 결과를 얻는다. 그러면 비직렬 스케줄인 C와 D를 고려해 보자. 스케줄 C(그림 19.3(a)와 같음)는 결과로서 $X=92$, $Y=93$을 가지게 되며, 이 결과에서 $X$는 잘못된 값을 가진다. 그러나 스케줄 D는 정확한 결과를 도출한다.

스케줄 C의 결과가 틀린 것은 19.1.3절에서 기술한 갱신 손실 문제 때문이다. 왜냐하면 트랜잭션 $T_1$이 $X$ 값을 변경시키기 전에 트랜잭션 $T_2$가 그 값을 읽으므로, 트랜잭션 $T_2$가 $X$를 변경시킨 결과만이 최종적으로 데이터베이스에 반영된다. 따라서 트랜잭션 $T_1$이 $X$를 변경시킨 결과를 $T_2$가 덮어쓰게 되어 $X$ 값이 틀리게 된다. 그러나 비직렬 스케줄이라도 스케줄 D와 같이 정확한 결과를 얻을 수 있는 것이 있다. 이 절에서 논의하고자 하는 것은 비직렬 스케줄들 중에서 어떤 것이 항상 정확한 결과를 낳고, 어떤 것이 잘못된 결과를 초래하는가를 결정하는 것이다. 이와 같은 방법으로 스케줄을 특성화하는 개념이 스케줄의 직렬가능성의 개념이다.

직렬가능 스케줄(serializable schedule)의 정의는 다음과 같다. 만약 $n$개의 트랜잭션들로 구성된 스케줄 $S$가 동일한 $n$개의 트랜잭션들로 구성된 어떤 직렬 스케줄과 동치(equivalence)이면 **직렬 가능**(serializable)하다. 지금부터 스케줄의 동치 개념을 간략하게 정의한다. $n$개의 트랜잭션으로 만들 수 있는 직렬 스케줄들의 개수는 $n!$이고, 비직렬 스케줄들의 개수는 이보다 훨씬 더 많다. 비직렬 스케줄들을 두 개의 겹치지 않는 그룹으로 분류할 수 있다. 하나 이상의 직렬 스케줄과 동치인, 즉 직렬 가능한 비직렬 스케줄들의 그룹과 어떠한 직렬 스케줄과도 동치가 아닌, 즉 직렬가능 하지 않은 비직렬 스케줄들의 그룹이다.

어떤 비직렬 스케줄 $S$가 직렬 가능하다는 것은 그 스케줄이 정확하다는 말과 동등하다. 이는 정확하다고 간주하는 어떤 직렬 스케줄과 그 스케줄이 동치이기 때문이다. 그러면 언제 두 개의 스케줄을 '동치'라고 간주하는가?

스케줄 동치를 정의하는 여러 방법이 있다. 가장 간단하지만 만족도가 가장 낮은 스케줄 동치의 정의는 스케줄들이 데이터베이스에 끼친 영향을 비교하는 것이다. 만약 두 개의 스케줄이 데이터베이스의 최종 상태를 동일하게 만든다면 그 두 개의 스케줄을 **결과 동치**(result equivalence)라고 한다. 그러나 두 개의 스케줄이 우연히 마지막 상태를 같게 만들 수 있다. 예를 들어, 그림 19.6에서 스케줄 $S_1$과 $S_2$가 만약 $X = 100$이라는 초기값을 가진 데이터베이스에서 실행된다면 이 두 스케줄은 데이터베이스의 마지막 상태를 같게 만든다. 그러나 $X$의 다른 초기값에 대해서 두 스케줄은 결과 동치가 되지 않는다. 게다가 이 스케줄들은 서로 다른 트랜잭션들을 실행하기 때문에 동치라고 간주되어서는 안된다. 따라서 결과 동치만으로 스케줄들의 동치를 정의할 수는 없다. 스케줄들의 동치를 정의하는 가장 안전하면서 일반적인 접근 방법은 트랜잭션의 read_item과 write_item 연산에만 초점을 맞추고 그 트랜잭션에 포함된 다른 내부 연산들에 대해서는 어떠한 가정도 하지 않는 것이다. 두 개의 스케줄이 동치가 되기 위해서는, 스케줄의 영향을 받는 각 데이터 항목에 대하여 두 개의 스케줄이 동일한 순서로 그 데이터 항목에 대해 연산을 수행해야 한다. 스케줄들의 동치를 정의하기 위해서 일반적으로 충돌 동치(conflict equivalence)와 뷰 동치(view equivalence)라는 두 가지 방법을 사용한다. 보다 보편적으로 사용되는 정의인 충돌 동치를 지금부터 설명한다.

| $S_1$ |
|---|
| read_item($X$);<br>$X := X + 10$;<br>write_item($X$); |

| $S_2$ |
|---|
| read_item($X$);<br>$X := X * 1.1$;<br>write_item ($X$); |

그림 19.6 X의 초기값이 100일 경우에는 결과 동치가 되지만, 일반적으로는 결과 동치가 아닌 두 개의 스케줄

**두 스케줄의 충돌 동치(conflict equivalence).** 만약 두 스케줄에서 어떠한 두 개의 충돌 연산들(conflict operations)의 순서도 동일하다면 그 두 스케줄은 충돌 동치이다. 19.4.1절에서 만약 한 스케줄 내에 있는 두 개의 연산이 서로 다른 트랜잭션에 속하고, 같은 데이터베

이스 항목을 접근하며, 그 두 연산 모두가 write_item 연산이거나 한 연산이 write_item 연산이고 다른 연산이 read_item 연산이면 그 두 연산들은 충돌한다고 정의하였다. 만약 두 스케줄에서 두 개의 충돌 연산이 다른 순서로 수행된다면 데이터베이스 또는 그 스케줄 내의 그 트랜잭션들에 대한 그 영향이 다를 수 있으므로 그 스케줄들은 충돌 동치가 아니다. 예를 들어, 19.4.1절에서 논의한 바와 같이, 만약 스케줄 $S_1$에서는 읽기와 쓰기 연산이 $r_1(X)$, $w_2(X)$ 순서로 나타나고 스케줄 $S_2$에서는 그것의 역순인 $w_2(X)$, $r_1(X)$ 순서로 나타난다면, 두 개의 스케줄에서 $r_1(X)$ 연산이 읽는 값은 다를 수 있다. 이와 유사하게, 만약 스케줄 $S_1$에서는 두 개의 쓰기 연산이 $w_1(X)$, $w_2(X)$ 순서로 나타나고 스케줄 $S_2$에서는 그 역순인 $w_2(X)$, $w_1(X)$ 순서로 나타난다면, 두 스케줄에서 그 다음 읽기 연산 $r(X)$는 다른 값을 읽게 될 가능성이 있다. 만약 두 개의 쓰기 연산이 각 스케줄에서 항목 $X$에 쓰기를 하는 마지막 연산이라면 항목 X의 최종값은 두 스케줄에서 서로 다른 값을 가질 것이다.

**직렬가능 스케줄(Serializable Schedules)**. 충돌 동치의 개념을 이용해서 스케줄 S가 어떤 직렬 스케줄 $S'$과 (충돌) 동치이면 **충돌 직렬가능**(conflict serializable)[12] 하다고 정의한다. 이 경우 $S$에서 충돌이 아닌 연산들을 직렬 스케줄 $S'$과 동치가 될 때까지 재배열할 수 있다. 이 정의에 의하면 그림 19.5(c)의 스케줄 D는 그림 19.5(a)의 직렬 스케줄 A와 동치이다. 이 두 스케줄에서 $T_2$의 read_item($X$)는 $T_1$이 기록한 $X$ 값을 읽고, 다른 read_item 연산들은 데이터베이스의 초기값을 읽는다. 이 외에도 양쪽 스케줄에서 $T_1$은 항목 $Y$를 갱신하는 마지막 트랜잭션이고 $T_2$는 항목 $X$를 갱신하는 마지막 트랜잭션이다. A가 직렬 스케줄이고 D가 A와 동치이기 때문에 D는 직렬가능 스케줄이다. 스케줄 D의 $r_1(Y)$와 $w_1(Y)$ 연산은 $r_2(X)$와 $w_2(X)$ 연산과 서로 다른 데이터 항목을 접근하기 때문에 충돌하지 않는다. 따라서 $r_1(Y)$와 $w_1(Y)$를 $r_2(X)$와 $w_2(X)$의 앞으로 옮김으로써 동치인 직렬 스케줄 $T_1$, $T_2$가 된다.

그림 19.5(c)의 스케줄 C는 두 개의 가능한 직렬 스케줄 A와 B의 어떤 것과도 동치가 아니므로 스케줄 C는 직렬 가능하지 않다. 스케줄 C의 연산들을 재배열해서 동치인 직렬 스케줄을 찾고자 하는 시도는 실패한다. 그 이유는 $r_2(X)$와 $w_1(X)$가 충돌 연산이기 때문에 $r_2(X)$를 아래로 옮길 수 없으므로 동치의 직렬 스케줄 $T_1$, $T_2$를 얻지 못하기 때문이다. 이와 유사하게, $w_1(X)$와 $w_2(X)$가 충돌하기 때문에 $w_1(X)$를 아래로 옮길 수 없어서 동치의 직렬 스케줄$T_2$, $T_1$을 얻지 못한다.

19.5.4절에서는 뷰 동치(view equivalence)라는 더욱 복잡한 정의를 다루는데 뷰 동치는 뷰 직렬 가능성(view serializability) 개념을 낳는다.

---

12) '직렬 가능'하다는 용어를 '충돌 직렬 가능'하다는 뜻으로 사용하겠다. 실제로 사용되고 있는 '직렬 가능'하다의 또 다른 정의(19.6절 참조)는 반복 읽기를 보장하고, 오손 읽기가 없으며, 팬텀(phantom) 레코드가 없는 것이다(팬텀에 대한 논의는 20.7.1절 참조).

### 19.5.2 스케줄의 충돌 직렬 가능성 테스트

특정 스케줄이 (충돌) 직렬 가능한 지 아닌 지를 결정하는 간단한 알고리즘이 있다. 실제로 대부분의 동시성 제어 방법들은 직렬 가능성을 테스트하지 않는다. 그 대신에 프로토콜들 또는 규칙들이 개발되어 그 규칙들을 따르는 어떠한 스케줄도 직렬 가능함을 보장한다. 어떤 방법들은 직렬화 가능성을 대부분의 경우 보장하지만, 동시성 제어의 오버 헤드를 줄이기 위해, 절대적으로 보장하지는 않는다. 이 절에서는 20장에서 다룰 이런 동시성 제어 프로토콜들을 더 잘 이해하기 위해서 스케줄의 충돌 직렬 가능성을 테스트하는 알고리즘을 소개한다.

알고리즘 19.1은 스케줄의 충돌 직렬 가능성을 테스트하기 위해 사용될 수 있다. 이 알고리즘은 **선행 그래프**(precedence graph) 또는 **직렬화 그래프**(serialization graph)를 만들기 위해 스케줄에 포함되어 있는 read_item과 write_item 연산들만을 조사한다. 선행 그래프는 노드들의 집합 $N = \{T_1, T_2, \cdots, T_n\}$과 간선들의 집합 $E = \{e_1, e_2, \cdots, e_m\}$으로 구성되는 **방향 그래프**(directed graph) $G = (N, E)$인데, 스케줄의 각 트랜잭션 $T_i$ 마다 그래프의 노드 한 개가 대응된다. 그래프에서 각 간선 $e_i$는 $(T_j \rightarrow T_k)$의 형태를 가지고 있으며, $1 \le j \le n$이고 $1 \le k \le n$이며, $T_j$는 $e_i$의 **시작 노드**이고 $T_k$는 $e_i$의 **끝 노드**이다. 노드 $T_j$로부터 노드 $T_k$에 이르는 이런 간선은 한 쌍의 충돌 연산들이 $T_j$와 $T_k$에 존재하며 스케줄 상에서 $T_j$의 그 충돌 연산이 $T_k$의 그 충돌 연산보다 앞에 나타나면 그 알고리즘에 의해 그래프에 생성된다.

**알고리즘 19.1 스케줄 $S$의 충돌 직렬 가능성을 테스트**

1. 스케줄 $S$에 참가하는 각 트랜잭션 $T_i$에 대해 선행 그래프에 $T_i$라는 레이블을 가진 노드를 생성한다.
2. 스케줄 $S$에서 $T_i$가 write_item(X)를 실행한 후에 $T_j$가 read_item(X)를 실행하는 경우마다 선행 그래프에 간선($T_i \rightarrow T_j$)를 생성한다.
3. 스케줄 $S$에서 $T_i$가 read_item(X)를 실행한 후에 $T_j$가 write_item(X)를 실행하는 경우마다 선행 그래프에 간선($T_i \rightarrow T_j$)를 생성한다.
4. 스케줄 $S$에서 $T_i$가 write_item(X)를 실행한 후에 $T_j$가 write_item(X)를 실행하는 경우마다 선행 그래프에 간선($T_i \rightarrow T_j$)를 생성한다.
5. 선행 그래프에 사이클이 없으면 스케줄 $S$는 직렬 가능하고, 스케줄 $S$가 직렬 가능하면 선행 그래프에 사이클이 없다 (스케줄 $S$가 직렬 가능한 것은 선행 그래프에 사이클이 없다는 것의 필요충분조건이다).

선행 그래프는 알고리즘 19.1에 따라 생성된다. 만약 선행 그래프에 사이클이 존재하면 스케줄 $S$는 (충돌) 직렬 가능하지 않다. 그러나 선행 그래프에 사이클이 없으면 S는 직렬 가능하다. 방향 그래프에서 **사이클**은 $C = ((T_j \rightarrow T_k), (T_k \rightarrow T_p), \cdots, (T_i \rightarrow T_j))$와 같이 간선들의 연속인데, 첫 번째 간선을 제외하고 각 간선의 시작 노드는 이전 간선의 끝 노드와 같고, 첫 번째 간선의 시작 노드는 마지막 간선의 끝 노드와 같다는 특성을 가진다(간선들의 연속은 같은 노드에서 시작하고 끝난다).

선행 그래프에서 $T_i$에서 $T_j$로 향하는 간선의 의미는 스케줄 S와 동치인 어떠한 직렬 스케줄에서도 트랜잭션 $T_i$가 반드시 트랜잭션 $T_j$보다 먼저 실행되어야 한다는 것이다. 그 이유는 스케줄 S에서 두 개의 충돌 연산이 그런 순서로 나타나기 때문이다. 만약 선행 그래프에 사이클이 존재하지 않으면 S에 참가하는 트랜잭션들을 다음과 같이 순서화함으로써 $S$와 **동치인 직렬 스케줄** $S'$을 생성할 수 있다. 선행 그래프에서 $T_i$에서 $T_j$로의 간선이 존재할 때마다 동치인 직렬 스케줄 $S$에서 $T_i$는 반드시 $T_j$ 이전에 나타나야 한다.[13] 선행 그래프에 나타나는 간선 $(T_i \rightarrow T_j)$에 그 간선을 생성하도록 만든 데이터 항목의 이름을 레이블로 표시할 수도 있다. 그림 19.7은 간선 위의 레이블들을 보여준다. 사이클을 검사할 때, 그 레이블은 관련이 없다.

일반적으로, $S$에 대한 선행 그래프에 사이클이 없으면 여러 개의 직렬 스케줄이 S와 동치가 될 수 있다. 반면에 선행 그래프에 사이클이 존재하면 동치인 직렬 스케줄을 생성할 수 없음을 쉽게 보일 수 있으므로 S가 직렬 가능하지 않다. 그림 19.7(a)부터 (d)는 각각 그림 19.5의 A부터 D까지의 스케줄들에 대해 생성한 선행 그래프를 보여준다. 스케줄 C에 대한 선행 그래프가 사이클을 가지고 있기 때문에 C는 직렬 가능하지 않다. 스케줄 D에 대한 선행 그래프는 사이클이 없기 때문에 D는 직렬 가능하며, 이와 동치인 직렬 스케줄은 $T_1$ 다음에 $T_2$가 나타나는 스케줄이다. 스케줄 A와 B는 직렬 스케줄이고, 따라서 직렬 가능하기 때문에 스케줄 A와 B에 대한 그래프들은 사이클을 포함하지 않는다.

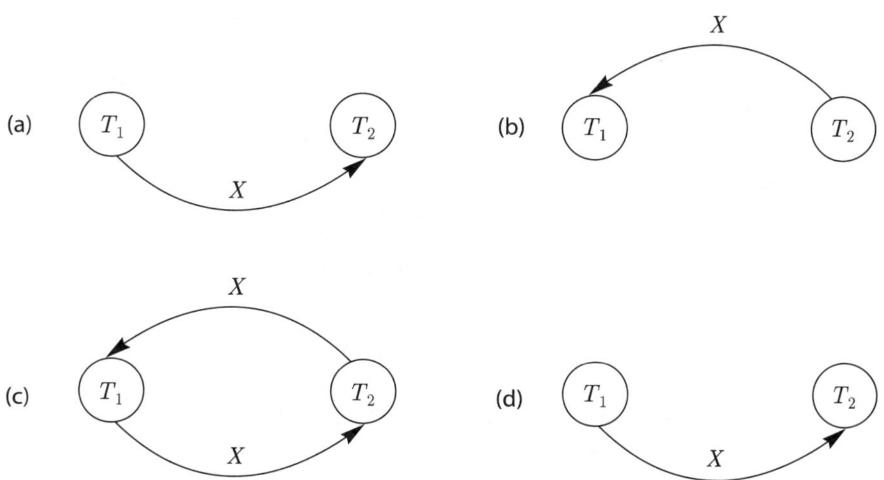


그림 19.7 그림 19.5의 스케줄 A, B, C, D에 대해 충돌 직렬 가능성을 테스트하려고 만든 선행 그래프: (a) 직렬 스케줄 A에 대한 선행 그래프, (b) 직렬 스케줄 B에 대한 선행 그래프, (c) 스케줄 C(직렬 가능하지 않음)에 대한 선행 그래프, (d) 스케줄 D(직렬 가능하고 스케줄 A와 동치)에 대한 선행 그래프

13) 이런 방식으로 사이클이 없는 그래프의 노드들을 순서화하는 과정을 위상 정렬(topological sorting)이라고 한다.

(a)

| 트랜잭션 $T_1$ |
|---|
| read_item($X$); |
| write_item($X$); |
| read_item($Y$); |
| write_item($Y$); |

| 트랜잭션 $T_2$ |
|---|
| read_item($Z$); |
| read_item($Y$); |
| write_item($Y$); |
| read_item($X$); |
| write_item($X$); |

| 트랜잭션 $T_3$ |
|---|
| read_item($Y$); |
| read_item($Z$); |
| write_item($Y$); |
| write_item($Z$); |

(b)

시간 ↓

| 트랜잭션 $T_1$ | 트랜잭션 $T_2$ | 트랜잭션 $T_3$ |
|---|---|---|
| | read_item($Z$);<br>read_item($Y$);<br>write_item($Y$); | |
| | | read_item($Y$);<br>read_item($Z$); |
| read_item($X$);<br>write_item($X$); | | |
| | | write_item($Y$);<br>write_item($Z$); |
| | read_item($X$); | |
| read_item($Y$);<br>write_item($Y$); | | |
| | write_item($X$); | |

스케줄 E

(c)

시간 ↓

| 트랜잭션 $T_1$ | 트랜잭션 $T_2$ | 트랜잭션 $T_3$ |
|---|---|---|
| | | read_item($Y$);<br>read_item($Z$); |
| read_item($X$);<br>write_item($X$); | | |
| | | write_item($Y$);<br>write_item($Z$); |
| | read_item($Z$); | |
| read_item($Y$);<br>write_item($Y$); | | |
| | read_item($Y$);<br>write_item($Y$);<br>read_item($X$);<br>write_item($X$); | |

스케줄 F

그림 19.8 직렬 가능성을 테스트하는 예: (a) 세 개의 트랜잭션 $T_1$, $T_2$, $T_3$의 READ, WRITE 연산, (b) 스케줄 E, (c) 스케줄 F

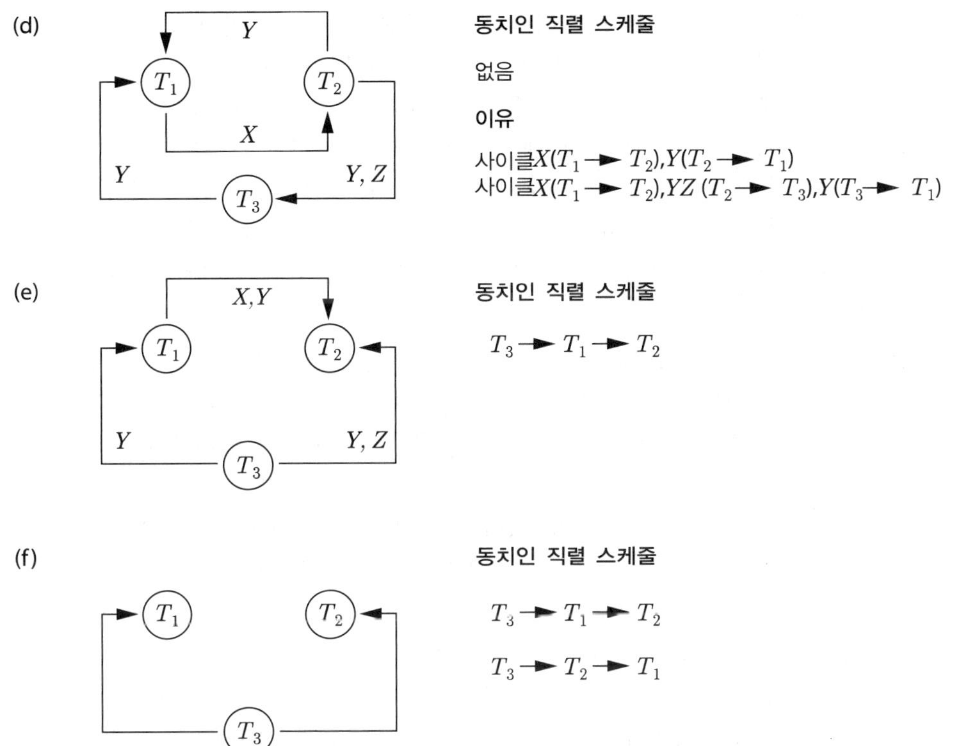


그림 19.8(계속) 직렬 가능성을 테스트하는 예: (d) 스케줄 E에 대한 선행 그래프, (e) 스케줄 F에 대한 선행 그래프, (f) 동치인 직렬 스케줄을 두 개 가지는 선행 그래프

그림 19.8은 세 개의 트랜잭션이 참여하는 예를 나타낸다. 그림 19.8(a)는 각 트랜잭션의 read_item과 write_item 연산들을 보여준다. 그림 19.8(b)와 (c)는 이 트랜잭션들에 대한 두 개의 스케줄 E와 F를 각각 나타낸다. 그림 19.8(d)와 (e)는 스케줄 E와 F에 대한 선행 그래프를 각각 나타낸다. 스케줄 E는 대응되는 선행 그래프에 사이클이 존재하기 때문에 직렬 가능하지 않다. 스케줄 F는 직렬 가능하고, F와 동치인 직렬 스케줄은 그림 19.8(e)에 있다. 비록 스케줄 F와 동치인 직렬 스케줄은 오직 한 개만 존재하지만 일반적으로 하나의 직렬 가능한 스케줄에 대하여 동치인 직렬 스케줄은 하나 이상 존재할 수 있다. 그림 19.8(f)는 동치인 직렬 스케줄을 두 개 가지는 스케줄을 나타내는 선행 그래프이다. 동치인 직렬 스케줄을 찾으려면, 들어오는 간선을 가지지 않는 하나의 노드에서 출발하고 모든 간선들에서 각 간선에 대한 노드 순서가 위배되지 않도록 하면 된다.

### 19.5.3 직렬 가능성은 동시성 제어에 어떻게 사용되는가

앞에서 논의한 것처럼 스케줄 S가 (충돌) 직렬 가능하다는 것, 다시 말해서 S가 어떤 직렬 스케줄과 (충돌) 동치라는 것은 S가 정확하다는 것과 같다. 그러나 직렬 가능하다는 것은 직렬이라는 것과는 다르다. 직렬 스케줄은 여러 트랜잭션들의 연산들이 인터리빙되지 않기 때문에 비효율적으로 처리된다. 직렬 스케줄은 트랜잭션이 디스크 입출력을 기다리거나 긴 트랜잭션이 다른 트랜잭션들을 지연시킴으로써 CPU의 이용률을 떨어뜨림으로써 처리 속도를 상당히 저하시키게 된다. 그러나 직렬 가능한 스케줄은 어떠한 정확성도 잃지 않으면서 동시 실행의 장점을 얻을 수 있다. 현실적으로 스케줄의 직렬 가능성을 테스트하는 것은 어렵다. 트랜잭션은 일반적으로 운영체제에 의하여 프로세스로 실행되며, 동시에 실행되는 트랜잭션들의 연산들이 어떻게 인터리빙되는가는 모든 프로세스에게 자원을 할당하는 운영체제의 스케줄러가 결정한다. 운영체제는 시스템 부하, 트랜잭션이 제출된 시간, 프로세스의 우선순위와 같은 요소들을 사용하여 스케줄 내의 연산들의 순서를 정한다. 따라서 직렬 가능성을 보장하기 위해 스케줄의 연산들이 어떻게 인터리빙될 것인지를 미리 결정하는 것은 어렵다.

트랜잭션들을 임의로 실행한 뒤 그 결과로서 생성된 스케줄의 직렬 가능성을 테스트하는 방법을 택한다면 생성된 스케줄이 직렬 가능하지 않은 경우에는 그 스케줄의 영향을 취소해야 한다. 이는 심각한 문제이므로 이런 방법은 비실용적이다. 대부분의 상용 DBMS가 취한 접근 방법은 스케줄 자체의 직렬 가능성을 테스트하는 작업 없이 직렬 가능성을 보장하는 방법 또는 프로토콜을 채택하고 있다. 대부분의 상용 DBMS가 채택하는 방법은 **프로토콜**(규칙들의 집합)을 설계하고, 모든 트랜잭션이 이 프로토콜을 따르거나 DBMS의 동시성 제어 서브시스템이 이 프로토콜을 집행하도록 함으로써 트랜잭션들이 참여한 모든 스케줄의 직렬 가능성을 보장하는 것이다. 일부 프로토콜은 동시성 제어 방법의 부담을 줄이기 위해 희귀한 경우에 비직렬화 가능 스케줄들을 허용한다(19.6절 참조).

또 다른 문제점은 트랜잭션들이 시스템으로 계속 들어오는 상태에서 한 스케줄이 언제 시작하고 그 스케줄이 언제 끝나는지를 결정하는 것은 어렵다. 직렬 가능성 이론은 스케줄 *S*의 완료된 프로젝션(committed projection)만을 고려함으로써 이런 문제를 다룰 수 있도록 적용할 수 있다. 19.4.1절에서 스케줄 S의 완료된 프로젝션 C(S)는 완료된 트랜잭션들에 속하는 *S* 안의 연산들만 포함한다고 기술하였다. 만약 어떤 스케줄 S의 완료된 프로젝션 C(S)가 어떤 직렬 스케줄과 동치이면, 스케줄 *S*는 직렬 가능하다고 정의할 수 있다. 그 이유는 DBMS는 완료된 트랜잭션들만을 보장하기 때문이다.

제 20장에서는 직렬 가능성을 보장하는 몇 가지 동시성 제어 프로토콜에 관해서 논의한다. 가장 보편적인 방법인 두 단계 로킹(two-phase locking)은 동시에 실행되는 트랜잭션들이 서로 간섭하는 것을 방지하기 위해 데이터 항목에 로크를 거는 것과 직렬 가능성을 보장하는 추가적인 하나의 조건을 지키도록 하는 것에 바탕을 두고 있다. 이 방법은 대부분의 상용 DBMS에서 사용되고 있다. 대부분의 경우, 그러나 모든 경우는 아닌, 직렬화 가능성을 보장하는 스냅샷 고립성의 개념에 기반한 프로토콜에 대해서도 논의한다. 이는 두 단계 잠금 규약보다 부담이 적기 때문에 일부 상용 DBMS에서 사용된다. 또 다른 프로토콜도 제안되었는데,[14] 이들에는 타임스탬프 순서화(timestamp ordering) 프로토콜, 다중 버전(multiversion) 프로토콜, 낙관적(optimistic) 프로토콜(보증(certification) 또는 검증(validation) 프로토콜이라고도 함) 등이 포함된다. 타임스탬프 순서화 방법에서는 각 트랜잭션이 유일한 타임스탬프를 할당 받으며, 어떠한 충돌 연산들도 트랜잭션이 가진 타임스탬프의 순서대로 실행되도록 보장한다. 다중 버전 프로토콜은 데이터 항목들의 여러 버전을 유지하는

---

14) 실제로 이런 프로토콜은 현재까지 많이 사용되지 않고 있다. 대부분의 관계형 DBMS는 두 단계 로킹 또는 스냅샷 고립성의 변형된 방법을 사용하고 있다.

것에 기반을 둔다. 낙관적 프로토콜은 트랜잭션을 종료한 후 완료되기 이전에, 직렬 가능성의 가능한 위반 사항들을 검사한다.

### 19.5.4 뷰 동치와 뷰 직렬 가능성

19.5.1절에서 스케줄들의 충돌 동치 개념과 충돌 직렬 가능성 개념을 정의하였다. 스케줄들의 동치에 대하여 덜 제한적인 성질을 가지는 또 다른 정의로서 뷰 동치 개념이 있다. 뷰 동치 개념을 사용하여 직렬 가능성의 또 다른 정의인 뷰 직렬 가능성을 유도할 수 있다. 다음의 세 가지 조건이 만족되면 두 스케줄 $S$와 $S'$은 **뷰 동치**(view equivalent)이다.

1. 동일한 트랜잭션들의 집합이 $S$와 $S'$에 참여하고, $S$와 $S$은 그 트랜잭션들이 가진 연산들과 동일한 연산들을 포함한다.
2. $S$에 속한 $T_i$의 임의의 $r_i(X)$ 연산에 대해서 그 연산이 읽는 $X$의 값이 $T_j$의 연산 $w_j(X)$가 기록한 값(또는 그 스케줄이 시작되기 전에 $X$가 가지고 있던 원래 값)이라면, $S'$에 속한 $T_i$의 $r_i(X)$ 연산이 읽는 $X$ 값에 대해서도 동일한 조건이 만족되어야 한다.
3. 만약 $S$에서 $T_k$의 $w_k(Y)$ 연산이 항목 $Y$를 마지막으로 기록하는 연산이라면, $S'$에서도 $T_k$의 $w_k(Y)$ 연산이 항목 $Y$를 마지막으로 기록하는 연산이어야 한다.

뷰 동치의 바탕이 되는 아이디어는 두 개의 스케줄상에서 각 트랜잭션의 읽기 연산이 동일한 쓰기 연산의 결과를 읽는다면, 각 트랜잭션의 쓰기 연산들은 동일한 결과를 내야 한다는 것이다. 따라서 읽기 연산은 양쪽 스케줄에서 동일한 뷰를 본다고 말한다. 조건 3은 각 데이터 항목에 대한 마지막 쓰기 연산이 양쪽 스케줄에서 동일하도록 보장함으로써 데이터베이스 상태가 양쪽 스케줄의 끝에서 동일하게 되도록 한다. 만약 스케줄 S가 어떤 직렬 스케줄과 뷰 동치이면 **뷰 직렬 가능**하다고 한다.

만약 제약된 갱신 가정(constrained write assumption) (또는 **읽지 않고 쓰기 없음**(no blind writes))이라고 알려진 조건이 스케줄상의 모든 트랜잭션에서 성립하면 충돌 직렬 가능성의 정의와 뷰 직렬 가능성의 정의는 유사하다. 이 조건은 $T_i$의 어떠한 쓰기 연산 $w_i(X)$도 $T_i$의 $r_i(X)$ 뒤에 오고, $T_i$의 $w_i(X)$가 기록하는 값은 단지 $r_i(X)$가 읽은 값에 의존한다는 것을 의미한다. 이것은 X가 가지는 새로운 값을 계산하는 것이 데이터베이스로부터 읽은 $X$의 이전 값에 기초한 함수 $f(X)$라는 것을 가정한다. 하나의 **읽지 않고 쓰기**(blind write)는 항목 $X$에 대한 트랜잭션 $T$의 하나의 쓰기 연산으로써 그 쓰기 연산은 $X$의 값에 의존하지 않아서 트랜잭션 $T$에 $X$에 대한 읽기 연산을 앞에 두지 않는다.

$T_i$의 $w_i(X)$ 연산이 기록한 값은 데이터베이스의 이전 값과 독립적이라는 무제약 쓰기(unconstrained write) 가정하에서는 뷰 직렬 가능성의 정의가 충돌 직렬 가능성의 정의보다 덜 제한적이다. 이는 읽지 않고 쓰기(blind write)가 허용된 경우에 가능하며, $T_1$: $r_1(X)$, $w_1(X)$; $T_2$: $w_2(X)$; $T_3$: $w_3(X)$와 같은 세 트랜잭션들로 구성된 아래의 스케줄 $S_g$를 사용하여 설명할 수 있다.

$S_g$ : $r_1(X)$; $w_2(X)$; $w_1(X)$; $w_3(X)$; $c_1$; $c_2$; $c_3$;

$S_g$에서 $T_2$와 $T_3$이 $X$ 값을 읽지 않기 때문에 연산 $w_2$(X)와 $w_3$(X)는 읽지 않고 쓰기 연산이다. 스케줄 $S_g$는 직렬 스케줄 $T_1$, $T_2$, $T_3$과 뷰 동치이기 때문에 $S_g$는 뷰 직렬 가능하다. 그러나 스케줄 $S_g$는 어떠한 직렬 스케줄과도 충돌동치가 아니기 때문에 $S_g$는 충돌 직렬 가능하지 않다. 위의 예에서 설명한 것처럼 충돌 직렬 가능한 스케줄은 뷰 직렬 가능하지만 그 역은 성립하지 않는다. 스케줄 $S$가 뷰 직렬 가능한지 아닌지를 검사하는 알고리즘이 있다. 그러나 뷰 직렬 가능성을 검사하는 문제는 NP-하드(NP-hard)이기 때문에 이 문제를 해결하기 위한 효율적인 다항식 시간(polynomial time) 알고리즘을 찾는 것은 매우 어렵다.

### 19.5.5 스케줄 동치의 기타 유형

가끔 스케줄의 직렬 가능성이 동시 실행의 정확성을 보장하기 위한 조건으로는 너무 제약적일 때가 있다. 일부 응용들에서는 충돌 직렬 가능성이나 뷰 직렬 가능성보다 덜 엄격한 조건을 만족함으로써 정확한 스케줄을 만들어 낼 수 있다. 차변-대변(debit-credit) 트랜잭션이라고 부르는 트랜잭션 유형, 즉 은행 계좌에서 현재의 잔액을 나타내는 데이터 항목에 돈을 예금하고 인출하는 트랜잭션을 예로 들어 보자. 차변-대변 연산의 의미는 데이터 항목 $X$에서 어떤 값을 빼거나 더해서 $X$ 값을 갱신하는 것이다. 더하는 연산과 빼는 연산은 교환연산이기 때문에 이들을 어떤 순서로도 적용할 수 있으므로, 직렬 가능한 스케줄은 아니지만 정확한 스케줄을 만드는 것이 가능하다. 예를 들어, 두 개의 은행 계좌 사이에서 돈을 이체하는 아래와 같은 두 개의 트랜잭션이 있다고 가정하자.

$T_1 : r_1(X); X := X - 10; w_1(X); r_1(Y); Y := Y + 10; w_1(Y);$

$T_2 : r_2(Y); Y := Y - 20; w_2(Y); r_2(X); X := X + 20; w_2(X);$

두 트랜잭션에 대하여 다음과 같이 직렬가능하지 않은 스케줄 $S_h$를 고려해 보자.

$S_h$ : $r_1(X)$; $w_1(X)$; $r_2(Y)$; $w_2(Y)$; $r_1(Y)$; $w_1(Y)$; $r_2(X)$; $w_2(X)$;

각 $r_i(I)$와 $w_i(I)$가 교환적이기 때문에 (읽기, 갱신, 쓰기)로 구성된 연속들을 실행하는 순서는 특정한 트랜잭션 $T_i$가 특정 항목 $I$에 대하여 실행하는 각 (읽기, 갱신, 쓰기) 연속이 충돌연산에 의하여 인터럽트(interrupt)되지 않는 한 중요하지 않다. 따라서 스케줄 $S_h$가 직렬 가능하지 않음에도 불구하고 정확하다고 간주한다. 최근에는 직렬 가능성이 스케줄의 정확성을 결정하는 조건으로 너무 엄격하다고 여겨지는 경우들을 다루기 위해서 동시성 제어 이론을 확장하는 연구가 진행되고 있다. 또한 항공기와 같은 복잡한 시스템의 CAD(Computer-Aided Design)와 같은 특정 응용 분야에서는 설계 트랜잭션이 오랜 시간 동안 지속된다. 그러한 응용에서는 **궁극적 일관성**(eventual consistency)과 같이 데이터베이스의 일관성을 유지하기 위해 보다 완화된 동시성 제어 방법들이 제안되었다. 우리는 22장에서 분산 데이터베이스의 맥락에서 궁극적 일관성을 논의한다.

## 19.6 SQL의 트랜잭션 지원

이 절은 SQL에서 지원하는 트랜잭션을 간략히 소개한다. 많은 추가 상세 사항들이 있으며 새로운 포준들은 트랜잭션 처리에 대하여 더 많은 것들을 요구하고 있다. SQL 트랜잭션의 기본적인 정의는 이 장에서 정의한 트랜잭션의 개념과 유사하다. 즉, SQL 트랜잭션은 작업의 논리적인 단위이며 원자성을 보장한다. 하나의 SQL 문은 오류 없이 실행을 완료하든지 또는 실패하여 데이터베이스를 전혀 수정하지 않은 상태로 두든지 간에 항상 원자적 수행 단위로 간주된다.

SQL에는 명시적인 Begin_Transaction 문이 없다. 특정한 SQL 문을 만났을 때 트랜잭션이 묵시적으로 시작한다. 그러나 모든 트랜잭션은 명시적인 종료 문을 가져야 한다. 명시적인 종료 문이란 COMMIT 또는 ROLLBACK이다. 모든 트랜잭션은 속성을 가지고 있으며 이런 속성은 SQL에서 SET TRANSACTION 문으로 명시된다. 이런 속성에는 접근 모드(access mode), 진단 영역 크기(diagnostic area size), 고립도(isolation level)가 있다.

**접근 모드**(ACCESS MODE)는 READ ONLY 또는 READ WRITE로 명시될 수 있다. 고립성 등급을 READ UNCOMMITTED로 명시하지 않는 한(아래 참조) 접근 모드의 디폴트는 READ WRITE이다. 만일 고립성 등급을 READ UNCOMMITTED로 명시한다면 접근 모드는 READ ONLY가 된다. READ WRITE 모드에서는 검색, 갱신, 삽입, 삭제, 생성 명령을 실행할 수 있다. READ ONLY 모드에서는 이름이 뜻하는 것처럼 데이터의 검색만 가능하다.

**진단 영역 크기 옵션**, 즉 DIAGNOSTIC SIZE $n$은 진단 영역에서 동시에 유지할 수 있는 조건들의 수를 나타내는 정수 값 $n$을 지정한다. 이런 조건들은 사용자 또는 프로그램에게 가장 최근에 실행한 $n$개의 SQL 문에 대하여 반환정보(오류 또는 예외)를 제공한다.

**고립도 옵션**은 ISOLATION LEVEL <isolation> 문을 사용하여 명시되며, <isolation>의 값은 READ UNCOMMITTED, READ COMMITTED, REPEATEABLE READ 또는 SERIALIZABLE이 될 수 있다.[15] 디폴트 고립성 등급은 SERIALIZABLE이지만 몇몇 시스템에서는 READ COMMITTED를 디폴트 고립성 등급으로 사용한다. 여기서 SERIALIZABLE이라는 용어는 오손 읽기, 반복할 수 없는 읽기, 팬텀을 초래하는 위반들을 허용하지 않는 것에 기반을 두고 있다.[16] 따라서 19.5절에서 직렬 가능성을 정의했던 방식과는 동일하지 않다. 만일 트랜잭션을 SERIALIZABLE보다 낮은 고립성 등급으로 실행한다면 아래의 세 가지 위반 중 하나 이상이 발생할 수 있다.

1. **오손 읽기.** 아직 완료되지 않은 트랜잭션 $T_2$가 수정한 항목을 트랜잭션 $T_1$이 읽는다고 하자. 만일 $T_2$가 실패해서 철회된다면 $T_1$은 존재하지 않는 값을 읽었으며 부정확하다.
2. **반복할 수 없는 읽기.** 트랜잭션 $T_1$이 테이블로부터 어떤 값을 읽는다고 하자. 만약 이후에 다른 트랜잭션 $T_2$가 그 값을 수정하고 $T_1$이 다시 그 값을 읽는다

15) 이들은 19.3절의 끝에서 간략하게 기술한 고립성 등급들과 유사하다.
16) 오손 읽기와 반복할 수 없는 읽기 문제는 19.1.3절에서 기술하였다. 팬텀은 21.7.1절에서 논의한다.

면 $T_1$은 다른 값을 읽게 될 것이다.

3. **팬텀(Phantom).** 트랜잭션 $T_1$이 SQL의 WHERE 절에 명시된 조건을 근거로 해서 테이블로부터 행들의 집합을 읽는다고 하자. 이제 트랜잭션 $T_2$가 $T_1$에서 사용되었던 WHERE 절을 만족하는 새로운 한 행을 $T_1$이 사용했던 테이블에 삽입한다고 하자. 레코드 $r$은 **팬텀 레코드**(phantom record)라고 불리는데 그 이유는 $T_1$이 시작될 때 거기에 없었으며 $T_1$이 끝날 때 거기에 있기 때문이다. $T_1$은 이전에 존재하지 않았던 행인 그 팬텀을 볼 수도 있고 보지 않을 수도 있다. 동일한 직렬 순서가 $T_1$ 다음에 $T_2$인 경우 레코드 $r$을 볼 수 없다. 그러나 그 순서가 $T_2$ 다음에 $T_1$이면 그 팬텀 레코드는 $T_1$에게 주어진 결과에 있어야 한다. 만약 그 시스템이 올바른 작동을 보장할 수 없다면, 그 시스템은 팬텀 레코드 문제를 다루지 않는 것이다.

표 19.1은 상이한 고립도에 대한 가능한 위반들을 요약한 것이다. Yes라고 기재된 엔트리는 위반이 가능함을 나타내고, No라고 기재된 엔트리는 위반이 가능하지 않음을 나타낸다. READ UNCOMMITTED가 가장 관대하며, SERIALIZABLE은 가장 제한적이면서 위에 언급한 세 가지 문제 모두를 회피한다.

표 19.1 SQL에 정의된 고립도에 따라 가능한 위반

| 고립도 | 위반 유형 | | |
|---|---|---|---|
| | 오손 읽기 | 반복할 수 없는 읽기 | 팬텀 |
| READ UNCOMMITTED | Yes | Yes | Yes |
| READ COMMITTED | No | Yes | Yes |
| REPEATABLE READ | No | No | Yes |
| SERIALIZABLE | No | No | No |

하나의 샘플 SQL 트랜잭션이 아래와 같다고 하자.

```
EXEC SQL WHENEVER SQLERROR GOTO UNDO;
EXEC SQL SET TRANSACTION
    READ WRITE
    DIAGNOSTIC SIZE 5
    ISOLATION LEVEL SERIALIZABLE;
EXEC SQL INSERT INTO EMPLOYEE (Fname, Lname, Ssn, Dno, Salary)
    VALUES ('Robert', 'Smith', '991004321', 2, 35000);
EXEC SQL UPDATE EMPLOYEE
    SET Salary = Salary * 1.1 WHERE Dno = 2;
EXEC SQL COMMIT;
GOTO THE_END;
UNDO: EXEC SQL ROLLBACK;
THE_END: ... ;
```

위의 트랜잭션은 새로운 하나의 행을 EMPLOYEE 테이블에 삽입하고, 부서 번호가 2인 부서에서 근무하는 모든 종업원의 급여를 수정하는 작업으로 구성되어 있다. 만일 이 SQL

문들 중에서 어떤 문에서라도 오류가 발생하면 전체 트랜잭션이 복귀된다. 이 사실은 이 트랜잭션에 의하여 수정된 어떤 급여라도 이전 값으로 복구되며 새로 삽입된 행은 삭제됨을 의미한다.

지금까지 살펴본 바와 같이 SQL은 트랜잭션 본위의 다양한 특징들을 제공한다. 데이터베이스 관리자 또는 데이터베이스 프로그래머는 응용들에서 직렬 가능성을 완화시키는 것을 허용할 수 있다면, 트랜잭션의 성능을 향상시키기 위해서 이런 옵션들의 이점을 활용할 수 있다.

**스냅샷 고립성(Snapshot Isolation).** 스냅샷 고립성이라 하는 또 다른 고립도는 일부 상용 DBMS에서 사용되며 이 개념을 기반으로 하는 일부 동시성 제어 프로토콜이 존재한다. 스냅샷 고립성의 기본 정의는 하나의 트랜잭션은 그 트랜잭션이 시작될 때의 **데이터베이스 스냅샷**(database snapshot 또는 데이터베이스 상태(database state))에 있는 데이터 항목들의 완료된 값들(committed values)을 기반으로 읽는다는 것이다. 스냅샷 고립성은 팬텀 레코드 문제가 발생하지 않음을 보장하는데 그 이유는 데이터베이스 트랜잭션 또는 경우에 따라 데이터베이스 문은 그 트랜잭션이 시작될 때의 데이터베이스에서 완료된 레코드들만을 보기 때문이다. 그 트랜잭션이 시작된 후에 발생하는 모든 삽입, 삭제, 또는 변경은 그 트랜잭션에서 볼 수 없다. 이 개념을 기반으로 하는 동시성 제어 프로토콜을 20장에서 논의한다.

## 19.7 요약

이 장에서는 트랜잭션 처리를 위한 DBMS 개념을 논의하였다. 데이터베이스 트랜잭션의 개념과 트랜잭션 처리에 관련된 연산들을 19.1절에서 소개하였다. 단일 사용자 시스템과 다중 사용자 시스템을 비교한 뒤, 다수 사용자 시스템에서 아무런 제약없이 동시에 실행되는 트랜잭션들이 어떻게 부정확한 결과와 데이터베이스 값들을 초래하는지를 보여주는 예를 19.1.1절에서 들었다. 또한 트랜잭션의 수행 중에 나타날 수 있는 다양한 유형의 실패에 관해 논의하였다.

그 다음에, 19.2절에서, 하나의 트랜잭션이 실행되는 동안 어떤 상태들을 거치는지 소개하였고 회복과 동시성 제어 방법에 사용되는 몇 가지 개념을 설명하였다. 시스템 로그(19.2.2절)는 데이터베이스를 접근한 정보를 유지하고, 고장이 발생하면 시스템은 로그에 기록된 정보를 이용하여 회복한다. 하나의 트랜잭션은 성공적으로 수행을 마쳐서 완료점에 이르거나 실패해서 복귀해야 할 수도 있다. 완료된 트랜잭션(19.2.3절)이 갱신한 것은 데이터베이스에 영구히 기록된다. 19.3절에서, 트랜잭션이 지켜야 하는 ACID 특성, 즉 원자성, 일관성, 고립성, 지속성에 관해 설명하였다.

그 다음에 20.4.1절에서 트랜잭션들이 가진 연산들이 인터리빙되어 실행되는 순서로 스케줄(히스토리)을 정의하였다. 19.4.2절에서 스케줄을 회복 가능성에 따라 분류하였다. 회복 가능한 스케줄은 일단 트랜잭션이 완료되면 다시 취소할 필요가 없도록 보장한다. 연속적인 철회가 필요 없는 스케줄은 철회된 트랜잭션이 다른 트랜잭션들의 연속적인 철회를 유발하지 않도록 보장한다. 엄격한 스케줄은 철회된 트랜잭션이 변경한 항목들의 값을 원래 값으로 다시 기록하는 간단한 회복방법을 허용한다.

그리고 나서, 19.5절에서, 스케줄들의 동치를 정의했고 직렬 가능한 스케줄은 어떤 직렬 스케줄과 동치라는 것을 살펴보았다. 충돌 동치와 뷰 동치의 개념을 정의했다. 직렬 가능한 스케줄은 정확하다고 간주한다. 그리고 스케줄의 (충돌) 직렬 가능성을 검사하기 위한 알고리즘을 19.5.2절에서 제시하였다. 동시성 제어 프로토콜을 정의하고 증명하기 위해서 직렬 가능성을 검사하는 것이 사용될 수 있음에도 불구하고 왜 실제 시스템에서는 비실용적인지를 19.5.3절에서 기술했고, 스케줄 동치에 대한 덜 제한적인 정의를 19.5.4절과 19.5.5절에서 간략하게 언급했다. 마지막으로, 19.6절에서, 트랜잭션 개념이 SQL 안에서 실제로 어떻게 사용되는지에 관한 간단한 개요를 설명하였으며 여러 상용 DBMS에서 사용되는 스냅샷 고립성의 개념을 소개했다.

## 복습문제

19.1 다중 사용자 시스템에서 데이터베이스 트랜잭션들을 동시 실행한다는 것은 무엇을 의미하는가? 왜 동시성 제어가 필요한가 설명하고 간단한 예들을 보여라.

19.2 트랜잭션 실패의 여러 유형들을 설명하라. 재해에 의한 고장은 무엇을 의미하는가?

19.3 read_item 연산과 write_item 연산이 데이터베이스에 대해 취하는 동작들을 논의하라.

19.4 상태 다이어그램을 그리고, 트랜잭션이 실행되는 동안 거치는 전형적인 상태를 설명하라.

19.5 시스템 로그는 무엇을 위해 사용되는가? 시스템 로그에 들어가는 전형적인 레코드에는 어떤 것이 있는가? 트랜잭션의 완료점이 무엇이며, 왜 중요한가?

19.6 트랜잭션이 가지는 성질인 원자성, 일관성, 고립성, 지속성에 대해서 논의하라.

19.7 스케줄(히스토리)이 무엇인가? 회복 가능한 스케줄, 연속적인 철회가 필요 없는 스케줄, 엄격한 스케줄의 정의를 내리고, 스케줄의 회복 가능성을 기준으로 이 스케줄들을 비교하라.

19.8 트랜잭션 동치의 여러 판단 기준을 기술하라. 충돌 동치와 뷰 동치의 차이점은 무엇인가?

19.9 직렬 스케줄이 무엇인가? 직렬 가능한 스케줄이 무엇인가? 왜 직렬 스케줄은 정확하다고 간주되는가? 왜 직렬 가능한 스케줄은 정확하다고 간주되는가?

19.10 제약된 쓰기와 무제약 쓰기 가정의 차이점은 무엇인가? 어느 것이 더 현실적인가?

19.11 데이터베이스 시스템에서 동시성 제어를 시행하기 위해 어떻게 직렬 가능성을 사용하는지를 논의하라. 왜 직렬 가능성이 스케줄의 정확성을 판단하는 기준으로 너무 제약적이라고 간주되는가?

19.12 SQL에서 네 가지 고립성 등급을 기술하라. 또한 스냅샷 고립성의 개념과 그것이 팬텀 레코드 문제에 미치는 영향에 대해서도 논의하라.

19.13 오손 읽기, 반복할 수 없는 읽기, 팬텀이 야기하는 위반들을 정의하라.

## 연습문제

19.14 그림 19.2(b)의 트랜잭션 $T_2$를 다음과 같이 수정하라.

read_item($X$);
$X := X + M$;
if $X > 90$ then exit
else write_item($X$);

다음의 각 물음에 따라 $M$=2, $N$=2인 경우에 그림 19.3(a)와 (b)의 여러 스케줄들의 최종 결과를 논의하라. 위의 조건을 추가함으로써 최종 결과가 바뀌는가? 최종 결과가 묵시적인 일관성 규칙($X$의 수용한도는 90)을 따르는가.

**19.15** $Y$가 90을 넘지 않도록 $T_1$에 조건을 추가해서 연습 문제 19.14를 반복하라.

**19.16** 그림 19.2의 트랜잭션 $T_1$과 $T_2$의 마지막에 완료 연산을 추가하라. 그 다음에 변형된 트랜잭션들의 모든 가능한 스케줄을 열거하라. 어떤 스케줄이 회복 가능하고, 어떤 스케줄이 연속적인 철회가 없고, 어떤 스케줄이 엄격한지를 결정하라.

**19.17** 그림 19.2의 트랜잭션 $T_1$과 $T_2$에 대해서 모든 가능한 스케줄을 열거하고, 어떤 것이 충돌직렬 가능(정확)하고 어떤 것이 아닌지를 결정하라.

**19.18** 그림 19.8(a)의 세 트랜잭션에 대하여 직렬 스케줄은 몇 개가 존재하는가? 해당 직렬 스케줄을 기술하라. 가능한 스케줄은 몇 개인가?

**19.19** 그림 19.8(a)의 세 트랜잭션에 대해 모든 가능한 스케줄을 생성한 다음, 그 중에서 어떤 것이 충돌 직렬 가능하고 어떤 것이 아닌지를 결정하는 프로그램을 작성하라. 충돌 직렬 가능한 각 스케줄에 대해서 프로그램은 스케줄을 프린트하고, 이 스케줄과 동치인 모든 직렬 스케줄을 열거해야 한다.

**19.20** SQL에서 명시적인 트랜잭션 종료 문이 필요한 반면에 명시적인 시작 문은 필요하지 않은 이유가 무엇인가?

**19.21** 트랜잭션 처리 시 각 고립성 등급이 유용한 상황들을 기술하라.

**19.22** 다음의 스케줄들 중에서 어느 것이 (충돌) 직렬 가능한가? 각각의 직렬 가능한 스케줄에 대하여 동치인 직렬 스케줄을 결정하라.

a. $f_1(X); f_3(X); w_1(X); f_2(X); w_3(X);$
b. $f_1(X); f_3(X); w_3(X); w_1(X); f_2(X);$
c. $f_3(X); f_2(X); w_3(X); f_1(X); w_1(X);$
d. $f_3(X); f_2(X); f_1(X); w_3(X); w_1(X);$

**19.23** 아래와 같은 트랜잭션 $T_1$, $T_2$, $T_3$과 스케줄 $S_1$, $S_2$를 고려해 보자. $S_1$과 $S_2$에 대하여 직렬 가능성 (선행) 그래프를 그리고, 각 스케줄이 직렬 가능한지 아닌지를 설명하라. 만일 스케줄이 직렬 가능하다면 동치인 직렬 스케줄을 기술하라.

$T_1: r_1(X); r_1(Z); w_1(X);$
$T_2: r_2(Z); r_2(Y); w_2(Z); w_2(Y);$
$T_3: r_3(X); r_3(Y); w_3(Y);$
$S_1: r_1(X); r_2(Z); r_1(Z); r_3(X); r_3(Y); w_1(X); w_3(Y); r_2(Y); w_2(Z); w_2(Y);$
$S_2: r_1(X); r_2(Z); r_3(X); r_1(Z); r_2(Y); r_3(Y); w_1(X); w_2(Z); w_3(Y); w_2(Y);$

**19.24** 아래와 같은 스케줄 $S_3$, $S_4$, $S_5$를 고려해 보자. 각 스케줄이 엄격한 스케줄인지, 연쇄적인 철회가 필요 없는 스케줄인지, 회복 가능한 스케줄인지, 회복 불가능한 스케줄인지 결정하라. (각 스케줄이 만족시키는 가장 엄격한 회복 가능 조건을 결정하라.)

$S_3$ : $r_1(X); r_2(Z); r_1(Z); r_3(X); r_3(Y); w_1(X); c_1; w_3(Y); c_3; r_2(Y); w_2(Z); w_2(Y); c_2;$

$S_4$ : $r_1(X); r_2(Z); r_1(Z); r_3(X); r_3(Y); w_1(X); w_3(Y); r_2(Y); w_2(Z); w_2(Y); c_1; c_2; c_3;$

$S_5$ : $r_1(X); r_2(Z); r_3(X); r_1(Z); r_2(Y); r_3(Y); w_1(X); c_1 w_2(Z); w_3(Y); w_2(Y); c_3; c_2;$

## 주요 참고문헌

직렬 가능성의 개념들은 Gray 외(1975)에서 소개되었다. 데이터베이스 트랜잭션의 개념은 Gray(1981)에서 최초로 논의되었다. 데이터베이스 트랜잭션과 관계데이터베이스에서 트랜잭션의 구현에 대한 공로로 Gray는 1998에 모두가 선망하는 ACM Turing Award를 수상하였다. Bernstein, Hadzilacos, Goodman(1987)은 중앙 집중식과 분산 데이터베이스 시스템에서 동시성 제어와 회복 기법들을 집중적으로 다룬 훌륭한 참고문헌이다. Papadimitriou(1986)는 보다 이론적인 측면을 제공한다. Gray와 Reuter(1993)의 1000페이지가 넘는 방대한 책은 트랜잭션 처리 개념과 기법들에 대한 보다 실용적인 측면을 설명한다. Elmagarmid(1992)와 Bhargava(1989)는 트랜잭션 처리에 관한 연구 논문들을 모아 놓은 것이다. SQL에서의 트랜잭션 지원은 Date와 Darwen(1993)에 기술되어 있으며, 직렬 가능성의 개념은 Gray 외(1975)에 서술되어 있다. 뷰 직렬 가능성은 Yannakakis(1984)에 정의되어 있다. 스케줄의 회복 가능성은 Hadzilacos(1983, 1988)에서 논의하였다. 버퍼 교체 정책은 Chou와 DeWitt(1985)에서 논의되었다. 스냅샷 고립성은 Ports와 Grittner(2012)에서 논의된다.

# 동시성 제어 기법

이 장에서는 동시에 수행되는 트랜잭션들의 고립성을 보장하기 위해서 사용되는 여러 동시성 제어 기법들을 논의한다.

이 기법들의 대부분은 직렬 가능성을 보장하는 동시성 제어 프로토콜(규칙들의 집합)들을 사용하여 19.5절에서 정의한 스케줄들의 직렬 가능성을 보장한다. 한 가지 중요한 프로토콜들의 집합인 두 단계 로킹 규약들(two phase locking protocols)은 데이터 항목들을 로킹(locking)하는 기법을 사용하는 데, 이는 여러 트랜잭션들이 그 항목들에 동시에 접근하는 것을 방지하기 위함이다. 20.1절과 20.3.2절에서 여러 로킹 프로토콜들이 제시된다. 로킹 프로토콜들은 대부분의 상용 DBMS에서 사용된다. 또 다른 동시성 제어 프로토콜들의 집합은 타임스탬프(timestamp)를 사용한다. 타임스탬프는 각 트랜잭션을 위한 유일한 식별자이며, 시스템에 의해 생성된다. 타임스탬프의 값들은 트랜잭션 출발 시각과 동일한 순서로 생성된다. 직렬 가능성을 보장하기 위해서 타임스탬프 순서(timestamp ordering)를 사용하는 동시성 제어 기법들은 20.2절에 소개된다. 20.3절에서는 하나의 데이터 항목에 대해 여러 버전을 사용하는 다중 버전(multiversion) 동시성 제어 프로토콜들을 논의한다. 하나의 다중 버전 프로토콜은 타임스탬프 순서를 다중 타임스탬프 순서로 확장하며(20.3.1절) 또 하나는 타임스탬프 순서를 두 단계 로킹으로 확장한다(20.3.2절). 20.4절에서는 트랜잭션이 연산들을 수행한 후에 그 트랜잭션을 검증(validation) 또는 보증(certification)하는 개념에 근거를 둔 하나의 프로토콜을 소개하는 데 이런 기법들은 흔히 낙관적(optimistic) 프로토콜이라 불리며 하나의 데이터 항목에 대해 다중 버전이 존재할 수 있음을 마찬가지로 가정한다. 20.4절에서는 스냅샷 고립성 개념을 기반으로 하는 하나의 프로토콜에 대해 논의한다. 그 개념은 검증 기반과 다중 버전 방법에서 제안된 것들과 유사한 기법들을 사용할 수 있다. 이러한 프로토콜들은 다수의 상용 DBMS에서 사용되며 어떤 경우에는 로킹 기반 프로토콜보다 낮은 오버헤드가 있는 것으로 간주된다.

동시성 제어에 영향을 주는 다른 요인으로 데이터 항목들의 단위 크기(granularity)가 있다. 이는 하나의 데이터 항목이 데이터베이스에서 어느 정도의 부분을 표현하는지를 나타낸다. 하나의 항목은 단일 애트리뷰트(필드) 값처럼 작을 수도 있고 한 개의 디스크 블록이나 하나의 파일 또는 전체 데이터베이스만큼 클 수도 있다. 항목들의 단위 크기와 하나의 다중 단위 크기 동시성 제어 프로토콜(multiple granularity concurrency control protocol, 이는 두 단계 로킹의 확장이다)을 20.5절에서 논의한다. 20.6절에서는 트랜잭션을 처리하기 위하여 인덱스를 사용하는 경우에 발생하는 동시성 제어의 쟁점들에 관하여 논의한다. 20.7절에서는 몇 가지 부가적인 동시성 제어 개념들을 논의한다. 20.8절에서 이 장을 요약한다.

만일 로킹을 기반으로 한 동시성 제어 기법들의 개요에 주된 관심이 있다면 20.1, 20.5, 20.6, 20.7절과 20.3.2절을 읽는 것으로 충분하다.

## 20.1 동시성 제어를 위한 두 단계 로킹 기법

여러 트랜잭션의 동시 수행을 제어하기 위해 사용되는 주요 기법들 중 몇 가지는 데이터 항목을 로킹하는 개념에 근거를 두고 있다. **로크**(lock)는 데이터베이스 내에서 하나의 데이터 항목과 연관된 변수이고, 항목에 적용될 수 있는 가능한 연산들에 대해서 그 항목의 상태를 나타낸다. 일반적으로 데이터베이스 내의 각 데이터 항목마다 하나의 로크가 있다. 이런 로크는 동시에 수행되는 트랜잭션들이 데이터베이스 내의 항목들을 접근하는 것을 동기화시키기 위한 수단으로 사용된다. 20.1.1절에서는 로크의 본질과 유형에 대해 논의하고 20.1.2절에서는 트랜잭션 스케줄들의 직렬 가능성을 보장하기 위해서 로킹을 하는 프로토콜들을 제시한다. 마지막으로 20.1.3절에서는 로크를 사용함으로써 발생되는 두 가지 문제점인 교착상태(deadlock)와 기아현상(starvation)을 논의한 다음에 이런 문제점들이 동시성 제어 프로토콜들에서 어떻게 다루어지는지를 보인다.

### 20.1.1 로크의 유형과 시스템 로크 테이블

동시성 제어를 위해 여러 유형의 로크를 사용할 수 있다. 로킹 개념을 점진적으로 설명하기 위해 우선, 간단하지만 데이터베이스 동시성 제어의 목적으로 사용하기에는 너무나 제한적이기 때문에 많이 쓰이지 않는 이진 로크(binary lock)에 관해 설명한다. 그 다음에 보다 일반적인 로킹 능력을 가지며 데이터베이스 로킹 기법들에서 사용되는 공유 로크(shared lock)와 배타 로크(exclusive lock)(읽기 로크(read lock)와 쓰기 로크(write lock)라고 하기도 함)를 설명한다. 20.3.2절에서는 보증 로크(certify lock)라고 하는 하나의 추가적인 로크 유형을 기술하고 이 로크가 로킹 프로토콜들의 성능을 향상시키기 위해 어떻게 사용되는가에 관하여 설명한다.

**이진 로크(Binary Lock).** 이진 로크는 로크가 걸린 상태와 로크가 해제된 상태(간단히 말하면, 1과 0)의 두 가지 상태 또는 값을 가진다. 각 데이터베이스 항목 X마다 하나의 별개의 로크가 연관되어 있다. 항목 $X$에 대한 로크의 값이 1이면 그 항목을 요구하는 데이터베이스 연산은 항목 $X$를 접근할 수 없다. 항목 $X$에 대한 로크의 값이 0이면 그 항목을 요구할 경우에 접근할 수 있으며 그 로크 값은 1로 변경된다. 지금부터 항목 $X$와 연관된 로크의 현재 값이나 상태를 LOCK($X$)라고 표기한다.

이진 로킹에는 lock_item과 unlock_item이라는 두 가지 연산이 사용된다. 트랜잭션은 먼저 lock_item($X$) 연산을 사용하여 항목 $X$에 대해 접근을 요구한다. 만일 LOCK($X$)가 1이면 그 트랜잭션은 대기해야 한다. 만일 LOCK($X$)가 0이면 LOCK(X)에 1을 설정하고(즉, 트랜잭션이 항목 $X$에 로크를 걸고) 트랜잭션은 항목 $X$를 접근할 수 있다. 트랜잭션이 항목 $X$의 사용을 마치면 unlock_item($X$) 연산을 수행한다. 이 연산은 항목 $X$를 다른 트랜잭션들이 사용할 수 있도록 LOCK($X$)를 0으로 되돌려 놓는다(즉, 항목 $X$의 로크를 해제한다). 이와 같은 방법으로 이진 로킹은 데이터 항목에 대한 **상호 배제**(mutual exclusion)를 시행한다. lock_item($X$)와 unlock_item($X$) 연산에 관한 설명이 그림 20.1에 있다.

lock_item과 unlock_item 연산은 나누어질 수 없는 단위(운영체제에서는 **임계 영역**(critical section)이라고 부름)로 구현해야 한다. 즉, 일단 로크 획득이나 로크 해제 연산이 시작되면, 이 연산이 종료되거나 트랜잭션이 로크를 획득할 수 없어서 대기하게 될 때까지 중간에 어떠한 다른 연산도 개입해서는 안 된다. 그림 20.1에서 lock_item($X$) 연산에 포함되어 있는 대기 명령은 일반적으로 다음과 같이 구현한다. 어떤 트랜잭션이 $X$를 접근하려고 할 때 $X$에 이미 로크가 걸려 있으면, $X$에 걸려 있는 로크가 해제되고 그 트랜잭션이 항목 $X$에 접근하도록 허용될 때까지 그 트랜잭션은 항목 $X$에 대한 대기큐(waiting queue)에 삽입되어 기다리게 된다. 항목 $X$에 접근하려는 또 다른 트랜잭션들이 존재하면 그 트랜잭션들도 동일한 큐에 삽입된다. 따라서 대기 명령은 lock_item 연산의 외부에 있다고 간주된다.

```
lock_item(X):
B:  if LOCK(X) = 0                  (*항목은 로크가 걸려 있지 않다*)
        then LOCK(X) ←1             (*항목에 로크를 건다*)
    else
        begin
        wait (until LOCK(X) = 0
            and 로크 관리자가 그 트랜잭션을 깨운다);
        go to B
        end;
unlock_item(X):
    LOCK(X) ← 0;                    (* unlock the item *)
    if 대기하는 트랜잭션들이 있다면
        then 그 대기하는 트랜잭션들 중 하나를 깨운다;
```

그림 20.1 이진 로크를 위한 로크 획득과 로크 해제 연산

데이터베이스의 각 데이터 항목 $X$와 연관되어 이진값을 취하는 변수 LOCK만 있으면 되기 때문에 이진 로크를 구현하는 것은 간단하다. 가장 간단한 형태로, 각 로크는 세 개의 필드, 즉 <데이터 항목 이름, LOCK, 로크를 획득한 트랜잭션>으로 구성된 레코드에다가 그 항목을 접근하기 위하여 대기 중인 트랜잭션들을 위한 큐로 표현할 수 있다. 시스템은 현재 로크가 걸린 항목들에 대해서 **로크 테이블**(lock table)에 이와 같은 레코드들만 유지하고 있으면 된다. 로크 테이블은 항목 이름에 대한 해시 파일로 조직할 수 있다. 로크 테이블에 없는 항목들은 로크되지 않았다고 간주한다. DBMS는 로크에 대한 접근을 제어하고 관리하기 위해서 **로크 관리자**(lock manager)라는 서브시스템을 가지고 있다.

이진로킹 방법을 사용할 경우 모든 트랜잭션은 아래의 규칙들을 준수해야 한다.

1. 트랜잭션 $T$는 read_item($X$) 연산이나 write_item($X$) 연산을 수행하기 전에 반드시 lock_item($X$) 연산을 수행해야 한다.
2. 트랜잭션 $T$는 모든 read_item($X$) 연산과 write_item($X$) 연산을 끝낸 다음에 반드시 unlock_item($X$) 연산을 수행해야 한다.
3. 트랜잭션 $T$가 항목 $X$에 대해 이미 로크를 보유하고 있으면 lock_item($X$) 연산을 수행하지 않는다.[1)]

1) 만일 항목 $X$에 대한 로크를 요구하는 트랜잭션이 이미 항목 $X$에 대한 로크를 보유하고 있다면, 그 로크가 허용되도록 그림 20.1에서 lock_item($X$) 연산을 수정하면 규칙 3을 삭제할 수 있다.

4. 트랜잭션 $T$가 항목 $X$에 대해 로크를 보유하고 있지 않으면 unlock_item($X$) 연산을 수행하지 않는다.

DBMS의 로크 관리자 모듈은 이런 규칙들을 준수한다. 트랜잭션 $T$에서 lock_item($X$) 연산을 수행한 다음에 unlock_item($X$) 연산을 수행할 때까지 $T$는 항목 $X$에 대해 **로크를 보유**(hold)하고 있다고 표현한다. 특정 항목에 대해서 최대한 하나의 트랜잭션만이 로크를 보유할 수 있으므로 두 개의 트랜잭션이 동일한 항목을 동시에 접근할 수는 없다.

**공유/배타 로크(Shared/Exclusive 또는 Read/Write Lock).** 앞에서 설명한 이진 로킹 기법은 한 항목에 대하여 최대한 하나의 트랜잭션만이 로크를 보유할 수 있기 때문에 일반적으로 너무 제한적이다. 만일 여러 트랜잭션들이 읽기 목적으로만 항목 $X$를 접근하고자 한다면 그 트랜잭션들이 항목 $X$를 동시에 접근할 수 있도록 해야 한다. 이는 동일 항목에 대한 다른 트랜잭션들의 읽기 연산들은 충돌하지 않기 때문이다(20.4.1절 참조). 그러나 어떤 트랜잭션이 항목 $X$에 대해 쓰기 연산을 수행하고자 한다면 그 트랜잭션은 $X$를 배타적으로 접근해야 한다. 이런 목적을 위해 다중 모드 로크(multiple-mode lock)를 사용한다. 이 기법(공유/배타 로크 또는 읽기/쓰기 로크라고 부름)에서는 read_lock($X$), write_lock($X$), unlock($X$)라는 세 가지 로킹 연산이 존재한다. 항목 $X$와 연관된 로크인 LOCK($X$)는 '읽기 로크(read-locked)', '쓰기 로크 (write-locked)', '언로크 (unlocked)'의 세 가지 가능한 상태를 가진다. **읽기 로크**가 걸린 항목은 다른 트랜잭션들이 읽을 수 있기 때문에 **공유 로크**라고도 한다. 쓰기 로크가 걸린 항목은 한 트랜잭션만이 배타적으로 그 항목에 대한 로크를 보유하기 때문에 **배타 로크**라고도 한다.

앞에서 기술한 읽기/쓰기 로크에 대한 세 가지 연산을 구현하기 위한 한 가지 방법은 각 항목에 대해서 공유 로크를 보유하고 있는 트랜잭션들의 수와 공유 로크를 보유하는 트랜잭션 ID들의 목록을 로크 테이블에 유지하는 것이다. 이 경우에 로크 테이블의 각 레코드는 네 개의 필드 <데이터 항목 이름, LOCK, 읽기 트랜잭션의 수, 로크를 보유한 트랜잭션(들)>을 가진다. 시스템은 로크가 걸린 항목들에 대해서만 로크 테이블에 로크 레코드를 유지할 필요가 있다. 로크가 해제된 항목들에 관한 레코드를 로크 테이블에 저장하지 않는다면 LOCK의 값(상태)은 읽기 로크 또는 쓰기 로크의 값을 가진다. 만일 LOCK($X$)가 쓰기 로크이면 '로크를 보유한 트랜잭션(들)'의 값은 $X$에 대하여 배타 로크를 보유하고 있는 하나의 트랜잭션이 된다. 만일 LOCK($X$)가 읽기 로크이면 '로크를 보유한 트랜잭션(들)'의 값은 $X$에 공유 로크를 가지고 있는 하나 이상의 트랜잭션의 리스트가 된다. 그림 20.2는 read_lock($X$), write_lock($X$), unlock($X$) 연산을 보여 준다.[2] 앞에서 기술한 바와 같이 세 가지 로킹 연산들 각각은 분할할 수 없는 단위로 동작해야 한다. 즉, 위의 세 가지 연산 중 한 연산이 수행을 시작하면 로크를 허용함으로써 연산이 종료되거나, 연산을 수행하는 트랜잭션이 그 항목의 대기 큐에 들어가게 될 때까지 어떠한 다른 연산도 중간에 개입해서는 안 된다.

2) 이 알고리즘들은 이 절의 뒷부분에서 기술할 예정인 로크의 상승(upgrading)과 하강(downgrading)을 허용하지 않는다. 독자는 이 알고리즘들을 확장하여 이런 부가적인 연산들을 허용하게 만들 수 있다.

```
read_lock(X):
B:  if LOCK(X) = "unlocked"
        then begin LOCK(X) ← "read-locked";
            no_of_reads(X) ← 1
            end
    else if LOCK(X) = "read-locked"
        then no_of_reads(X) ← no_of_reads(X) + 1
    else begin
            wait (until LOCK(X) = "unlocked"
                and 로크 관리자가 그 트랜잭션을 깨운다);
            go to B
            end;
write_lock(X):
B:  if LOCK(X) = "unlocked"
        then LOCK(X) ← "write-locked"
    else begin
            wait (until LOCK(X) = "unlocked"
                and 로크 관리자가 그 트랜잭션을 깨운다);
            go to B
            end;
unlock (X):
    if LOCK(X) = "write-locked"
        then begin LOCK(X) ← "unlocked";
                대기하는 트랜잭션들(만일 있다면) 중 하나를 깨운다
                end
    else it LOCK(X) = "read-locked"
        then begin
                no_of_reads(X) ← no_of_reads(X) −1;
                if no_of_reads(X) = 0
                    then begin LOCK(X) = "unlocked";
                            대기하는 트랜잭션들(만일 있다면) 중 하나를 깨운다
                            end
                end;
```

그림 20.2 읽기(공유) 모드와 쓰기(배타) 모드의 로크에 대한 로크 획득과 로크 해제 연산

공유/배타로킹 기법을 사용할 때 시스템은 아래의 규칙들을 준수해야 한다.

1. 트랜잭션 $T$는 read_item($X$) 연산을 수행하기 전에 반드시 read_lock($X$) 또는 write_lock($X$) 연산을 수행해야 한다.
2. 트랜잭션 $T$는 write_item($X$) 연산을 수행하기 전에 반드시 write_lock($X$) 연산을 수행해야 한다.
3. 트랜잭션 $T$는 모든 read_item($X$) 연산과 write_item($X$) 연산을 끝낸 후에 반드시 unlock($X$) 연산을 수행해야 한다.[3)]
4. 트랜잭션 $T$가 항목 $X$에 대해 이미 읽기(공유) 로크나 쓰기(배타) 로크를 보유하고 있으면 $T$는 read_lock($X$) 연산을 수행하지 않는다. 곧 설명하겠지만 이

3) 이 규칙을 완화하여 트랜잭션이 항목에 대한 로크를 해제하고 나중에 그 항목을 다시 로크하는 것을 가능하게 할 수 있다. 그러나 두 단계 로킹은 이를 허용하지 않는다.

규칙을 완화할 수 있다.

5. 트랜잭션 $T$가 항목 $X$에 대해 이미 쓰기(배타) 로크를 보유하고 있으면 $T$는 write_lock(X) 연산을 수행하지 않는다. 곧 설명하겠지만 이 규칙 또한 완화할 수 있다.

6. 트랜잭션 $T$가 항목 $X$에 대해 읽기(공유) 로크나 쓰기(배타) 로크를 보유하고 있지 않으면 $T$는 unlock($X$) 연산을 수행하지 않는다.

**로크 전환 (상승, 하강).** 로크 전환(lock conversion)을 가능하게 하기 위해서 위의 규칙들 중에서 4번과 5번 규칙을 완화하는 것이 바람직하다. 로크 전환이란 항목 $X$에 로크를 보유하고 있는 트랜잭션이 어떤 조건하에서 그 로크를 하나의 로크 상태로부터 다른 로크 상태로 전환하는 것을 의미한다. 예를 들어, 트랜잭션 $T$가 read_lock($X$) 연산을 수행한 후에 나중에 write_lock($X$) 연산을 수행함으로써 그 **로크를 상승**(upgrade)시킬 수 있다. 만일 $T$가 write_lock($X$) 연산을 수행할 당시 $X$에 대해 읽기 로크를 보유하고 있는 유일한 트랜잭션이면 그 로크는 상승될 수 있다. 그렇지 않다면 그 트랜잭션은 대기해야 한다. 또한 트랜잭션 $T$가 write_lock($X$)를 수행하고 나서 read_lock($X$) 연산을 수행함으로써 그 **로크를 하강**(downgrade)시킬 수 있다. 로크의 상승과 하강을 사용하려면 로크 테이블은 해당 항목에 대해 로크를 보유하고 있는 트랜잭션에 대한 정보를 저장하기 위해서 각 로크를 위한 레코드 구조에 트랜잭션 식별자를 포함시켜야 한다. 로크 상승과 하강을 허용하기 위하여 그림 20.2의 read_lock($X$)와 write_lock($X$) 연산들의 구현은 적절히 변경되어야 한다. 이 작업은 연습 문제로 남겨 둔다.

트랜잭션이 이진 로크 또는 읽기/쓰기 로크를 사용한다고 해서 그것만으로 스케줄의 직렬 가능성이 보장되는 것은 아니다. 그림 20.3은 앞에서 설명한 로킹 프로토콜들을 지키지만 직렬 가능하지 않은 스케줄이 발생할 수 있는 경우의 예를 보여준다. 이 현상이 발생하는 원인은 그림 20.3(a)에서 $T_1$이 항목 $Y$에 대한 로크를, $T_2$가 항목 $X$에 대한 로크를 너무 일찍 해제했기 때문이다. 따라서 그림 20.3(c)와 같은 직렬 가능하지 않은 스케줄이 발생할 수 있고 결국 부정확한 결과를 낳게 된다. 직렬 가능성을 보장하기 위해서는 모든 트랜잭션 내에서 로크 획득과 로크 해제 연산들의 위치에 관한 한 가지 추가 프로토콜을 따라야 한다. 다음 절에서는 가장 많이 알려진 두 단계 로킹(Two-Phase Locking, 2PL) 프로토콜을 설명한다.

### 20.1.2 두 단계 로킹에 의한 직렬 가능성 보장

트랜잭션 내에서 모든 로킹연산(read_lock, write_lock)이 최초의 로크 해제 연산보다 앞에 나오는 경우 그 트랜잭션은 **두 단계** 로킹 프로토콜[4]을 준수한다고 말한다. 두 단계 로킹 프로토콜을 준수하는 트랜잭션은 항목들에 대한 새로운 로크들을 획득할 수 있지만 해제할 수는 없는 **확장 단계**(growing phase, expanding phase 또는 첫 번째 단계)와, 이미 보유하고 있는 로크들을 해제할 수 있지만 어떤 새로운 로크도 획득할 수는 없는 **수축 단계**

4) 여기서 말하는 두 단계 로킹 프로토콜은 분산 데이터베이스에서 회복을 위한 두 단계 완료 프로토콜과는 관계가 없다(23장 참조).

(shrinking phase 또는 두 번째 단계)의 두 단계로 나눌 수 있다. 만일 로크전환을 허용한다면 로크 상승(읽기 로크 상태에서 쓰기 로크로)은 확장 단계 동안에 수행되어야 하며 로크 하강(쓰기 로크로부터 읽기 로크로)은 수축 단계에서 수행되어야 한다.

그림 20.3(a)의 트랜잭션 $T_1$과 $T_2$는 두 단계 로킹 프로토콜을 준수하지 않는다. 왜냐하면 $T_1$에서는 write_lock($X$) 연산이 unlock($Y$) 연산 다음에 나오고, $T_2$에서는 write_lock($Y$) 연산이 unlock($X$) 연산 다음에 나오기 때문이다. 두 단계 로킹 프로토콜을 지키게 하면 트랜잭션 $T_1$과 $T_2$는 각각 그림 20.4에 나오는 $T_1'$과 $T_2'$으로 재작성된다. 이제 그림 20.3(c)에 나타난 스케줄은 20.1.1절에서 기술한 로킹 규칙들을 따르면 로크 연산과 로크 해제 연산들의 수정된 $T_1'$과 $T_2'$에 대해서는 허용되지 않는다. 왜냐하면 $T_1'$이 항목 Y의 로크를 해제하기 전에 write_lock($X$)를 수행하고, 그 결과 $T_2'$이 read_lock($X$)를 수행하려고 할 때 $T_2'$은 $T_1'$이 스케줄상에서 unlock($X$) 연산을 수행할 때까지 기다려야 하기 때문이다. 그러나 이는 교착상태(deadlock)가 될 수 있다(20.1.3절 참조).

(a)

| $T_1$ | $T_2$ |
|---|---|
| read_lock($Y$);<br>read_item($Y$);<br>unlock($Y$);<br>write_lock($X$);<br>read_item($X$);<br>$X:=X+Y$;<br>write_item($X$);<br>unlock($X$); | read_lock($X$);<br>read_item($X$);<br>unlock($X$);<br>write_lock($Y$);<br>read_item($Y$);<br>$Y:=X+Y$;<br>write_item($Y$);<br>unlock($Y$); |

(b) 초기값: $X=20$, $X=30$

직렬 스케줄 $T_1$, $T_2$의 결과:
$X=50$, $Y=80$

직렬 스케줄 $T_2$, $T_1$의 결과:
$X=70$, $Y=50$

(c)

시간 ↓

| $T_1$ | $T_2$ |
|---|---|
| read_lock($Y$);<br>read_item($Y$);<br>unlock($Y$); | |
| | read_lock($X$);<br>read_item($X$);<br>unlock($X$);<br>write_lock($Y$);<br>read_item($Y$);<br>$Y:=X+Y$;<br>write_item($Y$);<br>unlock($Y$); |
| write_lock($X$);<br>read_item($X$);<br>$X:=X+Y$;<br>write_item($X$);<br>unlock($X$); | |

스케줄 $S$의 결과:
$X=50$, $Y=50$
(직렬 가능하지 않음)

그림 20.3 두 단계 로킹을 준수하지 않는 트랜잭션: (a) 두 트랜잭션 $T_1$과 $T_2$, (b) 직렬 스케줄 $T_1$, $T_2$의 결과, (c) 로크를 사용하는 직렬 가능하지 않은 스케줄 $S$

| $T_1'$ | $T_2'$ |
|---|---|
| read_lock($Y$);<br>read_item($Y$);<br>write_lock($X$);<br>unlock($Y$)<br>read_item($X$);<br>$X := X + Y$;<br>write_item($X$);<br>unlock($X$); | read_lock($X$);<br>read_item($X$);<br>write_lock($Y$);<br>unlock($X$)<br>read_item($Y$);<br>$Y := X + Y$;<br>write_item($Y$);<br>unlock($Y$); |

그림 20.4 그림 20.3의 $T_1$, $T_2$와 동일하지만 두 단계 로킹 프로토콜을 준수하는 트랜잭션 $T_1$, $T_2$. 이들이 교착상태를 유발할 수 있음을 유의해야 한다

하나의 스케줄에 있는 모든 트랜잭션들이 두 단계 로킹 프로토콜을 준수한다면 그 스케줄은 직렬 가능함이 보장된다는 것을 증명할 수 있어서 스케줄들의 직렬 가능성을 테스트할 필요가 없다. 그 로킹 프로토콜은 두 단계 로킹 규칙들을 준수하게 함으로써 직렬 가능성을 보장한다.

두 단계 로킹은 스케줄에서 나타날 수 있는 동시성의 정도를 낮출 수 있다. 그 이유는 트랜잭션 $T$가 나중에 항목 $Y$에 대해 추가로 로크를 획득해야 한다면 $T$가 항목 $X$에 대한 연산을 끝낸 뒤 $X$에 대한 로크를 해제하지 못하게 되고, 또는 반대로 $T$가 $X$에 대한 로크를 획득하기 위해 항목 $Y$를 필요로 하기 전에 미리 $Y$에 대한 로크를 획득해야 하기 때문이다. 따라서 $X$는 트랜잭션 $T$가 필요로 하는 모든 항목에 대해 로크를 획득할 때까지 로크된 상태에 있어야 하며, 그때서야 비로소 $X$는 $T$에 의해 로크가 해제될 수 있다. 한편 $X$를 접근하고자 하는 다른 트랜잭션들은 비록 $T$가 $X$에 대한 사용을 마쳤더라도 대기해야 한다. 또는 $Y$가 실제로 필요하기 전에 미리 로크가 걸려 있다면 $Y$를 접근하려고 하는 다른 트랜잭션들은 $T$가 $Y$를 사용하고 있지 않음에도 불구하고 대기해야 한다. 이런 것이 스케줄 자체를 검사하지 않고도 모든 스케줄의 직렬 가능성을 보장하는 데 드는 비용이 된다.

두 단계 로킹 프로토콜이 직렬 가능성을 보장하지만(즉, 허용되는 모든 스케줄이 직렬 가능하지만), 모든 가능한 직렬가능 스케줄을 허용하지는 않는다. 즉, 일부 직렬 가능한 스케줄은 이 프로토콜에 의해 허용되지 않는다.

**기본적, 보수적, 엄격한, 엄중한 두 단계 로킹**. 두 단계 로킹의 여러 변형이 존재한다. 위에서 설명한 기법은 **기본적** 2PL(basic 2PL)이다. **보수적** 2PL(또는 **정적**(static) 2PL)은 트랜잭션이 수행을 시작하기 전에 트랜잭션의 읽기 집합(read set)과 쓰기 집합(write set)을 미리 선언함으로써 트랜잭션이 접근하려는 모든 항목에 로크를 획득하도록 한다. 19.1.2절에서 설명한 바와 같이 트랜잭션의 **읽기 집합**은 트랜잭션이 읽을 모든 항목의 집합이고 **쓰기 집합**은 트랜잭션이 기록할 모든 항목의 집합이다. 만일 미리 선언한 항목들 중 하나라도 로크를 획득할 수 없으면 트랜잭션은 모든 항목에 대해 로크를 획득할 수 있을 때까지 대기한다. 교착상태에 관해 20.1.3절에서 설명하겠지만 보수적 2PL은 교착상태가 발생하지 않는 프로토콜이다. 그러나 읽기 집합과 쓰기 집합을 미리 선언해야 하는데 이는 많은 환경에서 가능하지 않으므로 실제로는 이 프로토콜을 사용하기 어렵다.

실질적으로 가장 널리 사용되는 2PL의 변형은 엄격한 2PL(strict 2PL)이다. 이 프로토콜은

엄격한 스케줄(20.4절 참조)을 보장한다. **엄격한** 2PL에서는 트랜잭션 $T$가 완료되거나 철회될 때까지 $T$가 보유한 배타(쓰기) 로크들 중 어떠한 로크도 해제하지 않는다. 따라서 트랜잭션 $T$가 완료되지 않았다면 어떠한 다른 트랜잭션도 $T$가 쓴 항목을 읽거나 쓸 수 없게 되어 회복 가능성을 위한 엄격한 스케줄이 되게 한다. 엄격한 2PL에는 교착상태가 있을 수 있다. 엄격한 2PL의 좀더 제한적인 변형이 엄중한 2PL인데 엄중한 2PL 역시 엄격한 스케줄을 보장한다. **엄중한** 2PL(rigorous 2PL)에서는 트랜잭션이 완료되거나 철회될 때까지 그 트랜잭션의 어떠한 로크(배타 로크나 공유 로크)도 해제하지 않는다. 따라서 엄격한 2PL보다 구현하기가 더 쉽다.

엄격한 2PL과 엄중한 2PL의 차이점을 유의하자. 전자는 완료될 때까지 쓰기 로크를 보유하지만 후자는 모든 로크(읽기와 쓰기)를 보유한다. 또한, 보수적 2PL과 엄중한 2PL의 차이도 유의하자. 전자는 트랜잭션이 수행을 시작하기 전에 필요로 하는 모든 항목에 대해서 로크를 획득한다. 따라서 일단 트랜잭션이 시작되면 수축 단계에 있게 된다. 이에 반해서 후자는 트랜잭션이 완료되거나 철회됨으로써 수행을 종료할 때까지 그 트랜잭션의 어떠한 로크도 해제하지 않는다. 따라서 트랜잭션은 종료할 때까지 확장 단계에 있다.

대개는 **동시성 제어 시스템**이 read_lock과 write_lock 요구를 생성하는 책임을 가지고 있다. 예를 들어, 시스템이 엄격한 2PL 프로토콜을 시행한다고 가정하자. 그러면 트랜잭션 $T$가 read_item($X$)를 수행할 때마다 동시성 제어 시스템은 $T$를 위하여 read_lock($X$) 연산을 호출한다. 만일 LOCK($X$)가 다른 트랜잭션 $T'$에 의하여 쓰기 로크가 걸려 있는 상태이면 동시성 제어 시스템은 항목 $X$를 위한 대기큐에 $T$를 넣게 되고, 그렇지 않다면 read_lock($X$) 요구를 허락하고 $T$가 read_item($X$) 연산을 실행하도록 허용한다. 한편, 트랜잭션 $T$가 write_item($X$)를 수행하면 동시성 제어 시스템은 $T$를 위하여 write_lock($X$) 연산을 호출한다. 만일 LOCK($X$)가 다른 트랜잭션 $T'$에 의하여 쓰기 로크나 읽기 로크가 걸려 있는 상태이면 동시성 제어 시스템은 항목 $X$를 위한 대기 큐에 $T$를 넣는다. 만일 LOCK($X$)가 읽기 로크되어 있는 상태이고 $T$가 $X$에 대해 읽기 로크를 가지고 있는 유일한 트랜잭션이면, 동시성 제어 시스템은 로크를 쓰기 로크로 상승시키고 $T$의 write_item($X$) 연산을 허용한다. 마지막으로 만일 LOCK($X$)가 로크가 걸려 있지 않은 상태이면 동시성 제어 시스템은 write_lock($X$) 요청을 허락하고, write_item($X$) 연산을 실행하도록 허용한다. 각각의 동작 이후에 동시성 제어 시스템은 로크 테이블을 적절하게 수정해야 한다.

로킹은 모든 읽기 또는 쓰기 연산 앞에 시스템 로킹 요청이 있기 때문에 일반적으로 높은 오버헤드가 있는 것으로 간주된다. 로크의 사용은 교착상태와 기아현상이라는 두 가지 문제를 추가로 유발할 수 있다. 이런 문제점과 해결 방법을 다음 절에서 논의한다.

### 20.1.3 교착상태와 기아현상의 처리

**교착상태**(deadlock)는 두 개 이상의 트랜잭션들로 구성된 집합 안에 있는 각 트랜잭션 $T$가 그 집합 안에 있는 다른 트랜잭션 $T'$이 로크한 어떤 항목을 기다릴 때 발생한다. 따라서 그 집합 안에 있는 각 트랜잭션은 대기 큐에 있으며, 그 집합 안의 다른 트랜잭션들 중 하나가 항목에 대한 로크를 해제하기를 기다리고 있다. 하지만 그 다른 트랜잭션 또한 기다리고 있기 때문에, 그 트랜잭션은 그 로크를 결코 해제하지 않을 것이다. 그림 20.5(a)에 있는 간단한 예는 두 트랜잭션 $T_1'$과 $T_2'$이 부분 스케줄에서 교착상태에 있음을 보여준다. $T_1'$은 $T_2'$이 항목 $X$에 대한 로크를 해제하기를 기다리는 반면에 $T_2'$은 $T_1'$이 항목 $Y$에 대한 로크를 해제하기를 기다리고 있다. 그 동안 $T_1'$과 $T_2'$은 물론이고, 어떤 다른 트랜잭션도 $X$와 $Y$를 접근할 수 없다.

**교착상태 방지 프로토콜**. 교착상태를 방지하는 한 가지 방법은 교착상태 방지(deadlock prevention) 프로토콜을 사용하는 것이다.[5] 보수적 두 단계 로킹에서 사용되는 한 가지 교착상태 방지 프로토콜은 각 트랜잭션이 필요로 하는 모든 항목에 대해 로크를 미리 획득하도록 한다(일반적으로 이것은 실제적인 가정은 아니다). 만일 그 항목들 중 어느 하나라도 로크를 획득할 수 없으면 그 항목들 모두에 대해 로크를 걸지 않는다. 트랜잭션은 기다렸다가 나중에 다시 자신이 필요로 하는 모든 항목에 대해 로킹을 시도한다. 이 해결책은 동시성의 정도를 한층 더 낮춘다. 교착상태를 방지하는 두 번째 프로토콜은 데이터베이스에 있는 모든 항목에 대해 미리 순서를 정해 두고, 여러 항목을 필요로 하는 트랜잭션은 미리 정해 둔 순서에 따라 로크를 획득하도록 하는 방법이다. 이 방법도 동시성의 정도를 제한한다. 두 번째 프로토콜을 사용하기 위해서는 프로그래머나 시스템이 항목들의 순서를 미리 알고 있어야 하는데 이것도 데이터베이스 환경에서는 실용적이지 못하다.

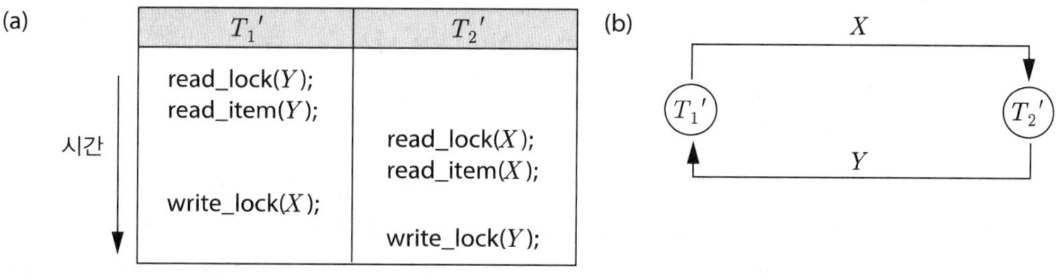


그림 20.5 교착상태의 예: (a) 교착상태에 있는 $T_1'$과 $T_2'$의 부분 스케줄, (b) (a)에 있는 부분 스케줄에 대한 대기 그래프

그 밖에도 교착상태를 방지하는 기법들이 많이 제안되었다. 이들은 교착상태가 일어날 수 있는 상황에서 트랜잭션이 대기해야 할 것인가, 철회되어야 할 것인가, 아니면 다른 트랜잭션을 중단시키고 철회시킬 것인가를 결정한다. 이 기법들 중의 일부는 각 트랜잭션에 할당된 유일한 식별자인 **트랜잭션 타임스탬프**(transaction timestamp) TS($T$)의 개념을 사용한다. 트랜잭션 타임스탬프는 전형적으로 트랜잭션들이 시작된 순서에 근거를 두고 있다. 따라서 트랜잭션 $T_1$이 트랜잭션 $T_2$ 이전에 시작했으면 TS($T_1$) < TS($T_2$)가 된다. 먼저 시작된 트랜잭션(먼저 수행을 시작한 트랜잭션)이 나중에 시작된 트랜잭션보다 작은 타임스탬프 값을 가진다. 타임스탬프를 이용하여 교착상태를 방지하는 기법으로 wait-die와 wound-wait가 있다. 트랜잭션 $T_i$가 항목 $X$에 대해 로크를 획득하려고 할 때, 상충하는 모드로 항목 $X$에 이미 로크를 보유하고 있는 다른 트랜잭션 $T_j$가 있어서 $T_i$가 $X$에 대해

5) 이런 프로토콜들은 실제에서 일반적으로 사용되지 않는다. 그 이유는 비현실적인 가정 또는 이 프로토콜들이 야기하는 부담 때문이다. 교착상태 탐지와 시간초과(timeout) 방법이 보다 실용적이다.

로크를 획득할 수 없는 경우를 가정하자. 이런 경우에 이 기법들이 사용하는 규칙들은 다음과 같다.

- **wait-die.** TS($T_i$) < TS($T_j$)이면($T_i$가 $T_j$보다 먼저 시작되었다면) $T_i$는 대기한다. 그렇지 않으면($T_i$가 $T_j$보다 나중에 시작되었다면) $T_i$가 철회되고 나중에 동일한 타임스탬프를 사용하여 $T_i$를 재시작시킨다.
- **wound-wait.** TS($T_i$) < TS($T_j$)이면($T_i$가 $T_j$보다 먼저 시작되었다면) $T_j$를 철회시키고, 나중에 동일한 타임스탬프를 사용하여 $T_j$를 재시작시킨다. 그렇지 않으면($T_i$가 $T_j$보다 나중에 시작되었다면) $T_i$는 대기한다.

wait-die에서는 먼저 시작된 트랜잭션이 나중에 시작된 트랜잭션을 기다리는 것은 허용되지만 먼저 시작된 트랜잭션이 보유하고 있는 항목을 요구하는 나중의 트랜잭션은 철회되고 재시작된다. wound-wait 방식은 그 반대로 동작한다. 즉, 나중에 시작된 트랜잭션이 먼저 시작된 트랜잭션을 기다리는 것은 허용되지만, 먼저 시작된 트랜잭션이 나중에 시작된 트랜잭션이 보유하고 있는 항목을 요구한다면 나중에 시작된 트랜잭션을 강제로 철회시킨다. 두 방법 모두 교착상태에 빠질 수 있는 두 트랜잭션 중 나중에 시작된 트랜잭션을 철회시킴으로써 (이것이 전산처리를 더 적게 낭비할 것이라고 가정하고) 교착상태를 방지한다. 왜냐하면 wait-die에서는 트랜잭션들이 나중에 시작된 트랜잭션들만 기다리기 때문에 사이클이 생기지 않기 때문이다. 이와 유사하게 wound-wait에서는 트랜잭션들이 먼저 시작된 트랜잭션만을 기다리기 때문에 사이클이 일어나지 않는다. 그러나 이 두 방법은 트랜잭션들이 실제로 교착상태를 유발하지 않는 경우에도 일부 트랜잭션들을 필요없이 철회시키고 재시작시키는 문제점을 갖는다.

교착상태를 방지하는 프로토콜들 중에서 타임스탬프를 필요로 하지 않는 프로토콜들이 존재하는데, **비대기**(NW: No Waiting) 알고리즘과 **신중 대기**(CW: Cautious Waiting) 알고리즘이 여기에 속한다. 비대기 알고리즘에서는 트랜잭션이 로크를 획득할 수 없을 경우에는 교착상태가 실제로 발생할 것인지 발생하지 않을 것인지 확인하지 않고 그 트랜잭션을 즉시 철회시키고 일정 시간이 경과되면 재시작시킨다. 이 경우, 어떤 트랜잭션도 결코 기다리지 않으므로 어떠한 교착상태도 발생하지 않는다. 그러나, 이 방법은 트랜잭션들을 불필요하게 철회시키고 재시작시킬 수 있다. 신중 대기 방법은 불필요한 철회와 재시작 횟수를 감소시키기 위해서 제안되었다. 트랜잭션 $T_i$가 항목 $X$에 로크를 걸려고 시도하는데, 다른 트랜잭션 $T_j$가 상충되는 모드로 $X$에 이미 로크를 보유하고 있다고 하자. 신중대기 규칙은 다음과 같이 동작한다.

- **신중 대기.** $T_j$가 블록된 상태가 아니면(로크된 다른 항목을 기다리지 않으면) $T_i$는 블록되고 대기한다. 그렇지 않으면 $T_i$를 철회시킨다.

어떠한 트랜잭션도 결코 다른 블록된 트랜잭션을 기다리지 않기 때문에 신중 대기를 사용하면 교착상태가 없다는 것을 보일 수 있다. 각 블록된 트랜잭션 $T$가 블록된 시각인 $b(T)$를 고려함으로써 위의 두 트랜잭션 $T_i$와 $T_j$가 모두 블록되고 $T_i$가 $T_j$를 기다리고 있으면 $b(T_i) < b(T_j)$이다. 그 이유는 $T_i$는 $T_j$가 블록되지 않았을 경우에만 $T_j$를 기다릴 수 있

기 때문이다. 따라서 블록된 시각들은 블록된 모든 트랜잭션에 대해 전체 순서(total ordering)를 형성하게 되며 교착상태를 일으키는 어떠한 사이클도 발생하지 않는다.

**교착상태 탐지**. 교착상태를 다루는 보다 실제적인 두 번째 방법은 시스템이 교착상태에 빠져 있는지 검사하는 **교착상태 탐지**(deadlock detection) 방법이다. 이 방법은 트랜잭션들 사이에 간섭이 거의 없을 경우, 즉 트랜잭션들이 동시에 동일한 항목을 접근하는 일이 거의 없을 경우에 좋은 해결책이 된다. 이런 상황은 트랜잭션들의 수행 시간이 짧고 각 트랜잭션이 단지 몇 개의 항목에만 로크를 걸거나 트랜잭션의 부하가 작을 때 발생할 수 있다. 반면에 트랜잭션들의 수행 시간이 길고 각 트랜잭션이 많은 항목을 사용하거나 트랜잭션의 부하가 매우 큰 경우에는 교착상태 방지 방법을 사용하는 것이 유리하다.

교착상태를 탐지하는 간단한 방법은 **대기 그래프**(wait-for graph)를 만들어서 유지하는 것이다. 현재 수행 중인 각 트랜잭션마다 대기 그래프에 노드 하나가 생성된다. 항목 $X$에 대해서 트랜잭션 $T_j$가 로크를 보유하고 있고 트랜잭션 $T_i$가 $X$에 대해 로크를 걸려고 대기하고 있으면 대기 그래프에 방향 간선($T_i \rightarrow T_j$)를 만든다. $T_j$가 $T_i$가 대기하는 항목들에 대한 로크를 해제하면 그 방향 간선이 대기 그래프에서 삭제된다. 대기 그래프에 사이클이 존재한다는 것은 교착상태가 있다는 것의 필요충분조건이다. 이 방법에서는 시스템이 언제 교착상태의 여부를 조사해야 하는 지가 문제가 된다. 하나의 가능성은 간선이 대기 그래프에 추가될 때 마다 사이클을 검사하는 것인데 이는 지나친 부담을 야기할 수 있다. 현재 수행중인 트랜잭션들의 개수 또는 여러 트랜잭션이 항목에 로크를 걸기 위해 대기한 시간과 같은 기준이 사이클을 검사하기 위해 대신 사용될 수 있다. 그림 20.5(b)는 그림 20.5(a)에 나타난 부분 스케줄에 대한 대기 그래프를 보여준다.

만일 시스템이 교착상태에 빠졌으면 교착상태를 야기한 트랜잭션들 중의 일부를 철회해야 한다. 철회시킬 트랜잭션을 선택하는 것을 **희생자 선택**(victim selection)이라 한다. 희생자 선택을 위한 알고리즘은 오랫동안 수행한 트랜잭션들과 많은 갱신을 수행한 트랜잭션들을 희생자로 선택하는 것을 피해야 한다. 그 대신 갱신을 적게 수행한 트랜잭션(나중에 시작한 트랜잭션)을 희생자로 선택해야 한다.

**시간초과**. 교착상태 방지의 또 다른 간단한 방법으로 **시간초과**(timeout)를 사용하는 방법이 있다. 이 방법은 부하가 작으면서 단순하기 때문에 실용적이다. 이 방법에서는 만일 시스템에서 정의한 시간초과보다 트랜잭션이 더 오래 대기하면 시스템은 그 트랜잭션이 교착상태에 빠져있다고 가정하고, 교착상태가 실제로 존재하는지 여부에 관계없이 그 트랜잭션을 철회시킨다.

**기아현상**. 로킹을 사용할 때 발생할 수 있는 또 다른 문제점으로 **기아현상**(starvation)이 있다. 이 현상은 어떤 한 트랜잭션이 무한정 수행되지 않는 반면 시스템에 있는 다른 트랜잭션들은 정상적으로 수행될 때 발생한다. 이런 경우는 트랜잭션들이 대기하는 방식이 불공평하다면, 예를 들어 일부 트랜잭션들에게 다른 트랜잭션들보다 높은 우선순위가 주어진다면 발생할 수 있다. 기아현상을 해결하기 위한 한 가지 방법은 **선착 선처리**(first-come first-served) 큐를 사용하는 것과 같은 공평한 대기방식을 사용하는 것이다. 선착 선처리 큐를 사용하는 방법에서는 트랜잭션들이 어떤 항목에 로크를 요청한 순서에 따라 그 항목에 로크를 걸 수 있다. 공평한 대기 방식의 또 다른 방법으로 일부 트랜잭션들이 다른 트랜잭션들보다 높은 우선순위를 갖는 것이 허용되지만 어떤 트랜잭션이 대기하는 시간이 길어질수록 그 트랜잭션의 우선순위를 증가시켜서 결국에는 그 트랜잭션이 가장 높은 우선순위를 가지고 수행할 수 있도록 한다. 기아현상은 희생자 선택 때문에도 발생할 수 있는데, 희생자 선택 알고리즘이 동일한 트랜잭션을 희생자로 선택하여 철회시키는 과정을 반복함으로써 그 트랜잭션이 수행을 종료할 수 없게 된다. 이 문제를 방지하기 위해서 여러 번 철회된 트랜잭션이 높은 우선순위를 갖도록 할 수도 있다. 앞에서 논의한 wait-die와 wound-wait 방법은 기아현상을 방지한다. 이는 그 방법들이 철회된 트랜잭션을 그 트랜잭션의 원래의 타임스탬프로 재시작시키기 때문이며 그로 인하여 동일한 트랜잭션이 반복하여 철회될 가능성이 줄어든다.

## 20.2 타임스탬프 순서에 기반을 둔 동시성 제어

로킹의 사용은 2PL 프로토콜과 결합함으로써 스케줄의 직렬 가능성을 보장한다. 2PL이 만드는 직렬 가능한 스케줄은 동등한 직렬 스케줄을 가질 수 있는데 실행 중인 트랜잭션들이 접근하려는 항목들에 로크를 얻는 순서에 기반을 두고 있다. 만약 어떤 트랜잭션이 이미 로크가 걸린 항목을 필요로 한다면 그 트랜잭션은 그 항목에 걸린 로크가 풀릴 때까지 대기하도록 강요될 수 있다. 일부 트랜잭션들은 교착상태 문제로 철회되고 재시작될 수 있다. 동시성 제어에 대한 다른 방법은 동치의 직렬 스케줄을 위해 트랜잭션들의 수행 순서를 정할 목적으로 트랜잭션 타임스탬프를 이용한다. 20.2.1절에서는 타임스탬프를 정의하고, 20.2.2절에서는 트랜잭션 타임스탬프에 기반을 두어 다른 트랜잭션들의 충돌 연산들의 수행 순서를 정함으로써 어떻게 직렬 가능성이 보장되는지 논의한다.

### 20.2.1 타임스탬프

타임스탬프는 트랜잭션을 식별하기 위해서 DBMS가 부여하는 유일한 식별자이다. 일반적으로 타임스탬프 값은 트랜잭션들이 시스템에 들어온 순서대로 할당된다. 따라서 타임스탬프를 트랜잭션의 시작 시간으로 간주할 수 있다. 이 장에서는 트랜잭션 $T$의 타임스탬프를 TS(T)로 표기한다. 타임스탬프 순서에 기반을 둔 동시성 제어 기법은 로크를 사용하지 않으므로 교착상태가 발생하지 않도록 한다.

타임스탬프는 여러 방법으로 생성될 수 있다. 한 가지 방법은 계수기(counter)를 이용하는 것인데 계수기의 값은 트랜잭션에게 할당할 때마다 1씩 증가된다. 이 방법에서 트랜잭션의 타임스탬프는 1, 2, 3, …으로 번호가 매겨진다. 컴퓨터 계수기가 가지는 최댓값은 유한하기 때문에 수행 중인 트랜잭션이 없을 때 주기적으로 계수기의 값을 0으로 초기화시켜야 한다. 타임스탬프를 구현하는 또 다른 방법은 시스템 시계(system clock)의 현재 날짜/시간 값을 이용하는 것인데 같은 시각에 두 개의 타임스탬프 값이 발생하지 않도록 보장해야 한다.

### 20.2.2 동시성 제어를 위한 타임스탬프 순서 알고리즘

이 기법의 아이디어는 트랜잭션들의 타임스탬프를 기반으로 트랜잭션들에게 동등한 직렬 순서를 적용하는 것이다. 그 트랜잭션들이 참여하는 스케줄은 직렬 가능하고, 허용되는 유일한 동치인 직렬 스케줄은 타임스탬프 값의 순서에 따라 배치된 트랜잭션들을 가진다. 이를 **타임스탬프 순서**(timestamp ordering, TO)라고 한다. 이 기법이 2PL 방법과 어떻게 다른지 주목하기 바란다. 두 단계 로킹 프로토콜에서는 하나의 스케줄이 그 로킹 프로토콜에 의해 허용되는 어떤 직렬 스케줄과 동치가 됨으로써 직렬화된다. 그러나 타임스탬프 순서 기법에서 그 스케줄은 트랜잭션들의 타임스탬프의 순서에 해당하는 특정 직렬 순서와 동치이다. 알고리즘은 트랜잭션 작업의 인터리빙을 허용하지만 일정에서 충돌하는 각 작업 쌍에 대해 항목이 액세스되는 순서는 타임 스탬프의 순서를 따라야 한다.

그 알고리즘은 트랜잭션 연산들의 인터리빙을 허용하지만 그 스케줄에 있는 충돌하는 연산들의 각 쌍에 대하여, 항목이 접근되는 순서는 그 타임스탬프의 순서를 반드시 따라야 한다. 이렇게 하기 위해서 그 알고리즘은 각 데이터베이스 항목 X에 대해 두 개의 타임스탬프(TS) 값을 연관시킨다.

1. read_TS($X$): 항목 $X$의 읽기 타임스탬프(read timestamp)로서 항목 $X$를 성공적으로 읽은 트랜잭션들의 타임스탬프 중 가장 큰 값이다. 즉, read_TS($X$) = TS($T$)이고, 여기서 $T$는 $X$를 성공적으로 읽은 가장 최근의(youngest) 트랜잭션이다.
2. write_TS($X$): 항목 $X$의 쓰기 타임스탬프(write timestamp)로서 항목 $X$에 성공적으로 쓰기를 수행한 트랜잭션들의 타임스탬프 중 가장 큰 값이다. 즉, write_TS($X$) = TS($T$)이고, 여기서 $T$는 $X$에 성공적으로 쓰기를 수행한 가장 최근의 트랜잭션이다. 그 알고리즘에 기초하여 $T$는, 항목 X에 쓰기를 수행하는 마지막 트랜잭션이 될 것이다.

**기본적 타임스탬프 순서(Basic Timestamp Ordering, Basic TO).** 기본적 TO 알고리즘은 트랜잭션들의 타임스탬프 순서가 위반되지 않도록 하기 위해서, 어떤 트랜잭션 $T$가 read_item($X$) 또는 write_item($X$) 연산을 수행하려고 할 때마다 $T$의 타임스탬프를 항목 $X$의 읽기 타임스탬프 및 쓰기 타임스탬프와 비교한다. 만약 트랜잭션 $T$의 연산이 타임스탬프 순서를 위배하면, 트랜잭션 $T$는 철회된 후 새로운 타임스탬프를 가진 새 트랜잭션으로서 시스템에 다시 들어간다. 트랜잭션 $T$가 철회되고 복귀된 경우에, $T$가 기록한 어떤 값을 다른 트랜잭션 $T_1$이 사용했으면 $T_1$도 복귀되어야 한다. 이와 마찬가지로, $T_1$이 기록한 값을 사용한 어떤 트랜잭션 $T_2$가 있으면 이 트랜잭션도 복귀되어야 하고 이런 현상은 계속된다. 이 현상을 **연쇄 복귀**(cascading rollback)라고 한다. 기본적 TO에서는 생성된 스케줄들이 회복가능함을 보장하지 않으므로 연쇄 복귀는 기본적 TO가 가지는 문제점들 중의 하나가 된다. 스케줄들을 회복 가능하게 하거나, 연쇄 복귀가 없도록 하거나, 엄격하도록 보장하기 위해서는 추가적인 프로토콜이 시행되어야 한다. 우선 기본적 TO 알고리즘을 기술한다. 동시성 제어 알고리즘은 다음의 두 가지 경우에 대해, 충돌되는 연산들이 타임스탬프 순서를 위반하는지 검사해야 한다.

1. 트랜잭션 $T$가 write_item($X$) 연산을 수행하려고 할 경우에는 언제나 아래 사항을 검사한다.
   a. read_TS($X$) > TS($T$) 또는 write_TS($X$) > TS($T$)이면 $T$를 철회하고 복귀시키고 그 연산을 거부한다. 그 이유는 $T$가 항목 $X$에 쓰기 전에 TS($T$)보다 큰 타임스탬프(타임스탬프 순서상 $T$보다 나중에 위치하는)를 가진 어떤 트랜잭션이 이미 항목 $X$에 대해 읽기 또는 쓰기 연산을 수행했기 때문에 타임스탬프 순서가 위반되기 때문이다.
   b. a의 조건이 발생하지 않으면 $T$는 write_item($X$) 연산을 수행하고 write_TS($X$)를 TS($T$)로 설정한다.
2. 트랜잭션 $T$가 read_item($X$) 연산을 수행하려고 할 경우에는 언제나 아래 사항을 검사한다.
   a. write_TS($X$) > TS($T$)이면 $T$를 철회하고, 복귀시키고, 그 연산을 거부한다. 그 이유는 $T$가 항목 $X$를 읽기 전에 TS($T$)보다 큰 타임스탬프를 가진 어떤 트랜잭션이 이미 항목 $X$에 대해 쓰기 연산을 수행했기 때문이다.
   b. write_TS($X$) ≤ TS($T$)이면 $T$의 read_item($X$) 연산을 수행하고 write_TS($X$)를 TS($T$)와 현재의 read_TS($X$) 중 큰 값으로 설정한다.

기본적 TO 알고리즘은 정확하지 않은 순서로 발생하는 두 개의 상충되는 연산을 감지할 때마다, 두 개의 연산 중 나중의 연산을 수행하려고 하는 트랜잭션을 철회시킴으로써 나중의 연산을 거부한다. 그러므로 기본적 TO 알고리즘이 생성하는 스케줄들은 충돌 직렬가능(conflict serializable)하다. 앞에서 언급한 것처럼 타임스탬프 순서 기법에서는 교착상태가 발생하지 않는다. 그러나 트랜잭션이 계속해서 철회되었다가 재시작된다면 순환적 재시작(cyclic restart) 현상(따라서 기아현상)이 발생할 수 있다.

**엄격한 타임스탬프 순서(Strict Timestamp Ordering, Strict TO).** 기본적 TO의 한 변형인 엄격한 TO는 스케줄들이 (쉬운 회복 가능성을 위하여) 엄격(strict)하면서도 (충돌(conflict)) 직렬가능(serializable)함을 보장한다. 이 변형에서는 TS($T$) > write_TS($X$)인 트랜잭션 $T$가 read_item($X$) 또는 write_item($X$)를 수행하려고 할 경우, 그 트랜잭션의 읽기 또는 쓰기 연산은 항목 $X$에 기록한 트랜잭션 $T'$(따라서 TS($T'$) = write_TS($X$))이 완료되거나 철회될 때까지 연기된다. 이 알고리즘을 구현하려면 트랜잭션 $T'$이 기록한 항목 $X$에 대하여 $T'$이 완료되거나 철회될 때까지 로킹의 흉내를 낼 필요가 있다. 이 알고리즘에서는 $TS(T) > TS(T')$일 경우에만 $T$가 $T'$을 기다리기 때문에 교착상태가 발생하지 않는다.

**Thomas의 쓰기 규칙.** 기본적 TO 알고리즘의 변형 중 하나인 Thomas의 쓰기 규칙(Thomas's write rule)은 충돌직렬 가능성을 지키지 않지만 write_item($X$) 연산을 검사하는 부분을 다음과 같이 변경함으로써 쓰기 연산을 거부하는 회수를 감소시킨다.

1. read_TS($X$) > TS($T$)이면 $T$를 철회하고, 복귀시키고, 그 연산을 거부한다.
2. write_TS($X$) > TS($T$)이면 쓰기 연산을 수행하지 않는다. 그러나 트랜잭션 $T$의 수행은 계속한다. 그 이유는 TS($T$)보다 큰 타임스탬프를 가진 어떤 트랜잭션이 이미 항목 $X$에 대해 쓰기 연산을 수행했기 때문이다. 따라서 $T$의 write_item

($X$) 연산은 이미 과거의 것이 되었고 쓸모없게 되었기 때문에 무시해야 한다. 이런 상황에서 발생하는 어떠한 충돌도 1번의 경우에 의해 탐지된다.

**3.** 1과 2의 조건이 모두 만족되지 않으면 $T$의 write_item($X$) 연산을 수행하고 write_TS($X$)를 TS($T$)로 설정한다.

## 20.3 다중 버전 동시성 제어 기법

동시성 제어를 위한 이 프로토콜들에서는 한 데이터 항목이 변경(쓰기)될 때 그 데이터 항목의 이전 값(old value)의 복사본을 보존한다. 이들은 한 데이터 항목에 대해 여러 개의 버전, 즉 값들을 유지하기 때문에 **다중 버전 동시성 제어**(multiversion concurrency control)라고 한다. 한 트랜잭션이 어떤 항목에 대한 읽기를 요구할 때, 현재 수행중인 스케줄의 직렬 가능성을 유지하기 위해 적절한 버전이 선택된다. 다중 버전을 유지하는 한 가지 이유는 일부 읽기 연산들의 경우 다른 기법들에서는 서부될 것이지만 직렬 가능성을 유지하기 위해 항목의 이전 버전(older version)을 읽도록 함으로써 허용될 수 있다는 것이다. 트랜잭션이 어떤 항목에 쓰기 연산을 수행할 경우, 그 트랜잭션은 새로운 버전에 쓰기를 하고 그 항목의 이전 버전(들)은 보존된다. 몇몇 다중 버전 동시성 제어 알고리즘은 충돌 직렬 가능성 대신에 뷰직렬 가능성의 개념을 사용한다.

다중 버전 기법들의 명백한 단점은 데이터베이스 항목들의 다중 버전들을 유지하기 위해 많은 저장공간이 필요하다는 것이다. 경우에 따라 이전 버전들은 임시 저장소에 보관될 수 있다. 이전 버전들을, 예를 들어 복구 목적으로, 어쨌든 유지해야 할 수도 있다. 일부 데이터베이스 응용들은 데이터 항목 값들의 변경 이력(히스토리)을 유지하기 위해 이전 버전들이 계속 보존되기를 요구한다. 극단적인 경우는 데이터베이스에 일어난 모든 갱신과 갱신이 일어난 시간을 기록하는 시간 데이터베이스(temporal database)를 유지하는 것이다(25.2절 참조). 이런 경우에는 이전 버전들이 이미 유지되고 있으므로 다중 버전 기법들을 위한 추가적인 비용은 필요 없다.

여러 개의 다중 버전 동시성 제어 기법이 제안되었다. 여기서는 두 가지 기법에 관해 논의한다. 하나는 타임스탬프 순서 기법에 기반을 둔 것이고, 다른 하나는 2PL 기법에 기반을 둔 것이다. 거기에 추가하여, 검증 동시성 제어 방법(21.4절 참조) 또한 다중 버전을 유지한다. 그리고 여러 상용 시스템들에서 사용된 스냅샷 고립성(snapshot isolation)은 (21.4절 참조) 항목들의 이전 버전들을 임시 저장소에 유지함으로써 구현될 수 있다.

### 20.3.1 타임스탬프 순서에 기반을 둔 다중 버전 기법

이 기법에서는 시스템이 각 데이터 항목 $X$에 대해 여러 버전 $X_1, X_2, \ldots, X_k$를 유지한다. 각 버전에 대해 버전 $X_i$의 값과 버전 $X_i$와 연관된 다음 두 개의 타임스탬프를 유지한다.

1. **read_TS($X_i$).** $X_i$의 읽기 타임스탬프를 나타내며, 버전 $X_i$를 성공적으로 읽은 트랜잭션들의 타임 스탬프중 가장 큰 타임스탬프를 가진다.
2. **write_TS($X_i$).** $X_i$의 쓰기 타임스탬프를 나타내며, 버전 $X_i$의 값을 기록한 트랜잭션의 타임스탬프를 가진다.

트랜잭션 $T$가 write_item($X$) 연산을 수행하는 것이 허용될 때마다 항목 $X$의 새로운 버전 $X_{k+1}$이 생성되고 write_TS($X_{k+1}$)과 read_TS($X_{k+1}$)은 TS($T$)로 설정된다. 이와 유사하게, 트랜잭션이 버전 $X_i$의 값을 읽는 것이 허용될 때 read_TS($X_i$)의 값은 현재의 read_TS ($X_i$)와 TS($T$) 중 큰 값으로 설정된다. 직렬 가능성을 보장하기 위해서 다음의 두 가지 규칙을 사용한다.

1. 트랜잭션 $T$가 write_item($X$) 연산을 수행하려 하고, $X$의 버전 $i$가 $X$의 모든 버전 중 가장 큰 write_TS($X_i$)를 가지고, write_TS($X_i$)가 TS($T$)보다 작거나 같고, read_TS($X_i$) > TS($T$)이면, 트랜잭션 $T$를 철회하고 복귀시킨다. 그렇지 않으면 $X$의 새로운 버전 $X_j$를 만들고 read_TS($X_j$) = write_TS($X_j$) = TS($T$)로 설정한다.
2. 트랜잭션 $T$가 write_item($X$) 연산을 수행하려 하면, $X$의 모든 버전 중 가장 큰 write_TS($X_i$)를 가지면서, write_TS($X_i$)가 TS($T$)보다 작거나 같은 $X$의 버전 $i$를 찾는다. 그 다음에 트랜잭션 $T$에게 $X_i$의 값을 반환하고 read_TS($X_i$)의 값을 TS($T$)와 현재의 read_TS($X_i$) 값 중 큰 값으로 설정한다.

경우 2에서 볼 수 있는 것처럼 read_item($X$)는 **항상 성공(always successful)**한다. 왜냐하면 읽을 적절한 버전 $X_i$를 $X$의 여러 버전의 write_TS를 근거로 하여 찾기 때문이다. 그러나 경우 1에서 트랜잭션 $T$는 철회되고 복귀될 수 있다. 그 경우는 타임스탬프가 read_TS($X_i$)인 다른 트랜잭션 $T'$이 이미 읽은 $X$의 버전에 대해서 트랜잭션 $T$가 쓰기 연산을 시도할 때 발생한다. 그러나 트랜잭션 $T'$은 타임스탬프가 write_TS($X_i$)인 트랜잭션이 쓰기를 수행한 버전 $X_i$를 이미 읽었다. 이런 충돌이 일어나면 트랜잭션 $T$는 복귀하게 되고 그렇지 않으면 트랜잭션 $T$가 쓰기를 수행한 $X$의 새로운 버전이 생성된다. 트랜잭션 $T$가 복귀하게 되면 연쇄 복귀가 발생할 수 있다. 따라서 회복 가능성을 보장하기 위해 트랜잭션 $T$가 읽은 버전에 쓰기를 수행한 다른 모든 트랜잭션이 완료할 때까지 트랜잭션 $T$의 완료가 허용되지 않아야 한다.

## 20.3.2 보증 로크를 사용한 다중 버전 두 단계 로킹

이 다중 모드의 로킹 기법에서는 앞에서 기술한 두 가지 모드인 읽기 로크와 쓰기 로크 모드 대신에 읽기, 쓰기, 보증(certify)의 세 가지 로크 모드를 사용한다. 그러므로 항목 $X$에 대한 LOCK(X)의 상태는 '읽기 로크(read locked)', '쓰기 로크(write locked)', '보증 로크(certify locked)', '언로크(unlocked)'의 네 가지 중 하나가 된다. 읽기 로크와 쓰기 로크만 가지는 표준 로킹 기법(20.1.1절 참조)에서는 쓰기 로크가 배타 로크이다. 표준 기법에서 읽기 로크와 쓰기 로크의 관계는 그림 20.6(a)에 있는 로크 호환성 테이블(lock compatibility table)로 나타낼 수 있다. 테이블의 'Yes' 엔트리는 어떤 트랜잭션 $T$가 항목 $X$에 대해 열 제목(column header)에 명시된 로크를 보유하고 있고, 다른 트랜잭션 $T'$이 같은 항목 $X$에 대해 행 제목(row header)에 명시된 로크를 요청할 때 두 로킹 모드가 호환성을 가지기 때문에 $T'$이 로크를 획득할 수 있음을 의미한다. 반면에 테이블의 'No' 엔트리는 로크들의 호환성이 없음을 나타낸다. 따라서 $T'$은 $T$가 로크를 해제할 때까지 대기해야 한다.

(a)

| | Read | Write |
|---|---|---|
| Read | Yes | No |
| Write | No | No |

(b)

| | Read | Write | Certify |
|---|---|---|---|
| Read | Yes | Yes | No |
| Write | Yes | No | No |
| Certify | No | No | No |

그림 20.6 로크 호환성 테이블: (a) 읽기/쓰기 로킹 기법에서의 호환성 테이블,
(b) 읽기/쓰기/보증 로킹 기법에서의 호환성 테이블

표준 로킹 기법에서는 일단 트랜잭션이 어떤 항목에 대해 쓰기 로크를 획득하면 다른 어떠한 트랜잭션도 그 항목을 접근할 수 없다. 다중 버전 2PL 프로토콜의 아이디어는 한 트랜잭션 $T$가 항목 $X$에 대해 쓰기 로크를 보유하고 있을 때 $X$를 읽고자 하는 다른 트랜잭션 $T'$을 허용하는 것이다. 이 기법은 각 항목 $X$에 대해 두 개의 버전을 둘 수 있게 함으로써 성취된다. 하나의 버전은 **완료된 버전**(committed version)으로써 항상 완료된 트랜잭션이 쓰기를 수행한 것이어야 한다. 두 번째인 **지역 버전**(local version) $X'$은 어떤 트랜잭션 $T$가 항목 $X$에 대해 쓰기 로크를 획득할 때 생성될 수 있다. $T$가 쓰기 로크를 보유하고 있는 동안에도 다른 트랜잭션들은 완료된 버전 $X$를 계속 읽을 수 있다. 트랜잭션 $T$는 완료된 버전 $X$의 값에 영향을 미치지 않고 원하는 대로 $X'$의 값을 갱신할 수 있다. 그러나 일단 트랜잭션 $T$가 완료할 준비가 되면 완료하기 전에 현재 쓰기 로크를 보유하고 있는 모든 항목에 대하여 **보증 로크**를 획득해야 한다. 이는 **로크 상승**(lock upgrading)의 또 다른 형태이다. 보증 로크는 읽기 로크와 호환성이 없기 때문에 트랜잭션 $T$가 보증 로크를 얻기 위해서는 $T$가 쓰기 로크를 보유하고 있는 항목들을 읽고 있는 다른 트랜잭션들의 로크가 해제될 때까지 트랜잭션 $T$의 완료가 지연되어야 한다. 보증 로크(일종의 배타 로크)를 획득하면 그 데이터 항목의 완료된 버전 $X$는 버전 $X'$의 값으로 설정되고 버전 $X'$은 폐기되며, 그 다음에 보증 로크가 해제된다. 이 기법을 위한 로크 호환성 테이블이 그림 20.6(b)에 있다.

이 다중 버전 2PL 기법에서는 여러 개의 읽기 연산이 하나의 쓰기 연산과 동시에 수행될 수 있는데 표준 2PL 기법에서는 불가능하다. 그 대신 갱신을 수행한 모든 데이터 항목에

대하여 배타적인 보증 로크를 얻을 때까지 트랜잭션의 완료가 지연되어야 한다는 것이 추가적으로 요구되는 비용이다. 이 기법에서는 완료된 트랜잭션이 쓰기를 수행한 버전 $X$만 읽을 수 있도록 허용하기 때문에 연쇄 철회는 발생하지 않는다는 것을 증명할 수 있다. 그러나 교착상태가 발생할 수 있으며 이는 20.1.3절에서 논의한 기법들의 변형에 의해 해결해야 한다.

## 20.4 검증(낙관적) 기법과 스냅샷 고립성의 동시성 제어

지금까지 논의한 모든 동시성 제어 기법에서는 데이터베이스에 대한 연산이 수행되기 전에 어떤 검사가 이루어졌다. 예를 들어, 로킹 기법에서는 접근하려는 항목에 로크가 걸려 있는지를 검사한다. 타임스탬프 순서 기법에서는 트랜잭션 타임스탬프를, 접근하려는 항목의 읽기 타임스탬프 및 쓰기 타임스탬프와 비교하였다. 이런 검사들은 트랜잭션이 수행되는 동안 트랜잭션의 수행을 느리게 하는 부담을 준다.

검증 또는 보증 기법이라고 알려진 **낙관적 동시성 제어**(optimistic concurrency control) 기법에서는 트랜잭션이 수행되고 있는 동안 어떠한 검사도 하지 않는다. 이런 검증 기법을 사용하는 동시성 제어 기법들이 여러 가지 제안되었다. 20.4.1절에서 한 가지 기법만을 설명한다. 그런 다음 20.4.2절에서 **스냅샷 고립성**(snapshot isolation)의 개념을 기반으로 하는 동시성 제어 기법들에 대해 논의한다. 이 동시성 제어 방법들의 구현은 검증 기반 기법들과 버전 관리 기법들의 개념을 결합하여 사용하고 타임스탬프를 활용할 수 있다. 이 방법들 중 일부는 직렬화 가능성을 위반할 수 있는 이상 현상을 겪을 수 있지만 일반적으로 2PL 보다 오버헤드가 낮기 때문에 여러 관계형 DBMS에 구현되었다.

### 20.4.1 검증 기반 (낙관적) 동시성 제어

이 기법에서는 트랜잭션의 갱신은 그 트랜잭션이 끝에 이르고 검증(validate)될 때까지 디스크에 있는 데이터베이스 항목들에 직접적으로 적용되지 않는다. 트랜잭션이 수행되는 동안 그 트랜잭션을 위해 유지되는 데이터 항목들의 지역 사본(local copy)에 대해서만 갱신이 이루어진다.[6] 트랜잭션 실행의 마지막에, 트랜잭션의 갱신 사항들이 직렬 가능성을 위반하는지를 검사하는 검증 단계(validation phase)를 수행한다. 검증 단계에서 필요한 몇 가지 정보는 시스템이 유지해야 한다. 직렬 가능성이 위반되지 않았으면 그 트랜잭션은 완료되고 지역 사본으로부터 데이터베이스를 갱신한다. 직렬 가능성이 위반되었으면 그 트랜잭션은 철회되고 나중에 재시작된다.

이 동시성 제어 프로토콜을 위한 세 가지 단계가 있다.

1. **읽기 단계**(read phase). 트랜잭션은 데이터베이스로부터 완료된 데이터 항목들의 값을 읽을 수 있다. 그러나 갱신은 트랜잭션의 작업 공간에 유지되는 데

6) 이는 항목들에 대하여 여러 개의 버전을 유지하는 것으로 간주될 수 있다.

이터 항목들의 지역 사본(버전)에 대해서만 적용된다.

2. **검증 단계(validation phase).** 트랜잭션의 갱신들이 데이터베이스에 반영되더라도 직렬 가능성이 위반되지 않는다는 것을 보장하기 위해 검사를 수행한다.
3. **쓰기 단계(write phase).** 검증 단계가 성공하면 트랜잭션의 갱신들이 데이터베이스에 반영되고, 그렇지 않으면 갱신들을 폐기하고 트랜잭션을 재시작한다.

낙관적 동시성 제어의 아이디어는 모든 검사를 한번에 한다는 것이다. 그러므로 트랜잭션은 검증 단계에 도달할 때까지 최소한의 오버헤드만으로 수행된다. 만일 트랜잭션들 사이에 간섭이 거의 없으면 대부분의 트랜잭션은 성공적으로 검증될 것이다. 그러나 트랜잭션들 간에 많은 간섭이 있으면 완료하고자 하는 많은 트랜잭션이 결과를 폐기하게 되고 나중에 재시작될 것이다. 이런 상황에서는 낙관적 기법들이 잘 작동하지 않는다. 이런 기법들은 트랜잭션들 사이에 간섭이 거의 일어나지 않을 것이고, 따라서 대부분의 트랜잭션들은 성공적으로 검증될 것이다. 그래서 트랜잭션이 수행되는 동안 검사할 필요가 없다고 가정하기 때문에 낙관적(optimistic)이라 부른다. 이 가정은 많은 트랜잭션 처리 작업 부하들에서 일반적으로 참이다.

여기서 설명하는 낙관적 프로토콜은 트랜잭션 타임스탬프를 사용하고 시스템이 트랜잭션들의 읽기 집합과 쓰기 집합을 유지해야 한다. 또한 각 트랜잭션에 대하여 위의 세 단계들의 시작 시간(start time)과 종료 시간(end time)을 유지할 필요가 있다. 트랜잭션의 읽기 집합은 트랜잭션이 읽은 항목들의 집합이고, 쓰기 집합은 트랜잭션이 쓰기를 수행한 항목들의 집합이다. 트랜잭션 $T_i$를 위한 검증 단계에서 그 프로토콜은 $T_i$가 최근에 완료한 트랜잭션들 또는 동시에 수행 중이며 검증 단계를 시작한 다른 트랜잭션들의 어떠한 것과도 간섭하지 않는다는 것을 검사한다. $T_i$를 위한 검증 단계는 최근에 완료되었거나 현재 검증 단계에 있는 그러한 각 트랜잭션 $T_j$에 대해서 다음 중 하나의 조건을 만족하는지 검사한다.

1. $T_i$가 읽기 단계를 시작하기 전에 트랜잭션 $T_j$가 쓰기 단계를 끝낸다.
2. $T_j$가 쓰기 단계를 끝낸 후에 $T_i$가 쓰기 단계를 시작한다. 그리고 $T_i$의 읽기집합에는 $T_j$의 쓰기 집합과 공통으로 가지는 항목이 없다.
3. $T_i$의 읽기 집합과 쓰기 집합 모두 $T_j$의 쓰기 집합과 공통으로 가지는 항목이 없다. 그리고 $T_i$가 읽기 단계를 끝내기 전에 $T_j$는 읽기 단계를 끝낸다.

트랜잭션 $T_i$를 검증할 때 각 트랜잭션 $T_j$에 대하여 첫 번째 조건을 먼저 검사한다. 왜냐하면 (1)번 조건이 검사하기에 가장 간단한 조건이기 때문이다. (1)번 조건이 거짓일 경우에만 (2)번 조건을 검사한다. 그리고 (2)번 조건이 거짓이 되면 가장 복잡한 (3)번 조건을 검사한다. 위의 세 가지 조건 중 하나라도 각 트랜잭션 $T_j$에 대하여 만족된다면 트랜잭션들 사이에 간섭이 존재하지 않고 $T_i$는 성공적으로 검증된다. 위의 세 가지 조건을 모두 각 트랜잭션 $T_j$에 대하여 만족하지 않을 경우에는 트랜잭션 $T_i$의 검증이 실패하게 되고 ($T_i$와 $T_j$는 직렬화 가능성을 위배할 수 있으므로) 그래서 트랜잭션 $T_j$와 간섭이 일어났을 수 있기 때문에 트랜잭션 $T_i$는 철회되고 나중에 재시작된다.

## 20.4.2 스냅샷 고립성에 기반한 동시성 제어

19.6절에서 논의했듯이 **스냅샷 고립성**(snapshot isolation)의 기본 정의는 하나의 트랜잭션은 그 트랜잭션이 시작될 때의 데이터베이스 스냅샷(또는 데이터베이스 상태)에 있는 항목들의 완료된 값을 기반으로 자신이 읽는 데이터 항목을 보는 것이다. 스냅샷 고립성은 팬텀 레코드 문제가 발생하지 않도록 보장한다. 이는 데이터베이스 트랜잭션 또는 경우에 따라 데이터베이스 문은 그 트랜잭션이 시작된 시점에 데이터베이스에서 완료된 레코드들만 볼 수 있기 때문이다. 그 트랜잭션이 시작된 후에 발생하는 삽입, 삭제 또는 변경은 그 트랜잭션에서 볼 수 없다. 이에 추가하여 스냅샷 고립성은 오손 읽기와 반복 불가능한 읽기의 문제가 발생하지 않게 한다. 그러나 스냅샷 고립성이 동시성 제어의 기본으로 사용될 경우 직렬화 가능성을 위배하는 어떤 이상현상이 발생할 수 있다. 비록 이 이상현상들은 드물지만 그들을 탐지하기가 매우 어려우며 그들이 일관되지 않거나 손상된 데이터베이스를 초래할 수 있다. 관심 있는 독자는 발생할 수 있는 드문 유형의 이상현상들을 자세히 논의하는 논문들에 대해 장 마지막의 참고문헌 목록을 참조하기 바란다.

이 방법에서 읽기 연산은 항목에 읽기 로크를 요구하지 않으므로 두 단계 로킹과 관련된 오버헤드를 줄인다. 그러나 쓰기 연산은 쓰기 로크를 필요로 한다. 따라서 많은 읽기를 가진 트랜잭션들의 경우 성능이 2PL보다 훨씬 좋다. 쓰기가 발생하면 시스템은 **임시 버전 저장소**(temporary version store)(이를 tempstore라고도 함)에 변경된 항목들의 이전 버전들과 버전 생성시의 타임 스탬프를 함께 유지하여 추적할 수 있게 한다. 이는 반드시 필요한데, 그렇게 함으로써 그 항목이 변경되기 전에 시작한 트랜잭션은 그 트랜잭션 시작 시의 데이터베이스 스냅샷에 있는 항목의 값(버전)을 계속 읽을 수 있도록 한다.

버전들을 추적하기 위해 변경된 항목들은 tempstore에 있는 그 항목의 최신 버전 목록에 대한 포인터를 가지며 그래서 각 트랜잭션에 대해 올바른 항목이 읽힐 수 있다. Tempstore에 있는 항목들은 더 이상 필요하지 않으면 제거되므로 불필요한 버전들을 언제 제거할 지를 결정하는 방법이 필요하다.

이 방법의 변형들은 Oracle과 PostGRES를 비롯한 여러 상용 및 공개 소스 DBMS에서 사용되었다. 만약 사용자가 보장된 직렬화 가능성을 요구한다면 직렬화 가능성을 위반하는 이상현상의 문제들은 프로그래머/소프트웨어 엔지니어가 일련의 트랜잭션들을 분석하여 발생 가능한 이상현상의 유형들을 판별하고 이 이상현상들을 허용하지 않는 검사를 추가함으로써 해결해야 한다. 이는 모든 경우에 직렬화 가능성을 강제하는 DBMS와 비교할 때 소프트웨어 개발자에게 부담을 줄 수 있다.

스냅샷 고립성(SI) 기술의 변형들은 직렬화 가능 스냅샷 고립성(serializable snapshot isolation, SSI)로 알려져 있는데, SI를 기본 동시성 제어 방법으로 사용하는 일부 DBMS에서 제안되고 구현되었다. 예를 들어 PostGRES DBMS의 최근 버전들은 기본 SI와 SSI 중 하나를 선택할 수 있게 한다. 선택사항은 SSI로써 완전한 직렬 가능성을 보장하는 것과 기본 SI로써 가능한 드문 이상현상들이 있지만 더 나은 성능을 가지는 것이다. 관심있는 독자는 이 주제의 보다 완전한 논의를 위해 장 마지막의 참고문헌 목록을 참조하기 바란다.

## 20.5 데이터 항목의 단위 크기와 다중 단위 크기 로킹

모든 동시성 제어 기법은 이름을 지닌 수많은 항목으로 데이터베이스가 구성되어 있다고 가정한다. 데이터베이스 항목은 다음 중 하나를 나타낸다.

- 데이터베이스 레코드
- 데이터베이스 레코드의 필드 값
- 디스크 블록
- 파일 전체
- 데이터베이스 전체

데이터 항목 유형의 특별한 선택은 동시성 제어와 회복의 성능에 영향을 줄 수 있다. 20.5.1절에서는 로킹에 사용되는 단위 크기의 단계를 선택하는 것과 관련된 몇 가지 상관 관계를 논의한다. 20.5.2절에서는 다중 단위 크기 로킹 기법을 논의할 것인데, 이 기법에서는 난위 크기의 단계, 즉 데이터 항목의 크기가 동적으로 변경될 수 있다.

### 20.5.1 로킹에서 단위 크기의 고찰

데이터 항목들의 크기를 보통 데이터 항목 단위 크기라고 한다. 세밀한 단위 크기(fine granularity)는 작은 항목 크기를 의미하며 거친 단위 크기(coarse granularity)는 큰 항목 크기를 의미한다. 데이터 항목의 크기를 선택하는 것과 관련하여 몇 가지 상관 관계를 고려해야 한다. 여기서는 로킹의 관점에서 데이터 항목의 크기를 논의하는데 다른 동시성 제어 기법에도 비슷하게 적용할 수 있다.

첫째, 데이터 항목의 크기가 커질수록 허용되는 동시성의 정도는 낮아진다. 예를 들어, 데이터 항목의 크기가 하나의 디스크 블록이면 레코드 $B$에 로크가 필요한 트랜잭션 $T$는 $B$를 포함하고 있는 디스크 블록 $X$ 전체에 대해 로크를 걸어야 한다. 왜냐하면 로크가 데이터 항목 전체인 블록에 연계되기 때문이다. 이제 다른 트랜잭션 $S$가 동일한 디스크 블록 $X$에 들어 있는 다른 레코드 $C$에 대해 상충되는 모드의 로크를 원하면 트랜잭션 $S$는 대기하게 된다. 만약 데이터 항목의 단위 크기가 하나의 디스크 블록 대신 하나의 레코드라면 트랜잭션 $S$는 다른 데이터 항목(레코드)에 로크를 걸기 때문에 계속 수행할 수 있다.

이에 반해서 데이터 항목의 크기가 작을수록 데이터베이스에는 더 많은 데이터 항목들이 존재하게 된다. 모든 항목은 로크와 연관되기 때문에 로크 관리자가 다루어야 하는 활성(active) 로크가 많아지게 된다. 더 많은 수의 로크 획득과 로크 해제 연산이 수행됨으로써 오버헤드가 증가한다. 게다가 로크 테이블을 위해 보다 많은 양의 저장공간이 요구된다. 타임스탬프 기법에서는 각 데이터 항목에 대해 읽기 타임스탬프와 쓰기 타임스탬프를 위한 공간이 필요하고 많은 수의 데이터 항목을 다루기 위한 오버헤드가 로킹의 경우와 비슷하다.

위의 상관 관계들을 고려할 때 중요한 문제는 "최적의 데이터 항목의 크기는 무엇인가?"라는 것이다. 그 대답은 "관련된 트랜잭션들의 유형에 의존한다"는 것이다. 전형적인 트랜잭션들이 적은 수의 레코드들만 접근한다면 데이터 항목의 단위 크기로 레코드를 선택하는 것이 바람직하다. 이에 반해서 트랜잭션이 하나의 파일에 있는 많은 레코드를 접근한다면, 블록 또는 파일 단위 크기를 사용하여 하나의 파일에 있는 모든 레코드를 하나의(또는 적은 수의) 데이터 항목으로 취급하는 것이 훨씬 좋다.

### 20.5.2 다중 단위 크기 로킹

최적의 단위 크기는 주어진 트랜잭션에 따라 다르기 때문에 데이터베이스 시스템이 다중 단계의 단위 크기를 제공하는 것이 바람직하며, 이 경우 단위 크기 단계는 트랜잭션들의 혼합에 따라 동적으로 조절될 수 있다. 그림 20.7은 간단한 단위 크기 계층 구조(granularity hierarchy)를 나타낸 것으로서 하나의 데이터베이스가 두 개의 파일을 포함하고, 각 파일은 여러 페이지를 가지고 있으며, 각 페이지는 여러 레코드를 지니고 있다는 것이다. 이 계층 구조는 **다중 단위 크기 2PL 프로토콜**을, 공유/배타적 로크 모드와 함께, 설명하는 데 사용될 수 있다. 다중 단위 크기 두 단계 로킹 프로토콜에서는 어떤 단계에 있는 로크라도 요청할 수 있다. 그러나 이런 프로토콜을 효율적으로 지원하기 위해서는 추가적인 형태의 로크들이 필요할 것이다.

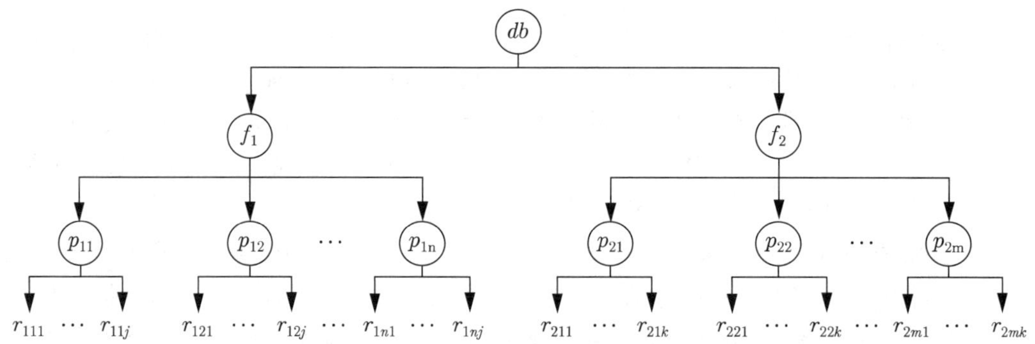


그림 20.7 다중 단위 크기 로킹을 예시하는 단위 크기 계층 구조

그림 20.7의 예를 참조하면서 아래의 시나리오를 고려해 보자. 트랜잭션 $T_1$이 파일 $f_1$안에 있는 모든 레코드를 수정하려 하고, $T_1$이 $f_1$에 대하여 배타 로크를 요구하고 이를 승낙 받는다고 가정하자. 그러면 $f_1$안에 있는 모든 페이지, 즉 $p_{11}$부터 $p_{1n}$까지와 그 페이지들 안에 포함된 모든 레코드는 배타 모드로 로크가 걸린다. 이는 $T_1$에게 유리하다. 그 이유는 하나의 파일 단계의 로크를 설정하는 것이 $n$개의 페이지 단계의 로크를 걸거나 각 레코드에 개별적으로 로크를 거는 것보다 더 효율적이기 때문이다. 이제 다른 트랜잭션 $T_2$가 파일 $f_1$의 페이지 $p_{1n}$으로부터 레코드 $r_{1nj}$를 읽으려 한다고 가정하자. 그러면 $T_2$는 $r_{1nj}$에 대하여 레코드 단계의 공유 로크를 요구하게 될 것이다. 데이터베이스 시스템(트랜잭션 관리자, 보다 구체적으로 로크 관리자)은 이미 걸려 있는 로크에 대하여 요구된 로크와의 호환성을 검증해야 한다. 이를 검증하는 한 가지 방법은 $r_{1nj}$부터 $p_{1n}$을 거치고 $f_1$

을 지나 $db$에 이르기까지 트리를 횡단하면서 조사하는 것이다. 만일 어느 때든지 충돌되는 로크가 이 항목들의 어느 것에 대해서라도 걸려 있으면 $r_{1nj}$에 대한 로크 요구는 거부되고 $T_2$는 대기해야 한다. 이 횡단은 상당히 효율적이다.

그러나 만약 트랜잭션 $T_2$의 요구가 트랜잭션 $T_1$의 요구 이전에 도착했다면 어떻게 될까? 이 경우 $r_{1nj}$에 대한 $T_2$의 공유 모드의 레코드 로크는 허용된다. 그러나 $T_1$의 파일 단계 로크가 요구되었을 때, 로크 관리자의 입장에서는 로크 충돌을 탐지하기 위하여 노드 $f_1$의 모든 후손 노드(페이지와 레코드)를 조사하는 것은 시간 소모적일 수 있다. 이는 매우 비효율적이고 다중 단위 크기 단계의 로크를 취하고자 하는 목적을 위배한다.

| | IS | IX | S | SIX | X |
|---|---|---|---|---|---|
| IS | 예 | 예 | 예 | 예 | 아니오 |
| IX | 예 | 예 | 아니오 | 아니오 | 아니오 |
| S | 예 | 아니오 | 예 | 아니오 | 아니오 |
| SIX | 예 | 아니오 | 아니오 | 아니오 | 아니오 |
| X | 아니오 | 아니오 | 아니오 | 아니오 | 아니오 |

그림 20.8 다중 단위 크기 로킹을 위한 로크 호환성 행렬

다중 단위 크기 단계의 로크를 실용적으로 만들기 위하여 **의도 로크**(intention lock)라고 부르는 추가적인 형태의 로크가 필요하다. 의도 로크의 바탕이 되는 아이디어는 트랜잭션이 루트부터 원하는 노드까지의 경로를 따라가면서 그 노드의 후손들 중 하나에 어떤 형태의 로크(공유 로크나 배타 로크)를 걸 것인가를 나타내는 것이다. 의도 로크에는 세 가지 형태가 있다.

1. 의도-공유(IS: Intention-Shared) 로크. 이 로크는 공유 로크를 몇몇 후손 노드에게 요구할 것이라는 것을 나타낸다.
2. 의도-배타(IX: Intention-eXclusive) 로크. 이 로크는 배타 로크를 몇몇 후손 노드에게 요구할 것이라는 것을 나타낸다.
3. 공유-의도-배타(SIX: Intention-Shared-eXclusive) 로크. 이 로크는 현재 노드가 공유 모드로 로크가 걸려 있으며 배타 로크를 몇몇 후손 노드에게 요구할 것이라는 것을 나타낸다.

그림 20.8은 세 가지 의도 로크와 공유 및 배타 로크에 대한 호환성 테이블을 나타낸다. 세 가지 형태의 의도 로크에 추가하여 적절한 로킹 프로토콜이 사용되어야 한다.

**다중 단위크기 로킹**(MGL: Multiple Granularity Locking) 프로토콜은 다음의 규칙들로 구성된다.

1. 로크 호환성(그림 20.8에 근거)을 준수해야 한다.
2. 어떤 모드이든지 간에 트리의 루트를 가장 먼저 로크해야 한다.
3. 트랜잭션 $T$는 노드 $N$의 부모 노드를 IS 또는 IX 모드로 로크를 걸어 놓은 상태에서만 노드 $N$에 S 또는 IS 모드로 로크를 걸 수 있다.
4. 트랜잭션 $T$는 노드 $N$의 부모 노드를 IX 또는 SIX 모드로 로크를 걸어 놓은 상태에서만 노드 $N$에게 X, IX, 또는 SIX 모드로 로크를 걸 수 있다.
5. 트랜잭션 $T$는 어떠한 노드의 로크도 해제하지 않는 경우에만 어떤 노드에 로크를 걸 수 있다(2PL 프로토콜을 준수하기 위해서).
6. 트랜잭션 $T$는 노드 $N$의 어떠한 자식 노드들에 대해서도 로크를 걸고 있지 않은 경우에만 노드 $N$의 로크를 해제할 수 있다.

1번 규칙은 충돌되는 로크들이 허용될 수 없다는 것을 의미한다. 2, 3, 4번 규칙은 주어진 노드에 어떤 로크 모드로 로크를 걸 수 있는지에 관한 조건을 제시한다. MGL 프로토콜의 5번과 6번 규칙은 직렬 가능한 스케줄을 만들기 위하여 2PL 규칙을 준수함을 나타낸다. 기본적으로 로킹은 루트에서 시작하여 로크가 필요한 노드를 만날 때까지 트리를 타고 내려간다. 반면에 로크 해제는 로크된 노드에서 시작하여 루트 자체가 로크 해제될 때까지 트리를 올라간다. 그림 20.7의 데이터베이스 계층 구조를 바탕으로 MGL 프로토콜을 설명하기 위하여 아래의 세 트랜잭션들을 고려해 보자.

1. $T_1$은 레코드 $r_{111}$과 레코드 $r_{211}$을 갱신하려고 한다.
2. $T_2$는 페이지 $p_{12}$에 포함된 모든 레코드를 갱신하려고 한다.
3. $T_3$은 레코드 $r_{11j}$와 파일 $f_2$ 전체를 읽으려고 한다.

그림 20.9는 위의 세 트랜잭션에 대해 직렬가능 스케줄을 한 개 보여준다. 오직 로크 연산들만 나타냈다. 이 스케줄에서 로킹 연산을 표시하기 위하여 표기법 <lock_type>(<item>)을 사용하였다.

다중 단위크기 프로토콜은 몇 개의 항목(레코드나 필드)만을 접근하는 짧은 트랜잭션 및 파일 전체를 접근하는 긴 트랜잭션들을 섞어 놓은 것을 처리할 때 특히 적합하다. 이런 환경에서 다중 단위크기 로킹 프로토콜은 단일 단위크기 로킹 방식에 비해서 트랜잭션이 대기하는 것과 로킹 부담이 더 적다.

| $T_1$ | $T_2$ | $T_3$ |
|---|---|---|
| IX($db$) | | |
| IX($f_1$) | | |
| | IX($db$) | |
| | | IS($db$) |
| | | IS($f_1$) |
| | | IS($p_{11}$) |
| IX($p_{11}$) | | |
| X($r_{111}$) | | |
| | IX($f_1$) | |
| | X($p_{12}$) | |
| | | S($r_{11j}$) |
| IX($f_2$) | | |
| IX($p_{21}$) | | |
| X($p_{211}$) | | |
| unlock($r_{211}$) | | |
| unlock($p_{21}$) | | |
| unlock($f_2$) | | |
| | | S($f_2$) |
| | unlock($p_{12}$) | |
| | unlock($f_1$) | |
| | unlock($db$) | |
| unlock($r_{111}$) | | |
| unlock($p_{11}$) | | |
| unlock($f_1$) | | |
| unlock($db$) | | |
| | | unlock($r_{11j}$) |
| | | unlock($p_{11}$) |
| | | unlock($f_1$) |
| | | unlock($f_2$) |
| | | unlock($db$) |

그림 20.9 직렬 가능한 스케줄을 예시하는 로크 연산

## 20.6 인덱스에서 동시성 제어를 위하여 로크를 사용

두 단계 로킹은 인덱스의 노드가 디스크 페이지에 대응되는 B-트리와 $B^+$-트리 인덱스(18장 참조)에도 적용될 수 있다. 그러나 2PL의 수축 단계까지 인덱스 페이지들에 대한 로크를 잡고 있는 것은 과도한 시간 동안 트랜잭션을 대기시킬 수 있다. 그 이유는 인덱스의 검색이 항상 루트에서 시작하기 때문이다. 예를 들어, 만일 트랜잭션이 하나의 레코드를 삽입하려 한다면(쓰기 연산) 루트는 배타 모드로 로크가 걸리게 될 것이고, 이에 따라 그 인덱스에 대한 다른 모든 충돌되는 모드의 로크 요구는 그 트랜잭션이 수축 단계에 들어갈 때까지 대기해야 한다. 이 방법은 다른 모든 트랜잭션이 그 인덱스에 접근하는 것을 막으므로 실제에서는 인덱스에 로크를 걸기 위한 다른 방법을 사용해야 한다.

동시성 제어 기법을 개발할 때 인덱스의 트리 구조를 활용할 수 있다. 예를 들어, 인덱스 탐색을 실행할 때(읽기 연산) 루트에서 하나의 리프에 이르는 트리상의 경로를 통과한다. 일단 그 경로에서 하위 레벨의 노드를 접근하면 그 경로에서 상위 레벨의 노드는 다시 사용되지 않을 것이다. 따라서 자식 노드에 읽기 로크를 걸게 되면 부모 노드에 대한 로크는 해제될 수 있다. 리프 노드에 삽입 연산을 수행할 때(즉, 키와 포인터를 삽입할 때) 특정 리프 노드에 배타 모드로 로크를 걸어야 한다. 그러나 그 노드가 가득차지 않았다면 삽입 연산이 상위 레벨의 인덱스 노드들을 변경시키지 않을 것이고, 이는 상위 노드들에 배타적으로 로크를 걸 필요가 없다는 것을 의미한다.

삽입을 위한 보수적인 접근 방식은 루트 노드에 배타 모드로 로크를 건 다음에 루트의 적절한 자식 노드를 접근하는 것이다. 만일 그 자식 노드가 가득차지 않았다면 루트에 대한 로크는 해제될 수 있다. 이 방법은 리프에 이르기까지 트리의 모든 노드에서 적용될 수 있다. 리프 노드는 일반적으로 루트로부터 3 또는 4 레벨에 위치한다. 비록 배타 로크들이 걸려 있지만 이들은 곧 해제된다. 보다 낙관적인 방법은 루트로부터 리프 노드 직전까지의 노드들에는 공유 로크를 걸고 리프 노드에는 배타 로크를 거는 것이다. 만일 삽입으로 인하여 리프가 분할되면 삽입은 상위 레벨의 노드들에게 전파될 것이다. 그러면 상위 레벨의 노드들에 걸려 있는 로크들은 배타 모드로 상승될 수 있다.

인덱스 로킹을 위한 또 다른 접근 방식은 B-link 트리라고 하는 $B^+$-트리의 변형을 사용하는 것이다. B-link 트리에서는 각 레벨에서 동일한 레벨에 있는 형제 노드들이 서로 연결되어 있다. 이 방법은 페이지를 요구할 때 공유 로크를 사용할 수 있게 하며, 자식 노드를 접근하기 전에 그 로크를 해제하는 것이 필요하다. 삽입 연산을 위해서는 노드에 대한 공유 로크가 배타 로크로 상승된다. 만일 분할이 발생하면 부모 노드에 배타 모드로 다시 로크를 걸어야 한다. 탐색 연산들은 갱신 연산과 동시에 실행될 때 복잡하다. 탐색 연산과 동시에 수행되는 갱신 연산이 탐색 연산과 동일한 경로를 따라가며 새로운 엔트리를 리프 노드에 삽입한다고 가정하자. 더욱이 그 삽입이 리프 노드의 분할을 야기한다고 가정하자. 삽입이 완료되었을 때 탐색처리는 다시 수행되어 원하는 리프로 가는 포인터를 따라가고, 찾고자 하던 키가 존재하지 않는다는 것을 발견하게 된다. 왜냐하면 분할 작업이 그 키를 새로운 리프 노드로 이동시켰기 때문이며 새로운 리프 노드는 원래의 리프 노드의 오른쪽 형제일 것이다. 그러나 원래의 리프 노드에서, 원하는 키가 옮겨진 오른쪽 형제 노드를 가리키는 포인터(링크)를 따라 간다면 탐색 처리는 여전히 성공할 수 있다.

인덱스에서 두 개 이상의 노드가 합병되도록 만드는 삭제의 경우를 다루는 것도 B-link 트리의 동시성 프로토콜의 일부분이다. 이 경우에는 합병될 두 개 노드의 부모 노드에 대한 로크뿐 아니라 합병될 노드들에 대한 로크도 걸고 있어야 한다.

## 20.7 기타 동시성 제어 쟁점

이 절에서는 동시성 제어에 연관된 몇 가지 기타 쟁점에 관해 논의한다. 20.7.1절에서는 레코드들의 삽입과 삭제에 관련된 문제점과 레코드들을 삽입할 때 발생할 수 있는 팬텀 문제(phantom problem)에 관해 설명한다. 이 문제는 19.6절에서 동시성 제어를 필요로 하는 잠재적 문제로 기술하였다. 20.7.2절에서는 트랜잭션이 완료되기 전에 어떤 데이터를 터미널로 출력한 뒤 그 트랜잭션이 나중에 철회될 때의 문제점을 기술한다.

### 20.7.1 삽입, 삭제, 팬텀 레코드

새 데이터 항목을 데이터베이스에 삽입할 경우, 그 항목이 생성되고 삽입 연산이 완료되기 전에는 다른 트랜잭션들이 그 항목을 접근할 수 없다. 로킹 기법에서는 그 데이터 항목에 대한 로크가 생성되고 배타(쓰기) 모드로 설정될 수 있다. 그 로크는 사용되는 동시성 제어 프로토콜에 따라, 다른 배타 로크들이 해제될 때 함께 해제될 수 있다. 타임스탬프에 기반을 둔 프로토콜에서는 새로운 데이터 항목의 읽기 타임스탬프와 쓰기 타임스탬프가 그 데이터 항목을 생성한 트랜잭션의 타임스탬프로 설정된다.

다음으로, 기존 데이터 항목에 대해 적용되는 삭제 연산을 고려해 보자. 로킹 프로토콜에서는 트랜잭션이 데이터 항목을 삭제하기 전에 그 데이터 항목에 대해 배타(쓰기) 로크를 획득해야 한다. 타임스탬프 순서 프로토콜에서는 트랜잭션이 데이터 항목을 삭제하도록 허용하기 전에 그 트랜잭션보다 나중에 생성된 어떤 트랜잭션도 그 데이터 항목을 읽거나 쓰지 않았음을 보장해야 한다.

**팬텀 문제**라고 부르는 상황은 어떤 트랜잭션 $T$가 삽입하고 있는 새로운 레코드가 다른 트랜잭션 $T'$이 접근한 레코드들의 집합이 만족시켜야 하는 조건을 만족할 때 발생할 수 있다. 예를 들어, 트랜잭션 $T$는 Dno = 5인 새로운 EMPLOYEE 레코드를 삽입하고 있고 트랜잭션 $T'$은 Dno = 5인 모든 EMPLOYEE 레코드를 접근하고 있다고 가정하자(예를 들어, 5번 부서에 대한 인건비 예산을 계산할 목적으로 그 부서 직원들의 급여를 모두 합산하기 위하여). 만약 동치인 직렬 순서가 $T$ 다음에 $T'$이 오는 것이라면 $T'$은 새로운 EMPLOYEE 레코드를 읽고 그 레코드의 Salary를 합계에 포함시켜야 한다. $T'$ 다음에 $T$가 오는 동치의 직렬 순서에서는 새로운 레코드의 Salary는 합계에 포함되지 않아야 한다. 비록 트랜잭션들이 논리적으로 충돌하지만, 후자의 경우에 $T'$은 $T$가 새로운 레코드를 삽입하기 전에 Dno = 5인 모든 레코드에 대해 로크를 걸었기 때문에 두 트랜잭션 사이에 공통으로 존재하는 레코드(데이터 항목)가 실제로 없다는 것을 알 수 있다. 그 이유는 충돌을 일으키는 레코드가 데이터베이스에 갑자기 나타나는 팬텀 레코드이기 때문이다. 두 트랜잭션 사이에 다른 연산들이 충돌한다면 팬텀 레코드로 인한 충돌은 동시성 제어 프로토콜이 인식하지 않을 수도 있다.

팬텀 레코드 문제에 대한 한 가지 해결책은 20.6절에 기술한 **인덱스 로킹**을 사용하는 것이다. 18장에서 인덱스는 하나의 애트리뷰트 값과 그 값을 가진 파일의 모든 레코드에 대한 포인터들의 집합으로 구성된 엔트리들로 이루어진다고 한 것을 기억하자. 예를 들어, EMPLOYEE 파일의 Dno 애트리뷰트에 대한 인덱스는 각 고유한 Dno 값에 대해서 Dno 값과 그 값을 가진 모든 EMPLOYEE 레코드에 대한 포인터들의 집합을 하나의 엔트리로 가진다. 레코드를 접근하기 전에 인덱스 엔트리에 로크를 걸면 팬텀 레코드에 대한 충돌을 탐지할 수 있다. 그 이유는 트랜잭션 $T$와 $T'$이 실제 레코드들에 대한 로크를 걸 수 있기 전에 트랜잭션 $T'$은 Dno=5인 인덱스 엔트리에 대해 읽기 로크를 요청하고, 트랜잭션 $T$는 동일한 인덱스 엔트리에 대해 쓰기 로크를 요청하기 때문이다. 인덱스 로크들이 충돌하기 때문에 팬텀 충돌이 탐지된다.

보다 일반적인 기법인 **프레디키트 로킹**(predicate locking)은 위와 비슷한 방법을 사용하여 임의의 프레디키트(조건)를 만족하는 모든 레코드에 대한 접근에 로크를 한다. 그러나 프레디키트 로킹은 효율적으로 구현하기가 어렵다고 증명되었다. 동시성 제어 방법이 스냅샷 고립성(20.4.2절 참조)을 기반으로 하는 경우, 그 항목들을 읽는 트랜잭션은 그 트랜잭션이 시작될 때의 데이터베이스 스냅샷에 접근하므로 그 시점 이후에 삽입된 모든 레코드들은 그 트랜잭션에 의해 검색되지 않는다.

### 20.7.2 대화식 트랜잭션

또 다른 문제는 대화식 트랜잭션이 완료되기 전에 터미널 스크린과 같은 대화식 장치로부터 입력을 받고 결과를 출력할 때 발생한다. 이 문제는 사용자가 완료될지 완료되지 않을지도 모르는 트랜잭션 $T'$이 스크린에 출력한 어떤 값에 근거하여 어떤 데이터 항목의 값을 트랜잭션 $T$의 입력으로 줄 수 있기 때문이다. 트랜잭션 $T$와 $T'$ 사이의 의존성은 시스템의 동시성 제어 방법에 의해 모델링되지 않는다. 그 이유는 두 트랜잭션과 대화하고 있는 사용자에만 기반을 두고 있기 때문이다. 이 문제를 다루는 한 가지 방법은 트랜잭션이 완료될 때까지 트랜잭션이 스크린에 출력하는 것을 연기하는 것이다.

### 20.7.3 래치

짧은 기간 동안 유지되는 로크를 보통 **래치**(latch)라고 한다. 래치는 두 단계 로킹과 같은 일반적인 동시성 제어 프로토콜을 따르지 않는다. 예를 들어, 버퍼에서 디스크로 페이지를 기록할 때 페이지의 물리적 무결성을 보장하기 위하여 래치를 사용할 수 있다. 페이지에 대한 래치를 획득한 뒤 페이지를 디스크에 기록하고 래치를 해제한다.

## 20.8 요약

이 장에서는 동시성 제어를 위한 DBMS의 기법들을 논의하였다. 먼저 20.1절에서 실제 환경에서 가장 보편적으로 사용되는 로크 기반 프로토콜들을 기술하였다. 20.1.2절에서, 두 단계 로킹(2PL) 프로토콜과 이 방법의 여러 가지 변형인 기본적 2PL, 엄격한 2PL, 보수적 2PL, 엄중한 2PL들에 대해 설명하였다. 엄격한 2PL과 엄중한 2PL은 더 나은 회복 가능성을 갖기 때문에 보다 보편적으로 사용된다. 공유(읽기) 로크와 배타(쓰기) 로크의 개념들을 20.1.1절에서 소개하였으며, 로크가 두 단계 로킹 규칙들과 연관되어 사용될 때 어떻게 직렬 가능성을 보장하는지 보였다. 그리고 로킹할 때 발생할 수 있는 교착상태를 다루기 위한 여러가지 기법도 20.1.3절에서 제시하였다. 실제 환경에서는 시간초과와 교착상태 탐지(대기 그래프)를 사용하는 것이 보편적이다. 비대기와 신중 대기 같은 교착 상태 방지 프로토콜들을 사용할 수도 있다.

그리고는 다른 동시성 제어 프로토콜들을 제시하였다. 여기에는 트랜잭션 타임스탬프들의 순시에 기반을 두고 직렬 가능성을 보장하는 타임스탬프 순서 프로토콜(20.2절)이 포함된다. 타임스탬프는 시스템이 생성하는 트랜잭션의 유일한 식별자이다. 성능을 향상시키지만 직렬 가능성은 보장하지 못하는 Thomas의 쓰기 규칙에 관해서도 논의하였다. 또한 엄격한 타임스탬프 순서 프로토콜도 제시하였다. 데이터 항목의 이전 버전들이 데이터베이스에 유지될 수 있다는 것을 가정하는 두 가지 다중 버전 프로토콜(20.3절)을 설명하였다. 다중 버전 두 단계 로킹(실제 환경에서 사용됨)이라 부르는 기법은 하나의 데이터 항목에 대해 두 개의 버전이 존재할 수 있다고 가정하고, 읽기 로크와 쓰기 로크가 호환되도록 함으로써(그 대신 보증 로크 모드를 추가로 사용하는 비용을 감수함) 동시성을 증가시키려는 기법이다. 또한 타임스탬프 순서에 기반을 둔 다중 버전 프로토콜을 제시하였다. 20.4.1절에서 보증 또는 검증 프로토콜로 알려져 있는 낙관적 프로토콜의 예를 보였다.

그런 다음 20.4.2절에서 스냅샷 고립성의 개념을 기반으로 하는 동시성 제어 방법들에 대해 논의하였다. 이들은 낮은 오버헤드 때문에 여러 DBMS에서 사용된다. 기본 스냅샷 고립성 방법은 드문 경우지만 발견하기 어려운 특정 이상현상들로 인하여 직렬화할 수 없는 스케줄을 허용할 수 있다. 이 이상현상들로 인해 데이터베이스가 손상될 수 있다. 직렬화 가능한 스냅샷 고립성이라 하는 하나의 변형이 최근에 개발되었으며 직렬화 가능한 스케줄을 보장한다.

그 다음으로 20.5절에서 데이터 항목의 단위크기라는 중요한 실제적인 논점을 기술하였다. 동시성 제어의 성능을 향상시킬 목적으로 현재 트랜잭션들의 혼합에 바탕을 두고, 데이터 항목 단위크기의 변경을 가능하게 하는 다중 단위크기 로킹 프로토콜을 기술하였다. 20.6절에서 인덱스가 동시접근을 방해하지 않도록 만들기 위해서 인덱스를 위한 로킹 프로토콜을 개발하는 중요한 실제적인 논점을 기술하였다. 마지막으로 20.7절에서 팬텀 문제와 대화식 트랜잭션에서 발생하는 문제를 소개하였으며, 래치의 개념과 래치와 로크의 차이점에 관하여 간략하게 기술하였다.

## 복습문제

20.1 두 단계 로킹 프로토콜이 무엇인가? 이 프로토콜은 어떻게 직렬 가능성을 보장하는가?

20.2 두 단계 로킹 프로토콜의 변형에는 어떤 것들이 있는가? 왜 흔히 엄격한 또는 엄중한 두 단계 로킹 프로토콜이 선호되는가?

20.3 교착상태 및 기아현상의 문제점과 이 문제점들을 다루기 위한 여러 방법에 관해 논의하라.

20.4 이진 로크와 공유/배타 로크를 비교하라. 왜 후자의 로크 형태가 선호되는가?

20.5 교착상태 방지를 위한 wait-die와 wound-wait 프로토콜을 설명하라.

20.6 교착상태 방지를 위한 신중 대기, 비대기, 시간초과 프로토콜을 설명하라.

20.7 타임스탬프가 무엇인가? 시스템은 어떻게 타임스탬프를 생성하는가?

20.8 동시성 제어를 위한 타임스탬프 순서 프로토콜에 관해 논의하라. 엄격한 타임스탬프 순서는 어떻게 기본적 타임스탬프 순서와 다른가?

20.9 동시성 제어를 위한 두 가지 다중 버전 기법을 설명하라. 보증 로크가 무엇인가? 보증 로크를 사용함으로써 생기는 장점과 단점들은 무엇인가?

20.10 낙관적 동시성 제어 기법들은 다른 동시성 제어 기법들과 어떻게 다른가? 왜 낙관적 동시성 제어 기법들을 검증 또는 보증 기법이라 부르는가? 낙관적 동시성 제어 기법의 전형적인 단계들에 관해 논의하라.

20.11 스냅샷 고립성이란 무엇인가? 스냅샷 고립성을 기반으로 하는 동시성 제어 방법들의 장점과 단점은 무엇인가?.

20.12 데이터 항목의 단위크기가 어떻게 동시성 제어의 성능에 영향을 주는가? 데이터 항목의 단위크기를 선정할 때 영향을 미치는 요소들은 무엇인가?

20.13 삽입과 삭제 연산에 필요한 로크의 유형은 무엇인가?

20.14 다중 단위크기 로킹이 무엇인가? 어떤 상황에서 사용하는가?

20.15 의도 로크가 무엇인가?

20.16 언제 래치를 사용하는가?

20.17 팬텀 레코드가 무엇인가? 동시성 제어에서 팬텀 레코드가 일으킬 수 있는 문제점들에 관해 논의하라.

20.18 인덱스 로킹이 어떻게 팬텀 문제를 해결하는가?

20.19 프레디키트 로크가 무엇인가?

## 연습문제

**20.20** 기본적 두 단계 로킹 프로토콜이 스케줄의 충돌 직렬 가능성을 보장함을 증명하라. (힌트: 스케줄에 대한 직렬 가능성 그래프가 사이클을 가지면 스케줄에 참여하고 있는 트랜잭션들 중 최소한 하나의 트랜잭션이 두 단계 로킹 프로토콜을 따르지 않는다는 것을 보여라.)

**20.21** 다중 모드 로크들을 위한 자료 구조와 read_lock(X), write_lock(X), unlock(X)를 위한 알고리즘을 변경하여 로크의 상승과 하강이 가능하도록 하라. (힌트: 로크의 획득 시, 그 로크를 보유하고 있는 트랜잭션들이 있으면 그 트랜잭션들의 식별자를 조사할 필요가 있다.)

**20.22** 엄격한 두 단계 로킹이 엄격한 스케줄을 보장한다는 것을 증명하라.

**20.23** wait-die와 wound-wait 프로토콜이 교착상태와 기아현상을 회피한다는 것을 증명하라.

**20.24** 신중 대기가 교착상태를 회피함을 증명하라.

**20.25** 타임스탬프 순서 알고리즘을 그림 20.8(b)와 (c)의 스케줄에 적용하고, 알고리즘이 그 스케줄의 수행을 허용하는지를 결정하라.

**20.26** 다중 버전 타임스탬프 순서 방법을 사용하여 연습문제 20.25를 반복하라.

**20.27** $B^+$-트리와 같은 인덱스를 위한 동시성 제어 방법으로 두 단계 로킹을 사용하지 않는 이유는 무엇인가?

**20.28** 그림 20.8의 호환성 행렬은 IS와 IX 로크가 호환성이 있다는 것을 보여준다. 이것이 유효한 이유를 설명하라.

**20.29** 다중 단위크기 로킹 프로토콜에서는 노드 $N$의 자식들 중 어떤 노드도 트랜잭션 $T$가 로크하지 않은 경우에만 $T$가 노드 $N$에 걸린 로크를 해제할 수 있다. 이 조건이 없다면 다중 단위크기 로킹 프로토콜이 부정확할 수 있다는 것을 보여라.

## 주요 참고문헌

두 단계 로킹 프로토콜과 프레디키트 로크의 개념은 Eswaran 외(1976)에서 최초로 제안하였다. Bernstein 외(1987), Gray와 Reuter(1993), Papadimitriou(1986)는 동시성 제어와 회복 기법에 초점을 맞추고 있다. Kumar(1996)는 동시성 제어 방법들의 성능에 초점을 맞추고 있다. 로킹은 Gray 외(1975), Lien과 Weinberger(1978), Kedem과 Silbershatz(1980), Korth(1983)에서 논의되었다. 교착상태와 대기 그래프는 Holt(1972)가 정형화하였고, wait-die와 wound-wait 기법은 Rosenkrantz 외(1978)에서 제시하였다. 신중 대기는 Hsu와 Zhang(1992)에서 논의하였다. Helal 외(1993)는 다양한 로킹 방법을 비교하였다.

타임스탬프를 기반으로 한 동시성 제어 기법들은 Bernstein과 Goodman(1980), Reed(1983)에서 논의하였다. 낙관적 동시성 제어는 Kung과 Robinson(1981), Bassiouni(1988)에서 논의하였다. Papadimitriou와 Kanellakis(1979), Bernstein과 Goodman(1983)은 다중 버전 기법들을 설명하였다. 다중 버전 타임스탬프 순서는 Reed(1978, 1983)에서 제안하였고, 다중 버전 두 단계 로킹은 Lai와 Wilkinson(1984)에서 논의하였다. 다수의 로킹 단위크기를 위한 방법은 Gray 외(1975)에서 제안하였고, 로크 단위크기의 영향은 Ries와 Stonebraker(1977)에서 분석되었다. Bhargava와 Reidl(1988)은 다양한 동시성 제어 기법과 회복 기법들 중에서 동적으로 선택하는 방법을 제안하였다. 인덱스를 위한 동시성제어 기법들은 Lehman과 Yao(1981), Shasha와 Goodman(1988)에서 제안되었다. 다양한 $B^+$-트리 동시성 제어 알고리즘의 성능에 관한 연구는 Srinivasan과 Carey(1991)에서 제안되었다.

기본 스냅샷 고립성으로 발생할 수 있는 이상현상들은 Fekete 외(2004), Jorwekar 외(2007), Ports와 Grittner(2012) 등에서 논의되었다. 스냅샷 고립성을 수정하여 그를 직렬화가 가능하도록 방법은 Cahill 외(2008), Fekete 외(2005), Revilak 외(2011), Ports와 Grittner(2012)에서 논의되었다.

동시성 제어에 관한 다른 연구에는 의미를 기반으로 하는 동시성 제어(Badrinath와 Ramamritham, 1992), 장기간 실행되는 트랜잭션들을 위한 트랜잭션 모델(Dayal 외 1991), 다단계 트랜잭션 관리(Hasse와 Weikum, 1991) 등이 있다.

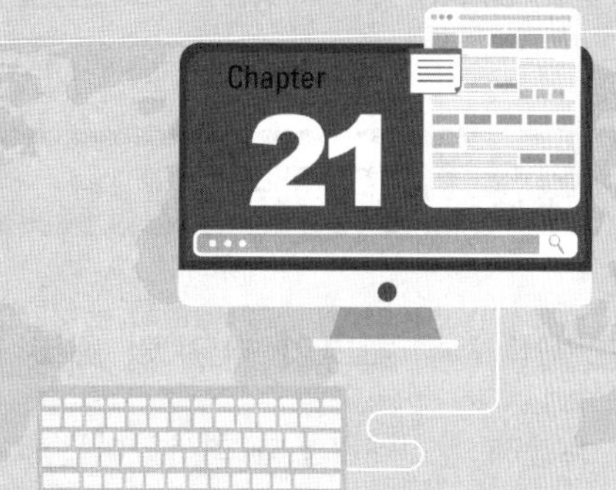


# 데이터베이스 회복 프로토콜의 개요

이 장에서는 트랜잭션 실패로부터 회복할 수 있는 몇 가지 기법에 관해서 논의한다. 19.1.4절에서 시스템 붕괴나 트랜잭션 에러 등과 같은 실패의 여러 원인을 설명하였다. 또한 19.2절에서는 회복 처리에 사용되는 여러 개념, 즉 시스템 로그와 검사점 등에 관해서 기술하였다.

이 장에서는 회복 프로토콜과 관련된 추가적인 개념을 제시하고, 다양한 데이터베이스 회복 알고리즘의 개요를 설명한다. 우선 21.1절에서는 전형적인 회복 절차와 회복 알고리즘들의 분류 등 회복 개념들을 전반적으로 소개한다. 또한 로그 우선 출력(write-ahead logging), 즉시 갱신(in-place update) 대 그림자 갱신(shadow update), 불완전하거나 실패한 트랜잭션 수행 결과의 복귀 처리(rolling back)도 설명한다. 21.2절에서는 NOUNDO/REDO 기법으로 알려진 지연 갱신(deferred update)에 기초를 둔 여러 회복 기법을 설명한다. 지연 갱신에서 디스크 상의 데이터는 트랜잭션이 완료되기 전까지 갱신되지 않는다. 21.3절에서는 트랜잭션이 실행되는 동안 갱신될 수 있는 UNDO/REDO와 UNDO/NO-REDO 알고리즘들을 포함하는 즉시 갱신(immediate update)에 기초를 둔 여러 회복 기법을 소개한다. 21.4절에서는 NO-UNDO/NO-REDO 알고리즘으로 분류될 수 있는 그림자 갱신 또는 그림자 페이지 기법에 관하여 기술한다. 21.5절에서는 ARIES라고 부르는 실제적인 DBMS 회복 기법의 사례를 설명한다. 21.6절에서는 다중 데이터베이스에서의 회복을 간략하게 논의한다. 마지막으로 21.7절에서는 재해석 실패로부터 회복할 수 있는 기법에 관하여 기술하며 21.8절에서는 이 장을 요약한다.

이 장에서는 회복에 관한 다양한 접근 방법을 개념적으로 설명하는 데 중점을 두었다. 특정 시스템에서 사용되는 회복 기법 특징들을 알고 싶으면 이 장 마지막의 참고문헌이나 해당 시스템의 온라인 및 인쇄된 사용자 매뉴얼을 참고해야 한다. 회복 기법은 종종 동시성 제어 기법과 서로 밀접한 관련이 있다. 어떤 회복 기법들은 특정 동시성 제어 기법들과 함께 사용될 때 최적화된다. 이 장에서는 동시성 제어 기법과는 독립적으로 회복 기법을 논의하도록 한다.

## 21.1 회복 개념

### 21.1.1 회복의 개요 및 회복 알고리즘의 분류

트랜잭션 실패로부터 회복한다는 것은 데이터베이스를 그 실패 시점에서 가장 가까운 일관적인 상태로 복원하는 것을 의미한다.

이렇게 하기 위해서 시스템은 트랜잭션이 실행되는 동안 데이터 항목의 변경에 대한 정보를 계속 유지하고 있어야 한다. 20.2.2절에서 설명한 바와 같이 이 정보는 일반적으로 **시스템 로그**에 저장된다. 회복을 위한 전형적인 전략은 아래와 같이 개략적으로 요약할 수 있다.

1. 만약 디스크 파손과 같은 재해적 실패 때문에 데이터베이스의 상당 부분에 심각한 손상이 생기면, 회복 기법은 테이프나 다른 대용량 오프라인 매체와 같은 저장 장치에 백업된 데이터베이스의 과거 사본으로 되돌려 놓은 후, 실패 시점까지 완료된 트랜잭션들의 연산들을 백업 로그로부터 다시 적용하거나 REDO함으로써 보다 최근의 상태로 재구성한다.
2. 20.1.4절에서 데이터베이스가 물리적으로 손상되지는 않았지만 유형 1부터 4까지로 분류한 비재해적 실패들이 발생한 경우, 일관성이 깨지게 만든 갱신들을 번복하는 회복 전략을 사용한다. 예를 들어, 트랜잭션이 완료되지는 않았으나 디스크 상의 데이터베이스 항목이 갱신된 경우, 쓰기 연산을 UNDO함으로써 변경 내용을 번복하는 것이 필요하다. 데이터베이스를 일관적 상태로 되돌려 놓기 위해서는 어떤 연산들을 REDO해야 할 필요가 있을 수 있다. 예를 들면, 트랜잭션이 완료되었으나 쓰기 연산의 일부가 아직 디스크에 기록되지 않은 경우를 들 수 있다. 비재해적 실패에 대응하기 위해서, 회복 프로토콜이 데이터베이스 전체에 대한 보관용 사본을 가질 필요는 없다. 정확히 말하면 회복에 필요한 적당한 동작들을 결정하기 위해, 디스크의 온라인 시스템 로그에 유지된 엔트리들이 분석된다.

비재해적 실패에서 회복하는 기법을 개념적으로 지연 갱신과 즉시 갱신의 두 가지로 구분할 수 있다. 지연 갱신 기법에서는 트랜잭션이 완료점에 이르기 전에는 실제적으로 디스크의 데이터베이스가 갱신되지 않는다. 완료점에 이르러야 비로소 갱신된 값들이 데이터베이스에 기록된다. 완료점에 도달하기 전에는 모든 트랜잭션 갱신이 트랜잭션의 지역 작업공간 또는 DBMS가 유지하는 주기억 장치 버퍼(DBMS 주기억 장치 캐시 19.2.4절 참조)에 기록된다. 완료되기 전에 갱신 내용들이 먼저 로그에 기록되고, 완료된 후에 갱신 내용들은 주기억 장치 버퍼에서 데이터베이스에 기록된다.

만약 트랜잭션이 완료점 이전에 실패하더라도 트랜잭션은 디스크의 데이터베이스 자체는 전혀 갱신하지 않았으므로 UNDO가 필요 없다. 그러나 완료된 트랜잭션들의 연산들은 로그를 사용하여 REDO해야 할 필요가 있을 수 있다. 왜냐하면 연산들의 결과가 아직 디스크의 데이터베이스에 기록되지 않았을지도 모르기 때문이다. 따라서 지연 갱신은 NO-UNDO/REDO 알고리즘으로 알려져 있다. 이 기법에 관해서는 21.2절에서 논의한다.

즉시 갱신(immediate update) 기법에서는 어떤 트랜잭션이 완료점에 이르기 전에 그 트랜잭션의 연산들이 데이터베이스를 갱신할 수 있다. 그러나 연산들이 디스크의 데이터베이스에 적용되기 전에 전형적으로 강제 출력 방식을 사용하여 디스크의 로그에 연산들을 기록하기 때문에 여전히 회복이 가능하다. 만약 트랜잭션이 디스크의 데이터베이스에 일부 변경들을 기록한 후 완료하지 못한 채 실패하면 데이터베이스상의 연산 결과들을 UNDO해야 한다. 즉, 그 트랜잭션을 복귀해야 한다. 즉시 갱신의 일반적인 경우에 UNDO와 REDO가 모두 회복 과정에 필요하므로 즉시 갱신 기법은 UNDO/REDO 알고리즘이라고 알려져 있으며 실제로 가장 자주 사용되고 있다. 이 알고리즘의 한 변형된 방법에서는 트랜잭션 완료 전에 모든 갱신을 디스크의 데이터베이스에 기록하기 때문에 UNDO만 필요하다. 이 변형된 방법은 UNDO/NO-REDO 알고리즘으로 알려져 있다. 이 기법에 대해서는 21.3절에서 논의한다.

UNDO와 REDO 연산은 멱등성(idempotent)을 가져야 한다. 즉, 동일한 연산을 여러 번 실행하는 것과 해당 연산을 한 번 실행하는 것의 결과가 동일하다. 사실, 만약 회복 처리 중 시스템이 다시 실패한다면, 다음 회복 시도는 처음 회복 처리 중 이미 실행된 write_item 연산들에 UNDO와 REDO할 수 있기 때문에, 전체 회복 처리는 멱등 성질을 만족해야 한다. 회복 처리 중 시스템 충돌이 있을 때의 회복 결과와 시스템 충돌이 없을 때의 회복 결과는 같아야 한다.

### 21.1.2 디스크 블록의 캐싱(버퍼링)

회복 처리는 종종 운영체제 기능들, 특히 DBMS 주기억 장치 캐시의 데이터베이스 디스크 페이지들을 버퍼링하는 것과 밀접한 관련이 있다. 전형적으로, 갱신될 데이터 항목을 포함하고 있는 다수의 디스크 페이지가 주기억 장치 버퍼에 캐시된 후, 디스크에 다시 기록되기 전에 주기억 장치에서 갱신된다. 디스크 페이지 캐싱은 전형적인 운영체제 기능이지만 이 기능이 회복 절차의 효율성을 위해 매우 중요하므로 DBMS가 저수준의 운영체제 루틴들을 호출하여 처리하기도 한다(19.2.4절 참조). 일반적으로 회복은 데이터베이스 디스크 페이지(블록) 관점에서 생각하는 것이 편리하다. 전형적으로, DBMS 캐시라고 부르는 버퍼들을 주기억 장치에 유지한다. DBMS 캐시는 DBMS가 제어한다. 버퍼 안에 어떤 데이터베이스 항목들이 있는가를 관리하기 위해서 캐시에 대한 디렉토리가 사용된다.[1] 디렉토리는 < Disk_page_address, Buffer_location, … > 엔트리들로 구성된 표로 만들 수 있다. DBMS가 어떤 항목에 대한 연산을 요청할 때 DBMS는 먼저 그 항목이 저장된 디스크 페이지가 DBMS 캐시 안에 있는지를 결정하기 위해 캐시 디렉토리를 검사한다. 만약 그 항목이 캐시 안에 없으면 그 항목은 디스크에만 위치하고 있으므로 해당 디스크 페이지가 캐시로 복사된다. 이때 새로운 항목을 위한 공간을 마련하기 위해서 캐시 버퍼들 중 일부를 교체(또는 플러시)할 필요가 있을지 모른다(19.2.4절 참조). DBMS 캐시 디렉토리의 엔트리들은 버퍼 관리를 위해 필요한 추가적인 정보를 유지한다. 캐시 내의 각 버퍼의 갱신 여부를 나타내기 위하여 각 항목은 오손 비트(dirty bit)와 연관되어 있다. 오손 비트는 디렉토리 엔

1) 이는 운영체제에서 사용되는 페이지 테이블 개념과 유사하다.

트리에 포함될 수 있다. 한 페이지가 데이터베이스 디스크에서 캐시 버퍼로 처음 읽혀질 때, 새로운 엔트리의 새로운 디스크 페이지 주소가 캐시 디렉토리에 삽입되고, 오손 비트는 0으로 설정된다. 그 버퍼가 수정되면 해당 디렉토리 엔트리의 오손 비트가 1로 설정된다. 버퍼를 갱신한 트랜잭션에 대해, 이 트랜잭션의 id와 같은 추가 정보도 디렉토리에 유지된다. 버퍼의 내용을 교체할 때 오손 비트가 *1*인 버퍼의 내용만 디스크에 다시 기록한다.

아직 디스크로 내보낼 수 없는 캐시 내의 페이지에 대해서는 핀-언핀 비트(pin-unpin bit)를 1로 설정한다. 예를 들어, 회복 프로토콜은 이러한 버퍼를 수정한 트랜잭션이 완료되기 전에, 특정 버퍼 페이지가 디스크에 다시 쓰여지는 것을 제한할 수 있다.

수정된 버퍼를 다시 디스크로 플러시할 때 두 가지 주요 방법이 사용된다. 즉시 갱신이라고 알려져 있는 첫 번째 방법은 버퍼를 디스크의 원래 위치에 직접 기록(in-place updating)함으로써 디스크에서 데이터 항목의 이전 값을 덮어쓰게 된다. 그러므로 각 데이터베이스 디스크 블록에 대하여 하나의 사본만이 디스크에 유지된다.[2] 그림자 갱신(shadowing)이라고 알려진 두 번째 방법은 갱신된 버퍼를 디스크의 다른 위치에 기록하므로 한 데이터 항목에 대하여 여러 개의 버전이 존재한다. 그러나, 이러한 접근법은 실제로는 잘 사용되지 않는다. 일반적으로 데이터 항목이 갱신되기 전의 값을 이전값 BFIM(before image)이라 부르며 갱신 후의 새 값을 이후값 AFIM(after image)이라고 부른다. 만약 그림자 갱신이 사용된다면 이전값과 이후값이 모두 디스크에 보관될 수 있으므로 회복을 위해 로그를 꼭 유지할 필요는 없다. 그림자 갱신을 기반으로 한 회복 기법은 21.4절에서 간략하게 논의한다.

### 21.1.3 로그 우선 출력, Steal/No-Steal, Force/No-Force

즉시 갱신을 사용할 때는 회복을 위해 꼭 로그를 사용해야 한다(20.2.2절 참조). 이런 경우에 회복 기법은 데이터 항목의 이전값이 적절한 로그 엔트리에 기록되고, 디스크의 데이터베이스에서 이후값이 이전값을 덮어쓰기 전에 로그 엔트리가 디스크의 데이터베이스로 플러시되는 것을 보장해야 한다. 이 처리는 일반적으로 로그 우선 출력(WAL: Write-Ahead Logging) 기법으로 알려져 있다.

로그 우선 출력 기법을 설명하기 전에 쓰기 명령과 관련된 로그 엔트리 정보의 두 유형을 구분해 볼 필요가 있다. 하나는 UNDO를 위한 유형이고 또 하나는 REDO를 위한 유형이다. REDO 유형 로그 엔트리는 쓰기 연산이 갱신한 항목의 새 값(이후값, new value)을 포함한다. 이런 엔트리는 데이터베이스 상의 항목값을 이후값으로 설정함으로써 로그로부터 연산 결과를 REDO해야 할 때 필요하다. UNDO 유형 로그 엔트리는 항목의 이전값(old value)을 포함한다. 이런 엔트리는 데이터베이스 상의 항목값을 다시 이전값으로 설정함으로써 로그로부터 연산 결과를 UNDO해야 할 때 필요하다. UNDO/REDO 알고리즘에서는 BFIM과 AFIM이 모두 단일 로그 항목에 기록된다. 뿐만 아니라 연쇄 복귀(21.1.5절 참조)가 일어날 수 있는 경우에는 로그에 있는 read_item 엔트리들도 UNDO 유형 엔트리로 간주된다.

앞에서 설명한 바와 같이 DBMS의 캐시에는 데이터 블록뿐만 아니라 인덱스 블록, 로그 블록과 같은 데이터베이스의 디스크 블록들이 캐시된다. 로그 레코드를 기록할 때에는

2) 실제로 대부분의 시스템에서 즉시 갱신을 사용한다

DBMS 캐시에 있는 현재의 로그 버퍼에 로그 레코드를 저장한다. 로그는 단순한 순차(덧붙이기만 할 수 있는) 디스크 파일이고 DBMS 캐시에는 주기억 장치 버퍼에 여러 개의 로그 블록(일반적으로, 로그 파일의 마지막 *n*개의 로그 블록)이 있을 수 있다. 이 로그 블록들은 나중에 디스크에 저장될 것이다. DBMS 캐시에 있는 어떤 데이터 블록이 갱신되면 그와 연관된 로그 레코드가 DBMS 캐시의 마지막 로그 버퍼에 기록된다. 로그 우선 출력에서는 갱신된 데이터 버퍼가 디스크에 기록되기 전에 주기억 장치 버퍼로부터 그 갱신에 해당되는 로그 레코드가 먼저 디스크에 기록되어야 한다. 표준 DBMS 회복 용어에는 데이터베이스 캐시의 페이지가 언제 디스크에 기록될 것인지 주어진 규칙을 명시하는 steal/no-steal, force/no-force가 포함된다.

1. no-steal 방식으로 불리는 회복 기법은 트랜잭션이 완료되기 전까지는 그 트랜잭션이 갱신한 캐시 버퍼 페이지가 디스크에 기록되지 않는다. 핀-언핀 비트가 1(pin)로 설정되면 캐시 버퍼가 디스크에 기록될 수 없음을 나타낸다. 이와 달리 트랜잭션이 완료하기 전에 갱신된 버퍼를 디스크에 기록할 수 있는 방식을 steal 방식이라고 한다. steal은 DBMS 캐시(버퍼) 관리자가 다른 트랜잭션을 위한 버퍼를 필요로 할 때 사용한다. 이때 버퍼 관리자는 아직 완료되지 않은 트랜잭션이 갱신한 페이지를 교체한다. no-steal 규칙은 트랜잭션이 완료되기 전에 디스크에 어떠한 갱신도 하지 않으므로, 회복 처리 중 UNDO 연산이 필요하지 않음을 의미한다.
2. 트랜잭션이 갱신한 모든 페이지가 트랜잭션이 완료하기 전에 즉시 디스크에 반영되는 것을 force 방식이라 하고, 그렇지 않은 것을 no-force 방식이라 한다. force 규칙은 트랜잭션이 완료되기 전에 디스크에 트랜잭션의 갱신 내용을 모두 반영하므로, REDO 연산은 회복 처리 중 필요하지 않음을 의미한다.

21.2절에서 설명한 지연 갱신(NO-UNDO) 회복 기법은 no-steal 방식을 따른다. 그러나 전형적인 데이터베이스 시스템들은 steal/no-force(UNDO/REDO) 방식을 사용한다. steal 방식의 장점은 모든 갱신된 페이지를 주기억 장치에 저장할 필요가 없으므로 대용량의 버퍼 공간이 필요하지 않다는 것이다. no-force 방식의 장점은 완료된 트랜잭션이 갱신한 페이지가 계속 버퍼에 존재하므로 다른 트랜잭션이 해당 페이지를 갱신하려는 경우 디스크에 여러 번 페이지를 쓰고, 디스크에서 그 페이지를 다시 읽어오는 디스크 I/O 비용을 줄일 수 있다는 것이다. 그러므로 특정 페이지가 여러 트랜잭션에 의해 매우 자주 갱신되는 경우에 I/O 연산의 횟수를 크게 줄일 수 있다.

즉시 갱신 기법이 사용될 때 회복을 시키려면 데이터베이스에 갱신이 적용되기 전에 적절한 로그 엔트리들을 디스크에 영구적으로 기록해야 한다. 예를 들어, 회복 알고리즘을 위해서 UNDO와 REDO 모두를 필요로 하는 로그 우선 출력 프로토콜을 생각해 보자.

1. 갱신 트랜잭션에 대한 현재 시점까지의 모든 UNDO 유형 로그 엔트리들이 디스크로 강제 출력되기 전에는 디스크의 데이터베이스에서 항목의 이전값을 이후값으로 덮어쓰면 안 된다.
2. 트랜잭션의 완료 연산은 그 트랜잭션을 위한 모든 REDO 유형과 UNDO 유형 로그 레코드가 디스크로 강제 출력되기 전까지는 수행될 수 없다.

회복 처리를 쉽게 하기 위해서 DBMS 회복 서브시스템은 시스템에서 처리되고 있는 트랜잭션들과 관련된 많은 리스트를 유지한다. 이런 리스트들로는 시작은 되었으나 아직 완료되지 않은 **진행 트랜잭션**(active transaction)들의 리스트, 마지막 검사점 이후 모든 완료된 트랜잭션의 리스트, 마지막 검사점 이후 모든 철회된 트랜잭션의 리스트가 있다(다음 절 참조). 이런 리스트들을 유지함으로써 회복 처리를 더욱 효율적으로 할 수 있다.

### 21.1.4 시스템 로그에서 검사점과 퍼지 검사점

로그에 있는 또 다른 유형의 엔트리는 검사점(checkpoint)이다.3) [검사점, 진행 트랜잭션들의 리스트] 레코드는 주기적으로 갱신된 모든 DBMS 버퍼를 시스템이 디스크의 데이터베이스에 기록할 때 로그에 기록된다. 그러므로 [검사점] 엔트리 이전에 [완료, *T*] 엔트리를 로그에 기록한 모든 트랜잭션의 갱신은 검사점을 기록하는 동안 디스크의 데이터베이스에 저장되므로 시스템 붕괴가 발생하더라도 REDO할 필요가 없다. 검사점 시점에서 진행 중인 트랜잭션들에 대한 트랜잭션 id들의 리스트는 회복 처리 중 이들 트랜잭션이 쉽게 구분될 수 있도록 검사점 레코드에 포함된다.

DBMS의 회복 관리자는 검사점을 수행하는 주기를 결정해야 한다. 이 주기는 마지막 검사점 이후부터 경과된 시간(즉, 매 $m$분) 또는 완료된 트랜잭션의 개수 $t$로 설정된다. 여기서 $m$과 $t$는 시스템 변수이다. 검사점을 기록하는 것은 다음과 같은 단계로 구성된다.

1. 트랜잭션들의 수행을 일시적으로 중지시킨다.
2. 갱신된 모든 주기억 장치의 버퍼를 강제로 디스크에 기록한다.
3. [검사점] 레코드를 로그에 기록하고 그 로그를 디스크에 강제로 기록한다.
4. 트랜잭션들의 수행을 계속한다.

단계 2의 결과로, 로그의 [검사점] 레코드는 진행 중인 트랜잭션들의 식별자 리스트와 진행 중인 각 트랜잭션의 처음 로그 레코드 및 마지막 로그 레코드의 위치(주소)와 같은 부가적인 정보를 포함하게 된다. 트랜잭션을 철회해야 하는 경우에 트랜잭션의 연산들을 UNDO하는 데 이런 정보가 사용된다.

단계 1에서 트랜잭션을 중지시키므로 모든 갱신된 버퍼를 강제로 디스크에 기록하는 동안 트랜잭션의 수행이 지연된다. 이런 지연을 극복하기 위하여 일반적으로 **퍼지 검사점**(fuzzy checkpointing) 기법이 사용된다. 이 기법에서는 단계 2가 끝나기를 기다리지 않고, [검사점_시작] 레코드를 로그에 기록한 후 트랜잭션의 수행을 다시 시작한다. 단계 2가 완료되었을 때, [검사점_종료, …] 레코드는 검사점 동안 수집된 연관 정보를 로그에 기록한다. 그러나 단계 2가 끝날 때까지는 이전의 검사점 레코드가 유효한 상태로 남아 있어야 한다. 이렇게 하기 위해서 시스템은 유효한 검사점을 가리키는 포인터를 유지하고, 유효한 검사점은 로그 내에서 이전의 [검사점] 엔트리를 가리킨다. 단계 2가 끝난 후에야 그 포인터가 로그 내에서 새로운 검사점을 가리키게 된다.

---

3) 검사점이라는 용어가 DB2와 같은 일부 시스템에서 좀 더 제한적인 상황을 기술하는 데 사용되었다. 또한 문헌에서는 완전히 다른 개념을 기술하는 데에도 사용되었다.

### 21.1.5 트랜잭션 복귀와 연쇄 복귀

트랜잭션이 데이터베이스를 갱신한 후에 어떤 이유에서든 실패하게 되고, 트랜잭션이 완료되기 전이라면 그 트랜잭션을 복귀시켜야 한다. 트랜잭션이 변경되어 디스크의 데이터베이스에 기록한 모든 데이터 항목값이 있으면 이전값으로 되돌려야 한다. 복귀해야 하는 데이터 항목의 이전값을 회복하기 위하여 UNDO 유형 로그 엔트리들을 사용한다.

만약 트랜잭션 $T$가 복귀된다면 $T$가 수행되는 동안 갱신한 데이터 항목 $X$의 값을 읽은 트랜잭션 $S$도 반드시 복귀해야 한다.

마찬가지로, $S$가 복귀되면 $S$가 갱신한 데이터 항목 $Y$의 값을 읽은 트랜잭션 $R$도 반드시 복귀해야 한다. 이런 과정이 계속하여 적용되며, 이런 현상을 연쇄 복귀라고 부른다. 연쇄 복귀는 회복 프로토콜이 회복 가능 스케줄을 보장하지만 엄격한 스케줄, 즉 비연쇄 스케줄을 보장하지 않을 때 발생할 수 있다(19.4.2절 참조). 연쇄 복귀는 매우 복잡하고 시간이 소요되므로 대부분의 회복 기법이 연쇄 복귀가 필요하지 않도록 설계된다.

그림 21.1은 연쇄 복귀가 필요한 경우의 예를 보여준다. 그림 21.1(a)는 세 개의 트랜잭션의 읽기와 쓰기 연산들올 나다낸다. 그림 21.1(b)는 이 세 트랜잭션의 특정 스케줄을 실행하다가 시스템 붕괴가 일어나는 시점에서의 시스템 로그를 나타낸다. 시스템 로그 엔트리들의 오른쪽에 표시된 값들은 트랜잭션에서 사용하고 있는 데이터 항목 $A$, $B$, $C$, $D$의 값이다. 첫 번째 줄에 보이듯이 각 항목의 원래 값을 $A=30$, $B=15$, $C=40$, $D=20$이라 가정한다. 시스템이 고장난 시점에서 트랜잭션 $T_3$는 완료점에 도달하지 않았기 때문에 복귀해야 한다. 그림 21.1(b)에서 하나의 *로 표시된 $T_3$는 쓰기 연산들은 트랜잭션 복귀 중에 undo되는 연산들이다. 그림 21.1(c)는 시간 축을 따라서 여러 트랜잭션의 연산들을 도식적으로 나타낸다.

이제 연쇄 복귀에 대해 검토해 보자. 그림 21.1(c)를 보면 트랜잭션 $T_2$는 트랜잭션 $T_3$가 갱신한 항목 $B$의 값을 읽는다. 이 역시 로그를 검사해 봄으로써 알아낼 수 있다. $T_3$가 복귀되기 때문에 $T_2$도 역시 복귀되어야 한다. 로그에서 **로 표시된 $T_2$의 쓰기 연산들은 UNDO되는 연산들이다. 트랜잭션 복귀 중에 단지 쓰기 연산들만이 UNDO된다는 점에 유의하자. read_item연산들은 추가로 트랜잭션들을 연쇄 복귀할 필요가 있는지를 결정하기 위해서만 로그에 기록된다.

실제로는 회복 기법이 비연쇄 스케줄이나 엄격한 스케줄을 보장하기 때문에 트랜잭션들의 연쇄 복귀가 결코 일어나지 않는다. 읽기 연산은 단지 연쇄 복귀 여부를 결정하기 위해서만 필요하기 때문에 로그에 어떠한 읽기 연산도 기록할 필요가 없다.

(a)

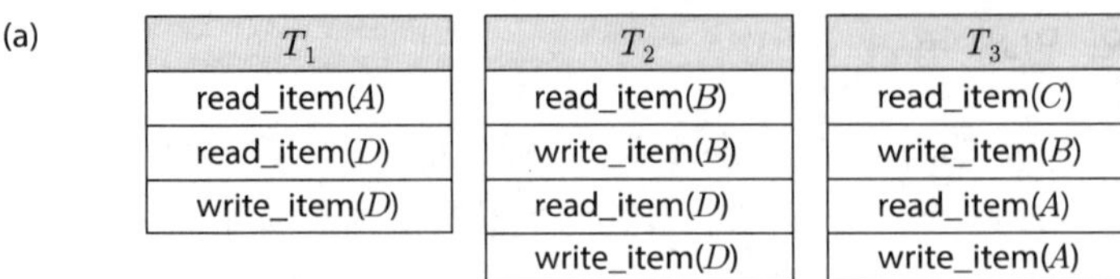

| $T_1$ | $T_2$ | $T_3$ |
|---|---|---|
| read_item($A$) | read_item($B$) | read_item($C$) |
| read_item($D$) | write_item($B$) | write_item($B$) |
| write_item($D$) | read_item($D$) | read_item($A$) |
| | write_item($D$) | write_item($A$) |

(b)

| | | $A$ | $B$ | $C$ | $D$ |
|---|---|---|---|---|---|
| | | 30 | 15 | 40 | 20 |
| | [start_transaction, $T_3$] | | | | |
| | [read_item, $T_3$, $C$] | | | | |
| * | [write_item, $T_3$, $B$, 15, 12] | | 12 | | |
| | [start_transaction, $T_2$] | | | | |
| | [read_item, $T_2$, $B$] | | | | |
| ** | [write_item, $T_2$, $B$, 12, 18] | | 18 | | |
| | [start_transaction, $T_1$] | | | | |
| | [read_item, $T_1$, $A$] | | | | |
| | [read_item, $T_1$, $D$] | | | | |
| | [write_item, $T_1$, $D$, 20, 25] | | | | 25 |
| | [read_item, $T_2$, $D$] | | | | |
| ** | [write_item, $T_2$, $D$, 25, 26] | | | | 26 |
| | [read_item, $T_3$, $A$] | | | | |

← System crash

* $T_3$는 완료점에 이르지 못했기 때문에 복귀된다.

** $T_2$는 $T_3$가 기록한 항목 $B$의 값을 읽었기 때문에 복귀된다.

(c)

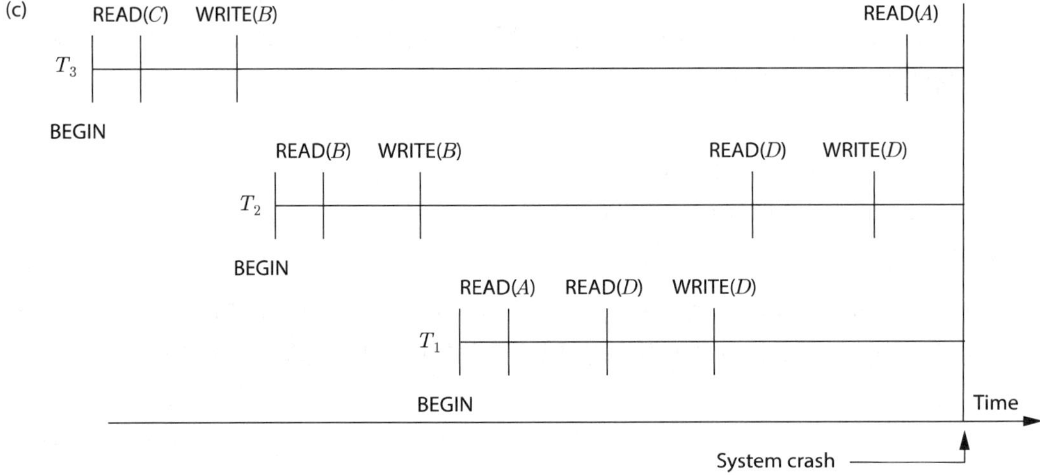


그림 21.1 연쇄 복귀(엄격하거나 비연쇄 스케줄에서는 발생하지 않음)의 예: (a) 세 트랜잭션의 읽기 연산, (b) 붕괴 시의 시스템 로그, (c) 붕괴 전의 연산

### 21.1.6 데이터베이스에 영향을 주지 않는 트랜잭션 연산들

일반적으로 트랜잭션은 데이터베이스에서 검색한 정보로부터 메시지나 보고서를 만들어 인쇄하는 것과 같이 데이터베이스에 영향을 끼치지 않는 연산들을 포함한다. 만약 트랜잭션이 끝나기 전에 실패하면 사용자가 그 보고서를 가져가서는 안 된다. 만일 이렇게 잘못된 보고서가 작성되면 회복 프로세스는 사용자에게 해당 보고서가 잘못된 것임을 알려야

만 한다. 왜냐하면 사용자가 그 보고서를 기반으로 하여 데이터베이스에 영향을 미치는 작업을 수행할 수 있기 때문이다. 따라서 이런 보고서는 트랜잭션이 완료점에 이른 후에만 생성해야 한다. 이런 연산들을 다루는 일반적인 방법은 보고서 생성을 일괄 작업으로 수행하라는 명령들을 작성하는 것이다. 이 일괄 작업은 트랜잭션이 완료점에 이른 후에만 실행된다. 만약 트랜잭션이 실패하면, 이 일괄 작업은 취소된다.

## 21.2 지연 갱신을 기반으로 한 NO-UNDO/REDO 회복 기법

지연 갱신 기법의 의도는 트랜잭션이 성공적으로 완전히 수행되어 완료점에 이를 때까지 디스크에 대한 데이터베이스의 실제적인 갱신을 지연시키거나 연기하겠다는 것이다.[4]

트랜잭션이 실행되는 동안, 갱신되는 내용은 단지 로그와 캐시 버퍼에만 기록된다. 트랜잭션이 완료점에 이르고, 로그가 디스크로 강제 출력된 후, 갱신 내용이 비로소 데이터베이스에 기록된다. 만약 완료점에 이르기 전에 트랜잭션이 실패하면 아직 트랜잭션이 디스크의 데이터베이스에 아무 영향도 끼치지 않았기 때문에 어떠한 연산도 UNDO할 필요가 없다. 따라서, 로그에는 쓰기 연산에 의해 쓰여진 항목의 새로운 값을 포함하는 REDO 유형 로그 엔트리들만이 필요하다. 연산에 대한 취소는 회복 처리 중 요구되지 않으므로, UNDO 유형 로그 엔트리들은 필요하지 않다. 이 방법이 간단하기는 하지만 실제로는 각 트랜잭션이 짧고 적은 수의 항목을 갱신하는 경우에만 사용할 수 있다. 그렇지 않은 경우에는 트랜잭션이 완료될 때까지 트랜잭션이 갱신한 내용을 캐시 버퍼 내에 유지해야 하기 때문에 버퍼 공간이 부족할 수 있다. 따라서 많은 캐시 버퍼가 고정되어 교체가 불가능하다. 전형적인 지연 갱신 프로토콜은 다음과 같다.

1. 트랜잭션은 완료점에 이르기 전까지는 디스크의 데이터베이스를 변경할 수 없다. 따라서 트랜잭션에 의해 변경된 모든 버퍼는 트랜잭션이 완료될 때까지 유지되어야 한다.
2. 트랜잭션은 트랜잭션의 모든 REDO 유형 로그 엔트리들이 로그에 기록되고 로그 버퍼에서 디스크로 강제 출력되기 전까지는 완료점에 이를 수 없다.

이 프로토콜의 단계 2를 보면 로그 우선 출력 프로토콜의 한 변형이라는 것을 알 수 있다. 데이터베이스는 트랜잭션이 완료되기 전에는 절대로 디스크에서 갱신되지 않기 때문에 어떠한 UNDO 연산도 수행할 필요가 없다. REDO는 어떤 트랜잭션이 완료되었으나 변경 내용이 아직 디스크의 데이터베이스에 전부 기록되지 않은 상태에서 시스템이 실패한 경우에 필요하다. 이런 경우에 트랜잭션의 연산들은 회복 처리 동안 로그 엔트리들로부터 REDO된다.

동시성 제어를 제공하는 다수 사용자 시스템에서의 동시성 제어와 회복 처리는 서로 밀접한 관계를 갖는다. 엄격한 2단계 로킹을 사용하여 동시성을 제어하는 시스템에서는 트랜잭

4) 그러므로 지연 갱신은 일반적으로 no-steal 방식으로 분류할 수 있다.

션이 완료점에 이를 때까지 항목들에 할당된 모든 로그를 유지해야 한다. 그리고 완료점에 이른 후에 로그들을 반환한다. 이 방법은 엄격하고 직렬 가능한 스케줄을 보장한다. [검사점] 엔트리가 로그에 포함되어 있다고 가정할 때 사용 가능한 회복 알고리즘 RDU_M(Recovery using Deferred Update in a Multiuser environment)은 아래와 같다.

**Procedure RUD_M (검사점을 사용한 NO-UNDO/REDO).** 시스템이 유지하는 트랜잭션들의 두 개의 리스트를 사용한다. 하나는 마지막 검사점 이후에 완료된 트랜잭션들의 리스트(완료 리스트) $T$이고 다른 하나는 진행 중인 트랜잭션들의 리스트(진행 리스트) $T'$이다. 완료된 트랜잭션들의 모든 쓰기 연산을 로그에 기록되었던 순서대로 REDO한다. 진행 중이면서 완료되지 않은 트랜잭션들은 실제적으로 취소되었으므로 다시 실행해야 한다.

REDO 프로시저의 정의는 다음과 같다.

**Procedure REDO (WRITE_OP).** write_item 연산인 WRITE_OP를 REDO하는 것은 WRITE_OP에 대응되는 로그 엔트리 [write_item, $T$, $X$, new_value]를 검사하고 데이터베이스의 항목 $X$의 값을 이후 값인 new_value로 설정하는 것이다(AFIM).

그림 21.2는 동시에 실행되는 트랜잭션들의 가능한 하나의 스케줄에 대한 타임라인을 보여준다. $t_1$ 시점에서 검사점이 취해질 때 트랜잭션 $T_1$은 이미 완료된 반면에, 트랜잭션 $T_3$와 $T_4$는 아직 완료되지 않았다. $t_2$ 시점에서 시스템이 붕괴되기 전에 $T_3$와 $T_2$는 완료되었으나 $T_4$와 $T_5$는 아직 완료되지 않았다. RDU_ M 알고리즘에 따르면 트랜잭션 $T_1$의 write_item 연산들을 REDO할 필요가 없다. 마지막 검사점 $t_1$ 전에 완료된 모든 트랜잭션은 REDO할 필요가 없다. 그러나 $T_2$와 $T_3$는 모두 마지막 검사점 이후에 완료되었기 때문에 이 두 트랜잭션의 write_item 연산들은 반드시 REDO해야 한다. 트랜잭션이 완료되기 전에 로그가 강제 출력되었던 것을 생각해 보기 바란다. 트랜잭션 $T_4$와 $T_5$는 무시된다. 지연 갱신 프로토콜에 의해서 디스크의 데이터베이스에 이 두 트랜잭션의 모든 write_item 연산이 기록되지 않았기 때문에 두 트랜잭션은 실제적으로 취소되었거나 복귀되었다(no-steal policy).

만약 완료된 트랜잭션들에 의해 어떤 데이터 항목 $X$가 마지막 검사점 이후에 여러 번 갱신되었다면 어떤 경우라도 $X$에 대한 마지막 갱신 연산의 REDO에 의해 $X$에 대한 이전의 갱신들이 덮어써지게 될 것이므로, 회복 중에 로그로부터 가장 최근의 갱신 연산만을 REDO하면 된다. 이 점을 고려하면 NO-UNDO/REDO 회복 알고리즘을 보다 효율적으로 만들 수 있다. 로그의 끝(시스템이 붕괴된 시점)에서부터 시작하여 어떤 항목이 REDO될 때마다 그 항목을 REDO된 항목들의 리스트에 추가한다. 어떤 항목에 REDO가 적용되기 전에 리스트를 검사하고 그 항목이 리스트에 있으면, 그 항목의 최근 값이 이미 회복되었기 때문에 또 다시 REDO를 적용하지 않는다.

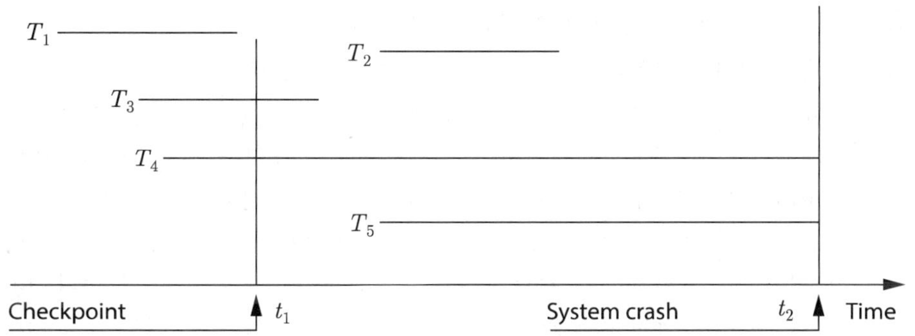


그림 21.2 검사점의 영향을 설명하기 위한 회복 시간대의 예제

트랜잭션이 어떤 이유(예를 들어, 데드록 탐지 방법에 의하여)로 철회되는 경우에 그 트랜잭션은 디스크의 데이터베이스를 변경하지는 않았으므로 단지 재수행하면 된다. 이 절에서 논의한 회복 기법의 단점은 트랜잭션들의 동시적 수행을 제한한다는 것이다. 왜냐하면 트랜잭션이 완료점에 이를 때까지 모든 항목에 대한 로크를 유지해야 하고, 뿐만 아니라 갱신된 모든 항목을 버퍼에 유지해야 하므로 매우 많은 버퍼 공간이 필요하다. 이 기법은 아래에 기술하는 두 가지 이유 때문에 트랜잭션 연산들이 절대 UNDO될 필요가 없다는 장점을 갖는다.

1. 트랜잭션이 완료점에 이르기 전, 즉 트랜잭션 수행을 성공적으로 완수하기 전에는 갱신을 디스크의 데이터베이스에 기록하지 않는다. 따라서 트랜잭션 수행 중의 실패 때문에 트랜잭션이 복귀되지는 않는다.
2. 트랜잭션이 완료점에 이를 때까지 항목들에 대한 로그를 유지하고 있으므로 트랜잭션은 아직 완료되지 않은 트랜잭션들이 갱신한 항목들의 값을 절대 읽지 않는다. 그러므로 연쇄 복귀가 일어나지는 않는다.

그림 21.3은 위에서 기술한 회복 기법과 동시성 제어 기법을 사용한 다수 사용자 시스템에서 회복의 한 예를 나타낸다.

## 21.3 즉시 갱신에 기반을 둔 회복 기법

이 기법에서는 트랜잭션이 갱신 명령을 내리면 트랜잭션이 완료점에 이를 때까지 기다릴 필요 없이 디스크의 데이터베이스가 즉시 갱신될 수 있다. 그러나, 모든 갱신이 디스크에 즉시 적용될 필요는 없다. 즉, 일부 갱신 연산은 트랜잭션이 완료되기 전에만 디스크에 반영하면 된다. 실패한 트랜잭션이 데이터베이스를 갱신한 연산의 결과를 취소하기 위하여 UNDO하는 규정을 마련해야 한다. 이는 트랜잭션이 수행한 write_item 연산의 결과를 UNDO하고 트랜잭션을 철회하면 된다. 따라서, 항목의 이전값(BFIM)을 포함하는 UNDO 유형 로그 엔트리들은 로그에 저장되어야 한다. UNDO는 회복 중 필요할 수 있기 때문에, 갱신된 주기억 장치 버퍼가 디스크에 언제 다시 쓰여질지 결정하는 데 steal 방식을 따른다(21.1.3절 참조).

이론적으로 즉시 갱신 알고리즘들을 크게 두 가지로 구분할 수 있다.

1. 만약 트랜잭션이 완료되기 전에 트랜잭션의 모든 갱신을 디스크의 데이터베이스에 기록하는 것을 회복 기법이 보장한다면 완료된 트랜잭션들의 어떤 연산도 REDO할 필요가 없다. 이런 알고리즘을 UNDO/NO-REDO 회복 알고리즘이라고 부른다. 이 방법에서 REDO가 필요치 않으려면 트랜잭션에 의한 모든 갱신 연산들은 트랜잭션이 완료되기 전에 디스크에 기록되어야만 한다. 따라서, 갱신된 주기억 장치 버퍼를 디스크에 언제 기록할지를 결정하는데 steal/force 방식을 이용해야 한다(21.1.3절 참고).
2. 모든 갱신이 데이터베이스에 기록되기 전에 트랜잭션이 완료될 수 있다면, 이는 UNDO/REDO 회복 알고리즘이라고 알려진 가장 일반적인 회복 기법이 된다. 이 경우, steal/no-force 방식을 따른다(21.1.3절 참조). 또한 이것은 가장 복잡한 기법이기도 하지만, 실제로 가장 일반적으로 사용된다. 이 절에서는 UNDO/REDO 알고리즘을 간략히 설명하고 UNDO/NO-REDO 변형을 개발하는 것은 독자에게 연습 문제로 남긴다. 21.5절에서는 보다 실제적인 방법인 ARIES 회복 기법에 관하여 기술한다.

(a)

| $T_1$ |
|---|
| read_item($A$) |
| read_item($D$) |
| write_item($D$) |

| $T_2$ |
|---|
| read_item($B$) |
| write_item($B$) |
| read_item($D$) |
| write_item($D$) |

| $T_3$ |
|---|
| read_item($A$) |
| write_item($A$) |
| read_item($C$) |
| write_item($C$) |

| $T_4$ |
|---|
| read_item($B$) |
| write_item($B$) |
| read_item($A$) |
| write_item($A$) |

(b)

| |
|---|
| [start_transaction, $T_1$] |
| [write_item, $T_1$, $D$, 20] |
| [commit, $T_1$] |
| [checkpoint] |
| [start_transaction, $T_4$] |
| [write_item, $T_4$, $B$, 15] |
| [write_item, $T_4$, $A$, 20] |
| [commit, $T_4$] |
| [start_transaction, $T_2$] |
| [write_item, $T_2$, $B$, 12] |
| [start_transaction, $T_3$] |
| [write_item, $T_3$, $A$, 30] |
| [write_item, $T_2$, $D$, 25] ← System crash |

$T_2$와 $T_3$는 완료점에 이르지 못했기 때문에 무시한다.

$T_4$는 마지막 검사점 이후에 완료되었기 때문에 REDO한다.

그림 21.3 동시에 실행되는 트랜잭션들에 지연 갱신을 사용한 회복의 예: (a) 네 트랜잭션의 읽기와 쓰기 연산, (b) 붕괴 시의 시스템 로그

동시 수행이 가능할 때 회복 처리는 동시성 제어에 사용되는 프로토콜에 의존하게 된다. 회복 알고리즘 RIU_M (Recovery using Immediate Updates for a Multiuser environment)은 동시에 수행되는 트랜잭션들을 위해 즉시 갱신을 사용하는 회복 기법이다. 로그가 검사점을 포함하고 동시성 제어 프로토콜이 엄격한 2단계 로킹 프로토콜처럼 엄격한 스케줄을 만든다고 가정하자. 엄격한 스케줄에서는 항목을 마지막으로 갱신한 트랜잭션이 완료되기 전에는 다른 트랜잭션들이 그 항목을 읽거나 갱신하지 못한다는 점을 기억하기 바란다. 그러나 엄격한 2단계 로킹에서는 교착상태가 발생할 수가 있으므로 트랜잭션들의 철회와 UNDO가 필요하다. 엄격한 스케줄에서 연산을 UNDO하려면 항목의 값을 이전값으로 복원해야 한다.

**Procedure RIU_M(검사점을 사용한 UNDO/REDO).**

1. 시스템이 유지하는 트랜잭션 두 개의 리스트를 사용한다. 하나는 마지막 검사점 후에 완료된 트랜잭션의 리스트이고, 다른 하나는 진행 트랜잭션의 리스트이다.
2. UNDO 프로시저에 따라, 진행 트랜잭션의 모든 write_item 연산을 로그로부터 UNDO한다. 이 연산은 로그에 기록된 순서의 역순으로 취소되어야 한다.
3. 앞에서 정의한 설명한 REDO 프로시저를 사용하여, 완료된 트랜잭션들의 모든 write_item 연산을 로그에 기록된 순서대로 REDO한다.

UNDO 프로시저는 다음과 같이 정의한다.

**Procedure UNDO (WRITE_OP).** write_item 연산인 Write_op를 UNDO하는 것은 연산의 로그 엔트리 [write_item, $T$, $X$, old_value, new_value]를 검사하고, 데이터베이스에서 항목 $X$의 값을 이전값인 old_value로 설정하는 것으로 구성된다.

로그로부터 하나 이상의 트랜잭션의 여러 write_item 연산을 UNDO할 때는 연산들이 로그에 기록되었던 순서의 역순으로 UNDO해야 한다.

NO-UNDO/REDO 프로시저에서 설명한 바와 같이, 단계 3은 로그의 끝부터 시작하여 각 항목 $X$의 마지막 갱신만을 REDO하면 효율적으로 수행된다. 즉, 한 항목이 REDO될 때마다 그 항목을 REDO된 항목들의 리스트에 기록하여 또 다시 REDO되지 않도록 한다. 회복 중의 항목은 많아야 한번 UNDO될 수 있도록 하기 위해, 이와 비슷한 과정을 단계 2에도 적용하여 단계 2의 효율성을 높일 수 있다. 이 경우, 초기 UNDO는 로그의 시작 부분에서부터 뒤쪽으로 로그를 스캔하면서 진행된다. 항목이 UNDO될 때마다, 해당 항목은 UNDO된 리스트에 추가되고, 다시 UNDO되지 않는다.

## 21.4 그림자 페이지 기법

이 회복 기법은 단일 사용자 환경에서는 로그를 사용할 필요가 없다. 다수 사용자 환경에서는 동시성 제어 기법에 로그가 필요하다. 그림자 페이지 기법은 회복을 위하여 데이터베이스가 여러 개($n$개라 하자)의 고정된 크기의 디스크 페이지(또는 디스크 블록)로 구성되어 있다고 간주한다. $n$개의 엔트리를 가진 디렉토리[5]가 만들어지는데 $i$번째 엔트리는 디스크의 $i$번째 데이터베이스 페이지를 가리킨다. 디렉토리가 너무 크지 않으면 주기억 장치에 유지하고 디스크의 데이터베이스 페이지에 대한 모든 참조 연산들, 즉 읽기와 쓰기는 디렉토리를 통하여 이루어진다. 트랜잭션이 실행을 시작할 때 현재 디렉토리는 그림자 디렉토리로 복사된다. 현재 디렉토리의 엔트리들은 디스크 내의 가장 최근, 즉 현재의 데이터베이스 페이지들을 가리킨다. 그 다음에 그림자 디렉토리는 디스크에 저장되고 현재 디렉토리를 트랜잭션이 사용한다.

트랜잭션이 실행되는 동안 그림자 디렉토리는 절대 수정되지 않는다. write_item 연산이 수행될 때, 수정된 데이터베이스 페이지의 새 사본이 하나 생기지만 그 페이지의 이전 사본을 덮어쓰지는 않는다. 그 대신에 새 페이지는 다른 곳, 즉 이전에 사용되지 않은 디스크 블록에 기록된다. 현재 디렉토리 엔트리는 새 디스크 블록을 가리키도록 수정되는 반면에, 그림자 디렉토리는 수정되지 않기 때문에 여전히 수정되지 않은 이전 디스크 블록을 가리킨다. 그림 21.4는 그림자 디렉토리와 현재 디렉토리의 개념을 설명한다. 트랜잭션이 갱신한 페이지들에 대하여 두 개의 버전이 유지된다. 이전 버전은 그림자 디렉토리가 참조하고 새 버전은 현재 디렉토리가 참조한다.

트랜잭션이 실행되는 동안에 발생하는 실패로부터 회복하려면 수정된 데이터베이스 페이지들을 반환하고 현재 디렉토리를 폐기하면 된다. 트랜잭션이 실행되기 전의 데이터베이스 상태는 그림자 디렉토리를 통해서 사용이 가능하고, 그 상태로의 회복은 그림자 디렉토리가 다시 현재 디렉토리가 되도록 함으로써 이루어진다. 결국 데이터베이스는 붕괴가 일어났을 때 실행중이던 트랜잭션의 이전 상태로 되돌아가게 되고 모든 수정된 페이지는 폐기된다. 트랜잭션을 완료한다는 것은 이전의 그림자 디렉토리를 폐기하는 것과 같다. 데이터 항목을 UNDO하거나 REDO하는 연산이 없으므로 이 회복 기법은 NO-UNDO/NO-REDO 기법으로 분류할 수 있다.

트랜잭션들이 동시에 수행되는 다수 사용자 환경에서는 로그와 검사점이 그림자 페이지 기법에 통합되어야 한다. 그림자 페이지 기법의 한 단점은 갱신된 데이터베이스 페이지들이 디스크에서 위치를 바꾼다는 것이다. 이런 단점 때문에 복잡한 저장 관리 방법이 없으면 연관된 데이터베이스 페이지들을 디스크에서 가까운 위치에 함께 관리하는 것이 어려워진다. 뿐만 아니라 만약 디렉토리가 크면 트랜잭션이 완료되었을 때 그림자 디렉토리를 디스크에 기록하는 데 드는 오버헤드가 심각하다. 더욱 복잡한 것은 트랜잭션이 완료되었을 때 쓰레기 수집(garbage collection)을 어떻게 할 것인가 하는 문제이다. 그림자 디렉토리

---

5) 디렉토리는 운영체제에서 각 프로세스를 위해 유지하는 페이지 테이블과 유사하다.

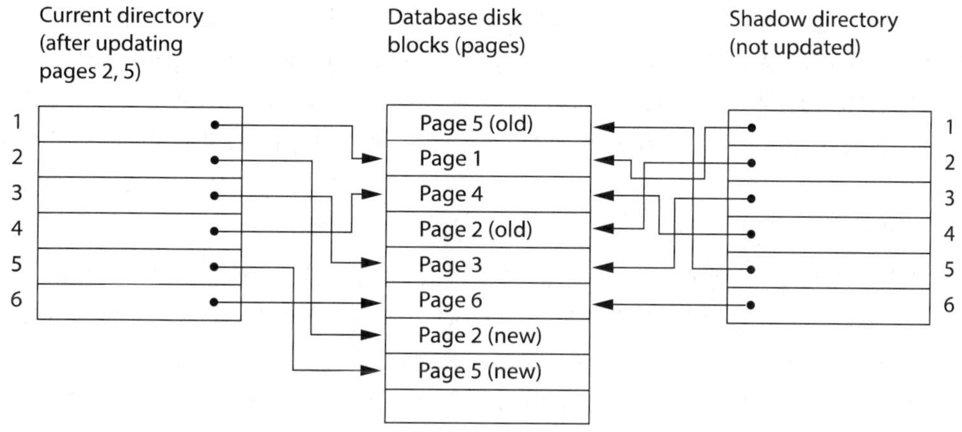


그림 21.4 그림자 페이지의 예

가 참조하는 이전 페이지들 중에서 갱신된 페이지들을 반납하여 나중에 사용할 수 있도록 자유 페이지들의 리스트에 추가해야 한다. 이 페이지들은 트랜잭션이 완료된 후에는 더 이상 필요하지 않다. 또 다른 논점은 현재 디렉토리와 그림자 디렉토리 간의 이동 연산이 원자적으로 이루어지도록 구현해야 한다.

## 21.5 ARIES 회복 알고리즘

이 절에서는 데이터베이스 시스템에서 사용되는 회복 알고리즘의 하나인 ARIES 알고리즘에 관하여 기술한다. ARIES 알고리즘은 IBM의 많은 관계 데이터베이스 제품에 사용되었다. ARIES는 쓰기 연산을 할 때 steal/no-force 방법을 사용하고 로그 우선 출력, REDO 중에 역사 반복, UNDO 중에 로깅이라는 세 가지 개념을 기반으로 한다. 로그 우선 출력에 관해서는 21.1.3절에서 설명하였다. 두 번째 개념인 **역사 반복**(repeating history)은 붕괴가 발생했을 때 데이터베이스 상태를 복구하기 위하여 붕괴가 발생하기 이전에 데이터베이스 시스템이 수행했던 모든 연산을 따라가는 것을 의미한다.

붕괴가 발생했을 때 완료되지 않은 상태였던 트랜잭션(진행 트랜잭션)은 UNDO된다. 세 번째 개념인 UNDO 중의 로깅 개념은 회복을 수행하는 도중에 실패하여 회복을 다시 시작할 때, 이미 완료된 UNDO 연산을 반복하는 것을 방지한다.

ARIES 회복 작업은 분석 단계, REDO 단계, UNDO 단계의 세 가지 주요 단계로 구성된다. 분석 단계에서는 붕괴가 발생한 시점에 버퍼 내의 오손(갱신된) 페이지[6]와 진행 트랜잭션들을 파악하고 로그 중에서 REDO 연산이 시작되어야 하는 위치를 결정한다. REDO 단계에서는 로그로부터 정보를 읽어 데이터베이스에 실제로 반영하는

---

6) 실제 버퍼들은 주기억 장치에 상주하기 때문에 붕괴가 발생한 시점에서 그 내용을 상실할 수 있다. ARIES는 검사점 시에 로그에 저장된 추가적인 테이블들(Dirty Page Table, Transaction Table)을 통해 이 정보를 식별한다(다음 절에서 논의).

작업을 다시 수행한다. 일반적으로 이미 완료된 트랜잭션에 대해서만 REDO 연산이 수행된다. 그러나 ARIES에서는 로그에 있는 정보에 의해 REDO 연산의 시작 위치가 결정되고, 로그가 끝날 때까지 REDO 연산을 수행한다. 특히 ARIES에서는 ARIES가 저장한 정보와 데이터 페이지에 저장된 정보를 이용하여 REDO해야 할 연산이 이미 데이터베이스에 반영되어 있는지를 판별할 수 있으므로 회복을 할 때 꼭 필요한 REDO 연산만 수행한다.

마지막으로 UNDO 단계에서는 로그를 역순으로 읽으면서, 붕괴가 발생한 순간 진행되던 트랜잭션들의 연산을 역순으로 UNDO한다. 회복 작업을 수행하기 위해 ARIES에 필요한 정보에는 로그, 트랜잭션 테이블, 오손 페이지 테이블이 포함된다. 또한 검사점이 사용된다. 위와 같은 두 개의 테이블은 트랜잭션 관리자가 관리하며 검사점을 기록할 때 로그에 저장된다. ARIES에서 모든 로그 레코드에는 로그 순차 번호(LSN: Log Sequence Number)가 할당된다. 로그 순차 번호는 단조 증가하는 숫자로서 디스크에 저장된 로그 레코드의 주소를 가리킨다. 각 로그 순차 번호는 트랜잭션이 수행하는 하나의 특정 갱신과 대응된다. 또한 각 데이터 페이지에는 그 페이지에 대하여 마지막으로 수행된 갱신에 해당하는 로그 레코드의 로그 순차 번호가 기록된다. 로그 레코드가 기록되는 연산으로는 페이지에 대한 갱신, 트랜잭션의 완료, 트랜잭션의 철회, 갱신에 대한 UNDO, 트랜잭션의 종료가 있다. 페이지에 대한 갱신, 트랜잭션의 완료와 철회 시에 로그 레코드를 기록해야 하는 이유에 관해서는 이미 설명하였다. 갱신 연산이 UNDO되면 **보상 로그 레코드**(compensation log record)가 로그에 기록되어 UNDO를 반복할 필요가 없다. 트랜잭션이 종료되면 완료인지 철회인지에 따라 트랜잭션 **종료 로그 레코드**(end log record)가 기록된다.

모든 로그 레코드가 공통적으로 가지는 필드에는 해당 트랜잭션의 이전 LSN, 트랜잭션 식별자, 로그 레코드의 유형 등이 있다. 이전 LSN은 각 트랜잭션의 로그 레코드들을 역순으로 연결하는 역할을 한다. 갱신(또는 쓰기) 연산에 해당하는 로그 레코드의 경우에 필요한 추가적인 필드로는 갱신된 항목을 포함하는 페이지의 페이지 식별자, 갱신된 항목의 길이, 해당 페이지 내에서 갱신된 항목의 위치 정보, 해당 항목의 갱신 전값, 해당 항목의 갱신 후 값 등이 있다.

효율적인 회복을 위해서는 로그 이외에도 트랜잭션 관리자가 관리하는 트랜잭션 테이블과 오손 페이지 테이블(dirty page table)이 필요하다. 붕괴가 발생하면 이 테이블들은 회복의 분석 단계에서 재구성된다. 트랜잭션 테이블에는 각 진행 트랜잭션마다 트랜잭션 식별자, 트랜잭션 상태, 해당 트랜잭션에 관한 로그 레코드 중 가장 최근에 기록된 로그 레코드의 LSN이 하나의 엔트리로 저장된다. 오손 페이지 테이블에는 DBMS 캐시에 있는 각 오손 페이지마다 페이지 식별자, 해당 페이지를 가장 먼저 갱신한 연산에 대한 로그 레코드의 LSN이 하나의 엔트리로 저장된다.

ARIES에서의 검사점 기록은 로그에 begin_checkpoint 레코드 기록, 로그에 end_checkpoint 레코드 기록, 특수 파일에 begin_checkpoint 레코드의 LSN을 기록하는 작업으로 구성된다. 이 특수 파일은 회복 중에 마지막 검사점의 정보를 읽기 위하여 접근한다. 트랜잭션 테이블과 오손 페이지 테이블의 내용도 end_checkpoint 레코드와 함께 로그의 끝에 저장된다. 퍼지 검사점 기록은 검사점을 기록하는 도중에도 트랜잭션의 수행을 계속하도록 하여 검사점 기록 비용을 감소시킨 방법(21.1.4절 참조)으로, 검사점을 기록하는 도중에 DBMS의 캐시를 디스크로 플러시하지 않는다. 왜냐하면 디스크의 로그에 저장되는 트랜잭션 테이블과 오손 페이지 테이블이 회복에 필요한 정보를 가지고 있기 때문이다. 검사점을 기록하는 도중에 붕괴가 발생하면 특수 파일에 저장된 이전 검사점을 이용하여 회복을 수행한다.

붕괴가 발생하면 ARIES의 회복 관리자가 수행된다. 먼저 특수 파일로부터 마지막 검사점의 정보에 접근한다. 분석 단계는 begin_checkpoint 레코드부터 시작하여 로그의 마지막까지 진행된다. end_checkpoint 레코드를 만나면 트랜잭션 테이블과 오손 페이지 테이블에 접근한다. 이 두 테이블은 검사점 기록 과정에서 로그에 저장된 것이다. 현재 분석하려고 하는 레코드로 인하여 분석 도중에 이 두 테이블이 수정될 수 있다. 예를 들어, 트랜잭션 테이블에서 트랜잭션 $T$에 대한 종료 로그 레코드를 만나면 $T$에 대한 항목이 트랜잭션 테이블에서 삭제된다. 트랜잭션 $T'$에 대하여 마지막 로그 레코드가 아닌 다른 유형의 레코드를 만나면 마지막 LSN 필드가 수정된다. 이때 만일 해당 트랜잭션에 대한 항목이 트랜잭션 테이블에 존재하지 않는 경우에는 먼저 $T'$에 대한 엔트리를 트랜잭션 테이블에 삽입한다. 만일 페이지 $P$를 갱신하는 연산에 대한 로그 레코드를 만나면 오손 페이지 테이블에 있는 해당 엔트리의 LSN 필드도 수정된다. 이때에도 만일 해당 페이지에 대한 엔트리가 오손 페이지 테이블에 존재하지 않는 경우에는 먼저 삽입을 한다. 분석 단계가 완료되면 REDO와 UNDO를 위해 필요한 정보가 두 테이블에 축적되어 있다.

REDO 단계는 다음과 같다. ARIES에서는 불필요한 작업을 줄이기 위하여 로그에서 오손 페이지가 이미 디스크의 데이터베이스에 반영된 이후부터 REDO를 시작한다. 이 위치는 오손 페이지 테이블에 존재하는 모든 오손 페이지 중에서 가장 작은 LSN(이하 $M$으로 표기)으로 결정된다. $M$은 ARIES가 REDO 단계를 시작해야 하는 위치를 가리킨다. $M$보다 작은 LSN과 연관된 갱신들은 이미 디스크에 반영되었거나 버퍼에서 겹쳐 써진 상태이다. 그렇지 않다면 $M$보다 작은 LSN과 연관된 오손 페이지들이 버퍼에 있었을 것이고, 따라서 오손 페이지 테이블에도 존재했을 것이다. 그러므로 REDO는 LSN = $M$인 로그 레코드에서 시작하여 로그의 마지막까지 진행된다.

각 로그 레코드에 대하여 REDO 알고리즘은 해당 갱신을 다시 반영할지의 여부를 결정한다. 예를 들어, 오손 페이지 테이블에 존재하지 않는 페이지 $P$에 대한 갱신을 로그 레코드가 나타내면 이 갱신은 이미 디스크에 반영된 상태이므로 재반영할 필요가 없다.

그렇지 않고 오손 페이지 테이블에 존재하는 페이지 $P$에 대한 갱신을 로그 레코드가 나타내고 이 로그 레코드의 LSN을 $N$이라고 할 때, 오손 페이지 테이블의 페이지 $P$에 대한 엔트리의 LSN이 $N$보다 크면 해당 갱신은 이미 반영이 된 상태이다. 위와 같은 두 가지 경우에 모두 해당되지 않을 때에는 페이지 $P$를 디스크로부터 읽어서 $P$에 저장되어 있는 LSN(이하 LSN($P$)라고 표기)과 $N$을 비교한다. 만일 $N$이 LSN($P$)보다 작으면 해당 페이지는 이미 반영된 상태이므로 디스크에 다시 저장할 필요가 없다.

일단 REDO 단계가 종료되면 데이터베이스의 상태는 붕괴가 발생했을 때와 동일한 상태가 된다. undo_set이라고 부르는 진행 트랜잭션들의 집합은 분석 단계에서 트랜잭션 테이블을 통하여 알 수 있다. UNDO 단계에서는 로그의 끝에서부터 로그 레코드들을 역순으로 읽어

가면서 그에 따른 연산들을 UNDO한다. UNDO한 각 연산에 대하여 보상 로그 레코드가 기록된다. UNDO 단계에서는 undo_set에 들어 있는 트랜잭션들의 모든 연산이 UNDO될 때까지 로그를 역순으로 읽는다. UNDO 단계가 끝나면 회복 작업이 완료되고 다시 정상적인 처리가 시작된다.

그림 21.5는 회복의 한 예를 나타낸 것으로 $T_1$, $T_2$, $T_3$는 세 개의 서로 다른 트랜잭션을 의미한다. $T_1$은 페이지 $C$를 갱신하고, $T_2$는 페이지 $B$와 $C$를 갱신하며, $T_3$는 페이지 $A$를 갱신한다. 그림 21.5(a)는 로그의 내용을 부분적으로 나타내고, 그림 21.5(b)는 트랜잭션 테이블과 오손 페이지 테이블의 내용을 나타낸다. 이제 이 시점에서 붕괴가 발생했다고 가정하자. 이미 검사점이 기록되었으므로 이와 연관된 begin_checkpoint 로그 레코드를 읽는다. 그 위치는 LSN이 4인 레코드이다. 그러므로 분석 단계는 LSN이 4인 레코드에서 시작하여 마지막 로그 레코드를 읽을 때까지 수행된다. end_checkpoint 로그 레코드는 그림 21.5(b)와 같은 트랜잭션 테이블과 오손 페이지 테이블을 저장하고 있으며 분석 단계에서 이 두 테이블이 재구성된다. 분석 단계에서로 그 레코드 6을 만나면 트랜잭션 $T_3$에 대한 새로운 엔트리가 트랜잭션 테이블에 삽입되고 페이지 $A$에 대한 새로운 엔트리가 오손 페이지 테이블에 삽입된다. 로그 레코드 8의 분석이 끝나면 트랜잭션 테이블에서 트랜잭션 $T_2$의 상태는 완료로 수정된다. 그림 21.5(c)는 분석 단계가 끝난 후의 두 테이블을 나타낸다.

(a)

| Lsn | Last_lsn | Tran_id | Type | Page_id | Other_information |
|---|---|---|---|---|---|
| 1 | 0 | $T_1$ | update | $C$ | ··· |
| 2 | 0 | $T_2$ | update | $B$ | ··· |
| 3 | 1 | $T_1$ | commit | | ··· |
| 4 | begin checkpoint | | | | |
| 5 | end checkpoint | | | | |
| 6 | 0 | $T_3$ | update | $A$ | ··· |
| 7 | 2 | $T_2$ | update | $C$ | ··· |
| 8 | 7 | $T_2$ | commit | | ··· |

(b)

TRANSACTION TABLE

| Transaction_id | Last_lsn | Status |
|---|---|---|
| $T_1$ | 3 | commit |
| $T_2$ | 2 | in progress |

DIRTY PAGE TABLE

| Page_id | Lsn |
|---|---|
| $C$ | 1 |
| $B$ | 2 |

(c)

TRANSACTION TABLE

| Transaction_id | Last_lsn | Status |
|---|---|---|
| $T_1$ | 3 | commit |
| $T_2$ | 8 | commit |
| $T_3$ | 6 | in progress |

DIRTY PAGE TABLE

| Page_id | Lsn |
|---|---|
| $C$ | 7 |
| $B$ | 2 |
| $A$ | 6 |

그림 21.5 ARIES에서 회복의 예: (a) 붕괴 시점의 로그, (b) 검사점 시점의 트랜잭션 테이블과 오손 페이지 테이블, (c) 분석 단계 후의 페이지 테이블과 오손 페이지 테이블

REDO 단계에서 오손 페이지 테이블에 존재하는 가장 작은 LSN은 1이다. 그러므로 로그 레코드 1부터 REDO 단계를 시작하여 갱신 연산에 대한 REDO를 진행한다. LSN {1, 2, 6, 7}은 각각 페이지 *C*, *B*, *A*, *C*에 대한 갱신에 해당하고, 이는 오손 페이지 테이블에서 보이는 해당 페이지의 LSN보다 작지 않다. 그러므로 그 데이터 페이지들은 로그로부터 갱신을 재반영해야 한다(데이터 페이지에 실제로 저장되어 있는 LSN이 해당 로그 레코드의 LSN보다 작다고 가정한다). 이제 REDO 단계는 완료되고 UNDO 단계가 시작된다. 트랜잭션 테이블(그림 21.5(c))로부터 UNDO는 진행 트랜잭션 $T_3$에만 적용된다는 것을 알 수 있다. UNDO 단계는 로그 레코드 6($T_3$의 마지막 갱신)에서 시작하여 로그를 역순으로 읽으면서 수행된다. 트랜잭션 $T_3$의 갱신(이 예에서 로그 레코드 6은 역순으로 UNDO된다.

## 21.6 다중 데이터베이스 시스템에서의 회복

지금까지는 묵시적으로 트랜잭션이 하나의 데이터베이스만을 접근한다고 가정하였다. 그러나 하나의 트랜잭션이 여러 개의 데이터베이스를 액세스하는 경우가 있는데 이런 트랜잭션을 다중 데이터베이스 트랜잭션이라고 한다. 이런 데이터베이스들은 서로 다른 종류의 DBMS에 저장되는데, 예를 들어 일부는 관계 DBMS이고, 나머지는 객체지향이거나 계층 또는 네트워크 DBMS인 경우가 있다. 이런 경우에는 다중 데이터베이스 트랜잭션에 속한 각 DBMS는 서로 구별되는 각자의 회복 기법과 트랜잭션 관리자를 가진다. 이런 상황은 데이터베이스의 일부분이 각각 통신 네트워크로 연결된 서로 다른 사이트에 존재한다는 점에서 분산 데이터베이스 관리 시스템(22장 참조)의 경우와 유사하다.

다중 데이터베이스 트랜잭션의 원자성을 유지하기 위해서는 2단계 회복 기법을 사용해야 한다. 각 사이트에서 지역적으로 사용하는 회복 관리자 및 회복에 관련된 정보(로그, 테이블)뿐만 아니라 회복에 필요한 정보를 유지하는 전역 회복 관리자 또는 조정자가 필요하다. 조정자는 일반적으로 다음과 같이 정의되는 2단계 완료 프로토콜(two-phase commit protocol)을 따른다.

- **1단계.** 모든 참여 데이터베이스가 조정자에게 다중 데이터베이스 트랜잭션 중 자신에게 속한 부분에 대하여 수행이 되었음을 알리면, 조정자는 각 참여 데이터베이스에 트랜잭션을 완료할 준비를 하기 위한 **완료 예정**(prepare for commit) 신호를 보낸다. 참여 데이터베이스들은 신호를 받으면 지역적인 회복에 필요한 모든 로그 레코드와 정보를 디스크에 강제로 출력하고 조정자에게 **완료 준비**(ready to commit) 또는 OK 신호를 보낸다. 만일 강제 출력에 실패하거나 어떤 이유로 인하여 지역 트랜잭션을 완료할 수 없는 경우에는 **완료 불가**(cannot commit) 또는 not OK 신호를 보낸다. 만일 조정자가 일정 시간 동안 응답을 받지 못하면 not OK로 간주한다.
- **2단계.** 만일 모든 참여 데이터베이스가 OK에 응답하고 조정자의 투표도 OK이면, 조정자는 해당 트랜잭션이 성공적으로 완료될 것으로 간주하고 모든 참여 데이터베

이스에 트랜잭션에 대한 완료 신호를 보낸다. 참여 데이터베이스가 트랜잭션의 지역적인 회복을 위해 필요한 정보는 이미 해당 데이터베이스의 로그에 저장하였으므로 고장이 발생하더라도 지역적 회복이 가능하다. 각 참여 데이터베이스는 해당 트랜잭션에 대한 [완료]레코드를 로그에 기록하고 필요한 경우 갱신된 사항을 데이터베이스에 영구히 기록함으로써 해당 트랜잭션의 수행을 마친다. 그렇지 않고 하나 이상의 참여 데이터베이스 또는 조정자가 not OK로 응답을 하는 경우에는 트랜잭션의 수행이 실패한 것이므로 조정자가 모든 참여 데이터베이스에 복귀 신호를 보내거나 트랜잭션의 지역적인 효과를 UNDO하도록 한다. 이런 작업은 로그를 이용하여 트랜잭션의 연산을 UNDO하면 된다.

2단계 완료 프로토콜은 모든 참여 데이터베이스가 트랜잭션의 효과를 완료하거나 또는 어느 하나도 완료하지 않도록 한다. 어떤 참여 데이터베이스 또는 조정자에 고장이 발생하더라도 트랜잭션이 완료된 상태 또는 철회된 상태로의 회복이 항상 가능하다. 1단계가 수행되는 도중 또는 그 이전에 고장이 발생하면 트랜잭션은 철회되고, 2단계가 수행되는 도중에 고장이 발생하면 트랜잭션은 성공적으로 수행된 것이므로 회복되거나 완료된다.

## 21.7 데이터베이스 백업과 재해적 실패로부터의 회복

지금까지 논의한 기법들은 모두 비재해적 실패에 적용되는 것들이다. 주된 가정은 시스템 로그가 디스크에 유지되며 실패 후에도 잃어버리지 않는다는 것이다. 마찬가지로, 그림자 페이지 기법이 사용될 때에는 회복을 위해서 그림자 디렉토리가 반드시 디스크에 저장되어 있어야 한다. 지금까지 살펴본 회복 기법들은 데이터베이스를 일관된 상태로 되돌려 놓음으로써 실패로부터 회복하게 되는데, 이때 시스템 로그의 엔트리나 그림자 디렉토리를 사용한다. DBMS의 회복 관리자는 디스크 붕괴와 같은 재해적인 실패를 다룰 수 있어야 한다. 이런 붕괴들을 다루는 주된 기법은 자기 테이프나 다른 대용량 오프라인 장치와 같은 저렴한 기억 장치에 전체 데이터베이스와 로그를 주기적으로 복사하는 데이터베이스 백업이다. 재해적 실패가 발생하면 가장 최근의 백업 사본이 테이프에서 디스크로 적재되고 시스템을 다시 시작할 수 있게 된다. 은행, 보험, 주식 등과 같은 중요한 응용에서는 데이터 전체를 주기적으로 백업하여 멀리 떨어진 안전한 장소에 보관한다. 홍수, 폭풍, 지진, 화재로부터 데이터를 보호하기 위해 지하 저장소가 사용된다. 2001년에 발생한 뉴욕의 9.11 테러와 2005년에 발생한 뉴올리언스의 카트리나 태풍 피해는 중요한 데이터베이스에 대한 재해 복구의 중요성을 인식시켰다. 마지막 백업이 이루어진 이후에 실행된 모든 트랜잭션의 결과를 잃어버리지 않기 위해서, 전체 데이터베이스를 자기 테이프에 주기적으로 복사하는 것보다 더 자주 시스템 로그를 백업하는 것이 관례이다. 대개의 경우 시스템 로그는 데이터베이스 자체보다 매우 작기 때문에 좀 더 자주 백업할 수 있다. 시스템 로그를 백업하면 사용자는 마지막 데이터베이스 백업 이후에 수행한 모든 트랜잭션을 잃지 않는다. 테이프에 백업된 시스템 로그에 기록되어 있는 모든 완료된 트랜잭션의 실행 결과는 데이터베이스를 REDO하는 데 사용될 수 있다. 각 데이터베이스 백업 후에는 시스템 로그가 새롭게 시작된다. 따라서 디스크 고장으로부터 회복하기 위해서는 먼저 테이프에 있는 데이터베이스의 최근 백업 사본을 가지고 데이터베이스를 디스크에 재구성해야 한다. 그 다음에 시스템 로그의 백업 사본에 기록되어 있는 모든 완료된 트랜잭션 연산의 효과가 데이터베이스에 재구성된다.

## 21.8 요약

이 장에서는 트랜잭션 실패로부터 회복하는 기법들을 살펴보았다. 회복의 주 목표는 트랜잭션의 원자성을 보장하는 것이다. 만약 한 트랜잭션이 수행을 마치기 전에 실패하면 회복 기법은 이 트랜잭션이 데이터베이스에 전혀 영향을 주지 않도록 해야 한다. 먼저 21.2절에서 회복 처리에 관한 간략한 개요를 기술한 후, 회복을 위한 시스템 개념을 설명하였다. 이 개념에는 캐싱, 즉시 갱신 대 그림자 갱신, 데이터 항목의 이전값과 이후값, UNDO 회복 연산 대 REDO 회복 연산, steal/no-steal, force/no-force 정책, 시스템 검사점 기록, 로그 우선 출력 프로토콜 등이 포함되어 있다.

다음으로 회복의 두 가지 접근 방법인 지연 갱신(21.2절)과 즉시 갱신(21.3절)에 관해 논의하였다. 지연 갱신 기법은 트랜잭션의 완료점까지 디스크의 데이터베이스에 대한 실제 갱신을 연기하는 것이다. 트랜잭션은 디스크의 데이터베이스에 갱신 내용을 기록하기 전에 로그를 디스크로 강제 출력시킨다. 이 방법은 특정 동시성 제어 기법과 함께 사용될 때 트랜잭션 복귀가 필요하지 않도록 설계되었고, 회복은 마지막 검사점 이후에 수행된 트랜잭션들의 연산을 로그로부터 REDO하는 것으로 간단하게 이루어진다. 이 방법의 단점은 트랜잭션이 완료할 때까지의 갱신 결과가 디스크에 반영되지 않고 버퍼에 유지되기 때문에 대용량의 버퍼 공간이 필요하다는 것이다. 지연 갱신은 NO-UNDO/REDO로 알려진 회복 알고리즘이 될 수 있다. 즉시 갱신 기법은 트랜잭션이 수행을 성공적으로 끝내기 전에 갱신 내용을 디스크의 데이터베이스에 기록할 수 있다. 데이터베이스에 기록할 갱신 내용을 로그에 먼저 기록하고 디스크에 강제 출력한다. 그렇게 함으로써 필요한 경우에 연산을 UNDO할 수 있다. UNDO/REDO로 알려진 즉시 갱신을 위한 회복 알고리즘도 개략적으로 알아보았다. 만약 트랜잭션의 모든 연산이 트랜잭션이 완료되기 전에 데이터베이스에 기록된다면, UNDO/ NO-REDO라고 알려진 즉시 갱신을 위한 또 다른 회복 알고리즘을 고안할 수 있다. 21.4절에서 회복을 위한 그림자 페이지 기법도 설명하였는데, 이 기법은 그림자 디렉토리를 사용해서 이전 데이터베이스 페이지들을 유지한다. NO-UNDO/NO-REDO 기법으로 분류되는 이 기법은 단일 사용자 시스템에서는 로그가 필요하지 않지만, 다수 사용자 시스템에서는 로그가 필요하다. 또한 21.5절에서 IBM의 많은 관계 데이터베이스 제품들에서 사용되고 있는 회복 기법인 ARIES에 관하여 설명하였다. 그리고 21.6절에서 다중 데이터베이스 트랜잭션이 포함된 실패를 회복할 때 사용되는 2단계 완료 프로토콜에 관하여 논하였다. 마지막으로 21.7절에서는 재해적 실패로부터 회복하는 기법에 관해서도 알아보았는데 이 기법은 전형적으로 데이터베이스와 로그를 테이프에 백업한다. 로그는 데이터베이스보다 더 자주 백업될 수 있으며 백업된 로그는 마지막 데이터베이스 백업으로부터 시작하여 연산들을 REDO하는 데 사용될 수 있다.

## 복습문제

**21.1** 트랜잭션 실패의 유형들을 설명하라. 재해적 실패란 무엇인가?

**21.2** 데이터베이스에서 read_item 연산과 write_item 연산이 수행하는 동작들을 설명하라.

**21.3** 시스템 로그는 어떻게 사용되는가? 시스템 로그에 저장되는 전형적인 유형의 엔트리들은 어떤 것인가? 검사점이 무엇이며, 왜 검사점이 중요한가? 트랜잭션 완료점이 무엇이며, 왜 중요한가?

**21.4** 회복 서브시스템에서 버퍼링 기법과 캐싱 기법을 어떻게 이용하는가?

**21.5** 데이터 항목의 이전값과 이후값이 무엇인가? 즉시 갱신과 그림자 갱신은 이전값과 이후값을 다룰 때 어떤 차이점을 갖는가?

**21.6** UNDO-유형 로그 엔트리와 REDO-유형 로그 엔트리가 무엇인가?

**21.7** 로그 우선 출력 프로토콜을 설명하라.

**21.8** 회복 서브시스템에서 유지하는 전형적인 트랜잭션들의 리스트 세 가지를 설명하라.

**21.9** 트랜잭션 복귀가 무엇인가? 연쇄 복귀에 대한 검사가 필요한 이유는 무엇인가? 실제 회복 기법에서 연쇄 복귀를 허용하지 않는 프로토콜을 사용하는 이유는 무엇인가? 복귀가 필요 없는 회복 기법은 어떤 것인가?

**21.10** UNDO 연산과 REDO 연산을 설명하고 각 연산을 사용하는 회복 기법도 설명하라.

**21.11** 회복에서 지연 갱신 기법을 설명하라. 이 기법의 단점은 무엇인가? 이 기법을 NO-UNDO/REDO 기법이라 부르는 이유는 무엇인가?

**21.12** 회복은 보고서 인쇄와 같이 데이터베이스에 영향을 끼치지 않는 트랜잭션 연산들을 어떻게 처리하는가?

**21.13** 즉시 갱신 회복 기법을 단일 사용자 환경과 다수 사용자 환경에서 각각 설명하라. 즉시 갱신의 장점과 단점은 무엇인가?

**21.14** 즉시 갱신을 사용한 회복 기법에서 UNDO/REDO 알고리즘과 UNDO/NO-REDO 알고리즘의 차이점은 무엇인가? UNDO/NO-REDO 알고리즘의 개요를 설명하라.

**21.15** 그림자 페이지 기법을 설명하라. 이 기법은 어떤 환경에서 로그를 필요로 하지 않는가?

**21.16** ARIES 회복 기법의 세 단계를 설명하라.

21.17 ARIES에서 로그 순서 번호(LSN)가 무엇인가? 로그 순서 번호가 어떻게 사용되는가? 오손 페이지 테이블과 트랜잭션 테이블에는 어떤 정보가 저장되는가? ARIES에서 퍼지 검사점 기록이 어떻게 사용되는가?

21.18 트랜잭션을 처리하기 위한 버퍼 관리의 관점에서 steal/no-steal, force/noforce의 의미는 무엇인가?

21.19 다중 데이터베이스 트랜잭션에서 2단계 완료 프로토콜을 설명하라.

21.20 재해적 실패로부터 어떻게 재해 회복 처리가 되는지 설명하라.

21.21 그림 21.1(b)에서 [read_item, $T_3$, $A$ ] 엔트리가 로그에 기록되기 전에 시스템이 붕괴되었다고 가정하자. 회복 처리가 어떻게 달라지는가?

21.22 그림 21.1(b)에서 [write_item, $T2$, $D$ , 25, 26] 엔트리가 로그에 기록되기 전에 시스템이 붕괴되었다고 가정하자. 회복 처리가 어떻게 달라지는가?

21.23 그림 21.6은 네 개의 트랜잭션 $T_1$, $T_2$, $T_3$, $T_4$가 수행될 때 시스템이 붕괴되는 시점에서 특정 스케줄에 대응되는 로그를 나타낸다. 검사점과 함께 즉시 갱신 프로토콜을 사용한다고 가정하자. 시스템 붕괴로부터 회복 처리가 어떻게 이루어지는지 기술하라. 구체적으로 어느 트랜잭션들이 복귀되고, 로그에서 어느 연산들이 REDO되며, 또 UNDO가 일어난다면 어느 연산들이 UNDO되는지 설명하라. 또한 연쇄 복귀가 일어나는지의 여부에 관해서 기술하라.

21.24 그림 21.6의 예에서 지연 갱신 프로토콜을 사용한다고 가정하자. 불필요한 로그 엔트리들을 제거함으로써 지연 갱신의 경우에 로그가 어떻게 달라지는지 설명하고, 수정된 로그를 사용한 회복 처리에 관해서 기술하라. REDO 연산만 적용된다고 가정할 때 로그에서 구체적으로 어떤 연산들이 REDO되고, 어떤 연산들이 무시되는지 설명하라.

21.25 ARIES에서의 검사점 기록과 21.1.4절에서 설명한 검사점 기록의 차이는 무엇인가?

21.26 ARIES에서 사용되는 로그 순서 번호가 회복을 위한 REDO 작업의 양을 어떻게 감소시키는가? 그림 21.5의 정보를 이용하여 예를 보여라. 페이지가 디스크에 저장되는 시점에 대하여 몇 가지 가정을 해도 좋다.

| |
|---|
| [start_transaction, $T_1$] |
| [read_item, $T_1$, $A$] |
| [read_item, $T_1$, $D$] |
| [write_item, $T_1$, $D$, 20, 25] |
| [commit, $T_1$] |
| [checkpoint] |
| [start_transaction, $T_2$] |
| [read_item, $T_2$, $B$] |
| [write_item, $T_2$, $B$, 12, 18] |
| [start_transaction, $T_4$] |
| [read_item, $T_4$, $D$] |
| [write_item, $T_4$, $D$, 25, 15] |
| [start_transaction, $T_3$] |
| [write_item, $T_3$, $C$, 30, 40] |
| [read_item, $T_4$, $A$] |
| [write_item, $T_4$, $A$, 30, 20] |
| [commit, $T_4$] |
| [read_item, $T_2$, $D$] |
| [write_item, $T_2$, $D$, 15, 25] ← System crash |

그림 21.6 스케줄과 그에 대응되는 로그의 예

21.27 no-steal/force 버퍼 관리 정책이 검사점 기록과 회복에 어떤 의미가 있는가? 다음의 사지선다형 질문에 대하여 정답을 선택하라.

21.28 지연 갱신에서 증가 로깅(incremental logging)이 내포하는 의미로 맞는 것은?

a. 회복 시스템은 갱신된 항목의 이전값을 로그 내에 저장해야 한다.
b. 회복 시스템은 갱신된 항목의 새 값을 로그 내에 저장해야 한다.
c. 회복 시스템은 갱신된 항목의 이전값과 새 값을 모두 로그 내에 저장해야 한다.
d. 회복 시스템은 begin_transaction과 commit_transaction 레코드만을 로그 내에 저장해야 한다.

21.29 로그 우선 출력 프로토콜이 의미하는 것은?

a. 로깅 연산을 하기 전에 데이터 항목의 갱신을 수행해야 한다.
b. 실제 데이터를 기록하기 전에 그 연산에 대한 로그 레코드를 먼저 기록해야 한다.
c. 모든 로그 레코드는 새 트랜잭션을 시작하기 전에 기록해야 한다.
d. 로그는 디스크에 기록할 필요가 없다.

21.30 증가 로깅을 사용하는 지연 갱신에서 트랜잭션이 실패하는 경우에 필요한 것은?

a. UNDO 연산
b. REDO 연산
c. UNDO와 REDO 연산
d. 아무 연산도 필요하지 않다.

21.31 증가 로깅을 사용하는 즉시 갱신에서 트랜잭션의 로그 레코드에 저장되는 정보는?
a. 트랜잭션 이름, 데이터 항목의 이름, 항목의 이전값, 항목의 이후값
b. 트랜잭션 이름, 데이터 항목의 이름, 항목의 이전값
c. 트랜잭션 이름, 데이터 항목의 이름, 항목의 이후값
d. 트랜잭션 이름과 데이터 항목의 이름

21.32 정확한 회복을 위하여 UNDO와 REDO 연산이 갖추어야 할 조건은?
a. 교환성(commutative)
b. 결합성(associative)
c. 멱등성(idempotent)
d. 분배성(distributive)

21.33 실패가 발생했을 때 로그를 참조하여 각 연산을 UNDO하거나 REDO하는 방법의 문제점은?
a. 전체 로그를 탐색해야 하므로 시간이 소요된다.
b. 많은 불필요한 REDO를 수행해야 한다.
c. (a) (b)가 모두 문제다.
d. 위의 어느 것도 문제가 되지 않는다.

21.34 로그를 이용한 회복 기법에서 회복 메커니즘을 제공할 뿐만 아니라 회복의 성능을 개선하는 방법은?
a. 각 트랜잭션이 완료될 때마다 로그 레코드들을 기록한다.
b. 트랜잭션이 수행되는 중에 적절한 로그 레코드들을 디스크에 기록한다.
c. 여러 트랜잭션이 완료되고 그것들을 일괄적으로 기록할 때까지 로그 레코드들을 기록하지 않고 기다린다.
d. 로그 레코드를 디스크에 절대로 기록하지 않는다.

21.35 다음 중 연쇄 복귀가 발생할 수 있는 경우는?
a. 트랜잭션은 이미 완료된 트랜잭션이 기록한 항목만을 기록한다.
b. 트랜잭션은 완료되지 않은 트랜잭션이 이전에 기록한 항목을 기록한다.
c. 트랜잭션은 완료되지 않은 트랜잭션이 이전에 기록한 항목을 읽는다.
d. (b)와 (c) 모두

21.36 다음 중 미디어(디스크) 고장에 대처하기 위하여 필요한 방법은?
a. DBMS는 트랜잭션을 단일 사용자 환경에서만 수행해야 한다.
b. 데이터베이스의 내용을 중복하여 유지한다.
c. 트랜잭션을 철회하지 않는다.
d. 위의 내용 모두

21.37 다음 중 그림자 방법을 사용하여 데이터 항목을 디스크에 플러시할 때 발생하는 것은?
a. 트랜잭션이 완료된 후에만 항목을 디스크에 기록한다.
b. 항목을 디스크의 다른 위치에 기록한다.
c. 트랜잭션이 완료되기 전에 항목을 디스크에 기록한다.
d. 항목을 읽은 동일한 디스크 위치에 그 항목을 기록한다.

## 주요 참고문헌

Bernstein 외(1987)와 Papadimitriou(1986)의 저서는 동시성 제어와 회복의 이론과 원칙들에 관해 설명하였다. Gray와 Reuter(1993)의 저서는 동시성 제어, 회복, 트랜잭션 처리에 관한 문제들을 광범위하게 다루었다. Verhofstad(1978)는 데이터베이스 시스템의 회복 기법들에 관한 튜토리얼과 개관을 다루었다. UNDO/REDO의 특징에 따른 알고리즘들의 분류는 Haerder와 Reuter(1983), Bernstein 외(1983)의 저서에 있다. Gray(1978)는 데이터베이스를 위한 운영체제의 구현에 있어서 다른 시스템 문제들과 더불어 회복에 관해 설명하였다. 그림자 페이지 기법은 Lorie(1977), Verhofstad(1978), Reuter(1980)에 설명되었다. Gray 외(1981)는 System R에서의 회복 기법에 관해 설명하였다. Lockeman과 Knutsen(1968), Davies(1973), Bjork(1973)은 회복에 관한 초기 논문이다. Chandy 외(1975)는 트랜잭 션 복귀에 관해 설명하였다. Lilien과 Bhargava(1985)는 무결성 블록의 개념과, 회복의 효율성을 높이기 위해 이것을 사용하는 것에 관하여 논의하였다. 로그 우선 출력을 사용한 회복 기법은 Jhingran과 Khedkar(1992)의 논문에서 분석되었고 ARIES 시스템에서 사용되었다(Mohan 외 1992). 회복에 관한 최근의 연구로는 보상 트랜잭션(compensation transaction)(Korth 외 1990)과 주기억 장치 데이터베이스 회복(Kumar 1991) 등이 있다. ARIES 회복 알고리즘(Mohan 외 1992)은 실제적으로 상당히 성공적이었다. Franklin 외(1992)는 EXODUS 시스템에서의 회복에 관해 설명하였다. 최근의 Kumar와 Hsu(1998) 및 Kumar와 Son(1998)의 책에서는 기존의 여러 관계 데이터베이스 제품에서 사용되는 회복 방법이 상세하게 논의되었다. 데이터베이스에 특화된 페이지 교체 전략의 예들은 Chou과 Dewitt(1985), Pazos 외(2006)에서 논의되었다.

# 분산 데이터베이스 개념

이 장에서는 분산 데이터베이스(DDB: Distributed Database)와 분산 데이터베이스 관리 시스템(DDBMS: Distributed Database Management System)을 설명하고, 클라이언트/서버 아키텍처가 어떻게 데이터베이스 응용 개발을 위한 플랫폼으로 사용되는지를 기술한다. 분산 데이터베이스는 분산 컴퓨팅의 장점을 데이터베이스 관리 도메인에 가져왔다. **분산 컴퓨팅 시스템**은 다수의 처리 노드들로 구성된다. 이들은 컴퓨터 네트워크로 상호 연결되고, 주어진 업무를 서로 협동하면서 처리한다. 일반적인 목적으로서, 분산 컴퓨팅 시스템은 다루기 어려운 큰 문제를 작은 문제들로 나눈 다음에 이를 효율적으로 처리한다. 따라서 복잡한 업무를 해결하기 위해서 더 많은 컴퓨팅 능력을 활용하고, 문제를 해결하기 위해 필요한 기능들을 제공하기 위해서 자치적인 처리 노드들이 협동하는 동안 이들을 독립적으로 관리할 수 있다. 분산 데이터베이스 기술은 데이터베이스 기술과 네트워크 및 데이터 통신 기술 등 두 가지 기술이 통합되어 등장하였다.

데이터 분산, 데이터 중복, 분산 질의 및 트랜잭션 처리, 분산 데이터베이스 메타데이터 관리, 기타 주제 등을 연구하기 위해서 1980~1990년대에 다수의 분산 데이터베이스 시제품들이 개발되었다. 최근에 분산 기술과 데이터베이스 기술을 결합한 여러 가지 새로운 기술이 등장하고 있다. 이런 기술과 시스템은 방대한 양의 데이터를 저장하고, 분석하고, 마이닝하기 위해서 개발되고 있는데, 일반적으로 빅 데이터 기술이라고 부른다. **빅 데이터 기술**은 필요한 지식을 추출하기 위해서 방대한 양의 데이터를 처리하는 데이터 마이닝 및 기계 학습 알고리즘뿐만 아니라 분산 시스템 및 데이터베이스 시스템으로부터 유래하였다.

이 장에서는 데이터 분산과 분산된 데이터 관리의 핵심적인 개념들을 논의한다. 이어서 2개의 장에서 빅 데이터를 관리하고 처리하기 위해 등장한 새로운 기술들을 개괄적으로 설명한다. 23장에서는 NOSQL 시스템으로 알려진 새로운 새로운 유형의 데이터베이스 시스템을 설명한다. NOSQL 시스템은 소셜 미디어, 건강 관리,보안 등의 응용에서 요구되는 방대한 양의 데이터를 관리하기 위해 분산 해결책을 제공하는 데 중점을 둔다. 24장에서는 맵-리듀스(map-reduce) 및 기타 분산 처리 기술처럼 빅 데이터를 처리하고 분석하는 데 사용되는 개념과 시스템을 소개한다. 또한 24장에서는 클라우드 컴퓨팅의 개념도 논의한다.

22.1절은 분산 데이터베이스 관리 및 관련된 개념들을 소개한다. 22.2절에서는 데이터를 단편화하고, 중복을 허용하면서 다수의 사이트(site)에 분산시키는 문제를 포함하는 분산 데이터베이스 설계에 관해 논의한다. 22.3절에서는 분산 데이터베이스에서 동시성 제어와 회복의 개요를 소개한다. 22.4절과 22.5절에서는 각각 분산 데이터베이스 질의와 트랜잭션 처리 기술을 소개한다. 22.6절과 22.7절에서는 연합 데이터베이스(federated database)와 다중 데이터베이스(multidatabase)를 포함하여 여러 가지 유형의 분산 데이터베이스 시스템과 이들의 아키텍처를 소개한다. 이질성의 문제와 연합 데이터베이스 시스템에서 자치성(autonomy)의 필요성에 관해 중점적으로 설명한다. 22.8절에서는 분산 데이터베이스에서 카탈로그 관리 기법들을 논의한다. 22.9절에서는 본 장의 내용을 요약한다. 분산 데이터베이스 주제를 간단하게 학습하려면 22.1절부터 22.5절까지만 읽으면 된다.

# 22.1 분산 데이터베이스 개념

분산 데이터베이스(DDB: Distributed Database)는 컴퓨터 네트워크를 통해 분산된, 논리적으로 상호 연관된 다수의 데이터베이스들의 모임이라고 정의한다. **분산 데이터베이스 관리 시스템**(DDBMS: Distributed Database Management System)은 분산 데이터베이스를 관리하면서 사용자에게 데이터베이스 분산을 투명하게 하는 소프트웨어 시스템이라고 정의한다.

## 22.1.1 무엇이 분산 데이터베이스를 이루는가

어떤 데이터베이스를 분산 데이터베이스라고 부르려면 아래와 같은 최소한의 조건들을 만족해야 한다.

- **컴퓨터 네트워크를 통해서 데이터베이스 노드들이 연결됨.** 사이트 또는 노드라고 부르는 다수의 컴퓨터들이 있다. 이 사이트들은 사이트들 간에 데이터와 명령을 전송하기 위해서 통신 네트워크로 연결되어야 한다.
- **연결된 데이터베이스들의 논리적인 상호 관계.** 다양한 데이터베이스 노드 내의 정보가 반드시 논리적으로 연관되어야 한다.
- **연결된 노드들 간에 동질성 제약 조건이 없음.** 데이터, 하드웨어, 소프트웨어의 관점에서 모든 노드들이 동일할 필요가 없다.

사이트들은 같은 건물이나 인접한 건물들의 그룹과 같이 물리적으로 근접한 곳에 위치하여 근거리 네트워크(local area network)를 통하여 연결되거나, 먼 거리에 흩어져서 원거리 네트워크(long-haul area network 또는 wide area network)를 통하여 연결될 수도 있다. 근거리 네트워크는 전형적으로 무선 허브 또는 케이블을 사용하고, 원거리 네트워크는 전화선, 케이블, 무선 통신 기반 시설, 위성들을 사용한다. 다양한 유형의 네트워크를 혼합해서 사용하는 것이 보편적이다.

네트워크는 사이트들 사이에 직접 통신 경로들을 정의하는 여러 가지 **위상**(topology)을 가질 수 있다. 네트워크의 유형과 위상은 성능에 중대한 영향을 미칠 수 있다. 따라서 분산 질의 처리를 위한 전략과 분산 데이터베이스 설계에 큰 영향을 미칠 수 있다. 그러나 고수준의 아키텍처상의 쟁점들에 대해서는 어떤 유형의 네트워크를 사용하는지는 중요하지 않다. 각 사이트가 직접적이든 간접적이든 다른 사이트와 통신할 수 있는지의 여부만이 중요할 뿐이다. 이 장의 나머지에서 특정 네트워크 위상은 고려하지 않고 사이트들 사이에 어떤 유형의 네트워크가 존재한다고 가정한다. DDBS의 효율적인 운영을 위해서는 네트워크 설계와 성능 문제가 매우 중요하고, 전반적인 해결 방안에 필수적인 부분이라고 인식하는 것이 필요하지만, 이 책에서는 네트워크에 국한된 문제들을 다루지 않는다. 밑에 깔린 네트워크의 세부 사항은 최종 사용자들에게 보이지 않는다.

### 22.1.2 투명성

**투명성**(transparency) 개념은 구현의 세부 사항을 최종 사용자에게 숨긴다는 일반적인 아이디어를 확장한 것이다. 매우 투명한 시스템은 밑에 깔린 세부 사항을 최종 사용자나 응용 개발자들이 거의 몰라도 무방하므로 상당한 융통성을 제공한다. 기존의 중앙집중식 데이터베이스의 경우에는 투명성이 응용 개발자를 위한 논리적 데이터 독립성과 물리적 데이터 독립성에만 관련된다. 그러나 DDB에서는 데이터와 소프트웨어가 컴퓨터 네트워크로 연결된 다수의 노드들에 분산되어 있기 때문에 추가적인 유형의 투명성이 도입되었다. 그림 4.5의 COMPANY 데이터베이스를 고려해 보자. EMPLOYEE, PROJECT, WORKS_ON 테이블은 수평적으로 단편화(즉 22.2절에서 설명하겠지만 행들의 집합으로 단편화)되어 그림 22.1과 같이 중복을 허용하면서 저장될 수 있다. 아래와 같은 유형의 투명성이 가능하다.

- **데이터 조직의 투명성(분산 투명성 또는 네트워크 투명성)**. 이 투명성은 사용자에게 네트워크의 세부 사항과 분산 시스템 내에서 데이터의 장소를 가려주는 것을 의미한다. 이것은 **위치 투명성**(location transparency)과 **이름 부여 투명성**(naming transparency)으로 구분된다. 위치 투명성은 어떤 작업을 수행하기 위해 사용된 명령은 데이터의 위치와 명령이 입력된 시스템의 위치와 무관함을 의미한다. 이름 부여 투명성은 일단 한 이름이 어떤 객체와 연관되면, 데이터가 어디에 있는지를 추가로 명세하지 않고도 이름을 가진 객체를 확실하게 접근할 수 있음을 의미한다.
- **중복 투명성(replication transparency)**. 그림 22.1과 같이 데이터의 사본들이 높은 가용성, 성능, 신뢰도를 위해서 다수의 사이트에 중복될 수 있다. 중복 투명성은 중복된 사본의 존재를 사용자에게 가려준다.

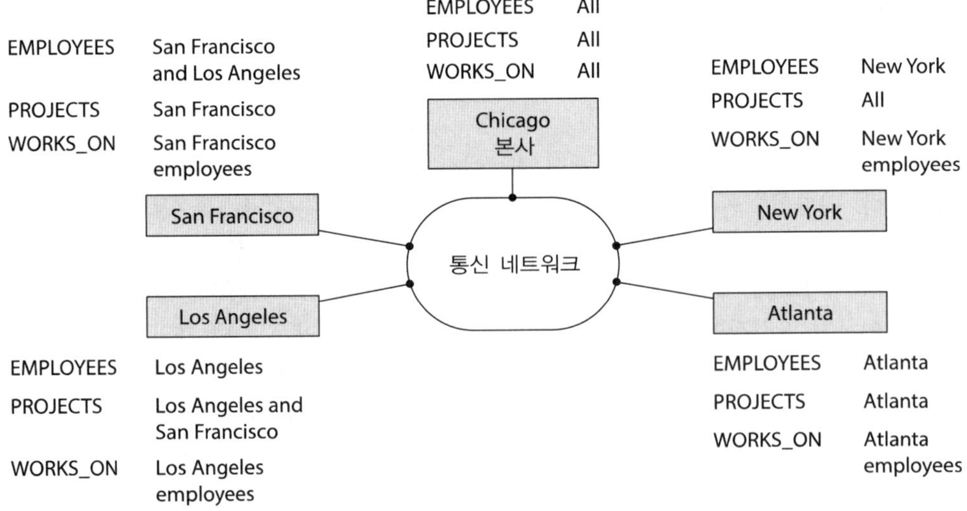


그림 22.1 분산 데이터베이스에서 데이터 분산과 중복

- **단편화 투명성**(fragmentation transparency). 두 가지 유형의 단편화가 가능하다. **수평 단편화**(horizontal fragmentation)는 한 릴레이션(테이블)을 서브릴레이션들로 분산한다. 서브릴레이션은 원래 릴레이션의 투플(행)들의 부분집합이다. 빅 데이터와 클라우드 컴퓨팅 시스템서는 이를 **조각**(sharding)이라고 부른다. **수직 단편화**(vertical fragmentation)는 한 릴레이션을 애트리뷰트들의 부분집합으로 이루어진 릴레이션들로 나눈다. 단편화 투명성은 단편들이 존재함을 사용자에게 가려준다.
- 그 밖의 투명성으로는 **설계 투명성**(design transparency)과 **실행 투명성**(execution transparency)이 있다. 설계 투명성은 분산 데이터베이스가 어떻게 설계되는지를, 실행 투명성은 어느 사이트에서 트랜잭션이 실행되는지를 가려준다.

### 22.1.3 가용성과 신뢰도

신뢰도와 가용성은 분산 데이터베이스의 잠재적인 장점으로 가장 자주 인용된다. **신뢰도**(reliability)는 특정 순간에 시스템이 동작하는 확률로 정의하는 반면, **가용성**(availability)은 시스템이 어떤 시간 간격 동안 계속적으로 가용 상태일 확률로 정의한다. 데이터베이스의 신뢰도와 가용성을 데이터베이스와 관련된 고장(fault), 에러(error), 실패(failure)와 직접 연관시킬 수 있다. **고장**은 연산을 정확하게 수행하는 것을 보장하기 위하여 명세된 것으로부터 시스템의 행동이 벗어나는 것을 말한다. **에러**는 실패를 유발하는 시스템 상태들의 부분집합을 이룬다. 고장은 에러의 원인이다.

신뢰할만한 시스템을 구축하기 위해서 여러 가지 방식을 채택할 수 있다. 일반적인 방식은 **고장 감내**(fault tolerance)를 강조하는 것이다. 고장이 발생할 것이라는 것을 인식하고, 어떤 고장이 시스템 고장을 일으키기 전에 탐지하여 제거하는 메커니즘을 설계한다. 좀더 엄격한 다른 방식은 최종 시스템이 어떠한 고장도 포함하지 않도록 보장한다. 이는 철저한 설계 과정을 거친 후에 철저한 품질 제어와 테스트를 거쳐서 달성할 수 있다. 신뢰도가 높은 DDBMS는 구성 요소들이 고장나도 견딜 수 있고, 데이터베이스의 일관성이 깨지지만 않으면 사용자의 요청을 처리할 수 있다. DDBMS의 회복 모듈은 트랜잭션, 하드웨어, 통신 네트워크들로부터 발생하는 고장을 다룰 수 있어야 한다. 하드웨어 고장은 주기억 장치 또는 보조 저장 장치의 내용이 사라지는 고장을 말한다. 네트워크 고장은 메시지와 관련된 에러와 라인 고장으로부터 발생한다. 메시지 에러는 메시지의 손실이나 훼손, 메시지들의 순서가 바뀌어 목적지에 도착하는 것 등을 포함한다.

위와 같은 정의가 일반적으로 컴퓨터 시스템에서 사용되는 반면에 신뢰도와 가용성 간에는 기술적인 차이가 존재한다. 분산 데이터베이스와 관련된 대부분의 논의에서 일반적으로 가용성은 두 가지 개념을 포괄하는 용어로 사용된다.

### 22.1.4 확장성과 분할 감내

**확장성**(scalability)은 중단 없이 연산을 계속하면서 시스템이 능력을 늘릴 수 있는 정도를 결정한다. 확장성에는 두 가지 종류가 있다.

1. **수평 확장성**(horizontal scalability). 이 확장성은 분산 시스템 내의 노드들의 개수를 늘리는 것을 의미한다. 노드들이 시스템에 추가됨에 따라 기존의 노드들로부터 일부 데이터와 처리 부하를 새로운 노드들로 분산하는 것이 가능해야 한다.
2. **수직 확장성**(vertical scalability). 이 확장성은 시스템 내의 개별적인 노드의 능력(한 노드의 저장 능력과 처리 능력)을 확장하는 것을 의미한다.

시스템이 노드들의 개수를 늘려감에 따라 노드들을 연결하는 네트워크가 고장나서 시스템이 노드들의 그룹으로 분할될 수 있다. 각 분할 내의 노드들은 여전히 서브네트워크로 연결되지만 분할들 간의 통신은 불가능해진다. **분할 감내**(partition tolerance) 개념은 네트워크가 분할된 동안에도 계속 작동해야 한다는 것을 의미한다.

## 22.1.5 자치성

**자치성**(autonomy)은 연결된 DDB에서 각 노드나 DB가 독립적으로 동작할 수 있는 정도를 나타낸다. 각 노드의 융통성을 증가시키고 각 노드를 맞춤형으로 유지할 수 있기 때문에 높은 자치성이 바람직하다. 자치성은 설계, 통신, 실행에 적용될 수 있다. **설계 자치성**(design autonomy)은 각 노드가 데이터 모델과 트랜잭션 관리 기법을 독립적으로 사용할 수 있음을 의미한다. **통신 자치성**(communication autonomy)은 각 노드가 다른 노드들과 정보를 공유할 것인가를 결정할 수 있는 정도를 의미한다. **실행 자치성**(execution autonomy)은 사용자들이 원하는 대로 행동할 수 있는 독립성을 뜻한다.

## 22.1.6 분산 데이터베이스의 장점

분산 데이터베이스의 몇 가지 중요한 장점은 아래와 같다.

1. **응용 개발의 편의성과 융통성 제고.** 어떤 조직에 속하는, 지역적으로 분산된 사이트에서 응용을 개발하고 유지하는 것이 데이터 분산 및 제어의 투명성 때문에 쉬워진다.
2. **향상된 신뢰도와 가용성.** 고장이 일어나면 네트워크에 연결된 다른 사이트에 영향을 주지 않으면서 고장이 발생한 사이트를 고립시킴으로써 이를 달성할 수 있다. 데이터와 DBMS가 여러 사이트에 분산되었을 때 다른 사이트가 계속 작동하는 동안 한 사이트가 고장날 수 있다. 고장난 사이트에 존재하는 데이터와 소프트웨어만 접근하지 못한다. 데이터와 소프트웨어를 두 개 이상의 사이트에 적절하게 중복하여 신뢰도와 가용성을 더욱 향상시킬 수 있다. 중앙집중식 시스템에서는 단일 사이트에서 고장이 발생하면 모든 사용자가 전체 시스템을 사용할 수 없게 된다. 분산 데이터베이스에서는, 일부 데이터는 접근할 수 없더라도 사용자는 나머지 데이터베이스는 여전히 접근할 수 있다. 어떤 사이트가 고장나기 전에, 그 사이트의 데이터가 다른 사이트에 중복되었다면 사용자는 전혀 영향을 받지 않을 것이다. 또한 시스템이 네트워크 분할을 견뎌내는 능력

은 높은 가용성에 기여한다.

3. **성능의 향상.** 분산 DBMS는 데이터베이스를 단편화하여 데이터를 가장 필요로 하는 사이트에 가깝게 유지하도록 한다. **데이터 지역화**(data localization)는 CPU와 I/O 서비스에 대한 경쟁을 감소시키고, 원거리 네트워크에 수반되는 접근 지연도 동시에 감소시킨다. 대용량 데이터베이스가 여러 사이트에 분산되었을 때 각 사이트에는 보다 작은 데이터베이스가 존재하게 된다. 결과적으로 단일 사이트에서 데이터에 접근하는 지역 질의와 트랜잭션은 보다 작은 지역 데이터베이스 때문에 성능이 향상된다. 또한 하나의 중앙집중식 데이터베이스에서 모든 트랜잭션이 수행하는 경우보다 더 적은 수의 트랜잭션이 각 사이트에서 수행된다. 게다가 다수의 질의를 여러 사이트에서 수행하거나 하나의 질의를 병렬로 수행하는 작은 질의들로 쪼갬으로써 질의 간의 병렬성과 질의 내의 병렬성을 얻을 수 있다. 따라서 이는 성능의 향상에 기여한다.
4. **용이한 확장성.** 중앙집중식 환경에 비해 분산 환경에서 데이터를 추가하거나, 데이터베이스 크기를 늘리거나, 노드들을 추가하는 것은 훨씬 용이하다.

22.1.2절에서 설명한 투명성은 사용의 용이함과 투명성을 제공하는 비용의 오버헤드 간의 절충을 필요로 한다. 완전한 투명성은 사용자에게 전체 DDBMS가 하나의 중앙집중식 시스템인 것처럼 보이게 한다. 투명성은 자치성을 보완하기 위해 제공된다. 자치성은 사용자가 자신의 지역 데이터베이스를 엄격하게 제어할 수 있도록 한다. 투명성은 사용자 언어의 한 부분으로 구현할 수 있다. 사용자 언어는 요청된 서비스를 적절한 연산들로 변환한다.

## 22.2 분산 데이터베이스 설계를 위한 데이터 단편화, 중복, 할당 방법

이 절에서는 여러 사이트에 할당해서 저장할 수 있는, **단편**(fragment)이라고 부르는 논리적 단위들로 데이터베이스를 분할하기 위해 사용되는 방법들을 논의한다. 또한 가용성과 신뢰도를 높이기 위해서 데이터를 둘 이상의 사이트에 저장하는 **데이터 중복**(data replication)과 여러 사이트에 저장하기 위해 단편이나 단편의 사본들을 **할당**(allocation)하는 과정을 논의한다. 이와 같은 방법은 **분산 데이터베이스 설계** 과정에서 사용된다. 데이터 단편화, 할당, 중복에 관련된 정보는 필요시에 DDBS 응용들이 접근하는 전역 디렉토리에 저장된다.

### 22.2.1 데이터 단편화와 조각

DDB에서는 어떤 사이트가 데이터베이스의 어떤 부분들을 저장하는 데 사용될 것인가를 결정해야 한다. 당분간 중복이 없다고 가정한다. 즉 각 릴레이션이나 릴레이션의 일부분은 단지 한 사이트에만 저장된다. 데이터 중복과 그것의 영향에 대해서는 나중에 이 절에서 논의한다. 또한 관계 데이터베이스의 용어를 사용한다. 유사한 개념들이 다른 데이터 모델에도 적용된다. 관계 데이터베이스 스키마를 가지고 시작하고, 여러 사이트에 릴레이션들을 분산하는 방법을 결정해야 한다고 가정한다. 그림 4.5의 관계 데이터베이스 스키마를 사용하여 설명한다.

데이터를 분산하는 방법을 결정하기 전에, 분산되는 데이터베이스의 논리적 단위를 결정해야 한다. 가장 단순한 논리적 단위는 릴레이션 자체이다. 즉 각각의 전체 릴레이션은 특정 사이트에 저장된다. 예를 들어, 그림 4.5의 각 릴레이션 EMPLOYEE, DEPARTMENT, PROJECT, WORKS_ON, DEPENDENT를 저장할 하나의 사이트를 결정해야 한다. 그러나 많은 경우에 분산을 위해 릴레이션을 보다 작은 논리적 단위들로 나눌 수 있다. 예를 들어, 그림 4.6에 있는 COMPANY 데이터베이스를 고려하고, 세 개의 컴퓨터 사이트(회사의 각 부서당 하나씩)를 가정하자.7)

각 부서와 관련된 데이터베이스 정보를 그 부서를 위한 컴퓨터 사이트에 저장하려 한다면 각 릴레이션을 부서별로 분할하기 위해서 수평 단편화 또는 조각이라고 부르는 기법을 사용할 수 있다.

**수평 단편화(조각)**. 릴레이션의 **수평 단편** 또는 **조각**은 릴레이션의 투플들의 부분집합이다. 각 수평 단편에 속하는 투플들은 릴레이션의 하나 이상의 애트리뷰트에 대한 조건 등으로 명시된다. 흔히 한 개의 애트리뷰트만이 조건에 포함된다. 예를 들어, 그림 4.6의 EMPLOYEE 릴레이션에 대해 세 조건 (Dno = 5), (Dno = 4), (Dno = 1)로 세 개의 수평 단편을 정의할 수 있다. 각 단편은 특정 부서에서 일하는 EMPLOYEE 투플들을 포함한다. 이와 유사하게, 그림 4.6의 PROJECT 릴레이션에 대해 세 조건 (Dnum = 5), (Dnum = 4), (Dnum = 1)으로 세 개의 수평 단편을 정의할 수 있다. 각 단편은 특정 부서가 관리하는 PROJECT 투플들을 포함한다. **수평 단편화**는 투플들의 부분집합들을 생성하기 위해서 행들을 그룹화함으로써 릴레이션을 '수평으로' 나눈다. 이때 각 부분집합은 어떤 논리적 의미를 가진다. 이 단편들은 분산 시스템에서 서로 다른 사이트(노드)에 할당될 수 있다. **유도된 수평 단편화**(derived horizontal fragmentation)는 기본 릴레이션(예에서 DEPARTMENT)의 분할을 다른 보조 릴레이션(예에서 EMPLOYEE와 PROJECT)에 적용하는 것이다. 보조 릴레이션은 외래키를 통해 기본 릴레이션과 연관되어 있다. 이에 따라 기본 릴레이션과 보조 릴레이션 간에 연관된 데이터가 같은 방식으로 단편화된다.

**수직 단편화**. 각 사이트가 릴레이션의 모든 애트리뷰트를 필요로 하지 않을 수 있으므로 다른 유형의 단편화가 요구된다. **수직 단편화**는 릴레이션을 애트리뷰트들에 의해 '수직으로'나눈다. 릴레이션의 **수직 단편**은 릴레이션의 애트리뷰트들의 부분집합이다. 예를 들어, EMPLOYEE 릴레이션을 두 개의 수직 단편으로 단편화하려 한다. 첫 번째 단편은 개인 정보인 Name, Bdate, Address, Sex를 포함하고, 두 번째 단편은 근무 관련 정보인 Ssn, Salary, Super_ssn, Dno를 포함한다. 이 수직 단편화는 적절하지 않다. 왜냐하면, 만일 두 단편이 분리되어 저장된다면 두 단편 사이에 공통 애트리뷰트가 없으므로 원래의 EMPLOYEE 투플들로 되돌아 갈 수 없기 때문이다. 단편들로부터 전체 릴레이션이 재구성되도록 모든 수직 단편에 기본키(또는 후보키) 애트리뷰트를 포함하는 것이 필수적이다. 따라서 앞의 예에서 개인 정보에 관한 수직 단편에 Ssn 애트리뷰트를 추가해야 한다.

---

7) 물론 실제 상황에서는 그림 4.6에 나타낸 것보다 훨씬 많은 투플이 릴레이션들에 존재할 것이다.

릴레이션 $R$에서 각 수평 단편은 관계 대수 $\sigma_{C_i}(R)$ 연산으로 명시할 수 있다. 조건들이 $C_1$, $C_2$, ⋯, $C_n$인 수평 단편들의 집합이 $R$의 모든 투플을 포함하면 $R$의 **완전한 수평 단편화**라고 부른다. 즉 $R$의 모든 투플은 조건 ($C_1$ OR $C_2$ OR ⋯ OR $C_n$)을 만족한다. 많은 경우에 완전한 수평 단편화는 겹치지 않는다. 즉 $R$의 어떠한 투플도 $i \neq j$일 때($C_i$ AND $C_j$)를 만족하지 않는다. EMPLOYEE와 PROJECT 릴레이션에 대한 앞의 두 가지 수평 단편화 예는 모두 완전하고 겹치지 않는다. 완전한 수평 단편화로부터 릴레이션 R을 재구성하기 위해서는 단편들에 합집합 연산을 적용해야 한다.

릴레이션 $R$의 수직 단편은 관계 대수 $\pi_{Li}(R)$ 연산으로 명시할 수 있다. 프로젝트 리스트 $L_1$, $L_2$, ⋯, $L_n$이 $R$의 기본키 애트리뷰트만 공유하는 것을 제외하고 $R$의 모든 애트리뷰트를 포함하는 수직 단편들의 집합을 $R$의 **완전한 수직 단편화**라고 부른다. 이 경우에 프로젝트 리스트들은 다음의 두 조건을 만족한다.

- $L_1 \cup L_2 \cup \cdots \cup L_n = \text{ATTRS}(R)$
- 임의의 $i \neq j$에 대해 $L_i \cap L_j = \text{PK}(R)$, 여기서 ATTRS($R$)은 $R$의 애트리뷰트들의 집합이고, PK($R$)은 $R$의 기본키이다.

완전한 수직 단편화로부터 릴레이션 $R$을 재구성하기 위해서는 수직 단편들에 외부 합집합 연산을 적용한다(수평 단편화가 적용되지 않았다고 가정). 수평 단편화가 적용되었다 하더라도, 완전 외부 조인 연산을 적용해서 완전한 수직 단편화에 대해 똑같은 결과를 얻을 수 있다. 프로젝트 리스트 $L_1$ = {Ssn, Name, Bdate, Address, Sex}와 $L_2$ = {Ssn, Salary, Super_ssn, Dno}를 가진 EMPLOYEE 릴레이션의 두 개의 수직 단편은 EMPLOYEE의 완전한 수직 단편을 구성한다.

그림 4.5의 EMPLOYEE 릴레이션에 대해 조건(Salary > 50000)과 (Dno = 4)로 정의한 두 개의 수평 단편은 완전하지 않으며 겹친다. 그 단편들은 모든 EMPLOYEE 투플을 포함하지 않을 수 있고, 공통 투플들을 포함할 수도 있다. 애트리뷰트 리스트 $L_1$ = {Name, Address}와 $L_2$ = {Ssn, Name, Salary}로 정의한 두 개의 수직 단편은 완전하지 않다. 이 애트리뷰트 리스트들은 완전한 수직 단편화의 두 조건을 모두 위반한다.

**혼합 단편화.** 단편화의 두 가지 유형을 혼합하여 혼합 단편화를 할 수 있다. 예를 들어, 앞에서 설명한 EMPLOYEE 릴레이션의 수평과 수직 단편화를 여섯 개의 단편을 포함하는 혼합 단편화로 결합할 수도 있다. 이런 경우에 원래의 릴레이션은 적절한 순서로 합집합과 외부 합집합(또는 외부 조인) 연산들을 적용함으로써 재구성할 수 있다. 일반적으로 릴레이션 $R$의 한 **단편**은 실렉트-프로젝트 조합인 연산 $\pi_L(\sigma_C(R))$로 명시할 수 있다. 만일 $C$ = 참(즉 모든 투플이 선택됨)이고, $L \neq \text{ATTRS}(R)$이면, 수직 단편이 되고, 만일 $C \neq$ 참이고, $L = \text{ATTRS}(R)$이면, 수평 단편이 된다. 마지막으로, 만일 $C \neq$ 참이고, $L \neq \text{ATTRS}(R)$이면, 혼합 단편이 된다. 릴레이션은 그 자체가 $C$ = 참이고, $L = \text{ATTRS}(R)$인 단편으로 간주될 수 있다. 이후의 논의에서 단편이라는 용어는 릴레이션이나 임의 유형의 단편을 나타내기 위해서 사용한다.

데이터베이스의 **단편화 스키마**(fragmentation schema)는 데이터베이스의 모든 애트리뷰트와 투플을 포함하면서, 전체 데이터베이스가 일련의 외부 합집합(또는 외부 조인)과 합집합 연산들을 적용함으로써 단편들로부터 재구성될 수 있는 조건을 만족하는 단편들의 집합을 정의한 것이다. 수직이나 혼합 단편들 사이에 기본키의 중복을 제외하고 모든 단편을 겹치지 않게 만드는 것은 반드시 필요하지는 않지만 때때로 유용하다. 이런 경우에 단편들의 모든 중복과 분산은 단편화와는 별도로 다음 절에서 명확하게 명시된다.

**할당 스키마**(allocation schema)는 DDBS 사이트(노드)들에 대한 단편들의 할당을 기술한다. 따라서 할당 스키마는 각 단편에 대해 저장될 사이트들을 명시하는 사상이다. 만일 하나의 단편이 둘 이상의 사이트에 저장된다면 중복된다고 말한다. 다음 절에서 데이터 중복과 할당을 논의한다.

## 22.2.2 데이터 중복과 할당

중복은 데이터의 가용성을 향상시킨다. 극단적인 경우에는 분산 시스템의 모든 사이트에 전체 데이터베이스를 중복하여 **완전히 중복된**(fully replicated) **분산 데이터베이스**를 생성한다. 이렇게 하면 적어도 하나의 사이트가 동작하는 한 시스템이 계속 운영될 수 있기 때문에 가용성을 크게 향상시킬 수 있다. 또한 전역 질의의 결과를 임의의 한 사이트로부터 지역적으로 얻을 수 있기 때문에 전역 질의의 검색 성능을 향상시킨다. 따라서 검색 질의는 질의가 입력된 지역 사이트가 서버 모듈을 포함한다면 그 사이트에서 처리될 수 있다. 완전 중복의 단점은 갱신 연산이 매우 느리게 수행된다는 것이다. 그 이유는 하나의 논리적 갱신은 사본들이 일관성을 유지하도록 데이터베이스의 모든 사본에 대해 수행되어야 하기 때문이다. 많은 데이터베이스 사본이 존재하면 갱신 속도는 더욱 저하된다. 22.3절에서 설명하겠지만 완전 중복에서는 중복이 없는 경우보다 동시성 제어와 회복 기법에 더 많은 비용이 든다.

중복의 다른 극단적인 경우는 **중복을 전혀 가지지 않는** 것이다. 즉 각 단편은 정확하게 하나의 사이트에 저장된다. 이런 경우에 수직(또는 혼합) 단편들 간의 기본키 중복을 제외하고 모든 단편들은 겹치지 않아야 한다. 이런 방법을 **비중복 할당**(nonredundant allocation)이라고 부른다.

이와 같은 두 극단적인 경우 사이에 데이터의 **부분 중복**(partial replication)이 존재한다. 즉 데이터베이스의 어떤 단편들은 중복될 수 있고, 반면에 다른 단편들은 중복되지 않는다. 각 단편의 사본 수는 1에서 분산 시스템의 전체 사이트 수까지 될 수 있다. 부분 중복의 한 가지 특별한 경우는 영업 사원이나 보험 사원 등과 같이 외근하는 사원들이 랩탑이나 PDA에 부분적으로 중복된 데이터베이스를 가지고 다니면서 주기적으로 서버 데이터베이스와 동기화하는 것이다. 단편들의 중복에 대한 기술(설명)을 때로 **중복 스키마**(replication schema)라고 부른다.

각 단편이나 단편의 사본은 분산 시스템에서 특정 사이트에 할당해야 한다. 이런 처리를 **데이터 분산**(data distribution) 또는 **데이터 할당**(data allocation)이라고 부른다. 사이트의 선택과 중복의 정도는 시스템의 성능과 가용성 목표, 각 사이트에 입력되는 트랜잭션들의 유형과 빈도에 의존한다. 예를 들어, 만일 높은 가용성이 요구되고 트랜잭션들이 임의의 사이트에서 입력될 수 있으며 대부분의 트랜잭션들이 단지 검색만 수행한다면, 완전 중복 데이터베이스를 선택하는 것이 좋다. 그러나 만일 데이터베이스의 특정 부분들에 접근하는 트랜잭션들이 주로 특정 사이트에서 입력된다면, 해당 단편들의 집합을 단지 그 사이트에만 할당할 수 있다. 다수의 사이트가 접근하는 데이터는 그 사이트에 중복할 수 있다. 만일 갱신이 자주 수행된다면 중복을 제한하는 것이 좋다. 분산 데이터 할당을 위한 최적 또는 좋은 해결책을 찾는 것은 복잡한 최적화 문제이다.

### 22.2.3 단편화, 할당, 중복의 예

이제부터 그림 4.5와 4.6의 COMPANY 데이터베이스의 단편화와 분산의 예를 고려한다. 회사는 세 개의 컴퓨터 사이트(각 부서당 하나씩)를 가지고 있다고 가정한다. 사이트 2와 3은 각각 부서5와 4에서 사용한다. 이들 각 사이트에서 해당 부서에서 일하는 사원들과 그 부서에서 관리하는 프로젝트들의 정보를 검색하기 위해 EMPLOYEE와 PROJECT 릴레이션을 빈번하게 접근한다고 가정한다. 이 밖에도 이 사이트들이 EMPLOYEE 릴레이션의 Name, Ssn, Salary, Super_ssn 애트리뷰트에 주로 접근한다고 가정한다. 사이트 1은 회사 본사에서 사용하고 규칙적으로 모든 사원과 프로젝트 정보에 접근하며, 보험을 위해 추가로 DEPENDENT 정보를 유지한다.

이런 요구사항들에 따라 그림 4.6의 전체 데이터베이스를 사이트 1에 저장할 수 있다. 사이트 2와 3에 중복되는 단편들을 결정하기 위해서 먼저 DEPARTMENT를 키 Dnumber에 의해서 수평 단편화한다. 그 다음에 EMPLOYEE, PROJECT, DEPT_LOCATIONS 릴레이션에 유도된 수평 단편화를 적용한다. 유도된 수평 단편화는 이 릴레이션들이 가지고 있는 부서번호에 대한 외래키(그림 4.5에서 각각 Dno, Dnum, Dnumber라고 부르는 애트리뷰트)를 기반으로 한다. 그 다음에 수평 단편화의 결과인 EMPLOYEE 단편들을 {Name, Ssn, Salary, Super_ssn, Dno} 애트리뷰트만을 포함하도록 수직으로 단편화할 수 있다. 그림 22.2는 각각 Dno = 5와 Dno = 4인 조건을 만족하는 EMPLOYEE 릴레이션의 투플들을 포함하는 혼합 단편 EMPD5와 EMPD4를 보여준다. PROJECT, DEPARTMENT, DEPT_LOCATIONS의 수평 단편들도 부서 번호에 의해 유사하게 단편화된다. 이런 모든 단편(사이트 2와 3에 저장된 단편)은 본사 사이트 1에도 저장되어 있기 때문에 중복된다.

(a)

EMPD_5

| Fname | Minit | Lname | Ssn | Salary | Super_ssn | Dno |
|---|---|---|---|---|---|---|
| John | B | Smith | 123456789 | 30000 | 333445555 | 5 |
| Franklin | T | Wong | 333445555 | 40000 | 888665555 | 5 |
| Ramesh | K | Narayan | 666884444 | 38000 | 333445555 | 5 |
| Joyce | A | English | 453453453 | 25000 | 333445555 | 5 |

DEP_5

| Dname | Dnumber | Mgr_ssn | Mgr_start_date |
|---|---|---|---|
| Research | 5 | 333445555 | 1988-05-22 |

DEP_5_LOCS

| Dnumber | Location |
|---|---|
| 5 | Bellaire |
| 5 | Sugarland |
| 5 | Houston |

WORKS_ON_5

| Essn | Pno | Hours |
|---|---|---|
| 123456789 | 1 | 32.5 |
| 123456789 | 2 | 7.5 |
| 666884444 | 3 | 40.0 |
| 453453453 | 1 | 20.0 |
| 453453453 | 2 | 20.0 |
| 333445555 | 2 | 10.0 |
| 333445555 | 3 | 10.0 |
| 333445555 | 10 | 10.0 |
| 333445555 | 20 | 10.0 |

PROJS_5

| Pname | Pnumber | Plocation | Dnum |
|---|---|---|---|
| Product X | 1 | Bellaire | 5 |
| Product Y | 2 | Sugarland | 5 |
| Product Z | 3 | Houston | 5 |

사이트 2의 데이터

(b)

EMPD_4

| Fname | Minit | Lname | Ssn | Salary | Super_ssn | Dno |
|---|---|---|---|---|---|---|
| Alicia | J | Zelaya | 999887777 | 25000 | 987654321 | 4 |
| Jennifer | S | Wallace | 987654321 | 43000 | 888665555 | 4 |
| Ahmad | V | Jabbar | 987987987 | 25000 | 987654321 | 4 |

DEP_4

| Dname | Dnumber | Mgr_ssn | Mgr_start_date |
|---|---|---|---|
| Administration | 4 | 987654321 | 1995-01-01 |

DEP_4_LOCS

| Dnumber | Location |
|---|---|
| 4 | Stafford |

WORKS_ON_4

| Essn | Pno | Hours |
|---|---|---|
| 333445555 | 10 | 10.0 |
| 999887777 | 30 | 30.0 |
| 999887777 | 10 | 10.0 |
| 987987987 | 10 | 35.0 |
| 987987987 | 30 | 5.0 |
| 987654321 | 30 | 20.0 |
| 987654321 | 20 | 15.0 |

PROJS_4

| Pname | Pnumber | Plocation | Dnum |
|---|---|---|---|
| Computerization | 10 | Stafford | 4 |
| New_benefits | 30 | Stafford | 4 |

사이트 3의 데이터

그림 22.2 단편들을 사이트에 할당: (a) 사이트 2의 릴레이션 단편들(부서 번호 5에 대응), (b) 사이트 3의 릴레이션 단편들(부서 번호 4에 대응)

이제 WORKS_ON 릴레이션을 단편화하고, WORKS_ON 릴레이션의 어떤 단편들을 사이트 2와 3에 저장할 것인가를 결정해야 한다. WORKS_ON 릴레이션의 어떠한 애트리뷰트도 각 투플이 어느 부서에 속하는지를 직접적으로 나타내지 않는다는 문제가 있다. 사실상 WORKS_ON의 각 투플은 한 명의 사원 e를 하나의 프로젝트 $P$와 연관시킨다. e가 근무하는 부서 $D$를 기반으로 하거나 $P$를 관리하는 부서 $D'$을 기반으로 하여 WORKS_ON을 단편화할 수 있다. WORKS_ON 릴레이션의 모든 투플에 대해 $D = D'$인 제약 조건이 있다면 단편화는 쉽게 된다. 즉 모든 사원은 그들이 근무하는 부서가 관리하는 프로젝트에서만 일을 할 수 있다면 단편화는 쉽게 된다. 그러나 그림 4.6의 데이터베이스에는 그런 제약 조건이 없다. 예를 들어, WORKS_ON 릴레이션의 투플 <333445555, 10, 10.0>은 부서 5에서 근무하는 사원을 부서 4가 관리하는 프로젝트와 연관시키고 있다. 이런 경우에 그림 22.3이 나타내는 것처럼, 사원이 근무하는 부서(조건 C에 의해 표현됨)를 기반으로 WORKS_ON 릴레이션을 단편화하고, 그 다음에 사원이 일하는 프로젝트를 관리하는 부서를 기반으로 더 단편화한다.

그림 22.3에서 $G_1$, $G_2$, $G_3$ 단편들의 합집합은 부서 5에서 근무하는 사원들에 대한 WORKS_ON 릴레이션의 모든 투플이 된다. 이와 유사하게 $G_4$, $G_5$, $G_6$ 단편들의 합집합은 부서 4에서 근무하는 사원들에 대한 WORKS_ON 릴레이션의 모든 투플이 된다. 반면에 $G_1$, $G_4$, $G_7$ 단편들의 합집합은 부서 5가 관리하는 프로젝트에 대한 WORKS_ON 릴레이션의 모든 투플이 된다. $G_1$부터 $G_9$까지의 각 단편에 대한 조건이 그림 22.3에 있다. WORKS_ON과 같이 M : N 관계를 나타내는 릴레이션에는 여러 가지 논리적 단편화가 가능하다. 그림 22.2의 데이터 분산에서 사이트 2와 3의 EMPLOYEE 투플이나 PROJECT 투플과 조인할 수 있는 모든 단편을 포함하도록 선택한다. 따라서 사이트 2에는 $G_1$, $G_2$, $G_3$, $G_4$, $G_7$ 단편들의 합집합을 저장하고, 사이트 3에는 $G_4$, $G_5$, $G_6$, $G_2$, $G_8$ 단편들의 합집합을 저장한다. 단편 $G_2$와 $G_4$는 양쪽 사이트에 중복된다는 것을 주목하자. 이 할당 방법은 사이트 2나 사이트 3에 있는 지역적인 EMPLOYEE 또는 PROJECT 단편들과 지역적인 WORK_ON 단편 사이의 조인이 완전히 지역적으로 수행되는 것을 허용한다. 이는 대용량 데이터베이스에서 데이터베이스의 단편화와 할당이 얼마나 복잡한지를 명확하게 보여준다. 이 장의 끝에 있는 주요 참고문헌에 이런 분야에서 수행된 일부 연구에 대한 참고 자료들이 있다.

(a) 부서 5에서 근무하는 사원

G1

| Essn | Pno | Hours |
|---|---|---|
| 123456789 | 1 | 32.5 |
| 123456789 | 2 | 7.5 |
| 666884444 | 3 | 40.0 |
| 453453453 | 1 | 20.0 |
| 453453453 | 2 | 20.0 |
| 333445555 | 2 | 10.0 |
| 333445555 | 3 | 10.0 |

C 1= C and (Pno in (SELECT Pnumber FROM PROJECT WHERE Dnum = 5))

G2

| Essn | Pno | Hours |
|---|---|---|
| 333445555 | 10 | 10.0 |

C2 = C and (Pno in (SELECT Pnumber FROM PROJECT WHERE Dnum = 4))

G3

| Essn | Pno | Hours |
|---|---|---|
| 333445555 | 20 | 10.0 |

C3 = C and (Pno in (SELECT Pnumber FROM PROJECT WHERE Dnum = 1))

(b) 부서 4에서 근무하는 사원

G4

| Essn | Pno | Hours |
|---|---|---|

C4 = C and (Pno in (SELECT Pnumber FROM PROJECT WHERE Dnum = 5))

G5

| Essn | Pno | Hours |
|---|---|---|
| 999887777 | 30 | 30.0 |
| 999887777 | 10 | 10.0 |
| 987987987 | 10 | 35.0 |
| 987987987 | 30 | 5.0 |
| 987654321 | 30 | 20.0 |

C5 = C and (Pno in (SELECT Pnumber FROM PROJECT WHERE Dnum = 4))

G6

| Essn | Pno | Hours |
|---|---|---|
| 987654321 | 20 | 15.0 |

C6 = C and (Pno in (SELECT Pnumber FROM PROJECT WHERE Dnum = 1))

(c) 부서 1에서 근무하는 사원

G7

| Essn | Pno | Hours |
|---|---|---|

C7 = C and (Pno in (SELECT Pnumber FROM PROJECT WHERE Dnum = 5))

G8

| Essn | Pno | Hours |
|---|---|---|

C8 = C and (Pno in (SELECT Pnumber FROM PROJECT WHERE Dnum = 4))

G9

| Essn | Pno | Hours |
|---|---|---|
| 888665555 | 20 | Null |

C9 = C and (Pno in (SELECT Pnumber FROM PROJECT WHERE Dnum = 1))

그림 22.3 WORK_ON 릴레이션의 완전하고 겹치지 않는 단편들: (a) 부서 5에서 근무하는 사원들을 위한 WORK_ON의 단편들(C = [Essn IN (SELECT Ssn FROM EMPLOYEE = WHERE Dno = 5)]), (b) 부서 4에서 근무하는 사원들을 위한 WORK_ON의 단편들(C = [Essn IN (SELECT Ssn FROM EMPLOYEE =WHERE Dno = 4)]), (c) 부서 1에서 근무하는 사원들을 위한 WORK_ON의 단편들(C = [Essn IN (SELECT Ssn FROM EMPLOYEE = WHERE Dno = 1)])

## 22.3 분산 데이터베이스에서 동시성 제어와 회복의 개요

동시성 제어와 회복에 있어서 중앙집중식 DBMS 환경에서는 없었던 많은 문제가 분산 DBMS 환경에서 발생한다. 이런 문제들은 다음과 같다.

- **데이터 항목의 여러 사본들 관리.** 동시성 제어 기법은 이런 사본들의 일관성을 유지할 책임을 갖는다. 회복 기법은 사본이 저장된 사이트가 고장나고 나중에 회복되면 그 사본이 다른 사본들과 일치되어야 하는 책임을 갖는다.
- **개별 사이트의 고장.** 하나 이상의 사이트가 고장날 때 가능하면 DDBMS는 동작 중인 사이트와 함께 계속해서 동작해야 한다. 고장난 사이트가 회복되었을 때 그 사이트의 지역 데이터베이스는 분산 데이터베이스 시스템과 재결합되기 전에 나머지 사이트와 같이 최신 내용으로 갱신해야 한다.
- **통신 회선의 고장.** 시스템은 사이트를 연결하는 통신 회선의 고장을 다룰 수 있어야 한다. 이런 문제의 극단적인 경우는 **네트워크 분할**(network partitioning)이다. 네트워크 분할은 사이트들을 둘 이상의 분할로 나누게 되며, 각 분할 내의 사이트는 같은 분할 내의 사이트와는 통신할 수 있으나 다른 분할에 속한 사이트와는 통신할 수 없다.
- **분산 완료.** 일부 사이트가 완료 처리 중에 고장나면 다수의 사이트에 저장된 데이터베이스에 접근하는 트랜잭션을 완료하는 데 문제가 생길 수 있다. 이런 문제를 다루기 위해서 일반적으로 **2단계 완료 프로토콜**(20.6절 참조)이 사용된다.
- **분산 교착상태.** 여러 개의 사이트가 관련된 교착상태가 발생할 수 있다. 따라서 이런 문제를 해결하기 위해서 교착상태를 처리하는 기법들을 확장해야 한다.

분산 동시성 제어와 회복 기법들은 위에 기술한 문제들과 그 외의 문제들을 다루어야 한다. DDBMS에서 동시성 제어와 회복을 다루기 위해 제안된 방법들 중에서 몇 개를 논의한다.

### 22.3.1 데이터 항목의 식별 사본에 기반을 둔 분산 동시성 제어

분산 데이터베이스에서 중복 데이터 항목들을 다루기 위해서 중앙집중식 데이터베이스에서 사용된 동시성 제어 기법들을 확장한 많은 동시성 제어 기법이 제안되었다. 중앙집중식 환경에서의 **로킹**을 확장한 관점에서 이런 기법들을 설명한다. 다른 동시성 제어 기법에도 유사한 확장들이 적용된다. 이 아이디어는 각 데이터 항목의 **특정 사본**을 **식별 사본**(distinguished copy)으로 지정하는 것이다. 이 데이터 항목에 대한 로크들은 식별 사본과 연관되고, 모든 로크 획득과 로크 해제 요청들은 식별 사본을 포함하는 사이트로 보내진다.

이 아이디어에 기반을 둔 많은 기법이 있지만 이들은 식별 사본을 선택하는 방법에 차이가 있다. **주 사이트**(primary site) **기법**에서는 모든 식별 사본이 같은 사이트에 유지된다. 이런 방법의 변형은 **백업 사이트**를 가진 주 사이트이다. 또 다른 방법은 다양한 데이터 항목의 식별 사본들이 서로 다른 사이트에 저장될 수 있는 **주 사본**(primary copy) **기법**이다. 어떤 데이터 항목의 식별 사본을 포함하는 사이트는 기본적으로 그 항목에 대한 동시성 제어에서 **조정자 사이트**(**coordinator site**)로서 행동한다. 지금부터 이 기법들을 설명한다.

**주 사이트 기법.** 이 기법은 하나의 **주 사이트**가 모든 데이터베이스 항목을 위한 조정자 사이트로 지정된다. 모든 로크가 그 사이트에 유지되고 모든 로크 획득과 로크 해제 요청은 그 사이트로 보내진다. 그러므로 이 기법은 중앙집중식 로킹 기법의 확장이다. 예를 들어, 만약 모든 트랜잭션이 2단계 로킹 프로토콜을 따른다면 직렬 가능성이 보장된다. 이 기법의 장점은 중앙집중식 기법의 단순한 확장이므로 복잡하지 않다는 것이다. 그렇지만 이 기법은 본질적인 단점들을 갖는다. 하나의 단점은 모든 로킹 요청이 하나의 사이트로 보내지므로 그 사이트에 과부하가 발생해서 시스템 병목 현상을 일으킬 수 있다. 또 다른 단점은 모든 로킹 정보가 주 사이트에만 유지되므로 주 사이트의 고장은 전체 시스템을 마비시킨다는 것이다. 이것은 시스템의 신뢰도와 가용성을 떨어뜨린다.

모든 로크는 주 사이트에서 처리되지만 데이터 항목들 자체는 그들이 저장된 어떠한 사이트에서도 접근할 수 있다. 예를 들어, 일단 한 트랜잭션이 주 사이트로부터 데이터 항목에 대한 읽기 로크를 획득하면 그 트랜잭션은 해당 데이터 항목의 어떠한 사본도 접근할 수 있다. 그러나 일단 한 트랜잭션이 쓰기 로크를 획득해서 데이터 항목을 갱신하면 DDBMS는 로크를 해제하기 전에 그 데이터 항목의 모든 사본을 갱신해야 한다.

**백업 사이트를 가진 주 사이트.** 이 기법은 **백업 사이트** 역할을 하는 보조 사이트를 지정해서 주 사이트 기법의 두 번째 단점을 해결한다. 모든 로킹 정보는 주 사이트와 백업 사이트 모두에 유지된다. 주 사이트가 고장나면 백업 사이트가 주 사이트가 되고 새로운 백업 사이트가 선택된다. 백업 사이트를 이용할 수 있기 때문에 이 기법은 주 사이트의 고장으로부터 회복하는 과정을 단순화한다. 새로운 백업 사이트를 선택하고 로크 상태 정보를 그 사이트로 복사한 후에 처리가 재개된다. 그러나 모든 로크 요청과 로크의 허가는 응답을 요청한 트랜잭션에 보내지기 전에 주 사이트와 백업 사이트에서 처리되어야 하기 때문에 로크 획득 과정이 느리다. 로크 요청들 때문에 주 사이트와 백업 사이트에 과부하를 야기하고 시스템의 성능을 저하시키는 문제는 해결되지 않은 채로 남아 있다.

**주 사본 기법.** 이 기법은 데이터 항목들의 식별 사본들을 여러 사이트에 저장함으로써 각 사이트들 사이의 로크 조정 부하를 분산한다. 한 사이트의 고장은 주 사본이 그 사이트에 존재하는 항목들에 대한 로크를 접근하고 있는 트랜잭션들에는 영향을 미치지만 다른 트랜잭션들에는 영향을 주지 않는다. 이 기법도 신뢰도와 가용성을 높이기 위해서 백업 사이트들을 사용할 수 있다.

**고장시 새로운 조정자 선정.** 앞의 기법들 중에서 어떠한 기법을 사용하든지 간에 조정자 사이트가 고장날 때마다, 동작하고 있는 사이트들은 새로운 조정자를 선정해야 한다. 백업 사이트가 없는 주 사이트 기법의 경우에는 실행 중인 모든 트랜잭션을 철회하고 재시작해야 하며, 회복 과정은 시간이 매우 오래 걸리게 된다. 회복 처리는 새로운 주 사이트의 선정, 로크 관리자 프로세스 생성, 그 사이트에 모든 로크 정보의 기록을 포함한다. 백업 사이트를 사용하는 기법의 경우에는 백업 사이트가 새로운 주 사이트로 지정되고, 새로운 백업 사이트가 선정되어 새로운 주 사이트로부터 모든 로킹 정보를 받을 동안 트랜잭션 처리가 중단된다.

만약 백업 사이트 $X$가 방금 새로운 주 사이트가 되었다면 $X$는 시스템의 동작 사이트들 중에서 새로운 백업 사이트를 선정할 수 있다. 그러나 백업 사이트가 존재하지 않았거나 주 사이트와 백업 사이트 모두가 고장나면 새로운 조정자 사이트를 선정하기 위해서 선거(election)라고 부르는 과정이 사용될 수 있다. 이 과정에서, 반복해서 조정자 사이트와의 통신 시도에 실패한 어떤 사이트 $Y$는 조정자 사이트가 고장났다고 가정하고, 동작 중인 모든 사이트에 $Y$가 새로운 조정자가 되겠다고 제안하는 메시지를 보냄으로써 선거 과정을 시작할 수 있다. $Y$가 과반수의 yes 투표를 받자마자 $Y$는 새로운 조정자임을 알릴 수 있다. 선거 알고리즘 자체는 복잡하지만 이것이 선거 방법의 주요 아이디어이다. 또한, 이 알고리즘은 동시에 둘 이상의 사이트가 조정자가 되려고 하는 어떠한 시도도 해결할 수 있다. 이 알고리즘을 자세하게 알고 싶으면 이 장의 끝에 있는 주요 참고문헌을 참조하기 바란다.

### 22.3.2 투표에 기반을 둔 분산 동시성 제어

앞 절에서 논의한 중복 항목들에 대한 모든 동시성 제어 기법은 해당 항목에 대한 루크를 유지하는 식별 사본의 아이디어를 사용한다. **투표 기법**(voting method)에는 식별 사본이 없다. 오히려 로크 요청들은 해당 데이터 항목의 사본을 가진 모든 사이트로 보내진다. 각 사본은 자신의 로크를 유지하고 로크 요청을 승인하거나 거부할 수 있다. 만약 어떤 항목에 대한 로크를 요청한 한 트랜잭션이 그 사본들의 과반수 이상에서 로크를 승인받으면, 그 트랜잭션은 로크를 보유하고 모든 사본에게 자신이 로크를 보유했다는 사실을 알린다. 만약 어떤 트랜잭션이 정해진 시간 내에 그 사본들의 과반수 이상에서 로크를 승인받지 못하면, 그 트랜잭션은 로크 요청을 취소하고 취소 사실을 모든 사본에게 알린다.

투표 기법은 결정에 대한 책임이 관련된 모든 사이트에 있기 때문에 진정한 분산 동시성 제어 기법으로 볼 수 있다. 시뮬레이션 연구들은 투표 기법이 식별 사본 기법보다 사이트 간에 메시지 전송량이 많다는 것을 보였다. 만약 투표 알고리즘이 투표 과정 중에 사이트 고장 가능성도 고려한다면 알고리즘은 극히 복잡하게 된다.

### 22.3.3 분산 회복

분산 데이터베이스에서의 회복 처리는 매우 복잡하다. 여기서는 일부 문제들에 대해서 매우 간단한 아이디어만을 제시한다. 몇몇 경우에는 다른 사이트와 많은 메시지 교환 없이 어떤 사이트가 고장났는지를 결정하기가 매우 어렵다. 예를 들어, 사이트 $X$가 사이트 $Y$에게 메시지를 보내고 $Y$로부터 응답을 기다렸지만 받지 못했다고 가정하자. 다음과 같은 몇 개의 가능한 원인이 있다.

- 통신 고장으로 메시지가 $Y$에게 전달되지 않았다.
- 사이트 $Y$가 고장나서 응답할 수 없다.
- 사이트 $Y$가 동작 중이고 응답을 보냈지만 응답이 $X$에게 전달되지 않았다.

추가적인 정보 또는 추가적인 메시지 전송이 없으면 실제로 무슨 일이 일어났는지를 결정하는 것이 매우 어렵다.

분산 환경에서의 또 다른 회복 문제는 분산 완료이다. 트랜잭션이 여러 사이트에서 데이터를 갱신할 때 그 모든 사이트에서 트랜잭션의 결과를 잃어버리지 않는다는 것을 확신하기 전까지는 트랜잭션을 완료할 수 없다. 이는 각 사이트마다 그 사이트의 디스크 로그에 그 사이트에 관련된 트랜잭션의 결과를 영구적으로 기록해야 한다는 것을 의미한다. 20.6절에서 논의한 2단계 완료 프로토콜은 분산 완료의 정확성을 보장하기 위해서 자주 사용된다.

## 22.4 분산 데이터베이스에서 트랜잭션 관리 개요

전역 트랜잭션과 지역 트랜잭션을 관리하는 소프트웨어 모듈은 DDBMS의 동시성 제어 관리자 및 회복 관리자와 함께 트랜잭션의 ACID 특성(19장 참조)을 보장한다.

분산 트랜잭션을 지원하기 위해서 **전역 트랜잭션 관리자**(global transaction manager)라고 부르는 구성 요소가 추가되었다. 트랜잭션이 시작된 사이트는 전역 트랜잭션 관리자의 역할을 임시로 맡아 다수의 사이트의 트랜잭션 관리자들과 함께 데이터베이스 연산의 수행을 조정한다. 트랜잭션 관리자는 자신의 기능을 응용 프로그램에서 이용할 수 있도록 인터페이스를 제공한다. 이런 인터페이스에서 제공되는 연산들은 19.2.1절에서 논의한 것과 유사한, BEGIN_TRANSACTION, READ, WRITE, END_TRANSACTION, COMMIT_TRANSACTION, ROLLBACK(또는 ABORT)이다. 트랜잭션 관리자는 고유한 식별자, 시작 사이트, 이름 등 각 트랜잭션과 관련된 정보를 저장한다. 지역 사본이 유효하고 이용 가능하면 이를 READ 연산에 제공한다. WRITE 연산에 대해서는 갱신하려는 데이터 항목의 사본을 저장하고 있는 모든 사이트에 갱신이 반영됨을 보장한다. ABORT 연산에 대해서 트랜잭션 관리자는 분산 데이터베이스 내의 어느 사이트에도 트랜잭션의 영향이 반영되지 않도록 보장한다. COMMIT 연산에 대해서는 데이터 항목의 사본을 저장하고 있는 모든 데이터베이스에 갱신 결과가 영구히 반영되도록 보장한다. 분산 트랜잭션의 원자적인 종료(COMMIT/ABORT)는 일반적으로 2단계 완료 프로토콜(21.6절 참조)을 사용하여 구현한다.

트랜잭션 관리자는 데이터베이스 연산 및 관련 정보를 동시성 제어기에게 넘긴다. 동시성 제어기는 필요한 로크를 획득하고 해제하는 일을 담당한다. 이미 로크가 걸린 자원을 트랜잭션이 접근하려고 하면 로크가 해제될 때까지 기다려야 한다. 일단 로크를 획득하면 연산이 런타임 프로세서에게 전달된다. 런타임 프로세서는 데이터베이스 연산을 실제로 수행한다. 연산의 수행이 끝난 후에는 로크를 해제하고, 연산의 결과를 갖고 트랜잭션 관리자가 수정된다.

### 22.4.1 2단계 완료 프로토콜

21.6절에서 2단계 완료 프로토콜(2PC: *Two-Phase Commit Protocol*)를 기술하였다. 2단계 완료 프로토콜은 지역 회복 관리자 및 지역 회복 관리자에 요구되는 정보(로그, 테이블)뿐

만 아니라 회복을 위해 요구되는 정보를 유지하기 위해서 **전역 회복 관리자**(global recovery manager) 또는 **조정자**(coordinator)를 필요로 한다. 2단계 완료 프로토콜에 존재하는 단점들 때문에 3단계 완료 프로토콜이 개발되었다.

### 22.4.2 3단계 완료 프로토콜

2PC의 가장 큰 단점은 2PC가 블로킹(봉쇄) 프로토콜이라는 것이다. 조정자가 고장나면 모든 참여자들은 조정자가 회복할 때까지 기다리게 된다. 이는 성능 저하를 유발한다. 특히 참여자들이 공유 자원에 대한 로크를 보유하고 있는 상태라면 더 심각한 성능 저하가 발생한다. 트랜잭션의 결과를 결정할 수 없게 만드는 다른 유형의 문제들이 발행할 수도 있다.

이런 문제들을 **3단계 완료 프로토콜**(3PC: Three-Phase Commit Protocol)이 해결할 수 있다. 3단계 완료 프로토콜은 두 번째 단계를 **완료 준비**(prepare-to-commit)와 완료(commit) 등 두 개의 하위 단계로 나눈다. 완료 준비 단계는 투표 단계의 결과를 모든 참여자들에게 전송하는 데 사용된다. 만일 모든 참여자들이 '예'라고 투표했다면 조정자는 참여자들에게 완료 준비 단계에 들어가라고 알려준다. 3단계 완료 프로토콜의 완료 단계는 2단계 완료 프로토콜의 완료 단계와 동일하다. 이제, 조정자가 하위 단계에서 붕괴되면 다른 참여자는 트랜잭션의 결과를 알 수 있으므로 그 트랜잭션을 종료시킬 수 있다. 참여자는 붕괴된 참여자에게 완료 준비 메시지를 받았는지 여부를 물어볼 수 있다. 만일 받지 않았다면 안전하게 그 트랜잭션을 철회할 수 있다. 따라서 어떤 참여자가 붕괴되는지에 관계없이 프로토콜의 상태가 회복될 수 있다. 또한 트랜잭션을 완료하거나 철회하는 데 요구되는 시간을 최대 타임아웃 시간으로 제한함으로써 3PC를 통해 완료하려는 트랜잭션이 타임아웃 때 로크를 풀도록 보장할 수 있다.

핵심 아이디어는 완료하겠다고 결정한 후에 참여자가 조정자로부터 전역 완료 또는 전역 철회를 기다리는 시간을 제한하는 것이다. 한 참여자가 완료 준비 메시지를 받으면 그 참여자는 나머지 모든 참여자들이 완료하겠다고 투표했음을 알 수 있다. 만일 완료 준비 메시지가 도착하지 않으면 그 참여자는 그 트랜잭션을 철회하고 모든 로크들을 해제한다.

### 22.4.3 트랜잭션 관리를 위한 운영체제 지원

운영체제가 트랜잭션 관리를 지원할 때의 장점은 아래와 같다.

- 전형적으로 DBMS는 공유 자원에 대한 배타적인 접근을 보장하기 위하여 자체 세마포[8)]를 사용한다. 이런 세마포가 DBMS 응용 소프트웨어 단계에서 사용자 주소공간 내에 구현되므로 운영체제는 세마포에 대해 알지 못한다. 그러므로 로크를 보유한 DBMS 프로세스를 운영체제가 비활성화시키면 이 로크를 원하는 다른 DBMS 프로세스들이 큐에서 이 자원을 기다리게 된다. 이런 상황은 심각한 성능 저하를 유발할 수 있다. 운영체제 단계에서 세마포에 대한 정보를 갖고 있으면 이런 상황을 제거하는 데 도움이 될 수 있다.

8) 세마포는 병렬 컴퓨팅 시스템에서 경쟁 조건(race condition)을 방지하기 위해 공유 자원에 대해 동기화되고 독점적으로 접근하도록 하는 데 사용되는 데이터 구조이다.

- 로킹을 지원하는 특별한 하드웨어를 사용하여 관련 비용을 줄일 수 있다. DBMS 연산들 중에서 로킹이 매우 흔하기 때문에 하드웨어가 매우 중요할 수 있다.
- 커널을 통해서 공통적인 트랜잭션 지원 연산들을 제공하면 응용 개발자들이 자신들이 개발하는 제품에 새로운 기능을 추가하는 데 집중할 수 있다. 예를 들어, 서로 다른 DDBMS들이 동일한 머신 상에서 공존하고, 이들이 2단계 완료 프로토콜을 선택한 경우에 이 프로토콜을 커널의 일부로 구현하는 것이 도움이 된다. 왜냐하면 DDBMS 개발자들이 자신들의 제품에 새로운 기능을 추가하는 데 집중할 수 있기 때문이다.

## 22.5 분산 데이터베이스에서 질의 처리와 최적화

이제부터 DDBMS가 질의를 처리하고 최적화하는 방법의 개요를 설명한다. 먼저 질의 처리에 수반되는 단계들을 살펴보고, 그 다음에 분산 질의 처리의 통신 비용에 관해 논의한다. 마지막으로 DDBMS에서 일부 유형의 질의들을 최적화하는 데 사용되는 세미조인(*semijoin*)이라고 부르는 특별한 연산에 관해 논의한다. 최적화 알고리즘에 관한 상세한 논의는 이 책의 범위를 벗어난다. 적절한 예를 사용하여 최적화 원칙들을 설명하겠다.[9]

### 22.5.1 분산 질의 처리

분산 데이터베이스 질의는 다음과 같이 여러 단계를 거쳐 처리된다.

1. **질의 사상.** 분산 데이터베이스에 대해서 입력하는 질의는 질의어를 사용하여 표현한다. 이 질의는 전역 릴레이션에 대한 대수 질의로 번역된다. 데이터가 실제로 분산되었는지 중복되었는지는 고려하지 않고, 전역 개념 스키마를 참조하여 번역이 이루어진다. 따라서 중앙집중식 DBMS에서의 번역과 대체로 유사하다. 먼저 정규화하고, 의미적 에러가 있는지 분석하고, 단순화하고, 최종적으로 대수 질의로 재구성한다.
2. **지역화.** 분산 데이터베이스에서는 단편화로 인해 릴레이션의 단편들이 여러 사이트에 저장된다. 일부 단편들은 중복될 수도 있다. 이 단계는 데이터 분산과 중복 정보를 이용하여 전역 스키마에 대한 분산 질의를 개별적인 단편들에 대한 여러 질의들로 사상한다.
3. **전역 질의 최적화.** 최적화는 후보 전략들의 목록에서 최적에 가까운 전략을 선택하는 것이다. 후보 전략들의 목록은 이전 단계에서 생성된 단편 질의 내에서 연산들의 순서를 교환함으로써 얻을 수 있다. 비용을 측정하는 데 시간이 중요한 단위이다. 전체 비용은 CPU 비용, 입출력 비용, 통신 비용의 가중치를 고려

9) 최적화 알고리즘에 대한 상세한 설명은 Ozsu와 Valduriez(1999)를 참조하라.

하여 조합한 것이다. DDB가 네트워크로 연결되기 때문에 흔히 네트워크 상의 통신 비용이 가장 큰 비중을 차지한다. 사이트들이 원거리 네트워크(WAN)로 연결된 경우에는 특히 더 그렇다.

4. **지역 질의 최적화.** 이 단계는 DDB의 모든 사이트에서 공통된다. 중앙집중식 시스템에서 사용되는 기법과 유사한 기법이 사용된다.

위에서 설명한 4개의 단계 중에서 단계 1부터 단계 3까지는 중앙 제어 사이트에서 수행되고, 단계 4는 지역적으로 수행된다.

### 22.5.2 분산 질의 처리의 데이터 전송 비용

18장에서 중앙집중식 DBMS에서의 질의 처리와 최적화에 관련된 쟁점들을 논의하였다. 분산 시스템에서는 여러 가지 부가적인 요소가 질의 처리를 보다 복잡하게 한다. 첫 번째 요소는 네트워크상에서 데이터를 전송하는 비용이다. 이때의 데이터는 처리를 위해 다른 사이트들로 전송해야 하는 중간 파일들뿐만 아니라 질의 결과가 필요한 사이트로 전송해야 하는 최종 결과 파일들도 포함한다. 사이드들이 고속의 근거리 네트워크로 연결되어 있으면 데이터 전송 비용이 크지 않지만 다른 유형의 네트워크에서는 데이터 전송 비용의 비중이 매우 높다. 따라서 DDBMS의 질의 최적화 알고리즘들은 분산 질의 실행 전략을 선택하는 최적화 기준의 하나로서 데이터 전송량의 감소를 목표로 한다.

두 개의 간단한 질의 예를 가지고 이를 설명한다. 그림 3.5의 EMPLOYEE와 DEPARTMENT 릴레이션이 그림 22.4처럼 분산되어 있다고 가정하자. 릴레이션이 단편화되지 않았다고 가정한다. 그림 22.4에서 보듯이 EMPLOYEE 릴레이션의 크기는 100 * 10,000 = $10^6$ 바이트이고, DEPARTMENT 릴레이션의 크기는 35 * 100 = 3,500바이트이다.

> **질의 Q** "각 사원에 대해서 사원의 이름과 그 사원이 근무하는 부서의 이름을 검색하라"를 고려하자. 이 질의는 다음과 같은 관계 대수로 나타낼 수 있다.
>
> Q: $\pi_{Fname,Lname,Dname}(EMPLOYEE \bowtie_{Dno=Dnumber} DEPARTMENT)$

각 사원이 하나의 부서에 관련된다고 가정하면 이 질의의 결과는 10,000 레코드를 포함할 것이다. 질의 결과에서 각 레코드가 *40*바이트의 길이를 갖는다고 가정하자. 질의가 사이트 3에서 입력되었다면 사이트 3은 질의 결과를 필요로 하므로 결과 사이트라고 부른다. EMPLOYEE와 DEPARTMENT 릴레이션은 사이트 3에 존재하지 않는다. 다음은 위의 분산 질의를 실행하는 세 개의 단순한 전략이다.

1. EMPLOYEE와 DEPARTMENT 릴레이션을 결과 사이트로 전송하고 사이트 3에서 조인을 실행한다. 이 경우에 1,000,000 + 3,500 = 1,003,500바이트를 전송해야 한다.

2. 사이트 2로 EMPLOYEE 릴레이션을 전송해서 사이트 2에서 조인을 실행하고 사이트 3으로 결과를 보낸다. 이 경우에 질의 결과의 크기는 40 * 10,000 = 400,000바이트이므로 400,000 + 1,000,000 = 1,400,000바이트를 전송해야 한다.

3. 사이트 1로 DEPARTMENT 릴레이션을 전송해서 사이트 1에서 조인을 실행하고, 사이트 3으로 결과를 전송한다. 이 경우에 400,000 + 3,500 = 403,500바이트를 전송해야 한다.

데이터 전송의 양을 최소화하는 것이 최적화의 기준이라면 전략 3을 선택해야 한다.

**사이트 1:**

EMPLOYEE

| Fname | Minit | Lname | Ssn | Bdate | Address | Sex | Salary | Super_ssn | Dno |
|---|---|---|---|---|---|---|---|---|---|

10,000개의 레코드
각 레코드의 길이는 100 바이트
Ssn 필드의 길이는 9 바이트 Fname 필드의 길이는 15 바이트
Don 필드의 길이는 4 바이트 Lname 필드의 길이는 15 바이트

**사이트 2:**

EMPLOYEE

| Dname | Dnumber | Mgr_ssn | Mgr_start_date |
|---|---|---|---|

100개의 레코드
각 레코드의 길이는 35 바이트
Dnumber 필드의 길이는 4 바이트 Dname 필드의 길이는 10 바이트
Mgr_ssn 필드의 길이는 9 바이트

그림 22.4 전송되는 데이터 양을 설명하는 예

**질의 Q′** "각 부서에 대해서 부서 이름과 부서 관리자의 이름을 검색하라"를 고려하자. 이 질의는 관계 대수로 다음과 같이 나타낼 수 있다.

Q′: $\pi_{Fname,Lname,Dname}$(DEPARTMENT $\bowtie_{Mgr\_ssn=Ssn}$ EMPLOYEE)

다시 위의 질의가 사이트 3에서 입력되었다고 가정하자. 각 부서는 한 명의 관리자를 가진다는 가정하에, Q′의 결과가 단지 100개의 레코드라는 것을 제외하고 Q를 실행하는 똑같은 세 개의 전략을 Q′에 적용한다.

1. EMPLOYEE와 DEPARTMENT 릴레이션을 결과 사이트로 전송해서 사이트 3에서 조인을 실행한다. 이 경우에 1,000,000 + 3,500 = 1,003,500바이트를 전송해야 한다.
2. EMPLOYEE 릴레이션을 사이트 2로 전송해서 사이트 2에서 조인을 실행하고 결과를 사이트 3으로 보낸다. 이 경우에 질의 결과의 크기는 40 * 100 = 4,000바이트이므로 4,000 + 1,000,000 = 1,004,000바이트를 전송해야 한다.
3. DEPARTMENT 릴레이션을 사이트 1로 전송해서 사이트 1에서 조인을 실행하고 결과를 사이트 3으로 전송한다. 이 경우에 4,000 + 3,500 = 7,500바이트를 전송해야 한다.

앞의 질의 Q보다 훨씬 큰 차이로 다시 전략 3을 선택하게 된다. 앞의 세 개의 전략은 결과 사이트(사이트 3)가 질의에 포함된 파일들을 가지고 있는 모든 사이트(사이트 1과 사이트 2)와 다른 경우에 가장 명백한 전략이다. 그러나 결과 사이트가 사이트 2라고 가정하면 두

개의 단순한 전략이 있다.

1. EMPLOYEE 릴레이션을 사이트 2로 전송해서 질의를 실행하고 사이트 2의 사용자에게 결과를 제공한다. 이때 질의 Q와 Q′에 대해서 똑같이 1,000,000바이트를 전송해야 한다.
2. DEPARTMENT 릴레이션을 사이트 1로 전송해서 사이트 1에서 질의를 실행하고 결과를 사이트 2로 보낸다. 이 경우에 질의 Q에 대해서는 400,000 + 3,500 = 403,500바이트를 전송해야 하고, 질의 Q′에 대해서는 4,000 + 3,500 = 7,500바이트를 전송해야 한다.

때로는 이런 단순한 전략들보다 더 좋은 성능을 보이는, 보다 복잡한 전략인 세미조인이라 부르는 연산을 사용한다. 다음 절에서 이 연산을 소개하고 세미조인을 사용한 분산 질의의 실행을 논의한다.

### 22.5.3 세미조인을 사용한 분산 질의 처리

세미조인 연산을 사용한 분산 질의 처리의 아이디어는 다른 사이트로 전송되는 릴레이션의 투플 수를 줄이는 것이다. 직관적으로 이 아이디어는 한 릴레이션 R의 조인 애트리뷰트를 다른 릴레이션 S가 있는 사이트로 전송하는 것이다. 그 다음에 그 애트리뷰트를 S와 조인한다. 다시 결과로 요구되는 애트리뷰트들과 조인 애트리뷰트를 프로젝트해서 원래의 사이트로 보내고 릴레이션 R과 조인한다. 따라서 단지 R의 조인 애트리뷰트만이 한쪽 방향으로 전송되고, R과의 조인에 참여하지 않는 S의 투플 또는 애트리뷰트들을 제외한 S의 부분집합만이 다시 전송된다. S의 일부 투플들만이 R과의 조인에 참여한다면 이 방법은 데이터 전송을 최소화하는 매우 효율적인 해결책이다. 이런 사실을 보이기 위해 질의 Q와 Q′을 실행하는 다음의 전략을 살펴보자.

1. 사이트 2에서 DEPARTMENT의 조인 애트리뷰트를 프로젝트해서 사이트 1로 전송한다. 질의 Q에 대해서 $F = \pi_{\text{Dnumber}}$(DEPARTMENT)를 전송해야 하고, 그 크기는 4 * 100 = 400바이트이다. 반면에 질의 Q′에 대해서는 $F' = \pi_{\text{Mgr\_ssn}}$(DEPARTMENT)를 전송해야 하고, 그 크기는 9 * 100 = 900바이트이다.
2. 사이트 1의 EMPLOYEE 릴레이션과 전송된 파일을 조인하고, 결과에서 요구되는 애트리뷰트들을 사이트 2로 전송한다. 질의 Q에 대해서 $R = \pi_{\text{Dno, Fname, Lname}}$ $(F \ltimes_{\text{Dnumber=Dno}}$ EMPLOYEE)를 전송하며, 그 크기는 34 * 10,000 = 340,000바이트이다. 반면에 Q′에 대해서는 $R' = \pi_{\text{Mgr\_ssn, Fname, Lname}}(F' \ltimes_{\text{Mgr\_ssn=Ssn}}$ EMPLOYEE)를 전송하며, 그 크기는 39 * 100 = 3,900바이트이다.
3. 전송된 파일 $R$ 또는 $R'$을 DEPARTMENT와 조인함으로써 질의를 수행하고 그 결과를 사이트 2의 사용자에게 제공한다.

이런 전략을 사용해서 Q에 대해서는 340,400바이트를 전송하고 Q′에 대해서는 4,800바이트를 전송한다. 단계 2에서 사이트 2로 전송된 EMPLOYEE 애트리뷰트와 투플들은 단계 3에서 DEPARTMENT 투플과 실제로 조인될 것들로만 제한했다. 질의 Q에 대해서 위의 전략은 모든 EMPLOYEE 투플을 전송해서 성능 향상이 없었다. 그렇지만 Q′에 대해서는 10,000

개의 EMPLOYEE 투플 중에서 단지 100개의 투플만을 전송했다.

세미조인 연산은 이런 전략을 정형화하기 위해서 고안되었다. A와 B가 각각 $R$과 $S$의 도메인 호환가능한 애트리뷰트일 때 **세미조인 연산** $R \ltimes_{A=B} S$는 관계 대수식 $\pi_R(R \bowtie_{A=B} S)$와 같은 결과를 낸다. $R$과 $S$가 서로 다른 사이트에 존재하는 분산 환경에서 세미조인은 전형적으로 먼저 $F = \pi_B(S)$를 $R$이 존재하는 사이트로 전송하고, 그 사이트에서 $F$와 $R$을 조인하는 것으로 구현된다.

세미조인 연산에서는 교환 법칙이 성립하지 않는다. 즉 $R \ltimes S \neq S \ltimes R$이다.

### 22.5.4 질의와 갱신 분해

분산 투명성이 없는 DDBMS에서 사용자는 직접 특정 단편들을 사용해서 질의를 작성해야 한다. 예를 들어, 다음의 질의 Q를 고려하자.

> **질의 Q** "부서 5에서 수행하는 프로젝트를 위해서 일하는 각 사원에 대해서 이름과 주당 근무 시간을 검색하라"

사이트 2, 3의 릴레이션이 그림 22.2와 같고, 사이트 1의 릴레이션이 그림 4.6과 같은 분산 데이터베이스에서 위의 질의를 나타내려고 한다. 이런 질의를 작성하는 사용자는 사이트 2(그림 22.2)의 PROJS5와 WORKS_ON5 릴레이션을 참조하는지 또는 사이트 1(그림 4.6)의 PROJECT와 WORKS_ON 릴레이션을 참조하는지를 명시해야 한다. 또한, 사용자는 중복 투명성이 없는 DDBMS에서 갱신할 때에는 중복된 데이터 항목들의 일관성을 유지해야 한다.

반면에 완전한 분산 투명성, 단편화 투명성, 중복 투명성을 제공하는 DDBMS에서는 사용자가 중앙집중식 DBMS에서와 같이 그림 4.5의 스키마에 대해서 질의 또는 갱신을 명시할 수 있다. 갱신 시에 DDBMS는 22.3절에서 논의할 분산 동시성 제어 알고리즘들 중에서 하나를 사용해서 중복된 항목들 사이의 일관성을 유지할 책임이 있다. 질의에 대해서 **질의 분해**(query decomposition) 모듈은 하나의 질의를 각 사이트에서 실행 가능한 **부질의**들로 분해한다. 게다가 부질의의 결과들을 결합해서 질의의 최종 결과를 만드는 전략도 생성해야 한다. 질의에서 참조되는 항목이 중복되어 있을 때마다 DDBMS는 질의를 실행하는 동안 특정 사본을 선택하거나 **구체화**해야 한다.

어느 사본이 질의에서 참조된 데이터 항목들을 포함하는지를 결정하기 위해서 DDBMS는 DDBMS 카탈로그에 저장된 단편화, 중복, 분산 정보를 참조한다. 수직 단편화의 경우에는 각 단편에 대한 애트리뷰트 리스트가 카탈로그에 저장된다. 수평 단편화의 경우에는 때때로 **보호**(guard) 조건이라 부르는 조건이 각 단편에 유지된다. 보호 조건은 단편에 존재하는 투플들을 명시하는 선택 조건이다. 이 조건을 만족하는 투플들만 단편에 저장되는 것이 허용되기 때문에 보호 조건이라고 부른다. 혼합 단편화의 경우에는 애트리뷰트 리스트와 보호 조건 모두가 카탈로그에 유지된다.

(a) EMPD5
애트리뷰트 리스트: Fname, Minit, Lname, Ssn, Salary, Super_ssn, Dno
보호조건: Dno = 5
DEP5
애트리뷰트 리스트: * (모든 애트리뷰트 Dname, Dnumber, Mgr_ssn, Mgr_start_date)
보호조건: Dnumber = 5
DEP5_LOCS
애트리뷰트 리스트: * (모든 애트리뷰트 Dnumber, Location)
보호조건: Dnumber = 5
PROJS5
애트리뷰트 리스트: * (모든 애트리뷰트 Pname, Pnumber, Plocation, Dnum)
보호조건: Dnum = 5
WORKS_ON5
애트리뷰트 리스트: * (모든 애트리뷰트 Essn, Pno,Hours)
보호조건: Essn IN ($\pi_{Ssn}$ (EMPD5)) OR Pno IN ($\pi_{Pnumber}$ (PROJS5))

(b) EMPD4
애트리뷰트 리스트: Fname, Minit, Lname, Ssn, Salary, Super_ssn, Dno
보호조건: Dno = 4
DEP4
애트리뷰트 리스트: * (모든 애트리뷰트 Dname, Dnumber, Mgr_ssn, Mgr_start_date)
보호조건: Dnumber = 4
DEP4_LOCS
애트리뷰트 리스트: * (모든 애트리뷰트 Dnumber, Location)
보호조건: Dnumber = 4
PROJS4
애트리뷰트 리스트: * (모든 애트리뷰트 Pname, Pnumber, Plocation, Dnum)
보호조건: Dnum = 4
WORKS_ON4
애트리뷰트 리스트: * (모든 애트리뷰트 Essn, Pno, Hours)
보호조건: Essn IN ($\pi_{Ssn}$ (EMPD4))
OR Pno IN ($\pi_{Pnumber}$ (PROJS4))

그림 22.5 단편들에 대한 보호 조건과 애트리뷰트 리스트: (a) 사이트 2의 단편, (b) 사이트 3의 단편

앞의 예에서 사이트 1(그림 4.6)의 단편들에 대한 보호 조건은 참(모든 투플)이고, 애트리뷰트 리스트들은 *(모든 애트리뷰트)이다. 그림 22.2의 단편들에 대한 보호 조건과 애트리뷰트 리스트들이 그림 22.5에 있다.

DDBMS가 갱신 요청을 분해할 때 DDBMS는 보호 조건들을 조사해서 어느 단편들을 갱신해야 하는지 결정한다. 예를 들어, 새로운 EMPLOYEE 투플 <'Alex', 'B', 'Coleman', '345671239', '22-APR-64', '3306 Sandstone, Houston, TX', 'M', 33000, '987654321', 4>는 DDBMS에 의해서 두 개의 갱신 요청으로 분해된다. 첫 번째는 사이트 1의 EMPLOYEE 단편에 위의 투플을 삽입하고, 두 번째는 프로젝트된 투플 <'Alex', 'B', 'Coleman', '345671239', 33000, '987654321', 4>를 사이트 3의 EMPD4 단편에 삽입한다.

질의 분해의 경우 DDBMS는 질의 조건을 보호 조건들과 비교함으로써 어느 단편들이 요구된 투플들을 포함하는지 결정할 수 있다. 예를 들어, 다음의 질의 Q를 고려하자.

> **질의 Q** "부서 5에서 수행하는 프로젝트를 위해서 일하는 각 사원에 대해서 이름과 주당 근무 시간을 검색하라"

이 질의는 그림 4.5의 스키마에서 SQL로 다음과 같이 명시할 수 있다.

```
Q:  SELECT  Fname, Lname, Hours
    FROM    EMPLOYEE, PROJECT, WORKS_ON
    WHERE   Dnum=5 AND Pnumber=Pno AND Essn=Ssn;
```

질의가 사이트 2에서 입력되고 그 사이트에서 질의 결과가 필요하다고 가정하자. DDBMS는 PROJS5와 WORKS_ON5에 대한 보호조건으로부터 조건(Dnum = 5 AND Pnumber = Pno)를 만족하는 모든 투플이 사이트 2에 존재한다는 것을 알 수 있다. 따라서 위의 질의를 다음의 관계 대수 부질의들로 분해하는 것이 가능하다.

$T_1 \leftarrow \pi_{\text{Essn}}(\text{PROJS5} \bowtie_{\text{Pnumber=Pno}} \text{WORKS\_ON5})$

$T_2 \leftarrow \pi_{\text{Essn, Fname, Lname}}(T_1 \bowtie_{\text{Essn=Ssn}} \text{EMPLOYEE})$

$\text{RESULT} \leftarrow \pi_{\text{Fname, Lname, Hours}}(T_2 * \text{WORKS\_ON5})$

이 분해는 세미조인 전략을 사용해서 질의를 실행시키기 위해 사용할 수 있다. DDBMS는 보호 조건으로부터 PROJS5가 (Dnum=5)를 만족하는 투플들을 포함하고 있다는 것과 WORKS_ON5가 PROJS5와 조인될 모든 투플을 포함하고 있다는 것을 안다. 따라서 부질의 $T_1$은 사이트 2에서 실행될 수 있고, 프로젝트된 애트리뷰트 Essn은 사이트 1로 되돌려 보낸다. 그러면 사이트 1에서 부질의 $T_2$가 실행될 수 있고 실행 결과를 사이트 2로 되돌려 보낸다. 여기서 최종 질의 결과가 계산되고 사용자에게 보여진다. 또 다른 실행 전략은 질의 자체를 모든 데이터베이스 투플을 포함하는 사이트 1로 보내면 그 곳에서 질의가 지역적으로 실행되고, 그 결과를 사이트 2로 되돌려 보내는 것이다. 질의 최적화기는 두 전략의 비용을 계산해서 보다 적은 비용을 가지는 전략을 선택할 수 있다.

## 22.6 분산 데이터베이스 시스템의 유형

분산 데이터베이스 관리 시스템이라는 용어는 많은 면에서 서로 다른 여러 시스템을 설명할 수 있다. 그런 모든 시스템의 주요 공통점은 데이터와 소프트웨어가 여러 형태의 통신망으로 연결된 다수의 사이트에 분산되어 있다는 사실이다. 이 절에서는 여러 가지 DDBMS의 유형과 이 시스템들에서 차이가 나는 요소와 기준들을 논의한다.

고려할 첫 번째 요소는 DDBMS의 **동질성의 정도**(degree of homogeneity)이다. 만약 모든 서버 또는 각 지역 DBMS가 동일한 소프트웨어를 사용하고 모든 사용자(클라이언트)가 동일한 소프트웨어를 사용한다면, 이런 DDBMS를 **동질**(homogeneous) DDBMS라고 부른다. 그렇지 않으면 **이질**(heterogeneous) DDBMS라고 부른다. 동질성의 정도와 관련된 또 다른 요소는 **지역 자치성의 정도**(degree of local autonomy)이다. 만일 지역 사이트가 독립적인 DBMS로 동작할 수 없다면 그 시스템은 지역 자치성을 갖지 못한다. 반면에 지역 트랜잭션들이 직접 서버에 접근할 수 있다면 그 시스템은 어느 정도의 지역 자치성을 갖는다.

그림 22.6은 분산, 자치성, 이질성의 직각 축들을 따라 DDBMS 대안들을 분류한 것을 보여준다. 중앙집중식 데이터베이스에는 완전한 자치성이 있지만 분산과 이질성은 전혀 없다(그림에서 점 A). 지역 자치성의 정도가 연합 시스템과 다중 데이터베이스 시스템으로 분류하는 토대가 된다는 것을 알 수 있다. 자치성의 범위의 한쪽 끝에는 자치성이 전혀 없는 중앙집중식 DBMS처럼 보이는 DDBMS가 있다(그림에서 점 B). 이런 시스템에는 단일 개념 스키마가 존재해서, DDBMS의 일부인 한 사이트를 통해 시스템에 대한 모든 접근이 이루어진다. 이는 지역 자치성이 없음을 의미한다. 자치성의 축을 따라 **연합 데이터베이스 시스템**(FDBS: Federated Database System)(점 C)과 **다중 데이터베이스 시스템**(MDBS: Multidatabase System)(점 D)이라고 부르는, DDBMS의 두 가지 유형을 만난다. 이런 시스템에서 각 서버는 자신의 지역 사용자, 지역 트랜잭션, 데이터베이스 관리자를 가지는 독립적이고 자치적인 중앙집중식 DBMS이다. 따라서 각 서버는 매우 높은 지역 자치성을 갖는다. 연합 데이터베이스 시스템이라는 용어는 데이터베이스들의 연합에 대해서 응용들이 공유하는 전역 뷰 또는 전역 스키마가 있을 때 사용된다(점C). 이에 반해서 다중 데이터베이스 시스템은 하나의 전역 스키마를 갖지 않는다는 점에서 완전한 지역 자치성을 갖지만, 응용이 필요로 할 때마다 대화식으로 스키마를 구성한다(점D).

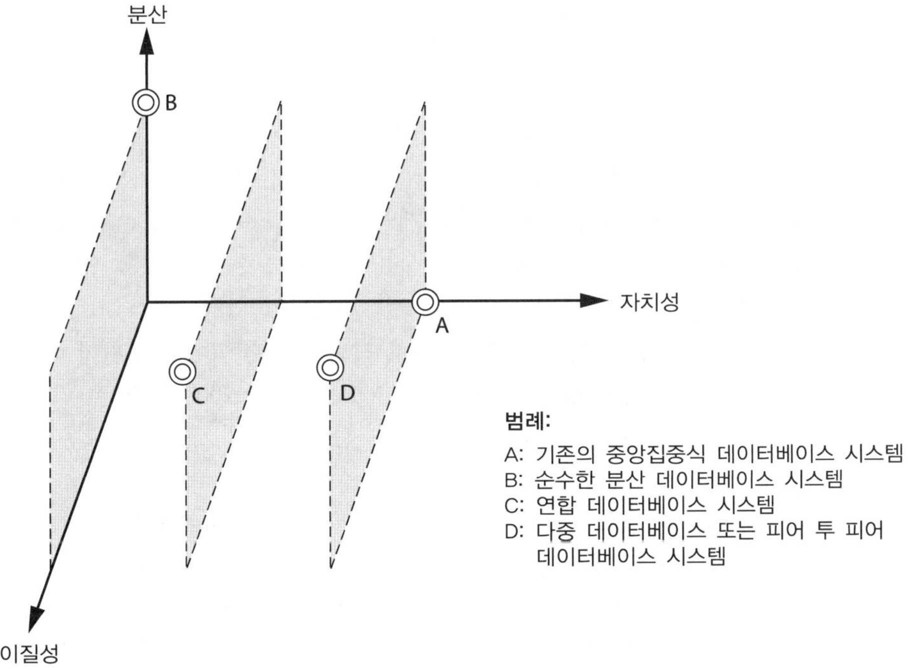


그림 22.6 분산 데이터베이스의 분류

두 시스템은 분산 시스템과 중앙집중식 시스템 사이의 혼합이며, 이 책에서 구분한 차이점이 엄격하게 적용되지는 않는다. 일반적인 의미로 두 시스템을 모두 FDBS라고 부르겠다. 그림에서 점 D는 완전한 지역 자치성과 완전한 이질성을 가진 시스템을 나타낼 수도 있다. 이런 시스템이 피어 투 피어 데이터베이스 시스템이다. 이질적인 FDBS에서 한 서버는 관계 DBMS이고, 다른 서버는 네트워크 DBMS(예: Computer Accociates' IDMS 또는 HP의 IMAGE/3000)이고, 세 번째 서버는 객체 DBMS(예: Object Design의 ObjectStore) 또는 계층 DBMS(예: IBM의 IMS)일 수 있다. 이런 경우에는 하나의 표준 시스템 언어를 사용하고, 표준 언어로 작성된 부질의를 각 서버의 언어로 변환하는 언어 번역기를 포함하는 것이 필요하다.

다음 절에서 FDBS의 설계에 영향을 주는 문제들을 간단하게 논의한다.

### 22.6.1 연합 데이터베이스 관리 시스템 문제

FDBS에 존재하는 이질성의 유형은 여러 소스로부터 유래된다. 먼저 이런 소스들을 논의하고, 어떻게 여러 유형의 자치성이 이질 FDBS에서 반드시 해결해야 하는 의미적 이질성을 초래하는지를 설명한다.

- **데이터 모델의 차이.** 한 조직체의 데이터베이스들은 레거시 모델(계층과 네트워크 데이터 모델), 관계 데이터 모델, 객체 데이터 모델, 심지어 파일에 이르기까지 다양한 데이터 모델에 기반을 두고 있다. 모델들의 모델링 능력은 서로 다르다. 따라서 여러 모델들을 하나의 전역 스키마를 통해서 균일하게 다루거나 하나의 언어로 처리하는 것은 어렵다. 두 개의 데이터베이스가 RDBMS 환경을 기반으로 하더라도 동일한 정보가 서로 다른 데이터베이스에서 하나의 애트리뷰트 이름, 릴레이션 이름, 또는 값으로 표현될 수 있다. 이는 메타데이터를 기반으로 정보를 연관시키는 지능적인 질의 처리 메카니즘을 필요로 한다.
- **제약 조건의 차이.** 제약 조건을 명시하고 구현하는 것이 시스템마다 서로 다르다. 전역 스키마를 구축하기 위해서 해결해야 할 특징들이 있다. 예를 들어, ER 모델에서의 관계는 관계 모델에서 참조 무결성 제약 조건으로 표현된다. 관계 모델에서 어떤 제약 조건을 구현하기 위해 트리거를 사용해야 하는 경우도 있다. 전역 스키마는 제약 조건들 간에 존재하는 잠재적인 충돌을 해결해야 한다.
- **질의어의 차이.** 동일한 데이터 모델하에서도 질의어 및 질의어의 버전이 다를 수 있다. 예를 들어, SQL에는 SQL-89, SQL-92, SQL-99, SQL:2008과 같은 여러 버전이 있고, 각 시스템에는 데이터 타입, 비교연산자, 문자열 조작 기능들의 고유한 집합이 있다.

**의미적 이질성.** 의미적 이질성(semantic heterogeneity)은 동일한 데이터 또는 연관된 데이터의 의미, 해석, 의도된 사용에 차이가 있을 때 발생한다. DDBS를 구성하는 데이터베이스 시스템 간의 의미적 이질성은 이질 데이터베이스의 전역 스키마를 설계할 때 가장 큰 장애가 된다. DDBS를 구성하는 DBS들에 대한 **설계 자치성**(design autonomy)은 다음과 같은 설계 매개 변수들을 선택할 때의 자유로움을 의미한다. 설계 매개 변수들은 다시 FDBS의 최종적인 복잡성에 영향을 미친다.

- **데이터가 유래되는 범위.** 예를 들어, 연합 데이터베이스 내의 두 개의 고객 계좌 데이터베이스가 미국과 일본에 속한 것일 수 있다. 두 나라의 계좌 처리 방식이 매우 다르기 때문에 두 데이터베이스는 완전히 상이한 애트리뷰트들의 집합으로 이루어진다. 통화율의 변동도 문제를 야기할 수 있다. 따라서 이 두 데이터베이스에 속한 릴레이션들은 CUSTOMER 또는 ACCOUNT와 같이 동일한 이름을 가졌더라도 공통된 정보 일부와 완전하게 다른 정보 일부를 가질 수 있다.
- **표현과 이름 부여.** 데이터 요소에 대한 표현과 이름 부여, 데이터 모델의 구조는 각각의 지역 데이터베이스에 대해서 미리 명시될 수 있다.
- **데이터에 대한 이해, 의미, 주관적인 해석.** 이는 의미적 이질성의 중요한 요인이다.
- **트랜잭션과 정책 제약 조건.** 이는 직렬 가능성 기준, 보상 트랜잭션, 기타 트랜잭션 정책들을 다룬다.
- **요약 정보의 유도.** 시스템이 지원하는 집단화, 요약, 기타 데이터 처리 기능과 연산들

모든 주요 다국적 기업과 정부 기구들이 의미적인 이질성과 관련된 위의 문제들에 직면해 있다. 오늘날의 상업 환경에서 대부분의 기업들은 이질적인 FDBS에 의존하여, 지난 20~30여년 간 여러 가지 플랫폼상에서 다양한 데이터 모델을 사용하여 개별적인 데이터베이스 시스템 개발에 막대한 투자를 해왔다. 기업들은 다양한 형태의 소프트웨어를 사용하고 있다. 전역 응용으로부터 개별적인 데이터베이스로 질의와 트랜잭션들을 전송을 관리하고, 이질적인 데이터베이스 서버로부터 전역 응용으로 데이터를 전송하기 위해서 **미들웨어**, **응용 서버**라고 부르는 웹 기반 패키지(예: WebLogic, WebSphere), **전사적 자원 관리**(ERP: Enterprise Resource Planning)라고 부르는 일반적인 시스템(예: SAP, J.D.Edwards ERP) 등을 사용하고 있다. 이런 유형의 소프트웨어 시스템을 상세하게 논의하는 것은 본 책의 범위를 벗어난다.

최고의 투명성을 제공하는 것이 분산 데이터베이스 아키텍처의 목표이기 때문에 지역 데이터베이스가 자치성을 보존하도록 노력한다. 개별 DBS의 **통신 자치성**(communication autonomy)은 다른 개별 DBS와 통신할 것인지의 여부를 결정할 수 있는 능력을 의미한다. **실행 자치성**(execution autonomy)은 개별 DBS가 다른 개별 DBS의 외부 연산들의 간섭을 받지 않고 지역 연산들을 수행하는 능력, 지역 연산들의 수행 순서를 결정하는 능력을 의미한다. DDBS를 구성하는 DBS의 **연관 자치성**(association autonomy)은 자신의 기능(연산)과 자원(데이터)들을 다른 개별 DBS와 공유할 것인가의 여부와 어느 정도로 공유할 것인지를 결정하는 능력을 말한다. FDBS를 설계하는 데 수반되는 중요한 문제는 개별 DBS들이 위와 같은 자치성들을 가지면서 상호 협력할 수 있도록 하는 것이다.

## 22.7 분산 데이터베이스 아키텍처

이 절에서는 병렬과 분산 데이터베이스 아키텍처 간의 차이점을 간단히 살펴본다. 현재 산업계에서 두 가지 아키텍처가 모두 널리 퍼져 있지만 대규모 기업들에서 분산 아키텍처의 사용이 계속 늘어나고 있다는 다양한 징후가 존재한다. 병렬 아키텍처는 트랜잭션 처리와 웨어하우스 응용 분야에서 당면하는 데이터 양을 다루기 위해서 다중처리기 아키텍처가 필요한 고성능 컴퓨팅 분야에서 흔히 볼 수 있다. 그 다음에는 분산 데이터베이스의 일반적인 아키텍처를 소개한다. 마지막으로 3층 클라이언트-서버 아키텍처와 연합 데이터베이스 시스템을 논의한다.

### 22.7.1 병렬 아키텍처 대 분산 아키텍처

널리 사용되는 다중 프로세서 시스템 아키텍처의 두 가지 주요 유형은 아래와 같다.

- **공유 메모리(밀접하게 결합된) 아키텍처.** 다수의 프로세서가 보조 기억 장치(디스크)와 주기억 장치를 공유한다.
- **공유 디스크(느슨하게 결합된) 아키텍처.** 다수의 프로세서가 보조 기억 장치(디스크)를 공유하지만 각자의 주기억 장치를 갖고 있다.

이런 아키텍처들은 프로세서들이 네트워크를 통해서 메시지를 교환하는 오버헤드 없이 통신할 수 있도록 한다.[10] 이와 같은 아키텍처를 사용하여 개발된 데이터베이스 관리 시스템은 병렬 프로세서 기술을 이용하기 때문에 DDBMS라 하지 않고, 병렬 데이터베이스 관리 시스템(parallel database management system)이라 부른다. 또 다른 다중 프로세서 아키텍처는 shared nothing 아키텍처라고 부른다. 이 아키텍처에서 모든 프로세서는 각자 자신의 주기억 장치와 보조 저장 장치(디스크)를 가지므로 공유하는 메모리가 없으며, 프로세서들은 고속의 상호 연결 네트워크(버스 또는 스위치)를 통해서 통신한다. Shared nothing 아키텍처가 분산 데이터베이스 컴퓨팅 환경과 유사하지만 연산의 형태에는 큰 차이가 존재한다. Shared nothing 다중 프로세서 아키텍처에서는 노드들이 대칭적이고 동질적인 데 반해서 분산 데이터베이스 환경에서는 각 노드의 하드웨어와 운영체제가 서로 다른 경우가 흔하다. 또한 shared nothing 아키텍처는 병렬 데이터베이스를 위한 환경으로 간주된다. 그림 22.7(a)는 병렬 데이터베이스(shared nothing)를, 그림 22.7(b)는 분산 접근이 제공되는 중앙 집중식 데이터베이스를, 그림 22.7(c)는 순수한 분산 데이터베이스를 각각 보여준다. 병렬 아키텍처 및 이와 관련된 데이터 문제들은 여기서 더 이상 논의하지 않는다.

10) 주기억 장치와 보조 기억 장치를 공유하는 아키텍처는 shared everything 아키텍처라고 부른다.

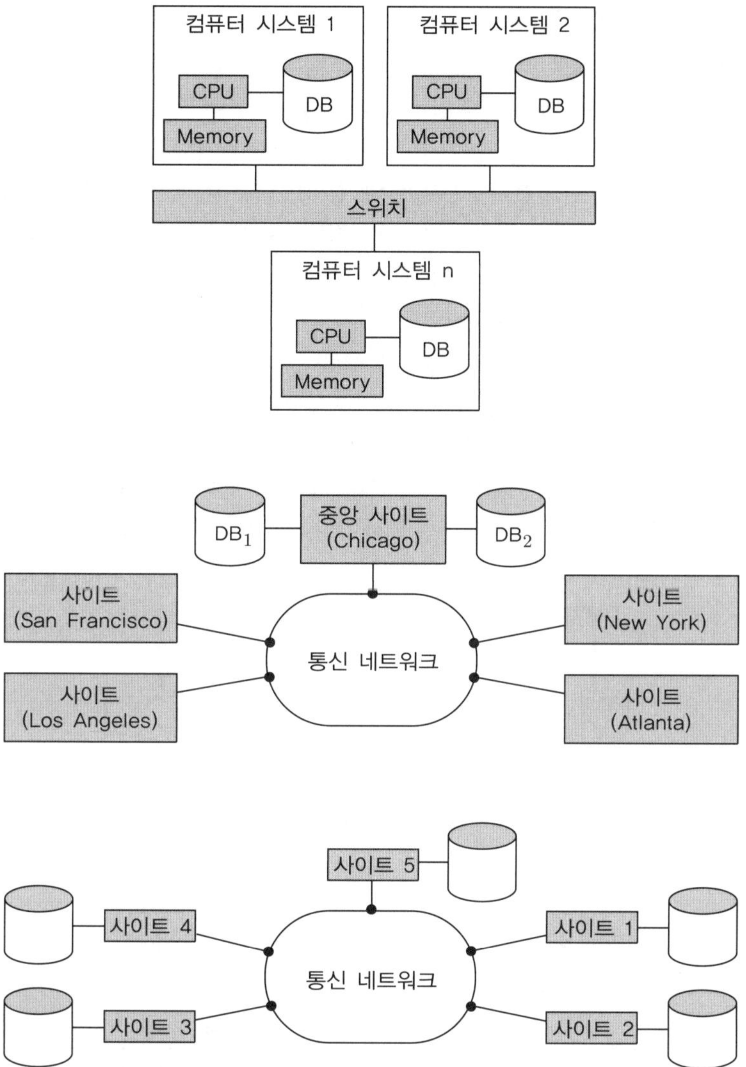


그림 22.7 몇 가지 데이터베이스 시스템 아키텍처: (a) shared nothing 아키텍처, (b) 여러 사이트 중에서 한 사이트에 중앙집중식 데이터베이스가 있는 네트워크된 아키텍처, (c) 완전한 분산 데이터베이스 아키텍처

## 22.7.2 순수한 분산 데이터베이스의 일반적인 아키텍처

이 절에서는 DDB의 논리적인 아키텍처 모델과 구성 요소 아키텍처 모델을 논의한다. DDB의 일반적인 스키마 아키텍처를 설명하는 그림 22.8에서, 모든 노드에 걸쳐 저장되어 있는 데이터의 논리적인 구조가 일관되고 통합된 뷰로 기업에 제시된다. 이 뷰는 네트워크 투명성을 제공하는(22.1.2절 참조) 전역 개념 스키마(GCS. Global Conceptual Schema)에 의해서 표현된다. DDB 내의 잠재적인 이질성을 수용하기 위해서 각 노드는 자신의 지역 내부 스키마(LIS: Local Internal Schema)를 갖도록 표현하였다. LIS는 특정 사이트의 물리적인 조직 세부 사항을 기반으로 한다. 각 사이트의 논리적인 데이터 조직은 지역 개념 스키마(LCS: Local Conceptual Schema)에 의해서 표현된다. GCS, LCS, GCS와 LCS 간의 사상은 22.1.2절

에서 논의한 단편화 투명성과 중복 투명성을 제공한다.

그림 22.9는 DDB의 구성 요소 아키텍처를 보여준다. 그림 2.3의 중앙집중식 아키텍처가 확장된 것이다. 그림을 단순하게 나타내기 위해서 여기에 공통된 요소들은 포함시키지 않았다. 전역 질의 컴파일러는 정의된 제약 조건들을 확인하기 위해서 전역 시스템 카탈로그로부터 전역 개념 스키마를 참조한다. 전역 질의 컴파일러는 전역 개념 스키마 및 지역 개념 스키마를 참조하여 전역 질의로부터 최적화된 지역 질의들을 생성한다. 비용 함수를 사용하여 모든 후보 전략들을 평가한다. 비용 함수는 응답 시간(CPU, 입출력, 네트워크 지연)과 중간 결과의 예상 크기를 기반으로 비용을 계산한다.

중간 결과의 크기는 조인을 포함하는 질의에 특히 중요하다. 각 후보 전략에 대한 비용을 계산한 후에 최적화기는 가장 적은 수행 비용을 갖는 전략을 선택한다. 각 지역 DBMS에는 지역 시스템 카탈로그뿐만 아니라 지역 질의 최적화기, 트랜잭션 관리자, 실행 엔진 등이 있다. 지역 시스템 카탈로그는 지역 스키마를 다룬다. 전역 트랜잭션관리자는 각 사이트의 지역 트랜잭션 관리자와 공조하여 여러 사이트에서의 실행을 조정하는 역할을 맡는다.

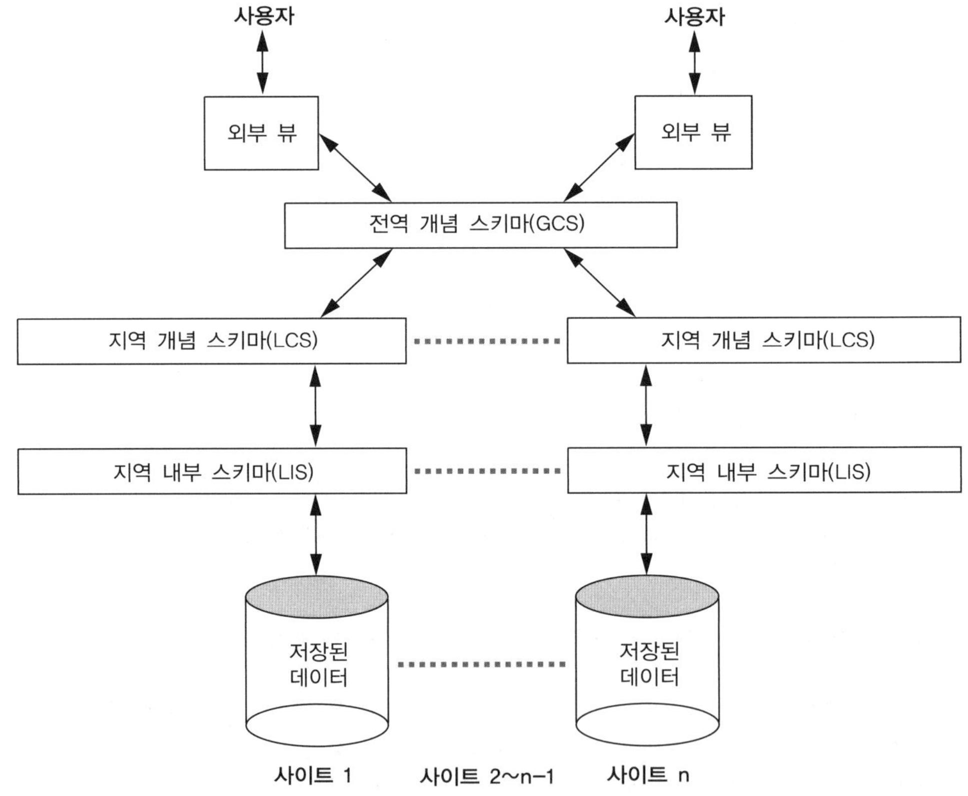


그림 22.8 분산 데이터베이스의 스키마 아키텍처

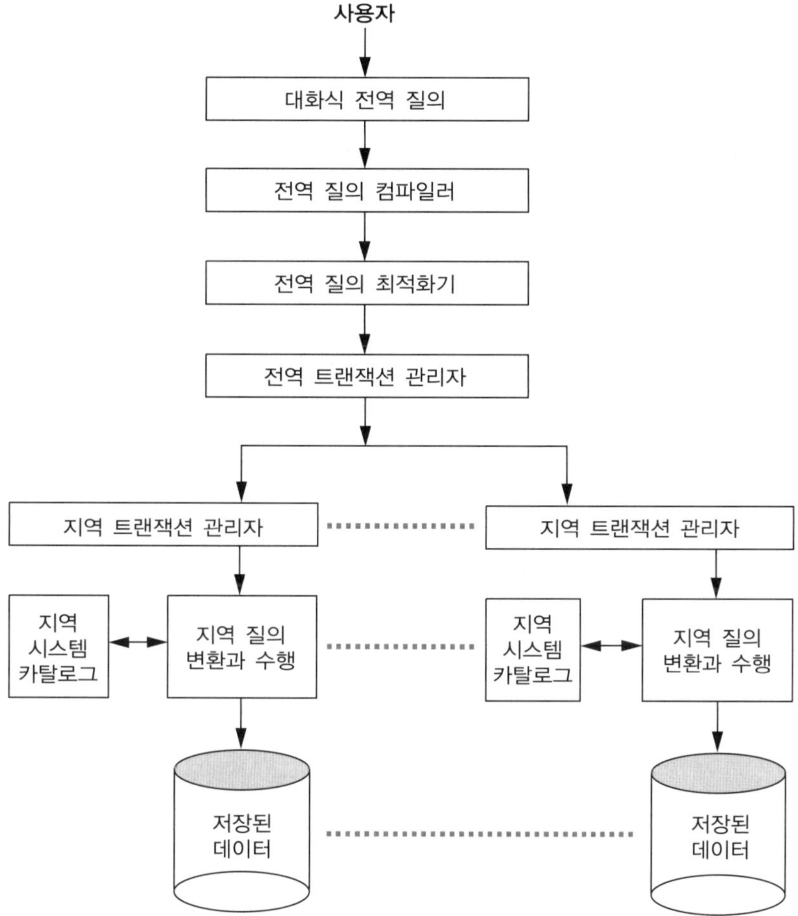


그림 22.9 분산 데이터베이스의 구성 요소 아키텍쳐

### 22.7.3 연합 데이터베이스의 스키마 아키텍처

그림 22.10은 FDBS 환경에서 전역 응용들을 지원하기 위한 전형적인 5-단계 스키마 아키텍처를 보여준다. 이 아키텍처에서 **지역 스키마**(local schema)는 구성 요소 데이터베이스에 대한 구성 요소 스키마(완전한 데이터베이스 정의)이고, **구성 요소 스키마**(component schema)는 지역 스키마를 FDBS를 위한 규준 데이터 모델 또는 공통 데이터 모델(CDM: Common Data Model)로 변환함으로써 유도된다. 지역 스키마를 구성 요소 스키마로 변환하는 것은 구성 요소 스키마에 대한 명령들을 대응되는 지역 스키마에 대한 명령들로 변환하기 위한 사상들을 생성하는 것을 수반한다. **수출 스키마**(export schema)는 FDBS에 포함되는 구성 요소 스키마의 부분집합을 의미한다. 연합스키마(federated schema)는 공유할 수 있는 수출 스키마들을 모두 통합한 결과인 전역 스키마 또는 전역 뷰를 나타낸다. **외부 스키마**(external schema)는 3-단계 스키마 아키텍처와 같이 사용자 그룹이나 응용을 위한 스키마를 정의한다.

질의 처리, 트랜잭션 처리, 디렉토리 및 메타 데이터 관리, 회복 등과 연관된 모든 문제는 추가적인 고려사항과 함께 FDBS에 적용된다. 이들을 자세하게 논의하는 것은 이 책의 범위를 벗어난다.

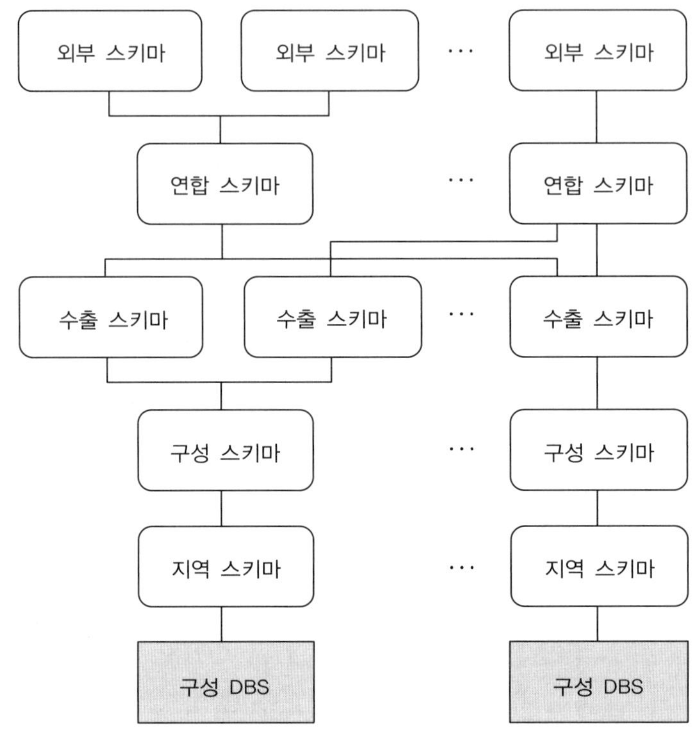


그림 22.10 연합 데이터베이스 시스템(FDBS)에서 5-단계 스키마 구조
출처: Sheth and Larson, "Fedrated Database Systems for Managing Distributed Heterogeneous Autonomous Databases." ACM Computing Surveys (Vol. 22: No. 3, 1990년 9월).

### 22.7.4 3-층 클라이언트/서버 아키텍처의 개요

이 장의 도입부에서 설명했듯이 지금까지 이 장에서 논의한 모든 유형의 기능을 지원하는 완전한 기능의 DDBMS는 아직 개발되지 않았다. 그 대신에 분산 데이터베이스 응용들이 클라이언트/서버 아키텍처 환경에서 개발되고 있다. 이미 2.5절에서 2-층 클라이언트/서버 아키텍처를 소개하였다. 특히 웹 응용에서는 3-층 아키텍처를 사용하는 것이 좀더 일반적이다. 그림 22.11은 이 아키텍처를 보여준다.

3-층 클라이언트/서버 아키텍처에는 다음과 같은 세 개의 계층이 존재한다.

1. **프리젠테이션 계층(클라이언트).** 이 계층은 사용자 인터페이스를 제공하고, 사용자와 상호 작용한다. 이 계층의 프로그램들은 응용과 인터페이스하기 위해서 클라이언트에게 웹 인터페이스나 폼을 제공한다. 종종 웹 브라우저가 이용되고, 사용되는 언어에는 HTML, 자바, 자바스크립트, PERL, 비주얼 베이직 등이 포함된다. 이 계층은 사용자의 명령을 받아들이고 필요한 정보를 정적이거나 동적인 웹 페이지 형식으로 보여줌으로써 사용자의 입력, 출력, 항해를 지원한

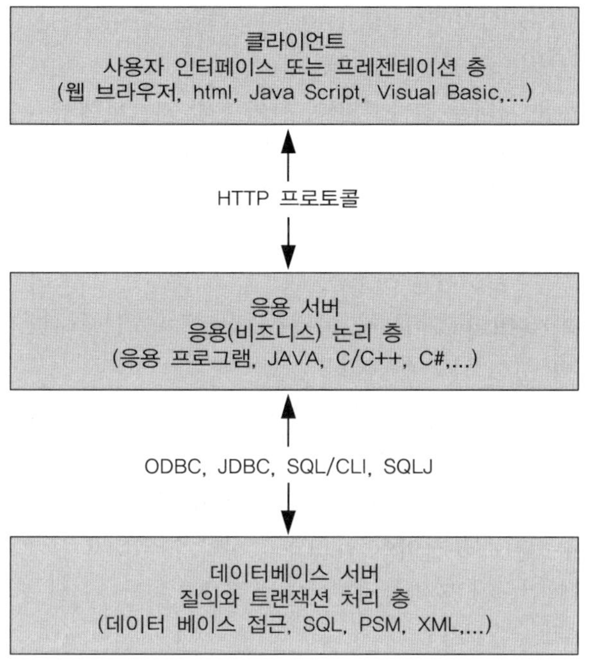


그림 22.11 3층 클라이언트-서버 구조

다. 동적인 웹 페이지는 상호 작용이 데이터베이스 접근을 포함할 때 사용된다. 웹 인터페이스가 사용될 때 이 계층은 일반적으로 HTTP 프로토콜을 통해 응용 계층과 통신한다.

2. **응용 계층(비즈니스 논리).** 이 계층은 응용의 논리를 프로그램한 것이다. 예를 들어, 클라이언트 측에서 사용자의 입력을 기반으로 질의를 작성하거나, 질의 결과를 형식화해서 클라이언트에게 보여준다. 보안 검사, 사용자의 계정 검사, 기타 기능 등과 같은 추가적인 응용의 기능을 이 계층에서 다룬다. 응용 계층은 ODBC, JDBC, SQL/CLI, 기타 데이터베이스 접근 기술들을 사용하여 필요할 때마다 하나 이상의 데이터베이스 또는 데이터 소스들과 연결되어 상호 작용할 수 있다.

3. **데이터베이스 서버.** 이 계층은 응용 계층에서 전달된 질의 요청이나 갱신 요청을 수행하고, 결과를 돌려준다. 만일 데이터베이스가 관계 데이터베이스이거나 객체-관계 데이터베이스이면 일반적으로 SQL이 사용되고, 저장된 데이터베이스 프로시저를 호출할 수도 있다. 질의 결과(질의를 포함)가 응용 서버와 데이터베이스 서버 간에 전송될 때 XML(12장 참조)로 변환할 수 있다.

정확하게 클라이언트, 응용 서버, 데이터베이스 서버 사이에 DBMS의 기능을 나누는 방법은 아직 확립되지 않았다. 흔히 사용되는 방법으로 중앙집중식 DBMS의 기능을 데이터베이스 서버 단계에 포함시킬 수 있다. 많은 관계 DBMS 제품은 SQL 서버가 제공되는 이런 방법을 택하고 있다. 응용 서버는 적절한 SQL 질의들을 형식화해서 필요할 때 데이터베이스 서버를 접속해야 한다. 클라이언트는 사용자 인터페이스와의 상호 작용을 위한 처리를 다룬다. SQL이 관계 표준이므로 여러 업체가 공급하는 SQL 서버들은 ODBC, JDBC, SQL/CLI(9장 참조)와 같은 표준을 통해서 SQL 명령들을 받아들일 수 있다.

이런 아키텍처에서 응용 서버는 하나의 전역 질의를 각 사이트에서 수행될 다수의 지역 질의들로 분해하며, 이 과정에서 데이터의 위치 정보를 포함하는 데이터 사전을 참조하게 된다. 하나의 SQL 질의를 수행하는 과정에서 응용 서버와 데이터베이스 서버 간의 상호 작용은 다음과 같이 진행된다.

1. 응용 서버는 클라이언트 계층의 입력을 기반으로 사용자 질의를 형식화하고, 이를 다수의 독립된 사이트 질의들로 분해한다. 각 사이트 질의는 해당 데이터베이스 서버 사이트로 전송된다.
2. 각 데이터베이스 서버는 지역 질의를 처리하고, 결과를 응용 서버로 전송한다. 점차 XML(12장 참조)이 데이터 교환의 표준으로 인정되고 있으므로 데이터베이스 서버는 질의 결과를 XML로 변환하여 응용 서버에게 전송할 수 있다.
3. 응용 서버는 원래의 질의의 결과를 생성하기 위해서 부질의들의 결과를 결합하고, 클라이언트가 받아들일 수 있는 HTML이나 기타 형식으로 변환하여 클라이언트에게 보여준다.

응용 서버는 다중 사이트 질의 또는 트랜잭션을 위한 분산 실행 계획을 생성하며 서버들로 명령들을 보냄으로써 분산 실행을 관리한다. 이런 명령들은 실행될 지역 질의와 트랜잭션들뿐만 아니라 다른 클라이언트나 서버들로 데이터를 보내는 명령들을 포함한다. 응용 서버(또는 조정자)가 제어하는 또 다른 기능은 분산(또는 전역) 동시성 제어 기법들을 사용하여 데이터 항목의 중복된 사본들의 일관성을 보장하는 것이다. 또한 응용 서버는 어떤 사이트들이 고장난 경우에 전역 회복을 수행함으로써 전역 트랜잭션의 원자성을 보장해야 한다.

만일 DDBMS가 응용 서버에 데이터 분산의 상세한 정보를 숨길 수 있다면, 응용 서버는 질의나 트랜잭션에서 참조된 데이터가 존재하는 사이트들을 지정하지 않고 마치 데이터베이스가 한 사이트에 중앙집중화되어 있는 것처럼 전역 질의와 트랜잭션들을 수행할 수 있다. 이런 성질을 분산 투명성(distribution transparency)이라 부른다. 일부 DDBMS들은 분산 투명성을 제공하지 않으므로 사용자가 데이터 분산의 상세한 정보를 알아야 한다.

## 22.8 분산카탈로그 관리

분산 데이터베이스에서 효율적인 카탈로그 관리는 사이트 자치성, 뷰 관리, 데이터 분산과 중복과 관련된 성능을 향상시키는 데 중요하다. 분산 데이터베이스 시스템에 관한 메타 데이터를 포함하는 카탈로그는 그 자체가 데이터베이스다.

분산 카탈로그를 위한 세 가지 대표적인 관리 기법은 **중앙집중식 카탈로그**(centralized catalog), **완전중복식 카탈로그**(fully replicated catalog), **분할식 카탈로그**(partitioned catalog)

이다. 이들 중에서 무엇을 선택할 것인지는 응용 프로그램들의 데이터베이스 접근 패턴뿐만 아니라 데이터베이스 자체에도 의존한다.

**중앙집중식 카탈로그.** 이 기법에서는 전체 카탈로그가 단일 사이트에만 저장된다. 중앙집중식 특성 때문에 쉽게 구현할 수 있다. 반면에 신뢰도, 가용성, 자치성, 처리 부하의 분산 등의 장점은 크게 훼손된다. 중앙 사이트가 아닌 사이트로부터 데이터를 판독하려면 중앙 사이트에서 카탈로그 데이터를 로그한 후에 요청 사이트로 전송된다. 판독 연산을 마치면 중앙 사이트로 ACK를 전송하고, 중앙 사이트는 카탈로그 데이터에 대한 로크를 해제한다. 모든 갱신 연산은 중앙 사이트를 통해서 처리해야 한다. 갱신을 많이 하는 응용에게는 중앙 사이트가 성능 저하의 병목 지점이 된다.

**완전중복식 카탈로그.** 이 기법에는 전체 카탈로그의 모든 사본들이 각 사이트에 저장된다. 이 기법은 판독 연산이 한 사이트 내에서 수행될 수 있으므로 처리 속도가 빠르다. 그러나 모든 갱신 연산들은 모든 사이트로 전송해서 처리해야 한다. 갱신을 트랜잭션으로 취급해서 카탈로그의 일관성을 보장하기 위해서 중앙집중식 2단계 완료 프로토콜이 사용된다. 중앙집중식 기법과 마찬가지로 갱신을 많이 하는 응용은 갱신과 관련된 전송을 많이 하기 때문에 네트워크 트래픽을 증가시키게 된다.

**분할식 카탈로그.** 중앙집중식 기법과 완전중복식 기법은 카탈로그에 대한 일관성 있는 전역 뷰를 보장해야 하기 때문에 사이트 자치성을 제한한다. 부분적으로 중복된 기법에 서는 각 사이트가 그 사이트에 지역적으로 저장된 데이터에 대해서만 카탈로그 정보를 유지한다. 각 사이트는 원격 사이트로부터 검색한 카탈로그 정보를 캐시로 유지할 수 있다. 그러나 이런 캐시가 최신 상태임을 보장하지는 않는다. 시스템은 객체가 생성된 사이트와 이 객체의 사본을 저장하고 있는 사이트의 카탈로그 정보를 추적한다. 사본에 대한 갱신이 발생하면 즉시 객체가 생성된 사이트로 전송된다. 오래된 카탈로그 정보를 대체하기 위해서 최신 카탈로그 정보를 검색하는 것은 이 데이터에 대한 접근이 발생할 때까지 연기된다. 일반적으로 여러 사이트에 걸친 릴레이션의 단편들은 고유하게 접근 가능해야 한다. 또한 데이터 분산 투명성을 보장하기 위해서 사용자들은 원격 객체에 대해서 동의어(synonym)를 생성하고, 추후에 이들을 참조할 때 동의어를 사용할 수 있어야한다.

## 22.9 요약

이 장에서는 분산 데이터베이스에 관하여 소개하였다. 분산 데이터베이스는 매우 폭넓은 주제이므로 분산 데이터베이스에서 사용되는 기본적인 몇 가지 기법만 논의하였다. 먼저 22.1절에서는 분산하는 이유를, 22.1.1절에서는 분산 데이터베이스의 개념을 설명하고, 22.1.2절에서는 분산 투명성의 개념을 정의하고, 단편화 투명성 및 중복 투명성과 연관된 개념들을 논의하였다. 분산 가용성과 신뢰도의 개념을 22.1.3절에서, 확장성과 분할 감내 문제의 개요를 22.1.4절에서 설명하였다. 분산 시스템 내의 노드들의 자치성을 22.1.5절에서 논의하였다. 22.1.6절에서는 중앙집중식 시스템에 비해 분산 데이터베이스가 갖는 장점들을 논의하였다.

22.2절에서는 데이터 단편화, 중복, 분산과 연관된 설계 문제들을 논의하였다. 22.2.1절에서는 릴레이션의 수평 단편화(고작)와 수직 단편화의 차이점을 설명하였다. 22.2.2절에서는 시스템의 신뢰도와 가용성을 향상시키기 위한 데이터 중복에 관해 논의하였다. 22.3절에서는 DDBMS에 사용되는 동시성 제어와 회복 기법들을 간략히 설명하고, 중앙집중식 데이터베이스 환경에서는 나타나지 않지만 분산 데이터베이스 환경에서 다루어야 하는 추가적인 문제들을 살펴보았다. 22.4절에서는 몇 가지 완료 프로토콜(2단계 완료, 3단계 완료)을 포함하여 트랜잭션 관리를 설명하고, 트랜잭션 관리를 위한 운영체제 지원을 논의하였다.

22.5절에서는 분산 질의 처리에서 사용되는 몇 가지 기법을 설명하고, 분산 질의 최적화에서 중요한 요소로 고려되는 사이트들 간의 통신 비용을 논의하였다. 조인을 실행하는 여러 기법을 비교하였고 서로 다른 사이트에 존재하는 릴레이션들을 조인하기 위한 세미조인 기법을 설명하였다.

22.6절에서는 소프트웨어 모듈들의 동질성의 정도, 지역 자치성의 정도 등의 기준을 사용해서 DDBMS를 분류하였다. 23.7절에서는 병렬과 분산 시스템 아키텍처의 차이점을 살펴보았고, 구성 요소 및 스키마 아키텍처 관점에서 일반적인 분산 데이터베이스 아키텍처를 소개하였다. 여러 유형의 자치성을 지원할 필요성과 의미적 이질성을 좀 더 자세하게 집중하면서, 연합 데이터베이스 관리의 문제들을 논의하였다. 그 다음에 클라이언트/서버 아키텍처 개념들을 논의하고, 이들을 분산 데이터베이스와 연관시켰다. 22.8절에서는 분산 데이터베이스 환경에서 카탈로그 관리를 살펴보고, 이들의 상대적인 장점과 단점을 요약하였다.

23장과 24장에서는 분산 데이터베이스의 최신 연구결과들을 소개하고, 빅데이터와 관련된 분산 컴퓨팅 기술을 소개한다. 23장에서는 대용량의 데이터를 관리할 수 있는 고도의 확장성과 분산 데이터베이스 기술을 보유한 NOSQL 시스템에 관해 설명한다. 24장에서는 빅데이터를 다루는데 필요한 클라우드 컴퓨팅과 분산 컴퓨팅 기술을 소개한다.

## 복습문제

22.1 분산 데이터베이스의 장점과 데이터베이스 분산의 주요 이유는 무엇인가?

22.2 중앙집중식 DBMS에 비해 DDBMS가 가지는 추가적인 기능은 무엇인가?

22.3 다음 용어들의 의미를 설명하라.
*DDBMS*의 동질성의 정도, *DDBMS*의 지역 자치성의 정도, 연합 *DDBMS*, 분산 투명성, 단편화 투명성, 중복 투명성, 다중 데이터베이스 시스템.

22.4 DDBMS 아키텍처를 논의하라. 중앙집중식 DBMS의 맥락에서 데이터의 분산 때문에 도입된 새로운 구성 요소들을 간단하게 설명하라.

22.5 DDBMS의 주요 소프트웨어 모듈들은 무엇인가? 클라이언트/서버 아키텍처에서 각 모듈의 주요 기능들을 논의하라.

22.6 2층과 3층 클라이언트-서버 아키텍처를 비교하라.

22.7 릴레이션의 단편이 무엇인가? 단편들의 주요 유형은 무엇인가? 단편화가 왜 분산 데이터베이스 설계에서 유용한 개념인가?

22.8 왜 DDBMS에서 데이터 중복이 유용한가? 데이터의 어떤 전형적인 단위들이 중복되는가?

22.9 분산 데이터베이스 설계에서 데이터 할당의 의미는 무엇인가? 데이터의 어떤 전형적인 단위들이 사이트상에 분산되는가?

22.10 릴레이션의 수평 단편은 어떻게 명시되는가? 릴레이션이 완전한 수평 단편들로부터 어떻게 결합될 수 있는가?

22.11 릴레이션의 수직 단편은 어떻게 명시되는가? 릴레이션이 완전한 수직 단편들로부터 어떻게 결합될 수 있는가?

22.12 분산 데이터베이스에서 이름 지정 문제를 논의하라.

22.13 DDBMS에서 하나의 질의를 처리하는 데 필요한 단계들을 열거하라.

22.14 서로 다른 사이트에 위치한 두 파일의 동등 조인을 실행하기 위한 기법들을 논의하라. 데이터 전송 비용에 영향을 미치는 주요 요인은 무엇인가?

22.15 서로 다른 사이트에 위치한 두 파일의 동등 조인을 실행하기 위한 세미조인 방법을 논의하라. 어떤 조건하에서 동등 조인 전략이 효율적인가?

22.16 질의 분해에 영향을 주는 요인들을 논의하라. 질의 분해 과정 중에 보호 조건과 단편들의 애트리뷰트 리스트들이 어떻게 사용되는가?

22.17 갱신 요청의 분해는 질의 분해와 어떻게 다른가? 갱신 요청의 분해 과정 중에 보호 조건과 단편들의 애트리뷰트 리스트들이 어떻게 사용되는가?

*22.18* 운영체제가 DBMS를 지원하는 사항들을 열거하고, 운영체제가 지원하는 장점을 설명하라.

*22.19* 분산 시스템의 동시성 제어와 회복에 영향을 주지만 중앙집중식 시스템에서 나타나지 않는 요인들을 논의하라.

*22.20* DDBMS의 트랜잭션 관리를 위해 사용되는 2단계 완료 프로토콜을 논의하라. 2단계 완료 프로토콜의 한계들을 열거하라. 3단계 완료 프로토콜을 사용하여 이들을 어떻게 해결하는가 설명하라.

*22.21* 분산 동시성 제어를 위한 주 사이트 기법과 주 사본 기법을 비교하라. 백업 사이트의 사용은 각 기법에 어떠한 영향을 주는가?

*22.22* 분산 데이터베이스에서 언제 투표와 선거가 사용되는가?

*22.23* 분산 데이터베이스에서 카탈로그 관리를 논의하라.

*22.24* 오늘날의 인터넷 응용들의 맥락에서 기존의 DDBMS가 당면한 주요 도전들이 무엇인가? 클라우드 컴퓨팅이 어떻게 이들을 해결하려고 시도하는가?

*22.25* 동질, 이질, 클라이언트-서버 기반의 분산 데이터베이스 아키텍처를 위한 오라클의 지원을 간단하게 논의하라.

*22.26* 온라인 디렉토리, 이들의 관리, 분산 데이터베이스에서 이들의 역할을 간단하게 논의하라.

## 연습문제

*22.27* COMPANY 데이터베이스의 데이터 분산을 고려하자. 사이트 2와 3의 단편들은 그림 22.3에 있고, 사이트 1의 단편들은 그림 3.6에 있다. 다음의 각 질의에 대해서 질의를 분해하고 실행하는 전략을 적어도 두 가지 보여라. 어떤 조건하에서 각 전략이 잘 수행되는가?

a. 부서 5에서 근무하는 각 사원에 대해서 사원의 이름과 사원의 부양가족들의 이름을 검색하라.

b. 부서 5에서 근무하지만 부서 5가 관리하지 않는 어떤 프로젝트에서 근무하는 모든 사원의 이름을 출력하라.

*22.28* 다음 릴레이션들을 고려해 보자.

BOOKS (Book#, Primary_author, Topic, Total_stock, $price)
BOOKSTORE (Store#, City, State, Zip, Inventory_value)
STOCK (Store#, Book#, Qty)

Total_stock은 보유하고 있는 책의 총 권수이고, Inventory_value는 총 재고 금액을 달러로 나타낸 것이다.

a. BOOKSTORE를 수평으로 분할하는 데 의미 있는 간단한 두 개의 프레디키트를 예로 제시하라.
b. BOOKSTORE의 분할을 기반으로 어떻게 STOCK의 유도된 수평 분할을 할 수 있는가?
c. BOOKS를 주제(topic)에 따라 수평 분할하는 프레디키트를 보여라.
d. (b)에서 분할된 STOCK에 (c)의 프레디키트를 사용하여 어떻게 더 분할할 수 있는지를 보여라.

*22.29* EAST, MIDDLE, WEST라는 세 사이트를 가진 National Books라는 이름을 가진 서점 체인을 위한 분산 데이터베이스를 고려해 보자. 릴레이션 스키마는 연습 문제 22.28에 있다. BOOKS가 $price값에 의해서 다음과 같이 단편화되었다.

$B_1$: BOOK1: 20달러 이하

$B_2$: BOOK2: 20.01달러에서 50달러까지

$B_3$: BOOK3: 50.01달러에서 100달러까지

$B_4$: BOOK4: 100.01달러 이상

마찬가지로 BOOKSTORE가 ZIP Code에 의해서 다음과 같이 단편화되었다.

$S_1$: EAST: Zip이 35000까지

$S_2$: MIDDLE: Zip이 35001부터 70000까지

$S_3$: WEST: Zip이 70001부터 99999까지

단지 BOOKSTORE만을 기반으로 STOCK에 유도된 단편화가 적용되었다고 가정하자.

a. 아래의 질의를 고려해 보자.

```
SELECT    Book#, Total_ stock
FROM      Books
WHERE     $price > 15 and $price < 55;
```

BOOKSTORE의 단편들이 중복되지 않았고 지역에 따라 할당되었다고 가정한다. 또한 BOOKS가 아래와 같이 할당되었다고 가정한다.

| | |
|---|---|
| EAST: | $B_1$, $B_4$ |
| MIDDLE: | $B_1$, $B_2$ |
| WEST: | $B_1$, $B_2$, $B_3$, $B_4$ |

질의가 EAST에서 입력되었다고 가정하면, 어떤 원격 부질의들이 생성되는가? SQL로 답하라.

b. 사이트 MIDDLE에서 Book# 1234의 책값이 45달러에서 55달러로 갱신되었다면 어떤 갱신들이 생성되는가? 문장으로 표현한 후에 SQL로 표기하라.
c. MIDDLE에서 부질의를 생성시키는 WEST에 입력된 질의의 예를 보여라.
d. 위의 릴레이션들에 대한 실렉트와 프로젝트를 포함하는 질의를 작성하고, 이 질의를 서로 다른 방식으로 수행하는 질의 트리를 두 개 보여라.

22.30 예를 들어, 자동차 회사 GM과 같은 대규모 조직체에서 관계 데이터베이스뿐만 아니라 과거 데이터베이스(계층 모델과 네트워크 모델등)를 포함하여 모든 데이터를 통합하기 위한 데이터베이스 아키텍처를 제안하라는 요청을 받았다고 가정해 보자. 이 데이터베이스들은 지역적으로 분산되어 있어서 전역 응용들이 지원될 수 있다. 첫 번째 안은 모든 데이터베이스를 현재 있는 그대로 두는 것이고, 두 번째 안은 과거 데이터베이스를 관계 데이터베이스로 먼저 변환한 후에 분산 통합 데이터베이스 위에서 응용들을 지원하는 것이다.

a. 위의 두 개의 안에 대해서 적절한 스키마들 간의 링크들을 나타내는 그림을 그려라. 첫 번째 안에 대해서 각 데이터베이스마다 수출 스키마를 제공하고 각 응용을 위해 통합된 스키마를 구축하는 방식을 선택하라.
b. 각각의 안에 대해 현재의 상황으로부터 전역 응용이 동작하는 수준까지 거쳐야 하는 단계들을 열거하라.
c. 이들을 설계 시간과 수행 시간의 관점에서 비교하라.

## 주요 참고문헌

Ceri와 Pelagatti(1984a), Ozsu와 Valduriez(1990)의 저서는 분산 데이터베이스를 설명하였다. Halsaal(1996), Tannenbaum(1996), Stallings(1997)은 데이터 통신과 컴퓨터 네트워크에 관한 교재이다. Comer(1997)는 네트워크와 인터넷을 설명하였다. Dewire(1993)는 클라이언트/서버 컴퓨팅에 관한 교재이다. Ozsu 외(1994)에는 분산 객체 관리에 관한 논문들이 들어 있다.

분산 데이터베이스 설계는 수평 단편화, 수직 단편화, 할당, 중복 등의 관점에서 연구되었다. Ceri 외(1982)는 minterm 수평 단편들의 개념을 정의하였다. Ceri 외(1983)는 수평 단편화와 할당을 위해 최적화 모델에 기반을 둔 정수 프로그래밍을 개발하였다. Navathe 외(1984)는 애트리뷰트 유사성에 기반을 둔 수직 단편화를 위한 알고리즘들을 개발하고 수직 단편 할당을 위한 여러 가지 문맥을 제시하였다. Wilson과 Navathe(1986)는 단편들을 최적으로 할당하기 위한 해석적인 모델을 제시하였다. Elmasri 외(1987)는 ECR 모델을 위한 단편화를 논의하였고, Karlapalem 외(1994)는 객체 데이터베이스의 분산 설계 문제들을 논의하였다. Navathe 외(1996)는 수편 단편화와 수직 단편화를 결합하여 혼합 단편화를 논의하였다. Karlapalem 외(1996)는 분산 데이터베이스를 재설계하기 위한 모델을 제안하였다.

분산 질의 처리, 최적화, 분해는 Hevner와 Yao(1979), Kerschberg 외(1982), Apers 외(1983), Ceri와 Pelagatti(1984), Bodorick 외(1992), Kerschberg 외(1982)의 논문에서 논의되었다. Bernstein과 Goodman(1981)은 세미조인 처리에 관한 이론을 설명하였다. Wong(1983)은 릴레이션 단편화에서 관계의 사용을 논의하였다. 동시성 제어와 회복 기법들은 Bernstein과 Goodman(1981a)에서 비교 논의되었다. Kumar와 Hsu(1998)에는 분산 데이터베이스에서 회복과 관련된 일부 논문들이 들어 있다. 분산 시스템에서 선거 기법들은 Garcia-Molina(1982)에서 논의되었다. Lamport(1978)는 분산 시스템에서 유일한 타임스탬프를 생성하는 문제들을 논의하였다.

투표를 기반으로 한 중복 데이터를 위한 동시성 제어 기법은 Thomas(1979)에서 제안되었다. Gifford(1979)는 가중치를 가지는 투표의 사용을 제안하였고, Paris(1986)는 목격자를 가지는 투표라고 부르는 방법을 설명하였다. Jajodia와 Mutchler(1990)는 동적 투표를 논의하였다. 사용 가능 사본(available copy)이라고 부르는 기법이 Bernstein과 Goodman(1984)에서 제안되었고, 그룹의 아이디어를 사용하는 기법은 ElAbbadi와 Toueg(1988)에서 제안되었다. 중복 데이터를 논의한 최근의 논문에는 Gladney(1989), Agrawal과 ElAbbadi(1990), ElAbbadi와 Toueg(1990), Kumar와 Segev(1993), Mukkamala(1989), Wolfson과 Milo(1991) 등이 있다. Bassiouni(1988)는 분산 데이터베이스 시스템의 동시성 제어를 위한 낙관적 프로토콜들을 논의하였다. Garcia-Molina(1983), Kumar와 Stonebraker(1987)는 트랜잭션들의 의미를 이용한 기법들을 논의하였다. 로깅과 식별 사본을 기반으로 한 분산 동시성 제어 기법들은 Menasce 외(1980), Minoura와 Wiederhold(1982)에서 제안되었다. Obermark(1982)는 분산 교착상태 탐지 알고리즘들을 제안하였다.

분산 시스템에서 회복 기법의 문헌 조사는 Kohler(1981)에 있다. Reed(1983)는 분산 데이터에서 원자적 행동들을 논의하였다. Bhargava(1987)가 편집한 책은 분산 시스템에서 동시성과 신뢰도를 위한 다양한 기법들을 설명하였다.

연합 데이터베이스 시스템은 McLeod와 Heimbigner(1985)에서 처음으로 제안되었다. 연합 데이터베이스에서 스키마 통합을 위한 기법들은 Elmasri 외(1986), Batini 외(1986), Hayne과 Ram(1990), Motro(1987)에서 논의되었다. Elmagarmid와 Helal(1988), Gamal-Eldin 외(1988)는 이질 DDBS들에서 갱신 문제를 논의하였다. 이질 분산 데이터베이스는 Hsiao와 Kamel(1989)에서 논의되었다. Sheth와 Larson(1990)은 연합 데이터베이스 관리에 대해 자세하게 문헌 조사한 논문이다.

최근에 다중 데이터베이스 시스템과 상호 운영성이 중요한 주제가 되었다. 다수의 데이터베이스 간의 의미적 비호환성을 다루는 기법들이 DeMichiel(1989), Siegel과 Madnick(1991), Krishnamurthy 외(1991), Wang과 Madnick(1989)에서 설명되었다. Castano 외(1998)는 스키마 분석 기법들을 훌륭하게 문헌 조사하였다. Pitoura 외(1995)는 다중 데이터베이스에서 객체지향을 논의하였다.

다중 데이터베이스에서 트랜잭션 처리는 Mehrotra 외(1992), Georgakopoulos 외(1991), Elmagarmid 외(1990), Brietbart 외(1990) 등에서 논의되었다. Elmagarmid 외(1992)는 Heiler 외(1992)에서 논의된 공학 응용들을 포함하는 고급 응용들을 위한 트랜잭션 처리를 논의하였다.

복잡한 조직체에서 정보를 관리하기 위해 널리 사용되고 있는 작업흐름 시스템(workflow system)은 분산 데이터베이스와 함께 다단계 트랜잭션과 중첩 트랜잭션들을 사용한다. Weikum(1991)은 다단계 트랜잭션 관리자를 논의하였고, Alonso 외(1997)는 현재의 작업흐름 시스템의 한계를 논의하였다.

많은 실험적인 분산 DBMS이 구현되었다. 여기에는 distributed INGRES(Epstein 외 1978), DDTS(Dever와 Weeldreyer 1980), SDD-1(Rothnie 외 1980), R*(Lindsay 외 1984), SIRIUS-DELTA(Ferrier와 Stangret 1982), MULTIBASE(Smith 외 1981)가 포함된다. OMNIBASE 시스템(Rusinkiewicz 외 1988), Candide 데이터 모델(Navathe

외 1994)를 사용하여 개발된 Federated Information Base는 연합 DBMS의 사례이다. Pitoura 외(1995)는 연합 데이터베이스 시스템의 시제품들을 자세하게 문헌 조사하였다. 대부분의 상업용 DBMS 업체는 클라이언트/서버 방식을 사용한 제품들을 내놓고, 이 제품들의 분산 버전을 제안하고 있다. 클라이언트/서버 DBMS 아키텍처에 관한 몇 가지 시스템 문제가 Carey 외(1991), DeWitt 외(1990), Wang과 Rowe(1991)에서 논의되었다. Khoshafian 외(1992)는 클라이언트/서버 환경에서 관계 DBMS들을 위한 설계 문제들을 논의하였다. 클라이언트/서버 관리 문제들은 Zantinge와 Adriaans(1996)와 같은 여러 교재에서 논의되었다.

# NOSQL 데이터베이스와 빅데이터 저장시스템

이 장에서는 Google, Amazon, Facebook, Twitter 등과 같은 조직들이 소셜미디어, 웹링크, 사용자 프로파일, 마케팅과 세일즈, 포스트와 트윗, 지도, 공간 데이터, 이메일 등과 같은 응용에서 대규모 데이터를 다루기 위해 개발한 시스템들을 살펴본다. **NOSQL**은 Not Only SQL로 해석하며, 수많은 응용에서 전통적인 관계형 SQL 시스템의 데이터 관리 능력을 넘어서는 새로운 시스템의 요구에 부응하기 위해 개발되었다. 대부분의 NOSQL 시스템들은 분산 데이터베이스 혹은 분산 저장 시스템이며, 반구조화된(semi-structured) 데이터 저장소, 고성능과 높은 가용성, 데이터 복제, 확장성을 제공하는 대신 데이터 일치성, 강력한 질의어, 구조화된 데이터 저장소 등과 같은 기존 데이터베이스의 기능을 완벽히 지원하지는 않는다.

제 23.1절에서는 NOSQL 시스템의 소개와 특징 및 SQL 시스템과의 다른점 등을 설명한다. 또한 NOSQL 시스템의 4가지 유형을 살펴본다: 문서기반 NOSQL, 키-값 NOSQL, 컬럼-기반 NOSQL, 그래프 기반 NOSQL. 제 23.2절에서는 **궁극적 일치성(eventual consistency)**이라 불리는 패러다임을 사용하여 다수 복사본들 사이의 일치성 문제를 어떻게 다루는지를 논의한다. 또한, NOSQL 시스템의 가용성(availability)에 대한 강조를 이해하기 위해 **CAP** 이론을 설명한다. 제 23.3절에서 23.6절에 걸쳐 NOSQL 시스템의 몇 가지 카테고리를 설명한다. 여기서 카테고리는 문서기반 시스템(document-based systems), 키-값 저장소(key-value stores), 컬럼기반 시스템(column-based system), 그래프 기반 시스템(graph-based) 으로 구분된다. 몇몇 시스템들은 특정 카테고리에 포함되지 않고 두 개 이상의 카테고리에 걸쳐 있을 수도 있다. 마지막으로 23.7절에서 이 장을 요약한다.

# 23.1 NOSQL 시스템 소개

## 23.1.1 NOSQL 시스템의 출현

많은 회사와 조직들은 방대한 양의 데이터를 저장하는 응용들에 직면하고 있다. Google이나 Yahoo와 같이 무료 이메일을 서비스하는 이메일 응용은 수백만 명의 사용자를 서비스하고 있으며, 각 사용자는 수천 건 이상의 이메일 메시지를 보관하고 있다. 이러한 메일을 관리하는 저장 시스템이 필요하며, 기존의 구조화된 관계형 SQL 시스템은 다음과 같은 이유로 적합하지 않다. (1) SQL 시스템은 이메일 응용들이 필요로 하는 기능을 훨씬 능가하는 기능들을 가지고 있다(강력한 질의어 기능, 동시성 제어 등). (2) 기존의 SQL에서 제공하는 구조화된 관계형 데이터 모델은 너무 제한적이다. 최근의 SQL에서는 복잡한 객체-관계 모델(11장 참고)을 제공하지만 NOSQL 시스템에서는 필요로 하지 않는 기능들과 스키마 구조를 요구하고 있다.

다른 예로써 수백만 명의 사용자가 글과 이미지 혹은 동영상을 올리고 있는 Facebook 응용에서는 사용자들 사이의 관계를 근간으로 관련 있는 사용자들의 페이지에 글들을 디스플레이해야 한다. 사용자 프로파일, 사용자 관계, 게시물들은 거대한 데이터 저장소에 저장되어야 하고, 게시물을 보여줄 사용자들을 선택하여 그들의 페이지에 디스플레이해야 한다. 이러한 유형의 응용에서 다루는 어떤 데이터는 기존의 관계형 데이터베이스에는 적합하지 않으며, 다양한 유형의 데이터베이스와 저장시스템을 필요로 한다.

이러한 데이터 관리와 저장 요구에 부응하기 위해 몇몇 조직들은 새로운 시스템을 개발하기로 하였다.

- Google은 거대한 데이터 저장과 관리를 필요로 하는 자사 응용들(Gmail, Google Maps, Web site indexing 등)에서 요구하는 BigTable이라고 하는 NOSQL을 개발하였다. Apache Hbase가 이러한 용도로 개발한 NOSQL 시스템이며, **컬럼기반**(column-based) 혹은 **넓은 컬럼 저장소**(wide column stores)로 분류할 수 있고, 어떤 경우에는 **컬럼-페밀리** (column family) 저장소라 부르기도 한다.
- Amazon은 DynamoDB라 불리는 NOSQL 시스템을 개발하였으며, Amazon의 클라우드 서비스를 통해 이용할 수 있다. 이 혁신적인 제품은 **키-값**(key-value) 데이터 저장소 혹은 **키-튜플**(key-tuple), **키-객체**(key-object) 데이터 저장소라 부른다.
- Facebook은 Cassandra라고 하는 NOSQL 시스템을 개발하였고, 이는 Apache Cassandra라 불리는 오픈소스 제품으로 알려져 있다. 이 NOSQL 시스템은 키-값 저장소와 컬럼기반 시스템으로 분류할 수 있다.
- 다른 소프트웨어 회사들도 자사 솔루션을 개발하여 이러한 기능을 필요로 하는 사용자들에게 제공하고 있다. MongoDB와 CouchDB가 이러한 사례들이며, 이들은 각각 **문서-기반**(document-based) NOSQL 시스템과 **문서 저장소**(document stores)로 분류된다.

- 또 다른 NOSQL 시스템 카테고리로 **그래프-기반**(graph-based) NOSQL 시스템 혹은 **그래프 데이터베이스**가 있다. Neo4J와 GraphBase가 이 부류에 속한다.
- OrientDB와 같은 NOSQL 시스템은 여러가지 카테고리의 특성을 융합한 제품으로 볼 수 있다.
- 이상 소개한 NOSQL 제품에 덧붙여 객체모델 (11장) 혹은 XML 모델(12장)에 기반을 둔 데이터베이스 시스템들도 (비록 이들이 고성능과 복제라는 NOSQL 시스템들이 가지는 특성은 갖지 않더라도) NOSQL 시스템으로 분류할 수 있다.

지금까지 소개한 NOSQL은 전체 중에서 일부이다. 전체를 소개하는 것은 본 책의 범위를 벗어나므로 생략한다.

### 23.1.2 NOSQL 시스템의 특징

여기서는 수많은 NOSQL 시스템들의 특징을 소개하고, 기존의 SQL 시스템과 다른점을 설명한다. 여기서는 이러한 특징들을 두 가지 카네고리로 나누어 설명한다: 분산 데이터베이스 혹은 분산 시스템과 관련된 특징과 데이터 모델 및 질의어와 관련된 특징.

**분산 데이터베이스 혹은 분산 시스템과 관련된 특징.**

NOSQL은 가용성(availability)을 강조하므로 데이터 복제가 중요한 특징중 하나이다. 또한 데이터가 지속적으로 증가하는 것에 대비하여 확장성(scalability)을 갖는 것도 중요한 특징이다. 그리고, 고성능은 중요한 특징이지만 직렬성을 가진 (serializable) 일치성은 NOSQL 응용들에서 중요하지 않는 경우가 많다. 다음에서 이들 특징에 관해 추가적으로 설명한다.

1. **확장성**(scalability). 23.1.4절에서 소개한 바와 같이 분산 시스템에서는 두 가지 확장성이 있다: **수평적 확장성**(horizontal scalability)과 수직적 확장성(Vertical Scalability). NOSQL 시스템에서는 일반적으로 데이터 양이 증가함에 따라 저장 공간과 처리기를 가진 노드를 추가하는 방식인 수평적 확장성을 제공한다. 수직적 확장성은 기존 노드의 저장 능력과 처리 능력을 높이는 방식으로 수평적 확장과는 차이가 있다. NOSQL 시스템에서는 시스템 작동중에 멈추지 않고도 현재 보유하고 있는 데이터를 새로 확장된 노드로 분산시키는 기술이 필요하다. 23.3절에서 23.6절에 걸쳐 특정 시스템을 소개할 때 이 기술을 설명한다.
2. **가용성**(availability), **복제**(replication), **궁극적 일치성**(eventual consistency). NOSQL 시스템을 사용하는 많은 응용들이 중단없는 시스템 가용성을 요구하고 있다. 이를 위해 데이터가 두 개 이상의 노드에 복제되고 있으며, 하나의 노드가 고장이 나도 다른 노드에서 기버할 수 있게 한다. 복제는 데이터 가용성을 높일 뿐 아니라 읽기 성능을 개선하는데도 기여한다. 그러나 데이터를 갱신할 때는 복제본을 가진 모든 노드에 대하여 갱신명령이 실행되어야 하므로 번거롭고 비효율적이다. 특히 직렬화 일관성(serializable consistency)을 요구하는 경우에는 갱신 성능이 저하될 수 밖에 없다(22.3절 참고). 그래서 많은 NOSQL

시스템들이 직렬화 일관성 대신에 **긍극적 일관성**(eventual consistency)을 사용하고 있다. 이 문제는 23.2절에서 상세히 다룬다.

3. **복제 모델**(replication model). NOSQL에서 주로 사용하는 두 가지 복제 모델은 마스터-슬레이브 복제 방식과 마스터-마스터 복제 방식이다. **마스터-슬레이브 복제**(master-slave replication) 방식에서는 하나의 복제본을 마스터로 지정하고, 모든 갱신연산은 마스터에서 실행된 후에, 나머지 슬레이브 복제본들에 전파되어 실행되는 궁극적 일관성을 사용한다(즉, 슬레이브 복제본도 궁극적으로 마스터 복제본과 동일한 상태가 됨). 읽기 연산에서 마스터-슬레이브 방식은 다양한 방식으로 구성될 수 있다. 한가지 방식은 모든 읽기 연산이 마스터 복제본에서 이루어지는 방식으로 분산 동시성 제어(22.3.1절)의 주복사본 방식(primary site 혹은 primary copy method)과 유사하다. 다른 방식에서는 슬래이브 복사본에서 읽기 연산을 허용하는 대신 읽은 값이 최신의 값을 보장하지는 않는 정책을 취하기도 한다. 마스터 복사본에 갱신이 이루어진 이후에 슬래이브 복사본에 반영되기 전에는 슬래이브 복사본의 값이 최신값이 아니기 때문이다. **마스터-마스터 복제 방식**은 읽기와 쓰기 연산을 마스터 혹은 슬래이브 어느 곳에서도 이루어지도록 허용하지만 여러 노드에서 읽은 값들의 일치성을 보장하지는 않는다. 다른 사용자들이 여러 노드에 동일한 데이터 항목에 대하여 쓰기 연산을 각자 수행한 경우에는 그 데이터 항목의 값은 일시적으로 불일치하는 상태에 있을 수 있다. 따라서 마스터-마스터 복제 방식에서는 이러한 불일치 문제를 해결하는 방법이 구현되어 있어야 한다.

4. **파일의 조각 혹은 샤딩**(sharding of files). 많은 NOSQL 응용에서 파일 (혹은 데이터 객체들의 컬렉션)은 수백만 개의 레코드(문서 혹은 객체)들을 가질 수 있고, 이 레코드는 수천 명의 사용자들이 동시에 접근할 수 있다. 따라서 전체 파일을 하나의 노드에 저장하는 방식은 현실적으로 좋은 방식이 아니다. NOSQL 시스템에서는 이 문제를 해결하기 위해 파일 레코드에 대한 **샤딩**(**수평적 파티셔닝**, 22.2절 참고)을 사용하고 있다. 이 방식은 파일 레코드에 대한 접근 부담을 여러 사이트로 분산시키는 방식이다. 파일 레코드를 샤드(shard)로 나누고, 이들을 복제하여 중복시킴으로써 로드 밸런싱 (부하분산)과 데이터 가용성을 동시에 증대시킬 수 있다. 특정 시스템에 대하여 설명하는 23.3절에서 23.6절까지 이 방식을 설명한다.

5. **고성능 데이터 접근**. 많은 NOSQL 응용에서 수백만의 데이터 레코드를 포함하는 파일로부터 특정 레코드(들)를 찾는 문제를 다루어야 한다. 이 문제를 해결하기 위해 대부분의 시스템은 객체 키에 대한 해싱 기법이나 범위 분할(range partitioning) 기법을 사용한다. 객체에 대한 대부분의 접근은 복잡한 질의 조건을 사용하기보다는 키 값을 사용하여 이루어진다. 객체에 대한 키는 객체 식별자(object id, 11.1절 참고)와 유사한 개념이다. **해싱**(hashing)에서는 키 $K$에 대하여 해시함수 $h(K)$가 적용되어 키 $K$ 값을 가지는 객체의 위치를 결정한다. **범위 분할**(range partitioning)에서는 키 값의 범위를 통해 위치가 결정된다. 예

를 들어, 즉, 위치 $i$에는 키 값의 범위가 $Ki_{\min}$에서 $Ki_{\max}$ 사이에 포함되는 객체들이 저장된다. 범위 질의를 사용하는 응용들은 범위 분할기법에 더 적합하다. 키 $K$와 다른 속성 조건을 기반으로 객체를 찾고자 한다면 다른 인덱스가 사용될 수 있을 것이다. 제 23.3절에서 23.6절까지 특정 시스템을 설명할 때 인덱싱 기법들에 관해 추가적으로 설명한다.

**데이터 모델 및 질의어와 관련된 NOSQL의 특징.**

NOSQL 시스템은 성능과 모델링 파워의 유연성 및 복잡한 질의 기능을 강조하고 있다. 다음에서 이러한 특성들을 설명한다.

1. **스키마를 필요로 하지 않음.** 많은 NOSQL 시스템에서는 반구조적(semi-structured)이며 자기기술적 (self-describing) 데이터 (12.1절 참고)를 허용함으로써 스키마를 요구하지 않는다. 어떤 NOSQL 시스템에서는 저장 효율성을 개선하기 위해 부분적인 스키마(partial schema)를 명시할 수 있으나 대부분의 NOSQL 시스템에서는 스키마를 요구하지 않는다. 데이터에 대한 제약사항을 기술하는 스키마가 존재하지 않을 수 있으므로 데이터에 대한 제약사항이 프로그램으로 코딩되어야 할 수도 있다. 반구조적 데이터를 기술하기 위한 다양한 언어가 존재하며, JSON(JaveScript Object Notation)과 XML(Extensible Markup Language; 12장 참고)이 대표적이다. JSON은 다수의 NOSQL 시스템에서 사용되지만 반구조적인 데이터를 기술하기 위한 다른 방식이 사용되기도 한다. 이 책에서는 문서기반 NOSQL 시스템을 소개하는 23.3절에서 JSON을 소개한다.
2. **덜 강력한 질의어.** NOSQL을 사용하는 많은 응용들은 하나의 파일에 포함된 객체를 객체 키를 기반으로 찾는 질의를 주로 사용하므로 SQL과 같은 강력한 질의어를 요구하지 않는다. NOSQL 시스템은 API 형태로 된 함수와 연산을 제공하며, 데이터 객체에 대한 읽기 연산과 쓰기 연산은 프로그래머가 적절한 연산을 사용해서 구현한다. 대부분의 경우 CRUD 연산(Create, Read, Update, Delete)으로 해결되며, 어떤 경우에는 SCRUD 연산이라 하여 검색(search) 연산을 포함하기도 한다. 일부 NOSQL 시스템은 고급 질의어를 제공하기도 하지만 SQL과 비교할 만큼 강력하지는 않다. 또한 많은 NOSQL 시스템은 조인연산을 제공하지 않으므로 응용 프로그램에서 이를 구현해야 할 것이다.
3. **버전관리.** 일부 NOSQL 시스템은 데이터 항목들에 대하여 생성 시 타임스템프 기법을 활용하여 다수의 버전을 지원하고 있다. 23.5절에서 컬럼기반 NOSQL 시스템을 설명할 때 이 문제를 다룰 것이다.

다음 절에서는 NOSQL 시스템의 다양한 카테고리에 관해 설명한다.

NOSQL 시스템은 4가지 카테고리로 분류되며, 이들은 다음과 같다.

1. **문서 기반 NOSQL 시스템.** 이 부류의 시스템은 데이터를 문서형식으로 저장하며, 잘 알려진 JSON(JavaScript Object Notation) 형식을 사용한다. 문서는 문서 id를 사용하여 접근 가능하며, 다른 인덱스를 사용하여 빠르게 접근할 수도 있다.

2. **NOSQL 키-값 저장소.** 이 시스템은 키로부터 관련된 값을 빠르게 액세스하는 간단한 데이터 모델을 가지고 있다. 여기서 키와 관련된 값은 레코드, 객체, 문서, 혹은 더 복잡한 데이터 구조가 될 수도 있다.
3. **컬럼기반 혹은 와이드 컬럼 NOSQL 시스템.** 이 시스템은 테이블을 컬럼으로 분할하여 컬럼 페밀리(수직 파티셔닝, 22.2절 참고)로 만들고, 각 컬럼 패밀리를 하나의 파일에 저장한다. 데이터 값의 버전을 허용하기도 한다.
4. **그래프 기반 NOSQL 시스템.** 데이터는 그래프로 표시되고, 관련된 노드들은 경로식(path expression)을 사용한 에지들의 탐색으로 찾을 수 있다.

또 다른 부류들도 있으며, 이들은 다음과 같이 요약된다.

5. **하이브리드 NOSQL 시스템.** 상기 네 가지 카테고리 중에서 두 개 이상의 카테고리에 속하는 시스템이다.
6. **객체 데이터베이스.** 이 시스템은 11장에서 설명하였다.
7. **XML 데이터베이스.** 제 12장에서 설명하였다.

키워드 기반 검색 엔진도 대규모 데이터를 저장하며, 빠른 검색 기능을 제공하고 있어 저장된 데이터는 거대한 NOSQL 빅데이터 저장소로 간주될 수 있다.

이 장의 구조는 다음과 같다. 23.3절에서 23.6절까지는 NOSQL 시스템의 4가지 카테고리의 특성들을 설명할 것이다. 그 이전의 23.2절에서는 궁극적 일치성의 개념을 설명하고, 관련된 CAP 이론을 설명할 것이다.

## 23.2 CAP 이론

제 22.3절에서 분산 데이터베이스의 동시성 제어를 논의할 때 분산 데이터베이스 시스템(DDBS)은 동시에 실행되는 트랜잭션의 ACID (atomicity, consistency, isolation, durability) 성질을 만족시켜야 한다고 가정했다(19.3절 참고). 데이터 복제를 가진 시스템에서는 각 데이터 항목에 다수의 복제본이 존재하므로 동시성 제어는 더욱 복잡하다. 즉, 데이터에 대한 갱신 명령이 모든 복제본에 대하여 적용되어야 한다. 한 데이터 항목 X에 대하여 한 복제본이 트랜잭션 T1에 의해 갱신되고, 또 다른 복제본이 트랜잭션 T2에 의해 갱신된다면 데이터 항목 X는 이제 두 개의 버전을 가지게 되는 상황이다. 이 상황에서 다른 두 트랜잭션 T3와 T4가 X를 읽는다면 X의 다른 값을 읽을 가능성(불일치성)이 있다.

제 22.3절에서 복제 상황에서 직렬성을 보장하여 이러한 불일치성을 방지하는 분산 동시성 제어 방법을 소개하였다. 그러나 이러한 불일치성을 막는 장치는 비싼 오버헤드를 요구하게 되며 NOSQL에서 추구하는 높은 성능과 가용성을 저해하게 된다. 분산 시스템에서는 복제본에 대하여 다양한 수준의 일치성을 설정하는 방식으로 이러한 문제를 해결하고 있다. 직렬성을 갖는 것은 가장 강한 일치성을 보장하는 것으로 비싼 오버헤드와 읽고 쓰는 연산에서 성능을 저하시키는 문제를 야기하게 된다.

CAP 이론은 CAP 원리로 소개되었으며, 분산 시스템에서 복제와 관련하여 상충되는 요구들을 설명하는데 유용하다. CAP의 세 글자는 복제 데이터를 가지는 분산 시스템에서 바람직한 성질을 나타낸다: **일치성**(consistency, 복사본들에서 동일한 값을 가짐), **가용성** (availability, 읽고 쓰는 연산의 실행 가능성), **분할감내성**(partition tolerance, 네트워크 고장으로 인해 노드들이 분할된 경우에도 작동 가능성). 가용성은 데이터 항목에 대한 각 읽기 및 쓰기 연산이 성공적으로 처리되거나 혹은 처리되지 못했다는 메시지를 받아야 한다는 특징이다. 분할 감내성은 네트워크 고장으로 노드들이 파티션된 상황에서도 동작해야 한다는 특징이다.

CAP에서 일치성(consistency)이라는 단어의 사용과 ACID에서 일치성이란 단어의 사용이 다른 의미를 가짐을 유의해야 한다. CAP에서 일치성은 복제 데이터를 가진 분산 시스템에서 동일한 데이터 항목에 대한 여러 복사본들에서 값의 일치성을 의미하고, ACID에서의 일치성은 트랜잭션이 데이터베이스 스키마에서 명시된 제약사항들을 위반하지 않음을 의미한다. 그러나 복제본에 대한 일치성을 하나의 명시된 제약사항(specified constraint)으로 보면 일치성에 대한 두 가지 의미는 서로 관련이 있다.

CAP 이론은 데이터 복제를 가진 분산 시스템에시 동시에 세 가지 특징 - 일치성, 가용성, 분할감내성 - 을 모두 보장할 수는 없다는 성질을 의미한다. 분산 시스템 설계자는 세 가지 중에서 어느 두 가지를 보장할 것인가를 선택해야 한다. 많은 기존의 SQL 응용은 ACID 성질을 통한 일치성 보장이 중요하다. 그러나 NOSQL 분산 저장소에서는 일치성 수준을 약하게 제공하면서 다른 두 성질(가용성과 분할 감내성)을 보장하는 것이 중요하다. 따라서 NOSQL 시스템에서는 직렬성의 보장 대신에 일치성 수준을 약하게 보장하는 것이 바람직하다. 이를 위해 NOSQL은 **궁극적 일치성**(eventual consistency)이라는 개념을 제공하는 경우가 많다. 23.3절에서부터 23.6절까지 특정 NOSQL 시스템을 설명할 때 일치성 모델에 관해 추가적으로 설명한다.

다음은 NOSQL 시스템의 4가지 카테고리 각각에 대하여 특성들을 설명한다. 23.3절에서는 문서기반 NOSQL 시스템을 설명하고, MongoDB를 이 부류의 대표적인 시스템으로 소개한다. 23.4절에서는 키-값 저장소라고 알려진 NOSQL 시스템을 소개한다. 23.5절에서는 컬럼-기반 NOSQL 시스템을 소개하고, Hbase를 대표 시스템으로 소개한다. 마지막으로 23.6절에서 그래프 기반의 NOSQL 시스템을 소개한다.

## 23.3 문서-기반 NOSQL 시스템과 MongoDB

문서-기반 혹은 문서-지향 NOSQL 시스템은 데이터를 유사한 **문서의 컬렉션**(collection)으로 저장한다. 이러한 시스템을 **문서 저장소**(document store)라고 부르기도 한다. 개별 문서는 복합 객체(complex objects, 11.3절) 혹은 XML 문서(제 12장)와 유사하지만 중요한 차이점은 스키마를 명시할 필요가 없이 **자가-기술 데이터**(self-describing data) 형태로 문서가 명시된다는 점이다(12.1절). 하나의 컬렉션에 소속된 문서들은 유사해야 하지만 각 문서들은 서로 다른 데이터 요소(data elements, 혹은 attributes)를 가질 수 있고, 새로운 문서는 기존 문서들과는 다른 새로운 데이터 요소를 가질 수 있다. 시스템은 컬랙션 내의 자가-기술 문서로부터 데이터 요소의 이름을 추출하며, 사용자는 데이터 요소들에 대하여 인덱스를 생성하도록 요청할 수도 있다. 문서는 XML(12장)과 같은 다양한 형식으로 명시될 수 있다. NOSQL에서 널리 사용되는 문서를 명시하는 데 널리 사용되는 언어는 JSON(JavaScript Object Notation)이다.

MongoDB와 CouchDB 등 수많은 문서-기반 NOSQL 시스템이 출시되어 있다. 이 절에서는 MongoDB에 관해서 소개한다. 시스템마다 다른 모델, 언어, 구현 방법을 사용하고 있으므로 문서-기반 NOSQL 시스템에 관한 완전한 소개는 이 절의 범위를 벗어난다.

### 23.3.1 MongoDB 데이터 모델

MongoDB 문서들은 JSON으로부터 추가적인 데이터 타입을 가지도록 확장하고, 저장 효율성을 증진시킨 BSON(Binary JSON) 형식으로 저장된다. 각 문서는 컬렉션에 저장된다. 여기서는 COMPANY 데이터베이스에 기반을 둔 간단한 예제를 가지고 설명한다. 각 컬렉션을 생성하기 위해서는 createCollection 연산을 사용한다. 예를 들어, 다음 명령어는 COMPANY 데이터베이스(그림 4.5, 4.6 참고)에서 PROJECT 객체를 저장하기 위한 project 컬렉션을 생성한다.

```
db.createCollection(“project”, { capped : true, size : 1310720, max : 500 })
```

첫 인자 “project”는 컬렉션의 이름이며, 그 다음에는 컬랙션 옵션을 명시하는 옵션이 나온다. 예제에서 컬렉션은 저장공간의 상한(size)과 문서의 개수에 대한 상한(max)이 설정되어 있다. 이러한 옵션 인자들은 각 컬렉션에 대한 저장공간 옵션을 선택하는 데 도움이 된다. 다른 옵션도 있지만 여기서는 생략한다.

또 다른 컬렉션으로 다음과 같이 worker를 생성하여 PROJECT에 참여하는 EMPLOYEE 정보를 저장한다.

```
db.createCollection(“worker”, { capped : true, size : 5242880, max : 2000 }))
```

컬랙션 내의 각 문서는 유일한 ObjectID 필드를 가지며 (_id 필드), 사용자가 명시적으로 인덱스를 생성을 금지하지 않는 한 자동으로 _id 필드에 인덱스가 생성된다. ObjectID 필드의 값은 사용자에 의해 명시되거나 혹은 시스템이 자동으로 생성된다. 시스템이 자동으로 생성한 ObjectID은 특정한 형식을 가진다 : 객체의 생성시간 (4 bytes), 노드 ID (3 bytes), 프로세스 ID (2 bytes), 카운트 (3 bytes)를 16-byte ID 값으로 생성함. 사용자가 생성한 ObjectID 값은 문서를 유일하게 식별하는 값이면 되고, 이 ID 값이 관계형 데이터베이스에서 주키와 유사하다.

컬랙션은 스키마를 가지지 않는다. 문서에서 데이터 필드의 구조는 그 문서가 어떻게 액세스되고, 사용되는지에 따라 선택되며, 사용자는 정규화된 설계 (정규화된 관계형 튜플) 혹은 비정규화된 설계 (XML문서 혹은 복합객체)를 사용할 수 있다. 문서 간의 참조는 한 문서에서 다른 관련된 문서의 ObectID(s)를 가지도록 함으로써 표현할 수 있다. 그림 23.1(a)는 단순화된 MongoDB 문서를 보여주고 있으며, COMPANY 데이터베이스 (그림 4.6)를 예제로 사용하고 있다. 여기서 _id 값은 사용자 정의이며, _id 값이 P로 시작하는 문서들은 "project" 컬렉션에 저장되고, W로 시작하는 문서들은 "worker" 컬렉션에 저장된다.

그림 23.1(a)에서 worker 정보는 project 문서에 내재되어 있으므로 "worker" 컬렉션이 명시적으로 필요하지 않다. 이 구조는 비정규화된 설계로 복합객체(11장) 혹은 XML문서(12장)과 유사하다. 문서에서 각괄호 ([...]) 안에 포함된 값들의 리스트들은 배열의 값을 나타낸다.

그림 23.1(b)에는 다른 옵션이 사용된 형태를 보여주고 있다. 여기서는 worker 참조들이 project 문서에 포함되어 있으며, worker 문서들은 "worker" 컬렉션에 별도로 저장되는 방식이다. 그림 23.1(c)는 세 번째 옵션으로 관계형 데이터베이스의 제1 정규형과 유사한 정규화된 디자인의 모습을 보여주고 있다(13.3.4절 참고). 어느 옵션을 선택할 것인지는 데이터를 어떻게 액세스할 것인가에 따라 결정되어야 한다.

그림 23.1(c)의 디자인은 employee와 project와 같은 다대다 관계를 표현하는 범용 정규화 디자인은 아니다. 다대다를 위해서는 "project", "employee", "works_on"에 해당하는 세 가지 컬렉션이 필요하며, 8.1절에서 이를 설명하였다. 제8장과 제13장(정규화와 ER-to-Relational 매핑), 제11장과 제12장(복합객체와 XML)에서 설명한 많은 디자인 관련 장단점은 문서 구조와 문서 컬렉션을 최적으로 디자인하기 위해 참고할 필요가 있다. 23.1(c)의 디자인에서 다수의 projects에서 일하는 EMPLOYEE는 다른 _id 값을 가지는 다수 worker 문서로 표현될 수 있으며, 각 문서는 특정 project에 대한 worker를 나타낸다. 이 방식은 12.6절의 XML 스키마 디자인에 대한 디자인 결정과 유사하다. 그러나 문서-기반 시스템은 전형적으로 스키마를 가지지 않으므로 각 문서가 컬렉션에 삽입될 때마다 디자인 규칙이 함께 정해져야 할 것이다.

(a) 내재된 workers array를 포함한 project 문서:

```
{
    _id:            "P1",
    Pname:          "ProductX",
    Plocation:      "Bellaire",
    Workers: [
                { Ename: "John Smith",
                  Hours: 32.5
                },
                { Ename: "Joyce English",
                  Hours: 20.0
                }
             ]
);
```

(b) 내재된 workers ids들의 array를 포함한 project 문서:

```
{
    _id:            "P1",
    Pname:          "ProductX",
```

그림 23.1 MongoDB에서 간단한 문서의 예: (a) 내재된 서브 문서를 가지는 비정규화된 문서 설계. (b) 내재된 문서 참조들의 array. (c) 정규화된 문서들. (d) 그림 23.1(c)의 문서를 해당 컬렉션에 삽입하기

```
        Plocation:      "Bellaire",
        WorkerIds:      [ "W1", "W2" ]
    }
        { _id:          "W1",
        Ename:          "John Smith",
        Hours:          32.5
    }
        { _id:          "W2",
        Ename:          "Joyce English",
        Hours:          20.0
    }
```

(c) 내재된 project와 worker 문서들 (n:m 관계에 대한 정규화된 디자인은 아님):

```
    {
        _id:            "P1",
        Pname:          "ProductX",
        Plocation:      "Bellaire"
    }
    {   _id:            "W1",
        Ename:          "John Smith",
        ProjectId:  "P1",
        Hours:          32.5
    }
    {   _id:            "W2",
        Ename:          "Joyce English",
        ProjectId:  "P1",
        Hours:          20.0
    }
```

(d) 컬랙션 "project"와 "worker" (c)의 문서 삽입:

```
    db.project.insert( { _id: "P1", Pname: "ProductX", Plocation: "Bellaire" } )
    db.worker.insert( [ { _id: "W1", Ename: "John Smith", ProjectId: "P1", Hours: 32.5 },
                        { _id: "W2", Ename: "Joyce English", ProjectId: "P1",
                          Hours: 20.0 } ] )
```

그림 23.1(계속) MongoDB에서 간단한 문서의 예: (a) 내재된 서브 문서를 가지는 비정규화된 문서 설계, (b) 내재된 문서 참조들의 array, (c) 정규화된 문서들, (d) 그림 23.1(c)의 문서를 해당 컬렉션에 삽입하기

## 23.3.2 MongoDB CRUD 연산

MongoDB는 생성(create), 읽기(read), 갱신(update), 삭제(delete)를 의미하는 **CRUD 연산**을 제공한다. 문서는 생성된 후 삽입연산 (insert)을 사용하여 컬렉션에 삽입된다.

```
db.<collection_name>.insert(<document(s)>)
```

삽입연산의 인자로는 그림 23.1(d)와 같이 하나의 문서 혹은 여러 문서들의 배열이 될 수 있다. 삭제연산은 다음과 같이 remove 명령어를 사용한다.

```
db.<collection_name>.remove(<condition>)
```

인자로 컬렉션 문서의 특정 필드에 대한 조건이 주어지며, 이를 만족하는 문서들이 삭제된다. 갱신 명령은 update 연산자를 사용하며, 특정 문서(들)를 선택하는 조건을 명시하고, 그 조건을 만족하는 문서들에 대하여 $SET 절을 사용하여 필드 값을 변경하게 된다. 기존 문서를 다른 것으로 대체하는 update 연산도 가능하지만 ObjectID는 동일하게 유지된다.

읽기 명령에는 find 연산자가 사용되며, 다음과 같은 양식을 가진다.

```
db.<collection_name>.find(<condition>)
```

일반적인 불리언 조건이 <condition>에 나타날 수 있으며, 조건을 만족하는 문서들이 결과로 나타난다. MongoDB의 CURD 연산에 대한 상세한 설명은 참고문헌에 있는 온라인 문서를 참고하기 바란다.

### 23.3.3 MongoDB 분산 시스템의 특징

MongoDB는 단일 문서에 대한 갱신(update)을 원자적(atomic)으로 처리하지만 복수의 문서에 대해서도 유사한 기능을 제공한다. MongoDB는 분산 시스템으로 2단계 커밋을 사용하여 복수 문서 트랜잭션에 대하여 원자성과 일치성을 보장할 수 있다. 19.3절에서 트랜잭션의 원자성과 일치성의 특징을, 21.6절에서 2단계 커밋 프로토콜에 관해 각각 설명하였다.

**MongoDB의 복제**. MongoDB는 **복제본**(replica set) 개념으로 동일한 데이터에 대한 복제를 만들어 분산 시스템을 구성하는 여러 노드에 저장하며, 복제에 대한 **마스터-슬레이브** 기술의 변형된 형태를 사용하고 있다. 예를 들어, 문서 컬렉션 C에 대하여 복제를 만든다고 가정하자. 먼저 노드 N1에 저장된 컬랙션 C의 **주복사본**(primary copy)을 만들고, 적어도 하나 이상의 **부복사본**(secondary copy)를 만들어 다른 노드 N2에 저장한다. 추가적인 복제본은 노드 N3, N4 등에 저장될 수 있으나 복제본의 개수가 증가함에 따라 저장 및 변경에 요구되는 비용도 증가하게 된다. 전체 복제본의 개수는 최소한 3개 이상이 되어야 하므로 한 개의 부복사본만 필요한 경우 **결정자**(arbiter)라고 알려진 복제본이 세번째 노드에 만들어진다. 결정자는 컬렉션에 대한 복제를 저장하지는 않고, 현재 주복사본을 저장하고 있는 노드가 고장난 경우에 새로운 주복사본을 선택하는 데 필요한 **투표**(election)에 참여하게 된다. 복제본의 수가 $n$개이면 (하나의 주복사본과 $i$개의 부복사본, $n = i + 1$) $n$은 반드시 홀수이어야 하고, 그렇지 않으면 결정자를 추가하여 주복사본 고장 시에 투표 절차가 정확하게 진행되도록 보장해야 한다. 22.3.1절에서 분산 시스템에서의 투표과정을 소개한다.

MongoDB 복제에서 모든 변경 연산은 주복사본에 대하여 수행된 후에 부복사본들로 전파된다. 읽기 연산에서 응용에 적합한 **읽기 선호도**(read preference)를 명시할 수 있다. 디폴트 읽기 선호도는 주복사본에서 읽고 쓰는 방식이다. 이 경우에 모든 읽기 연산은 최신의 데이터를 보장하며, 부복사본은 주복사본이 고장날 때를 대비하는 역할을 수행하게 된다. 읽기 연산의 성능을 높이려면 주복사본 뿐 아니라 부복사본 어디에서도 데이터를 읽을 수 있도록 읽기 선호도를 바꿀 수 있어야 한다. 그러나 부복사본으로부터 읽은 문서는 최신성을 보장할 수 없다(주복사본에서의 변경이 부복사본까지 전달되는 데 시간적인 갭이 있으므로).

**MongoDB의 샤딩(sharding).** 하나의 컬렉션이 대규모 문서를 포함하거나 혹은 저장용량이 매우 큰 경우 하나의 노드에 모든 문서를 저장하면 성능 문제를 야기하게 된다. 특히, 수많은 사용자가 그 문서들을 동시에 다양한 CRUD 연산자를 사용하여 다루는 경우에 심각해진다. 컬렉션내 문서들의 **샤딩(sharding)** – 수평적 파티션이라고도 함 – 은 컬랙션 내 문서들을 분할하고, 분할된 조각을 **샤드(shard)**라고 한다. 이 기법은 분산 시스템의 **수평적 스케일링(horizontal scaling)**이라 알려진 프로세스를 사용하여 필요한 경우 노드를 추가할 수 있으며(22.1.4 참고), 로드 밸런싱을 위해 컬렉션의 샤드들을 다른 노드에 배치할 수도 있다. 각 노드는 자신이 보유한 문서들(샤드)에 대한 연산만 처리한다. 또한, 각 샤드는 전체 컬렉션을 하나의 노드에 저장하는 경우보다 적은 문서를 가지고 있으므로 성능이 개선된다.

MongoDB에서는 컬렉션을 샤드들로 파티션하는데 두 가지 기법을 사용한다: **범위 분할(range partition)**과 **해시 분할(hash partition)**. 두 방식 모두 사용자가 문서의 특정 필드를 지정하고(분할필드라고 부름), 시스템은 이 필드의 값을 기준으로 분할을 수행한다. 분할필드 (혹은 **샤드 키(shard key)**라고 함)는 두 가지 특성을 가져야한다 : 컬랙션 내의 모든 문서에서 그 필드를 가지고 있어야 하고, 인덱스가 구축되어 있어야 한다는 점이다. ObjectID도 사용될 수 있으며, 앞의 두 가지 특징을 가지는 어떠한 필드도 분할의 기준이 될 수 있다. 샤드키의 값들은 범위분할 혹은 해시할 기법을 통해서 **청크(chunk)**들로 분할되고, 컬랙션내의 문서들은 샤드키의 값을 기반으로 분할된 청크에 따라 분할되게 된다.

범위분할은 키 값들의 범위를 명시함으로써 chunks를 생성한다: 예를 들어, 샤드키의 값의 범위가 1부터 1000만까지일 때, 100만 크기의 범위를 만들 수 있고 (1~1,000,000; 1,000,001 ~ 2,000,000; ···, 9,000,001 ~ 10,000,000), 각 청크는 하나의 범위에 속하는 키 값들을 포함할 수 있다. 해시분할은 각 샤드키 $K$에 대하여 해시함수 $h(K)$를 적용하고, 키 값들을 청크로 분할하는 작업은 해시 값에 기반을 두고 이루어진다(15.8절에서 해쉬 방식의 장점과 단점을 설명하였음). 일반적으로 컬랙션에 대하여 범위질의가 자주 사용된다면 (예를 들어, 샤드 키의 값이 200에서 400까지의 값을 가지는 문서를 찾는 경우) 질의에 명시된 범위의 문서를 포함하는 노드를 구분하여 질의 처리를 할 수 있으므로 범위분할 방식이 더 유리하다. 그러나 한 번에 하나의 문서를 찾는 질의가 많으면 해시분할이 더 유리하다.

샤딩이 사용될 때, MongoDB 질의가 질의 라우터(query router)라 불리는 모듈에 전달되면, **질의 라우터**는 어느 노드에 어떤 샤드가 저장되어 있는지에 대한 지식을 바탕으로 그 질의에서 찾는 문서가 저장된 노드로 질의를 보내어 처리하도록 한다. 만일 질의에서 원하는 문서들을 포함한 샤드를 질의를 정할 수가 없다면 모든 노드로 질의를 보내서 처리되도록 한다. 샤딩과 복제는 함께 사용될 수도 있다; 샤딩은 로드 밸런싱과 수평적 확장성을 통해 성능 향상을 추구하며, 복제는 노드가 고장이 난 경우에도 서비스가 지속되도록 하는 시스템의 가용성 향상을 추구한다.

MongoDB의 분산 시스템 아키텍처와 컴포넌트에 관한 기술들은 여기서 모두 논의할 수는 없다. MongoDB는 시스템 관리, 인덱싱, 정보보호, 데이터 집계 등에서 많은 서비스를 제공하고 있다. 그러나 여기서는 이러한 사항들을 논의하지 않는다. 참고문헌에서 MongoDB에 대한 자료들을 참고하기 바란다.

## 23.4 키-값 저장소

**키-값 저장소**(key-value store)는 데이터를 분산저장 시스템에 저장함으로써 성능과 가용성 및 확장성을 높이는 NOSQL 시스템이다. 키-값 저장소에서 사용하는 데이터 모델은 단순하며, 질의어를 제공하는 대신에 응용에서 사용할 수 있는 연산자 집합이 제공되고 있다. 키(key)는 데이터 항목과 연계된 유일한 식별자이고, 그 데이터의 저장 위치를 빠르게 결정하는데 사용된다. 값(value)은 데이터 자체이고, 키-값 저장소의 유형마다 다른 형식을 가질수도 있다. 어떤 시스템에서는 값이 바이트 스트링이나 바이트 배열로 표시되고, 응용 프로그램에서 값의 구조를 이해하고 해석해야 할 것이다. 또 다른 경우에는 표준화된 형태의 데이터가 허용된다; 예를 들어, 구조화된 데이터 행(튜플)이나 JSON을 사용한 반구조적인 데이터, 혹은 자기-기술형 데이터 형식 등이 예이다. 시스템마다 비구조화된 데이터, 반구조화된 데이터, 혹은 구조화된 데이터를 제공하고 있다(12.1 참고). 키-값 저장소 시스템에서 중요한 특징은 각 값은 유일키와 관련되고, 그 값을 사용하여 검색하는 데 빠른 성능을 제공한다는 점이다.

키-값 저장소 유형에 속하는 많은 NOSQL 시스템이 존재하므로 특정 시스템에 대한 구체적인 사항을 소개하는 것보다 전반적인 내용을 소개하도록 한다.

### 23.4.1 DynamoDB 개요

DynamoDB는 Amazon 제품으로 Amazon의 AWS/SDK platforms(Amazon Web Services/Software Development Kit)의 일부로 활용되며, Amazon의 클라우드 컴퓨팅 서비스에서 데이터 저장 부분을 담당한다.

**DynamoDB의 데이터 모델**. DynamoDB의 기본 데이터 모델은 테이블, 항목, 속성의 개념으로 이루어진다. **테이블은 스키마를 가지지 않고** 자기-기술 아이템(self-scribing items)의 컬렉션을 저장한다. 각 item은 (속성, 값) 쌍들로 구성되고, 속성의 값은 단일값 혹은 다중값이 될 수 있다. 기본적으로 테이블은 아이템의 컬렉션을 가지고, 각 아이템은 자기-기술 레코드 (혹은 객체)가 된다. DynamoDB는 JSON 형식의 아이템을 가질 수 있으며, 시스템은 이를 DynamoDB의 내부 저장 포멧으로 변경한다.

테이블이 생성될 때 **테이블 이름**과 **주키**(primary key)를 명시해야 한다; 주키는 항목을 테이블 내에서 어느 위치에 저장할지를 빠르게 결정하는데 사용된다. 따라서 DynamoDB 키-값 저장소에서는 주키는 키, 항목은 값이 된다. 주키 속성은 테이블의 모든 항목에서 존재해야 하고, 다음 두 가지 타입 중에 어느 하나가 될 수 있다.

- **단일 속성**. DynamoDB는 테이블 내의 항목들에 대하여 해쉬 인덱스를 생성하는데 이 속성을 사용한다. 이 속성을 해시 타입 주키(hash type primary key)라고 부른다. 항목들은 저장소 안에서 이 속성을 기준으로 정렬되지 않는다.
- **속성의 쌍**. 이 속성 쌍을 해시와 범위 타입 주키(hash and range type primary key)라고 부른다. 주키가 속성 쌍 (A, B)일 경우 속성 A는 해싱에 사용되고, 속성 B는 속성

A에 동일한 값을 가지는 경우에 이를 정렬하기 위해 사용된다. 또한 보조 인덱스도 속성에 대하여 생성할 수 있다. 예를 들어, 테이블의 항목들에 대하여 다중 버전을 저장하고자 할 때 ItemID를 해시로, 날짜와 타임스탬프 (버전이 생성된 시간을 나타냄)를 해시와 범위 타입 주키로 사용할 수 있다.

- DynamoDB의 분산 특징. DynamoDB는 등록상표이므로 다음 절에서 오픈소스 키-값 시스템인 Voldemort에서 복제, 조각, 분산 시스템 개념 등을 살펴본다. Voldemort는 DynamoDB에서 사용된 많은 기술들을 기반으로 하고 있다.

### 23.4.2 Voldemort 키-값 분산 데이터 저장소

Voldemort는 Apache 2.0부터 사용 가능한 오픈소스 시스템으로 Amazon의 DynamoDB를 기반으로 만들어졌다. 주안점은 고성능, 수평적 확장성, 복제를 통한 가용성 증진, 읽고 쓰는 연산에 대한 응답시간을 줄이기 위한 샤딩 등이다. 이러한 세 가지 특징 - 복제, 조각, 수평적 확장성 - 은 키-값 쌍을 분산 클러스터 상의 노드에 분산시키는 방법을 통해 실현하고 있다; 이 분산 방법을 일치성 해싱(consistency hashing)이라 부른다. Voldemort는 LinkedIn 데이터 저장소로 사용되고 있으며, 다음과 같은 특징을 가진다.

- 단순 기본 연산. (키, 값) 쌍의 컬랙션은 Voldemort 저장소에 저장된다. 여기서 이 저장소를 s라고 부른다. 데이터 저장과 검색을 위한 기본 인터페이스는 매우 단순하며, 세 가지 연산자를 제공한다: get, put, delete. 연산 s.put(k, v)는 키 k와 값 v로 구성된 키-값 쌍을 삽입한다. 연산 s.delete(k)는 키가 k인 항목을 삭제한다. 연산 v = s.get(k)는 키 k와 연관된 값 v를 검색한다. 응용에서 이러한 기본 연산을 사용하여 데이터 요구를 구현한다. 기본 저장 수준에서 키와 값은 바이트의 배열 (스트링)이다.
- 고수준의 형식화된 데이터 값. (k, v) 항목에서 값 v는 JSON으로 명시될 수 있으며, 이 경우 시스템은 JSON과 내부 저장포멧 사이의 변환을 수행해야 한다. 다른 데이터 객체 포멧도 명시될 수 있으며, 이 경우 응용에서 사용자 포멧과 저장 포멧 사이의 변환(serialization)을 Serializer 클래스에 지정하여 담당하도록 해야 한다. Serializer 클래스는 사용자에 의해 제공되어야 하며, 사용자 포멧을 바이트 스트링으로 변환하고, 역으로 바이트 스트링을 사용자 포멧으로 변환하는 연산들을 포함해야 한다. Voldemort는 JSON을 제외한 포멧을 위한 빌트-인 serializer를 제공한다.
- 분산형(key, value) 쌍에 대한 일치성 해싱(consistent hashing). Voldemort는 일치성 해싱이라 알려진 데이터 분산 알고리즘의 변형을 사용하여 분산 클러스터 노드들에 데이터를 분산시킨다. 해시 함수 $h(k)$가 각 항목 (k, v)의 k에 적용되어 그 항목의 저장 위치를 결정한다. 이 방법에서는 $h(k)$는 정수 값이며, 0부터 Hmax = $2^{n-1}$, 여기서 $n$은 해시 값에 대한 원하는 범위에 기반을 두고 선택된다. 이 방식은 모든 가능한 정수형 해시 값을 0부터 Hmax까지 범위(circle 혹은 ring 형태로 간주할 수 있음)에서 균등하게 나타나도록 하는 것이 최선이다. 그림 23.2에서 보는 바와 같이 분산시스템의 노드들이 링에 위치하고, 각 노드가 링에서 여러 위치를 가지도록 한다. 노드를 나타내는 링 상의 포인터 위치 설정은 랜덤한 방식으로 설정된다.

항목 (k, v)는 링 상의 $h(k)$ 위치에서 시계방향으로 이전 영역에 해당하는 위치의 노드에 저장된다. 그림 23.2(a)에서 A, B, C 세 개의 노드가 있고, C가 나머지 두 개의 노드보다 더 많은 공간을 가지고 있다고 가정한다. 링 상에서 A와 B에는 각각 두개의 인스턴스가 저장되고, C에는 세 개의 인스턴스가 저장된다고 가정한다. 23.2(a)는 $h(k)$ 값에 따라서 어느 (k, v) 항목이 어느 노드에 저장되는지를 보여주고 있다.

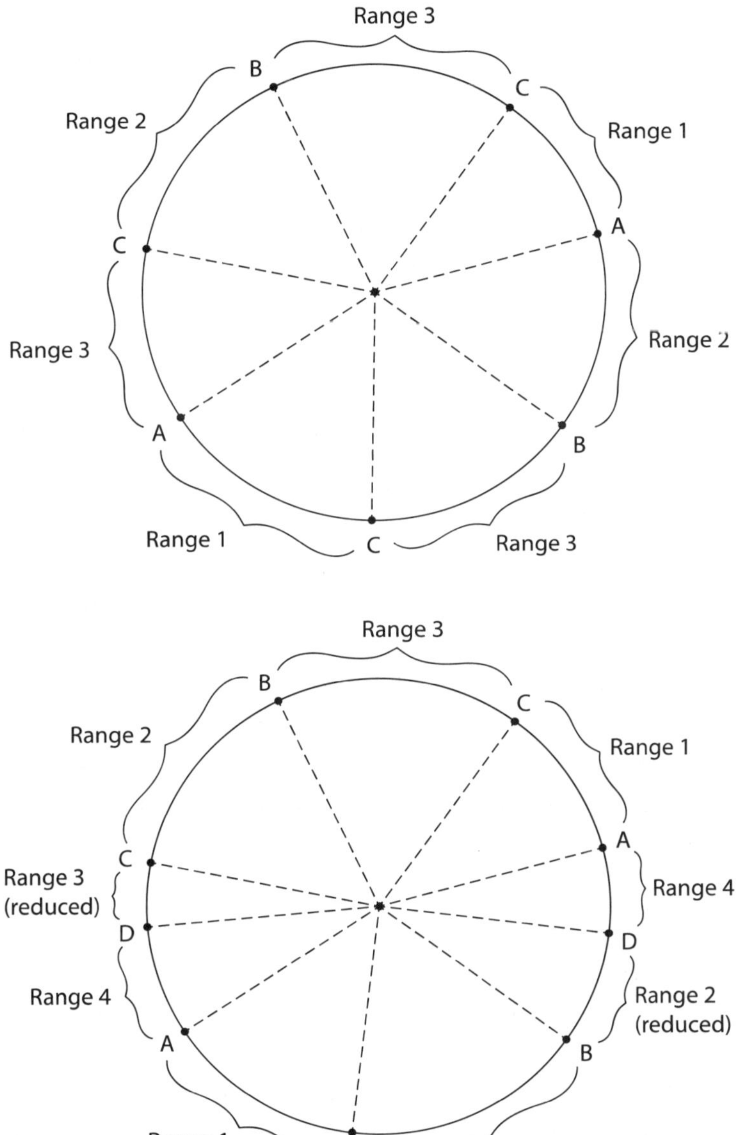


그림 23.2 일치성 해싱의 예: (a) 링은 세 개의 노드 A, B, C를 가지고 있고, C노드의 저장공간이 가장 크다고 가정한다. $h(k)$ 값이 Range 1 영역에 해당하는 (k, v) 항목들은 노드 A에 저장된다. 유사하게 Range 2에 사상된 항목들은 노드 B, Range 3에 저장된 항목들은 노드 C에 저장된다. (b) 링에 노드 D를 추가한다. Range 4에 해당하는 항목들은 노드 B와 C로부터 노드 D로 이전된다

- $h(k)$ 값이 그림 23.2(a)에서 Range 1 영역에 사상된다면 (k, v) 항목은 노드 A에 저장된다. 이는 노드 A의 시계방향 이전 영역이 Range 1이기 때문이다. 유사하게 Range 2는 노드 B에, Range 3는 노드 C에 저장된다. 이 방식은 새로운 노드가 추가되는 경우 저장 공간의 크기에 따라 링 상에서 한 곳 이상에 추가되는 방식이므로 수평적 확장성을 보장하게 된다. 항목 (k, v)의 적은 부분이 기존의 노드에서 새로운 노드로 재배치된다. 새로 추가된 노드가 링 상에서 두 곳 이상을 차지할 수 있으므로 재배치되는 항목들도 두 곳 이상의 노드에 소속된 경우도 발생한다. 그림 23.2(b)에서 노드 D가 링 상에서 두 곳에 추가되었으며, 이 경우 노드 B와 C에 배정되었던 항목들이 노드 D로 이전하게 된다. 어떤 항목의 키에 대한 해시가 Range 4에 사상된다면 (그림 23.2(b)) 그 항목은 노드 D로 이전하게 된다. 이 방식은 어떤 항목의 복제본들을 링 상에서 시계방향으로 연속된 노드들에 저장하는 방식으로 복제를 지원한다. 샤딩도 이 방식에서 구현될 수 있다. 저장소 (파일)에서 다른 항목들은 분산 클러스터 상의 다른 노드에 위치시킨다. 즉, 항목들이 분산 시스템의 노드들에 수평적으로 분할된다. 노드가 고장나면 그 노드에 적재된 항목들을 링상에서 고장난 노드 다음에 위치한 노드들에 적재한다. 또한 용량이 큰 노드에는 더 많은 항목들이 저장될 수 있도록 링 상에서 영역을 할당한다(그림 23.2(a) 참고).
- **일치성과 버저닝**. Voldemort는 복제 환경에서 일치성에 관한 문제를 DynamoDB에서 개발한 기법과 유사한 방식으로 처리한다. 기본적으로 쓰기 연산이 동시에 다른 프로세스에 의해 실행(병행 실행)될 수 있으므로 동일한 키에 대하여 서로 다른 노드에서 서로 다른 값들이 읽혀질 수 있다. 항목이 읽혀질 때 일치성은 버저닝과 읽기 수정(versioning and read repair) 기법을 사용하여 확보할 수 있다. 이 방식은 쓰기 연산의 병행 실행을 허용하면서 각 쓰기 연산이 벡터 클럭값과 연계되도록 하는 방식이다. 읽기 연산이 일어날 때 항목에 대한 여러 버전들이 여러 노드들로부터 읽혀질 수 있다. 만일 시스템이 하나의 최종값으로 조정할 수 있다면 그 최종값을 읽기 연산의 결과로 리턴하고, 그렇지 않다면 하나 이상의 버전이 응용으로 제공되고, 응용에서 시멘틱 정보를 활용하여 하나의 최종값으로 만들어내고, 이를 노드들에게 다시 제공한다.

### 23.4.3 다른 키-값 저장소에 대한 사례

이 절에서는 또 다른 세 가지 키-값 저장소에 대하여 소개한다. 이 부류로 분류되는 시스템은 많으나 여기서는 극히 일부 시스템들만 소개한다.

**Oracle 키-값 저장소**. Oracle은 잘 알려진 관계 데이터베이스 시스템을 가지고 있으며, 키-값 저장소에 대한 제품도 제공하고 있다. 이 시스템을 Oracle NOSQL 데이터베이스라고 부른다.

**Redis 키-값 캐시와 저장소**. Redis는 데이터를 메인 메모리에 저장하여 성능을 극대화한다는 점에서 다른 제품과 차이가 있다. 마스터-슬레이브 복제기법과 고수준의 가용성을 제공하며, 캐시 내용을 디스크에 백업하는 방식으로 지속성을 제공한다.

**Apache Cassandra.** Cassandra는 한 가지로 분류하기 어려운 NOSQL 제품이다. 어떤 면에서는 컬럼-기반 NOSQL 특징을 가지고 (23.5절), 또 다른 면에서는 키-값 카테고리의 특징을 가진다. 이 제품은 Facebook에서 사용하고 있으며, 많은 고객들에 의해 사용되고 있다.

## 23.5 컬럼-기반 혹은 와이드 컬럼 NOSQL 시스템

또 다른 NOSQL 시스템으로 **컬럼-기반 혹은 와이드 컬럼 시스템**이 있다. Google의 빅데이터를 위한 분산 저장 시스템인 BigTable은 잘 알려진 이 부류의 NOSQL 시스템이다. BigTable은 많은 Google 응용 (Gmail 등)에서 사용되고 있으며, 이들은 대규모 데이터 저장소를 필요로 한다. BigTable은 데이터 저당과 분배를 위해 Google File System (GFS)을 사용한다. 오픈 소스 시스템인 Apache Hbase가 Google BigTablc과 유사하지만 이는 데이터 저장소로 HDFS(Hadoop Distributed File System)를 사용하고 있다. HDFS는 24장에서 설명하겠지만 수많은 클라우드 컴퓨팅 응용에서 사용되고 있다. Hbase도 Amazon의 Simple Storage System(S3)를 데이터 저장소로 사용하고 있다. 또 다른 컬럼 기반 NOSQL 시스템으로 23.4.3절에서 소개한 Cassandra가 유명하다. 어떤 경우에 Cassandra는 키-값 저장소로 분류하기도 한다. 여기서는 컬럼-기반 NOSQL의 부류로 Hbase를 소개한다.

BigTable (Hbase도 포함)은 다차원 분산 지속성 순서맵(sparse multidimensional distributed persistent sorted map)이라 불린다. 여기서 맵(map)의 의미는 (키, 값) 순서쌍 ('키'가 '값'으로 매핑됨)의 컬렉션이라는 의미이다. 컬럼-기반 시스템과 키-값 저장소(23.4절 참고)의 중요한 차이점은 키의 성질에 있다. Hbase와 같은 컬럼-기반 시스템에서는 키가 다차원이며, 여러 컴포넌트를 가진다; 대부분의 경우 테이블 이름, 행 키, 컬럼, 타임스탬프로 구성된다. 컬럼은 또한 컬럼 패밀리와 컬럼 퀄리파이어(column qualifier)로 구분할 수 있다. 이 개념은 다음에서 Apache Hbase를 설명할 때 구체적으로 소개한다.

### 23.5.1 Hbase 데이터 모델링과 버저닝

**Hbase 데이터 모델.** Hbase의 데이터 모델은 namespaces, tables, column families, column qualifies, columns, rows, data cells 등의 개념으로 구성된다. 컬럼은 (컬럼-패밀리, 컬럼-퀄리파이어)의 조합으로 식별된다. 데이터는 컬럼과 해당 데이터 값들을 연계한 자기-기술적 형태로 저장되며, 데이터 값은 문자열이다. Hbase는 데이터 항목의 다수 버전을 저장하며, 각 버전에 해당하는 타임스탬프기 부착되어 있다. 따라서 버전과 타임 스탬프는 Hbase 데이터 모델의 구성요소이다 (이는 25.2절에서 논의할 시간 데이터베이스에서의 속성 버전 개념과 유사함). 다른 NOSQL 시스템과 마찬가지로 빠른 액세스를 지원하기 위해 저장된 데이터 항목에 대한 유일키(unique key)가 있으며, 그 키는 저장 시스템에서 셀(cell)을 식별하게 된다. 방대한 데이터를 저장할 때 고성능을 제공하는 데 초점이 맞추어져 있으므로 데이터 모델에서도 저장관련 개념들이 포함되어 있다. 다음으로 Hbase의 데이터 모델링 개념을 논의하고, 용어들을 정의한다. 여기서 테이블, 행, 컬럼은 관계형 데이터베이스에서의 용어와 동일하지 않음을 유의해야 한다.

- **테이블과 행.** Hbase에서 데이터는 테이블에 저장되고, 각 테이블은 테이블 이름을 가진다. 테이블 내에서 데이터는 자기 기술형 행(self-describing rows)으로 저장된다. 각 행은 유일한 행키(row key)를 가지고, 행키들은 문자열로써 정렬될 수 있어야 한다.
- **컬럼 패밀리, 컬럼 퀄리파이어, 컬럼.** 테이블은 하나 이상의 컬럼 패밀리와 연관된다. 각 **컬럼 패밀리(column families)**는 이름을 가지며, 테이블이 생성될 때 컬럼 패밀리가 명시되어야 하고, 이후에는 변경될 수가 없다. 그림 23.3(a)은 테이블이 생성되는 과정을 보여주고 있다. 테이블 생성 시 테이블 이름 다음에 관련된 컬럼 페밀리의 이름들이 나열된다. 데이터가 테이블에 로딩될 때 각 컬럼 패밀리는 많은 **컬럼 퀄리파이어(column qualifiers)**와 연관된다. 그러나 컬럼 퀄리파이어는 테이블 생성 시에 명시되지는 않는다. 그래서 데이터 모델은 컬럼 퀄리파이어로 인해 자기-기술형 데이터 모델의 성격을 가지게 된다. 즉, 컬럼 퀄리파이어는 새로운 행이 생성되거나 혹은 그 테이블에 행이 입력될 때 동적으로 명시될 수 있다. **컬럼**은 ColumeFamily:ColumeQualifier의 조합으로 명시될 수 있다. 컬럼 패밀리는 (컬럼 퀄리파이어가 테이블 생성 시에 명시되지 않는다는 점을 제외하고는) 저장 목적으로 관련 있는 컬럼들을 그루핑하는 방법이다. 컬럼 퀄리파이어는 데이터가 생성되어 행에 저장될 때 명시되므로 데이터는 자기-기술형이 된다(그림 23.3(b) 참고). 그러나 새로운 데이터 행이 생성될 때 새로운 컬럼 퀄리파이어가 생성되는 융통성을 갖고 있더라도 응용 프로그래머는 각 컬럼 패밀리에 어느 컬럼 퀄리파이어가 속하는지를 알아야 한다는 점이 중요하다. 컬럼 패밀리의 개념은 함께 액세스되는 컬럼들은 동일한 컬럼 패밀리에 속하게 되어 동일한 파일에 저장되므로 수직 파티셔닝 (22.2절 참고)과 어느 면에서 유사하다. 어떤 테이블의 각 컬럼 패밀리는 HDFS 파일 시스템을 사용하여 별도의 파일에 저장된다.
- **버전과 타임스탬프.** Hbase는 데이터 항목에 대하여 다수의 **버전**들을 유지할 수 있으며, 각 버전은 **타임스탬프**와 연관되어 있다. 타임스템프는 long integer 타입으로 버전이 생성될 때의 시스템 타임을 나타낸다. 따라서 새로운 버전은 더 큰 숫자를 가지게 된다. Hbase는 'January 1, 1970 UTC' 자정 시간을 타임스탬프 제로 값으로 사용하고, 그때부터 지금까지의 시간을 밀리세컨드로 환산하여 long integer를 산정한다(이 방식은 MongoDB에서 사용하는 Java 유틸리티 java.util.Date.getTime()에서 리턴하는 값과 유사함). 사용자는 타임스탬프 값을 Date 포맷으로 명시적으로 정의함으로써 시스템이 생성하는 타임스탬프를 대체할 수도 있다.

(a) creating a table:
create ‘EMPLOYEE’, ‘Name’, ‘Address’, ‘Details’
(b) inserting some row data in the EMPLOYEE table:
put ‘EMPLOYEE’, ‘row1’, ‘Name:Fname’, ‘John’
put ‘EMPLOYEE’, ‘row1’, ‘Name:Lname’, ‘Smith’
put ‘EMPLOYEE’, ‘row1’, ‘Name:Nickname’, ‘Johnny’
put ‘EMPLOYEE’, ‘row1’, ‘Details:Job’, ‘Engineer’
put ‘EMPLOYEE’, ‘row1’, ‘Details:Review’, ‘Good’
put ‘EMPLOYEE’, ‘row2’, ‘Name:Fname’, ‘Alicia’
put ‘EMPLOYEE’, ‘row2’, ‘Name:Lname’, ‘Zelaya’
put ‘EMPLOYEE’, ‘row2’, ‘Name:MName’, ‘Jennifer’
put ‘EMPLOYEE’, ‘row2’, ‘Details:Job’, ‘DBA’
put ‘EMPLOYEE’, ‘row2’, ‘Details:Supervisor’, ‘James Borg’
put ‘EMPLOYEE’, ‘row3’, ‘Name:Fname’, ‘James’
put ‘EMPLOYEE’, ‘row3’, ‘Name:Minit’, ‘E’
put ‘EMPLOYEE’, ‘row3’, ‘Name:Lname’, ‘Borg’
put ‘EMPLOYEE’, ‘row3’, ‘Name:Suffix’, ‘Jr.’
put ‘EMPLOYEE’, ‘row3’, ‘Details:Job’, ‘CEO’
put ‘EMPLOYEE’, ‘row3’, ‘Details:Salary’, ‘1,000,000’

(c) Some Hbase basic CRUD operations:
Creating a table: create <tablename>, <column family>, <column family>, …
Inserting Data: put <tablename>, <rowid>, <column family>:<column qualifier>, <value>
Reading Data (all data in a table): scan <tablename>
Retrieve Data (one item): get <tablename>,<rowid>

그림 23.3 Hbase의 예제: (a) 세 개의 컬럼 패밀리를 포함하는 EMPLOYEE 테이블의 생성: Name, Address, Details, (b) EMPLOYEE 테이블에 삽입하기; 다른 행은 다른 자기-기술 컬럼 퀄리파이어를 가질 수 있음(Fname, Lname, Nickname, Minit, Suffix, ... for column family Name; Job, Review, Supervisor, Salary for column family Details), (c) Hbase의 CRUD 연산

- **셀(cells)**. 셀은 Hbase의 기본 데이터 항목을 저장한다. 셀의 키 (주소)는 (table, rowid, columnfamily, columnqualifier, timestamp)의 조합으로 명시된다. 타입 스탬프가 빠지면 디폴트 버전 번호가 주어지지 않는 한 최신 버전이 검색된다 (예, 최신 3개 버전). 디폴트로 가져올 버전의 개수와 시스템이 유지관리해야 할 버전의 개수는 테이블 생성 시 명시할 수 있는 파라미터이다.
- **네임 스페이스**. 네임 스페이스는 테이블의 컬렉션으로 정의된다. 네임 스페이스는 기본적으로 사용자 응용에서 함께 사용되는 하나 혹은 그 이상의 테이블 컬렉션을 명시한 것으로 관계형 시스템에서 데이터베이스에 해당하는 개념이다.

### 23.5.2 Hbase CRUD 연산

Hbase도 다른 NOSQL 시스템과 마찬가지로 저수준의 CRUD 연산(create, read, update, delete)을 제공한다. 그림 23.3(c)는 Hbase에서 제공하는 CRUD 연산의 형식을 보여주고 있다. Hbase는 저수준의 CRUD 연산을 제공한다. 조인과 같은 복잡한 연산은 이들 저수준의 연산들을 활용하여 구현할 수 있다. 연산 create는 테이블을 생성하며, 하나 이상의 컬럼 패밀리를 명시하고, 컬럼 퀄리파이어는 명시하지 않는다. 연산자 put은 새로운 데이터 혹은 기

존 데이터 항목의 새로운 버전을 삽입하는 연산이다. 연산자 get은 테이블에서 하나의 행과 관련된 데이터를 검색하고, 연산자 scan은 모든 행을 검색한다.

### 23.5.3 Hbase 스토리지와 분산 시스템 개념

각 Hbase 테이블은 **리전**(region)들로 나누어지고, 각 리전은 테이블의 행키(row key)의 일정한 범위에 해당하는 데이터를 저장한다. 이것이 행키가 정렬 가능한 값으로 한정하는 이유이다. 각 리전은 다수의 **스토어**(stores)를 가지며, 각 컬럼 패밀리가 리전 내의 하나의 스토어에 저장되는 방식이다. 리전들은 **리전 서버** (스토리지 노드)에 지정된다. **마스터 서버** (마스터 노드)는 리전 서버를 모니터링하고, 테이블을 리전들로 분할하며, 리전을 리전 서버로 지정하는 책임을 담당한다.

Hbase는 Apache Zookeeper를 사용하여 분산 Hbase 서버 노드들에 저장된 Hbase 데이터의 네이밍, 분산, 동기화와 관련된 서비스를 제공할 뿐 아니라 조정 및 복제 서비스를 제공한다. Hbase는 분산 파일 시스템 서비스를 제공하기 위해 Apache HDFS (Hadoop Distributed File System)을 사용한다. 그래서 Hbase는 HDFS와 Zookeeper 상에서 생성된다. Zookeeper는 가용성을 위해 다수 노드들 상에서 다수의 복제본을 가지며, 필요로 하는 데이터를 메모리에 상주시킴으로써 마스터 서버와 리전 서버들의 데이터 접근 속도를 높인다.

여기서는 Hbase의 구체적인 내용을 다루지는 않는다. Hbase에 관한 상세한 내용은 참고문헌을 읽어보기 바란다.

## 23.6 NOSQL 그래프 데이터베이스와 Neo4j

NOSQL 시스템의 또 다른 카테고리로 **그래프 데이터베이스** 혹은 **그래프-지향 NOSQL 시스템**이 있다. 데이터는 그래프로 표시되고, 그래프는 노드와 에지로 구성된다. 노드와 에지는 레이블을 가지고 있어 엔티티와 관계의 타입을 표시하고 있으며, 각 노드와 에지에 관련된 데이터를 저장할 수 있다. 여기서는 여러 응용 분야에서 널리 사용되는 Neo4j라는 시스템을 소개한다. 이 시스템은 오픈 소스로써 Java로 구현되어 있다. 23.6.1절에서 Neo4j 시스템의 데이터 모델을 소개하고, 23.6.2절에서 Neoj4 시스템의 질의어를 소개한다. 23.6.3절에서는 Neoj4 시스템의 분산 시스템 및 다른 특성을 소개한다.

### 23.6.1 Neo4J 데이터 모델

Neoj4 시스템의 데이터 모델은 **노드**와 **관계** 개념을 사용한 데이터로 구성된다. 노드와 관계는 관련 데이터 항목을 가지며, **특성**(properties)을 가지게 된다. 노드들은 **레이블**을 가지며, 동일한 레이블을 갖는 노드들이 모여서 컬렉션을 형성하며, 이들은 데이터베이스 그래프에 대한 질의에서 노드들의 부분집합을 명시하게 된다. 노드는 0, 1, 혹은 여러개의 레이블을 가진다. 관계는 방향성을 가지며, 각 관계는 시작노드와 종점노드를 가지면서 **관계 타입**도 가진다. 관계 타입도 노드 레이블과 유사하게 동일한 관계 타입을 가지는 유사한 관계들을 명시하는 역할을 수행한다. 특성들은 **맵패턴**(map pattern)을 통해 명시되며, 하나 이상의 "name:value" 쌍으로 구성된다. 예를 들어, {Lname: 'Smith', Fname: 'John', Minit'B'} 형식이다.

기존 그래프 이론에서는 노드와 관계를 버텍스(vertices)와 에지(edges)라고 부른다. Neo4j 그래프 데이터 모델은 ER 혹은 EER(extended ER model)에서의 데이터 표현과 유사하지만(제 3장 참고), 중요한 차이점이 있다. Neo4j와 ER/EER를 비교할 때 노드는 엔티티, 노드 레이블은 엔티티 타입과 서브 클래스, 관계는 관계 인스턴스, 관계 타입은 관계 타입, 특성(property)은 속성(attribute)에 대응한다. 중요한 차이점 하나는 Neo4j에서의 관계는 방향성을 가지지만 ER/EER에서는 방향성이 없다는 점이다. 다른 차이점은 Neo4j에서 노드는 레이블을 가지지 않을수도 있지만 ER/EER에서는 각 엔티티가 엔티티 타입에 소속되어야 하므로 레이블을 가진다는 점이다. 마지막 중요한 차이점은 Neo4j 그래프 모델은 실제 고성능 분산 데이터베이스 시스템의 기반이 되지만 ER/EER은 데이터베이스 설계에만 주로 사용된다는 점이다.

그림 23.4(a)는 Neo4j에서 어떻게 노드가 생성되는지를 보여주고 있다. 노드와 관계를 생성하는 다양한 방법이 있다. 예를 들어, Neo4j의 APIs에서 제공하는 연산자를 적절히 사용하여 생성할 수 있다. 여기서는 노드와 관계 생성을 위한 고수준의 문법만을 소개할 것이다. Neo4j CREATE 명령문은 고수준 선언적 질의어인 Cypher의 일부로써 생성을 담당하는 명령어이다. Neo4j는 노드와 관계 생성을 위해 다양한 옵션과 변형을 제공하고 있으며, 구체적은 내용은 이 책의 범위를 벗어난다.

- **레이블과 특성**(labels and properties). 노드가 생성될 때 노드 레이블이 명시될 수 있다. 레이블이 없이 노드를 생성할 수도 있다. 그림 23.4(a)에서 노드 레이블은 EMPLOYEE, DEPARTMENT, PROJECT, LOCATION 등이며, 생성된 노드는 그림 4.6의 COMPANY 데이터베이스를 약간 변형한 것을 기반으로 만들어졌다. 즉, SSN 대신에 EmpId를 사용하며, 예시용으로 일부 데이터만 포함하였다. 특성(property)은 {...}를 사용하여 표시되었다. 어떤 노드들은 다수의 레이블을 가진다. 예를 들어, 동일한 노드가 PERSON, EMPLOYEE, MANAGER로 레이블이 붙을 수 있고, 이들은 콜론을 이용하여 연결한다: PERSON:EMPLOYEE: MANAGER. 다수 레이블을 가지는 것은 하나의 엔티티가 하나의 엔티티 타입 (PERSON)과 그의 서브 클래스(EMPLOYEE, MANAGER)에 속하는 것과 유사한 개념이지만 다른 목적을 위해 사용되기도 한다.
- **관계와 관계 타입**(relationship and relationship types). 그림 23.4(b)는 그림 4.6의 COMPANY 데이터베이스를 기반으로 Neo4j에서 관계의 예시를 보여준다 → 기ㅎ는 관계에서 방향을 나타내지만 양방향으로 탐색될 수 있다. 그림 23.4(b)에서 관계 타입(레이블)은 WorksFor, Manager, LocatedIn, WorksOn이며, 관계 타입 WorksOn만 특성 (Hours)을 가진다.
- **경로**(paths). 경로는 그래프의 일부에 대한 탐색을 명시한다. 경로는 그래프 데이터

모델에서 질의의 일부로 사용되어 특정한 패턴을 명시하게 되는데, 이 패턴과 일치하는 그래프 데이터를 검색하게 된다. 경로는 시작노드에서 하나 이상의 관계를 붙인 후, 하나 이상의 종점노드(들)를 명시하는 방식으로 패턴을 표시한다. 이는 객체데이터베이스의 질의어 (OQL)과 XML 질의어 (XPath, XQuery)에서의 경로식(path expression) 개념과 유사하다(11장과 12장 참고).

- **스키마(schema).** 스키마는 Neo4j에서 선택사항이다. 스키마 없이 그래프가 생성되어 사용될 수 있으나 Neo4j 버전 2.0에서는 스키마 관련 기능들이 추가되었다. 스키마 생성에서 중요한 특징은 인덱스 생성과 레이블 및 특성(property)에 기반을 둔 제약사항의 생성이다. 예를 들어, 어떤 레이블의 특성(property)에 키 제약사항을 생성할 수 있으며, 이 경우 이 레이블과 관련된 모든 노드들에서 그 특성(property)은 유일한 값을 가져야 한다.
- **인덱싱과 노드 식별자(indexing and node identifiers).** 노드가 생성될 때 Neo4j 시스템은 내부적으로 그 노드에 대한 시스템이 정의한 유일한 식별자를 생성한다. 노드의 다른 특성들을 이용하여 각 노드들을 효율적으로 검색하기 위해 특정 레이블을 갖는 노드들의 컬렉센에 대하여 인덱스를 생성할 수 있다. 컬렉션에 대하여 하나 이상의 특성들에 인덱스를 생성할 수 있다. 예를 들어, EMPLOYEE 레이블을 가진 노드들을 인덱싱하는 데 EmpId가 사용될 수 있으며, DEPARTMENT 레이블을 가진 노드들에 대하여 Dno, PROJECT 레이블을 가진 노드들에 대하여 Pno가 사용될 수 있다.

### 23.6.2 Neo4j의 Cypher 질의어

Neo4j는 Cypher라는 고수준의 질의어를 제공한다. 노드와 관계를 생성하는 선언적 명령어(declarative commands)를 제공하며 (그림 23.4(a)와 (b)), 패턴을 기반으로 노드와 관계를 찾는 명령어도 제공한다. 데이터의 변경과 삭제도 Cypher에서 가능하다. 앞 절에서 CREATE 명령어를 소개하였으며, 다음에서 Cypher를 전반적으로 살펴보겠다.

Cypher 질의어는 절(clause)들로 구성된다. 질의어는 다수의 절들을 가지며, 한 절의 결과가 다음절의 입력으로 사용될 수 있다. 여기서는 예를 통해서 이 질의어의 특징들을 살펴본다. Cypher 질의어의 상세한 내용을 소개하는 것은 이 책의 범위를 넘어서기 때문에 대략적인 소개를 목표로 한다. 그림 23.4(c)는 Cypher 질의어의 주요 절들을 요약한 것이다. Cypher 질의어는 그래프 데이터베이스에서 복잡한 질의와 갱신 연산을 표현할 수 있다. 그림 23.4(d)에서 Cypher 질의어에 대한 몇가지 예시를 보여주고 있다.

그림 23.4(d)의 Query 1은 질의에서 MATCH, RETURN절을 어떻게 사용하는지를 보여주고 있다. 질의는 부서번호 Dno가 5인 부서의 위치를 검색한다. MATCH에서 패턴과 질의 변수(d와 loc)를 명시하였으며, RETURN절에서는 질의의 결과를 명시한다. Query 2는 세 개의 변수 (e, w, p)를 포함하고 있으며, Empid = 2 직원이 일하는 프로젝트와 주당 근무시간을 리턴한다. Query 3은 Pno = 2인 프로젝트에 참여하는 직원과 주당 근무시간을 리턴한다. Query 4는 ORDER BY 절을 보여주고 있다. 이 질의는 프로젝트 및 그 프로젝트에 참여하

는 사원을 찾아 Ename 순서로 정렬하여 리턴한다. Query 5에서는 LIMIT절을 사용하여 질의 결과로 리턴되는 결과의 개수를 제한할 수 있다(여기서는 10개로 제한함).

(a) creating some nodes for the COMPANY data (from Figure 5.6):

```
CREATE (e1: EMPLOYEE, {Empid: '1', Lname: 'Smith', Fname: 'John', Minit: 'B'})
CREATE (e2: EMPLOYEE, {Empid: '2', Lname: 'Wong', Fname: 'Franklin'})
CREATE (e3: EMPLOYEE, {Empid: '3', Lname: 'Zelaya', Fname: 'Alicia'})
CREATE (e4: EMPLOYEE, {Empid: '4', Lname: 'Wallace', Fname: 'Jennifer', Minit: 'S'})
...
CREATE (d1: DEPARTMENT, {Dno: '5', Dname: 'Research'})
CREATE (d2: DEPARTMENT, {Dno: '4', Dname: 'Administration'})
...
CREATE (p1: PROJECT, {Pno: '1', Pname: 'ProductX'})
CREATE (p2: PROJECT, {Pno: '2', Pname: 'ProductY'})
CREATE (p3: PROJECT, {Pno: '10', Pname: 'Computerization'})
CREATE (p4: PROJECT, {Pno: '20', Pname: 'Reorganization'})
...
CREATE (loc1: LOCATION, {Lname: 'Houston'})
CREATE (loc2: LOCATION, {Lname: 'Stafford'})
CREATE (loc3: LOCATION, {Lname: 'Bellaire'})
CREATE (loc4: LOCATION, {Lname: 'Sugarland'})
...
```

(b) creating some relationships for the COMPANY data (from Figure 5.6):

```
CREATE (e1) – [ : WorksFor ] –> (d1)
CREATE (e3) – [ : WorksFor ] –> (d2)
...
CREATE (d1) – [ : Manager ] –> (e2)
CREATE (d2) – [ : Manager ] –> (e4)
...
CREATE (d1) – [ : LocatedIn ] –> (loc1)
CREATE (d1) – [ : LocatedIn ] –> (loc3)
CREATE (d1) – [ : LocatedIn ] –> (loc4)
CREATE (d2) – [ : LocatedIn ] –> (loc2)
...
CREATE (e1) – [ : WorksOn, {Hours: '32.5'} ] –> (p1)
CREATE (e1) – [ : WorksOn, {Hours: '7.5'} ] –> (p2)
CREATE (e2) – [ : WorksOn, {Hours: '10.0'} ] –> (p1)
CREATE (e2) – [ : WorksOn, {Hours: 10.0} ] –> (p2)
CREATE (e2) – [ : WorksOn, {Hours: '10.0'} ] –> (p3)
CREATE (e2) – [ : WorksOn, {Hours: 10.0} ] –> (p4)
...
```

그림 23.4 Cypher 언어를 사용한 Neo4j의 예제: (a) 노드 생성, (b) 관계 생성

(c) Basic simplified syntax of some common Cypher clauses:
Finding nodes and relationships that match a pattern: MATCH <pattern>
Specifying aggregates and other query variables: WITH <specifications>
Specifying conditions on the data to be retrieved: WHERE <condition>
Specifying the data to be returned: RETURN <data>
Ordering the data to be returned: ORDER BY <data>
Limiting the number of returned data items: LIMIT <max number>
Creating nodes: CREATE <node, optional labels and properties>
Creating relationships: CREATE <relationship, relationship type and optional properties>
Deletion: DELETE <nodes or relationships>
Specifying property values and labels: SET <property values and labels>
Removing property values and labels: REMOVE <property values and labels>

(d) Examples of simple Cypher queries:

1. MATCH (d : DEPARTMENT {Dno: '5'}) – [ : LocatedIn ] ⟶ (loc)
   RETURN d.Dname , loc.Lname
2. MATCH (e: EMPLOYEE {Empid: '2'}) – [ w: WorksOn ] ⟶ (p)
   RETURN e.Ename , w.Hours, p.Pname
3. MATCH (e ) – [ w: WorksOn ] ⟶ (p: PROJECT {Pno: 2})
   RETURN p.Pname, e.Ename , w.Hours
4. MATCH (e) – [ w: WorksOn ] ⟶ (p)
   RETURN e.Ename , w.Hours, p.Pname
   ORDER BY e.Ename
5. MATCH (e) – [ w: WorksOn ] ⟶ (p)
   RETURN e.Ename , w.Hours, p.Pname
   ORDER BY e.Ename
   LIMIT 10
6. MATCH (e) – [ w: WorksOn ] ⟶ (p)
   WITH e, COUNT(p) AS numOfprojs
   WHERE numOfprojs > 2
   RETURN e.Ename , numOfprojs
   ORDER BY numOfprojs
7. MATCH (e) – [ w: WorksOn ] ⟶ (p)
   RETURN e , w, p
   ORDER BY e.Ename
   LIMIT 10
8. MATCH (e: EMPLOYEE {Empid: '2'})
   SET e.Job = 'Engineer'

그림 23.4(계속) Cypher 언어를 사용한 Neo4j의 예제: (c) cypher gueries 구문, (d) cypher gueries 예제

Query 6은 WITH와 집계를 보여주고 있다. WITH 절은 집계가 없는 경우에도 질의 내의 절들을 분리하기 위해 사용되기도 한다. Query 6은 부가적인 조건을 명시하기 위해 WHERE 절을 사용하고 있으며, 세 개 이상의 프로젝트에 참여하는 직원들과 각 직원들이 참여하는 프로젝트 개수를 리턴한다. 질의의 결과로 노드의 특성값을 리턴하는 대신에 노드와 관계 그 자체를 리턴하도록 할 수도 있다. Query 7은 Query 5와 유사하지만 노드와 관계 자체를 리턴한다. 즉, Neo4j 시각화 도구를 사용하여 질의 결과를 그래프 형태로 리턴한다는 점에서 차이가 있다. 노드들로부터 레이블과 특성을 제거하거나 추가하는 것도 가능하다. Query 8은 노드에 대하여 특성을 추가하는 방법을 보여주는 것으로 여기서는 employee 노

드에 Job 특성(property)를 추가하고 있다.

이상에서 Neo4j의 Cypher 질의어의 대략적인 내용을 소개하였다. 자세한 내용은 참고문헌을 읽어보기 바란다.

### 23.6.3 Neo4j 인터페이스와 분산 시스템 특성

Neo4j는 그래프 데이터베이스에서 노드와 관계를 생성, 검색, 변경하는 또 다른 인터페이스를 제공하고 있다. Neo4j는 부가적인 기능을 가진 기업용 버전과 커뮤니티 버전 두가지로 제공된다. 다음에서 Neo4j의 부가적인 기능을 간단히 소개한다.

- **기업용 버전과 커뮤니티 버전.** 두 버전 모두 Neo4j 그래프 데이터 모델과 스토리지 시스템을 제공하며, Cypher 질의어와 함께 몇가지 인터페이스 (고성능 API, 프로그래밍 언어 드라이버 - Java, Python, PHP, REST(Representational State Transfer) API - 를 제공한다. 두 버전 모두 ACID 특성을 지원한다. 기업용 버전은 데이터와 락킹(locking)에 대하여 캐싱과 클러스터링 등을 통해서 개선된 성능을 제공한다.
- **그래프 시각화 인터페이스.** Neo4j는 그래프 시각화 인터페이스를 제공함으로써 노드와 에지의 부분집합을 그래프로 표시한다. 또한 질의의 결과도 그래프 표현으로 시각화할 수 있다.
- **마스터-슬래이브 복제.** Neo4j는 하나의 노드를 마스터로 지정하는 분산 시스템 노드들의 클러스터로 구성될 수 있다. 데이터와 인덱스는 클러스터의 각 노드에 완전하게 복제될 수 있다. 마스터와 슬래이브 노드 사이에 다양한 동기화 기법들이 분산 클러스터에서 구성될 수 있다.
- **캐싱.** 성능 향상을 위해 그래프 데이터를 메인 메모리에 캐쉬되도록 구성할 수 있다.
- **논리적 로그(logical logs).** 고장으로부터 복구하기 위해 로그데이터가 유지될 수 있다.

Neo4j의 상세한 소개는 이 책의 범위를 벗어난다. 관심 있는 독자들은 참고문헌을 읽기 바란다.

## 23.7 요약

이 장에서는 NOSQL 시스템이라 알려진 데이터베이스 시스템들을 살펴보았다. 이들은 빅데이터의 효율적인 저장과 검색에 초점이 맞춰져 있다. 이러한 시스템을 사용하는 응용들은 소셜 미디어, 웹링크, 사용자 프로파일, 마케팅과 세일즈, 포스트와 트윗, 로드 맵, 공간 데이터, 이메일 등이다. NOSQL은 Not Only SQL이라는 의미로써 많은 응용에서 기존 관계 데이터베이스 시스템과는 다른 요구를 하고 있기 때문에 출현하였다. 이 시스템들은 분산 데이터베이스 혹은 분산 저장시스템으로 반구조적인 데이터 저장, 고성능, 가용성, 데이터 복제, 확장성 등을 목표로 하고 있으며, 즉각적인 데이터 일치성, 강력한 질의어, 구조화된 데이터 저장소 등과 같은 기존 데이터베이스 기능을 다소 희생한다.

23.1절에서는 NOSQL 시스템을 소개하면서 특징과 기존 SQL 시스템과의 차이점 등을 살펴보았다. NOSQL 시스템을 4가지 카테고리인 문서-기반, 키-값 저장소, 컬럼-기반, 그래프-기반 시스템으로 구분하였다. 23.2절에서는 궁극적 일치성(evantual consistency)이라 알려진 개념을 사용하여 다수의 복제본 사이의 일치성 문제를 어떻게 다루는지 소개하였다. CAP 이론을 설명하고 그것이 NOSQL 시스템의 가용성에 미치는 영향을 이해하도록 설명했다. 23.3절에서 23.6절까지는 NOSQL 시스템의 4가지 카테고리를 설명하였다. 어떤 NOSQL 시스템은 네 가지 부류에 속하지 않거나 혹은 두 가지 이상에 걸쳐 있는 경우도 있다.

## 연습문제

23.1 어떤 유형의 응용들을 위해 NOSQL 시스템들이 개발되었나?

23.2 NOSQL 시스템의 주요 부류는 어떤 것이 있는가 ? 각 카테고리에 해당하는 NOSQL 시스템을 말해 보라.

23.3 데이터 모델링과 질의어와 관련하여 NOSQL 시스템의 주요 특징은 어떤 것이 있나?

23.4 분산시스템과 분산 데이터베이스와 관련하여 NOSQL 시스템의 주요 특징은 어떤 것이 있나?

23.5 CAP 이론은 무엇인가? NOSQL 시스템에서 일치성, 가용성, 분할 감내성 중 어느 것이 가장 중요한다.

23.6 CAP에서의 일치성과 ACID 하의 일치성 사이에 차이점과 유사점은?

23.7 MongoDB에서 사용된 데이터 모델링 개념은 무엇인가? MongoDB에서 중요한 CRUD 연산은 무잇인가?

23.8 MongoDB에서 복제와 조각은 어떻게 이루어지는가?

23.9 DynamoDB에서 데이터 모델링 개념을 설명하라.

23.10 데이터 분배, 복제, 조각을 위한 해싱 방식을 설명하라. Voldemort에서 일치성과 버전이 어떻게 다루어지는가?

23.11 Hbase와 컬럼-기반 NOSQL 시스템에서 데이터 모델링 개념은 무엇인가?

23.12 Hbase에서 CRUD 연산은 무엇인가?

23.13 Hbase에서 사용되는 저장 및 분산 시스템 방식을 설명하라.

23.14 그래프 기반 NOSQL 시스템인 Neo4j에서 사용되는 데이터 모델링 개념은 무엇인가?

23.15 Neo4j를 위한 질의어는 무엇인가?

23.16 Neo4j에서 인터페이스와 분산 시스템 특성을 설명하라.

## 주요 참고문헌

Google BigTable 분산 저장 시스템을 기술한 원래 논문은 Chang et al.(2006)이고, Amazon Dynamo 키-값 저장 시스템을 소개한 원래 논문은 DeCandia et al.(2007)이다. NOSQL 시스템과 SQL 시스템(관계형 시스템)을 비교한 논문은 Parker et al.(2013)을 비롯하여 수없이 많다. NOSQL 시스템과 다른 부류의 NOSQL 시스템을 비교한 논문도 많이 있다: Cattell(2010), Hecht and Jablonski(2011), Abramova and Bernardino(2013).

Web에서 NOSQL에 관한 문서, 사용자 매뉴얼, 튜토리얼 등이 있으며, 대표적인 것은 다음과 같다.

MongoDB 튜토리얼: docs.mongodb.org/manual/tutorial/
MongoDB 매뉴얼: docs.mongodb.org/manual/
Voldemort 문서: docs.project-voldemort.com/voldemort/
Cassandra 웹사이트: dassandra.apache.org
Hbase 웹사이트: hbase.apache.org
Neo4j 문서: neo4j.com/docs/

또한 수많은 웹사이트에서 NOSQL 시스템들을 추가적인 카테고리로 분류하고 있다; 대표적으로 nosql-database.org 사이트가 있다.

# 하둡 및 맵리듀스 기반의 빅데이터 기술[1)]

1994년경 월드 와이드 웹(WWW, World Wide Web)이 출현한 이래로 전 세계 데이터의 양은 계속해서 증가하고 있다. 웹이 출시된 직후, 초기에는 알타비스타(AltaVista)와 라이코스(Lycos) 같은 검색 엔진이 설립되었다. 2003년에 알타비스타는 야후(Yahoo)에 인수되어 Yahoo!의 검색 엔진이 되었고, 라이코스는 검색엔진 겸 웹 포탈을 서비스하였다. 하지만, 이들은 구글(Google)과 빙(Bing) 등의 새로운 검색 엔진의 등장으로 빛을 잃었다. 그 후 2004년에 시작한 페이스북(Facebook)과 2006년에 설립된 트위터(Twitter)와 같은 소셜 네트워크가 등장했다. 2003년에 설립된 전문 네트워크인 링크드인(LinkedIn)은 전세계 2억 5천만 명의 사용자 수를 자랑한다. 또한, 페이스북은 현재 전세계적으로 13억 명 이상의 사용자를 보유하고 있으며, 이 중 약 8억 명이 페이스북에서 매일 활동 중이다. 트위터는 2014년 초에 9억 8천만 명의 사용자를 확보했으며, 2010년 10월에는 하루 평균 약 10억 개의 트윗이 발생하였다고 한다. 이러한 통계는 지속적으로 업데이트되며 웹에서 쉽게 이용 가능하다.

웹의 확립과 기하급수적인 성장은 전세계 일반인들도 컴퓨터를 사용하도록 하였고, 이에 대한 눈에 띄는 결과로 평범한 사람들이 다양한 종류의 트랜잭션과 새로운 데이터를 생성하는 콘텐츠를 만들기 시작했다. 이러한 사용자와 멀티미디어 데이터의 소비자는 엄청난 양의 데이터를 생성하면서 동시에 대용량의 데이터 저장소로부터 사용자 별로 특정 데이터를 즉시 전달하는 시스템이 필요하다. 그 결과, 전세계 네트워크를 통해 생성되고 이동하는 데이터의 양이 폭발적으로 증가했다. 또한, 기업 및 정부 기관은 고객, 벤더, 공급자의 모든 트랜잭션을 전자 방식으로 기록하여, 28장에서 다루어질 소위 데이터 웨어하우스라 불리는 저장소에 축적하고 있다. 게다가, 스마트폰, 에너지 스마트 미터, 자동차, 사물 인터넷(IoT, Internet of Things)에서 데이터를 감지, 생성, 전달하는 모든 종류의 장치 및 기계와 같은 전자제품에 내장된 센서에서 생성된 데이터가 이러한 대용량 데이터에 추가되었다. 물론 위성 이미지 및 네트워크 통신으로 생성되는 데이터도 고려해야 한다.

---

1) 우리는 이 장을 위해 기여한 Hive 프로그램 관리위원회의 위원 Harish Butani와 피츠버그 대학의 Balaji Palanisamy의 공헌에 감사를 표한다.

이러한 데이터 생성의 급격한 성장은 단일 저장소에 페타바이트(10**15바이트, 약 2**50바이트) 또는 수천 테라바이트 이상의 데이터가 저장될 수 있음을 의미한다. 대용량의 데이터를 의미하는 빅데이터라는 용어는 이제 우리가 흔히 사용하는 말이 되었다. Mckinsey 보고서에 따르면 데이터를 수집/저장/관리/분석하기 위한 DBMS의 일반적인 수용 범위를 초과하는 데이터 집합을 빅데이터라 정의하였다.[2] 이렇듯 데이터의 급성장이 의미하는 것은 Mckinsey 보고서에도 언급되었듯이 사실에 반영되어 있다:

- 오늘날 600달러짜리 디스크는 세계의 모든 음악을 저장할 수 있다.
- 페이스북에는 매 월 300억 개의 콘텐츠가 저장된다.
- 2011년 기준, 미국 경제 17개 부문 중 15개에는 미국 의회 도서관에 저장되어 있는 235 테라바이트의 데이터보다 더 많은 양의 데이터가 저장된다.
- 현재 미국에는 140,000개 이상의 심층 데이터 분석 직책과 150만 명 이상의 데이터 전문 관리자가 필요하다. 심층 데이터 분석은 더 많은 지식 발굴(knowledge discovery) 유형의 분석을 포함한다.

빅데이터는 어디에나 존재하므로 경제의 모든 분야에서 데이터 사용자 및 관리자가 역사적 증거를 기반으로 더 나은 의사 결정을 내릴 때 적절히 활용하면 도움이 되는 기술이다. McKinsey 보고서에 따르면, 미국의 건강 관리 시스템의 효율성과 품질을 향상시키기 위해 빅데이터를 창의적이고 효과적으로 사용할 수 있다면 해당 분야의 데이터로 인한 잠재적 가치는 매년 3천억 달러가 넘을 것으로 예상된다. 빅데이터는 소비자에게 적시에 정보를 제공하여 수많은 기회를 창출하고 있다. 이러한 정보는 의사결정, 니즈 발견 및 성능 개선, 상품 및 서비스 제작, 의사 결정자에게 더 효과적인 알고리즘 도구 제공, 그리고 새로운 제품, 서비스, 비즈니스 모델 측면에서의 혁신을 통한 가치 창출에 유용하다.

2) 이 소개는 McKinsey Global Institute의 빅데이터에 대한 McKinsey(2012) 보고서를 기반으로 한다.

IBM은 전사적 차원에서 빅데이터 분석의 세계적인 임무를 시작한 이유에 대해 다루는 최근 저서에서 이러한 설명을 뒷받침하고 있다.[3] 이 IBM의 저서는 다양한 유형의 분석 응용을 설명한다:

- 기술적 분석 및 예측적 분석(Descriptive and predictive analytics): 기술적 분석은 발생한 일을 보고하고, 주어진 데이터를 분석하여 발생한 원인을 파악하고, 새로운 데이터를 모니터링하여 현재 일어나고 있는 상황을 파악한다.
- 처방적 분석(Prescriptive analytics): 행위를 추천하는 분석을 의미한다.
- 소셜 미디어 분석(Social media analytics): 주제나 이벤트에 대한 여론을 평가하기 위한 감성 분석을 의미한다. 또한, 사용자가 개개인의 행동 패턴 및 취향을 발견해 맞춤형 상품 및 서비스를 제공하는데 도움을 줄 수 있다.
- 개체 분석(Entity analytics): 관심 있는 개체에 대한 데이터를 그룹화하여, 그 개체에 대해 더 많이 학습하는 다소 새로운 영역이다.
- 인지 컴퓨팅(Cognitive computing): 사람과 상호작용하여 더 나은 통찰력과 조언을 제공할 수 있는 컴퓨팅 시스템을 개발하는 영역이다.

Teradata 사의 Bill Franks가 쓴 책에서는 더 나은 분석을 위해 빅데이터를 다루는 것은 오늘날 어떠한 산업 분야에서도 경쟁 우위를 확보하는데 필수적이라고 설명한다. 또한 새로운 비즈니스 기회를 발견하기 위해 어떤 조직에서나 "빅데이터 고급 분석 생태계"를 개발하는 방법을 제시한다.

전문가가 제공하는 산업 출판물에서 볼 수 있듯이, 빅데이터는 모든 비즈니스에서 생산성, 품질, 성장을 향상시키는 분석 지향 응용을 제공하기 위해 빅데이터를 활용하는 새로운 영역으로 들어서고 있다.[4] 이 장에서는 지난 10년 동안 빅데이터를 활용하기 위해 만들어진 기술에 대해 설명한다. 즉, 빅데이터 응용을 위한 오픈 소스 프로젝트 중, 가장 큰 영역을 차지하는 맵리듀스 및 하둡 에코시스템과 관련된 기술을 다룬다. 빅데이터는 그 자체로 매우 큰 영역이기 때문에 분석을 위해 빅데이터 기술의 응용 프로그램을 다루는 것은 매우 어렵다.

---

3) IBM (2014): Analytics Across the Enterprise: How IBM Realizes Business Value from Big Data and Analytics.
4) Franks (2013): Taming The Big Data Tidal Wave.

제24.1절에서는 빅데이터의 필수적인 특징에 대해서 소개한다. 제24.2절에서는 하둡과 맵리듀스 기술의 역사적 배경과, 하둡의 다양한 버전에 대해 설명한다. 제24.3절에서는 하둡 분산 파일 시스템(HDFS, Hadoop distributed file system)의 구조, I/O 작업, 확장성에 대해 논의한다. 제24.4절에서는 맵리듀스의 실행 환경과 고수준 인터페이스인 Pig 및 Hive를 포함한 다양한 정보를 다룬다. 또한 다양한 방식으로 구현된 관계형 조인 연산 측면에서 맵리듀스의 힘을 보여준다. 제24.5절에서는 자원 관리와 작업 관리를 구분하는 하둡 v2, MR v2, 또는 YARN이라 불리는 기술을 다룬다. 이에 대해 먼저 이론적 설명을 하고, 다음으로 YARN의 구조와 YARN을 기반으로 한 다른 프레임워크에 대해 설명한다. 제24.6절에서는 하둡 및 맵리듀스 기술과 관련된 일반적인 이슈에 대해 논의한다. 먼저 하둡 및 맵리듀스 기술과 병렬 DBMS 기술을 비교한다. 그 다음, 클라우드 컴퓨팅과 성능 향상을 위한 데이터 지역성(data locality)을 논의한다. 또한, 데이터 서비스 플랫폼인 YARN과 일반적인 빅데이터 기술의 과제에 대해서 논의한다. 마지막으로, 제24.7절에서 현재 진행중인 프로젝트에 대해 설명하고 이 장을 요약한다.

## 24.1 빅데이터란 무엇인가?

빅데이터는 이제 흔히 사용하는 용어가 되었다. 대다수의 사람들은 많은 양의 데이터가 어떤 분석에 사용되는 상황을 더욱 고급스럽게 보여지기 위해 빅데이터라는 용어를 사용한다. 하지만, 사실 빅데이터라는 용어는 기존의 일반적인 데이터베이스 소프트웨어 도구가 수집/저장/관리/분석할 수 있는 능력을 뛰어 넘는 데이터 집합을 의미한다. 오늘날 컴퓨팅 환경에서 빅데이터로 간주될 수 있는 데이터 집합의 크기는 테라바이트(10**12바이트)나 페타바이트(10**15바이트)부터 엑사바이트(10**18바이트)까지이다. 빅데이터의 개념은 업계, 데이터의 사용 방식, 과거 데이터의 양 등의 많은 특성에 따라 달라진다. 산업체의 최신 동향에 대해 조사하는 인기 있는 엔터프라이즈급 조직 Gartner Group은 빅데이터를 크기(volume), 속도(velocity), 다양성(variety)의 3V로 특징지었다. 이후, 다른 연구자들에 의해 진실성(veracity), 가치(value)가 정의되어 추가되었다. 지금부터 이들이 무엇을 의미하는지 간단히 살펴보겠다.

**크기(Volume).** 데이터의 양은 시스템이 관리하는 데이터의 크기를 나타낸다. 자동으로 생성되는 데이터는 어느 정도 크기가 방대한 경향이 있다. 예를 들면, 센서에 의해 생성되는 제조 또는 가공 공장의 센서 데이터, 스마트 카드 및 신용 카드 리더기와 같은 스캐닝 장비의 데이터, 스마트 미터 또는 환경 기록 장치와 같은 측정 장비의 데이터 등이 있다.

**산업용 사물인터넷**(IIoT or IoT, Industrial Internet of Things)은 기업의 운영효율성을 향상시키고 지능형 기술을 활용하는 새로운 국면을 열어줄 혁명을 가져올 것으로 기대된다. IoT는 수십억 개의 장치가 데이터를 지속적으로 생성하기 때문에 이 장치들을 인터넷에 연결한다. 예를 들어, 유전체 시퀀싱에서 차세대 유전체 분석기술(NGS, Next generation sequencing)은 유전자 서열 데이터의 양이 기하급수적으로 증가한다는 것을 의미한다.

많은 추가적인 응용이 개발 중이며 서서히 현실로 다가오고 있다. 응용 프로그램의 예로, 지하 에너지원 감지를 위한 원격 탐사, 환경 모니터링, 차량 및 도로에 설치된 자동 센서를 통한 교통 모니터링 및 통제, 특수 스캐너와 장비를 사용한 환자의 원격 모니터링, RFID(Radio Frequency Identification) 및 기타 기술을 사용한 엄격한 재고 관리 및 보충 등이 있다. 이러한 모든 발전은 데이터의 양이 많아진 것과 관련이 있다. 트위터와 페이스북 같은 소셜 네트워크는 메시지를 전송하거나 글을 게시하여 새로운 데이터를 생성하는 수억 명의 가입자를 보유하고 있다. 한 예로, 트위터는 2012년 10월에 매일 약 50억 건의 트윗이 생성되었다.[5] 또한, 1초의 고화질 비디오를 저장하는 데 필요한 데이터 양은 약 2,000페이지의 텍스트 데이터와 같은데, 이러한 멀티미디어 데이터를 업로드하는 유튜브와 같은 비디오 호스팅 플랫폼은 단순한 숫자 또는 텍스트 데이터보다 훨씬 더 많은 양의 데이터를 가지고 있다. 2010년에 기업들은 13엑사바이트(10**18바이트) 이상의 데이터를 저장했으며, 이는 미의회 도서관에 저장된 데이터 양의 50,000배가 넘는다.[6]

5) Terdiman (2012): http://www.cnet.com/news/report-twitter-hits-half-a-billon-tweets-a-day/참조
6) Jagadish 외 (2014)

**속도(Velocity).** 빅데이터의 정의는 데이터의 크기 문제를 넘어서, 전통적인 데이터베이스 관리 도구가 관리하기 힘든 데이터의 유형 및 빈도를 포함한다. 빅데이터[7]에 대한 Mckinsey 보고서는 데이터가 생성, 축적, 수집, 처리되는 속도(speed)를 통틀어 속도(velocity)라 설명했다. 높은 속도는 증권 거래소의 일반적인 거래 속도로 예를 들 수 있는데, 이러한 속도는 특정 요일마다 수십억 건의 거래량에 도달한다. 잠재적인 사기를 탐지하기 위해 이러한 거래를 처리해야 하거나, 악의적인 활동을 탐지하기 위해 매일 수십억 건의 통화 기록을 처리해야 한다면 우리는 속도 문제에 직면하게 된다. 실시간 데이터와 스트리밍 데이터는 트위터 혹은 페이스북 같은 소셜 네트워크에 의해 매우 빠른 속도로 축적된다. 속도는 3분마다 약 백만 개의 트윗을 하는 사람들로부터 동향을 파악하는 데 유용하다. 또한, 분석을 위해 스트리밍 데이터를 처리하는 것도 속도 차원에 포함된다.

**다양성(Variety).** 기존 응용의 데이터 출처는 주로 금융, 보험, 여행, 의료, 소매업, 정부 및 사법 처리와 관련된 거래들이었다. 이러한 데이터의 출처가 급격하게 확대되었으며, 여기에는 인터넷 데이터(클릭 스트림 및 소셜 미디어), 연구 데이터(설문 조사 및 업계 보고서), 위치 데이터(모바일 기기 데이터 및 지형 공간 데이터), 이미지(감시, 위성, 의료 스캔), 이메일, 공급망 데이터(전자 데이터 교환, 벤더 카탈로그), 신호 데이터(센서 및 RFID 장치), 비디오(유튜브에는 분당 수백 분의 비디오가 입력) 등의 데이터가 있다. 또한, 빅데이터는 문맥에 따라 정형, 반정형, 비정형 데이터(25장 참조)로 분류된다.

구조화된 데이터는 데이터가 행과 열을 포함하는 테이블 형식의 관계형 모델과 레코드 내의 세그먼트 및 필드로 레코드 유형을 특징으로하는 IMS의 계층적 데이터베이스와 같은 형식적으로 구조화된 데이터 모델이 특징이다.

구조화되지 않은 데이터에는 식별 가능한 형식 구조가 없다. 구조화되지 않은 문서지향 데이터를 저장하는 MongoDB(23장)와 그래프 형식으로 데이터를 저장하는 Neo4j와 같은 시스템에 대해 논의했다. 구조화되지 않은 데이터의 다른 형태로는 전자 메일 및 블로그, PDF 파일, 오디오, 비디오, 이미지, 클릭 스트림 및 웹 콘텐츠가 있다. 1993-1994년 World Wide Web이 출현하면서 구조화되지 않은 데이터가 엄청나게 증가했다. 구조화되지 않은 데이터의 일부 형식은 의미 요소를 분리하는 잘 정의된 태그를 허용하는 형식에 적합할 수 있다. 이 형식에는 데이터 내에 계층 구조를 적용하는 기능이 있다. XML은 설명적인 메커니즘에서 계층 적이며 많은 영역에서 다양한 형태의 XML이 등장했다. (bioML-biopolymer 마크 업 언어), GIS(gML-지리 마크 업 언어) 및 양조(양조 데이터 교환을 위한 BeerXML-언어)와 같은 여러 가지 기능을 제공한다. 비정형 데이터는 오늘날의 빅데이터 시스템에서 주요 과제이다.

**진실성(Veracity).** 빅데이터의 진실성은 가장 최근에 추가된 것으로, 원본의 신빙성과 사용자에 따른 데이터의 적합성이라는 두 가지 특징이 있다. 빅데이터의 차원 중 하나로써 진실성을 도입하는 것은 빅데이터 응용 프로그램으로 입력되는 데이터가 다양한 신뢰성을 가지며, 따라서 분석 또는 기타 응용 프로그램에 대한 데이터를 수락하기 전에 어느 정도 품질 테스트 및 신뢰성 분석을 수행해야 함을 의미한다. 많은 데이터 출처는 불확실하고, 불완전하며, 부정확한 데이터를 생성하므로 그 진실성을 의심해볼 만하다.

7) Mckinsey (2013)

이제 빅데이터 기술의 핵심으로 여겨지는 기술들을 설명한다. 2016년까지 세계의 데이터 중 절반 이상이 하둡과 관련된 기술들로 처리될 것으로 예상된다. 따라서, 하둡과 맵리듀스의 발전을 따라 어떻게 현재까지 왔는지를 이해하는 것이 중요하다. 역사적인 발전은 맵리듀스 프로그래밍이라는 프로그래밍 패러다임에서 출발한다.

## 24.2 하둡 및 맵리듀스 소개

이 장에서는 빅데이터 분석 및 처리를 위한 기술로, 맵리듀스 프로그래밍 모델을 구현한 오픈소스 프로젝트인 하둡(Hadoop)에 대하여 소개한다. 하둡의 두 가지 핵심 구성 요소는 맵리듀스 프로그래밍 패러다임과 하둡 분산 파일 시스템(HDFS, Hadoop distributed file system)이다. 먼저, 하둡의 배경과 맵리듀스에 대해 간략히 설명하고, 다음으로 하둡 생태계와 하둡 배포판들에 대해 간략하게 설명할 것이다.

### 24.2.1 역사적 배경

하둡은 오픈 소스 검색 엔진을 모색하는 것에서 시작되었다. 첫 번째 시도는 당시 인터넷 아카이브 디렉터인 Doug Cutting과 워싱턴 대학의 대학원생인 Mike Carafella에 의해 시작되었다. Cutting과 Carafella는 수억 개의 웹 페이지를 크롤링하여 색인을 생성할 수 있는 아파치 오픈 소스 프로젝트의 Nutch라는 시스템을 개발했다.[8] 이후 구글에서 2003년 10월에 구글 파일 시스템(GFS, Google file system)[9]과 2004년 12월에 맵리듀스 프로그래밍 패러다임[10]을 각각 발표한 후, Cutting과 Carafella는 이 두 가지 아이디어를 토대로 자신들이 행했던 많은 작업을 개선할 수 있음을 깨달았다. 그리하여 그들은 하둡이라는 기본 파일 시스템과 C++로 구현된 맵리듀스를 자바로 구현하여 처리 프레임 워크를 구축하고, 그 위에 Nutch를 적재했다. 2006년 컷팅은 야후에 합류하여 구글 파일 시스템 및 맵리듀스 프로그래밍 패러다임의 아이디어를 통해 오픈소스 기술 개발에 힘썼다. 야후는 검색 기능을 강화하고, 구글 파일 시스템과 맵리듀스를 기반으로 하는 오픈 소스 인프라를 구축하고자 했다. 또한, 저장 엔진과 Nutch의 처리 부분을 하둡으로 분할했다. 하둡이라는 이름은 Cutting의 아들이 가지고 놀던 코끼리 장난감의 이름을 따서 명명했다고 한다. 하둡의 초기 요구사항은 확장성이 높은 케이스를 사용하여 일괄 처리를 실행하는 것이었다. 하지만, 2006년경 하둡은 소수의 노드에서 실행될 수 있었다. 그 후, 야후는 회사의 데이터 과학자를 위한 연구 포럼을 개설하였고, 이로써 검색 엔진의 검색 능력과 광고 수익이 향상되고 동시에 하둡 기술을 성숙시키는 데 도움이 되었다고 한다. 2011년 호튼웍스(Hortonworks)를 하둡 중심의 소프트웨어 회사로 분사 시켰다. 그때까지 야후의 인프라에는 수백 테라바이트의 저장소와 42,000개의 노드가 클러스터에 포함되어 있었다. 이후, 하둡이 아파치 프로젝트의

8) Nutch의 문서는 http:nutch.apache.org를 참조
9) Ghemawat, Gbioff, and Leung (2003).
10) Dean and Ghemawat (2004).

오픈 소스가 된지 수년이 지난 지금 전세계 수천 명의 개발자들이 이 프로젝트에 기여해왔다. 구글, IBM, NSF의 노력으로 시애틀 데이터 센터에서 2,000노드의 하둡 클러스터를 사용하게 되었고, 더 많은 대학의 하둡 연구를 지원했다. 하둡은 2008년 클라우데라(Cloudera)가 상업적인 하둡 회사로 처음 출범한 후 수많은 신생 기업이 급증하면서 엄청난 성장을 이루었다. 소프트웨어 업계의 시장 분석 회사인 IDC는 하둡 시장이 2016년에 8억 달러를 넘어설 것이라 예측하였고, 2016년에 빅데이터 시장이 230억 달러를 돌파할 것으로 예측했다. 하둡의 역사에 대한 자세한 내용은 Harris의 4편의 기사를 참조하길 권한다.[11)]

하둡의 핵심은 맵리듀스 프로그래밍 프레임워크이다. 더 나아가기 전에 맵리듀스 프로그래밍 패러다임이 무엇을 의미하는지 이해할 필요가 있다. HDFS 파일 시스템에 대한 자세한 설명은 24.3절에서 진행한다.

### 24.2.2 맵리듀스

맵리듀스 프로그래밍 모델과 실행 환경은 Jeffrey Dean과 Sanjay Ghemawat가 2004년에 발표한 논문과 구글에서 진행했던 작업을 기반으로 처음 알려졌다. 사용자는 상용 하드웨어로 이루어진 대규모 클러스터에서 자동으로 병렬화 및 실행이 되는 맵과 리듀스의 기능적 스타일로 프로그램을 작성한다. 프로그래밍 패러다임은 1950년대 후반 John McCarthy가 개발한 LISP 언어에서부터 존재해왔다. 하지만, 병렬 프로그래밍 방식의 재탄생과 이 패러다임이 구글에서 구현된 방식은 하둡과 같은 후속 기술의 개발에 기여한 새로운 사고 방식을 불러 일으켰다. 이러한 런타임 시스템은 병렬화, 내결함성, 데이터 분배, 로드 밸런싱, 작업 통신의 관리와 같이 많은 골치 아픈 엔지니어링 측면을 다룬다. 사용자가 맵리듀스 시스템이 제시하는 구조를 따르기만 하면, 프로그램의 논리적인 측면에 집중할 수 있다. 이를 통해 분산 환경 시스템에 관한 경험이 없는 프로그래머도 많은 양의 데이터 집합에 대한 분석을 수행할 수 있다.

맵리듀스 시스템의 동기는 구글의 저자 외 다양한 사람들이 대용량 데이터 집합에서 수백 가지의 특수 목적 계산을 수행하는 데 걸린 시간에 있다. 특수 목적 계산의 예를 들면, 웹 크롤링을 통해 수집된 웹 콘텐츠의 역 색인 생성, 웹 그래프 작성 그리고 주제별, 지역별, 사용자 유형별 검색 요청 빈도의 분포와 같이 웹 로그에서 통계를 추출하는 것 등이 있다. 개념적으로 이러한 작업을 표현하는 것은 어렵지 않지만, 수십억 개의 웹 페이지에서 생성되는 데이터의 규모와 수천 대의 컴퓨터에 분산된 데이터를 감안할 때, 실행 작업은 중대한 일이다. 또한, 프로그램 제어와 데이터 관리, 데이터 배포, 계산의 병렬화, 실패 처리 문제가 중요한 이슈가 되었다.

맵리듀스 프로그래밍 모델과 실행 환경은 앞서 설명한 복잡성에 대처할 수 있도록 설계되었다. 추상적 개념은 LISP 외의 많은 함수형 언어에 있는 맵과 리듀스의 기본적인 요소에서 영감을 얻었다. 맵리듀스의 기본적인 데이터 모델은 내용이나 값을 고유의 키로 연관시켜 각 개체를 처리한다고 가정한다. 이것을 키-값(key-value) 쌍이라 한다. 놀랍게도, 많은

11) Derreck Harris: Derreck Harris: "The history of Hadoop: from 4 nodes to the future of data," at https://gigaom.com/2013/03/04/the-history-of-hadoop-from-4-nodes-to-the-future-of-data/.

계산은 중간의 키-값 쌍을 생성하는 각 논리 레코드에 맵 연산을 적용한 후, 동일한 키를 공유하는 모든 값에 리듀스 연산을 적용하는 것으로 표현할 수 있다. 여기서 값을 공유하는 목적은 파생 데이터를 결합하는 것이다. 이 모델은 대규모 계산을 쉽게 병렬화할 수 있고, 장애 대응성을 위한 기본 메커니즘으로 사용할 수 있다. 제한된 프로그래밍 모델을 제공하여 프로그램이 자동으로 병렬화 계산을 할 수 있는 것은 새로운 것이 아니다. 맵리듀스는 이러한 기존 아이디어를 강화한 것이다. 현재, 맵리듀스는 수천 개의 프로세서로 확장한 장애 대응성 구현 및 런타임 환경이다. 이로써, 프로그래머는 오류 처리에 대한 걱정을 덜게 된다.

**맵리듀스 프로그래밍 모델**에 대한 설명은 Dean과 Ghemawat가 2010년에 발표한 초기 맵리듀스의 형식과 설명을 토대로 한다.[12] 맵과 리듀스 함수는 다음과 같은 일반적인 형식을 가진다.

```
map[K1,V1] which is (key, value) : List[K2,V2] and
reduce(K2, List[V2]) : List[K3,V3]
```

**맵**은 K1 타입의 키와 V1 타입의 값을 취하고 K2 및 V2 타입의 키-값 쌍 리스트를 반환하는 제네릭 함수이다. **리듀스**는 K2 타입의 키와 V2 타입의 값 리스트를 취하고 타입 (K3, V3)의 쌍을 반환하는 제네릭 함수이다. 일반적으로, 맵 함수의 반환 타입이 리듀스 함수의 입력 타입과 일치해야 하지만, K1, K2, K3 등의 타입은 같지 않아도 된다.

맵리듀스의 기본 실행 작업 흐름은 그림 24.1과 같다.

주어진 문서로부터 단어와 그 단어의 빈도로 이루어진 리스트를 만들고 싶다고 가정하자. 2004년 Dean과 Ghemawat는 위와 같이 흔히 사용되는 단어 세기 예제를 다음과 같은 의사코드로 표현하였다.

```
Map (String key, String value):
   for each word w in value Emitintermediate (w, "1");
```

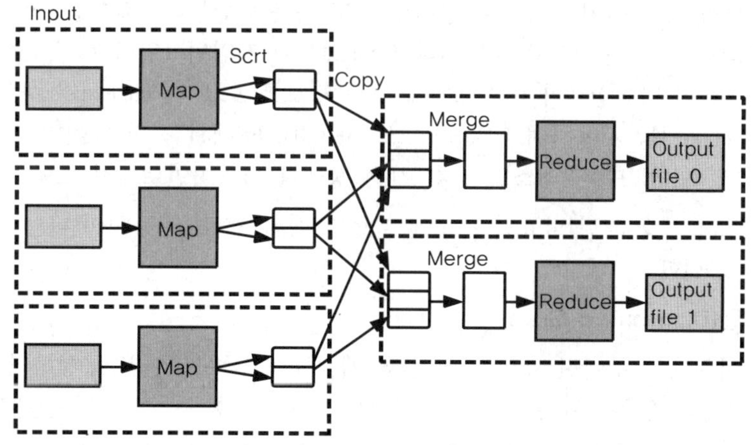


그림 24.1 맵리듀스 실행 개요(T. White, 2012)

12) Jeffrey Dean and Sanjay Ghemawat, "MapReduce: Simplified Data Processing on Large Clusters," in OSDI (2004).

여기서 key는 문서의 이름이고, value는 문서의 텍스트 내용이다.

```
Reduce (String key, Iterator values) : // 여기서 key는 단어이고 value는 단어의 개수이다. //
    Int result =0;
    For each v in values :
        result += Parseint (v);
    Emit (key, Asstring (result));
```

위의 맵리듀스 프로그래밍 예제는 다음과 같이 나타낼 수 있다:

```
map[LongWritable,Text](key, value) : List[Text, LongWritable] = {
    String[] words = split(value)
    for(word : words) {
        context.out(Text(word), LongWritable(1))
    }
}
reduce[Text, Iterable[LongWritable]](key, values) : List[Text, LongWritable] = {
    LongWritable c = 0
    for( v : values) {
        c += v
    }
    context.out(key,c)
    }
```

위 예제에서 사용된 데이터 타입은 LongWritable과 Text이다. 각 맵리듀스 작업은 반드시 맵과 리듀스 함수를 등록해야 한다. 맵 함수는 각 키-값 쌍을 받고, 호출된 각 함수는 출력이 없거나 1개 이상의 키-값 쌍을 출력할 수 있다. 맵 함수의 특징은 입력 및 출력에 대한 키-값 쌍의 데이터 타입을 지정하는 것이다. 리듀스 함수는 키와 키에 해당하는 값의 반복자(Iterator)를 입력으로 받고, 호출된 각 함수는 하나 이상의 키-값 쌍을 출력한다. 마찬가지로, 리듀스 함수의 특징은 입력 및 출력의 데이터 타입을 지정한다. 맵의 출력 유형은 리듀스의 입력 유형과 반드시 일치해야 한다. 단어 세기 예제에서, 맵 함수는 입력으로 각 라인을 받고 이를 단어로 분할한 후, context.out 함수를 통해 빈도가 1인 각 단어를 출력한다. 리듀스 함수는 단어와 맵에서 계산한 단어의 빈도 목록을 받는다. 그 다음, 받은 빈도를 더하고 각 단어와 빈도를 출력으로 내보낸다. Context는 프레임워크와 상호 작용하는 데 사용된다. 예를 들어, 클라이언트가 태스크에게 구성 정보를 보낼 때 context가 사용된다. 그리고 태스크는 context를 사용하여 HDFS에 접근하며 HDFS에서 직접 데이터를 읽고 키-값 쌍을 출력할 수 있다. 또한, 태스크의 수 같은 상태를 클라이언트에게 보낼 수 있다.

Dean과 Ghemawat가 2004년 발표한 논문에 따르면 맵리듀스를 사용하여 다음과 같이 다양한 함수들을 구현할 수 있다:

**분산 그랩(Distributed Grep)**

그랩은 파일에서 주어진 패턴을 찾는다. 맵리듀스 함수로 이를 구현하면, 맵 함수는 제공된 패턴과 일치하는 한 라인을 출력하고, 리듀스 함수는 전달받은 데이터를 출력에 복사하는 항등 함수(identity function)이다. 이 예제는 맵으로만 처리가 가능하며 따라서, 셔플 비용이 들지 않는다. 이후에 맵리듀스 런타임에 대해 설명할 때 자세히 다룬다.

**역방향 웹링크 그래프(Reverse Web-Link Graph)**

이 그래프의 목적은 source 페이지 내에서 target 페이지로 링크되는 URL을 (target URL, source URL) 쌍으로 출력하는 것이다. 리듀스 함수는 주어진 target URL과 관련된 모든 source URL의 리스트를 연결시켜 <target, list(source)> 쌍을 출력한다.

**역색인(Inverted Index)**

문서 저장소에 있는 모든 단어를 기반으로 역 색인을 구성하는 것이 목적이다. 맵 함수는 각 문서를 분해하여 (word, document_id) 쌍의 시퀀스로 출력한다. 주어진 단어에 대한 모든 쌍을 전달받은 리듀스 함수는, document_id를 정렬하고, (word, list(document_id)) 쌍을 출력한다. 이런 쌍의 모든 집합이 역색인을 구성한다.

이러한 예시 응용은 맵리듀스 프로그래밍 모델의 폭넓은 적용 가능성과 맵과 리듀스 단계를 통하여 응용의 로직을 쉽게 표현할 수 있음을 보여준다.

맵리듀스의 **잡**은 보통 jar 파일로 묶은 맵 및 리듀스 단계, 파일, 다른 jar, 아카이브 같은 작업을 실행하는 데 필요한 아티팩트 집합뿐만 아니라 가장 중요한 것으로 환경 설정에 명시된 속성들의 코드로 구성되어 있나. 환경 설정에는 수백 개의 속성을 명시할 수 있으나 핵심은 다음과 같다:

- 맵 태스크
- 리듀스 태스크
- 작업을 실행할 입력: 일반적으로 HDFS 경로로 지정된다.
- 입력의 형식 또는 구조
- 출력 경로
- 출력 구조
- 리듀스의 병렬성

잡은 **잡트래커**(JobTracker)에 전달되고, 잡트래커는 잡의 실행을 스케쥴링 및 관리한다. 또한 실행 중인 작업을 모니터링하는 일련의 인터페이스를 제공한다. 잡트래커의 동작 절차에 대한 자세한 내용은 하둡 공식 사이트[13]를 참조하길 권한다.

### 24.2.3 하둡 배포판

맵리듀스 프로그램을 실행하기 위한 분산 프레임워크인 하둡이 출현한 이후로 다양한 배포판이 생성되었다. 1.x버전의 하둡은 최초의 버전인 0.20의 코드를 발전시킨 것이다. 이 계열 하위 버전들은 보안, HBase를 지원하기 위한 추가적인 HDFS 및 맵리듀스 개선, 더 나은 맵리듀스 프로그래밍 모델, 이외의 다른 개선 사항 등을 반영하였다.

2.0버전의 주요 특징은 다음과 같다:

- 하둡 버전 1.x의 잡트래커의 역할이었던 자원 관리를 YARN(Yet Another Resource Navigator)으로 대체 하였다.

13) http://hadoop.apache.org/.

- YARN 위에서 실행되는 새로운 맵리듀스 런타임
- HDFS Federation과 향상된 가용성을 통해 개선된 HDFS

## 24.3 하둡 분산 파일 시스템(HDFS: Hadoop Distributed File System)

앞서 설명한 것처럼, 맵리듀스 뿐만 아니라 하둡의 주요 요소에는 근본적인 파일 시스템인 HDFS가 있다. 이 절에서는 먼저 HDFS의 구조에 대해 설명하고, 그 다음 HDFS에서 지원하는 파일 입/출력 작업에 대해 설명한다. 마지막으로 HDFS의 확장성에 대해 언급한다.

### 24.3.1 HDFS 개요

HDFS는 하둡의 파일 시스템 구성 요소이며, 범용 하드웨어 클러스터에서 동작하도록 설계되었다. HDFS는 유닉스(UNIX) 파일 시스템을 기반으로 설계되었으나, 스트리밍 접근을 가능하게 하는 포직스(POSIX, portable operation system interface)의 요구사항을 몇 가지 수용한다. 또한, HDFS는 대용량 데이터에 대한 고성능 접근이 가능하도록 파일시스템의 메타데이터와 응용프로그램 데이터를 별도로 저장한다. 메타데이터는 네임노드(NameNode)라 불리는 전용 서버에 저장되지만, 응용 프로그램 데이터는 데이터노드(DataNode)라 불리는 다른 서버에 저장된다. 모든 서버는 완전 연결(fully connected) 상태이며, TCP 기반 프로토콜을 통하여 서로 통신한다. 데이터를 영구적으로 유지하기 위해 파일은 구글 파일 시스템처럼 여러 데이터노드에 복제하여 저장된다. 이는 신뢰성을 높일 뿐만 아니라 데이터 전송 대역폭이 배로 상승하고 데이터의 동시 처리를 가능하게 한다. HDFS는 다음과 같은 가정과 목표로 설계가 되었다:

**하드웨어 실패(Hardware failure).** 범용 하드웨어를 사용하면 하드웨어의 오류는 흔히 발생하는 상황이다. 그러므로, 수천 개의 노드로 구성된 하둡클러스터는 이러한 오류를 자동 감지 및 회복하는 것이 필수적인 사항이다.

**일괄 처리(Batch processing).** HDFS는 기본적으로 대화형보다는 일괄 처리를 위해 설계되었다. 따라서 낮은 지연 시간보다는 높은 처리량이 강점이다. 일반적으로 파일의 풀 스캔(full scan) 방식으로 동작한다.

**대용량 데이터 집합(Large datasets).** HDFS는 수백 기가바이트에서 테라바이트 범위의 대용량 파일을 지원하도록 설계되었다.

**간단한 일관성 모델(Simple coherency model).** HDFS 응용은 파일에 대해 하나의 쓰기와 여러 개의 읽기 접근 모델을 요구한다. 또한, 파일 내용은 수정할 수 없으며 덮어쓸 수만 있다. 이 모델은 데이터 사본 간의 일관성 문제를 완화한다.

### 24.3.2 HDFS 구조

HDFS는 마스터-슬레이브 구조를 가진다. **네임노드**라 불리는 마스터 서버는 파일 시스템 저장 영역과 네임스페이스를 관리한다. 클라이언트는 네임노드를 통해 네임스페이스에 접근한다. **데이터노드**라 불리는 슬레이브 서버는 범용 서버로 구성된 클러스터의 머신 마다 하나의 노드가 동작한다. 이들은 각각 동작하는 노드의 저장소를 관리한다. 네임스페이스 자체는 파일과 디렉터리로 구성된다. 네임노드는 파일과 디렉터리에 대한 소유권, 접근 권한, 생성 및 접근 시간, 디스크 사용 제한 용량과 같은 속성들의 inode(index node)를 유지 및 관리한다. 네임노드는 inode를 사용하여 파일 블록과 데이터노드를 사상시킨다. 데이터노드는 클라이언트의 읽기 및 쓰기 요청을 담당한다. 또한, 네임노드의 지시에 따라 블록을 생성/삭제/복제하는 작업을 수행한다. 클러스터에는 수천 개의 데이터노드와 수만 개의 HDFS 클라이언트가 동시에 연결될 수 있다.

파일을 읽기 위해서, 클라이언트는 먼저 네임노드에게 접근하려는 파일의 데이터 블록 위치를 요청한다. 그 다음 블록을 저장하고 있는 데이터노드와 직접 연결하여 데이터를 읽는다. HDFS 구조에는 다음과 같은 주요 사항이 있다.

1. HDFS는 데이터 연산에서 메타데이터의 디커플링(decoupling)을 허용한다. 메타데이터 연산은 빠른 반면 데이터 전송은 훨씬 느리다. 만약, 메타데이터 위치와 데이터 전송이 디커플링되지 않으면, 데이터 전송이 지배적으로 많으며 응답 속도를 느리게 만들기 때문에 분산 환경에서 속도가 저하된다.
2. 복제는 안정성과 고가용성을 제공한다. 각 블록은 클러스터의 각 노드에 복제되는데 기본적으로 세 개의 복사본을 갖는다. 맵리듀스 작업과 같이 접근이 많은 파일들은 네트워크 트래픽을 줄이기 위해 더 많은 복사본을 갖는다.
3. 네트워크 트래픽은 최소한으로 유지된다. 읽기의 경우, 클라이언트는 가장 가까운 데이터노드로 연결된다. 가능하다면 네트워크를 통하지 않는 로컬 파일시스템 읽기를 시도한다. 다음 선택은 다른 랙으로 이동하기 전에 동일한 랙에 있는 노드의 복사본이다. 쓰기의 경우 네트워크 대역폭 사용을 줄이기 위해 첫 번째로 복사본을 클라이언트와 동일한 노드에 기록한다. 다른 사본에 경우 랙과 랙 사이의 이동을 최소화한다.

**네임노드(NameNode).** 네임노드는 inode와 해당 블록 위치를 포함하는 파일 시스템의 **이미지 파일**을 유지한다. 파일시스템의 변경 사항은 **저널**(Journal)이라 불리는 노드에 로그 선행 기입(write-ahead logging)으로 관리된다. 로그선행 기입은 21장의 설명을 참조한다. 체크포인트는 장애 복구를 위해, 블록 배치와 관련된 동적 정보가 없는 이미지 파일을 지속적인 기록으로 기록한다. 블록 배치 정보는 아래에 설명된 대로 데이터노드에서 주기적으로 가져온다. 하둡은 재시작하는 동안 이미지 파일은 마지막 체크포인트로 복원되고 실행 기록은 해당 이미지 파일에 적용된다. 새로운 체크포인트와 빈 실행 기록이 생성되어 네임노드는 새로운 클라이언트 요청을 받아들일 수 있다. 네임노드가 시작되는 데 걸리는 시간은 실행 기록 파일의 크기와 비례한다. 체크포인트와 실행 기록을 주기적으로 병합하면 재시작 시간을 줄일 수 있다.

위의 구조에서 체크포인트나 실행 기록 파일의 손상은 큰 재앙이다. 따라서, 손상을 방지하기 위해 둘 다 다른 디스크 영역의 여러 디렉터리에 기록된다.

**보조 네임노드(Secondary NameNodes).** 보조 네임노드는 추가적인 네임노드로 체크포인트 저장 및 백업 역할을 위해 존재한다. 체크포인트 노드는 주기적으로 기존 체크포인트와 실행 기록 파일들을 결합한다. 백업 모드에서는, 네임노드를 위한 실행 기록의 추가적인 저장소 역할을 한다. 백업 네임노드는 파일 시스템의 최신 상태를 유지하고 장애에 대응할 수 있다. 하둡 버전 1에서는 이 인계 작업을 수동으로 수행해야 한다.

**데이터노드(DataNode).** 블록은 데이터노드의 실제 파일 시스템에 저장된다. 네임노드는 클라이언트에게 읽고자 하는 블록의 사본을 가지고 있는 데이터노드를 알려준다. 각 블록은 실제 파일 시스템에서 두 개의 파일로 관리되는데, 하나는 데이터를 가지고 있는 파일이고, 다른 하나는 블록 데이터와 블록이 생성된 시간에 대한 체크섬을 포함하는 메타데이터를 가지고 있는 파일이다. 데이터노드와 네임노드는 직접 통신하지 않고 데이터노드의 상태를 주기적으로 네임노드에게 보고하는 하트비트(heartbeat) 기술을 통해 통신한다. 이 보고는 블록리포트(block report)라 불린다. 보고에는 블록 id, 생성 시간, 각 블록의 길이 정보가 포함된다. 블록의 위치는 네임스페이스 이미지의 일부분이 아니라 블록 리포트에서 가져와야 하며 블록이 이동하면 바뀐다. 맵리듀스의 잡트래커는 네임노드와 마찬가지로 스케쥴링을 위해 최신 블록 리포트를 사용한다. 데이터노드의 하트비트에 대한 응답으로 네임노드는 다음 유형의 명령 중 하나를 데이터노드에게 보낸다.

- 다른 노드로 블록을 복제
- 블록의 사본 하나를 삭제
- 노드를 클러스터에 등록하거나 삭제
- 블록 리포트 전송

### 24.3.3 HDFS의 파일 I/O 작업과 복사본 관리

HDFS는 단일 쓰기(single-writer)과 다중 읽기(multiple-reader) 모델로 동작한다. 여러 블록으로 구성된 파일은 수정이 불가능하지만, 다른 파일을 추가할 수 있다. 앞에서 언급했듯이 데이터는 네트워크 사용률을 최소화하기 위해 64KB의 패킷 단위로 쓰기 파이프라인에 쓰여진다. 이때, 마지막 블록에 쓰여진 데이터는 명시적으로 hflush 명령이 수행된 후에 사용이 가능하다. 이로써 클라이언트는 데이터가 쓰여지는 동안에도 데이터를 읽을 수 있다. 각 블록에는 체크섬이 생성되어 저장되는데, 클아이언트는 이 체크섬으로 데이터의 손상을 탐지할 수 있다. 만약 클라이언트가 손상된 블록을 발견하면 이를 네임노드에게 알리며, 네임노드는 블록 복제 작업을 시작하고 데이터노드에게 손상된 블록을 삭제하도록 지시한다. 읽기 작업이 수행되는 동안, 클라이언트로부터 거리가 가까운 순으로 노드를 정렬하여 가장 가까운 노드의 사본을 읽을 수 있도록 한다. 읽기 작업은 데이터노드가 사용 불가능하거나, 체크섬 테스트가 실패하거나, 데이터노드에 복사본이 없을 때 실패한다. 맵리듀스와 유사하게 HDFS는 일괄 처리를 위해 최적화되었다.

**블록 배치(Block Placement).** 일반적으로 하둡 클러스터 내의 노드들은 여러 랙에 분산되어 있다. 랙의 노드들은 스위치를 공유하고, 각 랙의 스위치들은 상위 레벨의 고속 스위치를 통해 연결된다. 예를 들어, 랙은 1-Gb 스위치로, 최상위 레벨은 10-Gb 스위치로 구성할 수 있다. HDFS는 데이터노드 간의 거리를 기반으로 네트워크 대역폭을 추정한다. 물리적으로 같은 머신에 있는 데이터노드의 거리는 0이고, 같은 랙에 있는 데이터노드의 거리는 2, 다른 랙에 있는 데이터노드의 거리는 4이다. HDFS의 기본적으로 설정되어 있는 블록 배치 정책은 쓰기 비용의 최소화와 데이터의 신뢰성, 가용성, 전체 읽기 대역폭의 최대화 사이에서 균형을 맞추는 것이다. 소비된 네트워크 대역폭은 데이터노드 사이의 거리를 기반으로 추정된다. 그러므로, 물리적으로 같은 위치에 있는 데이터노드의 거리는 0, 같은 랙에 있는 데이터노드의 거리는 2, 다른 랙에 있는 데이터노드의 거리는 4이다. 블록 배치의 궁극적인 목표는 쓰기 부담을 최소화하는 동안 데이터의 가용성, 신뢰성뿐만 아니라 읽기에 대한 사용 가능한 대역폭을 최대화하는 것이다. 복제본들은 블록을 생성한 클라이언트 노드에 하나 이상의 복제본과 다른 랙에 복제본이 배포되어 관리된다. 태스크는 데이터가 있는 노드에서 실행하는 것이 좋다. 세 개의 복제본은 스케줄러가 작업을 데이터가 있는 곳으로 배치하기 위한 충분한 여유를 줄 수 있다.

**복제본 관리(Replice Management).** 네임노드는 데이터노드의 블록 리포트를 기반으로 복제본의 수와 각 블록의 위치를 추적한다. 복제 우선 순위 큐에는 복제가 필요한 블록들이 포함되어 있다. 단 백그라운드 스레드는 이 큐를 모니터링하고 데이터노드에게 복제본을 생성하여 다른 랙에 배포할 것을 지시한다. 네임노드는 블록의 복제본을 관리할 수 있는 가능한 많은 랙을 가질 것을 선호한다. 중복된 블록은 데이터노드의 공간 활용에 따라 일부 복제본이 제거될 수 있다.

### 24.3.4 HDFS의 확장성

이 장에서 빅데이터 기술에 대해 논의 중이므로, HDFS의 확장성에 대한 몇 가지 한계를 논의한다. 하둡 프로그램 관리 위원회 멤버인 Shvachko가 2010에 발표한 논문에서 Shvachko는 "야후의 HDS 클러스터는 의도한 목표와 달리 다음과 같은 수준을 달성하였다"고 말했다. 괄호 안의 숫자는 Shvachko가 열거한 목표이다. 용량: 14페타바이트(vs. 10페타바이트); 노드의 수: 4,000노드(vs. 10,000노드); 클라이언트: 15,000명(vs. 100,000명); 파일: 6천만 개(vs. 1억 개). 이와 같이 야후는 2010년에 목표한 부분에 매우 근접했다. 비록 노드와 클라이언트 수는 목표를 달성하지 못했지만, 총 처리된 데이터의 양은 목표를 초과했다.

2010년 Shvachko가 발표한 연구 결과 중 일부는 언급할 가치가 있다. 연구는 2010년 야후에서 사용했던 HDFS 환경 설정을 기반으로 한다. 이 거대한 데이터 처리 환경에 대해 독자의 이해를 돕기 위해 실제 값과 추정 값을 제시한다.

- 블록 크기는 128K를 사용하고, 파일은 평균 1.5 블록을 포함한다. 네임노드는 블록 당 200바이트를 사용하였고, 추가적인 200바이트는 incode를 위해 사용했다. 2억 개의 블록을 참조하는 1억 개의 파일은 60GB 이상의 RAM 용량을 필요로 한다는 것을 의미한다.

- 2억 개의 블록과 복제수가 3인 1억 개의 파일에 대해 디스크 용량은 60PB가 필요하다. 따라서, 파일당 128K의 블록 크기 및 1.5 블록 추정치를 기반으로 네임노드의 1GB RAM은 대략 1PB의 데이터 저장 공간과 일치하는 것으로 확인되었다.
- 10,000 노드의 클러스터에 60PB 데이터를 저장하기 위해서 각 노드당 필요한 저장 공간은 6TB이다. 이는 0.75TB 디스크를 8개 사용하면 얻을 수 있다.
- 네임노드 내부의 작업부하(workload)는 블록 리포트이다. 네임노드는 리포트당 60K개의 블록 정보를 포함하고 있는 리포트를 초당 약 3개 수신한다.
- 클라이언트의 읽기 작업은 네임노드로부터 블록 위치를 찾기 위해 블록 검색을 수행한 다음 가까운 블록 복제본에 접근하는 것으로 구성된다. 맵리듀스 태스크의 맵과 같은 일반적인 클라이언트는 평균적으로 1,000개의 파일 또는 96MB의 데이터를 읽는다. 이 작업은 1.45초 걸리는 것으로 추정된다. 이 속도로 초당 10만 명의 클라이언트가 네임노드에게 68,750개의 블록 위치 요청을 보낸다. 이는 초당 126K 요청을 처리할 때 평가된 네임노드의 수용력 내에 있는 것으로 추정된다.
- 쓰기 작업부하: 쓰기 처리량이 40MB/sec으로 주어지면, 평균적으로 클라이언트는 2.4초 동안 96MB를 쓸 수 있다. 이는 네임노드에서 100,000개의 노드에 41K 이상의 "블록 생성" 요청을 만든다. 이 요청은 네임노드의 용량보다 훨씬 높은 것으로 고려된다.

위 분석에서는 노드당 하나의 태스크만 있다고 가정한다. 그러나, 실제로는 야후의 운영 시스템처럼 노드당 여러 개의 태스크가 존재할 수 있다. 야후에서는 노드당 4개의 맵리듀스 태스크를 실행했다. 이때, 네임노드에서 병목 현상이 발생했으며, 이 문제는 24.3.5절에서 설명할 하둡v2에서 해결되었다.

### 24.3.5 하둡 생태계

하둡은 맵리듀스 프로그래밍 모델과 실행 구조 및 HDFS로 잘 알려져 있다. 하둡 에코시스템은 추가적인 기능을 제고하도록 이러한 핵심 시스템 위에 여러 프로젝트를 함께 구성한다. 대부분이 아파치의 최상위 오픈소스 프로젝트이며, 그들의 커뮤니티에는 많은 사용자들이 기여하고 있다. 이 중 몇 가지 중요한 것들을 설명한다:

피그(Pig)와 하이브(Hive): 이들은 하둡 프레임워크와 동작하기 위한 높은 수준의 인터페이스를 제공한다.

- 피그는 데이터 흐름 언어(dataflow language)를 제공한다. PigScript로 작성된 스크립트는 맵리듀스 잡의 DAG(directed acyclic graph)로 변환된다.
- 하이브는 맵리듀스 위에 SQL 인터페이스를 제공한다. 하이브의 SQL은 SQL-92의 기능 대부분과 이후 SQL 표준의 고급 분석 기능까지 포함된다.

우지(Oozie): 잡의 작업 흐름을 예약하고 실행하기 위한 서비스이다. 각각의 단계가 맵리듀스 잡, 하이브 질의, 피그 스크립트가 될 수 있다.

스쿱(sqoop): 관계형 데이터베이스와 HDFS 사이의 효율적으로 데이터를 이동시키기 위한 라이브러리와 실행 환경이다.

HBase: HDFS를 기반으로 하는 컬럼 기반 키-값 저장소이다. HBase의 자세한 설명은 23장을 참조하길 권한다. HBase는 맵리듀스를 통한 일괄 처리와 키 기반 검색 두 가지를 지원한다. 키-값 스킴을 적절하게 설계하면 HBase를 통한 다양한 응용을 구현할 수 있다. 응용에는 시계열 분석, 데이터 웨어하우징, 큐브 생성과 다차원 검색, 데이터 스트리밍이 있다.

## 24.4 맵리듀스: 추가 세부 사항

### 24.4.1 맵리듀스 런타임

이 절에서는 맵리듀스 런타임 환경의 전반적인 개요를 제공한다. 자세한 설명을 원하는 독자들에게는 2012년에 발표된 White의 논문을 참고하길 권한다. 맵리듀스는 HDFS와 같이 클러스터에서 실행되는 마스터-슬레이브 구조 시스템이다. 일반적으로 중대형 하둡 클러스터는 랙 마운트형 서버로 구축된 둘 또는 세 단계의 구조로 이루어져 있다.

**잡트래커(JobTracker).** 마스터 프로세스는 잡트래커라 부른다. 이는 잡의 생명주기를 관리하고 클러스터의 태스크를 스케줄링한다. 잡트래커는 다음을 책임진다:

- 잡 제출, 잡 초기화, 잡의 진행 상황과 상태를 클라이언트와 태스크트래커에게 제공, 잡 완료
- 클러스터의 장착형 스케줄러를 사용하여 맵과 리듀스 태스크를 스케줄링한다.

**태스크트래커(TaskTracker).** 슬레이브 프로세스는 태스크트래커라 부른다. 이는 클러스터의 모든 워커 노드에 하나씩 있다. 맵리듀스 태스크는 워커 노드에서 동작한다. 이 노드에서 실행 중인 태스크트래커 데몬은 시작할 때 잡트래커에 등록된다. 태스크트래커는 잡트래커터가 할당한 태스크를 실행한다. 태스크는 노드에서 별도의 프로세스로 실행되며, 프로세스의 생명주기는 태스크트래커에 의해 관리된다. 태스크트래커는 태스크 프로세스를 생성하고 태스크의 실행을 모니터링하며, 주기적으로 잡트래커에게 하트비트를 전송한다. 또한, 실패 조건에서는 잡트래커의 요청에 따라 프로세스가 종료될 수 있다. 태스크트래커는 태스크에 서비스를 제공하는데, 가장 중요한 태스크는 다음 절에서 설명할 셔플(Shuffle)이다.

#### A. 맵리듀스 잡의 전체적인 흐름

맵리듀스 잡은 잡 제출, 잡 초기화, 태스크 할당, 태스크 실행, 잡 완료의 실행 절차를 거친다. 위에서 설명했던 잡트래커와 태스크트래커 모두 이러한 작업과 관련이 있다. 이에 대해 간단히 살펴보겠다.

**잡 제출.** 클라이언트가 잡트래커에게 잡을 제출한다. 잡 패키지에는 jar와 같은 실행 파일과 잡을 실행하는 데 필요한 파일, jar 아카이브 등의 다른 구성 요소 및 잡에 대

한 입력 블록(InputSplite)이 들어 있다.

**잡 초기화.** 잡트래커는 잡을 승인하고 잡을 잡 큐에 입력한다. 잡트래커는 입력 블록을 기반으로 각 블록에 대한 맵 태스크를 생성한다. 리듀스 태스크는 잡 환경 설정을 기반으로 생성된다.

**태스크 할당.** 잡트래커의 스케줄러는 실행 중인 잡 중 하나의 태스크를 태스크트래커에게 할당한다. 하둡 v1에서 태스크트래커는 고정된 수의 맵 태스크와 리듀스 태스크를 가진다. 스케줄러는 클러스터 노드에서 태스크를 스케줄링할 때 입력 파일의 위치 정보를 가진다.

**태스크 실행.** 태스크가 한 번 예약되면 태스크트래커는 태스크의 실행을 관리한다. 즉, 모든 태스크 아티팩트를 태스크 프로세스에서 사용 가능하게 생성, 태스크 JVM 실행, 프로세스 모니터링 및 잡트래커와 협력하여 태스크 종료에서의 정리 작업과 같은 관리 작업을 수행하고, 오류가 발생한 태스크를 종료시킨다. 태스크트래커는 태스크에게 셔플 서비스를 제공하는데, 이는 아래에서 셔플 절차에 대해 설명할 때 다룬다.

**잡 완료.** 잡의 마지막 태스크가 완료되면, 잡트래커는 HDFS와 태스크트래커의 로컬파일 시스템에서 중간 파일을 정리하는 데 사용되는 잡 정리 작업을 실행한다.

### B. 맵리듀스의 내 결함성

맵리듀스에는 태스크의 결함, 태스크트래커의 결함, 잡트래커의 결함이라는 세 가지 결함이 있다.

**태스크 결함.** 이는 태스크 코드에서 Runtime exception을 던질 때 발생하거나, JVM이 예상치 못한 장애를 일으킬 때 발생한다. 다른 문제는 태스크트래커가 태스크 프로세스로부터 설정된 시간 동안 어떤 업데이트도 받지 못하는 경우이다. 이러한 모든 경우에 태스크트래커는 잡트래커에게 태스크에 문제가 발생했음을 알린다. 잡트래커가 태스크의 문제에 대한 알림을 받으면 작업의 실행을 다시 스케줄링한다.

**태스크트래커 결함.** 태스크트래커 프로세스에 문제가 발생하거나 잡트래커와의 연결이 종료되면 발생한다. 잡트래커가 태스크트래커에 문제가 발생했음을 표시하면, 태스크트래커가 완료한 모든 맵 태스크는 큐에다시 배치되어 재스케줄링된다. 마찬가지로, 태스크트래커에서 진행 중인 결함이 발생한 맵 또는 리듀스 작업 역시 재스케줄링된다.

**잡트래커 결함.** 하둡 v1의 잡트래커에서 발생한 결함은 회복이 불가능하다. 즉, 잡트래커는 단일 장애점(SPOF, single pointof failure)을 가지고 있다. 잡트래커는 사용자가 직접 재실행해야 한다. 재실행이 되면 실행 중이던 모든 잡은 다시 제출된다. 이는 하둡 v1에 존재하는 문제점 중 하나이지만 YARN을 도입하면서 해결되었다.

**결함의 의미.** 사용자가 제공한 맵과 리듀스 연산자가 입력 값의 결정적인 함수일 때, 맵리듀스 시스템은 전체 프로그램의 오류 없는 순차 실행에 의해 생성된 출력과 동일한 출력을 생성한다. 각 작업은 개인 작업 디렉터리에 출력을 쓴다. 잡트래커가 동일한 태스크에게 복수 완료를 수신하면, 첫 번째를 제외한 모든 것을 무시한다. 잡이 완료되었을 때 태스크의 출력은 잡 출력 디렉터리로 이동된다.

### C. 셔플의 절차

맵리듀스 프로그래밍 모델의 주요 특징은 리듀서가 주어진 키에 해당하는 모든 행을 함께 얻는 것이다. 이는 **맵리듀스 셔플**에 의해 전달된다. 셔플은 맵, 복사, 리듀스 단계로 나뉜다.

**맵 단계.** 행이 맵 작업에서 처리될 때, 먼저 인메모리 버퍼에 저장된다. 이 인메모리 버퍼의 크기는 기본 값으로 100MB이고 환경 설정을 통해 변경할 수 있다. 백그라운드 스레드는 파티셔너와 잡에 있는 리듀서의 수를 기반으로 버퍼에 저장되어 있는 행을 분할한다. 파티셔너는 주어진 키-값에 대한 리듀서 및 잡에 있는 리듀서의 수를 선택하도록 요구되는 장착형 인터페이스이다. 분할된 행은 키-값에 따라 정렬된다. 또한, 제공되는 비교기(Comparator)를 통해 같은 키의 행에 대하여 안정적인 정렬 순서를 가질 수 있다. 이는 조인 연산에서 같은 키-값을 갖는 행에 대해 동일한 테이블의 행을 함께 묶을 수 있도록 보장한다. 장착 가능한 또다른 인터페이스는 결합기(Combiner) 인터페이스이다. 이는 맵퍼에서 키당 출력되는 행의 수를 줄이는 데 사용되며, 동일한 키가 있는 모든 행에 대해 각 맵퍼에 리듀스 연산을 적용함으로써 수행된다. 맵 단계 동안, 분할, 정렬, 병합을 반복한다. 최종 결과는 키에 대해 정렬된 리듀서당 하나의 로컬 파일이다.

**복사 단계.** 리듀서는 사용 가능한 모든 맵퍼에서 파일을 가져온다. 이는 잡트래커가 하트비트 응답을 통해 제공한다. 각 맵퍼는 이러한 파일에 대해 리듀서를 요청하는 여러 개의 리스너 스레드를 가진다.

**리듀스 단계.** 리듀서는 맵퍼의 모든 파일을 읽는다. 모든 파일은 리듀스 함수에 전달되기 전에 병합된다. 맵퍼 파일을 사용할 수 있는 방법에 따라 여러 단계의 병합이 있을 수 있다. 리듀서는 불필요한 병합을 피하기 위해, 행으로 병합될 마지막 N개의 파일을 리듀스 함수에 그대로 전달한다.

### D. 잡 스케줄링

맵리듀스 1.0에서의 **잡트래커**는 클러스터 내의 작업 스케줄링에 대한 책임이 있다. 하둡의 초기 버전은 클라이언트가 제출한 잡이 제출된 순으로 처리하는 FIFO 방식을 사용했다. 언제든지 클러스터는 단일 잡의 작업을 실행한다. 이는 만약 기계학습과 같이 오랜 처리 시간이 필요한 작업이 선행으로 있다면, 하이브 질의 같은 단순하고 짧은 잡이 지나치게 오래 기다려야 하는 단점이 있다. 따라서, 대기 시간은 실행 시간을 초과하고 클러스터의 처리량은 저하된다. 게다가, 클러스터 또한 제대로 활용되지 못할 것이다. 이러한 상황을 완화할 수 있는 스케줄러로 공정 스케줄러(Fair Scheduler)와 용량 스케줄러(Capacity Scheduler)를 간단히 소개한다.

**공정 스케줄러.** 공정 스케줄러의 목적은 하둡 공유 클러스터에서 작은 잡에 대해 빠른 응답을 제공하는 것이다. 이 스케줄러의 경우, 잡은 풀(Pool)로 묶여진다. 클러스터의 용량은 풀간에 균등하게 공유된다. 언제든지 클러스터의 자원이 풀간에 균등하게 나눠지고, 그렇게 함으로써 클러스터의 용량을 균등하게 활용할 수 있다. 풀을 설정하는 일반적인 방법은 각 사용자에게 풀을 할당하고 특정 풀에 최소한으로 슬롯을 할당한다.

**용량 스케줄러.** 용량 스케줄러는 대기업 고객의 요구를 충족시키도록 설계되었다. 이는 주어진 용량 제약 조건 하에서 적시에 다수의 사용자가 대형 하둡 클러스터의 자원을 공유하는 것을 허용한다. 대기업에서, 개별 부서는 하나의 중앙집중화된 하둡 클러스터를 사용하여 응용의 서비스 수준 협약(SLA, Service Level Agreement)을 충족시킬 수 없다는 우려를 표명한다. 용량 스케줄러는 다음 기능을 사용하여 각 사용자가 클러스터 용량을 보장하도록 설계되었다:

- 자원 비율 면에서 하드 및 소프트 제한이 있는 여러 대기열에 대한 지원이 있다.
- 접근 제어 리스트(ACLs, Access Control Lists)는 큐에 있는 잡에 대한 제출, 확인, 수정이 가능한 사용자를 결정한다.
- 초과 용량은 활성 대기열 간에 균등하게 분배된다.
- 사용자가 클러스터를 독점하는 것을 방지하기 위한 사용 제한이 있다.

### 24.4.2 맵리듀스의 조인 연산 예제

맵리듀스 프로그래밍 패러다임의 강력함과 유용성을 이해하기 위해, 5장에서 소개했던 조인이라는 가장 중요한 관계 대수 연산을 기억해야 한다. 6장과 7장에서 SQL 질의를 통해 조인의 사용법을, 17장과 18장에서 조인의 최적화를 알아보았다. 지금부터, 두 개의 릴레이션 $R(A, B)$과 $S(B, C)$를 조인 조건 $R.A = S.B$로 결합하는 문제에 대해 생각해 보자. 두 테이블은 HDFS 상에 존재한다고 가정한다. 다음은 맵리듀스 환경에서 동등 조인을 위해 고안된 많은 전략들이다.

**정렬-병합 조인.** 조인을 수행하는 잘 알려진 전략은 셔플을 사용하여 데이터를 분할 및 정렬하고, 리듀서로 출력을 병합하여 출력을 생성하는 것이다. 맵 단계에서는 두 테이블로부터 블록을 읽고, 파티셔너는 B 컬럼 값을 기반으로 R과 S의 파티션 행을 해시한다. 맵 단계의 출력키는 테이블 태그를 포함하여, 키는 {tag, (key)} 형식을 가진다. 맵리듀스에서 잡의 셔플을 위해 사용자 정의 정렬을 설정할 수 있는데, 사용자 정의 정렬은 같은 키를 갖는 행을 정렬한다. 이러한 상황에서 태그를 기반으로 동일한 B 값을 갖는 행을 정렬한다. 작은 테이블에는 0의 태그를, 큰 테이블에는 1의 태그를 지정한다. 따라서 리듀서는 작은 테이블, 큰 테이블 순으로 동일한 B 값을 갖는 모든 행을 확인할 것이다: 리듀서는 더 작은 테이블 행을 임시로 저장할 수 있다. 큰 테이블 행을 받으면 저장된 작은 테이블 행을 사용하여 메모리 내 벡터의 외적(cross product)을 수행하여 조인 출력을 생성할 수 있다. 이 전략의 복잡도는 각 행을 여러 번 읽고 쓰는 셔플의 복잡도에 의해 좌우된다.

**맵-사이드 해시 조인.** $R$ 또는 $S$ 중 하나가 각 작업의 메모리에 적재될 수 있는 작은 테이블인 경우, 맵 단계는 큰 테이블을 분할하여 동작할 수 있다. 각 맵 태스크는 작은 테이블 전체를 읽을 수 있고 해시 키인 B를 기반으로 인메모리 해시맵을 생성할 수 있다. 이때 해시 조인을 수행할 수 있다. 이는 데이터베이스에서의 해시 조인과 유사하다. 이 작업의 복잡도는 큰 테이블을 읽는 복잡도와 비슷하다.

**파티션 조인.** $R$과 $S$는 조인 키를 통해 분할되어 저장된다고 가정한다. 이때 각 분할의 모든 행은 조인 필드에 대한 도메인의 특정 식별 범위에 속한다. 지금 예에서는 B에 속하게 된다. $R$과 $S$는 $p$라는 파일에 저장된다고 가정한다. 또한 파일 $(i)$는 (Value B)mod $p = i$와 같은 행을 포함한다고 가정한다. 이때, S의 $i$번째 파일에 해당하는 \(R\) $R$의 $i$번째 파일과의 조인만이 필요하다. 이에 대한 한 가지 방법은 위에서 논의했던 맵 측 조인의 변형을 수행하는 것이다. 큰 테이블의 $i$번째 파티션을 처리하는 맵퍼가 작은 테이블에서 $i$번째 파티션을 읽도록 한다. 이 전략은 두 테이블의 파티션 수가 동일하지 않은 경우에도 동작하도록 확장될 수 있다. 한 테이블이 다른 테이블에 배수이면 충분하다. 예를 들면, 테이블 A가 두 개의 파티션으로 분할되고, 테이블 B가 네 개의 파티션으로 분할되었을 때 테이블 A의 파티션 1은 테이블 B의 파티션 1부터 3까지와 조인이 필요하고, 테이블 A의 파티션 2는 테이블 B의 파티션 2부터 3까지와 조인이 필요하다. 아래에서 설명할 버켓 조인도 수행할 수 있다. 예를 들어, $R$과 $S$는 이전 정렬-합병 조인의 출력이 있다고 가정한다. 정렬-합병 조인의 출력은 조인 식에서 분할된다. 게다가 이 데이터 집합을 조인하면 셔플을 피할 수 있다.

**버켓 조인.** 버켓 조인은 맵 측 조인과 분할 조인을 조합한 것이다. 릴레이션이 하나일 때, 즉 오른쪽 릴레이션일 때 분할된다. 왼쪽에서 맵퍼를 실행할 수 있고 오른쪽에 대한 각 파티션에 맵 조인을 수행할 수 있다.

**N가지 맵 사이드 조인.** 모든 작은 테이블의 키 행은메모리에 임시 저장될 수 있도록 제공하는 하나의 맵리듀스 잡에서 $R(A, B, C, D)$, $S(B, E)$, $T(C, F)$에 대한 조인을 수행할 수 있다. 조인은 28장에서 배운 데이터 웨어하우스에서 일반적으로 사용되는 것이며, $R$은 사실 테이블이고, $S$와 $T$는 각각 키가 $B$와 $C$인 차원 테이블이다. 일반적으로 데이터 웨어하우스 질의 필터는 차원 속성에 명시된다. 따라서 각 맵 작업은 여러 개의 작은 차원 테이블의 해시 맵을 저장할 수 있는 충분한 메모리가 있다. 사실 테이블 행은 맵 작업으로 읽혀지므로 맵 작업이 메모리로 읽는 모든 차원 테이블과 해시조인할 수 있다.

**간단한 N가지 조인.** 모든 작은 테이블의 키 행은 메모리에 임시 저장될 수 있도록 제공하는 하나의 맵리듀스 잡에서 $R(A, B)$, $S(B, C)$, $T(B, D)$에 대한 조인을 수행할 수 있다. $R$은 큰 테이블이고 $S$와 $T$는 상대적으로 작은 테이블이라 가정한다. 이때, 특정 키 값 B에 대해 $S$ 또는 $T$의 행 수가 태스크 메모리에 맞춰지는 것이 일반적이다. 그런 다음, 큰 테이블에 가장 큰 태그를 지정함으로써, 정렬-합병 조인을 조인 표현식이 동일한 N가지 조인으로 일반화하는 것이 쉬워진다. B의 키-값에 대한 리듀서는 먼저 $S$행, 그 다음 $T$행, 마지막으로 $R$행을 수신한다. $S$와 $T$의 행이 많이 없다는 가정하에, 리듀서는 이를 캐시할 수 있다. 리듀서가 $R$행을 수신하면, 캐시된 $S$ 및 $T$행을 사용하여 백터의 외적을 수행하고 조인 결과를 출력할 수 있다.

앞서 설명한 맵리듀스 패러다임을 사용하여 조인을 수행하는 추가적인 전략 외에도 여러 알고리즘이 존재한다. 예를 들면, 데이터 웨어하우스의 체인 조인 또는 스타 조인의 특별한 경우로 일반적인 다원 자연 조인은 단일 맵리듀스 잡으로 처리된다.[14] 또한, 조인 속성의 불균형 문제(skew)를 처리하기 위한 알고리즘이 제안되었다. 예를 들어, 판매 팩트 테이블, 특정한 날 트랜잭션의 이상치 등이 있다. 불균형 문제가 있는 속성에서 진행되는 조인의 경우, 수정된 알고리즘은 파티셔너가 많은 수의 항목이 있는 데이터에 고유한 값을 할

14) Afrati and Ullman (2010).

당하며 이를 리듀스 작업을 통해 처리한다. 반면에 나머지 값들은 평소대로 해시 파티셔닝에 의해 처리된다.

이 토론은 맵리듀스 위에 조인을 구현할 수 있는 많은 가능성을 독자에게 제공한다. 행 대 컬럼 저장소와 조건절(predicate)을 저장소 핸들러까지 밀어 넣는 것과 같이 성능에 영향을 미치는 다른 요소가 있다. 이는 현재 다루는 범위를 벗어나므로, 관심이 있는 독자는 Afrati와 Ullman이 2010년에 발표한 논문과 현재 진행중인 연구들을 참조하길 권한다.

이 장에서 하둡과 맵리듀스의 핵심 기술 위에 고수준 인터페이스를 제공함으로써 빅데이터 커뮤니티에 영향을 미친 두 가지 주요 개발을 강조한다. 다음으로 피그 라틴과 하이브 시스템에 대한 간단한 개요를 제공할 것이다.

**아파치 피그(Apache Pig).** 피그[15]는 관계형 모델의 SQL과 유사한 선언적 스타일 인터페이스와 24.2.2절에서 설명했던 맵리듀스에서 요구하는 엄격한 저수준 절차 지향 프로그래밍 간의 차이를 해소하기 위해 야후 리서치(Yahoo Research)에서 설계한 시스템이다. 맵리듀스에서는 매우 복잡한 분석을 표현할 수 있지만, 사용자는 프로그램을 반드시 단일 입력 및 맵과 리듀스의 2단계 절차로 표현해야만 한다. 또한 맵리듀스는 입력에 대한 변화의 순서를 나타내는 복잡한 데이터 흐름을 표현하는 방법을 제공하지 않으며, 프로젝션, 필터링, 그룹핑, 조인과 같은 일반적인 데이터 변환 연산에 대한 표준 방법이 없다. 이러한 연산들은 6장과 7장에서 SQL을 통해 선언적으로 표현하였으나, 더 절차적으로 표현하기를 원하는 사용자와 프로그래머가 있을 수 있다. 이에, 피그의 개발자는 SQL과 맵리듀스 사이에서 최적의 접점을 만족하기 위해 피그 라틴이라는 언어를 개발했다. 2008년에 Olston이 발표한 논문은 간단한 Group By 질의 표현의 예를 보여준다:

URL 테이블:(url, category.pagerank).

많은 수의 URL이 있는 카테고리의 경우 이 카테고리에 있는 높은 페이지 랭크의 평균을 찾고자 한다. 이는 카테고리로 URL을 묶는 것을 요구한다. 이러한 요구사항을 SQL 질의로 표현하면 다음과 같다:

```
SELECT category, AVG(pagerank)
FROM urls WHERE pagerank > 0.2
GROUP BY category HAVING COUNT(*) > 10**6
```

이를 피그 라틴으로 표현하면:

```
good_urls = FILTER urls BY pagerank > 0.2;
groups = GROUP good_urls BY category;
big_groups = FILTER groups BY COUNT(good_urls)> 10**6;
output = FOREACH big_groups GENERATE
         category, AVG(good_urls.pagerank);
```

이 예제에서 볼 수 있듯이 스크립트 언어인 피그를 사용하여 작성된 피그스크립트(Pigscript)는 일련의 데이터 변환 단계로 구성된다. 각 단계에서 Filter, Group By, Projection과 같은 기본적인 변환을 처리할 수 있다. 이 스크립트는 18장에서 논의한 SQL 질의와 비

15) Olston et al. (2008).

슷하다. 이 언어는 JSON(Java Script Object Notation) 및 XML과 같은 중첩된 데이터 구조에서 동작하는 것을 지원한다. 또한 광범위하고 확장 가능한 함수 라이브러리와, 스키마를 데이터에 매우 늦게 바인딩 하거나 전혀 하지 않는 기능을 포함한다.

피그는 웹 로그와 클릭 스트림 분석과 같은 문제를 해결하기 위해 설계되었다. 로그와 클릭스트림은 일반적으로 사용자가 저수준에서 정의한 처리와 집계수준을 요구한다. 피그는 광범위한 사용자 정의 함수(UDFs, user-defined functions)를 제공한다. 또한 다음 네 종류의 내장된 데이터 모델을 지원한다:

- Atoms: 숫자 또는 문자열과 같은 간단한 원자 값
- Tuples: 어떤 타입도 허용될 수 있는 필드의 배열
- Bag: 중복이 허용되는 튜플 모음
- Map: 각 항목에 직접 접근 가능한 키가 있는 데이터 항목 모음

2008년에 Olston 등이 발표한 논문은 피그를 사용한 로그의 흥미로운 응용 프로그램을 보여준다. 한 예로 사용자의 지리적 위치에 따라 검색 빈도를 계산하기 위해 모든 기간(일, 주, 월 등)에 대한 검색 엔진의 활동 로그 분석이 있다. 여기에서 필요한 함수는 IP 주소를 지리적 위치에 연결하고 n-gram 추출을 사용하는 것이다. 또 다른 응용으로 검색 용어에 기초하여 한 기간에 대한 검색 질의와 과거의 다른 기간에 대한 검색 질의를 함께 그룹화하는 것이다.

피그는 다른 실행 환경에서도 동작할 수 있도록 설계되었다. 피그를 구현하면, 피그 라틴은 맵리듀스 잡으로 변환되고 하둡에서 실행되는 물리적인 계획으로 컴파일된다. 피그는 하둡 환경에서 프로그래머의 생산성을 향상시키는 유용한 도구이다.

### 24.4.3 아파치 하이브(Apache Hive)

하이브는 SQL과 유사한 질의를 사용하여 하둡에 고수준 인터페이스를 제공하고, 데이터 웨어하우스에 일반적인 집계 분석 질의 처리를 지원하자는 의도로 페이스북[16)]에서 개발되었다. 하이브는 페이스북에서 하둡의 데이터에 접근하기 위한 주요 인터페이스를 제공한다. 이는 오픈소스 커뮤니티의 많은 부분에 적용이 가능했고 계속해서 발전하고 있다. 하이브는 하둡에 고수준 프로그래밍 언어 인터페이스 제공할 뿐 아니라 하둡을 DDL이 있는 DBMS처럼 만들 수 있는 계층, 메타데이터 저장소, JDBC/ODBC 접근, SQL 컴파일러를 제공한다는 점에서 피그보다 강력하다. 하이브의 구조와 구성 요소는 그림 24.2와 같다. 그림 24.2는 하이브의 인터페이스로써 아파치 Thrift를 보여준다. Thrift는 원격 서비스를 개발하는 데 사용되는 인터페이스 정의 언어(IDL, Interface definition language)와 통신 프로토콜을 정의한다. Thrift는 JSON, 이진 프로토콜, http, socket, 파일 전송을 지원한다.

16) Thusoo et al. (2010).

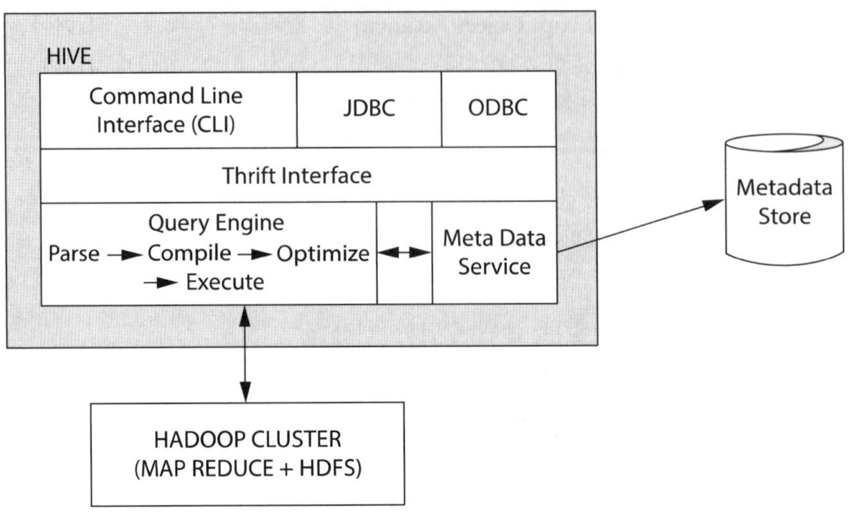


그림 24.2 하이브의 시스템 구조와 구성 요소

**HDFS의 인터페이스:**

- 하이브의 테이블은 HDFS의 디렉터리로 연결된다. 사용자는 테이블 내에 파티션을 정의할 수 있다. 예를 들어, 웹 로그 테이블은 일일 또는 시간 단위로 분할될 수 있다. 각 파티션 레벨은 HDFS의 디렉터리 레벨을 따른다. 또한 테이블은 일련의 열에 버킷으로 저장될 수 있다. 즉 저장된 데이터는 열에 의해 물리적으로 분할된다. 예를 들어, 1시간의 디렉토리 내에서 데이터는 Userid에 의해 버킷화될 수 있다. 즉, 각 시간의 데이터는 일련의 파일로 저장되며, 각 파일은 사용자의 버킷을 나타내고 버킷은 Userid 열의 해시를 기반으로 한다. 사용자는 데이터가 분할되어 들어갈 버킷의 수를 지정할 수 있다.
- SerDe(Serialization/Deserialization) 플러그인 구조를 통해 사용자는 원시 파일 형식의 데이터가 Hive SQL 연산자에게 행으로 입력될 수 있는 방식을 지정할 수 있다. 하이브에는 풍부한 SerDe 기능들과 CSV, JSON, SequenceFile 등의 파일 형식, RCFile, ORCFile Parquet 등의 컬럼 형식, Avro와 다른 데이터 직렬화 시스템을 지원하고 있다. 다른 StorageHandler는 SerDe 메커니즘을 확장하여 데이터를 읽거나 쓰는 방법에 대한 장착 가능한 동작과 초기 평가를 위해 StorageHandler에 조건절을 추가할 수 있는 기능을 허용한다. 예를 들어, JDBC StorageHandler는 하이브 사용자가 관계형 데이터베이스에 실제로 저장되고 질의 실행 시간 동안 JDBC 프로토콜을 사용하여 접근이 가능한 테이블을 정의하는 것을 허용한다. JDBC 프로토콜은 9장에서 학습하였다.

**하이브에서 SQL 지원과 최적화:** 하이브는 17장과 18장에서 논의한 SQL 질의 최적화와 유사한 논리적 또는 물리적 최적화 개념이 포함된다. 초기에 불필요한 열 제거 및 선택 조건절을 질의 트리로 밀어 넣는 것과 같은 논리적 최적화가 지원되었다. 또한, 사용자 힌트 및 데이터 파일의 크기를 기반으로 정렬-합병 조인을 맵 측 조인으로 변환하는 물리적 최적화도 통합되었다. 하이브는 초기부터 WHERE 절의 조건에 기반한 필터, SELECT, JOIN,

GROUP BY를 포함한 SQL-92의 하위 집합을 지원했다. 하이브 사용자는 하이브에서 복잡한 SQL 명령을 표현할 수 있다. 개발 초기에 하이브는 많은 수작업을 통해 다시 작성되었지만 22 TPCH 벤치마크 질의(Transaction Processing Performance Council benchmark for decision support)를 실행할 수 있었다.

언어 지원, 최적화기, 런타임 기술에서 현저한 진보가 이루어졌다. 다음은 이러한 개선 사항의 예이다:

- 하이브 SQL은 다음과 같이 SQL의 많은 분석 기능을 추가했다: Subquery 조건절, 사용자가 공통 subquery 블록 이름을 지정하고 질의에서 여러 번 참조할 수 있으며, 이러한 식은 질의 수준 뷰로 간주될 수 있는 **공통 테이블 식**(CTE, Common table expressions), **데이터 내의 특정 윈도우에 대한 집계**, 높은 집계 수준을 나타내는 Rollup, 하나의 Group By 레벨에서 여러 레벨의 집계를 표현할 수 있는 Grouping set이 있다. 예를 들어, Group By Grouping Sets ((Year, Month), DayOfWeek))는 (Year, Month) 레벨과 DayOfWeek 레벨 모두를 집계할 수 있다. 하이브는 varchar, numeric type, date 등을 포함한 전체 SQL 데이터 타입들을 지원한다. 또한 Insert, Update 문장을 통해 일반적인 CDC(Change data capture)와 ETL flow(Extract, Transform, Load flow)를 지원한다. 데이터 웨어하우스에서 소매 데이터 웨어하우스의 고객같이 천천히 변화하는 차원을 제공하려면 해당 차원에 추가 또는 수정된 레코드를 식별하는 복잡한 데이터 흐름이 필요하다. 이를 변경 이력 추적(CDC, change data capture) 프로세스라 부른다. 하이브에 Insert와 Update 구문을 추가함으로써, 하이브 SQL에서 CDC 프로세스를 모델링하고 실행할 수 있다.
- 하이브는 27.2절에서 설명할 임의적 접근 통제(discretionary access control) 측면에서 grant 및 privilege를 표현하기 위해 일련의 DDL를 크게 확장했다.
- 몇 가지 표준 데이터베이스 최적화는 Partition pruning, Join reordering, Index rewriting, 맵리듀스 잡의 수 감소 등을 포함한다. 데이터 웨어하우스에서 팩트 테이블 같이 매우 큰 테이블은 일반적으로 분할된다. 시간은 파티션에 사용되는 가장 일반적인 속성이다. HDFS가 저장 레벨로 사용되는 경우, 사용자는 데이터를 오랜 기간 보유하는 경향이 있다. 그러나, 일반적인 데이터 웨어하우스는 지난 분기 또는 현재 연도와 같이 가장 최신의 데이터만을 포함한다. 기간은 질의에서 필터로 사용된다. Partition Pruning은 질의 필터에 동등한 조건절을 추출하고, 이를 읽을 필요가 있는 테이블 파티션 목록으로 변환하는 기술이다. 확실히, 이는 성능과 클러스터 사용률에 큰 영향을 미친다: 지난 N년간 보존된 모든 파티션을 검색하는 대신 최근 몇 주/개월의 파티션만을 검색한다. 진행 중인 작업에는 열 및 테이블 레벨의 통계를 수집하고, 이러한 통계를 사용하는 비용 모델을 기반으로 계획을 생성하는 작업이 포함된다. 이는 18장에서 고려했던 것과 유사하다.
- 현재 하이브는 Tez를 런타임 환경으로 제공한다. 이 환경은 잡과 잡 사이에 디스크에 쓸 필요가 없다는 점에서 맵리듀스보다 중요한 이점이 있고, 하나의 입력과 두 단계의 처리 과정을 작성해야 한다는 제약 사항이 없다. 또한, Hive on Spark를 지원하는 활발한 활동이 있다. 이는 24.6절에서 간략하게 언급한 새로운 기술이다.

### 24.4.4 하둡/맵리듀스 기술의 이점

하둡 버전 1은 매우 큰 데이터 집합에 대한 배치 처리를 위해 최적화되었다. 다음과 같이 다양한 요소가 이 성공에 기여한다:

1. 페타바이트 수준의 작업량을 처리할 때 디스크 탐색 시간은 제한요소가 된다. 탐색 시간은 디스크의 기계적 구조에 의해 제한되는 반면, 전송 속도는 전자적 특징이며 꾸준히 속도가 빨라지고 있다. 이는 15.2절의 디스크 드라이브에서 논의한 내용이다. 병렬로 데이터를 검색하는 맵리듀스 모델은 위의 제한 사항을 완화한다. 예를 들어, 50Mbps 속도를 가진 한 대의 머신을 사용하여 100TB 데이터를 순차적으로 검색할 때 완료까지는 약 24일이 소요된다. 반면에, 1,000대의 머신을 병렬로 사용하여 동일한 데이터를 검색할 때 완료까지 35분이 걸린다. 하둡은 64MB 이상의 매우 큰 블록을 사용하길 권장한다. 따라서, 데이터를 검색할 때 디스크 탐색 시간에 소비되는 시간의 비율은 무시할 수 있다. 무제한의 디스크 탐색 속도와 대용량 데이터를 청크로 병렬 처리하여 맵리듀스 모델의 확장성과 속도를 이끌어내는 것은 무엇보다 중요하다.
2. 맵리듀스 모델은 사전에 스키마에 대한 정의가 필요한 RDBMS와 비교하여 반정형 데이터 및 키-값 데이터를 더 쉽게 처리할 수 있다. 매우 큰 로그 파일과 같은 대용량 파일들을 분석하기 전에 여러 가지 방법의 파싱이 필요하기 때문에 RDBMS는 몇몇 문제를 일으킨다.
3. 맵리듀스 모델은 작업 대기 시간과 처리량을 선형 방식으로 개선하기 위해 리소스를 추가할 수 있다는 점에서 선형 확장성을 갖추고 있다.

## 24.5 하둡 버전 2: YARN

지금까지 하둡 개발에 대해 자세히 논의했다. 이는 프로그래밍을 위한 맵리듀스 패러다임의 핵심 개념과 HDFS 기반의 저장소 구조에 대한 논의였다. 또한, 피그와 하이브 같은 고수준 인터페이스는 하둡 프레임워크 상에서 SQL과 유사한 고수준 데이터 처리를 가능하게 한다. 이제 하둡 v2, MR v2 또는 YARN(Yet Another Resource Neogiator)이라고 알려진 후속 개발에 중점을 둔다. 먼저, 하둡 v1 플랫폼의 단점과 YARN의 기본 개념을 설명한다.

### 24.5.1 YARN의 기본 개념

하둡 v1의 성공에도 불구하고 기업의 응용 프로그램은 하둡 v1의 몇 가지 단점을 언급하며, 하둡 v1을 업그레이드해야 한다고 제안했다:

- 클러스터 크기와 사용자 수가 증가함에 따라 잡트래커에 병목 현상이 발생했다. 이는 단일 장애점(SPOF, Single point of Failure)으로 잘 알려져 있다.

- 맵과 리듀스 기능의 정적할당은 바람직하지 못한 클러스터 활용이다.
- HDFS는 기업의 데이터를 위한 단일 저장소 시스템으로 간주되었다. 사용자는 맵리듀스 모델이 적합하지 않은 다양한 유형의 응용프로그램을 실행하려고 했다. 따라서, 사용자는 Map-only 잡을 실행하여 이 제한을 극복하려는 시도가 있었지만 이는 스케줄링과 활용 문제를 복잡하게 만들었다.
- 대규모 클러스터에서 몇 달에 한 번씩 공개되는 하둡의 새로운 오픈 소스 버전을 따라 잡는 것이 문제가 되었다.

위의 이유는 하둡 버전 2를 개발하려는 이론적 근거를 설명하며, 이 중 일부는 자세한 논의가 필요하다.

**멀티테넌시(Multitenancy):** 멀티테넌시란 여러 테넌트/사용자가 동시에 자원을 공유할 수 있도록 수용하는 것을 의미한다. 클러스터 크기가 커지고 사용자 수가 증가함에 따라 여러 사용자 커뮤니티에서 하둡 클러스터를 공유했다. 이 문제에 대한 최초의 솔루션은 야후에서 제안한 Torque 리소스 관리자와 Maui 스케줄러를 기반으로 한 Hadoop on Demand이다. 사용자는 각 잡 또는 일련의 잡들에 대해 별도의 클러스터를 설정할 수 있다. 여기에는 몇 가지 장점이 있다:

- 각 클러스터는 자체 버전의 하둡을 실행할 수 있다.
- 잡트래커의 결함은 단일 클러스터로 격리되었다.
- 각 사용자와 조직은 예상되는 작업량에 따라 클러스터의 크기와 구성을 독립적으로 결정할 수 있다.

그러나, 야후는 다음과 같은 이유로 Hadoop on Demand를 포기했다:

- 자원 할당이 데이터 지역성을 기반으로 수행되지 않는다. 따라서, HDFS의 대부분의 읽기 및 쓰기 작업이 원격 접근을 필요로 하게 되어, 주로 로컬 데이터에 접근하는 맵리듀스 모델의 주요 이점 중 하나가 사라졌다.
- 클러스터의 할당은 정적으로 이루어졌다. 이는 클러스터의 많은 부분이 거의 유휴 상태임을 의미한다.
- 맵리듀스 잡 내의 맵 단계에서 리듀스의 슬롯을 사용할 수 없었고 리듀스 단계에서 맵의 슬롯을 사용할 수 없었다. 피그와 하이브 같은 고수준 언어를 사용할 때, 각 스크립트 또는 질의는 여러 개의 잡을 생성한다. 클러스터의 할당이 정적이었기 때문에 모든 잡이 필요로 하는 최대 노드를 미리 확보해야만 했다.
- 24.4.2절에서 설명한 공정 또는 용량 스케줄링을 사용하더라도 클러스터를 고정된 맵과 리듀스 슬롯으로 나눈다는 것은 클러스터가 충분히 활용되지 못했음을 의미한다.
- 충분한 노드가 사용 가능할 때만 클러스터가 부여되기 때문에 클러스터를 획득하는 데 소요되는 대기 시간이 길었다.

**잡트래커 확장성.** 클러스터 크기가 4,000노드 이상으로 증가함에 따라 메모리 관리 및 락 문제로 잡트래커가 작업 부하를 처리하기 어려워졌다. 따라서, 메모리에 있는 잡에 대한 데이터 보유, 잡당 작업 수 제한, 사용자당 제출 가능한 잡 수 제한, 동시에 실행 가능한 잡

수 제한 등 여러 가지 옵션이 고려되었다. 이 중 어느 것도 모든 사용자를 완전히 만족시키지 못했고 잡트래커는 계속해서 메모리 부족을 겪었다.

관련 문제로 완료된 잡이 있다. 완료된 잡은 잡트래커에 상주하며 메모리를 사용한다. 완료된 잡의 수와 메모리 사용률을 줄이기 위해 많은 계획을 시도했지만, 결국 가능한 솔루션은 이 기능을 별도의 Job History 데몬으로 넘기는 것이었다.

태스크트래커의 수가 증가함에 따라 하나의 태스크트래커가 잡트래커로 보내는 신호인 하트비트의 대기 시간은 약 200ms였다. 즉, 클러스터에 200개가 넘는 태스크트래커가 있는 경우 태스크트래커의 하트비트 간격이 40초 이상이 될 수 있다. 이 문제를 해결하기 위한 노력이 있었지만 결국 포기하였다.

**잡트래커: 단일 장애점.** 하둡 v1의 회복 모델은 매우 취약했다. 잡트래커의 결함은 전체 클러스터가 동작하지 못하는 상황을 초래했다. 이 경우 실행 중이던 잡의 상태가 손실되며, 모든 잡을 다시 제출하고 잡트래커를 다시 시작해야 한다. 완료된 잡에 대한 정보를 만들기 위한 노력은 계속되지 않았다. 이와 관련된 문제는 새 버전의 소프트웨어를 배포하는 것이었다. 이를 위해서는 클러스터 가동 중지 시간을 예약해야 했기 때문에 재시작 시 작업이 지연되고 잡트래커가 계속 부담을 가질 수 있다.

**맵리듀스 프로그래밍 모델의 오용.** 맵리듀스 런타임은 반복 처리에 적합하지 않다. 특히 분석 작업에서 기계 학습 알고리즘이 해당된다. 각 반복은 맵리듀스 잡으로 처리된다. 그래프 알고리즘은 맵과 리듀스의 기초 요소와 대조적으로 메시지 전달에 사용되는 BSP(bulk synchronous parallel) 모델을 사용하여 더욱 잘 표현된다. 사용자는 실행 시간이 긴 Map-only 잡처럼 기계 학습 알고리즘 구현과 같은 비효율적인 대안으로 이러한 장애물을 해결했다. 이러한 유형의 잡은 초기에 HDFS에서 데이터를 읽고 첫 번째 단계를 병렬로 실행하지만, 프레임워크 제어 범위 밖에서 서로 데이터를 교환했다. 또한, 내결함성을 잃었다. 잡트래커는 이러한 잡이 어떻게 실행되는지 알지 못했고, 이로 인해 클러스터의 활용도가 낮아지고 불안정해졌다.

**자원 모델 문제점.** 하둡 v1에서 노드는 맵과 리듀스 슬롯의 고정된 수로 나눠진다. 이는 유휴 슬롯을 사용할 수 없기 때문에 클러스터를 충분히 활용하지 못하는 결과를 초래하고, 노드의 용량을 예측할 수 없기 때문에 노드에서 맵리듀스 이외의 잡을 쉽게 실행할 수 없다.

앞서 언급한 문제점들은 하둡 v1을 업그레이드해야 하는 이유를 설명한다. 위에 열거한 많은 문제들을 하둡 v1에서 해결하려 노력했지만, 재설계가 필요하다는 것이 분명해 졌다. 새로운 설계의 목표는 다음과 같이 설정되었다:

- 하둡 v1의 확장성과 지역성 인식(locality awareness)을 이어나가야 한다.
- 멀티테넌시 및 클러스터 사용률이 높아야 한다.
- 단일 장애점이 없고 가용성이 높아야 한다.
- 단순한 맵리듀스 잡 이상을 지원한다. 클러스터의 자원을 정적인 맵과 리듀스 슬롯에 모델링해서는 안 된다.
- 이전 버전과 호환성을 유지하기 위해 기존 잡은 그대로 실행해야 하며 재컴파일을 하지 않아도 된다.

### 24.5.2 YARN 구조

**개요.** 앞서 하둡 v1 업그레이드의 이유를 설명하였고, 이제 MR v2, 맵리듀스 2.0, 하둡 v2, YARN으로 알려진 차세대 하둡의 자세한 구조에 대해 논의한다.[17] YARN의 핵심 아이디어는 작업 관리에서 자원 관리를 분리하는 것이다. 추가적으로, YARN은 작업 데이터 흐름, 작업 주기, 작업 장애 조치등의 작업 관리를 위해 애플리케이션마스터(ApplicationMaster)라는 개념을 도입했다. 이제 맵리듀스를 맵리듀스 애플리케이션마스터에서 제공하는 서비스/응용 프로그램으로 사용할 수 있다. 이 두 가지 결정의 영향은 광범위하며, 데이터 서비스 운영체제 개념의 핵심이다. 그림 24.3은 하둡 v1과 하둡 v2의 구조도를 나란히 보여준다.

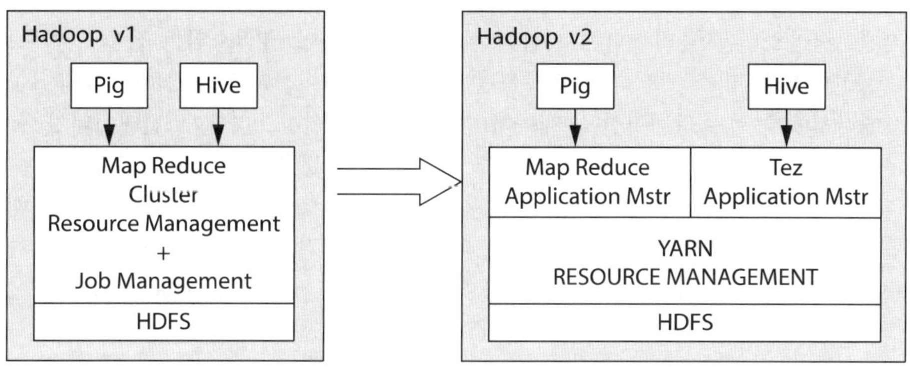


그림 24.3 하둡 v1과 v2의 구조도

리소스매니저(ResourceManager)와 워커 노드당 노드매니저(NodeManager)는 어떠한 응용도 YARN 위에서 동작할 수 있도록 호스팅해주는 플랫폼을 형성한다. 리소스매니저는 공정성 정책 또는 클러스터 활용 최적화 정책 같은 장착형 스케줄링 정책을 기반으로 리소스를 제외한 클러스터를 관리한다. 또한 노드가 접근 불가능할 때, 노드가 다운될 때, 새로운 노드가 추가될 때, 이를 추적하는 부분에서 클러스터 노드의 생명 주기를 담당한다. 노드의 결함은 해당 노드의 컨테이너가 있는 애플리케이션마스터에게 보고된다. 새로운 노드는 애플리케이션마스터에서 사용할 수 있게 된다.

애플리케이션마스터는 리소스매니저에게 ResourceRequests를 보내고 리소스매니저는 클러스터 컨테이너로 응답한다. 리소스매니저는 애플리케이션마스터에게 클러스터 노드의 자원 일부를 사용할 수 있는 컨테이너를 리스(lease)한다. 애플리케이션마스터는 노드매니저에게 리스가 참조하는 컨테이너 실행 컨텍스트를 제공한다. 실행 컨텍스트는 리스뿐만 아니라 태스크에 대한 프로세스 실행 방법과 프로세스에 대한 jars, libs, 환경 변수, 보안 토큰과 같은 자원을 얻는 방법도 지정한다. 노드는 코어, 메모리, 네트워크 대역폭 등에 대한 특정 처리 능력을 갖는다. 현재 YARN은 메모리만을 고려한다. 노드의 처리능력에 따라 상호 교환이 가능한 컨테이너의 집합으로 나눌 수 있다. 애플리케이션마스터가 컨테이너 리스를 수신하면, 작업 일정을 자유롭게 지정할 수 있다. 애플리케이션마스터는 작업량에 따

17) Apache website: http://hadoop.apache.org/docs/current/hadoop-yarn/hadoop-yarn-site/YARN.html for up-to-date documentation on YARN.

라 지속적으로 자원 요구 사항을 변경할 수 있다. 리소스매니저는 순전히 이러한 요청, 클러스터 상태, 클러스터의 스케줄링 정책에 따라 스케줄링 결정을 내린다. 이는 노드에서 수행되는 실제 작업을 인식하지 못한다. 실제 작업을 관리하고 분석하는 책임은 애플리케이션마스터에게 있다.

노드매니저는 자신이 관리하는 노드 내의 컨테이너를 관리해야 한다. 컨테이너는 노드의 상태를 보고해야 하고, 또한 이들은 클러스터에 조인하는 노드에 대한 절차를 처리해야 한다. 컨테이너는 애플리케이션마스터에게 컨테이너 실행 서비스를 제공한다. 이외에 사용자 레벨, 응용프로그램 레벨, 컨테이너 레벨이 될 수 있는 로컬 캐시를 사용할 수 있다. 또한 컨테이너 내에서 동작하고 있는 태스크에게 다른 서비스를 제공하도록 설정할 수 있다. 예를 들어, 맵리듀스 태스크에 대해 셔플을 노드 레벨 서비스로 제공할 수 있다.

애플리케이션마스터는 클러스터에서 잡의 실행을 책임진다. 클러스터는 잡을 기반으로 하여 리소스매니저와 리소스에 대해 협상을 한다. 애플리케이션마스터 자체는 클라이언트가 리소스매니저에게 애플리케이션을 제출하여 애플리케이션마스터에게 컨테이너가 할당되고 이를 실행할 때, 클러스터에서 실행된다. 맵리듀스의 경우 애플리케이션마스터는 잡트래커의 대부분의 작업을 대신한다: 맵과 리듀스 태스크를 실행하고, 이 태스크들을 배치할 장소를 선택하며, 태스크의 장애 대응을 관리한다. 또한, 잡 상태 카운터와 유사한 카운터를 유지하며, 실행중인 잡에 대한 모니터링 인터페이스를 제공한다. 완료된 잡에 대한관리와 인터페이스는 별도의 잡 히스토리 서버로 이동되었다.

YARN 구조에서 응용프로그램 관리와 자원 관리를 분리하면 다음과 같은 이점이 있다:

- 다양한 데이터 서비스를 통해 클러스터를 활용할 수 있다. 이들 각각은 자체 프로그래밍 모델을 나타낼 수 있다.
- 애플리케이션마스터 작업에 최적화된 패턴으로 자유롭게 자원을 협상할 수 있다.
- 자원과 컨테이너 모델은 노드를 동적으로 활용할 수 있도록 하여 클러스터의 전반적인 활용도가 높아진다.
- 리소스매니저는 자원 하나만을 관리하기 때문에, 수만 개의 노드까지 확장할 수 있는 확장성을 갖췄다.
- 애플리케이션마스터가 잡을 관리하면 클러스터에서 여러 버전의 응용프로그램을 실행할 수 있다. 이는 모든 잡을 중지시켜야 하는 전체 클러스터의 업데이트가 필요 없음을 의미한다.

애플리케이션마스터의 결함은 해당하는 애플리케이션마스터에 의해 관리되는 잡에만 영향을 미친다. 그리고 리소스매니저는 애플리케이션마스터를 어느정도 관리한다. 지금부터 YARN 환경의 각 구성 요소를 간단히 살펴보겠다.

**리소스매니저(RM).** 리소스매니저는 응용프로그램의 처리를 최적화하는 부분이 아닌 응용프로그램에 자원을 할당하는 부분만을 고려한다. 자원 할당에 대한 정책은 장착형이다. 애플리케이션마스터는 작업 부하를 최적화할 수 있는 자원을 요청해야 한다.

리소스매니저는 다음 인터페이스를 제공한다:

1. 클라이언트가 애플리케이션마스터를 실행할 수 있는 API
2. 애플리케이션마스터가 클러스터 자원을 협상하기 위한 프로토콜
3. 노드매니저가 리소스매니저에게 노드의 자원을 보고하고 관리되기 위한 프로토콜

리소스매니저의 스케줄러는 전체 클러스터 자원의 상태와 애플리케이션이 요구하는 자원을 비교한다. 자원의 할당은 장착 가능한 스케줄러의 정책을 따른다. 이 스케줄러에는 용량 또는 공정 스케줄러가 있다. 애플리케이션마스터를 통해 다음과 같은 자원을 요청한다.

- 필요한 컨테이너의 수
- 컨테이너당 필요한 물리적 자원(CPU, memory)
- 컨테이너들의 지역 환경 설정(물리적 노드, 랙)
- 응용프로그램의 요청 우선 순위

노드매니저가 보내는 하트비트에서 클러스터의 상태를 기반으로 이러한 요청을 만족시킨다. 스케줄러가 노드를 선정할 때 지역성과 우선 순위를 활용한다: 예를 들어, 요청된 노드에 여유가 없을 때, 대안으로 같은 랙에 있는 다른 노드를 선정한다.

또한, 스케줄러는 필요한 경우 응용프로그램에서 자원을 다시 요청할 수 있으며 자원을 강제로 회수할 수도 있다. 컨테이너가 종료될 때, 다른 컨테이너로 작업을 이동할 수 있고, 상태를 체크포인팅한 후 다른 컨테이너에서 복원할 수 있다. 리소스매니저는 응용프로그램 내에서의 태스크의 실행 처리, 응용프로그램에 대한 상태 정보 제공, 잡 종료에 대한 기록들 제공, 실패한 작업에 대한 복구 기능 제공과 같은 사항을 다루지 않는다.

**애플리케이션마스터(AM).** 애플리케이션마스터는 클러스터에서 응용프로그램의 실행을 조정한다. 응용프로그램은 맵리듀스 잡 같은 프로세스일 수 있고, 또는 여러 맵리듀스 잡을 처리하는 Hadoop on demand(HOD) 클러스터와 같은 장기 실행 서비스일 수도 있다. 이는 응용프로그램 개발자에게 달렸다. 애플리케이션마스터는 하트비트 메커니즘을 통해 리소스매니저에게 현재 자원 요구 사항을 주기적으로 알린다. 자원은 컨테이너 리스로 애플리케이션마스터에게 전달되고, 응용프로그램에 의해 동적으로 사용된다: 자원의 사용은 응용프로그램의 진행 상황과 클러스터 상태를 기반으로 한다. 예를 들어, 맵리듀스 잡을 실행 중인 맵리듀스 애플리케이션마스터는 입력 블록이 상주하고 있는 $m$개의 노드마다 컨테이너를 요구할 것이다. 노드들 중 하나가 컨테이너를 얻으면, 애플리케이션마스터는 나머지 $m-1$개의 노드에 대한 요청을 삭제하거나 적어도 우선 순위를 낮춘다. 반면, 맵 태스크에 장애가 발생하면 애플리케이션마스터는 이 장애를 추적하여 같은 입력 블록의 복제본을 가지고 있는 노드에게 컨테이너를 요청한다.

**노드매니저.** 노드매니저는 클러스터의 모든 워커 노드에서 실행된다. 노드매니저는 컨테이너를 관리하고, 컨테이너에서 실행 가능한 서비스를 제공한다. 컨테이너 실행 컨텍스트의 자세한 스펙에 따라, 노드매니저는 환경 및 로컬 디렉터리가 설정된 노드에서 프로세스를 실행할 수 있다. 또한, 노드매니저는 자원 사용률이 스펙을 초과하지 않도록 모니터링하고, 컨테이너와 노드의 상태를 주기적으로 보고한다. 노드매니저는 실행중인 모든 컨테이너에게 로컬 서비스를 제공한다. 로그 통합 서비스(Log Aggregation service)는 태스크의 표준 출

력과 표준 에러를 HDFS에 업로드할 때 사용된다. 노드매니저는 장착형 보조 서비스들을 실행하도록 구성될 수 있다. 예를 들어, 맵리듀스 셔플은 노드매니저 서비스로 제공된다. 맵 태스크를 실행중인 컨테이너는 맵 출력을 생성하여 로컬디스크에 쓴다. 이 출력은 노드에서 실행중인 셔플 서비스를 통하여 잡의 리듀서가 사용할 수 있도록 만들어진다.

**내결함성과 가용성.** 리소스매니저는 YARN의 단일 장애점으로 남아 있다. 재시작할 때, 리소스매니저는 영구 저장소에서 상태를 복구할 수 있다. 리소스매니저는 클러스터의 모든 컨테이너를 종료시키고 각 애플리케이션마스터를 재시작한다. 현재 리소스매니저에 active/passive 모드를 제공하라는 요구가 있다. 애플리케이션마스터의 결함은 영향력이 크지 않고 응용프로그램만 영향을 받는다. 따라서 애플리케이션마스터는 이 응용프로그램의 상태를 복구해야 한다. 예를 들어, 맵리듀스 애플레케이션마스터는 완료된 작업을 복구하고, 실행중인 작업을 재실행한다.

노드 또는 응용프로그램의 코드로 인해 컨테이너에 오류가 발생하면 프레임워크는 이를 추적하여 애플리케이션마스터에게 보고한다. 장애를 복구하는 것은 애플리케이션마스터가 책임진다.

### 24.5.3 YARN 위에서 동작하는 다른 프레임워크

앞서 설명한 YARN의 구조는 공유된 하둡 클러스터에서 추가 서비스를 제공할 수 있는 다른 프로그래밍 모델과 함께 다른 응용 프레임워크의 개발을 가능하게 한다. 현재 YARN에서 사용 가능한 프레임워크를 설명하겠다.

**아파치 테즈(Apache Tez).** 테즈는 YARN에서 고성능 응용프로그램을 구축하기 위해 호튼웍스에서 개발한 확장 가능한 프레임워크이다. 이러한 응용프로그램은 최대 페타바이트 크기의 대용량 데이터를 처리한다. 테즈를 사용하면 사용자는 자신의 작업 흐름을 태스크의 방향성 비순환 그래프(DAG, directed acyclic graph)로 표현할 수 있다. 잡은 DAG 형태로 구성된다. 여기서 노드(vertice)는 태스크 또는 연산이고, 엣지(edge)는 데이터 흐름 또는 상호 운용 종속성을 나타낸다. 테즈는 파이프라인, 분산-수집(scatter-gather), 브로드캐스트와 같은 표준 데이터 흐름 패턴을 지원한다. 사용자는 DAG에서 동시성을 지정할 수 있을 뿐만 아니라 장애 대응 특성, 태스크의 출력을 영구 저장소에 저장할지 또는 다시 계산할지를 지정할 수 있다. DAG는 잡과 클러스터의 상태에 따라 실행 시간에 변경될 수 있다. DAG 모델은 하나 또는 여러 개의 맵리듀스 잡을 실행할 때보다 더 피그 스크립트와 SQL 실제 계획에 적합하다. 현재 하이브와 피그는 테즈에서 실행 가능한 모드를 제공한다. 두 가지 모두 간단한 계획과 상당한 성능 향상 면에서 이점을 가진다. 자주 인용되는 성능 최적화는 맵-리듀스-리듀스 패턴이다. 일반적으로, Group-By 다음에 Join이 있는 SQL 쿼리는 두 개의 맵리듀스 작업으로 변환된다: 하나는 Join, 다른 하나는 Group-By 연산에 해당된다. 첫 번째 맵리듀스 단계에서 조인의 출력은 HDFS에 기록되고, 두 번째 맵리듀스의 맵 단계인 Group-By에서 다시 읽혀진다. 테즈에서 DAG 스트림의 Join 노드와 Group-By 노드에 행을 생성함으로써 HDFS에서 HDFS로의 추가 읽기/쓰기를 피할 수 있다.

**아파치 지라프(Apache Giraph).** 아파치 지라프는 구글의 Pregel 시스템을 오픈소스로 구현한 것으로 페이지 랭크를 계산하는데 사용되는 대규모 그래프 처리 시스템이다.[18] 페이지 랭크에 대한 정의는 26.7.3장을 참조하길 바란다. Pregel은 BSP(bulk synchronous processing) 계산 모델을 기반으로 했다.[19] 지라프는 Pregel에 Sharded Aggregator와 엣지 지향 입력 외의 몇 가지 기능을 추가했다. 조각(Sharding)은 23장에서 설명하였고 분할의 한 형태를 의미한다. 하둡 v1에서 지라프를 맵리듀스 잡으로 실행할 때 이를 장시간 실행되는 Map-Only 잡으로 수행하여 매우 적합하지 못했다. 하지만, YARN에서 지라프 구현은 반복 처리 모델을 나타낸다. 현재 페이스북에서 사용자를 노드로, 사용자들 간의 관계를 엣지로 표현하여 소셜 네트워크를 분석할 때 지라프를 사용한다. 현재 페이스북의 가입자는 약 13억 명이다.

**호야: HBase on YARN.** 호튼웍스 호야(Hoya) 프로젝트는 클러스터의 유연성과 활용도를 향상시키기 위해 YARN에서 실행되는 탄력적인 HBase 클러스터를 제공한다. 23.5장에서 소개했던 HBase는 분산 환경 오픈소스로, 수십억 개의 행과 수백만 개의 열이 있는 테이블을 관리할 수 있는 비관계형 데이터베이스이다. HBase는 구글의 BigTable을 기반으로 패턴이 지정되지만 하둡 및 HDFS를 사용하여 구현된다.[20] 호야는 HBase의 on-demand 클러스터를 만들 필요성을 해결하기 위해 개발되었으며, HBase의 여러 버전이 동일한 클러스터에서 실행될 수 있다. 즉, 각 HBase 인스턴스는 개별적으로 구성될 수 있다. 호야 애플리케이션마스터는 HBase 마스터를 로컬에서 실행한다. 또한, 호야 애플리케이션마스터는 YARN 리소스매니저에게 HBase 리전서버를 시작할 컨테이너를 요청한다. HBase 리전서버는 워커프로세스로, 각 ColumnFamily가 여러 리전서버에 분산 저장된다. 여기서 ColumnFamily는 관계형 테이블의 일련의 열들과 유사하다. 이 기능을 사용하여 필요에 따라 클러스터에서 하나 이상의 HBase 인스턴스를 시작할 수 있다. 클러스터는 탄력적이며 요구에 따라 확장되거나 축소될 수 있다.

YARN에서 개발된 위 세 가지 예는 YARN에 의해서 하둡/맵리듀스 전체 구조에서 응용프로그램 관리와 자원 관리를 분리하여 열어 놓은 가능성에 대한 독자의 이해를 제공할 것이다.

## 24.6 전반적인 논의

지금까지 대략 2004년에서 2014년 사이에 생긴 빅데이터 기술 발전에 대해 논의했으며, 특히 하둡 v1 및 YARN을 강조해서 설명했다. 이번 장에서는 아파치 오픈 소스에 등록된 많은 프로젝트들뿐만 아니라 빅데이터 분야의 제품 개발에 전념하는 호튼웍스, 클라우데라, MapR과 같은 회사 및 많은 신생 기업들의 면책 조항을 먼저 언급한다. 마찬가지로, 캘리포니아 대학 및 다른 학술 기관이 참여한 Amplab은 여기서 자세히 다루지 못한 기술 개발에

18) Malewicz et al. (2010)에서 Pregel에 대한 설명을 참조한다.
19) BSP는 병렬 알고리즘을 설계하기 위한 모델로 1990년 Valiant에 의해 최초로 제안되었다.
20) Chang et al. (2006)에 BigTable에 관한 설명이 있다.

크게 기여하고 있다. 또한, 클라우드 환경에서 맵리듀스를 실행하는 것과 같이 클라우드 개념과 관련된 여러 문제도 있고, 여기서 논의하지 않은 클라우드 환경에서의 데이터웨어하우징이 있다. 이 배경 지식을 바탕으로 지금까지 이 장에서 자세히 설명했던 것에 대해 언급할 가치가 있는 몇 가지 일반적인 주제를 다룬다. 먼저, 병렬 RDBMS 구현에서 고성능 응용프로그램을 위한 전통적인 접근 방법과 하둡 및 YARN 기반 기술의 차이점에 대해 설명한다. 그 다음, 빅데이터 및 클라우드와 관련된 기술의 보완적인 성격에 대해 설명한다. 여기서는, 클라우드 저장소 및 컴퓨팅 클라우드에 내재된 데이터의 지역성 및 최적화 문제에 대해 설명한다. 또한, 데이터 서비스 플랫폼으로써의 YARN과 빅데이터를 활용한 분석의 지속적인 움직임에 대해 논의한다. 마지막으로, 전체 빅데이터 움직임에 직면해 있는 몇 가지 과제를 제시한다.

### 24.6.1 하둡/맵리듀스 vs. 병렬 RDBMS

Abadi, DeWitt, Madden, StoneBracker를 포함한 데이터 전문가 팀은 병렬 데이터베이스 시스템을 오픈 소스 버전의 하둡/맵리듀스와 비교하는 몇 가지 방법론적인 연구를 수행했다. 이에 대해서는 Pavlo et al. (2009)에 자세히 나와 있다. 전문가들은 이 두 가지 접근 방식을 100개의 클러스터 노드에서 동일한 벤치마크를 통해 성능을 평가했다. 병렬 데이터베이스가 맵리듀스에 비해 로딩 시간과 튜닝 시간이 오래 걸렸지만, 성능은 월등히 우수했다. 전문가들이 연구에서 비교한 영역을 나열하고 그 이후로 발전된 DBMS와 하둡을 보여주고자 한다.

**성능.** Pavlo가 제안한 논문에서 병렬 DBMS는 맵리듀스보다 3~6배 빠르다고 결론지었다. 이 논문에는 DBMS가 더 나은 성능을 보인 많은 이유를 설명하고 있으며, 그 이유는 다음과 같은 것들이 있다:

(i) B$^+$-tree로 색인을 생성하여 신속하게 선택 및 필터링을 수행

(ii) 새로운 저장소 지향, 컬럼 기반 저장소는 몇몇 이점이 있음

(iii) 압축된 데이터를 직접 조작할 수 있는 기술

(iv) 병렬 DBMS에서 일반적으로 지원하는 병렬 질의 최적화 기술

하둡 0.19버전과 관련된 Pavlo외 다수의 전문가들의 비교 연구 이후에, 맵리듀스 런타임, 저장 형식, 잡 스케줄링 및 하둡 생태계에서 복잡한 데이터 흐름을 최적화하기 위한 계획 기능이 크게 발전했다. ORC와 파케이(parquet) 파일 형식은 강력한 압축 기술과 저장 계층에 조건절 삽입, 데이터 검색 없이 집계 질의에 대한 응답 기능이 있는 정교한 컬럼 형식 파일이다. 이제 HDFS와 맵리듀스의 개선에 대해 간단히 이야기할 것이다. 아파치 하이브는 복잡한 SQL의 런타임 및 비용 기반 최적화 모두에서 큰 발전을 이루었다. 하둡을 배치 처리에서 실시간 처리로, 또한 대화식 질의 모드가 가능하게 하는 움직임에 대해 2014년 호튼웍스에서 TPC-DS(의사 결정 지원) 스타일의 벤치마크를 수행한 결과 질의 성능이 상당히 향상되었다고 보고했다. 2014년 클라우데라의 논문에서 클라우데라의 임팔라(Impala) 제품은 파케이를 사용하여 전통적인 RDBMS 대비 뛰어난 성능 향상이 있었다고 한다.

**선행 비용 이점.** 하둡은 실행 시간 복잡도에 대한 이점을 가지고 있다. 몇 개를 제외하고

하둡은 주로 오픈 소스 플랫폼이다. YARN, 하이브, 스파크는 모두 아파치 프로젝트로 개발되었으며 자유롭게 다운로드할 수 있는 패키지로 제공된다.

**비정형/반정형 데이터 처리.** 맵리듀스는 스키마 정의를 적용하여 데이터를 읽는다. 그렇게 하면 CSV, JSON, XML 문서와 같이 반정형 데이터를 처리할 수 있다. 로딩 작업은 하둡/맵리듀스 시스템에 비해 상대적으로 부하가 적다. 하지만, 최근 비정형 데이터에 대한 지원은 RDBMS에서 확실히 증가하고 있다. PostgreSQL은 키-값 저장소와 JSON을 지원하고, 대부분의 RDBMS는 XML을 지원하고 있다. 반면에, 하둡의 성능이 향상된 이유 중 하나는 ORC(Optimized row Columnar) 및 파케이와 같은 특수한 데이터 형식을 사용했기 때문이다. RDBMS가 특별 데이터 형식을 통합할 수 있기 때문에 RDBMS와 하둡 기반 시스템 간에 큰 차이를 유지하지 못할 수 있다.

**고수준 언어 지원.** SQL은 복잡한 분석 질의를 작성하기 위한 RDBMS 만의 기능이었다. 하지만, 하이브는 앞서 언급했던 그룹핑, 집계, 중첩 하위 질의, 데이터 웨어하우스에서 유용한 여러 함수를 포함한 많은 수의 SQL 기능을 HiveQL에 통합했다. 하이브 0.13은 TPC-DS 벤치마크에서 어떠한 수작업을 동반한 재작성 없이 약 50개의 질의를 실행할 수 있다. 새로운 기계학습 지향 함수 라이브러리가 등장하고 있다. 예로, madlib.net의 함수 라이브러리는 PostgreSQL과 같은 전통적인 RDBMS뿐 아니라 PHD(Pivotal distribution of Hadoop database)도 지원한다. Pivotal HAWQ는 SQL과 하둡의 장점을 결합한 최신의 가장 강력한 병렬 SQL 엔진이라고 주장한다. 또한, YARN 플러그인 구조는 새로운 구성 요소와 기능으로 패브릭을 확장하는 작업을 단순화한다. 피그와 하이브는 사용자 정의 함수(UDFs, User-defined functions)를 통한 확장성을 가지고 있다. 현재 Revolution R, 기계학습을 위한 아파치 머하웃(Apache Mahout), 그래프 처리를 위한 지라프 같이 YARN에서 몇 가지 데이터 서비스를 사용할 수 있다. 이제 많은 전통적인 DBMS가 YARN 플랫폼에서 실행된다. 예를 들어, Actian의 Vortex 분석 플랫폼[21]과 IBM의 BigSQL 3.0[22]등이 있다.

**내결함성.** 내결함성은 맵리듀스 기반 시스템의 결정적인 장점으로 남아 있다. 2009년에 Pavlo외 다수가 작성한 논문에서 "맵리듀스는 하드웨어에 결함이 발생했을 때, 작업량의 손실을 최소화할 수 있다"라고 설명한다. 저자들에 의해 지적되었듯이 이 기능은 맵과 리듀스 단계에서 중간 파일을 생성하는 비용이 든다. 그러나, 하둡이 아파치 테즈와 같이 매우 복잡한 데이터 흐름을 처리하기 시작하고, 대기 시간이 감소함에 따라 사용자는 내결함성을 위해 어느 정도의 성능을 포기할 수 있다. 예를 들어, 아파치 스파크에서 RDD(Resilient Distributed Dataset)[23]를 즉시 디스크 또는 인메모리에 적재하거나 입력에서 재계산되도록 구성할 수 있다.

이 논의로 알 수 있듯이 맵리듀스는 일괄 처리 지향적인 작업에 대한 지원을 목표로 시작했지만, 2009년에 Pavlo외 다수가 예로든 기존 병렬 RDBMS의 대화형 질의 작업량을 따라갈 수 없었다. 하지만 두 종류는 기능면에서 서로 더 가까워졌다. 새로운 신생 기업을 위한 벤처 캐피탈과 같은 시장 세력의 필요성과 매우 큰 반정형 데이터를 주로 다루는 새로운

21) http://www.actian.com/about-us/blog/sql-hadoop-real-deal/ for a current description.
22) Presentation at http://www.slideshare.net/Hadoop_Summit/w-325p230-azubirigrayatv4.
23) Zaharia et al. (2012).

응용프로그램을 위한 SQL 엔진을 요구하고, 연구 공동체의 관심과 참여로 인해 기존 분석 작업을 처리할 수 있는 하둡의 기능이 크게 향상되었다. 하지만 2009년에 Pavlo 등이 지적한 모든 영역에서 런타임, 계획 및 최적화, 분석기능과 같이 여전히 부족한 부분이 있다.

### 24.6.2 클라우드 컴퓨팅에서의 빅데이터

클라우드 컴퓨팅과 빅데이터의 변화는 10년 이상을 같이 하고 있다. 여기서 클라우드 컴퓨팅 문제를 자세히 다룰 수 없지만, 확장과 이를 지속하기 위해 빅데이터 기술이 클라우드 기술에 의존하는 이유에 주목하지 않을 수 없다.

- 클라우드 모델은 더 많은 노드 또는 자원을 추가할 수 있는 scale-out과 노드의 성능을 향상시키기 위해 자원을 추가하는 scale-up, 또는 다운그레이드 조차 거의 즉각적으로 처리되어 자원 관리 측면에서 높은 수준의 유연성을 제공한다.
- 자원은 서로 바뀔 수 있다. 분산된 소프트웨어의 설계와 결합된 이 사실은, 오류를 쉽게 처리할 수 있고 가상 컴퓨팅 인스턴스를 그대로 유지할 수 있는 좋은 생태계를 만든다. 수백 달러의 비용으로 테라바이트 데이터베이스에 대한 전체 검사를 포함한 데이터 마이닝 작업을 수행하고, 수백만 페이지가 포함된 대량의 웹사이트를 크롤링할 수 있다.
- 빅데이터 프로젝트가 예측할 수 없거나 최고 수준의 컴퓨팅 성능과 저장소를 요구하는 것은 흔한 일이 아니다. 이 프로젝트는 필요에 따라 최대 수요를 제공해야 하는 문제에 직면해 있다. 동시에 비즈니스 이해 관계자는 신속하고 저렴하며 신뢰할 수 있는 제품과 프로젝트 결과를 기대한다. 이러한 상충되는 요구 사항을 충족시키기 위해 클라우드 서비스가 이상적인 솔루션을 제공한다.
- 클라우드 서비스와 빅데이터가 공동으로 사용되는 일반적인 상황은 다음과 같다: 아마존 S3(Amazon's S3)와 같은 클라우드 데이터 저장소 시스템으로 데이터가 전송되거나 클라우드에서 데이터를 수집하는 이유는 로그파일을 수집하거나 텍스트 형태의 데이터를 얻기 위해서이다. 대안으로, 데이터베이스 어댑터를 사용하여 클라우드의 데이터베이스에 접근할 수 있다. 24.4장에서 설명한 피그, 하이브 맵리듀스와 같은 데이터 처리 프레임워크는 클라우드에서 생성된 원본 데이터를 분석하는 데 사용된다.
- 빅데이터 프로젝트와 창업 회사들은 클라우드 저장소 시스템을 사용함으로써 많은 이익을 취했다. 이들은 운영비용(OPEX, Operational expenditure)을 위해 설비 투자비용(CAPEX, Capital expenditures)을 바꿀 수 있으며, 이는 자본 지출이나 위험이 필요없는 탁월한 교역이다. 그렇지 않으면 달성할 수 없는 품질의 클라우드 저장소는 신뢰할 수 있고 확장성이 뛰어난 저장소 솔루션이다.

**클라우드와 빅데이터를 접목한 Netflix의 사례.**[24] 넷플릭스(Netflix)는 매우 수익성이 높은 비즈니스 모델과 매우 저렴하고 안정적인 서비스를 특징으로 하는 대규모 조직이다. 넷플

---

24) http://techblog.netflix.com/2013/01/hadoop-platform-as-service-in-cloud.html.

릭스는 매우 효율적인 정보 시스템과 데이터 웨어하우스 덕분에 수백만 고객에게 비디오 스트리밍 서비스를 제공하고 있다. 넷플릭스는 몇 가지 이유로 데이터 처리 및 분석 플랫폼으로 HDFS가 아닌 아마존 S3를 사용한다. 현재 넷플릭스는 아마존에서 제공하는 하둡의 EMR(Elastic MapReduce) 배포판을 사용한다. 넷플릭스가 이와 같이 선택한 주된 이유는 S3가 99.999999999%의 내구성과 주어진 해 동안 99.99%의 객체 가용성을 위해 설계되었으며, S3는 두 기능을 통해 데이터가 손실되지 않는다는 것이다. S3는 넷플릭스의 부주의로 삭제된 데이터를 복구할 수 있도록 버킷 버전 관리 기능을 제공한다. S3의 탄력성으로 인해 넷플릭스는 실질적으로 무제한의 저장소 용량을 확보할 수 있었다. 이 용량으로 넷플릭스는 어떠한 어려움이나 사전 계획없이 저장소를 수백 테라바이트에서 페타바이트까지 확장할 수 있었다. S3를 데이터 웨어하우스로 사용한 넷플릭스는 내결함성과 과적을 견딜수 있는 다중 하둡클러스터를 실행할 수 있게 되었다. 넷플릭스의 경영진은 웨어하우스가 확장되거나 축소되는 동안 데이터 재분산이나 손실에 대해 걱정할 필요가 없다고 주장한다. 넷플릭스의 제품 및 질의 클러스터는 클라우드에서 장기 실행 클러스터이지만, 본질적으로 완전히 한 순간에 처리될 수 있다. 클러스터가 다운되면, 넷플릭스는 몇 분 안에 다른 지역에 있는 동일한 크기의 다른 클러스터로 간난히 대체할 수 있으며 데이터 손실을 방지할 수 있다.

### 24.6.3 클라우드에서 빅데이터 응용을 위한 데이터 지역성 문제 및 자원 최적화

클라우드 컴퓨팅에 대한 관심이 증가하면서 빅데이터 기술의 요구가 높아졌고, 이에 따라 데이터 센터의 비용 효율성과 소비자 중심성이 높아질 필요가 있다. 또한, 많은 클라우드 기반 시설은 기본적으로 현재의 데이터를 분석하기 위해 요구되는 데이터의 규모를 처리하도록 설계되어 있지 않다. 클라우드 서비스 제공 업체는 빅데이터 기술 응용프로그램을 제공하기 위한 자원 관리 및 용량 계획과 관련하여 까다로운 과제에 직면해 있다.

하둡/맵리듀스를 비롯한 많은 빅데이터 응용프로그램의 네트워크 부하는 작업 실행중 많은 양의 데이터가 생성될 수 있기 때문에 데이터 센터에서 특히 중요하다. 예를 들어 맵리듀스 잡에서, 각 리듀스 태스크는 모든맵 태스크의 출력을 읽어야 하고, 갑작스런 네트워크 트래픽의 폭발적인 증가는 클라우드의 성능이 크게 저하되는 것을 초래한다. 또한, 데이터가 S3와 같은 하나의 인프라에 배치되고 아마존 EC2와 같은 컴퓨팅 클라우드에서 처리되는 경우 데이터 로드로 인해 작업 성능이 크게 지연된다.

연구 프로젝트[25]는 스토리지-컴퓨팅 모델을 기반으로 자체 구성 가능한 지역성 기반 데이터 및 가상 머신 관리 프레임워크를 제안했다. 이 프로젝트는 맵리듀스 잡이 맵과 리듀스 단계에서 생성된 입출력 중간 데이터를 포함한 로컬 또는 인접 노드로부터 대부분의 데이터에 접근할 수 있게 한다. 이러한 프레임워크는 데이터 크기에 민감한 분류기를 사용하여 데이터 사이즈 기반 풋프린트에 따라 4가지 클래스로 잡을 분류한다. 그런 다음 맵리듀스 가상 머신의 효율적인 페어링과 할당을 가능하게 하는 지역성 인식 방법으로 가상 맵리듀스 클러스터를 프로비저닝함으로써 저장소와 맵리듀스를 수행하는 컴퓨팅 노드 간의 네트

25) Palanisamy et al. (2011).

워크 거리를 감소시킬 수 있다.

최근 캐싱 기술은 다양한 작업 부하에 대한 맵리듀스 잡의 성능을 향상시키는 것으로 나타났다.[26] PACMAN 프레임워크는 메모리 내 캐싱을 지원하며, MixApart 시스템은 데이터가 동일한 사이트 내의 엔터프라이즈 저장소 서버에 저장될 때 디스크 기반 캐싱을 지원한다. 캐싱 기술은 데이터가 가장 중요한 데이터의 선인출(prefetching) 및 캐싱을 지원하는 별도의 저장소 인프라에 저장될 수 있는 유연함을 제공한다. 최근 연구[27]는 공공 클라우드의 암호화된 형식으로 저장된 데이터가 별도의 안전한 기업 사이트에서 처리되어야 하는 개인 정보 보호와 관련된 시나리오에서 빅데이터 캐싱 문제를 해결했다.

데이터 지역성 문제 외에도 클라우드 제공 업체의 난제 중 하나는 클라우드 데이터 센터의 전반적인 소비 비용을 최소화하면서 작업을 위해 가상 클러스터를 최적으로 프로비저닝하는 것이다.

클라우드 자원 최적화의 중요한 목적은 작업별 자원 최적화와 달리 클라우드의 모든 작업에서 전역적으로 최적화하는 것이다. 최근 세계적으로 최적화된 클라우드 관리시스템의 좋은 예는 구글의 BigQuery 시스템이다.[28] 이는 엑셀과 유사한 인터페이스를 사용하여 수십억 개의 행이 있는 매우 큰 데이터 집합에 대해 SQL과 유사한 질의를 실행할 수 있다. BigQuery 서비스에서 고객은 대량의 데이터 집합에서 처리할 질의만 제출하고 클라우드 시스템은 SQL과 유사한 질의에 대한 리소스를 지능적으로 관리한다. 마찬가지로 클라우드에서 맵리듀스를 위해 제안된 Cura 자원 최적화 모델[29]은 작업별 또는 고객별 자원 최적화와 달리 클라우드에서 전체 리소스 사용률을 최소화하여 글로벌 자원 최적화를 구현한다.

### 24.6.4 데이터 서비스 플랫폼 YARN

자원 관리와 응용프로그램 관리를 분리하면서 하둡이 플랫폼으로써의 또 다른 수준이 되었다. 하둡 v1은 모두 맵리듀스에 관한 것이었지만, 하둡 v2에서 맵리듀스는 클러스터에서 실행될 수 있는 많은 응용 프레임워크 중 하나이다. 24.5절에서 논의했듯이, 자체 프로그래밍 모델을 포함한 YARN에서 제공되는 많은 서비스에 대한 문이 열렸다. 모든 데이터 처리 기술과 알고리즘을 맵리듀스 잡으로 변환할 필요가 없다. 현재 맵리듀스는 데이터 웨어하우스에서 ETL(extract, transform, load) 프로세스와 같은배치 지향 처리에만 사용된다. 새롭게 부상하는 추세는 하둡을 데이터 호수(data lake)로 간주하는 것이다. 이는 엔터프라이즈 데이터의 상당 부분이 상주하며 처리가 이루어지는 곳이다. HDFS는 이러한 규모의 데이터를 처리할 수 있기 때문에, 전통적으로 HDFS는 기업의 과거 데이터가 있는 곳이었다. 오늘날 새로운 데이터의 대부분은 검색, 웹 및 머신 로그에서 오는 소셜 네트워크 응용프로그램, 클릭 스트림 데이터, 트위터와 같은 메시지 데이터 및 센서데이터 등이 있고, 이들 대부분이 HDFS에 저장된다.

하둡 v1은 연합 모델이었다: 즉, HDFS가 기업의 저장소 계층이었지만, 처리는 맵리듀스와

---

26) PACMAN framework by Ananthanarayanan et al. (2012) and the MixApart system by Mihailescu et al. (2013).
27) Palanisamy et al. (2014a).
28) the Google BigQuery system, see https://developers.google.com/bigquery/
29) Palanisamy et al. (2014b).

다른 엔진을 혼합하여 수행되었다. 한 가지 대안은 클러스터 외부에서 동작하는 엔진을 위해 자체 HDFS 저장소에서 데이터를 추출하는 것이다. 이러한 데이터는 그래프 엔진, 기계학습 분석 응용프로그램 등으로 이동된다. 하둡 클러스터로 사용된 것과 동일한 머신이 하둡 외부의 스트림 처리와 같이 완전히 다른 응용에 사용되었다. 이 시나리오는 물리적 자원을 정적 방식으로 분할해야 하며 여러 프레임워크가 동일한 머신에서 동작할 때 새 버전으로 이동 및 업그레이드하기 어려워서 이상과 거리가 멀었다. YARN을 사용하면 앞의 문제를 해결할 수 있다. 정통적인 서비스는 YARN 리소스매니저를 이용하고 있으며 데이터가 있는 동일한 하둡 클러스터에서 서비스를 제공한다.

반면에 하둡에서의 SQL 지원은 여러 벤더에서 약속했지만, 실제 지원은 제대로 이루어지고 있지 못하다. 일부 벤더는 SQL을 실행하기 위해 HDFS 데이터를 다른 데이터베이스로 이동해야 했고, SQL 질의가 실행되기 전에 HDFS 데이터를 읽기 위해 래퍼(wrapper)가 필요했다. RDBMS와 전통적인 데이터베이스 시스템 간의 새로운 트렌드는 YARN 클러스터를 실행 가능한 플랫폼으로 간주하는 것이다. 한 예로 Actian의 분석 플랫폼이 있다.[30] 이는 하둡에 SQL을 제공하고 YARN 응용으로 실행되는 Vectorwise 컬럼 데이터베이스를 사용하여 SQL의 완전하고 강력한 구현이 될 것이라 주장하는 분석 플랫폼이다. IBM의 Big SQL 3.0[31]은 YARN 클러스터에서 기존의 IBM 비공유 DBMS를 실행하는 프로젝트이다.

아파치 스톰(Apache Storm)은 실시간으로 들어오는 데이터를 사용자가 처리할 수 있도록 해주는 분산형 확장 가능한 스트리밍 엔진이다. 이는 트위터에서 많이 사용되었다. Storm on YARN (http://hortonworks.com/labs/storm/)과 SAS on YARN(http://horton-works.com/partner-/sas/)은 분산 스트림 처리 응용인 스톰과 정적분석 소프트웨어인 SAS를 YARN 플랫폼에서 동작하는 응용프로그램으로 사용한다. 앞서 논의한 것처럼 지라프, HBase, 호야는 YARN을 빠르게 채택하기 위해 지속적으로 노력하고 있다. 다양한 응용 시스템에서 하둡을 저장소로 사용하고 있다. 여기에는 스트리밍, 기계학습/통계, 그래프 처리, OLAP 및 키-값 저장소와 같은 서비스가 포함된다. 이러한 서비스는 맵리듀스를 능가한다. YARN의 목표/약속은 이러한 서비스가 동일한 클러스터에서 공존하고 YARN이 클러스터 자원의 사용을 관리하는 동안 HDFS에서 데이터의 지역성을 활용하는 것이다.

### 24.6.5 빅데이터 기술이 직면한 과제

최근 기사에서[32], 여러 데이터베이스 전문가들은 주로 분석 응용프로그램에 사용되는 이러한 빅데이터 기술이 직면해 있는 문제에 대한 우려를 표명했다. 이러한 우려 사항은 다음과 같다:

- 정보의 이질성(Heterogeneity of information). 여러 데이터 출처에서 데이터가 들어올 때 데이터 타입, 데이터 형태, 데이터 표현, 의미 측면에 대한 이질성은 불가피하다. 빅데이터 생명 주기의 한 단계는 데이터의 통합이다. 헬스케어, 에너지, 운송수단, 도시 계획, 환경 모델링과 같은 대부분의 응용프로그램에서는 모든 데이터를

30) Current documentation is available at: http://www.actian.com/about-us/blog/sql-hadoop-real-deal/
31) Current information is available at: http://www.slideshare.net/Hadoop_Summit/w-325p230-azubirigrayatv4
32) Jagadish et al. (2014).

단일 구조로 가져오는 통합 작업을 수행하는 데 드는 비용이 상당히 높다. 대부분의 기계학습 알고리즘은 동일한 구조로 데이터가 들어올 것이라 예측한다. 일반적으로 분석 응용프로그램에서는 데이터 출처가 유지되지 않는다. 분석 결과를 올바르게 해석하려면 많은 양의 메타데이터가 필요하다.

- **개인 정보 보호 및 기밀 유지**(Privacy and confidentiality). 기밀 정보 보호에 관한 규정 및 법률은 항상 이용 가능한 것이 아니므로 빅데이터를 분석하는 동안에 엄격하게 적용되지 않는다. 의료 환경에서 HIPAA 규정을 시행하는 것은 개인 정보보호 및 기밀 유지가 엄격하게 시행되는 몇 안 되는 경우 중 하나이다. 스마트폰 및 기타 GPS 기능이 있는 장치와 같은 위치기반 응용프로그램과 사용자의 트랜잭션 및 클릭스트림은 모든 사용자 행동을 수집하여 기밀 정보를 공개한다. 사용자의 이동 및 구매 패턴을 추적하여 개인 신원을 밝힐 수 있다. 이제 수십억 명의 사용자 기록을 이번 장에서 설명된 기술들을 통해 활용 및 분석하는 것이 가능하기 때문에, 개인 정보가 위험하다는 것에 대한 많은 우려가 있다. 예를 들어, 개인 데이터가 어떤 방식으로든 연결된 소셜 데이터 네트워크에서 다른 데이터 네트워크로 유출될 수 있다. 고객, 카드 소지자, 직원에 대한 데이터는 조직에서 보유하고 있으므로 기밀 유지 위반이 발생할 수 있다. 2014년에 Jagadish 등의 사람들은 음악 산업에서 수행되는 통제와 유사한 데이터의 디지털 저작권 관리에 대한 보다 엄격한 통제가 필요하다고 설명하고 있다.
- **시각화 및 더 나은 휴먼 인터페이스 필요**(Need for visualization and better human interfaces). 많은 양의 데이터는 빅데이터 시스템에 의해 처리되며, 분석의 결과는 인간에 의해 해석되고 이해되어야 한다. 인간의 선호도는 반드시 계산되어야 하며 데이터는 적절하게 소화 가능한 형태로 제시되어야 한다. 인간은 패턴을 감지하는 전문가이며 익숙한 데이터에 대해 큰 직관을 가지고 있다. 이 점에서 기계와 인간은 똑같을 수 없다. 분석 결과를 공유하고 해석하여 결과에 대한 이해를 높이려면 여러 인적 자원 전문가를 모으는 것이 가능해야 한다. 데이터를 최대한 활용하고 범위를 벗어난 결과를 올바르게 해석하여 이상치로 분류하기 위해서는 여러 가지 시각적 탐사 모드가 가능해야 한다.
- **불일치하고 불완전한 정보**(Inconsistent and incomplete information). 이는 데이터 수집 및 관리에서 항상 발생하는 문제이다. 미래의 빅데이터 시스템은 공존하는 여러 응용프로그램에 의해 여러 데이터 소스가 처리되는 것을 허용할 것이고, 따라서 데이터 누락, 데이터 에러, 불확실한 데이터가 포함되어 이로 인해 문제가 발생한다. 내결함성 시스템에서의 불필요하게 중복되고 많은 양의 데이터는 누락된 값, 충돌하는 값, 숨겨진 관계 등에 대해 어느 정도 보정할 수 있다. 이러한 데이터가 이미지, 속도, 이동 방향 등의 여러 형태로 제공될 때 일반 사용자가 수집한 데이터에 대한 불확실성이 내재되어 있다. 효과적인 의사 결정을 내리기 위해 크라우드소싱(crowd-sourcing) 데이터를 사용하는 방법에 대해 아직 배울 점이 많다.

### 24.6.6 향후 발전

YARN은 기업이 하나의 클러스터에서 많은 서비스를 실행하고 관리할 수 있게 한다. 하지만, 하둡에서 데이터 솔루션을 구축하는 것은 여전히 어려운 과제이다. 이 솔루션에는 ETL(extract, transform, load) 처리, 기계학습, 그래프 처리, 보고서 생성을 조합하는 것이 포함될 수 있다. 이러한 서로 다른 기능적 엔진은 모두 동일한 클러스터에서 실행되지만 프로그래밍 모델과 데이터는 통합되지 않았다. 분석 응용프로그램 개발자는 이러한 모든서비스를 일관된 솔루션으로 통합하려고 노력해야 한다.

현재의 하드웨어에서 각 노도는 상당한 양의 메인 메모리와 플래시 메모리 저장소를 포함하고 있다. 따라서 클러스터는 메인 메모리와 플래시 저장소의 거대한 자원이 된다. 상당한 혁신으로 인메모리 데이터 엔진의 성능 향상이 입증되었다. 예를 들어. SAP HANA는 인메모리 기반 확장 가능한 컬럼형 RDBMS로 많은 사용자를 보유하고 있다.[33)]

버클리 대학의 AMPLab에서 Berkeley Data Analytics Stack[34)]의 파생물인 Databricks (https://databricks.com/)를 토대로한 스파크 플랫폼은 앞서 언급한 두 가지 발전 즉, 하나의 클러스터에 다양한 응용프로그램을 수용할 수 있는 기능 및 빠른 응답을 위해 많은 양의 메인 메모리를 사용할 수 있는 기능을 다룬다. Matei Zaharia는 버클리 대학에서 자신의 박사 학위의 일환으로 RDD(Resilient Distributed Datasets) 개념[35)]을 개발했고 스파크 시스템에 적용되었다. 이 개념은 스파크 코어(데이터 흐름), Spark-SQL, 그래프 처리를 위한 GraphX, 기계학습을 위한 MLLib, 스트림 처리를 위한 Spark-Streaming과 같은 스파크의 모든 엔진에서 사용할 수 있을 만큼 충분히 포괄적이다. 예를 들어, 스파크에서 HDFS로부터 데이터를 읽고, Spark-SQL 질의를 사용하여 데이터를 다시 만들고, 기계학습 형태 분석을 위한 MLLib 함수에 데이터를 전송한 다음, 결과를 다시 HDFS에 저장하는 데이터 흐름을 표현하는 스크립트를 스파크에 작성할 수 있다.[36)]

RDD는 스칼라 언어[37)]를 기반으로 만들어지며 입력을 통해 스스로를 다시 만들 수 있다. RDD는 데이터가 배포되고 표현되는 방법에 따라 구성될 수 있다. 이는 입력으로부터 항상 재생성될 수 있고, 디스크나 인메모리로 캐시될 수 있음을 의미한다. 인메모리 표현은 직렬화된 자바 객체에서 컬럼 데이터베이스의 모든 이점을 가진 고도로 최적화된 컬럼 형식에 이르기 까지 다양하다. 예로 속도, 풋프린트, 직렬화된 형식에서의 동작 등이 있다.

통합 프로그래밍 모델 및 인메모리 데이터베이스의 기능은 하둡 에코시스템에 통합될 것이다. 스파크는 이미 YARN에서 서비스로 제공된다.

(http://spark.apache.org/docs/1.0.0/running-on-yarn.html). Berkeley Data Analysis Stack에서 스파크 및 관련된 기술의 자세한 설명은 여기서 다루지 않는다. 2014년 Agneeswaran은 스파크 및 관련 제품의 가능성에 대해 논의하였다. 관심 있는 독자는 해당 출처를 참고하길 바란다.

---

33) http://www.saphana.com/welcome for a variety of documentation on SAP's HANA system.
34) https://amplab.cs.berkeley.edu/software/ for projects at Amplab from the University of California-Berkeley
35) The RDD concept was first proposed in Zaharia et al. (2012).
36) example of the use of Spark at: https://databricks.com/blog/2014/03/26/spark-sqlmanipulating-structured-data-using-spark-2.html
37) http://docs.scala-lang.org/overviews/core/architecture-of-scala-collections.html for more informationon Scala Collections.

## 24.7 요약

이 장에서 빅데이터 기술에 대해 논의했다. IBM, Mckinsey, Teradata 과학자 Bill Franks의 보고서는 향후 데이터 분석 및 기계학습 응용프로그램의 중심에 있으며 향후 수십억 달러의 비용을 절감할 것으로 예상되는 이 기술에 대한 좋은 미래를 예측한다.

이 장에서 구글 파일 시스템과 맵리듀스에 집중하여 설명했다. 맵리듀스는 페타바이트까지 확장될 수 있는 대용량의 데이터를 분산 처리하기 위한 프로그래밍 페러다임이다. 기술 발전의 역사와 현재 활동중인 수많은 아파치 프로젝트에 적용되는 하둡 에코시스템을 설명한 후, 하둡 분산 파일 시스템(HDFS)의 구조와 파일 I/O 처리에 대해 간략히 설명했고, 또한 HDFS에서 수행된 확장성 연구에 대해서도 설명했다. 그 후, 맵리듀스 실행 환경에 대한 세부 정보를 제공했다. 맵리듀스 페러다임이 다양한 문맥에 적용될 수 있는 방법에 대한 사례를 제공했고, 다양한 관계형 조인 알고리즘을 최적화하는 응용프로그램에 대한 자세한 예제를 제공했다. 그런 다음 피그와 하이브의 개발에 대해 간략히 설명했다. 피그와 하이브는 저수준 맵리듀스 프로그래밍 모델 위에 피그 라틴과 HiveQL과 같은 SQL-like 인터페이스를 제공한다. 또한, 하둡/맵리듀스 연동 기술의 장점을 설명했다. 하둡/맵리듀스는 추가적인 개발이 진행되었고 MR v2 또는 YARN으로 알려진 버전 2로 재설계되었다. 이는 자원 관리와 작업관리를 분리하였다. 또한, 이 장에서 YARN의 구조와 YARN 위에서 동작중인 프레임워크로, 작업 흐름 모델링 환경인 아파치 테즈, 구글의 Pregel을 기반으로 하는 대규모 그래프 처리 시스템인 아파치 지라프, 호튼웍스에서 개발한 YARN 위에서 탄력적인 클러스터 호야가 있었다. 마지막으로 하둡/맵리듀스 기술과 관련된 여러 문제에 대해 논의했다. 또한, 병렬 DBMS와 비교하여 하둡/맵리듀스의 구조에 대해 수행된 연구를 간략히 설명했다. 한 시스템이 다른 시스템보다 우월한 상황이 있으며, 배치 작업에서 병렬 DBMS의 우수성에 대한 주장은 YARN과 관련된 개발의 발전으로 인해 관련성이 떨어지고 있다. 다음으로, 빅데이터와 클라우드 기술의 관계 및 빅데이터 분석을 위한 클라우드 저장소와 클라우드 저장소의 데이터 지역성 문제를 해결하기 위해 수행된 연구에 대해 논의했다. YARN은 일반적인 데이터 서비스 플랫폼이라 설명했고, 데이터베이스 전문가 그룹이 저술한 논문에서 이 기술에 대한 문제점을 나열했다. 그리고 빅데이터 분야에서 진행중인 프로젝트에 대한 요약으로 결론을 내렸다.

## 복습문제

*24.1* 데이터 분석이란 무엇인가? 과학 및 산업 측면에서의 그 역할은 무엇인가?

*24.2* 빅데이터가 어떻게 데이터 분석을 지원하는가?

*24.3* 2012년 Mckinsey Global Institute의 보고서에서 중요한 점은 무엇인가?

*24.4* 빅데이터를 어떻게 정의할 것인가?

*24.5* 2014년 IBM 저서에서 언급된 다양한 유형의 분석에는 무엇이 있는가?

*24.6* 빅데이터의 네 가지 주요 특징은 무엇인가? 각 특징에 따라 현재 적용되는 예는 무엇인가?

*24.7* 데이터의 진실성이란 무엇인가?

*24.8* 하둡 및 맵리듀스 발전의 변천 과정을 서술하라.

*24.9* 맵리듀스 프로그래밍 환경의 작업 흐름을 서술하라.

*24.10* 맵리듀스 응용의 예시를 서술하라.

*24.11* 맵리듀스 잡의 핵심 특성은 무엇인가?

*24.12* 잡트래커의 기능은 무엇인가?

*24.13* 하둡 배포판들의 차이는 무엇인가?

*24.14* 하둡의 구조를 설명하라.

*24.15* HDFS에서 네임노드와 보조 네임노드의 기능은 무엇인가?

*24.16* HDFS에서 Journal이 나타내는 것은 무엇인가? 어떤 데이터가 보관되는가?

*24.17* HDFS에서 하트비트 메커니즘을 설명하라.

*24.18* HDFS에서 데이터의 복제본은 어떻게 관리되는가?

*24.19* 2012년 Shvachko는 HDFS 성능에 대해 보고서를 작성하였다. 그가 발견한 결과의 일부를 설명하라.

*24.20* 오픈 소스 하둡 에코시스템에는 어떤 프로젝트가 포함되어 있는가?

*24.21* 맵리듀스에서 잡트래커와 태스크트래커가 수행하는 작업에 대해 설명하라.

*24.22* 맵리듀스에서 잡의 전체 흐름을 설명하라.

*24.23* 맵리듀스가 내결함성을 제공하는 다양한 방법은 무엇인가?

*24.24* 맵리듀스의 셔플 절차는 무엇인가?

## 연습문제

24.25 맵리듀스의 다양한 작업 스케줄러가 어떻게 동작하는지 설명하라.

24.26 맵리듀스를 사용하여 최적화할 수 있는 조인은 어떤 것이있는가?

24.27 정렬-합병 조인, Partition 조인, N가지 조인, 맵-사이드 조인, 간단한 N가지 조인에 대한 맵리듀스 조인 절차를 설명하라.

24.28 아파치 피그와 피그 라틴은 무엇인가? 피그 라틴의 질의 예제와 함께 서술하라.

24.29 아파치 하이브의 주요 특징은 무엇인가? 하이브의 고수준 질의 언어는 무엇인가?

24.30 하이브의 SERDE 구조는 무엇인가?

24.31 하이브의 최적화 및 SQL 지원에 대해 나열하라.

24.32 맵리듀스와 하둡 기술의 이점을 서술하라.

24.33 하둡 v1에서 하둡 v2(YARN)로 이동한 이론적 근거를 서술하라.

24.34 YARN의 구조에 대해 설명하라.

24.35 YARN에서 리소스매니저는 어떻게 동작하는가?

24.36 아파치 테즈, 지라프, 호야는 무엇인가?

24.37 병렬 DBMS와 하둡/맵리듀스 시스템을 비교하라.

24.38 빅데이터와 클라우드 기술은 어떤 방법으로 서로를 보완하는가?

24.39 클라우드 저장소에서 빅데이터 응용과 관련된 데이터 지역성 문제는 무엇인가?

24.40 YARN에서 맵리듀스 외에 제공할 수 있는 서비스는 무엇인가?

24.41 현재 빅데이터 기술이 직면한 과제 중 일부는 무엇인가?

24.42 RDD(resilient distributed datasets)의 개념에 대해 서술하라.

24.43 Berkeley Data Analysis Stack과 관련된 스파크, Mesos, Shark, BlinkDB와 같은 진행 중인 프로젝트에 대해 자세히 알아보라.

## 주요 참고문헌

이 장에서 논의한 빅데이터 기술의 대부분은 최근 10년간 생겨났다. 이러한 흐름의 기원은 구글 파일 시스템(Ghemawat, Gobioff, & Leung, 2003)과 맵리듀스 프로그래밍 패러다임(Dean & Ghemawat, 2004)을 포함한 구글의 논문지로 거슬러 올라간다. 야후의 후속 작업인 Nutch 시스템은 하둡 기술의 시초이며 아파치 오픈소스 프로젝트(nutch.apache.org)로 계속 진행되고 있다. 구글의 BigTable 시스템(Fay Chang et al., 2006)은 확장 가능한 분산저장소 시스템으로 수천 개의 상용 서버를 통해 페타바이트 이상의 정형 데이터를 관리한다.

특정 단일 논문만을 하둡의 논문이라 명명할 수 없다. 지난 10년 간 하둡 및 맵리듀스와 관련된 많은 연구가 발표되었다. 하지만 여기서는 몇 가지 획기적인 발전만을 나열할 것이다. Schvachko(2012)는 HDFS 파일 시스템의 한계를 설명한다. Afrati와 Ullman(2010)은 맵리듀스 프로그래밍을 다양한 상황과 응용프로그램에서 사용하는 좋은 예이고, 맵리듀스에서 관계형 조인 작업을 최적화하는 방법을 설명한다. Olston et al.(2008)은 피그 시스템을 설명하고, 피그 라틴을 고수준 프로그래밍 언어로 소개한다. Thusoo et al.(2010)은 하이브를 하둡 위에서 동작하는 페이바이트 규모의 데이터 웨어하우스로 설명한다. Malewicz et al.(2010)은 구글에서 개발한 대규모 그래프 처리 시스템 Pregel을 설명한다. 이는 원래 Valiant(1990)에서 제안한 병렬 컴퓨팅의 BSP(bulk synchronous parallel) 모델을 사용한다. Pavlo et al.(2009)는 많은 데이터베이스 기술 전문가들이 병렬 RDBMS와 하둡/맵리듀스를 비교하여 특정 조건에서 병렬 DBMS가 실제로 어떻게 더 잘 수행되는지 보여주었다. 이 연구의 결과는 하둡 v2(YARN)에서 상당한 성능 개선으로 인해 더 이상 중요한 부분은 아니다. Zaharia et al.(2013)은 Berkeley의 스파크 시스템의 핵심인 인메모리 클러스터 컴퓨팅을 위한 RDD(resilient distributed datasets)의 접근법을 개발했다. 최근 Jagadish et al.(2014)는 빅데이터 기술이 직면해 있는 여러 문제에 대해 수많은 데이터베이스 전문가들의 의견을 제시한다.

하둡 응용프로그램 개발자를 위한 확실한 자원은 하둡 책이다: Tom White(2012)의 확실한 가이드는 현재 3판까지 출판되었다. YARN 프로젝트의 창시자 Arun Murthy와 Vavilapalli(2014)의 저서는 YARN이 확장성과 클러스터 활용도를 높이고, 새로운 프로그래밍 모델 및 서비스를 가능하게 하며, 배치 응용프로그램 및 자바를 넘어서는 적용 가능성을 확장하는 방법을 설명한다. Agneeswaran(2014)는 하둡을 뛰어 넘는 것에 관해 작성했고, 실시간 분석 및 기계학습을 위한 BDAS(Berkeley Data Analysis Stack)에 대해 설명한다. 여기에는 Spark, Mesos, Shark가 포함된다. 또한 여기서 실시간 컴퓨팅 및 분석을 위해 업계에서 널리 사용되는 트위터의 CEP(complex event processing) 엔진인 스톰에 대해 설명한다.

하둡의 공식 사이트는 Hadoop.apache.org이다. 또한, 아파치 내의 빅데이터 프로젝트로 하이브(Hive), 피그(Pig), 우지(Oozie), 스쿱(Sqoop), 스톰(Storm), HBase와 같이 많은 오픈 소스들이 있고, 이러한 프로젝트의 최신 정보는 각 프로젝트의 웹사이트나 공식 페이지에서 찾을 수 있다. 클라우데라, MapR, 호튼웍스와 같은 회사들의 하둡/맵리듀스와 관련된 기술의 배포판과 이에 대한 문서를 자체적인 웹사이트에서 관리한다. Berkeley Amplab(https://amplab.cs.berkeley.edu/)은 GraphX,

MLbase, BlinkDB와 같이 진행중인 프로젝트를 포함한 BDAS(Berkeley Data Analysis Stack)에 대한 문서를 제공한다. 빅데이터 기술과 대규모 데이터 관리의 가망성을 설명한 좋은 참고 자료가 있다. Bill Franks(2012)는 고급 분석을 위해 빅데이터 기술을 활용하는 방법에 대해 설명하고, 실무자가 더 나은 의사결정을 내릴 수 있도록 통찰력을 제공한다. Scmarzo(2013)은 빅데이터 분석으로 비즈니스에 힘을 실어 줄 수 있는 방법에 대해 설명한다. Dietrich et al.(2014)는 IBM이 전세계 응용프로그램에서 엔터프라이즈 전체에 빅데이터 분석 기능을 적용한 방법을 설명한다. McKinsey Global Institute(2012)가 출판한 저서는 생산성, 경쟁력, 성장에 초점을 맞춤으로써 빅데이터 기술에 전략적으로 대처한다.

이 장에서 자세히 논의할 수 없었던 클라우드 기술의 개발이 동시에 진행되었다. 따라서 독자들에게 클라우드 컴퓨팅에 대한 최근의 저서를 소개한다. Erl et al.(2013)은 모델, 구조, 기업 관행에 대해 설명하고 이 기술이 실제로 성장한 방법에 대해 설명한다. Kavis(2014)는 SaaS(Software as a Service), PaaS(Platform as a Service), IaaS(Infrastructure as a Service)와 같은 다양한 서비스 모델을 제시한다. Bahga 및 Madisetti(2013)는 실용적인 클라우드 컴퓨팅 소개를 제공한다. 또한, 아마존 웹 서비스(AWS, Amazon web service), 구글 클라우드, 마이크로소프트의 Windows Azure와 같은 다양한 클라우드 플랫폼에서 클라우드 응용프로그램을 개발하는 방법을 설명한다.

# 확장된 데이터 모델: 능동, 시공간, 멀티미디어 데이터베이스

데이터베이스 시스템의 이용이 증가하면서, 좀 더 발전되고 복잡한 사용자 응용을 구현하기 쉽게 하려는 목적으로 사용자는 데이터베이스 소프트웨어 패키지의 추가적인 기능을 요구해 왔다. 객체지향 데이터베이스와 객체-관계 시스템은 각 응용에 추가적인 추상적 데이터 타입을 정의함으로써 사용자가 시스템을 확장할 수 있도록 하는 기능을 제공한다. 그러나 이런 고급 응용의 공통적인 기능을 식별하고 이를 표현할 수 있는 모델을 만들어내는 것이 매우 유용하다. 또한 이런 공통적인 기능의 성능을 향상시키기 위하여 특화된 저장 구조와 인덱싱 방법이 구현될 수 있다. 이런 기능은 추상적 데이터 타입이나 클래스 라이브러리로 구현되어 기본적인 DBMS 소프트웨어 패키지와 별도로 판매될 수 있다. DBMS 패키지에 포함될 수 있는 선택적인 서브모듈을 지칭하기 위하여 인포믹스에서는 데이터 블레이드(data blade)라는 용어를, 오라클에서는 카트리지(cartridge)라는 용어를 사용한다. 사용자는 공통된 기능을 다시 구현하거나 프로그램하지 않고도 그들의 응용에 적합한 기능을 그대로 이용할 수 있다.

이 장에서는 고급 응용에서 필요로 하며 점차 널리 사용되는 몇 가지 공통적인 기능에 관한 데이터베이스 개념들을 소개한다. 여기서 소개하는 기능은 능동 데이터베이스 응용에서 사용되는 **능동 규칙**(active rule), 이력 데이터베이스 응용에서 사용되는 **이력개념**(temporal concept), 공간 데이터베이스와 멀티미디어 데이터베이스에 포함되는 일부 개념이다. 이런 각각의 주제는 매우 넓은 분야이며 이 장에서는 각 분야에 관하여 간략한 소개만을 제시한다. 사실 이런 각 분야는 하나의 책 전체에서 다룰 만한 주제들이다.

25.1절에서는 능동 규칙을 명시하기 위한 추가적인 기능을 제공하는 능동 데이터베이스를 소개한다. 이런 규칙은 데이터베이스 갱신이나 특정 시간의 도달 등의 이벤트에 의하여 자동적으로 트리거되며, 이벤트에 정의된 어떤 조건이 만족될 때 규칙 내에 선언된 특정 동작을 개시한다. 많은 상업용 패키지는 능동 데이터베이스에서 제공되는 몇 가지 기능을 트리거의 형태로 포함하고 있다. 트리거는 현재 SQL-99와 이후 표준의 일부이다.

25.2절에서는 이력 데이터베이스의 개념을 소개한다. 이력 데이터베이스는 변경 내역을 저장하는 데이터베이스이며 사용자가 데이터베이스의 현재와 과거의 상태에 대하여 질의할 수 있도록 한다. 일부 이력 데이터베이스 모델들은 예정된 일정과 같이 미래에 예상되는 정보를 저장하도록 허용한다. 많은 데이터베이스 응용이 이력 개념을 필요로 하지만, 간혹 DBMS 패키지로부터 이력 개념에 대한 지원을 별로 받지 않고 구현되기도 한다. 즉 데이터베이스에 접근하는 응용 프로그램 내에 이력 개념이 구현되기도 한다. 이력 데이터를 생성하고 질의하는 기능은 SQL:2011 표준 이후에 추가되었으며, DB2 시스템에서 그 기능이 제공되고 있으나 여기서는 소개하지 않는다. 관심 있는 독자들은 참고문헌을 찾아보기 바란다.

25.3절에서는 공간 데이터베이스의 개념을 간략히 살펴본다. 공간 데이터의 유형, 다른 종류의 공간 분석, 공간 데이터에 대한 연산, 공간 질의 유형, 공간 데이터 인덱싱, 공간 데이터 마이닝, 공간 데이터베이스의 응용에 대해 논의한다. 대부분의 상용 혹은 오픈소스 관계형 데이터베이스 시스템은 데이터 타입과 질의어에서 공간기능을 제공하고 있을 뿐 아니라 인덱싱과 효과적인 질의 처리 기법을 제공하고 있다.

25.4절에서는 멀티미디어 데이터베이스에 관하여 간략하게 소개한다. 멀티미디어 데이터베이스(multimedia database)는 사용자에게 이미지(예, 사진이나 그림), 비디오 클립(예, 영화, 뉴스, 홈비디오), 오디오 클립(예, 노래, 전화 메시지, 연설), 문서(예, 책이나 기사) 등 여러 타입의 멀티미디어 정보를 저장하고 질의할 수 있는 기능을 지원한다. 여기서는 이미지에서 특정한 이미지나 객체의 자동분석과 의미적 태깅 방법을 설명한다.

26.5절에서는 이 장을 요약 정리한다. 이 장의 각 절은 서로 독립적이므로 독자들은 관심이 있는 주제를 선택하여 읽을 수 있다.

## 25.1 능동 데이터베이스와 트리거의 개념

특정 이벤트에 의하여 자동적으로 트리거되는 동작을 명시하는 규칙들은 오랫동안 데이터베이스 시스템에 대한 중요한 확장 기능으로 여겨져 왔다. 사실, 트리거의 개념, 즉 특정 타입의 능동 규칙을 명시하는 기술은 관계 데이터베이스를 위한 SQL 명세의 초기 버전에 존재하였고, 현재 SQL-99와 이후 표준의 일부이다. 오라클, DB2, Microsoft SQLServer와 같은 상업용 관계 DBMS는 여러 가지 형태의 트리거를 제공해 왔다. 그러나 초기 트리거 모델이 제안된 이후에 일반적인 능동 데이터베이스 모델이 어떤 형태를 가져야 하는지에 관해 많은 연구가 진행되어 왔다. 25.1.1절에서는 능동 데이터베이스를 위한 규칙을 명시하는 일반적인 개념들을 제시한다. 예를 통해 이런 개념들을 설명하기 위하여 오라클 관계 DBMS의 문법을 사용한다. 왜냐하면 오라클 트리거가 SQL 표준에서 규칙을 명시하는 방식과 가장 근접하기 때문이다. 25.1.2절에서는 능동 데이터베이스를 설계하고 구현하기 위한 몇 가지 일반적인 쟁점을 논의한다. 25.1.3절에서는 일반적인 능동 데이터베이스의 다양한 개념을 제공하는 STARBURST라는 시험용 DBMS에서 능동 데이터베이스가 어떻게 구현되었는지 예를 제시한다. 25.1.4절에서는 능동 데이터베이스의 응용에 관하여 논의한다. 마지막으로 25.1.5절은 SQL-99 표준에서 트리거가 어떻게 선언되는지를 설명한다.

### 25.1.1 능동 데이터베이스를 위한 일반적인 모델과 오라클 트리거

능동 데이터베이스 규칙들을 명시하기 위해 사용되는 모델을 이벤트-조건-동작(Event-Condition-Action) 또는 ECA 모델이라고 부른다. ECA 모델에서 규칙은 아래와 같은 세 가지 요소를 갖는다.

1. **규칙을 트리거하는 이벤트.** 이벤트는 데이터베이스에 명시적으로 적용된 데이터베이스 갱신연산이다. 그러나 일반적인 모델에서 이벤트는 이력 이벤트(temporal event)[1] 또는 다른 형태의 외부 이벤트가 될 수 있다.
2. **동작을 수행할지 결정하는 조건.** 트리거하는 이벤트가 발생하면 선택적인 조건을 검사할 수 있다. 아무 조건도 명시되어 있지 않으면, 이벤트가 발생하기만 하면 동작을 수행한다. 조건이 명시되어 있으면 먼저 조건을 검사하고 조건이 만족되는 경우에만 동작을 수행한다.
3. **수행할 동작.** 동작은 대개 일련의 SQL 문장들이다. 그러나 데이터베이스 트랜잭션이나 자동적으로 실행될 외부 프로그램이 될 수도 있다.

이런 개념들을 설명하기 위하여 몇 가지 예를 고려해 보자. 이 예들은 그림 25.1과 같이 그림 4.5의 COMPANY 데이터베이스 응용을 매우 단순화한 변형을 사용한다. 그림 25.1에서 각 사원은 이름(Name), 사회보장번호(Ssn), 급여(Salary), 현재 속한 부서(Dno, DEPARTMENT를 참조하는 외래키), 직속 상관(Supervisor_ssn, EMPLOYEE를 참조하는 재귀적 외래키) 애

---

1) 예로, “매일 오전 5:30에 이 규칙을 트리거하라”와 같이 주기적인 시간으로 명시된 이력 이벤트를 들 수 있다.

트리뷰트를 갖는다. 이 예를 위하여, 한 사원이 일시적으로 어느 부서에도 속해 있지 않음을 나타내기 위하여 Dno에 널 값이 허용될 수 있다고 가정한다. 각 부서는 이름(Dname), 번호(Dno), 부서에 속한 모든 사원의 급여의 합계(Total_sal), 책임자(Manager_ssn, EMPLOYEE를 참조하는 외래키) 애트리뷰트를 갖는다.

EMPLOYEE

| Name | <u>Ssn</u> | Salary | Dno | Supervisor_ssn |
|---|---|---|---|---|

DEPARTMENT

| Dname | <u>Dno</u> | Total_sal | Manager_ssn |
|---|---|---|---|

그림 25.1 능동 규칙 예에 사용될 단순화된 COMPANY 데이터베이스

Total_sal 애트리뷰트는 유도된 애트리뷰트이며, 그 값은 특정 부서에 속한 모든 사원의 급여의 합이어야 한다. 이처럼 유도된 애트리뷰트에 정확한 값을 유지하는 것은 능동규칙을 이용하여 수행된다. 먼저 다음과 같이 Total_sal값을 변경하도록 유발하는 이벤트를 정한다.

1. (하나 이상의) 새로운 사원 투플을 삽입
2. (하나 이상의) 기존의 사원의 급여를 변경
3. 기존 사원의 소속을 다른 부서로 변경
4. (하나 이상의) 사원 투플을 삭제

이벤트 1의 경우에는 새로운 사원이 바로 어떤 부서에 소속되었다면, 즉 새로운 사원 투플의 Dno 애트리뷰트 값이 널이 아니라면(Dno에 대하여 널 값이 허용된다고 가정) Total_sal 값을 새로 계산하기만 하면 된다. 따라서 이것이 검사해야 할 조건이 된다. 급여가 변경될 (또는 삭제될) 사원이 현재 어떤 부서에 소속되어 있는지 결정하기 위하여, 유사한 조건이 이벤트 2(그리고 이벤트 4)에 대해서도 검사할 수 있다. 이벤트 3에 대해서는 Total_sal 값을 정확하게 유지하기 위한 동작을 항상 수행하므로 조건이 필요없다.

이벤트 1, 2, 4에 대한 동작(action)은 새롭게 삽입, 변경, 삭제된 사원의 급여를 반영하기 위하여 그 사원의 부서에 대한 Total_sal 값을 자동적으로 갱신하는 것이다. 이벤트 3에서는 두 가지 동작이 필요하다. 하나는 그 사원의 이전 부서의 Total_sal 값을 갱신하는 것이고, 다른 하나는 새로운 부서의 Total_sal 값을 갱신하는 것이다.

위의 각 상황에 대응되는 네 개의 능동 규칙(혹은 트리거) R1, R2, R3, R4는 그림 25.2(a)와 같이 오라클 DBMS의 표기법에 따라 명시할 수 있다. 오라클에서 트리거를 생성하는 문법을 살펴보기 위하여 규칙 R1을 고려해 보자.

```
(a) R1: CREATE TRIGGER Total_sal1
        AFTER INSERT ON EMPLOYEE
        FOR EACH ROW
        WHEN ( NEW.Dno IS NOT NULL )
            UPDATE DEPARTMENT
            SET Total_sal = Total_sal + NEW.Salary
            WHERE Dno = NEW.Dno;

    R2: CREATE TRIGGER Total_sal2
        AFTER UPDATE OF Salary ON EMPLOYEE
        FOR EACH ROW
        WHEN ( NEW.Dno IS NOT NULL )
            UPDATE DEPARTMENT
            SET Total_sal = Total_sal + NEW.Salary – OLD.Salary
            WHERE Dno = NEW.Dno;

    R3: CREATE TRIGGER Total_sal3
        AFTER UPDATE OF Dno ON EMPLOYEE
        FOR EACH ROW
            BEGIN
            UPDATE DEPARTMENT
            SET Total_sal = Total_sal + NEW.Salary
            WHERE Dno = NEW.Dno;
            UPDATE DEPARTMENT
            SET Total_sal = Total_sal – OLD.Salary
            WHERE Dno = OLD.Dno;
            END;

    R4: CREATE TRIGGER Total_sal4
        AFTER DELETE ON EMPLOYEE
        FOR EACH ROW
        WHEN ( OLD.Dno IS NOT NULL)
            UPDATE DEPARTMENT
            SET Total_sal = Total_sal – OLD.Salary
            WHERE Dno = OLD.Dno;

(b) R5: CREATE TRIGGER Inform_supervisor1
        BEFORE INSERT OR UPDATE OF Salary, Supervisor_ssn
            ON EMPLOYEE
        FOR EACH ROW
        WHEN ( NEW.Salary > ( SELECT Salary FROM EMPLOYEE
                              WHERE Ssn = NEW.Supervisor_ssn ) )
                inform_supervisor(NEW.Supervisor_ssn, NEW.Ssn );
```

그림 25.2 오라클 표기법을 이용하여 능동 규칙들을 트리거로 명시: (a) DEPARTMENT의 total_sal의 일관성을 자동적으로 유지하는 트리거, (b) 사원과 상사의 급여를 비교하는 트리거

CREATE TRIGGER 문은 R1에 대한 트리거(또는 능동 규칙)의 이름으로 Total_sal을 지정한다. AFTER절은 규칙을 트리거하는 이벤트가 발생한 후에 규칙이 트리거됨을 명시한다. 이 예에서 새로운 사원의 삽입과 같이, 트리거하는 이벤트는 AFTER 키워드 다음에 명시한다.[2] ON절은 R1 규칙이 지정된 릴레이션 EMPLOYEE를 명시한다. 키워드 FOR EACHROW

2) 나중에 설명하겠지만 트리거 이벤트가 수행되기 전에 규칙이 트리거되도록 AFTER 대신 BEFORE를 명시할 수도 있다.

는 선택적이며, 트리거하는 이벤트의 영향을 받는 각 행에 대하여 한 번씩 그 규칙이 트리거됨을 명시한다.3)

WHEN절은 선택적이며, 그 규칙이 트리거된 후에 그러나 동작이 실행되기 전에 검사해야 할 모든 조건을 명시하기 위하여 사용된다. 마지막으로, 실행될 동작(들)은 일반적으로 하나 이상의 SQL 문 또는 외부 프로시저를 실행하기 위한 호출들을 포함하는 PL/SQL 블록으로 명시된다.

네 개의 트리거(능동 규칙) R1, R2, R3, R4는 능동 규칙의 여러 가지 특성을 보이고 있다. 첫째, 규칙들을 트리거하기 위하여 명시할 수 있는 기본적인 이벤트는 INSERT, DELETE, UPDATE와 같은 표준 SQL 갱신 명령이다. 이들은 오라클 표기법에서 INSERT, DELETE, UPDATE 키워드로 명시된다. UPDATE의 경우 'UPDATE OF Salary, Dno'와 같이, 갱신될 애트리뷰트들을 지정할 수 있다. 둘째, 규칙 설계자는 트리거하는 이벤트에 의해 삽입, 삭제, 갱신된 투플들을 참조할 수 있는 방법을 필요로 한다. 오라클 표기법에서는 NEW와 OLD 키워드가 사용된다. NEW는 새로 삽입되거나 갱신된 투플을 참조하는 반면, OLD는 삭제된 투플 또는 갱신되기 전의 투플을 참조하는 데 사용된다.

따라서 규칙 R1은 INSERT 연산이 EMPLOYEE 릴레이션에 적용된 후에 트리거된다. R1에서 조건(NEW.Dno IS NOT NULL)이 검사되고, 만약 조건이 만족되면, 즉 새로 삽입된 사원 투플이 특정 부서와 연관되어 있다면 동작을 실행한다. 동작은 새로 삽입된 사원의 급여(NEW.Salary)를 관련된 DEPARTMENT 투플의 Total_sal 애트리뷰트에 더함으로써 갱신한다.

규칙 R2는 R1과 유사하지만 INSERT 대신에 사원의 SALARY를 갱신하는 UPDATE 연산에 의하여 트리거된다. 규칙 R3은 한 사원이 소속된 부서를 변경하는, EMPLOYEE의 Dno 애트리뷰트에 대한 갱신에 의하여 트리거된다. R3에서는 검사할 조건이 없으므로 트리거하는 이벤트가 발생할 때마다 동작을 실행한다. 동작은 부서를 옮긴 사원들의 이전 부서와 새로운 부서를 모두 변경한다. 즉, 그들의 급여를 새로운 부서의 Total_sal값에 더하고 이전 부서의 Total_sal값에서 뺀다. 이때 Dno값이 널이 되어 규칙 동작을 위하여 선택되는 부서가 없더라도 동작이 적절히 수행되어야 한다.4)

각 투플에 대하여 별도로 규칙이 트리거됨을 나타내는, 선택적인 FOR EACH ROW절의 영향에 대하여 유의하는 것이 중요하다. 이를 행-수준 트리거(row-level trigger)라고 한다. 이 절이 빠지면 트리거는 문장-수준 트리거(statement-level trigger)가 되며, 각 트리거 문장에 대하여 한 번만 트리거될 것이다. 차이점을 알아보기 위하여 부서 5에 속한 모든 사원의 급여를 10% 인상하는 다음의 갱신 연산을 고려하자. 이 연산은 규칙 R2를 트리거하는 이벤트가 된다.

```
UPDATE    EMPLOYEE
SET       Salary = 1.1 * Salary
WHERE     Dno = 5;
```

---

3) 마찬가지로 나중에 설명하겠지만 다수의 행(투플)이 트리거 이벤트에 영향을 받더라도 그 규칙을 한 번만 트리거할 수 있다.

4) R1, R2, R4는 조건 없이 작성할 수도 있다. 그러나 동작이 요구되지 않으면 실행되지 않으므로 조건을 포함하여 실행하는 것이 더 효율적일 수 있다.

위의 문장이 복수 개의 레코드를 갱신할 수 있으므로 그림 25.2의 R2와 같이 행-수준 의미론을 이용하는 규칙은 각 행에 대하여 한 번씩 트리거되는 반면에 문장-수준 의미론을 이용하는 규칙은 한 번만 트리거된다. 오라클 시스템은 각 규칙에 대하여 사용자가 위의 옵션 중 하나를 선택할 수 있도록 허용한다. FOR EACH ROW절을 포함하면 행-수준 트리거를 수행하고 빼면 문장-수준 트리거를 수행한다. NEW와 OLD 키워드는 행-수준 트리거에 대해서만 사용할 수 있다.

두 번째 예로 한 사원의 급여가 그의 직속 상사의 급여보다 큰 경우를 항상 검사하고 싶을 때를 가정하자. 몇 가지 이벤트, 즉 새로운 사원의 삽입, 사원 급여의 변경 또는 상사 급여의 변경이 이 규칙을 트리거할 수 있다. 실행될 동작이 상사에게 알리는 외부 프로시저 inform_supervisor를 호출하는 것이라고 가정하자.[5] 이 규칙은 R5(그림 25.2(b) 참조)와 같이 작성할 수 있다.

오라클 트리거에서 가능한 몇 가지 주요 옵션을 명시하기 위한 문법을 보여준다. 25.1.5절에서는 SQL-99 표준에 소개된 트리거의 문법을 소개한다.

```
<trigger>              ::= CREATE TRIGGER <trigger name>
                           ( AFTER I BEFORE ) <triggering events> ON <table name>
                           [ FOR EACH ROW ]
                           [ WHEN <condition> ]
                           <trigger actions> ;
<triggering events>    ::= <trigger event> {OR <trigger event> }
<trigger event>        ::= INSERT I DELETE I UPDATE [ OF <column name> { , <column name> } ]
<trigger action>       ::= <PL/SQL block>
```

그림 25.3 오라클 시스템에서 트리거를 명시하기 위한 문법의 요약(주요 옵션만 포함)

### 25.1.2 능동 데이터베이스의 설계 및 구현

앞 절에서는 능동 규칙을 명시하기 위한 주요 개념 중 일부를 소개하였다. 이 절에서는 규칙들이 어떻게 설계되고 구현되는지에 관하여 추가적인 쟁점들을 논의한다. 첫 번째 논의는 규칙들의 활성화, 비활성화, 그룹화에 관한 것이다. 규칙을 생성하는 것 이외에 능동 데이터베이스 시스템은 사용자가 규칙의 이름을 참조하여 규칙들을 활성화, 비활성화, 삭제하는 것을 허용해야 한다. 비활성화된 규칙(deactivated rule)은 트리거하는 이벤트에 의해 트리거되지 않는 규칙이다. 이런 기능은 특정 규칙들이 필요하지 않은 경우, 사용자가 일정 기간 동안 그 규칙들을 선택적으로 비활성화하도록 한다. 활성화 명령(activate command)은 규칙을 다시 활성화시킨다. 삭제 명령(drop command)은 시스템에서 규칙을 삭제한다. 다른 옵션으로는 이름을 가진 규칙집합 (rule set)으로 규칙들을 그룹화하여 규칙집합 전체를 동시에 활성화, 비활성화, 삭제하는 것이 있다. 또한 사용자가 명시적으로 PROCESS RULES 명령을 이용하여 하나의 규칙 또는 규칙집합을 트리거할 수 있도록 하는 것도 유용한 기능이다.

5) 적절한 외부 프로시저가 선언되어 있다고 가정한다. 이는 SQL-99 이후 표준에 포함된 기능이다.

두 번째 논의는 트리거된 동작이 트리거하는 이벤트의 전에(before), 후에(after), 대신에(instead of) 또는 동시에(concurrently) 실행될 것인지에 관한 것이다. Before 트리거는 트리거를 발생시킨 이벤트를 실행하기 전에 트리거를 실행하는 것으로, 제약 조건 위반에 대한 검사와 같은 응용에 사용될 수 있다. After 트리거는 이벤트를 실행한 후 트리거를 실행한다. 이는 유추된 데이터 유지 및 특정 이벤트와 조건에 대한 모니터링과 같은 응용에 사용될 수 있다. Instead of 트리거는 이벤트를 실행하는 대신 트리거를 실행하며, 뷰의 갱신인 이벤트에 대한 응답으로 대응되는 기본 릴레이션을 갱신하는 데 사용될 수 있다.

관련된 논의로, 실행 중인 동작이 규칙을 트리거한 트랜잭션과 별개의 트랜잭션이라고 봐야 하는지, 아니면 그 트랜잭션의 일부라고 봐야 하는지에 관한 것이 있다. 여러 가지 옵션을 분류해 보자. 특정 능동 데이터베이스 시스템에서는 일부 옵션이 제공되지 않는다는 사실을 유의해야 한다. 사실 대부분의 상업용 시스템에서는 지금부터 논의할 옵션 중 하나 또는 두 가지만 제공하고 있다.

트리거하는 이벤트가 트랜잭션 실행의 일부로 발생한다고 가정하자. 먼저, 트리거하는 이벤트가 규칙의 조건을 검사하는 데 어떻게 연관되어 있는지에 관한 여러 가지 옵션을 고려한다. 규칙 조건 검사는 규칙 판정(rule consideration)으로도 알려져 있는데, 그 이유는 조건이 만족되는지 판정한 후에만 동작이 실행되기 때문이다. 규칙 판정에는 다음의 세 가지 주요 가능성이 있다.

1. **즉시 판정**(immediate consideration). 조건이 트리거하는 이벤트와 동일한 트랜잭션의 일부로서 조건이 검사되고, 검사는 즉시 이루어진다. 이 경우는 다시 세 가지 옵션으로 세분된다.
   - 트리거하는 이벤트를 실행하기 전에 조건을 검사한다.
   - 트리거하는 이벤트를 실행한 후에 조건을 검사한다.
   - 트리거하는 이벤트를 실행하는 대신에 조건을 검사한다.
2. **지연 판정**(deferred consideration). 트리거하는 이벤트를 포함하는 트랜잭션의 마지막에 조건을 검사한다. 이 경우에는 조건을 검사하기를 기다리는 트리거된 규칙들이 많을 수 있다.
3. **분리 판정**(detached consideration). 트리거하는 트랙잭션에 의하여 생성된 별도의 트랜잭션으로 조건을 검사한다.

다음 옵션들은 규칙 조건의 검사와 규칙 동작의 실행 간의 관계에 대한 것이다. 여기서 다시 즉시, 지연, 분리 실행의 세 가지 옵션이 가능하다. 그러나 대부분의 능동 시스템은 첫 번째 옵션을 사용한다. 즉 조건을 검사하자마자 조건이 만족되면 즉시 동작을 실행한다.

오라클 시스템은 즉시 판정 모델을 사용하고 있으나(25.1.1절 참조) 사용자가 각 규칙에 대하여 이전(*before*) 또는 이후(*after*) 옵션을 명시하도록 허용한다. 또한 오라클 시스템은 즉시 실행 모델을 사용한다. STARBURST 시스템은 지연 판정 옵션을 사용한다(25.1.3절 참조). 즉 하나의 트랜잭션이 트리거한 모든 규칙은 규칙 조건들을 검사하기 전에 트리거 트

랜잭션이 마지막에 도달하여 COMMIT WORK 명령을 발생시킬 때까지 기다린다.[6)]

능동 데이터베이스 규칙에 관한 다른 논의는 행-수준 규칙과 문장-수준 규칙들을 구분하는 것이다. SQL 갱신문(트리거하는 이벤트로 동작)이 다수의 투플을 명시할 수 있으므로 전체 문장에 대하여 규칙을 판정해야 할지 또는 그 문장의 영향을 받는 각 행(투플)에 대하여 판정해야 할지를 구별해야 한다. SQL-99 표준(25.1.5절 참조)과 오라클시스템에서는 각 규칙에 대하여 사용될 두 가지 옵션 중 하나를 사용자가 선택할 수 있도록 허용하고 있지만 (25.1.1절 참조), STARBURST에서는 문장-수준 의미론만을 사용한다. 25.1.3절에서 문장-수준 트리거가 명시되는 예를 제시한다.

능동 규칙이 널리 사용되지 못하는 이유 중 하나는 데이터베이스와 소프트웨어 개발을 단순화할 수 있는 가능성에도 불구하고 규칙들을 설계, 작성, 검증하기 위해 사용할 수 있는 간단한 기술들이 없다는 것이다. 예를 들어, 규칙들의 집합이 일관적인지, 즉 집합 내의 규칙들이 서로 모순되지 않는지 검증하는 것은 매우 어렵다. 또한 어떤 상황에서도 일련의 규칙들의 집합이 종료됨을 보장하는 것도 어렵다. 종료 문제를 간단하게 설명하기 위하여 그림 25.4의 규칙들을 고려해 보자. 여기서 규칙 R1은 TABLE1에 대한 INSERT 이벤트에 의하여 트리거되고, 그 동작은 TABLE2의 Attribute1에 대한 갱신 이벤트를 포함한다. 그러나 규칙 R2에서 트리거하는 이벤트는 TABLE2의 Attribute1에 대한 UPDATE 이벤트이며, 그 동작은 TABLE1에 대한 INSERT 이벤트를 포함한다. 이 예에서 이 두 규칙이 서로 무한히 트리거하여 종료되지 않음을 쉽게 알 수 있다. 특히, 수십 개의 규칙이 작성되어 있는 경우 실행 종료를 보장할 수 있는지 결정하는 것은 더욱 어렵다. 능동 규칙을 충분히 활용하기 위해서는 사용자가 능동 규칙을 설계하고 디버깅 하는 데 도움이 되도록 규칙을 설계, 디버깅, 모니터하는 도구들을 개발할 필요가 있다.

```
R1:  CREATE TRIGGER T1
     AFTER INSERT ON TABLE1
     FOR EACH ROW
          UPDATE TABLE2
          SET Attribute1 = … ;

R2:  CREATE TRIGGER T2
     AFTER UPDATE OF Attribute1 ON TABLE2
     FOR EACH ROW
          INSERT INTO TABLE1 VALUES ( … );
```

그림 25.4 능동 규칙의 종료 문제를 보이는 예

### 25.1.3 STARBURST에서의 문장-수준 능동 규칙의 예

이 절에서는 STARBURST 시험용 DBMS에서 규칙이 어떻게 명시되는지를 보여주는 예들을 제시한다. 이는 문장-수준 규칙만 허용하는 STARBURST에서 문장-수준 규칙을 작성하는 방식을 보여 줄 것이다.

그림 25.5의 세 개의 능동 규칙 R1S, R2S, R3S는 그림 25.2의 처음 세 개의 규칙과 대응되

6) STARBURST는 PROCESS RULES 명령을 통하여 사용자가 명시적으로 규칙 판정을 시작하도록 허용한다.

지만 STARBURST 표기법과 문장-수준 의미론을 사용한다. 규칙 R1S를 사용하여 규칙의 구조를 살펴본다. CREATE RULE 문은 R1S에 대하여 Total_sal1이라는 규칙 이름을 지정한다. ON절은 규칙 R1S가 정의된 릴레이션 EMPLOYEE를 명시한다. WHEN절은 규칙을 트리거하는 이벤트들을 명시하기 위해 사용된다.[7] IF절은 선택적이며, 검사해야 할 조건들을 명시하는 데 사용된다. 마지막으로 THEN절은 실행할 동작(들)을 명시하며 일반적으로 하나 이상의 SQL 문으로 구성된다.

```
R1S: CREATE RULE Total_sal1 ON EMPLOYEE
     WHEN     INSERTED
     IF       EXISTS      ( SELECT * FROM INSERTED WHERE Dno IS NOT NULL)
     THEN     UPDATE        DEPARTMENT AS D
              SET           D.Total_sal = D.Total_sal +
                          ( SELECT SUM (I.Salary) FROM INSERTED AS I WHERE D.Dno = I.Dno )
              WHERE       D.Dno IN ( SELECT Dno FROM INSERTED );

R2S: CREATE RULE Total_sal2 ON EMPLOYEE
     WHEN     UPDATED     ( Salary )
     IF       EXISTS      ( SELECT * FROM NEW-UPDATED WHERE Dno IS NOT NULL)
              OR EXISTS   ( SELECT * FROM OLD-UPDATED WHERE Dno IS NOT NULL)
     THEN     UPDATE        DEPARTMENT AS D
              SET           D.Total_sal = D.Total_sal +
                          ( SELECT SUM (N.Salary) FROM NEW-UPDATED AS N
                            WHERE D.Dno = N.Dno ) –
                          ( SELECT SUM (O.Salary) FROM OLD-UPDATED AS O
                            WHERE D.Dno = O.Dno )
              WHERE         D.Dno IN ( SELECT Dno FROM NEW-UPDATED ) OR
                            D.Dno IN ( SELECT Dno FROM OLD-UPDATED);

R3S: CREATE RULE Total_sal3 ON EMPLOYEE
     WHEN     UPDATED     ( Dno )
     THEN     UPDATE        DEPARTMENT AS D
              SET           D.Total_sal = D.Total_sal +
                          ( SELECT SUM (N.Salary) FROM NEW-UPDATED AS N
                            WHERE D.Dno = N.Dno )
              WHERE         D.Dno IN ( SELECT Dno FROM NEW-UPDATED );
              UPDATE        DEPARTMENT AS D
              SET           D.Total_sal = Total_sal –
                          ( SELECT SUM (O.Salary) FROM OLD-UPDATED AS O
                            WHERE D.Dno = O.Dno )
              WHERE         D.Dno IN ( SELECT Dno FROM OLD-UPDATED );
```

그림 25.5 STARURST 표기법으로 문장-수준 의미론을 이용하여 작성한 능동 규칙

STARBURST에서 규칙을 트리거하기 위하여 명시할 수 있는 기본적인 이벤트는 INSERT, DELETE, UPDATE와 같은 표준 SQL 갱신 명령이다. 이들은 STARBURST 표기법에서 키워드 INSERTED, DELETED, UPDATED로 명시된다. 둘째, 규칙 설계자는 수정된 투플을

7) 키워드 WHEN은 STARBURST에서 이벤트들을 명시하지만 오라클 트리거에서는 SQL에 있는 규칙의 조건을 명시하는 데 사용됨을 유의하자.

참조할 방법을 필요로 한다. STARBURST 표기법에서 키워드 INSERTED, DELETED, NEW-UPDATED, OLD-UPDATED는 각각 새로 삽입된 투플, 삭제된 투플, 갱신 전의 갱신된 투플, 갱신 후의 갱신된 투플을 포함하는 네 개의 변경 테이블(transition tables)(릴레이션)을 참조하는 데 사용된다. 트리거하는 이벤트에 따라 일부 변경 테이블만 사용 가능할 것이다. 규칙 작성자는 규칙의 조건과 동작 부분을 정의할 때 이런 테이블을 참조할 수 있다. 변경 테이블은 규칙의 ON절에 명시된 릴레이션의 투플과 같은 타입의 투플을 포함한다. R1S, R2S, R3S의 경우에는 EMPLOYEE 릴레이션이다.

문장-수준 의미론에서 규칙 설계자는 변경 테이블을 전체로서만 참조할 수 있고 규칙은 한 번만 트리거된다. 따라서 행-수준 의미론과 다르게 규칙을 작성해야 한다. 다수의 사원 투플이 하나의 삽입 문장에 의하여 삽입될 수 있으므로 새로 삽입된 사원 투플 중에서 적어도 한 투플이 어떤 부서와 연관되어 있는지 검사해야 한다. R1S에서 조건이 검사되고 만약 조건이 만족되면 동작을 실행한다. 동작은 한 문장 내에서 각 관련된 부서의 Total_sal 애트리뷰트에 새로 삽입된 사원(들)의 급여를 더함으로써 그들과 관련된 DEPARTMENT 투플을 갱신한다. 새로 삽입된 둘 이상의 사원이 같은 부서에 속할 수 있으므로 그들의 급여가 모두 더해짐을 보장하기 위하여 집단 함수 SUM을 사용한다.

```
EXISTS (SELECT * FROM INSERTED WHERE Dno IS NOT NULL)
```

규칙 R2S는 R1S와 유사하지만 INSERT 대신 하나 이상의 사원의 급여를 갱신하는 UPDATE 연산에 의하여 트리거된다. 규칙 R3S는 하나 이상의 사원의 소속 부서를 변경함을 의미하는, EMPLOYEE의 Dno 애트리뷰트에 대한 갱신에 의하여 트리거 된다. R3S에는 조건이 없으므로 트리거하는 이벤트가 발생할 때마다 동작을 실행한다.[8] 동작은 소속이 바뀐 사원들의 이전 부서와 새로운 부서를 모두 갱신한다. 즉 각 새로운 부서의 Total_sal에 사원들의 급여를 더하고, 각 이전 부서의 Total_sal에서 급여를 뺀다.

그림 25.2와 25.5를 비교해 보면 알 수 있듯이 이 예에서 행-수준 규칙보다 문장-수준 규칙을 정의하는 것이 더 복잡하다. 그러나 이는 일반적인 현상이 아니며 다른 타입의 능동 규칙들은 행-수준 표기법보다 문장-수준 표기법을 이용하여 명시하는 것이 더 쉬울 수도 있다.

STARBURST에서 능동 규칙에 대한 실행 모델은 **지연 판정**(deferred consideration)을 이용한다. 즉, 한 트랜잭션 내에서 트리거된 모든 규칙은 **충돌집합**(conflict set)이라고 부르는 하나의 집합 내에 포함시키며, COMMIT WORK 명령어에 의하여 트랜잭션이 끝날 때까지 조건을 검사하거나 실행하지 않는다. STARBURST는 사용자가 PROCESS RULES 명령을 사용하여 트랜잭션 중간에 규칙의 판정을 명시적으로 시작하도록 허용한다. 다수의 규칙이 검사될 수 있으므로 규칙들 간의 순서를 지정할 필요가 있다. STARBURST에서 규칙을 선언하는 문법은 규칙들 간의 순서를 지정하여 규칙들이 판정될 순서를 시스템에 알릴 수 있도록 허용한다.[9] 아울러 변경 테이블 INSERTED, DELETED, NEW-UPDATED, OLD-UPDATED는 트랜잭션 동안에 다수의 연산이 각 테이블에 적용되었을 수 있으므로 각 테이블에 영향을 미친 트랜잭션 내의 모든 연산의 실제 효과를 포함한다.

---

8) 오라클의 예에서와 같이 규칙 R1S와 R2S는 조건없이 정의할 수 있다. 그러나 동작이 요구되지 않으면 실행되지 않기 때문에 조건을 포함하여 실행하는 것이 더 효율적일 수 있다.

9) 규칙들 간의 순서가 지정되어 있지 않으면 시스템 디폴트 순서는 먼저 선언된 규칙을 먼저 판정하는 것이다.

### 25.1.4 능동 데이터베이스의 가능한 응용

마지막으로 능동 규칙의 몇 가지 가능한 응용을 간략하게 논의한다. 중요한 응용 중 하나는 어떤 조건의 발생을 통지(notification)하는 것이다. 예를 들어, 능동 데이터베이스가 용광로의 온도를 모니터하는 데 이용될 수 있다. 이런 응용은 주기적으로 온도 센서로부터 직접 읽은 온도 레코드를 데이터베이스에 삽입하고, 온도 레코드가 삽입될 때마다 트리거되며, 온도가 위험 수준을 초과하는지 검토하는 조건과 경고 동작을 포함하는 능동 규칙을 정의할 수 있다.

능동 규칙은 무결성 제약 조건을 만족시키도록 사용될 수 있다. 즉 제약 조건을 위반할 수 있는 이벤트 타입을 명시하고, 이벤트에 의하여 실제로 제약 조건이 위반되었는지 검사하는 조건을 추가한다. 따라서 비즈니스 규칙이라고 알려진 복잡한 응용의 제약 조건은 이런 방법으로 만족시킨다. 예를 들어, UNIVERSITY 데이터베이스 응용에서 새로운 학생이 삽입될 때마다 학생들의 평균 성적을 모니터하고, 한 학생의 성적이 특정값 이하로 떨어지면 지도 교수에게 알리는 규칙이나 한 학생이 강의를 신청할 때 선수 과목을 이수했는지 검사하는 규칙 등이 가능하다.

다른 응용으로는 사원 투플들이 변경될 때마다, 유도된 애트리뷰트 Total_sal을 관리하는 R1부터 R4까지의 규칙들의 예와 같이 유도된 데이터의 관리를 자동화하는 것이 있다. 능동 규칙을 사용하는 유사한 응용으로 기본 릴레이션이 수정될 때마다 실체화된 뷰(materialized view)의 일관성을 유지하는 것이 있다(4.3절 참조). 반대 측면으로는, 뷰에 대한 갱신 연산이 instead of 트리거를 사용하여 기본 릴레이션에 대한 갱신들로 변환될 수 있는 트리거 이벤트를 들 수 있다. 이 응용은 새로운 데이터 웨어하우스(data warehouse) 기술과도 관련이 있다. 예를 들어, 마스터 테이블이 수정될 때마다 중복 테이블(replicated table)들을 일관성 있게 수정하는 규칙을 명시하는 것이 있다.

### 25.1.5 SQL-99에서의 트리거

SQL-99 표준의 트리거는 25.1.1절에서 소개한 예제와 유사하지만, 문법은 약간 다르다. 규칙을 트리거하는(triggering) 이벤트는 INSERT, DELETE, UPDATE와 같은 표준 SQL 갱신 명령어이다. UPDATE 명령문은 갱신할 속성들을 명시한다. 행-수준 트리거(row-level trigger)와 문장-수준 트리거(statement-level trigger)는 각각 FOR EACH ROW와 FOR EACH STATEMENT절을 사용하여 표시한다. 한 가지 문법적으로 다른점은 그림 25.1과 같이 트리거가 NEW, OLD 키워드를 사용하는 대신 투플변수를 사용하여 신구 투플을 명시할 수 있다는 점이다. 그림 25.6의 트리거 T1은 그림 25.1(a)의 행-수준 트리거 R2가 SQL-99에서 어떻게 명시될 수 있는지를 보여준다. REFERENCING절 안에, 투플 변수(별칭) O와 N을 사용한다. 여기서 O는 (수정 이전의) OLD 투플, N은 (수정 이후의) NEW 투플을 나타낸다. 그림 25.6의 트리거 T2는 그림 25.5의 문장-수준 트리거 R2S가 SQL-99에서 어떻게 명시되는지를 보여준다. 하나의 문장-수준 트리거에 대해 REFERENCING절에서는 (새롭게 삽입되거나 갱신될) 새로운 모든 투플들의 테이블을 참조하기 위해 N, (삭제되었거나 갱신되기 이전의) 모든 이전 투플들의 테이블을 참조하기 위해 O를 각각 사용한다.

```
T1: CREATE TRIGGER Total_sal1
    AFTER UPDATE OF Salary ON EMPLOYEE
    REFERENCING OLD ROW AS O, NEW ROW AS N
    FOR EACH ROW
    WHEN    ( N.Dno IS NOT NULL )
    UPDATE DEPARTMENT
    SET Total_sal = Total_sal + N.salary – O.salary
    WHERE Dno = N.Dno;

T2: CREATE TRIGGER Total_sal2
    AFTER UPDATE OF Salary ON EMPLOYEE
    REFERENCING OLD TABLE AS O, NEW TABLE AS N
    FOR EACH STATEMENT
    WHEN    EXISTS ( SELECT *FROM N WHERE N.Dno IS NOT NULL ) OR
            EXISTS ( SELECT * FROM O WHERE O.Dno IS NOT NULL )
    UPDATE DEPARTMENT AS D
    SET D.Total_sal = D.Total_sal
    + ( SELECT SUM (N.Salary) FROM N WHERE D.Dno=N.Dno )
    – ( SELECT SUM (O.Salary) FROM O WHERE D.Dno=O.Dno )
    WHERE Dno IN ( ( SELECT Dno FROM N ) UNION ( SELECT Dno FROM O ) );
```

그림 25.6 SQL-99에서 트리거 T1을 정의하기 위한 구문의 예

## 25.2 이력 데이터베이스 개념

넓은 의미에서 이력 데이터베이스는 정보를 구성할 때 시간 개념을 요구하는 모든 데이터베이스 응용을 포함한다. 따라서 이력 데이터베이스는 응용 개발자가 사용할 일련의 통일된 개념을 개발하는 것이 필요하다는 점을 설명하는 데 좋은 예를 제공한다. 이력 데이터베이스 응용은 데이터베이스의 사용 초기부터 개발되어 왔다. 그러나 이런 응용을 개발함에 있어서 응용 설계자와 개발자는 자신이 필요로 하는 이력 개념을 직접 발견하고, 설계하고, 프로그램하고, 구현하였다. 데이터베이스에서 정보를 관리하기 위해 시간 개념이 필요한 응용의 예는 많이 있다. 병원에서는 환자 이력을 관리해야 하고, 보험에서는 보상 청구 및 사고 이력과 함께 보험 정책이 실시되는 시간에 대한 정보가 필요하며, 일반적인 예약 시스템(호텔, 항공사, 렌터카, 열차 등)에서는 예약이 유효한 날짜와 시간에 대한 정보가 요구되고, 과학 데이터베이스에서는 실험으로 모은 데이터에 각 데이터가 측정된 시간이 포함된다. 이 책에서 사용된 두 개의 예도 쉽게 이력 응용으로 확장될 수 있다. COMPANY 데이터베이스에서 각 사원의 SALARY, JOB, PROJECT 이력을 유지하기를 원할 수 있다. UNIVERSITY 데이터베이스에서 시간은 이미 COURSE의 각 SECTION의 SEMESTER와 YEAR, STUDENT의 학점 이력, 연구비에 대한 정보에 포함되어 있다. 사실 대부분의 데이터베이스 응용은 어느 정도 이력 정보를 가지고 있다고 할 수 있다. 그러나 사용자는 이력이 응용을 복잡하게 만들기 때문에 이력 개념을 흔히 단순화하거나 무시한다.

이 절에서는 복잡한 이력 데이터베이스 응용을 다루기 위하여 개발된 몇 가지 개념을 소개

한다. 25.2.1절에서는 데이터베이스 내에서 시간이 어떻게 표현되는지 설명하고, 여러 가지 타입의 이력 정보와 몇 가지 필요한 여러 차원의 시간을 소개한다. 25.2.2절에서는 관계 데이터베이스에 시간이 어떻게 포함될 수 있는지 설명한다. 25.2.3절에서는 객체 데이터베이스처럼 복합 구조 객체를 허용하는 데이터 모델들에서 시간을 표현하는 추가적인 옵션들을 제시한다. 25.2.4절에서는 이력 데이터베이스에 대해 질의하는 연산을 소개하고, SQL을 확장하여 이력 개념을 표현하는 TSQL2 언어를 간략히 소개한다. 25.2.5절에서는 실제로 매우 중요한 이력 데이터 타입인 시계열(time series) 데이터를 집중적으로 소개한다.

### 25.2.1 시간 표현, 달력, 시간 차원

이력 데이터베이스에서 시간은 응용에 따라 정해진 어떤 단위(granularity)의 점들의 순서화된 연쇄(ordered sequence)라고 간주한다. 예를 들어, 어떤 이력 응용에서는 1초 보다 작은 시간 단위를 전혀 요구하지 않는다. 이런 응용에서 각 시점은 1초 단위를 나타낸다. 실제로 1초는 1/1000초, 1/1000000초 등으로 더 세밀히 분해할 수 있으므로 짧은 시간 기간이며 점이 아니다. 이력 데이터베이스 학자들은 점 대신에 크로논(chronon)이라는 용어를 사용하여 특정 응용에 대한 최소 단위를 표현하였다. 예를 들어, 최소 단위를 1초로 선택함에 따르는 주요 결과는 같은 1초 내에 발생한 이벤트는 실제로는 동시에 발생하지 않았더라도 동시적인 이벤트로 간주한다는 것이다.

시간의 시작과 끝에 대하여 알려져 있지 않으므로 특정 시점을 측정하기 위한 참조점이 필요하다. 여러 가지 달력이 다양한 문화(그레고리안(서양), 중국, 이슬람, 힌두, 유태 등)에 의하여 서로 다른 참조점과 함께 사용되고 있다. 달력은 편의를 위하여 시간을 여러 가지 다른 시간 단위로 구성한다. 대부분의 달력은 지구의 축 둘레를 한 번 도는 물리적인 시간을 기반으로 하여 60초를 1분으로, 60분은 한 시간으로, 24시간을 하루로, 7일을 일주일로 구성한다. 날들을 모아 한 달로, 달들을 모아 1년으로 구성하는 것은 태양 또는 달의 자연 현상을 따르며 일반적으로 불규칙적이다. 대부분의 서양 국가에서 사용되는 그레고리안 달력에서는 한 달이 28, 29, 30, 31일로 구성되며, 12개월이 1년을 이룬다. 하나의 시간 단위를 다른 것으로 사상하는 데에는 복잡한 공식이 사용된다.

SQL2의 이력 데이터 타입(3장)에는 DATE(년, 월, 일을 YYYY-MM-DD 형태로 지정), TIME (시, 분, 초를 HH:MM:SS로 지정), TIMESTAMP(날짜/시간 조합을 지정, 필요한 경우 오전, 오후를 분리하는 옵션을 포함), INTERVAL(10일 또는 250분과 같이 상대적인 시간 기간), PERIOD(2009년 1월 1일부터 2009년 1월 10일까지의 10일 기간과 같이 고정된 시작점을 갖는 참조된 시간의 기간)이 있다.[10)]

**이벤트 정보와 기간(또는 상태) 정보.** 이력 데이터베이스는 언제 특정 이벤트가 발생하는지, 언제 특정 사실이 참으로 판정되는지에 관한 정보를 저장할 수 있다. 이력 정보에는 여러 가지 타입이 있다. 점 이벤트(point event) 또는 점 사실(point fact)은 일반적으로 데이터베이스 내에서 어떤 단위로 단일 시점과 연관된다. 예를 들어, 은행 예금 이벤트는 예금이

10) 불행하게도 용어들이 일관적으로 사용되어 오지 못했다. 예를 들어, 기간(interval)이라는 용어는 종종 참조된 기간을 나타내는 데 사용되었다. 일관성을 위하여 여기서는 SQL 용어를 사용한다.

일어난 때의 타임스탬프와 연관될 수 있으며, 월간 제품 총판매(사실)는 특정 달(예를 들어, 2010년 2월)과 연관될 수 있다. 이런 이벤트나 사실이 서로 다른 단위를 갖더라도 각각은 데이터베이스에서 단일 시점과 연관되어 있음을 주목해야 한다. 이런 타입의 정보는 종종 25.2.5절에서 논의할 시계열 데이터로 표현된다. 반면에 기간 이벤트(duration event) 또는 기간 사실(duration fact)은 데이터베이스에서 특정 시간 기간(time period)과 연계되어 있다.[11] 예를 들어, 어떤 사원이 회사에서 2003년 8월 15일부터 2008년 11월 20일까지 근무했음을 나타낼 수 있다.

시간 기간(time period)은 시작 시점(start time point)과 끝 시점(end time point) [START-TIME, END-TIME]으로 표현된다. 예를 들어, 위의 기간은 [2003-08-15, 2008-11-20]으로 표현된다. 이런 시간 기간은 종종 명시된 단위에서 시작 시간부터 끝 시간까지의 모든 시점의 집합을 의미하는 것으로 해석된다. 따라서 일(day) 단위를 가정하면 기간 [2003-08-15, 2008-11-20]은 2003년 8월 15일부터 2008년 11월 20일까지의 모든 날짜들의 집합을 나타낸다.[12]

**유효 시간과 트랜잭션 시간 차원**. 데이터베이스에서 특정 시점이나 시간 기간과 연관된 특정 이벤트 또는 사실이 주어졌을 때 그런 연관이 상이한 의미를 갖는 것으로 해석할 수도 있다. 가장 자연스러운 해석은 연관된 시간이 실세계에서 그 이벤트가 발생한 시간이거나 사실이 참인 것으로 판단되는 기간이다. 이런 해석법이 사용되면 연관된 시간을 종종 **유효 시간**(valid time)이라 부른다. 이런 해석법을 사용하는 이력 데이터베이스를 **유효 시간 데이터베이스**(valid time database)라고 부른다.

그러나 다른 해석법이 사용될 수도 있다. 이 경우 연관된 시간은 데이터베이스에 정보가 실제로 저장된 시간을 나타낸다. 즉 시스템 내에서 그 정보가 유효해진 시스템 시간값이다.[13] 이런 경우에, 연관된 시간을 **트랜잭션 시간**(transaction time)이라고 부른다. 이런 해석법을 사용하는 이력 데이터베이스를 트랜잭션 시간 데이터베이스라고 부른다.

또 다른 해석법도 있으나 위의 방법이 가장 일반적인 것으로 여겨지고 있으며 이들을 시간 차원(time dimension)이라 한다. 어떤 응용에서는 이 중에서 하나의 차원만 필요하고 다른 응용에서는 두 가지 차원 모두가 필요하다. 이런 경우의 이력 데이터베이스를 2이력 데이터베이스(bitemporal database)라고 부른다. 사용자가 시간에 대한 다른 해석법을 원하는 경우 사용자는 그 의미론을 정의하고 응용을 적절하게 프로그램할 수 있으며, 이를 사용자 정의 시간(user-defined time)이라 부른다.

다음 절에서는 이런 개념이 어떻게 관계 데이터베이스에 포함되는지를 예를 통하여 알아보고 25.2.3절에서는 객체 데이터베이스에 이력 개념을 포함시키는 접근 방식을 알아보자.

---

11) 이는 참조된 기간과 같다. 시간 기간 (time interval)으로도 많이 불렸으나 혼동을 피하기 위하여 SQL 용어와 일관되도록 기간 (period)이라는 용어를 사용하겠다.

12) 기간 [2003-08-15, 2008-11-20]의 표현법은 닫힌 기간 (closed interval) 표현법이라고 부른다. [2003-08-15, 2008-11-21)로 표기하며 끝 점을 포함하지 않는 점들의 집합을 나타내는 열린 기간(open interval)을 사용할 수도 있다. 때로는 후자의 표현법이 더 편리하지만, 혼동을 피하기 위하여 닫힌 기간만을 사용한다.

13) 좀 더 자세한 내용은 25.2.3절에서 설명한다.

### 25.2.2 관계 데이터베이스에 투플 버저닝을 이용한 시간 포함

**유효 시간 릴레이션**. 여기서는 여러 가지 타입의 이력 데이터베이스들이 관계 모델에서 어떻게 표현되는지 살펴본다. 먼저 실세계에서 발생하는 변화 내력을 포함시키려 한다고 가정하자. 그림 25.1의 데이터베이스를 다시 고려하고 이 응용을 위하여 시간 단위가 일(day)이라고 가정하자. 그러면 일 단위를 제공하기 위한 DATE 데이터 타입의 Vst (Valid Start Time; 유효 시작 시간)와 Vet (Valid End Time; 유효 끝 시간) 애트리뷰트를 더함으로써 두 개의 릴레이션 EMPLOYEE와 DEPARTMENT를 유효 시간 릴레이션(valid time relation)으로 변환할 수 있다. 그림 25.7(a)는 변환한 릴레이션을 보여 주며, 릴레이션의 이름을 각각 EMP_VT와 DEPT_VT로 바꿨다.

EMP_VT 릴레이션이 비이력적인 EMPLOYEE 릴레이션(그림 25.1)과 어떻게 다른지 고려해 보자.[14] EMP_VT에서 각 투플 V는 시간 기간 [V.Vst, V.Vet] 동안에만 (실세계에서)유효한 사원 정보의 버전을 표현하는 반면, EMPLOYEE의 각 투플은 각 사원의 현재 상태 또는 현재 버전만을 표현한다. EMP_VT에서 각 사원의 현재 버전은 일반적으로 유효끝 시간(valid end time)으로 지금(*now*)이라는 특수값을 가진다. 특수값 지금(now)은 시간이 진행함에 따라 묵시적으로 현재 시간을 나타내는 이력 변수(temporal variable)이다. 비이력적인 EMPLOYEE 릴레이션은 EMP_VT 릴레이션에서 Vet가 지금인 투플들 만을 포함한다.

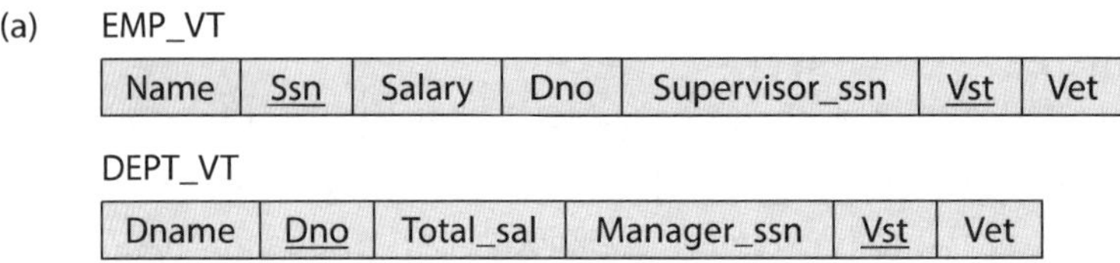


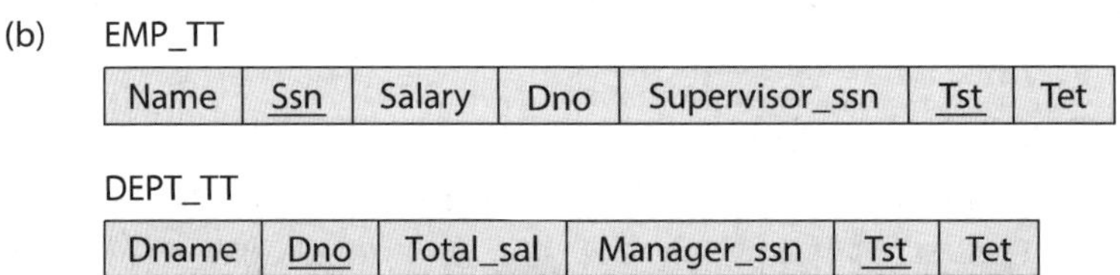


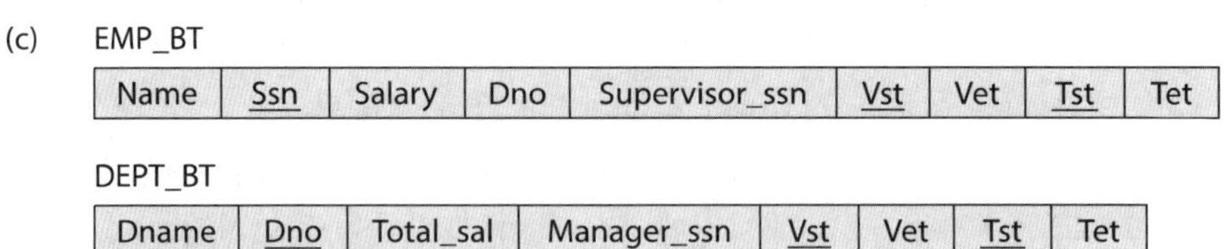


그림 25.7 여러 유형의 이력 관계 데이터베이스: (a) 유효 시간 데이터베이스 스키마, (b) 트랜잭션 시간 데이터베이스 스키마, (c) 2이력 데이터베이스 스키마

14) 비이력 릴레이션은 데이터베이스의 현재의 스냅샷(current snapshot) 또는 현재의 상태 (current state)만을 나타내므로 스냅샷 릴레이션(snapshot relation)이라고 부른다.

그림 25.8은 유효 시간 릴레이션 EMP_VT와 DEPT_VT에 있는 몇 개의 투플 버전을 보여준다. Smith의 버전이 두 개, Wong의 버전이 세 개, Brown의 버전이 하나, Narayan의 버전이 하나 존재한다. 이제 정보가 변화될 때 유효 시간 릴레이션이 어떻게 동작하는지 살펴보자. 한 사원의 하나 이상의 애트리뷰트 값을 갱신하는 경우에 비이력 릴레이션(nontemporal relation)에서처럼 이전값을 덮어쓰는 대신, 이력 릴레이션에서는 새로운 버전을 생성하고 Vet를 끝 시간으로 변경함으로써 현재 버전을 닫는다. 따라서 사용자가 Smith의 급여를 2003년 6월 1일부터 $30000으로 갱신하는 명령을 입력했을때 Smith의 두 번째 버전이 생성되었다(그림 25.8 참조). 이 갱신이 일어나는 시간에 Smith의 처음 버전은 Vet가 지금인 현재 버전이었으나, 갱신 후에는 지금이 2003년 5월 31일(일 단위로 2003년 6월 1일보다 하나 작은 시간)로 변경되었고, 처음 버전은 닫힌 버전(closed version) 또는 이력 버전(history version)이 되며, 새로운(두 번째) 버전이 현재 버전이 된다.

EMP_VT

| Name | Ssn | Salary | Dno | Supervisor_ssn | Vst | Vet |
|---|---|---|---|---|---|---|
| Smith | 123456789 | 25000 | 5 | 333445555 | 2002-06-15 | 2003-05-31 |
| Smith | 123456789 | 30000 | 5 | 333445555 | 2003-06-01 | Now |
| Wong | 333445555 | 25000 | 4 | 999887777 | 1999-08-20 | 2001-01-31 |
| Wong | 333445555 | 30000 | 5 | 999887777 | 2001-02-01 | 2002-03-31 |
| Wong | 333445555 | 40000 | 5 | 888665555 | 2002-04-01 | Now |
| Brown | 222447777 | 28000 | 4 | 999887777 | 2001-05-01 | 2002-08-10 |
| Narayan | 666884444 | 38000 | 5 | 333445555 | 2003-08-01 | Now |

...

DEPT_VT

| Dname | Dno | Manager_ssn | Vst | Vet |
|---|---|---|---|---|
| Research | 5 | 888665555 | 2001-09-20 | 2002-03-31 |
| Research | 5 | 333445555 | 2002-04-01 | Now |

...

그림 25.8 유효시간 릴레이션 EMP_VT와 DEPT_VT에 있는 몇 개의 투플 버전

유효 시간 릴레이션에서 일반적으로 사용자는 갱신 명령의 유효 시간을 제공해야 한다. 예를 들어, Smith의 급여 갱신이 실세계에서 2003년 6월 1일부터 유효하더라도 갱신 명령이 2003년 5월 15일 오전 8:52:12에 데이터베이스에 입력될 수도 있다. 실세계에서 유효하기 전에 데이터베이스에 적용되므로 이를 사전 갱신(proactive update)이라 부른다. 만약 실세계에서 유효해진 이후에 갱신이 데이터베이스에 적용된다면 이를 소급 갱신(retroactive update)이라 부른다. 유효해지는 때와 같은 시간에 적용된 갱신은 동시 갱신(simultaneous update)이라 부른다.

일반적으로 비이력 데이터베이스에서 사원을 삭제하는 것에 대응되는 동작은 삭제될 사원의 현재 버전을 닫음으로써 유효 시간 데이터베이스에 적용할 수 있다. 예를 들어, Smith가

2004년 1월 19일에 회사를 그만둔다면 Smith의 현재 버전의 Vet를 지금에서 2004-01-19로 변경함으로써 적용될 것이다. 그림 25.8에서 Brown은 2002-08-10에 회사를 떠났으며 현재 논리적으로 삭제된 상태이므로 그에 대한 현재 버전이 존재하지 않는다. 그러나 데이터베이스가 이력적이므로 Brown에 대한 이전 정보는 남아 있다.

새로운 사원을 삽입하는 연산은 그 사원에 대한 첫 투플 버전을 생성하고, 이 투플의 Vst를 사원이 일하기 시작한 (실세계) 시간으로 하여 현재 버전으로 만드는 것과 대응된다. 그림 25.7에서 첫 버전이 아직 갱신되지 않고 있는 Narayan에 대한 투플이 이를 설명한다.

유효 시간 릴레이션에서 EMPLOYEE의 Ssn과 같은 비이력 키(nontemporal key)는 각 투플(버전)에서 더 이상 유일하지 않음을 유의해야 한다. EMP_VT에 대한 새로운 릴레이션키는 비이력키와 유효 시작 시간 애트리뷰트 Vst의 조합이 된다.[15] 따라서 (Ssn,Vst)를 기본키로 사용한다. 이는 임의의 시간에 각 엔티티에 대해 기껏해야 하나의 유효한 버전이 존재하기 때문이다. 그러므로 유효 시간 릴레이션에서 같은 엔티티를 나타내는 어떤 두 개의 투플 버전도 겹치지 않는 유효 시간 기간을 가져야 한다는 제약 조건이 만족되어야 한다. 비이력 기본키 값이 시간에 따라 변할 수 있다면 각 실세계 엔티티의 모든 버전을 관련시키기 위하여 값이 절대로 변하지 않는 유일한 대리키 애트리뷰트(surrogate key attribute)를 갖는 것이 중요하다.

유효 시간 릴레이션은 기본적으로 실세계에서 유효한 변화들의 이력을 관리한다. 따라서 모든 실세계의 변화가 적용되면 데이터베이스는 실세계 상태의 이력을 보관하게 된다. 그러나 갱신, 삽입, 삭제 등이 소급적으로 또는 사전에 적용될 수 있으므로 어떤 특정 시점의 실제 데이터베이스 상태의 기록은 존재하지 않는다. 어떤 응용에서 실제 데이터베이스 상태가 중요하다면 **트랜잭션 시간 릴레이션**(transaction time relaticos)을 사용해야 한다.

**트랜잭션 시간 릴레이션**. 트랜잭션 시간 데이터베이스에서는 데이터베이스에 변화가 일어날 때마다 변화(삽입, 삭제, 갱신)를 일으킨 트랜잭션의 실제 타임스탬프가 기록된다. 이런 데이터베이스는 실시간 주식 거래 또는 은행 트랜잭션과 같이 대부분의 경우에 변화들이 동시에 적용될 때 가장 유용하다. 그림 25.1의 비이력 데이터베이스를 트랜잭션 시간 데이터베이스로 변환하면, 두 개의 릴레이션 EMPLOYEE와 DEPARTMENT에 일반적으로 TIMESTAMP 데이터 타입인 애트리뷰트 Tst (Transaction Start Time; 트랜잭션 시작 시간)와 Tet (Transaction End Time; 트랜잭션 끝 시간)를 더함으로써 트랜잭션 시간 릴레이션으로 변환된다. 그림 25.7(b)는 변환된 릴레이션을 보여주며 릴레이션의 이름을 각각 EMP_TT와 DEPT_TT로 바꿨다.

EMP_TT에서 각 투플 *V*는 실제 시간 *V*.Tst에 생성되고 (더 이상 정보가 정확하지 않기 때문에), 실제 시간 *V*.Tet(논리적으로)에 제거된 사원 정보의 버전을 나타낸다. EMP_TT에서 각 사원의 현재 버전은 일반적으로 트랜잭션 끝 시간으로 특수값 UC(Until Changed; 변화되기까지)를 갖는다. 이는 투플이 다른 어떤 트랜잭션에 의하여 변화되기 전까지는 올바른 정보를 나타냄을 의미한다.[16] 트랜잭션 시간 데이터베이스는 복귀 데이터베이스

15) 비이력 키와 유효 끝 시간 애트리뷰트 Vet의 조합도 사용가능하다.

(rollback database)라고 불러 왔다.[17] 왜냐하면 트랜잭션 시간 기간 [ $V$.Tst, $V$.Tet]가 시점 $T$를 포함하고 있는 모든 투플 버전 $V$를 검색함으로써 사용자가 과거의 임의의 시간 $T$의 실제 데이터베이스 상태로 논리적으로 복귀할 수 있기 때문이다.

**2이력 릴레이션**. 어떤 응용은 유효 시간과 트랜잭션 시간을 모두 요구하므로 2이력 릴레이션(bitemporal relation)이 등장하였다. 25.7(c)는 그림 25.1의 EMPLOYEE와 DEPARTMENT 비이력 릴레이션이 각각 2이력 릴레이션 EMP_BT와 DEPT_BT로 어떻게 나타나는지 보여준다. 그림 25.9는 이 릴레이션의 몇 개의 투플을 나타낸다. 이 테이블에서 트랜잭션 끝 시간 Tet가 *uc*인 투플은 현재 유효한 정보를 나타내는 반면, Tet가 절대 타임스탬프인 투플은 그 타임스탬프 직전까지 유효했던 것이다. 따라서 그림 25.9에서 *uc*값을 갖는 투플은 그림 25.7의 유효 시간 투플에 대응된다. 각 투플 내의 트랜잭션 시작 시간 애트리뷰트 Tst는 그 투플을 생성한 트랜잭션의 타임스탬프이다.

이제 2이력 릴레이션에서 갱신 연산이 어떻게 구현되는지 고려해 보자. 이와 같은 2이력 데이터베이스 모델에서,[18] *uc*값을 갖는 트랜잭션 끝 시간 애트리뷰트 Tet를 제외하면 어떤 투플에서도 애트리뷰트 값이 물리적으로 변화되지 않는다.[19] 투플이 어떻게 생성되는지 설명하기 위하여 EMP_BT 릴레이션을 고려해 보자. 한 사원의 현재 버전 $V$는 Tet 애트리뷰트에 *uc*를, Vet 애트리뷰트에 지금(now) 값을 갖는다. 만약 Salary와 같은 어떤 애트리뷰트가 갱신되면 갱신을 수행한 트랜잭션 $T$는 새로운 Salary 값과 새로운 급여가(실세계에서) 유효해지는 유효 시간 VT의 두 개의 매개 변수를 가져야 한다. 주어진 유효 시간 단위에서 VT−가 VT 이전의 시점이고, 트랜잭션 $T$가 타임스탬프 TS( $T$)를 갖는다

고 가정하자. 그러면 다음의 물리적 변화가 EMP_BT 테이블에 적용될 것이다.

1. 현재 버전 $V$의 사본 $V_2$를 만든다. $V_2$.Vet를 VT−로, $V_2$.Tst를 TS( $T$)로, $V_2$.Tet를 *uc*로 설정하고, EMP_BT에 $V_2$를 삽입한다. $V_2$는 이전의 현재 버전 $V$가 유효 시간 VT−에 닫힌 이후로 이의 사본이 된다.
2. 현재 버전 $V$의 사본 $V_3$을 만든다. $V_3$.Vst를 VT로, $V_3$.Vet를 지금으로, $V_3$.Salary를 새로운 급여값으로, $V_3$.Tst를 TS($T$)로, $V_3$.Tet를 *uc*로 설정하고, $V_3$을 EMP_BT에 삽입한다. $V_3$은 새로운 현재 버전을 나타낸다.
3. 현재 버전이 더 이상 정확한 정보를 나타내고 있지 않으므로 $V$.Tet를 TS( $T$)로 설정한다.

설명을 위하여 그림 25.9의 EMP_BT의 처음의 세 투플 $V_1$, $V_2$, $V_3$을 고려해 보자. Smith의 급여를 25000에서 30000으로 갱신하기 전에는 $V_1$만이 EMP_BT 내에 현재 버전으로 있

---

16) 트랜잭션 시간 릴레이션의 uc 변수는 유효 시간 릴레이션의 지금(now) 변수에 해당된다. 그러나 의미는 약간 다르다.

17) 여기서 복귀라는 용어는 회복 중의 트랜잭션 복귀(22장 참조)와 다른 의미를 갖는다. 회복은 트랜잭션의 생신을 물리적으로 취소하지만 여기서는 사용자가 과거 시점에서 나타난 그대로 데이터베이스를 검색할 수 있도록 허용하기 위하여 논리적으로 취소한다.

18) 기존에 제안된 이력 데이터베이스 모델들이 많이 있다. 여기서는 개념을 설명하기 위한 예로 특정 모델에 관해서 기술하고 있다.

19) 일부 2이력 모델들은 Vet 애트리뷰트도 변경을 허용하지만 이런 모델에서는 변경 전후의 투플들에 대한 해석은 서로 다르다.

으며 Tet가 *uc*이다. 그 후에 타임스탬프 TS(*T*)가 '2003-06-04, 08:56:12'인 트랜잭션 *T*가 유효 시간을 '2003-06-01'로, 급여를 30000으로 갱신하면, $V_1$의 사본이며 새로운 유효 시간의 하루 전날인 '2003-05-31'을 Vet로, 갱신 트랜잭션의 타임스탬프를 Tst로 갖는 투플 $V_2$가 생성된다. 동시에 새로운 급여값을 가지며, Vst를 '2003-06-01'로, Tst를 갱신 트랜잭션의 타임스탬프로 설정한 투플 $V_3$도 생성된다. 마지막으로 $V_1$의 Tet는 갱신 트랜잭션의 타임스탬프인 '2003-06-04, 08:56:12'로 설정된다. 갱신 트랜잭션이 2003년 6월 4일에 수행되었으나 급여 변화는 2003년 6월 1일에 유효하므로 이는 소급 갱신이다.

EMP_BT

| Name | Ssn | Salary | Dno | Supervisor_ssn | Vst | Vet | Tst | Tet |
|---|---|---|---|---|---|---|---|---|
| Smith | 123456789 | 25000 | 5 | 333445555 | 2002-06-15 | Now | 2002-06-08, 13:05:58 | 2003-06-04,08:56:12 |
| Smith | 123456789 | 25000 | 5 | 333445555 | 2002-06-15 | 2003-05-31 | 2003-06-04, 08:56:12 | uc |
| Smith | 123456789 | 30000 | 5 | 333445555 | 2003-06-01 | Now | 2003-06-04, 08:56:12 | uc |
| Wong | 333445555 | 25000 | 4 | 999887777 | 1999-08-20 | Now | 1999-08-20, 11:18:23 | 2001-01-07,14:33:02 |
| Wong | 333445555 | 25000 | 4 | 999887777 | 1999-08-20 | 2001-01-31 | 2001-01-07, 14:33:02 | uc |
| Wong | 333445555 | 30000 | 5 | 999887777 | 2001-02-01 | Now | 2001-01-07, 14:33:02 | 2002-03-28,09:23:57 |
| Wong | 333445555 | 30000 | 5 | 999887777 | 2001-02-01 | 2002-03-31 | 2002-03-28, 09:23:57 | uc |
| Wong | 333445555 | 40000 | 5 | 888667777 | 2002-04-01 | Now | 2002-03-28, 09:23:57 | uc |
| Brown | 222447777 | 28000 | 4 | 999887777 | 2001-05-01 | Now | 2001-04-27, 16:22:05 | 2002-08-12,10:11:07 |
| Brown | 222447777 | 28000 | 4 | 999887777 | 2001-05-01 | 2002-08-10 | 2002-08-12, 10:11:07 | uc |
| Narayan | 666884444 | 38000 | 5 | 333445555 | 2003-08-01 | Now | 2003-07-28, 09:25:37 | uc |

...

DEPT_VT

| Dname | Dno | Manager_ssn | Vst | Vet | Tst | Tet |
|---|---|---|---|---|---|---|
| Research | 5 | 888665555 | 2001-09-20 | Now | 2001-09-15,14:52:12 | 2001-03-28,09:23:57 |
| Research | 5 | 888665555 | 2001-09-20 | 1997-03-31 | 2002-03-28,09:23:57 | uc |
| Research | 5 | 333445555 | 2002-04-01 | Now | 2002-03-28,09:23:57 | uc |

그림 25.9 2이력 릴레이션 EMP_BT와 DEPT_BT의 몇 개의 투플 버전

마찬가지로 Wong의 급여와 부서가 (동시에) 각각 30000과 5로 변경될 때, 갱신 트랜잭션의 타임스탬프는 '2001-01-07, 14:33:02'이고, 갱신이 유효해지는 유효 시간은 '2001-02-01'이다. 따라서 트랜잭션이 2001년 1월 7일에 수행되었으나 유효 날짜는 2001년 2월 1일이므로 이는 사전 갱신이다. 이 경우에 투플 $V_4$가 $V_5$와 $V_6$으로 논리적으로 대체된다.

2이력 릴레이션에서 삭제 연산이 어떻게 구현되는지 설명하기 위하여 그림 25.9의 EMP_BT 릴레이션의 $V_9$와 $V_{10}$ 투플을 고려해 보자. 여기서 사원 Brown이 2002년 8월 10일에 회사를 떠났고, 논리적 삭제가 TS(*T*) = 2002-08-12, 10:11:07인 트랜잭션 *T*에 의하여 수행되었다. Brown이 떠나고 트랜잭션 *T*가 수행되기 전에 $V_9$가 Brown의 현재 버전이었고, 그 Tet는 *uc*였다. 논리적 삭제는 $V_9$.Tet를 무효화하기 위하여 $V_9$.Tet를 2002-08-12, 10:11:07로 설정하고 Brown에 대한 최종 버전 $V_{10}$을 Vet = 2002-08-10으로 하여 생성함으로써 구현된다(그림 25.9 참조). 마지막으로 삽입 연산은 EMP_BT 테이블의 $V_{11}$처럼 최초 버전을 생성함으로써 구현된다.

**구현상의 고려 사항.** 이력 릴레이션에 투플들을 저장하기 위한 여러 가지 옵션이 존재한다. 한 옵션은 그림 25.8과 25.9에 보인 것과 같이 하나의 테이블에 모든 투플을 저장하는 것이

다. 다른 옵션으로는 두 개의 테이블을 생성하는 것이며, 이 중에서 하나는 현재 유효한 정보를 위한 것이고, 다른 하나는 나머지 투플들을 위한 것이다. 예를 들어, 2이력 릴레이션 EMP_BT에서 Tet로 *uc*를, Vet로 지금(now)을 갖는 투플들이 현재 유효한(즉 현재의 스냅샷을 나타내는) 투플이므로 현재 테이블(current table)에 저장하고, 다른 모든 투플을 다른 릴레이션에 저장한다. 이는 데이터베이스 관리자가 각 릴레이션에 대한 인덱스와 같이 접근 경로를 다르게 하면서 현재 테이블의 크기를 적당하게 유지할 수 있도록 한다. 다른 가능성으로는 세 번째 테이블을 생성하여 Tet가 *uc*가 아닌 정정된 투플을 저장하는 것이다.

또 다른 옵션은 이력 릴레이션의 애트리뷰트를 수직으로 분할하여 별도의 릴레이션에 저장하는 것이다. 이렇게 하는 이유는 릴레이션이 많은 애트리뷰트를 가지면 하나의 애트리뷰트라도 갱신될 때마다 전체 투플의 새로운 버전이 생성되어야 하기 때문이다. 만약 애트리뷰트가 비동기적으로 갱신되면 각 새로운 버전은 한 애트리뷰트만 다를 것이며, 따라서 불필요하게 다른 애트리뷰트 값을 반복하게 된다. 별도의 릴레이션이 각각 기본키를 중복하여 갖고 있고 항상 동기적으로 변하는 애트리뷰트만 포함하도록 생성된다면, 이런 데이터베이스를 이력 **정규형**(temporal normal form)이라 부른다. 그러나 정보를 조합하기 위하여 조인의 변형인 이력 교집합 **조인**(temporal intersection join)이 필요하고 이는 일반적으로 구현하기가 어렵다.

2이력 데이터베이스에서 완전한 변화 기록이 가능함에 주목해야 한다. 심지어 정정(correction)한 기록에 대한 관리도 가능하다. 예를 들어, 같은 사원에 대한 두 개의 투플 버전이 동일한 유효 시간을 갖지만 트랜잭션 시간이 상이하다면 서로 다른 애트리뷰트 값을 갖는 것이 가능하다. 이런 경우에 나중의 트랜잭션 시간을 갖는 투플은 다른 투플 버전의 정정이다. 부정확하게 입력된 유효 시간조차도 이런 방법으로 수정할 수 있다. 데이터베이스의 부정확한 상태도 질의 목적을 위하여 이전의 데이터베이스 상태로 여전히 존재할 것이다. 이처럼 변화와 정정에 관해 완전한 기록을 유지하는 데이터베이스를 **첨가 전용 데이터베이스**(append-only database)라고 부른다.

### 25.2.3 애트리뷰트 버저닝을 이용하여 객체지향 데이터베이스에 시간을 포함

앞 절에서는 이력 데이터베이스를 구현하기 위하여 **투플 버저닝 방식**(tuple versioning approach)을 논의하였다. 이 방식에서는 한 애트리뷰트 값이 바뀔 때마다 다른 모든 애트리뷰트 값이 이전의 투플 버전과 동일하더라도 전체 투플의 새로운 버전이 생성된다. 또 다른 방식이 객체지향 데이터베이스(11장 참조) 또는 객체-관계 데이터베이스와 같이 복합 구조 객체(complex structured object)를 지원하는 데이터베이스 시스템에서 사용될 수 있다. 이런 방식을 **애트리뷰트 버저닝**(abbttribute versioning)이라고 한다.

애트리뷰트 버저닝에서는 하나의 복합 객체가 그 객체의 모든 이력 변화를 저장하는데 사용된다. 시간에 따라 변화하는 각 애트리뷰트를 시간-변화 애트리뷰트(time-varying attribute)라고 부르며, 애트리뷰트에 이력 기간을 추가함으로써 시간에 따른 값 버전을 갖는다. 이력 기간은 응용의 요구에 따라 유효 시간, 트랜잭션 시간, 또는 2 이력 시간을 나타낼 수 있다. 변하지 않는 애트리뷰트는 시간-불변 애트리뷰트(nontime-varying attribute)라고 부르며, 이력 기간과 연관되어 있지 않다. 이를 설명하기 위하여 객체지향 데이터베이스를 위한 ODL(object definition language) 표기법(11장 참조)을 이용하여 EMPLOYEE의 유효 시간에 대한 애트리뷰트 버전을 나타내는 그림 25.10의 예를 고려해 보자. 여기서 이름과 사회보장번호는 시간-불변 애트리뷰트이며, 반면에 급여, 부서, 상사는 (시간에따라 변할 수 있는) 시간-변화 애트리뷰트라고 가정한다. 각 시간-변화 애트리뷰트는 투플 <Valid_start_time, Valid_end_time, Value>의 리스트로 표현되며, 유효 시작 시간에 따라 순서가 정해진다.

이 모델에서 애트리뷰트가 변화될 때마다 현재 애트리뷰트 버전은 닫히고, 이 애트리뷰트에 대한 새로운 애트리뷰트 버전만이 리스트에 추가된다. 이는 애트리뷰트가 비동 기적으로 변화하는 것을 허용한다. 각 애트리뷰트의 현재값은 Valid_end_time으로 지금 (*now*)값을 갖는다. 애트리뷰트 버저닝을 사용할 때 전체 객체와 연관된 일생 이력 애트리뷰트(lifespan temporal attribute)를 포함시키는 것이 유용하다. 일생 이력 애트리뷰트는 전체 객체가 존재하는 유효 시간을 가리키는 하나 이상의 유효 시간 기간을 값으로 갖는다. 그 객체의 논리

```
class TEMPORAL_SALARY
{     attribute     Date                     Valid_start_time;
      attribute     Date                     Valid_end_time;
      attribute     float                    Salary;
};

class TEMPORAL_DEPT
{     attribute     Date                     Valid_start_time;
      attribute     Date                     Valid_end_time;
      attribute     DEPARTMENT_VT            Dept;
};

class TEMPORAL_SUPERVISOR
{     attribute     Date                     Valid_start_time;
      attribute     Date                     Valid_end_time;
      attribute     EMPLOYEE_VT              Supervisor;
};

class TEMPORAL_LIFESPAN
{     attribute     Date                     Valid_ start time;
      attribute     Date                     Valid end time;
};

class EMPLOYEE_VT
(     extent EMPLOYEES )
{     attribute     list<TEMPORAL_LIFESPAN>          lifespan;
      attribute     string                           Name;
      attribute     string                           Ssn;
      attribute     list<TEMPORAL_SALARY>            Sal_history;
      attribute     list<TEMPORAL_DEPT> Dept_history;
      attribute     list <TEMPORAL_SUPERVISOR>       Supervisor_history;
};
```

그림 25.10 애트리뷰트 버저닝을 이용하는 이력 유효 시간 EMPLOYEE_VT 객체 클래스에 대한 ODL 스키마

적인 삭제는 일생을 닫음으로써 구현된다. 객체 내의 애트리뷰트의 모든 시간 기간은 그 객체 일생의 일부여야 한다는 제약 조건을 만족해야 한다.

2이력 데이터베이스에서 각 애트리뷰트 버전은 다음과 같이 다섯 개의 요소로 이루어진 하나의 투플을 갖는다.

< Valid_start_time , Valid_end_time , Trans_start_time , Trans_end_time , Value >

객체의 일생은 유효 시간과 트랜잭션 시간 차원을 모두 포함할 수 있다. 따라서, 애트리뷰트 버저닝에서 2이력 데이터베이스의 완전한 기능을 이용하는 것이 가능하다. 투플 버전들을 갱신하기 위하여 앞에서 논의한 메커니즘과 유사한 것이 애트리뷰트 버전을 갱신하는 데 적용될 수 있다.

### 25.2.4 이력 질의 구문과 TSQL2 언어

지금까지 이력 구문을 이용하여 데이터 모델을 확장하는 방법을 논의하였다. 이제 이력 질의를 위하여 질의 연산들이 어떻게 확장되어야 하는지 간략하게 소개한다. 그리고 나서 유효 시간, 트랜잭션 시간, 2이력 관계 데이터베이스에 대한 질의를 위하여 SQL을 확장한 TSQL2 언어를 간략하게 설명한다.

비이력 관계 데이터베이스에서 일반적인 선택 조건은 애트리뷰트 조건을 포함하고 이런 조건들을 만족하는 투플이 현재 투플의 집합으로부터 선택된다. 그 다음에 프로젝션 연산(5장 참조)에 의하여 질의에서 관심 있는 애트리뷰트를 명시하였다. 예를 들어, 부서 5에서 일하고 급여가 30000이 넘는 모든 사원의 이름을 검색하는 질의에서의 선택 조건은 다음과 같다.

((Salary > 30000) AND (Dno = 5))

프로젝트된 애트리뷰트는 Name이다. 이력 데이터베이스에서는 조건이 애트리뷰트와 함께 시간을 포함할 수 있다. 순수 시간 조건(pure time condition)은 시간만을 포함한다. 예를 들어, 어떤 시점 $T$에 또는 어떤 시간 기간 $[T_1, T_2]$ 동안에 유효한 모든 사원 투플 버전을 선택하는 질의가 있다. 이 경우에, 명시된 시간 기간을 각 투플 버전의 유효 시간 기간 [$T$.Vst, $T$.Vet]와 비교하여, 조건을 만족하는 투플만 선택한다. 이런 연산에서 기간은 $T_1$부터 $T_2$까지의 시점의 집합과 동등하다고 간주하며, 따라서 표준집합 비교 연산이 사용될 수 있다. 이와 더불어 하나의 시간 기간이 다른 시간 기간이 시작하기 전에 끝나는지 검사하는 연산이 추가적으로 필요하다.[20)]

질의에서 사용되는 몇 가지 일반적인 연산은 다음과 같다.

[$T$.Vst, $T$.Vet] INCLUDES $[T_1, T_2]$는 $T_1 \geq T$.Vst AND $T_2 \leq T$.Vet와 동등
[$T$.Vst, $T$.Vet] INCLUDES_IN $[T_1, T_2]$는 $T_1 \leq T$.Vst AND $T_2 \geq T$.Vet와 동등
[$T$.Vst, $T$.Vet] OVERLAPS $[T_1, T_2]$는 ($T_1 \leq T$.Vet AND $T_2 \geq T$.Vst)[21)]와 동등

20) 시간 기간을 비교하기 위하여 알렌 대수(Allen's algebra)라고 알려진 연산의 완전집합이 정의되었다.
21) 이 연산은 두 기간의 교집합이 공집합이 아니면 참을 반환한다. INTERSECTS_WITH라고도 부른다.

[$T$.Vst, $T$.Vet] BEFORE [$T_1$, $T_2$]는 $T_1 \geq T$.Vet와 동등

[$T$.Vst, $T$.Vet] AFTER [$T_1$, $T_2$]는 $T_2 \leq T$.Vst와 동등

[$T$.Vst, $T$.Vet] MEETS_BEFORE [$T_1$, $T_2$]는 $T_1 = T$.Vet + 1과 동등[22)]

[$T$.Vst, $T$.Vet] MEETS_AFTER [$T_1$, $T_2$]는 $T_2 + 1 = T$.Vst와 동등

두 개의 시간 기간의 합집합 또는 교집합을 계산하는 것과 같이 시간 기간을 다루는 연산들이 추가로 필요하다. 이런 연산들의 결과는 시간 기간보다는 **이력 요소(temporal element)**가 된다. 이력 요소는 서로 상이한 하나 이상의 시간 기간의 모임이며, 이력 요소 내의 어떠한 두 개의 시간 기간도 직접적으로 인접해 있지 않다. 즉 이력 요소 내의 임의의 두 개의 시간 기간 [$T_1$, $T_2$]와 [$T_3$, $T_4$]에 대하여 다음의 세 가지 조건이 성립해야 한다.

- [$T_1$, $T_2$] 교집합 [$T_3$, $T_4$]는 공집합이다.
- $T_3$은 주어진 단위에서 $T_2$의 다음 시점이 아니다.
- $T_1$은 주어진 단위에서 $T_4$의 다음 시점이 아니다.

뒤의 두 조건은 이력 요소를 유일하게 표현하기 위하여 필요하다. 두 개의 시간 기간 [$T_1$, $T_2$]와 [$T_3$, $T_4$]가 인접해 있다면 하나의 시간 기간 [$T_1$, $T_4$]로 합쳐진다. 이를 시간 기간들의 합병(coalescing)이라고 한다. 겹치는 시간 기간들의 합병도 가능하다. 순수 시간 조건이 어떻게 사용될 수 있는지 설명하기 위하여, 사용자가 2002년 동안에 임의의 시점에 유효했던 모든 사용자 버전을 선택하려 한다고 가정하자. 그림 25.8의 릴레이션에 적용될 적절한 선택 조건은 다음과 같다.

[$T$.Vst, $T$.Vet ] OVERLAPS [2002-01-01, 2002-12-31]

일반적으로 대부분의 이력 선택은 유효 시간 차원에 적용된다. 2이력 데이터베이스에서는 대개 트랜잭션 끝 시간으로 *uc*를 갖는, 현재 정확한 투플에 대하여 조건이 적용된다. 그러나 이전의 데이터베이스 상태에 대하여 질의를 적용할 필요가 있다면, 질의가 시간 $T$에 데이터베이스에서 정확했던 유효 시간 투플들에 적용됨을 의미하는 AS_OF $T$절을 질의에 추가할 수 있다.

순수 시간 조건과 함께 애트리뷰트와 시간 조건을 포함시키는 선택도 있다. 예를 들어, 2002년 동안의 임의의 시점에 부서 5에서 일했던 사원들에 대한 모든 EMP_VT 투플 버전 $T$를 검색하려 한다고 가정하자. 이 경우 조건은 다음과 같다.

[$T$.Vst, $T$.Vet ] OVERLAPS [2002-01-01, 2002-12-31] AND ($T$.Dno = 5)

마지막으로, 이력 데이터베이스를 위하여 SQL을 확장한 TSQL2 질의어를 간략히 소개한다. TSQL2의 주요 아이디어는 사용자가 릴레이션이 비이력적인지(즉 표준 SQL 릴레이션인지) 또는 이력적인지 명시할 수 있도록 하는 것이다. 선택적인 AS절을 확장한 CREATE TABLE 문은 사용자가 기타 이력 옵션들을 선언할 수 있도록 허용한다. 가능한 옵션들은 다음과 같다.

---

22) 여기서 1은 지정된 단위에서 하나의 시점을 나타낸다. MEETS 연산은 기본적으로 하나의 기간이 다른 기간이 끝난 직후에 시작되는지를 명시한다.

- AS VALID STATE <GRANULARITY> (유효 시간 기간을 갖는 유효 시간 릴레이션)
- AS VALID EVENT <GRANULARITY> (유효 시점을 갖는 유효 시간 릴레이션)
- AS TRANSACTION (트랜잭션 기간을 갖는 트랜잭션 시간 릴레이션)
- AS VALID STATE <GRANULARITY> AND TRANSACTION (2이력 릴레이션, 유효 시간 기간)
- AS VALID EVENT <GRANULARITY> AND TRANSACTION (2이력 릴레이션, 유효 시점)

키워드 STATE와 EVENT는 시간 기간 또는 시점이 유효 시간 차원과 연관되어 있는지 명시하기 위하여 사용된다. TSQL2에서 (이전 절에서 논의한 바와 같이) 사용자에게 이력 테이블이 어떻게 구현되는지 실제로 보이는 대신에 TSQL2 언어는 다양한 타입의 이력 선택, 이력 프로젝션, 이력 집단화, 시간 단위 간의 변환, 그리고 다른 많은 개념을 명시하기 위한 질의어 구문을 추가하였다. Snodgrass 외(1995)의 책에 이 언어가 기술되었다.

### 25.2.5 시계열 데이터

시계열 데이터는 금융, 판매, 경제 응용들에서 매우 흔히 사용되고 있다. 시계열 데이터는 미리 정의된 일련의 시점에 따라 기록된 데이터 값을 포함한다. 따라서 이벤트 시점들이 고정 달력에 따라 미리 결정되는 특별한 형태의 유효 이벤트 데이터(valid event data)이다. 뉴욕 증시에서 특정 회사의 일별 주식 종가의 예를 고려해 보자. 시간 단위는일(day)이지만 증시가 열리는 날(주 중에 휴일이 아닌 날)이 알려져 있다. 따라서 시계열 데이터와 연관된 특정 달력(calendar)을 계산하는 프로시저를 명시하는 것이 일반적이다. 시계열에 대한 전형적인 질의로는 상위 단위 기간으로의 이력 집단화(temporal aggregation) 등이 있다. 예를 들어, 매일의 정보로부터 주간 주식 종가의 평균 또는 최댓값을 검색하거나 월간 주식 종가의 최댓값과 최솟값을 검색하는 것이다.

다른 예로 특정 회사가 소유한 각 가맹점에서의 일별 판매량을 고려해 보자. 마찬가지로, 전형적인 이력 집단화를 통하여 매일의 판매 정보로부터 (sum 집단 함수를 이용하여) 주간, 월간, 연간 판매 정보를 검색하거나, 같은 상점의 월간 판매를 지난 달의 판매와 비교할 수 있다.

시계열 데이터가 특별한 특성을 가짐에도 불구하고 이전 DBMS들이 시계열에 관한 지원이 부족하기 때문에 시계열 정보를 관리하기 위하여 일반적으로 범용 DBMS보다는 특수한 시계열 관리 시스템(time series management system)이 사용되어 왔다. 이런 시스템에서는 파일 내에 순차적으로 시계열값을 저장하고 특별한 시계열 프로시저를 통하여 정보를 분석하는 것이 일반적이다. 이런 방식의 문제점은 SQL과 같은 언어를 이용한 고수준의 질의를 이용할 수 없다는 데 있다.

최근에는 인포믹스 유니버설 서버의 시계열 데이터 블레이드와 같이 몇 가지 상업용 DBMS 패키지에서 시계열 확장을 지원하고 있다. 이와 아울러, TSQL2 언어는 이벤트 테이블의 형태로 시계열에 대한 지원을 제공한다.

## 25.3 공간 데이터베이스 개념[23)]

### 25.3.1 공간 데이터베이스 개념의 소개

공간 데이터베이스는 다차원 공간 내의 객체들을 관리하는 데이터베이스의 지원 기능을 통합한다. 예를 들어, 지도 데이터베이스는 나라, 주, 강, 도시, 도로, 바다 등의 객체에 대한 2-차원 공간 표현을 포함하는 지도를 저장한다. 지리 데이터 및 관련 응용을 관리하는 시스템은 **지리 정보 시스템**(GIS: Geographical Information Systems)이라 부르고 데이터베이스는 환경, 응급, 전쟁 관리 등 많은 응용에서 사용된다. 날씨 정보를 위한 기상 데이터베이스는 온도와 기타 기상 정보가 3-차원 공간의 점들과 연관되어 있으므로 3-차원 데이터베이스이다. 일반적으로 **공간 데이터베이스**(spatial database)는 공간적 특성과 객체 간의 공간 관계를 갖는 객체들을 저장한다. 공간 데이터베이스에서는 객체들간의 공간 관계가 중요하며 데이터베이스 질의 시에 이들 관계가 사용된다. 공간 데이터베이스가 일반적으로 임의의 *n*에 대하여 *n*-차원 공간을 참조하지만 설명을 위하여 2-차원에 대해서만 논의한다.

공간 데이터베이스는 점, 선, 폴리곤(polygon)을 포함한 공간 상의 객체와 관련된 데이터에 대한 질의 및 저장을 최적화한다. 위성 이미지는 공간 데이터의 대표적인 예이다. 공간 데이터에 대한 질의를 **공간 질의**(spatial query)라 부르며, 실렉션(selection)에 대한 프레디키트로 공간 매개 변수를 다룬다. 예를 들어, "Georgia Tech에 있는 컴퓨팅 컬리지 건물로 부터 5마일 이내에 위치한 모든 서점 이름은 무엇입니까?"는 공간 질의이다. 전형적인 데이터베이스는 숫자와 문자 데이터를 처리하는 반면, 공간 데이터 타입 처리를 위한 데이터베이스는 추가적인 기능이 필요하다. "회사 본부에서 20마일 이내에 위치한 모든 고객을 나열해라"와 같은 질의는 일반적으로 표준 관계 대수의 영역을 넘어 공간 데이터 타입 처리를 요구하며, 회사 본부와 고객들을 그들의 주소에 기반하여 2-차원 지도에 표시하기 위해 외부의 지리 데이터베이스와 연동하기도 한다. 실제로, 각 고객의 위치는 <위도, 경도>와 연관이 된다. 고객의 우편 번호(zip code) 또는 다른 비공간 속성에 기반하는 전형적인 $B^+$-트리 인덱스는 이러한 질의를 처리하는 데 사용될 수 없다. 이는 전형적인 인덱스가 다차원 좌표 데이터를 순서화할 수 없기 때문이다. 따라서 공간 데이터와 공간 질의를 처리하기 위한 맞춤형 데이터베이스가 특별히 요구된다.

표 25.1은 지리 또는 공간 데이터 처리에 포함되는 일반적인 분석 작업을 보여준다.[24)] 척도 연산(measurement operations)은 영역, 상대적 크기, 압축, 대칭과 같이 단일 객체의 몇 가지 외부 특징을 측정하는 데 사용되고, 또한 거리와 방향에 따른 객체들 간의 상대 위치를 측정하는 데 사용된다. 공간 분석(spatial analysis) 연산은 통계적 기법을 자주 사용하며, 사상된 데이터 레이어 간 **공간 관계**(spatial relationships)를 발견하는 데 사용된다. 예를 들어, 과거 판매 정보와 통계 정보에 기반하여 예측 지도라 알려진 지도를 만들 수 있는데,

---

23) Pranesh Parimala Ranganathan의 이 절에 대한 공헌에 감사드린다.
24) Albrecht(1996)에서 제안된 GIS 분석 작업의 리스트

이는 특정 상품을 구입할 것 같은 고객의 지역을 구분한다. 흐름 분석(flow analysis) 연산은 두 점 간 최단 경로를 결정하거나, 그래프에서의 노드나 영역 사이의 연결 여부를 결정하는 데 사용된다. 위치 분석(location analysis)은 주어진 점 및 선들의 집합이 주어진 폴리곤 내에 위치하는지를 판단하는 것을 목적으로 하는데, 그 처리 과정은 다음과 같다. 먼저 주어진 공간적 특성(geographic features)을 사용하여 폴리곤을 감싸는 버퍼를 생성한 후, 점과 선들의 특성을 사용하여 해당 점과 선들이 버퍼 경계의 안쪽에 속하는지 혹은 바깥쪽에 속하는지를 식별한다. **디지털 지형 분석**(digital terrain analysis)은 3-차원 모델을 만드는 데 사용된다. 3-차원 모델은 지리적 위치의 지형을 디지털 지형(또는 고도) 모델(DTM/DEM)로 알려져 있는 $x$, $y$, $z$ 데이터 모델로 표시한다. DTM이 $x$와 $y$ 차원은 수평면을 나타내고, $z$는 각 $x$, $y$ 좌표에 대한 독립 표고(spot height)를 나타낸다. 이러한 디지털 지형 모델은 환경 데이터 분석이나 지형 정보를 요구하는 공학 프로젝트 설계에 사용될 수 있다. 공간 검색은 사용자가 특정 공간 지역 이내의 객체를 검색하는 것을 허용한다. 예를 들어, 주제 검색(thematic search)은 "Atlanta에서 25 마일 이내의 수역(water bodies)을 찾아라"(여기서 클래스는 *water*이다)와 같이 특정 주제나 클래스와 관련된 객체를 검색하는 것을 허용한다.

표 25.1 공간 데이터에 대한 일반적인 분석 유형

| Analysis Type | Type of Operations and Measurements |
|---|---|
| 척도 | 거리, 주변, 모양, 인접지, 방향 |
| 공간 분석/통계 | 패턴, 자기상관, 공간 데이터와 비공간 데이터를 사용한 유사도와 위상의 인덱스 |
| 흐름 분석 | 연결성(connectivity)과 최단 경로 |
| 위치 분석 | 폴리곤 내의 점과 선 분석 |
| 지형 분석 | 경사/방위, 저수지 지역, 배수망 |
| 검색 | 주제별 검색, 영역에 의한 검색 |

### 25.3.2 공간 데이터 타입과 모델

이 절에서는 공간 데이터의 저장을 위한 일반적인 데이터 타입과 모델을 간략히 기술한다. 공간 데이터는 세 가지의 기본 형태를 제공한다. 이러한 세 가지 형태는 상용 시스템(commercial system)에서 널리 사용되어 사실상 표준으로 자리잡았다.

- **지도 데이터**(map data)[25]는 객체의 모양, 위치와 같이 지도 상의 객체에 대한 다양한 지리적 또는 공간적 특성을 포함한다. 특성의 세 기본 유형으로는 점, 선, 폴리곤(또는 영역)이 있다. 점(point)은 특정 응용의 축척(scale)에서 단일 2-차원 좌표($x$, $y$, 또는 경도/위도)에 대응되는 객체의 공간적 특징을 나타내는 데 사용된다. 축척에 따라 달라질 수는 있지만, 점 객체의 대표적 예로는 빌딩, 기지국, 고정 물체 등을 들 수 있다. 이동 차량이나 다른 움직이는 객체는 시간의 변화에 따른 점들의 시퀀

25) 지리 데이터의 이러한 유형은 GIS의 ESRI의 가이드를 근거로 한다. 관련 내용은 www.gis.com/implementing_gis/data/data_types.html을 참조한다.

스로 표시될 수 있다. 선(line)은 도로, 강과 같이 길이를 갖는 객체를 나타낸다. 이들 객체의 공간적 특성은 연결된 선들의 시퀀스로 개략적으로 표현된다는 점이다. 폴리곤(polygon)은 국가(countries), 주(states), 호수, 도시와 같이 경계를 갖는 객체의 공간적 특징을 나타낸다. 빌딩, 도시와 같은 일부 객체는 축척 정도에 따라서 점 혹은 폴리곤으로 표시될 수 있다.

- 속성 데이터(attribute data)는 GIS 시스템을 지도 특성(map feature)과 연관짓게 하는 기술적(descriptive) 데이터이다. 예를 들어, Texas나 Oregon 같은 미국 주에서, 주 내의 카운티(county)에 대한 특성이 지도에 포함된다고 생각해 보자. 이 경우 각 카운티의 지도 특성은 (혹은 특성 객체는) 인구, 가장 큰 도시/마을, 제곱마일 단위의 면적 등을 포함한다. 또 다른 속성 데이터도 지도의 다른 특성으로 포함될 수 있는데, 이러한 예로는 주, 도시, 지역구, 인구조사 지역 등을 들 수 있다.
- 이미지 데이터(image data)는 위성 이미지, 항공 사진과 같이 일반적으로 카메라에 의해 생성된 데이터를 포함한다. 빌딩, 도로와 같은 관심 객체는 식별 과정을 거쳐 이들 이미지에 겹쳐서 표현될 수 있다. 또한 이러한 이미지는 지도 특성의 속성이 될 수 있다. 더불어 이미지를 다른 지도 특성에 추가할 수 있는데, 이를 통해 해당 특성을 클릭했을 때 지정된 이미지가 나타나도록 할 수 있다. 위성 이미지, 항공 이미지는 컴퓨터에서 사용하는 래스터 데이터의 일반적인 예이다.

공간 정보의 모델(models of spatial information)은 때때로 두 가지의 넓은 카테고리, 즉, 필드(field)와 객체(object)로 그룹된다. 무선 센싱(remote sensing)이나 고속도로 교통 통제와 같은 공간 응용은 해당 응용에 대한 요구사항이나 전통적인 선택 방법에 따라 필드-기반 모델 혹은 객체-기반 모델로 모델링된다. 필드 모델은 고도(terrain elevation), 기온 데이터, 토양 변화 특성과 같이 자연계에서 연속적인 공간 데이터를 모델링하기 위해 종종 사용된다. 반면, 객체 모델은 전통적으로 교통망, 토지, 빌딩, 그리고 공간 속성과 비공간 속성 모두를 갖는 여러 객체의 모델링에 주로 사용된다.

### 25.3.3 공간 연산자와 공간 질의어

공간 연산자는 공간 분석을 수행하기 위해 사용될 뿐 아니라, 물리적 공간에 포함된 객체에 대한 모든 기하학적 속성, 그리고 이들 객체 간의 관계를 포착하기 위해 사용된다. 연산자는 크게 세 가지 카테고리로 분류된다.

- 위상 연산자(topological operators). 위상 속성은 위상학적 변환이 적용되었을 때 변하지 않는 특징이 있다. 즉, 위상 속성은 회전, 평행 이동, 스케일링과 같은 변환 후에도 변하지 않는다. 위상 연산자들은 여러 단계의 계층적 구조를 가진다. 먼저 기본 단계(base level)는 넓은 경계를 갖는 영역들 간의 자세한 위상 관계를 조사하는 기능을 갖는 연산자를 제공한다. 상위 단계는 보다 추상화된 연산자들을 제공하는데, 이들 연산자는 사용자가 하부의 기하 데이터 모델에는 관계없이 불확실한(uncertain) 공간 데이터를 질의할 수 있도록 한다. 이러한 예로는 "(영역) 열기", "(영역) 닫기", "(점, 루프) 내부"등이 있다.

- **프로젝티브 연산자**(projective operator). Convex hull과 같은 프로젝티브 연산자는 오목/볼록한 객체에 대한 프레디키트를 표현하는 데 사용된다. 또한, 다른 공간 관계 표현에도 사용되는데, 예를 들어, "주어진 객체의 오목한 내부에 있다"는 것을 들 수 있다.
- **측정 연산자**(metric operator). 측정 연산자는 객체의 형상을 보다 정확히 표현하는 데 사용된다. 이 연산자는 면적, 객체 일부에 대한 상대적 크기, 압축성, 대칭성과 같은 단일 객체의 외적 속성을 측정하는 데 사용되고, 다른 객체 간의 상대적 위치를 거리, 방향 등으로 표현할 때도 사용된다. 예로는 호(arc)의 길이, 점과 점의 거리 등을 들 수 있다.

**동적 공간 연산자**(dynamic spatial operator). 피연산자가 연산 적용에 의해 영향을 받지 않는다는 점에서, 위에서 언급한 연산자에 의해 수행된 연산은 정적이다. 예를 들어, 커브 길이의 계산은 커브 자체에는 영향을 주지 않는다. 반면에, 동적 연산은 연산 적용에 의해 객체가 변경된다. 기본적인 동적 연산 세 가지는 create, destroy, update이다. 동적 연산의 대표적 예는 공간 객체를 변경하는 것으로, 위치 이동, 회전(원점 변화), 스케일링, 반사(미러 이미지 생성), 절단(변형)으로 세분화된다.

**공간 질의**(Spatial querles). 공간 질의는 공간 연산의 사용을 필요로 하는 공간 데이터에 대한 요청이다. 다음은 공간 질의의 전형적인 세 가지 유형을 나타낸다.

- **영역 질의**(range query). 주어진 공간 영역 내 또는 주어진 위치에서 특정 거리 내에 존재하는 특정 타입의 객체를 찾는다. 예를 들어, Metropolitan Atlanta에 있는 모든 병원을 찾거나, 사고 현장에서 5마일 이내의 모든 구급차를 찾는다.
- **최근접 질의**(nearest neighbor query). 주어진 위치에서 가장 가까운 특정 타입의 객체를 찾는다. 예를 들어, 범죄가 발생한 위치에서 가장 가까운 경찰을 찾는다.
- **공간 조인**(spatial join) **또는 겹침**(overlay). 전형적으로, 공간적으로 겹치거나 다른 것으로부터 어떤 거리 내에 존재하는 것과 같은 어떤 공간 조건에 기반하여 두 가지 타입의 객체를 조인한다. 예를 들어, 주요 고속도로가 관통하는 모든 도시를 찾거나, 호수로부터 2마일 이내의 모든 집을 찾는다.

### 25.3.4 공간 데이터 인덱싱

공간 인덱스는 객체를 버킷(buckets, 보조 저장 장치의 페이지들에 대응함)의 집합으로 정리한 것인데, 이는 특정 공간 영역에 있는 객체를 찾아내기 위함이다. 각 버킷은 버킷 영역을 가지며, 이 영역은 해당 버킷에 저장되는 모든 객체를 포함하는 일부 공간을 나타낸다. 버킷 영역은 대개 사각형인데, 점 데이터 구조의 경우, 이러한 영역은 서로소(disjoint)이고 각 점이 정확하게 하나의 버킷에 포함되도록 공간을 나눈다. 공간 인덱스를 제공하는 데는 다음 두 가지 방법이 있다.

1. 공간 검색 연산에 기반하여 데이터 객체에 대한 효율적인 검색을 제공하는 특수 목적의 인덱싱 구조가 데이터베이스 시스템에 포함되어 있다. 이러한 인덱싱 구조는 전통적인 데이터베이스 시스템에서의 $B^+$-트리와 비슷한 역할을 하

며, 그 예로는 **그리드 파일**(grid file)과 $R$-트리가 있다. 공간 조인 인덱스로 알려진 특수한 유형의 공간 인덱스는 공간 조인 연산을 더욱 빠르게 하는 데 사용되기도 한다.

**2.** 새로운 인덱싱 구조를 만드는 대신, 2-차원 공간 데이터를 1-차원으로 변환하여 $B^+$-트리와 같은 전통적인 인덱싱 기법을 사용할 수 있다. 2-차원을 1-차원으로 변환하는 알고리즘은 **공간 채움 곡선**(space filling curve)으로 알려져 있다. 이 방법에 대해서는 상세히 다루지 않는다(자세한 내용은 주요 참고문헌을 참조한다).

다음으로 일부 공간 인덱싱 기법에 대한 개요를 살펴본다.

**그리드 파일(grid files).** 16장에서 다중 속성에 대한 데이터의 인덱싱을 위해 그리드 파일을 설명했다. 이 같은 그리드 파일은 또한 2-차원과 $n$-차원 공간 데이터를 인덱싱하는 데 사용될 수 있다. 고정-그리드(fixed-grid) 방법은 $n$-차원의 초공간을 동일한 크기 버킷으로 나눈다. 고정 그리드를 구현하는 데이터 구조는 $n$-차원 배열이다. 전체 또는 부분이 배열의 동일한 셀(cell) 안에 위치하는 객체들은 오버플로우를 다루기 위한 동적 구조에 저장될 수 있다. 이 같은 구조는 위성 사진과 같이 균일하게 분포하는 데이터에 유용하다. 그러나, 고정-그리드 구조는 변경이 어려우며, 디렉토리가 매우 희소(sparse)하거나 커질 가능성이 있다.

**R-트리(R-tree).** $R$-트리는 높이-균형 트리로, $k > 1$인 조건하에서 $k$-차원을 위한 $B^+$-트리의 확장이다. 2-차원의 경우를 보면, 공간 객체들은 자신의 최소 포함 사각형(MBR: Minimum Bounding Rectangle) 형태로 $R$-트리에 저장되는데, 여기서 MBR은 해당 객체를 포함하면서 각 선이 $x$, $y$축과 평행한 가장 작은 사각형을 의미한다. $R$-트리의 특성은 다음과 같다. 이들 특성은 $B^+$-트리(16.3절 참조)의 특성과 유사하지만, 2-차원 객체에 적용된다는 특징이 있다. 16.3절에서와 같이, $R$-트리 노드에 적합한 최대 엔트리 수를 나타내기 위해 $M$을 사용한다.

**1.** 단말 노드에서의 각 인덱스 엔트리(또는 엔트리 레코드) 구조는 (I, *objectidentifier*)이다. 여기서, I는 식별자가 object-identifier인 공간 객체에 대한 MBR이다.

**2.** 루트 노드를 제외한 모든 노드는 최소 반 이상 채워져야 한다. 그러므로, 루트 노드가 아닌 단말 노드는 $m$개의 (I, *object-identifier*) 엔트리들을 포함해야 한다. 여기서, $M/2 \le m \le M$이다. 유사하게, 루트가 아닌 비단말 노드는 $m$개의 (I, *child-pointer*) 엔트리를 포함해야 한다. 여기서, $M/2 \le m \le M$이고, I는 child-pointer가 가리키는 노드에 포함된 모든 사각형들을 포함하는 MBR이다.

**3.** 모든 단말 노드는 같은 레벨에 있고, 루트 노드는 단말 노드가 아닌 한 최소 두 개의 포인터를 가진다.

**4.** 모든 MBR의 각 면(side)은 일반적인 좌표 시스템의 축(axis)에 평행하다.

다른 공간 저장 구조로 **사분트리**(quadtree)와 그 변형들이 있다. 사분트리는 일반적으로 각 공간과 부공간을 같은 크기의 영역로 분할하고, 여러 가지 객체의 위치를 식별하기 위해 각 부공간을 계속하여 다시 분할한다. 최근에 새로운 공간 접근 구조가 많이 제안되었으며,

이 분야는 아직도 활발한 연구 영역이다.

**공간 조인 인덱스(spatial join index).** 공간 조인 인덱스는 공간 조인 연산을 미리 계산한 후, 인덱스 구조에서 관련 객체에 대한 포인터를 저장한다. 조인 인덱스는 갱신 비율이 낮은 테이블에 대해 반복되는 조인 질의의 성능을 향상시킨다. 공간 조인 조건은 "교차(cross)하는 고속도로-강 조합의 리스트를 생성해라"와 같은 질의에 대한 응답에 사용된다. 공간 조인은 교차라는 공간 관계를 만족시키는 두 객체의 쌍을 검색하고 식별하기 위해 사용된다. 공간 관계의 결과 계산은 일반적으로 많은 시간이 소비되기 때문에, 결과를 한 번만 계산하고 해당 공간 관계를 만족하는 객체 식별자(또는 투플 id)의 쌍을 테이블에 저장하는데, 실제로 이 관계 테이블이 조인 인덱스이다.

조인 인덱스는 이분 그래프(bipartite graph) $G=(V_1, V_2, E)$로 나타낼 수 있다. 여기서, $V_1$은 릴레이션 $R$의 투플 id를 포함하고, $V_2$는 릴레이션 $S$의 투플 id를 포함한다. $R$의 투플 $v_r$, $S$의 투플 $v_s$에 대해, 조인 인덱스가 $(v_r, v_s)$에 대응되는 투플을 가진다면, 에지 집합 E는 에지 $(v_r, v_s)$를 포함한다. 이분 그래프는 모든 연관된 투플들을 그래프에서 연결된 정점(vertex)으로 모델링한다. 공간 조인 인덱스는 공간 객체들 사이의 관계 계산이 필요한 연산에 사용된다(25.3.3절 참조).

## 25.3.5 공간 데이터 마이닝

공간 데이터는 높은 상관 관계를 가지는 경향이 있다. 예를 들어, 비슷한 성격, 직업, 성장 배경을 가지는 사람은 근처에 함께 모이는 경향을 보인다. 주요 공간 데이터 마이닝 기법으로 공간 분류(spatial classification), 공간 연관성(spatial association), 공간 클러스터링(spatial clustering)의 세 가지 기법이 있다.

- **공간 분류(spatial classification).** 분류의 목적은 릴레이션의 특정 속성값을 릴레이션의 나머지 속성값에 기반하여 추정하는 것이다. 공간 분류 문제의 예로, 식물의 내구성, 물의 깊이 등과 같은 속성값에 기반하여 습지대에서의 둥지 위치를 결정하는 것을 들 수 있다. 이는 또한 위치 예측 문제로도 불린다. 유사하게, 범죄가 빈번하게 발생할 것으로 예상되는 장소 또한 위치 예측 문제이다.
- **공간 연관성(spatial association).** 공간 연관 규칙은 공간 항목보다는 오히려 공간 프레디키트의 용어에 의해 정의된다. 공간 연관 규칙은 다음과 같은 형태이다. 여기서, $P_i$ 또는 $Q_j$ 중 적어도 하나는 공간 프레디키트이다. 예를 들어, 다음 규칙 (즉 지중해에 인접한 국가는 전형적으로 와인 수출국이다)는 주어진 지지도 s와 신뢰도 $c$를 갖는 연관 규칙의 예이다.

**동일 공간 규칙**(spatial colocation rules)은 공간에서 인덱스된 컬렉션 데이터 집합(collection data set)을 나타내는 일반화된 연관 규칙들이다. 공간과 비공간의 연관 규칙 사이에는 다음과 같은 몇 가지 중요한 차이점이 있다.

1. 공간 측면에서는 트랜잭션의 개념이 없는데, 이는 데이터가 연속적인 공간에 포함되어 있기 때문이다. 공간을 트랜잭션으로 분할하는 것은 지지도나 신뢰도

와 같은 관심 척도의 과대 추정 또는 과소 추정으로 이어질 수 있다.

2. 공간 데이터베이스의 항목 집합의 크기는 작다. 즉 공간 측면에서의 항목집합에는 비공간 측면에서보다 항목 수가 작은 경우들이 많다.

대부분의 경우에, 공간 항목들은 연속 변수의 이산 버전이다. 예를 들어, 미국에서의 연봉 범위는 $40,000 미만, $40,000부터 $100,000까지, $100,000 이상과 같이 연평균 수입이 일정 범위 내에 있는 몇 개의 영역으로 정의할 수 있다.

- **공간 클러스터링**(spatial clustering)은 유사한 객체는 동일한 클러스터에 포함시키고, 유사하지 않은 객체는 가능한 한 다른 클러스터에 포함되도록 데이터베이스 객체들을 그룹화한다. 공간 클러스터링의 응용 중 하나는 지진 단층(earthquake faults)을 결정하기 위해 지진 사건을 그룹화하는 것이다. 공간 클러스터링 알고리즘의 예는 밀도-기반 클러스터링(density-based clustering)으로, 영역 내 데이터 점들의 밀도에 기반하여 클러스터를 찾으려 한다. 이러한 알고리즘은 클러스터를 데이터 공간 내에서 객체의 밀집된 영역으로 취급한다. 이러한 알고리즘의 두 변형으로 노이즈가 있는 응용에 대한 밀도-기반 공간 클러스터링(DBSCAN)[26]과 밀도-기반 클러스터링(DENCLUE)[27]이 있다. DBSCAN은 노드의 예상 밀도 분포로부터 다수의 클러스터를 찾기 때문에 밀도-기반 클러스터링 알고리즘이다.

### 25.3.6 공간 데이터의 응용들

공간 데이터 관리는 지리, 무선 센싱, 도시 계획, 천연 자원 관리 등을 포함한 많은 분야에서 유용하다. 공간 데이터베이스 관리는 지구 기후 변화, 게놈(genome)과 같이 어려운 과학적 문제들의 해결책으로 중요한 역할을 한다. 게놈 데이터의 공간적 성질에 의해, GIS와 공간 데이터베이스 관리 시스템은 생명정보학(bioinformatics) 분야에서 중요한 역할을 한다. 전형적인 응용으로는 패턴 인식, 게놈 브라우저 개발, 게놈 지도 시각화가 있다. 이 중 패턴 인식은 게놈에서 특정 유전자의 토폴로지가 데이터베이스 내의 다른 시퀀스 특성 지도에서 발견되는지 확인하는 것이다. 공간 데이터 마이닝의 다른 중요 응용 분야는 **공간 이상치**(spatial outlier) 탐지이다. 공간 이상치는 공간적으로 인접한 다른 객체들 중에서 비공간 속성값이 현저하게 다른 객체이다. 예를 들어, 오래된 주택들의 근처에 단 하나의 새로운 집이 있다면, 그 집은 비공간 속성 'house_ag'를 기반으로 이상치로 판정할 수 있다. 공간 이상치 탐지는 지리 정보 시스템과 공간 데이터베이스의 많은 응용에 유용하다. 이러한 응용 분야에는 교통, 생태, 공공 안전, 공공 건강, 기후학, 위치 기반 서비스가 있다.

---

26) DBSCAN은 Martin Ester, Hans-Peter Kriegel, Jörg Sander, Xiaowei Xu에 의해 제안되었다(1996).
27) DENCLUE는 Hinnenberg, Gabriel에 의해 제안되었다(2007).

## 25.4 멀티미디어 데이터베이스 개념

멀티미디어 데이터베이스는 사용자가 여러 타입의 멀티미디어 정보를 저장하고 질의하는 기능들을 제공한다. 멀티미디어 정보는 이미지(예, 사진이나 그림), 비디오 클립(예, 영화, 뉴스, 홈비디오), 오디오 클립(예, 노래, 전화 메시지, 연설), 문서(예, 책이나 기사)를 포함한다. 주요 데이터베이스 질의의 유형은 관심 있는 특정 객체를 포함하는 멀티미디어 소스를 검색하는 것을 포함한다. 예를 들어, 비디오 데이터베이스에서 빌 클린턴을 포함하는 모든 비디오 클립을 검색할 수 있다. 다른 예로, 축구 경기에서 특정 선수나 팀이 골을 넣는 것과 같은 특정 행위를 기반으로 하여 비디오 클립들을 검색할 수 있다.

위와 같은 유형의 질의를 **내용-기반 검색**(content-based retrieval)이라고 부른다. 왜냐하면 멀티미디어 소스가 포함하고 있는 특정 객체나 행위를 기반으로 하여 검색하기 때문이다. 따라서 멀티미디어 데이터베이스는 내용을 기반으로 하여 멀티미디어 소스를 구성하고 인덱싱하기 위한 모델을 사용해야 한다. 멀티미디어 소스의 내용을 식별하는 것은 어렵고 시간이 걸리는 작업이다. 두 가지 주요 방법이 있다. 첫 번째는 멀티미디어 소스 내용에 대한 수학적인 특성을 식별하는 **자동 분석**(automatic analysis)을 기반으로 한 것이다. 이 방법은 멀티미디어 소스의 타입(이미지, 비디오, 오디오, 텍스트)에 따라 다른 기술들을 사용한다. 두 번째 방법은 각 멀티미디어 소스에서 관심 있는 객체나 행위에 대한 인위적인 확인에 의존하여 이런 정보를 인덱싱에 사용한다. 이 방법은 모든 타입의 멀티미디어 소스에 적용될 수 있지만, 멀티미디어 소스에 들어 있는 객체와 행위를 식별하고 분류하여 멀티미디어 소스를 인덱스하는 데 사용할 수 있도록 멀티미디어 소스를 사람이 검사하는 인위적인 전처리 과정이 필요하다.

이 절의 첫 부분에서는 이미지, 비디오, 오디오, 텍스트/문서 등 멀티미디어 소스의 각 유형에 대한 몇 가지 특징을 간략하게 논의한다. 다음으로, 이미지 내 객체 인식 문제에 이어 이미지 자동 분석 접근법을 논의한다. 마지막으로 오디오 소스 분석을 일부 설명하고 이 절을 마친다.

**이미지**(image)는 일반적으로 픽셀이나 셀값들의 집합처럼 원래 형태로 저장하거나, 저장 공간을 줄이기 위하여 압축된 형태로 저장한다. 이미지 형태 기술자는 전형적으로 특정 길이와 높이를 갖는 셀의 직사각형인 원래 이미지의 기하학적인 모양을 기술한다. 따라서 각 이미지는 셀들의 $m \cdot n$ 그리드로 표현할 수 있다. 각 셀은 셀 내용을 기술하는 픽셀값을 포함한다. 흑백 이미지에서는 한 픽셀이 1비트면 된다. 회색 또는 컬러 이미지에서는 한 픽셀이 여러 비트이다. 이미지가 대용량의 공간을 필요로 하기 때문에 종종 압축된 형태로 저장된다. GIF, JPEG, MPEG 표준과 같은 압축 표준들은 저장되는 셀들을 줄이면서 주요 이미지 특성은 그대로 유지하기 위하여 여러 가지 수학적인 변환을 이용한다. 사용될 수 있는 수학적인 변환으로는 이산 푸리에 변환(DFT: Discrete Fourier Transform), 이산 코사인 변환(DCT: Discrete Cosine Transform), 웨이블릿 변환(wavelet transform) 등이 있다.

이미지 내에서 관심 있는 객체를 식별하기 위하여 전형적으로 이미지는 **동질성 프레 디키트**(homogeneity predicate)를 이용하여 동질의 세그먼트로 분할된다. 예를 들어, 컬러 이미지에서 서로 인접하고 있으며 픽셀값이 유사한 셀들을 하나의 세그먼트로 모은다. 동질성 프레디키트는 이런 셀을 어떻게 자동적으로 모을 것인가에 대한 조건을 정의한다. 따라서 세그먼트화와 압축을 통하여 이미지의 주요 특성을 식별할 수 있다.

이미지 데이터베이스의 전형적인 질의는 주어진 이미지와 유사한 것을 데이터베이스에서 찾는 것이다. 주어진 이미지는 관심 있는 패턴을 포함하는 분리된 세그먼트일 수 있으며 질의는 같은 패턴을 포함하는 다른 이미지들을 검색하는 것이다. 이런 유형의 검색을 위한 두 가지 주요 기술이 있다. 첫 번째 방법은 주어진 이미지를 저장된 이미지 및 저장된 이미지의 세그먼트들과 비교하기 위하여 거리 함수(distance function)를 사용한다. 반환된 거리 값이 적으면 일치할 가능성이 높은 것이다. 탐색 공간을 제한하기 위하여 거리가 가까운 이미지들을 모아 저장하도록 인덱스를 생성할 수 있다. 두 번째 방법은 변환 방법(transformation approach)이라고 부르며, 다른 이미지와 비교하기 위하여 한 이미지의 셀들을 몇 번 변환시켜 이미지 유사성을 재는 것이다. 변환에는 회전(rotation), 평행 이동(translation), 스케일링(scaling) 등의 방법이 있다. 후자의 방법이 더 일반적이지만 시간이 더 걸리고 어려운 작업이다.

**비디오 소스**(video source)는 전형적으로 순차적인 프레임들로 표현되며 각 프레임은 하나의 이미지이다. 그러나 각 프레임에 대하여 개별적으로 객체나 행위를 식별하기보다는 연속된 순차적인 프레임들로 구성되는 비디오 세그먼트(video segments)로 비디오를 분할한다. 각 세그먼트는 동일한 객체/행위를 포함한다. 각 세그먼트는 시작과 끝 프레임으로 식별된다. 각 비디오 세그먼트에서 식별된 객체와 행위들을 이용하여 세그먼트를 인덱싱한다. **프레임 세그먼트 트리**(frame segment tree)라고 부르는 인덱싱 기술이 비디오 인덱싱을 위하여 제안되었다. 이 인덱스는 사람, 집, 자동차와 같은 객체와 연설이나 대화와 같은 행위를 함께 포함한다. 또한 비디오는 MPEG와 같은 표준 기법을 사용하여 압축된다.

**오디오 소스**(audio source)는 연설, 교실 강의, 경찰에 의한 전화 통화 감청이나 대화의 감청과 같이 녹음되어 저장된 메시지를 포함한다. 여기서 유사성-기반 인덱싱과 검색을 위하여 이산 변환을 이용하여 특정 인물의 음성의 주요 특성들을 식별하기도 한다. 25.4.4절에서 추가 설명을 한다.

**텍스트/문서 소스**(text/document source)는 기본적으로 기사, 책, 또는 잡지의 완전한 텍스트이다. 이런 소스는 전형적으로 텍스트에 나타나는 키워드와 이들의 상대적인 빈도를 식별함으로써 인덱싱된다. 그러나 불용어(stopwords)라 불리는 채우기 단어(fillerword)들은 이 과정에서 제외된다. 문서들의 한 모임을 인덱싱하려 할 때 많은 키워드가 있을 수 있기 때문에, 문서 모임에 가장 관련되는 키워드들로 줄이기 위한 기법들이 개발되었다. 행렬 변환에 기반을 둔 단일값 분해(SVD: Singular Value Decomposition)라는 기법이 이런 목적을 위하여 사용된다. 유사한 문서들을 함께 모으는 데 압축 벡터 트리(telescoping vector tree) 또는 TV-트리(VT-tree)라는 인덱싱 기법이 이용된다. 26장에서 문서 처리에 관하여 상세히 설명한다.

## 25.4.1 이미지 자동 분석

멀티미디어 소스 분석은 여러 형태의 질의 또는 검색 인터페이스를 지원하기 위해 중요하다. 이미지와 같은 멀티미디어 소스는 특성(feature)으로 나타낼 필요가 있는데, 이는 이들 소스에 대한 유사도를 정의하기 위해서다. 이 분야에서의 지금까지 연구는 이미지 콘텐츠의 인식 측면과 직접적으로 관련된 컬러, 질감, 모양과 같은 저수준 시각 특성(low-level visual feature)을 사용한다. 이러한 특성은 추출 및 표현이 쉽고, 통계 속성에 기반하여 유사 척도를 설계하기 편리하다.

**컬러**(color)는 이미지 크기, 위치에 의존적이지 않기 때문에 내용-기반 이미지 검색에서 가장 널리 사용되는 시각 특성 중 하나이다. 컬러 유사도 기반의 검색은 각 이미지의 컬러 히스토그램을 사용하는 데, 이 히스토그램은 이미지 내의 RGB(빨간색(red), 녹색(green), 파란색(blue)) 픽셀 비율로 계산된다. 그러나, RGB 표현은 조도(illumination)와 카메라 방향에 대한 객체의 위치에 영향을 받는다. 따라서, 오늘날 이미지 검색 기법은 HSV(색상(hue), 채도(saturation), 명도(value))와 같은 컬러 히스토그램을 계산한다. HSV는 컬러를 하단의 검정색에서 상단의 흰색까지를 범위로 하는 실린더로 표현하고, 이 실린더에서 점으로 컬러를 묘사한다. 축에 대한 각도는 색상(hue)에 해당하고, 축으로부터의 거리는 채도(saturation)에 해당하며, 축에서의 높이는 명도(value)에 해당된다.

**질감**(texture)은 이미지에서 단일 색상 또는 명암(intensity)값으로부터 나오지 않는 동질 속성을 나타내는 패턴을 의미한다. 질감 클래스들의 예로는 거칠고 매끄러운 것이 있다. 식별할 수 있는 질감의 예로는 압축된 송아지 가죽, 밀짚 돗자리, 무명 캔버스등이 있다. 사진은 픽셀(그림 요소)의 배열로 나타낼 수 있으므로, 질감은 텍셀(질감 요소)의 배열로 나타낼 수 있다. 이러한 질감들은 얼마나 많은 질감이 이미지에서 식별되는지에 따라 다수의 집합으로 표현된다. 그리고 이들 집합은 질감 정의를 포함할 뿐만 아니라 질감이 이미지 내의 어디에 나타나는지도 가리킨다. 질감 식별은 주로 2-차원, 즉 그레이-레벨 변화로 질감을 모델링함으로써 행해진다. 픽셀들의 상대 밝기는 대비(contrast), 규칙성(regularity), 거친 정도(coarseness), 방향성(directionality) 등의 정도를 평가하기 위해 계산된다.

**모양**(shape)은 이미지 내 영역의 모양을 나타낸다. 일반적으로 이미지에 세그멘테이션, 테두리 검출(edge detection)을 적용하여 모양이 결정된다. 세그멘테이션(segmentation)은 전체 영역(픽셀의 집합)을 사용하는 영역-기반 접근법이다. 반면, 테두리 검출(edge detection)은 개체들의 경계선(외곽선) 특성만을 사용하는 경계선-기반 접근법이다. 모양 표현은 전형적으로 평행 이동(translation), 회전(rotation), 스케일링(scaling)에 대해 불변해야 하는 요구사항이 있다. 모양 표현에 대한 잘 알려진 몇몇 방법은 푸리에 기술자(Fourier descriptor)와 모멘트 불변식(moment invariant)이 있다.

## 25.4.2 이미지에서의 객체 인식

객체 인식(object recognition)은 이미지나 비디오 시퀀스에서 실세계 객체를 구분하는 작업이다. 객체 인식 시스템은 객체의 이미지가 크기, 스케일, 보는 관점이 다른 경우에도 해당 객체를 구분할 수 있어야 하며, 회전하거나 평행 이동된 경우에도 해당 객체를 구분할 수 있어야 한다. 몇몇 기법들은 원본 이미지를 인접 픽셀의 유사도에 기반하여 영역으로 나누는 방법을 사용한다. 따라서, 밀림 속의 호랑이를 보여주는 이미지에서, 호랑이 서브이미지(subimage)는 밀림이라는 배경에서 식별될 수 있으며, 훈련이미지(training image) 집합과의 비교를 통해 호랑이로 태깅(tagging)될 수 있다.

객체 모델에서 멀티미디어 객체의 표현은 매우 중요하다. 한 가지 접근법은 이미지를 동질의 프레디키트를 사용하여 동종 세크먼트로 나누는 방법이다. 예를 들어, 컬러 이미지에서 유사한 픽셀값을 갖는 인접 셀들은 하나의 세그먼트로 분류된다. 동질성 프레디키트는 이들 셀을 자동적으로 그룹핑하는 조건을 정의한다. 따라서, 세그멘테이션 및 압축은 이미지의 주요한 특성을 구분할 수 있다. 다른 접근법은 변환에 대해 불변인 객체의 척도를 찾아낸다. 이미지의 모든 가능한 변환에 대한 예제들을 데이터베이스에 유지한다는 것은 불가능하다. 따라서, 이를 처리하기 위해, 객체 인식 접근법은 이미지에서 변환에 불변인 흥미있는 점(또는 특성)을 찾아 사용한다.

Lowe[28]는 이 분야에 큰 기여를 하였는데, 그는 이미지에서 정확도 높은 객체 인식을 수 행하기 위해 스케일-불변 특성을 사용하였다. 이 접근법은 **크기-불변 특성 변환**(SIFT: Scale-Invariant Feature Transform)이라 부른다. SIFT 특성은 이미지 스케일링과 회전에 불변이고, 조도 변화와 3D 카메라 관점에서의 변화에 대해 부분적으로 불변이다. SIFT 특성은 공간과 주파수 도메인 모두에 적용 가능하며, 색 번짐(occlusion), 조각 섞임(clutter), 노이즈 등에 의한 왜곡 가능성을 줄여준다. 더불어, 이들 속성은 식별력이 매우 뛰어나서, 대용량 특성 데이터베이스인 경우에도 하나의 SIFT 특성만으로 높은 확률의 매치 정확도를 제공하는 것으로 나타났으며, 이에 따라 SIFT는 객체 인식 및 장면 인식의 기본 특성으로 사용되고 있다.

이미지 매칭 및 이미지 인식에 있어서, (키포인트 특성으로도 알려진) SIFT 특성은 우선 참조 이미지들의 집합으로부터 추출되어 데이터베이스에 저장된다. 다음으로, 객체인식은 새로운 이미지의 특성과 데이터베이스에 저장된 특성을 비교함으로써 이뤄지는데, 이때 특성 벡터 간의 유클리디언 거리에 기반하여 매칭되는 후보를 찾게 된다. 키포인트 특성은 매우 식별력이 높아서, 하나의 특성만으로도 대용량 특성 데이터베이스에서 높은 확률로 정확한 매치를 수행한다.

SIFT 이외에 몇몇 경쟁 방식이 있는데, 이들 방식은 조각 섞임이나 부분적인 색 번짐에 효과적이다. 예를 들어, RIFT는 회전 불변을 지원하도록 SIFT를 일반화한 방법이다. RIFT는 지역적 아핀 영역(affine region, 아핀 기하학에서 사용하는 용어로, 변환 불변인 영역)들의 그룹을 식별하는데, 여기서 아핀 영역은 특징적 외관과 타원 모양을 갖는 이미지 특성들로, 객체를 보는 관점에 따라 혹은 동일한 객체 클래스의 여러 인스턴스에 따라 아핀적으로 견고한(즉 변화하지 않는) 특징을 갖는다.

---

28) Lowe Lowe(2004)의 "Distinctive Image Features from Scale-Invariant Keypoints"를 참조.

### 25.4.3 이미지의 시맨틱 태깅

묵시적 태깅은 이미지 인식 및 이미지 비교에서 중요한 개념이다. 다수의 태그가 이미지 또는 서브 이미지에 붙여질 수 있다. 예를 들어, 위에서 참조한 예제인 “tiger”, “jungle”, “green”, “stripes”와 같은 태그들은 하나의 이미지와 연관될 수 있다. 대부분의 이미지 검색 기법은 종종 정확도나 이해도가 매우 떨어지는 사용자-제공 태그에 기반하여 이미지를 검색한다. 검색의 질을 향상시키기 위해, 최근의 여러 시스템은 이러한 이미지 태그를 자동 생성하고자 한다. 멀티미디어 데이터의 경우, 대부분의 시맨틱은 해당 데이터의 콘텐츠에 나타난다. 이러한 시스템은 이미지-처리와 통계-모델링 기법을 사용하는 데, 이는 콘텐츠에 의한 이미지 검색에 사용될 수 있는 정확한 주석 태그(annotation tag)를 생성하기 위해 이미지 콘텐츠를 분석하기 위함이다. 이미지에 태깅하기 위해 여러 주석 체계(annotation scheme)를 사용하면 여러 다른 어휘가 사용되므로, 이미지 검색의 정확도가 떨어질 것이다. 이러한 문제를 해결하기 위해, 최근의 검색 기법들은 용어와 용어 간의 관계를 명확히 정의한 OWL(Web Ontology Language)에 기반한 개념 계층, 분류(taxonomy), 온톨로지의 사용을 제안하였다. 이들 방법은 태그에 기반한 상위 레벨 개념을 추론하는 데 사용될 수 있다. 이 같은 분류를 사용하면, “sky”, “grass”와 같은 개념은 “clear sky”와 “cloudy sky”, “dry grass”와 “green grass”로 좀 더 세분화될 수 있다. 이러한 접근법은 일반적으로 시맨틱 태깅에 해당되며, 앞서 소개한 특성 분석 및 객체-식별 전략과 결합하여 사용될 수 있다.

### 25.4.4 오디오 데이터 소스의 분석

오디오 소스는 음성(speech), 음악(music), 다른 오디오 데이터로 광범위하게 분류된다. 이러한 오디오 소스는 각각이 서로 크게 다르므로, 다른 타입의 오디오 데이터는 다른 방식으로 처리된다. 오디오 데이터는 처리 및 저장되기 전에 디지털화되어야 한다. 오디오 데이터의 인덱싱과 검색은 모든 미디어 타입 중 가장 어렵다. 이는 오디오가 비디오처럼 시간에서 연속적인 특징을 갖는 반면에, 텍스트와 같이 쉽게 측정 가능한 특성을 가지지 않기 때문이다. 사운드 레코딩의 명료성은 인간이 이해하기 쉬우나 기계 학습에 대해 수량화하기는 어렵다. 흥미롭게도, 음성 데이터는 실제 오디오 내용 이해를 위해서 종종 음성 인식 기법을 사용하는 데, 이는 음성 데이터의 인덱싱을 보다 쉽고 정확하게 하기도 한다. 그리고 이는 오디오 데이터의 텍스트-기반 인덱싱(textbased indexing of audio data)이라 불리기도 한다. 음성 메타데이터는 전형적으로 콘텐츠에 종속적인데, 이 의미는 음성의 길이, 화자의 수 등의 메타데이터가 오디오 콘텐츠로부터 생성된다는 것이다. 반면에, 일부 메타데이터는 실제 콘텐츠에 독립적인데, 그 예로 음성의 길이, 저장된 데이터 포맷 등을 들 수 있다. 다른 한편으로, 음악 인덱싱은 오디오 시그널의 통계적 분석을 통해 이루어지는데, 이는 콘텐츠-기반 인덱싱(content-based indexing)으로 알려져 있다. 내용-기반 인덱싱에서는 소리의 강도(intensity), 음감(pitch), 음색(timbre), 리듬(rhythm)과 같은 주요 특성들을 자주 사용한다. 이는 서로 다른 오디오 데이터(혹은 데이터 조각들)를 비교하는 것을 가능하게 하며, 특정 특성을 계산하거나 특정 변환을 적용함으로써 이들 데이터로부터 정보를 검색하는 것을 가능하게 한다.

## 25.5 요약

이 장에서는 능동 데이터베이스, 이력 데이터베이스, 공간 및 멀티미디어 데이터베이스와 같이 고급 응용들에 필요한 몇 가지 공통적인 기능을 제공하는 데이터베이스를 소개하였다. 이런 각 주제는 광범위하여 각각이 하나의 책으로 다룰 만한 분량임을 유의해야 한다. 먼저 25.1절에서 능동 규칙을 지정하기 위한 추가적인 기능을 제공하는 능동 데이터베이스 주제에 관하여 소개하였다. 능동 데이터베이스를 위한 이벤트-조건-동작(ECA) 모델을 소개하였다. 규칙은 데이터베이스 갱신과 같은 이벤트에 의하여 자동적으로 트리거될 수 있으며, 특정 조건이 만족되면 규칙 선언 내에 명시된 특정 동작을 시작할 수 있다. 많은 상업용 패키지는 능동 데이터베이스에서 제공되는 몇 가지 기능을 트리거의 형태로 이미 갖고 있다. 규칙을 명시하기 위한 여러 가지 옵션으로 행-수준 대 문장-수준, 이전 대 이후, 즉시 대 지연 등에 관하여 논의하였다. 오라클 상업용 시스템의행-수준 트리거와 STARBURST 시험용 시스템의 문장-수준 규칙의 예를 제시하였다. 능동 데이터베이스를 위한 몇 가지 설계 문제와 가능한 응용에 관하여 아주 간략하게 논의하였다.

그 다음에 25.2절에서 이력 데이터베이스의 몇 가지 개념을 소개하였다. 이력 데이터베이스는 데이터베이스 시스템에 변화의 이력을 저장하고 사용자가 현재와 과거의 데이터베이스 상태에 관하여 질의하도록 허용한다. 유효 시간과 트랜잭션 시간 차원들 간에 시간이 어떻게 표현되고 구분되는지 논의하였다. 그리고 유효 시간, 트랜잭션 시간, 2이력 릴레이션이 관계 모델에서 투플 버저닝을 이용하여 어떻게 구현될 수 있는지, 갱신, 삽입, 삭제가 어떻게 구현되는지 예를 통하여 논의하였다. 또한 애트리뷰트 버저닝을 이용하는 이력 데이터베이스를 구현하기 위하여 어떻게 복합 객체들이 사용될 수 있는지 알아보았다. 그리고 이력 관계 데이터베이스에 대한 몇 가지 질의 연산을 살펴보았고, TSQL2 언어를 간략하게 소개하였다.

다음으로 25.3절에서 공간 데이터베이스를 설명하였다. 공간 데이터베이스는 공간 특성을 갖는 객체들을 관리하는 데이터베이스이다. 공간 데이터 타입, 공간 데이터 처리를 위한 연산자 유형, 공간 질의 유형, 잘 알려진 R-트리를 포함하여 공간 인덱싱 기법을 설명하였다. 또한, 몇몇 공간 데이터 마이닝 기법과 공간 데이터의 응용 분야를 논의하였다.

다음으로 25.4절에서 멀티미디어 데이터베이스의 기본 유형과 주요 특징을 설명하였다. 멀티미디어 데이터베이스는 사용자가 이미지(예, 사진이나 그림), 비디오 클립(예, 영화, 뉴스, 홈 비디오), 오디오 클립(예, 노래, 전화 메시지, 연설), 문서(예, 책이나 기사) 등 여러 타입의 멀티미디어 정보를 저장하고 질의하는 기능을 제공한다. 여러 타입의 미디어 정보 및 멀티미디어 정보가 어떻게 인덱스 되는지 간략하게 소개하였다. 이미지는 오늘날 매우 일반적인 데이터 타입이고, 데이터베이스에 저장되는 데이터 중 높은 비중을 차지할 가능성이 있다. 따라서, 이미지에 대해서는 좀 더 상세한 데이터 처리 기법, 즉 자동 분석, 이미지 내 객체 인식, 시맨틱 태깅을 설명하였다. 이 모든 기법은 콘텐츠에 의한 이미지 검색을 수행하는 보다 나은 시스템을 개발하는 데 도움이 되나, 이러한 시스템은 여전히 해결이 어려운 문제로 남아 있다. 또한 오디오 데이터 소스의 분석 방법에 대해 언급했다.

## 복습문제

25.1 행-수준과 문장-수준 능동 규칙의 차이점은 무엇인가?

25.2 능동 규칙 조건의 즉시, 지연, 분리 판정의 차이점이 무엇인가?

25.3 능동 규칙 동작의 즉시, 지연, 분리 실행의 차이점이 무엇인가?

25.4 능동 규칙의 집합을 설계할 때 일관성과 종료 문제들에 관하여 간략히 논의하라.

25.5 능동 데이터베이스의 몇 가지 응용을 논의하라.

25.6 이력 데이터베이스에서 시간이 어떻게 표현되는지 논의하고 여러 가지 시간차원을 비교하라.

25.7 유효 시간, 트랜잭션 시간, 2이력 릴레이션의 차이점이 무엇인가?

25.8 삽입, 삭제, 갱신 명령이 유효 시간 릴레이션에서 어떻게 구현되어야 하는지 기술하라.

25.9 삽입, 삭제, 갱신 명령이 2이력 릴레이션에서 어떻게 구현되어야 하는지 기술하라.

25.10 삽입, 삭제, 갱신 명령이 트랜잭션 시간 릴레이션에서 어떻게 구현되어야 하는지 기술하라.

25.11 투플 버저닝과 애트리뷰트 버저닝의 주요 차이점이 무엇인가?

25.12 공간 데이터베이스가 정규 데이터베이스와 어떻게 다른가?

25.13 공간 데이터의 타입에는 어떠한 것이 있는가?

25.14 공간 연산자의 주요 타입과 공간 질의의 여러 클래스들을 나열하라.

25.15 공간 데이터의 인덱스로 사용되는 R-트리의 특성은 무엇인가?

25.16 공간 객체 간의 공간 조인 인덱스는 어떻게 구성되는지 기술하라.

25.17 공간 데이터 마이닝의 유형에는 무엇이 있는가?

25.18 공간 연관 규칙의 일반적인 형식을 설명하라. 공간 연관 규칙의 예를 들어라.

25.19 멀티미디어 소스의 여러 가지 타입에는 무엇이 있는가?

25.20 내용-기반 검색을 위하여 멀티미디어 소스가 어떻게 인덱스되는가?

25.21 이미지를 비교하기 위해 사용되는 이미지의 중요한 특성은 무엇인가?

25.22 이미지에서 객체를 인식하기 위한 접근법으로는 무엇이 있는가?

25.23 이미지의 시맨틱 태깅은 어떻게 사용되는가?

25.24 오디오 소스를 분석하는 데 어려움은 무엇인가?

## 연습문제

25.25 그림 4.6의 COMPANY 데이터베이스를 고려해 보자. 오라클 트리거의 문법을 이용하여 다음에 대한 능동 규칙을 작성하라.

a. 사원에 대한 프로젝트 배정이 바뀔 때마다 그 사원이 프로젝트에서 근무한 주당 전체 시간이 30보다 작거나 40보다 큰지 검사하라. 만약 그렇다면 사원의 직속 상사에게 통지하라.

b. 한 사원이 삭제될 때마다 그 사원과 관련된 프로젝트 투플과 부서 투플을 삭제하라. 만일 그 사원이 어떤 부서나 다른 사원들을 관리하고 있다면 그 부서의 Mgr_ssn을 널로 설정하고 그 사원들의 Super_ssn을 널로 설정하라.

25.26 연습 문제 25.25를 STARBURST 능동 규칙의 문법을 이용하여 반복하라.

25.27 그림 25.11의 관계 스키마를 고려해 보자. SALES_PERSON의 Sum_commissions 애트리뷰트가 각 판매원에 대한 SALES 내의 Commission 애트리뷰트의 합과 같도록 유지하는 능동 규칙을 작성하라. 이와 함께 Sum_commissions가 100000을 초과하는지 검사해야 하며, 만약 그렇다면 Notify_manager(S_id) 프로시저를 호출하라. STARBURST 표기법에서의 문장-수준 규칙과 오라클에서의 행-수준 규칙을 사용하여 정의하라.

SALES

| S_id | V_id | Commission |
|---|---|---|

SALES_PERSON

| Salesperson_id | Name | Title | Phone | Sum_commissions |
|---|---|---|---|---|

그림 25.11 판매와 판매원 수당에 대한 데이터 스키마

25.28 그림 25.9에 보인 각 투플을 생성한 갱신들 중에서 소급하여 적용된 것과 사전에 적용된 것을 논의하라.

25.29 다음의 갱신이 순차적으로 적용되었을 때, 그림 25.9의 2이력 릴레이션 EMP_BT의 내용이 어떻게 변경되는지를 보여라. 또한, 각 갱신이 소급 갱신인지 사전 갱신인지를 기술하라.

a. 2004-03-01에 유효하도록 2004-03-10, 17:30:00에 Narayan의 급여가 40000으로 갱신되었다.

b. 2003-06-01에 유효하도록 2003-07-30, 08:31:00에 Smith의 급여가 (30000으로 표시된 대로가 아니라) 31000으로 입력되었어야 했음을 나타내도록 정정되었다.

c. 2004-03-31에 유효하도록 2004-03-18, 08:31:00에 Narayan이 회사를 떠나는(즉 논리적으로 삭제되는) 것을 나타내도록 데이터베이스가 변경되었다.

d. 2004-04-20에 유효하도록 2004-04-20, 14:07:33에 Johnson이라는 새로운 사원이 채용되었음을 투플 <'Johnson', '334455667', 1, NULL>로 나타내도록 데이터베이스가 변경되었다.

e. 2004-06-01에 유효하도록 2004-04-28, 12:54:02에 Wong이 회사를 떠나는 (즉 논리적으로 삭제되는) 것을 나타내도록 데이터베이스가 변경되었다.

f. 2004-05-01에 유효하도록 2004-05-05, 13:07:33에 Brown이 같은 부서와 상사를 가지며 급여가 35000으로 다시 채용되었음을 나타내도록 데이터베이스가 변경되었다.

*25.30* 연습 문제 25.29에 주어진 갱신들이 순차적으로 적용되었을 때 그림 25.8의 유효 시간 릴레이션 EMP_VT의 내용이 어떻게 변경될 것인지 보여라.

## 주요 참고문헌

Zaniolo 외(1997)의 책은 능동, 이력, 공간/텍스트/멀티미디어 데이터베이스와 같은 고급 데이터베이스 개념을 각각 설명하는 몇 개의 부분으로 구성되었다. Widom과 Ceri(1996), Ceri와 Fraternali(1997)는 능동 데이터베이스 개념과 시스템들에 집중하였다. Snodgrass 외(1995)는 TSQL2 언어와 데이터 모델을 기술하였다. Khoshafian과 Baker(1996), Faloutsos(1996), Subrahmanian(1998)은 멀티미디어 데이터베이스 개념들을 기술하였다. Tansel 외(1993)는 이력 데이터베이스에 대한 내용의 모음이다. STARBURST 규칙은 Widom과 Finkelstein(1990)에 기술되었다. 능동 데이터베이스에 대한 초기 연구는 HiPAC 프로젝트를 포함하며 Chakravarthy 외 (1989)와 Chakravarthy(1990)에서 논의되었다. 이력 데이터베이스를 위한 용어 해설은 Jensen 외(1994)에 있다. Snodgrass(1987)는 초기 이력 질의어인 TQuel에 집중하였다.

이력 정규화는 Navathe와 Ahmed(1989)에 정의되었다. Paton(1999), Paton과 Diaz(1999)는 능동 데이터베이스에 대한 조사 결과를 보였다. Chakravarthy 외(1994)는 SENTINEL과 객체지향 능동 시스템을 기술하였다. Lee 외( 1998)는 시계열 관리에 관하여 논의하였다.

Shekhar, Chawla(2003)의 책은 공간 데이터베이스의 여러 측면, 즉 공간 데이터 모델, 공간 스토리지, 공간 인덱싱, 공간 데이터 마이닝 등을 다루었다. Scholl 외(2001)는 공간 데이터 관리에 대한 다른 교재이다. Albrecht(1996)는 다양한 GIS 분석 연산을 상세히 기술하였다. Clementini, Di Felice(1993)는 공간 연산자를 상세히 기술하였고, Güting(1994)은 공간 데이터베이스 시스템에 대한 공간 데이터 구조, 질의 언어를 기술하였다. Guttman(1984)은 공간 데이터 인덱싱에 대한 $R$-트리를 제안하였다. Manolopoulos 외(2005)는 $R$-트리의 이론과 응용에 대한 책이다. Papadias 외(2003)는 공간 네트워크에 대해 $R$-트리를 사용한 질의 처리를 논의한다. Ester 외(2001)는 공간 데이터 마이닝의 알고리즘과 응용에 대한 포괄적인 논의를 제공한다. Koperski, Han(1995)은 지리 데이터베이스에서의 연관 규칙 발견을 논의한다. Brinkhoff 외(1993)는 공간 조인의 효율적인 처리를 위한 $R$-트리의 사용에 대한 종합적인 개요를 제공하고, Rotem(1991)은 공간 조인 인덱스를 종합적으로 기술한다. Shekhar, Xiong(2008)은 여러 다양한 연구 결과를 요약하였고, 공간 데이터베이스 관리 시스템과 GID의 여러 다른 측면들을 논의하였다. 밀도-

기반 클러스터링 알고리즘인 DBSCAN과 DENCLUE는 Ester 외(1996), Hinnenberg와 Gabriel(2007)에 의해 각각 제안되었다.

멀티미디어 데이터베이스 모델링은 수많은 연구 문헌을 가지며, 이에 따라 주요한 참고 문헌들을 모두 제시하기는 어렵다. Niblack 외(1998)에서 기술된 IBM의 QBIC (QueryBy Image Content) 시스템은 콘텐츠에 기반하여 이미지 질의를 수행하는 초기의 종합적인 접근 방법 중 하나였다. 현재는 IBM의 QBIC 데이터베이스 이미지 확장 제품 중 하나로써 이용할 수 있다. Zhao, Grosky(2002)는 내용-기반 이미지 검색을 논의한다. Carneiro, Vasconselos(2005)는 시맨틱 이미지 주석(태깅)의 데이터베이스 중심의 뷰와 검색을 제시한다. 부분 이미지에 대한 내용-기반 검색은 Luo, Nascimento(2004)에 의해 논의되었다. Tuceryan, Jain(1998)은 질감 분석의 다양한 측면을 논의한다. Lowe(2004)는 SIFT를 사용한 객체 인식을 논의한다. Lazebnik 외(2004)는 3D 객체를 모형화하기 위한 지역적 아핀 영역의 사용을 기술한다. 여러 객체 인식 방법 중에서, Kim 외(2006)는 G-RIF를 기술하고, Bay 외 (2006)는 SURF를 논의하며, Ke와 Sukthankar(2004)는 PCA-SIFT를 제시하고, Mikolajczyk와 Schmid(2005)는 GLOH를 기술한다. Fan 외(2004)는 개념-인지 목표(concept-sensitive objective)를 사용하여 이미지의 자동 주석에 대한 기법을 제시한다. Fotouhi 외(2007)는 멀티미디어 시맨틱의 여러 측면에 대한 최초의 국제적 워크숍이었고, 매년 지속적으로 행해진다.

Thuraisingham(2001)은 오디오 데이터를 여러 다른 카테고리로 분류하고, 이러한 카테고리를 각각 서로 다르게 처리함으로써 오디오의 메타데이터 사용에 공을 들였다. Prabhakaran(1996)은 또한 음성 처리 기법이 오디오 데이터에 유익한 메타데이터 정보를 어떻게 추가하는지를 논의했다.

# 정보 검색 및 웹 검색 개요

지금까지 이 책 대부분의 장에서는 모델링, 설계, 질의, 트랜잭션 처리, **구조화된 데이터**(structured data)에 대한 관리 기법을 논의하였다. 12.1절에시는 구조화된 데이터, 반구조화된 데이터, 비구조화된 데이터 간의 차이를 살펴보았다. 정보 검색은 주로 **비구조화된 데이터**(unstructured data)를 취급하며, 대용량 비구조화된 문서(unstructured document)의 인덱싱, 탐색, 정보 검색에 대한 기법을 주로 다룬다. 23장에서는 NOSQL 기술을 MongoDB같이 문서의 형태로 데이터를 처리하는 데 적합한 시스템을 고려하였다. 이 장[1])에서는 정보 검색을 개괄적으로 설명한다. 정보 검색은 매우 광범위한 분야이므로, 이 장에서는 주로 정보 검색과 데이터베이스 간의 유사점과 차이점, 많은 정보 검색 시스템의 기반인 인덱싱 기법에 초점을 맞추어 설명한다.

이 장은 다음과 같이 구성되어 있다. 26.1절에서는 정보 검색(IR)의 개념을 소개하고, 전통적인 데이터베이스와 어떠한 차이가 있는지 논의한다. 26.2절에서는 IR 탐색(IR search)의 기초가 되는 검색 모델(retrieval model)을 중점적으로 살펴본다. 26.3절에서는 IR 시스템에 대한 여러 유형의 질의를 다루고, 26.4절에서는 텍스트 전처리를 논의한다. 26.5절에서는 IR 시스템에서 가장 중요한 인덱싱의 개요를 제시하고, 26.6절에서는 IR 시스템 성능에 대한 다양한 평가 지표를 설명한다. 26.7절에서는 웹 분석을 자세히 설명하고, 26.8절에서는 IR의 최신 동향에 대해 간략히 소개한다. 26.9절에서는 이 장의 내용을 요약한다. IR에 대한 간단한 개요만을 원하는 독자라면 26.1절부터 26.6절까지를 읽어 보기 바란다.

---

1) 이 장은 Georgia Institute of Technology의 Saurav Sahay와 공동 집필하였다.

# 26.1 정보 검색(IR)의 개념

정보 검색(information retrieval)은 사용자 질의(또는 검색 요청)에 대해 문서 컬렉션으로부터 문서를 검색하는 것이다. 이 절에서는 정보 검색(IR) 개념의 개요를 설명한다. 26.1.1절에서는 일반적인 정보 검색을 소개하고, IR에 포함되는 여러 종류와 여러 수준의 검색을 논의한다. 26.1.2절에서는 IR과 데이터베이스 기법을 비교한다. 26.1.3절에서는 IR의 역사를 간략히 살펴보고, 26.1.4절에서는 IR 시스템에 대한 사용자 상호작용의 여러 모드를 설명한다. 26.1.5절에서는 전형적인 IR 처리 과정의 자세한 작업 내용과 이를 간략화한 처리 과정을 기술하고, 디지털 도서관과 웹의 IR에 대한 간략한 논의로 끝을 맺는다.

## 26.1.1 개요

먼저, 정보 검색이 구조화된 데이터 관리와 어떻게 다른지 이해하기 위해 구조화된 데이터와 비구조화된 데이터의 차이점을 다시 살펴본다(12.1절 참조). 다음과 같은 애트리뷰트를 갖는 HOUSES라는 릴레이션(또는 테이블)을 고려해 보자.

HOUSES(Lot#, Address, Square_footage, Listed_price)

이 릴레이션은 구조화된 데이터의 예이다. 이 데이터는 비구조화된 데이터의 예인 주택구입 계약 문서와 비교될 수 있는데, 이러한 문서의 유형은 미국에서 도시별, 심지어 카운티별로 매우 다양하다. 일반적으로, 특정 주에서의 계약 문서는 문단에 기술되는 조항의 표준 목록을 갖는다. 구매자와 판매자에게 제공되는 내용은 일부 미리 정해진 (고정된) 본문과 몇몇 가변적인 부분을 포함하며, 또 다른 가변적인 정보로는 대출에 대한 이자율, 계약 금액, 결산일 등이 있다. 또한 계약 문서는 홈 인스펙션을 통해 제시된 몇몇 세부 사항들을 포함할 수도 있다. 그러한 문서 내용은 다양한 포맷과 나열로 저장될 수 있기 때문에 비구조화된 데이터로 간주될 수 있다. 비구조화된 정보에 의하면, 정보는 대개 잘 정의된 형태의 모델, 표현, 추론에 대응되는 형식 언어를 가지지 않고, 오히려 자연어의 이해에 기반한다.

월드 와이드 웹의 등장으로, 비구조화된 정보의 양은 폭발적으로 증가하고 있다. 즉 텍스트 및 멀티미디어 정보를 포함하는 메시지나 문서의 양이 증가하고 있으며, 이러한 문서는 HTML, XML(12장 참조), 오디오 및 비디오 형식과 같은 다양한 표준 포맷으로 저장된다. 정보 검색은 저장, 인덱싱, 그리고 사용자 요구를 충족시키는 정보를 찾는 문제를 다룬다. 웹 페이지와 소셜 상호작용(social interaction) 이벤트 수가 이미 수십억에 이르렀으며, 놀라운 속도로 증가하고 있다는 사실은 IR이 다루는 문제를 더욱 어렵게 만든다. 지금까지 기술된 모든 형태의 비구조화된 데이터는 매일 수백만씩 추가되고, 웹에서의 검색 가능한 공간은 빠른 속도로 확대되고 있다. 역사적으로, 정보 검색은 IR 분야의 선구자,[2] Gerald Salton에 의해 정의된 것처럼 "정보의 구조, 분석, 조직, 저장, 탐색(searching) 및 검색(retrieval)을 다루는 학문 분야"이다. 이를 사용자의 정보 요구를 만족시키기 위해 비구조화

2) Salton의 1968년 책, Automatic Information Organization and Retrieval을 참조한다.

된 문서에 적용하여 이야기하면, 그 정의가 좀 더 확장될 수 있다. 이 분야는 데이터베이스 분야보다 더 오래 되었으며, 초기에는 도서관의 카테고리 정보, 즉 제목, 저자, 주제, 키워드 기반의 검색과 관련이 있다. 대학 교육과정에서, IR 분야는 오랫동안 문헌 정보학 과정의 한 분야였다. IR과 관련된 정보는 관계 데이터베이스 시스템처럼 기계 해독형(machine-understandable) 구조를 요구하지 않는다. 이러한 정보로는 텍스트, 요약, 문서, 책, 웹 페이지, e-메일, 인스턴트 메신저, 디지털 도서관의 문서 컬렉션을 들 수 있다. 그러므로, 비구조화된(또는 반구조화된) 정보로 느슨하게 표현된 모든 것들 또한 IR 분야라 할 수 있다. 12장에서 XML 모델링과 검색을 소개하였고, 25장에서 공간 데이터, 시간 데이터, 멀티미디어 데이터와 같은 고급 데이터 타입을 논의하였다. RDBMS 업체들은 때때로 RDBMS, 확장 RDBMS, 객체 관계 데이터베이스 관리 시스템(ORDBMSs, 11장 참조)으로 불리는 제품의 새로운 버전에서 XML 데이터뿐 아니라 다른 많은 데이터 타입을 지원하기 위한 모듈을 제공한다. 데이터베이스 연구자가 데이터베이스 인덱싱과 탐색 기법을 정보 검색 분야에 적용하고자 하였으나, 실제로 비구조화된 데이터를 다루는 것은 매우 어려운 문제이다. IR 시스템은 사용자가 특정 질의 언어를 사용하지 않아도 되며 특정 데이터베이스의 내용이나 구조(스키마)를 알지 않아도 된다는 점에서 데이터베이스 시스템의 범위를 넘는다. IR 시스템은 사용자의 정보 요청을 자유-형식 검색 요청(키워드 검색 질의 또는 단순히 질의로 불린다)으로 표현한다. IR 분야는 전통적으로 수십 년 동안 문서 형태의 텍스트를 분류하고, 처리 및 액세스하는 것을 다뤘다. 반면, 오늘날에는 웹 검색 엔진이 정보를 찾는 주요한 수단으로 사용되고 있다. 이에 따라, 텍스트 인덱싱과 검색 가능한 문서 컬렉션을 구축하는 전통적인 문제들은 웹 자체를 빠르게 접근할 수 있는 지식 저장소로 만드는 문제로 바뀌었다.

IR 시스템은 취급하는 정보 저장소의 크기 및 비율과 함께, 사용자 유형, 데이터 타입, 정보 요청 형태에 따라 여러 유형으로 구분할 수 있다. 서로 다른 IR 시스템은 서로 다른 특성의 조합을 요구하는 특정 문제를 다루도록 설계된다. 이러한 특징은 다음과 같이 간단히 기술될 수 있다.

**사용자 유형**. 사용자들은 컴퓨터 시스템과 상호 작용할 수 있는 능력이 크게 다를 수 있다. 이 능력은 교육, 문화 및 컴퓨터 환경에 대한 과거의 노출과 같은 다양한 요인에 따라 달라진다. 사용자에는 큐레이터 또는 사서와 같이 자신이 원하는 특정 정보를 검색하고 태스크에 대한 관련 질의를 만드는 **전문 사용자**(expert user)와 일반적인 정보 요청을 하는 **일반 사용자**(layperson user)가 있다. 일반 사용자는 검색에 있어 높은 수준의 질의를 작성하지는 못한다. 일반 사용자의 예로는, 새로운 연구 주제에 대한 정보를 찾으려고 하는 학생, 역사적 이슈에 대한 다른 관점을 이해하려고 하는 연구원, 다른 과학자의 주장을 검증하려는 과학자, 또는 옷을 구입하려는 사람 등을 들 수 있다. 서로 다른 유형의 사용자에게 적합한 시스템을 설계하는 것은 일반적으로 휴먼 컴퓨터 정보 검색(Human-Computer Information Retrieval)으로 알려진 분야에서 연구되는 IR의 중요한 주제다.

**데이터 타입.** 검색 시스템은 데이터의 특정 유형에 적합하게 만들 수 있다. 예를 들어, 특정 주제에 대한 정보 검색 문제는 특정 주제의 정보만을 검색·수집하도록 제작된 맞춤형 검색 시스템에 의해 더 효율적으로 처리될 수 있다. 정보 저장소는 개념이나 주제 체계에 의해 계층적으로 조직된다. 이러한 **도메인 특정적**(domain-specific) 또는 수직적 *IR* 시스템은 모든 유형의 주제에 대한 정보를 포함하는 월드 와이드 웹만큼 크거나 다양하지는 않다. 만일 도메인 특정적인 컬렉션을 특화된 처리 과정을 통해 얻을 수 있다면, 이는 전문화된 시스템(specialized system)에 의해 더 효율적으로 활용될 수 있다. 데이터 유형은 속도, 다양성, 볼륨 및 정확성과 같은 다른 차원을 가질 수 있으며, 이 내용은 24.1절에서 설명하였다.

**정보 요청 형태.** 웹 검색에서 사용자 정보 요청은 항해 탐색, 정보 탐색, 또는 트랜잭션 탐색[3]으로 정의될 수 있다. 항해 탐색(navigational search)은 "Georgia Tech University Web site"와 같이 필요한 정보의 특정 부분을 신속하게 찾는 것을 말한다. 정보 탐색은 "Georgia Tech의 컴퓨팅 대학에서의 연구 활동"과 같이 어떤 주제에 대한 현재 정보를 찾는 것으로, 전형적인 IR 시스템 작업이다. 트랜잭션 탐색의 목적은 소셜 네트워크 가입, 제품 쇼핑, 온라인 예약, 데이터베이스 접근 등과 같이 상호작용이 좀 더 많은 사이트를 활용하는 것이다.

**정보 규모의 수준.** 노벨상 수상자인 Herbert Simon은 정보 규모의 수준에 대해 다음과 같이 말하였다. "정보가 무엇인지를 소비하는 것은 명백하다. 즉 정보는 정보를 받는 사람의 관심을 소비한다. 따라서, 정보의 풍부함은 관심의 결핍을 만들기 때문에, 관심을 소비하려는 많은 정보원에 효과적으로 관심을 배분할 필요가 있다."[4]

정보원(information source)의 과잉은 사실상 IR 시스템에서 높은 신호 대 잡음비를 만든다. 특히 인덱스되는 페이지가 수십억 개인 웹에서, IR 인터페이스는 분산 검색, 인덱싱, 캐싱, 합병, 오류 허용치에 대해 확장 가능한 알고리즘으로 만들어진다. IR 검색 엔진은 한층 더 특정한 문서 컬렉션에 대해서만 적용도록 제한할 수 있다. **기업 검색시스템**(enterprise search system)은 기업 내의 컴퓨터 네트워크, 즉 인트라넷에서 다른 엔티티를 찾는 IR 해결책을 제공한다. 검색 가능한 엔티티로는 사람이나 회의, 프로젝트와 관련된 보고서뿐만 아니라 e-메일, 기업 문서, 매뉴얼, 차트, 프리젠테이션을 포함하고, 대기업에서는 일반적으로 이러한 엔티티들이 수백만 개에 달한다. 좀 더 작은 규모의 검색 시스템으로는 컴퓨터에 저장된 파일과 폴더, 여러 종류의 엔티티를 검색하기 위한 개인 정보 시스템이 있으며, 데스크탑 검색 엔진(예를 들어, 구글 데스크탑)이라 불리기도 한다. 오디오 파일 형태로 음악 공유를 허용하는 비트토렌트(BitTorrent)와 같은 피어투피어 시스템뿐만 아니라 라이코스나 야후 오디오 검색과 같이 오디오에 특화된 검색 엔진도 있다.

---

3) 자세한 내용은 Broder(2002)를 참조한다.

4) Simon(1971), "Designing Organizations for an Information-Rich World."를 참조한다.

### 26.1.2 데이터베이스와 IR 시스템의 비교

컴퓨터 과학 분야에서, 데이터베이스와 IR 시스템은 밀접한 관련이 있다. 데이터베이스는 잘 정의된 형식 언어를 사용해 구조화된 정보 검색을 다루는데, 이는 표현과 조작에 있어 이론적 기초가 되는 데이터 모델을 사용한다. 데이터베이스의 효율적인 알고리즘은 복잡한 질의의 빠른 실행을 요구하는 오퍼레이터를 위해 개발되었다. 이에 반해, IR은 잘 정의된 논리적인 도식 표현 없이 막연한 질의나 검색 시맨틱으로 비구조화된 검색을 처리한다. 데이터베이스와 IR 시스템 간 주요 차이점은 표 26.1에 제시되어 있다.

데이터베이스는 관계 모델과 같은 데이터 모델에서 정의된 고정된 스키마를 가지는 반면, IR 시스템은 고정된 데이터 모델을 가지지 않는다. 즉 데이터베이스는 질의 처리를 돕기 위해 데이터나 문서를 벡터 공간 모델과 같은 스키마로 본다(26.2절 참조). 또한, 관계 모델을 사용하는 데이터베이스는 질의와 트랜잭션을 위해 표준 질의 언어(SQL)를 사용한다. 질의는 관계 해석 연산과 검색 알고리즘(18장 참조)에 매핑되고, 질의 결과로서 새로운 릴레이션(테이블)을 반환한다. 이는 질의에 대해서 데이터베이스의 현재 상태에 대한 정확한 응답을 제공하는 것이다. 반면에, IR 시스템에서는 문서나 문서조작의 구조(스키마)를 정의하는 고정된 언어가 없다. IR의 질의는 질의어(키워드)의 집합 또는 자유형식 자연어 구문이 되는 경향이 있다. 또한, IR 질의 결과는 문서 식별자(id)의 리스트, 또는 텍스트나 멀티미디어(이미지, 비디오 등)의 일부분, 또는 웹 페이지에 대한 링크의 리스트이다.

표 26.1 기본키에 기반을 둔 정규형과 대응되는 정규화의 요약

| 데이터베이스 | IR 시스템 |
|---|---|
| 구조화된 데이터 | 비구조화된 데이터 |
| 스키마 기반 모델<br>관계(또는 객체, 계층, 네트워크) 모델 | 고정된 스키마가 없는 다양한 데이터 모델<br>(예를 들어, 벡터 공간 모델) |
| 구조화된 질의 모델 | 자유-형식 질의 모델 |
| 풍부한 메타데이터 연산 | 풍부한 데이터 연산 |
| 질의는 데이터를 반환 | 검색 요청은 문서에 대한 리스트나 포인터를 반환 |
| 결과는 정확한 매칭에 기반<br>(항상 정확) | 결과는 근접 일치와 효과성 척도에 기반<br>(부정확할 수 있고 순위가 주어짐) |

데이터베이스 질의 결과는 정확한 응답이다. 만약 매칭되는 레코드(투플)가 릴레이션에 없다면, 결과가 없게 된다(널이 된다). 반면에, IR 질의에서 사용자 요청에 대한 응답은 질의와 가장 관련 있는 정보를 검색하는 최선의 시도가 결과로 나타난다. 데이터베이스는 대용량 메타데이터를 유지하고, 질의 최적화에서 이 메타데이터 사용을 허용한다. 반면, IR 시스템에서의 연산은 데이터 값 자체와 발생 빈도에 의존한다. IR에서는 문서들 간의 연관성 결정이나 사용자 요청에 대한 문서의 일부분을 결정하기 위해 때때로 복잡한 통계 분석이 이루어지기도 한다.

### 26.1.3 IR의 간략한 역사

정보 검색은 고대 문명 시대 이후의 일반적인 작업으로서, 문서와 레코드를 조직, 저장, 분류하기 위한 방법으로 고안되었다. 파피루스 두루마리나 석판과 같은 미디어는 고대 정보를 문서화하여 기록하기 위해 사용되었고, 이러한 노력으로 지식이 유지되고 세대 간 지식이 전달되었다. 공공 도서관과 인쇄기의 출현으로, 문서와 책의 보관, 수집, 생산, 배포를 위한 대규모 방법론이 발전하게 되었다. 컴퓨터와 자동 저장 시스템이 출현함에 따라, 전산 시스템에 이러한 방법을 적용할 필요성이 제기되었다. 1950년대에는 H. P. Luhn[5]의 연구와 같은 몇몇 기법이 나타나게 되는데, H. P. Luhn은 문서의 인덱싱 단위로 단어와 단어의 빈도수를 사용하는 것을 제안하였고, 또한 검색 기준으로 질의와 문서 간의 단어 중복 정도를 사용하는 것을 제안하였다. 대용량 텍스트의 저장은 어렵지 않게 곧 현실화되었다. 더 어려운 과제는 특정 정보 요청을 하는 사용자에게 정보를 선택적으로 검색하도록 하는 것이었다. 단어 분포 통계를 조사하는 방법들은 분포 속성[6]에 기반한 키워드 선택 기법과 가중치 정도에 기반한 키워드 선택 기법의 선택 필요성을 야기하였다.

1960년대 SMART[7]와 같은 문서 검색 시스템에 대한 초기 시도는 인덱싱 방법으로 키워드와 이들의 가중치에 기반한 역파일 조직(inverted file organization)을 채택했다(16.6.4절 참조). 실시간 응답에 가까운 신속함을 요구하는 질의의 경우에는 직렬(또는 연속) 조직은 부적절하다는 것이 드러났고, 이러한 파일의 적절한 조직화는 중요한 학문 분야가 되었다. 이후 문서 분류(classification)와 문서 클러스터링(clustering) 기법들이 뒤이어 소개되었다. 대규모 검색 실험은 대용량 텍스트 컬렉션의 가용성 부족으로 여전히 어려운 문제였으나, 이는 곧 월드 와이드 웹의 출현으로 해결되었다. 또한, TREC(Text Retrieval Conference)이 1992년 NIST(National Institute of Standards and Technology)에 의해 시작되었다. 이는 TIPSTER 프로그램[8]의 한 부분으로서, 정보 검색 방법론을 평가하기 위한 플랫폼 제공과 IR 제품 개발을 위한 기술 이전을 촉진시키는 것을 목적으로 하였다.

**검색 엔진**은 대용량 문서 컬렉션에 대한 실용적인 응용이다. 컴퓨터와 통신 기술의 상당한 진보로, 오늘날 우리는 웹에서 방대한 양의 사용자 생성 분산콘텐츠(user-generated distributed content)에 쌍방향으로 접근할 수 있다. 이는 검색 엔진이 웹에서 여러 종류의 정보 발견을 실시간으로 시도한다는 점에서, 검색 엔진 기술의 급속한 성장을 촉진했다. 새로운 웹 문서의 발견, 분석, 인덱싱하는 것과 관련 있는 검색 엔진은 크롤러(crawler)로 알려져 있다. 특정 지식의 도메인을 다루기 위한 특화된 유형의 검색 엔진도 있다. 예를 들어, 생명 의학 분야의 문헌 검색 데이터베이스가 1970년대 시작되었고, 현재 2천만 개 이상의 문서 액세스를 제공하는 펍메드(PubMed)[9]에 의해 유지되고 있다.

최종 사용자 요구에 대한 맞춤형 검색 결과를 제공하기 위해서는 계속적인 발전이 있었던

5) Luhn(1957)의 "A statistical approach to mechanized encoding and searching of literary information"을 참조한다.
6) Salton, Yang, Yu(1975)를 참조한다.
7) 자세한 내용은 Buckley 외(1993)를 참조한다.
8) 자세한 내용은 Harman(1992)을 참조한다.
9) www.ncbi.nlm.nih.gov/pubmed/을 참조한다.

반면, 개별 사용자의 정보 요청에 대해 양질의 적합한 정보를 적시에 제공하는 문제는 여전히 어려운 문제이다.

### 26.1.4 IR 시스템의 상호작용 모드

26.1절 시작 부분에서 정보 검색을 사용자 질의(또는 검색 요청)에 대한 응답으로서, 문서 컬렉션으로부터 문서를 검색하는 과정으로 정의하였다. 전형적으로 문서 컬렉션은 비구조화된 데이터를 포함하는 문서로 구성된다. 또 다른 종류의 문서로는 이미지, 오디오 레코딩, 비디오 스트립(strip), 지도 등이 있다. 이들 데이터는 일정한 구조(definitive structure)를 갖지 않는 문서에 균일하지 않게 저장될 수도 있다. 질의는 정보 요구를 구체화하기 위해, 정보 검색사(searcher)에 의해 사용되는 단어들(또는 키워드들)의 집합이다. 예를 들면, 'database'와 'operating system'이라는 단어는 컴퓨터 과학 도서 데이터베이스에 대한 질의로 간주될 수 있다. 정보 요청이나 검색 질의는 또한 자연어 구문 또는 질문이 될 수 있다. 예를 들어, "What is the currency of China?" 또는 "Find Italian restaurants in Sarasota, Florida."등을 들 수 있다.

IR 시스템에는 두 가지 주요 상호작용 모드로 검색과 브라우징이 있다. 이 둘은 목적은 비슷하지만, 서로 다른 상호작용 과정에 의해 실행된다. 검색은 IR 질의를 통해 문서 저장소로부터 관련 정보를 추출하는 것과 관계가 있다. 반면, 브라우징은 관련성 평가를 근거로 유사 문서 또는 관련 문서를 통해 이루어지는 사용자의 항해 또는 방문의 의미를 갖는다. 브라우징을 수행하는 동안, 사용자 정보 요청은 미리 결정되지 않을 수 있으며, 항해 과정에서 유연하게 변경될 수 있다. 다음의 브라우징 시나리오를 생각해 보자. 사용자는 키워드로 'Atlanta'를 지정한다. 정보 검색 시스템은 Atlanta의 다양한 측면을 포함하는 관련 문서에 대한 링크를 검색한다. 사용자는 반환된 문서에서 'Georgia Tech'라는 단어를 우연히 발견하고, 'Georgia Tech'이라는 문구의 클릭등과 같은 액세스 기법을 사용하여 다른 웹 사이트의 Georgia Tech에 대한 문서를 방문한다. 그 사이트에서 사용자는 Georgia Tech의 다양한 운동 프로그램에 대한 정보를 줄 수 있는 'Athletics'에 대한 엔트리를 발견한다. 결국, 사용자는 관심 있는 부분, Yellow Jackets 풋볼팀의 가을 일정을 찾고 검색을 끝낸다. 이러한 사용자의 유연한 활동이 브라우징으로 알려져 있다. 하이퍼링크는 웹 페이지를 상호 연결하는 데 사용되고 주로 브라우징에 사용된다. 앵커 텍스트는 하이퍼링크를 구분하기 위해 사용되는 문서 내의 텍스트 구문으로 브라우징에 매우 적합하다.

오늘날 정보 검색의 주요 응용 중 하나인 웹 검색은 두 가지 측면, 즉 브라우징과 검색을 모두 포함한다. 웹 페이지는 일반적인 문서와 유사하다. 웹 검색 엔진은 대개 역 인덱싱(inverted indexing) 기법을 채택하여 웹 페이지가 인덱스된 저장소를 가지며, 사용자 검색 요청에 대한 검색 결과로부터 주어진 요청과 관련성이 가장 높은 웹 페이지들을 제공한다(26.5절 참조). 검색된 집합에서 웹 페이지 순위(rank of a Webpage)는 결과 집합을 생성했던 질의에 대한 관련성 척도로 결정된다.

### 26.1.5 일반적인 IR 파이프라인

이전에 언급했던 것처럼, 문서는 영어 및 다른 언어의 문자 스트링으로 구성된 비구조화된 자연어 텍스트로 되어 있다. 그 예로 AP 또는 Reuters와 같은 뉴스 서비스, 기업 매뉴얼과 보고서, 정부 공고문, 웹 페이지 기사, 블로그, 트위터, 도서, 저널 논문 등을 들 수 있다. IR에 대한 주요 접근법으로는 통계적 접근법과 시맨틱 접근법이 있다.

**통계적 접근법**에서 문서는 단어(word), 문구(phrase), 또는 $n$-그램($n$-grams)과 같은 텍스트 묶음(chunk)으로 분해된다. 즉 길이 $n$인 문자들의 서브시퀀스로 모두 분해된다. 각 단어나 구문은 관련성이나 중요도를 위해 빈도가 카운트되고, 가중치를 부여받고, 지정된 척도로 평가된다. 이러한 단어와 속성들은 이들을 포함하는 문서의 순위 리스트를 만들기 위해 질의어(query terms)와의 일치 정도를 비교하게 된다. 이를 위한 통계적 접근법은 사용 방법에 따라 좀 더 분류되는데, 세 가지의 주요 접근법으로 부울(Boolean) 모델, 벡터 공간(vector space) 모델, 확률(probabilistic) 모델이 있다(26.2절 참조).

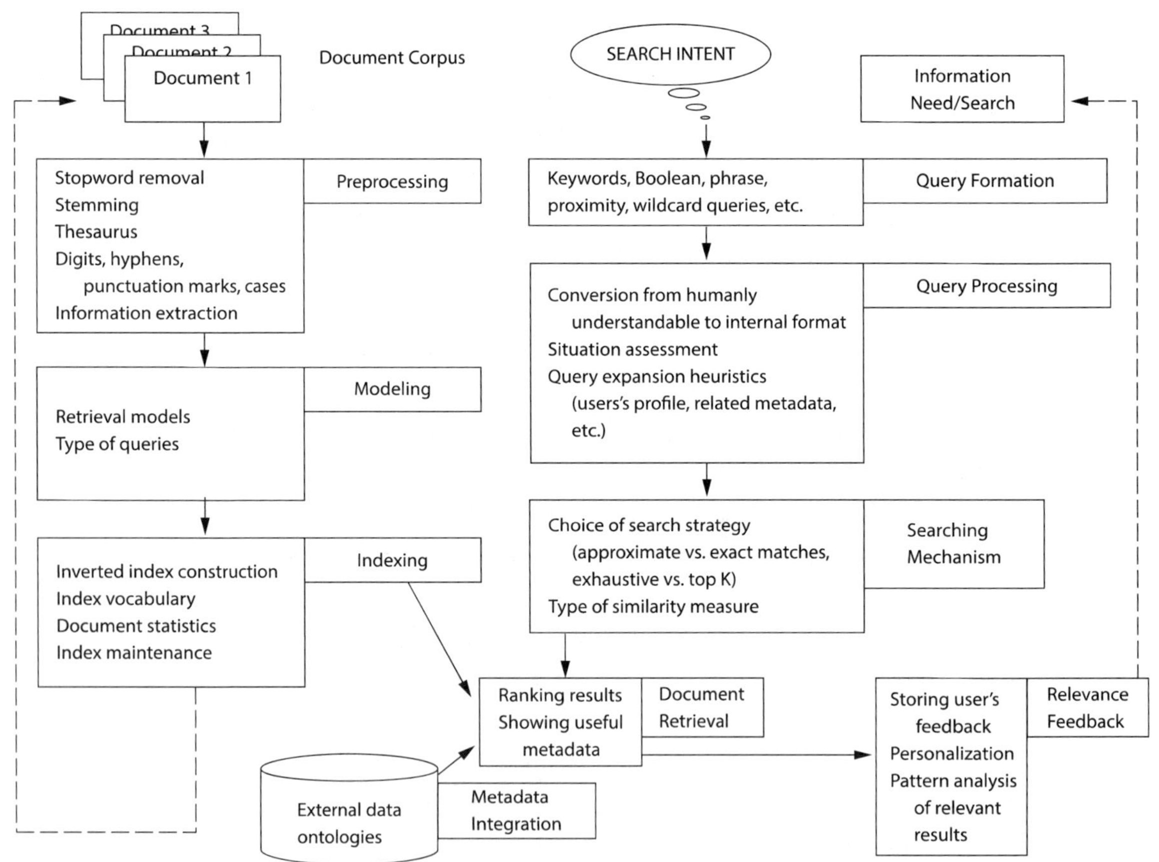


그림 26.1 일반적인 IR 프레임 워크

IR에 대한 **시맨틱 접근법**은 지식 기반 검색 기법을 위해 사용되는데, 이를 위한 지식의 이해는 구문, 어휘, 문장, 도메인, 실용성 등의 수준에 기반한다. 사실, 시맨틱 접근법 또한 검색 과정을 향상시키기 위해 몇 가지 통계 분석의 형태를 적용한다.

그림 26.1은 IR 처리 시스템에 포함되는 다양한 전략을 보여준다. 그림 26.1의 왼쪽에 표시된 단계는 효율적인 검색을 위해 문서들의 집합을 준비하는 전형적인 오프라인 과정으로, 문서 전처리, 문서 모델링, 인덱싱 등이 포함된다. 그림 26.1의 오른쪽에 표시된 단계는 질의어 구성, 질의 처리, 탐색 메커니즘, 문서 검색, 적합성 피드백을 나타낸다. 그림에서 중요한 개념과 이슈는 강조를 위해 박스로 나타냈으며, 이 장의 나머지 부분에서 그림 26.1의 여러 작업들 중 일부를 기술한다.

그림 26.2는 단순화된 IR 처리 파이프라인을 보여준다. 검색을 위해, 우선 문서는 검색에 적당한 형태로 표현된다. 각 문서에서 중요한 용어와 속성이 추출되고, 이들은 문서인덱스에 저장된다. 이러한 인덱스는 단어/용어와 속성들을 행렬로 저장하며, 이 행렬은 단어와 참고문헌을 포함한다. 다음으로 인덱스는 단어/용어 대 문서 행렬의 역 인덱스(그림 26.4 참조)로 변환되어 관리된다. 질의 단어(query words)가 주어지면, 이러한 단어들(과 함께 생성 일자, 저자, 타입 등의 문서 속성들)을 포함하는 문서를 인덱스로 부터 가져와 질의와 비교한다. 그 비교 결과는 순위 리스트 형태로 사용자에게 제시된다. 이때 사용자는 결과

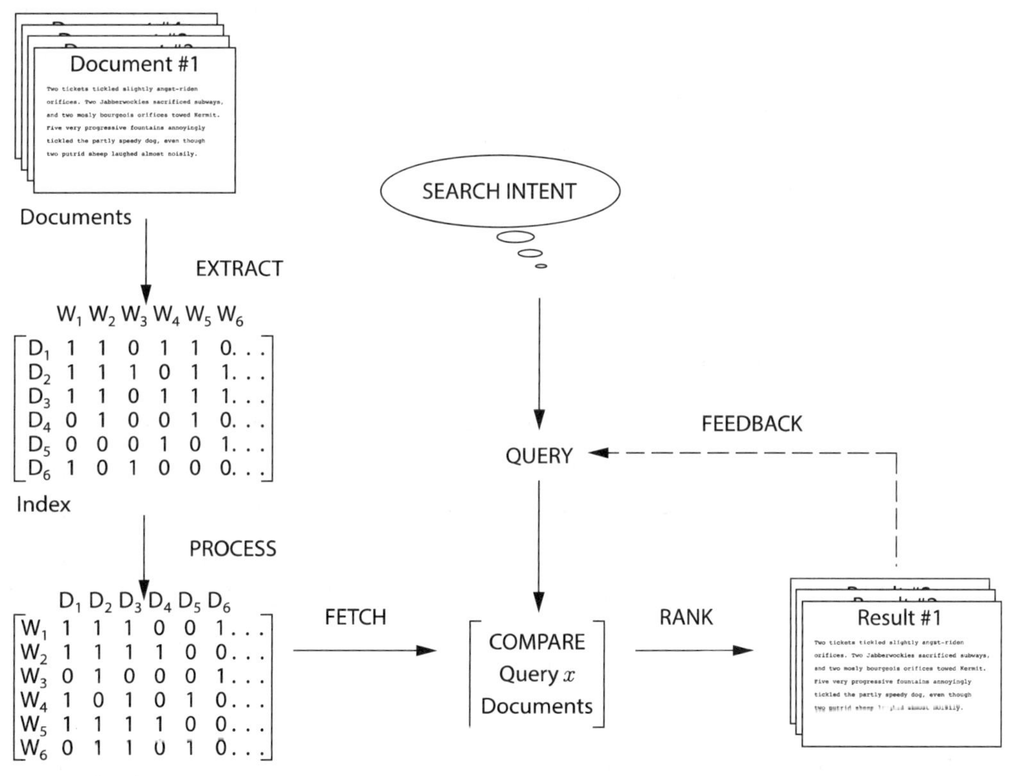


그림 26.2 단순화된 IR 처리 파이프라인

에 대한 피드백을 제공할 수 있는데, 이에 따라 더욱 적합한 결과를 제공하기 위해 묵시적 또는 명시적으로 질의가 확장될 수 있다. 대부분의 IR 시스템은 질의와 결과를 연속적으로 개선하는 대화형 검색을 허용한다.

## 26.2 검색 모델

이 절에서는 IR의 중요한 모델을 간략히 기술한다. 세 가지의 주요 통계적 모델인 부울(Boolean), 벡터 공간(vector space), 확률(probabilistic) 모델이 있으며, 더불어 시맨틱 모델이 있다.

### 26.2.1 부울 모델

이 모델에서 문서는 용어집합으로 표시된다. 질의는 AND, OR, NOT과 같은 표준 부울 논리집합 연산자를 사용한 용어의 조합으로 체계적으로 표시된다. 이 모델에서는 검색과 관련성이 이진(binary) 개념으로 간주된다. 즉 검색된 결과는 연관 문서의 "정확한 일치"를 의미하며, 검색된 문서 사이의 순위에 대한 개념은 없다. 다시 말해, 모든 검색된 문서는 똑같이 중요한 것으로 간주된다. 이는 과감한 간소화를 통해 단어의 빈도수나 유사성은 고려하지 않고 단순히 출현 여부만을 고려하는 모델이기 때문이다.

부울 검색 모델은 초기의 가장 단순한 정보 검색 모델 중 하나로, 정교한 순위부여 알고리즘을 제공하지 못한다. 이러한 모델은 메타데이터 정보를 연결시키기 쉽고, 문서의 생성 날짜, 저자, 문서 유형과 같은 문서의 다른 속성뿐만 아니라 문서 내용 자체와도 정확히 일치하는 질의를 작성하는 데 유용하다.

### 26.2.2 벡터 공간 모델

벡터 공간 모델은 용어 가중치, 검색된 문서의 순위, 적합성 피드백이 가능한 프레임워크를 제공한다. 개별 용어를 차원으로 사용하여 각 문서를 $n$ 차원 벡터 값으로 표현한다. 그 값은 문서 내에서의 단어의 유무를 나타내는 부울값일 수도 있다. 또는 문서 내에서의 가중치나 빈도일 수도 있다. 특성은 IR 검색과 가장 관련 있는 특정 문서집합에 대한 용어의 부분집합이다. 중요한 특성들을 선택하는 과정은 매우 많은 단어들로부터 제한된 적은 수의 단어들(특성들)을 선택(추출)하는 것으로, 선택된 단어(특성)들이 해당 모델의 특징을 잘 반영하여야 한다. 질의 또한 용어(특성) 벡터로 명시되고, 이 질의 벡터는 유사성/관련성 평가를 위해 문서 벡터와 비교된다.

두 벡터를 비교하는 유사성 평가 함수는 벡터 모델에 의해 결정되지는 않는다. 즉 여러 유사성 함수가 하나의 벡터 모델에 사용될 수 있다. 이 중 질의와 문서 벡터 사이 각도에 대한 코사인이 유사성 평가를 위한 주된 함수로 사용된다. 두 벡터 간 각도가 줄어들면 이들의 코사인값은 1에 근접하고, 이는 질의와 문서 벡터 간의 유사성이 증가한다는 의미이다.

용어(특성)는 자신의 출현 빈도수에 비례하여 중요도를 갖는데, 이는 연관성 척도를 계산하는 데 있어서 해당 용어의 중요도를 반영하기 위해서다. 이러한 중요도 반영은 관련성 매치에서 단어의 빈도수를 고려하는 것으로, 단어의 출현 여부만을 판단하는 부울 모델과는 다른 점이다.

벡터 모델에서, 문서 용어 가중치 $w_{ij}$(문서 $j$에서 용어 $i$의 가중치)는 TF(term frequency)나 TF-IDF(term frequency-inverse document frequency)의 변화를 기반으로 계산된다. TF-IDF는 문서 컬렉션에서 단어의 중요도를 평가하기 위한 통계적 가중치 척도로, 다음 수식이 일반적으로 사용된다.

$$cosine(d_j, q) = \frac{\langle d_j \times q \rangle}{||d_j|| \times ||q||} = \frac{\sum_{i=1}^{|V|} w_{ij} \times w_{iq}}{\sqrt{\sum_{i=1}^{|V|} w_{ij}^2} \times \sqrt{\sum_{i=1}^{|V|} w_{iq}^2}}$$

위 수식에서 사용된 기호의 의미는 다음과 같다.

- $d_j$는 문서 벡터이다.
- $q$는 질의 벡터이다.
- $w_{ij}$는 문서 $j$에서의 용어 $i$의 가중치이다.
- $w_{iq}$는 질의 벡터 $q$에서 용어 $i$의 가중치이다.
- $|V|$는 중요한 키워드(또는 특성)의 전체 개수인 벡터의 차원 수이다.

TF-IDF는 문서 내에서 용어의 가중치를 부여하기 위해 흔히 사용된다. 이러한 TF-IDF는 문서 $D_j$에서 용어 $i$의 정규화된 빈도수($TF_{ij}$)와 해당 단어의 문서집합 내 빈도수의 역인 역 문서 빈도수($IDF_i$)의 곱으로 계산된다. 이러한 아이디어는 어떤 용어가 문서를 대표하려면 단순히 자주 나타나는 것뿐 아니라(즉 TF가 높을 뿐만 아니라), 그 용어가 너무 많은 문서에 빈번하게 나타나지 않아야 한다(IDF도 높아야 한다)는 것을 의미한다.

고정된 문서 컬렉션에 대한 IDF값은 쉽게 계산될 수 있다. 웹 검색 엔진의 경우, 대표적인 문서 샘플들을 취하여 IDF의 근사값을 계산한다. 이를 위해, 다음 수식이 사용될 수 있다.

$$TF_{ij} = f_{ij} \Big/ \sum_{i=1 \text{ to } |V|} f_{ij}$$

$$IDF_i = \log\left(N / n_i\right)$$

수식에서 사용된 기호의 의미는 다음과 같다.

- $TF_{ij}$는 문서 $D_j$에서 용어 $i$의 정규화된 용어의 빈도수이다.
- $f_{ij}$는 문서 $D_j$에서 용어 $i$의 발생 수이다.
- $IDF_i$는 용어 $i$에 대한 역 문서 빈도 가중치이다.
- $N$은 문서 컬렉션에서의 문서 수이다.
- $n_i$는 용어 $i$가 나타나는 문서 수이다.

모든 문서에 용어 $i$가 나타나는 경우를 주목해 보자. 이 경우, $n_i = N$이고, 그러므로 $IDF_i$ $= \log(1)$은 0이 된다. 이는 용어 $i$의 중요성을 무효화하며, 0으로 나누는 상황이 발생하게 된다. 문서 $j$에서의 용어 $i$에 대한 가중치 $W_{ij}$는 TF-IDF값에 기반하여 몇 가지 방법으로 계산된다. 앞서의 0에 의한 나누기를 피하기 위해, 일반적으로 상기 코사인 수식의 분모에 1을 더하는 방식으로 계산한다. 때때로, 질의(rel($D_j$, $Q$))에 대한 문서 관련성은 질의 $Q$에 나타나는 용어들의 TF-IDF 값의 합으로 직접 계산되기도 한다.

$$\mathrm{rel}(D_{\mathrm{j}},Q)=\sum_{\mathrm{i}\in\mathrm{Q}} TF_{\mathrm{ij}}\times IDF_{\mathrm{i}}$$

이때 (코사인 수식에서 분모의 역할과 유사한) 정규화 인수는 TF-IDF 공식 자체에 통합된다. 이로 인해 질의에 대한 어떤 문서의 관련성은 질의와 해당 문서 벡터의 도트곱(dot production) 계산에 의해 측정된다.

Rocchio[10] 알고리즘은 잘 알려진 적합성 피드백 알고리즘으로, 사용자가 지정한 연관 문서들을 사용하여 초기 질의 벡터와 가중치를 결정(수정)하는 벡터 공간 모델에 기반한다. 이 알고리즘은 다음과 같이 초기 질의 벡터 $q$를 새로운 벡터 $q_e$로 확장한다.

$$q_e = aq + \frac{\beta}{|D_r|}\sum_{d_r \in D_r} d_r - \frac{\gamma}{|D_{nr}|}\sum_{d_{nr} \in D_{nr}} d_{nr},$$

여기서, $D_r$과 $D_{ir}$은 문서집합에서 사용자가 지정한 연관 문서집합과 비연관 문서집합을 나타낸다. 이 용어는 관련성이 있거나 혹은 관련성이 없는 문서 세트를 각각 나타낸다. 관련 및 비 관련 문서의 용어는 양수(positive) 및 음수(negative) 가중치가 있는 본래의 쿼리 벡터에 각각 추가되어 수정된 쿼리 벡터가 생성된다. $\alpha$, $\beta$, $\gamma$는 방정식의 인수이다. $d_r$에 대한 합계는 문서 $d_r$의 모든 관련 용어에 대한 합계를 나타낸다. 유사하게, $d_{nr}$은 문서 $d_{nr}$의 모든 비 관련 용어에 대한 합계를 나타낸다. 이러한 인수값들은 피드백이 초기 질의에 어떤 영향을 주는지를 결정하게 되는데, 여러 번의 시행착오를 거쳐 최적값이 결정된다.

### 26.2.3 확률 모델

벡터 공간 모델에서 유사도 측정은 다소 임의적(ad hoc)이다. 예를 들어, 벡터 공간 모델에서는 코사인 공간에서 질의 벡터에 가까운 문서들은 실제로도 질의 문서에 가까울 것이라 가정한다. 반면에, 확률 모델은 좀 더 견고하고 정의된 접근법으로, 질의와 문서에 대한 관련성을 확률로 추정하고 이를 기반으로 문서를 평가한다. 이는 Robertson[11]에 의해 개발된 **확률 순위 원리**(probability ranking principle)를 기반으로 한다.

확률적 프레임워크에서, IR 시스템은 문서가 질의에 대해 연관집합에 속하는지 아니면 비연관집합에 속하는지를 결정해야 한다. 이를 결정하기 위해, 확률 모델에서는 질의에 대해 미리 정의된 연관집합(relevant set)과 비연관집합(nonrelevant set)이 있다고 가정한다. 그런 다음, 주어진 문서가 연관집합에 속하는 확률을 계산하고, 이를 비연관 집합에 속할 확률

10) Rocchio(1971) 참조한다.

11) Cheshire II 시스템에 대한 설명으로, Robertson(1997) 참조한다.

과 비교하여 연관 여부를 판단한다.

어떤 문서가 $D$로 표현되었을 때, 해당 문서에 대한 연관성 *R*과 비연관성 *NR*을 추정하는 것은 조건부 확률 $P(R|D)$와 $P(NR|D)$의 계산으로 이루어진다. 이러한 조건부 확률은 Bayes'Rule[12)]을 사용하여 계산할 수 있다.

$$P(R|D) = P(D|R) \times P(R) / P(D)$$
$$P(NR|D) = P(D|NR) \times P(NR) / P(D)$$

만약 $P(R|D)$가 $P(NR|D)$보다 크다면, 문서 $D$는 연관 있는 것으로 분류된다. 식에서 상수값 $P(D)$를 사용하지 않는다면, 아래 수식이 만족할 때 해당 문서는 연관이 있음을 의미한다.

$$P(D|R) \times P(R) > P(D|NR) \times P(NR)$$

문서 $D$의 우도비(likelihood ratio) $P(D|R)/P(D|NR)$은 해당 문서가 연관집합에 속할 문서의 가능성(likelihood)을 결정하는 점수로 사용된다.

용어 독립성(*term independence*) 또는 *Naïve Bayes* 가정은 용어 $t_i$에 대해 $P(t_i|R)$을 계산하여 $P(D|R)$을 추정하는 데 사용된다. 문서의 우도비 $P(D|R)/P(D|NR)$은 높은 순위의 문서가 연관집합에 속할 확률이 높다는 가정에 기반하여 순위 대신 사용된다.[13)]

많이 사용되는 BM25(Best Match 25)로 불리는 확률 순위 알고리즘은, 질의 용어 가중치와 문서 용어 가중치를 하나의 모델에 통합하려는 노력의 일환으로, 확률 모델에 대한 몇 가지 합리적인 가정과 추정을 한다. 이러한 가중치 기법은 Okapi[14)] 시스템의 여러 버전으로부터 진화되었다.

문서 $d_j$와 질의 $q$에 대한 Okapi 가중치는 다음 수식에 의해 계산된다. 추가적인 표기법은 다음과 같다.

- $t_i$는 용어이다.
- $f_{ij}$는 문서 $d_j$에서의 용어 $t_i$의 원래 빈도수이다.
- $f_{iq}$는 질의 $q$에서의 용어 $t_i$의 원래 빈도수이다.
- $N$은 문서 컬렉션에서 전체 문서 수이다.
- $df_i$는 용어 $t_i$를 포함하는 문서 수이다.
- $d_{lj}$는 $d_j$의 문서 길이(바이트)이다.
- *avdl*은 문서 모임의 평균 문서 길이이다.

질의 $q$에 대한 $d_j$의 문서 Okapi 관련성 점수는 다음 방정식에 의해 계산된다. 여기서, $k_1$ (1.0 ~ 2.0 사이), $b$(대개 0.75), $k_2$(1 ~ 1000 사이)는 파라미터이다.

12) Bayes 이론은 우도비를 측정하는 표준 기법으로, Howson과 Urbach(1993)를 참조한다.
13) 자세한 내용은 Croft 외(2009) 246~247 페이지를 참조한다.
14) Robertson, Walker, Hancock-Beaulieu에 의한 City University of London Okapi System(1995)를 참조한다.

$$okapi(d_j,q) = \sum_{t_i \in q, d_j} ln\frac{N-df_i+0.5}{df_i+0.5} \times \frac{(k_1+1)f_{ij}}{k_1\left(1-b+b\frac{dl_j}{avdl}\right)+f_{ij}} \times \frac{(k_2+1)f_{iq}}{k_2+f_{iq}}$$

### 26.2.4 시맨틱 모델

이전의 통계적 모델은 많이 정교화 되었으나, 사용자 질의에 담긴 정보 요청이나 의미를 완전하게 포착하지 못하기 때문에 많은 연관 문서를 놓칠 수 있다. 시맨틱 모델에서는 주어진 질의에 매치하는 문서의 검색을 키워드(인덱스 용어) 매칭 대신 시맨틱 매칭과 개념 수준에서 수행한다. 이 모델은 연관성이 본질적으로 관찰되거나 통계적으로 나타나지 않는 경우의 문서에 대해서도, 다른 문서들과 의미 있는 연관성을 파악하여 해당 문서를 질의와 연관된 문서로 결정하는 것을 가능하게 한다.

시맨틱 접근법은 더욱 효과적으로 문서를 검색하기 위해 분석의 다른 수준인 형태학, 구문론, 의미 분석 등을 이용한다. 형태학적 분석에서, 단어의 사용법(명사, 동사, 부사 등)을 결정하기 위해 루트들(roots)과 접사들(affixes)이 분석된다. 형태학적 분석에 이어, 구문 분석은 문서에서 완전한 문구들을 파싱하고 분석해 낸다. 마지막으로, 시맨틱 방법은 단어의 모호성을 제거하고 연관 동의어를 생성한다. 그리고 이 과정에서 문서의 구조적 엔티티(단어, 문단, 페이지, 또는 전체 문서) 사이의 시맨틱 관계를 사용한다.

복잡한 시맨틱 시스템의 개발은 검색 휴리스틱뿐만 아니라 시맨틱 정보의 복잡한 지식 베이스도 요구한다. 이러한 시스템은 인공지능과 전문가 시스템에서의 기술을 종종 요구하는데, Cyc[15)]와 WordNet[16)]과 같은 지식 베이스는 시맨틱 모델에 기반한 지식-베이스 *IR* 시스템의 사용을 위해 개발되었다. 예를 들어, Cyc 지식 베이스는 방대한 양의 상식적 지식을 대표하는 것으로, 이는 일상 생활에서의 객체와(object) 사건(event)에 대한 추론을 위한 약 15,940,000개의 주장과 498,271개의 원자 개념, 441,159개의 비원자로 유도된 개념이 서로 관련되어 있다. WordNet은 115,000개 이상의 개념에 대한 광범위한 시소러스(thesaurus)로, 많은 시스템에서 사용되고 있으며 지속적으로 개발 중에 있다(26.4.3절 참조).

## 26.3 IR 시스템의 질의 유형

인덱싱 처리 과정에 있어서, 여러 키워드는 문서집합과 관련이 있다. 이러한 키워드는 대개 단어, 문구, 생성 날짜, 저자 이름, 문서 유형과 같은 문서의 여러 특징으로 구성된다. 그리고 이들 키워드는 IR 시스템에서 역 인덱스를 만들기 위해 사용되고(26.5절 참조), 탐색 과정에서 이용된다. 사용자에 의해 만들어지는 질의는 인덱스 키워드 집합과 비교되고 또한 대부분의 IR 시스템은 복잡한 질의를 만들기 위해 이진 연산자와 다른 연산자의 사용을

15) Lenatf(1995)을 참조한다.

16) WordNet에 대한 자세한 내용은 Miller(1990)를 참조한다.

허용한다. 이러한 연산자를 갖는 질의어는 사용자 정보 요청의 표현을 풍부하게 한다.

### 26.3.1 키워드 질의

키워드 기반 질의는 IR 질의에서 가장 단순하고 가장 일반적으로 사용되는 형식으로, 사용자는 문서 검색을 위해 단지 키워드 조합만을 입력한다. 질의 키워드 용어들은 묵시적으로 AND 연산자로 연결된다. 예를 들어 'database concepts'와 같은 질의는 'database'와 'concepts'라는 단어 모두를 포함하는 문서들을 검색한다. 더불어, 많은 시스템에서는 텍스트에 'database'만을 포함하거나 'concepts'만을 포함하는 문서를 검색한다. 일부 시스템은 여과된 질의 키워드를 사용하여 문서를 검색한다. 즉, IR 엔진에 질의를 전송하기 전의 전처리 단계로 불용어(stopwords)라 부르는 *a*, *the*, *of* 등 과 같은 가장 일반적으로 발생하는 단어를 제거한다. 대부분의 IR 시스템은 질의에 사용되는 단어의 순서는 무시한다. 그리고 모든 검색 모델은 이 같은 키워드 질의를 지원한다.

### 26.3.2 부울 질의

일부 IR 시스템은 질의 키워드에서의 부울 연산자, 즉 AND, OR, NOT, ( ), +, − 사용을 허용한다. AND는 두 용어가 모두 나타나야 하고, OR은 둘 중 어느 하나만 나타나는 것을 허용한다. NOT은 해당 용어가 나타나지 않는 레코드를 의미한다. '( )'는 논리 연산자가 괄호를 사용하여 중첩될 수 있음을 의미한다. '+'는 AND와 동일하며, 검색어의 바로 앞에 표시한다. '−'는 AND NOT과 동일하며, 원하지 않는 검색어의 바로 앞에 표시함으로써, 해당 단어를 제외시키는 것을 의미한다. 복잡한 부울 질의는 이러한 연산자와 연산자 조합으로 만들어질 수 있고, 부울 대수의 기본 규칙(classic rule)에 의해 계산된다. 문서는 이러한 질의를 만족("relevant")하거나 만족하지 않거나 ("nonrelevant") 하기 때문에, 순위를 매길 수 없다. 만약 질의가 논리적으로 참이면, 문서는 부울 질의에 대한 정확한 매치로 검색된다. 사용자는 대개 이러한 복잡한 부울 연산자의 조합을 사용하지 않으며, 이에 따라 IR 시스템은 이러한 집합 연산자의 제한된 버전만을 지원한다. 부울 검색 모델은 이러한 종류의 질의를 위해 다른 부울 연산자 구현을 직접적으로 지원할 수 있다.

### 26.3.3 문구 질의

문서를 역 키워드 인덱스를 사용하여 나타낼 때, 문서 내 용어들의 상대적 순서는 손실된다. 정확한 문구를 검색하기 위해, 문구들은 문서 내 단어 발생에 대한 상대적 위치를 고려하여 역 인덱스로 인코드 되거나 구현되어야 한다. 문구 질의는 하나의 문구를 구성하는 단어들의 나열로 구성되는데, 이때 문구는 일반적으로 이중 따옴표 내에 포함된다. 검색된 문서 각각은 정확한 문구에 대한 적어도 하나의 인스턴스를 포함해야 한다. 문구 탐색(phrase searching)은 다음에 언급하는 근접 검색의 더욱 제한되고 구체화된 버전이다. 예를 들어, 'conceptual database design'은 문구 탐색 질의가 될 수 있다. 만약 문구가 검색 모델에 의해 인덱스 된다면, 어떠한 검색 모델도 이러한 질의 유형을 사용할 수 있다. 또한 문구 시소러스는 시맨틱 모델에서 문구의 빠른 사전 검색을 위해 사용될 수도 있다.

### 26.3.4 근접 질의

근접 검색은 하나의 레코드 내에서 다수의 용어가 서로 얼마나 근접하는지를 나타내는 검색이다. 가장 일반적으로 사용되는 근접 검색 옵션은 용어가 정확한 순서로 되어 있어야 하는 문구 탐색이다. 일부 근접 연산자는 용어가 서로 얼마나 근접해야 하는지를 구체화할 수 있고, 다른 일부는 검색 용어의 순서를 지정할 수 있다. 각 검색 엔진은 근접 연산자를 다르게 정의할 수 있는데, 일반적으로 NEAR, ADJ(adjacent), AFTER와 같은 다양한 연산자 이름을 사용한다. 어떤 경우에는 용어 간 최대 허용 거리와 함께 하나의 단어 순서가 주어진다. 토큰(단어) 위치와 오프셋에 대한 정보를 유지하는 벡터 공간 모델은 이러한 질의 유형을 지원하기 위한 견고한(robust) 구현이다. 그러나 복잡한 근접 연산자의 지원은 문서에 대한 고비용 전처리가 요구되기 때문에, 계산 비용이 높다. 그러므로, 복잡한 모델은 웹보다는 좀 더 작은 문서 컬렉션에 더 적당하다.

### 26.3.5 와일드카드 질의

와일드카드 검색은 일반적으로 텍스트에서의 패턴매칭기반 검색과 정규 표현식을 지원하기 위한 것이다. IR 시스템에서는 특정 종류의 와일드카드 검색 기능을 구현할 수 있다. 대개 후행 문자를 가진 단어, 예를 들어, 'data*'는 *data*, *database*, *datapoint*, *dataset* 등을 검색한다. IR 시스템에서의 와일드카드 검색 지원은 전처리 오버헤드를 포함하고 있으나, 오늘날 많은 웹 검색 엔진은 비용 문제로 이 기능을 고려하지 않는다. 검색 모델들은 직접적으로 이러한 와일드카드 질의를 지원하지 않는다.[17)] Lucene[18)]은 특정 유형의 와일드 카드 쿼리를 지원한다. Lucene의 쿼리 파서는 모든 조합과 인덱스의 단어 확장을 결합한 큰 부울 쿼리를 계산한다.

### 26.3.6 자연어 질의

일반적으로 질문 또는 이야기와 같이, 자연어 텍스트로 쓰인 질의 구조와 의미를 이해하는 것을 목적으로 하는 몇 가지 자연어 검색 엔진이 있다. 이는 자연어 이해에 기반한 질의 재구성(query reformulation)이나 텍스트의 부분 의미 분석(shallow semantic parsing)과 같은 기법을 사용하며, 최근 활발한 연구가 이루어지는 영역이다. 이러한 시스템은 검색 결과로부터 주어진 자연어 질의에 대한 응답을 구성하려고 한다. 일부 검색 시스템은 특정 유형의 질문에 대한 자연어 인터페이스를 제공하기도 한다. 예를 들어, 전문화된 데이터베이스로부터 검색될 수 있는 기술적 용어에 대한 정의 (definition)나 일반적인 사실(factoid)에 대한 요청을 들 수 있다. 그러한 질문은 'defined as' 또는 'refers to'와 같이 특정 유형의 문장에 단서를 주는 강한 언어 패턴이 있으며, 이로 인해 결과를 구성하기가 일반적으로 더 용이하다. 시맨틱 모델은 쿼리 타입에 대한 지원을 제공할 수 있다.

---

17) 자세한 내용은, http://www.livinginternet.com/w/wu_expert_wild.htm 을 참조한다.

18) http://lucene.apache.org/.

## 26.4 텍스트 전처리

이 절에서는 그림 26.1의 텍스트 처리 과정에서 자주 사용되는 텍스트 전처리 기법들을 살펴본다.

### 26.4.1 불용어 제거

불용어(stopword)는 문장 형성에서 중요한 역할을 하고 매우 자주 사용되지만, 문장의 의미에는 거의 기여하지 않는 단어이다. 문서 컬렉션에서 80% 이상의 문서에서 나타나는 단어를 일반적으로 불용어로 간주하며, 잠재적으로 유용하지 않다. 이러한 단어들은 공통적 특징과 의미 부족으로 인해 질의 검색에서 문서의 관련성에 큰 기여를 하지 않는다. 그 예로는 the, of, to, a, and, in, said, for, that, was, on, he, is, with, at, by, it과 같은 단어를 들 수 있다. 이들 단어는 AP89[19]라 불리는 문서들의 대형 코퍼스(corpus) 에서 가져온 것으로, 빈도수가 높은 것에서 낮은 순으로 나열한 것이다. 이 중 처음 여섯 개가 전체 단어의 20%를 차지하고, 가장 빈번한 50개가 전체 단어의 40%를 차지하는 것으로 나타났다.

문서에서 불용어 제거는 인덱싱 전에 수행되어야 한다. 관사, 전치사, 접속사, 일부 대명사는 일반적으로 불용어로 분류된다. 또한 질의에 대한 불용어 제거는 실제 검색 전에 전처리되어야 한다. 불용어 제거는 불필요한 인덱스 생성을 방지하므로, 결과적으로 인덱스 크기를 약 40% 이상 감소시킨다. 그러나, 만약 불용어가 질의에서 없어서는 안 될 부분이라면, 재현율에 영향을 줄 수 있다. 예를 들어, 문구 검색 'To be or not to be'와 같이, 문구에서 모든 단어가 불용어인 경우 불용어 제거는 질의를 부적절하게 만든다. 이러한 이유로 많은 검색 엔진은 불용어를 질의어로 사용하지 않는다.

### 26.4.2 형태소 분석

단어의 어간(stem)은 원래 단어의 접미사와 접두사를 잘라낸 후 얻어진 단어로 정의된다. 예를 들면, 'comput'는 computer, computing, computation에 대한 어간어(stemword)이다. 이러한 접미사와 접두사는 동사, 시제, 복수 형태의 개념을 유지하는 영어에서 매우 흔하다. **형태소 분석**(stemming)은 동일한 어간어에서 생성된 여러 다른 단어들을 하나의 어간어로 줄일 수 있어, 고려해야 하는 단어 수가 줄어들게 된다.

형태소 분석 알고리즘은 어떤 단어를 그것의 어간으로 줄이는 데 적용될 수 있다. 영어에서 주로 사용되는 분석 알고리즘은 Martin Porter의 알고리즘이다. Porter의 분석 알고리즘[20] 은 Lovin 기법을 간략화한 버전으로, Lovin 기법의 260개 접미사 패턴을 60개 규칙으로 줄여 집합으로 구성한 후, 이를 단어의 어간 분석에 사용하였다. 형태소 분석을 데이터

19) 자세한 내용은, Croft외(2009), 75~90페이지를 참조한다.
20) Porter(1980)를 참조한다.

전처리에 사용하게 되면, 동일한 검색 정확도를 제공하면서도 인덱스의 크기를 줄일 수 있고, 또한 재현율을 증가시킬 수 있다.

### 26.4.3 시소러스 활용

시소러스(thesaurus)는 특정 지식의 도메인에 대한 각각의 개념을 기술하는 주요 단어와 중요 개념에 대한 미리 구성된 리스트를 의미한다. 이 리스트의 각 개념에 대해, 동의어와 관련 단어집합 또한 함께 구성된다.[21] 그 결과, 동의어는 전처리 과정 중에 매칭되는 다른 개념으로 전환될 수 있다. 전처리 단계는 인덱싱과 검색을 위한 표준 어휘의 제공을 돕는다. 동의어 모임(collection of synonyms)으로 알려져 있는 시소러스 사용은 정보 시스템의 재현율에도 상당한 영향을 미친다. 또한, 이러한 처리는 많은 단어가 다른 문맥에서 다른 의미를 가지기 때문에 복잡할 수 있다.

UMLS[22]는 메타시소러스(Meatathesaurus)라 불리는 수백만 개념의 생물의학(biomedical) 시소러스이고, 메타 개념과 메타시소러스를 조직하는 시맨틱 네트워크이다(그림 26.3 참조). 이 개념들은 시맨틱 네트워크의 레이블에 지정된다. 이러한 시소러스는 의학 용어의 동의어, 상위어와 하위어 체계는 물론, 의학 영역에서 정보 검색에 대한 매우 광범위한 자원인 단어와 개념들 간의 여러 관계를 포함한다. 그림 26.3은 UMLS 시맨틱 네트워크의 일부를 나타낸다.

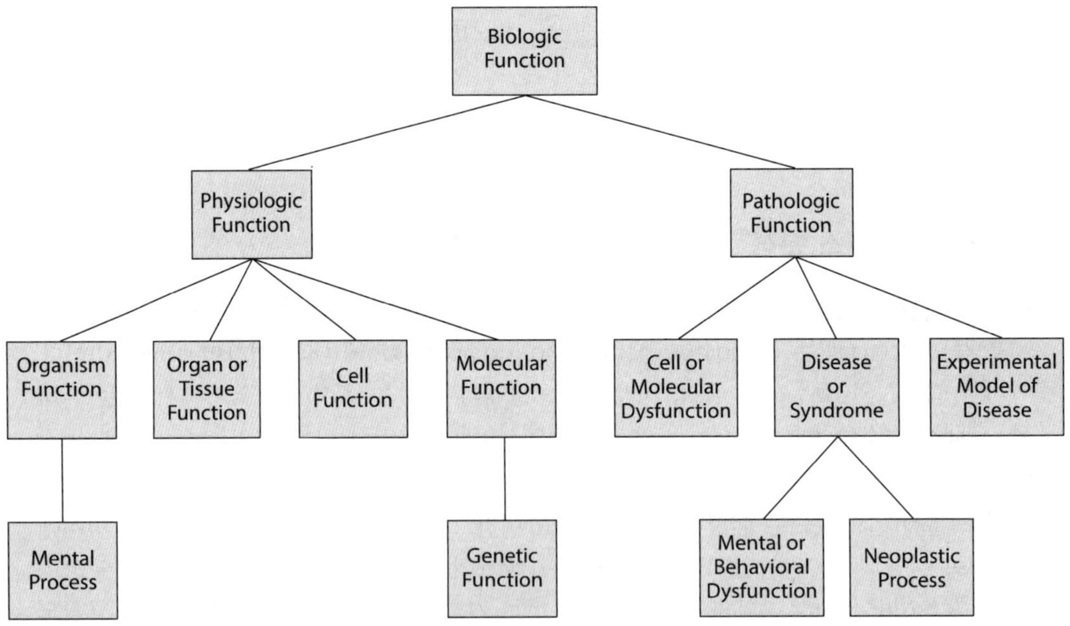


그림26.3 UMLS 시맨틱 네트워크의 일부: "생물학의 기능"
출처: UMLS Reference Manual, National Library of Medicine.

21) Baeza-Yates와 Ribeiro-Neto(1999)를 참조한다.
22) National Library of Medicine의 Unified Medical Language System을 참조한다.

WordNet[23]은 수동으로 구축된 시소러스로서, 단어들을 *synsets*로 부르는 엄격한 동의 어 집합으로 분류하였다. 이러한 synsets는 명사, 동사, 형용사, 부사 카테고리로 분류된다. 각 카테고리 내에서 이러한 synsets는 클래스/서브클래스 또는 명사에 대한 "is-a"관계와 같은 적당한 관계에 의해 함께 링크된다. WordNet은 인덱싱을 위해 통제된 어휘를 사용하고, 이를 통해 중복을 제거한다는 아이디어에 기반한다. 이는 또한 사용자가 적당한 질의 구성을 할 수 있도록 단어의 위치를 잡는 데도 도움을 준다.

### 26.4.4 기타 전처리 단계: 숫자, 하이픈, 구두점, 대소문자

숫자, 날짜, 전화 번호, e-메일 주소, URL 등 텍스트의 다른 표준 형식은 전처리 과정에서 제거되거나 또는 제거되지 않을 수 있다. 그러나, 웹 검색 엔진은 정확률(precision)과 재현율(recall)을 향상시키기 위해, 문서 메타데이터에서 이러한 정보의 타입을 사용하고자 이들도 인덱싱한다(정확률과 재현율에 대한 자세한 정의는 26.6절 참조).

하이픈과 구두점은 다른 방법으로 처리될 수 있는데, 하이픈/구두점을 포함한 문구는 전체가 사용되거나 전체가 제거될 수 있다. 일부 시스템에서는 하이픈/구두점을 대표하는 문자는 제거되거나, 하나의 공백으로 대치될 수 있다. 다른 일부 정보 검색 시스템에서는 다른 처리 규칙을 따를 수 있다. 하이픈 처리는 분류 또는 몇 가지 휴리스틱 규칙에 의해 더 일반적으로 처리될 수 있다는 점에서 복잡할 수 있다. 예를 들어, Lucene[24]의 StandardTokenizer는 하이픈을 구분 기호로 처리한다. 단, 토큰에 숫자가 있으면 단어가 분리되지 않는다.(예: AK-47, 전화 번호 등과 같은 단어) 제품 카탈로그, 제품의 다른 버전 등 많은 도메인 별 용어에는 하이픈이 있다. 검색 엔진이 색인 생성을 위해 웹을 크롤링하면 자동으로 하이픈을 올바르게 처리하기가 어렵다. 따라서 하이픈을 처리하기 위한 보다 간단한 전략이 고안된다.

대부분의 정보 검색 시스템은 대소문자를 구분하지 않는 검색을 한다. 즉 모든 텍스트의 글자는 대문자 또는 소문자 중 하나로 통일하여 전환한다. 이러한 많은 텍스트 전처리 단계는 특정 언어와 연관된 액센트와 발음, 표현법과 같이 특정 언어에 특화된다(language specific)는 점에서 주목할 가치가 있다.

### 26.4.5 정보 추출

정보 추출(IE)은 텍스트로부터 구조화된 내용을 추출하는 것에 대한 포괄적인 용어이다. 텍스트 분석 작업은 명사구, 사실, 사건, 사람, 장소, 관계 식별 등을 그 예로 들 수 있다. 또한 이러한 작업은 개체명 인식 작업(named entity recognition task)으로 부르기도 하며, 시소러스나 정규 표현식, 문법을 통한 규칙 기반 접근법, 또는 확률적 접근법을 사용한다. IR과 검색 응용을 위해서 IE 기술이 사용되기도 한다. 이러한 기술은 문맥적으로 유사한 특성을 식별하기 위해 널리 사용되는데, 여기에서 특성이란 텍스트 분석, 매칭, 검색 시스템의 적합성 증대를 위한 분류 등을 포함한다. 품사 태깅(part-of-speech tagging)을 사용하는 언어 기술은 검색 적합성을 나타내기 위해 문서에 추출된 특성을 함께 인용하는 방법을 사용한다.

---

23) WordNet의 자세한 내용은 Fellbaum(1998)을 참조한다.

24) StandardTokenizer에 대한 자세한 내용은 https://lucene.apache.org/을 참조한다

## 26.5 역 인덱싱

텍스트 컬렉션에 질의어가 나타나는지 검색하는 가장 단순한 방법은 텍스트를 순차적으로 스캔하는 것이다. 이러한 유형의 온라인 검색은 텍스트 컬렉션이 매우 작을때만 가능하다. 대부분의 정보 검색 시스템은 텍스트 컬렉션의 적절한 처리를 통해 인덱스로 구축하고, 역 인덱스 데이터 구조를 운영한다(그림 26.1에서 인덱싱 작업 참조). 역 인덱스 구조는 어휘와 문서 정보로 구성된다. 어휘(vocabulary)는 문서 컬렉션 내에서 서로 다른 질의어들의 집합이다. 질의어 집합에서 각 용어는 연관된 정보집합을 가지고 있는데, 이 정보는 해당 용어가 포함된 문서 id, 빈도수, 문서 내 위치 등을 의미한다. 어휘 용어의 가장 단순한 유형은 문서의 개별 토큰(individual token)이나 단어로 구성된다. 어떤 경우에는 이러한 어휘 용어가 문서나 웹 페이지의 구문, $n$-그램, 개체, 링크, 이름, 날짜, 수동으로 할당된 기술어(descriptor)로 구성되기도 한다. 어휘의 각 용어에 대해서는, 대응되는 문서 id, 각 문서에서의 용어의 발생 위치 및 발생 수, 그리고 기타 관련 정보가 문서 정보 섹션에 저장될 수 있다.

가중치는 주어진 단어의 유용성을 추정하기 위하여 문서 용어에 부여된다. 용어에 대한 가중치 부여에 따라 그 중요도가 문서마다 달라질 수 있고, 문서마다 다른 식별력을 나타낼 수 있다. 즉 같은 용어라 하더라도 가중치 부여에 따라 상이한 문서는 상이한 식별력을 나타낼 수 있다(26.2절 참조).

문서 컬렉션의 **역 인덱스**는 서로 구별되는 용어에 대해, 해당 용어와 이를 포함하는 모든 문서의 리스트를 연결하는데 유용한 데이터 구조이다. 역 인덱스 구성 과정은 그림 26.2에 제시된 추출과 처리 단계를 포함한다. 획득된 텍스트는 먼저 전처리되고, 문서는 어휘 용어로 표시된다. 문서의 통계 자료는 문서 조회 테이블에 수집된다. 통계자료는 일반적으로 다른 문서 컬렉션뿐만 아니라 각 문서의 어휘 용어 수, 문서 내의 발생 위치, 문서 길이도 포함한다. 어휘 용어는 인덱싱이 이루어지는 동안 문서 컬렉션에 대한 여러 기준(척도)에 의해 가중치를 부여받는다. 예를 들면, 문서 제목에 나타나는 용어에 대해서는 다른 부분에 나타나는 용어보다 더 많은 가중치를 주는 경우를 들 수 있다.

가장 일반적인 가중치 부여 기법 중의 하나는 26.2절에서 설명한 TF-IDF(term frequency-inverse document frequency) 메트릭이다. 이 가중치 기법은 해당 용어가 자주 나타나는 문서와 거의 또는 전혀 나타나지 않는 문서를 어느 정도 구분한다. 이러한 가중치는 다양한 문서 길이를 고려하기 위해 정규화된다. 검색에 대해서 문서 길이에 비례하여 상대적으로 더 많은 단어가 나타나는 긴 문서는, 상대적으로 더 적은 단어가 나타나는 짧은 문서보다 선호되지 않는다는 것을 나타낸다. 이렇게 처리된 문서용어 스트림(행렬들)은 다음의 IR 단계를 위해 용어문서 스트림으로 전환(invert)된다.

그림 26.4는 용어-문서 위치 벡터의 예를 나타낸다. 네 가지 용어 예제인 example, inverted, index, market은 세 개의 문서(id)와 그 문서에 해당 용어가 발생하는 위치를 나타낸다.

역 인덱스 구성에 포함된 여러 단계는 다음과 같이 요약할 수 있다.

1. 토큰화(tokenizing), 정제, 불용어 제거, 형태소 분석, 어휘와 같은 부가적인 시소러스 사용을 통해 문서를 어휘 용어로 구분한다.
2. 문서 통계 자료를 수집하고, 이를 문서 조회 테이블에 저장한다.
3. 용어 빈도수, 용어 위치, 용어 가중치와 같은 부가 정보와 함께 문서 용어 스트림을 용어-문서 스트림으로 반전시킨다.

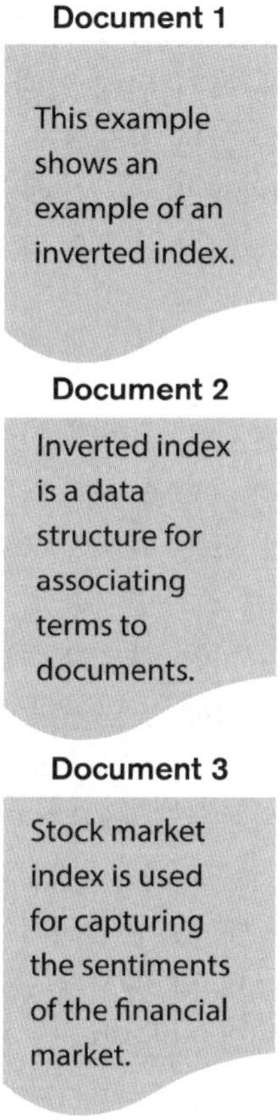

**Document 1**

This example shows an example of an inverted index.

**Document 2**

Inverted index is a data structure for associating terms to documents.

**Document 3**

Stock market index is used for capturing the sentiments of the financial market.

| ID | Term | Document: position |
|---|---|---|
| 1. | example | 1:2, 1:5 |
| 2. | inverted | 1:8, 2:1 |
| 3. | index | 1:9, 2:2, 3:3 |
| 4. | market | 3:2, 3:13 |

그림 26.4 역 인덱스의 예제

질의 검색어 집합이 주어졌을 때, 역 인덱스로부터의 관련 문서 검색은 일반적으로 다음의 세 단계로 진행된다.

1. **어휘 탐색(vocabulary search).** 만약 질의가 여러 용어를 포함한다면, 질의를 독립된 용어로 분리하여 처리하며, 각 용어는 어휘에서 탐색된다. $B^+$-트리나 해싱 등과 같은 다양한 데이터 구조가 질의 처리 과정을 최적화하는 데 사용될 수 있다. 질의 검색어는 또한 공간 효율성을 향상시키기 위해 사전 순서(lexicographic order)로 정렬될 수 있다.
2. **문서 정보 검색.** 각 용어에 대한 문서 정보가 검색된다.

3. **검색된 정보의 조작.** 단계 2에서 얻어진 각 용어에 대한 문서 정보 벡터는 질의 논리(query logic)의 다양한 형식을 통합시키기 위해 이 단계에서 처리된다. 접두사, 범위, 문맥, 근접 검색과 같은 다양한 유형의 질의는 단계 2에서 반환된 문서 컬렉션을 기반으로 최종 결과를 구성하기 위해 이 단계에서 처리된다.

### 26.5.1 Lucene 개요

Lucene은 활발하게 유지 관리되는 오픈 소스 색인/검색 엔진으로, 학술 및 상업 환경에서 널리 사용된다. 인덱싱은 Lucene의 주요 특징이지만 검색을 용이하게 하기 위해 인덱싱을 사용한다. Lucene 라이브러리는 Java로 작성되었으며 즉시 사용할 수 있는 확장성과 고성능 기능을 제공한다. Lucene은 Solr이라는 널리 사용되는 또 다른 엔터프라이즈 검색 응용 프로그램을 구동하는 엔진이다.[25] Solr은 다양하고 서로 다른 문서 형식의 색인을 생성하기 위한 웹 인터페이스 등 많은 추가 기능을 Lucene에 제공한다.

Moczar(2015)의 다음 서적에서 Lucene과 Solr에 대해 다룬다.

**인덱싱(Indexing):** Lucene에서 문서는 검색에 사용할 수 있도록 인덱싱을 구성해야 한다. Lucene 문서는 일련의 필드로 구성되어 있다. 필드는 인덱스의 데이터 유형을 유지하고 데이터베이스 테이블의 칼럼과 비교한다. 필드는 바이너리, 숫자 형식 또는 텍스트 데이터 형식이 될 수 있다. 텍스트 필드는 전체 Untokenized 텍스트 또는 토큰 스트림이라고 하는 일련의 처리된 어휘 단위로 구성된다. 토큰 스트림은 다양한 유형의 사용 가능한 토큰화 및 필터링 알고리즘의 적용을 통해 생성된다. 예를 들어, StandartTokenizer는 단어 분리를 위해 유니코드 텍스트 분할을 수행하는 Lucene의 Tokenizer 중 하나다. 다른 Tokenizer로는 공백 단위로 텍스트를 구분하는 WhitespaceTokenizer가 있다. Lucene에서는 Tokenizer 및 필터를 확장하여 Tokenizer 및 필터링을 위한 사용자 정의 텍스트 분석 알고리즘을 쉽게 작성할 수도 있다. 이러한 분석 알고리즘은 원하는 검색 결과를 얻는 데 있어 핵심적이다. Lucene은 빠르고 효율적인 토큰화 및 필터링 알고리즘을 위한 많은 API 및 다양한 구현을 제공한다. 이러한 알고리즘은 다른 여러 언어 및 도메인으로 확장되었으며 형태소 분석, 사전 구동 형 표기법 수행(conducting dictionary-driven lemmatization), 형태소 분석 수행, 소리 분석 수행 등을 위한 자연어 처리 알고리즘 구현을 특징으로 한다.

**검색(Search):** 강력한 검색 API를 사용하면 쿼리가 문서와 비교되고 순위가 매겨진 결과 목록이 검색된다. 쿼리는 역 색인의 용어 벡터와 비교되어 벡터 공간 모델을 기반으로 연관 점수를 계산한다(26.2절 참조). Lucene은 와일드카드, 정확함, 부울, 근접성 및 범위 검색에 대한 쿼리를 만들 수 있는 구성 가능한 검색 API를 제공한다. Lucene의 기본 Scoring 알고리즘은 TF-IDF를 사용하여 검색 결과에 순위를 매긴다. Lucene은 검색 속도를 높이기 위해 색인 시간에 미리 계산된 문서 종속 정규화 계수를 유지한다. 이들을 문서 필드에서 용어 벡터의 표준이라고 한다. 이러한 미리 계산된 표준은 Lucene의 채점 과정을 빠르게 해준다. 실제 쿼리 일치 알고리즘은 쿼리 일치 시간에 계산을 거의 수행하지 않는 함수를 사용한다.

25) http://lucene.apache.org/solr/. 참고.

**응용(Applications):** Lucene이 대단한 인기를 얻은 이유 중 하나는 다양한 문서 컬렉션을 처리하기 위한 Lucene 응용 프로그램의 편리성과 대규모 비정형 문서 수집을 인덱싱하기 위한 배포 시스템 때문이다. Lucene 위에 구축된 엔터프라이즈 검색 응용 프로그램은 Solr이다. Solr는 다면 검색(26.8.1절 다면 검색 참조), 사용자 정의 형식 문서 처리 지원(예: PDF, HTML 등) 및 Lucene의 색인 작성 및 검색을 위한 여러 API 함수에 대한 웹 서비스에 대한 지원을 제공하는 웹 서버 응용 프로그램이다.

## 26.6 검색 적합성 척도 평가

적절한 평가 기법 없이는 성능 개선을 위해 검색 모델이나 IR 시스템의 적합성을 비교또는 측정할 수 없다. IR 시스템 평가 기법은 **주제 적합성**(topical relevance)과 사용자 적합성을 평가한다. 주제 적합성은 결과의 주제가 질의의 주제와 일치하는 정도를 평가한다. "완벽한(perfect)" 질의가 필요한 정보 요청은 인지적 작업이고, 많은 사용자들은 자신이 원하는 정보 요청에 보다 적합한 결과를 검색하기 위한 질의를 효과적으로 만들기 어렵다. 또한, 사용자 질의의 주요 단위는 사실상 정보이므로, 사용자에게 제시할 적당한 응답은 일정하지가 않다. 사용자 적합성은 사용자의 정보 요청과 관련하여 검색 결과의 "우수성"을 기술하는 데 사용되는 용어이다. 사용자 적합성은 사용자의 인지 정도, 문맥, 적기성, 사용자 환경, 현재 작업의 필요성 등과 같은 다른 묵시적 요인을 포함한다. 사용자 적합성 평가는 사용자의 주관적 분석과 검색 작업의 노력을 포함하는데, 이는 성능 평가에 있어서 사용자 성향을 설명하는 일부 묵시적 요인을 포착하기 위해서다.

웹 정보 검색에서, 이진 분류는 문서가 질의와 연관이 있는지 또는 연관이 없는지를 결정하는 것이다(25.2.1절에서 논의할 때, 부울(Boolean 또는 binary) 검색 모델은 이러한 체계를 사용한다). 대신, 문서들의 순위가 사용자를 위해 제공된다. 그러므로, 일부 평가 척도는 IR 시스템에 의해 제공된 여러 순위와의 비교에 초점을 맞춘다. 이러한 척도의 일부는 다음에 논의한다.

### 26.6.1 재현율과 정확률

재현율과 정확률 측정은 이진 적합성 가정, 즉 각 문서가 질의와 연관 있는지 또는 연관이 없는지를 평가하는데 기반한다. 재현율(Recall)은 검색된 적합 문서의 수를 데이터베이스에 존재하는 실제 관련 문서의 수로 나눈 값으로 정의된다. 정확률(precision)은 검색된 문서 중에서 적합 문서의 수를 검색된 모든 결과 문서의 수로 나눈 값으로 정의된다. 그림 26.5는 검색 결과가 네 개의 다른 문서집합과 어떠한 관련이 있는지를 보여주기 위해 **검색된**(retrieved) 경우와 **적합한**(relevant) 경우를 그림으로 나타낸 것이다.

| | | Relevant? Yes | Relevant? No |
|---|---|---|---|
| Retrieved? | Yes | Hits TP | False Alarms FP |
| | No | Misses FN | Correct Rejections TN |

그림 26.5 검색된 경우와 적합한 경우의 검색 결과

그림 26.5의 표기법은 다음과 같다.

- TP: true positive
- FP: false positive
- FN: false negative
- TN: true negative

용어 true positive, false positive, false negative, true negative는 일반적으로 주어진 항목이 정확하게 분류되었는지 비교하기 위한 분류 작업에 사용된다. 문서에 대한 사용자 요청이 "정확하게" 일치할 경우 *hits*라는 용어를 사용하며 정확률과 재현율은 같이 정의할 수 있다.

$$\text{Recall} = |\text{Hits}|/|\text{Relevant}|$$

$$\text{Precision} = |\text{Hits}|/|\text{Retrieved}|$$

또한 재현율과 정확률은 순위 검색 결정(ranked retrieval setting)으로 정의될 수 있다. 각 순위 위치에 하나의 문서가 있다고 가정하자. 문서 $d_i{}^q$에 대한 순위 위치 $i$의 재현율($r(i)$로 표시)은 질의에 대한 결과집합에서 $d_1{}^q$부터 $d_i{}^q$까지의 적합 문서의 비율이다($d_i{}^q$는 질의 $q$에 대해 위치 $i$에서 검색된 문서이다). $d_1{}^q$부터 $d_i{}^q$까지의 적합 문서의 집합을 $S_i$, 이의 카디날리티를 $|S_i|$라 하자. 그리고 $|D_q|$는 질의에 대한 적합 문서 크기라 하자. $|S_i| \leq |D_q|$인 경우, 다음과 같이 재현율을 정의한다.

Ranked retrieval_recall: $r(i) = |S_i|/|D_q|$

순위 위치(rank position) $i$ 또는 문서 $d_{iq}$에서의 정확률($p(i)$로 표시)은 적합한 결과집합 $d_{1q}$부터 $d_{iq}$까지의 문서 비율을 나타낸다. 즉 다음과 같이 정확률을 정의한다.

Ranked_retrieval_precision: $p(i) = |S_i|/I$

표 26.2는 $p(i)$, $r(i)$, 그리고 다음 절에서 논의할 평균 정확률 척도의 예시이다. 사용자에게 더 많은 결과를 제시함에 따라 재현율이 증가할 수 있으나, 이에 따라 정확률 감소의 위험이 발생할 수 있음을 보여 준다. 이 예제에서는, 어떤 질의에 대한 적합 문서의 수가 10

이다. 테이블은 순위 위치와 개별 문서의 적합성을 보여준다. 정확률과 재현율 값은 오른쪽 두 열과 같이 순위 리스트 내의 각 위치에서 계산될 수 있다. 표 26.2에서 알 수 있듯이 Ranked_retrieval_recall은 단조롭게 증가하지만 정밀도는 쉽게 변화하는 경향이 있다.

표 26.2 순위 검색에 대한 정확률과 재현율

| Doc.No. | Rank Position $i$ | Relevant | Precision($i$) | Recall($i$) |
|---|---|---|---|---|
| 10 | 1 | Yes | 1/1 = 100% | 1/10 = 10% |
| 2 | 2 | Yes | 2/2 = 100% | 2/10 = 20% |
| 3 | 3 | Yes | 3/3 = 100% | 3/10 = 30% |
| 5 | 4 | No | 3/4 = 75% | 3/10 = 30% |
| 17 | 5 | No | 3/5 = 60% | 3/10 = 30% |
| 34 | 6 | No | 3/6 = 50% | 3/10 = 30% |
| 215 | 7 | Yes | 4/7 = 57.1% | 4/10 = 40% |
| 33 | 8 | Yes | 5/8 = 62.5% | 5/10 = 50% |
| 45 | 9 | No | 5/9 = 55.5% | 5/10 = 50% |
| 16 | 10 | Yes | 6/10 = 60% | 6/10 = 60% |

### 26.6.2 평균 정확률

평균 정확률은 순위에 드는 각 적합한 문서의 정확률을 기반으로 계산된다. 이러한 측정은 질의 $q$에 대한 여러 다른 검색 알고리즘을 비교하기 위해 한 가지의 정확률의 값을 계산할 때 유용하다.

$$P_{avg} = \sum_{d_i^q \in D_q} p(i) \Big/ |D_q|$$

표 26.2에 제시된 적합 문서들의 정확률값을 고려해 보자. 표 26.2의 예제에 대한 평균 정확률($P_{\text{avg}}$)은 $(P(1)+P(2)+P(3)+P(7)+P(8)+P(10))/6 = 79.93$ 퍼센트로 계산된다(이 계산에서는 오직 적합 문서만을 고려한다). 많은 좋은 알고리즘들은 작은 $k$에 대해서, 상대적으로 낮은 재현율을 가지면서도 높은 top-k 평균 정확률을 가지는 경향이 있다.

### 26.6.3 재현율/정확률 커브

재현율/정확률 커브는, $x$-축을 재현율, $y$-축을 정확률로 하여, 재현율과 정확률의 쌍을 그래프에 표시한다. 각 순위에서의 정확률과 재현율을 사용하는 대신, 커브에서는 주로 재현율 레벨 $r(i)$를 0 퍼센트, 10 퍼센트, 20 퍼센트 … 100 퍼센트로 하여 그려진다. 재현율/정확률 커브는 대개 음의 기울기를 가지며, 정확률과 재현율 간의 역 관계(inverse relationship)를 반영한다.

### 26.6.4 F-스코어

F-스코어($F$)는 정확률($p$)과 재현율($r$)값의 조화 평균이다.

$$\frac{1}{F}=\frac{\frac{1}{p}+\frac{1}{r}}{2}$$

즉, 높은 정확률은 재현율을 희생하여 쉽게 달성할 수 있으며, 반대로 그 역도 성립한다. 높은 정확률 또는 높은 재현율을 위해 시스템을 조정할지의 여부는 응용 프로그램에서 선택의 문제이다. F-스코어는 다른 결과 집합과 비교하기 위해 정확률과 재현율을 결합하는 단일 척도라 할 수 있다.

$$F=\frac{2pr}{p+r}$$

조화 평균의 한 가지 성질은 두 수의 조화 평균은 두 수 중 더 작은 값에 근접하는 경향이 있다는 것이다. 그러므로 $F$는 자동적으로 정확률과 재현율값의 더 작은 쪽으로 치우쳐진다. 결국, 높은 F-스코어를 얻기 위해서는, 정확률과 재현율은 모두 높아야 한다.

$$F=\frac{2}{\frac{1}{p}+\frac{1}{r}}$$

## 26.7 웹 검색과 웹 분석26)

웹의 출현은 정보 검색을 하는 사용자 수백만을 가져왔고, 검색 대상인 정보는 대량의 액티브 사이트에 저장되어 있다. 이러한 정보에 접근하기 위해, 구글, 빙 그리고 야후 같은 검색 엔진은 자신의 인덱스 데이터베이스에 이들 사이트와 문서 컬렉션을 크롤(crawl)하고 인덱스해야 한다. 게다가 검색 엔진은 웹의 동적 특성상 새로운 웹 사이트가 만들어지거나, 현재 웹 사이트가 업데이트 혹은 삭제될 때마다 정기적으로 자신의 인덱스를 업데이트해야 한다. 웹에는 여러 주제에 대해 이용할 수 있는 수백만의 페이지가 있기 때문에, 검색 엔진은 중요한 페이지를 식별하기 위해 링크 분석과 같은 많은 정교한 기법을 적용해야 한다.

웹을 정기적으로 크롤하고 자동적으로 인덱스를 구축하는 검색 엔진 이외에도, 인력 기반(human-powered) 검색 엔진, 수직 검색 엔진(vertical search engine), 메타 검색 엔진(metasearch engine) 등의 여러 유형의 엔진이 있다. 이러한 검색 엔진은 인덱스를 지정하는 관리자를 보조하기 위해, 컴퓨터 보조 시스템의 도움으로 개발되었다. 이들 검색 엔진은 수동으로 생성된 전문 웹 디렉토리로 구성되는데, 이것은 사용자를 웹의 여러 정보원으로 항해하도록 하기 위해 인덱스를 계층적으로 조직한 것이다. 수직검색 엔진(vertical search engine)은

26) 이 절에 대한 Pranesh P. Ranganathan과 Hari P. Kumar의 기여에 감사드린다.

주제에 특화된 검색 엔진으로, 웹에서의 특정 문서 컬렉션을 크롤하고 인덱스하며, 특정 문서 컬렉션으로부터의 검색 결과를 제공한다. 메타 검색 엔진(metasearch engine)은 검색 엔진의 상위에 구축된다. 즉 다른 검색 엔진에 동시에 질의하고, 이러한 소스로부터의 검색 결과를 통합하여 제공한다.

검색 가능한 웹 문서의 또 다른 출처는 디지털 도서관이다. 디지털 도서관은 전자 자원(electronic resource)의 컬렉션과 다양한 형식의 자료 전달 서비스들로 폭넓게 정의될 수 있다. 이러한 컬렉션의 예로는 (1) 대학의 도서관 카탈로그, (2) 플로리다 주립대학 시스템과 같이 여러 참여 대학들로 구성되는 카탈로그, (3) Google Scholar 혹은 IEEE/ACM 인덱스와 같이 월드 와이드 웹의 여러 외부 정보원으로부터 얻은 복합적 컬렉션을 들 수 있다. 이들 컬렉션에 대한 인터페이스는 여러 데이터베이스 시스템과 원격 저장소에 존재하는 여러 다른 종류의 콘텐츠—도서, 기사, 오디오, 비디오—에 대한 보편적인 액세스를 제공한다. 실제 도서관과 유사하게, 이들 디지털 컬렉션은 카탈로그를 통해 유지되고, 온라인 레퍼런스를 위해 카테고리별로 구성된다. 디지털 도서관은 "개인적인, 분산되어 있는, 중앙 집중화된 컬렉션을 포함하는데, 이러한 예로는 온라인 열람 카탈로그(OPACs: Online Public Access Catalogs), 도서목록 데이터베이스, 분산 문서 데이터베이스, 학술전문 토론목록과 전자저널, 여러 온라인 데이터베이스, 포럼, 게시판 등을 들 수 있다."[27)]

## 26.7.1 웹 분석과 정보 검색과의 관계

웹에 대한 브라우징 및 검색 이외에, 정보 검색과 밀접하게 관련 있는 다른 중요한 활동은 새롭고 흥미로운 정보를 위해 웹을 분석 또는 마이닝하는 것이다. 웹으로부터 유용한 정보를 발견하고 분석하는 데이터 분석 기법의 응용을 웹 분석(web analysis)이라 한다. 지난 몇 년 동안 월드 와이드 웹은 전자 상거래와 소셜 네트워킹에 대한 중요한 플랫폼으로 동작함은 물론, 개별 소비자가 매일 사용하는 많은 응용 프로그램에 대한 중요한 정보 저장소로도 알려졌다. 이러한 특징들은 데이터 분석 응용에 있어 웹을 흥미있는 대상으로 만들었다. 웹 마이닝과 분석 분야는 정보 검색, 텍스트 분석, 자연어 처리, 데이터 마이닝, 기계 학습, 통계 분석을 연결하는 넓은 분야의 통합이다.

웹 분석의 목표는 검색 결과 적합성을 향상시키고 개인화시키는 것이다. 또한, 다양한 비즈니스와 조직에 도움이 되는 가치 있는 경향을 알아내는 것이다. 이러한 목표를 다음과 같이 설명한다.

- **관련 정보 찾기**. 사람들은 대개 검색 엔진에 키워드를 입력하거나 정보 검색 포탈을 브라우징하고 서비스를 이용함으로써 웹에서 특정 정보를 탐색한다. 검색 서비스는 몇몇 검색 관련 문제들에 의해 제약되는데, 이들 문제는 수백만 사용자의 정보 요구를 미리 정의된 몇몇 태스크로 매핑하거나 근사하기 때문에 발생한다. 사용자에게 관련없는 정보를 제공하는 것은 낮은 정확률(26.6절 참조)을 초래한다. 웹의 경우, 웹상의 모든 페이지를 인덱스할 수 없기 때문에 높은 재현율(26.6절 참조)을 제공하는 것은 불가능하다. 또한, 사용자는 일반적으로 상위 몇 개의 문서에만 관심이 있

27) Covi와 Kling(1996), 672페이지를 참조한다.

으므로, 재현율을 측정하는 것은 별다른 의미가 없다. 사용자에 대한 가장 적합한 결과는 오직 상위 몇 개의 결과가 얼마나 정확하느냐에 달려 있다.

- **정보의 개인화.** 사람들은 각자 좋아하는 콘텐츠와 표현 내용이 있다. 다양한 웹기반 응용 및 서비스에 사용되는 주문형 도구(customization tools)는 개인의 서비스 적응 및 서비스 개인화에 사용된다. 여기서, 웹기반 응용 및 서비스의 예로는 클릭을 통한 모니터링, 시각 흐름에 따른 추적, 명시적 또는 묵시적 사용자 프로파일링, 웹 API를 이용한 동적 서비스 구성 등을 들 수 있다. 개인화 엔진(personalization engine)은 전형적으로 사용자별 검색 결과를 생성하기 위해, 다양한 도구에 의해 수집된 사용자의 개인화 정보를 활용하는 알고리즘을 가진다. 웹은 사람들이 가상공간에서 물건을 탐색하고, 클릭하고, 의견을 말하고, 구매할 때 흔적을 남기는 풍부한 배경이 되었다. 이 정보는 상업적 가치가 높으며 모든 종류의 소비재에 속한 많은 회사가 고객 타겟팅을 위해 이 정보를 판매한다.
- **사회적으로 가치 있는 정보 찾기.** 다양한 Android 기기에 Facebook 앱이 10억회 이상 다운로드된 것을 보면, 최근 다양한 소셜 네트워크가 얼마나 인기가 있는지 알 수 있다. 사람들은 트위터나 페이스북과 같은 가상 세계에서 사회적 자본(Social Capital)이라는 것을 구축한다. 사회적 자본이란 상호 이익을 위한 조정과 협력을 용이하게 하는 네트워크 규범 및 사회적 신뢰와 같은 사회 조직의 특성을 말한다. 사회학자들은 사회 자본을 연구하고 다양한 방법으로 사회에 도움이 되는 이 풍부한 자원을 활용하는 법을 연구한다. 우리는 26.8.2절에서 사회 탐색의 측면을 간단히 다룬다.

웹 분석을 세 가지 카테고리로 분류할 수 있다. 첫째, **웹 구조 분석**(web structure analysis)으로, 웹 구조를 나타내는 하이퍼링크로부터 지식을 발견하는 카테고리이다. 둘째, **웹 내용 분석**(web content analysis)으로, 웹 페이지 내용에서 유용한 정보/지식을 추출하는 카테고리이다. 셋째, **웹 사용 이력 분석**(web usage analysis)으로, 모든 사용자의 활동을 기록한 사용자 로그로부터 사용자 액세스 패턴을 조사하는 카테고리이다.

### 26.7.2 웹 탐색하기

월드 와이드 웹은 정보의 거대한 코퍼스이지만, 사용자 요청에 대해 양질의 관련 자원을 발견하는 것은 매우 어려운 일이다. 전체 웹 페이지 집합은 여러 다른 저작 스타일과 다양한 내용으로 이루어져 있어 단일화된 구조를 거의 가지지 않는다. 따라서 요청된 정보를 정확하게 발견하는 것은 매우 어렵다. 인덱스 기반 검색 엔진은 사용자가 웹에서 정보를 검색하는 주요 도구 중 하나이다. 웹 검색 엔진은 웹 문서를 크롤하고, 검색 속도 향상을 위해 크롤된 웹 문서의 인덱스를 구축한다. 사용자가 키워드로 정보 요청을 하면, 웹 검색 엔진은 인덱스를 검색하여, 검색 결과로 짧은 내용의 링크나 URL을 제시한다. 일반적으로 주어진 질의와 관련 있는 수천 개의 페이지가 결과로 검색된다. 문제는 가장 관련 있는 몇 개의 결과만을 사용자에게 반환하는 경우이다. 26.2절과 26.3절에서 논의한 IR 시스템에서의 질의와 관련성 기반 순위에 관한 내용이 이 같은 웹 검색 엔진에도 적용될 수 있다. 즉 앞서 논의한 순위 알고리즘들은 웹 링크 구조의 탐색에도 이용될 수 있다.

표준 텍스트 컬렉션과 달리, 웹 페이지는 다른 웹 페이지나 문서를 연결하는 하이퍼링크를 가진다. 하이퍼링크는 사용자에게 다른 페이지를 연결하고 검색하도록 한다. **하이퍼링크**는 두 구성 요소, 즉 **방문 페이지**(destination page)와 **앵커 텍스트**(anchor text)를 갖는다. 예를 들어, 개인 웹 페이지에서 "My favorite Web site"와 같은 앵커 텍스트로 야후 사이트와 링크할 수 있다. 앵커 텍스트는 묵시적인 승인으로 생각할 수 있다. 개인 웹 페이지에서 다른 웹 페이지로 링크하는 사람은 해당 웹 페이지와 어떤 연관이 있음을 묵시적으로 표현한다. 웹 검색 엔진은 웹 페이지들 간의 관련성과 권한을 조정 및 정제하는 역할을 수행한다. 웹 사이트에서는 과다한 하이퍼링크가 있을 수 있는데, 이러한 과다한 하이퍼링크는 검색 엔진에 의해 검색 결과에서 제거되어야 한다.

**허브**(hub)는 공통적인 주제를 다루는 유명하거나 권위 있는 사이트들을 연결하는 웹페이지 또는 웹 사이트이다. 권위가 있는 사이트는 많은 우수한 허브에 의해 연결되며, 반대로 우수한 허브는 많은 권위 있는 사이트를 연결하게 된다. 이러한 아이디어는 HITS 순위 알고리즘에 의해 사용된다. 우리는 다음 섹션에서 몇 가지 순위 알고리즘을 간략하게 논의한다.

### 26.7.3 웹 페이지의 링크 구조 분석

웹 구조 분석의 목적은 웹 사이트와 웹 페이지에 대한 구조적 표현(representation)을 생성하는 것이다. 웹 구조 분석은 문서의 내부 구조에 초점을 맞춘 후, 문서 사이의 하이퍼링크를 사용하여 링크 구조를 분석한다. 웹 검색 엔진은 정보 검색을 위해 웹 페이지의 구조와 해당 콘텐츠를 종종 결합하기도 한다. 상호 연결된 웹 문서들의 컬렉션이 주어지면, 이 컬렉션의 부분집합에서 문서가 서로 어떻게 연결되었는지를 나타내는 재미있고 유익한 사실들을 발견할 수 있다. 웹 구조 분석은 또한 웹 페이지의 구조를 찾기 위해 사용되는데, 이는 사용자의 항해를 돕고, 웹 페이지 체계를 비교/통합하는 것을 가능하게 한다. 웹 구조 분석의 이러한 면은 구조 기반의 웹 문서 분류와 클러스터링을 용이하게 한다.

**PageRank 순위 알고리즘**. 이전에 논의했던 것처럼, 순위 알고리즘은 관련성과 권위성 (페이지의 우수한 정도)을 기반으로 검색 결과의 순위를 정하는 데 사용된다. 구글은 잘 알려진 PageRank 알고리즘[28]을 사용하는 데, 이는 각 페이지의 "중요도"를 기반으로 결정한다. 모든 웹 페이지는 많은 수의 순방향 링크(나가는 링크)와 백링크(들어오는 링크)를 갖는다. 순방향 링크를 결정하는 것은 상대적으로 간단한 반면, 웹 페이지의 백링크를 모두 찾는 것은 매우 어렵다. PageRank 알고리즘에 의하면, 많이 링크된 페이지는 보다 적게 링크된 페이지보다 더 중요하다. 그러나, 모든 백링크가 중요한 것은 아니다. 믿을 만한 출처로부터의 페이지에 대한 백링크는 그렇지 않은 임의의 페이지로부터의 백링크보다 더 중요하다. 그러므로 만약 백링크 순위의 합이 높게 나온다면, 이 페이지는 높은 순위를 갖게 된다. PageRank는 링크 구조에서 얻을 수 있는 페이지의 "중요도"에 대한 근사값이 얼마나 좋은

28) PageRank 알고리즘은 구글의 창시자 Lawrence Page(1998)와 Sergey Brin에 의해 제안되었다. 자세한 정보는 http://en.wikipedia.org/wiki/PageRank를 참조한다.

지를 알아보려는 한 가지 시도였다.

페이지 순위 계산은 반복적 접근법을 따른다. 어떤 웹 페이지의 PageRank는 해당 페이지의 모든 백링크에 대한 PageRank 합으로 계산된다. PageRank는 웹을 마코프 모델(Markov model)처럼 취급한다. 가상의 웹 서퍼(surfer)는 웹 페이지를 임의로 클릭함으로써 일련의 웹 페이지 방문 스트링을 만들어낸다. 이때, 어떤 페이지의 PageRank는 서퍼가 얼마나 자주 해당 페이지를 방문하는지에 대한 추정치이다. 이 같은 PageRank는 질의와 독립적으로 페이지/노드의 중요도를 나타내는 척도이다. 예를 들어, $P(X)$가 어떤 페이지 $X$의 PageRank이고, $C(X)$가 페이지 $X$로부터 나가는 링크의 수이며, $d$가 $0 < d < 1$의 범위 내에서의 감쇠 지수(damping factor)라 하자. 여기서, $d$는 대개 0.85로 지정된다. 그러면, 페이지 $A$에 대한 PageRank는 다음과 같이 계산된다.

$$P(A) = (1 - d) + d(P(T1)/C(T1) + P(T2)/C(T2) + ... + P(Tn)/C(Tn))$$

여기서 $T_1$, $T_2$, ⋯, $T_n$은 페이지 $A$를 가리키는 페이지, 즉 페이지 $A$의 인용 횟수이다. PageRank는 웹 페이지들에 대한 확률 분포를 만들며, 따라서 모든 웹 페이지의 PageRank 합은 1이다.

**HITS 순위 알고리즘**. Jon Kleinberg에 의해 제안된 HITS[29] 알고리즘은 웹의 링크 구조를 이용하는 또 다른 형태의 순위 알고리즘이다. 이 알고리즘은 우수한 허브는 많은 허브를 가리키는 문서이고, 권위 있는 사이트는 많은 다른 권위 있는 사이트에 의해 참조된다는 것을 가정한다. 이 알고리즘은 주요한 두 과정인 샘플링 컴포넌트와 가중치 확산 컴포넌트를 포함한다. 먼저, 샘플링 컴포넌트는 다음 성질을 갖는 페이지들을 대상으로 집중화된(focused) 컬렉션 $S$를 구성한다.

1. $S$는 상대적으로 작다.
2. $S$는 관련 페이지가 많다.
3. $S$는 대부분의 권위가 높은 페이지들을 포함한다.

다음으로, 가중치 컴포넌트는 다음 과정에 의해 각 문서에 대한 허브값과 권위값을 재귀적으로 계산한다.

1. $S$의 모든 페이지에 대해 허브와 권위값을 1로 초기화한다.
2. 허브와 권위값이 수렴되지 않았다면 다음을 반복한다.
   a. $S$의 각 페이지에 대해, 권위값을 현재 페이지를 가리키는 모든 페이지의 허브값의 합으로 계산한다.
   b. $S$의 각 페이지에 대해, 허브값을 현재 페이지에 의해 참조되는 모든 페이지의 권위값의 합으로 계산한다.
   c. 허브와 권위값을 정규화하여 $S$의 모든 허브값의 합은 1이고, $S$의 모든 권위값도 1이 되도록 한다.

29) Kleinberg(1999) 참조한다.

### 26.7.4 웹 콘텐츠 분석

앞서 언급한 바와 같이, 웹 콘텐츠 분석(Web content analysis)은 웹 콘텐츠/데이터/문서로부터 유용한 정보를 발견하는 과정이다. 웹 콘텐츠 데이터는 (1) 비구조화된 데이터(전자 문서로부터 자유 형식 텍스트), (2) 이미지 데이터를 포함하는 HTML 문서와 같은 반구조화된 데이터, (3) HTML, XML, 또는 데이터베이스로부터 생성된 다른 마크업 언어(markup language)와 같은 더 구조화된 데이터로 구성된다. 보다 일반적으로, 웹 콘텐츠는 사용자가 액세스하고자 하는 웹 페이지에 포함된 모든 실제 데이터를 의미한다. 웹 콘텐츠는 대개 텍스트와 그래프를 포함하고 있으나, 꼭 이것에만 국한되지는 않는다.

우선, 몇 가지 주요 웹 콘텐츠 분석 작업들을 논의한 후, 웹 페이지 분류와 클러스트링에 대한 전통적인 분석 작업을 자세히 살펴본다.

**구조화된 데이터 추출.** 웹에서의 구조화된 데이터는 핵심 정보를 표현하기 위해 자주 사용되는데, 이러한 핵심 정보의 예로는 두 도시 간 항공 운항 스케줄을 보여주는 구조화된 테이블을 들 수 있다. 구조화된 데이터를 추출하는 몇 가지 접근법을 소개한다. 그 중 하나는 랩퍼(wrapper)를 작성하거나, 페이지 정보에 대한 여러 구조적 특성을 찾고 올바른 내용을 추출하는 프로그램을 작성하는 것이다. 또 다른 접근법은 사이트 포맷 패턴에 기반하여 각 웹 사이트에 대한 추출 프로그램을 수동적으로 작성하는 것이다. 이는 많은 노력과 시간을 필요로 하는 작업으로, 많은 수의 사이트로 확대하기는 어렵다. 세 번째 접근법은 랩퍼 추론(wrapper induction) 또는 랩퍼 학습(wrapper learning)이다. 이 접근법에서는 사용자(전문가)가 먼저 훈련집합 페이지들을 분류하고, 학습 시스템은 이들 페이지에 기반하여 추출 규칙을 생성해 내는데, 이 추출 규칙은 추후 다른 웹 페이지로부터 타겟 아이템(즉, 웹 콘텐츠)을 추출하는 데 사용된다. 네 번째 접근법은 자동 접근법으로, 이 접근법은 웹 페이지로부터 패턴/문법 규칙을 발견하는 것을 목적으로 하며, 데이터를 자동적으로 추출하는 랩퍼를 만들기 위한 랩퍼생성(wrapper generation) 기능을 사용한다.

**웹 정보 통합.** 웹은 거대하며, 수많은 사람과 기관에 의해 쓰여진 수백만의 문서를 포함한다. 이러한 점 때문에, 유사 정보를 포함하는 웹 페이지라 하더라도, 같은 개념에 대해 다른 구문과 다른 단어를 포함할 수 있다. 이러한 이유로 다양한 웹 페이지로부터 유사 정보를 통합할 필요가 있다. 웹 정보 통합을 위해 널리 사용되는 두 가지 접근법은 다음과 같다.

1. 웹 질의 인터페이스 통합은 외부 인터페이스에 나타나지 않고 "딥웹(deep Web)"에 감추어진 다수의 웹 데이터베이스에 질의하는 것을 가능하도록 한다. 딥웹[30)]은 항시 존재하는 페이지들이 아니라 특정 정보를 얻을 목적으로 데이터베이스를 검색하여 얻어지는, 즉 동적으로 생성되는 페이지들로 구성된다(10장 참조). 전통적인 검색 엔진 크롤러는 이러한 딥웹 페이지로부터 정보를 탐색하고 수집할 수 없다. 즉 지금까지 딥웹은 크롤러로부터 숨겨져 왔다.

2. 스키마 매칭은 어떤 응용을 위한 일반적인 스키마를 구성하기 위해 디렉토리와 카탈로그를 통합하는 것이다. 이러한 응용의 예로, 다양한 시스템으로부터 건강 기록을 교차 연결하여 동적으로 수집하고 매칭함으로써 개인 건강 기록

30) 딥웹(deep Web)은 Bergman(2001)에 의해 정의되었다.

을 결합하는 것을 들 수 있다. 그 결과는 개인의 세계 보건 기록이 된다.

이러한 접근법은 활발한 연구 분야로 남아 있는데, 이에 대한 자세한 논의는 이 책의 범위를 벗어난다. 좀 더 자세한 내용은 이 장 마지막 부분의 참고문헌을 참조하기 바란다.

**온톨로지-기반 정보 통합.** 이 작업은 다수의 이질적인 출처로부터 나온 정보를 효과적으로 결합시키기 위해 온톨로지를 사용하는 것이다. 온톨로지—명시적으로 정의된 개념과 개념들을 연결하는 명명된 관계를 표현한 형식 모델—는 데이터 출처에 따른 의미적 이질성에 대한 주제를 다루는 데 사용된다. 다양한 종류의 접근법들이 온톨로지를 사용한 정보 통합에 이용된다.

- **단일 온톨로지 접근법**은 시맨틱의 명세에 대해 공유된 어휘를 제공하는 하나의 포괄적인 온톨로지를 사용한다. 이들 접근법은 통합될 모든 정보의 출처가 다루고자 하는 지식 도메인에서 거의 동일한 관점을 제공할 때 적합하다. 예를 들어, UMLS (26.4.3절에서 설명)는 생물 의학 응용에 대한 일반적인 온톨로지로 제공될 수 있다.
- **복합 온톨로지 접근법**에서는 각 정보 출처가 자신 고유의 온톨로지에 의해 묘사된다. 대체로, "출처 온톨로지(source ontology)"는 몇몇 다른 온톨로지의 조합이 될 수 있으나, 이 "출처 온톨로지들"과 동일한 어휘를 공유한다고 가정 할수는 없다. 부분적으로 중복되고, 충돌이 발생할 가능성이 높은 다수의 온톨로지를 다루는 것은 대다수 응용이 직면하는 매우 어려운 문제이다. 예를 들어, 생물 정보학의 온톨로지와 다른 복잡한 지식 분야의 온톨로지를 통합해 다루는 것은 매우 어려운 문제이다.

**개념 계층 구축.** 검색 결과를 구성하는 공통된 방법 중 하나는 문서의 선형 순위 리스트를 이용하는 것이다. 그러나, 몇몇 사용자와 응용에서 결과를 제시하는 더 좋은 방법은 검색 결과에서 관련 문서를 그룹화하는 것이다. 일반적으로 문서를 조직하거나 검색 결과에서 문서를 조직화하는 방법 중 하나는 개념 계층(concept hierarchy)을 만드는 것이다. 검색 결과에서 문서는 계층적 방법에 의해 그룹으로 조직된다. 문서를 조직하기 위한 다른 관련 기법으로는 분류(classification)와 클러스터링(clustering)이있다. 클러스터링은 문서의 그룹을 만드는 것이고, 각 그룹 내의 문서는 여러 공통된 개념을 공유한다.

**웹 페이지 구분 및 노이즈 감지.** 웹 문서에는 광고 문구, 타 사이트 유도 패널 등 불필요한 부분이 많이 포함되어 있다. 이 같은 불필요한 부분에 있는 텍스트나 정보는 해당 문서를 분류하기 전에 콘텐츠가 아닌 노이즈로 제거되어야 한다. 그러므로, 문서집합에 대해 분류나 클러스터링 알고리즘을 적용하기 전에, 노이즈를 포함하는 문서 영역이나 블록은 미리 제거되어야 한다.

### 26.7.5 웹 콘텐츠 분석에 대한 접근법

웹 콘텐츠 분석에 대한 두 가지 주요 접근법으로 (1) (IR 관점의) 에이전트 기반과 (2) (DB 관점의) 데이터베이스 기반 접근법이 있다.

**에이전트-기반 접근법**은 특정 사용자를 위해 자율적(autonomously) 또는 반자율적으로(semi-autonomously) 작동 가능한 정교한 인공 지능 시스템의 개발을 포함한다. 일반적으로 에이전트 기반 웹 분석 시스템은 다음 세 가지 카테고리로 구분된다.

- **지능형 웹 에이전트**는 발견된 정보를 해석하고 조직하기 위해 특정 응용 도메인의 특징이나 사용자 프로파일을 사용하여 관련 정보를 검색하는 소프트웨어 에이전트이다. 예를 들어, 지능형 에이전트는 어떤 상품 도메인의 일반적 정보만을 사용하여, 다양한 판매자 사이트로부터 상품 정보를 취득할 수 있다.
- **정보 필터링/분류**는 웹 문서 분류에 웹 에이전트를 활용하는 또 다른 기법이다. 이러한 웹 에에전트는 정보 검색에서의 방법론을 사용하거나, 문서를 개념 계층으로 조직하기 위한 여러 문서의 링크부터 얻은 시맨틱 정보를 사용한다.
- **개별화된 웹 에이전트**는 또 다른 종류의 웹 에이전트로서, 검색 결과를 조직하거나 특정 사용자에게 가치 있는 정보와 문서를 발견하기 위해 사용자의 개별 선호도를 활용하는 특징이 있다. 사용자 선호도는 이전 사용자들의 선택에서 학습되거나, 현재 사용자와 유사한 선호도를 가질 것으로 생각되는 다른 개별 사용자들로부터 학습된다.

**데이터베이스-기반 접근법**은 웹 사이트 구조를 추론하거나 웹 사이트를 데이터베이스 형식으로 변환하는 기법으로, 이 같은 변환을 통해 웹 정보에 대한 관리와 질의가 보다 용이해진다. 웹 콘텐츠 분석의 이러한 접근법은 키워드 기반 검색보다 더 정교한 질의를 수행할 수 있도록 주로 웹상의 데이터를 모델링하고 통합하고자 시도한다. 이는 웹 문서의 스키마를 발견하고, 웹 문서 웨어하우스, 웹 지식 베이스, 또는 가상 데이터베이스를 구축함으로써 달성될 수 있다. 데이터베이스 기반 접근법은 Object Exchange Model (OEM)[31]과 같은 모델을 사용할 수 있는데, 이 모델에서는 레이블이 있는 그래프(labeled graph)를 사용하여 반구조 데이터를 표현한다. OEM에서의 데이터는 정점과 레이블 있는 에지를 갖는 객체들의 그래프로 간주된다. 각 객체는 객체 식별자와 특정값을 가지는데, 이 특정값은 정수, 스트링, GIF 이미지, HTML 문서 등의 원자값일 수도 있고, 여러 객체에 대한 참조들의 집합인 복합값일 수도 있다.

데이터베이스 기반 접근법의 주된 초점은 다단계 데이터베이스와 웹 질의 시스템의 사용이다. 최하위 단계에서의 다단계 데이터베이스(multilevel database)는 다양한 웹저장소에 저장된 초기의 반구조 정보를 포함하는 데이터베이스이다. 상위 레벨에서는 하위 레벨로부터 메타데이터나 일반화된 정보를 추출하고, 이들을 관계 혹은 객체관 계형 데이터베이스와 같은 구조화된 컬렉션에 저장한다. 웹 질의 시스템에서, 웹 문서에 대한 콘텐츠와 구조 정보는 데이터베이스 형식의 기법을 사용하여 추출되고 조직된다. 그런 다음, SQL과 유사한 질의 언어를 문서를 질의하고 검색하는 데 사용할 수 있다. 이들 질의 언어는 하이퍼텍스트 문서의 구조에 기반한 구조적 질의와 콘텐츠 기반 질의를 통합하여 제공한다.

### 26.7.6 웹 사용 이력 분석

웹 사용 이력 분석은 웹 데이터로부터 사용 패턴을 발견하는 데이터 분석 기법의 응용으로, 웹-기반 응용의 요구를 보다 잘 이해하고 대응하기 위한 기법이다. 이러한 활동은 정보 검색에 직접적으로 기여하지 않지만, 사용자의 검색 경험을 향상시키는 중요한 요소이다.

31) Kosala와 Blockeel(2000)을 참조한다.

웹 사용 이력 데이터는 IP 주소, 페이지 참조, 사용자의 액세스 날짜와 시간, 사용자 그룹 등과 같은 웹 페이지의 사용 패턴을 나타낸다. 웹 사용 이력 분석은 전형적으로 세 가지 주요 단계인 전처리, 패턴 발견, 패턴 분석으로 구성된다.

1. **전처리.** 전처리는 사용 통계와 사용 패턴에 대해 수집된 정보를 패턴 발견 방법으로 사용할 수 있는 형태로 변환한다. 예를 들어, 사용자에 의해 방문된 페이지를 "페이지 뷰(page view)"라는 용어로 부른다. 몇 가지 다른 유형의 전처리 기법을 소개하면 다음과 같다.
   - **사용 이력 전처리(usage preprocessing).** 사용자, 애플리케이션, 사용자 그룹의 사용 패턴에 대해 수집된 데이터를 분석한다. 이러한 데이터는 종종 불완전하기 때문에 전처리가 쉽지 않다. 데이터 정제(cleansing) 과정에서는 분석에 무관한 항목들의 영향을 제거한다. 사용 이력 데이터는 종종 IP 주소에 의해 식별되는데, 이 데이터는 서버에서 수집된 일련의 클릭 스트림(clicking streams)으로 구성된다. 만약 데이터 사용의 트래킹 처리가 클라이언트 측에서 수행된다면, 더 나은 데이터가 제공될 수 있다.
   - **콘텐츠 전처리(content preprocessing).** 텍스트, 이미지, 스크립트 등의 여러 콘텐츠를 사용 이력 분석에 사용될 수 있는 형태로 변환하는 과정이다. 이 과정은 종종 분류나 클러스터링과 같은 콘텐츠 분석 과정을 포함하기도 한다. 클러스터링이나 분류 기법은 특정 주제를 다루는 웹 페이지들이 특정 클래스로 구분될 수 있도록, 유사한 형태의 웹 페이지에 대해 사용 이력 정보를 그룹화할 수 있다. 또한 페이지 뷰는 판매, 발견, 기타 용도 등과 같이 의도된 사용에 의해 분류될 수도 있다.
   - **구조 전처리(structure preprocessing).** 구조 전처리는 뷰 페이지 간의 하이퍼링크와 구조 정보를 파싱하고 재구성함으로써 수행된다. 한 가지 어려운 점은 사이트 구조가 동적으로 변경되며, 각 구조가 각 서버 세션에 의해 구성되어야만 한다는 점이다.
2. **패턴 발견.** 패턴 발견에 사용된 기법은 통계, 기계 학습, 패턴 인식, 데이터 분석, 데이터 마이닝, 기타 여러 방법론에 기반한다. 이 기법들은 웹 분석을 위한 특정 지식과 특징을 고려하여 채택되고 적용되어야 한다. 예를 들어, 연관 규칙 발견의 장바구니 분석에 있어서 트랜잭션 개념은 정렬되지 않은 항목들을 대상으로 한다. 반면에, 웹 페이지 액세스에 있어서 그 순서는 중요하고, 따라서 액세스 순서, 즉 정렬 순서는 웹 사용 이력 분석에서 꼭 고려되어야 하는 사항이다. 그러므로, 일반적인 연관 규칙과 달리, 패턴 발견은 페이지 뷰의 마이닝 시퀀스를 고려해야 한다. 일반적으로, 웹 사용 이력 데이터 기반의 패턴 발견을 위하여, 다음과 같은 종류의 데이터 마이닝 작업을 수행할 수 있다.
   - **통계 분석(statistical analysis).** 통계적 기법은 웹 사이트 방문자에 대한 지식을 추출하는 가장 일반적인 방법이다. 세션 로그를 분석하여, 참조한 페이지, 페이지별 참조 시간, 페이지 간 항해 경로 길이와 같은 매개 변수를 알아낸다. 그리고 이들 매개 변수의 평균, 중앙값, 최빈치 등의 통계적 척도를 사용할 수

있다.

- 연관성 규칙(association rules). 웹 사용 이력 분석의 관점에서 볼 때, 연관성 규칙은 함께 액세스되는 페이지들의 지지도가 지정된 임계치를 초과하는지 알아보는 것이다. 이러한 페이지들은 서로가 하이퍼링크로 직접적으로 연결되어 있지 않을 수도 있다. 예를 들어, 연관성 규칙 발견은 전기 제품 페이지를 방문한 사용자와 스포츠 용품 페이지를 방문한 사용자 사이의 상관관계를 밝혀낼 수도 있다.
- 클러스터링(clustering). 웹 사용 이력 측면에서 볼 때, 두 가지 종류의 흥미로운 클러스터가 있는데, 하나는 사용 이력, 즉 사용자 클러스터이고, 다른 하나는 페이지 클러스터이다. 사용자 클러스터링(clustering of users)은 유사한 브라우징 패턴을 보이는 사용자들의 그룹을 찾아낸다. 이러한 지식은 전자 상거래 응용에서 시장 세분화를 수행하거나, 사용자에 대한 개별화된 웹 콘텐츠를 제공하기 위한 사용자 통계론(user demography)에 특히 유용하다. 페이지 클러스터링(clustering of pages)은 페이지의 콘텐츠, 그리고 함께 그룹되는 페이지들의 유사한 콘텐츠에 기반하여 수행된다. 이 같은 종류의 클러스터링은 인터넷 검색 엔진에 활용될 수 있으며, 웹 브라우징을 도와주는 도구(tools)에도 이용될 수 있다.
- 분류(classification). 웹 도메인에서의 한 가지 목표는 특정 클래스나 카테고리에 속하는 사용자 프로파일을 개발하는 것이다. 이를 위해서는 주어진 클래스나 카테고리의 성격을 가장 잘 나타내는 특성을 추출하거나 선택하는 과정이 필요하다. 분류를 통해 발견될 수 있는 한 가지 재미있는 예는 다음과 같다. 사이트 /Product/Books에 온라인 주문을 한 사용자의 60%는 18세에서 25세 그룹의 아파트에 거주하는 사람들이다.
- 순차 패턴(sequential patterns). 순차 패턴은 웹 액세스의 시퀀스를 식별하는데, 이는 특정 부류의 사용자가 다음에 액세스할 웹 페이지들을 예측하는 데 사용될 수 있다. 또한 순차 패턴은 마케팅 담당자가 웹 페이지에 특수 목적의 광고를 할 때도 사용될 수 있다. 순차 패턴을 사용하는 또 다른 예는 어떤 항목을 구매한 후 다음에 구매할 가능성이 높은 항목들을 분석하는 것을 들 수 있다. 예를 들어, 컴퓨터 구매 후 프린터 구매가 자주 발생한다는 것을 들 수 있다.
- 의존도 모델링(dependency modeling). 의존도 모델링은 웹 도메인의 여러 변수들에 대해 변수들 간의 중요한 의존도를 결정하거나 모델링하는 작업이다. 예를 들어, 마케팅 담당자는 온라인 상점에서 일어나는 여러 행동을 분석하여, 우연히 방문한 고객부터 구매 가능성이 높은 고객까지, 해당 고객들이 취하는 여러 단계를 모델링할 수 있다.

3. **패턴 분석.** 마지막 단계는 발견된 패턴들 중에서 흥미가 없는 것으로 여겨지는 규칙이나 패턴을 걸러내는 것이다. 이때 어떤 분석 방법론을 사용할지는 응용에 따라 달라진다. 패턴 분석에 대한 공통적인 기법 중 하나는 다양한 패턴과 관계를 발견하기 위해 SQL 등의 질의 언어를 사용하는 것이다. 패턴 분석의

다른 기법으로는 ETL 도구를 사용하여 사용 이력 데이터를 데이터 웨어하우스에 로딩하고, OLAP 연산을 사용하여 다차원 분석을 수행하는 것이다. 데이터의 패턴이나 경향을 강조하기 위해, 그래프 형식이나 다른 색의 변수값을 사용하는 등의 시각화 기법을 사용하기도 한다.

### 26.7.7 웹 분석의 실제적 응용

**웹 분석론(web analytics).** 웹 분석론의 목적은 웹 사용의 성능을 이해하고 최적화하는것이다. 이는 인터넷 사용 이력 데이터에 대한 수집, 분석, 성능 모니터링 등을 필요로 한다. 온 사이트(on-site) 웹 분석론은 상업적 맥락에서 웹 사이트의 성능을 측정한다. 이러한 데이터는 웹 사이트의 유효성이나 성능을 전체적으로 측정하기 위한 전형적인 핵심 성과 지표로 사용될 수 있다. 또한 이들 데이터는 웹 사이트나 마케팅 전략을 향상시키기 위해 사용될 수도 있다.

**웹 스패밍(Web Spamming).** 검색 결과의 상위에 나타나는 웹 사이트/웹 페이지를 갖는 것이 기업과 개인에게 매우 중요해지고 있다. 이렇게 하기 위해, 검색 엔진 순위 알고리즘에 대해 이해하는 것이 필요하며, 각각의 키워드가 조회될 때 해당 페이지가 높은 순위를 갖도록 웹 페이지 내 정보를 나타내는 것이 매우 중요하다. 이같이 비즈니스 목적과 스패밍(콘텐츠의 반복 게시)을 위해 웹 페이지를 최적화하는 것은 합법과 위법의 경계에 있는 미묘한 문제이기도 하다. 결국 웹 스패밍은 검색 엔진에 의해 반환된 결과를 조작함으로써 자신의 페이지를 높은 순위로 올리기 위한 계획적인 활동으로 정의된다. 웹 분석은 검색 엔진으로부터 그러한 페이지를 발견하고 제거하기 위해 사용될 수 있다.

**웹 보안(web security).** 웹 분석은 웹 사이트의 흥미 있는 사용 패턴을 발견하기 위해 사용될 수 있다. 만약 어떤 웹 사이트의 결점을 파악할 수 있다면, 이를 웹 분석에 사용하여 다른 웹 사이트들을 보다 견고하게 설계할 수 있다. 예를 들어, 백도어 또는 웹 서버의 정보 누출은 일부 비정상적인 웹 응용 로그 데이터에 대한 웹 분석 기법을 통해 탐지될 수 있다. 침입 탐지와 서비스 거부 공격과 같은 보안 분석 기법은 웹 액세스 패턴 분석을 기반으로 한다.

**웹 크롤러.** 웹 크롤러는 웹 페이지를 방문하여 해당 웹 페이지의 복사본을 생성하는 프로그램이다. 이같이 생성된 복사본은 검색 엔진에 의해 처리되는데, 주로 빠른 검색을 위한 인덱스 생성에 사용된다. 웹 크롤러의 또 다른 기능은 웹 사이트들을 자동적으로 검사하고 관리하는 것이다. 예를 들어, 웹 크롤러는 어떤 웹 사이트의 HTML 코드와 링크를 조사하여 유효한지 검사하기도 한다. 그런데, 불행하게도 웹 크롤러는 부적절하게 사용될 수도 있다. 이러한 예로는 웹 페이지로부터 e-메일 주소와 다른 개인정보를 수집하여, 추후 스팸 메일을 발송하는 데 이들 주소를 사용하는 것이다.

## 26.8 정보 검색의 경향

이 절에서는 정보 검색에서 최신 연구 분야로 고려되고 있는 몇 가지 개념을 살펴본다.

### 26.8.1 다면 검색

다면 검색(faceted search)은 가용 정보의 필터링을 통해 검색/탐험하는 것을 허용함으로써 통합 검색이나 항해 경험을 사용자에게 제공하는 기법이다. 이 검색 기법은 전자 상거래 웹 사이트에 사용되며, 다차원 정보 공간의 항해가 가능하도록 하는 애플리케이션에서도 자주 사용된다. 다면(facet)은 대개 3차원 이상의 분류에 사용된다. 이는 다면 분류 체계(faceted classification scheme)가 하나의 객체를 서로 다른 분류 기준에 따라 여러 방법으로 분류하는 것을 가능하게 한다. 예를 들어, 웹 페이지는 다양한 방법으로 분류될 수 있다. 즉 내용(항공사, 음악, 뉴스, …)에 의한 분류, 사용 목적(판매, 정보, 등록, …)에 의한 분류, 위치에 의한 분류, 사용된 언어(HTML, XML, …)에 의한 분류와 같이 다양한 측면으로 분류될 수 있다.

다면 분석에서 한 측면은 객체들의 클래스에 대한 속성이나 특징을 정의한다. 이러한 속성은 상호 배제적이어야 하고 모든 경우를 고려하여 완전해야 한다. 예를 들어, 예술 객체의 컬렉션은 예술가 측면(예술가의 이름), 시대 측면(예술 작품이 만들어진 시대), 유형 측면(그림, 조각, 벽화, …), 원산지 측면, 미디어 측면(유화물감, 수채물감, 석재, 금속, 혼합매체, …) 등의 여러 측면으로 분류될 수 있다.

다면 검색은 다면 분류(facet classification)를 사용하는 데, 다면 분류는 여러 측면의 서로 다른 순서에 대응하는 여러 경로에 따라 사용자가 정보를 검색할 수 있도록 한다. 이 같은 다면 분류는 카테고리의 계층 체계가 고정적이고 불변인 전통적인 분류 체계와 대조적이다. 캘리포니아 대학의 Berkelye's Flamenco 프로젝트[32]는 다면 검색 시스템의 오래된 예 중 하나이다. Amazon이나 Expedia와 같은 오늘날 대부분의 전자 상거래 사이트는 검색 인터페이스에서 다면 검색을 사용하여 검색 기준과 관련된 다양한 측면을 신속하게 비교하고 탐색한다.

### 26.8.2 소셜 검색

웹 항해와 브라우징에서의 전통적인 관점은 단일 사용자가 정보를 검색하는 것을 가정한다. 이러한 관점은 사용자의 정보 검색 습관을 연구하는 문헌 정보학자에 의한 과거 연구와 대조적이다. 문헌 정보학의 이러한 연구는 단일 사용자가 정보를 검색하는 데 있어서 다른 사용자들이 매우 중요한 정보원이 될 수 있음을 보여준다. 더욱 최근의 연구에 따르면, 웹-기반 정보 검색 과정에서 사용자 간에 직접적인 협업이 종종 이뤄진다고 한다. 그리고 몇몇 연구에서 보고된 바에 따르면, 사용자 집단에 있어서 제법 큰 규모의 집단이 공동

---

32) Yee(2003)는 이미지 검색에 대한 다면 메타데이터를 기술한다.

검색 작업을 수행하는 데 있어서 공개된 협업을 한다고 알려져 있다. 어떤 경우에는 여러 참여자 간의 능동적 협업이 일어나기도 하는데, 회사 설립이 그러한 예이다. 반면에, 대다수의 검색에 대해서는 아마도 사용자들이 원격으로, 비동기적으로, 심지어 의도하지 않은 묵시적인 상태에서 다른 사용자들과 서로 상호작용을 하게 된다.

사회적으로 활성화된 온라인 정보 검색(소셜 검색)은 최근 웹 기술에 의해 활성화된 새로운 현상이다. 협업 소셜 검색(collaborative social search)은 검색 관련 작업에 있어서 사용자의 능동적 참여를 위한 여러 방법을 포함한다. 여기서, 검색 관련 작업이란 동일 장소에서의 협업 검색, 검색 작업을 위한 원격 협업, 검색을 위한 소셜 네트워크 이용, 전문가 네트워크 이용, 검색 과정 개선을 위한 데이터 마이닝 및 집단 지성 활용 등을 나타내며, 더 나아가 정보 탐색과 의미 결정을 용이하게 하는 소셜 상호작용을 말한다. 이러한 소셜 검색 활동은 동기적으로 혹은 비동기적으로, 같은 작업 공간 혹은 원격 작업 공간에서 행해질 수 있다. 사회 심리학자는 소셜 논의(discussion)가 인지능력을 촉진한다는 것을 실험적으로 확인하였다. 소셜 그룹 내의 사람들(질문에 대한 답변인)은 해결책을 제공하고, 어떤 데이터베이스나 어떤 사람(메타 지식)을 참조할지 알려주며, 유효하고 합법적인 아이디어를 제공한다. 이들은 또한 복잡한 문제를 해결하기 위한 기억 공간을 제공하며, 문제 재해석에 도움을 주기도 한다. 안내된 참여(guidedparticipation)는 사람들이 자신이 속한 공동체에서 서로 간의 협력을 통해 지식을 공동으로 구성하는 과정을 의미한다. 오늘날 웹에서의 정보 탐색은 주로 개인 활동이다. 반면에, 협업 검색에 대한 최근의 몇몇 결과는 흥미 있는 결과를 보여주며, 더 나은 정보 액세스를 위한 협업 기술의 가능성을 나타낸다. 사람들이 Facebook과 같은 소셜 네트워크를 사용하여 다양한 주제에 대한 의견 및 설명을 찾고 구매하기 전에 제품 리뷰를 읽는 것이 점차 보편화되고 있다.

### 26.8.3 대화형 정보 접근

대화형 정보 접근(conversational information acces)은 상호작용 정보를 찾는 대화식의 협업 작업이다. 참여자들은 자연스럽게 사람 간의 대화에 참여하고 지능형 에이전트는 백그라운드에서 대화를 듣고 참가자에게 필요한 정보를 제공하기 위해 사용자 의도를 추출한다. 에이전트는 모바일 또는 웨어러블 통신 장치를 통해 참가자와 직접 또는 간접 상호작용을 한다. 이러한 상호 작용에는 화자 식별, 키워드 스포팅, 자동 음성 인식, 대화의 의미론적 이해가 필요하고, 사용자에게 대화를 위한 보다 빠르고 적절한 지침을 제공하는 대화 분석과 같은 기술 또한 필요하다. 위에서 언급한 것과 같은 기술을 통해 정보 접근은 개인 활동에서 참여 활동으로 전환된다. 또한 에이전트가 여러 기술을 사용하여 관련 정보를 수집하고 참가자가 대화 피드백을 에이전트에게 제공함에 따라 정보 접근은 더욱 구체적이 된다.

### 26.8.4 확률론적 주제 모델링

웹의 출현에 따라 생성된 정보의 전례 없는 성장은 정보를 정확하고 효율적으로 보급하기 위해 데이터를 카테고리로 분류하는 문제로 이어졌다. 예를 들어, 로이터와 AP 통신 등 국제 언론은 비즈니스, 스포츠, 정치, 기술 등 세계의 뉴스를 매일 수집한다. 이 과도한 정보를 효과적으로 구조화하는 것은 매우 어려운 문제이다. 검색 엔진은 기존 문서에서 단어를 편성하거나 문서 간의 링크를 연결하여 웹 상에서 해당 문서에 액세스할 수 있도록 했다. 문서의 주제와 테마에 따라 정보를 정리하여 사용자가 관심 있는 주제에 따라 방대한 양의 정보를 탐색할 수 있다.

이 문제를 해결하기 위해 지난 10년간 확률론적 주제 모델로 알려진 기계 학습 알고리즘 클래스가 등장했다. 이 알고리즘은 대량의 문서 집합을 관련 테마에 자동으로 구성할 수 있다. 이러한 알고리즘의 장점은 완벽히 비학습이라는 것이다. 즉, 이 테마 추정을 수행하기 위해 트레이닝 셋과 사람의 주석이 필요하지 않다. 이 클래스의 알고리즘의 개념은 다음과 같다. 모든 문서는 본질적으로 주제에 따라 구성되어 있다. 예를 들어, 버락 오바마에 관한 문서는 다른 대통령 정부와 관련된 다른 문제 또는 특정 정치적 주제를 언급하고 있을지도 모른다. 아이언맨 영화 중 하나에 대한 기사는 Marvel 시리즈의 다른 SF(공상 과학 소설) 캐릭터에 대한 언급이 포함되어 있을 수 있다. 문서에서 이러한 고유의 구조는 확률적 모델링 및 추정 방법에 의해 추출할 수 있다. 또 다른 예로, 모든 문서가 다른 주제의 모임으로 구성되어 있다고 가정해 보자 (예를 들어, 정치에 관한 문서는 대통령과 미국의 역사에 관한 것도 있다). 또한 모든 항목은 단어의 집합으로 구성되어 있다.

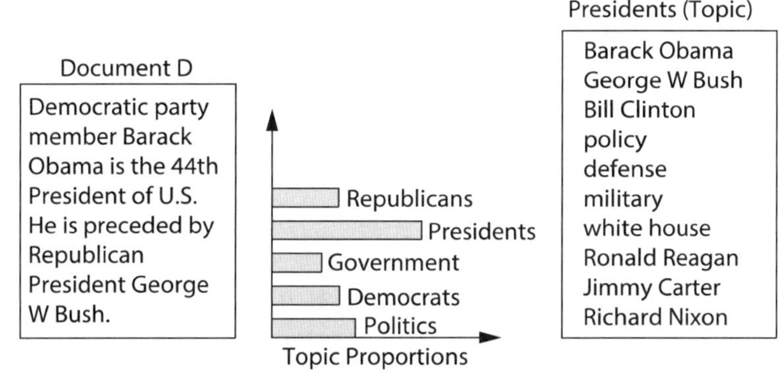


그림 26.6 문서 D와 주제의 비율

그림 26.6을 참고하여 버락 오바마 미국 대통령과 조지 W. 부시 대통령이 대통령, 정치, 민주당, 공화당 정부의 각 주제에 속할 수 있는 문서 D를 추측할 수 있다. 일반적으로 주제는 고정 어휘를 공유한다. 이 단어들은 어휘 주제 모델을 훈련할 문서의 집합에서 추출된다. 일반적으로 컬렉션에서 추출하는 항목의 수를 선택한다. 모든 항목은 다른 문서의 특정 주제하에 단어가 얼마나 자주 나타나는지에 의해 단어의 순위가 달라진다. 그림 26.6에서 주제의 비율을 나타내는 막대의 합은 1이 될 것이다. 막대그래프에서 볼 수 있듯이 문서 D의 주제는 "대통령"에 속한다. 그림 26.6은 이 주제와 관련된 난어 목록과 함께 대통령 관련 항목을 나타낸다.

확률론적 주제 모델링은 주제 비율의 혼합으로 문서를 생성할 수 있다고 가정하는 학습 알고리즘을 사용하여 주제 분포를 추정한다. 이러한 주제 비율 추정치는 샘플링 및 기대치 최대화 알고리즘을 사용하여 계산한다. 잠재 디리클레 할당(latent Dirichlet allocation, LDA)

이라는 알고리즘은 주제 모델을 생성하는 데 사용된다. 이 모델은 문서가 잠재된 주제와 주제의 혼합이며, 주제는 단어에 대한 분포라는 생성 프로세스를 가정한다. 생성 모델은 몇 가지 숨겨진 매개 변수를 고려하여 관측 가능한 데이터를 임의로 생성한다. 이러한 숨겨지지 않은 매개 변수들은 단어, 주제, 주제 분포, 주제별 단어 분포를 위한 사전(priors) 디리클레 분포[33]이다. 깁스 샘플링[34] 등의 베이지안 추론 기법은 관측된 데이터(문서 안의 단어)에 따라 숨겨진 매개 변수에 따라 재사용된다.

### 26.8.5 질의 응답 시스템

질의 응답 시스템(QA)은 가상 어시스턴트 기술(예를 들어, Apple의 siri나 Microsoft의 Cortana)의 급증으로 인해 관심을 크게 받았다. 이러한 가상 어시스턴트 기술은 대화형 음성 응답(IVR) 시스템의 발전이며 주로 키워드 스폿팅 등의 음성 인식 기술에 의존한다. 질의 응답은 자연어 쿼리의 복잡한 이해를 다룬다. 최근 IBM은 Watson이라는 QA시스템을 개발하고 Jeopardy ! Challenge[35]라는 유명한 TV 퀴즈쇼에 참가하여 인간 참가자들을 패배시키는 역사를 만들었다. 질의 응답은 구문 분석과 같은 기술로 구성된 실질적인 공학  분야로 부상하고 있다. 구분 분석은 개체 명 인식(NER), 초점 추출, 응답 유형 추출, 관계 추출, 존재론적 추론, 검색, 인덱싱 및 분류 알고리즘으로 구성된다. 질문 응답 기술에는 웹 문서 컬렉션 및 다양한 도메인의 지식을 통합한 구조화된 데이터베이스와 같은 대규모 비구조적 코퍼스의 지식 공학도 포함된다. 이 문서 컬렉션은 일반적으로 큰 데이터 도구 및 기술을 적용해야 할 정도로 충분히 크며, 이 중 일부는 24장에서 설명했다. 다음 섹션에서는 질문 응답에 포함된 주요 개념을 소개한다.

**질의 유형**: 질의 응답 시스템에서는 응답 전략이 질의 유형에 크게 의존하기 때문에 질의 범주 또는 유형을 아는 것이 중요하다. 이러한 범주 중 일부는 항상 상호 배타적인 것은 아니므로 하이브리드 응답 전략이 필요하다. 일반적으로 질의 다음 유형들로 분류할 수 있다.

사실(Factoid) 질의. 이러한 유형의 질의는 문서 또는 데이터베이스에서 올바른 질의를 정확하게 해결할 수 있는 적절한 구문을 제시한다. 이 유형에 속하는 질의로는 "미국의 대통령을 누구입니까?", "엘비스 프레슬리가 태어난 도시는 어디입니까?", "하츠필드 잭슨 국제 공항은 어디에 있나요?", "오늘 일몰은 언제일까요?" 같은 것들이 있다.

리스트(list) 질의. 이 유형의 질의는 주어진 조건을 충족시키는 사실 반응 목록을 찾는다. 예를 들면 "셰익스피어가 쓴 3가지 연극", "제임스 본드 007 영화 시리즈에서 제임스 본드의 역할을 맡은 남성 배우", "붉은 색 야채 3가지를 나열하세요" 등이 있다.

정의(Definition) 질의. 이 유형의 질의는 개념의 정의와 의미에 대해 질의하고 개념의 필수 정보와 특성을 추출한다. 예를들면 "불활성 가스란 무엇인가?", "알렉산더 대왕은 누구입니까?", "금리는 뭔가요?" 등이 있다.

의견(Opinion) 질의. 이 유형의 질의는 주제에 대해 다른 견해를 찾는다. 예를 들어,

---

33) S. Kotz, N. Balakrishnan, and N. L. Johnson (2000).
34) German and German (1984).
35) See Ferrucci et al. (2010).

"핵무기 실험을 허용해야 하는 국가는 어디인가?", "사우디 아라비아의 중동 테러리즘에 대한 정서는 어떠한가?" 등이 있다.

최근 몇 년 동안 연구 및 학계에서의 공동 사업은 공통 측정 기준, 아키텍처, 도구 및 방법론을 채택하여 QA 기술을 용이하게 하고 향상시키는 기준선을 만드는 것을 지지했다.

**아키텍처**. 대부분의 최첨단 QA 아키텍처는 일반적으로 다음과 같은 단계로 구성된 파이프라인으로 구성된다.

질의 분석. 이 단계에서는 질의를 분석하고, 분석된 텍스트의 구조 표현으로 변환하여 하위 구성 요소에서 처리한다. 응답 유형은 다음 기술 중 일부 또는 전부를 사용하여 구문 분석된 질의 표현에서 추출된다. 그 기술에는 부분 의미 분석, 초점 탐지, 응답 유형 분류, 개체명 인식 및 공동 참조 분석이 포함된다.

- **부분 의미 분석**. 감독된 기계 학습 방법을 통해 문장 수준의 마크업을 문장 구조에 할당하는 과정이다. 일반적으로 프레임은 "WHO did WHAT to WHOM, WHEN, WHERE, WHY, and HOW"요소와 문장을 일치하도록 하고, 문장에 대해 자동으로 생성된다.
- **초점 탐지**. 이미지에서 어떤 것들은 눈에 띄는 반면 다른 것들은 배경에 남아 있다. 눈에 띄는 것을 집중되어 있다고 말한다. 마찬가지로 QA에서 질의에는 응답에 대한 참조가 포함된 집중적인 단어가 있다. 예를 들어, "Which book of Shakespeare is a tragedy about lovers?"라는 질의에서 초점 단어 "books of Shakespeare"는 "which X" 규칙의 예시이다. 여기서 X는 문장에서 명사구에 해당한다. QA 시스템은 주요 단어를 사용하여 직접 검색을 시작하고 응답 해결을 돕는다.
- **응답 유형 분류**. 이 단계는 QA에서 응답의 카테고리를 결정하는 데 도움이 된다. 앞의 예에서 주요 단어 "book"은 그 질의의 응답 유형이다. 몇 가지 기계 학습 기술이 QA에 적용되어 질의의 응답 유형을 결정한다.
- **개체명 인식**. 개체명 인식은 텍스트의 요소를 사람, 장소, 동물, 국가, 강, 대륙과 같은 미리 정의된 범주로 분류한다.
- **공동 참조 분석**. 공동 참조 분석 작업은 동일한 사물을 설명하는 여러 표현식을 식별하는 것이다. 예를 들어, "John said that he wated to go to the theater on Sunday."라는 문장에서 "he"와 "John"은 공동 참조이다.

질의 작성. 이 단계에서 분석된 텍스트는 답변이 포함될 수 있는 하나 이상의 기본 검색 엔진에 대한 쿼리 정규화 및 확장 기술을 사용하여 여러 쿼리를 생성하는 데 사용된다. 예를 들어, "Which book of Shakespeare is about tragedy of lovers?"라는 질문에서 "Shakespeare love story" "novels of Shakespeare" "tragic love story author Shakespeare" "love story genre tragedy author Shakespeare"등과 같은 확장된 질의가 가능하다. 추출된 키워드, 응답 유형, 동의어 정보 그리고 개체명 인식은 일반적으로 서로 다른 조합을 사용하여 서로 다른 질의를 작성한다.

검색. 이 단계에서는 질의가 다른 검색 엔진으로 보내지고 관련 구절이 검색된다. 검색이 이루어지는 검색 엔진은 Google이나 bing과 같이 온라인이거나 Lucene이나 Indri

같이 오프라인일 수 있다.[36)]

**후보 답변 생성.** 개체명 추출자는 검색된 구절에 사용되며 원하는 응답 유형과 일치하여 후보 응답을 제시한다. 응답의 원하는 세분성에 따라 후보 생성 및 응답 유형 매칭 알고리즘(예: 표면 패턴 매칭 및 구조정 매칭)이 적용된다. 표면 패턴 매칭에서는 정규 표현식 템플릿이 질문의 매개 변수로 생성되고, 검색된 구절의 어휘 덩어리와 매치하여 답변을 추출한다. 예를 들어, 초점 단어는 응답 후보를 추출할 수 있는 응답 구절로 정렬된다. "Romeo and Juliet is a tragic love story by Shakespeare"라는 문장에서, "Romeo and Juliet"은 "Which book is a tragic love story by Shakespeare?"라는 질문에서 "Which book"을 간단히 대체할 수 있다. 구조적 매칭에서 질문과 검색된 구절은 후보 응답을 찾기 위한 구문론과 의미론을 사용하여 함께 구문 분석되고 정렬된다. "Shakespeare wrote the tragic love story Romeo and Juliet"와 같은 문장은 위의 질문과 일치할 수는 없지만 올바른 구문 분석과 정렬을 통하면 구조적으로 질문과 일치한다.

**응답 점수.** 이 단계에서는 후보 응답에 대한 신뢰도 점수를 추정한다. 비슷한 응답이 병합된다. 지식 소스는 다른 후보 응답에 대한 지원 증거를 수집하기 위해 재사용될 수 있다.

## 26.9 요약

이 장에서는 데이터베이스와 밀접한 관련이 있는 정보 검색(IR)의 주요 분야를 다루었다. 웹의 도래와 함께, 텍스트, 이미지, 오디오, 비디오를 포함하는 비구조화된 데이터는 경이적인 속도로 급격히 증가하고 있다. 데이터베이스 관리 시스템이 구조화된 데이터에 매우 우수한 처리 방법을 가지는 반면, 다양한 데이터 타입을 포함하는 비구조화된 데이터는 주로 IR 시스템을 통해 소비되는 웹이라는 임시(ad hoc) 정보 저장소에 저장된다. 구글, 야후, 그리고 검색 엔진은 보통의 최종 사용자가 쉽게 사용할 수 있는 진보된 IR 시스템으로, 계속적인 발전으로 좀 더 풍부한 검색 환경을 제공한다.

우리는 26.1.1절에서 IR 분야를 처음 소개하면서 26절을 시작했고, 26.1.2절에서 IR과 데이터베이스 기술을 비교했다. IR의 간단한 역사는 26.1.3절에서 제시했고, IR 시스템에서의 질의와 브라우징 모드는 26.1.4절에서 소개하였다.

26.2절에서 부울, 벡터 공간, 확률론적 및 의미론적 모델을 포함한 IR 모델을 설명하였다. 이들 모델은 어떤 문서가 사용자 질의와 얼마나 관련이 있는지의 척도를 나타내고, 유사성 척도의 휴리스틱을 제공한다. 26.3절에서는 가장 많이 사용되는 키워드 기반 질의 이외에도, 부울, 문구, 근접, 자연어 기반 질의를 소개하였고, 검색 모델에 의해 명시적 지지도를 제공할 필요가 있는 유형도 소개하였다. 텍스트 전처리는 IR 시스템에 중요한데, 이와 관련하여 불용어 제거, 형태소 분석, 시소러스 사용과 같은 다양한 기능들을 26.4절에서 설명하였다.

36) http://www.lemurproject.org/indri/

그런 다음, IR 시스템의 핵심으로 검색 효율성과 관련된 역 인덱스의 구성과 사용을 26.5절에서 설명하였다. 그리고 IR 질의 결과의 우수성을 측정하기 위한 재현율, 정확률, F-스코어와 같은 다양한 평가 척도를 26.6절에서 논의하였다. 오픈 소스이며 색인 생성 및 검색 엔진인 Lucene과 Solr이라는 확장 기능에 대해 논의하였다. 적합성 피드백은 간단히 다루었는데, 이는 검색 과정에서의 상호작용과 약속을 통해 사용자의 적절한 정보 검색을 향상시키는 데 중요하다.

26.7절에서 정보 검색과 관련하여 웹 분석에 대해 다소 상세히 소개하였다. 이 분석 과정을 콘텐츠 분석, 구조 분석, 웹 사용 이력 분석으로 분류하였다. 웹 탐색은 웹 링크 구조 분석을 포함하여 논의되었고(26.7.3절), 다음으로 PageRank와 HITS와 같은 웹 검색 결과의 순위를 매기는 알고리즘도 소개하였다. 그리고, 다면 검색, 소셜 검색, 대화형 검색을 포함한 현재 경향을 간략히 논의하였다. 또한 문서의 주제에 대한 확률론적 모델링과 잠재적 Dirichlet 할당이라는 인기 있는 기술도 소개하였다. 마지막으로 이 장의 마지막에서 질의 응답 시스템을 논의하였고(26.7.5절), 이 시스템은 인기가 높아지고 있으며 Apple의 siri와 Microsoft의 Cortana를 이용한다.

이러한 논의는 광범위한 분야에 대한 간략한 소개에 불과하며, 보다 자세한 내용을 원하는 독자는 정보 검색과 검색 엔진에 대한 전문 교재를 참조하기 바란다.

## 복습문제

26.1 구조화된 데이터와 비구조화된 데이터는 무엇인가? 구조화된 데이터와 비구조화된 데이터의 실례를 들어라.

26.2 정보 검색(IR)의 일반적인 정의에 대해 설명하라. 웹상의 정보를 고려할 때, 정보 검색은 무엇을 포함하는가?

26.3 오늘날 정보 검색 시스템에서의 데이터 타입과 사용자 타입을 논하라.

26.4 항해 검색, 정보 검색, 변환 검색(transformational search)은 무엇을 의미하는가?

26.5 IR 시스템과의 상호작용에서 두 가지 주요 모드는 무엇인가? 예를 들어 설명하라.

26.6 표 26.1에서 언급했던 IR 시스템과 데이터베이스의 중요한 차이점에 대해 설명하라.

26.7 그림 26.1에서 제시했던 IR 시스템의 주요 구성 요소를 설명하라.

26.8 디지털 도서관이란 무엇인가? 일반적으로 디지털 도서관에 어떤 데이터 타입이 있는가?

26.9 액세스해 본 디지털 도서관을 나열하라. 디지털 도서관에 포함되는 내용에는 무엇이 있으며, 얼마나 오래된 데이터를 가지고 있는가?

26.10 IR 시스템의 간략한 역사에 대해 획기적인 개발을 중심으로 설명하라.

26.11 IR 시스템에서의 부울 모델은 무엇인가? 부울 모델의 제약 사항은 무엇인가?

26.12 IR 시스템에서의 벡터 공간 모델은 무엇인가? 문서는 어떻게 벡터로 표현되는가?

26.13 하나의 문서에서 키워드의 가중치를 결정하는 TF-IDF 체계를 정의하라. 용어 가중치에서 IDF 포함의 필요성은 무엇인가?

26.14 IR 시스템에서의 확률 모델과 시맨틱 모델은 무엇인가?

26.15 IR 시스템에서 재현율과 정확률을 정의하라.

26.16 검색 결과의 순위 리스트에 대해 위치 $i$에서의 정확률과 재현율을 정의하라.

26.17 F-스코어는 정보 검색의 척도로서 어떻게 정의되는가? F-스코어는 어떤 방법으로 정확률과 재현율 모두 설명하는가?

26.18 IR 시스템에서 질의의 유형으로 어떠한 것들이 있는가? 예를 들어 각각을 설명하라.

26.19 문구와 근접 질의 처리에 대한 접근 방법으로 무엇이 있는가?

26.20 그림 26.2에서 제시된 IR 처리를 상세히 설명하라.

26.21 불용어 제거와 형태소 분석은 무엇인가? 좀 더 나은 정보 검색을 위해 이러한 처리가 필요한 이유는 무엇인가?

26.22 시소러스란 무엇인가? IR 시스템에 어떻게 도움이 되는가?

26.23 정보 추출은 무엇인가? 구조화된 텍스트에서 정보 추출을 수행하는 다른 유형으로는 무엇이 있는가?

26.24 IR 시스템에서의 어휘들은 무엇인가? 문서의 인덱싱에서 어휘들은 어떠한 역할을 하는가?

26.25 일부 내용이 관련된 세 문장을 갖는 다섯 개의 문서가 주어졌다. 이러한 문서들로부터 모든 중요 어간들(키워드)에 대한 역 인덱스를 구성하라.

26.26 역 인덱스를 사용하여 검색 요청에 대한 결과를 구성하는 처리 과정을 기술하라.

26.27 적합성 피드백(relevance feedback)을 정의하라.

26.28 이 장에서 논의했던 웹 분석의 세 가지 유형을 설명하라.

26.29 웹 콘텐츠 분석에 포함되는 중요한 작업들을 나열하라. 각 자업을 몇 문장으로 설명하라.

26.30 이 장에서 언급했던 에이전트 기반 웹 콘텐츠 분석의 세 가지 카테고리는 무엇인가?

26.31 웹 콘텐츠를 분석하기 위한 데이터베이스 기반 접근법은 무엇인가? 웹 질의 시스템은 무엇인가?

26.32 웹 페이지의 중요도를 결정하거나 순위를 부여하기 위해 보편적으로 사용되는 알고리즘은 무엇인가? 구글의 창시자에 의해 제안된 알고리즘은 무엇인가?

26.33 PageRank 알고리즘 이면의 기본 아이디어는 무엇인가?

26.34 허브와 권위 있는 페이지는 무엇인가? HITS 알고리즘은 이러한 개념을 어떻게 사용하는가?

26.35 웹 사용 이력 분석으로부터 무엇을 학습할 수 있는가? 무슨 데이터를 생성하는가?

26.36 웹 사용 이력 데이터에는 주로 어떤 마이닝 연산들이 사용되는가? 각 연산에 대해 예제를 들어라.

26.37 웹 사용 이력 마이닝에 대한 응용은 무엇인가?

26.38 검색 관련성(search relevance)은 무엇인가? 검색 관련성은 어떻게 결정되는가?

26.39 다면 검색을 정의하라. 빌딩의 모든 유형을 포함하는 데이터베이스에 대한 다면들의 집합을 구성하라. 예를 들어, “빌딩 가격”과 “빌딩 유형(거주, 사무실, 창고, 공장 등)”은 다면이 될 수 있다.

26.40 소셜 검색은 무엇인가? 협업 소셜 검색은 무엇을 포함하는가?

26.41 대화형 검색(conversational search)을 정의하고 설명하라.

*26.42* 주제 모델링(topic modeling)을 정의하라.

*26.43* 질의 응답 시스템(question answersing systems)은 어떻게 동작 하는가?

## 주요 참고문헌

정보 검색과 탐색 기법은 산업과 교육 분야에서 활발한 연구와 개발이 이루어지는 영역이다. 이 장에서 간략하게 소개했던 자료에 대해 상세히 설명하는 IR 전문 교재는 많다. 최근 책으로 Croft, Metzler, Strohman(2009)의 *Search Engines: Information Retrieval in Practice*는 검색 엔진 개념과 원리에 대한 실제적인 개요를 제공한다. Manning, Raghavan, Schutze(2008)의 *Introduction to Information Retrieval*은 정보 검색에서의 권위 있는 책이다. IR 시스템의 다른 입문서로는 Ricardo Baeza-Yates와 Berthier Ribeiro-Neto(1999)의 *Modern Information Retrieval* 인데, 이 책은 IR 기법의 다양한 측면을 상세하게 다룬다. 정보 검색에 대한 Gerald Salton(1968)과 vanRijsbergen(1979)의 고전 도서는 1960년대 후반까지 IR 분야의 기초 연구에 대한 훌륭한 설명서이다. 또한 Salton은 IR의 모델로서 벡터 공간 모델을 소개하였다. Manning, Schutze(1999)는 자연어 기법과 텍스트 전처리에 대한 개요를 제공한다. Xie(2008)의 "Interactive Information Retrieval in Digital Environments"는 정보 검색에 대한 인간중심 접근법을 제시한다. Witten, Moffat, Bel(1999)에 의해 쓰여진 책 *Managing Gigabytes*는 인덱싱 기법에 대해 상세히 설명한다. Voorhees, Harman(2005)의 책 TREC은 TREC competitions의 맥락에서 테스트 컬렉션과 평가 절차를 설명한다. Broder(2002)는 웹 질의들을 항해, 정보 탐색, 트랜잭션의 세 부류로 구분하고, 웹 검색의 상세 분류를 제시한다. Covi, Kling(1996)은 디지털 도서관에 대한 광범위한 정의를 제공하고, 효과적인 디지털 도서관 사용을 조직 차원에서 논의한다. Luhn(1957)은 1950년대 IBM에서 그 당시에 많은 관심을 받았던 자동 인덱싱(autoindexing)과 비즈니스 지능(business intelligence)에 대해 중요한 작업을 진행하였다. Cornell에서 개발한 SMART 시스템(Salton 외(1993))은 최초의 진화된 IR 시스템으로, 완전 자동 용어 인덱싱, 계층 클러스터링, 질의 유사 정도에 의한 문서 순위를 사용한다. SMART 시스템은 벡터 공간 모델에 따라서, 문서와 질의를 가중치 용어 벡터로 나타낸다. Porter(1980)는 표준이 된 약한 형태소 분석과 강한 형태소 분석 알고리즘으로 평가되고 있다. Robertson(1997)은 TREC competition에서 많이 사용되는 Okapi 시스템의 정교한 가중치 기법을 개발하였다. Lenat(1995)는 1980년대 정보처리 시스템에서 형식 논리와 지식 기반의 통합에 대한 Cyc 프로젝트를 시작하였다. WordNet 시소러스를 만들기 위한 노력은 1990년 대에도 계속되었고, 여전히 진행 중이다. WordNet 개념과 원리는 Fellbaum(1998)의 책에 설명되어 있다. Rocchio(1971)는 Salton(1971)의 책(*The SMART Retrieval System-Experiments in Automatic Document Processing*)에 제시된 적합성 피드백 알고리즘을 자세히 설명한다.

Abiteboul, Buneman, Suciu(1999)는 웹상의 데이터에 대한 광범위한 논의를 제공한다. Atzeni, Mendelzon(2000)은 데이터베이스와 웹에 대한 특별 주제를 VLDB 저널에서 다루었다. Atzeni 외(2002)는 웹-기반 데이터에 대한 모델들과 변형들을 제안한다. Abiteboul 외(1997)는 반구조 데이터를 다루는 Lord 질의 언어를 제안한다. Chakrabarti(2002)의 책은 웹에서의 지식 발견에 대한 훌륭한 교과서이다. Liu(2006)의 책은 몇 부분으로 구성되는데, 각각은 웹 데이터 분석과 응용에 대한 포괄적인 개요를 제공한다. 웹 분석에 대한 훌륭한 요약 논문으로 Kosala, Blockeel (2000)과 Liu 외(2004)가 있다. Etzioni(1996)는 웹 마이닝 이해에 대한 좋은 출발점을 제공하고, 월드 와이드웹과 관련된 작업과 이슈들을 기술한다. Cooley 외(1997)는 웹 콘텐츠 및 사용 이력 분석과 연관된 연구 이슈, 기법, 개발에 대한 훌륭한 개요를 제공한다. Cooley(2003)는 웹구조 사용을 통한 웹 사용 이력 패턴 마이닝에 초점을 맞춘다. Spiliopoulou(2000)는 웹사용 분석을 상세히 기술한다. Madria 외(1999)와 Chakraborti 외(1999)는 페이지 구조에 기반한 웹 마이닝을 설명한다. 웹 페이지 순위를 계산하기 위한 알고리즘으로는 Page 외(1999)가 유명한 PageRank 알고리즘을, Kleinberg(1998)가 HITS 알고리즘을 각각 제시한다.

Harth, Hose 및 Schenkel(2014)은 웹에서 연결된 데이터를 질의하고 관리하는 기술을 제시하고 연구 및 상업적 응용 분야에서 이러한 기술의 잠재력을 보여줬다. 질의 응답 기술은 IBM Watson 시스템을 개발한 Ferrucci 외(2010)에 의해 자세히 설명되었다. Bikel and Zitouni(2012)는 강력하고 정확한 다국어 NLP(자연 언어 처리) 시스템을 개발하기 위한 포괄적인 가이드를 제시했다. Blei, Ng, and Jordan (2003)은 주제 모델링과 잠재 Dirichlet 할당에 대한 개요를 제시했다. Lucene과 Solr 기술에 대한 실용적인 가이드는 Moczar(2015)의 다음 서적을 참조하라.

# 데이터베이스 보안

이 장에서는 다양한 위협들로부터 데이터베이스의 보안을 유지하는 기법들을 논의한다. 또한, 권한을 부여 받은 사용자들에게 접근 권한을 제공하는 방법들을 제시한다.

SQL 주입(SQL Injection)과 같은 데이터베이스에 대한 몇몇 보안 위협들을 제시한다. 이 장의 끝에 어떻게 상용 RDBMS, 특별히 오라클 시스템이, 보안의 상이한 유형들을 제공하는지를 정리한다. 27.1절에서는 보안의 쟁점들과 데이터베이스에 대한 위협들을 소개하고, 이 장의 나머지 부분에서 다루는 제어 수단들에 대한 개요를 제시한다. 이에 추가하여, 개인의 정보에 적용하는 한 데이터 보안과 프라이버시(privacy) 사이의 관계에 대해 언급한다. 27.2절에서는 관계 데이터베이스 시스템과 SQL에서 권한을 부여하는 방법과 취소하는 방법을 알아본다. 이런 방법들을 흔히 **임의 접근 제어**(discretionary access control)라고 부른다. 27.3절에서는 다단계 보안을 시행하는 방법들의 개요를 제시한다. 다단계 보안 방법은 데이터베이스 시스템 보안과 관련해서 특별한 주목을 받고 있는 기법으로서 **강제 접근 제어**(mandatory access control)라고 부른다. 이에 추가하여 **역할-기반 접근 제어**(role-based access control)의 최근에 개발된 전략들과 레이블-기반(label-based)과 행-기반(row-based) 보안을 소개한다. 또한 27.3절에서는 XML 접근 제어에 대해 간략히 논의한다. 27.4절에서는 데이터베이스에 대한 하나의 주요한 위협인 SQL 주입에 대해 논의하고 그에 대해 제안된 방어 수단들을 논의한다. 27.5절에서는 통계 데이터베이스의 보안 문제를 간단하게 논의한다. 27.6절에서는 흐름 제어(flow control)를 소개하며 숨겨진 통로(covert channel)에 관련된 문제점들을 언급한다. 27.7절에서는 암호화(encryption)와 대칭 키 그리고 비대칭 (공개) 키 기반구조 기법들에 대한 간단한 요약을 제시한다. 이에 추가하여, 디지털 인증서(digital certificate)에 대해 논의한다. 27.8절에서는 프라이버시-보존 기법들을 논의하고, 27.9절에서는 데이터베이스 보안에 대한 현재의 난제들(challenges)을 제시한다. 27.10절에서는 오라클의 레이블-기반 보안(label-based security)에 대해 논의한다. 마지막으로, 27.11절은 이 장을 요약한다. 기본적인 데이터베이스 보안 기법에만 관심이 있는 독자는 27.1절과 27.2절만 읽어도 무방하다.

# 27.1 데이터베이스 보안 쟁점들의 소개[1)]

## 27.1.1 보안의 유형

데이터베이스 보안은 다루어야 할 쟁점들이 많은 폭넓은 영역이다. 그 쟁점들에는 다음과 같은 사항들이 있다.

- 특정 정보에 접근할 수 있는 권한에 관한 다양한 법적, 윤리적 쟁점들. 예를 들어, 어떤 정보는 개인적인 것으로 간주될 수 있으며 권한을 갖지 않은 조직들 또는 사람들은 합법적으로는 접근할 수 없다. 미국에는 정보의 프라이버시를 통제하는 수많은 법들이 있다.
- 정부, 기관, 또는 기업 수준에서 어떤 종류의 정보가 공개되지 않아야 하는 지에 관한 정책에 관한 쟁점들. 신용 등급과 개인의 의료 기록을 예로 들 수 있다.
- 다양한 보안 기능을 수행해야 하는 시스템 수준(system level)들과 같은 시스템에 관련된 쟁점들. 예를 들어, 보안 기능이 하드웨어 수준, 운영체제 수준, 또는 DBMS 수준에서 처리되어야 하는지에 대한 것이다.
- 조직체에 따라서는 다수의 보안 등급(security level)들을 정하고 이들 분류를 기반으로 데이터와 사용자들을 분류할 필요성. 예를 들어, 1급 비밀(top secret), 2급 비밀(secret), 3급 비밀(confidential), 일반 정보(unclassified)와 같이 4등급으로 분류할 수 있다. 그런 조직체에서는 다양하게 분류된 데이터에 대한 접근을 통제하기 위한 보안정책을 실시해야 한다.

**데이터베이스에 대한 위협.** 데이터베이스에 대한 위협은 무결성(integrity), 가용성(availability), 그리고 기밀성(confidentiality)이라는 보편적으로 인정된 보안 목표들 중의 일부 또는 전부의 상실이나 저하를 초래할 수 있다.

- 무결성의 상실. 데이터베이스 무결성이란 정보가 부적절한 변경으로부터 보호되어야 한다는 필요 조건을 의미한다. 데이터의 변경에는 생성, 삽입, 변경, 데이터의 상태 수정, 그리고 삭제가 포함된다. 고의적이거나 우발적인 행위에 의해 권한을 갖지 않은 수정 연산이 데이터에 대하여 가해진다면 무결성은 상실된다. 만약 시스템 또는 데이터 무결성의 상실이 정정되지 않는다면, 오염된 시스템 또는 변질된 데이터의 계속된 사용은 부정확, 사기, 또는 잘못된 결정을 초래할 수 있다.
- 가용성의 상실. 데이터베이스 가용성(database availability)이란 특정 데이터 객체들에 적법한 권리를 가진 사용자 또는 프로그램에 그 객체들을 사용할 수 있게 하는 것을 의미한다. 가용성 손실(loss of availability)은 사용자 또는 프로그램이 이 객체들에 접근할 수 없을 때 발생한다.

---

1) 이 장의 이 절과 다음 절에 대한 Faribortz Farahmand와 Bharath Rengarajan의 상당한 기여에 대단한 감사를 드린다.

- **기밀성의 상실.** 데이터베이스 기밀성이란 권한을 갖지 않은 노출로부터 데이터를 보호함을 의미한다. 기밀 정보에 대한 권한을 갖지 않은 접근의 충격은 데이터 비밀 보호 법(Data Privacy Act)의 위반에서 국가 보안의 위태로움에 이르기까지 다양하다. 권한을 갖지 않은, 예기치 못한, 또는 우연한 노출은 공적 비밀의 상실, 난처한 상황, 또는 조직에 대한 법률적 소송을 초래할 수 있다.

**데이터베이스 보안: 고립된 문제가 아님.** 데이터베이스가 직면한 위협을 고려할 때 데이터베이스 관리 시스템만으로는 데이터의 기밀성, 무결성 및 가용성을 유지할 책임이 없음을 기억하는 것이 중요하다. 오히려 데이터베이스는 응용 프로그램, 웹 서버, 방화벽, SSL 터미네이터 및 보안 모니터링 시스템을 비롯한 서비스 네트워크의 일부로 작동한다. 전체 시스템의 보안은 가장 약한 링크만큼 강하기 때문에 데이터베이스는 자체의 장점으로 완벽하게 보안되었더라도 손상될 수 있다.

데이터베이스를 위에서 언급한 위협들로부터 보호하기 위하여 접근 제어, 추론 제어, 흐름 제어, 그리고 암호화의 네 가지 종류의 제어 수단들을 시행하는 것이 보편적이다. 이 장에서는 이들 각각을 논의한다.

다수 사용자 데이터베이스 시스템에서, DBMS는 특정 사용자들 또는 사용자 그룹들이 데이터베이스의 지정된 영역에 접근할 수 있게 (데이터베이스의 나머지 영역에 대한 접근권한을 획득하지 않고도) 하는 기능을 제공해야 한다. 이는 대용량의 통합된 데이터베이스가 동일한 조직 내에 있는 많은 다른 사용자들에 의해 사용될 때 특히 중요하다.

예를 들어, 직원 급여 또는 작업 평가와 같은 민감한 정보는 대부분의 데이터베이스 시스템 사용자들로부터 비밀로 유지되어야 한다. DBMS는 권한이 없는 접근으로부터 데이터베이스의 여러 부분들의 보안을 보장할 책임이 있는 **데이터베이스 보안과 권한 관리 서브시스템**을 전형적으로 가지고 있다. 데이터베이스 보안 기법은 일반적으로 두 가지 유형으로 구분된다.

- **임의 보안 기법들.** 이들은 사용자들에게 특정 데이터 파일들, 레코드들, 또는 필드들을 지정된 모드(예를 들어, 읽기, 삽입, 삭제, 또는 갱신)로 접근할 수 있는 권한을 부여하기 위해 사용된다.
- **강제 보안 기법들.** 이들은 데이터와 사용자들을 다양한 보안 계층(또는 등급)들로 분류하고 해당 조직에 적합한 보안 정책을 적용함으로써 다단계 보안을 시행하기 위해 사용된다. 예를 들어, 전형적인 보안 정책은 특정 분류 (또는 허가) 등급의 사용자들은 그 사용자 자신의 (또는 그 보다 낮은) 분류 등급의 데이터 항목들만을 보도록 허용하는 것이다. 이의 확장으로 *역할-기반 보안(role-based security)*이 있다. 이 기법은 조직의 역할의 개념을 근거로 정책과 권한을 시행한다. (역할 기반 접근 통제는 27.3.2절 참조.)

임의 보안은 27.2절에서, 강제 보안과 역할-기반 보안은 27.3절에서 논의한다.

### 27.1.2 제어 수단들

네 가지 주된 제어 수단들이 데이터베이스에 데이터 보안을 제공하기 위하여 사용된다.

- 접근 제어(access control)
- 추론 제어(inference control)
- 흐름 제어(flow control)
- 데이터 암호화(data encryption)

**컴퓨터 시스템들**에 보편적인 보안 문제는 권한이 없는 사람들이 정보를 얻으려고 하거나 고의적으로 데이터베이스의 일부 내용을 수정하기 위하여 시스템 자체에 접근하는 것을 방지하는 것이다. DBMS의 보안 기법은 전체적인 관점에서 데이터베이스 시스템에 대한 접근을 통제할 수 있는 기능을 제공해야 한다. **접근 제어**(access control)라고 하는 이 기능은 DBMS가 로그인 과정을 통제하기 위하여 사용자 계정과 비밀번호를 생성함으로써 수행된다. 27.1.3절에서 접근 제어 기법들을 논의한다.

**통계 데이터베이스**(statistical database)는 다양한 기준에 따른 통계 정보 또는 값들의 요약을 제공하는 데 사용된다. 예를 들어, 인구 통계에 관한 데이터베이스는 나이 그룹, 소득 수준, 가족 수, 교육 수준, 그리고 그 외의 기준에 따른 통계를 제공한다. 정부의 통계 전문가 또는 시장 조사 회사와 같은 통계 데이터베이스 사용자들은 인구에 관한 통계 정보를 검색하기 위해서는 데이터베이스에 접근할 수 있지만 특정 개인들에 관한 상세한 비밀 정보는 접근할 수 없다. 통계 데이터베이스를 위한 보안은 개인 정보에 접근할 수 없음을 보장해야 한다. 가끔 그룹들에 대한 합산 통계치 만을 포함하는 질의들로부터 개인에 대한 어떤 사실을 연역하거나 추론하는 것이 가능하다. 따라서 이 또한 허용되어서는 안 된다. 이런 **통계 데이터베이스 보안**(statistical database security)에 관한 문제는 27.4절에서 간단하게 논의된다. 해당 제어 수단들을 **추론 제어**(inference control) 수단이라 한다.

또 다른 보안 쟁점으로 **흐름 제어**(flow control)가 있다. 이는 정보가 흘러서 권한을 갖지 않은 사용자들에게 다다르는 것을 방지한다. 27.6절에서 흐름 제어를 논의한다. **숨겨진 통로**(covert channels)는 조직의 보안 정책에 위배되는 방법으로 정보가 묵시적으로 흐르는 경로이다. 숨겨진 통로에 관련된 쟁점들을 27.6.1절에서 간단하게 논의한다.

마지막 제어 수단은 **데이터 암호화**(data encryption)이다. 데이터 암호화는 어떤 형태의 통신망을 통하여 전송되는 민감한 데이터, 예를 들어 신용 카드 번호 등을 보호하기 위해서 사용된다. 암호화는 데이터베이스 내에서 민감한 정보를 가지고 있는 부분을 추가적으로 보호하기 위해 사용될 수 있다. 데이터는 특정한 암호화 알고리즘을 사용하여 암호화된다. 권한을 갖지 않은 사용자가 암호화된 데이터에 접근하면 그를 해독하는데 어려움이 있지만, 권한을 가진 사용자들에게는 그 데이터를 해독할 해독 또는 복호 알고리즘(또는 키)들이 주어진다. 키 없이 해독하는 것이 매우 어려운 암호화 기법들이 군사용으로 개발되어 왔다. 그러나 오늘날 암호화된 데이터베이스 레코드들은 개인 조직과 정부 및 군대 응용 프로그램들에서 사용된다. 실제로 주법과 연방법은 합법적으로 보호된 개인 정보를 다루는 모든 시스템들에 대해 암호화를 규정한다. 예를 들어, 조지아 법(OCGA 10-1-911)에 따르면:

"개인 정보"란 개인의 첫 이름 또는 첫 이름의 첫 글자 및 성과 다음 데이터 요소들 중 하나 이상과의 조합이면서 그 이름 또는 데이터 요소가 암호화되거나 수정되지 않은 경우를 의미한다.

- 사회보장 번호;
- 운전 면허증 번호 또는 주 신분증 번호;
- 추가 식별 정보, 액세스 코드 또는 암호 없이 사용될 수 있는 경우의 계정 번호, 신용카드 번호 또는 직불 카드 번호;
- 계정 암호 또는 개인 식별 번호 또는 기타 접근 코드

개인 정보를 구성하는 것들을 규명하는 법률이 주마다 다르므로 시스템은 개인 정보를 보호하고 개인 정보 보호 조치를 적절하게 시행해야 한다. 임의 접근 제어(27.2절 참조)만으로는 충분하지 않을 수 있다. 27.7절에서는 암호화 기법들을 간단하게 논의한다. 이들에는 공개 키 암호화(public key encryption, 데이터베이스에 대한 웹 기반의 트랜잭션을 지원하는 데 많이 사용된다)와 **전자 서명**(digital signature, 개인 통신에 사용된다)과 같은 인기있는 기법들이 포함된다.

컴퓨터 시스템과 데이터베이스에서의 보안에 대한 포괄적 논의는 이 책의 범위를 벗어나기 때문에 데이터베이스 보안 기법에 관한 간단한 개요만을 제시한다. 네트워크와 통신 기반 보안 또한 우리가 다루지 않는 광대한 주제이다. 포괄적인 논의를 위하여 관심이 있는 독자는 이 장의 마지막에 있는 주요 참고문헌을 활용하기 바란다.

### 27.1.3 데이터베이스 보안과 데이터베이스 관리자

1장에서 설명했듯이 데이터베이스 관리자(DBA)는 데이터베이스를 관리하기 위한 모든 권한을 가진다. 데이터베이스 관리자는 조직의 정책에 따라 사용자와 데이터를 분류하고 시스템 사용자들에게 권한을 부여하는 책임을 가진다. 데이터베이스 관리자는 DBMS에서 **DBA 계정**(DBA account)을 가지는데 이를 **시스템 계정** 또는 **슈퍼유저**(superuser) **계정**이라고도 한다. 이 계정은 보통의 데이터베이스 계정과 사용자가 이용할 수 없는 강력한 능력을 제공한다.[2)] 데이터베이스 관리자가 사용하는 DBA-특권 명령에는 개별 계정들, 사용자들, 사용자 그룹에게 권한을 부여하고 취소하는 명령과 아래 유형의 작업들을 수행하기 위한 명령이 포함되어 있다.

1. **계정 생성.** 한 명의 사용자 또는 사용자들의 그룹이 DBMS에 접근할 수 있도록 새로운 계정과 암호를 생성한다.
2. **권한 부여.** 데이터베이스 관리자가 특정 계정들에게 특정 권한들을 부여한다.
3. **권한 취소.** 데이터베이스 관리자가 특정 계정에 부여되어 있던 특정 권한들을 취소한다.
4. **보안 등급 지정.** 사용자 계정들의 적절한 보안 허가 등급을 지정한다.

2) 이 계정은 컴퓨터 시스템 관리자들에게 부여되며, 제한된 운영체제 명령어에 접근할 수 있는 권한을 가지는 루트(root) 또는 슈퍼유저 계정과 유사하다.

데이터베이스 관리자는 데이터베이스 시스템의 전반적인 보안을 책임진다. 위의 리스트에서 작업 1은 DBMS에 대한 전체적인 접근을 제어하기 위해서 사용되는 반면, 작업 2와 3은 임의 데이터베이스 권한 관리를 제어하기 위해서 사용되며, 작업 4는 강제 권한 관리를 제어하기 위해서 사용된다.

### 27.1.4 접근 제어, 사용자 계정, 데이터베이스 감사(audit)

어떤 사람 또는 사람들의 그룹이 데이터베이스 시스템을 접근할 필요가 있으면 그 개인 또는 그룹은 먼저 사용자 계정을 신청해야 한다. 데이터베이스 관리자는 그 신청에 대하여 데이터베이스에 접근할 합당한 필요가 있다면, 그 사용자를 위해 새로운 **계정번호**(account number)와 **비밀번호**(password)를 생성할 것이다. 그 사용자는 데이터베이스에 접근할 때마다 그 계정번호와 비밀번호를 입력함으로써 DBMS에 **로그인**(log in)해야 한다. DBMS는 그 계정번호와 비밀번호가 유효한지 검사하고 이들이 유효하다면 사용자는 DBMS를 사용하여 데이터베이스에 접근하는 것이 허용된다. 응용 프로그램도 사용자로 간주할 수 있으므로 데이터베이스에 로그인해야 한다(9장 참조).

데이터베이스 사용자들과 그들의 계정과 비밀번호를 관리하는 것은 AccountNumber와 Password라는 두 필드를 가진 암호화된 테이블 또는 파일을 생성함으로써 간단하게 수행될 수 있다. 이 테이블은 DBMS에 의해 쉽게 유지될 수 있다. 새로운 계정이 생성될 때마다 새로운 레코드가 그 테이블에 삽입된다. 하나의 계정이 취소될 때 해당 레코드는 그 테이블에서 삭제되어야 한다.

또한 데이터베이스 시스템은 각 **로그인 세션**(login session) 동안 사용자가 데이터베이스에서 수행한 모든 연산을 기록해야 한다. 하나의 로그인 세션은 로그인의 시각부터 로그오프(log off)의 시각까지 한 사용자가 수행한 일련의 데이터베이스 상호작용들로 구성된다. 어떤 사용자가 로그인할 때 DBMS는 그 사용자의 계정번호를 기록하고 그를 그 사용자가 로그인한 컴퓨터 또는 장치와 연관시킬 수 있다. 그 컴퓨터 또는 장치로부터 신청된 모든 연산들은 그 사용자가 로그오프할 때까지 그 사용자의 계정에 속하는 것으로 한다. 데이터베이스에 적용된 갱신 연산들을 기록하는 것은 특히 중요하다. 이렇게 함으로써 만약 데이터베이스가 불법적으로 변경되었다면 데이터베이스 관리자는 어느 사용자가 불법적으로 변경 했는지를 알아낼 수 있다.

데이터베이스에 적용된 모든 갱신들과 각 갱신을 신청한 특정 사용자들의 기록을 보관하기 위하여 **시스템 로그**(system log)를 변경할 수 있다. 19장과 21장에 제시한 바와 같이, 시스템 로그는 데이터베이스에 적용된 각 연산에 대해 트랜잭션 실패 또는 시스템 붕괴로부터 회복하기 위해 필요한 하나의 엔트리를 가진다. 사용자의 계정번호와 로그에 기록된 각 연산을 신청한 온라인 컴퓨터 또는 장치 식별자를 추가로 포함할 수 있도록 로그 엔트리들을 확장할 수 있다. 만약 데이터베이스가 불법적으로 갱신되었다는 의심이 들면 **데이터베이스 감사**(database audit)가 수행된다. 데이터베이스 감사는 특정 기간 동안 데이터베이스에 적용된 모든 접근과 연산을 검사하기 위해서 시스템 로그를 조사하는 것이다. 불법적인 또는 권한이 없는 연산이 발견되면 데이터베이스 관리자는 그 연산을 수행하기 위해 사용한 계정번호를 알아낼 수 있다. 수천 명의 은행 직원들에 의해 갱신될 수 있는 은행 데이터베이스처럼 다수의 트랜잭션들과 사용자들에 의해 갱신되는 민감한 데이터베이스에서는 데이터베이스 감사가 특히 중요하다. 보안 목적으로 주로 사용되는 데이터베이스 로그는 **추적 감사**(audit trail) 기능을 한다.

### 27.1.5 민감한 데이터와 공개의 유형

데이터의 **민감도**(sensitivity)란, 보호의 필요성을 표시하는 목적으로, 데이터 소유자에 의해 그 데이터에 부여된 중요성의 척도이다. 일부 데이터베이스는 민감한 데이터만을 함유하는 반면 다른 데이터베이스는 민감한 데이터를 전혀 함유하지 않을 수 있다. 이 두 극단으로 분류되는 데이터베이스를 다루는 것은 상대적으로 쉽다. 그 이유는 이러한 데이터베이스는 다음 절에서 설명하는 접근 통제에 의해 다루어 질 수 있기 때문이다. 일부 데이터는 민감한 반면 다른 데이터는 그렇지 않을 때 상황은 까다로워진다.

여러 요인들이 데이터를 민감한 것으로 분류할 수 있다.

1. **본질적 민감함.** 데이터 자체의 값이 너무나 적나라하거나 비밀이라서 그 데이터가 민감하게 된다. 어떤 사람의 급여 또는 어떤 환자가 에이즈(HIV/AIDS)에 감염되었다는 사실을 예로 들 수 있다.
2. **민감한 출처.** 그 데이터의 근원이 비밀 유지의 필요성을 명시할 수 있다. 신원이 비밀로 유지되어야 하는 정보 제공자를 예로 들 수 있다.
3. **선언된 민감함.** 데이터의 소유자가 그 데이터는 민감하다고 명시적으로 선언할 수 있다.
4. **민감한 속성 또는 민감한 레코드.** 특정 속성 또는 레코드가 민감한 것으로 선언되었을 수 있다. 인사 데이터베이스에서 직원의 급여 속성 또는 급여 이력 레코드를 예로 들 수 있다.
5. **앞서 밝혀진 데이터와 민감한 관계.** 몇몇 데이터는 그 자체로는 민감하지 않지만 어떤 다른 데이터가 존재할 경우에는 민감해질 수 있다. 어떤 사전에 기록된 사건이 발생한 위치에 대한 정확한 위도와 경도 정보인데 그 사건이 나중에 민감하게 여겨지는 경우를 예로 들 수 있다.

어떤 조직의 보안 정책을 총괄하여 시행하는 것은 데이터베이스 관리자와 보안 관리자의 책임이다. 그 보안 정책은 개별 사용자 또는 사용자들의 범주를 대상으로 어떤 데이터베이스 속성(테이블 칼럼 또는 데이터 엘리먼트)에 대한 접근이 허용되어야 하는지 또는 허용되지 않아야 하는지를 좌우한다. 그 데이터를 드러내 보이는 것이 안전한지의 여부를 결정하기 전에 여러 요인들이 반드시 고려되어야 한다. 세 가지 가장 중요한 요인은 데이터 유효성(data availability), 접근 수용성(access acceptability), 그리고 인증 보증(authenticity assurance)이다.

1. **데이터 유효성.** 만약 사용자가 하나의 필드를 변경 중이라면, 그 필드에는 접근할 수 없게 되고 다른 사용자들은 그 데이터를 볼 수 없게 된다. 이 막음은 임

시적이며 단지 어떠한 사용자도 부정확한 데이터를 보지 않도록 보장하기 위함이다. 이는 전형적으로 동시성 제어 기법(20장 참조)에 의해 다루어 진다.

2. **접근 수용성.** 데이터는 권한을 가진 사용자들에게만 보여져야 한다. 데이터베이스 관리자는 하나의 사용자 요구에 대해, 비록 그 요구가 민감한 데이터 항목에 직접적으로 접근하지 않는다 할지라도, 요구된 그 데이터가 그 사용자에게는 권한이 부여되지 않은 민감한 데이터에 대한 정보를 드러낼 수 있음을 근거로, 접근을 거부할 수도 있다.

3. **인증 보증.** 접근을 승인하기 전에, 그 사용자에 대한 어떤 외부 특성이 고려될 수도 있다. 예를 들어, 사용자는 업무 시간 중에만 접근이 허용될 수도 있다. 시스템은 이전의 질의들을 추적하여 질의들의 조합이 민감한 데이터를 드러내지 않음을 보장하여야 한다. 후자는 특히 통계 데이터베이스 질의들에 관련된다(27.5절 참조).

정밀성(precision)이라는 용어는, 보안 영역에서 사용될 때, 정확히 데이터의 민감한 부분을 보호한다는 전제하에, 데이터를 가능한 한 많이 유효하도록 허용하는 것을 의미한다. 보안과 정밀성의 정의는 다음과 같다.

- 보안: 데이터가 변질로부터 안전하게 보존되고 데이터에 대한 접근이 적절히 통제됨을 보장하는 수단이다. 보안 수단을 제공함으로써 민감하지 않은 데이터만을 드러나게 하고 민감한 필드를 참조하는 어떠한 질의도 거절하게 한다.
- 정밀성: 모든 민감한 데이터를 보호하는 한편 가능한 한 민감하지 않은 데이터는 많이 드러나게 하거나 유용하게 한다. 이 정밀성 정의는 26.6.1절에 정의된 정보 검색의 정밀성과 관련이 없다는 점에 유의하기 바란다.

이상적인 조합은 최대의 정밀성을 가지는 완벽한 보안을 유지하는 것이다. 보안을 유지하려면, 정밀성을 어느 정도 희생해야 한다. 따라서 전형적으로 보안과 정밀성 사이에는 균형이 존재한다.

### 27.1.6 정보 보안과 정보 프라이버시의 관계

산업계, 정부, 그리고 학계에서 정보 기술(information technology, IT) 이용의 빠른 발전은 개인 정보의 보호와 이용에 대한 도전적인 의문들과 문제들을 야기한다. 각 개인에 대한 정보에 대하여 누가(who) 무슨(what) 권리를 어떤(which) 목적으로 가지는가라는 질문들은 우리가 단순히 누군가에 대하여 무엇인가를 아는 것이 기술적으로 가능해진 세계로 향하여 나아감에 따라 더욱 중요해진다.

기술에서 미래를 위하여 프라이버시 배려를 어떻게 설계할 지를 결정하는 것은 철학적 차원, 법적 차원, 그리고 현실적 차원을 내포하고 있다. 자원에 대한 접근(보안)에 관련된 쟁점과 정보의 적절한 이용(프라이버시)에 관련된 쟁점 사이에는 상당한 겹침이 있다. 이제 보안과 프라이버시 사이의 차이를 정의한다.

정보 기술에서 보안(security)이란 권한을 가지지 않은 사용으로부터 시스템 보호의 여러 면들을 나타낸다. 여기에는 사용자들의 인증, 정보 암호화, 접근 제어, 방화벽 정책들, 그리고 침입 적발이 포함된다. 여기서는 우리의 목적을 위하여 보안에 대한 논의를 하나의 시스템이 그 시스템이 가진 정보에 대한 접근을 어떻게 잘 보호할 수 있는지에 관련된 개념들로 제한한다. 프라이버시의 개념은 보안을 초과한다. 프라이버시는 사용자에 대해 그 시스템이 습득하는 개인 정보의 사용이 그 사용에 대한 명시적 또는 묵시적 추정에 얼마나 잘 일치하는 지를 검사한다. 말단 사용자의 관점에서, 프라이버시는 두 가지 다른 관점들이 있다. 바로 개인 정보의 저장 방지(preventing storage)와 개인 정보의 적절한 이용 보장(ensuring appropriate use)이다.

이 장의 목적을 위하여, **프라이버시**(privacy)에 대한 간단하지만 유용한 정의는 개인들이 그들의 개인 정보가 획득되고 이용되는 조건을 제어하는 능력이다. 요약하면, 보안은 정보가 적절히 보호됨을 보장하는 기술을 포함한다. 보안은 프라이버시를 위한 필수 구성 요소이다. 프라이버시는 몇몇 기본 원칙들과 그 외에 명백히 명시된 정책들의 준수를 지원하는 기법들을 포함한다. 한 가지 기본 원칙은 사람들은 정보의 수집에 대해 통지 받아야 하며, 그들의 정보로 무엇이 수행되는 지를 미리 전해 들어야 하며, 정보의 그러한 사용을 승인하거나 불허할 합당한 기회가 주어져야 한다는 것이다. 이에 관련된 개념인 **신뢰**(trust)는 보안과 프라이버시 모두 이 두 가지 모두 제공된다는 것이 감지될 때 증가되는 것으로 보인다.

## 27.2 권한의 부여/취소를 기반으로 한 임의 접근 제어

데이터베이스 시스템에서 임의 접근 제어를 시행하는 전형적인 방법은 권한의 부여와 취소를 기반으로 한다. 이 절에서는 관계 DBMS의 관점에서 권한을 고려한다. 특히 원래 SQL 언어(6장과 7장 참조)를 위해서 개발된 것과 다소 유사한 권한 시스템을 논의한다. 현존하는 다수의 관계 DBMS들은 이 기법에 약간의 변형을 사용하고 있다. 주된 아이디어는 데이터베이스 관리자와 선택된 사용자들이 권한을 부여하고 취소하는 데 사용할 수 있는 명령문들을 질의어에 포함시키는 것이다.

### 27.2.1 임의 권한의 유형

SQL2와 그 후의 버전들[3]에서는 사용자 계정(또는 사용자 계정들의 그룹)을 나타내기 위해서 권한부여 식별자(authorization identifier)라는 개념을 사용한다. 이 절에서는 권한 부여 식별자 대신에 사용자 또는 계정이라는 단어를 사용한다. DBMS는 특정 계정들을 기반으로 데이터베이스의 각 릴레이션에 선택적 접근을 제공해야 한다. 또한 연산들도 제어해야 한다. 따라서 계정을 가졌다고 해서 DBMS가 제공하는 모든 기능을 사용할 자격이 있다는 것은 아니다. 개략적으로 데이터베이스 시스템을 사용하도록 권한을 할당하는 데는 다음과

3) 임의 권한은 SQL2에 포함되어 있으며, SQL의 이후 버전에서도 적용된다.

같은 두 가지 수준이 있다.

- **계정 수준.** 이 수준에서 데이터베이스 관리자는 각 계정이 그 데이터베이스의 릴레이션들과는 관계없이 보유할 특정 권한들을 지정한다.
- **릴레이션(또는 테이블) 수준.** 이 수준에서 데이터베이스 관리자는 데이터베이스의 각 릴레이션이나 뷰를 접근하는 권한을 제어할 수 있다.

계정 수준의 권한은 계정 자체에 제공되는 능력에 적용되며 다음과 같은 권한을 포함할 수 있다. 즉, 스키마를 생성하기 위한 CREATE SCHEMA 권한, 기본 릴레이션을 생성하기 위한 CREATE TABLE 권한, 뷰 생성을 위한 CREATE VIEW 권한, 릴레이션에 속성을 추가하거나 삭제하는 것과 같은 스키마 변경을 위한 ALTER 권한, 릴레이션이나 뷰를 삭제하기 위한 DROP 권한, 투플들을 삽입, 삭제, 갱신하기 위한 MODIFY 권한, SELECT 문을 사용하여 데이터베이스로부터 정보를 검색하기 위한 SELECT 권한이 계정 수준의 권한에 속한다. 이와 같은 계정 수준의 권한은 일반적으로 각 계정에 적용된다. 만일 어떤 계정이 CREATE TABLE 권한을 가지지 않으면 그 계정으로는 어떠한 릴레이션도 생성할 수 없다. 계정 수준의 권한은 SQL2의 일부로 정의되지 않고 있으므로 DBMS를 구현하는 사람들이 정의해야 한다. 초기 SQL 버전에는 어떤 계정에 테이블(릴레이션)들을 생성할 수 있는 권한을 주기 위해서 CREATETAB 권한이 있었다.

권한의 두 번째 수준은 기본 릴레이션과 가상 릴레이션(뷰)을 포함하는 릴레이션 수준에 적용된다. 이 권한들은 SQL2에 정의되어 있다. 아래의 설명에서 릴레이션이란 용어는 명시적으로 언급하지 않는 한 기본 릴레이션 또는 뷰를 의미한다. **릴레이션 수준의 권한**은 각 사용자에게 각 유형의 명령이 적용될 수 있는 릴레이션들을 명시하는 것이다. 또한 일부 권한은 릴레이션의 개별 속성들에 적용된다. SQL2 명령들은 릴레이션과 속성 수준 만의 권한을 제공한다. 비록 이 구분이 일반적이지만 이 방법을 사용하게 되면 제한된 권한을 가진 계정을 만들기 어렵다. 권한의 부여와 취소는 일반적으로 **접근 행렬 모델**(access matrix model)로 알려진 임의 권한을 위한 권한 관리 모델을 따른다. 접근 행렬 모델에서 행렬 M의 행은 주체(사용자, 계정, 프로그램)들을 나타내고 열은 객체(릴레이션, 레코드, 칼럼, 뷰, 연산)들을 나타낸다. 그 행렬의 각 M(*i,j*)는 주체 *i*가 객체 *j*에 대해서 가지는 권한 유형(읽기, 쓰기, 갱신)을 나타낸다.

릴레이션에 대한 권한의 부여와 취소를 통제하기 위하여 데이터베이스의 각 릴레이션 R에는 **소유자 계정**(owner account)이 할당되어 있다. 일반적으로 소유자 계정은 처음 릴레이션이 생성되었을 때 사용된 계정이다. 릴레이션의 소유자는 그 릴레이션에 대한 모든 권한을 가진다. SQL2에서는 데이터베이스 관리자가 CREATE SCHEMA 명령(6.1.1절 참조)을 사용하여 스키마를 생성하고 그 스키마에 적절한 권한 부여 식별자를 연관시킴으로써 그 스키마 전체에 대한 소유자를 지정할 수 있다. 소유자 계정을 가진 사용자는 다른 사용자 계정에 권한을 부여함으로써 자기가 소유하고 있는 릴레이션들 중에서 어떤 것에 대한 권한일지라도 다른 사용자에게 양도할 수 있다. SQL에서는 아래에 명시한 종류의 권한이 각 개별 릴레이션 *R*에 부여될 수 있다.

- ***R*에 대한 SELECT(검색 또는 읽기) 권한.** 계정에게 검색 권한을 준다. SQL에서 이 권한은 계정에 *R*의 투플들을 검색하는 SELECT 문을 사용할 수 있도록 한다.

- $R$에 대한 MODIFY 권한. 계정에 $R$의 투플들을 변경하는 권한을 준다. 이는 SQL에서 세 가지 권한인 UPDATE, DELETE, INSERT를 포함한다. 이들은 세 개의 SQL 명령과 일치한다(6.4절 참조). 게다가 INSERT와 UPDATE 권한은 계정에 의해 $R$의 특정 속성들만 갱신될 수 있도록 명시할 수 있다.
- $R$에 대한 REFERENCES 권한. 무결성 제약 조건들을 명시할 때 릴레이션 $R$을 참조하는 권한을 계정에 준다. 이 권한도 $R$의 특정 속성들로 제한될 수 있다.

뷰를 생성하려면 그 계정은 그 뷰 정의에 포함된 모든 릴레이션들에 대해서 SELECT 권한을 반드시 가져야 하는데 이는 그 뷰에 해당하는 질의를 명시하기 위함이다.

### 27.2.2 뷰를 사용한 권한 명시

뷰는 그 자체로 중요한 임의 권한 관리 방법이다. 예를 들어, 만약 릴레이션 $R$의 소유자 $A$는 다른 계정 $B$가 $R$의 일부 속성들만을 검색할 수 있기를 원한다면, $A$는 그런 일부 속성들만 포함한 $R$에 대한 뷰 $V$를 생성하고 $B$에게 $V$에 대한 SELECT 권한을 부여하면 된다. $B$가 $R$의 특정 투플들만을 검색하도록 제한하고 싶으면, $A$는 $B$에게 허용하고자 하는 투플들만을 검색하는 질의를 사용하여 뷰 $V$를 생성하여 $V'$에 대한 SELECT 권한을 부여하면 된다. 27.2.5절에서 예를 사용하여 설명한다.

### 27.2.3 권한 취소

어떤 경우에는 특정 사용자에게 특정 권한을 임시로 부여하는 것이 바람직하다. 예를 들어, 하나의 릴레이션의 소유자가 특정한 작업을 위하여 어떤 사용자에게 SELECT 권한을 부여하고 그 작업이 끝난 후 그 권한을 취소할 수 있다. 따라서 권한을 취소하는 방법이 필요하다. SQL에는 권한을 취소하기 위해서 REVOKE 명령이 들어 있다. 27.2.5절의 예에서 REVOKE 명령을 어떻게 사용하는지 설명한다.

### 27.2.4 GRANT OPTION을 사용한 권한의 전파

릴레이션 $R$의 소유자 $A$가 $R$에 대한 권한을 다른 계정 $B$에게 부여할 때마다 그 권한을 GRANT OPTION과 함께 또는 GRANT OPTION 없이 $B$에게 부여할 수 있다. GRANT OPTION이 주어지면 $B$도 $R$에 대한 그 권한을 다른 계정들에 부여할 수 있다. $A$가 GRANT OPTION으로 B에게 권한을 부여하였고 $B$ 또한 $R$에 대한 그 권한을 GRANT OPTION으로 계정 $C$에게 부여한다고 하자. 이런 방법으로 $R$에 대한 권한들은 $R$의 소유자가 알지 못하는 상태에서 다른 계정들로 **전파**(propagate)될 수 있다. 만약 소유자 계정 $A$가 $B$에게 부여한 그 권한을 취소한다면 그 권한에 근거하여 $B$가 전파시켰던 모든 권한들은 시스템에 의해 자동으로 취소되어야 한다.

사용자가 특정 권한을 두 명 이상의 제공자들로부터 받는 것이 가능하다. 예를 들어, A4는 A2와 A3 모두로부터 어떤 UPDATE $R$권한을 받을 수 있다. 이 경우 만일 A2가 이 권한을 A4로부터 취소한다면 A4는 그 권한을 A3으로부터도 부여받았기 때문에 여전히 계속해서 그 권한을 가진다. 이후에 A3가 그 권한을 A4로부터 취소하면 A4는 그 권한을 완전히 잃게 된다. 따라서 권한의 전파를 허용하는 DBMS는 어떻게 모든 권한이 부여되었는지를 기록하고 있어야만 권한의 취소를 정확하고 완전하게 수행할 수 있다.

### 27.2.5 권한의 부여와 취소를 나타내는 예

데이터베이스 관리자가 네 개의 계정 A1, A2, A3, A4를 생성하고 A1만이 기본 릴레이션들을 생성할 수 있기를 원한다고 가정하자. 이를 수행하기 위하여, 데이터베이스 관리자는 다음과 같은 SQL의 GRANT 명령을 사용해야 한다.

```
GRANT CREATETAB TO A1;
```

CREATETAB(create table) 권한은 계정 A1에게 새로운 데이터베이스 테이블(기본 릴레이션)들을 생성할 수 있는 능력을 준다. 따라서 이 권한은 계정 수준의 권한이다. 이 권한은 SQL의 초기 버전들에 포함되어 있었으나 지금은 각 개별 시스템을 구현하기 위해서 정의하고 있다. A1, A2 등은 IT 부서의 John 또는 마케팅의 Mary와 같은 개인이 될 수 있으며 데이터베이스에 접근하려는 응용 또는 프로그램일 수도 있음을 유의하자.

SQL2에서는 데이터베이스 관리자가 아래의 CREATE SCHEMA 명령을 사용하여 동일한 효과를 달성할 수 있다.

```
CREATE SCHEMA EXAMPLE AUTHORIZATION A1;
```

이제 사용자 계정 A1은 EXAMPLE이라는 스키마 아래에 테이블들을 생성할 수 있다. 예를 계속하기 위해서, A1이 그림 27.1에 제시한 두 개의 기본 릴레이션들인 EMPLOYEE와 DEPARTMENT를 생성한다고 가정하자. 그러면 A1은 이 두 릴레이션의 소유자이며, 따라서 각 릴레이션에 대한 모든 릴레이션 권한을 가진다.

EMPLOYEE

| Name | Ssn | Bdate | Address | Sex | Salary | Dno |
|---|---|---|---|---|---|---|

DEPARTMENT

| Dnumber | Dname | Mgr_ssn |
|---|---|---|

그림 27.1 두 릴레이션 EMPLOYEE와 DEPARTMENT에 대한 스키마

다음으로 계정 A1이 계정 A2에게 이 두 릴레이션에 투플들을 삽입하고 삭제하는 권한을 부여하려 한다고 가정하자. 하지만 A1은 A2가 이 권한들을 다른 계정들에게 전파하는 것은 원하지 않는다. A1은 아래의 명령을 사용할 수 있다.

```
GRANT INSERT, DELETE ON EMPLOYEE, DEPARTMENT TO A2;
```

하나의 릴레이션의 소유자 계정인 A1은 그 릴레이션에 대한 권한들을 다른 계정들에게 부여할 수 있는 GRANT OPTION을 자동으로 가진다. 그러나 A2는 EMPLOYEE와 DEPARTMENT 테이블들에 대한 INSERT와 DELETE 권한을 다른 계정에 부여할 수 없다. 그 이유는 위의 명령에서 GRANT OPTION이 A2에게 주어지지 않았기 때문이다.

다음으로 A1이 A3에게 두 릴레이션에서 정보를 검색하도록 허용하고 그 SELECT 권한을 다른 계정들에게 전파할 수 있기를 원한다고 하자. A1은 아래의 명령을 사용할 수 있다.

```
GRANT SELECT ON EMPLOYEE, DEPARTMENT TO A3 WITH GRANT OPTION;
```

WITH GRANT OPTION 절이 의미하는 것은 A3이 GRANT 명령을 사용하여 그 권한을 다른 계정들에게 전파할 수 있다는 것이다. 예를 들어, A3은 다음 명령을 사용하여 EMPLOYEE 릴레이션에 대한 SELECT 권한을 A4에게 부여할 수 있다.

```
GRANT SELECT ON EMPLOYEE TO A4;
```

GRANT OPTION이 A4에게 주어지지 않았기 때문에 A4는 SELECT 권한을 다른 계정에 전파할 수 없다.

이제 A1이 EMPLOYEE 릴레이션에 대한 SELECT 권한을 A3으로부터 취소하려 한다고 가정하자. 그러면 A1은 다음 명령을 사용할 수 있다.

```
REVORK SELECT ON EMPLOYEE FROM A3;
```

DBMS는 이제 EMPLOYEE에 대한 SELECT 권한을 A3으로부터 취소해야 하며 DBMS는 자동적으로 A4로부터도 EMPLOYEE에 대한 SELECT 권한을 취소해야 한다. 그 이유는 A3이 그 권한을 A4에게 부여했고 A3이 더 이상 그 권한을 가지지 않기 때문이다.

다음으로 A1이 다시 A3에게 EMPLOYEE 릴레이션에 대하여 제한된 SELECT 권한을 주려하고, A3이 그 권한을 전파할 수 있도록 허용하려 한다고 가정하자. 그 제한된 SELECT 권한은 단지 Dno = 5인 투플들에 대하여 Name, Bdate, Address 속성들만을 검색하도록 하는 것이다. 그러면 A1은 아래의 뷰를 생성할 수 있다.

```
CREATE VIEW A3EMPLOYEE AS
SELECT Name, Bdate, Address
FROM EMPLOYEE
WHERE Dno = 5;
```

그 뷰를 생성한 후에 A1은 다음과 같이 A3EMPLOYEE 뷰에 대한 SELECT 권한을 A3에게 부여할 수 있다.

```
GRANT SELECT ON A3EMPLOYEE TO A3 WITH GRANT OPTION;
```

마지막으로 A1이 A4에게 EMPLOYEE의 SALARY 속성만을 갱신하도록 허용하려 한다고 가정하자. 그러면 A1은 다음 명령을 사용할 수 있다.

```
GRANT UPDATE ON EMPLOYEE (Salary) TO A4;
```

UPDATE와 INSERT 권한은 릴레이션에서 갱신되거나 삽입될 특정 속성들을 명시할 수 있다. 다른 권한(SELECT, DELETE)에서는 속성들을 명시할 수 없는데, 이는 원하는 속성들만을 포함하는 뷰를 생성하고 그 뷰에 대한 해당 권한들을 부여함으로써 특정 속성에 대한 명세를 쉽게 제어할 수 있기 때문이다. 그러나 뷰를 갱신하는 것이 반드시 가능한 것은 아니기 때문에(7장 참조), UPDATE와 INSERT 권한에게는 기본 릴레이션에서 갱신될 특정 속성을 명시하는 옵션이 주어진다.

### 27.2.6 권한의 전파에 대한 제한의 명시

권한의 전파를 제한하는 기법들이 개발되었으나 이들은 아직 대부분의 DBMS에서 구현되지 않았으며 SQL의 일부분으로 채택되지 않았다. 수평 전파(horizontal propagation)를 i로 제한한다는 것은 GRANT OPTION을 받은 계정 B가 최대한 $i$개의 계정들에게만 권한을 부여할 수 있음을 의미한다. 수직 전파(vertical propagation)는 권한 부여의 깊이를 제한하는 것으로서 좀더 복잡하다. 수직전파가 0인 권한을 부여하는 것은 GRANT OPTION 없이 권한을 부여하는 것과 동일하다. 계정 A가 0보다 큰 정수 $j$인 수직 전파로 계정 B에게 권한을 부여하면 계정 B는 GRANT OPTION을 갖지만, B는 $j$값 미만의 수직 전파로만 다른 계정들에게 권한을 부여할 수 있다. 사실상 수직 전파는 최초의 권한 부여에 근거하여 GRANT OPTION이 한 계정에서 다른 계정으로 전달되는 일련의 순서를 제한한다.

예를 들어 수평 전파와 수직 전파의 제한에 관하여 간단하게 설명하면, 수평 전파와 수직 전파는 현재 SQL 또는 관계 시스템들이 지원하지 않고 있다. A1이 EMPLOYEE 릴레이션에 대한 SELECT 권한을 A2에게 수평 전파를 1로, 수직 전파를 2로 부여한다고 가정하자. A2는 수평 전파가 1이기 때문에 오직 한 개의 계정에게만 SELECT 권한을 부여할 수 있다. 그리고 수직 전파가 2이기 때문에 수직 전파 값이 0(GRANT OPTION 없이) 또는 1로 다른 계정에게 권한을 부여할 수 있다. 이는 A2가 권한을 다른 계정에 허가할 때 수직 전파 값을 적어도 1만큼 줄여야 하기 때문이다. 이에 추가하여, 수평 전파는 원래 부여된 수평 전파와 같거나 그 보다 작아야 한다. 예를 들어, 만약 계정 A가 계정 B에게 어떤 권한을 수평 전파를 어떤 정수 $j > 0$로 설정하여 부여한다면, B는 그 권한을 다른 계정들에게 수평 전파를 $j$와 같거나 작은 값으로만 부여할 수 있음을 의미한다. 이 예가 보여주듯이 수평 전파와 수직 전파 기법들은 권한의 전파의 깊이와 폭을 제한하도록 설계되었다.

## 27.3 다단계 보안을 위한 강제 접근 제어와 역할 기반 접근 제어

릴레이션에 대해 권한을 부여하고 삭제하는 임의 접근 제어 기법은 전통적으로 관계 데이터베이스 시스템을 위한 주된 보안 방법으로 사용되어 왔다. 이 기법은 전부 아니면 아무것도 아닌(all-or-nothing) 방법의 일종으로서 사용자는 특정 권한을 가지거나 가지지 않는다. 많은 응용에서 보안 등급에 바탕을 두고 데이터와 사용자들을 분류하는 부가적인 보안 정책이 필요하다. 이 접근법은 **강제 접근 제어**(MAC: Mandatory Access Control)라고 알려져 있으며, 일반적으로 27.2절에서 설명한 임의 접근 제어 기법과 결합된다. 현재 대부분의 상업용 DBMS는 임의 접근 제어만을 제공한다. 그러나 다단계 보안에 대한 요구가 많은 산업체와 기업의 응용들을 비롯하여 정부 기관, 군, 정보 기관의 응용들에 존재한다. 프라이버시에 대한 최우선 관심으로 인해, 많은 시스템에서 어떤 개인 정보(개인 식별 정보라고도 함)에 대한 어떤 접근 권한이 누구에게 있는지에 의해 등급이 결정된다. 몇몇 DBMS 공급자들(예를 들어, Oracle)은 정부 기관의 사용을 위한 강제 접근 제어를 포함하는 그들의 관계 DBMS들의 특별판을 발표하였다.

일반적으로, **보안 등급**(security class)은 1급 비밀(TS: top secret), 2급 비밀(S: secret), 3급 비밀(C: confidential), 일반 정보(U: unclassified)로 구분된다. TS가 가장 높은 보안 등급이고 U가 가장 낮은 보안 등급이다. 이런 분류법 이외에 보안 등급들이 격자 구조(lattice)로 조직된 보다 복잡한 보안 분류 방법들도 있다. 이 절에서는 설명을 간단하게 하기 위해서 TS(top secret)≥S(secret)≥C(confidential)≥U(unclassified)라 칭해지는 네 가지 보안 분류 등급을 가진 시스템을 사용하여 논의를 진행하겠다. 다단계 보안을 위해 흔히 사용되는 모델은 Bell-LaPadula 모델이다.[4] 이 모델은 각 **주체**(subject)(사용자, 계정, 프로그램)와 **객체**(object)(릴레이션, 투플, 속성, 뷰, 연산)를 보안 등급인 TS, S, C, U 중의 하나로 분류한다. 앞으로 주체 $S$의 등급은 class($S$)로, 객체 $O$의 등급은 class($O$)라고 표시한다. 데이터 접근에 대하여 주체/객체의 등급을 기반으로 두 가지 제약 조건이 시행되어야 한다. 이들은 다음과 같다.

1. $\text{class}(S) \geq \text{class}(O)$가 아니면 주체 $S$는 객체 $O$에 대한 읽기 접근이 허용되지 않는다. 이 조건을 **단순 보안 특성**(simple security property)이라고 한다.
2. $\text{class}(S) \leq \text{class}(O)$가 아니면 주체 $S$는 객체 $O$에 대한 쓰기 접근이 허용되지 않는다. 이 조건을 **스타 특성**(star property 또는 *-property)이라고 한다.

첫 번째 제약 조건은 직관적이며 어떠한 주체도 그 주체의 보안 등급보다 높은 보안 등급을 가진 객체를 읽을 수 없다는 명백한 규칙을 시행하게 한다. 두 번째 제약 조건은 덜 직관적이다. 이 제약 조건은 어떤 주체가 그 주체의 보안 등급보다 낮은 보안 등급의 객체를 쓰는(write) 것을 막는다. 이 규칙을 위반하면 정보가 높은 등급에서 낮은 등급으로 흘러가게 되며, 이는 다단계 보안의 기본 원칙을 어기는 것이다. 예를 들어, TS 등급을 가진 사용자(주체)가 TS 등급을 가진 객체를 복사한 후에 U 등급을 가지는 새로운 객체로 기록하면 새로 만들어진 객체는 시스템 안에서 모두가 볼 수 있게 된다.

다단계 보안 개념들을 관계 데이터베이스 모델에 포함시키기 위해서는 일반적으로 속성 값들과 투플들을 데이터 객체들로 간주한다. 따라서 각 속성 $A$는 스키마에서 **등급 속성**(classification attribute) $C$와 연관되어 있고, 한 투플 내의 각 속성 값은 해당 보안 등급과 연관되어 있다. 이밖에 어떤 모델에서는 각 투플 단위로 등급을 제공하기 위해서 **투플 등급**(tuple classification) 속성인 $TC$를 릴레이션의 속성으로 추가한다. 여기서 설명하는 모델은 다단계 모델(multilevel model)이라 알려져 있는데, 그 이유는 그 모델이 다수의 보안 등급들에서 분류를 허용하기 때문이다. 따라서 $n$개의 속성들을 가진 **다단계 릴레이션**(multilevel relation) 스키마 $R$은 다음과 같이 표현된다.

$$R(A_1, C_1, A_2, C_2, \cdots A_n, C_n, TC)$$

위의 표현에서 각 $C_i$는 속성 $A_i$와 연관된 등급 속성(classification attribute)을 나타낸다.

각 투플 $t$가 가진 투플 등급 속성 $TC$ 값은 $t$ 내의 모든 속성 등급값 중에서 가장 높은 것으로서 투플 자체에 대한 일반적인 등급을 제공한다. 반면에 각 속성 등급 $C_i$는 투플 내의

4) Bell과 La Padulla(1976)는 Multics의 보안 컴퓨터 시스템에 대한 MITER 기술 보고서이다.

각 속성 값에 대해 좀 더 세밀한 보안 등급을 제공한다. 각 투플 $t$의 $TC$ 값은 $t$ 내에서 모든 속성 등급 값 $C_i$들 중의 가장 높은 값이다.

하나의 다단계 릴레이션의 **외관상 키**(apparent key)는 보통의 (단일 단계의) 릴레이션에서 기본키를 구성하는 속성들의 집합이다. 다단계 릴레이션은 다른 등급에 속한 주체(사용자)들에게는 다른 데이터를 가지고 있는 것으로 보인다. 어떤 경우에는 높은 등급으로 릴레이션에 한 개의 투플을 저장하고, **여과**(filtering) 과정을 거쳐 낮은 등급에서 대응되는 투플들을 생성할 수 있다. 또 다른 경우에는 동일한 외관상 키 값을 가지면서 서로 다른 등급에서 두 개 이상의 투플들을 저장할 필요가 있다. 이는 **다개체 생성**(polyinstantiation)[5]의 개념을 유도하는데, 다개체 생성에서는 여러 투플들이 동일한 외관상 키 값을 가지지만 다른 등급 수준에 있는 사용자들에 대해서 다른 속성 값들을 가질 수 있다.

(a) EMPLOYEE

| Name | Salary | JobPerformance | TC |
|---|---|---|---|
| Smith U | 40000 C | Fair S | S |
| Brown C | 80000 S | Good C | S |

(b) EMPLOYEE

| Name | Salary | JobPerformance | TC |
|---|---|---|---|
| Smith U | 40000 C | NULL C | C |
| Brown C | NULL C | Good C | C |

(c) EMPLOYEE

| Name | Salary | JobPerformance | TC |
|---|---|---|---|
| Smith U | NULL U | NULL U | U |

(d) EMPLOYEE

| Name | Salary | JobPerformance | TC |
|---|---|---|---|
| Smith U | 40000 C | Fair S | S |
| Smith U | 40000 C | Excellent C | C |
| Brown C | 80000 S | Good C | S |

그림 27.2 다단계 보안을 예시하기 위한 다단계 릴레이션: (a) 원래의 EMPLOYEE 투플, (b) 보안 등급이 C인 사용자에 대하여 여과 후의 EMPLOYEE의 모습, (c) 보안 등급이 U인 사용자에 대하여 여과 후의 EMPLOYEE의 모습, (d) Smith 투플의 다개체 생성

그림 27.2(a)의 다단계 릴레이션의 예를 가지고 위의 개념들을 설명한다. 그림 27.2(a)에서 각 속성 값 다음에 등급 속성 값을 표시해 놓았다. Name 속성을 외관상 키라고 가정하고, SELECT*FROMEmployee라는 질의를 고려해 보자. 보안 등급이 S인 사용자는 그림 27.2(a)에 나타낸 것과 동일한 릴레이션을 보게 되는데 그 이유는 모든 투플 등급들이 S보

5) 이것은 데이터베이스에서 동일한 실세계 객체를 표현하는 여러 버전들을 가진다는 개념과 유사하다.

다 낮거나 같기 때문이다. 그러나 보안 등급이 C인 사용자는 Brown의 Salary와 Smith의 JobPerformance 값들을 보는 것이 허용되지 않는데 이는 그들이 더 높은 등급을 가지기 때문이다. 이 경우에 투플들이 여과되어서 Salary와 JobPerformance가 널로 표현되어 그림 27.2(b) 처럼 보인다. 보안 등급이 U인 사용자에게는 투플들이 여과되어서 Smith의 Name 속성만을 허용하고 모든 다른 속성은 널로 표현된다(그림 27.2(c)). 따라서 여과는 속성 값의 보안 등급이 사용자의 보안 등급보다 높은 경우에 속성 값들에 대하여 널값으로 채운다.

일반적으로 다단계 릴레이션들에 대한 **엔티티 무결성** 규칙은 외관상 키를 구성하는 모든 속성들은 널 값을 가질 수 없고, 각 투플 내에서 동일한 보안 등급을 가져야 한다는 것이다. 그 밖에 그 투플 내의 모든 다른 속성 값들은 외관상 키의 보안 등급보다 높거나 같은 보안 등급을 가져야 한다. 이 제약 조건은 사용자가 어떤 투플의 일부분이라도 볼 수 있다면 키를 볼 수 있다는 것을 보장한다. 다른 무결성 규칙들로서 **널 무결성**(null integrity)과 **개체간 무결성**(interinstance integrity)이라고 부르는 규칙들은 어떤 보안 등급에 속하는 투플의 값이 보다 높은 등급에 속하는 투플로부터 여과(유도)될 수 있다면, 보다 높은 등급의 투플을 다단계 릴레이션에 저장하는 것으로 충분하다는 것을 보장한다.

다개체 생성을 좀 더 설명하기 위해서 보안 등급이 C인 사용자가 그림 27.2에서 'Smith'의 Job_performance를 'Excellent'로 갱신하려 한다고 가정하자. 이는 다음의 SQL 갱신문을 수행하는 것과 일치한다.

```
UPDATE    EMPLOYEE
SET       Job_performance = 'Excellent'
WHERE     Name = 'Smith';
```

보안 등급이 C인 사용자들에게 제공되는 뷰(그림 27.2(b) 참조)는 이런 갱신을 허용하기 때문에, 시스템이 그를 거부해서는 안 된다. 만일 시스템이 거부한다면, 그 사용자는 'Smith'의 Job_performance 속성 값으로 나타나는 널 값 대신에 널이 아닌 다른 값이 존재함을 추론할 수 있다. 이것이 숨겨진 통로를 통하여 정보를 추론하는 예이다(27.6.1절 참조). 고도의 보안을 필요로 하는 시스템에서는 숨겨진 통로를 허용해서는 안 된다. 그러나 사용자가 자신보다 높은 보안 등급에 있는 Job_performance의 현재 값을 갱신할 수 있도록 해서는 안 된다. 그에 대한 해결책은 그림 27.2(d)에 보인 바와 같이 낮은 보안 등급 C로 Smith 투플에 대하여 하나의 다개체 생성을 수행하는 것이다. 이 작업이 필요한 것은 그 새로운 투플이 등급 S의 기존 투플로 부터 여과될 수 없기 때문이다.

위의 상황 및 유사한 상황들을 취급하려면 관계 모델의 기본적인 갱신 연산(삽입, 삭제, 갱신)들을 변경해야 한다. 그러나 갱신 연산들의 변경은 이 책의 범위를 벗어난다. 관심이 있는 독자는 좀 더 상세한 사항에 대하여 이 장의 마지막에 있는 주요 참고문헌들을 읽어보기 바란다.

### 27.3.1 임의 접근 제어와 강제 접근 제어의 비교

임의 접근 제어(DAC: Discretionary Access Control) 정책들은 매우 다양한 응용 영역들에 적합하도록 고도의 유연성을 특징으로 가진다. DAC 모델의 주된 결점은 응용 프로그램에 끼워 넣어진 트로이 목마와 같은 악의적인 공격에 취약하다는 것이다. 이 취약함의 이유는 DAC 모델에서는 접근 권한을 가진 사용자가 일단 정보에 접근한 이후에는 그 정보가 어떻게 전파되고 사용되는지를 통제하지 않기 때문이다. 이와는 대조적으로, 강제 정책들은 고도의 보호를 보장한다. 즉, 정보의 어떠한 불법적 흐름도 방지한다. 그러므로 강제 정책들은 고도의 보안을 요하는 군사 기밀과 높은 보안 유형의 응용들에 적합하다. 그러나 강제 정책들은 주체와 객체를 보안 등급으로 엄격히 분류해야 한다는 점에서 너무나 엄중하다는 단점을 가지며 이로 인하여 극소수의 환경에만 적용될 수 있으며 모든 객체에 보안 분류를 부착하는 추가 부담을 가지게 한다. 많은 실제 상황에서, 임의 정책들이 선호되는데 그 이유는 임의 정책들이 강제 정책들 보다 보안과 적용 가능성 사이에 더 나은 균형을 제공하기 때문이다.

### 27.3.2 역할-기반 접근 제어

역할-기반 접근 제어(RBAC: Role-based access control)는 대단위 범 기업적인 시스템에서 보안을 관리하고 시행하는 데 검증된 기술로 1990년대에 빠르게 부각되었다. 이것의 기본 개념은 권한들과 기타 허가들이 개인 사용자들이 아닌 조직의 **역할**(role)들과 결합된다는 것이다. 그리고 나서 개인 사용자들이 적절한 역할들에 지정된다. 역할들은 CREATE ROLE과 DESTROY ROLE의 명령으로 생성 및 삭제될 수 있다. 27.2절에서 논의한 GRANT와 REVOKE 명령이 개인 사용자들뿐만 아니라 역할들에 권한을 부여하고 취소하는 데 사용될 수 있다. 예를 들어, 어떤 회사는 판매 계정 관리자, 구매 대리인, 우편물실 직원, 고객 서비스 관리자 등등의 역할들을 가질 수 있다. 어떤 역할에 공통된 보안 권한들이 그 역할명에 부여되며, 그 역할에 지정된 각 개인은 부여된 그 권한들을 자동으로 가지게 된다.

RBAC 모델은 전통적인 임의 접근 제어와 강제 접근 제어와 함께 사용될 수 있다. RBAC 모델은 사용자들로 하여금 그들이 지정된 역할로 가지게 된 권한을 이용하여 특정 데이터 또는 자원에 접근할 수 있음을 보장한다. 사용자는 세션을 생성한 후 그가 속한 역할 중의 일부를 활성화한다. 각 세션은 다수의 역할들로 지정될 수 있지만 각 세션은 오직 하나의 사용자 또는 단일 주체로 사상되어야 한다. 많은 DBMS들이 역할의 개념을 지원하고 있으며, 여기서 역할에는 권한이 부여될 수 있다.

임무의 분리는 다양한 주류 DBMS들에서 또 다른 중요한 필요조건이다. 이는 한 명의 사용자가 두 명 또는 그 이상의 개입을 필요로 하는 일을 하는 것을 방지하기 위해 필요하다. 그렇게 함으로써 결탁을 방지하게 된다. 임무의 분리를 성공적으로 실행될 수 있게 하는 한 가지 방법은 역할들의 상호 배제를 이용하는 것이다. 두 개의 역할이 있고 그 두 가지 역할을 사용자가 동시에 사용할 수 없다면 **상호 배제**(mutually exclusive)라 한다. 역할들의 상호 배제는 두 가지 유형으로 분류될 수 있다. 권한 부여 시 배제(authorization time exclusion, 정적임)와 실행 시 배제(runtime exclusion, 동적임)이다. 권한 부여 시 배제에서,

상호 배제로 명시된 두 개의 역할은 동시에 어떤 사용자의 권한 부여의 일부가 될 수 없다. 실행 시 배재에서, 이들 두 역할은 한 사용자에게 인가될 수는 있지만 그 사용자에 의해 동시에 활성화될 수는 없다. 역할들의 상호 배제에서 또 다른 변형은 완전 배제와 부분 배제이다.

RBAC에서 **역할 계층**(role hierarchy)은 권한과 책임에 대한 조직의 체계를 반영하도록 역할을 구조화하는 자연스런 방법이다. 관습에 따라, 역할 계층에서 위로 올라감에 따라 하위 계층의 역할은 점진적으로 상위 계층의 역할에 연결된다. 그 계층 다이어그램들은 부분 순서(partial order)를 이루므로 재귀성, 이행성, 그리고 비대칭성을 가진다. 다시 말해서, 만약 어떤 사용자가 하나의 역할을 가지면, 그 사용자는 그 계층에서 하위에 있는 역할을 자동으로 가진다. 하나의 역할 계층을 규정하는 것은 계층의 유형과 역할을 선택하고 나서 역할을 다른 역할들에 부여함으로써 그 계층을 구현하는 것을 포함한다. 역할 계층은 아래 방법으로 구현될 수 있다.

```
GRANT ROLE full_time TO employee_type1
GRANT ROLE intern TO employee_type2
```

위는 full_time과 intern이라는 역할을 두 가지 유형의 직원들에게 부여하는 예이다.

보안에 관련된 또 다른 쟁점은 식별자 관리(identity management)이다. **식별자**(identity)란 각 개인의 유일한 이름을 의미한다. 사람들의 법적인 이름들은 반드시 유일한 것이 아니기 때문에 한 사람의 식별자는 완전한 이름이 유일하도록 충분한 추가 정보를 포함해야 한다. 이 식별자를 인가하고 이 식별자의 스키마를 관리하는 것을 **식별자 관리**(identity management)라 한다. 식별자 관리는 어떻게 조직들이 효과적으로 사람들을 인증하고 비밀 정보에 대한 그들의 접근을 관리할 수 있는 지에 대해 다룬다. 식별자 관리는 모든 산업 분야에 걸쳐 모든 규모의 조직들에 영향을 미치는 업무 필요조건임이 더욱 뚜렷해 졌다. 식별자 관리의 관리자들은, 비용을 통제하면서 그리고 IT 효율성을 높이면서, 끊임없이 응용 소유자들을 만족시킬 필요가 있다.

RBAC 시스템에서 고려해야 할 또 다른 중요한 사항으로 역할들에 존재할 수 있는 시간 제약 조건이 있다. 이 시간 제약 조건에는 역할이 활성화될 시각과 유지 기간, 그리고 다른 역할의 활성화에 의해 특정 역할이 일정 시각에 작동하도록 지정하는 방안 등이 있다. RBAC 모델은 웹 기반 응용들의 핵심적인 보안 요구사항들을 다루는 데 대하여 만족스러운 해결책을 제시한다. 역할은 작업 흐름(workflow) 업무에 지정될 수 있어서 특정 업무에 관련된 역할 중의 하나라도 가진 사용자가 그 업무를 실행할 권한을 갖게 되며, 그 사용자는 정해진 기간에 한하여 정해진 역할을 수행할 수 있다.

RBAC 모델들은 유연성, 정책 중립, 보안 관리와 집행의 더 나은 지원, 그리고 조직 내에서 계층적 조직 구조의 자연스러운 시행과 같은 여러 바람직한 특징들을 가진다. 또한 안전한 웹 기반 응용들을 개발하기 위한 매혹적인 후보자가 될 수 있는 다른 면모들을 가진다. 이러한 특징들은 DAC와 MAC의 모델에서는 결핍되어 있다. RBAC 모델은 전통적인 DAC와 MAC의 정책에서 사용 가능한 능력들을 포함한다. 더욱이, RBAC 모델은 업무와 작업 흐름의 실행에 관련된 보안 쟁점들에 대한 기법들과 사용자 정의 정책이나 조직 특유의 정책들을 명세할 수 있게 하는 기법들을 제공한다. RBAC 모델은 인터넷 상에서 더욱 간단하게 배치할 수 있으므로 더욱 성공적인 모델이 되고 있다.

### 27.3.3 레이블–기반 보안과 행–수준 접근제어

많은 주류 DBMS는 현재 행-수준 접근 제어의 개념을 사용한다. 그 개념에서 정교한 접근 제어 규칙은 데이터를 각 행 별로 고려함으로써 시행될 수 있다. 행-수준 접근 제어에서, 각 데이터 행에는 하나의 레이블(label)이 주어지는데, 그 레이블은 데이터 민감도(data sensitivity)에 대한 정보를 저장하는 데 사용된다. 행-수준 접근 제어는 단순히 테이블 또는 칼럼에 대해서가 아니라 각 행에 대하여 승인이 설정될 수 있도록 허용함으로써 더욱 미세한 크기의 데이터 보안을 제공한다. 처음에 사용자에게는 데이터베이스 관리자에 의해 하나의 묵시적인 세션 레이블(session label)이 주어진다. 수준들은 노출 또는 변질에 대한 데이터-민감도 수준들의 하나의 계층에 해당하는데 그 계층은 프라이버시 또는 보안을 유지할 목적으로 구성된다. 레이블들은 권한을 가지지 않은 사용자들이 특정 데이터를 보거나 변경하는 것을 방지하는 데 사용된다. 낮은 인가 수준(일반적으로 낮은 수로 표시된다)을 가진 사용자는 더 높은 수준의 수를 가진 데이터에 대한 접근이 거부된다. 만약 그러한 레이블이 어떤 행에 주어지지 않았다면, 그 사용자의 세션 레이블에 따라 하나의 행 레이블(row label)이 그 행에 자동으로 배정된다.

관리자에 의해 규정된 하나의 정책을 하나의 **레이블 보안 정책**(label security policy)이라 한다. 그 정책에 의해 영향을 받은 데이터가 응용을 통하여 접근 또는 질의될 때는 언제나 그 정책은 자동으로 호출된다. 하나의 정책이 시행될 때, 하나의 새로운 칼럼이 그 스키마에 있는 각 행에 추가된다. 그 추가된 칼럼은 각 행에 대하여 그 정책에 따라 그 행의 민감도를 반영하는 하나의 레이블을 포함한다. 각 사용자가 하나의 보안 등급을 가지는 MAC(mandatory access control)과 유사하게, 각 사용자는 레이블-기반 보안에서 하나의 식별자를 가진다. 이 사용자 식별자는 각 행에 부여된 레이블과 비교하게 되어 그 사용자가 행의 내용들을 보기 위해 접근할 수 있는 지를 결정하게 된다. 그러나, 그 사용자는 특정 행을 위한 어떤 제한과 지침의 범위 내에서 그 레이블 값을 자신이직접 쓸 수 있다. 이 레이블은 그 사용자의 현재 세션 레이블과 그 사용자의 최소 등급 사이의 어떤 값으로 설정될 수 있다. 데이터베이스 관리자는 초기 기본 행 레이블을 설정할 권한을 가진다.

레이블 보안의 필요조건들은 각 사용자를 위한 DAC 필요조건의 상위에 적용된다. 따라서, 사용자는 하나의 행에 접근하기 위해 DAC 필요조건을 만족한 후 레이블 보안 필요조건들을 만족하여야 한다. DAC 필요조건들은 그 사용자가 그 스키마에 대하여 그 연산을 수행하도록 합법적으로 인가되었음을 보장한다. 대부분의 응용에서, 테이블들의 일부만이 레이블-기반 보안을 필요로 한다. 응용 테이블들의 다수에 대하여, DAC에 의해 제공되는 보호가 충분하다.

보안 정책들은 일반적으로 관리자들과 인사 담당자에 의해 생성된다. 그 정책들은 고수준이며 기술 중립적이며 위험에 연계되어 있다. 정책들은 편의주의적이거나 신중하거나 또는 이롭다고 사려되는 조직의 절차와 처리 원칙, 그리고 행동 방침을 명세하기 위한 관리 지침들의 결과이다. 정책들은 전형적으로 그 정책이 위배되는 경우에 대한 벌칙과 대책의 정의를 동반한다. 이 정책들은 그러한 연후에 데이터에 대한 보안 레이블들과 사용자들에 대한 권한 부여를 정의하는 **레이블 보안 관리자**(label security administrator)에 의해 하나의 레이블-지향 정책들의 집합으로 해석되고 변환된다. 이 레이블들과 권한 부여들이 명시된 보호할 객체들에 대한 접근을 통제한다.

어떤 사용자가 하나의 테이블에 대하여 SELECT 권한을 가진다고 가정하자. 그 사용자가 그 테이블에 대하여 하나의 SELECT 문을 실행할 때, 레이블 보안은 그 질의에 의해 반환되는 각 행에 대하여 그 사용자가 그 데이터를 볼 권리를 가지는 지를 결정하기 위하여 자동으로 평가하게 된다. 예를 들어, 그 사용자가 민감도를 23으로 가진다면 보안 등급으로 23 또는 그 아래를 가지는 모든 행들을 볼 수 있다. 그 등급은 하나의 행에 포함된 그 정보의 민감도를 결정한다. 그 행이 더 민감할수록, 보안 등급은 더 높은 값을 가진다. 그러한 레이블 보안은 환경을 설정함으로써 UPDATE, DELETE, 그리고 INSERT 문들에 대해서도 마찬가지로 보안 검사를 수행할 수 있다.

### 27.3.4 XML 접근 제어

상업적 응용과 과학적 응용에서 XML이 전 세계적으로 사용됨에 따라, 보안 표준을 제정하려는 노력이 행해지고 있다. 이러한 노력에는 XML에 대한 전자 서명과 암호화 표준이 있다. XML 서명의 문법과 처리(XML Signature Syntax and Processing)의 명세는 암호화한 서명과 XML 문서 또는 기타 전자 자원 사이의 연관관계를 표현하는 XML 문법을 기술하며 XML 서명을 계산하고 검정하는 절차 또한 포함한다. XML 전자 서명은 메시지 서명을 위한 기타 규약들과는 다르다. 그 차이는 XML 전자 서명이 문서 전체가 아닌 XML 트리(12장 참조)의 특정 부분에 대해서만 서명 작업을 지원하는 데 있다. 기타 규약의 예로는 OpenPGP(Pretty Good Privacy)가 있으며 이는 전자 메일과 파일 저장 장치 응용에 사용될 수 있는 하나의 비밀 및 인증 서비스이다. 이에 추가하여, XML 서명 명세는 소위 표준화(canonicalization)라고 하는 확인과 변환의 기법들을 규정한다. 그 표준화는 동일 본문을 가진 두 개의 서로 다른 XML 문서가 비록 그들의 표현에서는 약간의 차이(예를 들어, 인쇄상의 공백)가 있을 지라도 서명을 위한 동일한 요약을 생성하는 것을 보장한다.

XML 암호화에 대한 문법과 처리(XML Encryption Syntax and Processing)의 명세는 XML 문서들의 전체 또는 부분에 대한 그리고 비XML 문서들에 대해서도 마찬가지로 그들의 기밀성을 보호하기 위한 XML 어휘와 처리 규칙들을 규정한다. 암호화된 내용과 문서 수령자를 위한 추가적인 처리 정보는 적격 XML(well-formed XML)의 형태로 표현됨으로써 수령된 XML 문서는 추후에 XML 도구들을 사용하여 처리할 수 있다. SSL(Secure Sockets Layer - 인터넷 보안 규약들 중 하나의 선두 주자)과 가상 사설 통신망과 같이 비밀성을 위해 보편적으로 사용되는 타 기술들과는 달리, XML 암호화는 저장 장치에 보관된 문서들의 전체 또는 부분에도 적용될 수 있다. PostgreSQL 또는 Oracle과 같은 데이터베이스 시스템은 데이터 형식으로 JSON(JavaScript Object Notation) 객체를 지원하며 JSON 객체들에 대해 XML을 위해 위에 정의한 것과 같은 유사한 기능들을 제공한다.

### 27.3.5 웹과 모바일 응용을 위한 접근 제어 정책

공개적으로 접근할 수 있는 웹 응용 환경은 고유한 문제를 데이터베이스 보안에 제시한다. 이 시스템에는 민감한 정보 또는 개인 정보의 처리를 책임지는 것들과 소셜 네트워크(social network), 모바일 응용 API 서버, 그리고 전자 상거래 트랜잭션 플랫폼(e-commerce transaction platform)이 포함된다.

전자 상거래(electronic commerce: e-commerce)환경은 모든 트랜잭션들이 전자적으로 수행되는 특징을 가지므로 전통적인 DBMS의 범위를 벗어나는 정교한 접근 제어 정책을 요구한다. 전통적인 데이터베이스 환경에서 접근 제어는 대게 몇몇 보안 정책들에 따라 보안 담당자들이나 사용자들이 명시한 하나의 권한 부여들의 집합을 이용하여 수행된다. 이와 같이 간단한 전형적인 양식은 전자 상거래와 같은 동적 환경에는 적합하지 않다. 더욱이, 전자 상거래 환경에서는 전통적인 데이터뿐만 아니라 지식과 경험 또한 보호되어야 할 자원이다. 그러한 특수성으로 인하여 유연성이 뛰어난 방법으로 접근 제어 정책들을 명세할 수 있어야 한다. 즉, 넓은 범위의 이질적 보호 객체들을 지원할 수 있도록 충분히 유연해야 한다.

많은 예약, 발권, 지불, 그리고 온라인 쇼핑 시스템은 법으로 보호되는 정보를 처리하므로 그 정보를 보호하기 위해 단순한 데이터베이스 접근 제어 이상의 보안 구조가 마련되어야 한다. 권한이 없는 당사자가 보호된 정보에 부적절하게 접근하는 경우 이는 데이터 유출에 해당하며 중요한 법적 경제적 결과를 초래한다. 이 권한이 없는 당사자는 보호된 정보를 훔치려고 적극적으로 시도하는 상대방이거나 자신의 역할을 과도하게 수행하거나 다른 사람에게 보호된 정보를 잘못 배포한 직원일 수 있다. 예를 들어 신용카드 데이터의 부적절한 처리는 주요 소매 업체에서 중요한 데이터 유출을 초래했다.

데이터베이스 환경에서 접근 제어는 일반적으로 보안 담당자가 지정한 일련의 권한들을 사용하여 수행된다. 그러나 웹 응용에서는 정식으로 권한을 부여 받은 개인이 아닌 웹 응용 자체가 사용자인 것은 너무나 일상적이다. 이는 DBMS의 접근 제어 장치들이 우회되고 데이터베이스는 시스템의 단순한 관계형 데이터 저장소가 되는 상황을 초래한다. 그러한 환경에서 SQL 주입(SQL injection, 27.4절에서 자세히 다룬다)과 같은 취약성은 특정 계정에 접근 권한이 있는 데이터로 제한된 것이 아니라 전체 데이터 유출로 이어질 수 있기 때문에 상당히 위험하다.

이 시스템에서 데이터 유출을 방지하기 위해, 첫 번째 요구 사항은 주류 DBMS에 있는 기술적 접근 제어 기법들을 뛰어 넘는 포괄적인 정보 보안 정책이다. 이러한 정책은 전통적인 데이터뿐만 아니라 프로세스, 지식, 그리고 경험도 보호해야 한다.

두 번째로 관련된 요구사항은 **내용 기반 접근 제어**(content-based access control)의 지원이다. 내용 기반 접근 제어는 보호 대상 객체의 내용을 고려한 접근 제어 정책을 표현할 수 있다. 이를 지원하기 위하여 접근 제어 정책은 객체 내용을 근거로 하는 조건들을 포함할 수 있어야 한다.

세 번째 요구사항은 주체들의 이질성에 관련된 사항이다. 이는 구체적이고 개별적인 특징들(예를 들어, 사용자 ID)을 근거로 하기보다는 사용자의 특징과 자격을 근거로 하는 접근 제어 정책을 요구한다. 접근 제어 정책을 수립할 때 사용자 신상명세를 더 고려할 수 있는 한 가지 가능한 해결책은 자격증명서(credential)의 개념을 지원하는 것이다. **자격증명서**는 나이 또는 조직 내에서의 지위나 역할과 같이 보안 목적에 필요한 사용자에 관한 특성들의 집합이다. 예를 들어, 자격증명서를 사용함으로써, "5년 이상 근무한 정규직의 직원만이 시스템의 내부에 관련된 문서들에 접근할 수 있다"와 같은 정책을 간단히 수립할 수 있다.

XML 언어는 전자 상거래 응용을 위한 접근 제어에 핵심적인 역할을 수행할 것으로 기대된다.6) 그 이유는 XML이 웹 상에서 문서 교환을 위한 공통의 표현 언어가 되고 있을 뿐 아니라 전자 상거래를 위한 언어로도 널리 사용되기 때문이다. 그래서 한편으로 XML 문서들을 보호하도록 특별히 제작한 접근 제어 기법들을 제공함으로써 XML 표현들을 안전하게 만들 필요가 있다. 다른 한편으로는, 접근 제어 정보(즉, 접근 제어 정책과 사용자 자격증명서) 그 자체를 XML로 표현할 수 있다. **디렉토리 서비스 마크업 언어**(Directory Service Markup Language)는 XML 문법으로 디렉토리 서비스 정보를 표현하는 것이다. 이 언어는 사용자 자격증명서를 제공하고 인증하는 책무를 가진 디렉토리 서비스와 통신하기 위한 표준에 대한 기초를 제공한다. 보호 객체와 접근 제어 정책 모두에 균일한 표현은 정책과 자격증명서 자체에 적용될 수 있다. 예를 들어, 사용자 명과 같은 몇몇 자격증명서 특성은 모든 사용자에 의해 접근될 수 있지만 다른 특성은 제한된 등급의 사용자에게만 보여진다. 이에 추가하여, XML-기반 언어를 사용하여 자격증명서와 접근 제어 정책을 명세하면 안전한 자격증명서의 제출과 접근 제어 정책의 반출이 용이하다.

## 27.4 SQL 주입

SQL 주입은 데이터베이스 시스템에 대한 가장 평범한 위협 중의 하나이다. 그에 대해 이 절의 나중에 상세하게 논의한다. 데이터베이스에 대해 매우 빈번한 다른 공격 몇몇은 다음과 같다.

- **인가되지 않은 권한 승격.** 이 공격은 개인이 데이터베이스 시스템에서 취약한 점을 공격함으로써 자신의 권한을 승격시키려 시도하는 특징을 가진다.
- **권한 남용.** 인가되지 않은 권한 승격이 권한을 가지지 않은 사용자에 의해 수행되는 반면, 이 공격은 권한을 가진 사용자에 의해 수행된다. 예를 들어, 학생 정보를 변경하도록 허락된 관리자는 이 권한을 교사의 승인 없이 학생 성적들을 변경하는 데 사용할 수 있다.
- **서비스 거부.** 서비스 거부(Denial of Service, DOS) 공격은 자원을 의도한 사용자들이 이용하지 못하게 하는 시도이다. 그 공격은 일반 공격 범주에 속하는 것으로써 버퍼를 넘치게 하거나 자원을 소모함으로써 망 응용 또는 데이터에 대한 접근이 의도한 사용자들에게서 거부되게 하는 것이다.

---

6) Thuraisingham 외(2001)를 참조하기 바란다.

- **약한 인증.** 만약 사용자 인증 제도가 약하다면, 공격자는 합법적 사용자의 로그인 자격증명서를 획득함으로써 그 사용자의 식별자를 가장할 수 있다.

## 27.4.1 SQL 주입의 방법들

10장에서 논의한 바와 같이, 데이터베이스에 접근하는 웹 프로그램과 응용은 그 데이터베이스로부터 인출한 데이터를 웹 브라우저를 통하여 보여줄 뿐만 아니라 그 데이터베이스에 명령과 데이터를 전송할 수 있다. **SQL 주입 공격**(SQL injection attack)에서, 공격자는 응용을 통하여 문자열 입력을 주입하고, 그 문자열 입력은 그 공격자에게 유리하도록 SQL 문을 변경하거나 조작하게 된다. 하나의 SQL 주입 공격은, 권한을 가지지 않은 데이터베이스 조작 또는 민감한 데이터의 인출과 같이, 데이터베이스를 여러모로 해칠 수 있다. SQL 주입은 시스템으로 하여금 응용에 서비스를 거부하도록 유발할 수 있는 시스템 수준의 명령들을 실행하는 데 사용될 수도 있다.

**SQL 조작.** 주입 공격의 가장 평범한 유형인 조작 공격은 응용에서 SQL 명령을 변경한다. 예를 들어, 어떤 질의의 WHERE 절에 조건을 추가하거나, 어떤 질의에 UNION, INTERSECT 또는 MINUS와 같은 집합 연산을 사용하여 질의 요소를 추가하여 그 질의를 확장하는 것이다. 전형적인 조작 공격은 데이터베이스에 로그인하는 동안에 발생한다. 예를 들어, 어떤 지나치게 단순화한 인증 절차가 아래 질의를 제기한 후 어떤 행들이 반환되는 지를 검사한다고 가정하자.

```
SELECT * FROM users WHERE username = 'jake' and PASSWORD = 'jakespasswd'.
```

공격자는 그 SQL 문을 변경(또는 조작)하려 시도할 수 있다. 예를 들어, 다음과 같이 변경할 수 있다.

```
SELECT * FROM users WHERE username = 'jake' and (PASSWORD =
    'jakespasswd' or 'x' = 'x')
```

결과로, 'jake'가 어떤 사용자의 유효한 로그인 임을 알고 있는 그 공격자는 'jake'의 비밀번호를 몰라도 그 데이터베이스 시스템에 'jake'로 로그인 할 수 있으며, 그 데이터베이스 시스템에 'jake'가 행하도록 인가된 모든 것들을 행할 수 있다.

**코드 주입.** 이 유형의 공격은 무효한 데이터를 처리함으로써 유발되는 컴퓨터 버그를 이용하여 추가적인 SQL 문과 명령을 기존 SQL 문에 추가하려 시도한다. 공격자는 컴퓨터 프로그램의 실행 과정을 변경하기 위하여 그 프로그램에 코드를 주입하거나 넣을 수 있다. 코드 주입은 정보를 입수하고자 시스템 해킹(hacking) 또는 크래킹(cracking)을 하기 위한 일반적인 기법이다.

**함수 호출 주입.** 이 유형의 공격에서, 데이터를 조작하거나 특권을 가진 시스템 호출을 수행하기 위하여 데이터베이스 함수 또는 운영체제 함수 호출이 취약한 SQL 문에 삽입된다. 예를 들어, 망 통신에 관련된 어떤 양상을 수행하는 함수를 이용하는 것이 가능하다. 이에 추가하여, 주문 제작한 데이터베이스 패키지에 포함된 함수들 또는 어떤 구입한 데이터베이스 함수는 하나의 SQL 질의의 일부로 수행될 수 있다. 특히, 동적으로 생성된 SQL 질의들(9장 참조)은 그들이 실행 시에 구성되기 때문에 악용될 수 있다.

예를 들어, 사용자가 테이블 이름을 논리적으로 가지지 않는 SQL을 수행할 필요가 있을 때, 테이블 dual은 Oracle에서 SQL의 FROM 절에 사용된다. 오늘의 날짜를 얻고자, 아래의 SQL 문을 사용할 수 있다.

```
SELECT SYSDATE FROM dual;
```

다음의 예는 가장 간단한 SQL 문들 조차도 취약할 수 있음을 나타낸다.

```
SELECT TRANSLATE ('user input', 'from_string', 'to_string') FROM dual;
```

여기서, TRANSLATE는 하나의 문자열의 문자를 또 다른 문자열의 문자로 교체하는 데 사용된다. 위의 TRANSLATE 함수는 'from_string'의 문자를 'to_string'에 있는 문자로 차례로 하나씩 교체하게 된다. 이는 $f$가 $t$로, $r$이 $o$로, $o$는 _로 등등, 교체됨을 의미한다.

이 유형의 SQL 문은 함수 주입 공격에 당할 수 있다. 다음 예를 보자.

```
SELECT TRANSLATE ("|| UTL_HTTP.REQUEST('http://129.107.2.1/') ||",
    '98765432', '9876') FROM dual;
```

사용자는 문자열 ("|| UTL_HTTP.REQUEST('http://129.107.2.1/') ||")을 입력할 수 있다. 앞에서 ||는 연결 연산자(concatenate operator)이다. 따라서, 하나의 웹 서버로부터 하나의 페이지를 요구하는 것이다. UTL_HTTP는 SQL에서 하이퍼텍스트 전송 규약(Hypertext Transfer Protocol, HTTP)을 호출한다. REQUEST 객체는 하나의 URL(이 예에서는 'http://129.107.2.1/')을 매개 변수로 가지며, 사이트에 접속하고, 그 사이트로부터 얻은 데이터(전형적으로 HTML)를 반환한다. 공격자는 그 URL과 마찬가지로 다른 함수들을 포함하거나 다른 불법적인 연산들을 행하기 위하여 그가 입력하는 문자열을 조작할 수도 있다. 위의 예는 '98765432'를 '9876'으로 변환하는 것을 보이는 가짜 예이다. 그러나, 사용자의 의도는 그 URL에 접근하여 민감한 정보를 가지는 것일 것이다. 공격자는 이제 매개 변수로 전달된 그 URL에 위치한 데이터베이스 서버로부터 유용한 정보를 인출하여 TRANSLATE 함수를 호출하는 웹 서버에게 전송할 수 있다.

SQL 주입은 유해하고 그에 관련된 위험들은 공격자들에게 동기를 부여한다. SQL 주입 공격에 관련된 몇몇 위험들은 다음과 같다.

## 27.4.2 SQL 주입에 관련된 위험들

- 데이터베이스 감식법(Database fingerprinting). 공격자는 백엔드(backend)에서 사용되는 데이터베이스의 유형을 알아낼 수 있어서 특정 DBMS에 있는 약점에 해당하는 데이터베이스 특유의 공격을 사용할 수 있다.
- 서비스 거부. 공격자는 서버를 요구로 넘쳐나게 할 수 있어서 유효한 사용자들에게 서비스가 거부되게 하거나 일부 데이터를 삭제할 수 있다.
- 인증 생략하기. 이는 가장 평범한 위험들 중의 하나인데 위험 상황에서 공격자는 인가된 사용자로 데이터베이스에 대한 접근을 얻어 원하는 모든 일들을 수행할 수 있다.
- 주입할 수 있는 매개 변수 식별하기. 이 유형의 공격에서, 공격자는 어떤 웹 응용의

백엔드 데이터베이스의 유형과 구조에 대한 중요 정보를 모은다. 이 공격은 응용 서버들에 의해 반환되는 디폴트(default) 오류 페이지가 자주 몹시 서술적이라는 사실에 의해 가능해진다.

- **원격 명령 실행하기.** 이는 공격자들에게 데이터베이스에 대한 임의의 명령을 실행할 도구를 제공한다. 예를 들어, 원거리 사용자는 원격 SQL 대화식 인터페이스로부터 데이터베이스의 저장 프로시져와 저장 함수를 실행할 수 있다.
- **권한 확대 수행하기.** 이 유형의 공격은 접근 등급을 높이기 위하여 데이터베이스에 내재된 논리적 결점을 이용한다.

### 27.4.3 SQL 주입에 대한 보호 기법들

SQL 주입에 대한 보호는 어떤 프로그램 작성 규칙을 모든 웹 접근 가능 프로시져와 함수에 적용함으로써 달성될 수 있다. 다음은 이 기법들의 일부를 기술한다.

**바인드 변수들(매개 변수화한 문들의 사용).** 바인드 변수(매개 변수라고도 알려져 있음; 9장 참조)들의 사용은 주입 공격부터 보호하며 성능 또한 향상시킨다.

Java와 JDBC를 사용하는 다음 예를 보자.

```
PreparedStatement stmt = conn.prepareStatement("SELECT * FROM
    EMPLOYEE WHERE EMPLOYEE_ID=? AND PASSWORD=?");
stmt.setString(1, employee_id);
stmt.setString(2, password);
```

사용자의 입력을 그 문에 끼워 넣는 대신에, 그 입력은 매개 변수에 바인드되어야 한다. 이 예에서, 문자열 매개 변수를 직접 전달하는 대신에, 입력 '1'은 바인드 변수 'employee_id'에, 입력 '2'는 바인드 변수 'password'에 배정(바인드)된다.

**입력 여과하기(입력 확인).** 이 기법은 SQL의 Replace 함수를 사용함으로써 입력 문자열에서 탈출 문자(escape characters)를 제거하는 데 사용될 수 있다. 예를 들어, 구획문자(delimiter)로서 단일 인용 부호인 (')는 두 개의 단일 인용 부호인 ('')로 대체될 수 있다. 탈출 문자들이 조작 공격들을 주입하는 데 사용될 수 있기 때문에, 이 기법을 사용함으로써 일부 SQL 조작 공격을 막을 수 있다. 그러나, 많은 수의 탈출 문자가 있을 수 있기 때문에, 이 기법은 믿을 만 하지 않다.

**함수 보안.** 데이터베이스 함수들(표준과 사용자 정의 모두)은, 그 자체로 SQL 주입 공격에 이용될 수 있기 때문에, 제한되어야 한다.

## 27.5 통계 데이터베이스 보안의 소개

통계 데이터베이스는 주로 다양한 집단(population)에 대한 통계를 산출하기 위해서 사용된다. 데이터베이스에는 개인에 대한 비밀 데이터도 저장되어 있을 수 있으므로 그 정보는 사용자 접근으로부터 보호되어야 한다. 그러나 사용자들이 집단에 대하여 평균, 합계, 개수(count), 최댓값, 최솟값, 표준 편차와 같은 통계 정보를 검색하는 것은 허용된다. 통계 데이터베이스에서 개인 정보의 프라이버시를 보호하기 위해 개발된 기법들은 이 교재의 범위를 벗어난다. 이 문제는 그림 27.3의 릴레이션을 참조하는 매우 간단한 예로 설명할 수 있다. PERSON 릴레이션이 Name, Ssn, Income, Address, City, State, Zip, Sex, Last_degree 속성들을 가진다고 가정하자.

PERSON

| Name | Ssn | Income | Address | City | State | Zip | Sex | Last_degree |
|---|---|---|---|---|---|---|---|---|

그림 27.3 통계 데이터베이스의 보안을 예시하기 위한 PERSON 릴레이션의 스키마

**집단**(population)은 어떤 선택 조건을 만족하는 릴레이션(테이블)의 투플들의 집합이다. 따라서 PERSON 릴레이션에 대한 각 선택 조건은 PERSON 투플들의 특정한 집단을 명시한다. 예를 들어, 조건 SEX = 'M'은 남자 집단을 명시하고, 조건((SEX = 'F') AND (Last_ Degree = 'M.S.' OR Last_Degree = 'PH.D.'))는 최종 학위가 석사 또는 박사인 여자 집단을 명시하며, 조건 City = 'Houston'은 Houston에 거주하는 집단을 명시한다.

통계 질의(statistical query)는 투플들의 집단에 통계 함수를 적용한다. 예를 들어, 특정 집단에 속하는 개인들의 숫자나 그 집단의 평균 소득을 검색하기를 원할 수 있다. 그러나 통계치를 원하는 사용자가 특정 개인의 소득과 같은 개인의 데이터를 검색하는 것은 허용되지 않는다. **통계 데이터베이스 보안**(statistical database security) 기법은 개인의 데이터에 대한 검색을 금지해야 한다. 이는 속성 값들을 검색하는 질의를 금지하고, COUNT, SUM, MIN, MAX, AVERAGE, STANDARD DEVIATION과 같은 통계적인 집단 함수를 포함하는 질의만을 허용함으로써 달성할 수 있다. 때로 이런 질의를 **통계 질의**라고 부른다.

데이터베이스 관리 시스템은 개인 데이터의 비밀을 보장하면서도 유용한 통계 요약을 제공할 수 있어야 한다. 통계 데이터베이스에서 사용자들의 프라이버시 보호(privacy protection)에 대한 준비는 탁월하다. 다음의 예가 위반의 경우를 보여주고 있다.

어떤 경우에는 일련의 통계 질의들로부터 개별 투플들의 값을 추론하는 것이 가능하다. 특히 질의의 선택 조건이 질의의 결과로 적은 숫자의 투플들로 구성된 집단을 구할 때 이런 경우가 발생할 수 있다. 예를 들어, 다음과 같은 두 개의 통계 질의를 보자.

```
Q1: SELECT COUNT (*)FROM PERSON
    WHERE <condition>;
Q2: SELECT AVG (Income) FROM PERSON
    WHERE <condition>;
```

Jane Smith의 급여를 알고 싶다. 그녀는 박사 학위를 가지고 있으며 Texas 주의 Bellaire라는 도시에 살고 있다는 사실을 알고 있다고 가정하자. 그러면 다음과 같은 조건으로 통계 질의 Q1을 실행할 수 있다.

(Last_degree='Ph.D' AND Sex='F' AND City='Bellaire' AND State='Texas')

이 질의의 결과가 1이라면 동일한 조건으로 Q2를 실행하여 Jane Smith의 Income을 알 수 있다. 위의 조건으로 Q1을 실행한 결과가 1은 아니지만 2 또는 3의 적은 수이면 MAX, MIN, AVERAGE 함수들을 사용하여 Jane Smith의 Income 값의 가능한 범위를 알 수 있다.

선택 조건에 의해 검색되는 집단의 투플들의 수가 어떤 경계값보다 적으면 통계 질의를 허용하지 않음으로써 통계 질의들로부터 개인 정보를 추측할 수 있는 가능성을 줄일 수 있다. 개인 정보의 검색을 방지하는 또 다른 기법으로는 반복하여 동일한 투플들의 집단을 참조하는 연속적인 질의를 방지하는 것이다. 통계 질의의 결과로부터 개인정보의 추측을 어렵게 하기 위해서 약간의 부정확한 값 또는 잡음을 고의로 통계 질의의 결과에 추가할 수도 있다. 또 다른 기법은 데이터베이스를 분할하는 것이다. 분할이라 함은 레코드들을 어떤 최소 크기의 그룹으로 저장함을 의미하는데, 이 기법은 어떤 그룹 전체나 그룹의 집합은 조회할 수 있으나 하나의 그룹에 속하는 레코드들의 부분집합은 결코 조회할 수 없다. 이런 기법에 관심이 있는 독자는 이 장의 마지막에 있는 주요 문헌들을 참조하기 바란다.

## 27.6 흐름 제어의 소개

흐름 제어는 접근 가능한 객체들 사이에서 정보의 분배 또는 흐름을 조절한다. 객체 $X$와 객체 $Y$ 사이의 흐름은 프로그램이 $X$에서 값을 읽어 $Y$에 값을 쓸 때 발생한다. 흐름 제어(flow control)는 어떤 객체에 담겨진 정보가 명시적으로든 또는 묵시적으로든 덜 보호된객체로 흐르지 않도록 점검한다. 따라서, 사용자는 $X$로부터 직접 구할 수 없는 것을 $Y$를 통하여 간접적으로 구할 수는 없다. 흐름 제어에 대한 활발한 연구는 1970년대 초에 시작되었다. 대부분의 흐름 제어는 보안 등급의 개념을 사용한다. 이 개념에서, 송신자로부터 수신자로의 정보의 전달은 수신자의 보안 등급이 적어도 송신자의 보안 등급 만큼일 경우에 한하여 허용된다. 흐름 제어의 예로서 서비스 프로그램에 의해 어떤 고객의 비밀 데이터가 유출되는 것을 방지하는 것과 2급 군사용 비밀 데이터를 등급 미확인 사용자에게 전송함을 차단하는 것을 들 수 있다.

**흐름 정책**(flow policy)은 정보의 이동이 허용된 통로를 명시한다. 가장 간단한 흐름 정책은 기밀(confidential, $C$)과 기밀 아님(nonconfidential, $N$)이라는 두 등급으로 정보를 명시하며,

등급 $C$로부터 등급 $N$으로 흐름을 제외한 모든 흐름을 허용하는 것이다. 이 정책은 서비스 프로그램이 고객 정보와 같이 그 일부가 기밀일 수 있는 데이터를 취급할 때 발생하는 제한 문제를 해결할 수 있다. 예를 들어, 소득세 계산 서비스에서 고객의 주소와 양도된 서비스에 대한 청구서를 보유할 수는 있지만 고객의 소득 또는 공제 정보는 보유할 수 없다.

**접근 제어 방법**은 각 자원 접근에 대하여 오직 허가 받은 연산만이 실행되도록 사용자들의 권한을 검사해야 한다. 흐름 제어는 확장된 접근 제어 기법으로 집행될 수 있는데, 이는 각 실행 프로그램에게 하나의 보안 등급(일반적으로 이를 허가(clearance)라 한다)을 부여함으로써 이루어진다. 프로그램이 메모리의 특정 부분을 읽으려면 그 프로그램의 보안 등급이 메모리 부분(segment)의 보안 등급만큼 높아야 가능하다. 또한, 프로그램은 그 프로그램의 등급이 메모리 부분의 등급만큼 낮은 경우에 한하여 그 메모리 부분에 쓰기가 허용된다. 이렇게 함으로써 어떤 사람에 의해 전송된 정보가 높은 보안 등급에서 낮은 보안 등급으로 이동할 수 없도록 보장한다. 예를 들어, 2등급 군사 프로그램은 3급 혹은 4급 비밀 등급의 객체들로부터 읽을 수 있고, 2급 또는 1급 비밀 등급의 객체로만 쓸 수 있다.

이는 두 가지 유형의 흐름으로 구분된다. 한 가지는 $Y := f(X_1, X_n)$과 같은 할당문의 결과로 발생하는 명시적 흐름이며, 다른 한 가지는 if $f(X_{m+1}, \ldots, X_n)$then$y := f(X_1, X_m)$과 같은 조건문에 의해 발생되는 묵시적 흐름이다.

흐름 제어 방법은 명시적 흐름과 묵시적 흐름 모두에서 오직 권한이 부여된 흐름만이 수행됨을 입증해야 한다. 안전한 정보 흐름을 보장하려면 일련의 규칙들이 만족되어야 한다. 규칙은 클래스 사이의 흐름 관계를 이용하여 표현될 수 있고 정보에 설정될 수 있으며 시스템 내에서 권한이 부여된 흐름을 기술하게 된다. (A에서 B로의 정보 흐름은 A에 결합된 정보가 B에 결합된 정보의 값에 영향을 미칠 때 발생한다. 흐름은 하나의 객체에서 다른 객체로 정보가 전달되도록 하는 연산의 결과로 발생한다.) 이러한 관계들은 하나의 클래스에 대하여 그 클래스 내에서 분류된 정보가 흐를 수 있는 일련의 클래스를 규정할 수 있거나 두 클래스 사이에서 하나의 클래스에서 다른 클래스로 정보 흐름을 허용하는 특정 관계들이 입증되어야 함을 기술할 수 있다. 일반적으로, 흐름 제어 방법은 각 객체에 하나의 레이블을 부여하고 그 객체의 보안 등급을 명시함으로써 제어를 구현한다. 그리고 나서 레이블들은 그 모델에 정해둔 흐름 관계를 입증하는 데 사용된다.

### 27.6.1 숨겨진 통로

**숨겨진 통로**(covert channels)는 보안 또는 정책을 위배하는 정보의 전달을 허용한다. 구체적으로, 숨겨진 통로는 부적절한 수단을 통하여 높은 분류 등급에서 낮은 분류 등급으로 정보가 전달됨을 허용한다. 숨겨진 통로는 저장 통로와 시간 통로의 두 가지 넓은 범주로 분류된다. 그 둘 사이를 구분하는 면은 다음과 같다. **시간 통로**(timing channel)에서 정보는 사건 또는 프로세스의 타이밍에 의해 전달되는 반면, **저장 통로**(storage channel)는 어떠한 시간의 동기화도 필요로 하지 않는다. 저장 통로에서 정보는 시스템 정보 또는 그렇게 하지 않으면 사용자가 접근할 수 없는 정보에 접근함으로써 전달된다.

숨겨진 통로의 간단한 예로, 분산 데이터베이스 시스템을 고려해 보자. 그 시스템에 두 개의 노드가 있고 그 사용자 보안 등급이 2급 비밀(S: secret)과 일반 정보(U: unclassified)라고 하자. 트랜잭션이 완료하기 위해서는 두 노드가 완료에 동의해야 한다. 그 노드들은 공동으로 스타-특성과 일치하는 연산만을 수행할 수 있다. 즉, 어떤 트랜잭션에서도 $S$ 사이트는 $U$ 사이트에게 정보의 쓰기 또는 전달할 수 없다. 그러나 이 두 사이트가 숨겨진 통로를 설정하기로 공모한다면 2급 비밀 데이터를 수반한 트랜잭션은 $U$ 사이트에 의해 무조건 완료될 수 있으나, $S$ 사이트는 어떤 미리 정한 약속된 방법으로 완료할 수 있어서 어떤 정보는 $S$ 사이트에서 $U$ 사이트로 전달될 수 있다. 이는 스타-특성을 위반하는 것이다. 이는 트랜잭션이 반복 수행됨으로써 달성될 수 있지만 $S$ 사이트에 의해 취해진 행동은 정보를 $U$ 사이트로 묵시적으로 전달한다. 20장과 21장에서 논의한 로킹과 같은 수단은 서로 다른 보안 등급의 사용자들에 의한 동일 객체에 대한 정보의 동시 쓰기를 방지하므로 저장 유형의 숨겨진 통로를 방지한다. 운영체제와 분산 데이터베이스는 하나의 프로그램 또는 프로세스가 다른 프로그램 또는 프로세스의 메모리 또는 시스템 내의 다른 자원에 대한 침해 가능성 없이 자원을 공유하게 하는 연산의 다중 프로그래밍에 대한 제어를 제공함으로써 타이밍 지향의 숨겨진 통로를 방지한다. 일반적으로, 숨겨진 통로는 잘 구현된 데이터베이스 구현에서는 중요 문제가 아니다. 그러나 영리한 사용자들은 정보를 묵시적으로 전달하는 어떤 기법들을 고안할 수도 있다.

일부 보안 전문가들은 숨겨진 통로를 방지하는 한 가지 방법으로 프로그래머들로 하여금 어떤 프로그램이 동작한 이래로 그 프로그램이 처리하기로 되어 있는 민감한 데이터에 대한 접근을 실제로 획득하지 못하게 하는 것이라고 믿는다. 예를 들어, 은행에 대한 프로그래머는 예금자 계정에 있는 이름 또는 잔고에 접근할 필요가 없다. 중개업 회사에 대한 프로그래머는 고객에 대한 어떤 사자와 팔자 주문이 있는지를 알 필요가 없다. 프로그램 검증 동안, 일정 형태의 실제 데이터 또는 어떤 표본 검증 데이터에 대한 접근은 정당화될 수 있으나 그 프로그램이 정규 사용으로 채택된 이후에는 접근해서는 안된다.

## 27.7 암호화와 공개 키 기반 구조

접근 제어와 흐름 제어에 대한 앞의 방법들은 강력한 제어 수단들임에도 불구하고 몇몇 침투로부터 데이터베이스를 보호하지 못할 수도 있다. 데이터를 통신하는데 그 데이터가 불법 사용자에게 전달된다고 가정하자. 이 환경에서, **암호화**를 사용함으로써 그 메시지를 변장할 수 있으며 그렇게 함으로써 그 전송이 다른 곳으로 돌려졌다 할지라도 그 메시지는 누설되지 않을 것이다. 암호화는 데이터를 **암호문**(ciphertext)의 형태로 변환하는 것이다. 암호문은 권한을 가지지 않은 사람들에 의해 쉽게 이해될 수 없다. 암호화는 접근 제어들이 생략되었을 때 보안과 프라이버시를 향상시킨다. 그 이유는 데이터 분실이나 절도의 경우, 암호화된 데이터는 권한을 가지지 않은 사람들에 의해 쉽게 이해될 수 없기 때문이다.

이를 배경으로, 다음의 표준 정의에 따른다.[7]

---

7) 미국 상무부

- 암호문(ciphertext). 암호화한 (암호로 바꾼) 데이터.
- 평문(plaintext 또는 cleartext). 의미를 가지며 해독의 적용 없이 읽혀지거나 수행될 수 있는 이해할 수 있는 데이터.
- 암호화(encryption). 평문을 암호문으로 변환하는 작업.
- 해독(decryption). 암호문을 평문으로 되돌려 변환하는 작업.

암호화는 미리 명시한 암호화 키(encryption key)를 사용하여 데이터에 암호화 알고리즘(encryption algorithm)을 적용하는 것이다. 결과 데이터는 원래의 데이터를 복구하기 하기 위하여 해독 키(decryption key)를 사용하여 해독되어야 한다.

### 27.7.1 데이터 암호화와 고급 암호화 표준

데이터 암호화 표준(DES: Data Encryption Standard)은 미국 정부가 일반 대중이 사용하도록 개발한 시스템이다. DES는 미국과 그 외의 국가에서 암호의 표준으로 광범위하게 채택되었다. DES는 송신자 $A$와 수신자 $B$ 사이의 통로에서 끝-대-끝(end-to-end) 암호화를 제공할 수 있다. DES 알고리즘은 대입(substitution)과 치환(permutation, transposition)이라는 암호화의 두 가지 기본 요소들의 신중하고 복잡한 조합이다. 그 알고리즘의 힘의 원천은 이 두 기법을 총 16바퀴 반복 적용하는 데 있다. 원래 형태의 메시지인 평문은 64비트의 블록들로 암호화된다. 비록 키는 64비트를 차지하지만 실제로 키는 어떠한 56비트 숫자라도 될 수 있다. DES의 타당성을 조사한 후, NIST는 **고급 암호화 표준**(AES: Advanced Encryption Standard)을 제시하였다. 이 알고리즘은, DES의 56비트의 블록 크기와 비교하여, 128비트의 블록 크기를 가지며, DES의 56비트 키와 비교하여, 128, 192, 또는 256비트의 키들을 사용할 수 있다. AES는 DES와 비교하여 더 많은 가능한 키들을 제시하므로 깨뜨리기에 훨씬 더 긴 시간이 필요하다. 현재 시스템에서 큰 키 길이를 가지는 경우 AES가 기본이다. 또한 애플의 FileVault와 마이크로소프트의 BitLocker 모두 256비트 또는 128비트 키를 사용하는 전체 드라이브 암호화(full drive encryption) 제품의 표준이다. TripleDES는 기존 시스템이 최신 암호화 표준을 사용할 수 없는 경우 대체 옵션이다.

### 27.7.2 대칭 키 알고리즘들

대칭 키(symmetric key)는 암호화와 해독 모두에 사용되는 하나의 키이다. 대칭 키를 사용함으로써, 데이터베이스의 민감한 데이터에 대한 일상적인 사용을 위한 빠른 암호화와 해독이 가능하다. 비밀 키로 암호화한 메시지는 동일 비밀 키로써만 해독될 수 있다. 대칭 키 암호화를 위해 사용되는 알고리즘을 **비밀-키 알고리즘**(secret-key algorithm)이라 한다. 비밀-키 알고리즘은 대부분의 메시지 내용을 암호화하는 데 사용되기 때문에, 그들을 **내용-암호화 알고리즘**(content-encryption algorithm)이라 하기도 한다.

비밀-키 알고리즘의 주된 골칫거리는 비밀 키를 공유해야 할 필요가 있다는 것이다. 한가지 가능한 방법은 송신자와 수신자 모두에서 사용자 제공 비밀번호 문자열에 대하여 동일 함수를 적용함으로써 그 비밀 키를 얻는 것이다. 이는 비밀번호-기반 암호화 알고리즘으로 알려져 있다. 대칭 키 암호화의 힘은 사용된 키의 크기에 따라 다르다. 동일 알고리즘에 대하여, 더 긴 키를 사용한 암호화는 더 짧은 키를 사용한 것보다 부수기가 더 어렵다.

### 27.7.3 공개 (비대칭) 키 암호화

1976년에 Diffie와 Hellman은 **공개 키 암호화**(public key encryption)라고 하는 새로운 종류의 암호 시스템을 제안하였다. 공개 키 알고리즘은 비트 유형에 대한 연산이 아니라 수학적 함수에 근거를 두고 있다.

그 알고리즘은 대칭 키 암호화의 한가지 단점으로 송신자와 수신자 모두가 공통의 키를 안전한 방법으로 교환해야 함을 지목한다. 공개 키 시스템에서, 두 개의 키가 암호화/해독을 위해 사용된다. 공개 키(public key)는 안전하지 않은 방법으로 전송될 수 있는 반면 개인 키(private key)는 전혀 전송되지 않는다. 하나의 공개 키와 하나의 개인 키라는 두 개의 관련된 키를 상호보완적인 연산(암호화와 해독)을 수행하기 위해 사용하는 이 알고리즘을 **비대칭 키 암호화 알고리즘**(asymmetric key encryption algorithm)이라 한다. 두 키의 사용은 비밀성, 키 분배, 그리고 인증의 영역에서 심오한 중요성을 가진다. 공개 키 암호화에 사용되는 두 키를 **공개 키**와 **개인 키**라 한다. 항상, 개인 키는 비밀로 보관된다. 그러나 그 키를 비밀 키(secret key)라 하지 않고 개인 키라고 하는 이유는 전통적인 암호화에 사용되는 키를 비밀 키라는 용어로 사용하고 있으므로 전통적인 암호화와의 혼돈을 피하기 위함이다. 그 두 키 중 하나는 암호화를 수행하기 위해 사용되고 다른 하나는 해독을 수행하기 위해 사용되므로, 수학적으로 연계되어 있다. 그러나, 공개 키로부터 개인 키를 유도해 내는 것은 매우 어렵다.

하나의 공개 키 암호화 기법 또는 기반 구조는 아래의 여섯 개의 구성요소들을 가진다.

1. **평문.** 이는 그 알고리즘에 입력으로 제공되는 데이터 또는 읽을 수 있는 메시지이다.
2. **암호화 알고리즘.** 암호화 알고리즘은 평문에 대하여 다양한 변환을 수행한다.

3, 4. **공개 키와 개인 키.** 이들은 선택된 한 쌍의 키들로써 하나가 암호화를 위해 사용되면 다른 하나는 해독을 위해 사용된다. 암호화 알고리즘에 의해 수행되는 정확한 변환은 입력으로 제공되는 공개 키 또는 개인 키에 의존한다. 예를 들어, 메시지가 그 공개 키를 사용하여 암호화되면, 그 메시지는 그 개인 키를 사용해야만 해독할 수 있다.

5. **암호문.** 이는 출력으로 생성되는 뒤섞인 메시지이다. 암호문은 평문과 키에 의존한다. 주어진 메시지에 대하여 두 개의 서로 다른 키는 두 개의 서로 다른 암호문들을 생성할 것이다.
6. **해독 알고리즘.** 이 알고리즘은 암호문과 대응되는 키를 받아서 원래의 평문을 생성한다.

명칭이 제시하는 바와 같이, 한 쌍의 키에서 공개 키는 다른 사용자들도 사용할 수 있도록 공개되어 있는 반면, 개인 키는 그 키의 소유자에게만 알려진다. 하나의 범용 목적의 공개 키 암호화 알고리즘은 하나의 키를 암호화를 위해 사용하고 다른 키는 해독을 위해 사용한다. 근본적인 단계는 다음과 같다.

1. 각 사용자는 메시지의 암호화와 해독에 사용될 한 쌍의 키를 생성한다.
2. 각 사용자는 두 키 중의 하나를 공개된 기록부 또는 다른 접근할 수 있는 파일에 둔다. 이것이 공개 키이다. 동반자 키는 비공개로 보관된다.
3. 송신자가 수신자에게 비밀 메시지를 송신하기를 원한다면, 송신자는 수신자의 공개 키를 이용하여 그 메시지를 암호화한다.
4. 수신자는 그 메시지를 수신하면, 자신의 개인 키를 이용하여 그 메시지를 해독한다. 오직 그 수신자만이 자신의 비밀 키를 알기 때문에 다른 수신자는 그 누구도 그 메시지를 해독할 수 없다.

**RSA 공개 키 암호화 알고리즘.** 최초의 공개 키 기법들 중의 하나는 1978년에 MIT의 Ron Rivest, Adi Shamir, 그리고 Len Adleman에 의해 제시되었으며[8] 그들의 이름을 따서 RSA 방법으로 명명되었다. 그 이후로 RSA 방법은 공개 키 암호화에 가장 널리 채택되고 구현된 기법으로써 최상으로 군림하고 있다. RSA 공개 키 암호화 알고리즘은 하나의 표적의 소인수(prime factor)들을 알아내는 난이도와 결합하여 정수론(number theory)의 결과를 통합한다. RSA 알고리즘은 mod $n$의 모듈로 연산으로도 동작한다.

두 개의 키가 해독과 암호화에 사용된다. 이들을 $d$와 $e$라 하자. 한 가지 중요한 특성은 두 키가 교환될 수 있다는 것이다. $n$은 두 개의 크고 서로 다른 소수(prime number)인 $a$와 $b$의 곱(즉, $n = a \times b$)인 큰 수로 선택된다. 암호화 키인 $e$는 1과 $n$ 사이에서 임의로 선택한 수이며 $(a-1) \times (b-1)$에 상대적 소수(relatively prime)이다. 평문 블록 $P$는 $P^e$로 암호화된다. 그 지수에 대해 $\text{mod} n$이 수행되므로 암호화한 평문을 벗겨내기 위해 $P^e$를 인수분해하는 것은 어렵다. 그러나 해독 키 $d$가 신중히 선택되어 $(P^e)d \bmod n = P$가 되게 한다. 해독 키 $d$는 $d \times e = 1 \text{mod}((a-1) \times (b-1))$의 조건으로부터 계산될 수 있다. 따라서 $d$를 알고 있는 정당한 수신자는 단순히 $(P^e)d \bmod n = P$를 계산하며 $P^e$를 인수분해하지 않고도 $P$를 복구한다.

### 27.7.4 전자 서명

**전자 서명**(digital signature)은 전자 상거래 응용에서 인증 서비스를 제공하기 위해 암호화 기법을 사용하는 한가지 예이다. 손으로 쓴 서명과 같이, 전자 서명은 한 명의 개인에 유일한 부호를 문서의 본체에 결합하는 수단이다. 그 부호는 잊을 수 없는 것이어야 하며 다른 사람들이 그 서명이 그 사람으로부터 나왔다는 것을 점검할 수 있어야 한다.

전자 서명은 기호의 문자열로 구성된다. 만약 한 사람의 전자 서명이 모든 메시지에 항상 동일하다면 그 기호의 문자열을 단순히 복사함으로써 그 사람의 전자 서명을 쉽게 위조할 수 있을 것이다. 따라서 서명은 매 사용마다 반드시 달라야 한다. 이는 서명할 메시지와 타임스탬프의 함수로 전자 서명을 만듦으로써 달성될 수 있다. 각 서명자에게 유일하며 위조

8) Rivest 외(1978)

방지를 위하여, 각 전자 서명은 각 서명자에게 유일한 어떤 비밀번호에 반드시 의존해야 한다. 따라서, 일반적으로, 하나의 위조 방지 전자 서명은 반드시 그 메시지와 그 서명자의 유일한 비밀번호에 의존해야 한다. 그러나 전자 서명의 검증기는 어떠한 비밀번호도 알 필요가 없다. 공개 키 기법은 이러한 특성을 가진 전자 서명을 생성하는 최고의 수단이다.

### 27.7.5 전자 인증서

**전자 인증서**(digital certificate)는 공개 키 값을 그 사람의 식별자 또는 해당하는 개인 키를 가진 서비스와 결합하여 하나의 전자적으로 서명된 문장으로 만드는 데 사용된다. 인증서는 인증 기관(certification authority, CA)에 의해 발행되고 서명된다. CA로부터 이 인증서를 수령하는 실체(entity)는 그 증명서의 주체가 된다. 어떤 응용에 참여하는 각 참여자에게 모든 사용자들을 인증할 것을 요구하는 대신, 제3자 인증은 전자 인증서의 사용을 필요로 한다.

전자 인증서는 그 자체가 여러 유형의 정보를 포함한다. 예를 들어, 인증 기관과 인증서 소유자 모두의 정보가 포함된다. 아래 리스트는 그 인증서에 포함되는 모든 정보를 기술한다.

1. 인증서 소유자 정보. 이는 그 소유자의 고유 이름(distinguished name, DN)으로 알려진 유일한 식별자로 표현된다. 이 정보는 그 소유자의 조직과 그 소유자에 대한 다른 정보를 비롯하여 그 소유자의 이름을 포함한다.
2. 그 인증서는 그 소유자의 공개 키도 포함한다.
3. 그 인증서의 발행 날짜 또한 포함된다.
4. '유효시작'과 '유효종료'의 날짜들로 명시되는 유효 기간이 각 인증서에 포함된다.
5. 발행자 식별자 정보가 인증서에 포함된다.
6. 마지막으로, 발행하는 CA의 그 인증서를 위한 전자 서명이 포함된다.

열거한 모든 정보는 전자 서명을 생성하는 message-digest 함수를 통하여 부호화된다. 그 전자 서명은 기본적으로 그 인증서의 소유자와 공개 키 사이의 연관성이 유효함을 증명한다.

## 27.8 프라이버시의 쟁점들과 보존

데이터 프라이버시의 보존은 데이터베이스의 보안과 프라이버시 전문가들에게 관심이 증대되는 난제이다. 몇몇 관점에서는 데이터 프라이버시를 보존하기 위하여 대규모 데이터 마이닝과 해석을 제한하는 것이 좋다. 이 문제를 다루는 가장 보편적으로 사용되는 기법들은 거대 중앙 웨어하우스(warehouse)를 지극히 중요한 정보의 단일 저장소로서 설립하는 것을 회피하는 것이다. 이는 많은 중요한 질병들에 대한 환자들의 전국적인 등록을 만드는 걸림돌 중 하나이다. 또 다른 가능한 방책은 데이터를 의도적으로 수정 또는 교란하는 것이다.

만약 모든 데이터가 하나의 웨어하우스에서 이용 가능하다면, 단일 저장소의 보안을 위반하는 것만으로도 모든 데이터가 노출될 수 있을 것이다. 중앙 웨어하우스들을 회피하고 분산 데이터 마이닝 알고리즘들을 사용함으로써 전역 유효 모델을 개발하기에 필요한 데이터의 교환을 최소화할 수 있다. 데이터를 수정하고 교란하며 익명화함으로써 데이터 마이닝에 관련된 프라이버시 위험 또한 완화할 수 있다. 이는 공개된 데이터에서 식별 정보를 제거하고 그 데이터에 잡음을 주입함으로써 수행될 수 있다. 그러나 그 기법들을 사용함으로써, 너무나 많은 변화를 겪을 데이터베이스에 존재하는 결과 데이터의 질적인 면에 주의해야 한다. 그 변경에 의해 야기될 수 있는 오류를 산정할 수 있어야 한다.

프라이버시는 데이터베이스 관리에 대해 진행 중인 연구의 중요 영역 중의 하나이다. 프라이버시 문제는 여러 전문 분야가 집결된 특징과 프라이버시, 신뢰 등에 대한 판단의 주관성에 결부된 쟁점들로 인하여 복잡하다. 예를 들어, 의료와 법률 상의 기록들과 트랜잭션을 보자. 그 기록과 트랜잭션은 프라이버시의 어떤 필요조건들을 반드시 유지해야 한다. 이동 장비들에 대해 접근 제어와 프라이버시를 부여하는 것 또한 관심이 증대되고 있다. DBMS들은 신뢰 절충 기술뿐만 아니라 소규모 장비의 보안 관련 정보의 효율적 저장을 위한 확고한 기술을 필요로 한다. 사용자의 신원, 프로파일, 자격 증명서, 허가에 관련된 정보를 어디에 보관할 지와 신뢰할 수 있는 사용자 확인을 위해 그 정보를 어떻게 사용할 지는 여전히 중요 문제로 남아 있다. 그러한 환경에서는 데이터의 대규모 흐름이 발생하므로, 효율적 접근 제어 기술들이 개발되고 연속된 질의들의 처리 기술들과 통합되어야 한다. 마지막으로, 센서와 통신망으로부터 획득된 사용자 위치 데이터의 프라이버시는 반드시 보장되어야 한다.

## 27.9 데이터베이스 유지에 대한 난제들

데이터베이스와 정보 자산에 대한 위협의 규모와 속력의 거대한 성장을 고려해 볼 때, 연구 노력은 데이터 품질, 지적 재산권, 데이터 생존성의 쟁점들에 쏟을 필요가 있다. 따라서 데이터베이스 보안의 연구자들이 다루고자 하는 몇몇 중요 영역들에서 요구되는 작업을 간략하게 설명한다.

### 27.9.1 데이터 품질

데이터베이스 공동체는 데이터의 품질을 평가하고 증명할 기술과 조직의 해결책을 필요로 한다. 이 기술에는 웹 사이트에 게시된 품질 스탬프와 같은 단순한 기법이 포함될 수도 있다. 보다 효율적인 무결성 의미론 검증을 제공하는 기법과 데이터 품질을 평가할 도구(레코드 연계와 같은 기법에 근거한 도구들) 또한 필요하다. 부정확한 데이터를 자동으로 정정하기 위하여 응용프로그램 수준의 회복 기법도 필요하다. 데이터 웨어하우스(26.4절 참조)에 데이터를 적재하기 위하여 광범위하게 사용되는 ETL(extract, transform, load; 추출, 변환, 적재) 도구들은 현재 이 쟁점에 대해 고심하고 있다.

### 27.9.2 지적 재산권

인터넷과 인트라넷의 광범위한 사용으로 데이터의 법적 정보적 측면이 조직체의 주된 관심사가 되고 있다. 이들 관심사를 다루기 위하여 관계 데이터에 대한 워터마킹(watermarking) 기법이 최근에 제안되었다. 디지털 워터마킹의 주된 목적은 내용에 대한 증명할 수 있는 소유권을 부여함으로써 승인되지 않은 복제와 배포로부터 그 내용을 보호하는 것이다. 디지털 워터마킹은 전통적으로 대규모 잡음 영역의 유효성에 의존하여 왔으며 객체는 그 영역 내에서 그 객체의 본질을 유지한 채로 변경될 수 있다. 그러나 그 기법의 강건함을 진단하고 지적 재산권의 위배를 방지하는 데 목적을 둔 여러 접근 방법에 대하여 고찰하는 연구가 필요하다.

### 27.9.3 데이터베이스 생존성

데이터베이스 시스템은 정보 전쟁의 발발과 같은 파괴적인 사건이 발생할 때 축소된 역량으로도 동작하여야 하며 그 기능을 계속 수행할 필요가 있다. DBMS는, 공격을 방지할 모든 노력을 기울이고 어떤 상황이 발생했을 경우에는 그것을 간파하는 것은 물론이고 다음 사항들을 수행할 수 있어야 한다.

- 제한(confinement). 시스템에 대한 공격자의 접근을 제거하고 그 문제를 고립시키거나 내포하여 향후 확산을 방지할 즉각적 조처를 취한다.
- 손상 진단(damage assessment). 실패한 기능들과 오염된 데이터를 포함하여 문제의 정도를 알아낸다.
- 재구성(reconfiguration). 회복이 진행되는 동안 저하된 모드로 계속 작동할 수 있도록 재구성한다.
- 보수(repair). 정상 수준의 작동을 재설립하도록 오염되거나 손실된 데이터를 회복하고 실패한 시스템 기능들을 보수하거나 재설치한다.
- 고장 처리(fault treatment). 가능한 한, 공격에 이용된 약점들을 식별하고 재발을 방지할 단계들을 취한다.

정보 전쟁 도발자의 목표는 조직의 정보 시스템을 붕괴시킴으로써조직의 작동과 임무 완수에 손상을 입히는 것이다. 공격의 특정 표적은 시스템 자체이거나 시스템의 데이터일 수 있다. 시스템을 즉시 중지시키는 공격이 가혹하고 극단적일 지라도, 그 공격은 반드시 공격자의 목적을 달성할 수 있도록 시의적절해야 한다. 그 이유는 그 시스템을 작동할 수 있는 상태로 되돌려 놓고 어떻게 그 공격이 발생했는지를 진단하고, 방어적 수단들을 설치하기 위하여 공격들은 즉각적이고 집중적인 주의를 받을 것이기 때문이다.

지금까지는 데이터베이스 생존성에 관련된 쟁점들이 충분히 조사되지 않았다. 데이터베이스 시스템의 생존성을 보장하는 기법과 방법론에 훨씬 더 많은 연구가 필요하다.

## 27.10 오라클 레이블-기반 보안

전체 테이블에 대한 접근을 제한하기 또는 민감한 데이터를 별개의 데이터베이스로 격리시키기는 관리자에게 비용이 많이 드는 연산이다. **오라클 레이블 보안**(Oracle label security)은 그러한 조치의 필요성을 행-수준의 접근 제어를 가능하게 함으로써 극복한다. 그 기능은 오라클 데이터베이스 11g 릴리스(Release) 1 (11.1) 기업판(Enterprise Edition)에서 이용할 수 있다. 각 데이터베이스 테이블 또는 뷰는 그것에 연계된 하나의 보안 정책을 가진다. 이 정책은 그 테이블 또는 뷰가 질의되거나 변경될 때마다 실행된다. 개발자들은 쉽게 레이블-기반 접근 제어를 그들의 오라클 데이터베이스 응용에 첨가할 수 있다. 레이블-기반 보안은 민감한 데이터에 대하여 적응적 방법의 접근 제어를 제공한다. 사용자들과 데이터 모두 자신에 관련된 레이블을 가진다. 오라클 레이블 보안은 보안을 제공하는데 이 레이블을 이용한다.

### 27.10.1 가상 개인 데이터베이스(Virtual Private Database, VPD) 기술

가상 개인 데이터베이스(virtual private database, VPD)기술은 오라클 기업판의 한 특징이다. 그 특징은 사용자 문장들에 대하여 그 사용자와 그 응용에 대한 문장에 접근을 투명한 방식으로 제한하기 위하여 그 사용자 문장에 프레디키트(predicate)를 첨가하는 것이다. VPD 개념은 안전한 응용을 위해 서버에서 시행되는 미세 설정 가능한 접근 제어를 허용한다.

VPD는 정책을 바탕으로 접근 제어를 제공한다. 이 VPD 정책이 객체 수준 접근 제어 또는 행 수준 보안을 집행한다. VPD는 보안 정책이 데이터베이스 테이블 또는 뷰에 첨부되는 것을 허용하는 응용 프로그래밍 인터페이스(application programming interface, API)를 제공한다. PL/SQL과 오라클 응용에 사용되는 주 프로그래밍 언어를 사용하여 개발자들과 보안 관리자들은 저장 프로시저의 도움을 받아 보안 정책을 시행할 수 있다.[9] VPD 정책은 개발자들로 하여금 응용으로부터 접근 보안 방법을 제거하여 그들을 오라클 데이터베이스 내에 집중하도록 허용한다.

VPD는 하나의 보안 "정책"을 하나의 테이블, 뷰, 또는 동의어(synonym)에 연계시킴으로써 가능하게 된다. 관리자는 제공되는 PL/SQL 페키지인 DBMS_RLS를 사용하여 하나의 정책 함수를 하나의 데이터베이스 객체에 바인드(bind)한다. 하나의 객체는 그 객체에 연계된 하나의 보안 정책을 가질 수 있는데, 그 객체가 접근되면, 그 정책을 수행하는 하나의 함수가 호출된다. 그 정책 함수는 하나의 프레디키트(하나의 WHERE 절)를 반환한다. 이제 그 프레디키트는 사용자의 SQL 문에 첨부된다. 그렇게 함으로써, 사용자의 데이터 접근을 투명하게 그리고 동적으로 변경하게 된다. 오라클 레이블 보안은 행 수준 보안을 보안 정책의 형태로 시행하는 기법이다.

---

9) 저장 프로시저는 7.2.2절에서 논의되었다.

### 27.10.2 레이블 보안 구조

오라클 레이블 보안은 VPD 기법을 바탕으로 개발되었으며 오라클 데이터베이스 11.1 기업판에 내놓게 되었다. 그림 27.4는, 일련의 임의 접근 제어(DAC)와 레이블 보안 검사를 나타냄으로써, 오라클 레이블 보안 하에서 어떻게 데이터가 접근되는 지를 나타낸다.

그림 27.4는 일련의 DAC와 레이블 보안 검사를 나타낸다. 그림의 왼쪽 부분은 오라클 데이터베이스 11g 릴리스 1(11.1) 세션에 있으면서 하나의 SQL 요구를 보내는 한 명의 응용 사용자를 나타낸다. 오라클 DBMS는 사용자의 DAC 권한을 검사하여 사용자가 그 테이블에 대하여 SELECT 권한들을 가짐을 확인한다. 그리고 나서, 오라클 DBMS는 그 테이블에 연계된 하나의 VPD 정책을 가지는 지를 검사한다. 이는 그 테이블이 오라클 레이블 보안을 이용하여 보호되는 지를 알아내기 위함이다. 만약 그렇다면, 원래의 SQL 문에 VPD SQL 수정(WHERE절)을 추가하여사용자가 볼수 있는 접근 가능한 행집합을 찾는다. 그러면, 오라클 레이블 보안은 각 행에 있는 레이블들을 검사하여 사용자가 접근 권한을 가지는 행들의 부분집합을 알아낸다. 이에 대해서는 다음 절에 설명한다. 이 변경된 질의는 처리되고, 최적화되고, 실행된다.

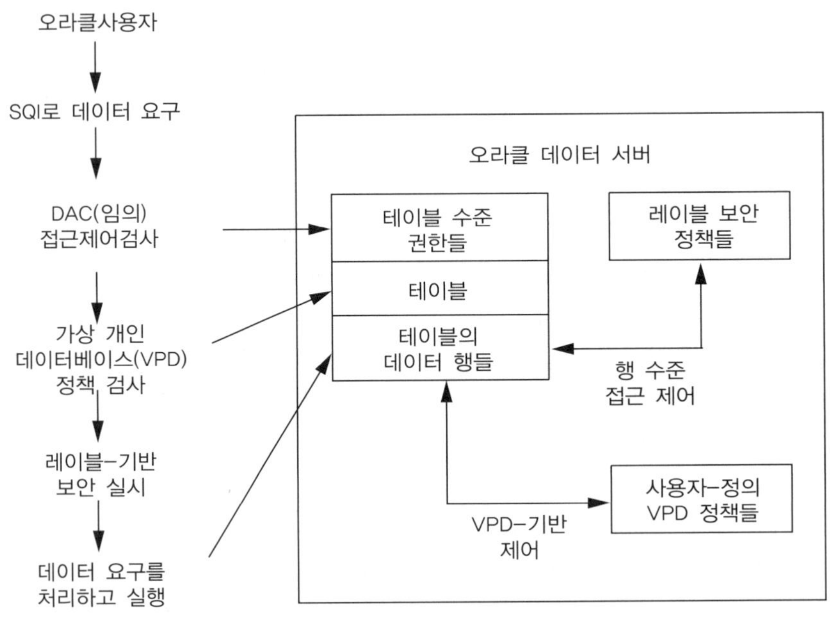


그림 27.4 오라클 레이블 보안 구조. 출처: Oracle(2007)

### 27.10.3 어떻게 데이터 레이블과 사용자 레이블이 공조하는가

사용자의 레이블은 그 사용자에게 접근이 허락된 정보를 나타낸다. 사용자의 레이블은 사용자가 정보에서 가지는 접근 유형(읽기 또는 쓰기)을 결정한다. 행의 레이블은 그 행이 포함하는 정보에 대하여 그 정보의 소유권뿐만 아니라 민감도를 나타낸다. 데이터베이스의 하나의 테이블이 그 테이블에 연계된 하나의 레이블 기반 접근을 가질 때, 하나의 행은 그 사용자의 레이블이 그 정책이 정의해둔 어떤 기준을 만족해야 만 접근할 수 있다. 접근은 데이터 레이블과 그 사용자의 세션 레이블의 비교 결과에 근거하여 승인 또는 거부된다.

구획(compartment)을 사용하면 레이블을 붙인 데이터의 민감도를 보다 세밀하게 분류할 수 있다. 동일 프로젝트에 관련된 모든 데이터에는 동일 구획으로 레이블을 붙일 수 있다. 구획들은 선택 사양이다. 하나의 레이블은 영 또는 그 이상의 구획들을 포함할 수 있다. 그룹(group)은 해당 그룹 레이블이있는 데이터의 소유자로서 조직을 식별하는 데 사용된다. 그룹은 계층을 형성한다. 예를 들어, 하나의 그룹은 하나의 부모 그룹에 연관될 수 있다.

만약 어떤 사용자가 최고 등급으로 SENSITIVE를 가진다면, 그 사용자는 잠재적으로 SENSITIVE, CONFIDENTIAL, 그리고 UNCLASSIFIED의 등급을 가진 모든 데이터에 접근 권한을 가진다. 이 사용자는 HIGHLY_SENSITIVE의 데이터에 대해서는 접근 권한을 가지지 않는다. 그림 27.5는 오라클 레이블 보안에서 접근 제어를 제공하기 위하여 어떻게 데이터 레이블과 사용자 레이블이 공조하는 지를 보인다.

그림 27.5와 같이, 사용자 1은 최대 등급이 HS(Highly_Sensitive)라서 2, 3, 4의 행들을 접근할 수 있다. 그는 FIN (Finance) 구획에 대해 접근 권한을 가지며 그룹 WR(Western Region)에 대한 그의 접근은 계층적으로 그룹 WR_SAL(WR Sales)를 포함한다. 그는 행 1에 접근할 수 없다. 그 이유는 그가 CHEM (Chemical) 구획을 가지지 않기 때문이다. 중요한 사실은 어떤 사용자가 하나의 행에 접근할 수 있기 위해서는 그 행의 데이터 레이블에 있는 모든 구획에 대해 인가를 가져야 한다는 것이다. 이 예를 기반으로, 사용자 2는 행 3과 4를

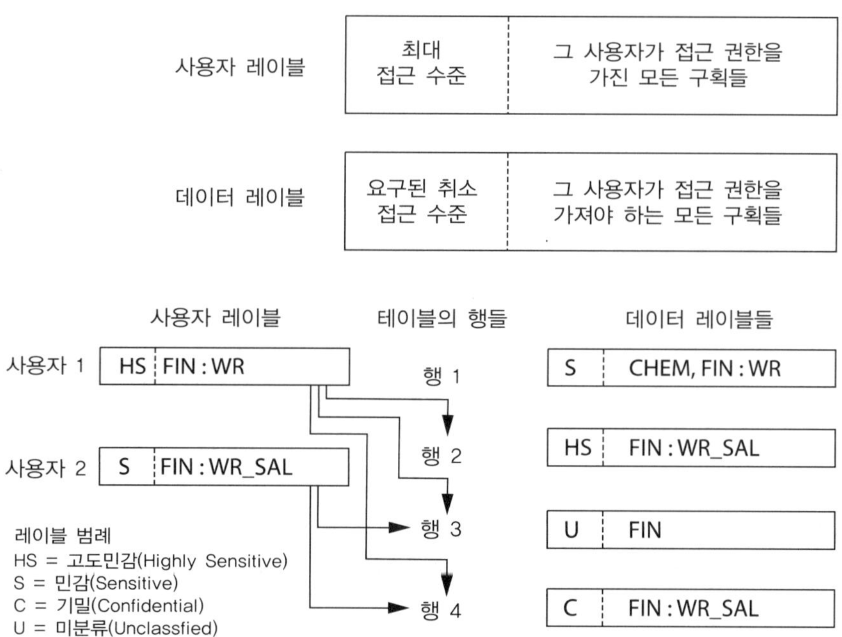


그림 27.5 오라클에서 데이터 레이블들과 사용자 레이블들. 출처: Oracle(2007)

접근할 수 있으며 최대 등급으로 S를 가지는데 이는 행 2에 있는 HS 보다 낮다. 그래서, 비록 사용자 2가 FIN 구획에 대해 접근 권한을 가지지만, 그는 그룹 WR_SAL에만 접근할 수 있고 따라서 행 1에는 접근할 수 없다.

## 27.11 요약

이 장에서는 데이터베이스시스템에서 보안을 시행하기 위한 여러 기법을 설명하였다. 27.1절은 데이터베이스 보안에 대한 소개이다. 27.1.1절에서 무결성, 유효성, 그리고 기밀성의 상실이라는 점에서 데이터베이스에 대한 다양한 위협들을 제시하였다. 27.1.2절에서 이 문제들을 다루기 위한 제어 수단의 유형으로 접근 제어, 추론 제어, 흐름 제어, 그리고 암호화의 기법을 논의하였다. 27.1절의 나머지 부분에서, 보안에 관련된 여러 쟁점으로써 데이터 민감도와 공개의 유형, 사용자가 정보를 요구할 때의 보안 대 결과의 정밀도, 정보 보안과프라이버시 사이의 관계를 다루었다.

보안 시행은 데이터베이스 전체에 대한 접근을 제어하는 것과 데이터베이스의 특정 부분에 접근하기 위한 권한 관리를 제어하는 것을 다룬다. 전자는 일반적으로 사용자들에게 계정과 비밀번호를 부여함으로써 달성된다. 후자는 개별 계정들에게 데이터베이스의 특정 부분에 접근하는 것에 대한 권한을 부여하고 취소하는 시스템을 사용함으로써 달성될 수 있다. 일반적으로 이 방법을 임의 접근 제어(DAC)라고 하며, 27.2절에 나타내었다. 권한을 부여하거나 취소하는 몇 가지 SQL 명령을 소개하였고 이 사용법을 예를 통하여 설명하였다. 그 다음에 27.3절에서 다단계 보안을 시행하는 강제 접근 제어(MAC) 방법의 개요를 제시하였다. 이 방법은 사용자와 데이터를 보안 등급별로 나누고, 높은 보안 등급에서 낮은 보안 등급으로 정보가 흘러가는 것을 방지하는 규칙들을 시행한다. 다단계 관계 모델의 바탕이 되는 핵심 개념인 여과와 다개체화를 소개하였다. 사용자들이 활동하는 역할을 기반으로 권한을 설정하는 역할-기반 접근 제어(RBAC)를 27.3.2절에 소개하였다. 역할 계층, 역할들의 상호 배제, 행-기반 보안과 레이블-기반 보안의 개념을 소개하였다. 27.4절에서 SQL 주입의 위협 뒤에 있는 주요 아이디어, 그것이 유발될 수 있는 방법, 그리고 그와 관련된 여러 유형의 위험을 설명하였다. 그리고 나서, SQL 주입이 방지될 수 있는 여러 방법의 아이디어를 제시하였다.

27.5절에서 통계 데이터베이스에서 레코드의 집단에 대하여 통계적 접근은 허용하면서 개인 정보의 프라이버시를 보호하기 위해 통계 데이터베이스에 대한 접근 제어 문제를 간략하게 설명하였다. 다음으로 27.6절에서, 흐름 제어에 관련된 쟁점과 숨겨진 통로에 결합된 문제를 설명하였다. 또한 암호화와 공개-개인 키-기반 기반구조를 27.7절에서 설명하였다. 대칭 키 알고리즘들의 아이디어와 많이 사용되는 비대칭 키-기반 공개 키 기반구조(public keyinfrastructure, PKI) 방법을 27.7.3절에서 설명하였다. 또한, 27.7.4절과 27.7.5절에서, 전자 서명과 전자 인증서의 개념을 다루었다. 27.8절에서 프라이버시 쟁점의 중요성을 강조하였으며 몇몇 프라이버시

보존 기법들을 암시하였다. 27.9절에서 데이터 품질, 지적 재산권, 그리고 데이터 생존성을 포함한 보안에 대한 다양한 난제를 논의하였다. 오라클 11g에서의 레이블-기반 보안과 가상 개인 데이터베이스의 결합을 사용하여 보안 정책을 구현한 사례를 27.10절에 소개하는 것으로 이 장을 마감하였다.

## 복습문제

27.1 다음 용어들의 의미를 설명하라.
데이터베이스 권한 관리, 접근 제어, 데이터 암호화, 특권(시스템) 계정, 데이터베이스 감사, 추적 감사

27.2 어떤 계정이 릴레이션의 소유자가 되는가? 릴레이션의 소유자는 어떤 권한을 가지는가?

27.3 뷰 기법이 어떻게 권한 관리 기법으로 사용되는가?

27.4 계정 수준과 릴레이션 수준에서 권한의 유형을 설명하라.

27.5 권한을 부여한다는 것은 무엇인가? 권한을 취소한다는 것은 무엇인가?

27.6 권한이 전파되는 과정과 수직/수평 전파의 제한에 의한 규제를 설명하라.

27.7 SQL에서 사용 가능한 권한의 유형을 나열하라.

27.8 임의 접근 제어와 강제 접근 제어의 차이점은 무엇인가?

27.9 전형적인 보안 등급들은 무엇인가? 단순 보안 특성과 스타 특성을 논의하고, 다단계 보안을 시행하는 이런 특성의 정당성을 설명하라.

27.10 다단계 관계형 데이터 모델을 설명하라. 아래의 용어를 정의하라.
외관상 키, 다개체 생성, 여과

27.11 DAC 또는 MAC 사용의 상대적 장점은 무엇인가?

27.12 역할-기반 접근 제어란 무엇인가? 어떤 점에서 그것이 DAC와 MAC보다 나은가?

27.13 역할-기반 접근 제어에서 상호 배제의 두 가지 유형들은 무엇인가?.

27.14 행-수준 접근 제어란 무엇인가?

27.15 레이블 보안이란 무엇인가? 관리자는 그를 어떻게 시행하는가?

27.16 SQL 주입 공격의 서로 다른 유형에는 어떤 것들이 있는가?

27.17 SQL 주입 공격에 연계된 위험에는 어떤 것들이 있는가?

27.18 SQL 주입 공격에는 어떤 가능한 방지 수단들이 있는가?

27.19 통계 데이터베이스가 무엇인가? 통계 데이터베이스의 보안 문제를 논의하라.

27.20 통계 데이터베이스 보안과 관련하여 프라이버시는 어떻게 되는가? 통계 데이터베이스에서 특정 수준의 프라이버시를 보장하기 위하여 어떤 조치가 취해질 수 있는가?

27.21 보안 수단으로 흐름 제어란 무엇인가? 어떤 유형의 흐름 제어가 존재하는가?

27.22 숨겨진 통로란 무엇인가? 숨겨진 통로의 한가지 예를 보여라.

27.23 암호화의 목표가 무엇인가? 데이터를 암호화하고, 그 후에 다른 끝단에서 그것을 복구하는 데 어떤 절차들이 포함되는가?

27.24 암호화 알고리즘의 예를 제시하고 그 알고리즘이 어떻게 동작하는지를 설명하라.

27.25 인기 있는 RSA 알고리즘에 대하여 바로 앞의 질문을 반복하라.

27.26 키-기반 보안에서 대칭 키 알고리즘이란 무엇인가?

27.27 공개 키 기반구조 기법이란 무엇인가? 그것은 어떻게 보안을 제공하는가?

27.28 전자 서명이란 무엇인가? 그것은 어떻게 동작하는가?

27.29 전자 인증서는 어떤 유형의 정보를 포함하는가?

## 연습문제

27.30 데이터베이스에서 데이터의 프라이버시는 어떻게 보존되는가?

27.31 데이터베이스 보안에 대한 현재의 대표적 난제는 어떤 것들이 있는가?

27.32 그림 4.5의 관계 데이터베이스 스키마에서 사용자 X가 모든 테이블을 생성하였고 (따라서 사용자 X는 이 테이블들의 소유자), 사용자 X가 다음 권한을 사용자 계정 A, B, C, D, E에게 부여하려 한다고 가정하자.

a. 계정 A는 DEPENDENT를 제외한 모든 테이블을 검색하거나 변경할 수 있으며, 그 권한을 다른 사용자에게 부여할 수 있다.

b. 계정 B는 EMPLOYEE와 DEPARTMENT 테이블에서 Salary, Mgr_ssn, Mgr_start_date를 제외한 모든 속성을 검색할 수 있다.

c. 계정 C는 WORKS_ON 테이블을 검색하거나 변경할 수 있지만, EMPLOYEE의 Fname, Minit, Lname, Ssn 속성과 PROJECT의 Pname, Pnumber 속성을 검색만 할 수 있다.

d. 계정 D는 EMPLOYEE와 DEPENDENT 테이블의 모든 속성을 검색할 수 있고 DEPENDENT를 변경할 수 있다.

e.계정 E는 EMPLOYEE 테이블에서 Dno = 3인 투플들만의 모든 속성을 검색할 수 있다.

f.이 권한들을 부여하는 SQL 문들을 작성하라. 필요하면 뷰를 사용할 수 있다.

27.33 연습 문제 27.32의 권한 (a)가 GRANT OPTION으로 허가되지만 계정 A가 최대로 다섯 개의 계정에 그 권한을 부여할 수 있고, 계정 A로부터 권한을 부여받은 각 계정은 GRANT OPTION 없이 다른 계정들에게 그 권한을 전파시킬 수 있다고 가정하자. 이 경우에 수평 전파와 수직 전파의 제한은 무엇인가?

*27.34* 그림 27.2(d)의 릴레이션을 고려해 보자. 이 릴레이션은 보안 등급이 U인 사용자에게 어떻게 보이는가? 보안 등급이 U인 사용자가 'Smith'의 급여를 50,000달러로 갱신하려고 하면 그 결과는 어떻게 되는가?

## 주요 참고문헌

권한의 부여와 취소를 바탕으로 하는 권한 관리 방법은 SYSTEM R 실험용 DBMS를 위해 제안되었고 Griffiths와 Wade(1976)에 제시된다. 여러 책들이 데이터베이스와 컴퓨터 시스템의 보안 문제를 전반적으로 다루고 있는데 Leiss(1982a)와 Fernandez 외(1981), 그리고 Fugini 외(1995)의 서적들이 있다. Natan(2005)은 모든 중요 RDBMS에서 보안과 감사의 구현 쟁점에 대한 실용적인 서적이다.

많은 논문이 통계 데이터베이스의 설계와 보호를 위한 서로 다른 기술을 논의한다. 여기에는 McLeish(1989), Chin과 Ozsoyoglu(1981), Leiss(1982), Wong(1984), Denning(1980)이 있다. Ghosh(1984)는 품질 제어를 위한 통계 데이터베이스의 사용을 논의한다. 또한, 암호 해독법과 데이터 암호화에 대해서 많은 논문들이 있는데, 여기에는 Diffie와 Hellman(1979), Rivest 외(1978), Akl(1983), Pfleeger와 Pfleeger (1997), Omura 외(1990), Stalling(2000), Iyer 외(2004) 등이 포함된다.

Halfond 외(2006)는 우리가 SQL 주입 공격의 개념과 그들에 의해 부과되는 다양한 위협을 이해하는 데 도움이 된다. Oracle(2007a)의 백서는 어떻게 오라클이 SQL 서버와 비교하여 SQL 주입 공격에 덜 당하기 쉬운지를 설명한다. Oracle(2007a)는 어떻게 이 공격이 발생하는 것을 막을 수 있는 지에 대한 간단한 설명을 제공한다. 그 외의 제시된 아이디어에는 Boyd와 Keromytis(2004), Halfond와 Orso(2005), 그리고 McClure와 Krüger(2005)가 있다.

다단계 보안은 Jajodia와 Sandhu(1991), Denning 외(1987), Smith와 Winslett(1992), Stachour와 Thuraisingham(1990), Lunt 외(1990), Bertino 외(2001)에서 논의된다. 데이터베이스 보안의 연구 쟁점에 대한 개요는 Lunt와 Fernandez(1990), Jajodia와 Sandhu(1991), Bertino(1998), Castano 외(1995), Thuraisingham 외(2001)에 제시된다. 다단계 보안이 동시성 제어에 대해 미치는 영향은 Atluri 외(1997)에서 논의된다. 차세대 데이터베이스, 의미적 데이터베이스, 객체지향 데이터베이스에서의 보안은 Rabbiti 외(1991), Jajodia와 Kogan(1990), Smith(1990)에서 논의된다. Oh(1999)는 임의 보안과 강제 보안 모두를 위한 모델을 제시한다. 웹 기반 응용에 대한 보안 쟁점과 역할-기반 접근 제어는 Joshi 외(2001)에서 논의된다. 전자 상거래 응용의 문맥에서 관리자를 위한 보안 쟁점과 적절한 보안 대책의 선택을 위한 위험평가 모델의 필요성은 Farahmand 외(2005)에서 논의된다. 행-기반 접근 제어는 Oracle (2007B)와 Sybase(2005)에서 상세히 설명된다. 후자는 역할 계층과 상호 배제에 대한 상세 사항도 함께 제공한다. Oracle(2009)은 어떻게 오라클이 식별자 관리의 개념을 사용하는 지를 설명한다.

데이터베이스의 보안과 프라이버시에 대한 최근의 연구와 미래의 난제는 Bertino와 Sandhu(2005)에서 논의된다. U.S. Govt.(1978), OECD(1980), NRC(2003)은 중요 많은 정부단체들의 프라이버시에 대한 견해의 좋은 참고가 된다. Karat 외(2009)는 보안과 프라이버시를 위한 하나의 정책 골격을 논의한다. XML과 접근 제어는 Naedele(2003)에서 논의된다. 보다 상세한 사항으로서 프라이버시 보존 기법은 Vaidya와 Clifton(2004)에, 지적 재산권은 Sion 외(2004)에, 그리고 데이터베이스 생존성은 Jajodia 외(1999)에 수록되어 있다. 오라클의 VPD 기법과 레이블-기반 보안은 Oracle(2007b)에 보다 상세히 논의된다.

Agrawal 외(2002)는 건강 관리 정보의 프라이버시를 보호하기 위한 히포크라테스 데이터베이스의 개념을 정의했다. 프라이버시 보존 기술로서의 k-익명성(anonymity)은 Bayardo와 Agrawal(2005)과 Ciriani 외(2007)에서 논의된다. K-익명성을 기반으로 하는 개인 정보 보존 데이터 마이닝 기술은 Ciriani 외(2008)에서 조사되었다. Vimercati 외(2014)는 클라우드(cloud)에서 데이터 기밀성(data confidentiality)을 위한 잠재적인 보호 기술로 암호화와 단편화(fragmentation)에 대해 논의한다.

# 찾아보기

D

E

F



G



H



I

### ㄹ

ㅈ

ㅍ



ㅎ